革命文献与民国时期文献
保护计划

成 果

国家出版基金项目
NATIONAL PUBLICATION FOUNDATION

革命历史文献专题书目

（1911—1949）

★★★★★

上

国家图书馆　编

国家图书馆出版社

图书在版编目（CIP）数据

革命历史文献专题书目：1911—1949：全三册 / 国家图书馆编 .—北京：国家图书馆出版社，2024.4

ISBN 978-7-5013-7332-1

Ⅰ.①革… Ⅱ.①国… Ⅲ.①革命史—图书馆目录—中国—1911—1949 Ⅳ.①Z88：K260.1

中国版本图书馆 CIP 数据核字 (2021) 第 155824 号

书　　名 革命历史文献专题书目（1911—1949）（全三册）
著　　者 国家图书馆　编
责任编辑 赵　嫄
助理编辑 闫　悦
特邀审稿 高中华
封面设计 爱图工作室

出版发行 国家图书馆出版社（北京市西城区文津街7号　100034）
（原书目文献出版社　北京图书馆出版社）
010-66114536　63802249　nlcpress@nlc. cn（邮购）
网　　址 http://www. nlcpress. com
排　　版 京荷（北京）科技有限公司
印　　装 河北三河弘翰印务有限公司
版次印次 2024年4月第1版　2024年4月第1次印刷

开　　本 787×1092　1/16
印　　张 101.25
字　　数 2600千字
书　　号 ISBN 978-7-5013-7332-1
定　　价 980.00元

《革命历史文献专题书目（1911—1949）》编委会

出版说明

《革命历史文献专题书目（1911—1949）》（全三册）主要收录我国1911年至1949年9月出版的革命历史图书，是一部大型的回溯性书目。收录范围主要包括：马列主义经典著作的译本和宣传马列主义的文献资料，我党、我军以及各个革命团体编印、出版的文献资料，根据地和解放区的相关文献资料，国统区、敌占区发行的进步书刊，共产国际与中国革命的有关文献资料，这一时期出版的各种革命、进步的文献资料。如毛泽东同志等老一辈无产阶级革命家著作的具有代表性的版本、革命根据地出版的图书、辛亥革命及五四运动时期的进步书刊、伪装本等。

本书为“革命文献与民国时期文献保护计划”文献普查工作的重要成果。2012年，“革命文献与民国时期文献保护计划”项目启动，开展全国性的文献普查工作。国家图书馆依托多家文献普查成员单位的馆藏资源，组织专家队伍，对数十万条普查数据进行了细致分类与详细著录，为相关目录的出版工作奠定了基础。同时为保证书目的完整性，吸收了全国图书馆联合编目中心各省级成员馆、“大学数字图书馆国际合作计划”（CADAL）的主要高校成员馆等民国时期文献主要收藏机构的书目数据。

本书选录革命历史图书13869种，成书三册。涵盖国家图书馆、上海图书馆、重庆图书馆、南京图书馆、东北师范大学图书馆等58家单位的数据，其中不乏具有珍贵价值的重要文献。本书对新中国成立以前革命历史图书出版情况进行全面、集中展示，系统梳理这段时期革命历史图书的出版脉络，不仅能更好地对这批文献进行收藏、保护和整理、利用，同时充分展现了中国共产党英勇斗争的光辉历程，对中国共产党党史、中国革命战争史等领域的研究具有重要的参考价值。

本书主要依据《中国图书馆分类法》（第四版）进行分类和编排，分为马克思主义、列宁主义、毛泽东思想，哲学、宗教，社会科学总论，政治、法律，军事，经济，文化、科学、教育、体育，语言、文字，文学，艺术，历史、地理，自然科学（基础科学），医药、卫生，农业科学，工业技术、交通运输、航空、安全科学，综合性图书共16个大类。在大类之下，又分为276个细目。细目之下，以汇集同一作品为原则，合并不同版本，编为书目的一个条目。条目著录以下9个项目：顺序号、题名、责任说明、版本、出版发行、形态细节、丛书、提要及附加说明、馆藏标记。为便于读者检索使用，编者编制了题名索引，附于正文之后。

本书编委会成员均长期从事民国时期文献和革命历史文献的保存、保护及采访、编目工作，在文献著录、标引和书目编制的实践中积累了一定的经验。即便如此，一部如此体量的回溯性书目的编纂，对于编者和编辑人员来说也充满挑战。革命历史文献诞生于特殊的历史时期，出版方式灵活多变、版本复杂，加之饱受战火摧残，存藏难度较大，部分文献损毁严重，著录信息缺失，无从查考。虽然编纂人员依据民国时期图书数据库等多种网络数字资源和国家图书馆的宏富馆藏，多方核查考校，但限于自身学识水平，一定会有错误或不当之处，敬请广大读者批评指正。

本书编委会

2023年12月

前　言

革命历史文献是革命文化的载体，记录了中国共产党带领中国人民争取民族独立与人民解放的光辉历程，记载了中国近现代历史的风云变幻，具有极高的历史价值、学术价值和重要的现实意义。习近平总书记指出："加强革命文物保护利用，弘扬革命文化，传承红色基因，是全党全社会的共同责任。"深入、细致、科学、严谨地对革命历史文献进行整理，不仅是辨章学术的文献学研究，更是学习贯彻习近平文化思想，坚持党对文化工作的领导，推动马克思主义基本原理同中国具体实际相结合、同中华优秀传统文化相结合的重要举措，是引领中国革命历史研究寻根定向、把舵定航的基础工程，是推动社会各界汲取初心力量、坚定理想信念的守正之举，对于我们继承革命精神、弘扬革命文化意义十分重大。

为加强革命文献与民国时期文献的保护和利用，2011年国家图书馆联合国内部分文献收藏单位策划了"革命文献与民国时期文献保护计划"项目，2012年获得国家财政支持，项目正式启动。十多年来，在社会各界的大力支持下，"革命文献与民国时期文献保护计划"在文献普查、整理、征集、研究和保护等方面均取得了丰硕成果。截至2023年底，国内共有56家文献收藏单位参加了文献普查，开发建设的"革命文献与民国时期文献联合目录"系统实现了民国时期文献书目数据30万条、馆藏数据80万条的收录和揭示。在此基础上，编者从中辑录约1.8万条革命历史文献书目数据，经过反复审读、比对、查重、校勘，整理合并为13869条文献目录，最终形成《革命历史文献专题书目（1911—1949）》。作为一部专题联合书目，本书较为全面地呈现了民国时期革命历史文献的出版发行面貌和存世收藏状况，具有汇集一代文献、考镜源流、正本溯源的作用，主要体现在文献收录的完整性、存藏机构的代表性和专题内容的严肃性等方面。

"滋养民族心灵、培育文化自信"是革命文献与民国时期文献保护工作的原则和宗旨。本书通过文献聚类的方式，提纲挈领地对中国革命历史的发展脉络予以再现，可为中共党史、中国近现代史等相关领域的研究提供专业文献支撑，为研究者爬梳史料提供指南，为革命历史文献的补藏、修复等原生性保护工作提供书目参照。作为革命历史文献和民国时期文献普查整理成果，本书的出版本身亦是对革命文献进行再生性保护和利用的一个典范，希望本书的出版能够为传承红色基因、赓续精神血脉贡献一份力量。

编者

2023 年 12 月

凡　例

一、收录范围

1. 本书主要收录我国 1911 年至 1949 年 9 月出版的革命历史文献（中文图书），酌情收录这段时间内国外以中文出版的革命历史文献（图书）。

2. 连续出版的丛书、多卷书涉及 1911 年前或 1949 年 10 月后的卷次，酌情收录；同一著作，1911 年前及 1949 年 10 月后的版本不予收录。

3. 期刊、报纸、少数民族文字图书、外文图书及传统装帧形式的图书不在本书收录范围。

4. 本书酌情收录一部分反映革命历史的手抄本等非印刷类文献，以及传单等非书文献资料。

二、著录项目

1. 著录内容：顺序号、题名、责任说明、版本、出版发行、形态细节、丛书、提要及附加说明、馆藏标记，共 9 个项目。

（1）顺序号：每个条目有 5 位数字序号，依条目顺序编号。

（2）题名：包括正题名、副题名、分辑题名、交替题名、外文题名等。正题名、外文题名单独著录，其他题名信息一律置于正题名后的圆括号内，之间按性质用空格隔开（交替题名单独列出）。三种及以下的合订书，依次著录各题名，其间用中圆点隔开。三种以上的合订书，正题名著录第一种，其他题名在附注中说明。

（3）责任说明：包括责任者名称和责任方式。责任说明之间以空格隔开，不同责任者的合订书，责任说明之间用中圆点分隔。

（4）版本：包括版次、版本的附加说明等。“初版”不予著录。

（5）出版发行：包括出版地（或发行地、经售地）、出版者（或发行者、印刷者、经售者）、出版时间（或发行时间、印刷时间）等。

（6）形态细节：包括册数、页数、开本、装帧等。图书中分段表示的页码，用加号相连。开本信息依据普查数据著录的载体尺寸和民国时期的通用纸型标准转换。特殊尺寸以厘米（cm）为单位著录，个别数据缺失尺寸信息。普通平装本不著录装帧形式。

（7）丛书：包括丛书名、丛书编号等，丛书责任者不予著录。丛书项置于出版发行项后的圆括号内，有多个丛书名时，分别置于各自的圆括号内。

（8）提要及附加说明：包括图书的内容提要、适用范围，题名及责任者的补充说明以及其他著录内容的补充说明。同一条目内容相同的，只保留一个提要及附加说明。根据普查数据的实际情况，有部分书目提要及附加说明原缺。

（9）馆藏标记：按条目著录提供馆藏数据的各公共图书馆、高校图书馆及专业图书馆等收藏单位简称，并分别按各收藏单位简称的汉语拼音排序。为了最大限度地涵盖民国时期革命历史文献的出版发行情况，本书保留了少量无馆藏信息的书目，这部分书目未著录馆藏标记。

2. 著录标准

（1）本书目依照中文图书著录规则，以题名页、版权页为主要信息源，同时参考其他信息源。以客观著录为基本原则，但为了给读者提供更多丰富有效的信息，对相关内容进行必要的规范化处理。

（2）民国时期革命历史文献，相当一部分无题名页、版权页，还有一些破损严重。本书目以汇集信息，反映民国时期革命历史文献保存、收藏和编目现状为主，对著录项不做过多干预，故此部分著录项目存在空缺，或经编者推断考证后酌情补充。凡编者推断的内容，加方括号以示区别，其中舛错在所难免，仅供参考；未能详考补充者，以缺省方式处理。

三、分类与编排

1. 本书目分类及类目设置依据《中国图书馆分类法》（第四版），并根据各类图书收录的具体情况设置详简不同的类目名称。

2. 本书目依据《中国图书馆分类法》（第四版）分类规则，结合革命历史文献具体情况分编。类目不作交替和互见。凡属学科界限不清或有争议者，一般归入上一级类目或按照主要内容归类。

3. 本书目设置马克思主义、列宁主义、毛泽东思想大类，汇集马克思、恩格斯、列宁、斯大林、毛泽东的个人著作和专题汇编，有关他们的传记、生平事迹等方面的著述，以及马克思主义、列宁主义、毛泽东思想的学习和研究文献。该大类下单行著作分类，主要依据《中国图书馆图书分类法》（第三版）中所附《马克思、恩格斯、列宁、斯大林、毛泽东部分著作写作年代表》。凡在表中的著作单行本分入单行著作，收录有著作表中单篇著作的文集、合订本，根据内容分入本大类下的专题汇编或分入其他大类。多人合著或文集中，不以马克思、恩格斯、列宁、斯大林、毛泽东五人著作为主的，按内容分入其他大类，不在本大类下汇集。

4. 邓小平理论主要体现在中国共产党第十一届三中全会之后邓小平同志的各种讲话、

报告与会议决议之中。考虑这一历史事实，结合本书目收录邓小平同志单行著作数量较少，邓小平同志著作按内容分入各类，本书目不再单独设置邓小平理论相关类目。

5. 本书目在划分类目的基础上，依次按照题名、责任者和出版者三个项目汉语拼音音序编排。三个项目完全相同的，原则上合并为一个条目，计为一种；三个项目相同但内容差异较大的，可析为单独条目。部分著作，出版者名称不同，但具有沿革关系的，考虑作品的完整性，亦酌情合并为一个条目。不同根据地及解放区的党政军各级组织、人民团体等出版发行主体，有一些虽然名称相同，如新华书店，但由于业务上独立性较强，作为不同出版者处理。

6. 同一条目下的不同版本，原则上按出版时间先后排序，同时兼顾版次顺序。个别出版发行信息不全的版本，放在该条目的最后。

7. 在编排上，为集中同一责任者的同一作品，凡使用不同笔名和署名，以及有不同中译名的外国原著者，一般选用当时较常见的署名，不拘于本名和标准译名，必要时在附注中说明。

四、索引及用字

1. 本书目附有汉语拼音为序的题名索引以及题名首字汉语拼音检索表。

2. 本书目使用的汉字除了按规定必须使用的繁体字和异体字外，均以现行的简化字为标准。

收藏单位简称表

收藏单位简称	收藏单位全称
安徽馆	安徽省图书馆
北碚馆	重庆市北碚图书馆
北大馆	北京大学图书馆
北师大馆	北京师范大学图书馆
长春馆	长春市图书馆
成都馆	成都图书馆
重庆馆	重庆图书馆
大理馆	大理白族自治州图书馆
大连馆	大连市图书馆
大庆馆	大庆市图书馆
东北师大馆	东北师范大学图书馆
福建馆	福建省图书馆
复旦馆	复旦大学图书馆
甘肃馆	甘肃省图书馆
广东馆	广东省立中山图书馆
广西馆	广西壮族自治区图书馆
贵州馆	贵州省图书馆
桂林馆	广西壮族自治区桂林图书馆
国家馆	国家图书馆
河南馆	河南省图书馆
黑龙江馆	黑龙江省图书馆
湖北馆	湖北省图书馆
湖南馆	湖南图书馆
华东师大馆	华东师范大学图书馆
惠州馆	惠州市图书馆
吉大馆	吉林大学图书馆
吉林馆	吉林省图书馆
江西馆	江西省图书馆
近代史所	中国社会科学院中国历史研究院近代史研究所
辽大馆	辽宁大学图书馆

续表

收藏单位简称	收藏单位全称
辽东学院馆	辽东学院图书馆
辽宁馆	辽宁省图书馆
辽师大馆	辽宁师范大学图书馆
柳州馆	柳州市图书馆
南大馆	南京大学图书馆
南京馆	南京图书馆
内蒙古馆	内蒙古自治区图书馆
宁夏馆	宁夏回族自治区图书馆
农大馆	中国农业大学图书馆
青海馆	青海省图书馆
清华馆	清华大学图书馆
人大馆	中国人民大学图书馆
山东馆	山东省图书馆
山西馆	山西省图书馆
陕西馆	陕西省图书馆
上海馆	上海图书馆
绍兴馆	绍兴图书馆
首都馆	首都图书馆
四川馆	四川省图书馆
天津馆	天津图书馆
武大馆	武汉大学图书馆
西交大馆	西安交通大学图书馆
西南大学馆	西南大学图书馆
新疆馆	新疆维吾尔自治区图书馆
云南馆	云南省图书馆
浙大馆	浙江大学图书馆
浙江馆	浙江图书馆
中科图	中国科学院文献情报中心

说明：

1. 本表按收藏单位简称音序排序。

2. 简称规则：公共图书馆一般以行政区划名称加“馆”字简称，如吉林省图书馆简称为“吉林馆”；高校图书馆以高校简称加“馆”字简称，如北京大学图书馆简称为“北大馆”；其他类型图书馆以常用简称为准，如中国科学院文献情报中心简称为“中科图”。

3. 本书目中所收录的首都图书馆的部分馆藏，来源于“北京市公共图书馆联合目录”。

目　录

中　册

马克思主义、列宁主义、毛泽东思想

马克思、恩格斯著作

选集、文集

00001
马克思论文选译（第1集）（德）马克思（Karl Marx）著　李一氓译
[上海]：社会科学研究会，1930.2，300页，32开
本书收译文9篇，内容包括：《哥达纲领批评》《工钱劳动与资本》《经济批评导言》《资本积蓄的历史倾向》《蒲鲁东》等。书前有代序《马克思主义引论》（列宁）。
收藏单位：国家馆、南京馆、上海馆、天津馆

00002
社会主义入门（德）马克思（Karl Marx）（德）恩格斯（Friedrich Engels）著
延安：民族解放青年社，1938.3，再版，164页，32开
延安：民族解放青年社，1939.7，4版，101页，32开
本书收马克思、恩格斯有关社会主义基础知识的文章。
收藏单位：贵州馆、国家馆、吉林馆、山东馆

单行著作

00003
从空想的社会主义到科学的社会主义（德）恩格斯（Friedrich Engels）著
[汉口]：新汉出版社，1938.4，54页，32开
本书即《社会主义从空想到科学的发展》，是一部阐述科学社会主义的思想来源、理论基础和基本原理的重要著作。共3部分：引论、历史、理论。
收藏单位：广东馆、贵州馆、国家馆、吉林馆

00004
从猿到人（德）恩格斯（Friedrich Engels）著
[沈阳]：东北新华书店，1949.8，22页，32开
本书共两部分：劳动在从猿到人过程中的作用、人底进化过程。
收藏单位：广东馆、国家馆、吉林馆、南京馆

00005
从猿到人（德）恩格斯（Friedrich Engels）著
[泰州]：苏北新华书店，1949.8，16页，32开
收藏单位：国家馆、南京馆

00006
从猿到人（德）恩格斯（Friedrich Engels）著
上海：泰东图书局，1930.9，92页，32开
收藏单位：北碚馆、福建馆、广西馆、人大馆、上海馆、天津馆

00007
从猿到人（德）恩格斯（Friedrich Engels）著　曹葆华　于光远译
华东新华书店，1949.3，26页，32开
收藏单位：吉林馆、南京馆、内蒙古馆、山东馆、陕西馆、浙江馆

00008
从猿到人（德）恩格斯（Friedrich Engels）著　曹葆华　于光远译
[唐山]：冀东新华书店，1949，16页，32开
收藏单位：山东馆

00009
从猿到人　（德）恩格斯（Friedrich Engels）著　曹葆华　于光远译
[北平]：解放社，1949.6，26页，32开
收藏单位：重庆馆、广东馆、国家馆、吉林馆、南京馆、宁夏馆、山东馆、山西馆、上海馆、天津馆

00010
从猿到人　（德）恩格斯（Friedrich Engels）著　曹葆华　于光远译
[合肥]：皖北新华书店，1949.5，14页，32开
收藏单位：安徽馆、国家馆、南京馆

00011
从猿到人　（德）恩格斯（Friedrich Engels）著　曹葆华　于光远译
[西安]：西北新华书店，1949.7，19页，32开
收藏单位：南京馆、山东馆、山西馆、上海馆

00012
从猿到人过程中劳动的作用　（德）恩格斯（Friedrich Engels）著
大连：大连新华书店，1949.7，20页，32开
收藏单位：国家馆

00013
德国的革命与反革命　（德）恩格斯（Friedrich Engels）著　柯柏年等译
[沈阳]：东北新华书店，1949.8，231页，32开
本书内容包括：革命爆发前的德国、普鲁士邦、德国的其他各邦、奥地利、维也纳暴动等。
收藏单位：长春馆、成都馆、东北师大馆、广东馆、黑龙江馆、吉林馆、南京馆、上海馆

00014
德国的革命与反革命　（德）恩格斯（Friedrich Engels）著　柯柏年等译
[延安]：解放社，1939.4，217页，32开（马恩丛书8）
[北京]：解放社，1949.4，212页，32开
本书1939年4月版译者题：王石巍、柯柏年。
收藏单位：成都馆、重庆馆、东北师大馆、广东馆、国家馆、黑龙江馆、湖南馆、吉林馆、南京馆、山西馆、上海馆、绍兴馆、天津馆、西南大学馆

00015
德国的革命与反革命　（德）恩格斯（Friedrich Engels）著　柯柏年等译
山东新华书店，1949.6印，264页，32开
本书据解放社1949年版翻印。
收藏单位：广东馆、国家馆、山东馆、天津馆

00016
德国的革命与反革命　（德）恩格斯（Friedrich Engels）著　王右铭　柯柏年等译
[重庆]：生活书店，1939，217页，32开
收藏单位：北碚馆、成都馆、东北师大馆、贵州馆、国家馆、河南馆、黑龙江馆、吉林馆、南京馆、山东馆、天津馆

00017
德国农民战争　（德）恩格斯（Friedrich Engels）撰　钱亦石译
华中新华书店，1949，194页，32开
收藏单位：重庆馆、湖南馆

00018
德国农民战争　（德）恩格斯（Friedrich Engels）撰　钱亦石译
[北京]：解放社，1949.5，237页，32开
收藏单位：东北师大馆、广东馆、国家馆、山东馆、天津馆

00019
德国农民战争　（德）恩格斯（Friedrich Engels）著　钱亦石译
上海：生活书店，1938.7，248页，32开（世界名著译丛5）

重庆：生活书店，1939，再版，248页，32开（世界名著译丛5）
上海：生活书店，1947.1，胜利后2版，248页，32开（世界学术名著译丛）
上海：生活书店，1947.7，胜利后3版，248页，32开（世界学术名著译丛）
大连：生活书店，1949.7，东北再版，248页，32开（马列文库11）

本书共7章，内容包括：农民战争时期的经济状况与阶级关系、农民暴动的简史、贵族暴动的简史等。附《德国农民的十二个条件》等。

收藏单位：安徽馆、北碚馆、长春馆、成都馆、重庆馆、东北师大馆、广东馆、广西馆、贵州馆、国家馆、黑龙江馆、湖北馆、南京馆、山东馆、山西馆、上海馆、天津馆、西南大学馆、中科图

00020
德国农民战争 （德）恩格斯（Friedrich Engels）著 钱亦石译
[延安]：新华书店，1945.10，193页，32开

收藏单位：国家馆、近代史所

00021
德意志观念体系 （德）马克思（Karl Marx）（德）恩格斯（Friedrich Engels）著 周建人译
上海：珠林书店，1941.7，111页，32开

本书著者于1845—1846年著述《德意志观念体系》，对费尔巴哈和青年黑格尔派布·鲍威尔和施蒂纳所代表的德国直观唯物主义及唯心主义哲学，以及各式各样的德国社会主义做了批判。本书为该书第1部分，即《费尔巴哈·唯物观和唯心观的对立》，据英译本转译。译者原题：克士。

收藏单位：东北师大馆、国家馆、上海馆

00022
德意志意识形态 （德）马克思（Karl Marx）（德）恩格斯（Friedrich Engels）著 郭沫若译
上海：群益出版社，1947.3，152页，32开（沫若译文集5）
[上海]：群益出版社，1949，152页，32开

收藏单位：重庆馆、东北师大馆、甘肃馆、广西馆、贵州馆、国家馆、湖北馆、山东馆、上海馆、绍兴馆、天津馆、西南大学馆、浙江馆

00023
德意志意识形态（原名，德意志观念体系论） （德）马克思（Karl Marx）（德）恩格斯（Friedrich Engels）著 郭沫若译
[上海]：言行出版社，1938.11，152页，32开

收藏单位：吉林馆

00024
恩格斯和马克思的宣言
出版者不详，[1920—1949]，54页，32开

本书即《共产党宣言》。

收藏单位：南京馆

00025
法兰西阶级斗争 （德）马克思（Karl Marx）著 柯柏年译
[延安]：解放社，1942.7，152页，32开（马克思恩格斯丛书12）
[上海]：解放社，1949.7，201页，32开
[北平]：解放社，1949，再版，201页，32开

本书是运用唯物主义观点研究一个历史阶段，对法国二月革命的原因、性质和进程做了精辟的分析，具体论述并进一步发展了历史唯物主义的一些重要原理。

收藏单位：成都馆、东北师大馆、广东馆、贵州馆、国家馆、吉林馆、南京馆、山东馆、山西馆、绍兴馆

00026
法兰西阶级斗争 （德）马克思（Karl Marx）著 柯柏年译
山东新华书店，1949.7，196页，32开

收藏单位：国家馆、吉林馆、山东馆、天津馆

00027
法兰西内战　（德）马克思（Karl Marx）著　郭和译
上海：海潮社，1939.4，236 页，32 开
上海：海潮社，1940.11，236 页，32 开（海潮社丛刊）

本书内容包括：俄译本序（梁尚诺夫）、恩格斯在德文版上第三版的序言、国际工人协会总务委员会关于战争的宣言、国际工人协会总务委员会宣言（法兰西内战）、附注。附《巴黎公社宣言》等 4 篇。1940 年版题名：巴黎公社。

收藏单位：东北师大馆、国家馆、吉林馆、上海馆、浙江馆

00028
法兰西内战　（德）马克思（Karl Marx）著　思美译
出版者不详，[1911—1949]，70 页，32 开

本书为国际工人联合会总委员会因普法战争、法兰西内战告欧美各分会全体会员书。书前有恩格斯 1891 年写的序。

00029
法兰西内战　（德）马克思（Karl Marx）著　吴黎平　刘云译
华东新华书店，1949.5，119 页，32 开

收藏单位：安徽馆、贵州馆、国家馆、南京馆、山东馆、上海馆、天津馆

00030
法兰西内战　（德）马克思（Karl Marx）著　吴黎平　刘云译
[延安]：解放社，1938.11，117 页，32 开（马克思恩格斯丛书 5）
重庆：解放社，1939.2，117 页，32 开（马克思恩格斯丛书 5）
延安：解放社，1948.8，117 页，32 开（马克思恩格斯丛书 5）
上海：解放社，1949.7，119 页，32 开

收藏单位：东北师大馆、广东馆、贵州馆、国家馆、黑龙江馆、辽宁馆、南京馆、宁夏馆、山东馆、山西馆、陕西馆、上海馆、天津馆

00031
法兰西内战　（德）马克思（Karl Marx）著　吴黎平　刘云译
上海：生活书店，1946.5，153 页，32 开（世界学术名著译丛）
大连：生活书店，1949.3，154 页，32 开（马列文库 9）

收藏单位：安徽馆、成都馆、重庆馆、东北师大馆、贵州馆、国家馆、黑龙江馆、湖北馆、辽宁馆、南京馆、宁夏馆、山东馆、山西馆、上海馆、天津馆

00032
法兰西内战　（德）马克思（Karl Marx）著　吴黎平　刘云译
[上海]：新华书店，1949.7，115 页，32 开
[南京]：新华书店，1949.7，再版，115 页，32 开

收藏单位：重庆馆、东北师大馆、贵州馆、国家馆、吉林馆、南京馆、西南大学馆、中科图

00033
法兰西内战　（德）马克思（Karl Marx）著　吴黎平　刘云译
桂林：中国出版社，1939.2，109 页，32 开（马克思恩格斯丛书 5）
桂林：中国出版社，1939.3，再版，109 页，32 开（马克思恩格斯丛书 5）

收藏单位：成都馆、重庆馆、广西馆、国家馆、吉林馆、江西馆、上海馆、浙江馆

00034
法兰西内战　（德）马克思（Karl Marx）著　吴黎平　刘云译
[郑州]：中原新华书店，1949.1，93 页，32 开（马列文库 9）

收藏单位：国家馆、湖北馆、湖南馆、山东馆、上海馆

00035
反杜林格论（上册）（德）恩格斯（Friedrich Engels）著　钱铁如译
上海：昆仑书店，1930.12，228页，32开
本书为哲学部分。题名取自封面，书名页题：反杜林格论——哲学　经济学　社会主义　批判。
收藏单位：东北师大馆、广西馆、国家馆、南京馆、山东馆、上海馆、天津馆

00036
反杜林论（德）恩格斯（Friedrich Engels）著　吴黎平译
上海：笔耕堂书店，1932.7，450页，32开
本书著者从哲学、政治经济学、社会主义三个领域，对杜林的机构论和形而上学做了批判。译者原题：吴理屏。
收藏单位：广东馆、国家馆、湖南馆、吉林馆、山东馆、山西馆、上海馆、天津馆、西南大学馆、浙江馆

00037
反杜林论（德）恩格斯（Friedrich Engels）著　吴黎平译
上海：江南书店，1930.11，601页，32开
上海：江南书店，1931.8，再版，601页，32开，精装
收藏单位：国家馆、湖南馆、吉林馆、南京馆、上海馆、天津馆

00038
反杜林论（德）恩格斯（Friedrich Engels）著　吴黎平译
抗战书店，1940.8，订正版，440页，36开
收藏单位：重庆馆、国家馆、近代史所、南京馆

00039
反杜林论（德）恩格斯（Friedrich Engels）著　吴黎平译
上海：生活书店，1937.8，449页，32开
汉口：生活书店，1938.3，再版，449页，32开
[汉口]：生活书店，1938.9，3版，449页，32开（世界名著译丛3）
上海：生活书店，1939.5，4版，449页，32开（世界名著译丛3）
上海：生活书店，1947.1，胜利后1版，440页，32开（世界学术名著译丛）
本书译者原题：吴理屏。
收藏单位：成都馆、广东馆、广西馆、贵州馆、国家馆、黑龙江馆、湖北馆、吉林馆、南京馆、青海馆、山西馆、上海馆、绍兴馆、西南大学馆、中科图

00040
费尔巴哈论（德）恩格斯（Friedrich Engels）著　彭嘉生译
上海：南强书局，1929.12，223页，32开
上海：南强书局，1932.4，再版，223页，32开
上海：南强书局，1935，3版，223页，32开
本书正文为《路德维希·费尔巴哈和德国古典哲学的终结》（恩格斯），收文4篇：《从黑格尔到费尔巴哈》《观念论与唯物论》《费尔巴哈底宗教哲学及伦理学》《辩证法的唯物论》。附《费尔巴哈论纲》《“费尔巴哈论”补遗》《史的唯物论》《法兰西唯物论史》《马克思底唯物论及辩证法》。书前有编者序言。书后有译者后记。据董克耳编德文版《马克思主义文库》第3篇，并参考Austin Lewis的英译本及佐野文夫的日译本译出。
收藏单位：东北师大馆、广东馆、贵州馆、国家馆、近代史所、南京馆、宁夏馆、上海馆、绍兴馆、浙江馆

00041
费尔巴哈论（德）恩格斯（Friedrich Engels）著　张仲实译
上海：生活书店，1937.12，88页，32开（世界名著译丛2）
汉口：生活书店，1938.2，再版，88页，32开（世界名著译丛2）
[汉口]：生活书店，1938.4，再版，88页，32开（世界名著译丛2）
收藏单位：成都馆、广东馆、广西馆、贵

州馆、国家馆、吉林馆、江西馆、南京馆、宁夏馆、山东馆、陕西馆、上海馆、绍兴馆、首都馆、中科图

00042
费尔巴哈论（英汉合璧）（德）恩格斯（Friedrich Engels）著　青骊译
上海：社会主义研究社，1932.11，103+113 页，32 开
　　收藏单位：北碚馆、国家馆、吉林馆、山西馆

00043
费尔巴哈与德国古典哲学的终结　（德）恩格斯（Friedrich Engels）著　张仲实译
北平：解放社，1949.9，104 页，32 开
　　本书以 1937 年出版的译本为基础，并据马恩列学院编《马恩文选》1948 年版所载本书俄文译文重新校正。
　　收藏单位：东北师大馆、甘肃馆、广东馆、贵州馆、国家馆、湖南馆、吉林馆、内蒙古馆、山西馆、天津馆

00044
费尔巴哈与古典哲学的终末　（德）恩格斯（Friedrich Engels）著　向省吾译
上海：江南书店，[1930]，124 页，64 开
　　收藏单位：北碚馆、重庆馆、广东馆、国家馆、吉林馆

00045
哥达纲领批判　（德）马克思（Karl Marx）著　何思敬　徐冰译
长春：东北书店，1949.5，117 页，32 开（马恩丛书 10）
　　收藏单位：长春馆、东北师大馆、国家馆、上海馆、天津馆

00046
哥达纲领批判　（德）马克思（Karl Marx）著　何思敬　徐冰译
[延安]：解放社，1939.12，139 页，32 开（马恩丛书 10）
　　收藏单位：国家馆、南京馆、内蒙古馆、山西馆

00047
哥达纲领批评　（德）马克思（Karl Marx）著　李春蕃译
上海：解放丛书社，1925，52 页，42 开（解放丛书 1）
上海：解放丛书社，1926.1，再版，52 页，32 开（解放丛书 1）
　　收藏单位：广西馆、国家馆、浙江馆

00048
革命与反革命　（德）恩格斯（Friedrich Engels）著　刘镜园译
上海：新生命书局，1930.5，214 页，32 开
上海：新生命书局，1932.7，再版，214 页，32 开
上海：新生命书局，1936.5，3 版，214 页，32 开
　　本书即《德国的革命与反革命》。收文 20 篇，内容包括：《革命暴发前之德国》《自由主义反对派之兴起》《宗教的反对派——关于德国统一的思想》《奥地利的状况》《维也纳的三月革命》《法兰克佛特的国民会议》《维也纳的十月革命》《维也纳的陷落》《立宪会议在柏林之完结》《一八四九年的开始》等。
　　收藏单位：重庆馆、广东馆、广西馆、国家馆、吉林馆、山东馆、山西馆、上海馆、西南大学馆、浙江馆、中科图

00049
工钱劳动与资本　（德）马克思（Karl Marx）著　袁让译
外文题名：Lohnarbeit and Kapital
广州：国光书店，1926，54 页，32 开
广州：国光书店，1926，再版，54 页，32 开
　　本书据恩格斯修订过的柏林 1861 年德文版并参考纽约 1902 年英文版译出。
　　收藏单位：广西馆、上海馆

00050
工钱劳动与资本　（德）马克思（Karl Marx）著　袁让译
外文题名：Lohnarbeit and Kapital
上海：人民出版社，1921.12，54页，32开（马克思全书2）
本书伪装出版地题：广州。
收藏单位：广东馆、上海馆

00051
工资价格及利润　（德）马克思（Karl Marx）著　朱应祺译
上海：世界文化出版社，1949.7，再版，108页，36开（马列主义丛书）
本书共14章，内容包括：工资的涨跌对于货币增减的影响、需要供给的法则、工资与物价、剩余价值的生产等。
收藏单位：东北师大馆、国家馆、湖北馆、吉林馆

00052
工资价格及利润　（德）马克思（Karl Marx）著　朱应祺　朱应会译
上海：泰东图书局，1929.4，108页，32开（马克斯研究丛书4）
收藏单位：重庆馆、东北师大馆、国家馆、吉林馆、人大馆、浙江馆

00053
工资劳动与资本　（德）马克思（Karl Marx）著　朱应祺　朱应会译
上海：世界文化出版社，1949.7，再版，88页，36开（马列主义丛书）
收藏单位：广东馆、国家馆、湖北馆、南京馆、天津馆

00054
工资劳动与资本　（德）马克思（Karl Marx）著　朱应祺　朱应会译
上海：泰东图书局，1929.5，87页，32开（马克斯研究丛书5）
本书共3章："绪言""工资是什么？究竟如何决定的？""商品的价格是如何决定的呢？"。据河上肇的日译本转译。
收藏单位：重庆馆、国家馆、吉林馆、南京馆、人大馆、上海馆、浙江馆

00055
共产党宣言　（德）马克思（Karl Marx）著
文光出版社，1949，46页，32开（马克思主义理论丛书）
本书共4部分：有产者与无产者、无产者与共产党人、社会主义的与共产主义的文献、共产党人对于各反对党派的态度。书前有1872年德文版序言、1883年德文版序言、1890年德文版序言。
收藏单位：广东馆

00056
共产党宣言　（德）马克思（Karl Marx）（德）恩格斯（Friedrich Engels）著
北平人民书报社，[1920—1949]，48页，32开
收藏单位：宁夏馆

00057
共产党宣言　（德）马克思（Karl Marx）（德）恩格斯（Friedrich Engels）著
上海：春江书店，1933.2，60页，32开
收藏单位：国家馆、浙江馆

00058
共产党宣言　（德）马克思（Karl Marx）（德）恩格斯（Friedrich Engels）著
大众社，1939，66页，32开（马克思恩格斯丛书4）
收藏单位：山东馆

00059
共产党宣言　（德）马克思（Karl Marx）（德）恩格斯（Friedrich Engels）著
上饶：赣东北新华书店，1949，46页，32开（干部学习丛书）
收藏单位：贵州馆

00060
共产党宣言　（德）马克思（Karl Marx）

（德）恩格斯（Friedrich Engels）著
石家庄：华北军区政治部，1949 印，59 页，32 开
本书共 4 部分：资产阶级与无产者、无产者与共产党人、社会主义的与共产主义的文献、共产党人对于不同的反对党派的态度。书前有 1872 年德文版序言、1882 年俄文版序言、1883 年德文版序言、1890 年德文版序言摘录。
收藏单位：国家馆、南京馆、山东馆、山西馆、上海馆

00061
共产党宣言 （德）马克思（Karl Marx）（德）恩格斯（Friedrich Engels）著
[石家庄]：华北军政大学政治部，1949，62 页，32 开
收藏单位：吉林馆

00062
共产党宣言 （德）马克思（Karl Marx）（德）恩格斯（Friedrich Engels）著
莫斯科：外国文书籍出版局，1949，60 页，32 开
本书共 4 部分：资产者与无产者、无产者与共产党人、社会主义的和共产主义的文献、共产党人对各种反对党派的态度。书前有 1872 年德文版序、1882 年俄文版序、1883 年德文版序、1888 年英文版序、1890 年德文版序、1892 年波兰文版序、1893 年意大利文版序。
收藏单位：重庆馆、广东馆、国家馆、南京馆、山西馆、绍兴馆

00063
共产党宣言 （德）马克思（Karl Marx）（德）恩格斯（Friedrich Engels）著
[大连]：新中国书局，1949.4，50 页，32 开（干部学习丛书 第 1 辑）
本书共 4 部分：资产者与无产者、无产者与共产党人、社会主义的与共产主义的文献、共产党人对于不同的反对党派的态度。书前有 1872 年德文版序言、1882 年俄文版序言、1883 年德文版序言、1890 年德文版序言摘录。
收藏单位：湖北馆、吉林馆、南京馆、上海馆、绍兴馆、天津馆

00064
共产党宣言 （德）马克思（Karl Marx）（德）恩格斯（Friedrich Engels）著
学习出版社，[1920—1949]，40 页，32 开
收藏单位：广东馆、上海馆

00065
共产党宣言 （德）马克思（Karl Marx）（德）恩格斯（Friedrich Engels）著
北平：中新图书公司，1949，46 页，32 开
收藏单位：吉林馆、天津馆

00066
共产党宣言 （德）马克思（Karl Marx）（德）恩格斯（Friedrich Engels）著
出版者不详，1927.1，44 页，32 开
收藏单位：湖南馆

00067
共产党宣言 （德）马克思（Karl Marx）（德）恩格斯（Friedrich Engels）著　博古校译
安东（丹东）：东北书店，1948.10 印，50 页，32 开
[佳木斯]：东北书店，1948.10，3 版，50 页，32 开
大连：东北书店，1949.3，再版，55 页，32 开
收藏单位：国家馆、湖北馆、近代史所、上海馆

00068
共产党宣言 （德）马克思（Karl Marx）（德）恩格斯（Friedrich Engels）著　博古译
[北平]：华北大学，1949.5 印，72 页，32 开
本书据解放社版翻印。
收藏单位：国家馆、吉林馆、近代史所、天津馆

00069
共产党宣言 （德）马克思（Karl Marx）（德）恩格斯（Friedrich Engels）著 博古译
华北新华书店，1946.6 印，校正本，84 页，32 开
收藏单位：广东馆、国家馆、近代史所、山西馆、上海馆

00070
共产党宣言 （德）马克思（Karl Marx）（德）恩格斯（Friedrich Engels）著 博古译
华东新华书店，1949.2，重排再版，61 页，32 开
本书为中级党校教材，据解放社 1948 年版翻印。
收藏单位：国家馆、南京馆、山东馆、绍兴馆、天津馆

00071
共产党宣言 （德）马克思（Karl Marx）（德）恩格斯（Friedrich Engels）著 博古译
华中新华书店，1948，57 页，32 开
华中新华书店，1949.2，57 页，32 开
收藏单位：国家馆、南京馆、山东馆、山西馆、上海馆、天津馆

00072
共产党宣言 （德）马克思（Karl Marx）（德）恩格斯（Friedrich Engels）著 博古译
朝城：冀鲁豫书店，1948.2，60 页，32 开（干部学习丛书）
收藏单位：重庆馆、国家馆、上海馆

00073
共产党宣言 （德）马克思（Karl Marx）（德）恩格斯（Friedrich Engels）著 博古译
胶东新华书店，1946.10，49 页，32 开
收藏单位：重庆馆、国家馆、上海馆

00074
共产党宣言 （德）马克思（Karl Marx）（德）恩格斯（Friedrich Engels）著 博古译
解放社，1943.8，87 页，32 开
解放社，1947，校正本，50 页，32 开
解放社，1948.11，79 页，32 开
解放社，1948.12，79 页，32 开
解放社，1949.3，再版，79 页，32 开
解放社，1949.5，60 页，32 开
解放社，1949.6，79 页，32 开
解放社，1949，山东版，91 页，32 开
解放社，1949，沪版，79 页，32 开
收藏单位：成都馆、重庆馆、广东馆、贵州馆、国家馆、湖北馆、南京馆、内蒙古馆、宁夏馆、山东馆、山西馆、上海馆、绍兴馆、天津馆、浙江馆

00075
共产党宣言 （德）马克思（Karl Marx）（德）恩格斯（Friedrich Engels）著 博古译
山东新华书店，1946.9，49 页，32 开（干部学习丛书）
山东新华书店，1948.3，49 页，32 开
收藏单位：贵州馆、国家馆、山东馆、上海馆

00076
共产党宣言 （德）马克思（Karl Marx）（德）恩格斯（Friedrich Engels）著 博古译
无锡：苏南新华书店，1949，再版，47 页，32 开
收藏单位：国家馆

00077
共产党宣言 （德）马克思（Karl Marx）（德）恩格斯（Friedrich Engels）著 博古译
太行新华书店，1949.2，79 页，36 开
收藏单位：国家馆、山西馆

00078
共产党宣言 （德）马克思（Karl Marx）（德）恩格斯（Friedrich Engels）著 博古译
[阳城]：太岳新华书店，1946.6，84 页，32 开
[阳城]：太岳新华书店，1948.10，84 页，32 开
[阳城]：太岳新华书店，1949.3，再版，79 页，32 开

[阳城]：太岳新华书店，1949.6，3版，68页，32开
收藏单位：国家馆、山东馆、山西馆、上海馆

00079
共产党宣言 （德）马克思（Karl Marx）（德）恩格斯（Friedrich Engels）著 博古译
[合肥]：皖北新华书店，1949.6，47页，32开
收藏单位：安徽馆、国家馆、天津馆

00080
共产党宣言 （德）马克思（Karl Marx）（德）恩格斯（Friedrich Engels）著 博古译
[西安]：西北新华书店，1949.8，69页，32开
收藏单位：国家馆、宁夏馆、上海馆

00081
共产党宣言 （德）马克思（Karl Marx）（德）恩格斯（Friedrich Engels）著 博古译
[南京]：新华书店，1949.5，再版，79页，36开
[北平]：新华书店，1949.7，49页，32开
收藏单位：成都馆、重庆馆、贵州馆、国家馆、湖北馆、南京馆

00082
共产党宣言 （德）马克思（Karl Marx）（德）恩格斯（Friedrich Engels）著 博古译
中国人民解放军第十五兵团政治部，1949.8印，52页，32开
收藏单位：国家馆

00083
共产党宣言 （德）马克思（Karl Marx）（德）恩格斯（Friedrich Engels）著 博古译
中原新华书店，1948.11，49页，32开
中原新华书店，1949.2，再版，49页，32开
收藏单位：国家馆、湖北馆、上海馆

00084
共产党宣言 （德）马克思（Karl Marx）（德）恩格斯（Friedrich Engels）著 陈瘦石译
出版者不详，[1945]，64页，64开
本书据《比较经济制度》下册翻印。
收藏单位：国家馆

00085
共产党宣言 （德）马克思（Karl Marx）（德）恩格斯（Friedrich Engels）著 陈望道译
广州：国光书社，1925.4，5版，56页，32开
广州：国光书社，1926.4，6版，56页，32开
本书著者“恩格斯”原题：昂格士。
收藏单位：国家馆

00086
共产党宣言 （德）马克思（Karl Marx）（德）恩格斯（Friedrich Engels）著 陈望道译
上海：社会主义研究社，1920.8，56页，32开（社会主义研究小丛书1）
上海：社会主义研究社，1920.9，再版，56页，32开（社会主义研究小丛书1）
本书为《共产党宣言》最早中译本。著者“马克思”原题：马格斯，“恩格斯”原题：安格尔斯。
收藏单位：国家馆、湖南馆、近代史所、上海馆

00087
共产党宣言 （德）马克思（Karl Marx）（德）恩格斯（Friedrich Engels）著 成仿吾 徐冰译
菏泽：冀鲁豫新华书店，1949.4，57页，32开（干部学习丛书）
收藏单位：国家馆、上海馆

00088
共产党宣言 （德）马克思（Karl Marx）（德）恩格斯（Friedrich Engels）著 成仿吾 徐冰译
解放社，1938.8，60页，32开（马恩丛书4）
本书著者“马克思”原题：马克斯。
收藏单位：国家馆、宁夏馆、上海馆

00089
共产党宣言 （德）马克思（Karl Marx）（德）恩格斯（Friedrich Engels）著 成仿吾 徐冰译
中国出版社，1938.8，60 页，32 开（马恩丛书 4）
香港：中国出版社，1939.7，58 页，32 开（马列主义理论丛书）
香港：中国出版社，1947.11，再版，58 页，32 开（马列主义理论丛书）
香港：中国出版社，1949.6，3 版，58 页，32 开（马列主义理论丛书）

本书 1938 年版著者“马克思”原题：马克斯。

收藏单位：北碚馆、重庆馆、广东馆、国家馆、河南馆、湖北馆、南京馆、山西馆、上海馆、天津馆

00090
共产党宣言 （德）马克思（Karl Marx）（德）恩格斯（Friedrich Engels）著 华岗译
上海：中外社会科学研究社，1930，[11]+47 页，32 开
上海：中外社会科学研究社，1932，3 版，[11]+47 页，32 开

收藏单位：国家馆

00091
共产党宣言 （德）马克思（Karl Marx）（德）恩格斯（Friedrich Engels）著 解放社编
[杭州]：浙江新华书店，1949，47 页，32 开
[杭州]：浙江新华书店，1949.6，再版，47 页，32 开

收藏单位：国家馆、湖南馆

00092
共产党宣言 （德）马克思（Karl Marx）（德）恩格斯（Friedrich Engels）著 徐冰译
新文化书房，1938，67 页，32 开

收藏单位：广东馆、上海馆、浙江馆

00093
共产主义原理 （德）恩格斯（Friedrich Engels）著 林若译
上海：民间出版社，1949.7，31 页，32 开

本书通过对 25 个问题的回答阐述科学共产主义的基本原理，是《共产党宣言》的重要准备著作。

收藏单位：吉林馆

00094
雇佣劳动与资本 （德）马克思（Karl Marx）著 沈志远译
上海：生活·读书·新知三联书店，1949.8，17+51 页，32 开（马列主义理论丛书）
[北平]：生活·读书·新知三联书店，1949，2 版，51 页，32 开（马列主义理论丛书）

本书共 8 部分，内容包括：怎样决定商品底价格、工资是怎样决定的、资本底性质和资本底增殖、雇用劳动和资本底关系等。书前有恩格斯导言。据莫斯科 1933 年俄文版《马克思选集》译出。

收藏单位：贵州馆、国家馆、湖北馆、吉林馆、南京馆、上海馆、天津馆

00095
雇佣劳动与资本 （德）马克思（Karl Marx）著 沈志远译
重庆：生活书店，1939.8，17+51 页，32 开（世界名著译丛 7）
重庆：生活书店，1939.11，再版，17+51 页，32 开（世界名著译丛 7）
重庆、上海：生活书店，1945.11，胜利后 1 版，17+51 页，32 开（世界名著译丛 7）
重庆、上海：生活书店，1946.4，胜利后 2 版，17+51 页，32 开（世界学术名著译丛）
大连：生活书店，1947.8，东北版，17+51 页，32 开（马列文库 10）
上海、重庆：生活书店，1947.8，胜利后 3 版，17+51 页，32 开（世界学术名著译丛）
上海：生活书店，1948.2，再版，17+51 页，32 开
大连：生活书店，1949.7，东北再版，17+51

页，32 开（马列文库 10）

收藏单位：长春馆、东北师大馆、福建馆、广东馆、广西馆、贵州馆、国家馆、河南馆、湖北馆、吉林馆、近代史所、南京馆、宁夏馆、山东馆、山西馆、上海馆、天津馆、浙江馆、中科图

00096

雇佣劳动与资本　（德）马克思（Karl Marx）著　沈志远译

[北平]：实践出版社，1949.8，51 页，32 开

收藏单位：广东馆

00097

机械论的唯物论批判　（德）恩格斯（Friedrich Engels）著　（俄）普列汉诺夫（Г. В. Плеханов）注释　杨东莼　宁敦伍译

上海：昆仑书店，1932.5，321 页，32 开

本书即《路德维希·费儿巴哈与古典哲学之终结》，收文 4 篇：《从黑智儿到费儿巴哈》《观念论与唯物论》《费儿巴哈的宗教哲学与伦理学》《辩证法的唯物论》。附《费儿巴哈论纲》《费儿巴哈论补遗》《史的唯物论》《法兰西唯物论史》《马克思的唯物论与辩证法》《费儿巴哈论纲原稿译文》《观念论的见解与唯物论的见解之对立》《蒲列哈诺夫对费尔巴哈的序文和评注》。注释者原题：蒲列哈诺夫。

收藏单位：北碚馆、广东馆、广西馆、国家馆、黑龙江馆、吉林馆、江西馆、柳州馆、南京馆、山东馆、山西馆、上海馆、天津馆、中科图

00098

家族私有财产及国家的起源　（德）恩格斯（Friedrich Engels）著　张仲实译

[上海]：大江书局，[1940—1949]，290 页，32 开

收藏单位：山东馆

00099

家族私有财产及国家的起源　（德）恩格斯（Friedrich Engels）著　张仲实译

上海：生活·读书·新知三联书店，1949.4，200 页，32 开（马列主义理论丛书）

收藏单位：安徽馆

00100

家族私有财产及国家的起源　（德）恩格斯（Friedrich Engels）著　张仲实译

上海：生活书店，1946.5，胜利后 1 版，200 页，32 开（世界学术名著译丛）

上海：生活书店，1947.1，胜利后 2 版，200 页，32 开（世界学术名著译丛）

大连：生活书店，1948.11，201 页，32 开（马列文库 6）

本书共 9 章，内容包括：有史以前的诸文化阶段、家族、易洛魁人的氏族、希腊人的氏族、雅典国家底发生等。

收藏单位：广东馆、河南馆、吉林馆、内蒙古馆、山东馆、上海馆、天津馆

00101

家族私有财产及国家之起源　（德）恩格斯（Friedrich Engels）著

明华出版社，1938.6，251 页，32 开

收藏单位：北碚馆、成都馆、东北师大馆、广东馆、贵州馆、国家馆、湖南馆、南京馆、山西馆、上海馆、天津馆

00102

家族私有财产及国家之起源　（德）恩格斯（Friedrich Engels）著　李膺扬译

外文题名：Origin of the family private property and the state

上海：新生命书局，1929.6，290 页，32 开（社会科学名著译丛）

上海：新生命书局，1930.3，再版，290 页，32 开（社会科学名著译丛）

上海：新生命书局，1931.4，3 版，290 页，32 开（社会科学名著译丛）

上海：新生命书局，1932.7，4 版，290 页，32 开（社会科学名著译丛）

上海：新生命书局，1934.3，5 版，290 页，32 开（社会科学名著译丛）

上海：新生命书局，1936.2，6 版，290 页，32

开（社会科学名著译丛）

本书据 Ernest Untermann 英译本转译。

收藏单位：重庆馆、福建馆、广东馆、广西馆、贵州馆、国家馆、河南馆、湖南馆、吉林馆、近代史所、南京馆、山西馆、上海馆、首都馆、西南大学馆、云南馆、浙江馆、中科图

00103

家族私有财产及国家之起源（德）恩格斯（Friedrich Engels）著 张仲实译

大连：大连新华书店，1949.7，201 页，32 开

收藏单位：国家馆、吉林馆、南京馆、山西馆、上海馆

00104

家族私有财产及国家之起源（德）恩格斯（Friedrich Engels）著 张仲实译

长春：新中国书局，1949.4，再版，201 页，32 开（世界学术名著译丛）

收藏单位：长春馆、东北师大馆、国家馆、近代史所、南京馆、山东馆、山西馆、上海馆、天津馆

00105

家族私有财产及国家之起源（德）恩格斯（Friedrich Engels）著 张仲实译

学术出版社，1941.2，199 页，32 开（古典名著译丛）

收藏单位：成都馆、国家馆、南京馆、上海馆

00106

价值价格及利润（又名，工资、价格和利润）（德）马克思（Karl Marx）著 李季译

外文题名：Value，price and profit

上海：商务印书馆，1922.10，99 页，32 开（世界丛书）

上海：商务印书馆，1924.8，再版，16+99 页，32 开（世界丛书）

本书为马克思 1865 年 6 月 20、27 日在国际工人协会总委员会会议上用英语作的报告。共 14 章，内容包括：生产和工钱、生产工钱和利润、工钱和钱币、供给和需要、价值和劳动等。著者原题：马克斯。

收藏单位：重庆馆、广西馆、国家馆、吉林馆、陕西馆、上海馆、天津馆

00107

价值价格与利润（德）马克思（Karl Marx）著 王学文等译

上海：生活书店，1946.10，94 页，32 开（世界学术名著译丛）

上海：生活书店，1947.1，再版，95 页，32 开（世界学术名著译丛）

上海：生活书店，1948.2，胜利后 3 版，95 页，32 开（世界学术名著译丛）

大连：生活书店，1948.6，东北初版，86 页，32 开（马列文库 3）

哈尔滨：生活书店，1948.9，86 页，32 开（马列文库）

大连：生活书店，1949.7，东北再版，86 页，32 开（马列文库 3）

本书即《工资、价格和利润》一书的第 6—14 章、《劳动价值说易解》的另一译本。

收藏单位：安徽馆、长春馆、成都馆、东北师大馆、广东馆、广西馆、国家馆、河南馆、吉林馆、青海馆、山东馆、山西馆、上海馆、天津馆、浙江馆

00108

经济学批判（德）马克思（Karl Marx）著 李季译

上海：政治经济研究会，1932.3，3 版，270 页，32 开

本书即《政治经济学批判》。

收藏单位：安徽馆、国家馆、山东馆

00109

经济学批判（德）马克思（Karl Marx）著 刘曼译

上海：乐群书店，1930.5，338 页，32 开

本书共两章：商品、货币或单纯流通。附《〈经济学批判〉序言》。书前有译者序、英译者序、著者序。据 1904 年 Stone 英译本转译。著者原题：马克斯。

收藏单位：重庆馆、东北师大馆、广东馆、国家馆、近代史所、宁夏馆、山东馆、上海馆、首都馆、天津馆、浙江馆

00110
科学的社会主义　（德）恩格斯（Friedrich Engels）著　郑次川译
上海：公民书局，1920，60页，32开（公民丛书2）
上海：公民书局，1921.7，再版，60页，25开（公民丛书 社会类3）

本书为《社会主义从空想到科学的发展》摘译本，内容包括：唯物史观之出发点与近世社会主义之根据、脱胎于资本家的生产法之社会制度、社会生产与个人有相矛盾之结果等。著者原题：恩格尔。

收藏单位：广东馆、上海馆、首都馆、浙江馆

00111
科学的社会主义　（德）恩格斯（Friedrich Engels）著　郑次川译
上海：群益书社，1920.8，60页，32开

收藏单位：国家馆、上海馆

00112
劳动价值说易解　（德）马克思（Karl Marx）著　西流译
上海：亚东图书馆，1938.10，74页，32开

本书即《工资、价格和利润》一书的第6—14章，据堺利彦日译本转译。

收藏单位：上海馆

00113
劳动在从猿到人过程中的作用　（德）恩格斯（Friedrich Engels）著
华东新华书店，1949.4，渤海版，25页，36开

本书共两部分：劳动在从猿到人转变过程中的作用、人底进化过程。

收藏单位：山东馆

00114
论犹太人问题　（德）马克思（Karl Marx）著　郭和译
上海：亚东图书馆，1939.1，72页，32开

本书收文两篇：《论社会批评的意义及方法》《论犹太人》。书前有代序《犹太人问题之过去现在与未来》（王凡西）。

收藏单位：东北师大馆、贵州馆、国家馆、南京馆、上海馆、浙江馆

00115
拿破仑第三政变记　（德）马克思（Karl Marx）著　陈仲涛译
上海：江南书店，1930.5，230页，32开

本书阐述当时法国的社会结构和阶级斗争状况，评述路易·波拿巴政变的原因、过程和结局，分析资产阶级国家的本质，阐明了马克思主义国家学说，提出无产阶级革命必须摧毁旧的国家机器的思想。

收藏单位：成都馆、国家馆、吉林馆、内蒙古馆、上海馆、浙江馆

00116
拿破仑第三政变记　（德）马克思（Karl Marx）著　柯柏年译
大连：光华书店，1949.1，152页，32开（马列文库8）

收藏单位：长春馆、东北师大馆、广东馆、国家馆、河南馆、吉林馆、山西馆、陕西馆、中科图

00117
拿破仑第三政变记　（德）马克思（Karl Marx）著　柯柏年译
华东新华书店，1949.4印，166页，32开

本书据解放社1948年版翻印。

收藏单位：东北师大馆、广东馆、国家馆、吉林馆、宁夏馆、山东馆、上海馆、天津馆、浙江馆

00118
拿破仑第三政变记　（德）马克思（Karl Marx）著　柯柏年译
解放社，1948.8印，166页，32开
上海：解放社，1949.7，166页，32开

本书据延安新华书店 1940 年 8 月版翻印。

收藏单位：东北师大馆、国家馆、河南馆、黑龙江馆、湖北馆、吉林馆、辽宁馆、南京馆、内蒙古馆、山东馆、上海馆、绍兴馆、中科图

00119
拿破仑第三政变记 （德）马克思（Karl Marx）著 柯柏年译
重庆：生活书店，1940.11，168 页，32 开（世界学术名著译丛 14）
上海：生活书店，1947.9，胜利后 1 版，168 页，32 开（世界学术名著译丛）

收藏单位：安徽馆、成都馆、广东馆、广西馆、贵州馆、国家馆、吉林馆、南京馆、青海馆、山西馆、上海馆、绍兴馆、天津馆、西南大学馆

00120
拿破仑第三政变记 （德）马克思（Karl Marx）著 柯柏年译
[郑州]：中原新华书店，1949.3，166 页，32 开

收藏单位：广东馆、广西馆、国家馆、河南馆

00121
拿破仑第三政变记 （德）马克思（Karl Marx）著 柯柏年译 吴黎平校
延安：解放社，1940.8，168 页，32 开（马恩丛书 11）

收藏单位：北碚馆、成都馆、东北师大馆、广东馆、国家馆、近代史所、辽宁馆、南京馆

00122
农民问题 （德）恩格斯（Friedrich Engels）原著 陆一远翻译
外文题名：Die Agrarfrage
上海：远东图书公司，1928.5，72 页，36 开

收藏单位：重庆馆、国家馆、河南馆、近代史所、上海馆、西南大学馆

00123
社会主义从空想到科学的发展 （德）恩格斯（Friedrich Engels）著
华北军区政治部，[1948—1949] 印，93 页，32 开

本书共 3 部分，由著者《反杜林论》中引论的第 1 章、第 3 编的第 1 章和第 2 章编成。书前有德文本第 1 版序、德文本第 4 版序、英文本序。

收藏单位：国家馆、宁夏馆

00124
社会主义从空想到科学的发展 （德）恩格斯（Friedrich Engels）撰 博古译
[佳木斯]：东北书店，1946.12，90 页，32 开
长春：东北书店，1949.4，86 页

收藏单位：东北师大馆、国家馆、吉林馆、辽宁馆、宁夏馆、上海馆、天津馆、浙江馆

00125
社会主义从空想到科学的发展 （德）恩格斯（Friedrich Engels）著 博古译
[北平]：华北大学，1949.7，127 页，32 开

收藏单位：成都馆、广东馆、国家馆、上海馆

00126
社会主义从空想到科学的发展 （德）恩格斯（Friedrich Engels）著 博古译
华东新华书店，1949.2 印，再版，97 页，32 开

本书据解放社 1943 年版翻印。

收藏单位：河南馆、山东馆、上海馆

00127
社会主义从空想到科学的发展 （德）恩格斯（Friedrich Engels）著 博古译
华中新华书店，1946.1，42 页，32 开（干部学习丛书 2）
华中新华书店，1949.2，72 页，32 开（干部高级读物）

收藏单位：南京馆、山东馆、山西馆、上

海馆、天津馆

00128
社会主义从空想到科学的发展　（德）恩格斯（Friedrich Engels）著　博古译
菏泽：冀鲁豫新华书店，1949.3，99页，32开（干部学习丛书）
　　收藏单位：国家馆、山东馆

00129
社会主义从空想到科学的发展　（德）恩格斯（Friedrich Engels）著　博古译
[北平]：解放社，1948.9，91页，32开
[北平]：解放社，1949.8，107页，32开
　　收藏单位：东北师大馆、国家馆、山东馆、山西馆、天津馆、西南大学馆、中科图

00130
社会主义从空想到科学的发展　（德）恩格斯（Friedrich Engels）著　博古译
山东新华书店，1946.9，47页，32开（干部学习丛书）
　　收藏单位：山东馆、山西馆

00131
社会主义从空想到科学的发展　（德）恩格斯（Friedrich Engels）著　博古译
[邢台]：太行群众书店，1948.2，75页，36开
　　收藏单位：国家馆、山东馆、天津馆

00132
社会主义从空想到科学的发展　（德）恩格斯（Friedrich Engels）著　博古译
太行新华书店，1949.1，再版，75页，32开
　　收藏单位：山西馆

00133
社会主义从空想到科学的发展　（德）恩格斯（Friedrich Engels）著　博古译
太岳新华社，1946.5，67页，32开
　　收藏单位：山东馆、山西馆

00134
社会主义从空想到科学的发展　（德）恩格斯（Friedrich Engels）著　博古译
[阳城]：太岳新华书店，1949.3，113页，32开
　　收藏单位：山东馆、山西馆、天津馆

00135
社会主义从空想到科学的发展　（德）恩格斯（Friedrich Engels）著　博古译
西安：西北新华书店，1949.8，校正本，97页，32开
　　收藏单位：国家馆

00136
社会主义从空想到科学的发展　（德）恩格斯（Friedrich Engels）著　博古译
新华书店，1949.6，校正本，99页，32开
新华书店，1949.7，再版，91页，32开
　　收藏单位：安徽馆、成都馆、东北师大馆、国家馆、河南馆、吉林馆、南京馆、青海馆、山东馆、山西馆、上海馆、绍兴馆、天津馆、西南大学馆

00137
社会主义从空想到科学的发展　（德）恩格斯（Friedrich Engels）著　博古译
[郑州]：中原新华书店，1949.1，77页，32开
　　收藏单位：广东馆、国家馆

00138
社会主义从空想到科学的发展　（德）恩格斯（Friedrich Engels）著　吴黎平译
[唐山]：冀东新华书店，1949.5，100页，32开（世界学术名著译丛）
　　本书共3部分："空想的社会主义""辩证法唯物论和剩余价值的形成——从空想到科学""科学的社会主义"。书前有《关于中文译本的几句话》（吴黎平）等。据马恩列学院《马克思恩格斯选集》俄文标准本译出。
　　收藏单位：国家馆、山东馆

00139
社会主义从空想到科学的发展　（德）恩格斯（Friedrich Engels）著　吴黎平译
［延安］：［解放社］，1938.6，103 页，32 开（马恩丛书 3）
收藏单位：北碚馆、国家馆、南京馆、浙江馆

00140
社会主义从空想到科学的发展　（德）恩格斯（Friedrich Engels）著　吴黎平译
［重庆］：生活书店，1939.4，再版，121 页，32 开（世界学术名著译丛 6）
上海：生活书店，1946.5，125 页，32 开
［上海］：生活书店，1946.10，再版，125 页，32 开（世界学术名著译丛）
生活书店，1947.7，东北版，97 页，32 开（世界学术名著译丛）
大连：生活书店，1948.6，116 页，32 开（马列文库 4）
收藏单位：北碚馆、长春馆、广西馆、贵州馆、桂林馆、国家馆、河南馆、湖北馆、南京馆、宁夏馆、山东馆、上海馆、天津馆

00141
社会主义从空想到科学的发展　（德）恩格斯（Friedrich Engels）著　吴黎平译
大连：新中国书局，1949.4，116 页，32 开（干部学习丛书 第 1 辑）
收藏单位：南京馆、上海馆

00142
社会主义从空想到科学的发展　（德）恩格斯（Friedrich Engels）著　吴黎平译
［汉口］：中国出版社，1938.11，121 页，32 开
收藏单位：成都馆、国家馆、南京馆、上海馆

00143
剩余价值学说史　（德）马克思（Karl Marx）著　郭大力译
［上海］：实践出版社，1949.5，3 册（406+711+592 页），23 开（世界学术名著译丛）
本书共 3 卷：剩余价值学说之起源至亚当斯密、论里嘉图、政治经济学批判遗稿。第 1 卷共两部分："重农主义派：其先驱和同时人""亚当斯密和生产劳动的概念"；第 2 卷共 4 部分：剩余价值与利润、地租、资本蓄积与恐慌、杂述；第 3 卷共 7 部分，内容包括：马尔萨斯、里嘉图学派的解体、建立在里嘉图理论基础上的反对论等。
收藏单位：广东馆、贵州馆、吉林馆、上海馆、天津馆

00144
剩余价值学说史　（德）马克思（Karl Marx）著　郭大力译
长春：新中国书局，1949.6，3 册（406+711+592 页），22 开（马列主义理论丛书）
收藏单位：东北师大馆、广西馆、国家馆、山西馆、上海馆、天津馆、西南大学馆、中科图

00145
剩余价值学说史　（德）马克思（Karl Marx）原撰　（德）考茨基（Karl Johann Kautsky）编辑　郭大力译
上海：生活·读书·新知联合发行所，1949，3 册（406+711+592 页），25 开（世界学术名著译丛）
北平：生活·读书·新知三联书店，1949.8 重印，3 册（406+ 707+589 页），25 开
收藏单位：重庆馆、广东馆、贵州馆、国家馆、吉林馆、内蒙古馆、山西馆、西南大学馆、云南馆、中科图

00146
新德意志帝国建设之际的暴力与经济　（德）恩格斯（Friedrich Engels）著　曹汀译　何思敬校
［延安］：八路军军政杂志社，1940.12，92 页，25 开，精装（抗日战争参考丛书 13）
收藏单位：国家馆、南京馆

00147
宣言　（德）马克思（Karl Marx）（德）恩格

斯（Friedrich Engels）著　陈望道译
汉口：人民书店，1938，46 页，32 开
本书即《共产党宣言》。

00148
艺术的真实　（德）马克思（Karl Marx）（德）恩格斯（Friedrich Engels）著　郭沫若译
上海：群益出版社，1947.3，60 页，32 开（沫若译文集 6）
上海：群益出版社，1949.7，60 页，32 开（文艺理论译丛）
本书共 8 部分：抽象与具体性、思辨的方法之虚伪的自由、思辨的文艺批评之畸形的一例、苏泽里加大师之舞蹈观、布尔乔治的典型之理想化、文学中的典型及社会关系歪曲之实例、布尔乔治浪漫主义文学之肯定的典型之暴露、被揭发了的“立场”之秘密。书前有译者前言。书后有译者附注。为《神圣家庭》选译本，据日本 Nauka 社《理论季刊》第 1 辑摘录译出。
收藏单位：长春馆、重庆馆、东北师大馆、广东馆、广西馆、国家馆、黑龙江馆、吉林馆、内蒙古馆、山西馆、上海馆、首都馆、浙江馆

00149
艺术作品之真实性　（德）马克思（Karl Marx）著　郭沫若译
东京：质文社，1936.5，60 页，32 开（文艺理论丛书 1）
东京：质文社，1936.11，再版，60 页，32 开（文艺理论丛书 1）
本书著者原题：卡尔。
收藏单位：北碚馆、重庆馆、广东馆、广西馆、贵州馆、国家馆、吉林馆、南京馆、内蒙古馆、山东馆、山西馆、陕西馆、上海馆、首都馆、浙江馆

00150
英国工人运动　（德）恩格斯（Friedrich Engels）著　吴文焘译
［延安］：中国工人社，1940，55 页，36 开（职运丛书 3）
本书为论文集。收文 11 篇，内容包括：《工资制度》《对法国的通商条约》《美国的食物与土地问题》《工人的政党》《俾斯麦与德国工人的政党》《棉花和铁》等。书前有序言。
收藏单位：广东馆、国家馆、山西馆

00151
英国工人运动　（德）恩格斯（Friedrich Engels）著　吴文焘译
中华全国总工会，[1949]，67 页，32 开（工运丛书 2）
收藏单位：国家馆、上海馆

00152
哲学底贫困　（德）马克思（Karl Marx）撰　何思敬译
［北平］：解放社，1949.9，320 页，32 开
本书共两章：一个科学的发见、政治经济学底形而上学。附《关于劳动货币》《关于自由贸易问题》等。
收藏单位：东北师大馆、广东馆、国家馆、南京馆、山西馆、陕西馆、天津馆

00153
哲学之贫乏　（德）马克思（Karl Marx）著　许德珩译
北平：东亚书局，1932.7，210 页，22 开
上海：东亚书局，1937.6，再版，210 页，25 开
本书共两章：一个科学的发现、经济的形而上学。附《马克思对于蒲鲁东的批评》《经济学批判中之摘录》《自由贸易问题》。
收藏单位：北碚馆、成都馆、重庆馆、东北师大馆、广东馆、贵州馆、国家馆、吉林馆、南京馆、陕西馆、上海馆、首都馆、天津馆、西南大学馆、中科图

00154
哲学之贫困　（德）马克思（Karl Marx）著　杜竹君译
上海：水沫书店，1929.10，230 页，32 开
上海：水沫书店，1930.10，再版，230 页，32 开

本书共两章：科学上的一种发现、经济学之形而上学。附《卡尔·马克思对于蒲鲁东的批评》《约翰葛雷及其劳动券的理论》《自由贸易问题》。书前有德译第2版序、原序等。

收藏单位：安徽馆、北碚馆、成都馆、重庆馆、东北师大馆、贵州馆、国家馆、河南馆、吉林馆、江西馆、近代史所、南京馆、内蒙古馆、山东馆、上海馆、天津馆、西南大学馆、浙江馆

00155

哲学之贫困 （德）马克思（Karl Marx）原著 杜竹君译

上海：作家书屋，1946.5，230页，32开

上海：作家书屋，1947.10，再版，230页，32开

上海：作家书屋，1949.2，3版，230页，32开

收藏单位：东北师大馆、广东馆、广西馆、贵州馆、国家馆、吉林馆、南京馆、内蒙古馆、山西馆、上海馆、首都馆、天津馆

00156

政治经济学批判 （德）马克思（Karl Marx）著 郭沫若译

上海：群益出版社，1947.3，294页，32开（沫若译文集第2辑4）

香港：群益出版社，1949.4，294页，32开

本书共3部分：商品、货币或单纯流通、政治经济学批判导论。书前有序言。

收藏单位：长春馆、东北师大馆、国家馆、吉林馆、南京馆、内蒙古馆、山西馆、上海馆、首都馆

00157

政治经济学批判 （德）马克思（Karl Marx）著 郭沫若译

上海：神州国光社，1931，228+42页，32开

上海：神州国光社，1932.7，再版，228+42页，32开

上海：神州国光社，1939.5，294页，32开

上海：神州国光社，1942，228+42页，32开

收藏单位：安徽馆、成都馆、广东馆、广西馆、贵州馆、国家馆、黑龙江馆、吉林馆、江西馆、南京馆、宁夏馆、上海馆、首都馆、天津馆、浙江馆

00158

政治经济学批判 （德）马克思（Karl Marx）著 郭沫若译

上海：言行出版社，1939.5，重排版，294页，32开

收藏单位：广东馆、国家馆、山西馆、上海馆、天津馆

00159

资本论（补遗勘误）（德）马克思（Karl Marx）著 彭迪先译

读书出版社，1940.5，64页，32开

上海：读书出版社，[1947]，64页，32开

本书内容包括：《资本生产物的商品》（彭迪先译）、《〈资本论〉第1、2、3卷的勘误表》（郭大力）等。

收藏单位：广东馆、广西馆、国家馆、南京馆、山东馆

00160

资本论（第1卷）（德）马克思（Karl Marx）著 玉枢 右铭译

世界名著译社，1936.6，12+744页，25开

本书为《资本论》第1卷《资本的生产过程》，共7部分：商品及货币、货币的资本化、绝对的剩余价值之生产、相对的剩余价值之生产、绝对与相对的剩余价值之生产、工资、资本的蓄积过程。附《关于本书第一句译文的商榷》。

收藏单位：广东馆、国家馆、天津馆

00161

资本论（第1卷 第1分册）（德）马克思（Karl Marx）著 陈启修译

上海：昆仑书店，1930.3，190+236页，32开

上海：昆仑书店，1935.3，再版，190+236页，32开

本书为《资本论》第1卷《资本的生产进程》。本分册为该卷第1部分“商品及货

币”，共 3 章：商品、交换进程、货币或商品流通。书前有《资本论旁释》《考茨基国民版序》《原著者对于第一版的序文》《原著者对于第二版的跋文》等。

收藏单位：北碚馆、东北师大馆、广东馆、广西馆、桂林馆、国家馆、吉林馆、南京馆、内蒙古馆、山东馆、上海馆、天津馆、浙江馆

00162
资本论（第 1 卷 第 1 分册）（德）马克思（Karl Marx）著　吴半农译　千家驹校
上海：商务印书馆，1934，35+198 页，大 32 开

本书为《资本论》第 1 卷《资本主义的生产行程》。本分册为该卷第 1 部分“商品与货币”、第 2 部分“货币之资本化”。书前有德文第 1 版原著者序、德文第 2 版原著者序等。

收藏单位：天津馆

00163
资本论（第 1 卷 第 2 分册）（德）马克思（Karl Marx）著　潘冬舟译
北平：东亚书局，1932.8，406+18 页，32 开

本书为《资本论》第 1 卷第 2 部分“货币之转化为资本”、第 3 部分“绝对的剩余价值之生产”。

收藏单位：东北师大馆、广东馆、广西馆、国家馆、南京馆、天津馆

00164
资本论（第 1 卷 第 3 分册）（德）马克思（Karl Marx）著　潘冬舟译
北平：东亚书局，1933.1，480+18 页，32 开

本书为《资本论》第 1 卷第 4 部分“相对的剩余价值之生产”。

收藏单位：北碚馆、东北师大馆、国家馆、南京馆、上海馆、天津馆、西南大学馆、浙江馆

00165
资本论（第 1 卷 上册）（德）马克思（Karl Marx）著　王思华　侯外庐译
北平：国际学社，1932.9，276 页，32 开

本书为《资本论》第 1 卷《资本的生产过程》。本册共 3 部分：商品及货币、货币的资本化、绝对的剩余价值之生产。书前有译者的话、第 1 版序、第 2 版序。据德文第 4 版《资本论》第 1 卷译出。译者“王思华”原题：王慎明。

收藏单位：国家馆、山西馆、上海馆、天津馆

00166
资本论（政治经济学批判）（德）马克思（Karl Marx）著（德）恩格斯（Friedrich Engels）编　郭大力　王亚南译
[重庆]：读书生活出版社，1938.8，3 册，大 32 开，精装
上海：读书出版社，1947.4，再版，3 册（661+430+766 页），大 32 开，精装
[哈尔滨]：读书出版社，1948.8—1949.5，3 册，大 32 开，精装

本书共 3 卷：资本的生产过程、资本的流通过程、资本主义生产的总过程。第 1 卷书前有原著者初版序、原著者第 2 版跋、法文译本之序与跋、编者第 3 版序、英译本第 1 卷编者序、编者第 4 版序，第 2—3 卷书前有编者序。著者原题：卡尔·马克斯。

收藏单位：北碚馆、成都馆、东北师大馆、广东馆、广西馆、贵州馆、国家馆、湖北馆、湖南馆、吉林馆、辽宁馆、南京馆、宁夏馆、青海馆、山东馆、山西馆、上海馆、西南大学馆、浙江馆、中科图

00167
资本论（政治经济学批判 第 2—3 卷）（德）马克思（Karl Marx）著　郭大力　王亚南译
上海：生活书店，1938.9，2 册，大 32 开，精装

收藏单位：中科图

00168
自然辩证法（德）恩格斯（Friedrich Engels）著　杜畏之译
上海：神州国光社，1932.8，657 页，32 开
上海：神州国光社，1933.1，再版，657 页，32

开

上海：神州国光社，1946.12，657 页，32 开

上海：神州国光社，1949.1，4 版，657 页，32 开

上海：神州国光社，1949.6，5 版，657 页，32 开

本书内容包括：辩证法科学之一般性质、反杜林论的附注、现代自然科学中之辩证法、辩证法与自然科学、读书杂记、运动之基本形态、从猿到人、精神世界中之自然科学等。

收藏单位：东北师大馆、广东馆、广西馆、贵州馆、国家馆、宁夏馆、山东馆、山西馆、上海馆、首都馆、天津馆、中科图

00169

自然辩证法 （德）恩格斯（Friedrich Engels）著 杜畏之译

上海：言行社，1940.4，657 页，32 开

收藏单位：国家馆、黑龙江馆、上海馆、首都馆、天津馆

00170

自由贸易问题 （德）马克思（Karl Marx）著 邹钟隐译

上海：联合书店，1930.8，[40]+94 页，32 开

本书为 1848 年 1 月 7 日于布鲁塞尔民主主义协会的公众大会上演讲的《自由贸易问题》。书前有日译者例言、译者例言、《〈自由贸易问题〉英译序论》（恩格斯）。附《工资》（马克思遗稿）。据日文版转译，日文版据法文版译出。著者原题：马克斯。

收藏单位：安徽馆、重庆馆、东北师大馆、广西馆、国家馆、近代史所、南京馆、上海馆、天津馆、浙江馆

书信集、日记、函电、谈话

00171

马恩通信选集 解放社辑

山东新华书店，1949.8，158 页，32 开

本书收《为无产阶级政党而斗争的书信》（17 件，柯柏年译，徐冰校）、《马克思恩格斯关于唯物史观的书信》（9 件，艾思奇译）、《论爱尔兰问题》（4 件，柯柏年译）、《马恩论俄国》（2 件，景林译，徐冰校）。

收藏单位：广东馆、国家馆、湖北馆、湖南馆、内蒙古馆、山东馆、上海馆

00172

马恩通讯选集 柯柏年等译

［延安］：［解放社］，1939.3，131 页，32 开（马恩丛书 7）

［延安］：解放社，1939.6，131 页，32 开（马恩丛书 7）

收藏单位：北碚馆、贵州馆、国家馆、吉林馆、南京馆、上海馆、天津馆

00173

马克思恩格斯书信选 （德）马克思（Karl Marx）著 林超真译

上海：亚东图书馆，1949.9，356 页，32 开

本书选译马克思和恩格斯 1846—1895 年来往书信 98 封。

收藏单位：国家馆、近代史所、内蒙古馆、天津馆

00174

马克思致顾格尔曼的信 林超真译

上海：亚东图书馆，1947.5，164 页，32 开

收藏单位：北师大馆、国家馆、吉林馆、上海馆、天津馆

00175

致顾格曼博士书信集 （德）马克思（Karl Marx）作 天蓝译

东北书店牡丹江分店，1948.4，143 页，32 开

本书作者原题：马克斯。

收藏单位：东北师大馆、广东馆、国家馆、吉林馆、近代史所、南京馆、山西馆、上海馆、天津馆

专题汇编

00176
恩格斯等论文学 （德）恩格斯（Friedrich Engels）等著 赵季芳编译
上海：亚东图书馆，1937，70页，32开（生活指导丛书）
上海：亚东图书馆，1938.3，70页，32开（生活指导丛书）
上海：亚东图书馆，1947，4版，70页，36开

本书共3篇：《论文学》（恩格斯）、《恩格斯论巴尔扎克》（赵季芳）、《托尔斯泰论》（伊里奇）。

收藏单位：北碚馆、广东馆、广西馆、贵州馆、国家馆、河南馆、吉林馆、江西馆、南京馆、上海馆

00177
恩格斯军事论文选集（第1册） （德）恩格斯（Friedrich Engels）著 焦敏之译 曾涌泉校 八路军抗日战争研究会编译处编辑
[延安]：八路军军政杂志社，1939.12，240页，32开（抗日战争参考丛书4）

本书是恩格斯分析与阐明在东方战斗中，参战国各方的军队情况，他们的组织、征募、武装，个别编制的质量等方面的论文集。

收藏单位：国家馆、山西馆、上海馆

00178
共产党宣言·社会主义从空想到科学的发展 （德）马克思（Karl Marx）（德）恩格斯（Friedrich Engels）著 博古校译
解放社，1949.6，华中版，71+107页，25开
解放社，1949，湖北版，71+107页，25开

收藏单位：成都馆、东北师大馆、国家馆、湖北馆、宁夏馆、西南大学馆

00179
卡尔·马克思 （德）恩格斯（Friedrich Engels）等著 何封等译
[无锡]：苏南新华书店，1949.6，98页，32开

本书为译文集，摘录自《卡尔·马克思——人·思想家·革命者》一书。删去《六月事变》（马克思）、《一八四八年的革命与无产阶级》（马克思）、《卡尔·马克思》（普列哈诺夫）、《马克思主义之停滞与进展》（卢森堡）、《马克思主义与达尔文主义》（替米里亚崔夫）、《马克思与隐喻法》（梅林）。附《马克思是怎样学习的》《马克思略传》等。

收藏单位：重庆馆、广东馆、国家馆、吉林馆、辽宁馆、南京馆、山东馆、绍兴馆

00180
卡尔·马克思（人·思想家·革命者） （德）恩格斯（Friedrich Engels）等著 何封等译
上海：读书出版社，1940.8，1册，32开
上海：读书出版社，1947.5，再版，194页，32开
[大连]：读书出版社，1948.5，204页，32开
长春：读书出版社，1949.4，4版，194页，32开

本书为译文集，内容包括：《卡尔·马克思》（恩格斯著，何封译）、《关于马克思之死致索尔格的信》（恩格斯著，何封译）、《马克思安葬演说词》（恩格斯著，何封译）、《卡尔·马克思》（伊里诺·马克思著，何封译）、《六月事变》（马克思著，何封译）、《一八四八年的革命与无产阶级》（马克思著，何封译）、《卡尔·马克思》（普列哈诺夫著，何封译）、《卡尔·马克思》（列宁著，董秋斯译）、《忆马克思》（拉伐格著，董秋斯译）、《星期日在荒原上的遨游》（李卜克内西著，董秋斯译）等。

收藏单位：长春馆、重庆馆、东北师大馆、贵州馆、国家馆、湖南馆、吉林馆、近代史所、辽宁馆、南京馆、宁夏馆、山东馆、山西馆、上海馆、天津馆、中科图

00181
科学的艺术论 苏联康敏学院文艺研究所编 楼适夷译
重庆：读书出版社，1940.10，184页，32开

重庆：读书生活出版社，1942.5，再版，184 页，32 开
重庆：读书生活出版社，1942.7，3 版，184 页，32 开
上海：读书出版社，1947.5，5 版，184 页，32 开
大连：读书出版社，1948.4，184 页，32 开

本书共 3 部分：社会生活中艺术的地位、关于文学的遗产、观念形态的艺术。系苏联共产主义学院文艺研究所的两位研究员辑集马克思、恩格斯著作及书信中有关文艺的论述而成。曾于 1933 年以《马克思、恩格斯艺术论》为名出版。附《解题》(外村史郎)。译者原题：适夷。

收藏单位：北碚馆、重庆馆、东北师大馆、广东馆、广西馆、桂林馆、国家馆、黑龙江馆、吉林馆、南京馆、内蒙古馆、宁夏馆、山西馆、上海馆、首都馆、天津馆、西南大学馆、中科图

00182
马恩科学的文学论　欧阳凡海编译
昆明：读书生活出版社，1939.11，87 页，32 开（草行丛刊）
上海：读书出版社，1940.3，再版，87 页，32 开（草行丛刊）
上海：读书出版社，1947.4，3 版，87 页，32 开
哈尔滨：读书出版社，1948.3，81 页，32 开
哈尔滨：读书出版社，1949.2，再版，81 页，32 开

本书 1947 年 3 版题名：科学的文学论。

收藏单位：北碚馆、长春馆、成都馆、重庆馆、东北师大馆、广东馆、贵州馆、国家馆、河南馆、黑龙江馆、吉林馆、近代史所、辽宁馆、南京馆、人大馆、上海馆、绍兴馆、首都馆、天津馆

00183
马恩论中国　（德）马克思（Karl Marx）（德）恩格斯（Friedrich Engels）著　方乃宜译
汉口：中国出版社，1938.3，127 页，32 开
[重庆]：中国出版社，1938.11，214 页，32 开

本书共 3 章：古代东方底特点与中国、关于中国的论文、世界商业与对华政策。第 1、3 章为马克思、恩格斯原著的摘录，第 2 章为马克思、恩格斯发表于《纽约每日论坛》等报刊有关中国的评论。封面题名：马·恩论中国。

收藏单位：北碚馆、东北师大馆、贵州馆、国家馆、吉林馆、近代史所、南京馆、陕西馆、上海馆、天津馆、浙江馆

00184
马克思恩格斯关于唯物论的断片　（德）马克思（Karl Marx）（德）恩格斯（Friedrich Engels）著　向省吾译
上海：江南书店，[1930]，92 页，大 64 开

收藏单位：国家馆、上海馆

00185
马克思与恩格斯论中国　方乃宜译
莫斯科：外国工人出版社，1937，128 页，25 开

收藏单位：北碚馆、吉林馆、南京馆

00186
马克思与恩格斯论中国　（德）马克思（Karl Marx）（德）恩格斯（Friedrich Engels）著
[延安]：解放社，1938.5，重版，135 页，32 开

本书封面题名：马克斯与恩格斯论中国。

收藏单位：东北师大馆、国家馆、上海馆

00187
马克思与恩格斯论中国　（德）马克思（Karl Marx）（德）恩格斯（Friedrich Engels）著　方乃宜译
出版者不详，1938，215 页，32 开

收藏单位：广东馆、贵州馆、国家馆、南京馆、上海馆、浙江馆

00188
马克思主义的基础　（德）马克思（Karl Marx）（德）恩格斯（Friedrich Engels）著　华岗编译

上海：健全社，1939.3，157 页，32 开

本书收文 6 篇，内容包括：《恩格斯的共产主义宣言初稿》《一八四七年共产主义宣言》《恩格斯一八八三年序》《恩格斯一八九〇年序》等。书前有编者序。编译者原题：彭汉文。

收藏单位：广东馆、国家馆

00189

马克思主义的民族革命论　（德）马克思（Karl Marx）著

出版者不详，1929.5，202 页，32 开

收藏单位：东北师大馆、近代史所

00190

马克思主义之基础　（德）马克思（Karl Marx）（德）恩格斯（Friedrich Engels）著　华岗编

华兴书局，1930，202 页（社会科学丛书）

本书编者原题：潘鸿文。

收藏单位：近代史所

00191

马克斯主义的基础　（德）马克思（Karl Marx）（德）恩格斯（Friedrich Engels）著　华岗编译

上海：社会科学研究社，1938.5，157 页，32 开

本书编译者原题：彭汉文。

收藏单位：国家馆

00192

马克斯主义的人种由来说　（德）恩格斯（Friedrich Engels）著　陆一远译

上海：春潮书局，1928.11，84 页，25 开

上海：春潮书局，1929.10，再版，84 页，25 开

本书收文两篇：《劳动是猿到人类的进化过程中的产物》《人类进化的过程》。另有哥来佛长序《达尔文主义与马克斯主义》。著者原题：恩克斯。

收藏单位：北碚馆、重庆馆、广东馆、国家馆、河南馆、吉林馆、南京馆、山西馆、首都馆、浙江馆

00193

马克斯主义之基础　（德）马克思（Karl Marx）（德）恩格斯（Friedrich Engels）著　华岗译

上海：社会科学研究社，1930.3，202 页，32 开（社会科学丛书）

本书译者原题：潘鸿文。

收藏单位：南京馆

00194

社会主义的基础　（德）马克思（Karl Marx）著　德特里希编　巴克译

上海：山城书店，1930.8，[11]+387 页，32 开

上海：山城书店，1931.8，再版，[11]+387 页，32 开

上海：山城书店，1936.2，再版，[13]+387 页，32 开

本书为文摘汇编，共 6 编：革命的认识时代、资本主义的生产时代、剩余劳动与劳动日、社会主义和劳动运动、唯物史观、科学的断片思想。书前有译者序。书后有引用书目。封面题名：社会主义底基础。

收藏单位：重庆馆、东北师大馆、广东馆、广西馆、国家馆、吉林馆、南京馆、山西馆、上海馆、浙江馆、中科图

00195

史的唯物论　（德）恩格斯（Friedrich Engels）著

[汉口]：新汉出版社，1938.5，56 页，32 开

本书内容包括：史的唯物论、法兰西唯物论史、马克思的唯物论及辩证法。

收藏单位：北碚馆、成都馆、贵州馆、国家馆、黑龙江馆、南京馆、上海馆

00196

一八七零至七一年普法战争　（德）恩格斯（Friedrich Engels）著　八路军抗日战争研究会编译处编

延安：八路军军政杂志社，1941.9，328 页（抗日战争参考丛书 16）

本书共 4 部分：绪论、本文、附录、附图。

收藏单位：近代史所

00197
政治经济学论丛　（德）马克思（Karl Marx）（德）恩格斯（Friedrich Engels）著　王学文等译
佳木斯：东北书店，1949.3，154页，32开（马恩丛书 6）
本书内容包括：雇佣劳动与资本、价值价格与利润、马克思底《资本论》、资本家的积蓄之历史的倾向、马克思底《政治经济学批判》等。
收藏单位：东北师大馆、国家馆、黑龙江馆、辽宁馆、山东馆、上海馆、天津馆

00198
政治经济学论丛　（德）马克思（Karl Marx）（德）恩格斯（Friedrich Engels）著　王学文等译
解放社，1939.3，172页，32开（马恩丛书 6）
收藏单位：成都馆、东北师大馆、国家馆、南京馆、宁夏馆、山西馆

00199
政治经济学论丛　（德）马克思（Karl Marx）（德）恩格斯（Friedrich Engels）著　王学文等译
山东新华书店，1949.8，196页，32开
收藏单位：成都馆、广东馆、国家馆、湖南馆、江西馆、南京馆、内蒙古馆、上海馆、天津馆

00200
政治经济学论丛　（德）马克思（Karl Marx）（德）恩格斯（Friedrich Engels）著　吴黎平译
重庆[等]：生活书店，1939.4，172页，32开
[上海]：生活书店，1939.7，3版，172页，32开
收藏单位：北碚馆、贵州馆、国家馆、南京馆、上海馆

00201
中国问题评论集　（德）马克思（Karl Marx）（德）恩格斯（Friedrich Engels）著
上海：珠林书店，1938.11，132页，42开
本书收文17篇，内容包括：《中国和欧洲的革命》《中央冲突》《波斯与中国》《鸦片贸易》《新的对华战争》等。
收藏单位：国家馆、近代史所、浙江馆

00202
《资本论》提纲　（德）恩格斯（Friedrich Engels）著　何锡麟译
佳木斯：东北书店，1949.3，159页，32开（马恩丛书 9）
本书内容包括：关于《资本论》的评论、《资本论》第二卷序言、《资本论》提纲、《资本论》第三卷补遗、《资本论》第三卷第二十七章补。
收藏单位：东北师大馆、国家馆、吉林馆、上海馆、天津馆

00203
《资本论》提纲　（德）恩格斯（Friedrich Engels）著　何锡麟译
西安：西北新华书店，1949.9，158页，32开
收藏单位：山东馆、上海馆

00204
《资本论》提纲　（德）恩格斯（Friedrich Engels）著　何锡麟译
出版者不详，1939.11，165页，25开（马恩丛书 9）
收藏单位：国家馆、南京馆

00205
资本论通信集　（德）马克思（Karl Marx）（德）恩格斯（Friedrich Engels）著　郭大力译
重庆[等]：读书生活出版社，1939.4，151页，32开
上海、重庆：读书出版社，1947.3，再版，151页，32开（资本论研究丛书）
上海：读书出版社，1947.3，3版，151页，25开（资本论研究丛书）

本书收马克思与恩格斯的通信，马克思、恩格斯分别给库格曼和丹尼尔孙的书信，共25封。附《〈资本论〉评述》（恩格斯）、《〈资本论〉第3卷补》（恩格斯遗稿）等。

收藏单位：北碚馆、重庆馆、广东馆、贵州馆、国家馆、湖北馆、南京馆、上海馆、天津馆

00206

宗教·哲学·社会主义 （德）恩格斯（Friedrich Engels）著 林超真译

上海：沪滨书局，1929.10，218页，32开

本书收恩格斯的著作3部:《原始基督教史论》《空想社会主义与科学社会主义》《费儿巴赫与德国古典哲学的末日》。附《马克思的费儿巴赫论纲要》。书前有译者序。

收藏单位：重庆馆、国家馆、吉林馆、南京馆、内蒙古馆、上海馆、天津馆、浙江馆

00207

宗教·哲学·社会主义 （德）恩格斯（Friedrich Engels）著 林超真译

上海：亚东图书馆，1934.3，372页，32开

上海：亚东图书馆，1936.3，再版，372页，32开

上海：亚东图书馆，1949.7，4版，372页，33开

收藏单位：东北师大馆、广东馆、广西馆、贵州馆、国家馆、湖南馆、吉林馆、近代史所、辽大馆、南京馆、上海馆、天津馆、云南馆、中科图

列宁著作

选集、文集

00208

列宁文选 （苏）列宁（В. И. Ленин）撰 联共（布）中央附设马恩列学院辑

北平：解放社，1949印，6册，32开

本书第1册共3部分:“论马克思与马克思主义”“为在俄国建立社会民主工人党而斗争”“俄国社会主义民主工党之成立。党内布尔什维克派和孟什维克派之出现”，书前有《斯大林论列宁与列宁主义》；第2册共3部分:“日俄战争与第一次俄国革命时期”“斯托雷平反动时期。布尔什维克正式成为独立马克思主义政党”“第一次帝国主义大战前夜工人运动高涨时期”；第3册为“帝国主义大战时期。俄国第二次革命”；第4册为“准备与实行十月社会主义革命时期”；第5册为“外国武装干涉和国内战争时期”；第6册为“过渡到恢复国民经济的和平工作时期”。据莫斯科外国文书籍出版局1947年版《列宁文选》（两卷集）翻印。原译本共订2册，本书订为6册。

收藏单位：安徽馆、成都馆、重庆馆、东北师大馆、广东馆、贵州馆、国家馆、河南馆、黑龙江馆、湖北馆、湖南馆、吉林馆、青海馆、陕西馆、绍兴馆、首都馆、四川馆、天津馆、浙江馆

00209

列宁文选（两卷集）（苏）列宁（В. И. Ленин）著

莫斯科：外国文书籍出版局，1947，2册（989+1111页），22开，精装

莫斯科：外国文书籍出版局，1949，2册（1079+1046页），22开，精装

本书据马恩列学院1943年刊印的俄文新版译出，其中《做什么?》《进一步，退两步》两篇文章据1908年刊印而经列宁删减过的原文译出。

收藏单位：北师大馆、长春馆、成都馆、东北师大馆、贵州馆、国家馆、近代史所、南京馆、山东馆、山西馆、上海馆、绍兴馆、天津馆

00210

列宁文选（两卷集 第1卷）（苏）列宁（В. И. Ленин）著 苏联马恩列学院编

上海：平凡书局，1949.7，756页，32开，精、平装

收藏单位：广东馆、湖北馆、吉林馆、山西馆、上海馆、天津馆、浙江馆

00211
列宁选集　（苏）列宁（В. И. Ленин）著
解放社，1938—1946，17册，32开
本书收列宁关于帝国主义是资本主义的最高阶段、战争、革命的危机和当地策略、二月革命及其前途、列宁在十月革命前后的关于社会主义的思想的相关著作，内容包括：《国家与革命》《论民主与专政》《论专政问题的历史》等。原拟出版20卷，实际出版16卷、17册，第14—15、19—20卷未出版。部分据莫斯科外国工人出版社版重印，部分由何锡麟、柯柏年、王实味、吴亮平等人翻译。第4、11（下）、16—17卷据英译本转译，第18卷据德译本转译，其他各卷据俄文版转译。除第11（下）、16—18卷外，其余各卷书后都有注释。
收藏单位：成都馆、东北师大馆、广东馆、贵州馆、国家馆、河南馆、湖北馆、吉林馆、近代史所、南京馆、宁夏馆、青海馆、山东馆、山西馆、天津馆、西南大学馆、浙江馆、中科图

00212
列宁选集　（苏）列宁（В. И. Ленин）著
莫斯科：外国工人出版社，1932—1934，20册，25开，精装
收藏单位：东北师大馆、广东馆、贵州馆、国家馆、近代史所、南京馆、宁夏馆、上海馆、天津馆

00213
列宁选集（第1卷）（苏）列宁（В. И. Ленин）撰
长春：东北书店，1949.3，342页，32开
长春：东北书店，1949.4，再版，342页，32开
本书收文两篇：《十九世纪末期俄国底土地问题》《俄国资本主义底发展》。
收藏单位：成都馆、东北师大馆、广东馆、国家馆、湖北馆、吉林馆、辽宁馆、宁夏馆、山东馆、山西馆、陕西馆、天津馆

00214
列宁选集（第3卷）（苏）列宁（В. И. Ленин）著
中华出版社，1939，435页，32开
收藏单位：国家馆、湖北馆、南京馆、青海馆

00215
列宁选集（第7卷）（苏）列宁（В. И. Ленин）著
中华出版社，1938.7，481页，32开
中华出版社，1938.11，544页，32开
本书收文26篇，内容包括：《走上轨道》《革命的高涨》《世界政治上的引火物》等。
收藏单位：东北师大馆、贵州馆、国家馆、南京馆、山东馆、上海馆、天津馆

00216
列宁选集（第9卷）（苏）列宁（В. И. Ленин）著
中华出版社，1938.11，315页，32开
本书收文18篇，内容包括：《战争与俄国社会民主党》《论欧洲联邦的口号》等。
收藏单位：广东馆、国家馆、上海馆、天津馆、浙江馆

00217
列宁选集（第13卷）（苏）列宁（В. И. Ленин）著
中华出版社，1938.11，246页，32开
本书收《人民委员会底工作报告》《关于战争与和平的报告》《关于战争与和平的报告所作的结论》《苏维埃政权底迫切任务》等。
收藏单位：广东馆、上海馆、天津馆

00218
列宁选集（第16卷）（苏）列宁（В. И. Ленин）撰
长春：东北书店，1949，389页，32开
长春：东北书店，1949.4，再版，389页，32开，精装

本书收文20篇，内容包括：《论粮食税》《在运输工人全俄代表大会上的演说》《论清党》《论新经济政策》等。

收藏单位：成都馆、东北师大馆、广东馆、国家馆、黑龙江馆、湖北馆、吉林馆、宁夏馆、山西馆、天津馆

00219
列宁选集（第16卷）（苏）列宁（В. И. Ленин）著　何锡麟　林仲译
华东新华书店，1948.10印，409页，32开

本书据解放社1945年版翻印。

收藏单位：成都馆、广东馆、国家馆、河南馆、湖北馆、吉林馆、近代史所、南京馆、山东馆、上海馆、天津馆

00220
列宁选集（第16卷）（苏）列宁（В. И. Ленин）著　何锡麟等译　张仲实校
上海：新华书店，1949.8，409页，32开

收藏单位：安徽馆、国家馆、南京馆、青海馆、陕西馆、天津馆

00221
列宁选集（第17卷）（苏）列宁（В. И. Ленин）著　何锡麟等译　张仲实校
[长春]：东北新华书店，1949.9，286页，32开

本书分4方面，收文24篇，内容包括：《新经济政策》《论社会主义劳动》等。

收藏单位：成都馆、东北师大馆、广东馆、国家馆、黑龙江馆、湖北馆、吉林馆、辽宁馆、宁夏馆、天津馆

00222
列宁选集（第17卷）（苏）列宁（В. И. Ленин）著　何锡麟等译　张仲实校
山东新华书店，1949.7印，283页，32开

本书据解放社1942年版翻印。

收藏单位：国家馆、吉林馆、南京馆、山东馆、上海馆、天津馆、浙江馆

单行著作

00223
布尔塞维克成功的基本条件之一　（苏）列宁（В. И. Ленин）著
冀鲁豫书店，1948.6，13页，32开

本书为《共产主义运动中的“左派”幼稚病》第2章。

收藏单位：重庆馆、国家馆、南京馆、上海馆

00224
布尔什维克成功底基本条件之一　（苏）列宁（В. И. Ленин）著
中共辽南省委宣传部，[1948]，13页，32开

收藏单位：国家馆、南京馆

00225
帝国主义论　（苏）列宁（В. И. Ленин）著
大连：光华书店，1948.1，176页，32开（马列文库）

本书共10部分，内容包括：生产集中与垄断、银行及其新作用、财政资本与财政寡头、资本输出、列强分割世界等。

收藏单位：长春馆、国家馆、近代史所、上海馆

00226
帝国主义论　（苏）列宁（В. И. Ленин）著
[合肥]：皖北新华书店，1949.6，133页，32开

收藏单位：国家馆、南京馆、山西馆

00227
帝国主义论　（苏）列宁（В. И. Ленин）著
新华书店，1949，126页，32开（马列文库）

收藏单位：国家馆、湖北馆

00228
帝国主义论　（苏）列宁（В. И. Ленин）著
[北平等]：新中国书局，1949.4，176页，32

开（干部学习丛书 第 1 辑）

收藏单位：重庆馆、国家馆、吉林馆、南京馆、宁夏馆、山东馆、上海馆、天津馆、西南大学馆

00229
帝国主义论　（苏）列宁（В. И. Ленин）著
上海：野耕书店，1949.6，63 页，32 开（马列主义丛书 3）

本书共 9 部分，内容包括：生产的集中和独占、银行及其新的任务、金融资本和金融寡头政治、资本输出、帝国主义之历史的地位等。较 10 部分各版本少“对帝国主义的批评”。

收藏单位：贵州馆、国家馆、上海馆、绍兴馆

00230
帝国主义论　（苏）列宁（В. И. Ленин）著
[郑州]：中原新华书店，1949.3，176 页，32 开

收藏单位：广东馆、国家馆、河南馆、近代史所、山东馆、陕西馆、上海馆

00231
帝国主义论　（苏）列宁（В. И. Ленин）著　刘野平译
上海：启智书局，1929.6，176 页，32 开

本书共 10 章，内容包括：生产集中与垄断、银行及其新任务、金融资本与金融寡头政治、资本输出、资本家集团间底世界分割等。封面题名：资本主义最后阶段帝国主义论。

收藏单位：安徽馆、重庆馆、国家馆、江西馆、近代史所、山东馆、上海馆、浙江馆

00232
帝国主义论　（苏）列宁（В. И. Ленин）著　世界政治・世界经济研究院增订　吴清友译
[上海]：[新知书店]，1937.6，增订本，409 页，22 开
桂林 [等]：新知书店，1939.3，再版，增订本，409 页，22 开

本书著者原题：伊里奇。

收藏单位：安徽馆、北碚馆、东北师大馆、广东馆、广西馆、贵州馆、国家馆、吉林馆、江西馆、南京馆、宁夏馆、山西馆、陕西馆、上海馆、首都馆、浙江馆、中科图

00233
帝国主义浅说　（苏）列宁（В. И. Ленин）著　李春蕃译
出版者不详，1925，187 页，32 开

本书内容包括：工业集中与专利、银行的新地位、金融资本与金融贵族政治、资本的输出、资本家之分割世界、列强之分割世界等。

收藏单位：安徽馆、广东馆、国家馆、江西馆、南京馆、上海馆、浙江馆

00234
帝国主义是资本主义底最高阶段　（苏）列宁（В. И. Ленин）著
佳木斯：东北书店，1949.3，152 页，32 开

本书为东北政委会教育部规定初中二年、高中二年政治课参考书。共 10 部分，内容包括：生产集中与垄断、银行及其新作用、财政资本与财政寡头、资本输出、对帝国主义的批评等。

收藏单位：国家馆

00235
帝国主义是资本主义底最高阶段　（苏）列宁（В. И. Ленин）著
华东新华书店，1948.9，170 页，32 开

收藏单位：北师大馆、广东馆、国家馆、河南馆、山东馆、上海馆

00236
帝国主义是资本主义底最高阶段　（苏）列宁（В. И. Ленин）著
南峰：冀鲁豫新华书店，1949.1，137 页，32 开（干部学习丛书）

收藏单位：国家馆、河南馆、山东馆

00237
帝国主义是资本主义底最高阶段　（苏）列宁

（B. И. Ленин）著
解放社，1946.6，192 页，32 开
解放社，1948.9，137 页，32 开
解放社，1948.12，138 页，32 开
解放社，1949.7，173 页，25 开
解放社，1949.9，华中版，173 页，25 开

收藏单位：重庆馆、东北师大馆、广东馆、广西馆、贵州馆、国家馆、黑龙江馆、湖北馆、吉林馆、辽宁馆、内蒙古馆、青海馆、山东馆、山西馆、陕西馆、首都馆、天津馆、中科图

00238
帝国主义是资本主义底最高阶段（苏）列宁（B. И. Ленин）著
[泰州]：苏北新华书店，1949.4，119 页，32 开

收藏单位：国家馆、南京馆、上海馆

00239
帝国主义是资本主义底最高阶段（苏）列宁（B. И. Ленин）著
外文题名：Imperialism, the highest stage of capitalism
[莫斯科]：[外国工人出版社]，[1938]，156 页，32 开（列宁丛书）

本书共 10 部分，内容包括：生产集中与垄断、银行及其新作用、财政资本与财政寡头制、资本输出、各资本家联合间之瓜分世界等。

收藏单位：国家馆、吉林馆、上海馆、西交大馆

00240
帝国主义是资本主义底最高阶段（苏）列宁（B. И. Ленин）著
[西安]：西北新华书店，1949.7，166 页，32 开

收藏单位：重庆馆、国家馆、天津馆

00241
帝国主义是资本主义底最高阶段（苏）列宁（B. И. Ленин）著
北平：新华书店，1949.4，再版，138 页，32 开
上海：新华书店，1949.8，151 页，32 开

本书据马恩列学院 1946 年版《列宁文选》（两卷集）第 1 卷译出。

收藏单位：国家馆、河南馆、湖北馆、山西馆、上海馆、绍兴馆

00242
帝国主义是资本主义底最高阶段（通俗的论述）（苏）列宁（B. И. Ленин）著
莫斯科：外国文书籍出版局，1947，166 页，32 开
[莫斯科]：外国文书籍出版局，1949，119 页，22 开

收藏单位：重庆馆、东北师大馆、国家馆、近代史所、南京馆、宁夏馆、山东馆、山西馆、上海馆、天津馆、西南大学馆

00243
帝国主义——资本主义底最高阶段（苏）列宁（B. И. Ленин）著　唯真译
重庆[等]：生活书店，1939.7，202 页，32 开（世界名著译丛 6）
重庆：生活书店，1939.11，再版，203 页，32 开（世界名著译丛 6）

本书共 10 章，内容包括：生产集中与垄断、银行及其新作用、财政资本与财政寡头制、资本输出、各资本家联合间之瓜分世界等。译者原题：王唯真。

收藏单位：北碚馆、广东馆、贵州馆、吉林馆、南京馆、内蒙古馆、上海馆、天津馆、西南大学馆

00244
俄国农民问题与土地政纲（苏）列宁（B. И. Ленин）著
上海：开华书局，1933.1，308 页，32 开
上海：开华书局，1941.2，308 页，32 开

本书即《社会民主党在 1905—1907 年俄国第一次革命中的土地纲领》。

收藏单位：国家馆、河南馆、南京馆、上海馆

00245
俄国农民问题与土地政纲（1905—1907 年俄国革命中的农民问题与社会民主党的土地政纲）（苏）列宁（В. И. Ленин）原著　李竞仲译
上海：平凡书局，1930.2，308 页，22 开（农民问题丛书）
本书共 5 章：俄国土地革命的经济基础及其本质、俄国社会民主工党的土地政纲与革命所给与它的考验、土地国有与土地市区公有的理论基础、土地政纲问题中之政治上的与策略上的考虑、第二次帝国会议关于土地问题的讨论中之阶级与政党。附《俄国社会民主工党第二次大会所通过的党纲》（关于土地问题的一段）等。著者原题：乌利雅诺夫。
收藏单位：重庆馆、东北师大馆、广西馆、国家馆、湖南馆、南京馆、宁夏馆、上海馆、首都馆、天津馆、浙江馆

00246
俄国社会民主党人底任务　（苏）列宁（В. И. Ленин）著
莫斯科：外国文书籍出版局，1940，34 页，32 开
本书共 4 部分：出版局底几句话、对于俄国社会民主党人底任务小册子第二版的序言、对于俄国社会民主党人底任务小册子第三版的序言、俄国社会民主党人底任务。
收藏单位：北碚馆、重庆馆、南京馆

00247
俄国社会民主工党与第三国际　（苏）列宁（В. И. Ленин）著　徐冰译
出版者不详，[1939]，72 页，32 开
收藏单位：国家馆

00248
俄国资本主义的发展　（苏）列宁（В. И. Ленин）著　彭苇秋　杜畏之译
上海：新生命书局，1933.4，2 册（[731] 页），25 开
上海：新生命书局，1934，3 版，2 册（[731] 页），22 开
本书共 8 章。上册内容包括：民粹派经济学者理论上的错误、农民的分化、地主们从劳役经济到资本主义经济之转变、商业性的农业之发达；下册内容包括：在工业中资本主义发展的第一阶段、资本主义手工作坊及资本主义的家庭工艺、大机器工业之发展、国内市场的形成。本书即《俄国资本主义的发展（大工业的国内市场之形成过程）》，据莫斯科国家出版社 1925 年版译出。著者原题：乌里雅诺夫。
收藏单位：北碚馆、重庆馆、东北师大馆、广东馆、桂林馆、国家馆、黑龙江馆、吉林馆、江西馆、宁夏馆、上海馆、西南大学馆、浙江馆

00249
俄国资本主义的发展（上册）（苏）列宁（В. И. Ленин）著　彭苇秋　杜畏之译
上海：春秋书店，1930.10，18+12+370 页，25 开
收藏单位：国家馆、南京馆、山西馆、上海馆

00250
俄国资本主义发展（对大工业的国内市场形成的过程）（苏）列宁（В. И. Ленин）著　焦敏之译
上海：棠棣出版社，1948.12，24+584 页，25 开（中苏文化协会丛书）
上海：棠棣出版社，1949.7，再版，24+584 页，25 开（中苏文化协会丛书）
本书共 8 章，内容包括：农民的破产、商业农业的发展、大机器工业的发展等。附《非批判的批判》。据 1941 年俄文第 4 版《列宁全集》第 2 卷译出。著者原题：伊利奇。
收藏单位：成都馆、东北师大馆、广东馆、广西馆、贵州馆、国家馆、黑龙江馆、南京馆、内蒙古馆、宁夏馆、山东馆、山西馆、上海馆、绍兴馆、天津馆

00251
革命与考茨基 （苏）列宁（В. И. Ленин）著　胡瑞麟译
上海：中外研究学会，1929.8，162 页，32 开（中外研究丛书）
上海：中外研究学会，1932.2，4 版，162 页，32 开（中外研究丛书）
本书即《无产阶级革命和叛徒考茨基》。共 8 部分，内容包括：考茨基怎样使马克思成为一个庸俗的自由主义者、资产阶级的与无产阶级的德谟克拉西、苏维埃不应变为国家的组织、立宪会议与苏维埃共和国等。附《立宪会议大纲》。
收藏单位：重庆馆、国家馆、黑龙江馆、南京馆、山东馆、上海馆

00252
共产党礼拜六 （苏）列宁（В. И. Ленин）著　王静译
[上海]：人民出版社，1922.1，36 页，32 开（列宁全书 3）
本书论述“用革命精神从事工作”的“共产主义义务星期六”劳动。伪装出版地题：广州。
收藏单位：广东馆、国家馆、首都馆

00253
共产主义青年团的任务 （苏）列宁（В. И. Ленин）著　蜜茨译
莫斯科：莫斯科中央出版局，[1949]，55 页，48 开（通俗丛书）
收藏单位：国家馆

00254
共产主义运动中的“左派”幼稚病 （苏）列宁（В. И. Ленин）著
华中新华书店，1936.6，97 页，32 开（干部学习丛书 3）
华中新华书店，1945.12，97 页，32 开（干部学习丛书 3）
本书共 10 部分，内容包括：布尔塞维克成功的基本条件之一、英国共产主义运动中的“左派”等。据马恩列学院 1936 年版俄文单行本译出。
收藏单位：国家馆、南京馆、山东馆

00255
共产主义运动中的“左派”幼稚病 （苏）列宁（В. И. Ленин）著
[菏泽]：冀鲁豫新华书店，1949.6，再版，115 页，32 开（干部学习丛书 3）
本书据马恩列学院 1936 年版俄文单行本译出。
收藏单位：国家馆

00256
共产主义运动中的“左派”幼稚病 （苏）列宁（В. И. Ленин）著
胶东新华书店，1946.4，107 页，32 开
本书扉页题：一个用通俗语言来说明马克思主义战略的尝试。据马恩列学院 1936 年版俄文单行本译出。
收藏单位：国家馆、山东馆、上海馆

00257
共产主义运动中的“左派”幼稚病 （苏）列宁（В. И. Ленин）著
[延安]：解放社，1939.3，143 页，32 开
[延安]：解放社，1944，143 页，36 开
东安（密山）：解放社，1947.7，140 页，32 开
[上海]：解放社，1949，119 页，32 开
收藏单位：重庆馆、东北师大馆、广东馆、贵州馆、国家馆、吉林馆、宁夏馆、山东馆、山西馆、陕西馆、上海馆、天津馆

00258
共产主义运动中的“左派”幼稚病 （苏）列宁（В. И. Ленин）著
山东新华书店，1945.5，116 页，32 开
山东新华书店，1948.2，112 页，32 开
收藏单位：南京馆、山东馆、上海馆

00259
共产主义运动中的“左派”幼稚病 （苏）列宁（В. И. Ленин）著

[无锡]：苏南新华书店，1949.9，129 页，32 开

收藏单位：国家馆、南京馆

00260
共产主义运动中的“左派”幼稚病 （苏）列宁（В. И. Ленин）著
莫斯科：外国工人出版社，1936.6，170 页，32 开，精装

收藏单位：国家馆

00261
共产主义运动中的“左派”幼稚病 （苏）列宁（В. И. Ленин）著
莫斯科：外国文书籍出版局，1947，131 页，25 开
莫斯科：外国文书籍出版局，1949，96 页，25 开

本书正文共 10 部分，内容包括：波尔什维克成功的基本条件之一、波尔什维主义历史底主要阶段、英国共产主义“左派”等。增补 4 部分：德国共产党人底分裂、德国的共产党人与独立党人、意大利的屠拉梯之流、由正确的前提作出错误的结论。

收藏单位：安徽馆、重庆馆、东北师大馆、广东馆、贵州馆、国家馆、河南馆、黑龙江馆、湖南馆、近代史所、辽宁馆、南京馆、内蒙古馆、山东馆、山西馆、上海馆、天津馆

00262
共产主义运动中的“左派”幼稚病 （苏）列宁（В. И. Ленин）著
延安：新华书店，1943.8，167 页，32 开
延安：新华书店，1947，104 页，32 开

收藏单位：贵州馆、国家馆、宁夏馆、山西馆、陕西馆、天津馆

00263
共产主义运动中的“左派”幼稚病 （苏）列宁（В. И. Ленин）著
杭州：浙江新华书店，1949.6 印，107 页，32 开

本书据马恩列学院 1936 年版俄文单行本译出。

收藏单位：福建馆、上海馆

00264
共产主义运动中的“左派”幼稚病 （苏）列宁（В. И. Ленин）著
中原新华书店，1949.1，112 页，32 开
中原新华书店，1949.6，再版，112 页，32 开

本书据马恩列学院 1936 年版俄文单行本译出。

收藏单位：北师大馆、重庆馆、广东馆、国家馆、湖北馆、天津馆

00265
共产主义运动中的“左派”幼稚病 （苏）列宁（В. И. Ленин）著 苍木译
[北平]：中外出版社，1949.4，115 页，32 开

收藏单位：国家馆、吉林馆、上海馆、天津馆、浙江馆

00266
共产主义运动中的“左派”幼稚病 （苏）列宁（В. И. Ленин）著 古平校译
[香港]：人民大众出版社，1949.9，78 页，32 开

收藏单位：广东馆

00267
共产主义运动中的“左派”幼稚病 （苏）列宁（В. И. Ленин）著 严安仁译
香港：大路出版社，1947.12，146 页，32 开（马列主义理论丛书）

收藏单位：长春馆、上海馆

00268
共产主义运动中的“左派”幼稚病（一部最通俗最简单底阐释马克思主义的巨大尝试）（苏）列宁（В. И. Ленин）著
[西安]：先锋社，1937，138 页，32 开（红线丛书）

收藏单位：广东馆、吉林馆、山西馆、上海馆、浙江馆

00269
共产主义运动中的“左派”幼稚病（一个用通俗语言来说明马克思主义战略的尝试）
（苏）列宁（В. И. Ленин）著
华北新华书店，1946.7，104 页，32 开
收藏单位：重庆馆、国家馆、近代史所、山东馆、山西馆、上海馆、天津馆

00270
共产主义运动中的“左派”幼稚病（一个用通俗语言来说明马克思主义战略的尝试）
（苏）列宁（В. И. Ленин）著
太行群众书店，1947.12，105 页，32 开
收藏单位：国家馆、山东馆、山西馆、中科图

00271
共产主义运动中的“左派”幼稚病（一个用通俗语言来说明马克思主义战略的尝试）
（苏）列宁（В. И. Ленин）著
太行新华书店，1949.2，105 页，32 开
收藏单位：成都馆、河南馆、山西馆

00272
共产主义运动中的“左派”幼稚病（一个用通俗语言来说明马克思主义战略的尝试）
（苏）列宁（В. И. Ленин）著
太岳新华书店，1945.12，108 页，32 开
太岳新华书店，1949.4，157 页，32 开
收藏单位：重庆馆、国家馆、山东馆、山西馆、陕西馆、上海馆、天津馆

00273
共产主义运动中的“左派”幼稚病（一个用通俗语言来说明马克思主义战略的尝试）
（苏）列宁（В. И. Ленин）著
[北平]：中共北平市委会宣传部，1949.5，112 页，32 开（干部学习丛书 4）
收藏单位：国家馆、吉林馆、上海馆

00274
共产主义运动中的“左派”幼稚病（一个用通俗语言来说明马克思主义战略的尝试）
（苏）列宁（В. И. Ленин）撰　严安仁译
沈阳：东北书店，1949，140 页，32 开
收藏单位：国家馆

00275
共产主义运动中的“左派”幼稚病（一个用通俗语言来说明马克思主义战略和策略的尝试）（苏）列宁（В. И. Ленин）著　中文编译部译
中文编译部，1936，170 页，32 开
收藏单位：国家馆

00276
关于国家和阶级专政　（苏）列宁（В. И. Ленин）著　马思果译
上海：世文书店，1949.5，133+14 页，32 开
本书即《国家与革命》，共 6 章：“阶级社会与国家”“国家与革命　一八四八至一八五一年的经验”“国家革命　一七八一年巴黎公社底经验・马克思底分析”“恩格斯底补充说明”“国家衰亡之经济基础”“机会主义者糟蹋马克思主义”。书前有序言。书后有注释。
收藏单位：东北师大馆、广东馆、国家馆、南大馆、南京馆、天津馆

00277
关于战争与和平的报告　（苏）列宁（В. И. Ленин）著
出版者不详，1938，98 页，32 开（列宁丛书）
本书内容包括：译者的话、关于战争与和平的报告、关于战争与和平的报告所作的结论、人民委员会的工作报告等。
收藏单位：重庆馆、浙江馆

00278
国家论　（苏）列宁（В. И. Ленин）著
上海：浦江书店，1932.7，4 版，204 页，24 开
本书即《国家与革命》。
收藏单位：中科图

00279
国家与革命　（苏）列宁（В. И. Ленин）著
佳木斯：东北书店，1947.7，143 页，32 开
佳木斯：东北书店，1947.10，再版，143 页，32 开
哈尔滨：东北书店，1948.10，再版，143 页，32 开
长春：东北书店，1949.3，3 版，143 页，32 开
　　收藏单位：长春馆、东北师大馆、国家馆、辽宁馆、南京馆、山西馆、上海馆

00280
国家与革命　（苏）列宁（В. И. Ленин）著
华北军区政治部，1949 印，167 页，32 开
　　收藏单位：吉林馆、宁夏馆

00281
国家与革命　（苏）列宁（В. И. Ленин）著
[石家庄]：华北军政大学政治部，1949，174 页，32 开
　　收藏单位：吉林馆

00282
国家与革命　（苏）列宁（В. И. Ленин）著
华北新华书店，1946.7，128 页，36 开
　　收藏单位：东北师大馆、国家馆、山东馆、山西馆、天津馆

00283
国家与革命　（苏）列宁（В. И. Ленин）著
华中新华书店，1946.11，286 页，32 开（干部学习丛书 6）
　　收藏单位：国家馆

00284
国家与革命　（苏）列宁（В. И. Ленин）著
解放社，1943.8，233 页，32 开
解放社，1949.8，再版，159 页，32 开
　　收藏单位：重庆馆、东北师大馆、广东馆、国家馆、河南馆、湖北馆、湖南馆、吉林馆、南京馆、山西馆

00285
国家与革命　（苏）列宁（В. И. Ленин）著
[泰州]：苏北新华书店，1949.7，120 页，32 开
　　本书据马恩列学院 1946 年版《列宁文选》（两卷集）第 2 卷译出。
　　收藏单位：安徽馆、广东馆、国家馆、南京馆、上海馆

00286
国家与革命　（苏）列宁（В. И. Ленин）著
[无锡]：苏南新华书店，1949.6，156 页，32 开
　　收藏单位：重庆馆、广东馆、国家馆、南京馆、上海馆、浙江馆

00287
国家与革命　（苏）列宁（В. И. Ленин）著
涉县：太行群众书店，1947.12，131 页，32 开
　　收藏单位：国家馆、湖北馆、近代史所

00288
国家与革命　（苏）列宁（В. И. Ленин）著
太行新华书店，1949.1，130 页，32 开
太行新华书店，1949，2 版，131 页，32 开
　　收藏单位：山西馆

00289
国家与革命　（苏）列宁（В. И. Ленин）著
新华书店，1949，再版，143 页，32 开
　　收藏单位：吉林馆

00290
国家与革命　（苏）列宁（В. И. Лснин）著
汉口：新生书店，1932.10，204 页，32 开
汉口：新生书店，1937.10，204 页，32 开
　　收藏单位：重庆馆、东北师大馆、广东馆、国家馆、上海馆

00291
国家与革命　（苏）列宁（В. И. Ленин）著
大连：新中国书局，1949.4，173 页，32 开（干部学习丛书第 1 辑）
　　收藏单位：安徽馆、国家馆、吉林馆、辽

宁馆、上海馆

00292
国家与革命 （苏）列宁（В. И. Ленин）著
[郑州]：中原新华书店，1949.2，129页，32开
[郑州]：中原新华书店，1949.5，再版，127页，32开
收藏单位：安徽馆、重庆馆、国家馆、湖北馆、山西馆、上海馆

00293
国家与革命 （苏）列宁（В. И. Ленин）著 博古校译
南峰：冀鲁豫新华书店，1948.12，127页，32开（干部学习丛书）
收藏单位：国家馆、河南馆、吉林馆、山东馆、山西馆

00294
国家与革命 （苏）列宁（В. И. Ленин）著 博古校译
山东新华书店，1946.10，133页，32开（干部学习丛书）
收藏单位：辽宁馆、山东馆、上海馆

00295
国家与革命 （苏）列宁（В. И. Ленин）著 博古校译
[阳城]：太岳新华书店，1946.11，198页，32开
[阳城]：太岳新华书店，1949.4，再版，198页，32开
收藏单位：重庆馆、国家馆、河南馆、吉林馆、辽宁馆、宁夏馆、山西馆、上海馆

00296
国家与革命 （苏）列宁（В. И. Ленин）著 苍木译
华东新华书店，1949.1，152页，32开
收藏单位：国家馆、山东馆、上海馆

00297
国家与革命 （苏）列宁（В. И. Ленин）著 苍木译
上海：解放社，1949.7，152页，32开
收藏单位：国家馆、湖北馆、上海馆

00298
国家与革命 （苏）列宁（В. И. Ленин）著 苍木译
山东新华书店，1948.2，129页，32开
收藏单位：山东馆

00299
国家与革命 （苏）列宁（В. И. Ленин）著 中外研究学会译
中外研究学会，1929.7，204页，32开（中外研究丛书）
中外研究学会，1930.1，再版，204页，32开（中外研究丛书）
中外研究学会，1930.12，3版，204页，32开（中外研究丛书）
收藏单位：北师大馆、重庆馆、东北师大馆、国家馆、近代史所、宁夏馆、山东馆、上海馆、天津馆、浙江馆

00300
国家与革命（马克思主义对于国家的学说与无产阶级在革命中的任务）（苏）列宁（В. И. Ленин）著 中共苏区中央局宣传部翻译
[瑞金]：中央出版局，1932.5，156页，25开
收藏单位：宁夏馆、上海馆

00301
国家与革命（马克思主义关于国家的学说与无产阶级在革命中的任务）（苏）列宁（В. И. Ленин）著 苍木译
[北平]：华北大学，1949，173页，32开
本书为华北大学参考用书。据莫斯科外国文书籍出版局1947年版《列宁文选》（两卷集）第2卷印。
收藏单位：广西馆、国家馆、近代史所、浙江馆

00302
国家与革命（马克思主义关于国家的学说与无产阶级在革命中的任务）（苏）列宁（В. И. Ленин）著　苍木译
冀东新华书店，1949，150 页，32 开
收藏单位：上海馆、天津馆

00303
国家与革命（马克思主义关于国家的学说与无产阶级在革命中的任务）（苏）列宁（В. И. Ленин）著　苍木译
莫斯科：外国文书籍出版局，1947，155 页，25 开
莫斯科：外国文书籍出版局，1949，2 版，119 页，22 开
本书共 6 章："阶级社会与国家""国家与革命·一八四八至一八五一年的经验""国家与革命·一八七一年巴黎公社的经验·马克思底分析""续上·恩格斯底补充解释""国家消亡底经济基础""马克思主义之被机会主义者所庸俗化"。据马恩列学院 1946 年版《列宁文选》（两卷集）第 2 卷译出。
收藏单位：东北师大馆、国家馆、河南馆、湖北馆、辽宁馆、南京馆、内蒙古馆、山东馆、山西馆、陕西馆、上海馆、天津馆

00304
黑格尔《逻辑学》一书摘要（哲学笔记之一）（苏）列宁（В. И. Ленин）著　曹葆华译
北平：解放社，1949.8，221 页，32 开
本书共 3 部分：存在论、本质论、主观的逻辑或概念论。据《列宁全集》第 38 卷译出。
收藏单位：国家馆、内蒙古馆、山东馆、陕西馆、天津馆

00305
进一步，退两步（苏）列宁（В. И. Ленин）著
莫斯科：外国文书籍出版局，1941，216 页，大 32 开
莫斯科：外国文书籍出版局，1949，228 页，32 开
本书据 1946 年第 4 版《列宁全集》第 7 卷译出。
收藏单位：长春馆、东北师大馆、国家馆、近代史所、南京馆、山西馆

00306
进一步，退两步（下）（苏）列宁（В. И. Ленин）著
解放社，1945.10，197 页
收藏单位：北师大馆

00307
卡尔·马克思（苏）列宁（В. И. Ленин）著
冀鲁豫新华书店，1948.12，65 页，32 开（干部学习丛书）
冀鲁豫新华书店，1949.5，再版，65 页，32 开（干部学习丛书）
本书共两部分：卡尔·马克思、马克思底学说。
收藏单位：国家馆、南京馆

00308
卡尔·马克思（苏）列宁（В. И. Ленин）著
莫斯科：出版者不详，1933，99 页，50 开
收藏单位：国家馆

00309
卡尔·马克思（苏）列宁（В. И. Ленин）著　博古译
[郑州]：中原新华书店，1949.5，再版，31 页，32 开
收藏单位：国家馆、河南馆、陕西馆

00310
卡尔·马克思（校正本）（苏）列宁（В. И. Ленин）著
延安：解放社，1943.8，56 页，32 开
[延安]：解放社，1947.9，60 页，32 开
收藏单位：长春馆、东北师大馆、国家馆、辽大馆、辽宁馆、山东馆、上海馆、绍兴馆

00311
卡尔·马克思（校正本）（苏）列宁（В. И.

Ленин）著　博古译
[北平]：华北人民革命大学教务处，[1949]印，1册，32开
　　收藏单位：国家馆、宁夏馆

00312
卡尔·马克思（校正本）（苏）列宁（В. И. Ленин）著　博古译
涉县：太行群众书店，1948.1，53页，32开
　　收藏单位：山西馆

00313
卡尔·马克思（校正本）（苏）列宁（В. И. Ленин）著　博古译
太行新华书店，1949.1，53页，32开
　　收藏单位：国家馆

00314
卡尔·马克思（校正本）（苏）列宁（В. И. Ленин）著　博古译
[阳城]：太岳新华书店，1947，41页，36开
　　收藏单位：重庆馆、国家馆

00315
卡尔·马克思（校正本）（苏）列宁（В. И. Ленин）著　博古译
新华书店，1946.5，56页，32开
　　收藏单位：重庆馆、国家馆、近代史所、内蒙古馆、山西馆

00316
卡尔·马克思（校正本）（苏）列宁（В. И. Ленин）著　博古译
出版者不详，1949，28页，32开
　　收藏单位：南京馆、山东馆、天津馆

00317
卡尔·马克思小传（苏）列宁（В. И. Ленин）著　博古译
[上海]：国强出版社，1949，28页，32开（国强丛书）
　　收藏单位：南京馆、上海馆、浙江馆

00318
劳农会之建设（苏）列宁（В. И. Ленин）著　李立译
[上海]：人民出版社，[1921]，59页，32开
　　本书即《苏维埃政权的当前任务》。共19章，内容包括：劳农政府底问题、多数主义的进化、管理问题、专门家底需要、劳动者要学习管理问题、过渡期、革命的三个时期等。伪装出版地题：广州。
　　收藏单位：广东馆

00319
劳农政府之成功与困难（苏）列宁（В. И. Ленин）著　墨耕译
[上海]：人民出版社，1922.2，62页，32开（列宁全书5）
　　本书共20部分，内容包括：劳农会之普遍的发展、论胜利对于全世界的标准、必要的权力、卜列斯登合约之意义、各地劳动界之勃兴、世界革命之必然等。伪装出版地题：广州。
　　收藏单位：北师大馆、重庆馆、国家馆、近代史所、浙江馆

00320
劳农政府之成功与困难（苏）列宁（В. И. Ленин）著　墨耕译
汉口：新青年社，[1927.3]，再版，62页，32开（新青年社丛书）
　　收藏单位：重庆馆、上海馆

00321
列宁论新经济政策（苏）列宁（В. И. Ленин）著
北平：中外出版社，1949.4，221页，32开
中外出版社，1949.6，再版，226页，32开
　　本书共7部分：论粮食税、俄国共产党（波）第十一次代表大会上中央委员会底政治报告、俄国革命五周年与世界革命底前途、论合作制、新经济政策时期的商业问题、新经济政策下职工会底作用与任务、资产阶级专门家问题。书前有代序《苏联由新经济政策到第一个五年计划》。

收藏单位：安徽馆、国家馆、山西馆、上海馆、天津馆、浙江馆

00322
论共产主义青年团底任务　（苏）列宁（В. И. Ленин）著
[正定]：华北大学新民主主义青年团校团委会，1948.12 印，油印本，21 页，32 开
本文是著者 1920 年 10 月 2 日在苏俄共产主义青年团第三次全国代表大会上的演说词。
收藏单位：国家馆、南京馆

00323
论共产主义青年团底任务　（苏）列宁（В. И. Ленин）著
太行新华书店，1949.7，25 页，32 开
收藏单位：国家馆、南京馆、山东馆

00324
论国家　（苏）列宁（В. И. Ленин）著
莫斯科：外国文书籍出版局，[1942]，22 页，32 开
莫斯科：外国文书籍出版局，1949，23 页，32 开
本书为著者 1919 年 7 月 11 日在斯维尔德洛夫大学的演说词。
收藏单位：北碚馆、重庆馆、东北师大馆、贵州馆、国家馆、黑龙江馆、湖南馆、辽宁馆、南京馆、山东馆、天津馆

00325
论国家　（苏）列宁（В. И. Ленин）著
哈尔滨：万国书籍，1946，23 页，32 开
收藏单位：重庆馆、东北师大馆、国家馆、宁夏馆、山东馆、上海馆

00326
论国家　（苏）列宁（В. И. Ленин）著
新华书店，[1949.5]，22 页，32 开
收藏单位：重庆馆、国家馆

00327
论国家　（苏）列宁（В. И. Ленин）著　何锡麟译
北平：华北大学，1949.4，117 页，32 开（教学用书 6）
收藏单位：国家馆、吉林馆、近代史所、宁夏馆、山西馆、上海馆、天津馆

00328
论国家　（苏）列宁（В. И. Ленин）撰　何锡麟译
华东新华书店，1949.4，渤海版，23 页，32 开
收藏单位：重庆馆、国家馆、山东馆、上海馆

00329
论国家　（苏）列宁（В. И. Ленин）著　何锡麟译
冀东新华书店，[1946—1949]，23 页，32 开
收藏单位：南京馆、宁夏馆、山东馆

00330
论国家　（苏）列宁（В. И. Ленин）著　何锡麟译
[威县]：冀南新华书店，[1949]，23 页，32 开
收藏单位：国家馆、山东馆、山西馆、上海馆

00331
论国家　（苏）列宁（В. И. Ленин）著　何锡麟译
[延安]：解放社，1939.3，再版，22 页，32 开
[平山]：解放社，1948.8 印，22 页，32 开
[平山]：解放社，1948.12，23 页，32 开
[北平]：解放社，1949.3，再版，22 页，32 开
[北平]：解放社，1949.4，22 页，32 开
上海：解放社，1949.7，22 页，32 开
收藏单位：重庆馆、广东馆、贵州馆、国家馆、湖南馆、吉林馆、近代史所、南京馆、山东馆、陕西馆、上海馆、天津馆

00332
论国家　（苏）列宁（В. И. Ленин）著　何锡麟译

晋南新华书店，1949.4，22 页，32 开
收藏单位：重庆馆、陕西馆、天津馆

00333
论国家 （苏）列宁（В. И. Ленин）著 何锡麟译
山东新华书店，1949.6 印，23 页，32 开
本书据解放社 1948 年版翻印。
收藏单位：山东馆、上海馆

00334
论国家 （苏）列宁（В. И. Ленин）著 何锡麟译
[泰州]：苏北新华书店，1949.8，19 页，32 开
收藏单位：国家馆、南京馆

00335
论国家 （苏）列宁（В. И. Ленин）著 何锡麟译
杭州：浙江新华书店，1949.7，17 页，32 开
收藏单位：重庆馆、吉林馆、江西馆、南京馆、绍兴馆

00336
论国家 （苏）列宁（В. И. Ленин）著 何锡麟译
[郑州]：中原新华书店，1949.4 印，22 页，32 开
本书据解放社《共产主义常识》第 1 册翻印。
收藏单位：重庆馆、广东馆、国家馆、宁夏馆

00337
论合作制 （苏）列宁（В. И. Ленин）著
莫斯科：外国文书籍出版局，1949，12 页，25 开
本书据马恩列学院 1946 年版《列宁文选》（两卷集）第 2 卷译出。
收藏单位：安徽馆、成都馆、重庆馆、东北师大馆、贵州馆、国家馆、黑龙江馆、湖北馆、辽宁馆、南京馆、内蒙古馆、绍兴馆

00338
论粮食税 （苏）列宁（В. И. Ленин）著
[威县]：冀南新华书店，1949.4 印，58 页，32 开
收藏单位：重庆馆、国家馆、南京馆、山东馆

00339
论粮食税（新政策底意义及其条件）（苏）列宁（В. И. Ленин）著
莫斯科：外国文书籍出版局，1949，48 页，32 开
本书内容包括：俄国现时经济（摘自 1918 年出版的小册子）、论粮食税、自由贸易、租让制、政治总结和结论。据苏联国立政治书籍出版局 1946 年版《列宁文选》（两卷集）译出。
收藏单位：安徽馆、重庆馆、东北师大馆、国家馆、湖南馆、辽宁馆、南京馆、内蒙古馆、山西馆

00340
论马克思和恩格斯 （苏）列宁（В. И. Ленин）著
莫斯科：外国文书籍出版局，1949，54 页，25 开
本书收文两篇：《卡尔・马克思》《弗里德利赫・恩格斯》。据马恩列学院 1946 年编印著者俄文版《论马克思恩格斯及马克思主义》译出。
收藏单位：安徽馆、重庆馆、福建馆、国家馆、湖南馆、辽宁馆、南京馆、青海馆、天津馆

00341
论民族殖民地问题 （苏）列宁（В. И. Ленин）撰 联共（布）中央附设马恩列学院辑 张仲实译
[北平]：解放社，1949.6，229 页，32 开
本书共 4 编："民族纷争与工人反对它的斗争""帝国主义列强对世界之分割、殖民地压迫及民族自决权""苏维埃政权与民族问题""被压迫人民反对帝国主义的革命斗争与

苏联和共产国际在这一斗争中的作用”。书前有《列宁论民族殖民地问题》(克鲁普斯加亚)。

收藏单位：安徽馆、东北师大馆、广东馆、国家馆、近代史所、南京馆、山西馆、陕西馆、天津馆、西南大学馆

00342
论民族殖民地问题　(苏)列宁(B. И. Ленин)撰　联共(布)中央附设马恩列学院辑　张仲实译
辽东新华书店，1949.8 印，1 册

收藏单位：北师大馆、东北师大馆、广西馆、贵州馆、吉林馆、近代史所、山东馆、上海馆

00343
论民族自决权　(苏)列宁(B. И. Ленин)著
华东新华书店，1949，82 页，32 开

本书共 10 部分，内容包括：历史的具体的问题提法、俄国民族问题底具体特点及俄国资产阶级民主的改革、一九〇三年的纲领及其取消者等。据马恩列学院 1946 年版《列宁文选》第 1 卷译出。

收藏单位：安徽馆、河南馆、吉林馆、辽宁馆、南京馆、山东馆、陕西馆、绍兴馆、天津馆

00344
论民族自决权　(苏)列宁(B. И. Ленин)著
汉口：新汉出版社，1938.5，65 页，32 开

本书共 10 部分，内容包括：问题之历史的具体的提法、俄国民族问题底具体特点及俄国资产阶级民主的改革、民族问题的“实际主义”等。

收藏单位：国家馆、湖南馆、南京馆、陕西馆、上海馆、浙江馆

00345
论民族自决权　(苏)列宁(B. И. Ленин)著　唯真译
华北新华书店，1949，78 页，32 开

本书据马恩列学院 1946 年版《列宁文选》(两卷集)第 1 卷译出。

收藏单位：国家馆

00346
论民族自决权　(苏)列宁(B. И. Ленин)著　唯真译
解放社，1949.2，78 页，32 开
解放社，1949.3，再版，78 页，32 开

收藏单位：安徽馆、东北师大馆、广东馆、国家馆、湖南馆、近代史所、辽宁馆、南京馆、内蒙古馆、宁夏馆、山东馆、山西馆、陕西馆、上海馆、天津馆、西南大学馆

00347
论民族自决权　(苏)列宁(B. И. Ленин)著　唯真译
莫斯科：外国文书籍出版局，1947，91 页，25 开

收藏单位：东北师大馆、广东馆、国家馆、黑龙江馆、南京馆、内蒙古馆、山东馆、上海馆、天津馆

00348
论民族自决权　(苏)列宁(B. И. Ленин)著　唯真译校
[南京]：新华书店，1949.7，再版，78 页，32 开

收藏单位：吉林馆、西南大学馆

00349
马克思主义底三个来源与三个组成部分　(苏)列宁(B. И. Ленин)著
大连：大连新华书店，1949.7，8 页，32 开

收藏单位：辽宁馆

00350
农民与革命　(苏)列宁(B. И. Ленин)著　石英译
上海：沪滨书局，1929.10，138 页，32 开

本书共 7 章，内容包括：“都市劳动者底斗争”“社会民主主义者要的是什么？”“富与穷，农村中的财产底私有者和劳动者”“农村中的阶级斗争”等。据竹尾式的日译本第 1 版转译。

收藏单位：北碚馆、重庆馆、国家馆、近

代史所、南京馆、上海馆、首都馆

00351
叛徒考茨基 （苏）列宁（В. И. Ленин）著
胡瑞麟译
上海：春江书店，1932，162 页，32 开
本书内容包括：考茨基怎样把马克思变成了庸俗的自由主义者、资产阶级的民主制与无产阶级的民主制、被剥削者与剥削者之间能否有平等呢、苏维埃不应该变为国家的组织吗、立宪会议与苏维埃共和国、苏维埃宪法、什么是国际主义、在所谓“经济分析”的幌子下替资产阶级效劳等。书中题名：叛徒与考茨基。封面出版者题：上海浦江书店。
收藏单位：广东馆、上海馆

00352
青年团的任务 （苏）列宁（В. И. Ленин）著
冀鲁豫新华书店，1949.3，23 页，32 开
收藏单位：北师大馆、广东馆、国家馆、山东馆、天津馆

00353
青年团底任务（一九二〇年十月二日在俄国共产主义青年团第三次全国代表大会上的演说）（苏）列宁（В. И. Ленин）著
[北平]：华北大学，1949，31 页，32 开
收藏单位：国家馆

00354
青年团底任务（一九二〇年十月二日在俄国共产主义青年团第三次全苏俄代表大会上的演说）（苏）列宁（В. И. Ленин）著
莫斯科：外国文书籍出版局，1949，23 页，25 开
本书据马恩列学院 1946 年版《列宁文选》（两卷集）第 2 卷译出。
收藏单位：重庆馆、广东馆、国家馆、湖北馆、湖南馆、辽宁馆、南京馆、山东馆、天津馆

00355
青年团体底任务（一九二〇年十月二日在苏俄共产主义青年团第三次全苏俄代表大会上的演说）（苏）列宁（В. И. Ленин）著
大连：中苏友好协会，1946.3，24 页，32 开
收藏单位：东北师大馆、国家馆、山东馆

00356
社会民主党在民主革命中的两个策略 （苏）列宁（В. И. Ленин）著
东安（密山）：东北书店，1947.9，163 页，32 开
长春：东北书店，1949.5，163 页，32 开
本书内容包括：一个迫切的政治问题、解放派与新火星派、庸俗资产阶级的专政观和马克思底专政观等。
收藏单位：安徽馆、长春馆、成都馆、东北师大馆、广东馆、国家馆、黑龙江馆、吉林馆、近代史所、山东馆、山西馆、陕西馆、上海馆、天津馆

00357
社会民主党在民主革命中的两个策略 （苏）列宁（В. И. Ленин）著
[上海]：解放社，1949.7，157 页，32 开
收藏单位：成都馆、国家馆、上海馆、绍兴馆

00358
社会民主党在民主革命中的两个策略 （苏）列宁（В. И. Ленин）著
莫斯科：外国文书籍出版局，1941，124 页，22 开
莫斯科：外国文书籍出版局，1947，154 页，25 开
莫斯科：外国文书籍出版局，1949，127 页，22 开
本书据《列宁全集》俄文第 4 版译出。
收藏单位：安徽馆、长春馆、成都馆、重庆馆、东北师大馆、广东馆、贵州馆、国家馆、辽宁馆、南京馆、内蒙古馆、宁夏馆、青海馆、山东馆、山西馆、上海馆、首都馆、四川馆、天津馆

00359
社会民主党在民主革命中的两个策略 （苏）列宁（В. И. Ленин）著
[黎城]：新华日报华北分馆，1940，143 页，32 开（中外研究学会丛书）
收藏单位：国家馆

00360
社会民主党在民主革命中的两个策略 （苏）列宁（В. И. Ленин）著
新华书店，1949.9，华中版，189 页，32 开
收藏单位：安徽馆、广东馆、江西馆、绍兴馆、天津馆

00361
社会民主党在民主革命中的两个策略 （苏）列宁（В. И. Ленин）著
大连：新中国书局，1949.4，163 页，32 开（干部学习丛书 第 1 辑）
收藏单位：北师大馆、重庆馆、国家馆、黑龙江馆、吉林馆、南京馆、宁夏馆、山东馆、上海馆

00362
社会民主党在民主革命中的两个策略 （苏）列宁（В. И. Ленин）著 曹葆华译
华北新华书店，1947.12，204 页，32 开
本书据 1940 年苏联国家出版局刊印的俄文单行本译出。
收藏单位：重庆馆、国家馆、河南馆、山西馆、上海馆

00363
社会民主党在民主革命中的两个策略 （苏）列宁（В. И. Ленин）著 曹葆华译
朝城：冀鲁豫书店，1948.1，204 页，32 开
收藏单位：广东馆、国家馆、吉林馆、宁夏馆、山东馆、上海馆

00364
社会民主党在民主革命中的两个策略 （苏）列宁（В. И. Ленин）著 曹葆华译
山东新华书店，1948.1，160 页，25 开
收藏单位：吉林馆、山东馆、山西馆、上海馆

00365
社会民主党在民主革命中的两个策略 （苏）列宁（В. И. Ленин）著 曹葆华译
[郑州]：中原新华书店，1948.12 印，151 页，32 开
收藏单位：广东馆、国家馆、湖北馆、上海馆

00366
社会民主党在民主革命中的两个策略 （苏）列宁（В. И. Ленин）著 唯真译
华东新华书店，1949.5，再版，157 页，32 开
本书据莫斯科外国文书籍出版局 1947 年版中译本翻印。
收藏单位：上海馆、天津馆

00367
社会民主派民主革命中的两个策略 （苏）列宁（В. И. Ленин）著
新时代出版社，[1937]，126 页，32 开（新时代丛书 1）
本文分 13 章，内容包括：一个紧急的政治问题、肃清君主制度与共和政体、应怎样“把革命推往前进”等。
收藏单位：重庆馆、广东馆、国家馆、南京馆

00368
社会民主派民主革命中的两个策略 （苏）列宁（В. И. Ленин）著 狂涛译
汉口：新流出版社，1949，86 页，32 开（新思想丛书）
收藏单位：东北师大馆、广东馆、国家馆、吉林馆、山东馆、上海馆

00369
社会民主派在民主革命中的两个策略 （苏）列宁（В. И. Ленин）著 陈文瑞译
上海：中外研究学会，1929.8，150 页，32 开（中外研究丛书）

上海：中外研究学会，1932.3，再版，210 页，32 开（中外研究丛书）

本书封面题名：两个策略。

收藏单位：北碚馆、国家馆、南京馆、山东馆、山西馆、陕西馆、上海馆、西南大学馆

00370
社会主义与战争 （苏）列宁（В. И. Ленин）著　徐冰译
重庆：读书生活出版社，1940.2，72 页，32 开
重庆：读书出版社，1940.5，再版，72 页，32 开

本书共 4 章：社会主义原理与一九一四年的战争、沙俄的阶级与政党、国际底再建设、俄国社会民主工党之分裂的历史及其现状。附《战争与俄国社会民主党》《俄国社会民主工党国外支部底决议》。

收藏单位：北碚馆、广东馆、贵州馆、国家馆、湖南馆、吉林馆、南京馆、山东馆、上海馆、天津馆

00371
社会主义与战争 （苏）列宁（В. И. Ленин）著　杨松等译
[延安]：解放社，1940.2，50 页，25 开

本书内容包括：社会主义原理与一九一四至一九一五年的战争、俄罗斯的阶级和政党、国际的重建、俄罗斯社会民主党分裂的历史和现状等。

收藏单位：重庆馆、山西馆

00372
什么是“人民之友”以及他们如何反对社会民主派？（对俄国财富杂志那些反对马克思主义者论文的回答）（苏）列宁（В. И. Ленин）著
莫斯科：外国文书籍出版局，1940，203 页，25 开

本书共 3 部分：第一编、第三编、本书作者对于第三编的附录。

收藏单位：重庆馆、国家馆、南京馆、西南大学馆

00373
苏维埃政权底当前任务 （苏）列宁（В. И. Ленин）著
莫斯科：外国文书籍出版局，1949，48 页，25 开（马列主义丛书）

本书据马恩列学院 1946 年版《列宁文选》（两卷集）第 2 卷译出。

收藏单位：安徽馆、重庆馆、贵州馆、国家馆、黑龙江馆、湖北馆、江西馆、近代史所、内蒙古馆、青海馆、山西馆、陕西馆、首都馆

00374
苏维埃政权底当前任务 （苏）列宁（В. И. Ленин）著　辽东经济研究委员会编辑
东北新华书店，1949，47 页，32 开（经济研究丛书 1）

本书据马恩列学院 1946 年版《列宁文选》（两卷集）第 2 卷译出。

收藏单位：成都馆、重庆馆、广东馆、广西馆、山东馆、上海馆

00375
苏维埃政权底迫切任务 （苏）列宁（В. И. Ленин）著
出版者不详，[1938]，60 页，32 开（列宁丛书）

收藏单位：广东馆、吉林馆、上海馆、浙江馆

00376
土地问题理论 （苏）列宁（В. И. Ленин）著
沈阳：东北新华书店，1949.8，318 页，32 开

本书共两部分：农业中的资本主义、土地问题与“马克思的批判家”。

收藏单位：北师大馆、成都馆、东北师大馆、吉林馆、内蒙古馆、上海馆

00377
土地问题理论（上卷）（苏）列宁（В. И. Ленин）著
[泰州]：苏北新华书店，1949.9，224 页，32 开

收藏单位：国家馆、南京馆、山西馆

00378
土地问题理论（上卷）（苏）列宁（В. И. Ленин）著　曹葆华译
解放社，1948.11，259页，32开
解放社，1949.9，259页，32开
收藏单位：东北师大馆、广东馆、国家馆、黑龙江馆、南京馆、山西馆、上海馆、天津馆

00379
土地问题理论（上卷）（苏）列宁（В. И. Ленин）著　曹葆华译
山东新华书店，1949.8印，268页，32开
本书据解放社1949年版翻印。
收藏单位：广东馆、广西馆、国家馆、湖北馆、山东馆、天津馆

00380
唯物论与经验批判论（苏）列宁（В. И. Ленин）著　曹葆华译　博古校
东北书店，1946，367页，32开
哈尔滨：东北书店，1948.9，367页，32开，精装
哈尔滨：东北书店，1949.3，再版，367页，32开
本书又译：唯物主义和经验批判主义。共6章，内容包括：经验批判论底认识论与辩证唯物论底认识论、自然科学中最近的革命与哲学唯心论、经验批判论与历史唯物论等。
收藏单位：成都馆、重庆馆、东北师大馆、福建馆、广东馆、广西馆、国家馆、辽宁馆、山东馆、山西馆、上海馆、天津馆

00381
唯物论与经验批判论（苏）列宁（В. И. Ленин）著　曹葆华译　博古校
华北新华书店，1948，2册（815页），32开
收藏单位：重庆馆、广东馆、国家馆、河南馆、南京馆、上海馆、天津馆

00382
唯物论与经验批判论（苏）列宁（В. И. Ленин）著　曹葆华译　博古校
解放社，1948，2册（553页），32开
收藏单位：国家馆、山东馆、山西馆、天津馆

00383
唯物论与经验批判论（苏）列宁（В. И. Ленин）著　曹葆华译　博古校
[阜平]：晋察冀新华书店，1947.10，2册（553页），32开
[阜平]：晋察冀新华书店，1948，再版，2册（553页），32开
本书内容包括：经验批判论底认识论与辩证唯物论底认识论、自然科学中最近的革命与哲学唯心论、经验批判论与历史唯物论、结论等。书后有人名索引、译后记。
收藏单位：重庆馆、广西馆、国家馆、山东馆

00384
唯物论与经验批判论（苏）列宁（В. И. Ленин）著　陈晓时译
上海：生活·读书·新知联合发行所，1949.8，438页，32开（世界学术名著译丛）
本书内容包括：绪论、经验批判论的和辩证法唯物论的认识论、作为经验批判论者底战友和继承者的哲学的唯心论者、最近的自然科学革命和哲学的唯心论、经验批判论和历史唯物论、结论等。附《对报告者的十个质问》《论辩证法》等。
收藏单位：广东馆、湖南馆、吉林馆、南京馆、天津馆

00385
唯物论与经验批判论（苏）列宁（В. И. Ленин）著　笛秋　朱铁笙译
上海：明日书店，1930.7，461页，25开，精装（中国社会科学社丛书）
本书内容包括：导言、经验批判论的认识论与辩证法唯物论的认识论、自然科学最新

的革命与哲学的唯心论、经验批判论与史的唯物论、结论等。书前有德波林序言、俄文第1版序、俄文第2版序。书后有补遗。

收藏单位：东北师大馆、广东馆、国家馆、南京馆、陕西馆、上海馆、天津馆、浙江馆

00386
唯物论与经验批判论　（苏）列宁（В. И. Ленин）著　傅子东译
[上海]：神州国光社，1934.7，470+26页，25开
上海：神州国光社，1935.9，再版，470+26页，25开

本书著者原题：乌里亚诺夫。

收藏单位：重庆馆、东北师大馆、广东馆、黑龙江馆、山西馆、上海馆、浙江馆

00387
唯物论与经验批判论　（苏）列宁（В. И. Ленин）著　傅子东译
上海：言行出版社，1938.6，470页，25开

收藏单位：北碚馆、贵州馆、国家馆、吉林馆、南京馆、上海馆

00388
唯物论与经验批判论　（苏）列宁（В. И. Ленин）著　潘蕙田　陈晓时译
上海：读书出版社，1948.7，446页，25开

本书著者原题：弗·伊里奇。版权页译者"陈晓时"原题：陈珪如。

收藏单位：安徽馆、广西馆、贵州馆、国家馆

00389
无产阶级革命与叛徒考茨基　（苏）列宁（В. И. Ленин）著
莫斯科：外国文书籍出版局，1949，111页，25开

本书共8章，内容包括：考茨基怎样把马克思变成了庸俗的自由主义者、立宪会议与苏维埃共和国、什么是国际主义等。书前有出版局声明、序言。书后有注释。据苏联国立政治书籍出版局1946年俄文版《列宁文选》（两卷集）第2卷译出。

收藏单位：安徽馆、重庆馆、东北师大馆、贵州馆、国家馆、黑龙江馆、湖南馆、辽宁馆、内蒙古馆、青海馆、山西馆、绍兴馆、首都馆、天津馆、云南馆

00390
新的任务与新的力量　（苏）列宁（В. И. Ленин）著
哈尔滨：东北书店，1948.12，12页，32开

本书收文两篇：《大量提拔与培养新干部》（《东北日报》社论）、《新的任务与新的力量》（列宁）。

收藏单位：北碚馆、北师大馆、重庆馆、东北师大馆、国家馆、黑龙江馆、吉林馆、辽宁馆、南京馆、山东馆、天津馆

00391
新经济政策下职工会底作用与任务　（苏）列宁（В. И. Ленин）著
[北平]：华北大学图书馆，1949，15页，32开

本书共11部分，内容包括：新经济政策与职工会、无产阶级国家中的国家资本主义与职工会、职工会中恢复志愿会员制等。

收藏单位：国家馆

00392
一九一七革命文选　（苏）列宁（В. И. Ленин）著　何伟译
[上海]：神州学术社，1930.10，287页，32开

收藏单位：国家馆、黑龙江馆

00393
一九一七年的革命文献（第1辑）（苏）列宁（В. И. Ленин）著　[陈文瑞译]
出版者不详，1937，136页，32开
出版者不详，1938.3，再版，137页，32开

本书内容包括：第一次革命的第一阶段、

论目下革命中无产阶级的任务、论两个政权、论策略书等。再版题名：革命文献。

收藏单位：东北师大馆、广东馆、国家馆、近代史所

00394
灾祸临头和防止之法（苏）列宁（В. И. Ленин）著
莫斯科：外国文书籍出版局，1949，55页，25开

本书内容包括：饥荒逼近、政府之毫无作为、银行国有、调节消费等。书前有出版局声明。据苏联国立政治书籍出版局1947年俄文版译出。

收藏单位：安徽馆、重庆馆、贵州馆、国家馆、江西馆、辽宁馆、南京馆、青海馆、山东馆、山西馆、绍兴馆、首都馆、天津馆

00395
在民主革命中社会民主党的两个策略（苏）列宁（В. И. Ленин）著
华北新华书店，1946.6，131页，36开

本书共13章，内容包括：紧急的政治问题、俄国社会民主工党第三次代表大会关于临时革命政府的决议给了我们什么、何谓"革命对沙皇制度的澈底胜利"、君主制度的肃清与共和国、应当怎样"把革命推向前进"等。书前有著者自序。书后有注释、报纸杂志索引。

收藏单位：国家馆、河南馆、山西馆、上海馆、天津馆

00396
在民主革命中社会民主党的两个策略（苏）列宁（В. И. Ленин）著
华中新华书店，1946.5，124页，32开（干部学习丛书5）

收藏单位：山东馆、上海馆

00397
在民主革命中社会民主党的两个策略（苏）列宁（В. И. Ленин）著
冀中新华书店，[1943—1949]，194页，32开

收藏单位：国家馆、山东馆、山西馆、上海馆、天津馆、中科图

00398
在民主革命中社会民主党的两个策略（苏）列宁（В. И. Ленин）著
胶东新华书店，1946.4，132页，32开
胶东新华书店，1946.9，再版，132页，32开

收藏单位：国家馆、辽宁馆、南京馆、山东馆、上海馆

00399
在民主革命中社会民主党的两个策略（苏）列宁（В. И. Ленин）著
解放社，1943.11，233页，32开

收藏单位：重庆馆、东北师大馆、广东馆、国家馆、南京馆、山东馆、山西馆、上海馆、天津馆

00400
在民主革命中社会民主党的两个策略（苏）列宁（В. И. Ленин）著
[安东（丹东）]：辽东建国书店，1946.6，138页，32开

收藏单位：安徽馆、长春馆、重庆馆、东北师大馆、广东馆、国家馆、上海馆、天津馆

00401
在民主革命中社会民主党的两个策略（苏）列宁（В. И. Ленин）著
临沂：山东新华书店，1946.1，133页，32开
临沂：山东新华书店，1946.10，131页，32开（干部学习丛书）

收藏单位：国家馆、湖北馆、南京馆、山东馆、上海馆

00402
在民主革命中社会民主党的两个策略（苏）列宁（В. И. Ленин）著
[涉县]：太行群众书店，1947.12，127页，32开

收藏单位：国家馆、河南馆、山西馆

00403
在民主革命中社会民主党的两个策略（苏）列宁（В. И. Ленин）著
太行新华书店，1949.1，126页，32开
收藏单位：山西馆

00404
在民主革命中社会民主党的两个策略（苏）列宁（В. И. Ленин）著
太岳新华书店，1945.12，130页，32开
收藏单位：重庆馆、广东馆、国家馆、上海馆

00405
在民主革命中社会民主党的两个策略（苏）列宁（В. И. Ленин）著
大连：新中国书局，1949.4，163页，32开（干部学习丛书 第1辑）
收藏单位：国家馆、宁夏馆

00406
在民主革命中社会民主党的两个策略（苏）列宁（В. И. Ленин）著　曹葆华译
[阜平]：晋察冀新华书店，1947.10，204页，32开
收藏单位：北师大馆、东北师大馆、国家馆

00407
资本主义发展底最高阶段帝国主义（苏）列宁（В. И. Ленин）著
延安：解放社，1943.8，251页，32开
本书共10章，内容包括：生产集中与垄断、银行及其新作用、财政资本与财政寡头制、资本输出等。
收藏单位：重庆馆、国家馆、近代史所、山东馆、上海馆

00408
最后阶段的资本主义（苏）列宁（В. И. Ленин）著　章一元译
上海：春潮书局，1930.1，182页，32开
本书共10章，内容包括：生产集中与生产垄断、银行及其新作用、财政资本与财政的寡头政治、资本输出等。著者原题：乌利亚诺夫。
收藏单位：重庆馆、东北师大馆、广东馆、国家馆、湖南馆、吉林馆、南京馆、上海馆

00409
左派幼稚病（苏）列宁（В. И. Ленин）著
群众出版社，1942.8，87页，32开
收藏单位：山东馆

00410
左派幼稚病（苏）列宁（В. И. Ленин）著
[武乡]：新华日报华北分馆，1940.12，128页，32开
收藏单位：国家馆

00411
左派幼稚病（苏）列宁（В. И. Ленин）著
大连：新中国书局，1949.4，145页，32开（干部学习丛书 第1辑）
收藏单位：国家馆、山西馆

00412
左派幼稚病（苏）列宁（В. И. Ленин）著　莫师古译
出版者不详，1938.2，1册，32开
出版者不详，1938.10，5版，177页，32开
收藏单位：北碚馆、成都馆、重庆馆、广东馆、国家馆、南京馆、宁夏馆、上海馆、浙江馆

00413
左派幼稚病（苏）列宁（В. И. Ленин）著　吴凉译
上海：社会科学研究社，1930.2，155页，32开
上海：社会科学研究社，[1931.10]，再版，155页，32开
上海：社会科学研究社，1932.3，修订3版，

155页，32开

本书共10章，内容包括：布尔塞维克党人胜利底主要条件之一、布尔塞维克主义史中之主要阶段、在工人运动内与何种敌人争斗才使布尔塞维克主义成长壮大和坚固起来、德人的“左派”、英国的“左派”、几个结论等。

收藏单位：北碚馆、成都馆、重庆馆、国家馆、吉林馆、南京馆、山西馆、上海馆

00414
左派幼稚病 （苏）列宁（В. И. Ленин）著 吴凉译
上海：中国社会科学研究学会，1930.2，107页，32开
上海：中国社会科学研究学会，1949，107页，32开

收藏单位：国家馆、上海馆

00415
左派幼稚病 （苏）列宁（В. И. Ленин）著 严安仁译
[汉口]：中国出版社，1938.1，121页，32开（列宁丛书）
汉口：中国出版社，1938.4，新版，增订本，134页，32开
[香港]：中国出版社，1947.12，146页，32开（马列主义理论丛书）

收藏单位：北碚馆、重庆馆、贵州馆、国家馆、湖南馆、吉林馆、南京馆、上海馆、天津馆、浙江馆

00416
《左派幼稚病》第二章 东北书店编
哈尔滨：东北书店，1948.11，39页，32开

本书共两部分：重印《左派幼稚病》第二章前言、布尔什维克成功的基本条件之一。附《反对党内几种不正确的倾向》《反对自由主义》《关于党风问题（反宗派主义部份）》《增强党性决定》《中共中央关于统一抗日根据地党的领导及调整各组织间关系的决定》《统一意志，统一行动，统一纪律》。

收藏单位：长春馆、重庆馆、国家馆、吉林馆、辽宁馆、山东馆

00417
做什么（我们运动中的迫切问题） （苏）列宁（В. И. Ленин）著 唯真译
莫斯科：外国文书籍出版局，1947，203页，25开

本书共5部分：教条主义与“批评自由”、群众底自发性和社会民主党底觉悟性、工联主义的政治和社会民主主义的政治、经济派底手工业方式与革命家底组织、全俄政治报“计划”。书前有初版序言。书后有结束语、简要注释。

收藏单位：东北师大馆、国家馆、南京馆、山东馆、山西馆、天津馆

书信集、日记、函电、谈话

00418
列宁给高尔基的信 （苏）列宁（В. И. Ленин）著 何芜译
新文化书房，1938.3，61页，32开（新文化书房翻译小丛书1）

本书由日译本转译，内容为1908—1913年列宁给高尔基的信。

收藏单位：国家馆、陕西馆、上海馆

00419
列宁家书集 （法）巴比塞（H. Barbusse）（法）库勒拉编 徐懋庸译
上海：生活书店，1937.12，466页，32开
广州：生活书店，1938.5，再版，466页，32开

本书为列宁寄给他母亲和姐妹的书信的一部分，共5辑：1894—1896年彼得堡的初期、1897—1900年在西伯利亚的流放中、1900—1905年第一次流浪时期、1905—1914年第二次流浪时期、1914—1917年欧洲大战时在瑞士。每辑前均有引言。书前有序文和列宁的家书。

收藏单位：广东馆、贵州馆、国家馆、黑

龙江馆、江西馆、南京馆、山东馆、山西馆、上海馆、天津馆、浙江馆

00420
列宁家书集 （苏）列宁（B. И. Ленин）撰（法）巴比塞（H. Barbusse）辑　徐懋庸译
东北新华书店辽东分店，1949.8，411 页，32 开
　　收藏单位：东北师大馆、国家馆、湖南馆、山西馆、上海馆、天津馆

专题汇编

00421
辩证法与唯物论 （苏）列宁（B. И. Ленин）著 （苏）阿特朗茨基编辑　李大江译
上海：科学出版社，1940，250 页，25 开
　　本书除序论《马克思主义——列宁主义》外，共 5 编：马克思主义三个泉源与三个构成部分、马克思主义的解说、哲学的唯物论与唯心论之斗争、辩证法、唯心史观与唯物史观。
　　收藏单位：国家馆

00422
二月革命至十月革命 （苏）列宁（B. И. Ленин）著
汉口：统一出版社，1938.3，242 页，32 开
　　本书收文 45 篇，内容包括：《第一次革命的第一阶段》《论目前革命中无产阶级的任务》《论两个政权》《论策略书》《我们的观点》等。
　　收藏单位：国家馆、近代史所、浙江馆

00423
二月革命至十月革命 （苏）列宁（B. И. Ленин）著
中共苏区中央局，[1931—1936] 印，316 页，32 开
　　收藏单位：山西馆

00424
二月革命至十月革命 （苏）列宁（B. И. Ленин）著　陈文达译
华兴书局，1930，410 页，32 开
华兴书局，1931，再版，410 页，32 开
华兴书局，1932，410 页，25 开
华兴书局，1933，再版，409 页，25 开
　　本书著者原题：乌梁诺夫。
　　收藏单位：国家馆、吉林馆、上海馆、首都馆、天津馆

00425
二月革命至十月革命 （苏）列宁（B. И. Ленин）著　陈文达译
上海：扬子江书店，1933.3，3 版，409 页，32 开
　　本书著者原题：乌梁诺夫。
　　收藏单位：重庆馆、上海馆

00426
二月革命至十月革命 （苏）列宁（B. И. Ленин）著　陈文达译
出版者不详，1936，410 页，32 开
　　本书著者原题：乌梁诺夫。
　　收藏单位：广西馆、国家馆

00427
二月革命至十月革命 （苏）列宁（B. И. Ленин）著　莫师古译
出版者不详，1938.6，390 页，32 开
　　收藏单位：安徽馆、北碚馆、东北师大馆、广东馆、广西馆、贵州馆、国家馆、南京馆、山东馆、上海馆、浙江馆

00428
国家与革命（列宁关于国家和无产阶级专政的学说）（苏）列宁（B. И. Ленин）著　莫师古译
莫师古 [发行者]，1938.3，483 页，32 开
莫师古 [发行者]，1938.10，3 版，483 页，32 开
　　本书收著作 5 种：《国家与革命》《无产阶级革命与叛徒考茨基》《论“民主”和专政》

《共产国际第一次世界大会上关于资产阶级民主和无产阶级专政的提纲与报告》《论专政问题底历史》。书后有注释。

收藏单位：北碚馆、重庆馆、东北师大馆、广东馆、贵州馆、国家馆、吉林馆、南京馆、山东馆、山西馆、陕西馆、上海馆、天津馆、浙江馆、中科图

00429

经济学教程 （苏）列宁（В. И. Ленин）著 高尔松 高尔柏译

上海：神州国光社，1932，446 页，25 开

上海：神州国光社，1934.7，2 版，446 页，25 开

上海：神州国光社，1946.11，再版，446 页，25 开

上海：神州国光社，1949.3，3 版，446 页，25 开

上海：神州国光社，1949.8，4 版，446 页，25 开

本书为列宁经济学论著摘编，共 8 部分：马克思主义的本质、资本主义以前的经营形式和达到资本主义之过渡的经营形式、工业上资本主义的发展、农业上资本主义的发展、市场论、地租论、帝国主义、从资本主义到社会主义的过渡时代。著者原题：乌里亚诺夫。译者“高尔松”原题：高希圣，“高尔柏”原题：郭真。

收藏单位：长春馆、重庆馆、东北师大馆、广西馆、贵州馆、桂林馆、国家馆、吉林馆、近代史所、南京馆、内蒙古馆、宁夏馆、陕西馆、上海馆、首都馆、天津馆、浙江馆

00430

经济学教程 （苏）列宁（В. И. Ленин）著 高尔松 高尔柏译

上海：言行出版社，1940.2，446 页，25 开

本书译者“高尔松”原题：高希圣，“高尔柏”原题：郭真。

收藏单位：重庆馆、广东馆、国家馆、黑龙江馆、江西馆、山西馆、上海馆

00431

卡尔·马克思、马克思主义底三个来源与三个组成部分 （苏）列宁（В. И. Ленин）撰

大连：新中国书局，1949.4，47 页，32 开（干部学习丛书 第 1 辑）

本书收文 3 篇：《卡尔·马克思》《马克思底学说》《马克思主义底三个来源与三个组成部分》。

收藏单位：重庆馆、国家馆、吉林馆、南京馆

00432

卡尔·马克思、马克思主义底三个来源与三个组成部分 （苏）列宁（В. И. Ленин）著 辽北书店编

辽北书店，1948.12，38 页，32 开（马列主义基本理论教材）

收藏单位：山东馆

00433

列宁读战争论的笔记 （苏）列宁（В. И. Ленин）著 杨作材译

［延安］：八路军军政杂志社，1939.10，58 页（抗日战争参考丛书 5）

收藏单位：山东馆、山西馆

00434

列宁读战争论的笔记 （苏）列宁（В. И. Ленин）著 杨作材译

重庆：生活书店，1940.3，58 页，32 开

重庆：生活书店，1940.11，再版，58 页，32 开

收藏单位：北碚馆、广东馆、广西馆、贵州馆、国家馆、南京馆、上海馆

00435

列宁经济说集 （苏）杜夫莱斯基等编

成都：四川经济学会，[1933—1937]，1 册，32 开，精装

收藏单位：南京馆

00436

列宁经济学 （苏）列宁（В. И. Ленин）著

（苏）杜夫莱斯基等编　四川经济学会译
出版者不详，[1924]，[369] 页，32 开

本书为列宁经济学论著摘编，内容包括：马克思主义的本质、前资本主义的经营形态与向资本主义的经营形态、工业上的资本主义、农业上的资本主义的发达、市场论等。

收藏单位：东北师大馆、广西馆、江西馆

00437
列宁论保卫社会主义祖国　（苏）加里宁（M. И. Калинин）编
哈尔滨：万国书籍，1947，16 页，50 开

收藏单位：国家馆

00438
列宁论马克思恩格斯与马克思主义　（苏）列宁（B. И. Ленин）著
北平：华北大学，1949.3 印，85 页，32 开（教学用书 9）
北平：华北大学，1949.6 印，订正 3 版，85 页，32 开

本书为列宁的论文摘录选编，收有关马克思和恩格斯的生活、活动及其革命理论的文章 17 篇。附《中共中央宣传部重印〈左派幼稚病〉第二章前言》。据华北新华书店 1948 年 9 月第 1 版翻印。

收藏单位：国家馆、近代史所、上海馆、天津馆

00439
列宁论马克思恩格斯与马克思主义　（苏）列宁（B. И. Ленин）著
华北新华书店，1948.9，127 页，32 开
华北新华书店，1949.9，订正 3 版，85 页，32 开

收藏单位：重庆馆、国家馆、山西馆

00440
列宁论马克思恩格斯与马克思主义　（苏）列宁（B. И. Ленин）著
华中新华书店，1949.3，70 页，32 开

收藏单位：吉林馆、山东馆、上海馆

00441
列宁论马克思恩格斯与马克思主义　（苏）列宁（B. И. Ленин）著
解放社，1948.9，127 页，32 开
解放社，1948.12，127 页，32 开
解放社，1949.4，127 页，32 开

收藏单位：安徽馆、成都馆、重庆馆、广东馆、贵州馆、国家馆、河南馆、湖北馆、湖南馆、吉林馆、近代史所、宁夏馆、山东馆、上海馆、绍兴馆、天津馆

00442
列宁论马克思恩格斯与马克思主义　（苏）列宁（B. И. Ленин）著
山东新华书店，1949.7 印，再版，99 页，32 开

本书据解放社 1948 年版翻印。

收藏单位：广西馆、国家馆、湖南馆、上海馆

00443
列宁论马克思恩格斯与马克思主义　（苏）列宁（B. И. Ленин）著
无锡：苏南新华书店，1949.6，70 页，32 开

收藏单位：国家馆、南京馆、上海馆

00444
列宁论马克思恩格斯与马克思主义　（苏）列宁（B. И. Ленин）著
杭州：浙江新华书店，1949 印，74 页，32 开

本书为中级党校教材。据解放社 1948 年版翻印。

收藏单位：吉林馆、南京馆、上海馆

00445
列宁论马克思恩格斯与马克思主义　（苏）列宁（B. И. Ленин）著
[郑州]：中原新华书店，1949.5，127 页，32 开

收藏单位：贵州馆、国家馆、南京馆

00446
列宁论马克思恩格斯与马克思主义　（苏）列宁（B. И. Ленин）著　解放社编

华东新华书店，1949.1 印，99 页，32 开
本书为中级党校教材，据解放社 1948 年版翻印。
收藏单位：南京馆、山东馆、上海馆

00447
列宁论青年　（苏）列宁（В. И. Ленин）著
莫斯科：进步出版社，[1923]，33 页，36 开
收藏单位：国家馆

00448
列宁论青年的学习问题　（苏）列宁（В. И. Ленин）著
沈阳：东北书店，1949.5，25 页，32 开
收藏单位：重庆馆、国家馆、山东馆

00449
列宁论青年的学习问题　（苏）列宁（В. И. Ленин）著　徐梅芬编
新文化书房，1938，136 页，36 开
收藏单位：国家馆、上海馆

00450
列宁论群众观点　（苏）列宁（В. И. Ленин）著
[惠民]：渤海日报社，[1940—1949]，40 页，大 64 开
收藏单位：山东馆

00451
列宁论群众观点　（苏）列宁（В. И. Ленин）著
出版者不详，1944，14 页，32 开
本书主要论述政治与群众、领导与群众、群众经验、群众觉悟、群众力量、群众领袖、群众的"落后"等问题。
收藏单位：浙江馆

00452
列宁论群众观点　太行新华日报编
[涉县]：太行新华日报，1944.2，13 页，32 开
收藏单位：国家馆、吉林馆、山西馆、上海馆

00453
列宁论群众观点　中共晋绥分局编
[兴县]：中共晋绥分局，[1940—1949] 印，12 页，32 开
收藏单位：国家馆

00454
列宁论文化与艺术　（苏）列宁（В. И. Ленин）著　萧三编译
[香港]：北方出版社，1949.5，114 页，32 开
本书共两章：论文化与文化遗产、艺术底阶级性和党性。书前有译者的话、序言。
收藏单位：重庆馆、广东馆、国家馆、上海馆

00455
列宁论文化与艺术（上）（苏）列宁（В. И. Ленин）著　萧三编译
东安（密山）：东北书店，1947.5，2 版，114 页，32 开
收藏单位：东北师大馆、广东馆、国家馆、辽宁馆、上海馆、天津馆

00456
列宁论文化与艺术（上）（苏）列宁（В. И. Ленин）[著]　萧三编译
读者出版社，1943.4，141 页，32 开
收藏单位：近代史所、南京馆、山西馆、浙江馆

00457
列宁论文化与艺术（上）（苏）列宁（В. И. Ленин）撰　萧三编译
山东新华书店，1949.6，149 页，36 开
收藏单位：安徽馆、东北师大馆、国家馆、吉林馆、南京馆、青海馆、山东馆、上海馆、天津馆

00458
列宁论中国　（苏）列宁（В. И. Ленин）著　卢竞如译
重庆：文蔚书店，1940.7，48 页，32 开
收藏单位：广西馆、国家馆、上海馆

00459
列宁论中国 （苏）列宁（В. И. Ленин）著 卢竞如译 凯丰校阅
[汉口]：中国出版社，1941.8，71 页，32 开
收藏单位：国家馆、南京馆、上海馆

00460
列宁论中国 （苏）列宁（В. И. Ленин）著 郑亦文译
香港：自由出版社，1949.5，70 页，25 开（干部学习丛书）
本书内容包括：中国的战争、由暴动到革命、东方人民底觉醒等。
收藏单位：东北师大馆、吉林馆、南京馆

00461
列宁战争论 （苏）列宁（В. И. Ленин）著 焦敏之译
重庆：读书出版社，1940.9，173 页，32 开
重庆：读书出版社，1941.2，再版，173 页，32 开
本书辑录列宁有关战争的论述，共 4 部分：关于日俄战争与一九〇五年革命、关于第一次帝国主义战争和国际社会主义运动、关于布莱斯特和约、其它。
收藏单位：广东馆、广西馆、国家馆、湖南馆、吉林馆、南京馆、上海馆

00462
列宁战争论 （苏）列宁（В. И. Ленин）著 焦敏之译
大连：新中国书局，1949.7，174 页，32 开
收藏单位：长春馆、成都馆、东北师大馆、广西馆、国家馆、南京馆、山东馆、山西馆、上海馆、天津馆

00463
论妇女，女工和农妇 （苏）列宁（В. И. Ленин）著
汉口：中国出版社，1938.5，25 页，50 开
本书节录选编《列宁全集》中有关妇女问题的论述。共 10 个问题，内容包括：妇女与资本主义、妇女与战争、妇女与十月革命、苏维埃政权实际上解放了妇女等。
收藏单位：广东馆、贵州馆、国家馆、南京馆、上海馆、浙江馆

00464
论共产国际 （苏）列宁（В. И. Ленин）著
[汉口]：火炬出版社，1938.3，46 页，42 开
本书收文 10 篇：《三个国际》《第二国际的破产》《第一步（切美瓦尔德）》《第三国际和它在历史上的地位》《论共产国际的基本任务和共产党的作用》《工人运动中的新路线》《共产国际与民族问题和殖民地问题》《共产国际和职工会》《共产国际和国会制度》《应当学习》。书前有序言。
收藏单位：北碚馆、重庆馆、贵州馆、国家馆、吉林馆、南京馆、浙江馆

00465
论马克思恩格斯及马克思主义 （苏）列宁（В. И. Ленин）著 唯真译
莫斯科：外国文书籍出版局，1948，488 页，22 开，精装
莫斯科：外国文书籍出版局，1949，488 页，22 开
本书收文 47 篇，内容包括：《卡尔·马克思》《论马恩通信集》《在马恩纪念碑揭幕典礼会上的演说》《马克思学说底历史命运》《我们的纲领》《做什么？》等。据马恩列学院 1946 年俄文第 6 版译出。
收藏单位：长春馆、东北师大馆、国家馆、湖北馆、南大馆、南京馆、天津馆

00466
论农村工作 （苏）列宁（В. И. Ленин）著
[朝城]：冀鲁豫书店，1948.2，106 页，32 开
收藏单位：国家馆、山西馆

00467
论农村工作 （苏）列宁（В. И. Ленин）著 [匡亚明译]
大众日报社，1946.12，85 页，25 开
本书共 9 节，内容包括：对莫斯科区贫农委员会代表团的演说词、对中农政策的决议、

什么是中农等。

收藏单位：东北师大馆、国家馆、河南馆、吉林馆、山东馆、上海馆

00468
论农村工作 （苏）列宁（В. И. Ленин）著 匡亚明译
涉县：太行群众书店，1947，再版，105 页，32 开

收藏单位：重庆馆、广东馆、国家馆、河南馆、农大馆、山西馆

00469
论欧洲联邦口号·无产阶级革命底军事纲领 （苏）列宁（В. И. Ленин）著
莫斯科：外国文书籍出版局，1941，22 页，25 开

收藏单位：广东馆

00470
论青年的学习问题 （苏）列宁（В. И. Ленин）著
延安：中国青年社，1942，174 页，32 开

收藏单位：西南大学馆

00471
论世界大战 （苏）列宁（В. И. Ленин）著 刘少严译
上海：亚东图书馆，1939.5，60 页，32 开

收藏单位：吉林馆、上海馆

00472
马恩与马克思主义 （苏）列宁（В. И. Ленин）著 许之桢编 柯柏年等译
解放社，1939.6，377 页，32 开
解放社，1939.10，377 页，32 开
解放社，1940.7，377 页，32 开，精装

本书收文 37 篇，内容包括：《卡尔·马克思》《纪念恩格斯》《马克思与恩格斯通信集》《马克思主义底学说》《马克思主义与修正主义》等。

收藏单位：北碚馆、成都馆、东北师大馆、广东馆、贵州馆、国家馆、南大馆、南京馆、上海馆

00473
马克思恩格斯与马克思主义 （苏）列宁（В. И. Ленин）著 柯柏年等译
佳木斯：东北书店，1948.10，308 页，32 开

本书收文 39 篇，内容包括：《马克思底学说》《纪念恩格斯》《马克思与恩格斯通信集》《欧洲工人运动中的分歧》《海特曼论马克思》等。

收藏单位：重庆馆、东北师大馆、国家馆、吉林馆、南京馆、山东馆、上海馆

00474
马克思基本理论浅说 （苏）列宁（В. И. Ленин）著 一真译
上海：新纪元出版社，1949.9，54 页，32 开

本书收文 7 篇：《卡尔·马克思》《马克思底学说》《马克思底经济学说》《社会主义》《无产阶级阶级斗争底策略》《马克思主义底三个来源与三个组成部分》《马克思学说底历史命运》。

收藏单位：广东馆

00475
马克思及其学说 （苏）列宁（В. И. Ленин）著 唯真译
出版者不详，1938.3，61 页，36 开
出版者不详，1938.4，再版，61 页，32 开

本书收《卡尔·马克思》《马克思底学说》《哲学的唯物主义》《唯物史观》《马克思底经济学说》《社会主义》等。译者原题：王唯真。

收藏单位：成都馆、广东馆、贵州馆、国家馆、吉林馆、南京馆、陕西馆

00476
马克思与恩格斯 （苏）列宁（В. И. Ленин）著 唯真译
上海：纪元出版社，1949.5，75 页，32 开

收藏单位：吉林馆

00477
马克思主义　（苏）列宁（В. И. Ленин）著
上海：野耕书店，1949.6，16 页，32 开（马克思主义丛书）
本书共 6 部分：哲学的唯物论、辩证法、唯物史观、阶级斗争、经济学说、剩余价值。
收藏单位：绍兴馆

00478
马克思主义　（苏）列宁（В. И. Ленин）著
智慧出版社，1949.6，18 页，32 开（智慧丛书 2）
收藏单位：浙江馆

00479
农村工作论文集　（苏）列宁（В. И. Ленин）著　匡亚明译
[武乡]：新华日报华北分馆，1941.4，120 页，32 开
本书收《关于和饥荒作斗争的报告》《关于组织粮食队给奔萨省代表大会的电信》《给彼得格勒工人的信》《工人同志们，进作最后的决战》等。
收藏单位：浙江馆

00480
青年的学习与修养　（苏）列宁（В. И. Ленин）著　石巍译
海燕出版社，1938，45 页，32 开
本书收文两篇：《青年团的任务（在俄国共产主义青年团第三次代表大会上的讲话）》（1919 年 10 月 2 日）、《对开赴前线的斯维尔德洛夫大学学员的讲话》（1919 年 10 月 24 日）。
收藏单位：浙江馆

00481
三个国际　（苏）列宁（В. И. Ленин）著　陈瑞宣译
[上海]：华兴书局，1932.5，3 版，61 页，32 开
本书著者原题：乌梁诺夫。
收藏单位：重庆馆、国家馆、近代史所、南京馆

00482
什么是马克思主义　（苏）列宁（В. И. Ленин）著
解放社，1939.6 印，油印本，34 页，32 开
收藏单位：国家馆

00483
什么是马克思主义　（苏）列宁（В. И. Ленин）著
汉口：中国出版社，1938，72 页，36 开
[汉口]：中国出版社，1939.4，再版，72 页，36 开
本书收文 9 篇，内容包括：《卡尔·马克思》《马克思的学说》《哲学的唯物主义》《唯物史观》《阶级斗争》等。附《马克思主义的三个来源与三个组成部分》。
收藏单位：贵州馆、国家馆、辽宁馆、南京馆、上海馆、天津馆、浙江馆

00484
十月革命的准备与实行　（苏）列宁（В. И. Ленин）撰
上海：时代出版社，1949.9，447 页，25 开
本书为列宁著作选编。收论著 34 篇，内容包括：《论无产阶级在这次革命中的任务》《论两个政权并存的局面》《革命底任务》《国家与革命》《奇谈与怪论》《脚踏实地》《严重的教训与严重的责任》《现时主要任务》《苏维埃政权底当前任务》等。
收藏单位：成都馆、东北师大馆、甘肃馆、广东馆、贵州馆、国家馆、吉林馆、山西馆、天津馆

00485
苏联革命过程中底农业问题　（苏）列宁（В. И. Ленин）著　陈晓光译
北平：新光书店，1932.12，152 页，32 开
本书共 4 部分：工人政党与农民、俄国社会民主党之农业纲领、关于我们的农业纲领草案批评、工人政党农业纲领之修正。著者原题：乌里亚诺夫。

收藏单位：国家馆、近代史所、南京馆

00486
讨论进行计划书　（苏）列宁（В. И. Ленин）著　沈则民译
[上海]：人民出版社，1921.12，33 页，32 开
本书即《列宁全集》第 24 卷中《论策略书》及《论无产阶级在这次革命中的任务》两篇文章。译者原题：成则人。伪装出版地题：广州。
收藏单位：国家馆

00487
伟大的创举·怎样进行组织比赛　（苏）列宁（В. И. Ленин）著
莫斯科：外国文书籍出版局，1949，47 页，25 开
本书收文两篇：《伟大的创举》《怎样进行组织比赛》。据苏联国立政治书籍出版局 1946 年版《列宁文选》（两卷集）第 2 卷译出。
收藏单位：重庆馆、贵州馆、国家馆、南京馆、内蒙古馆、山西馆、绍兴馆、天津馆

00488
左派幼稚病与两个策略　（苏）列宁（В. И. Ленин）著
中华出版社，1938.11，281 页，32 开
本书收文两篇：《共产主义运动中的左派幼稚病》《社会民主党在民主革命中的两种策略》。
收藏单位：东北师大馆、国家馆、吉林馆、南京馆、青海馆、上海馆、天津馆

斯大林著作

选集、文集

00489
斯大林选集　（苏）斯大林（И. В. Сталин）著
长春：东北新华书店，1949.9，5 册（1788 页），32 开
本书共 5 卷。第 1 卷收《关于列宁主义底基础》《托洛茨基主义还是列宁主义？》《十月革命与俄国共产党人底策略》等，第 2 卷收《关于列宁主义底问题》《论联共党内的反对派联盟》《论联共党内社会民主主义的倾向》等，第 3 卷收《关于工农政府问题》《关于党在农民问题上的三个基本口号》《关于十月革命准备时期内无产阶级和贫农专政底口号》《与第一次美国工人代表团的谈话》《俄国反对派底政治面目》《托洛茨基反对派之过去与现在》《与外国工人代表团的谈话》等，第 4 卷收《论联共（布）党内的右倾》《大转变的一年》《论苏联的土地政策》《论消灭富农阶级底政策》《胜利冲昏头脑》《给集体农场工作的同志们的答覆》等，第 5 卷收《第一个五年计划底总结》《论农村中的工作》《在全苏联集体农庄突击队长第一次代表大会上的演说》《联共（布）中央在第十七次代表大会上的政治报告与大会决议》等。
收藏单位：长春馆、成都馆、东北师大馆、贵州馆、国家馆、河南馆、近代史所、辽宁馆、南京馆、山东馆、山西馆、上海馆、天津馆、浙江馆、中科图

00490
斯大林选集　（苏）斯大林（И. В. Сталин）著
[延安]：解放社，1939，5 册，32 开
收藏单位：北碚馆、成都馆、贵州馆、国家馆、近代史所、南京馆、山东馆、山西馆、上海馆、天津馆

00491
斯大林选集　（苏）斯大林（И. В. Сталин）著
中国出版社，1941，5 册，32 开
收藏单位：东北师大馆、广东馆、国家馆、南京馆、山东馆、上海馆、天津馆

00492
斯大林选集（第 1—4 卷）（苏）斯大林（И. В. Сталин）著
[黎城]：新华日报华北分馆，1941，4 册，32

开

收藏单位：国家馆、山东馆、山西馆

单行著作

00493
辩证唯物论与历史唯物论　博古译
大众社，1940.1，29 页（青年丛书 4）
本书译者原题：秦博古。
收藏单位：国家馆、山东馆

00494
辩证唯物论与历史唯物论　博古译
[重庆]：中国出版社，1938.12，52 页，32 开
[上海]：中国出版社，1939.2，再版，52 页，32 开
本书即《联共（布）党史简明教程》第 4 章第 2 节“辩证唯物主义与历史唯物主义”。据发表在 1938 年 9 月 12 日苏联《真理报》上的原文译出。
收藏单位：北师大馆、成都馆、重庆馆、贵州馆、桂林馆、吉林馆、南京馆、天津馆、西南大学馆

00495
辩证唯物主义和历史唯物主义　（苏）斯大林（И. В. Сталин）著
大连：大众书店，1948.4，34 页，32 开
本书共 3 部分：马克思主义辩证法底基本特征、马克思主义的哲学唯物主义底基本特征、历史唯物主义。据莫斯科外国文书籍出版局 1939 年中文版《联共（布）党史简明教程》第 4 章第 2 节印。
收藏单位：长春馆、国家馆、山东馆、上海馆

00496
辩证唯物主义和历史唯物主义　（苏）斯大林（И. В. Сталин）著
佳木斯：东北书店，1947，40 页，32 开
佳木斯：东北书店，1948.11，再版，40 页，32 开
收藏单位：东北师大馆、国家馆、吉林馆、江西馆、天津馆

00497
辩证唯物主义与历史唯物主义　蓝火编译
上海：世界文化出版社，1949.6，57 页，36 开
本书共 4 章：绪论、马克思主义辩证法底几个基本特征、马克思主义哲学唯物主义的基本特征、历史唯物主义。
收藏单位：重庆馆、南大馆、上海馆

00498
辩证唯物主义与历史唯物主义　（苏）斯大林（И. В. Сталин）著
北平：北平市中小学教职员暑期学习会，1949.6，34 页，32 开

00499
辩证唯物主义与历史唯物主义　（苏）斯大林（И. В. Сталин）著
[北平]：华北人民革命大学教务处，[1949]，40 页，32 开
收藏单位：河南馆、山东馆

00500
辩证唯物主义与历史唯物主义　（苏）斯大林（И. В. Сталин）著
华中新华书店，1948.11，70 页，32 开
本书为干部高级读物。附《辩证唯物论与历史唯物论研究提纲》。
收藏单位：国家馆、南京馆、山东馆

00501
辩证唯物主义与历史唯物主义　（苏）斯大林（И. В. Сталин）著
南峰：冀鲁豫新华书店，1949.1，31 页，32 开（干部学习丛书）
收藏单位：山东馆

00502
辩证唯物主义与历史唯物主义　（苏）斯大林（И. В. Сталин）著
[无锡]：苏南新华书店，1949.7，87 页，32

开

收藏单位：国家馆

00503

辩证唯物主义与历史唯物主义 （苏）斯大林（И. В. Сталин）著

[杭州]：浙江新华书店，1949.6 印，40 页，32 开

本书为中级党校教材。据华东新华书店 1949 年 1 月版翻印。

收藏单位：吉林馆

00504

辩证唯物主义与历史唯物主义 （苏）斯大林（И. В. Сталин）著

[宝丰]：中原新华书店，1948.11，30 页，32 开

[郑州]：中原新华书店，1949.2，58 页，32 开

收藏单位：国家馆、河南馆、南京馆

00505

辩证唯物主义与历史唯物主义 （苏）斯大林（И. В. Сталин）撰　唯真译

解放社，1948.9，58 页，32 开

解放社，1949.2，再版，58 页，32 开

解放社，1949.4，再版，58 页，32 开

解放社，1949.6，58 页，32 开

解放社，1949.7，58 页，32 开

解放社，1949，3 版，58 页，32 开

本书译文据莫斯科外国文书籍出版局 1939 年中文版《苏联共产党（波）历史简要读本》翻印。

收藏单位：国家馆、河南馆、辽宁馆、山东馆、山西馆、天津馆、西南大学馆

00506

辩证唯物主义与历史唯物主义 （苏）斯大林（И. В. Сталин）著　唯真译

莫斯科：外国文书籍出版局，1946，43 页，32 开

莫斯科：外国文书籍出版局，1947，40 页，32 开

莫斯科：外国文书籍出版局，1949，40 页，32 开

收藏单位：国家馆、湖南馆、南京馆、山东馆、山西馆、上海馆、天津馆

00507

辩证唯物主义与历史唯物主义 （苏）斯大林（И. В. Сталин）著　唯真译

[合肥]：新华书店，1949.7，华中版，58 页，32 开

北平：新华书店，1949，再版，58 页，36 开

收藏单位：贵州馆、国家馆、湖北馆、南京馆、云南馆

00508

辩证唯物主义与历史唯物主义 （苏）斯大林（И. В. Сталин）著　唯真译

中国远东编译社，1949.6，34 页，32 开

收藏单位：上海馆、浙江馆

00509

辩证唯物主义与历史唯物主义（一九三八年九月）（苏）斯大林（И. В. Сталин）撰　唯真译校

解放社，1949，再版，52 页，32 开

本书根据莫斯科外国文书籍出版局 1949 年所出中文单行本翻印。

收藏单位：国家馆、天津馆

00510

俄国社会民主工党伦敦代表大会（一个代表的札记）（苏）斯大林（И. В. Сталин）撰

莫斯科：外国文书籍出版局，1940，36 页，32 开

本书共 4 部分：“代表大会底成份”“议事日程。中央委员会工作报告。杜马党团工作报告”“关于非无产阶级的政党”“关于工人代表大会”。

收藏单位：重庆馆、近代史所、南京馆

00511

共产主义的人生观 （苏）斯大林（И. В. Сталин）著

北平：励志书店，1949.4，54 页，32 开

收藏单位：南京馆

00512

关于辩证唯物主义和历史唯物主义 （苏）斯大林（И. В. Сталин）著

［威县］：冀南新华书店，1948.12，41 页，32 开

本书即《联共（布）党史简明教程》第 4 章第 2 节。

收藏单位：国家馆

00513

关于辩证唯物主义和历史唯物主义 （苏）斯大林（И. В. Сталин）著

［西安］：西北新华书店，1949.7，42 页，32 开

收藏单位：国家馆、山东馆、陕西馆

00514

关于红军之三个特点 （苏）斯大林（И. В. Сталин）著

东北中苏友好学会，1945.12，7 页，32 开

本书为著者在莫斯科苏维埃为纪念红军十周年而召集的全体会议上的演说词。

收藏单位：广东馆、天津馆

00515

关于红军之三个特点 （苏）斯大林（И. В. Сталин）著

出版者不详，1938，8 页，32 开

收藏单位：国家馆、南京馆

00516

关于列宁主义底基础 （苏）斯大林（И. В. Сталин）著

长春：东北书店，1949.5，再版，102 页，32 开

本书封面题名：列宁主义基础。

收藏单位：长春馆、国家馆

00517

关于列宁主义底基础 （苏）斯大林（И. В. Сталин）著

华北新华书店，1947.8，119 页，32 开

本书为著者 1924 年 4 月在斯维尔德洛夫大学的演说词，共 9 部分：列宁主义底历史根源、方法、理论、无产阶级专政、农民问题、民族问题、战略与策略、党、工作作风。

收藏单位：长春馆、河南馆、山东馆、山西馆、上海馆

00518

关于列宁主义底基础 （苏）斯大林（И. В. Сталин）著

［延安］：解放社，1943.11，168 页，32 开

［安东（丹东）］：解放社，1947.4，102 页，32 开

上海：解放社，1948.8，111 页，32 开

本书封面题名：列宁主义基础。

收藏单位：重庆馆、东北师大馆、国家馆、辽宁馆、山西馆、上海馆

00519

关于列宁主义底基础 （苏）斯大林（И. В. Сталин）著

莫斯科：外国文书籍出版局，1939，120 页，32 开

收藏单位：广东馆、国家馆、上海馆、中科图

00520

关于列宁主义底问题 （苏）斯大林（И. В. Сталин）著

东安（密山）：东北书店，1947.5，73 页，32 开

长春：东北书店，1949.5，73 页，32 开

本书封面题名：列宁主义问题，书中题名：关于列宁主义问题。

收藏单位：东北师大馆、国家馆、南京馆、宁夏馆、陕西馆

00521

关于列宁主义底问题 （苏）斯大林（И. В. Сталин）著

华北新华书店，1947.9，84 页，32 开

本书封面题名：列宁主义问题，书中题名：关于列宁主义问题。

收藏单位：国家馆、南京馆、山东馆、山西馆

00522
关于列宁主义底问题 （苏）斯大林（И. В. Сталин）著
[延安]：解放社，1943.11，122页，32开
[延安]：解放社，1947.5，73页，32开

本书共7部分，内容包括：列宁主义底定义、列宁主义中的主要点、无产阶级革命与无产阶级专政、为社会主义建设胜利而奋斗等。封面题名：列宁主义问题。

收藏单位：山东馆

00523
关于列宁主义底问题 （苏）斯大林（И. В. Сталин）著
北平：科学社，1949.4印，64页，32开

本书封面题名：列宁主义问题。

收藏单位：国家馆、辽宁馆、宁夏馆、青海馆、天津馆

00524
关于列宁主义基础 （苏）斯大林（И. В. Сталин）著
西安：西北新华书店，1948，118页，32开

收藏单位：吉林馆、陕西馆、上海馆

00525
关于列宁主义问题 （苏）斯大林（И. В. Сталин）著
莫斯科：外国文书籍出版局，1939，84页，25开

本书共7部分：列宁主义底定义、列宁主义中的主要点、关于“不断”革命问题、无产阶级革命与无产阶级专政、无产阶级专政系统里的党和工人阶级、关于社会主义在一个国家内胜利问题、为社会主义建设胜利而奋斗。

收藏单位：重庆馆、国家馆、南京馆

00526
关于苏联土地政策问题 （苏）斯大林（И. В. Сталин）著
莫斯科：外国文书籍出版社，1941，28页，25开

本书为著者1929年12月27日在马克思主义土地问题专家代表会议上的演说词。

收藏单位：重庆馆

00527
今日之苏联 （苏）斯大林（И. В. Сталин）著 叶非木译
[重庆]：播种社，1939.7，90页，32开

本书为著者在联共十八次代表大会上关于中央工作所作的报告，讲述苏联共产党的情况、国内形势及国际形势。著者原题：史太林。

收藏单位：广东馆、贵州馆、国家馆、南京馆、山西馆、上海馆、西南大学馆

00528
列宁主义的几个基本问题（无产阶级专政的认识）（苏）斯大林（И. В. Сталин）著 唯真译
读者出版社，1949.6，59页，25开

本书共7部分：列宁主义底定义、列宁主义中的主要点、关于“不断”革命问题、无产阶级革命与无产阶级专政、无产阶级专政体系中的党和工人阶级、关于社会主义在一个国家内胜利问题、为社会主义建设胜利而奋斗。附《无产阶级专政的认识》。

收藏单位：北师大馆、重庆馆

00529
列宁主义底基础 （苏）斯大林（И. В. Сталин）著
华东新华书店，1948.9，126页，32开

本书共9章，内容包括：列宁主义底历史根源、无产阶级专政、民族问题、党、工作作风等。据莫斯科外国文书籍出版局1946年版翻印。

收藏单位：广东馆、国家馆、山东馆

00530
列宁主义底几个问题 （苏）斯大林（И. В. Сталин）著
华东新华书店，1948.9，90 页，32 开
本书据莫斯科外国文书籍出版局 1946 年版翻印。
收藏单位：重庆馆、广东馆、国家馆、山东馆、山西馆、陕西馆

00531
列宁主义概论 （苏）斯大林（И. В. Сталин）著
大众日报社，1939.11，168 页，32 开（马列丛书 2）
收藏单位：山东馆

00532
列宁主义概论 （苏）斯大林（И. В. Сталин）著
[北安]：东北军政大学总校训练处，1947.3，187 页，32 开
本书收文 5 篇：《关于列宁主义底基础》《关于列宁主义底问题》《关于党在农民问题上的三个基本口号》《关于十月革命准备时期内无产阶级和贫农专政的口号》《列宁和关于与中农联盟问题》。
收藏单位：东北师大馆、国家馆、山西馆、上海馆

00533
列宁主义概论 （苏）斯大林（И. В. Сталин）著
冀鲁豫新华书店，1948.12，156 页，32 开（干部学习丛书）
冀鲁豫新华书店，1949.5，156 页，32 开（干部学习丛书）
收藏单位：国家馆、上海馆、天津馆

00534
列宁主义概论 （苏）斯大林（И. В. Сталин）著
胶东联合社，1940 印，181 页，32 开（马列丛书 2）
收藏单位：山东馆、上海馆

00535
列宁主义概论 （苏）斯大林（И. В. Сталин）著
[延安]：解放社，1937.12，194 页，32 开
延安：解放社，1938.3，3 版，190 页，25 开
上海：解放社，1949.7，111 页，32 开
解放社，1949.8，华中版，193 页，32 开
收藏单位：北碚馆、东北师大馆、广东馆、贵州馆、国家馆、河南馆、南京馆、宁夏馆、山西馆、上海馆、绍兴馆、天津馆、中科图

00536
列宁主义概论 （苏）斯大林（И. В. Сталин）著
无锡：苏南新华书店，1949.9，再版，58 页，32 开
收藏单位：南京馆

00537
列宁主义概论 （苏）斯大林（И. В. Сталин）著
太行新华书店，1949.5，232 页，32 开
收藏单位：国家馆

00538
列宁主义概论 （苏）斯大林（И. В. Сталин）著
新华书店，1949.7，3 版，196 页
收藏单位：国家馆、上海馆

00539
列宁主义概论 （苏）斯大林（И. В. Сталин）著
[上海]：中国社会科学研究学会，1926.1，1 册，32 开
收藏单位：贵州馆、南京馆、宁夏馆、上海馆

00540
列宁主义概论 （苏）斯大林（И. В. Сталин）

著
[宝丰]：中原新华书店，1948.11，155 页，32 开
[郑州]：中原新华书店，1949.2，再版，155 页，32 开
收藏单位：广东馆、国家馆、吉林馆

00541
列宁主义概论 （苏）斯大林（И. В. Сталин）著
出版者不详，1938，199 页，32 开（新时代丛书 2）
收藏单位：北碚馆、东北师大馆、国家馆、吉林馆、近代史所、天津馆

00542
列宁主义概论 （苏）斯大林（И. В. Сталин）撰　唯真译
[泰州]：苏北新华书店，1949.8，164 页，32 开
本书收文两篇：《关于列宁主义底基础》《关于列宁主义问题》。
收藏单位：国家馆、南京馆、山东馆、陕西馆

00543
列宁主义概论
抗敌出版社，1940，170 页，32 开
抗敌出版社，1941.2，170 页，32 开
收藏单位：黑龙江馆、南京馆、山东馆

00544
列宁主义基础 （苏）斯大林（И. В. Сталин）著
[延安]：解放周刊社，[1939]，194 页，32 开
收藏单位：国家馆

00545
列宁主义基础 （苏）斯大林（И. В. Сталин）著
天津：知识书店，1949.6，102 页，32 开
收藏单位：国家馆、山东馆

00546
论布哈林与右倾 （苏）斯大林（И. В. Сталин）著
马克思主义急进社，1932.4，102 页，32 开
本书共 4 部分：阶级的进展与我们的意见分歧、共产国际路线上的意见分歧、内部政策路线上的意见分歧、论与右倾争斗。
收藏单位：国家馆

00547
论党工作之缺点和消灭托洛茨基两面份子及其他两面份子之办法 （苏）斯大林（И. В. Сталин）著
汉口：国华出版社，1938.4，75 页，32 开
本书为著者 1937 年 3 月 3 日、5 日在联共（布）中央全会上所作的报告和结论，内容包括：政治上的漠不关心态度、资本主义的包围、现时的托洛茨基主义、经济胜利之阴影的方面、我们的任务等。
收藏单位：重庆馆、上海馆

00548
论党工作之缺点和消灭托洛茨基两面份子及其他两面份子之办法 （苏）斯大林（И. В. Сталин）著
[上海]：拓社、潮锋出版社，1939.1，76 页，32 开
收藏单位：上海馆、浙江馆

00549
论党工作之缺点和消灭托洛茨基两面份子及其他两面份子之办法 （苏）斯大林（И. В. Сталин）著
莫斯科：外国工人出版社，1937，72 页，32 开
收藏单位：重庆馆、国家馆、吉林馆、南京馆

00550
论经济工作人员的任务 （苏）斯大林（И. В. Сталин）著
[北平]：中华全国总工会，[1949]，49 页，25 开（工运丛书 3）

本书共3部分：论经济工作人员底任务、新的环境和新的经济建设任务、论经济工作人员的党性。

收藏单位：重庆馆、广东馆、国家馆

00551

论经济工作人员底任务　（苏）斯大林（И. В. Сталин）撰　华北总工会筹委会编

天津新华书店，1949.3，13页（职工运动丛书6）

收藏单位：国家馆、宁夏馆、天津馆

00552

论列宁主义底基础　（苏）斯大林（И. В. Сталин）著

[无锡]：苏南新华书店，1949.6，83页，32开

本书封面题名：论列宁主义的基础。

收藏单位：广东馆

00553

论列宁主义底几个问题　（苏）斯大林（И. В. Сталин）著

[无锡]：苏南新华书店，1949.6，58页，32开

本书封面题名：论列宁主义的几个问题。

收藏单位：国家馆、上海馆

00554

论列宁主义基础　（苏）斯大林（И. В. Сталин）著

香港：北方出版社，1949.9，134页，32开

本书为著者1924年4月在斯维尔德洛夫大学的演说词，共9部分：列宁主义底历史根源、方法、理论、无产阶级专政、农民问题、民族问题、战略与策略、党、工作作风。

收藏单位：国家馆、上海馆

00555

论列宁主义基础　（苏）斯大林（И. В. Сталин）著

[北平]：华北人民革命大学教务处，[1949]，106页，32开

收藏单位：国家馆、近代史所、宁夏馆、上海馆

00556

论列宁主义基础　（苏）斯大林（И. В. Сталин）著　唯真译

解放社，1949.8，127页，25开

解放社，1949.9，华中版，127页，25开

收藏单位：东北师大馆、广东馆、贵州馆、国家馆、湖北馆、湖南馆、山西馆、天津馆

00557

论列宁主义基础　（苏）斯大林（И. В. Сталин）著　唯真译

上海：平凡书局，1949.6，76页，32开

上海：平凡书局，1949.7，再版，76页，32开

收藏单位：湖北馆、南京馆、上海馆、浙江馆

00558

论列宁主义基础　（苏）斯大林（И. В. Сталин）著　唯真译

北平：天下图书公司，1949，120页，36开

收藏单位：国家馆、山东馆、山西馆、中科图

00559

论列宁主义基础　（苏）斯大林（И. В. Сталин）著　唯真译

野耕书店，1949.6，81页，32开（马列主义丛书2）

本书著者原题：史太林。

收藏单位：上海馆、浙江馆

00560

论农村中的工作　（苏）斯大林（И. В. Сталин）著

莫斯科：外国工人出版社，1933，44页，64开

本书为著者1933年1月11日在联共（布）中央委员会和中央监察委员会联席会议上的演说词。

收藏单位：国家馆、南京馆

00561
马克思主义与民族问题 （苏）斯大林（И. В. Сталин）著
东安（密山）：东北书店，1947.9，79页，32开
本书共7部分，内容包括：民族、民族运动、民族提法、俄国境内民族问题等。
收藏单位：东北师大馆、广东馆、国家馆、吉林馆、南京馆、山东馆、上海馆、天津馆

00562
马克思主义与民族问题 （苏）斯大林（И. В. Сталин）著
沁县：新华日报华北分馆，1940.8，97页，32开
收藏单位：山西馆

00563
马克思主义与民族问题 （苏）斯大林（И. В. Сталин）著　唯真译
华东新华书店，1949.4，90页，32开
收藏单位：国家馆、山东馆、上海馆

00564
马克思主义与民族问题 （苏）斯大林（И. В. Сталин）著　唯真译
[延安]：解放社，1939.5，97页，32开
[北平]：解放社，1949.9，115页，32开
收藏单位：北碚馆、东北师大馆、广东馆、国家馆、湖南馆、南京馆、内蒙古馆、上海馆

00565
马克思主义与民族问题 （苏）斯大林（И. В. Сталин）著　唯真译
莫斯科：外国文书籍出版局，1939，94页，32开
莫斯科：外国文书籍出版局，1948，90页，25开
收藏单位：重庆馆、东北师大馆、广东馆、国家馆、河南馆、黑龙江馆、南京馆、陕西馆、上海馆、天津馆

00566
马克思主义与民族问题 （苏）斯大林（И. В. Сталин）撰　唯真译
上海：新华书店，1949.7，90页，32开
收藏单位：成都馆、国家馆、南京馆

00567
社会民主党怎样了解民族问题 （苏）斯大林（И. В. Сталин）著
莫斯科：外国文书籍出版局，1940，1册，25开
收藏单位：南京馆

00568
胜利冲昏头脑 （苏）斯大林（И. В. Сталин）著
[兴县]：中共晋绥分局，1945.5，30页，32开
本书收文两篇：《胜利冲昏头脑》《给集体农场工作的同志们的答复》。
收藏单位：国家馆、山西馆、陕西馆

00569
十月革命与俄国共产党人底策略（《到十月革命之路》一书底序言）（苏）斯大林（И. В. Сталин）著
莫斯科：外国文书籍出版局，1949，48页，25开
本书共4部分："十月革命底内外环境""论十月革命底两个特点；或十月革命与托洛茨基底'不断'革命论""论十月革命准备时期内布尔什维克策略底几个特点""十月革命是世界革命底开端和前提"。书后有简要注释。据苏联国立政治书籍出版局1949年俄文原版译出。
收藏单位：安徽馆、重庆馆、东北师大馆、贵州馆、南京馆、青海馆、陕西馆、绍兴馆、天津馆

00570
十月革命与共产党人 （苏）斯大林（И. В. Сталин）著
汉口：前进书店，1938.3，82页，32开

汉口：前进出版社，1938.3，再版，82页，32开

本书1938年3月1日出版，20日再版，再版时出版者改为前进出版社。著者原题：斯太林。

收藏单位：国家馆、南京馆、上海馆

00571

史大林论苏联伟大卫国战争　（苏）斯大林（И. В. Сталин）著

上海：时代书报出版社，1948.3，178页，25开

本书内容包括：伟大十月社会主义革命廿四周年纪念、检阅红军时的演说等。

收藏单位：东北师大馆、广西馆、吉林馆、绍兴馆

00572

斯大林大元帅演说全文（1946年2月9日在莫斯科斯大林选区选民大会）（苏）斯大林（И. В. Сталин）著

大连：中苏友好协会，1946.5，21页，32开

收藏单位：国家馆、山东馆

00573

斯大林和德国作家刘第维赫谈话记　（苏）斯大林（И. В. Сталин）著

莫斯科：外国工人出版社中国编辑部，[1931]，42页，50开

收藏单位：国家馆、南京馆

00574

斯大林论苏联保卫祖国的伟大战争　（苏）斯大林（И. В. Сталин）著

大连：大众书店，1947.11，128页，大32开

收藏单位：国家馆

00575

斯大林论苏联伟大卫国战争　（苏）斯大林（И. В. Сталин）著

上海：时代书报出版社，1948.3，178页，25开

收藏单位：南京馆

00576

斯大林论自我批评　（苏）斯大林（И. В. Сталин）撰

[北平]：华北大学，1949，8页，32开

本书为华北大学教学用书。

收藏单位：国家馆、近代史所

00577

斯大林十月革命节的报告（1942年11月6日在莫斯科劳动人民代表苏维埃莫斯科党及公共团体庆祝会上）（苏）斯大林（И. В. Сталин）著

华北新华书店，[1942—1949]，14页，32开

本书共3部分，内容包括：斯大林十月革命节的报告、斯大林十月革命节命令等。

收藏单位：国家馆

00578

斯大林文告　苏联驻华大使馆编译处编译

[重庆]：苏联驻华大使馆编译处，1942，16页，32开

本书为著者1942年11月6日在莫斯科劳动人民代表苏维埃和莫斯科党及民众团体庆祝大会席上发表的报告。附《十月革命第二十五周年斯大林文告》。

收藏单位：重庆馆

00579

斯大林在第一次全苏联斯达汉诺夫工作者会议上的演说　（苏）斯大林（И. В. Сталин）著

新华书店，1949.7，华中版，19页，32开

本书共5部分：斯汉达诺夫运动底意义、斯汉达诺夫运动底根源、新的人才和新的技术定额、最近的任务、两句话。

收藏单位：重庆馆、国家馆

00580

斯大林在第一次全苏联斯达汉诺夫工作者会议上的演说　（苏）斯大林（И. В. Сталин）撰　华北总工会筹备委员会编辑

天津新华书店，1949.3，1册（职工运动丛书4）

收藏单位：重庆馆、贵州馆、国家馆、湖南馆、宁夏馆

00581
斯大林在第一次全苏联斯达汉诺夫工作者会议上的演说 （苏）斯大林（И. В. Сталин）著　华北总工会筹备委员会编
[郑州]：中原新华书店，1949.5，19页，32开（职工运动丛书4）
收藏单位：国家馆

00582
斯大林在联共党（布）第十八次大会上关于苏联共产党（布）中央委员会工作的总报告 （苏）斯大林（И. В. Сталин）著　戈宝权译　博古校阅
重庆：新华日报馆，1939.6，84页，32开（新群丛书27）
重庆：新华日报馆，1939.10，再版，33页，32开（新群丛书27）
本书为1939年3月10日报告，共3部分：苏联的国际形势、苏联的国内状况、联共党（布）更进步的巩固。
收藏单位：贵州馆、国家馆、南京馆、上海馆

00583
斯大林在苏联第八次全国苏维埃非常代表大会上关于苏联宪法草案的报告 （苏）斯大林（И. В. Сталин）著
[大连]：东北中苏友好协会，1945，41页，32开
收藏单位：东北师大馆、吉林馆

00584
斯大林在苏联第八次全国苏维埃非常代表大会上关于苏联宪法草案的报告 （苏）斯大林（И. В. Сталин）著
[莫斯科]：外国工人出版社，1937，53页，32开
收藏单位：贵州馆

00585
斯大林在苏联第八次全国苏维埃非常代表大会上关于苏联宪法草案的报告 （苏）斯大林（И. В. Сталин）著
哈尔滨：中苏友好协会，1945.12，27页，32开
收藏单位：东北师大馆

00586
斯大林在苏联第八次全国苏维埃非常代表大会上关于苏联宪法草案的报告 （苏）斯大林（И. В. Сталин）著
出版者不详，1936，16页，32开
收藏单位：广东馆

00587
苏联共产党在卫国战争中工作总结与今后计划（人民领袖斯大林同志在选民大会上的演说）（苏）斯大林（И. В. Сталин）著
战斗报电讯，1946.5，油印本，16页，25开
收藏单位：山东馆

00588
苏联十月革命二十五周年史大林的报告
胶东联合社，[1942—1945]，24页，大64开
收藏单位：山东馆

00589
伟大的十月社会主义革命二十四周年纪念
（苏）斯大林（И. В. Сталин）著
莫斯科：外国文书籍出版局，1941，23页，32开
本书为著者1941年11月6日在莫斯科苏维埃庆祝大会上所作的报告。
收藏单位：国家馆

00590
伟大的十月社会主义革命二十五周年纪念
（苏）斯大林（И. В. Сталин）著
莫斯科：外国文书籍出版局，1942，28页，32开
本书为著者1942年11月6日在莫斯科苏维埃庆祝大会上所作的报告。

收藏单位：国家馆

00591
伟大的十月社会主义革命二十七周年纪念
（苏）斯大林（И. В. Сталин）著
莫斯科：外国文书籍出版局，1944，31 页，50 开
本书为著者 1944 年 11 月 6 日在莫斯科苏维埃庆祝大会上所作的报告。
收藏单位：山东馆

00592
无政府主义还是社会主义？（苏）斯大林（И. В. Сталин）著
无锡：苏南新华书店，1949.6，82 页，32 开
本书共 3 部分：辩证方法、唯物主义理论、无产阶级社会主义。附《无政府主义还是社会主义？辩证唯物主义》。书后有注释、译后。
收藏单位：南京馆

00593
无政府主义还是社会主义？（苏）斯大林（И. В. Сталин）著　曹葆华译
沈阳：东北书店，1949.5 印，135 页，32 开
本书据晋察冀新华书店 1947 年 10 月版翻印。
收藏单位：安徽馆、东北师大馆、国家馆、黑龙江馆、吉林馆、辽宁馆、山东馆、天津馆

00594
无政府主义还是社会主义？（苏）斯大林（И. В. Сталин）著　曹葆华译
华北新华书店，1948.1，158 页，32 开
华北新华书店，1949.5，134 页，32 开
收藏单位：重庆馆、国家馆、宁夏馆、山东馆、上海馆

00595
无政府主义还是社会主义？（苏）斯大林（И. В. Сталин）著　曹葆华译
华东新华书店，1948.11，84 页，32 开
收藏单位：国家馆、南京馆、山东馆、天津馆

00596
无政府主义还是社会主义？（苏）斯大林（И. В. Сталин）著　曹葆华译
华中新华书店，1948，82 页，32 开
收藏单位：吉林馆、南京馆、上海馆

00597
无政府主义还是社会主义？（苏）斯大林（И. В. Сталин）著　曹葆华译
冀鲁豫书店，1947.10，109 页，32 开
冀鲁豫书店，1948.5，90 页，32 开
收藏单位：吉林馆、山东馆

00598
无政府主义还是社会主义？（苏）斯大林（И. В. Сталин）著　曹葆华译
[北平]：解放社，1949.9，1 册，32 开
收藏单位：广东馆、国家馆、河南馆、南京馆、天津馆

00599
无政府主义还是社会主义？（苏）斯大林（И. В. Сталин）著　曹葆华译
[阜平]：晋察冀新华书店，1947.10，109 页，32 开
收藏单位：北师大馆、广东馆、国家馆、山西馆

00600
无政府主义还是社会主义？（苏）斯大林（И. В. Сталин）著　曹葆华译
山东新华书店，1948.2，84 页，32 开
收藏单位：山东馆、上海馆

00601
无政府主义还是社会主义？（苏）斯大林（И. В. Сталин）著　曹葆华译
[阳城]：太岳新华书店，[1947.9]，125 页，25 开
[阳城]：太岳新华书店，1948.11，125 页，32

开
[阳城]：太岳新华书店，1949.5，再版，125 页，32 开
收藏单位：重庆馆、国家馆、上海馆

00602
新的环境和新的经济建设任务 （苏）斯大林（И. В. Сталин）著 [华北总工会筹备委员会编]
天津新华书店，1949.3，26 页，32 开（职工运动丛书 5）
本书为著者 1931 年 6 月 23 日在经济工作人员会议上的演说词。
收藏单位：重庆馆、广东馆、国家馆、湖南馆、南京馆、宁夏馆、山东馆

00603
一九四六年二月九日莫斯科市斯大林选举区选举人大会上斯大林演辞全文 （苏）斯大林（И. В. Сталин）著
上海：时代书报出版社，1946，1 册，50 开
收藏单位：南京馆、绍兴馆

00604
一九四六年二月九日史太林演说全文 （苏）斯大林（И. В. Сталин）著
正风出版社，1946，油印本，15 页，50 开
本书著者原题：史太林。
收藏单位：广东馆

00605
在第十八次党代表大会上关于联共（波）中央工作的总结报告 （苏）斯大林（И. В. Сталин）著
莫斯科：外国文书籍出版局，1939，68 页，32 开
本书为 1939 年 3 月 10 日报告，共 3 部分：苏联的国际形势、苏联的国内状况、联共党（波）更进步的巩固。
收藏单位：广东馆、贵州馆、国家馆、近代史所、南京馆

00606
在第十八次党代表大会上关于联共（布）中央工作的总结报告 （苏）斯大林（И. В. Сталин）著
大众社，1940.3，59 页，32 开（大众社丛刊第 4 种）
收藏单位：山东馆

00607
在第十八次党代表大会上关于联共（布）中央工作的总结报告 （苏）斯大林（И. В. Сталин）著
[延安]：解放社，1939.6，75 页，32 开
收藏单位：北碚馆、重庆馆、国家馆、南京馆

00608
在莫斯科城斯大林选区预选大会上的演说（一九三七年十二月十一日）（苏）斯大林（И. В. Сталин）著
莫斯科：外国文书籍出版局，1945，13 页，64 开
收藏单位：东北师大馆、国家馆、辽宁馆、南京馆、山东馆

00609
在莫斯科城斯大林选区预选大会上的演说（一九四六年二月九日）（苏）斯大林（И. В. Сталин）著
莫斯科：外国文书籍出版局，1946，20 页，32 开
收藏单位：成都馆、国家馆、湖北馆、南京馆、山东馆、绍兴馆、天津馆

00610
在莫斯科斯大林选区预选会上斯大林的演说 （苏）斯大林（И. В. Сталин）讲
哈尔滨：中苏友好协会，[1946]，18 页，50 开
本书为著者 1946 年 2 月 9 日在莫斯科斯大林选区选民大会上的演说词。
收藏单位：东北师大馆

00611
在十月革命第二十五周年庆祝大会上斯大林报告（苏）斯大林（И. В. Сталин）著
重庆：苏联驻华大使馆编译处，1942，16页，32开
本书附《十月革命第二十五周年斯大林文告》。
收藏单位：广东馆、国家馆、吉林馆、南京馆

00612
在选民大会上的演说（苏）斯大林（И. В. Сталин）著
哈尔滨：东北书店，1949.2，13页，32开
本书为著者1946年2月9日在莫斯科斯大林选区选民大会上发表的演说词。
收藏单位：山东馆、浙江馆

书信集、日记、函电、谈话

00613
关于波尔什维主义历史中的几个问题（给无产阶级革命杂志编辑部的信）（苏）斯大林（И. В. Сталин）[著]
莫斯科：外国文书籍出版局，1941，25开
收藏单位：重庆馆、南京馆

00614
史大林答邱吉尔（中英对照）（苏）斯大林（И. В. Сталин）著　海澜编译
展望社，[1946]，14页，32开
本书是斯大林对《真理报》记者的谈话记录，内容包括：邱吉尔的悲剧、虚伪的声明、粗鲁的诽谤、我们不能忘记、散播不和的种子、为何欺蒙听众、不是偶然发生的、吉诃德式的勇敢等。
收藏单位：国家馆、吉林馆、西南大学馆

00615
史大林解答国际重要问题
上海：时代书报出版社，1947，16页，50开
本书针对英国《星期泰晤士报》驻莫斯科记者亚历山大·威斯1946年9月17日所提出的问题进行解答。
收藏单位：广西馆、国家馆、南京馆、山东馆、上海馆、绍兴馆、天津馆、浙江馆

00616
史大林言论集（论苏联卫国战争）
[上海]：苏商时代书报出版社，1945，126页，32开
本书为有关苏联卫国战争的言论集。封底出版者题：时代社。
收藏单位：吉林馆、山东馆、上海馆

00617
史大林最近言论集（苏）斯大林（И. В. Сталин）著
新民主出版社，[1940—1949]，57页，32开
本书收文4篇：《史太林庆祝红军节文告》《史太林竞选演辞》《史太林驳斥邱吉尔谈话》《史太林书面谈话》。附《联共（布）中央宣言》等5篇。著者原题：史太林。
收藏单位：广东馆、国家馆、湖南馆、山东馆

00618
斯大林论战后国际关系　苏联大使馆新闻处编
南京：苏联大使馆新闻处，1947.6，44页，32开
本书收斯大林在1946—1947年期间历次答复记者及交换函电之全文，共8篇：《关于邱吉尔的演说答真理报记者》《对于美国联合社记者艾迪·基尔摩尔所提出的问题的答覆》《与美国合众社社长休·白里关于伊朗问题来往之电报》《答惠尔斯所提的问题》《答美国合众社社长休·白里所提问题》《答小罗斯福问》《关于英苏互助条约问题与贝文交换之函件》《与史达森的谈话记录》。
收藏单位：北师大馆、重庆馆、广东馆、广西馆、南京馆、上海馆

00619
斯大林论战后国际关系（1946—1947）

天津：联合出版社，1949.7，58 页，32 开

本书在《斯大林论战后国际关系》基础上，增补 6 篇：《与英国工党议员代表团谈欧共情报局》《关于美苏关系问题与美国第三党总统候选人华莱士的来往函件》《关于建立苏鲜外交关系与朝鲜人民民主共和国部长会议主席金日成的来往函件》《关于柏林局势问题答真理报记者》《关于苏美关系问题答国新社》《关于斯、杜会晤问题覆国新社》。

收藏单位：东北师大馆、国家馆、吉林馆、山西馆、上海馆

00620

斯大林言论选集　（苏）斯大林（И. В. Сталин）著

汉口：中国出版社，1938.5，384 页，32 开

本书收文 14 篇，内容包括：《第一个五年计划底总结》《论农村中的工作》《在全苏联集体农庄突击队员第一次代表大会的演说词》《关于中央委员会工作报告》等。

收藏单位：北碚馆、东北师大馆、广东馆、贵州馆、国家馆、南京馆、山东馆、天津馆

00621

斯大林与第一个美国工人代表团之谈话（一九二七年九月九日）（苏）斯大林（И. В. Сталин）著

出版者不详，[1938]，47 页，32 开

收藏单位：北碚馆、广东馆

00622

斯大林与霍瓦尔德底谈话

出版者不详，[1936]，26 页，50 开

收藏单位：吉林馆

00623

斯大林战后言论选集　（苏）斯大林（И. В. Сталин）著　东北民主联军总政宣传部编

东北民主联军总政宣传部，[1947.12]，79 页，32 开（时论丛书 12）

本书收文 10 篇，内容包括：《一九四六年二月九日在选民大会上的演说》《驳斥邱吉尔演说的谈话》《答美联社记者基尔慕尔》《一九四六年的“五一”文告》《答英记者威斯的谈话》《答美记者白理的谈话》等。

收藏单位：东北师大馆、国家馆、吉林馆

00624

斯大林最近言论　新华书店晋察冀分店编

张家口：新华书店晋察冀分店，1946.6，28 页，32 开

本书收文两篇：《斯大林同志在莫斯科斯大林选区选民大会上的演说》《斯大林同志对真理报记者的谈话》。

收藏单位：广东馆、国家馆、山西馆

00625

苏联全军最高总司令命令（第 5 号）（苏）斯大林（И. В. Сталин）著

莫斯科：外国文书籍出版局，1945.2，9 页，42 开

收藏单位：南京馆

00626

苏联全军最高总司令命令（第 16 号）（苏）斯大林（И. В. Сталин）著

莫斯科：外国文书籍出版局，1944，13 页，大 64 开

本书为著者 1944 年 2 月 23 日在莫斯科城发布的命令。

收藏单位：国家馆、上海馆

00627

苏联全军最高总司令命令（第 195 号）（苏）斯大林（И. В. Сталин）著

莫斯科：外国文书籍出版局，1934.5，12 页，64 开

收藏单位：南京馆

00628

伊万诺夫同志之来信与斯大林同志之回答

出版者不详，1938，15 页，32 开

收藏单位：吉林馆、南京馆

专题汇编

00629
理论与策略（下册）（苏）斯大林（И. В. Сталин）著
冀鲁豫日报社，[1926]，66页，32开
本书内容包括：列宁主义的定义、列宁主义的要点、关于“不断”革命的问题等。著者原题：史大林。
收藏单位：浙江馆

00630
列宁（苏）斯大林（И. В. Сталин）著　李文枝译
世界科学研究学会，1930.12，271页，32开（世界科学研究学会丛书）
本书为斯大林著《列宁》（即《论列宁主义基础》）等书节译。著者原题：约瑟夫。
收藏单位：国家馆

00631
列宁主义问题（苏）斯大林（И. В. Сталин）著
长春：东北中苏友好协会，1946.4，695页，32开
本书收文43篇，内容包括：《关于列宁主义底基础》《十月革命与俄国共产党人底策略》《关于列宁主义问题》《论党关于农民问题的三个基本口号》《十月革命底国际性质》《在粮食战线上》《列宁和关于与中农联盟问题》《论联共（波）内的右倾危险》《伟大转变的一年》《关于苏联土地政策问题》《第一个五年计划底总结》《论农村中的工作》等。据苏联国立政治书籍出版局1939年俄文第11版译出。
收藏单位：长春馆、国家馆

00632
列宁主义问题（苏）斯大林（И. В. Сталин）著
[延安]：解放社，1937.7，330页，32开
[延安]：解放社，1938.1，再版，235页，32开
本书收文13篇，内容包括：《十月革命与联邦共产党人的策略》《论南斯拉夫的民族问题》《再论民族问题》《与外国工人代表团的谈话》等。著者原题：斯太林。
收藏单位：重庆馆、东北师大馆、广东馆、贵州馆、国家馆、吉林馆、近代史所、南京馆、宁夏馆、山东馆、山西馆、上海馆、浙江馆

00633
列宁主义问题（苏）斯大林（И. В. Сталин）著
[平山]：解放社，1948.9，6册（876页），32开
[北平]：解放社，1949.3，737页，精装，32开
本书第1分册收著作两篇：《论列宁主义基础》《十月革命与俄国共产党人底策略》；第2分册收著作4篇，内容包括：《论列宁主义底几个问题》《论党在农民问题上的三个基本口号》等；第3分册收著作4篇，内容包括：《在粮食战线上》《列宁与联合中农问题》等；第4分册收著作8篇，内容包括：《大转变的一年》《胜利冲昏头脑》等；第5分册收著作4篇，内容包括：《第一个五年计划底总结》《论农村中的工作》等；第6分册收著作5篇，内容包括：《论苏联宪法草案》等。精装本订为1册。据莫斯科外国文书籍出版局1939年俄文第11版译出。
收藏单位：广东馆、国家馆、近代史所、宁夏馆、山东馆、天津馆

00634
列宁主义问题（苏）斯大林（И. В. Сталин）著
莫斯科：外国文书籍出版局，1940，13+694页，25开，精装
莫斯科：外国文书籍出版局，1941，694页，大32开，精装
莫斯科：外国文书籍出版局，1946，798页，

25 开，精装
莫斯科：外国文书籍出版局，1948，798 页，22 开，精装
莫斯科：外国文书籍出版局，1949，798 页，22 开，精装

收藏单位：北碚馆、长春馆、东北师大馆、福建馆、贵州馆、国家馆、近代史所、南京馆、山西馆、陕西馆、上海馆、绍兴馆、首都馆、天津馆、西南大学馆

00635
列宁主义问题 （苏）斯大林（И. В. Сталин）著
中共苏区中央局，1934.1，278 页，32 开

本书收文 12 篇，内容包括：《十月革命与联邦共产党人的策略》《论南斯拉夫的民族问题》《再论民族问题》《第一个五年计划的总结》等。

收藏单位：国家馆

00636
列宁主义问题 （苏）斯大林（И. В. Сталин）著
汉口：中国出版社，1938—1940，2 册（329+393 页），23 开
[重庆]：中国出版社，1947，2 册，大 32 开

本书分上、下两卷。收文 28 篇，内容包括：《关于列宁主义底基础》《十月革命与俄国共产党人底策略》《十月革命底国际性质》《与第一次美国工人代表团的谈话》《俄国共产党第十四次临时大会工作底总结》等。

收藏单位：北碚馆、东北师大馆、贵州馆、桂林馆、国家馆、湖南馆、南京馆、宁夏馆、山西馆、上海馆、天津馆、浙江馆、中科图

00637
列宁主义问题 （苏）斯大林（И. В. Сталин）著
中华印书局，1949，64 页，32 开

收藏单位：广东馆

00638
列宁主义问题 （苏）斯大林（И. В. Сталин）著
出版者不详，[1930—1939]，318 页，25 开

本书收文 17 篇，内容包括：《论南斯拉夫的民族问题》《关于工农政府问题》《列宁和联合中农问题》《第一个五年计划的总结》等。

收藏单位：国家馆、浙江馆

00639
列宁主义问题 （苏）斯大林（И. В. Сталин）著 金大声译
上海：扬子江书店，1933.1，229 页，32 开

收藏单位：浙江馆

00640
列宁主义问题 （苏）斯大林（И. В. Сталин）著 莫师古译
出版者不详，1938—1939，2 册（936+911 页），32 开，精装

本书收文 24 篇，内容包括：《关于列宁主义问题》《论南斯拉夫的民族问题》《再论民族问题》《第一个五年计划的总结》《干部决定一切》等。著者原题：斯达林。

收藏单位：北碚馆、成都馆、贵州馆、国家馆、河南馆、黑龙江馆、吉林馆、宁夏馆、山东馆、上海馆

00641
列宁主义问题 （苏）斯大林（И. В. Сталин）著 徐冰等译
[上海]：新时代出版社，1938，323 页，25 开（列宁丛书）

收藏单位：广东馆、国家馆、南京馆

00642
列宁主义问题
出版者不详，[1935—1949]，205 页，32 开

本书收文 7 篇：《论经济工作人员的任务》《关于中央委员会底工作报告》《第十七届代表大会所通过的决议案》《在先进的男女收割机师会议上的演说》《关于最高苏维埃选举

之演说》《关于布尔塞维主义历史中的几个问题》《答复伊凡诺夫的信》。

收藏单位：国家馆

00643

列宁主义问题（上卷）（苏）斯大林（И. В. Сталин）著

莫斯科：外国工人出版社，1935，470 页，25 开，精装

收藏单位：国家馆、南京馆

00644

列宁主义研究概要（苏）斯大林（И. В. Сталин）著 战斗社编

上海：文化书店，1938，32 页，32 开（战斗丛书）

本书共 9 章，内容包括：无产阶级专政、农民问题、民族问题、战术与策略等。书前有引言《列宁主义——马克思主义的展开》。

收藏单位：广东馆

00645

论反对派（苏）斯大林（И. В. Сталин）著

播种社，1938.5，233 页，25 开

本书内容包括：《托洛斯基主义还是列宁主义》《论联共党内的反对派联盟》《论联共党内社会民主主义的倾向》《再论联共党内社会民主主义的倾向》《俄国反对派底政治面目》《托洛斯基反对派之过去与现在》。著者原题：斯太林。

收藏单位：东北师大馆、贵州馆、桂林馆、国家馆、黑龙江馆、吉林馆、南京馆、山西馆、西南大学馆、浙江馆

00646

论反对派（苏）斯大林（И. В. Сталин）著

东方出版社，1939，385 页，32 开

本书内容包括：《托洛茨基主义还是列宁主义》《论联共党内的反对派联盟》《论联共党内社会民主主义的倾向》《再论联共党内社会民主主义的倾向》《俄国反对派底政治面目》《托洛茨基反对派之过去与现在》《论党工作之缺点和消灭托洛茨基两面分子及其他两面分子之办法》。

收藏单位：广西馆、国家馆、吉林馆、山西馆、上海馆

00647

论反对派（苏）斯大林（И. В. Сталин）著

[莫斯科]：外国工人出版社，1937，356 页，32 开

收藏单位：广东馆、国家馆、南京馆、上海馆、天津馆

00648

论反对派（苏）斯大林（И. В. Сталин）著 沙堆 蜜茨合译 唯真校订

外文题名：About the opposition

出版者不详，1931，336 页，大 32 开

收藏单位：国家馆、南京馆

00649

论列宁（苏）斯大林（И. В. Сталин）著

东方出版社，1938.9，46 页，32 开

本书收文两篇：《列宁是俄国共产党底组织者和领袖》《论列宁》。附《列宁关于自己的叙述》。著者原题：斯太林。

收藏单位：国家馆、上海馆、西南大学馆

00650

论列宁（苏）斯大林（И. В. Сталин）著

冀中新华书店，[1947—1948]，21 页，32 开

收藏单位：国家馆、山东馆

00651

论列宁（苏）斯大林（И. В. Сталин）著

胶东新华书店，1946.8，43 页，64 开

收藏单位：国家馆、山东馆

00652

论列宁（苏）斯大林（И. В. Сталин）著

山东新华书店，1946.6，26 页，48 开

收藏单位：国家馆

00653
论列宁 （苏）斯大林（И. В. Сталин）著
莫斯科：外国工人出版社，1943.1，46 页，32 开
　　收藏单位：国家馆

00654
论列宁 （苏）斯大林（И. В. Сталин）著
莫斯科：外国文书籍出版局，1940，64 页，32 开
莫斯科：外国文书籍出版局，1949，64 页，25 开
　　收藏单位：广东馆、国家馆、黑龙江馆、近代史所、辽宁馆、南京馆、青海馆、山西馆、天津馆

00655
论列宁 （苏）斯大林（И. В. Сталин）著
哈尔滨：万国书籍，1946.1，64 页，32 开
　　收藏单位：东北师大馆、广东馆、国家馆、南京馆、上海馆、天津馆、浙江馆

00656
论列宁 （苏）斯大林（И. В. Сталин）著
南京：新华日报社，1949，54 页，32 开
　　本书内容包括：《列宁是俄国共产党底组织者和领袖》《杂记》《追悼列宁》《论列宁》《与第一届美国工人代表团谈话摘录》《与德国作家艾米尔・路德维希谈话摘录》《在莫斯科城斯大林选区选民大会上的演说》等。
　　收藏单位：上海馆、天津馆

00657
论列宁 （苏）斯大林（И. В. Сталин）著
大连：中苏友好协会，1946.1，46 页，32 开
　　收藏单位：长春馆、国家馆、南京馆、山东馆、上海馆

00658
论列宁 （苏）斯大林（И. В. Сталин）著　张任远译
出版者不详，1938.6，39 页，32 开
出版者不详，1938.7，2 版，39 页，32 开
　　收藏单位：贵州馆、上海馆

00659
论列宁与列宁主义 （苏）斯大林（И. В. Сталин）著
第二野战军政治部，1949.9，52 页，32 开
　　本书汇集著者论述列宁生平和革命理论的论文、讲演谈话 8 篇，内容包括：《纪念列宁》《悼列宁》《论列宁》《摘录与第一届美国工人代表团谈话》《在莫斯科城斯大林选区选民大会上的演说》等。
　　收藏单位：成都馆、重庆馆

00660
论列宁与列宁主义 （苏）斯大林（И. В. Сталин）撰
哈尔滨：东北书店，1949.4，44 页，32 开
　　本书内容包括：《斯大林同志在纪念列宁逝世一周年纪念时发表于〈工人日报〉上的一封信》《追悼列宁》《列宁是俄国共产党底组织者和领袖》《论列宁》《〈与第一届美国工人代表团谈话〉摘录》。附《列宁关于自己的叙述》。
　　收藏单位：长春馆、东北师大馆、国家馆、河南馆、上海馆

00661
论列宁与列宁主义 （苏）斯大林（И. В. Сталин）著
华中新华书店，1948.10，37 页，大 64 开
　　收藏单位：国家馆、山东馆、上海馆

00662
论列宁与列宁主义 （苏）斯大林（И. В. Сталин）撰
[平山]：解放社，1948.9，52 页，32 开
[平山]：解放社，1949.1，52 页，32 开
北平：解放社，1949.4，再版，52 页，32 开
[上海]：解放社，1949.7，52 页，32 开
　　收藏单位：成都馆、重庆馆、广东馆、国家馆、吉林馆、山东馆、山西馆、陕西馆、天津馆、中科图

00663
论列宁与列宁主义 （苏）斯大林（И. В. Сталин）著
上海：平凡书局，1949.7，36 页，32 开
本书内容包括：《在纪念列宁逝世一周年时所发表的一封信》《追悼列宁》《列宁是俄国共产党底组织者和领袖》《论列宁》《〈与第一届美国工人代表团谈话〉摘录》《在莫斯科城斯大林选区选民大会上的演说》《检阅红军时的演说》等。
收藏单位：国家馆、吉林馆、上海馆、天津馆

00664
论列宁与列宁主义 （苏）斯大林（И. В. Сталин）著
山东新华书店，1948.8，45 页，50 开（新华小文库）
山东新华书店，1949.7，55 页，32 开
收藏单位：广东馆、国家馆、近代史所、山东馆、上海馆、天津馆

00665
论列宁与列宁主义 （苏）斯大林（И. В. Сталин）著
[无锡]：苏南新华书店，1949.7，39 页，48 开
收藏单位：国家馆、南京馆

00666
论列宁与列宁主义 （苏）斯大林（И. В. Сталин）撰
太行新华书店，1949，1 册
收藏单位：山东馆、山西馆

00667
论列宁与列宁主义 （苏）斯大林（И. В. Сталин）撰　解放社辑
[泰州]：苏北新华书店，1949.8，43 页，32 开
收藏单位：广东馆、国家馆、南京馆

00668
论列宁与列宁主义 （苏）斯大林（И. В. Сталин）著　解放社编
[西安]：西北新华书店，1949.9，53 页，32 开
收藏单位：山东馆

00669
论列宁与列宁主义 （苏）斯大林（И. В. Сталин）著　解放社辑
北平：新华书店，1949.5，再版，52 页，32 开
收藏单位：广东馆、广西馆、国家馆、湖北馆、南京馆、山西馆、上海馆

00670
论列宁主义基础·论列宁主义底几个问题 （苏）斯大林（И. В. Сталин）著　唯真译
莫斯科：外国文书籍出版局，1946，198 页，25 开
莫斯科：外国文书籍出版局，1949，200 页，32 开
本书据《斯大林全集》1947 年版第 6 卷和 1948 年版第 8 卷译出。
收藏单位：东北师大馆、广东馆、国家馆、湖北馆、近代史所、辽宁馆、南京馆、宁夏馆、山东馆、山西馆、陕西馆、上海馆、绍兴馆、西南大学馆、云南馆、中科图

00671
论民族问题 （苏）斯大林（И. В. Сталин）著
解放社，1948.12，217 页，32 开
本书为著者 1913—1934 年间关于民族问题的言论。收文 24 篇，内容包括：《马克思主义与民族问题》《关于民族问题的报告》《十月革命与民族问题》《论党在民族问题方面的迫切任务》《论民族问题的提法》《论各苏维埃共和国的联合》等。
收藏单位：北师大馆、长春馆、重庆馆、东北师大馆、国家馆、近代史所、南京馆、宁夏馆、上海馆

00672
论民族问题 （苏）斯大林（И. В. Сталин）著
[西安]：西北新华书店，[1948—1949]，276

页，32 开
收藏单位：国家馆、上海馆、天津馆

00673
论民族问题 （苏）斯大林（И. В. Сталин）著 张仲实译
抗战书店，[1938—1949]，514 页，48 开
收藏单位：国家馆

00674
论民族问题 （苏）斯大林（И. В. Сталин）著 张仲实译
[重庆]：生活书店，1939.3，514 页，32 开
[重庆]：生活书店，1939.5，再版，514 页，32 开
[重庆]：生活书店，1939.6，3 版，514 页，36 开
收藏单位：北碚馆、复旦馆、广东馆、广西馆、贵州馆、国家馆、湖南馆、吉林馆、南京馆、宁夏馆、山西馆、陕西馆、上海馆、首都馆、天津馆、西南大学馆、浙江馆

00675
论苏联保卫祖国的伟大战争 （苏）斯大林（И. В. Сталин）著
莫斯科：外国文书籍出版局，1942，42 页，50 开
莫斯科：外国文书籍出版局，1943，155 页，50 开，精装
本书内容包括：广播演说（一九四一年七月三日）、检阅红军时的演说（一九四一年十一月七日在莫斯科红场）、国防人民委员长命令（第五五号·一九四二年二月二十三日·莫斯科）等。
收藏单位：重庆馆、广东馆、国家馆、南京馆

00676
论苏联伟大卫国战争 （苏）斯大林（И. В. Сталин）著
上海：时代出版社，1949，178 页，25 开
收藏单位：国家馆

00677
论苏联伟大卫国战争 （苏）斯大林（И. В. Сталин）著
莫斯科：外国文书籍出版局，1944，142 页，25 开
莫斯科：外国文书籍出版局，1946，5 版，182 页，25 开
莫斯科：外国文书籍出版局，1949，175 页，32 开
收藏单位：成都馆、东北师大馆、贵州馆、国家馆、黑龙江馆、湖北馆、南京馆、山东馆、上海馆、绍兴馆、天津馆

00678
论中国革命问题 （苏）斯大林（И. В. Сталин）著
新华书店，1947，261 页，32 开
收藏单位：山西馆

00679
论中国革命问题 （苏）斯大林（И. В. Сталин）著
香港：新民主出版社，1949.8，66 页，32 开
收藏单位：山西馆、上海馆

00680
论中国革命问题 （苏）斯大林（И. В. Сталин）著 什之辑译
北平：群众书店，1949.9，124 页，32 开
本书内容包括：论中国革命的前途、中国革命问题、和中山大学学生的谈话、关于中国等。著者原题：史大林。
收藏单位：国家馆、湖北馆、吉林馆、南京馆、上海馆、天津馆

00681
十月革命二十五周年斯大林两大文献 大众日报社编
出版者不详，1942.12，66 页，64 开
收藏单位：山东馆

00682
十月革命与俄国共产党人之策略·十月革命

之国际性质　（苏）斯大林（И. В. Сталин）著
出版者不详，1937，55 页，32 开
　　收藏单位：吉林馆

00683
史达林论民族问题　（苏）斯大林（И. В. Сталин）著
群众书店，1937，86 页，32 开
　　本书内容包括：民族、民族运动、问题的提法、民族自立和犹太工人同盟及其民族主义和分裂主义。
　　收藏单位：广东馆、广西馆

00684
史大林与文化　（苏）罗果托夫编　贺依译
上海：时代书报出版社，1948.4，84 页，32 开
上海：时代书报出版社，1949，再版，84 页，32 开
　　本书介绍斯大林时代的苏联文化，共 4 部分。第 1 部分为斯大林有关文化问题著作和言论的摘录，收《创造的马克思主义》《形式与内容的问题》等 10 篇；第 2 部分记述与当代艺术家们的晤谈；第 3 部分附《苏联文学中所描写的史大林》；第 4 部分为译后记。
　　收藏单位：重庆馆、东北师大馆、福建馆、贵州馆、国家馆、黑龙江馆、吉林馆、辽宁馆、辽师大馆、南京馆、上海馆、绍兴馆、首都馆、天津馆、浙江馆

00685
世界大势与中国　（苏）斯大林（И. В. Сталин）著　新人译
汉口：之初书店，1938.4，96 页，32 开
　　本书从日译本转译，共两部分：关于国际的形势、关于战争的危险与中国革命。书前有译者序。著者原题：史太林。
　　收藏单位：北师大馆、广西馆、国家馆、吉林馆

00686
斯达林与文化　（苏）罗果托夫编　蒋天佐译
上海：知识出版社，1940.8，105 页，36 开
　　收藏单位：北碚馆、国家馆、上海馆、首都馆

00687
斯大林答记者（关于丘吉尔演说）（苏）斯大林（И. В. Сталин）著
[南京]：苏联驻华大使馆编译处，1946，11 页，18 开
　　本书附《丘吉尔磨刀霍霍》(《真理报》社论)、《评丘吉尔的演说》(塔尔莱)。
　　收藏单位：国家馆、吉林馆、南京馆

00688
斯大林论工业生产中的几个问题　（苏）沙左诺夫等著
哈尔滨：东北书店，1948.9，30 页，32 开
　　本书收文 4 篇：《斯大林论工业生产中的几个问题》《掌握布尔塞维克领导经济的方法》《党的政治工作是经济工作成功的基础》《节约是社会主义经济的方法》。
　　收藏单位：长春馆、东北师大馆、广东馆、国家馆、南京馆、山东馆

00689
斯大林论列宁与列宁主义　（苏）斯大林（И. В. Сталин）著　解放社编
华北新华书店，1948.9，52 页，32 开
　　收藏单位：山东馆

00690
斯大林论列宁与列宁主义　（苏）斯大林（И. В. Сталин）著　解放社编
天津新华书店，1949.4，再版，52 页，32 开
　　收藏单位：广东馆、国家馆

00691
斯大林论列宁与列宁主义　（苏）斯大林（И. В. Сталин）著　解放社编
杭州：浙江新华书店，1949.8，再版，41 页，32 开
　　收藏单位：国家馆、绍兴馆

00692
斯大林论苏联宪法草案的报告·苏联宪法（根本法）
莫斯科：外国文书籍出版局，1936.11，53 页，32 开
莫斯科：外国文书籍出版局，1945，75 页，32 开
莫斯科：外国文书籍出版局，1949，79 页，32 开
收藏单位：安徽馆、北碚馆、成都馆、重庆馆、福建馆、广东馆、广西馆、国家馆、黑龙江馆、湖南馆、吉林馆、南京馆、山东馆、山西馆、绍兴馆、天津馆

00693
斯大林论战后国际形势 （苏）斯大林（И. В. Сталин）著
大连：大众书店，1947.11，128 页，32 开
本书共 8 部分，内容包括：斯大林在莫斯科城斯大林选区预选大会上的演说、斯大林答小罗斯福问、斯大林发表贺词纪念莫斯科建城八百周年等。
收藏单位：安徽馆、东北师大馆、山西馆

00694
斯大林论中国革命问题 [（苏）斯大林（И. В. Сталин）著]
天津：联合出版社，1949.9，112 页，32 开
本书收《论中国革命的前途》《论南京事件》《给初古诺夫的信》《中国革命问题》《和中山大学学生的谈话》等。
收藏单位：东北师大馆、国家馆

00695
斯大林评邱吉尔演说 （苏）斯大林（И. В. Сталин）著
[威县]：冀南书店，1946.4，17 页，32 开
本书内容包括：在莫斯科市斯大林选区前的选民大会上的演说、关于邱吉尔先生的演说和《真理报》记者的谈话。
收藏单位：国家馆、河南馆

00696
斯大林与文化 （苏）罗果托夫编 曹葆华译
[延安]：新华书店，1941.9，68 页，32 开（鲁艺丛书 3）
本书编者原题：啻莫斐·罗可托夫。
收藏单位：国家馆

00697
斯大林在少共大会上的两个讲演 （苏）斯大林（И. В. Сталин）著
莫斯科：莫斯科中央出版局，1930，40 页，大 64 开
收藏单位：国家馆、南京馆

00698
苏联大选前夕的斯大林及莫洛托夫演说 苏联驻华大使馆编译处编
重庆：苏联驻华大使馆编译处，1946，12 页，16 开
收藏单位：北碚馆、重庆馆、国家馆、南京馆

00699
在莫斯科城斯大林选区两次选民大会上的演说 （苏）斯大林（И. В. Сталин）著
莫斯科：外国文书籍出版局，1949，32 页，32 开
本书为著者 1937 年 12 月 11 日和 1946 年 2 月 9 日在莫斯科城斯大林选区选民大会上的演说。书前有出版局声明。
收藏单位：安徽馆、东北师大馆、国家馆、江西馆、近代史所、南京馆、上海馆、绍兴馆、天津馆、西南大学馆

毛泽东著作

选集、文集

00700
毛泽东论文集 毛泽东著

上海：大众出版社，1937.12，157 页，32 开

本书收文 12 篇，内容包括：《国共两党统一战线成立后中国革命的迫切任务》《中国抗日民族统一战线在目前阶段的任务》《为争取千百万群众进入抗日民族统一战线而斗争》《论反对日本帝国主义进攻的方针办法与前途》《抗日战争中的我们的主张》等。书前有《毛泽东小传》。

收藏单位：吉林馆、南京馆、上海馆

00701

毛泽东文选 毛泽东著

[惠民]：渤海新华书店，1948.8，182 页，32 开

本书收文 4 篇：《中国革命与中国共产党》《新民主主义论》《论联合政府》《目前形势和我们的任务》。书前有《毛泽东小传》。附《中国人民解放军宣言》《中国土地法大纲》等 4 篇。

收藏单位：东北师大馆、国家馆、南京馆、山东馆、山西馆、上海馆

00702

毛泽东文选 毛泽东著

山东新华书店，[1948]，174 页，32 开

收藏单位：国家馆、河南馆、山东馆、上海馆、浙江馆

00703

毛泽东先生言论选集（第 1—2 辑） 毛泽东著

北平：光华书局，1949.2，67+95 页，32 开

本书第 1 辑收文两篇：《新民主主义论》《中国革命与中国共产党》，第 2 辑收文 3 篇：《目前形势和我们的任务》《新民主主义的宪政》《论联合政府》。

收藏单位：国家馆、吉林馆、山西馆

00704

毛泽东选集（第 1—5 卷） 毛泽东著

[惠民]：渤海新华书店，1947.3 印，[893] 页，32 开，精装

本书据晋察冀日报社版《毛泽东选集》翻印。

收藏单位：国家馆、山东馆、上海馆、浙江馆、中科图

00705

毛泽东选集（第 1—5 卷） 毛泽东著

大连：大众书店，1946.4，5 册（895 页），32 开

大连：大众书店，1946.6，再版，5 册（[993] 页），32 开

大连：大众书店，1947.2，再版，1 册，32 开，精装

大连：大众书店，1947.11，3 版，1 册，32 开，精装

本书由时任大连大众书店党支部书记兼总编辑的柳青主持编辑，在 1944 年晋察冀日报社初版《毛泽东选集》5 卷本的基础上稍加增删而成。第 1 卷增加《论联合政府》，第 2 卷增加《答路透社记者十二项问题》，第 4 卷减少《两三年内完全学会经济工作》。1947 年 11 月第 3 版增加《〈共产党人〉发刊词 》作为补遗。

收藏单位：长春馆、重庆馆、东北师大馆、广西馆、国家馆、吉林馆、近代史所、南京馆、山东馆、山西馆、上海馆、浙江馆

00706

毛泽东选集（第 1—5 卷） 毛泽东著 晋察冀日报社编

[阜平]：晋察冀新华书店，1944.5，5 册，32 开

阜平：晋察冀新华书店，1945.3，再版，5 册，32 开

本书是《毛泽东选集》最早的版本。由时任晋察冀日报社社长兼总编辑邓拓主持编选。1944 年 5 月初版，印有平、精装两种版本，平装本共 5 卷，每卷 1 册，精装本 5 卷合订为 1 册。1945 年 3 月再版时，增补文章两篇：《一九四五年的任务》《两三年内学会经济工作》。

收藏单位：东北师大馆、国家馆、湖北馆、南京馆、山东馆、山西馆、天津馆

00707
毛泽东选集（第1—6卷） 毛泽东著
哈尔滨：东北书店，1948.5，999页，大32开，精装

本书收毛泽东1927年3月至1947年12月间的著作50篇。在1947年晋察冀中央局版《毛泽东选集》及续编的基础上，第2卷增补《统一战线中的独立自主问题》《战争和战略问题》，第3卷增补《上海太原失陷以后抗日民族革命战争的形势与任务》《第二次帝国主义战争讲演提纲》《与中央社、扫荡报、新民报记者的谈话》《苏联利益与人类利益的一致》《目前抗日统一战线中的策略问题》，减少《给林彪同志的信》。

收藏单位：长春馆、重庆馆、东北师大馆、复旦馆、广东馆、广西馆、贵州馆、国家馆、河南馆、近代史所、南京馆、宁夏馆、山东馆、山西馆、浙江馆

00708
毛泽东选集（第1—6卷） 毛泽东著 中国共产党晋察冀中央局编
[阳城]：太岳新华书店，1947.10印，5册，25开

收藏单位：山西馆、南京馆、上海馆

00709
毛泽东选集（第1—6卷） 毛泽东著 中国共产党晋察冀中央局编
新华书店晋察冀分店，1947.3，1010页，32开，精装
新华书店晋察冀分店，1947.6，6册，32开

本书在晋察冀新华书店1944年5月初版基础上，增补文章9篇：《一九四五年的任务》《两三年内学会经济工作》《兴国调查》《长冈乡调查》《才溪乡调查》《论联合政府》《答路透社记者甘贝尔》《为美国对华援助法案的声明》《文教统一战线的方针》，扩编为6卷本，平装本分6册，精装本合订为1册出版。

收藏单位：成都馆、重庆馆、广东馆、贵州馆、国家馆、河南馆、湖北馆、近代史所、南京馆、山东馆、山西馆、上海馆、天津馆、浙江馆、中科图

00710
毛泽东选集（第1卷） 毛泽东著
苏中出版社，1945.7，124页，32开

本书是《毛泽东选集》的第2个版本。原拟出版4卷，实际仅出版第1卷，收文11篇：《中国抗日民族统一战线在目前阶段的任务》《反对日本帝国主义进攻的方针办法与前途》《国共两党统一战线成立后中国革命的迫切任务》《关于共产党与抗战及民主政治问题》《关于抗战与团结的前途问题》《关于"一党专政"问题》《在延安纪念孙中山逝世十三周年及追悼抗敌阵亡大会的演讲》《在延安各界国民精神总动员及"五一"劳动节大会的演讲》《五四运动》《抗日游击战争的战略问题》《与世界学联代表团的谈话》。书前有代序《论毛泽东思想》，辑录朱德、周恩来、李富春等18人有关毛泽东思想的论述。

收藏单位：东北师大馆、国家馆、黑龙江馆、吉林馆、辽大馆、南京馆、山东馆、山西馆、上海馆、浙江馆

00711
毛泽东选集（第1、5卷） 毛泽东著
胶东新华书店，1946.7，2册（165+178页），32开，精装

本书第1卷收文11篇，内容包括：《中国抗日民族统一战线在目前阶段的任务》《反对日本帝国主义进攻的方针办法与前途》《五四运动》《抗日游击战争的战略问题》等；第5卷收文4篇：《经济问题与财政问题》《论合作社》《组织起来》《两三年内完全学会经济工作》。据晋察冀新华书店版翻印。

收藏单位：国家馆、山东馆、上海馆

00712
毛泽东选集（第5卷） 毛泽东著
华中新华书店，1946.4印，199页，32开

本书收文4篇：《经济问题与财政问题》《论合作社》《组织起来》《两三年内完全学会经济工作》。据晋察冀新华书店1945年3月再版翻印。

收藏单位：南京馆、山东馆

00713

毛泽东选集（上、下册） 毛泽东著　中共晋冀鲁豫中央局编

中共晋冀鲁豫中央局，1948.3，2册（1035页），16开，精装

本书由时任中央宣传部副部长张磐石负责，依托华北新华书店编辑部编辑发行。共3部分：大革命时期、内战时期、抗战以来。收著者1927年3月至1945年8月9日期间的著作45篇，内容包括：《湖南农民运动考察报告》《井冈山前委对中央的报告》《长冈乡调查》《中国革命战争的战略问题》《论反对日本帝国主义进攻的方针办法与前途》《反对自由主义》《论持久战》《统一战线中的独立自主问题》《当前时局的最大危机》《中国革命与中国共产党》《新民主主义论》《反对党八股》《论联合政府》《关于抗战最后阶段的声明》等。

收藏单位：国家馆、近代史所、山东馆、上海馆

00714

毛泽东选集（续编） 毛泽东著　中国共产党晋察冀中央局编印

新华书店晋察冀分店，1947.12，183页，32开

本书据中央书记处出版的《六大以来》补编，收毛泽东在第二次国内革命战争和抗日战争期间未公开发表的著作6篇：《〈共产党人〉发刊词》《中国革命战争的战略问题》《给林彪同志的信》《井冈山前委对中央的报告》《湘城边界各界党第二次代表大会决议案》《湖南农民运动考察报告》。

收藏单位：山东馆

单行著作

00715

1945年4月24日在中国共产党第七次全国代表大会上之政治报告 毛泽东著

[泗县]：拂晓社，1945.6，62页，32开

本报告即《论联合政府》。报告深刻分析国内外形势，总结中国共产党成立以来领导人民民主革命的经验，特别是抗战以来国共两条抗战路线斗争的经验，提出党必须实行"放手发动群众，壮大人民力量，在我们党领导之下，打败侵略者，建设新中国"的政治路线。附《中国人民胜利的指南——读毛泽东同志的〈论联合政府〉》。

收藏单位：国家馆

00716

辩证法唯物论 毛泽东著

[灵寿]：新华书店晋察冀分店，1942，1册，32开

本书论述辩证唯物论的基本观点，共3章。第1章"唯心论与唯物论"，内容包括：唯心论与唯物论的区别、唯心论与唯物论发生发展的根源等；第2章"辩证法唯物论"，内容包括：物质论、运动论、时空论、意识论、反映论、真理论、实践论等；第3章"唯物辩证法"，内容包括：矛盾统一法则、矛盾的普遍性、矛盾的特殊性、主要矛盾与主要的矛盾方面、矛盾的统一性与斗争性、对抗在矛盾中的地位等。

收藏单位：国家馆、天津馆

00717

辩证法唯物论 毛泽东著

新四军第一纵队政治部，1946.12，74页，32开

收藏单位：国家馆

00718

辩证法唯物论 毛泽东著

[汉口]：中国出版社，1946.3，49页，32开

收藏单位：重庆馆、广东馆、国家馆、黑龙江馆、湖北馆、吉林馆、南京馆

00719

第二次帝国主义战争（目前国际形势与中国抗战） 毛泽东著

现实出版社，1939，22页，32开

本书论述当时的国际形势和中国抗战情况，指出帝国主义战争扩大这一新的国际形势，可能对中国抗战产生有利的和不利的影

响。然而，只要我们能始终坚持抗战到底国策，坚持内部团结，尤其是国共合作的方针，坚持力争全国进步的方针，那么，在有利的国际形势下，我们可以缩短时间，减少牺牲，取得抗战的胜利。

收藏单位：吉林馆

00720
反对党八股　毛泽东著
延安：解放社，1942.7，31 页，32 开（学习丛书 5）
收藏单位：北碚馆、国家馆、南京馆、浙江馆

00721
反对党八股　毛泽东著
出版者不详，[1942]，1 册，32 开
收藏单位：国家馆、近代史所、南京馆、天津馆

00722
反对自由主义　毛泽东著
上海市嵩山区接管会，[1949]，油印本，1 册，32 开

本书列举自由主义的表现，剖析自由主义的危害、来源以及自由主义者的思想方法。号召共产党员要用马克思主义的积极精神，克服消极的自由主义。

收藏单位：国家馆

00723
反对自由主义　毛泽东著
裕华总店，1948.5，油印本，4 页，32 开
收藏单位：国家馆

00724
反对自由主义　毛泽东著
出版者不详，1937，18 页，32 开

本书附《批评与自我批评》《小资产阶级的思想改造》。

收藏单位：国家馆

00725
改造我们的学习　毛泽东著
北方出版社，1946，21 页，36 开（北方文丛）
收藏单位：吉林馆、上海馆

00726
改造我们的学习　毛泽东著
华东人民革命大学教务处，1949.6，35 页，32 开
收藏单位：山东馆、上海馆

00727
改造我们的学习　毛泽东著
[延安]：[解放社]，1942，80 页，32 开（学习丛书 3）
[北平]：解放社，1949.5，48 页，32 开
[北平]：解放社，1949.6，2 版，48 页，32 开
[北平]：解放社，1949.7，华中版，48 页，32 开
[北平]：解放社，1949，3 版，48 页，32 开
收藏单位：重庆馆、广东馆、广西馆、贵州馆、国家馆、湖北馆、湖南馆、吉林馆、辽宁馆、南京馆、山东馆、山西馆、陕西馆、上海馆、天津馆

00728
改造我们的学习　毛泽东著
绍兴新华书店，1949，40 页，32 开
收藏单位：吉林馆

00729
改造我们的学习　毛泽东著
[泰州]：苏北新华书店，1949.7，39 页，32 开
收藏单位：国家馆、南京馆

00730
改造我们的学习　毛泽东著
太行新华书店，1949.3，44 页，32 开
收藏单位：国家馆

00731
改造我们的学习　毛泽东著

[延安]：新华书店，1942，7页，32开
　　收藏单位：重庆馆、国家馆、湖南馆、南京馆、西南大学馆

00732
改造我们的学习　毛泽东著
中国人民解放军挺进支队政治部，1949.6，48页，32开
　　收藏单位：重庆馆、浙江馆

00733
《共产党人》发刊词　毛泽东著
[惠民]：渤海新华书店，1947.7，13页，64开
　　本书是著者根据中国的历史和社会状况，揭示中国新民主主义革命的基本特点，总结中国共产党成立以来的主要经验，提出民主革命中统一战线、武装斗争、党的建设这三个基本问题及其相互关系。
　　收藏单位：国家馆、山东馆

00734
《共产党人》发刊词　毛泽东著
[北平]：华北人民革命大学教务处，[1949]印，14页，32开
　　收藏单位：上海馆、浙江馆

00735
《共产党人》发刊词　毛泽东著
[华东大学]，1949.1，67页，32开
　　收藏单位：国家馆、山东馆

00736
红军第四军第九次代表大会决议案　毛泽东著
中国人民解放军东北军区政治部，1948.8，增补版，48页，32开（政治工作丛书）
　　收藏单位：国家馆

00737
红军第四军第九次代表大会决议案
东北民主联军总政治部，1947.4，38页，32开（政治工作丛书）
　　本书共9部分，内容包括：纠正党内非无产阶级意识的不正确倾向问题、党的组织问题、党内教育问题、红军宣传工作问题、士兵政治训练问题、优待伤兵问题、军事系统与政治系统关系问题等。书前有编者的话。
　　收藏单位：吉林馆

00738
红军第四军第九次代表大会决议案
[兴县]：中共晋绥分局，[1929—1949]，37页，36开
　　本书书前有《组织起来》。
　　收藏单位：重庆馆、国家馆

00739
红军第四军第九次代表大会决议案（1929年12月）　八路军留守兵团政治部编
八路军留守兵团政治部，1944.1，39页，36开
　　收藏单位：重庆馆

00740
湖南农民运动考察报告　毛泽东著
滨海地委宣传部，[1937—1945]，41页，32开
　　本书共3部分：农村革命、革命先锋、农民与农民协会。
　　收藏单位：山东馆

00741
湖南农民运动考察报告　毛泽东著
[惠民]：渤海新华书店，1947.10，32页，32开
　　收藏单位：国家馆、山东馆、山西馆、上海馆

00742
湖南农民运动考察报告　毛泽东著
东北大学，[1940—1949]，37页，32开
　　收藏单位：国家馆

00743
湖南农民运动考察报告　毛泽东著
东北军政大学吉林分校，1947.9，10页，32

开

收藏单位：国家馆

00744

湖南农民运动考察报告 毛泽东著

佳木斯：东北书店，1947.12，36页，32开

佳木斯：东北书店，1948.10，再版，36页，32开

哈尔滨：东北书店，1948.10，3版，36页，32开

佳木斯：东北书店，1949.3，36页，32开

哈尔滨：东北书店，1949.7，41页，32开

收藏单位：重庆馆、东北师大馆、广东馆、广西馆、国家馆、河南馆、吉林馆、辽宁馆、南京馆、宁夏馆、山东馆、山西馆、上海馆、天津馆、浙江馆

00745

湖南农民运动考察报告 毛泽东著

光明书店，[1945—1947]印，15页，32开

本书附《农村中几种主要阶级成份的分析》(西满分局)。

收藏单位：南京馆、上海馆

00746

湖南农民运动考察报告 毛泽东著

[正定]：华北大学，1949.6印，74页，32开

本书据华北新华书店1948年9月再版翻印。

收藏单位：国家馆、近代史所、南京馆

00747

湖南农民运动考察报告 毛泽东著

华北新华书店，1947.11，43页，32开

收藏单位：国家馆、近代史所、山西馆、上海馆

00748

湖南农民运动考察报告 毛泽东著

华东新华书店，1948.9，41页，32开

收藏单位：国家馆、南京馆、青海馆、山东馆

00749

湖南农民运动考察报告 毛泽东著

朝城：冀鲁豫书店，1947.6，50页，32开

[朝城]：冀鲁豫书店，1948.1，33页，32开

收藏单位：国家馆、山东馆、上海馆、浙江馆

00750

湖南农民运动考察报告 毛泽东著

胶东新华书店，1948.3，155页，32开，精装

本书收文3篇：《湖南农民运动考察报考》《读〈湖南农民运动考察报告〉》《论查田运动》。

收藏单位：国家馆、山东馆、上海馆

00751

湖南农民运动考察报告 毛泽东著

[北平]：解放社，1949.7，华中版，31页，32开

上海：解放社，1949.7，37页，32开

收藏单位：广东馆、贵州馆、国家馆、湖南馆、吉林馆、南京馆

00752

湖南农民运动考察报告 毛泽东著

[兴县]：晋绥新华书店，1947，新版，81页，32开

本书共两篇：《湖南农民运动考察报告》《读〈湖南农民运动考察报告〉》。

收藏单位：吉林馆、山东馆

00753

湖南农民运动考察报告 毛泽东著

辽吉省委宣传部，[1946—1948]，12页，32开

收藏单位：国家馆

00754

湖南农民运动考察报告 毛泽东著

鲁南时报社，1948.2，30页，32开

收藏单位：南京馆、山东馆

00755

湖南农民运动考察报告 毛泽东著

[香港]：求是出版社，1947.7，18 页，32 开
收藏单位：国家馆

00756
湖南农民运动考察报告　毛泽东著
西安：群众日报，[1949]，25 页，32 开
收藏单位：天津馆

00757
湖南农民运动考察报告　毛泽东著
[泰州]：苏北新华书店，1949.6，60 页，32 开
收藏单位：重庆馆、广西馆、国家馆、湖南馆、南京馆、上海馆

00758
湖南农民运动考察报告　毛泽东著
[无锡]：苏南新华书店，1947.7，25 页，32 开
无锡：苏南新华书店，1949.6，25 页，32 开
收藏单位：国家馆、吉林馆、南京馆、上海馆

00759
湖南农民运动考察报告　毛泽东著
涉县：太行群众书店，1947.9，1 册，32 开
收藏单位：国家馆、山西馆

00760
湖南农民运动考察报告　毛泽东著
[阳城]：太岳新华书店，1947.12，36 页，32 开
收藏单位：国家馆、山东馆

00761
湖南农民运动考察报告　毛泽东著
韬奋书店盐阜分店，1947.12，32 页，32 开（学习参考资料 2）
收藏单位：安徽馆、南京馆

00762
湖南农民运动考察报告　毛泽东著
通辽地委宣传部，[1946—1949]，12 页，32 开
收藏单位：国家馆

00763
湖南农民运动考察报告　毛泽东著
[北平]：新华书店，1949.6，再版，32 页，32 开
[长沙]：新华书店，1949.9，再版，60 页，32 开
收藏单位：成都馆、国家馆、南京馆

00764
湖南农民运动考察报告　毛泽东著
新华书店冀东支店，[1941—1949]，12 页，32 开
收藏单位：国家馆、山东馆

00765
湖南农民运动考察报告　毛泽东著
营口政治处，1946.2，油印本，12 页，32 开
收藏单位：山东馆

00766
湖南农民运动考察报告　毛泽东著
[杭州]：浙江新华书店，1949.7 印，41 页，32 开
收藏单位：吉林馆、南京馆、浙江馆

00767
湖南农民运动考察报告　毛泽东著
中共胶东区党委宣传部，[1945] 印，37 页，32 开
收藏单位：国家馆、山东馆、上海馆

00768
湖南农民运动考察报告　毛泽东著
中共浙江省委二地委宣传部，[1927—1949]，58 页，32 开
收藏单位：国家馆

00769
湖南农民运动考察报告　毛泽东著
[郑州]：中原新华书店，1949.1，31 页，32 开（干部学习丛书）
收藏单位：国家馆、山东馆

00770
湖南农民运动考察报告 毛泽东著 华北新华书店编辑部辑
华北新华书店，1947.11，43页，32开
收藏单位：国家馆、近代史所、山西馆

00771
湖南农民运动考察报告 毛泽东著 韬奋书店盐阜分店编
[淮安]：中共华中五地委宣传部，1947.12印，32页，32开（干部学习参考材料2）
收藏单位：国家馆

00772
湖南农民运动考察报告（新版） 毛泽东著
晋察冀新华书店，1947.9，39页，32开
收藏单位：重庆馆、东北师大馆、国家馆、山东馆、山西馆、上海馆、天津馆

00773
湖南农民运动考察报告（一九二七年三月，在向导周报及中央副刊上发表） 毛泽东著
新华书店东北支店，[1949]，12页，64开
收藏单位：东北师大馆、国家馆、近代史所、南京馆

00774
湖南农民运动考察报告（一九二七年三月二十八日） 毛泽东著
华中新华书店，1949.6，再版，25页，32开
收藏单位：吉林馆、南京馆、山东馆、上海馆

00775
基础战术 毛泽东讲述
汉口：自强出版社，1938.3，100页，25开
本书为抗日军政大学讲义，共15章：绪论、战术、战争的目的、组织、任务、动作、袭击、侦察、埋伏、对敌征发队实行袭击、袭击敌人运输队、通信联络和后方交通的破坏、经常隐藏地与住止的警戒、训练、政治工作。
收藏单位：重庆馆、东北师大馆、广东馆、贵州馆、国家馆、南京馆、浙江馆

00776
建设新中国指南（第2册） 毛泽东著
华北印书馆，1943.7，81页，64开
本书内容包括：中国向何处去、我们要建立一个新中国、中国的历史特点等。
收藏单位：山东馆

00777
将革命进行到底（一九四九年新年献词） 毛泽东著
辽北印刷厂，1949.4，8页，32开
本书为新华社社论，号召全国人民、各民主党派、各人民团体真诚合作，采取一致的步骤，粉碎美帝国主义和国民党反动派的政治阴谋，将革命进行到底。
收藏单位：国家馆

00778
将革命进行到底（一九四九年新年献词） [毛泽东著]
天津：天津市人民政府教育局，1949，13页，32开
收藏单位：天津馆

00779
经济问题与财政问题 毛泽东著
[莒南]：大众日报社，1943.12，93页，64开
本书为毛泽东1942年12月在陕甘宁边区高级干部会议上所作的报告，共10部分，内容包括：关于过去工作的基本总结、关于发展农业、关于发展合作事业、关于发展军队的生产事业、关于粮食工作等。
收藏单位：国家馆、山东馆

00780
经济问题与财政问题 毛泽东著
佳木斯[等]：东北书店，1947.9印，175页，32开
佳木斯[等]：东北书店，1949.3，175页，32开
收藏单位：重庆馆、东北师大馆、国家

馆、黑龙江馆、吉林馆、近代史所、南京馆、宁夏馆、山东馆、陕西馆、天津馆

00781
经济问题与财政问题 毛泽东著
上海：合众出版社，1946.6，78 页，32 开
收藏单位：吉林馆、南京馆、上海馆

00782
经济问题与财政问题 毛泽东著
华北新华书店，1947.4，228 页，32 开
本书收文 4 篇：《经济问题与财政问题》《论合作社》《组织起来》《两三年内完全学会经济工作》。
收藏单位：安徽馆、国家馆、山西馆、浙江馆

00783
经济问题与财政问题 毛泽东著
[濮阳]：冀鲁豫书店，1944.7，184 页，32 开
收藏单位：国家馆

00784
经济问题与财政问题 毛泽东著
胶东联合社，1943.12，56 页，32 开
收藏单位：国家馆、南京馆、山东馆

00785
经济问题与财政问题 毛泽东著
延安：解放社，1942.12，234 页，32 开
延安：解放社，1944.1，订正再版，234 页，32 开
收藏单位：成都馆、重庆馆、国家馆、南京馆、山东馆、山西馆、上海馆、西南大学馆

00786
经济问题与财政问题 毛泽东著
[阜平]：晋察冀边区行政委员会，1943.12 印，油印本，62 页，32 开
收藏单位：国家馆

00787
经济问题与财政问题 毛泽东著
晋察冀日报社，1943，68 页，32 开
本书收文 3 篇：《经济问题与财政问题》《组织起来》《论合作社》。
收藏单位：国家馆

00788
经济问题与财政问题 毛泽东著
临沂：山东新华书店，1946.6，171 页，32 开
收藏单位：国家馆、辽宁馆、南京馆、山东馆

00789
经济问题与财政问题 毛泽东著
[泰州]：苏北新华书店，1949.6，178 页，32 开
收藏单位：国家馆、南京馆、上海馆

00790
经济问题与财政问题 毛泽东著
延安：新华书店，1944，60 页，32 开
上海：新华书店，1946，78 页，32 开
收藏单位：国家馆、河南馆、近代史所、南京馆、山西馆、浙江馆

00791
经济问题与财政问题 毛泽东著
张家口：新华书店晋察冀分店，1946.2，80 页，32 开
收藏单位：贵州馆

00792
经济问题与财政问题 毛泽东著
香港：新民主出版社，1943.12，64 页，32 开
香港：新民主出版社，1946.3，60 页，32 开
香港：新民主出版社，1947.8，再版，217 页，32 开
香港：新民主出版社，1949.7，3 版，217 页，32 开
收藏单位：重庆馆、广东馆、广西馆、国家馆、山东馆、上海馆

00793
经济问题与财政问题　毛泽东著
智慧出版社，1949.5，63 页，32 开（智慧丛书 4）
　　本书附《论合作社》《组织起来》《论合作社的方针》《二三年内完全学会经济工作》。
　　收藏单位：安徽馆、南京馆、绍兴馆

00794
经济问题与财政问题　毛泽东著
[兴县]：中共晋绥分局，1944，56 页，32 开
　　收藏单位：国家馆、山西馆

00795
经济问题与财政问题　毛泽东著
[兴县]：中共晋绥总学委会，[1943.4]，139 页，25 开
　　收藏单位：重庆馆

00796
经济问题与财政问题　毛泽东著
中共中央北方局，[1942—1945]，139 页，32 开
　　收藏单位：国家馆

00797
经济问题与财政问题　毛泽东著
[郑州]：中原新华书店，1949.2，176 页，32 开
　　收藏单位：国家馆、湖北馆、山东馆、上海馆

00798
经济问题与财政问题　毛泽东著
出版者不详，[1942—1949]，38 页，32 开
　　收藏单位：国家馆、浙江馆

00799
抗日游击战争的战略问题　毛泽东著
汉口：新华日报馆，1938.6，42 页，32 开（新群丛书 11）
汉口：新华日报馆，1938.6，再版，35 页，32 开（新群丛书 11）
　　收藏单位：贵州馆、国家馆、南京馆、上海馆、浙江馆

00800
抗日游击战争的战略问题　毛泽东著
出版者不详，1947 印，111 页，32 开
出版者不详，1948.10，油印本，34 页，32 开
　　本书附《中国革命战争的战略问题》《红军第九次代表大会决议案》。
　　收藏单位：国家馆

00801
抗日战争胜利后的时局和我们的方针　毛泽东著
出版者不详，[1945—1949]，16 页，32 开，活页本
　　收藏单位：国家馆

00802
两三年内完全学会经济工作　毛泽东著
[惠民]：渤海新华书店，1945.3，40 页，64 开
　　收藏单位：山东馆

00803
两三年内完全学会经济工作　毛泽东著
兴县：中共晋绥分局，1945.2，6 页，32 开
　　本书是著者 1945 年 1 月 10 日在劳动英雄模范工作者大会上的演讲稿。
　　收藏单位：山西馆

00804
论持久战　毛泽东著
[惠民]：渤海新华书店，1945.12，65 页，32 开
　　本书是著者 1938 年 5 月 26 日至 6 月 3 日在延安抗日战争研究会上的演讲稿。著者在总结抗日战争初期经验的基础上，针对中国国民党内部分人的“中国必亡论”和“中国速胜论”，以及中国共产党内部分人轻视游击战的倾向，系统地阐述中国实行持久战以获得对日胜利的战略。
　　收藏单位：山东馆、上海馆

00805
论持久战　毛泽东著
大众出版社，1939.1，再版，90 页，32 开
收藏单位：广东馆、国家馆、上海馆

00806
论持久战　毛泽东著
东安（密山）：东北书店，1946.11，101 页，32 开
东安（密山）：东北书店，1947.6，再版，101 页，32 开
收藏单位：重庆馆、东北师大馆、广东馆、国家馆、吉林馆、南京馆、内蒙古馆、山东馆、天津馆、浙江馆

00807
论持久战　毛泽东著
香港：国际联合出版社，1938.11，92 页，32 开
收藏单位：国家馆

00808
论持久战　毛泽东著
华北大学，1949.5，88 页，32 开
收藏单位：国家馆、湖南馆、天津馆

00809
论持久战　毛泽东著
华社，1939.5，126 页，32 开
华社，1939.5，再版，126 页，32 开
本书附《争取持久抗战胜利的先决问题》（彭德怀）、《怎样进行持久抗战》（周恩来）。
收藏单位：重庆馆、贵州馆、国家馆、上海馆

00810
论持久战　毛泽东著
[盐城]：江淮出版社，1941，102 页，32 开
收藏单位：南京馆、山东馆

00811
论持久战　毛泽东著
胶东联合社，1942.4，66 页，32 开
胶东联合社，1944.6，翻印本，65 页，32 开
收藏单位：国家馆、山东馆、上海馆

00812
论持久战　毛泽东著
[延安]：解放社，1938.7，96 页，32 开（抗日战争丛书 2）
[延安]：解放社，1942.4，再版，103 页，32 开（抗日战争丛书 2）
[延安]：解放社，1944.6，3 版，172 页，32 开
收藏单位：重庆馆、东北师大馆、贵州馆、国家馆、山东馆、山西馆、上海馆

00813
论持久战　毛泽东著
辽东建国书社，[1938]，79 页，32 开（建国丛书 5）
收藏单位：贵州馆、国家馆、湖北馆、辽大馆、南京馆、山东馆、上海馆

00814
论持久战　毛泽东著
群众出版社，1942.4，74 页，32 开
收藏单位：山东馆

00815
论持久战　毛泽东著
山东新华书店，1946.4，93 页，32 开
收藏单位：山东馆

00816
论持久战　毛泽东著
书报图书部，1939.1，88 页，32 开（丛刊 1）
收藏单位：山东馆

00817
论持久战　毛泽东著
[泰州]：苏北新华书店，1949.7，71 页，32 开
收藏单位：国家馆、近代史所、南京馆、山西馆

00818
论持久战　毛泽东著
[香港]：文缘出版社，1939，6版，88页，32开
收藏单位：广东馆

00819
论持久战　毛泽东著
汉口：新华日报馆，1938，82页，32开（新群丛书15）
汉口：新华日报馆，1938.12，再版，107页，32开（新群丛书15）
重庆：新华日报馆，1939.1，订正本，89页，32开（新群丛书15）
重庆：新华日报馆，1939.1，再版，107页，32开（新群丛书15）
重庆：新华日报馆，1939.1，4版，89页，32开（新群丛书15）
收藏单位：北碚馆、重庆馆、广东馆、广西馆、贵州馆、国家馆、吉林馆、近代史所、南京馆、上海馆、浙江馆、中科图

00820
论持久战　毛泽东著
新华书店，1942，64页，32开（前线丛书1）
新华书店，1942.1，再版，64页，32开（前线丛书1）
收藏单位：国家馆、山西馆

00821
论持久战　毛泽东著
新华书店晋察冀分店，1945.10，128页，32开
新华书店晋察冀分店，1949，128页，25开
收藏单位：东北师大馆、贵州馆、国家馆、近代史所、宁夏馆、山东馆、山西馆、天津馆

00822
论持久战　毛泽东著
香港：新民主出版社，1948.1，78页，32开（毛泽东选集本 中国革命战争指导理论3）
收藏单位：国家馆、上海馆、天津馆

00823
论持久战　毛泽东著
上海：译报图书部，1938.9，88页，32开（英商每日译报时论丛刊1）
上海：译报图书部，1938.10，3版，88页，32开（英商每日译报时论丛刊1）
上海：译报图书部，1938，4版，88页，32开（英商每日译报时论丛刊1）
上海：译报图书部，1939.1，5版，88页，32开（英商每日译报时论丛刊1）
收藏单位：黑龙江馆、湖北馆、吉林馆、近代史所、辽大馆、南京馆、山东馆、上海馆、绍兴馆、天津馆、浙江馆

00824
论持久战　毛泽东著
中国出版社，1939.1，68页，32开
收藏单位：国家馆

00825
论持久战　毛泽东著
淮南：总文抗，1942.7，82页，32开
收藏单位：南京馆

00826
论持久战　毛泽东著
出版者不详，1939.1，校正本，1册，32开
出版者不详，1939.5，103页，32开
出版者不详，1945，51页，32开
收藏单位：广西馆、国家馆、南大馆、南京馆、浙江馆

00827
论经济政策与经济建设　毛泽东著
中共湖北省委宣传部，1949印，78页，32开（学习二中全会参考文件2）
收藏单位：广东馆、湖北馆

00828
论联合政府　毛泽东著
[惠民]：渤海新华书店，1945.5，88页，32开
[惠民]：渤海新华书店，1945.8，再版，88

页，32开
[惠民]：渤海新华书店，1948.3，92页，32开
　　收藏单位：国家馆、山东馆、山西馆、上海馆

00829
论联合政府　毛泽东著
大连新华书店，1949.7，88页，32开
　　收藏单位：湖南馆

00830
论联合政府　毛泽东著
大众文化书店，1945.11印，74页，32开
　　收藏单位：东北师大馆、国家馆、辽宁馆、浙江馆

00831
论联合政府　毛泽东著
东北人民建国会，[1945—1949]，80页，32开（建国丛书1）
　　收藏单位：国家馆

00832
论联合政府　毛泽东著
佳木斯：东北书店，1947.7，92页，32开
佳木斯：东北书店，1948.10，再版，92页，32开
长春：东北书店，1949.4，3版，92页，32开
　　收藏单位：成都馆、东北师大馆、广东馆、贵州馆、国家馆、湖北馆、南京馆、内蒙古馆、宁夏馆、山西馆、上海馆

00833
论联合政府　毛泽东著
武昌：改造出版社，1949，72页，32开
　　收藏单位：广东馆

00834
论联合政府　毛泽东著
广东新华书店，1949，114页，32开
　　收藏单位：湖北馆、南京馆

00835
论联合政府　毛泽东著
合作出版社，1946，63页
　　收藏单位：近代史所

00836
论联合政府　毛泽东著
北平：华北大学，1949.5，76页，32开
　　收藏单位：国家馆、南京馆

00837
论联合政府　毛泽东著
[石家庄]：华北军政大学政治部，[1948—1949]，95页，32开
　　收藏单位：国家馆、天津馆

00838
论联合政府　毛泽东著
华北联合大学教务处，1945.6，91页（毛泽东文选）
　　收藏单位：近代史所

00839
论联合政府　毛泽东著
华北新华书店，1945.5，61页，32开
华北新华书店，1945.6，再版，61页，32开
华北新华书店，1945.9，4版，61页，32开
华北新华书店，1948.12，114页，32开
华北新华书店，1949.2，再版，114页，36开
华北新华书店，1949.6，61页，32开
　　收藏单位：成都馆、重庆馆、东北师大馆、广东馆、贵州馆、国家馆、河南馆、南京馆、宁夏馆、山东馆、山西馆、天津馆、西交大馆、浙江馆、中科图

00840
论联合政府　毛泽东著
华东新华书店，1948.9，87页，32开
华东新华书店，1949.4，再版，87页，32开
华东新华书店，1949.4，3版，87页，32开
　　收藏单位：贵州馆、国家馆、河南馆、湖南馆、南京馆、山东馆、上海馆、天津馆

00841
论联合政府　毛泽东著
华中新华书店，1949.4，再版，87 页，32 开
华中新华书店，1949.5，61 页，32 开
　　收藏单位：国家馆、南京馆、山东馆

00842
论联合政府　毛泽东著
淮南日报社，1945.7，62 页，32 开
　　收藏单位：国家馆、山东馆、上海馆

00843
论联合政府　毛泽东著
[遵化]：冀东新华书店，1945.6，82 页，32 开
　　收藏单位：国家馆、中科图

00844
论联合政府　毛泽东著
冀鲁豫书店，1945.7，54 页，32 开
冀鲁豫书店，1949.4，108 页，32 开
　　收藏单位：国家馆、南京馆、山东馆、上海馆

00845
论联合政府　毛泽东著
冀鲁豫新华书店，1949.2，61 页，32 开
　　收藏单位：山东馆

00846
论联合政府　毛泽东著
威县：冀南新华书店，1949.5，106 页，32 开
　　收藏单位：国家馆、南京馆、山东馆

00847
论联合政府　毛泽东著
冀热辽军区第十六军分政治部，1945.10，72 页，32 开
　　收藏单位：南京馆

00848
论联合政府　毛泽东著
冀中导报社，1945.9，91 页，32 开
　　收藏单位：东北师大馆、国家馆、天津馆

00849
论联合政府　毛泽东著
建国文化供应社，1946.6，78 页，32 开
　　收藏单位：国家馆、天津馆

00850
论联合政府　毛泽东著
胶东大众报社，1945，67 页，32 开
胶东大众报社，1945.7，再版，67 页，32 开
胶东大众报社，1945.8，3 版，67 页，32 开
　　收藏单位：国家馆、河南馆、吉林馆、南京馆、山东馆、上海馆、天津馆、中科图

00851
论联合政府　毛泽东著
解放社，1945.5，98 页，32 开
解放社，1945.6，86 页，32 开
解放社，[1945—1949]，136 页，32 开
解放社，[1945—1949]，再版，136 页，32 开
解放社，1949.1，100 页，32 开
解放社，1949.3，100 页，32 开
解放社，1949.5，1 册，32 开
解放社，1949，华中版，87 页，32 开
解放社，1949，2 版，100 页，32 开
　　收藏单位：重庆馆、贵州馆、国家馆、湖北馆、近代史所、南京馆、宁夏馆、山西馆、上海馆、天津馆、浙江馆、中科图

00852
论联合政府　毛泽东著
[阜平]：晋察冀日报社，1945.6，90 页，32 开
　　收藏单位：东北师大馆、国家馆、近代史所、山东馆

00853
论联合政府　毛泽东著
[兴县]：晋绥新华书店，[1945]，83 页，32 开
　　收藏单位：国家馆、山西馆

00854
论联合政府　毛泽东著
救国报社，1945.5，油印本，91 页，大 32 开

收藏单位：国家馆

00855
论联合政府 毛泽东著
抗大印刷厂，1945.8 印，98 页，32 开
收藏单位：国家馆

00856
论联合政府 毛泽东著
北平：科学社，1949 印，74 页，32 开
收藏单位：湖北馆

00857
论联合政府 毛泽东著
黎明报社，1945.6，57 页，32 开
收藏单位：国家馆

00858
论联合政府 毛泽东著
联政，1945 印，98 页，32 开
收藏单位：重庆馆、国家馆

00859
论联合政府 毛泽东著
鲁中新华书店，1945.7，81 页，32 开
收藏单位：山东馆

00860
论联合政府 毛泽东著
北平：民生出版社，1949.3，1 册
收藏单位：国家馆

00861
论联合政府 毛泽东著
牡丹江书店，1946.1，62 页，32 开
收藏单位：东北师大馆、南京馆、宁夏馆

00862
论联合政府 毛泽东著
前锋报社，1945，74 页，32 开

00863
论联合政府 毛泽东著
前进出版社，1945.6，90 页，32 开（前进丛书 2）
前进出版社，1945.7，再版，60 页，32 开（前进丛书 2）
本书附《解放日报：中国人民胜利的指南——读毛泽东同志的〈论联合政府〉》《团结的大会，胜利的大会》。
收藏单位：吉林馆、南京馆、山东馆

00864
论联合政府 毛泽东著
香港：前线出版社，1946.1，49 页，32 开（前线丛书 2）
收藏单位：广东馆、桂林馆、上海馆

00865
论联合政府 毛泽东著
琼崖出版社，[1945—1949]，油印本，106 页，32 开
收藏单位：广东馆

00866
论联合政府 毛泽东著
人民解放出版社，[1949]，100 页，32 开
收藏单位：宁夏馆、绍兴馆

00867
论联合政府 毛泽东著
山东新华书店，1945.5，65 页，32 开
山东新华书店，1945.6，再版，73 页，32 开
山东新华书店，[1946.4]，3 版，73 页，32 开
山东新华书店，1949.6，4 版，70 页，32 开
收藏单位：广西馆、贵州馆、国家馆、河南馆、山东馆、上海馆

00868
论联合政府 毛泽东著
[延安]：陕甘宁边区新华书店，[1945—1948]，98 页，32 开
收藏单位：东北师大馆、国家馆、浙江馆

00869
论联合政府 毛泽东著

泗水大众社，1946，66 页，32 开
收藏单位：广东馆

00870
论联合政府 毛泽东著
苏北文化服务社，[1945—1949]，59 页，32 开
收藏单位：东北师大馆、国家馆、吉林馆

00871
论联合政府 毛泽东著
[泰州]：苏北新华书店，1949，68 页，32 开
收藏单位：南京馆、山东馆、山西馆

00872
论联合政府 毛泽东著
无锡：苏南新华书店，1949.6，61 页，32 开
收藏单位：南京馆

00873
论联合政府 毛泽东著
苏中出版社，1945.5，56 页，36 开
苏中出版社，1945.8，再版，56 页，36 开
收藏单位：国家馆、吉林馆、南京馆、山东馆、上海馆

00874
论联合政府 毛泽东著
苏中江海报社，[1945—1949]，54 页，32 开
收藏单位：国家馆

00875
论联合政府 毛泽东著
太行新华书店，1949.1，99 页，32 开
收藏单位：山东馆、山西馆

00876
论联合政府 毛泽东著
太岳新华书店，1945.5，67 页，32 开
太岳新华书店，1945.6 印，56 页，32 开
收藏单位：国家馆、南京馆、山西馆、上海馆、天津馆

00877
论联合政府 毛泽东著
拓荒社，1945.4，96 页，36 开
收藏单位：山东馆

00878
论联合政府 毛泽东著
[合肥]：皖北新华书店，1949.8，65 页，32 开
收藏单位：南京馆

00879
论联合政府 毛泽东著
万国书店，1949 印，74 页，32 开

00880
论联合政府 毛泽东著
西安：西北新华书店，1949.9，再版，98 页，32 开
收藏单位：湖北馆、南京馆、宁夏馆

00881
论联合政府 毛泽东著
新潮出版社，[1945—1949]，59 页，32 开（新中国现势丛书）
收藏单位：南京馆、上海馆

00882
论联合政府 毛泽东著
香港：新风出版社，[1945—1949]，62 页，32 开
收藏单位：广东馆、国家馆

00883
论联合政府 毛泽东著
涉县：新华书店，1945.5，61 页，32 开
[涉县]：新华书店，1945.6，2 版，61 页，32 开
新华书店，1945.8，3 版，56 页，32 开
北平：新华书店，1946.3，71 页，32 开
新华书店，1949.5，再版，114 页，32 开
上海：新华书店，1949.6，114 页，32 开
收藏单位：东北师大馆、广东馆、广西馆、贵州馆、国家馆、湖北馆、南京馆、宁

夏馆、山西馆

00884
论联合政府　毛泽东著
新华书店晋察冀分店，1945.9，88页，32开
收藏单位：国家馆、近代史所、山西馆、上海馆、浙江馆

00885
论联合政府　毛泽东著
香港：新民主出版社，1947.12，94页，32开
香港：新民主出版社，1948.12，4版，94页，32开
香港：新民主出版社，1949.3，5版，94页，32开
上海：新民主出版社，1949.6，94页，32开
收藏单位：重庆馆、东北师大馆、广西馆、国家馆、南京馆、山东馆、山西馆、上海馆

00886
论联合政府　毛泽东著
新浙东报社，1945.6，49页，32开
收藏单位：浙江馆

00887
论联合政府　毛泽东著
大连：新知识书社，1945，87页，32开
收藏单位：国家馆、南京馆、宁夏馆、上海馆、武大馆

00888
论联合政府　毛泽东著
大连：新中国书局，1949.4，92页，32开（干部学习丛书 第1辑）
收藏单位：吉林馆、宁夏馆、上海馆、绍兴馆

00889
论联合政府　毛泽东著
延边出版社，1946.1，67页，32开
收藏单位：东北师大馆、吉林馆

00890
论联合政府　毛泽东著
裕民印刷厂，1945.10，61页，32开
本书为伪装本。伪装题名：中日事变解决的根本途径。
收藏单位：国家馆

00891
论联合政府　毛泽东著
豫皖苏区建国学院，[1945—1949]，65页，32开
收藏单位：南京馆

00892
论联合政府　毛泽东著
豫皖苏新华书店，[1948.12]，60页，25开
收藏单位：重庆馆、东北师大馆、河南馆

00893
论联合政府　毛泽东著
哈尔滨：兆麟书店，[1946—1949]，72页，32开
收藏单位：东北师大馆、国家馆、辽宁馆

00894
论联合政府　毛泽东著
[杭州]：浙江新华书店，1949.5印，60页，32开
收藏单位：吉林馆、上海馆、浙江馆

00895
论联合政府　毛泽东著
[兴县]：中共晋绥分局，[1945—1949]，68页，32开
收藏单位：重庆馆、国家馆、山西馆、上海馆

00896
论联合政府　毛泽东著
中共西北局，[1945—1949]，土纸本，84页，32开
收藏单位：东北师大馆、国家馆

00897
论联合政府 毛泽东著
中国出版社，1945.9，58页，32开
中国出版社，1946.2，58页，32开
中国出版社，1949，4版，71页，32开
收藏单位：国家馆、南京馆、山东馆、上海馆

00898
论联合政府 毛泽东著
中国灯塔出版社，1946.2，94页，32开
收藏单位：东北师大馆、国家馆、南京馆、山东馆、山西馆

00899
论联合政府 毛泽东著
[南京]：中国农工民主党南京支委会，[1948]，59页，32开
收藏单位：国家馆、南京馆

00900
论联合政府 毛泽东著
中国人民解放军第二野战军军政大学政治部，1949.6，70页，32开
收藏单位：国家馆、南京馆

00901
论联合政府 毛泽东著
中国浙南地委宣传部，1949印，49页，32开
收藏单位：吉林馆

00902
论联合政府 毛泽东著
中原新华书店，[1948.11]，64页，32开
中原新华书店，1949.6，再版，66页，32开
中原新华书店，1949.5，3版，87页，32开
收藏单位：重庆馆、广西馆、贵州馆、国家馆、河南馆、湖北馆、湖南馆、宁夏馆、天津馆、武大馆

00903
论联合政府 毛泽东著
出版者不详，[1946]，92页，32开
出版者不详，1949，57页，32开
收藏单位：国家馆、宁夏馆

00904
[论联合政府] [毛泽东著]
出版者不详，[1945.7]，62页，32开
本书为伪装本。伪装题名：美军登陆与中国前途。伪装出版者题：大众周刊社。伪装丛书题：大众周刊丛书。
收藏单位：国家馆、吉大馆

00905
[论联合政府] [毛泽东著]
出版者不详，[1945.7]，81页，32开
本书为伪装本。伪装题名：胜利的指南。
收藏单位：国家馆

00906
论联合政府 毛泽东著 东北人民建国会编
安东（丹东）：辽东建国书社，[1945—1949]，79页，32开（建国丛书1）
收藏单位：东北师大馆、国家馆、湖北馆

00907
论联合政府
联合编译社，[1945—1949]，59页，32开（毛泽东选集2）
收藏单位：东北师大馆、国家馆、山东馆、浙江馆

00908
论鲁迅 毛泽东讲 大汉记录
出版者不详，[1938]，23页，32开
本书是作者在“陕公”纪念鲁迅周年忌日大会上的演讲词。附鲁迅先生最后10个月的日记。
收藏单位：国家馆、南京馆

00909
论人民民主专政 华东军政大学编
华东军政大学，1949.8，50页，32开
本书总结中国革命100多年的经验教训，论述新中国政权的性质、各阶级在国家中的

地位及其相互关系，规定人民民主专政的基本职能及其最近与将来的任务。

收藏单位：南京馆

00910

论人民民主专政　毛泽东著

长安书店，1949.7，16 页，36 开

收藏单位：上海馆、天津馆

00911

论人民民主专政　毛泽东著

长春：长春新报印刷厂，1949.7 印，11 页，32 开

收藏单位：吉林馆

00912

论人民民主专政　毛泽东著

大连：大连新华书店，1949.9，4 版，17 页，32 开

收藏单位：山东馆

00913

论人民民主专政　毛泽东著

[济南]：大众日报，1949，13 页，32 开

收藏单位：国家馆、山东馆

00914

论人民民主专政　毛泽东著

绥德：大众文化社，[1949]，16 页，32 开

收藏单位：天津馆

00915

论人民民主专政　毛泽东著

北平：工人日报，[1949.7]，17 页，32 开

收藏单位：广东馆、国家馆、辽宁馆、山西馆、天津馆、武大馆

00916

论人民民主专政　毛泽东著

北平：光明出版社，1949.7，19 页，32 开

收藏单位：国家馆

00917

论人民民主专政　毛泽东著

洪荒出版社，1949，10 页，32 开

收藏单位：国家馆

00918

论人民民主专政　毛泽东著

湖北新华书店，1949.9，56 页，32 开

湖北新华书店，1949，2 版，56 页，32 开

收藏单位：重庆馆、湖北馆

00919

论人民民主专政　毛泽东著

华北大学，1949.7，12 页，32 开

本书据 1949 年 6 月 30 日新华社广播印。

收藏单位：贵州馆、国家馆

00920

论人民民主专政　毛泽东著

[石家庄]：华北军政大学政治部，[1949]，16 页，32 开

收藏单位：天津馆

00921

论人民民主专政　毛泽东著

[北平]：华北人民革命大学，[1949]，16 页，32 开

收藏单位：天津馆

00922

论人民民主专政　毛泽东著

吉林工农报，[1949.7]，12 页，32 开

收藏单位：贵州馆、国家馆

00923

论人民民主专政　毛泽东著

新乡：冀鲁豫新华书店，1949.8，15 页，32 开

收藏单位：山东馆

00924

论人民民主专政　毛泽东著

[威县]：冀南新华书店，1949.8，3 版，19 页，32 开

收藏单位：国家馆、山东馆

00925
论人民民主专政　毛泽东著
解放社，1949.7，21 页，32 开
解放社，1949.9，再版，21 页，32 开
收藏单位：国家馆、河南馆、南京馆、山东馆、山西馆、上海馆、天津馆、浙江馆

00926
论人民民主专政　毛泽东著
晋南新华书店，[1949]，20 页，32 开
收藏单位：天津馆

00927
论人民民主专政　毛泽东著
晋西北新华书店，[1949]，20 页，32 开
收藏单位：南京馆、天津馆

00928
论人民民主专政　毛泽东著
[辽东新华书店]，1949.7，37 页，32 开
收藏单位：国家馆、河南馆、吉林馆、山东馆

00929
论人民民主专政　毛泽东著
宁河县委宣传部，[1949] 印，油印本，20 页，32 开
收藏单位：国家馆

00930
论人民民主专政　毛泽东著
[全民报社]，[1949]，18 页，32 开
收藏单位：吉林馆

00931
论人民民主专政　毛泽东著
群众日报社，1949.7，18 页，32 开
收藏单位：天津馆

00932
论人民民主专政　毛泽东著
山东新华书店，1949.8，20 页，32 开
山东新华书店，1949，再版，20 页，32 开
收藏单位：国家馆、河南馆、吉林馆、山东馆

00933
论人民民主专政　毛泽东著
山东新华书店胶东分店，1949，20 页，32 开
收藏单位：广东馆、贵州馆、吉林馆、上海馆

00934
论人民民主专政　毛泽东著
绍兴新华书店，1949.9 印，13 页，32 开
收藏单位：上海馆、浙江馆

00935
论人民民主专政　毛泽东著
四野南工总团教务部，1949.8 印，26 页，32 开
收藏单位：国家馆

00936
论人民民主专政　毛泽东著
[泰州]：苏北新华书店，1949.7，16 页，32 开
[泰州]：苏北新华书店，1949.8，再版，16 页，32 开
收藏单位：国家馆、吉林馆、南京馆、上海馆

00937
论人民民主专政　毛泽东著
无锡：苏南新华书店，1949.7，16 页，32 开
收藏单位：吉林馆、南京馆、上海馆

00938
论人民民主专政　毛泽东著
莫斯科：外国文书籍出版局，1949，15 页，32 开
收藏单位：国家馆

00939
论人民民主专政　毛泽东著
[合肥]：皖北新华书店，1949.8，16页，32开
收藏单位：国家馆

00940
论人民民主专政　毛泽东著
西安：西北新华书店，1949.7，15页，32开
西安：西北新华书店，1949.9，再版，1册，32开
收藏单位：上海馆、天津馆

00941
论人民民主专政　毛泽东著
新华日报，1949.7印，20页，32开
收藏单位：成都馆、重庆馆、贵州馆、国家馆、南京馆、山东馆、上海馆、天津馆、西南大学馆、浙江馆

00942
论人民民主专政　毛泽东著
南京：新华书店，[1949]，16页，32开
收藏单位：国家馆、南京馆

00943
论人民民主专政　毛泽东著
湖州：新华书店湖州支店，1949.7，49页，32开（湖嘉公学参考材料3）
本书收《目前形势和我们的任务》（毛泽东）、《在晋绥干部会议上的讲话》（毛泽东）、《论人民民主专政》（毛泽东）等。
收藏单位：上海馆、浙江馆

00944
论人民民主专政　毛泽东著
新民主报社，[1949]，油印本，20页，32开
收藏单位：广东馆

00945
论人民民主专政　毛泽东著
长沙：新社会出版社，1949.8，1册，32开

00946
论人民民主专政　毛泽东著
知识书店，1949.7，16页，32开
收藏单位：国家馆、上海馆

00947
论人民民主专政　毛泽东著
石家庄：中共石家庄市委员会，[1949]，1册，32开
收藏单位：天津馆

00948
论人民民主专政　毛泽东著
中国人民解放军第十五兵团政治部，1949，38页，32开
收藏单位：广东馆

00949
论人民民主专政　毛泽东著
出版者不详，[1949]，1册，32开
收藏单位：国家馆、天津馆

00950
论人民民主专政　毛泽东著　松江省委宣传部编
松江省委宣传部，1949.7，16页，32开
收藏单位：国家馆

00951
论人民民主专政　毛泽东著　中共江西省委宣传部编
[南昌]：[中共江西省委宣传部]，1949，订正本，16页，32开（干部学习材料1）
收藏单位：广东馆

00952
论文艺问题　毛泽东著
香港：新民主出版社，1946.5，62页，32开（毛泽东选集）
香港：新民主出版社，1947.8，再版，28页，32开（毛泽东选集）
香港：新民主出版社，1949.5，3版，31页，32开

收藏单位：广西馆、国家馆、吉林馆、上海馆、天津馆、浙江馆

00953
论文艺问题（在延安文艺座谈会上的讲话）
毛泽东著
上海：新华书店，1949.5，31页，36开
本书封面题：新民主出版社刊行。书后附页：本书系香港新民主出版社于上海解放时排印，经新华书店同意发行。
收藏单位：广东馆、广西馆、贵州馆、国家馆、南京馆、山东馆、山西馆、绍兴馆

00954
论新阶段　毛泽东著
大众出版社，1939.1，1册，32开
收藏单位：北师大馆、广东馆、国家馆、辽大馆、山东馆

00955
论新阶段　毛泽东著
佳木斯：东北书店，1947.5，137页，32开
本书共8部分：五中全会到六中全会、抗战十五个月的总结、抗日民族战争与抗日民族统一战线发展的新阶段、全民族的当前紧急任务、长期战争与长期合作、中国的反侵略战争与世界的反法西斯运动、中国共产党在民族战争中的地位、召集党的七次代表大会。附《中国共产党扩大的六中全会告全国同胞、全体将士和国共两党同志书》《抗日民族自卫战争与抗日民族统一战线发展的新阶段》。
收藏单位：东北师大馆、广东馆、国家馆、湖南馆、吉林馆、山东馆、山西馆、上海馆、绍兴馆、天津馆

00956
论新阶段　毛泽东著
拂晓出版社，1942，96页，32开
收藏单位：山东馆

00957
论新阶段　毛泽东著
[合浦]：合浦一中抗日先锋队出版部，1939.1印，油印本，125页，32开
本书附《致东北义勇军及民众书》《致日本共产党书》。
收藏单位：国家馆

00958
论新阶段　毛泽东著
华北新华书店，1943.1，4版，74页，32开
收藏单位：国家馆

00959
论新阶段　毛泽东著
华社，1939.2，140页，32开
收藏单位：国家馆、上海馆

00960
论新阶段　毛泽东著
淮南总文抗，1942，96页
收藏单位：南京馆

00961
论新阶段　毛泽东著
胶东联合社，1939.8，132页，32开
胶东联合社，1942.5，107页，32开
本书书后有《中国共产党扩大的六中全会》《中国共产党扩大的六中全会通电一束》。
收藏单位：国家馆、山东馆、上海馆

00962
论新阶段　毛泽东著
延安：解放社，1938.12，128页，24开
[延安]：解放社，1942.4，再版，128页
[延安]：解放社，1944.5，3版，156页，32开
收藏单位：北碚馆、重庆馆、国家馆、南京馆、山东馆、山西馆、上海馆

00963
论新阶段　毛泽东著
今日出版社，1939.5，72+9页，32开
收藏单位：贵州馆、南京馆

00964
论新阶段　毛泽东著
辽东建国书社，1945.11，93 页，32 开（建国丛书 4）
　　收藏单位：东北师大馆、国家馆、吉林馆、山东馆、上海馆、天津馆

00965
论新阶段　毛泽东著
临沂：山东新华书店，1946.4，100 页，18 开
　　收藏单位：重庆馆、国家馆、河南馆、山东馆、上海馆

00966
论新阶段　毛泽东著
新公论社，1939.1，122 页，32 开
　　收藏单位：国家馆、南京馆

00967
论新阶段　毛泽东著
重庆：新华日报馆，1938.12，104 页，32 开（新群众书 22）
重庆：新华日报馆，1939.1，142 页，32 开
重庆：新华日报馆，1939.2，再版，150 页，32 开
　　本书还收六中全会会议决案及六中全会电文 6 篇。
　　收藏单位：北碚馆、重庆馆、东北师大馆、广东馆、广西馆、贵州馆、国家馆、吉林馆、近代史所、南京馆、上海馆、天津馆

00968
论新阶段　毛泽东著
[黎城]：新华日报华北分馆，1939.2，80 页，32 开（前线丛书）
　　收藏单位：北师大馆、国家馆、南京馆、山西馆

00969
论新阶段　毛泽东著
新华书店晋西分店，[1940]，170 页，64 开
　　收藏单位：国家馆

00970
论新阶段　毛泽东著
香港：新民主出版社，[1939]，93 页，32 开（中国革命战争指导理论 4）
香港：新民主出版社，1948.4，93 页，32 开（中国革命战争指导理论 4）
　　收藏单位：国家馆、近代史所、上海馆

00971
论新阶段　毛泽东著
上海：译报图书部，1939.1，103 页，32 开（英商每日译报时论丛刊）
[上海]：译报图书部，1939，再版，103 页，32 开（英商每日译报时论丛刊）
　　收藏单位：桂林馆、国家馆、吉林馆、近代史所、辽大馆、南京馆、绍兴馆、浙江馆

00972
论新阶段　毛泽东著
香港：中心出版社，1938.12，118 页，32 开
　　收藏单位：广东馆、国家馆、上海馆

00973
论新阶段　毛泽东著　中国出版社编辑
中国出版社，1938.12，98 页，32 开
　　本书附《中共六中全会决议》。
　　收藏单位：重庆馆、广东馆、国家馆

00974
论新阶段（纪念新华日报华北版三周年）　毛泽东著
新华书店，1942.1，再版，64 页，36 开（前线丛书 1）
　　收藏单位：山西馆

00975
毛泽东论联合政府具体纲领　毛泽东著
出版者不详，1949，29 页，32 开
　　收藏单位：天津馆

00976
毛泽东论文艺政策　毛泽东著
出版者不详，[1942—1949]，29 页，32 开

收藏单位：国家馆

00977
毛泽东论中国共产党　毛泽东著
大中出版社，[1939—1949]，1册，32开
本书即《中国革命与中国共产党》。
收藏单位：国家馆、山西馆

00978
毛泽东同志在边区参议会上的演说　毛泽东著
讷河：嫩江省临参会，1946.6，15页，32开
本书为著者1940年2月25日在延安各界宪政促进会成立大会的演说词。
收藏单位：国家馆

00979
毛泽东同志在晋绥干部会议上的讲话　毛泽东著
[唐山]：冀东区党委，1948，12页，32开
收藏单位：国家馆

00980
毛泽东同志在延安文艺座谈会上的讲话　毛泽东著
[绥德]：大众日报社，1943.10，52页，64开
收藏单位：国家馆

00981
毛泽东同志在延安文艺座谈会上的讲话　毛泽东著
[佳木斯]：东北书店，1946.12，32页，32开
东安（密山）：东北书店，1947.4，32页，32开
东安（密山）：东北书店，1947.9，32页，照片
[佳木斯]：东北书店，1947.10，32页，32开
哈尔滨：东北书店，1948.10，再版，35页，32开
收藏单位：东北师大馆、国家馆、黑龙江馆、南京馆、宁夏馆、山东馆、上海馆、浙江馆

00982
毛泽东同志在延安文艺座谈会上的讲话　毛泽东著
[正定]：华北大学，1949.3，30页，32开
[北平]：华北大学，1949.6，订正3版，30页，32开
本书为华北大学教学用书。
收藏单位：贵州馆、国家馆、南京馆、陕西馆、上海馆、天津馆、浙江馆

00983
毛泽东同志在延安文艺座谈会上的讲话　毛泽东著
[濮阳]：冀鲁豫书店，[1944]，32页，32开
收藏单位：国家馆

00984
毛泽东同志在延安文艺座谈会上的讲话　毛泽东著
胶东联合社，[1942—1945]，58页，大64开
收藏单位：山东馆

00985
毛泽东同志在延安文艺座谈会上的讲话　毛泽东著
延安：解放日报，1943.10，42页，32开
收藏单位：国家馆

00986
毛泽东同志在延安文艺座谈会上的讲话　毛泽东著
[兴县]：晋绥新华书店，[1948]，33页，32开
收藏单位：国家馆

00987
毛泽东同志在延安文艺座谈会上的讲话　毛泽东著
安东（丹东）：辽东建国书社，[1945—1949]，31页，32开
收藏单位：湖北馆

00988
毛泽东同志在延安文艺座谈会上的讲话　毛泽东著
陕甘宁边区新华书店，1948.9，40 页，32 开
　　收藏单位：东北师大馆、国家馆、山东馆

00989
毛泽东同志在延安文艺座谈会上的讲话　毛泽东著
真理社，[1943—1949]，34 页，32 开
　　收藏单位：宁夏馆

00990
毛泽东同志在延安文艺座谈会上的讲话　毛泽东著
[兴县]：中共晋绥分局，1942，25 页，32 开
　　收藏单位：山西馆

00991
毛泽东同志在延安文艺座谈会上的讲话　毛泽东著
北平：中新书店，[1949] 印，22 页，32 开
　　本书封面题名：毛泽东同志在文艺座谈会上的讲话。
　　收藏单位：国家馆、上海馆

00992
毛泽东同志在延安文艺座谈会上的讲话　毛泽东著
出版者不详，[1943]，24 页，32 开
　　本书收文两篇：《中共中央宣传部关于执行党的文艺政策的决定》（1943 年 11 月 7 日）、《在延安文艺座谈会的讲话》（1942 年 5 月 2 日）。
　　收藏单位：国家馆、近代史所

00993
毛泽东先生在延安文艺界座谈会上的讲话　毛泽东著
求知社，1946.2 印，30 页，32 开
　　收藏单位：国家馆

00994
毛泽东在延安文艺座谈会上的讲话　毛泽东著
[泰州]：苏北新华书店，1949.8，再版，27 页，32 开
　　收藏单位：宁夏馆

00995
毛泽东主席关于时局的声明　毛泽东著
吉林书店，1949.1，16 页，32 开
　　本书内容包括：《毛泽东主席关于时局的声明》《将革命进行到底》等。
　　收藏单位：国家馆、中科图

00996
毛主席发表关于时局的声明　毛泽东著
华东鲁中南军区政治部，1949.1，27 页，64 开
　　收藏单位：山东馆

00997
毛主席发表关于时局的声明
出版者不详，[1949]，16 页，32 开
　　本书收文两篇：《毛主席发表关于时局的声明》《中共代表团所提国内和平协定全文》。
　　收藏单位：重庆馆

00998
毛主席发表时局声明　中国人民解放军东北军区政治部编
中国人民解放军东北军区政治部，1949，24 页，32 开
　　本书收《将革命进行到底——一九四九年新年献词》（新华社社论）、《毛主席发表时局声明》、《新华社记者评战犯求和》、《东北野战军司令部公布秋季攻势战果》等。
　　收藏单位：重庆馆

00999
毛主席关于时局的声明　毛泽东著
华中九分区新华书店，[1949]，107 页，32 开（时论丛书 第 1 辑）
　　收藏单位：国家馆

01000
毛主席关于时局的声明
吉林书店，1949，1册，32开
本书为1949年1月14日发表的关于时局的声明，批驳蒋介石的元旦求和文告，提出达到真正和平的八项条件。
收藏单位：长春馆、重庆馆、东北师大馆、国家馆、吉林馆、辽宁馆、南京馆、天津馆

01001
毛主席论中国民族资产阶级的两面性 毛泽东著
青岛：青岛日报社，[1940—1949]，39页，32开
收藏单位：山东馆

01002
毛主席在晋绥干部会议上的讲话 毛泽东著
华北新华书店，1948.8，13页，32开
华北新华书店，1948.10，再版，13页，32开
收藏单位：上海馆

01003
毛主席在晋绥干部会议上的讲话 毛泽东著
[兴县]：晋绥新华书店，1948，13页，32开
收藏单位：重庆馆、国家馆、吉林馆、山西馆

01004
毛主席在延安文艺座谈会上的讲话 毛泽东著
中原军区政治部，[1945—1949]，25页，32开
本书为文艺工作团、文艺学校基本教程。
收藏单位：国家馆、河南馆、山东馆

01005
矛盾论 毛泽东著
[长春新报]，[1945—1948]，37页，32开
本书是著者继《实践论》之后为了同一的目的，即为了克服存在于党内的严重的教条主义思想而写的，曾在延安的抗日军事政治大学作过讲演。共7部分：两种宇宙观、矛盾的普遍性、矛盾的特殊性、主要的矛盾和主要的矛盾方面、矛盾诸方面的同一性和斗争性、对抗在矛盾中的地位、结论。
收藏单位：东北师大馆

01006
闽西古田会议决议案（红军第四军第九次代表大会 一九二九年十二月） 毛泽东著
中共平原分局宣传部，1944，55页，大64开
收藏单位：国家馆

01007
目前的形势与我们的任务 毛泽东著
有利印务公司，[1948]印，17页，32开
本书系著者1947年12月25日所作《目前的形势与我们的任务》报告。
收藏单位：国家馆

01008
目前形势和党在一九四九年的任务 毛泽东著
平山：中共中央政治局会议，1949.1，8页，32开
本书为著者1949年1月6—8日在河北平山县西柏坡村召开的中共中央政治局会议所起草的决议（1949年1月8日中央政治局会议通过）。
收藏单位：国家馆

01009
目前形势和我们的任务 毛泽东著
[安东（丹东）]：安东日报社，1948，20页，32开
收藏单位：国家馆、南京馆

01010
目前形势和我们的任务 毛泽东著
滨海日报社，1948.1，25页，大64开
收藏单位：河南馆、山东馆

01011
目前形势和我们的任务 毛泽东著

渤海出版社，[1947—1949]，28+11 页，32 开
收藏单位：山东馆

01012
目前形势和我们的任务　毛泽东著
[惠民]：渤海新华书店，1948.3，20 页，32 开
[惠民]：渤海新华书店，1948.7，3 版，20 页，32 开
收藏单位：国家馆、南京馆、山东馆、山西馆、上海馆

01013
目前形势和我们的任务　毛泽东著
[张家口]：察哈尔日报社，[1947—1949]，17 页，32 开
收藏单位：国家馆、山东馆

01014
目前形势和我们的任务　毛泽东著
[沈阳]：东北日报社，1949，21 页，32 开
收藏单位：长春馆、东北师大馆、国家馆、山西馆

01015
目前形势和我们的任务　毛泽东著
东北书店，1948，21 页，32 开
东北书店，1948.4，3 版，20 页，32 开
东北书店，[1949]，18 页，32 开
收藏单位：安徽馆、重庆馆、东北师大馆、广东馆、国家馆、吉林馆、南京馆、宁夏馆、山东馆、上海馆

01016
目前形势和我们的任务　毛泽东著
华北新华书店，1948.1，29 页，32 开
华北新华书店，1948.8，再版，29 页，32 开
收藏单位：国家馆

01017
目前形势和我们的任务　毛泽东著
吉林省教育厅，1948，15 页，32 开
收藏单位：东北师大馆、国家馆

01018
目前形势和我们的任务　毛泽东著
[唐山]：冀东新华书店，[1948]，18 页，32 开
收藏单位：国家馆、山东馆

01019
目前形势和我们的任务　毛泽东著
冀鲁豫书店，[1947—1948]，25 页，32 开
本书书前有中共冀鲁豫区党委宣传部的通知。
收藏单位：国家馆、山东馆

01020
目前形势和我们的任务　毛泽东著
[威县]：冀南军区政治部，[1947—1949]，14 页，32 开
收藏单位：国家馆

01021
目前形势和我们的任务　毛泽东著
冀中区党委，1948.1，16 页，32 开
收藏单位：国家馆

01022
目前形势和我们的任务　毛泽东著
胶东新华书店，1948.4，15 页，32 开
胶东新华书店，1948.5，3 版，14 页，32 开
胶东新华书店，1948.7，4 版，24 页，32 开
[胶东新华书店]，1948.8，5 版，24+ 14 页，32 开
胶东新华书店，1948.8，6 版，14 页，32 开
收藏单位：南京馆、山东馆、上海馆、浙江馆

01023
目前形势和我们的任务　毛泽东著
晋察冀新华书店，1948.1，18 页，32 开
收藏单位：重庆馆、贵州馆、国家馆、近代史所、南京馆、天津馆

01024
目前形势和我们的任务　毛泽东著

[兴县]：晋绥新华书店，1948.3，17页，32开
　　收藏单位：山东馆、山西馆

01025
目前形势和我们的任务　毛泽东著
辽南日报社，1948.1，23页，32开
　　收藏单位：东北师大馆、国家馆、吉林馆、南京馆、山西馆、中科图

01026
目前形势和我们的任务　毛泽东著
群众日报社，1948.1，26页，32开
群众日报社，1948.6，再版，18页，32开（时事丛刊2）
　　收藏单位：重庆馆、国家馆、宁夏馆、山东馆、山西馆、浙江馆

01027
目前形势和我们的任务　毛泽东著
人民书店，1948.10，石印本，26页，32开
　　收藏单位：国家馆

01028
目前形势和我们的任务　毛泽东著
山东新华书店，1948，25页，36开
　　收藏单位：国家馆、山东馆、上海馆

01029
目前形势和我们的任务　毛泽东著
胜利书店，[1947—1949]，20页，32开
　　收藏单位：国家馆

01030
目前形势和我们的任务　毛泽东著
涉县：太行群众书店，1948.1，20页，32开
　　收藏单位：国家馆

01031
目前形势和我们的任务　毛泽东著
文化出版社，[1947—1949]，13页，32开
　　收藏单位：国家馆、南京馆、上海馆

01032
目前形势和我们的任务　毛泽东著
新东印刷厂，[1947—1949]印，15页，32开
　　收藏单位：南京馆

01033
目前形势和我们的任务　毛泽东著
新洛阳报社，[1948—1949]，21页，32开
　　收藏单位：重庆馆

01034
目前形势和我们的任务　毛泽东著
香港：新民主出版社，1948.1，26页，32开
　　收藏单位：广东馆、国家馆、上海馆

01035
目前形势和我们的任务　毛泽东著
新闻简报社，1948，胶印本，22页，32开
　　收藏单位：国家馆

01036
目前形势和我们的任务　毛泽东著
雪枫报社，1948.7，13页，32开
　　收藏单位：南京馆

01037
目前形势和我们的任务　毛泽东著
香港：正报社图书部，1948.1，19页，32开
　　收藏单位：北师大馆、广东馆、国家馆

01038
目前形势和我们的任务　毛泽东著
中共太行三地委，[1947]，14页，36开
　　收藏单位：山西馆

01039
目前形势和我们的任务　毛泽东著
中共中央华北局党校教务处，1948.7，88页，32开
　　收藏单位：国家馆

01040
目前形势和我们的任务　毛泽东著

中国人民解放军总部，[1947—1949]，30 页，32 开
收藏单位：南京馆

01041
目前形势和我们的任务　毛泽东著
宝丰：中原新华书店，1948.11，13 页，32 开
收藏单位：重庆馆、国家馆、河南馆、山西馆

01042
目前形势和我们的任务　毛泽东著
出版者不详，[1947—1949]，油印本，20 页，32 开
收藏单位：国家馆

01043
[目前形势和我们的任务]　[毛泽东著]
出版者不详，[1947—1949]，30 页，64 开
本书为伪装本。伪装题名：时事评论。伪装责任者题：北平时事研究会。伪装出版者题：崇文书局。
收藏单位：国家馆

01044
目前形势和我们的任务　苏中军区政治部编
苏中军区政治部，[1947—1949]，10 页，32 开
收藏单位：南京馆

01045
目前形势和我们的任务　新华社鲁南分社编
新华社鲁南分社，[1948]，91 页，32 开
收藏单位：山东馆

01046
目前形势和我们的任务（1947 年 12 月 25 日在中共中央会议上的报告）　毛泽东著
晋冀鲁豫军区政治部，[1948.5]，15 页，32 开
收藏单位：重庆馆、国家馆

01047
目前形势和我们的任务（1947 年 12 月 25 日在中共中央会议上的报告）　毛泽东著
[齐齐哈尔]：嫩江省委宣传部，1948.1，14 页，32 开
收藏单位：国家馆、南京馆

01048
目前形势和我们的任务（1947 年 12 月 25 日在中共中央会议上的报告）　毛泽东著
出版者不详，[1947]，37 页，64 开
收藏单位：国家馆

01049
目前形势和我们的任务（对于战后国际形势中几个基本问题的解释）　毛泽东著
滨海新华书店，[1947—1949]，27 页，32 开
收藏单位：山东馆

01050
目前形势和我们的任务（毛主席在中共中央会议上报告）　毛泽东著
辽东书店，1948.1，16 页，32 开
收藏单位：国家馆、南京馆

01051
目前形势与我们的任务
出版者不详，1947.12，28 页
本书为伪装本。伪装题名：歧路灯。伪装出版者题：上海救世书店。
收藏单位：国家馆

01052
评美国白皮书　辽西省人民政府教育厅编
锦州：[辽西省人民政府教育厅]，[1949]，58 页，32 开
收藏单位：国家馆

01053
七代大会开幕词及演说 · 论联合政府　毛泽东著
新华书店，[1945]，34 页，32 开
收藏单位：国家馆

01054
全世界革命力量团结起来反对帝国主义的侵略　毛泽东著
哈尔滨：东北书店，1948.11，8页，32开
本书附《孙中山致苏联遗书》。
收藏单位：东北师大馆、广东馆、国家馆、南京馆、山东馆、上海馆

01055
全世界革命力量团结起来反对帝国主义的侵略　毛泽东著
华北新华书店，1949，9页，32开
华北新华书店，1949，2版，9页，32开
收藏单位：重庆馆、国家馆、南京馆、上海馆、天津馆

01056
全世界革命力量团结起来反对帝国主义的侵略　毛泽东著
冀东日报社，1948.11，19页，32开
本书附《对于战后国际形势中几个基本问题的解释》(陆定一)。
收藏单位：重庆馆、国家馆、辽宁馆、宁夏馆、山西馆

01057
全世界革命力量团结起来反对帝国主义的侵略　毛泽东著
[乌兰浩特]：内蒙书店，1948.11，6页，32开
收藏单位：国家馆、天津馆

01058
全世界革命力量团结起来反对帝国主义的侵略　毛泽东著
齐齐哈尔：嫩江新报社，1948.11，8页，32开
收藏单位：辽宁馆

01059
全世界革命力量团结起来反对帝国主义的侵略　毛泽东著
[延安]：陕甘宁边区新华书店，1948.11，9页，32开
收藏单位：国家馆、吉林馆、山东馆、中科图

01060
全世界革命力量团结起来反对帝国主义的侵略　毛泽东著
胜利报社，1948.11，7页，32开
收藏单位：国家馆、南京馆

01061
全世界革命力量团结起来反对帝国主义的侵略　毛泽东著
新华书店，1949.8，华中版，8页，32开

01062
全世界革命力量团结起来反对帝国主义的侵略　毛泽东著
[兴县]：中共晋绥分局，1948，6页，32开
收藏单位：山东馆、山西馆

01063
全世界革命力量团结起来反对帝国主义的侵略　毛泽东著
[宝丰]：中原新华书店，1948.11，10页，64开
[郑州]：中原新华书店，1949.1，43页，32开
本书附《孙中山先生致苏联遗书》《中共中央负责人评中国军事形势一年左右根本打倒蒋家王朝》。
收藏单位：广东馆、国家馆、山西馆、陕西馆

01064
实践论(论认识和实践的关系——知和行的关系)　毛泽东著
新湖南报，1937.7，14页，32开
收藏单位：武大馆

01065
为美国对蒋军事援助事毛主席发表声明　毛泽东著
出版者不详，[1946]，11页，32开

本书为伪装本。附《中国共产党中央委员会为“七七”九周年纪念宣言》。伪装题名：苦海明灯。

收藏单位：国家馆

01066
文艺问题 毛泽东著
新风出版社，1947，22页，32开
收藏单位：国家馆、浙江馆

01067
文艺问题 毛泽东著
[香港]：中国灯塔出版社，1946.2，21页，32开
本书即《在延安文艺座谈会上的讲话》。
收藏单位：成都馆、东北师大馆、国家馆、南京馆、山东馆

01068
新民主主义的文艺论 毛泽东著
群众报社，1943.11，47页，64开
本书封面题名：新文艺论。
收藏单位：山东馆

01069
新民主主义的政治与新民主主义的文化 毛泽东著
[延安]：新民书店，[1940]，42页，32开
本书即《新民主主义论》，个别词句与《毛泽东选集》中的《新民主主义论》不同。
收藏单位：北碚馆、国家馆、南京馆

01070
新民主主义论 毛泽东著
北平出版社，1949.2，1册，32开
收藏单位：国家馆

01071
新民主主义论 毛泽东著
北平市人民政府教育局，1949.6，71页，32开
收藏单位：宁夏馆、天津馆

01072
新民主主义论 毛泽东著
北平文化服务社，[1940—1949]，40页，32开
本书封面题名：新民主主义。
收藏单位：山东馆

01073
新民主主义论 毛泽东著
播种社，[1940—1949]，56页，32开
收藏单位：浙江馆

01074
新民主主义论 毛泽东著
[惠民]：渤海新华书店，1945.11，64页，32开
[惠民]：渤海新华书店，1948.8，56页，32开
收藏单位：国家馆、山东馆

01075
新民主主义论 毛泽东著
上海：长江出版社，1949.5，75页，32开
收藏单位：东北师大馆、国家馆、南京馆、山东馆、上海馆、浙江馆

01076
新民主主义论 毛泽东著
上海：大公出版社，1949.5，53页，32开
收藏单位：黑龙江馆、吉林馆、南京馆

01077
新民主主义论 毛泽东著
北平：大华印刷局，1949，44页，32开
收藏单位：国家馆、湖北馆、宁夏馆

01078
新民主主义论 毛泽东著
大连：大众书店，1948.5，56页，32开
收藏单位：辽宁馆

01079
新民主主义论 毛泽东著
丹阳：丹阳县文教部，1949.5印，37页，32

开
收藏单位：国家馆

01080
新民主主义论　毛泽东著
佳木斯：东北书店，1946.12，56页，32开
佳木斯：东北书店，1947.7，80页，32开
哈尔滨：东北书店，1948.2，80页，32开
哈尔滨：东北书店，1948.5，再版，80页，32开
哈尔滨：东北书店，1948.10，5版，80页，32开
沈阳：东北书店，1949.1，6版，80页，32开
沈阳：东北书店，1949.4，8版，80页，32开
本书书后有《新民主主义的宪政》。
收藏单位：东北师大馆、贵州馆、国家馆、辽宁馆、南京馆、宁夏馆、山东馆、山西馆、上海馆、天津馆

01081
新民主主义论　毛泽东著
东海战委宣传部，[1940—1949]，40页，25开
收藏单位：山东馆

01082
新民主主义论　毛泽东著
[工农社]，[1940—1949]印，46页，32开
收藏单位：国家馆

01083
新民主主义论　毛泽东著
北平：光华印刷局，1949，38页，32开
收藏单位：广东馆、南京馆、宁夏馆、天津馆、浙江馆

01084
新民主主义论　毛泽东著
光明社，1949.3，32页，32开
收藏单位：国家馆、上海馆、浙江馆

01085
新民主主义论　毛泽东著
红星出版社，[1947]，34页，32开
收藏单位：广东馆、国家馆

01086
新民主主义论　毛泽东著
华北大学，1949.4，46页，32开
收藏单位：国家馆

01087
新民主主义论　毛泽东著
[石家庄]：华北军政大学政治部，[1948—1949]，58页，32开
收藏单位：国家馆

01088
新民主主义论　毛泽东著
[北平]：华北人民革命大学教务处，[1949]印，39页，32开
收藏单位：湖北馆

01089
新民主主义论　毛泽东著
华北新华书店，1948，61页，32开
华北新华书店，1948.10，再版，61页，32开
华北新华书店，1949.2，再版，71页，32开
收藏单位：贵州馆、国家馆、河南馆、近代史所、南京馆、宁夏馆、山东馆、山西馆、陕西馆、上海馆、天津馆、浙江馆、中科图

01090
新民主主义论　毛泽东著
华东新华书店，1948.9，54页，32开
华东新华书店，1949.4，再版，54页，32开
收藏单位：重庆馆、国家馆、河南馆、吉林馆、南京馆、山东馆、天津馆

01091
新民主主义论　毛泽东著
华东新华书店随军分店第十中心支店，1949.5印，42页，32开
收藏单位：吉林馆、山东馆、上海馆

01092
新民主主义论　毛泽东著
华中新华书店，1948.11，34 页，32 开
华中新华书店，1949.2，37 页，32 开
华中新华书店，1949.4，37 页，32 开
收藏单位：国家馆、南京馆、上海馆

01093
新民主主义论　毛泽东著
吉林书店，1949.6，53 页，32 开
收藏单位：贵州馆

01094
新民主主义论　毛泽东著
冀东新华书店，1948.12 印，50 页，32 开
收藏单位：贵州馆、国家馆

01095
新民主主义论　毛泽东著
冀鲁豫边区文化出版社，[1941—1949]，木刻本，1 册，48 开
收藏单位：国家馆

01096
新民主主义论　毛泽东著
[菏泽]：冀鲁豫新华书店，1949.3，61 页，32 开（干部学习丛书）
[菏泽]：冀鲁豫新华书店，1949.6，4 版，61 页，32 开（干部学习丛书）
收藏单位：国家馆、河南馆、宁夏馆、山东馆、山西馆、上海馆

01097
新民主主义论　毛泽东著
威县：冀南新华书店，1949.6，再版，51 页，32 开
收藏单位：河南馆、辽宁馆

01098
新民主主义论　毛泽东著
江淮出版社，[1941—1949] 印，84 页，64 开
收藏单位：国家馆、山东馆、上海馆、中科图

01099
新民主主义论　毛泽东著
江淮新华书店，1945.9，33 页，32 开
收藏单位：国家馆

01100
新民主主义论　毛泽东著
胶东联合社，1944.5，38 页，32 开
收藏单位：山东馆

01101
新民主主义论　毛泽东著
胶东新华书店，1947.2，38 页，32 开
胶东新华书店，1947，2 版，75 页，32 开
收藏单位：国家馆、山东馆、山西馆、上海馆

01102
新民主主义论　毛泽东著
解放社，1940.3，46 页，32 开
解放社，1940.12 印，37 页，32 开
解放社，1943.10，4 版，61 页，32 开
解放社，1944.1，5 版，90 页，32 开
解放社，1946.3，66 页，32 开
解放社，1946.6，6 版，90 页，32 开
解放社，1949.5，71 页，32 开
解放社，1949.6，1 册，32 开
解放社，1949.8，再版，54 页，32 开
收藏单位：北碚馆、重庆馆、东北师大馆、贵州馆、国家馆、湖北馆、吉林馆、近代史所、辽宁馆、南京馆、宁夏馆、山东馆、山西馆、上海馆、中科图

01103
新民主主义论　毛泽东著
金陵大学伙伴社，1949.5，44 页，32 开
收藏单位：南京馆

01104
新民主主义论　毛泽东著
晋察冀新华书店，1947.11，3 版，52 页，32 开
收藏单位：贵州馆、国家馆、近代史所、天津馆

01105
新民主主义论　毛泽东著
晋南新华书店，1949.3，50页，32开
收藏单位：成都馆、广东馆、吉林馆、宁夏馆、天津馆

01106
新民主主义论　毛泽东著
北平：科学社，1949，38页，32开
收藏单位：山西馆、上海馆

01107
新民主主义论　[毛泽东著]
蜡纸组，[1943]抄印，油印本，1册，32开
收藏单位：浙江馆

01108
新民主主义论　毛泽东著
理论社，[1940]，38页，32开
收藏单位：南京馆、宁夏馆、上海馆、浙江馆

01109
新民主主义论　毛泽东著
[连队生活报社]，[1949]，33页，32开
收藏单位：贵州馆

01110
新民主主义论　毛泽东著
联合编译社，[1940—1949]，36页，32开
收藏单位：南京馆、上海馆、浙江馆

01111
新民主主义论　毛泽东著
上海：联合画报社，1949.5，61页，32开
本书内附重要图片。
收藏单位：吉林馆、山西馆、天津馆

01112
新民主主义论　毛泽东著
安东（丹东）：辽东建国书社，1946.8，再版，45页，32开
收藏单位：国家馆、南京馆

01113
新民主主义论　毛泽东著
辽东新华书店，1940，38页，大64开
收藏单位：山西馆

01114
新民主主义论　毛泽东著
鲁南新华书店，1945.10，78页，32开
收藏单位：国家馆

01115
新民主主义论　毛泽东著
旅顺民众报社，1946.2，48页，32开
收藏单位：湖北馆、辽宁馆、南京馆、上海馆

01116
新民主主义论　毛泽东著
汉口：民言报留汉员工委员会，[1940—1949]印，34页，32开
收藏单位：湖北馆

01117
新民主主义论　毛泽东著
牡丹江：牡丹江书店，1946，46页，32开
收藏单位：辽宁馆、南京馆

01118
新民主主义论　毛泽东著
香港：南海出版社，1948.12，4版，28页，32开
收藏单位：广东馆、国家馆、近代史所、南京馆、上海馆、浙江馆、中科图

01119
新民主主义论　毛泽东著
七七出版社，1945.1，35页，32开
收藏单位：国家馆

01120
新民主主义论　毛泽东著
[前进出版社]，1949.5，46页，32开
收藏单位：东北师大馆、山东馆、上海

馆、浙江馆

01121
新民主主义论　毛泽东著
上海：群力出版社，1949.5，37 页，32 开
收藏单位：南京馆

01122
新民主主义论　毛泽东著
山东新华书店，1946.8，再版，48 页，32 开
山东新华书店，1947.3，再版，38 页，32 开
山东新华书店，1949.6，4 版，54 页，32 开
收藏单位：国家馆、河南馆、山东馆、陕西馆、上海馆、中科图

01123
新民主主义论　毛泽东著
太原：山西公学，1949.5 印，58 页，32 开
收藏单位：山西馆

01124
新民主主义论　毛泽东著
陕甘宁边区新华书店，1949.5，75 页，32 开
收藏单位：国家馆、山东馆、上海馆

01125
新民主主义论　毛泽东著
商城教联会，[1940—1949]，石印本，72 页，32 开
收藏单位：湖北馆

01126
新民主主义论　毛泽东著
曙光出版社，1949.5，1 册，32 开

01127
新民主主义论　毛泽东著
苏北出版社，[1945]，38 页，32 开
收藏单位：国家馆、南京馆

01128
新民主主义论　毛泽东著
苏北军区政治部，1948.12，37 页，32 开
收藏单位：湖北馆、南京馆、上海馆

01129
新民主主义论　毛泽东著
苏中出版社，1945.9，34 页，32 开
收藏单位：南京馆、山东馆

01130
新民主主义论　毛泽东著
太岳新华书店，1941.1，63 页，32 开
太岳新华书店，1945.4，36 页，32 开
太岳新华书店，1947.8，38 页，32 开
收藏单位：国家馆、河南馆、山西馆

01131
新民主主义论　毛泽东著
汉口：天利印刷商店，[1940—1949]，34 页，32 开
收藏单位：湖北馆

01132
新民主主义论　毛泽东著
通化：通化日报社，1945，38 页，32 开
收藏单位：辽宁馆

01133
新民主主义论　毛泽东著
皖北新华书店，1949.6，66 页，32 开
收藏单位：国家馆

01134
新民主主义论　毛泽东著
[威海]：文登县师范学校，1943.11，43 页，32 开
收藏单位：山东馆

01135
新民主主义论　毛泽东著
苏州：五洲书店，[1944—1949] 印，36 页，36 开
收藏单位：南京馆

01136
新民主主义论　毛泽东著
[武汉图书教育用品业职工会]，[1941—1949]，47页，32开
　　收藏单位：贵州馆

01137
新民主主义论　毛泽东著
西安：西北新华书店，1949.6，再版，75页，32开
西安：西北新华书店，1949.8，75页，32开
西安：西北新华书店，[1949.9]，再版，61页，32开
　　本书附《新民主主义的宪政》。
　　收藏单位：成都馆、重庆馆、国家馆、湖南馆、南京馆、宁夏馆、山西馆、陕西馆、上海馆、天津馆

01138
新民主主义论　毛泽东著
宝鸡：新宝鸡印刷厂，1949印，37页，32开
　　收藏单位：国家馆

01139
新民主主义论　毛泽东著
新潮出版社，1949.5，38页，32开（新中国现势丛书）
新潮出版社，1949.5，再版，38页，32开（新中国现势丛书）
　　本书附《新民主主义对城市工商业的政策》。著者原题：叶平。
　　收藏单位：国家馆、吉林馆、南京馆、上海馆

01140
新民主主义论　毛泽东著
新华公司，[1940—1949]，46页，32开
　　收藏单位：国家馆

01141
新民主主义论　毛泽东著
[新华日报华北分馆]，1940，56页，32开
　　收藏单位：国家馆

01142
新民主主义论　毛泽东著
新华书店，1945，225页，32开
北平：新华书店，1949.4，58页，32开
北平：新华书店，1949.5，再版，44页，32开
[上海]：新华书店，1949.6，4版，54页，32开
新华书店，1949.8，38页，32开
[新华书店]，1949.9，再版，40页，32开
　　收藏单位：安徽馆、重庆馆、广东馆、贵州馆、国家馆、河南馆、湖南馆、吉林馆、南京馆、宁夏馆、山东馆、山西馆、上海馆、浙江馆

01143
新民主主义论　毛泽东著
丹阳：新华书店丹阳支店，1949，37页
　　收藏单位：国家馆

01144
新民主主义论　毛泽东著
[张家口]：新华书店晋察冀分店，1945.9，65页，32开
　　收藏单位：国家馆、黑龙江馆、吉林馆、南京馆、山西馆、天津馆

01145
新民主主义论　毛泽东著
新建出版社，[1942]，34页，32开
　　收藏单位：国家馆、南京馆、上海馆

01146
新民主主义论　毛泽东著
新民书店，1940，1册，32开
　　收藏单位：广西馆、南京馆

01147
新民主主义论　毛泽东著
香港：新民主出版社，1948.5，4版，41页，32开
香港、[北平]：新民主出版社，1949.2，4版，49页，32开
香港：新民主出版社，1949，6版，52页，32

开
香港：新民主出版社，1949，7版，52页，32开
　　收藏单位：重庆馆、广东馆、国家馆、吉林馆、宁夏馆、上海馆

01148
新民主主义论　毛泽东著
上海：新上海出版社，1949.5，61页，32开
　　收藏单位：安徽馆、国家馆、宁夏馆

01149
新民主主义论　毛泽东著
长沙：新社会出版社，1949.8，35页，32开

01150
新民主主义论　毛泽东著
新生出版社，[1949]，40页，32开
　　收藏单位：国家馆、吉林馆、南京馆、上海馆

01151
新民主主义论　毛泽东著
新时代出版社，1949.5，32页，32开
　　收藏单位：国家馆

01152
新民主主义论　毛泽东著
新四军江北政治部，1940.12印，43页，32开（抗敌丛书1）
　　本书据抗敌出版社版印。
　　收藏单位：国家馆

01153
新民主主义论　毛泽东著
大连：新中国书局，1949.3，80页，32开（干部学习丛书 第1辑）
　　收藏单位：国家馆、吉林馆、近代史所

01154
新民主主义论　毛泽东著
学习书店，1949，56页，32开
　　收藏单位：重庆馆

01155
新民主主义论　毛泽东著
延边出版社，1946，73页，32开
　　收藏单位：国家馆

01156
新民主主义论　毛泽东著
豫皖苏区建国学院，[1947—1949]，40页，32开
　　收藏单位：南京馆

01157
新民主主义论　毛泽东著
豫皖苏新华书店，1948.11，36页，32开
　　收藏单位：河南馆、上海馆、浙江馆

01158
新民主主义论　毛泽东著
豫西日报社，1948.12，39页，32开
　　收藏单位：南京馆

01159
新民主主义论　[毛泽东著]
粤中纵队政治部，[1944—1949]印，36页，32开
　　本书据香港新民主出版社版印。
　　收藏单位：广东馆、国家馆

01160
新民主主义论　毛泽东著
杭州：浙江新华书店，1949，再版，37页，32开
　　收藏单位：吉林馆、天津馆、浙江馆

01161
新民主主义论　毛泽东著
真理社，1945，37页，32开
　　收藏单位：东北师大馆、国家馆、吉林馆

01162
新民主主义论　毛泽东著
正报员工自救委员会，[1940—1949]，38页，32开

收藏单位：南京馆、上海馆、浙江馆

01163
新民主主义论　毛泽东著
北平：知识学习出版社，1949，3 版，25 页，32 开
收藏单位：天津馆

01164
新民主主义论　毛泽东著
智慧出版社，1949.5，32 页，32 开（智慧丛书）
收藏单位：上海馆、浙江馆

01165
新民主主义论　毛泽东著
中共西北局，[1941—1949]，50 页，32 开
收藏单位：国家馆

01166
新民主主义论　毛泽东著
[北平]：中国大辞典编纂处出版印刷所，1949.3，85 页，32 开
收藏单位：国家馆

01167
新民主主义论　毛泽东著
中国灯塔出版社，1946.1，45 页，32 开
中国灯塔出版社，1946.4，再版，45 页，32 开
收藏单位：国家馆、湖北馆、南京馆、山西馆、上海馆

01168
新民主主义论　毛泽东著
[杭州]：中国共产党江南工作委员会杭州工作委员会，[1948]，32 页，32 开
收藏单位：浙江馆

01169
新民主主义论　毛泽东著
中国民治出版社，1946.1，46 页，32 开
收藏单位：国家馆、南京馆、上海馆

01170
新民主主义论　毛泽东著
中国人民解放军华北军区政治部，1949.5 印，41 页，32 开
收藏单位：国家馆

01171
新民主主义论　毛泽东著
北平：中新书店，1949，41 页，32 开
收藏单位：国家馆

01172
新民主主义论　毛泽东著
中原新华书店，1948.11，40 页，32 开
中原新华书店，1949.1，再版，40 页，32 开
中原新华书店，1949.6，3 版，40 页，32 开
本书据山东新华书店版《毛泽东文选》印。
收藏单位：国家馆、河南馆、湖北馆、山东馆、武大馆

01173
新民主主义论　毛泽东著
出版者不详，1945.9，31 页，32 开
出版者不详，[1948]，53 页，32 开
出版者不详，1949，北平版，36 页，32 开
收藏单位：广东馆、贵州馆、国家馆、辽大馆、宁夏馆、山西馆、天津馆、浙江馆

01174
新民主主义论
[华北联合大学教务处]，[1940—1948]，53 页，32 开
收藏单位：贵州馆

01175
新民主主义论（一九四〇年一月十九日）　毛泽东著
华东新华书店渤海分店，1949.2，再版，56 页，32 开
华东新华书店渤海分店，1949，3 版，56 页，32 开
收藏单位：吉林馆、南京馆、山东馆、浙

江馆

01176
新民主主义论（一九四〇年一月十九日） 毛泽东著
太行新华书店，[1941—1949]，1册，32开
收藏单位：国家馆、南京馆、山东馆

01177
新文艺论 毛泽东著
[惠民]：渤海新华书店，1946，32页，25开
本书即《在延安文艺座谈会上的讲话》。
收藏单位：吉林馆、山东馆

01178
新文艺运动的方向 毛泽东著
新智识书店，[1942—1949]，29页，32开
收藏单位：国家馆、南京馆、山东馆、浙江馆

01179
一九四五年的任务 鲁中军区政治部宣传科编
鲁中新华书店，1945.4，30页，32开
收藏单位：山东馆

01180
一九四五年的任务 毛泽东著
七七出版社，1945，24页，32开
收藏单位：国家馆

01181
一九四五年的任务 毛泽东著
[兴县]：中共晋绥分局，1944.12，8页，32开
收藏单位：山西馆

01182
一九四五年的任务
冀鲁豫书店，[1944—1948]，18页，36开
收藏单位：山东馆

01183
游击战争的战略问题 毛泽东著
上海：美商远东画报社，1938.11，58页，32开
本书论述游击战争的战略问题、战争的基本原则与具体战略等8章内容。
收藏单位：国家馆、南京馆、浙江馆

01184
游击战争的战略问题 毛泽东著
香港：世界书局，1938.11，58页，32开
收藏单位：浙江馆

01185
游击战争的战略问题 毛泽东著
香港：新民主出版社，1948.1，34页，32开（中国革命战争指导理论2）
香港：新民主出版社，1949.7，再版，34页，32开
收藏单位：广东馆、国家馆、南京馆、上海馆

01186
在晋绥干部会议上的讲话 毛泽东著
安东（丹东）：安东日报社，1948，42页，32开（干部学习材料10）
本书为著者1948年4月1日在晋绥干部会上的讲话。
收藏单位：重庆馆、东北师大馆、国家馆、南京馆、上海馆、天津馆、西南大学馆

01187
在晋绥干部会议上的讲话 毛泽东著
[惠民]：渤海新华书店，1948.6，14页，25开
收藏单位：山东馆、山西馆

01188
在晋绥干部会议上的讲话 毛泽东著
东北书店辽北分店，1948.5，14页，32开
收藏单位：广东馆、国家馆

01189
在晋绥干部会议上的讲话 毛泽东著
华北新华书店，1948.5，50页，32开

华北新华书店，1948.5，再版，50 页，32 开
收藏单位：成都馆、贵州馆、国家馆、河南馆、吉林馆、近代史所、南京馆、内蒙古馆、山西馆、天津馆

01190
在晋绥干部会议上的讲话 毛泽东著
冀东新华书店，1948.5，13 页，32 开
收藏单位：国家馆、山东馆

01191
在晋绥干部会议上的讲话 毛泽东著
江淮日报社，[1948]，16 页，32 开
收藏单位：南京馆

01192
在晋绥干部会议上的讲话 毛泽东著
辽南日报社经理部，1948.5，14 页，32 开
收藏单位：辽宁馆

01193
在晋绥干部会议上的讲话 毛泽东著
乌兰浩特：内蒙书店，[1948]，12 页，32 开
收藏单位：国家馆、南京馆

01194
在晋绥干部会议上的讲话 毛泽东著
[阳城]：太岳新华书店，1948.5，25 页，32 开
收藏单位：成都馆、重庆馆、东北师大馆、国家馆、内蒙古馆、山西馆、上海馆、天津馆

01195
在晋绥干部会议上的讲话 毛泽东著
香港：新民主出版社，1948.6，27 页，32 开
收藏单位：国家馆、山西馆、上海馆

01196
在晋绥干部会议上的讲话 毛泽东著
中原新华书店，1948.11，10 页，32 开
收藏单位：辽宁馆

01197
在陕甘宁边区参议会的演说（毛泽东活页文选） 华北联合大学教务处选
华北联合大学教务处，[1948]，105—108 页，32 开
收藏单位：国家馆

01198
在延安文艺座谈会上的讲话 毛泽东著
华东新华书店，1948.9，34 页，32 开
华东新华书店，1949.4，再版，35 页，32 开
华东新华书店，1949.4，3 版，35 页，32 开
收藏单位：广东馆、国家馆、河南馆、湖南馆、辽宁馆、南京馆、山东馆、山西馆、上海馆、天津馆

01199
在延安文艺座谈会上的讲话 毛泽东著
华东新华书店随军分店第十中心支店，1949.5 印，27 页，32 开
收藏单位：国家馆、山西馆、上海馆、浙江馆

01200
在延安文艺座谈会上的讲话 毛泽东著
华中新华书店，1949.2，24 页，32 开
华中新华书店，1949.4，再版，24 页，32 开
收藏单位：国家馆、吉林馆、南京馆、上海馆

01201
在延安文艺座谈会上的讲话 毛泽东著
佳木斯文化协会，[1945—1949] 印，40 页，32 开
收藏单位：国家馆、南京馆

01202
在延安文艺座谈会上的讲话 毛泽东著
延安：解放社，1943.10，40 页，32 开
[延安]：解放社，1944.1，再版，40 页，32 开
[北平]：解放社，1949.5，46 页，32 开
收藏单位：北碚馆、东北师大馆、国家

馆、河南馆、黑龙江馆、吉林馆、南京馆、山东馆、山西馆、上海馆、天津馆、浙江馆

01203
在延安文艺座谈会上的讲话　毛泽东著
宁安文化书社，1946.3，33页，32开
收藏单位：东北师大馆、上海馆

01204
在延安文艺座谈会上的讲话　毛泽东著
苏北新华书店，1949.7，27页，32开
苏北新华书店，1949.8，再版，27页，32开
收藏单位：南京馆、上海馆

01205
在延安文艺座谈会上的讲话　毛泽东著
无锡：苏南新华书店，1949.6，24页，32开
收藏单位：南京馆

01206
在延安文艺座谈会上的讲话　毛泽东著
太岳新华书店，1944.8，24页，32开
太岳新华书店，1948.8，41页，32开
收藏单位：东北师大馆、国家馆、河南馆、南京馆、上海馆

01207
在延安文艺座谈会上的讲话　毛泽东著
通化：通化日报社，[1942—1949]，26页，32开
本书封面题名：现阶段中国文艺的方向。
收藏单位：东北师大馆、国家馆、吉林馆、南京馆

01208
在延安文艺座谈会上的讲话　毛泽东著
西安：西北新华书店，1949.9，40页，32开
收藏单位：重庆馆、国家馆、宁夏馆、上海馆

01209
在延安文艺座谈会上的讲话　毛泽东著
辽阳：新华书店，1945.12，31页，32开
[南京]：新华书店，1949.5，再版，32页，32开
上海：新华书店，1949.7，33页，32开
[北平]：新华书店，1949.9，再版，32页，32开
收藏单位：国家馆、南京馆、山东馆、天津馆、武大馆

01210
在延安文艺座谈会上的讲话　毛泽东著
新宛西书店，1948.10，34页，32开
收藏单位：国家馆

01211
在延安文艺座谈会上的讲话　毛泽东著
延吉：延边出版社，1946，32页，32开
本书封面题名：毛泽东同志在延安文艺座谈会上的讲话。
收藏单位：吉林馆

01212
在延安文艺座谈会上的讲话　毛泽东著
中原新华书店，1949.4，35页，32开
中原新华书店，1949.6，再版，35页，32开
收藏单位：宁夏馆、上海馆

01213
在中国人民政治协商会议上的开幕词　毛泽东著
[北平]：大会筹备会，1949.9，5页，32开
收藏单位：国家馆

01214
只有苏维埃能够救中国（1934年1月在江西瑞金召集的第二次工农代表大会上的报告）
毛泽东著
莫斯科、列宁格勒：外国工人出版社，1934，112页，32开
收藏单位：国家馆、上海馆

01215
只有苏维埃能够救中国（中华苏维埃共和国中央执行委员会与人民委员会对第二次全国

苏维埃代表大会的报告和结论） 毛泽东著
出版者不详，[1930—1939]，油印本，1 册，32 开
收藏单位：国家馆

01216
中共中央关于领导方法的决定 [毛泽东起草]
出版者不详，1944.6，10 页，64 开
本决定为 1943 年 6 月 1 日中央政治局通过的中国共产党的重要文件。
收藏单位：国家馆、山西馆

01217
中共中央毛泽东主席发表关于时局的声明 毛泽东等著
陕南新闻社，[1949]，1 册，36 开
本书收文 5 篇：《中共中央毛泽东主席发表关于时局的声明》《中共中央负责人评中国军事形势》《将革命进行到底》《评论战犯求和》《中原日报元旦献辞》。
收藏单位：重庆馆

01218
中共中央毛泽东主席关于时局的声明 毛泽东等著
中共豫皖苏区中央分局宣传部，1949，14 页，32 开
收藏单位：国家馆

01219
中共中央毛主席关于时局的声明
中国人民解放军第二野战军政治部，1949，15 页，64 开
收藏单位：南京馆

01220
中共中央委员会毛泽东主席发表关于时局的声明 毛泽东等著
大连：大众书店，1949，19 页，32 开
本书共 3 部分：《中国共产党中央委员会毛泽东主席发表关于时局的声明》《将革命进行到底》《评战犯求和声明》。
收藏单位：辽宁馆、陕西馆

01221
中国革命和中国共产党 毛泽东著
出版者不详，[1941.9]，29 页，32 开
本书为伪装本。伪装题名：修道新介绍。
收藏单位：国家馆

01222
中国革命基本问题 毛泽东著
芜湖新华书店，[1949]，16 页，32 开
本书共 6 节：中国社会性质、中国革命的对象、中国革命的任务、中国革命的动力、中国革命的性质、中国革命的前途。
收藏单位：国家馆、上海馆

01223
中国革命问题 毛泽东著
救国报社，[1931—1949]，油印本，33 页，32 开
收藏单位：国家馆

01224
中国革命与中国共产党 毛泽东著
北方大学，1946.6，34 页，32 开
收藏单位：重庆馆、国家馆、南京馆、上海馆

01225
中国革命与中国共产党 毛泽东著
[惠民]：渤海新华书店，1948.7，38 页，32 开
收藏单位：山东馆

01226
中国革命与中国共产党 毛泽东著
汉口：大刚报社，[1940—1949] 印，22 页，32 开
收藏单位：贵州馆、南京馆

01227
中国革命与中国共产党 毛泽东著
北平：大华印刷局，1949.1 印，30 页，32 开
本书据华北新华书店1949年1月再版翻印。
收藏单位：成都馆、国家馆、宁夏馆、上

海馆

01228
中国革命与中国共产党　毛泽东著
大连：大众书店，1949.2，44 页，32 开（干部学习丛书 9）
收藏单位：绍兴馆

01229
中国革命与中国共产党　毛泽东著
第八路军政治宣传部，[1940—1949]，39 页，32 开
收藏单位：山东馆

01230
中国革命与中国共产党　毛泽东著
佳木斯：东北书店，1947.9，再版，29 页，32 开
佳木斯：东北书店，1948.3，3 版，29 页，32 开
佳木斯：东北书店，1948.5，4 版，29 页，32 开
沈阳：东北书店，1949.2，8 版，30 页，32 开
收藏单位：东北师大馆、国家馆、辽宁馆、南京馆、宁夏馆、山东馆、山西馆、上海馆

01231
中国革命与中国共产党　毛泽东著
[安东（丹东）]：东北书店安东分店，1949.5，30 页，32 开
收藏单位：国家馆、上海馆

01232
中国革命与中国共产党　毛泽东著
沈阳：东北新华书店，1949，9 版，29 页，32 开
收藏单位：东北师大馆、国家馆、山西馆

01233
中国革命与中国共产党　毛泽东著
读者书店，1949，30 页，32 开
收藏单位：天津馆

01234
中国革命与中国共产党　毛泽东著
[北平]：光华出版部，1949，30 页，32 开
收藏单位：天津馆

01235
中国革命与中国共产党　毛泽东著
[北平]：光华书局，1949.8，30 页，32 开
收藏单位：南京馆

01236
中国革命与中国共产党　毛泽东著
湖南省书报编印生产合作社，[1949]，24 页，32 开
收藏单位：国家馆

01237
中国革命与中国共产党　毛泽东著
[正定]：华北大学，1949.4，35 页，32 开
收藏单位：国家馆、上海馆

01238
中国革命与中国共产党　毛泽东著
华北新华书店，1948.3，52 页，32 开
华北新华书店，1948.12，再版，39 页，32 开
华北新华书店，1949.1，再版，39 页，32 开
收藏单位：重庆馆、东北师大馆、国家馆、近代史所、南京馆、宁夏馆、山东馆、山西馆、上海馆、天津馆、西南大学馆、中科图

01239
中国革命与中国共产党　毛泽东著
华东新华书店，1948.11，3 版，36 页，32 开
华东新华书店，1949.4，4 版，32 页，32 开
收藏单位：重庆馆、广西馆、国家馆、南京馆、山东馆、山西馆、上海馆、浙江馆

01240
中国革命与中国共产党　毛泽东著
华东新华书店渤海分店，1949.2，再版，38 页，32 开
华东新华书店渤海分店，1949.3，3 版，38 页，

32 开
收藏单位：山东馆、上海馆

01241
中国革命与中国共产党 毛泽东著
华东新华书店胶东分店，1949.3，34 页，32 开
收藏单位：国家馆、山东馆

01242
中国革命与中国共产党 毛泽东著
华中新华书店，1948.4，39 页，64 开
华中新华书店，[1948.11]，26 页，32 开
华中新华书店，1949.1，3 版，26 页，32 开
华中新华书店，1949.5，4 版，39 页，32 开
收藏单位：重庆馆、广东馆、国家馆、河南馆、南京馆、上海馆

01243
中国革命与中国共产党 毛泽东撰
吉林书店，1949.1，30 页，32 开
收藏单位：东北师大馆、国家馆、南京馆

01244
中国革命与中国共产党 毛泽东著
[唐山]：冀东新华书店，1948.12，35 页，32 开
[唐山]：冀东新华书店，1949.7，36 页，32 开
收藏单位：国家馆、山东馆

01245
中国革命与中国共产党 毛泽东著
[朝城]：冀鲁豫书店，1947.4，34 页，32 开
收藏单位：国家馆

01246
中国革命与中国共产党 毛泽东著
冀鲁豫新华书店，1949.3，再版，35 页，32 开（干部学习丛书）
冀鲁豫新华书店，1949.4，3 版，35 页，32 开（干部学习丛书）
收藏单位：广西馆、南京馆、山东馆、山西馆、上海馆

01247
中国革命与中国共产党 毛泽东著
[威县]：冀南新华书店，1949，44 页，32 开
[威县]：冀南新华书店，1949.6，再版，44 页，32 开
收藏单位：山东馆、山西馆、上海馆、天津馆

01248
中国革命与中国共产党 毛泽东著
胶东新华书店，1946.5，27 页，32 开
胶东新华书店，1946.9，2 版，27 页，32 开
收藏单位：国家馆、山东馆、上海馆

01249
中国革命与中国共产党 毛泽东著
解放出版社，1944，36 页，32 开
解放出版社，1945.5，30 页，32 开
收藏单位：吉林馆、山西馆、上海馆

01250
中国革命与中国共产党 毛泽东著
解放社，1944.2，再版，36 页，32 开
解放社，1949.5，39 页，32 开
解放社，1949.6，39 页，32 开
收藏单位：贵州馆、国家馆、湖北馆、南京馆、宁夏馆、山西馆、上海馆、西南大学馆

01251
中国革命与中国共产党 毛泽东著
北平：科学社，1949，30 页，32 开
收藏单位：辽宁馆、南京馆

01252
中国革命与中国共产党 毛泽东著
梅州人民书店，[1949]，35 页，32 开（人民丛书）
收藏单位：国家馆、山西馆、上海馆

01253
中国革命与中国共产党　毛泽东著
梅州书店，1949，42 页，32 开
收藏单位：湖北馆、南京馆、山西馆

01254
中国革命与中国共产党　毛泽东著
延吉：民众文化社，1948.8，2 版，39 页，32 开
收藏单位：南京馆

01255
中国革命与中国共产党　毛泽东著
琼崖出版社，[1940—1949]，油印本，40 页，32 开
收藏单位：广东馆

01256
中国革命与中国共产党　毛泽东著
求知学社，[1940—1949]，30 页，32 开
收藏单位：东北师大馆、国家馆、南京馆、上海馆

01257
中国革命与中国共产党　毛泽东著
[济南]：山东大学，[1949] 印，53 页，63 开
收藏单位：国家馆、山东馆、上海馆

01258
中国革命与中国共产党　毛泽东著
山东新华书店，1946.6，34 页，32 开
山东新华书店，1947.10，34 页，50 开（新华小文库）
山东新华书店，1948.7，再版，34 页，50 开（新华小文库）
收藏单位：国家馆、南京馆、山东馆、上海馆、天津馆

01259
中国革命与中国共产党　毛泽东著
[太原]：山西职工学校，1949.7，39 页，32 开
收藏单位：山西馆

01260
中国革命与中国共产党　毛泽东著
陕北新华书店，1949.6 印，40 页，32 开
收藏单位：山东馆、天津馆

01261
中国革命与中国共产党　毛泽东著
[延安]：陕甘宁边区新华书店，1948.10，40 页，32 开
收藏单位：国家馆

01262
中国革命与中国共产党　毛泽东著
十二军政治部，[1949] 印，26 页，32 开
收藏单位：国家馆

01263
中国革命与中国共产党　毛泽东著
时事研究会，1946.2，36 页，32 开
收藏单位：国家馆、山东馆、山西馆、上海馆

01264
中国革命与中国共产党　毛泽东著
苏北军区政治部，[1943—1949]，25 页，32 开
收藏单位：国家馆、湖北馆、上海馆

01265
中国革命与中国共产党　毛泽东著
无锡：苏南新华书店，1949.6，26 页，32 开
收藏单位：国家馆、河南馆、南京馆、山东馆、上海馆、浙江馆

01266
中国革命与中国共产党　毛泽东著
太行新华书店，1948.6，31 页，32 开
太行新华书店，1949.3 印，38 页，32 开
收藏单位：国家馆

01267
中国革命与中国共产党　毛泽东著
[阳城]：太岳新华书店，[1948.8]，再版，42 页，32 开

[阳城]：太岳新华书店，1949.3，4版，42页，32开
[阳城]：太岳新华书店，1949.8，5版，42页，32开
　　收藏单位：重庆馆、国家馆、南京馆、山西馆

01268
中国革命与中国共产党　毛泽东著
北平：万国书店，1949，30页，32开
　　收藏单位：宁夏馆、天津馆

01269
中国革命与中国共产党　毛泽东著
延安：西北新华书店，1949.7，40页，32开
　　收藏单位：成都馆、重庆馆、国家馆、湖南馆、南京馆、山东馆、上海馆

01270
中国革命与中国共产党　毛泽东著
西南服务团，[1949]印，34页，32开
　　收藏单位：国家馆、上海馆

01271
中国革命与中国共产党　毛泽东著
西宁市军管会文教处，[1949]印，21页，32开
　　收藏单位：国家馆

01272
中国革命与中国共产党　毛泽东著
新华书店，1947，33页，42开
新华书店，1949.3，39页，32开
[北平]：新华书店，1949.5，再版，39页，32开
[北平]：新华书店，1949，6版，38页，32开
　　收藏单位：安徽馆、重庆馆、东北师大馆、广东馆、贵州馆、国家馆、河南馆、南京馆、宁夏馆、山东馆、山西馆、上海馆、浙江馆

01273
中国革命与中国共产党　毛泽东著
张家口：新华书店晋察冀分店，1945.9印，43页，32开
　　收藏单位：成都馆、东北师大馆、国家馆、天津馆

01274
中国革命与中国共产党　毛泽东著
新华书店晋南分店，[1949]，34页，32开
　　收藏单位：重庆馆、国家馆、宁夏馆、山东馆

01275
中国革命与中国共产党　毛泽东著
新华书店随军书店第十中心支店，1949.5，再版，29页，32开
　　收藏单位：湖北馆、南京馆、山东馆、上海馆

01276
中国革命与中国共产党　毛泽东著
香港：新民主出版社，1949.6，41页，32开
　　收藏单位：广东馆、国家馆、湖南馆、南京馆

01277
中国革命与中国共产党　毛泽东著
新生书店，[1939]，24页，32开（改造丛书第1辑）
　　收藏单位：国家馆

01278
中国革命与中国共产党　毛泽东著
新文化编译社，[1940—1949]，31页，32开
　　收藏单位：国家馆、南京馆、山东馆、上海馆、浙江馆

01279
中国革命与中国共产党　毛泽东著
新浙东出版社，1949.5，36页，32开
　　收藏单位：浙江馆

01280
中国革命与中国共产党　毛泽东著

大连：新中国书局，1949.4，36页，32开（干部学习丛书第1辑）

收藏单位：重庆馆、广东馆、国家馆、吉林馆、山西馆、上海馆

01281

中国革命与中国共产党 毛泽东著

豫皖苏区建国学院，[1947]，34页，32开

收藏单位：国家馆、南京馆

01282

中国革命与中国共产党 毛泽东著

豫西日报社，1948.12印，27页，32开

收藏单位：国家馆、河南馆、辽宁馆、山东馆、上海馆

01283

中国革命与中国共产党 毛泽东著

哈尔滨：兆麟书店，1949.6，26页，32开

收藏单位：国家馆

01284

中国革命与中国共产党 毛泽东著

[杭州]：浙江新华书店，1949.5印，25页，32开

[杭州]：浙江新华书店，1949.6，再版，25页，32开

收藏单位：重庆馆、东北师大馆、国家馆、上海馆、浙江馆

01285

中国革命与中国共产党 毛泽东著

香港：正报社，1948.4，70页，64开

本书附《中国共产党党章》。

收藏单位：广东馆、吉林馆、上海馆

01286

中国革命与中国共产党 毛泽东著

智慧出版社，1949.6，24页，32开（智慧丛书9）

收藏单位：南京馆、浙江馆

01287

中国革命与中国共产党 毛泽东著

[北平]：中共北平市委会宣传部，1949，34页，32开

收藏单位：黑龙江馆

01288

中国革命与中国共产党 毛泽东著

中共江汉区党委宣传部，[1947—1949]印，25页，32开

收藏单位：湖北馆、南京馆

01289

中国革命与中国共产党 毛泽东著

兴县：中共晋绥分局，[1940—1949]，29页，32开

收藏单位：山西馆

01290

中国革命与中国共产党 [毛泽东著]

中共山东分局第三区党委宣传部，[1940.7]，44页，32开

收藏单位：山东馆

01291

中国革命与中国共产党 毛泽东著

中共西北分局，1948，34页，32开

收藏单位：山西馆、上海馆、天津馆

01292

中国革命与中国共产党 毛泽东著

中国灯塔出版社，1946，51页，64开（灯塔小丛书9）

收藏单位：山东馆

01293

中国革命与中国共产党 毛泽东著

中国人民解放军第二野战军军政大学政治部，[1949]，36页，32开

收藏单位：重庆馆、南京馆

01294

中国革命与中国共产党 毛泽东著

中国人民解放军华北野战军第一兵团政治部，1948.12，32 页，32 开
收藏单位：重庆馆、吉林馆、上海馆

01295
中国革命与中国共产党　毛泽东著
中国人民解放军中原军区政治部，[1945—1949]，64 页，64 开
收藏单位：重庆馆

01296
中国革命与中国共产党　毛泽东著
北平：中华印书局，1949，30 页，32 开
收藏单位：宁夏馆

01297
中国革命与中国共产党　毛泽东著
中外出版社，[1942—1949]，34 页，32 开
收藏单位：国家馆

01298
中国革命与中国共产党　毛泽东著
中原新华书店，1948.9 印，34 页，32 开
中原新华书店，1949.1，34 页，32 开
中原新华书店，1949，再版，39 页，32 开
中原新华书店，1949.6，4 版，38 页，32 开
收藏单位：重庆馆、国家馆、河南馆、吉林馆、山西馆、上海馆

01299
中国革命与中国共产党　毛泽东著
出版者不详，1948.9，34 页，32 开
出版者不详，[1949]，32 页，32 开
收藏单位：国家馆、吉林馆、宁夏馆、浙江馆

01300
中国革命与中国共产党（附《共产党人》发刊词）　毛泽东著
第八路军政治部宣传部，1942，105 页，64 开
收藏单位：重庆馆

01301
中国革命与中国共产党（一九三九年十二月十五日）　毛泽东著
华北军区政治部，[1948—1949]，34 页，32 开
收藏单位：山东馆、上海馆

01302
中国革命与中国共产党（一九三九年十二月十五日）　毛泽东著
[北平]：华北人民革命大学，1949.6，35 页，32 开
收藏单位：国家馆

01303
中国革命与中国共产党（一九三九年十二月十五日）　毛泽东著
华中新华书店九分店，1949，26 页，32 开
华中新华书店九分店，1949.4，3 版，26 页，32 开
华中新华书店九分店，1949.4，4 版，26 页，32 开
收藏单位：吉林馆、南京馆

01304
中国革命与中国共产党（一九三九年十二月十五日）　毛泽东著
[阜平]：晋察冀新华书店，1947.10，再版，34 页，32 开
收藏单位：国家馆、南京馆、山东馆、山西馆、上海馆

01305
中国革命与中国共产党（一九三九年十二月十五日）　毛泽东著
兴宁图书供应处，1949，27 页，32 开
收藏单位：广东馆

01306
中国革命与中国共产党（最新版）　毛泽东著
北平：中新书店，1949，25 页，32 开
收藏单位：天津馆

01307
中国革命战争的战略问题　毛泽东著
[惠民]：渤海新华书店，1945.12，59 页，32 开
本书共 5 章，内容包括：如何研究战争、中国共产党与中国革命战争、中国革命战争的特点等。
收藏单位：国家馆、近代史所、南京馆、山东馆、上海馆

01308
中国革命战争的战略问题　毛泽东著
大连：大众书店，1948.7，61 页，32 开
收藏单位：重庆馆、国家馆、吉林馆、上海馆

01309
中国革命战争的战略问题　毛泽东著
哈尔滨：东北书店，1948.8，70 页，32 开
哈尔滨：东北书店，1948.12，再版，70 页，32 开
收藏单位：安徽馆、重庆馆、东北师大馆、国家馆、近代史所、南京馆、山东馆、上海馆、浙江馆、中科图

01310
中国革命战争的战略问题　毛泽东著
华北新华书店，1947.12，77 页，32 开
收藏单位：重庆馆、国家馆、河南馆、南京馆、山东馆、山西馆

01311
中国革命战争的战略问题　毛泽东著
华东新华书店，1949.4，再版，81 页，32 开
收藏单位：国家馆、湖北馆、山东馆、陕西馆、天津馆

01312
中国革命战争的战略问题　毛泽东著
华中新华书店，1948.2，50 页，32 开
华中新华书店，1948.12，再版，57 页，32 开
本书封面题名：中国革命的战略问题。
收藏单位：吉林馆、南京馆、上海馆

01313
中国革命战争的战略问题　毛泽东著
[朝城]：冀鲁豫书店，[1948.1]，77 页，25 开
收藏单位：重庆馆、山东馆

01314
中国革命战争的战略问题　毛泽东著
胶东联合社，1942，77 页，25 开
收藏单位：国家馆、山东馆

01315
中国革命战争的战略问题　毛泽东著
晋冀鲁豫军区司令部，1948.1 印，72 页，32 开
收藏单位：国家馆

01316
中国革命战争的战略问题　毛泽东著
鲁中新华书店，[1940—1949]，61 页，32 开
收藏单位：山东馆

01317
中国革命战争的战略问题　毛泽东著
山东新华书店，1945.10，再版，61 页，36 开
山东新华书店，1948.2，58 页，32 开
收藏单位：广东馆、国家馆、南京馆、山东馆

01318
中国革命战争的战略问题　毛泽东著
[泰州]：苏北新华书店，1949.7，65 页，32 开
收藏单位：国家馆、南京馆、上海馆

01319
中国革命战争的战略问题　毛泽东著
太岳新华书店，1945，59 页，32 开
太岳新华书店，1948.8，90 页，32 开
收藏单位：成都馆、重庆馆、国家馆、南京馆、山西馆

01320
中国革命战争的战略问题　毛泽东撰
上海：新华书店，1949.7，76 页，32 开
收藏单位：重庆馆、贵州馆、国家馆、湖

南馆、吉林馆、南京馆、宁夏馆、山东馆、上海馆、西南大学馆

01321
中国革命战争的战略问题 毛泽东著
香港：新民主出版社，1948，65页，32开
香港：新民主出版社，1949.6，再版，73页，32开
收藏单位：广东馆、国家馆、南京馆、上海馆、天津馆

01322
中国革命战争的战略问题 毛泽东著
香港：正报社图书部，1947.12，再版，68页
收藏单位：广东馆、国家馆、天津馆

01323
中国革命战争的战略问题 毛泽东著
中共苏中区党委宣传部，1945.10印，46页，32开
收藏单位：南京馆

01324
中国革命战争的战略问题 毛泽东著
中原新华书店，1949.3，58页，32开
收藏单位：河南馆、湖北馆、山东馆

01325
中国革命战争的战略问题 毛泽东著
出版者不详，1941.2，63页，32开
收藏单位：广东馆、国家馆、山东馆

01326
中国共产党红军第四军第九次代表大会决议案 毛泽东著
华东新华书店，1948.9，48页，32开
本书为古田会议决议，共9部分：纠正党内非无产阶级意识的不正确倾向问题、党的组织问题、党内教育问题、红军宣传工作问题、士兵政治训练问题、青年士兵的特种教育、废止肉刑问题、优待伤兵问题、红军军事系统与政治系统关系问题。
收藏单位：国家馆、南京馆、山东馆、上海馆

01327
中国共产党红军第四军第九次代表大会决议案 毛泽东著
华中新华书店总店，1949.3，35页，32开
收藏单位：成都馆、广东馆、黑龙江馆、南京馆、上海馆、天津馆

01328
中国共产党红军第四军第九次代表大会决议案 毛泽东著
山东新华书店，1949.7，再版，48页，32开
收藏单位：重庆馆、黑龙江馆、吉林馆、山东馆、上海馆、天津馆

01329
中国共产党红军第四军第九次代表大会决议案 毛泽东著
[泰州]：苏北新华书店，1949.7，42页，32开
收藏单位：成都馆、重庆馆、南京馆、上海馆

01330
中国共产党红军第四军第九次代表大会决议案 毛泽东著
上海：新华书店，1949.7，48页，32开
上海：新华书店，1949.8，48页，32开
收藏单位：贵州馆、山西馆、上海馆、绍兴馆、浙江馆

01331
中国共产党红军第四军第九次代表大会决议案 毛泽东著
香港：新民主出版社，1949.1，49页，32开
香港：新民主出版社，1949.5，再版，49页，32开
收藏单位：国家馆、吉林馆、上海馆

01332
中国共产党红军第四军第九次代表大会决议案（一九二九年十二月闽西古田会议） 毛泽

东著
中原新华书店，1949.4，50 页，32 开
收藏单位：湖北馆

01333
中国共产党全国代表大会毛主席政治报告摘要　毛泽东著　[抗战日报社编]
抗战日报社，[1945]，10 页，32 开
收藏单位：山西馆

01334
中国共产党政策　毛泽东著
淮南出版社，1945.9，32 页，32 开
收藏单位：国家馆、南京馆、山东馆、上海馆

01335
中国抗日民族统一战线在目前阶段的任务
华北联合大学教务处选
华北联合大学教务处，[1948]，3—16 页，32 开
本书内容包括：民族矛盾与国内矛盾的目前发展阶段、为民主与自由而斗争、我们的领导责任等。
收藏单位：国家馆

01336
中国人民解放军宣言　毛泽东起草　朱德彭德怀发布
出版者不详，1947，14 页，64 开
本书为伪装本。伪装题名：复兴宣言。伪装责任者题：北平时事研究会。伪装出版者题：北平崇文书局。
收藏单位：国家馆

01337
中国人民解放军宣言
边区群众报社，1947 印，4 页，32 开（时事丛书）
收藏单位：国家馆

01338
中国人民解放军宣言
晋察冀新华书店，1947.11，12 页，32 开
本书内容包括：中国人民解放军宣言、中国人民解放军口号、中国人民解放军的三大纪律八项注意。
收藏单位：重庆馆、国家馆、南京馆、山东馆、山西馆

01339
中国人民解放军宣言
中国人民解放军华北军区政治部，[1948—1949] 印，6 页，32 开
收藏单位：国家馆、南京馆、宁夏馆、上海馆、天津馆

01340
中国人民解放军宣言
出版者不详，[1947—1949]，石印本，1 册，横 8 开
收藏单位：国家馆

01341
注音新民主主义论　毛泽东著
出版者不详，1949.3，85 页，32 开
收藏单位：东北师大馆

书信集、日记、函电、谈话

01342
关于“一党专政”（毛泽东先生与延安新中华报记者其光先生的谈话）　毛泽东著
汉口：统一出版社，1938.2，32 页，32 开
收藏单位：国家馆、上海馆

01343
两封信　毛泽东　刘子久著
前哨出版社，1945.3，油印本，26 页，32 开（前哨文粹 2）
本书收两位著者的信各 1 封。
收藏单位：国家馆

01344
论抗日战争的现势及其教训与胜利的关键

（毛泽东与堡脱兰的谈话）
高原出版社，1937.12，35 页，32 开
本书介绍中国共产党在抗战时期的方针、政策等内容。封面题名：论中日战争。
收藏单位：东北师大馆、国家馆、湖南馆、南京馆、上海馆

01345
论抗日战争的现势及其教训与胜利的关键（毛泽东与梅杰·堡脱兰谈话） 毛泽东著
统一出版社，1938.1，35 页，32 开
本书内容包括：共产党与抗日战争、中国外交政策与国际和平阵线、抗日战争的现势及其教训、在抗日前线的八路军等 。
收藏单位：上海馆、浙江馆

01346
毛史问答
出版者不详，[1930-1939]，128 页，32 开
本书为毛泽东与史沫特莱谈话记录。通过问答形式，就外交问题、内政问题、特别问题、联合战线问题、反对日本帝国主义进攻的方针办法与前途等发表谈话。
收藏单位：浙江馆

01347
毛泽东对蒋介石二十六日宣言之谈话 毛泽东著
中国人民红军总政治部，1936.12 印，油印本，7 张，8 开
收藏单位：国家馆

01348
毛泽东救国言论选集 毛泽东著
[重庆]：新华日报馆，1939.5，317 页，32 开（新群丛书 26）
本书收报告、论文、谈话、演说 11 篇，内容包括：《中国抗日民族统一战线在目前阶段的任务》《论持久战》《论新阶段》《与合众社记者的谈话》《与延安新中华报记者的谈话》等。
收藏单位：北碚馆、东北师大馆、贵州馆、国家馆、山西馆、上海馆

01349
毛泽东抗战言论集 张剑萍编
战时读物编译社，1938，145 页，32 开
本书共 10 部分：外交问题、内政问题、特殊问题、联合战线问题、中国抗日民族统一战线、反对日本帝国主义进攻的方针办法与前途、抗战必胜论、抗战的现阶段、陕北特区的施政方针、抗战前途。
收藏单位：成都馆、贵州馆、南京馆、浙江馆

01350
毛泽东抗战言论全集 叶晴编
汉口：民族解放社，1938.1，1 册，32 开
收藏单位：重庆馆、湖南馆

01351
毛泽东言论集 毛泽东著 史天行编
汉口：芒种书屋，1938.1，87 页，32 开
本书收文 8 篇，内容包括：《国共两党统一战线成立后中国革命的迫切任务》《中国抗战必胜论》《抗日及联合战线》《毛泽东与美国记者谈话》等。附《毛泽东谈抗战前途》（陆治）、《记毛泽东》（柳云）等 4 篇。
收藏单位：国家馆、南京馆、上海馆

01352
毛泽东与英国记者贝特兰之谈话 汉口改造社编辑
汉口：改造社，1938，24 页，32 开
本书附《转变中的时局》（洛甫）。
收藏单位：国家馆、浙江馆

01353
毛主席最近言论 华南出版社编辑部编纂
华南出版社，1949，42 页，32 开（新形势丛书）
收藏单位：广东馆

专题汇编

01354
党的文艺政策　苏北军区政治部编
苏北军区政治部，[1943—1949]，30 页，32 开（整风必读文件）
本书收文两篇：《中共中央宣传部关于执行党的文艺政策的决定》《在延安文艺座谈会上的讲话》。
收藏单位：国家馆

01355
第二次帝国主义战争与中国抗战　毛泽东著
香港：时论编译社，1939.10，30 页，32 开
本书共 3 部分："目前国际形势与中国抗战，即《关于国际新形势对新华日报记者的谈话》（1939 年 9 月 1 日）""第二次帝国主义战争（讲演提纲）""9 月 14 日在延安干部大会上的讲演"。附《国际新形势与中国抗战》（新华社社论）。
收藏单位：国家馆

01356
调查研究指南　毛泽东著
出版者不详，[1941]，12 页，36 开
本书收文 3 篇：《改造我们的学习》《中共中央关于调查研究的决定》《农村调查序言二》。

01357
反对自由主义　毛泽东著
威县：冀南新华书店，1948.10，31 页，32 开
本书收文 5 篇：《反对党内几种不正确的倾向》《反对自由主义》《整顿党风》《关于增强党性的决定》《关于统一抗日根据地党的领导及调整各组织间关系的决定》。
收藏单位：北师大馆、国家馆、河南馆、南京馆、山东馆、山西馆

01358
将革命进行到底　[哈尔滨日报社编]
哈尔滨：[哈尔滨日报社]，1949.1，17 页，25 开
本书收文 5 篇：《毛主席发表时局声明》、《将革命进行到底》（1949 年新年献词）、《新华社记者评战犯求和》、《全国胜利已经迫近》（中共中央负责人评形势）、《陕北权威人士论战犯名单问题》。
收藏单位：国家馆、南京馆、浙江馆

01359
将革命进行到底　华中新华日报资料室编
华中新华书店，1949.2，115 页，32 开（干部学习丛书）
收藏单位：国家馆、黑龙江馆、山东馆、上海馆、浙江馆

01360
将革命进行到底　江淮日报社编
江淮新华书店，1949.3，78 页，32 开
本书内容包括：《将革命进行到底》《毛主席发表时局声明》《新华社评论战犯求和》《中共发言人评伪行政院决议》《中共发言人重申八个和平条件》《中共中央关于南京卖国政府遣送日本战犯回国的声明》《中共发言人驳斥伪政府关于惩办战犯的狡辩》《全国拥护毛主席时局声明》。
收藏单位：山东馆、上海馆

01361
将革命进行到底　解放社编
[长春]：东北新华书店，1949.9，214 页，32 开
本书收文 45 篇，内容包括：《将革命进行到底》《新华社记者评战犯求和》《北平解放》《蒋介石李宗仁优劣论》《中国人民解放军布告》《庆祝南京解放》等。
收藏单位：重庆馆、吉林馆、辽宁馆

01362
将革命进行到底　解放社辑
[北平]：解放社，1949，1 册
收藏单位：东北师大馆、国家馆、山西馆、中科图

01363
将革命进行到底 解放社编
[上海]：新华书店，1949.8，214页，36开
收藏单位：重庆馆、广东馆、国家馆、河南馆、吉林馆、南京馆、内蒙古馆、宁夏馆、山东馆、山西馆、上海馆、天津馆、西南大学馆

01364
将革命进行到底 晋绥分局编
[兴县]：晋绥分局，1949，1册，32开
本书内容包括：《将革命进行到底》《全世界革命力量团结起来反对帝国主义的侵略》《中共中央关于南斯拉夫共产党问题的决议》《论国际主义的民族主义》等。
收藏单位：重庆馆、山西馆

01365
将革命进行到底 南京区学生联合会宣传部编
南京：南京区学生联合会宣传部，[1949]，49页，64开（学习辑丛）
本书收文4篇：《将革命进行到底》《论目前形势和我们的任务》《人民解放战争两周年的总结和第三年的任务》《中国共产党中央委员会毛主席发表关于时局的声明》。
收藏单位：国家馆、南京馆、上海馆

01366
将革命进行到底 苏北军区政治部编
苏北军区政治部，1949.2，45页，32开
本书收社论6篇及附件8篇。
收藏单位：国家馆

01367
将革命进行到底 天津新华书店编
天津新华书店，1949.3，88页，32开
本书收文16篇，内容包括：《将革命进行到底》《新华社记者评战犯求和》《毛主席关于时局的声明》《美国干涉中国内政的新策略》等。附《五十五位民主人士对时局声明》等4篇。
收藏单位：重庆馆、国家馆、近代史所、南京馆、宁夏馆、山东馆、天津馆

01368
将革命进行到底 新民主出版社编
北平：新民主出版社，1949.1，33页，32开
北平：新民主出版社，1949.2，38页，32开
本书收文6篇：《将革命进行到底》《新华社记者评论战犯蒋介石的新年求和声明》《揭破人民公敌蒋介石"和平"文告的阴谋》《中共中央毛主席关于时局的声明》《中共发言人驳斥伪行政院关于时局决议》《中共发言人评论伪行政院新建议》。附《我们对于时局的意见》（李济深、沈钧儒等55人）。1949年2月版本比1月版本多3篇：《新华社再论国民党反动政府的"和平"阴谋》《中共发言人关于和平谈判的声明》《中共关于庆祝北平天津解放的口号》。
收藏单位：北大馆、广东馆、贵州馆、国家馆、吉大馆、天津馆

01369
将革命进行到底 浙赣铁路局学习委员会编
浙赣铁路局学习委员会，[1949]，57页，32开
本书收文11篇：《将革命进行到底》《毛主席发表时局声明》《新华社记者评战犯求和》《毛主席朱总司令命令》《国内和平协定（最后修正案）全文》《南京惨案与和平谈判》《南京政府向何处去》《要求南京政府向人民投降》《国民党叛变革命的二十二年》《毛主席在新政治协商会议筹备会开幕典礼上的讲词》《毛主席论人民民主专政》。
收藏单位：上海馆、浙江馆

01370
将革命进行到底 中共胶东区党委宣传部编
中共胶东区党委宣传部，1949.2，54页，32开
本书收文15篇，内容包括：《将革命进行到底》《新华社记者评战犯求和》《中国共产党中央委员会毛主席发表关于时局声明》《中国共产党发言人一月二十一日评南京伪行政

院决议》等。附《美国干涉中国内政的新策略》《甚么是伪法统》。

收藏单位：国家馆

01371

将革命进行到底　中共晋南工委宣传部编

中共晋南工委宣传部，1949.1，16页，32开

收藏单位：国家馆

01372

将革命进行到底　中共豫皖苏区中央分局宣传部编

中共豫皖苏区中央分局宣传部，1949.1，14页，32开

收藏单位：国家馆

01373

将革命进行到底

东北铁路公安处，[1949.1] 印，16页，32开

本书收文3篇：《将革命进行到底》《新华社记者评蒋匪元旦求和声明》《毛主席发表时局声明》。

收藏单位：国家馆

01374

将革命进行到底

[唐山]：冀东新华书店，1949.3，29页，32开

本书收文6篇：《将革命进行到底》《毛主席对时局声明》《新华社记者评战犯求和》《国民党反动派玩弄假和平阴谋，真象毕露》《国民党反动派由"呼吁和平"变为呼吁战争》《注意国民党反动派布置新战争的阴谋》。

收藏单位：国家馆、辽宁馆、山东馆

01375

将革命进行到底

天津：天津日报社，[1949] 印，17页，32开

本书收文两篇：《将革命进行到底》《五十五位民主人士发表对时局声明》。

收藏单位：重庆馆、天津馆

01376

将革命进行到底

中共嫩江省委宣传部，[1949]，15页，32开

收藏单位：国家馆、天津馆

01377

将革命进行到底

[北平]：中国共产党北平市委员会宣传部，[1949] 印，20页，32开

收藏单位：天津馆

01378

将革命进行到底

[郑州]：中原新华书店，1949.1，15页，32开

[郑州]：中原新华书店，1949.3，10页，48开

收藏单位：重庆馆、国家馆

01379

将革命进行到底（目前形势与任务教材）　中共华中五地委宣传部编

[淮安]：中共华中五地委宣传部，[1949]，16页，64开

收藏单位：国家馆

01380

将革命进行到底（一九四九年新年献词）

[毛泽东著]

[唐山]：新唐山日报社，[1949]，16页，32开

本书收文4篇：《将革命进行到底》《新华社记者发表评论揭穿蒋匪求和阴谋》《中共中央负责人评论中国军事形势》《就国民党政府要求美国军事保护事中共中央发表重要声明》。

收藏单位：天津馆

01381

将革命进行到底（一九四九年新年献词）

[新华社编]

[火车头报社]，[1949]，12页，32开

本书为新华社社论。

收藏单位：国家馆、南京馆、天津馆

01382
将革命进行到底（一九四九年新年献词） 新华社编
吉林书店，1949，13 页，32 开
本书内容包括：《将革命进行到底》《新华社记者评战犯求和》等。
收藏单位：国家馆、吉林馆、南京馆

01383
将革命进行到底（一九四九年新年献词） 正报出版社编
香港：正报出版社，1949 印，51 页，32 开
本书附《一九四八年广东政治形势》等 4 篇。
收藏单位：广东馆、上海馆、中科图

01384
将革命进行到底（一九四九年新年献词）
冀东日报社，1949，8 页，32 开
收藏单位：上海馆、天津馆

01385
将革命进行到底（一九四九年新年献词）
上海：新华书店、中国科学图书仪器公司，1949.5，18 页，32 开
本书共 3 篇：《毛主席发表时局声明》《将革命进行到底》《迎接独立民主的新中国》。
收藏单位：复旦馆、国家馆、内蒙古馆、宁夏馆、上海馆

01386
将革命进行到底（一九四九年新年献词）
中华印书局，1949，16 页，36 开
本书收文 6 篇，内容包括：《将革命进行到底》《新华社记者评战犯求和》《陕北权威人士论战犯名单问题》《中共中央负责人评论中国军事形势》等。
收藏单位：重庆馆

01387
经济建设与查田运动 毛泽东著
莫斯科、列宁格勒：外国工人出版社，1934.6，45 页，32 开
本书内容包括：《粉碎六次"围剿"与苏维埃经济建设任务》（在南部十七县经济建设大会上的报告）、《查田运动是广大区域内的中心重大任务》、《查田运动的初步总结》。
收藏单位：国家馆

01388
抗日方法与前途 毛泽东著
上海：一心书店，1938.1，75 页，36 开（抗战丛刊 3）
本书由《反对日本进攻的方针、办法和前途》《中国共产党抗日时期的任务》等汇编而成。
收藏单位：广东馆、江西馆、浙江馆

01389
抗日游击战争的战略问题·论持久战 毛泽东著
太岳军区司令部，[1940—1949] 印，129 页，32 开
收藏单位：国家馆

01390
抗日游击战争的战略问题·中国革命战争的战略问题·红四军第九次代表大会决议案 毛泽东著
出版者不详，1947.4 印，111 页，32 开
收藏单位：国家馆

01391
论查田运动 毛泽东著
华北新华书店，1948.2，43 页，36 开
华北新华书店，1948，再版，43 页，36 开
本书收毛泽东 1933 年在江西苏区关于查田运动的著作 3 篇：《查田运动是广大区域内的中心重大任务》《在八县查田运动大会上的报告》《查田运动的初步总结》。书前有刘少奇所作前言。
收藏单位：国家馆、河南馆、山西馆、上海馆

01392
论查田运动　毛泽东著
[朝城]：冀鲁豫书店，1947.11 印，31 页，32 开
　　收藏单位：东北师大馆、国家馆

01393
论查田运动　毛泽东著
[威县]：冀南书店，1948.2 印，26 页，32 开
　　收藏单位：山东馆

01394
论查田运动　毛泽东著
[石家庄]：晋察冀新华书店，1947.12，29 页，32 开
　　收藏单位：国家馆、上海馆

01395
论查田运动　毛泽东著
[兴县]：晋绥新华书店，1948.4，29 页，32 开
　　收藏单位：国家馆、山东馆、山西馆

01396
论查田运动　毛泽东著
晋中新华书店，1947.11 印，29 页，32 开
　　收藏单位：山东馆

01397
论查田运动　毛泽东著
无锡：苏南新华书店，1949.9，28 页，32 开
　　收藏单位：南京馆、山东馆、浙江馆

01398
论查田运动　毛泽东著
[阳城]：太岳新华书店，1948.2，36 页，32 开
　　收藏单位：贵州馆、国家馆、山东馆、山西馆

01399
论查田运动　毛泽东著
中共华东中央局秘书处，1948.1 印，25 页，32 开
　　收藏单位：国家馆、山东馆、山西馆

01400
论查田运动　毛泽东著
中共华中工委，1948.3 印，19 页，32 开
　　收藏单位：南京馆

01401
论查田运动　毛泽东著
[阜平]：中共晋察冀中央局，1947.11 印，29 页，32 开
　　收藏单位：东北师大馆、广东馆、贵州馆、国家馆、南京馆、山东馆、山西馆

01402
论查田运动　毛泽东著
出版者不详，[1937—1949]，24 页，32 开
　　收藏单位：南京馆、山东馆

01403
论党的建设　毛泽东著
东北民主联军总政治部，1947.7，58 页，32 开（干部教育丛书 3）
　　收藏单位：国家馆

01404
论革命战争　毛泽东著
东北民主联军总政治部，1947.8，163 页，32 开（干部教育丛书 2）
　　本书收文 4 篇：《战争与战略问题》、《中国革命战争的战略问题》、《论持久战》（节录）、《抗日游击战争的战略问题》。
　　收藏单位：国家馆、吉林馆

01405
论合作社　毛泽东著
北安新华书店，[1944]，13 页，32 开
　　本书收讲话两篇：《论合作社》（1943 年 10 月在边区高干会上的讲话）、《组织起来》（1943 年 11 月 29 日在招待陕甘宁边区劳动英雄会上的讲话）。

收藏单位：国家馆

01406
论合作社 毛泽东著
冀中新华书店，1943.10，4+42页，32开
收藏单位：东北师大馆、国家馆、河南馆

01407
论目前国际形势与中国抗战 毛泽东著
[重庆]：新华日报馆，1939.12，58页，32开（新群丛书37）
收藏单位：北碚馆、广西馆、国家馆、南京馆

01408
论人民民主专政及新政治协商会议筹备会上讲词（英汉对照） 毛泽东著
北平：红叶书店、启明书局，[1949]，22页，32开
收藏单位：国家馆、南京馆、山东馆

01409
论宣传教育（宣传手册） 毛泽东著
东北民主联军总政治部，1947.6，144页，32开（干部教育丛书4）
本书收《红军宣传工作及士兵政治训练问题》《论学习》《农村调查序言》《改造我们的学习》《整顿学风党风文风》《反对党八股》《宣传指南》《中共中央关于调查研究的决定》《中共中央关于在职干部教育的决定》《毛泽东同志在延安文艺座谈会上的讲话》等文献。
收藏单位：国家馆、吉林馆、近代史所

01410
论中国革命 毛泽东著
东北民主联军总政治部，1947.11，176页，32开（干部教育丛书1）
本书收文7篇：《中国共产党与中国革命》《五四运动》《湖南农民运动考察报告》《新民主主义论》《新民主主义的宪政》《一九四七年新年祝词》《艰苦奋斗迎接光明》。封面出版者题：东北军区政治部，封面出版时间题：1948.1。
收藏单位：东北师大馆、国家馆

01411
论中国革命 毛泽东著
东北民主联军总政治部，1947，615页，32开，精装（干部教育丛书1—5）
本书与《论革命战争》《论党的建设》《论宣传教育》《论土地改革》4种材料合订。
收藏单位：广东馆、国家馆

01412
毛泽东军事著作摘编（上编） 毛泽东著 华北军政大学编
[石家庄]：华北军政大学，1948.10，74页，32开
本书内容为关于战略指导与作战指挥部分。
收藏单位：国家馆

01413
毛泽东论帝国主义战争的新阶段与中国抗战 光明出版社编
光明出版社，1939.10，102页，32开
本书内容包括：论目前国际形势与中国抗战、苏德互不侵犯条约报告全文、苏德关系的重要发现、苏德订约与远东等。
收藏单位：东北师大馆

01414
毛泽东论国共两党统一战线成立后中国革命的迫切任务 毛泽东著
西安：西安出版社，[1938—1949]，288页，32开
本书收文21篇，内容包括：《中国抗日民族统一战线在目前阶段的任务》《为争取千百万群众进入抗日民族统一战线而斗争》《毛泽东致美国共产党总书记白劳德的信》等。
收藏单位：国家馆、南京馆

01415
毛泽东论经济政策经济建设 毛泽东等著
中共湖北省委宣传部，1949印，78页，32开

（学习“二中全会决议”参考文件 2）

本书收文 15 篇，内容包括:《论合作社》（毛泽东）、《组织起来》（毛泽东）、《关于发展生产劳资两利政策的几点说明》（李立三）、《关于农业社会主义问答》（新华社信箱）等。

收藏单位：重庆馆

01416

毛泽东论时局 毛泽东著

中共华东中央局宣传部，[1945—1949]，8 页，32 开

收藏单位：山东馆

01417

毛泽东论知识分子 毛泽东著

教育出版社，1949.4，34 页，32 开

本书附《任弼时论知识分子》《夏衍论脑力劳动者的道路》。

收藏单位：重庆馆、国家馆、吉林馆、南京馆、上海馆、浙江馆

01418

毛泽东论中日战争 毛泽东著

汉口：人民书店，1938.3，50 页，32 开

收藏单位：国家馆

01419

毛泽东论中日战争 毛泽东著

陕西人民出版社，[1937]，34 页，32 开

本书内容包括:《毛泽东论中日战争》《抗日民主与北方青年》等。

收藏单位：国家馆、浙江馆

01420

毛泽东三大名著

涉县：新华书店，1945.3，224 页，32 开

本书收著作 3 篇:《论持久战》《论新阶段》《新民主主义论》。

收藏单位：贵州馆、国家馆

01421

毛泽东同志看了《逼上梁山》以后写给延安平剧院的信 毛泽东著

出版者不详，1944.1，2 页，64 开

收藏单位：国家馆

01422

毛泽东同志论新民主主义的文化教育 新教育学会编

东安（密山）：东北书店，1947.6，78 页，32 开

本书收文 8 篇:《实行抗战教育政策使教育为长期战争服务》《新民主主义的文化》《在延安文艺座谈会上的讲话》《文化、教育、知识分子问题》《学习》《改造我们的学习》《整顿学风》《反对党八股》。

收藏单位：东北师大馆、广东馆、国家馆、吉大馆、辽宁馆、南京馆、山东馆、山西馆

01423

毛泽东同志论新民主主义的文化教育 新教育学会编

辽东新华书店，1949.8，78 页，32 开

收藏单位：山东馆、浙江馆

01424

毛泽东同志论新民主主义的文化教育

大连：大众书店，1948.6，83 页，32 开

收藏单位：国家馆、吉林馆、南京馆、山东馆、上海馆、浙江馆

01425

毛泽东同志在陕甘宁边区参议会上的演说 毛泽东等著

出版者不详，[1941—1949]，160 页，32 开

本书收《改造我们的学习》（毛泽东）、《反对自由主义》（毛泽东）、《农村调查序言二》（毛泽东）、《斯大林论党的布尔塞维克化》（斯大林）、《论共产党员的修养》（刘少奇）等。

收藏单位：重庆馆

01426

毛泽东同志在苏区党代表大会上的政治报告及结论 毛泽东著

晋冀鲁豫中央局，1946.11，18页，32开

本书收文两篇:《中国抗日民族统一战线在目前阶段的任务（提纲）》《为争取千百万群众进入抗日民族统一战线而斗争》。

收藏单位：国家馆

01427

毛泽东同志在苏区党代表大会上的政治报告及结论（暨为争取千百万群众进入抗日民族统一战线而斗争） 毛泽东著

解放社，1937.6，28页，32开

收藏单位：国家馆

01428

毛泽东最近的抗战主张 向愚编

战时出版社，1938.1，126页，32开

收藏单位：吉林馆、陕西馆

01429

毛主席发表时局声明·评战犯求和 毛泽东著·新华社记者评

出版者不详，[1949]，7页，32开，活页本

收藏单位：国家馆

01430

毛主席关于时局的声明·中共中央关于和南京国民党发动政府举行和平谈判的决定

出版者不详，[1949]，9页，32开

收藏单位：国家馆

01431

毛主席论联合政府 毛泽东著

出版者不详，[1945]，10页，32开

本书为毛泽东在中共七次全国代表大会上的政治报告摘要。

收藏单位：山东馆

01432

毛主席三大名著 毛泽东著

[兴县]:中共晋绥分局，1943.10，196页，32开

收藏单位：成都馆、重庆馆、国家馆、吉林馆、山西馆

01433

目前形势和我们的任务 [华北人民革命大学教务处编]

[北平]:[华北人民革命大学教务处]，[1949.1]，56页，32开

本书收文6篇:《目前形势和我们的任务》《在晋绥干部会议上的讲话》《中国人民解放军的宣言》《将革命进行到底》《人民解放战争两周年的总结和第三年的任务》《毛泽东主席发表关于时局的声明》。

收藏单位：国家馆、湖北馆、南京馆、天津馆

01434

目前形势和我们的任务 华东野战军政治部宣传部编

华东野战军政治部宣传部，1949.1，84页，32开

收藏单位：山东馆

01435

目前形势和我们的任务 解放社编

长春：东北书店，1948.10，158页，32开

长春：东北书店，1949.2，158页，32开

长春：东北书店，1949.3，再版，158页，32开

收藏单位：东北师大馆、贵州馆、国家馆、湖北馆、近代史所、辽宁馆、南京馆、山东馆、山西馆、上海馆、浙江馆

01436

目前形势和我们的任务 解放社编

晋南新华书店，1949.4印，158页，32开

收藏单位：重庆馆、贵州馆、国家馆、山西馆、上海馆

01437

目前形势和我们的任务 解放社辑

[兴县]:晋绥日报社，[1948]，158页，32开

收藏单位：重庆馆、国家馆、山西馆

01438
目前形势和我们的任务　解放社编
晋绥新华书店晋南分店，1948.10，158 页，32 开
收藏单位：重庆馆、山西馆

01439
目前形势和我们的任务　解放社编
[延安]：陕甘宁边区新华书店，1949.3，158 页，32 开
收藏单位：宁夏馆、山西馆

01440
目前形势和我们的任务　毛泽东等著
华东新华书店，1948.8，145 页，32 开
华东新华书店，1948.9，2 版，145 页，32 开
华东新华书店，1948.10，3 版，145 页，32 开
华东新华书店，1948.11，4 版，标准本，158 页，32 开
本书自 1948 年 11 月第 4 版起据华北新华书店标准本翻印。
收藏单位：重庆馆、国家馆、南京馆、山东馆、上海馆

01441
目前形势和我们的任务　毛泽东等著
华中新华书店，1948.10，128 页，32 开（干部学习丛书）
华中新华书店，1949.2，再版，128 页，32 开（干部学习丛书）
华中新华书店，1949.4，3 版，128 页，32 开（干部学习丛书）
收藏单位：广东馆、国家馆、吉林馆、南京馆、宁夏馆、上海馆

01442
目前形势和我们的任务　毛泽东等著
[威县]：冀南新华书店，1948.8，70 页，32 开
收藏单位：国家馆、山东馆

01443
目前形势和我们的任务　毛泽东等著
香港：前进出版社，1949，1 册，32 开

01444
目前形势和我们的任务　毛泽东等著
大连：新中国书局，1949.4，158 页，32 开（干部学习丛书 第 1 辑）
收藏单位：重庆馆、黑龙江馆、吉林馆、南京馆、宁夏馆、天津馆

01445
目前形势和我们的任务　毛泽东等著
中共辽宁省委宣传部，1948，137 页，32 开
收藏单位：国家馆、吉林馆

01446
目前形势和我们的任务　毛泽东著
中国人民解放军第四野战军政治部，1949.3，156 页，32 开

01447
目前形势和我们的任务　毛泽东等著
出版者不详，[1947—1949]，91 页，36 开
收藏单位：重庆馆、国家馆、山西馆

01448
目前形势和我们的任务　毛泽东著　解放社编
无锡：苏南新华书店，1949.7，128 页，32 开
收藏单位：宁夏馆

01449
目前形势和我们的任务
吉林书店，1948，1 册，32 开
收藏单位：吉大馆

01450
目前形势和我们的任务（标准本）　解放社编
赣东北新华书店，1948.8，118 页，32 开
收藏单位：贵州馆

01451
目前形势和我们的任务（标准本）　解放社编
[北平]：华北大学，1949.3，144 页，32 开

（教学用书 4）
　　收藏单位：安徽馆、东北师大馆、国家馆、湖北馆、湖南馆、南京馆、上海馆、天津馆

01452
目前形势和我们的任务（标准本） 解放社编辑
华北新华书店，1948.9，158 页，32 开
华北新华书店，1948.11，再版，158 页，32 开
华北新华书店，1949.2，3 版，158 页，32 开
华北新华书店，1949，6 版，158 页，32 开
　　收藏单位：安徽馆、长春馆、重庆馆、国家馆、河南馆、吉林馆、辽宁馆、南京馆、内蒙古馆、宁夏馆、山东馆、山西馆、上海馆、浙江馆、中科图

01453
目前形势和我们的任务（标准本） 解放社编
华东新华书店，1948.11，渤海版，164 页，32 开
华东新华书店，1948.12，渤海版，再版，164 页，32 开
华东新华书店，1949.4，渤海版，3 版，164 页，32 开
　　收藏单位：重庆馆、国家馆、湖北馆、吉林馆、南京馆、宁夏馆、山东馆、上海馆

01454
目前形势和我们的任务（标准本） 解放社编
[北平]：解放社，1949.5，158 页，32 开
[上海]：解放社，1949.6，再版，158 页，32 开
[北平]：解放社，1949.7，再版，158 页，32 开
　　收藏单位：贵州馆、国家馆、湖北馆、南京馆、山西馆、上海馆

01455
目前形势和我们的任务（标准本） 解放社编
北平：科学社，1949，144 页，32 开
　　收藏单位：南京馆、内蒙古馆、上海馆

01456
目前形势和我们的任务（标准本） 解放社编
山东新华书店，1949.6，渤海版，164 页，32 开
山东新华书店，1949，5 版，169 页，32 开
　　收藏单位：重庆馆、湖北馆、山东馆、天津馆

01457
目前形势和我们的任务（标准本） 解放社编
陕北新华书店，1949.7，158 页，32 开
　　收藏单位：重庆馆

01458
目前形势和我们的任务（标准本） 解放社编
西安：西北新华书店，1949.6，158 页，32 开
　　收藏单位：重庆馆、国家馆、辽宁馆、宁夏馆、山东馆

01459
目前形势和我们的任务（标准本） 解放社编
新华书店，1949.5，158 页，32 开
新华书店，1949.7，再版，158 页，32 开
上海、广州：新华书店，1949，1 册，32 开
新华书店，1949，东北版，158 页，32 开
　　收藏单位：安徽馆、重庆馆、贵州馆、国家馆、湖北馆、江西馆、南京馆、宁夏馆、山东馆、天津馆、武大馆

01460
目前形势和我们的任务（标准本） 解放社编
杭州：浙江新华书店，1949.5，117 页，32 开
　　收藏单位：浙江馆

01461
目前形势和我们的任务（标准本） 解放社编辑
郑州：中原新华书店，1949.1，158 页，32 开
郑州：中原新华书店，1949.2，再版，158 页，32 开
　　收藏单位：广西馆、贵州馆、国家馆、河南馆、湖北馆、吉林馆

01462
目前形势和我们的任务（标准本） 毛泽东等著　解放社编辑
［唐山］：冀东新华书店，1949.1，198页，32开
收藏单位：国家馆

01463
目前形势和我们的任务（一九四九年以来中国共产党重要文件集） 毛泽东等著
香港：新民主出版社，1949.6，再版，202页，32开
本书收文件15篇，内容包括：《中共权威人士评目前时局》《中国人民解放军宣言》《中国土地法大纲》《目前形势和我们的任务》《土地改革中的几个问题》《关于老区半老区进行土改工作与整党工作的指示》《在晋绥干部会议上的讲话》等。附《中共中央负责人评军事形势全文》《在中国新青年团首次全国代表大会上的政治报告》《中国人民解放军总部宣布约法八章》《论新任务》《关于华中局今后工作方针报告》。
收藏单位：重庆馆、广东馆、国家馆、吉林馆、上海馆

01464
目前形势和我们的任务·在晋绥干部会议上的讲话·东北局关于平分土地运动的基本总结
吉林书店，1948.5，20页，32开
收藏单位：国家馆

01465
目前形势与我们的任务 毛泽东著
［阳城］：太岳新华书店，1948.9，150页，32开
收藏单位：国家馆、山西馆、中科图

01466
目前形势与我们的任务 毛泽东　张闻天　林伯渠著
桂林：时论编选社，1940，105页，36开（时论丛书）
本书共4辑，收《共产国际为纪念十月革命二十二周年纪念宣言》《毛泽东与中央社等记者之谈话》《实行民主政治是必要的》《提高革命警惕性》等文章。著者“张闻天”原题：洛甫。
收藏单位：北碚馆、国家馆、吉林馆、辽大馆

01467
农村调查 毛泽东著
惠民：渤海新华书店，1948.1，152页，32开
本书内容包括：《兴国调查》《东塘等处调查》《木口村调查》《赣西土地分配情形》《江西土地斗争中的错误》《分田后的富农问题》《土地法》等。
收藏单位：东北师大馆、国家馆、近代史所、山东馆、上海馆

01468
农村调查 毛泽东著
佳木斯：东北书店，1948.1，172页，32开
沈阳：东北书店，1949.3，172页，32开
收藏单位：成都馆、东北师大馆、国家馆、湖北馆、西南大学馆

01469
农村调查 毛泽东著
牡丹江：东北书店牡丹江分店，1946，154页，32开
牡丹江：东北书店牡丹江分店，1947.12，154页，32开
收藏单位：辽宁馆、上海馆

01470
农村调查 毛泽东著
华北新华书店，1941.4，150页，36开
华北新华书店，1947.11，224页，32开
收藏单位：国家馆、河南馆、山西馆

01471
农村调查 毛泽东著
华东新华书店，1948.10，196页，32开

收藏单位：国家馆、南京馆、山东馆

01472
农村调查　毛泽东著
华中新华书店，[1948.4]，124 页，32 开
收藏单位：南京馆、山东馆

01473
农村调查　毛泽东著
冀鲁豫书店，1947.11，151 页，32 开
冀鲁豫书店，1948.3，再版，144 页，32 开
收藏单位：国家馆、山东馆

01474
农村调查　毛泽东著
河间：冀中新华书店，1947.8，152 页，32 开
收藏单位：国家馆、近代史所

01475
农村调查　毛泽东著
胶东新华书店，1946.10，再版，155 页，32 开
收藏单位：国家馆、山东馆、上海馆

01476
农村调查　毛泽东著
[平山]：解放社，1948.8，152 页，32 开
[北平]：解放社，1949.5，190 页，32 开
收藏单位：安徽馆、成都馆、国家馆、河南馆、吉林馆、近代史所、南京馆、上海馆、天津馆、浙江馆、中科图

01477
农村调查　毛泽东著
晋察冀新华书店，1947.9，190 页，32 开
晋察冀新华书店，1948.2，再版，190 页，32 开
收藏单位：东北师大馆、贵州馆、国家馆、近代史所、山西馆、上海馆

01478
农村调查　毛泽东著
牡丹江：牡丹江书店，1946.8 印，154 页，32 开
收藏单位：东北师大馆、国家馆、南京馆、山东馆、上海馆、浙江馆

01479
农村调查　毛泽东著
山东新华书店，1946.6，144 页，32 开
收藏单位：国家馆、山东馆、上海馆

01480
农村调查　毛泽东著
[泰州]：苏北新华书店，1949.7，158 页，32 开
收藏单位：成都馆、国家馆、上海馆

01481
农村调查　毛泽东著
[阳城]：太岳新华书店，1948.6，191 页，32 开
收藏单位：国家馆、吉林馆、山东馆

01482
农村调查　毛泽东著
西安：西北新华书店，1949.9，190 页，32 开
收藏单位：成都馆、南京馆、宁夏馆、上海馆

01483
农村调查　毛泽东著
上海：新华书店，1949.7，190 页，32 开
收藏单位：东北师大馆、国家馆、南京馆、上海馆、绍兴馆

01484
农村调查　毛泽东著
郑州：中原新华书店，1949.3，152 页，32 开
收藏单位：国家馆

01485
农村调查　毛泽东著
出版者不详，1941，208 页，32 开
收藏单位：国家馆、吉林馆、近代史所、南京馆、山东馆、山西馆

01486
农民运动与农村调查　毛泽东著
香港：新民主出版社，1949.7，184 页，32 开
本书共 5 部分：《湖南农民运动考察报告》《兴国调查》《长冈乡调查》《才溪乡调查》《农村调查序言二》。
收藏单位：国家馆、山西馆、上海馆

01487
评美帝白皮书　湖北新华书店编辑
湖北新华书店，1949.9，106 页，32 开
本书内容包括：《无可奈何的供状》《丢掉幻想准备斗争》《别了，司徒雷登》《四评白皮书》《五评白皮书》《美帝掩饰侵略目的中国工人决不上当》《对美帝白皮书的斥责》《加强团结粉碎美帝阴谋》《艾奇逊先生把自己痛打了一顿》《白皮书第一章美帝对中美关系历史的伪造掩盖不住侵略者的狐狸尾巴》《白皮书第二章美帝对国共关系的叙述充满恶意的歪曲与捏造》《白皮书第三章美帝早在对日战争后期积极干涉中国内政的罪恶》。
收藏单位：湖北馆

01488
评美帝白皮书
石家庄日报社，1949.9，64 页，25 开
本书内容包括：《无可奈何的供状》《丢掉幻想、准备斗争》《别了，司徒雷登》《四评白皮书》《五评白皮书》《六评白皮书》《艾奇逊致杜鲁门信全文》《美帝侵华供状》《美帝发表白皮书补充材料》《美帝反动阵营对白皮书的喧哗》。
收藏单位：北师大馆、国家馆、辽宁馆

01489
评美国关于中国问题的白皮书　苏南区党委宣传部编
无锡：苏南新华书店，1949.9，110 页，32 开（干部学习丛书）
本书收文 11 篇，内容包括：《美帝侵华供状》《别了，司徒雷登》《六评白皮书》《美国反动阵营对白皮书的喧哗》等。附《艾奇逊致杜鲁门信全文》《中美关系实况》。
收藏单位：南京馆、上海馆

01490
全世界革命力量团结起来反对帝国主义的侵略　胶东区党委宣传部编辑
胶东新华书店，1949，32 页，32 开
本书共 3 辑。收文 9 篇，内容包括：《全世界革命力量团结起来反对帝国主义的侵略》（毛泽东）、《全世界和平力量团结起来粉碎战争挑拨者的阴谋》（新华社社论）、《斥北大西洋公约》（新华社社论）、《庆祝世界拥护和平大会开幕》（新华社社论）等。附《世界和平大会介绍》（资料）。
收藏单位：天津馆

01491
全世界革命力量团结起来反对帝国主义的侵略　新华书店编辑部编
无锡：苏南新华书店，1949.5，46 页，32 开
收藏单位：北碚馆、国家馆、辽宁馆、山东馆、天津馆

01492
全世界革命力量团结起来反对帝国主义的侵略
[哈尔滨]：[哈尔滨日报社]，1948，32 页，32 开
本书收《全世界革命力量团结起来反对帝国主义的侵略》（毛泽东）、《论国际主义与民族主义》（刘少奇）、孙中山致苏联的遗书。
收藏单位：国家馆、吉林馆、南京馆、山西馆

01493
全世界革命力量团结起来反对帝国主义的侵略·论国际主义与民族主义　毛泽东著·刘少奇著
华东新华书店，1948.11，43 页，32 开
华东新华书店，1949.4，再版，43 页，32 开
本书附《孙中山致苏联遗书》。
收藏单位：贵州馆、国家馆、河南馆、南京馆、山东馆

01494
全世界革命力量团结起来反对帝国主义的侵略·论国际主义与民族主义　毛泽东著·刘少奇著
华中新华书店，1949.2，58页，64开
收藏单位：南京馆、山东馆

01495
全世界革命力量团结起来反对帝国主义的侵略·论国际主义与民族主义　毛泽东著·刘少奇著
[威县]：冀南新华书店，1948.11，38页，32开
收藏单位：河南馆、山东馆、天津馆

01496
生产组织与农村调查　毛泽东著
香港：新民主出版社，1946.5，62页，32开
本书收文4篇：《组织起来》《农村调查》《农村调查序言二》《兴国调查》。附《如何进行农村调查》。
收藏单位：国家馆、山东馆

01497
统一战线与抗战前途　毛泽东著　唐风编
汉口：自强出版社，1939.5，103页，32开
收藏单位：国家馆

01498
现阶段中国文艺的方向　毛泽东等著
大众文化书店，1945.11，67页，32开
本书收文3篇：《现阶段中国文艺之方向——毛泽东在延安文艺座谈会的讲话》（毛泽东）、《关于党的文艺工作者的两个倾向问题——一九四三年三月十日在党的文艺工作者会议上的讲话》（陈云）、《表现新的群众的时代》（周扬）。
收藏单位：国家馆

01499
现阶段中国文艺之方向　毛泽东报告
[重庆]：现代出版社，[1943—1949]，51页，32开
本书附《关于党的文艺工作者的两个倾向问题》（陈云）。封面题名：现阶段中国文艺的方向。
收藏单位：天津馆

01500
新民主主义论附论人民民主专政　毛泽东著
华东人民革命大学南京分校，[1949]，38+11页，32开
收藏单位：山东馆

01501
新民主主义论·中国革命与中国共产党　毛泽东著
[石家庄]：华北军政大学政治部，[1948—1949]，71+39页，32开
收藏单位：国家馆

01502
新民主主义文化教育　教育阵地社编
[张家口]：新华书店晋察冀分店，[1946.5]，96页，32开（新教育丛书）
本书收文5篇：《新民主主义的文化》（节录《新民主主义论》第十一节至第十五节）、《文化、教育、知识分子问题》（节录《论联合政府》我们的具体纲领第八项）、《毛泽东同志在延安文艺座谈会上的讲话》、《毛泽东同志在陕甘宁边区文教大会上的讲话》、《开展大规模的群众文教运动》（罗迈同志在陕甘宁边区文教大会上的总结提纲）。附《此次文教大会的意义何在》（《解放日报》社论）。
收藏单位：重庆馆、天津馆

01503
新民主主义文化教育
北平：中外出版社，[1946—1949]，46页，32开
收藏单位：东北师大馆

01504
整顿三风　毛泽东著
河间：冀中新华书店，1947.6，45页，32开
本书收文5篇：《整顿学风党风文风》《反

对党八股》《改造我们的学习》《反对自由主义》《在第二届边区参议会开幕演讲词》。

收藏单位：重庆馆、国家馆、河南馆、辽宁馆、上海馆、浙大馆

01505

整顿三风　毛泽东著

临沂：山东新华书店，1946.4，42 页，32 开

收藏单位：辽宁馆、南京馆、山东馆

01506

整顿三风

[北平]：华北人民革命大学教务处，[1949]，40 页，32 开

本书收文 3 篇：《整顿学风党风文风》《反对党八股》《重印〈左派幼稚病〉第二章前言》。

收藏单位：国家馆、湖北馆

01507

整顿学风党风文风　毛泽东著

建国出版社，1946，再重版，45 页，36 开

收藏单位：湖北馆

01508

整顿学风党风文风　毛泽东著

[延安]：陕甘宁边区新华书店，[1942]，47 页，32 开

收藏单位：吉林馆

01509

整顿学风党风文风　毛泽东著

[香港]：中国灯塔出版社，1946，37 页，64 开（灯塔小丛书 2）

本书收《整顿学风党风文风》《中央宣传部关于在延安讨论中央决定及毛泽东整顿三风报告的决定》等延安整风运动文献。

收藏单位：国家馆

01510

整顿学风党风文风　[毛泽东等著]

出版者不详，[1942—1949]，油印本，90 页，32 开

本书收文十余篇，内容包括：《整顿学风党风文风》《在延安文艺座谈会上的讲话》《中共中央关于增强党性的决定》等。

收藏单位：广东馆

01511

中国革命与中国共产党·《共产党人》发刊词　毛泽东著

中共中央北方局宣传部，1943.12，68 页，64 开

收藏单位：国家馆

01512

中国革命与中国共产党·新民主主义论　毛泽东著

沈阳：沈阳市人民政府，1949.5，46 页，32 开

收藏单位：国家馆

01513

中国共产党人的任务　[毛泽东等著]

无锡：苏南新华书店，1949.7，60 页，32 开

本书收文 7 篇，内容包括：《中国共产党人的任务》（毛泽东）、《关于我们党的性质问题》（刘少奇）、《伟大的二十一年》（陈毅）、《中国共产党奋斗简史》等。

收藏单位：重庆馆、国家馆、山东馆、天津馆

01514

中国抗战的前途　毛泽东主讲

汉口：民族复兴出版社，1938.2，74 页，32 开（民族复兴丛书）

本书内容包括：《抗战必胜论》《中日战争论》《联合战线论》等。

收藏单位：北碚馆、贵州馆、浙江馆

01515

中国人民解放军约法八章与毛主席著论人民民主专政

出版者不详，[1949]，15 页，32 开

收藏单位：国家馆

01516
组织起来　毛泽东著
华北大学，1949.5，11页，32开
收藏单位：国家馆、南京馆

01517
组织起来　毛泽东著
冀鲁豫书店，[1944—1948]，19页，32开
收藏单位：国家馆、山东馆

01518
组织起来　毛泽东著
[无锡]：苏南出版社，[1940—1949]，80页，25开（团结丛书 第8辑 生产专辑2）
收藏单位：山东馆

01519
组织起来　毛泽东著
[涉县]：太行新华日报，1944，44页，32开
收藏单位：国家馆

01520
组织起来　毛泽东著
太岳新华书店，[1943—1949]，[46]页，36开
本书内容包括：《中共中央政治局关于减租生产拥政爱民及宣传十大政策的指示》《组织起来》《怎样组织起来》《陕甘宁边区第一届劳动英雄代表大会宣言》《建立新的劳动观念》等。
收藏单位：山东馆

01521
组织起来　毛泽东著
[哈尔滨]：兆麟书店，1948，35页，32开
本书收文14篇：《组织起来》、《论合作社》、《劳动互助与发展生产力》（摘自《论联合政府》）等。
收藏单位：国家馆、宁夏馆、山东馆、上海馆

马克思、恩格斯、列宁、斯大林、毛泽东著作汇编

01522
辨证法经典　（德）马克思（Karl Marx）等著　高语罕编译
上海：亚东图书馆，1930.4，192页，32开
上海：亚东图书馆，1939.5，3版，14+192页，32开
本书收马克思、恩格斯、列宁著作10篇：《思辨的构成之秘密》《关于傅渥耶巴赫的论纲》《唯物的见解和唯心的见解之对立》《经济学的形而上学》《经济学研究之一般的结论》《马克思的〈经济学批评〉》《给古盖尔曼的书信（一八六八年七月十一日）》《唯物辨证法与马克思主义》《什么是物质？什么是经验？》《关于辨证法的问题》。
收藏单位：成都馆、重庆馆、桂林馆、国家馆、辽大馆、辽宁馆、南京馆、人大馆、陕西馆、上海馆、天津馆、浙江馆、中科图

01523
答复对共产主义的误解　（苏）列宁（В. И. Ленин）（苏）斯大林（И. В. Сталин）著
东北书店，1946，124页，50开（社会科学常识3）
本书收《列宁论民主与平等　论领袖、政党、阶级、群众之间的关系》（列宁）、《与第一次美国工人代表团的谈话》（斯大林）、《与英国作家威尔斯的谈话》（斯大林）等文章。
收藏单位：重庆馆、南京馆

01524
干部必读
解放社，1949，1册，25开，精装
本书收文4篇：《帝国主义是资本主义底最高阶段》《国家与革命》《共产主义运动中的“左派”幼稚病》《论列宁主义基础》。
收藏单位：北大馆、北师大馆、东北师大

馆、贵州馆、吉林馆、山西馆、天津馆

01525
共产主义常识 东北书店编
东北书店，1948.7，180 页，32 开
[东北书店]，1948.7，2 版，180 页，32 开
哈尔滨：东北书店，1948，3 版，180 页，32 开

本书收文 9 篇：《论国家》（列宁）、《十月革命底国际性质》（斯大林）、《无产者与共产党人》（马克思、恩格斯）、《布尔塞维克党是怎样形成的》、《列宁论民主与平等 论领袖、政党、阶级、群众之间的关系》、《与第一次美国工人代表团的谈话》（斯大林）、《与英国作家威尔斯的谈话》（斯大林）、《论共产主义青年团底任务》（列宁）、《无产者阶级和无产者政党》（斯大林）。

收藏单位：成都馆、东北师大馆、国家馆、南京馆、天津馆

01526
共产主义常识 东北书店辑
[安东（丹东）]：东北书店辽东分店，1949，180 页，32 开

收藏单位：长春馆、国家馆、吉林馆、山东馆、上海馆

01527
共产主义常识 东北新华书店编
沈阳：东北新华书店，1949.9，4 版，242 页，32 开

收藏单位：东北师大馆、黑龙江馆、吉林馆、辽大馆

01528
共产主义常识（1 怎样认识历史和时代）（苏）列宁（В. И. Ленин）（苏）斯大林（И. В. Сталин）著
[平山]：解放社，[1948]，[41] 页，32 开

本书收文两篇：《论国家》（列宁 1919 年 7 月 11 日在斯维尔德洛夫大学的演讲）、《十月革命底国际性质》（斯大林为纪念十月革命十周年而作）。

收藏单位：重庆馆、国家馆

01529
共产主义常识（1 怎样认识历史和时代）（苏）列宁（В. И. Ленин）（苏）斯大林（И. В. Сталин）著
晋察冀日报社，[1937—1948]，34 页，36 开，环筒页装

收藏单位：重庆馆、国家馆、上海馆

01530
共产主义常识（1 怎样认识历史和时代）
[兴县]：中共晋绥分局，[1948]，26 页，32 开

收藏单位：国家馆、山西馆

01531
共产主义常识（2 什么是共产主义）（德）马克思（Karl Marx）（德）恩格斯（Friedrich Engels）著
[平山]：解放社，[1948]，[59] 页，36 开

本书收文两篇：《无产者与共产党人》《布尔塞维克党是怎样形成的》。

收藏单位：重庆馆、国家馆、上海馆

01532
共产主义常识（2 什么是共产主义）（德）马克思（Karl Marx）（德）恩格斯（Friedrich Engels）著
新华书店，1945，59 页，32 开

收藏单位：国家馆、上海馆、天津馆

01533
共产主义常识（2 什么是共产主义）（德）马克思（Karl Marx）（德）恩格斯（Friedrich Engels）著 中共晋绥分局[编]
[兴县]：中共晋绥分局，[1948]，39 页，32 开

收藏单位：国家馆、山西馆

01534
共产主义常识（2—3）
[阜平]：晋察冀日报社，[1948] 印，2 册，32

开

收藏单位：国家馆

01535

共产主义常识（3 答复对共产主义的误解）（苏）列宁（В. И. Ленин）（苏）斯大林（И. В. Сталин）著

解放社，[1938—1949]，[139] 页，36 开

收藏单位：重庆馆、上海馆

01536

共产主义常识（3 答复对共产主义的误解）（苏）列宁（В. И. Ленин）（苏）斯大林（И. В. Сталин）著

兴县：中共晋绥分局，[1940—1949]，26 页，32 开

收藏单位：山西馆

01537

共产主义常识（3—4）

[延安]：新华书店，1945，2 册，32 开

收藏单位：国家馆

01538

共产主义常识（4 革命者的修养）（苏）列宁（В. И. Ленин）（苏）斯大林（И. В. Сталин）著

[平山]：解放社，[1948]，[42] 页，36 开

本书收文两篇：《论共产主义青年团的任务》《无产者阶级和无产者政党》。

收藏单位：重庆馆、上海馆

01539

列宁、斯大林等论党的纪律与党的民主（苏）列宁（В. И. Ленин）（苏）斯大林（И. В. Сталин）著

[北平]：华北大学，1949 印，9 页，32 开

收藏单位：国家馆

01540

列宁、斯大林论青年　刘光编

天津：知识书店，1949.6，66 页，32 开

本书分两部分：列宁论青年、斯大林论青年。“列宁论青年”共 8 章，内容包括：关于一九〇五年革命的报告、青年国际、局外人的建议等；“斯大林论青年”共 9 章，内容包括：论共产主义青年团内的矛盾、共产主义青年团的任务、青年与社会主义竞赛运动等。

收藏单位：长春馆、东北师大馆、广东馆、国家馆、南大馆、天津馆

01541

列宁斯大林论青年团底任务（苏）列宁（В. И. Ленин）（苏）斯大林（И. В. Сталин）著

东北新华书店辽东分店，1949.8，47 页，32 开

收藏单位：国家馆、山东馆

01542

列宁斯大林论青年团底任务（苏）列宁（В. И. Ленин）（苏）斯大林（И. В. Сталин）著

天津：联合出版社，1949.6，49 页，36 开

天津：联合出版社，1949.7，再版，49 页，36 开

天津：联合出版社，1949.9，3 版，49 页，36 开

本书收文 4 篇：《青年团底任务》（列宁）、《共产主义青年团的任务》（斯大林）、《列宁给青年的教训》（伊凡诺夫）、《“学习，学习，再学习”——伟大列宁的遗言》（加佛坦诺夫）。

收藏单位：成都馆、广东馆、国家馆、吉林馆、南京馆、山东馆、上海馆、天津馆

01543

列宁斯大林论社会主义经济建设　解放社编辑部编

新华书店，1949.9，2 册（614+741 页），25 开，精装

收藏单位：东北师大馆、国家馆、山西馆

01544

列宁斯大林论社会主义经济建设

解放社，1949.9，2 册（614+741 页），25 开

解放社，1949，东北 3 版，2 册（614+741 页），

25 开

本书共 6 部分：准备和实现十月社会主义革命的时期、外国武装干涉和国内战争时期、过渡到恢复国民经济的和平工作时期、为社会主义的国家工业化而斗争、为农业集体化而斗争、为完成社会主义建设而斗争。

收藏单位：贵州馆、国家馆、黑龙江馆、青海馆、山东馆、山西馆、陕西馆

01545

列宁与斯大林论瓜分中国　（苏）列宁（В. И. Ленин）（苏）斯大林（И. В. Сталин）著　谢尔基编

大众文化书店，1945.11，74 页，32 开

本书共 5 部分："中国是世界帝国主义剥削底对象""危机·两个制度的斗争和帝国主义矛盾底加剧""日本帝国主义与日、美的矛盾""中国民族革命战争""胜力的条件"。

收藏单位：东北师大馆

01546

列斯文集　（苏）列宁（В. И. Ленин）（苏）斯大林（И. В. Сталин）著

解放社，[1938—1949]，138 页，326 开

本书内容包括：《列宁论民主与平等论领袖政党阶级群众之间的关系》《斯大林与第一次美国工人代表团的谈话》《斯大林与英国作家威尔斯的谈话》等。附《摘录斯大林与外国工人代表团与德国作家路特维希的谈话》。

收藏单位：国家馆

01547

论瓜分中国　（苏）列宁（В. И. Ленин）（苏）斯大林（И. В. Сталин）著　谢尔基编

[大连]：东北中苏友好协会，1945，59 页，32 开

收藏单位：东北师大馆、吉林馆

01548

论国家　（苏）列宁（В. И. Ленин）（苏）斯大林（И. В. Сталин）著　中共中央法律委员会编

[北平]：新华书店，1949.9，43 页，32 开

（新法学理论丛书）

收藏单位：国家馆、南京馆、天津馆

01549

论经济工作与任务　（苏）斯大林（И. В. Сталин）等著

出版者不详，1947，1 册，32 开

收藏单位：国家馆、吉林馆

01550

论民族革命问题　（德）马克思（Karl Marx）等著　李铁冰编译

汉口：火炬出版社，1934.6，116 页，16 开

汉口：火炬出版社，1938.4，116 页，32 开

本书收文 13 篇，内容包括：《中国及欧洲的革命》（马克思）、《工人阶级与民族问题》（列宁）、《社会主义革命与民族自决权》（列宁）、《第三国际第二次大会关于民族与殖民地问题决议案》（列宁）、《在第二次共产国际大会上的演说》（列宁）、《十月革命与民族问题》（史大林）、《民族问题》（史大林）、《论南斯拉夫的民族问题》（史大林）、《再论民族问题》（史大林）、《东方大学的政治任务》（史大林）、《问题的提法》（史大林）、《民族自主》（史大林）等。

收藏单位：北碚馆、成都馆、重庆馆、贵州馆、国家馆、近代史所、南京馆、陕西馆、上海馆、天津馆、浙江馆、中科图

01551

论批评与自我批评　读者书店辑

天津：读者书店，1949，10 页，32 开

天津：读者书店，1949.9，增订版，33 页，32 开

本书辑录列宁、斯大林的言论。论述什么是批评与自我批评、为什么必须实行批评与自我批评以及如何实行等。

收藏单位：北大馆、重庆馆、国家馆、南京馆、上海馆

01552

论批评与自我批评

资江日报，[1940-1949]，28 页，32 开

本书收文5篇:《斯大林、毛泽东论共产党员要善于和非党群众团结合作》、《论自我批评》(斯大林)、《论自我批评》(毛泽东)、《反对把自我批评口号庸俗化》(斯大林)、《在苏联列宁共产主义青年团第八次代表大会上的演说》(斯大林)。

收藏单位:山西馆

01553
论群众工作 [华北联合大学政治学院编]
华北联合大学政治学院,1948,油印本,40页,25开,环筒页装

本书收列宁、斯大林、毛泽东等人关于群众工作的文摘。

收藏单位:国家馆

01554
马恩列斯论妇女解放 全国民主妇女联合会筹备委员会辑
沈阳:东北书店,1945.5,76页,32开

本书收文8篇,内容包括:《论家族形态之发展》(节录《家族私有财产及国家之起源》第2章,恩格斯)、《论资产阶级的家庭》(摘自《共产党宣言》第2节,马克思、恩格斯)、《苏维埃共和国女工运动的任务》(列宁)、《国际劳动妇女节》(列宁)、《集体农庄对妇女解放之作用与意义》(节录《在全苏联集体农庄突击队员第一次代表大会上的演说》,斯大林)等。附《共产主义道德问题》(高尔诺夫斯基)。封面题名:马克思恩格斯列宁斯大林论妇女解放。

收藏单位:东北师大馆、国家馆、南京馆、天津馆

01555
马恩列斯论妇女解放 全国民主妇女联合会筹备委员会编
[唐山]:冀东新华书店,1949,87页,32开

收藏单位:国家馆、山东馆

01556
马恩列斯论妇女解放 全国民主妇女联合会筹备委员会编
郑州:新华书店,1949.6,96页,32开
上海:新华书店,1949.7,111页,32开
[济南]:新华书店,1949.8,109页,32开
[北平]:新华书店,1949,再版,109页,32开

收藏单位:重庆馆、东北师大馆、广东馆、贵州馆、国家馆、河南馆、湖北馆、南大馆、南京馆、宁夏馆、山东馆、上海馆、绍兴馆、天津馆、西南大学馆

01557
马恩列斯论经济问题
香港:新民主出版社,1948.8,216页,32开

本书收文19篇,内容包括:《马克思、恩格斯论从资产阶级手中夺取一切资本》《列宁论使无产阶级在与不澈底的资产阶级作斗争中束缚着手足的危险从何而来》《列宁论与资产阶级斗争的新方式及为全国统计和监督而斗争的意义》《列宁论合作制》等。

收藏单位:国家馆、上海馆、天津馆

01558
马恩列斯论军事 (德)马克思(Karl Marx)等著
[黎城]:新华日报华北分馆,[1949],398页,32开

收藏单位:国家馆

01559
马恩列斯论游击斗争
莫斯科:外国文书籍出版局,1944,139页,25开

本书内容包括:西班牙人民抗拒拿破仑第一侵略时的游击动作、论进行人民解放战争的方法、论游击战争、论苏联反德国法西斯寇贼的卫国战争等。

收藏单位:重庆馆、国家馆、吉大馆、近代史所、南京馆、山东馆、上海馆

01560
马恩列斯毛论农民土地问题 土地问题研究会编
[惠民]:渤海新华书店,1948.1,162页,32

开

本书为土地改革参考材料。

收藏单位：国家馆、湖南馆、南京馆、山东馆

01561
马恩列斯毛论农民土地问题　土地问题研究会编
[哈尔滨]：东北书店，1947.12，341页，32开
哈尔滨：东北书店，1948，341页，32开
佳木斯：东北书店，1948.3，再版，341页，32开

本书摘录马克思、恩格斯、列宁、斯大林、毛泽东原著中有关论述农民与土地问题的篇章，共4个专题：封建制度下的农民、资产阶级与农民、无产阶级与农民、中国农民土地问题。对所录文章均注明出处。附《湖南农民运动考察报告》《〈农村调查〉序言》《兴国调查》《长冈乡调查》《才溪乡调查》等。

收藏单位：安徽馆、东北师大馆、广东馆、国家馆、湖南馆、吉大馆、近代史所、辽宁馆、山西馆、上海馆

01562
马恩列斯毛论农民土地问题　土地问题研究会编
[大连]：关东中苏友好协会，1948.4，164页，32开（友谊丛书7）

收藏单位：山东馆

01563
马恩列斯毛论农民土地问题　土地问题研究会编
华北新华书店，1947.10，216页，32开
华北新华书店，1947，再版，216页，32开

收藏单位：重庆馆、国家馆、湖北馆、南京馆、山东馆、上海馆

01564
马恩列斯毛论农民土地问题　土地问题研究会编
华中新华书店，1948，134页，32开

收藏单位：吉林馆、南京馆、山东馆、上海馆

01565
马恩列斯毛论农民土地问题　土地问题研究会编
唐山：冀东新华书店，1948.3，216页，32开

收藏单位：贵州馆、山东馆

01566
马恩列斯毛论农民土地问题　土地问题研究会编
威县：冀南书店，1947，158页，32开

收藏单位：国家馆、山东馆、山西馆

01567
马恩列斯毛论农民土地问题　土地问题研究会编
胶东新华书店，[1947.7]，160+95页，32开

收藏单位：山东馆

01568
马恩列斯毛论农民土地问题　土地问题研究会编
[兴县]：晋绥新华书店，1947，216页，32开

收藏单位：重庆馆、广东馆、国家馆、南京馆、山东馆、山西馆、上海馆

01569
马恩列斯毛论农民土地问题　土地问题研究会编
无锡：苏南新华书店，1949.9，184页，32开

收藏单位：国家馆、湖北馆、南京馆、天津馆

01570
马恩列斯毛论农民土地问题　土地问题研究会编
[阳城]：太岳新华书店，1947.11，167页，32开
[阳城]：太岳新华书店，1948.1，再版，167

页，32 开
[阳城]：太岳新华书店，1948.7，3 版，167 页，32 开
收藏单位：国家馆、宁夏馆、山东馆、山西馆、上海馆

01571
马恩列斯思想方法论 解放社 [编]
苏北出版社，1945，254 页，32 开
收藏单位：华东师大馆、南京馆

01572
马恩列斯思想方法论 马恩列斯思想方法论编辑委员会辑
延安：解放社，1942，254 页，36 开
[北平]：解放社，1949.9，446 页，25 开（干部必读）
收藏单位：成都馆、甘肃馆、国家馆、河南馆、湖北馆、陕西馆、天津馆

01573
马恩列文献 （德）马克思（Karl Marx）等著
山东新华书店，1948.5，[478] 页，32 开
本书收文 5 篇：《共产党宣言》《社会主义从空想到科学的发展》《社会民主党在民主革命中的两个策略》《国家与革命》《共产主义运动中的“左派”幼稚病》。
收藏单位：吉林馆、南京馆、宁夏馆、上海馆

01574
马克思恩格斯列宁论艺术 周扬编校 曹葆华 天蓝译
延安：鲁迅艺术文学院，1940.6，130 页，32 开（鲁艺丛书 1）
本书内容包括：马克思恩格斯关于艺术的书信、列宁论托尔斯泰、马列艺术思想研究等。
收藏单位：国家馆、山西馆

01575
马克思·恩格斯·列宁·斯大林思想方法论
胶东新华书店，1948.4，302 页，32 开
收藏单位：山东馆、上海馆

01576
马克思·恩格斯·列宁·斯大林思想方法论
解放社，1942，428 页，32 开
解放社，1943，[297] 页，36 开，精装
解放社，1944.9，3 册，32 开
收藏单位：国家馆、吉林馆、山东馆

01577
马克思学体系 （苏）萨可夫斯基编 高尔松等译
上海：平凡书局，1930.6，[478] 页，24 开，精装
本书以马克思、恩格斯著作为主体，同时辑录列宁、普列哈纳夫、拉法格、卢森堡等人著作中的精粹汇编而成。共 4 部分：社会进化之铁则（上、下）、史的唯物论（上、下）。译者原题：高希圣。
收藏单位：国家馆

01578
马克思学体系（第 1—2 分册 社会进化之铁则）（苏）萨可夫斯基编 高尔松译
上海：平凡书局，1929.12—1930.1，2 册（88+110 页），22 开
本书第 1 分册共 18 部分，内容包括：马克思学体系全部的构成和引用书目、一切的历史都是斗争的历史、对于剩余劳动的热求等；第 2 分册共两部分：资本主义最后的阶段、空想的及科学的社会主义。书前有译序、原序。译者原题：高希圣。
收藏单位：国家馆、南京馆、上海馆

01579
马克思学体系（第 3—4 分册 史的唯物论）（苏）萨可夫斯基编 叶作舟译
上海：平凡书局，1930，2 册，24 开
本书第 3 分册共 3 章：马克思主义之历史的准备、达尔文和马克思、自然的条件和技术；第 4 分册共 3 章：基础及上层建筑的理论、理论的精炼、阶级。
收藏单位：重庆馆、国家馆、南京馆、上

海馆

01580
马克思学体系（第9分册 辩证的唯物论）
（苏）萨可夫斯基编　严灵峰译
上海：平凡书局，1930，76页，24开
本书内容包括：德谟克里特的唯物论、十八世纪法国唯物论的见解、鲁柯斯基著作的断片、英法的唯物论、马克思论十八世纪法国的唯物论、德国的唯心论等。
收藏单位：重庆馆、广东馆、南京馆、浙江馆

01581
马克思与列宁之农业政策　刘宝书编译
上海：太平洋书店，1928.10，再版，66页，50开（社会问题丛书）
本书共两部分：马克思之农业政策、列宁之农业政策。附《恩格斯之农业政策》《农业问题之于社会民主党与共产党》。
收藏单位：重庆馆、湖南馆、上海馆、首都馆

01582
马列主义概论　（苏）列宁（В. И. Ленин）（苏）斯大林（И. В. Сталин）著
华中新华书店，1948.10，164页，32开
本书收文3篇：《论马克思与马克思主义》（列宁）、《论列宁主义基础》（斯大林）、《论列宁主义底几个问题》（斯大林）。
收藏单位：国家馆、南京馆、山东馆、上海馆

01583
马列主义论战争与军队　焦敏之编译　八路军抗日战争研究会编
无锡：苏南新华书店，1949.9，362页，32开（抗日战争参考丛书）
本书内容包括："战争的起源""战争——阶级社会发展之必不可少的伴侣""战争与经济关系""帝国主义与无产阶级革命时代的战争"等。
收藏单位：长春馆、重庆馆、国家馆、南京馆、山东馆、山西馆、上海馆

01584
马列主义五大名著汇刊　华北新华书店辑
华北新华书店，1948，10+947页，32开，精装
收藏单位：国家馆、吉林馆、近代史所

01585
社会发展史　（德）恩格斯（Friedrich Engels）等著　新民主出版社辑
香港：新民主出版社，1946，104页，32开
香港：新民主出版社，1947.6，再版，104页，32开（新民主历史丛书）
本书共4部分：从猿到人过程中劳动的作用、有阶级以前的社会、资本主义以前的各种剥削方式、论国家。
收藏单位：福建馆、国家馆、黑龙江馆、山东馆、天津馆

01586
社会发展史略　（德）恩格斯（Friedrich Engels）等著
[延安]：解放社，1944.12，110页，32开
收藏单位：山西馆

01587
社会发展史略　（德）恩格斯（Friedrich Engels）等著
大连：新中国书局，1949.4，112页，32开（干部学习丛书 第1辑）
收藏单位：上海馆

01588
社会发展史略　（德）恩格斯（Friedrich Engels）等著　何锡麟译
[阳城]：太岳新华书店，[1946]，102页，32开
收藏单位：国家馆

01589
思想方法论　黎述编译
大连：辰光书店，1946.8，395页，32开（社

会科学丛书）
大连：辰光书店，1948.9，395页，32开（社会科学丛书）
　　本书共4章："绪论——马克思主义的历史特点""理论与实际""历史科学的创造""国际经验、民族特点、革命传统"。书前有代序《改造我们的学习》。附《论写历史》《德波林的自我批评》《关于调查研究的决定》等。
　　收藏单位：重庆馆、国家馆、湖南馆、辽大馆、山东馆、上海馆、首都馆、西南大学馆

01590
思想方法论　黎述编译
重庆、上海：读书出版社，1947.5，再版，385页，32开
　　收藏单位：桂林馆、国家馆、黑龙江馆、吉林馆、上海馆

01591
思想方法论　（德）马克思（Karl Marx）等著
安东（丹东）：东北书店，1947.5，328页，32开
安东（丹东）：东北书店，1948，再版，328页，32开
　　收藏单位：国家馆、辽宁馆、山东馆、上海馆

01592
思想方法论　（德）马克思（Karl Marx）等著
长春：东北新华书店，1949，5版，336页，32开
　　收藏单位：东北师大馆、国家馆、辽宁馆

01593
思想方法论　（德）马克思（Karl Marx）等著
东北新华书店辽东分店，1949，326页，32开
　　收藏单位：国家馆

01594
思想方法论　（德）马克思（Karl Marx）等著
[唐山]：冀东新华书店，1948，再版，395页，32开
　　收藏单位：国家馆、上海馆

01595
思想方法论　（德）马克思（Karl Marx）等著
菏泽：冀鲁豫新华书店，1949.6，300页，32开（干部学习丛书）
　　收藏单位：国家馆、河南馆、吉林馆、南京馆、山东馆

01596
思想方法论　（德）马克思（Karl Marx）等著
[延安]：解放社，1942，428页，32开
　　收藏单位：东北师大馆、国家馆

01597
思想方法论　（德）马克思（Karl Marx）等著
上海：生活书店，1947，328页，32开
　　收藏单位：国家馆

01598
思想方法论　（德）马克思（Karl Marx）等著
新乡：新华书店，1949.8，428页，32开（十二种干部必读名著1）
[北平]：新华书店，1949.9，再版，351页，32开
　　收藏单位：贵州馆、国家馆、南京馆

01599
思想方法论　（德）马克思（Karl Marx）等著
大连：新中国书局，1949.4，396页，32开（干部学习丛书第1辑）
香港：新中国书局，1949.7，386页，32开
　　收藏单位：国家馆、吉林馆、南京馆、宁夏馆、山东馆、山西馆、上海馆

01600
斯大林毛泽东论自我批评　（苏）斯大林（И. В. Сталин）　毛泽东著
出版者不详，[1940—1949]，7页，32开（整党问题参考材料5）
　　收藏单位：国家馆

01601
学习《关于东北经济构成及经济建设的基本方针的提纲草案》的参考文件　政策研究室编
政策研究室，[1948—1949]，182页，32开
本书收文18篇，内容包括：《马克思、恩格斯论从资产阶级手中夺取一切资本》《列宁论使无产阶级在与不澈底的资产阶级作斗争中束缚着手足的危险从何处而来》《列宁论与资产阶级斗争的新方式及为全国统计和监督而斗争的意义》《列宁论粮食税》等。
收藏单位：国家馆

马克思、恩格斯、列宁、斯大林、毛泽东生平和传记

01602
恩格斯马克思合传　（苏）梁赞诺夫（Д. Б. Рязанов）原著　李一氓译
上海：江南书店，1929.10，280+39页，32开
本书共9章，内容包括：英国之产业革命、法国大革命及其对德国的影响、德国之初期革命运动、马克思与恩格斯之青年时代、恩格斯之初期著作、莱茵新闻主笔之马克思等。书前有译者序。据英译本译出。著者原题：李阿萨诺夫。
收藏单位：北碚馆、成都馆、重庆馆、东北师大馆、国家馆、山西馆、上海馆、中科图

01603
工人阶级底伟大导师
外国文书籍出版局，[1942]，88页，22开
本书收文7篇，内容包括：《卡尔·马克思》（恩格斯）、《卡尔·马克思》（列宁）、《费·恩格斯》（列宁）、《列宁是俄国共产党底组织者和领袖》（斯大林）等。
收藏单位：北碚馆、广东馆、南京馆、上海馆、西南大学馆

01604
列宁斯大林的故事　[曹靖华译]
华北新华书店，1947.1，82页，32开
本书收关于列宁的故事11篇和关于斯大林的故事6篇。
收藏单位：国家馆、河南馆、山东馆

01605
列宁斯大林的故事　[曹靖华译]
[阳城]：太岳新华书店，1948.7，82页，36开
收藏单位：重庆馆、河南馆、山东馆、陕西馆

01606
列宁斯大林的故事
朝城：冀鲁豫书店，1947.12，64页，32开
收藏单位：国家馆、山东馆

01607
列宁与斯大林的故事　韬奋书店编
韬奋书店，[1945]，66页，32开
收藏单位：国家馆

01608
列宁与斯大林的故事
沈阳：东北书店，1949.3，76页，32开
收藏单位：东北师大馆、广东馆、国家馆、上海馆

01609
论马恩列斯　解放社编
东安（密山）：东北书店，1947.9，309页，精装，32开
长春：东北书店，1949.6，309页，42开
本书收文19篇，内容包括：《马克思小传》（恩格斯）、《马克思墓前演说》（恩格斯）、《马克思回忆录》（李卜克内西）、《马克思回忆录》（拉发格）、《纪念恩格斯》（列宁）等。
收藏单位：长春馆、重庆馆、东北师大馆、国家馆、黑龙江馆、吉林馆、辽师大馆、山东馆、山西馆、上海馆

01610
论马恩列斯 解放社编
延安：新华书店，1941.5，328 页，25 开
[北平]：新华书店，1949.9，352 页，25 开
本书 1941 年版收文 19 篇，再版时增加 3 篇：《一个工人对于卡尔·马克思的回忆》（莱斯奈尔）、《马克思是怎样学习的》（格略塞尔）、《马克思年表》。
收藏单位：北大馆、东北师大馆、国家馆、吉林馆、内蒙古馆、陕西馆、首都馆、天津馆

01611
论马恩列斯 解放社编
新华书店晋察冀分店，1942.5，225 页，32 开
收藏单位：山东馆

01612
马·恩·列·斯小传
生活合作出版社，1940.8，56 页，大 64 开（生活合作小丛书）
本书收文 4 篇：《马克思小传》《恩格斯小传》《列宁小传》《斯大林小传》。
收藏单位：国家馆

01613
马克思·恩格斯 蔡金声编
上海：中华书局，1949，44 页，36 开（中华文库 民众教育 第 1 集）
收藏单位：国家馆、上海馆

01614
马克斯及恩格斯评传 朱应祺 朱应会译
上海：泰东图书局，1937，190 页，32 开（马克斯研究丛书 10）
本书分上、下两编。上编 6 章，为马克斯（即马克思）评传；下编 7 章，为恩格斯评传。

01615
马克斯与恩格斯 （苏）梁赞诺夫（Д. Б. Рязанов）著 刘侃元译
上海：春秋书店，1930.9，355 页，32 开
上海：春秋书店，1933.5，再版，[22]+292 页，32 开
本书再版时封面题名：马克斯与恩格斯合传。书前有译者代序《马克斯恩格斯传记发展史考》。著者原题：里亚札诺夫。
收藏单位：北大馆、东北师大馆、福建馆、广西馆、国家馆、吉大馆、山东馆、上海馆、天津馆

01616
马克斯与恩格斯 （苏）梁赞诺夫（Д. Б. Рязанов）著 苏迅译
言行出版社，1939，355 页，64 开（世界名人传记）
本书著者原题：里亚札诺甫。
收藏单位：国家馆

01617
人与世界 胡明等著
万里出版社，1941.4，105 页，50 开
本书收传记文章 4 篇：《马克思与恩格斯》（胡明）、《列宁》（林则民）、《史太林》（遥明）、《高尔基》（索尔）。
收藏单位：吉林馆、上海馆

01618
为革命理论而斗争之列宁与史大林 （苏）沙维烈夫著 引生译
出版者不详，[1911—1949]，86 页，32 开（时论选集 第 1 种）
本书收《为革命理论而斗争之列宁》《共产主义者劳动大众的组织者和领导者》《党为联邦最高委员会在新的选举制度下选举而进行准备的党的政治工作的改造》等。
收藏单位：重庆馆、南京馆

马克思

01619
回忆马克思 （法）拉发格（P. Lafargue）等著
长春：东北书店，1949.3，63 页，32 开

本书为译文集，共4篇：《忆马克思》（拉发格著，董秋斯译）、《星期日在荒原上的遨游》（李卜克内西著，董秋斯译）、《马克思与小孩子》（李卜克内西著，董秋斯译）、《一个工人对于马克思的回忆》（莱斯奈尔著，林淡秋译）。

收藏单位：成都馆、东北师大馆、国家馆、吉大馆、内蒙古馆、山东馆、上海馆、天津馆

01620
回忆马克思　（法）拉发格（P. Lafargue）等著
太行新华书店，1949.3，71页，32开
收藏单位：山东馆

01621
回忆马克思　（法）拉发格（P. Lafargue）等著　董秋斯等译
山东新华书店，1948.7，86页，42开（新华小文库）
[山东新华书店]，1949.4，83页，32开
山东新华书店，1949.5，再版，86页，42开
收藏单位：重庆馆、国家馆、河南馆、柳州馆、南京馆、山东馆、山西馆、上海馆、绍兴馆、天津馆、西南大学馆、中科图

01622
马克思　艾明之著
上海：生活·读书·新知联合发行所，1949.7，83页，36开（新中国百科小丛书）
本书共13部分，内容包括：学生时代、新黑格尔学派、开始了流亡生活、共产主义者同盟等。
收藏单位：安徽馆、成都馆、重庆馆、东北师大馆、国家馆、江西馆、内蒙古馆、绍兴馆、天津馆

01623
马克思　艾明之著
上海：士林书店，1949.4，83页，32开
本书著者原题：明之。
收藏单位：重庆馆、黑龙江馆、吉林馆、南京馆、陕西馆、上海馆、浙江馆

01624
马克思　艾明之著
[吉林]：新中国书局，1949.7，再版，83页，36开（新中国百科小丛书）
本书著者原题：明之。
收藏单位：成都馆、广东馆、贵州馆、吉大馆、吉林馆、陕西馆、天津馆

01625
马克思的生平　（法）拉发格（P. Lafargue）（德）威廉·李卜克内西（Wilhelm Liebknecht）著　赵冬垠译　沈志远校
香港：新中出版社，1947.4，再版，64页，32开
大连：新中出版社，1949.2，63页，32开（光华丛刊17）
本书收文两篇：《忆马克思》《马克思回忆录》。
收藏单位：安徽馆、北大馆、长春馆、重庆馆、东北师大馆、国家馆、吉林馆、近代史所、山东馆、上海馆、绍兴馆、首都馆、天津馆、浙江馆

01626
马克思纪念册
出版者不详，1922.5，35页，32开
本书收文两篇：《马克思诞生一〇四周纪念日敬告工人与学生》《马克思学说》。
收藏单位：国家馆、南京馆、上海馆

01627
马克思略传
冀中新华书店，1941.4，53页，64开
冀中新华书店，[1947]，53页，64开
本书收文3篇：《马克思略传》（萧三译）、《马克思是怎样学习的》（格略塞尔作，葆荃译）、《马克思之为人》（柯柏年）。
收藏单位：国家馆、山东馆

01628
马克思其生平其著作及其学说　李季著

出版者不详，1927，414 页，32 开

收藏单位：重庆馆、南京馆

01629

马克思十二讲 （日）高畠素之著 陈宝骅 萨孟武 邢墨卿译

上海：新生命书局，1930.10，457 页，25 开，精装

上海：新生命书局，1934.7，再版，457 页，25 开

本书共 12 讲：马克思的生涯及事业、马克思的唯物哲学说、马克思的唯物史观说、马克思的国家学说、马克思的资本主义崩坏说、马克思的劳动价值说、马克思的剩余价值说、马克思的分工与协业说、马克思的机器学说、马克思的资本蓄积说、马克思的利润说、马克思的地代说。附《马克思的再生产说》。

收藏单位：成都馆、东北师大馆、广西馆、贵州馆、国家馆、近代史所、辽大馆、南京馆、上海馆、天津馆、浙江馆、中科图

01630

马克思传 李季著

上海：神州国光社，1932.1，3 册（470+383+584 页），25 开

上海：神州国光社，1949.8，3 册（470+366+593 页），32 开

本书分上、中、下 3 编，共 4 部分：少年时代（求学时期：1818—1843 年）、壮年时代（奔走时期：1843—1849 年）、中年时代（研究时期：1849—1867 年）、晚年时代（集成时期：1867—1883 年）。书前有著者自序、重版序言，说明本书上、中、下 3 册曾先后出版于 1926 年、1930 年和 1932 年。

收藏单位：成都馆、重庆馆、广东馆、国家馆、近代史所、辽大馆、南京馆、宁夏馆、山东馆、上海馆、天津馆、浙江馆

01631

马克思传 （德）梅林（Franz Mehring）著 罗稷南译

上海：生活·读书·新知三联书店，1949.9，570 页，32 开

收藏单位：国家馆、河南馆

01632

马克思传（其生平其著作及其学说 上册） 李季著

上海：神州国光社，1933，29+470 页，32 开

收藏单位：成都馆、重庆馆、国家馆、河南馆、黑龙江馆、山东馆、上海馆、首都馆

01633

马克思传（其生平其著作及其学说 中册） 李季著

上海：神州国光社，1933，再版，383 页，32 开

收藏单位：成都馆、重庆馆、国家馆、黑龙江馆、内蒙古馆、山东馆、首都馆、浙江馆

01634

马克思传（其生平其著作及其学说 下册） 李季著

上海：神州国光社，1932.12，584 页，25 开

上海：神州国光社，1936.3，再版，574 页，32 开

收藏单位：成都馆、广东馆、广西馆、国家馆、黑龙江馆、南京馆、山东馆、山西馆、上海馆、首都馆、天津馆

01635

马克思传（上编 第 1 册） 李季著

上海：平凡书局，1929.12，470 页，22 开

收藏单位：国家馆、内蒙古馆、宁夏馆、上海馆、首都馆

01636

马克思传（上册） 李季著

上海：平凡书局，1930，再版，[31+470] 页，25 开

收藏单位：安徽馆、北大馆、国家馆、黑龙江馆、上海馆

01637
马克思传（中册） 李季著
上海：平凡书局，1930.4，368 页，25 开
收藏单位：安徽馆、北碚馆、国家馆、黑龙江馆、南京馆、山西馆、上海馆

01638
马克思传及其学说 （德）比尔（Max Beer）著　易桢译
[上海]：社会科学研究会，1930.5，232 页，32 开
本书共 5 部分：父母与朋友、马克思主义底形成时代、狂风暴雨的年代与命运底变迁、马克思主义体系、结论。书前有小前言、绪论。据 T. C. Partington 和 H. J. Stenning 的英译本转译。
收藏单位：国家馆、湖南馆、近代史所、上海馆、首都馆、天津馆、中科图

01639
马克斯传 李季著
言行出版社，1938.11，3 册（470+382+584 页），32 开（大学文库 第 1 辑）
收藏单位：广西馆、上海馆

01640
马克斯传 （德）梅林（Franz Mehring）著　罗稷南译
上海：骆驼书店，1945.11，[17]+272 页，32 开
上海：骆驼书店，1946.12，285 页，25 开
哈尔滨：骆驼书店，1948.3，272 页，32 开
哈尔滨：骆驼书店，1948.9，3 版，[17]+272 页，32 开
本书分上、下两篇详细介绍马克思的生平、革命活动和理论著述。上篇共 9 章，下篇共 6 章。附《马克思博士论文的准备工作》《批评黑格尔底法律哲学》《马克思底初期经济学研究和著作》《作为国际组织者的马克思》《第一国际》等。
收藏单位：长春馆、重庆馆、东北师大馆、广西馆、国家馆、黑龙江馆、吉林馆、山东馆、山西馆、上海馆、首都馆

01641
马氏评传 乌拉狄密尔著　现代思潮社译
现代思潮社，1936.8，54 页，32 开
本书共 4 部分：马克斯小传、马克斯的学说、马克斯的经济学说、无产阶级的阶级斗争战术。
收藏单位：复旦馆、浙江馆

01642
他所知道的马克斯 （英）约翰·斯柏尔（John Spargo）著　谈文译
北平[等]：认识出版社，1946.5，49 页，64 开（认识小丛书）
本书为马克思的传记故事。书后有译后记。
收藏单位：重庆馆、国家馆、山东馆、上海馆、天津馆

01643
伟大的导师——马克思 平原省中苏友好协会编
出版者不详，[1940—1949]，81 页，32 开（中苏友好选集 4）
收藏单位：山东馆

01644
伟大的导师——马克思 萧三编译
[北平]：中国青年社，1949.7，38 页，32 开（中国青年丛书）
[北平]：[中国青年社]，1949，3 版，订正本，31 页，32 开（中国青年丛书）
本书收文两篇：《伟大的导师——马克思》《青年马克思的思想发展道路——纪念马克思诞生一百三十一年》。
收藏单位：重庆馆、国家馆、湖北馆、天津馆

01645
忆马克思 （法）拉发格（P. Lafargue）（德）

威廉·李卜克内西（Wilhelm Liebknecht）著 赵冬垠译 沈志远校订
重庆：学术出版社，1941.1，75页，32开
[重庆]：学术出版社，1942.1，75页，32开
本书收文两篇：《忆马克思》（拉发格）、《马克思回忆录》（威廉·李卜克内西）。
收藏单位：重庆馆、国家馆、南京馆、西南大学馆、中科图

恩格斯

01646
恩格斯 林立著
香港：生活·读书·新知联合发行所，1949.3，70页，64开
上海：生活·读书·新知联合发行所，1949.6，70页，36开（新中国百科小丛书）
收藏单位：成都馆、东北师大馆、广东馆、国家馆、吉林馆、南京馆、内蒙古馆、上海馆、天津馆

01647
恩格斯的故事 柏桦著
上海：国强出版社，1949，40页，32开（国强丛书）
本书共12部分，内容包括：挨打、情愿受委屈、破涕为笑的妹妹、大胆的诗等。
收藏单位：内蒙古馆、上海馆

01648
恩格斯的故事 柏桦著
[威县]：冀南书店，1947.3，20页，32开
收藏单位：国家馆

01649
恩格斯的故事 柏桦著
冀中新华书店，1947.7，24页，32开
收藏单位：山东馆

01650
恩格斯的故事 柏桦著
晋南新华书店，1948.12，29页，32开
收藏单位：国家馆、山东馆、陕西馆、上海馆

01651
恩格斯的故事 柏桦著
鲁南新华书店，1948.12，29页，32开
收藏单位：山东馆

01652
恩格斯的故事 柏桦著
[西安]：西北新华书店，[1949]，27页，36开
收藏单位：国家馆

01653
恩格斯的故事 柏桦著
北平：中新书店，1949，23页，32开
收藏单位：近代史所、首都馆

01654
恩格斯的故事 柏桦著
中原新华书店，1949，33页，32开
收藏单位：国家馆、湖北馆

01655
恩格斯及其事业 （苏）曼努伊尔斯基（Д. З. Мануильский）著 唯真译
出版者不详，1938.3，56页，36开
出版者不详，1938.4，再版，56页，25开
本书共3部分：恩格斯及其在创造科学社会主义上所起的作用、无产阶级底领袖与无产阶级策略底能手、我们继续着恩格斯底事业。著者原题：曼努意斯基。译者原题：王唯真。
收藏单位：安徽馆、北碚馆、广东馆、国家馆、吉林馆、江西馆、南大馆、南京馆、陕西馆、上海馆、浙江馆、中科图

01656
恩格斯评传 （苏）列宁（В. И. Ленин）著 李书勋译
上海：泰东图书局，1938，28页，36开
收藏单位：浙江馆

01657
恩格斯传　郭大力编译
上海：读书出版社，1947.4，212 页，32 开
大连：读书出版社，1948.1，199 页，32 开
本书共 26 部分，内容包括：家族和幼年、练习生和少年著作家、在柏林、第一次在英国等。书前有序。
收藏单位：长春馆、成都馆、东北师大馆、广东馆、国家馆、黑龙江馆、近代史所、南京馆、山东馆、山西馆、上海馆、绍兴馆

01658
恩格斯传　（德）梅尔（G. Mayer）著　郭大力编译
哈尔滨：光华书店，1949.2，再版，199 页，32 开
收藏单位：重庆馆、东北师大馆、国家馆、近代史所、南京馆、山西馆、上海馆

01659
恩格斯传　（德）梅尔（G. Mayer）著　郭大力编译
新华书店，1949，华中版，183 页，32 开
本书据著者 *Friedrich Engels: A Biography*（1936 年伦敦出版）一书编译，共 16 小节。书前有编译者序。
收藏单位：国家馆、湖北馆

01660
为革命的马克思主义而斗争的恩格斯　（苏）曼努伊尔斯基（Д. З. Мануильский）著
[苏联]：工人出版社，1935，82 页，50 开，精装
本书封面题名：纪念恩格斯。著者原题：曼努意斯基。
收藏单位：南京馆

列　宁

01661
共产主义理论家的列宁　（苏）奥斯特洛维强诺夫（К. Островитянов）著　李少甫译
中华书局，1946，56 页，32 开
上海：中华书局，1949，56 页，32 开（新时代小丛书 19）
收藏单位：北大馆、重庆馆、广东馆、国家馆、湖北馆、南京馆、内蒙古馆、天津馆

01662
关于列宁的传说　山东新华书店编
山东新华书店，1946.11，58 页，32 开（大众文库）
本书收 8 篇关于列宁的传说。
收藏单位：南京馆、山东馆

01663
关于列宁的传说
中原新华书店，1949.6，65 页，36 开
收藏单位：重庆馆、国家馆、吉林馆

01664
广东各界纪念列宁逝世三周年纪念大会特刊
出版者不详，1927，28 页，32 开
本书内容包括：孙中山致苏俄遗言、列宁的行动及其哲学、列宁之伟大、列宁与中国革命、列宁生活与事业之年表等。
收藏单位：浙江馆

01665
和列宁相处的日子　（苏）高尔基（Максим Горький）著
华东新华书店总店，1948.10，76 页，42 开
本书收著者在列宁逝世后所写的 15 篇特写，生动地描绘了列宁光辉的斗争生活和亲切可爱的领袖形象。附列宁给高尔基的 15 封信。
收藏单位：重庆馆、国家馆、黑龙江馆、山东馆、上海馆、天津馆

01666
和列宁相处的日子　（苏）高尔基（Максим Горький）著
西安：西北新华书店，1949，63 页，32 开
收藏单位：天津馆

01667
和列宁相处的日子　（苏）高尔基（Максим Горький）著
新华书店，1949.6，76页，48开
　　收藏单位：国家馆、山东馆、陕西馆

01668
和列宁相处的日子　（苏）高尔基（Максим Горький）撰　罗稷南译
[北平]：三联书店，[1949]，135页
　　收藏单位：山西馆

01669
和列宁相处的日子　（苏）高尔基（Максим Горький）著　罗稷南译
汉口：生活书店，1938.6，135页，32开
上海：生活书店，1945.11，135页，32开
　　收藏单位：重庆馆、广西馆、贵州馆、国家馆、辽宁馆、南京馆、内蒙古馆、山东馆、上海馆、首都馆、天津馆

01670
和列宁相处的日子　（苏）高尔基（Максим Горький）著　罗稷南译
桂林：文学出版社，1943.6，135页，32开
　　收藏单位：重庆馆、桂林馆、国家馆

01671
列宁　艾明之著
北平：生活·读书·新知三联书店，1949.6，66页，50开（新中国百科小丛书）
上海：生活·读书·新知联合发行所，1949.7，66页，36开（新中国百科小丛书）
　　本书为列宁生平事迹简介。共10部分，内容包括：他的幼年、在学校里、走进了革命等。著者原题：明之。
　　收藏单位：成都馆、重庆馆、东北师大馆、广东馆、国家馆、陕西馆、绍兴馆

01672
列宁　艾明之著
上海：士林书店，1949.3，66页，32开
　　收藏单位：国家馆、吉林馆、南京馆、内蒙古馆、浙江馆

01673
列宁　艾明之撰
[北平]：新中国书局，1949，修订本，66页，50开（新中国百科小丛书）
北平：新中国书局，1949.7，再版，66页，40开（新中国百科小丛书）
　　收藏单位：成都馆、东北师大馆、广东馆、国家馆、天津馆

01674
列宁　（苏）高尔基（Максим Горький）著
佳木斯：东北书店，1947，55页，32开
　　本书为特写集。
　　收藏单位：东北师大馆、广东馆、国家馆、吉林馆、辽宁馆、宁夏馆、上海馆

01675
列宁　（苏）高尔基（Максим Горький）著
[大连]：东北中苏友好协会，1945.11，55页，32开
大连：东北中苏友好协会，1947.1，45页，32开
　　收藏单位：长春馆、东北师大馆、国家馆、吉林馆、辽大馆、辽宁馆、南京馆、宁夏馆、上海馆

01676
列宁　（苏）高尔基（Максим Горький）著
晋南新华书店，1947.9，55页，32开
　　收藏单位：山东馆

01677
列宁　（苏）高尔基（Максим Горький）著
莫斯科：外国工人出版社，1932，76页，32开
　　收藏单位：国家馆、南京馆

01678
列宁　（苏）高尔基（Максим Горький）著
[张家口]：新华书店晋察冀分店，1946.2，58页，32开

收藏单位：国家馆

01679
列宁　（苏）高尔基（Максим Горький）著　曹葆华译
[北平]：新华书店，1949.9，80页，32开
收藏单位：贵州馆、国家馆、内蒙古馆、山西馆

01680
列宁　金则人　黄峰编译
上海：光明书局，1938.1，301页，32开
上海：光明书局，1938.3，再版，301页，32开（国际名人传记丛书）
上海：光明书局，1938.11，3版，301页，32开（国际名人传记丛书）
本书为列宁传略。共11章，内容包括：自诞生至大学生活的时代、流刑亡命生活的时代、第一次革命的时代等。
收藏单位：北碚馆、成都馆、东北师大馆、国家馆、黑龙江馆、近代史所、山西馆、天津馆、浙江馆

01681
列宁　（苏）托洛茨基（Лев Давидович Троцкий）著　戚铭远译
上海：世界书局，1938.4，153页，32开（世界名人传记丛刊）
上海：世界书局，1939.4，再版，153页，32开（世界名人传记丛刊）
本书书前有译者序、英译序和著者自序。著者原题：托罗茨基。
收藏单位：贵州馆、国家馆、湖南馆、南京馆、上海馆

01682
列宁　姚寅仲编著
上海：平凡书局，1949.7，101页，32开
本书介绍列宁生平。共14部分，内容包括：列宁的为人、列宁的生活、大学生时代等。附《列宁夫人小传》。
收藏单位：安徽馆、广东馆、国家馆、吉林馆、上海馆

01683
列宁（雕刻·绘画·摄影）　时代书报出版社辑
上海：时代书报出版社，1949，影印本，1册，22开
收藏单位：国家馆、天津馆

01684
列宁博物馆巡礼　（苏）奥西波夫著　雪原译
大连：旅大中苏友好协会，1949.5，61页，32开（友谊丛书21）
本书著者按时间顺序，根据莫斯科列宁博物馆的材料，用报告文学的笔法描述了列宁的革命一生。
收藏单位：成都馆、东北师大馆、国家馆、天津馆

01685
列宁吃墨水壶的故事
出版者不详，[1911—1949]，石印本，72页，32开
收藏单位：国家馆

01686
列宁的传说及其它　曹靖华辑译
上海：文化生活出版社，1940.3，141页，32开（少年读物丛刊 甲辑6）
本书共3部分：第四座避弹室、列宁的传说、关于列宁。
收藏单位：北碚馆、福建馆、广西馆、国家馆、湖南馆、南京馆

01687
列宁的故事　第二野战军政治部编
第二野战军政治部，[1945—1948]，106页，64开（人民战士读物6）
本书为短篇故事集。
收藏单位：国家馆、辽宁馆、山东馆

01688
列宁的故事　胡平编
上海：大东书局，1949，75页，32开
本书共4部分：列宁和小孩、列宁的艰苦

斗争生活、列宁领导苏联人民建设、列宁永远活在苏联人民的心里。书前有编者的话。

收藏单位：重庆馆、广东馆、国家馆、上海馆

01689
列宁的故事　金照著
[大连]：大连日报社，1946，53页，64开
收藏单位：东北师大馆、国家馆、天津馆

01690
列宁的故事　金照等编写
华中新华书店，1945.11，37页，64开（大象文库 文艺类）
收藏单位：山东馆

01691
列宁的故事　（苏）考瑙瑙夫（A. Кононов）著　愚卿译
[佳木斯]：东北书店，1948.5，134页，32开
[佳木斯]：东北书店，1948.11，再版，134页，32开

本书共28部分，内容包括：列宁讲话的力量、列宁写的呈子、五月、被捕等。

收藏单位：成都馆、东北师大馆、广东馆、国家馆、吉林馆、天津馆

01692
列宁的故事　（苏）考瑙瑙夫（A. Кононов）著　愚卿译
华东新华书店，1948.9，113页，32开
收藏单位：安徽馆、重庆馆、南京馆、山东馆

01693
列宁的故事　（苏）考瑙瑙夫（A. Кононов）著　愚卿译
[威县]：冀南新华书店，1949.5，139页，32开
收藏单位：国家馆、山东馆

01694
列宁的故事　（苏）考瑙瑙夫（A. Кононов）著　愚卿译
山东新华书店，1946.11，103页，32开（大众文库故事）
山东新华书店，1949，2版，115页，32开

本书共22部分，内容包括：玻璃水瓶、列宁是怎样学习的、列宁吃墨水瓶、列宁在监狱里等。

收藏单位：重庆馆、山东馆、天津馆

01695
列宁的故事　（苏）考瑙瑙夫（A. Кононов）著　愚卿译
苏州：苏南新华书店，1949.6，89页，32开
收藏单位：重庆馆

01696
列宁的故事　（苏）考瑙瑙夫（A. Кононов）著　愚卿译
莫斯科：外国文书籍出版局，1944，92页，32开

本书共25部分，内容包括：寿沙河边、列宁写的呈子、五月、被捕、危险的路程、回俄国去等。

收藏单位：北碚馆、成都馆、重庆馆、贵州馆、国家馆、湖南馆、南京馆、上海馆

01697
列宁的故事　（苏）考瑙瑙夫（A. Кононов）著　愚卿译
[郑州]：中原新华书店，1949.5，91页，32开
收藏单位：广东馆、贵州馆

01698
列宁的故事　周真璜编译
文化编译社，1938.1，38页，64开
收藏单位：国家馆、内蒙古馆、上海馆

01699
列宁的故事　周真璜编译
汉口：新知书店，1938.4，再版，38页，64开
收藏单位：国家馆、上海馆

01700
列宁的故事　（苏）左琴科著　曹靖华辑译
[郑州]：中原新华书店，1949.5，78页，32开
本书收列宁故事22篇。
收藏单位：东北师大馆、国家馆

01701
列宁的生平　（英）杜德（R. Palme Dutt）著　江明译
汉口：新知书店，1938.4，81页，36开
本书共3部分：引言、列宁的时代、列宁的生平。据英文版译出。
收藏单位：贵州馆、国家馆、天津馆、西南大学馆、中科图

01702
列宁的童年　（苏）月列琴尼科夫著　（苏）达纬杜伏伊绘图　吴辉扬　陶锡奇译
香港业余英俄文专修学校，1948.3，62页，32开（少年教育丛书1）
本书书前有译者序。附《第一名学生》（古茨尼佐夫）。著者原题：维里登尼科夫。
收藏单位：国家馆、山西馆

01703
列宁的童年　（苏）月列琴尼科夫著　金人译
大众书店，[1945—1949]，61页，32开
本书共27部分，内容包括：前面的几句话、到辛比尔斯克去、游戏、鹅、游泳等。
收藏单位：辽宁馆、上海馆

01704
列宁的童年　（苏）月列琴尼科夫著　金人译
佳木斯：东北书店，1947.11，48页，32开
佳木斯：东北书店，1948.11，再版，48页，32开
收藏单位：长春馆、重庆馆、东北师大馆、国家馆、内蒙古馆、山东馆、山西馆、绍兴馆、天津馆、中科图

01705
列宁的童年　（苏）月列琴尼科夫著　金人译
上海：少年出版社，1941.4，67页，36开
收藏单位：吉林馆、南京馆、山东馆、上海馆

01706
列宁的一生　铁冰译
汉口：上海杂志公司，1938，103页，32开
本书共16节。附《列宁论中国》。
收藏单位：贵州馆、吉林馆、南京馆、上海馆、中科图

01707
列宁的正义　八路军留守兵团编
佳木斯：东北书店，1947.10，77页，64开（战士小丛书）
收藏单位：国家馆

01708
列宁的正义　[曹靖华译]
出版者不详，1947，77页，64开（战士小丛书）
本书收关于列宁的民间故事共11篇。其中《列宁的正义》等10篇选自《鲜红的花》（曹靖华编译），《乡下老头关于列宁的故事》选自《七人集》（曹靖华编译）。
收藏单位：东北师大馆、国家馆、吉林馆、南京馆、宁夏馆、山东馆、山西馆

01709
列宁的正义　曹靖华译　大众文艺出版社选辑
大众文艺出版社，1946.3，28页，64开
本书为苏联现代革命故事选集，收《列宁的正义》等5篇。选自《鲜红的花》（曹靖华编译）。
收藏单位：国家馆

01710
列宁的正义　留守兵团政治部编
[留守兵团政治部]，1943，140页（战士小丛书）
本书为苏联现代革命故事选集。
收藏单位：近代史所

01711
列宁故事 （苏）左琴科著 曹靖华译
东北书店，[1945—1949]，72 页，32 开
本书收故事 18 篇，内容包括：《玻璃水瓶》《列宁是怎样学习的》《有时可以吃墨水壶的》《列宁怎样戒烟的》等。
收藏单位：东北师大馆、广东馆、吉林馆、南京馆

01712
列宁故事 （苏）左琴科著 曹靖华辑译
上海：生活书店，1947.1，83 页，25 开（少年文库）
上海：生活书店，1948，2 版，72 页，32 开
收藏单位：北碚馆、东北师大馆、福建馆、广西馆、国家馆、山东馆、上海馆

01713
列宁故事 （苏）左琴科著 曹靖华辑译
张家口：新华书店晋察冀分店，1946.1，72 页，32 开
收藏单位：国家馆

01714
列宁故事 （苏）左琴科著 曹靖华辑译
新少年出版社，1942，82 页，32 开
收藏单位：重庆馆、广西馆、国家馆

01715
列宁和人民 （苏）考瑙瑙夫（A. Кононов）著
甘肃日报社，[1949] 印，88 页，32 开
收藏单位：黑龙江馆

01716
列宁和人民 （苏）考瑙瑙夫（A. Кононов）著 愚卿译
[大连]：光华书店，1948，126 页，32 开
收藏单位：长春馆、重庆馆、东北师大馆、国家馆、吉林馆、山东馆、天津馆

01717
列宁和人民 （苏）考瑙瑙夫（A. Кононов）著 愚卿译
晋南新华书店，[1948—1949]，100 页，36 开
收藏单位：重庆馆、宁夏馆、山东馆

01718
列宁和斯大林是苏维埃国家底伟大组织者
（苏）维辛斯基（A. Вышинский）著
华东新华书店，1949，75 页，32 开
本书共 7 部分，内容包括：列宁论国家、无产阶级革命与农民、苏维埃的社会主义思想体系等。据莫斯科外国文书籍出版局 1948 年版印。
收藏单位：重庆馆、国家馆、吉林馆、山东馆、上海馆、天津馆

01719
列宁和斯大林是苏维埃国家底伟大组织者
（苏）维辛斯基（A. Вышинский）著
华中新华书店，1949，81 页，36 开
收藏单位：重庆馆

01720
列宁和斯大林是苏维埃国家底伟大组织者
（苏）维辛斯基（A. Вышинский）著
莫斯科：外国文书籍出版局，1948，74 页，25 开
收藏单位：重庆馆、东北师大馆、福建馆、国家馆、吉林馆、江西馆、南京馆、内蒙古馆、山东馆、陕西馆、上海馆、天津馆、中科图

01721
列宁和斯大林是苏维埃国家底伟大组织者
（苏）维辛斯基（A. Вышинский）撰
新华书店，1948，96 页，32 开
新华书店，1949.8，96 页，32 开
本书著者原题：维新斯基。
收藏单位：安徽馆、广东馆、广西馆、国家馆、黑龙江馆、吉林馆、山西馆、绍兴馆、天津馆、云南馆

01722
列宁画册

出版者不详，[1911—1949]，1 册，24cm×26cm

收藏单位：广东馆

01723

列宁画传　枫林主编　王景璆　吴其柔编辑

上海：电化教育出版社，1949，1 册，横 21 开

本书为列宁传略。

收藏单位：安徽馆、国家馆、吉林馆、江西馆、南京馆、天津馆

01724

列宁画传　（美）萧路斯（Ruth Shaw）著　黄莎译

暴风雨出版社，1939，54 页，16 开

收藏单位：上海馆

01725

列宁画传　（美）萧路斯（Ruth Shaw）著　黄莎译

上海：潮锋出版社，1947，54 页，横 16 开

本书有木刻插图的列宁传记。

收藏单位：长春馆、重庆馆、广东馆、国家馆、南京馆、山东馆、山西馆、上海馆、浙江馆

01726

列宁画传　（美）萧路斯（Ruth Shaw）编译　凌山译

香港：生活书店，1949.2，影印本，91 页，25 开（少年文库）

本书共 32 章，内容包括：家、他把牛牵走了、共产国际、农人们坐上世界的顶端了、黑暗过去了等。

收藏单位：广东馆、广西馆、国家馆、湖南馆、山东馆、山西馆、首都馆

01727

列宁画传

上海：[上海工人图书馆]，[1936]，54 页，32 开

收藏单位：吉林馆

01728

列宁回忆录　（苏）克鲁普斯卡娅（H. K. Крупская）著　韩起译

外文题名：Memories of Lenin

上海：正午书局，1933.1，409 页，32 开

上海：正午书局，1933.3，再版，409 页，32 开

本书共 11 章，内容包括：在彼得堡、流放、伦敦生活、日内瓦、第二次大会、第二次大会以后等。附《列宁工作的方法》《列宁如何为群众写作》《列宁与奢尼舍夫斯基》《伊里基所爱读的小说》《作为革命家的列宁》《列宁印象记》。据英译本，参照法译本和日译本译出。著者原题：列宁夫人。

收藏单位：东北师大馆、广东馆、国家馆、黑龙江馆、吉林馆、近代史所、南京馆、宁夏馆、山西馆、上海馆、绍兴馆、天津馆、浙江馆

01729

列宁纪念册　中华民国国民追悼列宁大会编

中华民国国民追悼列宁大会，1924.3，1 册，18 开

本书收文 17 篇，内容包括：《列宁小传》《列宁死后之世界的哀悼》《列宁不死》《同志列宁》《马克思主义者——列宁》等。

收藏单位：国家馆、近代史所、首都馆

01730

列宁略传　苏联列宁研究院原著

[汉口]：火炬出版社，1938.2，113 页，32 开

本书讲述列宁的革命斗争经历及其生平轨迹。共 13 章，内容包括：西伯利亚流逐时期、火星时期、本党第二次大会与破裂、反动时期等。

收藏单位：贵州馆、国家馆、湖北馆、近代史所、上海馆、西南大学馆、浙江馆

01731

列宁略传　（苏）苏林著

[瑞金]：中共中央局，1934.7，169 页，石印本，32 开（斗争丛书第 2 种）

收藏单位：国家馆

01732
列宁略传（苏）苏林著　唯真译
中央出版局，1931，160页，36开
收藏单位：国家馆

01733
列宁生平事业简史　联共（波）中央附设马恩列学院编
山东新华书店，1948.4，291页，32开
收藏单位：广东馆、国家馆、山东馆、山西馆

01734
列宁生平事业简史　联共（波）中央附设马恩列学院编
莫斯科：外国文书籍出版局，1943，338页，25开，精装
收藏单位：北碚馆、重庆馆、福建馆、国家馆、湖南馆、南京馆、上海馆、浙江馆、中科图

01735
列宁生平事业简史　联共（波）中央附设马恩列学院编
[郑州]：中原新华书店，1949.4，291页，32开
收藏单位：贵州馆、国家馆、湖南馆

01736
列宁生平事业简史　联共（布）中央附设马恩列学院编
长春：东北书店，1949.4，316页，32开
收藏单位：长春馆、重庆馆、东北师大馆、广东馆、国家馆、山西馆

01737
列宁生平事业简史　联共（布）中央附设马恩列学院编
华北新华书店，1949.3，291页，36开
收藏单位：广东馆、国家馆

01738
列宁生平事业简史　联共（布）中央附设马恩列学院编
华东新华书店，1948.4，391页，32开
华东新华书店，1949.2，再版，391页，32开
收藏单位：成都馆、重庆馆、国家馆、辽宁馆、南京馆、山东馆、山西馆、上海馆、绍兴馆

01739
列宁生平事业简史　联共（布）中央附设马恩列学院编
[泰州]：苏北新华书店，1949.8，270页，36开
收藏单位：国家馆、湖北馆、南京馆

01740
列宁生平事业简史　联共（布）中央附设马恩列学院编
北平：新华书店，1949.4，301页，32开
上海：新华书店，1949.9，364页，32开
上海：新华书店，1949，2版，391页
收藏单位：安徽馆、广东馆、国家馆、内蒙古馆、山西馆、绍兴馆、天津馆

01741
列宁生平事业简史　联共（布）中央附设马恩列学院编
香港：新民主出版社，1949.6，338页，32开
收藏单位：国家馆、河南馆、湖北馆、湖南馆、内蒙古馆

01742
列宁是怎样学习的（苏）左琴科等著　阿平　汝崇合译
[桂林]：倪维墉，1942.6，42页，32开
本书为苏联儿童文学，收短篇文艺作品5篇。
收藏单位：重庆馆、广西馆、国家馆、近代史所

01743
列宁与甘地（奥）孚勒普密勒（René Fülöp-Miller）著
出版者不详，[1927]，[10]+183页，18开，精

装

收藏单位：广西馆、浙江馆

01744

列宁与甘地　（奥）孚勒普密勒（René Fülöp-Miller）著　董人骥译

北平：富文斋，[1930.11]，1册，25开

本书共两部分，分别介绍列宁和甘地两人的生活和事业。列宁部分附《列宁在西伯利亚和亡命时代的信札选录》，甘地部分附《甘地由狱中寄出的信》。著者原题：菲洛伯—弥勒。

收藏单位：北碚馆、国家馆

01745

列宁与甘地　（奥）孚勒普密勒（René Fülöp-Miller）著　伍光健译

外文题名：Lenin and Gandhi

上海：华通书局，1930.6，183页，22开，精装

上海：华通书局，1931，再版，183页，22开

上海：华通书局，1932.7，3版，183页，25开

收藏单位：北碚馆、复旦馆、广西馆、国家馆、河南馆、黑龙江馆、湖北馆、吉林馆、近代史所、辽东学院馆、辽宁馆、南京馆、宁夏馆、山西馆、上海馆、首都馆、天津馆、浙江馆、中科图

01746

列宁与科学　（苏）亚历山大洛夫著　李少甫译

上海：中华书局，1949，54页，32开（新时代小丛书21）

本书共4部分："无产阶级的天才领袖，思想家与学者——列宁的深刻思想与战斗党性""把科学与生活联系起来，实现科学共产主义的理想，便是前进科学的主要任务""无产阶级认识社会发展的规律，并以这些规律指导自己的斗争""列宁主义是争取共产主义胜利的斗争旗帜"。

收藏单位：重庆馆、广东馆、国家馆、湖北馆、湖南馆、辽宁馆、南京馆、山西馆、云南馆

01747

列宁传　（苏）凯尔任采夫著　企程　朔望译

成都：读书出版社，1940.11，366页，36开

重庆：读书出版社，1942.2，366页，32开

[北平]：读书出版社，1949重印，366页，32开

大连：读书出版社，1949.4，366页，32开

本书共23章，内容包括：乌里亚诺夫底家庭、和劳动群众在一起、西伯利亚的放逐、火星报等。

收藏单位：安徽馆、北碚馆、成都馆、东北师大馆、广东馆、贵州馆、国家馆、河南馆、黑龙江馆、近代史所、南京馆、山西馆、上海馆、天津馆

01748

列宁传　（日）山川均著　张亮译

[上海]：人民出版社，1922，72页，32开（列宁全书4）

广州：人民出版社，1926.12，12版，72页，32开

广州：人民出版社，1927，68页，32开

本书共16章，内容包括："列宁之出生——兄之处刑""学生时代——思想的背景""彼得格勒时代——劳动运动底组织者"等。

收藏单位：国家馆、近代史所、上海馆、绍兴馆、首都馆、浙江馆

01749

列宁传　沈因编

上海：民力书局，1938.5，81页，32开

本书共12章，叙述列宁的生平。书前有编者序。

收藏单位：国家馆

01750

列宁传　（苏）托洛茨基（Лев Давидович Троцкий）著　韩起译

南京：国际译报社，1932.10，494页，32开（国际人物传记丛书）

南京：国际译报社，1933.3，再版，494页，32开

国际译报社，1938.10，494页，32开
本书分上、下两篇。上篇共13部分，内容包括：列宁与“老火花”、十月革命以前、大革命、布列斯特和约、解散宪法会议、组织政府、在演说台上的列宁、列宁遇刺等；下篇共5部分：列宁、列宁之为人、列宁底一生、列宁给友人书、列宁研究书目。书前有前言、英译者序。据英译本译出。著者原题：托罗茨基。
收藏单位：重庆馆、广东馆、广西馆、国家馆、南京馆、宁夏馆、上海馆、首都馆、浙江馆、中科图

01751
列宁传 （苏）雅罗斯拉夫斯基著
解放社，1939.6，69页，32开
本书著者原题：雅洛斯拉夫斯基。
收藏单位：国家馆、湖南馆、南京馆、首都馆

01752
列宁传 （苏）雅罗斯拉夫斯基著
晋南新华书店，1948.12，63页，25开
本书著者原题：雅洛斯拉夫斯基。
收藏单位：重庆馆、国家馆、山东馆、陕西馆、上海馆

01753
列宁传 （苏）雅罗斯拉夫斯基著
莫斯科：外国工人出版社，1935，87页，32开
本书书后有列宁革命生活照片多幅。著者原题：雅洛斯拉夫斯基。
收藏单位：国家馆、吉林馆

01754
列宁传 （苏）雅罗斯拉夫斯基著
出版者不详，1935，87页，36开
出版者不详，1939.3，再版，92页，32开
本书共17部分，内容包括：“列宁底儿童时代与幼年时代”“列宁底青年时代和初期的革命工作”“彼得堡工人阶级解放斗争联合会”等。著者原题：雅洛斯拉夫斯基。
收藏单位：国家馆、南京馆、西南大学馆

01755
列宁传 （苏）雅罗斯拉夫斯基著 莫文译
天津：知识书店，1949.4，59页，36开
本书著者原题：雅洛斯拉夫斯基。
收藏单位：东北师大馆、国家馆、山东馆、山西馆

01756
列宁传 姚寅仲编著
[上海]：开华书局，1941.4，101页，36开
本书共14部分。附《列宁夫人小传》。
收藏单位：国家馆

01757
六年随从列宁 （苏）斯·基尔（С. К. Гиль）著
大连中苏友好协会，1947.1，63页，32开
本书共10章：第一次会面、凶恶的行刺、闲暇时的列宁、约西夫·维萨力昂诺维奇·斯大林、马克西木·高尔基、列宁爱护自然物的情形、列宁乘货车、打猎轶事、在亲属中、永别。
收藏单位：东北师大馆、辽宁馆、上海馆

01758
六年随从列宁 （苏）斯·基尔（С. К. Гиль）著
东北中苏友好协会四平街支部，1945.12，64页，32开
收藏单位：南京馆、西南大学馆

01759
六年随从列宁 （苏）斯·基尔（С. К. Гиль）著
新华书店，1949.9，59页，32开
收藏单位：广东馆

01760
六年随从列宁（列宁的汽车夫之回忆） （苏）斯·基尔（С. К. Гиль）著
华中新华书店，1946.5，67页，12cm×12cm
收藏单位：山东馆

01761
六年随从列宁（列宁底汽车夫之回忆）（苏）斯·基尔（С. К. Гиль）著
武安：华北新华书店，1947.2，59页，36开
武安：华北新华书店，1947，2版，59页，32开
收藏单位：重庆馆、国家馆、河南馆、山东馆、上海馆、天津馆

01762
六年随从列宁（列宁底汽车夫之回忆）（苏）斯·基尔（С. К. Гиль）著
晋绥新华书店晋南分店，1948.9印，65页，32开
收藏单位：成都馆、重庆馆、贵州馆、国家馆、吉林馆、山西馆、上海馆、天津馆

01763
六年随从列宁（列宁底汽车夫之回忆）（苏）斯·基尔（С. К. Гиль）著
张家口：新华书店晋察冀分店，1946.1，81页，32开
收藏单位：北碚馆、国家馆、吉林馆、南京馆、天津馆

01764
六年随从列宁（列宁底汽车夫之回忆）（苏）斯·基尔（С. К. Гиль）著
中原新华书店，1949.3，58页，32开
收藏单位：重庆馆、国家馆

01765
马克思主义者的列宁（苏）布哈林（Н. Бухарин）著
广州：新青年社，1927.1，62页，32开（新青年社丛书）
收藏单位：国家馆、绍兴馆

01766
蜜蜂引路 金照著
[绥德]：大众日报社，1943，71页，64开（列宁故事2）
本书附《学习季米特洛夫同志英勇斗争的榜样》（冀南区党委1944年2月）。
收藏单位：国家馆

01767
蜜蜂引路 金照著
华北新华书店，1943，30页，64开（列宁故事2）
收藏单位：国家馆、南京馆、山西馆

01768
叛徒的列宁（前卷）（波）奥森杜斯基著 百灵译
上海：改造书店，1933.8，279页，32开
本书共36章。前卷17章，后卷未见书。书前有译者序，说明书名“叛徒”二字是指旧社会、旧宗教、旧时代的叛徒。
收藏单位：国家馆

01769
上海追悼列宁大会特刊 [追悼列宁大会筹备处编]
上海：[追悼列宁大会筹备处]，1924.3，8页，16开
本书收文5篇：《历史的工具》《马克思主义者》《告今日追悼列宁者》《列宁与新经济政策》《列宁略传》。
收藏单位：国家馆

01770
随从列宁六年（列宁的汽车夫的回忆）（苏）斯·基尔（С. К. Гиль）著
华东新华书店，1946.4，1册，50开
华东新华书店，1948.3，再版，57页，50开（新华小文库）
华东新华书店，1948.10，3版，57页，50开（新华小文库）
收藏单位：南京馆、山东馆、上海馆

01771
随从列宁六年（列宁的汽车夫的回忆）（苏）斯·基尔（С. К. Гиль）著
苏州：苏南新华书店，1949.6，59页，大64开

收藏单位：南京馆

01772
随从列宁六年（列宁的汽车夫的回忆）（苏）斯·基尔（С. К. Гиль）著
上海：新华书店，1949，65页，32开
收藏单位：重庆馆、东北师大馆、广东馆、国家馆、吉林馆、内蒙古馆、云南馆

01773
随从列宁六年（列宁的汽车夫的回忆）（苏）斯·基尔（С. К. Гиль）著
杭州：浙江新华书店，1949.9印，57页，42开
本书据华东新华书店1948年10月第3版翻印。
收藏单位：绍兴馆

01774
随从列宁六年（列宁的汽车夫之回忆）（苏）斯·基尔（С. К. Гиль）著
胶东新华书店，1946.9，50页，32开
收藏单位：湖北馆、山东馆

01775
随从列宁六年（列宁的汽车夫之回忆）（苏）斯·基尔（С. К. Гиль）著
[阳城]：太岳新华书店，1946.12，52页，32开
收藏单位：重庆馆、广东馆、国家馆、河南馆、南京馆

01776
伟大的导师——列宁 马来亚出版社编
新加坡：马来亚出版社，1946.1，32页，32开
本书收文6篇：《列宁简史》《论列宁》《列宁的模范风度》《伟大的格言》《列宁一生最可纪念的日子》《列宁关于自己的叙述》。
收藏单位：国家馆

01777
伟大的列宁（摄影集） 晨光出版公司辑
上海：晨光出版公司，1949，影印本，1册，大64开（苏联画库）
收藏单位：东北师大馆、国家馆、湖北馆、南京馆

01778
我与列宁 （苏）高尔基（Максим Горький）著 糜春炜译
上海：绿野书屋，1933.9，92页，32开
收藏单位：国家馆、内蒙古馆、上海馆

01779
乌里亚诺夫 雷丁著
上海：群力书店，1934.2，262页，32开
本书介绍列宁的生平与事业。共8章，内容包括：读书时代、在彼得堡与西比利亚、反革命的年代、大革命等。
收藏单位：国家馆、近代史所

01780
向列宁学习工作方法 （苏）克鲁普斯卡娅（Н. К. Крупская）著
哈尔滨：东北书店，1947.10，116页，36开
哈尔滨：东北书店，1948.10，再版，116页，32开
本书收文12篇，内容包括：《列宁的科学工作方法问题》《列宁是怎样研究马克思著作的》《列宁是个宣传家和鼓动家》《列宁是党刊物底编辑者和组织者》《工人刊物底组织作用》《列宁论善于写工农群众读物的技能》等。书前有著者小传。
收藏单位：安徽馆、长春馆、东北师大馆、国家馆、吉林馆、南京馆、上海馆

01781
向列宁学习工作方法 （苏）克鲁普斯卡娅（Н. К. Крупская）著
大连：关东中苏友好协会，1947.12，126页，32开（友谊丛书3）
收藏单位：国家馆、山东馆、上海馆

01782
向列宁学习工作方法 （苏）克鲁普斯卡娅（Н. К. Крупская）著
华北新华书店，1947.11，113 页，32 开
华北新华书店，1948.9，再版，134 页，36 开
收藏单位：重庆馆、广东馆、国家馆、河南馆、黑龙江馆、南京馆、山西馆、上海馆、天津馆

01783
向列宁学习工作方法 （苏）克鲁普斯卡娅（Н. К. Крупская）著
华东新华书店，1948.12，再版，141 页，32 开
收藏单位：山东馆、上海馆

01784
向列宁学习工作方法 （苏）克鲁普斯卡娅（Н. К. Крупская）著
华中新华书店，1949.4，104 页，32 开
华中新华书店，1949.7，156 页，32 开
华中新华书店，1949，2 版，135 页，32 开
收藏单位：重庆馆、广西馆、贵州馆、国家馆、内蒙古馆、山东馆

01785
向列宁学习工作方法 （苏）克鲁普斯卡娅（Н. К. Крупская）著
[朝城]：冀鲁豫书店，1948.2，再版，113 页，36 开
收藏单位：国家馆、黑龙江馆、天津馆

01786
向列宁学习工作方法 （苏）克鲁普斯卡娅（Н. К. Крупская）著
晋察冀新华书局，1947.12，135 页，32 开
收藏单位：国家馆、吉林馆、山西馆

01787
向列宁学习工作方法 （苏）克鲁普斯卡娅（Н. К. Крупская）著
晋南新华书店，1948.11，135 页，32 开
收藏单位：重庆馆、国家馆、山东馆、山西馆、上海馆

01788
向列宁学习工作方法 （苏）克鲁普斯卡娅（Н. К. Крупская）著
山东新华书店，1946，112 页，36 开
山东新华书店，1949.5，3 版，141 页，32 开
收藏单位：重庆馆、广东馆、国家馆、南京馆、山东馆

01789
向列宁学习工作方法 （苏）克鲁普斯卡娅（Н. К. Крупская）著
[无锡]：苏南新华书店，1949.8，99 页，32 开
收藏单位：吉林馆

01790
向列宁学习工作方法 （苏）克鲁普斯卡娅（Н. К. Крупская）著
[阳城]：太岳新华书店，1948.10，132 页，32 开
收藏单位：重庆馆、国家馆

01791
向列宁学习工作方法 （苏）克鲁普斯卡娅（Н. К. Крупская）著
莫斯科：外国文书籍出版局，1943，132 页，42 开
收藏单位：北碚馆、重庆馆、福建馆、国家馆、南京馆、宁夏馆、山东馆、上海馆

01792
向列宁学习工作方法 （苏）克鲁普斯卡娅（Н. К. Крупская）著
哈尔滨：万国书籍，1947，145 页，50 开
收藏单位：辽宁馆

01793
向列宁学习工作方法 （苏）克鲁普斯卡娅（Н. К. Крупская）著
[北平]：新华书店，1949，135 页，32 开
收藏单位：重庆馆、广东馆、国家馆、湖

南馆、江西馆、山东馆、山西馆

01794
向列宁学习工作方法　（苏）克鲁普斯卡娅（Н. К. Крупская）著
[杭州]：浙江新华书店，1949.7 印，141 页，32 开
收藏单位：广东馆、国家馆、吉林馆、绍兴馆、西南大学馆

01795
向列宁学习工作方法　（苏）克鲁普斯卡娅（Н. К. Крупская）著　刘舒译
上海：生活·读书·新知三联书店，1949.6，196 页，36 开（新中国青年文库）
上海：生活·读书·新知三联书店，1949，再版，196 页，36 开（新中国青年文库）
收藏单位：东北师大馆、广东馆、国家馆、湖北馆、南京馆、天津馆、云南馆

01796
向列宁学习工作方法　（苏）克鲁普斯卡娅（Н. К. Крупская）著　刘舒译
实践出版社，1949.4，196 页，36 开（青年文库）
收藏单位：国家馆、上海馆

01797
向列宁学习工作方法　（苏）克鲁普斯卡娅（Н. К. Крупская）著　刘舒译
[香港]：新中国书局，1949.5，196 页，32 开（新中国青年文库）
收藏单位：国家馆

01798
学习列宁的工作方法　（苏）克鲁普斯卡娅（Н. К. Крупская）撰
[北平]：天下图书公司，1949，143 页，36 开（学习丛书）
本书书前有天下图书公司编辑部写的著者小传、著者自序。
收藏单位：国家馆、内蒙古馆、山西馆

01799
忆列宁　（苏）高尔基（Максим Горький）著　蒋路译
上海：时代出版社，1949.4，122 页，大 64 开
上海：时代出版社，1949.8，再版，122 页，15cm×15cm
收藏单位：重庆馆、东北师大馆、福建馆、贵州馆、国家馆、湖南馆、江西馆、辽宁馆、陕西馆、上海馆、天津馆、西南大学馆

01800
忆列宁　（德）加拉赖·蔡特金（Clara Zetkin）著　胡仲持译
外文题名：Reminiscences of Lenin
上海：珠林书店，1939.5，138 页，32 开
本书为回忆录，共 6 部分："党务会议""文化和革命""波兰战争""德国问题""第四届世界大会""妇女、婚姻和性问题"。书前有序。
收藏单位：国家馆

斯大林

01801
从一个人看一个新世界　（法）巴比塞（H. Barbusse）著　徐懋庸译
外文题名：Staline, un monde nouveau vu a travers un homme
上海：大陆书社，1936.9，312 页，25 开
上海：大陆书社，1936.11，2 版，312 页，25 开
上海：大陆书社，1937.2，3 版，312 页，25 开
上海：大陆书社，1937.6，4 版，312 页，25 开
上海：大陆书社，1938.4，5 版，312 页，25 开
本书为斯大林评传，共 11 章：沙皇统治下的一个革命者、巨人、铁腕、民族的团结、初期的基石、寄生的战争、伟大的口号、农村、明天做什么、两个世界、把舵的人。
收藏单位：北碚馆、重庆馆、广西馆、贵州馆、国家馆、黑龙江馆、近代史所、南京馆、内蒙古馆、宁夏馆、上海馆、绍兴馆、

首都馆、西南大学馆、浙江馆、中科图

01802
从一个人看一个新世界 （法）巴比塞（H. Barbusse）著 徐懋庸译
桂林：新知书店，1939.3，6版，325页，32开
桂林：新知书店，1940.5，7版，307页，32开
重庆：新知书店，1945.5，7版，253页，32开
上海：新知书店，1946.6，253页，32开（传记丛书）
大连：新知书店，1947.12，252页，32开
大连：新知书店，1949.4，再版，252页，32开
收藏单位：北碚馆、重庆馆、东北师大馆、广东馆、贵州馆、国家馆、湖北馆、吉林馆、辽宁馆、南京馆、内蒙古馆、宁夏馆、山东馆、上海馆、首都馆、天津馆、西南大学馆

01803
关于斯大林的传说 山东新华书店编辑
山东新华书店，1946.11，38页，32开
本书收文6篇：《最宝贵的东西》《幸福》《大地主和红军士兵》《人民怎样征服了夷尔穆哈努穆》《太阳》《斯大林与真理》。
收藏单位：国家馆、山东馆、上海馆

01804
关于斯大林的传说（苏联民间故事） [曹靖华译]
中原新华书店，1949.6，42页，32开
收藏单位：国家馆

01805
会见斯大林 （苏）雅可福烈夫（Александр Сергеевич Яковлев）等编
无锡：苏南新华书店，1949，37页，50开
收藏单位：广东馆

01806
六十年来的史达林 （苏）加里宁（М. И. Калинин）著 张翼飞译
上海：大路出版公司，1940.5，126页，32开（大路青年丛书）
收藏单位：北碚馆、广西馆、贵州馆、湖南馆、上海馆

01807
论斯大林 （法）巴比塞（H. Barbusse）著
出版者不详，1936，41页，50开
收藏单位：南京馆

01808
史达林传（上集） 顾执中译
上海：普益书社，1936.5，270页，22开
本书共15章，从斯大林（即史达林）的童年时代叙述至被流放到西伯利亚。据美国作家伯特生从德文版译出的《斯大林传》转译。
收藏单位：北碚馆、国家馆、黑龙江馆、吉林馆、南京馆、内蒙古馆、上海馆

01809
史大林 （苏）斯维特洛夫著
大同出版社，1946.3，44页，64开（自由丛刊）
本书共17部分，内容包括：时间的匠人与主人、童年、神学校等。
收藏单位：国家馆

01810
史大林传略 （苏）亚历山大洛夫等编著 唯真译
上海：时代出版社，1947.9，152页，大32开
上海：时代出版社，1948.5，再版，152页，25开
上海：时代出版社，1949.5，3版，152页，25开
收藏单位：成都馆、广东馆、广西馆、国家馆、吉林馆、内蒙古馆、陕西馆、上海馆、绍兴馆

01811
史太林 （美）I. D. Levine著 方仲益节译

外文题名：Stalin
上海：良友图书印刷公司，1931.9，58页，64开（一角丛书2）
上海：良友图书印刷公司，1931.10，2版，58页，64开（一角丛书2）
上海：良友图书印刷公司，1932.5，3版，58页，64开（一角丛书2）
上海：良友图书印刷公司，1932.9，4版，58页，64开（一角丛书2）

本书为节译本。著者系美国新闻记者。

收藏单位：北碚馆、广西馆、黑龙江馆、江西馆、上海馆、浙江馆

01812
史太林　（德）路德维希（Emil Ludwig）作　陈汉年译
上海：多样社，1936.4，74页，36开（多样丛书3）
上海：多样社，1936.7，再版，74页，36开（多样丛书3）

本书作者原题：卢特维绥。

收藏单位：广东馆、贵州馆、国家馆、湖南馆、南京馆、陕西馆、上海馆、天津馆、浙江馆、中科图

01813
史太林的生平　逸夫编译
民族解放青年出版社，1938.4，186页，32开

本书共5章，内容包括：幼年时代、火山口上的旧俄帝国、垂死阶级的最后挣扎等。

收藏单位：成都馆、南京馆、山东馆、上海馆、天津馆、西南大学馆

01814
史太林传记　张吕辉编
上海：经纬书局，[1936]，70页，50开（经纬百科丛书）

收藏单位：上海馆

01815
斯达林　（苏）加里宁（М. И. Калинин）等著　胡明辑译
上海：知识出版社，1940.9，237页，32开

本书为斯大林六十诞辰纪念文集。著者有加里宁、莫洛托夫、伏罗希洛夫、米高扬等。据1939年《真理报》译出。

收藏单位：北碚馆、吉林馆、山东馆、上海馆

01816
斯大林　餐英著
上海：新流书店，1949.7，30页，32开

本书共10部分，内容包括：从民间来、他是怎样的一个人、继承列宁等。

收藏单位：南京馆、上海馆

01817
斯大林
汉口：中国出版社，1938.8，65页，64开

收藏单位：北碚馆、国家馆、西南大学馆

01818
斯大林的奋斗　唯真译述
上海：新潮书店，1949.6，82页，32开（新知识学习丛书）

收藏单位：北碚馆、上海馆

01819
斯大林及其事业　（法）巴比塞（H. Barbusse）等著　唯真译
出版者不详，1938.5，68页，36开
出版者不详，1938.7，再版，68页，36开

本书收文3篇：《斯大林传》《斯大林是列宁事业底继承人》《论斯大林》。附《列宁底遗嘱》。译者原题：王唯真。

收藏单位：北碚馆、成都馆、广东馆、贵州馆、吉林馆、近代史所、宁夏馆、上海馆

01820
斯大林与红军　（苏）伏罗希洛夫（Климент Ефремович Ворошилов）著　黄文杰译
重庆：新华日报馆，1939.7，63页，32开

收藏单位：北碚馆、国家馆

01821
斯大林与红军　（苏）伏罗希洛夫（Климент

Ефремович Ворошилов）著 江隆基译
[延安]：解放社，1938.11，63页，25开
重庆：解放社，1939.5，30页，32开
本书为纪念斯大林五十周年诞辰而写。著者原题：伏洛希诺夫。
收藏单位：重庆馆、广东馆、贵州馆、国家馆、黑龙江馆、吉林馆、南京馆

01822
斯大林与红军 （苏）伏罗希洛夫（Климент Ефремович Ворошилов）著 江隆基译
出版者不详，1939，43页，32开
本书著者原题：伏洛希诺夫。
收藏单位：贵州馆、国家馆、吉林馆、中科图

01823
斯大林与真理 八路军留守兵团政治部编选
哈尔滨：东北书店，1948.11，再版，39页，64开
本书为苏联民间故事作品集，收有关斯大林的民间故事6篇。
收藏单位：北师大馆、国家馆、南京馆、山东馆、天津馆

01824
斯大林传 （法）巴比塞（H. Barbusse）著 徐懋庸译
上海：新知书店，1946.6，253页，32开（传记丛书）
收藏单位：北碚馆、东北师大馆、广东馆、国家馆、吉林馆、辽宁馆、南京馆、山东馆、首都馆、天津馆

01825
斯大林传 （苏）马恩列学院编 鸣世译
[重庆]：读书出版社，1940.6，116页，32开
重庆：读书出版社，1946.5，再版，116页，32开
收藏单位：成都馆、广东馆、广西馆、国家馆、南京馆、山东馆、上海馆、天津馆、中科图

01826
斯大林传 （苏）马恩列学院编 鸣世译
[阳城]：太岳新华书店，[1949]，77页，32开
收藏单位：国家馆、山西馆、上海馆

01827
斯大林传 （苏）马恩列学院编 鸣世译
[郑州]：中原新华书店，1949.3，154页，32开
收藏单位：国家馆、湖南馆、上海馆

01828
斯大林传
胶东联合社，[1940—1945]，52页，64开
收藏单位：山东馆

01829
斯大林传略 联共（布）中央附设马恩列学院编
[上海]：新华书店，1949.7，160页，32开
收藏单位：安徽馆、重庆馆、广东馆、贵州馆、国家馆、吉林馆、近代史所、陕西馆、上海馆、天津馆、西南大学馆

01830
斯大林传略 联共（布）中央附设马恩列学院编 唯真译
华东新华书店，1948.8，161页，32开
华东新华书店，1949.3，重排再版，160页，32开
收藏单位：国家馆、湖北馆、吉林馆、近代史所、南京馆、山东馆、山西馆、上海馆

01831
斯大林传略 联共（布）中央附设马恩列学院编 唯真译
[泰州]：苏北新华书店，1949.7，116页，32开
收藏单位：国家馆、南京馆

01832
斯大林传略 联共（布）中央附设马恩列学

院编　唯真译
太行新华书店，1949.3，187 页，32 开
　　收藏单位：国家馆

01833
斯大林传略　（苏）亚历山大洛夫等编　唯真译
哈尔滨：东北书店，1947.11，181 页，32 开
　　本书据马恩列学院所编，苏联国立政治书籍出版局 1947 年俄文增订第 2 版译出。
　　收藏单位：东北师大馆、国家馆、黑龙江馆、上海馆

01834
斯大林传略　（苏）亚历山大洛夫等著　唯真译
[大连]：关东中苏友好协会，1947.12，134 页，32 开（友谊丛书 4）
　　收藏单位：东北师大馆、国家馆、山东馆、上海馆

01835
斯大林传略　（苏）亚历山大洛夫等著　唯真译
晋察冀新华书店，1948.3，154 页，32 开
　　收藏单位：重庆馆、国家馆、宁夏馆、山东馆、陕西馆

01836
斯大林传略　（苏）亚历山大洛夫等著　唯真译
[阳城]：太岳新华书店，1947.8，1 册，36 开
[阳城]：太岳新华书店，1948.7，再版，146 页，36 开
　　收藏单位：广东馆、国家馆、河南馆、南京馆、山东馆、上海馆

01837
斯大林传略　（苏）亚历山大洛夫等著　唯真译
莫斯科：外国文书籍出版局，1946，102 页，25 开
莫斯科：外国文书籍出版局，1948，183 页，25 开，精装
莫斯科：外国文书籍出版局，1949，183 页，25 开，精装
　　收藏单位：安徽馆、长春馆、福建馆、贵州馆、国家馆、湖北馆、辽宁馆、南京馆、内蒙古馆、宁夏馆、青海馆、山东馆、山西馆、上海馆、绍兴馆、首都馆、天津馆

01838
斯大林传略　（苏）亚历山大洛夫 [等编著]　唯真译
[天津]：知识书店，1949.7，129 页，32 开
　　本书其他编著者：迦拉克季奥诺夫、克鲁什可夫、米丁、莫察洛夫、波斯彼洛夫。
　　收藏单位：广东馆、吉林馆、内蒙古馆、宁夏馆、上海馆、天津馆、云南馆

01839
斯太林　向理润编
上海：新生命书局，1933.11，58 页，32 开（当代名人传记 6）（新生命大众文库）
上海：新生命书局，1935.2，再版，58 页，32 开（当代名人传记 6）（新生命大众文库）
　　本书为斯大林传略。共 10 部分，内容包括：幼年时代、投进了赤色的漩涡、革命爆发、不服从的军人等。
　　收藏单位：安徽馆、东北师大馆、国家馆、浙江馆

01840
斯太林奋身革命
上海：大众书局，[1927—1949]，14 页，36 开
　　收藏单位：广东馆

01841
斯太林评述　（德）路德维希（Emil Ludwig）著　张治中译
华南图书馆，1938.5，38 页，32 开
　　本书著者原题：鲁特威喜。
　　收藏单位：南京馆、上海馆

01842
苏联的领袖与人民　（美）台维斯（J. Davis）

原著 何家选译
上海：学风出版社，1949.8，129页，32开
本书共13章，内容包括：史太林这个巨人、钢铁是这样炼成的、内忧、革命之剑等。
收藏单位：东北师大馆、广东馆、国家馆、天津馆

01843
我会见了斯大林 （苏）雅可福烈夫（Александр Сергеевич Яковлев）等著
［惠民］：渤海新华书店，1948.8，32页，36开（文艺小丛书2）
本书内容包括：伟大而质朴的人物、在克里姆林宫、鼓风炉匠会见斯大林、会见斯大林、回忆战争中的斯大林等。
收藏单位：重庆馆、南京馆、山东馆、山西馆、陕西馆

01844
向斯大林学习 （苏）莫洛托夫（Вячеслав Михайлович Молотов）等著 胡明译
上海：光华出版社，1949，211页，32开
本书收文8篇：《斯大林的生平和事业》（加里宁）、《斯大林是列宁事业的继承者》（莫洛托夫）、《斯大林与红军建设》（伏罗希洛夫）、《伟大的历史机车的驾驶者》（卡冈诺维契）、《斯大林是今日的列宁》（米科扬）、《斯大林与伟大的集体农场运动》（安得列夫）、《斯大林论布尔塞维克干部》（马伦科夫）、《斯大林与国际无产阶级》（季米特洛夫）。
收藏单位：长春馆、成都馆、重庆馆、东北师大馆、国家馆、南京馆、内蒙古馆、山东馆、山西馆、上海馆、绍兴馆、天津馆

01845
学习斯大林 华东军区第三野战军政治部编
华东军区第三野战军政治部，1949，60页，32开
本书共5部分：论伟大而质朴的人物、斯大林式的关心人、在克里姆林宫、会见斯大林、斯大林与红军。
收藏单位：国家馆

01846
约瑟夫·史太林的生平 日明编译
［北平］：群力社，1936.6，170页，32开（群力丛书）
收藏单位：国家馆、近代史所

01847
约西夫·维萨力昂诺维奇·斯大林（传略）
联共（波）中央附设马恩列学院编
解放社，1940，110页，32开
收藏单位：国家馆、山西馆

01848
约西夫·维萨力昂诺维奇·斯大林（传略）
联共（波）中央附设马克思、恩格斯、列宁学院编
莫斯科：外国文书籍出版局，1940，96页，25开，精装
莫斯科：外国文书籍出版局，1942，96页，32开
收藏单位：重庆馆、国家馆、辽宁馆、南京馆、上海馆

01849
约西夫·维萨力昂诺维奇·斯大林（传略）
联共（波）中央附设马克思、恩格斯、列宁学院编
哈尔滨：出版者不详，1946，96页，32开
收藏单位：东北师大馆、国家馆、辽宁馆、南京馆、宁夏馆、上海馆

毛泽东

01850
访问毛泽东记（人民领袖的采风录） 文献出版社编委会编
上海：文献出版社，1949.6，41页，32开
本书系《新华日报》《大公报》等报刊有关文章及《来自红色中国的报告》（福尔曼）、《伟大的五十年》（萧三）等书中记述毛泽东工作、生活情形的文字的汇辑。

收藏单位：国家馆、吉林馆、上海馆

01851
论毛泽东　张如心著
香港：红棉出版社，1946.8，增订本，112页，32开
本书共5部分：毛泽东的人生观、毛泽东的科学方法、毛泽东的科学预见、毛泽东的作风、论毛泽东思想（集录）。
收藏单位：国家馆

01852
论毛泽东　张如心著
华北新华书店，1947.6，再版，72页，32开
华北新华书店，1948，72页，32开
收藏单位：国家馆、山西馆

01853
论毛泽东　张如心著
临沂：山东新华书店，1946.8，72页，32开
收藏单位：河南馆、山东馆、上海馆

01854
论毛泽东　张如心著
[阳城]：太岳新华书店，1946.3，99页，36开
收藏单位：成都馆、重庆馆、广西馆、贵州馆、国家馆、山西馆、上海馆

01855
毛泽东　（美）斯诺（Edgar Snow）等著
吉林书店，1948，119页，32开
收藏单位：国家馆、吉大馆

01856
毛泽东的故事　东北书店编
佳木斯：东北书店，1948.6，再版，46页，32开
佳木斯：东北书店，1948.12，3版，44页，32开
本书收毛泽东少年时代以及红军长征时期、解放战争时期的故事二十余篇。
收藏单位：北师大馆、重庆馆、东北师大馆、福建馆、国家馆、湖北馆、吉林馆、近代史所、南京馆、宁夏馆、山东馆、山西馆、上海馆、绍兴馆、天津馆

01857
毛泽东的故事　吕梁文化教育出版社编
[兴县]：吕梁文化教育出版社，1946.3，47页，64开
本书选辑故事11篇。
收藏单位：国家馆、山东馆

01858
毛泽东的故事　新华书店编
新华书店，1946，22页，32开
本书选辑故事9篇:《毛泽东爱护小孩》《一张名片》《接待“贵客”》《“精兵简政”》《一个伤病的愿望》《在戏院里》《不怕失败》《从小就好讲真理》《特别学生》。
收藏单位：国家馆

01859
毛泽东的故事　中原军区政治部辑
[郑州]：中原军区政治部辑，1948.12，56页，64开（人民战士读物2）
收藏单位：国家馆

01860
毛泽东的故事
冀察军区政治部，1945.10，29页，64开
收藏单位：国家馆

01861
毛泽东的故事
出版者不详，1949.3，33页
收藏单位：北师大馆

01862
毛泽东的故事二集　谢觉哉等著　新华书店编
新华书店，1946，32页，32开
本书选辑故事8篇:《毛泽东的少年时

代》《几个断篇》《第一个“七一”》《三湾改编》《无比的理解力和创造力》《毛主席的实际精神》《毛主席爱劳动英雄》《毛主席在重庆》。

收藏单位：国家馆

01863
毛泽东的青年时代　萧三著
东北书店，[1947]，38 页，大 64 开
东北书店，1948，38 页，50 开

本书收有关毛泽东儿童、青年时代的传记两篇。

收藏单位：北师大馆、国家馆、辽宁馆、山东馆、天津馆

01864
毛泽东的青年时候　杨铁风著
中南出版社，1949，44 页，32 开

本书封面题名：青年毛泽东。题名页出版者题：南方出版社。

收藏单位：吉林馆、近代史所

01865
毛泽东的青少年时代　萧三著
[长春]：东北书店，1949，38 页，64 开

收藏单位：国家馆、中科图

01866
毛泽东的人生观　张如心著
新华日报馆，1947.1，105 页，32 开
新华日报馆，1947，再版，105 页，32 开

本书为著者在华北联大的讲演，共 4 部分：毛泽东的人生观、毛泽东的科学方法、毛泽东的科学预见、毛泽东的作风。

收藏单位：东北师大馆、国家馆、吉林馆、近代史所

01867
毛泽东的人生观　张如心著
新流出版社，[1947]，82 页，32 开

收藏单位：重庆馆、国家馆

01868
毛泽东的人生观　张如心著
出版者不详，[1947]，14 页，32 开

收藏单位：北师大馆、国家馆

01869
毛泽东的人生观与作风　张如心著
东北书店，1948，3 版，100 页，32 开

收藏单位：广东馆、山东馆

01870
毛泽东的人生观与作风　张如心著
华北联合大学教务处，1947，95 页，32 开（思想教育丛书）

收藏单位：国家馆、河南馆、山东馆

01871
毛泽东的人生观与作风　张如心著
华东新华书店胶东分店，1949.4，117 页，50 开

收藏单位：国家馆、吉林馆、南京馆、山东馆

01872
毛泽东的人生观与作风　张如心编
[威县]：冀南书店，1948.12，68 页，32 开

收藏单位：国家馆、山东馆

01873
毛泽东的人生观与作风　张如心著
晋南新华书店，1948.12 印，116 页，32 开

收藏单位：重庆馆、国家馆、山东馆、山西馆、上海馆、天津馆

01874
毛泽东的人生观与作风　张如心著
山东新华书店，1947.10，116 页，42 开（新华小文库）
山东新华书店，1948.8，再版，116 页，50 开（新华小文库）

收藏单位：国家馆、河南馆、吉林馆、山东馆、山西馆、上海馆

01875
毛泽东的人生观与作风 张如心著
苏南新华书店，1949，79 页，32 开
收藏单位：安徽馆、吉林馆

01876
毛泽东的人生观与作风 张如心著
[阳城]：太岳新华书店，1949.4，116 页，32 开
收藏单位：重庆馆、国家馆、吉林馆、近代史所

01877
毛泽东的人生观与作风 张如心著
新华书店，1949，92 页，25 开
新华书店，1949.7，再版，华中版，88 页，32 开
收藏单位：国家馆、河南馆、天津馆

01878
毛泽东的人生观与作风 张如心著
中原新华书店，1949.2，86 页，32 开
中原新华书店，1949.6，再版，88 页，32 开
收藏单位：广东馆、国家馆、河南馆、湖北馆、湖南馆、吉大馆、山西馆、上海馆

01879
毛泽东的思想及作风 张如心著
[惠民]：渤海新华书店，1946.9，79 页，32 开
[惠民]：渤海新华书店，1946.10，79 页，32 开
本书共 5 部分：中国人民伟大领袖毛泽东同志略历、毛泽东的人生观、毛泽东的科学方法、毛泽东的科学预见、毛泽东的作风。附《人民领袖是怎样爱咱们》等两篇。
收藏单位：国家馆、南京馆、山东馆、浙江馆

01880
毛泽东的思想及作风 张如心著
大连：大众书店，1948.5，101 页，25 开
收藏单位：重庆馆

01881
毛泽东的思想及作风 张如心著
佳木斯：东北书店，1946.11，106 页，32 开
[佳木斯]：东北书店，1947.10，再版，100 页，32 开
佳木斯：东北书店，1948.4，3 版，100 页，32 开
佳木斯：东北书店，1948.10，4 版，82 页，32 开
收藏单位：长春馆、成都馆、重庆馆、东北师大馆、国家馆、吉大馆、吉林馆、近代史所、辽宁馆、山西馆

01882
毛泽东的作风 张如心著
[大连]：大连日报社，1946.8，40 页，64 开
本书介绍毛泽东作风的基本特点。共 6 节，内容包括：平凡而伟大、领袖与群众、先生与学生、大胆与小心等。
收藏单位：国家馆、天津馆

01883
毛泽东的作风 张如心著
新华书店，1946 印，石印本，26 页，32 开
收藏单位：国家馆

01884
毛泽东的作风 张如心著
新华书店二分店，1946.7，21 页，32 开
收藏单位：山东馆

01885
毛泽东的作风与科学方法 张如心著
[威县]：冀南书店，1946.8，41 页，32 开
本书收文两篇：《毛泽东的作风》《毛泽东的科学方法》。
收藏单位：国家馆、南京馆

01886
毛泽东访问记 （美）斯诺（Edgar Snow）笔

录　章铎声译
上海：无名出版社，1937.11，80 页，36 开
本书共 5 部分：外交问题谈话、日本帝国主义谈话、国内问题谈话、特别问题谈话、联合战俄谈话。书前有译者序、前言。著者原题：史诺。
收藏单位：国家馆、上海馆

01887
毛泽东访问记
中共晋绥分局宣传部，1946.10，12 页，32 开
本书共 3 部分：毛泽东访问记、毛主席答美记者所提问题、斯大林答英记者所提问题。
收藏单位：国家馆、山西馆

01888
毛泽东奋斗史　（美）斯诺（Edgar Snow）笔录　鲁凯译
上海：前锋出版社，1937.11，89 页，36 开
本书卷首收《毛泽东先生的传略》（江帆）、《毛泽东夫人贺志珍女士的传略》（衡天）。附《毛泽东关于特别问题谈话》《毛泽东谈论中日战争》等。笔录者原题：史诺。

01889
毛泽东革命史　（美）斯诺（Edgar Snow）著
上海：国强出版社，[1949]，40 页，32 开（国强丛书）
本书共 6 章：少年时代、长沙时代、革命的前奏、国民革命时代、新政权运动、红军之成长。著者原题：史诺。
收藏单位：南京馆、上海馆

01890
毛泽东故事　第三野战军政治部编审
新华书店第三野战军分店，1949.7，44 页，32 开
收藏单位：山东馆、上海馆

01891
毛泽东故事　华北新华书店编
华北新华书店，1946.7，41 页，32 开
本书选辑故事 13 篇。
收藏单位：国家馆

01892
毛泽东故事　晋冀鲁豫军区政治部编
晋冀鲁豫军区政治部，1947.8，51 页，64 开
收藏单位：国家馆

01893
毛泽东故事　萧三等著
佳木斯：东北书店，1946.10，101 页，32 开
本书选辑故事 23 篇。
收藏单位：东北师大馆、国家馆、辽宁馆

01894
毛泽东故事　谢灵肖著
华严出版社，1943.7，再版，78 页，32 开
收藏单位：重庆馆、南京馆

01895
毛泽东故事
[威县]：冀南书店，[1948]，41 页，32 开
本书选辑故事 14 篇，内容包括：《少年时代》《特别学生》《工人代表》《勇敢和机智》《毛泽东在重庆》等。
收藏单位：国家馆

01896
毛泽东故事集　大众文库编委会编
华中新华书店，[1945—1949]，31 页，32 开（大众文库 文艺类）
华中新华书店，1948.8，79 页，32 开
华中新华书店，1948.12，再版，1 册，32 开
本书选辑故事 15 篇，内容包括：《毛泽东的少年时代》《毛主席和工人》《一张名片》《在戏院里》《毛主席在重庆》等。
收藏单位：山东馆、上海馆

01897
毛泽东故事选　萧三著
[张家口]：新华书店晋察冀分店，1945.11，58 页，32 开

本书内容包括：帝国主义与封建主义双重压迫下的少年、卷入辛亥革命运动的漩涡、他是怎样刻苦自修的等。

收藏单位：国家馆

01898
毛泽东会见记　（美）斯诺（Edgar Snow）（美）史沫特莱（Agnes Smedley）著　思三　汪馥泉译
上海：文化出版社，1937.11，56 页，32 开

本书著者“斯诺”原题：史诺。

收藏单位：国家馆

01899
毛泽东论　张如心著
华中新华书店，1948.12，3 版，79 页，32 开

收藏单位：广西馆、国家馆、吉林馆、辽大馆、南京馆、山西馆、绍兴馆

01900
毛泽东论　张如心著
胶东新华书店，1946.10，84 页，32 开

收藏单位：国家馆、山东馆、上海馆

01901
毛泽东论　张如心著
苏北新华书店，1948.12，69 页，32 开

收藏单位：上海馆、浙江馆

01902
毛泽东论　张如心著
苏北新华书店南通分店，1949.5 印，69 页，32 开

收藏单位：上海馆、天津馆

01903
毛泽东论　张如心著
韬奋书店，[1947]，79 页，32 开

收藏单位：国家馆、南京馆

01904
毛泽东论　张如心著
香港：新民主出版社，1946.8，增订本，112 页，32 开
香港：新民主出版社，1949.7，再版，112 页，32 开（毛泽东研究丛书）

收藏单位：广东馆、广西馆、国家馆、华东师大馆、近代史所、上海馆、天津馆

01905
毛泽东论　张如心著
学识研究社，[1946.9]，57 页，32 开

本书共 3 部分：毛泽东的人生观、毛泽东的科学方法、毛泽东的科学预见。

收藏单位：国家馆、吉林馆、南京馆、山东馆、上海馆、中科图

01906
毛泽东论
西安出版社，1937.8，288 页，32 开

本书内容包括：中国抗日民族统一战线在目前阶段的任务、为争取千百万群众进入抗日民族统一战线而战斗等。

收藏单位：浙江馆

01907
毛泽东思想是马克思列宁主义与中国革命的结合　陈伯达著
出版者不详，[1941—1949]，40 页，32 开

收藏单位：南京馆

01908
毛泽东思想与作风　张如心撰
无锡：苏南新华书店，1949.6，79 页，32 开

收藏单位：北师大馆、重庆馆、国家馆、湖北馆、南京馆、山东馆、上海馆、天津馆

01909
毛泽东思想与作风　张如心撰
[杭州]：浙江新华书店，1949.8 印，72 页，32 开

本书据苏南新华书店 1949 年 6 月初版翻印。

收藏单位：河南馆、南京馆、绍兴馆

01910
毛泽东同志的初期革命活动　萧三著
华北新华书店，1945.1，17 页，32 开
收藏单位：国家馆

01911
毛泽东同志的初期革命活动　萧三著
旅顺：民众报社，1946.2，22 页，32 开
收藏单位：吉林馆、南京馆、山东馆、天津馆

01912
毛泽东同志的初期革命活动　萧三著
大连：人民呼声报社，[1940—1949] 印，19 页，32 开
收藏单位：国家馆、山东馆

01913
毛泽东同志的初期革命活动　萧三著
太岳新华书店，1945.5，17 页，32 开
收藏单位：国家馆、上海馆

01914
毛泽东同志的初期革命活动　萧三著
新华书店，1946.9，30 页，64 开
收藏单位：山东馆

01915
毛泽东同志的初期革命活动（《伟大的五十年》的一章）　萧三著
苏北出版社淮海分社，1945.9，28 页，64 开
收藏单位：国家馆

01916
毛泽东同志的儿童时代　萧三著
华北新华书店，[1948]，16 页，32 开
收藏单位：国家馆、山东馆

01917
毛泽东同志的青年时代　萧三编述
华北新华书店，1949，19 页，32 开，环筒页装
本书共 5 部分："漂泊在长沙城""要求学还是靠自修""学习抓住中心""学问，学问，好学和要好问""日落，风落，雨落及其他"。本书是从作者所著《毛泽东传》中的"青年时代"里摘录出的第 2 章。
收藏单位：国家馆

01918
毛泽东同志的青少年时代　萧三著
华北新华书店，1949，18 页，32 开
收藏单位：国家馆

01919
毛泽东同志的青少年时代　萧三编述
上海：新华书店，1949.8，109 页，32 开
本书共 5 章，内容包括：帝国主义与封建主义双重压迫下的少年、卷入辛亥革命运动的漩涡、他是怎样刻苦自修的等。
收藏单位：东北师大馆、国家馆、山西馆、绍兴馆

01920
毛泽东同志的人生观和方法论　张如心著
辽东建国书社，[1945—1949]，37 页，32 开
本书为著者在华北联大的讲演，收文两篇：《毛泽东的人生观》《毛泽东的科学方法——兼论新民主主义革命学说》。
收藏单位：东北师大馆、国家馆、宁夏馆

01921
毛泽东同志的人生观与方法论　张如心著
大连：大众书店，1946，44 页，32 开
收藏单位：国家馆

01922
毛泽东同志儿童时代、青年时代与初期革命活动　萧三著
无锡：苏南新华书店，1949.8，82 页，32 开
收藏单位：广东馆、国家馆

01923
毛泽东同志儿童时代、青年时代与初期革命活动 萧三著
新华书店，1949.7，再版，华中版，71 页，32 开
收藏单位：江西馆

01924
毛泽东同志儿童时代、青年时代与初期革命活动（初稿） 萧三著
山东新华书店总店，1947.11，再版，75 页，42 开（新华小文库）
山东新华书店总店，1948.5，再版，91 页，42 开（新华小文库）
山东新华书店鲁中南分店，1949.7，70 页，32 开
收藏单位：南京馆、山东馆、上海馆

01925
毛泽东同志儿童时代、青年时代与初期革命活动（初稿） 萧三著
泰州：苏北新华书店，1949.5，85 页，32 开
本书共 4 部分：毛泽东同志略传、毛泽东同志的儿童时代、毛泽东同志的青年时代、毛泽东同志的初期革命活动。封面出版者题：苏北泰州分区新华书店。内封出版者题：华中新华书店一分店。版权页题名：毛泽东同志（初稿）。
收藏单位：国家馆、南京馆

01926
毛泽东同志儿童时代、青年时代与初期革命活动（初稿） 萧三著
新华书店，1949，82 页，32 开
收藏单位：广东馆

01927
毛泽东同志儿童时代、青年时代与初期革命活动（初稿） 萧三著
豫皖苏新华书店，1948.12，101 页，48 开（新华小文库）
收藏单位：国家馆

01928
毛泽东同志儿童时代、青年时代与初期革命活动（初稿） 萧三著
中原新华书店，1949.6，再版，71 页，32 开
收藏单位：吉林馆

01929
毛泽东同志略传 萧三著
大众书店，[1949]，[27] 页，32 开（大众学习文选）
本书共 3 部分：毛泽东的儿童时代、毛泽东的青年时代、毛泽东同志略传。

01930
毛泽东同志略传 萧三著
绍兴新华书店，1949.8 印，82 页，32 开
收藏单位：吉林馆、上海馆、绍兴馆、天津馆

01931
毛泽东同志略传 萧三著
新华书店，1946，82 页，32 开
新华书店，1949.6，再版，82 页，32 开
收藏单位：重庆馆、国家馆、吉林馆、南京馆

01932
毛泽东同志在大革命时代（《伟大的五十年》的一章） 萧三著
华北联合大学政治学院，1948.2，油印本，23 页，25 开
收藏单位：国家馆

01933
毛泽东先生评传 郑学稼编著
光明出版社，1946.10，122 页，32 开
本书共 10 部分：家庭与童年生活、兵士与师范学生、卷入五四浪潮中、他与中国共产党、八七会议前后、井冈山与苏维埃、立三路线与富田事件、苏维埃政府与围剿、毛主席的治绩、论历史的人物。
收藏单位：国家馆、上海馆、浙江馆

01934
毛泽东先生评传　郑学稼著
重庆：出版者不详，1941.5，122页，32开
收藏单位：南京馆

01935
毛泽东印象　爱泼斯坦（Israel Epstein）著
[惠民]：渤海新华书店，1946.4，44页，32开
收藏单位：山东馆

01936
毛泽东印象　爱泼斯坦（Israel Epstein）等著
华北新华书店，1946.5，34页，32开，环筒页装
本书收文5篇：《这就是毛泽东——中国共产党的领袖》（爱泼斯坦）、《访问毛泽东》（福尔曼）、《毛泽东会见记》（斯坦因）、《毛泽东先生访问记》（赵超构）、《毛泽东先生访问记》（孔照恺）。附《毛泽东先生到重庆》（《新华日报》）、《毛泽东同志的初期革命活动》（萧三）、《我所知道的毛泽东先生二三事》（柳六文）、《送毛泽东飞重庆》（萧三）。
收藏单位：成都馆、国家馆、黑龙江馆、山东馆、上海馆、天津馆

01937
毛泽东印象　爱泼斯坦（Israel Epstein）等著
华中新华书店，[1946]，50页，32开
收藏单位：国家馆、南京馆、山东馆

01938
毛泽东印象　爱泼斯坦（Israel Epstein）等著
[遵化]：冀东新华书店，1945.9印，60页，32开
收藏单位：国家馆

01939
毛泽东印象　爱泼斯坦（Israel Epstein）等著
[威县]：冀南书店，1946.7，34页，32开
收藏单位：国家馆

01940
毛泽东印象　爱泼斯坦（Israel Epstein）等著
旅顺：民众书店，[1945]，50页，32开
收藏单位：广东馆、国家馆、辽大馆、辽宁馆、上海馆、天津馆、浙江馆

01941
毛泽东印象　爱泼斯坦（Israel Epstein）等著
临沂：山东新华书店，1946.8，增订再版，64页，32开
本书共5部分：卷头诗、毛泽东印象、毛泽东在重庆、毛泽东二三事、附录。
收藏单位：国家馆、山东馆

01942
毛泽东印象　爱泼斯坦（Israel Epstein）等著
[香港]：新民主出版社，1946.3，50页，32开（新民主丛刊1）
收藏单位：广东馆、吉林馆、上海馆

01943
毛泽东印象　爱泼斯坦（Israel Epstein）著
[烟台]：烟威文化供应社，1946.4，52页，32开
收藏单位：山东馆、上海馆

01944
毛泽东印象　爱泼斯坦（Israel Epstein）著
豫皖苏新华书店，1949.1，增订再版，66页，32开
收藏单位：河南馆、山东馆

01945
毛泽东印象　爱泼斯坦（Israel Epstein）等著　齐文等编译
人民出版社，1945.10，70页，32开（人民丛刊1）
人民出版社，1946.1，再版，70页，32开（人民丛刊1）
收藏单位：重庆馆、东北师大馆、国家馆、近代史所、南京馆、宁夏馆、上海馆、西南大学馆、浙江馆

01946
毛泽东印象记　（美）斯诺（Edgar Snow）等著
张家口：晋察冀新华书店，1947.9，43 页，32 开
收藏单位：国家馆

01947
毛泽东印象记　（美）斯诺（Edgar Snow）等著
[阳城]：太岳新华书店，1948.12，50 页，32 开
收藏单位：重庆馆、国家馆

01948
毛泽东印象记　（美）斯诺（Edgar Snow）著　白华编译
上海：进步图书馆，1937.11，油印本，59 页，32 开
上海：进步图书馆，1937.12，88 页，32 开
汉口：进步图书馆，1938，再版，88 页，32 开
本书共 6 章：关于作者、毛泽东印象记、抗日问题、联合战线问题、关于红军、关于特区工业。附《斯诺口中的特区和红军》。
收藏单位：北碚馆、东北师大馆、国家馆、吉林馆、辽大馆、陕西馆、上海馆、浙江馆

01949
毛泽东印象记　（美）斯诺（Edgar Snow）著　白华编译
重庆：民族书局，1937.12，88 页，32 开
收藏单位：成都馆、吉林馆

01950
毛泽东印象记　（美）斯诺（Edgar Snow）著　大华编译
救亡出版社，1938，再版，57 页，32 开
收藏单位：国家馆

01951
毛泽东印象记　（美）斯诺（Edgar Snow）著　厉力编译
上海：大众出版社，1937.11，46 页，32 开
收藏单位：广西馆、辽大馆

01952
毛泽东印象记　（美）斯诺（Edgar Snow）等著　许之桢编译
华北新华书店，1948.3，47 页，32 开
本书内容包括:《毛泽东同志略传》（萧三）、《这就是毛泽东——中国共产党的领袖》（爱泼斯坦）、《毛泽东印象记》（斯诺）、《毛泽东访问记》（斯特朗）、重庆之行特辑（收特写和通讯 5 篇）等。编译者原题：许豪。
收藏单位：重庆馆、国家馆、黑龙江馆、吉林馆、近代史所、内蒙古馆

01953
毛泽东印象记　（美）斯诺（Edgar Snow）[等]著　许之桢编译
郑州：中原新华书店，1949.1，38 页，32 开
本书著者原题：A. 斯诺，编译者原题：许豪。
收藏单位：湖北馆

01954
毛泽东印象记　（美）斯特朗（A. L. Strong）等著
华东新华书店，1948.8，3 版，58 页，32 开
收藏单位：南京馆、山东馆、上海馆

01955
毛泽东印象记　许之桢编译
[佳木斯]：东北书店，1946.10，62 页，32 开
[牡丹江]：东北书店，1947.1，56 页，32 开
佳木斯：东北书店，1948.5，3 版，56 页，32 开
收藏单位：重庆馆、东北师大馆、国家馆、湖北馆、吉大馆、吉林馆、辽大馆、南京馆、山东馆、上海馆、绍兴馆、天津馆、浙江馆

01956
毛泽东印象记　许之桢辑
[兴县]：晋绥新华书店，1947，64 页，32 开

本书辑者原题：许豪。

收藏单位：国家馆、山东馆、山西馆

01957

毛泽东印象记　许之桢编

新华书店，[1946]，64 页，32 开

本书收文 6 篇，内容包括：《毛泽东同志略传》（萧三）、《这就是毛泽东——中国共产党的领袖》（爱泼斯坦）、《毛泽东印象记》（斯诺）等。编者原题：许豪。

收藏单位：国家馆、山西馆

01958

毛泽东印象记

新华书店晋南分店，[1940—1949]，42 页，32 开

收藏单位：成都馆、山东馆

01959

毛泽东与中国　萧三等著

嫩江新华出版社，[1946—1949]，82 页，36 开

收藏单位：国家馆、南京馆

01960

毛泽东与中国共产党　山东渤海军区前锋报社编

[前锋报社]，[1944—1949]，45 页，32 开（前锋丛书 5）

本书内容包括：毛泽东同志传、毛泽东同志的作风、毛泽东与中国共产党、毛泽东与中国工农红军等。

收藏单位：国家馆、山东馆

01961

毛泽东在重庆　爱泼斯坦（Israel Epstein）等著

上海：合众出版社，1945.11，68 页，42 开

上海：合众出版社，1946.2，再版，68 页，36 开

上海：合众出版社，1946.2，3 版，68 页，42 开

本书收文 9 篇，内容包括：《这就是毛泽东——中国共产党的领袖》（爱泼斯坦）、《访问毛泽东》（福尔曼）、《毛泽东会见记》（斯坦因）、《毛泽东先生到重庆》（《大公报》）、《毛泽东的初期革命活动》（萧三）、《我所知道的毛泽东先生二三事》（柳六文）等。

收藏单位：吉大馆、吉林馆、近代史所、南京馆、山东馆、上海馆

01962

毛泽东主席自述小传　（美）斯诺（Edgar Snow）笔录　范萍译述

上海：新时代书社，1937，59 页，36 开

上海：新时代书社，1949.5，59 页，32 开

本书为毛泽东 1935 年左右在陕北窑洞内口述，斯诺用英文记录，后经吴黎平重述为中文，请毛泽东加以修正后发表。分 4 章叙述其少年时代至红军长征时期的经历。书前有译者引言。笔录者原题：施诺。

收藏单位：国家馆、上海馆

01963

毛泽东传　（美）斯诺（Edgar Snow）著　欧阳明德译

救亡图书出版社，1937.11，58 页，32 开（救亡丛书）

本书附《毛泽东论中日战争》《何志珍女士小传》。著者原题：史诺。

收藏单位：国家馆、浙江馆

01964

毛泽东传　（美）斯诺（Edgar Snow）著　汪衡译

佳木斯：东北书店，1947.12，54 页，64 开

收藏单位：东北师大馆、国家馆

01965

毛泽东传　（美）斯诺（Edgar Snow）著　汪衡译

华北新华书店，1947，42 页，32 开

本书著者原题：史诺。

收藏单位：国家馆

01966
毛泽东自传 [毛泽东口述]
重庆市民出版社，[1936—1949]，32页，32开
本书内容包括：一颗红星的幼年、在动乱中成长起来、揭开红史的第一页、英勇忠诚和超人的忍耐力等。
收藏单位：重庆馆、浙江馆

01967
毛泽东自传 [毛泽东口述]
新时代文化出版社，1949，36页，32开
收藏单位：国家馆

01968
毛泽东自传 毛泽东口述 （美）斯诺（Edgar Snow）著
出版者不详，[1936—1949]，46页，32开
出版者不详，1949，45页，36开
收藏单位：广东馆、国家馆、南京馆

01969
毛泽东自传 （美）斯诺（Edgar Snow）著
国民出版社，[1936—1949]，42页，36开
收藏单位：吉林馆、上海馆

01970
毛泽东自传 （美）斯诺（Edgar Snow）著
北平：中新书店，[1946]，40页，32开
收藏单位：国家馆

01971
毛泽东自传 （美）斯诺（Edgar Snow）著 毕正译
新建出版社，[1946]，52页，32开
收藏单位：广西馆、国家馆、南京馆、上海馆、绍兴馆、浙江馆

01972
毛泽东自传 （美）斯诺（Edgar Snow）笔记 丁洛译
上海：三友图书公司，1946.2，70页，36开
本书笔记者原题：史诺。
收藏单位：国家馆、吉林馆、上海馆

01973
毛泽东自传 （美）斯诺（Edgar Snow）著 方霖译
上海：梅林书店，1946.1，67页，36开
重庆：梅林书店，1947，67页，32开
本书著者原题：史诺。
收藏单位：东北师大馆、吉林馆、南京馆、上海馆、浙江馆

01974
毛泽东自传 （美）斯诺（Edgar Snow）笔录 方霖译
香港：新民主出版社，1947.3，56页，32开（毛泽东研究丛书）
香港：新民主出版社，1948.3，再版，56页，32开（毛泽东研究丛书）
香港：新民主出版社，1949.5，3版，56+8页，32开（毛泽东研究丛书）
收藏单位：广东馆、吉林馆、近代史所、上海馆、首都馆

01975
毛泽东自传 （美）斯诺（Edgar Snow）著 韩白浪译
时代史料保存社，1938.1，76页，32开
收藏单位：广东馆

01976
毛泽东自传 （美）斯诺（Edgar Snow）记录 翰青 黄峰译
上海：光明书局，1937.11，[89]页，32开
收藏单位：吉林馆、上海馆

01977
毛泽东自传 （美）斯诺（Edgar Snow）记录 翰青 黄峰译
上海：新生图书公司，1938.1，3版，105页，32开
本书共4章：少年时代、修学时代、红军怎样产生、从围剿到长征。附《毛泽东论中国抗日民族统一战线》等4篇。

收藏单位：国家馆

01978
毛泽东自传　（美）斯诺（Edgar Snow）著　天明译
上海：文孚出版社，1949.5，48 页，32 开
本书著者原题：史诺。
收藏单位：吉林馆、山西馆、上海馆、绍兴馆

01979
毛泽东自传　（美）斯诺（Edgar Snow）著　汪衡译
大连：大众书店，1946.6，再版，1 册，32 开
本书著者原题：史诺。
收藏单位：山东馆

01980
毛泽东自传　（美）斯诺（Edgar Snow）笔录　汪衡译
[上海]：文摘社，1937.11，90 页，32 开（文摘小丛书）
本书附《这就是毛泽东——中国共产党的领袖》（爱泼斯坦）、《访问毛泽东》（福尔曼）、《毛泽东会见记》（斯坦因）、《毛泽东先生访问记》（赵超构）、《我所知道的毛泽东先生二三事》（柳六文）、《毛泽东论中日战争》。笔录者原题：史诺。
收藏单位：东北师大馆、吉林馆、上海馆

01981
毛泽东自传　（美）斯诺（Edgar Snow）笔录　汪衡译
出版者不详，[1936—1949]，80 页，32 开
收藏单位：国家馆

01982
毛泽东自传　（美）斯诺（Edgar Snow）著　[吴平译]
国际出版社，[1946]，54 页，32 开
本书著者原题：史诺。
收藏单位：国家馆

01983
毛泽东自传　（美）斯诺（Edgar Snow）著　张闻天译
[延安]：延安书局，1937.12，再版，89 页，32 开
本书译者原题：张洛甫。
收藏单位：国家馆

01984
毛泽东自传　（美）斯诺（Edgar Snow）著　张宗汉译
[延安]：文明书局，1937.10，再版，82 页，32 开
本书著者原题：史诺。
收藏单位：广东馆、国家馆、吉林馆、上海馆

01985
毛泽东自传　张尚志编辑
上海：三风书局，1949.3，32 页，32 开
本书附《中国共产党运动大事记》。
收藏单位：南京馆、上海馆

01986
毛泽东自传　张尚志编辑
出版者不详，1949，32 页，32 开
收藏单位：国家馆

01987
毛泽东自传及其他　林明编
智慧出版社，1949.5，31 页，32 开（智慧丛书 2）
收藏单位：广东馆、吉林馆、南京馆、上海馆、绍兴馆、浙江馆

01988
毛主席到重庆
阳光出版社，1946.1 印，17 页，32 开（时论选辑）
收藏单位：山东馆、浙江馆

01989
毛主席到了北平（人民战士影集） 第二野战军政治部编辑
［北平］：人民战士出版社，1949.6，[18] 页，横 16 开
本书收照片 20 张，共两部分：1949 年 2 月 3 日在北平举行和平解放入城式的照片，1949 年 3 月 25 日毛泽东、朱德等中央领导同志在西苑机场阅兵的照片。
收藏单位：重庆馆、国家馆

01990
毛主席到了重庆
辽东建国书社，1945，16 页，32 开（时论选辑 7）
本书收文 5 篇：《毛泽东同志传略》《毛主席到了重庆》《中外人士关心毛主席》《千万双眼睛盼望着毛主席》《歌颂毛泽东》。附《中央社公布之国共谈判会议记录全文》。封面题名：毛主席在重庆。
收藏单位：东北师大馆

01991
毛主席坚持在陕北 方人辑
华中新华书店盐阜分店，1946，52 页，64 开
华中新华书店盐阜分店，1948.12，52 页，64 开
收藏单位：国家馆、南京馆、山东馆

01992
毛主席生平 太岳新华书店编
［阳城］：太岳新华书店，1947.3，67 页，32 开
本书封面题名：毛泽东生平。
收藏单位：国家馆、山东馆

01993
毛主席像太阳
胶东新华书店，1946.4，46 页，32 开
胶东新华书店，1948.5，再版，46 页，32 开
本书介绍毛泽东的生平。共 36 节，内容包括：毛泽东的少年时代、第一次对政治发表意见、毛主席主编《湘江评论》报、扯下省议会的匾额、他当选为湖南省委书记、八一起义和秋收暴动、古田会议、毛主席赴重庆、毛主席带给人民和平等。
收藏单位：国家馆、南京馆、山东馆

01994
毛主席像太阳
［大连］：辽南群众书店，1947.12，67 页，32 开
收藏单位：东北师大馆、国家馆、南京馆

01995
毛主席在重庆
［上海］：松江书报社，[1946]，16 页，32 开
收藏单位：国家馆

01996
人民的舵手（第 1 辑） 萧三等著
威县：冀南书店，1947.5，51 页，32 开
本书共 10 部分，内容包括：毛泽东同志传略、朱德将军年谱、艰苦奋斗的典范、我们的老妈妈等。
收藏单位：国家馆、山东馆、山西馆

01997
人民的舵手（第 1 辑） 萧三等著
［涉县］：太行群众书店，1947.9，再版，67 页，32 开
本书版权页题：原版冀南书店。
收藏单位：国家馆、近代史所、山西馆

01998
人民的母亲毛泽东 渤海新华书店编
［惠民］：渤海新华书店，1946.8，28 页，64 开
收藏单位：山东馆

01999
人民领袖毛泽东
［长春］：吉林人民出版社，1949，再版，95 页，32 开
收藏单位：吉林馆、近代史所

02000
人民领袖毛泽东奋斗史　（美）斯诺（Edgar Snow）原著　王岱译
大众读物出版社，1949，45页，32开
本书著者原题：史诺。
收藏单位：东北师大馆、广东馆、吉林馆、南京馆、上海馆

02001
人民领袖毛泽东传
上海：大舵出版社，1949.6，14页，16开
收藏单位：上海馆

02002
少年毛泽东（连环画1893—1905）　米谷作
香港：新民主出版社，1949.1，87页，18开
本书以绘画加文字说明的形式介绍毛泽东的少年时代。
收藏单位：广东馆、国家馆

02003
向毛泽东学习　庄淡如编译
上海：新生书局，1949.6，68页，32开（新生丛书2）
收藏单位：南京馆、上海馆

02004
中国人民救星毛泽东　丁明编
新华书店，[1940—1949]，24页，64开
本书共7部分，内容包括：中国人民领袖毛泽东同志简史、毛泽东浏阳遇危险、三湾改编队伍、毛泽东学习精神好、毛泽东是老实人等。
收藏单位：国家馆

马克思主义、列宁主义、毛泽东思想的学习和研究

02005
辩证唯物论与历史唯物论教程大纲　（苏）米丁（М. Митин）主编　曹葆华译
北平：解放社，1949.3，80页，32开
本书共5章：辩证唯物论是马克思列宁主义政党的世界观、马克思主义辩证方法、马克思主义哲学唯物论、历史唯物论、列宁与斯大林之发展马克思主义哲学。
收藏单位：广东馆、国家馆、山西馆

02006
辩证唯物论与历史唯物论研究大纲
出版者不详，[1941—1949]，51页，32开（学习丛书2）
本书共5讲，内容包括：辩证唯物论是马克思列宁主义政党的世界观、唯物论与唯心论、世界的唯物性及其发展的规律、社会主义与共产主义等。每讲后附参考书目。
收藏单位：重庆馆、上海馆

02007
论列斯创造的社会主义政治经济学　（苏）列昂节夫（Лев Абрамович Леонтьев）著　施滨译
沈阳：东北书店，1949.4，46页，32开
本书收演讲稿5篇，内容包括：《列宁和斯大林乃是社会主义政治经济学的创始人》《社会主义经济法则底性质》《苏维埃国家对于经济的作用》《准备采用社会主义生产方式的一些基本问题》《社会主义国民经济制度的一些基本问题》。
收藏单位：重庆馆、东北师大馆、广东馆、国家馆、黑龙江馆、湖北馆、吉林馆、南京馆、内蒙古馆、宁夏馆、山东馆、上海馆、天津馆

02008
论列斯创造的社会主义政治经济学　（苏）列昂节夫（Лев Абрамович Леонтьев）著　施滨译
沈阳：东北新华书店，1949.5，再版，45页，32开
收藏单位：重庆馆、国家馆

02009
论列斯创造的社会主义政治经济学 （苏）列昂节夫（Лев Абрамович Леонтьев）著 施滨译
合肥：皖北新华书店，1949，44页，32开
收藏单位：天津馆

02010
论列斯创造的社会主义政治经济学 （苏）列昂节夫（Лев Абрамович Леонтьев）著 施滨译
香港：新民主出版社，[1949.9]，57页，32开
收藏单位：吉林馆

02011
马克思列宁主义的中国革命观 大众文化社编
大众文化社，1932，384页，32开
收藏单位：国家馆、中科图

02012
马列主义初步 大众读物编刊社编
大众读物编刊社，[1940]，[50]页，32开（通俗大众自学丛书 第1辑）
本书共8章，内容包括：马克思底一生、马克思底学说、列宁主义底定义和要点、列宁主义的历史根源等。
收藏单位：国家馆

02013
马列主义概要
大众出版社，1940.3，44页，36开（马列丛书3）
本书分8章讲述马克思的一生、马克思的学说，总结马列主义的定义和要点。
收藏单位：山东馆

02014
马列主义论（历史的证明） 联合出版社编
联合出版社，[1949]，73页，32开
收藏单位：湖南馆

02015
马列主义论科学的预见 （苏）列昂诺夫（Л. М. Леонов）著 李伥民译
上海：上海书报杂志联合发行所，1949.9，122页，36开（思想与科学小丛书）
本书共7部分，内容包括：并非所有的预见都是合乎科学的、所有的科学必须解决预见问题、把科学的预见与经验的预见区别开来、对未来的预见是科学的基本任务之一等。
收藏单位：重庆馆、东北师大馆、吉林馆、山东馆、天津馆、中科图

02016
马列主义——世界劳动人民解放的旗帜 （苏）德波林（А. Деборин）等著 韦叔等译
天津：读者书店，1949.9，66页，32开
本书收《列宁主义——世界劳动人民解放的旗帜》《马列主义论资本主义覆亡的必然性》《共产主义是苏联人民的最终目的》等文。
收藏单位：长春馆、东北师大馆、广东馆、国家馆、黑龙江馆、辽宁馆、山西馆、天津馆

02017
马列主义文献介绍 彭聪编译
大连：大连新华书店，1949.8，再版，181页，32开
本书收文5篇：《马列主义百战百胜的思想宝库——联共（布）党史简明教程介绍》（阿吉江）、《斯大林传略第二版介绍》（斯列波夫等）、《列宁〈左派幼稚病〉介绍》（苏波克）、《国家与革命》（格尔诺夫）、《〈帝国主义论〉介绍》（列昂吉夫）。
收藏单位：重庆馆、东北师大馆、黑龙江馆、吉林馆、南京馆、内蒙古馆、山西馆、上海馆

02018
马列主义文献介绍 彭聪编译
大连：东北书店，1949.4，181页，32开
收藏单位：国家馆、近代史所、上海馆、天津馆

02019
马列主义研究提纲　社会科学研究会编
华北新华书店，1941，1 册，32 开
收藏单位：国家馆、山东馆

02020
马列主义研究提纲　社会科学研究会编
哈尔滨：鲁迅文化出版社，1948 印，2 册（[104] 页），32 开
本书分两部分：马列主义的一般问题、马列主义基本问题。共 12 讲，内容包括：马克思主义产生的社会历史根源、列宁主义历史的根源、无产阶级革命的理论等。
收藏单位：北大馆、重庆馆、东北师大馆、国家馆、陕西馆、天津馆

02021
马列主义研究提纲　社会科学研究会编
太岳书店，1943，78 页，32 开
收藏单位：山西馆

02022
新哲学概论（又名，马克思列宁主义的基础）（苏）阿多拉茨基（B. B. Адоратский）著　吴大琨译
上海：生活书店，1939.4，127 页，32 开
上海：生活书店，1939.9，再版，127 页，32 开
本书共 7 章：马克思主义与无产阶级、列宁主义的国际重要性、作为马克思列宁主义理论基础的唯物辩证法、为了辩证法唯物论的斗争、关于自然以及人类智识的辩证法、关于社会发展的辩证法、怎样去研究列宁。
收藏单位：北碚馆、重庆馆、广东馆、国家馆、黑龙江馆、绍兴馆

马克思主义的学习和研究

02023
大众资本论　王思华著
[汉口]：生活书店，1937，179 页，22 开
[汉口]：[生活书店]，1938.7，179 页，22 开
上海：生活书店，1947.2，胜利后 1 版，179 页，25 开
本书为马克思《资本论》一书的解说，收文 4 篇：《商品与货币》《剩余价值与资本》《工资论》《资本的蓄积过程》。译者原题：王右铭。
收藏单位：北碚馆、重庆馆、东北师大馆、广东馆、广西馆、贵州馆、桂林馆、国家馆、黑龙江馆、吉林馆、辽宁馆、南京馆、山西馆、上海馆、首都馆、中科图

02024
恩格斯论资本论（德）恩格斯（Friedrich Engels）著（德）闵斯（Leonard Emil Mins）选编　章汉夫　许涤新译
上海：读书生活出版社，1939.1，166 页，32 开
重庆[等]：读书生活出版社，1940.3，再版，166 页，32 开
上海：读书出版社，1947.3，3 版，160 页，32 开
哈尔滨：读书出版社，1948.7，126 页，32 开（资本论研究丛书）
本书内容包括：《资本论》书评、《资本论》第一卷提纲、商品与货币、货币转化为资本、绝对剩余价值的生产、相对剩余价值的生产、对生产剩余价值进一步探讨。据莫斯科 1936 年版英译本译出。
收藏单位：北碚馆、长春馆、重庆馆、东北师大馆、贵州馆、国家馆、河南馆、吉大馆、吉林馆、近代史所、辽宁馆、南京馆、山东馆、上海馆、绍兴馆、天津馆、西南大学馆

02025
关于学习《拿破仑第三政变记》的参考材料（德）马克思（Karl Marx）等著
马列学院，1949.5，98 页，32 开
本书共 19 部分，内容包括：马克思底作风、六月事变、毛主席论合作社等。
收藏单位：国家馆

02026
进化论与阶级问题 陈宝骅 邢墨卿编译
上海：新生命书局，1929.11，126页，32开
本书据两种名著译出：一是《社会主义与进化论》（班纳科克），述马克思学说和达尔文学说的关系；二是《阶级斗争的必然性及其必然的转化》（河上肇），说明阶级斗争的发生、发展。
收藏单位：重庆馆、广西馆、桂林馆、国家馆、吉林馆、南京馆、陕西馆、上海馆、绍兴馆、首都馆、浙江馆

02027
论马克思《资本论》（苏）列昂节夫（Лев Абрамович Леонтьев）著 徐坚译
上海：实践出版社，1949.4，195页，32开（资本论研究丛书）
本书共3章：马克思《资本论》的重要性、《资本论》的一般特征、《资本论》著作过程的主要阶段。附人名备考。著者原题：李昂吉叶夫。
收藏单位：国家馆、上海馆

02028
论马克思《资本论》（苏）列昂节夫（Лев Абрамович Леонтьев）著 徐坚译
哈尔滨：新中国书局，1949.4，东北版，195页，32开（资本论研究丛书）
收藏单位：成都馆、东北师大馆、贵州馆、国家馆、上海馆、绍兴馆、西交大馆、西南大学馆

02029
马格斯资本论入门（美）马尔西（M. E. Marcy）原著 李汉俊译
国光书店，[1935—1949]，60页，32开
本书共8部分：劳动者把什么东西卖给资本家、商品底价值、物价、利润是怎样得的、便宜的物价与多的利益、贵的物价与专卖物价、工银、缩短劳动时间。据远藤无水日译本《通俗马格斯资本论》重译。著者马尔西系《万国社会党评论》联合编辑之一。

02030
马格斯资本论入门（美）马尔西（M. E. Marcy）原著 李汉俊译
社会主义研究社，1920.9，54页，32开（社会主义研究小丛书2）
收藏单位：吉大馆、上海馆、绍兴馆、浙江馆

02031
马格斯资本论入门（美）马尔西（M. E. Marcy）著 李汉俊译
北京：文化印务局，1920.9，60页，32开
收藏单位：重庆馆、国家馆、近代史所

02032
马格斯资本论入门（美）马尔西（M. E. Marcy）著 李汉俊译
上海：新文化书社，[1920]，54页，32开
上海：新文化书社，1949，54页，32开
收藏单位：北碚馆、国家馆、黑龙江馆、辽大馆

02033
马克思昂格思农工同盟论 [（苏）波波夫著] 章子健译
上海：乐群书店，1930.5，107页，32开（农民问题丛书4）
本书介绍马克思、恩格斯关于资本主义制度下农民的阶级分化，小资产阶级二重性及小农经济的命运等问题的论述。
收藏单位：重庆馆、国家馆、南京馆、上海馆

02034
马克思的经济学说（德）考茨基（Karl Johann Kautsky）著 铎梅译
上海：神州国光社，1949.4，411页，32开
收藏单位：上海馆

02035
马克思的政治思想 吴恩裕著
重庆：商务印书馆，1945.1，134页，25开
本书共6章：方法与方法论、反玄学的论

证、唯物史观考释、革命理论阐微、评康德及边沁、论道德与人性。

收藏单位：重庆馆、国家馆、湖南馆、吉林馆、西南大学馆

02036

马克思的资本论（苏）列昂节夫（Лев Абрамович Леонтьев）著　王强译

上海：正风出版社，1949.9，260页，25开

本书共3章：马克思的资本论的重要性、资本论的一般特征、马克思制作资本论的里程碑。附参考文献、人名索引。著者原题：列昂捷也夫。

收藏单位：长春馆、东北师大馆、广东馆、国家馆、南京馆、绍兴馆、天津馆

02037

马克思底经济学说（通俗的叙述及解说）（德）考茨基（Karl Johann Kautsky）著　汪馥泉译

上海：神州国光社，[1930.5]，51+411页，32开（社会科学名著丛刊）

上海：神州国光社，1932.7，再版，51+411页，32开（社会科学名著丛刊）

上海：神州国光社，1949，51+411页，32开（社会科学名著丛刊）

本书共3编："商品、货币、资本""剩余价值""工资与资本收入"。据《资本论解说》（高畠素之）译出。

收藏单位：重庆馆、广东馆、广西馆、贵州馆、桂林馆、国家馆、黑龙江馆、山东馆、山西馆、上海馆、首都馆、中科图

02038

马克思经济学说（德）考茨基（Karl Johann Kautsky）著　陈溥贤译

上海：商务印书馆，1920.9，[415]页，32开（共学社马克思研究丛书）

上海：商务印书馆，1920.12，再版，[415]页，32开（共学社马克思研究丛书）

上海：商务印书馆，1921.4，3版，[415]页，32开（共学社马克思研究丛书）

上海：商务印书馆，1922，4版，[415]页，32开（共学社马克思研究丛书）

上海：商务印书馆，1924.12，5版，[415]页，32开，精装

上海：商务印书馆，1926.6，6版，[415]页，32开（共学社马克思研究丛书）

上海：商务印书馆，1927.6，7版，[415]页，32开（共学社马克思研究丛书）

本书著者原题：柯祖基。

收藏单位：北碚馆、成都馆、重庆馆、东北师大馆、广东馆、桂林馆、国家馆、吉大馆、江西馆、南京馆、宁夏馆、山东馆、上海馆、西南大学馆、浙江馆、中科图

02039

马克思经济学说的发展（日）河西太一郎（日）猪俣津南雄（日）向坂逸郎著　萨孟武　樊仲云　陶希圣译

上海：新生命书局，1929.11，186+214+138页，25开

上海：新生命书局，1931，186+214+138页，23开，精装

上海：新生命书局，1931，再版，186+214+138页，22开

上海：新生命书局，1933.5，3版，186+214+138页，22开

本书收文3篇：《农业理论的发展》（河西太一郎著，萨孟武译）、《金融资本与帝国主义》（猪俣津南雄著，樊仲云译）、《人口理论》（向坂逸郎著，陶希圣译）。

收藏单位：重庆馆、东北师大馆、广西馆、贵州馆、桂林馆、国家馆、黑龙江馆、近代史所、辽大馆、南京馆、上海馆、首都馆、天津馆、浙江馆、中科图

02040

马克思列宁主义论战争与军队　八路军抗日战争研究会编译处编辑

[延安]：八路军军政杂志社，1939.10，240页，32开（抗日战争参考丛书3）

收藏单位：国家馆、近代史所、山东馆

02041

马克思列宁主义论战争与军队　八路军抗日

战争研究会编译处编
新华日报华北分馆，1941，25+405页，36开，环筒页装（抗日战争参考丛书）

本书共3部分：解说导言、马克思列宁主义论战争与军队的学说基础、帝国主义与无产阶级革命时代的战争。

收藏单位：国家馆、山西馆、上海馆

02042
马克思社会思想的研究　钱松若著
上海：沪江大学，1947.6，1册，16开，精装

本书为手写本。

收藏单位：内蒙古馆

02043
马克思唯物史观浅说　高一涵讲　焦心谦笔记
梅县：广东梅县革命青年团，[1925—1949]，14页，32开

收藏单位：国家馆

02044
马克思学说体系　（美）波丁著　腾固　张志澄译
上海：未明社，1930，2册（554页），32开

收藏单位：湖南馆、南京馆、首都馆

02045
马克思之真谛　（英）柯尔（G. D. H. Cole）著　谌小岑译
上海：商务印书馆，[1936.4]，250页，24开（中山文库）
上海：商务印书馆，1938.7，再版，250页，24开（中山文库）

本书共9章，内容包括：马克思主义的基础、资本主义之成长、唯实史观、经济阶级、无产阶级、马克思主义与国家、价值论等。

收藏单位：重庆馆、东北师大馆、广东馆、广西馆、国家馆、河南馆、湖南馆、南京馆、宁夏馆、上海馆、首都馆、浙江馆

02046
马克思主义百年纪念　沈志远主编
香港：新中出版社，1948.8，80页，25开（理论与现实丛刊 第3辑）
香港：新中出版社，1949.3，再版，80页，25开（理论与现实丛刊 第3辑）

本书共两特辑：马克思主义百年纪念特辑、新民主主义特辑。“马克思主义百年纪念特辑”收文6篇，内容包括：《马克思主义永垂不朽》（编者）、《马克思主义与中国近代思想发展概观》（胡绳）等；“新民主主义特辑”收文两篇：《新民主主义底历史认识》（侯外庐）、《论新民主主义经济诸问题》（沈志远）。

收藏单位：成都馆、重庆馆、东北师大馆、贵州馆、国家馆、黑龙江馆、湖北馆、湖南馆、吉林馆、辽宁馆、南京馆、内蒙古馆、宁夏馆、山东馆、山西馆、上海馆、西南大学馆、浙江馆、中科图

02047
马克思主义底根本问题　（苏）布哈林（H. Бухарин）著　彭康译
上海：江南书店，1930.4，143页，32开

本书从辩证唯物论的理论来源谈起，讨论了地理环境论，生产方式，社会意识形态，基础与上层建筑，经济生活与哲学、艺术的关系，自由与必然等问题。自德译本、日译本转译。

收藏单位：国家馆

02048
马克思主义概说　（日）高畠素之著　余叔奎译
上海：太平洋书店，1928，134页，50开（社会问题丛书）

本书共4章：唯物史观、资本主义之必然的崩坏、中产阶级之无产阶级化与无产阶级之穷困增大、阶级战争及未来社会。

收藏单位：国家馆

02049
马克思主义根本问题　（俄）普列汉诺夫（Г. В. Плеханов）著　李史翼　陈湜译
上海：真美善书店，1930，133页，25开（新世纪丛书）

本书著者原题：薄力哈诺夫。

收藏单位：国家馆、南京馆、山东馆、上海馆、绍兴馆、浙江馆

02050

马克思主义关于阶级与阶级斗争的理论（苏）费多谢耶夫著　君达译

哈尔滨：东北书店，1949.3，28页，32开

本书据《布尔什维克》杂志1948年第14期译出。著者强调马克思主义对工人阶级斗争的重要性，认为马克思的伟大功绩是发现了作为资本主义掘墓人和社会主义创造者的工人阶级的世界历史性作用。

收藏单位：成都馆、重庆馆、国家馆、吉林馆

02051

马克思主义关于阶级与阶级斗争的理论（苏）费多谢耶夫撰　君达译

天津：读者书店，1949.6，29页，32开

收藏单位：重庆馆、国家馆、南京馆、天津馆

02052

马克思主义关于阶级与阶级斗争的理论（苏）费多谢耶夫著　君达译

吉林书店，1949.1，29页，32开

收藏单位：国家馆、天津馆

02053

马克思主义和达尔文主义（英）班纳科克（Anton Pannekoek）著　施存统译

外文题名：Marxism and Darwinism

上海：商务印书馆，1922.1，76页，32开（新时代丛书3）

本书共10章，内容包括：达尔文主义、马克思主义、马克思主义和阶级斗争、达尔文主义和阶级斗争、达尔文主义和社会主义等。据日本堺利彦氏日译本转译。著者原题：派纳柯克，封面著者题：班纳科支。

收藏单位：北碚馆、重庆馆、贵州馆、国家馆、黑龙江馆、首都馆、浙江馆

02054

马克思主义基本问题（俄）普列汉诺夫（Г. В. Плеханов）著　张仲实译

哈尔滨：生活书店，1946，147页，32开（马列文库）

哈尔滨：生活书店，1948，2版，147页，32开（马列文库）

收藏单位：长春馆、重庆馆、东北师大馆、国家馆、河南馆、吉林馆、南京馆、天津馆

02055

马克思主义批判者之批判（日）河上肇著　江半庵译

上海：申江书店，1930，256页，32开

收藏单位：重庆馆、人大馆、上海馆

02056

马克思主义评论之评论　罗敦伟著

上海：大东书局，1930.11，170页，32开

本书从阶级斗争、无产阶级专政、唯物史观、剩余价值学说等方面评论马克思主义的理论。

收藏单位：重庆馆、国家馆、黑龙江馆、湖南馆、江西馆、上海馆、浙江馆

02057

马克思主义浅说　一峰　辟世编　中国青年社编辑

广州：国光书店，1925.9，88页，32开（中国青年社丛书第3种）

收藏单位：国家馆

02058

马克思主义浅说　一峰　辟世编　中国青年社编辑

上海：上海书店，1925.3，40页，32开（中国青年社丛书第3种）

上海：上海书店，1925.5，再版，40页，32开（中国青年社丛书第3种）

上海：上海书店，1925.8，4版，60页，32开（中国青年社丛书第3种）

上海：上海书店，1925.10，6版，41页，32开（中国青年社丛书第3种）

上海：上海书店，1926.1，9版，41页，32开

本书共4编：资本、资本主义的发展、阶级斗争、帝国主义。

收藏单位：国家馆、近代史所、南京馆、上海馆、浙江馆

02059

马克思主义与土地改革　（德）达马斯基（Adolf Damaschke）著　付英伟译

南京：中德书局，[1930]，61页，22开

本书共3部分：导言、马克思主义、路径及目的。

收藏单位：重庆馆、国家馆

02060

马克思主义与唯物史观　范寿康等译述

外文题名：Marxism and the materialist conceptions of history

上海：商务印书馆，1923.12，73页，50开（东方文库 第25种）

上海：商务印书馆，1924.9，再版，73页，50开（东方文库 第25种）

上海：商务印书馆，1925.6，3版，73页，50开（东方文库 第25种）

上海：商务印书馆，1928，4版，73页，50开（东方文库 第25种）

本书收文4篇：《马克思的唯物史观》（范寿康）、《马克思的理想及其实现的过程》（河上肇著，施存统译）、《唯物史观在马克思学上的位置》（栉田民藏著，施存统译）、《马克思主义的最近辩论》（化鲁译述）。

收藏单位：安徽馆、北碚馆、重庆馆、东北师大馆、广西馆、桂林馆、国家馆、河南馆、黑龙江馆、湖南馆、江西馆、辽大馆、南京馆、内蒙古馆、山东馆、陕西馆、上海馆、天津馆、西南大学馆、浙江馆、中科图

02061

马克思资本论大纲　（日）山川均著　陆志青译

上海：未明社，1930.8，207页，32开

本书共8部分，内容包括：商品与货币、货币至资本的变形、绝对的剩余价值之生产、相对的剩余价值之生产等。

收藏单位：国家馆、浙江馆

02062

马克思资本论之研究　饶孟任著

饶孟任[发行者]，[1911—1919]，44页，16开

本书共8章，内容包括：绪言与研究之方法、马克思与黑智儿之比较、马克思与卢梭之比较、马克思主义应纠正之意义、马克思主义已施行之国家等。封面题名：马克司资本论之研究。

收藏单位：国家馆

02063

马克斯的国家发展过程　（德）柯诺（Heinrich Cunow）著　朱应祺　朱应会译

上海：泰东图书局，1930，109页，32开（马克斯研究丛书9）

本书共6章：原始社会形态的家族理论、原始的游牧群、从游牧群变迁到地域共同团体、恩格斯的地域团体观念、地域团体部族及部族同盟、日耳曼人的国家建设。附《地域团体》（恩格斯）。

收藏单位：重庆馆、广东馆、国家馆、南京馆、首都馆、浙江馆

02064

马克斯的阶级斗争理论　（德）柯诺（Heinrich Cunow）著　朱应祺　朱应会译

上海：泰东图书局，1930.10，100页，32开（马克斯研究丛书6）

本书分7章论述阶级斗争的种类及对马克思阶级斗争理论的批评。

收藏单位：重庆馆、国家馆、湖南馆、吉林馆、南京馆

02065

马克斯的经济概念　（德）柯诺（Heinrich Cunow）著　朱应祺　朱应会译

上海：泰东图书局，1928.4，36+96页，32开（马克斯研究丛书）

上海：泰东图书局，1929，再版，36+96页，

32开（马克斯研究丛书）

收藏单位：重庆馆、东北师大馆、广东馆、国家馆、黑龙江馆、南京馆、西南大学馆、浙江馆

02066

马克斯的伦理概念　（德）柯诺（Heinrich Cunow）著　朱应祺　朱应会译

外文题名：Marxismus und Ethik

上海：泰东图书局，1928，[11]+97页，32开（马克斯研究丛书3）

本书著者根据马克思的唯物史观说明道德法则的非永久性，并从人类学、人种学及民族学的角度说明道德法则随着生活条件的变化而变化，批驳了康德的“永久的最高道德原理”，指出新康德派以康德伦理学来补足马克思主义的理论的不彻底性。据柯诺著《马克思的历史、社会及国家论》一书的第2卷第9章《马克思主义与伦理》译出。

收藏单位：重庆馆、东北师大馆、广东馆、国家馆、吉林馆、西南大学馆

02067

马克斯的民族社会及国家概念　（德）柯诺（Heinrich Cunow）著　朱应祺　朱应会合译

上海：泰东图书局，1928.4，107页，25开（马克斯研究丛书2）

上海：泰东图书局，1929.3，再版，107页，32开（马克斯研究丛书2）

本书共9章：民族的概念、民族的成立、性格相同的民族和言语相同的民族、民族团体及宗教团体、民族感情和阶级差别、民族和国家的关系、民族国家、民族问题和民族性问题、马克斯所谓民族性主义和政治进步。

收藏单位：重庆馆、东北师大馆、广东馆、桂林馆、国家馆、吉林馆、近代史所、南京馆、中科图

02068

马克斯的政治思想　吴恩裕著

上海：商务印书馆，1945.12，134页，32开

上海：商务印书馆，1946.10，再版，134页，25开

上海：商务印书馆，1948.1，3版，134页，25开

收藏单位：安徽馆、北碚馆、重庆馆、东北师大馆、广西馆、桂林馆、国家馆、河南馆、吉大馆、吉林馆、近代史所、辽大馆、南京馆、宁夏馆、山西馆、上海馆、绍兴馆、首都馆、中科图

02069

马克斯底经济学说　（德）考茨基（Karl Johann Kautsky）著　铎梅译

社会科学研究社，1949.4，13+411页，32开

社会科学研究社，1949.6，2版，13+411页，32开

本书共3部分：“商品·货币·资本”“剩余价值”“工资与资本收入”。

收藏单位：东北师大馆、广东馆、国家馆、黑龙江馆、吉大馆、辽大馆、南京馆、天津馆、武大馆

02070

马克斯家族发展过程　（德）柯诺（Heinrich Cunow）著　朱应祺　朱应会合译

上海：泰东图书局，1930.6，127页，32开（马克斯研究丛书8）

本书共9章，内容包括：家族的发生、原始的家族形态、母族制家族、父族制家族、社会发展过程上的血族团体等。

收藏单位：重庆馆、东北师大馆、国家馆、内蒙古馆

02071

马克斯经济学原理　（美）翁特曼（E. Untermann）著　周佛海译

外文题名：Marxian economics

上海：商务印书馆，1923.4，318页，32开（新智识丛书18）

本书介绍马克思《资本论》中的经济学原理，共20章，内容包括：什么是资本、劳动与资本、没有资本的社会、商品和货币、罗马底商人资本、地租等。

收藏单位：北碚馆、重庆馆、国家馆、湖南馆

02072
马克斯唯物历史理论 （德）柯诺（Heinrich Cunow）原著　朱应祺　朱应会译
上海：泰东图书局，1930.11，147 页，32 开（马克斯研究丛书 7）
本书共 10 章，内容包括：经济与观念体、历史上的观念要素、马克斯和费儿巴黑、利益和观念体、唯物史观上传统和天才的作用等。
收藏单位：重庆馆、国家馆、吉林馆

02073
马克斯主义的基本问题 （俄）普列汉诺夫（Г. В. Плеханов）著　成嵩译
上海：泰东图书局，1930.9，166 页，32 开
本书著者原题：蒲列哈诺夫。
收藏单位：国家馆

02074
马克斯主义经济学 （美）翁特曼（E. Untermann）著　刘曼译
外文题名：Marxian economics
上海：乐群书店，1930.3，14+310 页，32 开
本书为《马克斯经济学原理》的另一译本。
收藏单位：国家馆、南京馆、上海馆、西南大学馆、中科图

02075
马克斯主义与达尔文主义 （英）班纳科克（Anton Pannekoek）著　钟复光译
上海：神州国光社，1949.8，80 页，36 开
收藏单位：东北师大馆、国家馆、江西馆、辽大馆、南京馆、农大馆、天津馆

02076
马克斯资本论浅释 （英）恩麦特（W. H. Emmett）著　程次敏译
上海：社会问题研究社，1930.5，[22]+310 页，22 开（社会科学名著译丛）
本书共 8 编，内容包括：商品与货币、货币之资本化、绝对剩余价值之生产、相对剩余价值之生产、工资、资本之积聚等。封面题名：资本论浅释。著者原题：恩麦提。
收藏单位：重庆馆、东北师大馆、广东馆、辽宁馆、内蒙古馆、上海馆、天津馆、西南大学馆

02077
社会变革底必然性 （日）河上肇著　沈绮雨译
上海：创造社出版部，1928.10，69 页，42 开
上海：创造社出版部，1929.4，再版，69 页，42 开
本书共 8 章，内容包括：必要劳动与剩余劳动、商品的科学分析、商品劳动力底考察、资本家的剩余价值的来源、劳资间阶级成长之必然性等。
收藏单位：安徽馆、东北师大馆、国家馆、上海馆、浙江馆

02078
社会科学的基本问题 （俄）普列汉诺夫（Г. В. Плеханов）著　张仲实译
上海：生活书店，1937.6，222 页，32 开
上海：生活书店，1938.2，再版，222 页，25 开
重庆、上海：生活书店，1939.4，再版，222 页，32 开
重庆：生活书店，1939，4 版，222 页，32 开
上海：生活书店，1946，胜利后 1 版，222 页，32 开
上海：生活书店，1947，再版，147 页，32 开（世界学术名著译丛）
上海：生活书店，1947.4，3 版，147 页，32 开（世界学术著名译丛）
大连：生活书店，1948，164 页，32 开（马列文库 7）
本书是《马克思主义基本问题》的另一译本。
收藏单位：安徽馆、北碚馆、北大馆、长春馆、重庆馆、东北师大馆、甘肃馆、广东馆、广西馆、贵州馆、国家馆、黑龙江馆、近代史所、南京馆、内蒙古馆、山东馆、上海馆、绍兴馆、首都馆、天津馆、武大馆、西南大学馆、中科图

02079
社会主义与进化论 （英）班纳科克（Anton Pannekoek）著 傅烈译
上海：辛垦书店，1929.11，77 页，32 开
上海：辛垦书店，1931.1，再版，77 页，32 开
上海：辛垦书店，1932.10，3 版，72 页，32 开
本书共 10 部分，内容包括：马克思学说与阶级斗争、达尔文学说与阶级斗争、达尔文学说与社会主义、自然法与社会学说、人类的社会性等。著者原题：彭列克库。
收藏单位：北碚馆、重庆馆、国家馆、近代史所

02080
社会主义与进化论 （日）堺利彦译编 张定夫重译
上海：昆仑书店，1929.11，61 页，32 开
本书共 10 部分，内容包括：达尔文说、马克思说、马克思说与阶级斗争、达尔文说与阶级斗争、达尔文说与社会主义、自然法则与社会学说、人类之社会性等。
收藏单位：北大馆、广东馆、广西馆、国家馆、南京馆、上海馆、首都馆、浙江馆

02081
通俗资本论 （德）马克思（Karl Marx）原著 （德）波浛特（J. Borchardt）编 李季译
上海：社会科学社，1929，3 版，[30]+344+14 页，22 开
本书共 24 章，内容包括：商品价格及利润、利润及商品的交换、劳动力的买卖、剩余价值是怎样起源的、资本的蓄积等。书前有编者序言、第 3 版序言。附《马克思危机说的本质》（波浛特）。据 1922 年德文第 4 版译出。著者原题：博浛德。
收藏单位：重庆馆、国家馆、吉林馆、江西馆、山西馆、上海馆、浙江馆

02082
通俗资本论 （德）马克思（Karl Marx）原著 （德）波浛特（J. Borchardt）编 李季译
上海：学用社，1949.1，14+436+18 页，32 开
上海：学用社，1949.4，再版，14+436+18 页，32 开
收藏单位：安徽馆、成都馆、东北师大馆、国家馆、辽大馆、山东馆、山西馆、上海馆、绍兴馆、首都馆、天津馆、浙江馆

02083
通俗资本论 （德）马克思（Karl Marx）原著 （德）波浛特（J. Borchardt）编 李季译
[上海]：[亚东图书馆]，1926.6，[42]+436+18 页，32 开
[上海]：[亚东图书馆]，1926.7，再版，[42]+436+18 页，32 开
[上海]：[亚东图书馆]，1927，3 版，[42]+436+18 页，22 开
上海：[亚东图书馆]，1927.3，4 版，[42]+436+18 页，32 开
上海：亚东图书馆，1937.6，5 版，[42]+436+18 页，32 开
收藏单位：成都馆、重庆馆、甘肃馆、广东馆、广西馆、贵州馆、桂林馆、国家馆、吉林馆、南京馆、宁夏馆、山西馆、上海馆、绍兴馆、首都馆、浙江馆

02084
唯物辩证法者的理论斗争 （日）河上肇著 江半庵译
上海：星光书店，1931.11，改版，256 页，32 开
本书收文 6 篇：《关于辩证法的唯物论——答土田杏村氏》《辩证法的唯物论之批判底批判——土方教授底批判之批判》《马克斯主义经济学底见地与目的——关于土方教授所谓“盲从的马克斯主义之克服”》《经济与权力——高田教授底“势力说”之批判》《马克斯底绝对地租论——土方教授底题为“由地租论看到的马克斯价值说之崩坏”的论文之分析》《资本蓄积之穷途——关于生产手段与消费资料底关系答高田博士》。
收藏单位：国家馆、首都馆、浙江馆

02085
新社会科学讲话 （日）河上肇著 雷敢译

北平：朴社，1936.4，326页，32开

本书收著者1929年春至1930年夏连续发表在《改造杂志》上的文章。共19篇，内容包括：《辩证法的唯物论（总论）》《辩证法的唯物论的批判之批判》《可惊的贫富的悬隔》《剩余价值》《当作商品的劳动力》等。

收藏单位：重庆馆、国家馆、湖南馆

02086

学生底马克思 （英）艾威林（Edward Aveling）著 吴曲林译

上海：联合书店，1930.2，245页，32开

上海：联合书店，1930.4，再版，245页，32开，精装

本书共8篇：商品与货币、货币（M）之资本（C）化、绝对剩余价值底生产、相对剩余价值底生产、绝对和相对剩余价值底生产、工资、资本底蓄积、所谓原始蓄积。为《资本论》第1卷缩写本。著者原题：爱德华·耶费宁。

收藏单位：重庆馆、东北师大馆、广东馆、国家馆、黑龙江馆、江西馆、近代史所、上海馆、浙江馆

02087

研习资本论的准备 沈志远著

上海：生活书店，1946，胜利后1版，87页，32开（资本论研究丛书）

上海：生活书店，1947.2，胜利后2版，87页，32开

上海、重庆：生活书店，1947.7，东北版，87页，32开（资本论研究丛书）

大连：生活书店，1949.4，87页，32开（资本论研究丛书）

收藏单位：长春馆、重庆馆、东北师大馆、广东馆、贵州馆、国家馆、河南馆、黑龙江馆、湖北馆、湖南馆、吉大馆、吉林馆、江西馆、南京馆、宁夏馆、山东馆、山西馆、上海馆、首都馆、天津馆、云南馆

02088

研习资本论入门 沈志远编

重庆[等]：生活书店，1939，95页，36开（青年自学丛书）

重庆[等]：生活书店，1940，再版，95页，36开（青年自学丛书）

收藏单位：北碚馆、重庆馆、广东馆、广西馆、贵州馆、国家馆

02089

怎样研究资本论 （苏）亚尔帕里著 许涤新译

重庆[等]：读书生活出版社，1940.5，74页，32开

上海：读书出版社，1947.3，3版，74页，32开（资本论研究丛书）

大连：读书出版社，1949，74页，32开（资本论研究丛书）

本书共3章：理解资本论所必需底预备知识、价值形态底发展、商品生产社会的分析。

收藏单位：安徽馆、北碚馆、长春馆、重庆馆、东北师大馆、广东馆、广西馆、国家馆、吉大馆、吉林馆、南京馆、山东馆、山西馆、上海馆、西南大学馆

02090

资本论大纲 （日）高畠素之著 施存统译

上海：大江书铺，1930.12，20+668页，32开

本书共4部分：剩余价值底生产、剩余价值底实现、剩余价值底分配、资本制生产底崩坏。日文版书名原题：马克思经济学。译者原题：施复亮。

收藏单位：广西馆、贵州馆、国家馆、吉林馆、山东馆、西南大学馆

02091

资本论大纲 （日）高畠素之著 施存统译

上海：神州国光社，1932.7，20+668页，32开

上海：神州国光社，1932.12，再版，20+668页，32开

收藏单位：重庆馆、桂林馆、国家馆、湖南馆、近代史所、南京馆、天津馆

02092
资本论大纲　（日）山川均著　傅烈译
上海：辛垦书店，1930.3，265 页，32 开
上海：辛垦书店，1933.6，再版，265 页，32 开
收藏单位：重庆馆、东北师大馆、广东馆、贵州馆、国家馆、河南馆、黑龙江馆、江西馆、辽宁馆、南京馆、陕西馆、上海馆、西南大学馆、浙江馆

02093
资本论的文学构造　（苏）聂契金娜著　郑易里译
汉口：读书生活出版社，1938.7，138 页，32 开
上海：读书出版社，1947，137 页，32 开（资本论研究丛书）
上海：读书出版社，1947.3，3 版，137 页，32 开（资本论研究丛书）
长春：读书出版社，1949.5，108 页，32 开（资本论研究丛书）
本书论述《资本论》的文学艺术价值。共 9 章，内容包括：资本论的艺术性、资本论的热情、艺术的具体化、具象的表现、人格化了的资本等。
收藏单位：北碚馆、长春馆、成都馆、重庆馆、广东馆、广西馆、贵州馆、国家馆、河南馆、湖北馆、吉林馆、辽宁馆、南京馆、内蒙古馆、山东馆、山西馆、上海馆、首都馆、天津馆、西南大学馆

02094
资本论概要　（德）考茨基（Karl Johann Kautsky）原著　（日）石川准十郎译述　洪涛译
上海：神州国光社，1930.6，11+273 页，32 开
上海：神州国光社，1933.1，再版，11+273 页，32 开
本书共 5 编：劳动价值及剩余价值、剩余价值的生产、工资及资本蓄积、资本的循环及回转、平均利润与生产价格。
收藏单位：重庆馆、东北师大馆、国家馆、吉林馆、江西馆、辽大馆、南京馆、上海馆、首都馆、天津馆、浙江馆

02095
资本论概要　（德）考茨基（Karl Johann Kautsky）著　（日）石川准十郎改编　洪涛译
[上海]：言行社，1938.11，273 页，32 开（大学文库 1）
上海：言行社，1940.5，11+273 页，32 开
收藏单位：重庆馆、东北师大馆、国家馆、吉林馆、山西馆、上海馆

02096
资本论简明教程　（英）艾威林（Edward Aveling）著　哲民译
上海：洪波出版社，1940.5，10+245 页，36 开
本书著者原题：亚特华耶费宁。
收藏单位：广西馆

02097
资本论节要　（德）波洽特（J. Borchardt）编
南京：肇文书店，1930.3，274 页，25 开
本书概述商品价格及利润、利润及商品的交换等内容。附《马克思恐慌说的本质》。
收藏单位：辽大馆、南京馆、浙江馆

02098
资本论解说　（德）波洽特（J. Borchardt）著　李云译
上海：昆仑书店，1929.11，436 页，32 开
本书共 24 章，内容包括：利润及商品的交换、劳动力的买卖、剩余价值是怎样起源的、增加剩余价值的方法、货币、商人的活动等。附《马克思危机说的本质》。
收藏单位：北碚馆、重庆馆、东北师大馆、国家馆、吉林馆、江西馆、近代史所、辽师大馆、南京馆、宁夏馆、山东馆、上海馆、天津馆、浙江馆

02099
资本论解说　（德）考茨基（Karl Johann Kautsky）原著　戴季陶译　胡汉民补译
上海：民智书局，1927.10，308 页，25 开
上海：民智书局，1929，再版，[22]+308 页，

25 开

本书共 3 部分："商品　货币　资本""剩余价值""工钱及资本所得"。由日译本转译。

收藏单位：安徽馆、重庆馆、东北师大馆、广东馆、广西馆、桂林馆、国家馆、湖北馆、江西馆、近代史所、南京馆、内蒙古馆、宁夏馆、天津馆、西南大学馆、浙江馆

02100

资本论解说　王思华著

北平：生活·读书·新知三联书店，1949，32+165 页，32 开

收藏单位：吉林馆

02101

资本论解说　王思华著

哈尔滨：新中国书局，1949.3，165 页，36 开（资本论研究丛书）

吉林：新中国书局，1949.7，再版，32+165 页，36 开（资本论研究丛书）

本书共 4 部分：商品与货币、剩余价值与资本、工资论、资本的蓄积过程。

收藏单位：安徽馆、长春馆、重庆馆、东北师大馆、国家馆、黑龙江馆、吉林馆、辽宁馆、内蒙古馆、山东馆、山西馆、上海馆、天津馆

02102

资本论入门　（日）石川准十郎著　洪涛译

社会科学研究社，1949.4，273 页，32 开

社会科学研究社，1949.6，再版，273 页，32 开

本书共 5 编：劳动价值及剩余价值、剩余价值的生产、工资及资本积蓄、资本的循环及回转、平均利润与生产价格。

收藏单位：长春馆、成都馆、重庆馆、东北师大馆、贵州馆、国家馆、吉林馆、首都馆、天津馆、浙江馆

02103

资本论入门（第 1 卷）（日）河上肇著　刘野平译

上海：晨曦书店，1929.9，2 册（225+191 页），32 开

本书分 3 部分：序说、第 1 章、第 2 章。序说共 3 部分：资本论的最后穷极目的、资本论中的研究方法、政治经济学批判中之资本论的地位及资本论的构成；第 1 章为"商品"，共 6 部分，内容包括：关于劳动价值说的异论之分析、商品上表示出来的劳动二重性、价值形态及其发展等；第 2 章为"交换过程"。

收藏单位：重庆馆、贵州馆、国家馆、上海馆、首都馆

列宁主义的学习和研究

02104

列宁底史的唯物论　（苏）阿特朗茨基编　郑九星译

上海：启蒙书店，1938.9，5+250 页，25 开

收藏单位：成都馆、东北师大馆

02105

列宁论苏维埃机关工作人员应如何工作　伏蒂也娃著　齐生译　曹葆华校

华东新华书店，1948.9，9 页，32 开

收藏单位：山东馆

02106

列宁论苏维埃机关人员应如何工作

佳木斯：东北书店，1948.9，52 页，32 开

本书收文 8 篇，内容包括：《列宁论苏维埃机关人员应如何工作》（伏蒂也娃著，齐生译自 1946 年 11 月 21 日《苏联消息报》）、《论主动和完成工作的才干》（斯列波夫著，乌蓝汗译自 1947 年 8 月 5 日《真理报》）、《全力展开布尔塞维克的批评与自我批评》（秋林译自 1948 年 3 月 5 日《真理报》社论）、《检查决议的执行程度是布尔塞维克领导的基本方法》（《真理报》社论）等。

收藏单位：长春馆、东北师大馆、广东馆、国家馆、吉林馆、南京馆、山东馆、山西馆、天津馆

02107
列宁主义初步　里昂齐夫　吉仁采夫著　柳明译
北国图书公司，1932.9，280 页，25 开
本书共 7 章，内容包括：党章的基础、与孟塞维克主义奋斗、为党而斗争、共产国际、资本主义的危机和苏联等。书前有胡菲序。
收藏单位：国家馆、吉林馆、近代史所、天津馆

02108
列宁主义初步　（苏）雅洛曼绥夫著
延安：解放社，1938.2，再版，232 页，32 开
本书共 13 章，内容包括：党与阶级、资本主义社会、过渡时期、党的经济政策之基础、党在工业方面的任务、为文化而斗争、第一次革命、党章的基础等。
收藏单位：重庆馆、国家馆、南京馆、天津馆

02109
列宁主义初步　（苏）雅洛曼绥夫著
社会科学研究社，1938.2，再版，346 页，大 32 开
社会科学研究社，1938.4，订正重版，2 册（346 页），大 32 开
社会科学研究社，1939.1，2 册（[346] 页），大 32 开
社会科学研究社，1939.6，订正重版，2 册（346 页），大 32 开
本书共 17 章，内容包括：党与阶级、资本主义社会、过渡时期、党的经济政策之基础、党在工业方面的任务、为文化而斗争、第一次革命、党章的基础、为党的统一而斗争等。
收藏单位：北大馆、重庆馆、广东馆、贵州馆、国家馆、吉林馆、南京馆、天津馆、浙江馆

02110
列宁主义初步　（苏）雅洛曼绥夫著
时代出版社，1938，346 页，25 开
收藏单位：北碚馆、成都馆、广东馆、国家馆、吉林馆

02111
列宁主义初步　（苏）雅洛曼绥夫著　周靖明译
上海：扬子江书店，1933.2，2 册（346 页），24 开（社会科学名著）
收藏单位：上海馆

02112
列宁主义的要义　任弼时著
出版者不详，[1925—1949]，2 张，横 16 开
本书著者原题：弼时。
收藏单位：国家馆

02113
列宁主义研究　项英编译
斗争出版社，1938.2，再版，102 页，32 开
本书共 5 章，内容包括：列宁主义之定义和列宁主义之主要点、列宁主义之历史根源、列宁主义方法之基础和实质、理论等。
收藏单位：北碚馆、重庆馆、国家馆、近代史所

02114
列宁主义之理论及实施　（苏）斯大林（И. В. Сталин）著　汤澄波译
出版者不详，1926，109 页，32 开（唯物哲学丛书 4）
本书分 10 章论述列宁主义的发展、根源、方法、理论及农民问题、民族问题等。著者原题：斯德林。
收藏单位：广东馆、广西馆、桂林馆

02115
论列宁的《帝国主义是资本主义的最高阶段》　（苏）得佛尔根（И. Дворкин）著　李少甫译
上海：中华书局，1949.9，52 页，32 开（新时代小丛书 18）
收藏单位：重庆馆、东北师大馆、国家馆、湖北馆、吉林馆、南京馆

02116
什么是列宁主义　凯丰编译
［汉口］：中国出版社，1939—1940，8 册（1278

页），36 开
[汉口]：中国出版社，[1939—1941]，再版，[843 页]，32 开

本书共 10 编，内容包括：列宁主义是在帝国主义和无产阶级革命时代的马克思主义、方法和理论、无产阶级革命的理论、无产阶级专政、为社会主义建设的胜利而斗争等。

收藏单位：成都馆、东北师大馆、贵州馆、国家馆、南京馆、山东馆、上海馆、浙江馆

02117
什么是列宁主义 文维城编
佳木斯：东北书店，1947.11，92 页，32 开

本书分两编，共 5 章："列宁主义之定义和列宁主义之主要点""列宁主义之历史根源""列宁主义于马克思主义发展之新阶段，斯大林同志之继续发展列宁主义""列宁主义方法之基础和实质""理论"。

收藏单位：东北师大馆、国家馆、山东馆

02118
什么是列宁主义 文维城编
[大连]：东北中苏友好协会，1945.11，113 页，32 开

收藏单位：长春馆、东北师大馆、国家馆

02119
什么是列宁主义 文维城编译
天津：读者书店，1949，90 页，32 开

收藏单位：广东馆、国家馆、吉林馆、辽宁馆、陕西馆、天津馆

02120
什么是列宁主义 文维城辑译
[延安]：解放社，1938.1，101 页，大 32 开

收藏单位：国家馆、黑龙江馆

02121
什么是列宁主义 文维城编
莫斯科：外国工人出版社，1937.2，101 页，大 32 开，精装

收藏单位：南京馆

02122
什么是列宁主义 文维城编
新文化书房，1938，136 页

收藏单位：近代史所

02123
什么是列宁主义 文维城编译
汉口：中国出版社，1938.3，149 页，36 开
汉口：中国出版社，1938.4，再版，149 页，36 开
汉口：中国出版社，1941，149 页，36 开

收藏单位：北碚馆、重庆馆、贵州馆、国家馆、南京馆、上海馆、浙江馆

02124
什么是列宁主义（第 1、3 册） 凯丰编译
[汉口]：中国出版社，1940—1941，3 版，2 册（122+139 页），32 开

收藏单位：东北师大馆、国家馆、山东馆、上海馆、首都馆

02125
什么是列宁主义（第 7 分册 战略与策略） 凯丰编译
大众日报社，[1940—1949]，64 页，32 开

收藏单位：山东馆

02126
伊里奇底辩证法 （苏）德波林（A. Деборин）著 任白戈译
上海：辛垦书店，1930，141 页，36 开
上海：辛垦书店，1930，再版，141 页，32 开
上海：辛垦书店，1933.2，3 版，140 页，32 开
上海：辛垦书店，1935.4，4 版，141 页，36 开

本书共两部分："革命的辩证家——伊里奇""伊里奇底辩证法之一斑"，论述列宁对辩证法的贡献和发展。书前有译者序言《伊里奇辩证法底重要性》。附《关于辩证法底问题》。

收藏单位：重庆馆、东北师大馆、广东馆、广西馆、桂林馆、国家馆、湖南馆、吉

林馆、江西馆、南京馆、内蒙古馆、山西馆、上海馆、首都馆、浙江馆、中科图

02127
伊里奇底唯物论与经验批判论　（苏）尤琴（П. Ф. Юдин）著　高烈译
[北平]：读书出版社，1949，43 页，32 开
本书为《唯物论与经验批判论》一书的附册。
收藏单位：国家馆、上海馆、首都馆

02128
《左派幼稚病》第二章问答　特委宣传部编
特委宣传部，1948.11，油印本，1 册，32 开
收藏单位：国家馆

斯大林的思想的学习和研究

02129
斯大林与国际无产阶级　（保）季米特洛夫著
莫斯科：外国文书籍出版局，1940，19 页，25 开
收藏单位：国家馆、南京馆

02130
斯大林与中国革命　平原省中苏友好协会筹委会编
[新乡]：平原省中苏友好协会筹委会，[1949]，78 页，32 开
收藏单位：山东馆

毛泽东思想的学习和研究

02131
东方红　陈天河编
香港：平原出版社，1949.5，60 页，32 开
本书收文 5 篇：《在毛泽东的旗帜下》（郭沫若）、《毛泽东路线的发展》（史特朗）、《论毛泽东思想》（艾思奇）、《伟大的毛泽东》（李山）、《毛泽东自传》（史诺）。
收藏单位：广东馆、国家馆、山西馆

02132
读《湖南农民运动考察报告》　陈伯达著
渤海军区政治部，[1944—1949] 印，58 页，32 开
收藏单位：山东馆

02133
读《湖南农民运动考察报告》　陈伯达著
东北新华书店辽东分店，1949，31 页，32 开
收藏单位：国家馆

02134
读《湖南农民运动考察报告》　陈伯达著
华北新华书店，1947.10，41 页，32 开
本书共 6 部分，内容包括：两种方法论、左右中国革命全局的农民问题、革命民众的民主专政、由一个“组织起来”到另一个“组织起来”等。
收藏单位：重庆馆、国家馆、河南馆、山西馆、天津馆、浙江馆

02135
读《湖南农民运动考察报告》　陈伯达著
[菏泽]：冀鲁豫分局，[1947]，50 页，32 开
收藏单位：国家馆

02136
读《湖南农民运动考察报告》　陈伯达著
[威县]：冀南书店，1947.9，45 页，32 开
收藏单位：国家馆

02137
读《湖南农民运动考察报告》　陈伯达著
河间：冀中新华书店，1947.9，43 页，32 开
收藏单位：南京馆

02138
读《湖南农民运动考察报告》　陈伯达著
[泰州]：苏北新华书店，1949.6，28 页，32 开
收藏单位：宁夏馆

02139
读《湖南农民运动考察报告》 陈伯达著
苏中出版社，[1949]，32 页，36 开
　　收藏单位：国家馆、山东馆

02140
读《湖南农民运动考察报告》 陈伯达著
新华书店晋察冀分店，1947.6，51 页，36 开
　　收藏单位：国家馆、山东馆、天津馆

02141
读《湖南农民运动考察报告》 陈伯达著
中共晋绥分局，1946.6 印，64 页，32 开
　　本书共 5 章，内容包括：两种方法决论、左右中国革命的农民问题、革命民众的民主专政等。附《湖南农民运动考察报告》。
　　收藏单位：重庆馆、国家馆、山西馆

02142
《湖南农民运动考察报告》与读《湖南农民运动考察报告》 毛泽东等著
[张家口]：晋察冀军区政治部，[1947]，40 页，32 开
　　收藏单位：国家馆

02143
近百年来的中国
察哈尔省张家口市职工总会宣传部，1949.5，29 页，64 开（职工政治常识）
　　本书据毛泽东《中国革命与中国共产党》一文改编。
　　收藏单位：国家馆

02144
论联合政府教材 苏中军区政治部编
[苏中军区政治部]，1945.7，40 页，64 开
　　本书为战士政治课本，共 3 个单元："抗日战争中的两条路线""两个前途""废止一党专政、建立联合政府"。
　　收藏单位：南京馆

02145
论毛泽东思想 朱德等著
华北新华书店，1947.1，30 页，36 开
华北新华书店，1947.6，再版，30 页，36 开
　　收藏单位：贵州馆、国家馆、河南馆、山东馆、天津馆

02146
论毛泽东思想
[香港]：中国灯塔出版社，1946，44 页，64 开（灯塔小丛书 7）
[香港]：中国灯塔出版社，1946，再版，44 页，64 开（灯塔小丛书 7）
　　本书汇录朱德、周恩来、刘少奇、彭德怀、博古、陈毅等论述毛泽东思想的篇章片段。
　　收藏单位：国家馆、华东师大馆、吉林馆

02147
论毛泽东思想（集录） 朱德等著
饶阳：冀中新华书店，1947.9，34 页，32 开
　　收藏单位：北师大馆、国家馆、河南馆、天津馆

02148
论毛泽东思想（集录） 朱德等著
万国书店，[1940—1949]，36 页，32 开
　　收藏单位：山西馆

02149
论毛泽东思想（集录・代序）
出版者不详，[1940—1949]，124 页，32 开
　　收藏单位：浙江馆

02150
论人民民主专政问答 新民主书店编辑
南京：新民主书店，1949，再版，19 页，64 开（学习手册 第 1 辑）
　　收藏单位：国家馆

02151
论人民民主专政学习参考材料 察哈尔日报

社编
张家口：察哈尔日报社，1949.7，90 页，32 开

本书收文 6 篇:《论人民民主专政》(毛泽东)、《〈共产党人〉发刊词》(毛泽东)、《关于人民民主主义的几个问题》(拉科西)、《国家与革命》(列宁)、《论国家》(列宁)、《无产阶级革命与无产阶级专政》(斯大林)。

收藏单位：重庆馆、国家馆、湖北馆、吉大馆、辽宁馆、南京馆、山东馆

02152
论人民民主专政学习参考材料 读者书店辑
天津：读者书店，1949.8，83 页，32 开

收藏单位：国家馆、吉大馆、宁夏馆、天津馆

02153
论人民民主专政学习参考材料 中共察哈尔省委宣传部编
中共察哈尔省委宣传部，1949.7，73 页，32 开

收藏单位：国家馆

02154
论文学的工农兵方向(读《文艺座谈会谈话》) 雪苇著
大连：光华书店，1948.4，212 页，32 开
哈尔滨：光华书店，1948.5，再版，212 页，32 开

本书共 3 部分：新文学的历史说明什么、文学写作的方向问题、文学运动的方向问题。附《读〈种谷记〉》。

收藏单位：安徽馆、长春馆、东北师大馆、国家馆、江西馆、南大馆、山东馆、山西馆、天津馆

02155
毛泽东的建军思想 毛泽东等著
新四军华中军区政治部，1946，143 页，32 开

本书收文 9 篇，内容包括:《人民战争》(毛泽东)、《中国人民抗战的军事路线》(朱德)、《关于军队政治工作问题》(谭政)、《中国共产党在民族战争中的地位》(毛泽东)、《季米特洛夫论干部政策干部教育政策》、《彻底铲除军阀思想》(邓子恢)等。书前有代序《一定要研究这本书》(张鼎丞)。

收藏单位：国家馆、南京馆、山东馆

02156
毛泽东的军事路线及中共的五大政策
出版者不详，[1948]，10+16 页，32 开

本书收文两篇:《毛泽东的军事路线》《中共的五大政策》。

收藏单位：国家馆、辽宁馆、南京馆

02157
毛泽东的思想 (美)斯特朗(A. L. Strong)著 孟展译
[香港]：光华书屋，1947.4，34 页，32 开(世界新著译丛 2)

本书共 4 部分：毛泽东思想的来源、毛泽东路线的发展、毛泽东的六大著作、毛泽东科学的预见。书前有译者的《介绍史特朗女士》。著者原题：史特朗。

收藏单位：黑龙江馆

02158
毛泽东的思想 (美)斯特朗(A. L. Strong)著 孟展译
[汉口]：中国出版社，1947，34 页，32 开(世界新著译丛 2)

收藏单位：广东馆、国家馆

02159
毛泽东科学的预见 (美)斯特朗(A. L. Strong)著 陈新民译
香港：新文化出版社，[1938—1949]，30 页，36 开

本书著者原题：史特朗。

02160
毛泽东思想初学入门 萧棠选辑
天津：读者书店，1949.6，62页，36开
天津：读者书店，1949.8，再版，62页，36开
天津：读者书店，1949，3版，60页，32开

本书分两部分：辩证唯物主义、历史唯物主义。共6章，内容包括：辩证唯物主义的能动认识论（反映论）、辩证唯物主义的实践方法论等。

收藏单位：重庆馆、东北师大馆、国家馆、辽宁馆、南京馆、宁夏馆、天津馆

02161
毛泽东思想初学入门 萧棠选辑
出版者不详，[1949]，59页，32开

收藏单位：天津馆

02162
毛泽东思想的思想方法 黄浅撰
天津：读者书店，1949.7，28页，36开

收藏单位：国家馆、湖南馆、山西馆、天津馆

02163
毛泽东思想的政治思想 黄浅撰
天津：读者书店，1949.8，1册，32开

收藏单位：国家馆、南京馆、天津馆

02164
毛泽东思想方法论 张如心著
上海：原野出版社，1949.4，107页，36开

本书共3章：毛泽东的人生观、科学方法、科学预见。附《毛泽东思想》。

收藏单位：重庆馆、广东馆、广西馆、国家馆、湖北馆、南京馆、上海馆

02165
毛泽东同志论资产阶级
中共沂水地委宣传部，[1940—1949]，7页，32开

收藏单位：山东馆

02166
《目前形势和我们的任务》学习研究提要 薛射编
安东（丹东）：光华书店，1948，100页，36开

本书收文12篇，内容包括：《目前形势和我们的任务》（毛泽东）、《历史的转折点》、《研究新形势要认识三个问题》、《土地问题研究提要》、《经济纲领研究提要》、《国际形势研究参考提要》、《名词术语浅释》等。

收藏单位：重庆馆

02167
认真学习《论人民民主专政》 知识书店编辑部编辑
天津：知识书店，1949.9，120页，36开（学习小丛书）

本书共5部分：题解、读后记、专论、问题与解答、讨论。书前有编者的话。

收藏单位：东北师大馆、国家馆、江西馆、辽宁馆、山东馆、天津馆

02168
[《新民主主义论》解析]
出版者不详，[1940]，油印本，13页，32开

本书为伪装本。伪装题名：青苗。伪装丛书题：新文艺集刊。

收藏单位：国家馆

02169
新民主主义问题讲话 邓初民著
[香港人民出版社]，1949，60页，32开

02170
新民主主义问题解答 菊尘编著
上海：前进出版社，1949.6，24页，36开

本书以问答形式介绍《新民主主义论》，每问的答案均引用原著。

收藏单位：吉林馆、天津馆

02171
新民主主义学习手册 季坚编著

上海：生活学习社，1949.7，73页，32开（学习丛书 第1辑）
上海：生活学习社，1949.8，再版，73页，32开（学习丛书 第1辑）

本书讲解《新民主主义论》的学习方法、学习提纲，解释有关名词术语等。

收藏单位：广东馆、广西馆、国家馆、天津馆

02172
学习毛泽东思想　刘少奇等著　白丁编辑
改造生活出版社，1949，48页，32开（改造丛书 1）

收藏单位：吉林馆

02173
《组织起来》讲解　徐懋庸　于成合编
新华日报，[1944]，76页，32开，环筒页装

本书共3编：四个重要文件、“组织起来”的基本问题、从陕甘宁看太行山。

收藏单位：国家馆、河南馆

哲学、宗教

哲学总论

02174
简明哲学辞典　（苏）罗森塔尔（M. Розенталь）（苏）尤琴（П. Ф. Юдин）著
中原新华书店，1949，22+272+13 页，32 开
本辞典为便利阅读和研究《联共（布）党史简明教程》第 4 章第 2 节“关于辩证唯物主义和历史唯物主义”，以及马克思列宁主义哲学其他古典著作而编写。
收藏单位：成都馆、黑龙江馆、湖北馆、湖南馆

02175
简明哲学辞典　（苏）罗森塔尔（M. Розенталь）（苏）尤琴（П. Ф. Юдин）著　孙冶方译
华北新华书店，1948.9，22+272 页，32 开
华北新华书店，1949，22+272 页，32 开，精装
收藏单位：长春馆、重庆馆、贵州馆、国家馆、南京馆、内蒙古馆、山东馆、山西馆、上海馆、天津馆、中科图

02176
简明哲学辞典　（苏）罗森塔尔（M. Розенталь）（苏）尤琴（П. Ф. Юдин）著　孙冶方译
山东新华书店，1949.7，22+272 页，32 开
本书著者原题：犹琴。
收藏单位：国家馆、山东馆、山西馆

02177
简明哲学辞典　（苏）罗森塔尔（M. Розенталь）（苏）尤琴（П. Ф. Юдин）著　孙冶方译
孙冶方 [发行者]，1942.5，3 版，210 页，32 开
本书著者“罗森塔尔”原题：M. 洛静泰尔，“尤琴”原题：犹琴。
收藏单位：重庆馆、国家馆

02178
简明哲学辞典　（苏）罗森塔尔（M. Розенталь）（苏）尤琴（П. Ф. Юдин）著　孙冶方译
北平：新华书店，1949.5，272 页，32 开
收藏单位：重庆馆

02179
简明哲学辞典　（苏）罗森塔尔（M. Розенталь）（苏）尤琴（П. Ф. Юдин）著　孙冶方译
[桂林]：新知书店，1940.3，210 页，32 开
桂林：新知书店，1941，再版，210 页，32 开
上海：新知书店，1947.4，210 页，32 开
大连：新知书店，1948.8，210 页，32 开
大连：新知书店，1949，再版，210 页，32 开
本书著者“罗森塔尔”原题：M. 洛静泰尔，“尤琴”原题：犹琴。
收藏单位：重庆馆、东北师大馆、广西馆、国家馆、河南馆、近代史所、山东馆、上海馆、首都馆、天津馆

02180
简明哲学辞典　（苏）罗森塔尔（M. Розенталь）（苏）尤琴（П. Ф. Юдин）著　孙冶方译
[北平]：新中国书局，1949.8，3 版，210 页，36 开
收藏单位：重庆馆、内蒙古馆、天津馆、浙江馆

02181
新哲学论集　艾思奇著
上海：读者书房，1936，278 页，25 开（丛书月刊 2）
上海：读者书房，1936，再版，278 页，32 开（丛书月刊 2）
汉口：读者书房，1938.5，278 页，32 开（丛书月刊 2）
桂林：读者书房，1939，278 页，32 开（丛书月刊 2）
本书收著者 1933—1936 年的论文，共 3 部分：哲学之部，内容包括：《论黑格尔哲

学的颠倒》《抽象作用与辩证法》《从新哲学所见的人生观》《直观主义与理知主义》《理知和直观之矛盾》等；文学之部：《论文学的素材题材和主题》《文艺的永久性与政治性》《“诗人自己的道路”》《论文学的鉴赏》；自然科学之部：《现代自然科学的危机》《形而上学与现代科学》《进化论与真凭直据》。书前有著者自序。

收藏单位：北碚馆、成都馆、重庆馆、东北师大馆、广东馆、广西馆、贵州馆、国家馆、黑龙江馆、湖南馆、吉林馆、江西馆、近代史所、南京馆、山西馆、陕西馆、绍兴馆、首都馆、中科图

02182

新哲学社会学解释辞典　胡明等编　辞书编译社编辑

上海：光华出版社，1947.7，675+43 页，32 开（人民社会百科全书 1）

上海：光华出版社，1949，675 页，32 开（人民社会百科全书 1）

本书以辩证唯物论及历史唯物论的观点，介绍哲学、社会学、论理学、伦理学、心理学、宗教学的概念，以及天文学、物理学、化学、生物学、地质学等方面的知识。词条按首字笔画顺序排列。书后有条目索引。

收藏单位：长春馆、重庆馆、东北师大馆、广东馆、贵州馆、国家馆、湖南馆、近代史所、南京馆、内蒙古馆、上海馆、首都馆、西南大学馆、中科图

02183

哲学论文集　（苏）尤琴（П. Ф. Юдин）等著　新华日报华北分馆辑

[新华日报华北分馆]，1940，[216] 页，32 开

新华日报华北分馆，1941.3，216 页，32 开

本书收文 9 篇：《马列主义哲学上的不可估价底贡献》（尤琴）、《马克思主义辩证法的法则及其运用》（西特科夫斯基）、《论唯物辩证法底某些范畴》（西特考夫斯基）、《思想在社会发展中的作用》（叶果洛夫）、《唯物辩证法论自然底运动变化与发展》（施尔）、《社会的存在与社会的意识》（尤琴）、《人民群众在历史中底作用》（B. 伯那丁波）、《唯物辩证法家的斯大林》（沈志远）、《继续研究马克思列宁的哲学问题》（尤琴）。

收藏单位：重庆馆、国家馆、黑龙江馆、山西馆

02184

哲学与生活　艾思奇著

上海：读书生活出版社，1937.4，180 页，32 开

上海：读书生活出版社，1937.6，再版，180 页，32 开

重庆：读书生活出版社，1939.8，3 版，164 页，32 开

重庆：读书生活出版社，1939.12，4 版，164 页，32 开

上海：读书生活出版社，1940，5 版，164 页，32 开

上海：读书生活出版社，1941，6 版，164 页，32 开

本书为时论和杂文汇集，共 3 部分：哲学问题、民族问题、生活问题。

收藏单位：北碚馆、北大馆、重庆馆、广东馆、广西馆、桂林馆、国家馆、吉林馆、近代史所、南京馆、上海馆、首都馆、天津馆、中科图

哲学理论

02185

从唯心论到唯物论　（俄）普列汉诺夫（Г. В. Плеханов）著　王凡西译

上海：沪滨书局，1930.2，143 页，32 开

上海：沪滨书局，1936.5，143 页，22 开

收藏单位：重庆馆、国家馆、吉林馆、辽大馆、南京馆、上海馆、中科图

02186

从唯心论到唯物论　（俄）普列汉诺夫（Г. В. Плеханов）著　王凡西译

上海：亚东图书馆，1930.5，141 页，32 开

上海：亚东图书馆，1936.5，141页，32开
上海：亚东图书馆，1940.10，5版，141页，32开

收藏单位：安徽馆、重庆馆、广东馆、广西馆、贵州馆、国家馆、吉大馆、近代史所、南京馆、上海馆、首都馆、浙江馆

02187
如何研究哲学　艾思奇著
上海：读书生活出版社，1936.8，67页，32开
上海：读书生活出版社，1936.11，再版，67页，36开（角半小丛书）
重庆：读书生活出版社，1939.6，再版，增订版，63页，32开
重庆：读书生活出版社，[1939]，3版，增订版，63页，32开
重庆：读书出版社，1940.3，4版，64页，32开
重庆：读书出版社，1940.8，5版，增订版，63页，32开

本书共5部分：先认清楚“为什么”、哲学史和哲学概论的读法、怎样辨别正确的哲学、怎样建立自己的哲学、必须同时研究社会科学。附《哲学研究大纲》《怎样研究自然科学》。1936年版著者题：李崇基。

收藏单位：北碚馆、重庆馆、广东馆、广西馆、桂林馆、国家馆、吉林馆、辽大馆、南京馆、上海馆

02188
由唯心论到唯物论　（俄）普列汉诺夫（Г. В. Плеханов）著　高晶斋译
上海：新生命书局，1930，87页，32开
上海：新生命书局，1932，再版，87页，32开
上海：新生命书局，1934，3版，87页，32开
上海：新生命书局，1940，5版，87页，32开

本书阐述黑格尔和费尔巴哈的主要哲学观点，以及辩证唯物主义哲学的形成。封面著者题：普勒哈诺夫，题名页著者题：蒲列哈诺夫。

收藏单位：重庆馆、东北师大馆、广东馆、广西馆、国家馆、黑龙江馆、湖南馆、南京馆、上海馆、浙江馆

马克思主义哲学

02189
辩证法唯物论与历史唯物论
武昌：改造社，1949，116页，36开（改造丛书第1辑4）

本书共3章：唯心论与唯物论、辩证法唯物论、历史唯物论。附《辩证法唯物论与历史唯物论研究大纲》。

收藏单位：国家馆、湖南馆

02190
辩证法唯物论与唯物史观　吴黎平编译
上海：心弦书社，1930.12，388页，32开
上海：心弦书社，1932.5，再版，388页，32开
上海：心弦书社，1937.5，3版，388页，32开

本书分两部分：辩证法的唯物论、唯物史观。共8章：唯物论与唯心论、辩证法唯物论、自然及社会中的规律性、生产力与生产关系、阶级及阶级斗争的学说、国家及政权的学说、意识形态、社会发展的学说。书前有编者序。据芬格尔特（Fingert）、薛尔文特（Schirwindt）的著作编译。编译者原题：吴理屏。

收藏单位：北碚馆、重庆馆、东北师大馆、广东馆、国家馆、黑龙江馆、湖南馆、吉林馆、南京馆、内蒙古馆、陕西馆、上海馆、首都馆

02191
辩证唯物论与历史唯物论　博古译
[沂水]：大众社，1940.1，99页，32开（青年丛书4）

本书译者原题：秦博古。

收藏单位：国家馆、山东馆

02192
辩证唯物论与历史唯物论　（苏）米丁（М. Митин）著　沈志远译

重庆：商务印书馆，1936.12，2册，25开（中山文库）
上海、长沙：商务印书馆，1938，2版，2册（491+577页），25开（中山文库）

收藏单位：重庆馆、广东馆、国家馆、黑龙江馆、湖南馆、吉林馆、辽东学院馆、南京馆、山西馆、首都馆、浙江馆

02193
辩证唯物论与历史唯物论基本问题 博古编译
安东（丹东）：东北书店，1947，4册（210+266+345+376页），32开

本书主要汇译1936—1941年苏联《哲学杂志》《在马克思主义旗帜下》所发表的有关哲学论文，以配合学习和研究《联共（布）党史简明教程》。第1册：辩证唯物论——马列主义政党底宇宙观；第2册：马克思主义的辩证法；第3册：马克思主义的哲学唯物论；第4册：马克思主义的历史唯物论。

收藏单位：安徽馆、长春馆、重庆馆、东北师大馆、国家馆、河南馆、黑龙江馆、吉大馆、山东馆、山西馆、上海馆、天津馆

02194
辩证唯物论与历史唯物论基本问题 博古编译
上海：读书出版社，1947，4册（230+331+250+358页），32开
上海：读书出版社，1947.6，增订版，4册（1338页），32开

本书编译者原题：高烈。

收藏单位：广西馆、国家馆、南京馆、上海馆、首都馆

02195
辩证唯物论与历史唯物论基本问题 博古编译
华北新华书店，1948.7，4册（2090页），32开

收藏单位：重庆馆、广东馆、国家馆、河南馆、吉林馆、近代史所、山东馆、山西馆、陕西馆

02196
辩证唯物论与历史唯物论基本问题 博古编译
延安：解放社，1941—1943，4册（193+242+326+358页），32开
延安：解放社，1943，再版，4册（193+242+326+358页），32开

收藏单位：北师大馆、重庆馆、国家馆、南京馆、内蒙古馆、山东馆、山西馆、天津馆

02197
辩证唯物论与历史唯物论基本问题 博古编译
山东新华书店，1948，4册（210+331+345+376页），32开
山东新华书店，1949，再版，4册（210+331+345+376页），32开

收藏单位：重庆馆、广东馆、国家馆、河南馆、吉林馆、辽宁馆、南京馆、宁夏馆、山东馆、绍兴馆

02198
辩证唯物论与历史唯物论基本问题 博古编译
上海：生活·读书·新知联合发行所，1949，4册（1338页），32开

收藏单位：成都馆、东北师大馆、贵州馆、内蒙古馆、天津馆

02199
辩证唯物论与历史唯物论基本问题 博古编译
沈阳：新中国书局，1949.7，4册（1338页）

收藏单位：贵州馆、国家馆、河南馆、山西馆

02200
辩证唯物论与历史唯物论基本问题 博古编译
出版者不详，[1940—1949]，1册，32开，精装

收藏单位：浙江馆

02201
辩证唯物论与历史唯物论基本问题（第 4 分册） 博古编译
华东新华书店，1948.9，376 页，32 开
收藏单位：山东馆

02202
辩证唯物论与历史唯物论基本问题（上“联共党史”第四章参考资料）（苏）O. 加克等著 博古编译
上海：辰光书店，1941，416 页，32 开
收藏单位：山西馆

02203
大众哲学 艾思奇著
大连中苏友好协会，[1947]，179 页，32 开（青年丛书 第 2 辑）
本书以通俗形式讲述辩证唯物主义哲学的基本观点。共 5 章，内容包括：辩证法唯物论的认识论、唯物辩证法的基本规律、思想和范畴等。
收藏单位：国家馆、山东馆

02204
大众哲学 艾思奇著
佳木斯：东北书店，1946.8，10 版，179 页，32 开
收藏单位：南京馆

02205
大众哲学 艾思奇著
上海：读书生活社，1936.1，229 页，32 开（读书生活丛书）
上海：读书生活社，1936.7，5 版，233 页，32 开（读书生活丛书）
上海：读书生活出版社，1937.4，8 版，223 页，32 开（读书生活丛书）
汉口：读书生活出版社，1938.3，9 版，228 页，32 开（读书生活丛书）
上海：读书生活出版社，1938.6，10 版，增订本，233 页，32 开（读书生活丛书）
广州：读书生活出版社，1938，11 版，234 页，32 开（读书生活丛书）
广州：读书生活出版社，1938，12 版，233 页，32 开（读书生活丛书）
读书生活出版社，1938.12，13 版，233 页，32 开（读书生活丛书）
汉口：读书生活出版社，1939.3，14 版，229 页，32 开（读书生活丛书）
[昆明]：读书生活出版社，1939.8，15 版，233 页，32 开（读书生活丛书）
重庆[等]：读书生活出版社，1939.11，16 版，233 页，32 开（读书生活丛书）
上海：读书出版社，1940.4，17 版，233 页，32 开（读者生活丛书）
昆明：读书生活出版社，1940，18 版，233 页，32 开（读书生活丛书）
[重庆]：读书生活出版社，1940.7，19 版，233 页，32 开（读书生活丛书）
重庆：读书出版社，1942.1，21 版，233 页，32 开（读书生活丛书）
重庆：读书出版社，1946.1，25 版，233 页，32 开（读书生活丛书）
上海：读书出版社，1946.6，27 版，233 页，32 开（读书生活丛书）
哈尔滨：读书出版社，1946.6，28 版，190 页，32 开（读书生活丛书）
上海、重庆：读书出版社，1946.10，28 版，233 页，32 开（读书生活丛书）
重庆：读书出版社，1947.8，30 版，233 页，32 开（读书生活丛书）
上海：读书出版社，1948.7，33 版，233 页，32 开（读书生活丛书）
收藏单位：北碚馆、长春馆、成都馆、重庆馆、东北师大馆、广东馆、广西馆、贵州馆、桂林馆、国家馆、黑龙江馆、湖北馆、湖南馆、江西馆、南京馆、内蒙古馆、宁夏馆、青海馆、陕西馆、上海馆、首都馆、天津馆、西南大学馆、浙江馆

02206
大众哲学 艾思奇著
上海：读者服务社，1936.1，188 页，32 开（读书生活丛书）
[上海]：读者服务社，1946.12，9 版，188 页，32 开（读书生活丛书）

本书共4章：绪论、本体论（世界观）、认识论、方法论。

收藏单位：首都馆

02207
大众哲学　艾思奇著
[北平]：光华出版部、励志书店，[1949]，重改本，218页，32开

收藏单位：国家馆

02208
大众哲学　艾思奇著
哈尔滨：光华书店，1948，重改本，293页，32开
哈尔滨：光华书店，1949，修订版，293页，32开

收藏单位：东北师大馆、国家馆、山东馆

02209
大众哲学　艾思奇撰
北平：华北大学，1949.5，重改本，263页，32开

本书据1946年10月华北新华书店再版翻印。

收藏单位：国家馆

02210
大众哲学　艾思奇著
华北新华书店，1947，重改本，283页，32开
华北新华书店，1948，重改本，283页，32开
[华北新华书店]，1948.12，3版，重改本，283页，32开

收藏单位：重庆馆、国家馆、河南馆、黑龙江馆、内蒙古馆、山东馆、山西馆、绍兴馆

02211
大众哲学　艾思奇著
华中新华书店，[1945—1949]，修改版，285页，32开
华中新华书店，1949，再版，重改本，213页，32开

收藏单位：广东馆、国家馆、河南馆、辽宁馆、南京馆、山东馆

02212
大众哲学　艾思奇著
冀东新华书店，1948.2，重改本，281页，32开

本书较之前版本，内容、章节及语言上稍加修改，以顺应时代发展。

收藏单位：国家馆、河南馆、吉林馆、山东馆

02213
大众哲学　艾思奇著
威县：冀南新华书店，1949.7，再版，重改本，340页，32开

收藏单位：国家馆

02214
大众哲学　艾思奇著
北平：建业书局，1949，重改本，255页，32开

收藏单位：重庆馆、天津馆

02215
大众哲学　艾思奇著
胶东公学出版部，1938，229页，32开

收藏单位：北碚馆、国家馆

02216
大众哲学　艾思奇著
晋察冀新华书店，1947.8，重改本，283页，32开

收藏单位：江西馆、山西馆

02217
大众哲学　艾思奇著
北平：科学社，1949，重改本，263页，32开

收藏单位：天津馆

02218
大众哲学　艾思奇著

[安东(丹东):]辽东建国书社，1946，158页，32开
收藏单位：东北师大馆、国家馆、江西馆、宁夏馆、山西馆

02219
大众哲学 艾思奇著
山东新华书店，1948.7，再版，重改本，228页，32开
山东新华书店，1949.5，3版，重改本，297页，32开
收藏单位：重庆馆、国家馆、河南馆、湖北馆、内蒙古馆、山东馆、绍兴馆

02220
大众哲学 艾思奇著
上海：生活·读书·新知联合发行所，1949.7，增订版，255页，32开
收藏单位：国家馆、内蒙古馆

02221
大众哲学 艾思奇著
沁源：太岳新华书店，1948，再版，重改本，289页，32开
沁源：太岳新华书店，1949.4，3版，重改本，289页，32开
收藏单位：重庆馆、国家馆、山西馆

02222
大众哲学 艾思奇著
[合肥]：皖北新华书店，1949.6，重改本，232页，32开
收藏单位：安徽馆、重庆馆、吉林馆

02223
大众哲学 艾思奇著
北平：武学印书馆，1949，重改本，263页，32开
收藏单位：天津馆

02224
大众哲学 艾思奇著
西安：西北新华书店，1949.6，重改本，284页，32开
收藏单位：重庆馆、国家馆、南京馆、宁夏馆

02225
大众哲学 艾思奇著
上海：新华书店，1949.7，重改本，297页，32开
[北平]：新华书店，1949.8，再版，重改本，245页，32开
收藏单位：贵州馆、国家馆、湖北馆、辽宁馆、南京馆、内蒙古馆、山西馆、天津馆、西南大学馆

02226
大众哲学 艾思奇著
温州：新华书店温州支店，1949.9，重改本，228页，32开
收藏单位：成都馆、绍兴馆

02227
大众哲学 艾思奇著
长春：新中国书局，1949.4，重改本，255页，32开
长春：新中国书局，1949.4，3版，重改本，255页，32开
长春：新中国书局，1949，4版，重改本，255页，32开
收藏单位：重庆馆、桂林馆、国家馆、辽宁馆、山东馆、天津馆

02228
大众哲学 艾思奇著
杭州：浙江新华书店，1949.8，再版，重改本，228页，32开
收藏单位：广东馆、贵州馆、绍兴馆

02229
大众哲学 艾思奇著
郑州：中原新华书店，1949.1，重改本，228页，32开
收藏单位：重庆馆、桂林馆、国家馆、湖北馆、南京馆、宁夏馆、绍兴馆

02230
大众哲学 艾思奇著
出版者不详，[1949]，206页，32开
出版者不详，1949.9，新订重改本，322页，32开
收藏单位：桂林馆、国家馆、湖北馆

02231
论群众哲学 （苏）米丁（M. Митин）著 胡明编译
上海：光华出版社，1946.5，117页，32开（社会科学名著）
上海：光华出版社，1948.8，东北再版，117页，32开
上海：光华出版社，1949.2，3版，117页，32开
本书共3部分：论群众哲学、辩证唯物论、历史唯物论。辑译者原题：韶华。
收藏单位：安徽馆、成都馆、重庆馆、东北师大馆、广东馆、桂林馆、国家馆、吉林馆、山东馆、山西馆、上海馆、首都馆、天津馆、浙江馆

02232
论群众哲学 （苏）米丁（M. Митин）著 胡明编译
上海：光华出版社，1949，231页，32开
本书共5部分：辩证唯物论为马列主义党的世界观、唯物辩证法为无产阶级哲学、马克斯是辩证唯物论始创人、恩格斯与辩证唯物论、史达林与唯物辩证法。
收藏单位：成都馆、重庆馆、广东馆、南京馆

02233
论群众哲学 （苏）米丁（M. Митин）著 胡明辑译
新华书店，1949.6，110页，32开
收藏单位：广东馆、国家馆、湖南馆

02234
马克斯派社会主义 （英）拉尔金（W. P. Larkin）著 李凤亭译
外文题名：Marxian socialism
上海：商务印书馆，1922.6，139页，32开（马克斯丛书）
上海：商务印书馆，1926.6，3版，139页，32开（马克斯丛书）
上海：商务印书馆，1927，4版，139页，25开（马克斯丛书）
本书共4章：马克斯及其先进诸学者、唯物史观、马克斯的价值说、新马克斯派及其近来之发展。
收藏单位：国家馆、辽大馆、上海馆、首都馆、浙江馆

02235
社会哲学概论 赵一萍著
上海：生活书店，1933.8，168页，25开
上海：生活书店，1934，再版，168页，25开
本书共8章，内容包括：哲学底性质及任务、辩证法的唯物论、社会哲学上的唯物论与唯心论、因果律与目的论、历史的决定论与意志自由问题、历史唯物论的社会观、社会底发展等。
收藏单位：重庆馆、东北师大馆、广西馆、贵州馆、国家馆、黑龙江馆、吉大馆、吉林馆、江西馆、辽大馆、上海馆、浙江馆

02236
实践与理论 艾思奇著
上海：读书生活出版社，1939.6，350页，32开
昆明、重庆：读书生活出版社，1939.8，再版，350页，32开
上海：读书生活出版社，1940.2，3版，350页，32开
上海：读书生活出版社，1940，4版，350页，32开
本书内容包括：民族解放与哲学、论思想文化问题、新启蒙运动和中国的自觉运动、孙中山先生的哲学思想、抗战文艺的动向、共产主义者与道德、哲学讲话等。
收藏单位：北碚馆、成都馆、重庆馆、东北师大馆、广东馆、贵州馆、桂林馆、国家馆、黑龙江馆、湖南馆、辽大馆、内蒙古馆、

首都馆、中科图

02237
唯物论的哲学 （日）佐野学著 巴克译
上海：乐华图书公司，1930，148 页，32 开（新社会科学丛书）

本书共 4 章："思维的运动与社会的变革的过程""科学的社会主义哲学的源泉""科学的社会主义是继承旧唯物论的某种遗产呢?""科学的社会主义是如何的克服旧唯物论呢?"。附《明治时代的光辉的唯物论者》。

收藏单位：安徽馆、北大馆、重庆馆、国家馆、河南馆、浙江馆

02238
新社会之哲学的基础 （德）卡尔·科尔士（K. Korsch）著 彭嘉生译
上海：南强书局，1929.10，110 页，32 开

本书共 4 部分：哲学史上的马克思主义、马克思主义理论之进化阶段、科学的社会主义与哲学、理论斗争底意义。据《关于唯物的辩证法之问题的历史的论理的研究》第 1 节译出。

收藏单位：重庆馆、东北师大馆、国家馆、吉林馆、近代史所、上海馆、浙江馆

02239
新哲学研究纲要 哲学研究社编
上海：生活·读书·新知联合发行所，1949，215 页，32 开
上海：生活·读书·新知联合发行所，1949，增订版，215 页，32 开

本书共两部分：辩证法唯物论研究提纲、辩证唯物论与历史唯物论研究提纲。第 1 部分共 3 章：什么是哲学、什么是辩证法、什么是唯物论；第 2 部分共 6 章：马列主义哲学的形成、唯物辩证法诸法则与诸范畴、唯物辩证法的认识论、历史唯物论（上、下）、列宁斯大林对马恩学说的发展。附《辩证唯物论与历史唯物论》（斯大林）。

收藏单位：安徽馆、成都馆、重庆馆、东北师大馆、黑龙江馆、湖北馆、南京馆、山西馆、绍兴馆、天津馆

02240
新哲学研究纲要 哲学研究社编
实践出版社，1949，增订版，1 册
实践出版社，1949.4，增订 3 版，215 页，32 开

收藏单位：北大馆、国家馆

02241
新哲学研究纲要 哲学研究社编
哈尔滨：新知书店，1947，109+51 页，32 开（社会科学丛书）
上海：新知书店，1947，增订版，215 页，32 开
上海 [等]：新知书店，1947，2 版，215 页，32 开
[大连]：新知书店，1948.8，再版，109+51 页，32 开（社会科学丛书）
上海：新知书店，1949，再版，215 页，32 开

收藏单位：北碚馆、长春馆、重庆馆、东北师大馆、国家馆、黑龙江馆、吉林馆、近代史所、内蒙古馆、宁夏馆、山西馆、陕西馆、上海馆、首都馆

02242
哲学 （苏）米丁（M. Митин）著 张仲实译
汉口：生活书店，1937.12，144 页，36 开（百科小译丛 1）
上海：生活书店，1938，再版，144 页，36 开（百科小译丛 1）
汉口：生活书店，1939.3，3 版，144 页，36 开（百科小译丛 1）

本书共 4 部分："绪言""哲学的基本问题——唯物论与唯心论""哲学的发生与发展""马列主义中的哲学问题"。据苏联《大苏维埃百科全书》译出。

收藏单位：北碚馆、成都馆、重庆馆、广东馆、贵州馆、国家馆、湖南馆、江西馆、南京馆

02243
哲学 （苏）米丁（M. Митин）著 张仲实译

实践出版社，1938.4，144 页，32 开（百科小译丛 1）

收藏单位：浙江馆

02244

哲学的学习与运用　马特撰

上海：生活·读书·新知三联书店，1949.6，沪初版，143 页，32 开（新中国青年文库）

上海：生活·读书·新知三联书店，1949，再版，[143 页]，32 开（新中国青年文库）

本书共 7 部分，内容包括：马克思主义哲学的出现、学习哲学的方法、纠正具体运用上的几个偏倾、几个哲学问题试答等。附《通俗化·庸俗化·举例子》。

收藏单位：长春馆、重庆馆、东北师大馆、国家馆、绍兴馆

02245

哲学的学习与运用　马特著

香港：新中国书局，1949，143 页，36 开

收藏单位：湖北馆、内蒙古馆

02246

哲学对话　（苏）赫克（Julius F. Hecker）著　萧敏颂译

新知书店，1941，337 页，32 开

本书内容包括：俄国革命哲学底历史背景及其发展、俄国革命政党底发展和哲学、共产主义哲学底渊源、康德和黑格尔与马克斯主义哲学底关系、辩证法底诸法则、列宁在共产主义哲学中的地位、列宁处理的哲学问题等。

收藏单位：东北师大馆、广东馆、首都馆

02247

哲学选辑　艾思奇编

上海：辰光书店，1939.3，543 页，32 开

上海：辰光书店，1939.12，再版，543 页，32 开

上海：辰光书店，1946.4，3 版，543 页，32 开

上海：辰光书店，1947.4，4 版，543 页，32 开

本书辑《辩证法唯物论教程》《辩证唯物论与历史唯物论》《社会学大纲》《新哲学大纲》等书的部分内容。除绪论外，共 4 章：唯物论和唯心论、辩证法唯物论、唯物辩证法的诸法则、认识的过程。

收藏单位：重庆馆、东北师大馆、贵州馆、桂林馆、国家馆、山东馆、山西馆、上海馆、首都馆

02248

哲学选辑　艾思奇编辑

长春：东北新华书店，1949.8，442 页，32 开

收藏单位：成都馆、东北师大馆、国家馆、吉林馆、山东馆、天津馆

02249

哲学选辑　艾思奇编辑

上海：读书出版社，1947.1，429 页，32 开

上海：读书出版社，1947，3 版，543 页，32 开

收藏单位：重庆馆、东北师大馆、广东馆、国家馆、黑龙江馆、南京馆、宁夏馆、山东馆、陕西馆、首都馆、中科图

02250

哲学选辑　艾思奇编

重庆：解放社，1939.7，543 页，32 开

重庆：解放社，1940.1，再版，543 页，32 开

收藏单位：北碚馆、成都馆、重庆馆、广西馆、桂林馆、国家馆、黑龙江馆、湖南馆、南京馆、山东馆、山西馆、上海馆、首都馆、天津馆、中科图

02251

哲学选辑（上）　艾思奇著

[黎城]：新华日报华北分馆，1940.9，392 页，32 开

收藏单位：国家馆

02252

哲学译文集　中国学术研究会编　沈志远等译

重庆：生活书店，1940.7，227 页，32 开

重庆：生活书店，1940.9，再版，227 页，32 开

本书收文 7 篇：《唯物论与唯心论》（M. 罗森他尔）、《辩证法与形而上学》（B. 莫

特佐夫)、《社会存在与社会意识》(P. 郁金)、《辩证法唯物论与政治经济学》(李昂捷夫)、《论历史锁链中的决定环节》(克鲁什柯夫)、《论科学的预见》(华西里也夫)、《现代物理学与决定论》(P. 郎支万)。

收藏单位:北碚馆、重庆馆、广东馆、贵州馆、桂林馆、国家馆、湖南馆、吉林馆、江西馆、南京馆、内蒙古馆、山西馆、上海馆、中科图

哲学基本问题

02253
辩证法的逻辑(原名,论逻辑书)(德)狄慈根(Joseph Dietzgen)著 柯柏年译
上海:南强书局,1929.7,255页,25开
上海:南强书局,1930.2,再版,255页,25开
上海:南强书局,1930,3版,255页,25开
上海:南强书局,1935.9,4版,255页,32开

本书为狄慈根1880—1883年致其子佑仁(Eugen Dietzgen)的书信集。书前有译者序。据英译本重译。

收藏单位:安徽馆、北碚馆、重庆馆、东北师大馆、广西馆、国家馆、吉大馆、吉林馆、近代史所、南京馆、山东馆、山西馆、陕西馆、上海馆、绍兴馆、西南大学馆、浙江馆、中科图

02254
辩证法的逻辑(原名,论逻辑书)(德)狄慈根(Joseph Dietzgen)著 柯柏年译
外文题名:Letters on logic
上海:生活书店,1942.7,200页,32开(世界学术名著译丛)
上海:生活书店,1947.2,胜利后1版,200页,32开(世界学术名著译丛)
大连:生活书店,1948.6,200页,32开(马列文库5)

本书著者原题:狄芝根。

收藏单位:重庆馆、东北师大馆、国家馆、黑龙江馆、近代史所、山东馆、山西馆、陕西馆、上海馆、首都馆、天津馆

02255
辩证法的逻辑(原名,论逻辑书)(德)狄慈根(Joseph Dietzgen)著 柯柏年译
外文题名:Letters on logic
上海:知识出版社,1940.6,200页,32开

本书著者原题:狄芝根。

收藏单位:北碚馆、重庆馆、桂林馆、国家馆、南京馆、上海馆

02256
近代辩证法史 沈志远著
上海:耕耘出版社,1946,180页,32开
上海:耕耘出版社,1946,华北版,180页,32开
[北平]:耕耘出版社,1949,2版,180页,32开
上海:[耕耘出版社],1949,3版,180页

本书分10章论述近代辩证法的发展,介绍笛卡儿、斯宾诺莎、康德、菲希特、谢林、黑格尔、费尔巴赫、马克思、恩格斯、列宁、斯大林等人的思想。书前有导言。

收藏单位:安徽馆、重庆馆、东北师大馆、广西馆、国家馆、吉林馆、南京馆、内蒙古馆、山东馆、山西馆、上海馆、绍兴馆、首都馆、天津馆、中科图

02257
近代辩证法史 沈志远著
北平:生活·读书·新知三联书店,[1949],180页,32开

收藏单位:天津馆

02258
现代世界观 (德)塔尔海玛(A. Thalheimer)著 李达译
外文题名:Die Moderne Weltanschauung
上海:昆仑书店,1929.9,254页,32开,精装
上海:昆仑书店,1929.12,再版,254页,32开
上海:昆仑书店,1930.9,3版,254页,32开
上海:昆仑书店,1932.5,6版,254页,32开
上海:昆仑书店,1934.9,7版,254页,32开

上海：昆仑书店，1936.2，8版，254页，32开

本书共16章，内容包括：宗教、希腊唯物论、希腊观念论、古代论理学与辩证法、印度唯物论、黑智儿与费尔巴哈、由自然科学的唯物论到辩证法的唯物论、唯物论的认识论、辩证法、辩证唯物论的历史理论、古代中国哲学、实用主义等。书前有译者序。据日译本并参照德文版译出。

收藏单位：安徽馆、成都馆、重庆馆、东北师大馆、广东馆、贵州馆、桂林馆、国家馆、河南馆、湖北馆、湖南馆、江西馆、近代史所、辽大馆、南京馆、内蒙古馆、宁夏馆、上海馆、首都馆、天津馆、浙江馆

02259

现代哲学的基本问题　沈志远著

上海：生活书店，1936.6，138页，32开（青年自学丛书）

上海：生活书店，1936.7，再版，138页，32开（青年自学丛书）

上海：生活书店，1937.5，3版，100页，32开（青年自学丛书）

上海：生活书店，1937，4版，138页，36开（青年自学丛书）

上海：生活书店，1938，5版，138页，32开（青年自学丛书）

重庆：生活书店，1939，6版，138页，32开

重庆：生活书店，1940，10版，138页，36开（青年自学丛书）

大连：生活书店，1946印，138页，32开（青年自学丛书）

上海：生活书店，1946.5，胜利后1版，99页，32开（青年自学丛书）

上海：生活书店，1946.9，胜利后2版，99页，32开（青年自学丛书）

上海：生活书店，1946.12，胜利后3版，99页，32开（青年自学丛书）

哈尔滨：生活书店，1948，99页，36开（青年自学丛书）

上海：生活书店，1948.9，6版，138页，32开（青年自学丛书）

本书共4章：一般的问题、唯心论和唯物论、新宇宙观底基本问题、新唯物论底认识论。书前有著者自序。

收藏单位：北碚馆、北师大馆、成都馆、重庆馆、东北师大馆、广东馆、广西馆、贵州馆、国家馆、黑龙江馆、湖北馆、湖南馆、南京馆、内蒙古馆、山东馆、山西馆、陕西馆、上海馆、绍兴馆、首都馆、天津馆、西南大学馆、云南馆、浙江馆

02260

战斗的唯物论　（俄）普列汉诺夫（Г. В. Плеханов）著　杜畏之译

上海：神州国光社，1930.6，[19]+194页，32开

上海：神州国光社，1932.9，再版，[19]+194页，32开

本书收与波格丹诺夫论战的文章3篇。书前有译者序、德波林序。著者原题：朴列寒诺夫。

收藏单位：重庆馆、东北师大馆、广东馆、广西馆、贵州馆、桂林馆、国家馆、黑龙江馆、江西馆、南京馆、山西馆、上海馆、浙江馆

02261

战斗的唯物论　（俄）普列汉诺夫（Г. В. Плеханов）著　杜畏之译

上海：言行出版社，1939.3，194页，32开

上海：言行出版社，1940，3版，194页，32开

本书著者原题：布列哈诺夫。

收藏单位：北大馆、重庆馆、东北师大馆、广东馆、贵州馆、国家馆、山西馆、首都馆、浙江馆

02262

哲学概论　张如心著

上海：昆仑书店，1932，454+126页，32开

上海：昆仑书店，1935，再版，454+126页，32开

本书论述以唯物论为中心的哲学发展史。共15讲，内容包括："古代希腊哲学""复兴时期的唯物论""十八世纪的法国

唯物论”“德国古典唯心哲学（从康德到黑格儿）”“费儿巴哈的唯物论”“马克思、恩格斯的辩证唯物论”等。

收藏单位：安徽馆、重庆馆、东北师大馆、广西馆、国家馆、吉大馆、吉林馆、南京馆、山东馆、上海馆、首都馆、浙江馆

辩证唯物主义

02263
辩证法的法则及其运用　艾思奇著
重庆：哲学研究社，1940.12，再版，118页，32开

收藏单位：国家馆

02264
辩证法的法则及其运用　艾思奇著
重庆：中国图书公司，1940，再版，117页，32开

本书讲述辩证唯物主义的基本内容，共6部分：哲学与政治、唯物论与唯心论、辩证唯物论、辩证法唯物论的认识论、唯物辩证法的基本法则、唯物辩证法的诸范畴。

02265
辩证法的唯物论　（苏）伏尔佛逊著　林超真译
上海：春秋书店，1932，347页，32开

本书分上、下两编。上编为马克思以前唯物论的发展，下编为马克思的学说。共14章：古代的唯物论、中古时代的反唯物论、唯物论的复兴、十八世纪的唯物论、从玄学的唯物论到辩证法的唯物论、马克思学说的社会前提、马克思主义的认识论、辩证法、有定论、从唯心史观到唯物史观、生产力、基础与筑物、主观与历史过程、阶级与阶级斗争。附各章的参考书目及人名索引。

收藏单位：重庆馆、贵州馆、国家馆、湖南馆、近代史所、山西馆、上海馆、天津馆

02266
辩证法的唯物论　（苏）伏尔佛逊著　林超真译
上海：沪滨书局，1930.5，380页，32开
上海：沪滨书局，1933.3，380页，32开
上海：沪滨书局，1939.2，再版，380页，32开

收藏单位：北碚馆、重庆馆、东北师大馆、国家馆、黑龙江馆、吉林馆、上海馆、首都馆、天津馆、浙江馆

02267
辩证法的唯物论　（苏）伏尔佛逊著　林超真译
上海：亚东图书馆，1934.3，380页，32开
上海：亚东图书馆，1936，再版，380页，32开
上海：亚东图书馆，1939，3版，380页，32开
上海：亚东图书馆，1947.4，4版，380页，32开

收藏单位：安徽馆、重庆馆、广东馆、广西馆、贵州馆、桂林馆、国家馆、湖南馆、南京馆、上海馆、首都馆

02268
辩证法的唯物论　（日）堺利彦著　吕一鸣译
北京：北新书局，1927，50页，32开
北京：北新书局，1928，再版，50页，36开

本书讲述辩证法的概念及其发展的历史过程，介绍黑格尔、费尔巴哈、马克思、狄慈根、列宁等人对辩证法发展的贡献。附《狄铿的哲学》。

收藏单位：重庆馆、广东馆、桂林馆、国家馆、南京馆、山西馆、上海馆

02269
辩证法的唯物论入门　（苏）德波林（A. Деборин）著　林伯修译
上海：南强书局，1930，537页，32开
上海：南强书局，1932，再版，537页，32开

本书分12章论述从培根开始的近代哲学的发展过程，说明辩证唯物论产生的历史必然性。书前有著者自序、蒲列哈诺夫序。

收藏单位：安徽馆、北碚馆、重庆馆、东北师大馆、广东馆、桂林馆、国家馆、黑龙

江馆、湖南馆、吉林馆、辽大馆、山东馆、上海馆、首都馆、天津馆、浙江馆、中科图

02270
辩证法还是实验主义？　李季著
上海：神州国光社，1932，185页，32开
上海：神州国光社，1932，再版，185页，32开
上海：神州国光社，1933，3版，185页，25开

本书分析马克思主义辩证法与实验主义（即实用主义）的对立，共5部分：辩证法在马克思主义中所占的位置、辩证法的规律与实验主义的评价、从马克思的辩证法与黑格尔不同之点说到胡适博士的批评态度和实验主义的源流、达尔文主义的本质及其与马克思主义的关系和实验主义的比较分析观、辩证法与实验主义综合的研究。

收藏单位：长春馆、重庆馆、东北师大馆、广西馆、桂林馆、国家馆、江西馆、近代史所、上海馆、首都馆、浙江馆

02271
辩证法浅说　施存统　刘若诗译注
上海：现代中国社，1928.11，59页，32开（现代中国丛书）

本书收文两篇，第1篇为《辩证法的唯物论》（山川均著，施存统译），内容包括：哲学上的唯物论、唯物论的社会观、动的观点与现象间底关系、社会现象中底应用、从量的变化到质的变化、矛盾的发展、机械的唯物论、辩证法的唯物论；第2篇为《辩证法是什么？》（刘若诗），内容包括：辩证法的性质、黑格儿与辩证法、辩证法与近代社会科学等。书前有施存统序。

收藏单位：国家馆、南京馆、山西馆、首都馆

02272
辩证法全程　（苏）瓦因斯坦著　汪耀三　金奎光译
上海：光明书局，1938.9，599页，25开
上海：光明书局，1939.2，再版，599页，25开
上海：光明书局，1939.7，重排版，17+579页，32开
上海：光明书局，1949.3，重排版，17+562页，25开
上海：光明书局，1949.9，再版，562页，25开

本书论述近代辩证法发展的三个重要阶段的代表人物黑格尔、马克思、列宁的思想，共3编："辩证法与革命的论理学——黑格尔底辩证法""辩证法与唯物论的认识论——卡尔底辩证法""辩证法与无产阶级革命的方法论——伊里奇底辩证法"。

收藏单位：重庆馆、广东馆、广西馆、贵州馆、国家馆、黑龙江馆、内蒙古馆、上海馆、绍兴馆、天津馆、浙江馆

02273
辩证法唯物论　（德）狄慈根（Joseph Dietzgen）著　柯柏年译
外文题名：The positive outcome of philosophy
上海：联合书店，1929，184页，25开
上海：联合书店，1930，2版，184页，32开

本书共15部分，内容包括：智识是特殊的对象、认识力是与宇宙同族的、自然底普遍性、智识是物质的、逻辑底四条根本法则、智识在宗教领域中的功用等。著者原题：狄芝根。

收藏单位：成都馆、重庆馆、贵州馆、桂林馆、国家馆、辽大馆、南京馆、山西馆、首都馆

02274
辩证法唯物论　（德）狄慈根（Joseph Dietzgen）著　柯柏年译
上海：生活书店，1947，242页，32开

本书共5章：绪论、纯粹理性或思维能力一般、物之本质、形而下的科学中理性之实践、实践理性与道德。

收藏单位：国家馆

02275
辩证法唯物论　李仲融著

桂林：石火出版社，1939，106 页，32 开
桂林：石火出版社，1940，再版，106 页，32 开

本书除绪论外，共 3 章：本体论、认识论、方法论。

收藏单位：重庆馆、广东馆、桂林馆、国家馆、江西馆、南京馆、山西馆

02276
辩证法唯物论 （苏）米丁（M. Митин）著 沈志远译
北平：科学社，[1940—1949]，437 页，36 开

本书共 6 章："马列主义——普罗列塔利亚的世界观""唯物论和唯心论""辩证法唯物论""唯物辩证法之诸法则""哲学中两条阵线的斗争""辩证法唯物论发展中的列宁阶段"。

收藏单位：成都馆、国家馆、首都馆、天津馆

02277
辩证法唯物论 （苏）米丁（M. Митин）著 沈志远译
上海：生活·读书·新知三联书店，1949.9，2 册（623 页），32 开

本书译者原题：王剑秋。

收藏单位：国家馆、吉林馆、辽宁馆、南京馆、天津馆

02278
辩证法唯物论 （苏）米丁（M. Митин）著 沈志远译
重庆：生活书店，1939，2 册（243+ 379 页），36 开
上海：生活书店，1946.3，胜利后 1 版，2 册（243+379 页），32 开
上海：生活书店，1946.10，胜利后 2 版，278+379 页，32 开
上海：生活书店，1947.2，胜利后 3 版，623 页，32 开
哈尔滨：生活书店，1948.4，东北版，539 页，32 开
上海：生活书店，1948.6，胜利后 4 版，623 页，32 开
长春：生活书店，1949.4，再版，539 页，32 开

本书译者原题：王剑秋。

收藏单位：长春馆、重庆馆、东北师大馆、广东馆、广西馆、贵州馆、国家馆、河南馆、吉大馆、吉林馆、近代史所、辽宁馆、南京馆、宁夏馆、山东馆、山西馆、上海馆、首都馆、天津馆

02279
辩证法唯物论
[武乡]：太行文化教育出版社，[1940] 印，石印本，107 页，32 开

本书为抗大讲义。

收藏单位：国家馆、山西馆

02280
辩证法唯物论
新生出版社，[1944]，40 页，32 开（改造丛书）

本书共两章：唯心论与唯物论、辩证法与唯物论。

收藏单位：重庆馆

02281
辩证法唯物论（讲授提纲）
华北新华书店，1942.9，1 册，32 开

收藏单位：国家馆

02282
辩证法唯物论（讲授提纲）
出版者不详，1937，油印本，1 册，32 开，环筒页装

本书共 3 章：唯心论与唯物论、辩证法唯心论、唯物辩证法。

收藏单位：重庆馆、国家馆

02283
辩证法唯物论辞典 （苏）米丁（M. Митин）（苏）易希金科（Ishchenko）著 平生等译
重庆：读书生活出版社，1939.12，412 页，32 开，精装
重庆：读书生活出版社，1941.2，再版，412

页，36开，精装
上海：读书生活出版社，1946，再版，16+412页，50开
上海：读书出版社，1947，沪4版，412页，32开
长春[等]：读书出版社，1949.5，3版，412页，36开

本书所列词语及人名共八百多条，以中文笔顺排列。附英、法、德文及人名索引。自日译本转译。

收藏单位：安徽馆、北碚馆、长春馆、重庆馆、东北师大馆、广东馆、广西馆、国家馆、黑龙江馆、湖南馆、吉林馆、宁夏馆、山东馆、山西馆、上海馆、绍兴馆、首都馆、天津馆、浙江馆

02284
辩证法唯物论辞典　（苏）米丁（M. Митин）（苏）易希金科（Ishchenko）著　平生等译
[北平]：新中国书局，[1949]，412页，36开
[北平]：新中国书局，1949，3版，412页，32开
长春：新中国书局，1949.8，4版，412页，36开

本书著者“米丁”原题：米定。

收藏单位：成都馆、东北师大馆、广东馆、贵州馆、国家馆、湖南馆、山东馆、山西馆、天津馆、浙江馆

02285
辩证法唯物论教程　（苏）西洛可夫等著　李达　雷仲坚译
上海：笔耕堂书店，1932，586页，32开
上海：笔耕堂书店，1933，再版，582页，25开
上海：笔耕堂书店，1935.6，3版，582页，32开
上海：笔耕堂书店，1936，4版，[10]+582页，32开
上海：笔耕堂书店，1938，5版，582页，32开
上海：笔耕堂书店，1939，6版，414页，32开

本书由西洛可夫等6人合著。除绪论外，共6章：“唯物论与观念论”“当作认识论看的辩证法”“辩证法的根本法则——由质到量及由量到质的转变的法则”“本质与现象、形式与内容”“可能性与现实性、偶然性与必然性”“唯物辩证法与形式论理学”。书前有译者例言。

收藏单位：北碚馆、重庆馆、东北师大馆、桂林馆、国家馆、黑龙江馆、南京馆、宁夏馆、上海馆、首都馆、天津馆

02286
辩证法唯物论入门　胡绳著
[惠民]：渤海新华书店，1946.6，67页

本书共5章：辩证唯物论的战斗性、辩证法的唯物论、唯物论的辩证法（上、下）、辩证唯物论的认识原理。

收藏单位：长春馆、山东馆、山西馆

02287
辩证法唯物论入门　胡绳著
大连：大众书店，1946.2印，88页，32开

收藏单位：广西馆、国家馆、山东馆

02288
辩证法唯物论入门　胡绳著
佳木斯：东北书店，1946.10，88页，32开

收藏单位：东北师大馆、黑龙江馆

02289
辩证法唯物论入门　胡绳著
哈尔滨：光华书店，1947.11，4版，76页，32开（青年学习丛书）
哈尔滨：光华书店，1948，98页，32开（青年学习丛书）
大连：光华书店，1948，再版，98页，32开（新青年自学丛书）

收藏单位：长春馆、东北师大馆、国家馆、黑龙江馆、南京馆

02290
辩证法唯物论入门　胡绳著

河间：冀中新华书店，1947.6，75 页，32 开
收藏单位：重庆馆、国家馆、河南馆、山东馆

02291
辩证法唯物论入门 胡绳著
胶东联合社，[1938—1945]，72 页，32 开
收藏单位：国家馆

02292
辩证法唯物论入门 胡绳著
[安东（丹东）]：辽东建国书社，1946.4，72 页，32 开
收藏单位：国家馆、江西馆、浙江馆

02293
辩证法唯物论入门 胡绳著
临沂：山东新华书店，1946.4，73 页，32 开
收藏单位：广东馆、国家馆、山东馆

02294
辩证法唯物论入门 胡绳著
[武乡]：太行文化教育出版社，1940.2，石印本，50 页，32 开
收藏单位：国家馆

02295
辩证法唯物论入门 胡绳著
[阳城]：太岳新华书店，1947.12，67 页，32 开
收藏单位：重庆馆、国家馆、河南馆、辽大馆、山东馆、山西馆

02296
辩证法唯物论入门 胡绳著
[汉口]：新华书店，1949.8，华中版，89 页，32 开
收藏单位：广东馆、国家馆、湖北馆、吉林馆

02297
辩证法唯物论入门 胡绳著
[重庆]：新知出版社，1939，87 页，32 开
昆明：新知出版社，1940，6 版，87 页，32 开
收藏单位：北碚馆、重庆馆、贵州馆、国家馆

02298
辩证法唯物论入门 胡绳著
重庆：新知书店，1938.8，87 页，25 开（新知丛书）
桂林：新知书店，1939.3，再版，87 页，32 开（新知丛书）
桂林：新知书店，1941，7 版，86 页，32 开（新知丛书）
重庆：新知书店，1946.2，3 版，87 页，32 开（新知丛书）
[重庆]：新知书店，1948.1，98 页，32 开
重庆：新知书店，1948，大连版，78 页，32 开（新知丛书）
新知书店，1949.6，再版，85 页，36 开
收藏单位：长春馆、重庆馆、东北师大馆、广西馆、贵州馆、桂林馆、国家馆、黑龙江馆、湖南馆、吉大馆、近代史所、南京馆、内蒙古馆、山东馆、山西馆、绍兴馆、首都馆、天津馆

02299
辩证法唯物论入门 胡绳著
新知书屋，1948.9，98 页（青年学习丛书）
收藏单位：近代史所

02300
辩证法唯物论入门 胡绳著
[北平]：新中国书局，1949.7，98 页，36 开（青年学习丛书）
收藏单位：成都馆、国家馆、湖北馆、天津馆

02301
辩证法唯物论入门 胡绳著
[宝丰]：中原新华书店，1948.11，66 页，32 开
收藏单位：国家馆

02302
辩证法唯物论提纲
出版者不详，[1941—1949]，109页，32开（学习丛书1）
本书共3部分：什么是哲学、什么是辩证法、什么是唯物论。
收藏单位：重庆馆、国家馆、南京馆、上海馆

02303
辩证法与资本制度　（日）山川均著　施存统译
上海：新生命书局，1929.8，118页，32开
上海：新生命书局，1932.5，再版，118页，32开
本书共两篇。上篇论述辩证法的唯物论，内容包括：哲学上的唯物论、从量的变化到质的变化、机械的唯物论、辩证法的唯物论等；下篇论述资本主义的经济制度，内容包括：资本主义的生产、经济组织进化底变迁、劳动力底商品化、生产与消费底矛盾、资本制度底浪费、生产力与财产制度底冲突等。著者原题：施伏量。
收藏单位：重庆馆、广西馆、国家馆、南京馆、山东馆、上海馆、首都馆、西南大学馆、浙江馆

02304
辩证认识论　（苏）罗森塔尔（M. Розенталь）著　张仲实译
哈尔滨：光华书店，1948，56页，32开
收藏单位：国家馆

02305
辩证认识论　（苏）罗森塔尔（M. Розенталь）著　张仲实译
重庆：生活书店，1939，74页，32开（百科小译丛6）
上海：生活书店，1946.3，胜利后1版，73页，36开（百科小译丛6）
上海：生活书店，1947，东北1版，61页，36开（百科小译丛6）
哈尔滨：生活书店，1948.12，东北2版，56页，36开
本书共7部分："不可知论与辩证唯物论""认识底界说""认识底第一阶段——活的观察""认识底第二阶段——抽象思维""范畴与概念间底相互关系""认识底第三阶段——实践底检验"等。据《在马克思主义旗帜之下》杂志1938年第12期译出。著者原题：罗逊达尔。
收藏单位：北碚馆、成都馆、重庆馆、东北师大馆、广西馆、国家馆、黑龙江馆、湖北馆、吉林馆、南京馆、内蒙古馆、山东馆、天津馆

02306
辩证认识论　（苏）罗森塔尔（M. Розенталь）著　张仲实译
长春：新中国书局，1949.4，3版，73页，36开
收藏单位：北师大馆、长春馆、重庆馆、广东馆、桂林馆、吉林馆、天津馆、中科图

02307
辩证唯物论　凯士特著
大连：大众书店，[1945—1949]，110页，32开
收藏单位：安徽馆、东北师大馆、国家馆、辽宁馆

02308
方法论与思想方法论　艾思奇著
上海：生活书店，1936，161页，32开
本书主要从方法论的角度讲述辩证唯物论，共6章：方法论和思想方法、本体论和思想方法、认识论和思想方法、形而上学方法与辩证法、唯物辩证法诸法则、唯物辩证法应用上的要点。书前有前言。书后有后记。
收藏单位：北碚馆

02309
精神科学概论（马克思主义的"精神生活"及"精神生产"过程之研究）　马哲民著
上海：新生命书局，1930.9，[16]+336页，22开

本书力图运用马克思主义的理论对人类的精神活动和现象作系统的研究。共3编：总论、“精神生活过程”及其社会关系、“精神生产过程”与社会关系。

收藏单位：重庆馆、广东馆、广西馆、国家馆、吉林馆、江西馆、南京馆、上海馆、首都馆、天津馆、西南大学馆、浙江馆

02310
旧唯物论底克服　林伯修译
上海：创造社，1928，97页，32开
上海：创造社，1929，97页，36开

本书共4部分：“序说——思维底运动与社会的变革底过程”“马克斯主义哲学底渊源”“马克思主义承继着旧唯物论底什么样的遗产呢?”“马克思主义怎样地克服了旧唯物论呢?”。据日文版译出。

收藏单位：重庆馆、东北师大馆、国家馆、吉大馆、南京馆、上海馆、浙江馆

02311
科学的哲学　葛名中著
重庆：生活书店，1939，325页，25开（新中国学术丛书1）
重庆：生活书店，1939.11，再版，325页，32开（新中国学术丛书1）
重庆：生活书店，1940，再版，325页，22开（新中国学术丛书）
上海：生活书店，1948.3，胜利后初版，262页，22开

本书联系中国的社会实际，引用自然科学的最新成果，阐述马克思主义的方法论——唯物辩证法。共6章：绪论、辩证唯物论的基本观点、唯物辩证法的基本法则、唯物辩证法与哲学思维诸重要范畴、唯物辩证法与形式逻辑、唯物辩证法与中华民族全民抗战。

收藏单位：北碚馆、重庆馆、广西馆、贵州馆、国家馆、黑龙江馆、湖南馆、吉林馆、江西馆、辽东学院馆、南京馆、宁夏馆、山东馆、上海馆、首都馆、西南大学馆

02312
科学的哲学　葛名中著
上海：[新中国书局]，1948，272页，25开
大连：新中国书局，1949，再版，262页，25开

收藏单位：安徽馆、重庆馆、贵州馆、国家馆、辽宁馆、内蒙古馆、天津馆

02313
马克思主义的辩证法　（苏）西脱科夫斯基等著
出版者不详，1940，242页，32开

本书收《辩证法与形而上学》（莫洛特佐夫）、《马克思主义的辩证法》（西脱科夫斯基）、《现象底辩证的联系和互相依存》（略桑崔夫）、《唯物辩证法论自然底运动变化与发展》（施尔）、《论量变到质变》（皮利维其）、《唯物辩证法底最重要的要点》（罗森塔尔）、《发展是对立的统一与斗争》（列本金）、《唯物辩证法的某些范畴》（西脱科夫斯基）等文。

收藏单位：国家馆

02314
思想方法和读书方法　胡绳著
上海：耕耘出版社，1946.4，85页，32开
上海：耕耘出版社，1946.12，再版，85页，36开
上海：耕耘出版社，1947.3，[3版]，85页，32开
上海：耕耘出版社，1948.1，4版，85页，36开
上海：耕耘出版社，1949.6，5版，85页，32开

本书分上、下两辑。上辑讲述思想方法，内容包括：辩证法的法则和方法、资本论中的辩证法、列宁怎样反对主观主义；下辑为读书方法，内容包括：怎样结合书本知识和实际经验、改造我们的学习、怎样做读书笔记等。

收藏单位：安徽馆、长春馆、重庆馆、东北师大馆、广东馆、广西馆、桂林馆、国家馆、吉林馆、江西馆、辽宁馆、内蒙古馆、

上海馆、绍兴馆、首都馆、天津馆、浙江馆

02315
思想方法和读书方法　胡绳著
大连：光华书店，1948.1，3版，72页，32开
　　收藏单位：东北师大馆、国家馆、天津馆

02316
思想方法和读书方法　胡绳著
北平：中外出版社，1949.3，85页，32开
　　收藏单位：国家馆、近代史所、辽宁馆

02317
思想方法论　艾思奇著
东北书店，1946，84页，32开（青年自学丛书）
　　本书主要从方法论的角度讲述辩证唯物论，共6章：方法论和思想方法论、本体论和思想方法论、认识论和思想方法论、形而上学的方法和辩证法、唯物辩证法的诸法则、唯物辩证法的应用上的要点。
　　收藏单位：东北师大馆、广东馆、天津馆

02318
思想方法论　艾思奇著
胶东联合社，[1938—1945]，74页，32开
　　收藏单位：广东馆、山东馆

02319
思想方法论　艾思奇著
民众报社，1946.3，105页，32开
　　收藏单位：黑龙江馆、南京馆

02320
思想方法论　艾思奇著
上海：生活·读书·新知联合发行所，1949.6，161页，36开（新中国青年文库）
上海：生活·读书·新知联合发行所，1949，再版，161页，36开（新中国青年文库）
　　收藏单位：重庆馆、东北师大馆、广东馆、国家馆、湖北馆、吉林馆、辽宁馆、天津馆

02321
思想方法论　艾思奇著
上海：生活书店，1936.10，161页，32开（青年自学丛书）
汉口：生活书店，1937.11，4版，160页，36开（青年自学丛书）
重庆：生活书店，1938，3版，161页，36开（青年自学丛书）
重庆：生活书店，1939，4版，161页，36开（青年自学丛书）
重庆：生活书店，1940，5版，161页，32开（青年自学丛书）
上海、重庆：生活书店，1945，胜利后1版，146页，36开（青年自学丛书）
上海、重庆：生活书店，1946，胜利后2版，146页，32开（青年自学丛书）
上海：生活书店，1946.12，胜利后3版，146页，32开（青年自学丛书）
上海：生活书店，1947.5，胜利后5版，146页，36开（青年自学丛书）
香港：生活书店，1948.9，胜利后6版，146页，32开（青年自学丛书）
　　收藏单位：北碚馆、成都馆、重庆馆、广东馆、广西馆、贵州馆、桂林馆、国家馆、黑龙江馆、湖南馆、江西馆、近代史所、南京馆、宁夏馆、山东馆、首都馆

02322
思想方法论初步　胡绳著
[佳木斯]：东北书店，1946.9，34页，32开（社会科学初步丛刊）
　　本书分6部分介绍唯物辩证法的思想方法。
　　收藏单位：国家馆、吉林馆、辽宁馆

02323
思想方法论初步　胡绳著
上海：生活·读书·新知联合发行所，1949.6，83页，36开（新中国百科小丛书）
　　收藏单位：东北师大馆、国家馆、吉林馆、南京馆、内蒙古馆、陕西馆、绍兴馆

02324
思想方法论初步 胡绳著
[重庆]：生活书店，1941，74页，36开（新知识初步丛刊）
重庆：生活书店，1945.10，胜利后1版，73页，36开（新知识初步丛刊）
上海：生活书店，1946，胜利后2版，83页，36开（新知识初步丛刊）
上海：生活书店，1946，胜利后3版，73页，36开（新知识初步丛刊）
上海：生活书店，1947，胜利后4版，73页，36开（新知识初步丛刊）
上海：生活书店，1948.6，胜利后5版，73页，36开（新知识初步丛刊）
上海：生活书店，1948，再版，58页，36开
[上海]：生活书店，1948.11，3版，60页，36开（新青年自学丛书）
[北平]：生活书店，1949，再版，43页，36开

收藏单位：北碚馆、长春馆、重庆馆、东北师大馆、广东馆、广西馆、国家馆、黑龙江馆、内蒙古馆、山东馆、首都馆、天津馆

02325
思想方法论初步 胡绳著
苏中出版社，1945.10，52页，64开

收藏单位：南京馆

02326
思想方法论初步 胡绳著
[合肥]：皖北新华书店，1949.7，34页，32开

收藏单位：国家馆、河南馆、南京馆、山东馆

02327
思想方法论初步 胡绳著
新华书店，1946.3，43页，32开（新知识初步丛刊）

收藏单位：东北师大馆

02328
思想方法论初步 胡绳著
上海：自学书店，1941.4，再版，74页，36开（社会科学初步丛刊）

收藏单位：广东馆、上海馆

02329
思想方法与学习方法 薛暮桥著
[佳木斯]：东北书店，1947.10，42页，36开
[佳木斯]：东北书店，1948.10，42页，36开
[哈尔滨]：东北书店，1948.12，再版，42页，36开

本书收著者在《山东文化》上发表的论文6篇：《人为什么犯错误》《怎样认识客观世界》《理论与实践》《立场和方法》《我们的学习方法》《知识份子的思想改造》。

收藏单位：东北师大馆、国家馆、辽宁馆、天津馆

02330
思想方法与学习方法 薛暮桥著
冀中新华书店，[1944—1948]，75页，64开

收藏单位：南京馆

02331
思想方法与学习方法 薛暮桥著
西北军大分校，[1948—1949]印，41页，32开

收藏单位：国家馆、吉林馆

02332
思想方法与学习方法 薛暮桥著
延安：西北新华书店延安总分店，[1949]，54页，32开

收藏单位：国家馆、山东馆

02333
思想方法与学习方法 薛暮桥著
上海、[北平]：新华书店，1949，78页，36开
北平：新华书店，1949.5，2版，39页，32开

收藏单位：国家馆、南京馆、山东馆

02334
思想方法与学习方法　薛暮桥著
天津：知识书店，1949，45页，36开
天津：知识书店，1949.4，再版，47页，36开
收藏单位：北师大馆、国家馆、天津馆

02335
思想方法与学习方法（读书笔记）　薛暮桥著
山东新华书店总店，1947，再版，46页，50开（新华小文库）
收藏单位：重庆馆

02336
思想方法与学习方法（读书笔记）　薛暮桥著
[合肥]：皖北新华书店，1949.7，36页，32开
收藏单位：国家馆

02337
通俗辩证法读本　（日）德永直等著　包刚译
汉口：读者书房，1938.5，226页，32开
汉口：读者书房，1938.7，2版，226页，32开
本书共6章："唯物论与观念论""当作认识论的唯物辩证法""辩证法的根本法则""本质和现象""形式和内容""可能性、现实性、偶然性、必然性"。
收藏单位：重庆馆、东北师大馆、广东馆、贵州馆、国家馆、黑龙江馆

02338
通俗辩证法读本　（日）德永直等著　包刚译
重庆：上海杂志公司，1939，[222]页，32开
桂林：上海杂志公司，1941.8，重版，186页，32开
桂林：上海杂志公司，1943.6，2版，186页，32开
桂林：上海杂志公司，1944，190页，32开
重庆：上海杂志公司，1945.3，复兴1版，186页，32开
上海：上海杂志公司，1947.4，沪1版，186页，36开
上海：上海杂志公司，1949.6，沪3版，186页，36开
本书即包刚译《新哲学讲话》一书改书名出版。部分版本又改书名为《通俗辩证法讲话》。
收藏单位：北碚馆、北大馆、长春馆、成都馆、重庆馆、东北师大馆、广西馆、贵州馆、国家馆、黑龙江馆、湖北馆、湖南馆、近代史所、辽宁馆、南京馆、内蒙古馆、上海馆、首都馆、西南大学馆、浙江馆

02339
通俗辩证法讲话　陈唯实著
上海：大众文化出版社，1936.10，3版，279页，32开（社会科学丛书2）
本书共12讲：研究辩证法的先决问题、唯物辩证法的应用、论辩证法的变化定律、论辩证法的矛盾定律、论辩证法的突变定律、论辩证法的联系定律、中国古代哲学上的辩证法、西洋辩证法史的发展、黑格尔的辩证法学说、马克思的唯物辩证法、恩格斯的唯物辩证法、伊里奇的唯物辩证法。
收藏单位：广西馆、湖南馆

02340
通俗辩证法讲话　陈唯实著
现代文化出版社，1937，4版，增订版，299页，32开（社会科学丛书 新哲学类）
收藏单位：重庆馆、广东馆、湖南馆、西南大学馆

02341
通俗辩证法讲话　陈唯实著
上海：新东方出版社，1936.6，279页，32开（社会科学丛书1）
上海：新东方出版社，1936，再版，279页，32开（社会科学丛书1）
收藏单位：重庆馆、东北师大馆、桂林馆、国家馆、首都馆

02342
唯物辩证法　（苏）罗森塔尔（M. Розенталь）撰　岳光译
沈阳：东北新华书店，1949，1册
本书除导言外，共5章："现象的普遍联系与相互依存""现象的运动与转化、新生与

发展”“当作量变向质变转化看的发展”“作为对立的斗争看的发展”“唯物论辩证法的范畴”。

收藏单位：广西馆、天津馆

02343
唯物辩证法 （苏）罗森塔尔（M. Розенталь）著 岳光译
上海、重庆：读书出版社，1947.2，219页，32开
大连：读书出版社，1948.1，196页，32开
[长春]：读书出版社，1949，再版，219页，32开

收藏单位：北大馆、长春馆、成都馆、重庆馆、东北师大馆、广西馆、贵州馆、国家馆、黑龙江馆、湖北馆、吉林馆、近代史所、内蒙古馆、山东馆、天津馆

02344
唯物辩证法 （苏）罗森塔尔（M. Розенталь）著 岳光译
华北新华书店，1948.12印，205页，32开

收藏单位：重庆馆、国家馆、吉林馆、山东馆、山西馆

02345
唯物辩证法 （苏）罗森塔尔（M. Розенталь）著 岳光译
华中新华书店，1949，205页，32开

本书著者原题：罗逊塔尔。

收藏单位：重庆馆、山西馆

02346
唯物辩证法 （苏）罗森塔尔（M. Розенталь）著 岳光译
山东新华书店，1949.5，1册，32开

收藏单位：广东馆、国家馆、吉大馆、南京馆、山东馆

02347
唯物辩证法 （苏）罗森塔尔（M. Розенталь）著 岳光译
[无锡]：苏南新华书店，1949，195页，32开

收藏单位：广东馆

02348
唯物辩证法 （苏）罗森塔尔（M. Розенталь）撰 岳光译
北平：新华书店，1949.5印，205页，32开

本书著者原题：罗逊塔尔。

收藏单位：贵州馆、国家馆

02349
唯物辩证法 （苏）罗森塔尔（M. Розенталь）著 岳光译
香港：新中国书局，1949.6印，196页，32开

收藏单位：贵州馆

02350
唯物辩证法 （苏）罗森塔尔（M. Розенталь）著 岳光译
中华印书局，[1911—1949]，205页，32开

收藏单位：首都馆

02351
唯物辩证法教程 施洛考夫 扬考夫斯基等编著 陈晓时 何封合译
新知书店，1941.6，445页，25开

本书共5编：唯物论与观念论、作为认识论的辩证法、对立的统一与斗争的法则、由量到质之转变底规律、否定之否定底规律。附关于黑格尔、马克思等的详细索引。

收藏单位：东北师大馆

02352
无产阶级的哲学 张如心著
上海：正风出版社，1930，159页，32开（社会科学丛书）

本书内容包括：辩证唯物论的历史根源、辩证唯物论的几个主要问题等。

收藏单位：浙江馆

02353
无产阶级底哲学 张如心著
上海：光华书局，1930.4，159页，25开（社会科学丛书）

收藏单位：国家馆、吉林馆、上海馆、天津馆、西南大学馆、浙江馆

02354
无产阶级之哲学——唯物论　（苏）哥列夫（Б. И. Горев）著　瞿秋白译注
[汉口]：新青年社，1927.3，282+36页，32开

本书内容包括：绪论、何为哲学、唯心论与唯物论、近代唯物论之发展、现代唯物论与科学、历史的唯物论、马克思主义之阶级论及国家论、唯物论与宗教及道德、唯物论的艺术观、唯物哲学与阶级斗争等。

收藏单位：重庆馆、黑龙江馆、近代史所、绍兴馆、首都馆、浙江馆

02355
现代唯物论　（日）永田广志著　卢心远译
上海：辛垦书店，1937.4，201页，25开

本书介绍辩证唯物论哲学发生发展的过程。除《绪说——现代唯物论发展史底时代区分问题》外，分《嘉尔与恩格斯底时代》《旧俄罗斯底辩证法唯物论》两篇。书前有著者自序。

收藏单位：安徽馆、吉大馆、西南大学馆

02356
现代唯物论　（日）永田广志著　施存统　钟复光译
上海：进化书局，1937，13+268页，32开（唯物论全书）

本书著者原题：施复亮。

收藏单位：北碚馆、重庆馆、福建馆、贵州馆、桂林馆、国家馆、湖南馆、吉林馆、南京馆、上海馆、首都馆、浙江馆

02357
新兴哲学体系　（苏）米丁（M. Митин）著　胡明译
上海：光明书局，1939，335页，32开

本书共5部分："新兴哲学——唯物辩证法""辩证法唯物论创始者——马克斯""恩格斯与辩证法唯物论""列宁与唯物辩证法""史塔林与唯物辩证法"。书前有译者序。

收藏单位：北碚馆、重庆馆、东北师大馆、广东馆、广西馆、贵州馆、国家馆、辽大馆、上海馆、首都馆、浙江馆

02358
新哲学大纲　（苏）米丁（M. Митин）等著　艾思奇　郑易里译
上海：读书出版社，1936，14+352页，32开
上海：读书生活出版社，1938.5，补正增订版，14+454页，32开
[北平]：读书出版社，1946，2版，补正增订版，14+454页，32开
上海：读书出版社，1947，东北版，补正增订版，14+352页，32开
上海：读书出版社，1947.5，13版，补正增订版，14+352页，32开
上海：生活·读书·新知三联书店，1949.4，14+454页，32开
[北平]：生活·读书·新知三联书店，1949，2版，增订本，454页，32开
长春：读书出版社，1949，14版，补正增订版，[14]+454页，32开

本书共两部分：辩证法唯物论之历史的准备和发展、辩证唯物论。

收藏单位：安徽馆、成都馆、重庆馆、广西馆、贵州馆、国家馆、黑龙江馆、湖南馆、吉林馆、辽宁馆、南京馆、内蒙古馆、宁夏馆、山东馆、山西馆、绍兴馆、天津馆

02359
新哲学大纲　（苏）米丁（M. Митин）等著　艾思奇　郑易里译
北平国际文化社，1936.6，418页
北平国际文化社，1936.8，再版，418页，32开
北平国际文化社，1936.11，3版，418页，32开
北平国际文化社，1937.4，4版，418页，32开
北平国际文化社，1938.3，5版，补正增订版，454页，32开
北平国际文化社，1938.9，6版，补正增订版，454

页
北平国际文化社,1939.2,7版,补正增订版,454页
北平国际文化社，1939，8 版，补正增订版，454 页，32 开
北平国际文化社，1939，9 版，补正增订版，454 页，32 开
北平国际文化社，1946.4，11 版，补正增订版，454 页，32 开
北平国际文化社，1946.10，12 版，补正增订版，454 页，32 开
北平国际文化社，1947，东北版，补正增订版，454 页，32 开

本书著者原题：米定。

收藏单位：安徽馆、北碚馆、长春馆、重庆馆、东北师大馆、广东馆、广西馆、贵州馆、国家馆、河南馆、黑龙江馆、南京馆、山东馆、上海馆、绍兴馆、首都馆、浙江馆

02360
新哲学大纲 （苏）米丁（М. Митин）等著 艾思奇 郑易里译
郑州：中原新华书店，1949.4，12+264 页，32 开

本书著者原题：米定。

收藏单位：国家馆、湖南馆

02361
新哲学教程 巴克著
上海：万叶书店，1949.7，191 页，32 开（万叶青年文库）

本书共 4 章：绪论、辩证法唯物论之史的发展、辩证法唯物论、唯物辩证法的诸法则。

收藏单位：东北师大馆、国家馆、湖南馆

02362
新哲学教程 侯外庐 罗克汀著
上海：新知书店，1947，302 页，32 开（新知丛书 8）

本书主要论述唯物辩证法的产生和发展、对立统一的法则、现象与本质、认识论等。共 8 章，内容包括：哲学的对象和内容、唯物论与唯心论、辩证法唯物论、唯物辩证法底诸法则等。书前有侯外庐序。

收藏单位：广东馆、国家馆、山东馆、上海馆、首都馆

02363
新哲学教程 （苏）罗森塔尔（М. Розенталь）著 张实甫译
上海：知识出版社，1940.6，214 页，32 开

本书据《联共（布）党史简明教程》第 4 章第 2 节“辩证唯物论与历史唯物论”（斯大林），阐明辩证法的要点，并论述认识的辩证发展。共 6 章：“唯物论与唯心论”“现象底普遍联系与相互依存性”“现象底运动与变化，更新与发展”“发展乃数量变化底转变为质量变化”“发展乃对立底斗争”“认识真理底辩证途径”。著者原题：罗逊达尔。

收藏单位：重庆馆、广东馆、桂林馆、国家馆、首都馆

02364
新哲学——唯物论 （苏）哥列夫（Б. И. Горев）著 瞿秋白译
上海：霞社，1939.4，206 页，22 开

收藏单位：国家馆、南京馆、上海馆

02365
新哲学——唯物论 （苏）哥列夫（Б. И. Горев）著 瞿秋白译
上海：原野出版社，1949，206 页，25 开

本书著者原题：郭列夫。

收藏单位：重庆馆、东北师大馆、贵州馆、国家馆、黑龙江馆、辽师大馆、上海馆、首都馆、天津馆、中科图

02366
怎样搞通思想方法 胡绳著
上海：生活·读书·新知联合发行所，1949，132 页，36 开（新中国百科小丛书）
[北平]：生活·读书·新知三联书店，1949.9，105 页，32 开（新中国青年文库）

本书内容包括：不做思想上的懒汉、“是什么”和“为什么”、实事求是、从经验到理论、书本知识和实际等。

收藏单位：长春馆、重庆馆、东北师大馆、国家馆、辽宁馆、南京馆、内蒙古馆、山东馆、天津馆

02367
怎样研究辩证法唯物论　艾思奇等著
大众社，[1939—1949]，43 页，64 开
收藏单位：国家馆

02368
战斗唯物论讲话（原名，新哲学世界观）　陈唯实著
上海：上海杂志公司，1937.3，265 页，32 开
上海：上海杂志公司，1937，再版，265 页，32 开
广州：上海杂志公司，1938.8，4 版，265 页，32 开
上海：上海杂志公司，1939.4，5 版，221 页，32 开
本书共 8 章：唯物论与唯心论的起源、唯物论哲学的复兴、近代唯物论哲学、机械论的唯物论批判、唯心辩证法与唯物辩证法、机械唯物论与辩证唯物论、科学的辩证法唯物论、现阶段的战斗唯物论。
收藏单位：重庆馆、广东馆、贵州馆、国家馆、南京馆、陕西馆、上海馆、绍兴馆、首都馆、天津馆、浙江馆

02369
哲学初级研习提纲　马特著
上海：生活·读书·新知三联书店，1949，[12]+116 页，32 开
本书分两部分，共 12 讲。第 1 部分为思想方法论，以《思想方法论初步》（胡绳）为课本，以《唯物辩证法》（罗森塔尔著，岳光译）为参考，介绍辩证法的法则和形而上学的方法论；第 2 部分为世界观与认识论，以《现代哲学的基本问题》（沈志远）一书的第 3 章“新宇宙观（新世界观）的基本问题”为课本，介绍唯物辩证法的世界观与认识论。
收藏单位：安徽馆、东北师大馆、广东馆、国家馆、湖南馆、辽宁馆、山西馆、天津馆

02370
哲学讲话　艾思奇著
上海：读书生活社，1936.1，229 页，32 开（读书生活丛书）
上海：读书生活社，1936，再版，229 页，32 开（读书生活丛书）
上海：读书生活社，1936.4，3 版，229 页，32 开（读书生活丛书）
本书以通俗的形式讲解辩证唯物论的基本观点，共 4 章：绪论、本体论（世界观）、认识论、方法论。书前有李公朴序。
收藏单位：重庆馆、东北师大馆、桂林馆、国家馆、江西馆、近代史所、上海馆、绍兴馆、首都馆、浙江馆、中科图

02371
哲学讲话　艾思奇著
上海：读者服务社，1946，9 版，[188] 页，32 开
收藏单位：山东馆、首都馆

02372
哲学研究提纲　艾思奇著
上海：辰光书店，1940.12，110 页，32 开
上海：辰光书店，1941.8，再版，110 页，32 开
本书为研究辩证唯物主义哲学的基本提纲，共 6 部分：哲学和政治、唯物论与唯心论、辩证法唯物论、辩证法唯物论的认识论、唯物辩证法的基本法则、唯物辩证法的诸范畴。
收藏单位：上海馆

02373
哲学研究提纲　艾思奇著
华北书店，1943，[78] 页，32 开
收藏单位：国家馆、上海馆

02374
哲学研习提纲　马特著
上海：生活·读书·新知三联书店，1949.7，

再版，[12]+116页，32开

收藏单位：成都馆、重庆馆、广东馆、贵州馆、国家馆、辽宁馆、天津馆、西南大学馆

02375

知识的应用　艾思奇著

上海：读书生活社，1936.3，167页，32开（读书生活丛书 读书问答 2）

上海：读书生活社，1936.5，再版，167页，32开（读书生活丛书 读书问答 2）

上海：读书生活社，1937，4版，167页，32开（读书生活丛书 读书问答 2）

上海：读书生活社，1938.4，5版，167页，32开（读书生活丛书 读书问答 2）

重庆：读书生活出版社，1939，6版，167页，32开（读书生活丛书）

本书选辑对青年自学中提出的问题的解答，讲述自学的方法和解决具体问题的方法。内容包括：读书和写作问题、方法论问题、各科问题、教育问题、政治经济问题。书前有李公朴序。

收藏单位：重庆馆、东北师大馆、广东馆、贵州馆、桂林馆、国家馆、湖南馆、江西馆、近代史所、南京馆、西南大学馆

02376

知识的应用　艾思奇著

桂林：新光书店，1936，147页，32开

桂林：新光书店，1942，7版，167页，32开

收藏单位：北碚馆、重庆馆、国家馆、吉林馆、南京馆

历史唯物主义（唯物史观）

02377

观念形态论　（日）青野季吉著　若俊译

上海：南强书局，1929，149页，32开

上海：南强书局，1930，再版，149页，32开

本书介绍历史唯物主义关于上层建筑意识形态的基本观点，共5部分：观念形态一般论、法制论、宗教论、艺术论、哲学论。

收藏单位：重庆馆、东北师大馆、广西馆、贵州馆、桂林馆、国家馆、吉林馆、江西馆、近代史所、辽大馆、南京馆、山东馆、山西馆、上海馆、首都馆、天津馆、浙江馆、中科图

02378

进步思想论　（苏）康斯坦丁诺夫（Ф. В. Константинов）著　杨慕之译

[北平]：中外出版社，1949.9，57页，32开

本书共5章：社会存在与社会意识、意识形态的相对独立性、社会意识的阶级性、进步思想发生的条件及其在社会发展上的作用、意识在资本主义和社会主义条件下的作用。

收藏单位：东北师大馆、国家馆、吉大馆

02379

科学的历史观　吴黎平　艾思奇著

[大连]：大众书店，1946.5印，191页，32开

本书共8章：科学历史观的几个基本论点、生产力与生产关系、阶级、国家政权、民族与民族斗争、家族、意识形态、几个结论。

收藏单位：东北师大馆、国家馆、吉大馆、南京馆、山东馆

02380

科学历史观教程　吴黎平　艾思奇著

上海：辰光书店，1939，273页，32开

上海：辰光书店，1940.3，再版，273页，32开

上海：辰光书店，1946.6，增订6版，268页，32开

上海：辰光书店，1947.1，增订7版，273页，32开

收藏单位：重庆馆、东北师大馆、广东馆、广西馆、贵州馆、国家馆、黑龙江馆、内蒙古馆、陕西馆、上海馆、绍兴馆、首都馆

02381

科学历史观教程　吴黎平　艾思奇著

上海：读书出版社，1947.1，7版，268页，32

开

收藏单位：国家馆、南大馆、山西馆

02382
历史的唯物主义　（德）梅林（Franz Mehring）著　屈章译
上海：创造社出版部，1929.1，114 页，32 开

本书分 11 节叙述马克思主义历史唯物论的基本原则。著者原题：摩陵。

收藏单位：重庆馆、国家馆、近代史所、上海馆、首都馆、天津馆、浙江馆、中科图

02383
历史唯物论　（苏）米丁（M. Митин）著　沈志远译
上海：生活·读书·新知联合发行所，1949.7，710 页，32 开

本书论述马克思主义历史唯物论的基本原理。共 9 章，内容包括：辩证唯物论与唯物史观、资本主义的和社会主义的经济体系、阶级与国家论、为社会斗争之最高阶段的劳工专政、意识形态论、战斗的无神论、社会变革论、马克思主义和修正主义等。

收藏单位：东北师大馆、国家馆、吉林馆、天津馆

02384
历史唯物论　（苏）米丁（M. Митин）著　沈志远译
上海：生活书店，1946.6，胜利后 1 版，2 册，32 开
上海：生活书店，1947.2，胜利后 2 版，2 册，32 开
上海：生活书店，1948.6，3 版，770 页，36 开

收藏单位：重庆馆、东北师大馆、广西馆、国家馆、吉林馆、南京馆、青海馆、上海馆、绍兴馆、首都馆

02385
历史唯物论　（苏）米丁（M. Митин）著　沈志远译
吉林：新中国书局，1949，4 册（1338 页），32 开

收藏单位：重庆馆、东北师大馆、国家馆、天津馆

02386
历史唯物论浅说　莫乃群著
［北平］：生活·读书·新知三联书店，1949.8，124 页，36 开（新中国青年文库）

本书分 5 章讲述历史唯物主义关于物质生产、地理环境、人民群众、政治、意识对社会发展的作用等问题的观点。

收藏单位：重庆馆、东北师大馆、国家馆、湖南馆、辽宁馆、内蒙古馆、绍兴馆、天津馆、西交大馆、西南大学馆

02387
历史唯物论浅说　莫乃群撰
上海：士林书店，1948.12，124 页，32 开
上海：士林书店，1949，2 版，124 页，32 开
上海：士林书店，1949.4，3 版，124 页，32 开

本书撰者原题：莫英。

收藏单位：重庆馆、国家馆、南京馆、内蒙古馆、上海馆、首都馆、浙江馆

02388
论个人在历史上的作用　（俄）普列汉诺夫（Г. В. Плеханов）著　唯真译
山东新华书店，1949.9，59 页，32 开

本书讨论了历史唯物史观中个人对历史的意义，认为任何个人都对历史的发展起作用，个人无论从正面或反面都会影响历史的进程。

收藏单位：国家馆、南京馆、山东馆

02389
论个人在历史上的作用　（俄）普列汉诺夫（Г. В. Плеханов）著　唯真译校
莫斯科：外国文书籍出版局，1948，59 页，25 开

收藏单位：安徽馆、东北师大馆、广东馆、国家馆、黑龙江馆、辽宁馆、南大馆、宁夏馆、山东馆、陕西馆、上海馆、天津馆

02390
论一元论历史观之发展　（俄）普列汉诺夫（Г. В. Плеханов）著　博古译
上海：辰光书店，1946.5，318 页，32 开
本书共 5 章，内容包括：十八世纪底法国唯物论、复辟时代底法国历史家、德国的唯心论哲学、现代唯物论等。书前有译者前言、倍尔托夫第 3 版序言。书后有结论。
收藏单位：重庆馆、东北师大馆、广东馆、国家馆、辽大馆、南京馆、宁夏馆、陕西馆、上海馆、首都馆、天津馆

02391
论一元论历史观之发展　（俄）普列汉诺夫（Г. В. Плеханов）著　博古译
上海：读书出版社，1946.5，318 页，32 开

02392
论一元论历史观之发展　（俄）普列汉诺夫（Г. В. Плеханов）著　博古译
华东新华书店，1948.12 印，323 页，32 开
本书据解放社 1945 年版印。
收藏单位：安徽馆、重庆馆、国家馆、辽大馆、山东馆、陕西馆

02393
论一元论历史观之发展　（俄）普列汉诺夫（Г. В. Плеханов）著　博古译
华中新华书店，1946.9，239 页，25 开（博古译丛 1）
收藏单位：山东馆

02394
论一元论历史观之发展　（俄）普列汉诺夫（Г. В. Плеханов）著　博古译
北平：解放社，1949.8，418 页，32 开
收藏单位：东北师大馆、国家馆、南京馆、内蒙古馆

02395
论一元论历史观之发展　（俄）普列汉诺夫（Г. В. Плеханов）著　博古译
山东新华书店，1949.6，再版，323 页，32 开
收藏单位：国家馆、湖北馆、湖南馆、南京馆、陕西馆

02396
论一元论历史观之发展　（俄）普列汉诺夫（Г. В. Плеханов）著　博古译
上海：新华书店，1949，418 页
本书著者原题：普列哈诺夫。
收藏单位：安徽馆、重庆馆、广东馆、吉林馆、山西馆

02397
人民群众在历史上的作用　（苏）尤琴（П. Ф. Юдин）等著　博古编译
张家口：新华书店晋察冀分店，1946.5，77 页
本书共两部分：人民群众在历史上的作用、论人物在历史上的作用。编译者原题：秦博古。

02398
史的唯物论　（苏）萨可夫斯基原著　刘沁仪译
上海：春秋书店，1930.8，2 册（204+173 页）（社会科学教科书 3—4 册）
本书著者原题：塞姆柯甫士基。

02399
史的唯物论　（苏）亚达米阳著　康敏夫译
上海：南国出版社，1937.3，153 页，32 开
上海：南国出版社，1941.1，162 页，32 开
本书共 8 章，内容包括：马克思和恩格斯之前的思想家底唯物史观要素、形成马克思和恩格斯之唯物史观问题的见解、辩证法的唯物论和唯物史观、社会的合法则性问题、当作社会科学与实践的行动方法的史的唯物论、社会发展的理论、史的唯物论的最近发展等。
收藏单位：北碚馆、重庆馆、广西馆、桂林馆、黑龙江馆、吉大馆、吉林馆、江西馆、山东馆

02400
史的唯物论　（苏）亚达米阳著　康敏夫译
上海：神州国光社，1949.8，162页，36开
收藏单位：长春馆、东北师大馆、广东馆、国家馆、上海馆、天津馆

02401
史的唯物论　（苏）亚达米阳著　康敏夫译
上海：言行出版社，1938.11，153页，32开（大学文库 第1辑）
收藏单位：上海馆

02402
史的唯物论（社会学的体系）（苏）布哈林（Н. Бухарин）著　郭仕莪译
上海：乐群书店，1931.1，443页，25开
本书内容包括：社会科学中之目的论与结果论、辩证法的唯物论、社会与自然之平衡、阶级与阶级争斗等。
收藏单位：北大馆、国家馆、吉林馆、近代史所、南京馆、上海馆

02403
史的唯物论概说　（德）波洽特（J. Borchardt）著　汪馥泉译
上海：神州国光社，1930.3，113页，32开（社会科学名著丛刊）
上海：神州国光社，1934，再版，113页，32开（社会科学名著丛刊）
本书共7章："什么是历史——有产者的（精神的）史观""物质的欲望与'经济状态'——这及于历史的事件的外表上的影响——对于这见解的否认""我们在历史上可'说明'什么——就原因和结果""社会的变革底概念""史的唯物论如何地说明社会的变革""经济和思想底关系""结论——马克思自己底关于史的唯物论的叙述"。据日译本转译。
收藏单位：北碚馆、北师大馆、重庆馆、广东馆、广西馆、国家馆、江西馆、南京馆、山西馆、浙江馆

02404
史的唯物主义　（意）拉伯利奥拉（A. Labriola）原著　黄药眠译
外文题名：Essays on the materialistic conception of history
上海：江南书局，1929.12，210页，32开
本书介绍历史唯物主义的基本观点，共11章。
收藏单位：北碚馆、重庆馆、东北师大馆、国家馆、上海馆、浙江馆

02405
史的一元论　（俄）普列汉诺夫（Г. В. Плеханов）著　吴念慈重译
上海：南强书局，1929.6，462页，32开
上海：南强书局，1930.4，再版，462页，32开
上海：南强书局，1935，3版，462页，32开
本书共6章：十八世纪底法兰西唯物论、王政复古时代底法兰西史家、空想的社会主义者、德意志观念论哲学、近代唯物论、结论。著者原题：蒲列哈诺夫。
收藏单位：安徽馆、北碚馆、长春馆、重庆馆、东北师大馆、广东馆、广西馆、桂林馆、国家馆、黑龙江馆、湖南馆、吉林馆、江西馆、近代史所、辽大馆、辽宁馆、南京馆、山东馆、陕西馆、上海馆、绍兴馆、首都馆、天津馆、浙江馆、中科图

02406
唯物史观　（苏）布哈林（Н. Бухарин）著　陶伯译
外文题名：Теория исторического материализма
上海：泰东图书局，1930.4，3册（900页），32开
上海：泰东图书局，1930.10，再版，3册（900页），32开
本书上册除导言外，共5章：社会科学中之原因论与目的论、有定论与无定论（必然与意志自由）、辩证法的唯物论、社会、社会与自然界之间的平衡；中册1章：社会内各种成份间之平衡；下册两章：社会平衡之破坏与恢复、阶级与阶级斗争。

收藏单位：重庆馆、东北师大馆、桂林馆、国家馆、湖南馆、辽大馆、南京馆、内蒙古馆、上海馆、首都馆、浙江馆

02407
唯物史观　（俄）普列汉诺夫（Г. В. Плеханов）著　史鲁岩译
上海：社会书店，1930，72 页，42 开（社会小丛书）
本书著者原题：蒲列哈诺夫。
收藏单位：近代史所、首都馆

02408
唯物史观　吴黎平　艾思奇编著
胶东联合社，1941.12，191 页，32 开
收藏单位：国家馆

02409
唯物史观　吴黎平　艾思奇著
[延安]：解放社，1939，273 页，32 开
收藏单位：东北师大馆、国家馆、陕西馆

02410
唯物史观　吴黎平　艾思奇编著
[阜平]：晋察冀日报社，1940.3，233 页，32 开
收藏单位：国家馆

02411
唯物史观　吴黎平　艾思奇著
[安东（丹东）]：辽东建国书社，1946，191 页，32 开
收藏单位：重庆馆、黑龙江馆、辽宁馆、山东馆、上海馆

02412
唯物史观　吴黎平　艾思奇著
[黎城]：新华日报华北分馆，1939，272 页，32 开
收藏单位：重庆馆、国家馆

02413
唯物史观　吴黎平　艾思奇著
出版者不详，[1939]，154 页，32 开
本书内容包括：科学历史观的几个基本论点、生产力与生产关系、国家政权、民族与民族斗争等。
收藏单位：北大馆、国家馆、近代史所、浙江馆

02414
唯物史观　中国青年社编辑
上海：上海书店，1925.2，36 页，32 开（中国青年社丛书 第 2 种）
上海：上海书店，1925.7，3 版，36 页，32 开（中国青年社丛书 第 2 种）
上海：上海书店，1925.9，4 版，36 页，32 开（中国青年社丛书 第 2 种）
上海：[上海书店]，1926.1，[再版]，52 页，32 开（中国青年社丛书 第 2 种）
本书介绍历史唯物论的产生和内容，共 4 章：唯物史观的前提、唯物史观的原文、唯物史观与社会组织、唯物史观与社会制度。附参考书目。
收藏单位：重庆馆、国家馆、黑龙江馆、近代史所

02415
唯物史观　中国青年社编
长沙：文化书社，1925.10，5 版，36 页，32 开（中国青年社丛书 第 2 种）
收藏单位：湖南馆

02416
唯物史观（科学的历史观）　吴黎平　艾思奇著
东北新华书店辽东分店，1949.9，189 页，32 开
收藏单位：北大馆、天津馆

02417
唯物史观的哲学　（苏）哥列夫（Б. И. Горев）著　屈章译
上海：明日书店，1930.3，257 页，32 开（科学的社会科学丛书 2）
上海：明日书店，1930.9，再版，257 页，32

开（科学的社会科学丛书 2）

本书介绍唯物史观的内容、来源、发展和作用。共 11 部分，内容包括：何为哲学、唯心论与唯物论、近代唯物论的发展、现代唯物论与科学、唯物论的历史观、阶级观与国家论、唯物论与宗教及道德、唯物论的艺术观、唯物哲学与阶级斗争、辩证法与科学等。著者原题：郭列夫。

收藏单位：重庆馆、大庆馆、东北师大馆、贵州馆、国家馆、湖南馆、江西馆、陕西馆、上海馆、天津馆

02418

唯物史观讲话　（日）永田广志著　阮均石译

上海：新知书店，1937.8，354 页，25 开

上海：新知书店，1938.8，再版，363 页，25 开

桂林：新知书店，1939.1，3 版，354 页，25 开

本书共 9 章：辩证唯物论与史的唯物论底背景、辩证法的和史的唯物论底发展、唯物论与观念论、辩证唯物论、史的唯物论之科学、布尔乔亚社会学说与史的唯物论、社会底经济结构、阶级与国家、意识形态论。再版题名：科学的历史观。

收藏单位：北碚馆、成都馆、重庆馆、广东馆、贵州馆、桂林馆、国家馆、湖南馆、吉林馆、近代史所、南京馆、陕西馆、上海馆、首都馆、武大馆、西南大学馆、中科图

02419

唯物史观解说　（荷）郭泰（Herman Gorter）著　李达译

上海：中华书局，1921.5，12+134 页，32 开（新文化丛书）

上海：中华书局，1925，4 版，134 页，32 开（新文化丛书）

上海：中华书局，1925.12，5 版，134 页，32 开（新文化丛书）

上海：中华书局，1927，6 版，134 页，32 开（新文化丛书）

上海：中华书局，1927，8 版，12+134 页，32 开（新文化丛书）

上海：中华书局，1928.9，9 版，12+134 页，32 开（新文化丛书）

上海：中华书局，1929.9，10 版，[142] 页，32 开（新文化丛书）

上海：中华书局，1930.4，11 版，134+8 页，32 开（新文化丛书）

上海：中华书局，1932.8，12 版，134 页，32 开（新文化丛书）

上海：中华书局，1936.8，14 版，134 页，32 开（新文化丛书）

本书内容包括：本书之目的、历史的唯物论与哲学的唯物论、实例之说明、科学智识学问、发明、法律、政治、习惯与道德、宗教与哲学、艺术、结论等。书前有柯祖基序。

收藏单位：安徽馆、北碚馆、成都馆、重庆馆、广东馆、广西馆、桂林馆、国家馆、黑龙江馆、湖北馆、湖南馆、吉大馆、江西馆、南京馆、内蒙古馆、宁夏馆、山西馆、绍兴馆、首都馆、浙江馆

02420

唯物史观解说　（荷）郭泰（Herman Gorter）原著　矛盾译

未明社，[1925—1933]，263 页，32 开（未明丛书）

本书著者原题：戈泰尔。

收藏单位：东北师大馆

02421

唯物史观浅释　刘宜之著

[广州]：国光书局，1923，3 版，64 页，32 开

[广州]：国光书局，1925.3，4 版，64 页，32 开

本书共 8 章：唯心论与唯物论、唯物史观、唯物史观底意义、巴苦儿底物质的历史观、《经验学批判》底序言、阶级斗争、马克思底《资本论》、结论。

收藏单位：北碚馆、国家馆、湖南馆

02422

唯物史观浅释　刘宜之著

[广州]：[平民书店]，1927.12，5 版，64 页，32 开

收藏单位：浙江馆

02423
唯物史观浅释　刘宜之著
上海：上海书店，1923.4，64 页，32 开
上海：上海书店，1925.7，4 版，64 页，32 开
收藏单位：广东馆、国家馆、浙江馆

哲学流派及其研究

02424
反对经验主义　艾思奇著
[哈尔滨]：东北书店，1948.7，19 页，32 开
哈尔滨：东北书店，1948.8，再版，19 页，32 开

本书阐明经验主义思想方法是主观主义的一种形式，是唯心主义的、反辩证唯物论的，分析经验主义产生的根源与克服的方法。

收藏单位：广东馆、国家馆、湖北馆、辽宁馆、南大馆、南京馆、山东馆、山西馆、天津馆

02425
反对经验主义　艾思奇著
华中新华书店，1948.11，25 页，64 开
收藏单位：国家馆、南京馆、山东馆

中国哲学

02426
孙文学说　孙文著
上海：富华印书局，1924，122 页，25 开

本书内容包括：以饮食为证、以用钱为证、以作文为证、以七事为证、知行总论、能知必能行、不知亦能行、有志竟成等。

收藏单位：湖南馆

02427
孙文学说　孙文著
国民书局，1926.7，10 版，110 页，25 开
收藏单位：江西馆

02428
孙文学说　孙文著
上海：华国印书局，1919.7，162 页，18 开
收藏单位：广西馆、国家馆、浙江馆

02429
孙文学说　孙文著
上海：民智书局，1925.4，3 版，215 页，64 开
收藏单位：国家馆

02430
孙文学说（续集）　孙文著
上海：振华印书局，1924，132 页，32 开
收藏单位：国家馆

02431
在文化阵线上（《真理的追求》续集）　陈伯达著
汉口、上海：生活书店，1939.2，244 页，32 开
汉口、上海：生活书店，1939.5，2 版，244 页，32 开

本书分 3 类：新启蒙运动论文续集、哲学研究、中国思想史散稿。共 11 篇：《思想的自由与自由的思想》《思想无罪》《学习批评》《旧形式的利用》《文化上的大联合与新启蒙运动的历史特点》《论抗日文化统一战线》《论文化运动中的民族传统》《关于知行问题的研究》《断片二则》《论五四新文化运动》《论中国启蒙思想家——谭嗣同》。

收藏单位：重庆馆、东北师大馆、广东馆、广西馆、贵州馆、国家馆、湖南馆、南京馆、上海馆、浙江馆

02432
真理的追求　陈伯达著
上海：新知书店，1937.3，199 页，25 开

本书共 3 部分：新启蒙运动论文、哲学批判、中国社会史研究。附《水与结晶的溶洽》（郭沫若）。

收藏单位：重庆馆、近代史所

02433

中国思想界的奥伏赫变　高语罕著

上海：亚东图书馆，1936.6，223 页，32 开（生活指导丛书）

本书论述马克思主义的唯物论和辩证法的观点在中国思想界的兴起，对胡适派思想进行了批评。“奥伏赫变”即“扬弃”。书前有著者自序。著者原题：王灵皋。

收藏单位：安徽馆、北碚馆、重庆馆、广东馆、桂林馆、国家馆、南京馆、山东馆、上海馆、首都馆、浙江馆、中科图

02434

中国思想通史（第 1 卷 古代思想编）　杜守素　侯外庐　纪玄冰执笔

上海：新知书店，1947.8，559 页，25 开

长春：生活·读书·新知三联书店，1949，559 页，25 开

本书论述中国从殷末至秦初思想发展的源流、特征，以及其在世界文化发展史中的地位。分 3 篇，共 17 章。上篇为“中国古代思想绪论”，共 5 章：中国古代思想与古代社会、中国古代思想总论、殷末思想的氏族宗教性质、西周城市国家的思想形态、西周末至东迁的悲剧思想；中篇为“孔墨显学”，共 3 章：古代社会的“早熟”与国民思想的“晚出”、前期儒家的古代调和思想、前期墨家的古代改革思想；下篇为“战国百家并鸣之学”，共 9 章，内容包括：老子思想与其历史价值、庄子的主观唯心论、思孟学派及其形而上学的儒学思想、惠施的相对主义诡辩思想、公孙龙的绝对主义诡辩思想、后期墨家的墨学通约及其知识论与逻辑思想、法家的悲剧历史与韩非子、中国古代思想的没落路向等。《中国思想通史》共两卷，本书为其第 1 卷，第 2 卷于中华人民共和国成立后出版。

收藏单位：安徽馆、重庆馆、东北师大馆、国家馆、黑龙江馆、湖南馆、近代史所、辽大馆、南京馆、上海馆、首都馆、西南大学馆

02435

中国新文化运动论　张闻天著

新加坡：新民主报社，1946，22 页，32 开

本书著者原题：洛甫。

收藏单位：广东馆

02436

中国哲学史纲要　向林冰著

重庆：生活书店，1939，[11]+662 页，32 开

本书共 5 篇。第 1 篇阐明中国社会科学和自然科学的发展与哲学的相互关系，以及中国哲学发展的 4 个阶段；第 2—5 篇着重从唯心、唯物方面分析老子至孙中山各派哲学思想。书前有序论，阐述中国唯物论的方法论。

收藏单位：东北师大馆、广东馆、广西馆、国家馆、湖南馆、上海馆、绍兴馆、首都馆、中科图

02437

中国之命运（极端唯心论的愚民哲学）　艾思奇著

出版者不详，[1948]，17 页，32 开

本书内容包括：关于“诚”的思想、关于孙中山的知难行易思想等。

收藏单位：北碚馆、重庆馆、河南馆、山西馆

世界各国哲学

02438

柏格森之变易哲学　（英）卡尔（H. W. Carr）著　张闻天译

上海：民智书局，1924，79 页，32 开

上海：民智书局，1926，再版，79 页，32 开

本书共 7 章：哲学和生命、智力与物质、本能与智慧、直觉、自由、心与身、创造的进化。

收藏单位：广西馆、国家馆、吉林馆、辽大馆、天津馆

02439

布哈林及其机械唯物论批判　曾春编译

上海：时潮书店，1932.11，204 页，32 开

本书共 7 章。前两章介绍布哈林的生平及其政治路线，第 3—5 章为机械唯物论之批判，第 6—7 章是卢达士对于布哈林底因果论的批判、列宁对于《过渡时经济学》的批判。

收藏单位：北碚馆、重庆馆

02440

黑格尔哲学批判 （德）费尔巴哈（L. A. Feuerbach）等著　柳若水译

上海：辛垦书店，1935.3，271 页，26 开

本书收《黑格尔哲学批判》（费尔巴哈）、《黑格尔法律哲学批判导言》（马克思）、《黑格尔辩证法及哲学一般之批判》（马克思）、《关于黑格尔》（恩格斯）、《从黑格尔到费尔巴哈》（恩格斯）、《黑格尔六十年祭》（普列汉诺夫）、《黑格尔历史哲学讲义梗概》（列宁）、《论诺埃尔〈黑格尔底逻辑〉》（列宁）、《黑格尔辩证法（逻辑）之图案》（列宁）等。书前有译者序言。

收藏单位：北碚馆、重庆馆、东北师大馆、广东馆、贵州馆、国家馆、黑龙江馆、吉林馆、辽宁馆、山西馆、上海馆、天津馆、西南大学馆、中科图

02441

近代哲学批判　沈志远著

上海：读书生活出版社，1936.12，273 页，32 开

上海：读书生活出版社，1937，再版，273 页，32 开

上海：读书生活出版社，1937，3 版，273 页，32 开

本书收《近代哲学中的辩证法之史的发展》《从康德到黑格尔》《黑格尔哲学导言》《黑格尔哲学之精髓》《黑格尔哲学之历史背景》《论黑格尔以来之辩证学说》《论费尔巴赫之思想体系》《哲学底社会性和苏联底哲学》《苏联哲学底检讨》《评几派现时流行的哲学思潮》等。书前有著者自序。

收藏单位：安徽馆、重庆馆、东北师大馆、广东馆、贵州馆、国家馆、黑龙江馆、吉大馆、南京馆、山西馆、首都馆、西南大学馆、浙江馆、中科图

02442

论苏联哲学的方向（日丹诺夫在关于《西欧哲学史》著作讨论会上的发言）（苏）日丹诺夫（A. A. Жданов）著

胶东新华书店，1948.4，27 页，32 开

收藏单位：南京馆、山东馆

02443

论哲学史诸问题及目前哲学战线的任务（苏）日丹诺夫（A. A. Жданов）著　李立三译

华北新华书店，1948.1，52 页，32 开

收藏单位：重庆馆、东北师大馆、国家馆、南京馆、山西馆、天津馆

02444

论哲学史诸问题及目前哲学战线的任务（苏）日丹诺夫（A. A. Жданов）著　李立三译

南峰：冀鲁豫书店，1948.4，52 页，32 开

收藏单位：国家馆、湖南馆、山东馆

02445

日丹诺夫同志关于西方哲学史的发言 （苏）日丹诺夫（A. A. Жданов）著　李立三译

佳木斯：东北书店，1948.1，29 页，32 开

佳木斯：东北书店，1948.11，再版，29 页，32 开

本书即日丹诺夫 1947 年 6 月 20 日在讨论亚历山大洛夫《西方哲学史》一书时的发言。对该书的缺点和苏联哲学界存在的问题进行了批评。译者原题：立三。

收藏单位：重庆馆、东北师大馆、广东馆、国家馆、吉林馆、辽宁馆、南京馆、山西馆、天津馆

02446

苏俄哲学潮流概论　张如心著

上海：光华书局，1930.7，169 页，25 开

本书论述十月革命后苏俄哲学思潮的发展概况、苏联哲学界的斗争情况，共两章：哲

学思潮发展的几个阶段、改造时代中辩证唯物论派与机械唯物论派斗争的几个主要哲学问题。书前有著者序言、追记。书后有总论、专门名词注解。

收藏单位：安徽馆、东北师大馆、广东馆、广西馆、国家馆、上海馆、天津馆

02447
苏联问题与辩证法
春燕出版社，[1930—1939]，154 页，32 开

本书内容包括：再论苏联的性质、社会主义工人党内之小资产阶级反对派、芬兰事件的总结算等。

收藏单位：浙江馆

02448
苏联哲学问题　（苏）日丹诺夫（А. А. Жданов）著　李立三译
华东新华书店，1948.10，再版，36 页，32 开
华东新华书店，1949.5，3 版，35 页，32 开

本书即日丹诺夫 1947 年 6 月 20 日在讨论亚历山大洛夫《西欧哲学史》一书时的发言。对该书的缺点和苏联哲学界存在的问题进行了批评。

收藏单位：重庆馆、福建馆、广东馆、国家馆、黑龙江馆、湖北馆、湖南馆、南京馆、山东馆、上海馆

02449
苏联哲学问题　（苏）日丹诺夫（А. А. Жданов）著　李立三译
张家口：晋察冀新华书店，1948.2，33 页，32 开

收藏单位：重庆馆、广东馆、国家馆、山东馆、山西馆、上海馆、天津馆

02450
苏联哲学问题　（苏）日丹诺夫（А. А. Жданов）著　李立三译
山东新华书店，1948.4，53 页，36 开

收藏单位：国家馆、南京馆、山东馆、上海馆

02451
苏联哲学问题　（苏）日丹诺夫（А. А. Жданов）著　李立三译
无锡：苏南新华书店，1949，30 页，32 开

收藏单位：国家馆

02452
苏联哲学问题　（苏）日丹诺夫（А. А. Жданов）著　李立三译
[阳城]：太岳新华书店，1949，40 页，32 开

收藏单位：宁夏馆、山东馆、天津馆

02453
苏联哲学问题　（苏）日丹诺夫（А. А. Жданов）著　李立三译
新华书店，1949，华中版，35 页，32 开

收藏单位：桂林馆、湖北馆、南京馆

02454
苏联哲学问题　（苏）日丹诺夫（А. А. Жданов）著　李立三译
[郑州]：中原新华书店，1949.3，36 页，32 开

收藏单位：国家馆、湖北馆、中科图

02455
五大哲学思潮（十九世纪后半世纪）（苏）卢波尔（И. К. Луппол）等著　李申谷译
重庆：生活书店，1939，478 页，22 开（新中国学术丛书 2）
上海、重庆：生活书店，1947.2，胜利后 2 版，478 页，22 开（新中国学术丛书 2）

本书论述 19 世纪欧洲五大哲学思潮产生的社会阶级根源、内容及其互相之间的关系，收文 5 篇：《马克斯之哲学发展》《十九世纪末叶的庸俗唯物论与现代机械论》《拉沙勒底哲学与社会政治观点》《新康德主义》《马赫主义》。

收藏单位：安徽馆、北师大馆、重庆馆、东北师大馆、广东馆、广西馆、桂林馆、黑龙江馆、湖南馆、吉林馆、近代史所、辽大馆、辽宁馆、南京馆、内蒙古馆、山东馆、山西馆、上海馆、首都馆、天津馆、西南大

学馆、浙江馆、中科图

02456
西洋哲学史简编 （苏）薛格洛夫著　王子野译
上海：北极出版社，1945.10，再版，402 页，32 开

本书以通俗的形式说明了欧洲哲学的发展历史，论证辩证唯物主义产生发展的必然性。共 10 章："古代哲学""中世哲学""文艺复兴时期哲学""17—18 世纪唯物论与唯心论的斗争""德国古典唯心论""黑格尔学派之解体与费尔巴哈""马克思、恩格斯哲学观点的发展""19 世纪后半期与 20 世纪的资产阶级哲学""俄国哲学史""列宁、斯大林对马克思主义哲学的发展"。书后有参考书略目。

收藏单位：安徽馆、广西馆、贵州馆、国家馆、山东馆、上海馆、浙江馆

02457
西洋哲学史简编 （苏）薛格洛夫主编　王子野译
东安（密山）：东北书店，1947.6，翻版，311 页，32 开

收藏单位：长春馆、东北师大馆、国家馆、辽大馆、山东馆、上海馆、天津馆

02458
西洋哲学史简编 （苏）薛格洛夫著　王子野译
上海：读书出版社，1947.1，再版，402 页，32 开

收藏单位：重庆馆、广西馆、国家馆、湖南馆、吉林馆、辽大馆、宁夏馆、山东馆、首都馆、天津馆

02459
西洋哲学史简编 （苏）薛格洛夫著　王子野译
大连：光华书店，1948.3，408 页，32 开（社会科学丛书 2）

收藏单位：国家馆、近代史所、南京馆、山东馆、山西馆、上海馆

02460
西洋哲学史简编 （苏）薛格洛夫著　王子野译
新华书店，1943，402 页，32 开
新华书店，1949.9，447 页，32 开

收藏单位：北碚馆、重庆馆、广东馆、国家馆、黑龙江馆、湖北馆、湖南馆、吉林馆、江西馆、辽宁馆、内蒙古馆、绍兴馆、天津馆、中科图

02461
西洋哲学史简编 （苏）薛格洛夫著　王子野译
长春：新中国书局，1949.4，再版，408 页，32 开

收藏单位：重庆馆、广东馆、国家馆、湖南馆、吉林馆

逻辑学（论理学）

02462
逻辑学教程大纲 （苏）米丁（M. Митин）著　曹葆华　谢宁译
解放社，1949.5，11 页，32 开

本书为联共（布）中央直属高级党校各科教授会所审定的教程大纲。收 11 个章节的题目、标准定义和授课时数，以及课堂作业题目等。

收藏单位：国家馆、黑龙江馆

伦理学（道德哲学）

02463
革命人生观　华北联合大学教务处编
华北联合大学教务处，1948.4，油印本，45 页，32 开

收藏单位：国家馆

02464
革命人生观　罗明编

北平：红叶书店、光华书局，[1949]，38页，32开

本书节录日丹诺夫、刘少奇等人关于人生观的讲话原文，共4章："认清时代，为了革命的胜利，努力前进""时代青年，应选择革命的道路，建立为人民服务的革命人生观""怎样建立为人民服务的革命人生观""革命者进步的武器——批评与自我批评"。

收藏单位：国家馆

02465

革命人生观　罗明编

北平：民生出版社，1949，38页，32开

收藏单位：国家馆

02466

革命人生观　罗明编

天津：知识书店，1949.3，46页，36开

天津：知识书店，1949，再版，46页，36开

天津：知识书店，1949.9，3版，46页，36开

收藏单位：重庆馆、广东馆、国家馆、山东馆、天津馆

02467

共产主义的人生观　大连新华书店辑

大连：大连新华书店，1949，再版，39页，32开

本书论述共产主义的人生观，阐明共产党员应当确定自己为共产主义的实现而奋斗到底的革命人生观，论述旧的资本主义社会死亡的不可避免性与新的共产主义社会建立的必然性。

收藏单位：国家馆、辽宁馆

02468

共产主义的人生观　东北日报社等编

吉林书店，1948.8，58页

本书收文5篇：《批评与自我批评精神是共产党员必备的品质》《布尔什维克党底纪律》《共产主义的人生观》《在批评和自我批评的精神上培养干部》《对新鲜事物的感觉是布尔什维克高贵的品质》。

收藏单位：东北师大馆、吉林馆、山西馆

02469

共产主义的人生观　华东人民革命大学教务处编

华东人民革命大学教务处，1949.6，23页，36开（学习参考材料8）

本书共8部分："绪言——共产党员应当确定自己为共产主义的实现而奋斗到底的革命的人生观""要向前看，不要向后看：腐朽着的东西一定要死亡，发展着的东西一定要胜利""要认识旧的资本主义社会死亡的不可避免性与新的共产主义社会建立的必然性""要了解为改造旧社会，实现共产主义社会而奋斗是人类历史上最伟大的事业""要确立最高的共产主义道德——大公无私""要坚持无产阶级的阶级观点与阶级立场，积极参加革命斗争，研究政治问题""要做一个好的共产党员，要保持无产阶级先锋战士的纯洁性，就必须要有各方面的修养和锻炼""非无产阶级出身的共产党员，更要特别注意锻炼，澈底改造思想"。

收藏单位：重庆馆、国家馆

02470

共产主义的人生观　华中新华书店编

华中新华书店总店，1948.11，32页，50开

收藏单位：重庆馆、国家馆、南京馆、山东馆

02471

共产主义的人生观　吉林书店辑

吉林书店，1949，再版，58页，32开

收藏单位：北大馆、东北师大馆、国家馆、吉林馆、天津馆

02472

共产主义的人生观

大连：东北书店，1949，66页，32开

收藏单位：天津馆

02473

共产主义的人生观

[安东（丹东）]：东北书店安东分店，1949.3，再版，56页，32开

本书讲述共产党员的思想修养，共3章：人人确立共产主义的人生观、加强党性锻炼、组织纪律修养。

收藏单位：重庆馆、国家馆

02474
共产主义的人生观
[泰州]：苏北新华书店，1949.6，3版，31页，48开

收藏单位：国家馆

02475
共产主义的人生观
苏州：苏南新华书店，1949，再版，31页，50开

收藏单位：重庆馆、华东师大馆

02476
共产主义的人生观
[合肥]：皖北新华书店，1949，31页，32开

收藏单位：山东馆、天津馆

02477
共产主义人生观　罗明辑
天津：天津书店，1949，1册

收藏单位：宁夏馆

02478
共产主义人生观　罗明编
天津：知识书店，1949.4，78页，36开

收藏单位：重庆馆、国家馆、宁夏馆、山东馆、天津馆

02479
共产主义人生观　罗明著
北平：中外出版社，1949，78页，36开

收藏单位：国家馆

02480
伦理与唯物史观　（德）考茨基（Karl Johann Kautsky）著　董亦湘译
教育研究社，1927.3，190页，32开

本书共5章：古代及基督教之伦理、中世纪启蒙时代之伦理、康德的伦理、进化论之伦理、马克思主义之伦理。

收藏单位：东北师大馆、国家馆、南京馆、山东馆、上海馆、天津馆、武大馆

02481
伦理与唯物史观　（德）考茨基（Karl Johann Kautsky）著　董亦湘译
文学讨论社，1926，190页，32开

收藏单位：重庆馆、湖南馆、绍兴馆

02482
伦理与唯物史观　（德）考茨基（Karl Johann Kautsky）著　董亦湘译
上海：新文化书社，1926.1，190页，32开

收藏单位：重庆馆、东北师大馆、国家馆、吉林馆、上海馆、浙江馆

02483
论待人接物　凯丰等著
香港：理想出版社，1947.5，再版，107页，32开

本书收文6篇：《青年学习问题》（凯丰）、《论待人接物》（洛甫）、《论青年的学习问题》（列宁）、《论青年的修养》（洛甫）、《学习毛泽东》（王明）、《学习恽代英的工作作风与生活态度》（刘光）。

收藏单位：东北师大馆、桂林馆、国家馆、湖南馆、南京馆、中科图

02484
论待人接物　凯丰等著
苏中韬奋书店，[1947—1949]，23页，64开

收藏单位：南京馆

02485
论待人接物　凯丰等著
香港：晓光出版社，1947，107页，32开

收藏单位：重庆馆

02486
论待人接物　张闻天著
苏中韬奋书店，1947.10，23 页，64 开
本书著者原题：洛甫。
收藏单位：山东馆

02487
论待人接物问题　张闻天著
文化出版社，[1938]，24 页，36 开（青年自修丛书）
本书著者原题：洛甫。
收藏单位：广东馆

02488
论道德　（苏）加里宁（М. И. Калинин）著　大连中苏友协译
大连中苏友好协会，1946，64 页，50 开
本书即加里宁在苏联《布尔什维克》杂志 1945 年第 1 期上发表的《论我们苏联人民底道德面貌》。
收藏单位：南京馆、山东馆、天津馆

02489
论共产主义的劳动态度　联合社编
东北新华书店辽东分店，1949，33 页，32 开
本书共 6 部分：论劳动纪律、论共产主义的劳动态度、论新的劳动态度、论劳动中的纪律和组织性、苏联工厂的秩序和纪律、实行最严格的节约制度。
收藏单位：国家馆、山东馆

02490
论共产主义的劳动态度　联合社编
华中新华书店，1949，34 页，36 开
收藏单位：重庆馆

02491
论共产主义的劳动态度　联合社编
天津：联合出版社，1949.7，39 页，32 开
收藏单位：重庆馆、东北师大馆、广东馆、国家馆、山东馆

02492
论共产主义的劳动态度　联合社编
辽东新华书店，1949，39 页，32 开
收藏单位：国家馆

02493
青年的修养与训练　平心著
上海：生活书店，1934.5，[423] 页，32 开
上海：生活书店，1934.7，再版，423 页，32 开
上海：生活书店，1934.10，3 版，423 页，32 开
上海：生活书店，1935.3，4 版，423 页，32 开
上海：生活书店，1935.8，5 版，422 页，32 开
上海：生活书店，1936，6 版，423 页，32 开
上海：生活书店，1937.4，8 版，423 页，32 开
上海：生活书店，1938，9 版，[423] 页，32 开
上海：生活书店，1940，10 版，[423] 页，32 开
本书共 10 章：个人与社会、人生的实质与意义、生活的原则与方式、思想的训练、求知与为学、读书的计画与方法、学问的工具、健康的修养与锻炼、智慧的修养与训练、青年的几个切身问题。
收藏单位：安徽馆、重庆馆、东北师大馆、广东馆、广西馆、贵州馆、桂林馆、国家馆、湖南馆、江西馆、南京馆、内蒙古馆、宁夏馆、首都馆、天津馆、西南大学馆、浙江馆

02494
青年学习问题　张闻天等著
上海：知识出版社，1949.8，再版，122 页，32 开
收藏单位：天津馆

02495
思想漫谈集　方子澄等著　太行新华书店编
涉县：太行群众书店，1947，2 版，53 页，36 开（青年修养读物）
本书收方子澄、林曦、罗云路、刘海风、刘璞、畏予、赵德明、魏文北、万程、王英、志鸿、雅量、白华、何远、老兵、牛启年、陈灵凤、涛然、方杰、震洲、张宁、一知等人的文章 24 篇，著者结合解放区具体工作中

的问题，对个人主义、等级观念、平均主义等思想加以批判或检讨。

收藏单位：国家馆

02496

思想漫谈集 林曦等著

[阳城]：太岳新华书店，1947，44页，32开（青年修养读物）

[阳城]：太岳新华书店，1947，再版，45页，36开（青年修养读物）

收藏单位：重庆馆、国家馆、河南馆、近代史所、山东馆、山西馆、天津馆

02497

思想漫谈集（第2集） 刘凤岐辑

[阳城]：太岳新华书店，1947.12，64页，32开

本书收文18篇，内容包括：《我的群众观点》《要克服盲目山头主义思想》等。

收藏单位：国家馆、山东馆、山西馆

02498

思想漫谈集（续编） 刘凤岐辑

涉县：太行群众书店，1948，34页，32开（青年修养读物）

收藏单位：重庆馆、国家馆、吉林馆

02499

新人生观 俞铭璜著

[惠民]：渤海新华书店，1946.5，46页，32开

本书为讲述革命人生观的通俗读物，内容包括：人生观是什么、为何要讲人生观、各种不同人生观、革命的人生观、人生观的革命。

收藏单位：重庆馆、贵州馆、内蒙古馆、浙江馆

02500

新人生观 俞铭璜著

大连：大众书店，1947.7，3版，60页，32开

大连：大众书店，1947.9，4版，60页，36开

大连：大众书店，1948.4，5版，60页，36开

收藏单位：重庆馆、国家馆、山东馆、上海馆

02501

新人生观 俞铭璜著

东北军政大学吉林分校，1947.8，50页，32开

收藏单位：桂林馆

02502

新人生观 俞铭璜著

[哈尔滨]：东北书店，1947，再版，76页，36开

哈尔滨：东北书店，1948.3，3版，76页，36开

哈尔滨：东北书店，1948，4版，76页，36开

[哈尔滨]：东北书店，[1948]，[5版]，45页，32开

哈尔滨：东北书店，1948.6，6版，76页，36开

收藏单位：长春馆、重庆馆、东北师大馆、国家馆、湖北馆、吉林馆、江西馆、南京馆、山东馆、天津馆

02503

新人生观 俞铭璜著

天津：读者书店，1949，60页，36开

收藏单位：天津馆

02504

新人生观 俞铭璜著

上海：拂晓社，1946.3，61页，36开

上海：拂晓社，1946.7，再版，61页，36开

收藏单位：重庆馆、桂林馆、国家馆、吉林馆、江西馆、辽大馆、南京馆、内蒙古馆、山西馆、上海馆、首都馆

02505

新人生观 俞铭璜著

华中新华书店二分店，1946，83页，32开（青年知识丛书）

收藏单位：安徽馆、国家馆

02506
新人生观 俞铭璜著
冀东新华书店，1947，48 页，36 开
收藏单位：重庆馆

02507
新人生观 俞铭璜著
胶东新华书店，1945，46 页，32 开
胶东新华书店，1946.4，3 版，46 页，32 开
收藏单位：国家馆、南京馆、上海馆

02508
新人生观 俞铭璜著
[安东（丹东）]：辽东建国书社，1946.4，45 页，32 开
[安东（丹东）]：辽东建国书社，1946.8，再版，45 页，32 开
收藏单位：国家馆、上海馆、中科图

02509
新人生观 俞铭璜著
山东新华书店，1946，49 页，36 开
山东新华书店，1946.8，增订再版，49 页，36 开
山东新华书店，1947，3 版，89 页，50 开（新华小文库）
收藏单位：国家馆、南京馆、山东馆

02510
新人生观 俞铭璜著
涉县：太行群众书店，1947.8，再版，59 页，32 开
收藏单位：国家馆

02511
新人生观 俞铭璜著
[阳城]：太岳新华社，1947.4，再版，48 页，32 开
[阳城]：太岳新华社，1947.9，3 版，48 页，32 开
收藏单位：山西馆

02512
新人生观 俞铭璜著
太岳新华书店，1947.1，48 页，32 开
太岳新华书店，1947.5，再版，48 页，32 开
收藏单位：国家馆、上海馆

02513
新人生观 俞铭璜著
韬奋书店，1949.8，5 版，修订本，129 页，32 开
收藏单位：南京馆、山东馆、上海馆

02514
新人生观 俞铭璜撰
天津：知识书店，1949，64 页，36 开
收藏单位：国家馆、湖南馆

02515
新人生观（改写本） 俞铭璜著
大连：东北书店，1949.3，5 版，130 页，32 开（青年知识丛书）
收藏单位：国家馆、南京馆、天津馆

02516
新人生观（改写本） 俞铭璜著
新华书店，1949，5 版，108 页，32 开
收藏单位：重庆馆、桂林馆、国家馆、辽宁馆、山东馆、首都馆

02517
新人生观（改写本） 俞铭璜著
天津：知识书店，1949.6，再版，126 页，36 开
收藏单位：东北师大馆、国家馆、山东馆、首都馆

02518
新人生观（最新改写本） 俞铭璜著
香港：[新知书店]，[1947—1948]，125 页，32 开
收藏单位：河南馆、吉大馆、上海馆、首都馆

02519
新人生观的创造（国民精神总动员应有的认识） 陈伯达著
上海：辰光书店，1939.3，66页，32开
上海：辰光书店，1939.11，再版，66页，32开
上海：辰光书店，1940.5，3版，66页，32开
收藏单位：重庆馆、东北师大馆、广东馆、贵州馆、桂林馆、国家馆、吉大馆、南大馆、南京馆、浙江馆

02520
新人生观讲话 沈志远著
上海：生活书店，1946.6，126页，32开（青年自学丛书）
上海：生活书店，1946.9，再版，126页，36开（青年自学丛书）
上海：生活书店，1946.12，3版，126页，36开（青年自学丛书）
上海：生活书店，1947.5，4版，126页，36开（青年自学丛书）
香港：生活书店，1948.4，5版，126页，50开（青年自学丛书）
本书为以辩证唯物论与历史唯物论观点讲述人生观的通俗读物。共12章，内容包括：人生观的两大特性、评“唯生”的人生观和复古的人生观、人生的意义和价值等。
收藏单位：北碚馆、长春馆、重庆馆、东北师大馆、广东馆、桂林馆、国家馆、黑龙江馆、近代史所、南京馆、内蒙古馆、宁夏馆、山东馆、陕西馆、上海馆、绍兴馆、首都馆、天津馆、浙江馆

02521
新人生观讲话 沈志远著
长春：新中国书局，1949，3版，126页，36开（青年自学丛书）
收藏单位：重庆馆、东北师大馆、广东馆、国家馆、河南馆、天津馆

02522
新哲学的人生观 胡绳著
上海：生活书店，1937，172页，36开（青年自学丛书）
上海：生活书店，1937.4，再版，173页，36开（青年自学丛书）
汉口：生活书店，1937.11，3版，173页，36开（青年自学丛书）
上海：生活书店，1939.1，4版，173页，36开（青年自学丛书）
重庆：生活书店，1939，7版，173页，36开（青年自学丛书）
上海：生活书店，1940，8版，173页，36开（青年自学丛书）
本书针对当时中国思想界“科学人生观”与“玄学人生观”之论战，指出机械的科学人生观并不能战胜玄学人生观，讲述辩证唯物论人生观的意义、价值。共6章，内容包括：哲学和人生观、观念论和机械论的人生观、人生的意义和价值、人生中的客观标准等。
收藏单位：北碚馆、重庆馆、广东馆、贵州馆、桂林馆、国家馆、河南馆、黑龙江馆、湖南馆、江西馆、内蒙古馆、宁夏馆、浙江馆

02523
怎样待人接物 张闻天著
重庆：时论选辑社，[1937—1945]，16页，32开（时论选辑社丛刊1）
本书著者原题：洛甫。
收藏单位：南京馆

02524
战时知识青年的修养与任务 刘季平著
上海：黑白丛书社，1937.9，60页，32开（黑白丛书战时特刊3）
汉口：黑白丛书社，1937.10，再版，60页，36开（黑白丛书战时特刊3）
广州：黑白丛书社，1937.11，3版，60页，36开（黑白丛书战时特刊3）
上海：黑白丛书社，1938.1，再版，60页，36开（黑白丛书战时特刊3）
上海：黑白丛书社，1938.2，4版，60页，36开（黑白丛书战时特刊3）
本书讲述全面抗战开展之后青年人的根本任务，提出要把抗战变成中国人民解放总任务中的一个步骤。共6章，内容包括：知识

青年在当前应做的具体工作、怎样最有效地处理工作、知识青年带有的缺陷、克服缺陷的主要途径等。著者原题：满力涛。

收藏单位：北碚馆、广西馆、贵州馆、桂林馆

美　学

02525
生活与美学 （俄）车尔尼雪夫斯基（Н. Г. Чернышевский）著　周扬译
大连：读书出版社，1948.2，180页，32开
哈尔滨：读书出版社，1948.9，再版，180页，32开

本书即著者学位论文《艺术与现实的美学关系》。著者认为美就是生活，强调艺术的社会作用，给唯心主义美学以无情的批评。著者原题：车尔尼舍夫斯基。

收藏单位：东北师大馆、湖南馆、上海馆

02526
生活与美学 （俄）车尔尼雪夫斯基（Н. Г. Чернышевский）著　周扬译
哈尔滨：光华书店，1948，再版，160页，32开

收藏单位：长春馆、重庆馆、东北师大馆、贵州馆、国家馆、宁夏馆、天津馆

02527
生活与美学 （俄）车尔尼雪夫斯基（Н. Г. Чернышевский）著　周扬译
上海、香港：海洋书屋，1947，180页，32开（文艺理论丛书）

收藏单位：重庆馆、福建馆、广西馆、国家馆、吉林馆、辽大馆

02528
生活与美学 （俄）车尔尼雪夫斯基（Н. Г. Чернышевский）著　周扬译
上海：华北书店，1942，180页（鲁艺丛书4）

收藏单位：山西馆

02529
生活与美学 （俄）车尔尼雪夫斯基（Н. Г. Чернышевский）著　周扬译
上海：群益出版社，1949，180页，32开（文艺理论丛书）

收藏单位：北师大馆、重庆馆、广东馆、吉林馆、山西馆

02530
生活与美学 （俄）车尔尼雪夫斯基（Н. Г. Чернышевский）著　周扬译
长春：新中国书局，1949.4，3版，160页，32开

收藏单位：国家馆

心理学

02531
精神分析学与辩证唯物论 （英）奥兹本（R. Osborn）著　董秋斯译
重庆[等]：读书出版社，1940.6，12+203页，32开
上海：读书出版社，1947，再版，206页，32开
上海：读书出版社，1947，3版，206页，32开
上海：读书出版社，1949，4版，206页，32开

收藏单位：安徽馆、北碚馆、长春馆、重庆馆、广东馆、广西馆、桂林馆、国家馆、黑龙江馆、湖南馆、吉林馆、山东馆、上海馆、首都馆、西南大学馆、浙江馆

宗　教

02532
反对基督教运动 中国青年社　非基督教同盟编辑
上海：上海书店，1924.12，30页，32开
上海：上海书店，1925，再版，30页，32开
上海：上海书店，1925，3版，30页，32开

本书收文 5 篇，内容包括:《反对基督教运动》(杨贤江、恽代英)、《基督教与中国》(梅电龙)、《近代的基督教》(蔡和森)等。

收藏单位：重庆馆、国家馆、浙江馆

02533

巫神的坦白

新华书店，1945.1，29 页，64 开

本书共 3 部分：巫神白从海的坦白、开展反对巫神的斗争、破除迷信的卜掌村。

收藏单位：国家馆

02534

展开反对巫神的斗争 陕甘宁边区政府办公厅编

威县：冀南新华书店，1944.10，86 页，32 开(边政读物 6)

威县：冀南新华书店，[1948] 印，54 页，32 开(边政读物 6)

本书收《解放日报》1944 年 4 月 29 日社论《展开反巫神的斗争》，以及《各地反对巫神斗争的情况》《巫神的罪恶》等文章。

收藏单位：国家馆、山东馆、山西馆

社会科学总论

社会科学理论与方法论

02535
理论与实践的社会科学根本问题（苏）卢波尔（И. К. Луппол）著　李达译
上海：心弦书社，1930.10，390页，32开
上海：心弦书社，1938.4，再版，390+12页，32开
本书共6章：序论、存在与思维底问题、唯物辩证法底问题、社会的方法论底问题、普罗列达里亚狄克推多底问题、文化问题。
收藏单位：北大馆、重庆馆、东北师大馆、复旦馆、广东馆、广西馆、国家馆、近代史所、南京馆、内蒙古馆、人大馆、上海馆、首都馆、中科图

02536
社会科学常识
东北书店，1946.3，4册，大64开
收藏单位：国家馆、吉林馆、江西馆、山东馆、山西馆

02537
社会科学概论　陈伯达等著
大连：大连新华书店，1949.9，221页，25开（青年知识丛书）
本书主要介绍社会科学的基本知识，共9章：资本主义以前的社会、资本主义、帝国主义、资产阶级性革命与革命转变问题、社会主义革命与无产阶级专政、苏联概述、殖民地半殖民地国家内民族革命、农民问题、政党。
收藏单位：国家馆

02538
社会科学概论　瞿秋白著
[西安]：国民革命军第二集团军驻陕司令部政治部，1927.5，87页，32开
本书为著者1924年在上海夏令讲学会上的讲稿，共12章：总论、社会之意义、经济、政治、法律、道德、宗教、风俗、艺术、哲学、科学、社会现象之联系。
收藏单位：国家馆

02539
社会科学概论　瞿秋白著
天津：联合出版社，1949.6，86页，36开
收藏单位：重庆馆、东北师大馆、国家馆、吉林馆、辽宁馆、天津馆

02540
社会科学概论　瞿秋白著
上海：群益出版社，1949.6，68页，32开
收藏单位：重庆馆、东北师大馆、广东馆、国家馆、湖北馆、宁夏馆、山西馆、上海馆、天津馆

02541
社会科学概论　瞿秋白著
上海：上海书店，1924.10，88页，32开
上海：上海书店，1925.1，再版，88页，32开
上海：上海书店，1925.5，3版，88页，32开
[上海]：上海书店，1925.8，4版，88页，32开
收藏单位：国家馆、黑龙江馆、吉林馆、近代史所

02542
社会科学概论　瞿秋白著
上海：霞社，1939.2，85页，22开
上海：霞社，1939.3，再版，85页，22开
收藏单位：广东馆、国家馆、近代史所、南京馆、上海馆、天津馆、浙江馆、中科图

02543
社会科学概论　瞿秋白著
出版者不详，1926，88页，32开
出版者不详，[1949]，88页，32开
本书为沪江大学社会经济科讲义。
收藏单位：长春馆、广西馆、浙江馆

02544
社会科学概论　（日）杉山荣著　李达　钱铁如译
上海：昆仑书店，1929.3，240页，32开
上海：昆仑书店，1929.5，再版，240页，32开
上海：昆仑书店，1929.9，3版，240页，32开
上海：昆仑书店，1929，4版，240页，32开
上海：昆仑书店，1930.3，5版，240页，32开
上海：昆仑书店，1930，6版，240页，32开
上海：昆仑书店，1931.11，7版，240页，32开
上海：昆仑书店，1935.11，8版，240页，32开

本书共6章：社会科学是什么、唯物辩证法、唯物史观、社会构成之分析（一、二）、社会发达的过程。书前有译者的话。

收藏单位：安徽馆、北碚馆、重庆馆、广东馆、桂林馆、国家馆、黑龙江馆、湖南馆、吉林馆、江西馆、近代史所、辽师大馆、南京馆、内蒙古馆、宁夏馆、上海馆、绍兴馆、首都馆、天津馆、浙江馆

02545
社会科学概论　（日）杉山荣著　李达　钱铁如译
上海：社会科学研究会，1932，6版，240页，32开

收藏单位：吉林馆

02546
社会科学概论　社会科学研究会编
佳木斯：东北书店，1947.10，再版，增订本，234页，32开
哈尔滨：东北书店，1948，3版，增订本，234页，32开
哈尔滨：东北书店，1948.12，4版，234页，32开
沈阳：东北书店，1949.6，4版，增订本，215页
沈阳：东北书店，1949.9，7版，215页，32开

收藏单位：北师大馆、长春馆、东北师大馆、国家馆、吉林馆、近代史所、南京馆、内蒙古馆、山西馆、天津馆

02547
社会科学概论　社会科学研究会编
解放社，1940.6，增订再版，400页，32开

本书共10章：资本主义以前的社会、资本主义、帝国主义、资产阶级性革命与革命转变问题、社会主义革命与无产阶级专政、苏联概述、从第一次帝国主义战争到第二次帝国主义战争、殖民地半殖民地国家内民族革命、农民问题、共产党。特载《关于辩证唯物主义和历史唯物主义》（斯大林）。

收藏单位：重庆馆、桂林馆、国家馆、山西馆、天津馆

02548
社会科学概论　社会科学研究会编
社会科学研究会，1938.9，316页，32开
社会科学研究会，1940.9，316页，32开
社会科学研究会，1942.1，增订再版，400页，32开

本书共10章：资本主义以前的社会、资本主义、帝国主义、资产阶级革命、社会主义革命、苏联概述、资本主义的总危机与革命斗争、论殖民地半殖民地国家内民族革命、农民问题、共产党。

收藏单位：广东馆、国家馆、南京馆

02549
社会科学概论　社会科学研究会编
张家口：新华书店晋察冀分店，1945.10印，增订再版，472页，32开

本书共10章：资本主义以前的社会、资本主义、帝国主义、资产阶级性革命与革命转变问题、社会主义革命与无产阶级专政、苏联概述、从第一次帝国主义战争到第二次帝国主义战争、殖民地半殖民地国家内民族革命、农民问题、政党。附《关于辩证唯物主义和历史唯物主义》（斯大林）。

收藏单位：广东馆、国家馆、河南馆、山西馆

02550
社会科学概论　吴黎平　杨松编
哈尔滨：东北书店，1949.2，增订本，228页，

32 开

收藏单位：国家馆、山西馆、天津馆

02551
社会科学概论　吴黎平　杨松编
[泰州]：苏北新华书店，1949，196 页，25 开

本书共 9 章：资本主义以前的社会、资本主义、帝国主义、资产阶级性革命与革命转变问题、社会主义革命与无产阶级专政、苏联概述、殖民地半殖民地国家内民族革命、农民问题、政党。

收藏单位：广东馆、国家馆、山东馆、上海馆

02552
社会科学概论　吴黎平　杨松编
[合肥]：皖北新华书店，1949.7，200 页，32 开

收藏单位：国家馆

02553
社会科学概论　吴黎平　杨松编
新华书店，1949.9，华中版，262 页，32 开
新华书店，1949，增订本，262 页，32 开

收藏单位：重庆馆、广东馆、国家馆、湖南馆、内蒙古馆

02554
社会科学概论　萧楚女编著
西安：西安二十八书报社，1927.6，51 页，32 开

收藏单位：国家馆

02555
社会科学概论　萧楚女编纂
[武汉]：中央军事政治学校政治部宣传科，1926.11，40 页，32 开（政治讲义 10）

本书共 6 部分，内容包括：总论、社会及其意义、经济及社会之真实基础、政治、风俗与文化等。

收藏单位：国家馆、吉林馆、浙江馆

02556
社会科学概论　徐懋庸等著
辽东：建国书社，1946.6，294 页，32 开

本书共 10 章：资本主义以前的社会、资本主义、帝国主义、资产阶级性革命与革命转变问题、社会主义革命与无产阶级专政、苏联概述、从第一次帝国主义战争到第二次帝国主义战争、殖民地半殖民地国家内民族革命、农民问题、政党。

收藏单位：国家馆、吉大馆、江西馆、上海馆、首都馆

02557
社会科学概论　杨松等编　社会科学研究会辑
[唐山]：冀东新华书店，1949，增订本，257 页，32 开

收藏单位：国家馆

02558
社会科学概论　杨松等编　社会科学研究会辑
出版者不详，[1940]，再版，增订本，400 页，32 开

收藏单位：重庆馆

02559
社会科学概论（讲授提纲）　晋西抗战学院编
[兴县]：晋西抗战学院，1940，油印本，37 页，25 开

本书共 6 章：原始共产社会、奴隶社会、封建社会、资本主义社会、共产主义社会、资产阶级性革命与革命转变问题。

收藏单位：山西馆

02560
社会科学基础教程　徐懋庸等编著
临沂：山东新华书店，1946.8，增订再版，259 页，32 开

收藏单位：国家馆、山东馆

02561
社会科学基础教程　徐懋庸　何干之等编著

社会科学研究会，1938.8，316 页，32 开
社会科学研究会，1939.1，再版，316 页，32 开
社会科学研究会，1939.5，3 版，312 页，32 开
社会科学研究会，1939，新 1 版，353 页，32 开
社会科学研究会，1939.4，4 版，316 页，32 开
社会科学研究会，1941.1，6 版，316 页，32 开
社会科学研究会，1944.4，再版，增订新版，268 页，25 开
社会科学研究会，1946.1，增订新版，268 页，32 开

本书内容包括：资本主义以前的社会、资本主义、帝国主义、苏联概述、殖民地半殖民地国家内民族革命、农民问题等。

收藏单位：北碚馆、重庆馆、东北师大馆、国家馆、黑龙江馆、吉林馆、近代史所、南京馆、山东馆、上海馆

02562

社会科学基础教程　徐懋庸　何干之编

大连：新生书店，1946，增订版，268 页，32 开
大连：新生书店，1946.2，再版，207 页，32 开

本书共 9 章：资本主义以前的社会、资本主义、帝国主义、资产阶级性革命与革命转变问题、社会主义革命与无产阶级专政、苏联概述、殖民地半殖民地国家内民族革命、农民问题、政党。

收藏单位：国家馆、辽宁馆、山东馆、上海馆、绍兴馆、浙江馆

02563

社会科学基础教程　杨松等著

大连：大众书店，1948.9，208 页，32 开
大连：大众书店，1948，再版，增订版，208 页，32 开

收藏单位：重庆馆、国家馆、辽宁馆、天津馆、武大馆、浙江馆

02564

社会科学基础教程　杨松等著

安东（丹东）：东北书店安东分店，1949.3，翻版，218 页，32 开

本书共 9 章，内容包括：资本主义以前的社会、资本主义、帝国主义、苏联概述、殖民地半殖民地国家内民族革命、农民问题等。

收藏单位：广东馆、国家馆、吉林馆

02565

社会科学基础教程（上）

宁安印刷厂，1946 印，122 页，32 开

本书内容包括：资本主义以前的社会、资本主义、帝国主义、资产阶级性革命与革命转变问题等。

收藏单位：东北师大馆、国家馆、黑龙江馆、湖南馆、辽大馆、南京馆

02566

社会科学研究初步　瞿秋白著

上海：华兴书局，1931.6，再版，86 页，32 开（社会科学丛书）

本书共 12 部分：总论、社会的意义、经济、政治、法律、道德、宗教、风俗、艺术、哲学、科学、社会现象之联系。责任者原题：布浪德耳原著、杨霄青翻译，目录页题：杨霞青译。布浪德耳、杨霄青、杨霞青均为瞿秋白化名。

收藏单位：内蒙古馆、上海馆

02567

社会科学研究初步　瞿秋白著

[上海]：社会科学研究社，1929.12，85 页，32 开（社会科学丛书）

本书责任者原题：布庄德耳原著、杨霄青翻译，目录页题：杨霞青译。布庄德耳、杨霄青、杨霞青均为瞿秋白化名。

收藏单位：北碚馆、重庆馆、国家馆、上海馆

02568

社会科学与实际社会　（英）崩斯（E. Burns）著　邹韬奋译

上海：生活·读书·新知联合发行所，1949.7，119 页，32 开

本书共 8 章：科学的世界观、社会发展的法则、资本主义社会、资本主义的帝国主义阶段、生产更高阶段的由来、社会主义社会、科学的自然观、行动的指针。书前有译者序。译者原题：韬奋。

收藏单位：重庆馆、东北师大馆、广东馆、国家馆、吉林馆、辽宁馆、南京馆、天津馆

02569
社会科学与实际社会　（英）崩斯（E. Burns）著　邹韬奋译
[上海]：韬奋出版社，1947.11，胜利后 1 版，119 页，32 开

本书译者原题：韬奋。

收藏单位：贵州馆、上海馆

02570
社会科学原论　（日）河上肇著　郭沫若译
上海：联合书店，1931，184 页，32 开
上海：联合书店，1931.10，5 版，184 页，32 开

本书著者原题：何上肇。

收藏单位：重庆馆、国家馆、南京馆、首都馆

社会科学研究方法

02571
社会科学研究法　平心著
胶东新华书店，1946.5，74 页，32 开（青年自学丛书）

收藏单位：国家馆、南京馆

02572
社会科学研究法　平心撰
上海：生活书店，1936.5，153 页，32 开（青年自学丛书）
上海：生活书店，1936，再版，153 页，32 开（青年自学丛书）
上海：生活书店，1936.8，3 版，153 页，32 开（青年自学丛书）
上海：生活书店，1936.11，4 版，153 页，36 开（青年自学丛书）
汉口：生活书店，1937.11，再版，153 页，32 开
[汉口]：生活书店，1938.3，再版，153 页，32 开，精装（青年自学丛书）
重庆：生活书店，1939.4，6 版，153 页，36 开（青年自学丛书）
上海：生活书店，1946 印，153 页，32 开（青年自学丛书）

本书共 7 章：绪论、怎样去鉴别社会科学的学说、学习社会科学的基本方法、社会科学上应用的运思范畴、社会科学的范围与研究步骤、研究社会科学的计划和读书方法、社会科学上的根本问题。

收藏单位：北碚馆、长春馆、重庆馆、东北师大馆、甘肃馆、广东馆、广西馆、贵州馆、国家馆、黑龙江馆、湖北馆、吉林馆、江西馆、辽大馆、辽宁馆、辽师大馆、南京馆、内蒙古馆、宁夏馆、山东馆、山西馆、陕西馆、上海馆、绍兴馆、首都馆、四川馆、天津馆、武大馆

02573
新兴社会科学研究大纲　科学研究会编
北平：科学研究会，1932，70 页，36 开

本书共 4 部分："绪论——怎样研究社会科学?""马克思列宁主义基础理论第一部——经济学说""马克思列宁主义基础理论第二部——政治学说""马克思列宁主义基础理论第三部——哲学"。

收藏单位：国家馆

社会科学教育与普及

02574
妇女社会科学常识读本　沈志远著
上海：生活书店，1936.9，174 页，32 开（妇女生活丛书 1）
上海：生活书店，1936，2 版，174 页，32 开

上海：生活书店，1937.4，3 版，174 页，32 开（妇女生活丛书 1）
汉口：生活书店，1938.5，4 版，174 页，大 16 开（妇女生活丛书 1）

本书共 4 讲：社会科学之哲学的基础、新社会学底几个基本问题、资本主义经济之透视、社会形态之史的发展。

收藏单位：安徽馆、北碚馆、重庆馆、广东馆、广西馆、贵州馆、桂林馆、国家馆、湖北馆、湖南馆、江西馆、南京馆、上海馆、西南大学馆、浙江馆

02575
社会科学简明教程　胡明辑译
上海：光华出版社，1946.7，345 页，32 开
上海：光华出版社，1946.12，3 版，345 页，32 开
上海：光华出版社，1947.8，4 版，415 页，32 开
上海：光华出版社，1948.8，5 版，345 页，32 开
上海：光华出版社，1949，415页，32开

本书共 13 讲：社会、社会发展史、社会意识形态、政治、阶级、民族、妇女、农民、职工、殖民地、国际、辩证唯物论、历史唯物论。据苏联《新百科全书》版辑译。1946 年 12 月第 3 版、1947 年 8 月第 4 版辑译者题：韶华，1948 年 8 月第 5 版辑译者题：周韶华。韶华、周韶华均为胡明笔名。

收藏单位：北碚馆、重庆馆、东北师大馆、广东馆、广西馆、国家馆、河南馆、黑龙江馆、湖北馆、吉林馆、江西馆、近代史所、内蒙古馆、山东馆、山西馆、上海馆、首都馆、天津馆

02576
社会科学简明教程　胡明编译
[大连]：光华书店，1948.4，370 页，32 开

收藏单位：东北师大馆、广东馆、吉林馆、山东馆

02577
社会科学简明教程　胡明辑译
华东新华书店，1948.10，394 页，32 开

收藏单位：国家馆、湖北馆、南京馆、山东馆、上海馆

02578
社会科学简明教程　胡明辑译
菏泽：冀鲁豫新华书店，1949.3，382 页，32 开（干部学习丛书）

收藏单位：重庆馆、贵州馆、国家馆、山东馆

02579
社会科学简明教程　胡明辑译
山东新华书店，1949，394 页，32 开
山东新华书店，1949.7，再版，394 页，32 开

本书据晋察冀新华书店 1948 年 1 月版翻印。

收藏单位：国家馆、内蒙古馆

02580
社会科学简明教程　胡明辑译
[无锡]：苏南新华书店，1949.8，293 页，32 开

收藏单位：国家馆、南京馆

02581
社会科学简明教程　胡明辑译
[阳城]：太岳新华书店，1948.6，2 册（283 页），32 开
[阳城]：太岳新华书店，1949.5 印，再版，365 页，32 开

本书据上海光华出版社版翻印。

收藏单位：重庆馆、广东馆、河南馆、山西馆

02582
社会科学简明教程　胡明辑译
[郑州]：中原新华书店，1949.4，294 页，32 开

本书据华东新华书店 1948 年 10 月版翻印。

收藏单位：广东馆、国家馆、河南馆、湖南馆、吉林馆、南京馆

02583
社会科学简明教程（实践篇） 胡明辑译
培明图书公司，1941，344 页，36 开
本书辑译者原题：胡明、邵华。
收藏单位：广东馆

02584
社会科学讲义 瞿秋白等著　社会科学会编
汉口：长江书店，1927，再版，4 册，25 开
本书共 6 部分：《现代社会学》（瞿秋白）、《现代经济学》（安体诚）、《社会运动史》（施存统）、《社会思想史》（施存统）、《社会问题》（施存统）、《社会哲学概论》（瞿秋白）。
收藏单位：重庆馆、河南馆、湖南馆

02585
社会科学讲义 社会科学会编辑
上海：上海书店，1924，4 册，16 开
收藏单位：安徽馆、桂林馆、国家馆、黑龙江馆、浙江馆

02586
社会科学十二讲 瞿秋白著
上海：平凡书局，1949，47 页，36 开
本书内容涉及经济、政治、法律、道德、宗教、风俗、艺术、哲学、科学等方面。
收藏单位：重庆馆

02587
通俗社会科学二十讲 曹伯韩著
大连：大众书店，1946.2，104 页，32 开
本书主要包括社会、家庭、国家、民族 4 个方面内容。
收藏单位：重庆馆、南京馆

02588
通俗社会科学二十讲 曹伯韩著
东北书店，1946.11，91 页，32 开
东北书店，[1945—1949]，73 页，32 开
收藏单位：长春馆、国家馆、天津馆

02589
通俗社会科学二十讲 曹伯韩著
[安东（丹东）]：东北书店安东分店，1949.3，83 页，32 开
收藏单位：国家馆

02590
通俗社会科学二十讲 曹伯韩著
汉口：读书生活出版社，1937.1，135 页，32 开
上海：读书生活出版社，1937，再版，135 页，32 开
汉口：读书生活出版社，1938.2，3 版，135 页，32 开
广州：读书生活出版社，1938.9，4 版，135 页，32 开
汉口：读书生活出版社，1938.12，5 版，135 页，32 开
重庆：读书生活出版社，1939.4，6 版，135 页，32 开
重庆：读书生活出版社，1939，7 版，135 页，32 开
重庆：读书生活出版社，1939.12，8 版，135 页，32 开
重庆：读书生活出版社，1941.2，9 版，135 页，32 开
收藏单位：北碚馆、重庆馆、广东馆、桂林馆、国家馆、黑龙江馆、湖南馆、吉林馆、南京馆、内蒙古馆、山东馆、首都馆

02591
通俗社会科学二十讲 曹伯韩著
光华书店，1948.2，109 页，32 开
收藏单位：重庆馆、广西馆、天津馆

02592
通俗社会科学二十讲 曹伯韩著
胶东新华书店，1946，104 页，32 开
收藏单位：河南馆

02593
通俗社会科学二十讲 曹伯韩著
辽东建国书社，[1946—1949]，7 版，73 页，32 开
收藏单位：国家馆、江西馆

02594
通俗社会科学二十讲 曹伯韩著
民众书店，[1936—1949]，75 页，32 开
收藏单位：辽大馆、首都馆

02595
通俗社会科学二十讲 曹伯韩著
[泰州]：苏北新华书店，1949.8，86 页，32 开
收藏单位：国家馆

02596
通俗社会科学讲话 曹伯韩著
哈尔滨：光华书店，1948.5，东北版 3 版，修正本，81 页，32 开
收藏单位：长春馆、东北师大馆、国家馆、南京馆、内蒙古馆、山东馆

02597
通俗社会科学讲话 曹伯韩著
[上海]：韬奋书店，1949.6，73 页，32 开
[上海]：韬奋书店，1949.8，2 版，73 页，32 开
收藏单位：北大馆、国家馆、黑龙江馆、湖北馆、南京馆、上海馆

02598
通俗社会科学讲话 曹伯韩著
[合肥]：皖北新华书店，1949.5，75 页，32 开
收藏单位：国家馆

02599
通俗社会科学讲话 曹伯韩著
新华书店，1949.9，华中版，修正再版，75 页，32 开
收藏单位：国家馆

02600
通俗社会科学讲话 曹伯韩著
[郑州]：中原新华书店，1949.1，修正本，72 页，32 开
收藏单位：重庆馆、广东馆、国家馆

社会科学丛书、文集

02601
春天的信号 郭沫若等著
上海：文汇报馆，1947.9，64 页，25 开
本书收发表在《文汇报附刊》上的文章 36 篇，内容包括:《春天的信号》(郭沫若)、《蔡元培的民主教育思想》(蔡尚思)、《政治道德律》(侯外庐)、《新思潮之历史的意义》(周谷城)等。
收藏单位：重庆馆、广西馆、贵州馆、国家馆、河南馆、近代史所、南京馆、上海馆

02602
读书偶译 邹韬奋著
上海：生活·读书·新知联合发行所，1946，胜利后 2 版，272 页，32 开（韬奋著作集）
上海：生活·读书·新知联合发行所，1949.7，158 页，32 开（韬奋著作集）
本书是著者 1937 年被国民党政府羁押于江苏高等法院看守所期间，摘译早年在英国伦敦博物院图书馆读书时记下的英文笔记。内容包括:《黑格尔和辩证法》《卡尔的经济学》《恩格斯的生平和工作》《伊里奇的生平》《伊里奇的理论》等。著者原题：韬奋。
收藏单位：重庆馆、东北师大馆、国家馆、内蒙古馆

02603
读书偶译 邹韬奋著
上海：生活书店，1937.10，272 页，32 开
上海：生活书店，1938，再版，272 页，32 开
[重庆]：生活书店，1939，3 版，272 页，32 开
上海：生活书店，1945，胜利后 1 版，272 页，32 开
本书著者原题：韬奋。
收藏单位：安徽馆、重庆馆、广东馆、广西馆、桂林馆、国家馆、黑龙江馆、湖南馆、吉林馆、江西馆、辽师大馆、南京馆、内蒙古馆、上海馆、首都馆、浙江馆

02604

读书偶译　邹韬奋著

韬奋出版社，1937.6，272页，32开

韬奋出版社，1945.10，胜利后1版，272页，32开

韬奋出版社，1946，胜利后2版，272页，32开

上海：韬奋出版社，1947.3，胜利后3版，272页，32开

上海：韬奋出版社，1948.4，胜利后4版，272页，32开

哈尔滨：韬奋出版社，1948，158页，32开

哈尔滨：韬奋出版社，1949.4，再版，158页，32开

本书著者原题：韬奋。

收藏单位：北碚馆、长春馆、重庆馆、东北师大馆、广东馆、国家馆、湖北馆、吉大馆、吉林馆、江西馆、近代史所、辽大馆、宁夏馆、山东馆、上海馆、绍兴馆、首都馆、天津馆、西南大学馆、中科图

02605

告日本社会主义者　陈独秀著

广州：亚东图书馆，1938，25页，36开

本书收《告日本社会主义者》《我们为什么而战》《你们当真反对资本主义吗》等文章。

收藏单位：安徽馆、浙江馆

02606

柳湜论文选　柳湜著

［香港］：读书生活出版社，1936.7，399页，32开

本书共8类：文化、统一战线、学生运动的理论与战术、非常时期的生活问题、时论批判、大众化问题、自学论、杂论。收文33篇，内容包括：《中国文化现阶段的把握》《统一战线在文化界》《新兴的学生运动和五四运动的区别》《怎样说服人？》《非常时的生活问题》《布赖斯特条约的教训》《论科学小品文》《打倒对书的灵物崇拜性》《怎样研究中国经济》《汉奸论》等。封面题名：柳湜论文集。

收藏单位：重庆馆、东北师大馆、广东馆、国家馆、黑龙江馆、近代史所、辽大馆、中科图

02607

社会科学论文选集　平心等著

上海：生活书店，1936.9，209页，32开

上海：生活书店，1937.2，再版，209页

本书收文36篇，内容包括：《怎样研究社会科学》（平心）、《论形式逻辑》（平心）、《什么是辩证法？》（平心）、《生产力与生产关系》（平心）、《封建制度的解剖》（寒松）、《资本主义的解剖》（寒松）、《阶级是什么？》（寒松）、《论国家》（寒松）、《物质与精神是什么？》（平心）、《意识形态是什么？》（寒松）、《为什么要研究国际问题》（伏生）、《人生的认识》（新生）、《领袖论》（景观）等。

收藏单位：北碚馆、重庆馆、东北师大馆、广东馆、贵州馆、桂林馆、国家馆、黑龙江馆、近代史所、南京馆、山西馆、上海馆、中科图

02608

生产参考材料　李富春著

太岳新华书店，1944，91页，32开

收藏单位：山西馆

02609

说到那里做到那里　王树庄口述　赤灯记录

大连：大连书店，1948.8，40页，36开

本书收讲演词6篇，内容包括：《列宁是全世界劳动人的恩人》《说到那里做到那里》《不识字太别扭》等。书前有赤灯序。

收藏单位：国家馆、天津馆

02610

韬奋文录　邹韬奋著

上海：韬奋出版社，1948.7，373页，32开

上海：韬奋出版社，1949，373页，32开

上海：韬奋出版社，1949.5，再版，373页，32开

本书收著者1925—1937年间写作并发表在《生活周刊》《大众生活》《新生》《永生》《生活日报》《生活星期刊》《抗战三日刊》等

报刊上，而抗战胜利后未刊为单行本的杂文、随笔、政论等88篇。本书由茅盾、胡绳、史枚辑，按写作年代先后编排。书前有著者遗墨和胡愈之序。书后有编后记。著者原题：韬奋。

收藏单位：安徽馆、重庆馆、东北师大馆、广东馆、国家馆、辽大馆、南京馆、内蒙古馆、山西馆、上海馆、首都馆、天津馆、中科图

02611

文摘

出版者不详，[1942—1949]，32页，32开

本书收《林克多苏联闻见录序》《答国际文学社问》《王道诗话》《论对左翼作家联盟的意见》等文章。

收藏单位：国家馆

02612

文摘（第1辑） 晋绥大众报社、晋西北新华支社编辑

晋西北新华书店，1949.7，45页，32开

本书收文6篇:《如何贯澈东北全党的转变?》(《东北日报》社论)、《把消费城市变成生产城市》(《华北人民日报》社论)、《"五四"运动与知识分子的道路》(陈伯达)、《谁领导谁?》、《论金银外币管理》(薛暮桥)、《关于教师和医生参加职工会问题》(中华全国总工会)。

收藏单位：国家馆、吉林馆

02613

展望 邹韬奋著

上海：韬奋[发行者]，1937.4，258页，32开

汉口：韬奋[发行者]，1937.11，再版，258页，32开

汉口：韬奋[发行者]，1938.2，3版，258页，32开

本书选收著者1936年8—11月间公开发表过的文章50篇，共3部分：评论、杂感、信箱。内容包括:《沉痛的回顾与光明的展望》《生死关头的华北》《分头努力》《最前线的斗士》《爱人与祖国》《热血沸腾的时候》等。附《向读者报告一件意外的事情》《向读者的第二次报告》。著者原题：韬奋。

收藏单位：北碚馆、重庆馆、东北师大馆、甘肃馆、广东馆、贵州馆、国家馆、河南馆、黑龙江馆、湖南馆、吉林馆、江西馆、近代史所、南京馆、上海馆、首都馆、中科图

统计学

02614

调查统计与工作业务 彦林著

大连：大连新华书店，1949，94页，32开

收藏单位：广东馆、国家馆、山西馆

02615

实用统计方法 杜思湘 杨娱天编

华北新华书店，1948.3，159页，32开（太行工业丛书5）

本书共13章：调查、整理、统计表、统计图、代表数、指数、差异数、偏态差异、长期趋势、季节变动、循环变动及非常变动、相互关系、结束语。

收藏单位：重庆馆、国家馆、河南馆、辽宁馆、山东馆、山西馆

02616

实用统计方法 杨娱天著

沈阳：东北新华书店，1949.8，162页，32开

本书共10章：调查、整理、统计表、统计图、代表数、指数、差异数、偏态差误、相互关系、结束语。

收藏单位：东北师大馆、广东馆

02617

统计知识 丁方编

汉口：中国人民解放军第二野战军后勤供给部，1949印，55页，36开

本书介绍几种统计学的基本知识、简单的计算方法以及制图法。

收藏单位：重庆馆

02618
西北统计资料汇编 陕甘宁边区政府秘书处编
西安：陕甘宁边区政府秘书处，1949，65页，16开
收藏单位：甘肃馆、国家馆

社会学

02619
城市群众工作研究 张烈等著
牡丹江：东北书店牡丹江分店，1948，30页，32开
本书共两部分：城市群众工作、城市财经工作。
收藏单位：安徽馆、东北师大馆、国家馆、吉大馆、南京馆、天津馆

02620
妇女问题 楚云编
上海：读书生活出版社，1936.12，73页，32开（社会常识读本）
上海：读书生活出版社，1937，再版，73页，32开（社会常识读本）
上海：读书生活出版社，1937，4版，73页，32开（社会常识读本）
重庆：读书生活出版社，1939，5版，73页，32开（社会常识读本）
本书共24课，内容包括：妇女的地位与经济、原始社会的妇女、封建社会的妇女、女权运动、农村妇女、职业妇女等。
收藏单位：北碚馆、重庆馆、广东馆、桂林馆、国家馆、首都馆

02621
妇女问题 楚云编
旅顺：旅顺市妇联，[1945—1949]，40页，32开（社会常识读本）
收藏单位：国家馆、天津馆

02622
妇女问题讲话 杜君慧著
上海：新知书店，1936.8，180页，32开（新知丛书 第1辑 第5种）
上海：新知书店，1936.10，再版，180页，32开（新知丛书 第1辑 第5种）
汉口：新知书店，1938.8，3版，180页，32开（新知丛书 第1辑 第5种）
重庆：新知书店，1945.3，再版，180页，32开
上海：新知书店，1946.12，180页，32开（新知丛书6）
大连：新知书店，1947.3，151页，32开
重庆、上海：新知书店，1948，再版，180页，32开（新知丛书6）
本书共12课：研究妇女问题的意义、先史时代的妇女、古代奴隶制社会的妇女、中世封建社会的妇女、产业革命前夜的妇女、资本主义时代的妇女、帝国主义时代的妇女、苏联的妇女、妇女问题的内容及其发展、妇女解放思想的主潮、妇女运动的史的发展、中国妇女运动的回顾与展望。书前有沈兹九序、编者序。
收藏单位：重庆馆、东北师大馆、广东馆、广西馆、贵州馆、桂林馆、国家馆、河南馆、黑龙江馆、湖南馆、近代史所、南京馆、内蒙古馆、山东馆、上海馆、首都馆、天津馆、浙江馆

02623
妇女问题论文集 华北妇女社辑
[武乡]：太行文化教育出版社，1940.4，石印本，79页，64开，环筒页装
本书收文7篇，内容包括：《目前国际妇女运动的方向》《中共中央书记处关于开展妇女工作的决定》《共产党员与妇女解放运动》《论妇女解放问题》等。
收藏单位：国家馆、山西馆

02624
将来之妇女 利连撒尔（M. S. Lilienthal）著 张秋人译
上海：上海书店，1925.4，26页，32开（中国青年社丛书 第1种）
上海：上海书店，1925.8，4版，27页，32开

（中国青年社丛书 第 1 种）
上海：上海书店，1925，5 版，26 页，32 开（中国青年社丛书 第 1 种）
上海：上海书店，1926，11 版，26 页，32 开（中国青年社丛书 第 1 种）

本书共 8 部分：何谓社会主义、“人”的工作、教育、公众生活、社会主义破坏家庭与家族制度否、家庭、婚姻、母性。

收藏单位：北师大馆、国家馆、近代史所、浙江馆

02625
社会和家庭　（苏）斯维得洛夫著　常乐生译
上海：新知书店，1937，70 页，32 开（翻译小丛书 4）

本书论述资本主义制度下的家庭、社会主义制度下的家庭、家庭和儿童教育、社会主义国家对于堕胎的态度、家庭生活上的资本主义残余以及克服这类残余的努力等。著者原题：斯维脱洛夫。

收藏单位：北师大馆、广西馆、贵州馆、陕西馆、浙江馆

02626
社会问题　沈志远著
[北平]：生活·读书·新知三联书店，1949，再版，90 页，48 开（社会科学基础读本 6）

本书共 4 部分：农民土地问题、劳动问题、妇女问题、民族问题。

收藏单位：重庆馆、东北师大馆、国家馆

02627
社会问题总览　（日）高畠素之著　李达译
上海：中华书局，1921.4，488 页，32 开，精装（新文化丛书）
上海：中华书局，1921.9，再版，3 册（488 页），32 开，精装（新文化丛书）
上海：中华书局，1922.8，3 版，3 册（488 页），32 开（新文化丛书）
上海：中华书局，1925，4 版，3 册（488 页），32 开（新文化丛书）
上海：中华书局，1926.6，5 版，3 册（488 页），32 开（新文化丛书）
上海：中华书局，1927，7 版，3 册（488 页），32 开（新文化丛书）
上海：中华书局，1929.4，9 版，3 册（488 页），32 开（新文化丛书）
上海：中华书局，1930.6，10 版，3 册（488 页），32 开（新文化丛书）
上海：中华书局，1932.8，11 版，3 册（488 页），32 开（新文化丛书）

本书共 4 编：社会政策、社会主义、工会、妇人问题。

收藏单位：安徽馆、北碚馆、重庆馆、广东馆、广西馆、贵州馆、桂林馆、国家馆、河南馆、黑龙江馆、湖南馆、吉大馆、吉林馆、江西馆、南京馆、内蒙古馆、上海馆、绍兴馆、首都馆、天津馆、西南大学馆、浙江馆

02628
社会学大纲　李达著
上海：笔耕堂书店，1937.5，854 页，25 开
上海：笔耕堂书店，1937.6，再版，854 页，25 开
上海：笔耕堂书店，1938.5，3 版，854 页，22 开，精装
上海：笔耕堂书店，1939.4，4 版，854 页，25 开

本书共 5 部分：唯物辩证法、当作科学看的历史唯物论、社会的经济构造、社会的政治建筑、社会的意识形态。

收藏单位：广东馆、广西馆、贵州馆、国家馆、黑龙江馆、湖北馆、湖南馆、吉林馆、近代史所、南京馆、陕西馆、上海馆、中科图

02629
社会学大纲　李达讲述
上海：上海法政学院，[1937—1949]，276 页，16 开

本书共 5 章：社会学之哲学的基础辩证法的唯物论、社会学的任务及其研究对象、生产力与生产关系、阶级与阶级斗争的学说、国家与政权的学说。

收藏单位：上海馆

02630

社会学大纲 李达讲述

出版者不详，[1937—1949]，544页，16开

本书为国立北平大学法商学院民国二十四年度讲义，共5部分：社会学之哲学的基础、当作科学看的历史唯物论、社会的经济构造、阶级与国家、社会的意识形态。

收藏单位：首都馆

02631

社会学大纲（第1篇 唯物辩证法） 李达著

新华书店，1949.5，356页，32开

本书共4章：当作人类认识史的综合看的唯物辩证法、当作哲学的科学看的唯物辩证法、唯物辩证法的诸规律、当作认识论和论理学看的唯物辩证法。

收藏单位：重庆馆、东北师大馆、甘肃馆、国家馆、吉林馆、南京馆、内蒙古馆、山西馆、上海馆、天津馆

02632

社会学大纲（第2篇 历史唯物论序说） 李达著

新华书店，1949.5，80页，32开

本书论述历史唯物主义的基本出发点，区别历史唯物主义与历史唯心主义，指出历史唯物主义的产生是哲学的大变革等内容。

收藏单位：重庆馆、东北师大馆、国家馆、吉大馆、吉林馆、南京馆、内蒙古馆、天津馆

02633

社会学大纲（第3篇 社会的经济构造） 李达著

新华书店，1949.5，155页，32开

本书论述历史唯物主义关于生产力、生产关系、经济基础与上层建筑、生产方式等问题的观点。

收藏单位：重庆馆、东北师大馆、国家馆、吉林馆、辽大馆、南京馆、内蒙古馆、山东馆、天津馆

02634

社会学大纲（第4篇 社会的政治建筑） 李达著

新华书店，1949.5，128页，32开

本书从历史唯物论角度论述阶级、国家、社会革命等问题。

收藏单位：重庆馆、东北师大馆、国家馆、吉大馆、辽宁馆、南京馆、内蒙古馆、山东馆、上海馆、天津馆

02635

社会学大纲（第5篇 社会的意识形态） 李达著

新华书店，1949.5，67页，32开

本书论述哲学、法律、政治、宗教、文学、艺术等社会意识形态的产生与发展。

收藏单位：重庆馆、东北师大馆、国家馆、吉林馆、南京馆、内蒙古馆、上海馆、天津馆

02636

社会组织与社会革命 （日）河上肇著 郭沫若译

外文题名：Social organization and social revolution

嘉陵书店，1932.5，5版，294页，22开

本书为论文集。共3篇13章，内容包括：关于资本主义的若干之考察、社会组织与个人之生活、关于社会革命的若干之考察等。

收藏单位：国家馆、近代史所、上海馆、首都馆

02637

社会组织与社会革命 （日）河上肇著 郭沫若译

外文题名：Social organization and social revolution

[上海]：商务印书馆，1925.5，288页，22开，精装

[上海]：商务印书馆，1926.1，再版，288页，22开，精装

[上海]：商务印书馆，1927，再版，288页，22开，精装

收藏单位：重庆馆、广东馆、国家馆、上海馆、绍兴馆、武大馆、浙江馆、中科图

02638
唯物恋爱观 （苏）伏尔佛逊著　执之译
汉口：生活书店，1938.7，351页，32开（妇女生活丛书7）
汉口：生活书店，1945.11，胜利后1版，351页，32开（妇女生活丛书7）
重庆、上海：生活书店，1947.7，胜利后2版，206页，32开

本书共5章：现象学中的观念论和唯物论、封建社会的家族和结婚、资本主义时代的家族和结婚、帝国主义时代的家族和结婚、过渡期的家族和结婚。书前有著者自序、译者赘言。

收藏单位：安徽馆、北碚馆、长春馆、重庆馆、东北师大馆、广东馆、贵州馆、桂林馆、国家馆、黑龙江馆、湖南馆、吉大馆、江西馆、南京馆、山东馆、上海馆、首都馆、天津馆、浙江馆

02639
唯物恋爱观（唯物辩证法的现象学入门） （苏）伏尔佛逊著　默涵译
汉口：读书生活出版社，1938，290页，32开

本书著者原题：渥利夫桑。

收藏单位：北碚馆、重庆馆、贵州馆、国家馆、吉林馆、南京馆、上海馆

02640
现代社会学 李达编
上海：昆仑书店，[1913—1949]，328页，25开
上海：昆仑书店，1926，再版，328页，25开
上海：昆仑书店，1929.1，改正3版，改正版，328页，32开
上海：昆仑书店，1929.3，4版，328页，25开
上海：昆仑书店，1929.8，6版，328页，25开
上海：昆仑书店，1929.9，7版，328页，25开
上海：昆仑书店，1929.12，9版，328页，25开
上海：昆仑书店，1930.7，10版，328页，25开
上海：昆仑书店，1930.12，11版，328页，25开
上海：昆仑书店，1933.4，14版，328页，25开

本书介绍马克思主义历史唯物主义。共18章，内容包括：社会学之性质、社会之本质、社会之起源、社会之发达、家族、氏族、社会意识、社会之变革、社会之进化、社会问题、社会思想等。

收藏单位：安徽馆、北碚馆、重庆馆、东北师大馆、广东馆、广西馆、国家馆、河南馆、湖北馆、湖南馆、吉林馆、江西馆、近代史所、辽大馆、南京馆、上海馆、首都馆、浙江馆、中科图

02641
现代社会学 李达著
长沙：现代丛书社，1926.7，304页，18开
长沙：现代丛书社，1926.8，再版，304页，23开

收藏单位：重庆馆、湖北馆、湖南馆、吉林馆、上海馆、西南大学馆、中科图

02642
新妇女论 （苏）柯仑泰（A. M. Коллонтай）著　沈兹九　罗琼译
上海：生活书店，1937.1，332页，32开（妇女生活丛书2）
上海：生活书店，1937.3，再版，332页，32开（妇女生活丛书2）
上海：生活书店，1937.11，3版，332页，32开（妇女生活丛书2）
[重庆]：生活书店，1939.5，3版，331页，32开（妇女生活丛书2）
[重庆]：生活书店，1939.10，再版，331页，32开（妇女生活丛书2）
重庆：生活书店，1943，3版，331页，32开（妇女生活丛书2）

本书为著者在莫斯科斯维尔德洛夫大学任教时的讲义。共14章，内容包括：原始共营共享时代妇女的地位和职务、奴隶经济中妇女的职务、闭关自守的自然经济下的妇女、行会手工业生产及共有体农业下的妇女劳动等。书前有沈兹九序。

收藏单位：安徽馆、北碚馆、重庆馆、东北师大馆、广东馆、广西馆、贵州馆、桂林馆、国家馆、黑龙江馆、湖南馆、吉林馆、辽大馆、南京馆、内蒙古馆、宁夏馆、首都

馆、中科图

02643
新家庭论　（苏）斯维得洛夫著　常乐生译
华北新华书店，1949.2，59 页，32 开
本书论述资本主义制度下的家庭、社会主义制度下的家庭、家庭和儿童教育、社会主义国家对于堕胎的态度、家庭生活上资本主义残余以及克服这类残余的努力等。
收藏单位：东北师大馆、广东馆、国家馆、南京馆、内蒙古馆、上海馆、天津馆、中科图

02644
新家庭论　（苏）斯维得洛夫著　常乐生译
上海：新华书店，1949，59 页，32 开
收藏单位：广东馆、国家馆、山西馆、天津馆

02645
新家庭论　（苏）斯维得洛夫著　常乐生译
重庆：新知书店，[1939]，70 页，32 开
桂林：新知书店，1940.2，再版，70 页，32 开
[上海]：新知书店，1947，70 页，32 开
收藏单位：重庆馆、广东馆、国家馆、湖南馆、吉林馆、南京馆、内蒙古馆、山东馆、上海馆

02646
新家庭论　（苏）斯维得洛夫著　常乐生译
中原新华书店，1946，46 页，32 开
中原新华书店，1949.6，46 页，32 开
收藏单位：国家馆

02647
新社会学大纲　李达著
生活书店，1948.2，476 页，22 开（新中国大学丛书）
本书主要介绍社会学知识，共 4 部分：当作科学看的历史唯物论、社会的经济构造、社会的政治建筑、社会的意识形态。
收藏单位：重庆馆、东北师大馆、广东馆、广西馆、国家馆、辽师大馆、南京馆、山西馆、首都馆、武大馆、浙江馆

02648
新社会学底基本问题　沈志远著
上海：生活·读书·新知联合发行所，1949.6，72 页，36 开（社会科学基础读本 2）
上海：生活·读书·新知联合发行所，1949.8，再版，72 页，48 开（社会科学基础读本 2）
本书共 7 部分，内容包括：概说、社会和自然、社会结构和社会形态、关于阶级与阶级冲突、社会变革、人民大众在历史中的作用等。
收藏单位：重庆馆、东北师大馆、广东馆、广西馆、国家馆、湖北馆、辽宁馆、南京馆、内蒙古馆、天津馆、武大馆、云南馆

政治、法律

政治理论

02649
大众政治课本 [知识书店编]
天津：知识书店，1949.4，25页，36开
本书据沈阳《工人报》排印。
收藏单位：广东馆、国家馆、天津馆

02650
阶级、政治、国家
天津：读者书店，1949.7，103页，32开
收藏单位：国家馆

02651
新政治学大纲 邓初民编著
重庆：生活书店，1939，462页，25开（新中国学术丛书）
上海：生活书店，1946.7，胜利后1版，328页，22开（新中国大学丛书）
上海、重庆：生活书店，1946.10，再版，328页，22开（新中国大学丛书）
上海：生活书店，1947.2，胜利后3版，328页，22开（新中国大学丛书）
上海：生活书店，1947.9，胜利后4版，328页，22开（新中国大学丛书）
本书共6编。绪论介绍政治学的意义、方法以及政治学与其他社会科学的关系，其他各编分别论述阶级、国家、政府、政党和革命问题。
收藏单位：安徽馆、重庆馆、东北师大馆、广东馆、广西馆、国家馆、河南馆、黑龙江馆、吉林馆、近代史所、辽大馆、南京馆、内蒙古馆、绍兴馆、首都馆、天津馆、浙江馆

02652
新政治学底基本问题 沈志远著
上海：生活·读书·新知联合发行所，1949.8，43页，36开（社会科学基础读本5）
本书讲述政治和国家的概念、国家的发展规律、现代国家的基本类型（民主制、法西斯独裁制、社会主义的苏维埃国家、新民主主义国家）。
收藏单位：长春馆、重庆馆、东北师大馆、国家馆、湖北馆、宁夏馆、山东馆

02653
政治常识 合江省政府教育厅编审委员会编
东北书店，1946.10，88页，32开
本书共9部分，内容包括：人为什么要求知识、中国人民过的是什么日子、没有共产党就没有中国、中国人民子弟兵的战绩、人民大翻身、介绍两位伟大的人物、东北人民历史的新章叶、建立科学的人生观等。
收藏单位：东北师大馆

02654
政治常识 徐懋庸著
[遵化]：冀东新华书店，[1946]，56页，32开
本书共5讲：人类社会与政治、历史上的五种社会制度、阶级与政党、国家政权、战争与革命。
收藏单位：国家馆、山东馆

02655
政治常识 徐懋庸著
励志书店，1949，44页，32开
收藏单位：国家馆

02656
政治常识 徐懋庸编
四野南工团教务部，1949.8印，40页，32开
收藏单位：国家馆

02657
政治常识 徐懋庸编著
天津：知识书店，1949.2，再版，56页，32开

收藏单位：国家馆

02658
政治常识
佳木斯：合江解放社，[1940—1949]，137页，32开
收藏单位：天津馆

02659
政治常识
浙东韬奋书店，1945.1，352页，64开
收藏单位：国家馆

02660
政治常识（讲授提纲）　徐懋庸主编
[延安]：新华书店，1943.6，68页，32开
收藏单位：国家馆

02661
政治常识讲话　汉夫著
上海：生活书店，1936.7，131页，32开（青年自学丛书）
上海：生活书店，1936.8，再版，131页，32开（青年自学丛书）
上海：生活书店，1936.11，3版，131页，36开（青年自学丛书）
上海：生活书店，1938，4版，131页，36开（青年自学丛书）
上海：生活书店，1939.5，5版，131页，32开（青年自学丛书）
上海：生活书店，1939，6版，131页，36开（青年自学丛书）
本书共9章：政治的正确认识、社会集团和国家的发生、社会集团和社会斗争、论国家、论民主、论专政、法西斯主义、帝国主义、殖民地和半殖民地。
收藏单位：安徽馆、北碚馆、重庆馆、东北师大馆、广东馆、广西馆、贵州馆、国家馆、黑龙江馆、江西馆、南京馆、内蒙古馆、宁夏馆、陕西馆、首都馆、西南大学馆、浙江馆

02662
政治常识讲话
东北书店，[1945—1949]，72页，32开
收藏单位：重庆馆、浙江馆

科学社会主义理论（总论）

02663
科学的社会主义　高尔松编译
上海：励群书店，1929.4，117页，40开
本书共5章：序论、唯物史观、资本主义崩坏论、政治革命、马克思主义之开展。编译者原题：高希圣。
收藏单位：重庆馆、湖南馆、人大馆、上海馆

02664
科学的社会主义　高尔松编译
上海：平凡书局，1929.10，84页，32开（平凡丛书5）
本书编译者原题：高希圣。
收藏单位：重庆馆、东北师大馆、国家馆、南京馆、宁夏馆、上海馆、首都馆、天津馆、武大馆

02665
科学的社会主义底基本原理　（美）萨克思（A. S. Sachs）著　彭芮生译
外文题名：The basic principles of scientific socialism
上海：创造社，1929.1，215页，32开
上海：创造社，1929.6，2版，215页，32开
本书共8章：科学的社会主义底方法、唯物的宇宙观、唯物史观、社会主义底历史的必然性、价值论、客观的或劳动价值论、剩余价值和利润论、科学的社会主义底批评。
收藏单位：南京馆、人大馆、上海馆、首都馆、天津馆、浙江馆

02666
科学的社会主义底基本原理　（美）萨克思（A. S. Sachs）著　彭芮生译
外文题名：The basic principles of scientific socialism
上海：江南书店，1929，215页，32开，精装
上海：江南书店，1929.6，再版，215页，25

开

收藏单位：重庆馆、东北师大馆、国家馆、湖南馆、近代史所、天津馆

02667

科学共产主义与三民主义 陈伯达著

中国人民解放军第十六军政治部，[1949]，32页，32开

收藏单位：重庆馆

02668

两个工人谈话 （苏）安利科·马赉特斯太著 李少穆译

[上海]：[人民出版社]，[1921—1923]，74页，32开

本书为宣传共产主义的通俗读物。

收藏单位：北师大馆、广东馆、国家馆、天津馆

02669

社会主义大纲 （苏）布哈林（Н. Бухарин）著 高尔松 高尔柏译

上海：平凡书局，1930.5，[566]页，25开，精装（社会科学大系4）

本书译者"高尔松"原题：高希圣，"高尔柏"原题：郭真。

收藏单位：安徽馆、重庆馆、广东馆、国家馆、近代史所、辽宁馆、南京馆、上海馆、首都馆、浙江馆

02670

社会主义大纲 （苏）布哈林（Н. Бухарин）著 高尔松 高尔柏译

上海：社会经济学会，1931.5，再版，[566]页，25开

本书译者"高尔松"原题：高希圣，"高尔柏"原题：郭真。

收藏单位：北碚馆、国家馆

02671

社会主义的基础 （美）马尔西（M. E. Marcy）等编

上海：平凡书局，1930.9，186页，32开（社会主义文库）

收藏单位：国家馆、上海馆

02672

什么是社会主义 费煦著 俞光生译

真理出版社，1941.2，67页，36开

本书内容包括：两个世界、工人阶级胜利了、农民解放、知识份子的变化、社会主义的民主等。

收藏单位：重庆馆、广西馆、吉大馆、南京馆

02673

什么是社会主义 万瑞莲著

东方出版社，1939.7，30页，32开（东方大众丛书）

香港：东方出版社，1946.6，胜利后初版，30页，36开（通俗丛书3）

本书共10课，内容包括："劳苦大众的天下——社会主义的社会""仙宫和乐园——空想的社会主义与科学的社会主义""怎样巩固劳苦大众的天下——社会主义与无产阶级专政""怎样改善乐园——社会主义与经济建设""由乐园到天堂——由社会主义社会到共产主义社会"等。

收藏单位：长春馆、东北师大馆、贵州馆、国家馆、湖北馆、吉林馆、南京馆、山东馆、上海馆、天津馆

02674

什么是社会主义 万瑞莲著

辽东建国社，[1936—1949]，24页，64开

收藏单位：国家馆

02675

政治经济学 薛暮桥著 华北人民政府教育部审定

华北新华书店，1949.4，再版，103页，32开

收藏单位：山东馆

02676

政治经济学 薛暮桥著 华北人民政府教育部审定

[威县]：冀南新华书店，1949.4，160 页，32 开

收藏单位：山东馆

02677
政治经济学　薛暮桥著　华北人民政府教育部审定
[威县]：晋南新华书店，1949.3，117 页，32 开

收藏单位：山东馆

02678
资本主义到共产主义　胡明辑译
[宝丰]：中原新华书店，1948.11，28 页，32 开

本书共 3 部分：资本主义的特征、资本主义到共产主义的过渡期、共产主义。辑译者原题：胡明。

收藏单位：重庆馆、国家馆、南京馆、山东馆

阶级、阶层理论

02679
阶级是什么　蒋仁著
哈尔滨：东北出版社，1948.4，再版，修正本，30 页，50 开

本书共 10 课，内容包括：阶级是什么、阶级的产生、阶级的利益、阶级斗争、无产阶级的历史任务等。

收藏单位：国家馆、辽宁馆、南京馆、上海馆、天津馆

02680
阶级性（晋察冀日报社论）　晋察冀日报社编
[晋察冀日报社]，[1937—1948]，6 页，25 开

收藏单位：贵州馆

02681
阶级与政党　华北军政大学政治部编
[石家庄]：华北军政大学政治部，1948，47 页，32 开（社会科学教材 8）

本书论述什么是阶级、阶级是怎样产生的、阶级斗争等问题。内容包括：中国社会各阶级、中国共产党是中国无产阶级的政党等。

收藏单位：重庆馆

02682
阶级争斗　（德）考茨基（Karl Johann Kautsky）著　恽代英译
广州：国光书店，1926.4，再版，198 页，32 开（新青年丛书 8）

本书共 5 章：小生产制的经过、劳动阶级、资本阶级、未来的共同生活、阶级争斗。著者原题：柯祖基。

收藏单位：东北师大馆、国家馆

02683
阶级争斗　（德）考茨基（Karl Johann Kautsky）著　恽代英译
上海：新青年社，1921.1，198 页，25 开（新青年丛书 8）
上海：[新青年社]，1926.10，198 页，32 开（新青年丛书 8）

本书著者原题：柯祖基。

收藏单位：重庆馆、东北师大馆、复旦馆、国家馆、黑龙江馆、湖南馆、近代史所、山西馆、浙江馆

02684
什么是阶级　蒋仁著
[惠民]：渤海新华书店，1946，30 页，32 开

收藏单位：吉林馆、山东馆

02685
什么是阶级　蒋仁著
大众读物编译社，1946，30 页，32 开

本书共 10 课，内容包括：阶级的产生、阶级的利益、阶级斗争、无产阶级的历史任务等。

收藏单位：桂林馆、山西馆

02686
什么是阶级　蒋仁著
大连：大众书店，[1946]，30 页，32 开

大连：大众书店，1948，再版，21 页，36 开（大众通俗丛书 8）

收藏单位：重庆馆、国家馆、南京馆

02687
什么是阶级 蒋仁著
香港：东方出版社，1939.12，30 页，32 开（东方大众丛书）
[香港]：东方出版社，1940，再版，30 页，32 开（东方大众丛书）
香港：东方出版社，1946，胜利后初版，30 页，32 开（通俗丛书 4）

收藏单位：北碚馆、重庆馆、广东馆、国家馆、吉林馆、辽宁馆、南京馆、天津馆

02688
修养指南
东北书店辽北分店，1948.8，94 页，50 开

收藏单位：东北师大馆

革命理论

02689
不断革命论纲要
出版者不详，[1920—1929]，10 页，32 开

收藏单位：浙江馆

02690
革命与进化 （法）邵可侣（Élisée Reclus）（美）马斐煞（Mark Fisher）著 袁振英译
香港：受匡出版部，1928.5，84 页，32 开
香港：受匡出版部，1928.10，再版，84 页，32 开

本书分 10 章论述从原始社会到资本主义社会的没落的发展过程，阐述人类社会进化的各个阶段。著者认为劳动阶级必然获得最终的胜利。

收藏单位：国家馆、吉林馆、浙江馆

02691
论革命转变 （苏）波波夫著 刘明泰译
上海：启阳书店，1932，128 页，32 开

本书共 10 部分，内容包括：共产国际纲领论革命的基本形势、没有革命资产阶级的资产阶级革命者、无产阶级是资产革命的领导、不断革命中的农民等。著者原题：巴波复。

收藏单位：重庆馆、湖南馆

02692
论革命转变 （苏）波波夫著 刘明泰译
中外研究会，1932.1，128 页，32 开（中外研究丛书）

本书著者原题：巴波复。

收藏单位：北师大馆、国家馆、上海馆、首都馆

02693
论民主革命 吴黎平著
大连：大众书店，1946.3，47 页，32 开

收藏单位：国家馆、陕西馆

02694
论民主革命 吴黎平著
香港：鸡鸣书店，1941.1，465 页，32 开
香港：鸡鸣书店，1941.3，再版，465 页，32 开
香港：鸡鸣书店，1946.3，3 版，465 页，32 开
香港：鸡鸣书店，1946.10，4 版，465 页，32 开
大连：鸡鸣书店，1948.6，437 页，32 开

本书共 6 章：绪论、论资产阶级性革命的社会经济内容、论资产阶级性革命的几种类型、论无产阶级在资产阶级性民主革命中的方针、论民主共和国、论革命转变。

收藏单位：重庆馆、广东馆、广西馆、贵州馆、桂林馆、国家馆、河南馆、湖南馆、近代史所、辽大馆、辽宁馆、辽师大馆、南京馆、内蒙古馆、山东馆、上海馆、绍兴馆、首都馆、天津馆、西南大学馆、中科图

02695
论民主革命 吴黎平著
北平：万国书店，[1949]，46 页，32 开

收藏单位：国家馆、吉大馆、南京馆

02696
论民族民主革命　吴黎平著
大连：大众书店，1946.8，310页，32开
大连：大众书店，1946，再版，310页，32开
收藏单位：东北师大馆、国家馆、吉林馆、辽宁馆、南京馆、山东馆、首都馆、武大馆

02697
论民族民主革命　吴黎平编著
延安：解放社，1940.5，465页，32开
本书共6章。论述资产阶级革命的社会经济内容及类型，无产阶级在资产阶级民主革命中的方针，民主共和国及革命转变等问题。
收藏单位：重庆馆、东北师大馆、国家馆、山西馆、陕西馆

02698
论民族民主革命　吴黎平编著
[黎城]：新华日报华北分馆，1941，462页，32开
收藏单位：国家馆、天津馆、中科图

02699
论民族民主革命（下册）　吴黎平编著
冀鲁豫日报社，1942.11，245页，32开，环筒页装
收藏单位：国家馆

国家理论

02700
帝国主义　伯韩编著
上海：读书生活出版社，1936.5，72页，32开
上海：读书生活出版社，1937，6版，72页，32开
重庆：读书生活出版社，1939.6，渝9版，72页，32开
本书为社会常识读本，分24课讲述从工业革命到帝国主义的政治学常识。
收藏单位：北碚馆、重庆馆、贵州馆、国家馆、河南馆、湖南馆、吉林馆、南京馆、天津馆、西南大学馆

02701
帝国主义　伯韩编著
李公朴[发行者]，1939.3，8版，72页，32开
收藏单位：北碚馆、上海馆

02702
帝国主义　（日）幸德秋水著　赵必振译
上海：国耻宣传部，1925.12，74页，25开
本书分析20世纪的主要危险是帝国主义、军国主义，指出必须用革命扫除它们。共5章：绪言、论爱国心、论军国主义、论帝国主义、结论。
收藏单位：重庆馆、国家馆、黑龙江馆、吉林馆、上海馆、浙江馆

02703
帝国主义大纲　王懋廷编
国民革命军前敌总指挥部，1927.9，46页（前敌丛书 第5种）
本书论述帝国主义的含义、历史发展过程及其必然崩溃。
收藏单位：近代史所

02704
帝国主义大纲　王懋廷编
重庆：国民书店，1927，66页，32开
本书为中国国民党中央军事政治学校政治部讲义。
收藏单位：北师大馆、重庆馆

02705
帝国主义大纲　王懋廷编
广州：中央军事政治学校政治部，1926.9，46页，32开（政治讲义3）
收藏单位：东北师大馆、广东馆、湖南馆、上海馆

02706
帝国主义的真面目　李士刚编辑
上海：大东书局，1928.12，128页，32开
上海：大东书局，1929.5，再版，128页，32开

本书共5章：帝国主义之界说、帝国主义之发展、帝国主义侵略之方式、反帝国主义之运动、帝国主义与中国。

收藏单位：北碚馆、重庆馆、广西馆、国家馆、河南馆、吉林馆、江西馆、近代史所、南京馆、人大馆、山西馆、上海馆、天津馆、西南大学馆、浙江馆

02707
帝国主义的政策底基础　（苏）巴波鲁（М. П. Павлович）著　文砥整理
武昌：太平洋书店，1927.4，再版，178页，32开

收藏单位：重庆馆、东北师大馆、广西馆、贵州馆、国家馆、南京馆、上海馆、浙江馆

02708
帝国主义史　童致桢著　何炳松校
上海：商务印书馆，1930.10，134页，32开（万有文库 第1集 0137）（新时代史地丛书）
上海：商务印书馆，1931.6，134页，32开（新时代史地丛书）
上海：商务印书馆，1933，国难后1版，134页，32开（新时代史地丛书）

本书概述帝国主义的定义、起源、沿革，近代帝国主义发生的原因，英、德、法、意、俄、美、日等国家的内外政策，各帝国主义国家侵略中国的概况等。共10章。

收藏单位：安徽馆、北碚馆、重庆馆、大理馆、东北师大馆、广西馆、贵州馆、国家馆、黑龙江馆、湖南馆、江西馆、辽大馆、辽师大馆、柳州馆、南京馆、内蒙古馆、宁夏馆、上海馆、天津馆、西南大学馆、浙江馆、中科图

02709
帝国主义与文化　（英）乌尔夫（Leonard Woolf）著　李之鹦译
外文题名：Imperialism and civilization
上海：新生命书局，1929.2，98页，32开（社会科学名著译丛　乙种）
上海：新生命书局，1929.3，再版，98页，32开（社会科学名著译丛）

本书叙述帝国主义对亚非各国的侵略及亚非人民的反抗活动，主张以国际联盟对付帝国主义，消除文化的冲突等。著者原题：乌尔佛。

收藏单位：安徽馆、北碚馆、重庆馆、广东馆、广西馆、贵州馆、国家馆、湖南馆、江西馆、南京馆、上海馆、天津馆、西南大学馆、浙江馆

02710
帝国主义与文化　（英）乌尔夫（Leonard Woolf）著　宋桂煌译
上海：开明书店，1929.1，108页，32开

本书著者原题：乌尔佛。

收藏单位：北碚馆、重庆馆、东北师大馆、广西馆、国家馆、吉林馆、近代史所、南京馆、山东馆、上海馆、天津馆、西南大学馆

02711
帝国主义与文化　（英）乌尔夫（Leonard Woolf）著　邹维枚译
上海：民智书局，1930.4，128页，32开

本书著者原题：武尔佛、伍尔夫。

收藏单位：广东馆、广西馆、国家馆、湖南馆、吉林馆、近代史所、人大馆、上海馆、天津馆、浙江馆

02712
帝国主义之政策的基础　（苏）巴波鲁（М. П. Павлович）著　朱则译
上海：卿云图书公司，1927.1，139页，32开
上海：卿云图书公司，1927.4，再版，139页，32开

本书共7讲。著者把关于帝国主义的理论分为哲学派、历史派、马克思派，分别分析介绍，认为帝国主义体现了垄断冶金工业

财团的政策。

收藏单位：国家馆、近代史所、上海馆、浙江馆

02713
帝国主义之政策的基础　（苏）巴波鲁（М. П. Павлович）演讲　朱则译
太平洋学社，1927.1，140页，32开

收藏单位：安徽馆、湖南馆、辽大馆、人大馆、上海馆

02714
帝国主义之诸家学说　（苏）拔夫罗维季著　王斐荪译
上海：新生命书局，1933.3，177页，32开

本书共7讲：帝国主义本质的哲学学说、关于帝国主义本质之历史学派、帝国主义本质之马克斯派的学说、希尔费丁的学说、财政资本和工业资本之考茨基的学说、列宁底学说、帝国主义即独占的冶金工业政策。

收藏单位：长春馆、重庆馆、东北师大馆、广东馆、广西馆、国家馆、吉林馆、江西馆、近代史所、南京馆、上海馆、中科图

02715
封建主义　（苏）E. 柯斯明斯基著　张仲实译
长春：东北书店，1949.4，39页，32开

本书共5部分："总论""西欧的封建主义""早期的封建主义""封建主义完全发展的时期""封建主义的解体·专制封建制度"。

收藏单位：长春馆、东北师大馆、国家馆、上海馆

02716
封建主义　（苏）E. 柯斯明斯基著　张仲实译
正定：华北大学，1949.7，53页，32开

本书据上海生活书店版翻印。

收藏单位：北师大馆、首都馆

02717
封建主义　（苏）E. 柯斯明斯基著　张仲实译
华北韬奋书店，1948.9，再版，42页，36开
华北韬奋书店，1949，再版，42页，36开

收藏单位：重庆馆、国家馆、河南馆

02718
封建主义　（苏）E. 柯斯明斯基著　张仲实译
华东新华书店，1949.2印，41页，32开

本书据华北韬奋书店1948年版翻印。

收藏单位：辽宁馆、山东馆、上海馆

02719
封建主义　（苏）E. 柯斯明斯基著　张仲实译
上海[等]：生活书店，1938.1，63页，36开（百科小译丛5）
上海：生活书店，1938.2，再版，63页，36开（百科小译丛5）
[汉口]：生活书店，1939.2，3版，63页，36开（百科小译丛5）
上海：生活书店，1948.9，42页，32开
上海：生活书店，1949.6，再版，1册，32开

本书共5部分："总论""西欧的封建主义""早期的封建主义""封建主义完全发展的时期""封建主义的解体·专制封建制度"。据1937年版苏联《大苏维埃百科全书》译出。

收藏单位：北碚馆、重庆馆、东北师大馆、甘肃馆、广东馆、广西馆、贵州馆、国家馆、河南馆、吉林馆、近代史所、南京馆、内蒙古馆、宁夏馆、山东馆、山西馆、上海馆、首都馆、天津馆、浙江馆

02720
封建主义　（苏）E. 柯斯明斯基著　张仲实译
[合肥]：皖北新华书店，1949.7，32页，32开

收藏单位：安徽馆、国家馆

02721
封建主义　（苏）E. 柯斯明斯基著　张仲实译
西安：西北新华书店，1949.7，40页，32开

收藏单位：广东馆、国家馆、湖北馆、陕西馆、首都馆

02722
封建主义　（苏）E. 柯斯明斯基著　张仲实译
[北平]：新华书店，1949.9，42页，32开

新华书店，1949，华中版，42 页，32 开
收藏单位：国家馆、湖北馆、湖南馆

02723
封建主义　（苏）E. 柯斯明斯基著　张仲实译
[郑州]：中原新华书店，1949.3，42 页，32 开
收藏单位：国家馆、河南馆、湖北馆、南京馆

02724
国家与革命
北平：北平市人民政府民政局救济院售品所，1949.4，再版，18 页，36 开（社会科学教材 2）
本书为教学参考提纲。简述了国家、政权、议会、法律、战争等概念，国家的几种基本形态及其阶级性，战争与革命的关系等。附《新民主主义的政治》（摘自毛泽东《新民主主义论》）。
收藏单位：国家馆

02725
社会主义的发展
出版者不详，1925，85 页，32 开
本书共 3 部分：空想的社会主义、辩证法的唯物论、资本主义的发展。
收藏单位：北师大馆、国家馆、山西馆

02726
社会主义底理论和实践　（英）J. 斯脱拉奇（J. Strachey）著　何封　麦园译
桂林：新知书店，1939—1940，4 册，32 开
本书分 4 篇：经济篇、政治篇、社会运动篇、社会变革篇。"经济篇"共 20 章，论述资本主义与社会主义两种不同的生产制度、计划与分配方法等；"政治篇"共 10 章，内容包括：新民主政治、工人阶级独裁、工人阶级底政党、国家等；"社会运动篇"阐述世界工人阶级运动所争取的是什么；"社会变革篇"共 7 章，内容包括：唯物史观、资本主义的运动法则、辩证法唯物论、阶级斗争等。
收藏单位：重庆馆、东北师大馆、国家馆、近代史所、南京馆、山西馆、上海馆、中科图

02727
社会主义与资本主义　（英）萧伯纳（George Bernard Shaw）著　周容译
上海：开明书店，1930，656 页，32 开，精、平装（妇女问题研究会丛书）
收藏单位：北碚馆、重庆馆、广东馆、广西馆、国家馆、黑龙江馆、湖南馆、吉林馆、近代史所、南京馆、宁夏馆、山西馆、上海馆、首都馆、天津馆、浙江馆、中科图

02728
什么是资本主义　朱德华著
大众读物编译社，[1911—1949]，25 页，36 开
本书分 10 讲通俗讲解资本主义的发生、发展、特征及其崩溃的前途。
收藏单位：黑龙江馆、山东馆、上海馆

02729
什么是资本主义　朱德华著
大连：大众书店，1948.11，再版，19 页，32 开（大众通俗丛书 10）
收藏单位：国家馆

02730
什么是资本主义　朱德华著
牡丹江：东北书店，[1945—1949]，25 页，36 开
收藏单位：重庆馆

02731
什么是资本主义　朱德华著
[香港]：东方出版社，1940，3 版，25 页，32 开
香港：东方出版社，1946.6，胜利后初版，24 页，36 开（通俗丛书 1）
收藏单位：重庆馆、广东馆、国家馆、湖北馆、辽宁馆、南京馆、山东馆、上海馆、天津馆

02732
世界民主政治的新趋势　邓初民著
上海：华夏书店，1946，303页，36开
上海：华夏书店，1947，303页，32开
上海：华夏书店，1947.8，再版，303页，32开
本书论述世界民主政治的产生、发展及新的趋势。
收藏单位：重庆馆、广西馆、国家馆、吉林馆、辽大馆、南京馆、山西馆、陕西馆、首都馆、天津馆、武大馆、浙江馆、中科图

02733
世界民主政治的新趋势　邓初民著
重庆：文治出版社，1946，303页，32开
收藏单位：北碚馆、重庆馆、广西馆、国家馆、吉林馆、上海馆

02734
新民主主义简明教程　柳衡著
上海：新民书局，1949.6，31页，32开
本书共12章，内容包括：人民是世界的主人、真民主和假民主、旧民主和新民主等。
收藏单位：桂林馆

02735
资本主义　（苏）列昂节夫（Лев Абрамович Леонтьев）著　沈志远译
[北平]：华北大学，1949.7，1册
本书简述资本主义的发生、各国资本主义发生与发展的重要特点、资本主义发展的基本矛盾与倾向，以及资产阶级学者对资本主义的估计。著者原题：李昂吉叶夫。
收藏单位：安徽馆、北碚馆、广东馆、国家馆、黑龙江馆、湖北馆、湖南馆、南京馆、内蒙古馆、天津馆

02736
资本主义　（苏）列昂节夫（Лев Абрамович Леонтьев）著　沈志远译
华东新华书店，1949.2，50页，32开
本书著者原题：李昂吉叶夫。
收藏单位：国家馆、辽宁馆、山东馆、上海馆、天津馆

02737
资本主义　（苏）列昂节夫（Лев Абрамович Леонтьев）著　沈志远译
重庆：生活书店，1939.3，78页，32开（百科小译丛7）
重庆：生活书店，1940.3，再版，77页，32开（百科小译丛7）
上海：生活书店，1948，再版，50页，32开
本书著者原题：李昂吉叶夫。
收藏单位：重庆馆、广东馆、贵州馆、桂林馆、国家馆、吉林馆、近代史所、南京馆、宁夏馆、山东馆、山西馆、上海馆

02738
资本主义　（苏）列昂节夫（Лев Абрамович Леонтьев）著　沈志远译
韬奋书店，1948，再版，50页，32开
本书著者原题：李昂吉叶夫。
收藏单位：重庆馆、国家馆、河南馆、吉林馆

02739
资本主义　（苏）列昂节夫（Лев Абрамович Леонтьев）著　沈志远译
[合肥]：皖北新华书店，1949.7，40页，32开
本书著者原题：李昂吉叶夫。
收藏单位：国家馆、江西馆、山东馆

02740
资本主义　（苏）列昂节夫（Лев Абрамович Леонтьев）著　沈志远译
新华书店，1949，华中版，50页，32开
本书著者原题：李昂吉叶夫。
收藏单位：广东馆、国家馆、湖南馆

02741
资本主义　（苏）列昂节夫（Лев Абрамович Леонтьев）著　沈志远译
中原新华书店，1949，50页，32开
本书著者原题：李昂吉叶夫。

收藏单位：湖北馆

02742
资本主义批判　（日）山川均著　高尔松译
上海：励群书店，1929，再版，135 页，40 开
本书译者原题：高希圣。
收藏单位：重庆馆

02743
资本主义批判　（日）山川均著　高尔松译
上海：平凡书局，1929.10，98 页，32 开（平凡丛书 7）
本书共 12 章，内容包括：对于资本主义的非难、资本主义批评的前提、资本主义社会的三大特征、支配资本主义社会的两个主要法则、以社会的大多数为牺牲等。译者原题：高希圣。
收藏单位：重庆馆、东北师大馆、国家馆、江西馆、南京馆、上海馆、首都馆、天津馆

02744
资本主义批判　（日）山川均著　高尔松译
[上海]：[中学生书局]，[1929—1949]，98 页，32 开（中学生学术丛书 6）
本书译者原题：高希圣。
收藏单位：广东馆、广西馆、吉林馆

02745
资本主义之解剖　（苏）布若布软斯基著　陈文瑞译
上海：华兴书局，1930，176 页，25 开（社会科学丛书）
本书共 5 编：资本主义制度、资本主义制度的发展、社会主义与无产阶级专政、资本主义发展怎样达到社会主义革命（帝国主义战争与资本主义的崩溃）、第二国际与第三国际。
收藏单位：重庆馆、国家馆、黑龙江馆、江西馆、南京馆、宁夏馆、上海馆、西南大学馆

02746
资本主义之解剖　（苏）布若布软斯基著　陈文瑞译
上海：社会科学研究社，1932，172 页，32 开（社会科学丛书）
收藏单位：首都馆

无产阶级革命与无产阶级专政理论

02747
共产主义与祖国　（苏）维辛斯基（A. Вышинский）著　何歌译
天津：读者书店，1949.9，36 页，32 开
本书内容包括：从否定到摧毁资产阶级的国家、建立无产阶级的社会主义祖国、工人阶级和民族的团结、今日的祖国问题、无产阶级的爱国主义对抗资产阶级的世界主义、无产阶级的民族任务和国际任务的统一、共产主义与保卫民族主权的斗争等。著者原题：魏申斯基。
收藏单位：重庆馆、广东馆、国家馆、辽宁馆、山西馆、天津馆

02748
论从社会主义到共产主义的过渡　（苏）李雅宾（A. Ляпин）著　青山译
北平：新中国书局，1949，再版，35 页，36 开（社会科学小译丛 1）
本书共 7 章，内容包括：建设共产主义是人类底最终目标、社会主义与共产主义的区别和共通点、从社会主义到共产主义的过程、怎样过渡到共产主义、过渡期中的几个问题等。著者原题：拉萍。
收藏单位：重庆馆、国家馆、湖北馆、辽宁馆、南京馆、天津馆

02749
论从社会主义到共产主义的过渡　青山译
大连：光华书店，1948.11，再版，35 页，36 开（社会科学小译丛 1）

收藏单位：长春馆、东北师大馆

02750
论社会主义革命　杜民著
华中新华书店九分店，1948.6，23 页，32 开（社会科学读本）
收藏单位：南京馆

02751
论社会主义革命　杜民著
香港：南海出版社，1948，42 页，36 开（社会科学小丛书 第 2 辑 5）
汉口：南海出版社，1949，42 页，36 开
本书共 9 章，内容包括：帝国主义是社会主义革命的时代、帝国主义时代资本主义发展不平衡性的特别紧张化与社会主义革命、社会主义革命首先在俄国胜利了、社会主义革命与武装起义、无产阶级专政的系统等。
收藏单位：国家馆、湖北馆

02752
论社会主义革命　杜民著
上海：新知书店，1946.6，42 页，32 开（社会科学读本 4）
收藏单位：重庆馆、河南馆、辽大馆、山东馆、上海馆、绍兴馆、西南大学馆

02753
社会主义革命　杜民著
上海：生活·读书·新知联合发行所，1949.6，42 页，32 开（新中国百科小丛书）
收藏单位：安徽馆、北师大馆、重庆馆、广东馆、国家馆、吉林馆、内蒙古馆、陕西馆、绍兴馆

02754
社会主义社会与个人　葛克作　岳译
[北平]：中外出版社，1949.6，30 页，36 开
本书共 5 部分：个人与社会的关系是怎样构成的、社会主义制度下个人与社会的关系的基础、社会主义制度下个人的自由、资本主义社会和个人、解放个人的真谛。
收藏单位：北师大馆、国家馆、辽宁馆、天津馆

02755
社会主义社会与共产主义社会　[一六九师教导队政治处编]
一六九师教导队政治处，[1940—1949]，油印本，13 页，25 开（政治教材 2）
收藏单位：国家馆

02756
社会主义与共产主义　（苏）尤琴（П. Ф. Юдин）著　舒明译
哈尔滨：光华书店，1948.11，74 页，32 开（社会科学小译丛）
本书结合苏联的具体情况和斯大林 1936 年关于苏联宪法草案的报告，论述由社会主义过渡到共产主义的理论和实际问题。著者原题：尤津。
收藏单位：长春馆、重庆馆、东北师大馆、国家馆、吉林馆、辽宁馆、山东馆、上海馆

02757
社会主义与共产主义　（苏）尤琴（П. Ф. Юдин）著　舒明译
南昌：新华书店，1949，46 页，32 开，环筒页装
本书著者原题：尤津。
收藏单位：国家馆、天津馆

02758
世界人民的道路　（苏）U. 安奇斯基　（苏）C. 巴尔基古尔著　中外出版社编译
北平：中外出版社，1949.6，20 页，36 开
本书分析资本主义的基本矛盾和弊病，指出只有像苏联那样推翻资本主义，走社会主义道路才能实现各国人民的民族自主和真正的民主。
收藏单位：国家馆、黑龙江馆、吉林馆

02759
新社会观　（苏）郭范仑科著　王伊维译

[汉口]：长江书店，1927，4版，98页，32开
收藏单位：广东馆、湖北馆、近代史所

02760
新社会观 （苏）郭范仑科著　王伊维译　瞿秋白校
[广州]：平民书社，1925.6，98页，32开
[广州]：平民书社，1925.7，再版，98页，32开
[广州]：平民书社，1925.9，4版，98页，32开
[广州]：平民书社，1925，5版，98页，32开
[广州]：平民书社，1926.10，98页，32开
本书共12章，内容包括：资本主义、阶级斗争与政党、帝国主义与社会主义、共产主义、第一国际及巴黎公社、俄国革命运动史之一斑、苏维埃俄国之经济政策等。
收藏单位：安徽馆、重庆馆、广东馆、国家馆、湖南馆、南京馆

02761
新社会观 （苏）郭范仑科著　王伊维译　瞿秋白校
上海：社会科学研究学会，1930.12，98页，32开（社会科学丛书）
收藏单位：国家馆

02762
战略与策略　解放社编译
[延安]：解放社，1938.11，104页，42开
延安：解放社，1939.4，再版，104页，32开
[延安]：解放社，[1941]，104页，32开
本书共5部分：列宁主义怎样提出战略与策略底问题、布尔塞维主义的战略和策略、布尔塞维主义底战略的与策略的指导、革命的与改良的指导、共产国际战略与策略底主要任务。
收藏单位：北碚馆、国家馆、南京馆、山西馆、中科图

02763
战略与策略　解放社编译
重庆：新华日报馆，1939.1，116页，32开
收藏单位：国家馆、吉大馆、吉林馆、江西馆、南京馆

02764
战略与策略
[桂林]：中国出版社，1939.1，102页，32开
桂林：中国出版社，1939.4，再版，102页，32开
收藏单位：重庆馆、东北师大馆、广西馆、国家馆、河南馆、山东馆、天津馆、浙江馆、中科图

政党理论

02765
论无产阶级的政党　陈昌浩著
海口、香港：南海出版社，1948，94页，36开（社会科学小丛书 第1辑4）
武汉：南海出版社，1949.5，94页，25开（社会科学小丛书 第1辑4）
本书共4章："阶级与政党""无产阶级的政党——共产党""无产阶级的政党——共产党是怎样来的""共产党的最终目的是共产主义"。
收藏单位：国家馆、湖北馆、江西馆、天津馆

02766
无产阶级的政党　陈昌浩著
上海：生活·读书·新知联合发行所，1949，82页，36开（新中国百科小丛书）
收藏单位：东北师大馆、广东馆、国家馆、湖北馆、吉林馆、南京馆、内蒙古馆、天津馆

02767
无产阶级的政党　陈昌浩著
香港：新中国书局，1949.6，113页，36开
收藏单位：广西馆、辽宁馆

02768
政党论　陈昌浩著
上海：新知书店，1946.6，沪版，82页，36开（社会科学读本9）
[哈尔滨]：新知书店，1947.9，东北版，59页，32开
哈尔滨：新知书店，1948.4，再版，52页，32开
[哈尔滨]：新知书店，1948.9，3版，52页，32开

本书共4章。论述阶级与政党，介绍共产党的性质、产生、发展过程及最终目的。附《关于解散第三国际的共产国际执委主席团决议》等。

收藏单位：东北师大馆、广西馆、国家馆、黑龙江馆、湖北馆、吉林馆、山东馆、山西馆、首都馆

02769
政党论　陈昌浩著
哈尔滨：新中国书局，1949.2，4版，52页，32开

收藏单位：长春馆、重庆馆、东北师大馆、国家馆、湖北馆、南京馆、宁夏馆

民族殖民地问题理论

02770
列宁主义在民族问题中的原理　勃罗叶陀著
一二九师随校政治部，1938印，油印本，1册，32开

本书对列宁主义在民族问题上的观点进行论述。进一步阐述“民族要求必须服从工人的阶级斗争的利益，各民族无产者之间在一国和国际的联合高于一切”这一基本观点。

收藏单位：国家馆

02771
民族革命原理　唐杰编
上海：华兴书局，1930.3，202页，32开（社会科学丛书）

本书共3编：纲领之部、马克思主义关于民族问题的原理、马克思主义与中国问题。收文15篇，内容包括：《民族与殖民地问题纲领》（乌利安诺夫）、《民族与殖民地问题的附加议案》（罗易）、《社会主义革命与民族自决权》（列宁）、《民族问题》（斯大林）、《中国及欧洲的革命》（马克思）等。

收藏单位：重庆馆、近代史所、内蒙古馆、宁夏馆、上海馆、天津馆、西南大学馆

02772
民族革命战争论　林克多著
汉口：光明书局，1937.12，65页，25开（民族解放丛书）
汉口：光明书局，1938，再版，65页，32开（民族解放丛书）

本书据列宁、斯大林关于民族解放运动的名论略加诠释编成，共4章：民族战争的本质、初期的民族革命战争、帝国主义和民族革命战争、民族革命战争的战略。

收藏单位：北碚馆、重庆馆、桂林馆、国家馆、黑龙江馆、江西馆、南京馆、人大馆、上海馆、浙江馆

02773
民族问题　李达编
上海：南强书店，1929.9，82页，32开（新社会科学丛书 第2编）

本书共5章：民族、帝国主义前期的民族问题、帝国主义时代的民族问题、苏俄的民族问题、民族问题几个根本原理。

收藏单位：北碚馆、复旦馆、广东馆、国家馆、湖北馆、近代史所、南京馆、内蒙古馆、首都馆、西南大学馆

02774
民族问题大纲　焦敏之编译
汉口：读书生活出版社，1938.6，107页，32开
汉口：读书生活出版社，1938.10，再版，107页，32开
重庆：读书生活出版社，1939.12，3版，107页，32开
重庆：读书生活出版社，1940.9，4版，107

页，32 开

本书内容包括：民族的本质、民族运动之史的发展、怎样解决民族问题、帝国主义与民族的解放运动、被压迫民族的解放运动及其前途、俄罗斯革命中的民族问题、苏联的民族政策等。

收藏单位：安徽馆、重庆馆、东北师大馆、福建馆、广西馆、国家馆、近代史所、南京馆、内蒙古馆、上海馆

02775
政治常识 省港罢工委员会教育宣传委员会编
[广州]：国光书店，1927.3，60 页，32 开

本书内容包括：帝国主义是什么、为何有殖民地和半殖民地、帝国主义侵略半殖民地的方法、军阀与帝国主义等。

收藏单位：国家馆

战争与和平问题理论

02776
保卫和平 （苏）法捷耶夫（A. A. Фадеев）等著
南京：中苏文化协会，1949.4，60 页，32 开（中苏文化丛刊 1）

本书收文 8 篇，内容包括：《为和平，进步，民主而奋斗的科学与文化》（A. 法捷耶夫）、《给人民和平》（I. 爱伦堡）、《我们相信各国人民间的和平与友谊》（D. 查斯拉夫斯基）、《在进步的旗帜之下》（S. 胡尔贡）等。

收藏单位：南京馆

02777
究竟有没有侵略阵线与和平阵线？ 董维键著
汉口：生活书店，1938.5，23 页，64 开（问题与答案丛刊 3）
广州：生活书店，1938.5，2 版，23 页，64 开（问题与答案丛刊 3）

本书就有无侵略阵线与和平阵线问题，提出六问六答。

收藏单位：国家馆、南京馆、上海馆

02778
论战争的性质 钱俊瑞著
桂林：新知书店，1940.3，91 页，32 开

本书共 3 节：怎样确定战争的性质、第一次帝国主义战争及战后的基本局势、第二次帝国主义战争的新阶段。附《谁停止了第一次世界大战》《欧局与远东诸问题》等。

收藏单位：北碚馆、重庆馆、广西馆、桂林馆、国家馆、吉大馆、吉林馆、浙江馆

国际主义与爱国主义

02779
爱国主义与国际主义 第十九军陕南军区政治部编
第十九军陕南军区政治部，[1949]，108 页，32 开

本书为营连干部学习材料，内容包括：旧中国是灾难深重的苦海、新中国的光明远景、人民解放军永远是战斗队同时又是工作队生产队、国际主义是无产阶级的世界观等。

收藏单位：重庆馆

02780
国际主义与民族主义 华东人民革命大学教务处编
华东人民革命大学教务处，1949.6，89 页，32 开（学习参考材料 3）

收藏单位：重庆馆、南京馆、山西馆

02781
国际主义与民族主义 解放社编
华中新华书店，1949.6，再版，154 页，36 开

收藏单位：长春馆、重庆馆、湖南馆、南京馆

02782
国际主义与民族主义 解放社编
山东新华书店，1949.8，123 页，32 开

本书收文 11 篇，内容包括：《全世界革

命力量团结起来反对帝国主义的侵略》（毛泽东）、《论国际主义与民族主义》（刘少奇）、《爱国主义与国际主义》（斯卡特谢科夫）等。附《在内蒙古干部会议上的讲话》（高岗）。

收藏单位：国家馆

02783
国际主义与民族主义　解放社编
[泰州]：苏北新华书店，1949.9，97页，32开

收藏单位：南京馆

02784
国际主义与民族主义　解放社编
[北平]：新华书店，1949.5，154页，36开
上海：新华书店，1949.7，154页，32开

收藏单位：广东馆、贵州馆、国家馆、湖北馆、吉林馆、山东馆、天津馆

02785
国际主义与民族主义
长春：东北书店，1949，再版，101页，32开

本书收文8篇，内容包括：《中国共产党中央委员会关于南斯拉夫共产党问题的决议》《共产党情报局关于南斯拉夫共产党状况的决议》《南斯拉夫共产党的领导修改了马列主义关于党的学说》《铁托的民族主义正引向那里去》《论国际主义与民族主义》等。

收藏单位：安徽馆、北师大馆、东北师大馆、南京馆、宁夏馆、天津馆

02786
国际主义与民族主义（标准本）　中共中央中原局宣传部编
中原新华书店，1949.6，97页，32开

本书收文9篇，内容包括：《全世界革命力量团结起来反对帝国主义的侵略》（毛泽东）、《论国际主义与民族主义》（刘少奇）、《爱国主义与国际主义》（斯卡特谢科夫）、《欧洲共产党情报局关于南斯拉夫共产党状况的决议》、《中国共产党中央委员会关于南斯拉夫共产党问题的决议》等。书后有《在内蒙古干部会议上的讲话》（高岗）。

收藏单位：广东馆、国家馆、山西馆

02787
国际主义与民族主义是否冲突？　胡绳著
汉口：生活书店，1938.6，30页，64开（问题与答案丛刊6）

本书以问答形式讲解社会爱国主义、社会主义、国际主义、民族主义的含义及相互区别。

收藏单位：国家馆、南京馆

02788
论国际主义与民族主义　第一野战军政治部编
第一野战军政治部，1948.11，40页，36开

收藏单位：国家馆、南京馆、陕西馆、天津馆

02789
论国际主义与民族主义　刘少奇著
渤海出版社，1944.8，1册，32开（新潍坊报业刊1）

收藏单位：山东馆

02790
论国际主义与民族主义　刘少奇著
哈尔滨：东北书店，1948.11，29页，32开

本书共6节，内容包括：资产阶级民族主义的民族观、无产阶级国际主义的民族观、世界压迫民族与被压迫民族的现状、目前世界的两大阵营与民族解放运动的道路等。

收藏单位：长春馆、国家馆、吉林馆、南京馆、山东馆、上海馆、天津馆、浙江馆、中科图

02791
论国际主义与民族主义　刘少奇等著
关东日报社，[1948]，90页，32开

本书收毛泽东、刘少奇等人的论著及其他文件5篇。

收藏单位：南京馆

02792
论国际主义与民族主义　刘少奇 [等] 著
航校政治部，1948.11 印，61 页，32 开（干部学习材料 9）
本书收专论《反对局部观点、树立全局观点》，以及《重要的问题在善于学习——介绍列宁论学习经济工作内容》（陈伯达）。
收藏单位：吉林馆

02793
论国际主义与民族主义　刘少奇著
[北平]：华北大学，1949.6，35 页，32 开
收藏单位：安徽馆、国家馆

02794
论国际主义与民族主义　刘少奇著
[北平]：华北人民革命大学教务处，[1949]，51 页，32 开
收藏单位：宁夏馆

02795
论国际主义与民族主义　刘少奇著
华北新华书店，1948.11，47 页，32 开
收藏单位：国家馆、湖北馆、近代史所、天津馆

02796
论国际主义与民族主义　刘少奇著
吉林书店，1948.11，27 页，32 开
收藏单位：国家馆

02797
论国际主义与民族主义　刘少奇著
[唐山]：冀东新华书店，1948.12，43 页，36 开
收藏单位：广东馆、国家馆、辽大馆、山东馆、天津馆、中科图

02798
论国际主义与民族主义　刘少奇著
冀鲁豫新华书店，1948.12，75 页，32 开
收藏单位：国家馆、山东馆、天津馆

02799
论国际主义与民族主义　刘少奇著
[兴县]：晋绥新华书店，1948.11，32 页，32 开
收藏单位：南京馆、山西馆

02800
论国际主义与民族主义　刘少奇著
辽北书店，1948.12，1+27 页，17.9cm×12.4cm
收藏单位：南京馆

02801
论国际主义与民族主义　刘少奇著
乌兰浩特：内蒙书店，1948.11，30 页，32 开
收藏单位：国家馆、南京馆、天津馆

02802
论国际主义与民族主义　刘少奇著
齐齐哈尔：嫩江新报社，1948.11，28 页，32 开
收藏单位：南京馆

02803
论国际主义与民族主义　刘少奇著
[延安]：陕甘宁边区新华书店，[1948]，33 页，36 开
收藏单位：国家馆、山东馆

02804
论国际主义与民族主义　刘少奇著
胜利报社，1948.11，27 页，32 开
收藏单位：东北师大馆、国家馆、南京馆

02805
论国际主义与民族主义　刘少奇著
太行新华书店，1948.11，34 页，32 开
收藏单位：重庆馆、国家馆、河南馆、山东馆、山西馆

02806
论国际主义与民族主义　刘少奇著
[阳城]：太岳新华书店，1949，47 页，32 开
收藏单位：国家馆

02807
论国际主义与民族主义　刘少奇著
天津新华书店，1949，2 版，47 页，32 开
收藏单位：南京馆、天津馆

02808
论国际主义与民族主义　刘少奇著
[合肥]：皖北新华书店，1948.11，34 页，32 开
[合肥]：皖北新华书店，[1949]，34 页，32 开
收藏单位：国家馆、南京馆

02809
论国际主义与民族主义　刘少奇著
[北平]：新华书店，1949.3，47 页，32 开
[南京]：新华书店，1949.5，再版，47 页，32 开
收藏单位：北大馆、北师大馆、重庆馆、国家馆、南京馆、宁夏馆、上海馆

02810
论国际主义与民族主义　刘少奇著
新华书店皖豫苏分店，[1949]，25 页，32 开
收藏单位：安徽馆、重庆馆、山西馆

02811
论国际主义与民族主义　刘少奇著
[新潍坊报]，[1948—1949]，[47] 页，32 开（新潍坊报丛刊 1）
收藏单位：国家馆

02812
论国际主义与民族主义　刘少奇著
大连：新中国书局，1949.4，202 页，32 开（干部学习丛书 第 1 辑）
收藏单位：重庆馆、国家馆、南京馆、上海馆、浙江馆

02813
论国际主义与民族主义　刘少奇著
[杭州]：浙江新华书店，1949.8，35 页，32 开
收藏单位：南京馆、山东馆

02814
论国际主义与民族主义　刘少奇著
[兴县]：中共晋绥分局，1948.11，29 页，32 开
收藏单位：重庆馆、国家馆、山东馆、山西馆

02815
论国际主义与民族主义　刘少奇等著　林平编
大连：大众书店，1949.2，200 页，32 开（干部学习丛书 8）
本书收文 17 篇，内容包括：《论国际主义与民族主义》（刘少奇）、《什么是国际主义》（列宁）、《民族问题》（斯大林）、《无产阶级国际主义的旗帜》（甘马利）、《民族独立与国际主义》（特莱宁）等。附《中共中央东北局关于最近时期学习内容的指示》等两篇。
收藏单位：重庆馆

02816
论国际主义与民族主义　毛泽东　刘少奇著
[威县]：冀南新华书店，1948.11，38 页，32 开
本书收文两篇：《全世界革命力量团结起来反对帝国主义的侵略》（毛泽东）、《论国际主义与民族主义》（刘少奇）。
收藏单位：国家馆

其他政治理论问题

02817
论资产阶级民主的危机　（苏）米丁（M. Митин）著
北平：中外出版社，1949.4，31 页，36 开
北平：中外出版社，1949.6，再版，31 页，36 开
本书论述第二次世界大战后的国际新形势、资产阶级民主、帝国主义时期的资产阶级民主等内容。

收藏单位：长春馆、重庆馆、东北师大馆、国家馆、湖南馆、吉大馆、吉林馆

02818
资本主义国家的民主与社会主义国家的民主 （苏）柯尔尼夫著　林之译
天津：知识书店，1949.5，28页，32开（知识文选12）
本书共5章，内容包括：怎样研究民主问题、资本主义国家民主的本质、社会主义国家民主的本质等。
收藏单位：东北师大馆、国家馆、辽宁馆

政治学史、政治思想史

02819
各国社会主义运动史　华超著
上海：商务印书馆，1929.3，173页，32开（新时代史地丛书）
上海：商务印书馆，1930.4，173页，36开（万有文库 第1集 0205）
上海：商务印书馆，1931.4，173页，32开（万有文库 第1集 0205）（新时代史地丛书）
上海：商务印书馆，1933.4，国难后1版，173页，32开（新时代史地丛书）
本书分9章讲述社会主义的定义、起源、派别及与他种主义进行比较，具体介绍各国社会主义运动历史概况。
收藏单位：安徽馆、北碚馆、重庆馆、大理馆、大连馆、大庆馆、东北师大馆、广东馆、广西馆、贵州馆、国家馆、黑龙江馆、湖南馆、惠州馆、吉林馆、江西馆、近代史所、辽大馆、辽东学院馆、辽宁馆、辽师大馆、柳州馆、南京馆、内蒙古馆、宁夏馆、上海馆、首都馆、天津馆、西南大学馆、浙江馆

02820
共产主义 ABC
太平洋出版社，1949，114页，32开
本书分5编。共35章，内容包括：资本主义制度、资本主义制度的发展、共产主义与无产阶级专政、资本主义制度发展怎样达到共产主义革命等。
收藏单位：上海馆、浙江馆

02821
共产主义的 ABC（苏）布哈林（Н. Бухарин）著
汉口：新青年社，1926.1，176页，32开（新青年丛书1）
汉口：新青年社，1926.12，再版，176页，32开（新青年丛书1）
［汉口］：新青年社，1927.1，3版，1册，32开
汉口：新青年社，1927.2，4版，176页，32开（新青年丛书1）
汉口：［新青年社］，1927.3，5版，176页，32开（新青年社丛书1）
收藏单位：北师大馆、重庆馆、东北师大馆、国家馆、湖南馆、近代史所、绍兴馆、首都馆、浙江馆

02822
共产主义的 ABC 问题及附注　［美国工党教育部编］［中国青年社译］
汉口：中国青年社，1926，21页，32开（中国青年社小丛书1）
本书为布哈林《共产主义的 ABC》中各编应注意的问题及注释。
收藏单位：国家馆、南京馆、浙江馆

02823
论中国特殊性及其他　艾思奇著
［上海］：辰光书店，1941.5，274页，36开
本书收著者1936—1940年的论文30篇，共4部分，按写作时间编排。第1部分论述中国文化与政治问题，收文11篇，内容包括：《目前中国文化界的动向》《文化在抗战中》《论中国特殊性》等；第2部分谈哲学和辩证法，收文7篇，内容包括：《民族解放和哲学》《形式论理学和辩证法》《哲学的现状和任务》《怎样研究辩证法唯物论》等；第3部分论文艺，收文6篇，内容包括：《海涅的政治诗》《新的形势和文学的任务》等；第4

部分杂论，收文6篇，内容包括：《谈翻译》《怎样解决事业和职业的矛盾》《我怎样写〈大众哲学〉的》等。

收藏单位：国家馆、山东馆、上海馆

02824

论中国特殊性及其他　艾思奇著

大连：大众书店，1946.5，262页，32开

［大连］：大众书店，1946.8，再版，262页，32开

收藏单位：东北师大馆、贵州馆、国家馆、辽宁馆、山西馆、天津馆、武大馆、浙江馆

02825

马克思主义与近代中国社会思想发展概观　胡绳著

［天津］：知识书店，1949.4，22页，32开（知识文选9）

本书运用马克思主义唯物论的观点对近代中国社会思想加以剖析，共3章：太平天国的农民的空想社会主义、封建地主阶级中的反对派的改良主义思想、资产阶级小资产阶级领导下的革命思想。

收藏单位：北大馆、东北师大馆、国家馆、山东馆、天津馆

02826

民族革命哲学　陈唯实著

上海：辰光书店，1939.3，271页，32开

上海：辰光书店，1940.3，再版，271页，32开

本书以辩证唯物主义和历史唯物主义观点分析中华民族解放战争的历史任务与现状。共7讲，内容包括：辩证法唯物论中国化的民族革命哲学、辩证唯物论的民族革命思想与实践、辩证唯物论的革命救国哲学等。

收藏单位：北师大馆、重庆馆、桂林馆、国家馆、吉林馆、南京馆

02827

民族解放与哲学　艾思奇著

北新书局，1936.8，65页，32开

本书共3部分：几个基本问题、唯物论和民族解放运动、唯物辩证法和民族解放运动。

收藏单位：湖北馆

02828

民族解放与哲学　艾思奇著

大众文化社，1936，65页，32开（大众文化丛书第1辑24）

大众文化社，1937，65页，32开（大众文化丛书第1辑24）

收藏单位：北碚馆、重庆馆、桂林馆、国家馆、上海馆

02829

农业社会主义问答　解放社编

［唐山］：冀东新华书店，1949.1，16页，32开

本书主要内容为批判农业社会主义思想。原载于1948年7月27日《新华社信箱》。

收藏单位：北师大馆、国家馆、山东馆、山西馆、天津馆

02830

社会思想史　施存统编

上海：上海书店，1924.2，68页，32开

本书共5章：绪言、希腊早年之社会思想、柏拉图底贵族的社会主义、亚里士多德底社会思想、希腊晚年之社会思想。

收藏单位：国家馆、吉大馆

02831

社会主义初步　［（英）克卡朴（T. Kirkup）著］　孙百刚译

外文题名：Primer of socialism

上海：中华书局，1924.11，108页，32开（新文化丛书）

上海：中华书局，1926.9，3版，108页，32开（新文化丛书）

上海：中华书局，1927，4版，108页，32开（新文化丛书）

上海：中华书局，1928.9，5版，108页，32开（新文化丛书）

上海：中华书局，1929.11，6版，108页，32

开（新文化丛书）

本书共15章，内容包括：古代经济之改革、现制度之勃兴、社会主义之起原、初期社会主义、一八四八年之社会主义、德国之社会主义、卡尔马克思、国际劳动者协会、战时社会主义等。

收藏单位：北碚馆、重庆馆、广东馆、广西馆、国家馆、河南馆、黑龙江馆、湖南馆、吉林馆、江西馆、辽大馆、南京馆、内蒙古馆、上海馆、绍兴馆

02832

社会主义底发展 朱镜我编译

上海：创造社出版部，1925.5，85页，32开（社会科学丛书1）

本书共3章：空想的社会主义、辩证法的唯物论、资本主义的发展。书前有译者序。参照日译本和英译本，据《社会主义的发展》（杜克）中《从科学到行动的社会主义底发展》（拉狄克）部分译出。

收藏单位：重庆馆、国家馆、湖南馆、吉林馆、内蒙古馆、上海馆、浙江馆

02833

社会主义概说 彭正浩编

上海：汉文正楷印书局，1933，42页，32开（汉文小丛书）

本书共6章，内容包括：绪言、空想的社会主义、无政府主义、马克思社会主义、马克思社会主义的分化等。

收藏单位：重庆馆、国家馆

02834

社会主义讲话 （日）山川均著 徐懋庸译

上海：生活书店，1933.9，190页，32开

上海：生活书店，1934.6，再版，190页，32开

上海：生活书店，1937.4，3版，190页，25开

重庆：生活书店，1939，4版，190页，32开

本书共15讲，内容包括：现代生活之疑惑与不满、社会主义是什么、资本主义社会之诞生、资本家生产的结构、资本主义往何处去、社会主义与共产主义等。

收藏单位：北碚馆、重庆馆、广东馆、广西馆、国家馆、湖北馆、湖南馆、江西馆、近代史所、内蒙古馆、宁夏馆、上海馆、首都馆、天津馆、西南大学馆、浙江馆

02835

社会主义讲授大纲 萧楚女著

广州：国光书店，1926.7，37页，16开

[广州]：国光书店，1926.9，再版，66页，32开

本书共3部分：资本主义与社会问题、空想的社会主义与科学的社会主义、马克思主义成立以后的社会主义运动。

收藏单位：广西馆、浙江馆

02836

社会主义讲授大纲 萧楚女编述

武昌：时中合作书社，1927.3，66页，32开（中国国民党中央农民运动讲习所丛书）

收藏单位：安徽馆、国家馆、近代史所

02837

社会主义浅说 梅生编

教育研究会，1923，90页，32开

收藏单位：安徽馆、国家馆

02838

社会主义浅说 梅生编

梅生，[1923.4]，40页，32开

收藏单位：国家馆

02839

社会主义浅说 梅生编

新文华书社，1923.4，88页，32开

新文化书社，1934，3版，88页，32开

收藏单位：国家馆

02840

社会主义浅说 梅生编著 星五校

出版者不详，1923.10，3版，88页，32开

出版者不详，1924.2，4版，88页，32开

本书简介有关社会主义的各派理论学说，内容包括：马克思主义、修正派社会主义、工团主义、无政府主义等。

收藏单位：重庆馆、广东馆、广西馆、国家馆、吉大馆、上海馆

02841

社会主义史　（英）克卡朴（T. Kirkup）著　（英）辟司（E. R. Pease）增订　李季译

上海：新青年社，1920.10，2 册（[618] 页），32 开，精装（新青年丛书 1）

本书分两卷。上卷共 9 章，内容包括：初期的法国社会主义、一千八百四十八年的法国社会主义、初期的英国社会主义等；下卷共 7 章，内容包括：俄国革命、无政府主义和工团主义、各国社会主义的进步、近世国际工人协会、英国派社会主义、社会主义通论等。附《圣西门派的辩护》《德国社会主义工党党纲》等 7 种。

收藏单位：安徽馆、北师大馆、重庆馆、东北师大馆、广东馆、广西馆、贵州馆、国家馆、黑龙江馆、湖南馆、近代史所、辽大馆、天津馆、浙江馆、中科图

02842

社会主义史　（美）列德莱（Harry W. Laidler）著　沈嗣庄译

上海：商务印书馆，1937，6 册（896 页），36 开（万有文库 第 2 集 114）（现代问题丛书）

上海：商务印书馆，1939.12，6 册（896 页），25 开（万有文库 第 1—2 集 简编 77）（汉译世界名著）

本书共 5 部分："乌托邦社会主义和它的先进者""马克思社会主义""其他社会主义派——一八八〇年至一九一四年""欧战后社会主义的发展""其他有关系的运动"。

收藏单位：安徽馆、北碚馆、长春馆、大理馆、大连馆、大庆馆、东北师大馆、广西馆、国家馆、黑龙江馆、湖南馆、江西馆、辽大馆、辽师大馆、内蒙古馆、宁夏馆、上海馆、武大馆、浙江馆

02843

社会主义史　孙倬章著

上海：商务印书馆，1924.10，114 页，48 开（百科小丛书 61）

上海：商务印书馆，1926.11，再版，114 页，48 开（百科小丛书 61）

上海：商务印书馆，1930.10，99 页，32 开（万有文库 第 1 集 0204）（百科小丛书）

上海：商务印书馆，1933.10，国难后 1 版，99 页，32 开（百科小丛书）

上海：商务印书馆，1935.1，国难后 2 版，99 页，32 开（百科小丛书）

本书共 7 章：理想社会主义、科学社会主义的先驱者、科学社会主义者、无政府主义、国家社会主义与基督社会主义、社会主义国际的运动、社会主义的原理。

收藏单位：安徽馆、北碚馆、重庆馆、大理馆、大连馆、大庆馆、东北师大馆、广东馆、广西馆、贵州馆、国家馆、河南馆、黑龙江馆、湖北馆、湖南馆、惠州馆、吉林馆、江西馆、辽大馆、辽师大馆、南京馆、内蒙古馆、宁夏馆、山东馆、上海馆、绍兴馆、天津馆、武大馆、西南大学馆、浙江馆

02844

社会主义史　吴黎平编

上海：南强书局，1930，569 页，32 开（新兴社会科学丛书）

上海：南强书局，1933.2，再版，569 页，32 开（新兴社会科学丛书）

收藏单位：北师大馆、重庆馆、广西馆、国家馆、吉林馆、江西馆、南京馆、首都馆、天津馆、浙江馆、中科图

02845

社会主义史　吴黎平编

上海：生活书店，[1930]，359 页，23 开

上海：生活书店，1938.12，359 页，24 开

[汉口]：生活书店，1939.5，再版，359 页，25 开

本书共 6 章：什么是社会主义、从古代到十五世纪、从汤麦司摩尔到马克思、科学社会主义、帝国主义时代的马克思主义、现代世界各种所谓"社会主义"思想述评。

收藏单位：重庆馆、广东馆、贵州馆、国家馆、湖南馆、吉大馆、近代史所、南京馆、

宁夏馆、上海馆、首都馆、中科图

02846
社会主义思想史 （美）列德莱（Harry W. Laidler）著 郑学稼译
外文题名：History of socialist thought
上海：黎明书局，1933.10，956页，22开（社会科学名著译丛）
上海：黎明书局，1934.10，再版，956页，25开（社会科学名著译丛）
本书叙述社会主义各派别的起源和发展，共5编：乌托邦社会主义及其先驱、马克思社会主义、其他社会主义学派、战后社会主义的发展、联合运动。著者原题：雷岱尔。
收藏单位：安徽馆、北碚馆、重庆馆、东北师大馆、广东馆、广西馆、贵州馆、国家馆、湖南馆、吉林馆、近代史所、南京馆、山西馆、上海馆、首都馆、武大馆、西南大学馆、浙江馆、中科图

02847
社会主义思想史 陶大镛著
上海：生活·读书·新知联合发行所，1949.8，183页，36开（新中国青年文库）
本书共4章："空想的社会主义——乌托邦主义""科学的社会主义——马克思主义""修正的社会主义——改良主义""帝国主义与无产阶级革命时代的社会主义——列宁主义"。
收藏单位：安徽馆、长春馆、东北师大馆、国家馆、吉林馆、辽宁馆、宁夏馆、天津馆

02848
社会主义思想史 陶大镛著
上海：士林书店，1948.12，183页，32开
上海：士林书店，1949，2版，183页，36开
上海：士林书店，1949.3，3版，183页，36开
收藏单位：重庆馆、东北师大馆、广东馆、国家馆、南京馆、山西馆、上海馆、首都馆、浙江馆

02849
社会主义思想之史的解说 （日）久保田明光著 丘哲译
上海：启智书局，1929.5，104页，32开（社会科学丛书 第1编）
本书共6章：社会主义本质的意义、马克斯以前之社会主义、马克斯派社会主义、马克斯派社会主义之两修正、基尔特社会主义、农业社会主义。
收藏单位：重庆馆、广东馆、广西馆、国家馆、江西馆、南京馆、上海馆、浙江馆、中科图

02850
社会主义讨论集 新青年社编辑部编辑
上海：国光书店，1926.7，再版，510页，32开（新青年丛书2）
本书收文25篇，内容包括：《谈政治》（陈独秀）、《关于社会主义的讨论》（陈独秀）、《马克思派社会主义》（李达）、《评第四国际》（李达）、《实行社会主义与发展实业》（周佛海）、《进化与革命》（周佛海）、《社会主义与中国》（李季）、《马克思底共产主义》（施存统）等。
收藏单位：重庆馆、国家馆、黑龙江馆

02851
社会主义讨论集 新青年社编辑部编辑
［广州］：新青年社，1922.9，510页，32开（新青年丛书2）
收藏单位：安徽馆、北碚馆、重庆馆、广东馆、广西馆、国家馆、湖北馆、湖南馆、吉大馆、近代史所、南京馆、宁夏馆、山西馆、浙江馆

02852
社会主义哲学史要 （日）河田嗣郎著 潘大道译
上海：商务印书馆，1928.9，64页，32开（新智识丛书）
本书共4章：社会主义思想之由来、理性派之社会主义、历史派之社会主义、新理想

派之社会主义。

收藏单位：北碚馆、重庆馆、广东馆、国家馆、湖南馆、南京馆、内蒙古馆、宁夏馆、浙江馆

02853

社会主义之思潮及运动　（美）列德莱（Harry W. Laidler）著　李季译

外文题名：Socialism in thought and action

上海：商务印书馆，1923.11，2册（317+361页），32开（世界丛书）

上海：商务印书馆，1926.6，2版，2册（317+361页），32开（世界丛书）

上海：商务印书馆，1927.7，3版，2册（317+361页），32开，精装（世界丛书）

上海：商务印书馆，1930.4，4版，2册（317+361+14页），32开（世界丛书）

上海：商务印书馆，1933.4，国难后1版，2册（317+361+15页），32开（世界丛书）

本书共两卷。上卷“社会主义之思潮”，内容包括：社会主义者的弹劾、社会主义者的学说、社会主义的共和国等；下卷“社会主义之运动”，内容包括：社会主义和国际主义、向着新国际党的趋势、俄国革命等。

收藏单位：安徽馆、重庆馆、大庆馆、广东馆、广西馆、国家馆、黑龙江馆、湖南馆、吉林馆、江西馆、近代史所、南京馆、宁夏馆、上海馆、西南大学馆、浙江馆

02854

社会主义总论　邝摩汉著

又新日报社，1920.11，98页，32开（世界改造丛书 第1卷2）

本书共7章，分述社会主义的起源、定义、要素、分类、学说、政略及国家。书前有著者自序。

收藏单位：国家馆

02855

中国近代政治思想史料　龚稷编辑

大连：大众书店，1947.10，196页，32开

本书共4辑。收1905年以来的历史文献六十余篇，内容包括：《同盟会宣言》（孙中山）、《庶民的胜利》（李大钊）、《十月革命的世界意义》（斯大林）、《论“五四”》（毛泽东）、《中共中央第一次对于时局的主张（1922年6月15日）》（毛泽东）等。

收藏单位：重庆馆、吉林馆、辽宁馆、南京馆、山西馆、绍兴馆、天津馆

02856

中国近代政治思想史料　龚稷编辑

佳木斯：东北书店，1947.4，196页，32开

哈尔滨：东北书店，1948.2，再版，196页，32开

佳木斯：东北书店，1948.10，3版，196页，32开

沈阳：东北书店，1949印，188页，32开

收藏单位：东北师大馆、国家馆、黑龙江馆、近代史所、辽大馆、山西馆、天津馆

02857

中国政治思想史　吕振羽著

佳木斯：东北书店，1947.11，增订版，2册（239+366页），32开

沈阳：东北书店，1949，增订版，2册（239+365页），32开

收藏单位：安徽馆、重庆馆、东北师大馆、国家馆、湖南馆、辽大馆、南京馆、山东馆、山西馆、西南大学馆

02858

中国政治思想史　吕振羽著

上海：黎明书局，1937.6，18+544页，22开

本书共10编，分述中国自奴隶制时代至封建主义崩溃期间的各派政治思想。

收藏单位：安徽馆、北碚馆、重庆馆、国家馆、吉林馆、近代史所、南京馆、内蒙古馆、上海馆、首都馆、西南大学馆、中科图

02859

中国政治思想史　吕振羽著

上海：生活书店，1947.8，12+507页，22开（新中国大学丛书）

上海：生活书店，1949.8，再版，12+507页，

25 开

收藏单位：重庆馆、东北师大馆、国家馆、河南馆、黑龙江馆、近代史所、辽宁馆、内蒙古馆、山西馆、首都馆、天津馆

02860

中国政治思想史（第 2 分册） 吕振羽著

新华书店，1945.10，增订版，418 页，32 开

本书收第 6—10 编的内容，论述专制主义的封建制初期政治思想各流派及其演变、矛盾斗争扩大期中的各派政治思想、地主阶级经济复兴时代的各派政治思想等。

收藏单位：黑龙江馆、山东馆、山西馆

国际共产主义运动

02861

爱国主义与国际主义 （苏）斯卡特谢科夫等著　东北书店辑

哈尔滨：东北书店，1948.12，49 页，32 开

本书收文 6 篇，内容包括：《中共中央关于南共问题的决议》、《共产党情报局关于南共状况的决议》、《爱国主义与国际主义》（仲平译）、《匈共底思想理论工作问题》（拉科西著，程之平译）等。

收藏单位：北师大馆、长春馆、重庆馆、东北师大馆、国家馆、南京馆、山东馆、上海馆、天津馆

02862

帝国主义与战争 新文化书社编

上海：新文化书社，1929.7，112 页，36 开（时代丛书）

本书为 1928 年共产国际第六次大会通过的决议案——《反帝国主义大战的斗争与共产党员的任务》。共 5 章，论述帝国主义战争的危险、无产阶级对战争及裁军等问题的态度、共产党面临的任务等。附《共产国际第六次世界大会对国际反战争运动的决议案》。

收藏单位：国家馆、近代史所

02863

第二国际与第三国际 黄卓著

上海：中华书局，1934.3，132 页，24 开（国际丛书）

上海：中华书局，1940，再版，132 页，32 开（国际丛书）

本书共 4 章，介绍第二国际与第三国际的历史、现状及其学说。

收藏单位：北碚馆、重庆馆、广东馆、广西馆、国家馆、黑龙江馆、湖南馆、吉林馆、江西馆、辽大馆、南京馆、内蒙古馆、陕西馆、上海馆、绍兴馆、浙江馆

02864

第三国际动向（第三国际决议案）

东方出版社，1939.5，60 页，32 开

本书收文 8 篇，内容包括：《关于共产国际执行委员会工作》《共产国际第七次全世界代表大会根据国际监察委员会报告通过的决议案》《帝国主义者准备新的世界大战与共产国际底任务》《苏联社会主义底胜利及其全世界的历史意义》《关于接收新支部问题的决议》《共产国际领导机关底部分》等。

收藏单位：国家馆

02865

第三国际纲领 北社编辑部译

北社编辑部，1940，87 页，36 开（现代史资料丛刊 1）

本书分 6 章论述资本主义的世界制度、它的发展和必然的崩溃、资本主义的一般危机和世界革命的第一阶段等。

收藏单位：甘肃馆、华东师大馆、内蒙古馆

02866

第三国际议案及宣言 第三国际编　沈则民译

[上海]：人民出版社，1922.4，210 页，32 开（康民尼斯特丛书 4）

广州：人民出版社，1926.10，3 版，130+54+20 页，32 开（康民尼斯特丛书 4）

本书收文两篇：《第三国际议案》《第三国

际共产党第二次大会宣言》。译者原题：成则人。

收藏单位：重庆馆、广东馆、国家馆

02867

第一国际史　G. M. Slekloff著　吴树仁　张伯箴译

上海：神州国光社，1930.10，541页，22开

本书分上、下两编，记述1864—1881年第一国际的历史。上编14章，论述国际劳动者联合会的创立及各次会议；下编14章，论述第一国际的分裂及各次大会。

收藏单位：重庆馆、广东馆、广西馆、国家馆、湖南馆、近代史所、上海馆、首都馆、天津馆、浙江馆

02868

法西斯的走狗托洛茨基匪徒　向愚编

战时出版社，1938.5，118页，32开

本书为批判托洛茨基派的论文汇编，收共产国际以及斯大林、陈绍禹、汉夫、徐特立等人的文章。

收藏单位：北碚馆、贵州馆、桂林馆、国家馆、吉林馆、人大馆、山西馆

02869

法西斯主义底进攻与共产国际为工人阶级底反法西斯主义的统一而斗争的任务（报告）（保）季米特洛夫著

火把社，1937，174页，36开

本书为著者1935年8月2日在共产国际第七次全世界代表大会所作的报告。

收藏单位：国家馆

02870

反对统一战线中的机会主义　（保）季米特洛夫等著　中央总学委编

[兴县]：中共晋绥分局，1943.12印，22页，32开

本书选录季米特洛夫、曼努意斯基等论统一战线的言论。

收藏单位：国家馆、山西馆

02871

反对统一战线中的机会主义　（保）季米特洛夫等著　中央总学委编

出版者不详，1943.12，30页，32开

收藏单位：北师大馆、重庆馆、天津馆

02872

反对统一战线中的右倾机会主义　（保）季米特洛夫等著

太岳文化委员会，[1944]，31页，32开

本书内容包括：反对统一战线中的机会主义、统一战线是革命的积极政策、反对统一战线作投降主义的曲解、反对统一战线中的右倾机会主义、中国共产党是民族团结的中心等。

收藏单位：国家馆

02873

反法西斯斗争的当前问题　（保）季米特洛夫著

群众出版社，1942.8印，140页，36开

收藏单位：山东馆

02874

反战反法西斯斗争的当前问题　（保）季米特洛夫著

汉口：中国出版社，1938.4，194页，32开

本书收文9篇，内容包括：《法西斯主义底进攻与共产国际为工人阶级底反法西斯主义的统一而斗争的任务》《为工人阶级底反对法西斯主义的统一而斗争》《动员广大群众去抵抗法西斯主义和战争的一次代表大会》《中国共产党十五周年纪念》《国际无产阶级底统一乃是目前时局的最高使命》《法西斯主义——这就是战争》等。

收藏单位：安徽馆、北碚馆、重庆馆、广东馆、桂林馆、湖南馆、南京馆、上海馆、浙江馆

02875

反战反法西斯主义　（保）季米特洛夫著

东方出版社，1938.11，217页，32开

本书收著者1935年8月在共产国际第七

次全世界代表大会上的报告、结论、闭幕词，在共产主义青年国际第六次全世界代表大会开幕演讲辞，以及《为和平而奋斗的统一战线》等论著共11篇。

收藏单位：广东馆、国家馆、江西馆、上海馆

02876
工人阶级反对法西斯主义（法西斯主义底进攻与共产国际为工人阶级底反法西斯主义的统一而斗争的任务）（保）季米特洛夫著
出版者不详，1935，276页，大64开

本书为著者1935年8月在共产国际第七次全世界代表大会上关于第二项议事日程的报告和结论。

收藏单位：广东馆

02877
共产国际党纲草案　王伊维译
汉口：新青年社，1927.4，46页，32开（新青年社丛书1）

本书为共产国际第五次大会通过的草案。共4章：资本主义社会、劳动的解放和共产主义社会、推翻资产阶级及为共产主义的斗争、无产阶级专政之路。

收藏单位：重庆馆、华东师大馆

02878
共产国际党纲及章程　瞿秋白译
出版者不详，1929.11，128页，18开

本书为1928年9月1日在共产国际第六次世界大会通过的党纲及章程。

收藏单位：国家馆

02879
共产国际第六次大会关于殖民地及半殖民地革命运动的提纲
出版者不详，[1928.8]，80页，32开

本书收文4篇：《共产国际第六次大会关于殖民地半殖民地革命运动的提纲》《共产国际第六次大会论中国》《共产国际纲领论殖民地革命》《共产国际纲领论三民主义》。

收藏单位：国家馆

02880
共产国际第七次大会的总结（苏）曼努伊尔斯基（Д. З. Мануильский）著
佳木斯：东北书店，1949.4，85页，32开

本书收著者1935年8月在共产国际第七次大会上的报告，内容包括："苏联社会主义的胜利""与工人阶级的死敌——法西斯主义作斗争的代表大会"等。著者原题：曼努意斯基。

收藏单位：长春馆、东北师大馆、广东馆、国家馆、吉林馆、南京馆、内蒙古馆、宁夏馆、山东馆、山西馆、天津馆

02881
共产国际第七次大会的总结（苏）曼努伊尔斯基（Д. З. Мануильский）著
解放社，1944.5，97页，32开

本书著者原题：曼努意斯基。

收藏单位：近代史所、山东馆

02882
共产国际第七次全世界代表大会底决议案
解放社，1938.6，115页，大64开

本书收文8篇：《关于共产国际执行委员会工作》《共产国际第七次全世界大会根据国际监察委员会报告通过的决议案》《法西斯主义底进攻和共产国际为造成工人阶级反对法西斯主义的统一而斗争的任务》《帝国主义准备新的世界大战与共产国际底任务》《苏联社会主义底胜利及其全世界的历史意义》《关于接收新支部问题的决议》《关于修改共产国际章程问题的决议》《共产国际领导机关底成份》。

收藏单位：国家馆

02883
共产国际第七次全世界代表大会底决议案
出版者不详，1935.9，96页，25开
出版者不详，1938.3，81页，32开

本书为伪装本。伪装题名：世界之动向。

收藏单位：广东馆、国家馆

02884
共产国际纲领
长春：东北书店，1949.5，83 页，32 开
长春：东北书店，1949.9，再版，83 页，32 开
本纲领共 7 部分："导言""资本主义的世界系统，其发展与其必然的灭亡""资本主义底总危机与世界革命底第一时期""共产国际的最终目的：世界共产主义""从资本主义进到社会主义的过渡时期与无产阶级专政""苏联无产阶级专政与国际社会主义革命""共产国际在为无产阶级专政而斗争中的战略与策略"。1928 年 9 月 1 日由共产国际第六次大会通过。
收藏单位：长春馆、重庆馆、东北师大馆、广东馆、国家馆、吉林馆、山东馆、天津馆、浙江馆

02885
共产国际纲领
[盐城]：江淮出版社，1941.6，98 页，32 开
收藏单位：山东馆

02886
共产国际纲领
胶东联合社，1940，74 页，25 开
收藏单位：山东馆

02887
共产国际纲领
外文题名：Program of the communist international
[延安]：解放社，1938.10，85 页，25 开
收藏单位：北碚馆、重庆馆、国家馆、近代史所、南京馆、山西馆

02888
共产国际纲领
[新华社]，1939.4，90 页，32 开
收藏单位：黑龙江馆

02889
共产国际纲领
[汉口]：中国出版社，1939.3，85 页，32 开
收藏单位：北碚馆、重庆馆、东北师大馆、贵州馆、国家馆、吉林馆、近代史所、内蒙古馆、山东馆、山西馆、首都馆、天津馆

02890
共产国际解散的理由及其意义
[延安]：新华书店，1943.7，74 页，32 开
本书阐述共产国际解散的理由、意义，及世界各地对共产国际解散的反响等。
收藏单位：重庆馆、国家馆、山西馆、天津馆

02891
共产国际解散的文献
出版者不详，1943.6，36 页，32 开
本书收《共产国际执行委员会主席团提议解散共产国际的决定》《中国共产党中央委员会关于共产国际执委主席团提议解散共产国际的决定》《毛泽东同志在干部会上关于共产国际解散的报告》《论共产国际的解散》《各国共产党对共产国际决议的反响》等。
收藏单位：重庆馆、国家馆、近代史所

02892
共产国际解散文献特辑（为纪念中共诞生廿二周年）
胶东联合社，1943.7，43 页，64 开
收藏单位：山东馆

02893
共产国际与中国共产党
出版者不详，[1940—1949]，70 页，32 开
本书共 24 篇，内容包括：《共产国际的前身》《巴黎公社与第一国际的取消》《中国共产党与共产国际的关系》等。
收藏单位：安徽馆、重庆馆、桂林馆、国家馆、南京馆

02894
共产主义与共产党
汕头书店，1926.11，再版，11 页，32 开
本书讲述什么是共产主义、什么是共产

党。

收藏单位：国家馆、近代史所

02895
关于共产国际解散问题的文献　解放社编
延安：新华书店，1943.7，78页，32开
收藏单位：东北师大馆、山西馆

02896
关于共产国际执行委员会工作的报告（德）皮克著
出版者不详，1935，180页，50开
本书记录共产国际第六、第七次全世界代表大会结束后，七年之内世界阶级力量的改变，总结无产阶级革命斗争的经验，并对以后革命的道路方向作出思考。
收藏单位：国家馆

02897
国际劳动运动中之重要时事问题　季诺维埃夫著　墨耕译
[上海]：人民出版社，1922.1，112页，32开（康民尼斯特丛书3）
本书共6部分，内容包括：国际共产党第二次会议及其问题、党派与产业组合、劳农议会之创设的时机与条件、论加入国际共产党之条件等。
收藏单位：广东馆、天津馆

02898
国际社会运动小史　高尔松著
[上海]：光华书局，1926.8，57页，32开
上海：光华书局，1927.2，再版，57页，36开
上海：光华书局，1927.4，再版，116页，32开
本书共4章：国际社会运动的种类、社会主义者的国际运动、劳动组合的国际运动、劳动立法的国际运动。
收藏单位：安徽馆、北碚馆、重庆馆、广东馆、广西馆、国家馆、吉大馆、吉林馆、近代史所、南京馆、上海馆、首都馆、天津馆、浙江馆、中科图

02899
国际无产阶级和人民反对法西斯的统一战线（慕尼黑会谈后）（保）季米特洛夫著　凯丰　宝权译
重庆：新华日报馆，1939.3，32页，32开（新群丛书25）
本书为纪念十月革命二十一周年而作。
收藏单位：重庆馆、广东馆、广西馆、湖南馆、吉林馆、近代史所、南京馆、山东馆

02900
国际小史　洪盛译
上海：中华书局，1931.2，76页，32开（新文化丛书）
本书共7章，内容包括：第一国际（国际工人协会）、第二国际、第三国际（共产党国际）、战后之第二国际、职工国际及其他国际团体等。
收藏单位：安徽馆、北碚馆、重庆馆、广东馆、广西馆、国家馆、黑龙江馆、湖南馆、吉林馆、江西馆、辽宁馆、南大馆、南京馆、内蒙古馆、陕西馆

02901
国际新形势与共产党的任务
华北新华书店，1948.1，72页，32开
华北新华书店，1948.2，再版，72页，32开
本书收文5篇：《日丹诺夫关于目前国际形势的报告》《欧洲九国共产党代表会议宣言》《真理报评共产党情报局成立》《季米特洛夫谈话》《铁托元帅演说》。
收藏单位：重庆馆、国家馆、吉大馆、山西馆

02902
国际新形势与共产党的任务
[阳城]：太岳新华书店，1948.2，52页，32开
收藏单位：重庆馆、国家馆、山东馆、山西馆

02903
国际形势与反法西斯运动（苏）曼努伊尔斯

基（Д. З. Мануильский）著
重庆：新华日报馆，1939.7，62 页，32 开（新群丛书 28）

本书为联共党（布）驻共产国际执委代表团在联共党（布）第十八次代表大会上的报告。共 4 部分："国际形势的变化""共产党为统一战线和人民战线而奋斗""资本主义国家内的共产主义运动""共产国际二十年按着列宁、斯大林道路行进"。著者原题：曼努意斯基。

收藏单位：北碚馆、重庆馆、贵州馆、国家馆、吉林馆、近代史所、南京馆

02904
国际运动发达史　高尔松著
上海：光华书局，1930.2，198 页，25 开（社会科学丛书）
上海：光华书局，1936，再版，198 页，25 开（社会科学丛书）

本书共 8 章：绪论、国际运动的先驱、第一国际、第二国际、第三国际、职工国际运动的沿革、职工国际运动的现状、国际反帝国主义同盟。著者原题：高希圣。

收藏单位：安徽馆、重庆馆、广东馆、广西馆、国家馆、黑龙江馆、湖南馆、吉林馆、江西馆、近代史所、南京馆、上海馆、浙江馆

02905
国际状况和共产国际各支部的任务　（苏）库西宁著
莫斯科：外国工人出版社，1933，290 页，64 开

本书为著者 1932 年 9 月在共产国际执行委员会第十二次全体会议上的报告。著者原题：顾西宁。

收藏单位：国家馆

02906
活页文件选（2）
豫皖苏区党委宣传部，1948，27 页，36 开

本书收文 5 篇，内容包括：《中国共产党中央委员会关于南斯拉夫共产党问题的决议》《情报局关于南斯拉夫共产党状况的决议》《各国共产党拥护情报局关于南共决议》《反对经验主义》等。

收藏单位：重庆馆

02907
几国共产党代表情报会议（一九四七年九月末在波兰举行）
莫斯科：外国文书籍出版局，1948，315 页，25 开，精装

本书内容包括：几国共产党代表情报会议公报、关于国际形势的宣言等。

收藏单位：重庆馆、东北师大馆、广东馆、国家馆、湖南馆、江西馆、近代史所、辽宁馆、南京馆、宁夏馆、山东馆、上海馆、首都馆、天津馆、浙江馆

02908
九国共产党代表会议宣言及其他
[兴县]：晋绥日报社，[1947]，91 页，32 开

本书收文 7 篇：《维辛斯基在联合国大会上的演说》《欧洲九国共产党代表会议宣言》《日丹诺夫关于目前国际形势的报告》《铁托在南斯拉夫民族阵线二届大会上的演说》《季米特洛夫对记者谈世界政局》《莫洛托夫在十月革命节的演说》《日丹诺夫在哲学讨论会上的发言》。

收藏单位：重庆馆、东北师大馆、国家馆、山西馆

02909
九国共产党情报局文献　东北局宣传部译
佳木斯：东北书店，1948.5，207 页，32 开

本书收文 13 篇，内容包括：《欧洲九国共产党代表情报会议宣言》、《与会各国党代表对国际形势宣言》、《关于国际形势的报告》（日丹诺夫）、《南斯拉夫共产党底组织工作问题》（季拉斯）、《保加利亚工人党（共）的活动》（齐尔文克夫）、《匈牙利共产党中央委员会的活动》（列瓦）、《关于波兰工人党中央委员会的工作报告》（哥穆尔卡）、《关于联共党（布）中央委员会工作的报告》（马林科夫）等。

收藏单位：东北师大馆、国家馆、湖北

馆、近代史所、山东馆、山西馆、天津馆

02910
联共（布）驻共产国际执委代表团在联共（布）第十八次代表大会上的报告 （苏）曼努伊尔斯基（Д. З. Мануильский）著
群众出版社，1942.5，44页，32开
收藏单位：山东馆

02911
联共（布）驻共产国际执委代表团在联共（布）第十八次代表大会上的报告 （苏）曼努伊尔斯基（Д. З. Мануильский）著
莫斯科：外国文书籍出版局，1939，50页，大32开
本书著者原题：曼努意里斯基。
收藏单位：国家馆

02912
联共党（布）驻共产国际执委代表团在联共党（布）第十八次代表大会上的报告 （苏）曼努伊尔斯基（Д. З. Мануильский）著
大众社，1940.3，45页，32开（大众丛刊5）
本书著者原题：曼努意斯基。
收藏单位：山东馆

02913
两个班国际主义教育的调查研究
华东军区三野政治部，[1949]，16页，32开
收藏单位：山东馆

02914
论狄托事件 张达生编著
正大出版社，1948.8，41页，23开
本书收文7篇，内容包括：《欧洲各国共产党情报局关于南斯拉夫共产党状况的决议》（译自巴黎《人道报》）、《论自我批评》（译自《为持久和平，为人民民主》）、《论布尔什维克的原则性》（斯列波夫著，亚天译）、《伊里奇论领导权》（友谷）、《列宁论苏维埃机关人员应如何工作》（伏蒂也娃）、《检查决议的执行程度是领导的基本方法》（苏联《真理报》社论）等。
收藏单位：国家馆、吉林馆、近代史所、上海馆、首都馆

02915
论法西斯主义 （保）季米特洛夫著
现实书社，[1938]，217页，36开
本书收《法西斯主义底进攻与共产国际为工人阶级底反法西斯主义的统一而斗争的任务》（1935年8月2日在共产国际第七次全世界代表大会的报告）、《为工人阶级底反对法西斯主义的统一而斗争（结论）》（1935年8月13日共产国际第七次全世界代表大会）、《动员广大群众去抵抗法西斯主义和战争的一次代表大会》（共产国际第七次全世界代表大会闭幕词）、《季米特洛夫同志在共产主义青年国际第六次全世界代表大会开幕时之演说词》（1935年9月25日）等。
收藏单位：国家馆、南京馆

02916
论反帝统一战线 王明著
[汉口]：中国出版社，1938.2，70页，32开
[汉口]：中国出版社，1938.3，再版，70页，32开
本书为著者在共产国际第七次世界大会上的发言，共4章："帝国主义的加紧进攻与殖民地革命力量的日益发展""建立扩大和巩固反帝统一战线，是殖民地和半殖民地国家中共产党员的最重要任务""殖民地和半殖民地国家内的法西斯主义问题""殖民地革命在革命与战争新周期中的意义和作用"。著者原题：陈绍禹。
收藏单位：北碚馆、重庆馆、广东馆、广西馆、国家馆、湖南馆、吉林馆、山东馆、上海馆、浙江馆

02917
论反帝统一战线问题 王明著
[汉口]：中国出版社，1938.2，364页，32开
本书收文14篇，内容包括：《论反帝统一

战线问题》《新形势与新政策》《团结救国论》《抗战中的几个问题》《挽救时局的关键》《中国抗战与世界和平》《中山先生逝世十三年》《今年的五一节与中国工人》等。附《东北情形与抗日统一战线策略》《我们对于保卫武汉与第三期抗战问题意见》等。著者原题：陈绍禹。

收藏单位：广西馆、国家馆

02918

论共产党　解放社编

胶东新华书店，1946.7，294页，32开

收藏单位：南京馆、山东馆

02919

论共产党　新华日报华北分馆编

[黎城]：新华日报华北分馆，1940.8，428页，32开

本书共12章，内容包括：工人阶级、共产党、党是科学共产主义理论与工人运动的结合、党的组织结构的基本原则、支部、党员、干部、铁的纪律、组织的领导、党与群众的关系等。另收重要文件5篇。附《共产党的布尔塞维克化的条件》《关于联共（布）党章修改的决议》等4篇。

收藏单位：重庆馆、复旦馆、桂林馆、国家馆、吉大馆、南京馆、山西馆、浙江馆

02920

论共产党

大连：大众书店，1946.12，再版，288页，32开

大连：大众书店，1947.8，3版，288页，32开

大连：大众书店，1948，4版，288页，32开（干部学习丛书3）

收藏单位：重庆馆、东北师大馆、国家馆、吉大馆、吉林馆、山西馆、天津馆

02921

论共产党

解放社，1940，1册，32开

收藏单位：东北师大馆、广西馆、国家馆、南京馆、内蒙古馆、山东馆、山西馆

02922

论现今右派社会民主党人　（苏）库西宁著

莫斯科：外国文书籍出版局，1948，36页，25开

本书分析右派社会民主党人的基本职能，指出他们是反民主对外政策的执行者和美帝国主义的奴仆的本质。著者原题：顾西宁。

收藏单位：安徽馆、重庆馆、东北师大馆、广东馆、广西馆、国家馆、华东师大馆、柳州馆、南京馆、山东馆、山西馆、上海馆、绍兴馆、天津馆

02923

论政党　翟放著

大众出版社，1938.11，201页，32开

本书共7章：阶级与政党、什么是共产党、党的组织、党的生活、党的巩固、干部、党的领导。附《支部工作纲要》。

收藏单位：南京馆

02924

论政党　翟放著

汉口：中国出版社，1938.7，198页，32开

汉口：中国出版社，1939.9，再版，198页，32开

汉口：中国出版社，1939，再版，增补本，210页，32开

桂林：中国出版社，1940.1，3版，增补本，148页，32开

收藏单位：安徽馆、北碚馆、重庆馆、东北师大馆、广东馆、桂林馆、国家馆、黑龙江馆、华东师大馆、吉林馆、近代史所、南京馆、上海馆

02925

论政党　翟放著

中马出版社，1946.1，123页，36开

收藏单位：国家馆、华东师大馆、上海馆

02926

论政党（续编）　[翟放著]

出版者不详，[1938]，128页，32开

本书共10章，内容包括：党员、党的组

织、党的纪律、党从两条战线斗争中巩固起来、干部政策等。目录页题名：党的建设。

收藏单位：重庆馆

02927

[论政党问答] 翟放编

出版者不详，[1940]，油印本，27 页，32 开

本书为伪装本。伪装题名：青苗。伪装丛书题：新文艺集刊。

收藏单位：国家馆

02928

论政党问答（一个讨论提纲） 翟放编

播种社，1939.11，42 页，32 开

播种社，1940.1，再版，42 页，32 开

播种社，1940.5，3 版，42 页，32 开

播种社，1941，24 页，32 开

收藏单位：广西馆、国家馆、宁夏馆

02929

莫洛托夫报告 （苏）莫洛托夫（Вячеслав Михайлович Молотов）著

上海：时代书报社，[1945.11]，27 页，48 开

本书为著者 1945 年 11 月 6 日在莫斯科所作的十月革命二十八周年纪念报告。

收藏单位：重庆馆、黑龙江馆、南京馆、宁夏馆、上海馆

02930

莫洛托夫报告（新闻类编特刊）（苏）莫洛托夫（Вячеслав Михайлович Молотов）著

出版者不详，1945.11，11 页，16 开

收藏单位：国家馆、浙江馆

02931

莫洛托夫日丹诺夫的报告 东北民主联军总政治部编

东北民主联军总政治部，1947.11，95 页，36 开（时论丛书 11）

本书收文 7 篇：《九国共产党代表情报会议上日丹诺夫同志关于国际形势的报告》《美共主席福斯特论美国资产阶级与外交政策》《十月革命卅周年莫洛托夫演说》《联共中央颁布十月革命节口号》《社会主义必将战胜资本主义》《十月革命卅周年苏联武装部队发布命令》《星星之火可以燎原》。附《苏维埃计划经济底胜利》等 3 篇。

收藏单位：重庆馆、东北师大馆、广东馆、国家馆、辽宁馆、南京馆、天津馆

02932

莫洛托夫日丹诺夫重要演说 （苏）莫洛托夫（Вячеслав Михайлович Молотов）（苏）日丹诺夫（А. А. Жданов）著

[阳城]：太岳新华书店，1947.11，[39] 页，36 开

本书收文两篇：《莫洛托夫十月节演说原文》（1947 年）、《日丹诺夫在九国共产党情报会议上对目前国际形势的报告》（1947 年 9 月）。附《苏联建设三十年》（李慎之）。

收藏单位：重庆馆、国家馆、山东馆

02933

目前的国际形势 东北民主联军总政宣传部编

东北民主联军总政治部，1947.10，126 页，32 开（时论丛书 9）

本书收文 8 篇：《维辛斯基在联合国大会上的演说》、《维辛斯基在记者招待会上的声明》、《制止战争贩子还是鼓励战争贩子》（新华社社论）、《欧洲九国共产党联合成立情报局的公告》、《季米特洛夫答记者问》、《铁托报告形势与任务》、《论九国共产党会议》（《真理报》社论）、《欧洲形势》（新华社社论）。附《华尔街控制的美国政府》等 11 篇。

收藏单位：东北师大馆、广东馆、国家馆、南京馆、天津馆

02934

欧美无产政党研究 施存统译

上海：新生命书局，1929.6，[226+10] 页，32 开（新生命丛书）

本书共 6 章：德国社会民主党、法国社会党、英国劳动党、意大利社会党、美国底社会党、共产党。译者原题：施伏量。

收藏单位：安徽馆、重庆馆、东北师大

馆、广东馆、广西馆、国家馆、湖南馆、吉林馆、江西馆、南京馆、山西馆、陕西馆、首都馆、浙江馆

02935
欧洲九国共产党报告　青山等译
大连：光华书店，1948.5，274页，36开
本书收文9篇，内容包括：《苏联共产党（布）中央委员会工作报告》（马林可夫讲，青山译）、《在为国内各族人民的独立为人民的政权为经济的恢复和经济社会的改造而斗争的南斯拉夫共产党》（卡德尔著，君达译）、《论波兰工人党中央委员会的活动》（哥穆尔卡著，达克译）、《在为国家民主化斗争中的罗马尼亚共产党》（格奥尔古·杰日）等。附《九国共产党代表情报会议上日丹诺夫关于国际形势的报告》（日丹诺夫著，青山译）。
收藏单位：国家馆、浙江馆

02936
七年来的共产国际（在共产国际第七次全世界代表大会上关于国际执行委员会工作的报告）（德）皮克著
东方出版社，1939.4，101页，36开
本报告从5个方面总结共产国际第六次至第七次全世界代表大会的工作情况。
收藏单位：重庆馆、广东馆、桂林馆、国家馆、近代史所、辽大馆、南京馆

02937
全人类翻身的日子快要到来了　江西新华书店编辑
南昌：江西新华书店，1949，84页，32开
收藏单位：东北师大馆、国家馆、江西馆、辽宁馆

02938
人民阵线　金泽华编译
[上海]：大中国出版社，1938.6，84页，36开（青年知识丛书9）
本书介绍反法西斯人民阵线的产生、理论、纲领，法国与西班牙的人民阵线，中国的反帝人民阵线及基本纲领。
收藏单位：国家馆、吉林馆

02939
少共国际纲领
出版者不详，[1929]，84页，32开
本书收共产国际主席团通过的《少共国际纲领》和《无产阶级专政下的共产青年团》。
收藏单位：国家馆

02940
少年共产国际纲领
外文题名：Program of the young communist internation
出版者不详，1940，110页，32开
本书收《少年共产国际纲领》《共产青年团在农村劳动青年中的特殊任务》《共产青年团的教育工作》《无产阶级专政之下的共产青年团》《少年共产国际在殖民地的斗争》等。
收藏单位：北碚馆、国家馆、吉林馆、山东馆、天津馆

02941
十月革命　范近著
上海：光宇书店，1932.10，62页，64开
收藏单位：国家馆

02942
十月革命的世界意义
哈尔滨：东北书店，1948.12，12页，32开
本书收文两篇：《十月革命的世界意义》《十月革命的国际性质》。
收藏单位：北师大馆、长春馆、重庆馆、国家馆、山东馆、天津馆

02943
十月革命的世界意义
北平：科学社，[1927—1949]，12页，32开
收藏单位：重庆馆

02944
十月革命文献　黑龙江省中苏友好协会编
[黑龙江省中苏友好协会]，[1949]，46页，32开

本书共 5 章：十月革命底国际性质、毛主席论十月革命、刘少奇在中苏友好协会总会主办的十月革命三十二周年庆祝大会上的讲演词、十月社会主义革命与中国革命、马林科夫在莫斯科苏维埃纪念十月革命三十二周年庆祝大会上的报告。

收藏单位：国家馆

02945

十月革命资料

苏中公学政治部，[1940—1949]，油印本，48 页，32 开（学习小丛书 3）

收藏单位：山东馆

02946

十月教训 （苏）托洛茨基（Лев Давидович Троцкий）著 唐威译

春燕出版社，[1946]，88 页，32 开（新旗丛书 1）

本书收文 9 篇，内容包括：《我们必须研究十月革命》《反战斗争和保卫主义》《四月会议》《十月革命前后》等。著者原题：托洛次基。

收藏单位：近代史所、首都馆、浙江馆

02947

世界各国共产党 东北书店编

佳木斯：东北书店，1947，36 页，32 开

佳木斯：东北书店，1948.1，再版，33 页，32 开

本书向翻身后的农民介绍中国、苏联、法国、南斯拉夫、波兰等世界各国共产党的发展情况，让农民明白老百姓翻身的道理。

收藏单位：长春馆、东北师大馆、广东馆、江西馆、南京馆

02948

世界人民阵线 凌青著

上海：读书生活出版社，1936.10，91 页，36 开（角半小丛书 艾思奇主编）

本书介绍法、德、英、美、日等 8 国的反法西斯运动，巴西、印度、巴勒斯坦的反帝运动，以及反法西斯反帝的国际人民阵线运动等。

收藏单位：重庆馆、广东馆、国家馆、吉林馆、江西馆、南京馆、上海馆、天津馆

02949

苏联十月革命节三十二周年纪念 新华时事丛刊社编辑

[北平]：新华书店，1949，83 页，32 开（新华时事丛刊）

收藏单位：重庆馆、广东馆、广西馆、国家馆、湖南馆、辽宁馆、南京馆

02950

苏联十月革命三十二周年纪念特刊 中苏友好协会上海分会筹委会编辑

上海：中苏友好协会上海分会筹委会，1949，42 页，25 开

本书内容包括：祝十月革命三十二周年、十月革命与东方、苏联社会逐步向共产主义前进、伟大的十月革命为苏联人民开辟了富裕生活大道、苏联重工业的成就、战后苏联文化的繁荣等。

收藏单位：国家馆

02951

伟大十月社会主义革命二十八周年纪念 （苏）莫洛托夫（Вячеслав Михайлович Молотов）著

大连：中苏友好协会，1945.12，31 页，36 开

本书为著者 1945 年 11 月 6 日在莫斯科苏维埃庆祝大会上所作的报告。

收藏单位：重庆馆、国家馆、山东馆

02952

伟大十月社会主义革命三十周年纪念 （苏）莫洛托夫（Вячеслав Михайлович Молотов）著

莫斯科：外国文书籍出版局，1947，31 页，42 开

本书为著者 1947 年 11 月 6 日在莫斯科苏维埃庆祝大会上所作的报告，共 3 部分：苏联社会主义胜利的意义、苏联与国际合作、苏联与共产主义。

收藏单位：东北师大馆、国家馆、辽宁

馆、山西馆

02953
伟大十月社会主义革命卅一周年纪念　（苏）莫洛托夫（Вячеслав Михайлович Молотов）著
哈尔滨：东北书店，1948.11，24 页，32 开
本书为著者 1948 年 11 月 6 日在莫斯科苏维埃庆祝大会上的报告。
收藏单位：长春馆、东北师大馆、国家馆、南京馆、山东馆、天津馆

02954
为彻底粉碎法西斯主义的民主斗争　（苏）奥列楚克著　秋江译
光华书店，1947.11，64 页，36 开（国际问题译丛）
光华书店，1948，再版，64 页，36 开（国际问题译丛）
本书评论第二次世界大战后帝国主义者对德日法西斯残余势力的支持，民主力量反对法西斯主义复活所进行的斗争，以及苏联在这一斗争中的决定作用等。
收藏单位：长春馆、东北师大馆、国家馆、近代史所、辽宁馆、山东馆、天津馆

02955
为统一战线而斗争　（苏）曼努伊尔斯基（Д. З. Мануильский）著
出版者不详，1937，221 页，32 开
出版者不详，[1939.4]，257 页，36 开
本书收著者 1935 年 8 月在共产国际第七次代表大会上的报告和演说，共 3 部分：苏联社会主义建设底总结、为革命的马克思主义而斗争的恩格斯、共产国际第七次大会的总结。著者原题：曼努意夫斯基。
收藏单位：重庆馆、贵州馆、国家馆、南京馆

02956
为统一战线而斗争　（苏）曼努伊尔斯基（Д. З. Мануильский）著　伊黎译
延安：前进出版社，1938.3，再版，228 页，32 开
本书著者原题：曼努意斯基。
收藏单位：北碚馆、重庆馆、广东馆、国家馆

02957
为无产阶级政党的革命路线而斗争　解放社编
山东新华书店，1949.8，129 页，32 开
本书收《欧洲共产党情报局论工人阶级在反对帝国主义斗争中的主要危险》、《论美国共产党的解散》（杜克洛）、《在美国共产党全国委员会会议上的开幕词》（福斯特）、《保卫共和——捍卫我们民族独立》（多列士）等文。
收藏单位：国家馆、山东馆、四川馆、天津馆

02958
为无产阶级政党的革命路线而斗争　解放社编
[北平]：新华书店，1949.6，161 页，32 开
[北平]：新华书店，1949，再版，161 页，32 开
收藏单位：长春馆、重庆馆、广东馆、广西馆、贵州馆、国家馆、湖北馆、湖南馆、吉林馆、南京馆、宁夏馆、山东馆、山西馆、上海馆

02959
为无产阶级政党的革命路线而斗争　解放社编
[杭州]：浙江新华书店，1949，98 页，32 开
收藏单位：山东馆、天津馆

02960
无产阶级对于战争的态度
出版者不详，[1931—1949]，79 页，25 开
本书收文 4 篇：《伯恩代表会议的决议》《列宁关于海牙会议上俄国代表团任务问题的几点意见》《共产国际第六次世界代表大会关于反对帝国主义战争的斗争和共产党员任务的提纲》《共产国际执委第十一次全体会议关于反对武装干涉苏联和共产党员任务的决议案》。
收藏单位：重庆馆、国家馆、南京馆

02961

向共产主义胜利前进 （苏）莫洛托夫（Вячеслав Михайлович Молотов）（苏）日丹诺夫（А. А. Жданов）著 五地委宣传部编

[五地委宣传部]，[1948—1949]，34页，32开

本书收文两篇：《向共产主义胜利前进》（莫洛托夫在庆祝十月革命卅周年纪念大会上的演说）、《论目前国际形势》（日丹诺夫在欧共九国情报会议上的报告）。附《对亚历山大洛夫〈西欧哲学史〉的批判》（日丹诺夫）。

收藏单位：国家馆、南京馆

02962

星星之火可以燎原 安东日报社编

安东（丹东）：安东日报社，1947.11，68页，32开

本书收文8篇：《星星之火可以燎原》（新华社社论）、《莫洛托夫在莫斯科苏维埃十月革命上的演讲》（莫洛托夫）、《欧洲九国共产党情报局成立宣言》、《目前国际形势》（日丹诺夫）、《真理报评九国共产党会议的重大政治意义》、《对目前世界政治形势——季米特洛夫答记者问》、《南国民族阵线二届大会上：铁托元帅发表重要演说》、《欧洲形势》（新华社社论）。

收藏单位：东北师大馆

02963

殖民地与半殖民地革命运动大纲（一九二八年共产国际第六次世界大会决议）

出版者不详，[1928]，98页，32开

本书共3部分：殖民地经济的与帝国主义殖民政策的特性、中国印度及同样殖民地国家内共产党的战略与策略、共产党的当前任务。书前有序言。

收藏单位：广东馆、山东馆

02964

中国革命 民志书店编辑

上海：民志书店，1930，206页，32开

本书共两部分：1925—1927年中国大革命的教训、共产国际第七至九次扩大会议决议案。附《"八七"会议告全党同志书》等。

收藏单位：国家馆

02965

资本主义的稳定与无产阶级革命 （苏）布哈林（Н. Бухарин）著 陆定一译

新青年社，1927，196页，32开

本书为著者1926年11月在共产国际第七次扩大会上的报告。

收藏单位：湖北馆

中国共产党

党的领导人著作

02966

陈独秀先生讲演录 新青年社编

[广州]：国光书店，1926.4，5版，36页，32开

本书收文3篇：《我们为甚么相信社会主义》《我们相信何种社会主义》《社会主义如何在中国进行》。

收藏单位：黑龙江馆

02967

陈独秀先生讲演录 新青年社编

广州：平民书社，1924.5，36页，32开

[广州]：平民书社，1924.6，再版，36页，32开

[广州]：平民书社，1924.11，3版，36页，32开

收藏单位：广东馆、国家馆、湖南馆、吉林馆、近代史所

02968

陈独秀先生讲演录 中国社会主义青年团广东区执行委员会编

广州：丁卜图书织造社，1923.9，44页，32开

收藏单位：北师大馆

02969

独秀文存　陈独秀著

上海：亚东图书馆，1922.11，4册（[1092]页），32开

上海：亚东图书馆，1922.12，再版，4册（[1094]页），32开

上海：亚东图书馆，1923.12，4版，4册（[1092]页），32开

上海：亚东图书馆，1924，5版，4册（[1094]页），32开

上海：亚东图书馆，1925.3，6版，4册，32开

上海：亚东图书馆，1926.6，7版，4册，32开

上海：亚东图书馆，1927，8版，2册，32开，精装

上海：亚东图书馆，1933，9版，2册，32开，精装

上海：亚东图书馆，1934.3，10版，4册，32开

上海：亚东图书馆，1937.3，11版，3册，32开

上海：亚东图书馆，1939.10，12版，3册，32开

本书共3卷：论文、随感录、通信。收文近300篇。

收藏单位：安徽馆、北碚馆、重庆馆、东北师大馆、广东馆、广西馆、贵州馆、国家馆、河南馆、黑龙江馆、湖北馆、湖南馆、吉大馆、吉林馆、江西馆、辽大馆、辽师大馆、南京馆、内蒙古馆、宁夏馆、山西馆、上海馆、首都馆、天津馆、西南大学馆、浙江馆、中科图

02970

政治参考资料　中国人民解放军第二野战军军政大学政治部编

中国人民解放军第二野战军军政大学政治部，1949，30页，36开

本书收文6篇，内容包括：《斯大林论平均主义》（毛泽东）、《反对自由主义》（毛泽东）、《民主集中制之执行》（刘少奇）、《态度问题》（刘少奇）等。

收藏单位：重庆馆

建党理论

02971

“共产主义与共产党”教育参考材料　中共苏北区党委宣传部编

中共苏北区党委宣传部，[1949]，44页，32开

本书收文7篇，内容包括：《列宁斯大林论必须坚持共产党员的标准》（胡绳）、《谈谈关于共产党八条标准的认识问题》（陈野苹）、《苏联社会主义社会》（马家驹）、《苏联从社会主义过渡到共产主义》（周建国）等。

收藏单位：国家馆

02972

中国共产党的几个问题（李富春同志1938年4月12日讲）　李富春讲

出版者不详，[1938—1949]，21页，32开

收藏单位：国家馆

党章及学习参考材料

02973

党的基本知识　中共冀中区党委宣传部编

[中共冀中区党委宣传部]，1946.12，4册，64开

收藏单位：国家馆

02974

党的基本知识教材　后勤政治部编

后勤政治部，1943.7，油印本，24页，32开

收藏单位：国家馆

02975

党的基础知识　太岳区党委编

太岳区党委，1940，油印本，1册，28开（党内小丛书第1种）

收藏单位：国家馆

02976
党章教材 新四军山东军区政治部编
胶东新华书店，1947.8，再版，84页，32开
本书书后有《我党第七届中央委员会与候补中央委员》《死难革命领袖英灵永存》《中共七大代表暨延安人民代表追悼中国革命死难烈士祭文》。
收藏单位：南京馆、山东馆

02977
党章教材 新四军山东军区政治部编
山东新华书店，[1946.10]，102页，42开
收藏单位：山东馆

02978
党章教材 中国人民解放军华东野战军政治部编
中国人民解放军华东野战军政治部，[1947—1949]印，102页，50开
收藏单位：国家馆

02979
党章教材（上册） [豫皖苏军区政治部编]
豫皖苏军区政治部，[1946—1949]，21页，36开
本书分6个单元，共8课。上册为“中国革命”和“中国共产党”两个单元，内容包括：中国社会革谁的命、谁来革命、中国革命的性质、中国共产党的性质、中国共产党的目的与任务等。
收藏单位：重庆馆

02980
共产党党章
太行群众书店，1947.12，27页，32开
本书为1945年6月11日中共七大通过的《中国共产党党章》。共11章70条，内容包括：总纲、党员、党的组织制度、党的中央组织、党的地方组织、党的基层组织、党的干部和党的纪律等。
收藏单位：河南馆

02981
共产党党章（一九二八年中国共产党第六次代表大会提出的草案）
汉口：中国出版社，1938.8，61页，32开
本书收《中国共产党党章》及苏共党章、共产国际章程。
收藏单位：北师大馆、重庆馆、东北师大馆、国家馆、吉林馆、南京馆

02982
共产主义和共产党初级读本（未定稿） 苏南区党委宣传部编
苏南区党委宣传部，[1949]，83页，32开
本书共16课，内容包括：不合理的旧社会、阶级斗争和革命、中国共产党是中国革命和中国建设的领导者、中国共产党是工人阶级的政党、新民主主义革命、社会主义社会、共产主义社会等。
收藏单位：国家馆

02983
关于党章报告 刘少奇著
[张家口]：中共中央华中分局，1945，69页，32开
本报告内容包括：党员、党的组织机构、党的中央组织、党的省及边区之组织、党的基础组织、党的地下组织、党的检察机关、党外组织中的党组、奖励与处分等。
收藏单位：国家馆

02984
关于修改党章的报告 刘少奇著
东北民主联军总政治部，1947印，94页，32开
收藏单位：国家馆

02985
关于修改党章的报告 刘少奇著
佳木斯：东北书店，1947.9，再版，116页，32开
佳木斯：东北书店，1947.11，3版，116页，32开
哈尔滨：东北书店，1948，4版，116页，32

开
哈尔滨：东北书店，1948，5 版，116 页，32 开
哈尔滨：东北书店，1948.12，6 版，116 页，32 开
沈阳：东北书店，1949.3，7 版，116 页，32 开

本报告作于 1945 年 5 月 14 日中国共产党第七次全国代表大会，内容包括：关于党章的总纲、关于党员、关于党内民主的集中制、关于干部问题、关于党的基础组织、关于奖励与处分、党的严肃性与灵活性等。

收藏单位：安徽馆、重庆馆、东北师大馆、福建馆、广东馆、国家馆、湖北馆、吉林馆、辽宁馆、南京馆、山东馆、山西馆、上海馆、天津馆、西南大学馆

02986
关于修改党章的报告　刘少奇著
安东（丹东）：东北书店安东分店，1948，87 页，32 开
收藏单位：重庆馆、南京馆、上海馆

02987
关于修改党章的报告　刘少奇著
光明书店，1947.11 印，84 页，32 开
收藏单位：长春馆、辽宁馆

02988
关于修改党章的报告　刘少奇著
华北新华书店，[1945]，84 页，32 开
华北新华书店，1947.6，84 页，32 开
收藏单位：重庆馆、国家馆、湖北馆、南京馆、山西馆、上海馆

02989
关于修改党章的报告　刘少奇著
华东军区政治部，1948.5，76 页，32 开
收藏单位：国家馆

02990
关于修改党章的报告　刘少奇著
华东新华书店渤海分店，1949.3，再版，114 页，32 开
收藏单位：山东馆

02991
关于修改党章的报告　刘少奇著
华东新华书店总店，1948.9，4 版，111 页，32 开
收藏单位：重庆馆、南京馆

02992
关于修改党章的报告　刘少奇著
华中新华书店，1948.11，4 版，98 页，32 开（干部学习丛书）
收藏单位：国家馆、南京馆、上海馆

02993
关于修改党章的报告　刘少奇著
华中新华书店盐阜分店，1948，75 页，32 开
华中新华书店盐阜分店，1948，再版，75 页，32 开
收藏单位：重庆馆、上海馆

02994
关于修改党章的报告　刘少奇撰
[唐山]：冀东新华书店，1949，100 页，32 开
收藏单位：国家馆、辽宁馆、山东馆

02995
关于修改党章的报告　刘少奇著
冀鲁豫书店，[1947]，113 页，32 开
冀鲁豫书店，1947，再版，113 页，32 开（干部学习丛书）
收藏单位：重庆馆、贵州馆、河南馆、吉林馆、南京馆、中科图

02996
关于修改党章的报告　刘少奇著
菏泽：冀鲁豫新华书店，1949.3，3 版，113 页，32 开（干部学习丛书）
收藏单位：山东馆

02997
关于修改党章的报告　刘少奇著

[威县]：冀南书店，1947.6，73页，32开
[威县]：冀南书店，1947.10，再版，73页，32开
收藏单位：国家馆、山东馆

02998
关于修改党章的报告 刘少奇著
冀中新华书店，[1945—1949]，84页，32开
收藏单位：国家馆

02999
关于修改党章的报告 刘少奇著
胶东新华书店，1947，再版，102页，32开
胶东新华书店，1948.8，4版，103页，32开
胶东新华书店，1949.5，5版，103页，32开
收藏单位：重庆馆、山东馆、上海馆

03000
关于修改党章的报告 刘少奇著
晋冀鲁豫军区政治部，[1945]，84页，32开
收藏单位：国家馆、湖北馆、南京馆

03001
关于修改党章的报告 刘少奇著
晋冀新华书店，1947.6，再版，80页，36开
收藏单位：国家馆

03002
关于修改党章的报告 刘少奇著
[北平]：求学出版社，1949.3，11页，32开

03003
关于修改党章的报告 刘少奇著
[北平]：[群众书店]，[1945]，77页，36开
收藏单位：国家馆

03004
关于修改党章的报告 刘少奇著
山东新华书店，1947，3版，79页，32开
山东新华书店，1949.5，5版，111页，32开
收藏单位：重庆馆、南京馆、天津馆

03005
关于修改党章的报告 刘少奇著
太行群众书店，1947，78页，36开
收藏单位：重庆馆

03006
关于修改党章的报告 刘少奇著
太行新华书店，1948.10，78页，32开

03007
关于修改党章的报告 刘少奇著
[阳城]：太岳新华书店，1947.7，77页，32开
[阳城]：太岳新华书店，1948.6，96页，32开
[阳城]：太岳新华书店，1948，再版，96页，32开
[阳城]：太岳新华书店，1949，3版，102页，32开
收藏单位：重庆馆、国家馆、湖北馆、山西馆

03008
关于修改党章的报告 刘少奇著
[合肥]：皖北新华书店，1949.7，100页，32开
收藏单位：山西馆

03009
关于修改党章的报告 刘少奇著
新华书店鲁中南分店，1949.7，80页，32开
收藏单位：南京馆

03010
关于修改党章的报告 刘少奇著
[北平]：新民主出版社，1949，113页，32开
收藏单位：东北师大馆、广东馆、国家馆、宁夏馆

03011
关于修改党章的报告 刘少奇著
大连：新中国书局，1949.4，225页，32开（干

部学习丛书 第 1 辑）
　　收藏单位：上海馆

03012
关于修改党章的报告　刘少奇著
豫皖苏新华书店，1948，78 页，32 开
　　收藏单位：重庆馆、南京馆

03013
关于修改党章的报告　刘少奇著
真理社，[1945]，103 页，32 开
　　收藏单位：国家馆、湖北馆、吉林馆、南京馆、山东馆、天津馆

03014
关于修改党章的报告　刘少奇著
中共渤海区委，1947.2 印，76 页，36 开
　　收藏单位：重庆馆、山东馆

03015
关于修改党章的报告　刘少奇著
中共华东中央局，1946.11 印，79 页，36 开
　　收藏单位：南京馆

03016
关于修改党章的报告　刘少奇著
[兴县]：中共晋绥分局，1946.9，123 页，32 开
　　收藏单位：重庆馆、国家馆、山西馆

03017
关于修改党章的报告　刘少奇著
中共辽东省委，1946.5 印，82 页，32 开
　　收藏单位：东北师大馆、广东馆、辽宁馆

03018
关于修改党章的报告　刘少奇著
中国出版社，1947.1 印，81 页，32 开

03019
关于修改党章的报告　刘少奇著
出版者不详，[1945—1949]，1 册，32 开
　　收藏单位：安徽馆、重庆馆、国家馆、山东馆

03020
关于修改党章的报告
[北平]：新华书店，1949，131 页，32 开
　　收藏单位：国家馆、山西馆

03021
山东分局宣传部山东军区政治部关于目前宣传鼓动工作的紧急指示
胶东区党委宣传部，1945.8 印，88 页，大 64 开
　　收藏单位：山东馆

03022
什么是共产党　皖北新华书店编
[合肥]：皖北新华书店，1949.6，26 页，32 开
　　本书共 16 课，通俗介绍中国共产党的基本知识。
　　收藏单位：国家馆、山东馆

03023
什么是共产党
安东（丹东）：东北书店安东分店，[1948]，51 页，64 开
[安东（丹东）]：东北书店安东分店，[1949]，51 页，64 开
　　收藏单位：国家馆、山东馆

03024
什么是共产党
华中新华书店五分店，[1945—1949]，41 页，64 开
　　本书共 20 节，分述阶级社会、中国的阶级、新民主主义、社会主义、共产主义、党的性质、入党条件及手续、党的组织生活等。
　　收藏单位：国家馆

03025
什么是共产党
华中新华书店盐阜分店，1948.7，42 页，64 开
　　收藏单位：国家馆

03026
什么是共产党
胶东新华书店，[1945—1949]，67 页，64 开
收藏单位：东北师大馆

03027
什么是共产党
苏北新华书店南通分店，[1940—1949] 印，41 页，64 开
收藏单位：国家馆

03028
什么是共产党
真理社，[1940—1949]，34 页，64 开
本书共 12 课。
收藏单位：重庆馆、国家馆

03029
什么是共产党（读本 第 1 册 草稿） 辽南五分区宣传部编
辽南五分区宣传部，1948.1，24 页，32 开，环筒页装
本书共 12 课，分述阶级、阶级压迫、阶级斗争，共产党的产生、性质、目标，以及新民主主义革命和社会主义苏联等。
收藏单位：国家馆、山东馆、山西馆、天津馆、中科图

03030
什么是共产党？（共产党员常识十三讲） 辽北省委宣传部编
东北书店辽北分店，1948.10，增订本，116 页，32 开
收藏单位：国家馆、黑龙江馆、辽宁馆

03031
什么是共产党（上编 组织知识）
民生出版社，[1940—1949]，30 页，32 开
收藏单位：北师大馆、湖北馆

03032
新党章学习提纲　冀晋军区政治部编
冀晋军区政治部，[1944—1947]，油印本，2 册，32 开
收藏单位：国家馆

03033
训练材料（1—3 集） 南路行委宣传部编辑
南路行委宣传部，1930.8，[42] 页，32 开，环筒页装
本书第 1 集收文 5 篇，内容包括:《共产党是什么》《中国革命任务及本党目前的策略》等；第 2 集收文两篇:《纪律须知》《支部书记须知》；第 3 集收文 10 篇，内容包括：《组长报告内容》《工作报告内容》《怎样作主席》等。
收藏单位：国家馆

03034
拥护共产党　东北书店辽北分店编
东北书店辽北分店，1948.8，35 页，64 开
本书共 12 课，内容包括：共产党毛主席领导咱们翻了身、共产党是从哪里来的、共产党的组织、拥护共产党等。
收藏单位：东北师大馆、桂林馆、国家馆

03035
拥护共产党　辽宁军区政治部编
[大连]：光明书店，1948，35 页，64 开
收藏单位：国家馆、山西馆

03036
中国革命的理论与实践
[重庆]：沙坪坝学生公社，[1945—1949]，50 页，32 开
本书收文两篇:《中国革命与中国共产党》(毛泽东)、《关于修改党章的报告》(刘少奇)。另收《中国共产党党章》。
收藏单位：重庆馆

03037
中国革命的理论与实践
[重庆]：新华日报馆，1947.1，185 页，32 开
收藏单位：重庆馆、国家馆、吉林馆

03038
中国共产党党章 中国共产党第七次全国代表大会通过
华北新华书店，1948.8，4 版，30 页，32 开
收藏单位：重庆馆、国家馆、河南馆、南京馆

03039
中国共产党党章 中国共产党第七次全国代表大会通过
[合肥]：皖北新华书店，1949.6，20 页，32 开
收藏单位：国家馆、上海馆

03040
中国共产党党章 中国共产党中央委员会编
香港：扶风出版社，1946，15 页，32 开
收藏单位：近代史所

03041
中国共产党党章
[惠民]：渤海新华书店，1947.4，18 页，32 开
[惠民]：渤海新华书店，1947.6，再版，18 页，32 开
[惠民]：渤海新华书店，1948，24 页，32 开
收藏单位：重庆馆、国家馆、山东馆、上海馆、浙江馆

03042
中国共产党党章
大连：大众书店，1948，24 页，32 开
收藏单位：辽宁馆、南京馆

03043
中国共产党党章
东北民主联军总政治部，1947，26 页，大 64 开
收藏单位：辽宁馆

03044
中国共产党党章
佳木斯：东北书店，1947.10，24 页，32 开
佳木斯：东北书店，1948，再版，33 页，32 开
哈尔滨：东北书店，1948.12，5 版，33 页，32 开
大连：东北书店，1949，2 版，33 页，32 开
长春、大连：东北书店，1949，6 版，33 页，32 开
收藏单位：东北师大馆、广东馆、国家馆、吉林馆、辽宁馆、南京馆、宁夏馆、山东馆、天津馆、中科图

03045
中国共产党党章
光明书店，1947 印，18 页，32 开
收藏单位：吉林馆、辽宁馆、南京馆

03046
中国共产党党章
[北平]：华北人民革命大学教务处，[1949] 印，111 页，32 开
收藏单位：国家馆、天津馆

03047
中国共产党党章
华北新华书店，1947.6，30 页，32 开
华北新华书店，1947.7，再版，30 页，32 开
华北新华书店，1947.12，3 版，30 页，32 开
华北新华书店，1948.8，4 版，30 页，32 开
收藏单位：重庆馆、国家馆、近代史所、山东馆、山西馆、上海馆

03048
中国共产党党章
华东新华书店，1946，24 页，32 开
华东新华书店，1948.9，3 版，24 页，32 开
华东新华书店，1949.2，33 页，32 开
华东新华书店，1949.5，4 版，24 页，32 开
收藏单位：重庆馆、国家馆、吉林馆、南京馆、山东馆、山西馆、上海馆、浙江馆

03049
中国共产党党章
华中新华书店，1948，30 页，64 开
华中新华书店，1949，99 页，32 开

收藏单位：南京馆、山西馆、天津馆

03050
中国共产党党章
吉林书店，1949，33 页，36 开
收藏单位：国家馆、中科图

03051
中国共产党党章
[唐山]：冀东新华书店，1949，20 页，32 开
收藏单位：国家馆、辽宁馆、天津馆

03052
中国共产党党章
冀晋新华书店，1947.3 印，18 页，32 开
收藏单位：国家馆、吉林馆、近代史所、南京馆

03053
中国共产党党章
[威县]：冀南新华书店，1949.8，再版，25 页，32 开
收藏单位：重庆馆、国家馆

03054
中国共产党党章
冀热辽中央分局，1947，22 页，36 开
收藏单位：重庆馆

03055
中国共产党党章
冀中新华书店，1947.4 印，18 页，32 开
冀中新华书店，1947.7，84 页，32 开
收藏单位：国家馆、南京馆、天津馆

03056
中国共产党党章
[阜平]：晋察冀新华书店，1947.9，23 页，32 开
收藏单位：国家馆、南京馆、上海馆

03057
中国共产党党章
辽北书店，1948，18 页，32 开
收藏单位：辽宁馆

03058
中国共产党党章
闽粤赣边第一地委学委会，[1949]，[42] 页，32 开
本书书后有《新民主主义青年团团章》《怎样做一个共产党员》。
收藏单位：广东馆

03059
中国共产党党章
[无锡]：苏南新华书店，1949，30 页，64 开
收藏单位：国家馆、南京馆

03060
中国共产党党章
[邢台]：太行群众书店，1947.12，27 页，32 开
收藏单位：国家馆

03061
中国共产党党章
[阳城]：太岳新华书店，1947.6，35 页，32 开
[阳城]：太岳新华书店，1948，3 版，27 页，32 开
[阳城]：太岳新华书店，1949.3，4 版，26 页，32 开
[阳城]：太岳新华书店，1949.5，5 版，26 页，32 开
收藏单位：重庆馆、国家馆、宁夏馆、山西馆、西南大学馆、浙江馆

03062
中国共产党党章
[合肥]：皖北新华书店，1949.6，20 页，25 开
收藏单位：安徽馆、国家馆、南京馆

03063
中国共产党党章

[北平]：新华书店，1949，22 页，32 开
[北平]：新华书店，1949.5，再版，25 页，32 开
收藏单位：重庆馆、国家馆、南京馆、宁夏馆

03064
中国共产党党章
郧县新华书店，[1948—1949]，石印本，1 册，32 开，环筒页装
收藏单位：重庆馆

03065
中国共产党党章
[杭州]：浙江新华书店，1949.5，19 页，32 开
收藏单位：南京馆、浙江馆

03066
中国共产党党章
[真理社]，[1945—1949]，35 页，64 开
收藏单位：宁夏馆、上海馆

03067
中国共产党党章
正报社，[1945—1949]，27 页，64 开
收藏单位：湖北馆、南京馆

03068
中国共产党党章
中共晋冀鲁豫中央局，[1945—1948]，24 页，32 开
收藏单位：重庆馆、国家馆、山西馆

03069
中国共产党党章
[兴县]：中共晋绥分局，1948.4，25 页，32 开
收藏单位：重庆馆、上海馆

03070
中国共产党党章
[延安]：中共中央书记处，1945.12，27 页，32 开
收藏单位：安徽馆、重庆馆、国家馆、山东馆、山西馆

03071
中国共产党党章
中国出版社，[1948]，84 页，32 开
收藏单位：浙江馆

03072
中国共产党党章
[香港]：中国灯塔出版社，1946，再版，27 页，64 开（灯塔小丛书 8）
收藏单位：浙江馆

03073
中国共产党党章
中原新华书店豫皖苏分店，[1945—1949]，28 页，32 开
收藏单位：南京馆

03074
中国共产党党章·关于修改党章的报告　刘少奇著
[北平]：新华书店，1945，131 页，32 开
[北平]：新华书店，1948.12，131 页，32 开
[北平]：新华书店，1949.5，131 页，32 开
北平：新华书店，1949.9，再版，131 页，32 开
收藏单位：广东馆、贵州馆、国家馆、湖北馆、吉林馆、南京馆、内蒙古馆、山西馆、上海馆、天津馆

03075
中国共产党党章及关于修改党章的报告　刘少奇著
[宝丰]：中原新华书店，1948.10 印，131 页，32 开
本书据中共晋察冀中央局版印。
收藏单位：重庆馆、国家馆

03076
中国共产党党章及关于修改党章的报告　中

共晋绥分局编
[兴县]：中共晋绥分局，1947.12，131页，32开
收藏单位：重庆馆、国家馆、山东馆、山西馆、天津馆

03077
中国共产党党章及关于修改党章的报告 中国共产党第七次全国代表大会通过
[北平]：华北大学，1949，139页，32开
收藏单位：重庆馆、国家馆、辽宁馆

03078
中国共产党党章及关于修改党章的报告 中国共产党第七次全国代表大会通过
[北平]：群众书店，1949，139页，32开
收藏单位：重庆馆、国家馆

03079
中国共产党党章及关于修改党章的报告
[石家庄]：华北军政大学政治部，[1948—1949]，223页，32开
收藏单位：国家馆、南京馆

03080
中国共产党党章及关于修改党章的报告
晋南新华书店，1949，151页，32开
收藏单位：重庆馆

03081
中国共产党党章及关于修改党章的报告
[延安]：陕北新华书店，1945，154页，32开
收藏单位：东北师大馆、国家馆、上海馆

03082
中国共产党党章及关于修改党章的报告
陕甘宁边区新华书店，1948.1，154页，32开
陕甘宁边区新华书店，1948.10，154页，32开
陕甘宁边区新华书店，[1949]，154页，32开
收藏单位：重庆馆、国家馆、山东馆、山西馆、上海馆

03083
中国共产党党章及关于修改党章的报告
上海：新华书店，1949.6，127页，32开
新华书店，1949.7，华中版，131页，32开
新华书店，1949.9，再版，128页，32开
收藏单位：重庆馆、广东馆、国家馆、吉林馆、近代史所、南京馆、山东馆、天津馆、西南大学馆

03084
中国共产党党章及关于修改党章的报告
中共晋察冀中央局，1947，131页，32开
收藏单位：重庆馆、广东馆、国家馆、吉林馆、辽宁馆、山东馆、山西馆、上海馆、天津馆、中科图

03085
中国共产党党章及关于修改党章的报告
北平：中共中央华北局，1948.9，3版，131页，32开
北平：中共中央华北局，1949.2，4版，131页，32开
本书版权页题名：中国共产党党章及修改党章的报告。
收藏单位：国家馆、南京馆、宁夏馆、山西馆、上海馆

03086
中国共产党党章及关于修改党章的报告
中原新华书店，1948.10，131页，32开
中原新华书店，1948.12，再版，104页，32开
收藏单位：国家馆、南京馆、上海馆

03087
中国共产党党章教材 刘少奇等著
[香港]：红棉出版社，1948.4，再版，80页，32开
本书收文9篇，内容包括：《中国共产党党章》（1945年6月11日通过）、《关于党员》（刘少奇《关于修改党章的报告》中第3段）、《关于党内的民主集中制》（刘少奇《关于修改党章的报告》中第5段）、《中共中央关于

增强党性的决定》（1941 年 7 月 1 日中共二十周年纪念日中央政治局通过）、《党员思想意识的修养》等。

收藏单位：国家馆

03088

中国共产党党章教材　文仪　石澜编

［惠民］：渤海新华书店，1947，104 页，36 开

收藏单位：国家馆、吉林馆

03089

中国共产党党章教材　文仪　石澜编

华北新华书店，1947.9，103 页，32 开

华北新华书店，1949，103 页，32 开

本书分 6 单元，共 27 课。内容包括：中国革命、中国共产党、党员、党员的权利与义务、党的组织结构与民主集中制、党的过去和现在等。附《我党第七届中央委员与候补中央委员》等 3 篇。

收藏单位：重庆馆、国家馆、近代史所、山西馆

03090

中国共产党党章教材　文仪　石澜编

冀南新华书店，1947.11，103 页，32 开

03091

中国共产党党章教材　文仪　石澜编

胶东新华书店，1947.6，84 页，36 开

本教材分 6 单元：中国革命、中国共产党、党员、党员的权利与义务、党的组织结构与民主集中制、党的过去和现在。共 27 课。附《我党第七届中央委员与候补中央委员》等 3 篇。

收藏单位：东北师大馆

03092

中国共产党党章教材　文仪　石澜编

山东新华书店，1947.3，102 页，48 开（新华小文库）

收藏单位：国家馆、山东馆

03093

中国共产党党章教材　文仪　石澜编

［邢台］：太行群众书店，1947.10，76 页，32 开

收藏单位：国家馆、上海馆

03094

中国共产党党章教材　文仪　石澜合编

［阳城］：太岳新华书店，1947.10，96 页，36 开

收藏单位：国家馆、山西馆

03095

中国共产党党章教材　中共中央华北局党校教务处编

冀东新华书店，[1948]，151 页，36 开

收藏单位：重庆馆

03096

中国共产党党章教材　中共中央华北局党校教务处编

［威县］：冀南新华书店，1949，1 册，32 开

收藏单位：国家馆、山东馆

03097

中国共产党党章教材　中共中央华北局党校教务处编

山东新华书店，1949，再版，109 页，32 开

收藏单位：天津馆

03098

中国共产党党章教材　中共中央华北局党校教务处编辑

无锡：苏南新华书店，1949，98 页，32 开

收藏单位：辽宁馆、南京馆、山东馆

03099

中国共产党党章教材　中共中央华北局党校教务处编

西安：西北新华书店，1949，151 页，32 开

收藏单位：国家馆、南京馆、陕西馆、上海馆

03100
中国共产党党章教材 中共中央华北局党校教务处编
[北平]：新华书店，1949.4，151 页，32 开
[北平]：新华书店，1949.6，再版，151 页，32 开
[北平]：新华书店，1949.7，再版，2+2+109 页，32 开
新华书店，1949，华中版，151 页，32 开
收藏单位：重庆馆、国家馆、吉林馆、南京馆、山东馆、山西馆、上海馆、天津馆

03101
中国共产党党章教材 中共中央华北局党校教务处编
中共中央华北局党校教务处，1948.12，117 页，32 开
中共中央华北局党校教务处，[1949]，70 页，32 开
[中共中央华北局党校教务处]，1949.7，再版，109 页，32 开
本书为训练县区两级干部的初级党校而编写。共 6 部分 23 课，内容包括：党员、党员的义务与权利、党的基础组织、党的组织原则、领导方法、党章总纲等。
收藏单位：国家馆、天津馆

03102
中国共产党党章教材
佳木斯：东北书店，1948.6，74 页，32 开
佳木斯：东北书店，1948.11，6 版，74 页，36 开
[佳木斯]：东北书店，1948，再版，74 页，32 开
佳木斯：东北书店，1948.10，4 版，72 页，32 开
佳木斯：东北书店，1948.10，5 版，72 页，32 开
沈阳：东北书店，1949，6 版，72 页，36 开
收藏单位：重庆馆、东北师大馆、桂林馆、国家馆、吉林馆、南京馆、山东馆、山西馆、上海馆、天津馆

03103
中国共产党党章教材
[安东（丹东）]：东北书店安东分店，1948.9 印，重版，74 页，32 开
安东（丹东）：东北书店安东分店，1949.2，再版，74 页，32 开
收藏单位：国家馆、吉林馆、山东馆、上海馆

03104
中国共产党党章教材
牡丹江：东北书店牡丹江分店，[1947—1949]，74 页，32 开
收藏单位：长春馆、重庆馆、国家馆

03105
中国共产党党章教材
吉林书店，1949，68 页，32 开
收藏单位：辽宁馆、上海馆

03106
中国共产党党章教材
松江省委宣传部，[1946—1949]，74 页，36 开
收藏单位：重庆馆

03107
中国共产党党章教材
[安东（丹东）]：新华书店安东分店，1948.9，再版，74 页，32 开
收藏单位：国家馆

03108
《中国共产党党章》通俗教材 新四军第七师政治部编
渤海军区政治部，[1945—1949]，1 册，64 开
收藏单位：山东馆

党的组织、会议及其文献

03109
陈伟达同志在二地委第一次党代表会议中关

于首次省党代表会议决议的传达报告提纲
二地委第一次党代表会议秘书处编
二地委第一次党代表会议秘书处，1949.9，22页，32开
　　收藏单位：国家馆

03110
二中全会决议
出版者不详，1949.3，12页，32开
　　本书收1949年3月12日中共七届二中全会的决议内容。
　　收藏单位：广东馆、国家馆

03111
二中全会决议学习参考材料之二　苏北军区政治部编
[苏北军区政治部]，1949.7，64页，36开（干部学习丛书第3辑）
　　本书收文13篇，内容包括：《论人民民主专政》（毛泽东）、《毛主席在新的政治协商会议筹备会开幕典礼上的讲词》、《朱德总司令在新的政治协商筹备会开幕典礼上的讲词》、《七七抗战十二周年纪念日朱总司令在平广播讲演》、《消灭麻痹倾向扑灭特务匪徒》（新华社）、《保护人民祖国的财产》（新华社）、《新的城乡关系》（《东北日报》社论）、《贯彻二中全会的路线，贯彻由乡村到城市的转变》（李富春）等。附《城市的阶级是如何划分的》《什么叫“四面八方”政策》《轻重工业怎样区分》。

03112
分局九月给中央的综合报告　[中共晋绥分局撰]
[兴县]：中共晋绥分局，1948，油印本，1册，32开
　　收藏单位：国家馆

03113
告农民书
[延吉]：中共吉林省委，1948.1，7页，32开
　　收藏单位：国家馆

03114
古田会议决议案与谭政同志政治工作报告
[石家庄]：华北军政大学政治部，1949.3印，82页，32开
　　本书内容包括：中国共产党红军第四军第九次代表大会决议案、1929年12月闽西古田会议的讲话。
　　收藏单位：国家馆、近代史所、浙江馆

03115
古田会议决议案与谭政同志政治工作报告
晋察冀军区政治部，1946.12，48页，36开
　　收藏单位：国家馆

03116
关于贯彻高干会议精神及具体执行四大方案的决定　中共华中工委编
[射阳]：中共华中工委，1948.4，20页，32开
　　收藏单位：南京馆

03117
关于若干历史问题的决议
豫皖苏区中央分局宣传部，[1945]，34页，32开
　　收藏单位：国家馆

03118
关于若干历史问题的决议
出版者不详，1945.8，45页，32开
出版者不详，1947印，33页，25开
　　本书收文献8种，内容包括：《关于若干历史问题的决议》《边区党的历史问题检讨》《关于陕甘宁边区党高干会经过及其经验的总结》等，均为1945年4月20日六届七中全会通过的决议。
　　收藏单位：国家馆、天津馆

03119
关于若干历史问题的决议（一九四五年四月二十日六届七中全会通过）
晋察冀中央局，1945.12，45页，32开
　　收藏单位：国家馆

03120
和平奋斗救中国
香港：时代出版社，[1945—1949]，68 页，32 开（时论丛刊 1）
本书收文 3 篇：《中国人民胜利的指南》《中共第七次全国代表大会在延开幕》《论联合政府》。
收藏单位：重庆馆、甘肃馆

03121
红色文献
[延安]：解放社，1938.2，404 页，32 开
本书收自中共二大到六届四中全会期间中共重要历史文件 21 种，内容包括：《第二次全国大会宣言》《第一次对于时局的主张》《第三次全国大会宣言》《中共“八七”会议告全党党员书》《共产国际执行委员会给中国共产党中央委员会的信》等。
收藏单位：北碚馆、重庆馆、国家馆、吉大馆、辽大馆、南京馆

03122
江苏省委扩大会议组织问题决议案提纲说明书 罗迈著
出版者不详，1929.6，油印本，25 页，32 开
收藏单位：国家馆

03123
目前形势和党在一九四九年的任务·二中全会决议
[延安]：中共中央西北局，[1949]，24 页，32 开
收藏单位：国家馆、山东馆

03124
七大文献
华中军区政治部，1946.8，390 页，32 开
本书收大会开幕闭幕电讯、毛泽东开幕词及其《论联合政府》、朱德演讲词与其《论解放区战场》，以及中共中央领导人刘少奇、周恩来、林伯渠等的演讲词。附学习七大文献参考资料 24 篇。
收藏单位：国家馆

03125
“七代”大会参考文件
出版者不详，[1945]，[28] 页，32 开
本书收《中国人民胜利的指南》、《论联合政府（摘要）》（毛泽东）、《关于中国抗战的军事报告（摘要）》（朱德），以及中共中央领导人毛泽东、朱德、刘少奇、周恩来、任弼时、林伯渠和日共领导人冈野进等的讲话。
收藏单位：山西馆

03126
陕甘宁边区的共产党（中国共产党陕甘宁边区第二次代表大会文件汇辑）
[延安]：解放社，1940.1，52 页，32 开
本书收文 7 篇，内容包括：《抗战新阶段中陕甘宁边区的任务》《中共陕甘宁边区第二次代表大会告边区全体党员书》《致中共中央贺电》《致斯大林同志六十大寿电》《致八路军新四军电》《大会决议》等。
收藏单位：重庆馆、东北师大馆、国家馆

03127
团结的大会胜利的大会 大智编
张家口：新华书店晋察冀分店，1945.9，50 页，32 开
本书收文 5 篇：《中国共产党第七次全国代表大会宣布开幕》、《中共七代大会开幕日各负责同志发表演辞》、《中国共产党第七次全国代表大会宣布闭幕》、《团结的大会胜利的大会》（《解放日报》社论）、《中国人民胜利的指南》（《解放日报》社论）。有中共中央领导人毛泽东、朱德、刘少奇、周恩来、林伯渠和日共领导人冈野进等的讲话。
收藏单位：东北师大馆、国家馆、近代史所、内蒙古馆、山东馆、山西馆、天津馆

03128
团结的大会胜利的大会
冀鲁豫书店，1945.9，48 页，32 开
本书收文 6 篇，内容包括：《中国共产党第七次全国大会开幕消息》《中国人民胜利的指南》《团结的大会胜利的大会》等。附《纪

念党的二十四周年》《纪念抗战八周年》两篇。

收藏单位：国家馆

03129
团结的大会胜利的大会
[阜平]：晋察冀日报社，1945.6，43页，32开

本书收文6篇，内容包括：《中国共产党举行第七次全国代表大会》《大会开幕日负责同志致词》《大会胜利闭幕》等。

收藏单位：国家馆

03130
学习参考文献　晋冀鲁豫中央局编
晋冀鲁豫中央局党校，1946，41页，36开

本书收文3篇：《团结的大会胜利的大会》（《解放日报》社论）、《〈共产党人〉发刊词》（毛泽东）、《中国革命与中国共产党》。

收藏单位：重庆馆

03131
学习二中全会参考材料之三　扬州地委宣传部编
扬州地委宣传部，1949.7，43页，32开

本书收文9篇，内容包括：《论人民民主专政》（毛泽东）、《关于发展生产劳资两利政策的几点说明》（李立三）、《稳步前进建设新中华》（《中原日报》）、《为英舰紫石英号事件解放军总部李涛将军发表声明》等。

收藏单位：国家馆

03132
学习二中全会决议的参考材料　扬州地委宣传部编
扬州地委宣传部，1949.5，20页，32开

本书为干部学习材料。收文5篇，内容包括：《苏北区党委学习关于学习二中全会决议的通知》《地委关于学习二中全会决议的通知》《中共中原区首次党代表会议大会一致决议为实现二中全会决议而斗争》等。

收藏单位：国家馆、南京馆

03133
中共对目前时局的主张　胶东新华书店编
胶东新华书店，1945.11，67页，32开（时事类编12）

本书收有关中共七大的文献20篇。

收藏单位：国家馆、近代史所、南京馆、山东馆

03134
中共扩大的六中全会文献
出版者不详，[1938]，150页，32开

本书收文5篇，内容包括：《中国共产党扩大的六中全会告全国同胞书》《全体将士和国共两党同志书》《论新阶段（抗日民族战争与抗日民族统一战线发展的新阶段——一九三八年十月十二日至十四日毛泽东在中共扩大的六中全会上的报告）》等。

收藏单位：国家馆

03135
中共扩大的六中全会专刊
出版者不详，[1938]，60页，16开

收藏单位：广东馆

03136
中共六中全会决议和宣言　新华日报馆编
重庆：新华日报馆，1938.12，41页，32开（新群丛书20）

本书收《抗日民族自卫战争与抗日民族统一战线发展的新阶段》（中国共产党扩大的六中全会根据毛泽东同志报告通过的决议）、《告全国同胞、全体将士和国共两党同志书》、《关于召集七次全国代表大会的决议》，以及致蒋介石、东北义勇军、八路军、新四军和致日本共产党、西班牙共产党、各国共产党的电文共9篇。

收藏单位：北碚馆、重庆馆、贵州馆、国家馆、吉林馆、近代史所、南京馆

03137
中共六中全会文献　新华日报馆编
重庆：[新华日报馆]，1939.1，161页，32开

本书收《论新阶段》（毛泽东）、中共六

中全会议决案全文及六中全会电文。

收藏单位：南京馆

03138

中共七大文献

佳木斯[等]：东北书店，1947，[296]页，32开

本书收《论联合政府》《论解放区战场》《团结的大会胜利的大会》等。

收藏单位：东北师大馆、广东馆、国家馆

03139

中共中央关于召开党的各级代表大会和代表会议的决议及华北局关于执行报告制度与健全党委制的决定

中共华北局秘书处，1948.11，12页，32开

收藏单位：国家馆

03140

中国共产党第六次代表大会政治决议案

出版者不详，1949.3，37页，32开

收藏单位：国家馆

03141

中国共产党第六次全国大会决议案

出版者不详，[1930—1939]，272页，32开

本书为伪装本。收决议案12件，内容包括：《政治决议案》《组织问题决议案提纲》《中国共产党党章》《职工运动决议案》《土地问题决议案》《农民问题决议案》等。伪装题名：新出绘图国色天香。

收藏单位：国家馆

03142

中国共产党第六次全国代表大会决议案 中共六次大会编

出版者不详，1932，再版，234页，32开

本书为伪装本，收决议案12件。书前有代序《关于"第六次全国大会的总结与精神"的通告》。伪装题名：国民政府建国大纲。伪装出版者题：上海三民学社。

收藏单位：国家馆

03143

中国共产党第七次全国代表大会文献

解放社，[1945.6]，[177]页，32开

本书共6部分："中国共产党第七次全国代表大会开幕""毛泽东同志开幕词""朱德、刘少奇、周恩来、林伯渠、冈野进等同志演词""毛泽东同志政治报告——论联合政府""朱德同志抗战军事报告——论解放区战场""胜利闭幕"。封面题名：论联合政府。

收藏单位：重庆馆、广西馆、国家馆、南京馆、宁夏馆

03144

中国共产党第七次全国代表大会文献

天南书店，[1945]印，1册，32开

收藏单位：广西馆、湖南馆

03145

中国共产党第七次全国代表大会文献

出版者不详，1945，1册，32开

本书封面题名："七大"文献。

收藏单位：国家馆、南京馆

03146

中国共产党对于时局的主张 中国共产党扩大中央执行委员会编

中国共产党扩大中央执行委员会，[1926]，16页，32开

本书为1926年7月12日中国共产党扩大中央执行委员会发表的对时局的声明。

收藏单位：国家馆、近代史所

03147

中国共产党七次代表大会文献

华中军区政治部，1946.8，390页，32开

本书收《论联合政府》（毛泽东）、《论解放区战场》（朱德）、《关于若干历史问题的决议》（1945年4月20日六届七中全会通过）、《中国共产党党章》（七大通过）。附学习七大文献参考资料24篇。

收藏单位：国家馆

03148
自由祖国（第 8 期）
出版者不详，[1945]，41 页，32 开
本书为伪装本。第 1—3 页是 1944 年 4 月 28 日日伪政府的《食粮增产座谈会纪要》，从第 4 页开始为《自由祖国》第 8 期（1945 年 6 月 16 日出版）的内容。内容包括：敌后战场、正面战况等。卷尾两页是《食粮增产问题研究》的内容。伪装题名：食粮增产问题研究。伪装责任者题：天津特别市政府宣传处。
收藏单位：国家馆

党　史

03149
党的工作　彭真报告
中共苏中区党委宣传部，1941，86 页，32 开
本书为时任中共北方局书记的彭真于 1941 年 6 月 4 日至 8 月 21 日，在延安分七次向毛泽东和中共中央政治局汇报晋察冀边区工作的报告。
收藏单位：国家馆

03150
党的工作
晋察冀边区，1940，108 页，25 开
收藏单位：山西馆

03151
党的路线问题选集（内战时期 第 2 册）　中共山东分局编
中共中央北方局，1945.6，506 页，32 开
本书为 1945 年中共山东分局印制的高级干部学习用书。书中既有当时党中央文件、指示，也有毛泽东、王明、张闻天、刘少奇等领导人的文章和讲话。
收藏单位：国家馆

03152
奋斗二十五年的中国共产党
[威县]：冀南书店，1946，20 页，32 开
本书收文 3 篇：《中国共产党与中国》《奋斗二十五年的中国共产党》《从红军到八路军英勇奋斗十九年》。
收藏单位：国家馆、山东馆

03153
各种政策手册　中共陕南区党委办公室编
中共陕南区党委办公室，1949，48 页，36 开
本书收政策 6 种、指示 9 种、布告 3 种。
收藏单位：重庆馆

03154
共产党是怎样壮大起来的
中共辽阳市委宣传部，1948，10 页，32 开
本书为七一宣传材料，共两部分：共产党是从哪里来的、中国共产党是怎样壮大起来的。
收藏单位：国家馆

03155
关于十年来的中国共产党　张闻天著
八路军游击队宣传科，[1938]，35 页，64 开
收藏单位：国家馆

03156
华东局关于接管江南城市的指示（草案）
[兴县]：中共中央晋绥分局，1949.6，9 页，32 开
收藏单位：国家馆

03157
华东局宣传部关于党报通讯工作给中央宣传部的报告
出版者不详，1948.11，8 页，32 开
收藏单位：山东馆

03158
华字通告第六十、六十二、六十三号（转录中央通告第二十、二十一、二十二号）
江苏省委，[1930—1949]，油印本，10 页，32 开
收藏单位：国家馆

03159
纪念七一 华东财办工矿部党委会编
华东财办工矿部党委会，1949.7，2 张，8 开
收藏单位：国家馆

03160
领导人民革命的中国共产党奋斗史 扬弃编著
万人出版社，1949.6，44 页，32 开
本书介绍中国共产党的性质、特点、产生、理论、政策、具体纲领及怎样造就干部等。
收藏单位：国家馆、吉林馆、上海馆

03161
六大以来选集（上、下册） 中共中央书记处编
中共中央书记处，1941，2 册（571 页），16 开
本书汇集了 1928 年 6 月党的第六次代表大会至 1941 年 11 月期间党的重要历史文献 86 篇，为我党最早的和比较系统的历史文献汇集。
收藏单位：国家馆

03162
没有共产党就没有中国
[冀鲁豫书店]，[1944—1948]，32 页，32 开
本书内容包括：没有共产党就没有中国、国共两党抗战成绩的比较、中国共产党抗击的全部伪军概况。附《感言》（续范亭）。
收藏单位：国家馆、山西馆

03163
嫩江省委二月群工会议材料汇集 嫩江省委编
[齐齐哈尔]：嫩江省委，1948.2，39 页，32 开
本书收文 3 篇：《刘锡五同志在全省群工会议上的报告（摘要）》、《贯彻雇农贫农路线中的几个问题》（安子文）、《总结讨论中的几个问题》（顾卓新）。另收省委第 1—4 工作团汇报。
收藏单位：国家馆

03164
七一纪念册——中国共产党二十五周年纪念 通辽建国总会编
[通辽建国总会]，1946.7，19 页，32 开
收藏单位：南京馆

03165
如何贯彻东北全党的转变 松江省委宣传部编
[哈尔滨]：松江省委宣传部，1949.7，32 页，32 开
本书收文 6 篇，内容包括：《如何贯彻东北全党的转变》（《东北日报》）、《贯彻二中全会的路线贯彻由乡村到城市的转变》（李富）、《保护人民祖国的财产》（新华社）等。
收藏单位：国家馆

03166
如何贯彻东北全党的转变
沈阳：东北书店，1949.5，9 页，32 开
本书根据中共七届二中全会提出“党的工作重心由乡村移到城市”的精神，论述东北全党如何进行全面的转移。认为应抓住三个问题：“向全党说明城市的重要性及城市领导农村的意义”“全党认真学习经济建设，抓住工业”“发展农村供销合作社”。
收藏单位：东北师大馆、国家馆、山东馆

03167
十年来的中国共产党 平凡编辑
上海：南华出版社，1938.1，180 页，32 开
本书记述 1927—1937 年中国共产党的斗争概况，共 11 章：十年来的中国共产党、中国红军的组织及其策略、中国红军的战斗力、中国苏维埃政府的建立、苏区的财政、苏区的文化事业与经济组织、苏区的工业、苏区社会实况的分析、由苏维埃到民主共和制度、国共两党统一战线成立后中国革命的迫切任务、中国共产党在现实环境中的任务。附《中国共产党抗日救国十大纲领》《中国共产党对时局重要宣言》

等 3 篇。

收藏单位：东北师大馆、国家馆、吉林馆、天津馆、浙江馆、中科图

03168
十年来的中国共产党　张闻天等著
[延安]：解放出版社，1938.1，70 页，32 开（真理小丛书 5）

本书收文 5 篇：《关于十年来的中国共产党》（洛甫）、《中国共产党十五周年纪念》（季米特洛夫）、《中共中央关于目前政治形势与党的任务的决议》、《中共中央关于抗日救亡运动的新形势与民主共和国的决议》、《中共中央告全党同志书》。书前有编者引言。著者原题：洛甫。

收藏单位：北碚馆、重庆馆、国家馆、上海馆、浙江馆

03169
十年来的中国共产党　张闻天等著
汉口：扬子江出版社，1938.2，再版，46 页，32 开（真理丛书 2）

收藏单位：东北师大馆、广东馆、国家馆、上海馆

03170
十年来的中国共产党　张闻天等著
出版者不详，[1938]，46 页，36 开

收藏单位：重庆馆

03171
为迎接胜利告浙东各界人士书　中国共产党浙东临时工作委员会　浙东行政公署（浙东人民政府）　浙东解放军第二游击纵队政治部颁布
[浙江]：中国共产党浙东临时工作委员会、浙东行政公署（浙东人民政府）、浙东解放军第二游击纵队政治部，1949.4，油印本，4 张，27cm×39cm，27cm×20cm

收藏单位：国家馆

03172
文件汇编　中共皖北区委员会秘书处编发
中共皖北区委员会秘书处，1949.5，50 页，32 开

收藏单位：国家馆

03173
新中国论　王明著
[汉口]：中国出版社，1938.9，61 页，32 开

本书为中共成立十五周年纪念和中共新政策实行一周年而作，讲述中国共产党成立后领导革命的简况和在新形势下为新中国奋斗的新政策。

收藏单位：安徽馆、重庆馆、广东馆、贵州馆、国家馆、江西馆、南京馆、浙江馆

03174
学习文件（1—2、4）　[冀东区党委编]
冀东区党委，1948.6，149 页，32 开

本书内容包括：关于增强党性的决定、反对自由主义等。

收藏单位：国家馆、辽宁馆

03175
一年来的组织工作　中共石家庄市委组织部编
[石家庄]：中共石家庄市委组织部，1949.9，60 页，32 开

本书介绍石家庄一年多来的建党工作过程和经验。为中共石家庄市委组织部编印的党内文件，供本市工作同志学习与研究。

收藏单位：国家馆

03176
英勇奋斗十七年　张闻天等著
真理出版社，1940.6，60 页，32 开

本书收文 5 篇：《中国共产党十七周年纪念》（洛甫）、《中共成立十七周年》（项英）、《十七年来的中国共产党》（王明）、《伟大的七月》（林伯渠）、《我们继续历史的事业前进》（陈伯达）。著者原题：洛甫。

收藏单位：上海馆

03177
致中国国民党中央执行委员会的信　中国共

产党中央委员会著
[延安]：中国共产党中央委员会，[1924—1949]，3张，29cm×42cm
　　收藏单位：国家馆

03178
中共北岳区党委关于扩军工作的指示（北字十九号）
中共北岳区党委，1948.11，油印本，21页，32开
　　收藏单位：国家馆

03179
中共与中华民族
苏中出版社，[1943]，92页，32开（时论丛刊2）
　　收藏单位：国家馆

03180
中国革命的世界意义　陆定一等著
出版者不详，[1941]，50页，32开
　　本书为中国共产党诞生三十周年纪念文献，收文两篇：《中国革命的世界意义》（陆定一）、《毛泽东思想是马克思列宁主义与中国革命的结合》（陈伯达）。
　　收藏单位：重庆馆

03181
中国革命文献　毛泽东等著
解放出版社，1940.7，58页，32开
　　本书收文7篇：《论中国特点及其发展规律（〈共产党人〉发刊词）》（毛泽东）、《我们继续历史事业前进（为纪念中共成立十七周年而作）》（陈伯达）、《中共十七周年成立特辑》（洛甫）、《为保卫祖国而英勇战斗底中国共产党（纪念中共十七周年）》（英克坚）、《中共成立十九周年纪念》（《新华日报》社论）、《中共成立十九周年纪念》（《新华日报》社论）、《中共中央委员会为抗战三周年纪念对时局宣言》。
　　收藏单位：国家馆

03182
中国共产党
中国医科大学政治处，1948印，45页，32开
　　本书共4部分：中国共产党简史、中国共产党的具体纲领与工作作风、目前中国共产党的总路线和总政策、没有共产党就没有中国。
　　收藏单位：湖北馆、吉林馆

03183
中国共产党的成长与壮大——中共廿八年来斗争史简述　群众日报社编
[西安]：群众日报社，1949.7，11页，32开
　　收藏单位：国家馆

03184
中国共产党简史（“七一”讲话参考材料）
中共苏北区党委宣传部，1949.6，33页，32开
　　收藏单位：广东馆、国家馆

03185
中国共产党简史（走向胜利的二十八年）　中共徐州市委宣传部编
徐州：中共徐州市委宣传部，1949.8，44页，32开
　　本书共5部分：中国共产党的诞生、大革命时期、土地革命时期、抗日战争时期、人民解放战争时期。
　　收藏单位：国家馆、南京馆、天津馆

03186
中国共产党年表
大连：大众书店，1948.8，40页，32开
　　本书为1919—1942年年表。附《毛泽东自传》。
　　收藏单位：辽宁馆、山东馆

03187
中国共产党年表
河间：冀中新华书店，[1942—1948]，44页，32开
　　收藏单位：国家馆、山东馆

03188
中国共产党年表
胶东新华书店，1947.7，40页，32开
收藏单位：国家馆、山东馆

03189
中国共产党年表（初稿） 华北大学编
北平：华北大学，1949.7，12页，32开
收藏单位：国家馆

03190
中国共产党三十年来革命史实 罗乃夫作
上海：前进出版社，1949.6，84页，32开
本书共12章，内容包括：中国共产党的诞生、中共革命将领略传及国民党反动残余的崩溃和流亡等。
收藏单位：国家馆、湖南馆、吉林馆、南京馆、天津馆、浙江馆

03191
中国共产党史纲 方且编著
上海：编译社，1949.7，60页，32开（新智识丛书）
本书共8章，内容包括：中国共产党底产生、国共怎样进行合作、十年苏维埃运动、八年抗日战争等。
收藏单位：重庆馆、南京馆

03192
中国共产党英勇奋斗的十五年 （苏）米夫（Павел Александрови Миф）著
出版者不详，[1936]，130页，32开（中国革命问题丛书）
本书共7部分：半殖民地的中国、欧战后的中国、中国革命第一阶段中的中国共产党、中国革命第二阶段中的中国共产党、新革命高涨前的中国共产党、新的革命高涨与为建立苏维埃政权的斗争、中国共产党为抗日救国统一战线而斗争。
收藏单位：北碚馆、广东馆、国家馆

03193
中国共产党与革命战争 王稼祥著
[延安]：八路军军政杂志社，1940.5，28页，32开
本书论述中国共产党在国内革命战争、抗日战争和今后武装斗争中的任务。
收藏单位：国家馆

03194
中国共产党与革命战争 王稼祥著
八路军政治部，1940，30页，32开
收藏单位：国家馆、近代史所

03195
中国共产党与革命战争 王稼祥著
延安：解放社，1941.1，33页，36开
收藏单位：北碚馆、国家馆、南京馆

03196
中国共产党与革命战争 王稼祥著
[黎城]：新华日报华北分馆，1940.6，61页，64开（前线丛书10）
收藏单位：国家馆、南京馆

03197
中国共产党与中华民族 王稼祥等著　大众日报社编
大众日报社，1943.8，40页，32开
收藏单位：山东馆

03198
[中国共产党中央委员会为抗战四周年纪念宣言]
出版者不详，[1944]，[18]页，32开
本书收文8篇：《中国共产党中央委员会为抗战四周年纪念宣言》《中共中央关于罗邱宣言及行将召集的莫斯科会议之声明》《中国共产党中央关于太平洋反日统一战线的指示》《中国共产党中央委员会告抗日根据地全体党员和八路军新四军将士书》《对国民党十中全会宣言及特种研究委员会之报告中共中央发表谈话》《中共中央关于庆祝中英中美间废除不平等条约的决定》《中共中央关于共产国际执委主席团提议解散共产国际的决定》《共产国际执行委员会主席团重要决议》。

收藏单位：国家馆

03199
中央分局第一次扩大会议对皖西北特委工作决议、互济会工作决议
中共霍山县委会，[1931] 印，油印本，1 册，64 开
收藏单位：国家馆

党的总路线和总政策

03200
城工手册（第 1 集） 中共胶东区党委宣传部编印
出版者不详，1949.2，63 页
本书内容包括：新民主主义革命的三大经济纲领、工商业政策等。
收藏单位：华东师大馆

03201
城市工作手册（1） [东北书店辑]
牡丹江：东北书店牡丹江分店，1948.5，47 页，32 开
本书内容包括：目前形势和我们的任务、对工商业政策、新民主主义政治等。
收藏单位：天津馆

03202
城市政策 [林明编]
[智慧出版社]，1949.5，31 页，32 开（智慧丛书 3）
本书介绍人民政府在城市、文教、工商业等方面的政策及管理。附《文教政策》《城市土地问题》《土地法大纲》等。
收藏单位：上海馆、浙江馆

03203
城市政策
杭州：前进出版社，1949，24 页，32 开
收藏单位：东北师大馆、吉林馆

03204
城市政策
出版者不详，1948，56 页，32 开
出版者不详，[1948—1949]，26 页，32 开
出版者不详，1949，89 页，32 开
出版者不详，1949，32 页，32 开
收藏单位：重庆馆、广东馆、国家馆、天津馆

03205
城市政策（第 1—2 辑） 中共吉林市委编
[中共吉林市委]，1948，20+15 页，32 开
本书内容包括：保护民族工商业、坚持职工运动正确的路线反对“左”倾冒险主义、保护城市工商业发展城市工商业、中共东北中央局《关于知识份子的决定》、发展工业的劳动政策与税收政策、保护城市私人工商业、关于保护私营工商业的决定等。
收藏单位：国家馆、天津馆

03206
城市政策（第 2 辑） 中共中央华东局秘书处编
中共中央华东局秘书处，1949.2，114 页，32 开
本书第 1 部分收《中国人民解放军平津前线司令部布告》等 4 种，第 2 部分收《关于中国职工运动当前任务的决议》等 7 种，第 3 部分收《保护国家财产，保护公共财产》等 3 种。
收藏单位：重庆馆、国家馆、南京馆、山东馆、上海馆

03207
城市政策汇编（1） 东北书店编
哈尔滨：东北书店，1948，15 页，32 开
哈尔滨：东北书店，1948.11，2 版，15 页，32 开
本书收有关政策 7 篇，内容包括：《中共中央东北局关于保护新收复城市的指示》《东北野战军新区作战入城布告》《东北人民解放军司令部颁布部队入城纪律》《陕甘宁边区政府关于保护工商业布告》等。

收藏单位：重庆馆、广东馆、国家馆、湖北馆、吉林馆、江西馆、辽宁馆、南京馆、宁夏馆、山东馆、上海馆、天津馆

03208
城市政策汇集　人民解放军华北军区太原市军事管制委员会编
太原：人民解放军华北军区太原市军事管制委员会，1948.11，37页，25开
收藏单位：山西馆

03209
城市政策纪律教材　中国人民解放军华北军区政治部编
中国人民解放军华北军区政治部，[1948]，10页，36开
本书共6部分："我们要保护城市，维持城市革命秩序""对待敌军和敌方人员的政策纪律""对待城市人民的政策纪律""对待敌产、公产的政策纪律""对待外国人的政策纪律""学会得天下治天下的本领"。
收藏单位：重庆馆、贵州馆、山东馆

03210
党的政策选集　解放社编
[上海]：[光明出版社]，1946.4印，167页，25开
本书收有关政策和决定25篇，内容包括：《〈共产党人〉发刊词》《新民主主义论》《中国革命与中国共产党》《中央关于目前形势与党的任务的决定》《陕甘宁边区施政纲领》等。
收藏单位：国家馆、吉林馆、近代史所、辽宁馆

03211
党的政策选集　解放社编
解放社，1945，172页，32开
解放社，1945.5，再版，172页，32开
收藏单位：重庆馆、国家馆、吉林馆

03212
党的政策选集　解放社编
[阜平]：晋察冀日报社，1946.3印，270页，32开
收藏单位：东北师大馆、广东馆、国家馆

03213
党的政策选集　中央党校教务处编
中央党校教务处，1945.2，213页，32开
本书收有关政策和决定19篇，内容包括：《上海太原失陷以后抗日民族革命战争的形势与任务》《战争与战略问题》《论合作社》《中国共产党在民族战争中的地位》《一九四五年的任务》等。附《毛主席在接见中外记者团席上的谈话》《文教统一战线方针》《周恩来同志对国共谈判的声明》。
收藏单位：重庆馆、贵州馆、国家馆、天津馆

03214
党的政策重要文件汇集　华北军政大学政治部编
[石家庄]：华北军政大学政治部，[1948]，4册，32开
本书收《毛主席关于军队必须抓紧政策——策略的检讨与教育的指示》《目前形势和我们的任务》《中国人民解放军宣言》《中国共产党中央宣传部关于纪念"七一"和"七七"的通知》《人民解放战争两周年的总结和第三年的任务》《停止新区土改减租减息》《中原局颁布减租减息纲领》《中共中原局发布指示争取团结改造培养知识分子》等。
收藏单位：重庆馆、国家馆、天津馆

03215
共产党政策
出版者不详，[1945—1949]，23页，32开
本书共两部分：解放区文教政策、城市政策。"文教政策"部分内容包括：文教方针、教育制度、社会教育、知识分子的改造、思想言论出版、宗教自由问题等；"城市政策"部分内容包括：城市社会的特点、社会改革与农村土改之不同、如何管理城市、关于工商业的处理等。
收藏单位：国家馆

03216

关于城市接管工作的重要文献及经验介绍 中共中央统一战线工作部编

[北平]：中共中央统一战线工作部，1949.8，91页，32开

本书共两部分。第1部分收文9篇，内容包括:《中国人民解放军布告》(1949年4月25日)、《中共中央关于新解放城市中组织各界代表会的指示》(1948年11月15日)、《中共中央关于军事管制问题的指示》(1948年11月15日)等；第2部分收文6篇，内容包括:《接管济南的经验》(1948年11月9日)、《接管郑州、开封的经验》(1949年1月)等。

收藏单位：国家馆、近代史所

03217

关于城市政策的几个文献

华北新华书店，1948.12，46页，32开

华北新华书店，1949.1，58页，32开

华北新华书店，1949.2，再版，46页，32开

本书收解放区有关城市政策的文件10种，内容包括:《中共东北中央局关于保护新收复城市的指示》《人民解放军华东军区与济南人民约法七章》《济南军管会颁布入城守则十一条》《人民解放军总部发布惩处战争罪犯命令》《关于中国职工运动当前任务的决议》《中共中原局宣传部关于宣传工作的指示》等。

收藏单位：重庆馆、广东馆、国家馆、黑龙江馆、吉林馆、南京馆、山西馆、陕西馆、上海馆、天津馆

03218

关于入城政策的宣传与实施 中原新华书店编

[郑州]：中原新华书店，1949.4，105页，32开

本书收政策和决定21件，内容包括:《中国人民解放军宣言》《对新区和新解放城市的政策》《东北局关于保护新收复城市的政策》等。

收藏单位：湖北馆、南京馆

03219

关于入城政策的选集 华北银行总行编

石家庄：[华北银行总行]，1948.11，42页，36开

本书收文10篇，内容包括:《中国人民解放军宣言》《对工商业政策》《东北局关于公营企业中职员问题的决定》《中共东北中央局关于保护新收复城市的指示》等。

收藏单位：国家馆

03220

活页文件(第3集)

中共冀南区党委办公室，1948.9印，47页，32开

本集收文5篇，内容包括:《人民解放战争两周年的总结》(新华社社论)、《反对经验主义》(艾思奇)、《检查决议的执行程度是布尔塞维克领导的基本方法》(常彦卿译)等。

收藏单位：国家馆

03221

活页文件汇集

出版者不详，[1949]，[229]页，32开

本书收文20篇，内容包括:《〈共产党人〉发刊词》《关于发展生产劳资两利政策的几点说明》《北平市总筹委会张春久同志关于北平国药业集体合同的报告》《蔡畅同志报告关于女工工作的几个问题》《中国共产党中央委员会关于南斯拉夫共产党问题的决议》《关于工作作风问题》《肃清特务土匪巩固革命秩序》等。

收藏单位：国家馆

03222

论目前形势与任务 中共牡丹江省委宣传部编

牡丹江：中共牡丹江省委宣传部，1947，23页，32开

本书收《关于东北目前形势与任务的决议》《人民解放军大举反攻》《全国性反攻已开始》等文章。书前有编者前言。

收藏单位：国家馆

03223
目前党的战略与策略提纲　浙南地委宣传部编
浙南地委宣传部，1949，32页，32开
本书内容包括：学习党的战略和策略的重要性、中国革命的历史阶段与总路线等。
收藏单位：浙江馆

03224
目前党的政策汇编
佳木斯：东北书店，1947，97页，32开
佳木斯：东北书店，1948.4，97页，32开
本书收《目前形势和我们的任务》（毛泽东）、《中共中央关于在老区进行土地改革工作与整党工作的指示》、《土地改革中的几个问题》（任弼时），另收土地改革经验介绍3篇。
收藏单位：东北师大馆、国家馆、吉林馆、南京馆、宁夏馆、山东馆、浙江馆、中科图

03225
目前党的政策汇编（第2辑）
佳木斯：东北书店，1947，100页，32开
佳木斯：东北书店，1948.6，100页，32开
本书收文8篇，内容包括：《重印〈左派幼稚病〉第二章前言》《毛主席在晋绥干部会议上的讲话》《东北局关于平分土地运动的基本总结》《习仲勋同志在绥德工作团会上指示纠偏及整党工作》等。
收藏单位：东北师大馆、国家馆、吉林馆、近代史所、宁夏馆、天津馆

03226
十年来中共重要宣言集
二分区新华书店，[1948]，89页，32开
本书收宣言17篇，内容包括：《为抗日救国告全国同胞书》《中共中央赴国难宣言》《中共中央对时局宣言》《中共中央为纪念抗战二周年对时局宣言》《中央中央“七七”九周年纪念宣言》等。书后有编后语。
收藏单位：国家馆、南京馆

03227
四四个必读文件
[兴县]：中共中央晋绥分局，1949.4印，249页，32开
本书收文44篇，内容包括：《目前形势和我们的任务》（毛泽东）、《中共中央关于建立报告制度的指示》、《土地改革中的几个问题》（任弼时）、《发展工业的劳动政策与税收政策》（陈伯达）、《关于时局的声明》（毛泽东）等。
收藏单位：国家馆

03228
新亘政策　二地委宣传部编
二地委宣传部，1948.10，51页，32开
收藏单位：南京馆

03229
新民主主义城市政策　刘少奇等著
香港：新民主出版社，1949.8，198页，32开
本书共10编，内容包括：城市工作的指导方针、施政总纲、城市政权组织、治安、交通、金融、城市房屋问题等。每编收有关指示、讲话等。
收藏单位：广东馆、国家馆、山西馆

03230
形势任务与政策　太岳新华书店编
[阳城]：太岳新华书店，1948.6，224页，32开
本书收文9篇，内容包括：《目前形势和我们的任务》（毛泽东）、《在晋绥干部会议上的讲话》（毛泽东）、《土地改革中的几个问题》（任弼时）等。另收《中共土地法大纲》《中共中央关于一九三三年两个文件的决定》等。
收藏单位：国家馆、吉大馆、山东馆、山西馆、天津馆

03231
形势任务与政策　中国人民解放军中原军区政治部编
中国人民解放军中原军区政治部，1948.3，

156页，32开

本书收文13篇，内容包括:《中共权威人士评论目前时局》《中国人民解放军宣言》等。

收藏单位：重庆馆、国家馆、浙江馆

03232

一九四八年以来的政策汇编（上、下册） 中央政策研究室编

中共中央东北局，1949.5印，2册（269+341页），32开

本书收党的农村政策、群众工作、党的建设、民族政策、对待民主人士政策，以及经验介绍等。

收藏单位：重庆馆、广东馆、贵州馆、国家馆、辽宁馆、山西馆

03233

一九四八年以来政策汇编 中共中央政策研究室编

[北平]：中共中央华北局，1949.6印，628页，32开

本书共8部分，内容包括：形势与任务、城市政策、农村政策、主要经验的介绍等。

收藏单位：广东馆、广西馆、贵州馆、国家馆、近代史所、天津馆

03234

一九四七年的形势与任务 东北日报社编辑

哈尔滨：东北日报社，1947.1，18页，32开

本书收文4篇:《艰苦奋斗迎接光明》《毛主席新年祝词》《朱总司令元旦广播词》《一九四七年的任务》。

收藏单位：重庆馆、东北师大馆、国家馆、黑龙江馆、吉林馆、辽宁馆、南京馆、宁夏馆、山东馆、山西馆、天津馆

03235

一九四七年的形势与任务（时事教材） [东北日报社编辑]

辽宁省光明书店，[1947.1]，18页，32开

收藏单位：吉林馆、江西馆

03236

一九四七年以来中国共产党重要文件集

香港：新民主出版社，1949.2，149页，32开

本书收文8篇，内容包括:《中共权威人士评目前时局》《中国人民解放军宣言》《中国土地法大纲》《目前形势与我们的任务》等。

收藏单位：重庆馆、广东馆、湖南馆

03237

政策汇编 中央政策研究室编

中共中央山东分局，1949，2册（265+350页），32开

本书上册收文44种，内容包括:《目前形势和我们的任务》（毛泽东）、《关于新区工作策略问题致邓小平同志电》（毛泽东）、《土地改革中的几个问题》（任弼时）、《关于新区工作问题给毛主席的报告》（习仲勋）、《中共中央关于健全党委制的决定》等；下册收中共中央的决定、指示等64种，内容为有关知识分子、城市工作、革命军人入党问题及对脱党、自首、叛变分子的处理指示等。

收藏单位：国家馆、吉林馆、近代史所、山东馆

03238

政策教育重要文件汇集 东北军政大学政治部宣传部编

[北安]：东北军政大学政治部宣传部，1948，42页，36开

本书收文16篇，内容包括:《对工商业的政策》（任弼时）、《东北野战军新区作战入城布告》、《东北野战军指示新区借粮草办法》、《告困守东北各城市蒋军官兵书》等。

收藏单位：重庆馆

03239

政策手册 华中一分区新华书店编

华中一分区新华书店，1948，63页，32开

本书收关于工商业、职工、文教、社会治安各方面的论著、指示、布告、决定、命令等共21种。

收藏单位：南京馆

03240
政策选集　中共北平市委宣传部编
北平：中共北平市委宣传部，1949.8，265 页，32 开

本书共 3 部分：形势和任务、城市政策、农村政策。收《中国人民解放军宣言》、《中共中央关于公布中国土地法大纲的决议》、《目前形势和我们的任务》（毛泽东）、《论人民民主专政》（毛泽东）等。书前有编辑的话。

收藏单位：国家馆、近代史所、山西馆

03241
政策选辑
新华书店九分店，[1949]，228 页

本书共 6 辑，内容包括：《新民主主义经济》（毛泽东）、《新民主主义三大经济纲领》（毛泽东）、《工商业政策》（任弼时）等。

收藏单位：南京馆、山西馆

03242
政策指示汇集（第 1 辑）
北安：东北书店北安分店，1948.5，再版，115 页，32 开

本书收文 10 篇，内容包括：《目前形势和我们的任务》（毛泽东）、《土地改革中的几个问题》（任弼时）、《开展后方机关部队农业生产》（《东北日报》社论）等。

收藏单位：国家馆、南京馆

03243
政策指示汇集（第 2 辑）
北安：东北书店北安分店，1948.7，125，10 页，32 开

本书收文 12 篇，内容包括：《在晋绥干部会议上的讲话》（毛泽东）、《〈左派幼稚病〉第二章》（列宁）等。

收藏单位：长春馆、东北师大馆

03244
政策指示汇集（第 3 辑）
[北安]：东北书店北安分店，[1947—1949]，58 页，32 开

本书收文 12 篇，内容包括：《把解放区的农业生产提高一步》《关于农业社会主义的问答》《中共中央东北局关于积极准备秋收的通知》《关于最近时期学习内容的指示》等。

收藏单位：国家馆

03245
中共政策　胡洵编
上海：今文摘社，1949.5，49 页，32 开

本书共 7 部分：中共的政治领导系统、中共的政略和战略、中共的金融政策、中共的工商业政策、中共的土地政策、解放区文化教育事业、解放区婚姻制度和妇女生活。

收藏单位：广东馆、国家馆、黑龙江馆、湖南馆、吉林馆、上海馆、绍兴馆、天津馆、浙江馆

03246
中国共产党的历史与策略（讨论大纲）　社会科学研究会编
[上海]：社会科学研究会，1927.1，8 页，32 开

本书附《世界革命与苏联》《中国国民革命与本党政策》。

收藏单位：国家馆

03247
中国共产党的政策　[拂晓社编]
[泗县]：拂晓社，1945.11，[54] 页，32 开

本书收文 12 篇，内容包括：《中国共产党的政策》（录自毛泽东《论联合政府》第 4 章）、《中共中央对于目前时局的宣告》（1945 年 8 月 25 日宣言）、《新时期的路标》（《解放日报》论《中共中央关于时局宣言》）、《毛主席在渝答英记者问》（录自 1945 年 9 月 27 日《新华日报》）、《国共会谈的成果与今后的任务》（《解放日报》社论）、《新四军布告》、《华中敌产管理委员会接受敌伪汉奸财产暂时办法》（1945 年 8 月 27 日《拂晓报》）等。

收藏单位：国家馆、山东馆

03248
中国共产党的政策　苏北出版社编
苏北出版社，[1940—1949]，20 页，32 开
收藏单位：国家馆、南京馆

03249
中国共产党的主张　冀鲁豫军区政治部辑
战友报社，[1945—1949]，17 页，64 开
收藏单位：国家馆

03250
中国共产党对和平民主的主张　[嫩南军区政治部编]
出版者不详，[1946]，26 页，32 开
收藏单位：天津馆

03251
中国共产党五年来之政治主张
[广州]：向导周报社，1926.5，136 页，32 开
[广州]：向导周报社，1926，油印本，176 页，32 开
本书收文 26 篇，内容包括：《第一次对于时局的主张》《第二次对于时局的主张》《第二次全国大会宣言》《第三次全国大会宣言》《1923 年五一节敬告工友》《为孙中山之死告中国民众》《对反奉战争宣言》等。附《祝全国铁路工会代表大会》《为孙中山之死致唁中国国民党》等。
收藏单位：近代史所、南京馆、首都馆

03252
中国共产党总路线与总政策　琼崖区党委宣传部编
人民报社，1948.6 印，油印本，154 页，32 开
收藏单位：广东馆、国家馆

03253
中国人民解放军入城政策　中原新华书店辑
中原新华书店，1949.4，105 页，32 开
中原新华书店，1949.8，再版，105 页，32 开
本书内容同《关于入城政策的宣传与实施》（中原新华书店编）。
收藏单位：重庆馆、广东馆、国家馆、江西馆、南京馆、山东馆、山西馆

党的领导

03254
党的群众路线问题　刘少奇著　冀鲁豫区党委编
冀鲁豫区党委，1947，24 页，32 开
本文摘录《关于修改党章的报告》（刘少奇）中关于党的总纲第 4 部分。
收藏单位：国家馆

03255
到农村去到农民群众中去　华东人民革命大学教务处编
华东人民革命大学教务处，1949.9，38 页，32 开（学习参考资料 12）
本书收文 8 篇，内容包括：《中共中央关于调查研究的决定》、《“农村调查”序言二》（毛泽东）、《中共中央华中局今后工作方针》、《到农村去到农民群众中去》（《长江日报》社论）、《新的城乡关系》（《东北日报》社论）等。
收藏单位：重庆馆、国家馆

03256
到农村中去，到农民群众中去！
开封：中共河南省委会宣传部，1949，33 页，32 开
收藏单位：山东馆

03257
放手发动群众　东北民主联军总政治部宣传部编
东北民主联军总政治部宣传部，1946.5，48 页，32 开
本书收文 10 篇，内容包括：《努力发动解放区群众》（《解放日报》社论）、《大胆放手发动群众》（《东北日报》社论）、《开展生产运动的前提》（《东北日报》社论）、《怎样才能实现

东北的和平》(《东北日报》社论)、《战区及临近战区党的任务》(《东北日报》社论）等。附《群众运动中的几点经验》等4篇。

收藏单位：东北师大馆、黑龙江馆、吉大馆

03258
供您参考（第2分册 文摘） 中共冀鲁豫区党委宣传部编
中共冀鲁豫区党委宣传部，1946.5，12页，32开

本书收文章摘要8篇，内容包括：《加强新解放区工作》《长治放手发动群众的经验》《沙河镇怎样发动了群众?》《后皮庄怎样组织了群众?》《“死的报了仇，活的翻了身”》等。

收藏单位：国家馆

03259
供您参考（第3分册 文摘） 中共冀鲁豫区党委宣传部编
中共冀鲁豫区党委宣传部，1946.5，11页，32开

本书收文章摘要5篇，内容包括：《对大胆发动群众的方针的体会》（贺致平）、《古县区的积极分子座谈会》（祝一清）、《从死沉走向活跃》（林明）等。

收藏单位：国家馆

03260
关于党的群众路线问题
[兴县]：中共晋绥分局，1947.6，17页，32开

本书摘录《关于修改党章的报告》（刘少奇）中关于党的总纲第4部分。

收藏单位：国家馆、山西馆、天津馆

03261
关于向群众进行党的教育几个问题的解释
桦南县委会编
桦南：桦南县委会，[1938—1945]，11页，32开

收藏单位：南京馆

03262
科学的领导方法
出版者不详，[1940—1949]，21页，36开（整党问题参考资料8）

本书讲述领导工作中应坚持调查研究、群众路线，反对官僚主义、命令主义、教条主义、经验主义等。

收藏单位：国家馆、上海馆

03263
领导方法文选 李传绪编
[菏泽]：冀鲁豫书店，1946.8，84页，32开

本书收文19篇，内容包括：《中共中央关于领导方法的决定》、《论领导与检查》（录自《斯大林全集》)、《表扬模范》（录自《冀鲁豫分局关于表扬模范的指示》)、《走群众路线的教学方法》（耿一山）等。

收藏单位：国家馆、南京馆、山东馆、上海馆

03264
领导方法与工作作风 东北出版社编
东北出版社，1946.7，24页，32开

本书收文4篇：《中共中央关于领导方法的决定》（1943年6月1日）、《中共中央关于调查研究的决定》（1941年8月1日）、《领导者的职责》（刘少奇）、《工作作风》（高岗）。

收藏单位：国家馆、南京馆、天津馆

03265
领导方法与工作作风选集 太岳新华书店编辑
太岳新华书店，[1945]，[78]页，32开，环筒页装

本书收文8篇，内容包括：《中共中央关于领导方法的决定》（1943年6月1日）、《反对官僚主义》(《解放日报》社论)、《关于学习问题给淮北党委的信》（刘子久）、《关于领导方法与工作作风问题》（谭政）等。

收藏单位：国家馆、吉林馆、山西馆

03266
领导群众按照正确的路线向前发展

[牡丹江]：东北书店牡丹江分店，1948.4，63页，32开

本书收文7篇，内容包括：《目前形势和我们的任务》（毛泽东）、《土地改革中的几个问题》（任弼时）、《陕甘宁绥德黄家川村分地经验》、《晋察冀平山创造整党范例》等。

收藏单位：南京馆

03267

刘少奇同志论发扬民主 刘少奇著

滨海地委宣传部，1949.5，26页，32开

收藏单位：山东馆

03268

论领导方法 滨海区党委 滨海军区政治部编

山东新华书店，1949.7，86页，32开

本书共7部分："从群众中来，到群众中去""抓住工作的中心一环""一般号召与个别指导相结合""领导骨干与广大群众相结合""创造典型，开展英雄主义运动""发挥创造性""反对脱离群众与自满"。书前有《中共中央关于领导方法的决定》。

收藏单位：国家馆、山东馆、山西馆、上海馆、天津馆

03269

论领导方法 渤海区党委 渤海军区政治部辑

[惠民]：渤海新华书店，1945.7，增订再版，67页，32开

收藏单位：国家馆、山东馆

03270

论领导方法 东北书店编辑部编

无锡：苏南新华书店，1949，64页，32开（学习丛书）

收藏单位：国家馆、山东馆

03271

论领导方法 鲁中区党委 鲁中军区政治部编辑

鲁中新华书店，1946.1，66页，32开

本书为整风必修文件。收文5篇，内容包括：《两三年内完全学会经济工作》《时时刻刻为老百姓兴利除弊》《关于工作作风问题》《论领导方法》等。

收藏单位：国家馆、南京馆、山东馆

03272

论领导方法

大连：大众书店，1948，88页，32开（干部学习丛书6）

收藏单位：国家馆、吉林馆、南京馆、山东馆、上海馆

03273

论领导方法

东北军政大学吉林分校，1947，60页，32开

收藏单位：东北师大馆、国家馆

03274

论领导方法

佳木斯：东北书店，1947.10，76页，32开

佳木斯：东北书店，1948.9，69页，32开

哈尔滨：东北书店，1948，再版，63页，32开

收藏单位：东北师大馆、广东馆、桂林馆、国家馆、吉林馆、江西馆、辽宁馆、山东馆、上海馆

03275

论领导方法

[西安]：西北新华书店，1949，85页，32开

本书内容包括：《中共中央关于领导方法的决定》（1943年6月1日）、《关于工作作风问题》（高岗）。附《我们的动员方式》（王赤军）、《我的几点工作经验》（齐长发）、《马锡五的审判方式》（《解放日报》）等6篇。

收藏单位：重庆馆

03276

论领导者的工作方法 冀东区党委编

冀东区党委，1948.10，46页，32开

收藏单位：国家馆

03277
论群众观点　毛泽东等著
梅州人民书店，[1943—1949]，19页，32开
本书收文3篇：《论联系群众》（毛泽东）、《论群众观点》（刘少奇）、《有事和群众商量》（陈伯达）。
收藏单位：国家馆

03278
论群众观点　毛泽东[等]著
香港：正报社图书部，[1949]，35页，32开
本书收文4篇：《论联系群众》（毛泽东）、《论群众观点》（刘少奇）、《有事和群众商量》（陈伯达）、《学习毛泽东思想》（方方）。
收藏单位：广东馆、国家馆

03279
论群众观点
[威县]：冀南书店，1946.8，55页，32开
本书收文5篇：《群众路线》（大川）、《关于工作作风问题》（高岗）、《论群众路线与山东群众运动》（黎玉）、《深入检查当前的群众运动》（华中《新华日报》）、《论群众观点》（列宁）。封面责任者题：列宁等著。
收藏单位：重庆馆

03280
论群众观点与群众路线　周原冰著
上海：生活·读书·新知三联书店，1949，135页，32开（新中国青年文库）
本书用历史唯物主义观点，论述人民群众的历史地位，以及群众观点和群众路线。共5章：开场白、群众观念与群众路线的阶级性、什么是群众观念、什么是群众路线、群众观念与群众路线的锻炼。
收藏单位：重庆馆、国家馆、湖北馆、南京馆、绍兴馆、西南大学馆

03281
论群众观点与群众路线　周原冰著
香港：新中国出版社，1949，135页（新中国青年文库）
收藏单位：广西馆、山西馆

03282
论群众观念与群众路线　周原冰著
大连：光华书店，1948.3，124页，36开（新青年学习丛书）
哈尔滨：光华书店，1948.9，再版，124页，36开（新青年学习丛书）
收藏单位：北师大馆、东北师大馆、广西馆、国家馆、河南馆、山东馆、天津馆

03283
论群众观念与群众路线　周原冰著
长春：新中国书局，1949.4，再版，124页，36开（青年学习丛书）
收藏单位：重庆馆、国家馆、吉大馆、江西馆、天津馆

03284
论群众路线　东北书店编
[哈尔滨]：东北书店，1947.1，35页，32开
佳木斯：东北书店，1948.5，再版，35页，32开
本书收文两篇：《论群众路线》（刘少奇）、《有事和群众商量》（陈伯达）。1947年版封底题：东北日报社印行。
收藏单位：北大馆、国家馆、山东馆

03285
论群众路线　东北书店编
佳木斯：东北书店，1947.8，56页，32开
本书收文5篇：《论群众路线》（刘少奇）、《有事和群众商量》（陈伯达）、《是谁不放手，对谁放手?》（明芝）、《对群众路线的了解》（王鹤寿）、《冀晋区农会贯彻土地改革的指示》。
收藏单位：重庆馆、东北师大馆、国家馆、天津馆

03286
论群众路线　东北书店编
长春：东北书店，1949.5，78页，32开
本书收文两篇：《论群众路线》（刘少奇）、《有事和群众商量》（陈伯达）。附《列宁论群众观点》。

收藏单位：北师大馆、国家馆、辽宁馆、山东馆、山西馆、上海馆

03287
论群众路线　华东人民革命大学教务处编
华东人民革命大学教务处，1949，31页，32开（学习参考材料7）
本书论述群众路线就是无产阶级的阶级路线、群众观点、领导方法及群众工作等问题。
收藏单位：重庆馆、上海馆

03288
论群众路线　华中新华书店编
华中新华书店，1948.11，43页，64开
收藏单位：国家馆、辽宁馆

03289
论群众路线　刘少奇等著
大连：大众书店，[1946—1949]，57页，32开
本书收文5篇：《论群众路线》（刘少奇）、《有事和群众商量》（陈伯达）、《是谁不放手，对谁放手》（明芝）、《对群众路线的了解》（王鹤寿）、《冀晋区农会贯彻土地改革的指示》。
收藏单位：重庆馆、山东馆

03290
论群众路线　毛泽东等著
香港：学习社，1949，61页，32开（学习丛书6）
本书辑录毛泽东等人的著作中有关群众路线、批评与自我批评的论述。
收藏单位：吉林馆

03291
论群众路线　新华书店辑
[北平]：新华书店，1949，65页，32开（干部学习丛书）
收藏单位：安徽馆、国家馆、吉林馆

03292
论群众路线
[泰州]：苏北新华书店，1949，33页，32开（干部学习丛书）
收藏单位：吉林馆、南京馆、上海馆

03293
论群众路线
苏州：苏南新华书店，1949.6，45页，64开
[苏州]：苏南新华书店，1949，再版，45页，50开
收藏单位：重庆馆、南京馆

03294
论群众路线问题　读者书店编辑委员会编
天津：读者书店，1949.6，28页，32开
本书共两部分：群众路线的意义与重要、群众路线的实践问题。内容包括：《毛泽东论群众路线——从群众中来到群众中去（摘要）》《关于党的群众路线问题》《季米特洛夫论宣传的群众化》等。
收藏单位：重庆馆、国家馆、辽宁馆、宁夏馆、天津馆

03295
论群众运动　邓子恢著
潮汕人民出版社，[1948]印，50页，32开
本书内容包括：为什么要发动群众、群众运动的目的何在、如何才能发动群众等。
收藏单位：北师大馆、广东馆、山东馆

03296
论群众运动　邓子恢著
[兴县]：晋绥分局，1949.8，54页，32开
收藏单位：重庆馆

03297
论群众运动　邓子恢著
豫西区党委办公室，[1949]印，42页，32开
收藏单位：南京馆

03298
论群众运动　邓子恢著
[武汉]：中共湖北省委会，[1949]印，42页，32开

收藏单位：广东馆、湖北馆

03299
论群众运动　邓子恢著
中共中央华东局秘书处，1949.8 印，64 页，36 开
收藏单位：贵州馆

03300
论群众运动　邓子恢著
中共中央中原局办公厅，1948 印，56 页，32 开
收藏单位：重庆馆、浙江馆

03301
论组织民众的几个基本原则　刘少奇著
出版者不详，1943.3，油印本，28 页，64 开
本书为 1939 年 5 月 1 日所作，共 3 部分：要在民众的自动性上去组织民众、要在民众的要求上去组织民众、要采用各种各样的方式去组织民众。
收藏单位：国家馆

03302
民主作风与群众观点
冀中新华书店，1947.11，49 页，32 开
本书收文 6 篇：《发扬民主的作风》《列宁论群众观点》《关于工作作风问题》《时时刻刻为老百姓兴利除弊》《检查一下我们的群众观点》《有事和群众商量》。
收藏单位：国家馆、近代史所、天津馆

03303
民主作风与群众观点
[阜平]：晋察冀日报社，[1945—1949]，64 页，64 开
本书收文 5 篇：《发扬民主的作风》《列宁论群众观点》《关于工作作风问题》《时时刻刻为老百姓兴利除弊》《检查一下我们的群众观点》。
收藏单位：国家馆

03304
群工手册　内蒙古日报社编
[乌兰浩特]：内蒙古书店，[1949]，53 页，64 开
本书收文 3 篇：《山西崞县是怎样进行土地改革的》《平山整党典型经验》《绥德黄家川调剂土地经验》。
收藏单位：国家馆

03305
群运工作经验介绍（第 1 辑）
安东（丹东）：辽东书店，[1947—1949]，119 页，32 开
本书收文 18 篇，内容包括：《陈云同志在辽宁省委群工会议上的发言》《柳河全面开展土地改革运动》《柳河全面土地改革运动普遍轰开》《柳河工作团总结三周群运经验》《东丰工作团群运经验初步总结》等。
收藏单位：东北师大馆、国家馆、天津馆

03306
群运手册
中共华东中央局宣传部，[1947]，1 册，64 开
收藏单位：国家馆

03307
群运手册（1）　皖北新华书店编
[合肥]：皖北新华书店，1949，85 页，32 开
本书收《湖南农民运动考察报告》《一九三三年的两个文件》，以及任弼时等人论述等。
收藏单位：南京馆、山东馆

03308
群众工作必读　大众日报社编
[莒南]：大众日报社，1943.1 印，110 页，32 开（工作指导丛书）
收藏单位：国家馆、山东馆

03309
群众工作教材
[中共琼崖区党委宣传部]，[1947—1949]，131 页，32 开

收藏单位：广东馆

03310
群众工作手册 新民主报社编
新民主报社，1947，105 页，32 开
收藏单位：广东馆

03311
群众工作手册（第 1 辑） 东北日报社编
[佳木斯]：东北书店，1946.8，124 页，32 开
本书收文 15 篇，内容包括：《关于处理日伪土地的指示》（中共中央东北局）、《大胆放手发动群众》（《东北日报》社论一）、《解决土地问题是深入群众运动的中心环节》（《东北日报》社论四）等。
收藏单位：重庆馆、东北师大馆、广东馆、国家馆、黑龙江馆、吉林馆、辽宁馆、南京馆、山东馆、山西馆、天津馆、浙江馆、中科图

03312
群众工作手册（第 2 辑） 东北日报社编
[佳木斯]：东北书店，1946.12，109 页，32 开
本书收文 20 篇，内容包括：《群众运动的初步总结》（《东北日报》社论）、《群众运动的基础》（杨英杰）、《汤原香兰区茨梅村群众工作经验点滴》（何冰）等。
收藏单位：东北师大馆、国家馆

03313
群众工作手册（第 3 辑） 东北日报社编
[佳木斯]：东北书店，1947.1，66 页，32 开
本书收文 14 篇，内容包括：《合江省五个月群众工作总结》《富锦县四个月群众工作总结》《怎样组织农会》《关于训练地方干部问题》等。
收藏单位：东北师大馆、国家馆、南京馆

03314
群众工作手册（第 4 辑） 东北日报社编
[佳木斯]：东北书店，1947.1，80 页，32 开
本书收文 19 篇，内容包括：《如何检查工作》（何伟）、《改造干部思想》（《东北日报》短评）、《新干部脱离群众的现象》（张蓓）、《谢家区搜山采伐运动》（超然）、《五常搜山工作总结》（苏丹）等。
收藏单位：长春馆、东北师大馆、国家馆、南京馆

03315
群众工作手册（第 5 辑） 东北日报社编
[佳木斯]：东北书店，1947.3，137 页，32 开
本书收文 10 篇，内容包括：《群众路线的检讨与掌握》（于杰）、《从诉苦到行动》（毛星）、《笑面虎郝振玉是怎样打倒的》（毛星）等。
收藏单位：东北师大馆、国家馆

03316
群众工作手册（第 6 辑） 东北日报社编
佳木斯：东北书店，1947.4，131 页，32 开
本书收文 32 篇，内容包括：《群众是靠山》（张蓓）、《树立群众长期斗争观念》（《东北日报》社评）、《群众路线与非群众路线》（杜黎）等。
收藏单位：东北师大馆、国家馆

03317
群众工作手册（第 7 辑） 东北日报社编
佳木斯：东北书店，1947.8，40 页，32 开
本书收文 7 篇，内容包括：《松江省群运总结》《北安地区群运总结》《嫩江地区群运总结》等。
收藏单位：东北师大馆、国家馆

03318
群众工作手册（第 8 辑） 东北日报社编
[哈尔滨]：东北书店，1947.10，102 页，32 开
本书收文 14 篇，内容包括：《新的情况新的做法》《大胆放手发动群众》《土地政策与发动群众》《吉林一年群运总结》等。
收藏单位：国家馆、近代史所

03319
群众工作手册（第9辑） 东北日报社编
[哈尔滨]：东北书店，1947.10，66页，32开
本书收《东北日报》社论《关于训练地方干部问题》《如何培养积极份子》《培养农民干部的几种有效方法》等16篇。
收藏单位：东北师大馆

03320
群众工作手册（第10辑） 东北日报社编
哈尔滨：东北书店，1948.1，80页，32开
本书收文12篇，内容包括:《吉南新区群运总结》《西安点面结合经验》《柳河群运由点到面》《怀德选举积极分子经验》等。
收藏单位：近代史所

03321
群众工作手册（第11辑） 东北日报社编
佳木斯：东北书店，1947.12，74页，32开
本书收文8篇，内容包括:《松江省总结砍挖运动讨论平分土地》《阿城总结全县试点经验》《四种分地方法的比较》等。
收藏单位：近代史所

03322
群众工作手册（第12辑） 东北日报社编
佳木斯：东北书店，1947.12，60页，32开
本书收文10篇，内容包括:《陈云同志报告群运基本问题》《柳河工作团总结土改经验》《是否超出范围?》《辽宁省富农调查》等。
收藏单位：东北师大馆

03323
群众工作手册（第13辑） 东北日报社编
佳木斯：东北书店，1947.12，56页，32开
本书收文10篇，内容包括:《北安地委给各县的指示信》《对大胆放手与群众路线须有新的认识》《放手让群众划阶级的几点经验》等。

03324
群众工作手册（第14辑）
佳木斯：东北书店，1948.1，232页，32开

03325
群众工作手册（第15辑） 东北日报社编
佳木斯：东北书店，1948.6，113页，32开
本书收文17篇，内容包括:《高潮与领导》(《东北日报》社论)、《合江农村的新形势新任务》(张平之)、《中共中央东北局、东北政委会关于春耕运动指示》、《密山建党工作的初步体会》(李尔重)等。

03326
群众工作文件（第1辑） 中共华中分局民运部编
中共华中分局民运部，1946.2，68页，32开
本书收文22篇，内容包括:《华东局关于放手发动新解放区群众工作指示》(《解放日报》社论)、《什么东西阻碍放手》(华中《新华日报》社论)、《大生产运动的准备工作做得怎样了》等。
收藏单位：国家馆、山东馆

03327
群众工作学习参考手册 中共浙南地委宣传部编
中共浙南地委宣传部，[1940—1949]，77页，32开
收藏单位：国家馆

03328
群众工作指南 呼兰新华书店编
呼兰：呼兰新华书店，1946.8，144页，32开
收藏单位：国家馆

03329
群众运动经验汇辑 太岳新华书店编
[阳城]：太岳新华书店，1946.12，65页，32开
本书收文20篇，内容包括:《发动群众的几个思想障碍》(思远、辛克)、《大胆放手问题》(江横)、《走群众路线问题》(克明)、

《如何走群众路线》（石明）等。

收藏单位：国家馆

03330

向群众学习 （苏）高尔基（Максим Горький）著 郑亦文译

香港：自由出版社，1949，51 页，36 开（干部学习丛书）

收藏单位：重庆馆

03331

中央关于调查研究的决定 [毛泽东起草]

[香港]：中国灯塔出版社，1946.3，26 页，大 64 开（灯塔小丛书 5）

本书收《在边区二届参议会的演说》（毛泽东）、《农村调查序言二》（毛泽东），另收《中央关于调查研究的决定》等。

收藏单位：国家馆

03332

资料（大胆放手发动群众）

华中新华书店盐阜分店，1946.3，84 页，32 开

本书收文 24 篇，内容包括：《密切联系群众，全心全意为人民服务》（毛泽东）、《为了谁？对谁负责？》（刘子久）、《再论放手发动群众》（《解放日报》社论）等。

收藏单位：国家馆

党的建设

03333

党的建设 陈云著

出版者不详，[1937—1949]，油印本，1 册，32 开

收藏单位：国家馆

03334

党的建设

[张家口]：晋察冀军区政治部，[1946] 印，油印本，1 册，32 开

收藏单位：国家馆

03335

党的建设

出版者不详，1941，油印本，1 册，36 开

本书共 13 章，内容包括：中国共产党的斗争简史、中国共产党的党纲与党章、共产党的根本组织原则、怎样做一个共产党员、共产党员的修养等。

收藏单位：重庆馆、国家馆、南京馆

03336

公开建党参考材料

辽北：东北印刷厂，1948.9，28 页，32 开

本书为干部学习材料，收《东北日报》社论 3 篇：《扫除建党工作中的思想障碍》《再论公开建党》《发展党与整党必须密切结合起来》。

收藏单位：东北师大馆、国家馆、辽宁馆、宁夏馆、山西馆

03337

建党论文集（第 1 册） 毛泽东等著 建党论文集编辑委员会编

[延安]：建党论文集编辑委员会，1940.11，500 页，32 开

本书收文 29 篇，内容包括：《中国革命与中国共产党》（毛泽东）、《〈共产党人〉发刊词》（毛泽东）、《怎样做一个共产党员》（陈云）、《论共产党员的修养》（刘少奇）等。附《中央政治局关于巩固党的决定》等 9 篇。

收藏单位：国家馆

03338

建党手册（第 1 辑）

佳木斯：东北书店，1948.10，54 页，32 开

本书共 12 篇，内容包括：《扫除建党工作中的思想障碍》（《东北日报》社论）、《关于公开建党的方法与步骤》、《集贤农村支部公开前后》（刘新）、《把区委会健全起来》（童大林）等。

收藏单位：长春馆、东北师大馆、国家馆、吉林馆、辽宁馆、南京馆、山东馆、天津馆

03339

建党文集

北安：东北书店北安分店，1948.5，60 页，32 开

本书共 3 部分：中国共产党党章、老区建党经验、东北建党初步经验。

收藏单位：东北师大馆、国家馆、山东馆、天津馆

03340

建党学习文件　市委宣传部编

[市委宣传部]，[1945—1949]，24 页，32 开

本书摘录《关于修改党章的报告》（刘少奇）中有关建党部分的内容。

收藏单位：南京馆

03341

论党　渤海军区政治部编

渤海军区政治部，[1944—1949]，228 页，32 开

收藏单位：广东馆

03342

论党　刘少奇著

[惠民]：渤海新华书店，1946.7 印，195 页，32 开

[惠民]：渤海新华书店，1948.1，再版，198 页，32 开

本书共 8 节，内容包括：人的阶级性、做一个好的党员、建设一个好的党、论共产党员的修养、论党内斗争等。

收藏单位：重庆馆、吉大馆、南京馆、山东馆、浙江馆

03343

论党　刘少奇著

[莒南]：大众日报社，1943.4 印，177 页，24 开

收藏单位：国家馆、山东馆

03344

论党　刘少奇著

大连：大众书店，1947.10，再版，346 页，36 开，精装

大连：大众书店，1947.11，3 版，346 页，36 开，精装

收藏单位：广东馆、吉林馆、浙江馆

03345

论党　刘少奇著

华北新华书店，1946.10，105 页，36 开

华北新华书店，1947.6，3 版，110 页，32 开

华北新华书店，1947.12，4 版，110 页，32 开

收藏单位：贵州馆、国家馆、南京馆、中科图

03346

论党　刘少奇著

华中新华书店，1948.3，173 页，32 开

华中新华书店，1949.2，再版，173 页，32 开

收藏单位：重庆馆、国家馆、南京馆、山东馆、天津馆、浙江馆

03347

论党　刘少奇著

朝城：冀鲁豫书店，1948.2，152 页，32 开

收藏单位：国家馆、山西馆

03348

论党　刘少奇著

河间：冀中新华书店，1947，111 页，36 开

收藏单位：重庆馆、国家馆、南京馆

03349

论党　刘少奇著

胶东新华书店，1946，再版，217 页，32 开

收藏单位：重庆馆、山东馆

03350

论党　刘少奇著

平原宣教团，[1947]，油印本，78 页，32 开

收藏单位：国家馆

03351

论党　刘少奇著

山东新华书店，1945.4 印，223 页，32 开

山东新华书店，1946.4，4 版，206 页，32 开

收藏单位：国家馆、山东馆

03352
论党　刘少奇著
[邢台]：太行群众书店，1947.9，104页，32开
收藏单位：国家馆

03353
论党　刘少奇著
[阳城]：太岳新华书店，1947.4，105页，36开
收藏单位：国家馆、山西馆

03354
新解放区党的发展问题（华东局组织工作会议总结之一）
华东局组织工作会议，[1945—1949]，7页，32开
收藏单位：国家馆

思想建设

03355
重印《左派幼稚病》第二章前言　中共中央宣传部[编]
[唐山]：冀东新华书店，[1948.6]，9页，32开
收藏单位：山东馆

03356
党校训练材料
海南：琼崖特委，1931.11印，[86]页，32开，环筒页装
本书收文6篇，内容包括：《中国革命性质及其前途》《土地革命》《苏维埃》《革命人生观》等。
收藏单位：国家馆

03357
党员基础读本　冀南军区政治部编
威县：冀南军区政治部，1947，50页，32开
本书为加强连队支部工作，提高党员质量，作为党内教材而编。分7个单元，共32课，内容包括：党员所应掌握的基本知识等。
收藏单位：重庆馆

03358
党员教材　第七兵团政治部编
出版者不详，[1949]，54页，32开
收藏单位：吉林馆

03359
党员教材　苏北军区政治部编
苏北军区政治部，1949.6，53页，32开
本书共17课，内容包括：中国共产党、怎样做一个好党员、如何发展党的组织、党的领袖毛泽东同志等。
收藏单位：南京馆

03360
党员课本　华北新华书店编
华北新华书店，1948.12，32页，36开
本书以阳泉石印《党员识字课本》为底本，略加修改，作为工农党员的识字课本，分32课介绍党的基本知识。
收藏单位：国家馆、南京馆、山东馆、山西馆、天津馆

03361
党员课本　晋察冀军区补训兵团政治部编写
华北新华书店，1949，再版，32页，32开
收藏单位：国家馆、天津馆

03362
党员课本　晋察冀军区补训兵团政治部编写
晋察冀军区补训兵团政治部，1948，16页，32开
本书为新兵连队党员教材，讲述共产党员的光荣性、中国共产党目前的任务和目的、党员的模范带头作用等。
收藏单位：重庆馆

03363
党员课本　中共辽吉省委宣传部编

中共辽吉省委宣传部，1946.7，43 页，32 开

本书共 27 课，内容包括：我们要创造一个新世界、世界上到处有共产党、群众的先锋和模范、百折不挠的英雄等。

收藏单位：国家馆

03364

党员课本　中共中央西北局宣传部编

[威县]：冀南新华书店，1949 印，58 页，32 开

本书共 10 课，分述共产党的来历、共产党是什么人的党、怎样发展党员等。

收藏单位：国家馆、山西馆

03365

党员课本　中共中央西北局宣传部编

晋南新华书店，1949.8，59 页，32 开

收藏单位：重庆馆、国家馆、近代史所、山西馆、陕西馆

03366

党员课本　中共中央西北局宣传部编

[兴县]：晋西北新华书店，1949.6 印，61 页，32 开

本书共 25 课，讲述共产党的来历、怎样发展党员、入党规定、候补党员、党员的义务和权利等。

收藏单位：国家馆、辽宁馆、南京馆、山东馆、山西馆、天津馆

03367

党员课本　中共中央西北局宣传部编

[延安]：中共中央西北局宣传部，1948.8，73 页，32 开

[延安]：中共中央西北局宣传部，1948，1 册，32 开

收藏单位：重庆馆、国家馆、吉林馆、南京馆、天津馆、浙江馆

03368

党员课本　中国人民解放军东北军区政治部编

中国人民解放军东北军区政治部，1949.9，45 页，32 开

本书共 17 课，内容包括：中国共产党、党的领袖毛泽东、怎样做一个好共产党员、党的组织生活等。

收藏单位：国家馆、近代史所、南京馆

03369

党员课本

[威县]：冀南新华书店，[1946—1949]，30 页，32 开

本书共 19 课，分述中国革命、中国共产党、党在现阶段的任务、党的最终目的、民主集中制、理论与实际结合、密切联系群众、入党条件等。

收藏单位：国家馆、辽宁馆、山东馆

03370

党员课本

山东新华书店，1949，32 页，32 开

本书是工农出身的党员的识字课本，同时也是关于党的知识的基本介绍。

收藏单位：重庆馆、南京馆、山东馆、天津馆、浙江馆

03371

党员课本

太行新华书店，1949.4，32 页，32 开

收藏单位：国家馆、山东馆

03372

党员课本

太岳新华书店，[1942—1949]，32 页，32 开

收藏单位：重庆馆、国家馆

03373

党员课本

[兴县]：中共晋绥分局，1949.2，61 页，32 开

收藏单位：山西馆

03374

党员课本（第 1 册）

第一野战军政治部，1949，54 页，32 开

本书介绍党的基本知识等。据中国人民

解放军二十兵团政治部的党员课本改编。
收藏单位：国家馆、辽宁馆

03375
党员课本（第 3 册 中国共产党）
中共胶东区党委宣传部，1945.7，80 页，64 开
收藏单位：国家馆

03376
党员训练课本 中国人民解放军第二野战军政治部编
中国人民解放军第二野战军政治部，1949，88 页，36 开
本书共 7 章，内容包括：入党的条件及手续、党员的义务与权利、党的组织与民主集中制、党员怎样过组织生活等。
收藏单位：重庆馆

03377
冬季宣传要点 [太行区党委宣传部编]
[涉县]：太行区党委宣传部，1948.11，19 页，64 开
收藏单位：国家馆

03378
冬季宣传要点 太行区党委宣传部制
[涉县]：太行三专署，1948，29 页，64 开
收藏单位：国家馆

03379
锻炼立场与作风 李井泉等著
香港：中国出版社，1948.1，50 页，36 开（新社会小丛书）
本书收文 11 篇，内容包括：《锻炼我们的立场与作风》（新华总社编辑部）、《扩展反客里空运动》（李井泉）、《检查我们的立场和作风》（山东《大众日报》）、《贯澈为人民服务的精神》（新华社社论）等。
收藏单位：国家馆、吉林馆

03380
反党八股
[香港]：红棉出版社，[1944]，65 页，25 开（整风文丛 3）
[香港]：红棉出版社，[1946]，73 页，32 开（整风文丛 3）
香港：红棉出版社，1948，70 页，32 开
本书收《反对党八股》（毛泽东）、《关于执行党的文艺政策的决定》（中共中央宣传部）、《在延安文艺座谈会上的讲话》（毛泽东）、《关于党的文艺工作者的两个倾向问题》（陈云）等文章。
收藏单位：广东馆、桂林馆、国家馆、吉林馆、山西馆

03381
反对党内几种不正确的倾向
[嫩江省委宣传部]，[1946.9]，42 页，32 开
本书收文 4 篇：《反对党内几种不正确的倾向》（毛泽东）、《反对党内各种不良倾向》（刘少奇）、《民主精神与官僚主义》（刘少奇）、《斯大林论平均主义》（斯大林）。
收藏单位：国家馆、山东馆

03382
反对无政府无纪律
闽粤赣边第一地委学委会，1949.6，43 页，64 开（整风文丛 1）
本书收文 6 篇，内容包括：《中共中央关于增强党性的决定》（1941 年 7 月 1 日中共二十周年纪念日中央政治局通过）、《反对自由主义》（毛泽东）、《重印〈左派幼稚病〉第二章前言》（中共中央宣传部）、《反对无政府无纪律》（魏金水）等。
收藏单位：国家馆

03383
反对主观主义 艾思奇著
苏州：新华书店苏南分店，1949，37 页，32 开（学习丛书）
本书收文 6 篇：《主观主义之来源》《反对主观主义》《学习观念的革新》《学习与行动结合》《论精通业务》《反对经验主义》。
收藏单位：重庆馆、南京馆

03384
反对主观主义 华北新华书店编辑
华北新华书店，1942.4，125 页，50 开，环筒页装
本书收文 25 篇，内容包括：《中共中央关于增强党性的决定》、《中共中央关于调查研究的决定》、《加强党性的锻炼》（延安《解放日报》社论）、《主观主义之来源》（艾思奇）、《整顿学风党风文风》（毛泽东）、《克服工作中的主观主义作风》（献珍）等。
收藏单位：国家馆、山西馆

03385
共产党员课本 东北局宣传部编审
哈尔滨：东北局宣传部，1948.7，50 页，32 开
哈尔滨：东北局宣传部，1948，再版，49 页，32 开
哈尔滨：东北局宣传部，1949.3，3 版，49 页，32 开
本书共 15 课，内容包括：工农翻身靠共产党、什么是共产党、中国共产党的历史、什么人可以参加共产党、发展党员等。
收藏单位：长春馆、东北师大馆、国家馆、辽宁馆、南京馆、山东馆、天津馆

03386
共产党员课本
辽北书店，1948 印，29 页，32 开
收藏单位：辽宁馆

03387
共产党员课本
无锡：苏南新华书店，1949，38 页，32 开
收藏单位：国家馆、吉林馆、山东馆

03388
共产党员课本
天津：知识书店，1949，52 页，32 开
收藏单位：国家馆、辽宁馆

03389
共产党员课本（暂行本）
华东军区第三野战军政治部，[1949]，56 页，32 开
收藏单位：山东馆

03390
关于当前的宣传教育工作 正报出版社编
香港：正报出版社，1948.11，48 页，32 开
本书共两辑：教育工作问题、宣传办报工作。收新华社社论，中共中原局、中共东北局及习仲勋、陈克寒、李井泉等人的指示、报告 16 篇。
收藏单位：国家馆

03391
关于工作作风问题 高岗著
[兴县]：中共晋绥分局，1945.2，10 页，25 开
本书为著者 1 月 9 日在西北局干部座谈会上的讲话《一九四五年边区的主要任务和作风问题》的第 2 部分。
收藏单位：山西馆

03392
关于纠正党内非无产阶级意识的不正确倾向问题决议案（红军第四军代表大会通过） 红军第四军代表大会通过
出版者不详，1929.12，6 页，18 开
本决议内容包括：纠正党内非无产阶级意识的不正确倾向问题、党的组织问题、党内教育问题、红军宣传工作问题等。
收藏单位：国家馆

03393
关于民主检查的几个问题（罗荣桓同志在分局办公厅民主检查座谈会上的发言） 罗荣桓著
中共中央山东分局，1945.5，12 页，32 开
收藏单位：国家馆

03394
回答两个问题
播种社，1943.8，32 页，32 开（团结丛书 2）
本书为伪装本。

收藏单位：国家馆

03395
活页文件（第2集）［中共冀南区党委办公室编］
中共冀南区党委办公室，1948.6，69页，32开
收藏单位：国家馆

03396
加强纪律性　中共冀中区党委宣传部编
中共冀中区党委宣传部，1948，35页，32开
本书收文7篇，内容包括：《重印〈左派幼稚病〉第二章前言》《反对自由主义》《反对宗派主义》《关于增强党性的决定》等。
收藏单位：国家馆

03397
开展反对无纪律无政府状态加强纪律性的决议（专辑）　中共苏北泰州区地委宣传部编
泰州：中共苏北泰州区地委宣传部，1949，43页，32开
收藏单位：南京馆

03398
克服地主富农右倾思想　中共华中二地委宣传部编
新华书店二分店，[1945—1949]，53页，32开
本书收文11篇，内容包括：《农村革命》（摘自毛泽东《湖南运动考察报告》）、《好得很？糟得很？》（《大众日报》编辑部）、《澈底清算右倾思想》（摘自《苏北日报》）、《土改中改造干部》（摘自《大众日报》）等。
收藏单位：国家馆

03399
克服经验主义　中共冀中区党委宣传部编
中共冀中区党委宣传部，1948，43页，32开（干部学习资料 第2集）
本书收文3篇：《中共中央华北局关于在职干部教育的决定》、《重要的问题在善于学习》（陈伯达）、《反对经验主义》（艾思奇）。
收藏单位：国家馆

03400
两年以来托派罪行的总结　微沫著
桂林：新知书店，1939.7，12+123页，32开
桂林：新知书店，1939.10，再版，[14]+123页，32开
本书讲述托洛茨基及“第四国际”对中国抗战的态度、政纲、策略及活动。附《晋察冀边区汉奸托派的卖国罪状》。
收藏单位：东北师大馆、国家馆、华东师大馆

03401
两条路线（上）　中共中央书记处编
［延安］：中共中央书记处，1943.10，352页，16开
收藏单位：国家馆

03402
林枫同志十一月四日在分局与报社机关干部学习会议上的讲话　林枫著
出版者不详，[1944]，油印本，1册，32开
收藏单位：国家馆

03403
陆部长的三个重要文件　陆定一著　东北铁路总局政治部辑
东北铁路总局政治部，1947.2，28页，32开
收藏单位：南京馆

03404
论党内斗争　刘少奇著
大连：大众书店，1948.3，56页，32开
本书为著者1941年7月2日（一说为1942年3月2日）在中共华中局党校的演讲，共5节：引言、中共产生的特殊条件与党内斗争中的偏向、机械过火的党内斗争之表现、关于党内的无原则斗争、怎样进行党内斗争。
收藏单位：国家馆

03405
论党内斗争　刘少奇著

[安东（丹东）]：东北书店安东分店，1948.10，46页，32开
　　收藏单位：广东馆、南京馆

03406
论党内斗争　刘少奇著
华北新华书店，[1948]，56页，64开
　　收藏单位：国家馆

03407
论党内斗争　刘少奇著
特委宣传部，1948，1册，32开
　　本书系刘少奇1941年7月2日在中共华中局党校的演讲。
　　收藏单位：浙江馆

03408
论党内斗争　刘少奇著
[兴县]：新华书店晋西分店，[1940—1949]，65页，64开
　　收藏单位：山西馆

03409
论党内斗争　刘少奇著
[香港]：正报社，1947，49页，36开
　　收藏单位：广东馆、国家馆

03410
论思想　群众书店编辑
北平：群众书店，1949.6，108页，32开
　　本书共3类：各种错误思想意识、反对军阀主义官僚主义、整风学习方法。书前有代序《改造我们的学习》（毛泽东）、《人的阶级性》（刘少奇）。
　　收藏单位：国家馆、吉林馆

03411
论思想
北平：科学社，[1949]印，108页，36开
　　收藏单位：重庆馆、甘肃馆

03412
论思想
北平：中华印书局，1949，108页，36开
　　收藏单位：国家馆

03413
论忠诚与老实　太岳新华书店编辑
[阳城]：太岳新华书店，1948.2，68页，32开
　　本书收文8篇，内容包括：《论忠诚与老实》（斯列波夫）、《与群众联系是党的领导者最重要的品质》（葛莱普涅夫）、《毛泽东论依靠雇农贫农》、《毛泽东论群众路线》、《刘少奇论群众路线》、《阶级性》（《晋察冀日报》社论）等。
　　收藏单位：重庆馆、复旦馆、国家馆、山东馆、山西馆

03414
名人讲演集　李富春等著
[编审委员会]，1939，128页，32开
　　本书收党政军要人在抗日军政大学的演讲，内容包括：《中国共产党的几个问题》（李富春）、《论职业的革命家》（徐懋庸）、《论待人接物问题》（洛甫）、《关于抗大民主问题》（罗瑞卿）等。
　　收藏单位：重庆馆

03415
目前宣传教育是什么？怎样宣传教育？（宣传教育方针，宣传教育要点）　中共冀鲁豫区党委宣传部制
中共冀鲁豫区党委宣传部，1946，24页，32开，环筒页装
　　收藏单位：国家馆

03416
农村党员教材　合江省委宣传部编
佳木斯：合江省委宣传部，1948.5，51页，32开
　　本书共15节，内容包括：什么是共产党、什么人可以参加共产党、入党手续、党员的候补期、党员的义务和权利等。
　　收藏单位：东北师大馆、国家馆、辽宁馆

03417
农村党员课本
吉林书店，1949，30 页，32 开
收藏单位：辽宁馆

03418
批评与自我批评
中国共产党处属地方委员会，[1935—1949]印，12 页，32 开
收藏单位：广东馆

03419
清算党内的孟塞维主义思想　刘少奇著
[香港]：中国灯塔出版社，1946，41 页，64 开（灯塔小丛书 11）
本书总结我们党的一个重要历史经验——如何区别真假马克思主义的问题。
收藏单位：国家馆、浙江馆

03420
清算党内的孟什维主义思想　刘少奇著
出版者不详，1943，9 页，32 开
收藏单位：国家馆、山西馆

03421
庆祝中国共产党成立廿八周年宣传教育提纲（草案）
[沈阳]：中共中央东北局宣传部，1949.6 印，12 页，32 开
本提纲供支部党员教育及对群众宣传用。
收藏单位：国家馆

03422
荣誉是属于谁的　中共南京市委会宣传部编
南京：中共南京市委会宣传部，1949，24 页，32 开
收藏单位：国家馆

03423
时时刻刻为老百姓兴利除弊（领导方法与作风）　高岗著
华北新华书店，[1945]，40 页，32 开，环筒页装
本书收文 6 篇：《关于工作作风问题》《时时刻刻为老百姓兴利除弊》《合作社要为群众办事》《从生产线上开展妇女运动》《党在春耕运动中要解决的三个问题》《春耕领导的两个典型》。
收藏单位：国家馆、吉林馆、中科图

03424
思想指南　毛泽东等著
香港：北方出版社，1949.6，112 页，32 开
本书章节同《论思想》。收文 27 篇，内容包括：《反对自由主义》（毛泽东）、《人的阶级性》（刘少奇）、《入党动机》（刘少奇）、《反对个人英雄主义》（刘少奇）等。封面题：毛泽东、刘少奇等著。
收藏单位：重庆馆、广东馆

03425
思想指南　毛泽东　刘少奇著
云南人民日报文化部，[1949.9]，98 页，32 开
本书封面题：毛泽东、刘少奇等著。
收藏单位：重庆馆

03426
思想指南　毛泽东　刘少奇著
哈尔滨：兆麟书店，1948.9，96 页，32 开
收藏单位：国家馆

03427
思想指南
安东（丹东）：东北书店安东分店，1949.4，再版，100 页，32 开
收藏单位：国家馆、山东馆、云南馆

03428
思想指南
辽东建国书社，[1948]，增订本，99 页，32 开
收藏单位：重庆馆、国家馆、吉林馆

03429
思想指南文摘

东北书店辽宁分店，1948.4 印，37 页，32 开（干部重要学习材料 7）

本书内容包括：整党整军的意义、整党整军的方针方法、整顿思想与作风、开展批评与自我批评、发扬民主精神与民主作风、论革命军人的品质等。

收藏单位：吉林馆

03430

肃清右倾思想 坚定胜利信心　冀中区党委宣传部编

冀中区党委宣传部，[1947]，11 页，32 开

收藏单位：国家馆

03431

托洛斯基派在中国

[广州]：晨光出版社，1938.4，106 页，32 开

本书收文 6 篇，内容包括：《托洛斯基派在中国》（季融译）、《托洛斯基派是什么》、《澈底肃清托洛茨基匪徒》（普丁）、《论广西肃清托王匪徒事件》（西明）、《托匪汉奸张慕陶就缚前后》等。

收藏单位：贵州馆、国家馆

03432

[托洛斯基派在中国]

出版者不详，[1938—1949]，176 页，32 开

收藏单位：广东馆

03433

托派在中国　王明　徐特立等著

金华：新中国出版社，1939.5，184 页，32 开

本书是批判中国托派的重要文献。著者“王明”原题：陈绍禹。

收藏单位：广东馆、国家馆、黑龙江馆

03434

为纯洁党的组织而斗争

香港：正报社图书部，1948，85 页，32 开（土地改革丛书 2）

本书收《把农民队伍组织好》《平分土地与整顿队伍》《整顿我们的队伍》《澈底平分土地与妇女工作的新任务》《为纯洁党的组织而斗争》等文章。

收藏单位：广东馆、国家馆

03435

为什么我们必须实行批评与自我批评（《东北日报》社论）

知识书店，1949，8 页，32 开（知识文选 15）

收藏单位：东北师大馆、南京馆、天津馆

03436

为肃清托匪而斗争

出版者不详，1938，油印本，33 页，42 开

本书内容包括：《共产国际决议》《铲除日寇侦探民族公敌的托洛斯基匪徒》《论托派匪徒的汉奸脸谱》等。

收藏单位：国家馆

03437

为中共更加布尔塞维克化而斗争　王明著

延安：解放社，1940，增订本，218 页，25 开

延安：解放社，1940，3 版，218 页，32 开

本书介绍李立三路线的理论与实际等，内容包括：国际形势与中国革命、中国革命的根本问题、时局估计与党的任务、长沙事变与立三路线的破产、三中全会与调和态度等。著者原题：陈绍禹。

收藏单位：南京馆、山西馆

03438

为中共更加布尔塞维克化而斗争　王明著

群众出版社，1942.10，3 版，218 页，32 开

本书著者原题：陈绍禹。

收藏单位：山东馆

03439

为中共更加布尔塞维克化而斗争　王明著

出版者不详，1934，[222 页]，32 开

本书著者原题：韶玉。

收藏单位：南京馆

03440

为中共更加布尔什维克化而斗争　王明著

[黎城]：新华日报华北分馆，1941.5，215 页，

32 开

本书著者原题：陈绍禹。

收藏单位：国家馆

03441

文艺与宣传 郭沫若著

汉口：生活书店，1938.7，66 页，36 开

广州：生活书店，1938.8，66 页，36 开（自由中国丛刊）

汉口等：生活书店，1939.1，3 版，66 页，36 开（自由中国丛刊）

本书收文 9 篇，内容包括：《文艺与宣传》《鲁南胜利之外因》《日寇的残酷心理之解剖》《纪念台儿庄》《把精神武装起来》等。封面丛书题：自由中国丛书。

收藏单位：重庆馆、广东馆、贵州馆、国家馆、江西馆、南京馆、浙江馆

03442

新党员读本

胶东新华书店，1947.1，43 页，64 开

本书分 12 课对新党员进行党的基本知识教育。

收藏单位：国家馆

03443

新党员教材 中央渤海区党委宣传部编

中央渤海区党委宣传部，1946.1，37 页，64 开

收藏单位：国家馆、山东馆、浙江馆

03444

新党员学习材料 华北大学党委会编

[北平]：华北大学党委会，[1949]，51 页，32 开

本书介绍党的历史等内容。

收藏单位：国家馆

03445

新解放城市安民布告与安民口号

华东军区政治部，[1947—1949]，12 页，32 开

收藏单位：山东馆

03446

新解放城市政策与知识份子政策 中共冀中区党委宣传部编

中共冀中区党委宣传部，[1945—1949]，26 页，32 开（干部学习材料 第 4 集）

本书收三大纪律八项注意、新华社社论、中共东北中央局关于保护新收复城市的指示，以及朱德、彭德怀、任弼时、陈毅、谭震林等签发的命令、公文、讲话等。

收藏单位：国家馆

03447

形势任务与政策 华东野战军山东兵团政治部编

华东野战军山东兵团政治部，1948.6，138 页，32 开

收藏单位：南京馆、山东馆

03448

宣传工作借镜 冀晋日报社主编 玛金选辑

出版者不详，1946.3，72 页，32 开（工作与学习小丛书 3）

收藏单位：国家馆

03449

宣传工作手册（第 1 集） 合江日报编

佳木斯：合江日报，1948，30 页，32 开

收藏单位：国家馆

03450

宣传工作指南 华北军政大学政治部编

[石家庄]：华北军政大学政治部，[1948—1949]，141 页，36 开

本书收文 19 篇，内容包括：《反对党八股》（毛泽东）、《关于部队文艺工作问题》（萧向荣）、《工业解放日报工作的决定》（中共西北中央局）、《党与党报》（《解放日报》社论）、《关于部队的报纸工作》（总政）等。

收藏单位：重庆馆

03451

宣传工作指南 中共中央华中分局宣传部编

中共中央华中分局宣传部，[1945—1947] 印，

160 页，32 开

本书选收中宣部指示，西北局、华中分局决定，《解放日报》社论等有关文献。

收藏单位：南京馆、山东馆

03452
宣传手册（第 1 册） 冀鲁豫第二专员公署第二军分区宣传教育联席会编
冀鲁豫第二专员公署、第二军分区宣传教育联席会，1945.9，石印本，1 册，32 开

收藏单位：国家馆

03453
宣教工作参考文件（第 1 辑） 中共中央华东局宣传部编
中共中央华东局宣传部，[1948—1949]，132 页，32 开

收藏单位：山东馆

03454
学习文件 冯文彬编
出版者不详，[1937—1949]，13 页，32 开

收藏单位：国家馆、南京馆

03455
一九四五年边区的主要任务和作风问题 高岗著
出版者不详，[1945]，22 页，32 开

本书为著者 1945 年 1 月 9 日在西北局干部座谈会上的讲话。

收藏单位：重庆馆、东北师大馆、山西馆

03456
有事和群众商量 陈伯达著
大连：大众书店，1947.8，27 页，64 开

收藏单位：国家馆

03457
有事和群众商量 陈伯达等著
佳木斯：东北书店，1947.7，26 页，32 开

本书收文 3 篇：《有事和群众商量》（陈伯达）、《党的群众路线问题》（刘少奇）、《是谁不放手？对谁放手？》（明芝）。

收藏单位：国家馆、吉大馆、南京馆、山东馆

03458
有事和群众商量 陈伯达等著
华北新华书店，1947，34 页，32 开

本书收文 4 篇，内容包括：《有事和群众商量》（陈伯达）、《坚决联合中农，防止错定成分，反对地主假冒》（《晋绥日报》社论）、《向区村干部致敬》（《人民日报》社论）等。

收藏单位：重庆馆、国家馆、黑龙江馆、天津馆、浙江馆

03459
有事和群众商量 陈伯达著
苏州：苏南党委宣传部，[1949]，11 页，32 开

收藏单位：南京馆

03460
有事和群众商量 陈伯达著
[阳城]：太岳新华书店，1947.7，16 页，32 开

收藏单位：国家馆、近代史所

03461
有事和群众商量 新华书店晋察冀分店编
[新华书店晋察冀分店]，1947，28 页

收藏单位：广东馆、近代史所、山东馆

03462
怎样给人民当个好长工 太行群众书店编
[涉县]：太行群众书店，1948.3，57 页，36 开

本书收文 12 篇，内容包括：《告全体党员书》（中国共产党晋冀鲁豫中央局）、《告农民书》（晋冀鲁豫边区农会筹备委员会）、《〈农村调查序言〉（二）》（毛泽东）、《人的阶级性》（刘少奇）等。

收藏单位：国家馆

03463
怎样学习？学习什么？ 罗迈等著
新兴书店，1940.1，160 页，32 开

本书收文 18 篇，内容包括：《我们要学习什么？怎样学习？》（罗迈）、《论组织民众训练的几个基本原则》（刘少奇）、《论坚持河北抗战与巩固团结》（彭德怀）、《在敌后方的两个路线》（邓小平）、《纪念苏联十月革命的二十二周年》（叶剑英）等。

收藏单位：国家馆、上海馆

03464

增强党性锻炼克服不良倾向　卫政教育科编

卫政教育科，1943.2，油印本，30 页，32 开

收藏单位：国家馆

03465

摘要《中共为抗战三周年时局宣言》

安平县委宣传部，1940.8，油印本，1 册，64 开

本书为支部临时教材之二。

收藏单位：国家馆

03466

展开反省与自我批评　刘少奇等著

山东新华书店，1945.5，86 页，32 开

本书为整风必修文件，收《展开反省与自我批评》（《大众日报》社论）、《关于发扬民主检查领导的认识问题》（萧华）、《民主精神与官僚主义》（刘少奇）等。

收藏单位：重庆馆

03467

政治常识学习材料（1—3 集）　中共苏北区党委宣传部编

中共苏北区党委宣传部，[1942—1949]，3 册（[131+74+77] 页），32 开

本书第 1 集收毛泽东、陈云等政治论著二十余篇，第 2 集讲解党的基本知识及中共奋斗史，第 3 集介绍苏联。

收藏单位：国家馆

03468

支部党员教材参考提纲　中共晋察冀中央局宣传部编

[张家口]：中共晋察冀中央局宣传部，1945.10，26 页，64 开

收藏单位：国家馆

03469

支部教育提纲　中共冀南区党委宣传部编

[威县]：中共冀南区党委宣传部，1948.10，12 页，32 开

收藏单位：国家馆

03470

中共中央东北局指定干部学习文件

吉林书店，[1948]，27 页，32 开

收藏单位：国家馆

03471

中国革命与机会主义　中国共产党中央政治局等著

上海：民志书局，1929.10，118 页，32 开（革命丛书）

本书收文 4 篇：《反对党内机会主义与托洛斯基主义反对派的决议》《答复陈独秀的来信》《中共中央答独秀同志关于中东路问题的第一信》《批评独秀同志对中东路问题意见的机会主义的错误》。附《独秀同志对中东路问题的意见》《独秀同志复中央的信》《独秀同志关于中国革命问题致中共中央信》。

03472

自我批评（论共产党之五）

[威县]：冀南军区政治部，1941.12，油印本，25 页，32 开

收藏单位：国家馆

组织建设

03473

共产党人

出版者不详，[1939—1949]，92 页，32 开

本书收文 13 篇，内容包括：《中央政治局关于巩固党的决定》、《扩大的中共中央第六次全会关于各级党委暂行组织机构的决定》、《扩大的中共中央第六次全会关于各级党部工

作规则与纪律的决定》、《〈共产党人〉创刊号发刊词》（毛泽东）、《为中国共产党的巩固和坚强而奋斗》（王稼祥）、《共产党员的权利与义务》（洛甫）、《论公开工作与秘密工作》（刘少奇）、《巩固党与战区的群众工作》（陈云）、《关于新老干部的问题》（李富春）、《关于宣传鼓动工作及其方式》（杨松）等。

收藏单位：国家馆

03474
关于支部工作的决定
华野四纵政治部，1949.9，油印本，11 页，32 开

收藏单位：国家馆

03475
论干部政策　亚拉编
大连：大众书店，1948.7，76 页，32 开

本书摘录毛泽东、刘少奇、张鼎丞等人关于共产党的干部政策的论述。附《中共中央关于延安干部学校的决定》《中共中央关于在职干部教育的决定》等 5 篇。

收藏单位：重庆馆、国家馆、山东馆

03476
论政权机构领导与干部政策　[宋劭文著]
[阜平]：晋察冀边区行政委员会编辑室，1940，石印本，163 页，32 开（边政丛刊）

本书收文两篇：《论政权机构领导与干部政策》《边区政权工作检讨总结》。

收藏单位：山西馆

03477
统一意志统一行动统一纪律
吉林书店，1948，3 版，78 页，32 开

本书收文 11 篇，内容包括：《统一意志，统一行动，统一纪律》《重印〈左派幼稚病〉第二章前言》《布尔塞维克成功的基本条件之一》《古田会议决议案》《整顿学风、党风、文风》《中共中央关于增强党性的决定》《中国共产党中央委员会关于南斯拉夫共产党问题的决议》等。

收藏单位：重庆馆、东北师大馆、国家馆、吉林馆、近代史所、辽宁馆、内蒙古馆、山东馆、天津馆

03478
统一意志统一行动统一纪律
内蒙古人民解放军政治部宣教部，1948.7，60 页，32 开

收藏单位：国家馆

03479
统一意志统一行动统一纪律
出版者不详，1948，233 页，32 开

本书收文 20 篇，内容包括：《人民解放战争两周年的总结和第三年的任务》《目前形势和我们的任务》《中国人民解放军宣言》《中国土地法大纲》《中共东北中央局关于知识份子的决定》《统一意志统一行动统一纪律》等。附《欧洲共产党情报局关于南国共产党问题的决议》《中共中央委员会关于南共问题的决议》等 12 篇。

收藏单位：国家馆、山东馆

03480
怎样爱护区村干部（工作、作风、学习、打算）　华北新华书店编辑部编
华北新华书店，1946.6，46 页，32 开（新大众丛刊）

本书收文 14 篇，内容包括：《个人工作前途问题》（王如成、赵长亭）、《村干部的家庭问题》（苏里）、《区村干部怎样学习》（解索）、《赵金柱三变作风》（石峰）、《李马保培养积极份子的方法》（赵正晶）等。

收藏单位：重庆馆、国家馆、山东馆

03481
中共入党志愿书
苏北军区第一分区政治部组织科，1949.8，6 页，大 64 开

收藏单位：国家馆

03482
组织工作手册
中国人民解放军东北军区政治部，1948.9，

147 页，32 开

收藏单位：国家馆

党　员

03483

党性问题论文集　山东分局宣传部选辑

[山东分局宣传部]，1942.4，110 页，32 开

本书收文 7 篇，内容包括:《中央关于增强党性的决定》(中共二十周年纪念日中央政治局通过)、《反对党内各种不良倾向》(刘少奇)、《在学习问题上的党性锻炼》(彭康)等。

收藏单位：国家馆

03484

共产党员的榜样　东北民主联军总政宣传部编

东北民主联军总政宣传部，1947.9，45 页，大 64 开(党员读物 1)

本书收文 12 篇，内容包括:《共产党员在火线上》(柯岗)、《怀德战斗中的共产党员》(念奚)、《模范党员任纪贞》(吕村夫)、《威武不屈的韩春雨》(兴华)等。

收藏单位：辽宁馆

03485

共产党员的修养　刘少奇著

[邢台]：华北新华书店，1946，83 页，32 开

本书内容包括：共产党员为什么要有修养、要了解共产主义是世界上空前伟大而艰难的事业、修养的各方面和修养的方法等。

收藏单位：广东馆、国家馆、南京馆、山西馆

03486

共产党员的修养　刘少奇著

新华日报华北分馆，1941，2 版，60 页，32 开

新华日报华北分馆，[1946]，90 页，32 开，环筒页装

收藏单位：国家馆、山西馆

03487

共产党员修养　刘少奇等著　群众书店辑

群众书店，1949.6，140 页，32 开

本书收文 10 篇，内容包括:《中央关于调查研究的决定》(1941 年 8 月 1 日)、《论共产党员的修养》(刘少奇)、《关于增强党性的决定》(1941 年 7 月 1 日中共二十周年纪念日中央政治局通过)、《反对自由主义》(毛泽东)等。目录页题名：论共产党员的修养。

收藏单位：国家馆

03488

关于增强党性的决定

辽西省委宣传部，[1949]，17 页，32 开

本书收文 3 篇:《关于增强党性的决定》(1941 年 7 月 1 日中共二十周年纪念日中央政治局通过)、《反对自由主义》(毛泽东)、《斯大林论自我批评》。

收藏单位：国家馆

03489

关于增强党性的文献(第 2 集)　中共冀热辽中央分局宣传部编

中共冀热辽中央分局宣传部，1947.5，71 页，32 开

收藏单位：辽宁馆

03490

郭继胜　华东野战军第三纵队政治部编

山东新华书店总店，1947.9，33 页，42 开

收藏单位：山东馆、山西馆

03491

加强锻炼　[解放日报社编]

[香港]：红棉出版社，[1943—1949]，128 页，32 开(整风文丛 2)

[香港]：红棉出版社，1948.2，3 版，128 页，32 开(整风文丛 2)

本书收《加强党性的锻炼》(《解放日报》社论)、《关于增强党性的决定》(中共中央)、《论干部政策与干部教育政策》(季米特洛夫)、《反对自由主义》(毛泽东)等文章。

收藏单位：广东馆、广西馆、国家馆、南京馆、山西馆

03492
论党员修养　刘少奇著
出版者不详，[1939—1949]，32页，32开
本书从党性的高度，教育共产党员必须牢固地树立共产主义世界观，用以指导自己的行动，并从理论和实践的结合上，阐明共产党员加强党性锻炼和修养的目的、方法和基本要求。
收藏单位：贵州馆

03493
论党员在组织上和纪律上的修养　刘少奇著
东北书店辽宁分店，1948.5，38页，25开
本书共7部分，内容包括：党员与党及其他党员的关系、民主集中制之执行、"愿意"和"强迫"的统一、自由与必然等。
收藏单位：东北师大馆

03494
论革命家的修养　刘少奇著
大连：大众书局，1946.6，68页，32开
大连：大众书局，1946.8，再版，65页，32开
大连：大众书局，1947.7，3版，65页，32开
大连：大众书局，1948.6，4版，68页，32开
本书共两章：绪论、党员思想意识的修养。
收藏单位：黑龙江馆、吉林馆、近代史所、南京馆、上海馆、天津馆、浙江馆

03495
论革命家的修养　刘少奇著
正理出版社，[1939—1949]，93页，48开
收藏单位：国家馆

03496
论个性与党性　新四军第一纵队政治部编
新四军第一纵队政治部，[1937—1939]，93页，32开
本书共4部分：加强全党的一致性和团结、加强党性、反对党内不同倾向、反对本位主义倾向。
收藏单位：国家馆、浙江馆

03497
论共产党员　刘少奇著
[佳木斯]：东北书店，1946.12，120页，32开
[哈尔滨]：东北书店，1947.7，120页，32开
哈尔滨：东北书店，1948.11，再版，150页，32开
本书共4部分：人的阶级性、论共产党员的修养、作一个好的党员建设一个好的党、党的群众路线问题。1947年7月版附《怎样作一个共产党员》（陈云）。1948年11月再版增加《论党内斗争》《清算党内的孟塞维主义思想》。
收藏单位：北师大馆、重庆馆、东北师大馆、国家馆、湖南馆、辽宁馆、山西馆

03498
论共产党员　刘少奇著
吉林书店，1949，157页，32开
收藏单位：国家馆、吉林馆

03499
论共产党员的党性　饶漱石著
胶东新华书店，1948.3，48页，32开
本书共5部分：党与无产阶级的关系和无产阶级的特性、何谓共产党的党性、党性的具体表现、来自工农要回到工农、关于如何加强党性的几个意见。
收藏单位：国家馆

03500
论共产党员的修养　刘少奇著
川北日报，[1939—1949]，77页，32开
收藏单位：重庆馆

03501
论共产党员的修养　刘少奇著
哈尔滨：东北书店，1949.3，69页，32开
收藏单位：辽宁馆

03502
论共产党员的修养 刘少奇著
[北平]：华北大学，1949，94页，32开（教学用书7）
收藏单位：国家馆、宁夏馆、天津馆

03503
论共产党员的修养 刘少奇著
[石家庄]：华北军区补训兵团政治部，[1948—1949]，19页，36开
本书摘录《关于修改党章的报告》（刘少奇）第4部分《关于党员的义务及权利》，以及《论共产党员的修养》中《党员思想意识修养部分》第3—4段。
收藏单位：重庆馆

03504
论共产党员的修养 刘少奇著
[北平]：华北人民革命大学教务处，[1949]，70页，32开
收藏单位：北师大馆、国家馆、天津馆

03505
论共产党员的修养 刘少奇著
华北新华书店，1946.5，83页，32开
华北新华书店，1946.10，46页，36开
华北新华书店，1947.3，2册，32开
华北新华书店，1947，4版，83页，36开
华北新华书店，1947.6，5版，134页，32开
华北新华书店，1947，6版，84页，25开
收藏单位：重庆馆、国家馆、吉林馆、山西馆

03506
论共产党员的修养 刘少奇著
华东新华书店，1949.1，3版，138页，32开
收藏单位：重庆馆、福建馆、国家馆、南京馆、上海馆

03507
论共产党员的修养 刘少奇著
华东新华书店渤海分店，1949.4，88+16页，32开
收藏单位：南京馆、山东馆

03508
论共产党员的修养 刘少奇著
华中新华书店，[1948]，再版，84页，25开
华中新华书店，1949.2，3版，96页，32开
收藏单位：国家馆、湖北馆、吉林馆、南京馆、上海馆

03509
论共产党员的修养 刘少奇著
阜平：冀晋新华书店，1947.2，2版，103页，32开
收藏单位：山西馆

03510
论共产党员的修养 刘少奇著
菏泽：冀鲁豫新华书店，1949.6，84页，32开
收藏单位：山东馆、山西馆

03511
论共产党员的修养 刘少奇著
冀中导报社，1945.9，石印本，26页，32开
收藏单位：国家馆、山东馆

03512
论共产党员的修养 刘少奇著
[北平]：解放社，1949.8，111页，32开
本书为著者1939年7月8日在延安马列学院的演讲，共两部分：绪论、党员思想意识的修养。内容包括：共产党员为什么要有修养、修养的各方面和修养的方法等。
收藏单位：重庆馆、国家馆、吉林馆、山西馆、天津馆

03513
论共产党员的修养 刘少奇著
晋察冀军区政治部，1947.10，115页，32开（干部学习文件1）
收藏单位：重庆馆

03514
论共产党员的修养　刘少奇著
[阜平]：晋察冀新华书店，1947.9，82页，32开
[阜平]：晋察冀新华书店，1948.6，142页，64开
收藏单位：国家馆、山东馆

03515
论共产党员的修养　刘少奇著
[兴县]：晋绥新华书店，[1940—1949]，129页，32开
收藏单位：重庆馆、国家馆、山西馆

03516
论共产党员的修养　刘少奇著
[安东（丹东）]：辽东建国书社，1946.2，115页，32开（青年知识丛书2）
收藏单位：国家馆

03517
论共产党员的修养　刘少奇著
广州：南大印刷厂，[1949]印，59页，32开
收藏单位：广东馆、南大馆

03518
论共产党员的修养　刘少奇著
群众书店，1949，94页，32开
收藏单位：国家馆

03519
论共产党员的修养　刘少奇著
山东新华书店，1947.10，101页，36开
山东新华书店，1948.7，再版，101页，32开
收藏单位：重庆馆、南京馆、山东馆

03520
论共产党员的修养　刘少奇著
太原：山西公学，1949.5，146页，32开
收藏单位：山西馆

03521
论共产党员的修养　刘少奇著
[西安]：陕甘宁边区新华书店，1948.10，84页，32开
收藏单位：国家馆、南京馆、山东馆

03522
论共产党员的修养　刘少奇著
十八兵团政治部，[1939—1949]，140页，32开
收藏单位：重庆馆

03523
论共产党员的修养　刘少奇著
太行新华书店，1949.5，101页，32开
收藏单位：国家馆

03524
论共产党员的修养　刘少奇著
[阳城]：太岳新华书店，1947.3，103页，36开
[阳城]：太岳新华书店，1947.12，再版，99页，32开
收藏单位：重庆馆、国家馆、山西馆

03525
论共产党员的修养　刘少奇著
[西安]：西北新华书店，1949，84页，32开
收藏单位：重庆馆、国家馆、山东馆

03526
论共产党员的修养　刘少奇著
延安：西北新华书店延安总分店，[1939—1949]，130页，32开
收藏单位：重庆馆

03527
论共产党员的修养　刘少奇著
北平：新华书店，1949.4，94页，32开
上海：新华书店，1949，110页，36开
[北平]：新华书店，1949，修订本，82页，32开
[南京]：新华书店，1949.6，再版，77页，32开
收藏单位：重庆馆、广东馆、贵州馆、国

家馆、湖北馆、辽宁馆、南京馆、山西馆、陕西馆、天津馆

03528
论共产党员的修养　刘少奇著
张家口：新华书店晋察冀分店，1946.4，78页，32开
收藏单位：国家馆、山西馆

03529
论共产党员的修养　刘少奇著
香港：新民主出版社，1949，68页，32开
香港：新民主出版社，1949.3，再版，68页，32开
收藏单位：重庆馆、国家馆、辽宁馆、上海馆

03530
论共产党员的修养　刘少奇著
新加坡：新民主文化服务社，1945.12，66页，32开
收藏单位：国家馆

03531
论共产党员的修养　刘少奇著
杭州：浙江新华书店，[1949] 印，138页，32开
收藏单位：南京馆、山西馆

03532
论共产党员的修养　刘少奇著
正理出版社，[1939—1949]，93页，48开
本书封面题名：论革命家的修养。
收藏单位：国家馆

03533
论共产党员的修养　刘少奇著
中共胶东区党委宣传部，1945.8，102页，32开
收藏单位：山东馆

03534
论共产党员的修养　刘少奇著
[香港]：中国灯塔出版社，1946，57页，64开（灯塔小丛书 6）
收藏单位：国家馆

03535
论共产党员的修养　刘少奇著
中国人民解放军十五兵团政治部，1949，64页，32开
收藏单位：广东馆

03536
论共产党员的修养　刘少奇著
中国兴业出版公司，1949，88页，32开
收藏单位：吉林馆

03537
论共产党员的修养　刘少奇著
[郑州]：中原新华书店，1949.1，82页，32开
收藏单位：河南馆、湖北馆、山西馆

03538
论共产党员的修养　刘少奇著
[上海]：自修出版社，[1939—1949]，183页，32开
收藏单位：南京馆、上海馆

03539
[论共产党员的修养]　[刘少奇著]
出版者不详，[1939—1949]，104页，32开
本书为伪装本。伪装题名：论青年修养。伪装出版者题：重庆播种社。伪装出版时间题：1938年12月。
收藏单位：重庆馆、国家馆

03540
[论共产党员的修养]　[刘少奇著]
出版者不详，1940，78页，32开
本书为伪装本。伪装题名：论革命的修养。伪装出版者题：播种社。
收藏单位：国家馆

03541
论共产党员的修养 刘少奇著
出版者不详，1941.3，58页，32开
出版者不详，[1939—1949]，1册，32开
收藏单位：国家馆、南京馆、浙江馆

03542
论共产党员的修养
冀东军区政治部，[1945—1949]，53页，32开
本书收文3篇：《共产党员的标准》《季米特洛夫论选择干部四个标准》《论共产党员的修养》。
收藏单位：重庆馆

03543
论共产党员的修养（修改本） 刘少奇著
华中新华书店，1949，111页，32开
本书共两章：绪论、党员思想意识的修养。附《人的阶级性》（刘少奇）。
收藏单位：重庆馆、国家馆

03544
论共产党员修养 刘少奇等著
鞍山：保安司令部民运处，[1945—1949]，61页，32开
本书内容包括：《论共产党员的修养》《中共中央关于增强党性的决定》《反对党内几种不正确的倾向》。
收藏单位：南京馆

03545
论共产党员修养 刘少奇著
渤海军区政治部，[1944—1949]，101页，32开
收藏单位：山东馆

03546
论共产党员修养 刘少奇著
大连：大众书店，1948.9，再版，107页，32开（干部学习丛书4）
收藏单位：南京馆

03547
论修养 刘少奇著
国际出版社，1938.11，104页，36开
本书即《论共产党员的修养》。
收藏单位：重庆馆、国家馆

03548
论修养 刘少奇等著
出版者不详，[1940—1949]，128页，32开
本书收文6篇：《论共产党员的修养》（刘少奇）、《苏联利益与人类利益的一致》（毛泽东）、《论妇女解放问题》（王明）、《关于三民主义与共产主义》（王稼祥）、《叶青的假三民主义就是取消三民主义》（黎平）、《马克思——列宁主义的一个杰作》（朱家工译）。
收藏单位：国家馆

03549
人性·党性·个性 陈伯达等著
潮汐社，1947.9，77页，32开
本书收文15篇，内容包括：《什么是共产党员的党性》《整顿三风与思想革命》《主观主义的根源和克服的办法》《动机与立场》《在实践中进行整风》《整风一年》等。
收藏单位：广东馆、国家馆、吉林馆

03550
人性·党性·个性 陈伯达著
[天津]：知识书店，1949，10页，32开（知识文选19）
收藏单位：南京馆、天津馆

03551
新华活叶文选 陈云等著
新华书店，[1948]，7册，32开
本书为合订本，收文4篇：《怎样做一个共产党员》（陈云）、《人的阶级性》（刘少奇）、《反对自由主义》（毛泽东）、《中共中央东北局关于知识分子的决定》。
收藏单位：重庆馆、山东馆

03552
续论共产党员的修养 刘少奇著

冀中新华书店，[1940]，79页，大64开
收藏单位：吉林馆

03553
一个共产党员的改造　江陵著
香港：中国出版社，1948.4，36页，32开（新社会小丛书）
本书共6部分，内容包括：我的出身家庭和社会、在部队中各个时期的表现、几个主要的思想病、我的改造过程等。
收藏单位：广东馆、国家馆

03554
怎样过民主生活　苏旅著
佳木斯：东北书店，1948.10，28页，32开（青年知识丛书2）
长春：东北书店，1949.4，再版，28页，32开（青年知识丛书2）
收藏单位：重庆馆、东北师大馆、国家馆、南京馆、山东馆、天津馆

03555
怎样过民主生活　苏旅著
无锡：苏南新华书店，1949.7，18页，32开
收藏单位：国家馆、山东馆、山西馆

03556
怎样做一个共产党员　陈云著
大连：大众书店，1948.4，再版，22页，32开
本书共5部分："入党资格""党员的成份""入党手续、恢复党籍或重新入党""候补党员""共产党员的标准"。
收藏单位：重庆馆、国家馆、吉大馆、山东馆

03557
怎样做一个共产党员　陈云等著
胶东联合社，1942，130页，64开
收藏单位：山东馆、上海馆

03558
怎样做一个共产党员　陈云等著
胶东新华书店，1946.10，再版，79页，32开
收藏单位：山东馆

03559
怎样做一个共产党员　陈云撰
[北平]：新华书店，1949，1册
收藏单位：安徽馆、重庆馆、广东馆、国家馆、湖南馆、宁夏馆

03560
怎样做一个共产党员　陈云著
[香港]：中国灯塔出版社，1946.3，32页，大64开（灯塔小丛书4）
收藏单位：国家馆

03561
怎样做一个共产党员　陈云著
[郑州]：中原新华书店，1949.2，17页，32开
收藏单位：重庆馆、湖南馆、南京馆

03562
怎样做一个共产党员　陈云著
出版者不详，1939.5，20页，32开
出版者不详，1939，新1版，修订本，19页
出版者不详，[1945—1949]，油印本，1册，32开，环筒页装
收藏单位：东北师大馆、国家馆、山西馆

03563
怎样做一个好党员
华中新华书店五分店，[1948]，42页，64开
本书共13节，内容包括：共产党员是项光荣的称号、参加党是为了我们自己的解放、要确定全心全意为人民服务的决心等。
收藏单位：国家馆

03564
中国共产党晋冀鲁豫中央局告全体党员书
太行群众书店编
[邢台]：太行群众书店，1948.3，30页，32开
本书内容包括：《告全体党员书》（中共晋冀鲁豫中央局）、《告农民书》（晋冀鲁豫边

区农会筹委会）、《农村调查序言（2）》（毛泽东）、《阶级性》（《晋察冀日报》社论）等。

收藏单位：国家馆、河南馆

03565

中国共产党晋冀鲁豫中央局告全体党员书

中国共产党晋冀鲁豫中央局颁布

出版者不详，1948.1，油印本，8页，32开

收藏单位：国家馆

03566

作一个好党员建设一个好的党 刘少奇著

东北出版社，1946印，18页，32开

本书收文两篇：《人的阶级性》《作一个好党员建设一个好的党》。后者为著者应《抗敌报》《前锋报》《迈进报》要求，于1940年7月1日为庆祝建党十九周年所作。

收藏单位：重庆馆、东北师大馆、国家馆、吉林馆、南京馆

03567

作一个好党员建设一个好的党 刘少奇著

齐齐哈尔：嫩江省委宣传部，1946，16页，32开

收藏单位：湖北馆

03568

作一个好的党员建设一个好的党 刘少奇著

藁城：人民书店，1940印，石印本，16页，32开

收藏单位：东北师大馆

整风、整党运动

03569

北岳区第二期整风文件（第1分册 政权建设之部） 北岳区学习委员会编

[北岳区学习委员会]，1943.5，62页，32开

本书收文6篇，内容包括：《建设革命的家务》（朱德）、《论抗日根据地职工会的基本任务》（邓发）、《中共中央对晋东南抗日根据地职工运动的指示》等。另收《克服困难向前迈进》等8篇。

收藏单位：国家馆、南京馆

03570

北岳区第二期整风文件（第1分册 政权建设之部） 北岳区学习委员会编辑

灵寿：新华书店晋察冀分店，1943.6，再版，62页，32开

本书收文9篇，内容包括：《新民主主义的政治》（《新民主主义论》第5节）、《论敌后根据地的社会性质问题》（献珍）、《晋察冀边区选举条例》等。另收参考文件、《谈民主教育》（彭德怀）等4篇。

收藏单位：国家馆

03571

北岳区第二期整风文件（第2分册 经济建设之部） 北岳区学习委员会编

[灵寿]：新华书店晋察冀分店，1943.5，41页，36开

本书内容包括：合作贸易问题提纲、加强经济建设的重要性、中共中央关于各抗日根据地目前妇女工作的决议等。

收藏单位：南京馆、山西馆

03572

布尔塞维克成功底基本条件之一 辽宁省委宣传部编

东北书店辽宁分店，1948，67页，32开

本书收文9篇，内容包括：《重印〈左派幼稚病〉第二章前言》《布尔塞维克成功的基本条件之一》《统一意志，统一行动，统一纪律》《反对自由主义》《关于宗派主义的问题》等。附《列宁论苏维埃机关人员应如何工作》。

收藏单位：东北师大馆、国家馆

03573

布尔塞维克成功底基本条件之一 中共中央晋绥分局编

[兴县]：中共中央晋绥分局，1948.6，20页，32开

本书收文4篇：《中共中央晋绥分局关于

认真阅读党报与学习文件的指示》《中共中央宣传部重印〈左派幼稚病〉第二章前言》《布尔塞维克成功底基本条件之一》《列宁论苏维埃机关人员应如何工作》。

收藏单位：重庆馆、国家馆、南京馆、山东馆、山西馆

03574
布尔什维克成功底基本条件之一（列宁著《左派幼稚病》第二章）
沈阳：辽宁书店，1948.9，52页，32开

本书收文8篇：《东北局关于学习内容的指示》（东北局）、《重印〈左派幼稚病〉第二章前言》（中宣部）、《布尔什维克成功底基本条件之一》（列宁）、《列宁论苏维埃机关人员应如何工作》（伏蒂也娃）、《中共关于南斯拉夫共产党问题的决议》（新华社）、《情报局讨论南共状况》（新华社）、《反对经验主义》（艾思奇）、《农业社会主义问题》（新华社）。

收藏单位：辽宁馆、南京馆、内蒙古馆

03575
关于推迟完成整党工作分局请示与中央指示　[中共晋绥分局撰]
[兴县]：中共晋绥分局，[1942—1949]，油印本，1册，32开

收藏单位：国家馆

03576
关于学习问题给淮北区党委的信　刘子久著
延安：解放日报社，1944.7，16页，32开

本书为著者对整风运动中的一些弊病的看法，内容包括："从走夏海然的路说起""正确的口号、错误的方法""我们缺乏追根究底精神"等。

收藏单位：国家馆

03577
关于学习问题给淮北区党委的信　刘子久著
[延安]：解放社，1944.8，28页，32开

收藏单位：北师大馆、重庆馆、国家馆、山西馆、陕西馆

03578
关于学习问题给淮北区党委的信　刘子久著
兴县：中共晋绥分局，1944，18页，32开

收藏单位：重庆馆、东北师大馆、山西馆

03579
关于整党的指示　豫皖苏区党委辑
出版者不详，[1948—1949]，4页，32开

收藏单位：国家馆

03580
关于整党问题的报告　顾大川著
[阳城]：中共太岳区党委，1948.9，23页，32开

本书是著者1948年9月2—3日在区以上干部会议上的讲话等。

收藏单位：国家馆

03581
关于整风审干的检查及今后的方针（林枫同志在分局高干会关于整风审干的结论）　林枫著
出版者不详，1944.7，15页，32开

收藏单位：国家馆

03582
林枫同志在分局行署抗联党校各直属机关大会上的讲话
出版者不详，1943.12，19页，32开

收藏单位：国家馆

03583
论布尔什维克成功的基本条件　正报社编
香港：正报社图书部，1948，8+42页，25开

收藏单位：广东馆、吉林馆、首都馆

03584
论布尔什维克成功的基本条件
香港：新民主出版社，1949.3，再版，增订本，101页，32开
香港：新民主出版社，1949，3版，增订本，101页，25开

本书收文12篇，内容包括：《加强党成

为统一的全国人民民主政权的领导政党》（方方）、《论布尔什维克的原则性》（斯列波夫）、《论对缺点的不调和性及布尔什维克的严肃性》（斯列波夫）、《重印〈左派幼稚病〉第二章前言》（中共中央宣传部）、《〈左派幼稚病〉第二章——布尔什维克成功的基本条件之一》（列宁）、《反对经验主义》（艾思奇）、《检查执行程度是布尔什维克领导的基本方法》（《真理报》）、《领导者的工作方法》（朱可夫）、《列宁论苏维埃机关人员应如何工作》（伏蒂也娃）、《论党的工作中的党委制》（《真理报》）等。

收藏单位：重庆馆、广西馆、国家馆、黑龙江馆、吉林馆、南京馆、山西馆、上海馆

03585
论布尔什维克成功的基本条件之一　华北野战军第一兵团第八纵队政治部辑
华北野战军第一兵团第八纵队政治部，1948，53页，32开
收藏单位：国家馆

03586
论王实味的思想意识　范文澜等著
[濮阳]：冀鲁豫书店，1944，80页，32开
本书收范文澜、张如心、艾青、罗迈等对王实味思想的批判文章5篇，以及《斗争日记》（温济泽）、《野百合花》（王实味）。
收藏单位：国家馆、河南馆、山东馆

03587
论王实味的思想意识　范文澜等著
胶东新华书店，1944.10，68页，32开
收藏单位：国家馆、山东馆

03588
论王实味的思想意识　范文澜等著
苏中出版社，[1940—1949]，61页，32开
收藏单位：国家馆、河南馆

03589
论王实味的思想意识　范文澜等著
新华书店，1943.8，60页，32开
收藏单位：国家馆、近代史所、山东馆

03590
三查三整运动参考文件　华东军区政治部编
华东军区政治部，1947.11，158页，大64开
华东军区政治部，1948.5，166页，大64开
收藏单位：山东馆

03591
三风
真理社，1945.11，187页，32开
本书收文22篇，内容包括：《整顿学风·党风·文风》（毛泽东）、《怎样做一个共产党员》（陈云）、《共产党的布尔塞维克化的条件》（斯大林）、《论干部政策与干部教育政策》（季米特洛夫）等。
收藏单位：重庆馆、东北师大馆、国家馆、吉林馆、南京馆、天津馆

03592
三整文献　胶东区党委宣传部编
胶东新华书店，1948.3，120页，32开
胶东新华书店，1948.6，再版，120页，32开
胶东新华书店，1948.8，3版，120页，32开
本书收文15篇，内容包括：《斯大林论党的布尔什维克化》《论党的性质》《论党与群众之关系、党员的义务、干部及干部团结、党的严肃性和灵活性》等。
收藏单位：重庆馆、国家馆、湖北馆、吉林馆、南京馆、山东馆、上海馆

03593
三整文献（第2集）　胶东区党委宣传部编
胶东新华书店，1948.6，80页，32开
胶东新华书店，1948.7，再版，80页，32开
胶东新华书店，1948.8，3版，80页，32开
本书收文10篇，内容包括：《共产主义的人生观》《学习晋绥日报的自我批评》《在批评和自我批评的精神上培养干部》等。
收藏单位：国家馆、辽宁馆、南京馆、山东馆

03594
三整文献（第 3 集） 胶东区党委宣传部编
胶东新华书店，1948.7，51 页，32 开
本书收文 7 篇，内容包括:《布尔塞维克成功底基本条件之一》《布尔塞维克党底纪律》《论党的组织与纪律》等。
收藏单位：广东馆、国家馆、辽宁馆、南京馆

03595
三整文献（第 4 集） 胶东区党委宣传部编
胶东新华书店，1948.8，78 页，32 开
本书收文 12 篇，内容包括:《共产党情报局会议关于南斯拉夫共产党状况的决议》《中国共产党中央委员会关于南斯拉夫共产党问题的决议》《关于农业社会主义问题的问答》《列宁论苏维埃机关人员应如何工作》等。附《甚么叫“从实际出发”?》(陆定一)。
收藏单位：国家馆、辽宁馆

03596
时事讨论总结报告（整风参考材料） 邓子恢著
出版者不详，[1941—1949]，油印本，22 页，32 开
收藏单位：国家馆

03597
武安九区整党民主填补运动的点滴经验 太岳新华书店编
[阳城]：太岳新华书店，1948.5，[96] 页，32 开
本书收文 16 篇，总结工作团在武安九区以赵庄为重点及附近八个村进行工作的经验。附《赵庄全村面貌》《深入访问贫雇》《群众审查党员》等。
收藏单位：重庆馆、广东馆、国家馆、河南馆

03598
新华活叶文选（甲种） 艾思奇等著
出版者不详，[1948]，124 页，36 开
本书收《反对经验主义》(艾思奇)、《改造我们的学习》(毛泽东)、《整顿学风党风文风》(毛泽东)等。
收藏单位：重庆馆

03599
学习参考资料 [建设大学编]
华中新华出版社，1945.11，152 页，32 开
本书收文 19 篇，内容包括:《改造我们的学习》(毛泽东)、《在延安文艺座谈会上的讲话》(毛泽东)、《整顿学风、党风、文风》(毛泽东)、《国共两党与中国之命运》(吕振羽)、《〈中国之命运〉——极端唯心论的愚民哲学》(艾思奇)等。书后有编者后记。
收藏单位：国家馆、山东馆

03600
学习文件
荣成教育科，1945.1，石印本，20 页，32 开
本书收文 3 篇:《人的阶级性》(刘少奇)、《提高切实朴素的工作作风》(张闻天)、《知识分子改造问题》(薛暮桥)。
收藏单位：国家馆

03601
学习资料
出版者不详，[1948]，93 页，25 开
本书收《相信群众》(斯大林)、《关于列宁的逝世》(斯大林)、《关于学习问题给淮北区党委的信》(子久)、《一九五四年的任务》(毛泽东)、《怎样才能算得上一个完全的共产主义的革命家》(毛泽东)等。
收藏单位：国家馆

03602
整编党的队伍 辽东军区政治部宣传部编
辽东军区政治部宣传部，1948.4，47 页，32 开
本书是中国共产党的整党参考材料，内容包括：整顿思想与作风、开展批评与自我批评、发扬民主精神与民主作风、论革命军人的品质、论共产党员的享受观等。
收藏单位：湖北馆

03603
整党参考文献
出版者不详，[1942—1949]，油印本，34页，32开
收藏单位：国家馆

03604
整党参考资料
军区卫生部政治部，1947.12印，油印本，48页，32开
收藏单位：国家馆

03605
整党参考资料
中共华东中央局秘书处，1948，158页，32开
收藏单位：广东馆、上海馆

03606
整党讲话　中共华中五地委宣传部编
[淮安]：中共华中五地委宣传部，1948.2，38页，64开
本书为乡村支部教材，讲述为何整党、整党中的问题及处理办法等共10个问题。附《整党纪律》。
收藏单位：国家馆

03607
整党教材　中共辽南省委宣传部编
中共辽南省委宣传部，1947.12，33页，32开
收藏单位：国家馆

03608
整党民主在赵庄（土改通讯）　冀南新华书店编
[威县]：冀南新华书店，1948.1，48页，32开
本书收文7篇，内容包括：《赵庄全村面貌》《深入访问贫雇》《群众审查党员》《成立农代会改选村政府》等。附《什里店慎重划阶级》。
收藏单位：国家馆、山东馆、天津馆

03609
整党文件
[唐山]：冀东新华书店，[1948]，23页，32开
收藏单位：吉林馆、山东馆

03610
整党问题基本文献　鲁南时报编
鲁南时报，1948.2，254页，32开
本书收文10篇，内容包括：《中国共产党党章》、《关于修改党章的报告》（刘少奇）、《〈共产党人〉发刊词》（毛泽东），以及蓝列波巨、斯列波夫等人的有关论著。
收藏单位：山东馆

03611
整党学习材料
华中新华书店，1948.8，145页，32开（干部学习丛书）
本书收文10篇，内容包括：《论党的性质》《党内不纯的社会根源与党内斗争》《斯大林、毛泽东论自我批评》《论群众路线》《科学的领导方法》等。
收藏单位：国家馆、南京馆

03612
整党学习文件
中国人民解放军华北军区政治部，1948.8，65页，32开
本书内容包括：《中共中央关于一九四八年土改与政党工作指示》《中共中央宣传部重印〈左派幼稚病〉第二章前言》《布尔塞维克成功的基本条件之一——列宁著〈左派幼稚病〉第二章》《共产党情报局关于南共问题决议》《中共中央关于南共问题决议》等。
收藏单位：国家馆、山东馆

03613
整党整军文摘　[中国人民解放军东北军区政治部编辑]
[中国人民解放军东北军区政治部]，1948.3，42页，32开
本书收文7篇：《整党整军的意义》《整党整军的方针方法》《整顿思想与作风》《开

展批评与自我批评》《发扬民主精神与民主作风》《论革命军人的品质》《论共产党员的享受观》。分别摘自毛泽东、刘少奇、张平之等的讲话和报告，由编者另加题目。

收藏单位：广东馆、国家馆、辽宁馆

03614
整顿三风
鲁中日报社，1944.3，再版，166 页，32 开

本书收文 22 篇，内容包括：《中共中央宣传部关于在全党进行整顿三风学习运动的指示》《整顿学风党风文风》《中央关于调查研究的决定》《列宁斯大林等论党的纪律与党的民主》等。

收藏单位：国家馆、河南馆、南京馆、山东馆

03615
整顿三风
苏中出版社，[1944]，1 册，32 开

本书共 3 部分："学风、文风""党风""整风指示"。收文 31 篇，内容包括：《改造我们的学习》等。

收藏单位：国家馆、山东馆

03616
整顿三风（二十二个文件） 文风出版社编辑
香港：文风出版社，1946.4，203 页，32 开

本书收文 22 篇，内容包括：《整顿学风党风文风》《反对党八股》《中央关于增强党性的决定》《中央关于调查研究的决定》《中央关于延安干部学校的决定》《中央关于在职干部教育的决定》等。书前有《造成学习热潮》《整顿三风必须正确进行》。

收藏单位：重庆馆、国家馆、黑龙江馆、吉林馆、南京馆、上海馆、天津馆、浙江馆、中科图

03617
整顿三风必须研究的二十二个文件
八路军山东纵队政治部，1942 印，291 页，64 开

本书书前有《一定要学习二十二个文件》（《解放日报》社论）。

收藏单位：国家馆

03618
整顿三风参考材料（1—10 集） 苏中区党委编
苏中区党委，1944，10 册，32 开

本书收中共中央有关文件、中央领导人论著、报刊有关社论等。第 1—2、4 册题：江潮社印。

收藏单位：国家馆、南京馆

03619
整顿三风参考文件 毛泽东等著
八师政治部，[1942—1949] 印，石印本，[49] 页，32 开，环筒页装

本书收文 12 篇，内容包括：《中共中央关于增强党性的决定》《中共中央关于调查研究的决定》等。

收藏单位：国家馆

03620
整顿三风参考文件 毛泽东等著
[阜平]：晋察冀日报社，1942 印，校正再版，202 页，32 开

03621
整顿三风参考文件 毛泽东等著
出版者不详，1945.11，2 册，32 开

收藏单位：山西馆

03622
整顿三风文件二十二种 华北新华书店编辑
华北新华书店，1942.5，1 册，32 开
华北新华书店，1942.7，再版，1 册，32 开
华北新华书店，1942.9，3 版，156 页，32 开

收藏单位：重庆馆、国家馆、河南馆、近代史所

03623
整顿三风文献 [延安解放社编]
延安：解放社，1942.4，162 页，32 开（学习丛书 4）

本书收文20篇，内容包括：《整顿学风党风文风》（毛泽东）、《论共产党员的修养》（刘少奇）、《怎样做一个共产党员》（陈云）、《斯大林论领导与检查》等。附《毛泽东凯丰两同志论肃清党八股》等两篇。

收藏单位：重庆馆、国家馆、南京馆

03624
整顿学风通俗读本（通俗思想方法论）
华北新华书店，[1943]，28页，64开

本书共5课，内容包括：科学的方法和主观主义的方法、从实际出发、反对老一套、狭隘的经验是靠不住的等。

收藏单位：国家馆、南京馆

03625
整风　一一五师政治部编
胶东新华书店，1945.1，156页，32开

本书收《中央直属系统四个月研究二十二种文件的计划》《延安学习组织的概略》。

收藏单位：南京馆、上海馆

03626
整风
胶东联合社，1942，162页，32开（工作指导丛书3）

收藏单位：国家馆、南京馆、上海馆

03627
整风补充材料　晋冀鲁豫边区政府学习委员会编
晋冀鲁豫边区政府学习委员会，[1942—1948]，29页，32开

收藏单位：国家馆、山西馆

03628
整风补充文件　新华书店编辑部辑
新华书店，1943，1册，32开

收藏单位：国家馆、山东馆

03629
整风参考文选　凯丰等著
华北新华书店，1943.3，124页，32开

本书收文39篇，内容包括：《整顿三风是思想上的革命》（凯丰）、《为什么整顿三风是党的思想革命》（陆定一）、《主观主义之来源》（艾思奇）、《一定要学习二十二个文件》（《解放日报》）、《怎样学习二十二个文件》（彭真）等。

收藏单位：国家馆、河南馆、山西馆

03630
整风参考文选（第1—2集）　冀鲁豫书店编
冀鲁豫书店，1943.9，2册

本书收文41篇，内容包括：《整顿三风是思想上的革命》《为什么整顿三风是党的思想革命》《领会二十二种文件的精神与实质》《一定要学习二十二种文件》《怎样学习二十二种文件》等。

收藏单位：近代史所

03631
整风参考资料（第1集）
大众报社，1943.6印，186页，64开

本书收文30篇，内容包括：《反主观主义与宗派主义的宣传要点》《中宣部关于在全党进行整顿三风运动的指示》《一定要反省自己》《实行三三制贯彻党的领导》《斯大林论自我批评》《提倡切实朴素的工作作风》等。

收藏单位：国家馆、山东馆

03632
整风参考资料（第2集）　前卫报社编
山东新华书店，[1943—1949]，168页，64开

本书收文24篇，内容包括：《关于军队中的整顿三风》《造成学习热潮》《论精兵简政》《发扬“五四”的启蒙精神》等。附《斯大林等论党的纪律与党的民主》等两篇。

收藏单位：国家馆

03633
整风通俗读本（第1册 通俗思想方法论）
新华书店，1943，再版，28页，64开

收藏单位：国家馆

03634

整风文件 新华书店编辑室校订

新华书店，1943.11，4版，增订本，1册，32开

本书收文26篇，内容包括:《整顿学风党风文风》《联共党史结束语》《斯大林论党的布尔什维克化十二条》《改造我们的学习》《中共中央关于调查研究的决定》《〈农村调查〉序言》等。附《评“中国之命运”》等5篇。

收藏单位：国家馆

03635

整风文件

[濮阳]：冀鲁豫书店，1944，2册，32开

[濮阳]：冀鲁豫书店，1944，4版，增订版，2册（285+84页），32开

本书收文10篇，内容包括:《怎样作一个共产党员》《反对党内几种不正确的倾向》《列宁斯大林等论党的纪律与党的民主》《整顿三风报告的决定》《论党内斗争》等。附《评〈中国之命运〉》等5篇。

收藏单位：重庆馆、国家馆、山东馆

03636

整风文件

苏北出版社，[1942—1949]印，增订本，203页，32开

本书收文27篇，内容包括:《中共中央宣传部关于在延安讨论中央决定及毛泽东同志整顿三风报告的决定》《整顿学风党风文风》《反对党八股》等。

收藏单位：国家馆、南京馆、山东馆、山西馆

03637

整风文件

出版者不详，[1942]，1册，36开

本书收《改造我们的学习》《关于我们党的性质问题》《怎样做一个共产党员》等。

收藏单位：重庆馆

03638

整风文献 阿城县政府编

阿城：阿城县政府，1946，280页，32开

本书收文25篇，内容包括:《中共中央宣传部关于在延安讨论中央决定及毛泽东同志整顿三风报告的决定》《中央关于调查研究的决定》《斯大林论领导与检查》《季米特洛夫论干部政策与干部教育政策》等。

收藏单位：国家馆、天津馆

03639

整风文献 解放社编

[惠民]：渤海新华书店，1948.8，订正本，354页，32开

本书收文27篇，内容包括:《整顿学风党风文风》（毛泽东）、《反对党八股》（毛泽东）、《中共中央关于延安干部学校的决定》、《论共产党员的修养》（刘少奇）等。

收藏单位：南京馆

03640

整风文献 解放社编

大连：大众书店，1946.12，增订本，391页，32开

收藏单位：湖北馆

03641

整风文献 解放社编

佳木斯：东北书店，1946.9，355页，32开

佳木斯：东北书店，1948.1，3版，订正本，277页，32开，精装

佳木斯：东北书店，1948.4，4版，订正本，277页，32开

佳木斯：东北书店，1948.6，5版，订正本，277页，32开

佳木斯：东北书店，1948，6版，订正本，277页，32开

佳木斯：东北书店，1948.10，7版，订正本，277页，32开

佳木斯：东北书店，1949，再版，277页，32开

收藏单位：长春馆、重庆馆、东北师大馆、广东馆、贵州馆、国家馆、吉林馆、近

代史所、辽宁馆、宁夏馆、山东馆

03642
整风文献　解放社编
通化：光明书店，1946.8，增订版，237 页，24 开
收藏单位：长春馆、广东馆、山西馆

03643
整风文献　解放社编
香港：洪荒出版社，1949.8，增订本，223 页，32 开
收藏单位：湖北馆

03644
整风文献　解放社编
[北平]：华北人民革命大学教务处，[1949]，订正本，320 页，32 开
收藏单位：国家馆

03645
整风文献　解放社编
华东新华书店，1949.1，再版，订正本，327 页，32 开
本书为中级党校教材。
收藏单位：国家馆、山东馆

03646
整风文献　解放社编
胶东新华书店，1945，增订本，236 页，32 开
胶东新华书店，1946.8，2 版，增订本，236 页，32 开
收藏单位：国家馆、山东馆

03647
整风文献　解放社编
延安：解放社，1944.4，3 版，订正本，352 页，32 开
延安：解放社，1946.9 印，订正本，214 页，32 开
北平：解放社，[1949] 印，订正本，216 页，32 开，环筒页装
收藏单位：重庆馆、国家馆、近代史所、南京馆、山西馆、上海馆、天津馆、浙江馆

03648
整风文献　解放社编
晋察冀新华书店，1947.9，订正本，320 页，36 开
收藏单位：重庆馆、东北师大馆、山西馆

03649
整风文献　解放社编
三军区政治部，[1942—1949] 印，2 册（[96+72] 页），32 开（学习丛书）
本书收中共中央有关文件、中共领导人有关论著等 21 篇。书前有代序《怎样研究中宣部四月三号决定》。附《领会二十二个文件的精神与实质》（彭真）等 4 篇。
收藏单位：国家馆

03650
整风文献　解放社编
山东新华书店，1948.1 印，订正本，245 页，32 开
山东新华书店，1949，订正本，354 页，32 开
本书据晋察冀版翻印。
收藏单位：重庆馆、国家馆、黑龙江馆、湖南馆、南京馆、山东馆、绍兴馆

03651
整风文献　解放社编
[延安]：陕甘宁边区新华书店，1942，330 页，32 开
收藏单位：重庆馆、国家馆、山西馆

03652
整风文献　解放社编
[泰州]：苏北新华书店，1949.8，265 页，32 开
收藏单位：贵州馆、国家馆、南京馆、山东馆、绍兴馆

03653
整风文献　解放社编
太岳新华书店，1944.7，192 页，32 开

太岳新华书店，1948.11，新版，订正本，350页，32开
太岳新华书店，1949.7，订正本，190页，32开
收藏单位：贵州馆、国家馆、河南馆、南京馆、山东馆

03654
整风文献 解放社编
[北平]：新华书店，[1949]，277页，32开
[北平]：新华书店，1949，再版，277页，32开
[天津]：新华书店，1949.4，3版，订正版，320页，32开
[上海]：新华书店，1949.6，订正本，319页，32开
[武汉]：新华书店，1949.9，320页，32开
本书收文31篇，内容包括：《中共中央宣传部关于在延安讨论中央决定及毛泽东同志整顿三风报告的决定》《整顿学风党风文风》《反对党八股》《"农村调查"序言二》《改造我们的学习》《中共中央关于调查研究的决定》《中共中央关于延安干部学校的决定》《中共中央关于在职干部教育的决定》等。
收藏单位：重庆馆、广东馆、国家馆、湖北馆、吉林馆、南京馆、内蒙古馆、宁夏馆、山东馆、山西馆、上海馆、绍兴馆、天津馆、中科图

03655
整风文献 解放社编
张家口：新华书店晋察冀分店，1946.3，订正本，297页，32开
收藏单位：国家馆

03656
整风文献 解放社编
香港：新民主出版社，1949.3，增订版，318页，32开
香港：新民主出版社，1949.5，增订再版，318页，25开
收藏单位：广东馆、贵州馆、国家馆、吉林馆、山东馆、天津馆

03657
整风文献 解放社编
香港：新青年出版社，1949.6，增订版，223页，32开
收藏单位：贵州馆、国家馆、湖北馆、湖南馆、宁夏馆、山东馆

03658
整风文献 解放社编
[杭州]：浙江新华书店，1949，245页，32开
收藏单位：国家馆、南京馆、天津馆

03659
整风文献 解放社编
中央晋绥分局，1943.12，订正本，305页，32开
收藏单位：山西馆

03660
整风文献 解放社编
中原新华书店，1949.2，订正本，354页，32开
收藏单位：国家馆、河南馆

03661
整风文献 解放社编
出版者不详，[1942—1949]，277页，32开
收藏单位：重庆馆、广东馆

03662
整风文献 毛泽东等著
大连：新中国书局，1949.4，277页，32开（干部学习丛书 第1辑）
收藏单位：湖南馆、天津馆

03663
整风文献（下册） 解放社编
新华书店冀东支店，1947.5，订正本，142页，32开，环筒页装
本书收《斯大林论自我批评》《反对党内几种不正确的倾向》《列宁斯大林等论党的纪律与党的民主》《毛泽东同志在边区参议会的演说》《论党内斗争》等。

收藏单位：重庆馆

03664
整风文选　毛泽东等著
[北平]：中新书店，1949.5，31页，32开
收藏单位：国家馆

03665
整风文选　毛泽东等著　真理读书室选辑
长沙：民主书店、中西书店，1949.8，113页，32开
本书收文11篇，内容包括：《关于整顿三风报告的决定》（毛泽东）、《改造我们的学习》（毛泽东）、《反对党八股》（毛泽东）、《怎样做一个共产党员》（陈云）、《论党内斗争》（刘少奇）等。
收藏单位：广东馆

03666
整风文选
牡丹江：东北书店牡丹江分店，1948，29页，32开
本书收《整顿学风党风文风》（毛泽东）、《反对党八股》（毛泽东）、《中共中央关于延安干部学校的决定》（毛泽东）、《论共产党员的修养》（刘少奇），以及斯大林、季米特洛夫等有关论著。
收藏单位：重庆馆、东北师大馆、国家馆、南京馆、宁夏馆

03667
整风文选（怎么治理学风·党风·文风）
文艺出版社，[1948]，64页，32开
本书内容包括：《整顿学风党风文风》《反对党八股》《改造我们的学习》。
收藏单位：重庆馆、南京馆、浙江馆

03668
整风学习文件　毛泽东　刘少奇著
出版者不详，[1939—1949]，29页，32开
本书收文两篇：《反对自由主义》（毛泽东）、《论共产党员的修养》（刘少奇）。
收藏单位：重庆馆

03669
中共党章论党与群众之关系、党员的义务、干部及干部团结、党的严肃性和灵活性
[晋察冀新华书店]，1947，23页，32开
收藏单位：吉林馆

03670
中共党章论党与群众之关系、党员的义务、干部及干部团结、党的严肃性和灵活性
出版者不详，[1940—1949]，8页，32开
收藏单位：国家馆

03671
中共中央给晋绥分局西北局关于整党问题指示
中共中央华北局秘书处，1948.6，21页，32开
本书是中共中央针对晋绥分局来电报告基层组织中的作风问题而作的指示。
收藏单位：国家馆

03672
中共中央宣传部关于在延安讨论中央决定及毛泽东同志整顿三风报告的决定
出版者不详，[1942]，217页，32开，环筒页装
出版者不详，[1942]，318页，32开
出版者不详，[1942—1949]，276页，32开
出版者不详，[1945—1949]，77页，32开
本书收文25篇，内容包括：《中共中央宣传部关于在延安讨论中央决定及毛泽东同志整顿三风报告的决定》（1942年4月3日）、《整顿学风党风文风》（毛泽东）、《反对党八股》（毛泽东）、《农村调查序言》（毛泽东）、《改选我们的学习》（毛泽东）、《共产党员思想意识的修养》（刘少奇）、《中共中央关于调查研究的决定》等。
收藏单位：重庆馆、广西馆、国家馆

03673
中共中央宣传部关于在延安讨论中央决定及毛泽东同志整顿三风报告的决定（节录）
出版者不详，[1942]，3页，32开
收藏单位：国家馆

03674
中央关于晋绥整党工作的指示
中共中央晋绥分局，[1948]，15 页，36 开
收藏单位：重庆馆

党的基层工作

03675
部队党委工作 晋冀鲁豫军区政治部编
晋冀鲁豫军区政治部，1947.3，15 页，32 开（政工往来丛书 1）
本书内容包括：部队目前党的工作的意见、部队中党委组织与领导、团的委员会暂行工作条例草案、给各旅团政委的一封信、给冀鲁豫军区政治部关于团委工作方法的一封信、如何执行团委条例的一点意见。
收藏单位：国家馆

03676
党委制学习材料
第九兵团政治部，1949.8，30 页，32 开
本书收文献 7 篇，内容包括：《中共中央关于健全党委制的指示》等。
收藏单位：国家馆

03677
各个支部委员工作
晋察冀军区政治部，1945.10 印，121 页，64 开
本书是晋察冀军区政治部发行的党内干部职责教材，讲述各个支部委员应该怎样工作，是中国共产党组织建设的重要文献。
收藏单位：国家馆

03678
农村支部目前工作课本 中共冀中区党委宣传部编
中共冀中区党委宣传部，[1948.7]，29 页，32 开
本书共 12 课，内容包括：迎接胜利、把土改工作结束起来、共产党员怎样才能当得好、为什么要整党、党内为什么不纯等。
收藏单位：国家馆、山东馆

03679
农村支部如何领导群众生产 中共辽东省委宣传部选编
东北新华书店辽东分店，1949，77 页，32 开
本书为农村干部读物，内容包括：东北局对老区今冬农村工作的指示、区委怎样领导支部、怎样教育农村党员和村干部等。
收藏单位：重庆馆、国家馆、湖南馆

03680
区乡苏维埃怎样工作 毛泽东 张闻天著
人民委员会，1934.4，63 页，32 开
本书收文两篇：《乡苏维埃怎样工作?》（毛泽东）、《区苏维埃怎样工作》（张闻天）。
收藏单位：东北师大馆

03681
支部工作（党报文选） 江淮出版社编辑
[盐城]：江淮出版社，1942.5，96 页，32 开
本书收文 8 篇，内容包括：《我们怎样开展了支部工作》（一峰）、《加强与改进各个抗日根据地中党的支部教育工作》（魏晨旭）、《介绍几种关于支部流动训练班的方式》（林枫）、《介绍新四军的一个支部》（张鼎丞）等。
收藏单位：山东馆

03682
支部工作纲要 绥宁省委员会组织部编
牡丹江：绥宁省委员会组织部，[1949]，21 页，32 开
本纲要对中共地下党组织的党支部，在抗战中如何加强党员的教育工作，以及如何发动群众开展抗战活动，都做了详细的规定。
收藏单位：天津馆

03683
支部工作纲要
中国出版社，1939，1 册，36 开
本书内容包括：支部是什么、支部的基本任务、支部的组织、支部的工作等。
收藏单位：重庆馆

03684
支部工作入门
陵水：广东陵水县委，1931.9 印，28 页，32 开

本书为党务常识。收文 8 篇，内容包括：《怎样组织支部》《怎样作支部职员》《怎样开会》《怎样发展同志》《怎样作报告》《入党须知十则》等。

收藏单位：国家馆

03685
中国人民解放军党委员会条例草案 山东胶东军区政治部编
山东胶东军区政治部，1949.3，31 页，32 开

收藏单位：国家馆

03686
中国人民解放军党委员会条例草案（初稿）
中国人民解放军军委总政治部颁发
中国人民解放军军委总政治部，1947.7，10 页，32 开

收藏单位：国家馆

中国共产党与各国共产党的关系

03687
关于南共问题的两个决议 华北新华书店编辑部编
华北新华书店，1948.7，12 页，32 开

本书收文两篇：《中共中央委员会关于南共问题的决议》《情报局关于南斯拉夫共产党状况的决议》。

收藏单位：重庆馆、国家馆、河南馆、吉林馆、南京馆、宁夏馆、山西馆

03688
关于南斯拉夫共产党问题的决议
华中新华书店，1948.11，20 页，64 开

收藏单位：南京馆

03689
关于南斯拉夫共产党问题的决议
豫西日报社，[1948.11]，12 页，36 开

收藏单位：重庆馆、广东馆、人大馆、中科图

03690
中共中央关于南斯拉夫共产党问题的决议
东北书店编
[哈尔滨]：东北书店，1948.7，13 页，32 开

收藏单位：东北师大馆、国家馆、南京馆、山东馆、陕西馆、天津馆、中科图

03691
中国共产党中央委员会关于南斯拉夫共产党问题的决议（一九四八年七月十日）
出版者不详，[1949]，1 册，32 开

收藏单位：国家馆

中国共产主义青年团

03692
本届扩大会议的重要意义及其解释 任弼时著
出版者不详，[1949]，3 张半，18cm×26cm，18cm×13cm

本书阐述中国共产主义青年团中央扩大会议报告的内容及重大意义。

收藏单位：国家馆

03693
东北解放区毛泽东青年团暂行团章（草案）
出版者不详，1948.5，6 页，36 开

本书内容包括：名称、总论、团的会议和组织生活以及在团内高度发扬民主等。

收藏单位：国家馆

03694
各地新民主主义青年团介绍 中国新民主主义青年团筹备委员会编
中国新民主主义青年团筹备委员会，1949.4，50 页，32 开

本书总结自 1946 年 10 月至 1949 年 4 月期间中国新民主主义青年团的工作，介绍各

解放区青年团工作概况以及各条战线上的团组织和青年团员在革命事业中的巨大作用。

收藏单位：国家馆

03695

关于建立中国新民主主义青年团的决议 太行区党委编

太行新华书店，1949，14页，32开

本书收决议全文。附《新民主主义团章》。

收藏单位：吉林馆

03696

关于建立中国新民主主义青年团的决议 中国共产党中央委员会编

[阳城]：太岳新华书店，1949，14页，32开

收藏单位：国家馆

03697

哈尔滨工厂青年团的工作总结 中国新民主主义青年团筹备委员会编

中国新民主主义青年团筹备委员会，1949.4，26页，32开（中国新民主主义青年团第一次全国代表大会参考资料7）（建团工作参考资料1）

本书总结哈尔滨市工厂的建团工作，介绍该市顾乡区的团日活动，并以实例说明如何开好团小组会。书前有序。

收藏单位：国家馆、山东馆

03698

华北大学团员纪念手册 中国新民主主义青年团华北大学校团委员会编

北平：中国新民主主义青年团华北大学校团委员会，1949.7，52页，32开

收藏单位：国家馆

03699

华北冀中建团工作中的一些问题 中国新民主主义青年团筹备委员会编

中国新民主主义青年团筹备委员会，1949.4，26页，32开（中国新民主主义青年团第一次全国代表大会资料8）（建团工作参考资料2）

本书收文两篇：《发动青年问题》《建团问题》。书前有序。

收藏单位：国家馆

03700

华北建团工作与今后方针任务（一九四九年四月三日陆平同志在华北第一届团代会上的报告经大会通过） 陆平著

中国新民主主义青年团华北委员会，1949，9页，32开

收藏单位：国家馆

03701

华北阳城梁城村青年团建立的情况与总结 中国新民主主义青年团筹备委员会编

中国新民主主义青年团筹备委员会，1949.4，34页，32开（中国新民主主义青年团第一次全国代表大会资料10）（建团工作参考资料4）

本书介绍阳城梁城村建团及团支部成立后的工作，并总结工作中的经验体会。书前有序。

收藏单位：国家馆

03702

活跃在各地的新民主主义青年团 中国新民主主义青年团苏南区工作委员会编

无锡：苏南新华书店，1949.8，37页，32开（青年团丛书）

本书介绍哈尔滨、华北、济南等解放区的新民主主义青年团活动情况。

收藏单位：重庆馆、东北师大馆、国家馆

03703

建设新青团

滨北支前司令部政治部，[1940—1949]，19页，32开

收藏单位：山东馆

03704

建团参考 渤海区党委民运部青运科编

出版者不详，1948.9，油印本，30页，32开

收藏单位：山东馆

03705
建团工作手册　中共晋绥分局青委编
[兴县]：中共晋绥分局青委，[1949]，24页，32开
本书收文8篇，内容包括:《关于部队中建立新民主主义青年团的决议》《朱总司令在中国新民主主义青年团第一次全国代表大会上的讲话》《新民主主义青年团是什么》《建团必须公开》等。
收藏单位：国家馆

03706
建团手册　[中国人民解放军东北军区政治部编]
[沈阳]：中国人民解放军东北军区政治部，1949.9，39页，32开
本书收文7篇:《任弼时同志在中国新民主主义青年团第一次全国代表大会上的政治报告摘录》《中国新民主主义青年团工作纲领》《中国新民主主义青年团团章》《关于部队中建立新民主主义青年团的决定》《朱总司令在中国新民主主义青年团第一次全国代表大会上的讲话》《人民解放军中的青年工作》《东北军区政治部关于部队建团的决定》。
收藏单位：重庆馆、辽宁馆

03707
建团文集　中共中央西北局青年工作委员会编
[西安]：中共中央西北局青年工作委员会，1949，63页
本书收《中共中央关于建立中国新民主主义青年团的决议》《在青年团第一次全国代表大会上任弼时同志的政治报告》《中国新民主主义青年团工作纲领》《青年团的任务与工作》《中国新民主主义青年团团章》等。
收藏单位：重庆馆

03708
建团文集（第2集）　中国新民主主义青年团山东省筹备委员会编
山东新华书店，[1949]，61页，32开
收藏单位：国家馆

03709
建团文辑　中共中央西北局青年工作委员会编
[西安]：中共中央西北局青年工作委员会，1949，62页，32开
收藏单位：国家馆

03710
建团文件　中共晋绥分局编
[兴县]：中共晋绥分局，1949，19页，32开
收藏单位：国家馆、天津馆

03711
建团文献　中国人民解放军第二野战军政治部编
中国人民解放军第二野战军政治部，1949，90页，32开
本书收《中国共产党中央委员会关于建立中国新民主主义青年团的决议》等。
收藏单位：重庆馆

03712
建团文献
十八兵团政治部，[1949]，28页，36开
本书收《中国共产党中央委员会关于建立中国新民主主义青年团的决议》《中国新民主主义青年团团章》《中国新民主主义青年团工作纲领》等。
收藏单位：重庆馆

03713
建团文选　皖北新华书店编
[合肥]：皖北新华书店，1949.7，75页，32开
本书内容包括：中国新民主主义青年团团章、团纲，任弼时在大会上的报告，《中国青年当前的任务》(朱德)，《怎样建立新民主主义青年团》等。
收藏单位：国家馆、天津馆

03714
建团文选（第1辑） 中共中央青委编
中共中央青委，[1946—1949]，77页，32开
本书共3部分。第1部分收文6篇，内容包括:《中共中央关于建立民主青年团的提议》《中共华东中央局关于建立新民主主义青年团的指示》《中共中央晋绥分局关于建立青年团的意见》等；第2部分介绍绥德、米脂、临县青年团及东北民主青年联盟情况；第3部分收草案4件。
收藏单位：国家馆

03715
两个半月来青年团工作的总结报告 中国新民主主义青年团南下工作团总团委员会编
出版者不详，1949，42页，32开（建团教材4）
本书为建团教材。共4篇，内容包括:《两个半月来青年团工作的总结报告》《关于青年团南下行军中的工作指示》等。
收藏单位：吉林馆

03716
民主青年运动文献 中共南通区地委宣传部编
南通：苏北南通新华分店，1949.5，141页，32开（民主运动丛书）
本书内容包括:《中共中央关于建立中国新民主主义青年团的决议》《中国新民主主义青年团中委正式产生》《朱总司令的讲话》《任弼时同志的政治报告》等。封面出版者题：苏北新华南通分店。
收藏单位：东北师大馆、广东馆、国家馆、辽宁馆

03717
目前形势与青年任务
华东新华书店随军分店第十中心支店，[1949]，40页，32开
本书收文5篇:《新青年团第一次全代会上任弼时同志的政治报告》《中共中央关于建团的决议》《新青团团章》《中国学生运动的当前任务》《中华全国学联章程》。
收藏单位：南京馆、上海馆

03718
目前形势与青年任务
苏州：苏南新华书店，1949.6，苏州版，38页，32开
本书收会议文献5篇，内容包括:《中国新民主主义青年团第一次全国代表大会上任弼时同志的政治报告》《中国共产党中央委员会关于建立中国新民主主义青年团的决议》《中华全国学生联合会章程》等。
收藏单位：国家馆、南京馆

03719
目前形势与任务 前进出版社编
香港：前进出版社，[1949]印，48页，32开
本书为中共中央代表、中国新民主主义青年团筹备委员会主任任弼时1949年4月12日在中国新民主主义青年团第一次全国代表大会上的政治报告。
收藏单位：广东馆、国家馆

03720
目前形势与任务 任弼时著
出版者不详，[1949]，19页，32开
收藏单位：国家馆、湖北馆、吉林馆、天津馆

03721
目前形势与任务 中共南通区地委宣传部编
南通：苏北南通新华分店，1949，27页，32开
收藏单位：湖北馆

03722
农村建团宣传参考材料 皖北青年社编
皖北青年社，[1940—1949]，8页，50开
收藏单位：山东馆

03723
青年的控诉 ［鲁中区党委青委］编

二地委青委，1947.10，13页，64开

收藏单位：山东馆

03724

青年工作手册　冀鲁豫新华书店编辑部编

菏泽：冀鲁豫新华书店，1949.6，2册（95+40页），32开

本书收中共中央关于建立新民主主义青年团的决议、团章、工作纲领，以及朱德、任弼时、冯文彬、许世平等人的报告等。附《五四以来中国主要的革命青年团体介绍》《苏联共产主义青年团介绍》。

收藏单位：国家馆、山东馆

03725

青年工作资料汇编（1—2）　新民主主义青年团上海市工作委员会调查研究组编

上海：新民主主义青年团上海市工作委员会调查研究组，1949.6，72+13页，32开

本书收《中共中央关于建立中国新民主主义青年团的决议》《中华全国青年代表大会宣言》《中华全国学生联合会章程》等。

收藏单位：国家馆、内蒙古馆、山东馆

03726

青年活页文选　太岳新华书店编

[阳城]：太岳新华书店，1949，3册，25开

本书收《中国青年当前的任务》《态度问题》《马克思的科学态度》《中国人民解放战争中的青年运动与今后中国青年的基本任务》《中华全国民主青年联合总会简章》等。

收藏单位：山西馆

03727

青年手册

中国人民解放军第二野战军军事政治大学政治部，1949，36页，32开

本书收《全国青年第一次代表大会上朱总司令致词全文》《新民主主义青年团团章》《中国新民主主义青年团中央委员会通知》等。

收藏单位：重庆馆

03728

青年团的任务与工作　北平青年社编

北平：北平青年社，1949.7，74页，32开（青年学习丛书 第1辑）

北平：北平青年社，1949.9，再版，74页（青年学习丛书 第1辑）

本书收文7篇，内容包括：《中国共产党中央委员会关于建立中国共产主义青年团的决议》《任弼时同志在中国新民主主义青年团第一次全国代表大会上的政治报告》《中国新民主主义青年团工作纲领》《中国新民主主义青年团的任务与工作》《冯文彬同志在中国新民主主义青年团第一次全国代表大会上的结论》等。

收藏单位：北师大馆、重庆馆、东北师大馆、国家馆、辽宁馆、内蒙古馆

03729

青年团的任务与工作　冯文彬等著

大连：东北书店，1949.6，73页，32开（青年知识丛书2）

本书收文9篇，内容包括：《中国新民主主义青年团团章》《中国新民主主义青年团工作纲领》《任弼时同志政治报告》《朱总司令在新青团大会上的讲话》《青年团的任务与工作》等。

收藏单位：国家馆

03730

青年团的任务与工作　中共南京市青委会编

南京：中共南京市青委会，1949，59页，32开（建团丛书1）

收藏单位：国家馆、南京馆

03731

青年团基本文件　中国新民主主义青年团河南省工作委员会编

郑州：中国新民主主义青年团河南省工作委员会，1949.4，73页，32开

收藏单位：辽宁馆

03732

青年团决议

出版者不详，[1949]，12 页，32 开

收藏单位：天津馆

03733

青年团任务与工作 中国人民解放军第一野战军政治部辑

中国人民解放军第一野战军政治部，[1949]，119 页，32 开

本书收《中共中央关于建立中国新民主主义青年团的决议》《在青年团第一次全国代表大会上任弼时同志的政治报告》《中国新民主主义青年团工作纲领》《青年团的任务与工作》《中国新民主主义青年团团章》《冯文彬在中国新民主主义青年团全国第一次代表大会上的结论》等。

收藏单位：重庆馆、国家馆、宁夏馆、天津馆

03734

青年团团员教材 黎群著

中国人民解放军第二野战军军事政治大学政治部，[1949]，66 页，36 开

本书共 4 章：团员、团员的义务与权利、团的基层组织、团组织原则。

收藏单位：重庆馆

03735

青年团文集（第 2 集） 中国新民主主义青年团山东省筹备委员会编

山东新华书店，[1949]，61 页，32 开

收藏单位：山东馆

03736

青年团文献（第 1 辑） 中大新民主主义青年团校团委编

中大新民主主义青年团校团委，1949，1 册，32 开（中大丛书 8）

收藏单位：国家馆、山东馆

03737

青年团在工厂 中国新民主主义青年团苏南区工作委员会编

无锡：苏南新华书店，1949.8，66 页，32 开（青年团丛书）

本书收文 14 篇，内容包括：《哈尔滨市的工厂青年团》《工厂青年团怎样过组织生活》《怎样开好小组会》《一个军工厂建团工作的开始》《东建洋灰厂青年团》等。

收藏单位：国家馆、南京馆、天津馆

03738

青年团在农村 中国新民主主义青年团苏南区工作委员会编

无锡：苏南新华书店，1949.8，58 页，32 开（青年团丛书）

本书主要介绍华北阳城梁城村青年团、延安冯庄青年团等在农村开展工作的情况。

收藏单位：重庆馆、国家馆、江西馆、天津馆

03739

青年团在学校 中国新民主主义青年团苏南区工作委员会编

无锡：苏南新华书店，1949.7，75 页，32 开（青年团丛书）

本书内容包括：“学生、教授、工友看新民主主义青年团”“愉快的学习在团校”“培养建团骨干的学校——青干班”“职工学校青年团建立经过”等。

收藏单位：东北师大馆、国家馆、江西馆、天津馆

03740

青年学习材料 中国新民主主义青年团华北大学校团委员会编

[北平]：中国新民主主义青年团华北大学校团委员会，1949，28 页，32 开

本书收文 5 篇：《中共中央华北局关于建设中国新民主主义青年团的决定》《与工农群众结合为工农群众服务》《中国学生运动的当前任务》《中华全国学生联合会章程》《苏联共产主义青年团介绍》。

收藏单位：重庆馆、国家馆

03741
青年运动文献
西北新华书店，[1949]，130 页，32 开
本书内容包括:《关于中国新民主主义青年团团章的报告》等。
收藏单位：吉林馆

03742
青运文献（1） 新华书店编
新华书店，1949，58 页，32 开
本书收文 7 篇，内容包括:《中共中央关于建立中国新民主主义青年团的决议》《中国新民主主义青年团团章》《任弼时同志在新民主主义青年团第一次全国代表大会上的政治报告》《青年团的任务与工作》等。
收藏单位：吉林馆、内蒙古馆

03743
全国团代大会文献 吉林人民出版社编
吉林人民出版社，1949.7 印，139 页，64 开
本书收文 10 篇，内容包括:《中国共产党中央委员会关于建立中国新民主主义青年团的决议》《朱总司令在团代大会上的致词》《任弼时同志的政治报告》《中国新民主主义青年团团章》等。
收藏单位：国家馆

03744
全国团代大会文献 中国新民主主义青年团长春市筹备委员会编
[长春]：中国新民主主义青年团长春市筹备委员会，1949.6，139 页，32 开
收藏单位：吉林馆

03745
任弼时同志的政治报告 中国新民主主义青年团旅大区团筹委员会编
中国新民主主义青年团旅大区团筹委员会，[1949]，1 册，50 开
收藏单位：山东馆

03746
任弼时同志在青代大会上的政治报告
[郑州]：中原新华书店，[1949.4]，20 页，32 开
收藏单位：国家馆

03747
任弼时同志在青年团代表大会上的政治报告
出版者不详，[1949]，22 页，32 开
收藏单位：国家馆

03748
任弼时同志在青年团第一次全国代表大会上的政治报告
华北大学，[1949]，20 页，32 开
收藏单位：国家馆

03749
任弼时同志在中国新民主主义青年团第一次代表大会上的政治报告 任弼时著
[石家庄]：[华北军政大学政治部]，[1949]，22 页，32 开
收藏单位：国家馆、南京馆

03750
任弼时同志在中国新民主主义青年团第一次全国代表大会上的政治报告
[北平]：新华书店，1949，16 页，32 开
收藏单位：国家馆

03751
任弼时同志在中国新民主主义青年团第一次全国代表大会上的政治报告（1949 年 4 月 12 日） 任弼时著
出版者不详，[1949.4]，22 页，32 开
收藏单位：山东馆

03752
任弼时政治报告 任弼时著
中共镇江地委宣传部，[1949] 印，12 页，32 开
收藏单位：湖北馆

03753
任弼时重要政治报告　任弼时著
出版者不详，1949.3，油印本，7 页，32 开
收藏单位：国家馆

03754
试建青年团的几个问题（建团文献之一）　毛泽东青年团哈尔滨市团部编
哈尔滨：毛泽东青年团哈尔滨市团部，1948.5，66 页，32 开
本书收文件 12 种，内容包括：《中共中央关于建立民主青年团的提议》《中共中央晋绥分局关于建立青年团的意见》《中共西北中央局常委会讨论青年团问题会议记录》《陕甘宁绥德、米脂两县建立青年团介绍》等。
收藏单位：国家馆、南京馆

03755
团员课本　中国新民主主义青年团陕北区委员会宣传部编
出版者不详，1949.7，29 页，32 开
收藏单位：山东馆

03756
团员须知　中国共产主义青年团潮安县委员会编
中国共产主义青年团潮安县委员会，1928.3，17 页，32 开
本书为伪装本，共 8 节：绪言、共产主义、共产党、共产青年团、团的组织、铁的纪律、怎样工作、怎样学习。伪装题名：妙手回春。伪装出版者题：潮安济善堂。
收藏单位：广东馆、国家馆

03757
团在学校中的任务　冯文彬等著　新民主主义青年团武汉市工委编
武汉：新民主主义青年团武汉市工委，[1949]，53 页，32 开
本书讲述有关团的建设和如何搞好学习问题，内容包括：团的作风、改进支部领导、团日活动、互相帮助及搞好师生关系等。
收藏单位：国家馆

03758
为团结教育青年一代而斗争　中国青年社编
长春：东北新华书店，1949.8，8+2+104 页，32 开
收藏单位：东北师大馆、南京馆

03759
为团结教育青年一代而斗争（中国新民主主义青年团第一次全国代表大会文献）　中国青年社编
北平：中国青年社，1949.6，104 页，32 开
本书内容包括：贺电及祝词、朱德总司令在大会上的讲话、任弼时同志在大会上的政治报告、中国新民主主义青年团的任务与工作等。
收藏单位：重庆馆、广东馆、广西馆、国家馆、湖北馆、辽宁馆、南京馆、宁夏馆、山东馆、山西馆

03760
新民主主义青年团（学习材料）
大连：东北书店，1949.4，再版，34 页，32 开
收藏单位：山东馆

03761
新民主主义青年团的组织和工作　琼崖区团筹备委员会编
[海南]：琼崖区团筹备委员会，[1949]，油印本，80 页，32 开
收藏单位：广东馆

03762
新民主主义青年团的组织与任务
新华书店，1949，85 页，32 开（青年丛书）
本书共 10 章，内容包括：中国青年当前的任务、目前形势与加强青年运动的领导、青年团的任务与工作、中国新民主主义青年团团章等。
收藏单位：国家馆、辽宁馆

03763
新民主主义青年团建团文集　中国青年团徐州市团筹委会编

徐州：新徐日报社，[1949]，92 页，32 开

本书内容包括：《在延安五四运动二十周年纪念大会的演讲》（毛泽东）、《中国新民主主义青年团工作纲领》（新青团全代大会 4 月 17 日通过）、《中国新民主主义青年团团章》（新青团全代大会 4 月 17 日通过）、《在中国新民主主义青年团第一次全国代表大会上的讲话》（朱德）、《在中国新民主主义青年团第一次全国代表大会上的政治报告》（任弼时）等。

收藏单位：国家馆

03764

新民主主义青年团是什么？　中国新民主主义青年团苏南区工作委员会编

无锡：苏南新华书店，1949，37 页，32 开（青年团丛书）

本书共 6 章，内容包括：新民主主义青年团是什么、青年团的基本任务在学习、华北冀中建团工作中的一些问题等。

收藏单位：东北师大馆、国家馆、南京馆、天津馆

03765

新民主主义青年团团章

[北平]：工人出版社，1949，16 页，32 开

本章程于中国新民主主义青年团第一次全国代表大会通过。

收藏单位：国家馆

03766

新民主主义青年团团章

[无锡]：苏南新华书店，1949，41 页，64 开

本书封面题名：中国新民主主义青年团团章。

收藏单位：湖北馆

03767

学校建团介绍　新民主主义青年团冀南区团委筹委会编

新民主主义青年团冀南区团委筹委会，1949，26 页，32 开

本书收文 3 篇：《东北松江省立第一知行师范的青年团》《哈尔滨市四中青年团是怎样进行工作的？》《哈尔滨市二中的青年团与互助小组》。书前有序。

收藏单位：国家馆

03768

学校建团介绍　中国新民主主义青年团筹备委员会编

中国新民主主义青年团筹备委员会，1949.4，22 页，32 开（中国新民主主义青年团第一次全国代表大会资料 9）（建团工作参考资料 3）

收藏单位：国家馆

03769

在茁壮中的中国新民主主义青年团　新青出版合作社编

上海：新青出版合作社，1949.5，54 页，32 开

本书内容包括：中共中央关于建立新民主主义青年团的决议、团章、筹备委员会通告、任务与工作、工作纲领等。

收藏单位：上海馆

03770

怎样建立青年团、怎样进行团的活动　冯文彬等著

[合肥]：皖北新华书店，[1949]，55 页，32 开

本书为建团参考资料。收文 14 篇，内容包括：《新民主主义青年团是什么》（冯文彬）、《哈尔滨儿童团的一点经验》（孙德胜）、《华北建团情况与今后方针政策》（孙德胜）等。

收藏单位：东北师大馆、天津馆

03771

中共中央关于建立民主青年团的提议　中共中央提议

出版者不详，1946.9，2 张，横 18 开

收藏单位：国家馆

03772

中共中央关于建立新民主主义青年团的决议

吉林书店，1949.1，23 页，32 开

吉林书店，1949，13 页，32 开

本书附《中国新民主主义青年团团章草案》。

收藏单位：国家馆、山东馆

03773

中共中央委员会任弼时 1949 年 4 月 13 日在新青团第一次全国代表大会的政治报告 [任弼时著]

[香港]：文风印刷所，[1949]，19 页，32 开

收藏单位：广东馆

03774

中国工农红军青年团工作暂行条例草案

中国工农红军第三军政治部，1934.6 印，5 页，64 开

收藏单位：国家馆

03775

中国共产党中央委员会关于建立中国新民主主义青年团的决议 太行区党委编

太行新华书店，1949.4，16 页，32 开

收藏单位：国家馆

03776

中国共产党中央委员会关于建立中国新民主主义青年团的决议

[阳城]：太岳新华书店，[1949]，14 页，32 开

收藏单位：国家馆

03777

中国共产党中央委员会关于建立中国新民主主义青年团的决议

出版者不详，[1949]，1 册，32 开

收藏单位：国家馆、南京馆、宁夏馆、山东馆

03778

中国共产主义青年团团刊

出版者不详，1926，145—190 页，32 开

收藏单位：吉林馆

03779

中国青年的道路 任弼时等著

出版者不详，[1949]，96 页，36 开（学习丛书 3）

本书收文 18 篇，内容包括：《朝着团结统一胜利的方向》（仲冰）、《在新青团大会上的政治报告》（任弼时）、《青年团的任务与工作》（冯文彬）、《关于中国新青团团章的报告》（蒋南翔）、《中国人民解放战争中的青年运动与今后任务》（廖承志）等。

收藏单位：重庆馆

03780

中国社会主义青年团章程草案

出版者不详，1948.11，1 册

收藏单位：近代史所

03781

中国新民主主义青年团 中国新民主主义青年团胶东区工作委员会编

胶东新华书店，1949，103 页，32 开

本书为第一次全国代表大会文献。

收藏单位：吉林馆、山东馆

03782

中国新民主主义青年团

无锡：苏南新华书店，1949.8，90 页，32 开

本书收《中共中央关于新民主主义青年团的决议》《新民主主义青年团是什么》《朱总司令讲话》《任弼时同志的政治报告》等。

收藏单位：重庆馆、南京馆、山东馆

03783

中国新民主主义青年团

香港：新民主出版社，1949，91 页，32 开

收藏单位：重庆馆、吉林馆

03784

中国新民主主义青年团的任务与工作 [冯文彬著]

沈阳：东北书店，1949.5，19 页，32 开

本书为著者 1949 年 4 月 12 日在中国新

民主主义青年团第一次全国代表大会上的报告。

收藏单位：山西馆

03785

中国新民主主义青年团的任务与工作　中国新民主主义青年团西北工作委员会编

西安：西北新华书店，1949.8，111 页，32 开（青运文丛 1）

本书是中国新民主主义青年团第一次全国代表大会文献集，有毛泽东、朱德题词。附《两年半来中国新民主主义青年团介绍》等两篇。

收藏单位：重庆馆、国家馆、辽宁馆、南京馆、山东馆、天津馆

03786

中国新民主主义青年团的任务与工作

上海：新华书店，1949，83 页，32 开

收藏单位：东北师大馆、广东馆、国家馆、吉林馆、辽宁馆、南京馆

03787

中国新民主主义青年团第一次代表大会上任弼时同志政治报告　任弼时讲

[唐山]：冀东新华书店，[1949]，22 页，32 开

收藏单位：国家馆、山东馆

03788

中国新民主主义青年团第一次全国代表大会上任弼时同志政治报告　任弼时著

新华书店胶东分店，1949.8，16 页，32 开

收藏单位：国家馆

03789

中国新民主主义青年团第一次全国代表大会文献　辽东省新民主主义青年团筹委会编

东北新华书店辽东分店，1949.4，55 页，32 开

本书收朱德、任弼时、冯文彬讲话，青年团工作纲领和团章，以及《中国青年》第 6 期社论《庆祝新民主主义青年第一次全国代表大会开幕》。

收藏单位：国家馆、山东馆

03790

中国新民主主义青年团第一次全国代表大会文献

新华书店，1949.8，华中版，86 页，32 开

新华书店，1949，湖北版，86 页，32 开

本书收《中共中央发布通知批准青年团的规章及报告》《青年团工作纲领》，以及任弼时、蒋南翔、冯文彬在大会上的报告等。书前有《中国共产党中央委员会关于建立中国新民主主义青年团的决议》。附《青年团中央通知规定各级团工委的任命办法和名称》等 4 种。

收藏单位：广东馆、国家馆、湖北馆

03791

中国新民主主义青年团第一次全国代表大会重要文献

[兴县]：晋绥大众报社，1949.6，77 页，32 开

本书收朱德在团代会上的讲话、任弼时的政治报告、冯文彬关于青年团任务与工作的报告、团章及团纲等。附《中国青年当前的任务》（朱德）、《新民主主义青年团是什么》（冯文彬）等 6 篇。

收藏单位：长春馆、重庆馆、山东馆、天津馆

03792

中国新民主主义青年团第一次全国代表大会重要文献

[兴县]：晋绥新华书店，1949.6，77 页，32 开

收藏单位：国家馆、天津馆

03793

中国新民主主义青年团第一次全国代表大会重要文献

出版者不详，[1949]，68 页，32 开

本书收文 8 篇，内容包括：《在中国新青团第一次全国代表大会上的讲话》（朱德）、《在中国新青团第一次全国代表大会上的政

治报告》(任弼时)、《青年团的任务与工作》(冯文彬)、《中国新民主主义青年团团章》等。

收藏单位：重庆馆

03794

中国新民主主义青年团工作纲领与团章 中国新民主主义青年团渤海区筹委会编

中国新民主主义青年团渤海区筹委会，1949.5 印，38 页，32 开

收藏单位：辽宁馆、山东馆

03795

中国新民主主义青年团建团文献 中国新民主主义青年团皖北区工作委员会编

中国新民主主义青年团皖北区工作委员会，1949.6，68 页，32 开

本书为建团参考材料。收文献 9 种，内容包括:《中共中央关于建立新民主主义青年团的决议》《中共中央对青年团第一次全国代表大会的贺电》《朱总司令在青年团第一次全国代表大会上的讲话》《任弼时同志在青年团第一次全国代表大会的政治报告》《列宁共产主义青年团战斗的道路》等。

收藏单位：天津馆

03796

中国新民主主义青年团团纲团章

团九台县工作委员会，1949，14 页，64 开

收藏单位：国家馆

03797

中国新民主主义青年团团章及工作纲领

[唐山]：冀东新华书店，1949.8，15 页，32 开

本书收文两篇:《中国新民主主义青年团团章》《中国新民主主义青年团工作纲领》。

收藏单位：国家馆

03798

中国新民主主义青年团文献 任弼时[等]著

太行新华书店，1949.7，90 页，32 开

本书收《中国新民主主义青年团工作纲领》《任弼时同志的政治报告》《中国新民主主义青年团团章》等。

收藏单位：山西馆

03799

中国新民主主义青年团文献 苏北新华书店编

[泰州]：苏北新华书店，1949.6，60 页，32 开(干部学习丛书)

本书收文 11 篇，内容包括:《中国共产党中央委员会关于建立中国新民主主义青年团的决议》、团章及团纲、青年团的任务与工作等。

收藏单位：重庆馆、国家馆、近代史所、辽宁馆、南京馆

03800

中国新民主主义青年团文献(1949 年 4 月 17 日团的第一次全国代表大会通过)

[北平]：中国新民主主义青年团第一次全国代表大会，1949.4，26 页，32 开

本书收文 3 篇:《中国新民主主义青年团团章》《中国新民主主义青年团工作纲领》《中国新民主主义青年团的工作与任务》。

收藏单位：国家馆

03801

中国新民主主义青年团暂行团章草案

出版者不详，[1949]，[14] 页，32 开

收藏单位：国家馆

各国共产党

日　本

03802

建设民主的日本 (日)冈野进著

拂晓出版社，1945.8，39 页，32 开

本书为日本共产党代表冈野进(即野坂参三)1945 年 5 月在中国共产党第七次大会

上的演讲，共两部分：我国的民主势力、建设民主的日本。著者原题：岗野进（野坂铁）。

收藏单位：国家馆

03803
建设民主的日本　（日）冈野进撰
冀晋日报社，[1945]，51 页，36 开

收藏单位：东北师大馆、国家馆

03804
建设民主的日本　（日）冈野进著
[延安]：解放社，1945.5，56 页，36 开

本书著者原题：冈野进（野坂铁）。

收藏单位：重庆馆、国家馆、南京馆、山西馆

03805
建设民主的日本　（日）冈野进著
张家口：新华书店晋察冀分店，1945.12，59 页，32 开

收藏单位：东北师大馆、国家馆、辽宁馆、天津馆

苏　联

03806
鲍尔希维克之分析　（法）Pierre Chasles 著　唐诵莽译
上海：民智书局，1928.4，54 页，32 开（苏俄丛书 3）
上海：民智书局，1928.10，再版，54 页，32 开（苏俄丛书 3）

本书共 6 节，介绍十月革命前，俄国社会背景和革命思潮，布尔什维克的组织、主张、政策。著者认为俄国社会混乱，农民渴望得到土地，所以布尔什维克才能取得政权。

收藏单位：广西馆、国家馆、河南馆、湖南馆、江西馆、近代史所、南京馆、浙江馆

03807
波尔什维克党历史经验的国际意义
吉林书店，1949.2，106 页，32 开

本书收文 4 篇:《列宁主义是千百万人的学说和旗帜》《波尔什维克党历史经验的国际意义》《马克思主义关于阶级与阶级斗争的理论》《为澈底克服右倾与民族主义倾向而斗争》。

收藏单位：东北师大馆、广东馆、国家馆、河南馆、辽宁馆、山东馆

03808
不断与阶段
出版者不详，[1920—1929]，2 册（36+38 页），32 开（斗争丛书 6）

本书共 3 部分：绪论、俄国社会民主工党内各派对于不断革命论与阶段论之争论、不断革命论与阶段论在俄国两次革命中之被考验。

收藏单位：浙江馆

03809
党的建设教程大纲　（苏）斯列波夫主编　曹葆华译
[中共中央宣传部]，1949.5，51 页，32 开

本书为联共中央直属高级党校各科教授会审定的教程大纲，供苏联二年制党校用。共 8 篇，内容包括:《联共（布）党章是布尔塞维克组织原则底体现》《党的组织机构》《党的政治工作》等。书前有导言《党的建设教程底任务与内容》。

收藏单位：近代史所

03810
党的建设问题　（苏）马林可夫等著
华北新华书店，1948.6，70 页，32 开

收藏单位：国家馆、吉大馆

03811
党的建设问题　（苏）马林可夫等著
[阳城]：太岳新华书店，1949.4，205 页，32 开

收藏单位：重庆馆、近代史所、山西馆、

天津馆

03812
党的建设问题　（苏）马林可夫等著
新华书店，1949.7，70 页，32 开
本书收文 13 篇，比华北新华书店 1948 年版增收《共产党员的思想教育是党的组织的重要任务》。
收藏单位：重庆馆、国家馆、湖南馆、吉林馆、江西馆、南京馆

03813
党的建设问题　（苏）马林可夫等著
郑州：中原新华书店，1949.1，增订本，94 页，32 开
收藏单位：重庆馆、桂林馆、国家馆、山西馆

03814
党的建设问题　（苏）马林可夫等著　亚天等译
华北新华书店，1948.9，再版，121 页，36 开
华北新华书店，1949.3，3 版，增订本，121 页，36 开
本书收文 12 篇：《党的建设问题》《论布尔什维克的原则性》《论对缺点的不调和性及布尔什维克的严肃性》《在批评和自我批评的精神下培养干部》《论忠诚与老实》《与群众连系是党的领导者最重要的品质》《对新鲜事物的感觉是布尔什维克高贵的品质》《领导者的工作方法》《论经济工作者在工作中的党性》《列宁论苏维埃机关人员应如何工作》《论党的工作中的党委制》《检查决议的执行程度是布尔什维克领导的基本方法》。
收藏单位：重庆馆、广东馆、国家馆、河南馆、吉林馆、南京馆、山西馆、天津馆

03815
党的论文选集　（苏）马林可夫等著
［石家庄］：华北军政大学政治部，[1948—1949]，92 页，32 开
本书与《党的建设问题》（新华书店 1949 年 7 月增订本）所收内容相同。
收藏单位：重庆馆、南京馆

03816
俄国党史（上、中册）（苏）包泼夫著　曾鼎译
上海：华兴书局，1930.7，2 册（374+252 页），32 开（社会科学丛书）
本书上册内容包括：俄国组党前社会民主工作的初步、经济派与反对经济派之开端、一九〇五年革命最高涨的时期十月与十一月等；中册内容包括：世界帝国主义战争与第二国际之崩坏、二月革命、布列斯特和约与第七次代表大会等。
收藏单位：重庆馆、广东馆、湖南馆、南京馆、上海馆、天津馆、西南大学馆

03817
俄国共产党党纲　希曼译
［汉口］：长江书店，1927.3，6 版，46 页，32 开
本书共 15 部分，为 1919 年 3 月 18—23 日第八次会议时可决案。内容包括：总纲、普遍政治范围、民族关系的范围、军事范围、人民教育范围等。
收藏单位：国家馆

03818
俄国共产党党纲　希曼译
［上海］：人民出版社，1921.1，40 页，32 开（康民尼斯特丛书 2）
广州：人民出版社，1926.6，5 版，40 页，32 开（康民尼斯特丛书 2）
收藏单位：广东馆、国家馆

03819
关于联共（布）中央工作的报告　（苏）马林可夫著　仲真译
［延安］：中共西北局宣传部，1948，26 页，32 开

本书为著者1947年9月底在九国共产党代表会议上作关于联共党（布）中央委员会工作的报告。据1947年12月5日《真理报》译出。

收藏单位：重庆馆、吉林馆

03820
关于苏联共产党（波）党章修改的报告
（苏）日丹诺夫（А. А. Жданов）著　凯丰译
[大连]：关东中苏友好协会，1949.2，59页，32开（友谊丛书13）

本书为著者在联共党第十八次代表大会上的报告，内容包括：关于党员的权利、关于废止大批清党、关于党内民主、关于消灭干部理论上政治上的落后等。

收藏单位：北碚馆、长春馆、重庆馆、广东馆、国家馆、南京馆、山西馆、天津馆

03821
关于因联共（波）历史简要读本出版而应如何进行党宣传工作的决议[联共（波）中央底决议]
莫斯科：[外国文书籍出版局]，1939，22页，25开

本书介绍联共（波）先后奠定了党的思想基础、组织基础、策略基础和理论基础，坚持同党内的孟什维克主义进行斗争，最后成为独立的马克思主义政党等内容。

收藏单位：北碚馆、国家馆

03822
进一步提高党的工作水准　辽东新华书店编
辽东新华书店，1949.8，157页，32开（干部学习丛书）

本书收文5篇：《进一步提高党的工作水准》《党组织的积极性是布尔塞维克党强而有力的源泉》《提高党的会议底组织和教育作用》《领导者的工作方法》《党的会议是布尔塞维克教育的学校》。

收藏单位：广西馆、国家馆、湖南馆、山东馆、山西馆

03823
进一步提高党的工作水准
佳木斯：东北书店，1948.10，32页，32开

本书为干部学习参考材料。

收藏单位：长春馆、国家馆、辽宁馆、山东馆

03824
进一步提高党的工作水准
华中新华书店，1949，192页，32开

收藏单位：重庆馆

03825
联共（波）党史　苏联共产党（波）中央委员会所设专门委员会主编
哈尔滨：兆麟书店，[1946—1949]，439页，32开

本书题名页题：苏联共产党（波尔什维克）历史简要读本。

收藏单位：国家馆

03826
联共（波）第十八次代表大会底决议（一九三九年三月十日至三月二十一日）
莫斯科：外国文书籍出版局，1939，64页，25开

本书收联共（波）第十八次代表大会上根据斯大林、曼努意里斯基等人的报告而通过的决议。

收藏单位：重庆馆、贵州馆、国家馆、南京馆

03827
联共（波）驻共产国际执委代表团在联共（波）第十八次代表大会上的报告　（苏）曼努伊尔斯基（Д. З. Мануильский）著
莫斯科：外国文书籍出版局，1939，50页，25开

本书内容包括：国际形势中的变迁、共产党之为统一战线和人民战线而奋斗、在资本主义国家里的共产主义运动等。著者原题：曼努意里斯基。

收藏单位：国家馆、南京馆

03828
联共（布）党的斗争经验 （苏）布尔特扎洛夫著　愉若译
天津：联合出版社，1949.9，46页，32开
本书内容包括：布尔什维克党建党经验的国际意义、布尔什维克党社会主义建设经验的国际意义、布尔什维克党解决农民问题经验的国际意义等。
收藏单位：重庆馆、国家馆、湖南馆、辽宁馆、天津馆

03829
联共（布）党关于职工会的作用与任务的决议　华北总工会筹备委员会辑
天津新华书店，1949.3，30页，32开（职工运动丛书3）
本书收文两篇：《苏俄共产党第十次代表大会关于职工会的作用与任务的决议》《苏俄共产党第十一次代表大会关于新经济政策条件下职工会的作用与任务的决议》。
收藏单位：重庆馆、国家馆、宁夏馆

03830
联共（布）党史参考资料 （苏）拜尔兴等著　戈宝权等译
长春：东北新华书店，1949.8，256页，32开
本书收文二十余篇，内容包括：《俄国为什么废除了农奴制度》（拜尔兴著，戈宝权译）、《沙皇俄罗斯的资本主义之发展》（谢斯他科夫主编，戈宝权译）、《什么是乌托邦社会主义》（戈宝权译自《布尔塞维克》杂志）、《应该抵制杜马吗?》（列宁著，徐冰译）等。
收藏单位：长春馆、重庆馆、国家馆、南京馆、山东馆、天津馆

03831
联共（布）党史参考资料 （苏）拜尔兴等著　戈宝权等译
抗战书店，1940.10，329页，32开
收藏单位：重庆馆、东北师大馆、国家馆、山西馆

03832
联共（布）党史参考资料 （苏）拜尔兴等著　戈宝权等译
[黎城]：新华日报华北分馆，1941.8，240页，32开
收藏单位：国家馆、近代史所、山东馆

03833
联共（布）党史参考资料
[阜平]：晋察冀日报社，1941印，2册（[329]页），32开
收藏单位：南京馆、山东馆

03834
联共（布）党史简明教程　联共（布）中央党史委员会编著
大众社，1940.7，2册（187+208页），32开
收藏单位：山东馆、天津馆

03835
联共（布）党史简明教程　联共（布）中央党史委员会编
胶东联合社，1941，2册，32开
收藏单位：国家馆、山东馆

03836
联共（布）党史简明教程　联共（布）中央党史委员会编著
胶东新华书店，1946.7，399页，32开
收藏单位：重庆馆、东北师大馆、辽宁馆、山东馆、山西馆、天津馆

03837
联共（布）党史简明教程　联共（布）中央党史委员会编著
解放社，1939.5，2册（221+292页），32开
解放社，1940.3，2册（221+292页），32开
收藏单位：国家馆

03838
联共（布）党史简明教程 联共（布）中央党史委员会编著
新华日报华北分馆，1940.2，1册，32开
收藏单位：近代史所、山西馆

03839
联共（布）党史简明教程 联共（布）中央党史委员会编著
大连：新中国书局，1949，427页，32开（干部学习丛书 第1辑）
收藏单位：重庆馆、国家馆、南京馆、上海馆、天津馆

03840
联共（布）党史简明教程 联共（布）中央党史委员会编著
中国出版社，1939.3，2册（331+384页），32开
中国出版社，1939.4，再版，2册（331+384页），32开
中国出版社，1940.11，427页，32开
中国出版社，1946.5，427页，32开
中国出版社，1949.4，427页，32开
收藏单位：安徽馆、重庆馆、广东馆、广西馆、贵州馆、国家馆、湖南馆、南京馆、山东馆、上海馆、首都馆、天津馆、西南大学馆

03841
联共（布）党史简明教程 联共（布）中央党史委员会编
[郑州]：中原新华书店，1949.5，502页，32开（十二种必读名著）
收藏单位：重庆馆、广东馆、国家馆、湖北馆、天津馆

03842
联共（布）党史简明教程 联共（布）中央特设委员会编
[上海]：[时代出版社]，1948.10，477页，25开
上海：时代出版社，1949.4，2版，447页，32开
收藏单位：广东馆、内蒙古馆、山西馆、上海馆、首都馆

03843
联共（布）党史简明教程 联共（布）中央特设委员会编
莫斯科：外国文书籍出版局，1948，447页，22开，精装
莫斯科：外国文书籍出版局，1949，447页，25开，精装
本书共12章，概述苏联共产党在日俄战争、第一次世界大战、十月社会主义革命、国民经济恢复、国家社会主义工业化、农业集体化等各时期的斗争发展历史。
收藏单位：重庆馆、东北师大馆、贵州馆、国家馆、南京馆、内蒙古馆、宁夏馆、山西馆、绍兴馆、西南大学馆

03844
联共（布）党史简明教程的出版与党的宣传工作的建立
出版者不详，[1938—1949]，石印本，42页，32开
收藏单位：国家馆

03845
联共（布）党史简明教程学习资料专题索引（第9章部分 续） 哈尔滨图书馆编
哈尔滨：哈尔滨图书馆，1949，油印本，1册，16开
收藏单位：国家馆

03846
联共（布）党史简明教程研究提纲 胡仁编
波浪出版社，1940.7，80页，32开
收藏单位：国家馆

03847
联共（布）党史研究提纲
香港：国民文化供应社，[1938—1949]，61页，

32 开

收藏单位：国家馆

03848

联共（布）第十八次全代表报告 （苏）斯大林（И. В. Сталин）等著

重庆：新华日报馆，1939.6，82 页，32 开

收藏单位：国家馆

03849

联共（布）历史教程大纲 （苏）斯切潘诺夫主编 曹葆华译

[中宣部]，1949.3，48 页，32 开

收藏单位：广东馆

03850

联共（布）中央委员会十一月全会（报告和决议）

莫斯科：苏俄国家联合出版部远东部分，1935，111 页，36 开

收藏单位：东北师大馆

03851

联共党史 （苏）耶鲁斯拉夫斯基著

[延安]：解放社，[1938]，290 页，32 开

本书共 9 章，内容包括：十九世纪俄国革命运动概述、从“劳动解放社”到俄国社会民主工党第一次代表大会、党第二次代表大会、布尔塞维克对于 1905—1907 年革命性质及动力的估计、第一次革命时期党对于群众斗争的领导等。

收藏单位：重庆馆、桂林馆、国家馆、黑龙江馆、南京馆、天津馆

03852

联共党史 （苏）耶鲁斯拉夫斯基著

中华出版社，1938.11，12+676 页，32 开

本书共 14 章。论述马克思主义组织产生以前的俄国革命运动，俄国社会民主工党第一、二次代表大会，1905—1907 年革命的性质、动力、策略，布尔什维克与孟什维克的斗争，并分析第一次世界大战与布尔什维克的策略、从二月革命到十月革命的发展等问题。附《苏联共产党（布）党章》《关于布尔什维主义历史中的几个问题》等 7 篇。

收藏单位：东北师大馆、桂林馆、国家馆、吉林馆、南京馆

03853

联共党史 （苏）耶鲁斯拉夫斯基著 甄里译

出版者不详，1938.10，480 页，32 开

本书内容为第 9—14 章：反动时期的党、在新的革命高涨时期中的党、帝国主义世界大战、帝国主义大战时期党的工作、1917 年 2 月的资产阶级民主革命及布尔塞维克把它转变为社会主义革命的斗争、伟大的无产阶级革命之准备与资产阶级政权之被推翻。附《关于布尔塞维主义历史中的几个问题》《用布尔塞维克的精神研究党史》等 7 篇。著者原题：亚罗斯拉夫斯基。

收藏单位：东北师大馆、山东馆

03854

联共党史（第 1 卷）（苏）耶鲁斯拉夫斯基著 甄里译

出版者不详，1938，406 页，32 开

收藏单位：重庆馆、东北师大馆、广东馆、江西馆、南京馆、山西馆、上海馆

03855

联共党史（上）（苏）耶鲁斯拉夫斯基著

[延安]：解放社，1938.12，校正再版，331 页，32 开

本册共 8 章，内容包括：“在最初马克思主义组织产生以前十九世纪俄国革命运动概述”“拥护革命的马克思主义的斗争，争取无产阶级在俄国的政治领导权”“列宁的《火花报》”“布尔塞维克对于 1905—1907 年革命性质及动力的估计”“1905—1907 年革命进程中布尔塞维克策略的证实”“第一次革命时期党对群众斗争的领导”等。

收藏单位：重庆馆、东北师大馆、贵州馆、南京馆、山东馆、天津馆

03856
联共史略（第1卷）（苏）包包夫著
莫斯科：外国工人出版社，1934，247页，24开
收藏单位：国家馆

03857
列宁共产主义青年团战斗的道路　中国新青团旅大区团筹委会编
旅大（大连）：中国新青团旅大区团筹委会，1949，48页，32开（干部参考资料2）
本书收文3篇：《苏联青年团团纲、团章》《关于改进共青团积极分子的工作与重建青年团的组织机构》《列宁共青团中央委员会底决议》。封面题名：苏联共青团战斗的道路、共青团团纲团章。
收藏单位：重庆馆、山东馆

03858
领导者的工作方法　丁坚编
大连：大众书店，1948.12，94页，32开（干部学习丛书7）
本书收苏联《真理报》《红星报》社论、斯列波夫等有关论著共15篇，内容包括：《领导者的工作方法》《论工作的求实精神》《效率与远见》等。
收藏单位：国家馆、山东馆

03859
领导者的工作方法
辽北：东北印刷厂，1948.9印，35页，36开
本书收文6篇，内容包括：《检查决议的执行程度是布尔什维克领导的基本方法》（苏联《真理报》社论）、《掌握布尔什维克领导经济的方法》（古萨洛夫）、《党的政治工作是经济工作成功的基础》（卡弗罗夫）等。
收藏单位：东北师大馆、广东馆、国家馆、辽宁馆、天津馆

03860
论波尔什维克的原则性（苏）斯列波夫作　亚天译
辽南省委宣传部，1948.2，11页，32开
本书为整党学习参考材料。收文18篇，内容包括：《论波尔什维克的原则性》（蓝列波巨）、《论对缺点的不调和性及布尔什维克的严肃性》（斯列波夫）、《论忠诚与老实》（斯列波夫）、《与群众联系是党的领导者最重要的品质》（《真理报》社论）等。
收藏单位：天津馆

03861
论布尔塞维克的原则性（苏）蓝列波巨等著　亚天等译
［兴县］：晋绥新华书店，1948.2，30页，32开
本书收文4篇：《论布尔什维克的原则性》（蓝列波巨）、《论对缺点的不调和性及布尔什维克的严肃性》（斯列波夫）、《论忠诚与老实》（斯列波夫）、《与群众联系是党的领导者最重要的品质》（《真理报》社论）。
收藏单位：国家馆、山西馆、天津馆

03862
论布尔塞维克的原则性（苏）斯列波夫等著
长春：东北书店，1949.4，103页，32开
收藏单位：安徽馆、长春馆、重庆馆、东北师大馆、国家馆、黑龙江馆、宁夏馆、山东馆、山西馆、上海馆、天津馆

03863
论布尔什维克的原则性　冀南区党委编
［威县］：冀南党委，1948.3，31页，32开
本书收文5篇：《论布尔什维克的原则性》《论对缺点的不调和性及布尔什维克的严肃性》《论忠诚与老实》《与群众联系是党的领导者最重要的品质》《组织群众监督反对官僚主义》。
收藏单位：重庆馆、国家馆、吉大馆、山东馆、山西馆

03864
论布尔什维克的原则性（苏）兰波夫等著　亚天等译
华中新华书店五分店，[1947—1949]，70页，32开

本书收译著 6 篇，还包括《关于我们党的性质问题》（刘少奇）。

收藏单位：南京馆

03865

论布尔什维克的原则性 （苏）蓝列波巨著 亚天等译 晋冀鲁豫军区第八纵队政治部编

晋冀鲁豫军区第八纵队政治部，[1947—1948]，50 页，32 开

本书收文 6 篇：《选辑〈目前形势和我们的任务〉》（毛泽东）、《阶级性》（《晋察冀日报》）、《论忠诚与老实》（《真理报》）、《斯大林、毛泽东论整顿队伍》等。

收藏单位：国家馆

03866

论布尔什维克的原则性 （苏）日丹诺夫（A. A. Жданов）等著

辽东书店，1948.3，100 页，32 开

本书收文 8 篇，内容包括：《与群众联系是党的领导者最重要的品质》（《真理报》社论）、《在批评和自我批评的精神上培养干部》（叶群译）、《论忠诚与老实》（斯列波夫）、《日丹诺夫同志在讨论阿列克山得洛夫所著〈西方哲学史〉一书会议上的报告》（立三译）等。

收藏单位：重庆馆、广东馆、国家馆

03867

论布尔什维克的原则性 （苏）斯列波夫等著 齐生译

群众日报社，1949，96 页，32 开（学习丛书）

本书收文 13 篇，内容包括：《论布尔什维克的原则性》（蓝列波巨）、《论对缺点的不调和性及布尔什维克的原则性》（斯列波夫）、《论忠诚与老实》（斯列波夫）、《与群众联系是党的领导者最重要的品质》等。

收藏单位：重庆馆、山东馆

03868

论布尔什维克的原则性 （苏）斯列波夫等著 齐生等译 太岳新华书店编

[阳城]：太岳新华书店，1948.4，56 页，32 开

[阳城]：太岳新华书店，1948.4，再版，56 页，32 开

本书收文 7 篇，内容包括：《论布尔什维克的原则性》（蓝列波巨）、《论对缺点的不调和性及布尔什维克的严肃性》（斯列波夫）、《论经济工作者工作中的党性》（左尔宁）等。

收藏单位：重庆馆、国家馆、山东馆、山西馆

03869

论布尔什维克的原则性 （苏）斯列波夫等著 苏瑛等译

[兴县]：中共晋绥分局，1948，30 页，32 开

本书收文 4 篇：《论布尔什维克的原则性》（蓝列波巨）、《论对缺点的不调和性及布尔什维克的严肃性》（斯列波夫）、《论忠诚与老实》（斯列波夫）、《与群众联系是党的领导者最重要的品质》。

收藏单位：重庆馆

03870

论布尔什维克的原则性 （苏）斯列波夫等著 苏瑛等译

[延安]：中共西北局，1948，30 页，32 开

收藏单位：重庆馆

03871

论布尔什维克的原则性与领导者的工作方法 华北军区政治部编

华北军区政治部，[1948]，74 页，32 开

本书为干部学习材料。收文 10 篇，内容包括：《论布尔什维克的原则性》（蓝列波巨）、《论对缺点的不调和性及布尔什维克的严肃性》（斯列波夫）、《在批评和自我批评的精神下培养干部》（《党的生活》社论）等。所收文章选译自 1947—1948 年苏联《真理报》《党的生活》。

收藏单位：重庆馆、国家馆、天津馆

03872

论布尔什维克的原则性与领导者的工作方法

皖西军区政治部编
皖西军区政治部，[1947—1949]，46页，36开，环筒页装
本书为干部学习材料。收文6篇，内容包括:《论布尔什维克的原则性》《在批评和自我批评的精神下培养干部》《领导者的工作方法》等。
收藏单位：重庆馆

03873
论布尔什维克的原则性与领导者的工作方法　中原军区政治部编
中原军区政治部，[1949]，85页，32开
收藏单位：重庆馆、国家馆、山东馆

03874
论党工作中的布尔什维克作风　（苏）斯列波夫著
华北军区政治部，1949，36页，32开
收藏单位：天津馆

03875
论党性　（苏）沃斯特利可夫（А. В. Востриков）著
苏中五地委政治部，[1945-1949]印，76页
收藏单位：南京馆

03876
论党性　（苏）沃斯特利可夫（А. В. Востриков）著　晓歌译
[北平]：中外出版社，1949，52页，36开
本书共3部分：马克斯主义哲学底党性与资产阶级底党性底根本的区别、列宁斯大林对马克斯主义哲学敌人的斗争是布尔什维克党性理论榜样、布尔什维克党性意识形态底原则是为共产主义斗争的最尖锐的武器。封面题名：列宁与斯大林论党性。
收藏单位：重庆馆、国家馆、湖北馆、辽宁馆、天津馆

03877
论苏联共产主义青年团　（苏）拉里柯夫等著　晓琉等译
旅大中苏友好协会，1949.8，114页，32开（友谊丛书24）
本书介绍苏联共产主义青年团情况，并收团纲、团章等。
收藏单位：广东馆、国家馆、山东馆

03878
论政治鼓动　（苏）加里宁（М. И. Калинин）著　舒林译
大连：大连新华书店，1949.8，59页，32开（苏联宣传鼓动丛书）
大连：大连新华书店，1949，2版，59页，32开（苏联宣传鼓动丛书）
本书收文5篇:《党的群众工作底几个问题》《前线鼓动工作底几个问题》《前线鼓动工作者底话》《统一的战斗家庭》《关于宣传鼓动的几句话》。
收藏单位：安徽馆、东北师大馆、广西馆、国家馆、湖南馆、吉林馆、辽宁馆、天津馆

03879
论忠诚与老实　大众书店编辑委员会辑
大连：大众书店，1948，50页，32开
本书收文6篇，内容包括:《论忠诚与老实》《论对缺点的不调和性及布尔什维克的严肃性》《论布尔什维克的原则性》《对新鲜事物之感觉是布尔什维克高贵的品质》等。
收藏单位：重庆馆、贵州馆、国家馆

03880
论忠诚与老实　（苏）斯列波夫等著
佳木斯：东北书店，1948.2，27页，32开
佳木斯：东北书店，1948.4，再版，27页，32开
佳木斯：东北书店，1948.10，3版，27页，32开
本书收文4篇:《论忠诚与老实》《论对缺点的不调和性及布尔什维克的严肃性》《论布尔什维克的原则性》《对新鲜事物之感觉是布尔什维克高贵的品质》。
收藏单位：重庆馆、国家馆、吉大馆、山东馆、天津馆

03881
论忠诚与老实 （苏）斯列波夫等著　齐生[等]译
[惠民]：渤海新华书店，1948.4，85页，32开
本书收译自苏联《真理报》等书报上的文章11篇，内容包括:《论忠诚与老实》《论布尔什维克的原则性》《党的建设问题》《论经济工作者在工作中的党性》等。
收藏单位：南京馆、山东馆

03882
论忠诚与老实 （苏）斯列波夫等著　齐生等译
新东印刷厂，[1947—1949]，50页，32开
收藏单位：南京馆

03883
论忠诚与老实 （苏）斯列波夫等著　中共嫩江省委编
[中共嫩江省委]，1948.8，66页，32开
收藏单位：黑龙江馆

03884
论自我批评 华东人民革命大学教务处编
华东人民革命大学教务处，1949，25页，32开（学习参考材料13）
本书收文4篇:《斯大林、毛泽东论自我批评》《论对缺点的不调和性及布尔什维克的严肃性》《在批评和自我批评的精神上培养干部》《严格实行布尔什维克的批评与自我批评》。
收藏单位：重庆馆

03885
论自我批评 叶群等译
佳木斯：东北书店，1948.5，26页，32开（整党参考材料3）
佳木斯：东北书店，1948.10，再版，26页，32开（整党参考材料3）
本书收文3篇:《斯大林论自我批评》《在批评和自我批评的精神上培养干部》《与群众联系是党的领导者最重要的品质》。
收藏单位：长春馆、国家馆、南京馆、山东馆、天津馆

03886
马列主义思想的宝藏（苏联建党论文集） 冀鲁豫新华书店编辑部编
菏泽：冀鲁豫新华书店，1949.7，187页，32开
本书收文32篇，内容包括:《掌握政治领导的艺术》（苏瑛译）、《与群众联系是党的领导者最重要的品质》（齐生译）、《基层党组织的思想生活》（任飞译）、《检查决议的执行程度是布尔塞维克领导的基本方法》（苏联《真理报》社论）等。
收藏单位：东北师大馆、国家馆、河南馆、山东馆

03887
批评与自我批评 G.卡尔宁作　王子野译
潮汕人民书店，[1949]，16页，32开
本文刊载于1949年7月30日《布尔什维克》杂志第14期。
收藏单位：广东馆

03888
日丹诺夫在联共党（布）第十八次代表大会上关于苏联共产党（布）党章修改的报告（一九三九年三月十八日） （苏）日丹诺夫（A. A. Жданов）著　凯丰译
重庆：新华日报馆，1939.3，85页，32开（新群丛书33）
本书共11部分，内容包括：修改苏共（布）党章的必要和意义、关于党员的权利、废止大批清党、精通和承认党纲、党内民主、选择干部、党的机构改造、初级组织的任务等。
收藏单位：北碚馆、重庆馆、广东馆、国家馆、南京馆

03889
思想领导与工作方法 华中新华书店编
华中新华书店，1948.11，115页，32开（干部学习丛书）

华中新华书店，1949.4，再版，115页，32开（干部学习丛书）

本书收文20篇，内容包括:《斯大林论党的布尔塞维克化》《论忠诚与老实》《列宁论苏维埃机关工作人员应如何工作》《论工作的求实精神》等。

收藏单位：国家馆、山东馆

03890
思想领导与工作方法
大连：大众书店，1948.8，108页，32开（干部学习丛书1）
大连：大众书店，1948.12，再版，127页，32开（干部学习丛书1）

本书收文20篇，内容包括:《斯大林论党的布尔塞维克化》《论忠诚与老实》《列宁论苏维埃机关工作人员应如何工作》《论工作的求实精神》等。

收藏单位：重庆馆、国家馆、南京馆、山东馆

03891
思想领导与工作方法
芜湖新华书店，[1949]，113页，32开（干部学习丛书）

收藏单位：国家馆

03892
苏俄共产党第十次代表大会关于职工会底作用与任务之决议　华北总工会筹备委员会编
中原新华书店，1949.5，30页，32开（职工运动丛书3）

收藏单位：国家馆、天津馆

03893
苏联党案记　袁文瑞等译
[南京]：中苏文化协会，1937.6，439页，32开

本书收文件46种，内容包括:《公诉书》《对被告皮达可夫之审讯》《对被告拉迪克之审讯》《被告格拉舍的最后陈述》《判决词》等。据苏联政府机关报《新闻报》所载苏联最高法院军事法庭审判“托洛茨基总部份子”一案简要译出。

收藏单位：北碚馆、重庆馆、东北师大馆、广东馆、广西馆、湖南馆、上海馆、浙江馆

03894
苏联共产党（波尔什维克）历史　苏联共产党（波）中央委员会所设专门委员会编
华北新华书店，1948.10，531页，32开
华北新华书店，1948.10，再版，531页，32开，精装

收藏单位：重庆馆、广东馆、国家馆、山东馆、山西馆、天津馆

03895
苏联共产党（波尔什维克）历史　苏联共产党（波）中央委员会所设专门委员会编
北平：新华书店，1949.5，531页，32开
北平：新华书店，1949，3版，10+531页，32开

收藏单位：重庆馆、国家馆、河南馆

03896
苏联共产党（波尔什维克）历史　苏联共产党（波）中央委员会所设专门委员会主编
哈尔滨:兆麟书店，[1948—1949]，431页，32开

收藏单位：重庆馆、国家馆、吉林馆

03897
苏联共产党（波尔什维克）历史
长春：真理社，1945.12，431页，32开

收藏单位：东北师大馆、山西馆

03898
苏联共产党（波尔什维克）历史（简要读本）　苏联共产党（波）中央委员会所设专门委员会主编
晋察冀新华书店，1947，531页，32开

收藏单位：国家馆、山东馆

03899
苏联共产党（波尔什维克）历史（简要读本）

苏联共产党（波）中央委员会所设专门委员会编
山东新华书店，1948.5，10+531 页，32 开
本书据晋察冀新华书店版再版。
收藏单位：重庆馆、广西馆、近代史所、宁夏馆、山东馆

03900
苏联共产党（波尔什维克）历史（简要读本） 苏联共产党（波）中央委员会所设专门委员会主编
莫斯科：外国文书籍出版局，1939，10+431 页，22 开
莫斯科：外国文书籍出版局，1940，431 页，23 开，精装
莫斯科：外国文书籍出版局，1941，10+431 页，22 开
收藏单位：北碚馆、重庆馆、广东馆、贵州馆、国家馆、辽宁馆、山东馆、上海馆、浙江馆

03901
苏联共产党（布）党章（共产国际的支部） 凯丰译
重庆：新华日报馆，1939，27 页，32 开（新群丛书 36）
本书主要内容为党的会议及其文献。所收党章为苏联共产党（布）第十八次代表大会通过。
收藏单位：重庆馆、南京馆、天津馆、浙江馆

03902
苏联共产党（布）党章的修改 [根据日丹诺夫的报告联共党（布）第十八次代表大会一致通过的决议] 凯丰译
重庆：新华日报馆，1939.7，24 页，32 开（新群丛书 34）
重庆：新华日报馆，1939.10，24 页，32 开（新群丛书 34）
收藏单位：重庆馆、国家馆、南京馆、上海馆、天津馆

03903
苏联共产党（布）历史简要读本 联共（布）中央特设委员会编
[北平]：解放社，1949，564 页，25 开
收藏单位：安徽馆、广东馆、广西馆、贵州馆、国家馆、吉林馆、辽宁馆、山西馆、天津馆、浙江馆

03904
苏联共产党的建设问题 解放社编
长春：东北新华书店，1949.8，118 页，32 开
本书收文 12 篇，内容包括：《党的建设问题》（马林可夫）、《论布尔什维克的原则性》（蓝列波巨）、《论忠诚与老实》（斯列波夫）、《论党的工作中的党委制》（朱可文）、《论经济工作者在工作中的党性》（左尔宁）等。
收藏单位：长春馆、重庆馆、东北师大馆、广东馆、天津馆

03905
苏联共产党的建设问题 解放社编
[泰州]：苏北新华书店，1949.8，76 页，32 开
收藏单位：国家馆、山东馆

03906
苏联共产党的建设问题 解放社编
新华书店，1949，118 页，华中版，32 开
新华书店，1949.8，再版，华中版，32 开
收藏单位：安徽馆、重庆馆、广东馆、国家馆、南京馆、宁夏馆、山东馆、山西馆、天津馆、西南大学馆

03907
苏联共产主义青年团 吕琪编
天津：知识书店，1949.9，232 页，36 开
本书收文 19 篇，内容包括：《苏联共产主义青年团是怎样建立起来的》（1948 年 11 月 20 日苏联《共青团真理报》，允一译）、《列宁斯大林的党是共产主义青年团的组织者和领导者》（拉里柯夫著，彭聪译）、《党战斗的助手与后备军》（波・巴扬诺夫著，晓琉译）等。

收藏单位：东北师大馆、国家馆、吉林馆、天津馆

03908
苏联列宁共产主义青年团战斗的道路（苏）列宁（В. И. Ленин）等著
西安：中国新民主主义青年团西北工作委员会，[1949]，89页，32开（青运文丛3）
本书收文10篇，内容包括：《论共产主义青年团的任务》《列宁共产主义青年团战斗的道路》《全苏联列宁共产主义青年团的基础组织》等。
收藏单位：重庆馆

03909
苏联青年生活与斗争（苏）科萨列夫著
[延安]：前进出版社，1938.10，再版，114页，32开
本书为苏联列宁共产青年团第十次代表大会的中央报告。共5部分，内容包括：社会主义在苏联的胜利是斯大林领导的胜利、青年在社会主义祖国国防中的任务等。
收藏单位：国家馆、吉林馆、近代史所、南京馆

03910
苏联青年生活与斗争（苏）科萨列夫著
汉口：中国出版社，1938.5，133页，32开
上海：中国出版社，1938.10，177页，32开
本书另收《苏联列宁青年团第十次代表大会关于团中央工作报告的决议》。附《苏联青年团团纲》《苏联青年团团章》。
收藏单位：北碚馆、重庆馆、贵州馆、桂林馆、国家馆、吉林馆、山东馆、上海馆、天津馆

03911
苏联青年生活与斗争（苏）科萨列夫著　莫师古译
汉口：顽强社，1938.7，103页，32开
收藏单位：国家馆、黑龙江馆、上海馆、浙江馆

03912
苏联一九四〇年的经济总结和一九四一年的国民经济发展计划（苏）尼·阿·沃兹涅先斯基[著]
莫斯科：外国文书籍出版局，1941，50页，32开
本书为著者在苏联共产党（波）第十八次全苏代表会议上的报告。
收藏单位：国家馆、辽宁馆、南京馆

03913
无产阶级斗争之战术与策略（苏）司徒巧夫著　瞿秋白译
出版者不详，1928，182页，32开
本书分上、下两编。上编为阶级与政党，下编为战术与策略。
收藏单位：国家馆、浙江馆

03914
无产阶级政党之政治的战术与策略（苏）司徒巧夫著　瞿秋白译
新时代出版社，[1938]，128页，32开
收藏单位：北师大馆、广东馆、国家馆、吉林馆、近代史所

03915
行动中的马列主义　中外出版社编
[北平]：中外出版社，1949.6，42页，36开
本书收文5篇：《马列主义思想宝藏》《〈联共（布）党史〉出版十周年纪念》《世界各角落人民都研究的书》《广大群众的座右铭》《马列主义基础知识的百科全书》。
收藏单位：北师大馆、重庆馆、东北师大馆、广东馆、国家馆、山西馆、天津馆

03916
学习文件　[东北局秘书处编]
[哈尔滨]：东北局秘书处，1948.6印，15页，32开
本书收文3篇：《重印〈左派幼稚病〉第二章前言》《布尔塞维克基本成功底条件之一》《列宁论苏维埃机关人员应如何工作》。
收藏单位：辽宁馆

03917
在批评与自我批评的精神上培养干部　叶群等译
[威县]：冀南新华书店，1948.10，45页，32开
本书收文6篇，内容包括：《在批评与自我批评的精神上培养干部》《检查决议的执行程度是布尔塞维克领导的基本方法》《领导者的工作方法——效率与远见》等。
收藏单位：重庆馆、国家馆、河南馆、南京馆、山东馆、天津馆

03918
在批评与自我批评的精神上培养干部　中央西北局宣传部编
中央西北局宣传部，1948，30页，32开
本书收文4篇，内容包括：《在批评和自我批评的精神上培养干部》《对新鲜事物的感觉是布尔什维克的高贵品质》《领导者的工作方法》等。
收藏单位：重庆馆、南京馆、山东馆、天津馆

03919
战术与策略　（苏）司徒巧夫著
上海：浦江书店，1933.3，3版，182页，32开
本书著者原题：斯徒夸夫。
收藏单位：国家馆、浙江馆

03920
战术与策略　（苏）司徒巧夫著　丁奇大译
上海：社会科学研究学会，1930.6，181页，32开
上海：社会科学研究学会，1932.4，6版，181页，32开
本书著者原题：斯徒夸夫。
收藏单位：北碚馆、东北师大馆、国家馆、南京馆、上海馆、天津馆

03921
最新联共党史（1883—1937全译本）　吴清友译
上海：启明社，1939.7，2册（[264+265]页），32开
本书上册为"前史部"，分6章叙述1883—1917年的联共党史；下册为"近史部"，叙述1917—1937年的联共党史。
收藏单位：国家馆、上海馆、浙江馆

美　国

03922
马克思主义与美国"例外论"　（美）福斯特（W. Z. Foster）著　移模译
长春：东北书店，1949.6，30页，36开（新华文摘丛刊）
本书概述美国资本主义发展的优越条件，批评"例外论"者的幻想，认为《共产党宣言》同样适用于美国。
收藏单位：重庆馆、广东馆、国家馆、吉大馆、吉林馆、宁夏馆

03923
马克思主义与美国"例外论"　（美）福斯特（W. Z. Foster）著　移模译
华东新华书店，1948，31页，50开（新华文摘丛刊）
收藏单位：重庆馆、国家馆、南京馆、山东馆

03924
马克思主义与美国"例外论"　（美）福斯特（W. Z. Foster）著　移模译
[郑州]：中原新华书店，1949.3，31页，50开
收藏单位：重庆馆、国家馆、湖南馆、陕西馆、中科图

03925
美国不可怕　（美）欧琴·丹尼斯（Eugene Dennis）著　任砚译
大连：大众书店，1948.6，39页，32开（时事学习参考丛书）
本书共5章：一九四六年选举的结果、选举后的展望、为人民的政纲而联合斗争、展

望一九四八年、为争取和平而斗争。著者当时任美共总书记。

收藏单位：重庆馆、国家馆、辽宁馆、山东馆、陕西馆

03926

美国不可怕　（美）欧琴·丹尼斯（Eugene Dennis）著　任砚译

光华书屋，1947.4，51 页，36 开（世界新著译丛 1）

收藏单位：福建馆、广西馆、国家馆、吉林馆、上海馆

03927

美国不可怕　（美）欧琴·丹尼斯（Eugene Dennis）著　任砚译

中国出版社，1947.4，51 页，32 开（世界新著译丛 1）

收藏单位：国家馆

03928

美国人民的道路（美共总书记但尼斯在 1946 年 12 月 3 日至 5 日中央全体会议上的政治报告）（美）欧琴·丹尼斯（Eugene Dennis）著

华北新华书店，1948.4，90 页，32 开

本书共 7 部分：一九四六年选举的结果、选举以后的瞻望、统一行动以争取人民纲领之实现、走向一九四八年、争取和平的斗争、反共诬蔑的威胁、党。著者原题：犹琴·但尼斯。

收藏单位：重庆馆、国家馆、河南馆、近代史所、柳州馆、山东馆、山西馆

其他各国共产党

03929

季米特洛夫文选　（保）季米特洛夫著

解放社，1939.6，300 页，32 开

解放社，1942，再版，300 页，32 开

本书收文 8 篇：《反战反法西斯斗争的当前问题》《国际无产阶级底统一乃是目前时局底最高使命》《亚尔美利亚事件之教训》《西班牙人民英勇斗争的一年》《法西斯主义——这就是战争》《国际无产阶级胜利的保证》《国际无产阶级和人民反对法西斯的统一战线》《西班牙人民英勇奋斗之二周年》。

收藏单位：北碚馆、重庆馆、国家馆、南京馆、中科图

03930

目前英帝国共产党的斗争和任务　高兰等著　英文研究会编译

大连：大众书店，1948.5，59 页，32 开

本书收文 19 篇，内容包括：《加强争取和平的斗争》（高兰）、《帝国呢？还是社会主义？》（阿喜卡利）、《我们引路》（英共执委会）等。附《共产主义在前进着》等 6 篇。

收藏单位：北师大馆、重庆馆、国家馆、南京馆、山东馆、天津馆、浙江馆

03931

目前英帝国共产党的斗争和任务　高兰等著　英文研究会编译

佳木斯：东北书店，1947.9，59 页，32 开

收藏单位：长春馆、东北师大馆、国家馆、南大馆、山东馆、天津馆

03932

南共的领导脱离了马列主义关于阶级和阶级斗争的理论　劳度作

华东新华书店胶东分店，1948.10，13 页，32 开

收藏单位：国家馆

03933

南共领导脱离了马列主义关于阶级和阶级斗争的理论　东北书店辑

佳木斯：东北书店，1948.10，20 页，32 开

本书收文两篇：《南斯拉夫共产党的领导脱离了马列主义关于阶级和阶级斗争的理论》（劳度）、《匈共底思想、理论工作问题》（拉科西）。

收藏单位：东北师大馆、广东馆、国家馆、辽大馆、辽宁馆、南京馆、山东馆、天津馆

工人、农民、青年、妇女运动与组织

工人运动与组织

03934
本市职工五大任务 [晋察冀边区总工会石家庄办事处辑]
出版者不详，[1948.2]，7页，32开
本书收文两篇:《本市职工五大任务》《为纪念“二七”告职工书》。
收藏单位：国家馆

03935
大家办工会 上海铁路工会筹备委员会编
上海铁路工会筹备委员会，1949.9，45页，36开（工运参考材料1）
本书收文12篇，内容包括:《大家办工会》《阿城工务段大家办工会》《三棵树电务段职工会》《佳木斯检车段职工会》《中华全国总工会章程》《纠正建立职工会中的关门倾向》等。

03936
第六次全国劳大决议 华北总工会筹备委员会编
中原新华书店，1949.6，60页，32开
本书内容包括:《李立三同志在第六次全国劳动大会上的开幕词》《关于中国职工运动当前任务的决议》《关于职工运动当前任务决议案中几个问题的说明》《中华全国总工会组织章程》等。
收藏单位：重庆馆、国家馆、河南馆、湖北馆、江西馆、南京馆、山西馆、天津馆

03937
第六次全国劳动大会 济南特别市职工总会筹备委员会编
华东新华书店，1949.5，1册
本书内容包括：中共中央致大会的祝词、大会决议案、大会通讯等。附《中国职工运动史上的五次全国劳动大会概述》。
收藏单位：东北师大馆、辽宁馆、天津馆

03938
第六次全国劳动大会 济南特别市职工总会筹备委员会编
华中新华书店，1949，167页，32开
本书收文二十余篇。共8项，内容包括：第六次全国劳动大会开幕、大会的几个主要报告、大会决议案、中华全国总工会的成立、大会闭幕、大会通讯等。收《中共中央致大会祝词》《英勇斗争中的上海工人》《刘宁一同志报告国际工运工作》《陈郁向劳大报告提案审查经过》等。
收藏单位：国家馆

03939
第六次全国劳动大会的决议及其他 华北总工会筹备委员会编
[阳城]：太岳新华书店，1949.5，58页，32开
本书收文9篇，内容包括:《李立三同志在第六次全国劳动大会上的开幕词》《关于中国职工运动当前任务决议》《中华全国总工会章程》《胜利、团结、前进的大会》《东北局关于公营企业中职员问题的决定》《正确执行劳资两利方针》等。
收藏单位：重庆馆、国家馆、山东馆、山西馆

03940
第六次全国劳动大会的决议及其它 华北总工会筹备委员会编
华北总工会筹备委员会，1948.11，[59+18]页，32开（工建丛书）
收藏单位：国家馆、山西馆、天津馆

03941
第六次全国劳动大会的决议及其它 华北总工会筹备委员会编

北平：职工出版社，1949.2，60页，32开（工建丛书1）

收藏单位：国家馆、吉林馆

03942

第六次全国劳动大会汇刊　第六次全国劳动大会编

第六次全国劳动大会，1949，92页，16开

本书共7项，内容包括：大会重要文件、大会文电、大会经过、各地职工献给大会的礼物、大会一般文件等。收《关于中国职工运动当前任务的决议》《关于国民党统治区职工运动报告的决议》《中华全国总工会章程》等文件，以及陈云、朱学范等人的报告。

收藏单位：广东馆、国家馆

03943

第六次全国劳动大会文献　华中新华日报社资料室编

华中新华书店，1949.4，102页，32开

本书收文21篇，内容包括：《开幕词》（李立三）、《大会筹备经过》（李颉伯）、《闭幕词》（朱学范）、《中国职工运动当前任务》（陈云）、《中国职工运动当前任务总结》（李立三）、《国际职工运动工作》（刘宁一）、《中华全国总工会章程》等。附《中国工人阶级几次伟大胜利的斗争》《中共中央致大会祝词》等9篇。

收藏单位：吉林馆、南京馆、宁夏馆、山东馆、山西馆、中科图

03944

工会工作文献汇编（第1集）　苏南工会工作会议秘书处编

苏南工会工作会议秘书处，[1949.9]，87页，32开

本书据《全国工会工作会议会刊》发表的有关组织工作方面的报告、决定、草案及各地代表发言编辑而成。收文献9种，内容包括：《把全国工人阶级组织起来》《朱总司令讲话提要》《李立三同志的开幕词》《朱学范同志关于劳协问题的发言》等。附《陈云同志在上海总工会筹委扩大会上的报告》等5篇。

收藏单位：国家馆

03945

工会文件汇集　江西省总工会筹委会编

江西省总工会筹委会，1949，292页，32开

03946

工人手册　[太岳四分区联委会编]

太岳鲁迅书店，1947.5印，5版，16页，36开

本书收《五一工人会议总结》等。

收藏单位：国家馆

03947

工商业政策与职工运动文献　冀中区总工会辑

保定：河北日报社，1949.7印，198页，32开

本书共5部分：政策部分、劳大决议部分、东北有关工运决议及论文、苏联职工运动介绍部分、询问与解答。收文23篇，内容包括：《关于发表生产劳资两利政策的几点说明》（李立三）、《苏联社会主义竞赛与职工会的任务》（库茨涅佐夫）等。

收藏单位：北师大馆、重庆馆、东北师大馆、国家馆、近代史所

03948

工运参考资料（2）　佳木斯市职工总会编

佳木斯：佳木斯市职工总会，1948.8，39页，32开

本书收文9篇，内容包括：《苏联的工资政策》（达布拉哈塔夫作，程之平译）、《东北木材公司实行按件工资节约分红办法》（华荣）、《哈尔滨机械工厂的超额按件奖励制》（胡尹奎）、《一个船厂的计件工资制》（柳运光、朱立明）等。

收藏单位：国家馆

03949

工运参考资料（4）　佳木斯市职工总会编

佳木斯：佳木斯市职工总会，1948.10，111页，32开

本书收文25篇，内容包括：《什么是企业

化》《什么是“交叉累进工资制”》《推广计件工资与超额奖励制》等。

收藏单位：南京馆

03950

工运汇集 察哈尔省总工会编

张家口：察哈尔省总工会，1949.9，124页，32开

本书收文19篇，内容包括：《朱总司令在全国工会工作会议上讲话提要》《李立三同志在全国工会工作会议上的开幕词》等。

收藏单位：国家馆

03951

工运汇集 天津市职工总会筹备委员会编

天津市职工总会筹备委员会，1949.6，90页，32开

本书收文11篇，内容包括：《必须建立与巩固职工会工作》《纠正建立职工会中的关门倾向》《苏联职工会的民主》《职工会中的民主生活》《苏联职工会如何工作》《苏联职工会是共产主义的学校》《论职工会干部工作》等。

收藏单位：广东馆、国家馆、南京馆、天津馆

03952

工运手册 胶东职工联合总会编

胶东新华书店，1948.4，32页，32开

本书共6章：我们的工商业政策、关于发展私人资本主义、解放区职工运动的任务、坚持职工运动的正确路线反对“左”倾冒险主义、论公营工厂党与职工会工作、中国解放区工联筹委会通告。

收藏单位：辽宁馆、山东馆

03953

工运文献（1） 北平职工报社编

北平：北平职工报社，1949，44页，32开

本书收文7篇，内容包括：《新经济政策下职工会底作用与任务》（列宁）、《群众工作的几个问题》（加里宁）、《加强工人政治文化教育工作》（中共东北局等指示）、《沈阳军管会主任陈云同志在工人代表会上的讲话》等。

收藏单位：北师大馆、国家馆

03954

工运文献汇集 江西省总工会筹委会编

江西省总工会筹委会，[1949]，292页，32开

本书为全省工会工作会议参考资料，内容包括：《中华全国总工会章程》《把全国工人阶级组织起来》《中华全国总工会关于会员问题的决定》等。

收藏单位：江西馆、天津馆

03955

关于中国职工运动当前任务的决议 冀鲁豫职工总筹委会[编]

冀鲁豫职工总筹委会，1948，44页，32开

本书为职工读物。收《中华全国总工会章程》《李立三在第六次全国劳动大会开幕词》《关于中国职工运动当前任务的决议及决议案中几个问题的说明》《东北公营企业战时暂行劳动保险条例》等。

收藏单位：国家馆

03956

关于中国职工运动当前任务的决议 中华全国总工会编

中华全国总工会，1948，13页，32开

收藏单位：国家馆、山东馆

03957

关于中国职工运动当前任务的决议

哈尔滨：东北书店，1948.12，24页，32开

收藏单位：长春馆、国家馆、吉大馆、南京馆、宁夏馆、天津馆

03958

关于中国职工运动当前任务的决议

东北书店辽宁分店，1948.11，32页，32开

收藏单位：国家馆、南京馆、天津馆、浙江馆

03959

关于中国职工运动当前任务的决议

华东新华书店随军书店第十中心支店，[1948]，28 页，32 开

本书收文 3 篇：《关于中国职工运动当前任务的决议》《关于职工运动当前任务决议案中几个问题的说明》《中华全国总工会章程》。

收藏单位：广东馆、国家馆

03960
关于中国职工运动当前任务的决议
冀东新华书店，[1948]，28 页，32 开

收藏单位：国家馆、南京馆、山东馆、天津馆

03961
关于中国职工运动当前任务的决议
[临汾]：临汾人民报社，1948，24 页，32 开

收藏单位：重庆馆、国家馆、山西馆

03962
关于中国职工运动当前任务的决议
乌兰浩特：内蒙书店，1948，1 册，32 开

收藏单位：国家馆、内蒙古馆

03963
解放区工人的创造发明　刘崇庆编
东北新华书店辽东分店，1949，77 页，32 开

本书收《功臣田忠宽——电力修簧机的创造者》《李培荣创造避雷器》《南口、张垣铁路机场工人的新创造》《安东造纸厂的发明创造》等。

收藏单位：东北师大馆、国家馆、山西馆、天津馆

03964
晋察冀北岳区总工会第三次代表大会大会汇刊
晋察冀北岳区总工会，1941.8，石印本，108 页，32 开

收藏单位：国家馆

03965
晋冀豫区的工人运动　杨珏著
晋东南总工会、正太铁路总工会、同蒲铁路总工会，1941.4，53 页，大 64 开（太行群众丛书 1）

本书记述抗战开始时工人武装配合开辟根据地、工会组织的发展、晋东南总工会成立、工会工作的开展及发起成立华北总工会等情况。

收藏单位：国家馆

03966
晋冀豫区的工人运动　杨珏著
[黎城]：新华日报华北分馆，1941.4，1 册，64 开

收藏单位：国家馆

03967
京汉工人流血记　北京工人周刊社编
北京：工人周刊社，1923.5，188 页，32 开

本书共 8 章：京汉工人的狂飙运动、二月一日军阀进攻、如火如荼的京汉路各站鏖战情形、惨杀以后、六路及京沪武汉工团援助纪略、北京市民空前大游行等。

收藏单位：国家馆、上海馆

03968
京汉工人流血记
广州：新青年社，1923，187 页，16 开

收藏单位：安徽馆、国家馆

03969
京汉铁路长辛店工人俱乐部给职工会工友的信　京汉铁路长辛店工人俱乐部著
出版者不详，[1923]，稿本，2 页，26cm×18cm

收藏单位：国家馆

03970
军人必读——救国之路　中共中央发布
出版者不详，1949.5，6 页，大 64 开

本书为伪装本。实际内容为中国共产党中央委员会发布的纪念五一劳动节口号全文。

收藏单位：国家馆

03971
劳动问题　徐弦著

香港：生活书店，1948.3，75 页，36 开（新知识初步丛刊）

本书论述劳动问题的产生及其内容和解决办法、中国劳动问题的特殊性与工运的发展、国际劳工组织、世界工会统一运动等。

收藏单位：重庆馆、广西馆、桂林馆、国家馆、西交大馆

03972

劳动政策与职工运动　经济周报社编辑

上海：经济周报社，1949.5，53 页，32 开

本书收文 8 篇，内容包括：《发展工业的劳动政策与税收政策》《关于中国职工运动当前任务的决议案》《关于职工运动当前任务决议案中几个问题的说明》《中华全国总工会章程》《沈阳军管会主任陈云在工人代表大会上的讲话》《论新民主主义的劳动政策》等。

收藏单位：北师大馆、吉林馆、山西馆、上海馆

03973

刘少奇同志在华北职工代表会议上关于工会工作问题的报告　[全国工会工作会议编]

全国工会工作会议，1949，29 页，32 开

收藏单位：广东馆

03974

论职工会　东北职工总会编

沈阳：东北书店，1949.5，83 页，32 开（职工丛书 1）

本书收文 10 篇，内容包括：《联共（布）党关于职工会的作用与任务的两个重要决议》《政治学习是职工会干部的义务》《苏联职工会》《纠正建立职工会中的关门倾向》《论公营工厂党与职工会工作》等。封面编者题：东北职工总工会。

收藏单位：长春馆、广东馆、国家馆、辽宁馆

03975

论职工运动　中原新华书店编

中原新华书店，1948.12，86 页，32 开

本书收文 8 篇，内容包括：《正确执行劳资两利方针》《第六次全国劳动大会文献》《团结全体员工增产支前加强职工教育提高觉悟》等。

收藏单位：北碚馆、重庆馆、国家馆、湖北馆、湖南馆、南大馆

03976

目前形势与西北职工运动的当前任务　晋绥新华书店编

[兴县]：晋绥新华书店，1949.6，40 页，32 开

本书收文 6 篇，内容包括：《公私兼顾的意义》（新华社）、《关于发展生产劳资两利的几点说明》（李立三）、《目前形势与西北职工运动的当前任务》（贾拓夫）、《刘少奇同志阐示工业建设》（刘少奇）等。

收藏单位：国家馆、辽宁馆、南京馆、山东馆、天津馆

03977

企业政治鼓动经验　（苏）克列木涅瓦著　舒林译

大连：大连新华书店，1949.9，84 页，32 开（苏联宣传鼓动丛书）

本书共 3 部分：鼓动工作底内容、鼓动工作底形式和方法、党组织是企业整治鼓动工作底领导者。

收藏单位：国家馆

03978

企业中的鼓动工作　（苏）朵尔马托夫　（苏）牟拉切大著　舒林译

大连：大连新华书店，1949.8，77 页，32 开（苏联宣传鼓动丛书）

本书分述布尔什维克党底战斗利器、以社会主义祖国为骄傲、巩固其威力、群众政治运动中的示范鼓动等。

收藏单位：东北师大馆、国家馆、天津馆

03979

全国第六次劳动大会　林平编

大连：大众书店，1948.10，116 页，32 开（时事学习丛书 3）

本书记述中国历次劳动大会简况，第六次劳动大会筹备经过、开幕情形、会议中的报告及讨论，中华全国总工会执委会诞生经过等。

收藏单位：重庆馆、福建馆、辽宁馆、南京馆

03980

全国第六次劳动大会文献（1） 唐山职工筹备会编

[唐山]：冀东新华书店，1949，30页，32开

本书收文献3篇：《关于中国职工运动当前任务的决议》《关于职工运动当前任务决议案中几个问题的说明》《中华全国总工会章程》。

收藏单位：北师大馆、国家馆、近代史所、辽宁馆、宁夏馆、首都馆、天津馆

03981

全国工会工作会议文献 河北省总工会筹备委员会编

[石家庄]：河北省总工会筹备委员会，1949.9，105页，32开

收藏单位：国家馆、近代史所

03982

全国工会工作会议重要文件报告汇编 东北总工会编

沈阳：东北总工会，1949.9，208页，32开

收藏单位：辽宁馆

03983

全国工会工作会议资料汇编 中国人民解放军西南服务团办公室编

重庆：中国人民解放军西南服务团办公室，1949.9，288页，32开

本书会议资料分3大类：关于工会工作、关于劳资问题、综合报告及重要经验。

收藏单位：重庆馆

03984

世界工人是一家 中华全国总工会文教部编

[北平]：工人出版社，1949.9，14页，32开

本书记述中国职工代表团赴意大利米兰参加世界工联第二届代表大会受到无理阻挠，以及途经苏联、罗马尼亚、匈牙利、波兰等国受到热烈欢迎的情况。

收藏单位：北师大馆、国家馆、山东馆、陕西馆

03985

世界工人是一家（伟大的国际主义精神和谐阶级友爱） 中华全国总工会文教部编

山东新华书店，1949，14页，32开

收藏单位：国家馆、辽宁馆

03986

世界工人运动 汤达著

上海：生活·读书·新知联合发行所，1949.6，93页，32开（新中国百科小丛书）

上海：生活·读书·新知联合发行所，1949.7，再版，93页，90开（新中国百科小丛书）

本书共6节：世界职工联盟、资本主义国家的职工会、社会主义国家的职工会、新民主国家的职工会、中国的工人运动、殖民地半殖民地的工人运动。

收藏单位：北碚馆、重庆馆、广东馆、广西馆、国家馆、辽宁馆、内蒙古馆、天津馆

03987

世界工人运动 汤达著

[北平]：新中国书局，1949.7，再版，93页，32开（新中国百科小丛书）

收藏单位：广西馆、国家馆、辽大馆、辽宁馆、天津馆

03988

世界劳工运动现状 洛若夫斯基著　瞿秋白译

[上海]：新青年社，1927，62页，32开

收藏单位：湖北馆

03989

世界职工运动 中华全国总工会省港罢工委员会教育宣传委员会编

中华全国总工会省港罢工委员会教育宣传委

员会，[1925]，52页，32开

本书共4章：欧战前之世界工会运动、欧战结束时之世界职工运动、国际工会联合会（安姆斯特丹国际）、赤色职工国际及世界职工运动最近之趋势。

收藏单位：国家馆

03990

世界职工运动文集　关东中苏友好协会编

大连：关东中苏友好协会，1948.11，112页，32开（友谊丛书12）

收藏单位：桂林馆、国家馆、辽宁馆、南京馆、山东馆、天津馆

03991

世界职工运动文集　关东中苏友好协会编

山东新华书店，1949.7，130页，32开

本书收文19篇，内容包括：《苏联的工人阶级》（布衣其克夫）、《中国的职工运动》（刘宁一）、《捷克职工会——社会主义的学校》（萨波托茨斯基）、《保加利亚职工会致力于新国家建设》（达米央诺夫）、《波兰职工会力量的基础——团结》（维塔舍夫斯基）、《罗马尼亚职工会为人民民主而斗争》（阿波斯托尔）等。

收藏单位：广东馆、国家馆、山东馆

03992

苏联经济建设中的党与职工会　中原新华书店编

东北新华书店辽东总分店，1949.7，102页，32开

本书收文10篇，内容包括：《论经济工作人员的党性》《党的政治工作是经济工作成功的基础》《掌握布尔塞维克领导经济的方法》《新经济政策下职工会底作用与任务》《苏联的职工运动》等。附《论共产主义的劳动态度》等3篇。

收藏单位：东北师大馆、贵州馆、山东馆、天津馆

03993

苏联经济建设中的党与职工会　中原新华书店编著

[郑州]：中原新华书店，1949.4，98页，32开

收藏单位：广东馆、国家馆、河南馆、南京馆

03994

苏联职工工作与学习介绍　关东职工总会宣传部编

山东新华书店，1949.6，44页，32开

收藏单位：重庆馆、山东馆、天津馆

03995

苏联职工工作与学习介绍　关东职工总会宣传部编

无锡：苏南新华书店，1949.9，39页，36开

本书收文10篇，内容包括：《职工会工作人员是劳动群众的指导者与组织者》《苏联职工会对劳动者物质与精神生活的关注》《苏联职工会的民主》等。

收藏单位：重庆馆

03996

苏联职工会（第1—2集）　中华全国总工会编

[北平]：中华全国总工会，1949，86+74页，25开（工运丛书1）

收藏单位：重庆馆、广东馆、国家馆、山西馆

03997

苏联职工会工作介绍　陈兵编

大连：大连新华书店，1949.8，194页，32开

大连：大连新华书店，1949，2版，194页，32开

本书收文22篇，内容包括：《列宁和斯大林论苏联职工会》《苏联职工会战斗的行动纲领》《新经济政策下职工会的作用与任务》《苏联职工运动的道路》《苏联集体合同的任务和内容》《苏联职工怎样培养干部》《苏联职工会的基金用于何处》《苏联职工会如何关怀工人福利》等。附《苏联职工会章程》《新民主主义国家的职工会》等3篇。

收藏单位：广东馆、国家馆、近代史所、天津馆

03998
苏联总工会关于工会组织工作的各种决定　胡济邦译
[北平]：中华全国总工会，1949.8，91页，32开（工运丛书8）
本书收文23篇，内容包括：《关于工会组织中群众组织工作的改进》《关于各共和国、边区和省工会理事会的建立》《关于工会的干部工作》《关于工会机关的任期》《保险代表条例》等。
收藏单位：国家馆

03999
新民主主义国家的职工会　杨慧琳译
[天津]：知识书店，1949.8，10页，32开（知识文选18）
本书据1948年10月15日共产党九国情报局机关报《争取持久和平与人民民主》译出。
收藏单位：吉林馆、天津馆

04000
一年来的职工运动　中共石家庄市委会编
石家庄：中共石家庄市委会，1949.8，79页，32开
本书内容包括：石家庄市一年来的职工运动、一年来石家庄市工运告诉了我们些什么等。
收藏单位：国家馆、近代史所

04001
在第六次全国劳动大会上　华北总工会筹备委员会编
天津新华书店，1949.3，59页，32开（职工运动丛书1）
天津新华书店，1949.4，59页，32开（职工运动丛书1）
本书收文6篇，内容包括：《李立三同志在第六次全国劳动大会上的开幕词》《关于中国职工运动当前任务的决议》《关于职工运动当前任务决议案中的几个问题的说明》《胜利、团结、前进的大会》等。附《东北公营企业战时暂行劳动保险条例》等3篇。封面题名：第六次全国劳大决议。
收藏单位：重庆馆、国家馆、南京馆、宁夏馆、山西馆

04002
职工参考文献　[哈尔滨中苏友好协会编]
出版者不详，1948.7，124页，32开
本书收文9篇，内容包括：《政治学习是职工会干部的义务》（苏《劳动报》社论，超然译）、《伟大的十月革命前、职工会对反革命的斗争》（莫洛作夫著，莫嘉译）、《社会主义的竞赛和职工会的任务》（库兹涅错夫著，乔逊译）、《世界职工联盟介绍》（新华社）、《论职工会干部工作》（包波娃著，施滨译）等。附《美国职工会及马歇尔计划》（萨维里也夫著，M.K译）。
收藏单位：重庆馆、东北师大馆、辽宁馆、陕西馆、上海馆

04003
职工会的性质任务与组织章程　南京市总工会筹备委员会编
南京：南京市总工会筹备委员会，1949.6，6页，32开
本章程供各级工运干部及各级职工筹备委员会参考。
收藏单位：南京馆

04004
职工文献　苏北职工总会筹备委员会编
[泰州]：苏北新华书店，1949.6，151页，32开
本书共3辑。收文献30篇，内容包括：《关于中国职工运动当前任务的决议》《中华全国总工会章程》《陈云同志在沈阳工人代表会议上的讲话》《彭真同志在北平市公营工厂厂长工会主任会议上的讲话》《关于教师和医生参加职工会问题》《谈工厂的文娱工作》等。
收藏单位：重庆馆、国家馆、南京馆、山东馆

04005
职工学习 吉林人民出版社 [编]
吉林人民出版社，1949.8，72 页，32 开
本书共 16 部分，内容包括：老中国是个什么样子、外国资本主义侵入中国、中国变成了半殖民地半封建社会、新民主主义革命和旧民主主义革命等。
收藏单位：东北师大馆

04006
职工学习材料 华北新华书店经理部编
华北新华书店，1948.10，21 页，32 开
本书收文 3 篇：《坚持职工运动的正确路线反对"左"倾冒险主义》（新华社社论）、《中国工运当前任务——陈云同志在劳动大会上报告》、《发展工业的劳动政策与税收政策——1948 年 5 月 1 日》。
收藏单位：国家馆

04007
职工运动参考材料（苏联共产党关于职工会的两个重要决议） 职工运动委员会编
职工运动委员会，1948 印，27 页，32 开
职工运动委员会，1949.2，32 页，32 开
本书收文两篇：《苏俄共产党第十次代表大会关于职工会的作用与任务之决议》《苏俄共产党第十一次代表大会关于新经济政策条件下职工会的作用与任务的议决》。
收藏单位：重庆馆、国家馆、天津馆

04008
职工运动参考资料 东北书店编
哈尔滨：东北书店，1948.8，55 页，32 开
本书收《东北日报》《哈尔滨日报》上有关工会工作、试行基本工资与奖励办法的一些材料。
收藏单位：东北师大馆、国家馆、南京馆、宁夏馆、山东馆

04009
职工运动的方向
香港：工人文化社，1948.12，22 页，32 开
本书收文 3 篇：《关于中国职工运动当前任务的决议案》（共产党第六次全国劳动大会通过）、《中华全国总工会章程》、《王孝和烈士死难前后》。
收藏单位：吉林馆

04010
职工运动文辑
冀中总工会，[1948—1949]，55 页，32 开（干部学习材料 1—2）
本书收《职工运动方针与当前任务》《贯彻职工运动方针中的几个问题》《目前形势和我们的任务》等。
收藏单位：国家馆

04011
职工运动文献 晋绥分局编
[兴县]：晋绥分局，1949，31 页，32 开
本书收文 14 篇，内容包括：《坚持职工运动的正确路线反对"左"倾冒险主义》《发展工业的劳动政策和税收政策》《中国共产党中央委员会致解放区职工代表大会的祝词》《李立三同志在第六次全国劳动大会上致开幕词》《关于中国职工运动的当前任务的决定》等。
收藏单位：重庆馆、吉林馆

04012
职工运动文献 晋绥新华书店辑
[兴县]：晋绥新华书店，1949.3，93 页，32 开
收藏单位：重庆馆、广东馆、国家馆、山东馆、山西馆、天津馆

04013
职工运动文献（第 1 册） 晋绥工业部职工总会筹委会编
[兴县]：晋绥工业部职工总会筹委会，1948，29 页，32 开
本书收文 3 篇：《坚持职工运动的正确路线反对"左"倾冒险主义》《关于职工会的方针任务》《发展工业的劳动政策与税收政策》。

收藏单位：国家馆

04014
职工运动文献（1—4） 东北书店编
佳木斯、沈阳：东北书店，1947—1949，4册，32开

本书第1辑收摘自《目前形势和我们的任务》《论联合政府》等文中的4段及新华社社论1篇；第2辑收文7篇：《中共中央委员会发布纪念“五一”节口号》、《纪念五一迎接新任务》（《东北日报》社论）、《工商业政策》（摘任弼时同志报告）、《发展工业的劳动政策与税收政策》（陈伯达）、《中共吉林市委会关于保护私营工商业的决定》、《年余来哈市职工运动总结》、《钟子云同志在工代大会上的讲话》，附《统一公营企业及机关学校战时工薪标准》《哈尔滨特别市公营企业机关学校战时工薪标准暂行办法》《哈尔滨特别市优待专门技术人员暂行条例》《哈尔滨铁工厂实验按件奖励的几个问题》；第3辑收文5篇：《切实执行劳大决议迅速开展东北职工运动》《关于中国职工运动当前任务的决议》《关于职工运动当前任务决议案中几个问题的说明》《中华全国总工会章程》《历次劳动大会概述》；第4辑收文6篇，内容包括：《东北局关于切实执行劳动保险条例的决定》《东北行政委员会颁布东北公营企业战时暂行劳动保险条例》《东北公营企业战时暂行劳动保险条例试行细则》等，另收《东北工人阶级获得的伟大果实》（《东北日报》社论），附《苏联的社会保险三十年》。

收藏单位：北碚馆、重庆馆、东北师大馆、广东馆、国家馆、黑龙江馆、吉林馆、近代史所、辽宁馆、南京馆、山东馆、山西馆、天津馆

04015
职工运动与工厂管理 华中新华书店编
华中新华书店，1949.2，166页，32开（干部学习丛书）

本书收文33篇，内容包括：《坚持职工运动的正确路线反对“左”倾冒险主义》（新华社社论）、《当前中国职工运动的总任务》（陈云）等。

收藏单位：辽宁馆、南京馆、山东馆

04016
中国历次全国劳动大会材料 全国解放区工代大会筹备处编
出版者不详，[1948—1949]，56页，32开

本书介绍第一至四次全国劳动大会的有关情况。据《中国职工运动简史》（邓中夏）、《中国职工运动文献》（赵一波）中的资料编辑而成。

收藏单位：国家馆、山西馆、天津馆

04017
中国职工运动的当前任务 华东人民革命大学教务处编
华东人民革命大学教务处，1949，55页，32开（学习参考材料6）

收藏单位：重庆馆

04018
中国职工运动的当前任务 解放社编
长春：东北新华书店，1949.8，94页，32开

收藏单位：长春馆、重庆馆、宁夏馆

04019
中国职工运动的当前任务 解放社编
冀鲁豫新华书店，1949，75页，32开

收藏单位：国家馆、山东馆

04020
中国职工运动的当前任务 解放社编
山东新华书店，1949，76页，32开

收藏单位：重庆馆、广东馆、国家馆、山东馆

04021
中国职工运动的当前任务 解放社编
[泰州]：苏北新华书店，1949.7，62页，32开

收藏单位：国家馆、辽宁馆

04022
中国职工运动的当前任务 解放社编
[北平]：新华书店，[1948.12]，84页，32开
上海、重庆：新华书店，1949.5，94页，32开
新华书店，1949，2版，94页，32开
收藏单位：重庆馆、广东馆、贵州馆、国家馆、湖北馆、湖南馆、南京馆、山东馆、天津馆

04023
中国职工运动的当前任务 中华全国总工会南京办事处编
[南京]：中华全国总工会南京办事处，[1949]，2+63页，32开
收藏单位：南京馆

04024
中华海员工业联合总会致苏兆征同志函 中华海员工业联合总会著
中华海员工业联合总会，1923.7，抄本，2张，35cm×26cm，24cm×12cm
收藏单位：国家馆

农民运动与组织

04025
论农村工作 星星等著
香港：求是出版社，1947.6，64页，32开
本书收文7篇，内容包括：《毛泽东与农民运动》《爱国民主运动与乡村的农民斗争联系起来》《由当前经济危机说到农民斗争》《保证农村斗争顺利开展》等。
收藏单位：国家馆

04026
省委关于今年秋收斗争的决定 中共湘鄂赣省委编
出版者不详，[1931—1934]，油印本，5页，32开
收藏单位：国家馆

04027
中国共产党与农民土地问题 中共土地会议秘书处编辑
中共土地会议秘书处，1947.7，126页，32开
收藏单位：国家馆

04028
中国共产党与农民土地问题 中共土地会议秘书处编辑
中共中央东北局秘书处，1947.12印，109页，32开（土地问题参考资料15）
本书介绍各时期的农民土地问题，共4部分：大革命时期、土地革命时期、抗日战争时期、自卫战争时期。
收藏单位：广东馆、辽宁馆

青年、学生运动与组织

04029
大时代的青年 平心著
青年出版社，1940.2，150页，36开
本书共6章：青年运动与民族解放运动、青年统一战线与民族统一战线、在抗战中青年的任务和工作、救国工作方式问题、集团生活和私生活、战时的文化运动与文化生活。
收藏单位：重庆馆、国家馆、黑龙江馆、湖南馆、吉大馆、南京馆、云南馆

04030
当前青年的任务 任弼时等著
出版者不详，[1949.4]，43页，32开
本书共7部分，内容包括：目前形势与任务、加强中国青年运动的领导、青年团的性质问题、青年团的任务问题等。
收藏单位：湖北馆

04031
告全世界青年（在莫斯科举行的青年反法西斯蒂大会）
莫斯科：外国文书籍出版局，1942，60页，25开
本书共17部分，内容包括：绪言、告全

世界青年书、苏联英雄费多洛夫底演说词、潜水艇艇长顾里巴庆底演说词、冶钢工人奇尔科夫底演说词、苏联英雄普罗胜底演说词、全世界各青年团体致大会贺电题名录等。

收藏单位：北碚馆、国家馆

04032

告时代青年 柳湜等著

怒吼出版社，1938.3，78 页，32 开

本书为论文集。收文 11 篇，内容包括：《致青年》（胡秋原）、《现阶段青年运动的性质与任务》（周恩来）、《抗战中的青年学生》（徐冰）、《今日的青年运动》（柳湜）、《目下智识青年的使命》（范康寿）、《战时的女学生》（姜平）、《动员青年到军队去》（何云）、《争取抗战教育和加紧自我教育》（卜人）、《为爱国青年进一解》（张伯谨）等。

收藏单位：北碚馆、重庆馆、东北师大馆、国家馆、吉林馆、南京馆

04033

告由平津回乡同学书 ［东北行政委员会教育部编］

东北行政委员会教育部，1949.3，5 页，32 开

收藏单位：国家馆

04034

革命少年之家（新安旅行团十七位小同志写） 范政辑

长春：东北书店，1949.4，64 页，32 开（东北青年丛书 1）

本书介绍一支年龄小影响大的宣传抗战的少年先锋组织——新安旅行团。

收藏单位：东北师大馆、国家馆、南京馆、宁夏馆、山西馆、天津馆

04035

国际青运文献（1） 中国新民主主义青年团筹备委员会编

中国新民主主义青年团筹备委员会，1949.4，56 页，32 开（中国新民主主义青年团第一次全国代表大会参考资料 1）

本书共两部分：共产主义青年国际第六次代表大会的决议、苏联列宁共产主义青年团团纲。附《根据联共党十八次代表大会之决定论青年团组织工作（摘录 1939 年 4 月苏联列宁共产主义青年团中央第八次全会的决议）》等 3 件。

收藏单位：广东馆

04036

过关问题（邓政委向军大全体干部学员的报告） 邓小平讲

中国人民解放军第二野战军军政大学政治部，[1949]，30 页，32 开

本书论述青年参加革命后要过的三大关，即“帝国主义的关”“封建主义的关”“社会主义的关”，以及怎样才能逐渐成为一个好的革命者。

收藏单位：重庆馆

04037

华北学生运动小史（第 1 分册）

出版者不详，1948.7，92 页，32 开

本书共 6 章，内容包括：从复员到抗暴（1946 年 7—12 月）、抗暴运动（1946 年 12 月）、从抗暴到反饥饿内战运动（1946 年 12 月至 1947 年 5 月）、反饥饿反内战运动（1947 年 5—6 月）、助学运动（1947 年 7—9 月）等。书前有编者序、木刻版画《团结就是力量》。

收藏单位：国家馆、近代史所、辽大馆、山西馆、首都馆、天津馆

04038

欢迎世界学联代表团特辑 新华日报馆编辑

汉口：新华日报馆，1938.6，85 页，32 开（新群丛书 8）

本书收世界学联代表团来华考察后，赴纽约出席第二次世界青年大会的有关介绍、评论 10 篇。内容包括：《加紧筹备欢迎世界学联代表》（《新华日报》社论）、《世界学联代表第一批抵汉》（特写）、《周恩来先生开会词》、《陈绍禹先生欢迎词》等。

收藏单位：安徽馆、重庆馆、贵州馆、国家馆、吉林馆、江西馆、近代史所、南京馆、

山东馆、浙江馆

04039
纪念中国青年节　毛泽东 [等] 著
中国青年出版社，1940，59 页，25 开
收藏单位：吉林馆

04040
歼灭法西斯蒂
莫斯科：外国文书籍出版局，1942，60 页，24 开
本书收 1942 年 6 月 7 日在莫斯科举行的苏联青年反法西斯蒂第二次大会的会议记录、祝词、贺电及回答。
收藏单位：重庆馆

04041
建国文集（第 2 集）　中国新民主主义青年团山东省筹备委员会编
山东新华书店，[1949]，61 页，32 开
收藏单位：南京馆

04042
晋察冀边区青年运动在巩固组织工作中的主要经验教训　陆平著
太行文化教育出版社，1940.4，60 页，64 开
本书简要介绍边区青年工作方法与方式的经验。
收藏单位：国家馆

04043
晋绥解放区青年运动简述　[晋绥新民主主义青年团筹委会　晋绥民主青年联合会编]
晋绥新民主主义青年团筹委会、晋绥民主青年联合会，[1949]，11 页，36 开
本书简述 1937—1946 年期间晋绥解放区青年运动的发展概况。
收藏单位：北师大馆、吉林馆、山东馆、山西馆

04044
抗大欢迎世界学联代表团特辑　抗大丛书编辑委员会编辑
抗大政治部出版科，1938.7，68 页，25 开（抗大丛书 2）
本书收《欢迎世界学联代表团》（艾思奇）、《欢迎会前的筹备花絮》（缪正心）、《抗大的四个名誉博士》（黄晴）、《柯乐满先生演词》、《雷克难先生演词》、《傅路德先生演词》、《雅德女士演词》、《罗瑞卿答词》、《座谈会上》、《毛泽东与四代表之谈话》、《参观特写》等。附《抗大同学会民先队致代表团书》《抗大同学劝募委员会致代表团书》《欢迎歌》。
收藏单位：国家馆

04045
抗战与青年　贝叶著
汉口：光明书局，1937.12，63 页，36 开
汉口：光明书局，1938.1，再版，63 页，36 开（民族解放丛书）
本书共 5 章：青年在抗战中的特殊意义和作用、青年在抗战中的修养、青年与武装、青年和群众工作、抗战的前途与青年的出路。
收藏单位：重庆馆、广东馆、国家馆、湖南馆、吉大馆、江西馆、近代史所、南京馆、内蒙古馆、上海馆、武大馆

04046
抗战与青年训练　张志让等著
汉口：生活书店，1938.6，112 页，32 开（救亡文丛 12）
本书收文 11 篇：《论目前中国青年运动的任务》（凯丰）、《抗战中的青年学生》（徐冰）、《抗战中青年的作用与任务》（潘梓年）、《青年训练问题》（钱俊瑞）、《战区青年训练问题》（杜若君）、《青年武装问题》（《新华日报》）、《迅速举办大规模的青年训练》（张志让）、《对于干部训练的意见》（孙晓村）、《怎样办战时青年训练班》（张宗麟）、《训练与青年的苦闷》（太初）、《批判救亡青年的一个大缺点》（陶清）。附《关于民族革命大学》《民族革命大学创立纲领》《信阳师范战时特种训练方案》。
收藏单位：北碚馆、重庆馆、广东馆、广西馆、贵州馆、国家馆、南京馆、人大馆、

上海馆

04047
论当前青年运动　方敏著
[香港]：中国出版社，1947.5，46页，32开
本书论述中国青年学生反对美帝国主义侵略、反对卖国独裁的爱国民主运动的性质和任务，总结经验教训，提出依靠群众、改变作风、加强学习等。
收藏单位：桂林馆、国家馆、上海馆

04048
论青年的修养　张闻天著
播种社，[1938]，20页，32开
本书收著者1938年在陕北公学的演讲，论述革命青年的理想及实现理想的途径。共4节：要有坚固的高尚的理想、要为自己的理想奋斗到底、要学习实现理想的办法、要同群众在一起去实现自己的理想。著者原题：洛甫。
收藏单位：南京馆

04049
论青年的修养　张闻天著
惠民：渤海新华书店，1946.10，23页，32开
收藏单位：国家馆、山东馆

04050
论青年的修养　张闻天著
哈尔滨：东北书店，1949，24页，32开
收藏单位：重庆馆、东北师大馆

04051
论青年的修养　张闻天著
东方出版社，1940，50页，64开
收藏单位：国家馆、上海馆

04052
论青年的修养　张闻天著
教育书房，1939，48页，64开
收藏单位：国家馆

04053
论青年的修养　张闻天著
新华书店，1949.7，24页，32开
收藏单位：山东馆

04054
论青年的修养　张闻天　冯文彬等作
胶东新华书店，1945.9，37页，32开（青年自学丛书1）
胶东新华书店，1946.4，37页，32开（青年自学丛书1）
胶东新华书店，1947.2，4版，50页，32开（青年自学丛书1）
本书著者原题：洛甫。
收藏单位：国家馆、山东馆

04055
论青年的修养　张闻天　冯文彬等著
青年求知学会，[1940—1949]，37页，32开（青年自学丛书）
本书所收各篇为抗日战争时期的作品，内容包括：《论青年的修养》（张闻天）、《论生活习惯》（冯文彬）、《青年修养的几个问题》（刘汉）、《青年的学习问题》（萧颂明）、《青年的囚笼》（钱醉竹）。著者“张闻天”原题：洛甫。
收藏单位：东北师大馆、国家馆、南京馆、天津馆

04056
论青年的修养　张闻天　冯文彬等作
大连：人民呼声报社，[1940—1949]，37页，32开（青年自学丛书1）
收藏单位：浙江馆

04057
论青年修养　张闻天著
方向社，1947.7，44页，36开
本书收文两篇：《论待人接物问题》《论青年的修养》。著者原题：洛甫。
收藏单位：北大馆、国家馆

04058
论青年修养　张闻天著
华中新华书店，1949.2，43页，32开
本书收文4篇:《论青年的修养》(张闻天)、《论生活习惯》(冯文彬)、《关于青年修养问题》(寒松)、《泛谈青年思想及修养》(原冰)。著者原题：洛甫。
收藏单位：吉大馆

04059
论青年修养　张闻天著
自修出版社，1938，46页，64开
本书著者原题：洛甫。
收藏单位：国家馆、南京馆、上海馆

04060
论青年修养　张闻天等著　边区行政干部学校编
边区行政干部学校，1946.9，油印本，23页，32开
收藏单位：国家馆

04061
论青年修养　张闻天　冯文彬著
苏州：苏南新华书店，1949，再版，43页
收藏单位：广西馆、山西馆

04062
论学习与修养　毛泽东[等]著
大地社，1949.6，91页，32开(新青年学习丛书)
本书共3部分：论知识分子、论学习方法、论自我修养。收文11篇，内容包括:《革命知识分子的改造》(毛泽东)、《论共产党员的修养》(刘少奇)、《论自我批评》(斯大林)、《论工作的求实精神》(斯列波夫)等。
收藏单位：重庆馆、国家馆、西交大馆

04063
旅大青运的新标志
大连：大连新华书店，1949.8，101页，32开
本书收《旅大青运进一步发展的新标志》(庆祝青年团旅大区团委会的成立)、《高棠同志讲话》(摘录)，以及韩天石、欧阳钦讲话与建团注意事项等。附《青年团旅大区团一代大会决议三则》等两篇。
收藏单位：国家馆、吉林馆、辽宁馆、南京馆

04064
青救文献
延安：中国青年出版社，[1937—1949]，219页，48开(青救丛书2)
本书收西北青年救国联合会1937年4月至1939年5月发表的主要文件。共8部分，内容包括：第一次代表大会、响应民族抗战的号炮、为争取青运的合法与统一而奋斗、第二次代表大会、与世界青年携起手来、中国青年干部训练班等。书前有前记。
收藏单位：国家馆

04065
青年工作文献
晋南新华书店，[1949]，84页，32开
本书收文8篇，内容包括:《中国共产党中央委员会通知》《任弼时同志在中国新民主主义青年团第一次全国代表大会上的政治报告》《青年团的任务与工作》等。
收藏单位：重庆馆、山西馆

04066
青年工作文献
延安：西北新华书店，[1949]，84页，32开
收藏单位：重庆馆

04067
青年思想散谈　东方著
大连：大连新华书店，1949.8，71页，32开(青年知识丛书3)
本书共两部分：知识青年与工农结合时的几个问题、漫谈为人民服务。
收藏单位：国家馆、山东馆、天津馆

04068
青年问题　陈昌浩等著
新知书店，1939，46页，32开

本书收文6篇，内容包括：《谈谈青年的埋头苦干》（陈昌浩）、《青年运动中的思想问题》（乔木）、《论青年的学习》（冯文彬）、《农村青年工作中的几个问题》（贺仁）等。

收藏单位：国家馆

04069

青年修养　程今吾编著

东北书店，1949.3，97页，32开

本书讲述解放区青年的修养，内容包括：为人民服务、批评与自我批评、怎样对待同志等。

收藏单位：安徽馆、东北师大馆、国家馆、辽宁馆

04070

青年修养　程今吾编

东北新华书店辽东总分店，1949.3，63页，32开

本书为初级中学政治课本。

收藏单位：国家馆、山东馆

04071

青年修养　程今吾编

北平：光华出版部，1949.8，43页，32开

收藏单位：南京馆

04072

青年修养　程今吾编撰

华东新华书店，1949.4印，97页，32开

本书共16课，内容包括：首先要确定立场、为人民服务、实事求是、理论和实践的统一、劳动观点、群众观点、组织观念、怎么过民主生活、国家观念、怎样对待同志、批评与自我批评等。据新华书店版翻印。

收藏单位：国家馆、黑龙江馆、辽宁馆、内蒙古馆、山东馆

04073

青年修养　程今吾编撰

保定：冀南新华书店，1949，97页，32开

收藏单位：国家馆、山东馆

04074

青年修养　程今吾编著

辽宁新华书店，1949.9，辽东版，97页，32开

收藏单位：南京馆

04075

青年修养　程今吾编著

山东新华书店，1949.6，再版，97页，32开

收藏单位：北碚馆、山东馆

04076

青年修养　程今吾编撰

[泰州]：苏北新华书店，1949，88页，32开

收藏单位：国家馆、山东馆

04077

青年修养　程今吾编著

北平：新华书店，1949.3，97页，32开

北平：新华书店，1949.8，再版，97页，32开

南昌：新华书店，1949.9，50页，32开

收藏单位：重庆馆、福建馆、广东馆、国家馆、河南馆、黑龙江馆、江西馆、南京馆、内蒙古馆、山东馆、山西馆、陕西馆、天津馆

04078

青年修养　程今吾编著

中原新华书店，1949.5，59页，32开

收藏单位：河南馆、宁夏馆、天津馆

04079

青年修养　华北青年社编辑

华北新华书店，1942.4，112页，32开

华北新华书店，1943.3，再版，112页，36开

本书收文17篇，内容包括：《学习毛泽东》（王明）、《论青年修养》（洛甫）、《谈谈青年的埋头苦干》（陈昌浩）、《思想方法上的革命》（吴黎平）、《主观主义之来源》（艾思奇）、《反对自由主义》（毛泽东）、《知识份子的危险倾向》（郑代巩）等。

收藏单位：国家馆

04080
青年修养 新华书店编辑部重编
新华书店，1945.10，114页，32开
本书收文15篇，内容包括:《学习毛泽东》(王明)、《青年修养》(洛甫)、《谈谈青年的埋头苦干》(陈昌浩)、《反对自由主义》(毛泽东)、《知识分子的危险倾向》(郑代巩)、《提倡朴素与切实的工作作风》(洛甫)、《青年学习问题》(凯丰)、《论共产主义青年团的任务》(列宁)等。
收藏单位：国家馆、吉大馆、南京馆

04081
青年修养（政治常识） 东北政委会编
东北书店，1949.3，87页，32开
收藏单位：南京馆

04082
青年修养论 毛泽东等著
出版者不详，1948，油印本，79页，36开
本书收《反对自由主义》(毛泽东)、《论青年修养》(洛甫)、《论待人接物》(洛甫)、《提倡朴素与切实的工作作风》(洛甫)、《论生活习惯》(冯文彬)、《论两性问题》(冯文彬)、《谈谈青年的埋头苦干》(陈昌浩)、《正确的工作态度和工作方法就是辩证法》(艾思奇)、《恋爱与结婚》(邓颖超)等。
收藏单位：国家馆

04083
青年修养漫谈 周原冰著
大连：光华书店，1948.3，124页，36开
大连：光华书店，1948.9，再版，124页，36开
大连：光华书店，1949.1，113页，36开（新青年自学丛书）
收藏单位：东北师大馆、国家馆、山东馆

04084
青年修养漫谈 周原冰撰
香港：生活·读书·新知三联书店，1949.5，113页，36开（新中国青年文库）
收藏单位：东北师大馆、广东馆、国家馆、黑龙江馆、内蒙古馆

04085
青年修养漫谈 周原冰著
大连：新中国书局，1949.1，113页，36开
大连：新中国书局，1949.8，再版，113页，36开（新青年自学丛书）
本书阐述青年的修养问题。共11章，内容包括：漫谈自我改造、学习、进步、老实、团结、群众等。
收藏单位：东北师大馆、国家馆、江西馆、山东馆、天津馆

04086
青年学习指南 中国青年社编
延安：中国青年社，1942.1，174页，36开
本书收文10篇，内容包括:《论青年学习问题》(列宁)、《关于中国青年运动的方向》(毛泽东)、《论青年的修养》(洛甫)、《论待人接物》(洛甫)、《论共产党员的修养》(刘少奇)、《青年学习问题》(凯丰)、《对于妇女干部的几点希望》(洛甫)、《对于女干部的几点要求》(琴秋)等。
收藏单位：重庆馆、国家馆、南京馆

04087
青年之路 凯丰等著
延安：中国青年社，1943.10，52页，32开
本书收文3篇:《中国青年的当前任务》《中国青年运动中的历史传统、目前特征及其动向》《青年运动中的思想问题》。
收藏单位：重庆馆、国家馆、南京馆

04088
青运文献（第1辑） 中国青年出版社编
延安：中国青年出版社，1939，102页，64开（青救丛书）
本书收《青年运动与反法西斯主义和反战争危险的斗争》(库西宁在共产主义青年国际第六次全世界代表大会上的报告)、《世界青年的统一》(居约)。另收共产国际第七次全世界代表大会的总结和季米特洛夫在共产主义青年国际第六次全世界代表大会开幕时

的演讲词等。

收藏单位：国家馆

04089

全国青年团结起来　朱德等著

出版者不详，[1939.3]，40页，32开

本书收文12篇，内容包括：《青年要学会打仗》（朱德）、《组织广大青年参加生产运动》（刘光）、《成都青运检讨及今后动向》（王蕾）、《给世界学联秘书柯乐满的信》（冯文彬）、《青年参战动员周的决定》等。书前有大众合唱诗《全国青年团结起来》。

收藏单位：国家馆、山东馆

04090

全国青年团结起来在毛泽东旗帜下前进　山东省民主青年联合会编

山东新华书店，[1949]，43页，32开

本书为中华全国青年第一次代表大会文集，收大会宣言、朱总司令在大会上的讲话、《中国人民解放战争中的青年运动与今后中国青年的基本任务》（廖承志）、中华全国民主青年联合总会简章及全国委员会委员名单。

收藏单位：国家馆、山东馆

04091

全国青年团结起来在毛泽东旗帜下前进　中国青年社编

沈阳：东北新华书店，1949.8印，68页，32开

收藏单位：长春馆、东北师大馆、辽宁馆

04092

全国青年团结起来在毛泽东旗帜下前进　中国青年社编

北平：中国青年社，1949.6，68页，32开

收藏单位：重庆馆、东北师大馆、广东馆、国家馆、湖北馆、南京馆、山东馆、山西馆、中科图

04093

全国青年团结起来在毛泽东旗帜下前进　中国新民主主义青年团西北工作委员会编

西安：西北新华书店，1949.9，68页，32开（青运文丛2）

收藏单位：重庆馆、国家馆、辽宁馆、南京馆、山东馆、天津馆

04094

少年先锋选辑　中国共产主义青年团广东区委员会辑

出版者不详，[1926—1949]，15页，8开

收藏单位：国家馆

04095

少年中国运动　王光祈著

上海：中华书局，1924.6，230页，50开（少年中国学会小丛书）

上海：中华书局，1925.3，2版，230页，50开

本书收文8篇，讲述少年中国运动的意义及少年中国学会之组成。另收通信3篇，讨论少年中国学会会务。附《少年中国学会会务摘要》。

收藏单位：广西馆、国家馆、湖北馆、江西馆

04096

世界青年运动与中国抗战　陈斐琴著

汉口：大众出版社，1938.5，68页，32开（抗战建国丛书）

本书收文8篇，内容包括：《世界青年统一战线运动》《世界学生反战反法西斯大会》《国际青年和平大会》《世界学生援助中国学生斗争会议》等。书前有姜君辰序。附《世界学生大会援助中国学生斗争告全世界学生宣言》《世界学生大会援助中国学生斗争决议》《世界学联给中国青年的信》《广州各团体致世界青年代表团欢迎书》。

收藏单位：东北师大馆、广西馆、贵州馆、桂林馆、国家馆、吉大馆、吉林馆、江西馆、近代史所

04097

世界与中国青年运动之路　民族解放青年出版社编

民族解放青年出版社，1938.1，110页，50开

（民族解放青年丛书 2）
民族解放青年出版社，1938.3，再版，90 页，32 开（民族解放青年丛书 2）

本书收《共产国际第七次全世界代表大会底总结》《青年运动与反法西斯主义和反战争危险的斗争》《青年统一战线的任务》《苏联青年是在为社会主义的斗争受训练的》《中央关于青年工作的决定》《中国共产主义青年团中央委员会为抗日救亡告全国各校学生和各界青年同胞宣言》等。另收致斯大林祝词、致季米特洛夫祝词、致社会主义青年国际秘书处的信等。

收藏单位：重庆馆、广西馆、国家馆、近代史所

04098
苏联儿童生活图片展览　南京中苏友好协会主办
南京：中苏友好协会，[1941—1949]，12 页，16 开

本书对现代苏联儿童的生活做了简要的介绍。

收藏单位：国家馆

04099
我们这一代的道路　刘光著
重庆：新华日报图书科，1944.3，96 页，32 开

本书分 15 个专题讲述青年人的理想、前途、精神生活、物质生活、文化生活等。

收藏单位：重庆馆、广东馆、吉林馆、南京馆

04100
西北青年救国联合会与战时青年训练班　[西北青年救国联合会编]
[西北青年救国联合会]，1938.8，104 页，50 开

本书收文 12 篇，内容包括：《一年来的西北青年救国联合会》（韩进）、《我们怎样创办战时青年训练班的》（冯文彬、乔木）、《职工大队概况》（陈希文）、《青训班的教务工作》（瑞龙）等。

收藏单位：国家馆

04101
献给伟大时代的青年　平心编著
汉口：光明书局，1938.8，150 页，36 开

本书共 6 章：青年运动与民族解放运动、青年统一战线与民族统一战线、在抗战中青年的任务和工作、救国工作方式问题、集团生活和私生活、战时的文化运动与文化生活。

收藏单位：重庆馆、国家馆、南京馆、浙江馆

04102
学生运动与学联　华中新华书店总店编辑部编
华中新华书店，1949.7，63 页，32 开（青年丛书 2）

本书收文 5 篇：《中国学生运动的三大高潮》、《与工农群众结合为工农群众服务》（冯文彬）、《解放区学生会工作》、《中原区学生联合会工作纲领》、《五四以来革命青年团体介绍》。附《国际学生联盟介绍》等。

收藏单位：重庆馆、湖北馆、南京馆

04103
学习·工作·修养　孙起孟著
上海：生活·读书·新知联合发行所，1949.8，141 页，32 开（新中国青年文库）

本书内容包括：前记、论学习、论升学与就业、论思想与工作、论生活修养。

收藏单位：重庆馆、国家馆、湖北馆、天津馆

04104
学习·工作·修养　孙起孟著
上海：生活书店，1946.5，141 页，32 开（青年自学丛书）
上海：生活书店，1947.11，再版，141 页，32 开（青年自学丛书）

收藏单位：东北师大馆、广东馆、桂林馆、国家馆

04105
学习生活 苏旅等著
辽北书店，1948.10，37页，32开
收藏单位：东北师大馆、南京馆

04106
真理究竟在那里？（献给东北青年） 黄海坪等著
[哈尔滨]：东北书店，1947，60页，32开
本书收文7篇：《东北知识青年应走的道路》、《洗净日寇给东北知识青年的遗毒》（黄海坪）、《三次投奔蒋管区的结局》（利化）、《给解放区同学们——吉林大学被摧残的经过》（耕夫）、《我从美国特务机关里跑出来》（丛林）、《逃到哈尔滨》（莫英）、《忆那边被损害与顽强斗争的青年》（静山）。
收藏单位：东北师大馆、桂林馆、南京馆、天津馆、浙江馆、中科图

04107
真理究竟在那里？（献给东北青年） 黄海坪等著
大连：辽南群众书店，1946，38页，32开
收藏单位：国家馆、山东馆

04108
中国革命与中国青年 毛泽东等著
出版者不详，[1939]，64页，32开
本书收文10篇：《在延安五四二十周年纪念大会的演讲》（毛泽东）、《青年在中国革命中的任务》（毛泽东）、《谈谈青年的埋头苦干》（陈昌浩）、《论青年的学习》（冯文彬）、《青年运动中的思想问题》（乔木）、《青年同学何来苦闷》（孙运）、《建立同学间的正常关系》（向铭）、《农村青年工作中的几个问题》（贺仁）、《论两性问题》（冯文彬）、《论生活习惯》（冯文彬）。
收藏单位：东北师大馆、国家馆

04109
中国解放区的儿童 全国民主妇女联合会筹备委员会编
东北书店辽宁分店，1949.5，25页，32开（妇运丛书）
本书收关于边区保育院、托儿所等单位的通讯和特写8篇，内容包括：《孩子们在保育院》《替孩子们控诉》《一个女孩子的生命》等。
收藏单位：国家馆、湖北馆、南京馆

04110
中国解放区的儿童 全国民主妇女联合会筹备委员会编
上海：新华书店，1949.7，37页，36开（妇运丛书）
[北平]：新华书店，1949.8，再版，37页，36开（妇运丛书）
本书收文8篇，内容包括：《孩子们在保育院》（鲍侃）、《晋绥一个机关的变工互助托儿所》（晋绥机关托儿所）、《教育儿童的经验》（马力）、《替孩子们控诉》（第二保育院）、《教养院的孩子们》（张洁）、《解放军和一群孤儿》（潍坊通讯）等。
收藏单位：重庆馆、广东馆、国家馆、湖北馆、湖南馆、南京馆、山东馆、天津馆

04111
中国青年运动的新方向 冯文彬著
解放社，1939，98页，32开
本书为著者在西北青年救国联合会第二次代表大会上的总报告（1938年11月），讲述青年运动的统一战线问题、团结问题、抗战建国中的任务等。
收藏单位：广东馆

04112
中国青年运动的新方向 冯文彬著
上党：上党印刷厂，1939印，石印本，75页，32开
收藏单位：国家馆

04113
中国青年运动的新方向 冯文彬著
[延安]：中国青年出版社，1939，128页，64开（青救丛书1）
收藏单位：北碚馆、重庆馆、国家馆

04114
中国学生的当前任务 东北书店辑
长春：东北书店，1949.4，23页，32开
本书收会议文献8种，内容包括：《中国共产党中央委员会致中华全国学生第十四届代表大会贺电》《中华全国学生联合会章程》《大会致世界民主青年联盟电》等。
收藏单位：长春馆、重庆馆、国家馆、南京馆

04115
中国学生的当前任务 中华全国学生第十四届代表大会编
中华全国学生第十四届代表大会，1949.3，22页，32开
本书收《大会关于“中国学生运动的当前任务”的决议》《中华全国学生联合会章程》《中华全国学生第十四届代表大会通电》《大会致世界民主青年联盟电》《大会致国际学生联合会电》等。
收藏单位：东北师大馆、国家馆、陕西馆

妇女运动与组织

04116
1944年一专区妇运任务与具体工作 晋察冀边区第一区各界抗日救国联合会编
出版者不详，1944.3，油印本，4页，32开
收藏单位：国家馆

04117
半年妇女工作补充指示
七分区抗联妇女部，1944.2，油印本，7页，32开
收藏单位：国家馆

04118
北岳区抗联妇女部关于妇女工作的指示 北岳区各界抗日救国会编
出版者不详，1945.8，油印本，4页，32开
收藏单位：国家馆

04119
北岳区抗联妇女部关于妇女工作的指示 北岳区抗联妇女部编
出版者不详，1945.9，油印本，3页，32开
收藏单位：国家馆

04120
边区抗联妇女部为准备纪念“三八节”给各机关团体妇女干部直属小组的一封信 晋察冀边区各界抗日救国联合会妇女部编
出版者不详，1943.2，油印本，3页，32开
收藏单位：国家馆

04121
赤女杂志 赤女杂志社编辑
汉口：赤女杂志社，1927，146页，32开
本书收《我的妇女解放观》《国际劳动妇女日》《“三八”与中国妇女》《帝国主义与劳动妇女》等。
收藏单位：浙江馆

04122
当前妇女工作中的几个问题 晋察冀边区北岳区团体联委会编
出版者不详，1942.3，油印本，5页，32开（业务研究7）
收藏单位：国家馆

04123
当前冀察区在放手发动群众中发动妇女的几个问题 冀察各界妇女联合会编
冀察各界妇女联合会，1945.11，油印本，19页，32开
收藏单位：国家馆

04124
动员妇女解放三部曲 老赶著
泰运书店，[1946—1949]，32页，32开
收藏单位：南京馆

04125
妇女工作参考资料（第1集） [冀南区党委妇委会编]

[威县]：冀南区党委妇委会，1948.11，46页，32开

本书收文件5种，内容包括：《中共中央关于各抗日根据地目前妇女工作方针的决定》《冀中饶阳南许司马村妇女在农业生产中的作用——冀中妇联调查报告中的一部分》《中华苏维埃共和国婚姻条例》等。另收《总结妇女工作的几个基本认识》（刘少奇）。

收藏单位：国家馆

04126

妇女工作手册 冀鲁豫新华书店编辑部编辑

菏泽：冀鲁豫新华书店，1949.6，72页，32开

本书收文10篇，内容包括：《中国共产党中央委员会关于抗日根据地目前妇女工作方针的决定》（1943年2月）、《迎接妇女工作的新方向》（蔡畅）、《更进一步发动解放区妇女参加生产卫生文化运动》（《解放日报》社论）、《总结妇女工作的几个基本认识》（刘少奇）、《土地改革与妇女工作的新任务》（邓颖超）、《发动广大妇女群众参加生产建设》（朱德）等。附《"三八"国际劳动妇女节简史》《苏联共产党中央委员会关于"三八"妇女节的决定》。

收藏单位：国家馆、山东馆

04127

妇女工作手册

华北妇女代表会议，1949.4，41页，32开

本书收文5篇，内容包括：《总结妇女工作的几个基本认识》（刘少奇）、《土地改革与妇女工作的新任务》（邓颖超）等。

收藏单位：国家馆

04128

妇女工作手册（1） 东北书店编

沈阳：东北书店，1949，12页，32开

本书收文件两种：《中共中央关于各抗日根据地目前妇女工作方针的决定》《中共中央关于目前解放区农村妇女工作的决定》。

收藏单位：辽宁馆

04129

妇女工作文献

[泰州]：苏北新华书店，[1949]，47页，32开

本书收朱总司令在全国妇女代表大会闭幕式讲话、大会通过的决定、中华全国民主妇女联合会章程、新华社短评及《东北日报》评论等。

收藏单位：重庆馆、国家馆、辽宁馆

04130

妇女生产文献 [冀中区妇女联合会编]

冀中新华书店，1947.2，21页，32开

本书收1943年中共中央关于抗日根据地妇女运动方针政策，蔡畅、田秀涓等关于妇女工作问题的文章，以及《晋察冀日报》社论1篇。

收藏单位：天津馆

04131

妇女问题 胶东妇联编

胶东新华书店，[1941—1949]，27页，32开

本书共22节，内容包括：妇女的地位与经济、女权运动、初期的中国妇女运动、女工、苏联的妇女等。

收藏单位：国家馆、南京馆、山东馆

04132

妇女问题与妇女运动 （日）山川菊荣著 李达译

上海：远东图书公司，1929.1，180页，32开

本书内容包括：男性中心与女性中心说、原始女性的地位、文明社会之男女关系、妇女解放论及其批评、妇女地位之改善、两个指导精神等。

收藏单位：重庆馆、广西馆、南京馆、上海馆、首都馆、天津馆、西南大学馆、浙江馆

04133

妇女与抗战 宋庆龄等著

[上海]：战时出版社，[1938]，140页，32开（战时小丛刊53）

本书收文二十余篇，内容包括:《向全世界的妇女申诉》(宋庆龄)、《纪念三八节》(何香凝)、《妇女地位的重要》(邵力子)、《中华女儿起来》(柳湜)、《抗战中的妇女动员》(史良)、《抗战中的妇女运动》(邓颖超)、《反对日寇侵略与中国妇女》(邓颖超)、《妇女反侵略运动》(李德全)、《团结中国妇女的力量打击侵略者》(孟庆树)等。附《中国妇女团体告友邦妇女书》。

收藏单位：北碚馆、重庆馆、东北师大馆、广东馆、国家馆、南京馆、上海馆

04134

妇女运动的理论与实践

重庆：新华日报馆，1939.12，244 页，32 开

本书共 3 编：列宁与斯大林论妇女、共产国际及中共中央关于妇女运动的决议和指示、关于妇女运动的论述。附《关于陕甘宁边区妇女运动概况的报告》。

收藏单位：北碚馆、重庆馆、桂林馆、国家馆、南京馆、山西馆

04135

妇女运动的一般问题讲授提纲 晋察冀边区妇救会编

晋察冀边区妇救会，1940.5，油印本，8 页，32 开

收藏单位：国家馆

04136

妇女运动概论 杨之华著

上海：亚东图书馆，1927.1，96 页，32 开

上海：亚东图书馆，1927.4，再版，96 页，25 开

本书共 5 章，论述妇女运动的起源、意义、概况，以及中国妇女状况与国民革命等。

收藏单位：东北师大馆、国家馆、湖北馆、吉大馆、近代史所、浙江馆

04137

妇女运动论集 妇女问题研究会编

妇女问题研究会，1939.6，94 页，32 开(妇女问题丛书 1)

本书收《共产国际执委主席团关于目前国际妇女运动的决议》《中共中央书记处关于开展妇女工作的决定》《共产党员与妇女解放运动》《抗日民族统一战线中的妇女工作问题》《模范的女革命家克鲁卜斯卡雅(列宁夫人)》《国际妇女节首创人——蔡特金》《卢森堡——波兰女革命领袖》《在西班牙前线上的——桃洛莱斯》等。附《东北妇女英勇抗日的模范》《豫西偃师的妇女工作》《猛进中的陕西妇运》等。

收藏单位：国家馆

04138

妇女运动文献 罗琼编

佳木斯：东北书店，1947.10，115 页，32 开

[佳木斯]：东北书店，1948.4，115 页，32 开

哈尔滨：东北书店，1948.9，再版，115 页，32 开

本书收文 16 篇，内容包括:《中共中央关于各抗日根据地目前妇女工作方针的决定》、《总结妇女工作的几个基本认识》(刘少奇)、《动员广大妇女到生产运动中来》(朱德)、《迎接妇女工作的新方向》(蔡畅)、《论妇女地位的变迁》(恩格斯)、《苏维埃共和国女工运动的任务》(列宁)、《中国妇女在五四运动中走上了自己解放的道路》(吴玉章)等。

收藏单位：重庆馆、东北师大馆、广东馆、桂林馆、国家馆、吉大馆、吉林馆、近代史所、南京馆、宁夏馆、山东馆、天津馆、中科图

04139

妇女运动文献 罗琼编

临沂：山东新华书店，1946.10，130 页，32 开

收藏单位：山东馆、天津馆

04140

妇女运动文献 陕甘宁民主妇女联合会编

西安：西北新华书店，1949.6，40 页，32 开

本书收文 7 篇，内容包括:《中国妇女运动当前任务的决议》(首次全国妇女代表大会)、《发动广大妇女群众参加生产建设》(朱

德）、《加强女工工作》（新华社短评）、《与工农群众结合为工农群众服务》（冯文彬）、《中华全国民主妇女联合会章程》（首次全国妇女代表大会通过）等。

收藏单位：重庆馆、国家馆、南京馆、山东馆、中科图

04141
妇女运动文献　[新民主出版社编]
香港：新民主出版社，1949.6，167 页，32 开

本书收文 19 篇，内容包括：《中共中央关于各抗日根据地目前妇女工作方针的决定》、《动员广大妇女到生产运动中来》（朱德）、《迎接妇女工作的新方向》（蔡畅）、《中国妇女今后的任务》（《解放日报》社论）、《总结妇女工作的几个基本认识》（刘少奇）、《土地改革与妇女工作的新任务》（邓颖超）等。

收藏单位：广西馆、国家馆、近代史所

04142
妇女运动文选　中共天津市委会妇女工作委员会编
[天津]：中共天津市委会妇女工作委员会，[1946—1949]，72 页，32 开（妇运丛书 1）

本书收文 10 篇，内容包括：《国际妇女民主联合会会章》《国际民主妇女导师蔡特金》《新妇女的人生观》《中国解放区的妇女翻身运动》《华东前线的南丁格尔们》《中国解放区妇女领袖蔡畅和邓颖超》《一面光荣的旗帜》等。

收藏单位：重庆馆、国家馆

04143
妇女运动与国民革命　杨之华著
亚东图书馆，1938.2 印，95 页，36 开
亚东图书馆，1938.3，再版，95 页，36 开

收藏单位：重庆馆、广西馆、国家馆、南京馆、上海馆、西南大学馆、浙江馆

04144
妇运文选　河南省妇女联合会筹备会编
新华书店，1949.7，华中豫版，24 页，32 开

本书收文 7 篇，内容包括：《加强女工工作》《中原临时妇女代表大会总结》《把中原妇女运动向前推进一步》《对于妇女工作之认识》等。

收藏单位：湖北馆

04145
告全世界妇女（在莫斯科举行的妇女反法西斯蒂的群众大会）
莫斯科：外国文书籍出版局，1942，60 页，大 32 开

收藏单位：国家馆、西南大学馆

04146
给抗属的一封信　晋察冀边区妇女四次代表大会编
晋察冀边区妇女四次代表大会，1939，油印本，1 页，16 开

收藏单位：国家馆

04147
关于冬季妇女工作的指示　边区抗联妇女部发布
边区抗联妇女部，[1940—1949]，油印本，4 页，32 开

收藏单位：国家馆

04148
关于冬季妇女工作指示　专区妇女会发布
专区妇女会，1944.11，油印本，4 页，32 开

收藏单位：国家馆

04149
关于妇女解放问题　王明等著
新民主文化服务社，1945，46 页，64 开

收藏单位：广东馆

04150
关于妇女生产及家庭问题的目前情况及今后执行意见　七专区抗联会辑
七专区抗联会，1944.8，油印本，1 册，32 开

收藏单位：国家馆

04151
关于妇女自卫队工作的联合指示 冀察区武委会抗联妇女部编
出版者不详，[1938—1949]，油印本，3页，32开
收藏单位：国家馆

04152
关于妇运中的几个问题（张政委在二专区纪念三八各界妇女座谈会上的报告）
晋察冀边区冀晋区第二区各界抗日救国联合会，1945.3，9页，32开
本书讲述农村、部队、工厂、游击区等各方面妇女运动概况。
收藏单位：国家馆

04153
关于纪念"三八"妇女节对今后妇女工作的指示 晋察冀边区抗联会编
出版者不详，1945.2，油印本，4页，32开
收藏单位：国家馆

04154
贯彻边区抗联妇女部会议决议发动妇女领导生产的工作报告 晋察冀边区第五区各界抗日救国联合会编
出版者不详，1944.3，14页，32开
收藏单位：国家馆

04155
国际妇女动态 每日译报社编辑部编译
上海：每日译报社，1938.3，94页，32开（英商每日译报丛书1）
上海：每日译报社，1939.1，再版，93页，32开（英商每日译报丛书1）
本书辑译文16篇，内容包括：《苏联妇女在政治上的地位》《西班牙妇女领袖多乐丝》《中国妇女的反侵略运动》《暴风雨中的中国妇女》《战时的日本妇女》《纳粹统治下的德国妇女》等。附《列宁论妇女解放》。
收藏单位：重庆馆、广东馆、国家馆、南京馆、上海馆、浙江馆

04156
国民党统治区民主妇女运动 全国民主妇女联合会筹备委员会编
[北平]：新华书店，1949.4，80页，32开（妇运丛书）
[北平]：新华书店，1949.8，再版，71页，36开（妇运丛书）
本书收文6篇，内容包括：《国民党统治区民主妇女运动概况》（李文宜）、《英勇战斗中的国民党统治区女同学》（张毓芬、陈秀兰）、《上海沪西区纱厂女工》（邓戈明）等。
收藏单位：安徽馆、重庆馆、东北师大馆、广东馆、国家馆、河南馆、黑龙江馆、吉大馆、吉林馆、近代史所、辽大馆、辽宁馆、南京馆、内蒙古馆、山西馆、天津馆

04157
淮阴区第二次妇代大会报告选辑 中共苏北淮阴地委宣传部编
[中共苏北淮阴地委宣传部]，1949，48页
本书收李广仁、吴芳城等人的讲话及报告3篇，生产模范及翻身故事的典型报告3篇。
收藏单位：南京馆

04158
冀察区抗联关于1945年下半年妇女工作指示 冀察区抗联颁布
出版者不详，1945.7，油印本，26页，32开
收藏单位：国家馆

04159
冀中二分区妇救三个月半工作布置 冀中二分区妇救会著
冀中二分区妇救会，1944.3，油印本，37页，32开
收藏单位：国家馆

04160
冀中妇救工作草案
冀中妇救会，1940.11，油印本，8页，32开
收藏单位：国家馆

04161

冀中妇救会关于冬季工作的指示　冀中妇救会编

冀中妇救会，[1940—1949]，油印本，2页，16开

收藏单位：国家馆

04162

解放中的妇女大众　石孟良编

汉口：自强出版社，1938.5，122页，32开

本书共10章：十月革命前的俄国妇女和今日的我们、抗战与中国妇女、抗战新形势与救亡妇女运动的新阶段、战时的妇女工作基础、现阶段的妇女文化工作、动员农村妇女的步骤、家庭妇女和救亡工作、怎样为伤兵服务、献给受军事训练的姊妹们、东北抗日联军中的女儿们。书前有前言。

收藏单位：重庆馆、广西馆、贵州馆、国家馆、吉林馆、近代史所、南京馆、陕西馆、天津馆

04163

抗战以来妇运文件选集

出版者不详，1945.3，185页，32开

本书收文20篇，内容包括:《我们对于战时妇女工作的意见》（邓颖超、孟庆树，1938年5月）、《中共中央书记处关于开展妇女工作的决定》（1939年3月）、《中共中央妇委关于目前妇女运动的方针和任务的指示》（1939年3月）、《共产党员与妇女解放运动》（陈绍禹）、《迎接妇女工作新方向》（蔡畅，1934年3月）等。

收藏单位：国家馆

04164

抗战中的胶东妇女　胶东妇联编

胶东新华书店，1946.6，45页，3开（妇女读物2）

本书共7部分，内容包括：从斗争中争取了抗日的自由、妇女积极参加社会生产建设事业、妇女支援前线的后方勤务工作、从斗争中涌现出来的英雄等。

收藏单位：南京馆

04165

六月妇女部扩干会（关于进一步贯彻1944年妇运方针与任务的决定）　晋察冀边区第二区各界抗日救国联合会编

[晋察冀边区第二区各界抗日救国联合会]，1944.7，油印本，18页，32开

收藏单位：国家馆

04166

论妇女解放与妇女干部的修养　朱瑞著

胶东新华书店，1946.10，再版，105页，32开

收藏单位：国家馆、山东馆、天津馆

04167

论妇女解放与妇女干部的修养　朱瑞著

山东妇女社，[1946—1949]，111页，32开，环筒页装

本书共4章：妇女与社会、论妇女解放、妇女干部的修养、恋爱与婚姻。

收藏单位：国家馆、山东馆

04168

目前妇女工作中几个问题　晋察冀北岳区各界抗日救国联合会妇女部编

晋察冀北岳区各界抗日救国联合会妇女部，1945.5，油印本，7页，32开

收藏单位：国家馆

04169

目前嫩江省妇女的任务　中共嫩江省委编

[中共嫩江省委]，1948.5，11页，32开

本书为刘亚雄在省妇代会上的发言和妇女工作总结。

收藏单位：南京馆

04170

三八专号　晋察冀边区各界抗日救国联合会冀晋区第二区各界抗日救国联合会编

出版者不详，1945.4，油印本，17页，32开

收藏单位：国家馆

04171
山东解放区的妇女　山东省妇联总会编
山东新华书店，1946.3，32页，18开
本书收文21篇，内容包括：《山东妇女在抗日战争中的贡献与今后努力方向》（刘锦如、王月村）、《朱富胜的新家庭》（徐刚）、《陈桂香小队》（锡吾）、《回忆蔡特金同志》（黄秀珍）等。
收藏单位：国家馆、南京馆

04172
十月革命与中国妇女　雯鲁等编
香港：妇女文粹社，1941.11，68页，32开（妇女文粹）
本书介绍苏联等社会主义国家的妇女的社会活动和中国边区的妇女运动。收文15篇，内容包括：《十月革命与中国妇女》（斐鲁）、《苏联妇女在社会生产中》（新生译）、《苏联妇女怎样管理国家》（星火译）、《社会主义国家中的妇女》（郝郁文）、《妇女运动在中国边区》（王明）等。附《苏联妇女致世界妇女书》等3篇。
收藏单位：广东馆、国家馆、南京馆

04173
世界民主妇女文集　关东中苏友好协会　关东妇女联合总会编
大连：关东中苏友好协会，1948.7，195页，32开（友谊丛书10）
本书收文20篇，内容包括：《为国际民主妇女的统一运动而斗争》（克舍列瓦）、《苏联妇女的呼吁》（丹娘的母亲等）、《十月革命与妇女解放》（黄慧珠）、《彻底平分土地与妇女工作的新任务》（邓颖超）、《中国解放区妇女领袖蔡畅和邓颖超》（白朗）等。附《"三八"国际妇女节简史》等3篇。
收藏单位：东北师大馆、国家馆、宁夏馆、山东馆、天津馆

04174
苏联的妇女　（苏）卜波娃（Н. Попова）等著　樊英　方梅译
上海：时代书报出版社，1948.3，44页，32开
上海：时代书报出版社，1948.7，再版，44页，32开
本书共5部分：苏联的妇女、苏维埃民主与妇女、苏联对妇女劳动的保护、劳动妇女从社会保险中获得什么利益、苏联职工会对女工和女职员的关注。
收藏单位：重庆馆、东北师大馆、广西馆、桂林馆、国家馆、南京馆、西南大学馆

04175
苏联的妇女　谊农编
上海：世界书局，1938.5，75页，32开（苏联丛刊）
本书介绍苏联妇女在工农业生产中的作用，文化、教育、家庭生活简况，妇女保健与儿童保护，废除妓女制度等情况。
收藏单位：重庆馆、广东馆、贵州馆、桂林馆、国家馆、南京馆、山西馆、上海馆

04176
苏联妇女　（苏）谢列布列尼科夫著
莫斯科：外国文书籍出版局，1943，60页，36开
本书列举大量事例说明苏联妇女对社会所做的巨大贡献。
收藏单位：重庆馆、广东馆、桂林馆、国家馆、黑龙江馆、南京馆、内蒙古馆、山东馆、上海馆

04177
苏联妇女　（苏）谢列布列尼科夫著
哈尔滨：万国书籍，1946，60页，36开
收藏单位：长春馆、东北师大馆、国家馆、辽宁馆、天津馆

04178
新社会的新女工　全国民主妇女联合会筹备委员会编
[北平]：新华书店，1949.2，51页，32开
新华书店，1949.8，再版，51页，32开
上海：新华书店，1949.9，51页，32开
本书收文12篇，内容包括：《加强女工工

作》（新华社短评）、《太阳照进众人家》（李忠贞）、《女工英雄李凤莲》（尹方）、《絮行战线上的女工们》（郑延）、《活跃在鸡西煤矿的女工》（汪溪）、《仁丰工厂细纱间女工薛玉兰》（华东新华分社）等。

收藏单位：广东馆、国家馆、湖北馆、南京馆、上海馆、天津馆

04179

新中国的新妇女（中国妇女第一次全国代表大会代表团及典型人物介绍） 中华全国民主妇女联合会宣传教育部编

［沈阳］：东北新华书店，1949.9，110页，32开

收藏单位：长春馆、东北师大馆、广东馆、辽宁馆、山东馆

04180

新中国的新妇女（中国妇女第一次全国代表大会代表团及典型人物介绍） 中华全国民主妇女联合会宣传教育部编

［北平］：中华全国民主妇女联合会，1949.6，171页，32开

收藏单位：安徽馆、重庆馆、东北师大馆、福建馆、广东馆、国家馆、湖北馆、吉林馆、南京馆、内蒙古馆、宁夏馆、青海馆、山东馆、山西馆、天津馆、西南大学馆、云南馆

04181

英美苏联战时妇女动态 王德箴　陈庭珍著

重庆：青年出版社，1944.5，118页，32开（女青年丛书）

本书共3章。记述英国、美国、苏联三国妇女在二次大战中的事迹。

收藏单位：北碚馆、重庆馆、贵州馆、桂林馆、国家馆、辽宁馆、南京馆、上海馆

04182

在翻身运动中的冀鲁豫妇女 冀鲁豫山东编辑部编

朝城：冀鲁豫书店，1947.10，75页，32开（农民翻身小丛书9）

本书收文35篇，内容包括：《一干妇女集体诉苦》（段树建）、《坚决跟共产党走》（赵培林）、《宋香莲》（王纯）、《妇会主任周秀兰》（晓鲁）、《张巧云被选为副区长》（佘清）、《七十个翻身妇女武装起来了》（常化民）等。

收藏单位：国家馆、山东馆

04183

怎样动员妇女 罗琼著

汉口：新知书店，1938.4，50页，36开（战时问题丛书）

汉口：新知书店，1938.5，再版，50页，36开（战时问题丛书）

本书概述如何组织各界妇女参加抗战实际工作，提出政治教育、扩大妇女组织、妇女工作的中心任务等问题。

收藏单位：重庆馆、东北师大馆、广东馆、贵州馆、国家馆、南京馆、陕西馆

04184

怎样做一个新妇女 冀南书店改编

［威县］：冀南书店，1947.9，40页，32开（工农兵丛书）

本书分5讲：妇女要解放、妇女参加生产、妇女婚姻自主、和睦的家庭、新妇女的前途。共27课，各讲之后均设讨论题。书前有改编者例言。

收藏单位：国家馆、山东馆

04185

怎样做一个新妇女 山东妇女社编

大连：大众书店，1948，64页，32开

收藏单位：重庆馆、山东馆、天津馆

04186

怎样做一个新妇女 山东妇女社编

山东新华书店，1947.7，64页，32开（大众文库 社会类）

收藏单位：重庆馆、国家馆、吉大馆、山东馆、天津馆

04187
中国妇女第一次参加革命运动的经验与教训 李实著
[重庆]：新知书店，1939.7，57页，32开
本书共7部分，内容包括：中国妇女一向是民族与社会解放运动的参加者、中国妇女所处的地位、太平天国革命运动男女平等的政策、太平天国革命运动妇女在经济上争得的权利等。
收藏单位：北碚馆、重庆馆、广东馆、国家馆

04188
中国妇女第一次全国代表大会
香港：新民主出版社，1949.6，108页，32开
本书收报告及决议19篇，内容包括：《解放区妇联筹委会号召筹开全国妇女代表大会》《全国民主妇女联合会筹备委员会通告》《中国妇女运动当前的方针任务报告（草案）》《国民党统治区民主妇女运动报告（草案）》《世界民主妇女运动的现状及其任务报告》《儿童保育工作报告》《中国妇女运动当前任务的决议》等。
收藏单位：桂林馆

04189
中国妇女第一次全国代表大会重要文献 中华全国民主妇女联合会宣传教育部编
[北平]：中华全国民主妇女联合会，1949.6，86页，36开
上海：中华全国民主妇女联合会，1949.7，86页，32开
本书收报告及决议11篇。书前有毛泽东、朱德、刘少奇、周恩来、任弼时的题词。
收藏单位：东北师大馆、广东馆、贵州馆、国家馆、湖北馆、近代史所、南京馆、山东馆、山西馆、上海馆、天津馆

04190
中国妇女运动文献 苏北新华书店辑
[泰州]：苏北新华书店，1949.7，75页，32开
收藏单位：国家馆、吉林馆、南京馆、宁夏馆

04191
中国妇运文献
中共中央华南分局青妇组，1949，油印本，[27]页，32开
收藏单位：广东馆

04192
中国共产党中央委员会关于目前解放区农村妇女工作的决定
华东妇联筹委会，1948.12，13页，32开
收藏单位：山东馆

04193
中国共产党中央委员会关于目前解放区农村妇女工作的决定·将革命进行到底 晋绥分局编
[兴县]：晋绥分局，1948，20页，32开
收藏单位：近代史所、山西馆

04194
中国解放区的妇女翻身运动
佳木斯：东北书店，1947.6，48页，32开
佳木斯：东北书店，1947.11，再版，48页，32开
本书收文10篇，内容包括：《团结妇女的核心——中国解放区妇女联合会》《积极参战——巾帼英雄的活动》《反奸清算土地改革运动中的妇女》《活跃在生产战线上》《参与管理国家大事》《浩瀚的文化教育》《保育事业》《中国解放区妇联筹委会主任蔡畅同志副主任邓颖超同志的简单介绍》等。
收藏单位：重庆馆、东北师大馆、广东馆、国家馆、南京馆、山东馆、天津馆

04195
中国解放区的南丁格尔们 全国民主妇女联合会筹备委员会编辑
山东新华书店，1949，46页，32开（妇运丛书）
本书收文10篇，内容包括：《向华东野

战军前线战地工作的女干部致敬》（邓颖超）、《华野的南丁格尔们》（新华社）、《模范医疗队长李蓝丁》（董边）、《模范护士赵英熙》（夏葵）、《伤兵母亲李桂英》（宜琴）、《女担架员李兰贞》（大策）等。

收藏单位：重庆馆、河南馆、辽宁馆

04196
中国解放区的南丁格尔们　全国民主妇女联合会筹备委员会编
[北平]：新华书店，1949.8，再版，46页，32开

收藏单位：重庆馆、东北师大馆、广东馆、国家馆、近代史所、辽大馆、南京馆、宁夏馆、山东馆、天津馆、中科图

04197
中国解放区妇女参战运动　全国民主妇女联合会筹备委员会编
东北书店，1949，37页，32开

收藏单位：长春馆、东北师大馆、桂林馆、黑龙江馆、湖北馆、山东馆

04198
中国解放区妇女参战运动　全国民主妇女联合会筹备委员会编
上海：新华书店，1949.3，55页，32开（妇运丛书4）
[北平]：新华书店，1949.9，54页，32开（妇运丛书4）
新华书店，1949，华中版，48页，32开
新华书店，1949，再版，55页，32开（妇运丛书4）

本书收文10篇，内容包括：《赵老太太》（“葫芦岛”部七分队三排全体指战员）、《母亲》（孙逊）、《钱秀清与蒋锦斋》（新华社）、《红枪女将李兰英》（孙明）、《淮海战役中的妇女》（冯皑）、《中国解放区妇女参战运动》（赵烽）等。

收藏单位：重庆馆、国家馆、湖北馆、南京馆、内蒙古馆、山东馆、山西馆、天津馆

04199
中国解放区妇女运动文献　全国民主妇女联合会筹备委员会编
[沈阳]：东北书店，1949.5，38页，32开

本书收文7篇：《中国共产党中央委员会关于各抗日根据地目前妇女工作方针的决定》（1943年2月）、《迎接妇女工作的新方向》（蔡畅，1943年3月）、《更进一步发动解放区妇女参加生产卫生文化运动》（《解放日报》社论，1945年3月）、《总结妇女工作的几个基本认识》（刘少奇，1945年4月）、《土地改革与妇女工作的新任务》（邓颖超，1947年12月）、《发动广大妇女群众参加生产建设》（朱德，1948年9月）、《中国共产党中央委员会关于目前解放区农村妇女工作的决定》（1948年12月）。

收藏单位：国家馆、黑龙江馆、湖北馆、辽宁馆

04200
中国解放区妇女运动文献　全国民主妇女联合会筹备委员会辑
[北平]：新华书店，1949.3，54页，32开
[北平]：新华书店，1949，2版，59页，32开
上海：新华书店，1949.7，54页，32开

收藏单位：重庆馆、东北师大馆、广东馆、国家馆、河南馆、湖北馆、近代史所、南京馆、宁夏馆、山东馆、天津馆

04201
中国解放区农村妇女翻身运动素描　全国民主妇女联合会筹备委员会辑
沈阳：东北书店，1949，53页，32开（妇运丛书）

本书收报道文章9篇，内容包括：《李秀英诉苦》（任庆波）、《人民的好闺女》（华东新华社）、《定县妇女大翻身》（刘芝）等。

收藏单位：天津馆

04202
中国解放区农村妇女翻身运动素描　全国民主妇女联合会筹备委员会辑
[唐山]：冀东新华书店，1949.2，45页，32

开

收藏单位：国家馆

04203

中国解放区农村妇女翻身运动素描 全国民主妇女联合会筹备委员会编

[北平]：新华书店，1949.3，53页，32开

新华书店，1949，华中版，48页，32开

[上海]：新华书店，1949.7，53页，32开

广州：新华书店，1949.9，53页，32开

收藏单位：重庆馆、东北师大馆、国家馆、河南馆、湖北馆、湖南馆、吉林馆、近代史所、南京馆、山东馆、山西馆、天津馆、云南馆

04204

中国解放区农村妇女生产运动 全国民主妇女联合会筹备委员会编

上海：新华书店，1949.7，44页，32开

[南京]：新华书店，1949.7，再版，44页，32开

[北平]：新华书店，1949.9，44页，32开

收藏单位：重庆馆、国家馆、河南馆、辽宁馆、南京馆、山东馆、天津馆

04205

中国解放区农村妇女生产运动 中国解放区妇女联合会编

[北平]：全国民主妇女联合会筹备委员会，1949.3，46页，32开（妇运丛书）

本书收文7篇：《杨小林的故事》（田林）、《女英雄张桂兰》（赤云、王永祥）、《男女齐动手，三年完成五年兴家计划》（长群、效诚）、《家家纺织的折虎村》（刘衡）、《妇女儿童顶了大事》（而东）、《“妇女能顶汉，活计能做一大半”》（董边）、《近年来解放区农村妇女生产事业》（罗琼）。

收藏单位：重庆馆、广东馆、国家馆、河南馆、湖北馆、天津馆

04206

中国解放区农村妇女生产运动 中国解放区妇女联合会编

新华书店，1949，29页，32开

收藏单位：广东馆、国家馆、黑龙江馆、吉林馆

世界政治

04207

从防御到反攻 东北民主联军总政宣传部编

出版者不详，1947.7，38页，50开（苏联文艺丛书3）

本书收文两篇：《一步不退》（罗格斯曼著，矛盾译）、《成熟》（西蒙诺夫）。

收藏单位：东北师大馆

04208

从战争到和平——一九四五年的世界政治 乔冠华著

大连：大连日报社，1946.8，291页，32开

本书收文23篇，内容包括：《苏军大攻势》《从军事合作到政治团结》《克里米亚会议》《世界新形势》《柏林会议》《日本阴谋》《伦敦五国外长会议》等。附《联合国宪章》等4篇。著者原题：乔木。

收藏单位：重庆馆、东北师大馆、国家馆、上海馆、首都馆、浙江馆

04209

从战争到和平——一九四五年的世界政治 乔冠华著

上海：知识出版社，1946.3，291页，32开

收藏单位：重庆馆、国家馆、黑龙江馆、吉大馆、上海馆、首都馆、浙江馆、中科图

04210

东欧新民主国家 英文研究会编译

佳木斯：东北书店，1948.11，112页，32开（国际译丛 东欧介绍1）

本书收译文21篇，内容包括：《东欧新民主国家——帝国主义体系中的一个新缺口》（I. 康斯坦丁诺夫斯基）、《东欧新民主国家的对外贸易政策》（D. 彼得罗夫斯基）、《波兰工

人党与农民》（柴布劳斯基）、《实行两年计划中的捷克斯拉夫》、《匈牙利民主底发展道路》（访问拉科西）等。

收藏单位：长春馆、重庆馆、东北师大馆、广东馆、国家馆、吉林馆、辽大馆、辽宁馆、内蒙古馆、山东馆、天津馆

04211

反侵略战与国际问题（第1集） 刘震寰著

昆明：中苏文化协会昆明分会出版委员会，1942.7，68页，32开

本书收文15篇，内容包括：《我们抗战的前途》《侵略战争与日本资本主义的解体》《抗战后的国际演变新形势》《中苏合作与远东和平》《中苏英美反侵略阵线之再建议》《欧亚战争之蠡测》等。书前有著者简介。

收藏单位：重庆馆、国家馆

04212

国际常识 太岳新华书店编

[阳城]：太岳新华书店，1948.10，204页，32开

[阳城]：太岳新华书店，1948，再版，204页，32开

本书介绍各国共产党，世界民主阵线中主要国家，殖民地半殖民地国家，美、英、法、德、意、日等国概况。

收藏单位：重庆馆、国家馆、吉林馆、山东馆、山西馆、天津馆

04213

国际两个阵营的对比 谢明编著

哈尔滨：光华书店，1948.3，88页，32开

本书收文11篇，内容包括：《国际两个阵营的对比》《苏联的和平对外政策》《东南欧新民主国家经济迅速复兴》《战后世界各国共产党的发展》《法意的民主与反民主斗争》《美国的扩张政策》《论行将到来的美国经济危机》《英国的经济危机及其影响》《法国经济危机》等。附《美帝国主义史的发展》《美国与西半球》。

收藏单位：长春馆、重庆馆、东北师大馆、国家馆、吉林馆、近代史所、南京馆、山东馆、上海馆、天津馆、中科图

04214

国际形势 华东新华书店编辑部编

华东新华书店，1949.1，105页，32开

本书为中级党校教材，收文6篇：《对于战后国际形势中几个基本问题的解释》（陆定一）、《论国际形势》（日丹诺夫）、《伟大十月社会主义三十周年纪念》（莫洛托夫）、《全世界革命力量团结起来反对帝国主义的侵略》（毛泽东）、《在莫斯科斯大林选区预选大会上的演说》（斯大林）、《关于国际形势的宣言》。

收藏单位：山东馆、山西馆

04215

国际形势

[安东（丹东）]：东北书店安东分店，[1947]，78页，36开

本书为干部学习材料，收文7篇：《斯大林在莫斯科城斯大林选区预选大会上的演说》《陆定一对于战后国际形势中几个基本问题的解释》《日丹诺夫关于国际形势的报告》《欧洲九国共产党代表情报会议公报》《与会各国党代表对国际形势宣言》《关于与会各国共产党交换经验协同活动的决议》《十月革命三十周年莫洛托夫演说全文》。

收藏单位：重庆馆、国家馆、山东馆

04216

国际形势

出版者不详，[1947—1949]，46页，32开

本书收文7篇：《欧洲九国共产党情报会议上日丹诺夫国际形势报告》《九国共产党宣言》《铁托元帅演说》《季米特洛夫分析目前形势》《欧洲形势》《福斯特论美国资产阶级与外交政策》《星星之火可以燎原》。附《目前国际形势研究提纲》。

收藏单位：国家馆

04217

国际政治及中国革命根本问题 （苏）鲍罗廷演讲 黄道尊笔记

[广州]：三民出版部，1926.9，再版，38页，

32 开
[广州]：三民出版部，1927.1，3 版，38 页，32 开

本书内容包括：国际政治及中国革命根本问题、农民问题、土地问题等。

收藏单位：东北师大馆、广东馆、广西馆、国家馆、湖南馆、吉大馆、近代史所、辽大馆、南京馆、内蒙古馆、山西馆、首都馆、天津馆、浙江馆

04218
国际知识读本　马皓撰
大连：大连新华书店，1949，订正本，98 页，32 开

收藏单位：国家馆

04219
国际知识读本　马皓著
哈尔滨：东北书店，1948.10，79 页，32 开

收藏单位：长春馆、重庆馆、东北师大馆、国家馆、江西馆、山东馆

04220
国际知识读本　马皓撰
长春：东北新华书店，1949.9，再版，订正本，100 页，32 开

收藏单位：东北师大馆

04221
国际知识读本　马皓著
华中新华书店总店，1949.3，63 页，32 开

本书共 3 编：世界反法西斯大战、战后的国际形势、世界各类国家。

收藏单位：国家馆、南京馆、山东馆

04222
国际知识读本　马皓著
[郑州]：中原新华书店，1949.5，79 页，32 开

收藏单位：国家馆

04223
国内外新形势　山东新华书店编辑部编
山东新华书店，1947.12，124 页，32 开

本书收国内外时事评论 13 篇，内容包括:《人民解放军大举反攻》《救国必须灭蒋》《维辛斯基演说》《欧洲形势》等。附《苏联建设三十年》等 3 篇。

收藏单位：重庆馆、国家馆、吉林馆、南京馆、山东馆

04224
国内外新形势
佳木斯：合江日报社，1947.10，113 页，32 开

本书收文 14 篇，内容包括:《中国人民解放军宣言》《中国土地法大纲》《晋绥边区农委会告农民书》《维辛斯基在记者招待会上声明全文》等。

收藏单位：重庆馆、东北师大馆、国家馆、吉大馆、辽宁馆、南京馆、中科图

04225
和平民主洪流中的反苏反民主逆流　林云编
临沂：山东新华书店，1946.5，63 页，32 开

本书收文 5 篇，内容包括:《目前国际形势的特点》(谷力虹)、《和平民主洪流中的反苏反民主逆流》、《英美利用伊朗问题反苏阴谋的可耻失败》等。

收藏单位：重庆馆、国家馆、近代史所、山东馆

04226
论国际形势　晋察冀新华书店编
[阜平]：晋察冀新华书店，1947.11，100 页，32 开

本书收文 8 篇:《对于战后国际形势中几个基本问题的解释》《维辛斯基在联合国大会上的演说》《日丹诺夫在九国共产党情报会议上对目前国际形势的报告》《欧洲九国共产党情报局大会宣言》《铁托元帅发表演说》《季米特洛夫答记者问》《欧洲形势》《莫洛托夫在苏联十月革命三十周年大会上的演说》。

收藏单位：重庆馆、国家馆、湖北馆、近代史所、山东馆、天津馆

04227
论目前国际形势　（美）福斯特（W. Z. Foster）等著
[射阳]：华中韬奋书店，[1947]，72页，32开（时论丛刊）
本书收文9篇，内容包括：《论美国资产阶级与外交政策》（福斯特）、《铁托论世界现势》、《论目前国际形势》（日丹诺夫）、《粉碎新战争阴谋》（维辛斯基）、《季米特洛夫答记者问》、《欧洲形势》（新华社社论）等。
收藏单位：国家馆

04228
论战后国际形势　解放社编
华北新华书店，1948.12，169页，32开
华北新华书店，1949.2，再版，169页，32开
本书收文8篇，内容包括：《斯大林同志在莫斯科斯大林选区选举前选民大会上的演说》（1946年2月9日）、《论国际形势》（日丹诺夫）、《伟大十月社会主义革命三十一周年纪念》（莫洛托夫）、《全世界革命力量团结起来反对帝国主义的侵略》（毛泽东）等。
收藏单位：安徽馆、重庆馆、广东馆、广西馆、国家馆、河南馆、湖北馆、吉大馆、吉林馆、辽大馆、南京馆、内蒙古馆、宁夏馆、山东馆、山西馆、上海馆、天津馆、中科图

04229
论战后国际形势　解放社编
华中新华书店，1949.4，94页，32开（干部学习丛书）
收藏单位：国家馆、黑龙江馆、内蒙古馆、山西馆、上海馆

04230
论战后国际形势　解放社编
菏泽：冀鲁豫新华书店，1949.5，124页，32开（干部学习丛书）
收藏单位：吉林馆、南京馆、山东馆、天津馆

04231
论战后国际形势　解放社编
无锡：苏南新华书店，1949.8，131页，32开
收藏单位：吉林馆

04232
论战后国际形势　解放社辑
[阳城]：太岳新华书店，1949，144页，32开
收藏单位：国家馆、山东馆、天津馆

04233
论战后国际形势　解放社编
[延安]：西北新华书店，[1945—1949]，124页，32开
收藏单位：重庆馆、宁夏馆

04234
论战后国际形势　解放社编
南京：新华书店，1949.6，再版，169页，32开
收藏单位：东北师大馆、国家馆、山西馆

04235
论战后国际形势　解放社编
中原新华书店，1949.3，128页，32开
中原新华书店，1949，再版，169页，32开
收藏单位：重庆馆、东北师大馆、广西馆、贵州馆、国家馆、湖北馆

04236
目前国际情势　大众日报社编
大众日报社，1947.10，70页，64开（时事小丛书2）
收藏单位：南京馆、山东馆

04237
目前国家形势与国内形势　太行群众书店编
涉县：太行群众书店，1947.10，68页，36开
本书收文8篇，内容包括：《维辛斯基演说全文》《欧洲九国共产党情报局宣言》《季米特洛夫发表谈话》《铁托元帅发表演说》

《中国人民解放军宣言》《欧洲形势》《人民解放军大举反攻》等。附《莫斯科外长会议》等5篇。

收藏单位：重庆馆、国家馆、山西馆

04238
全世界和平力量动员起来粉碎战争挑拨者的阴谋 新华社编
[北平]：新华社，[1949.3]，61页，25开

本书收文8篇，内容包括：《全世界和平力量动员起来粉碎战争挑拨者的阴谋》（新华社社论）、《斥北大西洋公约》（新华社时评）、《苏联外交部关于北大西洋公约的声明》（塔斯社莫斯科1月28日电）、《关于美苏关系问题斯大林两次答国新社问》（塔斯社莫斯科2月2日电）等。

收藏单位：重庆馆、国家馆、南京馆

04239
世界民主国家讲话 谢明著
哈尔滨：光华书店，1948.6，162页，32开（新青年学习丛书）

本书共3部分：社会主义的苏联、新民主主义国家、民主解放区。

收藏单位：重庆馆、东北师大馆、广东馆、国家馆、辽宁馆、山东馆、天津馆

04240
世界往那里变动 （英）杜德（R. Palme Dutt）等著 邹彦等译
华北新华书店，[1945—1949]，57页，32开，环筒页装（国际问题参考资料 第2辑）

本书收文5篇：《世界往那里变动》（Palme Dutt著，邹彦译）、《蒲思茅斯会议后的展望》（Harry Politt著，汤生译）、《欧洲的选举》（William Rust著，汤生译）、《第二次欧战胜利后的德国劳工运动》（Hans Berger著，尼铭译）、《美国九月份读者文萃杂志新闻信》（康牧译）。

收藏单位：重庆馆、国家馆、河南馆

04241
苏美两国之性质 索罗多等著 魏文涛编
大连：大众书店，1946.5，再版，22页，32开（国际知识小丛书2）

本书阐述苏联国民经济的社会主义计划化及战后美国严重的失业问题。

收藏单位：长春馆、东北师大馆、国家馆、山东馆

04242
为保卫世界和平而斗争 中共河南省委宣传部编
开封：中共河南省委宣传部，1949.9，30页，32开（干部学习材料5）

收藏单位：河南馆、山东馆

04243
我们的光荣我们的爱 （苏）爱伦堡（И. Эренбург）著 云林译
新华书店，1949.7，华中版，82页，50开

收藏单位：广东馆

04244
新民主国家社会政治制度 （苏）法尔别洛夫著 冯犁译
北平：中外出版社，1949.6，29页，36开

本书概述罗马尼亚、匈牙利、保加利亚、波兰、捷克斯洛伐克、阿尔巴尼亚等东欧社会主义国家的社会政治制度。

收藏单位：重庆馆、东北师大馆、国家馆、陕西馆、天津馆

04245
新形势下的世界与中国 杨逸棠等著
香港：人民丛刊社，1949.5，62页，24开（人民丛刊1）

本书收文10篇，内容包括：《新形势下的世界与中国》（杨逸棠）、《什么是我们对世界和平最好的贡献》（田土）等。

收藏单位：吉林馆、近代史所

04246
形势比人还强 乔冠华著
重庆：新华日报，1943.11，134页，32开

本书为1943年7—9月的时局评论，

内容包括：《这里没有怀疑，这里没有畏惧》《大胆，大胆，大胆》《只有血的纽带》《胜利必须在地上争取》等。附《自由德意志民族委员会宣言》等 13 篇。著者原题：于怀。

收藏单位：北碚馆、重庆馆、广东馆、广西馆、国家馆、黑龙江馆、吉林馆、近代史所、上海馆、天津馆、武大馆、中科图

04247
怎样保障世界和平　胡愈之等著
战时出版社，[1937.12]，94 页，32 开（战时小丛刊 40）

本书收文 12 篇，内容包括：《和平不可分论》（胡愈之）、《战争国的神圣同盟和民主国的和平怠工》（F. 白黎）、《战争威胁下的世界和平》（李维诺夫）、《国际安全保障问题》（李维诺夫）、《集体的反侵略与集体的保障和平》（李维诺夫）、《中日战争与世界和平》（毛泽东）等。

收藏单位：重庆馆、东北师大馆、广西馆、贵州馆、国家馆、吉林馆、江西馆、上海馆

04248
战后国际形势问题　太岳新华书店编
[阳城]：太岳新华书店，1947.3，87 页，32 开（时事丛书 3）

本书收文 14 篇，内容包括：《对于战后国际形势中几个基本问题的解释》《斯大林答小罗斯福》《日丹诺夫论国际形势》《周恩来评马歇尔离华声明》等。

收藏单位：国家馆、山东馆

04249
战后殖民地问题　林云编
大连：大众书店，1947.3，再版，85 页，32 开（时事问题丛刊）

本书收文 13 篇：《现阶段的殖民地问题》《菲律滨的所谓"独立"》《印度问题》《印度形势》《英印谈判》《越南民族解放斗争》《越南独立运动与国共冲突的背景》《印度尼西亚民族独立运动的过去和现在》《马来亚的今日与明日》《阿拉伯联邦问题》《解决巴勒斯坦问题的途径》《叙利亚与黎巴嫩的独立斗争》《埃及人民的独立斗争》。

收藏单位：国家馆

04250
战后殖民地问题　林云编
临沂：山东新华书店，1946.9，74 页，36 开（时事问题丛书）

收藏单位：重庆馆、山东馆

04251
殖民地半殖民地国家的民族革命　杨松著
上海：新知书店，1946.6，36 页，36 开（社会科学读本 7）

本书共 4 章：论帝国主义的殖民政策、论殖民地半殖民地国家内民族解放运动与民族解放战争、论反帝统一战线与我国抗日民族统一战线、论殖民地半殖民地国家内民族解放运动与宗主国内社会主义的革命。

收藏单位：重庆馆、东北师大馆、福建馆、广西馆、湖北馆、吉林馆、辽大馆、辽宁馆、上海馆、绍兴馆、浙江馆

04252
最近一年间的国际动态（1946.7—1947.6）
东北日报社编
佳木斯：东北书店，1947.11，8+446 页，32 开

本书收《解放日报》《东北日报》文章一百余篇，内容包括：《关于战后国际形势中几个基本问题的解释》（陆定一）、《评莫斯科外长会议》（《真理报》社论）、《论华莱士事件》（《解放日报》）、《新生的德国》（皮克）、《战后英国经济》（瓦尔加）、《评日本大选》（《消息报》）、《朝鲜民主化的症结》（尹光）等。书前有编者说明。

收藏单位：长春馆、重庆馆、东北师大馆、国家馆、黑龙江馆、湖北馆、近代史所、辽大馆、南京馆、内蒙古馆、山西馆、上海馆、天津馆

中国政治

政策、政论

04253
半年来国内的形势（1948.1—1948.6） 东北书店辑
[佳木斯]：东北书店，1948.10，119页，32开
本书材料选自《东北日报》。收文30篇，内容包括：《目前形势和我们的任务》（毛泽东）、《民主联军总部发言人谈一九四七年扭转战局经过》、《一年来美国的侵华活动》（王宗一）等。
收藏单位：北师大馆、长春馆、东北师大馆、国家馆、近代史所、南京馆、山东馆、山西馆

04254
保护人民祖国的财产 西南服务团财经处编
西南服务团财经处，1949，50页，32开
本书收《保护人民祖国的财产》（新华社短评）、《三星事件的教训》（《人民日报》社论）、《严重警惕官僚主义作风》（上海《解放日报》社论）、《东北政委会颁布加强经济核算制度的决定》等。
收藏单位：重庆馆

04255
斥白皮书 第一野战军政治部编
第一野战军政治部，[1940—1949]，97页，32开
收藏单位：山东馆

04256
纪念册 中共扬州地方委员会宣传部编
扬州：中共扬州地方委员会宣传部，[1949.9]，41页，32开
本书收文7篇：《迅速召开各界人民代表会议》（新华社社论）、《在新政协筹备会上的讲话》（毛泽东）、《论人民民主专政》（毛泽东）、《粉碎敌人封锁为建设新上海而斗争》（饶漱石）、《上海市各界代表会议的闭幕词》（陈毅）、《北平各界代表会上总结报告摘要》（彭真）、《南京各界代表会议闭幕词》（唐亮）。附《我参加了北平各界代表会》（费孝通）。
收藏单位：国家馆

04257
时事学习参考文件（1946.3—1946.4） 晋察冀军区政治部编
晋察冀军区政治部，[1946]，99页，32开
本书收时事社论、谈话21篇，内容包括：《中国法西斯派的纲领》（《解放日报》社论）、《评中央日报反动社论》（新华社记者评）、《国民党改革问题的两个道路》（《解放日报》社论）、《怎样才能实现东北和平》（《东北日报》社论）、《周恩来同志对国民党二中全会的谈话》（中外日报招待会上发表）、《出尔反尔》（《新华日报》社论）、《周恩来同志在渝发表对东北问题重要谈话》（在渝招待会上）等。
收藏单位：国家馆

04258
新华社各地来稿（1948.7—1949.3） 新华社编辑部编
延安：新华社编辑部，1948—1949，9册，16开
收藏单位：国家馆

04259
[新华社社论]
新华社，[1949]，77页，25开
本书收《无可奈何的供状》《别了，司徒雷登》《四评白皮书》《歪曲国共关系真相》《中国人民胜利在握》《艾奇逊致杜鲁门信全文》等。
收藏单位：江西馆

04260
新中国文献（第1辑）

重庆：商务日报社，1949，[90]页，32开

本书收《新民主主义论》（毛泽东）、《关于工商政策报告》（毛泽东）、《解放区工业政策》、《发展工业的劳动政策与税收政策》、《中国土地法大纲》等。

收藏单位：重庆馆

04261

政策汇编　中共中央中原局编

中共中央中原局，1949.5，6册，32开，精装

本书收1947年12月至1949年2月中共中央发布的政策文件，供县团级以上干部学习。收文件44种，内容包括：《毛主席关于新区工作策略问题致邓小平同志电》《中共中央关于军事管制问题的指示》《中共中央关于对待民主人士的指示》等。

收藏单位：国家馆、天津馆

04262

中共权威人士论时局　新华书店晋察冀分店编

[阜平]：新华书店晋察冀分店，1947，20页，32开

本书收文4篇：《中国权威人士论时局》《破车不能再开》《蒋介石的末路》《东北一年》。

收藏单位：国家馆、天津馆

04263

朱总司令讲话·彭真同志讲话·薄一波同志讲话（在北平“七一”二十八周年纪念大会上）　朱德著·彭真著·薄一波著

出版者不详，[1949]，8页，32开

收藏单位：国家馆

中国革命和建设问题

04264

邓政委解答时局与任务中几个问题的报告

晋冀鲁豫军区政治部编

晋冀鲁豫军区政治部，1947.8，13页，32开

本书为干部学习材料。

收藏单位：山东馆

04265

反对统一战线中的机会主义　新四军第一纵队政治部编

新四军第一纵队政治部，1946.2，36页，32开

本书收《反对统一战线中的机会主义》、《美国共产党反对修正主义的教训》（《解放日报》社论）等文献。附《毛主席电贺反白劳德路线胜利》等文章两篇。

收藏单位：国家馆

04266

关于统一战线的理论材料　绥远省省级机关总学委会编

归绥（呼和浩特）：绥远省省级机关总学委会，[1948.5]，31页，32开

收藏单位：国家馆

04267

论城乡合作　卢蕻撰

[北平]：三联书店，1949.9，71页，32开

本书共3部分：资本主义各国城市的一般特点与中国城市的特殊属性、抗日战争与人民解放战争期间城乡关系的变化、新的城乡关系如何建立。

收藏单位：长春馆、重庆馆、东北师大馆、天津馆

04268

中共中央华北局代表薄一波在华北临时人民代表大会上的演说（关于华北人民政府施政方针的建议）　薄一波著

华北人民政府，[1949]，17页，32开

收藏单位：山东馆

政治制度与国家机构

04269

北平市目前中心工作　北平解放报编

北平：北平解放报，[1949.5]，38页，32开

本书收《中共北平市委关于北平市目前中心工作的决定》《中共北平市委关于生产与工会工作的初步计划》《中共北平市委关于北平公营企业机构及员工薪金问题的指示》《北平军管会关于本市辖区农业土地问题的决定》等。

收藏单位：广东馆、国家馆

04270

东北人民代表会议汇刊　东北人民代表会议秘书处编

[沈阳]：东北人民代表会议秘书处，1949.9，42页，16开

收藏单位：国家馆

04271

东北人民政府施政方针

出版者不详，1949.8，19页，32开

本书共两部分：东北人民代表会议关于中共中央东北局向东北人民代表会议所提东北人民政府施政方针建议的决议、中共中央东北局关于东北人民政府施政方针向东北人民代表会议的建议。

收藏单位：长春馆、国家馆

04272

华北临时人民代表大会汇刊　华北人民政府秘书厅编

华北人民政府秘书厅，[1948]，53页，16开

本次会议于1948年8月7—19日在石家庄市召开。本书收大会摄影、贺电贺词、大会文献等。

收藏单位：国家馆

04273

华北临时人民代表大会议事规程草案

出版者不详，1948.8，2页，32开

本书收规程18条。

收藏单位：国家馆

04274

冀晋区政府系统编制表　华北财办编

华北财办，1948.2，油印本，2页，18开

收藏单位：国家馆

04275

冀中区政府编制表　华北财办编

华北财办，1948.2，油印本，2页，18开

收藏单位：国家馆

04276

论新政协　郭沫若等执笔

香港：南风书屋，1948.6，51页，32开（新政丛书 第1辑）

本书收文6篇，内容包括：《为新政协催生》（郭沫若）、《新政协的任务及产生的历史条件》（邓初民）、《读了“五一”口号以后》（马叙伦）、《展开新政协运动》（沈志远）、《怎样认识新政协的号召》（李岱青）、《试答关于新政协的问题》（耐寒）。

收藏单位：国家馆、近代史所

04277

论新政协

香港：自由世界出版社，1948.6，67页，32开（自由丛刊15）

本书收文14篇，内容包括：《为新政协催生》（郭沫若）、《怎样认识新政协的号召》（李岱青）、《释“人民大众”》（火庐）、《美苏“和谈”事件》（任以沛）等。

收藏单位：黑龙江馆、吉林馆、人大馆、浙江馆

04278

上海市第一次各界代表会议纪要　上海市人民政府编

上海市人民政府，[1949.8]，60页，16开

本次会议于1949年8月3—5日召开。本纪要收会议经过的报告、各界代表名单、主席团名单、潘汉年开幕词、陈毅闭幕词，以及各界代表发言摘要、提案和意见等。

收藏单位：安徽馆、国家馆、湖南馆、南京馆、上海馆

04279

太原各界代表会汇刊（一届至二届一次）　太

原市人民政府办公室编
太原：太原市人民政府办公室，1949，77 页，16 开
收藏单位：国家馆、山西馆

04280
许昌县各界人民代表会（特辑） 中共许昌地委宣传部编
许昌：中共许昌地委宣传部，1949，16 页，32 开
本书记录 1949 年许昌县各界人民代表会的召开、会议涉及的工作报告和会议通过的决议、参会的情况等。
收藏单位：国家馆

思想政治教育和精神文明建设

04281
干部必读文件 中共晋绥分局宣传部编
[兴县]：中共晋绥分局宣传部，1949.1，44 页
本书收文 16 篇，内容包括：《中央关于召开党的各级代表大会和代表会议的决议》《中央工业领导方法的决定》《斯大林论领导与检查》《列宁论党和党的纪律的重要性》等。附《毛主席论工作作风》等 5 篇。
收藏单位：重庆馆、国家馆、山西馆

04282
干部学习补充材料
出版者不详，1945.3，油印本，1 册，32 开
本书收讲话 4 篇：《雪峰同志在招待劳动英雄会上的讲话》（冯雪峰）、《关于劳动英雄模范工作者问题》（李富春）、《两三年内完全学会经济工作》（毛泽东）、《关于工作作风问题》（高岗）。
收藏单位：国家馆

04283
干部学习材料 富锦县民运工作委员会编辑
富锦县民运工作委员会，1947，27 页，36 开
收藏单位：国家馆

04284
干部学习材料 [西丰县政府编]
西丰县政府，1947，33 页，32 开
本书收文 6 篇：《中国人民解放军宣言》《颁布解放军口号》《统一三大纪律八项注意》《关于公布中国土地法大纲的决议及中国土地法大纲》《认识地主阶级》《晋绥边区农会临时会员会告农民书》。
收藏单位：天津馆

04285
干部学习材料 新华书店安东分店编辑
安东（丹东）：新华书店安东分店，[1949]，151 页，32 开
本书收文件 17 种，内容包括：《人民解放战争两周年的总结和第三年的任务》《布尔塞维克成功底基本条件之一》《反对党内几种不正确的倾向》《中共中央关于增强党性的决定》等。
收藏单位：国家馆

04286
干部学习材料
辽宁军区政治部，1946，121 页，32 开（干部学习材料选集 1）
本书共 3 部分：各种错误思想意识、反对军阀主义官僚主义、整风学习方法。
收藏单位：浙江馆

04287
干部学习材料
出版者不详，1946.8，8 页，32 开
本书收文两篇：《为粉碎蒋介石进攻晋冀鲁豫解放区暨争取爱国战争胜利的号召》（中国共产党晋冀鲁豫中央局）、《全解放区人民动员起来粉碎蒋介石的进攻》（《解放日报》社论）。
收藏单位：国家馆

04288
干部学习材料（第 1 集） 华东军区后勤政治部编
华东军区后勤政治部，1949.5，46 页，42 开

本书收文6篇，内容包括:《重要的问题在于学习》《把消费城市变成生产城市》等。

04289
干部学习材料（第1辑） 皖北区党委宣传部编
皖北区党委宣传部，1949，18页，32开
本书收文3篇:《论人民民主专政》《毛主席在新政协筹备会讲话》《中共中央七七口号》。
收藏单位：国家馆

04290
干部学习材料（第1—2辑） 中共扬州地委宣传部编
扬州：中共扬州地委宣传部，[1946—1949]，2册，32开
收藏单位：国家馆

04291
干部学习参考材料
出版者不详，[1947]，37页，32开
本书收文4篇:《党的建设问题》（马林可夫）、《列宁论苏维埃机关人员应如何工作》（伏蒂也娃）、《领导者的工作方法——效率与远见》（西宁）、《华北解放区的当前任务》（西宁）。
收藏单位：国家馆

04292
干部学习参考材料（第1集）
边区行政委员会秘书处，1945.4，油印本，12页，32开
收藏单位：国家馆

04293
干部学习参考文件 毛泽东等著 中共上海市委党校编
上海：中共上海市委党校，1949.7，203页，32开
本书收《论人民民主专政》《目前形势和我们的任务》《在晋绥干部会上的讲话》《将革命进行到底》《工业问题》《工商业政策》《关于中国职工运动当前任务的决议》《中国新民主主义青年团团章》等文件。
收藏单位：广东馆、国家馆、华东师大馆、南京馆

04294
干部学习文件 华北人民政府学习委员会汇集
[北平]：[华北人民政府学习委员会]，1949.8，26页，32开
本书收文5篇:《论人民民主专政》《新政治协商会议筹备讲词》《为进一步巩固华北党而奋斗》《消灭麻痹倾向扑灭特务匪徒》《保护人民祖国的财产》。
收藏单位：天津馆

04295
干部学习文件 晋西北学委会编
[兴县]：晋绥大众报社，1949.5，53页，32开
本书收文11篇，内容包括:《中共七届二中全会报导》（新华社）、《目前形势与任务》（任弼时）、《为什么革命要寄托于无产阶级》（联共党史）、《论新经济政策与国家资本主义》（斯大林）等。附《目前形势与我们的任务》等5篇。
收藏单位：长春馆、国家馆、辽宁馆、山东馆、山西馆、天津馆

04296
干部学习文件 西北局宣传部编
[西安]：西北局宣传部，1948.7，86页，32开
本书收文件11种，内容包括:《中共中央宣传部关于纪念“七一”和“七七”的通知》《西北局关于在职干部学习的指示》《1929年闽西古田会议决议案》《关于增强党性的决定》等。
收藏单位：重庆馆、国家馆、辽宁馆、山东馆

04297
干部学习文件

吉林书店，1948，15+12+20 页，32 开

本书收文 3 篇:《目前形势和我们的任务》《在晋绥干部会议上的讲话》《东北局关于平分土地运动的基本总结》。

收藏单位：东北师大馆、国家馆

04298

干部学习文件

江淮日报社，1948.9，56 页，32 开（干部学习丛书）

本书收文 10 篇，内容包括:《中宣部重印〈左派幼稚病〉第二章前言》、《〈左派幼稚病〉第二章》（列宁）、《反对经验主义》（艾思奇）、《反对自由主义》（毛泽东）、《整顿党的作风》（毛泽东）、《中央关于增强党性决定》等。

收藏单位：重庆馆

04299

干部学习文件（第 1 辑） 合江省委宣传部［编］

佳木斯：合江省委宣传部，1948，30 页，32 开

收藏单位：辽宁馆

04300

干部学习文件（第 2 辑） 合江省委宣传部［编］

佳木斯：合江省委宣传部，1949，22 页，32 开

收藏单位：辽宁馆

04301

干部学习文件（6） 华北人民政府学习委员会编

华北人民政府学习委员会，1949.9，36 页，32 开

本书收文 3 篇:《六评白皮书》《国家与革命》《列宁〈左派幼稚病〉介绍》。

收藏单位：国家馆、天津馆

04302

论思想改造

汉口：改造出版社，1949，56 页，32 开（改造丛书 第 1 辑 6）

本书内容包括：改造我们的学习、论思想领导与思想改造、有事和群众商量、怎样结合书本知识和实际经验、论布尔什维克对缺点的不调和性等。

收藏单位：北大馆、国家馆

04303

论思想意识 ［刘少奇等著］

佳木斯：东北书店，1948.6，3 版，122 页，32 开

佳木斯：东北书店，1948.9，4 版，122 页，32 开

本书内容包括:《人的阶级性》（刘少奇）、《反对自由主义》（毛泽东）等。另收《个人主义的发展规律》（吴芝圃）、《知识份子的特性》（列宁）等参考资料 10 篇。

收藏单位：东北师大馆、国家馆、吉林馆、辽宁馆

04304

论思想意识 刘少奇等著

中国人民公论社，1949，72 页，36 开

收藏单位：北师大馆、国家馆、湖南馆

04305

论思想意识 毛泽东等著

［唐山］：冀东新华书店，1948.12，118 页，32 开

收藏单位：国家馆

04306

论思想意识 毛泽东　刘少奇等著

［汉口］：人民书店，1949.6，62 页，32 开

收藏单位：国家馆

04307

论思想意识

大连：大众书店，1948.4，100 页，32 开

收藏单位：南京馆、陕西馆

04308
论思想意识
[长春]：东北新华书店，1949.8，7版，122页，32开
收藏单位：湖北馆

04309
明确阶级立场肃清地主思想　太行群众书店编
[邢台]：太行群众书店，1947.9，42页，36开，环筒页装
本书收文11篇，内容包括:《学习晋绥日报的自我批评》(新华社社论)、《斗争怎样才算澈底》(王春)、《理必说清，事可活办》(王春)、《谁不给谁留出路?》(王春)、《开辟第二战场!》(《新华日报》短论)等。
收藏单位：国家馆、河南馆、近代史所、南京馆、山东馆、山西馆、天津馆

04310
明确阶级立场肃清地主思想　太岳新华书店编
[阳城]：太岳新华书店，1947.12，28页，32开
收藏单位：国家馆、山东馆

04311
目前时事学习重要文件(干部学习材料)　军区政治部[编]
军区政治部，1947.1，24页，32开
收藏单位：国家馆

04312
为保卫中国而战　共产国际执行委员会编
大众出版社，[1919—1943]，28页，36开
收藏单位：贵州馆

04313
新劳动态度的模范　丁坚编
大连：大众书店，1948.10，76页，32开(工业生产丛书2)
本书收文8篇:《新劳动态度的模范》(穆青)、《劳动旗手甄荣典》(华山)、《战斗和生产的旗帜》(煌颖)、《女工的榜样》(常工)、《"刘伯承工厂"运动》(华山)、《不屈的苦斗》(常工)、《团结和教育工人的核心》(济臣)、《"速度就是生命"》(汪溪)。
收藏单位：重庆馆、国家馆、吉林馆、辽宁馆、山东馆

04314
宣传手册(第1辑)　南京市人民庆祝京沪杭解放大会编
南京：南京市人民庆祝京沪杭解放大会，1949，65页，32开
本书收庆祝京沪杭解放的宣传大纲、标语口号、文献、报道、各地贺电等。
收藏单位：重庆馆

04315
宣传手册(第2辑)　南京市人民庆祝京沪杭解放大会编
南京：南京市人民庆祝京沪杭解放大会，1949，94页，32开
本书收庆祝京沪杭解放的专论、法令、问题解答等。
收藏单位：重庆馆、南京馆

04316
宣传手册(第3辑)　南京市人民庆祝京沪杭解放大会编
南京：南京市人民庆祝京沪杭解放大会，1949，73页，32开
本书收纪念"七七"补充宣传大纲，以及庆祝京沪杭解放的文献、资料、问题解答等。
收藏单位：重庆馆

04317
宣传手册(第4辑)　南京市委会宣传部编
南京市委会宣传部，1949.9，76页，32开
本书共3部分：宣传资料、问题解答、宣传业务。
收藏单位：南京馆

04318
学习参考资料汇编 北平院校教职员联合会筹委会编辑
北平院校教职员联合会，1949，213 页，32 开
本书收列宁、斯大林、毛泽东、刘少奇等对学习问题、工会问题、人民民主专政问题的有关论述。
收藏单位：国家馆

04319
拥爱好榜样 新四军山东军区政治部宣传部编
山东新华书店，[1946—1949]，26 页，32 开
本书收文 5 篇：《拥爱模范门排长》《模范荣誉军人陈善》《拥爱劳动模范党彦召》《拥爱榜眼于乐亭》《团结群众的模范范维士》。
收藏单位：山东馆

04320
政策学习参考手册 华东军区政治部编
华东军区政治部，1948，88 页，42 开
本书供营连干部用。共 6 部分，内容包括：加强学习、目前形势和我们的任务、土地改革政策等。书前有前言。
收藏单位：国家馆、辽宁馆、南京馆、山东馆

04321
重要的问题在善于学习 陈伯达著
哈尔滨：东北书店，1948.12，16 页，32 开
本书通过毛泽东提出的“重要的问题在善于学习”这一号召，阐述全党除了学会战争这一方面，还要继续学习关于经济和文化教育的工作。
收藏单位：长春馆、重庆馆、东北师大馆、国家馆、南京馆、山东馆、天津馆

04322
重要的问题在善于学习 陈伯达著
华北新华书店，1948.11，27 页，32 开
收藏单位：重庆馆、国家馆、宁夏馆

04323
重要的问题在善于学习 陈伯达撰
哈尔滨：冀东日报社，1948，17 页，32 开
收藏单位：国家馆

04324
重要的问题在善于学习 陈伯达著
天津新华书店，1949.4，27 页，32 开
收藏单位：重庆馆、国家馆、南京馆、天津馆

04325
重要的问题在善于学习 中共太行区党委宣传部编
太行新华书店，1949.3，164 页，32 开（经济工作文件选辑）
本书收文 17 篇，内容包括：《新民主主义的经济》（毛泽东，摘自《论联合政府》）、《论合作制》（列宁，摘自《列宁全集》）、《论保护工商业的政策》（任弼时，摘自《土地改革中的几个问题》）、《临清实践与国营商业》（新华社社论，1948 年 1 月 9 日）等。
收藏单位：国家馆、河南馆、山西馆

04326
重要的问题在善于学习（介绍列宁论学习经济工作） 陈伯达著
临汾：临汾人民报社，[1948]，15 页，32 开
收藏单位：国家馆、山西馆

04327
重要的问题在善于学习（介绍列宁论学习经济工作） 陈伯达著
出版者不详，[1948—1949]，14 页，32 开
收藏单位：安徽馆、重庆馆、山西馆、天津馆

政治运动、政治事件

04328
把农民队伍组织好 彭真等著
[威县]：冀南区党委，[1943—1949]，32 页，

32 开

本书为《晋察冀日报》文选。收文 11 篇，内容包括：《把农民队伍组织好》（彭真）、《贫农敢说话了》（杨默）、《曲阳晓林村的三个会》（迪亭）、《影林巩固贫农团的几个问题》（方纪）、《澈底平分土地与妇女工作的新任务》（邓颖超）等。

收藏单位：国家馆

04329

澈底平分土地　安东日报社编

[安东（丹东）]：安东日报社，[1947—1949]，68 页，32 开（干部学习材料 4）（平分土地干部学习丛书 第 3 集）

本书节选《土地改革和整编党的队伍》（毛泽东，节录《目前形势和我们的任务》）、《中共中央关于公布中国土地法大纲的决议》、《告农民书》（中共东北局）等。

收藏单位：东北师大馆

04330

陈政委在华中土地会议上的总结记录摘要

出版者不详，[1947—1949]，59 页，32 开

本书共 3 部分：对华中土改的基本估计、华中土改工作基本经验、今后华中土改的方针任务。

收藏单位：国家馆

04331

传达少奇同志在全国土地会议上的结论的提纲　东北人民解放军总政宣传部编

吉林：吉林军区政治部，1947，13 页，32 开（干部学习教材 2）

收藏单位：南京馆

04332

地主吃人花招

佳木斯：东北书店，1948.3，25 页，32 开

本书介绍地主的种类及其剥削农民的手段等。

收藏单位：东北师大馆、国家馆、辽宁馆、南京馆、浙江馆

04333

地主发家史　中国牡丹江省委宣传部编

[牡丹江]：东北书店牡丹江分店，1947.12，48 页，32 开

本书共 3 部分：地主恶霸发家史、血的诉苦、地主恶霸翻把阴谋。收材料 7 篇。

收藏单位：国家馆、吉大馆、辽宁馆、南京馆、宁夏馆

04334

地主发家史（上册）　合江省青年干部学校编

佳木斯：合江省青年干部学校，[1946—1949]，70 页，32 开

本书为土地改革教育材料，共 3 部分：地主发家史、地主罪恶、农民的血泪。收勃利、桦川、宾县、汤原、哈尔滨、肇东、鹤立等地区封建恶霸地主的罪恶史 12 篇。

收藏单位：南京馆

04335

地主翻把血的教训　井岩盾等著

哈尔滨：东北书店，1948.2，51 页，32 开

本书内容包括：如何对付地主翻把、后五道木事件的教训、辉南新立屯翻把惨案、汤原永远屯的反“翻把”斗争等。

收藏单位：东北师大馆、辽大馆、辽宁馆、南京馆

04336

地主欺骗农民的鬼话　合江军区政治部编

佳木斯：[合江军区政治部]，1947.9，13 页（土地改革教育材料 3）

收藏单位：近代史所

04337

东北局关于平分土地运动的基本总结　东北书店辽北分店编

东北书店辽北分店，1948.3，26 页，32 开

本书共 5 部分：成绩是主要的、几种左的偏向、偏向的根源、坚决纠正偏向、今后任务。

收藏单位：广东馆

04338
东北局关于平分土地运动的基本总结（一九四八年三月廿八日）
东北日报社，[1948.3]，29 页，32 开
收藏单位：北师大馆、国家馆、吉林馆、南京馆、宁夏馆、中科图

04339
东北局关于平分土地运动的基本总结（一九四八年三月廿八日）
辽东书店，[1948—1949]，22 页，32 开
收藏单位：南京馆

04340
东北局关于平分土地运动的基本总结（一九四八年三月廿八日）
[乌兰浩特]：内蒙书店，[1948.3]，23 页，32 开
收藏单位：国家馆

04341
翻身道理　王希坚著
[威县]：冀南书店，1947.6，增订本，45 页，32 开（工农兵丛书）
收藏单位：国家馆

04342
翻身道理　王希坚著
晋察冀新华书店，1947.10，36 页，32 开
本书分 4 部分：谁养活谁、耕者有其田、吴满有方向、翻身后的三件事。共 21 节，每节后有讨论问题。据山东解放区出版物印。
收藏单位：国家馆、山东馆

04343
翻身道理
冀鲁豫书店，1946.1，89 页，32 开
收藏单位：国家馆

04344
翻身道理
临邑：临邑新华书店，1946.9 印，石印本，1 册，32 开
收藏单位：国家馆

04345
翻身经验
太行新华日报，[1946—1949]，80 页，32 开
本书收文 33 篇，内容包括：《开展翻身大检查实行“填平补齐”运动》（《人民日报》社论）、《充分发动群众的标志》（华中《新华日报》）、《长治深入发动群众经验》（王宗琪、王静）、《武安深入群运的经验》（王庭栋）、《鱼台新区群运经验》（《人民日报》）、《林县抓紧团结中农》（林县联合办公室）、《同会村成立“养老合作社”》（史洪）等。
收藏单位：国家馆、山东馆

04346
干部必读　辽北省委宣传部编
辽北书店，1948.10，[147] 页，32 开
本书收有关中国共产党的建设、工作等问题的指示、报告、文章、决议等 17 种，内容包括：《中共中央关于在老区半老区进行土地改革工作与整党工作的指示》、《毛主席在晋绥干部会议上的讲话》（1948 年 4 月 1 日）、《中共中央关于一九四八年土地改革工作和整党工作的指示》、《土地改革中的几个问题》（任弼时）、《反对自由主义》（毛泽东）等。
收藏单位：国家馆、黑龙江馆、宁夏馆、山东馆

04347
告农民书　晋绥边区农会临时委员会颁发
华东局秘书处，[1946—1949] 印，9 页，32 开
本书号召全边区农民以空前规模行动起来，彻底打垮封建势力。
收藏单位：南京馆、宁夏馆

04348
各县突点经验介绍　群众编委会编
群众编委会，[1949]，68 页，32 开（分地丛书 3）
本书介绍双城正白头屯、呼兰长岭区、延寿北宁村、汤原香兰区共和屯、青冈望海乡等 8 个地区平分土地的经验。

收藏单位：东北师大馆、国家馆、黑龙江馆、南京馆、天津馆

04349
耕者有其田（农民翻身读本） 涛然编
[阳城]：太岳新华书店，1947.7，再版，订正本，13页，32开
本书供新解放区村干部和农民阅读，共8部分：穷根、土地回老家、打破迷昏阵、团结亲兄弟、对准目标、公平合理分果实、四件大事（一、二）。书前有作者再版前记。
收藏单位：国家馆、宁夏馆、天津馆

04350
工作文集
出版者不详，1948.1，53页，32开
本书收文6篇，内容包括：《聂荣臻同志在晋察冀边区土地会议上开幕词摘要》《平分土地与整顿队伍（彭真同志在晋察冀边区土地会议上报告述要）》《晋察冀边区农会临代会告农民书》等。
收藏单位：国家馆

04351
顾大川同志在区以上干部会议上关于土改及今后工作的报告 中共太岳区党委编
[阳城]：中共太岳区党委，1948.9，23页，32开
收藏单位：国家馆、山西馆

04352
关于贯彻实行土地改革的指示 中共中央华东局编
出版者不详，1946.9，7页，32开
收藏单位：山东馆

04353
关于贯彻土地改革的指示 豫皖苏区党委编
豫皖苏区党委，1948.1，油印本，14页，32开
收藏单位：国家馆

04354
关于土地改革后农村生产与负担问题（董必武同志在全国土地会议上的报告） 董必武著
[平山]：华北财经办事处，[1947.8]，31页，32开（会议文献4）
本书针对土地改革后农村生产可能发生的变化及土地改革后发展生产的方向进行论述，并对当时农民负担是否过重、负担是否公平等问题进行了分析。
收藏单位：国家馆、近代史所、南京馆、山西馆

04355
关于土地改革思想教育提纲 晋冀鲁豫军区政治部编
晋冀鲁豫军区政治部，1947，7页，36开
收藏单位：重庆馆

04356
关于土地改革问题的宣传解释提纲（春节宣传材料） 中共晋南工委宣传部编
中共晋南工委宣传部，[1948]，10页，32开
收藏单位：重庆馆、山西馆

04357
关于土地改革整党与民主运动的指示 中共晋冀鲁豫中央局编
华北新华书店，1948.3，45页，32开
本书内容包括：《中共中央关于在老区、半老区进行土地改革工作与整党工作的指示》《中共晋冀鲁豫中央局关于土地改革整党与民主运动的指示》等。
收藏单位：国家馆

04358
关于土地农民问题的重要文献 中共中央统一战线工作部编
[北平]：中共中央统一战线工作部，1949.8，148页，32开
本书收文献13篇，内容包括：《中共中央关于清算减租及土地问题的指示》《中国共产党中央委员会关于公布中国土地法大纲的决议及中国土地法大纲》等。

收藏单位：重庆馆、国家馆、近代史所

04359
关于一九三三年两个文件的决定 中共中央委员会编
大众日报社，1948.6，16页，32开
收藏单位：山东馆

04360
关于一九三三年两个文件的决定 中共中央委员会编
山东省教育研究会，1948.7，油印本，22页，32开
收藏单位：山东馆

04361
关于一九三三年两个文件的决定 中国共产党中央委员会颁发
新华印刷厂，[1933—1949]，24页，32开
收藏单位：重庆馆、山东馆

04362
贯彻土地改革的思想 东北民主联军总政治部编
东北民主联军总政治部，1947.10，38页，32开
本书介绍东北解放区土地改革政策。收文7篇，内容包括：《地主阶级的剥削方法》《由日寇鹰犬到蒋党特务》《地主蒲宝祥的发家史》《恶霸严振利的血腥事件》《翻身农民热烈参军参战》等。书前有前言。
收藏单位：国家馆、辽大馆、辽宁馆、南京馆、山东馆、浙江馆

04363
还我土地 涛然著
涉县：太行群众书店，1947.12，12页，32开
本书供新解放区村干部和农民阅读。共8个问题，内容包括：找穷根、土地回老家、打破迷魂阵、团结亲兄弟等。书前有前记。
收藏单位：国家馆、山东馆、山西馆

04364
解放区的土地政策与实施 力耕编
香港：中国出版社，1947.2，64页，32开（解放区介绍丛书1）
本书主要介绍解放区的土地政策及其实施情况。共4部分，内容包括：中共在民主革命阶段中对于中国土地问题的基本方针、现阶段土地改革的道路与特点等。
收藏单位：重庆馆、广东馆、国家馆、山西馆

04365
苦海深仇 合江军区政治部编
[佳木斯]：合江军区政治部，1947印，111页，64开
收藏单位：天津馆

04366
老区半老区怎样进行土改整党
滨海新华书店，1948.7，46页，32开
本书为干部学习材料，收《中共中央关于在老区、半老区进行土地改革工作与整党工作的指示》《山西崞县是怎样进行土地改革的?》《平山老解放区土改中整党与发动群众相结合的经验》《对土改中纠偏和整党的指示》《爱护干部与改造干部》等。
收藏单位：重庆馆、山东馆

04367
两个重要文件 东北书店辽北分店编
东北书店辽北分店，1948.6，27页，32开
本书收文两篇：《中共中央委员会关于一九三三年两个文件的决定》《中共中央关于一九四八年土地改革工作和整党工作的指示》。
收藏单位：重庆馆、广东馆

04368
领导路线和作风 九地委宣传部编
新华书店分店，[1947—1949]，70页，32开
本书为土改三查干部学习材料，主要涉及土地改革和整顿作风的问题。内容包括：中共中央、东北局、晋冀鲁豫局、华东军区、

晋察冀政委会、东北政委会等的指示、命令和规定，《晋察冀日报》《大众日报》《江海报》社论，以及周扬等人的论著37篇。

收藏单位：南京馆

04369

刘少奇同志给晋绥同志的信 刘少奇著

胶东区党委，1947.8，6页，32开

收藏单位：山东馆

04370

刘少奇同志给晋绥同志的信 刘少奇著

[兴县]：中共中央晋绥分局，[1947]，8页，32开

收藏单位：重庆馆

04371

论土地改革

东北民主联军总政治部，1947，74页，32开

本书收文十余篇，内容包括：贺龙、陈云等同志的报告，新华社、《解放日报》、《合江日报》等的社论，以及其他资料。

收藏单位：南京馆

04372

论土地改革（2） 合江军区政治部编

[佳木斯]：合江军区政治部，1947.12，33页，32开

本书收《中共中央决议和中国土地法大纲》《合江军区政治部的指示》《晋绥边区农会告农民书》《陈云同志报告》等。

收藏单位：东北师大馆、南京馆

04373

论新解放区土地政策 华东人民革命大学教务处编

华东人民革命大学教务处，1949，14页，32开（学习参考材料9）

收藏单位：重庆馆

04374

论新解放区土地政策 解放社编

[泰州]：苏北新华书店，1949.8，16页，32开

收藏单位：南京馆、宁夏馆

04375

论新解放区土地政策 解放社编

无锡：苏南新华书店，1949.7，14页，32开

收藏单位：南京馆

04376

论新解放区土地政策 解放社编

皖北新华书店，1949.6，20页，32开

收藏单位：南京馆

04377

论新解放区土地政策 解放社编

北平：新华书店，1949.5，25页，36开

上海：新华书店，1949.6，再版，25页，32开

本书收文5篇：《有步骤地、有分别地消灭封建剥削制度》（摘自毛泽东《在晋绥干部会议上的讲话》）、《关于新区土地改革工作》（摘自《中共中央关于一九四八年土地改革工作和整党工作的指示》）、《停止新区土改实行减租减息》（《豫西日报》社论）、《中共中央中原局减租减息纲领》、《中共中央东北局对新区土地改革的指示》。

收藏单位：北师大馆、重庆馆、东北师大馆、国家馆、南京馆、宁夏馆、山东馆、山西馆、天津馆

04378

论新解放区土地政策 解放社编

杭州：浙江新华书店，1949.8印，20页，32开

收藏单位：山东馆、浙江馆

04379

论新解放区土地政策（标准本） 中共中央中原局宣传部编

[郑州]：中原新华书店，1949.5，13页，32开（中国共产党政策选辑1）

收藏单位：重庆馆、国家馆

04380

论新区土地政策　解放社编

新华书店，1949.6，中原版，25 页，32 开

收藏单位：湖北馆、湖南馆、天津馆

04381

南天河土改调查　郝中土编

中共冀鲁豫区党委调查研究室，1947.10，17 页，32 开

本书共 3 部分：土改前特点、土改、估计。

收藏单位：南京馆

04382

平分土地运动中的几个问题（《东北日报》一月十一日社论）

[哈尔滨]：东北书店，1948.1，15 页，32 开

本书针对中央土地法颁布后东北地区在平分土地运动中存在的问题，做了解释和说明。

收藏单位：国家馆、南京馆

04383

清除右倾思想澈底摧毁封建势力　中共华中十一地宣编

黄海书店，[1946—1949]，34 页，32 开

本书为土地复查考材料，收《苏北日报》《大众日报》《江海导报》的社论、专论 10 篇。附《苏北地区复查后存在的几个问题》。

收藏单位：南京馆

04384

全体农民起来平分土地　晋察冀日报社编

[阜平]：晋察冀新华书局，1948.1，31 页，36 开（晋察冀日报社论 第 1 集）

本书收文 10 篇，内容包括：《全体农民起来平分土地》《搬掉石头，整顿队伍》《找母亲》《划清界线》等。

收藏单位：国家馆、河南馆、近代史所、辽宁馆、宁夏馆、山东馆、山西馆

04385

认识地主阶级（下册）

[佳木斯]：合江省青年干部学校，[1947—1949]，67 页，32 开

本书为土地改革材料，共两部分：划分阶级、地主翻把。收文 9 篇。附《中国土地法大纲》等 3 种。

收藏单位：南京馆

04386

三大文件　毛泽东　任弼时等著

[通辽]：东北书店通辽支店，1948，55 页，32 开

本书收文 3 篇：《目前形势和我们的任务》《中共中央关于在老区、半老区进行土地改革工作与整党工作的指示》《土地改革中的几个问题》。

收藏单位：天津馆

04387

山西崞县是怎样进行土地改革的　[谭政文著]

安东日报社，1948，39 页，32 开

本书是谭政文写给李政委并分局的报告。报告前有毛泽东的批示。

收藏单位：东北师大馆

04388

山西崞县是怎样进行土地改革的　[谭政文著]

东北日报社，1948，24 页，32 开

收藏单位：重庆馆、东北师大馆、国家馆、宁夏馆、天津馆

04389

山西崞县是怎样进行土地改革的　[谭政文著]

[牡丹江]：东北书店牡丹江书店，[1948]，16 页，32 开

收藏单位：重庆馆、浙江馆

04390

山西崞县是怎样进行土地改革的　[谭政文著]

冀鲁豫书店，[1948]，27 页，32 开

收藏单位：重庆馆、国家馆

04391
省委土地会议结论（一九四七年十二月十二日） 中共黑龙江省委办公室编
[北安]：[中共黑龙江省委办公室]，1948.3，18页，32开
本书为省委土地会议材料，内容包括：土地改革为何不彻底、对运动的认识、今后做法的问题等。
收藏单位：辽宁馆

04392
肃清特务土匪巩固革命秩序
中国人民解放军华东军区第三野战军政治部，1949，17页，32开
本书收《肃清特务土匪巩固革命秩序》（新华社社论）、《坚决消灭土匪》（《长江日报》社论）、《河南省委为彻底剿灭土匪打倒恶霸向全省党政军民的号召》等。
收藏单位：重庆馆、国家馆

04393
土地复查补充教材 军区政治部编
军区政治部，[1946—1949]，12页，32开
收藏单位：国家馆

04394
土地改革参考材料（第2册） 华中分局宣传部编
华中新华书店，1946.5，100页，32开
收藏单位：近代史所、山东馆

04395
土地改革参考材料（下册） 毛泽东等著
[阳城]：太岳新华书店，1947.2，133页，32开
收藏单位：国家馆、天津馆

04396
土地改革的几个问题
太行群众书店，1948，75页，36开
本书收文5篇：《中共中央关于在老区、半老区进行土地改革工作与整党工作的指示》《中共中央晋冀鲁豫中央局关于土地改革整党与民主运动的指示》《山西崞县是怎样进行土改的？》《平山土改经验》《绥德县黄家川抽补典型经验》。
收藏单位：重庆馆

04397
土地改革的几个问题（一九四八年一月十二日在西北野战军前线委员会扩大会议上的讲话） 任弼时著
华北军区教育团政治处，1948，29页，36开
收藏单位：重庆馆

04398
土地改革的几个问题（一九四八年一月十二日在西北野战军前线委员会扩大会议上的讲话） 任弼时著
华北新华书店，1948，27页，32开
收藏单位：北师大馆、重庆馆

04399
土地改革的几个问题（一九四八年一月十二日在西北野战军前线委员会扩大会议上的讲话） 任弼时著
[阳城]：太岳新华书店，1948.5，3版，33页，36开
收藏单位：重庆馆

04400
土地改革的几个问题（一九四八年一月十二日在西北野战军前线委员会扩大会议上的讲话） 任弼时著
新洛阳出版社，1948，43页，36开
收藏单位：重庆馆

04401
土地改革的几个问题（一九四八年一月十二日在西北野战军前线委员会扩大会议上的讲话） 任弼时著
中共冀鲁豫区党委，1948，35页，32开
收藏单位：重庆馆

04402
土地改革工作与整党工作 ［中共冀鲁豫区党委编］
［中共冀鲁豫区党委］，[1948]，36页，32开
本书收文5篇：《中共中央关于在老区、半老区进行土地改革工作与整党工作的指示》《中共晋冀鲁豫中央局关于土地改革整党与民主运动的指示》《平山老解放区土改经验》《绥德黄家川抽补经验介绍》《武安赵庄整党与民主运动密切结合》。
收藏单位：重庆馆、国家馆

04403
土地改革工作指南 东北书店编
［佳木斯］：东北书店，1948.9，64页，32开
本书收文件6种，内容包括：《中共中央关于公布中国土地法大纲的决议》《中共中央在老区、半老区进行土地改革工作与整党工作的指示》《中共中央关于一九三三年两个文件的决定》等。
收藏单位：东北师大馆、国家馆、辽宁馆

04404
土地改革手册（第1辑） 中共冀热察区党委宣传部编
中共冀热察区党委宣传部，1947.12，17页，32开
本书收文3篇：《中国土地法大纲》《关于公布土地法大纲的决议》《晋绥本区农会临时委员会告农民书》。
收藏单位：国家馆

04405
土地改革问答（意义、要求、政策、办法、步骤、群众路线、怎样划分阶层） 王益编
山东新华书店总店，1947.12，39页，32开
收藏单位：国家馆

04406
土地改革问题 松江军区政治部编
松江军区政治部，1947.8，33页，32开
收藏单位：南京馆

04407
土地改革问题 中国医科大学政治处编
后勤卫生部编译处，1948.7，107页，32开
本书收文15篇，内容包括：《地主阶级》《大地主发家史》《地主残酷盘剥农民的一百二样花招》《消灭封建走向胜利》等。
收藏单位：国家馆

04408
土地改革问题（2）
总后勤部政治部，1947.9，33页，32开
本书为干部学习文件（党内材料）。
收藏单位：宁夏馆

04409
土地改革问题选集（第1集） 东北军政大学总校训练处编
［北安］：东北军政大学总校训练处，1947，177页，32开
本书收《关于解放区农民三次要求土地改革的经过》《地主阶级》《认识地主阶级》《中国共产党的土地政策》等。
收藏单位：重庆馆、东北师大馆、国家馆

04410
土地改革问题选集（第2集） 东北军政大学总校训练处编
东北军政大学，[1947]，72页，32开
本书收《两个诉苦统计》（林立）、《中共中央关于公布中国土地法大纲的决议》、《中国土地法大纲》、《晋绥农委会告农民书》、《群运基本问题》（陈云）、《大地主是怎样发财的?》（集贤县委）、《青年知识分子的出路》（张平之）等。
收藏单位：重庆馆、南京馆、天津馆

04411
土地改革问题与整党问题
人民报社，[1948—1949]，油印本，156页，32开
收藏单位：广东馆

04412
土地改革与群众路线　山东新华书店编
山东新华书店总店，1947，138 页，36 开（土地改革参考材料）
本书共 5 类：什么是群众路线、工作队工作的范例、启发群众自觉的范例、工作经验、王元寿作风。收文 23 篇。附《怎样划分农村阶级》（邓子恢）。
收藏单位：重庆馆、山东馆

04413
土地改革与整党　晋察冀新华书店编
晋察冀新华书店，1948，23 页，36 开
本书收文 4 篇：《中共中央关于在老区半老区进行土地改革工作与整党工作的指示》《为执行中央〈关于在老区半老区土地改革工作与整党工作的指示〉给各级党委的指示信》《绥德黄家川分地的典型经验》《平山整党的典型经验》。
收藏单位：东北师大馆、国家馆、吉林馆、辽宁馆、山东馆、天津馆

04414
土地改革中的几个问题　任弼时著
渤海区党委，1948.4，20 页，32 开
本书为著者 1948 年 1 月 12 日在西北野战军前线委员会扩大会议上的讲话。共 6 节，内容包括：根据什么标准来划分农村阶级、应该坚固的团结全体中农、对地主富农斗争的方法、对工商业政策等。
收藏单位：重庆馆、广东馆、国家馆、南京馆、山东馆

04415
土地改革中的几个问题　任弼时著
[惠民]：渤海新华书店，[1948]，20 页，32 开
收藏单位：山东馆

04416
土地改革中的几个问题　任弼时著
[哈尔滨]：东北日报社，[1948]，26 页，32 开
收藏单位：东北师大馆、黑龙江馆、辽宁馆

04417
土地改革中的几个问题　任弼时著
[威县]：冀南新华书店，1948.4，29 页，32 开
冀南新华书店，[1948]，32 页，32 开
收藏单位：国家馆、辽宁馆、山东馆

04418
土地改革中的几个问题　任弼时著
胶东新华书店，1948.8，21 页，32 开
收藏单位：山东馆

04419
土地改革中的几个问题　任弼时著
[阜平]：晋察冀日报出版社，[1948]，26 页，32 开
收藏单位：国家馆、吉大馆、辽宁馆、宁夏馆

04420
土地改革中的几个问题　任弼时作
新民主报社，[1948—1949]，油印本，37 页，32 开
收藏单位：广东馆

04421
土地改革中的几个问题　任弼时著
中国人民解放军东北军区政治部，1948.4，27 页，32 开
收藏单位：国家馆

04422
土地改革中的几个问题　任弼时讲
中国兴业出版公司，1949.6，20 页，32 开
收藏单位：江西馆

04423
土地改革中的几个问题　太行群众书店编
太行群众书店，1948.4，75 页，32 开
本书收文 6 篇：《中共中央关于在老区、

半老区进行土地改革工作与整党工作的指示》《中共晋冀鲁豫中央局关于土地改革整党与民主运动的指示》《土地改革中的几个问题》《山西崞县是怎样进行土地改革的?》《平山土改经验》《绥德县黄家川抽补典型经验》。

收藏单位：山东馆

04424

土地改革中的几个问题

[蚌埠]：雪枫报社，[1948]，52页，32开

本书收文9篇：《中央关于在老区半老区进行土改与整党工作的指示》《土地改革中的几个问题》《山西崞县是怎样进行土地改革的》《晋察冀平山县土改整党与发动群众经验》《绥德黄家川村土改按产量抽补原则调剂土地经验》《减租减息与"耕者有其田"》《努力发动解放区群众》《再论放手发动群众》《减租减息为一切工作的基础》。

收藏单位：国家馆

04425

土地改革中的几个问题（一九四八年一月十二日在西北野战军前线委员会扩大会议上的讲话） 任弼时著

[牡丹江]：东北书店牡丹江分店，1948，18页，32开

收藏单位：天津馆

04426

土地改革中的几个问题（一九四八年一月十二日在西北野战军前线委员会扩大会议上的讲话） 任弼时著

华北新华书店，1948.2，27页，32开

华北新华书店，1949.8，27页，32开

收藏单位：国家馆、南京馆、宁夏馆、山东馆、山西馆、天津馆

04427

土地改革中的几个问题（一九四八年一月十二日在西北野战军前线委员会扩大会议上的讲话） 任弼时著

华中新华书店，1948，109页，32开（土改材料2）

收藏单位：国家馆

04428

土地改革中的几个问题（一九四八年一月十二日在西北野战军前线委员会扩大会议上的讲话） 任弼时著

吉林书店，[1948]，26页，32开

收藏单位：东北师大馆、国家馆、辽宁馆、南京馆、天津馆、中科图

04429

土地改革中的几个问题（一九四八年一月十二日在西北野战军前线委员会扩大会议上的讲话） 任弼时著

冀鲁豫书店，1948.4，35页，32开

收藏单位：国家馆、河南馆

04430

土地改革中的几个问题（一九四八年一月十二日在西北野战军前线委员会扩大会议上的讲话） 任弼时著

[阳城]：太岳新华书店，1948.4，43页，32开

[阳城]：太岳新华书店，1948.5，3版，33页，32开

收藏单位：国家馆、河南馆、山西馆

04431

土地改革中的几个问题（一九四八年一月十二日在西北野战军前线委员会扩大会议上的讲话） 任弼时著

新洛阳报社，1949.3，再版，23页，32开

收藏单位：国家馆

04432

土地改革中的几个问题和三个典型经验（毛主席指定每个乡村工作者必读的三个经验）

中共嫩江省委编

齐齐哈尔：东北书店，1948，60页，32开

本书收文5篇：《中共中央关于在老区半老区进行土地改革工作与整党工作的指示》《土地改革中的几个问题》《山西崞县是怎样进行土地改革的》《平山土改中整党的经验》

《绥德黄家川村怎样进行调整土地的》。书前有通知。

收藏单位：辽宁馆、天津馆

04433

土地改革中的几个问题和三个典型经验（毛主席指定每个乡村工作者必读的三个经验）

中共嫩江省委编

中共嫩江省委，1948.4 印，60 页，32 开

收藏单位：国家馆、辽宁馆、天津馆

04434

土地改革中的几个问题及《关于 1933 年两个文件的决定》

华东人民革命大学南京分校，[1949]，38 页，32 开

收藏单位：国家馆

04435

土地改革中群众路线阶级路线的好榜样　二地委宣传部编

华中：二地委宣传部，[1946—1949]，22 页，32 开

收藏单位：南京馆

04436

土地改革重要文献（第 1 辑）

吉林书店，1948，68 页，32 开

本书收文 6 篇：《中国土地法大纲》《目前形势和我们的任务》《中共中央关于老区半老区土地改革及整党的指示》《高潮与领导》《关于知识分子的决定》《土地改革中的几个问题》。

收藏单位：东北师大馆、国家馆

04437

土地改革重要文献（第 2 辑）

吉林书店，[1948]，37 页，32 开

本书收文 4 篇：《山西崞县是怎样进行土地改革的》《晋察冀平山老解放区土改中整党与发动群众相结合的经验》《黄家川土地改革的典型经验》《绥德义合区黄家川村土改与整党民主运动结合》。

收藏单位：东北师大馆、国家馆

04438

土地工商怎样在改革

春风社，[1947—1949]，75 页，32 开

本书收文 4 篇：《中国土地法大纲》《在晋察绥干部会议上的讲话》《停止新区土改实行减租减息》《发展工业的劳动政策与税收政策》。

收藏单位：国家馆、上海馆

04439

土地会议文件　中共许昌地委宣传部编

许昌：中共许昌地委宣传部，1949，1 册，32 开

收藏单位：国家馆

04440

土地农民问题与中国共产党的土地政策　中共中央统一战线工作部编

中共中央统一战线工作部，1949.8，25 页，32 开

本书分 6 节论述旧中国农村的土地占有关系与剥削关系、土地政策、如何实行土地改革、土地改革运动中的错误缺点及其纠正的经过、土地改革所取得的成果等。

收藏单位：国家馆、近代史所

04441

土地、生产与农民

[嫩南出版社]，1946.5，19 页，32 开

收藏单位：南京馆

04442

土地政策　军政大学吉林分校政教科编

军政大学吉林分校政教科，[1947]，43 页，32 开

本书为土地改革教育参考资料，收文 4 篇：《中国土地法大纲》《土地政策与发动群众》《贯彻大胆放手方针彻底消灭封建势力》《一年来东北土地改革略述》。

收藏单位：东北师大馆、国家馆

04443
土改参考手册　华北新华书店编辑部编辑
华北新华书店，1948.3，97 页，32 开

本书收文 15 篇，内容包括：《阶级性》（《晋察冀日报》）、《与群众联系是党的领导者最重要的品质》（A. 葛莱普涅夫，原载 1947 年 7 月 15 日《真理报》）、《列宁论依靠贫农联合中农》（摘自列宁《两个策略》）、《澈底平分土地与妇女工作的新任务》（邓颖超）等。

收藏单位：重庆馆、国家馆、黑龙江馆、近代史所、山西馆、天津馆

04444
土改工作手册（第 1 集）
[兴县]：中共中央晋绥分局，[1948]，53+31 页，32 开

本书收《中共中央关于一九四八年土地改革工作和整党工作的指示》《毛主席在晋绥干部会议上的讲话》《土地改革中的几个问题》，以及崞县、平山、绥德黄家川的土改经验。

收藏单位：国家馆、山东馆、山西馆

04445
土改和生产的几个政策
华中新华书店盐阜分店，1948.5，30 页，64 开

收藏单位：国家馆、南京馆、山东馆

04446
土改社论选集
[延安]：群众日报社，1948.3，35 页，32 开

本书收社论 9 篇，内容包括：《前进一步，担起更重大的担子》《加强土改政策教育》《谈土改报导》《消灭假农会》《由点到面的关键》等。附《关于中农问题的一封信》《把土改工作总结一下》。

收藏单位：国家馆

04447
土改与整党的典型经验　渤海区党委宣传部编
[惠民]：渤海新华书店，1948.4，37 页，32 开

本书收文 3 篇：《山西崞县是怎样进行土地改革的?》《晋察冀平山县老区土改中整党经验》《绥德黄家川抽补土地的经验》。

收藏单位：重庆馆、桂林馆、国家馆、近代史所、山东馆

04448
土改与整党的典型经验　晋察冀日报社[编]
[阜平]：晋察冀日报社，[1940—1949]，32 页，32 开

本书收文 3 篇：《山西崞县是怎样进行土地改革的?》《平山创造整党和发动群众的范例》《绥德黄家川调剂土地的经验》。

收藏单位：北师大馆、国家馆、山东馆、天津馆

04449
土改与整党的三个典型经验
[西安]：陕甘宁边区新华书店，1948.10，35 页，32 开

收藏单位：国家馆、山东馆

04450
土改与整党典型经验　晋察冀日报社编辑
[阜平]：晋察冀日报社，1948，32 页，32 开

收藏单位：国家馆

04451
土改与整党文件　中共西北局宣传部编
中共西北局宣传部，1947.10，90 页，25 开
中共西北局宣传部，1948，90 页，32 开

本书收文件 5 种：《中国土地法大纲》《土地改革中的几个问题》《中共中央关于在老区、半老区进行土地改革与整党工作的指示》《中共中央关于一九三三年两个文件的决定》《中共中央关于一九四八年土地改革工作和整党工作的指示》。

收藏单位：重庆馆、国家馆、辽宁馆、山东馆、西南大学馆、浙江馆

04452
土改与整党指示选辑（第1辑） 中共华东中央局秘书处编
中共华东中央局秘书处，1948.3，69页，32开
本书收《毛主席给中原局的指示信》《为彻底平分土地而斗争（初稿）》《新地区的土改经验（摘录邓给中央报告）》等文章多篇。
收藏单位：国家馆

04453
土改整党（土改整党的指示与经验） 华中二地委宣传部编
二分区新华书店，[1948—1949]，98页，32开
本书收文件16种，内容包括：《中共中央关于在老区半老区进行土地改革工作与整党工作的指示》《中共晋冀鲁豫中央局土改整党民主运动指示》《山西崞县是怎样进行土地改革的》《土地改革中的几个问题》等。
收藏单位：重庆馆、南京馆

04454
土改整党参考资料 华北新华书店编辑部[编]
华北新华书店，1948.4，再版，69页，32开
本书收《毛主席对崞县土改报告的批示》《土地改革中的几个问题》及崞县、绥德黄家川、平山的土改经验资料。
收藏单位：国家馆、近代史所、南京馆

04455
土改整党丛书 华东军区政治部编
华东军区政治部，1948.6，74页，32开
本书收文12篇，内容包括：《目前形势与我们的任务》《中共中央关于公布中国土地法大纲的决议》《农村民主问题》《怎样分析阶级》等。
收藏单位：国家馆

04456
土改整党丛书（第1辑） 大众日报社编
[济南]：大众日报社，1948.6，74页，32开
收藏单位：重庆馆、国家馆、南京馆、山东馆、浙江馆

04457
土改整党典型经验 刘少奇等著 香港新华分社编
香港：中国出版社，1948.4，58页，32开（解放丛书第1辑2）
本书收文8篇，内容包括：《山西崞县是怎样进行土地改革的》（谭政文）、《平山土改整党范例》（刘少奇）、《土地改革中的几个问题》（任弼时）等。书前有毛泽东序。
收藏单位：国家馆、吉林馆

04458
土改整党经验介绍
[唐山]：冀东新华书店，[1948]，16页，64开
收藏单位：国家馆

04459
土改整党手册 渤海新华书店编
[惠民]：渤海新华书店，1948.7，97页，32开
[惠民]：渤海新华书店，1948.9，再版，97页，32开
本书内容包括：《中国共产党中央委员会关于公布中国土地法大纲的决议》《中国土地法大纲》《关于土地斗争中一些问题的决定》等。
收藏单位：国家馆、山东馆

04460
土改整党手册 冀南新华书店编
[威县]：冀南新华书店，1948.8，71页，32开
收藏单位：国家馆、山东馆

04461
土改整党学习材料 东北书店辽宁分店编
东北书店辽宁分店，1948.5印，[114]页，32开
本书为干部学习材料。收文16篇，内容包括：《在晋绥干部会议上的讲话》（毛泽东）、

《目前形势和我们的任务》（毛泽东）、《土地改革中的几个问题》（任弼时）、《关于在平分土地运动中保护城市工商业的指示》（合江省委）等。

收藏单位：国家馆、南京馆、中科图

04462
土改整党重要文件　中共北岳区党委编
中共北岳区党委，[1948]，19页，32开

本书收文3篇：《中共中央关于一九四八年土地改革工作和整党工作的指示》、《在晋绥干部会议上的讲话》（毛泽东）、《布尔塞维克成功的基本条件之一》（摘自《"左派"幼稚病》）。

收藏单位：国家馆

04463
土改中的几个问题
华中新华书店，1948.5，109页，32开

本书是土改材料之二，内容包括：土地改革中的几个问题、怎样分析阶级、关于土地斗争的一些问题、林光欣同志的领导作风、树立艰苦朴素作风等。

收藏单位：国家馆

04464
土改中的几个问题
[安东（丹东）]：辽东书店，1948，45页，32开

收藏单位：辽宁馆

04465
土改中的几个问题
[延安]：新华书店，1948，109页，大16开

收藏单位：国家馆

04466
土改重要经验　九地委宣传部编
华中新华书店九分店，1948，34页，32开（土改三查干部学习材料6）

本书收文两篇：《山西崞县是怎样进行土地改革的》《土地改革中的几个问题》。

收藏单位：南京馆

04467
王元寿作风
华中新华书店盐阜分店，[1947]，36页，32开

本书介绍在新解放区土改中访贫问苦、发动群众的经验，收文7篇：《王元寿访瞎牛》《树叶掉下也怕打破头》《白泉访苦经验》《王元寿自我介绍》《晋绥军区群工团在兴县三个月》《华北大队在平定》《复查中怎样走群众路线》。

收藏单位：国家馆

04468
为彻底消灭封建平分土地而斗争　晋察冀军区政治部编
晋察冀军区政治部，1947，28页，32开

本书为连排干部和战士土地改革政策教育提纲。

收藏单位：重庆馆

04469
为发动农民群众解决土地问题而斗争　晋察冀军区政治部编
晋察冀军区政治部，1946，29页，32开

本书为干部土地政策教材。供连排以上干部学习及讲授党的土地政策之用。

收藏单位：重庆馆

04470
新区土地政策　解放社编
长江出版社，1949，22页，32开

本书收文5篇，内容包括：《有步骤、有分别地消灭封建剥削制度》（摘自毛泽东同志1948年4月1日在晋绥干部会议上的讲话）、《关于新区土地改革工作》（摘自1948年5月25日《中共中央关于一九四八年土地改革工作和整党工作的指示》）、《停止新区土改实行减租减息》（《豫西日报》社论）等。

收藏单位：重庆馆、宁夏馆

04471
（兴化）复查运动中的几个具体问题　储江著
出版者不详，[1946—1949]，37页，64开

本书讨论6个问题，内容包括：复查运动的认识与掌握、把干群思想组织起来、团结中农、确立产权思想等。

收藏单位：南京馆

04472

一九三三年的两个文件　中共中央委员会著

大众日报社，1948，16页

收藏单位：近代史所

04473

游击区边缘区土地改革经验　山东新华书店编

山东新华书店，1947.12，53页，32开

收藏单位：国家馆、山东馆

04474

在老区半老区怎样进行土地改革

[威县]：冀南新华书店，1948.4，42页，32开

收藏单位：国家馆、山东馆

04475

怎样进行土地改革

华中新华书店，1948.4，48页，32开（土改材料3）

收藏单位：国家馆、南京馆、山东馆

04476

怎样团结中农　中共兴化县委会编

[兴化]：中共兴化县委会，1948.8，12页，64开

本书为干部土改学习教材。共5课，内容包括：团结中农的重要性、路线、中农后有的待遇、前时纠偏的情况等。

收藏单位：南京馆

04477

整党、抽补、平分的三个典型经验　太岳新华书店编

[阳城]：太岳新华书店，1948.4，38页，32开

[阳城]：太岳新华书店，1948，再版，38页，32开

本书收文3篇:《山西崞县是怎样进行土地改革的》《平山老解放区土改经验》《黄家川抽补典型经验》。

收藏单位：重庆馆、国家馆、山东馆

04478

整顿党的队伍与平分土地文献

齐齐哈尔：东北书店，1948.1，80页，32开

本书共3部分：中国人民解放军宣言、土地改革文献、整顿党的队伍贯彻平分土地。

收藏单位：南京馆、天津馆

04479

正确进行土改整党　华中二地委宣传部编

江苏新华书店二分店，1948，68页，32开

收藏单位：南京馆

04480

中共晋冀鲁豫中央局关于土地改革整党与民主运动的指示　华北新华书店编辑部编辑

华北新华书店编辑部，1948.3，45页，32开

华北新华书店编辑部，1948.11，44页，32开

本书收文4篇:《中共中央关于在老区、半老区进行土地改革工作与整党工作的指示》《中共晋鲁豫中央局关于土地改革整党与民主运动的指示》《绥德黄家川抽补典型经验》《平山老解放区土改经验》。

收藏单位：国家馆、河南馆、辽宁馆、山西馆

04481

中共土地政策研究　毛泽东等著　鲁南新华书店编辑

[滕县（滕州）]：鲁南新华书店，1946.6，51页，32开

本书收《土地问题》（节录毛泽东《论联合政府》）、《中共中央关于抗日根据地土地政策的决定》（毛泽东）、《中共中央关于抗日根据地土地政策决定》的附件、《陕甘宁边区政府公布地权条例》、《确定地权土地登记》（《解放日报》社论）、《山东省土地租佃条例》、《山东省借贷暂行条例》等。

收藏单位：国家馆、山东馆

04482
中共中央关于土地改革中各社会阶级的划分及其待遇的规定 中共太行区党委编
中共太行区党委，1948.4 印，64 页，32 开
本书共 25 章，内容包括：中国的社会经济形态、划分阶级的标准、家庭成份和本人成份、手工业劳动者、资本家和官僚资本家等。
收藏单位：国家馆、南京馆

04483
中共中央关于土地改革中各社会阶级的划分及其待遇的规定
华东野战军政治部，[1948]，43 页，32 开
收藏单位：桂林馆

04484
中共中央关于土地改革中各社会阶级的划分及其待遇的规定
晋冀鲁豫军区政治部，1948.4 印，58 页，32 开
收藏单位：重庆馆

04485
中共中央关于土地改革中各社会阶级的划分及其待遇的规定
[威县]：中共冀南区党委办公室，1948 印，71 页，32 开
收藏单位：重庆馆、国家馆

04486
中共中央关于土地改革中各社会阶级的划分及其待遇的规定
中共晋冀鲁豫中央局办公厅，1948.4，71 页，32 开
收藏单位：国家馆、山东馆

04487
中共中央关于土地改革中各社会阶级的划分及其待遇的规定
中共太行区党委，1948.4 印，61 页，32 开
收藏单位：重庆馆、国家馆

04488
中共中央关于土改与整党指示和典型经验介绍 辽宁文化协会编
东北书店辽宁分店，[1949]，59 页，32 开（干部重要学习材料 6）
收藏单位：国家馆

04489
中共中央关于一九三三年的两个文件的决定 中共中央颁发
胶东新华书店，1948.9，24 页，32 开
收藏单位：国家馆、山东馆

04490
中共中央关于一九三三年的两个文件的决定 中共中央颁发
[张家口]：中共中央华北局党校教务处，1948.7，87 页，32 开
本书附《中共中央关于土地改革中各社会阶级的划分及其待遇的规定》。
收藏单位：国家馆

04491
中共中央关于一九三三年的两个文件的决定 中共中央华北局编
华北新华书店，1948.6，69 页，32 开
华北新华书店，1948.8，再版，70 页，32 开
华北新华书店，1949，3 版，70 页，32 开
本书收文 4 篇：《中共中央关于一九三三年两个文件的决定》、《中共中央关于一九四八年土地改革工作和整党工作的指示》、《在晋绥干部会议上的讲话》（毛泽东）、《土地改革中的几个问题》（任弼时）。
收藏单位：重庆馆、国家馆、河南馆、黑龙江馆、吉林馆、近代史所、南京馆、山东馆、天津馆

04492
中共中央关于一九三三年两个文件的决定 毛泽东等著
[兴县]：晋绥新华书店，1945，25 页，32 开
[兴县]：晋绥新华书店，1948，25 页，32 开
收藏单位：重庆馆、国家馆、山东馆、山

西馆

04493
中共中央关于一九三三年两个文件的决定
毛泽东等著
中共北岳区党委，1948.7 印，56 页，32 开
收藏单位：国家馆

04494
中共中央关于一九三三年两个文件的决定
中共中央颁发
南峰：冀鲁豫书店，1948.6，80 页，32 开
收藏单位：国家馆

04495
中共中央关于一九三三年两个文件的决定
中共中央颁发　中共冀中区党委编
中共冀中区党委，1948，70 页，32 开
收藏单位：国家馆

04496
中共中央关于一九三三年两个文件的决定
[中共中央委员会编]
吉林书店，[1933—1949]，23 页，32 开
本书内容包括：怎样分析阶级、关于土地斗争中的一些问题的决定。
收藏单位：东北师大馆、天津馆

04497
中共中央关于一九三三年两个文件的决定
中共中央委员会编
鲁南区党委宣传部，1949.7，19 页，36 开
收藏单位：山东馆

04498
中共中央关于一九三三年两个文件的决定
[阳城]：太岳新华书店，1948，126 页，32 开
收藏单位：重庆馆、国家馆、山东馆、山西馆

04499
中共中央关于一九三三年两个文件的决定
中共冀鲁豫区党委办公室，[1948]，77 页，32 开
收藏单位：重庆馆、山东馆

04500
中共中央关于一九四八年土地改革工作和整党工作的指示　太岳新华书店编
[阳城]：太岳新华书店，1948，12 页，32 开
本书收《中共中央关于一九四八年土地改革工作和整党工作的指示》《毛泽东同志在晋绥干部会议上的讲话》等。
收藏单位：重庆馆

04501
中共中央关于一九四八年土地改革工作和整党工作的指示
新闻报，1948 印，[24] 页，32 开
收藏单位：重庆馆、广东馆

04502
中共中央关于一九四八年土地改革工作和整党工作指示·关于一九三三年两个文件的决定·政委会发布命令统一颁发土地执照·陕甘宁边区劳动互助在发展农业生产上的作用
东北书店辽宁分店，1948，41 页，32 开
收藏单位：天津馆

04503
中共中央关于一九四八年土地改革工作与整党工作的指示
中共辽南省委宣传部，1948，41 页，32 开
收藏单位：辽宁馆

04504
中共中央关于在老区半老区进行土地改革工作与整党工作的指示　安东日报社编
[安东（丹东）]：安东日报社，[1948]，28 页，32 开（干部学习材料 7）
收藏单位：天津馆

04505
中共中央关于在老区半老区进行土地改革工作与整党工作的指示
佳木斯：东北书店，1948.3，20 页，32 开

收藏单位：东北师大馆、国家馆、山西馆

04506
中共中央关于在老区半老区进行土地改革工作与整党工作的指示
辽东书店，1948，16页，32开
收藏单位：辽宁馆

04507
中共中央关于在老区半老区进行土地改革工作与整党工作的指示
[阳城]：太岳新华书店，1948.2，10页，32开
[阳城]：太岳新华书店，1948.3，45页，32开
[阳城]：太岳新华书店，1948.4，再版，29页，32开
本书内容包括：《中共中央关于在老区、半老区进行土地改革工作与整党工作的指示》《中共晋冀鲁豫中央局关于土地改革整党与民主运动的指示》等。附《平山老解放区土地改革经验》等。
收藏单位：重庆馆、国家馆、河南馆、山东馆、山西馆

04508
中共中央关于在老区半老区进行土地改革工作与整党工作的指示（一九四八年二月二十日） 东北日报社编
[沈阳]：东北日报社，[1948.2]，10页，32开
收藏单位：国家馆、辽宁馆、南京馆、天津馆、浙江馆

04509
中共中央文件辑要 太行区党委编
出版者不详，1948.6，89页，32开
本书收有关土改的文件4篇：《中共中央关于一九三三年两个文件的决定》、《中共中央关于一九四八年土地改革工作和整党工作的指示》、《在晋绥干部会议上的讲话》（毛泽东）、《土地改革中的几个问题》（任弼时）。
收藏单位：国家馆、山东馆、山西馆

04510
中国土地问题历史文件 华东局宣传部编
山东新华书店，[1949]，103页，32开
本书为土地改革参考材料。收文10篇，内容包括：《湖南农民运动考察报告》《井冈山制土地法》《中共第六次代表大会土地问题解决方案》《中央关于抗日根据地土地政策的决定》《华东局关于山东土改复查的新指示》等。
收藏单位：国家馆、山东馆

04511
组织一个澈底消灭封建平分土地的运动
吉林军区政治部，[1948]，22页，32开（干部学习材料3）
收藏单位：天津馆

04512
罪恶深重的封建剥削（诸城城南区八千佃户的控诉） 滨海农村社编
新华书店，[1946—1949]，32页，32开
本书列举22种封建剥削形式。
收藏单位：南京馆

阶级结构与社会结构

04513
东北地主富农研究 李尔重等著
佳木斯：东北书店，1947.12，109页，32开
本书收文3篇：《东安一带地主阶级研究》（李尔重）、《桦川县地主阶级的初步调查》（富振声）、《辽宁省富农调查》（刘克明整理）。
收藏单位：东北师大馆、广东馆、国家馆、湖南馆、吉大馆、辽大馆、山东馆、上海馆、天津馆、浙江馆

04514
改造知识分子经验 叶剑英等著
中国人民解放军第二野战军军事政治大学政治部，[1949]，36页，36开
本书收文5篇，内容包括：《华北人民革

命大学第一期的教育情况及其主要的经验教训》(刘澜涛、胡锡)、《关于一九四八年秋冬季工作简要总结及一九四九年工作任务的报告》(萧克)、《在华北军大校委扩大会议上的结论》(叶剑英)等。

收藏单位：重庆馆

04515

共产党改造了我的思想 吴玉章 [撰]

天津：知识书店，1949，1 册，32 开

本文选自《民主青年》。

收藏单位：国家馆、天津馆

04516

关于划分阶级的几个文件 中共中央西北局晋南工委印发

中共中央西北局晋南工委，1949，14 页，32 开

本书收文件 4 种:《关于一九三三年两个文件的决定》《根据什么标准来划分农村阶级》《关于划阶级中几个问题的答复》《中央关于怎样确定兼营工商副业的农民之阶级成分给晋南工委的答复》。

收藏单位：重庆馆

04517

关于确定成份出身几个具体问题的指示

四纵政治部，[1948]，油印本，5 页，32 开

收藏单位：国家馆

04518

关于知识分子的改造 正报出版社辑

香港：正报出版社，1949.3，再版，37 页，32 开

本书收文 6 篇，内容包括:《关于东北知识分子的决定》(中共东北局)、《毛泽东论知识分子》、《脑力劳动者的道路》(夏衍)等。

收藏单位：东北师大馆、国家馆、近代史所

04519

关于知识分子问题 东北书店编

沈阳：东北书店，1949，22 页，32 开

本书共 8 部分，内容包括：中共东北中央局关于知识分子的决定、知识分子问题、中国的知识分子群与青年学生群、中共中央关于吸收知识分子的决定等。

收藏单位：东北师大馆、国家馆、近代史所、辽宁馆、南京馆

04520

关于知识分子问题 冀东新华书店辑

[唐山]：冀东新华书店，1948.12，45 页，32 开

本书为青年团员学习参考资料，分 9 节讲述有关知识分子的问题及中国共产党的知识分子政策。

收藏单位：国家馆、辽宁馆、山西馆

04521

关于知识分子问题 毛泽东青年团哈尔滨市团部编

哈尔滨：毛泽东青年团哈尔滨市团部，1948.5，22 页，32 开(青年团员学习参考资料 2)

收藏单位：国家馆

04522

关于知识分子问题 任弼时 [等] 著

江西新华书店，1949，2 版，29 页，32 开

本书讲述有关知识分子的问题及中国共产党的知识分子政策。

收藏单位：山西馆

04523

关于知识分子问题

出版者不详，1949，24 页，32 开

收藏单位：天津馆

04524

国民党革命委员会 社会问题研究会编

社会问题研究会，1948，27 页，32 开(参考资料 14)

收藏单位：广东馆

04525

论知识分子 川北日报编辑

川北日报，1949，95 页，32 开(干部学习丛

书）
收藏单位：重庆馆

04526
论知识分子 华中新华日报资料室辑
无锡：苏南新华书店，1949，1册
无锡：苏南新华书店，1949.8，再版，101页，32开
收藏单位：复旦馆、国家馆、华东师大馆、吉林馆、南京馆、人大馆、武大馆

04527
论知识分子及其改造
考验社，[1949]，63页，36开
收藏单位：国家馆

04528
论知识分子及其改造
北平：科学社，1949.5，50页，36开
收藏单位：北大馆、重庆馆

04529
论知识份子 华中新华日报资料室编辑
华中新华书店，1949.3，101页，32开（干部学习丛书）
本书收文11篇，内容包括：《文化、教育、知识分子问题》（毛泽东）、《关于知识与知识分子问题》（成仿吾）、《知识分子改造问题》（薛暮桥）等。
收藏单位：重庆馆、国家馆、黑龙江馆、辽宁馆、南京馆、山东馆

04530
论知识份子及其改造
天津：读者书店，1949.4，再版，63页，36开
天津：读者书店，1949.9，3版，63页，36开
本书收文8篇：《知识份子在历史发展和革命运动中的地位和作用》《论知识份子的改造》《论知识份子和青年学生》《知识份子的任务》《知识份子与纪律》《中国知识份子为人民服务的典型——邹韬奋先生》《论知识份子的类型》《知识份子的道路》。
收藏单位：北师大馆、重庆馆、东北师大馆、国家馆、吉林馆、上海馆、天津馆

04531
论知识份子及其改造
北平：中新书店，1949.4，48页，32开
收藏单位：天津馆

04532
谁领导谁 天津民主青年联合会筹备会编选
天津：读者书店，1949，22页，32开（学习丛书 第1辑）
天津：读者书店，1949.8，3版，22页，32开（学习丛书 第1辑1）
本书收文3篇：《谁领导谁》《知识分子看无产阶级》《无产阶级看知识分子》。并有《关于〈谁领导谁〉问题讨论总结》（《北平解放报》）。书前有编者的话。
收藏单位：国家馆、辽宁馆、南京馆、天津馆

04533
团结改造知识分子 毛泽东等著
[威县]：冀南行政公署教育处，1948.12，18页，32开（冀南教育丛书）
本书收文5篇：《文化、教育、知识分子》（毛泽东）、《知识分子和开明绅士问题》（任弼时）、《团结改造知识分子》（薛迅）、《争取团结改造培养知识分子》（中共中原局）、《关于知识分子的决定》（中共东北局）。
收藏单位：国家馆

04534
文化教育与知识份子
华中新华书店，1949.2，38页，50开
本书收《民族的科学的大众的文化》《任弼时同志关于知识份子问题的讲话》《东北中央局关于知识份子的决定》《东北行政委员会关于中等教育的指示》《冀鲁豫行政公署秋后小学教育工作指示》等。
收藏单位：重庆馆、广东馆、南京馆、山东馆、山西馆

04535
文化教育与知识份子
苏州：苏南新华书店，1949.6，再版，38页，50开
收藏单位：广东馆、湖北馆

04536
五四运动与知识份子　章炼峰编
[哈尔滨]：东北书店，1949.4，22页，32开
本书收文3篇：《"五四"运动的史实》《毛泽东论"五四"》《"五四"运动与知识青年》。
收藏单位：吉林馆、近代史所

04537
五四运动与知识分子　[章炼峰编]
苏州：苏南新华书店，1949，再版，30页，64开
收藏单位：重庆馆

04538
在东北农村中划分阶级的一些问题　中共东北中央局东北行政委员会编
出版者不详，[1948.1]，20页，32开
收藏单位：天津馆

04539
怎样分析阶级　合江日报编
[佳木斯]：合江日报，1948.8，81页，32开
本书收《关于一九三三年两个文件的决定》《土地改革中的几个问题》《东北局关于平分土地运动的基本总结》等。
收藏单位：重庆馆、国家馆、黑龙江馆、江西馆、南京馆

04540
怎样分析阶级　华中一地委宣传部编
华中一分区韬奋书店，1948.2，59页，32开
本书是土改参考材料。摘录1933年苏维埃政府的《怎样分析阶级》与《关于土地斗争一些问题》，并选入其他分区的同志对划阶级的几篇论文。
收藏单位：南京馆

04541
怎样分析阶级　中共华东局秘书处编
中共华东局秘书处，1948.1，36页，32开
收藏单位：国家馆、山东馆

04542
怎样分析阶级　中共晋绥分局编
[兴县]：中共晋绥分局，1948.1，16页，32开
收藏单位：东北师大馆、国家馆、吉林馆、近代史所、山西馆

04543
怎样分析阶级　中国共产党晋察冀中央局编
[阜平]：中国共产党晋察冀中央局，1948.2，30页，32开
收藏单位：国家馆

04544
怎样分析阶级
[唐山]：冀东新华书店，1949，32页，32开
本书收文3篇：《关于一九三三年两个文件的决定》《怎样分析阶级》《关于土地斗争中一些问题的决定》。
收藏单位：河南馆、天津馆

04545
怎样分析阶级
新洛阳出版社，[1948—1949]，16页，32开
收藏单位：重庆馆、河南馆

04546
怎样分析阶级
中国出版社，[1948]，40页，32开（解放丛书第1辑）
本书内容包括：《怎样分析阶级（摘录）》《中央政府关于土地斗争中一些问题的决定（摘录）》《中国土地法大纲及其决议》等。
收藏单位：广东馆、国家馆

04547
怎样分析阶级
出版者不详，1949，油印本，26页，25开，

环筒页装

本书为摘录本。

收藏单位：广东馆、国家馆

04548

怎样分析阶级（一九三三年的两个重要文件）

东北书店，1948.6，26 页，32 开

收藏单位：广西馆、国家馆、南京馆

04549

怎样分析阶级（一九三三年的两个重要文件）

中共嫩江省委，1948.6，24 页，32 开

收藏单位：国家馆、吉大馆

04550

知识分子的道路　华中新华书店编辑部编

华中新华书店，1949.7，70 页，32 开（青年丛书 3）

本书收文 10 篇，内容包括：《文化、教育、知识分子问题》（毛泽东）、《我们要学习什么完成什么》（吴玉章）、《来解放区的学习与工作问题》（陈毅）等。

收藏单位：国家馆、南京馆

04551

知识分子改造问题　何干之辑

天津：知识书店，1949.3，21 页，50 开

本书共 4 部分：党关于知识分子的政策、知识和知识分子的作用、知识分子的改造问题、知识分子在民族统一战线中的地位。

收藏单位：重庆馆、国家馆、湖南馆、天津馆

04552

知识分子与教育问题　华东人民革命大学教务处编

华东人民革命大学教务处，1949，29 页，32 开（学习参考材料 2）

收藏单位：重庆馆

04553

知识分子与教育问题　解放社编

东北新华书店辽东分店，1949.9，33 页，32 开

收藏单位：长春馆、重庆馆、国家馆、辽宁馆

04554

知识分子与教育问题　解放社辑

山东新华书店，1949，43 页，32 开

收藏单位：国家馆、吉林馆、山东馆

04555

知识分子与教育问题　解放社编

西安：西北新华书店，1949.5，53 页，32 开

收藏单位：重庆馆

04556

知识分子与教育问题　解放社编

[北平]：新华书店，1949.5，53 页，32 开

[北平]：新华书店，1949.6，再版，53 页，32 开

本书收文件 11 种，内容包括：《五四运动》（毛泽东）、《中共中央西北局关于新区学校教育的指示》、《中共中央中原局关于争取、团结、改造、培养知识分子的指示》（新华社）等。

收藏单位：重庆馆、广西馆、国家馆、河南馆、湖北馆、南京馆、宁夏馆、山东馆、天津馆、浙江馆

04557

知识分子与教育问题（标准本）　中共中央中原局宣传部编

[郑州]：中原新华书店，1949.5，34 页，32 开（中国共产党政策选辑）

本书收文 11 篇，内容包括：《五四运动》（毛泽东）、《知识分子问题》（任弼时）、《恢复和发展中等教育是当前的重大政治任务》（新华社社论）等。

收藏单位：重庆馆、国家馆、南京馆

04558

知识份子的出路　毛泽东等著

陕南新闻社，1948，22 页，36 开（时事政策丛刊 2）

本书收文 6 篇，内容包括：《和一切知识

分子很好地团结起来》（毛泽东）、《中原知识份子的出路》（新华社中原总分社社论）、《对知识份子的政策》（任弼时）、《来解放区的学习与工作问题》（陈毅）等。

收藏单位：重庆馆

04559
知识份子的任务与出路 于毅夫著
大华编译出版公司，[1947]，28页，32开
收藏单位：吉林馆、上海馆、天津馆

04560
知识份子的任务与出路 于毅夫著
大连：大众书店，1947，36页，32开（青年知识丛书）
大连：大众书店，1948.4，36页，32开（青年知识丛书）

本书共3部分：知识份子与半知识份子、知识份子的特点、知识份子的任务与出路。书前有著者自序。

收藏单位：国家馆、山东馆

04561
知识份子的任务与出路 于毅夫著
佳木斯：东北书店，1947.9，36页，36开（青年知识丛书）
佳木斯：东北书店，1948.1，再版，36页，32开（青年知识丛书）
佳木斯：东北书店，1948.4，3版，36页，32开

收藏单位：长春馆、重庆馆、东北师大馆、广东馆、国家馆、黑龙江馆、近代史所、南京馆、山东馆、上海馆、首都馆、天津馆

04562
知识份子的任务与出路 于毅夫著
辽东书店，1948，41页，32开
收藏单位：国家馆

04563
知识份子的任务与出路 于毅夫著
北平：中新书店，[1947]，28页，32开
收藏单位：国家馆、天津馆

04564
知识份子"问题" [中共中原局等编]
中共中原局，[1947]，9页，32开

本书收文件6种，内容包括：《知识份子问题》《恢复和发展中等教育是当前的重大政治任务》《改造我们的学习》等。

收藏单位：国家馆

04565
知识份子"问题"
北平：北大文化服务社，[1948]，[29]页，32开
收藏单位：国家馆

04566
知识份子政策 任弼时著 中共沈阳特别市工委宣传部编
[沈阳]：中共沈阳特别市工委宣传部，[1948]，1册，32开（政策介绍5）

本书为《关于土改中几个问题报告》中的一部分。

收藏单位：国家馆、天津馆

04567
中共东北中央局关于知识份子的决定 吉林省教育厅编著
吉林省教育厅，1948.1，8页，64开

本书收规定7条。

收藏单位：国家馆、天津馆

04568
中共中央东北局关于知识份子的决定
[哈尔滨]：东北书店，1948.10，12页，32开

本书收文件两种：《中共中央东北局关于知识份子的决定》（1948年1月15日）、《中共中央东北局关于公营企业中职员问题决定》（1948年8月1日）。

收藏单位：长春馆、东北师大馆、国家馆、近代史所、南京馆、山东馆、山西馆、天津馆

04569

中国共产党对知识份子的政策　毛泽东等著

中国人民解放军中原军区政治部，[1948]，44页，64开

本书收文5篇，内容包括：《文化、教育、知识份子问题》（毛泽东）、《知识份子与开明士绅问题》（任弼时）、《与开封来客谈来解放区学习与工作问题》（陈毅）、《中原知识份子的出路》（新华社中原总分社社论）等。

收藏单位：重庆馆、南京馆

04570

中国国民党革命委员会重要文献　李济琛著

南京：南京市分部筹备委员会，1949，16页，32开

收藏单位：南京馆

04571

中国民主政团同盟对目前时局的看法与主张

出版者不详，[1944.5]，12页，32开

本书要求“无保留无犹豫给予人民以各项基本自由”，认为“今日在朝的国民党所应切实研讨的，是在如何放弃十余年来的特殊地位”，并提出对政治、外交、军事、经济、财政及文化方面等问题的看法和主张。

收藏单位：北碚馆、重庆馆、国家馆

04572

中央关于划阶级问题指示

中共中央，1947，石印本，32页，50开

本书收中共中央文件两份：《中央关于划阶级问题指示》（第9号）、《苏维埃中央政府颁发怎样分析阶级摘要》（第10号）。

收藏单位：重庆馆

地方政治

04573

城市政策及接管工作经验汇编　接管西安准备委员会编

接管西安准备委员会，[1949]，92页，32开

收藏单位：国家馆

04574

防奸反特斗争文选

浙江军区政治部，1949.9，38页，32开（业务学习材料1）

收藏单位：国家馆

04575

高岗同志在内蒙干部会议上的讲话（一九四八年八月三日）

中共中央晋绥分局，1948，18页，32开

收藏单位：国家馆、内蒙古馆、山东馆、山西馆

04576

告少数民族书

中国人民解放军第一野战军政治部，1949，26页，32开

收藏单位：南京馆、宁夏馆、山东馆

04577

关于成立检查委员会之决定

中共晋绥分局，[1947.10]，油印本，1册，28开

收藏单位：国家馆

04578

华北区各级荣军管理组织办法　华北人民政府荣军管理委员会编

[华北人民政府荣军管理委员会]，[1948—1949]，6页，16开

收藏单位：国家馆

04579

冀南区优待革命军人家属补充办法草案

出版者不详，1947.3，油印本，6页，32开

收藏单位：国家馆

04580

接管人员谈话要点　[中共南京市委宣传部编]

南京：中共南京市委宣传部，1949，4页，36开

本书共5节：军管会干些什么、对公营企

业职工谈话要点、对机关员工谈话要点、对私营企业职工谈话要点、对知识青年谈话要点。

收藏单位：重庆馆、国家馆

04581

南京市军事管制委员会文告汇编（上册）　第二野战军政治部编

南京：第二野战军政治部，[1949]，45 页，32 开

本书为接管城市经验学习材料。

收藏单位：国家馆、山东馆

04582

热河省戒烟、防疫、荣军处理、学校教育等材料　东北政委会冀察热辽办事处编

出版者不详，1948.12，复写本，31 页，18 开

收藏单位：国家馆

04583

武汉调查　中原局组织部城工科汇编

中原新华书店，1949，314 页，25 开

收藏单位：广东馆

04584

新生的内蒙　东北书店编

哈尔滨：东北书店，1947.12，62 页，32 开

哈尔滨：东北书店，1948，62 页，32 开

本书共两部分：内蒙自治运动的成就、内蒙人民的控诉与斗争。第 1 部分收文 3 篇，内容包括：《内蒙自治运动中的两条道路》（云泽报告摘录）、《内蒙古解放的道路》（哈丰阿报告摘录）等；第 2 部分收文 12 篇，内容包括：《草原晴天》《福地王爷庙》《青年的觉悟》《妇女的新生》等。

收藏单位：长春馆、东北师大馆、国家馆、湖北馆、近代史所、南京馆、天津馆

04585

新生的内蒙　辽南书店编

辽南书店，1948.4，62 页，32 开

收藏单位：重庆馆、国家馆、宁夏馆、山东馆、山西馆、上海馆、天津馆、西南大学馆

04586

在内蒙干部会议上的讲话　高岗著

华中新华书店，1949.3，27 页，64 开

收藏单位：南京馆、山东馆

04587

在内蒙干部会议上的讲话　高岗讲

临汾：临汾人民报社，[1948] 印，15 页，32 开

收藏单位：国家馆

04588

在内蒙干部会议上的讲话　高岗讲

[乌兰浩特]：内蒙书店，[1948.8]，15 页，32 开

收藏单位：国家馆

政治制度史

清、清以前政治

04589

中国政治史讲话　钱亦石著

重庆：生活书店，1939.4，338 页，32 开

重庆、上海：生活书店，1946.8，胜利后 1 版，338 页，32 开

重庆：生活书店，1946.12，胜利后 2 版，338 页，32 开

[上海]：生活书店，1947.7，338 页，32 开

本书分 6 章讲述中国政治史的分期和研究方法，分述中国自原始社会至唐朝的政治发展史（分无政治制度、氏族政治制度、封建政治制度三个时期）。

收藏单位：安徽馆、北碚馆、长春馆、重庆馆、大庆馆、东北师大馆、福建馆、广东馆、广西馆、贵州馆、国家馆、湖南馆、近代史所、辽大馆、南京馆、山东馆、山西馆、上海馆、绍兴馆、首都馆、天津馆、西南大学馆、浙江馆

民国时代政治

04590
论中国在联合战争中的地位　毕生著
延安：解放日报社，1943，23页，64开
本文详论自由中国与封建中国之对照。
收藏单位：南京馆

04591
中国近代简史　东北军政大学编
西北军政大学，1949.8印，258页，32开
收藏单位：重庆馆、湖北馆、陕西馆

04592
中国近代政治简史　东北军政大学编
东北军政大学总校政治部，1946，3册，32开
本书记述鸦片战争至抗日战争胜利的中国近代政治史。共12章，内容包括：中国旧民主主义革命、五四运动开辟了中国革命的新阶段、卖国求荣的法西斯统治镇压不了人民的反抗等。
收藏单位：东北师大馆、国家馆、湖北馆

04593
中国近代政治简史　东北军政大学编
佳木斯：东北书店，1947.11，再版，220页，32开
佳木斯：东北书店，1948.3，2版，217页，32开
佳木斯：东北书店，1948.10，5版，220页，32开
沈阳：东北书店，1949.4，6版，220页，32开
收藏单位：重庆馆、东北师大馆、国家馆、内蒙古馆、上海馆

04594
中国近代政治简史　东北军政大学编
[安东（丹东）]：东北书店安东分店，1949.2，220页，32开
收藏单位：国家馆、南京馆、上海馆、浙江馆

04595
中国近代政治简史　东北军政大学编
吉林书店，1949，224页，32开
收藏单位：东北师大馆、国家馆、湖北馆、天津馆

04596
中国近代政治简史　东北军政大学编
江苏新华书店，1949，华中版，265页，32开
收藏单位：重庆馆、广东馆、贵州馆、西南大学馆

04597
中国近代政治简史　松江省政府教育厅[编]
松江省政府教育厅，[1940—1949]，113+118页，32开
本书共两部：中国现代简史、抗日战争简史。
收藏单位：国家馆

04598
中国近代政治简史
吉林省政府教育厅，[1945—1949]，212页，32开
收藏单位：山西馆

民主革命理论

04599
帝国主义与中国　高尔松　高尔柏编
[上海]：中国经济研究会，1924，328页，32开
本书收文24篇，内容包括：《帝国主义浅说》（一峰）、《何谓帝国主义》（李达）、《帝国主义与义和团运动》（彭述之）、《辛丑条约与帝国主义》（周恩来）、《反帝国主义运动与国民党》（瞿秋白）等。
收藏单位：国家馆、浙江馆

04600
帝国主义与中国 高尔松 高尔柏编 抱恨生校
[上海]：青年政治宣传会，1925.7，328页，32开
[上海]：青年政治宣传会，1926.1，再版，328页，32开
收藏单位：安徽馆、重庆馆、东北师大馆、广东馆、国家馆、湖北馆、湖南馆、江西馆、辽大馆、南京馆、浙江馆、中科图

04601
反戴季陶的国民革命观（1） 向导周报社编
[广州]：向导周报社，1925.9，39页，32开（向导丛书3）
本书收文两篇:《中国国民革命与戴季陶主义》(瞿秋白)、《给戴季陶的一封信》(陈独秀)。
收藏单位：国家馆、近代史所、浙江馆

04602
反帝国主义 反帝国主义大联盟编
武昌：时中合作书社，1926.1，268页，25开
本书收《反帝国主义的教育》《反帝国主义运动周》《帝国主义与反帝国主义的时代意识》《反帝国主义与打倒军阀》《反帝国主义与东方民族》等文章。
收藏单位：北碚馆、复旦馆、国家馆、江西馆、近代史所

04603
反帝国主义 胡南湖著
武昌：时中合作书社，1925.1，50页，32开
收藏单位：国家馆

04604
反帝国主义概要 反帝国主义大联盟编辑 胡南湖等著
上海：经济研究会，1926，148页，32开
本书收文12篇，内容包括:《反帝国主义概要》(胡南湖)、《五卅事件与反帝国主义运动》(胡南湖)、《帝国主义与反帝国主义的时代意识》(王建侯)、《反帝国主义与打倒军阀》(吕一鸣)、《帝国主义的运命》(谢廉清)等。
收藏单位：北碚馆、国家馆

04605
反帝国主义运动与中国国民党 瞿秋白著
重庆：新文化社，[1923—1949]，10页，36开
本书共7节，介绍北京、上海、湖南等地的反帝国主义的运动情况。
收藏单位：重庆馆

04606
反对假三民主义拥护新三民主义 张闻天著
第十八集团军挺纵政治部，1940.2，油印本，1册，32开
本书著者原题：洛甫。
收藏单位：山东馆

04607
革命军 邹容著
上海：民智书局，1928.9，80页，32开（革命文库1）
上海：民智书局，1929.4，再版，80页，32开（革命文库1）
本书共7章，内容包括：绪论、革命之原因、革命之教育等。书前有《〈革命文库〉总叙》(天化)、《〈革命军〉序》(章炳麟)、《邹容传》(章炳麟)、自序。附《逐满歌》《革命歌》《扬州十日记》。
收藏单位：安徽馆、重庆馆、广西馆、国家馆、河南馆、湖北馆、湖南馆、江西馆、近代史所、山西馆、上海馆、浙江馆

04608
革命军 邹容著
出版者不详，[1938—1949]，128页，64开
本书收邹容遗著《革命军》。书前有《总理训词》《总裁训词》。
收藏单位：重庆馆、国家馆、南京馆、天津馆

04609
革命军·驳康有为书 邹容著·章炳麟著

上海：神州广文社，1913，84 页，大 32 开
收藏单位：国家馆

04610
革命之原
民生书店，1927.3，3 版，36 页，32 开
本书为纪念孙中山逝世一周年刊行。介绍孙中山的思想，并号召各阶层人士以积极的行动完成国民革命。书口题：党中之原。
收藏单位：浙江馆

04611
革命之原
强华书局，1926.3，36 页，32 开
收藏单位：广西馆、桂林馆、国家馆

04612
国民革命与阶级斗争　瞿秋白讲　马凌山记
中央书局，1927，再版，12 页，32 开
本书共 10 章，分述国民革命的意义、背景、趋势，以及国民革命与全民革命、社会革命、世界主义、国家主义、三民主义的关系等。
收藏单位：国家馆、湖南馆、近代史所

04613
国民政府建国大纲　孙文著
出版者不详，[1924]，石印本，1 册，32 开
出版者不详，1926，4 版，石印本，15 页，32 开
出版者不详，1927.3，6 版，石印本，1 册，32 开
本大纲分 25 条，指出建设首要任务在民生、民权、民族。
收藏单位：安徽馆、北碚馆、重庆馆、广西馆、桂林馆、国家馆、江西馆、上海馆、首都馆、武大馆、浙江馆

04614
纪念孙中山批判蒋介石　胶东新华书店编
[胶东新华书店]，1946.6，109 页
本书收《纪念孙中山批判蒋介石》《评国民党十一中全会及三届二次国民参政会》《关于宪政与团结问题》《最近宪政运动概况》《孙中山逝世十九周年》等文章。
收藏单位：近代史所、山东馆

04615
纪念孙中山批判蒋介石　[解放日报辑]
[延安]：[解放日报]，[1945.3]，8 页，32 开
本书收文 4 篇：《蒋介石双十节演说具有危险性》《评蒋介石元旦广播讲演》《新华社记者评蒋介石三月一日在宪政促进运动会上的演说》《纪念孙中山批判蒋介石》。原刊于《解放日报》（1945 年 3 月 12 日）。
收藏单位：国家馆

04616
纪念孙中山批判蒋介石　救国报社编辑
营口七十二团，1949，影印本，18+12 页，32 开
收藏单位：国家馆、中科图

04617
纪念孙中山批判蒋介石
二十三旅六十六团政治处，[1944]，24 页，32 开
收藏单位：天津馆

04618
[纪念孙中山批判蒋介石]
[旅顺市政府教育局]，[1945—1949] 印，22 页，32 开（时事资料丛书）
本书为伪装本，收文 4 篇：《蒋介石双十节演说具有危险性》《评蒋介石元旦广播讲演》《新华社记者评蒋介石三月一日在宪政促进运动会上的演说》《纪念孙中山批判蒋介石》。伪装题名：纪念孙中山。伪装责任者题：时事研究会。
收藏单位：国家馆、山东馆

04619
建国大纲　孙文著
中国国民党中央执行委员会宣传部，1925.4，石印本，6 页，横 18 开
收藏单位：北碚馆

04620
建国方略　孙文著
[武昌]：时中合作书社，1926.10，1册，64开
收藏单位：安徽馆、江西馆

04621
建国方略　孙文著
上海：太平洋书店，1926.5，412页，32开（中山丛书 方略2）
上海：太平洋书店，1926.7，再版，412页，32开（中山丛书 方略2）
上海：太平洋书店，1927.5，8版，412页，32开（中山丛书 方略2）
本书内容包括：国民政府建国大纲、钱币革命、实业计划、民权初步、地方自治开始实行法、五权宪法等。书前有著者自序。
收藏单位：安徽馆、北碚馆、江西馆、近代史所、上海馆、绍兴馆

04622
建国方略　孙文著
新民书局，1926.10，350页，32开
新民书局，1927.3，[368]页，32开
本书共3部分：心理建设、物质建设、社会建设。
收藏单位：安徽馆、重庆馆、河南馆、内蒙古馆、上海馆

04623
建国演说　孙文演说
上海：民智书局，1923.6，96页，25开
上海：民智书局，1927.6，96页，25开
本书收文10篇，内容包括：《三民主义》《五权宪法》《南宁欢迎会上之演说词》《军人精神教育》等。
收藏单位：广西馆、国家馆、湖南馆

04624
经济侵略与中国（原名，帝国主义与中国）
高尔松　高尔柏编
[上海]：青年政治宣传会，1926.7，再版，328页，32开
收藏单位：重庆馆、广东馆、国家馆

04625
经济侵略与中国（原名，帝国主义与中国）
高尔松　高尔柏编
[北京]：中国经济研究会，[1926]，328页，32开
收藏单位：安徽馆、重庆馆、国家馆、江西馆、浙江馆

04626
论三民主义
大连：大众书店，1946.7，124页，32开
收藏单位：长春馆、东北师大馆、辽宁馆、山东馆

04627
论三民主义
东北书店，1946.10，125页，32开
本书收文12篇，内容包括：《旧三民主义与新三民主义》（毛泽东）、《关于三民主义与共产主义》（王稼祥）、《叶青的假三民主义就是取消三民主义》（黎平）、《关于三民主义的认识》（艾思奇）等。
收藏单位：重庆馆、东北师大馆、南京馆、上海馆

04628
论三民主义
胶东新华书店，1946.5，98页，32开
收藏单位：国家馆、山东馆

04629
论三民主义
民众书店，[1946]印，98页，32开
收藏单位：辽宁馆、天津馆

04630
论三民主义
十年出版社，[1939.9]，85页，36开
本书收文8篇：《拥护真三民主义反对假三民主义》（洛甫）、《关于三民主义与共产主义》（王稼祥）、《旧三民主义与新三民主义》（毛泽东）、《叶青的假三民主义就是取消三民主义》（黎平）、《论共产主义者对三民主义关

系的几个问题》（陈伯达）、《关于三民主义的认识》（艾思奇）、《加强三民主义的研讨》（辛焘）、《三民主义研究提纲》（杨康华）。

收藏单位：东北师大馆、广西馆、国家馆、吉林馆、南京馆、宁夏馆、山东馆、首都馆、西南大学馆、浙江馆

04631
论三民主义诸问题　张闻天　陈伯达著
新华日报馆，1940.2，54 页，32 开

本书收文两篇：《论共产主义者对三民主义关系的几个问题》（陈伯达）、《拥护真三民主义反对假三民主义》（张闻天）。著者原题：洛甫。

收藏单位：国家馆

04632
民权初步　孙文著
上海：三民书店，1917，106 页，32 开

收藏单位：安徽馆、国家馆、江西馆、近代史所、南京馆

04633
民权初步摘要　晋察冀边区国大代表选举委员会编印
[张家口]：晋察冀边区国大代表选举委员会，1946，34 页，64 开

收藏单位：山西馆

04634
民权主义　孙文著
国民书局，1926.4，5 版，136 页，25 开

收藏单位：广西馆

04635
民权主义　孙文讲演
上海：民智书局，1924，202 页，32 开
上海：民智书局，1924.12，2 版，202 页，32 开
上海：民智书局，1926.3，5 版，202 页，32 开

收藏单位：广西馆、湖南馆、南京馆、山西馆、天津馆

04636
民权主义　孙文讲演　中国国民党中央执行委员会编辑
[广州]：中国国民党中央执行委员会宣传部，1924.8，1 册，16 开
中国国民党中央执行委员会宣传部，1925.1，再版，202 页，32 开

本书共 6 讲：什么叫做民权主义、民权与自由的关系、民权与平等的关系、研究两三百年来的欧美民权、欧美民权对中国改革的影响、研究中国政权体系。

收藏单位：国家馆、山西馆、浙江馆

04637
民生主义　孙文著
上海：富强书局，1925.3，92 页，25 开

收藏单位：广西馆、国家馆

04638
民生主义　孙文著
上海：民智书局，1924.12，144 页，32 开
上海：民智书局，1925.1，再版，144 页，32 开
上海：民智书局，1926.3，4 版，144 页，32 开
上海：民智书局，1927.3，5 版，144 页，32 开

收藏单位：广西馆、湖南馆、人大馆、上海馆、天津馆、浙江馆

04639
民生主义　孙文著
广州：中国国民党中央执行委员会宣传部，1924.12，[188] 页，16 开

04640
民族主义　孙文讲演
上海：国民书局，1925.5，再版，92 页，25 开
上海：国民书局，1926.1，4 版，96 页，25 开

收藏单位：安徽馆、国家馆

04641
民族主义　孙文演讲
上海：民智书局，1924.9，142 页，32 开
上海：民智书局，1924.12，再版，142 页，32 开

上海：民智书局，1926.3，5版，142页，32开
上海：民智书局，1927.3，6版，142页，32开
收藏单位：重庆馆、广西馆、国家馆、湖南馆、吉大馆、南京馆、内蒙古馆

04642
三民主义　孙文著
国民书店，1927.1，[373]页，32开
收藏单位：安徽馆

04643
三民主义　孙文著
上海：和平书店，1926.10，249页，32开
上海：和平书店，1927.3，再版，72+103+74页，32开
收藏单位：国家馆、河南馆、湖南馆、江西馆、上海馆

04644
三民主义　孙文演讲
长沙：集美堂，1926.6，274页，32开
收藏单位：江西馆

04645
三民主义　孙文著
上海：建国书店，1927.3，112+80页，25开
收藏单位：重庆馆、河南馆、浙江馆

04646
三民主义　孙文著
长沙：商记书店，1926.10，248页，32开
长沙：商记书店，1927.3，再版，[248]页，32开
收藏单位：安徽馆、国家馆、湖南馆、上海馆、绍兴馆、浙江馆

04647
三民主义　孙文著
上海：生活书店，1940.11，336页，32开
上海：生活书店，1945.10，胜利后1版，336页，32开
收藏单位：重庆馆、国家馆、上海馆、首都馆

04648
三民主义　孙文著
上海：太平洋书店，1925，4版，112页，32开
上海：太平洋书店，1927.3，再版，1册，32开（中山丛书 主义）
上海：太平洋书店，1927.4，7版，108+154+112页，25开，精装（中山丛书 主义）
收藏单位：广西馆、江西馆、南京馆

04649
三民主义　孙文著
新民书店，1926.10，269页，32开
新民书店，1927.2，再版，[269]页，32开
收藏单位：国家馆、江西馆、上海馆

04650
三民主义　孙文著
上海：新民书局，1927.2，1册，25开
收藏单位：湖南馆、浙江馆

04651
三民主义　孙文著
广州：中央陆军军官学校，1924，306页，32开
收藏单位：安徽馆、重庆馆、南京馆

04652
三民主义（新式标点）　孙文著　李蕴平标点
上海：三民公司，1927.2，9版，64+90+65页，32开
收藏单位：重庆馆

04653
三民主义读本　许涤新著
汉口：生活书店，1938.7，178页，36开（战时社会科学丛书4）
收藏单位：北碚馆、重庆馆、东北师大馆、贵州馆、国家馆、江西馆

04654
三民主义读本　许涤新著
文化书店，1939.5，再版，153页，32开（战

时社会科学丛书）
本书分 5 章介绍三民主义产生及发展过程，讲解民族、民权、民生主义等。
收藏单位：东北师大馆、国家馆

04655
三民主义概论　陈伯达著
[延安]：解放社，1939，139 页，32 开
[延安]：解放社，1939，3 版，139 页，32 开
本书阐述三民主义的历史根源与演变、革命的三民主义之完整性、三民主义与三大政策、马克思列宁主义与三民主义等。
收藏单位：国家馆、湖北馆、辽大馆

04656
三民主义概论　陈伯达著
牡丹江书店，1946，增订版，156 页，32 开
收藏单位：东北师大馆、南京馆

04657
三民主义概论　陈伯达著
上海：生活书店，[1938—1949]，139 页，32 开（中国文化丛书 3）
收藏单位：浙江馆

04658
三民主义概论　陈伯达著
[黎城]：新华日报华北分馆，1939.6，152 页，32 开（前线丛书 7）
收藏单位：国家馆

04659
三民主义概论　陈伯达著
[延安]：新华书店，1941.6，再版，140 页，32 开
收藏单位：重庆馆、国家馆、吉大馆

04660
三民主义概论　陈伯达著
重庆：中国文化社，1938.12，139 页，32 开（中国文化丛书 3）
[重庆]：中国文化社，1939.2，再版，139 页，32 开（中国文化丛书 3）
收藏单位：重庆馆、广西馆、桂林馆、国家馆、吉林馆、近代史所、南京馆、内蒙古馆、首都馆、西南大学馆

04661
三民主义概论　陈伯达著
出版者不详，[1938—1939]，168 页，32 开
收藏单位：浙江馆

04662
三民主义研究　何干之著
新中出版社，1940.8，198 页，32 开
新中出版社，1941.5，3 版，198 页，36 开
本书共 9 章，内容包括：最早的政治思想、三民主义的形成、对于辛亥革命的再评价和对于三民主义的再解释、民族主义国家、民权主义国家、民生主义等。
收藏单位：广东馆、山西馆、上海馆、首都馆、天津馆

04663
三民主义研究　余无剑编
华中新华书店二分店，[1945—1949]，159 页，36 开
收藏单位：湖北馆、山东馆

04664
三民主义与共产主义
香港：现实出版社，1947，85 页，32 开
收藏单位：吉林馆、宁夏馆

04665
三民主义与共产主义
[延安]：新华书店，1943，76 页，64 开
本书收文 4 篇：《只有新民主主义才能救中国》（《解放日报》）、《关于三民主义与共产主义》（王稼祥）、《拥护真三民主义反对假三民主义》（洛甫）、《论共产主义对三民主义关系的几个问题》（陈伯达）。
收藏单位：北碚馆、国家馆、南京馆

04666
三民主义与共产主义

自修出版社，[1939.8]，85 页，32 开
自修出版社，1943，85 页，32 开

本书与十年出版社版《论三民主义》内容相同。

收藏单位：北师大馆、重庆馆、东北师大馆、国家馆、南京馆、上海馆、首都馆

04667
三民主义与民主主义 侯外庐著
上海：长风书店，1946.7，138 页，32 开

本书收文 9 篇：《中山先生遗教的核心精神——民主主义》《民生主义的科学研究》《民生主义的伟大理想》《关于民生主义的研究方法问题》《民权主义的理论与建国》《抗战建国与中国宪政之路》《论解放战与民族主义》《论中山先生“打不平”文化的光大》《中山先生论苏联》。1938—1940 年曾发表于重庆各报刊。书前有著者自序。

收藏单位：东北师大馆、广西馆、国家馆、河南馆、湖南馆、吉林馆、近代史所、内蒙古馆、陕西馆、上海馆、首都馆、浙江馆

04668
孙公遗书 孙文著 三民公司编
上海：三民公司，1926.1，50 页，32 开（三民丛书 1）
上海：三民公司，1926.5，4 版，增订本，64 页，32 开（三民丛书 1）

本书收孙中山少年、中年、晚年时代的书信函牍，内容包括：《上李鸿章书》《幽禁使馆中致康德黎小简》《劝告北方将士书》《中华民国临时大总统宣言书》《致段祺瑞书》等。

收藏单位：重庆馆、国家馆、湖南馆

04669
孙中山丛书 广智书局编
上海：广智书局，1926，4 册（[1465] 页），32 开

收藏单位：广西馆

04670
孙中山到毛泽东 侯外庐等著
山海书屋，1949，34 页，32 开（山海文花 第 1 辑）

本书收文 9 篇，内容包括：《和谈空气的背后》（何畏之）、《孙中山到毛泽东》（侯外庐）、《对战争发展规律的认识》（陈健）、《新民主主义的经济政策》（文骊译）等。封面有辛易的木刻《开会去》。

收藏单位：国家馆、吉林馆、近代史所、南京馆、宁夏馆、上海馆、首都馆、浙江馆

04671
孙中山的思想与学说 艾思奇等著
[汉口]：出版者不详，1938.5，119 页，36 开

本书收研究孙中山思想与学说的论著 6 篇：《孙中山先生关于民族革命统一战线思想的发展》（陈伯达）、《孙中山先生的哲学思想》（艾思奇）、《孙中山与列宁》（张仲实）等。附《三民主义研究大纲》（许信文）、《三民主义与共产主义——与延安新中华日报记者谈话》（毛泽东）、《最可纪念的一日》（张仲实）。

收藏单位：安徽馆、重庆馆、广西馆、贵州馆、国家馆、南京馆

04672
孙中山评论集（第 1 编） 三民公司编
上海：三民公司，1926.10，3 版，104 页，32 开

收藏单位：东北师大馆、上海馆、浙江馆

04673
孙中山先生十讲 孙文讲
上海：民智书局，1923，122 页，32 开
上海：民智书局，1925.6，2 版，122 页，32 开
上海：民智书局，1926，3 版，122 页，32 开
上海：民智书局，1926.4，4 版，122 页，32 开
上海：民智书局，1926.11，5 版，122 页，32 开
上海：民智书局，1927，6 版，122 页，32 开

本书共 10 讲，内容包括：三民主义、五权宪法、党员须研究革命主义、军人精神教

育等。

收藏单位：北碚馆、重庆馆、东北师大馆、广西馆、国家馆、河南馆、湖南馆、江西馆、辽大馆、山西馆、上海馆、绍兴馆、天津馆、西交大馆、浙江馆

04674

孙中山先生演说集　黄昌谷编辑

上海：民智书局，1926.2，434页，22开

上海：民智书局，1926.8，再版，434页，22开

本书收演说40篇，共5编：对国民党员、对军政界、对学工界、对农商界、对最近时局之主张。

收藏单位：安徽馆、广西馆、桂林馆、国家馆、湖南馆、江西馆、近代史所、内蒙古馆、宁夏馆、山西馆、上海馆、浙江馆、中科图

04675

孙中山先生遗言　上海书店编辑

[上海]：上海书店，1925.3，33页，32开

上海：上海书店，1925.4，3版，31页，32开

[上海]：上海书店，1925.4，4版，34页，32开

本书收文6篇：《为商团事件对外宣言》《为驻粤英领的哀的美敦书向麦克唐纳尔政府抗议电》《北伐宣言》《北上宣言》《在上海招待新闻记者演说》《遗嘱》。

收藏单位：北碚馆、东北师大馆、国家馆、黑龙江馆、湖南馆、南京馆、宁夏馆、上海馆、浙江馆

04676

孙总理逝世纪念册

国立广东大学秘书处，1926.3，100页，16开

本书讲述孙总理之主义、孙总理之政策等。

收藏单位：浙江馆

04677

孙总理在国民党第一次全国代表大会演说词　刘芷芬编辑

出版者不详，1924.2，42页，25开

出版者不详，1924.4，28页，25开（国民党丛刊1）

本书共7部分，内容包括：中国之现状及国民党改组问题之演述、对于组织国民政府案之说明、关于民生主义之演说、政党之精神在党员全体不在首领一人之演说等。

收藏单位：近代史所、浙江馆

04678

中国革命常识讲话　袁似瑶著

哈尔滨：光华书店，1948.10，125页，36开（新青年自学丛书）

哈尔滨：光华书店，1948.11，再版，125页，36开（青年学习丛书）

本书讨论了中国革命的基本问题、革命形势、世界局势、政策与任务四个方面的内容。

收藏单位：长春馆、重庆馆、东北师大馆、桂林馆、国家馆、山东馆、天津馆

04679

中国革命常识讲话　袁似瑶著

长春：新中国书局，1949.4，3版，125页，32开（青年自学丛书）

收藏单位：国家馆、吉林馆、天津馆

04680

中国革命问题论文集　新青年社编

新青年社，1926.9，2册（544页），32开（新青年社丛书1）

本书收文39篇，内容包括：《统一与分立》（陈独秀）、《二七斗争之意义与教训》（彭述之）等。

收藏单位：北碚馆、重庆馆、东北师大馆、广西馆、国家馆、湖南馆、近代史所、辽大馆、南京馆、绍兴馆、浙江馆

04681

中山丛书　孙文著

出版者不详，[1925]，76+[124]页，25开

收藏单位：安徽馆、江西馆、南京馆

04682
中山丛书　孙文著　太平洋书店编辑
上海：太平洋书店，1926.5，4 册（[1855 页]），32 开
上海：太平洋书店，1926.7，再版，4 册（[1855] 页），32 开
上海：太平洋书店，1926.9，3 版，4 册，32 开
上海：太平洋书店，1926.10，4 版，4 册，32 开
上海：太平洋书店，1927.3，再版，4 册（[1855] 页），32 开
上海：太平洋书店，1927，6 版，4 册，32 开
收藏单位：安徽馆、重庆馆、东北师大馆、国家馆、河南馆、吉林馆、江西馆、近代史所、辽大馆、南京馆、内蒙古馆、山西馆、浙江馆

04683
中山丛书（1）　孙文著　李蕴平标点
民权书局，1927.1，277 页，32 开
民权书局，1927.2，9 版，[277] 页，32 开
本册内容包括：遗像、传略、主义等。
收藏单位：上海馆

04684
中山革命方略　[孙文] 等著　吴毅编辑
新文书局，1927.2，113 页，32 开
本书收文 7 篇，内容包括：《中山先生所著革命之方略》《钱币革命》《孙中山先生上李鸿章兴利革弊书》《革命军应担负救国救民之责任》《革命军的基础在高深的学问》等。另收《训政时期地方行政计画的工作》（邵元冲）。书前有孤云序。
收藏单位：国家馆、湖南馆、吉林馆、绍兴馆

04685
中山全书　孙文著
上海：民权图书公司，1927.5，4 册，32 开
收藏单位：重庆馆、近代史所、绍兴馆、天津馆

04686
中山全书（增补特种）　孙文著
上海：大通书局，1925，4 册
上海：大通书局，1929.11，增订 16 版，5 册（[1157] 页），32 开
本书第 1 册共 7 部分：遗像、遗墨、遗嘱、建国大纲、传略、主义、学说；第 2 册共两部分：革命方略、建国方略；第 3 册演讲词；第 4 册共 3 部分：宣言、书牍、杂著；第 5 册附录。
收藏单位：安徽馆、江西馆、近代史所、山西馆

04687
中山演讲集　孙文著
广益书局，[1925]，370+55 页，32 开
收藏单位：重庆馆、江西馆、绍兴馆

04688
中山演讲集　孙文讲
上海：太平洋书店，1926.5，436 页，32 开
上海：太平洋书店，1926.6，再版，436 页，32 开
上海：太平洋书店，1927.4，4 版，436 页，24 开
本书收文 44 篇，内容包括：《救国之急务》《解决中国问题的方法》《中国内乱之因》《银行最高的信用是"现兑"》《与神户新闻记者之谈话》等。
收藏单位：桂林馆、湖南馆、江西馆、宁夏馆、上海馆

04689
资产阶级性革命与革命转变问题　徐冰著
华中新华书店九分店，1948.6，38 页，32 开
本书共 3 章：为什么产生资产阶级性革命、垄断以后的资本主义时代的资产阶级性革命、帝国主义时代的资产阶级性革命。
收藏单位：南京馆、山东馆

04690
资产阶级性革命与革命转变问题　徐冰著
上海：新知书店，1946.6，82 页，36 开（社会

科学读本 3）

收藏单位：北碚馆、成都馆、重庆馆、东北师大馆、福建馆、广东馆、桂林馆、国家馆、吉林馆、近代史所、山东馆、山西馆、上海馆、绍兴馆、首都馆

政策、政论

04691

从胜利到民主　平心著

上海：明华出版社，1946.5，116 页，32 开

本书选编有关反独裁、反内战、呼吁民主团结的报刊文章 15 篇。

收藏单位：长春馆、重庆馆、国家馆、湖北馆、近代史所、南京馆、陕西馆、上海馆、浙江馆、中科图

04692

当前时局论文选　解放日报等著

[延安]：新华书店，1944.6，107 页，32 开

本书共 4 部分：“七一”“七七”纪念论文、豫湘战局失利之分析、国际评国民党抗战舆论之一斑、民主政治是国内外一致的要求。

收藏单位：国家馆、山东馆、天津馆

04693

对反民主的抗争　邹韬奋著

上海：韬奋出版社，1946.7，175 页，32 开

上海：韬奋出版社，1947.1，再版，175 页，32 开

本书收文 27 篇，内容包括：《美国政治顾问与中国政治》《对苏联的态度问题》《言论自由与民主政治》《邓演达先生的精神不死》等。著者原题：韬奋。

收藏单位：北碚馆、北师大馆、重庆馆、东北师大馆、广东馆、广西馆、国家馆、河南馆、黑龙江馆、江西馆、近代史所、南京馆、内蒙古馆、宁夏馆、山东馆、山西馆、上海馆、首都馆、天津馆、浙江馆、中科图

04694

反英讨奉宣传大纲

国民革命军东路军前敌总指挥部政治部，1927.2，8 页，32 开

本书讲述英帝国主义者侵略中国之事实阴谋、奉系军阀之罪恶、反英讨奉的意义等。

收藏单位：浙江馆

04695

国共两党和中国之命运（驳蒋著《中国之命运》）　吕振羽著

黑白出版社，1944，油印本，41 页，32 开（黑白丛书 4）

收藏单位：广东馆

04696

国共两党和中国之命运（驳蒋著《中国之命运》）　吕振羽著

[延安]：抗大政治部，[1943]，油印本，17 页，36 开

收藏单位：北碚馆、重庆馆、广东馆、国家馆

04697

国共两党和中国之命运（驳蒋著《中国之命运》）　吕振羽著

[兴县]：抗战日报社，1943.9，14 页，32 开

收藏单位：国家馆、山西馆

04698

国际舆论

太岳新华书店，[1944—1949]，51 页，32 开

本书收文 13 篇，内容包括：《胜利须在中国争取》（史华）、《烦恼的中国》（《纽约时报》驻华记者爱金生）、《中国的通货膨胀》（塞伐莱特）、《论中国形势》等。

收藏单位：国家馆

04699

蒋介石元旦演说与政治协商会议　解放日报社编

兴县：抗战日报社，1946.1，12 页，32 开

本书是解放日报社对蒋介石元旦演说与

政治协商会议的评论。

收藏单位：山西馆

04700

蒋介石元旦演说与政治协商会议

胶东新华书店，1947.2，82 页，32 开

本书为伪装本。共 22 篇，收周恩来同志谈话和报告，《解放日报》以及《大众日报》、苏联《新时代》杂志等报刊社论和其他有关文字。伪装题名：拥军故事。

收藏单位：南京馆、山东馆

04701

《解放日报》社论汇编

出版者不详，1946.3，21 页，32 开（丛书 3）

本书为伪装本。伪装题名：蒋委员长日记。

收藏单位：国家馆

04702

解放文选　解放出版社编

[延安]：解放出版社，[1949]，26 页，32 开

本书内容选自延安《解放日报》。收 6 篇，内容包括：《元旦献词》《和平实现》《蒋介石元旦演说》《坚持和平・保护和平》等。

收藏单位：东北师大馆、国家馆、湖南馆、人大馆、上海馆

04703

介绍《中国之命运》　陈伯达著

大众文化书店，1945.11，29 页，32 开

本书节录原著中的主要内容，并稍加注解。书前有著者自序。

收藏单位：长春馆、国家馆

04704

介绍《中国之命运》　陈伯达著

[涉县]：[太行军区政治部]，1943，20 页，36 开

收藏单位：山东馆、山西馆

04705

"九一八"以来蒋介石诺言一斑　中共晋绥分局辑

[兴县]：中共晋绥分局，1944，32 页，32 开

本书据《从"九一八"到一九四三年》（蒋介石）编辑而成，共两部分："九一八"以来蒋介石诺言一斑、"九一八"以来蒋介石的自我批评一斑。内容涉及抗日战争、国内团结、民主自由等，批判蒋介石的言行不一。

收藏单位：重庆馆、国家馆、山西馆

04706

抗战名论集　翟光宇　陆佳编

战时出版社，[1940—1949]，92 页，32 开（战时小丛刊 27）

本书收文 10 篇：《中共中央关于目前形势与党的任务的决定》、《红军对民族统一纲领的意见》（张闻天）、《反对日本帝国主义进攻的方针办法与前途》（毛泽东）、《国共两党统一战线成立后中国革命的迫切任务》（毛泽东）、《实行对日抗战》（朱德）、《争取持久抗战胜利的先决问题》（彭德怀）、《争取抗战伟大胜利反对民族失败主义》（吴黎平）、《论全面的全民族抗战》（凯丰）、《由苏维埃到民主共和制度》（林伯渠）、《给美国共产党书记白劳德的信》（毛泽东、朱德、周恩来）。

收藏单位：国家馆、浙江馆

04707

抗战以来　邹韬奋著

香港：华商报馆，1941.8，231 页，36 开

本书收文 77 篇，内容包括：《发动全面抗战的基本条件》《民主政治的初步开展》《参政会的胚胎》《共赴国难的党派团结》《领袖与工具》等。附《我对于民主政治的信念》等 3 篇。著者原题：韬奋。

收藏单位：国家馆、南京馆、上海馆、浙江馆

04708

抗战以来　邹韬奋著

上海：韬奋出版社，1941，256 页，36 开

上海：韬奋出版社，1946.10，再版，256 页，32 开

上海：韬奋出版社，1947.4，3 版，256 页，36

开

收藏单位：重庆馆、东北师大馆、复旦馆、广东馆、广西馆、国家馆、湖南馆、吉林馆、辽师大馆、南京馆、内蒙古馆、宁夏馆、山西馆、上海馆、首都馆、天津馆、西南大学馆、中科图

04709

廖党代表讲演集　廖仲恺著

[广州]：中央军事政治学校政治部，1926.3印，33页，32开

本书收文7篇，内容包括:《救国的三要件》《作事必须有恒心》《革命党应有的精神》《对教导团全体官兵演说》等。

收藏单位：国家馆

04710

廖仲恺集　廖仲恺著

廖仲恺[发行者]，1926，281页，32开

本书收论文、演讲词、序文等25篇，内容包括:《中国和世界》《立法部之两院制》《钱币革命与建设》《革命派与反革命派》等。

收藏单位：安徽馆、广西馆、国家馆、近代史所、辽大馆、南京馆、山西馆、上海馆

04711

廖仲恺集　廖仲恺著

太原：中山图书社，[1926]，[19]+180页，32开

收藏单位：山西馆

04712

[论世界矛盾]　[乔木等著]

[香港]：[华萃出版社]，[1947—1949]，52页，32开

本书为伪装本，内容包括:《注视豪门新阴谋》(文汉)、《孙太子的嘴脸》(苏平)、《告全国同胞书》(冯玉祥)、《仲夏战场》(张沛)、《张群如何应付七月涨风》(时恩)、《论世界矛盾》(乔木)等。伪装题名：孙哲生传。伪装责任者题：苏平宁。伪装出版者题：南京独立书店。

收藏单位：南京馆、上海馆

04713

论纸老虎　苏平等著

出版者不详，1947.5，52页，36开

本书收文11篇，内容包括:《和平的关键在那里?》(苏平)、《学潮问答》(郭沫若)、《血泪合流的学潮》(李沛昂)、《毛泽东论纸老虎》(史特朗作，杜无门译)、《论上海的工会组织》(祁华)、《两种纪念》(章迟)等。

收藏单位：北师大馆、重庆馆、广东馆、广西馆

04714

论中国之命运　艾思奇等著

香港：晓光社，1946.3，46页，32开

本书收文7篇，内容包括:《中国往哪里去》《回顾与展望》《略论统一战线现阶段》等。封面题：晓明社出版。

收藏单位：安徽馆、复旦馆、广东馆、广西馆、华东师大馆、近代史所、辽大馆、内蒙古馆、上海馆、浙江馆

04715

马叙伦言论集　马叙伦著

大连：大众书店，1947，170页，32开

大连：大众书店，1947.5，再版，170页，25开

本书收《走上民主的路吧!》《政治协商会的大礁是什么?》《关于国民大会的最后的饶舌》等政论文字。

收藏单位：重庆馆、东北师大馆、国家馆、首都馆、中科图

04716

马叙伦言论集　马叙伦著

临沂：山东新华书店，1946.8，145页，32开

本书收文24篇，内容包括:《走上民主的路吧!》《政治协商会的大礁是什么?》《新春试笔》《怎样结束昆明惨案》《重庆有我们的中央政府吗?》等。

收藏单位：重庆馆、东北师大馆、国家馆、近代史所、南京馆、山东馆、中科图

04717
盟邦人士的诤言
抗战日报社，1944，33 页，32 开（时论丛刊 3）
抗战日报社，1944，80 页，36 开（时论丛刊 3）
收藏单位：重庆馆、国家馆、山西馆

04718
盟邦人士的诤言
[重庆]：新华日报，1944，53 页，36 开
本书收文 26 篇，内容包括：《盟邦人士的诤言》（《解放日报》时评）、《新中国的近况》（格尔德）、《在延安设美领事馆》（《大美晚报》纽约版）、《到陕甘宁边区建立空军基地》（史蒂华）、《烦恼的中国》（爱金生）等。
收藏单位：重庆馆、国家馆、近代史所、辽宁馆、山西馆

04719
盟邦人士的诤言
新华书店，1944.8，33 页，32 开（时事丛刊）
收藏单位：重庆馆、东北师大馆、国家馆、辽大馆、南京馆、山西馆、首都馆

04720
民主的理论与实践　邓初民著
重庆：文治出版社，1945.7，415 页，32 开
上海：文治出版社，1946.3，366 页，32 开
本书收文 19 篇，内容包括：《民主政治的新趋势》《论政治与民主——以苏联的政治为例》《抗战三年来的民主运动》《论中国宪政的类型》《人民的政权》等。附《论古代宗教及其他意识形态之政治作用》《论中国政治上的礼治主义》《略论传统的官僚政治》等 9 篇。书前有著者自序。
收藏单位：安徽馆、重庆馆、东北师大馆、广东馆、广西馆、桂林馆、国家馆、黑龙江馆、近代史所、辽大馆、南大馆、南京馆、内蒙古馆、上海馆、首都馆、武大馆、中科图

04721
评蒋介石元旦演说
[威县]：冀南书店，1946.2，31 页，32 开
收藏单位：国家馆

04722
评蒋介石在国民参政会之演说　新华社编
延安：新华社，1944.10，6 页，32 开
收藏单位：国家馆

04723
评《中国之命运》　陈伯达著
大众社，[1943—1949]，42 页，36 开
收藏单位：南京馆

04724
评《中国之命运》　陈伯达著
拂晓出版社，[1943—1949]，32 页，32 开
本书共 5 节："关于中华民族""关于中国历史""关于中国近代思潮""关于国共关系""为中国民族前途呼吁，为中国民众、中国青年们、孩子们呼吁！"。
收藏单位：南京馆

04725
评《中国之命运》　陈伯达等著
华北新华书店，1943.7，163 页，32 开
华北新华书店，1949.2，再版，70 页，32 开
本书收文 4 篇：《评〈中国之命运〉》（陈伯达）、《谁革命？革谁的命？》（范文澜）、《〈中国之命运〉——极端唯心论的愚民哲学》（艾思奇）、《驳蒋介石的文化观》（齐燕铭）。
收藏单位：安徽馆、北师大馆、重庆馆、东北师大馆、国家馆、南京馆、山西馆、天津馆、浙江馆、中科图

04726
评《中国之命运》　陈伯达著
华东新华书店，1948.9，42 页，32 开
收藏单位：安徽馆、国家馆、河南馆、南京馆、山东馆

04727
评《中国之命运》 陈伯达等著
冀东新华书店，[1946—1949]，109 页，32 开
收藏单位：国家馆、山东馆、山西馆

04728
评《中国之命运》 陈伯达等著
冀鲁豫书店，[1943—1949]，84 页，32 开
收藏单位：国家馆、山东馆

04729
评《中国之命运》 陈伯达著
[延安]：解放社，1943.7，32 页，32 开
延安：解放社，1946.1，42 页，32 开
齐齐哈尔：解放社，1946 印，3 版，34 页，32 开
收藏单位：国家馆、南京馆、天津馆

04730
评《中国之命运》 陈伯达等著
石家庄：晋察冀新华书店，1945.9，112 页，32 开
收藏单位：北师大馆、重庆馆、东北师大馆、国家馆、近代史所、内蒙古馆、宁夏馆

04731
评《中国之命运》 陈伯达著
[延安]：抗大政治部，[1943]，34 页，32 开
收藏单位：重庆馆、上海馆

04732
评《中国之命运》 陈伯达著
求知学社，[1943—1949]，38 页，32 开
收藏单位：东北师大馆、辽宁馆、南京馆、宁夏馆、绍兴馆

04733
评《中国之命运》 陈伯达著
山东新华书店，1949，42 页，32 开
山东新华书店，1949.5，再版，42 页，32 开
收藏单位：北碚馆、重庆馆、南京馆、山东馆、西南大学馆、浙江馆

04734
评《中国之命运》 陈伯达等著
[泰州]：苏北出版社，1945，38 页，32 开
收藏单位：南京馆

04735
评《中国之命运》 陈伯达著
[无锡]：苏南新华书店，1949.6，30 页，32 开
[无锡]：苏南新华书店，1949，2 版，30 页，32 开
收藏单位：国家馆、河南馆、南京馆

04736
评《中国之命运》 陈伯达著
[安泽]：太岳文化委员会，1943.8，石印本，28 页，32 开
收藏单位：国家馆

04737
评《中国之命运》 陈伯达等著
[阳城]：太岳新华书店，1947.7，150 页，32 开
收藏单位：重庆馆、国家馆、河南馆、南京馆、中科图

04738
评《中国之命运》 陈伯达著
韬奋书店，1945.12，112 页，64 开
本书收文 5 篇：《评〈中国之命运〉》（陈伯达）、《〈中国之命运〉——极端唯心论的愚民哲学》（艾思奇）、《谁革命？革谁的命》（范文澜）、《国共两党和中国之命运》（吕振羽）、《感言》（续范亭）。
收藏单位：南京馆、上海馆

04739
评《中国之命运》 陈伯达著
[香港]：天一图书公司，1946，30 页，32 开
（新文献丛书 2）
收藏单位：长春馆、广东馆

04740
评《中国之命运》 陈伯达著
团结报社，1943，26 页，32 开
收藏单位：吉林馆

04741
评《中国之命运》 陈伯达等著
香港：晓明社，1946.3，40 页，32 开
收藏单位：广东馆、国家馆、黑龙江馆、江西馆、南京馆、天津馆、浙江馆

04742
评《中国之命运》 陈伯达著
[北平]：新华书店，1949.6，57 页，32 开
[上海]：新华书店，1949.7，57 页，32 开
收藏单位：重庆馆、广东馆、国家馆、黑龙江馆、湖南馆、吉林馆、辽大馆、南京馆、宁夏馆、山东馆、山西馆、绍兴馆、天津馆、中科图

04743
评《中国之命运》 陈伯达著
[上海]：新中国书局，1943，140 页，64 开
收藏单位：国家馆

04744
评《中国之命运》 陈伯达著
香港：新中国文献出版社，1946，30 页，32 开（新文献丛书 2）
收藏单位：广西馆、国家馆

04745
评《中国之命运》 陈伯达等著
[上海]：阳光出版社，1945.12 印，112 页，32 开
收藏单位：安徽馆、国家馆、山东馆、山西馆、天津馆、浙江馆

04746
评《中国之命运》 陈伯达著
豫皖苏新华书店，1948.12，42 页，32 开
收藏单位：重庆馆、国家馆、河南馆

04747
评《中国之命运》 陈伯达著
[杭州]：浙江新华书店，1949.8，42 页，32 开
收藏单位：国家馆、南京馆、山东馆、绍兴馆

04748
评《中国之命运》 陈伯达著
中原新华书店，1949，42 页，32 开
收藏单位：重庆馆、广东馆、国家馆、湖南馆、山东馆

04749
评《中国之命运》 陈伯达等著
出版者不详，[1943]，84 页，32 开
本书为伪装本。伪装题名：中国之命运。伪装出版者题：正中书局。
收藏单位：国家馆

04750
评《中国之命运》 陈伯达等著
出版者不详，[1943—1949]，28 页，25 开
本书为伪装本。伪装题名：大东亚之路。伪装出版者题：东亚书局。伪装出版时间题：1943 年 10 月。
收藏单位：国家馆

04751
评《中国之命运》 陈伯达等著
出版者不详，[1945]，84 页，32 开
本书为伪装本。伪装题名：大东亚之路。伪装出版者题：新国民书店。
收藏单位：国家馆

04752
评《中国之命运》 陈伯达等著
出版者不详，[1943—1949]，77 页，25 开
出版者不详，[1945—1949]，油印本，30 页，大 16 开，环筒页装
收藏单位：重庆馆、国家馆

04753
评《中国之命运》 陈伯达　范文澜著
[无锡]：苏南新华书店，[1949]，77页，32开
本书收文两篇：《评〈中国之命运〉》《斥所谓“中国文化的统一性”》。
收藏单位：国家馆

04754
评《中国之命运》与介绍《中国之命运》 陈伯达著
牡丹江：东北书店牡丹江分店，1948，60页，32开
收藏单位：辽宁馆

04755
评《中国之命运》与介绍《中国之命运》 陈伯达著
牡丹江书局，[1943—1949]印，38+21页，32开
收藏单位：东北师大馆、国家馆、南京馆

04756
破产的政治理论 [解放日报社著]
[延安]：解放日报社，1946.4，23页，36开
本书收1946年3—4月间延安《解放日报》社论3篇：《破产的政治理论》《再评破产的政治理论》《驳蒋介石》。
收藏单位：重庆馆、东北师大馆、国家馆、吉林馆

04757
全国将领抗战名论集 翟光宇　陆佳编
上海：抗战编辑社，1938.4，再版，增订本，226页，32开
本书收文24篇，内容包括：《论反日本帝国主义进攻的方针与前途》（毛泽东）、《战略与战术》（彭德怀）、《日本并不是怎样可怕的魔鬼》（朱德）等。
收藏单位：贵州馆

04758
谁要中国内战？ （美）罗辛格等著
[佳木斯]：东北书店，1947.1，83页，32开
本书收文11篇，内容包括：《谁要中国内战》（罗辛格著，史力化译）、《我们正在建立一个法西斯的中国》（史沫特莱著，威尔译）、《我们如何失掉了朋友》（阿布兰著，刘珂译）、《美军驻华毫无理由》（马西努）等。附《美国武装干涉中国内政实录》。
收藏单位：长春馆、东北师大馆、国家馆、吉林馆、近代史所、辽宁馆、天津馆、中科图

04759
时论
东北民主联军总政治部，1946，24页，32开
收藏单位：辽宁馆

04760
时势参考资料（第2辑） 辽宁军区政治部编辑
开明书店，1946，73页，32开
本书收有关中外舆论多篇，内容系对美国军事援蒋政策及蒋介石发动全国内战的看法。
收藏单位：国家馆

04761
时事小评选粹
左权：华北书店，1944，72页，25开
本书收文23篇，内容包括：《“七七”事变中的北平景象》《革命与抗战之分野》《国共两党和中国之命运》《质问国民党》等。
收藏单位：国家馆

04762
宋遁初先生大政见 宋教仁著
出版者不详，[1913—1949]，14页，23开
本书是著者对于政体、政策提出的主张，内容包括：责任内阁制、整理军政、划分中央及地方行政、整理财政、开发产业、振兴教育等。
收藏单位：国家馆、上海馆

04763
铁托反动集团的真面目 华中新华书店编辑

新华书店，1949，101 页，32 开（时论选辑 6）

本书收文 18 篇，内容包括：《苏联照会南政府与英美勾结的秘密》《南政府非法逮捕苏联公民苏联照会提出抗议》《南斯拉夫的托洛茨基分子是帝国主义的突击队》《铁托阴谋侵阿》等。

收藏单位：重庆馆

04764

外国记者眼中的重庆

通化新华书店，[1945—1949]，30 页，32 开（时论选辑）

本书共 5 部分：今天与辛亥、外国记者眼中的重庆、国际舆论、大后方舆论、陕甘宁边区与敌后方解放区舆论。

收藏单位：国家馆、江西馆

04765

晓风残月 上海晓风出版社编

上海：晓风出版社，1948.11，83 页，32 开（晓风文丛 第 1 辑）

本书收《人民自己的国家》（胡愈之）、《秋季攻守现势》（评论记者）、《时局透视》（华严）、《中原重镇已易手》（集纳）、《东北棋局满盘输》（集纳）等时局评论。

收藏单位：国家馆、吉林馆、南京馆

04766

英美报章杂志论中国 新长城社编著

大连：大众书店，1947.7，再版，81 页，32 开

本书汇集英、美报刊对中国共产党和中国形势的评论，内容包括：《"远东的混乱"》（美国《新共和国杂志》）、《关于中国的近况》（格尔德）、《论中国形势》（史温格）等。

收藏单位：国家馆、辽宁馆、山东馆、天津馆

04767

英美报章杂志论中国 新长城社编著

哈尔滨：解放社，[1940—1949] 印，81 页，32 开

收藏单位：东北师大馆、湖北馆、南京馆

04768

在饥饿线上

大众呼声社，1940，35 页，32 开

本书收文 9 篇：《奴隶的吼声》（代发刊词）、《战时繁荣和生活恐慌下我们应有的认识》（涛）、《上海职工运动的环境和方针》（列达）、《宪政运动与工人阶级》（鲁渊）、《承继"三・二一"的革命传统》（方兴）、《三一八——两个血的纪念》（丁一）、《公共汽车工潮的始末》（定胜）、《我们不要这种国民大会的代表》（铿）、《永安纱厂工人来信》（张根弟）。特载两篇：《毛泽东论相持阶段的形势与任务》《陕甘宁边区文协第一次代表大会宣言》。

收藏单位：国家馆

04769

臧大咬子伸冤记

香港：华粹出版社，[1947]，50 页，32 开

本书为伪装本。实际内容为时事评论集。共 12 篇，内容包括：《黔驴技穷的反人民攻势》（何鲁梅）、《杀鸡吃鸡的财产税》（杨时）、《劳资合作・向政府要生路》（徐维农）、《美共在一九四七年的任务》（福斯特）等。

收藏单位：国家馆、吉林馆、南京馆、首都馆、天津馆

04770

战后中国的两条路线 徐林仪编

临沂：山东新华书店，1946.8，12+507 页，32 开

本书共 7 章：蒋介石应当爱国、中国法西斯的回光返照、全民族爱国运动的开展、美国对外政策的分析、中美人民的呼声与正义的谴责、美国国内危机与和平民主运动、英美矛盾与被压迫民族反美运动。附《莫斯科选民大会上斯大林发表演说》等 5 篇。

收藏单位：东北师大馆、国家馆、黑龙江馆、吉大馆、近代史所、辽宁馆、辽师大馆、山东馆、天津馆

04771
中国不亡论　宋庆龄著
上海：生活书店，1937.12，58 页，36 开（救亡文丛 2）
上海：生活书店，1938.1，再版，58 页，36 开（救亡文丛 2）
上海：生活书店，1938.3，3 版，58 页，36 开（救亡文丛 2）

本书收文 6 篇，内容包括：《中国不亡论》《两个“十月”》《致英国工党书》《中国走向民主的途中》《中国应当干什么》等。

收藏单位：北碚馆、重庆馆、广东馆、广西馆、贵州馆、桂林馆、国家馆、湖南馆、吉林馆、江西馆、近代史所、南京馆、宁夏馆、山西馆、陕西馆、上海馆、中科图

04772
中国往哪里去　（苏）阿瓦林等著
山东新华书店，[1945]，28 页，36 开（时论选辑 19）

本书收文 5 篇：《中国往哪里去》（阿瓦林）、《目前中国内外形势》（史诺）、《驳〈时代〉〈生活〉杂志关于中国形势的文章》（史沫特莱）、《关于中国政治真相》（皮尔生）、《论当前中国问题》（拉铁尔）。

收藏单位：国家馆、山东馆

04773
中国问题讲话　友谷著
[上海]：大众文化社，1946.11，70 页，32 开

本书收文 32 篇，内容包括：《打开地图》《五千年的文明史》《武力统一的失败》《大炮和商品》《不是真正的独立》《革命和改良》《民主在宪法前》等。

收藏单位：重庆馆、东北师大馆、国家馆、吉林馆、山东馆、天津馆

04774
中国问题讲话　友谷著
河间：冀中新华书店，1947，56 页

本书内容包括：五千年的文明史、为帝国主义办事的人、不是真正的独立、辛亥革命的失败等。

收藏单位：南京馆、山西馆

04775
中国问题指南（1—2）
出版者不详，1937，167+227 页，32 开（革命历史丛书 1）

本书收 1926 年 7 月至 1931 年 7 月期间，共产国际有关中国问题的文献 9 件。有共产国际第七、八、九次扩大会议决议及共产国际执行委员会致中国共产党书信、有关中国问题的决议案等。

收藏单位：重庆馆、国家馆、近代史所、南京馆、宁夏馆、山西馆、浙江馆

04776
《中国之命运》解剖　吕振羽等著
[延安]：新华书店，1944.10，126 页，32 开

本书收文 14 篇，内容包括：《国共两党和中国之命运》（吕振羽）、《〈中国之命运〉——极端唯心论的愚民哲学》（艾思奇）、《斥所谓中国文化的统一性》（范文澜）、《驳蒋介石的法律观》（何思敬）等。附《国共两党抗战成绩比较》《中国共产党抗击的全部伪军概况》。

收藏单位：国家馆、山西馆

政治概况

04777
抗战中的中国政治　延安时事问题研究会编
延安：解放社，1940.12，553 页，32 开（“抗战的中国”丛刊 3）

本书共 6 编，内容包括：目前政治机构的弊端与变更、国民参政会的召集及其经过、抗战中的民主运动、抗战中各党派团体及武装部队所颁布的抗战纲领及主张等。书前有编者例言。

收藏单位：东北师大馆、贵州馆、国家馆、湖南馆、吉林馆、近代史所、南京馆、山东馆、山西馆

04778
中国政治讲话　王彤舜编
华中新华书店，1946，132 页，32 开

本书共4讲：中国的阶级、中国的政党、中国的社会、中国的革命。

收藏单位：甘肃馆、山东馆

04779

中国政治讲话 王彤舜编

人民书店，1948.10印，石印本，79页，32开

收藏单位：重庆馆、国家馆、吉林馆

政治制度、国家机构

04780

第二届参政会的“花絮” 邹韬奋等著

世界出版社，1941.4，25页，32开

本书内容包括：中共七参政员不出席参政会之全部文献、张一麐之三大原则、邹韬奋函电、全国各生活书店被摧残经过、关于国共今后的政治问题。著者原题：韬奋。

收藏单位：南京馆

04781

第二届国民参政会特辑 新华日报馆编

重庆：新华日报馆，1938.12，90页，32开（新群丛书23）

本书收有关提案、评论、建议、社论18篇，内容包括：《关于克服困难渡过难关持久抗战争取胜利问题案》《请撤销图书杂志原稿审查办法以充分反映舆论及保障出版自由案》《国民参政会第二次大会的展望》《论国民参政会对于坚持持久战的任务》《希望于第二次参政会者》等。

收藏单位：重庆馆、贵州馆、国家馆、吉林馆、南京馆

04782

关于国民大会问题（3） 东北军政大学总校政治部编

东北军政大学总校政治部，1947，50页，32开（时事参考资料3）

本书分4部分：伪“国大”的丑剧、中共词正言明评伪“国大”、历史的考验、蒋记“国大”无前途只有美帝国主义捧场。共22篇，内容包括：《蒋记一党“国大”闭幕》《评蒋介石宪草演说》《周恩来将军谈目前时局问题》《慰问朱学范先生》《苏联评论“国大”》等。据1946年12月份报纸资料选编。

收藏单位：国家馆

04783

论民主共和国 博古著

上海：文粮书店，1938.1，39页，32开（文粮小丛书）

收藏单位：国家馆

04784

评国民党参政会

山东新华书店，[1943—1949]，13页，32开（时论选辑12）

本书收文5篇：《新华社记者评蒋介石参政会演说》《新华社记者论时局》《中共决定不参加参政会》《民主同盟不参加国民大会》《英作家克列吉论中国国民大会问题》。

收藏单位：重庆馆、山东馆

04785

宪政问题参考资料（第1—4集） 晋察冀边区国大代表选举委员会编

[张家口]：晋察冀边区国大代表选举委员会，1946.3，4册（134+96+100+97页），32开

本书第1集收文9篇，内容包括：《国民党第一次代表大会宣言》《北上宣言》《中华民国训政时期约法》《国民大会组织法》等；第2—3集收文14篇，内容包括：《新民主主义的宪政》（毛泽东）、《毛泽东同志在陕甘宁边区参议会的演说》（毛泽东）、《宪法的原则》（吴玉章）、《国民大会的法律问题》（孟南）、《从人民立场批评五五宪草》（胡冈）、《论五五宪草的一端》（费青）、《论宪草审议》（《大公报》社评）等；第4集收文3篇，内容包括：《驳蒋介石》等。

收藏单位：东北师大馆、广东馆、国家馆、近代史所、辽大馆、柳州馆、山西馆

04786

宪政问题参考资料（第1集） 延安各界宪政

促进会编
延安：解放社，1940，132 页，32 开

本书收文 8 篇：《中华民国临时约法》《中华苏维埃共和国宪法大纲》《中国国民党第一次全国代表大会宣言》《中国国民党抗战建国纲领》《中国共产党抗日救国十大纲领》《陕甘宁边区抗战时期施政纲领》《苏维埃社会主义共和国联盟之宪法》《爱斯多尼共和国宪法》。

收藏单位：重庆馆、东北师大馆、近代史所

04787
宪政问题初级读本　艾生著
[兴县]：太行文化教育出版社，1940，111 页，64 开（太行文化丛书）

本书共 12 部分：中国宪政运动新局势、中国宪政运动的回溯、关于“五五宪章”、为什么要促进宪政的实施、促进宪政要注意那些问题、召集国民大会问题（一、二）、制定宪法问题、实行宪政问题、目前的宪政运动、华北怎样促进宪政的实施（一、二）。附《延安宪政促进会对于修改国民大会选举法及组织法的提案全文》等法令 3 种。

收藏单位：国家馆

04788
中国社会性质问题论战　何干之著
上海：生活书店，1937.1，177 页，36 开（青年自学丛书）
上海：生活书店，1937.4，再版，177 页，32 开（青年自学丛书）
上海：生活书店，1938.3，3 版，3+3+177 页，32 开（青年自学丛书）
生活书店，1939.3，5 版，177 页，32 开（青年自学丛书）

本书共 8 章：思想论争的社会意义、中国是一个什么社会、苏联思想界对于中国问题的观察、新思潮派的强点与弱点、机械派的观点、似是而非的修正、金融资本与农业生产关系、由社会性质的论争到国防经济的论争。

收藏单位：北碚馆、重庆馆、东北师大馆、广东馆、桂林馆、国家馆、湖南馆、吉林馆、近代史所、南京馆、内蒙古馆、山西馆、上海馆、西南大学馆、浙江馆、中科图

政治宣传与教育

04789
国民精神总动员应有的认识　陈伯达著
[延安]：解放社，1939.8，66 页，32 开

收藏单位：近代史所

04790
流动宣传队　张庚著
广州：黎明书局，1938.3，56 页，32 开（战时民众丛书）

本书共 5 部分：宣传队的本质和任务、怎样从事农村工作、宣传的技术、队员的自我修养、宣传队的文化使命。

收藏单位：重庆馆、国家馆、吉大馆、南京馆、上海馆

04791
战时农村宣传资料（第 1 辑）　战时农村问题研究所编辑
汉口：新知书店，1938.7，[34] 页，25 开

本书收文 18 篇，内容包括：《农村宣传资料的用法》《如何进行宣传工作》《怎样和农民谈话》《徐州阵地转移前后的时局》《空军烈士陈怀民肉弹击敌》等。

收藏单位：重庆馆、南京馆

04792
战时宣传工作　郭沫若著
第九战区干部训练团，1940.9，162 页，32 开

本书为军事学校战时政治教程，共两部分：总论、分论。总论为理论与方法，内容包括：绪言、抗战建国纲领之阐扬、宣传工作者之修养、言论的宣传、艺术的宣传、其他特种宣传方式；分论为应用与实习，内容包括：对民众的宣传、对士兵的宣传、对敌人的宣传、对国际的宣传、结语。

收藏单位：广东馆、湖南馆

04793
战时宣传工作　郭沫若著
[重庆]：国民政府军事委员会政治部，1938.7，156页，32开
[重庆]：国民政府军事委员会政治部，1939，再版，156页，32开
　　收藏单位：安徽馆、北碚馆、重庆馆、广东馆、桂林馆、国家馆、吉林馆、辽宁馆

04794
战时宣传工作　郭沫若著
重庆：黄埔出版社，1938.10，83页，32开（黄埔丛书23）
　　收藏单位：广东馆、国家馆、吉林馆、辽宁馆、南京馆

04795
战时宣传工作　郭沫若著
重庆：青年书店，1938.6，156页，32开
重庆：青年书店，1939.3，再版，156页，32开
[重庆]：青年书店，1940.2，3版，156页，32开
重庆：青年书店，1940，4版，156页，32开
　　收藏单位：重庆馆、广东馆、广西馆、贵州馆、国家馆、湖南馆、吉大馆、吉林馆、江西馆、近代史所、南京馆、上海馆、浙江馆

04796
战时宣传工作　郭沫若著
重庆：中央陆军军官学校，1938.10，82页，32开（黄埔丛书23）
　　收藏单位：重庆馆、湖南馆、宁夏馆

国家行政

04797
察哈尔省人民代表大会汇刊　察哈尔省人民代表会议大会秘书处编
[张家口]：察哈尔省人民代表会议大会秘书处，1945.11，58页，16开
　　本书分大会摄影、论述、大会文献、杂组等项。
　　收藏单位：国家馆、山西馆

04798
东北行政导报　东北行政委员会办公厅编
出版者不详，1947.6，23页，32开
　　收藏单位：宁夏馆

04799
二分区八年来灾情及救济计划
出版者不详，[1945—1949]，1册
　　本书内容包括：八年来日寇给我们造成的严重灾难、我们的救济工作、救济与建设计划等。
　　收藏单位：山西馆

04800
关于目前反奸保卫工作的传达与布置
晋城县社会部，1947.9，油印本，10页，32开
　　收藏单位：国家馆

04801
国民党之谍报教材（缴获文件）
晋冀鲁豫军区司令部，1945.10印，146页，32开
　　本书共3编：概论、谍报技术、谍报工作。附《破坏军需生产的简便方法》。
　　收藏单位：国家馆

04802
救济工作参考资料（第1号 关于行总）　中国解放区临时救济委员会编
[阜平]：晋察冀边区分会，1946.4印，31页，16开
　　本书收《蒋廷黻谈行总（摘要）》《行总在沪招待记者》《善后救济总署组织法》等。
　　收藏单位：山西馆

04803
取消万恶的特务政治　东北军政大学政治部编
[北安]：东北军政大学政治部，1947.2，55

页，36 开

本书收文 8 篇，内容包括:《谁爱护青年，谁戕害青年?》(邓发)、《人间地狱——上饶集中营》(东流)、《戴笠是中国的什么人》(马西努)、《取消万恶的特务政治》(萧三)等。

收藏单位：东北师大馆、国家馆、吉林馆、宁夏馆、天津馆

04804

取消万恶的特务政治　[吉林军区政治部编]

吉林军区政治部，1947.6 印，64 页，32 开

收藏单位：吉大馆、辽宁馆

04805

山东渤海区县参议会选举办法　[山东省渤海区选举委员会编]

昌潍县政府，[1944] 印，石印本，15 页，64 开

本办法共 8 章。山东省渤海区选举委员会 1944 年 8 月通过。

收藏单位：国家馆

04806

山东军区山东省政府颁之各种条例纲要办法汇编（第 1 辑）　胶东区行政公署编

胶东区行政公署，1945.9，58 页，64 开

收藏单位：山东馆

04807

陕甘宁青豫晋绥七省县政会议会员手册　陕甘宁青豫晋绥七省县政会议秘书处编

陕甘宁青豫晋绥七省县政会议秘书处，1943.8，1 册，32 开

收藏单位：南京馆

04808

太行四专区治水救灾工作报告　四专署秘书室　四专署合作科制

四专署秘书室、四专署合作科，1948.9，油印本，1 册，32 开

收藏单位：国家馆

04809

特情通报（普字第 4 号）　太岳区党委社会部编

[阳城]：太岳区党委社会部，1948.8，油印本，5 页，25 开

收藏单位：国家馆

04810

特务批判（中国法西斯特务往那里去?）　黄楫清等著

华东新华书店，1948，95 页，32 开

本书共 4 编：特务批判序、特务批判、戴笠之死、敌伪国特闻见记。

收藏单位：国家馆

04811

特务批判（中国法西斯特务往那里去?）　黄楫清等著

胶东新华书店，1947.8，91 页，32 开

胶东新华书店，1948.5，95 页，32 开

收藏单位：重庆馆、国家馆、吉大馆、吉林馆、近代史所、辽宁馆、山东馆、上海馆

04812

特务批判（中国法西斯特务往那里去?）　黄楫清等著

出版者不详，[1946]，95 页，32 开（扫荡丛刊 1）

本书为伪装本。伪装题名：戴笠将军及其事业。伪装出版者题：南京扫荡丛刊社。

收藏单位：上海馆

04813

选举参议员　晋西北临时参议会编

兴县：晋西北临时参议会，1942，6 页，32 开

收藏单位：山西馆

04814

中国法西斯派的恐怖特务组织　薛樵等著　太岳新华书店编

[阳城]：太岳新华书店，1946.11，46 页，32 开

本书收文 6 篇:《中国法西斯派的恐怖特

务组织》（薛樵）、《东南中美第七特训班的内幕》（陈世民）、《军统局内幕》、《我不愿做人民的公敌》、《我是"戴先生"的人》、《我也来自地狱》。附《司派狂》（郭沫若）。

收藏单位：国家馆

04815

中国法西斯特务真相 黄楫清等著

佳木斯：东北书店，1948.12，86 页，32 开

佳木斯：东北书店，1949.3，再版，86 页，32 开

本书收文 7 篇：《中国法西斯特务往那里去?》（黄楫清）、《敌伪国特见闻记》（罗仪）、《戴笠之死与军统》（陈公恕）、《军统局内幕》（一个重庆特务给一个昆明特务的信）、《血和泪的控诉》（一个忏悔的特务）、《第七中美特训班的内幕》（陈世民）、《我是蒋匪的一个大特务》（胡忠毅）。

收藏单位：长春馆、重庆馆、东北师大馆、国家馆、辽大馆、内蒙古馆、山西馆、上海馆、天津馆、浙江馆

04816

中国法西斯特务真相 黄楫清等著

南通：华中新华书店，1949.5，82 页，32 开

收藏单位：重庆馆、广东馆、国家馆、湖北馆、吉林馆、南京馆、上海馆

04817

中国法西斯特务真相 黄楫清等著

[北平]：新华书店，[1949]，86 页，32 开

[北平]：新华书店，1949.5，再版，86 页，32 开

收藏单位：安徽馆、重庆馆、国家馆、湖南馆、吉林馆、南京馆、上海馆

04818

中国法西斯特务真相 黄楫清等著

[郑州]：中原新华书店，1949.1，116 页，32 开

收藏单位：广东馆、国家馆、近代史所

04819

中国法西斯特务真相 黄楫清[等]著 山东新华书店总店编

山东新华书店，1948.6，116 页，32 开

收藏单位：南京馆、山东馆、山西馆

04820

中国法西斯特务真相

成都：成都新华书店，[1943]，86 页，36 开

收藏单位：东北师大馆、国家馆

阶级结构、社会结构

04821

工人阶级 晋察冀边区冀中区各业工会联合总工会编

晋察冀边区冀中区第九分区工会，1946，26 页，32 开

收藏单位：吉林馆

04822

国民党二中全会面目 晋察冀日报社资料科编

张家口：新华印刷局，1946.5，202 页，32 开

本书介绍国民党二中全会及国内外的评论。

收藏单位：国家馆、农大馆

04823

国民党和共产党

八路军留守兵团政治部，[1943]，28 页，36 开

本书收文 3 篇：《中国社会各阶级》《国民党、三民主义是什么？蒋介石是什么样的人?》《中国共产党是中华民族和中国人民的救星》。

收藏单位：国家馆、柳州馆

04824

国民党和共产党

[佳木斯]：东北书店，1946.8 印，33 页，32 开

收藏单位：国家馆、天津馆

04825
国民党和共产党
冀鲁豫书店，[1943—1944] 印，43 页，32 开
收藏单位：国家馆、宁夏馆、山东馆

04826
国民党和共产党
出版者不详，[1945—1949] 印，60 页，32 开，环筒页装
收藏单位：国家馆、中科图

04827
国民党临时代表大会的成功　张闻天 [著]
出版者不详，[1938]，油印本，1 册，32 开，环筒页装
本书收文两篇：《国民参政会组织条例》《论国民参政会的职权和组织》。著者原题：洛甫。
收藏单位：国家馆

04828
国民党问题
总卫生部编译处，1948.6 印，75 页，32 开
本书收文 3 篇：《国民党、三民主义是什么？蒋介石是什么样的人？》《评〈中国之命运〉》《谁革命？革谁的命？》。
收藏单位：安徽馆、东北师大馆、国家馆、吉林馆、近代史所、辽宁馆、内蒙古馆、天津馆

04829
狐群狗党现形记
佳木斯：东北书店，1948.5，53 页，32 开
本书收文 14 篇，内容包括：《政学系介绍》（新华社）、《政学系人物介绍》（浩）、《民社党介绍》（新华社）、《民社党的历史道路》（王坪）、《民社党的上钩》（炼风）等。
收藏单位：长春馆、东北师大馆、广东馆、国家馆、近代史所、南京馆、天津馆、浙江馆

04830
狐群狗党现形记（青年党、民社党、政学系介绍）　华北新华书店编辑部编辑
华北新华书店，1947.7，55 页，36 开
收藏单位：北师大馆、国家馆、河南馆、山东馆、山西馆

04831
蒋党内幕（三十年见闻杂记之一）　翊勋著
民主出版社，1948.9，178 页，32 开
本书内容包括：《曾国藩的治兵术》《阴谋起家的地主买办阶级的最后代理人》《何应钦——陈诚——胡宗南》《CC 团》《蓝衣社》《政学系》等。附《胜利前后》。是《蒋党真相》的另一版本。
收藏单位：国家馆、近代史所、宁夏馆、山东馆

04832
蒋党内幕（续编）　翊勋著
山东新华书店，1948.10，81 页
本书收《孙科派》《“下诏罪人，破格用己”》《“副总统”李宗仁》。附《胜利前后》等。
收藏单位：吉大馆

04833
蒋党真相　翊勋著
[杭州]：浙江新华书店，1949.5 印，129 页，32 开
收藏单位：重庆馆、浙江馆

04834
蒋党真相（三十年来见闻杂记之一）　翊勋著
大众出版社，1949.4，185 页，32 开
收藏单位：重庆馆、福建馆、广东馆、贵州馆、国家馆、湖南馆、近代史所、辽大馆、南京馆、内蒙古馆、宁夏馆、上海馆、绍兴馆、天津馆

04835
蒋党真相（三十年来见闻杂记之一）　翊勋著
[佳木斯]：东北书店，1948.12，135 页，36

开

收藏单位：长春馆、东北师大馆、国家馆、吉大馆、吉林馆、近代史所、辽宁馆、西南大学馆

04836

蒋党真相（三十年来见闻杂记之一） 翊勋著

读者书店，1948.10 印，183 页，32 开

收藏单位：重庆馆、国家馆、河南馆、山东馆、山西馆、首都馆、天津馆

04837

蒋党真相（三十年来见闻杂记之一） 翊勋著

华中新华书店，1948.9，132 页，32 开

收藏单位：广西馆、国家馆、河南馆、湖南馆、南京馆、山东馆、上海馆

04838

蒋党真相（三十年来见闻杂记之一） 翊勋著

南洋出版社，1949.8，180 页，32 开

收藏单位：国家馆

04839

蒋党真相（三十年来见闻杂记之一） 翊勋著

山东新华书店，1946.6，185 页，32 开

山东新华书店，1948.6，185 页，32 开

收藏单位：国家馆、山东馆、山西馆

04840

蒋党真相（三十年来见闻杂记之一） 翊勋著

韬奋书店，1949.6，南通版，132 页，32 开

收藏单位：安徽馆、广西馆、国家馆、河南馆、南京馆、上海馆、绍兴馆、武大馆

04841

蒋党真相（三十年来见闻杂记之一） 翊勋著

豫皖苏新华书店，1948，185 页，32 开

收藏单位：重庆馆

04842

蒋党真相（三十年来见闻杂记之一） 翊勋著

中原新华书店，1949，184 页，32 开

收藏单位：国家馆

04843

蒋府新附庸（政学系、民社党、青年党） 太岳新华书店编

[阳城]：太岳新华书店，1947.6，29 页，36 开（时事丛书 5）

本书收文 5 篇：《政学系、民社党与青年党介绍》（新华社）、《民社党那里去?》（王坪）、《民社党的上钩》（炼风）、《青年党外史》（陈永年）、《青年党的故事》（吴格）。

收藏单位：重庆馆、国家馆、河南馆、浙江馆

04844

阶级与党派 东北民主联军七师政治宣传部编

东北民主联军七师政治宣传部，1946.8 印，19 页，32 开

本书内容包括：中国各阶级概况介绍、中国各党派概况介绍、中国国民党、中国共产党等。

收藏单位：天津馆

04845

论农民问题 陈伯达著

沈阳：东北书店，1949.3，33 页，32 开（社会科学读本 8）

收藏单位：重庆馆、国家馆、辽宁馆、宁夏馆、山东馆、陕西馆

04846

论农民问题 陈伯达著

香港：南海出版社，1948.5，35 页，36 开（社会科学小丛书 第 1 辑 2）

[汉口]：南海出版社，1949.6，35 页，36 开

收藏单位：安徽馆、国家馆、湖北馆、吉大馆

04847

论农民问题 陈伯达著

上海：生活·读书·新知联合发行所，1949.7，51 页，36 开

本书共 5 章：问题的提法、资产阶级性革命中的农民、无产阶级革命中的农民、社会主义建设中的农民、中国的农民土地问题。

附《土地改革与中国资本主义的发展》（何干之）。

收藏单位：重庆馆、国家馆、南京馆

04848
论农民问题 陈伯达著
上海：新知书店，1946，51 页，32 开（社会科学读本 8）

收藏单位：重庆馆、福建馆、广东馆、国家馆、吉林馆、南京馆、内蒙古馆、宁夏馆、山东馆、上海馆

04849
论知识分子 吴克峰著
胶东新华书店，1946，25 页，32 开

收藏单位：重庆馆、山东馆

04850
论知识分子（整风材料） 吴克峰等著
[左权]：华北书店，1943.4，46 页，32 开，环筒页装

本书收《论知识分子在历史发展和革命运动中的作用和地位》（吴克峰）。附《苏联知识分子的过去与现在》（雅洛斯拉夫斯基著，吴敏译）。

收藏单位：国家馆

04851
内战时期的反革命与革命 陈伯达著
华东人民革命大学南京分校，[1949]，68 页，32 开

本书阐述 1927—1936 年第二次国内革命战争时期的中国各阶级状况、解决矛盾、革命的特点，以及任务、政策等问题。

收藏单位：南京馆

04852
内战时期的反革命与革命 陈伯达著
华中新华书店，1948.7，68 页，32 开

收藏单位：南京馆、山东馆

04853
内战时期的反革命与革命 陈伯达著
出版者不详，1943，71 页，32 开
出版者不详，1944.6，111 页，32 开
出版者不详，1945.10，64 页，36 开
出版者不详，1946.1，66 页，32 开
出版者不详，1947，76 页，32 开

收藏单位：国家馆、南京馆、山西馆

04854
评国民党二中全会 金门出版社编
金门出版社，[1926—1949]，60 页，32 开

本书收文 16 篇，内容包括：《决不容许法西斯主义在中国复活》等。

收藏单位：东北师大馆、黑龙江馆、山东馆、上海馆

04855
评国民党二中全会 太岳新华书店编
[阳城]：太岳新华书店，1946.4，1 册，36 开

本书收文 9 篇，内容包括：《政协决议不容修改》《评国民党二中全会决议》《评国民党二中全会》《破产的政治理论》《中国法西斯实行恐怖的自由》等。

收藏单位：国家馆

04856
评国民党二中全会 萧飓编
临沂：山东新华书店，1946.5，88 页，36 开

本书共两部分：评国民党二中全会、国民党二中全会经过。收文 31 篇，内容包括：《坚持政协决议反对任何修改》（中共中央发言人谈话）、《评国民党二中全会》（《解放日报》社论）、《打击保持法西斯统治的企图》（重庆《新华日报》社论）、《出尔反尔》（重庆《新华日报》社论）、《写在国民党二中全会的期内》（马叙伦）、《二中全会的内部斗争》（上海《时代杂志》）、《国民党二中全会开幕》（新华社）、《蒋介石致词冠冕堂皇》（新华社）、《冯玉祥等备受攻击》（新华社）、《阴谋推翻政协决议》（新华社）等。

收藏单位：国家馆、南京馆、山东馆

04857
评国民党二中全会 新嫩江报社编

新嫩江报社，[1946]，28 页，32 开（时论丛刊 2）

本书收文 11 篇，内容包括:《国民党二中全会两件决议包含极端危险因素》《反动派阴谋的总暴露》《民盟主席张澜氏严斥国民党破坏政协决议》《北平民盟张东荪氏力主政协决议不容修改》《宪革审议会各委员一致批评国民党破坏政协决议》《评国民党二中全会》《破产的政治理论》《冯玉祥氏拒绝出席二中全会》等。

收藏单位：国家馆、天津馆

04858

评国民党二中全会

[安东（丹东）]：辽东建国书社，[1946.3]，57 页，32 开（时论选集 16）

本书为国民党六届二中全会评论集。收文 16 篇，内容包括:《国民党反动派操纵的二中全会丑态百出阴谋毕露》《评国民党二中全会》《出尔反尔》《破产的政治理论》《再论破产的政治理论》《反动派在二中全会上阴谋对政协会复辟》等。

收藏单位：广东馆、国家馆、辽宁馆、南京馆、天津馆、中科图

04859

评国民党十一中全会及三届二次国民参政会　新华社编

兴县：晋绥分局，[1943—1949]，16 页，32 开

收藏单位：山西馆

04860

评国民党十一中全会及三届二次国民参政会

冀鲁豫书店，[1944—1948]，73 页，64 开（时事丛书 10）

本书附《外国人眼中的中国》。题名页出版者题：新中国书局。

收藏单位：国家馆

04861

十二年来之国民党　谭平山著

广州：大本营宣传委员会，1923.7，12 页，32 开

本书简述民国以来中国国民党的历史。共 11 节，内容包括：辛亥革命之基础、北洋军阀之机会主义、革命党之分化与北洋军阀之进攻、袁氏帝制及护国之役、北洋军阀再行专政、北洋军阀进攻之第二期、国民革命之开始等。

收藏单位：国家馆

04862

怎样认识国民党和蒋介石　中共北方局宣传部编

中共北方局宣传部，1943.11，33 页，64 开（支部教材 1）

收藏单位：国家馆

04863

政协会后国内时局　[华中新华书店盐阜分店编]

[华中新华书店盐阜分店]，1946.5，34 页，32 开

本书收文 10 篇，内容包括:《评国民党二中全会》(《解放日报》社论)、《出尔反尔》(重庆《新华日报》社论)、《周恩来同志发表对国民党二中全会的谈话》(周恩来)、《驳蒋介石》(《解放日报》社论)、《东北应无条件停战》(《解放日报》社论)等。

收藏单位：国家馆、山东馆

04864

政学系民社党青年党介绍　王坪等著

东北书店辽北分店，1948.8，52 页，36 开

收藏单位：重庆馆、东北师大馆

04865

中国共产党广东区委员会对中国国民党第二次全国代表大会宣言（1926 年 1 月 1 日）

中国共产党广东区委员会发布

广州：中国共产党广东区委员会，1926.1，油印本，6 页，8 开

收藏单位：国家馆

社会生活与社会问题

04866
新社会的新婚姻 旅大妇联总会编
大连：东北书店，1949.6，40页，32开
本书旨在帮助妇女们正确处理婚姻问题。收文6篇，内容包括：《如何解决不合理的婚姻问题》《“不用金钱自由婚各人爱上了心上的人”》《重圆》《崭新的婚礼》等。
收藏单位：北师大馆、国家馆、辽宁馆

新民主主义政治

04867
驳《大公报》 陈伯达著
抗战日报社，1946.1，19页，32开
本书驳论1945年11月20日重庆《大公报》发表的社论《质中共》。
收藏单位：重庆馆、山西馆

04868
大众革命知识 艾寒松著
上海：华夏书店，1949.7，73页，32开（大众知识丛书1）
本书共4章：革命的意义、历史上的各种革命、怎样进行革命、现代革命问题。
收藏单位：东北师大馆、广东馆、国家馆、吉林馆、南大馆、南京馆、上海馆、天津馆

04869
革命的五月 关吉罡等著 全民周刊社编
汉口：生活书店，1938.4，142页，50开
汉口：生活书店，1938.5，再版，142页，64开
本书为《全民周刊》1卷20号别册。收文7篇，内容包括：《五一国际劳动节》（关吉罡）、《五月五日》（史枚）、《五月里日本强盗在中国写下的血账》（季平）、《伟大的五卅反帝运动》（曹荻秋）、《今年五月节的特殊意义及宣传要点》（胡绳）等。
收藏单位：安徽馆、北师大馆、重庆馆、广东馆、贵州馆、国家馆、近代史所、南京馆、宁夏馆、上海馆

04870
关于马列主义中国化的问题
冀鲁豫边区文化出版社，1942.1，木刻本，31页，48开（新民主丛书1）
1938年毛泽东在党的六届六中全会上所作的题为《论新阶段》的政治报告中，第一次明确提出“马克思主义中国化”这个命题。本书就有关问题进行阐述。附《在毛泽东旗帜下前进——延安新华社广播稿》。
收藏单位：国家馆、山东馆

04871
关于宪政诸问题 毛泽东等著
[延安]：解放社，1940.3，72页
本书收《新民主主义的宪政》（毛泽东）、《促进宪政运动努力的方向》（王明）、《中国宪政运动之史的发展》（史乃展）、《孙中山先生的宪政观》（吴克坚）、《国民大会选举法》等。
收藏单位：广东馆、黑龙江馆、近代史所

04872
关于宪政诸问题 毛泽东等著
[重庆]：新华日报馆，1940.6，54页，32开
收藏单位：北碚馆、重庆馆、广东馆、广西馆、贵州馆、国家馆、南京馆、山东馆

04873
国民革命 恽代英编
[武汉]：中央军事政治学校政治部宣传科，1926.9，24页，32开
[武汉]：中央军事政治学校政治部宣传科，1927.5，3版，24页，32开
本书为政治讲义，共3部分：革命的意义、中国的革命运动、我们的力量。
收藏单位：北师大馆、重庆馆、广东馆、湖南馆

04874
和平建国的基本方法 太岳新华书店编
太岳新华书店，1945.11，32 页，36 开
本书收文 9 篇，其中《解放日报》文章 7 篇，内容包括：《毛主席答路透社记者》《汉奸国贼必须严惩》等。
收藏单位：山西馆

04875
旧中国在灭亡新中国在前进 辽宁军区政治部编
辽宁军区政治部，1948 印，74 页，32 开
收藏单位：辽宁馆

04876
论时局及其它 晋绥军区政治部编
兴县：晋绥军区政治部，1946.12，38 页，32 开
本书收文 12 篇，内容包括：《论战局》《蒋军必败》《毛主席答美记者所提问题》《燎原之火》等。
收藏单位：山西馆

04877
论哲人政治 李柏年著
上海：新知书店，1948.7，74 页，36 开（新认识丛书 第 1 辑 4）
本书对抗战胜利后中国出路问题的各种意见进行评论，批判“哲人政治”，指出中国的出路就是中国人民速起自救，彻底消灭帝国主义、封建主义和官僚资本主义，建立新民主主义国家。
收藏单位：广西馆、国家馆、辽宁馆、首都馆

04878
民国三十六年新年献辞 毛泽东等著
苏中江海导报社，1947.1，16 页，36 开
本书收《新年祝词》（毛泽东）、《艰苦奋斗迎接光明》（《解放日报》新年献辞）、《对于战后国际形势中几个基本问题的解释》（陆定一）等。
收藏单位：南京馆

04879
民主精神与官僚主义
出版者不详，[1930—1939]，26 页，64 开
本书收《我们现在的革命叫做民主革命》《政府叫抗日民主政府》《根据地叫抗日民主根据地》《干事情要讲究民主》等。
收藏单位：浙江馆

04880
民族民主革命与统一战线 新长城社编辑
[灵寿]：晋察冀日报社，1941.5，143 页，32 开
本书收文 9 篇，内容包括：《新民主主义论》（毛泽东）、《论共产党的阶级立场与民族立场的一致》（洛甫）、《关于三民主义与共产主义》（王稼祥）、《统一战线的几个问题》（彭德怀）、《论抗日根据地各种政策》（解放社）等。书前有编者引言。
收藏单位：国家馆

04881
南京谈判
[惠民]：渤海新华书店，1946.8，33 页，32 开
收藏单位：山东馆

04882
农村政治课本 东北局宣传部编
[哈尔滨]：东北局宣传部，1946.12，57 页，32 开
本书共 12 课，内容包括：诉苦、找穷根、农会、自卫队、八路军与中央军、民主政府与国民党政府、共产党与国民党等。
收藏单位：辽宁馆

04883
农村政治课本 东北局宣传部编
[佳木斯]：东北书店，1946.11，89 页，32 开
[佳木斯]：东北书店，1947，再版，89 页，32 开
佳木斯：东北书店，1947.11，3 版，89 页，32 开

收藏单位：东北师大馆、国家馆、辽宁馆、南京馆、中科图

04884
农村政治课本 东北局宣传部编
光明书店，1947印，102页，36开
收藏单位：国家馆

04885
群众（35）
出版者不详，1947.9，24页，16开
本书为伪装本，收胡乔木、秦牧、斯特朗等人的文章。伪装题名：茶亭杂话。
收藏单位：国家馆

04886
群众（40）
出版者不详，1947.10，24页，16开
本书为伪装本，收《耕者有其田与爱国主义革命》等文章。伪装题名：没有用了。
收藏单位：国家馆

04887
群众（41）
出版者不详，1947.11，24页，16开
本书为伪装本，收《略论马克斯主义革命在世界上的发展》等文章。伪装题名：活不下去了。
收藏单位：国家馆

04888
群众（47）
[香港]：群众周刊社，1947.12，24页，16开
本书为伪装本，收《把农民队伍组织好——彭真同志在晋察冀边区农会临时代表会讲话摘要》《把反蒋统一战线的革命战争进行到底》《严重的冬季》《一年来蒋管区学生爱国民主运动》《“经济戡乱”是在“戡”谁》等文章。伪装题名：严重的冬季。
收藏单位：国家馆

04889
群众（58）
出版者不详，1948，24页，16开
本书为伪装本，内容包括：《中共中央关于在老区与半老区进行土地改革工作与整党工作的指示》《绥德黄家川村的土地改革》《彻底推翻封建制度纪念三八妇女节》《加强团结，迎接胜利》《脱旧胎，换新骨》《营口的解放》《历史的指针：纪念〈共产党宣言〉发表一百周年》等。伪装题名：脱胎换骨。
收藏单位：国家馆

04890
群众（67）
出版者不详，[1948—1949]，24页，16开
本书为伪装本，收《发展工业的劳动政策与税收政策》等文章。伪装题名：打翻了粪缸。
收藏单位：国家馆

04891
群众（89）
出版者不详，[1948-1949]，24页，16开
本书为伪装本，收《庆祝济南解放的伟大胜利》《东北华北的两局残棋》《揭穿所谓勤俭运动的大阴谋》等文章。伪装题名：永生的坚强。
收藏单位：国家馆

04892
为独立自由幸福的中国而奋斗 王明著
[上海]：大众出版社，1937.12，53页，32开
本书收文5篇，内容包括：《中国国家和人民地位》《中国共产党与中国一九二五至二七年革命》《为苏维埃政权而战斗的九年》等。著者原题：陈绍禹。
收藏单位：国家馆

04893
为独立自由幸福的中国而奋斗 王明著
解放出版社，[1936]，40页，32开（真理小丛书1）
收藏单位：北碚馆、重庆馆、国家馆、南京馆

04894
为独立自由幸福的中国而奋斗 王明著
陕西人民出版社，1938.2，再版，1册，32开
收藏单位：南京馆

04895
显微镜下之醒狮派 ［萧楚女著］ 中国青年社编
［上海］：中国青年社，1925，50页，32开（中国青年社丛书第3种）
中国青年社，1925，再版，50页，32开
本书是萧楚女对《醒狮周报》（第1—50期）的总批评，共27节，以事实及《醒狮周报》的材料批评《醒狮周报》的谬妄。
收藏单位：安徽馆、北碚馆、北师大馆、重庆馆、国家馆、湖南馆、吉林馆

04896
新华社信箱（第1集）
苏北新华书店盐城分店，1949.6，30页，32开
本书为干部学习材料。收文10篇，内容包括:《关于农业社会主义问答》《轻重工业的区分》《关于划分阶级的几个问题与答复》《"公私兼顾"的意义》《几个民主党派与团体概况》等。
收藏单位：国家馆、南京馆、山东馆

04897
新民主和旧民主 高山编写
上海：通俗文化出版社，1949.9，46页，42开
本书介绍有关民主的小常识，号召跟着中国共产党走新民主主义的道路。
收藏单位：山东馆

04898
新民主主义答问
上海：万众出版社，[1949]，26页，32开
本书内容包括：中国的出路、我们要建立一个新中国、中国的历史特点、中国革命是世界革命的一部分、新民主主义的政治、新民主主义的经济、新民主主义的文化等。
收藏单位：国家馆

04899
新民主主义的有关问题
出版者不详，[1947—1949]，26页，36开
本书讲述新民主主义革命的三大经济纲领及土地、城市、教育、工业等方面政策。
收藏单位：浙江馆

04900
新民主主义问答 江大风著
大华出版社，[1943—1949]，16页，32开
本书共11章，内容包括：中国文化问题、驳顽固派的狂妄叫嚣等。
收藏单位：南京馆

04901
新民主主义问答 李黎选著
北平：黄同进［发行者］，1949，72页，32开
本书共7节，内容包括：中国革命的现阶段、民族解放与中国境内各民族一律平等、真正的人民做主的政治、新民主主义革命的三大经济纲领等。
收藏单位：北师大馆、南京馆、内蒙古馆、山东馆、天津馆

04902
新民主主义问答 林志石著
上海：新生书局，1949.6，72页，32开（新生文库1）
收藏单位：重庆馆、国家馆、吉林馆、南京馆

04903
新民主主义问答 亦伯编
美华编印社，[1949]，22页，32开
本书共5章，讲述新民主主义的政治、经济、旧三民主义与新三民主义，以及新民主主义的文化等问题。
收藏单位：国家馆

04904
新民主主义问答 郑邵黄编辑

上海：万众出版社，1949.6，31 页，32 开
上海：万众出版社，1949.6，2 版，31 页，32 开

本书内容包括：我们要建立一个新中国、中国的历史特点、中国革命是世界革命的一部分、新民主主义的政治、新民主主义的经济、新民主主义的文化等。

收藏单位：广西馆、国家馆、湖南馆、南京馆、上海馆、绍兴馆

04905
新民主主义问答
[北平]：大华印刷局，[1949]，76 页，32 开

收藏单位：吉林馆、天津馆

04906
新民主主义问答
南方出版社，[1941]，18 页，32 开
南方出版社，1949，20 页，32 开

本书讲解新民主主义与中国及新民主主义的政治、经济、文化等方面问题。

收藏单位：国家馆

04907
一九四七年展望记　毛泽东等著
出版者不详，[1947]，31 页，32 开

本书内容包括：《新年祝词》（毛泽东）、《一九四七年十大任务》（朱德）、《艰苦奋斗迎接光明》（《解放日报》）、《对于战后国际形势中几个基本问题的解释》（陆定一）。

收藏单位：国家馆

04908
政策学习材料　华中新华书店编辑
华中新华书店，1948.7，137 页，32 开（干部学习丛书）
华中新华书店，1948.8，再版，5+ 137 页，32 开（干部学习丛书）

本书共 3 辑，收文件及讲话等 13 篇。内容包括：《目前形势与我们的任务》（毛泽东）、《在晋绥干部会议上的讲话》（毛泽东）、《中国土地法大纲》（中共中央）、《土地改革中的几个问题》（任弼时）等。附《晋冀鲁豫中央局关于土地改革整党与民主运动的指示》等 8 篇。

收藏单位：国家馆、南京馆、山东馆

04909
政治讲演大纲　恽代英编
出版者不详，[1926—1949]，16 页，32 开

本书共两部分：中国政治经济状况、世界革命与中国革命。

收藏单位：安徽馆、国家馆

04910
中国到那里去?　瞿秋白著
中国社会科学联盟北方分盟，1932，68 页，32 开

本书共 5 章，评述中国革命的经济基础及前途，指出中国应走“苏维埃”的道路。

收藏单位：国家馆

04911
中国革命的基本问题　薛暮桥著
上海：新知书店，1946.6，122 页，36 开（社会科学读本 第 1 辑 10）
哈尔滨：新知书店，1947.11，东北版，86 页，大 16 开

本书共 5 章：中国的自然条件和历史条件、中国革命的任务和性质、中国革命中的各阶级、中国革命的发展过程、新民主主义共和国。

收藏单位：东北师大馆、国家馆、山东馆、首都馆、西南大学馆

04912
中国革命基本问题　王向升　刘毅编　天津市总工会筹委会选订
天津：知识书店，1949.7，92 页，36 开

本书共 7 讲，分述中国社会、百十年来的革命运动、新民主主义革命的总路线、中国革命的性质和特点、中国革命与世界革命、新民主主义的政治、新民主主义经济。

收藏单位：国家馆、天津馆

04913
中国革命基本问题
大连：大众书店，1948.5，173 页，32 开
本书共 4 讲：“中国社会的经济性质及政治制度”“中国革命的性质及其特点”“中国革命的动力、领导、政权及其前途”“三民主义与共产主义”。
收藏单位：东北师大馆、近代史所、天津馆

04914
中国革命基本问题
[沈阳]：[东北银行总行]，[1948]，161 页，32 开
本书共 3 讲：“中国社会的经济性质及政治制度”“中国革命的性质任务及其特点”“中国革命的动力、领导、政治及其前途”。
收藏单位：国家馆、南京馆

04915
中国革命基本问题
[安东（丹东）]：辽东建国书社，1946.6，155 页，32 开
收藏单位：重庆馆、国家馆、南京馆、天津馆

04916
中国革命基本问题
战动总会宣传部，[1937—1949] 印，油印本，23 页，32 开
收藏单位：国家馆

04917
中国革命基本问题参考资料
出版者不详，[1946]，58 页，32 开
本书介绍中国社会，中国革命的对象、任务、动力、性质、前途，以及中国革命与中国共产党等。附《湖南农民运动考察报告》（毛泽东）等 4 篇。
收藏单位：东北师大馆、国家馆、天津馆、浙江馆

04918
中国革命基本问题学习材料之一 中国共产党军委直属机关党委员会编
中国共产党军委直属机关党委员会，[1949]，79 页，32 开
本书收文 4 篇：《新华社关于中共中央七届二中全会的报道》《井冈山前委对中央的报告》《中国抗日民族统一战线在目前阶段的任务》《上海太原失陷以后抗日民族革命战争的形式与任务》。
收藏单位：重庆馆

04919
中国革命问题 新四军山东军区政治部编
新四军山东军区政治部，1946.8，202 页，32 开
收藏单位：山东馆

04920
中国革命问题 薛暮桥著
汉口：中国出版社，1941.3，71 页，64 开
[汉口]：中国出版社，1941.8，3 版，71 页，50 开（中国问题小丛书 1）
本书共 4 部分：中国社会与中国革命、中国革命与统一战线、中国民主革命的三个阶段、中国革命的前途。
收藏单位：国家馆、山东馆

04921
中国革命问题（第 2 集）（苏）托洛茨基（Лсв Давидович Троцкий）著 杨笑湛译
出版者不详，1930.2，222 页，32 开
本书为中共中央在上海秘密印行的共产国际指导中国共产党的文献之一，收《中国革命的回顾及其前途》《共产国际第六次大会后之中国问题》。附《中国反对派纲领》。
收藏单位：国家馆、近代史所

04922
中国革命问题参考资料 华东军大政治部编
华东军大政治部，1949.3，3 册，36 开
收藏单位：南京馆

04923
中国革命中之争论问题　瞿秋白著
上海：商务印书馆，1928，再版，224页，32开
本书共5章："中国革命么?""谁革谁的命?""谁能领导革命?""如何去争领导?""领导的人怎样?"。
收藏单位：国家馆

04924
中国问题讲话
大连：大众书店，1946.10，再版，165页，32开
收藏单位：东北师大馆、辽宁馆、宁夏馆、天津馆、中科图

04925
朱总司令在中共北京市委干训班的报告
[北京]：[中共北京市委干部训练班]，1949.9，10页，32开
收藏单位：国家馆

各国政治

04926
从对比中看一个新世界　陈兵编
[大连]：关东中苏友好协会，1949.4，54页，32开（友谊丛书20）
收藏单位：东北师大馆、复旦馆、山东馆、天津馆

04927
俄国农民与革命　李伟森编
上海：泰东图书局，1930.3，272页，32开
本书共13章，叙述十月革命前的农奴制度、农奴暴动及农奴解放、十月革命农民问题的解决、苏联农业状况等。
收藏单位：北碚馆、重庆馆、甘肃馆、桂林馆、国家馆、吉林馆、近代史所、南京馆、上海馆、西南大学馆

04928
二次大战中的日本政治　第十八集团军总政治部日本问题研究室编
新华书店，1945，330页，32开
本书共4部分：日本的统治机构、太平洋战争以来日本统治阶级内部的斗争及其政策的演变、日本人民的生活与斗争、日本政治舞台人名录。附《"七七"以来敌伪大事记》。书前有引言。书后有人名录索引。
收藏单位：重庆馆、国家馆、吉林馆、近代史所、山东馆

04929
二十五年的苏联　梁纯夫编译
重庆：中苏文化协会编译委员会，1943.1，100页，32开
本书为译文集。共5部分，收文21篇，内容包括：《二十五年来的苏联内政》《苏联的宪法》《二十五年来的苏联工业》《二十五年来的苏联农业》《二十五年来的苏联教育》《苏联红军》《辛亥革命与苏联》等。书前有西门宗华序。
收藏单位：北碚馆、重庆馆、广东馆、国家馆、南京馆

04930
二十五年的苏维埃政权　（苏）雅罗斯拉夫斯基著
莫斯科：外国文书籍出版局，1943，88页，36开
本书简述苏维埃社会主义共和国联盟经历的二十五年历程，内容包括：红军为捍卫十月革命伟大胜利品而斗争、苏联是强大工业和集体农业的强国等。
收藏单位：北碚馆、重庆馆、国家馆、辽宁馆、南京馆、首都馆

04931
梵蒂冈的政治活动　施坦因等作
大连：大众书店，1946.5，再版，21页，32开（国际知识小丛书3）
本书收文两篇：《梵蒂冈的政治活动》（施坦因）、《梵蒂冈与战后整理问题》（米尔尼柯

夫）。

收藏单位：东北师大馆、国家馆、内蒙古馆、山东馆、上海馆

04932

劳农俄国研究　李达编译

上海：商务印书馆，1922.8，377 页，32 开

上海：商务印书馆，1924.3，再版，377 页，32 开

上海：商务印书馆，1926.12，4 版，377 页，32 开

本书共 10 章，内容包括：俄国革命小史、劳农制度研究、劳农组合之组织与职分、农民与革命等。

收藏单位：北碚馆、重庆馆、东北师大馆、广西馆、国家馆、黑龙江馆、湖南馆、吉大馆、吉林馆、江西馆、南京馆、宁夏馆、上海馆、武大馆、西南大学馆、浙江馆、中科图

04933

劳农政府与中国　张冥飞辑译

汉口：新文化共进社，1920.6，172 页，32 开

汉口：新文化共进社，1921.10，再版，172 页，32 开

汉口：新文化共进社，1927.3，4 版，172 页，32 开

本书共 12 章，介绍苏联十月革命、新宪法、土地国有法，以及劳农政府与中国的关系等。附《列宁的谈话》等 4 篇。

收藏单位：重庆馆、广东馆、国家馆、吉林馆、近代史所、南京馆、首都馆、天津馆、武大馆、浙江馆

04934

论美国主义　俞槃著

[北平]：三联书店，1949，106 页，36 开（新中国文库）

收藏单位：重庆馆

04935

论美国主义　俞槃著

[上海]：生活·读书·新知联合发行所，1949，106 页，36 开（新中国青年文库）

收藏单位：东北师大馆、国家馆、山西馆

04936

论美国主义　俞槃著

上海：士林书店，1948.12，106 页，36 开

上海：士林书店，1949.3，再版，106 页，36 开

本书共 7 章：什么是美国主义、大本营、孵育的小鸡、规模已具、既成事实、法西斯的辩护人、人民没有沉默。

收藏单位：北师大馆、重庆馆、广西馆、国家馆、黑龙江馆、吉林馆、辽宁馆、南京馆、内蒙古馆、上海馆、天津馆

04937

论我们苏联人民底道德面貌　（苏）加里宁（М. И. Калинин）著

莫斯科：外国文书籍出版局，1945，64 页，32 开

本书由道德问题谈到俄国社会道德，讲述十月革命以后苏联人民的人类社会最高道德。

收藏单位：北大馆、东北师大馆、国家馆、辽宁馆

04938

论新道德　（苏）加里宁（М. И. Калинин）（苏）雅罗斯拉夫斯基著

大连：大连新华书店，1947.6，42 页，64 开

收藏单位：重庆馆、国家馆、南京馆

04939

论新道德　（苏）加里宁（М. И. Калинин）（苏）雅罗斯拉夫斯基著　叶文雄译

哈尔滨：东北书店，1949.4，60 页，36 开

收藏单位：长春馆、重庆馆、东北师大馆、国家馆、黑龙江馆、湖北馆、天津馆

04940

论新道德　（苏）加里宁（М. И. Калинин）（苏）雅罗斯拉夫斯基著　叶文雄译

[安东（丹东）]：东北书店辽东分店，1949.6

印，44页，32开

收藏单位：安徽馆、重庆馆、国家馆、山东馆

04941
论新道德　（苏）加里宁（М. И. Калинин）（苏）雅罗斯拉夫斯基著　叶文雄译
山东新华书店，1947，42页，64开（新华小文库）
山东新华书店，1948，再版，53页，32开（新华小文库）

收藏单位：重庆馆、南京馆、山东馆

04942
论新道德　（苏）加里宁（М. И. Калинин）（苏）雅罗斯拉夫斯基著　叶文雄译
苏州：苏南新华书店，1949，58页，大64开

本书收文两篇：《论我们的苏联人民的新道德》（加里宁）、《论苏联新道德》（雅罗斯拉夫斯基）。

收藏单位：重庆馆、国家馆

04943
论新道德　（苏）加里宁（М. И. Калинин）（苏）雅罗斯拉夫斯基著　叶文雄译
[阳城]：太岳新华书店，1948，55页，32开
[阳城]：太岳新华书店，1949.3，54页，32开

收藏单位：安徽馆、重庆馆、国家馆、南京馆、陕西馆、天津馆

04944
论新道德　（苏）加里宁（М. И. Калинин）（苏）雅罗斯拉夫斯基著　叶文雄译
[合肥]：皖北新华书店，1949.6，43页，32开

收藏单位：国家馆、天津馆

04945
论新民主革命（东南欧新民主六国代表在华沙会议的报告）　端纳等译
香港：生活书店，1948.6，235页，25开（新世纪丛刊）

本书阐述南斯拉夫、波兰、捷克斯洛伐克、保加利亚、罗马尼亚、匈牙利六国的新民主主义革命的发展。附《论新民主经济中的"社会主义成份"》等3篇。

收藏单位：安徽馆、重庆馆、广东馆、广西馆、贵州馆、国家馆、黑龙江馆、吉林馆、近代史所、南京馆、山西馆、首都馆、天津馆、云南馆、中科图

04946
论印尼的反帝斗争　王任叔著
上海：生活书店，1947.8，78页，32开

本书评述印尼社会及民族运动特质、国际环境、政治斗争及印尼前途等。侧重于战后印尼的反美斗争。

收藏单位：重庆馆、国家馆、山东馆、上海馆、首都馆、天津馆、中科图

04947
罗马尼亚在民主发展的道路上　罗曼著
大连：大众书店，1946.4，再版，19页，32开（国际知识小丛书4）

本书简述罗马尼亚法西斯政权垮台后走上民主发展道路的历史进程。

收藏单位：重庆馆、东北师大馆、国家馆、黑龙江馆、吉林馆、辽宁馆、南京馆、山东馆、上海馆、天津馆、浙江馆

04948
麦克阿瑟统治下的日本　华北新华书店编辑部编
华北新华书店，1947.8，37页，32开（国际问题参考资料 第6辑）

本书收文4篇，内容包括：《苏联观察家眼中的今日的日本》、《特权阶级的宪法》（林焕平）、《日本倒阁运动的分析》（林焕平）、《由日本倒阁说起》（纯青）等。

收藏单位：重庆馆、国家馆、吉林馆、近代史所

04949
美帝国主义简论　关梦觉著
[齐齐哈尔]：西满新华书店，[1947]，30页，32开

收藏单位：东北师大馆、南京馆、天津馆

04950
美国财阀政治与强盗帮会 （苏）米那耶夫著 晓歌译
北平：中外出版社，1949.7，48页，36开
本书收文8篇，介绍美国社会中帮会与商业的关系、与政治的勾结、犯罪的猖獗，以及警察、法庭、政党组织的腐败等情况。
收藏单位：重庆馆、国家馆、宁夏馆、天津馆

04951
美国的法西斯组织 华北新华书店编辑部编
华北新华书店，1947.6，57页，36开（国际问题参考资料 第4辑）
本书收文6篇：《“大美利坚主义”》（克里格）、《美国的法西斯组织》（白蕾）、《美国式的中立》（《密勒氏评论报》）、《黑人在“自由美国”》（爱伦堡）、《美国黑人问题》（小今）、《统一行动以争取人民纲领之实现》（但尼斯）。
收藏单位：重庆馆、国家馆、山西馆、天津馆

04952
美国是什么样的国家 张松如等著
大连：大众书店，1948.5，52页，32开
本书收时事评论10篇，内容包括：《美国是个什么样的国家》（张松如）、《自美国归来》（朱可夫）、《美国军国主义的滋长》（加拉克亨诺夫）、《美国战后经济恐慌》（詹姆士·爱伦）、《美国逼近经济恐慌》（瓦尔加）等。
收藏单位：重庆馆、国家馆、南京馆、山东馆、天津馆

04953
美国是什么样的国家 张松如等著
东安（密山）：东北书店，1947.10，52页，32开
佳木斯：东北书店，1948.3，再版，52页，32开
哈尔滨：东北书店，1948.9，再版，106页，32开
哈尔滨：东北书店，1948.9，3版，108页，32开
收藏单位：安徽馆、长春馆、重庆馆、东北师大馆、广东馆、广西馆、国家馆、湖北馆、近代史所、山东馆、天津馆

04954
美国手册 柯柏年等编
[北平]：中外出版社，1949，536页，36开
本书共14章，内容包括：地理、历史、经济、财阀统治、政府组织、财政、军事、工会、教育、出版及广播等。
收藏单位：安徽馆、重庆馆、东北师大馆、国家馆、湖南馆、吉林馆、山西馆、天津馆

04955
美国一定要完蛋 柳漠远编
冀南书店，1947.4，10页，32开（通俗小丛书）
本书共8章，内容包括：美国鬼子想独霸全世界能办到吗、工人大罢工、英国并不甘心、反苏是个幌子等。
收藏单位：国家馆、山东馆

04956
美国一千人 （苏）萨基伊瓦著 关梦觉译
华东新华书店，1948.11，35页，50开（新华文摘丛刊）
本书是对美国记者乔治·赛德斯《豪门美国》的评论。书前有前记。据苏联《新时代》译出。
收藏单位：福建馆、国家馆、近代史所、南京馆、山东馆、天津馆

04957
美国一千人 （苏）萨基伊瓦著 关梦觉译
陕甘宁边区新华书店，1949.3，29页，32开
收藏单位：国家馆、宁夏馆

04958
美国一千人 （苏）萨基伊瓦著 关梦觉译
[西安]：西北新华书店，1949.7，29页，32

开

收藏单位：重庆馆、国家馆

04959

美国政党内幕　（苏）符龙斯基（Б. Вронский）著

山东新华书店，1948.7，43 页，42 开（新华文摘丛刊）

山东新华书店，1948，4 版，43 页，50 开（新华文摘丛刊）

收藏单位：国家馆、南京馆、山东馆

04960

美国政党内幕　（苏）符龙斯基（Б. Вронский）著

[无锡]：苏南新华书店，1949.6 印，36 页，64 开

收藏单位：国家馆、南京馆

04961

美国政党内幕　（苏）符龙斯基（Б. Вронский）著

太行新华书店，1949.3，36 页，32 开

收藏单位：国家馆、辽宁馆、山西馆

04962

美国政党内幕　（苏）符龙斯基（Б. Вронский）著

[郑州]：中原新华书店，1949.2，43 页，大 64 开

本书收文 4 篇：《美国政党的特点》、《美国的两党制度》、《为建立美国第三党而斗争》（何歌译）、《论美国法西斯主义的几封信》（潘朗译）。附《美国的法西斯主义》。

收藏单位：重庆馆、国家馆、湖南馆、山东馆

04963

蒙古人民共和国　什之编译

饶阳：冀中新华书店，1947.9，41 页，32 开

收藏单位：国家馆、山东馆、天津馆

04964

蒙古人民共和国　什之编译

新华书店二分店，1946，44 页，36 开

收藏单位：国家馆、南京馆、山东馆

04965

蒙古人民共和国　时代书报出版社编

上海：时代书报出版社，1948，1 册，18cm×23cm

本书为影印照片集。中英文合刊。介绍二十五年国庆纪念日、科学与教育、文化与艺术、蒙古人民革命军、工业和畜牧业等。题名页题：蒙古人民走向文化建设之道。

收藏单位：国家馆、天津馆

04966

你是拥护苏联还是反对苏联　（苏）库西宁著　周砚　姚周杰译

沈阳：东北书店，1949.3，27 页，36 开（青年知识丛书 5）

本书阐述不同社会制度的国家对待苏联的不同态度，强调帝国主义有可能发动对苏战争。

收藏单位：长春馆、东北师大馆、国家馆、辽宁馆、山东馆、陕西馆、上海馆、天津馆

04967

农民问题　（苏）布哈林（Н. Бухарин）著

新青年社，1926，60 页，大 16 开（新青年社丛书）

本书为布哈林在共产国际扩大执行委员会（1925 年 3—4 月）的报告及其起草的决议案。共 9 章，内容包括：无产阶级和农民是社会的和经济的范畴、工人阶级将近夺取政权时的农民问题、目前的农民问题、在农民中的工作与对农民团体的态度等。

收藏单位：重庆馆、国家馆、湖南馆、吉大馆、近代史所

04968

欧洲的二十年　抗战日报社编

[兴县]：抗战日报社，[1944.10]，38 页，32

开（时论丛刊 9）

本书共 10 章，内容包括：法国准备好了、德国的情形、暴风雨中心点的波兰、希特勒的高代价、战争爆发了、最后一天的和平等。书前有编者前言。据《战争与工人阶级》（1943 年 9 号、11 号）译出。

收藏单位：重庆馆、国家馆、天津馆

04969

欧洲的二十年（第二次世界大战的前期与苏联致力和平的奋斗） 波将金著

晋察冀新华书店，1945.3，50 页，32 开（时事丛刊 3）

本书评述自凡尔赛和约签订至第二次世界大战开始期间的欧洲国际关系，着重剖析英法的绥靖主义政策及苏联的和平外交政策。

收藏单位：南京馆

04970

欧洲的二十年（第二次世界大战的前期与苏联致力和平的奋斗） 波将金著

[延安]：新华书店，1944.7，57 页，32 开（时事丛刊 3）

[延安]：新华书店，1944.11，34 页，32 开

本书 1944 年 11 月版著者原题：波顿姆金。

收藏单位：重庆馆、国家馆、近代史所

04971

欧洲形势 东北日报社编

佳木斯：东北书店，1947.11，133 页，32 开

本书收文 14 篇，内容包括：《欧洲形势》《联合国大会上维辛斯基演说全文》《南斯拉夫人民阵线二届大会声明》《日丹诺夫关于国际形势的报告》《论九国共产党会议》《苏名经济学家维什涅夫论战后欧洲经济形势》《美共主席福斯特论美国资产阶级与外交政策》《十月革命三十周年莫洛托夫演说全文》等。

收藏单位：长春馆、东北师大馆、国家馆、黑龙江馆、近代史所、辽大馆、南京馆、山东馆、上海馆、首都馆、天津馆

04972

认识苏联 （美）蒂恩著

南京：新中国出版社，1947.8，71 页，32 开（时事问题丛书）

本书著者曾任美国对外政策协会研究主任，原著由美国外交政策协会出版。书中评述苏联人民和国家、布尔什维克革命、政治及政党、经济制度及第一个五年计划等。

收藏单位：重庆馆、广东馆、国家馆、天津馆

04973

日本便览 八路军总政治部敌工部日本问题研究会编

[大众日报社]，1941，2 册（[324 页]），64 开

本书共 10 章，分述日本对中国的侵略，日本的政治、军备、经济概况，日本人民的悲惨生活和斗争，日本对外关系，以及最近形势等。

收藏单位：重庆馆、国家馆、山西馆

04974

日本帝国主义必败 李太弗编

上海：大众出版社，1938.2，66 页，32 开

本书为摘录汇编，共 4 章：日本是什么东西、日本在崩溃途中、社会革命、反战运动。书前有《给读者》（李太弗）。

收藏单位：重庆馆、贵州馆

04975

日本法西斯还能活多久？ 冯诗云著

新华书店，1943.12，24 页，32 开

本书收文 8 篇，内容包括：《今年太平洋上的战事》《日本国内的对头》《南洋的人民战线》《鼓最后一把劲》等。

收藏单位：国家馆

04976

日本进攻苏联与中国 凤羽著

延安：陕西战时论坛社，1938.1，66 页，32 开（战时论坛丛书）

本书共 4 部分，分析日本进攻苏联与中国的举措、设施和准备。书前有著者自序。

收藏单位：广东馆、广西馆、国家馆、吉林馆

04977
日本特务机关在中国　谢远达编著
汉口：新华日报馆，1937.11，69 页，32 开（新群丛书 5）
汉口：新华日报馆，1938.5，69 页，32 开（新群丛书 5）
[重庆]：新华日报馆，1939.5，69 页，32 开（新群丛书 5）

本书主要介绍日本在中国的特务机关，内容包括：特务机关的起源和发展、特务机关的组织、特务机关的工作纲领、特务机关的活动方式、特务机关发达的原因等。

收藏单位：北碚馆、重庆馆、广东馆、贵州馆、国家馆、湖南馆、吉大馆、近代史所、南京馆

04978
如此美国　冀东日报社编
[唐山]：冀东日报社，[1949]，40 页，32 开

本书收评论 12 篇，内容包括：《美国经济问题》《火山上的美国经济》《如此美国》《所谓天堂美国的真像》《美国的军国主义化》《美国大选以后》《杜鲁门与巴克莱》《美国经济回顾与前瞻》等。另收新华社通讯数则。

收藏单位：广东馆、国家馆、辽宁馆、山东馆、天津馆

04979
三十年的苏联　东北书店编辑
佳木斯：东北书店，1948.1，126 页，32 开
[佳木斯]：东北书店，1948，再版，126 页，32 开

本书为论文集，收文 9 篇：《苏联全貌》《苏维埃计划经济底胜利》《三十年来的苏联》《社会主义农业三十年》《苏联工业三十年》《苏联保健三十年》《社会主义文化的尊严》《苏联国民教育的发展》《苏联建设三十年》。除《苏联建设三十年》为李慎撰写外，其余各篇均系译文。

收藏单位：长春馆、东北师大馆、国家馆、吉林馆、南京馆、首都馆、天津馆

04980
社会主义的国家苏联　孙泱著
[武乡]：太行文化教育出版社，[1938—1949]，46 页，32 开（太行丛书）

收藏单位：国家馆

04981
社会主义的国家苏联
[延安]：解放社，1939，油印本，49 页，32 开

本书共 21 部分，内容包括：谁是中国最真诚的朋友、谁是苏联的主人、苏联的空军、苏联的骑兵、苏联工人怎样生活、幸福的苏联儿童等。

收藏单位：国家馆

04982
社会主义与资本主义（苏联与资本主义各国）
（苏）瓦尔加（Евгений Самуилович Варга）等著　宣太芽译
重庆：读书生活出版社，1941.5，180 页，32 开

本书共 6 章，从政治、经济、社会等方面论证苏联社会主义制度比资本主义优越。附《第二次帝国主义战争扩大前后的资本主义世界与苏联》。著者还有卡宾斯基、米克力斯。

收藏单位：北碚馆、重庆馆、国家馆、近代史所、南京馆、内蒙古馆、上海馆

04983
时局文选（日本军国主义者的阴谋）
出版者不详，[1945]，10 页，32 开，环筒页装

本书收新华社电文 12 篇（1945 年 8 月 3—31 日），内容包括：《日本军国主义者的阴谋》（冈野进）、《对日本保持特别的警戒》（《消息报》）、《警告日寇放弃注定要失败的复仇想头》（《真理报》）、《必须解散由战争罪犯组织的日本现内阁》（《消息报》）、《日本的假民主》（美国《下午报》访员）、《组织日本民主联盟》（冈野进）等。

收藏单位：国家馆

04984
时论选集（第 2 集）（苏）洛夫编
上海：长城书局，1937，370 页，36 开
本书收《为革命理论而斗争之列宁与史大林》（M. 沙维烈夫著，引生译）、《党为联邦最高委员会在新选举制度下的选举而进行准备及为适应这一准备的党的政治工作的改造》、《联邦共产党中央全会关于新宪法的决议——根据直当诺夫的报告》、《论我们的工作的缺点和肃清托派及其他两面政策者的方案》（斯大林）等。
收藏单位：重庆馆

04985
时事学习材料 太岳新华书店编
[阳城]：太岳新华书店，1947.11，132 页，36 开（美国问题研究 3）
本书收文 17 篇，内容包括：《美国资产阶级与外交政策》（福斯特）、《美英关系》（塔金）、《美国经济危机现势》（王飞）、《美国法西斯组织》（白蕾）、《美国黑人问题》（小今）、《统一行动以争取人民纲领之实现》（但尼斯）等。

04986
庶联伟人讲演 膺庸编译
上海：潮锋出版社，1937.5，再版，166 页，32 开
本书共 6 部分：政治、外交、军事、文化、青年问题、妇女问题。收文 10 篇，内容包括：《苏联社会主义建设的成果》（曼努意斯基）、《斯达哈诺夫运动大会上之演辞》（斯达林）、《战争危机与红军之强化》（图哈契夫斯基）、《寄给文化拥护会议》（高尔基）等。附《书面答词》（斯达哈诺夫）。
收藏单位：重庆馆、东北师大馆、广东馆、国家馆、南京馆、上海馆

04987
斯太林与中国的苏维埃 [民族解放青年社编]
民族解放青年社，[1936.11]，239 页，32 开
本书收文 12 篇，内容包括：《斯大哈诺夫运动的历史意义及其今后的任务》《论党的工作缺点和消灭托派及其他两面派份子的办法》《七年来的中国苏维埃》《红军对民族统一纲领的意见》《抗日民族统一战线阶段上的农民革命纲领》等。
收藏单位：重庆馆、桂林馆、国家馆、黑龙江馆、近代史所

04988
苏俄十二讲 东北行健学会编
北平：北平民友书局，1934.5，232+48 页，22 开（行健丛书 2）
本书共 12 讲，内容包括：苏俄经济概观、苏俄之财政、苏俄电力与工业之发展、苏俄之劳工、苏俄之农业、苏俄之政治制度、苏俄之司法制度等。
收藏单位：重庆馆、国家馆、南京馆、上海馆、浙江馆

04989
苏联成立二十五周年纪念（苏）加里宁（M. И. Калинин）著
莫斯科：外国文书籍出版局，1943，36 页，40 开
收藏单位：重庆馆

04990
苏联的民主（苏）曲雷宁著 穆俊译
出版者不详，1940.1，25 页，64 开（苏联小丛书）
本书简介苏联民主政治情况。
收藏单位：国家馆

04991
苏联的民主（英）斯隆（Pat Sloan）著 邹韬奋译
外文题名：Soviet democracy
[重庆]：生活书店，1939.3，393 页，32 开
重庆：生活书店，1939.6，再版，393 页，32 开
重庆：生活书店，1945，胜利后 1 版，393 页，32 开
北平：生活书店，1946，391 页，32 开

收藏单位：北碚馆、重庆馆、广东馆、广西馆、贵州馆、国家馆、黑龙江馆、湖南馆、江西馆、近代史所、南京馆、内蒙古馆、上海馆、首都馆、中科图

04992
苏联的民主 （英）斯隆（Pat Sloan）著 邹韬奋译
外文题名：Soviet democracy
重庆：韬奋出版社，1939.5，278 页，32 开
重庆：韬奋出版社，1946.1，胜利后 2 版，393 页，32 开
北平：韬奋出版社，1946.4，393 页，32 开
[哈尔滨]：韬奋出版社，1947.9，东北版，278 页，32 开
收藏单位：安徽馆、北碚馆、长春馆、重庆馆、东北师大馆、广西馆、国家馆、黑龙江馆、宁夏馆、山东馆、上海馆、天津馆、中科图

04993
苏联的民主 苏联驻华大使馆编译处编
[重庆]：苏联驻华大使馆编译处，[1945]，72 页，32 开
收藏单位：重庆馆、广西馆、国家馆、南京馆、内蒙古馆、上海馆、绍兴馆

04994
苏联的新知识分子 华中新华书店总店编辑部编
河南新华书店，1949，19 页，32 开
收藏单位：湖北馆

04995
苏联的选举制度
大连：中苏友好协会，[1947—1949]，13 页，32 开（庆祝苏联斯大林宪法十周年纪念丛书 2）
收藏单位：东北师大馆、南京馆

04996
苏联的政治思想 韦伯著
重庆：中周出版社，1944，60 页，50 开（中周百科丛书 第 1 辑 1）
本书共 11 节，内容包括：利润制度的废除、为公共消费的计划而生产、社会平等、新代议制度、科学崇拜、无神主义、共产党的意识、资本主义的崩溃、苏联共产主义的前途等。附《关于“苏联立国精神”答客问》（孙科）、《苏联的经济动向》（陈伯庄）、《苏联的变与不变》（赵铭译）。
收藏单位：重庆馆、国家馆、天津馆

04997
苏联概况 苏联对外文化协会编著 孟昌译
上海：中苏文化协会，1946.8，74 页，横 18 开
本书介绍苏联国家机构、宪法、各加盟共和国组织、选举制度及教育、工业、经济、外交等概况。
收藏单位：重庆馆、国家馆、上海馆

04998
苏联概况 赵飞克等译
[延安]：解放社，1939.2，131 页，36 开
本书共 8 章，内容包括：苏联是社会主义已获得胜利的国家、新技术与新人民、文化与生活、工农社会主义的国家等。据英译本转译。
收藏单位：北碚馆、重庆馆、国家馆、近代史所、山西馆、天津馆

04999
苏联概况 赵飞克等译
[汉口]：中国出版社，1939.4，131 页，32 开
香港：中国出版社，1939.4，再版，131 页，32 开
收藏单位：北碚馆、重庆馆、广东馆、贵州馆、国家馆、湖南馆、江西馆、上海馆、西南大学馆

05000
苏联概况（十月革命二十五周年纪念） 时代杂志社编
时代杂志社，1942，88 页，64 开
本书共 4 章，内容包括：国家与人、社会

主义国家、苏联的进步等。

收藏单位：吉林馆

05001

苏联公民教育 （美）哈尔柏（S. N. Harper）著 马复 曹建译

外文题名：Civic training in Soviet Russia

上海：商务印书馆，1937.10，464页，22开（公民教育丛书）

本书共16章，介绍苏联共产党、青年团、工会组织，苏联的政治教育、社会状况，以及国际主义与民族主义等。

收藏单位：北碚馆、重庆馆、东北师大馆、广东馆、国家馆、黑龙江馆、湖南馆、吉林馆、辽宁馆、南京馆、内蒙古馆、宁夏馆、山东馆、山西馆、陕西馆、西南大学馆

05002

苏联观察家眼中的今日的日本 （苏）葛里高利叶夫等著 何歌等译

大连：大众书店，1947.9，60页，32开

本书收文14篇，内容包括：《日本的民主势力与反民主势力》《日本的秘密军国主义》《财阀——推动日本侵略的力量》《关于日本机构的肃清问题》《日本经济政策的反人民性》《日本的普遍失业是怎样造成的？》等。

收藏单位：国家馆、山东馆

05003

苏联观察家眼中的今日的日本 （苏）葛里高利叶夫等著 何歌等译

上海：时代社，1947.2，65页，50开

收藏单位：国家馆、南京馆、上海馆

05004

苏联归来 邵力子著

重庆：中国文化服务社，1943.6，92页，32开

重庆：中国文化服务社，1943.12，3版，136页，32开

重庆：中国文化服务社，1944.5，4版，增订本，136页，32开

重庆：中国文化服务社，1944.8，5版，增订本，136页，32开

上海：中国文化服务社，1946.4，沪1版，136页，32开

长春：中国文化服务社，1946.6，100页，32开

长春：中国文化服务社，1946.11，2版，100页，32开

上海：中国文化服务社，1947.2，沪2版，136页，32开

本书收文14篇：《使苏归来第一次讲演词》《苏联战时经济概况》《关于苏联十五问》《苏联抗战中之财政》《戴维斯出使莫斯科记序》《苏联的工业化》《苏联社会事业》《古比雪夫的战时景色》《伟大的苏联红军节》《沟通中苏文化促进国际合作以实现总理遗教》《苏联的组织力》《苏联抗战两周年与反侵略共同胜利》《苏联宪法中的三个特点》《苏联斯泰哈诺夫运动》。书前有1942年11月10日著者回到重庆对新闻记者的谈话稿《苏联归来》。

收藏单位：安徽馆、北碚馆、长春馆、重庆馆、东北师大馆、广东馆、广西馆、贵州馆、国家馆、河南馆、黑龙江馆、吉林馆、近代史所、南京馆、内蒙古馆、宁夏馆、山西馆、上海馆、绍兴馆、首都馆、西南大学馆、浙江馆

05005

苏联国家是怎样管理的 （苏）卡宾斯基著

莫斯科：外国文书籍出版局，1943，56页，25开

本书共6章，内容包括：苏联是各平权民族底自愿联盟、苏联的国家政权机关是怎样组成的、各苏维埃共和国之最高国家政权机关和国家管理机关、苏联公民底基本权利、苏联公民底基本义务等。

收藏单位：北碚馆、重庆馆、国家馆、辽宁馆、南京馆、上海馆

05006

苏联建国三十年 华北新华书店编辑部编

华北新华书店编辑部，1948，71页，32开

本书收《三十年的苏联》一书中有关苏联建设、工业和农业情况的文章3篇。

收藏单位：重庆馆、国家馆、近代史所、山西馆

05007
苏联建国三十一年　苏联大使馆新闻处编
南京：苏联大使馆新闻处，1948，124 页，16 开
本书介绍苏联建国三十一年来的变化。
收藏单位：安徽馆、重庆馆、广东馆、贵州馆、国家馆、近代史所、南京馆

05008
苏联建设小圃　（苏）伐尔加（E.Weisz）等著　杨承芳等译
[长沙]：中苏文化协会长沙分会，1941.2，288 页，32 开
本书共两编：政治经济之部、社会文化之部。收文 19 篇，内容包括：《苏联的民族问题》《苏联经济的国际地位》《苏联的集体农场》《计划科学》《民众教育在苏联》《苏维埃戏剧》《苏联的体育》等。书前有翦伯赞序言。
收藏单位：北碚馆、重庆馆、广东馆、贵州馆、国家馆、湖南馆、吉林馆、南京馆、宁夏馆

05009
苏联介绍　滨海分区政治部编
[莒南]：滨海新华书店，1947.1，39 页，32 开
本书为庆祝苏联十月革命三十周年而编。
收藏单位：国家馆、山东馆

05010
苏联介绍　华东财办工矿部党委会编
华东财办工矿部党委会，[1948—1949]，32 页，32 开（职工课外读物 2）
收藏单位：南京馆

05011
苏联介绍（十讲）
华中新华书店六分店，[1947—1949]，30 页，64 开
收藏单位：南京馆、山东馆

05012
苏联母性与儿童保护成绩展览会说明书　中苏文化协会上海分会编
[上海]：中苏文化协会上海分会，[1937]，28 页，32 开
本书收《苏联在母性与儿童保护方面的成绩》一文，以及该展览会的目录等。

05013
苏联企业中的劳动英雄主义　（苏）苏尔著
哈尔滨：东北书店，1949.4，80 页，32 开
本书收文 11 篇，内容包括：《新兴的国家》《新人》《强大的推动力》《出产更多的金属》《与时间作战》《科学与生产的劳动》《动员后备力量》《时间总是前进的》等。据莫斯科外国文书籍出版局 1943 年中文版《苏联企业中的劳动英勇精神》印。
收藏单位：长春馆、东北师大馆、国家馆、吉林馆、天津馆

05014
苏联企业中的劳动英雄主义　（苏）苏尔著
华东新华书店，1948.10，90 页，50 开
收藏单位：重庆馆、国家馆、南京馆、山东馆

05015
苏联企业中的劳动英雄主义　（苏）苏尔著
山东新华书店，1949，再版，重排，75 页，36 开
收藏单位：重庆馆、山东馆

05016
苏联企业中的劳动英雄主义　（苏）苏尔著
上海：新华书店，1949.8，94 页，36 开
收藏单位：重庆馆、广东馆、国家馆、湖北馆、湖南馆、辽宁馆、南京馆、山东馆

05017
苏联企业中的劳动英勇精神　（苏）苏尔著
莫斯科：外国文书籍出版局，1943，72 页，42 开
收藏单位：北碚馆、重庆馆、国家馆、黑

龙江馆、南京馆、内蒙古馆、上海馆

05018
苏联企业中的劳动英勇精神 （苏）苏尔著
哈尔滨：万国书籍，1947，72页，36开
收藏单位：重庆馆、东北师大馆、国家馆、辽宁馆、天津馆

05019
苏联——强大国力之源泉 （苏）加里宁（M. И. Калинин）著
莫斯科：外国文书籍出版局，1944，44页，42开
收藏单位：重庆馆、国家馆、南京馆、山东馆、上海馆

05020
苏联社会、国家、人民 （苏）卡尔宾斯基著 魏辛译 中苏文化协会编辑
上海：天下图书公司，1948.4，135页，32开
北平：天下图书公司，1949.3，135页，32开
北平：天下图书公司，1949.6，2版，135页，32开
北平：天下图书公司，1949，4版，135页，36开（苏联研究丛书）
本书共7章：苏维埃社会主义社会、苏维埃社会主义国家、苏联国家机构、苏联最高国家政权机关和国家管理机关、法院和检察机关、苏联公民的基本权利、苏联公民的基本义务。
收藏单位：重庆馆、东北师大馆、广东馆、广西馆、国家馆、宁夏馆、山东馆、天津馆

05021
苏联社会主义建设底总结 （苏）曼努伊尔斯基（Д. З. Мануильский）著
延安：大同出版社，1938，85页，32开
本书为著者1935年8月17日在共产国际第七次全世界代表大会上的报告，共3部分：苏联社会主义底胜利、社会主义国家发展底新阶段、世界无产阶级革命发展底新阶段。著者原题：曼努意斯基。
收藏单位：广东馆、西南大学馆

05022
苏联是什么样的一个国家 胡华编著
西安：西北新华书店，1949.9，18页，32开
本书封面题名：苏联是怎样的一个国家。
收藏单位：国家馆、陕西馆

05023
苏维埃第七次代表大会政府工作报告 （苏）莫洛托夫（Вячеслав Михайлович Молотов）著 焦敏之译
出版者不详，1935.8，100页，32开
本书据莫斯科《苏联政府公报》（1935年1月29日）译出。
收藏单位：北碚馆、国家馆

05024
苏维埃政权给劳动人民带来了什么 （苏）N. 阿莫索夫著 冀希译
[哈尔滨]：兆麟书店，[1946—1949]，38页，32开
本书内容包括：《苏联——强大的社会主义国家》《苏联是世界上最民主的国家》《提高了劳动者的生活与文化水平》《苏联是不可战胜的自由共和国》等。
收藏单位：重庆馆、国家馆、南京馆、天津馆

05025
苏维埃政权三十周年 （苏）史维尔尼克著
莫斯科：外国文书籍出版局，1948，31页，25开
本书介绍苏联三十年来的建设成就。
收藏单位：重庆馆、东北师大馆、国家馆、南京馆、山东馆、上海馆、天津馆

05026
苏维埃政权三十周年 （苏）史维尔尼克著
上海：新华书店，1949，38页，36开
收藏单位：重庆馆、国家馆、湖南馆、辽宁馆

05027
铁托的民族主义走向那里去? 苏南区党委宣传部编
无锡：苏南新华书店，1949，142页，32开（干部学习丛书）

本书收文20篇，内容包括：《中国共产党中央委员会：关于南斯拉夫共产党问题的决议》《八国共产党情报局：关于南斯拉夫共产党状况的决议》《铁托集团走向法西斯主义的一些事实》等。

收藏单位：天津馆

05028
托洛茨基派危害苏联案 袁文瑞 邓其美 吴伟华译
南京：中苏文化协会，1937.7，再版，439页，25开

收藏单位：广西馆、黑龙江馆、近代史所、南京馆、上海馆

05029
为了人类 （苏）高尔基（Максим Горький）著 瞿秋白 吕伯勤译
[上海]：挣扎社，1940，4版，[11]+220页，32开
[上海]：挣扎社，1941.3，5版，[11]+220页，32开
上海：挣扎社，1946，胜利后1版，220页，32开
[上海]：挣扎社，1946，2版，[11]+220页，32开
[上海]：挣扎社，1948.5，3版，[11]+220页，32开

本书收文14篇，内容包括：《论劳动个人主义与第三种战士》《论个人与大众》《论第二次世界大战》《论农村妇女生活》《论妇女》《论小孩子》等。附《世界文化的怆痛》（安特里）、《直接地从民间来的——有力的，坚实的》（罗曼·罗兰）、《为人类幸福而生活》（曼代尔支威格）。书前有译者序言。

收藏单位：安徽馆、重庆馆、东北师大馆、广东馆、国家馆、黑龙江馆、湖南馆、吉林馆、辽大馆、辽东学院馆、辽师大馆、山西馆、上海馆、首都馆、天津馆、武大馆、浙江馆、中科图

05030
西班牙的面目 （西）伊巴鲁里（Dolores Ibárruri）等著 魏文涛编
大连：大众书店，1946.5，再版，27页，36开（国际知识小丛书）

本书揭露佛朗哥政权的法西斯反动本质，收文3篇：《法西斯西班牙的检讨》（观察家）、《西班牙——希特勒掠夺者的助手》（伊巴鲁里）、《西班牙——战争罪犯的避难所》（爱伦堡等）。

收藏单位：东北师大馆、内蒙古馆、山东馆、上海馆、天津馆

05031
新南斯拉夫 石啸冲编著
重庆：读书出版社，1945.6，220页，32开（现代国际丛书）
上海：读书出版社，1945.12，再版，220页，32开（现代国际丛书）
重庆：读书出版社，1947.12，3版，220页，32开（现代国际丛书）

本书分12章介绍南斯拉夫历史，南斯拉夫王国的政治、国际关系与外交政策，政府降敌与人民游击战，人民军队组织与政府的成立等。附《蒂托——南斯拉夫各族人民的领袖》《南斯拉夫大事年表》。

收藏单位：安徽馆、北碚馆、长春馆、重庆馆、东北师大馆、广东馆、广西馆、贵州馆、国家馆、黑龙江馆、湖南馆、近代史所、辽大馆、辽宁馆、南京馆、内蒙古馆、宁夏馆、山东馆、上海馆、首都馆、西南大学馆、浙江馆

05032
新欧洲 （美）福斯特（W. Z. Foster）著 贝逊译
外文题名：The new Europe
香港：生活书店，1947.12，135页，22开（新世纪丛刊）

本书系著者于1947年访问欧洲后写成，

共 15 章。第 1—4 章论述战后欧洲形势，指出战后欧洲的政治、经济新趋向；第 5—11 章评述共产党及工人、妇女、青年运动；第 12—14 章研讨苏联对欧洲的影响、美国的欧洲政策及欧洲前途等问题；末章指出美国人民斗争的方向。书前有译者前记。

收藏单位：北碚馆、重庆馆、东北师大馆、广西馆、国家馆、湖南馆、江西馆、近代史所、南京馆、山西馆、首都馆、天津馆、西南大学馆、浙江馆

05033

新社会的新生活　徐均辑译

[大连]：关东中苏友好协会，1949.3，55 页，32 开（友谊丛书 16）

本书收文 12 篇，介绍苏维埃制度下医生、教员、建筑师、海员、店员、工人等各阶层人民的新生活。

收藏单位：东北师大馆、国家馆、南京馆、山东馆、上海馆、天津馆

05034

新社会的新生活　徐均译

[泰州]：苏北新华书店，[1949]，53 页，32 开

收藏单位：国家馆、吉林馆

05035

幸福的苏联人民　华中新华书店九分店编

华中新华书店九分店，1949.3，14 页，32 开

本书介绍苏联人民生活的一般情况，以及工人、农民、妇女、儿童的状况等。

收藏单位：国家馆、南京馆、山东馆

05036

印度问题　新华日报国际问题研究组编译

[重庆]：新华日报国际问题研究组，1943.5，83 页，32 开

本书收文 4 篇:《人民的战略》（韩斯拉伊）、《政党与政策》（韩斯拉伊）、《印度怎样进行人民战争的》（玛德胡黎）、《印度共产党给国民大会工作委员会的公开信》（玛德胡黎）。

收藏单位：重庆馆、国家馆、辽大馆、上海馆

05037

印度问题　英文研究会编译

佳木斯：东北书店，1948.10，50 页，32 开

本书收文 7 篇，内容包括:《印度的形势》（A. 狄亚科夫）、《分治的印度》（A. 狄亚科夫）、《克什米尔真象》（T. 叶尔萧夫）、《印度两周纪行》（I. 舒瑞伯尔）等。

收藏单位：安徽馆、长春馆、重庆馆、东北师大馆、国家馆、黑龙江馆、宁夏馆、山东馆、上海馆、天津馆

05038

战后美国　张一中编著

大连：大众书店，1948.8，59 页，36 开（时事学习丛书 2）

本书评论美国政治形势及其内政、外交政策，认为美国正从战时的“繁荣”走向危机的前夜。

收藏单位：长春馆、重庆馆、东北师大馆、国家馆、辽宁馆、山东馆、上海馆、天津馆

05039

战后美国　张一中编著

沈阳：东北书店，1949.3，54 页，32 开

收藏单位：长春馆、重庆馆、东北师大馆、广东馆、国家馆、吉林馆、辽宁馆、内蒙古馆、上海馆、天津馆

05040

战争中的日本帝国主义　解放社编辑部编

重庆：解放社，1939.7，280 页，32 开（时事问题丛书 1）

本书共 6 编：两年来日本的政治形势、侵略战争中日本的对华政策、侵略战争中日本的军事与战略、侵略战争中日本的财政经济、日本帝国主义的国际关系及外交政策、侵略战争中日本的指导人物。

收藏单位：北碚馆、重庆馆、东北师大馆、广东馆、贵州馆、国家馆、黑龙江馆、江西馆、近代史所、辽大馆、南京馆、山西

馆、上海馆、西南大学馆、浙江馆、中科图

05041
政治常识　（苏）茵古洛夫［著］
［延安］：解放社，1938.4，220页，32开
本书共8讲：在革命之前俄国工农底生活情形和斗争情形、苏联与资本主义世界、无产阶级和工人阶级实现、共产主义奋斗、第一个五年计划、第二个五年计划、苏联共产党的结构、列宁和斯大林。
收藏单位：北碚馆、国家馆、南京馆、山东馆、山西馆

05042
政治常识　（苏）茵古洛夫著
山东新华书店，1949，226页，32开
收藏单位：安徽馆、重庆馆、广东馆、国家馆、辽宁馆、山东馆、山西馆

05043
政治常识　（苏）茵古洛夫著
［上海］：社会科学研究社，[1938—1949]，187页，32开
收藏单位：国家馆、山东馆、上海馆

05044
政治常识　（苏）茵古洛夫［著］
远东出版社，1938，252页，32开
远东出版社，1939.3，252页，32开
收藏单位：安徽馆、北碚馆、重庆馆、广东馆、贵州馆、国家馆、吉林馆、江西馆、南京馆、宁夏馆

05045
知识份子在苏联　（俄）S. 柯伐列夫著　樊英译
北平：中外出版社，1949.5，46页，42开
北平：中外出版社，1949，再版，46页，42开
本书共4部分：资本主义社会的知识份子、社会主义革命和旧知识份子、建立社会主义知识份子的斗争、苏联知识份子的面貌。
收藏单位：重庆馆、东北师大馆、国家馆、山西馆、天津馆

05046
走向军国主义的美国　华北新华书店编辑部编辑
华北新华书店，1947.3，58页，32开（国际问题参考资料 第3辑）
本书收文7篇：《走向军国主义的美国》（龚澎译）、《美国独占资本家的军火利润》（鲁滨斯坦）、《美国如何助蒋扩大中国内战》（王匡）、《美国经济的危机》（朱可夫）、《关于国外盟军问题》（莫洛托夫）、《巴黎的双簧》（爱伦堡）、《苏联的五年计划》（张则孙译）。
收藏单位：国家馆、河南馆、近代史所、南京馆、山东馆、天津馆

05047
最近苏联伟人讲演译丛　膺庸编译
上海：潮锋社，1936.7，160页，36开（潮锋丛书）
本书共5部分：政治、外交、军事、文化、青年问题。收文9篇，内容包括：《苏联社会主义建设的成果》（曼努斯基）、《斯达哈诺夫运动大会之演词》（斯大林）、《战争危机与红军之强化》（图哈切夫斯基）、《寄给文化拥护会议》（高尔基）等。附《书面答词》（斯达哈诺夫）。书前有钱子刚序、编译者言。
收藏单位：重庆馆、广东馆、桂林馆、国家馆、黑龙江馆、南京馆、内蒙古馆、上海馆、首都馆

外交、国际关系

05048
外交　曹汀等译
［上海］：新华书店，1949.9，104页，32开
本书摘自苏联出版的《外交大辞典》（维辛斯基主编）中关于外交的解释。
收藏单位：东北师大馆、国家馆、山东馆、上海馆、天津馆、浙江馆

05049
现代外交的组织形式 （俄）柯尔查诺夫斯基著 梁达 郝立译
上海：新华书店，1949，95 页，32 开
本书为《外交史》第 3 卷附录，共 3 部分：外交机构、国际条约、国际会议。
收藏单位：安徽馆、重庆馆、广西馆、国家馆、吉林馆、近代史所、辽宁馆、南京馆、山东馆、绍兴馆、天津馆、云南馆

国际关系

05050
巴勒斯坦问题真相 徐敏著
[沈阳]：东北新华书店，1949.8，77 页，32 开
本书共 9 章，内容包括：巴勒斯坦是怎样一个国度、殖民地的经济和政治状况、英国统治巴勒斯坦的政策、联合国对巴勒斯坦问题的决议、伯纳杜特的“调停”阴谋等。
收藏单位：长春馆、重庆馆、国家馆、吉林馆、南京馆、山东馆

05051
保卫国际和平宣传参考资料 中共河北省委宣传部编
[保定]：中共河北省委宣传部，1949.9，64 页，32 开
本书收文 10 篇，内容包括：《为“国际和平斗争日”宣言》（世界拥护和平大会常委会）、《斩断战争贩子的血爪》（《人民日报》）、《青年们迎接国际和平斗争日》（《中国青年》周刊）、《中国文化界响应召开世界拥护和平大会宣言》等。
收藏单位：国家馆

05052
保卫国际和平宣传提纲 中共河北省委宣传部编
[保定]：中共河北省委宣传部，[1949]，12 页，32 开
本书共 5 部分：“战争贩子们在准备战争”“美国是只纸老虎”“世界和平力量空前团结和壮大了”“在苏联领导下，打倒战争贩子保卫世界和平”“胜利属于和平民主阵营”。
收藏单位：国家馆

05053
保卫和平保卫文化（论文集） 关东中苏友好协会编辑
[大连]：关东中苏友好协会，1949.4，39 页，32 开（友谊丛书 19）
本书收文 10 篇，内容包括：《保卫和平保卫文化》《不共戴天之仇》《斗争在继续着》《在进步的旗帜下》《我们要证明我们善于斗争》《国际文化人保卫和平宣言》等。
收藏单位：长春馆、重庆馆、国家馆、辽宁馆、南京馆

05054
保卫世界和平 中共天津市委总学委会编
[天津]：中共天津市委总学委会，1949，126 页，32 开
本书内容包括：《世界主义与国际主义》《两个世界两条道路》《世界拥护和平大会中国代表团报告》《中国保卫世界和平大会宣言》《斩掉战争贩子的血爪》等。
收藏单位：国家馆、辽宁馆、南京馆、天津馆、云南馆

05055
保卫世界和平 中国保卫世界和平大会委员会编
北平：中国保卫世界和平大会委员会，[1949.5]，27 页，32 开
本书收文 6 篇，内容包括：《巩固革命胜利与保卫持久和平》（郭沫若 5 月 13 日在中央人民广播电台广播）、《保卫世界和平宣言签名运动周宣传要点》、《世界保卫和平运动简史》、《展开和平签名运动》（《人民日报》社论）等。
收藏单位：国家馆

05056
保卫世界和平，反对战争贩子！（世界和平大

会纪录） 小鱼等译
[北平]：新华书店，1949，96页，32开（新华时事丛刊）
本书共3部分：世界和平大会工作报告、世界和平大会宣言、关于世界和平大会常设委员会的组织与活动的决议。
收藏单位：东北师大馆、国家馆

05057
惩办战争贩子
华北新华书店，1947.10，41页，32开
本书收维辛斯基在联合国大会上的演说全文、在记者招待会上的声明、答记者问。附《美国所破坏的几个国际会议》（对维辛斯基演说的几点注解）。
收藏单位：国家馆、吉大馆、近代史所、山东馆、山西馆

05058
出席世界拥护和平大会纪实 李遇寅　庞梅编　石少华摄影
[北平]：新华书店，1949，1册，横21开
收藏单位：国家馆

05059
“国际和平斗争日”宣传教育文选 南通区地委宣传部编
南通：南通区地委宣传部，1949.9，37页，32开
本书收文3篇：《论国际主义与民族主义》（刘少奇）、《第三次世界大战打得起来吗》（胡韦德）、《全世界革命力量团结起来反对帝国主义的侵略》（毛泽东）。

05060
国际会议重要文献 胶东新华书店编
胶东新华书店，1945.12，54页，32开
本书收文14篇，内容包括：《邱罗宣言（大西洋宪章）》《苏、英、美三国外长会议公报》《中共中央关于罗邱宣言及三国会议的声明》等。
收藏单位：国家馆、山东馆、天津馆

05061
近代国际关系史 张铁生著
上海：三联书店，1949，290+18页，22开（新中国大学丛书）
本书共两篇：《资本主义胜利时期的国际关系》《帝国主义时期的国际关系》。
收藏单位：安徽馆、长春馆、重庆馆、东北师大馆、广东馆、国家馆、黑龙江馆、南京馆、宁夏馆、天津馆

05062
近卅年国际关系小史 徐弦著
上海：生活·读书·新知联合发行所，1949.6，180页，36开（新中国青年文库）
本书共5章，介绍自第一次世界大战后至第二次世界大战后近30年间的国际关系。
收藏单位：北师大馆、重庆馆、广东馆、国家馆、辽宁馆、山西馆、天津馆

05063
近卅年国际关系小史 徐弦著
上海：生活书店，1948.7，180页，36开（青年自学丛书）
大连：生活书店，1948.11，169页，36开（新青年自学丛书）
本书题名页及版权页题名：近三十年国际关系小史。
收藏单位：长春馆、重庆馆、东北师大馆、国家馆、吉林馆、柳州馆、南京馆、内蒙古馆、山东馆、上海馆、首都馆、浙江馆

05064
科学与文化为和平进步民主而奋斗 （苏）法捷耶夫（А. А. Фадеев）著　辽逸译
沈阳：东北书店，1949.3，18页，32开
本书为著者1948年8月5日在波兰乌罗克劳国际文化人保卫和平大会上的报告。据1948年8月29日《真理报》译出。
收藏单位：重庆馆、广东馆、国家馆、吉大馆、辽宁馆、山东馆、陕西馆、上海馆、天津馆

05065
联合国论 梁纯夫著
上海：生活书店，1946.8，113页，36开（新知识初步丛刊）
[大连]：生活书店，1946.11，2版，93页，32开
哈尔滨：生活书店，1948.4，东北版，113页，50开（新知识初步丛刊）
本书评论国联的失败与联合国面临的课题，英、美、苏的合作，旧金山会议与联合国宪章，联合国大会与世界安全问题等。附《纽约两大会议的成就》(《解放日报》)等3篇。
收藏单位：长春馆、重庆馆、东北师大馆、广东馆、国家馆、吉大馆、南京馆、山东馆、绍兴馆、天津馆

05066
联合国文献 向群编
大连：大众书店，1946.10，再版，119页，32开
收藏单位：东北师大馆、国家馆

05067
联合国文献 向群编
解放社，1946，119页，32开
收藏单位：重庆馆

05068
联合国文献 向群编
临沂：山东新华书店，1946.5，93页，32开
本书收文10篇，内容包括：《罗邱大西洋宣言要点》《二十六国反法西斯联合宣言》《莫斯科会议文件》等。附《中苏友好同盟条约全文》等。
收藏单位：国家馆、南京馆、山东馆、天津馆

05069
世界到何处去 （苏）维辛斯基（А. Вышинский）等著
[威县]：冀南书店，1947.11，66页，32开
本书收文7篇，内容包括：《联合国大会上苏副外长演说全文》（维辛斯基）、《华沙九国共产党会议上的国际形势报告》（日丹诺夫）、《在苏京庆祝十月革命节大会上的演说》（莫洛托夫）、《论美国资产阶级与外交政策》（福斯特）、《欧洲形势》（新华社社论）等。
收藏单位：国家馆、吉大馆、山东馆

05070
为和平而斗争 时代社编辑
上海：时代出版社，1949，228页，25开
本书收《斯大林解答国际重要问题》《斯大林答史密斯关于和战问题》《美国为什么拒绝关于和平公约的建议?》《"北大西洋公约"是什么东西?》《淹没战争叫嚣的反侵略呼声》等。
收藏单位：东北师大馆、国家馆、南京馆、宁夏馆、天津馆

05071
为和平而奋斗的统一战线 （保）季米特洛夫著
[莫斯科]：外国工人出版社，1936，29页
本书是苏联为反对希特勒的法西斯战争号召欧洲建立统一战线，并联合世界的无产阶级为和平而奋斗。
收藏单位：山西馆

05072
为和平而奋斗的统一战线 （保）季米特洛夫著 唯真译
中国出版社，1936，29页，32开（和平丛书）
本书收文两篇：《为和平而奋斗的统一战线》《共产国际执委之五一宣言》。附《共产国际执委之五一宣言》。
收藏单位：重庆馆、广东馆、国家馆、南京馆、浙江馆

05073
维辛斯基在联合国大会演说及九国共产党联络局宣言 晋察冀日报社编
[阜平]：晋察冀日报社，1947.10，34页，32开
收藏单位：国家馆、山西馆、天津馆

05074
维辛斯基在联合国大会演说全文
冀晋日报社，1947.10，27 页，32 开
收藏单位：国家馆

05075
向着宽阔光明的地方　乔冠华著
重庆：新华日报图书课，1944.2，138 页，32 开
本书收文 6 篇：《又是桂花盛开的时候——近代英雄颂》《再一次站上历史的坛坫——莫斯科会议前夜》《向着宽阔光明的地方——莫斯科会议划分时代》《新时代的起点——莫斯科会议以后》《已经不是三月——德黑兰会议前夜》《怀着信心瞻望——德黑兰会议决定历史》。附《莫斯科三国外长会议公报》等 12 篇。著者原题：于怀。
收藏单位：重庆馆、广东馆、国家馆、黑龙江馆、吉林馆、南京馆、上海馆、首都馆、中科图

05076
在莫斯科举行的苏联、大不列颠和美国代表会议
莫斯科：外国文书籍出版局，1941，10 页，32 开
收藏单位：南京馆

05077
制止战争贩子还是鼓励战争贩子？　吉林省委宣传部编
[延吉]：吉林省委宣传部，1947.11，59 页，32 开
本书收文 9 篇，内容包括：《斯大林为莫斯科建城八百周年发表祝词》《毛泽东新年祝词》《九月十八日联合国大会上维辛斯基演说全文》《〈真理报〉社论〈制止战争贩子还是鼓励战争贩子〉》《新华社社论〈欧洲形势〉》等。
收藏单位：国家馆

中国外交

05078
白皮书的透视　山东新华书店编
山东新华书店，1949，64 页，32 开
本书收文 13 篇，内容包括：《白皮书说明了国内阶级斗争和国际阶级斗争的一致性》（吴玉章）、《我们的责任》（林伯渠）、《如何跟美帝进行斗争》（陈毅）、《白皮书的剖视》（陈原）、《我参加了北平各界代表会》（费孝通）等。
收藏单位：重庆馆、东北师大馆、国家馆、天津馆

05079
不平等条约　向导周报社编
[广州]：向导周报社，1925.9，50 页，32 开（向导丛书 1）
[广州]：向导周报社，1927.3，再版，54 页，32 开
本书介绍自鸦片战争至《九国公约》签订期间，列强各国强加于中国的不平等条约。共 8 节，内容包括：赔款、外债、关税、租借、通商等。
收藏单位：安徽馆、国家馆、江西馆、近代史所、天津馆

05080
不平等条约大纲　不平等条约研究会编辑
[上海]：不平等条约研究会，1927.2，4 版，70 页，32 开
上海：不平等条约研究会，1927.4，5 版，[70] 页，32 开
收藏单位：甘肃馆、黑龙江馆、上海馆

05081
不平等条约大纲　不平等条约研究会编辑
上海：民义书局，1927.3，70 页，32 开
收藏单位：浙江馆

05082
不平等条约大纲　不平等条约研究会编辑
上海：三民公司，1926.12，3版，70页，32开
上海：三民公司，1927.2，4版，70页，32开
上海：三民公司，1927.4，5版，1册，32开
上海：三民公司，1927.5，6版，70页，32开
收藏单位：安徽馆、重庆馆、国家馆、湖南馆、江西馆、近代史所、辽宁馆、内蒙古馆、宁夏馆、上海馆、浙江馆

05083
不平等条约大纲　上海市学生集中训练总队部编
上海市学生集中训练总队部，1935，38页，32开
本书共8章：赔款、外债、关税主权、租借地、租界、领事裁判权、通商、文化事业。

05084
不平等条约大纲　中山合社编
长沙：中山合社，1927，56页，32开
收藏单位：广东馆、湖南馆

05085
不平等条约大纲
上海：民权公司，[1920—1949]，70页，32开
收藏单位：重庆馆

05086
不平等条约大纲
长沙：民治书局，1927.3，3版，54页，32开
收藏单位：广东馆

05087
不平等条约大纲
出版者不详，[1920—1949]，55页，32开
收藏单位：国家馆

05088
从历史上看苏美对华的政策　东北书店编辑
西安：西北新华书店，1949.9，27页，32开
收藏单位：国家馆

05089
从历史上看苏美对华的政策
东北新华书店辽东分店，1949，27页，32开
收藏单位：国家馆、山东馆

05090
从历史上看苏美对华政策　东北书店编
哈尔滨：东北书店，1948.8，28页，32开
本书以具体事实说明苏美对华政策的不同。书前有《中共中央东北局关于纪念“八一五”的通知》《中共中央东北局发布纪念“八一五”口号》。
收藏单位：安徽馆、重庆馆、东北师大馆、国家馆、吉大馆、南京馆、山东馆、天津馆

05091
从历史上看苏美对华政策　东北书店编
无锡：苏南新华书店，1949.7，20页，32开
无锡：苏南新华书店，1949，2版，20页，32开
收藏单位：重庆馆、福建馆、广东馆、国家馆、南京馆、山东馆

05092
从历史上看苏美对华政策　中共中央东北局等编
二兵团政治部，1948印，1册，32开，环筒页装（解放军官学习材料3）
收藏单位：国家馆

05093
从苏联谈到联苏　曹伯韩著
长沙：中苏文化协会湖南分会，1938.3，再版，14页，32开（中苏小丛书）
本书通过对苏联概况的介绍，主张联苏反对日本的侵略。书前有《出版中苏小丛书缘起》（谭丕模）。
收藏单位：广西馆、国家馆

05094
帝国主义国家对华政策的内幕和冲突　（瑞士）莱恩哈德（E. Reinhard）著　陈孺平译

上海：北新书局，[1927.11]，133 页，32 开
上海：北新书局，1927，再版，133 页，32 开

本书共 4 章："帝国主义国家近年来的对华政策""帝国主义的内幕人物——托辣斯""托辣斯在中国的资本""帝国主义国家将来的冲突——中国的前途"。

收藏单位：安徽馆、北碚馆、重庆馆、东北师大馆、广东馆、国家馆、湖南馆、江西馆、近代史所、首都馆、天津馆、浙江馆

05095
渡江前夜 林参天 [等] 著
[香港]：自由世界出版社，1948.3，51 页，32 开（自由丛刊 20）

本书收林参天、铁生、胡绳、郭沫若、白坚离、李伯澜等 11 人的文章，内容包括：《渡江前夜》《再论美国援蒋新动向》《拆穿大公报》《斥帝国臣仆兼及胡适》《非所宜言》等。

收藏单位：广东馆、吉大馆、浙江馆、中科图

05096
对中国人民的真正友谊
北平：中共北平市委会宣传部，1949 印，77 页，32 开（时事学习材料 2）

本书收文 10 篇，内容包括：《全世界革命力量团结起来反对帝国主义的侵略》（毛泽东）、《论国际主义与民族主义》（刘少奇）、周恩来同志讲词摘要等。

收藏单位：湖北馆、近代史所

05097
二十六年的苏联与中国 中共晋绥分局编
出版者不详，[1945]，36 页，32 开

本书收文 3 篇：《二十六年来的苏联与中国》《孙中山论十月革命与苏联》《中国以伟大孙中山精神向她的历史目标迈进》。

收藏单位：重庆馆、国家馆、吉林馆、山西馆

05098
二十六年的苏联与中国
大连：大连日报社，[1945—1949]，49 页，50 开

本书附《中苏友好同盟条约全文》《远东持久和平的基石》。

收藏单位：重庆馆、东北师大馆

05099
二十六年的苏联与中国
胶东新华书店，1946，再版，61 页，32 开

本书收文 3 篇：《二十六年来的苏联与中国》《列宁、斯大林等论十月革命》《孙中山论十月革命与苏联》。

收藏单位：国家馆、南京馆、山东馆、天津馆

05100
二十六年来的苏联与中国 解放日报编
大连：大连日报社，[1945—1949]，49 页，32 开

收藏单位：南京馆、山东馆

05101
二十六年来的苏联与中国 解放日报编
冀鲁豫书店，1943，1 册，32 开

收藏单位：南京馆

05102
反"白皮书"学习材料 中共天津市委总学委会编
天津：中共天津市委总学委会，1949.9，179 页，32 开

本书共 3 辑 26 篇，内容包括：《丢掉幻想，准备斗争》（新华社社论）、《五评白皮书》（新华社社论）、《分析美帝"白皮书"》（陈毅）、《论美国帝国主义底对华政策》（柯柏年）、《中国人民一定要解放西藏》（杜波）等。

收藏单位：东北师大馆、广东馆、南京馆、天津馆

05103
关于白皮书（学习讨论材料） 光华出版部选辑

北平：光华出版部，[1949]，71 页，32 开

本书收《美帝侵华供状》《无可奈何的供状》《丢掉幻想，准备斗争》《别了，司徒雷登》《四评白皮书》《五评白皮书》《艾奇逊致杜鲁门信全文》《中国国民党革命委员会严斥白皮书》《中国民主同盟总部对白皮书的斥责》等。

收藏单位：国家馆、吉林馆、宁夏馆

05104

国耻 知耻社编

上海：知耻社，1915.6，2 册（184+178 页），16 开

本书记述“二十一条”的签订经过。上册介绍国耻的起源、5 月 9 日以后 4 天全国各地舆论之情况、政府所持态度与各省官厅之举止、日本对此之论调、世界各国之公论等，下册记述日本要求签订“二十一条”的最后通牒、5 月 9 日后世界各地之公论等。

收藏单位：国家馆、吉大馆、上海馆

05105

国际形势与中国抗战 周恩来著

重庆：新华日报馆，1940.10，22 页，32 开

本书为著者的演讲稿。

收藏单位：广东馆、贵州馆、国家馆

05106

加强中苏友好宣传参考资料 河北省委宣传部编

保定：河北省委宣传部，[1949]，30 页，32 开

收藏单位：国家馆

05107

解放运动中之对外问题 周鲠生著

上海：太平洋书店，1927.7，394 页，32 开

上海：太平洋书店，1927.7，再版，394 页，32 开

上海：太平洋书店，1929.3，3 版，394 页，32 开

本书分 3 编 26 篇，论述中国国际地位及解放运动、不平等条约问题等。收《中国的国际地位》《孙中山与中国解放运动》《不平等条约废除问题》《租界地问题》《关于中比争议的外交步骤》等。

收藏单位：安徽馆、北碚馆、重庆馆、广东馆、广西馆、贵州馆、桂林馆、国家馆、湖南馆、吉林馆、江西馆、近代史所、辽大馆、南京馆、山西馆、上海馆、首都馆、天津馆、西南大学馆、浙江馆、中科图

05108

美帝白皮书解剖

大众书店，1949，52 页，32 开（大众学习文选）

大众书店，1949.9，再版，52 页，32 开（大众学习文选）

本书共两部分：美帝侵华供状、评美国关于中国问题的白皮书。收《艾奇逊致杜鲁门信全文》《丢掉幻想，准备斗争》《别了，司徒雷登》《四评白皮书》《五评白皮书》《无可奈何的供状》等。

收藏单位：重庆馆、广东馆、国家馆、辽宁馆、山东馆、上海馆

05109

美国对华政策的分析 张诚著

[威县]：冀南书店，1947.2，43 页，32 开

本书着重评述美国自鸦片战争以来的对华政策。

收藏单位：重庆馆、国家馆、山东馆

05110

廿六年的苏联与中国 华东军区政治部编

华东军区政治部，[1947]，74 页，32 开（军官教导团教材 3）

本书收文 5 篇：《二十六年来的苏联与中国》《列宁、史大林等论十月革命》《孙中山论十月革命与苏联》《中苏友谊同盟条约及其他协定》《远东持久和平的基石》。

收藏单位：国家馆、南京馆、山东馆

05111

评白皮书

东北新华书店辽东分店，1949.9，77 页，32

开

收藏单位：长春馆、东北师大馆、广东馆、国家馆、吉林馆、江西馆、辽宁馆

05112
评白皮书
北平：中共北平市委会宣传部，1949，82页，32开

本书为时事学习材料，收新华社社论9篇。

收藏单位：国家馆、吉林馆、近代史所、宁夏馆、山西馆

05113
评蒋美商约 东北民主联军总政宣传部编
出版者不详，1947.2，68页，32开

收藏单位：广东馆、国家馆、辽宁馆、南京馆

05114
评蒋美商约 解放日报等著
[哈尔滨]：东北日报社，[1947—1948]，18页，32开

本书收《解放日报》社论《评蒋美商约》等文摘要，以及《关于中美商约若干问题的评述》（邵凯）。

收藏单位：南京馆

05115
三国外长会议与中国
时事丛刊社，[1948—1949]，9页，32开

本书收新华社新闻稿6篇，内容包括：《中共中央发言人关于三国外长会议的谈话》《中共中央发言人关于杜鲁门声明的谈话》等。

收藏单位：国家馆、山东馆

05116
杀鸡取蛋的美国对华政策
[威县]：冀南书店，1946.7，27页，32开

收藏单位：国家馆

05117
十月革命卅二周年纪念文集 中共天津市委总学委会编
天津：中共天津市委总学委会，1949，128页，32开

本书收《中苏友好协会主办十月革命三十二周年庆祝大会上刘少奇会长演说词》、《罗申大使演说》、《津各界庆祝十月革命节大会上黄敬市长讲话》、《学习苏联、学习马列主义理论》（艾思奇）等。

收藏单位：东北师大馆、广东馆、国家馆、天津馆

05118
苏联革命与中国抗战 胡愈之编
上海：生活书店，1937.11，165页，32开
汉口：生活书店，1937.12，165页，32开
[汉口]：生活书店，1938.3，再版，165页，32开

本书收国内文化人士纪念苏联十月革命二十周年的文章35篇，内容包括：《两个十月》（宋庆龄）、《庆祝苏联十月革命中对于总理遗教的回想》（孙科）、《苏联革命纪念与我们的斗争》（沙千里）、《因苏联建设的成功想到我们当前的任务》（孙冶方）、《俄国的革命与中国的抗战》（施复亮）、《学习一个重要教训》（汉夫）、《从抗日战争说到十月革命二十周年纪念》（关露）等。书前有编者序。

收藏单位：安徽馆、北碚馆、重庆馆、东北师大馆、广东馆、广西馆、贵州馆、国家馆、黑龙江馆、吉林馆、江西馆、近代史所、南京馆、内蒙古馆、上海馆、四川馆、天津馆、西南大学馆、浙江馆、中科图

05119
所谓国际二大阵线 陈独秀等执笔
重庆：独立出版社，1939.2，6版，48页，32开（战时综合丛书 第2辑）

本书共3部分：阵线外交的幻象、阵线外交与国际现势、我们的外交路线。内容包括：阵线外交的分析、论所谓和平阵线、论和平与侵略两大集团、争论中的德意轴心和集体安全、罗马会谈后的欧洲形势、我国外交的

基本原则、阵线外交与民族外交、国际情势的看法等。

收藏单位：贵州馆

05120

中美之间 梅碧华著

上海：新知书店，1948，76 页，32 开（国际现势丛书）

本书共 9 章，内容包括：先驱者、美军在中国的行军兵站、美国的世界政策与远东政策、一面救火一面浇油、五亿元贷款的破碎、魏德迈来华等。

收藏单位：东北师大馆、广西馆、国家馆、吉林馆、上海馆、首都馆

05121

中苏关系的过去和未来 吕振羽著

长沙：中苏文化协会湖南分会，1938.5，30 页，32 开（中苏小丛书 3）

本书叙述苏联十月革命成功后中苏复交经过、孙中山的联俄政策与苏联对中国国民革命的支援，并展望中苏关系的发展前景。

收藏单位：江西馆

05122

中苏条约与双十协定

[阜平]：晋察冀日报社，1945.10，54 页，32 开

收藏单位：广东馆、国家馆、近代史所

05123

中苏问题丛论（第 1 集） 梁寒操等著

桂林：中苏文化协会桂林分会，1940.6，89 页，50 开（中苏文化协会桂林分会丛书 1）

本书收论中苏友好及庆祝十月革命二十二周年的纪念文章十余篇。

收藏单位：重庆馆、广东馆、广西馆

05124

中苏友好条约

东北书店，1946.3，16 页，32 开

本书收《中苏友好同盟条约》《关于中国长春铁路协定》《关于中苏此次共同对日作战，苏联军队进入中国东三省后，苏联军总司令与中国行政当局关系之协定》《关于旅顺口之协定》等协定全文。

收藏单位：东北师大馆、广东馆、南京馆、天津馆

05125

中苏友好同盟条约及其他协定 大连中苏友好协会编

大连：中苏友好协会，1946，再版，29 页，32 开

收藏单位：山西馆

05126

中苏友好同盟条约全文

[涉县]：太行新华日报，1945.10，14 页，32 开

收藏单位：国家馆、山西馆

05127

中苏友好万岁 中苏友好协会山西分会编

[太原]：中苏友好协会山西分会，1949，38 页，32 开

收藏单位：山西馆

05128

中苏友好协会扬州支会成立大会会刊（庆祝斯大林元帅七十寿辰） [中苏友好协会扬州支会编]

[扬州]：中苏友好协会扬州支会，1949，60 页，25 开

本刊共 4 章：专载、庆祝斯大林大元帅七十寿辰、本会工作情况、附录。

收藏单位：国家馆

05129

中苏友谊同盟条约及其他协定

大连：中苏友好协会，1946.2，29 页，64 开

大连：中苏友好协会，1946.3，再版，29 页，64 开

本书收《关于苏联与中华民国之友谊同盟条约及各种协定之批准》《苏维埃社会主义共和国联盟与中华民国之友谊同盟条约》，以

及旅顺口协定、大连协定等其他协定 8 份。

收藏单位：国家馆

05130
中英中美签订新约（百年桎梏一旦废除） 华北新华书店编
华北新华书店，[1943]，12 页，32 开

本书收文 5 篇：《中英中美签约经过》《中英条约全文》《中英新约内之换文》《中美条约节要》《中共中央关于庆祝中英中美间废除不平等条约的决定》。

收藏单位：国家馆

各国外交

05131
朝鲜问题特辑　申岳等著
朝鲜义勇队，[1939.9]，72 页，32 开（朝鲜义勇队丛书）

本书收文 6 篇：《朝鲜问题讲话》（申岳）、《三十年来的朝鲜民族解放运动》（李达）、《现阶段朝鲜革命的特殊性》（一水）、《朝鲜革命军事运动回顾与展望》（杨民山）、《朝鲜青年怎样反抗日本帝国主义》（韩志成）、《朝鲜妇女与妇女运动》（林哲爱）。

收藏单位：国家馆、江西馆

05132
德军暴行录（一九四二年一月六日向与苏联保持外交关系之所有各国大使提出之照会）（苏）莫洛托夫（Вячеслав Михайлович Молотов）著
重庆：塔斯通讯社驻重庆分社，1942.1，24 页，32 开

收藏单位：北碚馆、重庆馆、国家馆、南京馆、上海馆、浙江馆

05133
德军暴行实录（苏）莫洛托夫（Вячеслав Михайлович Молотов）著
重庆：新华日报社，[1942]，38 页，36 开

收藏单位：重庆馆

05134
帝国主义铁蹄下的阿比西尼亚（苏）克莱脱涅尔著　孙冶方译
上海：新知书店，1935.10，[19]+104 页，36 开
上海：新知书店，1936.4，再版，[19]+104 页，36 开

本书共 3 章：全国形势鸟瞰、帝国主义侵入阿比西尼亚的历史、阿比西尼亚各个社会集团及其相互斗争。附《阿比西尼亚底风俗》等。

收藏单位：安徽馆、北碚馆、重庆馆、东北师大馆、国家馆、辽大馆、南京馆、内蒙古馆、上海馆、浙江馆

05135
反扶日论　吕煊著
上海：新知书店，[1948]，76 页，32 开（国际现势丛书 4）

本书评论抗战胜利后中国对日政策，批驳美国政府和蒋政权的扶日宽容政策，以及各国对美国扶日的态度等。

收藏单位：重庆馆、广西馆、国家馆、黑龙江馆、吉林馆、近代史所、南京馆、人大馆

05136
国际关系与苏联外交政策教程大纲　伊瓦辛主编　何理良译　曹葆华校
[中共中央宣传部]，1949.5，47 页，32 开

本书讲述 1917—1944 年的国际关系及苏联外交政策。

收藏单位：国家馆

05137
国际形势与苏联外交政策（苏）斯大林（И. В. Сталин）（苏）莫洛托夫（Вячеслав Михайлович Молотов）著　中国出版社编辑
中国出版社，1939，1 册，32 开

本书收文两篇：《苏联的国际形势》（斯大林）、《国际形势与苏联的外交政策》（莫洛托夫）。附《英法苏三国协定谈判的分析》（日丹诺夫）、《苏联最近外交活动的意义》（《新华日报》社论）。

收藏单位：国家馆

05138
揭破历史捏造者（历史事实考证） 苏联情报局著
莫斯科：外国文书籍出版局，1948，64页，25开

本书介绍二次世界大战前苏联外交形势，共4部分："德国侵略准备是怎样开始的""不是去作反德国侵略的斗争，而是进行孤立苏联的政策""苏联之被孤立，苏德互不侵犯条约""'东方'战线底建立，德国进犯苏联，反希特勒联盟以及盟国间的义务问题"。

收藏单位：安徽馆、北碚馆、长春馆、重庆馆、东北师大馆、国家馆、黑龙江馆、湖南馆、近代史所、南京馆、内蒙古馆、宁夏馆、山东馆、山西馆、上海馆、绍兴馆、首都馆

05139
揭破历史捏造者（历史事实考证） 苏联情报局著
新华书店，1949.8，1册，22开

收藏单位：重庆馆、国家馆、天津馆

05140
论苏联对外政策（一九三九年十月三十一日）（苏）莫洛托夫（Вячеслав Михайлович Молотов）著
莫斯科：外国文书籍出版局，1939，24页，32开

本书为著者1939年10月31日在苏联最高苏维埃非常第五届全会会议上的报告。

收藏单位：北碚馆、重庆馆、广东馆、国家馆、吉林馆、南京馆、上海馆、首都馆

05141
美帝扶日复兴 书报简讯社渤海分社编
书报简讯社渤海分社，1948.6，21页，32开（书报简讯丛刊5）

收藏单位：南京馆、山东馆

05142
美帝扶日真相 华北新华书店编辑部编
华北新华书店，1948.7，31页，32开

收藏单位：重庆馆、国家馆、湖北馆、近代史所、山西馆、天津馆

05143
美帝扶日真相 华东军区政治部编
华东军区政治部，[1949]，28页，36开

本书收文4篇：《美帝扶日真相》《蒋匪"中央日报"无法隐蔽美扶日事实》《美帝长期占领日本的阴谋》《在美帝直接指使下日渔船侵华活动日益猖獗》。

收藏单位：国家馆、南京馆、山东馆

05144
美帝扶日真相 天津市纪念"七七"筹备会宣传部编
天津：天津市纪念"七七"筹备会宣传部，1949，41页，32开

收藏单位：重庆馆、天津馆

05145
美帝扶日真相 [新华社编]
出版者不详，1948.8，41页，32开

本书收文3篇：《美帝扶日真相》《美帝对日政策》《美帝国主义是这样扶植日本的》。

收藏单位：长春馆、东北师大馆、国家馆、南京馆、天津馆

05146
美帝扶日真相 新华总社编
[承德]：群众日报社，1948.7，27页，32开（时事丛刊1）

收藏单位：近代史所、南京馆

05147
美帝扶日真相
华东新华书店，1949.2，47页，32开

收藏单位：国家馆、辽宁馆、南京馆、山东馆、山西馆

05148
美帝扶日真相
[延安]：陕甘宁边区新华书店，1948.11，57页，64开
收藏单位：国家馆、湖北馆、南京馆、山东馆、陕西馆

05149
美帝扶日真相
[无锡]：苏南新华书店，1949.7，30页，32开
收藏单位：重庆馆、国家馆、山东馆

05150
美帝扶日真相
新华书店，1949，46页，32开
新华书店，1949.3，再版，31页，32开
新华书店，1949.7，华中版，29页，32开
收藏单位：重庆馆、甘肃馆、广东馆、贵州馆、国家馆、湖南馆、吉大馆、山东馆、上海馆、西南大学馆

05151
美帝扶日真相
[郑州]：中原新华书店，1949.4，29页，32开
收藏单位：重庆馆、国家馆

05152
美帝怎样扶日侵华　大众书店编
大连：大众书店，1948.7，114页，32开
本书叙述第二次世界大战前后，美国如何从政治、经济等方面扶植日本、危害中国及远东和平，并述及中国人民的反抗斗争。附《美国帝国主义扶日侵华罪行》。
收藏单位：重庆馆、国家馆、辽宁馆、南京馆、天津馆

05153
美国的扩张政策　潘朗等著　华北新华书店编辑部编辑
华北新华书店，1947.8，66页，32开，环筒页装（国际问题参考资料 第5辑）
本书收文5篇：《美国怎样控制太平洋》（潘朗）、《托管制与美国太平洋基地》（梁纯夫）、《美国海军的扩张》（E. 施威德）、《关于非敌性国领土上的外国军队》（多尔巧诺夫）、《美国反苏真相》（乔木）。
收藏单位：重庆馆、国家馆、河南馆、南京馆

05154
美国外交官真面目　（美）布卡尔（A. Bucar）撰　丁明　李中译
山东新华书店，1949，122页，32开
本书共8章，内容包括：我在谍报机关中的工作、国务院的反苏领导集团、我到了莫斯科、美国大使馆的谍报活动、美国新闻处和美国的宣传、美国大使馆的投机家等。著者原题：布克。
收藏单位：重庆馆、东北师大馆、国家馆

05155
美国外交官真相　（美）布卡尔（A. Bucar）著　于小鱼译
[北平]：中外出版社，1949.6，123页，36开
收藏单位：重庆馆、国家馆、上海馆、云南馆

05156
美国外交人员的真象　（美）布卡尔（A. Bucar）撰　姚周杰等译
群众书店，1949.7，119页，32开
本书共8章：我的谍报工作、国务院中的最高反苏集团、我到莫斯科、美国大使馆的谍报活动、美国新闻处和美国宣传、美国大使馆的投机商、美国统治者为什么要挥动大棒、我对苏联的印象。著者原题：布克尔。
收藏单位：重庆馆、国家馆、辽宁馆、南京馆、天津馆

05157
美国问题研究（1 美国与世界）　涛然编
[阳城]：太岳新华书店，1946.12，171页，32开（时事丛书1）
本书收文22篇，内容包括：《美帝国主

义对战后世界的威胁》（福斯特）、《"反苏"不过是烟幕》（《解放日报》社论）、《美国的对外政策》（陈虞孙）、《金元外交》（操良）、《我对美国的印象》（爱伦堡）等。附《苏联要求的是什么》。

收藏单位：重庆馆、广东馆、国家馆、近代史所、山东馆

05158

美国问题研究（2 美国内情）

[阳城]：太岳新华书店，1946.12，149页，32开（时事丛书2）

本书收文17篇，内容包括：《美国的工资与罢工运动》（福斯特）、《论美国大罢工》（刘尊棋）、《六千万个职业》（华莱士）、《人民、政党、民主》（费孝通）、《美国孤立主义新潮》（鲍尔斯）等。

收藏单位：重庆馆、国家馆、近代史所、山东馆、山西馆

05159

美国问题研究（3）

[阳城]：太岳新华书店，1947.11，132页，32开

本书为时事学习材料。收文17篇，内容包括：《九月十八日联合国大会上维辛斯基演说全文》《欧洲九国共产党联合宣言》《欧洲形势》《美国资产阶级与外交政策》《美英关系》等。

收藏单位：重庆馆、国家馆、河南馆、山东馆

05160

全苏拥护和平大会　南致善等译　新华时事丛刊社编辑

[北平]：新华书店，1949，76页，32开（新华时事丛刊）

本书内容包括：全苏拥护和平大会揭幕、《保卫和平与反对新战争挑拨者的斗争》（吉洪诺夫底报告）、各代表对于吉洪诺夫报告的发言等。

收藏单位：安徽馆、重庆馆、广东馆、广西馆、国家馆、湖北馆、湖南馆、辽宁馆、天津馆、云南馆

05161

世界的逆流（第三次世界大战会爆发吗）　梅碧华等著

上海：新知书店，1948.5，50页，32开（国际现势丛书2）

本书共4章：美国扩张政策的根源、从经济扩张到军事扩张、扩张计划的障碍、世界逆流的趋向。

收藏单位：东北师大馆、广西馆、吉林馆、南京馆、上海馆、西交大馆

05162

苏联的对外政策　（苏）莫洛托夫（Вячеслав Михайлович Молотов）著

莫斯科：外国文书籍出版局，1940，16页，大32开

收藏单位：国家馆、首都馆

05163

苏联底对外政策（苏联人民委员会主席兼外交人民委员部长在苏联最高苏维埃第七届常会一九四〇年八月一日会议上所作的报告）　（苏）莫洛托夫（Вячеслав Михайлович Молотов）著

莫斯科：外国文书籍出版局，1940，16页，22开

收藏单位：北碚馆、重庆馆、国家馆、南京馆

05164

苏联外交人民委员长莫洛托夫报告文　[（苏）莫洛托夫（Вячеслав Михайлович Молотов）著]

哈尔滨：中苏友好协会，1945，35页，64开

本书为著者1945年11月6日在莫斯科为纪念苏联十月革命二十八周年而作。

收藏单位：东北师大馆、天津馆

05165

苏联外交人民委员长维·米·莫洛托夫之照会

莫斯科：外国文书籍出版局，1943，20 页，25 开

收藏单位：重庆馆、东北师大馆、国家馆、南京馆

05166

苏联外交人民委员长维·米·莫洛托夫致一切与苏联有外交关系的各国政府之照会

莫斯科：外国文书籍出版局，1942，38 页，25 开

本书共 6 章，内容包括：劫掠居民、破坏城市和乡村、对于苏联被占区和平民居民所施行的残暴兽行等。

收藏单位：重庆馆、国家馆、南京馆

05167

苏联外交政策　苏联大使馆新闻处编

南京：苏联大使馆新闻处，1947.12，103 页，32 开

本书收文 5 篇，内容包括：《苏联与国际合作》（莫洛托夫 1946 年 10 月 29 日在联合国全体大会上的演词）、《苏联奉行和平与国际合作政策》（莫洛托夫 1947 年 11 月 6 日在十月革命三十周年庆祝会上的报告）、《三十年来的苏联外交政策》（鲁宾斯坦）等。

收藏单位：重庆馆、广东馆、国家馆、吉林馆、近代史所、南京馆、上海馆、西南大学馆

05168

苏联外交政策（苏联革命二十八周年纪念演辞）（苏）莫洛托夫（Вячеслав Михайлович Молотов）著

上海：国际出版社，1946.1，17+19 页，32 开（国际问题丛刊 第 2 辑）

本书为著者在莫斯科市劳动者代表苏维埃纪念大会上的报告。附英译文。

收藏单位：贵州馆、国家馆、南京馆、上海馆

05169

苏英美战斗联盟

莫斯科：外国文书籍出版局，1942，22 页，22 开

本书收文 18 章，内容包括：英苏两国关于苏联外交人民委员长维·米·莫洛托夫访问伦敦的公报、丘吉尔先生致约·维·斯大林的信、外交人民委员长维·米·莫洛托夫致弗·德·罗斯福先生与科·赫尔先生电等。

收藏单位：北碚馆、重庆馆、国家馆

05170

替美国算命　乔冠华著

香港：中国出版社，1947.10，149 页，32 开

本书共 7 部分：美国为什么“反苏”、美苏之间的症结何在、苏联是吓不倒的、杜鲁门主义是怎样碰壁的、马歇尔计划可能成功吗、恢复德日是不容易的、世界大势会怎样变。附《美国对华政策新阶段》。书前有序言。著者原题：乔木。

收藏单位：广西馆、国家馆、吉林馆、近代史所、陕西馆、上海馆、天津馆

05171

为和平与各民族间友谊而斗争反对新战争挑拨者（苏）维辛斯基（А. Вышинский）著

莫斯科：外国文书籍出版局，1948，40 页，25 开

本书著者原题：维新斯基。

收藏单位：东北师大馆、广东馆、贵州馆、国家馆、宁夏馆、山东馆、上海馆

05172

为和平与各民族间友谊而斗争反对新战争挑拨者（苏）维辛斯基（А. Вышинский）撰

新华书店，1948，40 页，25 开

新华书店，1949，50 页，32 开

本书为著者 1947 年 9 月 18 日在联合国大会上的讲演词，阐述美英两国反对裁减军备、美国破坏禁用原子武器的工作、杜鲁门和马歇尔的计划与联合国机构原则相抵触等问题。据莫斯科外国文书籍出版局 1948 年版印。

收藏单位：广西馆、国家馆、宁夏馆、山西馆

05173
战后苏联和平外交政策 羊兵编
大连：东北书店，1949.6，365页，32开
本书共12部分，内容包括："军队复员，全国展开和平建设，为四年完成新的斯大林五年计划而斗争，为争取世界持久和平民主而斗争""坚主战后国际合作，拥护联合国机构，坚持大国一致原则，反对违反联合国及安理会原则"等。书前有代序。书后有编者声明。
收藏单位：国家馆、近代史所、山东馆、天津馆

法　律

法学各部门

05174
犯罪检查技术概论（对外秘密）（日）宝正来芳著　晋察冀军区保卫部译
［涉县］：太行区党委社会部，[1948.8]，4册，32开
本书共4部分：侦查工作要领、侦察技术、侦察鉴识技术、侦查技术辅助科学。书前有太行区党委社会部的说明。
收藏单位：国家馆

05175
犯罪检查技术概论（对外秘密）（日）宝正来芳著　晋察冀军区保卫部译
［阳城］：太岳区党委社会部，1948，95页，32开
原书共4部分，本书为前两部分：侦查工作要领、侦察技术。
收藏单位：国家馆

05176
集体合同 东北新华书店编辑部编
［沈阳］：东北新华书店，1949，78页，32开（经济建设丛书3）
收藏单位：国家馆、辽宁馆

05177
宪法研究提纲 华北联合大学教务处编
华北联合大学教务处，1940，70页，25开
收藏单位：山西馆

中国法律

05178
办理刑事案件应注意的方法与程序 王乃堂著
华北人民政府司法部，1949.4，20页，32开
本书是关于刑事诉讼方面的工作经验总结。书前有华北人民政府司法部长谢觉哉、副部长郭任之签署的通知，令华北人民法院依照施用。
收藏单位：国家馆

05179
北平市军管会人民政府政策法令汇编 北平市军管会　北平市人民政府编
重庆：西南服务团办公室，1949.9，170页，32开
本书共两部分：政策、法令。"政策"部分收《叶剑英市长报告北平市半年来接管与施政工作》《张友渔在北平各界代表会议上关于北平市半年来财经工作补充报告》等15篇，"法令"部分收《北平市人民政府成立布告》《北平市军事管制委员会组织机构系统表》《外侨登记及临时登记办法》等55种。
收藏单位：重庆馆、贵州馆、国家馆、河南馆

05180
从法令中看解放区 湛之编
强学出版社，1946.6，172页，32开
本书共10部分：施政纲领、政权组织、选举、土地政策、税收制度、农业、技术与实业、婚姻与妇女、司法、教育与卫生。
收藏单位：重庆馆、东北师大馆、广东馆、广西馆、国家馆、近代史所、山东馆、

山西馆、上海馆

05181

东北各城市交通规则　东北行政委员会颁布

[哈尔滨]：东北行政委员会，1948.11，28页，32开

本书收《东北各城市陆上交通管理规则暂行规则》《交通肇事犯罪处罚暂行条例》《交通违警之暂行罚法》等规则。

收藏单位：重庆馆

05182

东北公营企业战时暂行劳动保险条例试行细则

[哈尔滨]：东北行政委员会劳动总局，1949.3，28页，32开

收藏单位：国家馆、辽宁馆、山东馆

05183

东北行政委员会颁布人民法庭条例及办事细则　东北行政委员会编

东北行政委员会，1948.1，5页，32开

收藏单位：国家馆

05184

动员纲领与动员法令　陈传钢编

汉口：新知书店，1938.7，110页，32开

桂林：新知书店，1939.3，再版，110页，32开

本书共两部：抗战动员纲领、民众动员法令。收《中国共产党抗日救国十大纲领》《陕甘宁边区政府三大动员方针》《中华民族革命行动委员会（即第三党）八大政治主张》以及战区各省的战时纲领、原则、各自卫组织条例等。

收藏单位：安徽馆、北碚馆、重庆馆、广东馆、贵州馆、国家馆、吉林馆、近代史所、辽大馆、南京馆、宁夏馆、山西馆

05185

法令汇编　晋冀鲁豫边区政府编

[左权]：晋冀鲁豫边区政府，1943.7，116页，32开

本书共5类：民政法规、财政法规、教育法规、建设法规、司法法规。收法规53种，内容包括：《晋冀鲁豫边区劳工保护暂行条例》《晋冀鲁豫边区田房契税办法》《晋冀鲁豫边区奖励生产技术办法》《太行区管理外汇暂行办法》《修正惩治汉奸条例》《晋冀鲁豫边区妨害婚姻治罪暂行条例》《晋冀鲁豫边区违警处罚暂行办法》等。

收藏单位：国家馆

05186

法令汇编　苏中行政公署编

苏中行政公署，1944.11，82页，32开

本书为法令汇编，共两部分：制规类、民政类。内容包括：《苏中区施政纲要》《苏中区人权财权保障条例》《苏中区行政公署组织法》《苏中区土地租佃条例》等。书前有《写在前面》（宋日昌）。

收藏单位：国家馆

05187

法令辑要　晋西北行政公署编委会编

[兴县]：晋西北行政公署编委会，1942.5，[144]页，32开

本书收国民政府晋西北行署颁布的法令、条例、办法、规则55种，分民政、财政、教育、建设、司法、粮秣、金融贸易7类。

收藏单位：国家馆、山西馆

05188

法令辑要（1）　晋绥边区行政公署编

兴县：晋绥边区行政公署，[1940—1949]，96页，32开

收藏单位：山西馆

05189

妇女司法常识　孔伯玉著

[朝城]：冀鲁豫书店，1947，22页，64开（冬学教材5）

本书为五言通俗诗，宣传新婚姻观念、继承权等。

收藏单位：国家馆、山东馆

05190
妇女司法常识歌 孔伯玉作
大连：大众书店，1948.1，18 页，32 开（大众文库）
大连：大众书店，1948.3，再版，18 页，32 开（大众文库）
本书以诗歌形式宣传婚姻法等法律知识，共 6 部分：订婚、结婚、离婚、私生子、守寡妇、女子继承权。
收藏单位：国家馆、吉林馆、山东馆、天津馆

05191
妇女司法常识歌（社会类） 孔伯玉作
[郑州]：中原新华书店，1949.5，17 页，32 开
收藏单位：国家馆、山东馆

05192
关于公布中国土地法大纲的决议·中国土地法大纲 中共中央委员会公布
松江印刷局，1948.3，4 页，32 开
收藏单位：天津馆

05193
关于女子财产继承权执行问题的决定
[阜平]：晋察冀边区各界抗日救国联合会，1944.4，油印本，3 页，32 开
本决定是边区为正确执行民法关于女子财产继承权的规定，提高女子经济地位，减少民间纠纷，巩固团结，集中力量对敌所作。共 6 条，1943 年 6 月 15 日生效。
收藏单位：国家馆

05194
华北区村县人民政权组织条例（草案）
华北人民政府，1948，9 页，32 开
本书共 5 章：总则、村（或乡）、县、县人民法院、附则。
收藏单位：国家馆

05195
华北区革命军人家属优待条例·华北区革命军人牺牲褒恤条例·华北人民政府令·华北区民兵民工伤亡抚恤办法 华北人民政府制定
华北人民政府，[1949.1]，[8] 页，18 开
本办法由董必武、薄一波、蓝公武、杨秀峰于 1949 年 1 月公布。
收藏单位：国家馆

05196
华北区金融法令章则汇编（1） 中国人民银行总行编
[北平]：中国人民银行总行，1949，206 页，32 开，精装（参考资料 第 1 辑）
本书收该行自 1948 年 12 月成立至 1949 年 6 月间所发布的金融法令、业务章则等，其中大部分是平津两市有关新业务试行的一些章则办法。
收藏单位：重庆馆

05197
华北区荣誉军人优待抚恤条例 华北人民政府制定
华北人民政府，1948.11，[11] 页，16 开
本书另收《华北区年老病弱退伍军人待遇办法》《华北区年老病弱退职人员待遇办法》。均为 1948 年 11 月 27 日公布。
收藏单位：国家馆

05198
华北人民政府组织大纲
[石家庄]：华北临时人民代表大会，[1948.8]，5 页，32 开
本大纲于 1948 年 8 月 16 日在华北临时人民代表大会上通过，共 15 条。
收藏单位：国家馆、天津馆

05199
蒋记“宪法”的真面目 华北新华书店编辑部编
华北新华书店，1947.4，66 页，32 开（时事学习文件 5）
本书为批判 1947 年伪宪法的论文集，收文 6 篇：《弄真成假》（《解放日报》社论）、

《评蒋介石“宪草”演说》(《解放日报》社论)、《大独裁者的护身符》(燕凌)、《人民无权独夫卖国》(李维汉)、《这样的宪法人民怎样会承认》(周建人)、《论法统》(吴晗)。附《论五五宪草与政协决议宪草修改原则》(张伯秋)。

收藏单位：国家馆、黑龙江馆、山东馆

05200
教育资料汇编（第1辑） 中原临时人民政府教育部编
出版者不详，1949，44页，16开
收藏单位：国家馆

05201
金融法规汇编（第1辑 业务参考资料） 中国人民银行华东区行编
上海：中国人民银行华东区行，1949.7，79页，32开

本书收上海解放初公布的金融法令、通告、规则、办法等三十余种，共7部分：组织机构、货币、金融管理、存款与折实储蓄、外汇、进出口贸易、其他。

收藏单位：国家馆

05202
晋察冀边区婚姻条例
出版者不详，[1943]，油印本，1册，32开

本书共5章23条：总则、结婚、夫妻之权利与义务、离婚、附则。1943年1月21日晋察冀边区第一届参议会通过，同年2月4日晋察冀边区行政委员会公布。

收藏单位：国家馆

05203
晋冀鲁豫边区法令汇编（第1—2分册） 晋冀鲁豫边区政府编
[射阳]：韬奋书店，1945，2册，32开
[射阳]：韬奋书店，1946.2，再版，1册，32开

收藏单位：重庆馆、国家馆、山西馆、天津馆

05204
晋冀鲁豫边区法令汇编（第2分册） 晋冀鲁豫边区政府编
晋冀鲁豫边区政府，1945.10，34页，32开
收藏单位：黑龙江馆

05205
晋冀鲁豫边区政府高等法院通报（法秘字第30号） 晋冀鲁豫边区政府高等法院发布
晋冀鲁豫边区政府高等法院，1945.10，油印本，2页，32开
收藏单位：国家馆

05206
晋冀鲁豫边区政府公布惩治贪污条例
出版者不详，[1941—1948]，5页，32开

本条例共15条。

收藏单位：贵州馆

05207
晋冀鲁豫边区政府公布令（秘字第40号 公布晋冀鲁豫边区违警处罚暂行办法） 晋冀鲁豫边区政府颁布
晋冀鲁豫边区政府，1942.10，油印本，4页，32开
收藏单位：国家馆

05208
晋冀鲁豫统一出版条例 晋冀鲁豫中央局宣传部颁布
出版者不详，1948，12页，32开

本书收文两篇：《晋冀鲁豫统一出版条例》(中央局宣传部一月十二日公布)、《坚持职工运动的正确路线反对“左”倾冒险主义》。

收藏单位：国家馆

05209
晋绥边区参选县选法令 晋绥边区行政公署编
[兴县]：晋绥边区行政公署，1945，18页，32开

本书收《晋绥边区行政公署关于参选县选的决定》《晋绥边区参议会选举条例》《晋

绥边区县议会选举条例》《晋绥边区县议会组织条例》《晋绥边区参选县选选举委员会组织办法》《晋绥边区参议员县议员选举办法》。

收藏单位：山西馆

05210

晋绥边区四八年度征收公粮暂行条例 晋绥边区行政公署颁布

晋绥边区行政公署，1947，30 页，64 开

收藏单位：国家馆

05211

晋绥边区修正公粮征收条例 晋绥边区行政公署颁布

[兴县]：晋绥边区行政公署，1945.10，39 页，64 开

本书收《晋绥边区行政公署财政字第 116 号通知》《晋绥边区行政公署第 114 号命令》《晋绥边区修正公粮征收条例》《征收公粮中奖励生产的各种法令摘要（公粮条例附件）》《公粮征收条例施行细则》。

收藏单位：国家馆、山西馆

05212

抗日根据地政策条例汇集

[延安]：出版者不详，[1941—1942]，2 册（472+294 页），32 开

本书上册为“晋察冀之部”，下册为“陕甘宁之部”。

收藏单位：广东馆、国家馆

05213

论今天的司法工作

[哈尔滨]：东北行政委员会司法委员会，1948，41 页，32 开（司法工作参考材料 2）

本书原系 1946 年山东鲁中行政公署印行的小册子，共两部分：几个基本问题、具体工作。前者包括对法的认识、司法干部的修养等 4 个问题，后者为司法行政、审理及卷宗编理 3 项工作。

收藏单位：国家馆、辽宁馆

05214

论文选集（第 5 期 宪政专号） 晋察冀军区政治部编

晋察冀军区政治部，1940.6，52 页，32 开

本书收文 4 篇:《评五五宪草》（何思敬）、《关于目前宪政运动基本问题的意见》（陈伯达）、《中国工人阶级与宪政》（邓发）、《吴玉章同志在延各界宪政促进会成立大会上的讲话》。

收藏单位：国家馆、吉林馆

05215

旅大财经法令（1 财政部分） 大连经济研究会编

大连：大连经济研究会，1949.1，82 页，32 开

本书收抗日战争胜利后至 1948 年由旅顺、大连财经部门发布或拟订但并未实施的财经法令、条例 68 种，内容包括:《大连市惩治贪污条例》《大连市政府建设公债条例》《大连市政建设公债宣传摘要》等。封面题：参考资料甲第二号。

收藏单位：国家馆

05216

旅大财经法令（2 工商建设部分） 大连经济研究会编

大连：大连经济研究会，1949.1，109 页，32 开

本书分甲、乙两部分。甲为工商部分，收法令、条例 44 种，内容包括:《商行登记暂行办法》《公司登记暂行办法》《酿酒管理办法》等；乙为建设部分，收法令、条例 26 种，内容包括:《大连市下水暂定规则》《大连市建筑暂定规则》《工程承办契约书》等。封面题：参考资料甲第三号。

收藏单位：国家馆

05217

目前干部婚姻与群众婚姻问题的研究提纲

八专区抗联会编

八专区抗联会，1944.6，油印本，20 页，32 开

本提纲分析当时边区干部、群众各种婚

姻问题产生的原因，并提出解决办法。

收藏单位：国家馆

05218
南京军管会及南京人民政府各种布告·训令·命令等汇集提要
[南京]：第二野战军卫生部政治部，[1949]印，58页，32开

收藏单位：重庆馆

05219
南京市军管会人民政府政策法令汇编 南京市军管会 南京市人民政府编
西南服务团办公室，1949.9，226页，32开

本书共11类：政策、布告、公安、文教、行政、财政税收、金融贸易、房地产、公用事业、农林、交通。

收藏单位：重庆馆、贵州馆、国家馆

05220
内蒙古自治政府法令汇编（第1集） 内蒙古自治区政府秘书处编
[乌兰浩特]：内蒙古自治区政府秘书处，1949，175页，16开

收藏单位：国家馆、辽宁馆

05221
弄假成真（评蒋"国大"及其"宪法"） 太岳新华书店编
[阳城]：太岳新华书店，1947.2，39页，32开

本书收社论10篇，内容包括：《弄假成真》(《解放日报》社论)、《人民无权独夫集权》(李维汉)、《政治人格的考试》(新华社)、《伪国大丑剧收场》(新华社)等。

收藏单位：国家馆

05222
平分土地手册 华北新华书店编辑部编
华北新华书店，1948.1，43页，32开
华北新华书店，1948.3，3版，98页，32开
华北新华书店，1948.3，4版，100页，32开

本书收办法、条例8种：《中国土地法大纲》《晋冀鲁豫边区政府颁布施行中国土地法大纲补充办法》《晋冀鲁豫边区政府为切实执行土地法的布告》《晋冀鲁豫军区命令全军坚决执行土地法大纲》《中国共产党晋冀鲁豫中央局告全体党员书》《晋冀鲁豫边区农会筹备委员会告农民书》《晋冀鲁豫边区政府公布破坏土地改革治罪暂行条例》《晋冀鲁豫边区政府公布惩治贪污条例》。

收藏单位：重庆馆、国家馆、河南馆、天津馆

05223
平分土地文献 东北日报社编
哈尔滨：东北书店，1947.12，48页，32开
哈尔滨：东北书店，1948.1，再版，50页，32开
哈尔滨：东北书店，1948.1，3版，50页，32开

本书收文9篇：《中共中央委员会关于公布中国土地法大纲的决议》、《中国土地法大纲》、《中国人民解放军宣言》、《中国人民解放军口号》、《中国共产党东北中央局告农民书》、《东北行政委员会布告》、《东北解放区实行土地法大纲补充办法》、《学习晋绥日报的自我批评》(新华社社论)、《晋绥农委会告农民书》。

收藏单位：重庆馆、东北师大馆、国家馆、黑龙江馆、吉大馆、吉林馆、辽大馆、辽宁馆、南京馆、宁夏馆、山东馆、山西馆、天津馆、浙江馆、中科图

05224
平分土地文献 晋察冀日报社编
[阜平]：晋察冀新华书局，1948.1，56页，32开

本书收文10篇：《中国共产党中央委员会关于公布中国土地法大纲的决议》《中国土地法大纲》《聂荣臻同志在晋察冀边区土地会议上的开幕词》《平分土地与整顿队伍》《聂荣臻同志在边区农会临时代表会上的讲话》《把农民队伍组织好》《晋察冀边区临时农会告农民书》《晋察冀边区行政委员会布告》《晋察冀边区行政委员会、中国共产党晋察冀中央

局、中国人民解放军晋察冀军区联合布告》《给解放战士分地的文告》。

收藏单位：国家馆、近代史所、山西馆

05225

取消蒋记伪宪　柳漠远编

威县：冀南书店，1947.4，11 页，32 开（通俗小丛书）

本书共 6 章："什么叫宪法?""什么叫蒋记伪宪?""蒋记伪宪是怎样制造的?""蒋记伪宪到底怎么样?""蒋记伪宪公布后国内外有什么反映和批评""结尾的几句话"。

收藏单位：国家馆、内蒙古馆、山东馆、天津馆

05226

人民法庭条例及办事细则　东北行政委员会颁布

[哈尔滨]：东北行政委员会，1948.1，5 页，32 开

本书共两部分：《东北解放区人民法庭条例》（共 17 条）、《人民法庭办事细则》（共 12 条）。

收藏单位：辽宁馆

05227

山东省货物统税法规汇编

[济南]：山东省政府印制，[1949]，34 页，32 开

本书收山东解放区对卷烟、棉纱、火柴、洋酒、化妆品、麦粉、煤、颜料、金矿 9 种货物征收统税的有关条例及暂行办法 8 种。

收藏单位：国家馆

05228

山东省胶东区行政公署公布令（财字第 1 号）

山东省胶东区行政公署公布

山东省胶东区行政公署，1946.5，18 页，32 开

本书附《山东省胶东区整理土地等级陈报登记暂行办法》，由曹漫之签发。

收藏单位：国家馆、山东馆

05229

山东省胶东区行政公署公布令（财字第 2 号）

山东省胶东区行政公署公布

山东省胶东区行政公署，1947.3，30 页，32 开

本书收条例 6 种，内容包括：《山东省胶东区征收出厂税暂行条例》等，由曹漫之签发。

收藏单位：国家馆

05230

陕甘宁边区财政法令汇编　陕甘宁边区政府财政厅编

西安：陕甘宁边区政府财政厅，1949.8，36 页，32 开

本书收文 9 篇：《陕甘宁边区农业税暂行条例》《陕甘宁边区新区征收公粮暂行办法》《陕甘宁边区新区预借粮秣暂行办法》《陕甘宁边区进出口货物税暂行条例》《陕甘宁边区营业税暂行条例》《陕甘宁边区地方粮款收支暂行办法》《陕甘宁边区仓库管理暂行办法》《陕甘宁边区粮秣支付暂行办法》《陕甘宁边区财政干部暂行移交条例》。

收藏单位：甘肃馆、国家馆、河南馆、宁夏馆

05231

陕甘宁边区重要政策法令汇编　陕甘宁边区政府秘书处编

西安：陕甘宁边区政府秘书处，1949，238 页，16 开

收藏单位：甘肃馆、国家馆、辽宁馆、南京馆、内蒙古馆、宁夏馆

05232

陕甘宁晋绥边区暂行审计条例

[延安]：出版者不详，1948.10，6 页，32 开

本书书前有陕甘宁边区政府、陕甘宁晋绥联防军区司令部、中国共产党西北中央局关于发布此条例的联合命令。

收藏单位：国家馆

05233
商业法令规章汇编　东北行政委员会商业部编
[沈阳]：东北行政委员会商业部，1949.6，194页，16开
　　收藏单位：广东馆、南京馆

05234
上海市军管会人民政府政策法令汇编　上海市军管会　上海市人民政府编
西南服务团办公室，1949.9，282页，32开
　　本书共两部分：政策、法令。政策部分内容包括：陈毅的讲话、报告等；法令部分内容包括：公安、文教、财政、公用等类，多为布告、通告。
　　收藏单位：国家馆

05235
上海市军管时期法令汇集（1）　中共中央华东局政策研究室编
上海：新华书店，1949.7，213页，32开
　　本书共13部分：就职布告、金融、贸易、外汇、税务、文教出版、电台、专门人才登记、交通管理、卫生、治安、房地产、其他。
　　收藏单位：重庆馆、国家馆、上海馆

05236
司法工作学习材料（第1辑）　晋察冀边区高等法院编
[张家口]：晋察冀边区高等法院，1945.12，72页，32开
　　本书收司法工作报告、工作总结4篇：《关于改善司法工作》（摘录陕甘宁边区政府一九四三年工作总结）、《司法工作报告》（高等法院王院长在边区司法会议上的报告）、《司法会议的结论》（边委会宋主任在边区司法会议上的结论）、《监所工作的几点检查》（司法工作报告第四部分补充材料）。
　　收藏单位：国家馆

05237
司法政策　胶东新华书店编
胶东新华书店，1946.6，31页，32开（解放区现行政策法令简编4）
　　本书收司法政策9种，内容包括：《山东省战时施政纲领》《人权保障条例》《山东省处理汉奸财产暂行办法》《山东省女子继承暂行条例》等。附《彻底改革司法工作走群众路线》《马锡五的审判方式》。
　　收藏单位：国家馆、山东馆

05238
苏维埃政府的法令
出版者不详，[1931]，油印本，12页，32开
　　本书以问答形式介绍刊登在江西中央苏区《红旗周报》第1期上的法令。
　　收藏单位：国家馆

05239
太行区司法工作概况（徐处长在太行区司法会议上之总结报告）　徐处长讲
[涉县]：太行行署，1946.5，52页，32开
　　本书反映太行解放区的司法制度，共5部分：八年来司法工作的历史发展情况、处理民事诉讼的基本经验、司法工作与群众运动、处理刑事案件经验、监所建设工作。
　　收藏单位：国家馆

05240
太原市人民政府法令汇辑（第1集）　太原市人民政府办公室编
太原市人民政府办公室，1949.8，124页，16开
　　本书内容包括：民政、财税、教育、农业、工商、金融、建设、卫生、公安、司法等类。
　　收藏单位：辽宁馆、南京馆、山西馆

05241
天津市法令汇编（第1集 一九四九年七月）
天津市人民政府秘书处编
天津：天津市人民政府秘书处，1949.7，236页，32开
　　本书收天津市及与该市有关的华北人民政府公布的重要法令，类目与天津市军管会出版的政策法令汇编基本相同。

收藏单位：国家馆、辽宁馆、南京馆、天津馆

05242
天津市军管会人民政府政策法令汇编 天津市军管会 天津市人民政府编
西南服务团办公室，1949.9，316页，32开
本书收天津市军管会和人民政府及其他解放区的政策法令。政策包括：《人民银行总经理解释人民币发行中的若干问题》《工人在企业中的地位和任务》等；法令共9类：民政、公安、财政、工务、公用、教育、卫生、工商、税务。
收藏单位：重庆馆、贵州馆、国家馆

05243
天津市军事管制时期政策法令汇编（第1册） 军管会秘书处编
天津：天津市军事管制委员会秘书处，1949.2，51页，32开
本书收军管会及所属部门重要布告、通告、通令、实施办法等，共9类：施政总纲、军纪、搜集敌伪物资、治安、交通、金融、贸易、税收、其他。
收藏单位：重庆馆、国家馆、天津馆

05244
天津市军事管制时期政策法令汇编（第2册） 军管会秘书处编
天津：天津市军事管制委员会秘书处，1949.4，67页，32开
收藏单位：广东馆、国家馆、天津馆

05245
调解为主审判为辅 陕甘宁边区政府办公厅编
[延安]：陕甘宁边区政府办公厅，1944.8，42页，32开（边政读物2）
本书是有关调解的文集。收文9篇，内容包括：《关于改善司法工作》（林伯渠主席在边区政府委员会第四次会议上关于边区政府一年工作总结报告的一部分）、《陕甘宁边区民刑事件调解条例》（1943年6月10日颁布）、《边区政府关于普及调解、总结判例、清理监所指示信》（1944年6月6日）、《调解模范——郭维德》、《马锡五同志的审判方式》、《石静山推事实行马锡五方式》、《奥海清同志的审判特点》等。
收藏单位：北师大馆、重庆馆、国家馆、山西馆

05246
土地法大纲 毛泽东等著
华中新华书店一分店，1949.2印，25页，32开
收藏单位：南京馆

05247
土地法大纲
时代出版社，1947，24页，32开
本书收中国共产党中央委员会1947年10月10日的《关于公布中国土地法大纲的决议》、中国共产党全国土地会议1947年9月13日通过的《中国土地法大纲的决议》《中国土地法大纲》《晋冀鲁豫边区政府施行土地法补充办法》等。附《土地改革中的几个问题》。

05248
伪“国大”与伪“宪” 东北书店辑
[佳木斯]：东北书店，1947.3，125页，32开
本书是关于国民党1946年召开的“国民大会”及1947年“宪法”的评论资料集。共8部分，内容包括：政协决议关于宪法草案案、中共的评论、全国民主人士的评论、解放区人民的抗议、全国民主人士的抗议、伪“国大”拾零等。附《伪“宪法”原文》。
收藏单位：长春馆、东北师大馆、广东馆、国家馆、吉大馆、南京馆、上海馆、天津馆、中科图

05249
五五宪法草案及国民大会组织法（参考资料）
晋冀鲁豫边区政府秘书处编
晋冀鲁豫边区政府秘书处，1946.3，48页，36

开

收藏单位：国家馆、黑龙江馆、近代史所

05250
现行财政法令　太岳行署财政处编辑
[阳城]：太岳行署财政处，1946.10，40页，32开（财政干部业务学习材料）

本书收晋冀鲁豫边区政府颁行的有关工商营业税、货物税、烟酒税、牲口买卖税、统一累进税等章则及法币管理、保护现金现银、处理敌伪物资的办法等共10种。

收藏单位：国家馆

05251
现行法令汇集（上、下册）　晋察冀边区行政委员会编
[张家口]：晋察冀边区行政委员会，1945.12，2册（704页），25开

本书为晋察冀边区法令政策汇编。所收法令政策至1945年11月底止，共6类：施政纲领、民政、教育、财政、实业、司法。书前有编者前言。

收藏单位：重庆馆、东北师大馆、国家馆、黑龙江馆、近代史所、辽大馆、辽宁馆、山西馆、首都馆、天津馆

05252
现行法令汇集续编　晋察冀边区行政委员会编
[张家口]：晋察冀边区行政委员会，1946.7，277页，32开

本书收自1945年12月至1946年7月所颁法令，共5类：民政、财政、教育、实业、司法。内容包括：《关于新形势下各级政府组织领导的指示》《晋察冀边区优待技术干部办法》《调整覆核覆判程序》等。

收藏单位：国家馆、近代史所、天津馆

05253
宪法草案研究　邹韬奋等著
胶东新华书店，1946.5，85页，32开

本书收对"五五宪草"的研究及讨论问题，共9部分：中国新宪法应根据的几个原则、关于总纲、关于人民的权利义务、关于国民大会、关于中央政府、关于地方制度、关于国民经济、关于教育、关于宪法之施行及修正。书前有著者弁言。附《国民大会组织法》《国民大会代表选举法》等。著者原题：韬奋。

收藏单位：国家馆、山东馆

05254
宪法草案研究　邹韬奋等著
上海：生活书店，1946.1，121页，32开
重庆：生活书店，1946.3，3版，90页，36开

收藏单位：北碚馆、重庆馆、广东馆、广西馆、国家馆、吉林馆、近代史所、南京馆、内蒙古馆、浙江馆

05255
宪法问题与五五宪草研究　陈麒章编
临沂：山东新华书店，1946.6，133页，32开

本书为解放区出版的宪法论文集，反映1946年政治协商会议后各方面对宪法和国民政府公布的"五五"宪草之研究和批评。收文6篇：《宪法谜语剖折》（何思敬）、《宪法问题与"五五"宪草》（张伯秋口述，陈麒章记录）、《在延安宪政研究会上的发言》（谢觉哉）、《从人民立场批评五五宪草》（胡冈）、《现行地方民选制度评议》（黄道庸）、《宪法草案研究》（韬奋等）。

收藏单位：国家馆、近代史所、南京馆、山东馆

05256
在司法训练班的讲话　谢觉哉著
华北人民政府司法部，1949，50页，32开

收藏单位：近代史所

05257
暂行卫生法规　中国人民解放军东北军区后勤卫生部编
中国人民解放军东北军区后勤卫生部，1948.7，70页，32开

本书共8章：各级卫生机关业务条例、卫生机关组织条例、保健条例、传染病预防条

例、医疗工作条例、药品器材管理条例、转运工作条例、医院工作条例。
收藏单位：广东馆

05258
政治保卫局组织纲要 中央执行委员会制定
国家政治保卫局湘鄂赣省分局，1932 印，油印本，[9] 页，32 开，环筒页装
本书共 14 条，规定该局的任务、权限等。
收藏单位：国家馆

05259
中国共产党中央委员会关于公布中国土地法大纲的决议
出版者不详，[1947—1949]，8 页，32 开
收藏单位：贵州馆、国家馆

05260
中国共产党中央委员会关于公布中国土地法大纲的决议（1947 年 10 月 10 日通过） 中共中央委员会颁发
出版者不详，1947，13 页，64 开
本书为伪装本。伪装题名：论田赋法案。伪装责任者题：北平地政学会。伪装出版者题：崇文书局。
收藏单位：国家馆

05261
中国人民解放军西安市军事管制委员会布告条例汇集 中国人民解放军西安市军事管制委员会编
西安：中国人民解放军西安市军事管制委员会，1949.8，66 页，18 开
本书收中国人民解放军西安市军管会成立布告以及军管会制定的相关法律法规汇编的布告等。
收藏单位：国家馆、近代史所

05262
中国人民政治协商会议共同纲领（初稿）
华东新华书店，1949.9，15 页，22 开
收藏单位：国家馆、近代史所

05263
中国土地法大纲 中国共产党中央委员会公布
[惠民]：渤海日报社，1947.10，13 页，大 64 开
收藏单位：山东馆

05264
中国土地法大纲 中国共产党中央委员会公布
渤海新华书店，1948.3，32 页，32 开
本书收文 4 篇：《中共中央关于公布中国土地法大纲的决议》（1947 年 10 月 10 日）、《中国土地法大纲》、《中国人民解放军宣言》、《中国人民解放军口号》、《中国人民解放军的三大纪律八项注意》。
收藏单位：重庆馆、江西馆、山东馆

05265
中国土地法大纲 中国共产党中央委员会编
[安东（丹东）]：[东北军政大学辽东分校政治部]，[1948]，4 页，32 开
收藏单位：国家馆

05266
中国土地法大纲 中国共产党中央委员会公布
华北新华书店，1947.12，10 页，32 开
华北新华书店，1948.1，再版，22 页，32 开
华北新华书店，1949.2，再版，6 页，32 开
华北新华书店，1949，再版，34 页，32 开
收藏单位：重庆馆、国家馆、近代史所、南京馆、天津馆

05267
中国土地法大纲 中国共产党中央委员会公布
[晋察冀中央局]，[1947—1948]，6 页，32 开
本书收文两篇：《中国共产党中央委员会关于公布中国土地法大纲的决议》（1947 年 10 月 10 日）、《中国土地法大纲》（中国共产党全国土地会议 1947 年 9 月 13 日通过）。
收藏单位：广东馆、国家馆、南京馆、天

津馆

05268
中国土地法大纲
华东新华书店，1949.1，7 页，32 开
收藏单位：南京馆

05269
中国土地法大纲
[延吉]：吉林省委宣传部，1947.10，5 页，32 开
收藏单位：国家馆

05270
中国土地法大纲
冀东新华书店，1947，14 页，36 开，环筒页装
收藏单位：国家馆

05271
中国土地法大纲
冀鲁豫区党委宣传部，1948.1，42 页，32 开
本书收文 6 篇：《中国共产党中央委员会关于公布中国土地法大纲的决议》《中国土地法大纲》《晋冀鲁豫边区政府颁布施行中国土地法大纲补充办法（草案）》《晋冀鲁豫边区政府公布破坏土地改革治罪暂行条例》《中国共产党晋冀鲁豫中央局告全体党员书》《晋冀鲁豫边区农会筹备委员会告农民书》。
收藏单位：国家馆

05272
中国土地法大纲
南峰：冀鲁豫书店，1948.3，再版，43 页，32 开
收藏单位：南京馆

05273
中国土地法大纲
晋察冀新华书店，1947.11，6 页，32 开
收藏单位：重庆馆、国家馆、宁夏馆、山东馆

05274
中国土地法大纲
晋冀鲁豫军区政治部，1948.1，12 页，32 开
收藏单位：国家馆

05275
中国土地法大纲
晋南新华书店，1948.12，24 页，32 开
收藏单位：国家馆、宁夏馆、山西馆

05276
中国土地法大纲
辽东日报社，[1947]，4 页，32 开
收藏单位：南京馆、浙江馆

05277
中国土地法大纲
[阳城]：太岳新华书店，1948.1，34 页，32 开
[阳城]：太岳新华书店，1948.3，再版，34 页，32 开
[阳城]：太岳新华书店，1948.3，4 版，34 页，32 开
[阳城]：太岳新华书店，1948.4，7 版，34 页，32 开
本书内容包括：《中国共产党中央委员会关于公布中国土地法大纲的决议》、《中国土地法大纲》（中国共产党全国土地会议 1947 年 9 月 13 日通过）、《拥护中国土地法大纲，彻底平分土地！》（《人民日报》社论）等。
收藏单位：重庆馆、国家馆、山东馆、山西馆

05278
中国土地法大纲
[涉县]：新华书店，1947.10，13 页，32 开
本书收文 3 篇：《中国共产党中央委员会关于公布中国土地法大纲的决议》、《中国土地法大纲》（中国共产党全国土地会议 1947 年 9 月 13 日通过）、《晋绥边区农会临时委员会告农民书》。
收藏单位：重庆馆、国家馆

05279
中国土地法大纲
[兴县]：新华书店晋绥分店，1947.12，[19]页，32开
收藏单位：重庆馆、国家馆、山西馆

05280
中国土地法大纲（中共全国土地会议1947年9月13日通过） 中共中央委员会颁发
冀东印刷厂，1947.10，23页，32开
本书收文两篇：《中国共产党中央委员会关于公布中国土地法大纲的决议》、《中国土地法大纲》（中国共产党全国土地会议1947年9月13日通过）。附《晋绥边区农民临时委员会告农民书》《晋绥日报社论摘要》《新华社晋绥分社评〈告农民书〉之历史意义与价值》。
收藏单位：国家馆、山东馆

05281
中国土地法大纲（中国共产党全国土地会议1947年9月13日通过） 中国共产党中央委员会编
涉县：太行群众书店，1948.1，12页，32开
收藏单位：国家馆、近代史所、山西馆

05282
中国土地法大纲东北解放区实行土地法大纲补充办法 中共中央委员会公布
密山：密山县政府，[1947]，8页，32开
收藏单位：国家馆

05283
中国土地法大纲及人民解放军宣言 辽南日报社编
辽南日报社，1947.12，38页，32开
本书收文7篇：《关于学习人民解放军宣言口号和土地法大纲的指示》《关于公布中国土地法大纲的决议》《中国土地法大纲》《东北解放区实行土地法大纲补充办法》《中国人民解放军宣言》《颁布解放军口号训令全军实行》《重新颁布三大纪律八项注意》。附《晋绥边区农会临时委员会告农民书》《是否超出范围》《人民解放军大举反攻》等。
收藏单位：南京馆

05284
中国土地法大纲及人民解放军宣言 辽南五分区宣传部辑
辽南五分区宣传部，1948.1，37页，32开
本书收文献10篇，内容包括：《关于学习人民解放军宣言口号和土地法大纲的指示》《关于公布中国土地法大纲的决议》《中国土地法大纲》《东北解放区实行土地法大纲补充办法》《中共东北局告农民书》等。
收藏单位：国家馆

05285
中国土地法大纲及中共东北局告农民书 辽南新民师范学校编
辽南新民师范学校，1948.2，26页，32开
本书收文5篇：《关于公布中国土地法大纲的决议》《中国土地法大纲》《东北解放区实行土地法大纲补充办法》《中共东北局告农民书》《阶级分析》。
收藏单位：国家馆、宁夏馆、山西馆、天津馆、中科图

05286
中华苏维埃共和国国家政治保卫局训令 国家政治保卫局制定
国家政治保卫局湘鄂赣省分局，1932，油印本，[9]页，32开，环筒页装
收藏单位：国家馆

05287
中华苏维埃共和国土地法（中华工农兵第一次全国代表大会通过）
中华苏维埃共和国中央执行委员会，1931.11，石印本，1册，32开
收藏单位：国家馆

05288
中华苏维埃共和国湘鄂赣省苏维埃政府、中华苏维埃共和国国家政治保卫局湘鄂赣省分局通令第六号、八号 王显德　彭德怀令

湘鄂赣省苏维埃政府、湘鄂赣省政治保卫分局，1932.7，油印本，[5] 页，32 开，环筒页装

本书是关于各级保卫局在肃反中贯彻“自首自新”的政策，以瓦解一切反革命组织的通令。这项通令由王显德、彭德怀签发。

收藏单位：国家馆

各国法律

05289

国家法与苏维埃建设研究提纲　（苏）郭尔雅科夫等编　莫铭译

[北平]：解放社，1949，71 页，32 开

本书除引言《国家法与苏维埃建设底概念、对象与体系》外，收文 4 篇：《马克思—列宁主义关于国家与法律的理论基础》《苏维埃国家法》《苏维埃国家管理》《苏维埃建设》。

收藏单位：安徽馆、重庆馆、东北师大馆、广东馆、国家馆、湖北馆、吉林馆、辽宁馆、南京馆、天津馆、云南馆

05290

集体合同　李绍鹏译

[北平]：中华全国总工会，[1949]，19 页，25 开（工运丛书 7）

本书内容包括：摘录联共（布）第十四次党大会决议案、关于企业中集体合同之订立、关于一九四九年集体合同之订立等。

收藏单位：国家馆

05291

罗马尼亚人民共和国宪法　[东北书店编]

沈阳：东北书店，1949.2，22 页，32 开

本书共 10 章 105 条，内容包括：罗马尼亚人民共和国、社会经济结构、公民之基本权利与义务、最高国家政权机关、国家之地方政权机关、法院与检察机关、宪法之修改、附则等。

收藏单位：重庆馆、东北师大馆、福建馆、广东馆、国家馆、吉林馆、辽宁馆

05292

斯大林宪法与资产阶级宪法的不同　[沈阳中苏友好协会编]

出版者不详，1948，15 页，32 开

收藏单位：国家馆

05293

苏俄婚姻亲属及监护法（1937 年 6 月 1 日修正）　张文蕴译　东北政委会司法部编译

长春：东北新华书店，1949.8，42 页，32 开（法学丛书 5）

本书共 4 编 142 条：婚姻、父母子女及其他亲属间之关系、监护及保佐、民籍登记。附关于禁止堕胎、增加产妇物质救助及广设助产院托儿所等的立法，均为 1936 年 6 月 27 日苏联苏维埃人民委员会及中央执行委员会议决。

收藏单位：长春馆、广东馆、国家馆、山东馆、天津馆

05294

苏俄刑法　张君悌译

长春：东北书店，1949.5，85 页，32 开（法学丛书 1）

本书分两部分：总则、分则，共 205 条。总则共 6 章：苏俄刑事立法之目的、刑法之效力范围、苏俄刑事政策之一般原则、依据刑法对犯人应适用之社会保护方法、适用司法矫正性社会保护方法之程序、缓刑及假释；分则共 10 章，内容包括：国事罪、其他妨害统治秩序罪、职务（服务）上之犯罪、侵害政教分离规章之罪、经济犯罪、财产上之犯罪、军事罪等。书前有译者前记。据 1938 年苏联司法人民委员部俄文版译出。

收藏单位：长春馆、东北师大馆、广东馆、国家馆

05295

苏俄刑事诉讼法　张君悌译

长春：东北书店，1949.5，83 页，32 开（法学丛书 2）

本书共 7 编 33 章 470 条。据 1937 年苏联司法人民委员部俄文版译出。

收藏单位：安徽馆、长春馆、重庆馆、东北师大馆、广东馆、国家馆、吉林馆

05296
苏联的法院　（苏）高里亚柯夫著　一之译
上海：时代出版社，1949.9，95页，32开
本书共8章：绪言、司法在苏维埃国家制度上的地位、苏维埃司法制度组织的原则、苏维埃国家发展各阶段的苏联司法、现阶段的苏联司法、苏联法院的选举性及独立性、司法的教育意义、司法改善的必要性。著者原题：高里雅柯夫。
收藏单位：长春馆、重庆馆、南京馆、陕西馆

05297
苏联的法院　（苏）高里亚柯夫著　张君悌译
哈尔滨：东北书店，1948.11，83页，32开（新法学研究丛书）
本书共8部分：序言、苏联国家制度上的审判权的地位、苏维埃司法制度组织原则、在苏维埃国家发展各阶段上的苏联审判权、现阶段的苏联审判权、苏维埃法院的选举制和独立性、审判的教育意义、必需改善审判工作。
收藏单位：长春馆、国家馆、黑龙江馆、吉林馆、江西馆、辽宁馆、南京馆、山东馆、陕西馆、天津馆、云南馆

05298
苏联的法院　（苏）高里亚柯夫著　张君悌译
上海：新华书店，1949，83页，32开
收藏单位：安徽馆、重庆馆

05299
苏联的家庭婚姻和母性　（苏）斯维得洛夫著　张亦名译
佳木斯：东北书店，1947.11，57页，32开
佳木斯：东北书店，1948.3，再版，57页，32开
哈尔滨：东北书店，1948.9，再版，57页，32开
本书论述苏维埃法律对于家庭、婚姻和母性问题的规定。共11部分，内容包括：苏维埃关于母性问题的立法、苏维埃关于结婚与家庭的法律、结婚的形式、婚姻契约等。
收藏单位：重庆馆、国家馆、江西馆、南京馆

05300
苏联的家庭婚姻与母性　（苏）斯维得洛夫著　张亦名译
华北新华书店，1949.2，50页，32开
收藏单位：国家馆

05301
苏联的家庭婚姻与母性　（苏）斯维得洛夫著　张亦名译
华中新华书店，1949.2，40页，32开
收藏单位：国家馆、辽宁馆、南京馆、山东馆、上海馆

05302
苏联的家庭婚姻与母性　（苏）斯维得洛夫著　张亦名译
中原新华书店，1949.6，40页，32开
收藏单位：广东馆、贵州馆、国家馆

05303
苏联的检察制度　（俄）高尔谢宁著　陈汉章译　中共中央法律委员会编辑
[北平]：新华书店，1949，119页，32开
收藏单位：安徽馆、重庆馆、广东馆、国家馆、湖南馆、吉林馆、江西馆、辽宁馆、南京馆、绍兴馆、天津馆、云南馆

05304
苏联的宪法　谷荫译
苏联研究学会，1931.1，66页，32开
本书收《俄罗斯苏维埃联邦社会主义共和国宪法》，共5编89条，1925年5月1日由加里宁签署公布。附《苏维埃社会主义共和国联盟成立宣言》（1922年12月30日）。
收藏单位：上海馆

05305
苏联的宪法（根本法） 东北书店辑
长春：东北书店，1949.2，45 页，32 开
本书为苏联 1936 年宪法另一中译本。共 13 章 146 条，内容包括：社会机构、国家机构、苏维埃社会主义共和国联盟之最高国家政权机关、盟员共和国之最高国家政权机关、苏维埃社会主义共和国联盟国家管理机关、盟员共和国之国家管理机关、苏维埃社会主义自治共和国之最高国家政权机关、国家政权之地方机关、法院及检察机关、公民之基本权利及义务、选举制度、宪法修改手续等。
收藏单位：长春馆、重庆馆、东北师大馆、广东馆、国家馆、黑龙江馆、湖南馆、吉林馆、内蒙古馆

05306
苏联对母性及儿童的保护 （苏）涧夫利金娜（М. Гаврилина）著 钮心淑译 中苏文化协会妇女委员会编
上海：时代书报出版社，1947.10，43 页，32 开
上海：时代书报出版社，1949.3，再版，43 页，32 开
收藏单位：东北师大馆、广东馆、桂林馆、国家馆、辽宁馆、辽师大馆、南京馆、内蒙古馆、山西馆

05307
苏联妇女的地位 （苏）谢列布列尼科夫著 厂青译
上海：生活书店，1937.8，288 页，32 开（妇女生活丛书 6）
[广州]：生活书店，1938.4，再版，288 页，32 开（妇女生活丛书 6）
本书除引言及结论外，共 8 章：规定妇女权利和保护女工的苏联法律、苏联妇女工作发展的一般成绩、妇女中的熟练工人、集体农场中的妇女、知识职业和行政工作中的妇女、日益健康的妇女生活、女工的文化发展和社会活动、苏联各共和国的妇女。著者原题：谢烈布林尼柯夫。
收藏单位：北碚馆、重庆馆、广东馆、贵州馆、国家馆、湖南馆、南京馆、内蒙古馆、宁夏馆、山西馆、陕西馆、天津馆、西南大学馆、浙江馆

05308
苏联公民的权利（庆祝苏联斯大林宪法十周年纪念） [大连中苏友好协会编]
出版者不详，[1946—1949]，16 页，32 开
收藏单位：东北师大馆

05309
苏联婚姻法 郑竞毅著
上海：生活书店，1934.3，76 页，32 开
本书介绍《婚姻亲子及监护法》，1926 年 11 月 19 日经全俄中央执行委员会的议决通过，1927 年 1 月 1 日施行。共 4 章 143 条：引言、结婚、离婚、结婚离婚的登记。
收藏单位：北碚馆、重庆馆、广东馆、广西馆、贵州馆、国家馆、吉林馆、陕西馆、上海馆、浙江馆

05310
苏联社会主义法律 （苏）维辛斯基（А. Вышинский）等著 万叶译
[北平]：三联书店，1949，36 页，36 开（苏联介绍丛书）
收藏单位：重庆馆、东北师大馆、国家馆、辽宁馆、南京馆、天津馆

05311
苏联宪法 张西曼译
南京：中苏文化协会，1937，44 页，32 开
本书为全苏苏维埃第八次非常代表大会 1936 年 12 月 5 日正式通过的《苏联宪法（根本法）》。共 13 章 146 条，内容包括：社会组织、国家组织、苏联最高国家权力机关、各加盟共和国最高国家权力机关、苏联国家行政机关、加盟共和国国家行政机关、自治苏维埃社会主义共和国最高国家权力机关、国家权力之地方机关、法院及检察机关、公民之基本权利及义务、选举制度、宪法修改程序等。正案与草案条数相同，但比之草案有 43 处修改，对此本书一一校译。
收藏单位：重庆馆、国家馆、湖南馆、南

京馆、上海馆、首都馆

05312
苏联宪法（根本法） 唯真译
莫斯科：外国文书籍出版局，1947，50页，32开
收藏单位：长春馆、东北师大馆、国家馆、近代史所、辽宁馆、南京馆、山东馆、上海馆

05313
苏联宪法（根本法） 唯真译
新华书店，1949.8，华中版，49页，25开
收藏单位：广东馆

05314
苏联宪法（根本法）
北平：五十年代出版社，1949.9，95页，25开
本书附斯大林1936年11月25日在全苏苏维埃第八次非常代表大会上作的《关于宪法草案的报告》。据莫斯科外国文书籍出版局版转译。
收藏单位：国家馆

05315
苏联新宪法草案 张西曼译
南京：中苏文化协会，1936.7，30页，32开
本书共13章146条。
收藏单位：重庆馆、国家馆、湖南馆、天津馆

05316
苏联新宪法研究 张仲实编译
上海：生活书店，1937.5，161页，32开
重庆：生活书店，1939.11，再版，161页，32开
本书收1936年苏联新宪法全文及文章6篇，内容包括：《何谓宪法?》《苏联宪法发展的几个阶段》《斯达林关于新宪法草案的报告》《新宪法关于公有财产和私有财产的规定》《新宪法对于选举制度的改革》等。
收藏单位：北碚馆、重庆馆、广东馆、广西馆、贵州馆、国家馆、河南馆、吉林馆、江西馆、近代史所、南京馆、上海馆、首都馆、浙江馆

05317
苏联新宪法研究 张仲实编译
重庆：生生出版社，1944.6，3版，133页，32开
本书收1936年苏联新宪法全文及文章3篇：《何谓宪法》《苏联宪法发展的几个阶段》《斯达林关于苏联新宪法草案的报告》。
收藏单位：北碚馆、重庆馆、国家馆、南京馆、内蒙古馆、西南大学馆、浙江馆

05318
苏联刑法概论 （苏）杜尔曼夫著 杨旭译
长春：东北新华书店，1949.8，61页，32开（新法学研究丛书3）
本书共4章：刑法与苏联刑事法规的意义、犯罪论之基本问题、刑罚论的基本问题、刑法分则。
收藏单位：长春馆、重庆馆、国家馆、辽宁馆、山东馆、天津馆

05319
苏维埃社会主义俄罗斯联邦共和国刑法 裘汾龄译
[北京]：裘汾龄[发行者]，1924.10，96页，16开
本书共227条。书眉有北洋政府施行的《暂行新刑律》条文与之对照，并加按语。据1924年10月公布的苏联刑法译出。
收藏单位：国家馆、浙江馆

05320
苏维埃社会主义共和国联邦宪法 时代出版社编译
上海：时代出版社，1949.8，再版，51页，32开
收藏单位：重庆馆、国家馆、天津馆

05321
苏维埃社会主义共和国联邦宪法 时代书报出版社编译

上海：时代书报出版社，1948.10，51 页，32 开

收藏单位：重庆馆、国家馆、吉林馆、天津馆、浙江馆

05322

苏维埃社会主义共和国联盟宪法（根本法）

华中新华书店，1946.5，44 页，50 开

本书另有苏联最高苏维埃第一、二、三、六、七、八次全体会议所通过的修改及补充文字。版权页题名：苏联宪法（根本法）。

收藏单位：国家馆、南京馆、天津馆

05323

苏维埃社会主义共和国联盟宪法（根本法）

莫斯科：外国文书籍出版局，1944，64 页，64 开

本书据苏联国立政治书籍出版局 1941 年 5 月在莫斯科刊印的《苏联宪法》俄文版转译。

收藏单位：重庆馆、国家馆、上海馆

05324

苏维埃社会主义共和国联盟之宪法（根本法）

新华日报编辑

重庆：新华日报，[1944] 印，42 页，32 开

收藏单位：北碚馆、北大馆、重庆馆、广东馆、国家馆、吉林馆、南京馆、上海馆

05325

苏维埃宪法浅说　（苏）萨普诺夫著　仁子译

[保定]：北方人民出版社，1932.1，88 页，32 开（左翼文化丛书）

收藏单位：国家馆

05326

苏维埃宪法浅说　（苏）萨普诺夫著　仁子译

上海：华兴书局，1930.7，74 页，32 开

本书共 5 章：资产阶级国家基本的特质、苏维埃国家基本特质、苏维埃国家里的选举法、苏维埃国家底构造与中央政权机关、地方政权机关。书前有导言。版权页著者题：萨诺普夫。版权页译者题：丁奇夫。

收藏单位：重庆馆、国家馆、西南大学馆

革命文献与民国时期文献
保护计划

成果

国家出版基金项目
NATIONAL PUBLICATION FOUNDATION

革命历史文献专题书目

（1911—1949）

★★★★★

中

国家图书馆　编

国家图书馆出版社

军 事

05327
军事教材精要汇集 中国人民解放军华北军区步兵学校校本部编
中国人民解放军华北军区步兵学校校本部，1949，1册，64开
本书共7部分：军队建设、制式教练、步枪轻机关枪、刺杀教练、简易测绘、土工作业、战斗教练。
收藏单位：国家馆

05328
军事译丛（第1集） 东北军区司令部编译
东北军用图书社，1948.5印，62页，32开
本书内容包括：《包围战和歼灭战》（高洛介耶夫）、《突击组》（哥拉包屋）、《进攻战图》等。据《联合兵种战斗之步兵军事文选》译出，文章多为苏军中下级军官所写。
收藏单位：东北师大馆、国家馆、湖北馆、天津馆

05329
军事译丛（第2集） 东北军区司令部编译
东北军用图书社，1948.5印，77页，32开
本集主题为夜间战斗，特别是夜间的突击和进攻。据《联合兵种战斗之步兵军事文选》及《军事通报》等书译出。
收藏单位：东北师大馆、国家馆

05330
子弟兵团军事教材 新四军山东军区司令部编
渤海军区人民武装部，[1946—1949]，110页，64开
收藏单位：山东馆

军事理论

05331
法西斯德国军事思想与军事学派的破产 （苏）朱布可夫著 赵明译
长春：东北书店，1949.2，26页，32开
本书共5节："为德帝国主义服务的普鲁士军事思想""德国军事学说奠基人克劳塞维茨""'闪击战'的理论是德国军事学说的基础""德国军事战略的冒险主义""德国军事思想，战略与战术之破产"。
收藏单位：长春馆、重庆馆、东北师大馆、广东馆、国家馆、吉林馆、辽宁馆、南京馆、宁夏馆、山东馆、上海馆、云南馆

05332
破产了的"空军制胜"论 潘非著
大连：大连新华书店，1945，10页，大64开
本书为反美侵略宣传资料。
收藏单位：国家馆

05333
战斗入门 （德）克劳塞维茨（Carl von Clausewitz）著 秋平译
华中新华书店，1949.1，56页，32开
收藏单位：南京馆、宁夏馆、山东馆、天津馆

05334
战斗入门 （德）克劳塞维茨（Carl von Clausewitz）著 秋平译
重庆[等]：生活书店，1940.2，90页，32开
本书共23节，内容包括：胜利论、战斗计划、攻击与防御、指挥底性质等。书前有译者序。为著者《战争论》一书的俄译本附录。著者原题：克拉塞维慈。
收藏单位：重庆馆、贵州馆、桂林馆、国家馆

05335
战争理论之研究（克劳塞维茨战争论之研究）　焦敏之译　曾涌泉校
出版者不详，[1938—1949]，油印本，151 页，32 开（干部丛书 第 1 辑）
收藏单位：国家馆

05336
战争论（第 1—8 卷）（德）克劳塞维茨（Carl von Clausewitz）著
[延安]：八路军军政杂志社，1941，8 册
收藏单位：山西馆

中国军事

军事史（战史、建军史）

古代、近代军事史（1911 年以前）

05337
近世中华民族抗敌史　武伯纶著
西安：西北印书馆，1937，132 页，32 开
收藏单位：重庆馆、国家馆、河南馆、南京馆、陕西馆、中科图

05338
最近三十年中国军事史（第 2 编）［文公直著］
华中新华书店，1946.5，319 页，32 开
本书共 11 章，内容包括：北洋军军史及东三省、陕陇青夏疆、晋燕察绥热、鲁豫、浙苏、闽皖赣、鄂湘等地方军军史及国民革命军军史。取材截至 1928 年 8 月。
收藏单位：国家馆

民国军事史（1911—1949 年）

05339
朝鲜义勇队　林洛著
林洛 [发行者]，1941.2，25 页，64 开（抗战小丛书）
本书介绍战斗在我国鄂、湘、豫、赣、桂等省的朝鲜义勇队的情况。
收藏单位：国家馆

05340
大元帅关于北伐之命令及宣言　中国国民党中央执行委员会宣传部编辑
[上海]：民智书局，[1924.10]，22 页，32 开
本书内容包括：北伐令之一、北伐令之二、对粤重要宣言、制定建国大纲宣言等。
收藏单位：天津馆、浙江馆

05341
国民党役政弊端与部队生活·桂林柳州的混乱
冀鲁豫书店，1945，石印本，1 册，64 开
收藏单位：国家馆

05342
后方民众的总动员　胡绳著
汉口：生活书店，1937.10，50 页，32 开
广州：生活书店，1937，再版，50 页，32 开
汉口：生活书店，1938.2，3 版，50 页，32 开
广州：生活书店，1938.5，再版，50 页，32 开
本书阐述抗战的意义及民众在抗战中应起的作用等。
收藏单位：安徽馆、北碚馆、重庆馆、广东馆、桂林馆、国家馆、吉林馆、江西馆、近代史所、南京馆、宁夏馆、山东馆、陕西馆、西交大馆、中科图

05343
胡马匪军调查　中国人民解放军西北军区司令部编
出版者不详，1949.9，石印本，1 册，22 开
本书为胡宗南、马步芳所部人员明细。
收藏单位：国家馆

05344
黄埔军校第四期同学通讯录　[黄埔军校编]
出版者不详，[1926]，66 页，36 开

本书收该期学员 444 人的通讯录。

收藏单位：国家馆

05345
解放蒋军军官的谈话 东北民主联军总政治部编
东北民主联军总政治部，1947.6，44 页，32 开

本书收文 24 篇，内容包括：《李仙洲等反内战通电》《反对蒋贼卖国内战》《我过去所走的是毁灭的道路》等。

收藏单位：国家馆

05346
敬告北方民众 ［国民革命军总司令部政治部编］
［广州］：国民革命军总司令部政治部，1927.2，22 页，32 开

本书共 8 部分：“革命军为北方民众自由幸福而战”“天下一家，不分南北”“革命军拯救北方人民于涂炭”“帝国主义剥削北方的罪状”“军阀残害北方民众的罪状”“打倒帝国主义与军阀，救国救民”“统一全国，实行三民主义”“北方同胞快起来欢迎革命军”。

收藏单位：复旦馆、广东馆、国家馆、湖南馆

05347
军人招待所和李双奎回家
涉县：韬奋书店，1945.6，90 页，32 开

收藏单位：国家馆、南京馆、山西馆

05348
抗敌战略论 平心著
汉口：光明书局，1937.12，125 页，36 开（民族解放丛书）
汉口：光明书局，1938.1，再版，125 页，32 开（民族解放丛书）

本书共 4 章：战略的意义和条件、两种基本战斗形态、运动战和阵地战的配合、攻势的防御战。书前有著者自序。1938 年再版题名：抗日战略论。

收藏单位：北碚馆、重庆馆、广西馆、桂林馆、国家馆、湖南馆、吉大馆、吉林馆、江西馆、近代史所、南京馆、陕西馆

05349
抗战军队中的政治工作 西北青年救国联合会文化教育部编
西北青年救国联合会、文化教育部，1938.1，88 页，50 开（战时知识青年丛书）

本书共 4 部分：对抗战军队政治工作的商榷、战时政治工作概要、抗战军队中的连队政治工作、抗日游击队的政治工作。

收藏单位：国家馆

05350
抗战总动员 民族革命通讯社编辑
［汉口］：新知书店，1938，76 页，36 开

本书附《为号召少先队前线杀敌告同胞书》等 7 种。

收藏单位：贵州馆、南京馆

05351
抗战总动员 邹韬奋等著
战时出版社，[1937—1945]，166 页，32 开（战时小丛刊 22）

本书共 7 部分：政治动员、经济动员、外交动员、文化动员、教育动员、新闻动员、艺术动员。收文 27 篇，内容包括：《从当前的政治说到政治动员》（邓初民）、《怎样使有钱者出钱有力者出力》（陈独秀）、《请政府速定外交国策》（胡愈之）、《文化工作与国民动员》（邹韬奋）、《非常时期的儿童教育》（陈鹤琴）、《新闻抗战论》（沈志远）、《抗战中的文艺运动》（王统照）等。

收藏单位：安徽馆、长春馆、重庆馆、东北师大馆、国家馆、吉林馆、山西馆、陕西馆、上海馆

05352
日军在华作战要领 蔡前 江右书合译
延安：八路军军政杂志社，1940，62 页，32 开

收藏单位：山西馆

05353
孙大总统演讲军人精神教育 孙文演讲
上海：民智书局，1922.11，44 页，32 开
收藏单位：国家馆

05354
阎锡山部一军官日记 李生康著
黎城：华北新华书店，1945.12，[45] 页，36 开
本书附《阎锡山军队怎样对待上党人民?》（于成）、《伪长治师范学校学生自述》。
收藏单位：国家馆、河南馆、近代史所

中国人民解放军军事史

05355
人民解放军英勇奋斗二十年 邢台市前进报社编
邢台：邢台市文化合作社，1947，16 页，64 开
收藏单位：国家馆

05356
英勇奋斗二十年
前卫社，1947.9，35 页，32 开
本书收文 4 篇：《英勇奋斗廿年》《人民解放军总部公布一年战绩总结》《陕北军事观察家评总部一年战绩公报》《朱总司令年谱》。
收藏单位：国家馆、近代史所

05357
英勇奋斗十八年——从红军到解放军 师征等编
胶东新华书店，1947.1，2 册，横 18 开
本书以图文并茂的形式反映人民军队自红军时期直到人民解放军时期的发展历程。
收藏单位：国家馆、山东馆

05358
中国人民解放军 苏南新华书店辑
[无锡]：苏南新华书店，1949.8，70 页，32 开
本书收文 11 篇，内容包括：《把人民解放军的军旗插遍全中国》（新华社短评）、《人民的军队与人民战争》（毛泽东）、《建军的原则》（朱德）、《中国人民解放军简史》等。
收藏单位：国家馆、辽宁馆、山东馆

05359
中国人民解放军第六十军军史战史及战绩简要说明 中国人民解放军第六十军政治部编
中国人民解放军第六十军政治部，[1949]，35 页，16 开
收藏单位：重庆馆

05360
中国人民解放军英勇奋斗二十年
裕民印刷厂，[1947]，33 页，32 开
收藏单位：国家馆、河南馆

土地革命战争时期（1927—1937 年）

05361
红军卅万 陈凯声编著
上海：新中国出版社，1938，83 页，32 开
本书共 8 章："中国境内最快乐的贫民部队——红军""与小兵同甘苦的红武士""红军的军训生活""红军的雏型——少年先锋和儿童团""红军的摇篮——'红军大学'""红军的文化生活""红军与经济生活""红军与农村生活"。
收藏单位：广东馆

05362
红军时代 唐人编
[延安]：陕西战时论坛社，1938.2，172 页，32 开
本书收《英勇的西征》《中国红军第二十五军底远征》《抗日红军第五军团英勇光荣之奋斗》《中国工农红军的生活状况》《中国苏维埃和红军底领袖》。附《一个信基督教的医生在中国红军内的经验》。
收藏单位：国家馆

05363
红军与地方武装问题决议案
中共湘赣省委，1932.12，11 页，32 开
收藏单位：国家馆

05364
今日的红军
出版者不详，1937，387 页，32 开
本书内容包括：中国共产党为实现三民主义奋斗宣言、为独立自由幸福的中国而奋斗等。
收藏单位：北师大馆、近代史所、浙江馆、中科图

05365
庆祝工农红军冲破帝国主义国民党第三次围剿大胜利的宣传大纲·反帝宣传工作大纲·反改组派宣传大纲　琼崖特委宣传部编
琼崖特委宣传部，1931，油印本，38 页，32 开
收藏单位：国家馆

05366
三期革命战争胜利歌　中国工农红军第一方面军第三军团总政治部编
中国工农红军第一方面军第三军团总政治部，1931.10，4 页，32 开
收藏单位：国家馆

05367
政治大纲（其 2）
琼崖红军军事政治学校，1929.12，29 页，32 开
收藏单位：南京馆

05368
中国新军队　李光著
莫斯科：外国工人出版社，1937，292 页，32 开
本书共 13 部分，内容包括：中国工农红军（长征之前）发展史、红军生活情况等。书前有著者附言。
收藏单位：国家馆

抗日战争时期（1937—1945 年）

05369
八路军百团大战特辑　国民革命军第十八集团军（八路军）政治部编辑
［延安］：八路军军政杂志社，[1941.3]，191 页，25 开
本书内容包括：扩张百团大战的伟大胜利、百团大战的一个侧面、百团大战总结战绩等。书前有毛泽东题字。
收藏单位：北碚馆、南京馆、山西馆

05370
八路军半年来抗战的经验与教训　朱德著
汉口：华中书店，1938.1，18 页，32 开
收藏单位：东北师大馆

05371
八路军半年来抗战的经验与教训　朱德等著
上海：中外编译社，1938，66 页，32 开
本书收文 3 篇：《八路军半年来抗战的经验教训》（朱德）、《巩固国共合作的理论与实际》（毛泽东）、《怎样渡过抗战的困难时期》（任弼时）。
收藏单位：广东馆、南京馆

05372
八路军的战斗经验　杨实编
汉口：扬子江出版社，1938.1，74 页，36 开（实践文库）
本书收文 11 篇：《毛泽东谈八路军在抗日战争中》（毛泽东）、《抗日战争的经验》（林彪）、《第八路军是怎样战斗的》（傅钟）、《我们的群众工作》（洪水）、《华北游击战争的展开》（若飞）、《平型关战斗的经验》（林彪）、《战场片段》（萧向荣）、《八路军光荣的胜利》、《八路军出师抗日誓词》、《八路军抗日三大纪律》、《八路军抗日八项注意》。书前有编者序。
收藏单位：贵州馆、国家馆、南京馆

05373

八路军的战斗力 程万里编著

上海：新中国出版社，1938.2，87页，32开

本书共9章，内容包括：抗战初期八路军的实力、战斗情况及前途等。书前有编著者小序。

收藏单位：广东馆、国家馆、近代史所

05374

八路军的战略和战术 毛泽东等著

上海：生活出版社，1938，79页，32开

本书收《抗战的前途》（毛泽东）、《抗战到底的任务》（朱德）、《游击战术》（彭德怀）等文章。附《八路军的实质考察》《八路军的梅花阵》《八路军抗日救国的十大纲领》。

收藏单位：广东馆、国家馆、吉林馆、近代史所

05375

八路军的战略与战绩 林彪等著

战时出版社，[1937—1949]，124页，32开（战时小丛刊59）

本书收文18篇，内容包括：《游击队的基本原则》（彭德怀）、《游击战争》（朱德）、《把山西成为北方游击战争的战略支点》（洛甫）、《八路军半年来抗战的经验与教训》（朱德）、《平型关战斗的经验》（林彪）、《南方三年游击战争的经验对当前抗战的教训》（项英）、《抗日战争的经验》（林彪）、《彭德怀谈西线战事》（陆诒）、《贺龙谈八路军与游击战》（晓朗）、《八路军的作战技术》（文宙）、《我们怎样打退了正太路南进的敌人》（刘伯承）等。

收藏单位：国家馆、南京馆

05376

八路军的战争经验 朱德等著

南京：全民出版社，1938.2，116页，32开

本书收文8篇，内容包括：《在西战场上》（徐盈）、《山西抗战的回忆》（任弼时）、《平型关战斗的前后》（萧向荣）等。书前有代序。

收藏单位：广东馆、吉林馆、内蒙古馆

05377

八路军抗战的经验与教训 朱德等著

汉口：长江出版社，[1938]，62页，46开

本书收文7篇，内容包括：《八路军半年来抗战的经验与教训》（朱德）、《我们怎样打退了正太路南进敌人》（刘伯承）、《山西抗战的回忆》（任弼时）等。

收藏单位：重庆馆、南京馆

05378

八路军怎样作战 贺明慧编

上海：新生出版社，1938.1，90页，32开

本书共4部分：毛泽东谈八路军怎样作战、朱德谈八路军怎样作战、彭德怀谈八路军怎样作战、八路军人物谈抗战胜利的原因。

收藏单位：重庆馆、上海馆

05379

八路军政治工作条例草案 西满军区政治部[编]

西满军区政治部，1947，52页，32开

收藏单位：辽宁馆

05380

八年抗战中的八路军与新四军

东北书店，1946.7，37页，32开

本书共5部分：前言、华北敌后战场、华中敌后战场、华南敌后战场、敌后战场大反攻。

收藏单位：重庆馆、国家馆、南京馆、天津馆

05381

白刃战斗教范 东北军政大学总校编委会编

[北安]：东北军政大学总校编委会，1946.9，74页，32开

收藏单位：国家馆

05382

白刃战斗教范

[张家口]：晋察冀军区司令部，1946.3，129页，64开

本书共 4 章：总则、教育组织方法概则、基本教练与测验、白刃战斗基本动作。

收藏单位：国家馆

05383

白刃战斗教范

[涉县]：太行军区司令部，1944.8，65 页，36 开

本书书前有太行军区命令。据 1943 年 10 月八路军留守兵团司令部版翻印。

收藏单位：国家馆

05384

半年来抗战的经验与教训　朱德等著　赵无瑕编

汉口：晨曦书店，1938，52 页，32 开

本书收文 4 篇：《八路军半年来抗战的经验与教训》（朱德）、《怎样渡过抗战的困难时期》（任弼时）、《最近抗战形势》（周恩来）、《彭德怀谈西战场》（陆诒）。

收藏单位：重庆馆、贵州馆、国家馆

05385

北方游击战争的战略　张闻天著

上海：南华出版社，1938.1，32 页，32 开

本书收文两篇：《把山西成为北方游击战争的战略支点》（张闻天）、《华北游击战争的展开》（若飞）。

收藏单位：广东馆、近代史所、南京馆、陕西馆

05386

北方游击战争的战略　张闻天著

上海：中外编译社，1938，32 页，32 开

上海：中外编译社，1938，3 版，32 页，32 开

收藏单位：广东馆

05387

步兵战术讲授提纲　中国人民抗日军政大学总校教材编审委员会编

[延安]：中国人民抗日军政大学总校教材编审委员会，1941.3，油印本，59 页，32 开

收藏单位：国家馆

05388

步兵战术问答（步兵连以下诸分队底战术）

国民革命军第十八集团军总司令部编

国民革命军第十八集团军总司令部，[1937—1945]，114 页，32 开，环筒页装

收藏单位：国家馆

05389

部队的文化学习与通讯工作　新四军山东军区政治部宣传部编

[佳木斯]：东北书店，1946.12，82 页，32 开

本书收《改造部队的文化学习》（陶铸）、《警三旅八团二连的文化活动》（高维嵩）、《张友池和三连的文化学习》（总政宣传部）、《循着张友池学习的道路前进》（《解放日报》社论）等文章。

收藏单位：北大馆、长春馆、东北师大馆、国家馆、辽宁馆、南京馆、山东馆、天津馆

05390

部队的文化学习与通讯工作　新四军山东军区政治部宣传部编

山东新华书店，1946.2，78 页，32 开

收藏单位：国家馆、山东馆

05391

部队的文化学习与娱乐活动　第十八集团军总政治部宣传部编

光明出版社，1946.5，56 页，32 开

收藏单位：东北师大馆、国家馆、辽宁馆、山东馆、天津馆

05392

部队防空教范草案

山东军区新四军司令部，1946.5，79 页，64 开（军事丛书 1）

收藏单位：山东馆

05393

部队劳动英雄

八路军留守兵团政治部，1943，84 页，64 开

收藏单位：山西馆

05394

部队劳动英雄的代表　八路军留守兵团政治部宣传部编

八路军留守兵团政治部宣传部，[1944.6]，140页，32开（战士小丛书39）

本书收文15篇，内容包括：《边区工人的旗帜赵占魁》《模范军人张治国》《家属生产模范陈敏》等。书前有出版者的话。

收藏单位：重庆馆、东北师大馆、国家馆、山西馆

05395

部队宣教工作问题　八路军联防政治部编

八路军联防政治部，1944.10，36页，32开

本书收文8篇，内容包括：《关于一九四三年度战士政治教育的决定》《实行战士政治教育的改革》《部队政治教育问题》《关于部队文化教育的意见》等。

收藏单位：国家馆

05396

锄奸课本

新四军浙东游击纵队政治部，1944.4印，石印本，85页，32开

收藏单位：国家馆

05397

第八路军　抗战出版社编著

[汉口]：[抗战出版社]，1937，再版，136页，32开（抗战报告丛书2）

[汉口]：抗战出版社，1937，4版，135页，32开

收藏单位：北碚馆、重庆馆、吉林馆、南京馆、山西馆

05398

第八路军打胜仗的原因　（美）史沫特莱（Agnes Smedley）著

上海：明珠书局，[1937—1939]，160页，32开

本书收文10篇，内容包括：《记史沫特莱》《第八路军的游击战术》《西北两战场中八路军之战绩》《第八路军是怎样战斗的》《第八路军打胜仗的原因》等。附《中国的生死战》（宋美龄）等3篇。

收藏单位：国家馆、浙江馆

05399

第八路军将领抗战回忆录　朱德等著

[上海]：怒吼出版社，[1938.3]，68页，32开

本书收八路军将领的抗战回忆文章5篇：《八路军半年来抗战的经验与教训》（朱德）、《抗日战争的经验》（林彪）、《南方三年游击战争经验对于当前抗战的教训》（项英）、《山西抗战的回忆》（任弼时）、《我们怎样打退了正太路南进的敌人》（刘伯承）。

收藏单位：重庆馆、国家馆、吉大馆、山西馆

05400

第八路军今昔的战斗生活　叶晴编著

汉口：民族解放社，1938.3，100页，32开

本书按江西、长征、陕北、抗战四个时代介绍八路军的战斗生活。

收藏单位：重庆馆、湖南馆、江西馆

05401

第八路军抗战的经验与教训　陆克编

汉口：战时读物编译社，1938.3，98页，32开

本书收文10篇，内容包括：《八路军半年来抗战的经验与教训》（朱德）、《八路军在抗日战争中》（毛泽东）、《我们怎样打退了正太路南进的敌人》（刘伯承）、《八路军如何应付机械化战争》（史沫特莱）、《抗战胜利的教训》等。附《八路军出师抗日誓词》《八路军抗日三大纪律》《八路军抗日八大注意》。

收藏单位：北碚馆、重庆馆、国家馆、吉大馆、江西馆、南京馆

05402

第八路军是怎样战胜敌人的　林岑南编

[上海]：怒吼出版社，1938.2，50页，32开

本书收文7篇，内容包括：《从目前抗战形势谈到八路军的作战》（周恩来）、《最近八路军的战况》（彭德怀）、《把敌人的后方变为

前线》(叶剑英)等。

收藏单位：国家馆、湖南馆、近代史所

05403

第八路军行军记(1 长征时代) 黄峰编

上海：光明书局，1937.11，159 页，32 开

上海：光明书局，1938.1，再版，159 页，32 开

收藏单位：重庆馆、国家馆、近代史所、中科图

05404

第八路军行军记(2 抗战时代) 黄峰编

[汉口]：光明书局，1938.2，208 页，32 开

[汉口]：光明书局，1938，再版，208 页，32 开

本书介绍八路军东进杀敌的英雄事迹。共 13 篇，内容包括:《延安的一日》《大战平型关》《西战场的一角》《朱彭二将领和第八路军》《在晋北抗战的一群》等。书前有《题在〈抗战时代〉的卷头》(叶舟)、编者小记。

收藏单位：北碚馆、重庆馆、广西馆、国家馆、近代史所、辽大馆

05405

第八路军行军记(3 进展时代) 黄峰编

汉口：光明书局，1938.3，174 页，32 开

本书记载 1937 年 9—12 月的战绩。

收藏单位：国家馆、湖南馆、辽大馆、南京馆

05406

第八路军血战平型关 朱德等著

上海：抗战丛书出版社，1937.10，46 页，32 开(抗战小丛书 1)

收藏单位：南京馆、山西馆、浙江馆

05407

"发展生产""拥政爱民"文献集

八路军联防政治部，1944.4，65 页，32 开

本书共两部分：发展生产、拥政爱民。收文 12 篇，内容包括:《论合作社》(毛泽东)、《建设革命家务》(朱德)、《陕甘宁边区第一届劳动英雄代表大会宣言》、《为完成十万石细粮而斗争》(贺龙)、《西北局关于拥政爱民及拥军工作决定》、《边区政府关于加强拥军工作的指示》等。

收藏单位：重庆馆、吉林馆

05408

反内战反法西斯读本 五师政治部编

七七出版社，1943，67 页，32 开

本书为战士教材、干部读物。共 18 课，内容包括：法西斯的末日、日寇的危机、日寇对华新政策、陕甘宁事件、国民党的两面政策、国民党部队的生活、我们当前的任务、我们一定要胜利等。书前有李先念、任质斌、王翰的通令。

收藏单位：国家馆

05409

高苗地战斗 鲁南军区司令部编

鲁南军区司令部，1943.6，石印本，16 页，64 开

收藏单位：国家馆

05410

革命军人千字课(第 2 册) 新四军第五师政治部编

新四军第五师政治部，[1942]，石印本，192 页，32 开

收藏单位：国家馆

05411

关于官兵关系 冀鲁豫日报社编

[濮阳]：冀鲁豫书店，1945.5，31 页，36 开

本书为练兵参考资料之一，收文 3 篇：《学习马仁义把我们军队团结得像钢铁一样坚固》(《解放日报》社论)、《一个模范连队的政治工作》(八路军总政治部联防政治部)、《警一旅马仁义排的官兵关系》(八路军总政治部)。

收藏单位：国家馆

05412

关于军队政治工作 谭政著

[涉县]：太行军区政治部，[1944—1949]，32

页，32 开

本书为著者 1944 年 4 月在西北局高干会上的报告。

收藏单位：国家馆、近代史所

05413

关于军队政治工作问题 谭政著

广东人民抗日游击队东江纵队政治部，1945.3，石印本，32 页，32 开

收藏单位：国家馆

05414

关于军队政治工作问题 谭政著

出版者不详，[1938]，30 页，32 开

收藏单位：广东馆、国家馆

05415

关于军队政治工作问题 中共晋绥分局编

[兴县]：中共晋绥分局，1944.4，30 页，32 开

收藏单位：成都馆、山西馆

05416

关于军队政治工作问题（谭政同志在西北局高干会议上的报告） 谭政著

太岳新华书店，1944.4，50 页，64 开

收藏单位：国家馆

05417

关于五月政治攻势的指示 八专区抗联辑

八专区抗联，1943.3，油印本，3 页，32 开

收藏单位：国家馆

05418

关于拥政爱民运动 第十八集团军野政前线编委编

第十八集团军野政前线编委，1943.12，26 页，64 开

收藏单位：国家馆

05419

官兵关系 第十八集团军总政治部宣传部编

[佳木斯]：东北书店，1947.2，89 页，32 开

本书内容包括：开展尊干爱兵运动、争取和改造落后战士、改善对几种战士的领导方法等。书前有前言。附《警一旅马仁义排的官兵关系》等。

收藏单位：东北师大馆、广东馆、国家馆、辽宁馆、南京馆

05420

官兵关系 第十八集团军总政治部宣传部编

中国人民解放军第四野战军政治部，[1940—1949] 印，102 页，32 开（联防军政治工作材料 2）

收藏单位：国家馆

05421

官兵关系 第十八集团军总政治部宣传部编

总政治部宣传部，1945.5，110 页，32 开（联防军政治工作材料 2）

收藏单位：国家馆

05422

官兵关系 联防军总政治部宣传部编

上海：上海杂志公司，1949，99 页，32 开

收藏单位：安徽馆、重庆馆、广东馆、国家馆、吉林馆、辽宁馆、南京馆、天津馆

05423

国民革命军第十八集团军“第八路军”政治工作条例（草案） 国民革命军第十八集团军政治部编

胶东新华书店，1940.6，37 页，32 开

收藏单位：国家馆、山东馆

05424

国民革命军第十八集团军“第八路军”政治工作条例（草案） 陆军新编第四军第一师政治部编

陆军新编第四军第一师政治部，[1937—1949]，84 页，64 开

收藏单位：山东馆

05425

国民革命军第十八集团军“第八路军”政治

工作条例（草案） 陆军新编第四军政治部编
陆军新编第四军政治部，1937.9，98 页，64 开
收藏单位：山东馆

05426
国民革命军第十八集团军“第八路军”政治工作条例（草案）
晋察冀军区政治部，[1940—1945]，72 页，32 开
收藏单位：国家馆

05427
红区时论特辑（1） 浩然编
生路出版社，1938.3，155 页，32 开
本书收文 25 篇，内容包括:《朱德将军发表致西班牙人民宣言》《一九三八年的抗战任务》《彭德怀将军对于时局的谈话》《论对日绝交》等。
收藏单位：重庆馆、国家馆

05428
后方勤务工作与后勤政治工作 彭德怀等著
第十八集团军野战政治部，1941.5，117 页，32 开（前线丛书）
本书收文 8 篇，内容包括:《建军的三大任务之一——加强后勤工作建设》（彭德怀）、《论我军之后勤工作建设》（左权）、《后勤工作报告提纲》（杨立三）、《后勤诸部门的政治工作》（罗瑞卿）等。
收藏单位：国家馆

05429
教育经验 晋冀鲁豫军区政治部编
晋冀鲁豫军区政治部，1947.3，30 页，32 开（政工往来丛书）
本书收文 8 篇，内容包括:《怎样组织掌握阶级自觉运动》（康健）、《开展新解放战士的诉苦运动》（张之轩）、《活的思想教育》（太岳军区政治部）等。
收藏单位：国家馆

05430
节录陈毅将军在团队上干部会议上的讲话关于整军问题的三个意见
金萧整军整风委员会，[1943—1945]，19 页，32 开
收藏单位：浙江馆

05431
今年怎样练兵 林彪著
八路军留守兵团司令部，1944.12，19 页，32 开（练兵小丛书 3）
本文是著者 1944 年 10 月 18 日在边区部队高干会上的讲话。
收藏单位：国家馆、吉林馆

05432
晋北游击战争纪实（第八路军英勇的战绩） 刘云编
[上海]：战时出版社，1938.1，126 页，32 开
[上海]：战时出版社，1938.3，再版，126 页，32 开
本书共 24 节，内容包括：晋北民运活动写真、大战平型关纪实、晋北阵地视察记等。
收藏单位：国家馆、湖南馆、山西馆

05433
晋冀察边区怎样粉碎了敌人的围攻 左权　陆定一著
[沁县]：新华日报华北分馆，1939.3，84 页，32 开（前线丛书 2）
本书收文两篇:《论敌人大举围攻晋冀察边区及晋冀察边区反对敌人大举围攻斗争中之经验教训》（左权）、《晋冀察边区粉碎敌人进攻中的几个重要经验》（陆定一）。
收藏单位：国家馆、南京馆、山西馆

05434
近战战术 八路军留守兵团司令部编辑
[延安]：八路军军政杂志社，1940.4，37 页，32 开（抗日战争丛书 7）
本书共 4 部分：引言、八路军留守兵团关于近战教育的补充训令、发扬勇猛机动顽强

的近战教育、步兵的近战。

收藏单位：北碚馆、国家馆、山东馆、山西馆

05435

军队财政簿记学 野战供给部编

[太行一二九师政治部]，1943，石印本，157页

本书为干部业务教材。

收藏单位：近代史所

05436

军队国家化 新四军华中军区政治宣教部编

[新四军华中军区政治宣教部]，[1945—1947]，39页，32开

本书共两部分：军队国家化、建军原则。

收藏单位：南京馆

05437

军队国家化的根本原则与根本方案

新华书店晋西北分店，1946.1，14页，64开

本方案为1946年1月23日发表在《解放日报》上的一篇社论。

收藏单位：国家馆

05438

军队政治工作指南（卷1—2） 新四军山东军区政治部编

新四军山东军区政治部，1946.8，2册，32开

收藏单位：国家馆、南京馆、山东馆

05439

军民关系 第十八集团军总政治部宣传部编

[佳木斯]：东北书店，1947.2，40页，32开（联防军政治工作材料3）

收藏单位：东北师大馆、国家馆、黑龙江馆、山东馆

05440

军民关系 第十八集团军总政治部宣传部编

晋冀鲁豫军区政治部，1946.1印，41页，32开（联防军政治工作材料3）

收藏单位：长春馆、国家馆、近代史所、山东馆

05441

军民关系 第十八集团军总政治部宣传部编

中国人民解放军第四野战军政治部，1949.3，47页，32开（联防军政治工作材料3）

收藏单位：国家馆

05442

抗大动态 动员社集体著

[武汉]：动员社，1939.8，230页，32开

本书收文3篇：《救国教育的一个新贡献》（艾思奇）、《抗大的精神》（何思敬）、《在一个实行孔夫子主义的学校里》（徐懋庸）。书前有海燕前记。

收藏单位：北师大馆、国家馆、湖南馆

05443

抗大动态 海燕编辑

[武汉]：动员社，1938，206页，32开

本书收文二十余篇，内容包括：《救国教育的一个新贡献》（艾思奇）、《抗大的精神》（何思敬）、《抗大怎样与困难搏斗》（动员社）等。附《抗大招生简章》《抗大校规》。

收藏单位：东北师大馆、国家馆、浙江馆

05444

抗日的第八路军 张国平编著

上海：抗战出版社，1937.10，90页，32开（抗战丛刊1）

上海：抗战出版社，1937.12，再版，73页，32开（抗战丛刊1）

上海：抗战出版社，1938.1，增订版，106页，32开（抗战丛刊1）

本书共10部分，收有关八路军的历史、战斗、人物、生活等的文章四十余篇。书后有特载两种。

收藏单位：北碚馆、重庆馆、东北师大馆、贵州馆、国家馆、湖南馆、吉林馆、南京馆、天津馆、浙江馆

05445

抗日的第八路军 [张国平编著] [钟必胜摄

影]
汉口：大中出版社，1937，再版，90 页，32 开
收藏单位：重庆馆、吉林馆

05446
抗日的第八路军　张哲龙编
上海：救亡出版社，1937.12，3 版，86 页，32 开（抗战丛书）
本书收通讯 16 篇，内容包括：《八路军为什么放弃瑞金》《二万五千里的长征》《三十个英勇妇女》《从陕北到山西》《西安事变野乘》《八路军中的人物》《抗日军政大学》《国共合作与红军改编》《八路军将领题名录》《八路军要人的谈话》《在西战场活跃之八路军》等。
收藏单位：国家馆、南京馆

05447
抗日的第八路军　赵轶琳编著
上海：自力出版社，1937.10，86 页，36 开（抗战小丛书 1）
收藏单位：广东馆、广西馆、国家馆、湖南馆、吉大馆、南京馆、山西馆

05448
抗日的第八路军
华光出版社，1938.1，3 版，1 册，32 开（抗战小丛书）
本书共 10 节：红军改编、军中生活、抗日军政大学、八路军的精神、抗日领袖、要人别志、两次大会、长征、西安事变、大战平型关。另有特载《论抗战必胜》（毛泽东）、《为公布国共合作宣言》等 5 篇。
收藏单位：南京馆

05449
抗日的第八路军
出版者不详，[1937—1939]，88 页，32 开
收藏单位：重庆馆、广东馆

05450
抗日军队中的政治工作　罗瑞卿著
[延安]：解放社，1938.11，399 页，32 开（抗日战争丛书 4）
本书共 8 章：政治工作的任务、动员时的政治工作、政治教育与文化教育、巩固部队的政治工作、战时政治工作、对居民的政治工作、对敌军的政治工作、政治工作的组织问题。
收藏单位：东北师大馆、国家馆、近代史所、南京馆、山西馆

05451
抗日军队中的政治工作　罗瑞卿著
[汉口]：中国出版社，1939.1，再版，388 页，32 开
中国出版社，1939 印，再版，217 页，32 开
收藏单位：国家馆、辽大馆、浙江馆

05452
抗日军队中的政治工作　罗瑞卿著
中国文化社，1939.4，379 页，32 开（中国文化社丛书 6）
中国文化社，1939，再版，217 页，32 开（中国文化社丛书 6）
收藏单位：北碚馆、重庆馆、国家馆、吉林馆、南京馆、中科图

05453
抗日军人算术课本（第 1 册）　一二九师政治部编
一二九师政治部，1942.5，油印本，150 页，32 开
收藏单位：国家馆

05454
抗日游击队纲要　西北青年救国联合会文化教育部编
西北青年救国联合会文化教育部，1938，85 页，32 开（战时青年知识丛书）
本书内容包括：抗日游击队的任务、组织、作战方法、勤务、政治工作等。

05455
抗日游击战术　周静园著

广州：上海杂志公司，1938.3，88 页，32 开（新军事学丛书 4）

本书共 10 章，内容包括："什么是游击战术？它研究些什么？""游击队开始怎样活动？""游击队的宿营地和根据地在哪里？""游击队的纪律和要求""游击战争的几个重要论点""游击战斗的特殊经验""晋北游击战争的谈话"等。

收藏单位：重庆馆、广东馆、国家馆、湖南馆、吉林馆、南大馆、首都馆、天津馆

05456
抗日游击战争　朱德著
汉口：新华日报馆，1938.7，34 页，32 开（新群丛书 12）
[重庆]：新华日报馆，1938.11，再版，128 页，32 开（新群丛书 12）
[重庆]：新华日报馆，1939.2，再版，174 页（新群丛书 12）

本书汉口版共两部分：游击战争在抗日自卫战争中的重要意义、抗日游击战争的要素。重庆版在汉口版基础上增加了 15 章内容，介绍抗日游击队的战术总则、活动方针，游击队的防御、退却、破坏战术，抗日根据地等。

收藏单位：重庆馆、东北师大馆、广东馆、贵州馆、国家馆、湖南馆、吉大馆、近代史所、辽大馆、南京馆、山西馆、武大馆、西南大学馆、浙江馆

05457
抗日游击战争的实际知识　黄道著
[延安]：解放社，1938，86 页，32 开

本书前半部分据毛泽东《抗日游击战争的战略问题》一书写成，后半部分介绍游击战的具体战术。

收藏单位：重庆馆、广东馆、贵州馆

05458
抗日游击战争的一般问题　毛泽东等著
上海：建社，1938.11，93 页，32 开（新知丛书 2）

本书共 7 章：什么是游击战争、游击战争与正规战争的关系、历史上的游击战争、抗日游击战争能否胜利、抗日游击战争的组织问题、抗日游击战争的政治问题、抗日游击战争的战略问题。

收藏单位：国家馆、南京馆、浙江馆

05459
抗日游击战争的一般问题　毛泽东等著
[长治]：太行文化教育出版社，[1938—1949]，石印本，96 页，36 开

收藏单位：重庆馆

05460
抗日游击战争的一般问题　毛泽东等著
[重庆]：新华日报馆，1939.3，50 页，32 开
[重庆]：新华日报馆，1939.3，再版，50 页，32 开

收藏单位：国家馆、辽大馆

05461
抗日游击战争的一般问题　毛泽东等著
中国文化社，1939.4，98 页，32 开（中国文化社丛书 2）

收藏单位：重庆馆、贵州馆、国家馆、吉林馆

05462
抗日游击战争的一般问题　毛泽东等著　抗日战争研究会编
佳木斯：东北书店，1947.10，68 页，32 开（抗日战争丛书 1）

收藏单位：东北师大馆、广西馆、国家馆、吉大馆、辽宁馆、南京馆、宁夏馆、山西馆、上海馆

05463
抗日游击战争的一般问题　毛泽东等著　抗日战争研究会编
[延安]：解放社，1938.7，98 页，32 开（抗日战争丛书 1）
[延安]：解放社，1938，再版，86 页，32 开（抗日战争丛书 1）
[延安]：解放社，1939.2，再版，86 页，32 开（抗日战争丛书 1）

收藏单位：重庆馆、东北师大馆、广东馆、国家馆、吉林馆、山东馆

05464
抗日游击战争的一般问题 毛泽东等著 抗日战争研究会编
抗战学社，1938.12，83页，32开
收藏单位：国家馆

05465
抗日游击战争的战术问题 郭化若等著 抗日战争研究会编
[延安]：解放社，1938.9，122页，32开（抗日战争丛书3）
[延安]：解放社，1939.3，再版，88页，32开（抗日战争丛书3）
收藏单位：国家馆、吉大馆、山西馆

05466
抗日游击战争的战术问题 郭化若 周纯全等著
重庆：中国文化社，1938，125页，32开（中国文化丛书4）
[桂林]：中国文化社，1939.2，再版，125页，32开（中国文化丛书4）
重庆：中国文化社，1939.4，再版，125页，32开（中国文化丛书4）
[重庆]：中国文化社，1939.7，3版，125页，32开（中国文化丛书4）
本书共10章：游击战术的基本要求、侦察调查、袭击（袭击、伏击、急袭）、对敌人后方和交通的破坏、通信连络、行军宿营、供给卫生、地方戒严、坚壁清野、隐蔽休息。
收藏单位：北碚馆、重庆馆、广东馆、广西馆、贵州馆、桂林馆、国家馆、湖南馆、人大馆、山西馆、上海馆、西南大学馆

05467
抗日游击战争的战术问题 抗日战争研究会编
佳木斯：东北书店，1947.6，90页，32开（抗日战争丛书3）
收藏单位：长春馆、重庆馆、东北师大馆、广东馆、国家馆、近代史所、辽大馆、南京馆、宁夏馆、山东馆、天津馆

05468
抗日游击战争中各种基本政策问题 陶尚行著
解放出版社，[1937]，30页，36开（真理小丛书3）
本书共6部分：游击战争是今后华北人民抗日的主要斗争方式、在华北发展游击战争的条件与胜利的可能、抗日武装部队的组织和改造、抗日游击战争根据地的建立与游击区域中抗日政府的组织、抗日政府的各种政策、结论。
收藏单位：安徽馆、北碚馆、重庆馆、广东馆、贵州馆、国家馆、南京馆、浙江馆

05469
抗日战争中人民武装建设文件 太行区武委会编
涉县：太行群众书店，1947.4，2册（212+317页），32开
本书收文件69种，内容包括：《关于武委会与民兵组织的决定》《关于准备秋季反扫荡的指示》《关于村干部集训指示》《改进冬训工作的组织》等。
收藏单位：山西馆

05470
抗战八年来的八路军与新四军 第十八集团军总政治部宣传部编
第十八集团军总政治部宣传部，[1945]，226页，32开
本书共6章：回顾、出师抗战到保卫大武汉、武汉失守到百团大战、百团大战到抗战五周年、抗战五周年到现在、简单的总结和展望。
收藏单位：重庆馆、东北师大馆、国家馆、近代史所、山东馆、中科图

05471
抗战八年来的八路军与新四军 第十八集团军总政治部宣传部编

华北新华书店，1946.7，2 册，32 开

收藏单位：东北师大馆、国家馆、南京馆、山东馆、山西馆

05472

抗战的经验谈　项英等著　金则人编

汉口：自强出版社，1938.3，68 页，32 开

本书共 5 部分：朱彭两指挥谈平型关之役和胜利的经过、林彪谈抗日战争的经验、刘伯承谈我们怎样打退正太路南进的敌人、任弼时作山西抗战的回忆、项英谈南方三年游击战争经验对于当前抗战的教训。

收藏单位：北师大馆、重庆馆、广东馆、国家馆、南京馆、山西馆、上海馆、武大馆、浙江馆

05473

抗战前途与游击战争　郭化若等著

汉口：生活书店，1938.6，168 页，36 开（救亡文丛 13）

本书收关于游击战争的文章 12 篇，内容包括:《全面抗战中的战略问题》(《救国日报》)、《关于游击战争》(《新华日报》)、《游击战术与游击队》（金仲华）、《抗日游击战争战术上的基本方针》（郭化若）等。

收藏单位：北碚馆、重庆馆、东北师大馆、贵州馆、国家馆、江西馆、近代史所、南大馆、南京馆、上海馆

05474

抗战胜利的先决条件　彭德怀著

焦土出版社，1937，30 页，32 开

焦土出版社，1938.1，31 页，32 开（焦土丛刊 1）

收藏单位：国家馆

05475

抗战与军队工作　罗瑞卿著

汉口：中国出版社，1938.5，72 页，32 开

收藏单位：国家馆

05476

抗战与军队政治工作　李富春等著

汉口：生活书店，1938.4，150 页，36 开（救亡文丛 8）

汉口：生活书店，1938.9，再版，150 页，36 开（救亡文丛 8）

本书收文 7 篇，内容包括:《抗日军队与人民》（际春）、《对抗战军队政治工作的商榷》（李富春）、《战时军队政治工作概要》（莫文骅）等。附《改造军队和武装民众》（史达）。

收藏单位：重庆馆、贵州馆、国家馆、南大馆、南京馆、浙江馆

05477

抗战中的政治工作　罗瑞卿著

汉口：中国出版社，1938.5，72 页，32 开

本书收文两篇:《从过去八路军政治工作经验说到今天抗战军队中的政治工作》《动员时的政治工作》。

收藏单位：北碚馆、重庆馆、贵州馆、国家馆、江西馆、南京馆、浙江馆

05478

抗战中的中国军事　时事问题研究会编

[延安]：抗战书店，1940，288 页，32 开（抗战的中国丛刊 4）

本书分 5 编介绍抗战三年军事的发展概况，以及抗战中的军民关系、军队政治工作、民众武装、东北义勇军等。

收藏单位：广东馆、国家馆、南京馆、山西馆

05479

连队工作　八路军总政宣传部编

八路军总政宣传部，1944，91 页，32 开

本书分 3 篇介绍七七〇团二连、警七团七连、七七〇团五连的军事管理和政治工作情况。

收藏单位：国家馆、山东馆、山西馆

05480

连队工作　八路军总政宣传部编

光明出版社，1946.4，71 页，32 开

收藏单位：长春馆、东北师大馆、南京

馆、山东馆

05481
连队工作　第十八集团军总政治部宣传部编
晋冀鲁豫军区政治部，1946.2 印，63 页，32 开
　　收藏单位：国家馆

05482
连队政治工作纲要（琼崖公学政工班讲义）
琼崖公学政治部编
琼崖公学政治部，[1940—1949]，油印本，58 页，32 开
　　收藏单位：国家馆

05483
领导作风　第十八集团军总政治部宣传部编
[延安]：第十八集团军总政治部宣传部，1945.9，88 页，32 开
　　本书收文两篇：《怎样打通干部思想》《怎样实行群众路线》。附《介绍一个模范连队的政治工作》《警一团一连的领导方法》。
　　收藏单位：国家馆

05484
领导作风　第十八集团军总政治部宣传部编
佳木斯：东北书店，1947.5，73 页，32 开
　　收藏单位：东北师大馆、国家馆、黑龙江馆

05485
领导作风　第十八集团军总政治部宣传部编
光明出版社，1946.3，86 页，32 开
　　收藏单位：东北师大馆、国家馆

05486
领导作风　第十八集团军总政治部宣传部编
华中野战军政治部，1946.1 印，32 页，32 开
　　收藏单位：国家馆、山东馆、武大馆、浙江馆

05487
领导作风　第十八集团军总政治部宣传部编
晋察鲁豫军区政治部，1946.2，74 页，32 开
　　收藏单位：重庆馆

05488
领导作风　第十八集团军总政治部宣传部编
中国人民解放军第四野战军政治部，1949.3 印，88 页，32 开

05489
领导作风　联防军总政治部宣传部编
上海：上海杂志公司，1949，86 页，32 开
　　收藏单位：重庆馆、国家馆、辽宁馆、南京馆

05490
领导作风
东北民主联军总政治部，1947.12，90 页，32 开
　　收藏单位：国家馆

05491
留守兵团的英雄和模范（第 1 集）　八路军留守兵团政治部编
东北书店，[1946] 印，55 页，32 开（战士读物 1）
　　本书收八路军留守兵团的英雄和模范事迹 18 篇，内容包括：《拥政爱民的模范排长门善德》《模范班长张秉权》《七分校的劳动旗帜钱有才》等。书前有八路军留守兵团政治部宣传部的前言。
　　收藏单位：长春馆、东北师大馆、桂林馆、国家馆、辽宁馆、山西馆、天津馆、浙江馆

05492
留守兵团模范学习者代表大会特辑
八路军联防政治部，1944.12，113 页，36 开
　　本书内容包括：代表题名录、祝词、毛主席及朱总司令训词、大会经过等。
　　收藏单位：北碚馆、国家馆、山西馆、天津馆

05493
论“持久战”研究提纲　抗战大学编
抗战大学，[1938—1945]，油印本，14 页，32 开
收藏单位：国家馆

05494
论解放区战场　朱德著
[惠民]：渤海新华书店，1945.6，59 页，32 开
本书是著者 1945 年 4 月 25 日在中国共产党第七次全国代表大会上的军事报告，共 5 部分：抗战八年、论解放区战场、中国人民抗战的军事路线、今后的军事任务、结束语。
收藏单位：山东馆

05495
论解放区战场　朱德著
安东（丹东）：东北书店，1947，64 页，32 开
收藏单位：重庆馆、东北师大馆、国家馆、吉林馆、辽宁馆、南京馆、山东馆、山西馆、天津馆

05496
论解放区战场　朱德著
[石家庄]：华北军政大学政治部，[1948—1949]，62 页，32 开
收藏单位：重庆馆、国家馆

05497
论解放区战场　朱德著
华北新华书店，1945，2 版，64 页，36 开
华北新华书店，1945.8，再版，41 页，32 开
收藏单位：重庆馆、国家馆、河南馆、吉大馆、近代史所、南京馆

05498
论解放区战场　朱德著
华中新华书店，1949.4，42 页，32 开
收藏单位：国家馆、吉林馆、南京馆

05499
论解放区战场　朱德著
冀鲁豫书店，[1945]，1 册，32 开，环筒页装
收藏单位：重庆馆、国家馆、南京馆、山东馆

05500
论解放区战场　朱德著
[饶阳]：冀中导报社，1945.9，62 页，25 开
收藏单位：国家馆

05501
论解放区战场　朱德著
上海：解放出版社，1949.6，78 页，32 开
收藏单位：南京馆、山西馆

05502
论解放区战场　朱德著
[延安]：解放社，1945.5，65 页，36 开
[北平]：解放社，1949.6，78 页，32 开
[北平]：解放社，1949.7，54 页，32 开
收藏单位：安徽馆、北碚馆、重庆馆、复旦馆、国家馆、内蒙古馆、山东馆、中科图

05503
论解放区战场　朱德著
[阜平]：晋察冀日报社，1945.6，62 页，32 开
收藏单位：贵州馆、国家馆、南京馆、山东馆、山西馆、天津馆

05504
论解放区战场　朱德著
鲁中军区政治部，1945，45 页，32 开
收藏单位：山东馆

05505
论解放区战场　朱德著
[莱芜]：鲁中新华书店，1945，45 页，32 开
收藏单位：山东馆、山西馆

05506
论解放区战场　朱德著

前进出版社，1945.7，49 页，32 开（前进丛书 2）
收藏单位：山东馆

05507
论解放区战场 朱德著
山东新华书店，1945.4，45 页，36 开
山东新华书店，1946.8，44 页，32 开
收藏单位：重庆馆、国家馆、山东馆、天津馆

05508
论解放区战场 朱德著
十专区黎明报社，1945 印，57 页，32 开
收藏单位：国家馆

05509
论解放区战场 朱德著
苏南出版社，1945.7，34 页，32 开
收藏单位：国家馆

05510
论解放区战场 朱德著
苏中出版社，1945，70 页，大 64 开
收藏单位：南京馆、山东馆、浙江馆

05511
论解放区战场 朱德著
[阳城]：太岳新华书店，[1949]，42 页，32 开
收藏单位：国家馆

05512
论解放区战场 朱德著
新华书店，1945.6，41 页，32 开
新华书店，1949，54 页，32 开
收藏单位：安徽馆、重庆馆、国家馆、河南馆、江西馆、近代史所、南京馆、宁夏馆、山西馆

05513
论解放区战场 朱德著
[张家口]：新华书店晋察冀分店，1945.9，3 版，59 页，32 开
收藏单位：东北师大馆、国家馆、山东馆、山西馆

05514
论解放区战场 朱德著
新华印刷厂，[1945]，49 页，32 开
收藏单位：国家馆、辽宁馆、南京馆、山东馆

05515
论解放区战场 朱德著
[兴县]：中共晋绥分局，[1945]，46 页，32 开
收藏单位：重庆馆

05516
论解放区战场 朱德著
[香港]：中国出版社，1946.4，47 页，32 开
香港：中国出版社，1947.8，再版，47 页，32 开
收藏单位：广东馆、国家馆、辽大馆、武大馆

05517
论解放区战场 朱德著
中国灯塔出版社，1946.3，36 页，32 开（灯塔小丛书 5）
收藏单位：国家馆、南京馆、上海馆、浙江馆

05518
论解放区战场 朱德著
[郑州]：中原新华书店，1949.5，62 页，32 开
收藏单位：国家馆

05519
论解放区战场 朱德著 大众报社编
胶东：大众报社，1945.8，再版，41 页，32 开
收藏单位：国家馆、河南馆、山东馆

05520
论解放区战场（一九四五年四月二十五日） 朱德著
皖江出版社，[1945—1949]，39 页，32 开
收藏单位：山东馆

05521
论解放区战场（一九四五年四月二十五日在中国共产党第七次全国代表大会上所作的抗战军事报告） 朱德著
辽东建国书社，[1945—1949]，48 页，32 开（建国丛书 2）
收藏单位：国家馆、湖南馆

05522
论解放区战场（一九四五年四月二十五日在中国共产党第七次全国代表大会上所作的抗战军事报告） 朱德著
出版者不详，[1945]，58 页，32 开
本书为伪装本。伪装题名：大陆作战之新认识。伪装责任者题：青少年半月刊社。
收藏单位：国家馆

05523
论解放区战场（一九四五年四月二十五日朱德同志在中国共产党第七次全国代表大会上的军事报告） 朱德著
联政出版社，1945，65 页，32 开
收藏单位：山西馆

05524
论解放区战场（一九四五年四月二十五日朱德同志在中国共产党第七次全国代表大会上的军事报告） 朱德著
[北平]：[新中国书店]，[1945]，41 页，32 开
收藏单位：国家馆

05525
论解放区战场（一九四五年四月在中国共产党第七次全国代表大会上的军事报告） 朱德著
大连：新知识书社，1945.12，56 页，32 开
收藏单位：安徽馆、国家馆、吉林馆、辽宁馆、南京馆、山东馆、陕西馆、天津馆、中科图

05526
论抗日游击战争 朱德著
延安：解放社，1938.11，188 页，32 开（抗日战争丛书 5）
本书共 3 章：总论、抗日游击队的组织问题、抗日游击队的战术。附《敌寇大本营歼灭游击对策秘本内容》。
收藏单位：国家馆、南京馆、宁夏馆、中科图

05527
论抗日游击战争 朱德著
重庆：新华日报馆，1938，4 版，110 页，32 开
重庆：新华日报馆，1939.5，4 版，110 页，32 开
本书共 3 章：游击战争在抗日自卫战争中的重要意义、抗日游击战争的诸要素、抗日游击队的组织及各种战术。
收藏单位：国家馆

05528
论目前时局 英夫等著
前进社，1941，59 页，36 开
本书收文 4 篇：《论目前时局》（解放）、《扩张百团大战的伟大胜利》（朱德）、《三年来的敌军》（英夫）、《反帝国主义战争的斗争》（季米特洛夫）。
收藏单位：北师大馆、国家馆

05529
论游击战 朱德著
上海：建社，1938.11，36 页，32 开（新知识丛书）
上海：建社，1938.11，再版，56 页，32 开（新知识丛书）
本书分 3 编：上编、下编、附编。上编论述游击战争在抗日自卫战争中的重要意义，下编阐述抗日游击战争的诸要素，附编《八

路军抗战的一周年》。

收藏单位：重庆馆、黑龙江馆、吉大馆、南京馆

05530

论游击战 朱德 毛泽东等著

华社，1939.3，172 页，32 开

本书收文 5 篇：《论游击战》（朱德）、《抗日游击战争的一般问题》（毛泽东等）、《抗日游击战争战术上的基本方针》（郭化若）、《论抗日游击战争的基本战术——袭击》（陈伯钧）、《论平地游击战》（萧克）。

收藏单位：安徽馆、北碚馆、东北师大馆、贵州馆、国家馆、吉林馆

05531

马仁义排的官兵关系 新四军第三师苏北军区政治部编

新四军第三师苏北军区政治部，1945，31 页，64 开

本书为连队干部学习材料。

收藏单位：国家馆

05532

民兵工作讲话 盐阜区行政公署编

盐阜社，1944.11，35 页，50 开

本书共 8 讲，内容包括：民兵的任务、组织、战术、政治工作、粮弹供给等。行文多举盐城、阜宁、建阳等地实例。

收藏单位：南京馆

05533

模范连队政治工作介绍——警三旅八团二连

[涉县]：太行军区政治部，1945.5，14 页，32 开

收藏单位：国家馆

05534

目前各地的抗日游击战 戚霞编

汉口：戚霞，1938.1，148 页，32 开（抗战文辑 1）

本书收文 17 篇，内容包括：《游击战争的展开》《第八路军怎样战斗着的》《华北的游击队》《平汉线上的游击战争》《西山游击队》《平郊抗日游击战的经过》等。

收藏单位：重庆馆、贵州馆、国家馆、湖南馆、近代史所

05535

彭德怀于五月二十四日在军人大会讲演 彭德怀讲

出版者不详，1938.6，油印本，1 册，64 开

收藏单位：国家馆

05536

破坏教材

晋冀鲁豫军区司令部，1946，14 页，32 开

本书据延安联防军司令部版翻印。

收藏单位：国家馆

05537

七七〇团第二连 八路军总政治部宣传部编

[涉县]：[太行军区政治部]，[1940—1949]，32 页，64 开

收藏单位：南京馆

05538

弃暗投明记 [八路军山东军区独立旅政治部汇编]

[八路军山东军区独立旅政治部]，1944.9，36 页，32 开

本书为伪装本。其中《山东军区首长给王旅慰问电》由罗荣桓、黎玉、肖华共同签发。

收藏单位：国家馆

05539

全国总动员 · 游击队的政治工作 南汉宸讲 · 彭雪枫讲

民族革命战争战地总动员委员会，1938，68 页，大 64 开

收藏单位：国家馆

05540

群众与民兵工作特辑 [中共中央山东分局编]

[中共中央山东分局]，[1938—1949]，201页，64开

本书收《群众工作的领导问题》（朱瑞）、《政府与群众》（彭德怀）等文章。

收藏单位：国家馆

05541

人民解放军抗战简史

时事研究会，[1946]，33页，32开

本书即《八年抗战中的八路军与新四军》。附歌曲《跟着共产党走》。

收藏单位：国家馆、南京馆

05542

三个战斗　晋绥军区司令部　晋绥军区政治部编

[兴县]：晋绥军区司令部、晋绥军区政治部，[1942—1949]，22页，32开（战例丛刊3）

本书收文3篇：《米峪镇战斗（四〇年夏季反扫荡战役中最光荣的一个歼灭战）》《康家会战斗（百团大战中晋西北的一个战斗）》《袭占杨方口》。

收藏单位：国家馆

05543

三年抗战与八路军　彭德怀著

[黎城]：新华日报华北分馆，1940.8，[123]页，32开（前线丛书11）

本书共3部分：抗战三年的国内环境、抗战三年中的八路军、国民革命军第十八集团军参加抗战三周年战斗统计。附《摩擦从何而来？》。

收藏单位：重庆馆、国家馆、近代史所、山东馆

05544

三年来的抗战　彭德怀著

[延安]：解放社，[1940]，81页，25开

收藏单位：重庆馆、广西馆、吉林馆、近代史所

05545

三年游击战争　野草著

大连：新中国书局，1949.4，91页，32开（光华丛刊19）

本书共16部分，内容包括：到敌人后方去、退出永安、建立了根据地、党内思想斗争、统一指挥系统等，记述新四军二支队前身奋斗史。书前有郭沫若序。书后有后记。

收藏单位：安徽馆、长春馆、重庆馆、东北师大馆、广东馆、国家馆、山东馆、山西馆、上海馆、天津馆

05546

三年游击战争　野草著

香港：正报社，1948.10，89页，32开

收藏单位：东北师大馆、国家馆、近代史所、辽大馆

05547

三五八旅冬训总结　张宗逊著

八路军留守兵团司令部，1944.7，60页，32开

本书共3部分："基本经验教训的总结""投弹、射击、白刃战斗教育三大技术的教育""政治教育工作"。

收藏单位：国家馆、近代史所、南京馆、山西馆

05548

陕甘宁边区部队宣传工作介绍　太行军区政治部编

[涉县]：太行军区政治部，1944，51页，32开，环筒页装

本书是政治干部业务手册。收文10篇，内容包括：《关于一九四三年度战士政治教育的决定》《部队教育工作者的责任》《改造部队的文化学习》等。

收藏单位：国家馆

05549

生产、拥爱和学习

八路军联防政治部，1944.6，82页，32开（战士小丛书38）

本书收小故事31个，内容有关八路军开荒、军民关系、文化学习等。目录页题名：生

产、拥爱和学习(第1集)。

收藏单位：南京馆

05550

苏北磨擦真相　新四军苏北政治部编

新四军苏北政治部，1940.11，93页，32开

本书共7编：新四军被迫渡江、郭村之役至黄桥之役、张少华附逆通敌、新四军营溪奏捷与进入姜堰、新四军退出姜堰与保卫黄桥、黄桥战役后省韩与新四军之态度、附录。

收藏单位：浙江馆、中科图

05551

苏中反攻以来的辉煌战绩　苏中军区政治部编

苏中军区政治部，1945.12，37页，36开

收藏单位：国家馆

05552

谭政同志在西北局高干会上关于军队政治工作问题的报告　谭政著

八路军留守兵团政治部，1944.4，43页，32开

本书共7节，介绍一年来边区军队政治工作的经验、工作方法、存在问题、组织形式、工作制度等。

收藏单位：重庆馆

05553

谭政同志在西北局高干会上关于军队政治工作问题的报告　谭政著

东北民主联军总政治部，1947.3，44页，32开(政治工作丛书2)

收藏单位：东北师大馆、国家馆

05554

谭政同志在西北局高干会上关于军队政治工作问题的报告　谭政著

[延安]：解放社，1944.4，42页，32开

收藏单位：重庆馆、国家馆、山东馆、山西馆

05555

我们怎样打退敌人　朱德[等]著

汉口：新华日报馆，1938.3，44页，32开(新群丛书1)

汉口：新华日报馆，1938.3，再版，44页，32开(新群丛书1)

本书收文5篇：《八路军半年来的抗战经验与教训》(朱德)、《山西抗战的回忆》(任弼时)、《平型关战斗的经验》(林彪)、《我们怎样打退正太路南进的敌人》(刘伯承)、《南方三年游击战争的经验对于当前抗战的教训》(项英)。

收藏单位：重庆馆、贵州馆、国家馆、吉林馆、江西馆、近代史所、南京馆、浙江馆

05556

无线电技术人员工作条例　第十八集团军总司令部制定

第十八集团军总司令部，1942，20页，64开

收藏单位：国家馆

05557

西线抗战经验录　亦华编

上海：时代史料保存社，1938.4，136页，32开

本书收文10篇，内容包括：《第八路军的战略和战术》(毛泽东)、《第八路军是怎样战斗着的》(傅钟)、《第八路军的群众工作》(洪水)、《第八路军半年来抗战的经验与教训》(朱德)等。书前有编者序言。

收藏单位：重庆馆、贵州馆、河南馆、吉大馆、吉林馆、江西馆、近代史所、南京馆、上海馆

05558

项英将军言论集　集纳出版社编

集纳出版社，1939.5，92页，32开(集纳丛书2)

本书共4部分：新阶段中我们在江南抗战的任务、新四军一年来抗战的经验与教训、论目前国内外情势、保持和发扬新四军的优良传统。

收藏单位：重庆馆、国家馆、近代史所、

南京馆

05559
新军言论集　袁国平等著
集纳出版社，1939.5，88页，32开（集纳丛书3）
本书收文4篇:《江南敌后游击战争中的军队战争工作》（袁国平）、《新四军怎样做政治工作》（邓子恢）、《坚持江南抗战的诸问题》（陈毅）、《游击战之几个问题》（俞作柏）。
收藏单位：国家馆

05560
新战士课本　晋察冀军区政治部编
[张家口]：晋察冀军区政治部，1945.12，39页，64开
本书为部队传统教育材料。
收藏单位：国家馆

05561
新战士课文
国民革命军第十八集团军野战政治部，1941.2，34页，32开
本书为八路军思想政治教材。
收藏单位：国家馆

05562
野外各个战斗　新四军第二师司令部编
新四军第二师司令部，[1941—1946]，45页，大64开
收藏单位：山东馆

05563
夜战教程　八路军军政杂志社编
[延安]：八路军军政杂志社，1942.7，200页，32开（抗日战争参考丛书24）
[延安]：八路军军政杂志社，1945.5山东军区司令部翻印，172页，32开
本书共4章：步兵底夜间行军战斗与休息、训练、实地教练、夜间作业底检查。书前有德文版序言。
收藏单位：复旦馆、国家馆、山东馆

05564
一九四三年留守兵团生产建设　八路军留守兵团政治部编
八路军留守兵团政治部，1944.3，97页，32开
本书共6部分：农业、工业、畜牧业、运输业、商业和军人合作社、结束语。
收藏单位：国家馆

05565
一年来的拥政爱民工作　八路军留守兵团政治部编
八路军留守兵团政治部，1944.3，85页，32开
本书内容包括：部队中的拥政爱民教育、旧历年关的军民联欢、清查旧案与赔偿还物运动等。
收藏单位：山西馆

05566
峄东战役战报
出版者不详，1947.2，油印本，1册，25开
本书汇集敌我双方的多种情报，并附彩色战图多幅。
收藏单位：国家馆

05567
拥政爱民教材　晋绥军区政治部编
兴县：晋绥军区卫生部，1944，20页，32开
本书供战士及连排干部用。共7部分，内容包括：1944年拥政爱民运动月工作的基本总结、几种错误思想、这些错误思想是怎样来的、发扬我们的光荣传统、向群众学习等。
收藏单位：山西馆

05568
游击队政治工作概论　彭雪枫著
汉口：读书生活出版社，1938.3，订正版，27页，32开
桂林：读书生活出版社，1939.4，2版，27页，32开
本书共7章：政治工作的基本任务、政治

工作的一般任务、对本部队的政治工作、对民众的政治工作、对敌军的政治工作、政治工作的一般原则、游击队政治机关的组织及工作人员的条件。

收藏单位：安徽馆、重庆馆、广东馆、贵州馆、国家馆、湖南馆、南京馆

05569

游击队中的政治工作　铁人　罗瑞卿著

[上海]：建社，1938.12，37页，32开（新知识丛书）

本书收文两篇：《抗战游击队中的政治工作》（铁人）、《抗战军队中的政治工作》（罗瑞卿）。

收藏单位：国家馆、吉林馆、南京馆、浙江馆

05570

怎样发动抗日的游击战　蒋牧良著

汉口：大众出版社，1938.2，92页，32开

本书共6章，内容包括：游击战在战略上得到的许多利益、游击队的发展与历史及其特点、游击队的组织和参加份子及其武器与任务、袭击等。

收藏单位：重庆馆、广东馆、国家馆、近代史所

05571

怎样发动抗日的游击战　蒋牧良著

汉口：生活出版社，1938.3，90页，32开（大时代丛书）

收藏单位：国家馆、近代史所、天津馆

05572

怎样练兵

苏中抗敌社、新四军第一师兼苏中军区政治部，1944.9，75页，18cm×13cm

本书收文两篇：《军事教育必须从实际出发》（朱德）、《冬季练兵工作总结报告》（张宗逊）。

收藏单位：国家馆

05573

怎样做一个部队的文化教员　谢有法著

[武乡]：太行文化出版社，[1939—1945]，9页，32开，环筒页装

本书共4部分：部队中设立文化教员的重要意义和做文化教员应具备的条件、部队中文化教员的一般任务、部队文化教员与部队长官之关系及工作上之联系、文化教员的具体工作和实施办法。

收藏单位：国家馆

05574

战斗的经验　林彪著

汉口：华中书店，1938，44页，36开

收藏单位：广东馆

05575

战斗详报　新四军司令部编

新四军司令部，1940.5，156+[63]页，横16开

本书共10部分，内容包括：反“扫荡”的连续战斗、对村落据点的进攻战斗、河川攻击、阵地战、对抗分进合击等。收战报37件。书前有奖电54条。

收藏单位：国家馆

05576

战斗中的新四军　马骏[等]著

现实出版社，1939.3，68页，25开

收藏单位：浙江馆

05577

战时政治工作　莫克内维基著

[南宫]：[冀南军区政治部]，1941，58页

本书共6章，内容包括：现代战斗中政治工作的地位、对本军的政治工作、对敌军的政治工作等。

收藏单位：近代史所

05578

战术理论之研究　新四军司令部编

新四军司令部，1942.8，107页，32开（战术参考丛书1）

本书收刘伯承、左权、许光达、滕代远等军事指挥家的军事理论著作多篇。

收藏单位：国家馆

05579

甄家庄歼灭战　晋绥军区司令部　晋绥军区政治部编

[兴县]：晋绥军区司令部、晋绥军区政治部，[1943—1949]，22页，32开（战例丛刊4）

收藏单位：国家馆、天津馆

05580

政治工作论丛（第1册）　王稼祥等著　国民革命军十八集团军（八路军）政治部编

[延安]：八路军军政杂志社，1941.2，221页，32开，环筒页装

本书收文21篇，内容包括:《中国共产党与革命战争》（王稼祥）、《论八路军政治工作的传统与作风》（谭政）、《论目前政治工作的几个基本问题》（傅钟）、《政治工作建设之当前任务》（陆定一）、《八路军中共产党的工作》（王首道）、《八路军部队政治教育上的几个问题》（萧向荣）、《八路军新四军的干部政策》（谭政）等。

收藏单位：国家馆、南京馆

05581

政治攻势宣传手册　一二九师政治部编

一二九师政治部，1942.8，36页，64开

本书内容包括：政治攻势的中心任务、宣传要点、宣传方法及注意事项等。

收藏单位：国家馆

05582

[中共资料]　[朱德等著]

出版者不详，[1938]，168页，32开

本书辑录《救国时报》《新华日报》，以及金仲华、郭化若、陈伯钧、项英、任弼时、朱德、刘伯承等有关抗日战争战略战术的文章12篇。

收藏单位：国家馆

05583

中国的游击队　每日译报社编辑部编译

上海：每日译报社，1938.9，79页，32开（每日译报丛书6）

上海：每日译报社，1939.4，再版，79页，32开（每日译报丛书6）

本书收文10篇，内容包括:《中国的农民红军》《八路军在西北前线》《山西的游击运动》等。附《八路军半年来抗战的经验与教训》（朱德）。

收藏单位：国家馆、上海馆

05584

中日战争之政略与战略问题报告大纲　周恩来著

抗战编译社，1939，22页，32开（抗日小丛书3）

本书从敌、我两方面论述中日战争的政略与战略问题。附《二期作战之敌我新战略》（周恩来在国际宣传处演讲）。

收藏单位：北碚馆、广东馆、国家馆、近代史所

05585

中日战争之政略与战略问题报告大纲　周恩来著

游击干部训练班，1939.5，16页，32开

收藏单位：国家馆

05586

最活跃的抗战游击队（第八路军的过去和现在）　毛泽东等著

战时出版社，[1937]，96页，32开（战时小丛刊26）

本书收文15篇，内容包括:《红军小史》《从“围剿”到长征》《二万五千里长征记》《第八路军出动抗日》《史沫特莱谈八路军游击战绩》《华北游击战争的展开》等。

收藏单位：贵州馆、国家馆

解放战争时期（1945—1949 年）

05587
1948 年供给标准初步意见附表　华北财经办事处编
华北财经办事处，1948，油印本，26 页，32 开
本书介绍野战军、地方军、后方党政军民机关伤病员津贴及中灶、被服、公杂费等标准。
收藏单位：国家馆

05588
爱国保田自卫战争新阶段　松江省委宣传部编
松江省委宣传部，1947.9 印，12 页，32 开
收藏单位：辽宁馆

05589
爱国自卫战场快览　王林　岳巍编
河间：冀中新华书店，1947.7，174 页，32 开
本书介绍 1946 年 7 月至 1947 年 6 月，蒋军破坏和平，进攻解放区，直至被歼的几次较大战役。书中有部分解放军高级指挥员简介。
收藏单位：国家馆、近代史所、山东馆、山西馆、天津馆

05590
爱国自卫战争一年战绩　察哈尔日报社编
张家口：察哈尔日报社，1947.8，18 页，64 开
收藏单位：国家馆

05591
爱国自卫战争中人民武装建设材料辑存　太行区武委会编
［涉县］：［太行区武委会］，1947，150 页（爱国自卫战争中丛书 4）
收藏单位：近代史所

05592
爱国自卫战争中人民武装建设文件（上册）
杨殿魁著
［涉县］：太行武委会，1947.7，137 页，32 开
收藏单位：山西馆

05593
鏖战太原城（太原战役报道）　第六十八军政治部编
第六十八军政治部，1949，43 页，32 开
本书共 4 部分：外围战斗、攻城战、后勤、纪律。收短篇报道 27 篇，记述 1949 年春季解放山西太原战役的经过。
收藏单位：国家馆、吉林馆、南京馆、内蒙古馆、天津馆

05594
白部长在供给部长与卫生部长兵站部长联席会议上的发言
陕甘宁边区政府，1948.1，油印本，32 页，32 开
本书为陕甘宁边区后勤工作资料。
收藏单位：国家馆

05595
白老虎连　中国人民解放军第四十六军政治部编
［北平］：中国人民解放军第四十六军政治部，1949.3，54 页，32 开
本书内容包括：向“白老虎连”学习的号召、嘉奖令、白老虎屯战斗经过、该连英雄事迹等。
收藏单位：国家馆、天津馆

05596
百日大练兵干部思想教育材料　胶东军区政治部编
胶东军区政治部，1946.2，48 页，32 开
本书共 3 部分，内容包括：对和平民主新阶段的认识、加强党性锻炼等。
收藏单位：国家馆、山东馆

05597
比一比（连环画）　何超著

中国人民解放军中原军区野战军政治部，1948.8，石印本，12页，32开（人民战士文化丛书1）

本书为中国人民解放军部队文化教育宣传品。

收藏单位：国家馆

05598

滨海民站工作总结　滨海支前司令部编

滨海支前司令部，1947.6，油印本，1册，32开

收藏单位：国家馆

05599

渤海军区政工会议关于执行三查三整的决定

华东渤海军区政治部，[1948]，9页，32开

收藏单位：国家馆

05600

步兵班排连攻防战术

华野十二纵队兼苏北军区司令部，1947.11印，140页，32开

本书为军事教育参考材料。

收藏单位：国家馆

05601

步兵连攻坚战斗　华野一兵团一纵队教导团参谋处编

华野一兵团一纵队教导团参谋处，1948.9，53页，32开，环筒页装

本书共3节：攻坚部队的产生及审查、突破前沿战斗、纵深巷战。附《子母堡攻击》等。书前有王祥撰写的前言。

收藏单位：国家馆

05602

步兵小分队战斗动作教材汇册

中国人民解放军第十军司令部，[1945—1949]，51页，64开（军事参考资料7）

本书供排以上干部用，共两部分：三三制战斗组织的研究、步兵小分队进入敌防御纵深内的战斗。附《地形军语简编》。

收藏单位：重庆馆

05603

部队报纸工作经验介绍　中国人民解放军第十军政治部编

中国人民解放军第十军政治部，1949，25页，32开

本书收解放战争以来有关部队报纸工作的一些重要决定、工作总结和经验介绍等11篇。

收藏单位：重庆馆

05604

部队的报纸通讯工作　总政宣传部编

[延安]：总政宣传部，1945，47页，32开

本书介绍部队办报的意义、性质及具体经验等。

收藏单位：重庆馆、山西馆

05605

部队机关副业生产的几个典型　晋绥军区司令部编

[兴县]：晋绥军区司令部，1945.12，油印本，22页，32开

收藏单位：国家馆

05606

部队机关农业生产的几个典型　晋绥军区司令部编

[兴县]：晋绥军区司令部，1945.12，油印本，1册，32开

收藏单位：国家馆

05607

部队机关商业生产的几个典型　晋绥军区司令部编

[兴县]：晋绥军区司令部，1945.12，油印本，6页，大32开

收藏单位：国家馆

05608

部队诉苦运动经验　任白戈著

晋冀鲁豫军区政治部宣传部，1947.11，11页，32开

收藏单位：国家馆

05609
部队文化教育与文化娱乐工作　中国人民解放军华北补训兵团政治部编
出版者不详，[1948—1949]，46 页，32 开
本书收文 13 篇，内容包括：《文化教员职责》《循着张友池学习道路前进》《十九区队战士文化学习是怎样开展起来的》《介绍文化教育的几种方法》《读报方法介绍》等。
收藏单位：重庆馆

05610
部队政治课本　吉林军区政治部编
吉林军区政治部，1947，26 页，32 开
本书共 16 课，内容包括：血海冤仇海兰江、十四年的苦处说不完、遭罪受穷究竟怪谁、共产党帮穷人翻了身、保卫胜利要参军等。
收藏单位：国家馆

05611
参军材料　滨海县委宣传部编
滨海：滨海县委宣传部，1948.6，油印本，30 页，32 开
收藏单位：国家馆

05612
参军工作怎样做　苏中军区政治部编
苏中军区政治部，[1943—1947]，94 页，64 开
本书为干部业务学习材料，汇编各根据地的部分参军工作经验。
收藏单位：南京馆

05613
草庄头据点的覆灭　晋绥军区司令部　晋绥军区政治部编
[兴县]：晋绥军区司令部、晋绥军区政治部，[1948]，12 页，32 开（战例丛刊 2）
收藏单位：国家馆

05614
察绥之战　中国人民解放军第二十兵团政治部编
中国人民解放军第二十兵团政治部，1949.3，22 页，16 开
本书收集华北、东北及晋绥军民在绥远和张家口两场战役当中取得功绩的一些材料。
收藏单位：天津馆

05615
城市生活常识读本　中国人民解放军第二野战军政治部编辑
中国人民解放军第二野战军政治部，1949，47 页，64 开
收藏单位：国家馆、辽宁馆

05616
大小湖营歼灭战　晋冀鲁豫军区第三纵队政治部编
晋冀鲁豫军区第三纵队政治部，[1947]，47 页，32 开
收藏单位：近代史所

05617
带兵英雄选集（上）　华北军区野战军第二兵团政治部编
华北军区野战军第二兵团政治部，1948.9，25 页，32 开
收藏单位：南京馆

05618
担架运输队员时事政治读本　胶东支前政治部编
胶东新华书店，[1945—1949]，83 页，64 开（支前小丛书 2）
收藏单位：国家馆、南京馆、山东馆

05619
第二野战军军政大学第一届学代大会特刊　军大政治部编
军大政治部，1949，72 页，32 开
本书内容包括：关于召开学习代表会的通知、徐教育长在学代会上的讲话、两个月的教学工作总结、学习代表对教育意见的总结、干学关系等。
收藏单位：重庆馆

05620
东北民主联军立功运动暂行条例草案　辽东军区政治部编
辽东军区政治部，1947，9页，32开
收藏单位：辽宁馆

05621
东北人民解放军第六纵队第十六师油印文件
东北人民解放军第六纵队第十六师，1946.7，油印本，13张，16开
收藏单位：国家馆

05622
东北人民解放军一九四七年战绩　东北人民解放军司令部编
东北人民解放军司令部，1948，62页，16开
本书收《东北人民解放军司令部发言人谈一九四七年扭转战局经过》，以及东北军区一年战绩统计图表等。
收藏单位：国家馆、近代史所

05623
东北完全解放　中国人民解放军华北军区政治部编
中国人民解放军华北军区政治部，1948，37页，32开
本书记述1948年东北人民解放军解放东北全境的经过。
收藏单位：东北师大馆、广东馆、国家馆、黑龙江馆、吉林馆、南京馆、宁夏馆、山东馆、山西馆、陕西馆、天津馆

05624
独立团军事教育计划　东北民主联军总司令部颁
[东北民主联军总司令部]，1947.9，11页，32开
本书收文两篇:《关于各独立团军事教育的指示》《三个月军事教育配当表》。
收藏单位：南京馆

05625
渡江、淞沪战役政治工作总结　中国人民解放军第二十七军政治部编
中国人民解放军第二十七军政治部，[1949]，176页，25开
收藏单位：国家馆、南京馆

05626
渡江战役政治工作总结　二十五军政治部编
二十五军政治部，1949，71页，32开
收藏单位：国家馆

05627
对傅匪作战之初步研究　[东北军区司令部编]
东北军区司令部，1948，90页，32开
收藏单位：黑龙江馆

05628
发动群众武装保卫夏收　高邮县委宣传部编
高邮：高邮县委宣传部，1948.6，油印本，20页，32开（反清剿斗争通俗读物2）
收藏单位：国家馆

05629
发扬和组织全体指战员的积极性和创造性是政治工作的中心　张际春著
晋冀鲁豫军区政治部，1947，15页，32开（政工往来丛书）
收藏单位：重庆馆、国家馆

05630
反攻以来爆炸经验初步总结　晋绥野战军独二旅第二十七团司令部编
晋绥野战军独二旅第二十七团司令部，1946.5，油印本，24页，32开
收藏单位：国家馆

05631
扶郿战役　第一野战军政治部编
第一野战军政治部，[1949]，62页，32开
收藏单位：国家馆、辽宁馆、南京馆

05632
改编部队战士政治课本　华北军区政治部编

华北军区政治部，1949，17 页，32 开
　　收藏单位：重庆馆

05633
各战场蒋军概况　东北民主联军总政宣传部编
东北民主联军总政宣传部，1947.8，25 页，32 开
　　本书统计内容为进攻解放区的蒋军正规部队及其分布。
　　收藏单位：辽宁馆

05634
供给会计教材
中国人民解放军第二野战军司令部军政处，1949 印，250 页，32 开
　　本书共 4 编：供给会计、财政会计、粮秣会计、军实会计。
　　收藏单位：重庆馆

05635
巩固和平与民主改革　晋冀鲁豫军区政治部编
晋冀鲁豫军区政治部，1946.1，16 页，32 开（部队干部学习材料 1）
　　收藏单位：国家馆

05636
关外胜利的自卫战
[佳木斯]：东北书店，1947.2，123 页，32 开（部队读物 2）
　　本书收短文 48 篇。共 8 部分，内容包括：秀水河子战斗、肥牛屯战斗、大洼战斗、四平保卫战、伏龙泉战斗、辽东大捷等。书前有《指挥东北民主联军的林彪将军》（刘白羽）、《林总司令谈东北战局》。目录页题名：胜利的自卫战（关外）。正文前题名：胜利的自卫战（东北）。
　　收藏单位：北师大馆、长春馆、国家馆、黑龙江馆

05637
关于半年群众游击战争基本总结及人物的指示　中共晋冀鲁豫中央局编
中共晋冀鲁豫中央局，1947.1，5 页，32 开
　　收藏单位：国家馆

05638
关于部队教育工作　萧向荣著
中国人民解放军东北军区政治部宣传部，1948.7，26 页，32 开
　　本书是著者 1943 年 1 月 26 日在陕甘宁边区留守兵团军政干部会上的发言，共两部分：教条主义的问题、今后的教育工作中的一些问题。为宣教会议参考材料之一。
　　收藏单位：南京馆

05639
关于部队文艺工作问题　萧向荣著
东北民主联军总政治部，1947.3，26 页，32 开
　　本书共两部分：关于宣传部门的一般问题、关于部队的文艺工作问题。据晋冀鲁豫军区政治部版翻印。
　　收藏单位：广东馆

05640
关于部队文艺工作问题　萧向荣著
晋冀鲁豫军区政治部，1946.6，17 页，32 开
　　本书著者原题：肖向荣。
　　收藏单位：国家馆、山东馆

05641
关于部队文艺工作问题　萧向荣著
中国人民解放军第二野战军政治部，1949.5，33 页，64 开（文艺工作丛书）
中国人民解放军第二野战军政治部，1949，再版，33 页，50 开（文艺工作丛书）
　　收藏单位：重庆馆、南京馆

05642
关于加强战勤工作的意见　晋察冀边区政府秘书处编
晋察冀边区政府秘书处，1947.6，油印本，29 页，32 开
　　收藏单位：国家馆

05643
国文课本（第 2 册） 东北军区政治部编
东北军区政治部，1949，135 页，32 开
收藏单位：国家馆、辽宁馆

05644
合江军区政工会议总结
[佳木斯]：合江军区政治部，[1945—1948]，22 页，32 开
本书共 14 部分，内容包括：军区过去的工作成绩与缺点、军区当前的三大任务、老干部中的思想问题、努力培养新干部、切实整训部队的标准与成败关键等。会议 6 月 3—4 日召开，由张政委记录结论。
收藏单位：东北师大馆、南京馆

05645
河南地区半年来游击战争的初步总结
[抄写者不详]，[1948]，钢笔手抄本，3 张，32 开
收藏单位：国家馆

05646
贺司令员在军区建军会议上的总结报告 贺龙著
[兴县]：晋绥军区政治部，1947.10，27 页，32 开
收藏单位：国家馆、山西馆

05647
红军野战参谋业务条令 刘亚楼译
东北人民解放军辽南军区司令部，1948.5，184 页，32 开
收藏单位：国家馆

05648
红军野战参谋业务条令 刘亚楼译
东北人民解放军司令部，1947，208 页，32 开
收藏单位：国家馆

05649
红旗插上太原城（太原战役纪念册） 中国人民解放军六十六军政治部编
中国人民解放军六十六军政治部，[1949]，98 页，32 开
收藏单位：国家馆

05650
华北解放区兵工会议关于几个问题的结论
华北财经办事处，1948.1 印，14 页，36 开（会议文献 2）
本书共 8 部分，内容包括：兵工建设的总方针、工厂领导、工厂管理、职工会工作、党的工作、工业干部问题等。
收藏单位：国家馆、吉大馆、吉林馆、近代史所、南京馆、山西馆

05651
华北军大成立一周年纪念特辑 华北军大成立一周年纪念特辑编审委员会编
[石家庄]：华北军政大学政治部，1949.7，58 页，16 开
本书收《纪念华北军大成立一周年》《台湾青年在军大》《勇敢的改造自己》《半年来我们在战术学习上的收效》等文章。
收藏单位：国家馆、近代史所

05652
华北区枪支管理暂行办法 华北人民政府颁布
华北人民政府，1948.11，2 张，16 开
收藏单位：国家馆

05653
华东局关于我军南进与各游击区会师的工作指示（草案）
中共中央华东局秘书处、中共华中工委秘书处，1949.4，3 页，32 开
本书为中国人民解放军大军南下会师工作指示草案。
收藏单位：国家馆

05654
华东野战军自卫战争的经验 陈毅著
晋冀鲁豫军区司令部，1948.1，4 页，32 开
本书为著者在晋冀鲁豫军区干部会议讲

演的一部分。

收藏单位：国家馆

05655

华野立功运动总结 华东野战军政治部编

华东野战军政治部，1947.10，64页，32开

本书内容包括：华野立功运动的作用、基本内容、方针、方法等。

收藏单位：国家馆

05656

华野一兵团高干会议总结 陈毅著

华中野战军政治部，1948，37页，32开

收藏单位：国家馆

05657

火线上的攻心战法 晋冀鲁豫军区政治部编

晋冀鲁豫军区政治部，1947，18页，64开

收藏单位：国家馆

05658

继承光荣解放全中国——献给解放东北解放天津的勇士们 中国人民解放军第四十五军政治部编

中国人民解放军第四十五军政治部，[1948]，156页，32开

收藏单位：重庆馆、天津馆

05659

冀中行政公署关于具体执行晋察冀边区自卫战争勤务暂行办法的决定 冀中行政公署编

冀中行政公署，1947.5，10页，32开

收藏单位：国家馆、近代史所

05660

冀中行政公署关于具体执行晋察冀边区自卫战争勤务暂行办法的决定

[安平]：冀中军区政治部，[1947.4]，14页，32开

收藏单位：国家馆

05661

胶东军区地方武装军政工作会议特辑（1） 山东胶东军区政治部编

山东胶东军区政治部，1947.5，36页，32开

收藏单位：国家馆

05662

胶东区党委军区政治部一九四四年七至九月份各种指示

出版者不详，[1944]，油印本，1册，32开

收藏单位：国家馆

05663

解放晋南 克仁等著 太岳文化界支前委员会编

[阳城]：太岳新华书店，1947.6，114页，32开

本书收文42篇，内容包括：《献给晋南前线将士》（太岳文化界）、《三打太山庙》（克仁）、《侯马战斗回忆》（刘存厚）、《十五分钟解放襄陵》（克仁）等。目录页题名：晋南战役。

收藏单位：国家馆

05664

解放军大举反攻 [东北日报社编]

东北书店，[1947]，37页，32开

本书收《东北日报》刊载的文章和社论6篇，内容包括：《东北战局根本变化》《中共中央东北局致各纵队将士书》《祝鲁西大捷》等。附《人民解放军开始全国性反攻》《人民解放军总部关于一年战绩五项公报》。

收藏单位：东北师大馆、国家馆、宁夏馆

05665

解放军官学习材料（1—2）

二兵团政治部，1948，2册（54+34页），32开

本书收文15篇，内容包括：《旧中国在灭亡新中国在前进》《秋季攻势现势》《吴化文将军通电全国》《毛主席致电祝贺吴化文将军起义》《目前形势与我们的任务》《人民解放军宣言》《人民解放军总部发布惩处战争罪犯命令》等。

收藏单位：国家馆

05666
解放军史画　萧萧编绘
上海：联合画报社，1949.7，60页，32开（联合画报解放丛刊）
本书以连环画形式介绍中国共产党、中国工农红军及中国人民解放军的奋斗史。书前有作者序。
收藏单位：吉林馆、山西馆、天津馆

05667
解放洛阳　中国人民解放军第二野战军政治部编
人民战士出版社，1949.6，30页，32开（人民战士丛刊）
本书收中共中央贺电、新华社评述战役经过及战果的文章，以及冯牧、鲁渤、先植、大卫等人的报道短文14篇。
收藏单位：重庆馆、国家馆、吉林馆、南京馆

05668
解放石家庄　晋察冀军区政治部编
[平山]：晋察冀军区政治部，[1948]，82页，32开
本书内容包括：评论、电文、故事等约50篇。
收藏单位：国家馆、南京馆、山东馆、天津馆

05669
解放石家庄　中国人民解放军华北军区政治部编
中国人民解放军华北军区政治部，[1948]，30页，32开
本书共5部分：评石家庄之捷、解放石家庄战斗经过及战绩、英雄们的战斗、前线的人民、蒋匪牛皮的破灭。
收藏单位：重庆馆、国家馆、吉林馆、宁夏馆、山西馆、陕西馆、天津馆

05670
解放太原之战　太原前线政治部编
太原前线政治部，[1949]，72页，16开
本书记述1949年4月解放太原战役的经过，内容包括：贺电、战报、文告、通讯、匪首落网记、快板宣传品、摄影图片等。
收藏单位：广东馆、国家馆、天津馆

05671
解放以后
东北民主联军总政治部，1947印，20页，50开
收藏单位：辽宁馆

05672
解放战士工作与教育方法问题　华北军区补训兵团政治部编
[石家庄]：华北军区补训兵团政治部，1949.1印，56页，32开
收藏单位：南京馆

05673
解放战士政治课本　东北军区政治部编
[东北军区政治部]，1949，36页，32开
收藏单位：天津馆

05674
解放战争两年战绩总结　中国人民解放军总部编
中国人民解放军总部，[1948]，77页，16开
本书内容包括：解放战争两年主要战绩综合统计、解放战争两年歼敌兵力统计与比较、解放战争第二年内外线歼敌统计与比较、解放区现有城市一览表、停战以来城市得失次数统计等。
收藏单位：重庆馆

05675
解放战争两周年的总结
华中新华书店，1949，29页，32开
本书收文3篇：《将革命进到底》《人民解放军总部发表的第一年战绩总结》《第二年战绩总结》。
收藏单位：南京馆

05676

解放郑州之战　中国人民解放军中原野战军第九纵队政治部编

中国人民解放军中原野战军第九纵队政治部，1948.10，40页，32开

本书记述1948年10月解放郑州的经过。

收藏单位：重庆馆、国家馆、辽宁馆、山东馆

05677

介绍晋南“庙底”伏击战范例

晋冀鲁豫军区司令部，1947.8，3页，32开

收藏单位：国家馆

05678

进军沈阳　常工著

沈阳：东北书店，1949.3，87页，32开

本书共10节：新站之战、雪地立功、西线纪实、攻占义县、锦州英雄、进军沈阳、原人原枪、步兵炮手、战地群众、俘虏访问。

收藏单位：安徽馆、长春馆、重庆馆、东北师大馆、贵州馆、国家馆、山东馆、天津馆、武大馆

05679

晋察冀边区复员工作文件集　晋察冀边区复员委员会编

晋察冀边区复员委员会，1946.4，36页，16开

本书收文14篇，内容包括:《把复员工作做好》(《解放日报》社论)、《中共晋察冀边区中央局关于复员工作的决定》、《晋察冀边区复员条例》等。附《电令各地成立复员人员招待站》等3种。

收藏单位：东北师大馆、国家馆

05680

晋察冀边区武委会关于一九四七年人民武装工作方针与任务的决定　晋察冀边区武委会编

晋察冀边区武委会，1947.1，24页，32开

收藏单位：国家馆

05681

晋察冀边区自卫战争勤务暂行办法　晋察冀边区行政委员会颁布

[张家口]：晋察冀边区行政委员会，1947.1，油印本，7页，32开

收藏单位：国家馆

05682

晋城县关于在晋中参战逃跑民工会议总结

晋城：晋城县政府，1948.7，油印本，1册，18开

收藏单位：国家馆

05683

晋冀鲁豫边区一年来战勤工作(1946.7—1947.6)　晋冀鲁豫边区政府编

晋冀鲁豫边区政府，1947.8，5页，16开

收藏单位：国家馆

05684

晋冀鲁豫边区自卫战争勤务暂行办法草案

晋冀鲁豫边区政府编

晋冀鲁豫边区政府，[1941—1948]，油印本，7页，16开

收藏单位：国家馆

05685

晋南战役中的战勤工作与参战功臣　太岳政报社编

[阳城]：太岳政报社，1947.8，70页，32开

本书收文25篇，内容包括:《参战模范干部于海》(李明)、《特等参战功臣刘大汉》(朗樵)、《人民军队的特色》(赛春、敏青)等。

收藏单位：国家馆、近代史所

05686

晋绥边区拥军优抗法令　晋绥边区行政公署编

[兴县]：晋绥边区行政公署，1946，28页，36开

本书收法令9种，内容包括:《优待革命军人家属条例》《关于保障革命军人婚姻问题

的命令》《民兵伤亡抚恤办法》《优待老年军人暂行办法》《复员人员物质待遇办法》等。

收藏单位：重庆馆、山西馆

05687

惊天动地的五十天（东北民主联军夏季攻势概况） 东北民主联军总政宣传部编

东北民主联军总政宣传部，1947.12，52页，32开

本书内容包括：辽东半岛战役、四平战役等。据《东北日报》发表的战报、消息、通讯、速写以及缴获的敌方文件汇编写成。

收藏单位：东北师大馆、国家馆、吉大馆、辽宁馆、南京馆、宁夏馆

05688

救国必读 冀中军区政治部编

[安平]：冀中军区政治部，1947.10，13页，32开

收藏单位：国家馆

05689

鄄南之战 [晋冀鲁豫军区政治部编]

[晋冀鲁豫军区政治部]，[1947]，69页，32开

本书共6部分，收报告、速写、访问记、敌军日记等23篇，介绍冀鲁豫自卫战役中的鄄南之战。

收藏单位：国家馆

05690

军队干部关系问题

一六九师教导队，1949.9印，油印本，1册，32开

收藏单位：国家馆

05691

军队建设

晋冀鲁豫军区司令部，1947.2，40页，32开

收藏单位：国家馆

05692

军队建设

[涉县]：太行军区司令部，1944.8，37页，32开

收藏单位：国家馆

05693

军队建设

中国人民解放军第十八兵团随营学校校部，[1949]，117页，36开

本书收文9篇，内容包括：《人民战争》（摘自毛泽东《论联合政府》）、《军队中的民主运动》（新华社社论）、《内务条例纪律条令》等。

收藏单位：重庆馆

05694

军队中党的支部工作 岳中红星社编

岳中红星社，1945.7，油印本，17页，32开（党内教材4）

收藏单位：国家馆

05695

军队中的民主运动 新华社编

吉林军区政治部，[1946—1948]，11页，32开

收藏单位：国家馆

05696

军队中的民主运动

冀东军区政治部，1949，26页，32开

本书供轮训队及各级干部对部队管理教育基本原则学习参考之用。收文6篇，内容包括：《军队中的民主运动》（新华社社论）、《反对军阀主义》、《对待落后分子》、《我的几点工作经验》（齐长发）等。

收藏单位：重庆馆

05697

军民关系 联防军总政治部宣传部编

上海：上海杂志公司，1949，49页，32开

收藏单位：重庆馆、东北师大馆、国家馆、辽宁馆、南京馆、天津馆

05698

军区政治工作会报与讨论纪要

晋冀鲁豫军区政治部，1947.8，6 页，32 开
　　收藏单位：国家馆

05699
军事教学法　晋察冀军区军政干部学校编
晋察冀军区军政干部学校，1948.3，138 页，32 开
　　收藏单位：国家馆

05700
军事练兵计划补充指示　东北军区司令部编发
东北军区司令部，1949.7，3 页，32 开
　　收藏单位：国家馆

05701
军事调处执行情况汇编（1946.1.13—4.15）　晋察冀日报资料科编
晋察冀日报资料科，1946.1，204 页，32 开
　　本书共 5 部分：军事调处执行部的设立、任务、组织、公告、小组。
　　收藏单位：辽宁馆

05702
军事学术（第 5 期）　王作尧等著
[石家庄]：华北军政大学教育部，1949，61 页，32 开
　　本书内容包括：对战术发展的体会、步兵团营进攻战斗原则、进攻战斗的某些问题、纵深战斗等。
　　收藏单位：重庆馆

05703
军政大学一年　东北军政大学政治部编
[北安]：东北军政大学政治部，1947，104 页，16 开
　　本书内容包括：毛泽东的教学方针、该校学习生活、社会活动、各分校概略等。
　　收藏单位：近代史所

05704
开展军事民主的几个原则　[一六九师教导队政治处编]
一六九师教导队政治处，[1927—1949]，油印本，9 页，25 开（政治教材 4）
　　收藏单位：国家馆

05705
克服军阀主义偏向发扬人民军队光荣传统
晋察冀军区政治部，1946.3，71 页，32 开
　　本书收《人民战争》（毛泽东）、《人民的军队》（毛泽东）、《中国人民抗战的军队路线》（朱德）、《古田会议决议案关于反军阀主义偏向》等学习材料。
　　收藏单位：东北师大馆、国家馆、浙江馆

05706
苦水集　九纵政治部编
华野山东兵团政治部，1948.10，63 页，64 开（课外读物 2）
　　本书收战士的忆苦短文 13 篇，内容包括：《人命不如一升米》（张述福）、《家破人亡》（宫健）、《财主和荒地》（周樵）等。附《蒋军士兵座谈蒋军苦》（徐飞）。
　　收藏单位：南京馆

05707
连队保卫工作特辑　新四军山东军区政治部编
新四军山东军区政治部，1947，40 页，36 开
　　本书收文 10 篇，内容包括：《坚决执行连队六项工作的认识》《划分连队的三种态度与培养积极分子》《八师俘虏工作介绍》《关于审查部队成分的问题》等。
　　收藏单位：重庆馆

05708
连队工作的三把钥匙　中国人民解放军华东军区政治部编
中国人民解放军华东军区政治部，1947，101 页，64 开
　　本书收文 16 篇，内容包括：《连队工作的三把钥匙》《部队诉苦复仇运动的初步总结》《二纵十四团的诉苦复仇运动》《部队团结互助运动初步总结》等。
　　收藏单位：重庆馆、山东馆

05709
连队文娱工作手册 河南军区政治部编
[河南军区政治部]，1949.9，56页，32开
本手册选收兄弟部队报刊上有关文娱活动的材料作为团营干部的业务学习材料。
收藏单位：南京馆

05710
连队政治工作 中国人民解放军第一兵团政治部编
中国人民解放军第一兵团政治部，[1949]，43页，32开
收藏单位：国家馆

05711
连队政治工作讲授提纲
中国人民解放军河南军区政治部，1949，29页，32开
本书为东北野战军政治部教导团业务教材。
收藏单位：南京馆、天津馆

05712
连队政治工作提纲 浙东人民解放军第二游击纵队政治部编
新浙东出版社，1949.3，油印本，16页，32开
收藏单位：国家馆

05713
连队政治工作暂行条例
出版者不详，[1945—1949]，68页，64开
本书收条例4种：《政治指导员工作暂行条例》《连（队）支部组织与工作暂行条例》《救亡室工作暂行条例》《连（队）青年组织与工作暂行条例》等。
收藏单位：国家馆

05714
连队政治教材（第1分册） 华北军区政治部编
华北军区政治部，1949.5，18页，32开
本书分两部分：苦从何来、干革命求解放。共10节。
收藏单位：重庆馆、国家馆

05715
连队政治课本（第1册）
第一野战军政治部，1949.7，22页，32开
第一野战军政治部，1949，再版，22页，32开
本册共10课。书前有第一野战军政治部宣传部的通知（1949年7月24日）。
收藏单位：国家馆、山东馆

05716
连队政治课本（第2册）
第一野战军政治部，1949，28页，32开
本册共12课。书前有第一野战军政治部宣传部的通知（1949年7月24日）。
收藏单位：国家馆

05717
连以下干部时事解析大纲 晋绥军区政治部编
晋绥军区政治部，1946，12页，32开
本书共5节：停战和平与政治协商会议、胜利是人那里来的、我们的军队怎么办、几种想法、我们的任务。
收藏单位：重庆馆、山西馆

05718
粮秣教程 高志洁编
中国人民解放军第二野战军后勤供给部，1949印，152页，32开
本书共9章，内容包括：概念、粮秣机关及其任务、粮秣定量的决定、公粮、粮秣的保管等。
收藏单位：重庆馆

05719
两种作风 三五九旅政治部编
联防军政治部，1945，25页，32开
本书供排连干部阅读。介绍培养良好干部作风的方法和事例。
收藏单位：重庆馆

05720
两种作风　绥宁军区政治部辑
绥宁军区政治部，1946，17 页，32 开
收藏单位：广东馆

05721
两种作风　肖华等著　胶东军区政治部编
胶东军区政治部，1945.12，39 页，32 开
收藏单位：国家馆、山东馆

05722
辽东荣代大会汇刊　辽东荣代大会编
辽东荣代大会，1948.4，68 页，32 开
本书内容包括：代表挑战书、大会通电等。附《荣军竞赛条约》等 7 种。为辽东首届荣誉军人代表大会会刊。
收藏单位：国家馆、吉林馆、天津馆

05723
林总司令谈战局　林彪讲
林口：林口县政府，1947.5，4 页，32 开
本书号召东北全党全军全力准备反攻，大量歼灭敌人，巩固和扩大解放区。
收藏单位：南京馆

05724
领导作风　八路军总政治部宣传部编
安东（丹东）：安东军区政治部，1947.12，71 页，32 开
收藏单位：国家馆

05725
领导作风　八路军总政治部宣传部编
大连：大众书店，1947.8，71 页，32 开
本书阐述打通干部思想及贯彻群众路线问题。附《介绍一个模范连队的政治工作》《警一团一连的领导方法》。
收藏单位：长春馆、重庆馆、国家馆

05726
刘邓大军挺进大别山　晋冀鲁豫军区政治部编
晋冀鲁豫军区政治部，1948.2，[24 页]，16 开
本书是图片集，反映 1947 年 7—8 月间刘邓大军向大别山区进军的情形。图片多配有文字说明。
收藏单位：国家馆

05727
刘邓大军跃进大别山（影集）　野战军政治部编辑
人民战士出版社，1949.7，48 页，小 16 开
收藏单位：贵州馆、国家馆、南京馆

05728
刘校长对第三期同学第一次讲话全文　[刘伯承著]
中国人民解放军第二野战军军政大学政治部，1949.6，油印本，1 册，25 开
收藏单位：国家馆

05729
六月扩军的几点经验（摘自区党委对华北局的扩军报告）　中共北岳区党委[编]
出版者不详，1948.10，油印本，19 页，25 开
收藏单位：国家馆

05730
鲁南大捷
华中新华日报社，1947.3，71 页，32 开（新华丛刊）
本书收文 9 篇，内容包括：《一月在鲁南》《华东权威军事评论家评鲁南大捷》《二十六师和快速纵队的歼灭》《解放了的蒋军官兵》等。
收藏单位：山东馆

05731
鲁西大捷（揭开大反攻序幕）　中国人民解放军晋冀鲁豫军区政治部编
中国人民解放军晋冀鲁豫军区政治部，1947.9，64 页，36 开
本书共 4 部分：鲁西大捷概述、五次歼灭战胜利发展过程、胜利归功人民、刘邓大军渡河南下后蒋贼匪军之各种反映。
收藏单位：重庆馆、国家馆、南京馆、山

东馆、山西馆

05732
论军队纪律 朱允一等译
[佳木斯]：东北书店，1948.10，27页，32开
本书为干部学习参考材料，内容包括：论军队纪律、检查执行决议情况时布尔塞维克领导的最重要的方法、党委书记、支部书记、共产党员的思想教育是党的组织的重要任务、教育青年干部如何做党的实际工作。
收藏单位：东北师大馆、国家馆、黑龙江馆、吉林馆、辽大馆、山东馆、天津馆

05733
论人民的军队 晋绥军区政治部编
[兴县]：晋绥军区政治部，[1942—1948]，44页，36开
本书收政治协商会议有关军队国家化的文件，作为目前全军，特别是干部学习参考使用。共8篇，内容包括：《毛主席论人民的军队》《中国将从此走上和平民主建设的新阶段》《政治协商会议通过之五决议案》等。
收藏单位：重庆馆、山西馆

05734
孟良崮之战 山东新华书店编
[惠民]：渤海新华书店，1948.1，74页，32开
本书收布告、贺电、评论、战况介绍等共35篇。正文前有陈毅诗《孟良崮战斗》。
收藏单位：国家馆、山东馆、山西馆

05735
民兵冬训讲授教材 冀南三地委武装部编
冀南三地委武装部，1948，20页，32开
本书为民兵教育课本。共12课，分5类：时事、阶级、民主、民兵业务、生产的教育。
收藏单位：国家馆

05736
民兵军事教材 晋冀豫区武委会编
华北新华书店，[1945—1949]，102页，64开
本书共3部分：使用武器、民兵战斗勤务与军事常识、民兵游击战术。
收藏单位：国家馆

05737
民兵军事教材 太岳军区司令部编
太岳军区司令部，[1940—1949]，油印本，1册，32开
收藏单位：国家馆

05738
民兵军事课本 鲁中二军分区武装部编
鲁中二军分区武装部，1945.12，31页，48开
收藏单位：国家馆

05739
民兵武器证
胶东东海军分区人民武装部，1946，4页，64开
收藏单位：国家馆

05740
民兵须知（第1册） 晋绥边区武委会编
兴县：晋绥边区武委会，1946，14页，32开
收藏单位：国家馆、山西馆

05741
民兵战术 刘祖靖等著
东北书店，[1945—1949]，23页，32开
收藏单位：东北师大馆、国家馆、南京馆

05742
民兵战术教材 冀晋区人民武装委员会编
冀晋区人民武装委员会，1946.10，75页，64开
收藏单位：国家馆

05743
民兵政治读本（第2册） 太岳武委总会编
[阳城]：太岳武委总会，1946，16页，64开
收藏单位：国家馆

05744
民工远征经验介绍
冀中后勤部人民武装部，[1938—1949]，41页，32开
收藏单位：国家馆

05745
名不虚传　华野山东兵团政治部编
华野山东兵团政治部，1949.1，29页，64开（课外读物4）
本书收文15篇，内容包括：《我们永远忘不了解放军的好处》（前线记者）、《一个赔偿条》（赵天一）、《买卖公平》（孙福德）、《名不虚传》（于萍）等。
收藏单位：国家馆、南京馆、山东馆

05746
模范的政治工作　四纵队政治部编
四纵队政治部，1947.4，51页，32开
本书共6篇。据王广义、李永清、傅立志等6名部队政工干部出席解放军某部四纵队人民功臣大会的发言记录和材料编成。
收藏单位：国家馆

05747
目前后勤运输状况任务组织和运输力的统一与使用（陈沂同志在全军后勤会议上的报告）　陈沂著
中共东北军区后勤党委会，1948.5，68页，32开
收藏单位：国家馆

05748
目前建军中几个基本要求（张副军长一月二十四日在渤海军区政工会议上的报告）
江淮军区政治部，1948，19页，36开
收藏单位：重庆馆、山东馆

05749
目前运动战的特点
中国人民解放军第十八兵团司令部，[1949]，7页，32开
收藏单位：国家馆

05750
内务制度
冀察热辽军区司令部，1947.6，32页，64开
本书共8章：每日生活程序、内务卫生规定、服装的规定、请假制度、值班制度、检查制度、交代制度、会议汇报报告制度。
收藏单位：国家馆

05751
炮兵作战经验汇集
晋冀鲁豫军区司令部，1948.1，21页，32开
本书内容包括：东北炮兵作战经验、杜村部队步炮协同动作经验、徐水攻坚战中的步炮协同、炮兵实战中点滴体会、炮战观测经验、美造六零公厘迫击炮（M2型）射表等。
收藏单位：国家馆

05752
前委关于在部队中普遍建立战士委员会的决议·中国人民解放军华东野战军政治部命令·中国人民解放军华东野战军战士委员会条例草案
出版者不详，1949.4，7页，32开
收藏单位：国家馆

05753
清风店歼灭战　晋察冀野战军政治部编
晋察冀新华书店，1948.1，75页，32开
收藏单位：北师大馆、国家馆、近代史所、宁夏馆、天津馆

05754
清风店歼灭战　中国人民解放军华北军区政治部编
中国人民解放军华北军区政治部，[1948]，25页，32开
本书记述1947年10月清风店歼灭战。收文8篇，内容包括：《朱总司令贺晋察冀歼蒋第三军诗》《野战军的动员令》《清风店歼灭战经过》《五十三小时歼敌一万三的勇士们!》《永远达不到的蒋匪援兵》等。
收藏单位：重庆馆、广东馆、国家馆、吉林馆、南京馆、山东馆、山西馆、天津馆

05755
庆功纪念册　赵再生等著　天津纠察总队政治部编
天津纠察总队政治部，[1949]，84 页，32 开
收藏单位：国家馆

05756
庆祝济南解放的伟大胜利
出版者不详，[1948.10]，60 页，36 开
本书为伪装本。收文 17 篇，内容包括：《济南介绍》《庆祝济南解放的伟大胜利》《粟裕将军谈胜利的原因》《人民解放军公布初步战果》等。伪装题名：精校原本老残游记。伪装出版者题：上海益智书局。
收藏单位：国家馆、天津馆

05757
全军办报　冀晋军区政治部编
冀晋军区政治部，1947.4，64 页，32 开
本书收文 15 篇，内容包括：《进一步贯彻全党全军办报方针》（王平）等。
收藏单位：国家馆

05758
全面展开对敌政治攻势　胶东区党委宣传部编
胶东区党委宣传部，1947.8，23 页，32 开（参考材料 3）
收藏单位：国家馆、山东馆

05759
群众游击战争与民兵杀敌英雄　大会编辑委员会编
[太行群众书店]，1947.1，81 页，32 开（太行二届群英大会丛书）
收藏单位：重庆馆、吉林馆、近代史所、山西馆

05760
人民功臣第一连　山东新华书店总店编
山东新华书店总店，1947.10，24 页，48 开
收藏单位：国家馆、南京馆、山东馆

05761
人民解放军的战绩　东北民主联军总政宣传部编
东北民主联军总政宣传部，1947.6，37 页，32 开（时论丛书 5）
本书收文 6 篇：《蒋军危机日益严重》《中国权威人士评目前时局》《林总司令谈战局》《东北一年》《人民解放军十个月自卫战绩》《东北民主联军自卫战绩》。
收藏单位：国家馆、近代史所

05762
人民解放军军人手册　晋冀鲁豫军区政治部编
晋冀鲁豫军区政治部，[1945—1948]，28 页，64 开
本书收《人民解放军的军训》《人民解放军的三大任务》《三大纪律八项注意》《新的工作作风》等。
收藏单位：国家馆

05763
人民解放军宣言　中国人民解放军总部编
兴县：晋绥军区政治部，1947.12，22 页，64 开
本书共 4 部分：《人民解放军宣言》《中国人民解放军口号》《三大纪律八项注意》《三大纪律八项注意歌》。
收藏单位：山西馆

05764
人民解放军宣言与中国土地法大纲
佳木斯：东北书店，1947.10，28 页，32 开
收藏单位：广东馆、南京馆

05765
人民解放军宣言与中国土地法大纲
出版者不详，1947.11，34 页，32 开
收藏单位：国家馆、南京馆、天津馆

05766
人民解放军中的青年工作　萧华论述
中国人民解放军粤赣湘边纵队政治部，1949，

油印本，6 页，32 开
收藏单位：广东馆

05767
人民解放军总部宣布约法八章（传单） 毛泽东 朱德签发
[中国人民解放军第十八兵团政治部]，1949.4 印，油印本，2 张，横 8 开
收藏单位：国家馆

05768
人民解放战争两周年 太行群众书店编著
太行群众书店，1948.8，36 页，32 开
本书内容包括：《人民解放战争两周年的总结和第三年的任务》（新华社）、《中国人民解放军总部公布第二年战绩》、《祝五路大捷》（新华社）。
收藏单位：重庆馆、国家馆、山东馆、山西馆

05769
人民解放战争两周年的总结和第三年的任务 东北书店编
哈尔滨：东北书店，1948.8，16 页，32 开
收藏单位：重庆馆、国家馆、辽宁馆、南京馆、宁夏馆、天津馆

05770
人民解放战争两周年的总结和第三年的任务 东北书店编
沈阳：中共沈阳特别市工委宣传部，[1948]，11 页，32 开
收藏单位：重庆馆、国家馆、辽宁馆、上海馆

05771
人民解放战争两周年的总结和第三年的任务 吉林书店编
吉林书店，[1948]，53 页，32 开
本书为新华社社论集。附《为完全解放东北而战》（《东北日报》社论）、《旧中国在灭亡新中国在前进》（新华社社论）、《爱国运动的新高涨》、《祝五路大捷》、《集中统一遵守纪律争取全国范围的胜利——庆祝人民解放军廿一周年》（《东北日报》社论）等。
收藏单位：东北师大馆、国家馆、辽宁馆、山东馆

05772
人民解放战争两周年的总结和第三年的任务 冀鲁豫新华书店编辑部编
冀鲁豫新华书店，1948.8，32 页，32 开
收藏单位：国家馆、山东馆、山西馆

05773
人民解放战争两周年的总结和第三年的任务 辽宁日报社编
辽宁日报社，1948.9，57 页，32 开
收藏单位：国家馆

05774
人民解放战争两周年的总结和第三年的任务 新华社编
[兴县]：晋绥新华书店，[1948]，31 页，32 开
收藏单位：重庆馆、国家馆、辽宁馆、山东馆、山西馆

05775
人民解放战争两周年的总结和第三年的任务 新华社编
延安：陕甘宁新华书店，[1948]，40 页，32 开（时事丛书 6）
收藏单位：重庆馆、东北师大馆、国家馆、吉林馆、宁夏馆、山东馆、陕西馆、浙江馆

05776
人民解放战争两周年的总结和第三年的任务 新华社编
上海：新华书店，1949.5，17 页，32 开
收藏单位：重庆馆、南京馆、上海馆

05777
人民解放战争两周年的总结和第三年的任务 新华书店编

冀东新华书店，1948.8，35 页，32 开

收藏单位：国家馆

05778

人民解放战争两周年的总结和第三年的任务 正报社编

香港：正报社图书部，1948，52 页，32 开

收藏单位：广东馆、吉林馆、近代史所

05779

人民解放战争两周年的总结和第三年的任务

[人民解放军华北野战军第一兵团政治部]，1948，1 册

收藏单位：山西馆

05780

人民解放战争两周年的总结和第三年的任务

豫皖苏区党委宣传部，1948.8，24 页，32 开

收藏单位：国家馆、南京馆

05781

人民解放战争两周年的总结和第三年的任务（新华社社论）

[正定]：华北大学第一部，1948，油印本，14 页，32 开，环筒页装

收藏单位：国家馆

05782

人民解放战争两周年俘毙敌将级军官名单

中国人民解放军中原军区政治部编

中国人民解放军中原军区政治部，[1947]，42 页，64 开

本书为 1946 年 7 月至 1947 年 6 月 30 日的不完全统计。缺苏中七战七捷部分。封面题名：人民解放战争两周年俘毙蒋军将级军官名单。

收藏单位：重庆馆

05783

人民军队 新四军山东军区政治部编

胶东新华书店，1947.1，121 页，50 开

胶东新华书店，1947.7，再版，121 页，50 开

收藏单位：山东馆

05784

人民军队 新四军政治部编

华中新华书店，1946.12，94 页，32 开

华中新华书店，1948.10，94 页，32 开

本书共 7 个单元：为什么要革命、人民军队史略、人民军队本质、人民军队优良传统、人民军队组织制度、反不良倾向、中国往哪里去。

收藏单位：国家馆、江西馆、辽宁馆、南京馆、山东馆、山西馆、天津馆

05785

人民军队

晋冀鲁豫军区政治部，1946.5，35 页，32 开

收藏单位：山东馆

05786

人民军队

真理社，[1946—1949]，106 页，32 开

本书分 7 部分介绍人民解放军的历史、本质、优良传统及组织制度等。

收藏单位：吉林馆、辽宁馆

05787

人民军队

中国人民解放军第四野战军政治部，1949.3，31 页，32 开

收藏单位：南京馆

05788

人民军队

中国人民解放军西北军区政治部，1949.8 印，33 页，32 开

本书供连排干部阅读及战士上课用。共 14 节，内容包括：人民解放军的建军宗旨、发展简史、政治工作、三大纪律八项注意等。附《特等战斗英雄刘四虎》。

收藏单位：重庆馆、东北师大馆、国家馆、吉大馆、辽宁馆、山东馆

05789

人民军队的建设 晋冀鲁豫军区政治部编

晋冀鲁豫军区政治部，1946.1，109 页，32 开

晋冀鲁豫军区政治部，1947，[104] 页，32 开

本书为部队干部学习文件，收《人民战争》、《人民的军队》（毛泽东）、《人民军队的建设》（朱德）、《重颁三大纪律八项注意》、《关于军队政治工作》（谭政）、《工作作风》（毛泽东）、《中共中央关于领导方法的决定》等。

收藏单位：重庆馆、国家馆、近代史所

05790

人民军队建设　第二野战军政治部编

第二野战军政治部，[1949]，191 页，32 开

收藏单位：重庆馆、国家馆

05791

人民军队三字经　第三野战军政治部编

新华书店第三野战军分店，1949.7，再版，41 页，64 开

本书共 81 个主题，内容包括：不识字、学习、中国、受苦、工农、地主、四大家族、国民党、翻身等。

收藏单位：南京馆、山西馆

05792

人民军队三字经　第三野战军政治部编

上海：新华书店随军分店，1949，41 页，64 开

上海：新华书店随军分店，1949，增订 3 版，84 页，64 开

收藏单位：国家馆、山西馆

05793

人民军队三字经　和谷岩　陈明编辑

中原书局，1948.9，32 页，64 开

本书为战士政治文化教材。内容为歌颂中国共产党的领导。

收藏单位：国家馆

05794

人民军队三字经　中原军区政治部编

中原军区政治部，1949.9，增订版，5+154 页，横 64 开

收藏单位：南京馆

05795

人民军队要作遵守纪律执行政策的模范　第二野战军政治部编

第二野战军政治部，1949.5，25 页，32 开

收藏单位：山东馆

05796

人民战士　九纵胜利报社编

山东兵团政治部，1948.9，52 页，64 开

本书为课外读物。收文 25 篇，内容包括：《论一切缴获要归公》（谭震林）、《人民的战士》（鞠在中）、《战地救火第八连》（王克华）、《穷人的队伍爱穷人》（张莱）、《坚决执行城市政策》（郑维学）等。

收藏单位：国家馆

05797

人民战士基本政治教材（暂行本）　华东军区政治部编

华东军区政治部，1949.1，219 页，48 开

本书共 9 个单元，内容包括：形势、政策、纪律、传统、政治工作制度等。附《全年纪念日史实的简述》。书前有编者前言。

收藏单位：重庆馆、国家馆、辽宁馆、南京馆、山东馆

05798

人民战士手册

[华东军区政治部]，1947.10，14 页，64 开

本书收《三大纪律八项注意》《中国人民解放军口号》《中国人民解放军宣言》等。

收藏单位：国家馆

05799

人民战争中的民兵战术　刘祖靖著

[佳木斯]：东北书店，[1947.7]，62 页，大 64 开

本书收文 4 篇：《人民战争中的民兵战术》（刘祖靖）、《介绍几种地雷的构造使用法》（任昌汉）、《手榴弹投法》（米坚）、《人民战争中的交通破击战》（刘祖靖）。

收藏单位：东北师大馆、国家馆、天津馆

05800
人民战争中的民兵战术 松江军区政治部编
松江军区政治部，[1945]，29 页，25 开（干部学习材料 6）
收藏单位：江西馆

05801
荣军模范事迹选 中国人民解放军华东区荣军总校政治部编
中国人民解放军华东区荣军总校政治部，1948.8，79 页，32 开，环筒页装
本书共 7 辑：工作模范篇、学习模范篇、备战模范篇、军民团结模范篇、友爱模范篇、生产模范篇、节献模范篇。介绍姚杰、林岐山、唐振山、王德芳等四十余人的模范事迹。
收藏单位：国家馆、南京馆

05802
如何加强军队政治工作的领导与今后团结问题（谢副政委在分区政工会议的报告） 冀中军区第八军分区政治部编辑
冀中军区第八军分区政治部，1947.4，油印本，42+28 页，32 开
收藏单位：国家馆

05803
入城纪律 华东军区司令部颁布
[华东军区司令部]，1949.5，6 页，64 开
收藏单位：南京馆

05804
入城纪律守则 中国人民解放军华北军区颁布
中国人民解放军华北军区，1948.12，油印本，30 页，25 开
本书共两部分：中国人民解放军华北军区训令、入城纪行守则。
收藏单位：国家馆

05805
入城守则和纪律
中国人民解放军第三野战军政治部，1949.3，6 页，64 开
收藏单位：国家馆

05806
三大纪律八项注意 华北军区政治部华北画报社编
华北军区政治部，1948.6，24 页，32 开（连队丛刊）
收藏单位：重庆馆、国家馆、山东馆

05807
三大纪律八项注意和中国人民解放军口号
第十二军分区政治部，1947.10 印，油印本，11 页，64 开
收藏单位：国家馆

05808
三大民主 鄂豫军区政治部编
鄂豫军区政治部，[1947—1949]，石印本，1 册，36 开，环筒页装
本书收讲话稿 6 篇，内容包括：《毛主席谈部队民主问题》《谁是部队的主人翁》《如何开展三大民主运动》《普遍的建立士兵委员会》等。
收藏单位：重庆馆

05809
三下江南政治工作总结报告 东北民主联军一〇部队政治部编
群众编委会，1947.4，44 页，32 开
收藏单位：国家馆

05810
山东野战军一纵总兵站关于七个月民伕管理教育工作总结 山东野战军一纵总兵站著
山东省支前委员会政治部，1947.5 印，64 页，64 开
收藏单位：国家馆

05811
陕甘宁边区关于战勤动员的材料 陕甘宁边区民政厅编
陕甘宁边区民政厅，1947.12，油印本，1 册，16 开

收藏单位：国家馆

05812
生产战线上的抗大 抗大编审委员会编
［延安］：抗大政治部，1939，182 页，32 开（抗大丛书 4）
本书收文 60 篇，内容包括：《全校总动员起来迎接伟大的生产运动》（罗瑞卿）、《这是伟大的锻炼》（许光达）、《我们是坚强的生产队伍》（胡雷）等。
收藏单位：国家馆

05813
胜利的自卫战（关内） 东北局宣传部编
［佳木斯］：东北书店，1947.2，132 页，32 开（部队读物 1）
本书记述关内解放军粉碎国民党军队对解放区进攻的情形，共 5 部分：华中新四军自卫战大捷、晋冀鲁豫的战绩、山东解放区战绩、晋察冀战绩、其它解放区战绩。收报道 35 篇。封面题名：关内胜利的自卫战。
收藏单位：长春馆、重庆馆、东北师大馆、国家馆、黑龙江馆、吉大馆、吉林馆、辽宁馆、南京馆、宁夏馆、天津馆

05814
十个月的参战工作 冀鲁豫区后方总指挥部编
冀鲁豫区后方总指挥部，1947.6，[38] 页，32 开（参战丛书 第 4 辑）
本书共 4 章：史的回溯、经验总结、几个具体问题、目前特点及今后工作。正文前题名：冀鲁豫区十个月战勤工作概况。
收藏单位：国家馆、近代史所

05815
十个月来人民自卫战争战果 中国人民解放军晋冀鲁豫野战军政治部编
中国人民解放军晋冀鲁豫野战军政治部，1947，40 页，64 开
收藏单位：国家馆

05816
十个战术问题
中国人民解放军第十八兵团司令部，1949，24 页，32 开
本书为第十八兵团周副司令 1949 年 2 月 11 日在前委扩大会议上讲话的一部分。
收藏单位：重庆馆

05817
石家庄战役经验概要总结（军事工作部分）
晋冀鲁豫军区司令部，1948.1，6 页，32 开
收藏单位：国家馆

05818
时事教育参考文件（1945.8—1946.2） 晋察冀军区政治部编
［晋察冀军区政治部］，1946.2，170 页
本书收《苏联对日宣战后毛主席发表声明》《国共会谈纪要》等内容。
收藏单位：近代史所

05819
时事学习材料 陆定一等著
中国人民解放军第二野战军政治部，1949.6，61 页，32 开
本书收文 6 篇：《对于战后国际形势中几个基本问题的解释》《日丹诺夫在九国共产党情报会议上对目前国际形势的报告》《全世界革命力量团结起来反对帝国主义的侵略》《目前形势和我们的任务》《中国共产党中央委员会毛主席发表关于时局的声明》《任弼时同志在青年团第一次全国代表大会上的政治报告》。
收藏单位：重庆馆、国家馆

05820
士兵委员会 松江军区政治部编
松江军区政治部，1948.7，11 页，32 开
收藏单位：国家馆

05821
市街战斗
陕甘宁晋绥联防军区司令部，1948.12，18 页，

32 开
　　收藏单位：国家馆

05822
司令部工作要则草案　中国人民解放军华北野战军第一兵团司令部编
中国人民解放军华北野战军第一兵团司令部，1948.9，14 页，32 开
　　收藏单位：国家馆

05823
四大文件
冀察热辽分局，1947.10 印，13 页，32 开
　　本书收文 3 篇：《中国人民解放军宣言》《中国人民解放军口号》《三大纪律八项注意》《中国土地法大纲》。
　　收藏单位：国家馆

05824
宋任穷同志六月十五日在中央局党校关于政治工作的报告　[晋冀鲁豫军区政治部编]
晋冀鲁豫军区政治部，1947.12 印，16 页，32 开
　　收藏单位：辽宁馆

05825
苏中七战七捷的概述（九月廿五粟司令员在干部大会上的报告）　粟裕著
华野司令部，1946，14 页，32 开
　　收藏单位：国家馆

05826
诉苦复仇　晋察冀军区政治部编
[张家口]：晋察冀军区政治部，1947.12，68 页，36 开，环筒页装
　　本书共两部分：诉苦典型材料（附农民歌谣）、诉苦教育经验与方法。
　　收藏单位：北师大馆、重庆馆、国家馆、浙江馆

05827
肃清军阀主义倾向
东北人民解放军铁道纵队政治部，1948.10 印，57 页，32 开
　　本书收谭政的重要军事著作两篇和军队建设的相关文献。
　　收藏单位：国家馆

05828
随军书店——图书馆工作手册
华东军区、第三野战军政治部宣传部，1949.9，46 页，32 开
　　本书内容包括：华东军区、第三野战军关于随军书店、图书馆的指示、规定、工作情况、作用等。
　　收藏单位：重庆馆、国家馆、辽宁馆

05829
塔山英勇守备战画报特刊　中国人民解放军第四十一军政治部编
[北平]：中国人民解放军第四十一军政治部，1949.2，1 册，16 开
　　收藏单位：北师大馆、国家馆、湖南馆、近代史所

05830
塔山阻击战政治工作汇编　中国人民解放军第四十一军政治部编
[北平]：中国人民解放军第四十一军政治部，1949.3，58 页，32 开
　　本书收文 4 篇：《略谈塔山阻击战》（莫文骅）、《塔山守备战政治工作几个主要经验》（欧阳文）、《塔山守备战之政治工作经验》（张秀川）、《廿八团二连塔山阻击战政治工作总结》（徐宗华、魏梓材）。
　　收藏单位：国家馆

05831
太行人民武装斗争经验　太行区武委会辑
[涉县]：协成印刷局，1947，72 页，32 开
　　本书共 3 部分：简述、几种地区的民兵斗争、民兵战术。由太武机关干部集体整理而成。书前有杨殿魁前言。
　　收藏单位：国家馆

05832
太原市军事管制委员会政策法令汇集（第1册） 军管会办公室编
[太原]：军管会办公室，1949.5，60页，32开
本书收军管期间颁布的政策法令，以及这一时期该会颁布的有关政策法令的重要文件。
收藏单位：国家馆、山西馆、浙江馆

05833
太原战役政治攻势工作初步总结 晋中军区政治部敌工部编
晋中军区政治部敌工部，1949.1，复写本，9页，16开
收藏单位：国家馆

05834
太岳区人民服勤试行办法草案 [太岳行署编]
[阳城]：太岳行署，1948.6，15页，32开
本草案共9章31条。书前有晋冀鲁豫边区政府太岳行署的命令。附表3种。
收藏单位：国家馆、天津馆

05835
太岳区战勤工作奖惩办法 [太岳行署编]
[阳城]：[太岳行署]，1948.6，11页，36开，环筒页装
本书收办法3种：《太岳区战勤奖励办法》《太岳区惩治滥用浪费民力暂行条例》《太岳区参战服勤民工民兵负伤治疗残废供给埋葬抚恤及牲口车辆损失赔偿的规定》。
收藏单位：国家馆、内蒙古馆

05836
太岳人民武装建设 太岳军区司令部 太岳军区政治部编辑
[阳城]：太岳军区司令部、太岳军区政治部，1949.7，2册（233+328页），25开
本书上册收《人民武装抗日自卫队暂行条例》《人民武装冬季训练工作指示》《一九四四年人民武装工作计划》等60种，下册收《武总关于开展生产自学运动的号召》《武总关于保卫麦收的号召》《武总关于远征民兵编制番号的决定》等103种。
收藏单位：山西馆

05837
铁路军运暂行条例 东北行政委员会 东北军区司令部制定
沈阳：东北行政委员会、东北军区司令部，1949，16页，32开
收藏单位：国家馆、辽宁馆

05838
同蒲前线 金沙等著 太岳新华书店编
[阳城]：太岳新华书店，1946，20页，32开
本书记述浮山解放区的自卫战绩。
收藏单位：国家馆

05839
统一和加强华东荣军工作决定 新四军军部兼山东军区编
出版者不详，1947.5，17页，32开
收藏单位：山东馆

05840
瓦子街歼灭战中的七一四团 西北野战军政治部编
新华书店，[1948—1949]，59页，36开
本书收《学习七一四团优良的战斗作风》《瓦子街歼灭战中的七一四团》《瓦子街战斗中的任团长》《巩固前进阵地》《夺山头陈占元显奇勇》《刘四虎立功杀七敌》《敌我悬殊顽强奋战》《勇士和卫生员》《同心协力个个奋勇》等文章。
收藏单位：重庆馆

05841
皖南军区徽州军分区后勤司令部工作布置
皖南军区徽州军分区后勤司令部著
皖南军区徽州军分区后勤司令部，1949.8，钢笔手书，2张，16开
本报告共5部：粮食问题、柴草问题、副食问题、建立运输站问题、民工问题。由司令员吴文瑞、政委王知行、副参谋长张振恒

等人手书，写在两张 1937 年 10 月安徽省祁门县发行救国公债的《临时印收缴核》的背面。

收藏单位：国家馆

05842

王司令员在后勤会议上的总结报告

[陕甘宁边区政府]，1948.1，油印本，19 页，32 开

本报告主要介绍陕甘宁边区的后勤工作。

收藏单位：国家馆

05843

为保卫毛主席而战　晋冀鲁豫第八纵队二十三旅政治部编

晋冀鲁豫第八纵队二十三旅政治部，1947.10，64 页，32 开

本书收文 30 篇，介绍该旅在延安保卫战中的战斗事迹及英雄人物。

收藏单位：国家馆

05844

为人民服务　东北民主联军护路军政治部宣传科编

[东北民主联军护路军政治部宣传科]，[1948—1949]，16 页，32 开

本书共 8 课，内容包括：百姓是人民军队的靠山、怎样为人民服务等。附页 6 则，说明护路军的任务。

收藏单位：南京馆

05845

为树立优良的战斗作风而斗争　东北民主联军总政治部编

东北民主联军总政治部，1947，10 页，32 开

收藏单位：吉林馆、辽宁馆

05846

温典祥班和张绪友排　胶东军区政治部前线报社编

胶东军区政治部前线报社，1946，37 页，32 开

收藏单位：辽宁馆

05847

西北人民解放军前委扩大会议决定　中共西北中央局辑

中共西北中央局，1948.1，9 页，32 开

收藏单位：国家馆

05848

襄樊战役（人民战士影集）　袁克忠　李国斌等摄影　第二野战军政治部编辑

[北平]：人民战士出版社，1949.6，[26] 页，横 16 开

本书收 1948 年 7 月 2—16 日中国人民解放军第二野战军解放襄樊战役的图片 34 幅，并附简单文字说明。

收藏单位：重庆馆、国家馆、南京馆

05849

向江南进军（画刊）　中国人民解放军第二野战军政治部编辑

[北平]：人民战士出版社，1949.7，[52] 页，16 开

本书收 1949 年中国人民解放军第二野战军渡江作战的图片二百余幅。

收藏单位：安徽馆、国家馆

05850

携带枪支暂行规则　华北人民政府颁布

华北人民政府，1948.11，2 张，16 开

收藏单位：国家馆

05851

新兵政治教材　冀南军区政治部编

[威县]：冀南军区政治部，1947，42 页，32 开

收藏单位：国家馆

05852

新参军战士入伍教材　华东军区政治部编

华东军区政治部，1948.11，31 页，64 开

本教材 10 课，内容包括：艺高人胆子大、三大纪律八项注意等。为新成立的地方县、区武装，以及二线兵团而编写。

收藏单位：南京馆、山东馆

05853
新解放战士政治教材　十二军政治部编
十二军政治部，1949，22 页，32 开
本书共 9 课，内容包括：解放战争的伟大胜利、参加解放军最光荣等。
收藏单位：重庆馆

05854
新英雄　周庄部队政治部编
周庄部队政治部，[1949]，51 页，36 开（第二届英模大会丛书 2）
本书收描写周庄部队英雄事迹的文章 31 篇，内容包括：《新英雄》（寒风）、《小英雄》（勇锐）、《工兵英雄金银山》（德骏）等。
收藏单位：广东馆、辽宁馆、南京馆

05855
行军专集　中国人民解放军第四十六军政治部编
中国人民解放军第四十六军政治部，1949 印，16 页，32 开
收藏单位：吉林馆

05856
宣传队工作　东北民主联军总政治部 [编]
东北民主联军总政治部，1947，38 页，大 64 开
本书为宣传员指导手册，收文件 7 种：《林谭首长关于恢复宣传队组织的决定》《古田会议关于“红军宣传工作的问题”的决议》《总政宣传部对宣传队工作的意见》《部队文艺工作应该为兵服务》《火线上的二五宣传队》《我们的战地工作》《民主部宣传队战时活动》。
收藏单位：长春馆、辽宁馆

05857
宣传教育工作文献　新四军山东军区政治部编
新四军山东军区政治部，1946.8，127 页，32 开
本书收文 23 篇，内容包括：《中宣部关于党的宣传鼓励工作提纲》《宣传指南》《中共中央关于延安干部学校的决定》《中共中央关于在职干部教育的决定》《中共西北中央局关于今年冬季区乡干部训练问题的指示》等。
收藏单位：山东馆

05858
学习四师十团的战评　冀东军区政治部编
冀东军区政治部，1948.5，24 页，32 开，环筒页装
本书附《广泛开展战评运动》（《自卫报》1947 年 11 月 11 日社论）。
收藏单位：重庆馆、国家馆

05859
血海深仇（部队诉苦选集 1）　太岳军区政治部编
太岳军区政治部，[1940—1949]，36 页，32 开
本书收文 6 篇，内容包括：《我连牛马不如》（马泽民）、《我将永远不能忘记这二十一年的血海深仇》（宫其林）、《三条人命》（乔梁柱）等。
收藏单位：国家馆

05860
杨庄之战　晋冀鲁豫军区第三纵队政治部编
晋冀鲁豫军区第三纵队政治部，1947.2，26 页，32 开
本书记述鲁西南自卫反击战役。
收藏单位：国家馆

05861
野战炮兵操典草案（第 2 部）
山东军区新四军司令部，1946，1 册，64 开（炮兵丛书 3）
收藏单位：南京馆

05862
一九四八年西北战场大事记　群众日报社编
群众日报社，[1949]，40 页，64 开
本书内容包括：西北战场（包括陕甘宁、晋绥、绥蒙等地）人民解放军和地方武装、民兵的战绩。
收藏单位：国家馆、近代史所、南京馆、

山东馆、浙江馆

05863
一九四四年胶东区党委军区政治部关于各种工作的指示
山东胶东区党委、山东胶东军区政治部，[1944]，油印本，1册，32开
本书为山东胶东区党委、军区政治部等单位发出的各种文件。
收藏单位：国家馆

05864
一九四四年十至十二月份胶东区党委、军区政治部各种指示　胶东区党委　军区政治部编发
胶东区党委、军区政治部，[1944]，油印本，1册，32开
本书是抗战时期山东胶东区党委、军区政治部下发的文件原件汇订，收区党委组织部关于反扫荡紧急指示、山东军区政治部关于部队协助地方群众斗争的指示等指示、通知、训令共12种。
收藏单位：国家馆

05865
一年来的一笔总账（中国人民解放军全年主要战绩统计）
出版者不详，1947，40页，64开
本书为伪装本。伪装题名：朱柏庐先生治家格言。伪装出版者题：文昌书局。
收藏单位：国家馆

05866
一年战绩与中国人民解放军宣言　晋冀鲁豫军区政治部编
晋冀鲁豫军区政治部，1947，30页，32开
本宣言内容包括：总部发表自卫战绩一年总结、陕北军事观察家谈总部五项公报、总部发布七八九三个月战绩、中国人民解放军宣言、中国人民解放军口号、人民解放军大举反攻。附《蒋介石的秘密讲演录》。
收藏单位：重庆馆、山东馆

05867
一年之回顾　中国人民解放军总部编
国民图书公司，[1947]，17页，50开
本书收新华社有关军事观察家的评论，评述1946年7月1日至1947年6月30日人民解放军的战绩。附《爱国自卫战争一年总结》（人民解放军总部公布）。
收藏单位：国家馆

05868
英勇奋斗的一年　苏中二地委宣传部编
二分区新华书店，1947.8，1册，32开
本书为干部时事学习材料，内容包括：朱总司令元旦广播、争取全面抵抗的胜利、战局在开始变动、十一月以来的战局等。书前有编辑前记。
收藏单位：辽宁馆、中科图

05869
迎接一九四六年政治教材提要　华中军区政治部编
华中军区政治部，1945.12，17页，36开
收藏单位：南京馆

05870
用正确政策团结改造解放战士　华北军区补训兵团政治部编
华北军区补训兵团政治部，1949.1印，19页，32开
本书为干部政策学习材料。
收藏单位：南京馆

05871
游击战争经验集锦　冀鲁豫书店编
朝城：冀鲁豫书店，1947.5，84页，32开
本书收文23篇，内容包括：《边区八个月来游击战争重要经验》（陆凤翔）、《论地道斗争》（陆凤翔）、《游击战争在华中》（华中分社）、《武装村公所》（朱襄）等。
收藏单位：国家馆、河南馆、山西馆

05872
约法八章

第二野战军政治部，1949.4，9 页，64 开
　　收藏单位：山东馆

05873
怎样进行政治教育　东北民主联军总政治部编
东北民主联军总政治部，1947.8，59 页，32 开（业务丛书 2）
　　本书内容包括：孙永章的教育方法、放下包袱、王顺平的教育方法、三种战士互相教学等。
　　收藏单位：长春馆、东北师大馆、国家馆、吉大馆、近代史所、辽宁馆

05874
怎样进行政治教育　中国人民解放军第四野战军政治部宣传部编
中国人民解放军湖北军区政治部，1949.9 印，43 页，32 开
　　收藏单位：南京馆

05875
怎样开展群众性的立功运动（走群众路线的经验）　贺亦然执笔　冀南军区政治部编
[威县]：冀南军区政治部，1947，51 页，32 开
　　收藏单位：国家馆

05876
怎样支援长期战争　冀鲁豫区后方总指挥部编
[平山]：战友报社，1947.5，44 页，32 开（参战丛书第 2 辑）
　　本书收战勤的调查研究和工作总结。
　　收藏单位：国家馆、吉林馆、近代史所、山东馆

05877
增修步兵战术概则　国民革命军第十八集团军总司令部编
冀晋军区司令部，1947.9，77 页，64 开
　　收藏单位：山东馆

05878
增修步兵战术概则
晋冀鲁豫军区司令部，1948.1 印，96 页，64 开
　　本书分 8 章介绍战斗队形，遭遇、进攻、防御、退出战斗的概则，指挥、通信、侦察的方法等。
　　收藏单位：国家馆

05879
战评运动
东北民主联军总政治部，1947.12，43 页，32 开（连队工作丛书）
东北民主联军总政治部，1948.3，74 页，32 开（连队工作丛刊）
　　本书收文 9 篇，内容包括：《开展战评运动指示》（林彪、谭政）、《广泛开展战评运动》（《自卫报》社论）、《群众的军事创造》（华山）、《辽东某部战评方法》（王军）等。附《晋察冀某部战评》等两种。
　　收藏单位：国家馆、南京馆、山东馆

05880
战勤工作的几点经验　晋冀鲁豫边区五专署财政科编
晋冀鲁豫边区五专署财政科，1947.3，油印本，10 页，32 开
　　收藏单位：国家馆

05881
战勤工作总结　晋冀鲁豫边区四八分区后方指挥部编
晋冀鲁豫边区四八分区后方指挥部，1948，油印本，10 页，32 开
　　收藏单位：国家馆

05882
战勤与生产　太岳政报社编
[阳城]：太岳政报社，1947.6，46 页，32 开（政报丛书 3）
　　收藏单位：国家馆

05883
战士爱国主义教材　湖北军区政治部编
出版者不详，[1949]，40 页，32 开
收藏单位：重庆馆、山东馆

05884
战术材料
中国人民解放军第八军司令部，1949.5，2 册，32 开（军事教材 4）
本书上册为《各个教练》，下册为《班教练》。
收藏单位：国家馆

05885
战术研究参考材料之一　新四军华中军区司令部编
新四军华中军区司令部，1946.7，35 页，64 开
本书共两部分：我军作战经验、顽军战术指导。
收藏单位：国家馆

05886
张公店之战军政双胜
中国人民解放军中原野战军第一纵队政治部，1948，44 页，32 开（徐州会战专刊第 1 集）
本书收报道、短文 51 篇。
收藏单位：重庆馆、国家馆、南京馆

05887
阵中手册　新四军山东军区政治部编
[惠民]：渤海新华书店，[1947.9]，115 页，32 开
收藏单位：山东馆

05888
阵中手册　新四军山东军区政治部编
胶东新华书店，1947，163 页，大 64 开
收藏单位：国家馆、山东馆

05889
整编节约参考材料　饶漱石讲　中共淮阴区地委宣传部编
淮阴：中共淮阴区地委宣传部，1949，28 页，32 开
本书收《关于后方机关的整编问题》（饶漱石）、《贯澈整编节约方案到行动中去》（《解放日报》社论）等。
收藏单位：国家馆

05890
整顿我们的作风　冀东军区政治部编
冀东军区政治部，1948.5，11 页，32 开
本书收文 6 篇：《军区政治部关于整顿作风的指示》《反对军阀主义》《军阀主义倾向的六种表现》《反对自由主义》《关于部队民主问题》《开展批评与自我批评》。
收藏单位：国家馆

05891
正义的呼声
苏中军区政治部，[1945—1947]，1 册，32 开
收藏单位：南京馆、山东馆

05892
政策与纪律　胶东军区政治部宣传部编
胶东军区政治部宣传部，[1948]，117 页，64 开（连队读物 9）
本书收文 42 篇，内容包括：《约法七章》《入城守则》《四十两金子》《没人发洋财》等。
收藏单位：国家馆

05893
政工人员必读　华东军区荣军总校第一总分校政治部编
华东军区荣军总校第一总分校政治部，1948.11，80 页，64 开
本书共 6 部分，内容包括：政治指导员的任务与工作、连队政治工作的几个问题等。
收藏单位：国家馆

05894
政工手册
渤海军区政治部，1947.7，40 页，32 开
收藏单位：国家馆

05895
政工学习材料
中国人民解放军华东军区第三野战军政治部，[1949]，296 页，32 开
收藏单位：国家馆

05896
政治工作参考资料（之一）　华北军政大学政治部编
[石家庄]：华北军政大学政治部，[1949]，81 页，32 开
本书内容包括：关于部队工作问题、经过诉苦与民主运动三连面貌焕然一新、介绍两个指导员的工作、新式整军中的一个成功经验等。
收藏单位：重庆馆

05897
政治课本　东北民主联军政治部编
东北民主联军政治部，1946.5，20 页，32 开
本课本供新入伍的战士及下级干部用。共 11 课，内容包括：人民的军队、共产党是东北人民的救星、拥护民主政权、三大纪律八项注意等。
收藏单位：国家馆、南京馆

05898
政治课本　中共华中一地委宣传部编
出版者不详，1949.1，校改本，27 页，64 开
收藏单位：国家馆

05899
政治课本　中国人民解放军东北军区政治部编
中国人民解放军东北军区政治部，1949，35 页，32 开
收藏单位：国家馆、南京馆

05900
政治练兵动员讲话材料　第十六军分区政治部制订
第十六军分区政治部，[1945—1949]，油印本，10 页，32 开
收藏单位：国家馆

05901
支前人人有份　韦以平编
[惠民]：渤海新华书店，1948.9，20 页，36 开
收藏单位：国家馆、山东馆

05902
支前手册　华东支前委员会政治部编
新华书店，1949.4，92 页，18 开
本手册供支前干部学习用。共 4 部分：第 1 部分为淮海战役人民支前照片，第 2 部分收《济南战役总动员令》等 7 篇，第 3 部分收《华东局组织部、华东支前委员会给各区党委各行署并各支前委员会的一封信》等 11 篇，第 4 部分收《胶东粮食分局组织民工运粮经验》等 7 篇。书前有《中共中央委员会电贺淮海战役胜利结束》等。
收藏单位：重庆馆、国家馆、南京馆、山东馆、上海馆、中科图

05903
支前手册
华中一分区新华书店，1947，58 页，32 开
本书内容包括：关于广泛的支前运动、保证切实完成巨大的持久的支前任务等重要指示与社论、法令与办法、经验介绍等。
收藏单位：南京馆、山东馆、浙江馆

05904
指挥手册
石家庄：华北军政大学教育部，1949.4 印，17+221 页，32 开
本书内容包括：阵中勤务、战斗、运输、渡河、筑城、爆破、各种协定范例等。书前有《毛主席十大军事原则》。
收藏单位：国家馆

05905
中共中央东北局文件
出版者不详，[1945]，1 册，16 开
收藏单位：吉林馆

05906
中共中央负责人评当前军事形势
出版者不详，[1945—1949]，28 页，32 开
收藏单位：国家馆

05907
中共中央负责人评中国军事形势　华东鲁中南区党委宣传部编
华东鲁中南区党委宣传部，1948.12，30 页，大 64 开
本书为干部读物，收中国共产党中央负责人评论中国军事形势的文章。
收藏单位：国家馆

05908
中共中央军委总卫第一届药工会议会刊　中共中央军委总卫第一届药工会议会刊临时编委会编
中共中央军委总卫第一届药工会议会刊临时编委会，1949，72 页，32 开
本刊收本次会议的报告、大会决议、经验介绍等。书前有陈真仁所致开幕词。
收藏单位：重庆馆

05909
中国革命读本（第 1 册）　李克明　徐元东编
四十九军青年军政干部学校，[1947—1949]，86 页，32 开
收藏单位：桂林馆

05910
中国革命读本（第 2 册）　毛泽东　任弼时　柯柏年著
四十九军青年军政干部学校，[1947—1949]，113 页，32 开
收藏单位：桂林馆

05911
中国人民解放军的三大纪律八项注意
[惠民]：渤海新华书店，1948.9，14 页，64 开
收藏单位：国家馆、山东馆

05912
中国人民解放军第一野战军第一次党代表会议文献
出版者不详，1949.2，29 页，32 开
收藏单位：国家馆

05913
中国人民解放军对宗教的政策　华东军区政治部华东书报社编
华东军区政治部华东书报社，[1949]，19 页，36 开
本书通过大量图片说明中国人民解放军保护、尊重宗教信仰自由的事实。
收藏单位：重庆馆、南京馆、山东馆

05914
中国人民解放军淮海大捷纪实　中原新华书店编辑部编
[郑州]：中原新华书店，1949.3，223 页，23 开
本书内容包括：淮海战役的发展经过、淮海战场介绍、人民支援人民战争、淮海大捷大事记等。
收藏单位：国家馆、河南馆、黑龙江馆、湖北馆、湖南馆、近代史所、南京馆

05915
中国人民解放军基本口号
华东野战军第一纵队政治部，[1947.9]，油印本，8 页，大 64 开
本书收中国人民解放军口号 40 条。
收藏单位：国家馆

05916
中国人民解放军六十七条口号解说　晋察冀军区政治部编
[张家口]：晋察冀军区政治部，1947.12，75 页，64 开
本书对“打倒蒋介石，建立新中国”“打倒背叛政协决议的蒋介石”“打倒破坏停战协定的蒋介石”等口号进行解说。
收藏单位：广东馆、国家馆、南京馆

05917

中国人民解放军平津前线司令部布告

出版者不详，1948.12，1 页，8 开

收藏单位：国家馆

05918

中国人民解放军三年战绩地图　中国人民解放军第二野战军政治部编

中国人民解放军第二野战军政治部，1949，木刻，铅印本，2 页，10 开

收藏单位：广东馆

05919

中国人民解放军双十文献（标准本）

晋冀鲁豫军区政治部，1947.10，14 页，32 开

本书收文 3 篇：《中国人民解放军三大纪律八项注意》《中国人民解放军口号》《中国人民解放军宣言》。

收藏单位：国家馆

05920

中国人民解放军宣言与口号　中国人民解放军总部 [编]

吉林省教育厅，1947，10 页，32 开

收藏单位：国家馆

05921

中国人民解放军宣言 · 中国土地法大纲　东北民主联军总政治部编

[东北民主联军总政治部]，1947.11，34 页，32 开（时论丛书 10）

本书收文 4 篇：《中国人民解放军宣言》《三大纪律八项注意》《关于公布中国土地法大纲的决议》《中国土地法大纲》。附《晋绥边区农会临时委员会告农民书》《人民解放军廿周年》。

收藏单位：重庆馆、东北师大馆、广东馆、国家馆、吉林馆、南京馆、天津馆、浙江馆

05922

中国人民解放军战争两周年的总结和第三年的任务　新华社编

新华社，1948.8，11 页，32 开

05923

中国人民解放军中原军区布告　中原军区政治部编

中原军区政治部，1948.10，10 页，64 开

收藏单位：南京馆

05924

中国人民解放军总部公布三大纪律八项注意

出版者不详，[1948]，8 页，32 开

收藏单位：浙江馆

05925

中国人民解放战争军事文集　中国人民解放军总部编

中国人民解放军总部，1949.7，4 册（543+656+534+668 页），32 开，精装

本书收经新华社公布及各军区报纸登载过的重要军事论文、评论及与军事问题有直接关系的其他论文。

收藏单位：国家馆、南京馆、天津馆、浙江馆

05926

中国人民解放战争两周年总结和第三年任务　中国人民解放军中原军区政治部编

中国人民解放军中原军区政治部，[1948—1949]，59 页，64 开

本书收文两篇：《人民解放战争两周年的总结和第三年的任务》（新华社社论）、《中国人民解放军总部公布人民解放战争第二年总结》。

收藏单位：重庆馆

05927

中国人民解放战争三年战绩　中国人民解放军总部编

[北平]：中国人民解放军总部，1949.7，1 册，9 开

收藏单位：重庆馆、广东馆、广西馆、国家馆、山西馆、首都馆

05928
中央关于成立士兵委员会的通知
出版者不详，[1948]，4 页，32 开
收藏单位：国家馆

05929
中央局关于群众游击战争的指示
岳北人民印刷厂，1947.2，石印本，6 页，大 64 开
收藏单位：国家馆

05930
中原的突围与解放　孔厥等著
[威县]：冀南书店，1947，33 页，32 开
收藏单位：国家馆

05931
朱总司令在 X X 兵团连排班及士兵代表会议上的讲话（一九四八年五月十五日）　第二野战军政治部编
第二野战军政治部，1948，7 页，32 开
收藏单位：重庆馆、国家馆、辽宁馆

05932
祝五路大捷　[中国人民解放军华北野战军第一兵团政治部编]
中国人民解放军华北野战军第一兵团政治部，1948 印，11 页，32 开
本书内容包括：晋中战役我军的辉煌战果、中共中央致我军晋中大捷的贺电、东北领导机关致我军晋中大捷的贺电等。
收藏单位：天津馆

05933
砖井战斗详报　陕甘宁第三分区二团参谋处编
陕甘宁第三分区二团参谋处，1949.2，毛笔手书，5 页，16 开
收藏单位：国家馆

05934
追击线上　第四兵团政治部编
第四兵团政治部，1949.7，68 页，32 开
本书共 4 部分：完成渡江任务、追歼闽赣残敌、拥军爱民、功臣与模范。
收藏单位：重庆馆、国家馆、近代史所、南京馆

05935
桌上的表　华东胶东军区政治部宣传部编
华东胶东军区政治部宣传部，[1947—1949]，42 页，64 开（战士读物 3）
本书收有关解放军军纪教育的短文 12 篇，内容包括：《毛主席怎样解说“不拿群众一针一线”》《桌上的表》《金银元宝回家的故事》《掉下的杏子》等。
收藏单位：国家馆

05936
子弟兵　胶东新华书店编
胶东新华书店，1947.3，32 页，84 开
本书收文 18 篇，内容包括：《个人要立功劳》《看看这些立功劳的榜样》等。
收藏单位：南京馆

05937
自卫战争两周年时事讲话参考材料　五地委宣传部编
五地委宣传部，1948.7，27 页，64 开
收藏单位：国家馆

05938
自卫战争时期人民武装建设材料辑存　太行区武委会辑
[涉县]：太行区武委会，1946，150 页，32 开
本书收文 44 篇，内容包括：《祁县张登村新区工作失败教训》（太武）、《夏收保卫战的胜利与经验》（肖功九）、《两月来民兵投敌叛变的教训研究》（王伯英）、《黎城民兵整训与群众结合的经验》（李振经）等。
收藏单位：国家馆

05939
自卫战争新阶段　太岳新华书店编
[阳城]：太岳新华书店，1947.10，27 页，32

开（大反攻文献 1）

本书收《人民解放军大举反攻》《中国人民解放军宣言》《中国人民解放军口号》等。

收藏单位：重庆馆、国家馆、山西馆

05940

组织工作参考材料　冀中军区政治部 [编]

冀中军区政治部，1946.11，80 页，32 开

收藏单位：国家馆

世界各国军事

05941

奥勒尔——一九四三年七月会战

莫斯科：外国文书籍出版局，1943，47 页，25 开

本书记录苏军于 1943 年 7 月 5 日开始的在奥勒尔—库尔斯克和别尔果洛得两方面与德军进行的一次战斗。

收藏单位：重庆馆、国家馆、南京馆

05942

步兵师战术　（苏）齐列穆尼耶等著　曹汀　常彦卿译

莫斯科：苏联国防人民委员会军事出版部，1941，370 页，32 开

本书共 4 章：攻击战斗、遭遇战斗、防御战斗、行军与宿营。

收藏单位：重庆馆

05943

步兵战例选集（上册）

[延安]：八路军军政杂志社，1942，161+42 页，32 开（抗日战争参考丛书 26）

本书收战例 150 个，对重要战术问题均加以简短的理论阐述。书前有出版部的话、俄文版序言、原版序言。

收藏单位：国家馆

05944

步兵战术教程

[冀鲁豫军区司令部]，[1938—1949]，石印本，2 册（22+107+120 页），32 开，环筒页装

本书上册内容包括：行军、防御、进攻；下册内容包括：冲锋、侦察、重机关枪排的动作。书前有出版部的几句话、序言。据《工农红军步兵教授大纲》编成，用作工农红军步兵学校教科书及工农红军中级军官参考书。为茨弗尔《步兵战术》的补充修改本第 3 版。

收藏单位：国家馆

05945

步兵侦察　（苏）奥格洛布林等著　金涛译

晋冀鲁豫军区司令部，1946，106 页，32 开

本书共 6 章，阐述步兵侦察的概则，侦察时的战斗员和侦察组，步兵班、排、连的侦察等。附图 35 幅。据八路军军政杂志社版翻印。

收藏单位：国家馆

05946

参谋工作　陶汉章编著

出版者不详，1948.6，湖北军区司令部，2 册，32 开

收藏单位：国家馆

05947

敌寇作战要务令　国民革命军第十八集团军（八路军）政治部编

[延安]：八路军军政杂志社，1941.9，99 页

本书共 8 篇，内容包括：战斗指挥、攻击、防御、追击及退却、持久战等。系缴获文件。据日军 1938 年版《作战要务令》译出。

收藏单位：山西馆

05948

敌寇作战要务令（1）

八路军留守兵团司令部，1943.12 印，140 页，32 开

本书据日军 1935 年版《作战要务令》译出。

收藏单位：国家馆

05949
读兵杂记　杜畏之著
新中国出版社，1948，104 页，32 开
本书共 3 辑，内容包括：军事理论、战争艺术等。著者原题：杜沧白。
收藏单位：南京馆、首都馆

05950
读兵杂记　杜畏之著
赣县：中华正气出版社，1945.1，134 页，32 开（新学生丛书）
本书著者原题：杜沧白。

05951
福龙芝选集（上册）（苏）福龙芝著　焦敏之等译　曾涌泉校
[延安]：八路军军政杂志社，1940.12，149 页，32 开（抗日战争参考丛书 12）
[延安]：八路军军政杂志社，1945.1 山东军区司令部翻印，163 页，32 开（抗日战争参考丛书 12）
本书收文 9 篇：《福龙芝自传》《红军的改编》《高级军事教育问题》《列宁与红军》《红军与苏联国防》《我国的军事建设与军事科学学会的任务》《军事工业是我们国防力量的基础》《政治工作人员的目前任务》等。
收藏单位：国家馆、山东馆

05952
红军是人民的解放者
东北中苏友好协会，1945.12，21 页，50 开
本书共 6 节，阐述苏联红军在第二次世界大战中的功绩及在战后保卫世界和平中的重大作用。
收藏单位：国家馆、吉大馆、天津馆

05953
红军战士底战斗勤务（苏）M. 瓦西连科著　吴恺译　曾涌泉校
晋察冀军区司令部，1946.1 印，148+42 页，32 开（抗日战争参考丛书 20）
本书原为苏联步兵战士所用战术教科书，内容包括：红军战士底一般职责、红军战士在行军中的职责等。书前有晋察冀军区司令部 1946 年 1 月 1 日关于本书的通知。据八路军军政杂志社 1942 年 1 月版重印。
收藏单位：北碚馆、国家馆

05954
红军中的政治工作（苏）捷克嘉洛夫著
瑞金：中华苏维埃共和国工农红军学校政治部，1934.1 印，石印本，1 册，32 开
收藏单位：国家馆

05955
军队的参谋工作（苏）法尔佛洛默夫著　鲸布译
上海：军学研究社，1932，140 页，32 开
本书共 11 章，内容包括：规定参谋勤务之技术的必要、组织独立兵团之指挥机关底一般要领、参谋处底结构、野战参谋之处理事务、参谋处在野战的设备、在战斗情况中参谋处配置地位的选择和参谋处的转置、参谋处在行军中的序列、对于参谋处在作战工作技术上的几个指示等。

05956
军队的参谋工作（苏）法尔佛洛默夫著　鲸布译
汉口：新华日报馆，1938.5，106 页，32 开（新群丛书 6）
汉口：新华日报馆，1938.8，再版，106 页，32 开（新群丛书 6）
收藏单位：重庆馆、广东馆、贵州馆、国家馆、吉林馆、江西馆、南京馆、天津馆、浙江馆、中科图

05957
两年来的苏联保卫祖国战争　苏联情报部编
莫斯科：外国文书籍出版局，1943.6，13 页，大 64 开
本书为苏联情报部 1943 年 6 月 22 日公报。
收藏单位：国家馆

05958
论日本的战略　（美）斯诺（Edgar Snow）著　栖桦译
上海：新中国出版社，1938.8，36 页，36 开
本书共 3 部分，论述日本战略的失败及判断错误导致的结果。书前有代序《抗战一年来的军事》。附《一年来敌军战略之检讨》（徐培根）。
收藏单位：广西馆、国家馆、湖南馆

05959
论苏军　（苏）A. 科瓦列夫斯基著　青山译
大连：光华书店，1948.2，54 页，36 开
本书共 5 部分：苏军的特点、卫国战争前的苏军、苏军保卫了十月革命的成果、苏军是人类的解放者、战后时代的苏军。附《斯大林论红军三大特点》。
收藏单位：长春馆、重庆馆、国家馆、南京馆、山东馆

05960
论苏军　关东中苏友好协会编
大连：关东中苏友好协会，1948.2，107 页，32 开（友谊丛书 5）
本书收文 22 篇，内容包括：《苏军是新型的军队》《斯大林“论红军的三大特点”》《列宁是苏军的创立者》《苏军的道德品质》《苏维埃近卫军》《苏军是欧洲人民的解放者》等。
收藏单位：安徽馆、广东馆、南京馆、山东馆、上海馆

05961
论苏联红军的现状　（苏）伏罗希洛夫（Климент Ефремович Ворошилов）著　黄文杰译
重庆：新华日报馆，1939.7，54 页，32 开（新群丛书 35）
本书为著者 1939 年 3 月 13 日在联共党（布）第十八次代表大会上的演说。
收藏单位：北碚馆、重庆馆、贵州馆、国家馆、吉林馆、南京馆、天津馆

05962
论战略反攻　（苏）塔林斯基著
东北书店，1949.4，29 页，32 开
本书收文 3 篇：《论战略反攻》（塔林斯基）、《拉俊同志的信》、《斯大林论克劳塞维茨》（原题《斯大林同志答拉俊同志的信》）。
收藏单位：安徽馆、长春馆、东北师大馆、广东馆、广西馆、国家馆、吉林馆、辽宁馆、上海馆、天津馆

05963
十个歼灭性的突击（一九四四年红军历次战役的简短概述）（苏）查玛金等编　付克允携译
长春：东北书店，1949.5，136 页，32 开
本书为 1944 年苏联红军历次战役的简短概述，是苏军总参谋部战史科军官组根据定期刊物所载材料编成。
收藏单位：重庆馆、东北师大馆、广东馆、国家馆、南京馆

05964
斯大林格勒之战（包围与歼灭敌人）　罗焚译
［哈尔滨］：［中国人民解放军东北军区司令部］，1948.9，81 页，32 开
本书记录苏联红军 1942—1944 年间进行的大的包围作战情况。共 16 部分，内容包括：斯大林格勒之战、维特布斯克之战、明斯克德军之被包围与粉碎等。由苏联军事出版局按年代次序编成。
收藏单位：国家馆

05965
苏军简史　（苏）依・明茨（И. Минц）著　罗焚等译
［沈阳］：东北新华书店，1949，365 页，25 开
本书共 18 章，内容包括：革命武装力量之诞生、从赤卫队到红军、一九一八年红军同德国侵略者之斗争、伟大卫国战争之开始、德国法西斯军队被击溃于莫斯科近郊、伟大卫国战争中的根本转变等。著者原题：敏茨。
收藏单位：重庆馆、广东馆、国家馆、江西馆、辽宁馆、南京馆、首都馆

05966
苏联的红军　（苏）佛米金哥（I. Fomichenko）著　吴清友等译　屈武校
中苏文化协会编译委员会，1945.2，146页，32开（中苏文化协会丛书）
本书共7章，阐述苏联红军在二次世界大战中的功绩及取得这些功绩的因素。书前有邵力子序、编者序。
收藏单位：北碚馆、长春馆、重庆馆、国家馆、吉林馆、近代史所、上海馆、天津馆

05967
苏联的红军（在联共十八次代表大会上的演说）（苏）伏罗希洛夫（Климент Ефремович Ворошилов）著　黄文杰译
播种社，1939.11，54页，32开

05968
苏联的军队　（苏）依・明茨（И. Минц）著
河间：冀中新华书店，1947.9，184页，32开
本书共11章，内容包括：希特勒的疯狂计划、法西斯蒂之失算、神话之揭穿、法西斯军队在莫斯科附近之失败、同德国侵略者斗争的红军、苏维埃人民第一次保卫祖国战争等。附《列宁——红军的领袖和组织者》（I. 巴干诺夫著，魏辛译）等两种。
收藏单位：国家馆、南京馆、天津馆

05969
苏联的军队　（苏）依・明茨（И. Минц）著
山东新华书店，1947，184页，32开
收藏单位：重庆馆、国家馆、山东馆

05970
苏联的军队　（苏）依・明茨（И. Минц）著
苏北新华书店，1947，167页，32开

05971
苏联的军队　（苏）依・明茨（И. Минц）著
[阳城]：太岳新华书店，1947，173页，32开
收藏单位：重庆馆、河南馆、山东馆

05972
苏联的军队　（苏）依・明茨（И. Минц）著
上海：新华书店，1949，189页，32开
收藏单位：安徽馆、重庆馆

05973
苏联的军事科学　（苏）A. 叶尔少夫等著　亚楼等译
南通：华中新华书店，1949.4，86页，32开
本书收文9篇，内容包括:《苏维埃的军事科学》《斯大林炮兵的威力》《苏联的强大航空事业》《警惕性——我们的战斗武器》《在现代战争中的人与技术》等。
收藏单位：东北师大馆、广东馆、国家馆、吉林馆、辽宁馆、南京馆、山东馆

05974
苏联的军事宣传与我们的军事宣传　新华社苏北支社编
苏北军区政治部，1944，54页，32开
收藏单位：国家馆、山东馆

05975
苏联的炮兵　（苏）普罗契珂著
莫斯科：外国文书籍出版局，1944，32页，42开
收藏单位：东北师大馆、国家馆、辽宁馆、南京馆、陕西馆、天津馆

05976
苏联底军队　（苏）依・明茨（И. Минц）著
莫斯科：外国文书籍出版局，1943，192页，42开
收藏单位：北碚馆、重庆馆、东北师大馆、广东馆、桂林馆、国家馆、黑龙江馆、湖南馆、吉林馆、南京馆、宁夏馆、上海馆

05977
苏联工农红军的步兵战斗条令　八路军抗日战争研究会编译处编
[阜平]：晋察冀军区司令部，1947.12，再版，126页，32开
本书共9章：概则、单个的战斗员、步兵

班、掷弹枪班、机关枪班、四十五公厘口径的炮、迫击炮、步兵排、机关枪排。据八路军军政杂志社版翻印。

收藏单位：国家馆

05978

苏联工农红军的步兵战斗条令（第1部） 苏联国防人民委员会颁布 第十八集团军军事教材编审委员会编 左权 刘伯承合译

山东军区司令部，1943.6，113页，32开

收藏单位：国家馆

05979

苏联工农红军的步兵战斗条令（第1部 战士、班、排的动作） 左权 刘伯承合译

辽北书店，1948.11印，129页，32开

收藏单位：长春馆、广东馆、国家馆、首都馆

05980

苏联工农红军的步兵战斗条令（第2部 上编）

[沁县]：新华日报华北分馆，1939.4，102页，32开

收藏单位：国家馆

05981

苏联工农红军的野战条令 张成功译

延安：八路军军政杂志社，1939.9，188页，46开（抗日战争参考丛书1）

本书共13章，内容包括：概则、军队行动的战斗保证、军队战斗行动的物质保证、保证军队战斗行动的政治工作、战斗指挥要则、遭遇战斗、进攻战斗、防御、夜间战斗、军队的移动、休息及其警戒等。《条令》原文于1936年颁布，1937年出版。

收藏单位：重庆馆、山东馆

05982

苏联工农红军的野战条令 张成功译

出版者不详，1937，160页，32开（抗日军事丛书5）

收藏单位：南京馆

05983

苏联工农红军战史之研究

新四军第三师参谋处，1941.10，124页，32开

收藏单位：南京馆

05984

苏联红军三十年 于静纯等译

沈阳：东北书店，1949.4，73页，32开

本书收文8篇，内容包括：《苏维埃武装部队的三十年》（布尔加宁著，于静纯译）、《斯大林炮兵的威力》（奇斯力科夫著，付克译）、《在争取祖国自由和独立战争中的苏联空军》（维申宁著，常乾坤译）等。

收藏单位：长春馆、重庆馆、东北师大馆、广东馆、国家馆、南京馆、宁夏馆

05985

苏联红军是怎样长成的 叶文雄译

汉口：生活书店，1938.7，再版，97页，36开（世界知识战时丛刊5）

本书收文4篇：《二十年来的苏联红军》（叶文雄译）、《苏联国防人民委员长伏洛希罗夫的演说》（叶文雄译）、《关于红军的三个特点》（斯大林演说，叶文雄译）、《苏联红军的特质》（布登尼著，张仲实译）。

收藏单位：安徽馆、重庆馆、贵州馆、国家馆、江西馆、近代史所、内蒙古馆、山西馆、上海馆

05986

苏联红军新战术 强伯玉著

上海：大众出版社，1938.1，48页，32开

本书共6节，内容包括：战术的唯物史观与新战术思想的产生、现代战斗特性的剖视和红军战术的一般趋向、各兵种的战斗运用、各种战斗的实施等。附《苏联的国防军备》。

收藏单位：重庆馆、广东馆、国家馆、吉林馆

05987

苏联红军中的政治工作 （苏）捷克嘉洛夫著

新编第四军，1938印，148页，32开

本书共12章，内容包括：行军时、侦察警戒时、战斗时、退却时、阵地战中、骑兵抄袭时、预备队驻止时、补充部队内、战线上的政治工作等。

05988
苏联红军中的政治工作　（苏）捷克嘉洛夫著　杨未华译
汉口：大众出版社，1938.2，216页，32开
汉口：大众出版社，1938.5，再版，214页，32开
收藏单位：重庆馆、广西馆、国家馆、吉林馆、南京馆、上海馆

05989
苏联军队中的政治工作　（苏）捷克嘉洛夫著　伍双文译
上海：生活书店，1938.1，230页，32开
上海：生活书店，1938.2，再版，230页，32开
上海：生活书店，1938，5版，230页，32开
本书内容与《苏联红军中的政治工作》相同。
收藏单位：北碚馆、重庆馆、广东馆、贵州馆、国家馆、黑龙江馆、湖南馆、吉林馆、江西馆、南京馆、宁夏馆、山西馆、上海馆、天津馆

05990
苏联军队中的政治工作　罗瑞卿著
出版者不详，[1940—1949]，228页，32开
收藏单位：国家馆

05991
苏联人民伟大的保卫祖国战争　（苏）雅罗斯拉夫斯基著
莫斯科：外国文书籍出版局，1941，16页，32开
收藏单位：重庆馆

05992
苏联伟大保卫祖国战争中的游击运动　（苏）包诺马林科著
莫斯科：外国文书籍出版局，1943，24页，48开
收藏单位：东北师大馆、国家馆、上海馆

05993
苏联伟大保卫祖国战争中的游击运动　（苏）包诺马林科著
哈尔滨：万国书籍，1946，25页，64开
收藏单位：国家馆

05994
苏联卫国战争三周年（军事和政治的总结）　苏联情报部编
莫斯科：外国文书籍出版局，1944，10页，32开
收藏单位：南京馆

05995
在联共（波）第十八次代表大会上的演说　（苏）伏罗希洛夫（Климент Ефремович Ворошилов）著
东北中苏友好协会，[1939]，47页，32开
本书为1939年3月13日的演说，阐述工农红军的战斗训练、政治训练、物质文化生活等。内容包括：苏联国防航空化学建设后援会以及其他社会组织、工农红军底战斗训练等。著者原题：克·叶·沃罗希洛夫。
收藏单位：北碚馆、国家馆、吉林馆

05996
在联共（波）第十八次代表大会上的演说　（苏）伏罗希洛夫（Климент Ефремович Ворошилов）著
莫斯科：外国文书籍出版局，1939，42页，32开
本书著者原题：克·叶·沃罗希洛夫。
收藏单位：重庆馆、国家馆、辽宁馆、南京馆

05997
战车装甲车防御法　新四军山东军区司令部编
新四军山东军区司令部，1946.5，19页，64

开（军事丛书 2）

收藏单位：山东馆

05998

最新步兵战斗教范（俄译 第八路军抗日胜利之秘诀） 苏俄军事委员会编著　第八路军军事学校译

南昌：拔提书局，1938，518 页，大 64 开

收藏单位：江西馆

战略学、战役学、战术学

05999

兵团战术概则 （苏）齐列穆尼耶等著　编译局译

晋察冀军区司令部，1947.9，2 册（229+225 页），32 开（抗日战争参考丛书 38）

本书内容包括：联合兵种战斗原则、现代联合兵种战斗理论、行军宿营等。

收藏单位：重庆馆、国家馆

06000

兵团战术概则 （苏）齐列穆尼耶等著　编译局译

十八集团军总司令部，1945，348 页，16 开（抗日战争参考丛书 38）

本书共 10 章，内容包括：联合兵种战斗、攻击战斗底组织与实施、遭遇战斗、冬季战斗特点、行军与宿营等。书前有前言。

收藏单位：国家馆、山东馆

06001

兵团战术概则（第 1 分册）（苏）齐列穆尼耶等著

第四局，1942，94 页（抗日战争参考丛书）

收藏单位：近代史所

06002

兵团战术概则（上部）（苏）齐列穆尼耶（苏）阿夫罗斯莫夫 （苏）史库利铁茨著　编译局译

东北民主联军总司令部，1947.9 印，202 页，32 开（抗日战争参考丛书 38）

本书共 5 章：联合兵种战斗、各个兵种及其在联合兵种战斗中的协同动作、攻击战斗、攻击战斗底组织与实施、遭遇战斗。

收藏单位：东北师大馆、国家馆、吉林馆、南京馆、山东馆、天津馆

06003

村庄连环堡垒自卫战　方振武著

汉口：生活书店，1938.7，48 页，36 开

本书内容包括：村庄连环堡垒自卫战的组织、战术、与谍报网和通讯网的关系、与运动战阵地战游击战的关系等。

收藏单位：安徽馆、重庆馆、东北师大馆、广东馆、贵州馆、桂林馆、国家馆、吉林馆、江西馆、辽大馆、南京馆、上海馆

06004

地雷战参考材料　雁北人民武装部编

[灵丘]：雁北人民武装部，1943.8，油印本，8 页，32 开

本书共 7 部分：地雷战的指导、地雷战术、使用地雷的时机与地点、地雷的使用、防潮保管、看守、教育训练。

收藏单位：国家馆

06005

谍报勤务

东北军用图书社，1947.12，191 页，32 开

收藏单位：国家馆

06006

合同战术 （苏）施米尔乐夫著　常彦卿译

冀东新华书店，1947.12，2 册（125+111 页），32 开

本书为苏联红军军事学校教程，共两部：概述、战斗。附图 14 张。

收藏单位：国家馆、内蒙古馆

06007

合同战术 （苏）施米尔乐夫著　常彦卿译

晋察冀军区司令部，1945.11—1947.8 印，2 册

（156+146 页），32 开

收藏单位：国家馆

06008

合同战术（下部）（苏）施米尔乐夫著　常彦卿译

东北民主联军六一部队，1947.8 印，125 页，32 开（航空丛书 10）

本书共 7 部分：防御、对防御的敌人进攻、行军、遭遇战斗、退出战斗、宿营、夜间动作。

收藏单位：国家馆

06009

介绍刘司令员所写“重校合同战术译文上部前言”　刘伯承著

晋冀鲁豫军区司令部，1947.8，9 页，32 开（上级干部学习教材 2）

收藏单位：国家馆

06010

抗敌的游击战术　朱德　彭德怀等著

长沙：抗敌救亡出版社，1938，112 页，25 开

本书内容包括：游击战术基本原则、游击队的政治工作、战争动员问题、民族解放战争的战略、怎样发动游击战等。

收藏单位：重庆馆、贵州馆、湖南馆、吉大馆、南京馆、山西馆、中科图

06011

现代战役的特性　常彦卿译　八路军抗日战争研究会编译处编

延安：八路军军政杂志社，1940.9，189 页，32 开（抗日战争参考丛书 6）

收藏单位：山东馆

06012

游击战讲话　朱德　毛泽东等著

抗战出版社，1938.1，134 页，32 开

本书共 12 章，内容包括：游击战的定义、游击战的意义、有关组织游击队、运用游击战术的方法等。

收藏单位：安徽馆、重庆馆、东北师大馆、桂林馆、吉林馆、江西馆、西南大学馆

06013

游击战术　抗日军政大学总校教材编审委员会编

抗日军政大学总校教材编审委员会，[1937—1945]，油印本，126 页，32 开

收藏单位：国家馆

06014

游击战术　中国人民抗日军政大学编

中国人民抗日军政大学，[1940]，108 页，32 开（步兵教材 6）

收藏单位：国家馆

06015

游击战术

东北军政大学总校编委会，1946.12，142 页，32 开（军事教育参考材料 8）

收藏单位：国家馆

06016

游击战术的实际运用　胡天民著

汉口：光明书局，1938.1，82 页，32 开

汉口：光明书局，1938.1，再版，82 页，32 开

汉口：光明书局，1938.3，3 版，82 页，32 开

本书共 5 部分：实行游击战争的必要、游击队的编成、游击队与大众、游击队的基本领袖与指挥官、游击战术的执行。附《论中日战争》（毛泽东）、《论抗敌战略》（朱德）、《抗日战争的经验》（林彪）、《第八路军是怎样战斗着的》。

收藏单位：北碚馆、重庆馆、甘肃馆、广东馆、贵州馆、国家馆、湖南馆、吉林馆、南京馆、中科图

06017

游击战术的应用和组织　沈远著

延安书局，1937，21 页，32 开（新军事学丛书）

收藏单位：广东馆、国家馆

06018
游击战术纲要　陶剑青编著
重庆：战时知识社，1939.3，254 页，32 开
本书共两篇 19 章，内容包括：总论、游击队的组织、游击动作方针、游击队的任务、游击队的侦查、游击队的警戒、敌后工作、几个注意的问题、游击队政治工作、防空与防毒等。书前有编著者自序。附《我们在敌人后方的战术的应用》（刘伯承）等 4 种。
收藏单位：北碚馆、重庆馆、广西馆、贵州馆、国家馆、黑龙江馆、湖南馆、江西馆、南京馆

06019
游击战术教程　连江编著
[延安]：陕西战时论坛社，1938.1，79 页，32 开（战时论坛丛书）
本书为抗战初期有关开展对日游击战的教材。作者为延安红军大学教官。
收藏单位：桂林馆、国家馆

06020
游击战术论丛　山东省人民抗日救国军第三军第二路政治处编
山东省人民抗日救国军第三军第二路政治处，[1938]，48 页，64 开
本书为蓝印本。
收藏单位：国家馆

06021
游击战术与游击活动　彭德怀等著
战时出版社，[1938]，166 页，32 开（战时小丛刊 57）
本书分上、下两部分，收文 31 篇，内容包括：《论游击战争》（彭德怀）、《游击战与持久战》（李公朴）、《关于游击战争》（《新华日报》）、《山西的游击队》（孙永祥）、《太湖的游击战》（徐迟）等。
收藏单位：重庆馆、东北师大馆、广东馆、贵州馆、国家馆、中科图

06022
游击战争　朱德等著
东方出版社，1938.11，208 页，32 开
本书共 4 部分：总论、政治工作、游击战术、经验与教训。收文 11 篇，内容包括：《抗日游击战争》《抗日游击战争战术上的基本方针》《展开河北的游击战争》《论平地游击战》等。
收藏单位：国家馆、浙江馆

06023
游击战争　朱德等著
汉口：顽强社，1938.8，208 页，32 开
本书收文 11 篇，内容包括：《抗日游击战争》（朱德）、《抗日游击战争战术上的基本方针》（郭化若）、《展开河北的游击战争》（徐向前）等。
收藏单位：国家馆、吉林馆、辽大馆、南京馆、浙江馆

06024
运动战的战术原则　（俄）蒲·考尔科吉诺夫等著　王子野等译
[北平]：新华书店，1949.9，168 页，32 开
[北平]：新华书店，1949，东北版，152 页，32 开
本书内容包括：运动战的战术原则、两个战略、现代战役艺术的几个问题、现代防御的几个问题、论苏维埃军事思想等。
收藏单位：东北师大馆、国家馆、近代史所、内蒙古馆、天津馆

06025
运动战、战斗作风　东北民主联军总政宣传部编
东北民主联军总政宣传部，1947，28 页，64 开
本书为战士教材，内容包括：什么是运动战、为什么采取运动战、运动战怎样打法、什么叫集结优势兵力、集结优势兵力后有什么好处等。
收藏单位：重庆馆、桂林馆、内蒙古馆

06026
怎样在敌后打游击战　雷丁著

出版者不详，[1931—1945]，13页，50开（抗战小丛书 第13集）

本书为普及读物。以问答形式阐述怎样在敌后打游击战。

收藏单位：国家馆

06027

曾胡治兵语录白话句解（增补） 蔡锷著

[延安]：八路军军政杂志社，1945.1，87页，32开（中国军事思想丛书6）

本书共13章，内容包括：将才、用人、尚志、诚实、勇毅、严明等。

收藏单位：国家馆、山东馆

06028

战略原理 （俄）布尔林著

[齐齐哈尔]：东北民主联军西满军区司令部，1947，212页，32开

本书分4编。第1编共5章，内容包括：战略与政略、战争之经济计划、战争之外交计划、战时之政略行动等；第2编为“战争之武装阵线”，共5章，内容包括：武力之建设、军事动员、国境战场之准备、会（作）战计划等；第3编为“配备会战以达成最终军事目的”，共4章：实施战争之法式、交通战略、有限目的之会战、战略行动；第4编为“指挥”，共两章：战略指导、指导之方法。

收藏单位：广东馆、首都馆

06029

战术

八路军留守兵团司令部，1947，300页，32开

八路军留守兵团司令部，1948.5，280页，32开

收藏单位：国家馆、湖南馆、南京馆、山东馆

06030

战术讲授录 中华苏维埃共和国中央革命军事委员会编译

[瑞金]：中华苏维埃共和国中央革命军事委员会编，1933.8，272页，16开，精装

收藏单位：南京馆

06031

战术实施典范（单个战士）

晋察冀军区司令部，1946.8，128页，32开

收藏单位：国家馆

06032

战术问题 刘伯承　左权　萧劲光著

晋察冀军区司令部，1940，130页，32开（战术研究参考丛书1）

收藏单位：国家馆

06033

致敌死命的游击战术 黄宇宙编

苦干报社印刷部，1939.5，石印本，3版，1册，32开

本书共9章，内容包括：何谓游击战、游击战的目的、游击战战斗员之编成等。书前有景道、济畴、庆元等人的序。书中内页背面有各色钢笔所记各种账目。

收藏单位：国家馆

军事技术

06034

兵工第十四厂情报目录登记表

潞城：兵工第十四厂，1948.11—1949.1，钢笔手书原稿，8页，32开

收藏单位：国家馆

06035

兵器参考材料

胶东军区后勤部兵工总厂研究室，1946.8，76页，32开

本书共3章：炮弹制造、枪弹制造、炸弹制造。

收藏单位：国家馆、山东馆

06036

兵器参考材料（第2部）

东北军用图书社，1948.6，102页，32开
本书共3章：总说、炮之沿革、世界火炮之现状。
收藏单位：长春馆、东北师大馆、国家馆、辽宁馆

06037
兵器学教程（卷1）
胶东后勤兵工总厂研究室，[1931—1949]，油印本，63+119页，32开，环筒页装
本书内容包括：火药、化学兵器、弹药、白刃、军用车辆、军用航空机等。
收藏单位：国家馆、山东馆

06038
兵器学教程（卷2）
胶东工总研究室，[1931—1949]，油印本，203页，32开，环筒页装
本书共8部分，内容包括：弹道、瞄准、射弹之散布、弹道与目标或遮蔽物之关系、射击效力等。
收藏单位：国家馆

06039
步枪射击教练　田牧等编
中原军区司令部，1949印，84页，36开
本书共两部分：基本射击、应用射击。
收藏单位：重庆馆

06040
传递通讯　华东军区第三野战军区司令部编
华东军区第三野战军区司令部，1949，62页，32开（军事丛书）
收藏单位：国家馆

06041
刺杀教练　高孚　田牧编　梁坤生制图
晋冀鲁豫军区司令部，1946.1，再版，38+23页，32开
本书书前有刘伯承1941年6月13日写的序言。
收藏单位：国家馆

06042
刺杀教练　高孚　田牧编　梁坤生制图
一二九师军事研究会，1941.6，39页，32开，环筒页装
本书为技术教材之一，内容包括：总则、刺枪准备运动后、应用教育、裁判等。
收藏单位：国家馆

06043
刺杀教练
东北军政学校，1949，80页，64开
本书共3章：刺杀基本动作、刺杀应用动作与战斗动作、教学方法与一般注意事项。
收藏单位：国家馆

06044
地雷汇编　太行区武委会编
裕民印刷厂，1947.6，36页，32开
收藏单位：国家馆

06045
地雷教材　董效良编
出版者不详，1947，16页，32开
收藏单位：国家馆

06046
递传通信工作　晋冀鲁豫军区通信学校编
晋冀鲁豫军区通信学校，[1945—1948]，52页，36开，环筒页装（通信教材3）
本书为部队收发员、通信员业务学习教材，介绍收发工作及递传通信方法。
收藏单位：国家馆

06047
渡河教材　薛长勇等编
[石家庄]：华北军政大学，1948，198页，32开
收藏单位：重庆馆

06048
火箭炮的历史及前途　（苏）古列索夫著
沈阳：东北书店，1949.4，31页，32开
本书收文两篇：《火箭炮的历史及其发展

前途》（古列索夫）、《论火箭炮兵的作用和地位》（A. 厄斯杰廉科）。

收藏单位：安徽馆、东北师大馆、国家馆、山东馆、山西馆、陕西馆、天津馆

06049

简易防毒常识　华北军区司令部编

华北军区司令部，1948.6，28 页，64 开

收藏单位：山东馆

06050

精密兵器　[胶东军区军工部研究室编]

胶东军区军工部研究室，1947，3 册（28+95+230 页），64 开

本书共 3 卷。上卷分 5 章介绍美国海军炮的装甲板穿透度、美国的师团兵器、美国的战车、装甲师团的编成、美国机械化兵团的编成，中卷分 4 章介绍火炮、野炮及山炮，下卷分 8 章介绍机关枪、高射炮、装甲车等。

收藏单位：国家馆

06051

军事化学　常彦卿译

[延安]：八路军军政杂志社，1942，35 页，32 开（抗日战争参考丛书 23）

本书共 7 章：化学袭击的器材、怎样使用化学袭击的器材、防化学（防毒）器材、化学观察与化学侦察、怎样防御空军的化学袭击、怎样克服被毒地段、怎样组织防化学（防毒）的方法。

收藏单位：北碚馆、国家馆、南京馆

06052

军事技术便览　（苏）H. 依万诺夫著　常彦卿译

第十八集团军总政治部，1945.9，196 页，32 开

本书汇集各兵种在实战中带有战术性的各种技术资料，共 11 章：射击学、炮兵、装甲坦克部队、飞机队、对空防御、军事化学、军事工程、通讯联络、军事交通、海军、资本主义军队底新式武器。

收藏单位：长春馆、国家馆、吉林馆

06053

军事技术便览　（苏）H. 依万诺夫著　常彦卿译

佳木斯：东北书店，1947.10，196 页，32 开

收藏单位：东北师大馆、广东馆、国家馆、内蒙古馆、山东馆、天津馆

06054

坑道教材　薛长勇　朱瑜编

[石家庄]：华北军政大学，1948.12，108 页，32 开

本书共 11 课，内容包括：准备、侦察、测量、掘土等。

收藏单位：重庆馆

06055

六〇炮筒教材之研究　陈玉珂编

东北民主联军总政治部自卫报社，1947.3，17 页，32 开

本书内容刊载于《自卫季》附刊。

收藏单位：南京馆

06056

迫击炮战术之研究

延安：延安炮兵学校，1948，41 页，32 开

本书共 8 部分，内容包括：迫击炮的使用和指挥、迫击炮班排的战斗、遭遇战夜间战之迫击炮等。

收藏单位：重庆馆

06057

炮兵笔记

东北民主联军第一纵队司令部，[1946] 印，361 页，32 开，精装

本书共 4 部分：炮兵教练、射击、观测、通信。为国民党军官在美国受训时的笔记，并在美国印制。被东北民主联军缴获后，作为美式一〇五公厘榴弹炮教材。

收藏单位：安徽馆、国家馆

06058

炮兵观测讲义　第三野战军特种纵队特科学校编

第三野战军特种纵队特科学校，1949，120页，32开

本书共8章，内容包括：角度与长度单位、角的测量和距离测量、决定射击基础诸元等。

收藏单位：重庆馆

06059

炮兵观测教材　东北人民解放军朱瑞炮兵学校编审委员会编

东北人民解放军朱瑞炮兵学校编审委员会，1948.12，119页，64开

本书共6章，内容包括：距离测量、射击基础诸元的决定、制图、敌情搜索及射弹观察的要领、指挥排长职责等。附《日造方向板的使用法》。

收藏单位：国家馆

06060

炮兵射击教材　东北人民解放军朱瑞炮兵学校编审委员会编

东北人民解放军朱瑞炮兵学校编审委员会，1949.1，80页，64开

本书共两章：与射击指挥有密切关系的名词、简单原理及射击法。

收藏单位：国家馆

06061

山炮班（单炮）教练　延安炮兵学校编

延安炮兵学校，1946，59页，32开（炮兵丛书）

本书共23课，内容包括：一三式山炮各部名称及其用途、班之编成及队形、用炮及收炮、直接瞄准、间接瞄准、发射法等。

收藏单位：国家馆、山东馆

06062

射击的要诀　田牧译

第一二九师军事教材编审委员会，1943，51页，32开

本书据缴获的日军文件译出。原书1941年4月由敌华北方面军百武兵团出版。

收藏单位：国家馆

06063

射击教育

东北人民自卫军东满司令部，1945.11，石印本，87页，32开

本书共两章：射击常识、射击教育。

收藏单位：国家馆

06064

射击学理（教材第九种）

晋察冀军区军政干部学校，1948.3，89页，32开

收藏单位：国家馆

06065

收报机　中国人民解放军第二野战军军政大学电信支队编

南京：中国人民解放军第二野战军军政大学电信支队，[1949]，176页，32开

本书共两部分：自差式收报机、超等外差式收报机。附《收报机的天线和地线》等。

收藏单位：国家馆

06066

手榴弹投掷教练

冀鲁豫军区司令部，[1938—1945]，37页，32开

本书据留守兵团原版翻印。

收藏单位：国家馆

06067

无形的战士（军事知识）（苏）伏尔柯夫著

饶阳：冀中新华书店，1947.12，61页，32开

本书介绍现代武器，共两部分：数学和军器、数学和空军。

收藏单位：国家馆、吉林馆、辽宁馆、天津馆

06068

无形的战士（军事知识）（苏）伏尔柯夫著

新华书店，1945.9，51页，32开

收藏单位：重庆馆、国家馆、南京馆、山东馆

06069
五大技术教材　晋绥军区司令部编
[兴县]：晋绥军区司令部，1948.5，113页，32开
本书内容包括：射击教练、手榴弹投掷教练、白刃战斗教练、土工作业、爆炸等。
收藏单位：国家馆

06070
野战炮兵射击讲授录　华东野战军特种兵部队司令部编辑
华东野战军特种兵部队司令部，[1947]印，379页，32开，精装（炮兵丛书2）
收藏单位：国家馆、江西馆

06071
野战筑城参考材料
东北军用图书社，1948.1印，10+142页，32开
本书共5章：伪装、防御时之筑城、攻击时之筑城、作业准备与指挥、各种工事图说。
收藏单位：长春馆、东北师大馆、国家馆、上海馆

06072
野战筑城参考材料
晋察冀军区司令部，1947，94页，32开
本书共11章，内容包括：土工作业法、散兵掩体、轻机关枪掩体、炮兵掩体、交通壕、步兵防御阵地编成等。
收藏单位：重庆馆

06073
掷弹枪　晋察冀军区司令部编
[灵寿]：晋察冀军区司令部，1944.10，44页，64开
收藏单位：国家馆

06074
掷弹筒　八路军留守兵团司令部编
八路军留守兵团司令部，1944.12，58页，32开
收藏单位：国家馆

军事地形学、军事地理学

06075
地形学教材
东北民主联军总司令部，1947.9印，144页，32开
本书共5章，内容包括：地形概说、认识地形图、测略图、现地应用要图作业、利用地形图。
收藏单位：长春馆、重庆馆、国家馆、辽宁馆、山东馆、天津馆

06076
战时地理　江声编
延安：华北书店，1942.6，109页（中国常识小丛书）
本书共15章63节，内容包括：在日寇铁蹄下的蒙古人民、我们的华北、鱼米之乡、抗日民主根据地等。
收藏单位：南京馆

06077
战时地理　江声编
新华书店晋察冀分店，1943.6，84页，64开（中国常识小丛书）
收藏单位：南京馆

经 济

06078
经济工作手册
长春：东北书店，1945，103页，32开
沈阳：东北书店，1949.5，103页，32开
本书收文13篇，内容包括：《两三年内完全学会经济工作》（毛泽东）、《掌握布尔塞维克领导经济的方法》（古萨洛夫）、《政治工作是巩固经济成绩的条件》（斯·饶尔宁）、《苏维埃威力底经济基础》（A.李昂捷夫）等。
收藏单位：长春馆、东北师大馆、国家馆、山东馆、山西馆

06079
经济工作文件汇编 晋察冀边区贸易公司选辑
晋察冀边区贸易公司，1946.8，60页，32开
本书收文7篇，内容包括：《论合作社》（毛泽东）、《两三年内完全学会经济工作》（毛泽东）、《论经济工作人员的任务》（斯大林）、《新的环境和新的经济建设任务》（斯大林）、《关于新经济政策和市场关系》（斯大林）等。
收藏单位：国家馆

06080
经济论衡 许涤新著
上海：耕耘出版社，1947，91页，32开
上海：耕耘出版社，1949.6，3版，91页，32开
本书收文5篇：《刷净俗流学派的灰尘》《是"社会价值"还是劳动价值？》《关于购买力平价说》《所谓人性论》《全体主义是什么东西？》。
收藏单位：长春馆、重庆馆、东北师大馆、广东馆、国家馆、吉林馆、近代史所、辽宁馆、内蒙古馆、山西馆、上海馆、首都馆、天津馆、云南馆、浙江馆

经济学

06081
经济科学大纲 （俄）波格达诺夫（A. A. Богданов）著 施存统译
上海：大江书铺，1929.6，订正本，10+546页，32开
上海：大江书铺，1929.9，再版，订正本，10+546页，32开
上海：大江书铺，1930.4，3版，订正本，10+546页，32开
上海：大江书铺，1930.4，4版，订正本，10+546页，32开
上海：大江书铺，1931.2，5版，订正本，10+546页，32开
上海：大江书铺，1932.7，6版，订正本，10+546页，32开
上海：大江书铺，1933.2，7版，订正本，10+546页，32开
本书概述经济学的定义和方法论，论述不同社会经济制度的经济现象及其演进过程。共3部分：自然自足社会、商业社会、社会化的有组织的社会。据赤松克磨的日译本转译。书中题名：订正经济科学大纲。
收藏单位：安徽馆、北碚馆、长春馆、重庆馆、东北师大馆、广东馆、桂林馆、国家馆、河南馆、黑龙江馆、湖南馆、吉林馆、近代史所、辽大馆、南京馆、内蒙古馆、山西馆、首都馆、浙江馆、中科图

06082
经济科学大纲 （俄）波格达诺夫（A. A. Богданов）著 施存统译
上海：开明书店，1935，8版，10+546页，32开
上海：开明书店，1947.4，9版，10+546页，32开
收藏单位：安徽馆、重庆馆、广东馆、广西馆、贵州馆、桂林馆、国家馆、吉林

馆、江西馆、南京馆、上海馆、首都馆、浙江馆

06083
经济科学大纲　（俄）波格达诺夫（A. A. Богданов）著　施存统译
[上海]：新青年社，1927.1，565页，32开（新青年社丛书）
　　收藏单位：重庆馆、国家馆、黑龙江馆、湖北馆、江西馆、辽大馆、天津馆、西南大学馆

06084
经济学大纲　（日）河上肇著
经济学社，1949.9，548页，32开
　　本书分4部分：商品及货币、资本的生产进程、资本的流通进程、资本的总进程。共16章，内容包括：货币、剩余价值的生产、资本的变态及循环、资本的周转、商业资本及商业利润、金融资本等。
　　收藏单位：安徽馆、东北师大馆、广东馆、辽宁馆、南京馆、绍兴馆、天津馆

06085
经济学大纲　（日）河上肇著　陈启修译
上海：乐群书店，1929.4，12+6+597页，32开
上海：乐群书店，1929.5，再版，12+6+597页，32开
上海：乐群书店，1931.5，3版，12+6+597页，32开
　　本书为著者在日本京都帝国大学的授课讲义。分上、下两篇：资本家社会的解剖、资本家的经济学的发展。上篇共4章：商品及货币、资本的生产进程、资本的流通进程、资本的总进程。译者原题：陈豹隐。
　　收藏单位：重庆馆、广东馆、广西馆、贵州馆、桂林馆、国家馆、河南馆、湖南馆、吉林馆、江西馆、近代史所、辽大馆、南京馆、内蒙古馆、宁夏馆、上海馆、绍兴馆、首都馆、浙江馆、中科图

06086
经济学概论　杨道腴编
[广州]：中央军事学校政治部宣传科，1926.9，38页，32开（政治讲义4）
　　收藏单位：国家馆

06087
经济学新论　（日）安部矶雄著　曾毅译
上海：太平洋书店，1927.7，10+193页，25开
上海：太平洋书店，1928.3，再版，194页，32开
上海：太平洋书店，1928，4版，194页，32开
上海：太平洋书店，1929.4，5版，194页，32开
　　本书共4章：生产、分配、交换、消费。第1章共7节，内容包括：生产之意义、劳动、资本、企业之形式等；第2章共6节，内容包括：地租、利息、利润等；第3章共6节，内容包括：价值、货币、国际贸易等；第4章共7节，内容包括：需要之原则、有利之消费、生产与消费等。
　　收藏单位：安徽馆、重庆馆、广东馆、广西馆、桂林馆、国家馆、河南馆、湖南馆、吉大馆、吉林馆、江西馆、南京馆、山西馆、上海馆、首都馆、西南大学馆、浙江馆

06088
社会经济丛刊（1）　施存统编译
上海：泰东图书局，1922.1，1册，32开（黎明学会丛书 时潮系1）
上海：泰东图书局，1926，4版，[232]页，32开（黎明学会丛书 时潮系1）
上海：泰东图书局，1927.8，5版，1册，32开（黎明学会丛书 时潮系1）
上海：泰东图书局，1928.10，6版，1册，32开（黎明学会丛书 时潮系1）
　　本书收文4篇：《劳动问题》（北泽新次郎）、《社会主义底进化》（河上肇）、《见于〈共产党宣言〉中底唯物史观》（河上肇）、《劳动经济论》。附《考茨基底劳农政治反对论》（山川均）。
　　收藏单位：北碚馆、重庆馆、东北师大馆、广东馆、国家馆、湖南馆、吉林馆、江西馆、近代史所、南京馆、宁夏馆、上海馆、浙江馆

马克思主义政治经济学（总论）

06089
经济学 薛暮桥著
上海：生活·读书·新知联合发行所，1949.6，211页，大16开
本书共14章，内容包括：政治经济学的基本概念、原始共产社会和奴隶社会、封建社会、资本主义社会的诞生、商品和劳动等。
收藏单位：国家馆、宁夏馆、首都馆

06090
经济学 薛暮桥著
桂林：新知书店，1940.2，211页，32开
[上海]：新知书店，1946.2，211页，32开（中国化科学丛书）
[北平]：新知书店，1946.5，211页，32开（中国化科学丛书）
[上海]：新知书店，1946.3，再版，110页，32开（中国化科学丛书）
上海：新知书店，1947，3版，211页，32开（新知丛书4）（新青年学习丛书）（中国化科学丛书）
[大连]：新知书店，1948，再版，110页，32开（中国化科学丛书）
收藏单位：重庆馆、东北师大馆、广东馆、广西馆、贵州馆、桂林馆、国家馆、黑龙江馆、近代史所、南京馆、内蒙古馆、山东馆、上海馆、首都馆

06091
经济学初步 赵冬垠著
重庆：生活书店，1939.11，61页，36开（社会科学初步丛刊）
重庆：生活书店，1940.4，再版，61页，40开（社会科学初步丛刊）
上海：生活书店，1946.5，胜利后1版，72页，40开（新知识初步丛刊）
上海：生活书店，1947.3，胜利后2版，72页，40开（新知识初步丛刊）
本书共8部分：商品世界、价值、货币、价值法则、资本家世界、资本家赚的钱是从哪里来的、劳动力的价值、利润率平均化法则及剩余价值的分配。
收藏单位：北碚馆、北师大馆、长春馆、重庆馆、广西馆、国家馆、河南馆、江西馆、南京馆、绍兴馆

06092
经济学初级读本 胡绳修正
汉口：新知书店，1938.9，13页，36开
汉口：新知书店，1938.10，2版，50页，36开
重庆：新知书店，1939.4，3版，50页，36开
本书简释政治经济学原理。共6章，内容包括：没有人能够只靠自己的劳动而生活、劳动造成价值、厂主怎样发了财的等。
收藏单位：北碚馆、重庆馆、广东馆、广西馆、国家馆、浙江馆

06093
经济学概论 黄宪章编
上海：现代书局，1934.3，378页，22开
上海：现代书局，1948.7，9版，增订本，378页，25开（大学丛书）
本书运用马克思主义经济学观点，解剖资本主义经济制度诸问题。共5编：总论、生产论、流通论、分配论、金融资本。
收藏单位：重庆馆、广西馆、国家馆、黑龙江馆、湖南馆、吉林馆、江西馆、南京馆、上海馆

06094
经济学讲话 陈启修讲演
北平：好望书店，1933.11，1006页，25开，精装
北平：好望书店，1934.8，订正再版，14+1028页，25开
北平：好望书店，1937.9，订正3版，14+1028页，大16开
本书按马克思《资本论》内容的顺序，阐述剩余价值、利润与资本理论问题。共6部分：绪论、价值论、剩余价值论、平均利润论、资本蓄积论、资本经济扬弃论。讲演者

原题：陈豹隐。

收藏单位：安徽馆、重庆馆、东北师大馆、桂林馆、国家馆、湖南馆、辽大馆、南京馆、内蒙古馆、宁夏馆、山西馆、首都馆、天津馆、浙江馆、中科图

06095
经济学讲话　狄超白撰
上海：生活·读书·新知联合发行所，1949.6，191页，36开（新中国青年文库）

本书为通俗讲解经济学基本知识，共11讲：绪论、商品价值、价值形态与货币、资本剩余价值、工资、资本的再生产和积蓄、利润及生产价格、商业资本及商业利润、借贷资本与信用、地租、本书底总结。

收藏单位：重庆馆、广东馆、国家馆、南京馆、内蒙古馆、绍兴馆、天津馆、云南馆

06096
经济学讲话（通俗本）　狄超白著
上海：新知书店，1937，191页，32开
[大连]：新知书店，1948.11，197页，32开（新青年自学丛书）

收藏单位：安徽馆、长春馆、重庆馆、东北师大馆、广东馆、广西馆、国家馆、宁夏馆、浙江馆

06097
经济学讲话（通俗本）　狄超白著
长春：新中国书局，1949.4，再版，191页，32开

收藏单位：重庆馆、国家馆、河南馆、吉林馆、辽宁馆、天津馆、西南大学馆

06098
经济学入门　（苏）米哈列夫斯基（Фаддей Ильич Михалевский）著　李达译
上海：乐华图书公司，1930.4，438页，32开
上海：乐华图书公司，1932，再版，438页，32开
上海：乐华图书公司，1933.5，3版，438页，32开

本书分上、下两部分：实际之部、理论之部。共13章，内容包括：资本家社会的生产、劳动力、经营主、商业、价值、剩余价值等。

收藏单位：重庆馆、广西馆、贵州馆、桂林馆、国家馆、河南馆、湖北馆、湖南馆、吉大馆、内蒙古馆、宁夏馆、山西馆、首都馆、浙江馆、中科图

06099
经济学入门　（苏）米哈列夫斯基（Фаддей Ильич Михалевский）著　朱镜我译
上海：神州国光社，1930.4，2册（183+271页），32开（社会科学名著丛刊）
上海：神州国光社，1933.2，再版，2册（183+271页），32开
上海：神州国光社，1937，2册（183+271页），32开

收藏单位：重庆馆、东北师大馆、广东馆、广西馆、桂林馆、国家馆、河南馆、黑龙江馆、湖南馆、南京馆、内蒙古馆、上海馆、首都馆、天津馆、西南大学馆、浙江馆

06100
经济学入门（上下合卷）（苏）米哈列夫斯基（Фаддей Ильич Михалевский）著　朱镜我译
上海：言行出版社，1939.5，2册，32开
上海：言行出版社，1940，再版，2册（183+271页），32开

收藏单位：东北师大馆、甘肃馆、广东馆、贵州馆、国家馆、首都馆

06101
马克思主义经济学　（日）河上肇著　李季译
出版者不详，1932.4，173页，32开

本书共6部分，内容包括：当做科学看的马克思主义经济学、在简单的商品流通内被含有的恐慌之可能性、在资本家的生产诸关系内部的生产诸力之发展等。

收藏单位：国家馆

06102
马克思主义经济学　（日）河上肇著　温盛光

译
上海：启智书局，1928.11，132页，32开（社会科学丛书2）
上海：启智书局，1930，再版，132页，32开（社会科学丛书2）

本书共5部分，内容包括：科学的马克思主义经济学、在单纯商品流通中含有的恐慌可能性、在资本家的各种生产关系内部各种生产力之发展等。据《马克思主义讲座》第6册译。

收藏单位：重庆馆、东北师大馆、广东馆、国家馆、湖南馆、南京馆、上海馆

06103
马克思主义经济学基础理论 （日）河上肇著 李达等译
上海：昆仑书店，1930.6，402页，32开
上海：昆仑书店，1930.11，再版，402页，32开
上海：昆仑书店，1937.6，3版，402页，32开
上海：昆仑书店，1938，4版，402页，32开

本书分上、下两篇：马克思主义的哲学基础、马克思主义经济学的出发点。上篇共3章：唯物论、辩证法、史的唯物论（唯物史观）；下篇共两章：商品、交换过程。

收藏单位：重庆馆、东北师大馆、广东馆、贵州馆、桂林馆、国家馆、黑龙江馆、湖南馆、近代史所、辽大馆、南京馆、宁夏馆、山东馆、山西馆、上海馆、首都馆、天津馆、浙江馆、中科图

06104
马克斯主义经济论初步问答 （日）河上肇著 潘敬业编译
华北编译社，1933.4，118页，32开

本书为著者《第二贫乏物语》一书的摘译，以问答形式撰写。共7章：当做资本主义社会之细胞的商品之分析、当做价值之实体的社会劳动、剩余价值、剩余价值之出所、商品化之劳动力等。封面及版权页题名：马克斯主意经济论初步问答。

收藏单位：重庆馆、广东馆、国家馆、天津馆

06105
社会发展简史·政治经济学 （苏）列昂节夫（Лев Абрамович Леонтьев）著
北平：解放社，1949.7，122+452页，25开，精装

本书为解放社编辑部摘录著者原著《政治经济学初学读本》第2—3章及《社会科学简明教程》第2讲第4—6节合编而成。

收藏单位：重庆馆、东北师大馆、广东馆、国家馆

06106
什么是政治经济学？ （苏）史蒂班诺夫主讲 陆一远译
上海：乐群书店，1930.11，260页，32开

本书为史蒂班诺夫关于政治经济学问题的讲话，以及布哈林、奥森斯基等14人就该问题与主讲人的论辩。

收藏单位：近代史所、山东馆、上海馆

06107
实用经济学大纲 彭迪先著
大连：大众书店，1946.5，再版，127页，32开（青年自学丛书）

本书共5章：绪论、个别的生产机构、社会的生产机构、金融机构、国际经济机构。

收藏单位：长春馆、国家馆、辽大馆、辽宁馆、南京馆、山东馆

06108
实用经济学大纲 彭迪先著
东北书店，1946，121页，32开（青年自学丛书）

收藏单位：东北师大馆、黑龙江馆

06109
实用经济学大纲 彭迪先著
重庆：生活书店，1940.7，175页，32开（青年自学丛书）
重庆：生活书店，1940.8，再版，175页，32开（青年自学丛书）
重庆：生活书店，1945.11，胜利后1版，175页，25开（青年自学丛书）

上海：生活书店，1946，胜利后2版，175页，32开（青年自学丛书）
上海：生活书店，1947.1，胜利后3版，175页，32开（青年自学丛书）
香港：生活书店，1948.3，胜利后4版，175页，32开（青年自学丛书）

收藏单位：北碚馆、重庆馆、广东馆、广西馆、贵州馆、国家馆、黑龙江馆、江西馆、辽宁馆、南京馆、内蒙古馆、宁夏馆、山东馆、上海馆、首都馆、天津馆、浙江馆、中科图

06110
实用经济学大纲 彭迪先著
桂林：自学书店，1942.11，175页，36开（青年自学丛书）

收藏单位：北碚馆、重庆馆、广东馆、国家馆、湖南馆

06111
通俗经济学讲话 狄超白著
上海：新知书店，1936.4，154页，32开（新知丛书 第1辑3）
上海：新知书店，1936.5，再版，154页，32开（新知丛书 第1辑3）
上海：新知书店，1936.9，3版，增订本，158页，32开（新知丛书 第1辑3）
上海：新知书店，1936.11，4版，158页，32开（新知丛书 第1辑3）
汉口：新知书店，1938.2，5版，158页，32开（新知丛书 第1辑3）
上海：新知书店，1938.11，6版，154页，32开（新知丛书 第1辑3）
重庆［等］：新知书店，1939.4，7版，154页，32开（新知丛书 第1辑3）
上海：新知书店，1939.6，8版，158页，32开（新知丛书 第1辑3）

本书共11讲：绪论、商品价值、价值形态与货币、剩余价值和资本、工资、资本的再生产和积蓄、利润及生产价格、商业资本及商业利润、借贷资本与信用、地租、资本主义世界的末日。

收藏单位：安徽馆、北碚馆、重庆馆、广东馆、广西馆、贵州馆、桂林馆、国家馆、河南馆、湖北馆、湖南馆、江西馆、近代史所、南京馆、内蒙古馆、首都馆、天津馆、浙江馆

06112
新版大众政治经济学 （苏）列昂节夫（Лев Абрамович Леонтьев）著 李洛克译
重庆［等］：新知书店，1939.5，10+424页，32开

本书共11章，内容包括："什么是政治经济学，政治经济学是研究些什么？""在资本主义以前的社会是怎样发展起来的呢？""商品生产""资本主义剥削底实质""资本家瓜分剩余价值的情形"等。著者原题：莱渥铁爱夫。

收藏单位：北碚馆、重庆馆、国家馆、南京馆

06113
新经济学 胡明译
香港：星群书店，1941，59页，36开（时代知识丛书2）

收藏单位：广东馆

06114
新经济学 （德）卢森堡（R. Luxemburg）著 陈寿僧译 胡汉民校订
上海：中国新文社，1927.3，314页，32开
上海：中国新文社，1928.10，再版，26+314页，25开

本书共6章，内容包括：经济史、商品生产、赁银法则、资本主义经济的诸倾向等。为著者在德国社会民主党党校的讲稿，1925年由保罗·维利整理出版。

收藏单位：安徽馆、北碚馆、长春馆、重庆馆、东北师大馆、广东馆、广西馆、桂林馆、国家馆、湖南馆、江西馆、近代史所、南京馆、宁夏馆、上海馆、天津馆、浙江馆

06115
新经济学大纲 沈志远著
北平经济学社，1934.5，16+683页，22开
北平经济学社，1936，3版，16+683页，22开

北平经济学社，1938，4版，增订版，16+683页，23开
北平经济学社，1939.1，5版，增订版，16+683页，22开
北平经济学社，1947.1，11版，418+24页，22开

收藏单位：安徽馆、北碚馆、重庆馆、东北师大馆、广西馆、桂林馆、国家馆、河南馆、湖南馆、吉林馆、辽大馆、南京馆、首都馆、浙江馆、中科图

06116
新经济学大纲 沈志远著
北平：生活·读书·新知三联书店，1949.8，解放版，13+691页，22开

本书共11编，内容包括：前资本主义诸经济形态、单纯商品经济、资本与剩余价值论、工资论、利润论、信贷金融论等。

收藏单位：重庆馆、东北师大馆、广东馆、国家馆、河南馆、辽宁馆、内蒙古馆、首都馆、天津馆

06117
新经济学大纲 沈志远著
重庆：生活书店，1940.12，7版，最新增订本，20+605页，32开
重庆：生活书店，1945.10，胜利后第1版，最新增订本，20+605页，32开
大连：生活书店，1947，最新增订本，20+605页，32开
上海：生活书店，1947.1，11版，最新增订本，418+24页，32开（新中国大学丛书）
重庆：生活书店，1947.10，胜利后2版，最新增订本，20+605页，32开
上海：生活书店，1947.11，12版，最新增订本，418+24页，32开（新中国大学丛书）

本书分上、下两部分：商品资本主义经济、社会主义计划经济。共11编，内容包括：劳动价值论、资本与剩余价值论、工资论、利润论、地租论、过渡时期与社会主义论、计划经济与经济政策等。

收藏单位：东北师大馆、甘肃馆、国家馆、河南馆、江西馆、辽大馆、山东馆、山西馆、上海馆、首都馆

06118
新经济学讲话 邓克生著
华北书店，1943，2册，36开，环筒页装

本书共10讲：几个基本的认识、资本主义没有出世的时候、从商品讲到货币、关于剩余价值、工资与失业问题、剩余价值的瓜分、再生产与资本的蓄积和集中、资本循环与经济慌恐、帝国主义、社会主义的苏联经济。

收藏单位：重庆馆、国家馆

06119
新经济学讲话 邓克生著
韬奋书店，1946，2册，32开

收藏单位：重庆馆、广东馆、国家馆、河南馆、南京馆、山西馆

06120
新经济学讲话 邓克生著
桂林：写读出版社，1940.10，18+231页，32开
桂林：写读出版社，1942.2，再版，253页，32开

收藏单位：重庆馆、广东馆、国家馆、湖南馆、吉林馆、江西馆、辽大馆、南京馆、宁夏馆、上海馆

06121
新经济学讲话 邓克生著
上海：新知书店，1946，再版，253页，32开

收藏单位：黑龙江馆、山东馆

06122
新经济学之任务 （日）河上肇著 钱铁如译
上海：昆仑书店，1930.3，86页，32开

本书收文两篇：《经济学之任务》《经济与权力》。

收藏单位：安徽馆、北碚馆、重庆馆、广东馆、桂林馆、国家馆、湖南馆、吉林馆、近代史所、南京馆、上海馆、天津馆、浙江馆

06123
政治经济学　（波）第克石坦著　野江译述
大众读物编刊社，[1937—1939]，23 页，32 开（通俗大众自学丛书 第 1 辑 2）
本书共 6 章，着重介绍剩余价值学说。
收藏单位：国家馆

06124
政治经济学　（法）吉德（Charles Gide）著　区克宣译
上海：北新书局，1936.5，255 页，25 开
本书据著者之《政治经济学原理（修订本）》编译，收该书绪论和第 1 卷中生产的要素、生产的组织两编。译者原题：区克暄。
收藏单位：北碚馆、重庆馆、国家馆、南京馆

06125
政治经济学　（苏）拉比杜斯（И. Лапидус）（苏）奥斯特洛维强诺夫（К. Островитянов）著　陆一远译
上海：江南书店，1929，371 页，32 开
本书共 6 部分："价值是商品经济底调剂者""剩余价值底生产""工资""利润论与生产价格论""商业资本与商业利润""借贷资本与信用：信用货币与纸币"。著者"拉比杜斯"原题：拉皮多斯，"奥斯特洛维强诺夫"原题：阿斯托罗维将诺夫。
收藏单位：重庆馆、广东馆、国家馆、近代史所、内蒙古馆、上海馆、天津馆、浙江馆

06126
政治经济学　（苏）拉比杜斯（И. Лапидус）（苏）奥斯特洛维强诺夫（К. Островитянов）著　周维渥译
[上海]：春秋书店，1932.11，2 册（461+564 页），32 开
本书共 10 部分，内容包括：价值是商品经济底调剂者、剩余价值底生产、工资、利润论与生产价格论、地租、帝国主义与资本主义底崩坏等。著者"拉比杜斯"原题：拉皮多斯，"奥斯特洛维强诺夫"原题：阿斯托罗维将诺夫。
收藏单位：重庆馆、东北师大馆、桂林馆、国家馆、河南馆、湖南馆、辽大馆、首都馆

06127
政治经济学　（苏）列昂节夫（Лев Абрамович Леонтьев）著
[延安]：八路军军政杂志社，1940.8，2 册，大 32 开
本书共 11 章，内容包括："什么是政治经济学，政治经济学史研究些什么?""在资本主义以前的社会是怎样发展的呢?""商品生产""资本主义剥削底实质""农业中的资本主义""资本主义制度的再生产和危机"等。著者原题：列翁节夫。
收藏单位：国家馆

06128
政治经济学　（苏）列昂节夫（Лев Абрамович Леонтьев）著
大众印书馆，1941，320 页，36 开
收藏单位：国家馆

06129
政治经济学　（苏）列昂节夫（Лев Абрамович Леонтьев）著
东北书店，1946.11，重版，405 页，32 开
东北书店，1947，10+328 页，32 开
东北书店，1948，10+328 页，32 开，精装
东北书店，1949，3 版，328 页，32 开
收藏单位：东北师大馆、国家馆、辽宁馆、山东馆、天津馆

06130
政治经济学　（苏）列昂节夫（Лев Абрамович Леонтьев）著
华东新华书店，1949，364 页，32 开
收藏单位：安徽馆、山东馆

06131
政治经济学　（苏）列昂节夫（Лев Абрамович Леонтьев）著

外文题名：Political economy, a beginner's course
威县：冀南新华书店，1949.7，12+456 页，32 开，精装
收藏单位：国家馆、山东馆

06132
政治经济学　（苏）列昂节夫（Лев Абрамович Леонтьев）著
解放社，1936，388 页，32 开
解放社，1938.10，2 版，388 页，32 开
解放社，1944.1，2 册（230+261 页），32 开
解放社，1948.10，再版，2 册（230+261 页），32 开
解放社，1949.3，3 版，2 册（230+261 页），36 开
解放社，1949.4，2 册（222+261 页），32 开
解放社，1949.7，再版，2 册（222+261 页），32 开
收藏单位：安徽馆、重庆馆、东北师大馆、广东馆、国家馆、河南馆、湖南馆、近代史所、南京馆、宁夏馆、山东馆、山西馆、天津馆、中科图

06133
政治经济学　（苏）列昂节夫（Лев Абрамович Леонтьев）著
[安东（丹东）]：辽东建国书社，1946.4，125 页，32 开
收藏单位：东北师大馆、国家馆、吉林馆、辽宁馆、南京馆、山东馆

06134
政治经济学　（苏）列昂节夫（Лев Абрамович Леонтьев）著
南京新华书店，1949.5，再版，129 页，32 开
收藏单位：国家馆

06135
政治经济学　（苏）列昂节夫（Лев Абрамович Леонтьев）著
[泰州]：苏北新华书店，1949，313 页，32 开
收藏单位：广东馆、国家馆

06136
政治经济学　（苏）列昂节夫（Лев Абрамович Леонтьев）撰
[阳城]：太岳新华书店，1949，1 册，32 开
收藏单位：国家馆、宁夏馆

06137
政治经济学　（苏）列昂节夫（Лев Абрамович Леонтьев）著
[莫斯科]：外国工人出版社，1936，460 页，32 开，精装
收藏单位：重庆馆、贵州馆、国家馆、南京馆

06138
政治经济学　（苏）列昂节夫（Лев Абрамович Леонтьев）著
延安[等]：西北新华书店，1949，2 册（222+188 页），36 开
收藏单位：重庆馆、宁夏馆

06139
政治经济学　（苏）列昂节夫（Лев Абрамович Леонтьев）著
[武乡]：新华日报馆华北分馆，[1940]，392 页，32 开
收藏单位：国家馆

06140
政治经济学　（苏）列昂节夫（Лев Абрамович Леонтьев）撰
北平：新华书店，1949，1 册（11+406 页），36 开
北平：新华书店，1949.5，再版，2 册（222+261 页），36 开
收藏单位：安徽馆、重庆馆、南京馆、内蒙古馆、山西馆

06141
政治经济学　（苏）列昂节夫（Лев Абрамович Леонтьев）著
大连：新中国书局，1949，10+328 页，36 开（干部学习丛书 第 1 辑）

收藏单位：重庆馆、山东馆、天津馆

06142
政治经济学 （苏）列昂节夫（Лев Абрамович Леонтьев）著
中国人民解放军华北军区政治部，1949，279 页，32 开
收藏单位：重庆馆、国家馆

06143
政治经济学 （苏）列昂节夫（Лев Абрамович Леонтьев）著
[郑州]：中原新华书店，1949.1，289 页，32 开
收藏单位：重庆馆、广东馆、国家馆、辽宁馆、南京馆、山东馆

06144
政治经济学 （苏）列昂节夫（Лев Абрамович Леонтьев）著
出版者不详，1939，412 页，32 开
收藏单位：重庆馆、国家馆、山东馆、上海馆

06145
政治经济学 （苏）列昂节夫（Лев Абрамович Леонтьев）著 刘选萃 汤建勋编
桂林：前导书局，1937.7，57 页，36 开（世界名著缩本丛刊）

06146
政治经济学 薛暮桥著
大连：大众书店，1946.10，再版，96 页，32 开
本书共 6 章：原始共产社会、奴隶社会、封建社会、资本主义社会（上、下）、社会主义社会的诞生。
收藏单位：国家馆、首都馆

06147
政治经济学 薛暮桥著
沈阳：东北书店，1949.4，92 页，32 开
收藏单位：国家馆

06148
政治经济学 薛暮桥著
东北新华书店辽东总分店，1949，4 版，103 页，32 开
收藏单位：国家馆、辽宁馆

06149
政治经济学 薛暮桥著
哈尔滨：光华书店，1948，东北版，118 页，32 开（青年学习丛书）
收藏单位：国家馆、河南馆、吉林馆、天津馆

06150
政治经济学 薛暮桥著
华北新华书店，1948，160 页，32 开
华北新华书店，1949，103 页，32 开
收藏单位：广东馆、国家馆、辽宁馆、南京馆、山东馆、山西馆

06151
政治经济学 薛暮桥著
华东新华书店，1948，再版，122 页，32 开（中学暂用课本及青年自学读物）

06152
政治经济学 薛暮桥著
华中新华书店，[1946]，74 页，32 开
华中新华书店，1949.3，再版，74 页，32 开
华中新华书店，1949，3 版，修正本，92 页，32 开
收藏单位：国家馆、天津馆

06153
政治经济学 薛暮桥著
[唐山]：冀东新华书店，1949，103 页，32 开
收藏单位：天津馆

06154
政治经济学 薛暮桥著
河间：冀中新华书店，[1946]，再版，94 页，32 开

收藏单位：国家馆

06155
政治经济学 薛暮桥著
山东新华书店，1946.5，4版，96页
山东新华书店，1948，修正本，92页
山东新华书店，1949，3版，重排本，130页，36开
收藏单位：重庆馆、国家馆、河南馆、南京馆、山东馆、浙江馆

06156
政治经济学 薛暮桥撰
太行新华书店，1949，1册，32开
收藏单位：国家馆、河南馆、山西馆

06157
政治经济学 薛暮桥著
［阳城］：太岳新华书店，1949，121页，32开
［阳城］：太岳新华书店，1949，再版，121页
收藏单位：重庆馆、国家馆、山西馆

06158
政治经济学 薛暮桥著
［延安等］：西北新华书店，1949，160页，32开
收藏单位：重庆馆、天津馆

06159
政治经济学 薛暮桥著
北平：新华书店，1949，160页，32开
［北平］：新华书店，1949.3，再版，160页，32开
［北平］：新华书店，1949，3版，160页，32开
上海：新华书店，1949.8，160页，32开
收藏单位：重庆馆、国家馆、河南馆、湖南馆、吉林馆、南京馆、山西馆、天津馆、云南馆

06160
政治经济学 薛暮桥著
［北平等］：新中国书局，[1948]，179页，36开
收藏单位：广东馆

06161
政治经济学 薛暮桥著 皖北人民行政公署教育处审定
［合肥］：皖北新华书店，1949.7，91页，32开
收藏单位：国家馆

06162
政治经济学（第1卷）（苏）拉比杜斯（И. Лапидус）（苏）奥斯特洛维强诺夫（К. Островитянов）著 季陶达译
北平：寒微社，1935.9，8版，26+458页，25开
本书共9部分：前于资本主义的结构、商品、货币、剩余价值与资本、工资、资本的再生产与积蓄、资本的循环与回转、社会资本的再生产与流通、剩余价值的转化为利润平均利润及其降低的趋势。著者“拉比杜斯”“奥斯特洛维强诺夫”原题：拉奥二氏。译者原题：陶达。
收藏单位：安徽馆、重庆馆、桂林馆、国家馆、辽大馆、南京馆、上海馆、首都馆、中科图

06163
政治经济学（下）（苏）拉比杜斯（И. Лапидус）（苏）奥斯特洛维强诺夫（К. Островитянов）著 周维渥译
北平：东方书店，1930，468页，32开
本书收第7—10篇，论述地租、资本积累与资本主义扩大再生产、帝国主义和资本主义制度的崩溃及向共产主义过渡时期的经济等问题。著者“拉比杜斯”原题：拉皮多斯，“奥斯特洛维强诺夫”原题：阿斯托罗维将诺夫。
收藏单位：国家馆

06164
政治经济学初学读本　（苏）列昂节夫（Лев Абрамович Леонтьев）著　张仲实译
新华书店，1949.9，484 页，25 开
本书共 15 章，内容包括：阶级主义以前的社会、商品生产、货币、工资、资本主义的总危机等。附《关于讲授政治经济学的几个问题》（莱昂诺夫）。
收藏单位：安徽馆、重庆馆、东北师大馆、国家馆

06165
政治经济学大纲　胡明著
上海：上海杂志公司，1947.8，179 页，32 开（自我教育丛书）
上海：上海杂志公司，1949.3，2 版，179 页，32 开（自我教育丛书）
上海 [等]：上海杂志公司，1949.7，3 版，179 页，32 开（自我教育丛书）
本书共 3 部分：前资本主义各种制度、资本制度、共产制度。
收藏单位：重庆馆、东北师大馆、广西馆、国家馆、黑龙江馆、吉林馆、南京馆、陕西馆、上海馆、首都馆、天津馆

06166
政治经济学大纲　（苏）史威特罗夫　（苏）伯尔德尼罗夫著　高尔松　高尔柏译
上海：北新书局，1930，37+576 页，32 开
本书共 11 章，内容包括：经济学的基本概念、金融资本时代以前的资本主义、金融资本和帝国主义、战争和资本主义的命运、经济形态的发达、苏维埃权力和苏维埃共和国的国家构成等。译者“高尔松”原题：高希圣，“高尔柏”原题：郭真。
收藏单位：上海馆、首都馆

06167
政治经济学大纲二十六讲
出版者不详，1928，石印本，742 页，24 开，精装
收藏单位：国家馆

06168
政治经济学基础教程　（苏）列昂节夫（Лев Абрамович Леонтьев）著　胡明译
天津：光明书局，1937.1，14+630 页，25 开
[天津]：光明书局，1937.2，2 版，630 页，25 开
上海：光明书局，1937.12，3 版，订正本，14+715 页，25 开
上海：光明书局，1938，4 版，订正本，14+715 页，25 开
上海：光明书局，1939，6 版，订正本，678 页，25 开
上海：光明书局，1939.10，7 版，订正本，678 页，25 开
上海：光明书局，1946，战后 2 版，11+449 页，32 开
上海：光明书局，1947，战后 3 版，11+449 页，32 开
上海：光明书局，1948.6，战后 4 版，449 页，32 开（社会科学名著译丛）
上海：光明书局，1949.1，战后 5 版，449 页，32 开（社会科学名著译丛）
上海：光明书局，1949，战后 6 版，449 页，32 开（社会科学名著译丛）
本书共 15 章，内容包括：前阶层社会、前资本主义的榨取形态、商品生产、货币、再生产及恐慌等。著者原题：列昂捷也夫。
收藏单位：安徽馆、北碚馆、重庆馆、广东馆、广西馆、国家馆、河南馆、湖南馆、吉林馆、南京馆、山西馆、上海馆、首都馆、西南大学馆

06169
政治经济学讲话　（苏）列昂节夫（Лев Абрамович Леонтьев）著　张仲实译
上海：生活书店，1937.1，增订再版，657 页，25 开
[上海]：生活书店，1937.3，增订 3 版，673 页，25 开
上海：生活书店，1939.1，增订 5 版，673 页，25 开
收藏单位：安徽馆、北碚馆、重庆馆、东北师大馆、广东馆、广西馆、贵州馆、桂林

馆、国家馆、黑龙江馆、湖南馆、江西馆、辽大馆、南京馆、宁夏馆、山西馆、上海馆、绍兴馆、首都馆、中科图

06170
政治经济学讲话　王学文　王子野编
［阜平］：晋察冀边区点滴社，1941，石印本，112页，32开

本书分上、下两编。上编收文11篇，内容包括：《政治经济学是什么?》（王学文、王子野）、《政治是什么?》（尚格东）、《古代社会的经济》（王学文）；下编收文7篇，内容包括：《鸦片战争前夜的中国封建经济》（丁冬放）、《半殖民地中国资本主义的产生》（丁冬放）、《陕甘宁边区的政治经济是否是新民主主义的》（罗迈）等。

收藏单位：国家馆

06171
政治经济学教程　（苏）拉比杜斯（И. Лапидус）（苏）奥斯特洛维强诺夫（К. Островитянов）著　李达　熊得山译
［北平］：笔耕堂书店，1932—1933，2册（10+595页），25开
北平：笔耕堂书店，1933.9，再版，595页，25开
［北平］：笔耕堂书店，1936，3版，595页，25开

本书共8部分：价值论、剩余价值的生产、工资、资本的再生产与积蓄、利润及生产价格论、商业资本及商业利润等。著者“拉比杜斯”原题：拉比托斯，“奥斯特洛维强诺夫”原题：渥斯特罗维查诺夫。

收藏单位：北碚馆、重庆馆、东北师大馆、广东馆、贵州馆、国家馆、南京馆、上海馆、首都馆、浙江馆

06172
政治经济学教程　王思华著
哈尔滨：新中国书局，1949.3，245页，32开（社会科学丛书）
长春：新中国书局，1949.6，再版，246页，32开（社会科学丛书）

本书共5部分：资本主义以前社会的经济、资本主义经济、帝国主义与资本主义总危机、中国经济、社会主义经济。

收藏单位：重庆馆、东北师大馆、国家馆、吉林馆、辽宁馆、山东馆、天津馆

06173
政治经济学教程（上册）（苏）拉比杜斯（И. Лапидус）（苏）奥斯特洛维强诺夫（К. Островитянов）著　张仲实　樊英译
上海：商务印书馆，1936.12，16+520页，22开（中山文库）
上海：商务印书馆，1938.3，3版，16+520页，22开（中山文库）

本书共9部分，内容包括：资本主义以前的诸社会形式、商品、货币、剩余价值与资本、工资、再生产与资本的积蓄、资本的循环与资本的流转等。著者“拉比杜斯”原题：拉皮杜斯。

收藏单位：广东馆、国家馆、湖南馆、辽大馆、浙江馆、中科图

经济学基本问题

06174
论广义政治经济学　（苏）帕石克夫著　李伟译
上海：新知书店，1937，62页，32开（翻译小丛书3）

本书论述政治经济学研究对象、范围、政治经济学与经济政策、意识之关系等。

收藏单位：重庆馆、桂林馆、吉林馆、浙江馆

06175
马克思主义经济学方法论　（德）科因（G. Cohn）著　陈宝骅　邢墨卿译
北平：新生命书局，1930.6，180页，32开

本书共4章：理论经济学的对象、抽象的科学之理论经济学、经济学上的唯物论、马克思主义经济学是辩证的科学。

收藏单位：北碚馆、重庆馆、广西馆、国

家馆、吉林馆、南京馆、宁夏馆、上海馆、首都馆、西南大学馆

06176
社会经济形态　（苏）拉苏莫夫斯基（Razumovsky）著　沈志远译
[天津]：读者书店，[1939—1949]，62页，32开
本书共两部分：关于社会经济形态的一般学说、社会经济形态底发展过程。据苏联《大苏维埃百科全书》译出。
收藏单位：国家馆、宁夏馆

06177
社会经济形态　（苏）拉苏莫夫斯基（Razumovsky）著　沈志远译
华北大学，1949，85页，32开
收藏单位：国家馆

06178
社会经济形态　（苏）拉苏莫夫斯基（Razumovsky）著　沈志远译
华东新华书店，1949.4，62页，32开
收藏单位：广东馆、国家馆、山东馆

06179
社会经济形态　（苏）拉苏莫夫斯基（Razumovsky）著　沈志远译
上海：生活书店，1938.10，100页，32开（百科小译丛2）
上海：生活书店，1939.3，再版，100页，32开（百科小译丛2）
上海：生活书店，1939，3版，100页，32开（百科小译丛2）
上海：生活书店，1939，4版，100页，32开（百科小译丛2）
上海：生活书店，1946.4，胜利后1版，100页，32开（百科小译丛2）
上海：生活书店，1947.9，胜利后2版，100页，32开（百科小译丛2）
上海：生活书店，1948印，再版，62页，32开
上海：生活书店，1949，62页，32开
长春：生活书店，1949.4，东北再版，100页，32开（百科小译丛）
收藏单位：北碚馆、北师大馆、长春馆、重庆馆、东北师大馆、广东馆、广西馆、桂林馆、国家馆、河南馆、黑龙江馆、湖南馆、吉林馆、江西馆、近代史所、南京馆、内蒙古馆、宁夏馆、山东馆、山西馆、首都馆

06180
社会经济形态　（苏）拉苏莫夫斯基（Razumovsky）著　沈志远译
南通：苏北新华书店，1949.8，1册，32开
收藏单位：广东馆、国家馆、南京馆

06181
社会经济形态　（苏）拉苏莫夫斯基（Razumovsky）著　沈志远译
无锡：苏南新华书店，1949，56页，32开
收藏单位：安徽馆、国家馆、山东馆、绍兴馆

06182
社会经济形态　（苏）拉苏莫夫斯基（Razumovsky）著　沈志远译
新华书店，1949.7，华中版，62页，32开
收藏单位：重庆馆、贵州馆

06183
社会经济形态　（苏）拉苏莫夫斯基（Razumovsky）著　沈志远译
[郑州]：中原新华书店，1949.3，62页，32开
收藏单位：国家馆

06184
生产力与生产关系　李含章　雷用中译
北平：导群书店，1932，175页，32开
本书共4部分：自然与社会研究资料、生产诸力与生产诸关系研究资料、麦尔克斯与乌梁诺夫关于社会经济构造的理论研究资料、苏联的生产诸力与生产诸关系研究资料。
收藏单位：北师大馆、重庆馆、广西馆、国家馆、湖南馆、天津馆、浙江馆

06185
生产力与生产关系 邬孟晖著
上海：励群书店，1929.4，98 页，50 开（引擎丛书）

本书共 6 章：达尔文主义与马克思主义、从猿猴到人类、人类社会与地理环境、生产力、社会学分析之出发点、生产关系。

收藏单位：重庆馆、东北师大馆、国家馆、吉林馆

06186
怎样研究政治经济学 柳湜著
[佳木斯]：东北书店，1946.10，122 页，36 开（青年自学丛书）

本书收著者写给儿子的家书 13 封，内容包括：《政治经济学所研究的是什么》《我们研究的意义》《辩证法在这里也有用》《也少不得史的唯物论》《商品拜物教》等。

收藏单位：长春馆、重庆馆、国家馆、南京馆、宁夏馆、天津馆

06187
怎样研究政治经济学 柳湜著
上海：生活书店，1937.3，173 页，32 开（青年自学丛书 第 2 辑）
汉口、上海：生活书店，1937.11，再版，173 页，36 开（青年自学丛书 第 2 辑）
汉口：生活书店，1938.5，3 版，173 页，36 开（青年自学丛书 第 2 辑）
重庆：生活书店，1939.4，再版，173 页，36 开（青年自学丛书 第 2 辑）
重庆：生活书店，1939.4，7 版，173 页，36 开（青年自学丛书 第 2 辑）
重庆：生活书店，1940.1，6 版，173 页，36 开（青年自学丛书 第 2 辑）
上海、重庆：生活书店，1946.4，胜利后 1 版，148 页，36 开（青年自学丛书）
上海：生活书店，1946，胜利后 2 版，148 页，36 开（青年自学丛书）
上海：生活书店，1947，胜利后 3 版，148 页，36 开（青年自学丛书）
上海：生活书店，1948.5，胜利后 4 版，153 页，25 开（青年自学丛书）

收藏单位：北碚馆、重庆馆、广东馆、贵州馆、桂林馆、国家馆、河南馆、湖北馆、湖南馆、吉林馆、江西馆、南京馆、宁夏馆、山西馆、上海馆、首都馆、浙江馆

前资本主义社会生产方式

06188
封建生活 （苏）E. 柯斯明斯基著 张仲实译
上海：生活书店，1938.1，62 页，25 开

收藏单位：宁夏馆

06189
先资本主义的社会经济形态论 李达著
香港：生活书店，1948，196 页，22 开

本书内容包括：绪论、本论。绪论共两部分：经济学的对象、经济学的范围；本论共 3 章：原始社会的经济形态、奴隶制的经济形态、封建的经济形态。为著者《经济学大纲》的第 1 分册。

收藏单位：重庆馆、广西馆、国家馆、湖北馆、湖南馆、南京馆、内蒙古馆、山西馆、上海馆、天津馆、武大馆、西南大学馆、浙江馆、中科图

资本主义社会生产方式

06190
比较经济制度 （美）洛克斯（W. N. Loucks）（美）霍德（J. W. Hoot）著 陈瘦石译述
外文题名：Comparative economic system
重庆：商务印书馆，1943.9—1945.4，2 册（337+352 页），32 开（中山文库）
赣县（赣州）：商务印书馆，1944.3，2 册（337+352 页）（中山文库）
重庆：商务印书馆，1944.8，再版，2 册（337+352 页），25 开（中山文库）

本书共 7 编：导言、乌托邦主义先驱者、马克思的社会主义与共产主义学说、现代社会主义与共产主义、苏联经济、义德法

西斯主义、消费合作运动。附《共产党宣言》《一九三六年社会党党纲》《一九三六年共产党党纲》《苏维埃社会主义共和国联盟宪法》《劳动宪章》《民族社会主义德意志劳工党纲领》《国家紧急应付法（授权法案）》《国家新机构法》。

收藏单位：安徽馆、北碚馆、长春馆、重庆馆、广东馆、广西馆、贵州馆、桂林馆、国家馆、湖南馆、吉林馆、江西馆、南京馆、内蒙古馆、浙江馆

06191

帝国主义　第八路军鲁东游击队宣传科编

第八路军鲁东游击队宣传科，[1937—1949]，32页，64开（现代知识小丛书1）

收藏单位：国家馆

06192

帝国主义　徐懋庸著

[威县]：冀南新华书店，[1948—1949]，24页，36开

本书共7节：帝国主义及其基本特征、生产的集中和垄断、银行的新作用和财政资本、资本的输出、资本家集团间的世界分割、列强间的世界分割、帝国主义怎样是腐化和垂死的资本主义。

收藏单位：国家馆、山东馆

06193

帝国主义论　（苏）布鲁克等著　钟原昭译

上海：上海杂志公司，1937.5，230页，25开

上海：上海杂志公司，1937，2版，230页，25开

本书共9章，内容包括：生产的积集和独占、资本的输出、不平衡发展的法则、帝国主义和劳动阶级、资本主义的总危机等。据《苏联大百科全书》第27卷的“帝国主义”条目译出，据列宁《帝国主义论》的理论体系补充事实材料编写。

收藏单位：北碚馆、广东馆、国家馆、河南馆、近代史所、南京馆、宁夏馆、人大馆、上海馆、首都馆、西南大学馆、中科图

06194

帝国主义是什么　千家驹著

华北新华书店，1943.1，51页，64开

本书共17节，内容包括：几种错误的解释、资本主义的基础是商品生产、生产的集中、资本的输出、大战后的世界等。

收藏单位：国家馆

06195

帝国主义是什么　千家驹著

[桂林]：文化供应社，1940，52页，50开（青年新知识丛刊）

桂林：文化供应社，1940.12，再版，52页，42开（青年新知识丛刊）

收藏单位：北碚馆、重庆馆、广东馆、广西馆、贵州馆、国家馆、南京馆

06196

何谓帝国主义　李达著

重庆：新文化社，[1923—1949]，10页，32开

本书讲解资本主义发达的经过和最终是如何转变为帝国主义的。

收藏单位：重庆馆

06197

经济帝国主义论　（英）乌尔夫（Leonard Woolf）著　谢义伟译

外文题名：Economic imperialism

上海：商务印书馆，1931.4，66页，32开（百科小丛书）（万有文库 第1集0138）

上海：商务印书馆，1933.7，66页，32开（百科小丛书）

上海：商务印书馆，1935，再版，66页，32开（万有文库 第1集0138）（百科小丛书）

本书共4章：导言、经济的帝国主义之在非洲、经济的帝国主义之在亚洲、因与果。著者原题：华尔富。

收藏单位：安徽馆、北碚馆、重庆馆、大理馆、大连馆、大庆馆、东北师大馆、广东馆、广西馆、贵州馆、国家馆、黑龙江馆、湖南馆、江西馆、辽大馆、辽师大馆、南京馆、内蒙古馆、宁夏馆、上海馆、天津馆、西南大学馆、浙江馆

06198
经济危机论初步　关梦觉著
重庆：生活书店，1940.8，55 页，36 开（新知识初步丛刊）
重庆：生活书店，1940.8，再版，55 页，36 开（社会科学初步丛刊）
上海：生活书店，1948，胜利后 1 版，55 页，48 开（新知识初步丛刊）
本书共 5 章，内容包括：资本主义的病源、资本主义的经济危机、资本主义的总危机等。
收藏单位：重庆馆、广西馆、桂林馆、国家馆、吉大馆、吉林馆、南京馆、内蒙古馆、上海馆、西南大学馆

06199
论资本主义　刘芝明著
华中新华书店九分店，[1947—1949]，35 页，32 开
本书分上、下两部：资本主义、帝国主义。上部共 4 章：简单商品经济与资本主义商品经济、商品的价值与价格、资本主义剥削的实质、资本主义生产集中过程；下部共 7 章：帝国主义及其基本特征、生产的集中和垄断、银行的新作用和财政资本、资本的输出、资本家集团间的世界分割、列强间的世界分割、帝国主义怎样是腐化和垂死的资本主义。
收藏单位：国家馆、山东馆

06200
论资本主义　刘芝明著
河间：冀中新华书店，1947.7，42 页，32 开
收藏单位：国家馆、河南馆、山东馆、天津馆、中科图

06201
论资本主义　刘芝明著
香港：南海出版社，1948，33 页，38 开（社会科学小丛书 第 2 辑 2）
收藏单位：内蒙古馆、上海馆

06202
论资本主义　刘芝明著
上海、重庆：新知书店，1946，72 页，36 开
收藏单位：安徽馆、长春馆、广东馆、桂林馆、国家馆、河南馆、黑龙江馆、湖南馆、吉大馆、吉林馆、辽宁馆、山东馆、上海馆、绍兴馆

06203
什么是帝国主义　陆明著
[大连]：大众书店，[1946.11]，20 页，32 开
大连：大众书店，1948.11，再版，16 页，32 开（大众通俗丛书 9）
本书共 10 课，内容包括：资本主义与帝国主义、生产的集中与独占、银行的新作用与金融资本、资本的输出等。
收藏单位：国家馆、南京馆、山东馆

06204
什么是帝国主义　陆明著
香港：东方出版社，1939，20 页，32 开（东方大众丛书）
香港：东方出版社，1946.6，胜利后初版，20 页，32 开（通俗丛书 2）
收藏单位：北碚馆、东北师大馆、国家馆、吉林馆、江西馆、上海馆、天津馆

06205
什么是帝国主义　陆明著
[安东（丹东）]：辽东建国书社，[1948]，15 页，64 开
收藏单位：国家馆、浙江馆

06206
通俗剩余价值论（社会科学之部）（日）河上肇著　钟古熙译　施存统校
上海：神州国光社，1932.6，3 版，61 页，32 开
本书论述马克思剩余价值学说，介绍资本主义的剩余价值的源泉及资本家赚得的巨额的剩余价值。校者原题：施复亮。
收藏单位：重庆馆、上海馆、浙江馆

06207
瓦尔加批判　依·拉甫捷夫等著　何疆译
新华书店，1949.9，24 页，36 开（新华时事丛刊）
本书收文两篇：《关于一个经济学问题的论战》《反对关于帝国主义的著作中的改良主义倾向》。前者是苏联经济界在 1948—1949 年对苏联科学院世界经济研究所所长瓦尔加《战后资本主义经济的变化》一书的批判，后者为瓦尔加的检讨。
收藏单位：重庆馆、国家馆、山东馆、陕西馆、绍兴馆、天津馆

06208
现代殖民地经济论　（苏）达摄夫斯基著　贝叶译
上海：新知书店，1937，105 页，32 开（翻译小丛书 2）
本书收文两篇。第 1 篇共 3 章：宗主国对殖民地的财政束缚之强化、宗主国与殖民地的商业联系的增进、列强夺取半殖民地市场斗争的尖锐化；第 2 篇共 4 章：前资本主义剥削形式的加强、愈益加重的税捐压迫、殖民地生产品价格的变动、殖民地和宗主国商品价格的分歧。
收藏单位：重庆馆、国家馆、内蒙古馆、西南大学馆、浙江馆

06209
资本的利润及资本的产生　彭守朴译
[上海]：马克思主义研究会，1923.5，28 页，32 开
收藏单位：国家馆

06210
资本制度浅说　（日）山川均著　施存统译
广州：国光书店，1926.1，106 页，32 开
广州：国光书店，1928，106 页，32 开
本书共 16 章，论述资本主义制度的由来、本质、矛盾和趋势，并着重批判资本制度生产与消费的矛盾、生产力与私有制的冲突，指出改造旧制度建立新制度的斗争方向。
收藏单位：近代史所

06211
资本制度浅说　（日）山川均著　施存统译
[西安]：国民革命军第二集团军驻陕总司令部政治部，1927.5，75 页，32 开
收藏单位：国家馆

06212
资本制度浅说　（日）山川均著　施存统译
上海：上海书店，1925，75 页，32 开
上海：上海书店，1925.10，3 版，75 页，36 开
上海：上海书店，1925，4 版，75 页
收藏单位：北碚馆、重庆馆、广东馆、国家馆、近代史所、南京馆、宁夏馆、浙江馆

06213
资本主义　刘芝明著
[威县]：冀南新华书店，[1947]，21 页，32 开
收藏单位：国家馆、山东馆、浙江馆

06214
资本主义　刘芝明著
上海：生活·读书·新知联合发行所，1949，33 页，36 开（新中国百科小丛书）
收藏单位：重庆馆、东北师大馆、广东馆、国家馆、天津馆

06215
资本主义的解剖　[（日）山川均著]　崔物齐译述
上海：光华书局，1927.2，110 页，32 开
本书共 15 部分，论述资本主义制度生产与消费的矛盾、人类浪费的制度、社会生产与个人所有的矛盾以及社会的改造等。
收藏单位：重庆馆、广东馆、广西馆、国家馆、湖南馆、江西馆、近代史所、陕西馆、上海馆、绍兴馆、天津馆

06216
资本主义发展的不平衡律　吴清友著
上海：生活书店，1937.7，189 页，36 开（青年自学丛书 第 2 辑）
上海：生活书店，1937.11，再版，189 页，36

开（青年自学丛书 第2辑）
上海[等]：生活书店，1940.6，3版，189页，36开（青年自学丛书 第2辑）

本书共5章，内容包括：发展不平衡律在资本主义各种阶段上的表现、资本主义发展不平衡的决定因素、伊里奇与资本主义发展的不平衡律等。

收藏单位：北碚馆、重庆馆、贵州馆、国家馆、黑龙江馆、南京馆、宁夏馆、上海馆

社会主义社会生产方式

06217
列宁与斯大林是社会主义政治经济学的创造者 （俄）柯兹洛夫（Г. Козлов）著 李少甫译
上海：中华书局，1949，49页，32开（新时代小丛书25）

收藏单位：北师大馆、重庆馆、广东馆、广西馆、国家馆、湖北馆、吉林馆、辽宁馆、南京馆、云南馆

06218
论社会主义财产 （苏）柯舍列夫著 达克译
大连：光华书店，1948.12，44页，36开（社会科学小译丛2）
哈尔滨：光华书店，1949.1，再版，44页，32开（社会科学小译丛）

本书共6节，论述社会主义制度的生产关系、所有制问题。

收藏单位：长春馆、重庆馆、国家馆、湖南馆、辽宁馆、天津馆

06219
论社会主义财产 （苏）柯舍列夫著 达克译
吉林：新中国书局，1949.7，再版，44页，32开（社会科学小丛书）

收藏单位：国家馆、吉大馆、辽宁馆、南京馆、天津馆

06220
论社会主义国家中的劳动 （苏）李雅宾（A. Ляпин）著 伊真译
[北平]：三联书店，1949，98页，32开

本书著者原题：阿里雅萍。

收藏单位：重庆馆、东北师大馆、国家馆、辽宁馆、天津馆

06221
社会主义经济学 （日）河上肇著 邓毅译
上海：大光书局，1936，158页，32开
上海：大光书局，1936，再版，158页，32开

本书共5部分，内容包括：科学的马克思主义经济学、简单的商品所含有的恐慌之可能性、在资本家的生产诸关系的内部生产诸力之发展等。

收藏单位：重庆馆、河南馆

06222
社会主义经济学 （日）河上肇著 邓毅译
上海：光华书局，1929.7，158页，32开
上海：光华书局，1930.8，再版，158页，32开

收藏单位：重庆馆、广东馆、桂林馆、国家馆、黑龙江馆、吉林馆、上海馆、天津馆、西南大学馆、浙江馆

06223
社会主义经济学史 （日）住谷悦治著 宁敦伍译
上海：昆仑书店，1929.10，135页，32开

本书按学派及国别论述资本主义与社会主义经济学说的发展史，共3部分：经济学史的概观、前期资本主义与社会主义经济学说的发展、后期资本主义与社会主义经济学说的发展。译者原题：宁敦五。

收藏单位：重庆馆、国家馆、湖南馆、南京馆、上海馆、首都馆、天津馆

06224
社会主义与资本主义 （英）庇古（Arthur Cecil Pigou）著 高平叔 周华章译
外文题名：Socialism versus capitalism
重庆：中华书局，1944.9，56页，32开
上海：中华书局，1947，再版，56页，32开

本书共 9 章，内容包括：国民财富与所得的分配、生产资源的分派、失业问题、利润与技术效率、经济行为的刺激问题等。

收藏单位：重庆馆、广东馆、广西馆、贵州馆、国家馆、黑龙江馆、湖南馆、吉林馆、南京馆、上海馆、首都馆、武大馆、浙江馆

06225

资本主义与社会主义　林伯修著

外文题名：Capitalism and socialism

上海：青年协会书局，1933.7，22 页，48 开（社会问题小丛书 3）

本书概述资本主义与社会主义的基本特性，并论述社会主义的优越性。

收藏单位：重庆馆

共产主义社会生产方式

06226

共产党底计画　（苏）布哈林（Н. Бухарин）著　太柳译

汉口：长江书店，1926.12，再版，118 页，32 开（康民尼斯特丛书 1）

上海、汉口：长江书店，1927.3，3 版，118 页，32 开（康民尼斯特丛书 1）

本书共 20 章，内容包括：资本制度之罪恶、共同生产和共同分配、无政府主义和共产主义、国有土地的共同耕种、万国的解放等。

收藏单位：重庆馆、上海馆

06227

共产党底计画　（苏）布哈林（Н. Бухарин）著　太柳译

［上海］：人民出版社，1921.12，112 页，32 开（康民尼斯特丛书 1）

本书共 19 部分，内容包括：资本制度之罪恶、打破资本主义、共同生产和共同分配、无政府主义和共同分配、国有土地的共同耕种等。伪装出版地题：广州。

收藏单位：广东馆、上海馆

经济思想史

06228

近代经济学说史　沈志远著

上海：生活书店，1937.12，465 页，23 开

上海：生活书店，1938.2，再版，465 页，22 开

本书共 9 章：导论、重商主义底发生与发展、重农学派、亚丹斯密、达微·李嘉图、古典学派之没落、所谓经济浪漫主义、空想社会主义的经济思想、普鲁东主义。

收藏单位：安徽馆、重庆馆、广东馆、广西馆、贵州馆、国家馆、河南馆、黑龙江馆、湖南馆、吉林馆、江西馆、近代史所、辽大馆、南京馆、内蒙古馆、宁夏馆、山东馆、上海馆、首都馆、西南大学馆、中科图

06229

近代经济学说史纲　沈志远著

上海：生活书店，1947.8，316 页，22 开（新中国大学丛书）

上海［等］：生活书店，1948.5，再版，316 页，22 开（新中国大学丛书）

收藏单位：重庆馆、国家馆、湖南馆、吉林馆、南京馆、绍兴馆、首都馆、天津馆、浙江馆

06230

近代资本主义经济思潮批判　刘及辰编著

重庆［等］：生活书店，1939.9，338 页，25 开（新中国学术丛书 3）

上海［等］：生活书店，1948.4，再版，338 页，22 开

本书共 6 部分，内容包括：古典经济学说的批判、没落期的古典经济学说的批判、历史学派经济学说的批判等。书前有绪论。书后有附篇《最近社会主义学者的歪曲理论的批判》。

收藏单位：安徽馆、重庆馆、东北师大馆、广东馆、广西馆、贵州馆、桂林馆、国家馆、湖南馆、近代史所、辽大馆、辽宁馆、

南京馆、内蒙古馆、山西馆、上海馆、天津馆、浙江馆、中科图

06231
新民主主义的经济　许涤新著
上海：生活·读书·新知联合发行所，1949.6，154页，36开（新中国青年文库）
本书共8章：新民主主义的历史条件、新民主主义经济的性质、耕者有其田、合作社、国家经济、私人资本主义、新民主主义经济诸范畴、新民主主义经济的法则及其倾向。
收藏单位：广东馆、国家馆、湖北馆、南京馆、天津馆

06232
新民主主义经济论　许涤新著
香港：南海出版社，1948，125页，36开（社会科学小丛书）
收藏单位：广东馆

06233
新民主主义经济论　许涤新著
中外出版社，1948，97页，32开（社会科学小丛书 第2辑 4）
本书共7章：新民主主义的历史条件、新民主主义经济的性质、耕者有其田、合作社、国家经济、私人资本主义、新民主主义经济的法则及其倾向。
收藏单位：北师大馆、重庆馆、国家馆、吉林馆、近代史所、天津馆

世界各国经济概况、经济史、经济地理

世界经济、国际经济关系

06234
欧洲和议后之经济　（英）坎斯（J. M. Keynes）著　陶孟和　沈性仁译
上海：新青年社，1920.11，219页，32开（新青年丛书6）
本书共7章：绪言、战前的欧洲、和会、条约、赔偿、和约后之欧洲、补救。书前有序言。
收藏单位：安徽馆、重庆馆、广东馆、国家馆、湖南馆、江西馆、近代史所、浙江馆

06235
社会经济发展史　（德）莱姆斯（Wilhelm Reimes）著　李季译
上海：亚东图书馆，1929.6，373页，32开
上海：亚东图书馆，1932.5，再版，373页，32开
上海：亚东图书馆，1933，再版，373页，32开
上海：亚东图书馆，1934.4，再版，373页，32开
上海：亚东图书馆，1939，3版，373页，32开
上海：亚东图书馆，1949.7，4版，373页，32开
本书共6讲，内容包括：劳动是人类社会的基础、从原始共产主义到古代日耳曼的马克经济、古代社会的奴隶经济等。
收藏单位：北碚馆、重庆馆、广东馆、广西馆、贵州馆、国家馆、河南馆、湖南馆、江西馆、近代史所、辽大馆、辽宁馆、南京馆、宁夏馆、上海馆、首都馆、西南大学馆、中科图

06236
世界经济地理纲要　（俄）哈拉宾著　大众文化社译
人民出版社，1932.2，3版，129页，32开（大众文化丛书）
收藏单位：重庆馆、国家馆

06237
世界经济地理纲要　（俄）哈拉宾著　中外研究学会译
上海：华兴书局，1930.2，129页，32开（中外丛书）
本书共12章，内容包括："历史上的

地理原素”“今日的世界”“五大集团——美国”“五大集团——大英帝国”“五大集团——法国”等。

收藏单位：北碚馆、重庆馆、广东馆、国家馆、近代史所、南京馆、西南大学馆

06238

世界经济地理讲座 胡明编著

上海：光华出版社，1947.5，战后新版，2 册（1152 页），32 开

上海：光华出版社，1947.8，战后新版，再版，2 册（1152 页），32 开

上海：光华出版社，1949，战后新版，订正版，2 册（1152 页），32 开

本书共 5 部分：世界经济地理总论、亚洲经济地理分论、美洲经济地理分论、澳洲经济地理分论、非洲经济地理分论。

收藏单位：安徽馆、重庆馆、东北师大馆、广东馆、广西馆、国家馆、河南馆、黑龙江馆、湖南馆、近代史所、辽师大馆、南京馆、内蒙古馆、山西馆、上海馆、首都馆、天津馆、西南大学馆、浙江馆

06239

世界经济地理讲座 胡明编著

新华书店，1949，5 册，32 开

06240

世界经济史纲 彭迪先著

上海：生活·读书·新知三联书店，1949.9，15+413 页，22 开（新中国大学丛书）

本书分 3 部分：“概论”“各论·各国资本主义发达史”“结论·资本主义的发展及其矛盾的严重化”。共 16 章，内容包括：原始共产社会、古典奴隶社会、英国资本主义发达史、法国资本主义发达史、资本主义的发展及其基本矛盾等。

收藏单位：国家馆、江西馆、云南馆、浙江馆

06241

世界经济史纲 彭迪先著

上海：生活书店，1948.5，413 页，22 开（新中国大学丛书）

收藏单位：安徽馆、重庆馆、广西馆、国家馆、吉林馆、辽大馆、南京馆、首都馆

06242

世界经济危机与武装进攻苏联 沈贯雷编著

[上海]：春耕书店，1931.8，107 页，32 开

本书共 5 章，内容包括：引言、世界资本主义总危机的发展和深入、苏联社会主义建设胜利和帝国主义的节节进攻苏联等。

收藏单位：安徽馆、国家馆、吉林馆、上海馆

06243

现代经济政策之趋势 （苏）托洛茨基（Лев Давидович Троцкий）著 瞿秋白译

上海：南华书店，1930，254+256 页，25 开

本书共 4 部分：战后世界资本主义之稳定问题、战后世界资本主义之资本的集中问题、世界资本主义之合理化问题、世界资本主义之帝国主义问题。著者原题：杜洛茨基。

收藏单位：东北师大馆、国家馆、黑龙江馆、近代史所

06244

战后的资本主义——帝国主义的新阶段 陶大镛著

上海：生活·读书·新知联合发行所，1949，172 页，32 开（新中国青年文库）

上海：生活·读书·新知联合发行所，1949，再版，172 页，32 开（新中国青年文库）

本书共 10 章，内容包括：美国的独占资本与金融寡头、战后美国的经济扩张、英国的独占资本与经济危机、西欧资本主义的破产、战后资本主义世界的基本矛盾等。

收藏单位：重庆馆、东北师大馆、广东馆、国家馆、吉大馆、吉林馆、辽宁馆、宁夏馆、绍兴馆、天津馆

06245

战后世界经济发展的两条道路 华北新华书店编辑部编辑

华北新华书店，1947.8，61 页，32 开（国际

问题参考资料 第 7 辑）

本书收专论 5 篇:《一年来世界经济鸟瞰》（娄立斋）、《分道扬镳的两个世界经济体系》（岳光）、《资本主义世界经济危机的原因》（阿尔吉尔）、《苏联一年来的建设》（什之）、《一年来苏联农业建设》（吴清友）。

收藏单位：重庆馆、国家馆、吉大馆、吉林馆、山西馆、天津馆

06246
战后资本主义经济之变化　（苏）瓦尔加（Евгений Самуилович Варга）著　吴清友译
上海［等］：生活书店，1947.10，356 页，25 开

本书共 15 章，内容包括：资本主义国家经济中国家作用之增长、战时资本主义国家中经济的调整与无计划性、战时生产和资本的集中与集合、资本主义国家战时经济中贫穷化的倾向、战时人民消费之减缩、战时资本主义世界经济之瓦解与对外贸易之变化、国际分工减少的倾向及其后果等。

收藏单位：安徽馆、北碚馆、重庆馆、广东馆、国家馆、近代史所、南京馆、上海馆、首都馆、西南大学馆、浙江馆

06247
最近之世界资本主义经济（1913—1932 上卷）　吕振羽著
北平：北平书局，1932.7，334 页，32 开（青年出版合作社经济丛书 第 1 卷）

本书共两部分。第 1 部分叙述第一次世界大战后的经济恐慌、资本主义产业合理化运动与经济复兴的情形，并介绍苏联新经济政策和第一个五年计划；第 2 部分专论 1929 年世界经济危机和资本主义各种基本矛盾的发展。

收藏单位：重庆馆、东北师大馆、国家馆、湖南馆、近代史所、上海馆

06248
最近之世界资本主义经济（1913—1932 下卷）　翦伯赞著
北平：北平书局，1932.8，[14]+407 页，32 开（青年出版合作社经济丛书 第 1 卷）

本书共两部分：在恐慌中所表现的资本主义临没的象征、市场再分割的企图与第二次世界大战。

收藏单位：重庆馆、东北师大馆、国家馆、湖南馆、近代史所、绍兴馆

中国经济

06249
保护发展工商业　毛泽东等著
中国人民解放军华东军区政治部，1948.8，14 页，64 开

本书收《论目前形势与我们的任务》（毛泽东）中的一段、山东省政府布告及其他与工商业有关的资料等 6 篇。

收藏单位：南京馆、山东馆

06250
边区政报（58 生产专号）　晋冀鲁豫边区政府编辑
晋冀鲁豫边区政府，1946，83 页，32 开

本书收研究边区生产问题的文章二十余篇。

收藏单位：国家馆

06251
城市政策与工商业政策　新华日报资料室编
华中新华书店，1949.5，3 版，88 页，32 开（干部学习丛书）

本书共 3 辑。第 1 辑内容包括:《新民主主义经济》（毛泽东）、《新民主主义三大经济纲领》（毛泽东）、《工业问题》（毛泽东）等；第 2 辑内容包括：六项安民布告（开封前线司令部）、济南军管会重要文告等；第 3 辑内容包括：临汾襄樊两战役中执行城市政策经验、华北工商会议决议等。

收藏单位：国家馆、南京馆

06252
城市政策与工商业政策　新华日报资料室编
［泰州］：苏北新华书店，1949.2，88 页，32

开（干部学习丛书）

收藏单位：国家馆、南京馆

06253

党的城市政策与工商业政策

江淮日报社，1949.1，39 页，10 开

收藏单位：重庆馆

06254

滇黔桂资料（1 工矿金融） 第四野战军南下工作团总团部调查研究组编

第四野战军南下工作团总团部调查研究组，1949，130 页，32 开

收藏单位：国家馆

06255

发展工业的劳动政策与税收政策　陈伯达 [等] 著

晋冀鲁豫军区政治部，1948.2，21 页，32 开

本书收文 3 篇：《发展工业的劳动政策与税收政策》《中共晋冀鲁豫中央局关于工商业政策的指示》《坚持职工运动的正确路线反对"左"倾冒险主义》。

收藏单位：重庆馆

06256

发展工业的劳动政策与税收政策　陈伯达 [等] 著

新洛阳报社，[1948—1949]，12 页，36 开

收藏单位：南京馆

06257

发展工业的劳动政策与税收政策　陈伯达著

中共沈阳特别市工委宣传部，[1948—1949]，10 页，32 开（政策介绍 4）

收藏单位：重庆馆、国家馆、宁夏馆、上海馆

06258

阜东县直第三次机关生产委员会决议　阜东县直机关生产委员会颁布

阜东县直机关生产委员会，1945.6，10 页，32 开

收藏单位：国家馆

06259

干部读物（第 2 辑） 邯郸市委会宣传部编

邯郸市委会宣传部，[1948—1949]，39 页，32 开

本书辑录有关工商业政策的文章。共 6 个主题，内容包括：毛泽东论工商业政策与职工政策、任弼时论保护工商业的政策、中国工运当前的任务等。

收藏单位：国家馆

06260

各解放区经济调查提纲

出版者不详，油印本，[1945—1949]，1 册，32 开

收藏单位：国家馆

06261

工商管理工作的方针和政策　薛暮桥著

晋察冀边区贸易公司，1946 印，80 页，32 开

本书为著者在日本投降前对山东解放区工商管理工作所作的总结报告，共 5 部分：工作方针检讨、货币政策、贸易政策、税收工作、公营工矿事业。

收藏单位：北师大馆、国家馆、近代史所

06262

工商业家的出路　许涤新著

香港：新民主出版社，1949.3，78 页，32 开

本书收文 8 篇，内容包括：《耕者有其田是发展工商业的前提》《消灭垄断资本与建设新民主主义经济》《关于官僚资本的逃遁与变形》《城市经济的改造》《论城市的社会改革》等。

收藏单位：东北师大馆、国家馆、吉大馆、吉林馆、南京馆、宁夏馆、上海馆

06263

工商业政策与劳动政策　太岳新华书店编

[阳城]：太岳新华书店，1948.5，62 页，32 开

本书共 14 章，内容包括：工业建设总论、

铁路建设、公路建设、商船建设、航空建设等。

收藏单位：国家馆、宁夏馆、山西馆

06264

工商业政策与职工政策　中共华北中央局编

[惠民]：渤海新华书店，1948.8，40页，32开

收藏单位：国家馆、宁夏馆、山东馆

06265

工商业政策与职工政策　中共华北中央局编

华北新华书店，1948.6，37页，64开

华北新华书店，1948.8，再版，37页，32开

收藏单位：国家馆、河南馆、南京馆、山东馆、山西馆、天津馆

06266

工商业政策与职工政策　中共华北中央局编

华中新华书店，1948.11，53页，64开

华中新华书店，1949，36页，36开

收藏单位：重庆馆、国家馆

06267

工商业政策与职工政策　中共华北中央局编

太行新华书店，1949.1，增订版，65页，32开

收藏单位：国家馆、近代史所、山东馆

06268

工商业政策与职工政策　中共华东中央局编

华东新华书店，1948，38页，36开

本书内容包括：《论工商业政策与职工政策》（毛泽东）、《坚持职工运动的正确路线反对"左"倾冒险主义》（新华社社论）、《论保护工商业政策》（任弼时）、《发展工业的劳动政策与税收政策》（陈伯达）等。

收藏单位：重庆馆、湖南馆、山东馆

06269

工商业政策与职工政策选辑　[中共华北中央局编]

晋绥新华书店晋南分店，1948，48页，36开

本书收文7篇，内容包括：《毛泽东论工商业政策与职工政策》《坚持职工运动的正确路线反对"左"倾冒险主义》《任弼时论保护工商业的政策》《发展工业的劳动政策与税收政策》等。

收藏单位：重庆馆、国家馆、山西馆

06270

工商政策与职工运动　丁坚编

大连：大众书店，1949.2，236页，32开（工业生产丛书3）

本书共3部分：工商政策、企业管理、职工运动。第1部分内容包括：《论工商业政策》（毛泽东）、《工商业政策》（任弼时）等；第2部分内容包括：《什么是企业化》（山东《大众日报》）、《企业管理中一个极其重要的改革》（《东北日报》社论）等；第3部分内容包括：《解放区职工运动的任务》（《解放日报》社论）、《切实执行劳大决议迅速开展东北职工运动》（《东北日报》社论）等。

收藏单位：重庆馆、广东馆、国家馆、辽宁馆、南京馆、山东馆、浙江馆

06271

工运政策汇集

[延安]：陕甘宁边区新华书店，1948，125页，32开

本书收文章、社论14篇，内容包括：《毛泽东论工商业政策与职工政策》《任弼时论保护工商业的政策》《陈云同志在沈阳工人代表大会上的讲话》《发展工商业的劳动政策与税收政策》等。附《什么是交叉累进工资制》《关于轻重工业的区别》。

收藏单位：国家馆、黑龙江馆、近代史所

06272

工作参考（第2号）　晋冀鲁豫边区贸易总局编

晋冀鲁豫边区贸易总局，1947，35页，32开

本书收《黎城城内公私商店查挤经验》等介绍解放区工商业排除封建经济势力经验的文章4篇。另有《系统工作与中心工作结合的经验》（尹志海、武文炳）、《对目前经济工作的几点意见》（秦秀峰）、《太行合作会议总结》（李一清）。

收藏单位：国家馆、山东馆

06273
工作参考（第3号） 晋冀鲁豫边区贸易总局编
晋冀鲁豫边区贸易总局，1947，32页，32开
本书收《沁阳博爱怎样扭转入超争取出超》等介绍解放区出入口贸易工作经验的文章3篇。另有《道清路南敌后开展经济工作的总结》（尹志海）。
收藏单位：国家馆

06274
关于保护工商业政策文献 工商业会议秘书处编
工商业会议秘书处，[1948—1949]，40页，32开
本书内容包括：晋冀鲁豫局、晋察冀局、晋察冀政委会等单位的指示，毛泽东、任弼时等的论述，新华社、《晋察冀日报》的社论、时评等。
收藏单位：国家馆、南京馆

06275
关于保护工商业政策文献
[宝丰]：中原新华书店，1948.10，46页，32开
本书收文11篇，内容包括：《新民主主义的经济纲领》（毛泽东）、《对工商业政策》（任弼时）等。
收藏单位：重庆馆、国家馆、河南馆、南京馆

06276
关于成立中央直属机关经济建设部工作的初步方案 邓洁草拟　朱德审阅
出版者不详，1948.7，油印本，7页，16开
本书共3部分：方针任务、组织机构、进行步骤。
收藏单位：国家馆

06277
关于发展生产劳资两利政策的几点说明 李立三著
东北书店，[1949]，13页，32开
本书共3部分："为什么只有发展生产，才能达到劳资两利?""为什么只有实行劳资两利政策，才能达到发展生产的目的?""怎样实行劳资两利的政策"。
收藏单位：长春馆、国家馆

06278
关于发展生产劳资两利政策的几点说明 李立三著
天津：读者书店，1949.8，16页，36开
收藏单位：国家馆、湖北馆、辽宁馆、南京馆、宁夏馆、天津馆

06279
关于发展生产劳资两利政策的几点说明 李立三著
[天津]：知识书店，1949.8，14页，32开（知识文选14）
收藏单位：重庆馆、东北师大馆、广东馆、国家馆、辽宁馆、南京馆、山东馆

06280
关于工商业的政策 陈伯达等著
香港：中国出版社，1948.5，[56]页，32开
本书收文14篇，内容包括：《在晋绥干部会议上的讲话》（毛泽东）、《关于工商业政策》（毛泽东）、《发展工业的劳动政策与税收政策》（陈伯达）、《坚持职工运动正确路线反对"左"倾冒险主义》（新华社）、《解放区的工业政策》（刘宁一）等。
收藏单位：广东馆

06281
关于工商业政策 毛泽东等著
出版者不详，1948，69页，32开
本书为伪装本。伪装题名：秉烛后谈。伪装责任者题：周作人。
收藏单位：国家馆

06282
关于太行区经济工作历史研究的总结 王兴让著
出版者不详，1945.4，16页，32开

收藏单位：国家馆

06283
关于太行区经济建设工作的检查和决定
出版者不详，[1945—1949]，1 册，32 开
收藏单位：国家馆

06284
国民党地区的饥荒与经济危机　唐守愚等编
华中新华书店，1946，58 页，32 开
本书共 5 部分，内容包括：国民党地区的饥荒种种、饥荒是怎样造成的、怎样解救饥荒等。根据报刊文章编纂而成。
收藏单位：国家馆、山东馆

06285
国统区农民泪　哈尔滨中苏友好协会编
哈尔滨：兆麟书店，1946.12，44 页，32 开
本书收与国统区各地强征军粮惨剧有关通讯报道 11 篇。附《粮官舞弊内幕》。
收藏单位：北师大馆、重庆馆、东北师大馆、国家馆、南京馆

06286
华北人民政府各部门专业工作会议报告选编　华北人民政府秘书厅编
华北人民政府秘书厅，1949.9，126 页，16 开
本书内容包括：农业部张副部长在华北首届农业生产会议上的报告、华北首届农业生产会议总结报告、华北卫生工作会议总结报告、平山县卫生实际工作总结等。
收藏单位：内蒙古馆、山西馆、天津馆

06287
华北人民政府关于机关生产的决定　华北人民政府颁布
华北人民政府，1949.1，油印本，2 页，26cm×38cm，26cm×19cm
收藏单位：国家馆

06288
济宁市经济概况　晋冀鲁豫边区冀南银行总行辑
[邯郸]：晋冀鲁豫边区冀南银行总行，1946.6，21 页，32 开
收藏单位：国家馆

06289
冀中对敌经济斗争经验初步总结（1947.1—1947.6）　冀中区党委第二届财经会议秘书处编
冀中区党委第二届财经会议秘书处，1947.8，油印本，31 页，32 开
收藏单位：国家馆

06290
蒋匪财政状况概述　中情部研究科编写
中情部研究科，[1945—1949]，28 页，16 开
收藏单位：国家馆

06291
蒋介石的经济危机　中国问题研究社编
华北新华书店，1946.7，63 页，32 开（中国问题研究社丛书 5）
本书收文 7 篇，内容包括：《内战威胁下的中国经济》（纪明等）、《一年来中国经济的总结》（千家驹）、《民族工业崩溃的一年》（张锡昌）、《九万三千亿的大预算》（杨深）、《一九四七年的经济展望》（马寅初等）等。封面丛书题：中国问题研究丛书。
收藏单位：重庆馆、国家馆、河南馆、黑龙江馆、吉林馆、近代史所、山东馆、浙江馆、中科图

06292
解放区工商业政策片段介绍　中共沈阳特别市宣传部编
沈阳：中共沈阳特别市宣传部，[1948—1949]，52 页，32 开
本书收有关工商业政策及管理的短论 16 篇，内容包括：《正确执行劳资两利方针》《什么是“交叉累进工资制”？》《华北解放区确定公私企业关系》《华北各地整顿工商业》《华北解放区保障内地贸易自由》《东北解放区境内粮食得自由流通》等。
收藏单位：国家馆、宁夏馆

06293
紧急动员起来全力支援战争完成生产任务
冀东新华书店，[1948]，19 页，32 开
本书为 1948 年冬学政治教材。共 8 课，内容包括：我们已经接近全国胜利了、人民解放军秋季攻势的大胜利、全力支援战争一切为了胜利、发财致富过好日子、组织起来劳动互助拨换工等。
收藏单位：国家馆、吉林馆、宁夏馆、山东馆

06294
近代中国经济史　钱亦石编著
[上海]：生活书店，1939.4，308 页，32 开
本书为作者在上海暨南大学和法政学院任教时的讲义，共 5 章：中国经济发展过程的鸟瞰、帝国主义与中国经济的影响、中国近代企业的发展过程、中国国民经济的概况、帝国主义在中国的经济势力。
收藏单位：重庆馆、广东馆、贵州馆、国家馆、湖南馆、吉大馆、近代史所、南京馆、上海馆、首都馆、中科图

06295
晋绥边区行署关于机关生产节约的指示　晋绥行署颁行
[兴县]：晋绥行署，1944.3，油印本，9 页，32 开
收藏单位：国家馆

06296
经济工作参考材料（第 1 辑）　太岳区经济局调查研究室编
[阳城]：太岳新华书店，1946.6，48 页，32 开
本书内容包括：两三年内完全学会经济工作、关于发展私人资本主义、民国三十五年边区行政工作方针、戎副主席关于民国三十五年经济和财政工作的发言等。
收藏单位：国家馆

06297
经济建设在西战场　陈适怀编著
民族革命出版社，1939.12，142 页，32 开（战地文化丛书 4）
本书共 3 章："序论——抗战中经济建设的动向""经济建设在西战场""对目前经济建设应有的认识"。附《山西省抗战期内县村合理负担办法》《晋察冀边区行政委员会制定合理负担实施办法》。
收藏单位：重庆馆、国家馆

06298
精简节约运动汇辑　河南军区政治部编
河南军区政治部，[1949]，32 页，32 开
收藏单位：国家馆

06299
抗战与民生　许涤新著
汉口：抗敌救国丛书社，1938.3，69 页，32 开（抗敌救国丛书）
本书共 6 章：怎样争取抗战的最后胜利、改善民生可使动员民众更顺利的进行、改善民生与民族团结、民众生活的现状及其改善的方法、改善人民生活的前提、改善民生如何着手进行。书前有弁言。
收藏单位：安徽馆、北碚馆、重庆馆、广东馆、贵州馆、桂林馆、国家馆、吉林馆、江西馆、南京馆、上海馆、中科图

06300
抗战中的中国经济　时事问题研究会编
[上海]：抗战书店，1940，36+656 页，32 开（"抗战的中国"丛刊 2）
本书共 8 编，内容包括：抗战中的农村、抗战中的工业、抗战中的交通事业、抗战中的对外贸易、抗战中的金融与币制等。
收藏单位：东北师大馆、国家馆、湖南馆、近代史所、山东馆、山西馆、中科图

06301
劳动政策和工商业政策选集　胶东新华书店编
胶东新华书店，1948.8，33 页，32 开
本书收文 6 篇，内容包括：《毛主席著作中对工商政策指示的摘要》（《解放日报》社论）、《关于发展私人资本主义》（《解放日报》

社论）等。
收藏单位：重庆馆、国家馆、山东馆

06302
两三年内完全学会经济工作　毛泽东等著
[无锡]：苏南出版社，1945.4，74页，32开（团结丛书 第7辑1）
本书收延属地委通知、《解放日报》社论以及其他有关资料。
收藏单位：南京馆

06303
论工商业政策　华东人民革命大学教务处编
华东人民革命大学教务处，1949.6，71页，32开（学习参考材料5）
本书收文12篇，内容包括：《论工商业政策》（毛泽东）、《对工商业的政策》（任弼时）、《保护国家财产保护公共财产》（《东北日报》社论）、《在沈阳工人代表大会上的讲话》（陈云）、《中国人民银行冀鲁豫分行在城市业务中的错误》（新华社）等。附《企业管理民主化是改进生产的重要保证》（《东北日报》社论）、《临清事件经过》。
收藏单位：重庆馆

06304
论工商业政策　解放社辑
长春：东北新华书店，1949.7，121页，32开
本书为论文集，内容包括：《论工商业政策》（摘自毛泽东《目前的形势和我们的任务》）、《对工商业的政策》（摘自任弼时《土地改革中的几个问题》）、《保护国家财产保护公有财产》（《东北日报》社论）等。
收藏单位：东北师大馆、国家馆、辽宁馆

06305
论工商业政策　解放社编
[菏泽]：冀鲁豫新华书店，1949.6，97页，32开（中国共产党政策选辑1）
收藏单位：国家馆、山东馆

06306
论工商业政策　解放社编
[威县]：冀南新华书店，1949.6，121页，32开（中国共产党政策选辑1）
收藏单位：国家馆、河南馆、宁夏馆、山东馆、天津馆、浙江馆

06307
论工商业政策　解放社编
山东新华书店，1949，86页，32开
收藏单位：安徽馆、重庆馆、国家馆、山东馆

06308
论工商业政策　解放社编
无锡：苏南新华书店，1949.7，71页，32开
收藏单位：国家馆

06309
论工商业政策　解放社编
[阳城]：太岳新华书店，[1949]，112页，32开
收藏单位：国家馆

06310
论工商业政策　解放社编
新华书店，1949.5，121页，36开（中国共产党政策选辑1）
新华书店，1949，再版，121页，32开
新华书店，1949.6，3版，121页，36开
收藏单位：重庆馆、国家馆、河南馆、吉林馆、近代史所、南京馆、内蒙古馆、宁夏馆、山东馆、山西馆、天津馆、西交大馆

06311
论工商业政策　中共中央中原局宣传部编
[郑州]：中原新华书店，1949.5，80页，32开
收藏单位：重庆馆、国家馆、南京馆、天津馆

06312
论蒋管区经济的崩溃　许涤新著
苏中韬奋书店，1947.7，48页，32开（时事学习参考丛书 第2辑）

本书揭露国民党当局发动内战，导致蒋管区经济崩溃的种种事实，并指出当局发布的“经济紧急措施方法”无法挽救其崩溃的命运。

收藏单位：国家馆

06313

论节约　读者书店辑

天津：读者书店，1949.9，33页，32开

本书收文5篇，内容包括：《节约是共产主义的特性》（苏联少共《真理报》社论，徐芝延译）、《精简节约的意义》（上海《大公报》社评）、《贯澈整编节约方案到行动中去》（上海《解放日报》社论）等。

收藏单位：东北师大馆、国家馆、黑龙江馆、山西馆、天津馆

06314

论新民主主义经济　薛暮桥编著

[威县]：冀南书店，1947.5，54页，32开

本书收《我们的经济政策》（毛泽东）、《组织起来》（毛泽东）、《论合作社》（毛泽东）、《论新民主主义经济》（薛暮桥）、《中国农业发展的新方向》（薛暮桥）等。

收藏单位：国家馆、山东馆

06315

论新民主主义经济　薛暮桥编著

胶东新华书店，1947.1，增订本，77页，32开

收藏单位：国家馆、山东馆

06316

论新民主主义经济　薛暮桥编著

临沂：山东新华书店，1946.3，增订本，53页，32开

临沂：山东新华书店，1946.10，增订3版，62页，32开

收藏单位：国家馆、近代史所、山东馆

06317

论中国经济的崩溃　许涤新著

香港：中国出版社，1947.3，60页，32开

本书共3部分：“内战中的中国经济”“财政与法币的崩溃”“国民党能挽救经济崩溃吗?”。

收藏单位：广东馆、国家馆、近代史所、上海馆

06318

人民政府怎样保护工商业

文化出版社，[1948—1949]，57页，32开

本书内容包括：纠正公营工厂工资制度、改善公营企业经营管理、确定劳资关系的原则等。

收藏单位：上海馆

06319

山东解放区的工商业　杨波编

临沂：山东新华书店，1946.4，61页，32开

本书收文9篇，内容包括：《山东对敌经济斗争的巨大胜利》（黎玉）、《山东各解放区的纺织手工业》（薛暮桥）、《从艰苦斗争中发展起来的胶东化学工业》（杨波）、《欣欣向荣的山东工业》（顾膺）、《为群众服务的臧家庄子合作社》（耿骏）、《临沂生产推进社介绍》（张正）等。

收藏单位：国家馆、近代史所、山东馆

06320

陕甘宁边区1943年以来地方机关生产自给初步总结（草稿）　[陕甘宁边区政府撰写]

[延安]：[陕甘宁边区政府]，1947，抄本，11页，18开

收藏单位：国家馆

06321

生产文集（第1集）

[惠民]：渤海新华书店，1948.9，32页，36开

本书内容包括：毛主席著作中有关领导群众生产的一些指示、华北解放区的当前任务、把解放区的农业生产提高一步、关于农业社会主义的问答。

收藏单位：南京馆、山东馆

06322
生产文献　太岳新华书店编
[阳城]：太岳新华书店，1947.3，59页，32开
本书收文14篇，内容包括:《挖了穷根安下了富根》(《解放日报》社论)、《要超过以往任何一年》(《解放日报》社论)、《开展职工生产运动》(《解放日报》社论)、《论合作社》(毛泽东)、《组织起来》(毛泽东)、《论合作社的方针》(毛泽东)等。
收藏单位：国家馆、河南馆、南京馆、山西馆

06323
生产文献　王冰编
山东新华书店，1946.4，98页，32开
本书收文15篇，内容包括:《组织起来》(毛泽东)、《论合作社》(毛泽东)、《论合作社的方针》(毛泽东)、《两三年内完全学会经济工作》(毛泽东)、《军民一齐动手努力开展大生产运动》(黎玉)、《更向前一步》(李富春)等。
收藏单位：国家馆、南京馆、山东馆

06324
生产文选（第1册）　[新华书店编]
胶东新华书店，1945.2，81页，32开
本书为胶东解放区的宣传教育材料，内容包括:《论合作社》(毛泽东)、《组织起来》(毛泽东)、《坚决实现党的生产指示》(黎玉)、《更向前一步》(李富春)等。
收藏单位：东北师大馆、国家馆、山东馆

06325
时事参考资料（第1期）　延安时事资料社编
[阜平]：晋察冀日报社，1944.6印，78页，32开
本书共4部分：最近国内时事述评、国民党征粮政策下的人民负担与粮食损耗、当前大后方民营工业的危机、物价与农工生活。
收藏单位：东北师大馆、国家馆

06326
实业计划　孙文著
上海：国民书店，1926.3，[175]页，28开（建国方略2）
收藏单位：江西馆

06327
实业计划　孙文著
上海：振华书局，1925，[175]页，28开（建国方略2）
收藏单位：重庆馆

06328
实用经济六讲　李六如等编著
哈尔滨：鲁迅文化出版社，1947.11，194页，32开（东北财政经济干部学校讲义集）
本书共6讲：财政经济总论、粮务、贸易与运输、租税（税务）、银行与金库、财务行政。
收藏单位：东北师大馆、广东馆、国家馆、宁夏馆

06329
实用经济六讲　李六如等编著
长春：新中国书局，1949.4，143页，32开（财政经济丛书）
收藏单位：重庆馆、东北师大馆、国家馆、湖北馆、南京馆、山东馆、上海馆、天津馆

06330
松江省粮食管理局一年来工作报告（1946.5—1947.6）
松江省粮食管理局，1947.7，打印本，16页，16开
收藏单位：国家馆

06331
太行区经济调查（第1集）　李友九编
[黎城]：太行区党委研究室，1944，98页，32开
收藏单位：山西馆

06332
太行区经济建设工作的政策执行检查报告提纲　晋冀鲁豫边区政府编
晋冀鲁豫边区政府，1943.7，19 页，32 开
　　收藏单位：国家馆

06333
太行区三年来的建设和发展
出版者不详，[1945.3]，32 页，36 开
　　本书收 1942—1945 年期间的工作概况报告。
　　收藏单位：国家馆

06334
太行区一九四四年国民经济调查初步研究
晋冀鲁豫边区政府调查研究室，[1945]，58 页，32 开
　　本书共 4 部分：国民财富概况、人民生活与消费、群众负担状况、人民财富的积蓄与如何实现耕三余一。
　　收藏单位：国家馆、山东馆

06335
太行区银行工商工作参考资料（第 1 编）　王庆保等编
冀南银行总行工商管理总局，1945，1 册，32 开
　　收藏单位：广东馆、国家馆、近代史所

06336
太行区银行工商工作参考资料（第 1 编 总类 第 2 集 历年来重要经济建设会议决议汇集）
冀南银行太行区行工商管理总局研究室主编
冀南银行总行工商管理总局，1946.4，353 页，32 开
　　本书收太行区 1940—1945 年重要经济建设会议决议，内容包括：山西三专署财经扩大会议、冀南银行分行主任联席会议、太行分局高干会议等。
　　收藏单位：广东馆、山西馆

06337
太行区银行工商工作参考资料（第 1 编 总类 第 3 集 历年来银行工商工作大事记）　王庆保等编
冀南银行总行工商管理总局，1945，91 页，32 开
　　收藏单位：广东馆

06338
太行区银行工商工作参考资料（第 1 编 总类 第 4 集 太行区历年来银行工商工作重要统计资料汇集 上）　苏人 [等编辑]
冀南银行总行工商管理总局，1946.3，15+202 页，32 开
　　本书内容包括：金融货币、工业手工业建设、合作事业。
　　收藏单位：国家馆

06339
太行区银行工商工作参考资料（第 1 编 总类 第 4 集 太行区历年来银行工商工作重要统计资料汇集 下）　朱剑白 [等编辑]
冀南银行总行工商管理总局，1946.4，10+198 页，32 开
　　本书内容包括：税收、出入口管理、集市工商业变动、公营商店之经营。
　　收藏单位：广东馆、国家馆、山西馆

06340
太行区银行工商工作参考资料（第 1 编 总类 第 5 集 太行区历年来各地物价统计）　曹雅斋等编
冀南银行总行工商管理总局，1946，143 页，32 开
　　收藏单位：广东馆

06341
太行区银行工商工作参考资料（第 2 编 金融货币类 第 1 集 太行区金融货币工作历年来重要决定指示命令）　冀南银行工商总局研究室编
冀南银行总行工商管理总局，1945.9，134 页，32 开
　　本书收 1940—1945 年该行关于金融、货币、贷款方面的文件 56 种。

收藏单位：广东馆、山西馆

06342
太行区银行工商工作参考资料（第2编 金融货币类 第4集 冀南银行工商局会计制度） 王凤来 张济民编著
冀南银行总行工商管理总局，1946.5，168页，32开
本书共8编，内容包括：绪言、会计科目、传票、银行各科之会计、区分支往来、决算、审核等。
收藏单位：广东馆

06343
太行区银行工商工作参考资料（第3编 商业贸易类 第1集 太行区贸易工作历年来重要决定指示命令） 冀南银行太行区行工商管理总局主编
冀南银行总行工商管理总局，1945.10，106页，32开
本书共两部分：贸易经营之部、粮食工作之部。
收藏单位：山西馆

06344
太行区银行工商工作参考资料（第4编 工业建设类 第1集） 冀南银行太行区行工商管理总局研究室主编
冀南银行总行工商管理总局，1945.10，64页，32开
收藏单位：广东馆、国家馆

06345
太行区银行工商工作参考资料（第5编 金融货币类 第1集 税务工商工作历年来重要决定指示命令） 朱剑白等整理 冀南银行太行区行工商管理总局研究室主编
冀南银行总行工商管理总局，1945，198页，32开
本书据所属各地区历年来的工作总结报告、统计调查、私人笔记、会议记录、经济刊物所载有关文字选录集辑而成。
收藏单位：广东馆、国家馆、山西馆

06346
统计资料
［涉县］：太行贸易公司，1947.12，油印本，14页，18开
本书收市场物价统计外汇币值及实物对比表格等5种。
收藏单位：国家馆

06347
西北局为支持长期自卫战争关于厉行节约的指示（第8号） 西北局颁布
西北局，1946.10，油印本，4页，32开
收藏单位：国家馆

06348
现代中国经济教程 许涤新著
哈尔滨：新知书店，1946.11，325页，32开（社会科学丛书）
上海：新知书店，1947.1，326页，32开（新知丛书7）
上海：新知书店，1947，再版，326页，32开（新知丛书）
大连：新知书店，1948.3，325页，32开（社会科学丛书）
哈尔滨：新知书店，1948.11，再版，326页，32开（社会科学丛书）
本书共8章，内容包括：战前的中国经济、战时经济底动态、战时三种经济政策的分析、战后的经济危机、新民主主义经济的发展等。
收藏单位：长春馆、重庆馆、东北师大馆、广东馆、广西馆、国家馆、河南馆、黑龙江馆、近代史所、辽大馆、南京馆、内蒙古馆、山东馆、山西馆、首都馆、西南大学馆

06349
湘赣资料之一（工矿、金融） 第四野战军南下工作团总团部调查研究组编
第四野战军南下工作团总团部调查研究组，1949.6，230页，32开
本书为湘赣两省主要厂矿企业、金融机关实况调查。附《〈武汉概况〉补遗》。

收藏单位：国家馆

06350
新工商政策及其指示　经济周报社编
[上海]：经济周报社，1948，49页，32开
上海：经济周报社，1949.5，57页，32开
本书收文9篇：《解放区的工业政策》（刘宁一）、《关于发展生产劳资两利政策的几点说明》（李立三）、《企业管理民主化是改进生产的重要保证》（《东北日报》社论）、《正确执行劳资两利方针》（新华社短评）等。
收藏单位：北师大馆、国家馆、上海馆、天津馆

06351
新民主主义工商业政策　毛泽东等著　湖南省书报编印生产合作社编
长沙：湖南省书报编印生产合作社，1949，98页，32开
收藏单位：湖北馆、湖南馆、南京馆、山东馆

06352
新民主主义工商政策　毛泽东等著
香港：新民主出版社，1949.1，128页，32开
香港：新民主出版社，1949.3，再版，增订本，189页，32开
本书共7部分，内容包括：不要打乱原来的企业机构、解放区工业政策、中国土地法大纲、全国总工会对职工运动决议案说明、新民主主义论等。
收藏单位：重庆馆、广东馆、国家馆、湖北馆、近代史所、山西馆、上海馆

06353
新民主主义国家企业应以学习苏联经验为主
[威县]：冀南新华书店，1949.1印，57页，32开
收藏单位：国家馆、山东馆

06354
新区政策与工商业政策　[群众日报编]
[延安]：群众日报社，[1948.12]，70页，25开
收藏单位：江西馆、宁夏馆

06355
一年来的临沂生产工作　李隆　耿骏著
临沂：山东新华书店，1946.11，36页，32开（业务学习丛书）
本书共5部分，内容包括：大力发展纺织生产、扶植私营独立手工业者、联合运销等。
收藏单位：国家馆、山东馆

06356
游击区经济问题研究　胡仁奎著
黄河出版社，1939.10，106页，32开（晋察冀边区丛书1）
本书共7部分：绪论、财政、金融、货币、贸易、生产、结论。附《从战斗中壮大的晋察冀边区的经济部份》《山西省抗战期内县村合理负担办法》《晋察冀边区行政委员会制定合理负担实施办法》。
收藏单位：重庆馆、广东馆、贵州馆、桂林馆、国家馆

06357
豫皖苏区党委关于城镇工作的指示　豫皖苏区党委颁布
中共豫皖四地委西北九委，1949.3印，石印本，2张，16开
收藏单位：国家馆

06358
在冀中城市与工商会议上罗玉川同志关于发展经济建设城市的报告　[中共冀中区党委编]
中共冀中区党委，1948.11，油印本，38页，32开
收藏单位：国家馆

06359
怎样管理工厂　东北总工会编
哈尔滨：东北新华书店，1949.9，再版，84页，32开（工运丛书2）
本书收文12篇，内容包括：《企业管理

民主化是改进生产的重要保证》(《东北日报》社论)、《“锤头与镰刀”工厂工人怎样管理工厂》(鲍特泡夫作，梅林译)、《我怎样学习管理工厂——记金志明同志的经验》(姚周杰、霍遇吾)、《建立与充实沈阳地区工厂代表会》(《东北日报》专论)等。

收藏单位：国家馆、山东馆、天津馆

06360

怎样领导老百姓生产?　吴祖贻著

七七报社，[1937—1945]，47 页，大 64 开

本书为著者在边区党委宣传会议上的报告，共 3 部分：领导生产在全部党工作中的地位、边区人民生产情绪和生产运动的方针政策、领导生产方法和冬耕如何动手。附《固临一个乡的生产检查》。

收藏单位：南京馆

06361

怎样领导生产运动　苏中出版社编

苏中出版社，1945.4，111 页，大 64 开(生产运动小丛书)

本书收中共中央政治局、西北局、淮海区党委等单位的报告，《解放日报》《大众日报》有关文章，刘顺元、于洲的论述等。

收藏单位：南京馆

06362

怎样研究中国经济　钱俊瑞著

上海：生活书店，1936.9，132 页，32 开(青年自学丛书)

上海：生活书店，1936.11，再版，132 页，32 开(青年自学丛书)

上海：生活书店，1937.4，3 版，132 页，36 开(青年自学丛书)

重庆等：生活书店，1940.7，4 版，132 页，36 开(青年自学丛书)

上海、大连：生活书店，1946.2，132 页，36 开(青年自学丛书)

大连：生活书店，1948，132 页，32 开(青年自学丛书)

本书为指导初学者掌握研究中国经济的方法和途径，共 7 章：“第一步读《子夜》”“第二步读《中国经济现势讲话》”“三把钥匙”“农村调查”“怎样搜集材料”“中国经济性质座谈”“今天的课题——国防经济”。

收藏单位：北碚馆、重庆馆、东北师大馆、广东馆、广西馆、贵州馆、国家馆、湖南馆、吉林馆、近代史所、南京馆、内蒙古馆、宁夏馆、山东馆、山西馆、上海馆、绍兴馆、首都馆、天津馆、浙江馆、中科图

06363

职工运动与工商政策　太岳新华书店编

[阳城]：太岳新华书店，1948.5，38 页，32 开

本书收文 4 篇，内容包括:《发展工业的劳动政策与税收政策》(陈伯达)、《中共晋冀鲁豫中央局关于工商业政策的指示》等。

收藏单位：重庆馆、国家馆、湖北馆、山东馆、天津馆

06364

职工运动与工商政策　中原新华书店编

[宝丰]：中原新华书店，1948.11，18 页，32 开

本书收文 3 篇:《中国共产党中央委员会发布纪念“五一”劳动节口号》、《坚持职工运动的正确路线反对“左”倾冒险主义》(新华社社论)、《发展工业的劳动政策与税收政策》(陈伯达)。

收藏单位：国家馆、辽宁馆、南京馆

06365

中共的城市工商业政策　毛泽东等著　热风出版社编辑

[汉口]：天南书店，[1949]，60 页，32 开

本书共两部分：城市政策之部、工商业政策之部。“城市政策之部”内容包括：中共第七届二中全会讨论事项、论城市的社会改革等；“工商业政策之部”内容包括：新民主主义革命的经济纲领、中共中央对工商业政策的指示等。

收藏单位：广东馆、湖南馆

06366

中共怎样处理工商业　金陵大学经济学会资

料室编
[南京]：金陵大学经济学会资料室，1949.4，76页，32开

本书共7章：工商业的总政策、资本原料生产与运销、利润工资税收、职工运动、金融业务、工商业政策与土地改革、共产党友党十团体对中共工商业政策之表示。

收藏单位：国家馆、吉林馆、辽大馆、南京馆、内蒙古馆、上海馆

06367
中国产业革命概观　李达编
上海：昆仑书店，1929.1，216页，32开
上海：昆仑书店，1929.9，再版，216页，32开
上海：昆仑书店，1930.5，3版，216页，32开

本书共7章：绪论、农业和农业崩溃的过程、手工业和手工业凋落的过程、近代企业的过程、近代企业的现状、中国境内资本主义之发展、怎样发展中国产业。

收藏单位：北碚馆、重庆馆、大连馆、东北师大馆、广东馆、国家馆、河南馆、黑龙江馆、湖北馆、湖南馆、江西馆、辽大馆、南京馆、内蒙古馆、上海馆、首都馆、天津馆、西南大学馆、浙江馆、中科图

06368
中国的现在过去和未来　何干之著　金则人主编
上海：上海杂志公司，1936.11，136页，32开

收藏单位：国家馆

06369
中国共产党的工商业政策　中国人民解放军中原军区政治部编
中国人民解放军中原军区政治部，[1948—1949]，30页，64开

本书收文7篇，内容包括：《新民主主义的经济纲领》（毛泽东）、《中国共产党对工商业政策》（任弼时）、《保卫与发展工商业实施办法》（华北工商业会议决议）、《洛阳工商业显著发展》（洛阳通讯）等。

收藏单位：重庆馆、南京馆

06370
中国经济的道路　许涤新著
上海：生活书店，1946.9，再版，251页，32开
上海：生活书店，1946.12，3版，251页，32开
上海：生活书店，1947.5，4版，251页，32开
哈尔滨：生活书店，1947.11，东北版，217页，32开

本书共4章：近百年中国经济的变化、中国底经济结构、中国经济的道路、财政经济政策。附《抗战胜利后解放区的土地改革》。

收藏单位：安徽馆、重庆馆、东北师大馆、广东馆、广西馆、国家馆、河南馆、黑龙江馆、湖北馆、吉林馆、近代史所、辽大馆、内蒙古馆、宁夏馆、山西馆、上海馆、首都馆、中科图

06371
中国经济的道路　许涤新著
香港：新中国书局，1949.4，修订本，311页，32开

本书共4章：近百年中国经济的变化、中国底经济结构、中国经济的道路、新民主主义的经济政策。附《论城市的社会改革》。

收藏单位：广东馆、国家馆、湖南馆、山西馆

06372
中国经济的改造　陈伯达等著
香港：新民主出版社，1949.5，117页，32开

本书共4篇：提高农业生产、发展工业生产、改进交通业务、市场管理与国营商业。收专论25篇，内容包括：《把解放区的生产提高一步》（新华社社论）、《不要打乱原来的企业机构》（陈伯达）、《东北铁路管理制度的改革》（1948年11月15日新华社电讯）、《临清事件与国营商业》（新华社社论）等。

收藏单位：重庆馆、东北师大馆、广西馆、国家馆、湖南馆、吉林馆、南京馆

06373
中国经济地理讲话　胡明编著

[上海]：光华出版社，1949.3，55页，36开

本书共7节：地理环境、居民、农业、工业、运输、区域、帝国主义在中国。为《世界经济地理讲座》中国部分抽印本，据上海光华出版社版重印。

收藏单位：国家馆、山东馆、山西馆

06374

中国经济问题讲话　钱俊瑞等著

上海：新知书店，1937，101页，32开（新知丛书 第1辑 7）

汉口：新知书店，1938.8，101页，32开（新知丛书 第1辑 7）

本书收《目前研究中国经济的目标》（钱俊瑞）、《列强对华投资问题》（徐雪寒）、《中国金融问题》（骆耕漠）、《中国财政问题》（徐雪寒）、《中国工业问题》（徐雪寒）、《中国农业问题》（王渔邨）、《中国交通问题》（骆耕漠）等。

收藏单位：安徽馆、北碚馆、重庆馆、东北师大馆、广东馆、贵州馆、国家馆、江西馆、近代史所、南京馆、西南大学馆、浙江馆

06375

中国经济原论　王亚南著

福州：经济科学出版社，1946.1，280页，32开（中国学术丛书）

本书共8篇，内容包括：《中国经济研究总论》《中国商品及商品价值形态》《中国货币形态》《中国资本形态》等。附《中国商业资本论》《中国商业资本与工业资本间的流通问题》《中国公经济研究》等。

收藏单位：东北师大馆、福建馆、广西馆、河南馆、吉林馆、江西馆、山西馆、上海馆、中科图

06376

中国经济原论　王亚南著

上海：生活书店，1947.10，314页，22开（新中国大学丛书）

香港：生活书店，1948.3，再版，314页，22开（新中国大学丛书）

收藏单位：重庆馆、福建馆、广东馆、广西馆、国家馆、湖南馆、吉林馆、南京馆、宁夏馆、上海馆、首都馆、浙江馆

06377

转变期的中国　何干之著

上海：[上海杂志公司]，1937.5，4版，144页，32开（当代青年丛书 第1辑）

上海：上海杂志公司，1937.9，5版，144页，36开

汉口：上海杂志公司，1938.2，6版，144页，32开（当代青年丛书 第1辑）

汉口：上海杂志公司，1938.6，7版，144页，32开（当代青年丛书 第1辑）

上海：上海杂志公司，1940.5，10版，144页，32开

本书共8章：本书的界限与任务、农村公社与封建经济的停滞、专制主义与手工业、中国资本主义的发展过程、在歧路上的中国经济、中国解放运动的特质、实践的动力与实践的联合、国难与统一救亡运动。

收藏单位：安徽馆、北碚馆、重庆馆、广西馆、贵州馆、国家馆、湖北馆、湖南馆、近代史所、南京馆、宁夏馆、山西馆、首都馆、西南大学馆、中科图

各国经济

06378

1946—1950苏联国民经济恢复和发展的五年计划图表　苏联国立政治文献出版局编　东北财经委员会调查统计处译绘

沈阳：东北新华书店，1949.9，45页，横8开，精装

本书内容包括：基本任务、生产及基本建设增长的计划、提高人民物质及文化生活水准的计划、各加盟共和国国民经济恢复及发展的计划等。

收藏单位：广东馆、国家馆、近代史所、内蒙古馆

06379
保加利亚底经济发展 斯达罗杜勃洛夫斯卡亚著 冯犁译
北平：中外出版社，1949.9，36页，36开（新民主国家介绍丛书）
收藏单位：重庆馆、东北师大馆、广东馆、国家馆、山西馆、天津馆

06380
第一个五年计划的总结与第二个五年计划的前途 （苏）斯大林（И. В. Сталин）（苏）莫洛托夫（Вячеслав Михайлович Молотов）著
上海：中华书局，1933.8，112页，25开
本书收关于苏联政治的文件，内容包括：拟定苏联国民经济第二个五年经济计划的指令、第一个五年计划的总结、第二个五年计划的任务等。著者原题：斯达林。
收藏单位：北师大馆、重庆馆、国家馆

06381
发展苏联国民经济的第三个五年计划的决议 戈宝权译
［重庆］：播种社，1939.11，53页，32开
收藏单位：国家馆

06382
发展苏联国民经济的第三个五年计划的决议（1938—1942根据莫洛托夫的报告联共十八次代表大会一致通过的决议） 戈宝权译
重庆：新华日报馆，1939.7，53页，32开（新群丛书32）
本书共4部分：第二个五年计划的总结和第三个五年计划的基本任务、第三个五年计划的生活增长的计划、在第三个五年计划内新的建设计划及其分布、在第三个五年计划内进一步提高劳动者的物质与文化水平的计划。
收藏单位：北碚馆、重庆馆、广东馆、广西馆、国家馆、湖南馆、山东馆、中科图

06383
飞跃中的苏联 （俄）耶·叔尔（Y. Shur）著 方垦译
［北平］：大众书店，1949，158页，32开
收藏单位：北师大馆、重庆馆、东北师大馆、广东馆、国家馆、湖南馆、江西馆、辽宁馆、南京馆、上海馆、天津馆

06384
关于发展苏联国民经济之第三个五年计划［在联共（波）第十八次代表大会上的报告和结论］ （苏）莫洛托夫（Вячеслав Михайлович Молотов）［著］
莫斯科：外国文书籍出版局，1939，86页，22开
本书共5部分：第二个五年计划底总结、苏联底基本经济任务、关于更加提高国民经济的计划、关于更加提高劳动者物质生活水平和文化水平的计划、第三个五年计划底意义。
收藏单位：广东馆、贵州馆、国家馆、南京馆

06385
节约是社会主义经济的方法 （苏）蒲榛等著
哈尔滨：光华书店，1947.7，71页，32开（财政经济丛书）
收藏单位：重庆馆、东北师大馆、国家馆、山东馆、天津馆

06386
节约是社会主义经济的方法 （苏）蒲榛等著
华北财经办事处，1948，71页，32开（参考资料1）
本书收文7篇：《节约是社会主义经济的方法》（蒲榛）、《论苏联的劳动生产力问题》（吴清友）、《社会主义竞赛是全国经济文化高涨的有力杠杆》（柯尔斯基）、《苏联社会主义竞赛与职工会的任务》（库茨涅佐夫）、《社会主义的物质鼓励》（布勒格）、《集体协议是组织劳动高涨的重要手段》（库茨涅佐夫）、《苏联的职工运动》（摘译《苏联百科全书》）。
收藏单位：重庆馆、广东馆、国家馆、近代史所、南京馆、山东馆、山西馆、上海馆、天津馆

06387
节约是社会主义经济的方法　（苏）蒲榛等著
[天津]：知识书店，1949.5，10页，32开（知识文选10）
天津：知识书店，1949，1册（知识文选10）
收藏单位：东北师大馆、国家馆

06388
节约是社会主义经济的方法　（苏）蒲榛等著　华耕等译
大连：光华书局，1948，84页，32开（社会科学小译4）
收藏单位：东北师大馆、山东馆、山西馆

06389
捷克社会经济的改造　（俄）哈卡图洛夫著　朱葆光译
北平：中外出版社，1949.9，36页，36开（新民主国家介绍丛书）
本书论述捷克社会经济的改造、从资本主义时期到社会主义过渡时期的任务。
收藏单位：东北师大馆、国家馆、天津馆

06390
经济建设论文选　太岳新华书店编
[阳城]：太岳新华书店，1949.5，252页，32开
本书收《新经济政策下职工会底作用与任务》[俄国共产党（布）中央1922年1月12日决议案]、《新的环境和新的任务》（斯大林1931年6月23日的演说），以及战后苏联报刊上登载的苏联党、政领导成员和经济学者所写的有关苏联工资政策、领导方法、政治工作、劳动生产率、精简节约、物质鼓励等内容的经济论文21篇。附《社会主义时代个人利益与公共利益的结合》（贾波奇卡）。
收藏单位：重庆馆、国家馆、南京馆、山东馆、山西馆、天津馆

06391
论美帝扩张政策　（苏）列昂节夫（Лев Абрамович Леонтьев）等著　雷励等译
大连：关东中苏友好协会，1949.2，101页，32开（友谊丛书15）
本书收短论15篇，内容包括：《美国扩张主义的经济基础》（列昂节夫）、《美国垄断集团的战争利润》（沙拉波夫）、《美国掠取战略原料》（瓦支莫夫）、《美国的军事预算》（捷布拉科夫）等。著者“列昂节夫”原题：列昂吉夫。
收藏单位：长春馆、东北师大馆、国家馆、南京馆、内蒙古馆、山东馆、上海馆、天津馆

06392
论苏联经济制度　陈山　李征合编
大连：旅大中苏友好协会，1949.9，71页，25开（友谊丛书26）
本书共两部分：社会主义经济制度及其经济法则的特质、社会主义经济的生产方法。
收藏单位：广东馆、国家馆、吉大馆、宁夏馆、山西馆

06393
美帝经济危机　大连经济研究会编
大连：大连经济研究会，1949.7，131页，32开（参考资料 乙 第6号）
本书内容包括：资本主义的总危机、美国目前的经济危机、美国经济危机的信号、美国面临经济的风暴等。
收藏单位：国家馆、近代史所、南京馆

06394
美国六十大家族　（美）伦德堡（Ferdinand Lundberg）著　张冀声译
大连：大众书店，[1947]，306页，32开
本书引用大量材料、实例，论述近百年来美国的六十家大富豪家族对美国的政治、金融、商业的控制和影响，揭示资本主义制度的本质。共11章，内容包括：金圆王朝及其财富、富豪六十家、黑幕重重、金融寡头底新闻事业等。
收藏单位：东北师大馆、国家馆、黑龙江馆、辽宁馆、山东馆、中科图

06395
美国战后经济恐慌　（匈）瓦尔加等著
国际资料社，[1947]，64页，32开（国际问题参考资料 第1辑）
本书收有关美国经济恐慌、工人运动、美共征收党员运动，以及其他国家、地区政治问题等内容的译、著文8篇，内容包括：《美国战后经济恐慌》（瓦尔加著，执之译）、《美国最近工人运动鸟瞰》（Jack Stachel著，尼铭译）、《美共征收党员运动的教训》（丁达译）等。
收藏单位：重庆馆、国家馆、南京馆、上海馆

06396
美国战后经济恐慌　（匈）瓦尔加等著
武安：华北新华书店，1947.1，38页，32开（国际问题参考资料 第1辑）
本书收文5篇：《美国战后的经济恐慌》（瓦尔加）、《美国战后经济恐慌》（James S.Allen著，执之译）、《美国最近工人运动鸟瞰》（Jack Stachel著，尼铭译）、《美共征收党员运动的教训》（丁达译）、《关于美共征收党员运动的几点说明》（丁达）。
收藏单位：重庆馆、国家馆、黑龙江馆、近代史所、辽宁馆、南京馆、山东馆

06397
莫洛托夫在联共党（布）第十八次代表大会上关于发展苏联国民经济的第三个五年计划的报告和结论　（苏）莫洛托夫（Вячеслав Михайлович Молотов）著
重庆：新华日报馆，1939，117页，32开（新群丛书31）
本书共5部分：第二个五年计划底总结、苏俄底基本经济任务、进一步的提高国民经济的计划、进一步提高劳动者物质生活水平和文化水平的计划、第三个五年计划底意义。
收藏单位：北碚馆、重庆馆、东北师大馆、国家馆

06398
目前抗战形势与日本经济危机　周恩来[等]著
上海：时论社，1938，44页，32开（时论丛书1）
本书内容包括：论目前抗战形势、日本经济将崩溃、日本国民经济生活读本、中日纸币战等。
收藏单位：南京馆、浙江馆

06399
日本帝国主义之复活　陈琴著
上海：新知书店，1947.10，179页，32开
本书共3编：麦克阿瑟管制下的日本、日本独占资本之复活、日本的农村问题。
收藏单位：重庆馆、福建馆、广东馆、广西馆、国家馆、黑龙江馆、湖南馆、吉林馆、近代史所、辽大馆、南京馆、山东馆、上海馆、首都馆、天津馆、浙江馆

06400
日本政治经济的崩溃　龙潜著
桂林等：新知书店，1939.8，48页，32开
本书共6部分，内容包括：军费大大的增高了、对外贸易的不振与黄金滚滚的流出、工商业的疲敝、物价的上升与人民生活的困难等。
收藏单位：北碚馆、重庆馆、贵州馆、国家馆、吉林馆、近代史所

06401
日本资本主义发展简史　（苏）波波夫著　孙亚明译
桂林：新知书店，1939.11，94页，25开
本书概述1868—1929年日本资本主义各阶段的发展历程，共两部分：一般的特征、几个基本阶段的特征。著者原题：K. 伯伯夫。
收藏单位：安徽馆、重庆馆、广东馆、广西馆、国家馆、吉林馆、南京馆、上海馆、天津馆

06402
谁掌握美国　（美）艾伦著　托夫译
山东新华书店，1949.9，67页，42开

本书收短评10篇，内容包括：《发战争财》《大企业》《世界托拉斯与卡特尔》《资本家的战时怠工》《世界危机》《过度膨胀》等。著者原题：爱伦。

收藏单位：长春馆、国家馆、辽宁馆、山东馆、天津馆

06403

时代文摘（第2册） 新华书店编辑部编

新华书店，1944，59页，32开

收藏单位：近代史所

06404

苏俄第一次、第二次五年计划论战 （苏）斯大林（И. В. Сталин）等著 潘天觉 陈清晨译

上海：神州国光社，1934.6，215页，32开

本书收文5篇，内容包括：《第一次五年计划之总成绩》（史达林）、《第二次五年计划起草大纲》（莫洛托夫、魁比雪夫）、《第二次五年计划第一年之任务》（莫洛托夫）、《苏联经济之危机》（托罗斯基）等。逐页题名：五年计划论战。著者原题：史达林。

收藏单位：重庆馆、国家馆、南京馆、上海馆、天津馆、浙江馆

06405

苏俄经济政治状况 任弼时著

出版者不详，[1924—1949]，4张，32开

本书附《苏俄与青年》。

收藏单位：国家馆

06406

苏联的金融和财政

中央财政经济部，1948.11，77页，32开（参考资料3）

收藏单位：国家馆、山东馆

06407

苏联国民经济复兴与发展的五年计划（1946—1950） 吴清友译

南京：苏联大使馆新闻处，1946.11，192页，32开

本书共两部分："一九四六至一九五〇年苏联国民经济复兴与发展的五年计划——伏兹涅森斯基报告""一九四六至一九五〇年苏联国民经济复兴与发展的五年计划法规"。

收藏单位：重庆馆、东北师大馆、广西馆、国家馆、南京馆、上海馆

06408

苏联国民经济复兴与发展的五年计划（1946—1950）

哈尔滨：东北书店，1948.10，3版，146页，32开

收藏单位：重庆馆、国家馆

06409

苏联计划经济 （苏）科志敏诺夫等著 吴清友译

上海：天下图书公司，1946.11，127页，32开（中苏文化协会研究丛书）

北平：天下图书公司，1949.3，127页，32开

北平：天下图书公司，1949，3版，127页，36开

北平：天下图书公司，1949，4版，127页，32开（苏联研究丛书）

北平：天下图书公司，1949，5版，127页，32开

本书收苏联学者的论文3篇：《战争结束与苏联经济转向和平的发展》（I. 科志敏诺夫）、《苏联新五年计划的任务与内容》（A. 瓦志尼辛斯基）、《苏联计划经济的本质和特征》（M. 贾托夫斯基）。

收藏单位：重庆馆、东北师大馆、广西馆、国家馆、黑龙江馆、辽宁馆、南京馆、山东馆、山西馆、上海馆、天津馆

06410

苏联计划经济问题 李炳焕 沈麟著

上海：商务印书馆，1936.9，2册（234页），32开（万有文库 第2集106）（现代问题丛书）

上海：商务印书馆，1937，2册（234页），36开（万有文库 第2集106）（现代问题丛书）

上海：商务印书馆，1937.12，2册（234页），32开（现代问题丛书）

本书分10章介绍苏联计划经济的理论基础，苏联计划经济史的发展，苏联的工业、农业、商业、金融、劳动问题等。

收藏单位：安徽馆、北碚馆、重庆馆、大理馆、大连馆、大庆馆、广东馆、广西馆、贵州馆、国家馆、黑龙江馆、湖南馆、江西馆、辽大馆、辽师大馆、柳州馆、南京馆、内蒙古馆、宁夏馆

06411

苏联经济建设的工作方法　中原新华书店编

辽东新华书店，1949，翻版，79页，32开

本书收文10篇，内容包括：《新的环境和新的经济建设任务》（斯大林）、《斯大林论工业生产中的几个问题》（阿沙佐诺夫）、《苏联的工资政策》（达布拉哈塔夫）、《精简与节约》（《真理报》社论）、《节约是社会主义经济方法》（德米特里·普琴科）等。附《苏联的四个五年计划》。

收藏单位：广东馆、国家馆、辽宁馆

06412

苏联经济建设的工作方法　中原新华书店编

[郑州]：中原新华书店，1949.4，78页，32开

收藏单位：重庆馆、广东馆、国家馆、河南馆、山西馆、天津馆、西南大学馆

06413

苏联经济小史　（苏）史迁宾著　林秀译

上海：士林书店，1948.12，151页，36开

上海：士林书店，1949.2，再版，151页，32开

本书共9部分，内容包括：一九一七年以前的俄国经济状况、苏联计划经济和计划化的开始、第一次和第二次史大林五年计划、第三次五年计划、战争的年代、侵略者所造成的破坏、第四次五年计划是复兴的计划、初步总结等。

收藏单位：东北师大馆、广东馆、广西馆、国家馆、黑龙江馆、南京馆、内蒙古馆、上海馆、浙江馆

06414

苏联经济小史　（苏）史迁宾著　什之　林秀译

香港：生活·读书·新知联合发行所，1949.9，151页，32开（新中国青年文库）

上海：生活·读书·新知联合发行所，1949，151页，32开（新中国青年文库）

收藏单位：重庆馆、东北师大馆、广东馆、广西馆、国家馆、辽宁馆、天津馆、云南馆

06415

苏联经济新论　（英）多布（Maurice Herbert Dobb）著　梁纯夫译

[北平]：三联书店，1949，265页，32开

收藏单位：重庆馆、东北师大馆、广东馆、国家馆、辽宁馆、南京馆、山西馆

06416

苏联经济新论　（英）多布（Maurice Herbert Dobb）著　梁纯夫译

重庆：生活书店，1946.3，174页，32开

重庆：生活书店，1947，胜利后3版，191页，32开

本书共4章：苏联经济计划发展的路向、苏联为什么也有财政问题、劳动自发性与工资差别、战时经济动员。附《苏联资本主义化问题论战》。

收藏单位：重庆馆、东北师大馆、广西馆、国家馆、河南馆、黑龙江馆、辽大馆、山东馆、山西馆、上海馆、天津馆

06417

苏联经济新论　（英）多布（Maurice Herbert Dobb）著　梁纯夫译

重庆：五十年代出版社，1944.12，214页，32开

收藏单位：北碚馆、重庆馆、广东馆、贵州馆、国家馆、黑龙江馆、辽宁馆、南京馆、山西馆、上海馆、西南大学馆

06418
苏联经济制度 陈伯庄著
重庆：商务印书馆，1943.3，51 页，32 开
重庆：商务印书馆，1943.7，再版，51 页，32 开
上海：商务印书馆，1947.1，51 页，32 开

本书共 7 章，内容包括：粮秩序之概观、经济行政系统、计划经济、金融制度等。

收藏单位：安徽馆、北碚馆、重庆馆、东北师大馆、广东馆、广西馆、贵州馆、国家馆、河南馆、黑龙江馆、湖南馆、吉林馆、江西馆、辽宁馆、南京馆、陕西馆、上海馆、首都馆、西南大学馆、浙江馆

06419
苏联经建的工作方法
大连：大众书店，1948.10，104 页，32 开（干部学习丛书 5）

本书为论述经济建设的论文与讲话汇编，共 4 类：任务与政策、党的工作、精简与节约、职工会工作。收《新的环境和新的经济建设任务》（斯大林）、《苏联的工资政策》（达布拉哈塔夫）、《政治工作是巩固经济成绩的条件》（斯·饶尔宁）、《精简与节约》（《真理报》社论）、《苏联职工干部的培养》（亚历山大罗夫）等。附《社会主义时代个人利益与公共利益的结合》《关于一个经济学问题的论战》。

收藏单位：国家馆、吉林馆、辽宁馆、山东馆、陕西馆

06420
苏联经建的工作方法
[无锡]：苏南新华书店，1949，126 页，32 开

收藏单位：广东馆、湖北馆

06421
苏联十六国的经济 焦敏之编
重庆：中外出版社，1945.8，55 页，32 开
上海：中外出版社，1945.11，再版，55 页，32 开

本书介绍苏联各加盟共和国的经济概况，内容包括：总论、苏俄、乌克兰、亚美尼亚、白俄罗斯、结语等。取材于苏联 M. 库特里阿佛佐夫所著《苏联各民族友爱的经济基础》及库尔斯克所著《苏联计划经济》等书。

收藏单位：北碚馆、重庆馆、广东馆、国家馆、黑龙江馆、湖南馆、吉林馆、南京馆、内蒙古馆、山东馆、上海馆、首都馆、浙江馆

06422
苏联五年计划 苏联国家设计委员会编 吴寿彭译
上海：平凡书局，1930，321 页，25 开
上海：平凡书局，1932.1，324 页，25 开
上海：平凡书局，1932，再版，324 页，25 开

本书共 10 章，内容包括：苏联经济概况、五年发展规程、技术工人的问题、生产总数与国家工人的生产力之增长、劳动问题、财政规程、社会规程、国际贸易等。

收藏单位：北碚馆、重庆馆、东北师大馆、广东馆、广西馆、国家馆、湖南馆、吉林馆、南京馆、上海馆、天津馆、西南大学馆、浙江馆

06423
苏联五年计划 谭炳训编译
上海：新中国建设学会出版科，1933.5，284 页，22 开（新中国建设学会丛书 3）

本书共 10 章，内容包括：苏联经济状况概论、五年发展纲领、熟练劳动队问题、生产量与国民劳动生产力之增长、劳动问题等。附《苏联经济设计的体系》等。

收藏单位：北碚馆、重庆馆、国家馆、湖南馆、绍兴馆、首都馆、浙江馆

06424
苏联五年计划 吴寿彭译
出版者不详，1942.1，324 页，25 开

收藏单位：浙江馆

06425
苏联五年计划奋斗成功史 王印川著
上海：北新书局，[1932]，340 页，32 开

收藏单位：国家馆

06426
苏联五年计画奋斗成功史 王印川著
天津：大公报社，1932.9，340 页，32 开

本书共 9 章，内容包括：五年计画的动议、五年计画的内容、五年计画第一至四年的奋斗与成绩等。

收藏单位：安徽馆、北碚馆、重庆馆、东北师大馆、广东馆、广西馆、国家馆、黑龙江馆、湖南馆、吉林馆、江西馆、近代史所、南京馆、内蒙古馆、山西馆、上海馆、天津馆、西南大学馆、浙江馆

06427
苏联新五年计划（1946—1950） 苏联大使馆新闻处编
南京：苏联大使馆新闻处，1946.11，192 页，32 开

收藏单位：广东馆、国家馆、南京馆

06428
苏联战时经济 （苏）沃兹涅先斯基（Николай Алексеевич Вознесенский）著 达克译
沈阳：光华书店，1949.1，148 页，32 开（社会科学丛书）

本书内容包括：卫国战争底前夜、苏联战时经济底基础、国民经济底改造、扩大再生产、工业与军事生产、农业与粮食、运输与运输组织、劳动组织与工资、战后社会主义经济等。著者原题：伏兹涅辛斯基。

收藏单位：重庆馆、东北师大馆、贵州馆、国家馆、河南馆、吉林馆、辽宁馆、内蒙古馆、山东馆、上海馆、云南馆、浙江馆

06429
苏联战时经济 （苏）沃兹涅先斯基（Николай Алексеевич Вознесенский）著 达克译
香港：生活·读书·新知三联书店，1949，148 页，32 开

收藏单位：重庆馆

06430
唯物史观经济史（上册 资本主义以前经济史） （日）山川均著 熊得山译
上海：昆仑书店，1929.7，176 页，25 开
上海：昆仑书店，1929.11，再版，176 页，25 开
上海：昆仑书店，1929.12，3 版，176 页，25 开
上海：昆仑书店，1933.4，4 版，176 页，25 开

本书共 4 章：原始共产制、古代社会、封建社会、资本主义社会的端绪。

收藏单位：安徽馆、重庆馆、东北师大馆、甘肃馆、广东馆、贵州馆、国家馆、湖南馆、吉林馆、江西馆、近代史所、南京馆、宁夏馆、山西馆、首都馆、天津馆、西交大馆、西南大学馆、浙江馆

06431
唯物史观经济史（中册 资本主义经济史） （日）石滨知行著 施存统译
上海：昆仑书店，1929.9，422 页，25 开
上海：昆仑书店，1930，再版，421 页，25 开
上海：昆仑书店，1932，3 版，422 页，25 开
上海：昆仑书店，1937，4 版，422 页，25 开

本书共 8 章，内容包括：资本主义底概念、资本主义底起源、产业革命、产业革命底结果及其影响、资本主义底发展及其各种问题等。译者原题：施复亮。

收藏单位：北碚馆、重庆馆、东北师大馆、广东馆、贵州馆、国家馆、吉林馆、江西馆、近代史所、辽大馆、宁夏馆、山西馆、上海馆、首都馆、天津馆、西交大馆、浙江馆

06432
唯物史观经济史（下册 社会主义经济之发展） （日）河野密著 钱铁如译
上海：昆仑书店，1929.10，344 页，25 开
上海：昆仑书店，1930.7，改译再版，344 页，22 开
上海：昆仑书店，1936，3 版，344 页，25 开

本书共 4 部分：资本主义经济与社会主义经济、社会主义经济的孕育期、转形期、苏

俄经济之发展。

收藏单位：重庆馆、东北师大馆、广东馆、贵州馆、国家馆、湖南馆、吉林馆、江西馆、近代史所、辽大馆、宁夏馆、山西馆、上海馆、首都馆、天津馆、西交大馆、西南大学馆、浙江馆

06433

卫国战争期内的苏联战时经济 （苏）沃兹涅先斯基（Николай Алексеевич Вознесенский）著

莫斯科：外国文书籍出版局，1948，175页，32开

本书内容包括：卫国战争前夜、苏联战时经济底基础、国民经济底改组、扩大的再生产、工业与军用品生产、农业和粮食、运输业与组织转运、劳动组织与工资、战后的社会主义经济等。

收藏单位：重庆馆、国家馆、江西馆、南京馆、宁夏馆、山东馆

06434

卫国战争期内的苏联战时经济 （苏）沃兹涅先斯基（Николай Алексеевич Вознесенский）著 唯真译

山东新华书店，1949，210页，32开

收藏单位：国家馆、山东馆、天津馆

06435

卫国战争期内的苏联战时经济 （苏）沃兹涅先斯基（Николай Алексеевич Вознесенский）著 唯真译

北平：新华书店，1949.8，210页，32开

收藏单位：广东馆、广西馆、国家馆、云南馆

06436

五年计划的故事 张方文节译

上海：良友图书印刷公司，1931.10，53页，60开（一角丛书7）

上海：良友图书印刷公司，1932.9，4版，53页，60开（一角丛书7）

本书介绍苏联第一个五年计划的伟大成就。

收藏单位：江西馆、上海馆

06437

战后美国经济剖视 陈原编译

上海：生活·读书·新知联合发行所，1949.6，196页，22开

北平：生活·读书·新知三联书店，1949.8，东北初版，196页，25开

本书共9章，内容包括：经济的趋势、经济实况、劳动条件、职工会的发展等。据美国劳工研究会编辑的*Labour Fact Book*第8号编译。

收藏单位：重庆馆、东北师大馆、国家馆、湖南馆、吉大馆、吉林馆、近代史所、内蒙古馆、天津馆

06438

战后苏联经济建设 林平编

大连：大连东北书店，1949.6，225页，32开

本书共5编：总论、苏联工业的发展、苏联农业的新发展等。

收藏单位：东北师大馆、国家馆、山东馆、天津馆

06439

战时的日本经济 彭迪先著

汉口：生活书店，1938.7，151页，32开

本书共9章，论述日本战时财政、金融、贸易、工业、农业、物价、劳动等方面内容。

收藏单位：北碚馆、重庆馆、广东馆、贵州馆、国家馆、江西馆、南京馆、上海馆、浙江馆

06440

战时苏联经济 （苏）沃兹涅先斯基（Николай Алексеевич Вознесенский）著 施宾译

哈尔滨：东北书店，1948.11，114页，32开

本书共16章，内容包括：卫国战争的前夕、苏联战时经济的基础、国民经济的改造、扩大再生产、战争进程中的经济恢复工作、生产的计划性、社会主义的经济胜利、战后的社会主义经济等。著者原题：渥兹涅辛斯

基。

收藏单位：东北师大馆、国家馆、南京馆、内蒙古馆、宁夏馆、山东馆、山西馆、上海馆、天津馆

06441

掌握布尔塞维克领导经济的方法　（苏）古萨洛夫等著

沈阳：东北书店，1949.4，57 页，32 开

本书收文 8 篇，内容包括：《斯大林论工业生产中的几个问题》《掌握布尔塞维克领导经济的方法》《党的政治工作是经济工作成功的基础》《节约是社会主义经济的方法》《精简与节约》等。著者原题：古萨列夫。

收藏单位：东北师大馆、国家馆、山东馆

06442

掌握布尔什维克领导经济的方法　（苏）古萨洛夫等著

香港：新民主出版社，1949.8，100 页，32 开

本书收文 11 篇，内容包括：《斯大林论工业生产中的几个问题》（阿·沙左诺夫）、《掌握布尔什维克领导经济的方法》（古萨洛夫）、《党的政治工作是经济工作成功的基础》（卡弗罗夫）、《节约是社会主义经济的方法》（德米特里·普琴科）、《精简与节约》（《真理报》社论）、《论共产主义的劳动态度》（伊留申著，流水译）等。

收藏单位：国家馆、山西馆

经济计划与管理

06443

办合作社

东北书店牡丹江分店，1947，25 页，64 开（生产小丛书）

本书收文 3 篇：《论合作社》（毛泽东）、《办合作社的几个经验》（刘建章）、《南区合作社分红的新办法》（刘建章）。

收藏单位：国家馆

06444

工资问题参考材料　华东总工会筹备会编

[华东总工会筹备会]，1948.7，25 页，32 开

收藏单位：国家馆、山东馆

06445

工资制度中的几个问题　工商业会议秘书处著

工商业会议秘书处，1948.6，20 页，32 开（参考材料）

收藏单位：国家馆

06446

公营企业的管理问题　林平编

大连：大连东北书店，1949.4，154 页，32 开（工业生产丛书 4）

本书收资料、论文等 22 种，内容包括：《东北局批准东北铁路党委关于乘务负责制的决定》、《企业管理中一个极其重要的改革》、《公营企业的管理问题》（金士允）、《公营企业的管理与群运工作》（郭林军）、《关于工厂行政管理》（向平）等。

收藏单位：国家馆、山东馆、天津馆

06447

关于工资与工人待遇问题的调查　石家庄市总工会编

石家庄市总工会，1948.4，油印本，14 页，24 开

收藏单位：国家馆

06448

关于职工福利实施意见之一（职工合作社）

出版者不详，1948.6，10 页，32 开

收藏单位：国家馆

06449

国营工厂工资制度提纲草案（第 1 稿）　工商业会议秘书处编

工商业会议秘书处，1948.6，32 页，32 开

本书附《职工福利实施意见》《关于国营工厂（矿）职工抚恤救济办法》《工商业负担问题》等。

收藏单位：国家馆

06450

合作社必读 刘建章等著

华北书店，[1944]，32页，64开

本书收文件4种：《毛主席指示办合作社四要点》《陕甘宁边区合作社联席会决议》《中共中央西北局关于贯澈合作社联席会决议的决定》《办合作社的几个经验》。

收藏单位：国家馆

06451

合作社必读 刘建章等著

[濮阳]：冀鲁豫书店，1944，32页，64开

收藏单位：国家馆、南京馆

06452

合作社参考材料 晋察冀边区行政委员会农林处编

[张家口]：晋察冀边区行政委员会秘书处，1946.8，126页，32开（大生产运动丛书5）

本书收文献19种，内容包括：《论合作社》《毛泽东指示办合作社四要点》《办合作社的几个经验》《怎样办合作社》等。

收藏单位：国家馆、近代史所、山东馆

06453

合作社之理论与经营 于树德著

上海：中华书局，1927.3，200页，32开

上海：中华书局，1929.10，12+326页，32开（经济丛书）

上海：中华书局，1932.9，再版，11+326页，32开，精装（经济丛书）

上海：中华书局，1933.3，3版，11+326页，32开（经济丛书）

上海：中华书局，1933.9，4版，11+326页，25开

上海：中华书局，1936.2，5版，12+326页，32开

上海：中华书局，1938.10，6版，12+326页，32开

本书分两编：绪论、本论。绪论共5章：合作社之性质、产业合作社、职工生产合作社、消费合作社、实行案；本论共8章：总说、社员、股份、机关、业务、计算、赢余处分及公积金、解散清算损失分担。

收藏单位：安徽馆、北碚馆、重庆馆、东北师大馆、广东馆、广西馆、贵州馆、国家馆、河南馆、黑龙江馆、湖南馆、江西馆、近代史所、辽大馆、辽宁馆、南京馆、内蒙古馆、山西馆、上海馆、首都馆、天津馆、浙江馆

06454

合作运动与合作英雄 太行二届群英大会编辑委员会编

太行群众书店，1947，66页，32开（太行二届群英大会丛书5）

本书共两部分：合作社几个问题的整理与研究、合作英雄的典型材料。

收藏单位：重庆馆、广东馆、国家馆、河南馆、辽宁馆、宁夏馆

06455

华北新华书店会计制度 华北新华书店编

华北新华书店，[1947]，33页，32开

本书共6部分：总则、会计科目、会计凭证、账簿组织、月结制度、决算制度。

收藏单位：国家馆

06456

华东财办管理公营企业资本暂行办法 华东财办编

华东财办，1948.8，9页，32开

本办法共14条。附《华东财办管理公营企业资本暂行办法实施细则》。

收藏单位：国家馆、山东馆

06457

冀中区来往分类账（花费分类账）

供给部被服局工人合作社，1948，2册，32开

收藏单位：国家馆

06458

介绍南区合作社 冀南书店编辑部编

[威县]：冀南书店，1946.6，43页，32开

收藏单位：国家馆、近代史所

06459
介绍南区合作社　中共西北中央局调查研究室编
东北书店，1947，48页，32开（陕甘宁边区生产运动丛书）
本书共9部分，内容包括：南区合作社的发展历史、南区合作社的组织现状、消费及供销事业、股金及盈余的分配、结语等。
收藏单位：国家馆、辽宁馆、南京馆

06460
介绍南区合作社　中共西北中央局调查研究室编
山东新华书店，1945，54页，32开（生产运动丛书35）
收藏单位：国家馆、山东馆

06461
介绍南区合作社
香港：新民主出版社，1949.6，60页，32开
收藏单位：国家馆

06462
晋察冀边区贸易公司关于会计工作几个问题的指示　晋察冀边区贸易公司颁发
晋察冀边区贸易公司，1948.5，油印本，2页，32开
本书所收指示由经理兼监委王文波、副理李子直和梁耀签发。
收藏单位：国家馆

06463
会计学　苏皖边区政府教育所编审室编
大连：大众书店，1948.9，151页，32开
本书共5编：个人记账、政府会计、商业会计、工业会计、账务会计。
收藏单位：国家馆

06464
会计学　苏皖边区政府教育所编审室编
山东新华书店，1947.8，151页，32开
山东新华书店，1947.10，再版，151页，32开
收藏单位：国家馆、山东馆

06465
会计学　苏皖边区政府教育所编审室编
[郑州]：中原新华书店，1949.4，151页，36开
收藏单位：重庆馆、广西馆、国家馆

06466
劳动竞赛与新的劳动态度　中华全国总工会编
[北平]：中华全国总工会，[1949]，172页，25开（工运丛书6）
本书收文17篇，内容包括：《斯大林在第一次全苏联斯达哈诺夫工作者会议上的演说》《伟大的创举》《提高劳动生产率》《组织竞赛》《怎样组织比赛》《社会主义竞赛》《斯达哈诺夫运动》《论共产主义的劳动态度》等。
收藏单位：国家馆

06467
论城乡关系　读者书店编辑部编
天津：读者书店，1949.8，38页，32开
本书收文7篇，内容包括：《关于城乡关系的问题》（《人民日报》社论）、《把消费城市变成生产城市》（《人民日报》社论）、《逐步转变农村纺织让机器代替手工业》（张冲）、《到农村去，到农民群众中去！》（《长江日报》）、《贯澈二中全会的路线贯彻由乡村到城市的转变》（李富春）等。
收藏单位：国家馆、吉大馆、南京馆

06468
论城乡关系　中共天津市委总学委会编
中共天津市委总学委会，1949.7，44页，32开
中共天津市委总学委会，1949.9，58页，32开
本书为干部学习参考材料，内容包括：《华北目前形势与一九四九年的任务》《如何贯澈东北全党的转变?》《新的城乡关系》《到农村去，到农民群众中去！》等。附《论城乡交换》《粉碎敌人封锁为建议新上海而斗争》。
收藏单位：广东馆、国家馆、湖北馆、天津馆

06469
论合作社 毛泽东等著
苏中出版社，1945.3，78页，64开（生产运动小丛书）
本书内容包括:《论合作社》（毛泽东）、西北局决定、《解放日报》社论等。
收藏单位：南京馆

06470
论合作社
[唐山]：冀东新华书店，1949，23页，32开
收藏单位：国家馆、辽宁馆、山东馆

06471
论合作社（2） 薛暮桥等著
归绥（呼和浩特）：绥远省供销合作总社，[1949]，34页，32开
本书收文5篇，内容包括:《新民主主义的合作社》（薛暮桥）、《新民主主义的合作经济》（狄超白）、《论城乡交换》（狄超白）等。
收藏单位：国家馆

06472
南区合作社组织运输合作的经验 中共西北中央局调查研究室编
[延安]：中共西北中央局调查研究室，1944，17页，32开（陕甘宁边区生产运动丛书）
本书分3个时期：1937—1940年、1940年—1942年11月、1942年—1943年12月。
收藏单位：北碚馆、重庆馆、国家馆、辽宁馆

06473
企业管理的民主化与科学化 苏南新华书店辑
无锡：苏南新华书店，1949.8，60页，32开
本书收文13篇，内容包括:《企业管理民主化是改进生产的重要保证》（《东北日报》社论）、《工厂管理民主化问题》（陆灏）、《机车厂是怎样走向科学管理的》（戈更）、《走向企业化的延吉化学厂》（海涛）、《生产量与成分计算》（许英年）、《试行计件工资制与超额奖励制中的几个问题》（高潮）等。
收藏单位：重庆馆、国家馆、南京馆、山东馆、天津馆

06474
前晋冀鲁豫边区政府审检厅检查组关于工资问题的调查报告书 工商业会议秘书处编
工商业会议秘书处，1948.5，104页，32开
本书共12部分，内容包括：现行工资制度的几个历史特点、工资制度里面两个基本问题、各行业工资标准的规定、等级差别待遇问题、关于职工福利事业问题等。目录页题名：工资问题调查报告。
收藏单位：国家馆

06475
山东工矿交通金融贸易概况 中共中央山东分局政策研究室编
中共中央山东分局政策研究室，1949.6，1册，16开
收藏单位：山东馆

06476
社会主义竞赛在苏联 中外出版社辑
北平：中外出版社，1949.5，112页，36开
北平：中外出版社，1949，再版，118页，42开
本书收文10篇，内容包括:《伟大的创举》《提高劳动生产率》《组织竞赛》《怎样组织比赛》《社会主义竞赛》《斯达汉诺夫运动》等。书前有前言。
收藏单位：北师大馆、东北师大馆、广西馆、国家馆、天津馆

06477
什么是斯达哈诺夫运动 [沈阳中苏友好协会编]
出版者不详，[1945—1949]，48页，32开（国际主义学习材料3）
本书共3部分：什么是斯达哈诺夫运动、怎样认识《中苏友好同盟条约》及其他有关协定、苏联对日作战是中国抗战胜利的决定因素。
收藏单位：广东馆、国家馆、吉林馆

06478

苏联城乡关系 （苏）柯锡列夫（Ф. Кошелев）著 潘公昭译

[北平]：中外出版社，1949，43页，36开

本书共8部分，内容包括：城乡关系的基本认识、苏联城乡关系的主要特点、农业机械化和电气化的成果、工业和农业生产力之合理的配置等。原载于1948年12月出版的俄文期刊《布尔塞维克》第22期。

收藏单位：重庆馆、东北师大馆、国家馆、吉林馆、近代史所、辽宁馆、天津馆

06479

苏联合作社 何理良译

华东新华书店，1949.4，渤海版，15页，32开

本书共6部分，内容包括：苏联信贷、消费、工人、农业合作社等。

收藏单位：国家馆、山东馆

06480

苏联合作社 何理良译

[阳城]：太岳新华书店，1949，17页，32开

收藏单位：广东馆、国家馆、山东馆、山西馆

06481

苏联劳动效率 （苏）A. E. Grigoryff著 刘曙光译

外文题名：Economics of Soviet industry

重庆：中华书局，1945.2，32页，32开（苏联建设小丛书6）

上海：中华书局，1945.11，再版，32页，32开（苏联建设小丛书6）

重庆：中华书局，1945.12，再版，32页，32开（苏联建设小丛书6）

上海：中华书局，1949.7，3版，32页，32开（苏联建设小丛书6）

本书共3章：劳动与劳动生产率、苏联工业生产效率的源泉、劳动生产率的设计。

收藏单位：北碚馆、重庆馆、广东馆、广西馆、国家馆、河南馆、吉林馆、辽大馆、南京馆、上海馆、首都馆、天津馆

06482

苏联企业经营 （苏）布尼英维茨著 杜唯康译

[北平]：天下图书公司，1949，96页，32开（苏俄研究丛书）

本书分6节介绍苏联企业在降低成本提高利润（降低原料、材料、燃料及电力的消耗，消除非生产性支出与损失等）方面的经营方法。

收藏单位：安徽馆、重庆馆、国家馆、天津馆

06483

太岳工商会议确定办法 工商会议通过

工商会议秘书处，1948.6，21页，32开

本书收有关工厂经营职工福利及矿工工资等办法草案。

收藏单位：国家馆

06484

新式商业簿记 朱执诚编著

胶东新华书店，1948.1，87页，32开

收藏单位：南京馆、山东馆

06485

一年来综合性合作社的经验介绍 晋绥边区行政公署编

兴县：晋绥边区行政公署，[1941—1949]，35页，32开（晋绥边区第四届群英大会丛书5）

本书共6部分，内容包括：民办公助、生产为主、对敌经济斗争、业务问题等。

收藏单位：山西馆

06486

怎样办合作社 薛暮桥等著

哈尔滨：光华书店，1948，77页，32开（财政经济丛书）

本书收文5篇：《怎样办合作社》（薛暮桥）、《山东合作事业的回顾与瞻望》（薛暮桥）、《太行合作会议总结》（李一清）、《太行区百日纺织运动总结》、《开展信用合作中的几个问题》（邓肇祥）。

收藏单位：长春馆、东北师大馆、国家

馆、山东馆、天津馆

06487
怎样办合作社 薛暮桥等著
[佳木斯]：合江日报，1948.6，58页，64开
收藏单位：国家馆

06488
怎样办合作社 薛暮桥等著
华北财经办事处，1948.1，65页，32开（参考材料2）
收藏单位：国家馆

06489
怎样办合作社 薛暮桥等著
新华书店，1949，85页，32开（财政经济丛书）
收藏单位：重庆馆

06490
怎样办合作社 薛暮桥等著
香港：新中图书局，1949.6，119页，32开
新中图书局，1949，再版，78页，32开（财政经济丛书）
本书收文7篇，较之前版本增加两篇：《滨海合作推进社上半年总结》（新华社华东八月十六日电）、《鲁中合作事业及其中几个问题》（李隆）。
收藏单位：重庆馆、国家馆、吉大馆、天津馆

06491
怎样办合作社
哈尔滨特别市生产合作社总社，1948.2，37页，64开（合作社丛书1）
本书共3部分：论合作社、组织起来、怎样办合作社。
收藏单位：浙江馆

06492
怎样办合作社
[威县]：冀南书店，1946，45页，32开
收藏单位：国家馆

06493
怎样带领民工
华中新华书店盐阜分店，1948.11，32页，64开
收藏单位：国家馆

06494
怎样动员民工
华中新华书店盐阜分店，1948.11，54页，32开
收藏单位：国家馆

06495
赵忠合作社
出版者不详，1947，油印本，1册，32开，环筒页装
收藏单位：国家馆

06496
中华全国总工会发布关于处理劳资问题的三大文件 中华全国总工会常务委员会通过
中国海员工会武汉委员会，1949，24页，32开
收藏单位：国家馆

06497
组织劳动力的参考材料
晋察冀边区各界抗日救国联合会，1944.1，油印本，37页，32开
收藏单位：国家馆

农业经济

农业经济理论

06498
查阶级查历史 合江军区政治部编
合江军区政治部，1947.11，94页，64开（土地改革教育教材11）
收藏单位：国家馆

06499
邓政委在渤海区党委高干会议上的总结报告 邓子恢著
[阳信]：中共渤海土地会议，1948.1，46页，32开
收藏单位：国家馆

06500
贯彻减租 胶东各救总会编
胶东各救总会，1945.10，89页，64开（干部学习材料2）
收藏单位：国家馆

06501
合作运动的理论与实际 罗琼 马麟彩编
[惠民]：渤海新华书店，1947.8，181页，32开
本书为论文集，内容包括：《臧家庄子合作社最近发展及其新发生的几个具体问题》（舒政海等）、《朱葛区联社介绍》（罗琼）、《怎样办合作社》（薛暮桥）、《山东合作事业的回顾与瞻望》（薛暮桥）、《城市合作社的特点》（李隆、耿骏）、《论合作社》（列宁）等。
收藏单位：国家馆、山东馆

06502
户计划家庭会议和改造懒汉老婆 晋察冀边区行政委员会实业处编
[张家口]：晋察冀边区行政委员会实业处，1946.2，47页，32开（大生产运动丛书3）
本书共10部分，内容包括：一九四四年大生产运动中几个典型的户计划和家庭会议、阜平八里庄做计划由灾民下手带起全村、武长顺崔维印怎样领导全村做计划等。
收藏单位：国家馆

06503
晋察冀边区第六区行政督察专员公署关于各区租佃土地问题处理补充办法 晋察冀边区第六区行政督察专员公署颁发
晋察冀边区第六区行政督察专员公署，1945.12，油印本，4页，32开
收藏单位：国家馆

06504
晋察冀边区第六区行政督察专员公署关于各种租佃土地问题的处理办法 晋察冀边区第六区行政督察专员公署颁行
晋察冀边区第六区行政督察专员公署，1945.12，油印本，12页，25开
收藏单位：国家馆

06505
晋察冀边区行政委员会冀中区行署保护粮食严防走私紧急处理办法 晋察冀边区行政委员会冀中区行署颁布
晋察冀边区行政委员会冀中区行署，1946.6，复写本，4页，16cm×21cm
收藏单位：国家馆

06506
晋冀鲁豫边区政府冀鲁豫边区行署颁发地契 晋冀鲁豫边区政府冀鲁豫边区行署[颁发]
晋冀鲁豫边区政府冀鲁豫边区行署，1946.4，油印本，3张，47cm×33cm，21cm×30cm，21cm×30cm
收藏单位：国家馆

06507
晋冀鲁豫边区政府、晋察冀边区行政委员会令（民社字第九号 颁发土地房产所有证式样及填写办法，希遵照印制颁发） 晋冀鲁豫边区政府 晋察冀边区行政委员会颁布
晋冀鲁豫边区政府、晋察冀边区行政委员会，1948.11，油印本，4页，32开
收藏单位：国家馆

06508
刘玉厚与郝家桥 中共西北中央局调查研究室编
[延安]：中共西北中央局调查研究室，1944，54页，64开（陕甘宁边区生产运动丛书）
本书内容包括：劳动英雄刘玉厚、模范的郝家桥、为创造模范乡而奋斗等。
收藏单位：山西馆

06509
农村经济底基本知识 薛暮桥著

上海：新知书店，1936.12，141 页，32 开（新知丛书 5）
上海：新知书店，1937.1，141 页，32 开
上海：新知书店，1937.5，再版，141 页，32 开
上海：新知书店，1939.5，3 版，154 页，32 开
上海：新知书店，1946，154 页，32 开（新知丛书 5）
上海：新知书店，1947.7，再版，154 页，32 开（新知丛书 5）
上海：新知书店，1948，再版，209 页，32 开（社会科学丛书）

本书共 7 章：封建社会底农业生产关系、农业中资本主义发展底特殊法则、农业经营中的土地所有问题、农业经营中的劳动问题和资本问题、殖民地农村经济的特质、资本主义社会的农业恐慌、农业改良政策和苏联的农业革命。

收藏单位：北碚馆、重庆馆、东北师大馆、广东馆、广西馆、贵州馆、国家馆、黑龙江馆、湖南馆、江西馆、辽大馆、南京馆、内蒙古馆、山西馆、上海馆、首都馆、西南大学馆

06510

农业 （苏）布雪 （苏）梭科洛夫著 陈洪进译

重庆［等］：生活书店，1940.5，50 页，32 开（百科小译丛 11）

本书共 6 部分，内容包括：农业的定义、农业的起源、奴隶制经济中农业的发展、社会主义的农业等。据《苏联大百科全书》译出。

收藏单位：北碚馆、重庆馆、广东馆、贵州馆、国家馆、南京馆、首都馆

06511

农业负担办法 第四专员公署［编］

第四专员公署，1948.5，1 册，32 开

收藏单位：国家馆

06512

农业生产指南 秦杰等著

新华书店，1947.1，212 页，36 开（大众文库）

本书共 10 部分，内容包括：怎样植棉、小麦、高粱、谷子、地瓜、苞米、植树造林、山东四种重要果树和栽培法等。

收藏单位：山东馆、陕西馆、首都馆

06513

农业问题之理论 （日）河西太一郎著 李达译

上海：昆仑书店，1930.1，274 页，32 开

本书共 7 章，内容包括：马克思的农业理论和政策、恩格斯的农民政策、列宁的农业理论及政策、共产国际的农民政策、批评与反批评等。

收藏单位：重庆馆、东北师大馆、国家馆、湖南馆、吉大馆、近代史所、南京馆、山西馆、上海馆、首都馆、天津馆、西南大学馆、浙江馆

06514

前卫（在土地政策学习中的阶级觉悟和阶级情感问题） 李伯秋著

卅七支队政治部，1947.8，油印本，15 页，32 开

收藏单位：国家馆

06515

社会主义与农业问题 （苏）米留金（В. П. Милютин）著 邹敬芳译

中国国民党中央执行委员会农民部，1926，158 页，32 开（农民丛书 9）

本书共 10 章，内容包括：关于农业发达方向的论争、土地问题、农业合作、苏维埃直接经营地、田园劳动者阶级的组织等。

收藏单位：国家馆

06516

石明德与白原村 中共西北中央局调查研究室编

［延安］：中共西北中央局调查研究室，1944，22 页，64 开（陕甘宁边区生产运动丛书）

本书共 5 部分：劳动英雄石明德、白原

村是模范村、石明德领导的全村人畜搭工组、白原村一九四四年生产计划、石明德一九四三年生产总结与一九四四年生产计划。

收藏单位：山西馆

06517
土地问题　（德）考茨基（Karl Johann Kautsky）原著　岑纪译　上海中山文化教育馆编辑
上海：商务印书馆，1936.3—1937.4，2 册（436+275 页），25 开（中山文库）

本书共两卷：资本主义社会中农村经济之发展、社会民主主义的土地政策。上卷内容包括：农民与工业、封建时代之农村经济、近代的农村经济、大生产与小生产等；下卷内容包括：社会民主党是否需要土地政纲、保护农业无产阶级、保护农村经济利益、保护农业人口、社会革命与土地所有者土地之没收等。附《农村经济中之资本主义》（列宁）。

收藏单位：安徽馆、北碚馆、重庆馆、东北师大馆、广东馆、广西馆、贵州馆、国家馆、黑龙江馆、湖南馆、吉林馆、江西馆、近代史所、辽大馆、南京馆、内蒙古馆、山西馆、上海馆、首都馆、浙江馆

06518
租佃债息条例读本（修正版）　晋察冀边区行政委员会编
冀中区获鹿县农民会，1946.2，修正版，油印本，42 页，25 开

本书为边区政策法令通俗教材。

收藏单位：国家馆

中国农业经济

06519
1945 年大生产运动总结参考材料　晋察冀边区行政委员会实业处编
[张家口]：晋察冀边区行政委员会实业处，1946.1，油印本，220 页，32 开

收藏单位：国家馆

06520
把解放区的农业生产提高一步
华中新华书店，1948.11，46 页，64 开

收藏单位：南京馆、山东馆

06521
搬掉大石头整顿队伍
中共冀东区党委，1947，12 页，32 开

本书共两部分：搬掉大石头整顿队伍、全体农民起来平分土地。

收藏单位：国家馆

06522
边区的劳动互助　新华书店编
山东新华书店，1945.6，107 页，32 开（生产运动丛书 34）

本书收文 5 篇：《边区农村旧有的各种劳动互助形式》《边区劳动互助的发展》《劳动互助在发展农业生产上的作用》《新的劳动互助的组织形式和它的性质》《边区组织劳动互助的主要经验和今后工作》。

收藏单位：国家馆、南京馆、山东馆

06523
边区的劳动互助　中共西北中央局调查研究室编
[延安]：[中共西北中央局调查研究室]，1944，94 页，32 开（陕甘宁边区生产运动丛书）

收藏单位：重庆馆、南京馆、山西馆

06524
边区的劳动互助（陕甘宁生产运动介绍）
[阜平]：晋察冀新华书店，[1948]，65 页，36 开

收藏单位：北师大馆、东北师大馆、国家馆

06525
变工互助的发展形式——变工合作社　晋绥边区行政公署编
[兴县]：晋绥边区行政公署，[1940—1949]，17 页，32 开（晋绥边区第四届群英大会丛书

4）

本书共 3 部分：变工合作是变工互助的发展形式、组织形式举例、变工合作社与综合性合作社贸易机构的关系。

收藏单位：重庆馆、国家馆、山西馆

06526

变工互助的几个具体问题　晋绥边区生产委员会编

[兴县]：晋绥边区生产委员会，1946.2，15 页，32 开（晋绥边区生产会议材料 2）

本书共 3 部分：组织形式举例、变工组织的普及与提高问题、折工记工与算账问题。

收藏单位：重庆馆、国家馆、山西馆

06527

大生产参考材料　冀中行政公署农林厅编

[安平]：冀中行政公署农林厅，1946.11，石印本，79 页，32 开

收藏单位：国家馆

06528

党的土地政策

东北民主联军总政治部，1947.10，33 页，32 开

本书共 3 部分：抗战时期、一九四六年五四指示、自卫战争时期。

收藏单位：国家馆、南京馆

06529

地主是敌人　和柯著

[威县]：冀南书店，1947.10，26 页，32 开（工农兵丛书）

威县：冀南书店，1947，2 版，26 页，32 开（工农兵丛书）

收藏单位：国家馆、山西馆

06530

调研材料　胶东区党委调查研究室编

胶东区党委调查研究室，1944.10，1 册，32 开

本书为调研材料合订本。共 8 期，内容包括：招莱边的阶级关系、调查研究工作的几点意见与点滴经验等。

收藏单位：浙江馆

06531

东北解放区各级粮食局组织与工作暂行条例　[东北行政委员会编]

哈尔滨：东北行政委员会，1947.11，8 页，32 开

本书共 4 章：总则、组织机构与工作任务、管理与供给、附则。

收藏单位：国家馆

06532

多打粮食——在大连县劳模大会闭幕及县府两周年纪念报告　王西萍讲

大连县政府，1947，8 页，32 开

本书讲述大连县一年来人民的生活变化，要求农民多打粮食，并提出深耕细作、开荒、寸土必耕、改种菜田、两季作物等政策。

收藏单位：南京馆

06533

分田中石头工作初步总结　昌顺县农会保卫部编

昌顺县农会保卫部，1948.4，油印本，50 页，32 开

收藏单位：国家馆

06534

妇女生产的几个问题　晋察冀边区五专区抗联会编

[张家口]：晋察冀边区五专区抗联会，1945.7，油印本，4 页，32 开

收藏单位：国家馆

06535

各解放区劳动互助经验介绍　东北书店辽宁分店编

东北书店辽宁分店，1948，133 页，32 开（生产运动学习材料）

本书收文 6 篇：《陕甘宁边区农村旧有的各种劳动互助形式》《陕甘宁边区劳动互助的发展》《陕甘宁边区新的劳动互助的组织形

式和它的性质》《晋绥边区变工互助的发展形式——变工合作社》《晋绥边区一年来劳武结合的新发展》《晋绥边区关于变工互助的几个具体问题》。

收藏单位：广东馆、国家馆

06536

耕牛问题如何解决　晋绥边区生产委员会编

［兴县］：晋绥边区生产委员会，1946.2，15页，32开

本书为晋绥边区生产会议材料附件。

收藏单位：国家馆、山西馆

06537

关东农村若干问题的调查　地委调查研究室编

地委调查研究室，1948，156页，32开

收藏单位：国家馆

06538

关于变工互助的几个具体问题　晋绥边区行政公署编

［兴县］：晋绥边区行政公署，1945，31页，32开（晋绥边区第四届群英大会丛书3）

本书共3篇：关于组织形式的举例、关于计工问题、关于组织领导的问题。

收藏单位：国家馆、山西馆

06539

关于改造二流子　晋绥边区生产委员会编

［兴县］：晋绥边区生产委员会，1946.2，6页，32开（晋绥边区生产会议材料9）

本书对1944年以来改造二流子群众运动的工作总结。

收藏单位：重庆馆、国家馆、宁夏馆、山西馆

06540

关于“耕者有其田”的理论与实际　何干之等著

［威县］：冀南书店，1946.9，56页，32开

收藏单位：国家馆、山东馆、浙江馆

06541

关于农村阶级划分标准与具体划分的规定　太行区党委辑

［涉县］：太行区党委，1946.10，15页，32开

收藏单位：国家馆

06542

关于新解放区1945年贯彻政策发动群众初步总结与今后意见　晋察冀边区冀晋区各界抗日救国联合会编

晋察冀边区冀晋区各界抗日救国联合会，[1946]，油印本，42页，32开

收藏单位：国家馆

06543

关于中国土地法大纲及有关重要文件　［冀南区党委编］

冀南区党委，1948.1，31页，32开

收藏单位：国家馆

06544

贯彻政策发动群众　晋察冀边区各界抗日救国联合会编

晋察冀边区各界抗日救国联合会，1945.8，油印本，21页，32开（典型材料报告2）

收藏单位：国家馆

06545

贯彻政策发动群众典型材料汇集　晋察冀边区各界抗日救国联合会　晋冀区各界抗日救国联合会编

晋察冀边区各界抗日救国联合会、晋冀区各界抗日救国联合会，1945，48页，32开

收藏单位：国家馆

06546

合作买牛问题的研究　张荣等著

［兴县］：晋绥行署，[1948]印，油印本，2页，32开

收藏单位：国家馆

06547

互助生产综合研究　生产运动与生产英雄大

会编辑委员会编 彭淦等整理
[邢台]：太行群众书店，1946，92页，32开
收藏单位：国家馆

06548
华北解放区农民收入与负担问题材料汇编 华北财办财政组编
华北财办财政组，1948.2，油印本，2册，8开
收藏单位：国家馆

06549
华北农业生产统计资料（1） 华北人民政府农业部编
[北平]：华北人民政府农业部，1949.6，138页，16开
本书内容包括：华北人口、土地、播种面积及产量、副业水产、农家收入与消耗、劳力互助、耕畜、农具、耕锄施肥、农田水利、合作农贷、造林灭荒、灾情及抗灾等。附《华北区行政计划》。
收藏单位：广东馆、国家馆、吉大馆、近代史所、辽宁馆

06550
华北农业生产统计资料（2） 华北人民政府农业部编
[北平]：华北人民政府农业部，1949.8，138页，16开
本书从华北地区各经济区中选择代表县的典型村作为基点进行调查，时间为1948年秋至1949年2月。统计项目有户口年龄、劳动力、土地及土地利用情况、农具、耕作情况、施肥、产量、副业生产等。
收藏单位：国家馆、天津馆

06551
华北区各级粮食机构组织规程 华北人民政府制定
[北平]：华北人民政府，1949.8，油印本，5页，16开
收藏单位：国家馆

06552
划清界线 冀南区党委编
[威县]：冀南区党委，[1947]，8页，32开
本书共5部分：划清界线、自报公议进行四查、阜平土地会议中雇贫农的作用、母亲的话、母亲的一课。
收藏单位：国家馆

06553
冀东区新农会临时委员会告农民书 冀东区新农会临时分员会发布
冀东新华书店，1947.12，14页，32开
本书收《中国共产党中央委员会关于公布中国土地法大纲的决议》《中国土地法大纲》等文献资料。
收藏单位：国家馆

06554
冀中冀晋七县九村国民经济人民负担能力调查材料 晋察冀边区财经办事处编
[阜平]：晋察冀边区财经办事处，1947.8，96页，32开
本书收冀中区安平、晋县、宁晋、束鹿、藁城5县6村农民阶层经济情况及人民负担能力的考察报告，冀晋区完县、望都两县3村20个农户的典型调查。
收藏单位：国家馆、山西馆

06555
减租减息（参考材料） 晋察冀边区行政委员会北平办事处辑
晋察冀边区行政委员会北平办事处，1943.2，油印本，56页，64开
收藏单位：国家馆

06556
减租减息纲领
[宝丰]：中原新华书店，1948.11，25页，32开
收藏单位：重庆馆、国家馆、河南馆

06557
减租减息疑问解答 晋冀鲁豫边区政府第一

厅编
华北新华书店，[1948]，40页，64开
本书为问答形式，共3部分：关于减租、清理旧积、特殊土地。
收藏单位：国家馆、南京馆、山西馆

06558
解放区的生产运动——栽富根　力耕著
香港：中国出版社，1947.7，31页，32开（解放区介绍丛书3）
本书内容包括：一个好地方、自己动手丰衣足食、大翻身啦、劳动状元等。
收藏单位：国家馆、吉林馆

06559
解决春荒问题　群众日报社辑
群众日报社，1948.3，14页，32开
收藏单位：国家馆

06560
近代中国地租概说　陈伯达著
大连：大众书店，1948，增订本，78页，32开
本书共6章，内容包括：近代中国农业的剩余劳动率与剥削率、地租形式、地租量和地租率、地价等。
收藏单位：国家馆、南京馆、山西馆、天津馆

06561
近代中国地租概说　陈伯达著
哈尔滨：东北书店，1949.2，82页，32开
收藏单位：重庆馆、东北师大馆、国家馆、吉大馆、吉林馆、江西馆、山东馆、四川馆、云南馆

06562
近代中国地租概说　陈伯达著
华北新华书店，1947.10，增订本，102页，32开
收藏单位：重庆馆、广东馆、国家馆、河南馆、南京馆

06563
近代中国地租概说　陈伯达著
[阜平]：晋察冀新华书店，1947.8，增订本，102页，32开
收藏单位：国家馆、河南馆、宁夏馆、山东馆、山西馆、天津馆

06564
近代中国地租概说　陈伯达著
山东新华书店，1948.1，增订本，83页，36开
收藏单位：国家馆、南京馆、山东馆

06565
近代中国地租概说　陈伯达著
[阳城]：太岳新华书店，1948，增订本，96页，36开
收藏单位：重庆馆、国家馆、河南馆、山西馆

06566
近代中国地租概说　陈伯达著
[北平]：新华书店，1949.9，增订本，102页，36开
收藏单位：重庆馆、福建馆、广东馆、广西馆、国家馆、辽宁馆、南京馆、内蒙古馆、山西馆、上海馆、天津馆、云南馆

06567
近代中国地租概说　陈伯达著
中原新华书店，1949，增订本，83页，32开
收藏单位：安徽馆、贵州馆、山东馆、天津馆

06568
近代中国地租概说　陈伯达著
出版者不详，1946.7，71页，32开（北方文化丛书1）
收藏单位：国家馆

06569
晋察冀边区的劳动互助　晋察冀边区行政委员会实业处　晋察冀边区农会编

[张家口]：晋察冀边区行政委员会实业处，1946.1，72页，32开（大生产运动丛书1）

本书共4部分：边区农村几种旧有的劳动互助形式、边区劳动互助的发展及其在农业生产上的作用、新劳动互助的组织形式、怎样组织起来和坚持下去。

收藏单位：东北师大馆、国家馆、辽大馆

06570
晋冀鲁豫边区农村经济参考资料（1948年5月整理）
出版者不详，[1948—1949]，油印本，51页，8开

本书介绍全区经济概况，内容包括：收入情况（总收入、第一农业收入、第二副业收入）、支出情况（总支出、第一生活消耗、第二再生产投资、第三农民负担）。

收藏单位：国家馆

06571
（晋冀鲁豫）五专署财粮草会议纪录
出版者不详，1948，抄本，33页，24开

收藏单位：国家馆

06572
晋绥边区仓库管理办法 晋绥边区行政公署编
[兴县]：晋绥边区行政公署，1948.11，油印本，8页，32开

收藏单位：国家馆

06573
晋绥边区关于变工互助的几个问题
[威县]：冀南书店，1946.4，33页，32开

本书共3部分：关于组织形式的举例、关于计工问题、关于组织领导问题。附《陕甘宁边区组织集体劳动的经验》。

收藏单位：国家馆

06574
晋绥边区历年公粮工作总结（草稿） 晋绥边区政府编
[兴县]：晋绥边区政府，1948.3，18页，16开

收藏单位：国家馆

06575
晋绥边区生产会议总结 张稼夫著
[兴县]：抗战日报社，1946.2，28页，32开

收藏单位：重庆馆、国家馆、宁夏馆

06576
抗日民主根据地的土地政策与法令 华北新华书店编
华北新华书店，1943，30页，32开

本书共5部分：中共中央关于抗日根据地土地政策的决定（含附件）、晋冀鲁豫边区土地使用暂行条例、陕甘宁边区租佃条例草案（附说明）、抗战中土地问题获得圆满解决、保障佃权是减租交租的关键。

收藏单位：国家馆

06577
抗战中的中国农村动态（农村通讯选辑） 中国农村经济研究会编
桂林：新知书店，1939.6，238页，32开

本书共4部分：敌人铁蹄下的中国农村、斗争中的中国农村、生长中的中国农村、中国农村在抗战中的黑影。附《一年来农业经济素描》。

收藏单位：重庆馆、东北师大馆、广东馆、贵州馆、国家馆、吉林馆、南京馆、山西馆、上海馆

06578
苦水 华中一地委宣传部编
华中一分区新华书店，[1945—1949]，56页，64开

本书收诉苦材料12篇。

收藏单位：国家馆、南京馆

06579
劳动互助的典型例子和经验 晋察冀边区行政委员会实业处编
[张家口]：晋察冀边区行政委员会实业处，1946，50页，32开（大生产运动丛书2）

本书共10部分，内容包括：龙华新解放区两个村劳动互助是怎样组织起来的、战胜旱灾耕三余一的龙家铺拨工组、盂县箭和村张润槐的变工、肃宁南于庄吕凤荣的拨工组是怎样整理的等。

收藏单位：东北师大馆、国家馆、辽宁馆

06580

劳动互助论集 南虹编

大连：大众书店，1948.4，117页，32开

本书内容包括：两三年内完全学会经济工作、建立新的劳动观念、关于动员生产问题、论集体劳动、各地互动运动介绍等。

收藏单位：国家馆、山东馆

06581

劳力与武力结合起来

苏中出版社，1945.4，30页，64开（生产运动小丛书）

本书收有关战斗与生产相结合的社论、论著等。

收藏单位：国家馆、南京馆

06582

劳模的选举、培养及使用问题 晋绥边区生产委员会编

[兴县]：晋绥边区生产委员会，1946.2，8页，32开（晋绥边区生产会议材料8）

本书为过去生产工作里面经验教训的总结，并经过生产会议的讨论，具有重要的参考价值。

收藏单位：重庆馆、国家馆

06583

粮食收发保管经验汇辑 太岳行署财政处编

[阳城]：太岳行署财政处，1946.12，52页，32开（财政干部业务学习材料3）

本书收毛泽东论仓库工作（节录经济问题与财政问题），以及有关粮食收发、保管的经验。附《运粮工作中的几个问题》。

收藏单位：国家馆、山西馆

06584

两年来合作社工作的检讨和怎样加强领导提高一步 中共汪清县委编

中共汪清县委，1948，38页，32开

收藏单位：国家馆、黑龙江馆

06585

论农民土地问题

出版者不详，[1947—1949]，油印本，59页，32开，环筒页装

本书收论述农民问题的文章12篇，内容包括:《学习晋绥日报的自我批评》（新华社社论）、《土地问题》（毛泽东）等。

收藏单位：国家馆

06586

论整顿队伍

冀中新华书店，[1947]，54页，64开

收藏单位：国家馆、河南馆、山东馆

06587

罗主任在1948年第一次生产会议上关于在平分运动的火热基础上开展今年大生产运动的报告

出版者不详，1948，油印本，12页，32开

收藏单位：国家馆

06588

米脂杨家沟调查

[延安]：中共西北中央局调查研究室，1944，250页，32开（农村调查材料2）

收藏单位：山西馆

06589

目前生产运动中的几个问题 北岳行署编

北岳行署，油印本，[1945—1949]，15页，32开

收藏单位：国家馆

06590

农村合作互助运动中三大结合的研究 晋冀鲁豫边区政府合作所编

晋冀鲁豫边区政府合作所，1948.3，46页，32

开

本书收文7篇:《对三大结合互助运动的研究》(合作厅合作互助组整理)、《黎城“组织起来”的新发展》(黎城联合办公室)、《群众的创造——三合互助组》(史占道)、《关于三大结合的商榷》(平顺联合办公室研究所华执笔)、《羊井底三大结合的新发展》(王巨林)、《生产运动的范例西黄须劳资互助合作》(黎城联合办公室)、《黎城仁庄三大结合的检查》(太行行署黎城工作组)。

收藏单位:国家馆、山西馆

06591
农村建设问题　冀鲁豫新华书店编辑部编
冀鲁豫新华书店,1949,100页,32开

本书收文7篇,内容包括:《把解放区的农业生产提高一步》(新华社社论)、《保护耕畜》(新华社短评)、《加强农业生产领导的计划性与组织工作》(《华北日报》专论)等。附《华北人民政府关于农业税调查评议工作的指示》《华北人民政府公布的新农业税》《贯彻执行新农业税》等5篇。

06592
农村建设问题　解放社编
北平:新华书店,1949,辽1版,70页,32开

06593
农村经济论辑　农村经济研究会编
涉县:华北书店,1943.9,185页,32开

本书共3章:社会经济的几个理论问题、战前中国农村经济诸问题、战时中国农村经济。

收藏单位:国家馆、近代史所、首都馆

06594
农村经济论辑　农村经济研究会编
[濮阳]:冀鲁豫书店,1944.10,263页,32开

收藏单位:国家馆

06595
农村问题　闽西农村工作人员训练所编
闽西农村工作人员训练所,[1933],92页,32开

本书叙述中国农村经济概况、社会概况、中国土地与劳农问题、中国农村政策建议等。附《闽西现行之土地政策及闽西特区几个重要问题的解决方案》。

收藏单位:湖南馆

06596
农民坐天下(土地法教材)　李聪编著
华中新华书店,1948.1,31页,64开(翻身小丛书1)

收藏单位:国家馆、山东馆

06597
农业建设问题　华东人民革命大学教务处编
华东人民革命大学教务处,1949.6,41页,32开(学习参考材料10)

本书收文7篇,内容包括:《关于农业的社会主义问答》《把解放区的农业生产提高一步》《保护耕畜》《加强农业生产领导的计划性与组织工作》等。

收藏单位:重庆馆

06598
农业建设问题　冀鲁豫新华书店编辑部编
[菏泽]:冀鲁豫新华书店,1949.7,100页,32开

收藏单位:国家馆、近代史所、山东馆、天津馆

06599
农业建设问题　解放社编
沈阳:东北新华书店,1949.9,70页,32开

收藏单位:东北师大馆

06600
农业建设问题　解放社编
山东新华书店,1949,57页,36开

收藏单位:安徽馆、国家馆、辽宁馆、山东馆、天津馆

06601
农业建设问题　解放社编
[合肥]：皖北新华书店，1949.6，58页，32开
收藏单位：辽宁馆

06602
农业建设问题　解放社编
北平：新华书店，1949.5，70页，36开
北平：新华书店，1949.6，再版，70页，32开
收藏单位：重庆馆、广东馆、国家馆、湖北馆、吉大馆、南京馆

06603
农业建设问题　解放社编
安东（丹东）：新华书店辽东分店，1949，46页，32开
收藏单位：国家馆

06604
农业建设问题（标准本）　中共中央中原局宣传部编
[郑州]：中原新华书店，1949.5，标准本，48页，32开（中国共产党政策选辑1）
收藏单位：重庆馆、国家馆、湖北馆

06605
贫雇农路线　东北书店编
佳木斯：东北书店，1948.2，92页，32开
本书内容包括：怎样使雇贫农掌握丈地权、关于雇贫农掌握领导权问题、如何把权利交给雇贫农、太平岭区雇贫的翻身火焰、雇贫领导斗争又快又猛等。
收藏单位：东北师大馆、国家馆、吉大馆、南京馆

06606
平分手册
[威县]：冀南书店，1948.2印，36页，32开
收藏单位：国家馆、南京馆

06607
平分手册
[威县]：冀南新华书店，1948.3，31页，32开
收藏单位：国家馆、山东馆

06608
平分土地与整顿队伍　华中二地委宣传部编
新华书店二分店，1948，120页，32开
收藏单位：国家馆

06609
平分土地与整顿队伍（彭真同志在边区土地会议上的报告和结论述要）　彭真著
冀中新华书店，[1947]，16页，32开
收藏单位：国家馆

06610
群众工作丛书（第5集）　中共辽南省委宣传部编
中共辽南省委宣传部，1948.3，56页，32开
本书收有关土改春耕生产的社论等。
收藏单位：国家馆

06611
如何进行复查参考材料　冀南书店编辑部编
[威县]：冀南书店，1947.9，27页，32开
收藏单位：国家馆

06612
沙河全年生产初步总结　沙河县联合办公室编
沙河县联合办公室，1947.11，油印本，17页，32开
本书附《秋收种麦工作》《土地入股的研究》。
收藏单位：国家馆

06613
山东省粮草暂行收支程序　华东财经办事处编
华东财经办事处，1948.2，7页，32开
收藏单位：国家馆

06614
陕甘宁边区合作社联席会决议·西北局关于贯彻合作社联席会议决议的决定　陕甘宁边区合作社联席会颁布·中共西北中央局颁布
[延安]：出版者不详，1944.7，13页，32开
收藏单位：国家馆

06615
陕甘宁边区神府县直属乡八个自然村的调查　中共西北中央局调查研究室编
延安：中共西北中央局调查研究室，1943，128页，32开（农村调查材料1）
本书收1942年延安农村调查团在陕甘宁边区及晋西北搜集的具有条理的八个村落的经济材料。共41部分，内容包括：行政区分、自然条件、政治环境、土地质量、农具等。
收藏单位：山西馆

06616
陕甘宁边区组织劳动互助的经验
[延安]：华北书店，1944，50页，大64开
本书共3部分：边区组织劳动互助的主要经验和今后工作、各地互助运动介绍、论集体劳动。
收藏单位：国家馆

06617
什么是十一运动　晋察冀边区第二届群英大会编
[阜平]：晋察冀边区第二届群英大会，[1947]，16页，32开
本书所收文均为《解放日报》社论。
收藏单位：国家馆

06618
生产的组织领导问题　晋绥边区生产委员会编
[兴县]：晋绥边区生产委员会，1946.2，28页，32开（晋绥边区生产会议材料1）
收藏单位：国家馆、山西馆

06619
生产发家　和柯改编
[威县]：冀南书店，1947.7，34页，32开（工农兵丛书）
收藏单位：国家馆、山东馆、山西馆

06620
生产发家　王希坚著
[山东新华书店]，1946.11，60页，32开
收藏单位：南京馆、山东馆

06621
生产法令经验汇集　晋绥新华书店晋南分店编
太原：晋绥新华书店晋南分店，1937，2册（43+60页），32开
本书分上、下两编，内容包括：晋绥边区行政公署关于抓紧领导冬季生产切实准备明年大生产的指示、晋绥行署关于发展生产的指示、晋绥边区农业生产奖励办法、解决革命军属烈属生产困难暂行办法等。
收藏单位：重庆馆、国家馆、山西馆

06622
生产教材　项柏仁　高一光合编　晋察冀边区行政委员会编写委员会编
[张家口]：晋察冀边区教育阵地社，1946.2，43页，32开（群众宣讲教材）
本书共12课，内容包括：大生产为自己、组织起来好处多、怎样才能多打粮食、办好合作社、发展手工业和副业、生产不忘学习等。
收藏单位：国家馆、山西馆

06623
生产救灾、秋收种麦、秋耕宣传手册　中共河北省委宣传部编
[保定]：中共河北省委宣传部，1949，17页，32开
本书共5部分，内容包括：生产救灾、秋收种麦、秋耕、党员干部带头生产等。
收藏单位：国家馆、山东馆

06624
生产课本　东北行政委员会教育部编

佳木斯：东北书店，1949.1，50 页，32 开
本书共 5 部分：发财致富、组织起来、农业改良、副业生产、合作社。
收藏单位：长春馆、国家馆、黑龙江馆、辽宁馆、南京馆、山东馆

06625
生产手册　嫩江省委秘书处编
嫩江省委秘书处，1948.7，17 页，32 开
本书共 3 部分：嫩江省春耕运动总结、具体组织与领导铲蹚运动、争取铲蹚运动的胜利。
收藏单位：国家馆

06626
生产运动参考材料
出版者不详，1948，32 页，32 开（干部学习材料）
本书收文 8 篇：《毛主席关于领导群众生产指示摘录》《东北局关于平分土地总结摘录》《晋察冀中央局发布关于土地改革后农村发展生产的指示》《检查春耕迎接铲蹚》《健全夏锄的互助组织》《关于记工还账问题》《组织妇女参加农业生产的几个问题》《向严重的春荒作斗争》。
收藏单位：广东馆、国家馆、天津馆、云南馆

06627
生产运动与生产斗争　太行二届群英大会编辑委员会编
太行群众书店，[1947—1949]，68 页，32 开
收藏单位：国家馆

06628
生产运动中的思想教育经验　冀南书店编
[威县]：冀南书店，1947.6，29 页，32 开
本书共 4 部分：太行区四六年生产运动中的思想教育、石寸金在生产中怎样进行思想教育、王桃梅的思想转变、曹善魁的思想领导和宣传鼓动工作。
收藏单位：北师大馆、国家馆、山东馆

06629
生产运动中的思想教育经验　太行区党委宣传部编
[涉县]：太行区党委宣传部，1947，29 页，64 开
收藏单位：国家馆

06630
四川省农林水利　中国人民解放军西南服务团研究室编
中国人民解放军西南服务团研究室，1949，80 页，32 开（四川省参考资料 5）
本书共 4 节：简述、概况、重要农林水利机构（除成渝二市）、次要农林水利机构。
收藏单位：重庆馆

06631
太行合作会议总结　太行区军政联合财经办事处编
[涉县]：太行区军政联合财经办事处，1947.10，17 页，32 开
收藏单位：山西馆

06632
太行区 1945 年生产运动的概述　晋冀鲁豫边区政府太行行署编
晋冀鲁豫边区政府太行行署，1946，38 页，32 开
收藏单位：国家馆、山西馆

06633
太行区 1946 年生产计划　太行行署编
[涉县]：太行行署，1946.3，6 页，32 开
收藏单位：国家馆

06634
太行区 1947 年灾荒调查材料
[涉县]：太行区贸易总公司，1947.12，油印本，21 页，32 开
收藏单位：国家馆

06635
太行区组织劳动互助的经验

[威县]：冀南书店，1946.4，30页，32开

本书共4部分："如何建立与发展劳动互助组织""等价交换中记工、折工、还工等具体经验与办法""如何组织半劳力参加农业生产""组织生产活动的几个问题"。

收藏单位：国家馆

06636

太岳区农业负担试行办法草案　太岳行署编

[阳城]：太岳行署，1948.5，10页，32开

本书共7章，内容包括：总则、不负担与负担的规定、免征点与消耗扣除、计算与征收、老区半老区负担分数表等。

收藏单位：国家馆

06637

滕副司令员在中央局土地会议闭幕会上的讲话　晋冀鲁豫中央局编

[晋冀鲁豫中央局]，[1948.1]，15页，32开

本书收文3篇：《中国共产党晋冀鲁豫中央局告全体党员书》《晋冀鲁豫边区农会筹备委员会告农民书》《滕副司令员在中央局土地会议闭幕会上的讲话》。

收藏单位：国家馆

06638

提高农业生产支援全国解放　农民报编辑部编

吉林书店，1949.1，32页，32开

本书据东北局所发《关于东北今年农业生产的总结与明年农业生产任务的决定》改编，与《新区应当怎样搞土改》一文合并出版。

收藏单位：国家馆、吉林馆、辽宁馆

06639

土地改革的实践　魏文涛编

大连：大众书店，1947.5，108页，32开

本书收《争取春耕前完成土地改革》（延安《解放日报》）、《王家对河土地改革中的几点经验》（张云树、林风）、《土地改革后的几项紧急工作》（《大众日报》）等。

收藏单位：辽宁馆

06640

土地问题选集　东北大学教务处编

[佳木斯]：东北大学教务处，1948.3，44页，32开

收藏单位：东北师大馆、国家馆

06641

土地问题与土地政策研究　山东分局宣传部编

[沂水]：山东分局宣传部，1943.6，64页，64开

收藏单位：国家馆

06642

土地问题指南　西北局宣传部编

西北局宣传部，1947，64页，36开

本书收《湖南农民运动考察报告》《刘少奇同志给晋绥同志的信》《中国土地法大纲》《晋绥边区农会临时委员会告农民书》等文件。

收藏单位：重庆馆

06643

土地政策选集　太岳区党委编

[阳城]：[太岳区党委]，1947.1，[53页]，32开

本书收文件8种，内容包括：《新民主主义的经济》（毛泽东）、《土地问题》（毛泽东）、《中央关于土地问题指示》、《中央关于土地政策的指示》等。

收藏单位：贵州馆

06644

土地政策学习参考文件　中共晋察冀中央局总学委编

[张家口]：中共晋察冀中央局总学委，1946.8，34页，32开

本书收文7篇：《湖南农民运动考察报告》（毛泽东）、《谈湖南农民运动考察报告》（陈伯达）、《土地问题》（节录毛泽东《论联合政府》）、《毛泽东同志和刘少奇同志关于土地政策发言要点》、《中共中央关于清算减租及土地问题的指示》、《中共晋察冀中央局关于传

达与执行中央五四指示的决定》、《中共中央对热河土地问题处理中的几点指示》。

收藏单位：国家馆

06645

为丰衣足食而斗争（把二十万亩荒山变成良田） 八路军留守兵团政治部编

八路军留守兵团政治部，1943，49页，32开

本书共5部分：今年开荒的伟大成绩、开荒前的各种准备工作、开荒中的一般情况、生产的组织与领导、几个经验教训。

收藏单位：重庆馆、国家馆、山西馆

06646

我们怎样做农村调查研究 战线社编

[战线社]，1946.8，18页，32开

收藏单位：国家馆

06647

下好最后一着棋 太岳新华书店编

[阳城]：太岳新华书店，1947.7，112页，32开（土地改革参考材料）

本书收《普遍开展为人民立功运动》（太岳《新华日报》社论）、《坚持平均的公平合理的分配土地》（《绥远日报》社论）、《记武安八区干群团结会》（柳）等。

收藏单位：国家馆、山东馆

06648

新解放区的群众生产 晋绥边区生产委员会编

[兴县]：晋绥边区生产委员会，1946.2，17页，32开（晋绥边区生产会议材料7）

本书共8部分，内容包括：新解放区的减租与生产、新解放区群众农业生产的重点、新解放区生产应当解决的几个问题等。

收藏单位：国家馆、山西馆

06649

新民主农村的劳动互助 赵练之编

东北书店，1947，84页，32开

本书据晋察冀边区1940年的材料编写。

收藏单位：长春馆、东北师大馆、吉大馆、近代史所、辽宁馆

06650

新民主农村的劳动互助 赵练之编

强学出版社，1946.7，96页，32开

收藏单位：重庆馆、广西馆、国家馆、上海馆、首都馆

06651

新民主农业政策（论土地改革及其发展） 俞鲤庭著

大众利益出版社，[1945—1949]，16页，36开

本书浅谈土地改革的社会性质、两个阶段以及两个步骤等。

收藏单位：重庆馆

06652

新中国土地政策及其实践 经济周报社编

上海：经济周报社，1949.5，63页，32开

本书收文14篇，内容包括：《中国土地法大纲及其决议》《晋冀鲁豫边区政府施行土地法大纲补充办法》《东北解放区实行土地法大纲补充办法》《解放战士烈士分地办法》《减租减息纲领》等。

收藏单位：重庆馆、国家馆、上海馆

06653

延安的南区合作社（陕甘宁边区生产运动介绍）

[张家口]：晋察冀新华书店，1945，44页，32开

本书共9部分：南区合作社的发展历史、南区合作社的组织现状、消费及供销事业、手工业生产事业、运输事业、信用事业、各种社会服务事业、股金及盈余的分配、结语。

收藏单位：东北师大馆、国家馆

06654

阳城县岳庄村国民经济调查简结

[阳城]：太岳行署财政处，1948.6，10页，32开

本书共5部分：如何进行调查、调查中发

现了些什么问题如何解决的与几点经验及收获、人民生产生活简述、从十五户的国民经济概况提到今后关于负担政策上的几个问题、对这次调查工作的检讨。

收藏单位：国家馆

06655

阳信县何坊区南马家村农业生产调查报告

渤海实业处工作组编制　王剑于整理

渤海实业处工作组，1948.10，抄本，34 页，16 开

收藏单位：国家馆

06656

一九四八年华东生产救灾文献　中共中央华东局农委会编

华东新华书店，1949.3，124 页，32 开（农业生产丛书 1）

收藏单位：山东馆

06657

一九四九年开展农村大生产运动的方针与任务及有关生产政策问题　中共冀中区党委研究室编

中共冀中区党委研究室，1949，22 页，32 开（生产手册 1）

收藏单位：天津馆

06658

一九四七年华北区农村经济调查　华北人民政府财政部编

[北平]：华北人民政府财政部，1949.5，34 页，16 开（华北政报副刊 1）

本书共 4 部分：总收入、各阶层生活消耗概况、再生产投资、负担及剩余。

收藏单位：广东馆、国家馆、近代史所、辽大馆、南京馆、山西馆

06659

一九四三年生产运动中的经验　中共西北中央局调查研究室编

[延安]：中共西北中央局调查研究室，1944，1 册，32 开

本书共 10 部分：边区的劳动互助、边区的移难民工作、边区的水利事业、边区的改良农作问题、怎样种棉花、怎样养羊、南区合作社组织运输合作的经验、介绍南区合作社等。

收藏单位：国家馆、山西馆

06660

一九四五年冬季生产运动　太行区党委办公室编

涉县：太行区党委，[1945]，17 页，36 开

收藏单位：山东馆、山西馆

06661

一年来的四分区的劳动互助

出版者不详，[1945—1949]，56 页，64 开

收藏单位：国家馆

06662

一手拿枪一手分田　太岳新华书店编

[阳城]：太岳新华书店，1947.5，31 页，32 开

收藏单位：重庆馆、国家馆

06663

灾荒时期四分区的劳动互助

[威县]：冀南书店，1946，22 页，32 开

本书共 4 部分：互助运动发展的规律、计工换工问题的研究、农业互助需与副业互助相结合、几点经验小结。

收藏单位：国家馆、南京馆

06664

在晋察冀边区土地会议上聂司令员开幕词

聂荣臻著

冀中新华书店，1947，13 页，32 开

本书附边区农会临时代表会议上聂荣臻的讲话。

收藏单位：国家馆

06665

咱们要走那条道　吉林农民报编

[吉林书店]，1948，28 页，32 开

收藏单位：国家馆

06666
怎样办合作社　山东省政委会调查研究室编
山东新华书店，[1944]，[45] 页，36 开
本书内容包括：《怎样办合作社》（薛暮桥）、《办合作社的几个问题》（贺致平）、《臧家庄合作社的发展及其具体经验》（耿骏）、《崖子合作社对于几个重要问题处理》（王耕今）、《鲁中沂山区的朱葛区联合社》（苏展）、《福顺成的渔盐合作社》等。
收藏单位：国家馆

06667
怎样互助生产　李春兰编
朝城：冀鲁豫书店，1947.4，64 页，32 开
本书共 6 部分，内容包括：如何建立与发展劳动互助组织、等价交换中记工折工还工等具体经验与办法、如何组织半劳力参加农业生产、组织生产活动的几个问题等。附《组织起来》（毛泽东）。
收藏单位：国家馆

06668
怎样划分农村阶级成份　中共晋绥分局研究室编
[兴县]：中共晋绥分局研究室，1946.9，20 页，32 开
收藏单位：国家馆

06669
怎样进行复查的参考材料之二　冀南区党委宣传部编
[威县]：冀南区党委宣传部，1947.9，34 页，32 开
收藏单位：国家馆、黑龙江馆、山东馆

06670
怎样组织插犋换工
佳木斯：东北书店，1947.4，60 页，68 开（生产小丛书 3）
本书收文 10 篇，内容包括：《关于旧的换工形式的调查及改造意见》《今年要大量组织插犋换工》《各村组织起插犋换工的好处》《组织插犋换工的几点经验》《拉林靠山屯人畜组织起来》《桦南五义屯全部换工》《东北方子关于组织生产互助的初步经验》等。
收藏单位：东北师大馆、国家馆、湖北馆、辽宁馆、南京馆

06671
怎样组织起来（各解放区劳动互助经验介绍）
东北行政委员会办公厅编
[哈尔滨]：东北行政委员会办公厅，1947.2，146 页，32 开（生产运动丛书 2）
本书收文 7 篇：《陕甘宁边区农村旧有的各种劳动互助形式》《陕甘宁边区劳动互助的发展》《陕甘宁边区劳动互助在发展农业生产上的作用》《陕甘宁边区新的劳动互助的组织形式和它的性质》《晋绥边区变工互助的发展形式——变工合作社》《晋绥边区一年来劳武结合的新发展》《晋绥边区关于变工互助的几个具体问题》。
收藏单位：东北师大馆、国家馆、黑龙江馆、吉林馆、辽宁馆、南京馆、天津馆

06672
战时的粮食　薛暮桥著　吕金录校订
长沙：商务印书馆，1938.6，28 页，50 开（民众战时常识丛书）
长沙：商务印书馆，1938.7，再版，28 页，50 开（民众战时常识丛书）
本书为通俗小册子。宣传扩大粮食生产、改良生产技术、调节粮食供求。
收藏单位：重庆馆、国家馆

06673
征收手册　渤海区行政公署编
渤海区行政公署，1948.8，16 页，32 开
收藏单位：国家馆

06674
整顿队伍　安东日报社编
[安东（丹东）]：安东日报社，[1919—1949] 印，37 页，42 开
本书内容包括：《为纯洁党的组织而斗争》

《搬掉石头整顿队伍》《晋察冀边区土地会议开幕词》《论忠诚与老实》《识破伪装的敌人》《土地改革与民主运动》等。

06675
整顿队伍平分土地
华中新华书店，1948.1，103 页，32 开（土地材料 1）
收藏单位：重庆馆、国家馆、南京馆、山东馆

06676
政策教材　中共冀中区党委宣传部辑
新华印刷出版社，1946.4，32 页，32 开
本书收《中共中央关于土地政策的决定》及附件。
收藏单位：国家馆

06677
中共中央华东局关于贯彻一九四九年华东农业生产规划的指示　中共中央华东局编
出版者不详，1949.2，14 页，32 开
收藏单位：山东馆

06678
中国共产党与土地革命
香港：正报社图书部，1947，78 页，32 开
本书收文 7 篇：《湖南农民运动考察报告》（毛泽东）、《中共中央公布中国土地大纲及其决议》、《晋绥边区农会临时委员会告农民书》、《新华社晋绥总分社记者评“告农民书”之意义与价值》、《拥护边区农会号召，坚决实行平分土地》（《晋绥日报》社论）、《“耕者有其田”与爱国民主运动》（方方）。
收藏单位：广东馆、国家馆

06679
中国解放区农业生产概述　中央财经部资料室编
［平山］：中央财经部资料室，1949，油印本，13 页，大 16 开，环筒页装
收藏单位：国家馆

06680
中国农村经济常识　薛暮桥著
大连：大众书店，1946.3，145 页，32 开
本书共 14 章，内容包括：中国农村中的基本问题、帝国主义和中国农村、中国农业中的土地问题、中国农业中的租佃关系、耕畜农具和农业资金等。
收藏单位：长春馆、东北师大馆、国家馆、辽大馆、上海馆、天津馆

06681
中国农村经济常识　薛暮桥著
天德盛，1943 印，145 页
天德盛，1944.4 印，145 页，32 开
本书共 14 章，介绍农村经济的一般理论及中国农村的基本问题，即土地、租佃、雇佣劳动、农业资金、农业经营、田赋税捐等问题。
收藏单位：广西馆、国家馆、辽大馆、山东馆、上海馆

06682
中国农村经济常识　薛暮桥著
上海：新知书店，1937，再版，163 页，32 开（新知丛书 第 1 辑 6）
桂林：新知书店，1939，3 版，163 页，32 开
上海：新知书店，1940，4 版，163 页，32 开（新知丛书 第 1 辑 6）
上海：新知书店，1947，再版，129 页，32 开
收藏单位：北碚馆、长春馆、重庆馆、东北师大馆、广东馆、贵州馆、国家馆、黑龙江馆、湖南馆、吉林馆、近代史所、南京馆、内蒙古馆、宁夏馆、山西馆、陕西馆、首都馆、天津馆、西南大学馆、浙江馆

06683
中国农村经济之特性　（苏）马札亚尔（Л. Мадьяр）著　宗华译
上海：北新书局，1930.7，271 页，32 开
上海：北新书局，1931，271 页，32 开
本书共 7 章，内容包括：中国农村经济的统计、水的意义、为土质膏沃而作斗、黄土区域等。

收藏单位：北碚馆、重庆馆、广东馆、广西馆、国家馆、黑龙江馆、江西馆、近代史所、山西馆、上海馆、天津馆、浙江馆

06684

中国农村描写（农村通讯选集） 中国农村经济研究会编辑

上海：新知书店，1936.2，173 页，32 开

上海：新知书店，1936.1，再版，173 页，32 开

上海：新知书店，1936.4，3 版，173 页，32 开

本书收《帝国主义侵略中国农村的一个实例》（李亚夫）、《东太湖围田始末记》（张潜九）、《农村改进的实际工作中》（杨立人）、《萧县东南乡的农业生产方式》（卢株守）、《鲁南临峄滕三县的租佃制度》（黄鲁珍）等。

收藏单位：安徽馆、重庆馆、广东馆、广西馆、国家馆、河南馆、湖北馆、湖南馆、吉林馆、近代史所、山西馆、上海馆、首都馆、天津馆、浙江馆

06685

中国农村社会性质论战　中国农村经济研究会编辑

上海：新知书店，1935.9，209 页，25 开

上海：新知书店，1936.1，再版，209 页，25 开

上海：新知书店，1936.4，3 版，209 页，25 开

上海：新知书店，1940，4 版，209 页，22 开

本书收文 11 篇，内容包括：《中国农村社会性质与农业改造问题》（陶直夫）、《中国农村社会性质问答》（余霖）、《研究中国农村经济的方法问题》（薛暮桥）、《中国农村经济性质问题的讨论》（周彬）、《论现阶段的中国农村经济研究》（王宜昌）等。

收藏单位：北碚馆、长春馆、重庆馆、东北师大馆、广东馆、广西馆、贵州馆、国家馆、湖南馆、吉林馆、近代史所、辽宁馆、山西馆、上海馆、首都馆、浙江馆

06686

中国农村问题　钱亦石等著

上海：中华书局，1935.2，83 页，32 开（新中华丛书 社会科学汇刊）

本书收文 4 篇：《中国农村的过去与今后》（钱亦石）、《中国农村经济的根本问题》（任哲明）、《捐税繁重与农村经济之没落》（许涤新）、《中国农民离村问题之检讨》（董汝舟）。

收藏单位：重庆馆、广东馆、国家馆、黑龙江馆、湖南馆、吉林馆、近代史所、南京馆、内蒙古馆、天津馆、浙江馆

06687

中国农村问题　薛暮桥著

大众文化社，1936，76 页，32 开（大众文化丛书 第 1 辑 19）

大众文化社，1936.9，再版，76 页，48 开（大众文化丛书 第 1 辑 19）

本书共 6 部分：农村问题是从那里来的、帝国主义要想“农业中国”、山西正在提倡“土地村有”、被人忘记了的“二五减租”、换汤不换药的“合作运动”、国民政府下令“减轻田赋”。书前有序论《各人心目中的农村问题》。

收藏单位：北碚馆、重庆馆、广东馆、广西馆、国家馆

06688

中国土地法大纲研究资料　辽宁文协编

光明书店，1948.10，60 页，32 开

收藏单位：国家馆

06689

中国土地问题讲话　狄超白著

香港：生活书店，1948.5，96 页，36 开（青年自学丛书）

本书共 10 部分：中国社会底农业生产方式、农村土地底分配状况、农村中底封建剥削种类、农村中底阶级关系、农业生产力底衰退、为土地的斗争、土地问题解决的道路、新民主主义的改革道路、耕者有其田的实施、新民主主义社会的农业发展。

收藏单位：重庆馆、广东馆、广西馆、吉林馆、上海馆

06690

中国土地问题浅说　李朴著

大连：光华书店，1948.5，143 页，36 开（新

青年自学丛书）
大连：光华书店，1948.11，143 页，36 开（青年学习丛书）

本书共 3 部分：中国土地问题的严重性、土地改革运动的回顾、土地改革运动中的几个重要问题。附《土地法大纲》等 5 种。

收藏单位：长春馆、重庆馆、东北师大馆、国家馆、辽大馆、辽宁馆、宁夏馆、山东馆、上海馆、天津馆、云南馆

06691
组织起来　东北行政委员会办公厅编
[哈尔滨]：东北行政委员会办公厅，1947.2，39 页，32 开（生产运动丛书 1）

本书收文 7 篇，内容包括：《组织起来》（毛泽东）、《论合作社》（毛泽东）、《关于吴满有运动》（《解放日报》）等。

收藏单位：广东馆、国家馆、黑龙江馆

06692
组织起来　淮南日报社编
淮南日报社，1944.7，121 页，64 开

本书收《组织起来》（毛泽东）、《论合作社》（毛泽东）、《更向前一步》（李富春）、《论集体劳动》（丁冬放）、《介绍陕甘宁边区组织集体劳动经验》（《解放日报》）、《边区劳动互助》（新华社）、《介绍陕甘宁边区做农户计划的经验》（《解放日报》）、《办合作社的几点经验》（刘建章）、《陕甘宁边区合作社联席会议决议书》等。

收藏单位：国家馆

06693
组织起来（陕甘宁晋绥边区关于生产运动的文献）　中共晋绥分局编
[兴县]：中共晋绥分局，1944，337 页，32 开

本书收《组织起来》（毛泽东）、《高岗同志在边区劳动英雄代表大会与生产展览会开幕典礼上的讲话》、《高岗同志在西北局招待劳动英雄大会上的讲话》等。

收藏单位：东北师大馆、山西馆

06694
组织起来（怎样订农户计划）
东北书店牡丹江分店，1947，32 页，64 开（生产小丛书）

收藏单位：国家馆

06695
组织起来的经验汇编　区党委研究室编
新华书店，1945，70 页，32 开

本书根据 1944 年边区劳动英雄大会上的调查材料编辑而成，收 31 位先进人物及有关“组织起来”的经验介绍材料。

收藏单位：国家馆、近代史所、山西馆

世界各国农业经济

06696
农民的乐园集体农场　张少甫著
沈阳：东北书店，1949.1，25 页，22 开

本书共 13 部分，内容包括：伟大的苏联、受罪的时候、最初的打算、得走这条道、章程、集体农场的功劳等。

收藏单位：东北师大馆、国家馆、吉大馆、辽宁馆、天津馆

06697
农民的乐园集体农场（苏联介绍）　张少甫著
[泰州]：苏北新华书店，1949，24 页，32 开

收藏单位：国家馆、辽宁馆

06698
苏联的集体农场　（苏）卜尔宾斯基著　焦敏之译
哈尔滨：东北书店，1947.12，49 页，32 开
哈尔滨：东北书店，1948.11，再版，49 页，32 开

本书共 17 部分，内容包括：农民需要什么、农民找到了出路、集体农场的好处、怎样管理集体农场、怎样组织集体农场中的劳动、集体农场中怎样分配收入等。

收藏单位：长春馆、重庆馆、东北师大馆、国家馆、湖南馆、辽宁馆、南京馆、天津馆

06699
苏联的集体农场 （苏）卡尔宾斯基著 焦敏之译
[山东新华书店]，1947.11，55页，32开，环筒页装
收藏单位：国家馆

06700
苏联的集体农场 （苏）卡尔宾斯基作 焦敏之编译
上海：苏联驻华大使馆编译处，[1946]，39页，32开
收藏单位：重庆馆、广西馆、国家馆、南京馆、内蒙古馆、上海馆、首都馆、浙江馆

06701
苏联的集体农场 张少甫作
沈阳：东北书店，1949，35页，32开
收藏单位：国家馆

06702
苏联的集体农场 张少甫作
[威县]：冀南新华书店，1949.7，35页，32开
本书共13部分，内容包括：伟大的苏联、最初的打算、怎样组织、章程、集体农场的功劳等。
收藏单位：国家馆、河南馆

06703
苏联的集体农庄 （苏）拉普节夫（И. Д. Лаптев）著 萤译
大连：光华书店，1948.4，45页，32开
哈尔滨：光华书店，1948.7，东北版，45页，36开（苏联介绍丛书）
本书共5章："集体农庄制度的胜利与苏联农民所获得的果实""集体农庄对苏联经济胜利的作用""战时集体农庄的组织工作我们的胜利是怎样获得的呢?""集体农民的爱国主义""集体农庄在恢复与发展国民经济中的作用"。封面题名：苏联集体农庄制度，版权页题名：苏联之集体农庄制度。
收藏单位：长春馆、重庆馆、东北师大馆、国家馆、辽宁馆、山东馆

06704
苏联的农业 陈翰笙著
国立北京大学出版部，1925.9，24页，32开
本书论述苏联农业与世界经济的关系、苏联农产在工商业上的地位、发展苏联农业的障碍、农村教育的成绩等。为国立北京大学《社会科学季刊》第3卷第3号抽印本。

06705
苏联的农业 （苏）拉普节夫（И. Д. Лаптев）著 余长河译
重庆：中华书局，1944.11，31页，32开（苏联建设小丛书3）
上海：中华书局，1946.8，再版，31页，32开（苏联建设小丛书3）
上海：中华书局，1949.7，3版，32页，32开（苏联建设小丛书3）
本书介绍苏联集体农场和战时农业概况。著者原题：拉普提夫。
收藏单位：北碚馆、重庆馆、广东馆、广西馆、国家馆、南京馆、首都馆、浙江馆

06706
苏联集体农场 葛一虹编译
[上海]：天下图书公司，1946，56页，32开（中苏文化协会丛书）
本书介绍苏联集体农场的景象。附大量照片。
收藏单位：桂林馆、上海馆

06707
苏联农民的乐园——集体农场 张少甫编
太行群众书店，1948.1，34页，32开
收藏单位：重庆馆、国家馆

06708
与客谈我们集体农庄 陈兵编
[大连]：关东中苏友好协会，1949，91页，32开（友谊丛书14）
本书收译文17篇，介绍苏联集体农庄庄员生活。内容包括：《万世起头难》《友谊的纽

带是怎样结成的》《三十年的变迁》《还是我们一套好》《科学与劳动结合》《一封信的故事》等。

收藏单位：长春馆、重庆馆、东北师大馆、国家馆、山东馆、上海馆、西南大学馆、浙江馆

工业经济

06709

1947 年 8 月局长经理联席会议上林局长的总结报告　冀南工商管理局　冀南贸易公司编

[威县]：冀南工商管理局、冀南贸易公司，1947，18 页，32 开

收藏单位：国家馆

06710

不要打乱原来的企业机构　华北总工会筹备委员会编

天津新华书店，1949.3，15 页，32 开（职工运动丛书 2）

本书收文两篇：《不要打乱原来的企业机构》（陈伯达）、《正确执行劳资两利方针》。

收藏单位：国家馆、南京馆、宁夏馆、山东馆、天津馆

06711

产业革命讲话　钱亦石著

上海：生活书店，1937，181 页，36 开（青年自学丛书）

重庆：生活书店，1939.10，再版，181 页，36 开（青年自学丛书 第 2 辑）

上海、重庆：生活书店，1946.6，胜利后 1 版，166 页，32 开（青年自学丛书）

上海、重庆：生活书店，1947.7，东北版，107 页，32 开（青年自学丛书）

上海：生活书店，1947，胜利后 2 版，166 页，32 开（青年自学丛书）

大连：生活书店，1948.2，139 页，32 开（新青年自学丛书）

上海：生活书店，1949，战后 2 版，166 页，32 开

本书共 8 讲，内容包括：什么是产业革命、产业革命是怎样发生的、产业革命与历史发展等。

收藏单位：北碚馆、重庆馆、东北师大馆、广东馆、广西馆、贵州馆、国家馆、湖北馆、湖南馆、吉林馆、近代史所、辽宁馆、南京馆、内蒙古馆、宁夏馆、山东馆、山西馆、上海馆、首都馆、天津馆、浙江馆

06712

产业革命讲话　钱亦石著

长春：新中国书局，1949.4，再版，166 页，32 开（青年自学丛书）

收藏单位：安徽馆、国家馆、湖北馆、吉林馆、上海馆、天津馆

06713

长治市职工“二七”至“五一”增产立功运动的基本经验总结　长治市工会编

长治市工会，1947.5，38 页，32 开

收藏单位：国家馆

06714

磁县炭田调查　（日）山根新次调查

晋冀鲁豫边区政府，1946，11 页，32 开

收藏单位：国家馆

06715

党政工联席会议总结　太行实业公司编

[涉县]：太行实业公司，1949，35 页，32 开

收藏单位：河南馆、山西馆

06716

东北军工第一届职工代表大会汇刊　[东北军事工业职工总会编]

出版者不详，1948，91 页，32 开

本书收何长工开幕词、李富春讲话、《关于工资问题的报告》、《关于发展职工运动的几个问题》、伍修权闭幕词、军工职工公约、工会章程等。

收藏单位：国家馆

06717
对今后发展纺织的意见　晋绥边区生产委员会编
[兴县]：晋绥边区生产委员会，1946.2，9页，32开（晋绥边区生产会议材料5）
收藏单位：重庆馆、国家馆、山西馆

06718
发展工矿手工业　晋绥边区生产委员会编
[兴县]：晋绥边区生产委员会，1946.2，7页，32开（晋绥边区生产会议材料6）
收藏单位：重庆馆、国家馆

06719
纺织运动与纺织英雄　太行二届群英大会编辑委员会编
[长治]：太行二届群英大会编辑委员会，1947.1，47页，32开（太行二届群英大会丛书4）
本书共两部分：太行区纺织事业的发展、纺织英雄典型材料。第2部分收《纺织英雄赵春花》（赵菊香）、《纺织模范老师郭爱妮》（肖景林）、《纺织模范工作者赵九洲》（吴利珍）等。
收藏单位：重庆馆、国家馆、近代史所

06720
工厂管理参考资料　太行实业公司研究室编辑
长治：群众书店，1947.7，1册，32开（太行工业丛书2）
本书共8部分，内容包括：太行区工业建设的环境特点、太行区工业建设历史概述、工厂中的政治工作、职工运动、工资制度等。附《工厂管理的新方向》等。
收藏单位：重庆馆、国家馆、宁夏馆

06721
工厂管理参考资料　中国人民银行总行发行处汇编
[中国人民银行总行发行处]，1949，116页，16开
本书为摘录《经济》《国际经济》两个刊物与《人民日报》中的论述汇编而成，内容包括：苏联经济核算制的本质、为提高企业利润而斗争、怎样计算成本等。
收藏单位：重庆馆

06722
工厂管理与群众工作　中华全国总工会编
北平：中华全国总工会，[1949]，153页，25开（工运丛书5）
本书收文17篇，内容包括：《华北第一届职工代表会议关于在国营公营工厂企业中建立工厂管理委员会与工厂职工会代表会议的决定》《在工厂代表大会上的讲话》《论公营工厂党和职工会工作》《边区工业建设中的几个问题》等。
收藏单位：重庆馆、国家馆

06723
工厂经营　曹鲁著
新华书店，[1949]，43页，32开
收藏单位：国家馆、南京馆

06724
工厂企业化管理草案
[宝丰]：中原新华书店，[1948]，57页，32开（业务学习丛书）
收藏单位：国家馆、山东馆

06725
工厂暂行管理制度　华北新华书店经理部制订
华北新华书店，1948.9，36页，32开
本书共6部分：工厂组织领导问题、管理制度、劳动纪律、工资制度、劳动保护、奖惩制度。附《关于职工福利问题》《技术标准草案》《职员薪金制度草案》。
收藏单位：国家馆

06726
工矿部门现行审会计制度　晋冀鲁豫边区财经联合办事处工矿处编
晋冀鲁豫边区财经联合办事处工矿处，1947.7，55页，32开

本书共两部分："审、会计制度""各种账簿表报格式"。

收藏单位：国家馆

06727

工业生产与工人英雄　太行二届群英大会编辑委员会编

[长治]：太行二届群英大会编辑委员会，1947.1，42页，32开（太行二届群英大会丛书6）

本书共两部分：工业建设与职工运动中几个领导问题、工业生产英雄典型材料。

收藏单位：国家馆

06728

工业与工运　中华全国总工会编

北平：中华全国总工会，[1949]，40页，25开（工运丛书4）

本书收社论、文章6篇，内容包括：《论保护工商业的政策》（《人民日报》）、《正确执行劳资两利方针》（新华社）、《发展工业的劳动政策与税收政策》（陈伯达）、《关于发展生产劳资两利的几点说明》（李立三）等。

收藏单位：国家馆

06729

工业与生活

出版者不详，1946.12，18页，32开

本书内容为蒋管区民族工业及人民生活的危机。附《中国工业的道路》《中国资本主义经济发展的前途》。

收藏单位：重庆馆、国家馆、天津馆

06730

公营工厂的经营管理问题草案

出版者不详，1948.6，21页，32开

本书共3部分：公营工厂的经营管理问题草案、为什么提出严格公营工厂的经济纪律问题、公营工厂经济纪律草案。

收藏单位：国家馆、河南馆

06731

关于国营工厂经营管理中存在的问题

出版者不详，1948.6，11页，32开

收藏单位：国家馆

06732

贵阳市贵州省电工矿业　中国人民解放军西南服务团研究室编

中国人民解放军西南服务团研究室，1949，131页，32开（贵阳市参考资料2）

本书概述贵阳市的电业、工业、矿业及贵州其他地区之工业概况。附《贵州省水力资源概说》等。

收藏单位：重庆馆

06733

国营工厂战时工资制度提纲草案（第2稿）

出版者不详，1948.6，8页，32开

收藏单位：国家馆

06734

冀中工业会议结论（参考材料）　冀中工商业会议秘书处编

冀中工商业会议秘书处，1948.5，36页，32开

收藏单位：国家馆

06735

冀中行署周化民同志在工商业会议关于工商业负担"实物保本"问题的发言（参考材料）　周化民著

[冀中行署]，1948.6，6页，32开

收藏单位：国家馆

06736

加强经济核算制克服工业生产中的浪费　东北新华书店编

沈阳：东北新华书店，1949.9，136页，32开（经济建设丛书1）

本书收文14篇，内容包括：《关于加强经济核算制开展反对浪费斗争的决定》《克服工业生产中的严重浪费》《经济核算制是管理企业的计划方法》《生产费用的分类及成本的组成部份》《怎样降低生产品成本？》等。

收藏单位：安徽馆、重庆馆、东北师大馆、国家馆、湖北馆、山东馆、山西馆、天

津馆

06737
解放区的工厂经营与管理　齐生著
北极星出版社，1946，26页，32开
本书共9部分，内容包括：敌后建设特点和工业任务、工厂规则和集体合同、战争中的工厂等。
收藏单位：国家馆、南京馆

06738
解放区工业建设　建设出版社编
建设出版社，1946.12，23页，32开（建设丛书）
本书共4部分：小引、工业建设的目的与方针、工业政策与办法、解放区工业发展的前途。附《工矿业简况》。
收藏单位：重庆馆、广东馆、国家馆、南京馆

06739
界安织布改装的调查　易县生产委员会编
易县生产委员会，1946.10，油印本，14页，大32开（大生产运动材料3）
本书据冀中深泽二区田庄材料调查。
收藏单位：国家馆

06740
莱东生产推进社的介绍　胶东行政公署实业处编
胶东新华书店，[1948]，22页，32开
本书共3篇：莱东生产推进社的工作介绍、海阳龙塘埠合作社介绍、莱东上孙家村社。
收藏单位：国家馆、南京馆、山东馆

06741
论革命工厂中的职工问题　齐华著
[武乡]：太行文化教育出版社，1941.5，72页，64开（太行丛书2）
收藏单位：国家馆

06742
论公营工厂　邓发等著
佳木斯：东北书店，1947.9，74页，32开
本书收文9篇，内容包括：《建立革命家务》（朱德）、《在工厂代表大会上的讲话》（刘少奇）、《关于公营工厂党和职工会工作》（邓发）、《关于公营工厂的几个问题》（洛甫）、《西北局关于争取工业品全部自给的决定》等。
收藏单位：东北师大馆、国家馆、辽宁馆、南京馆、山东馆、山西馆

06743
任副局长在太岳工商税务联合局首次分县局长会议总结报告　太岳区工商税务联合局编
[阳城]：太岳区工商税务联合局，1947.3，37页，32开
收藏单位：国家馆、近代史所

06744
陕甘宁边区民间纺织业　罗琼著
[延安]：中国妇女社，1946.3，48页，32开（妇女丛刊1）
收藏单位：国家馆、南京馆、山西馆、首都馆

06745
生产上的革命　新华时事丛刊社编辑
[北平]：新华书店，1949，47页，36开（新华时事丛刊）
本书为沈阳第三机械厂创纪录运动介绍，共7部分：概说、扫除思想障碍中前进、几个人物的介绍、在创纪录基础上步入工时定额、集体超额奖励制与集体合同、从集体超额奖励到个人超额奖励制、结语。
收藏单位：安徽馆、重庆馆、广东馆、国家馆

06746
实用工业会计与成本计算　杨娱天编
群众书店长治分店，1947.4，102页，32开（太行工业丛书1）
本书根据太行解放区的工业生产情况与工厂规模编写，共4编：工业会计的基本知识、各种成本计算法和各业成本计算、工厂

会计制度参考资料、会计原理及决算分析。附《太行实业公司各厂矿经费制度规定》等。

收藏单位：国家馆、河南馆

06747

四川省电工矿业 中国人民解放军西南服务团编

中国人民解放军西南服务团，1949，271页，32开（四川省参考资料2）

本书将四川分为川东、川中、川西3个区，分别介绍其电业、工业、矿业情况。

收藏单位：重庆馆

06748

苏联的工业 （苏）罗克兴（Э. Локшин）著 余长河译

重庆：中华书局，1944.9，38页，32开（苏联建设小丛书2）

上海：中华书局，1946.8，再版，38页，32开（苏联建设小丛书2）

上海：中华书局，1949.7，3版，38页，32开（苏联建设小丛书2）

本书收文5篇：《帝俄时代的工业》《苏联工业化之问题》《苏联人民为大工业而奋斗》《苏联变成了一个大工业国家》《苏联工业在战争中之考验》。

收藏单位：北碚馆、重庆馆、广东馆、广西馆、国家馆、辽宁馆、南京馆、内蒙古馆、上海馆、首都馆、浙江馆

06749

苏联的社会主义工业化 （苏）卡希莫甫斯基著 桴鸣译

华中新华书店，1949，78页，32开

本书共8部分：引言、三十年前、工业在增长、突飞猛进、战争的前夕、伟大的考验、我们的明天、五年计划的进行情形。

收藏单位：重庆馆

06750

苏联的社会主义工业化 （苏）卡希莫甫斯基著 桴鸣译

无锡：苏南新华书店，1949，63页，32开

收藏单位：东北师大馆、吉林馆、天津馆

06751

苏联工人的生活 黄文杰 吴敏译

重庆：生活书店，1939.2，133页，32开

上海：生活书店，1939.4，再版，133页，32开

本书共8部分，内容包括：苏联的工厂管理、工人监督机关、苏联工人的劳动条件、公共食堂、社会主义竞赛等。

收藏单位：安徽馆、北碚馆、重庆馆、广东馆、贵州馆、国家馆、江西馆、南京馆、山东馆、西南大学馆、浙江馆

06752

苏联工业发展的速度 （俄）契尔尼克著 马宾译

[北平]：三联书店，1949，80页，36开（苏联介绍丛书）

上海：三联书店，1949，再版，80页，36开（苏联介绍丛书）

收藏单位：东北师大馆、广东馆、国家馆、天津馆

06753

苏联工业化方法 （苏）列昂节夫（Лев Абрамович Леонтьев）著 梁克译

新华书店，1949，28页，32开（新华时事丛刊）

本书讨论苏联落实社会主义国家工业化政策，努力发展冶金工业、动力工业、机器制造业等重工业，重视轻工业生产完成斯大林五年计划等。

收藏单位：重庆馆、国家馆、内蒙古馆、山东馆、天津馆、云南馆

06754

苏联工业史纲 （俄）布洛维尔著 赵克昂译

北平：天下图书公司，1949.3，112页，32开

北平：天下图书公司，1949.9，再版，112页，32开

天下图书公司，1949，3版，112页，32开

本书共7章：革命以前的俄国工业、准备

与实现十月革命时期的工业、外国军事干涉与国内战争时期的工业、过渡到复兴国民经济和平时期的工业、为社会主义国家工业化斗争时期的工业、为农业集体化斗争时期的工业、为实现社会主义社会建设而斗争时期的工业。

收藏单位：安徽馆、重庆馆、东北师大馆、国家馆、山东馆、天津馆、西南大学馆

06755
苏联如何制订工业生产计划 东北财经委员会调查统计处译
上海：新华书店，1949，1 册，32 开
收藏单位：山西馆

06756
苏联是强大的工业国 （苏）罗克兴（Э. Локшин）著
华中新华书店，1949，60 页，32 开
本书收文 5 篇：《沙俄经济技术的落后》《苏联工业化的任务》《苏联人民为建设大工业而斗争》《苏联成了强大的工业国》《在伟大抗德卫国战争中的苏联工业》。著者原题：罗克森。
收藏单位：重庆馆

06757
苏联是强大的工业国 （苏）罗克兴（Э. Локшин）著
山东新华书店，1949.6，54 页，32 开
收藏单位：国家馆、山东馆

06758
苏联是强大的工业国 （苏）罗克兴（Э. Локшин）著
无锡：苏南新华书店，1949，48 页，32 开
收藏单位：湖北馆、山东馆

06759
苏联是强大的工业国 （苏）罗克兴（Э. Локшин）著
莫斯科：外国文书籍出版局，1944，38 页，25 开
收藏单位：安徽馆、广东馆、国家馆、辽宁馆、南京馆、内蒙古馆、山东馆、上海馆

06760
苏联是强大的工业国 （苏）罗克兴（Э. Локшин）著
哈尔滨：万国书籍，1946，39 页，32 开
收藏单位：长春馆、重庆馆、东北师大馆、国家馆、吉林馆

06761
苏联是强大的工业国 （苏）罗克兴（Э. Локшин）著
上海：新华书店，1949，71 页，36 开
本书著者原题：罗克森。
收藏单位：国家馆、湖北馆

06762
太行二分区工业建设中的几个问题 太行二分区职工会宣传部编
太行二分区职工会宣传部，1947.3，石印本，10 页，32 开
收藏单位：国家馆

06763
太行二分区职工运动四月至十月总结 太行二分区职工会编
太行二分区职工会，1946.11，油印本，36 页，32 开
收藏单位：国家馆

06764
太行公营工厂管理规程 工商管理总局辑
工商管理总局，[1949]，28 页，36 开
本书收法规 11 种，内容包括：集体劳动合同、工厂规则、职员工作守则、职员职责、职工请假办法、公营工厂工资制度等。
收藏单位：国家馆

06765
太行区纺织运动调查材料 太行财办办公室调查
[涉县]：太行贸易总公司，1947.12 印，油印

本，16 页，32 开

收藏单位：国家馆

06766

太行区印刷工厂集体合同

出版者不详，1943.9，34 页，64 开

收藏单位：国家馆

06767

太行实业公司工作总结　太行实业公司编

[涉县]：太行实业公司，1949，96 页，32 开

收藏单位：山西馆

06768

为工业品的全面自给而奋斗　高自立著

新华书店，1944，30 页，32 开

新华书店，1945.4 印，31 页，32 开

本书为著者在边区工厂代表会议上所作的报告，共 4 部分："边区自给工业发展的特点""为军民全面自给奋斗""公营工厂管理合理化""照顾全面、统一步调"。

收藏单位：国家馆、山东馆

06769

为工业品的全面自给而奋斗　陕甘宁边区政府办公厅编

[陕甘宁边区政府办公厅]，1944.10，106 页，32 开

本书收文 7 篇：《刘少奇同志在工厂代表大会上的讲话》《为工业品的全面自给而奋斗》《边区工业建设中的几个问题》《关于公营工厂党和职工会工作》《为工业品的全面自给奋斗》《西北局关于争取工业品全部自给的决定》《陕甘宁边区工厂职工代表大会宣言》。

收藏单位：国家馆、山西馆

06770

为工业品的全面自给奋斗　高自立著

淮南日报社，1945.8，24 页，32 开

收藏单位：南京馆、山东馆

06771

我国煤矿业概况　中共中央财政经济部编

中共中央财政经济部，1949，1 册，27cm×40cm（工矿报告 2）

收藏单位：国家馆

06772

下花园发电厂的管理与工会工作　职工集体创作

晋察冀边区总工会，1946.5，92 页，32 开（工业与工运丛书 1）

收藏单位：国家馆、南京馆

06773

新民主主义经济的工业发展方针　吉林书店辑

吉林书店，1948.9，175 页，32 开

本书内容包括：关于新民主主义经济的工业发展方针、东北解放区一九四八年的工业生产建设计划大纲、正确执行新解放城市政策、中共中央东北局关于统一与加强林业工作的决定、人民铁路的管理方针等。

收藏单位：东北师大馆、国家馆、吉林馆、山东馆

06774

宣化市工商业调查初步总结

晋察冀边区行政委员会工商处，1946.8，129 页，32 开（工商参考丛书 第 1 种）

收藏单位：国家馆、山东馆

06775

一年来的妇女纺织运动及其经验教训　晋绥边区行政公署编

[兴县]：晋绥边区行政公署，[1943—1945]，19 页，32 开（晋绥边区第四届群英大会丛书 6）

本书共 5 部分，内容包括：一年来纺织发展的概况、纺织是怎样开展起来的、一年来开展纺织中的缺点等。

收藏单位：国家馆、宁夏馆、山西馆、天津馆

06776

永兴印刷局立功运动成绩与经验　王华编著

永兴印刷局，1947.10，80 页，32 开

收藏单位：国家馆

06777
云南省昆明市电工矿业 中国人民解放军西南服务团研究室编
中国人民解放军西南服务团研究室，1949，116页，32开（昆明市参考资料2）
收藏单位：重庆馆

06778
怎样精纺精织 晋绥边区行政公署建设处编
[兴县]：晋绥边区行政公署建设处，1945.1，13页，32开（生产建设丛书3）
收藏单位：国家馆、山东馆、山西馆

06779
怎样领导工厂 艾木等著
大连：大众出版社，1948.8，98页，32开（工业生产丛书1）
本书共11部分，内容包括：安东纺织厂领导生产经验、刘玉山的三昼夜等。
收藏单位：南京馆、山西馆

06780
纸烟成本会计制度草案
新华烟草公司，1948.8，67页，32开
收藏单位：国家馆

06781
中国工人运动史 陆明著
华中新华书店九分店，1946.10，20页，32开
收藏单位：南京馆

交通运输经济

06782
东北铁路技术管理规程 东北行政委员会铁道部制定
[哈尔滨]：东北行政委员会铁道部，1949.2，164页，64开
本书共4编。第1编共9章，内容包括：总则、线路及工务、检车设备、通信、铁路设备之检查及修理等；第2编共4章：机车、车辆、连结器、手风闸；第3编共7章，内容包括：铁路线路、信号使用办法、车站技术工作组织法等；第4编共两部分：铁路工作人员之任用及技术审查办法、附件。
收藏单位：国家馆

06783
华北人民政府交通部所属运输公司现行会计制度 华北人民政府交通部编
[北平]：华北人民政府交通部，1949.4，57页，16开
本书共20章，内容包括：会计年度、科目、凭证、文字报告提纲、转账手续、账簿组织、财产核算、损益处理权限、交接手续、账表保存年限、会计职责以及预计算、现金出纳、仓库、簿记等。
收藏单位：国家馆

06784
建设中国人民的新型铁路 中国人民革命军事委员会铁道部人民铁道报社编
[北平]：人民铁道报社，[1949.5]，58页，32开（中国人民革命军事委员会铁道部人民铁道报社丛书1）
本书收文两篇：《建设中国人民的新型铁路》（军委会铁道部副部长吕正操同志在东北劳模大会讲话）、《东北铁路第一届工代及劳模大会上的报告》（东北铁路总局局长余光生）。附《报告东北铁路工运工作》（东北铁路总工会主任李明哲）。
收藏单位：北师大馆、国家馆、南京馆、山东馆

06785
交通会议总结报告（董必武同志在华北交通会议上的结论）
华北财经办事处，1948.1，20页，32开（会议文献3）
本书共3部分：对交通工作的认识问题、交通建设中的几个具体问题、交通工作的组织领导。

收藏单位：国家馆、近代史所、南京馆、山西馆

06786
企业管理中一个极其重要的改革
沈阳：东北书店，1949.3，41 页，32 开
本书共 6 部分：东北局批准东北铁路党委关于乘务负责制的决定、东北铁路党委关于乘务负责制的决定、企业管理中一个极其重要的改革、关于乘务负责制、车务工作中的精密计算与学习问题、东北政委会铁道部关于缩短车辆周转率与改革行车制度决定。
收藏单位：长春馆、东北师大馆、国家馆、山东馆、山西馆

06787
苏联的铁路运输　（苏）哈恰图罗夫（T. C. Хачатуров）著　潘迪民译
重庆：中华书局，1944.11，28 页，32 开（苏联建设小丛书 4）
重庆：中华书局，1946.8，再版，28 页，32 开（苏联建设小丛书 4）
上海：中华书局，1949.7，3 版，28 页，32 开（苏联建设小丛书 4）
本书共 4 部分：引言、一九一七年十月前之俄国铁路运输、十月革命后铁路运输之发展情形、伟大爱国战争时期中的铁路运输。
收藏单位：北碚馆、重庆馆、东北师大馆、广东馆、广西馆、桂林馆、国家馆、黑龙江馆、辽宁馆、南京馆、上海馆、首都馆

06788
西南之公路铁路　中国人民解放军西南服务团研究室编
中国人民解放军西南服务团研究室，1949，54 页，32 开
本书内容包括：西南各重要公路行车情形、西南各重要公路工程概况表、西南各重要公路特殊大桥表、西南各省公路路线表、区公路局组织系统表、区工程管理局及其附属机关主管名册、各省养路工程划分表等。
收藏单位：重庆馆

06789
西南之航运空运　中国人民解放军西南服务团研究室编
中国人民解放军西南服务团研究室，1949，105 页，32 开（西南区参考资料 2）
本书共两部分：航运、空运。第 1 部分内容包括：概况、各水道情况、有关航运各机关情况、各轮船公司情况、重庆港籍船舶详情表；第 2 部分内容包括：中国及伪中央航空公司简况、西南重要停用及军用机场。
收藏单位：重庆馆、近代史所

06790
中华苏维埃共和国临时中央政府代表张云逸中华人民革命政府闽西善后处代表陈小航双方根据 1933 年 10 月 26 日签订之协定具体规定闽西边界及交通条约
中华苏维埃共和国临时中央政府、中华人民革命政府闽西善后处，1933.11，8 张，25cm×17cm
收藏单位：国家馆

邮电经济

06791
晋冀鲁豫边区邮寄章程（1946 年 3 月修订）　晋冀鲁豫边区政府颁布
晋冀鲁豫边区邮务管理总局，[1946]，38 页，32 开
收藏单位：国家馆

06792
黎城乡邮线是怎样组织起来的　太行邮政管理局编
[兴县]：太行邮政管理局，1946.9，油印本，35 页，32 开
收藏单位：国家馆

06793
通报英语　晋冀鲁豫通讯学校编
晋冀鲁豫通讯学校，1948，104 页，32 开

本书为英语电报词汇的通报课本，内容包括：大陆电报信号、简语和它们的用法、呼叫的字句、发报中的词句、给收报凭据的词句等。

收藏单位：国家馆

06794

西南之电信 中国人民解放军西南服务团研究室编

中国人民解放军西南服务团研究室，1949，74页，32开（西南区参考资料4）

本书介绍伪交通部电信总局第四区、第五区业务状况、电信设备概况。

收藏单位：重庆馆

06795

西南之邮政 中国人民解放军西南服务团研究室编

中国人民解放军西南服务团研究室，1949，62页，32开（西南区参考资料3）

本书概述西南地区的邮政、邮务、邮路，分区介绍东川邮区、西川邮区、云南邮区、贵州邮区的组织、人事、设备等情况。

收藏单位：重庆馆

06796

邮务技术制度 晋冀鲁豫边区邮务管理总局编

晋冀鲁豫边区邮务管理总局，[1946.9]，102页，32开（邮政业务丛书）

本书内容包括：如何办理挂号邮件、收寄包裹、汇兑业务，封发、收件、邮票管理等各项制度。

收藏单位：国家馆

06797

中华全国邮务总工会第一次代表大会宣言章程及决议案

出版者不详，[1927]，26页，32开

本书内容包括：政治报告决议案、职工运动报告决议案、教育宣传问题决议案、工作计划决议案等。

收藏单位：浙江馆

贸易经济

06798

1947年上半年物价初步总结 晋冀鲁豫贸易总局晋鲁豫贸易公司编

[兴县]：晋冀鲁豫贸易总局晋冀鲁豫贸易公司，1947.8，11页，32开

收藏单位：国家馆、山东馆

06799

47年12月份金融物价情况 晋绥贸易公司营业科编

[兴县]：晋绥贸易公司营业科，1948.1，油印本，3+5页，32开

收藏单位：国家馆

06800

北岳区粮库组织与工作暂行办法（草案）

北岳行政公署，1948.11，油印本，5页，16开

收藏单位：国家馆

06801

北岳区特产情况介绍 北岳区财经办事处编

北岳区财经办事处，1948，油印本，20页，32开

收藏单位：国家馆

06802

关税问题与特别会议 中国青年社编辑

上海书店，1925.10，再版，36页，32开（中国青年社丛书 第4种）

上海书店，1925.11，3版，36页，32开（中国青年社丛书 第4种）

本书共6部分，内容包括：关税制度的原因、“为人作嫁”的中国国税制度、所谓的“特别关税会议”、我们应有的努力等。

收藏单位：安徽馆、广东馆、广西馆、黑龙江馆

06803
冀中区贸易分公司通知　冀中区贸易分公司颁发
冀中区贸易分公司，1948.8，油印本，2 页，16 开
收藏单位：国家馆

06804
冀中区贸易分公司指示　冀中区贸易分公司颁发
冀中区贸易分公司，1948，油印本，2 页，16 开
收藏单位：国家馆

06805
冀中区贸易公司关于建立平津外围战地商店的决定　冀中区贸易公司颁发
冀中区贸易公司，1949.1，油印本，4 页，32 开
收藏单位：国家馆

06806
蒋介石盗卖中国的新二十一条
第二野战军卫生部政治部，[1946—1949] 印，37 页，64 开
本书收文 4 篇:《蒋介石盗卖中国的新二十一条》《评蒋美商约》《袁世凯不敢为者蒋介石竟然为之——“中美商约”与二十一条之比较》《美帝国主义侵华简史》。
收藏单位：国家馆

06807
蒋介石卖国新约的介绍（中美友好通商航海条约）　晋冀鲁豫边区贸易总局编
[晋冀豫边区贸易总局]，1947.7，6+90 页（参考材料 2）
本书共 3 部分：美蒋商约出卖了中国人民的什么利益、蒋美商约签订后各方舆论、中美友好通商航海条约。
收藏单位：近代史所

06808
金融贸易会议综合报告摘要　中共中央华北局秘书处编
中共中央华北局秘书处，1948.6，8 页，32 开
收藏单位：国家馆

06809
晋察冀边区关于对出入口货物及境内货物运输时之使用花证暂行办法草案　晋察冀边区税务总局编
晋察冀边区税务总局，1946，油印本，8 页，8 开
收藏单位：国家馆

06810
晋察冀边区贸易公司冀中分公司指示（关于对四月份物价总的情况估计及布棉价格变动和今后掌握中应注意的几个问题）　晋察冀边区贸易公司冀中分公司发颁发
晋察冀边区贸易公司冀中分公司，1948.4，油印本，4 页，32 开
收藏单位：国家馆

06811
普遍发展小型合作社　太行行署办公室编
[邢台]：太行群众书店，1946，33 页，32 开
收藏单位：广东馆、国家馆

06812
商业部会计制度　东北行政委员会商业部 [编著]
出版者不详，1948，24 页，32 开
收藏单位：黑龙江馆

06813
商业簿记（下册）　王凤来编著
华北新华书店，1947.1，103 页，32 开（建业会计丛书）
华北新华书店，1947.12，111 页，32 开（建业会计丛书）
本书讲述一般商业会计原理及其应用。共 8 编，内容包括：簿记原理、会计科目、传票、账簿、过账等。
收藏单位：国家馆、山东馆

06814
商业工作参考资料（第2辑） 中原临时人民政府商业部编
中原临时人民政府商业部，1949，54页，32开
收藏单位：国家馆

06815
商业政策问题
中原临时人民政府秘书厅，1949，9页，36开（干部学习材料2）
本书为商业部范部长在中原临时人民政府干部大会上的报告。
收藏单位：重庆馆

06816
什么是合作社 工商管理总局编
[左权]：华北书店，1943.4，1册，64开
收藏单位：国家馆

06817
胜利前后的市情 许涤新著
重庆：集美出版社，1946.1，121页，32开
本书叙述抗日战争胜利前后经济危机、通货膨胀的情况，共4部分：小引、胜利前夜、狂欢生混乱、物价的回涨。
收藏单位：北碚馆、重庆馆、广西馆、国家馆、中科图

06818
石家庄市九月份经济情况及物价动态
出版者不详，[1948—1949]，油印本，6页，16开
收藏单位：国家馆

06819
苏联对外贸易（上册）（苏）米苏斯基等著 李绍鹏译
中国人民银行总行，1949，123页，32开（中国人民银行经济丛书）
本书共4章：苏联对外贸易的社会主义的本质、列宁斯大林的国营对外贸易观、进口贸易的发展及其在苏维埃经济中的作用、出口贸易的发展及其在苏维埃经济中的作用。
收藏单位：重庆馆、广东馆、国家馆、辽宁馆、南京馆

06820
太岳区仓库粮票管理制度
[阳城]：太岳行署财政处，1948.7，石印本，17页，32开
收藏单位：国家馆

06821
物价介绍（141—200期） 晋察冀边区贸易公司石家庄市分公司编
晋察冀边区贸易公司石家庄市分公司，1948.6，油印本，1册，25开，环筒页装
本书介绍1949年5—6月晋察冀边区贸易公司编制的粮、棉、日用品、铁货等商品的市场价格等。
收藏单位：国家馆

06822
业务须知 陕甘宁边区贸易总公司编
东北贸易管理总局，1948.6印，30页，32开
收藏单位：黑龙江馆

06823
义聚兴分店几个问题的总结 冀中区义聚兴商店编
冀中区义聚兴商店，1948.8，油印本，22页，32开
收藏单位：国家馆

06824
中国关税问题 向导周报社编辑
[广州]：向导周报社，1923，74页，32开（向导丛书2）
[广州]：向导周报社，1925.9，纪念版，74页，32开（向导丛书2）
本书内容包括：中国关税沿革略史、关税之一般的意义、中国关税制度之内容、中国海关之内容及关权之旁落、协定关税所及于各方面之影响等。
收藏单位：广东馆、国家馆、河南馆、湖

南馆、近代史所、南京馆、宁夏馆、上海馆、浙江馆

06825
中美商约解说
[涉县]：太行新华日报，1947.4，20页，32开
本书共5部分：中共中央声明、中美商约解说、三十条沉重的锁链、蒋美商约与二十一条、撕毁这张卖国契。
收藏单位：国家馆

06826
中美商约全文　大众报社编
大众报社，1947.1，油印本，1册，32开
收藏单位：国家馆

财政、金融

06827
1941年财政工作计划
冀南太行太岳行政联合办事处，1940.12，43页，32开
收藏单位：国家馆

06828
1946年度供给标准规定
[兴县]：晋绥边区行政公署，1945.10，油印本，12页，32开
收藏单位：国家馆

06829
1948年12月太行财政会议几个决定汇集
太行行政公署财政处编
[涉县]：太行行政公署财政处，1949，111页，32开
收藏单位：国家馆

06830
北海银行折实储蓄存款暂行章程　北海银行编
北海银行，[1949]，折叠1页，64开
收藏单位：国家馆

06831
边区政报（61财政专号）　晋冀鲁豫边区政府秘书处编
晋冀鲁豫边区政府秘书处，1946.9，64页，32开
本书收关于推行统一累进税的经验、总结、报告、办法、问题等方面的文章10篇。
收藏单位：国家馆

06832
财经建设
东北书店，[1948]，22页，32开
东北书店，1949，22页，32开
本书内容包括：中共中央东北局加强财经工作决定、东北解放区财经会议上李富春同志的报告与总结、东北解放区一九四八年经济建设计划大纲等。
收藏单位：国家馆、山东馆

06833
财政干部业务学习参考资料　华北人民政府财政部编
华北人民政府财政部，1949，3册（70+49+41页），16开
收藏单位：国家馆

06834
财政工作　冀鲁豫行署编
冀鲁豫行署，[1947]，42页，32开
本书内容包括：戎副主席在财政会议上的发言、边处长在秋征会议上总结发言、1947年上半年该区各地财政工作经验、村财政问题等。
收藏单位：国家馆

06835
财政工作参考材料　太岳政报社编
[阳城]：太岳政报社，1947.4，41页，32开（政报丛书）
本书收文9篇，内容包括：《毛主席论发展经济保障供给》《中央局关于厉行生产节约

的指示》《纪处长在专县财政科长会议上的总结》《军鞋工作经验总结》等。

收藏单位：国家馆

06836

财政工作的几点意见　冀察热辽边区财政处编

冀察热辽边区财政处，1948.9，油印本，21页，32开

收藏单位：国家馆

06837

财政建设　太行行署编

[涉县]：太行行署，1947.6，145页，32开

本书共3部分：整理财政重要文件、各种重要财政法规及决定、审会计制度。内容包括：一九四七年财政工作方针、晋冀鲁豫边区税同一累进税暂行税则、乡会计制度等。

收藏单位：山西馆、浙江馆

06838

长治市营业税试行草案　长治市政府颁发

长治市政府，1947.7，油印本，6页，32开

收藏单位：国家馆

06839

村财政问题　华北财经办事处编

华北财经办事处，1948.2，油印本，18页，大32开

收藏单位：国家馆

06840

村政经费收支条例（草案）　华东局秘书处编

华东局秘书处，1948.6，油印本，12页，32开

收藏单位：国家馆

06841

东北公营企业劳动保险工作的第一年　东北人民政府劳动总局编

[沈阳]：东北人民政府劳动总局，1949，73页，32开

收藏单位：国家馆、辽宁馆

06842

东北税章汇编（第1—2集）　东北税务总局编

东北税务总局，1948.12，2册（115+51页），32开

本书每册1集。第1集共3部分：间接税、业务制度、税务组织机构及人员编制；第2集为直接税，共两部分：营业税（固定营业）、一时营业税及摊贩营业税。

收藏单位：国家馆、辽宁馆

06843

东北银行农业生产放款工作手册（1）　东北银行总行业务处编

[沈阳]：东北银行总行业务处，1949.1，22页，32开

本书收东北行政委员会对该行发放农贷问题的指示，该行农业生产放款章程、工作细则、借据及明细表。

收藏单位：国家馆

06844

对今后财经任务的说明（一九四八年七月在豫皖苏区土地会议的发言）　刘瑞龙著

中共豫皖苏分局办公室，1948.9，21页，32开

收藏单位：国家馆

06845

关于1948年度财政工作几个问题的决定（晋冀鲁豫边区财政处长会议1947年12月通过）　[晋冀鲁豫边区财政处编]

晋冀鲁豫边区财政处，1948.1，油印本，5页，16开

收藏单位：国家馆

06846

关于财经工作的决定（1947年2月20日）　中共吉林省委颁

出版者不详，[1947]，8页，32开

收藏单位：南京馆

06847
关于城市房产房租的性质和政策
华东新华书店，1949，8页，32开
收藏单位：广东馆

06848
关于村财政工作的研究　晋冀鲁豫边区财政处编
晋冀鲁豫边区财政处，1947.7，石印本，[44]页，32开
本书为资料集，共4部分：1946年11月财经会议上对整理村财政的决议、关于村财政的调查研究、太行三专区整理农民负担的经验、财经模范高如泉同志对村财政工作如何作的。
收藏单位：国家馆

06849
官僚资本论　许涤新著
香港：南洋书店，1947.7，148页，32开
大连：南洋书店，1948.11，132页，32开（社会科学丛书）
本书共7章：官僚资本的社会根源、中国官僚资本的发展、官僚资本的类型、官僚资本的活动方式、中国式的独占资本、官僚资本充满着矛盾、官僚资本是民主政治的障碍。
收藏单位：安徽馆、重庆馆、东北师大馆、国家馆、湖南馆、吉大馆、宁夏馆、山东馆、山西馆

06850
国家信贷　柏哥尔波夫著　季陶达译
曲江（韶关）：生活书店，1940.5，64页，32开（百科小译丛12）
本书共6章，内容包括：概说、前工业资本主义时期（自中世纪至十八世纪末）的国家信贷的发展、工业资本主义时期与帝国主义时期（至帝国主义战争）内国家信贷之发展、苏联的国家信贷等。译者原题：陶达。
收藏单位：北碚馆、重庆馆、广东馆、广西馆、国家馆、湖南馆、南京馆

06851
华北财经会议材料汇辑（1 几项统计数字）
华北财经会议秘书处编
华北财经会议秘书处，1947.3，油印本，16页，32开
收藏单位：国家馆

06852
华北财经会议决定　晋察冀财经办事处编
晋察冀财经办事处，1947.11，44页，32开
本书共两部分：华北财政经济会议决定、华北财政经济会议综合报告。该会于1947年5月召开。
收藏单位：国家馆、南京馆、山西馆

06853
华北财经会议山东省材料　山东省工商总局税务科编
山东省工商总局税务科，1947.3，13页，32开
收藏单位：国家馆

06854
华北财政经济会议文献　东北局秘书处编
[哈尔滨]：东北局秘书处，1948.1，38页，32开
本书共两部分：华北财政经济会议决定草案、华北财政经济会议综合报告。
收藏单位：国家馆

06855
华北财政经济会议文献　华北财政经济会议秘书处编
华北财政经济会议秘书处，1947.5，[341]页，36开
本书为该会散发的17篇文件合订本，共3部分：会议的决定、各地工作报告（包括陕甘宁、山东、晋察冀、晋冀鲁豫、晋绥各县解放区）、各中央局的决定及指示。
收藏单位：国家馆

06856
华北各解放区目前财经关系调整办法

出版者不详，[1945—1949]，油印本，1册，32开

收藏单位：国家馆

06857

华北解放区财政经济会议文献附件 晋冀鲁豫区军政联合财经办事处[编]

晋冀鲁豫区军政联合财经办事处，1947.11，278页，32开

收藏单位：国家馆

06858

华北区金库会计手续 华北人民政府总金库制定

华北人民政府总金库，1948，19页，32开

本书共9部分：华北区金库会计手续、解款手续、拨款手续、预拨手续、经费、各级金库使用会计科目、各级金库应设立之账簿、报表制度、本手续自令到之日实行。

收藏单位：国家馆、吉林馆、宁夏馆

06859

华北区农业税暂行税则工作手册 华北人民政府财政部编

华北人民政府财政部，1949，32页，32开

本书收于1948年12月公布的该税则，以及有关的通令、指示、规定、问答等共6篇。附《工作经验介绍》。

收藏单位：国家馆

06860

华北区首届税务工作会议参考材料（2） 华北区首届税务工作会议秘书处编

华北区首届税务工作会议秘书处，[1949]，油印本，30页，16开

本书收各种税务条例。

收藏单位：国家馆

06861

华北区暂行财政会计规程

出版者不详，1949，34页，16开

本书大部分为表。共9章，内容包括：总则、会计机构与职责、会计科目、收支程序、电报制度、帐表组织等。由华北人民政府颁发。

收藏单位：国家馆、宁夏馆

06862

华北人民政府金库条例施行细则 华北人民政府总金库编

华北人民政府总金库，1949，18页，16开

本书所收条例由华北人民政府制定并于1949年1月8日颁布。

收藏单位：国家馆

06863

货币 （苏）普列奥布拉仁斯基著 季陶达译

重庆：生活书店，1940.1，66页，36开（百科小译丛9）

本书共17部分，内容包括：货币的定义、由商品到货币的转化、货币的起源、古代的货币、重商主义者的货币论、马克思的货币论等。据《苏联大百科全书》译出。著者原题：伯莱奥布拉绳斯基。译者原题：陶达。

收藏单位：北碚馆、重庆馆、广东馆、贵州馆、桂林馆、国家馆、吉林馆、南京馆

06864

货币常识 邓克生著

华中新华书店，1948.3，49页，32开

本书共4部分：序言、货币的基本常识、对蒋币的清算、解放区的货币。

收藏单位：南京馆

06865

货币学概论 李达著

上海：生活·读书·新知三联书店，1949.7，452页，22开（新中国大学丛书）

本书共9章：货币的本质、货币的机能、各派货币学说、信用与信用货币、资本主义的货币体制、金融恐慌与货币流通、世界货币的运动与汇价、通货膨胀、金本位制的崩溃。

收藏单位：长春馆、重庆馆、东北师大馆、广东馆、国家馆、湖北馆、湖南馆、吉林馆、辽大馆、内蒙古馆、山西馆、天津馆

06866
吉林省一九四八年财政法令汇编 吉林省政府财政厅编
吉林省政府财政厅，1949.3，107 页，32 开
收藏单位：国家馆

06867
冀南银行各种营业简章 晋冀鲁豫边区冀南银行总行编
[邯郸]：晋冀鲁豫边区冀南银行总行，1946.9，26 页，64 开
本简章 1946 年 8 月于第二届扩大区行经理会议上通过。
收藏单位：国家馆

06868
冀南银行太行区行存款简章 冀南银行太行区行编
冀南银行太行区行，1946.2，石印本，7 页，64 开
收藏单位：国家馆

06869
冀南银行现行会计制度 晋冀鲁豫边区冀南银行总行编
[邯郸]：晋冀鲁豫边区冀南银行总行，1948.1，74 页，32 开
本书书前有冀南银行总行关于修订会计制度指示。
收藏单位：国家馆

06870
冀中区党委第二届财经会议参考文件（3、5） 冀中区党委第二届财经会议大会秘书处编
冀中区党委第二届财经会议大会秘书处，1947，油印本，2 册（26+28 页），22 开，环筒页装
收藏单位：国家馆

06871
胶东区战时借用物品偿还券发行办法 山东省胶东区行政公署颁布
出版者不详，1944.10，11 页，横 30 开
本书为合订本。合订书还有《胶东区战时支差雇差暂行办法》《胶东区整理村财政暂行办法》《胶东区筹收与使用铺草暂行办法》。
收藏单位：国家馆

06872
解放区的金融 中共中央财政经济部编
[北平]：中共中央财政经济部，1949.6，14 页，8 开
收藏单位：国家馆

06873
晋察冀边区税政手册 冀晋贸易管理局编
冀晋贸易管理局，1947.8，石印本，9 页，32 开
本书内容同《边府新修订出入口税目税率之精神与执行上注意事项的几点解说》（1947 年 6 月）。
收藏单位：国家馆

06874
晋察冀边区行政委员会关于禁止使用白洋的指示 晋察冀边区行政委员会颁布
晋察冀边区行政委员会，1945.4，油印本，3 页，25 开（财字 第 4 号）
收藏单位：国家馆

06875
晋察冀边区银行二周年纪念册 晋察冀边区银行二周年纪念大会筹备处编
晋察冀边区银行二周年纪念大会筹备处，1940.3，24 页，16 开
本书内容包括：献词讲话、纪念文章等。
收藏单位：国家馆

06876
晋察冀边区银行业务用印鉴表 [晋察冀边区银行编]
[晋察冀边区银行]，1946，油印本，3 页，32 开
收藏单位：国家馆

06877
晋冀鲁豫边区 1946 年度财政工作总结（草稿） 晋冀鲁豫边区财政厅编
晋冀鲁豫边区财政厅，1947，抄本，10 页，16 开
收藏单位：国家馆

06878
晋冀鲁豫边区出入境货物暂行税率表
晋冀鲁豫边区贸易总局，1947 印，12 页，32 开
本表于 1947 年 4 月 1 日公布，自当年 5 月 1 日起实行。

06879
晋冀鲁豫的财政经济工作 晋察冀财经办事处编
晋察冀财经办事处，1947.11，87 页，32 开
本书共 6 部分：财经工作的简单历史、贸易工作、金融货币工作、财政工作、太行区生产工作与合作运动、工业建设中的几个问题。
收藏单位：国家馆、吉大馆、南京馆、山西馆

06880
晋绥边区党政军民机关部队 1947 年度供给标准 晋绥行署　晋绥军区司令部制定
[兴县]：晋绥行署、晋绥军区司令部，1947.3，油印本，18 页，32 开
收藏单位：国家馆

06881
晋绥边区税收条例 晋绥行署颁布
[兴县]：晋绥行署，1946，油印本，75 页，大 32 开
本书附《晋绥边区吕梁行署关于缉私暂行办法》（1945 年 11 月）。
收藏单位：国家馆

06882
劳动保险文献 东北职工总会编
沈阳：东北书店，1949.6，90 页，32 开（职工丛书 3）
本书收资料 16 种，内容包括：东北行政委员会令、东北公营企业战时暂行劳动保险条例、东北局关于切实执行劳动保险条例的决定、东北职工总会通知、苏联的社会保险三十年、苏联的劳动保险等。
收藏单位：重庆馆、东北师大馆、国家馆、山东馆

06883
劳动保险文献 东北职工总会编
[北平]：工人日报社，1949，101 页，25 开
收藏单位：广东馆、国家馆、天津馆

06884
论对发国难财者征收财产税及其它 马寅初著
新华日报华北分馆，1941.2，24 页，32 开
本书收文 3 篇：《提议对发国难财者开办临时财产税以充战后之复兴经费》《对发国难财者征收临时财产税为我国财政与金融唯一的出路》《在重庆大学经济研究社的讲演》。
收藏单位：国家馆

06885
旅大地区底货币改革 经济研究会编
经济研究会，1948.12，65 页，32 开（参考资料甲 1）
本书收曾载于《经济月刊》《大连日报》《关东日报》上的文章，关东公署、关东银行发布的布告、通令、指示、细则等。共 13 种，内容包括：关东地方货币的发行、关于币改政策的总结等。
收藏单位：国家馆

06886
农业所得税暂行办法 太行行署颁行
太行群众书店，[1948.6]，19 页，64 开
收藏单位：国家馆、山西馆

06887
农业所得税暂行草案
太行行署、平顺财粮科，1947.5，油印本，1

册，32 开
收藏单位：国家馆

06888
平津金融接管工作汇编 中国人民银行总行编
[北平]：中国人民银行总行，1949.7，72 页，32 开（参考资料 第 2 辑）
收藏单位：国家馆

06889
山东北海银行业务章程汇编 北海银行编
北海银行，1948.7，28 页，32 开
本书附《山东省管理银钱业暂行办法》。
收藏单位：山东馆

06890
山东北海银行一九四九年下半年工作计划 北海银行编
北海银行，[1949]，10 页，32 开
本书共 9 部分，内容包括：城市金融工作、农村业务、关于调查研究工作、金库工作、改进会计制度等。
收藏单位：国家馆

06891
山东解放区征收进出口税暂行条例（进出口贸易管理暂行办法） 山东省政府制订
山东省政府，1948.12，14 页，32 开
收藏单位：国家馆

06892
山东省渤海区进出口货物税率表
出版者不详，[1947—1949]，石印本，10 页，32 开
本书全部为表。于 1947 年 9 月 15 日修订。
收藏单位：国家馆

06893
山东省财政法令汇集 山东省政府渤海行署颁行 中共中央财政经济部研究室辑
[山东省政府渤海行署]，1946—1947，油印本，43 页，18 开
本书收有关农业税、公粮等 10 项条例指示。
收藏单位：国家馆

06894
山东省胶东区行政公署暂行进出口货物税税则税率 胶东区行政委员会通过
胶东区行政公署，1947.7，铅印及石印本，62 页，32 开
本税率自 1947 年 8 月 1 日起实行。
收藏单位：国家馆

06895
陕甘宁边区财政经济问题·文教工作的方向 陈云著·李鼎铭著
出版者不详，[1944]，12 页，32 开，活页装订
本书为两位著者在边区二届二次参议会上的发言。
收藏单位：国家馆

06896
陕甘宁边区各种税收条例
[延安]：[陕甘宁边区新华书店]，1946.12，8 页，8 开
本条例由陕甘宁边区政府颁布。
收藏单位：国家馆

06897
生产供给会议财经报告提纲 晋绥边区编制
[兴县]：晋绥边区，1947，抄本，37 页，16 开
收藏单位：国家馆

06898
石家庄财政局无政府无纪律状态检查报告 石家庄市政府财政局著
石家庄市政府财政局，1949.2，油印本，5 页，16 开
收藏单位：国家馆

06899
[石家庄市政府关于农业税免税点与消耗扣除

及改造农业负担表册的通知］ 石家庄市政府颁行
石家庄市政府，1948.8，油印本，3 页，32 开
收藏单位：国家馆

06900
四川省财政概况 中国人民解放军西南服务团研究室编
中国人民解放军西南服务团研究室，1949，50 页，36 开（四川省参考资料 4）
本书共两编：税政、田赋。
收藏单位：重庆馆

06901
四川省金融贸易 中国人民解放军西南服务团研究室编
中国人民解放军西南服务团研究室，1949.8，112 页，32 开（四川省参考资料 4）
本书共 4 章：四川省金融概述、四川省贸易概述、四川省金融机构统计、四川省自贡等十一主要县市金融贸易概况。
收藏单位：重庆馆、国家馆

06902
苏北行政公署第一次工商金融会议关于金融工作的决议
[泰州]：苏北行政公署，1949.6，8 页，36 开
收藏单位：国家馆

06903
苏联财政 焦敏之编译
上海：棠棣出版社，1949.4，152 页，32 开（中苏文化协会丛书 1）
本书共 7 章：总论、苏联的国家预算、苏联的税制、苏联国立银行、人民的储蓄、重要工程建设的经费、苏联财政制度与货币流通的调节。
收藏单位：国家馆、天津馆

06904
苏联财政制度 （苏）博高列波夫著 吴清友译
[上海]：天下图书公司，1947，121 页，32 开（中苏文化协会研究丛书）
[北平]：天下图书公司，1949.3，121 页，32 开（苏联研究丛书）
北平：天下图书公司，1949.6，2 版，121 页，32 开
北平：天下图书公司，1949.9，3 版，121 页，32 开（苏联研究丛书）
本书共 6 章：财政制度的经济源泉、苏联国家制度与财政制度、财政管理、国家银行、苏联英勇的承平时代与财政、战时苏联的财政。
收藏单位：安徽馆、长春馆、重庆馆、东北师大馆、广西馆、国家馆、近代史所、南京馆、山东馆、山西馆、上海馆、首都馆

06905
苏联的金融和财政 启明等著
东北新华书店辽东分店，1949.6，86 页，36 开
本书收文 3 篇：《苏联金融财政的组织及管理》（启明）、《苏联国家银行论》（青佑）、《苏联货币论》（吴清友）。
收藏单位：国家馆、内蒙古馆

06906
苏联的金融和财政 启明等著
华中新华书店，1949，79 页，32 开（干部学习丛书）
收藏单位：吉林馆、南京馆、天津馆

06907
苏联的金融和财政 启明等著
中央财政经济部，1948.8，99 页，36 开（参考资料 3）
收藏单位：国家馆

06908
苏联公民怎样纳税 （苏）博高列波夫著 姚周杰译
外文题名：How the Soviet citizen pays his taxes
沈阳：东北新华书店，1949.9，58 页，32 开
本书共 7 章：苏联税收制度的演变、现今的税收制度、税收在国家预算中的作用、社

会主义工业收入之课税、个人收入之课税、战时税、怎样收税。著者原题：M. I. 博格列波夫。

收藏单位：东北师大馆、国家馆、山东馆

06909
太行财政会议几个决定汇集（一九四八年十二月） 太行行政公署财政处编
太行行政公署财政处，1948.12，111 页，32 开

本书内容包括：杨处长在专县财政科长会议上的报告、太行行政公署关于评丈工作指示、县地方财政几项制度规定、太行区战勤实施办法草案、华北区农业税暂行税则等。

收藏单位：国家馆、山西馆

06910
太行第三专员公署关于豁免统累税的指示（三财字第一号） 太行第三专员公署颁布
太行第三专员公署，1946.4，油印本，6 页，32 开

本指示由专员李毅之、副专员刘征田签发。

收藏单位：国家馆

06911
太行分局高干会议上的报告（财经工作）
出版者不详，1943.2，171—204 页，32 开

收藏单位：国家馆

06912
太行区财政工作中几个问题的初步总结（三十四年度） 太行行署财政处辑
[涉县]：太行行署财政处，1945，30 页，32 开

本书共 5 部分：征收、仓库、契税、整理地方公产、安置荣退军人。

收藏单位：国家馆、山西馆

06913
太行区工商管理局冀南银行几个总结报告
太行区军政联合财经办事处编
[涉县]：太行区军政联合财经办事处，1947.10，45 页，32 开

本书收报告 5 篇，内容包括：《改造与加强经济工作》《农村信用合作与农村贷款工作总结》《半年来货币斗争基本总结》等。

收藏单位：国家馆

06914
太行行署关于大力整理财政的命令 太行行署颁行
[涉县]：太行行署，1947.7，油印本，4 页，16 开

本书附《太行区整理财政办法》《太行区地方财政制度》。由行署主任李一清签发。

收藏单位：国家馆

06915
（太岳）专署财政秘书会议总结（1948 年 5 月 8 日纪处长报告） 太岳行署财政处编
[阳城]：太岳行署财政处，1948.6，27 页，32 开

本书内容包括：太岳区的生产、群众的负担、政策、财政管理、干部作风等。

收藏单位：国家馆

06916
统一累进税法规（民国三十年三月） [晋冀鲁豫边区委员会编]
晋冀鲁豫边区委员会，1941.3，37 页，32 开

本书内容包括：晋察冀边区统一累进税暂行办法、晋察冀边区统一累进税暂行办法施行细则、统一累进税审查委员会章程等。

收藏单位：东北师大馆

06917
统一累进税简易计算法 李琦著
华北书店，[1942—1949]，11 页，32 开

收藏单位：国家馆

06918
统一累进税税则（民国三十一年五月） [晋冀鲁豫边区行政委员会编]
晋冀鲁豫边区行政委员会，1942.5，46 页，大 64 开

本书内容包括：晋察冀边区统一累进税税则、晋察冀边区统一累进税税则施行细则、统一累进税审查委员会章程等。

收藏单位：东北师大馆

06919

统一累进税在晋察冀的实施

出版者不详，[1941—1949]，油印本，21 页，32 开

本书为《北方文化》第 2 卷第 3 期抽印本。

收藏单位：国家馆

06920

统一累进税暂行税则

[晋冀鲁豫边区政府]，[1945]，石印本，18 页，36 开

本税则于 1945 年 7 月修订，由晋冀鲁豫边区政府颁布。书中题名：晋冀鲁豫边区统一累进税暂行税则。

收藏单位：国家馆

06921

违反财政政策制度材料　晋绥行署财政处汇集

晋绥行署财政处，1947.7，油印本，16 页，32 开

收藏单位：国家馆

06922

西南盐务概况　中国人民解放军西南服务团研究室编

中国人民解放军西南服务团研究室，1949，50 页，36 开（西南区参考资料 6）

本书共 3 章，叙述川康、川北及云南地区的盐务情形。

收藏单位：重庆馆

06923

现行后方供给自给标准　东北财政委员会编

[佳木斯]：合江省政府，1947.11，10 页，32 开

本标准分 14 类，内容包括：伙食、粮秣、办公、杂支、津贴、旅费、烤火、被服、妇女卫生等。附《军事费用负担之决定》。

收藏单位：南京馆

06924

新币宣传手册　中国人民银行总行编

[中国人民银行总行]，1949.1，29 页，64 开

本书收 1948 年 12 月华北银行、北海银行、西北农民银行合并成立中国人民银行初期发行新币的资料 5 篇：《华北人民政府关于发行新币的布告》《中国人民银行发行新币》《中国人民银行总行关于发行新币的指示》《新币宣传要点》《大家爱护人民券》。

收藏单位：国家馆

06925

新财政学大纲　千家驹著

[北平]：三联书店，1949，277 页，25 开（新中国大学丛书）

北平：三联书店，1949，2 版，277 页，22 开（新中国大学丛书）

收藏单位：安徽馆、东北师大馆、广东馆、国家馆、内蒙古馆、山西馆、天津馆

06926

新货币学　杨培新著

华东新华书店总店，1948.10，208 页，32 开

本书共 9 章，内容包括：货币之谜的揭开、货币制度、中国货币制度、通货膨胀与通货收缩等。据上海致用书店 1947 年原版翻印。

收藏单位：重庆馆、国家馆、河南馆、山东馆

06927

新货币学　杨培新著

上海：致用书店，1947.10，203 页，32 开

收藏单位：重庆馆、广西馆、贵州馆、桂林馆、国家馆、湖南馆、吉林馆、南京馆、内蒙古馆、上海馆、西南大学馆、中科图

06928

新货币学讲话　彭迪先著

上海：生活·读书·新知联合发行所，1949.6，185 页，36 开（新中国青年文库）

本书共 8 章：货币的发生及其本质、货币的各种机能、纸币、银行券、世界货币与外汇、货币制度、各种货币学说述评、中国货币问题。

收藏单位：东北师大馆、国家馆、南京馆、天津馆

06929

新货币学讲话 彭迪先著

上海：生活书店，1947.12，186 页，36 开（青年自学丛书）

上海：生活书店，1948.5，再版，186 页，36 开（青年自学丛书）

收藏单位：重庆馆、广东馆、广西馆、国家馆、浙江馆

06930

[新四军东进前敌战区一般状况调查表]

出版者不详，[1937—1945]，34 页，32 开

本书为伪装本。内容系苛捐杂税统计表。

收藏单位：国家馆

06931

信贷工作典型材料 冀南银行太行区办公室编

[威县]：冀南银行太行区办公室，1947.11，36 页，32 开

本书共 11 部分，内容包括：沙河信用工作的经验介绍、林县信用合作怎样由典型试办到普遍开展、昔阳东丰稔合作社的信用活动、左权南沟合作社信用业务的发展与巩固、邢台市的改造旧银号工作等。

收藏单位：广东馆、国家馆

06932

严格执行县村两级财政科目制度的决定 太行第一专署颁布

[涉县]：太行第一专署，1948.5，油印本，5 页，32 开

收藏单位：国家馆

06933

一般结算方式汇编 中国人民银行总行制订

[中国人民银行总行]，[1948—1949]，1 册，32 开

收藏单位：广东馆

06934

一九四九年一月份至六月份半年业务统计 中国人民银行石家庄分行编

[中国人民银行石家庄分行]，1949，27 页，18 开

收藏单位：天津馆

06935

一九四三年的运盐工作 中共西北中央局调查研究室编

[延安]：中共西北中央局调查研究室，1944，48 页，32 开（陕甘宁边区生产运动丛书）

本书共 5 部分：过去运盐简述、一九四三年运盐概况、一九四三年运盐中的各种互助合作组织、运盐事业的经营、去年运盐经验与今后应注意的几个问题。

收藏单位：重庆馆、国家馆、山西馆、天津馆

06936

（银行）业务参考资料（几项营业办法与简章草案） 冀南银行总行辑

[邯郸]：冀南银行总行，1946.4，18 页，32 开

收藏单位：国家馆

06937

拥护人民币拒用银元宣传手册 中国人民银行湖南省分行编

中国人民银行湖南省分行，1949.8，42 页，32 开（金融丛书 1）

本书为文集，收南汉宸、薛暮桥、章乃器等人文章 9 篇。

收藏单位：国家馆

06938

云南省财政概况 中国人民解放军西南服务

团研究室编
中国人民解放军西南服务团研究室，1949.8，51页，32开（云南省参考资料2）

本书分上、下两编：税收、田赋。上编共两章：税源和税收、税务机构；下编共3章：概说、粮产和赋额、机构和人事。

收藏单位：重庆馆、湖北馆

06939
暂行进出口货物税税则税率　山东省胶东区行政公署[编]
出版者不详，[1947.7]，[72]页，32开

本书内容包括：胶东区进出口货物征税暂行章则、山东省胶东区战时贸易管理暂行办法。附货物税率23类。自1947年8月1日起实行。

收藏单位：国家馆

06940
征粮条例（三十一年度）　陕甘宁边区财政厅编
[延安]：陕甘宁边区财政厅，1942，49页，32开

本书内容包括：陕甘宁边区政府三十一年度征收救国公粮条例、征收救国公粮条例施行细则等。于1942年7月21日由陕甘宁边区政府公布。

收藏单位：东北师大馆

06941
整顿财政工作的几个重要文件　太行第三专员公署编
太行第三专员公署，1946.9，石印本，22页，32开

本书共6部分：保证自卫战争胜利克服财政上的混乱现象（《新华日报》社论）、太行行署关于清理财政与整顿财政制度的决定、清理财政与整顿制度的补充意见（刘副专员在财粮会议上的发言）、太行行署通令颁发编余没收及战争缴获之牲口车辆处理办法、太行行署关于地方财政的决定、关于地方财政的补充决定（财粮科长会议通过）。

收藏单位：国家馆

06942
整理财政工作初步总结　太行第三专员公署编辑
[涉县]：太行第三专员公署，1947.9，油印本，11页，32开

收藏单位：国家馆

06943
中国金融资本论　王承志著
上海：光明书局，1936.4，302页，32开
上海：光明书局，1936.6，再版，302页，32开

本书共12章，内容包括：中国金融资本的特殊性、国际金融资本在中国的支配形势、中国金融业的机构、中国货币制度的病态及其危机、中国金融恐慌的发展等。

收藏单位：安徽馆、北碚馆、重庆馆、东北师大馆、广东馆、广西馆、贵州馆、国家馆、黑龙江馆、湖南馆、吉林馆、辽大馆、南京馆、内蒙古馆、山西馆、上海馆、首都馆、天津馆、浙江馆、中科图

06944
中国金融资本论　王承志著
晋察冀边区银行，[1938—1948]，248页，32开

收藏单位：国家馆

06945
中国人民银行察哈尔分行建屏办事处储蓄存款暂行章程　中国人民银行察哈尔分行建屏办事处阜平支行编
中国人民银行察哈尔分行建屏办事处阜平支行，1949，油印本，1册，16开

收藏单位：国家馆

06946
中国人民银行华东区行第一次会计会议决议　中国人民银行华东区行编
中国人民银行华东区行，1949.8，95页，32开

本书共7部分：会计科目、汇兑业务及联行往来帐务处理办法、报表制度、财务计划、

费用管理办法、实物农贷帐务处理办法、华东区区金库暨地方金库暂行制度（草案）。附《新旧会计科目结转办法》《联行往来帐务旧帐清结办法》等5种。

收藏单位：国家馆

06947

中国人民银行会计制度草案　中国人民银行编

中国人民银行，1949，62+37页，36开

本草案分14章。

收藏单位：重庆馆

06948

中国人民银行天津分行法令章则汇编（第2集）　中国人民银行天津分行编

中国人民银行天津分行，1949.6，231页，32开

本书内容包括：总类、金融管理、外汇、汇兑、存放款、储蓄等。

收藏单位：辽宁馆

06949

中国通货膨胀论　杨培新著

上海[等]：生活书店，1948.2，158页，32开

本书共5章："天文学数字的法币""野马狂奔的物价""逼煞人的高利贷""调整不已的外汇""通货膨胀的剥削躲得了？躲不了？"。

收藏单位：重庆馆、广东馆、广西馆、国家馆、黑龙江馆、吉林馆、近代史所、辽大馆、南京馆、上海馆、首都馆、浙江馆、中科图

06950

中国银行契约分类举例汇编　中国人民银行总行管理处编

中国人民银行总行管理处，[1948—1949]，影印本，1册，16开

本书供中国人民银行分支行处参考用，内容包括：契约要点、本行已印行之契约蓝本、一般放款契约、委托合同、仓库合同等。

收藏单位：重庆馆、国家馆

06951

中央信托局　江南问题研究会编

[上海]：江南问题研究会，1949.3，35页，32开（四行两局一库调查资料5）

收藏单位：国家馆

文化、科学、教育、体育

世界各国文化与文化事业

06952
保卫文化 郭沫若等著
香港：生活书店，[1948]，78页，32开（新文化丛刊第2种）
本书收论文和短篇小说12篇，内容包括：《世界文化战的呼应》（郭沫若）、《谈战后欧洲文化思潮》（灵珠）、《苏联文学对世界文化的贡献》（莫特里娃著，秦似译）、《编织花边的姑娘》（鲍斯托夫斯基著，杨静译）、《漫谈美国电影与苏联电影》等。
收藏单位：广东馆、国家馆、南京馆

06953
从一个村看解放区的文化建设 白桃等著
胶东新华书店，1947.7，92页，32开（新教育研究丛书）
本书以山东省莒南县金沟官庄为实例，记述解放区的文化建设。收文8篇，内容包括：《从一个村庄看怎样建设农村文化？》（白桃）、《眼睛明亮起来的故事》（郑炜）、《为什么小学学生缺课的很多》（黄祖英）、《黑板报怎样和实际结合？》（杭苇）等。
收藏单位：重庆馆、国家馆、山东馆

06954
从一个村看解放区的文化建设 白桃等著
香港：新民主出版社，1949.3，129页，32开（新教育丛书）
收藏单位：东北师大馆、广西馆、国家馆、吉大馆、宁夏馆、山西馆、中科图

06955
蒋介石绞杀文化 光未然著
华北新华书店，1947.9，41页，32开
本书共7部分，内容包括：蒋介石绞杀教育事业的真象、蒋介石绞杀新闻出版事业的真象、蒋介石绞杀艺术活动的真象、蒋介石虐杀文化人的真象、反动的法西斯文化的内容和实质、蒋介石在中国文化史上的反动作用等。
收藏单位：国家馆、山东馆、浙江馆、中科图

06956
交流 葛一虹编 中苏文化协会主编
重庆：商务印书馆，1944.11，312页，32开
本书为中、苏文化交流文集。收文36篇，内容包括：《文化交流与文化战斗》（王昆仑）、《中苏文艺交流之促进》（郭沫若）、《二十五年来苏联的汉学研究》（A.亚力克绥耶夫）、《鲁迅先生在苏联》（曹靖华）、《高尔基在中国》（果塔夫）等，并有中、苏两国文化协会会议文件、文书、私人函件等。
收藏单位：北碚馆、重庆馆、东北师大馆、贵州馆、国家馆、吉林馆、南京馆、内蒙古馆、上海馆、首都馆

06957
抗战前途与对文化人的希望 郭沫若著
上海：金汤书店，1938，44页，32开
收藏单位：南京馆

06958
抗战以来中华民族的新文化运动与今后的任务 张闻天著
出版者不详，[1940—1945]，44页，32开
本书收文15篇，内容包括：《抗战以来中华民族的新文化运动及其中心任务》《中华民族的新文化与旧文化》《中华民族的新文化与外国文化》《中华民族新文化与社会主义》《关于中华民族新文化与大众化问题》《关于中华民族新文化形式问题》《中华民族新文化的历史发展》等。著者原题：洛甫。
收藏单位：北碚馆、重庆馆、广西馆、国

家馆

06959
论新民主主义文化 新教育学会编
大连：大众书店，[1947.10]，81 页，32 开（新教育丛书 1）
本书收文 6 篇，内容包括：《论新民主主义文化》（毛泽东）、《抗战以来中华民族的新文化运动与今后任务》（洛甫）、《关于文化运动的意见》（陈毅）、《苏北文化协会的任务》（刘少奇）等。
收藏单位：重庆馆、国家馆

06960
评中西文化观 杨明斋著
上海：中华书局，1924.6，330 页，18 开
本书共 9 章，内容包括：从大多数平民生活方面观察中国文化、中国是偏于讲人情与自修的文化及证明、仁之解释、国民自治的生活、五千年的历史循环在今大变动之所以然是由于农化为工等。
收藏单位：重庆馆、国家馆、吉林馆、江西馆、近代史所、辽大馆、南京馆、首都馆、天津馆、浙江馆

06961
卅年来的苏维埃文化（事实与数字） 刘崇庆译
[安东（丹东）]：东北书店辽东总分店，1949.6，15 页，32 开
本书介绍 30 年来苏维埃文化事业的发展。据《苏维埃文学》第 11 期译出。
收藏单位：东北师大馆、国家馆、辽宁馆

06962
实际工作者、模范文教工作者们，大家动手，为工农兵的需要而写作！ 华北新华书店编辑部编
华北新华书店编辑部，1945.4，10 页，64 开
本书共 3 部分：“大家动手，为工农兵的需要而写作”“写哪些东西”“义务与权利”。
收藏单位：国家馆

06963
苏联之文化发展 （苏）郭普涅尔著
莫斯科：外国文书籍出版局，1944，56 页，50 开
本书共 4 部分，内容包括：供民众享用的文化、苏联科学、苏联人民底文学和艺术等。
收藏单位：东北师大馆、广东馆、国家馆、上海馆、天津馆

06964
苏联之文化发展 （苏）郭普涅尔著
哈尔滨：万国书籍，1946，47 页，32 开
收藏单位：重庆馆、东北师大馆、国家馆、吉林馆、辽宁馆、内蒙古馆、宁夏馆、天津馆

06965
苏联之文化发展 （苏）郭普涅尔著
大连：中苏友好协会，1946，60 页，32 开
收藏单位：福建馆、国家馆、辽宁馆、山东馆、陕西馆、天津馆

06966
文教工作的新方向
[威县]：冀南书店，1946.6，44 页，32 开
本书为 1944 年陕甘宁边区文教大会特辑。收文 14 篇，内容包括：《毛主席关于文化运动方针的指示》、《在医药卫生座谈会上的发言》（李富春）、《关于报纸问题的总结》（李卓然）等。附《大会开幕消息》《大会闭幕消息》。
收藏单位：国家馆、吉大馆、山东馆

06967
文教工作的新方向
[索堡]：新华书店，1945.2，48 页，36 开
收藏单位：重庆馆、国家馆

06968
文教工作新方向
[濮阳]：冀鲁豫书店，1945.7，50 页，32 开，环筒页装
收藏单位：国家馆

06969
新民主主义文化教育论文集　毛泽东　张闻天等著
出版者不详，1943.5，油印本，80页，32开（教育生活丛刊1）
　　收藏单位：国家馆

06970
新文化·新教育　新民主出版社编
[北平]：新民主出版社，1949.2，129页，32开（新民主丛书）
　　本书共两部分。第1部分为“新文化教育政策”，收文14篇，内容包括：《新民主主义的文化》《知识分子问题》《关于发展群众艺术的决议》等；第2部分为“新文化教育在成长”，收文8篇，内容包括：《人民文化的时代》《华北的中共党报》《东北解放区教育简况》等。
　　收藏单位：重庆馆、广东馆、国家馆、近代史所、辽大馆

06971
新文化运动论　张闻天著
光大出版社，1940.9，45页，32开
　　本书收著者1940年1月5日在陕甘宁边区文化界救亡协会第一次代表大会上的报告大纲《抗战以来中华民族的新文化运动与今后的任务》。共15节，内容包括：日寇灭亡中国的奴化活动与奴化政策、抗战以来中华民族的新文化运动及其中心任务、中华民族新文化的内容与性质、中华民族的新文化与旧文化、中华民族的新文化与外国文化、中华民族新文化与三民主义、中华民族新文化与新社会主义等。著者原题：洛甫。
　　收藏单位：国家馆

06972
中苏文化（抗战三周年纪念特刊）　中苏文化协会编
重庆：生活书店，1940.7，251页，16开
　　收藏单位：广东馆

06973
中苏文化（斯大林六十寿辰庆祝专号）　侯外庐等编辑
重庆：中苏文化协会，1939.12，130页，16开
　　收藏单位：国家馆、近代史所

06974
中苏文化（苏联十月革命二十一周年纪念特刊）　中苏文化杂志社编
重庆：中苏文化杂志社，1938.11，[140]页，8开
　　本书共4部分：中苏两大民族之伟大联合、社会主义胜利之苏联、在英勇抗战中的新中国、本会会务之进展（中苏文化协会）。收文35篇，内容包括：《苏联革命二十一周年献词》（孙科）、《中苏友好关系的基础》（邹韬奋）、《社会主义建设猛进中的苏联国家预算》（于绍文）、《抗战中的通俗文艺》（老舍）等。
　　收藏单位：国家馆

06975
中苏文化（苏联十月革命二十二周年纪念特刊）　中苏文化协会编
[中苏文化协会]，1939.7，[232]页，16开
　　收藏单位：近代史所

06976
中苏文化（苏联十月革命二十三周年纪念特刊）　中苏文化协会编
重庆：生活书店，1940，225页，16开
　　收藏单位：广东馆

06977
中苏文化（苏联十月革命二十四周年纪念特刊）　中苏文化协会编
重庆：[中苏文化协会]，1941.11，1册，16开
　　收藏单位：近代史所

06978
中苏文化（孙中山先生逝世十五周年纪念特刊）　侯外庐等编辑
重庆：中苏文化协会，1940，132页，16开
　　收藏单位：近代史所

06979
中苏文化协会成都分会成立大会特刊
[成都]：[中苏文化协会成都分会]，[1939.4]，30页，16开
收藏单位：吉林馆、近代史所

信息与知识传播

06980
编辑写作怎样群众化　冀鲁豫书店编辑部编
朝城：冀鲁豫书店，1947.8，50页，32开
本书收文3篇：《大众化编辑工作》（宫达非）、《办一个通俗杂志的经验》（冯诗云）、《老百姓报》（李敷仁）。
收藏单位：国家馆、宁夏馆、山西馆

06981
大众黑板报　绥德分区文教大会秘书处编
绥德分区文教大会秘书处，1944.8，26页，32开
本书分25节介绍黑板报的主办机关、出版日期、编辑过程、编辑内容和写作办法等。
收藏单位：国家馆

06982
大众化编辑工作　宫达非编
鲁中大众社，1947.3，48页，32开（鲁中大众业务研究1）
本书为新闻编写工作的经验及研究著作。共5个题目："大众化的前提——为什么大众化""大众化就是从群众出发来教育群众""怎样写""怎样编""工作过程是自我改造的过程"。
收藏单位：国家馆、山西馆

06983
大众化编辑工作　宫达非编
新华书店二分店，1947.11，[30]页，32开
收藏单位：桂林馆、国家馆

06984
大众化编写工作　宫达非编
大连：大众书店，1948.6，44页，32开
本书讨论新闻报道的大众化问题。共3部分：怎样写、怎样编、结语。
收藏单位：北师大馆、重庆馆、国家馆、南京馆、上海馆

06985
大众化编写工作　宫达非编
佳木斯：东北书店，1948.1，再版，44页，32开
收藏单位：长春馆、东北师大馆、广东馆、国家馆、南京馆、天津馆

06986
读报常识　华北军政大学政治部编
[石家庄]：华北军政大学政治部，1949.6，114页，32开
本书据半年来《人民日报》登载的材料及《读报常识》《读报手册》等，介绍世界各国面积、人口、首都等。
收藏单位：国家馆、南京馆

06987
读报常识
[兴县]：吕梁文化教育出版社，1947.4，49页，32开
本书介绍世界各国通讯社、各国的首府和元首、各国货币的名称等。
收藏单位：国家馆、山西馆

06988
读报常识
[阳城]：太岳新华书店，1947.8，44页，32开
[阳城]：太岳新华书店，1947.12，增订再版，71页，32开
收藏单位：国家馆、山西馆

06989
读报常识
出版者不详，1949.3，87页，32开

收藏单位：国家馆、天津馆

06990
读报手册　长江日报编
汉口：长江日报，1944.8，1册，22开
收藏单位：重庆馆

06991
读报手册　西安　立劳编
邯郸：裕民印刷厂，1947.7，115页，32开
本书汇集各地报章杂志上的资料供读报参考。共8章，内容包括：中国人民的领导者、中国各党派介绍、官肥民瘦的蒋管区、国际知识、人物志、小常识、地理小字典等。
收藏单位：安徽馆、东北师大馆、国家馆、河南馆、吉林馆、近代史所、山西馆、首都馆、天津馆

06992
关于《新大众》改报发行的指示　华北新华书店发行科编
[武安]：华北新华书店发行科，1947.12，油印本，1册，32开
本书内容是关于将通俗杂志《新大众》改为报纸发行的指示。书脊题：一九四七年十二月十九日于武安冶陶镇。
收藏单位：国家馆

06993
贯彻全党办报方针　中共晋绥分局编
[兴县]：中共晋绥分局，1942，24页，32开
收藏单位：重庆馆、山西馆

06994
国际形势　（苏）斯大林（И. В. Сталин）等著
[北平]：新中国书局，1949，98页，32开（干部学习丛书 第1辑）
收藏单位：重庆馆、广东馆、吉林馆、南京馆、山西馆、上海馆、天津馆

06995
邯郸新华广播电台介绍
出版者不详，1947.12，16页，32开
收藏单位：国家馆

06996
合作社时期规章汇编　生活书店编
香港：生活书店，1948，油印本，119页，25开（书店工作研习小丛书3）
本书收生活书店的规章制度，共4部分：社务、业务、待遇、其他。
收藏单位：国家馆

06997
华北新华书店第一印刷厂暂行管理规程　华北新华书店第一印刷厂厂务委员会编
华北新华书店第一印刷厂厂务委员会，1948.5，1册，32开（工厂业务研究1）
收藏单位：国家馆

06998
华北新华书店发行科1947年前半年工作总结及今后的发行方针与工作作法的决议　[华北新华书店制订]
[武安]：[华北新华书店]，1947，油印本，1册，32开
收藏单位：国家馆

06999
华北新华书店邯郸总分店会议记录
[邯郸]：华北新华书店，1948.8，14页，32开
本书内容涵盖华北新华书店邯郸总分店1948年上半年发行工作回顾及下半年的发行工作作法。
收藏单位：国家馆

07000
华北新华书店业务工作手册
华北新华书店，1948.6，67页，32开
本书内容涵盖华北新华书店的组织条例、营业章则、会计制度草案、工厂管理制度、赠送样书条例等。
收藏单位：国家馆

07001
活跃在农村的读报组　中共西北中央局宣传部编
张家口：新华书店晋察冀分店，1946.3，17页，32开
本书介绍边区农村安塞马家沟读报组和庆阳三十里铺一乡读报组的相关情况。两个读报组所走道路不同，可为陕甘宁边区农村读报工作的进一步开展提供可资借鉴的经验和有益参考。
收藏单位：国家馆

07002
活跃在农村的读报组　中共西北中央局宣传部编
[延安]：中共西北中央局宣传部，1944.9，19页，32开
收藏单位：重庆馆、国家馆

07003
冀鲁豫新华书店暂行细则
冀鲁豫新华书店，1949，38页，32开
本书内容涵盖冀鲁豫新华书店各部门工作关系暂行条例草案、经济纪律草案、职工请假条例、办公室各部门工作细则等10个方面。
收藏单位：国家馆

07004
加强农村报道（青年记者增刊）　新华社河南分社编
新华社河南分社，1949.7，10页
本书共4部分："华中总分社指示目前农村报导方针""总分社关于加强农村报导的指示""报导提示""关于加强农村报导给支社、记者的指示信"。
收藏单位：近代史所

07005
论国际形势　（苏）斯大林（И. В. Сталин）等著
华中新华书店，1948.11，60页，32开（干部学习丛书）
收藏单位：国家馆、南京馆、山东馆

07006
论通讯员及通讯写作诸问题　孙犁执笔
[阜平]：边区抗敌报社，1940，55页，32开
本书共4章：什么叫通讯、一个优秀通讯员是怎样修养的、怎样写通讯、怎样采访。
收藏单位：国家馆

07007
人民新闻的采访、写作、编辑　胡乔木等著
新华社晋绥总分社编委会，[1949]，40页，32开
本书收《报纸是人民的教科书》（乔木）、《人人要学会写新闻》（乔木）、《反对客里空作风　建立革命的实事求是作风》（周扬）等文章。著者原题：乔木。
收藏单位：重庆馆

07008
如何读报纸　守攻著
华北新华书店，1942.10，28页，64开
本书为干部学习指导读物，分3部分介绍什么是报纸、看报的方法，以及如何分析时事问题。
收藏单位：国家馆

07009
十个月工作总结　热东人民报新华支社编
热东人民报新华支社，[1948]，10页，32开，环筒页装
收藏单位：国家馆

07010
书店业务工作手册集　华北新华书店长治分店编
[长治]：华北新华书店长治分店，1948.8，[67]页，32开
本书收《晋冀鲁豫统一出版条例》（中央局宣传部一月十二日公布）、《坚持职工运动的正确路线反对"左"倾冒险主义》以及该店出版发行计划和工作计划。
收藏单位：国家馆

07011
苏联的文化宫和俱乐部　卢正义选辑
大连：大连新华书店，1949.9，103页，32开
本书收通讯报道21篇，内容包括：《苏联职工会的文化教育工作》（罗静著，琅江译）、《斯大林汽车工厂的文化宫》（克柳叶夫著，贺方、王明辉译）、《乌拉尔工人文化宫》（兹拉托果洛夫著，徐徐译）等。附《关于建立文化组织机构加强思想政治教育的意见》。
收藏单位：吉林馆

07012
通讯的形式和写作　东北民主联军总政治部编
东北民主联军总政治部，1947.8，86页，32开（业务丛书3）
本书为通讯员手册。收通讯15篇，内容包括：《城子街歼灭战——写法跟着目的走》《张麻子沟战斗片断——写出人物的行动和动作》《好战友——光有中心不够，还要掌握重点》等。
收藏单位：国家馆、吉大馆、辽宁馆

07013
通讯工作经验（第1辑）
新华社冀东分社，1947.9，27页，32开
本书收文7篇：《不真实新闻与客里空之揭露》《学习晋绥日报的自我批评》《锻炼我们的立场与作风》《关中分区通讯工作》《太行新华日报的通讯工作》《鲁中的工农通讯员》《三个奋斗目标》。附《人人要学会写新闻》等3篇。
收藏单位：国家馆

07014
通讯员手册（第1辑）　东北日报通讯采访部编
哈尔滨：东北书店，1947.12，80页，32开
本书共3部分："为党报写稿是每一个党员的责任""通讯工作是各地党委的经常工作""怎样写？写什么？"。收文二十余篇，内容包括：《提倡写工作通信》（穆青）、《如何发动区村干部写稿》（孙新仁）、《对领导通讯工作的几点意见》（刘哲生）、《什么是好新闻》（李方）等。书前有代序《学习晋绥日报的自我批评》（新华社社论）等两篇。
收藏单位：国家馆、辽宁馆、天津馆

07015
为什么要当工农通讯员　冀鲁豫书店编辑部编
朝城：冀鲁豫书店，1947.7，28页，32开
本书共3讲：为什么要当工农通讯员、写什么、怎样写。
收藏单位：重庆馆、国家馆、山西馆

07016
新闻工作　华中新华日报分社编
华中新华日报分社，1948.3，54页，32开
收藏单位：南京馆

07017
新闻工作　新华社济南分社编
新华社济南分社，[1949]，34页，32开
本书收中宣部、新华社总社、各地分社关于新闻工作的具体指示的报告15篇。
收藏单位：国家馆

07018
新闻工作手册　东北日报社编
佳木斯：东北书店，1947.11，56页，32开
本书收文十余篇，内容包括：《人人要学会写新闻》（乔木）、《论通讯员的写作和修养》（加里宁）、《从五个"W"说起》（新华社）等。
收藏单位：东北师大馆、国家馆、湖北馆、山西馆、天津馆

07019
新闻工作文献　华东新闻干部学校编
出版者不详，1947.3，77页，32开
本书内容包括：《怎样办党报》（中宣部）、《论我们的报纸》（列宁）、《党与党报》（《解放日报》社论）、《把我们的报纸办得更好些》（《解放日报》社论）、《新闻必须完全真实》（《解放日报》社论）等。
收藏单位：南京馆、山西馆

07020
新闻工作文献 华中新华日报社 新华社华中分社编委会编
华中新华书店，1949.2，207页，32开
本书收党对新闻工作的指示、决议及报纸社论等。收文四十余篇，内容包括:《论我们的报纸》(列宁)、《我们对于新闻学的基本观点》(陆定一)、《反对客里空作风，建立革命的实事求是作风》(周扬)、《人人要学会写新闻》(乔木)等。附《关于客里空的检查》(《晋绥日报》编辑部、晋绥新华总分社)等7种。
收藏单位：安徽馆、重庆馆、东北师大馆、国家馆、辽宁馆、南京馆、内蒙古馆、宁夏馆、上海馆、天津馆、中科图

07021
新闻工作文献(第1集) 新华社胶东分社编
新华社胶东分社，1948.8，74页，32开
本书共两部分：党与党报、通讯的写作和修养。收《解放日报》社论、新华总社寄文，以及列宁、陆定一、陈光寒、胡乔木等论新闻工作的文章。
收藏单位：南京馆

07022
新闻工作文献(第1集 秘密) 华东军区三野政治部人民前线社 新华社第三野战军总分社选编
[华东军区三野政治部人民前线社]，1949.9，144页，32开
本书内容包括:《反对党八股》(毛泽东)、《怎样办党报》(中宣部)、《论我们的报纸》(列宁)、《我们对于新闻学的基本观点》(陆定一)、《办好党的报纸和通讯社》(新华社中原总分社)、《中宣部关于城市办报方针的指示》、《中宣部关于城市建设宣传方针的指示》、《新区如何办报纸》(陈克寒)。
收藏单位：山西馆

07023
新闻工作选集(第1—2集) 新华社冀鲁豫分社编
朝城：冀鲁豫书店，1947.6，2册(70+77页)，32开
本书收文21篇，内容包括:《关于新闻写作》(新华社)、《新闻必须完全真实》(《解放日报》社论)、《让我们的笔更尖利些》(李庄)等。
收藏单位：国家馆、山西馆

07024
新闻工作选辑 中国青年记者学会山东分会编
临沂：山东新华书店，1946.5，76页，32开
本书收文15篇，内容包括:《党与党报》(《解放日报》社论)、《我们对于新闻学的基本观点》(陆定一)、《论我们的报纸》(列宁)、《报纸是教科书》(乔木)、《献给敌后青年记者》(陈克寒)等。附《中共西北中央局关于〈解放日报〉工作问题的决定》等两种。封面书名题：新闻工作选集。
收藏单位：国家馆、吉林馆、南京馆

07025
新闻工作学习材料 新华社胶东支社编
胶东新华书店，1945.10，64页，32开
本书内容包括：提高一步、新闻必须完全真实、新闻的真实性、山东军区政治部关于改进部队报纸工作的指示等。
收藏单位：山东馆

07026
新闻工作指南(第1辑) 新华社晋察冀总分社编
张家口：新华书店晋察冀分店，1946.3，82页，32开
本书收《解放日报》《晋察冀日报》等有关新闻工作的社论、论文若干篇。书前有编者前记。
收藏单位：广东馆、国家馆、辽宁馆

07027
新闻学讲话 恽逸群著
大连：大众书店，1946.8，再版，42页，32开
本书共6讲：什么是新闻、新闻怎样取

得、怎样写作和传递新闻、怎样处理新闻、新闻纸怎样指导社会、新闻机关的组织及其他。

收藏单位：辽宁馆、宁夏馆

07028

新闻学讲话　恽逸群著

华中新华书店，1948.12，增订本，44页，36开

华中新华书店，[1946—1949]，72页，64开

收藏单位：安徽馆、河南馆、南京馆

07029

新闻学讲话　恽逸群著

河间：冀中新华书店，1947.6，38页，32开

收藏单位：东北师大馆、广东馆、国家馆

07030

新闻学讲话　恽逸群著

山东新华书店，1948.12，增订本，104页，50开

收藏单位：国家馆、辽宁馆、山东馆

07031

新闻学选集　渤海军区政治部前锋报社编

渤海军区政治部前锋报社，[1949]，27页，32开，环筒页装（前锋丛书——通讯文选3）

本书内容包括：终生献身党的新闻事业、人人要学会写新闻、新闻通讯的中心思想、明确主题加强指导性、新闻价值的大小、文选等。

收藏单位：国家馆

07032

新闻业务文选

[兴县]：晋绥日报社，1949.4，170页，32开

本书收有关新闻业务的文章39篇，内容包括：《党与党报》（《解放日报》社论）、《论我们的报纸》（列宁）、《我们对于新闻学的基本观点》（陆定一）、《反对“客里空”作风建立革命的实事求是的新闻作风》（周扬）、《论通讯员的写作和修养》（加里宁）等。

收藏单位：国家馆、吉林馆、辽宁馆、南京馆、山西馆

07033

新闻业务研究选集

出版者不详，1946.9，34页，32开（通讯研究丛书2）

本书收文5篇，内容包括：《改进我们的通讯社和报纸》《人人要学会写新闻》《电讯要简练》《新闻写作漫谈》等。附《忆老百姓报及其与读者的结合》。

收藏单位：国家馆、山西馆

07034

新闻叶务　新华社黑龙江分社编

[哈尔滨]：新华社黑龙江分社，1949.9，23页，32开

本书共5部分：编者的话、新华总社对各地新闻报导的意见、新华总社业务指示、关于写新闻通讯及资料时应注意事项、新华社中原总分社关于新闻写作的指示。

收藏单位：辽宁馆

07035

宣传指南　[华北新华书店编]

华北新华书店，1942，15页，64开

收藏单位：国家馆、南京馆、山东馆

07036

宣传指南　解放社编

延安：解放社，1942.2，22页，32开

收藏单位：北碚馆、国家馆、南京馆

07037

怎样办好黑板报　张坚白等著　冀南行署教育处编

出版者不详，1947.12，32页，32开

本书收文6篇，内容包括：《延市桥镇乡的黑板报》（葛洛）、《群众对黑板报的意见》（昌之）、《怎样办好壁报》（《渤海文化》）、《村报怎样才能起作用》（卫荆华）等。

收藏单位：江西馆、山东馆

07038

怎样报导战斗和战役（记者手册）　新华社东北总分社前线分社编

东北民主联军总政宣传部，1947.6，87页，32开

本书讲述军事报导的写法，列举苏北涟水战役、辽东柳南战役、陕北保卫战等战役的报导。

收藏单位：东北师大馆、国家馆、南京馆

07039
怎样写稿　华北新华书店编辑部编
华北新华书店编辑部，1947.5，33页，32开（新大众丛刊7）

本书内容包括：写稿子的三件事、简单同具体、写具体的、再论写具体的等。

收藏单位：南京馆

07040
怎样写新闻通讯　边区群众报社编
[威县]：冀南日报社，1944.3印，63页，32开

本书共5部分：工农同志要学习写稿、写什么、怎样搜集材料、写稿的过程、写的方法。

收藏单位：国家馆

07041
怎样写新闻通讯　边区群众报社编
岳北人民报社，1945.11，石印本，45页，32开

收藏单位：国家馆

07042
怎样写新闻通讯　冀热辽新华支社编
冀热辽救国报社，[1939—1945]，油印本，28页，32开

收藏单位：国家馆

07043
怎样写新闻通讯　金照著
大连：大众书店，1947.5，再版，56页，32开
大连：大众书店，1948.6，3版，56页，32开

收藏单位：国家馆、天津馆

07044
怎样写新闻通讯　金照著
佳木斯：东北书店，1946，再版，55页，32开
佳木斯：东北书店，1947.11，55页，32开

本书向工农同志介绍新闻稿的材料搜集、写作过程及方法等。

收藏单位：东北师大馆、国家馆、辽宁馆、南京馆、宁夏馆

07045
怎样写新闻通讯　金照著
朝城：冀鲁豫书店，1947.7，75页，32开
[朝城]：冀鲁豫书店，1947，37页，32开

收藏单位：国家馆、宁夏馆、山西馆

07046
怎样写新闻通讯　金照著　边区群众报社编
太岳新华书店，1945.11，56页，32开

收藏单位：山西馆

07047
怎样写新闻通讯　金照著　边区群众报社编
新华书店，[1944]，104页，32开

收藏单位：国家馆

07048
怎样研究时事　戴夫著
佳木斯：东北书店，1947.6，58页，32开
佳木斯：东北书店，1948.10，再版，58页，32开

本书共9章，内容包括：研究时事的目的、三种不正确的态度、五种不正确的方法、人民的立场、客观的方法、用新观点看新问题、实践的精神等。附《报纸常识和读报经验》。

收藏单位：重庆馆、东北师大馆、国家馆、黑龙江馆、江西馆、近代史所、南京馆、中科图

07049
怎样研究时事　戴夫著
[郑州]：中原新华书店，1949.5，58页，32开

收藏单位：国家馆

07050
战时新闻工作入门　中国青年记者学会编
重庆：生活书店，1939.3，320 页，42 开
重庆：生活书店，1940.3，再版，320 页，36 开

本书共 8 部分，内容包括：战时新闻工作的理论和实践、战时新闻记者的修养与学习、战时办报的教训、战时编辑工作的新动向、战时国际宣传资料采访的经验、战时报纸供应问题、战时新闻政策意见的提供等。收张季鸾、胡愈之、柳湜、金仲华、韬奋等三十余人的文章四十余篇。

收藏单位：北碚馆、重庆馆、广西馆、贵州馆、国家馆、吉林馆、南京馆、首都馆、中科图

07051
中共中央晋察冀分局关于党报工作的指示
出版者不详，1944.2，127 页，32 开，环筒页装

本书收《中共中央晋察冀分局关于党报工作的指示》《贯彻全党办报方针》，以及胡锡奎、王延春等有关加强党报工作的文章二十余篇。

收藏单位：国家馆

07052
中原新华书店半年工作总结（1948.10—1949.3）
[中原新华书店]，[1949]，石印本，11 页，32 开

本书共两部分：半年工作概述和总结、业务部门统计。

收藏单位：国家馆

07053
总结 1947 年发行工作的指示（1947 年 12 月 26 日于冶陶）　华北新华书店发行科制定
华北新华书店发行科，[1947.12]，油印本，2 页，32 开

收藏单位：国家馆

07054
总务工作研习资料　徐伯昕编
出版者不详，[1940—1949]，油印本，136 页，32 开（书店工作研习小丛书 4）

本书为多人论述生活书店总务工作文章汇编本，共 6 编：文书工作、会计工作、人事工作、事务工作、推广工作、核销栈务工作。

收藏单位：国家馆

科学、科学研究

07055
晋察冀边区自然科学界协会第一次代表大会会议录　晋察冀边区自然科学界协会编
晋察冀边区自然科学界协会，1943.7，油印本，23 页，32 开

收藏单位：国家馆

07056
苏联科学　（英）克罗守（J. G. Crowther）著　包玉珂译
上海：商务印书馆，1937.11，520 页，32 开（苏联小丛书）
上海：商务印书馆，1938.3，再版，520 页，32 开（苏联小丛书）

本书为著者赴苏联考察科学研究机关及其工作状况的报告，共 6 编：理论与组织、物理学之部、化学之部、应用科学之部、生物学之部、科学史之部。

收藏单位：安徽馆、北碚馆、重庆馆、广东馆、广西馆、贵州馆、国家馆、湖南馆、江西馆、南京馆、上海馆、西南大学馆、浙江馆

教　育

07057
当个人民教师，为完成三大任务而努力　路南人民报社编
路南人民报社，1948.8，油印本，32 页，32 开

收藏单位：国家馆

07058
复式教学参考材料（1）　齐心等著　冀中教

育社编
新华书店保定总分店，1949.4，1册，32开

本书共4部分："什么叫复式教学法？它在今天乡村教育上的重要性怎样？""单级复式教学的日课表怎样制订？""课前应有的准备""在课堂上怎样进行教学？"。

收藏单位：南京馆、山东馆

07059
教师之友
苏北新华书店盐城分店，1949.6，42页，32开

本书收文10篇，内容包括：《文化、教育、知识分子》（毛泽东）、《知识分子问题》（任弼时）、《儿童护理和教育的几点经验》（吴燕生）等。

收藏单位：国家馆

07060
教育工作者学习资料（第1集） 皖北人民行政公署教育处编
新华书店，[1949]，62页，32开

本书收文11篇，内容包括：《论教师学习》（董纯才）、《提高中学教员的政治思想水平》（邵凯）、《山东省人民政府关于中等学校政治思想教育的指示》（选自《山东教育》）等。

收藏单位：国家馆、山东馆

07061
教育工作者学习资料（第2集） 皖北行署文教处编
[合肥]：皖北行署文教处，1949，54页，32开

收藏单位：国家馆

07062
教育哲学 张栗原著
上海：生活·读书·新知联合发行所，1949.6，196页，22开
上海：三联书店，1949，再版，1册

本书分前、后两编。前编共6章：引论、教育学的诸问题、哲学的诸体系、唯物论的教育哲学、观念论的教育哲学、唯用论的教育哲学；后编共3章：教育本质论、教育目的论、教育价值论。书前有林砺儒序。

收藏单位：东北师大馆、国家馆、吉林馆、辽大馆、辽宁馆、内蒙古馆、山东馆、上海馆、天津馆

07063
论共产主义教育（言论选集）（苏）加里宁（М. И. Калинин）著
莫斯科：外国文书籍出版局，1949，327页，25开

本书收文30篇，内容包括：《在苏联列宁共产青年团第七次代表大会上的讲演摘录》《要成为全面发展的人》《学习与生活》《在欢迎荣受勋章的乡村学校教师晚会上的演说词》《论共产主义教育》《作到一切去战胜敌人！》等。

收藏单位：北师大馆、重庆馆、东北师大馆、国家馆、河南馆、辽宁馆、天津馆、西南大学馆

07064
论新民主主义的教育
苏南出版社，1945.8，56页，32开

本书收文15篇，内容包括：《开展大规模的群众文教运动》（罗近）、《根据地普通教育的改革问题》（《解放日报》社论）、《陕甘宁边区文化建设的具体办法》（中共西北局）等。

收藏单位：国家馆、山东馆

07065
民权读本 太行文化教育出版社编
太行文化教育出版社，1940.3，32页，32开

本书共12课，内容包括：三民主义、民权主义、人民能够做主等。

收藏单位：国家馆

07066
生活教育 唐振宗著
上海：生活·读书·新知联合发行所，1949.6，102页，36开（新中国百科小丛书）

本书共20节，内容包括：生活与教育、教育的发展、新教育的基础、新的教育、社会即学校、教学做合一、工学团、小先生制、生活教育运动等。每节后附有习题。

收藏单位：安徽馆、东北师大馆、广东馆、贵州馆、国家馆、黑龙江馆、辽大馆、辽宁馆、南京馆、内蒙古馆、西南大学馆、云南馆

07067

新教学法　胶东新华书店编

胶东新华书店，1917.8，150页，32开

本书共5部分：教师的方向和榜样、群众教育的组织领导和方法、指导成人学习的方法问题、学习和中心工作的结合问题、儿童的管理和教学法。收文三十余篇，内容包括：《教育英雄夏陶然》《教育群众的几种方法》《怎样注意文盲的识字教育》《一种识字办法》《多样化的领导方法》《延安市旧城民小的教学经验和管理方法》等。

收藏单位：南京馆

07068

新教学法　陶行知著

大连：大众书店，[1945—1949]，38页，32开（新教育丛书）

本书收讨论文章8篇，内容包括：《教学做合一》《艺友制师范教育答客问》《湘湖教学做讨论会记》《答朱端琰之问》等。

07069

新教学法　陶行知著

华中新华书店，1949.9，120页，32开（新教育丛书）

本书收文19篇，内容包括：《教学做合一》《什么叫教学做合一》《教学做通则》《废除体罚的研究》《漫谈学习组织形式》《指导成人学习的各种方式》《工人教学法之商讨》等。

收藏单位：河南馆

07070

新教学法　陶行知著

中原新华书店，[1948]，90页，32开（新教育丛书）

收藏单位：重庆馆、国家馆、河南馆

07071

新教学法之二　新教育学会编

大连：大众书店，1948.1，50页，32开（新教育丛书）

本书收文6篇，内容包括：《关于废除体罚问题》《漫谈学习组织形式》《珠算教育漫谈》《延安市旧城民小的教学经验和管理方法》等。

收藏单位：东北师大馆、辽大馆、辽宁馆

07072

新教学法之三　新教育学会编

[大连]：大众书店，[1945—1949]，36页，32开（新教育丛书）

本书收文10篇，内容包括：《教育群众的几种方法》《工人教学法之商讨》《怎样注意文盲的识字教育》《几个反迷信的实例》等。

收藏单位：东北师大馆

07073

新教育论丛　大连市政府教育局选辑

大连：大连市政府教育局，[1946—1949]，133页，32开

本书共6辑，收列宁、毛泽东、徐特立、邹韬奋等人论述教育的文章。

收藏单位：国家馆

07074

行知教育论文选集　延安新教育学会选编

大连：大众书店，1947.2，再版，314页，32开

大连：大众书店，1947.9，3版，314页，32开

本书是为纪念陶行知先生逝世而重新出版的选集，收《教学合一》《从野人生活出发》《行是知之始》《答朱端琰之问》《育才学校创办旨趣》《告生活教育社同志书》等文章。

收藏单位：重庆馆、东北师大馆、国家馆、辽宁馆、南京馆、山东馆、浙江馆

07075
行知教育论文选集　延安新教育学会选编
[唐山]：冀东新华书店，1949.5，294页，32开
本书为陶行知先生遗著，收《教学合一》《从野人生活出发》《行是知之始》《答朱端琰之问》《育才学校创办旨趣》《告生活教育社同志书》等文章。
收藏单位：国家馆、黑龙江馆、吉林馆、辽大馆、内蒙古馆、宁夏馆、天津馆

07076
行知教育论文选集　延安新教育学会编
胶东新华书店，1946.8，161页，32开
本书收文30篇，大部分与1945年10月版相同，有个别删增。新增《中华教育改进社改造全国乡村教育宣言书》《试验乡村师范学校答客问》《湘湖教学做讨论会记》等。
收藏单位：国家馆、近代史所、山东馆、山西馆

07077
行知教育论文选集　延安新教育学会编
临沂：山东新华书店，1946.6，3版，162页，36开
收藏单位：重庆馆、东北师大馆、河南馆、山东馆

07078
行知教育论文选集　延安新教育学会编
新华书店，1943，249页，36开
新华书店，1945.10，168页，32开
本书收文34篇，内容包括：《教学合一》《从野人生活出发》《行是知之始》《答朱端琰之问》《育才学校创办旨趣》《告生活教育社同志书》等。
收藏单位：重庆馆、国家馆、近代史所、中科图

07079
迎接新时代　郭沫若等著
香港：新少年出版社，1949，52页，32开（新少年综合丛书1）
收藏单位：国家馆

中国教育事业

07080
重庆市学生健康比赛报告　陈柏青编
重庆：中共社会部，1938，[91]页，32开
本书内容包括：比赛缘起、办法、组织学生健康比赛委员会章程及一览表等。
收藏单位：北碚馆、国家馆、南京馆

07081
东北三年来教育概况统计表　东北人民政府文化教育部编
沈阳：东北人民政府文化教育部，1949，28页，16开
收藏单位：国家馆

07082
东北四年来教育文件汇编　东北教育社辑
[沈阳]：东北新华书店，1949.9，125页，32开（东北教育丛书1）
本书收文19篇，内容包括：《东北政委会关于改造学校教育与开展冬学运动的指示》等。
收藏单位：东北师大馆、国家馆、黑龙江馆、辽宁馆

07083
东北行政委员会关于教育工作的指示　东北行政委员会教育委员会编
[哈尔滨]：[东北行政委员会教育委员会]，1947.9，7页，36开
收藏单位：东北师大馆、国家馆、吉大馆、辽宁馆、天津馆

07084
根据地普通教育的改革问题　教育阵地社编
新华书店华北分店，[1946]，66页，32开（新教育丛书2）
本书收文12篇，内容包括：《打碎旧的一套》《根据地普通教育的改革问题》《论普通

教育中的学制与课程》《边区青年运动中的一个基本问题》《关于改善教育工作》《关于陕甘宁边区中等学校新课程》等。

收藏单位：重庆馆、国家馆

07085

根据地普通教育的改革问题 教育阵地社编

张家口：新华书店晋察冀分店，1946.6，50页，32开（新教育丛书2）

收藏单位：国家馆、山东馆

07086

关于办正规学校的问题 董纯才等著

东北新华书店辽东分店，1949.9，19页，32开

本书收文3篇：《关于办正规学校的问题》（董纯才）、《如何使教育为生产服务》（《东北日报》社论）、《为建设新中国的文艺而奋斗》（郭沫若）。

收藏单位：国家馆

07087

教育材料 [解放日报社编]

[东海教育训练班]，[1941—1949]，33页，32开

本书论述根据地普通教育的改革问题。

收藏单位：山东馆

07088

教育改革论文集 孙明选辑

朝城：冀鲁豫行署教育处，1947.7，61页，32开（教育导报丛刊1）

本书收文7篇，内容包括：《文化运动的新方向》（毛泽东）、《根据地普通教育的改革问题》（《解放日报》社论）、《晋冀鲁豫边区政府教育厅关于"新教育方针"的初步意见》等。

收藏单位：国家馆、河南馆

07089

教育普及与小先生制 新教育学会编

大连：大众书店，1948.1，66页，32开（新教育丛书）

本书收文10篇，内容包括：《从穷人教育想到穷国教育》（陶行知）等。

收藏单位：东北师大馆、辽宁馆

07090

教育通讯选辑 教育通讯社编

延安：陕甘宁边区新华书店，1948.11，76页，32开

本书收文10篇，内容包括：《根据情况想办法》（马萧云）、《今年儿童节的感想》（辛安亭）、《关于作文教学》（黑黎）、《建立自动自觉的纪律》（马萧云）、《瓦市的黑板报》（映雪）等。附《中共西北局关于黄龙新区学校教育的指示》。

收藏单位：国家馆、山东馆、山西馆

07091

教育新方向 新浙东报社编

浙东韬奋书店，[1944—1945]，70页，32开

本书收《国民教育的改造》（《解放日报》）、《普通教育中的学制与课程》（《解放日报》）、《解放区新民主主义文化运动中的统一战线方针》（毛泽东）、《边区新教育方针收获巨大》（新华社）等文章。

07092

解放区普通教育的改革问题 新教育学会编

佳木斯：东北书店，[1947.1]，96页，32开

佳木斯：东北书店，1947.11，再版，96页，32开（人民新教育丛书）

哈尔滨：东北书店，1948.11，再版，96页，32开（人民新教育丛书）

本书所收文章有一部分是《解放日报》关于改革根据地普通教育的社论和专论，有些是陕甘宁、晋察冀、苏皖、东北等解放区的教育工作决议和指示。收文18篇，内容包括：《论国民教育的改造》《根据地普通教育的改革问题》等。

收藏单位：长春馆、东北师大馆、广东馆、国家馆、黑龙江馆、吉大馆、辽宁馆、南京馆

07093
解放区群众教育建设的道路　新教育学会编
佳木斯：东北书店，1947.1，155页，32开（人民新教育丛书2）
哈尔滨：东北书店，1948.11，再版，155页，32开（人民新教育丛书2）
本书收文18篇，内容包括：《解放区教育建设的道路》（董纯才）、《在摸索试验中成长的杨家湾小学》（陶端予）、《张家畔妇轮冬学》（李之钦）、《刘家城卫生冬学》（翟定一）、《洋芋渠妇女冬学》（傅春杰）等。
收藏单位：重庆馆、东北师大馆、广东馆、国家馆、吉大馆、吉林馆、南京馆、内蒙古馆、山东馆、山西馆、天津馆、中科图

07094
开展大规模的群众文教运动　毛泽东等著
香港：中国出版社，1947.8，89页，32开
本书收文5篇：《此次文教大会的意义何在》（《解放日报》社论）、《解放区文化统一战线方针》（毛泽东）、《开展边区文教工作》（高岗）、《开展大规模的群众文教运动》（罗迈）、《人民文化的时代》（周而复）。
收藏单位：湖北馆、内蒙古馆

07095
抗战教育的理论与实践　李公朴著
汉口[等]：读书生活出版社，1938.5，169页，32开
本书共5部分：新中国教育制度的基础、抗战教育的理论与实践、我们在抗战中怎样教育自己、致民大同学的一封公开信、西北青年救国联合会怎样办战时青年训练班。附《民众训练大纲拟议》《儿童教育工作大纲》《伤兵教育工作大纲》等。
收藏单位：北碚馆、东北师大馆、广东馆、广西馆、贵州馆、桂林馆、国家馆、河南馆、南京馆、宁夏馆、山西馆、上海馆、首都馆、天津馆、西南大学馆、浙江馆、中科图

07096
抗战教育的理论与实践　李公朴著
重庆：天马书店，1938.5，169页，32开
收藏单位：重庆馆

07097
抗战教育在陕北　田嘉谷编
汉口：明日出版社，1938.3，108页，32开（明日丛书3）
本书收文13篇，内容包括：《陕北边区的新变化》（徐盈）、《新的教育制度》（徐特立）、《陕公、抗大和党校》（马骏）、《一个抗战的学校》（徐行）、《陕北公学与救亡教育》（吴黎平）、《陕北——中国革命的耶路撒冷》（东平）、《抗日大学巡礼》（岗平）、《思想斗争在抗大》（何松）、《延安的吸引力》（田嘉谷）、《其他——关于民族革命大学》（韬奋）等。
收藏单位：广西馆、国家馆、吉林馆

07098
抗战时期边区教育建设（上册）　教育阵地社编
张家口：新华书店晋察冀分店，1946.6，108页，32开（新教育丛书5）
本书共4部分："边区教育建设的道路""干部教育——中等专门教育""社会教育""小学教育"。收抗战时期关于边区教育建设的文章18篇，内容包括：《在艰苦的斗争中曲折前进》《中等学校的创办与发展》等。
收藏单位：重庆馆、国家馆

07099
抗战时期边区教育建设（下册）　教育阵地社编
张家口：新华书店晋察冀分店，1946.5，102页，32开（新教育丛书6）
本书收抗战时期关于边区教育建设的文章6篇，内容包括：《坚决不疲倦的反奴化教育斗争》《教育与生产劳动结合》《群众教育的"民办公助"和英模运动》《从一个村看边区人民的文化》等。书前有皑风序。
收藏单位：国家馆、天津馆

07100
抗战中的中国教育与文化　时事问题研究会编
抗战书店，1940，413 页，32 开（“抗战的中国”丛刊 5）
本书分抗战中的中国教育、抗战中的文化两编，共 16 章。第 1 编介绍“七七”事变后我国教育的损失、国民党统治区及抗日根据地教育的概况等；第 2 编介绍抗战前的文化概况、“七七”事变后中国文化的浩劫与新生，以及新民主主义文化的建立。
收藏单位：东北师大馆、国家馆、南京馆、山西馆

07101
论教育工作　中共安东省委宣传部编
安东（丹东）：东北书店安东分店，1948.12，272 页，32 开
本书收文 30 篇，内容包括：《改造我们的学习》（毛泽东）、《解放区教育建设的道路》（董纯才）、《民权村小学民办经验介绍》（马华）、《民办教育经验介绍》（张建华）、《边区青年运动中的一个基本问题》等。
收藏单位：重庆馆、国家馆、湖北馆、陕西馆

07102
论教育工作（2）　中共安东省委宣传部编
安东（丹东）：东北书店，1948.12，24 页，32 开
本书收文 5 篇，内容包括：《恢复和发展中等教育是当前重大的政治任务》《东北政委会关于教育工作的指示》《华北中等教育会议决定改善中等教育制度》等。
收藏单位：辽宁馆

07103
论教育工作的改造　湖北省人民政府教育厅编
新华书店，1949.8，湖北版，96 页，32 开（教与学丛书）
本书收文 13 篇，内容包括：《从实际出发为群众服务》《论国民教育的改造》《关于改善教育工作》《怎样改造我们的学校》《只有认真参加社会活动才能切实改进小学教育》等。附《白玉江的胜民小学》《椒房村半工半读小学》等。
收藏单位：湖北馆、山东馆

07104
论教育工作的改造（1）　新教育学会编
大连：大众书店，[1948]，49 页，32 开（新教育丛书）
本书收文 13 篇，内容包括：《打碎旧的一套》《论国民教育的改造》等。
收藏单位：辽宁馆、南大馆

07105
论教育工作的改造（2）　新教育学会编
大连：大众书店，[1948]，87 页，32 开（新教育丛书）
本书收文 11 篇，内容包括：《整顿学风》（毛泽东）、《关于马列主义中国化的问题》（杨松）等。
收藏单位：辽宁馆

07106
论目前华中解放区教育工作（华中宣教大会地方教育工作总结报告要点）　刘季平著
[高邮]：苏皖边区政府教育厅，1946.5，17 页，16 开
本书共 4 部分：“目前客观环境与工作基础”“几个基本问题”“方针、学制、办法”“今后一年的任务”。
收藏单位：国家馆、南京馆

07107
模范学校与模范教师　洛阳市文教局编
中原新华书店，1949，63 页，32 开（新教育丛书）
本书收文 9 篇，内容包括：《延安西区两个新型小学》《教育界的英雄常增祥》《南关岭青年夜校》等。
收藏单位：国家馆

07108
模范学校与模范教师 新教育学会编
大连：大众书店，[1949]，73 页，32 开（新教育丛书）

本书与中原新华书店版《模范学校与模范教师》内容基本相同。

收藏单位：辽宁馆

07109
目前教育的指针 东北行政委员会教育委员会编
佳木斯：东北书店，1947.11，37 页，32 开（东北教育丛刊第 1 集）
佳木斯：东北书店，1948.3，再版，37 页，32 开（东北教育丛刊第 1 集）
哈尔滨：东北书店，1948.11，36 页，32 开（东北教育丛刊第 6 集）

本书收文 3 篇：《东北行政委员会关于教育工作的指示》《凯丰同志在东北解放区第一次教育会议上的讲话》《关于东北解放区教育工作的总结》。哈尔滨 1948 年 11 月版收文 5 篇：《恢复和发展中等教育是当前的重大政治任务》《东北行政委员会关于教育工作的指示》《林主席在第三次教育会议上的讲话》《前进一步——东北解放区第三次教育会议的总结》《东北局政委会关于冬季群众教育的指示》。

收藏单位：长春馆、重庆馆、东北师大馆、国家馆、吉大馆、山东馆、陕西馆、天津馆

07110
三届教育会议关于建立新型正规教育制的决议摘要（政策介绍之二）
[沈阳]：中共沈阳特别市工委宣传部，[1948—1949]，3 页，32 开

本书为东北解放区第三次教育会议关于建立新型正规教育制的决议摘要，共两部分：过去教育工作总结、目前中心任务。

收藏单位：国家馆

07111
山东教育选辑（第 1 集 小学民办问题专号）
渤海行署教育处编
惠民：渤海新华书店，1947.6，49 页，32 开

本书收文 11 篇，内容包括：《山东省政府关于实行小学民办的指示》、《临沂小学转民办的初步研究》（刘去病）、《民办后的教育工作的领导问题》（洪林）等。

收藏单位：国家馆、山东馆

07112
山东教育选辑（第 2 集 关于儿童教育问题）
渤海行署教育处编
惠民：渤海新华书店，1947.6，59 页，32 开

本书共 3 部分：论文、经验、通讯。收文 12 篇，内容包括：《论儿童教育》（高赞非）、《对于儿童管理的初步意见》（杨筠、庆德）、《大古峪的儿童教育》（李海昆）等。

收藏单位：南京馆、山东馆

07113
山东教育选辑（第 3 集 关于成人教育问题）
渤海行署教育处编
惠民：渤海新华书店，1947.6，56 页，32 开

本书共 3 部分：论文、经验、通讯。收文 10 篇，内容包括：《目前山东教育工作的基本问题》（黎玉）、《成人教育组织形式的初步研究》（宿士平）等。

收藏单位：南京馆、山东馆

07114
陕北公学 陕北公学编辑
新华书局，1937.11，22 页，32 开

本书收文 13 篇，内容包括：《目前的时局》（毛泽东）、《陕北公学开学纪念祝辞》（张国焘）等。并有毛泽东赠言及朱仲止的编后话。

收藏单位：国家馆

07115
陕甘宁边区教育方针 陕甘宁边区政府办公厅编
[濮阳]：冀鲁豫书店，1945.11，48 页，25 开

收藏单位：山东馆

07116
陕甘宁边区教育方针　陕甘宁边区政府办公厅编
平原群众书店，1946，21 页，32 开
收藏单位：山东馆

07117
陕甘宁边区教育方针　陕甘宁边区政府办公厅编
[延安]：陕甘宁边区政府办公厅，1944.7，60 页，32 开（边政读物 1）
本书收文 6 篇：《关于改善教育工作》《边区政府关于提倡研究范例及试行民办小学的指示信》《边区政府关于今年冬学的指示信》《边区政府关于各中等学校今后招生标准的指示信》《关于中等学校新课程》《延安大学教育方针暨暂行方案》。附《打碎旧的一套》等 4 篇。
收藏单位：重庆馆、东北师大馆、近代史所、山西馆

07118
陕甘宁边区教育方针　陕甘宁边区政府办公厅编
太岳新华书店，[1945.2]，60 页，32 开
收藏单位：国家馆

07119
陕甘宁边区文教大会选辑　察哈尔省教育厅编
[张家口]：察哈尔省教育厅，1945.12，48 页，32 开（新教育丛书）
本书收文 5 篇，内容包括：《此次文教大会的意义何在》（《解放日报》社论）等。
收藏单位：东北师大馆、近代史所、中科图

07120
陕甘宁边区文教工作　冀鲁豫日报社　冀鲁豫书店编
冀鲁豫日报社，1943，石印本，47 页，64 开，环筒页装（文教丛书 1）
本书收文 4 篇：《陕甘宁边区教育改革收获巨大》《陕甘宁边区的大众黑板报》《从文教陈列室里看到的边区文教工作的阵容》《七八年来边区教育的检讨总结》。
收藏单位：国家馆

07121
苏中公学概况　苏中公学政治部编
苏中公学政治部，1945.10，10 页，32 开
本书内容包括：该校性质、组织系统、大事记、各项统计等。
收藏单位：国家馆

07122
太行区一九四五年教育工作概述　晋冀鲁豫边区政府太行行署编
[涉县]：晋冀鲁豫边区政府太行行署，1946，38 页，32 开
本书共 3 部分：社会教育、中等教育、小学教育。
收藏单位：山西馆

07123
太岳四专署文教会议特刊　太岳四专署办公室编
太岳四专署办公室，1940.4，油印本，25 页，16 开
收藏单位：国家馆

07124
文化教育政策　胶东新华书店编
胶东新华书店，1946.6，56 页，32 开（解放区现行政策法令简编 3）
本书收《山东省政府关于整理发展小学指示》《山东省胶东区行政公署关于整理发展小学的补充指示》《修正胶东战时小学暂行规程》《中小学教职员退休抚恤办法》等法令。
收藏单位：国家馆、河南馆、山东馆、天津馆

07125
文教先锋　山西省平顺县文委会编
平顺：山西省平顺县文委会，1947.10，油印本，7 页，32 开

收藏单位：国家馆

07126
文教政策 中共中央统一战线工作部编
[北平]：中共中央统一战线工作部，1949.8，153页，32开
本书收文25篇，内容包括：《新民主主义的文化》《改造我们的学习》《中共中央关于延安干部学校的决定》《在延安文艺座谈会上的讲话》《关于文化运动的方针》《知识分子问题》等。
收藏单位：国家馆、近代史所、天津馆

07127
我们的学校（延安八路军抗属子弟学校介绍） 程今吾著
华中新华书店，1948.10，138页，32开
本书分13部分介绍延安八路军抗属子弟学校的生活、生产劳动、社会活动、游戏、建设和创造、思想教育、纪律教育、课程、教学活动等方面的具体情况。
收藏单位：吉林馆、宁夏馆、山东馆

07128
我们的学校（延安八路军抗属子弟学校介绍） 程今吾著
扬州：苏北新华书店，1949.9，134页，32开
收藏单位：北师大馆、国家馆、山西馆、首都馆

07129
我们的学校（延安八路军抗属子弟学校介绍） 程今吾著
苏南新华书店，1949.6，138页，32开
苏南新华书店，1949，2版，138页，32开
收藏单位：广东馆、吉林馆、南京馆、天津馆

07130
新教育论文选集 教育阵地社编
教育阵地社，1945，76页，32开（新教育丛书3）
本书收文10篇，内容包括：《关于小学生活指导问题的商榷》《加强儿童的生产教育》《普遍深入开展冬学运动》《关于"民办公助"小学的几个认识问题》等。
收藏单位：国家馆、黑龙江馆

07131
新教育论文选集 教育阵地社编
张家口：新华书店晋察冀分店，1946.6，116页，32开（新教育丛书3）
本书收文19篇，内容包括：《教师节寄边区小学教师》（刘皑风）、《谈在职区乡干部的学习文化》（董纯才）、《由儿童节谈到废除体罚》（萧云）、《加强群众的卫生防疫教育减少疾病死亡》（齐健秋）等。
收藏单位：重庆馆、国家馆、近代史所

07132
新教育文选 冀东区行署教育科编
新华书店冀东支店，1946.7，38页，32开
本书收文11篇，内容包括：《知识分子的学习与改造》《根据地普通教育的改革问题》《论普通教育中的学制与课程》等，大多为《解放日报》社论。
收藏单位：国家馆

07133
新教育文选 晋南行署民教处编
晋南行署民教处，1949.4，128页，32开
本书共9章：新教育方针的教学提纲、论小学的教育、在摸索试验中成长的杨家湾小学、夏陶然的道路、关于学习问题给淮北区党委的信、教学活动、建立自动自觉的纪律、关于作文教学、文从说话起。
收藏单位：重庆馆

07134
新民主主义教育参考文件 河南省教育厅编
[开封]：河南省教育厅，1949.7，70页，32开
本书收文件8种，内容包括：《东北行政委员会关于教育工作的指示》《华北区小学暂行实施办法》《华北人民政府发布关于小学教育几个重要问题的指示》等。

收藏单位：国家馆

07135
延安一学校（新的教学法） 程今吾著
新洛阳报社，[1948—1949]，155 页，36 开
收藏单位：贵州馆、湖北馆

07136
延安一学校（一九四四年九月到一九四六年三月的八路军抗属子弟学校） 程今吾著
佳木斯：东北书店，1948.11，139 页，32 开
收藏单位：长春馆、东北师大馆、国家馆、黑龙江馆、吉林馆、南京馆、宁夏馆、山东馆、山西馆

07137
延安一学校（一九四四年九月到一九四六年三月的八路军抗属子弟学校） 程今吾著
华北新华书店，1948.1，193 页，32 开
华北新华书店，1948.8，再版，193 页，32 开
收藏单位：安徽馆、东北师大馆、国家馆、河南馆、吉林馆、近代史所、宁夏馆、山西馆、天津馆、中科图

07138
延安一学校（一九四四年九月到一九四六年三月的八路军抗属子弟学校） 程今吾著
[阳城]：太岳新华书店，1948.10，174 页，32 开
[阳城]：太岳新华书店，1949，2 版，174 页，32 开
收藏单位：重庆馆、广东馆、宁夏馆、山东馆、山西馆、天津馆

07139
延安一学校（一九四四年九月到一九四六年三月的八路军抗属子弟学校） 程今吾著
上海：新华书店，1949，148 页，32 开
收藏单位：重庆馆、东北师大馆、吉大馆、山西馆

07140
延安一学校（一九四四年九月到一九四六年三月的八路军抗属子弟学校） 程今吾著
中原新华书店，1948，再版，193 页，32 开
中原新华书店，1949.4，145 页，32 开
收藏单位：重庆馆、国家馆、山西馆

世界各国教育事业

07141
论苏联的教育　江山编译
无锡：苏南新华书店，1949.9，138 页，32 开
本书共 8 节，内容包括：苏联教育的今昔、各级教育概述、国民义务教育、学校与家庭的关系、学生组织、职工与农民教育等。版权页题名：论苏联教育。
收藏单位：重庆馆、东北师大馆、国家馆、山东馆

07142
论苏联教育　江山编译
大连：关东中苏友好协会，1949.3，119 页，32 开（友谊丛书 17）
收藏单位：长春馆、东北师大馆、国家馆、吉大馆、上海馆、天津馆

07143
论苏联教育　江山编译
[泰州]：苏北新华书店，[1949]，124 页，32 开
收藏单位：国家馆、吉林馆、南京馆

07144
苏俄新教育之研究　（日）仲宗根源和著　金溟若译
上海：神州国光社，1930.4，300 页，32 开
本书共 9 章，内容包括：马克思主义与教育、旧俄罗斯及其教育、新俄罗斯及其教育、教育行政组织及机关、统一劳动学校、儿童保护的诸设施、科学及艺术教育等。
收藏单位：安徽馆、北碚馆、重庆馆、东北师大馆、广西馆、国家馆、黑龙江馆、辽大馆、南京馆、首都馆、天津馆、浙江馆

07145
苏联的国民教育　（俄）沃尔柯娃等著　龚远英译
[北平]：三联书店，1949，81页，36开（苏联介绍丛书）
本书共9章，内容包括：苏维埃政权在国民教育方面的初步措施、国民教育系统、幼稚教育等。
收藏单位：安徽馆、重庆馆、广东馆、广西馆、国家馆、湖北馆、南京馆、山西馆、天津馆

07146
苏联教育介绍（1）　新教育学会编
大连：大众书店，1948.6，128页，32开（新教育丛书）
本书共3部分，收文40篇。第1部分收文8篇，内容包括：《三十年来的苏联教育》《苏联的国民教育》等；第2部分收文21篇，内容包括：《苏联的大学》《高等技术教育》；第3部分收文11篇，内容包括：《苏联的幼童教育》《苏联的学校卫生和儿童保健事业》等。
收藏单位：重庆馆、东北师大馆、国家馆、辽宁馆、山东馆、天津馆

07147
苏联学校教育讲座　（苏）索柯洛夫作　小英等译
安东（丹东）：东北书店安东分店，1948.7，73页，32开
本书简单扼要地介绍苏联的学校教育。共15部分，内容包括：初级学校、学校教育委员会、教员与教授法、学生家长委员会、学生委员会及其任务、赏罚制度、学校卫生制度、学生的家庭教育等。
收藏单位：国家馆

07148
苏联学校教育讲座　（苏）索柯洛夫著　小英等译
上海：新华书店，1949.9，89页，36开
[北平]：新华书店，1949，再版，86页，32开
收藏单位：重庆馆、国家馆、湖南馆

07149
苏联学校教育讲座　（苏）索柯洛夫著　小英译
新中国书局，1949.4，55页，36开
本书共14章，内容包括：初级学校、学校教育委员会、教员与教授法、学生委员会及其任务等。
收藏单位：安徽馆、东北师大馆、国家馆、南京馆、山东馆、天津馆

学前教育

07150
儿童画教材　邹雅编著
华北新华书店，1946.10，22页，36开（美术小丛书）
本书共13部分，内容包括：怎样教儿童画画呢、各种物体的三种基本形状、立体、明暗、远近法、人头的画法、人的年龄画法、人身的比例、写生等。书前有序言。
收藏单位：国家馆

07151
儿童游戏　冀中教育社编
保定：新华书店保定总分店，[1949]，25页，32开
本书收儿童游戏法26种，内容包括：寻找光明、车头竞走、独立作战、花花猫、识字游戏、捉拿俘虏、填字缀文等。
收藏单位：国家馆、山东馆

07152
旧年　延安二保院儿童教研会编
延安：延安二保院儿童教研会，[1945—1949]，复写本，26页，48开
本书为延安保院幼儿教材。
收藏单位：国家馆

07153
论苏联儿童教育　（苏）葛洛尼茨卡雅著　容之译
大连：旅大中苏友好协会，1949.9，100页，32开（友谊丛书28）

本书收文6篇：《幼稚园最老的教育家——高洛斯尼茨卡雅》《培养儿童的独立性与对劳动的兴趣》《论培养儿童的意志和性格》《论培养儿童共产主义道德》《关于扩大儿童眼光的研究》《论幼稚园教育法的指导》。著者原题：高洛斯尼茨卡雅。

收藏单位：山东馆、绍兴馆、天津馆

07154
洛杉矶托儿所　沈元晖著　全国民主妇女联合会筹备委员会编
[北平]：全国民主妇女联合会筹备委员会，1949.3，65页，32开
[北平]：全国民主妇女联合会筹备委员会，1949.8，再版，70页，32开

本书介绍1940年在延安开办的洛杉矶托儿所的基本情况，共5章：托儿所的发展、人员房屋的配备、儿童保健、儿童教育、保育员的训练。

收藏单位：长春馆、重庆馆、国家馆、吉林馆、南京馆、山东馆、山西馆、天津馆

07155
托儿所工作　东北军区政治部编
东北军区政治部，1949.2，64页，32开

本书共4部分：中共中央党校三部托儿所一年工作总结、延安洛杉矶托儿所（全托）保育员各种工作制度、儿歌故事选集、保育法教材。

收藏单位：重庆馆、国家馆、辽宁馆

07156
我的儿童教育工作　（苏）葛洛尼茨卡雅著　高亚天译
沈阳：东北新华书店，1949.8，72页，32开

本书收文6篇，内容包括：《培养儿童的独立活动能力及劳动兴趣》《意志与性格的培养》《某些道德品质的教育》《教员怎样扩展儿童的眼界》《论幼稚园教学法的领导》等。

收藏单位：国家馆、吉大馆、辽宁馆、天津馆

07157
我的儿童教育工作　（苏）葛洛尼茨卡雅著　高亚天译
上海：新华书店，1949.8，68页，32开

收藏单位：国家馆、湖北馆

初、中等教育

07158
从金中谈思想教育　赵凌著
大连：大众书店，1948.5，44页，32开（新教育丛书）

本书共5部分：两年来同学思想的发展与变化、思想教育的目的和要求、对同学的看法和基本态度、思想教育的方式和方法、群众路线与民主作风。

收藏单位：国家馆

07159
解放区中等教育介绍　新教育学会编
大连：大众书店，1948.6，95页，32开（新教育丛书）

本书收文10篇，内容包括：《中共东北中央局关于知识分子的决定》《东北行政委员会关于教育工作的指示》《东北行政委员会关于中等教育的指示》《东北教育会议检讨各地中等教育与凯丰同志在会上的发言》等。

收藏单位：东北师大馆、山东馆

07160
晋西北行政公署命令（民教字第四十七号）
[兴县]：[晋西北行政公署]，1943.10，[30]页，32开

本书内容包括：晋西北行政公署关于晋西北中等学校教育的决定、三年来的中等教育工作、关于中等学校教育方针任务、关于中等学校教学内容的决议、关于中等学校组织问题的讨论内容、关于中等学校的领导问题

等。

收藏单位：山西馆

07161
课本与作剧　晋冀鲁豫边区政府第一所编审委员会编
晋冀鲁豫边区政府第一所编审委员会，[1945.7]，34页，32开（教育丛书）

本书收文两篇：《太行区小学课本的编辑问题》（编审委员会）、《秧歌剧本评选小结》（赵树理、靳典谟）。

07162
民权村小学介绍　东北政委会教育委员会编
哈尔滨：东北书店，1947.11，21页，32开（东北教育丛刊第3集）

本书共3部分："发动人民自己教育自己""朝着教育和群众结合的方向努力前进""介绍新型民办村学——民权村小学"。封面编者题：东北行政委员会教育委员会。

收藏单位：北师大馆、长春馆、国家馆、黑龙江馆

07163
南京市中小学教师暑期讲习会学习资料　南京市人民政府教育局编
南京：南京市人民政府教育局，1949，132页，32开

本书收文17篇，内容包括：《论人民民主专政》《朱德司令在新政协筹备会开幕典礼上的讲词》《中共七届二中全会经过》《五四运动与知识分子的道路》《新民主主义的文化》等。

收藏单位：重庆馆

07164
普通中学暂行实施办法（草案）　华北人民政府编
华北人民政府，[1948]，8页，36开

收藏单位：国家馆

07165
全县红星小学初选会议专刊　潞城县教育科编
潞城：[潞城县教育科]，1947.2，油印本，16页，32开

收藏单位：国家馆

07166
陕甘宁边区杨家湾小学　陶端予著
[濮阳]：冀鲁豫书店、冀鲁豫日报社，1945.5，42页，64开（文教丛书3）

本书分7章介绍杨家湾小学。

07167
双辽四中农民班报告　双辽第四中学编
双辽第四中学，1948.8，抄本，59页，16开

收藏单位：国家馆

07168
四个民办小学　陕甘宁边区政府办公厅编
佳木斯：东北书店，1947.9，51页，32开

收藏单位：广东馆、国家馆、辽大馆、辽宁馆

07169
四个民办小学　陕甘宁边区政府办公厅编
晋察冀新华书店，1945.5，63页，32开（边政读物3）

本书收介绍延安四个民办小学的文章4篇：《三个月来的裴庄小学》《磨家湾小学成立后的两个月》《记杨家湾村的北郊乡小学》《沟门村小学概况》。书前有编者的话。

收藏单位：南京馆

07170
四个民办小学　陕甘宁边区政府办公厅编
[延安]：陕甘宁边区政府办公厅，1944.9，69页，32开（边政读物3）

收藏单位：重庆馆、国家馆、南京馆

07171
苏联学生的思想政治教育（一九四七年四月十七至十九日俄罗斯联邦教育部专门委员会会议的纪录）（苏）G. R. 阿尔纳乌托夫编　金诗伯等译

沈阳：东北新华书店，1949.9，344 页，32 开（苏联教育丛书 1）

收藏单位：重庆馆、东北师大馆、国家馆、吉林馆

07172

苏联学生的思想政治教育（一九四七年四月十七至十九日俄罗斯联邦教育部专门委员会会议的纪录）（苏）G. R. 阿尔纳乌托夫编 金诗伯等译

光华印刷厂，1949.9，224 页，32 开

收藏单位：东北师大馆、国家馆

07173

苏联学生的思想政治教育（一九四七年四月十七至十九日俄罗斯联邦教育部专门委员会会议的纪录）（苏）G. R. 阿尔纳乌托夫编 金诗伯等译

华中新华书店，1949.9，274 页，32 开

收藏单位：重庆馆

07174

苏联学生的思想政治教育（一九四七年四月十七至十九日俄罗斯联邦教育部专门委员会会议的纪录）（苏）G. R. 阿尔纳乌托夫编 金诗伯等译

天津：联合出版社，1949.9，220 页，32 开

本书收文 21 篇，内容包括：《列宁格勒学校的思想教育工作》《关于学校思想教育工作的一些问题》《在教第十年级文学时的思想教育》等。

收藏单位：重庆馆、吉林馆、南京馆、天津馆

07175

苏联学生的思想政治教育（一九四七年四月十七至十九日俄罗斯联邦教育部专门委员会会议的纪录）（苏）G. R. 阿尔纳乌托夫编 金诗伯等译

山东新华书店，1949.6，284 页，32 开

本书收文 21 篇，内容包括：《列宁格勒学校的思想教育工作》《关于学校思想教育工作的一些问题》《在教第十年级文学时的思想教育》等。

收藏单位：安徽馆、重庆馆、国家馆、吉林馆、辽宁馆、山东馆、天津馆

07176

苏联学生的思想政治教育（一九四七年四月十七至十九日俄罗斯联邦教育部专门委员会会议的纪录）（苏）G. R. 阿尔纳乌托夫编 金诗伯等译

无锡：苏南新华书店，1949.9，251 页，32 开

本书收文 21 篇，内容包括：《列宁格勒学校的思想教育工作》《关于学校思想教育工作的一些问题》等。据英译本重译。

收藏单位：湖北馆

07177

苏联学生的思想政治教育（一九四七年四月十七至十九日俄罗斯联邦教育部专门委员会会议的纪录）（苏）G. R. 阿尔纳乌托夫编 金诗伯等译

[北平]：新北平印刷厂，1949.9 印，235 页，32 开

本书编者原题：G. L. 阿尔纳乌托夫。

收藏单位：国家馆

07178

文治中学抗日特刊 北平文治中学抗日救国会宣传股编

北平：文治中学抗日救国会宣传股，1932.1，40 页，22 开

本书收文十余篇，内容包括：《国难期中国人还不觉悟吗？》《抗日救国声中我要说的几句话》《东北事件与帝国主义将来的战争》《宣战是我们唯一的出路》《救国问题》等，表达了北平文治中学师生抗日的呼声。集首有抗日特刊小题记。

收藏单位：国家馆

07179

想不开的问题想开了 华北新华书店编辑部编辑

华北新华书店，1947.8，39 页，32 开（新大众丛刊 10）

本书收文12篇，内容包括：《想不开的问题想开了》（王英）、《民办学校的方向》（王民）、《教育小经验》（李红）、《对民办学校的意见》（解索）、《陈彩章的教学方法》（逸民）、《新的招考法》（董立法）等。

收藏单位：重庆馆、国家馆、山东馆

07180
小学教育的理论与老区实践示范　徐特立　孙起孟等著
大众书店，1949.9，69页，32开（大众学习文选）

本书收文14篇，内容包括：《给新解放区的教育界朋友们》（孙起孟）、《谈新民主主义教育》（徐特立）、《苏联的初级小学》（索柯洛夫）、《延安市旧城民小教学经验和管理方法》（鲍侠影）等。

收藏单位：国家馆

07181
小学教育工作上三大矛盾的初步解决　磁县教育科编
华北新华书店，1948.1，147页，32开（磁县文教会特辑2）

本书内容涵盖河北磁县文教会的总结报告、工作经验，以及小学教育工作概况等。

收藏单位：国家馆

07182
小学教育里几个实际问题　萧云著
新华书店，1942.3，44页，32开（文化教育丛书）
新华书店，1943.10，再版，44页，32开（文化教育丛书）

本书共11章，内容包括：怎样克服学生的流动现象、教学技术上应注意的几点、急待解决的石笔石板问题、由儿童节谈到废除体罚、学生会的组织与领导问题等。

收藏单位：国家馆

07183
延安市旧城民办小学的教学经验与管理办法　解放社编
[阳城]：太岳新华书店，1946，22页，32开

本书共两部分：延安市旧城民办小学的教学经验和管理方法、旧城民小报告节录。

收藏单位：山西馆

07184
延安市旧城民办小学的教学经验与管理方法　冀南行署教育处编
威县：冀南日报社，1946.4，19页，32开

本书据该校教员鲍侠影《延安教育工作报告附册》中内容编成。

收藏单位：山东馆、山西馆、天津馆

07185
杨家湾小学在摸索试验中成长　陶端予著
太岳新华日报社，1945.4，25页，32开

本书分7部分介绍杨家湾小学的创办经过、办学方针、教学法等。

收藏单位：国家馆

07186
杨家湾小学在摸索试验中的成长　陶端予著
大连：大连日报社，[1940—1949]，26页，32开

收藏单位：国家馆、南京馆、山东馆

07187
杨家湾小学在摸索试验中的成长　陶端予著
[涉县]：太行新华日报社，1946.4，25页，36开，环筒页装

收藏单位：国家馆

07188
在摸索试验中成长的杨家湾小学　陶端予著
[佳木斯]：东北书店，1946.11，35页，32开

收藏单位：国家馆、吉林馆、辽宁馆、南京馆

07189
在摸索试验中成长的杨家湾小学　陶端予著
滏运书店，1946.2，石印本，28页，32开

收藏单位：国家馆

07190
在摸索试验中成长的杨家湾小学　陶端予著
新华书店，1945，36页，32开
收藏单位：重庆馆、南京馆

07191
在摸索试验中成长的杨家湾小学　陶端予著
[兴县]：新华书店晋绥分店，1947.4，36页，32开
收藏单位：国家馆、天津馆

07192
中小学教科用书审读意见书　华北人民政府教育部教科书编审委员会草拟
[北平]：中国共产党中央宣传部，1949.7印，102页，32开
收藏单位：辽宁馆、宁夏馆

07193
中学的民主　学生出版社编
昆明：学生出版社，1946.6，96页，32开
本书分3部分介绍"一二·一"事件前后教育界的落后与腐化，以及师生们为争取民主同落后腐化进行斗争的情况及经验。
收藏单位：上海馆

初、中等教育各科用书

政　治

07194
调查研究　于光远著
东北新华书店辽东分店，1949，69页，32开
本书为中等学校政治课教材。
收藏单位：国家馆

07195
调查研究　于光远著
华东新华书店，1949.8，86页，32开
本书为高级中学临时政治课本。除绪言外，共3篇：《对调查研究的基本认识》《怎样进行调查研究》《怎样作数字统计》。
收藏单位：吉林馆、南京馆、山西馆

07196
调查研究　于光远著
新华书店，1949.8，86页，32开
本书为中等学校政治课教材。除绪言外，共3篇：《对调查研究的基本认识》《怎样进行调查研究》《怎样作数字统计》。
收藏单位：东北师大馆、国家馆、天津馆

07197
改造思想的典型报告　东北行政委员会教育委员会编
佳木斯：东北书店，1947.11，105页，32开（东北教育丛刊2）
佳木斯：东北书店，1948.4，105页，36开（东北教育丛刊2）
本书收文7篇，内容包括：《佳木斯联中四个月的工作》（邵凯）、《宁安联中的思想改造报告》（许法）、《五常中学的反特斗争》（李江春）、《讷河联中学生的下乡工作》（纪昌）等。
收藏单位：重庆馆、东北师大馆、国家馆、黑龙江馆、辽宁馆、山东馆

07198
高小政治常识（第2册）　东北政委会编审委员会编
东北书店，1948，48页，32开
本书内容包括：耕者有其田、发展工商业、由穷变富的必由之路、要人人读书有文化、新民主主义共和国、孙中山和他的三大政策等。
收藏单位：国家馆、辽大馆

07199
高小政治常识（第2册）　东北政委会编审委员会编
辽南行政公署教育处，1947.11，48页，32开
收藏单位：南京馆

07200
共产儿童读本 中央教育部编
福建省苏劳动感化院，1933.7，6册（[205]页）
本书儿童初学适用，供各地列宁小学作临时教材。

07201
国民政治课本（第1册） 张腾霄编 徐特立校
华北新华书店，1948.7，44页，32开
本书共16部分，内容包括：为什么要学习、我们在学校里怎样学习、我们怎样团结互助、师生敬爱、从改造旧家庭中建设新家庭、婚姻自主、劳动与节约、优良的生活习惯、自觉的纪律等。高级小学适用。目录页题名：高小国民政治课本第一册。
收藏单位：山东馆

07202
实用社会（第3册 政治常识） 朱云施编
华中新华书店，1946.2，45页，32开
收藏单位：南京馆

07203
世界现状 王城著
上海：新华书店，1949.9，107页，32开
本书共7章："资本主义的没落和社会主义的新生""帝国主义反民主阵营的魁首——美国帝国主义""帝国主义反民主阵营及其内部的斗争""反帝国主义民主阵营的领袖——苏联""人民民主国家""殖民地民族解放运动""条条道路通向共产主义"。中等学校政治课适用。
收藏单位：重庆馆、东北师大馆、福建馆、广东馆、国家馆、湖南馆、山东馆、天津馆

07204
新编高级小学政治课本（第1册） 武纡生编
重庆：新华书店，1949，55页，36开
收藏单位：重庆馆

07205
政治常识 鄂豫皖区苏维埃政府文化委员会编
国家出版科，1931印，21页，32开
本书适用于小学。

07206
政治常识 合江联合中学编
佳木斯：东北书店，1947.4，46页，32开
收藏单位：东北师大馆、南京馆

07207
政治常识 抗大文化教育科研究室编辑
出版者不详，1942，66页，32开（抗大政治文化教育丛书1）
收藏单位：国家馆

07208
政治常识
鲁迅文化出版社，[1936—1949]，48页，32开
本书为学生教材。目录页题名：中国革命问题。
收藏单位：国家馆、南京馆

07209
政治常识
中共通山县委会秘书处，1931，11页，32开
本书为小学教材。

07210
政治常识（第1册） 山东省教育厅编写室编审
华东新华书店，1949.3，44页，32开
本书收课文16篇，内容包括:《怎样学习》《反对骄傲自大》《劳动观念》《怎样开会》等。为高级小学适用临时课本。
收藏单位：国家馆、山东馆

07211
政治常识（国际常识） 东北政委会编审委员会编
佳木斯：东北书店，1947.7，58页，32开

收藏单位：东北师大馆

07212
政治常识（中国革命问题） 东北政委会编审委员会编
佳木斯：东北书店，1947，86 页，32 开
本书供中等学校使用。共 20 部分，内容包括：伟大的中华民族、古代的封建社会、百年来祖国的灾难、中国是个半殖民地半封建社会（上、下）、中国社会的各阶级等。
收藏单位：国家馆、辽宁馆、南京馆

07213
政治常识（中国革命问题） 东北政委会编审委员会编
[大连]：光明书店，1947.11，86 页，32 开
本书为中学临时课本。
收藏单位：国家馆、南京馆

07214
政治常识（中国革命问题） 东北政委会编审委员会编
辽南行政公署教育处，[1946—1949]，72 页，32 开
收藏单位：重庆馆

07215
政治常识学习提纲
冀东新华书店，[1946—1949]，39 页，32 开
本书共 14 部分，内容包括：伟大的中华民族、百年来祖国的灾难、中国是个半殖民地半封建的社会、农民土地问题、毛主席是中国人民的救星、解放区、人民解放军等。
收藏单位：国家馆、山东馆

07216
政治课本 中国工农红军第四方面军九师政治部编
中国工农红军第四方面军九师政治部，1933.11，7 页，32 开
本书适用于小学。

07217
政治课本（第 1 册） 陕甘宁边区教育厅审定
延安：西北新华书店延安总分店，1948，42 页，32 开
本书共 15 课，内容包括：为什么要学习、我们在学校里怎样学习、我们怎样团结互助、师生敬爱、从改造旧家庭中建设新家庭、婚姻自主、劳动与节约等。高级小学适用。目录页题名：高小政治第一册。
收藏单位：国家馆

07218
政治课本（第 2 编） 晋冀鲁豫边区政府教育厅审定
大众教育社，[1941—1949]，石印本，28 页，64 开
收藏单位：国家馆

07219
中共中央关于调查研究的决定
[沈阳]：东北书店，1949.2，4 页，32 开
本书为东北行政委员会教育部规定初中三年政治课参考书。
收藏单位：重庆馆、东北师大馆、山东馆、浙江馆

07220
中国革命读本（上册） 王惠德　于光远著
上海联合出版社，1949.8，141 页，32 开
本书高级中学适用，临时政治课本。
收藏单位：国家馆、南京馆

07221
中国革命读本（上册） 王惠德　于光远著
新华书店，1949，141 页，32 开
新华书店，1949，华中版，141 页，32 开
新华书店，1949.8，修订本，143 页，32 开
新华书店，1949.9，再版，141 页，32 开
本书介绍半殖民地半封建的旧中国，新民主主义革命的对象、任务、动力、领导者，以及各阶级在革命中的地位等。
收藏单位：东北师大馆、广东馆、贵州馆、国家馆、吉林馆、山东馆、天津馆

语　文

07222
初级小学国语课本（第 2 册） 华北人民政府教育部审定
[北平]：华北联合出版社，1949，6 版，54 页，32 开
本书为依据革命形势新发展，以及华北解放区具体情况编写的全区统一初级小学使用临时课本。每单元后有练习。
收藏单位：国家馆

07223
初级小学国语课本（第 4 册） 华北人民政府教育部审定
[北平]：华北联合出版社，1949，7—15 版，61 页，32 开
本书初级小学教学适用，内容包括：多写作多修改、陆地上最大的动物、汉字的造字法、契约、一个希腊的神话等。
收藏单位：国家馆

07224
初级小学国语课本（第 6 册） 华北人民政府教育部审定
[北平]：华北联合出版社，1949，19—24 版，94 页，32 开
本书初级小学适用，内容包括：共产党的生日、忘不了、自然飞机、几个能干的孩子、庄稼人的好朋友等。
收藏单位：国家馆

07225
初级小学国语课本（第 6、11 册） 山东省政府教育厅审定
山东新华书店，1948—1949，2 册（39+28 页），32 开
本书全 12 册，第 6 册供第二学年第 3 学期用，第 11 册供第四学年第 2 学期用。

07226
初级小学国语课本（第 7—8 册）
晋冀鲁豫边区政府印刷厂，1944—1945，2 册（72 页），32 开

07227
初小国语 东北政委会编审委员会编
东北书店，[1947—1949]，8 册，32 开
本书共 8 册。编写采用单元制。选材方面，以延安教材为蓝本，直接继承了陕甘宁根据地的教育传统，语文教育和政治、思想教育密切结合。政治内容包括：解放战争、土地改革、生产建设等。春季始业初级小学用。
收藏单位：国家馆、辽宁馆

07228
初小国语 刘御编著 陕甘宁边区教育厅审定
[西安]：西北新华书店，1946—1949，8 册，32 开
本书全 8 册。第 1—6 册为供给陕甘宁边区春季始业之三年制初小之用而编撰，1946 年初版。其中前 4 册与常识合编。第 1—2 册以韵文为主，第 3 册以后以普通文为主，每册前有“本册教学参考”，以供教师教学之用。1949 年春，为适应新解放区小学四二制教学需求，编写第 7—8 册，作为临时课本。
收藏单位：广东馆、国家馆

07229
初小国语补充教材 辛安亭编 陕甘宁边区教育厅审定
延安：新华书店，1948.7，51 页，32 开
收藏单位：国家馆

07230
初小国语课本 华北人民政府教育部审定
华北新华书店，1948—1949，8 册，32 开
本书全 8 册，根据革命形势的发展及华北解放区具体情况编写。适用于一般农村及小城镇。第 7 册 1949 年 1 月出版，其他均在 1948 年 10 月出版。
收藏单位：国家馆、河南馆、山东馆、天

津馆

07231
初小国语课本（第4册） 华北人民政府教育部审定
太行新华书店，1949.1，61页，32开
收藏单位：国家馆

07232
初小国语课本（第4册） 晋察冀边区行政委员会教育处审定
晋察冀边区点滴社，1943.7，石印本，39页，32开
收藏单位：国家馆

07233
初小国语课本（第4册） [任邱二区大众书店编]
任邱（任丘）：任邱二区大众书店，[1945—1949]，油印本，10页，32开
收藏单位：国家馆

07234
初小国语课本（第6册） 晋察冀边区行政委员会教育处审定
藁无（石家庄）：藁无县政府，1944.8，油印本，31页，32开
收藏单位：国家馆

07235
初小国语课本（第7—8册）
冀鲁豫书店，1946，2册，32开
收藏单位：国家馆

07236
初小课本词句浅释 教育阵地社编
[阜平]：新华书店晋察冀分店，1947.6，83页，32开
本书内容为初小国语、常识课本内疑难词句的解释。
收藏单位：国家馆、山东馆

07237
初中国文（第1册） 晋察冀边区第七中学编
晋察冀边区第七中学，[1945—1949]，39页，32开

07238
初中国文（第1、3册） 上海联合出版社临时课本编辑委员会编辑
上海联合出版社，1949，再版，2册（104+127页），32开
本书据1948年3月新解放区编辑的《初中国文》修订，全6册，初中临时课本。
收藏单位：东北师大馆、国家馆、南京馆

07239
初中国文（第1、3、5册） 上海联合出版社临时课本编辑委员会编
上海联合出版社，1949.8，3册，32开
收藏单位：国家馆、江西馆

07240
初中国文（第1、4—5册） 王食三等编
北平：新华书店，1949，3册（182+238+253页），32开
本书为中学临时课本。
收藏单位：国家馆、内蒙古馆

07241
初中国文选（第1册） 徐孟依　李庚编　苏皖边区政府审定
华中新华书店，1946.2，92页，32开
收藏单位：国家馆、南京馆

07242
初中国语（第3册） 胶东中学教材编委会编　胶东区行政公署教育处审定
胶东中学教材编委会，1946.2，225页，32开

07243
初中活叶文选（第3辑 三年级一学期用） 韩启晨编
西安：西北新华书店，1949.8，89页，32开
本书收文14篇，内容包括：《人民自己的

国家》（胡愈之）、《将革命进行到底》（新华社）、《苏联科学的新进展》（佩衡）、《矛盾的国度》（爱伦堡）等。

07244
初中精读文选 叶苍岑等编辑 叶圣陶校订
桂林：文化供应社，1943，6册，32开
桂林：文化供应社，1944，再版，6册，32开
上海、香港：文化供应社，1947.1，6册，32开
桂林：文化供应社，1948.1，3版，6册，32开
香港：文化供应社，1948.5，4版，6册，32开

本书全6册，内容包括：范文、文章法则、应用文大要等。第1—2册各列范文36篇，第3—6册各列范文27篇，篇后有作者简介及题解。

收藏单位：重庆馆、广东馆、广西馆、贵州馆、国家馆、湖南馆、内蒙古馆

07245
初中文选（第2辑） 合江省政府教育厅编审委员会编
[佳木斯]：东北书店，1946.1，30页，25开
[佳木斯]：东北书店，1946.9，30页，32开

收藏单位：国家馆、江西馆、山东馆

07246
高级国文读本（第1册） 国民革命军第十八集团军政治部宣传部编
国民革命军第十八集团军政治部，1942，196页，32开

本书收文48篇，内容包括：《雷雨前》（茅盾）、《五月卅一日急雨中》（叶绍钧）、《中国共产党与革命战争》（朱德）、《上前线去》（陆定一）、《团结到底》（毛泽东）等。

收藏单位：北碚馆

07247
高级国语课本（第4册） 晋冀鲁豫边区政府教育厅审定
出版者不详，[1941—1949]，73页，32开

收藏单位：国家馆

07248
高级小学国语课本（第1册） 冀太行政联合办事处教育处编审
[涉县]：冀太行政联合办事处教育处，[1940—1941]，28页，32开

07249
高级小学国语课本（第1、3册） 山东省政府教育厅审定
渤海书局，1946.10印，2册，36开
渤海书局，1947.3印，2册，36开

收藏单位：山东馆

07250
高小国语 晋冀鲁豫边区政府教育厅审定
[四明山]：韬奋书店，1946.10，2册，32开

收藏单位：国家馆、天津馆

07251
高小国语 晋冀鲁豫边区政府教育厅审定
[邯郸]：裕民印刷厂，1946.12—1947.6，29+59页，32开

收藏单位：国家馆

07252
高小国语（第1册） 东北政委会编审委员会编
东北书店，1947.12，69页，32开

本书供高小两个年级学生使用，全4册。本册共28课，内容包括：升到高级了、学什么做什么、孙中山先生少年时代、新安儿童旅行团、记民族英雄李兆麟将军、放牛郎、小石匠、小先生曹立亭、怎样写信等。

收藏单位：国家馆

07253
高小国语（第1—2册） 冀鲁豫边区政府教育厅审定
华北新华书店，1946.2，2册（39+48页），32开

本书为高小适用。第1册收课文30篇，内容包括：《刘伯承将军的故事》《写字》《李

爱民》等。

07254
高小国语（第1—3册） 萧云等编　陕甘宁边区教育厅审定
延安：新华书店，1946—1948.5，3册（74+82+93页），32开
收藏单位：国家馆

07255
高小国语（第2册） 萧云等编　陕甘宁边区教育厅审定
延安：新华书店，1948.2，3版，82页，32开
收藏单位：国家馆

07256
高小国语（第2、4册） 东北行政委员会教育部编　东北行政委员会教育部审定
沈阳：东北新华书店，1949，2册（82+103页），32开

07257
高小国语（第2、4册） 晋察冀边区行政委员会教育处审定
华北新华书店，1948.8，再版，2册（63+72页），32开
收藏单位：山东馆

07258
高小国语（第3—4册） 东北政委会编审委员会编
光明书店，1947.9，2册（90页），32开
本书供春季始业高级小学用。全4册，采用单元结构编排。思想方面注重启导儿童对新社会生活之认识，技术方面注重锻炼其说话写作之能力。

07259
高小国语补充教材 辛安亭编　陕甘宁边区教育厅审定
延安：新华书店，1949.2，3版，74页，32开

07260
高小国语课本 华北人民政府教育部审定
北平：华北联合出版社，1949.8，2册（120页）
本书供高级小学用。体裁多样，以叙事文为主，也有寓言故事、歌谣、日记书信等，还有会议记录、启事、广告等应用文体。

07261
高小国语课本 华北人民政府教育部审定
华北新华书店，1948.10，4册，32开
华北新华书店，1949.1，4册，32开
收藏单位：国家馆、山东馆

07262
高中国文 周静　王朴编
北平：新华书店，1949，6册，32开
本书全6册，前5册选文自秦汉至现代，并有翻译作品，第6册中华人民共和国成立后出版。高中、师范、大学预科兼用。
收藏单位：重庆馆、东北师大馆、广东馆、国家馆

07263
高中国文（第3册） 上海联合出版社临时课本编辑委员会编
上海联合出版社，1949.9，再版，217页，32开
本书为高级中学临时课本。收中外作品26篇，内容包括：《我们的文艺是为什么人的》（毛泽东）、《为建设新中国的文艺而奋斗》（郭沫若）、《莫斯科运河》（茅盾）、《我们怎样征服了黄河》（钱正英）、《荷花淀》（孙犁）、《山阴五日记游》（俞平伯）、《三日杂记》（丁玲）、《祝福》（鲁迅）等。
收藏单位：国家馆

07264
高中国文（临时课本 第1—2册） 华北人民政府教育部教科书编审委员会编
[北平]：华北联合出版社，1949.8，2册，32开
本书为高级中学临时课本。

收藏单位：江西馆

07265
高中活叶文选（第 2 辑 二年级一学期用） 韩启晨编
西安：西北新华书店，1949.8，83 页，32 开
本书收文 14 篇，内容包括：《我们对于时局的意见》（李济深等）、《出席和平大会归来讲话》（郭沫若）、《对左翼作家联盟的意见》（鲁迅）、《地板》（赵树理）、《为人民服务的科学》（尼柯莱）、《毕生在穷苦中斗争的马克思》（柯柏年）等。
收藏单位：国家馆

07266
高中活叶文选（第 3 辑 三年级一学期用） 韩启晨编
西安：西北新华书店，1949，[94] 页，32 开

07267
高中文选 合江省政府教育厅编审委员会编
佳木斯：东北书店，1946.10，2 册，36 开
本书收《"海燕" 行》（丁玲）、《归来人》（舒群）、《延安印像记》（白修德）、《毛泽东和中国革命》（孔碧羽）、《诗与宣传》（艾青）等。
收藏单位：重庆馆、国家馆、南京馆

07268
高中文选（第 2 辑） 合江省政府教育厅编审委员会编审　合江省政府教育厅审定
东北书店，1946.10，49 页，32 开
收藏单位：国家馆

07269
国文 东北行政委员会教育部编
长春：东北书店，1949，6 册，32 开
本书为初中临时教材。

07270
国文（第 1、3、5 册） 东北行政委员会教育部编
[长春]：东北书店，1949，3 册（144+167+175 页），32 开
本书为高中临时教材，专科学校适用。

07271
国文活叶文选（高中一至三年级） 李光家编选
济南：新华书店山东总分店，1949.7，6 册（[1147] 页），32 开
本书供高中学生使用。

07272
国语 河南省人民政府教育厅编辑室编
华中新华书店，1949.8，5 册（[912] 页），32 开
本书遵照中原临时人民政府教育部规定编辑，选文内容力求切合新民主主义方针。初级中学适用。

07273
国语 河南省人民政府教育厅编辑室编　中原临时人民政府教育部审定
河南新华书店，1949.8，2 册（128 页），32 开
本书为初级小学适用课本，供四年级学生使用。

07274
国语 万曼等编
华中新华书店，1949，6 册（[1315] 页），32 开
本书为高级中学适用课本，遵照中原临时人民政府教育部规定编辑。课文多选自华北、山东各解放区编印的《中等国文》《国语文选》和报刊。

07275
国语（第 1—4 册） 关东公署教育厅编审
大连：大众书店，1948—1949，4 册，32 开

07276
国语（第 5 册） 王一苇　孙荻秋著
华中新华书店，1946.1，53 页，32 开
本书为初级小学课本。

收藏单位：南京馆

07277
国语活叶文选 李光家编选
济南：新华书店山东总分店，1949.7，2册（[300]页），32开
本书收刘白羽、袁静、丁玲、赵树理等著名作家的诗文共36篇。供初中三年级使用。

07278
国语课本 东方明等编 晋绥边区行政公署民教处审定
[兴县]：晋绥新华书店，1946.6，8册，32开
[兴县]：晋绥新华书店，1948，8册，32开
[兴县]：晋绥新华书店，1948.6，再版，8册，32开
本书供小学校高年级使用。根据晋绥边区实际情况，参照陕甘宁边区高小国语课本编写。
收藏单位：天津馆

07279
国语课本 李光增等编
新华书店晋察冀分店，1945—1946，4册（183页），32开
新华书店晋察冀分店，1948.1，2版，修正本，4册（268页），32开
本书内容体现出与当时的政治斗争、生产劳动相结合的特点。部分选文有浓厚的地方特色，涉及很多晋察冀边区的事物、地名和事件。春季始业高级小学适用。
收藏单位：山东馆

07280
国语课本 辽吉区行政公署教育处审定
出版者不详，1946，1册，32开
收藏单位：国家馆

07281
国语课本 刘松涛等编 晋察冀边区行政委员会教育处审定
晋察冀新华书店，1948，重订本，8册，32开
晋察冀新华书店，1948，再版，修正版，8册，32开
本书初级小学适用。全8册，第1—4册系国语常识合编，第5—8册系国语常识分编。重订本是根据革命形式的新发展，针对旧课本在应用中所发现的缺点改编的。
收藏单位：国家馆、山东馆、天津馆

07282
国语课本 陕甘宁边区教育厅审定
延安：新华书店，1944—1945，4册（49+80+77+105页），32开
本书高级小学适用。供边区小学临时使用。
收藏单位：辽宁馆

07283
国语课本 苏北行政公署教育处编审
[泰州]：苏北新华书店，1949.7，2册（62+68页），32开

07284
国语课本（第1册） 冀中行署教育科重修 晋察冀边区行政委员会教育处审定
新华书店冀中支店，1946，64页，32开
本书全4册。教材内容上体现出与当时的政治斗争、生产劳动相结合的特点。部分选文有浓厚的地方特色，涉及很多晋察冀边区的事物、地名和事件。春季始业高级小学用。

07285
国语课本（第1册） 晋察冀边区行政委员会教育处审定
[张家口]：察哈尔省政府教育厅，1946.5，石印本，60页，32开
本书初级小学适用。

07286
国语课本（第1册） 晋冀鲁豫边区教育厅审定
新华印刷所，[1944]，60页，32开

本书高级小学第一学年第一学期适用。

07287
国语课本（第1—2册） 东方明等编　晋绥边区行政公署民教处审定
[兴县]：新华书店晋绥分店，1948，2版，2册（51+ 50页），32开
本书供初级小学使用。全8册。
收藏单位：国家馆

07288
国语课本（第1、3册） 上海联合出版社临时课本编辑委员会编
上海联合出版社，1949，2册（52+71页），32开
本书为高级小学临时课本。

07289
国语课本（第2册） 晋察冀边区行政委员会教育处审定
平原书店，1947.9，1册，32开
本书初级小学适用。

07290
国语课本（第2册） 晋冀鲁豫边区教育厅审定
晋生文化工厂，1946，44页，32开
本书供小学第一学年第二学期使用。

07291
国语课本（第2册） 晋冀鲁豫边区教育厅审定
[阳城]：太岳新华书店，1946，52页，32开
本书供小学第一学年第二学期使用。
收藏单位：南京馆

07292
国语课本（第2册） 中共晋察冀北岳区党委宣传部编
战线社，1942.4，油印本，88页，32开
收藏单位：国家馆

07293
国语课本（第2—3册） 华北人民政府教育部审定
华北新华书店，1949.1，2册（53+57页），32开
本书供高级小学用。
收藏单位：国家馆、河南馆、山东馆

07294
国语课本（第2、4册） 晋察冀边区教育出版社编
晋察冀边区新育出版社，1944，2册（28+68页），32开
本书高级小学适用。
收藏单位：山西馆

07295
国语课本（第2、4、7册） 晋察冀边区行政委员会教育处审定
八分区博古书店，1947，3册（208页），32开
本书供初级小学使用。

07296
国语课本（第3册） 华北人民政府审定
华北新华书店，1949.1，57页，32开
本书高级小学适用。
收藏单位：山东馆

07297
国语课本（第3册） 李光增编辑　晋察冀边区行政委员会教育处审定
晋察冀新华书店，1948.1，修正再版，72页，32开
本书高级小学适用。
收藏单位：山东馆

07298
国语课本（第3册） 陕甘宁边区教育厅审定
华北书店，1944.2，77页，32开
本书供边区高级小学临时使用。

07299
国语课本（第 3 册） 魏东明编著　晋冀鲁豫边区教育厅审定
华北书店，1944.1，78 页，32 开
本书高级小学第二学年第一学期适用。

07300
国语课本（第 4、6、8 册） 晋察冀边区行政委员会教育处审定
新华书店晋察冀分店，1945.12，3 册（202 页），32 开
本书初级小学适用。新华书店晋察冀分店出版本仅见第 4、6、8 册。

07301
国语课本（第 5 册） 华北人民政府审定
华北新华书店，1949.1，85 页，32 开
收藏单位：山东馆

07302
国语课本（第 5—6、8—9、11—12 册） 山东省教育厅编　山东省政府教育厅审定
山东渤海书局，1946.6—1947.6，6 册，32 开
本书供初级小学使用。
收藏单位：山东馆

07303
国语文选 李光家等编
北平：新华书店，1949.9，4 册（[648] 页），32 开
收藏单位：安徽馆、国家馆、南京馆

07304
国语文选 于敏等编　山东省政府教育厅审定
华东新华书店，1948，4 册（[640] 页），32 开
本书为中学课本，供青年自修阅读。
收藏单位：重庆馆、辽大馆、南京馆、山东馆

07305
国语文选（第 2 册） 李光家等编
[合肥]：皖北新华书店，1949.7，150 页，32 开
收藏单位：南京馆

07306
国语文选（第 3 册） 于敏等编
中原新华书店，1949，172 页，32 开
本书初级中学适用。
收藏单位：重庆馆

07307
国语新读本（第 1—2 册）
湘赣省苏维埃政府文化委员会，[1933]，2 册（[80] 页）
本书列宁初级小学校适用。

07308
少年鲁迅读本 孙犁著
张家口：教育阵地社，1946.6，39 页，32 开
本书将鲁迅先生少年时的事迹编写成课文。
收藏单位：国家馆

07309
少年鲁迅读本 孙犁撰
新儿童社，1949.4，36 页，32 开（新少年读物 1）
收藏单位：东北师大馆、国家馆、宁夏馆

07310
识字与作文教学经验 贺文胜等著
[北平]：三联书店，1949，4 版，74 页，32 开
本书收《识字教学与作文教学的五个实际问题》《娃娃们的写作》《关于作文教学》等课文，部分课文附插图。为小学用书。
收藏单位：山西馆

07311
识字与作文教学经验 贺文胜等著
香港：新中国书局，1949，74 页，32 开
收藏单位：国家馆

07312
文选 大连市政府教育局教科书编委会编
大连：大众书店，1946.6，182页，32开
本书供中学语文课外阅读。选文18篇、诗3首。作家有鲁迅、郑振铎、胡适、梁实秋、沈起予、夏丏尊、叶绍钧、俞平伯、陈陇等。
收藏单位：国家馆、辽师大馆

07313
小学课本国语（一年级） 山东省政府教育厅编审
华东新华书店，1948.9，渤海版，2册（43+33页），32开
华东新华书店，1949.4，再版，胶东版，2册（43+33页），32开
华东新华书店，1949.8，3版，渤海版，2册（43+33页），32开
收藏单位：山东馆

07314
小学课本国语（二年级） 山东省政府教育厅编审
华东新华书店，1948.9，胶东版，2册（32+42页），32开
华东新华书店，1949.6，再版，渤海版，2册（32+[42]页），32开
收藏单位：南京馆、山东馆

07315
小学课本国语（三年级） 山东省政府教育厅编审
华东新华书店，1948.9，胶东版，2册（[53]+49页），32开
华东新华书店，1949.2，渤海版，2册（53+49页），32开
华东新华书店，1949.6，再版，渤海版，2册（[53]+49页），32开
收藏单位：山东馆

07316
小学课本国语（四年级） 山东省政府教育厅编审
华东新华书店，1948.9，渤海版，2册（[70]+75页），32开
华东新华书店，1948.12，[再版]，渤海版，2册（[70]+73页），32开
华东新华书店，1949.2，胶东版，2册（70+[66]页），32开
华东新华书店，1949.5，再版，胶东版，2册（[70]+67页），32开
收藏单位：山东馆

07317
小学课本国语（四年级 下册） 山东省政府教育厅编审
山东新华书店，1949.8，3版，济南版，75页，32开
收藏单位：山东馆

07318
小学课本国语（五年级） 山东省政府教育厅编审
华东新华书店，1948.9，胶东版，2册（[77]+66页），32开
华东新华书店，1949.5，再版，胶东版，2册（77+[66]页），32开
华东新华书店，1949.9，3版，渤海版，2册（77+70页），32开
收藏单位：山东馆

07319
小学课本国语（六年级） 山东省政府教育厅编审
华东新华书店，1948.9—1949.2，[胶东版]，2册（92+78页），32开
收藏单位：山东馆

07320
怎样学习国语 叶克编著
大连：大众书店，1948.9，71页，32开
大连：大众书店，1948.11，再版，85页，32开
本书分18部分讲述语言和文字的产生、说话和作文的关系、中国文字的规律、写作的一般常识等。
收藏单位：国家馆、南京馆、山东馆

07321
怎样学习国语　叶克编著
威县：冀南新华书店，1949.4 印，78 页，32 开
收藏单位：国家馆、山东馆

07322
战时新课本（国语常识合编 第 2 册）　晋冀鲁豫边区教育厅编审委员会审定
韬奋书店，1945.8，石印本，47 页，32 开
韬奋书店，1945.10，再版，石印本，47 页，32 开
本书初级小学适用。
收藏单位：国家馆

07323
战时新课本（国语常识合编 第 4、6、8 册）
边府印刷局，1945.7，石印本，3 册（[143] 页），32 开

07324
中等国文　王食三等编　华北人民政府教育部审定
天津新华书店，1949.3，6 册，32 开
收藏单位：重庆馆、广东馆、国家馆、内蒙古馆

07325
中等国文（第 1 册）　陕甘宁边区教育厅编
山东新华书店，[1945] 印，208 页，32 开
收藏单位：国家馆、山东馆

07326
中等国文（第 1 册）　王食三等编　华北人民政府教育部审定
华北新华书店，1948，182 页，32 开
华北新华书店，1948，3 版，182 页，32 开
华北新华书店，1949，182 页，32 开
收藏单位：重庆馆、国家馆、山东馆、天津馆

07327
中等国文（第 1—2 册）　陕甘宁边区教育厅编
新华书店，1946.5，2 册（245+267 页），36 开
本书全 6 册。每册 30 课，每 5 课为 1 组，每组前 4 课是课文，第 5 课是语文规律的说明。
收藏单位：重庆馆、国家馆、南京馆、内蒙古馆、山东馆、山西馆、陕西馆

07328
中等国文（第 1—2 册）　王食三等编　华北人民政府教育部审定
[阳城]：太岳新华书店，1948.8 印，2 册，32 开
收藏单位：重庆馆

07329
中等国文（第 1—3 册）　王食三等编　晋察冀边区行政委员会教育处审定
晋察冀新华书店，1948.3，3 册（182+223+216 页），32 开
收藏单位：国家馆、山东馆、山西馆

07330
中等国文（第 2—3 册）　王食三等编　晋察冀边区行政委员会教育处审定
华北新华书店，1948.8，再版，2 册（223+[216] 页），32 开
华北新华书店，1948，3 版，2 册（223+216 页），32 开
收藏单位：重庆馆、国家馆、河南馆、山东馆、山西馆

07331
中等国文（第 4 册）　王食三等编　华北人民政府教育部审定
华北新华书店，1949.3，238 页，32 开
收藏单位：重庆馆、国家馆、河南馆

07332
中等活页文选（第 2 辑 乙类）　郭绳武编
延安：陕甘宁边区新华书店，1949.2，1 册，32 开
本书收文 10 篇：《工人的旗帜赵占魁》《春耕领导的两个典型》《事物的特点》《三渡

天险》《李来成》《国王的新衣》《续〈国王的新衣〉》《六个什么》《群众领袖白桐本》《自由幸福之邦——捷克》。

收藏单位：重庆馆、国家馆、黑龙江馆、吉林馆

07333
中学国文选（第1—3册） 关东公署教育厅编
大连：大众书店，1948.11，3册，32开

本书为中学课本及青年读物，收《一张名片》《我在璧山被抓》《怎样写日记》《机械的工作》《水》《火》《诗三首》《通知、启示、便条、广告、声明者》《列宁家书》等文章。

07334
中学活叶国文选（第1—3辑）
东北书店，1946—1949，46页，32开

本书收《庆祝抗战最后胜利》（《解放日报》社论）、《悼李兆麟同志》（《东北日报》社论）、《从劳动中改造自己》（艾思奇）、《韬奋先生哀词》（郭沫若）及诗歌《向世界宣布吧》（艾青）等。

收藏单位：东北师大馆、天津馆、西南大学馆

历 史

07335
初级中学中国近代史课本（上册） 华北大学历史研究室编 华北人民政府教育部教科书编审委员会修订
北平：新华书店，1949.8，再版，111页，32开
北平：新华书店，1949.9，修订3版，111页，32开

本书叙述旧民主主义革命时代的历史。共10章，内容包括：鸦片战争、英法联军之役、洋务运动与割地狂潮、甲午战争、戊戌变法、义和团反帝运动、辛亥革命、北洋军阀统治时期等。

收藏单位：国家馆、近代史所

07336
初级中学中国历史课本 叶蠖生著
北平：新华书店，1949，修订再版，165页，32开
北平：新华书店，1949.9，修订3版，165页，32开

本书为初级中学第一学年暂用课本，共4编：上古至秦、汉至隋、唐至元、明清。

收藏单位：国家馆、山西馆、天津馆

07337
初中历史课本 叶蠖生编
大连：大众书店，1946.11，再版，142页，32开

收藏单位：国家馆、辽大馆

07338
初中历史课本 叶蠖生编
[阳城]：太岳新华书店，1947.6，145页，32开
[阳城]：太岳新华书店，1948，再版，145页，32开

收藏单位：重庆馆、山西馆

07339
初中历史课本 叶蠖生著 晋察冀边区行政委员会教育处审定
华北新华书店，1948，再版，182页，32开

收藏单位：国家馆、山西馆

07340
高小历史（第1册） 晋冀鲁豫边区政府教育厅审定
华北新华书店，[1949]，40页，32开

收藏单位：国家馆

07341
高小历史（第1—4册） 东北政委会编审委员会编
东北书店，[1947—1948]，4册，32开

收藏单位：广东馆、江西馆

07342
高小历史（第3册） 东北政委会编审委员会编
辽东分店，1947.8，43页，32开
收藏单位：国家馆

07343
高小历史课本参考教材（第1册） 王北辰编
沈阳：东北新华书店，1949.8，67页，32开
本书为历史课教学参考资料。供高级小学用。
收藏单位：重庆馆

07344
高小史地（第1册） 萧云编 陕甘宁边区教育厅审定
西安：新华书店，1949.8，4版，100页，32开
本书全4册。本册讲述中国地理。
收藏单位：国家馆

07345
高小史地（第2—3册） 张思俊编 陕甘宁边区教育厅审定
[平山]：新华书店，1949.2，3版，2册，32开
收藏单位：国家馆

07346
高小史地（第2—4册） 张思俊编 陕甘宁边区教育厅审定
西安：西北新华书店，1949.4，3册（94+77+116页），32开
收藏单位：南京馆

07347
高中本国近代史 宋云彬著
上海：生活·读书·新知三联书店，1949.8，2册，32开
收藏单位：南京馆

07348
高中本国史（上册） 中国历史研究会原著
上海：新华书店，1949.8，168页，32开
上海：新华书店，1949.9，再版，168页，32开
本书为《中国通史简编》节本。
收藏单位：国家馆、南京馆

07349
历史 中原临时人民政府教育部审定
新华书店，1949.9，4册（219页），32开
本书高级小学适用。

07350
历史（第1册） 上海联合出版社临时课本编辑委员会编辑
南昌：江西教育印刷厂，1949.9，32页，25开
本书为高级小学适用临时课本。
收藏单位：江西馆

07351
历史（第1—2册） 哈尔滨市教育局编
哈尔滨：东北书店，1948，2册（42+28页），32开
本书为初中临时教材，供一至三年级使用。
收藏单位：国家馆、辽大馆

07352
历史（第1—3册） 华北人民政府教育部教科书编审委员会编
[北平]：华北联合出版社，1949.8，3册（32+34+31页），32开
本书为高级小学适用临时课本。
收藏单位：国家馆、江西馆

07353
历史（第1、3册） 关东公署教育厅编审
大连：大众书店，1948—1949，2册（46+50页），32开
本书为高级小学用。

07354
历史（上册） 叶蠖生著 东北政委会编审委员会审定
佳木斯：东北书店，1949.3，173页，32开

收藏单位：东北师大馆、国家馆

07355
历史地图（初中历史课本附册）
大连：大众书店，[1946]，28 页，32 开
收藏单位：国家馆

07356
历史地图（初中历史课本附册）
山东新华书店，[1946]，石印本，28 幅，32 开
收藏单位：国家馆、山东馆

07357
历史课本 晋绥边区行政公署民教处审定
[兴县]：晋绥边区新华书店，1946.7，2 册（104+93 页），32 开
本书供小学校高年级使用。下册出版者题：新华书店晋绥分店。
收藏单位：吉林馆

07358
历史课本（第 1—2 册） 陶钝编 山东省政府教育厅审定
[惠民]：渤海新华书店，1946.10，2 册，32 开
收藏单位：山东馆

07359
历史课本（第 1—3 册） 晋察冀边区行政委员会教育处编著
新察哈尔报社，1945.12，3 册（150 页），32 开
本书供高级小学用。

07360
历史课本（第 1、3—4 册） 彭文编 晋冀鲁豫边区政府教育厅审定
裕民印刷厂，1946—1947，3 册（40+34+44 页），32 开
本书高级小学适用。封面题名：高级历史课本。目录页题名：高小历史课本。
收藏单位：国家馆、河南馆

07361
历史课本（第 2 册） 晋察冀边区行政委员会教育处审定
[邢台]：冀中第九分区群众书店，[1946]，石印本，50 页，32 开
本书高级小学适用。
收藏单位：国家馆

07362
历史课本（第 2 册） 晋察冀边区行政委员会教育处编著
[华北]：新华书店，1948.10，再版，58 页，32 开
本书全 4 册，高等小学适用。

07363
历史课本（第 2 册） 谢丰编著 晋冀鲁豫边区教育厅审定
[左权]：华北书店，1944.8，43 页，32 开
本书全 4 册，供高级小学使用。

07364
历史课本（第 3 册） 晋察冀边区行政委员会教育处审定
博野县：博野县新文化书局，[1946.9]，石印本，54 页，32 开
本书高级小学适用。
收藏单位：国家馆

07365
历史课本（第 3 册） 山东省政府教育厅审定
胶东新华书店，1947.1，30 页，32 开
本书供高级小学第二学年第一学期使用。
收藏单位：山东馆

07366
历史课本（第 4 册） 晋察冀边区行政委员会教育处编著
冀东印刷厂，1946.6，64 页，32 开
本书全 4 册，高等小学适用。

07367
历史课本（第 4 册） 晋察冀边区行政委员会

教育处编著
张家口：新华书店晋察冀分店，1946.6，63页，32开
本书全4册，高等小学适用。

07368
历史课本（第4册） 彭文编著 晋冀鲁豫边区政府教育厅审定
华北新华书店，1946.11，61页，32开
本书高级小学适用。
收藏单位：国家馆、河南馆

07369
历史课本（第4册） 谢丰编著 晋冀鲁豫边区教育厅审定
太岳新华书店，1945.5，42页，32开
本书全4册，高级小学适用。

07370
历史课本（高级 第3册） 冀鲁豫行署教育处编审
冀鲁豫书店，[1946—1948]，42页，32开
本书全4册，高级小学适用。
收藏单位：国家馆

07371
历史课本（高级 第3册） 辛安亭编 晋冀鲁豫边区教育厅编审委员会审定
太岳新华书店，1944.5，34页，36开
本书共18课，内容包括：民主力量的增长、五四运动、新文化运动、五卅运动、北伐战争、大革命的失败和教训等。高级小学适用。封面题名：高级历史课本。
收藏单位：国家馆

07372
历史课本（下册） 山东省政府教育厅编审室编
山东新华书店，1949.6，38页，32开
本书供小学六年级使用。
收藏单位：国家馆

07373
世界史话 沈长洪编
华中新华书店，1949.3，79页，32开
收藏单位：重庆馆、国家馆、南京馆、上海馆

07374
世界史话 沈长洪编
[无锡]：苏南新华书店，1949.8，79页，32开
收藏单位：东北师大馆、广东馆、湖南馆

07375
世界史话 沈长洪编
新华书店，1949.9，100页，32开
本书初级中学适用。
收藏单位：重庆馆、国家馆、湖南馆

07376
世界史话 沈长洪编 山东省政府教育厅审定
华东新华书店，1948.9，104页
华东新华书店，1948.11，再版，104页，36开
华东新华书店，1949.1，3版，104页，32开
本书共5章：资产阶级革命前的世界、十七十八世纪的资产阶级民主革命、十九世纪资产阶级的发展与无产阶级、第一次帝国主义大战与无产阶级的革命、法西斯主义与第二次世界大战。可作为中学课本及青年自学读物。
收藏单位：安徽馆、重庆馆、广东馆、国家馆、河南馆、吉林馆、近代史所、南京馆、山东馆、山西馆、浙江馆

07377
世界史话 沈长洪编 皖北行政公署教育处审定
[合肥]：皖北新华书店，1949.7，80页，36开
收藏单位：国家馆、南京馆、天津馆

07378
外国历史 沈长洪编著

新华书店，1949.9，再版，151 页，32 开

本书为初级中学临时课本，共 6 章："古代的文明世界""封建主义统治下的世界""十七、十八世纪的资产阶级民主革命""十九世纪资产阶级的发展""第一次帝国主义大战与无产阶级革命的伟大胜利""法西斯主义带来第二次世界大战"。

收藏单位：国家馆

07379

小学课本历史（五年级） 山东省政府编审

华东新华书店，1948.9，胶东版，2 册（23+24 页），32 开

收藏单位：南京馆、山东馆

07380

小学课本历史（六年级） 山东省政府教育厅编审

华东新华书店，1949，[胶东版]，2 册（34+35 页），32 开

本书内容包括：半殖民地半封建的中国、第一次世界大战、十月革命、五四运动、中国无产阶级的觉醒、五卅运动、北伐战争等。版权页题名：小学课本六年历史（下册）。版权页题：山东省教育厅编审室编审。

07381

新编高级小学历史课本（第 1—3 册） 华北人民政府教育部教科书编审委员会编

[北平]：华北联合出版社，1949，修订本，3 册，32 开

收藏单位：国家馆、江西馆

07382

中国近代史 华岗著

沈阳：东北书店，1949，187 页，32 开

本书据著者《中国民族解放运动史》（鸡鸣书店出版）第 1 册改编。删去原著自序、第 1 版绪论后半部及第 7 章"五四运动"。书中有"高中第二学年上学期暂用课本"字样。

收藏单位：东北师大馆、国家馆

07383

中国近代史 华岗著

华东新华书店，1949.3，203 页，32 开

收藏单位：重庆馆、山东馆

07384

中国近代史（上册） 华岗著

华北新华书店，1949，华中版，198 页，32 开

收藏单位：广东馆、国家馆

07385

中国近代史（上册） 华岗著

[无锡]：苏南新华书店，1949.8，200 页，32 开

收藏单位：国家馆

07386

中国近代史（上册） 华岗编

新华书店，1949，再版，269 页，32 开

收藏单位：国家馆、湖南馆、江西馆、内蒙古馆

07387

中国近代史（上册） 晋察冀边区行政委员会教育处编审

西安：西北印刷局，1947.1，113 页，32 开

本书全两册。为中等学校临时课本。

07388

中国近代史（上编） 华北大学历史研究室编

山东新华书店，1949，94 页，32 开

本编分 10 章 35 节叙述旧民主主义革命史，每节后有参考题。为初中第二年级上学期暂用课本。

收藏单位：广东馆、国家馆、山东馆

07389

中国近代史（上编） 华北大学历史研究室编

无锡：苏南新华书店，1949，92 页，32 开

收藏单位：东北师大馆、湖南馆

07390
中国近代史（上编 鸦片战争至五四运动） 华北大学历史研究室编
西安：西北新华书店，1949，90页，32开
收藏单位：重庆馆

07391
中国近代史（上编 鸦片战争至五四运动） 华北大学历史研究室编
新华书店，1949.3，112页，32开
新华书店，1949，再版，112页，32开
收藏单位：广东馆、国家馆、河南馆、近代史所、山西馆

07392
中国历史（上册） 中国历史研究会著　华北人民政府教育部教科书编审委员会节录
北平：新华书店，1949.8，再版，168页，32开
本书为《中国通史简编》节本。高级中学用临时课本。
收藏单位：国家馆、辽宁馆

07393
中国历史读本　叶蠖生编
安东（丹东）：东北书店辽东总分店，1949，135页，32开
收藏单位：国家馆、山东馆

07394
中国历史读本　叶蠖生编
上海：海天出版社，1948.7，182页，32开
本书共4编：上古至秦、汉至隋、唐至元、明清。
收藏单位：东北师大馆、国家馆、吉林馆、内蒙古馆、首都馆

07395
中国历史读本　叶蠖生著
华中新华书店，1949.2，131页，32开
收藏单位：安徽馆、重庆馆、广东馆、南京馆、山东馆、上海馆

07396
中国历史课本　叶蠖生编
华北新华书店，1949.3，再版，校正本，196页，32开
收藏单位：国家馆、南京馆、中科图

07397
中国历史课本　叶蠖生著
华东新华书店，1949.1，184页，32开
收藏单位：国家馆、山东馆、山西馆

07398
中国历史课本　叶蠖生著
冀鲁豫新华书店，1949，182页，32开
收藏单位：国家馆

07399
中国历史课本　叶蠖生编
[无锡]：苏南新华书店，1949.6，140页，32开
收藏单位：国家馆

07400
中国历史课本　叶蠖生著
中原新华书店，1949，182页，32开
收藏单位：重庆馆、广东馆、山东馆

07401
中国历史课本
东北书店，1946.11，2版，36页，32开
收藏单位：南京馆

07402
中国现代史　黄祖英　沈长洪　陈怀白编
新华书店，1949.7，119页，32开
本书为中原临时人民政府教育部规定初级中学适用课本。
收藏单位：国家馆

地　理

07403
初级中学世界地理课本　陈光祖　蔡迪编著
北平：新华书店，1949.9，170页，32开

本书共两部分：总论、分论。总论部分包括世界的面貌、人在地面上的活动等内容；分论部分包括苏联、日本、西南亚洲、法国、意大利、英国等内容。

收藏单位：东北师大馆、国家馆、湖南馆、山东馆

07404
地理　华北人民政府教育部教科书编审委员会修订
上海联合出版社，1949.9，再版，4册，32开
本书为高级小学适用临时课本。
收藏单位：国家馆

07405
地理　张思俊编　吕鼎锡作图　陕甘宁晋绥边区教育厅审定
陕甘宁晋绥边区教育厅，1949.3，2册（[323]页），32开
本书为初级中学教科书。

07406
地理（第1册）　哈尔滨市教育局编
哈尔滨：东北书店，1948.10，76页，32开
哈尔滨：东北书店，1948.11，2版，76页，32开
本书为初中临时教材。
收藏单位：东北师大馆、国家馆

07407
地理（第1、3册）　关东公署教育厅编审
大连：大众书店，1949，2册（[95]页），32开
本书为高等小学用。

07408
地理（第2—4册）　东北人民政府教育部编
沈阳：东北新华书店，1949，3册（[155]页），32开
第1册未见书。

07409
地理（五年级 下册）
新华书店，1949.9，58页，32开
本书为中原临时政府教育部规定高级小学适用课本。

07410
地理课本　王同民编著　晋冀鲁豫边区教育厅编审委员会审定
[邯郸]：裕民印刷厂，1945—1947，4册，32开
本书为高级小学适用。
收藏单位：国家馆

07411
地理课本（第2册）　晋察冀边区行政委员会教育处审定
华北新华书店，1948.10，57页，32开
收藏单位：国家馆、南京馆

07412
地理课本（第3册）　华北人民政府教育部审定
华北新华书店，1949.1，48页，32开
收藏单位：国家馆

07413
地理课本（第3—4册）　晋察冀边区行政委员会教育处审定
新华书店晋察冀分店，1945—1946，2册（58+62页），32开

07414
地理课本（第4册）　晋察冀边区行政委员会教育处审定
定南：定南县新文化书店，[1946]，石印本，62页，32开
收藏单位：国家馆

07415
地理课本（第4册）　晋察冀边区行政委员会教育处审定
建国文化供应社，1946.7，48页，32开

07416
地理课本（第4册）　晋察冀边区行政委员会

教育处审定
晋察冀边区教育出版社，1946，56页，32开

07417
地理课本（高级 第2册） 辛安亭编著　陕甘宁边区教育厅审定
辽县（左权）：华北书店，1942.8，40页，32开
收藏单位：国家馆

07418
高级小学地理课本（第3册） 山东省政府教育厅审定
胶东新华书店，1947.1，24页，32开
收藏单位：山东馆

07419
高级小学地理课本（第4册） 山东省政府教育厅审定
渤海书局，1946.12，27页，32开
收藏单位：山东馆

07420
高小地理（第1、3册） 东北政委会编审委员会编
辽东书店，1947.8，2册，32开
收藏单位：国家馆

07421
高小地理（第1、3—4册） 东北政委会教育部编
东北书店，1948—1949.7，3册，32开
收藏单位：广东馆、国家馆、江西馆

07422
高小地理（第2、4册） 东北政委会教育部编
沈阳：东北新华书店，1949.7，2册（[100]页），32开

07423
高小地理（第3册） 王同民编著　晋冀鲁豫边区政府教育厅审定
华北新华书店，1946.10，36页，32开
收藏单位：国家馆

07424
高小地理（第4册） 东北政委会编审委员会编
辽南行政公署教育处，1947.11，48页，25开
收藏单位：江西馆

07425
高小地理课本（第1—4册） 王同民编著　晋冀鲁豫边区政府教育厅审定
韬奋书店，1946，4册，32开
本书封面题名不统一，第1册题名：地理课本；第2—3册题名：高小地理；第4册题名：高级地理课本。

07426
小学课本地理（五年级 上、下册 六年级 上、下册） 山东省政府教育厅编审
华东新华书店，1948—1949，胶东版，4册（[122]页），32开
本书内容包括：山东的位置和形势、山东的地势、山东的物产、济南和青岛、黄河、华北解放区、平津保地区、东北等。
收藏单位：山东馆

07427
新编高级小学地理课本（第1册） 华北人民政府教育部教科书编审委员会修订
北平：华北联合出版社，1949，8版，37页，32开
北平：华北联合出版社，1949.8，9版，37页，32开
北平：华北联合出版社，1949，12版，37页，32开
收藏单位：国家馆

07428
新编高级小学地理课本（第2册） 华北人民政府教育部教科书编审委员会修订
北平：华北联合出版社，1949，4版，42页，32开

收藏单位：国家馆

07429
新编高级小学地理课本（第3册） 华北人民政府教育部教科书编审委员会修订
北平：华北联合出版社，1949.8，6版，42页，32开
北平：华北联合出版社，1949，7版，42页，32开
收藏单位：国家馆

07430
新编高级小学地理课本（第4册） 华北人民政府教育部教科书编审委员会修订
北平：华北联合出版社，1949，2版，58页，32开
收藏单位：国家馆

07431
中国地理 冀中行政公署教育厅编
[张家口]：晋察冀新华书店，1948.5，111页，32开
本书中级学校适用。
收藏单位：山西馆

07432
中国地理暂用本（第1册）
第八专署直属抗高，[1937—1949]，油印本，16页，32开
本书适用于初级小学。
收藏单位：国家馆

07433
中级世界地理（乙种） 教育研究室地理组编
[北平]：新华书店，1949.1，修订版，1册
收藏单位：安徽馆、河南馆、辽宁馆、内蒙古馆

数　学

07434
初级算术课本（第6册） 张逸圆编著　晋冀鲁豫边区政府教育厅编审委员会审定
[邯郸]：裕民印刷厂，1947.10，47页，32开
收藏单位：国家馆

07435
初级小学算术课本 冀太行政联合办事处编辑委员会编辑　冀太行政联合办事处教育处审定
[涉县]：冀太行政联合办事处交通总局，1941.3，石印本，4册，32开
本书全6册，1—2册合编，3—4册合编。
收藏单位：国家馆

07436
初小算术（第2册） 东北政委会编审委员会编
东北书店，1948.7，31页，32开
收藏单位：国家馆

07437
初小算术教材教法 张逸圆编著　晋冀鲁豫边区政府教育厅审定
华北新华书店，1946，2册（70+54页），32开
收藏单位：国家馆、南京馆

07438
初小算术教材教法 张逸圆编著　晋冀鲁豫边区政府教育厅审定
冀鲁豫书店，[1944—1948]，2册，32开
本书由晋冀鲁豫边区政府教育厅审定。
收藏单位：南京馆

07439
初小算术教材教法（第1册） 张逸圆编著　晋冀鲁豫边区政府教育厅审定
[邯郸]：裕民印刷厂，1946.6，70页，32开
收藏单位：国家馆

07440
初小算术教材教法（第2册） 张逸圆编著　晋冀鲁豫边区政府教育厅审定

太行新华日报，1946.5，54 页，32 开
收藏单位：国家馆

07441
初小算术教材教法（第 2 册） 张逸圆编著　晋冀鲁豫边区政府教育厅审定
韬奋书店，1946.5，54 页，36 开
收藏单位：国家馆

07442
初小算术课本（第 1、4、6—7 册） 张逸圆编著　晋冀鲁豫边区政府教育厅审定
邯郸：裕民印刷厂，1947.10，4 册，32 开
收藏单位：国家馆

07443
初小算术课本（第 3—4、7—8 册） 张逸圆编著　晋冀鲁豫边区政府教育厅审定
邢台：韬奋书店，[1945—1949]，4 册，32 开
本书供初级小学用。
收藏单位：国家馆

07444
初小算术课本（第 3、5 册） 华北人民政府教育部审定
华北新华书店，1949.2，40 页，32 开
收藏单位：山东馆

07445
初小算术课本（第 5 册） 张逸圆编著　晋冀鲁豫边区政府教育厅审定
[威县]：冀南新华书店，1948.3，再版，46 页，32 开
收藏单位：国家馆

07446
初小算术课本（第 6 册） 晋察冀边区行政委员会教育处审定
[阜平]：晋察冀边区点滴社，1943.7，石印本，42 页，32 开
收藏单位：国家馆

07447
初中几何教科书（上册） 韩清波编辑　傅种孙校订
北平：新华书店，1948，10+180 页，32 开
收藏单位：国家馆

07448
代数　杨晓初　杨明轩编著
山东新华书店，1949.9，2 册（[328] 页），32 开
本书为初中暂用课本。
收藏单位：国家馆、山东馆

07449
高级算术课本（第 1—3 册） 晋冀鲁豫边区政府教育厅审定
出版者不详，[1945—1949]，3 册，32 开
收藏单位：国家馆

07450
高级算术课本（第 2 册） 张养吾编辑　陕甘宁边区教育厅审定
[延安]：陕甘宁边区教育厅，1941.7，43 页，32 开
本书共两部分：复名数四则、整数性质。目录页题名：陕甘宁边区高小算术课本。
收藏单位：国家馆

07451
高级小学算术课本（第 3 册） 刘松涛编　华北人民政府教育部审定
北平：华北联合出版社，1949，8 版，1 册，32 开

07452
高级小学算术课本（第 4 册）
冀鲁豫书店，[1946]，石印本，1 册，32 开
收藏单位：国家馆

07453
高小算术　东北行政委员会教育部编
长春：东北书店，1949.1，4 册，32 开

07454
高小算术（第 1 册）　霍得元编　陕甘宁边区教育厅审定
[张家口]：新华书店，[1946]，70 页，32 开
收藏单位：国家馆

07455
高小算术（第 1—3 册）　霍得元编　陕甘宁边区教育厅审定
西北新华书店，1946—1949，3 册，32 开
本书全 4 册。

07456
高中代数　裘友石编著
山东新华书店，1949.8，337 页，32 开
本书内容包括：绪论、整式、因式分析法、分式、开方及根式、一次方程式、二次方程式、分式方程式及无理方程式、函数及其图解、不等式、级数、指数及对数、行列式、方程式论、三次四次方程式解法等。
收藏单位：辽宁馆、南京馆、山东馆

07457
几何　骆师曾编著
长春：东北书店，1949.4，2 册（381 页），32 开
本书为东北行政委员会教育部规定初中临时教材。

07458
解析几何学　徐任吾　仲子明编著
长春：东北书店，1949.5，158 页，32 开
本书为东北行政委员会教育部规定高中临时教材，专科学校适用。
收藏单位：辽宁馆

07459
立体几何学　胡敦复　荣方舟编著
长春：东北书店，1949，127 页，32 开
本书为东北行政委员会教育部规定高中临时教材，专科学校适用。
收藏单位：辽宁馆

07460
炮兵数学讲义（第 1—2 部）
新四军山东军区司令部，1946.12，96+178 页，64 开
收藏单位：山东馆

07461
平面几何学　胡敦复　荣方舟编著
长春：东北书店，1949，321 页，32 开
本书为东北行政委员会教育部规定高中临时教材，专科学校适用。
收藏单位：吉林馆、辽宁馆

07462
平面几何学　山东省人民政府教育厅编　山东省人民政府教育厅审定
济南：新华书店山东总分店，1949.9，245 页，32 开
本书为初级中学暂用课本。
收藏单位：山东馆

07463
三角学　钱克仁编著
[沈阳]：东北新华书店，1949.8，再版，195 页，32 开
本书为东北行政委员会教育部规定高中临时教材，专科学校适用。
收藏单位：长春馆

07464
实用算术　丁江等编
华东新华书店，1948.10，202 页，36 开
华东新华书店，1949.9，再版，202 页，32 开
本书为临时课本，初级中学适用。
收藏单位：国家馆、辽大馆、南京馆、山东馆、上海馆

07465
算术　史佐民　魏群编　华北人民政府教育部审定
天津新华书店，1949.4，3 版，2 册（183+154 页）
本书中学师范适用。

收藏单位：国家馆

07466
算术　史佐民　魏群编　晋察冀边区行政委员会教育处审定
华北新华书店，1948.9，2 册（183+154 页），32 开
华北新华书店，1948，再版，2 册（183+ 154 页），32 开
本书中学师范适用。
收藏单位：国家馆、江西馆、辽宁馆、山东馆

07467
算术　史佐民　魏群编　晋察冀边区行政委员会教育处审定
[北平]：新华书店，1949，2 版，2 册（[183]+154 页），32 开
[北平]：新华书店，1949，3 版，2 册（183+154 页），32 开
[北平]：新华书店，1949.9，4 版，2 册（183+[154] 页），32 开
本书中学师范适用。
收藏单位：国家馆

07468
算术（上册）
[阳城]：太岳新华书店，1948，135 页，32 开
收藏单位：国家馆、山西馆

07469
算术（上、下册）　刘靖宇编
华北新华书店，1942.5，2 册，32 开
收藏单位：国家馆

07470
算术课本（重订本 第 4、6、8 册）　晋察冀边区行政委员会教育处审定
[张家口]：晋察冀新华书店，1948.6，3 册（[145] 页），32 开
本书全 8 册，初级小学适用。目录页题名：初级小学算术课本。版权页题名：初小算术。
收藏单位：国家馆、河南馆、山东馆

07471
算术课本（初级 第 2、5—6 册）　何楠若编著　陕甘宁边区教育厅审定
华北书店，1942，3 册（36+52+70 页），32 开
本书初级小学适用。
收藏单位：国家馆

07472
算术课本（第 1 册）　冀中行署教育科重修
边区财政处印刷局冀中分局，1946，40 页，32 开

07473
算术课本（第 1 册）　陕甘宁边区教育厅审定
西安：新华书店，1947.3，30 页，32 开
本书全 6 册，初级小学适用。

07474
算术课本（第 2 册）　晋绥边区行政公署教育处审定
[兴县]：晋绥新华书店，1948.10，40 页，32 开
本书小学校初级适用。
收藏单位：国家馆

07475
算术课本（第 3 册）　华北人民政府教育部审定
[北平]：华北联合出版社，1949，67 页，32 开
收藏单位：国家馆、南京馆

07476
算术课本（第 3 册）　华北人民政府教育部审定
华北新华书店，1949.2，68 页，32 开
本书全 4 册，小学高年级适用。

07477
算术课本（第 3 册）　冀中行署教育科重修

新华书店冀中支店，1946，41 页，32 开

07478
算术课本（第 3—4 册） 晋绥边区行政公署教育处审定
[兴县]：晋绥新华书店，1948，2 册，32 开
本书全 8 册，初级小学适用。
收藏单位：国家馆

07479
算术课本（第 4 册） 晋察冀边区行政委员会教育处审定
博野：新文化书局，1947，66 页，36 开
本书高级小学适用。
收藏单位：国家馆

07480
算术课本（第 6 册） 冀中行署教育科重修
冀中第八专区博古书店，1947.5，54 页，32 开

07481
算术课本（高级 第 2—3 册） 张养吾编著　陕甘宁边区教育厅审定
华北书店，1942，2 册（61+68 页），36 开
本书高级小学适用。
收藏单位：国家馆

07482
小学课本算术（一年级 下册） 山东省教育厅编审室编审
华东新华书店，1949.6，再版，渤海版，35 页，32 开
收藏单位：河南馆、山东馆

07483
小学课本算术（二年级） 山东省政府教育厅编审
华东新华书店，1948.9—1949.2，胶东版，2 册（41+34 页），32 开
收藏单位：山东馆

07484
小学课本算术（三年级） 山东省教育厅编审室编审
华东新华书店，1948.10—1949.2，渤海版，2 册（39+34 页），32 开
收藏单位：山东馆

07485
小学课本算术（四年级 上册） 山东省教育厅编审室编审
华东新华书店，1949.2，渤海版，45 页，32 开
收藏单位：山东馆

07486
小学课本算术（五年级） 山东省教育厅编审室编审
华东新华书店，1948.8—1949.2，渤海版，2 册（72+39 页），32 开
收藏单位：山东馆

07487
小学课本算术（六年级 上册） 山东省教育厅编审室编审
华东新华书店，1949.2，渤海版，62 页，32 开
收藏单位：山东馆

07488
战时新课本算术　石韬编辑　边区政府教育厅编审委员会审定
边区政府印刷局，1944.1，石印本，2 册，32 开
本书初级小学适用。
收藏单位：国家馆

07489
中学算术课本　彭庆昭等编　抗大教材编审委员会审定　抗大政治文化教育科研究室编辑
出版者不详，[1937—1945]，2 册，32 开（抗大政治文化教育丛书 1）
收藏单位：国家馆

07490
珠算教本　云非编
[邢台]：太行群众书店，1947.8，69页，32开
本书共11章：绪言、加法、减法、乘法、除法、繁杂乘除简法、利息、折扣、度量衡、本国货币、外国货币。
收藏单位：国家馆

07491
珠算教本　云非编
太行新华书店，1948.11，再版，69页，32开

07492
珠算课本　高亦平编　晋冀鲁豫边区政府教育厅审定
出版者不详，1945.8，石印本，1册，32开
收藏单位：国家馆

自然常识、物理、化学

07493
初中化学实验法　王洪年等编著　山东省人民政府教育厅审定
山东新华书店，1949.9，85页，32开
收藏单位：山东馆

07494
初中理化课本（第1—3册）　严济慈著
[北平]：三联书店，1949.9，3册，32开
收藏单位：广东馆、国家馆、天津馆

07495
初中临时教材动物（下册）　贾祖璋编著
长春：东北书店，1949，115页，32开
收藏单位：东北师大馆

07496
初中物理学　华北人民政府教育部编　华北人民政府教育部审定
华北新华书店，1949.3，180页，32开
收藏单位：辽宁馆、山东馆

07497
高级小学自然课本（第1册）　山东省政府教育厅审定
山东新华书店，[1943—1949]，油印本，20页，32开
收藏单位：山东馆

07498
高级小学自然课本（第1、3册）　华北人民政府教育部审定
华北新华书店，1949，2册（[79]页），32开
本书供高级小学适用。全4册。
收藏单位：南京馆

07499
高级小学自然课本（第4册）　华北人民政府教育部审定
北平：华北联合出版社，1949.8，再版，42页，32开
本书供高级小学适用。全4册。

07500
高级自然课本（第1—2、4册）　晋冀鲁豫边区政府教育厅审定
韬奋书店，1946.3，3册，32开
本书供高级小学适用。
收藏单位：国家馆

07501
高小自然（第3册）　田雨编　陕甘宁边区教育厅审定
[平山]：新华书店，1949.2，76页，32开
收藏单位：国家馆

07502
高小自然常识（第1—3册）　东北政委会编审委员会编
佳木斯：东北书店，1947.7—1948.3，3册，32开
本书为小学校自然教材，高级小学适用。
收藏单位：东北师大馆、国家馆

07503
高小自然课本 彭庆昭编著 晋冀鲁豫边区政府教育厅审定
韬奋书店，1946，4 册（[165] 页），32 开
收藏单位：国家馆、河南馆

07504
高小自然课本（第 2 册） 晋察冀边区行政委员会教育处审定
华北新华书店，1948.7，修正再版，36 页，32 开
收藏单位：国家馆、山东馆

07505
高小自然课本（第 3 册） 彭庆昭编著 晋冀鲁豫边区政府教育厅审定
华北新华书店，1949，52 页，32 开
本书内容包括：石灰和水泥、玻璃陶瓷和洋瓷、金属、钢铁、我们的身体、心脏和血液的循环、淋巴系、人工免疫、急救、止血和小创伤的治疗、疯狗和毒蛇、植物的胜利、接树等。
收藏单位：国家馆

07506
高小自然课第三册补充解释 成汉三作 冀中教育社编
保定：新华书店保定总分店，1949.8，40 页，32 开
本书为自然课教学参考资料。供高级小学用。
收藏单位：国家馆、山东馆

07507
高中物理学教学纲要
山东新华书店，1949.9，70 页，32 开
本书共 87 章，内容包括：量度、物质之各种状态、力、共点力之平衡、平行力、物体在重力下之平衡、功、简单机械、液体之压力、液体之自由表面与连通管、液体之传递压力、液体之浮力、阿基米得原理之应用、气体之压力与浮力、大气压力、气体之压缩、气体之液化、地磁等。
收藏单位：广东馆、山东馆

07508
科学常识 工农红军学校编写
[工农红军学校]，1932.9，14 页，32 开
本书为小学初等教材。

07509
矿物学 朱夏编著
长春：东北书店，1949.5，129 页，32 开
本书为东北行政委员会教育部规定高中临时教材，专科学校适用。
收藏单位：辽宁馆

07510
实用化学 王洪年编著 山东省政府教育厅审定
华东新华书店，1949.2，186 页，32 开
收藏单位：山东馆

07511
实用理化常识 王洪年编著 山东省政府教育厅审定
华东新华书店总店，1948.10，198 页，32 开
本书为中学课本及青年自学读物。
收藏单位：山东馆

07512
实用物理 江云清编著 山东省政府教育厅审定
华东新华书店，1949.2，256 页，32 开
华东新华书店，1949.8，174 页，32 开
本书为中学暂用课本及青年自学读物。
收藏单位：国家馆、辽大馆、山东馆

07513
物理学 六一部队编委会译
长春：东北新华书店，1949.6—1949.8，266+250 页，32 开
收藏单位：辽宁馆

07514
物理学（上册）

佳木斯：东北书店，1948，110 页，32 开

本书为初中临时教材。

收藏单位：国家馆、辽大馆

07515

小学教员自然科学参考书　韩铁南编

[威县]：冀南新华书店，1948.6，74 页，36 开

[威县]：冀南新华书店，1948.7，再版，74 页，36 开

本书共 6 部分：农业植物类、生理卫生类、动物类、化学类、物理类、天文地质类。供一般小学教员参考使用，并为高小毕业学生投考各中等学校所必备。

收藏单位：国家馆、河南馆、南京馆、山东馆、天津馆

07516

小学教员自然科学参考书　韩铁南编

[郑州]：中原新华书店，1949.5，再版，63 页，32 开

收藏单位：国家馆

07517

小学课本自然（五年级）　山东省政府教育厅编审

山东新华书店，1949.6，2 册（46+42 页），32 开

收藏单位：山东馆

07518

小学课本自然（六年级）　山东省政府教育厅编审

华东新华书店，1948.10—1949.1，渤海版，2 册（43+54 页），32 开

收藏单位：山东馆

07519

战时小学自然课本　山东省教育处审定

[沂水]：大众日报社，1943，5 册，32 开

收藏单位：国家馆

07520

战时小学自然课本　山东省教育处审定

山东新华书店，1944，石印本，5 册，32 开

收藏单位：国家馆

07521

自然（第 2—3 册）　关东公署教育厅编审

大连：大众书店，1948，2 册（35+38 页），32 开

本书供高级小学用。

07522

自然（五年级 上册）　中原临时人民政府教育部审定

华中新华书店，1949.7，53 页，32 开

本书内容多取材于华东、华北原有课文，将单元重新整理，并对缺少的地方进行补充。每单元前有观察和实验，后有练习。高级小学适用。

收藏单位：国家馆

07523

自然课本　晋察冀边区行政委员会教育处审定

新华书店晋察冀分店，1946，4 册（[181] 页），32 开

本书高级小学适用。

07524

自然课本（第 1、3 册）　华北人民政府审定

华北新华书店，1949.1，2 册（33+ 45 页），32 开

本书高级小学适用。

收藏单位：山东馆

07525

自然课本（高级 第 1、3—4 册）　陕甘宁边区教育厅审定

辽县（左权）、延安：华北书店，[1942—1943]，3 册（32+38+42 页），32 开

本书高级小学适用。

收藏单位：国家馆

生理卫生

07526
初级中学生理卫生课本（修订本） 林英 文彬如编 华北人民政府教育部教科书编审委员会修订
[北平]：新华书店，1949.8，再版，185 页，32 开
收藏单位：国家馆

07527
生理卫生 林英 文彬如编
[北平]：新华书店，1949.4，185 页，32 开
本书初级中学及师范适用。
收藏单位：国家馆、山东馆

07528
生理卫生 林英 文彬如编 华北人民政府教育部审定
华北新华书店，1948.12，[11]+[229] 页，32 开
本书初级中学及师范适用。
收藏单位：重庆馆、南京馆、山东馆

07529
生理卫生
哈尔滨：东北书店，1948.10，186 页，32 开
本书为初中临时教材。
收藏单位：国家馆

07530
实用生理卫生 林英 文彬如编著
哈尔滨：东北书店，1948.12，209 页，32 开
收藏单位：东北师大馆、国家馆、黑龙江馆、天津馆

07531
实用生理卫生 林英 文彬如编著 山东省政府教育厅审定
华东新华书店总店，1949.1，再版，186+34 页，32 开
本书为中学课本及青年自学读物。
收藏单位：山东馆

07532
实用生理卫生 林英 文彬如编著 山东省政府教育厅审定
山东新华书店，1948.8，186 页，32 开
山东新华书店，1949.7，3 版，186+ 32 页，32 开
本书为中学课本及青年自学读物。
收藏单位：南京馆、山东馆

07533
实用生理卫生 林英 文彬如编著 皖北行署教育处审定
[合肥]：皖北新华书店，1949.7，209 页，32 开
本书为中学课本及青年自学读物。
收藏单位：安徽馆、国家馆

07534
卫生课本 晋绥边区行政公署教育处审定
[兴县]：晋绥新华书店，[1946]，2 册（[77] 页），32 开
本书供高级小学使用。
收藏单位：国家馆、南京馆、山西馆

07535
卫生课本（高级 第 1—2 册） 辛安亭编 陕甘宁边区教育厅审定
华北书店，1942.8—1943.8，2 册，32 开
本书高级小学适用。
收藏单位：国家馆

07536
卫生课本（上册） 晋绥边区行政公署民教处审定
[兴县]：晋绥新华书店，1936，42 页，32 开
本书包括个人、家庭、学校三方面的卫生常识，目的偏重在培养学生良好的卫生习惯。供高级小学使用。
收藏单位：国家馆、山西馆

其 他

07537
常识（第1—2、4册）
出版者不详，1949.8，3册（[206]页），32开
本书为中原临时人民政府教育部规定，供初级小学使用。

07538
常识（第1、3、5、7册） 山东省教育厅编审室编审
上海联合出版社，1949，再版，4册，32开
收藏单位：国家馆

07539
常识（第5册） 关东公署教育厅编审
大连：大众书店，1948.3，39页，32开
本书供初级小学校使用。

07540
常识（第6册） 安东省教育厅编
辽东建国书社，[1949]，24页，36开
本书共32课，内容包括：七七抗战、中国解放区、两种军队等。
收藏单位：国家馆

07541
常识课本 晋察冀边区行政委员会教育处审定
华北新华书店，1948.7，2版，修正版，4册（[161]页），32开
本书供初级小学校用。
收藏单位：国家馆

07542
常识课本 张腾霄 高珍编 晋察冀边区行政委员会教育处审定
新华书店晋察冀分店，1946.5，4册（[238页]），32开
收藏单位：天津馆

07543
常识课本
东北新华书店辽东分店，1949.9，75页，32开
本书为文化乙班临时教材。
收藏单位：国家馆

07544
常识课本（第4册）
湘赣省苏教育部，1933.8，40页，32开

07545
初级临时课本（第1、3册） 课本编辑委员会编 晋冀鲁豫边区政府教育厅审定
华北新华书店，1948.3，木刻本，2册，32开
收藏单位：国家馆

07546
初级小学常识课本 冀太联合办事处编辑委员会编辑 冀太联合办事处教育处审定
[涉县]：冀太联合办事处交通总局，[1940—1941]，2册，小32开
本书以家庭、生活、社会中的常识为中心内容。
收藏单位：国家馆

07547
初级小学常识课本（第4册） 冀太行政联合办事处编辑委员会编辑 晋冀鲁豫边区政府教育厅审定
新记印刷厂，1943，再版，石印本，34页，64开
收藏单位：国家馆

07548
初级新课本 晋冀鲁豫边区政府教育厅审定
韬奋书店，[1946—1947]，8册，32开
收藏单位：国家馆

07549
初级新课本 晋冀鲁豫边区政府教育厅审定
裕民印刷厂，1945—1946，4册（[179]页），32开

本书为晋冀鲁豫边区统一教材，秋季始业。

收藏单位：河南馆

07550

初级新课本（第 1 册） 晋冀鲁豫边区政府教育厅审定

[张家口]：晋冀鲁豫书店，[1946]，石印本，38 页，32 开

收藏单位：国家馆

07551

初级新课本（第 1、3、7 册） 晋冀鲁豫边区政府教育厅审定

华北新华书店，[1947—1948]，3 册（48+45+66 页），32 开

收藏单位：国家馆

07552

初级新课本（第 2 册） 晋冀鲁豫边区政府教育厅审定

[涉县]：太行新华日报，1945.12，刻本，46 页，32 开

收藏单位：国家馆

07553

初级新课本（第 3 册） 晋冀鲁豫边区政府教育厅审定

晋城：光明书店，1947.9，46 页，32 开

本书为晋冀鲁豫边区统一教材，秋季始业，初级小学校适用。

07554

初级新课本（第 4 册） 晋冀鲁豫边区政府教育厅审定

[涉县]：太行新华日报，1945.12，46 页，32 开

本书为晋冀鲁豫边区统一教材，国语和常识合编本。初级小学校秋季始业用。

收藏单位：国家馆、河南馆

07555

初级新课本（第 5 册） 晋冀鲁豫边区政府教育厅审定

晋城：新文化书店，[1947]，石印本，47 页，32 开

收藏单位：国家馆

07556

初级新课本（第 6 册） 晋冀鲁豫边区政府教育厅审定

[朝城]：冀鲁豫书店，1947.2，48 页，32 开

收藏单位：山东馆

07557

初级新课本（第 6 册） 晋冀鲁豫边区政府教育厅审定

[阳城]：太岳新华书店，1947.9，48 页，32 开

收藏单位：国家馆、河南馆

07558

初级新课本（第 7 册） 晋冀鲁豫边区政府教育厅审定

[晋城]：鲁迅书店，1945，36 页，32 开

本书为晋冀鲁豫边区统一教材，供初小四年级第一学期使用。为国语和常识合编本，分 8 个单元，共 40 课：生产课 8 课，史地课 11 课，公民课 10 课，自然卫生课 6 课，应用文 5 课。

07559

初级新课本（国语常识合编 第 1 册）

华北书店，1944.2，46 页，32 开

本书供初小一年级第一学期使用，为国语和常识合编本，有大量木刻画，通过图画学习识字。

07560

初级新课本（国语常识合编 第 2 册）

华北书店，1944.7，46 页，32 开

本书共 38 课，国语和常识的课文各占 19 篇，共 8 个单元：生产课 13 课，社会课 8 课，自然课 7 课，卫生课 4 课，劳动互助、家庭与学校生活课文 6 课。

收藏单位：河南馆

07561
初级新课本（国语常识合编 第3册）
华北书店，1945.3，46页，32开
本书供初小第二年级上学期使用，为国语和常识合编本，共40课，内容包括：上学校、栽树、春天里、种棉花等。
收藏单位：河南馆

07562
初级新课本（国语常识合编 第4册）
延安：新华书店，1944.7，52页，32开
延安：新华书店，1945.7，52页，32开
本书供初小第二年级下学期使用，为国语和常识合编本，共43课，分6个单元：生产10课，公民9课，自然5课，卫生5课，史地6课，学校生活4课，应用文4课。
收藏单位：河南馆

07563
初级新课本（国语常识合编 第5册）
延安：新华书店，1944.2，54页，32开
延安：新华书店，1946.2，54页，32开
本书共44课，分7个单元：生产12课，公民4课，史地6课，卫生5课，自然7课，学校生活4课，应用文6课。初级小学适用。

07564
初级新课本（国语常识合编 第5—7册） 晋冀鲁豫边区政府教育厅审定
华北新华书店，1946.10，3册，32开
收藏单位：国家馆

07565
初级新课本（国语常识合编 第8册） 晋冀鲁豫边区政府教育厅审定
太行群众书店，1946.10，59页，32开
收藏单位：国家馆

07566
初级战时课本（国语常识合编 第6—7册）
晋冀鲁豫边区政府教育厅编审委员会编著
晋城：鲁迅书店，1944.1，石印本，2册（[38+75]页），32开
本书为战时晋冀鲁豫边区统一教材，国语和常识合编本。初级小学校适用。

07567
初小常识（第1—2册） 陕甘宁边区教育厅审定
西安：新华书店，1949.9，2册（[88]页），32开

07568
初小常识（第1—4册） 东北政委会编审委员会编
佳木斯：东北书店，1948，4册，32开
收藏单位：南京馆

07569
初小常识课本（第1、3—4册） 晋察冀边区行政委员会教育处审定
华北新华书店，1948.7，修正再版，2册（34+42+45页），32开
收藏单位：山东馆

07570
儿童谜语（2） 辛安亭编
[涉县]：新华书店，1946.1，20页，32开（新儿童小丛书2）
收藏单位：国家馆

07571
高小社会 晋冀鲁豫边区政府教育厅审定
韬奋书店，[1945—1949]，29页，32开
本书为临时教材，内容着重于边区发展史方面。共15课，内容包括：我们住在一个什么样的地方、边区的由来、战前人民的生活、打蝗、大生产运动等。
收藏单位：国家馆

07572
共产儿童读本（第6册）
[兴国]：兴国县苏维埃政府教育部，[1934]，油印本，46页，32开
本书为第一次国内革命战争时期苏区儿童启蒙读物，内容通俗易懂。

收藏单位：国家馆

07573
红孩儿读本（第 1 册） 湘鄂赣边境工农兵暴动委员会编
红孩儿编辑委员会，1930.5，20 页，32 开
本书为红色初级小学校儿童读本，共 20 课。

07574
课本 徐特立著
出版者不详，[1911—1949]，108 页，32 开
收藏单位：国家馆

07575
民主建设讲话 孙蔚民 郑炜编 苏皖边区政府审定
华中新华书店，1946.2，166 页，32 开
本书为青年读物及中学教本。共 6 讲 34 节，内容包括：解放区概况、民主政治建设、经济建设、文化建设、武装建设等。
收藏单位：重庆馆、国家馆、河南馆、山东馆

07576
农业常识 温济泽编
新华书店，1946.5，126 页，32 开
本书为陕甘宁边区高小教员参考用书，讲述农业技术相关理论和方法。分 4 部分：几种作物、和作物的灾害斗争、改良农作法、农家副业，共 40 节。
收藏单位：重庆馆、辽宁馆、天津馆

07577
农业常识 徐特立编
教育人民委员部编审局，1934.6，2 册（56 页），32 开
本书为苏区中等教材。

07578
农业生产知识 冀中行政公署教育厅编审
仁河：第八分区博古书店，1947，石印本，2 册（125+79 页），32 开
本书分 6 部分介绍病虫害、家畜饲养、生产方式等农业生产知识。初级中学适用。
收藏单位：国家馆、天津馆

07579
苏维埃课本（第 1 册） 红十一军政治部编
红十一军政治部，1933.10，15 页，32 开
本书为小学课程教材。

07580
小学各科教材及教学法参考资料 华北人民政府教育部教科书编审委员会编
北平：新华书店，1949.9，83 页，32 开
本书共 7 部分：常识的编和教、从怎样编算术说到怎样教算术、关于高小国语的编写和教学、怎样教公民（政治）、高小历史的编和教、高小地理的编和教、怎样教自然。
收藏单位：广东馆、国家馆、浙江馆

07581
小学各科教学研究 新教育学会编
大连：大众书店，1948.5，169 页，32 开（新教育丛书）
本书收黄祖英、马启明、郑炜、韦一、陈怀白等关于算术、公民、历史、地理、自然等科教学的文章 8 篇。
收藏单位：东北师大馆、国家馆

07582
小学课本常识（一年级） 山东省政府教育厅编审
华东新华书店，1948.9，渤海版，2 册（34+26 页），32 开
本书共 34 课，内容包括：课堂里不吵闹、太阳的用处大、水的用处大、脏东西不要放到嘴里去等。
收藏单位：南京馆、山东馆

07583
小学课本常识（二年级） 山东省政府教育厅编审
华东新华书店，1948.9，渤海版，2 册（[34]+26 页），32 开

华东新华书店，1949.4，再版，胶东版，2 册（34+[26] 页），32 开

收藏单位：山东馆

07584

小学课本常识（三年级） 山东省政府教育厅编审

华东新华书店，1948.9，胶东版，2 册（[42]+31 页），32 开

华东新华书店，1949.2，渤海版，2 册（42+[31] 页），32 开

华东新华书店，1949.5，再版，胶东版，2 册（[42]+31 页），32 开

华东新华书店，1949.6，再版，渤海版，2 册（[42]+31 页），32 开

本书目录页题名：小学三年级常识。封底题：山东省政府教育厅编审室编审。

收藏单位：山东馆

07585

小学课本常识（四年级） 山东省政府教育厅编审

华东新华书店，1949.2，2 册（56+44 页），32 开

华东新华书店，1949.5，再版，胶东版，2 册（56+44 页），32 开

收藏单位：山东馆

07586

小学生唱游集 韬奋书店编

涉县：太行群众书店，1949.4，46 页，36 开

本书共 7 部分：唱歌游戏、唱歌表情、唱歌舞蹈、竞技游戏、逃追游戏、球类游戏、其他。

收藏单位：国家馆、吉林馆、山东馆

07587

小学生唱游集 韬奋书店编

涉县：韬奋书店，1945.1，34 页，32 开

收藏单位：国家馆

07588

小学生唱游集

东北新华书店辽东分店，1949.9，47 页，32 开

收藏单位：国家馆

07589

小学生活指导 董纯才等著

[遵化]：冀东新华书店，[1946]，52 页，32 开

本书收文 6 篇，内容包括：《关于学生自治的问题》（董纯才）、《关于小学生活指导问题的商榷》（刘皑风）、《非要惩罚不可吗?》（徐特立）、《重庆育才学校》（新华社）等。

收藏单位：山东馆

07590

小学音乐手册 潘奇编

佳木斯：东北书店，1947，57 页，32 开

佳木斯：东北书店，1948.1，再版，57 页，32 开

佳木斯：东北书店，1948.3，3 版，57 页，32 开

佳木斯：东北书店，1948.10，4 版，57 页，32 开

本书共两部分。第 1 部分收歌曲 55 首，分别供小学低、中、高年级使用；第 2 部分收技术短文 4 则：《乐谱摘要》《教学上的几个问题》《关于配词》《略谈秧歌剧中的乐队与演唱》。

收藏单位：长春馆、国家馆、辽大馆、辽宁馆、山东馆、天津馆

07591

小学音乐手册 潘奇编

华中新华书店总店，1949.2，46 页，32 开

本书共两部分。第 1 部分收歌曲 44 首，分别供小学低、中、高年级使用；第 2 部分收技术短文 4 则：《乐谱摘要》《教学上的几个问题》《关于配词》《略谈秧歌剧中的乐队与演唱》。题名页题：华中新华书店出版。

收藏单位：国家馆、上海馆

07592

小学音乐手册（第 1 册） 小学音乐教育研究

会编
大连：大众书店，1948.10，46 页，32 开
本书适用于小学一、二年级，收歌曲 44 首，内容包括:《小猫叫》《打雪仗》《儿童进行曲》等。
收藏单位：国家馆、辽宁馆

07593
新战士教材 太岳军区政治部编
太岳军区政治部，1945.9，17 页，64 开
收藏单位：国家馆

07594
怎样做玩具 温涛著
[沈阳]：东北新华书店，1949，1 册，16cm×18cm
本书为小学手工教材，讲述制作玩具的方法和技巧。
收藏单位：国家馆

07595
战时小学常识课本（第 1 册） 大众日报社编 山东省教育处审定
[沂水]：大众日报社，1942.8，1 册，32 开
收藏单位：国家馆

高等教育

07596
华北大学介绍 华北大学编
[正定]：华北大学，[1948]，14 页，32 开
本书收吴玉章在华北大学成立大会上的讲话及该校简介。
收藏单位：国家馆

07597
华北联合大学政治班工作修正草案 [华北联合大学编]
华北联合大学，1948，油印本，17 页，25 开，环筒页装
本书收成仿吾校长的两篇讲话及政治班教育进度表。
收藏单位：国家馆

07598
华北人民革命大学第一期的教育情况及其主要的经验教训 刘澜涛 胡锡奎著
出版者不详，[1949]，8 页，36 开
本书为华北人民革命大学对 1.2 万名新学生短期班的教育经验总结。书前有毛泽东的批示。
收藏单位：重庆馆

07599
来稿拔萃（1） 华北新华书店编辑部通联科编
华北新华书店编辑部通联科，1946.11，8 页，32 开
收藏单位：山东馆

07600
联大政治班工作修正草案 [华北联合大学编]
华北联合大学，1948.6，油印本，13 页，25 开，环筒页装
本书收华北联大政治班教育进度表及成仿吾校长的两篇讲话。
收藏单位：国家馆

07601
留法俭学报告书 华法教育会广东分会编
出版者不详，[1919—1949]，油印本，50 页，8 开
收藏单位：国家馆

07602
人民的大学（华北联大介绍） 华北联大编
[哈尔滨]：东北书店，1948.9，101 页，32 开
本书收文 28 篇，内容包括:《华北联合大学简史》《我们的学校》《联大的毕业生》《土改中的联大同学》《文工团在石家庄的春节活动》等。
收藏单位：东北师大馆、国家馆、宁夏馆、山东馆、天津馆

07603
人民的大学（华北联大介绍） 华北联大编

[泰州]：苏北新华书店，1949.9，101页，32开

收藏单位：重庆馆、国家馆

07604
人民的大学（华北联大介绍） 华北联大编
苏州：苏南新华书店，1949.6，90页，32开

收藏单位：重庆馆、国家馆、南京馆、天津馆

07605
陕北的青年学生生活 罗瑞卿 成仿吾等著
上海：建社，1938.11，109页，大16开

本书内容包括：怎样进陕北公学、陕北公学与党校、半年来的陕北公学、陕北公学的一日、抗大开学典礼（演词一束）、抗大的过去与现在、抗大战斗演习、毕业上前线等。附《战斗的延安》《鲁迅师范概观》等。

收藏单位：国家馆、南京馆

07606
苏联的大学 东北英文研究会编译
[无锡]：苏南新华书店，1949.9，37页，32开

本书收文11篇，内容包括：《新五年计划中的苏联大学》（卡夫达诺夫）、《苏联大学》（费陀罗夫）、《苏联大学教育的方法》（霍托耶夫）、《为苏联农业培养二十万专家》（斯密尔诺夫）等。据1946年布拉格版《苏联大学教育》一书译出。封面编译者题：英文研究会。

收藏单位：重庆馆、广东馆、国家馆

07607
苏联的大学 英文研究会编译
哈尔滨：东北书店，1949.5，34页，32开

收藏单位：重庆馆、国家馆、南京馆

07608
香港达德学院概况 香港达德学院编
香港：达德学院，[1947]，40页，32开

本书介绍该院创办经过及概况、组织大纲、课程、办事总则、生活指导纲领等。

收藏单位：重庆馆、广西馆、国家馆、上海馆

07609
政治常识讲授提纲 抗日军政大学编
[延安]：抗日军政大学，1942，66页，32开

本提纲于1941年初由4人分别写成，1941年10月重加改订。共6讲：人类社会与政治、历史上的五种社会制度、阶级与政党、国家政权、战争与革命、国际现势。书前有滕代远序。

收藏单位：国家馆

师范教育、成人教育、业余教育、社会教育

07610
笔算讲义 晋冀鲁豫军区供给学校第十期编
晋冀鲁豫军区供给学校第十期，1948，106页，32开

收藏单位：国家馆

07611
初级干部国语课本 杨少章等编 太行区党委宣传部审定
太行新华书店，1949.6，4册

本书第4册内容包括：我们都在努力生产、怎样写通讯、地球、人类是怎样进化的、自由结婚、多写作多修改、怎样读书等。

收藏单位：国家馆、河南馆、天津馆

07612
初级国文课本（1） 晋察冀军区政治部编
晋察冀军区政治部，[1937—1948]，油印本，28页，32开

本书为部队战士用课本。

收藏单位：国家馆

07613
初级国文课本（下册） 人民解放军华北军区政治部编

人民解放军华北军区政治部，1949.9，72页，32开

本书供在职干部初级国文班教学之用，以期毕业达到高级小学的程度。共20课：你这个坏东西、可爱的华北、雪山上、我们要桥不要枪、平型关大战、黄河里拉大炮、子弹怕勇士、苏联红军一天的生活等。

收藏单位：国家馆

07614

初级自然常识课本　国民革命军第十八集团军政治部宣传部编辑

晋察冀北岳区学习委员会，1942.7，60页，32开

本书共30课，内容包括：太阳和月亮、地球、四季与气候、日蚀月蚀与潮汐、水在空中的变化和虹、雷电、星和银河、空气和风、阴历和阳历等。供北岳区文化学习低级班及初级班使用。

收藏单位：国家馆

07615

大家读

中原新华书店，1948，41页，72开

本书为大众文化课本。

收藏单位：重庆馆

07616

大众识字课本　华北新华书店淮阴分店编

淮阴印刷厂，[1948]，40页，64开

07617

大众识字课本（第2册）　淮北行政公署教育处编

淮北教育出版社，1944.12，49页，32开

收藏单位：南京馆

07618

大众文化课本（第3册）　旅大识字运动委员会编辑委员会编

大连：大连新华书店，1949，84页，32开

收藏单位：国家馆

07619

地理课本（上册）

东北新华书店辽东分店，1949，30页，32开

本书为文化甲班临时教材。

收藏单位：国家馆、山东馆

07620

冬学参考资料　利昌石印局编

利昌石印局，1945.11，石印本，1册，25开，环筒页装

本资料收《陕甘宁边区政府关于今年冬学的指示信》《山东省战时行政委员会关于冬学运动的指示》，以及关于开展冬学运动的体会和经验文章38篇。

收藏单位：国家馆

07621

冬学公民课本（第2册）　晋绥边区行政公署编

[兴县]：晋绥边区行政公署，1945.10，129页，32开

收藏单位：山西馆、天津馆

07622

冬学公民课本讲授用书　吕梁文化教育出版社编　晋绥边区行政公署民教处审定

[兴县]：晋绥边区行政公署，1944，56页，32开

收藏单位：山东馆、山西馆

07623

冬学教材　苏北行政公署教育处编

[威县]：冀南新华书店，1948.10，20页，32开

[威县]：冀南新华书店，[1949]，76页，32开

本书共3章：翻身教育、民主教育、生产教育。

收藏单位：国家馆、山东馆

07624

冬学课本　东北行政委员会教育部编

[哈尔滨]：东北书店，1949，48页，32开

收藏单位：东北师大馆、天津馆

07625
冬学课本 冀中行政公署教育厅编
[保定]：冀中行政公署教育厅，1948.10，26页，64开
本书为农民识字课本。
收藏单位：国家馆、山东馆

07626
冬学识字课本 晋绥边区行政公署编
[兴县]：晋绥边区行政公署，1944，[62]页，32开
本书为晋绥边区普及教育的识字课本。书前有《教学注意事项》。
收藏单位：国家馆、山西馆、天津馆

07627
冬学识字课本（第1册）
冀鲁豫新华书店，1948.10，40页，32开
本书全两册。

07628
冬学手册 东北行政委员会教育委员会编
佳木斯：东北书店，1947.11，93页，32开（东北教育丛刊4）
本书收文两篇：《东北行政委员关于冬学运动的指示》《民国三十三年陕甘宁边区按照需要与自愿的原则开展冬学运动的经验介绍》。
收藏单位：长春馆、东北师大馆、广东馆、国家馆、黑龙江馆、南京馆、山东馆

07629
冬学手册 陕甘宁边区教育厅编
[延安]：陕甘宁边区教育厅，1945.11，86页，32开
本书收文3篇：《边区政府关于今年冬学的指示信》《民国三十三年边区冬学教育按需要与自愿的原则在冬学发动、组织、教学各方面的经验介绍》《介绍五个冬学典型》。
收藏单位：国家馆、南京馆

07630
冬学文化课本 辛安亭编
新华书店，1945.10，44页，32开
收藏单位：辽宁馆、天津馆

07631
冬学政治课本 东北政委会教育委员会编
哈尔滨：东北书店，1947.12，62页，32开
本书共5部分：支援战争、土地改革、生产建设、教育工作、政权建设。
收藏单位：长春馆、重庆馆、东北师大馆、国家馆、山东馆

07632
冬学政治课本 冀鲁豫通俗读物社编
冀鲁豫通俗读物社，1945.9，52页，64开

07633
冬学政治课本 冀鲁豫新华书店编辑部编
冀鲁豫新华书店，1948.11，41页，32开
本书共12课，内容包括：土改大体完成、地权就要确定、怎样结束土改、怎样划分阶级、帮助完成整党、建设人民政权、保证支援前线、努力增产一寸、等价自愿互助、工业农业并重等。
收藏单位：国家馆、山东馆

07634
冬学政治课本（第2册） 六专署编
大众书店，1945，28页，32开

07635
冬学政治课本（第2分册） 晋冀鲁豫边区政府教育厅审定
晋冀鲁豫边区政府印刷局，1944，石印本，19页，32开
本书共3个单元：练兵、时事、拥军。供冬学时事教育使用。

07636
翻身农民政治课本 东北行政委员会教育委员会编
光明书店，[1947.11]印，61页，32开

本书共5部分。

收藏单位：国家馆、山东馆

07637

翻身四字经 郑思远辑

[阳城]：[太岳新华书店]，1947.2，8页，32开

收藏单位：宁夏馆、山东馆

07638

妇女课本（第2、5册） 山东省教育厅编

山东新华书店，1945.10，2册（27+28页），64开

收藏单位：国家馆

07639

妇女立功读本 胶东新华书店编

胶东新华书店，1947.4，27页，32开

本书共3部分：时局、妇女现在的工作、妇女立功榜样。

收藏单位：国家馆、山东馆

07640

妇女识字课本 渤海行署教育处审定

[惠民]：渤海新华书店，1947.9，3册（30+30+30页），32开

收藏单位：南京馆、山东馆

07641

妇女识字课本 华中新华书店九分店编

华中新华书店九分店，[1949.5]，50页，64开

收藏单位：国家馆

07642

妇女识字课本 晋冀鲁豫边区政府教育厅审定 大众教育社编

大众教育社，[1947]，木刻本，24页，64开

收藏单位：国家馆

07643

干部识字课本 华中新华书店九分店编

华中新华书店九分店，[1949.5]，67页

收藏单位：国家馆

07644

干部识字课本 辛安亭著

延安：陕甘宁边区新华书店，1948.11，34页，32开

收藏单位：国家馆

07645

干部文化课本 辛安亭编

延安：陕甘宁边区新华书店，1948.11，2册（108+143页），32开

收藏单位：重庆馆

07646

高级列宁学校教科书（第1册）

琼崖高级列宁学校，1931.7，1册，32开

本书为琼崖高级列宁学校政治课本。

收藏单位：国家馆

07647

工农读本（第1册） 长子县农会编

[阳城]：太岳新华书店，1946.12，木刻本，24页，32开

收藏单位：国家馆

07648

工农读本（第1册） 谢青著

出版者不详，1947.12，木印，42页，32开

本书全4册。本册共18课，内容包括："咱们为什么穷？""人怎样过活？""怎样才能生产出东西来？""金子为什么值钱？""命怎么样革？""谁领头？"等。供工农学员识字学习使用。

收藏单位：山东馆

07649

工农干部学习经验介绍 旷野选辑 冀晋日报社主编

冀晋日报社，1946.2，52页，32开（工作与学习小丛书5）

本书收文15篇，内容包括：《学习写作的经验》（任成玉）、《工农学文化的几点切身经验》（段占元）、《中迷城的村干部学习》（张国信）、《盂平的在职干部学习》（光）等。

收藏单位：国家馆

07650
工人课本　晋察冀边区总工会编辑
佳木斯：佳木斯市总工会，1946.12，39 页，32 开

本书共 12 课，内容包括：两个阶级、谁养活谁、工人翻身的道路、翻身要靠自已、怎样办好工会、参加政权、武装起来、工农联盟等。

收藏单位：辽宁馆

07651
工人课本　晋察冀边区总工会编
[张家口]：晋察冀边区总工会，1945.11，34 页，64 开

本书为工人思想教育课本，共 7 部分。

收藏单位：国家馆

07652
工人课本　晋察冀边区总工会编辑
出版者不详，1946，57 页，32 开

本书共 12 课，内容包括：两个阶级、谁养活谁、工人翻身的道路、咱们现在该走那一步、怎样办好工会等。

收藏单位：东北师大馆

07653
工人课本　上海市劳工教育工作者协会编
上海：劳动出版社，1949，4 册，32 开

收藏单位：国家馆、南京馆

07654
工人课本
佳木斯：东北书店，1947.7，55 页，32 开
牡丹江：东北书店，1947.10，35 页，32 开

收藏单位：东北师大馆、国家馆

07655
工人课本
辽东书店，1947 印，57 页，32 开

本书共 12 课，内容包括：两个阶级、工人翻身、办好工会、工农联盟等。

收藏单位：国家馆、南京馆、浙江馆

07656
工人课本（第 1 册）　吉林市总工会筹委会编
吉林：吉林市总工会筹委会，1948.5，15 页，32 开

本书共 15 课，内容包括：响应毛主席的号召、解放区工人是主人、开展生产立功运动等。

收藏单位：东北师大馆、国家馆、辽宁馆、南京馆、山东馆

07657
工人识字课本　新华书店九分店编
新华书店九分店，[1949]，46 页，64 开

收藏单位：国家馆

07658
工人识字课本（第 1、3 册）
[阳城]：太岳新华书店，1949.5，2 册（49+50 页），32 开

收藏单位：国家馆、山东馆

07659
工人识字课本（第 2 册）　旅大工人课本编纂委员会编
旅大（大连）：旅大职工报社，1949.7，50 页，32 开

收藏单位：国家馆

07660
工人识字课本（第 2 册）　石家庄职工总会宣传部编
石家庄：石家庄职工总会宣传部，[1949]，50 页，32 开

收藏单位：国家馆

07661
工人识字课本（第 2 册）
[济南]：大众日报社，1949.7，49 页，64 开

收藏单位：国家馆、天津馆

07662
工人识字课本（第 3 册）
[北平]：工人出版社，1949，43 页，64 开
收藏单位：国家馆、山东馆

07663
工人算术课本　东北人民政府文化部编
沈阳：东北新华书店，[1949]，2 册，32 开
收藏单位：国家馆、辽宁馆

07664
工人文化课本　济南市工人教材编委会编
上海联合出版社，1949.9，6 册（[321] 页），64 开
本书版权页书名前加题：工人夜校暂用本。
收藏单位：国家馆、湖北馆

07665
工人文化课本（第 2 册）　东北工人教材读物编审委员会编
沈阳：东北新华书店，1949，57 页，32 开
收藏单位：国家馆、辽宁馆

07666
工人文化课本（乙组）　华东财办工矿部党委会编
华东财办工矿部党委会，1949，1 册，32 开
本书共 21 课，内容包括：物产最丰富的国家、詹天佑等。
收藏单位：国家馆

07667
工人文化课本（暂用本 初级 第 3 册）　济南市工人教材编委会编
山东新华书店，1949.9，49 页，32 开
本书共 35 课。
收藏单位：国家馆

07668
工人政治课本　上海总工会筹备委员会编
上海：新华书店，1949.7，42 页，32 开
本书共 17 课，主要讲述阶级斗争、新民主主义革命、工人阶级在建设新中国中的地位及任务等。
收藏单位：国家馆、南京馆、山东馆

07669
关于今年冬学运动中的几点意见　晋察冀边区颁发
[张家口]：[晋察冀边区]，1945.10，油印本，3 页，32 开
收藏单位：国家馆

07670
湖南省立第四师范学校同学录　[湖南省立第四师范学校编]
长沙：[湖南省立第四师范学校]，1931，1 册，24 开
收藏单位：国家馆

07671
湖南省立第一师范学校教职员学生一览表　[湖南省立第一师范学校编]
长沙：湖南省立第一师范学校，1941，石印本，69 页，24 开
收藏单位：国家馆、湖南馆

07672
湖南省立第一师范学校同学录　湖南省立第一师范学校编
长沙：[湖南省立第一师范学校]，1917，39 页，24 开
收藏单位：国家馆、湖南馆

07673
绘图农家杂字
[兴县]：晋绥新华书店，1948.9，石印本，24 页，36 开
收藏单位：国家馆、山东馆

07674
绘图日用杂字
[兴县]：晋绥新华书店，1949.1，石印本，24 页，32 开

本书有生词注解。

收藏单位：国家馆、河南馆

07675

绘图新庄农杂字　东北政委会教育部编

佳木斯：东北书店，1947.11，44页，32开

佳木斯：东北书店，1948.1，再版，44页，32开

佳木斯：东北书店，1948.4，3版，44页，32开

佳木斯：东北书店，1948.10，4版，44页，32开

哈尔滨：东北书店，1948.10，5版，44页，32开

本书为农民识字课本。冬学夜校自修适用。

收藏单位：长春馆、国家馆、江西馆、辽宁馆、山东馆

07676

绘图庄户杂字　张云非编

山东新华书店，[1948]，26页，32开

本书据董纯才编《庄户杂字》一书和山东情况改编。冬学民校夜校自修适用。

收藏单位：国家馆、吉林馆

07677

绘图庄稼杂字　董纯才编

群众书店，1946.8，25页，32开

收藏单位：重庆馆、山西馆

07678

绘图庄稼杂字　董纯才编著

[射阳]：韬奋书店，[1947]，木刻铅石合印本，25页，32开

收藏单位：国家馆

07679

晋察冀边区冀晋区各界抗日救国联合会关于冬学工作的指示　晋察冀边区冀晋区各界抗日救国联合会颁发

晋察冀边区冀晋区各界抗日救国联合会，1945.10，油印本，4页，32开

收藏单位：国家馆

07680

晋绥边区行政公署关于一九四四年冬学工作的指示（民教字五八号）　晋绥边区行政公署编

[兴县]：晋绥边区行政公署，1944.7，油印本，4页，32开

收藏单位：国家馆

07681

军民一家　淮北大众社编

淮北大众社，1944.10，30页，32开

收藏单位：南京馆

07682

老百姓日用杂字　辛安亭编

新华书店，[1937—1945]，22页，32开

本书共9部分，内容包括：食、衣、住、用、卫生、文化、政治等。封面题名：绘图老百姓日用杂字。

收藏单位：国家馆、河南馆

07683

陇东中学地干班调查　蒋南翔著

张家口：新华书店晋察冀分店，1946.3，27页，32开

本书介绍陇东中学地干班的实际情形及其成功的教学方法和经验。共6部分，内容包括：地干班的沿革及一般情形、地干班学习情绪的巩固、地干班教育方针上的五个特点、学生的反映等。

收藏单位：广东馆、国家馆、山东馆、天津馆

07684

民校课本（第1—2册）　张家口市人民政府教育局编

张家口：张家口市人民政府教育局，1949.4，2册（40+46页），64开

07685

民校识字课本（第1册）　皇甫瑾等编

[北平]：华北联合出版社，1949，60版，56页，32开

本书全 4 册，农村适用。

收藏单位：国家馆

07686

民校政治课本　旅顺教育局编

旅顺教育局，1947，57 页，32 开

本书介绍关东旅顺地区的形势和情况、中苏友好等内容。

收藏单位：国家馆、河南馆

07687

民众识字课本（第 5 册）　山东省教育厅编

山东新华书店，1945.10，16 页，64 开

收藏单位：国家馆

07688

民众学校妇女识字课本　大众教育社编　晋冀鲁豫边区政府教育厅审定

大众教育社，[1941—1949]，石印本，46 页，64 开，环筒页装

07689

民众学校识字课本（第 1—2 册）　晋察冀边区行政委员会教育处编

新察哈尔报社，1946.8，2 册（46+45 页），32 开

本书全 4 册。

07690

民众学校识字课本（第 1、3—4 册）　晋察冀边区行政委员会教育处编

[灵寿]：晋察冀边区教育出版社，1942—1943，3 册（50+50+56 页），32 开

本书全 4 册。

07691

民众学校识字课本（第 3—4 册）　晋察冀边区行政委员会教育处编

西北印刷局，1946，2 册（46+43 页），32 开

07692

农民教材　冀晋农会编

冀晋行政公署印刷局，1946.9，石印本，16 页，32 开

本书为农村干部训练班教材。

收藏单位：国家馆

07693

农民文化课本　东北书店编

佳木斯：东北书店，1948，2 册（51+37 页），64 开

本书第 1 册共 19 课，内容包括：解放区、解放军、民主政府、工农联合会、农会干部、小组会、自卫队等；第 2 册共 19 课，内容包括：土地法、大生产、订计划、换工互助、生产公约、妇女生产等。

收藏单位：国家馆、山东馆

07694

农民文化课本（第 1 册）　东北人民政府教育部编

沈阳：东北新华书店，1949，46 页，32 开

收藏单位：国家馆

07695

企业工人课本（第 1 册）　胶东总工会编

胶东新华书店，1946，21 页，64 开

本书全 4 册，内容包括：阶级教育、政策教育、组织教育、生产教育。本册共 8 课，内容着重于阶级教育，以及工人怎样去争取自己的翻身。封面编者题：总工会。

收藏单位：国家馆、山东馆

07696

青年平民读本　卓恺泽编

上海：上海书店，[1925—1926]，3 册（16+30+78 页），32 开

本书的目的有三：一、养成健全的平民；二、供给最普通的自然常识与社会常识；三、训练应用文字之能力。

收藏单位：东北师大馆、国家馆、浙江馆

07697

社教工作选辑　新教育学会编

大连：大众书店，[1945—1949]，55 页，32 开（新教育丛书）

本书收文13篇，内容包括：《边区政府关于今年冬学的指示信》、《紫石县腰庄冬学介绍》（盛坚夫）、《宝应两个典型乡学的介绍》（夏际青）、《时事宣传的两个问题》（力军）等。

收藏单位：辽大馆、南京馆、天津馆

07698

生产发家读本　涛然编

[阳城]：太岳新华书店，1947.3，37页，32开

本书为工农兵读物。

收藏单位：国家馆、山东馆

07699

师范学校暂行实施办法（草案）　华北人民政府编

华北人民政府，[1948—1949]，10页，36开

本书共7部分，内容包括：学校任务、实施原则、学制、课程、设置与领导等。

收藏单位：国家馆

07700

识字课本　东北书店编

长春：东北书店，1948.12，39页，32开

收藏单位：国家馆、上海馆

07701

识字课本　苏北军区政治部编

苏北军区政治部，1949.6，90页，64开

收藏单位：南京馆、山东馆

07702

识字课本　辛安亭编

韬奋书店，[1932—1949]，39页，32开

收藏单位：国家馆

07703

识字课本（第1册）　东北行政委员会教育部编审处编

哈尔滨：东北书店，1949.1，再版，39页，32开

收藏单位：长春馆

07704

识字课本（第2册）　东北行政委员会教育部编

[长春]：东北书店，1948.12，40页，32开

长春：东北书店，1949.1，40页，32开

收藏单位：长春馆、国家馆、辽宁馆、山东馆

07705

识字课本（第4册）　东北行政委员会教育部编

长春：东北书店，1949，54页，32开

收藏单位：国家馆

07706

实用文化课本　辽东军区政治部编

辽东军区政治部，1949.9，64页，32开（文化班学习材料）

收藏单位：国家馆、辽宁馆

07707

他们是怎样学习文化的　中共西北中央局宣传部编

张家口：新华书店晋察冀分店，1946.3，28页，32开

本书主要介绍工农干部学文化的经验。收文7篇，内容包括：《学以致用的赵积玉》《用心苦钻的米世英》《赤水老干部郑福林是学习文化的模范》《贺杰祥同志习字省纸的新发明》《西北局宣传部奖励文化学习模范》等。

收藏单位：国家馆、吉大馆、辽宁馆

07708

他们是怎样学习文化的　中共西北中央局宣传部编

[延安]：中共西北中央局宣传部，1944.9，22页，32开

收藏单位：南京馆

07709

万事不求神　王希坚著

[威县]：冀南新华书店，1947.7，29页，32

开（工农兵丛书）
[威县]：冀南新华书店，1948.5，订正再版，30页，36开
　　本书是以进行思想启蒙教育，打破迷信思想及旧礼教的束缚为中心的农民教材。共10课，内容包括：《刨神根》《戳纸老虎》《人力胜天》《空想变成实际》《未卜先知》《思想解放》《反对阿Q主义》《学习》等。版权页责任者误题：王坚希。
　　收藏单位：国家馆、山东馆

07710
万事不求神　王希坚著
山东新华书店，1947.3，37页，36开（大众文库 社会）
　　收藏单位：国家馆、江西馆、山东馆

07711
万事不求神　王希坚著
扬州：新华书店，1949，25页，50开
　　本书为大众读物，收文艺故事若干篇。
　　收藏单位：广东馆、国家馆、湖北馆、山东馆

07712
万事不求神　王希坚著
新华书店皖北分店，[1945—1949]，2版，18页，32开
　　本书为大众读物。
　　收藏单位：国家馆

07713
万事不求神（故事）　王希坚著
佳木斯：东北书店，1948.3，3版，30页，32开（通俗文艺丛书）
佳木斯：东北书店，1948.12，5版，30页，32开（通俗文艺丛书）
　　收藏单位：安徽馆、长春馆、重庆馆、国家馆、吉林馆、南京馆、上海馆、天津馆

07714
文化课本　大连日报社[编]
大连：大连日报社，1947.3，再版，101页，32开（青年自学丛书4）
　　本书内容包括：简短的故事、海上的日出、毛泽东的少年时代、列宁吃墨水壶的故事、民事注册局、科学发明的利用等。书前有序。
　　收藏单位：东北师大馆

07715
文化课本　凯丰等编
合肥：皖北新华书店，1949，88页，32开
　　本书为干部文化学习材料。
　　收藏单位：山东馆、天津馆

07716
文化课本
东北新华书店辽东分店，[1949]，99页，32开
　　本书为中共辽东省委宣传部文化三班临时教材。共32课，内容包括：纸老虎和原子弹、鸟王做寿、翻了身的老百姓、字和词、西瓜兄弟、说和写、爱迪生的故事、识字和书法、句读和语调等。
　　收藏单位：国家馆

07717
文化课本（下册）
东北新华书店辽东分店，1949，68页，32开
　　本书为中共辽东省委宣传部文化二班临时教材。
　　收藏单位：国家馆

07718
新三字经　辛安亭编
绥德：大众文化出版社，[1949]，42页，64开
　　收藏单位：国家馆、山东馆

07719
新三字经　辛安亭编
延安：陕甘宁边区新华书店，[1945]，石印本，38页，64开，环筒页装
　　本书为识字读物。
　　收藏单位：国家馆、南京馆

07720
新师范教育论文集　陶行知　谢台臣等著
晋冀鲁豫边区政府教育厅，1946.6，51页，32开（新教育丛书1）
本书收文10篇，内容包括:《中国师范教育建设论》《中国乡村教育之根本改造》等。书前有晁哲甫序。
收藏单位：重庆馆、国家馆

07721
艺员课本
[许昌]：中共许昌地委宣传部，1949.7，石印本，3册，32开
本书为识字课本。课后有教学指导、问题、说明及生字练习等。专供演员学习文化用。
收藏单位：国家馆

07722
怎样进行职工文教工作　丁树奇等著　东北总工会编
华中新华书店，1949，76页，36开
本书收文15篇，内容包括:《全党办好工人文教工作》《训练班应以阶级教育为主》《进行唯物史观的教育是当前职工教育中的重要政治任务》《评关于社会发展问题的若干非历史观点》《苏联职工会的文化教育工作》《苏联的成人教育》等。
收藏单位：重庆馆

07723
怎样进行职工文教工作　东北总工会编
沈阳：东北新华书店，1949.9，82页，32开（工运丛书4）
本书收有关工人文化教育工作的文章15篇。
收藏单位：重庆馆、东北师大馆、国家馆、辽宁馆、山西馆、天津馆

07724
战时读本（第1—2册）　太行文化教育出版社编辑部编
[武乡]：太行文化教育出版社编辑部，1940.1，4版，石印本，2册（33+32页），32开
本书供抗日小学民众训练及武装部队使用。

07725
政治教材（战士课）　淮海军分区政治部编
新四军苏北军区政治部，1944，70页，32开
收藏单位：山东馆

07726
中级简明算术课本　刘劲亦编
[延安]：新华书店，1942，250页，32开

07727
庄稼经　胜利报社老百姓编辑部编
佳木斯：东北书店，1947，28页，32开
本书为农民识字课本。
收藏单位：东北师大馆、国家馆、山东馆

07728
综合常识课本
鲁中军区政治部宣传部，[1942—1948]，148页，32开
收藏单位：南京馆

自　学

07729
论读书　艾思奇著
胶东新华书店，1946，12页，32开
本书收文3篇:《怎样读书才会有兴趣》《怎样养成判断力》《怎样活用书本知识》。
收藏单位：山东馆、山西馆

07730
论读书　艾思奇著
香港：新民主出版社，1949.4，21页，32开
收藏单位：重庆馆、甘肃馆、广东馆、国家馆、上海馆

07731
论读书　艾思奇著

学习出版社，[1940—1949]，12页，32开
收藏单位：国家馆、南京馆

07732
论青年的自学　曹伯韩著
大连：大众书店，1946.5，120页，32开
大连：大众书店，1946.5，再版，120页，32开
本书收文29篇，内容包括：《谈自学》《死读书和活读书》《谈自学新闻学》《怎样用卡片做笔记》《失学的烦闷》等。
收藏单位：重庆馆、国家馆、吉林馆、辽宁馆、山东馆

07733
论学习问题　华北联合大学教务处编
华北联合大学教务处，1948.4，油印本，38页，32开，环筒页装
本书收列宁、斯大林、毛泽东、刘少奇等有关学习问题的论述。
收藏单位：国家馆

07734
论学习问题　涛声辑
天津：读者书店，1949.6，37页，32开
本书共3章：为什么要学习、应当学习什么、如何进行学习。收列宁、斯大林、毛泽东、刘少奇等有关学习问题的论述。
收藏单位：国家馆

07735
论学习问题　涛声辑
无锡：新华书店苏南分店，1949，34页，32开（学习丛书）
无锡：新华书店苏南分店，1949，2版，34页，32开（学习丛书）
收藏单位：国家馆

07736
学习的方法和经验　邹韬奋　庶谦等著
上海：生活书店，1947.1，180页，32开（新青年学习丛书）
大连：生活书店，1948.3，180页，32开（新青年学习丛书）
哈尔滨：生活书店，1948.9，180页，36开（新青年学习丛书）
本书收文18篇，内容包括：《认真的态度和扼要的手段》（庶谦）、《略谈读书的方法》（韬奋）、《怎样学英文》（王书纶）、《谈理论研究与文学欣赏》（胡绳）、《马克思是怎样读书的》（戈宝权）、《列宁是怎样学习的》（寒松）等。著者原题：韬奋。
收藏单位：东北师大馆、广东馆、国家馆、辽宁馆、南京馆、内蒙古馆、宁夏馆、山东馆、上海馆、天津馆、西南大学馆

07737
学习的理论与实践　寒松编
[重庆]：生活书店，1940，251页，32开
本书收文41篇，内容包括：《论理论与实践》（默涵）、《谈理论研究与文学欣赏》（胡绳）、《今日的诗》（力扬）、《研究中国历史的锁钥》（华岗）、《马克斯是怎样读书的》（戈宝权）、《列宁是怎样学习的》（寒松）、《略谈读书的方法》（韬奋）、《怎样学英文》（王书纶）、《怎样学习世界语》（马耳）等。
收藏单位：国家馆

07738
怎样自我学习　郭沫若等著　青年生活社主编
东北书店，1946，139页，32开
收藏单位：东北师大馆、国家馆、黑龙江馆

07739
怎样自我学习　郭沫若等著　青年生活社主编
重庆：新华日报图书课，1945.2，186页，32开
本书收潘梓年、杜国庠、张申府、邓初民、翦伯赞、郭沫若、胡风、夏衍、聂绀弩、戈宝权等人论述青年人应如何学习以及学什么的文章16篇。
收藏单位：北碚馆、重庆馆、国家馆、黑龙江馆、吉林馆、辽宁馆、南京馆、首都馆、浙江馆

体 育

07740
集体游戏 何慧作 东北画报社编
[哈尔滨]：东北画报社，1948.9，40页，64开（战地俱乐部小丛书1）

本书介绍14个游戏，内容包括：跟着总司令前进、猫捉老鼠、捉俘虏等。

收藏单位：国家馆、首都馆

07741
器械体育运动参考材料 胶东军区司令部编
新四军第一师兼苏中军区司令部，1944.11，15页，32开

收藏单位：南京馆

07742
秋季运动会各项体育竞赛方法简单介绍
华北军区政治部，[1948—1949]，10页，36开

本书分9部分介绍秋季运动会上跳高、跳远、三级跳远、径赛、接力赛、篮球、排球、棒球等体育项目的竞赛方法。

收藏单位：重庆馆

07743
球类规则 国民革命军第十八集团军政治部宣传部编
[延安]：八路军军政杂志社，1940.4，47页，25开

本书介绍足球、篮球、排球等球类运动的规则，以便统一规则，使国民革命军第十八集团军全军能够有组织、有计划、有步骤地开展体育运动。

收藏单位：山西馆

07744
游戏拾零 苏中军区直属政治部编
苏中军区直属政治部，1945.11，14页，32开（文教手册4）

收藏单位：国家馆

07745
怎样打棒球
华北军区政治部，[1948—1949]，8页，32开

本书简要介绍棒球运动的概况、比赛规则和打法。

收藏单位：重庆馆

语言、文字

语言学

07746
人怎样开始讲话的? （苏）雅柯夫列夫（Н. Ф. Яковлев）（苏）尼柯尔斯基（В. К. Никольский）著　水夫译
上海：天下图书公司，1947.4，68页，36开（大众科学丛书5）
北平：天下图书公司，1949.4，68页，36开（人民科学丛书）
北平：天下图书公司，1949.6，华北版2版，68页，36开（人民科学丛书）

本书共6部分："世界上有多少种语言?""动物有没有语言?""人怎样解释语言的起源?""为什么人要说话?""原始的人类语言是怎样的?""为什么人从来不曾用一种语言说过话?"1947年版封面题名：人怎样讲话的。1949年版封面及版权页题名：人怎样开始讲话。

收藏单位：北碚馆、北师大馆、东北师大馆、广东馆、广西馆、桂林馆、国家馆、江西馆、山东馆、上海馆、首都馆、天津馆

汉　语

07747
北方话新文字初级讲义　张雁编
沈阳：东北新华书店，1949.8，62页，32开

本书为拉丁化新文字课本，共16课。可供教学自修两用。

收藏单位：长春馆、天津馆

07748
大学国文（现代文之部）　华北人民政府教育部教科书编审委员会编辑
[北平]：华北联合出版社，1949，293页，25开

收藏单位：天津馆

07749
大学国文（现代文之部）　华北人民政府教育部教科书编审委员会编辑
上海：新华书店，1949，293页，25开

收藏单位：国家馆

07750
大众应用文　陈建堂编
华中新华书店，1949，76页，64开
华中新华书店，1949.3，再版，76页，50开

本书为文化学习类大众读物。包含4种应用文：行政公事上用的、团体和人事关系上用的、个人与个人之间用的、通讯稿件和日记。

收藏单位：国家馆、南京馆、天津馆

07751
大众应用文　陈建堂著
[泰州]：苏北新华书店，1949，3版，76页，50开

收藏单位：天津馆

07752
大众应用文
华中新华书店盐阜分店，1948，58页，64开

本书共10部分，内容包括：信、通知、报告、证明书、日记、请帖等。

收藏单位：国家馆、山东馆

07753
儿童日记（初级 第1集）　辛安亭编
[涉县]：新华书店，1946.6，50页，32开（新儿童小丛书5）

收藏单位：国家馆

07754
儿童作文（初级 第1集）　辛安亭编
[涉县]：新华书店，1946.1，54页，32开

（新儿童小丛书 3）

收藏单位：国家馆

07755
儿童作文选　张友编
[兴县]：晋西北新华书店，1949.7，41 页，32 开

本书收儿童作文 25 篇，内容包括：《学习科学知识》《为妇女求解放》《我和我的家庭》《自我检讨》等。附《怎样造句》《文章怎样分段》《怎样用标点符号》等。

收藏单位：国家馆、辽宁馆、山东馆

07756
简式速记重编　树冀编
保定：华北新华书店保定分店，1949，影印本，85 页，32 开

收藏单位：国家馆、宁夏馆、山东馆

07757
简易国语文法十四讲　余白金编
[佳木斯]：东北书店，1948.10，86 页，32 开（青年知识丛书 3）

本书共 14 讲，内容包括：词的种类、语和句子、句的语气等。

收藏单位：长春馆、东北师大馆、国家馆、吉大馆、吉林馆、辽宁馆、内蒙古馆、山西馆、天津馆

07758
简易国语文法十四讲　余白金编
[兴县]：晋西北新华书店，1949.7 印，72 页，32 开（青年知识丛书）

收藏单位：国家馆、辽宁馆、山东馆

07759
论文章作法　劳和编
[北平]：新华书店，1949.7，71 页，32 开

本书收文 8 篇：《反对党八股》（毛泽东）、《回忆马克思的写作》（拉发格）、《编辑者列宁的工作》（克鲁普斯卡娅）、《论通讯员的写作和修养》（加里宁）、《怎样给报纸写论文》（巧尔尼雪夫）、《辱骂和恐吓决不是战斗》（鲁迅）、《创作要怎样才会好》（鲁迅）、《写作范例——一则新闻》（听樵）。书后有编者的话。

收藏单位：重庆馆、广东馆、国家馆、河南馆、近代史所、宁夏馆、山西馆、天津馆、浙江馆

07760
农村应用文　刘大明著
[阳城]：太岳新华书店，1946.1，80 页，36 开

本书为农村应用文集，包括各种文契、记账、书信、对联等。

收藏单位：重庆馆、国家馆

07761
农村应用文　刘大明著
[盐城]：韬奋书店，1945.9，82 页，36 开

收藏单位：国家馆、河南馆、天津馆

07762
农村应用文　嫩江农民社编
齐齐哈尔：东北书店，1949，37 页，32 开（嫩江农民丛书 5）

本书分 13 篇讲述农村常用应用文的写法。

收藏单位：重庆馆、东北师大馆

07763
农村应用文　嫩江农民社编
沈阳：东北新华书店，1949.8，35 页，32 开

收藏单位：重庆馆、国家馆

07764
农村应用文　嫩江农民社著
汉口：新华书店，1949，38 页，32 开

收藏单位：山西馆

07765
农村应用文　辛安亭等编
朝城：冀鲁豫书店，1947.7，81 页，32 开

收藏单位：国家馆、河南馆

07766
农村应用文　辛安亭　刘大明编
威县：冀南书店，1947.5，112页，32开
收藏单位：国家馆

07767
农村应用文
[兴县]：吕梁文化教育出版社，[1948]，65页，32开
本书共11类，内容包括：条据、书信、公文等。书前有编者的话。
收藏单位：重庆馆、国家馆、山西馆

07768
农村应用文（重订）　刘大明著
太行群众书店，1948.11，再版，[77]页，36开
收藏单位：国家馆、河南馆

07769
上级国文选　一二九师政治部编
一二九师政治部，[1937—1945]，37页，32开，环筒页装
本书收文10篇，内容包括:《雨》（罗雪支著，胡愈之译）、《垓下突围》（司马迁）、《纪念刘和珍君》（鲁迅）、《荏苒三十年》（林伯渠）、《隆中对》（诸葛亮）等。
收藏单位：国家馆

07770
上级国文选（1—2集）　晋察冀军区政治部编
晋察冀军区政治部，1942，1册，25开
收藏单位：山西馆

07771
文法　皖北新华书店编
[合肥]：皖北新华书店，1949，51页，32开
收藏单位：安徽馆、天津馆

07772
文章选读（第1集）　东北大学图书资料室编
佳木斯：东北书店，1948.1，128页，32开
本书为现代文读本。收文14篇，内容包括:《论绦虫》（高尔基）、《包身工》（夏衍）、《风景谈》（茅盾）、《三日杂记》（丁玲）、《论列宁》（斯大林）等。
收藏单位：东北师大馆、河南馆、吉大馆、吉林馆、江西馆

07773
写话　平生著
华中新华书店，1949.4，58页，64开
收藏单位：南京馆、山东馆

07774
写话（介绍一种初学读和写很有效的教学法）　平生著
大连：光华书店，1947.11，69页，32开
大连：光华书店，1948.2，再版，69页，32开
[长春]：光华书店，1949.4，4版，69页，32开
本书为工农写作指导用书。除序言与后记外，共5部分：什么叫写话、写话教学的基本精神、写话教学的效率、写话教学的步骤、写话与大众化及工业干部学习问题。
收藏单位：重庆馆、东北师大馆、国家馆、湖南馆、辽宁馆、南京馆、山东馆、上海馆、天津馆、西南大学馆

07775
写话教学法　平生著
朝城：冀鲁豫书店，1947.10，62页，32开
收藏单位：国家馆、山东馆

07776
写话教学法　平生著
山东新华书店，1947.7，68页，32开（大众文库 语文类）
山东新华书店，1948.5，68页，32开
本书共5部分：什么叫写话、写话教学的基本精神、写话教学的效率、写话教学的步骤、写话与大众化及工业干部学习问题。
收藏单位：东北师大馆、国家馆、吉林馆、辽宁馆、南京馆、山东馆、山西馆、天津馆

07777
写话教学法　平生著
[郑州]：中原新华书店，1949.2，45页，32开
收藏单位：国家馆、宁夏馆

07778
新辞典（增订）　筱铮等编
洛阳：新华书店，1949.7，再版，42+248页，32开
收藏单位：国家馆、天津馆

07779
新文字论丛（一集）　延安新文字运动委员会编
延安：延安新文字运动委员会，1940.10，89页，36开
本书收《门外文谈》（鲁迅）、《新文字与新文化运动》（吴玉章）等文章。
收藏单位：重庆馆

07780
新语文建设论　李达仁等著
永安：东方出版社，1945.7，92页，36开
本书收文10篇，内容包括：《再来一次白话文运动》（李何林）、《关于白话文运动》（孙用）等。
收藏单位：山东馆、上海馆

07781
学写话　平生著
涉县：太行群众书店，1947.11，62页，32开
本书为工农写作指导书。共13部分，内容包括：写话要用话来做主、写话要写土话、写话要用一般人自己的话、学写话分三步、教写话的方法、写话的提高、写作的园地、写话和大众化问题、写话和工农干部学习问题等。
收藏单位：国家馆、河南馆

07782
怎样作工作总结（关于调查研究与业务之结合）　洪彦林著
大连：辽南群众书店，1948.4，92页，36开
本书介绍作工作总结的意义及方法。
收藏单位：重庆馆

07783
怎样作工作总结（关于调查研究与业务之结合）　洪彦林著
香港：新民主出版社，1949.3，124页，32开
收藏单位：国家馆、吉大馆

07784
中国文字的演变　曹伯韩著
上海：生活·读书·新知联合发行所，1949.6，134页，32开（新中国青年文库）
上海：生活·读书·新知联合发行所，1949，再版，134页，32开（新中国青年文库）
本书共9章，讲述造字法、汉字形义和读音的变迁、造字和造词、汉字的特征和它同语言的关系、汉字改革的各派主张、新文字运动等。曹伯韩，又名曹朴，即童振华。
收藏单位：重庆馆、东北师大馆、广东馆、国家馆、南京馆、绍兴馆、天津馆、西南大学馆

07785
中国文字的演变　曹伯韩著
上海：生活书店，1937.2，185页，32开（青年自修丛书）
上海：生活书店，1937.7，再版，185页，36开（青年自学丛书）
上海：生活书店，1947.5，胜利后1版，134页，36开（青年自学丛书）
哈尔滨：生活书店，1948.5，102页，36开（新青年学习丛书）
上海：生活书店，1948.6，胜利后2版，134页，36开（青年自学丛书）
收藏单位：北碚馆、重庆馆、东北师大馆、广东馆、广西馆、贵州馆、桂林馆、国家馆、湖南馆、江西馆、辽宁馆、内蒙古馆、山东馆、山西馆、陕西馆、上海馆、首都馆、天津馆、浙江馆

07786
中国新文字概论　张雁著
哈尔滨：东北书店，1948.12，67页，32开
哈尔滨：东北书店，1949.5，67页，32开
沈阳：东北书店，1949.9，再版，67页，32开

本书共10部分，内容包括：汉字不是一个好的文字工具、新文字有五大优点两个好处、新文字是中国文字改革的正确方向、北方话新文字方案等。书前有徐特立同志论及新文字的一封信。

收藏单位：东北师大馆、国家馆、山西馆

07787
中级国文读本（第1册）　国民革命军第十八集团军政治部宣传部编辑
国民革命军第十八集团军政治部，1942，110页，32开

本书共50课，收鲁迅、郭沫若、蔡元培、陶行知、叶剑英等人的文章。中级文化教材。

收藏单位：重庆馆

07788
中级国文选　范文澜等编
华北新华书店，1942—1945，4册，36开，环筒页装

本书原为延安中级干部读物。内容为古今文选，收《于中丞》《赤壁战》《毛泽东同志等致国民参政会秘书处电》等文章。第1册书前有毛泽东1942年1月17日序。编者还有叶蠖生、齐燕铭、金灿然、刘亚生4人。

收藏单位：国家馆、山东馆

07789
中级国文选
[威县]：冀南书店，[1945]，3册，32开

本书书前有毛泽东序。

收藏单位：国家馆、南京馆

07790
中级国文选（第1册）　凯丰　徐特立等编
冀鲁豫书店，[1944—1948]，136页，32开

收藏单位：国家馆

07791
中级国文选（第1册）　新华书店编
山东新华书店，1944.4，1册，32开

收藏单位：国家馆、南京馆、山东馆

07792
中级国文选（第2册）　范文澜等编
新华书店，1942，161页，32开
新华书店，1943，订正版，176页，32开

收藏单位：重庆馆、国家馆、山东馆

07793
中级国文选（第3册）　范文澜等编
新华书店，1942，297页，32开
新华书店，1946.9，200页，32开

收藏单位：重庆馆、南京馆、内蒙古馆

常用外国语

07794
外国语文学习指南　陈原著
外文题名：How to study a foreign language
桂林：实学书局，1943，135页，32开
上海：实学书局，1946，135页，32开（语文丛书2）
大连：实学书局，1948，124页，32开

本书介绍英、法、德、日、俄等外国语文的学习方法，共4部分：楔子、原则篇、方法篇、书目篇。

收藏单位：安徽馆、北碚馆、重庆馆、广东馆、贵州馆、国家馆、黑龙江馆、湖南馆、辽宁馆、南京馆、内蒙古馆、山东馆、天津馆

07795
外国语文学习指南　陈原著
哈尔滨：新知书店，1948.9，124页，32开

收藏单位：东北师大馆、广西馆、桂林馆、国家馆、湖南馆、山西馆、天津馆

英　语

07796
阿 Q 正传（英汉对照） 鲁迅原著
重庆：新中国书局，1947，209 页，32 开
收藏单位：重庆馆、西南大学馆

07797
丹娘（英汉对照）（苏）里多夫（П. Лидов）著　陈原注译
外文题名：Tanya
重庆：新知书店，1946.5，67+18 页，32 开
本书书前有题记。书后有注释。据莫斯科外国文书籍出版局英文版译出。
收藏单位：东北师大馆、广西馆、国家馆、辽宁馆、上海馆

07798
呐喊　鲁迅著　赵景深编注
上海：北新出版社，1948.10，319 页（英汉对照现代中国文学丛刊）
本书为英汉对照读物，收中短篇小说 8 篇：《狂人日记》《孔乙己》《药》《一件小事》《风波》《故乡》《阿 Q 正传》《白光》。
收藏单位：山西馆、首都馆

07799
呐喊（中英对照） 鲁迅等著　林兰编
成都：北新书局，1943.12，159 页，32 开
本书收中短篇小说 5 篇：《狂人日记》《孔乙己》《一件小事》《风波》《故乡》。封面题名：呐喊（汉英对照）。
收藏单位：北碚馆、重庆馆、贵州馆、国家馆、西南大学馆

07800
现代小说选（中英对照） 鲁迅　茅盾　丁玲原著　（美）斯诺（Edgar Snow）译　之江编辑
外文题名：Modern short stories
上海：译者书店，1943.6，82 页，32 开
本书为中英对照短篇小说集，收文 3 篇：《泥泞》（茅盾）、《孔乙己》（鲁迅）、《消息》（丁玲）。书前有编者序。
收藏单位：北碚馆、重庆馆、国家馆、吉林馆

07801
英语模范读本讲义（注音详解 订正新版 第 2 册） 齐友征编译
外文题名：Model English readers
东北书店，1946，石印本，230 页，32 开
本书为英语读本，共 32 课。

俄　语

07802
阿 Q 正传（中俄对照） 鲁迅著　（苏）罗果夫（В. Н. Рогов）译
[北平]：新中国书局，1949.4，122 页，32 开
收藏单位：东北师大馆、内蒙古馆

07803
阿 Q 正传（中俄文对照） 鲁迅撰　（苏）罗果夫（В. Н. Рогов）译　刘辽逸注释
大连：新中国出版社，1949，1 册，32 开
收藏单位：重庆馆、国家馆、南京馆、浙江馆

07804
初级俄语文法　柳思编
大连：关东中苏友好协会，1947.8，137 页，32 开（俄文学习丛书 1）
本书共 32 课，对俄语文法作简要叙述。
收藏单位：吉林馆

07805
初级俄语文法（修正本） 柳思编
大连：旅大中苏友好协会，1949.4，再版，131 页，32 开（俄文学习丛书 1）
本书据《初等露语文法》（八杉贞利）编

成。

收藏单位：长春馆、东北师大馆

07806
俄华求解、同义、成语、文法四用辞典　郭景天编
[大连]：旅大中苏友好协会，1949.8，[1393]页，32开
收藏单位：东北师大馆、近代史所、西南大学馆、中科图

07807
俄语语法（第2分册 词法）　中国东北民主联军指挥部所属外语学校编
[哈尔滨]：中国东北民主联军指挥部所属外语学校，1947，182页，32开
收藏单位：黑龙江馆

07808
俄语语法（第3分册 词源学）　中国东北民主联军指挥部所属外语学校编
中国东北民主联军指挥部所属外语学校，1947，202页，32开
本册包括第8—12章，讲述俄语语法中的副词、前置词、连接词、小品词、感叹词。文中多有俄汉对照的范文和例句。
收藏单位：黑龙江馆

07809
高尔基早期作品集（中俄文对照）（苏）高尔基（Максим Горький）著　白寒等翻译
姜椿芳[发行者]，1949，3版，3册（129+129+127页），32开
收藏单位：安徽馆、长春馆、东北师大馆、广东馆、国家馆、江西馆、内蒙古馆、上海馆、绍兴馆、首都馆、云南馆

07810
高尔基早期作品集（中俄文对照 第1集）
（苏）高尔基（Максим Горький）著
上海：时代书报出版社，1945，129页，32开
上海：时代书报出版社，1947，2版，129页，32开
本书收短篇小说3篇：《马加尔·朱德拉》《伊席吉尔婆婆》《汗和他的儿子》，以及童话诗《少女与死神》。书前有《马克西姆·高尔基（传记）》。
收藏单位：国家馆、山东馆、山西馆

07811
高尔基早期作品集（中俄文对照 第1集）
（苏）高尔基（Максим Горький）著　林陵等译
大连：中苏友好协会，1947，129页，36开
收藏单位：东北师大馆、吉林馆、辽宁馆、天津馆

07812
高尔基早期作品集（中俄文对照 第2集）
（苏）高尔基（Максим Горький）著　林陵等译
上海：时代书报出版社，1946，129页，32开
上海：时代书报出版社，1948，129页，32开
上海：时代书报出版社，1949，129页，32开
本书收短篇小说3篇：《切尔卡斯》《有一次，在秋天》《筏上》。
收藏单位：东北师大馆、广东馆、国家馆、黑龙江馆、吉林馆、南京馆、宁夏馆、山西馆、首都馆

07813
高尔基早期作品集（中俄文对照 第3集）
（苏）高尔基（Максим Горький）著　白寒等译
上海：时代书报出版社，1947，127页，32开
上海：时代书报出版社，1948，[再版]，127页，32开
上海：时代书报出版社，1949，3版，127页，32开
本书收短篇小说4篇：《草原上》（白寒译）、《叶密良·皮莱》（水夫译）、《祖父阿尔希帕与廖恩卡》（水夫译）、《鲍列司》（磊然译）。
收藏单位：重庆馆、东北师大馆、广东馆、国家馆、黑龙江馆、山西馆、首都馆

07814
注解俄文课本　庆光编译
大连：关东中苏友好协会，1948.12，41页，32开（俄文学习丛书3）

本书每课之后有汉译、字句解义、文法等项说明。供初学俄语者使用。

收藏单位：东北师大馆、辽宁馆、西南大学馆

文 学

文学理论

07815
报告文学写作法 周钢鸣著
重庆：生活书店，1940.4，4版，185页，36开（青年自学丛书）
本书阐述报告文学的创作理论。共3章：总论、报告文学员、报告文学写作技术。
收藏单位：北碚馆、重庆馆、广东馆、桂林馆、国家馆、吉林馆

07816
编剧知识 贾霁著
哈尔滨：东北书店，1949.3，78页，32开
本书收有关编剧理论与技术的文章12篇，内容包括：《戏剧是什么》《群众剧团怎样编剧本》《戏剧的语言》等。
收藏单位：长春馆、东北师大馆、国家馆、西交大馆

07817
编剧知识 贾霁著
胶东新华书店，1947.3，71页，32开
胶东新华书店，1947.8，71页，32开
收藏单位：国家馆、南京馆

07818
创作的准备 茅盾著
[佳木斯]：东北书店，1946.11，50页，32开（青年自学丛书）
本书共8章：学习与模仿、基本练习、收集材料、关于"人物"、从"人物"到"环境"、写大纲、自己检查自己、几个疑问。
收藏单位：东北师大馆、国家馆、南京馆、宁夏馆、山西馆、首都馆、天津馆

07819
创作的准备 茅盾著
光明书店，1947.8，47页，32开（青年自学丛书）
收藏单位：广东馆

07820
创作的准备 茅盾著
上海：生活·读书·新知联合发行所，1949，95页，36开（新中国青年文库）
收藏单位：重庆馆、东北师大馆、国家馆、天津馆

07821
创作的准备 茅盾著
上海：生活书店，1936.11，95页，36开（青年自学丛书）
上海：生活书店，1937.2，再版，95页，36开（青年自学丛书）
上海：生活书店，1937.5，3版，95页，36开（青年自学丛书）
上海：生活书店，1938.1，再版，95页，36开（青年自学丛书）
重庆：生活书店，1939.1，5版，95页，36开（青年自学丛书）
重庆：生活书店，1939.10，7版，107页，36开（青年自学丛书）
重庆：生活书店，1940，3版，95页，36开（青年自学丛书）
[重庆]：生活书店，1940，4版，95页，36开（青年自学丛书）
上海：生活书店，1945，胜利后1版，95页，36开（青年自学丛书）
北平：生活书店，1946.4，95页，36开（青年自学丛书）
上海：生活书店，1946.9，再版，95页，36开（青年自学丛书）
上海[等]：生活书店，1947.8，胜利后3版，95页，36开（青年自学丛书）
大连：生活书店，1948.3，55页，36开（新青年学习丛书）
大连：生活书店，1948.12，再版，55页，36开（新青年学习丛书）

上海：生活书店，1948，胜利后5版，95页，36开（青年自学丛书）

收藏单位：安徽馆、北碚馆、长春馆、重庆馆、东北师大馆、广东馆、广西馆、贵州馆、国家馆、河南馆、吉林馆、辽大馆、南京馆、宁夏馆、山东馆、山西馆、上海馆、绍兴馆、首都馆、浙江馆

07822

创作的准备 茅盾著

桂林：文学书店，1942，95页，36开（青年自学丛书）

收藏单位：北碚馆、重庆馆、广东馆、贵州馆、湖南馆、浙江馆

07823

创作的准备 茅盾著

大连：新中国书局，1949.7，3版，55页，36开（新中国青年文库）

收藏单位：重庆馆、东北师大馆、宁夏馆

07824

创作的准备 茅盾著

桂林：自学书店，1943.4，95页，36开（青年自学丛书）

桂林：自学书店，1944，95页，36开（青年自学丛书）

收藏单位：重庆馆、广东馆、广西馆、贵州馆、桂林馆、国家馆

07825

高尔基给文学青年的信 （苏）高尔基（Максим Горький）著 以群译

上海：读书生活出版社，1936.11，88页，36开

上海：读书生活出版社，1937，再版，88页，36开

本书共17部分。附《给象征主义者安菲塔特洛夫的信》《高尔基和萧伯纳的通信》。

收藏单位：北碚馆、重庆馆、广东馆、国家馆、首都馆

07826

高尔基与初学写作者及其他 （苏）高尔基（Максим Горький）著 以群译

重庆：读书出版社，[1935—1945]，190页，32开

本书内容包括：给青年初学写作者、安特列夫、象征主义者安菲塔特洛夫的信及高尔基和萧伯纳的通信。

收藏单位：重庆馆

07827

革命文学论 丁丁编

上海：泰东图书局，1927.1，150页，32开

上海：泰东图书局，1928.3，3版，150页，25开

上海：泰东图书局，1928.9，4版，150页，25开

泰东图书局，1930.2，5版，150页，32开

泰东图书局，1935.4，5版，149页，32开

收藏单位：安徽馆、北碚馆、重庆馆、东北师大馆、广东馆、广西馆、国家馆、河南馆、湖南馆、江西馆、辽大馆、南京馆、山西馆、上海馆、首都馆、西南大学馆、浙江馆、中科图

07828

给初学写作者 （苏）高尔基（Максим Горький）著 以群译

上海：读书出版社，1947.5，4版，164页，32开

本书收高尔基给初学作者的28封信，谈文学创作中的各种问题。附《给安特列夫》《给象征主义者安菲塔特洛夫》《高尔基和萧伯纳的通信》等。书前有译者代序《高尔基与初学写作者》。

收藏单位：福建馆、广西馆、国家馆、宁夏馆、上海馆、首都馆

07829

给初学写作者 （苏）高尔基（Максим Горький）著 以群译

[北平]：三联书店，1949，190页，32开

收藏单位：重庆馆、国家馆、辽宁馆、内

蒙古馆、天津馆

07830
给初学写作者的一封信 苏联文学顾问会著 张仲实译
[佳木斯]：东北书店，1946.10，增订本，67页，32开
本书内容包括：译者的几句话、给初学写作者的一封信、附录、我的创作经验。
收藏单位：长春馆、东北师大馆、国家馆、黑龙江馆、吉林馆、辽宁馆

07831
给初学写作者的一封信 苏联文学顾问会编著 张仲实译
读者书店，1948，79页，32开
收藏单位：国家馆

07832
给初学写作者的一封信 苏联文学顾问会编著 张仲实译
华北书店，1942，增订版，61页，32开
收藏单位：国家馆

07833
给初学写作者的一封信 苏联文学顾问会编著 张仲实译
联政宣传部，1944印，增订本，82页，36开
收藏单位：重庆馆

07834
给初学写作者的一封信 苏联文学顾问会编著 张仲实译
重庆：生活书店，1939，7版，增订本，142页，32开
上海：生活书店，1947，胜利后1版，142页，32开
收藏单位：长春馆、重庆馆、广东馆、国家馆、江西馆、辽宁馆、南京馆、上海馆、首都馆

07835
给初学写作者的一封信 苏联文学顾问会著 张仲实译
上海：张仲实[发行者]，1935，132页，32开
上海：张仲实[发行者]，1936，再版，132页，32开
上海：张仲实[发行者]，1936，3版，132页，32开
上海：张仲实[发行者]，1937，4版，增订版，142页，32开
收藏单位：北碚馆、重庆馆、广东馆、广西馆、贵州馆、国家馆、湖南馆、上海馆、首都馆、浙江馆

07836
给初学写作者的一封信 苏联文学顾问会著 张仲实译
大连：中苏友好协会，1946，132页，32开
收藏单位：广东馆、山东馆

07837
给初学写作者的一封信 张仲实译
[北平]：三联书店，1949，142页，32开
收藏单位：安徽馆、重庆馆、国家馆、辽宁馆、南京馆、天津馆、云南馆

07838
给初学写作者及其他 （苏）高尔基（Максим Горький）著 以群译
[重庆]：读书出版社，1941.5，190页，32开
重庆：读书出版社，1942，2版，164页，32开
重庆：读书出版社，1942.7，3版，164页，32开
重庆：读书出版社，1947，4版，164页，32开
本书内容包括：给初学写作者、安特列夫、象征主义者安菲塔特洛夫的信及高尔基和萧伯纳的通信。
收藏单位：北碚馆、重庆馆、广东馆、国家馆、湖北馆、辽宁馆、内蒙古馆、西南大学馆

07839
给青年作家 （苏）高尔基（Максим Горький）等著 耿济之 绮雨等译
上海：生活书店，1947，胜利后1版，145页，32开
本书共7篇：《给青年作家》（高尔基）、《我的文学修养》（高尔基）、《我的创作经验》（高尔基）、《我的创作经验》（托尔斯泰）、《我怎样写作》（左勤克）、《怎样创造文学的形象》（蒂莫费也夫）、《论文学上的影响》（纪德）。多谈创作经验。
收藏单位：国家馆、辽大馆、南京馆、山西馆、上海馆、首都馆

07840
给青年作家 （苏）高尔基（Максим Горький）等著 靖华 绮雨等译
上海：生活书店，1937，145页，32开
上海：生活书店，1937.4，再版，145页，32开
重庆：生活书店，1939.4，3版，145页，32开
重庆：生活书店，1939.10，4版，145页，32开
重庆：生活书店，1939.11，5版，145页，32开
收藏单位：北碚馆、重庆馆、广东馆、贵州馆、国家馆、湖南馆、江西馆、山西馆、首都馆、天津馆

07841
关于创作（2） 香港达德学院文学系系会主编
香港：达德学院文学系系会，1949.1，149页，32开（海燕文艺丛刊第2辑）
收藏单位：东北师大馆、辽师大馆

07842
关于文艺工作者下乡的问题 凯丰著
出版者不详，[1943—1949]，油印本，1册，36开，环筒页装
本书收《关于文艺工作者下乡的问题》（凯丰）、《关于党的文艺工作者的两个倾向问题》（陈云）、《关于部队文艺工作诸问题》（聂荣臻）等文件。
收藏单位：重庆馆

07843
军人文艺丛刊（第1种）
国民革命军总司令部政治部，1926，60页，32开
本书收《自己的麦田》《故事》《革命军人与国民之谈语文》《上了当》等文章。
收藏单位：浙江馆

07844
论文学中的人民性 （苏）顾尔希坦著 戈宝权译
香港：海洋书屋，1947.8，67页，32开（文艺理论丛书）
香港：海洋书屋，1949，再版，67页，32开（文艺理论丛书）
本书共8部分，内容包括：里夫希兹们的混乱和错误、“人民性”这个概念的历史性的问题、人民性与阶级等。书前有译者序。
收藏单位：重庆馆、福建馆、广西馆、国家馆、黑龙江馆、吉林馆、辽宁馆、南京馆、上海馆、首都馆、天津馆、浙江馆

07845
论文学中的人民性 （苏）顾尔希坦著 戈宝权译
上海：群众出版社，1949.7，76页，32开（文艺理论译丛）
收藏单位：东北师大馆、天津馆

07846
论文艺问题 周扬编
香港：谷雨社，1948，18+337页，32开
香港：谷雨社，1948.6，再版，337页，32开
本书共5辑：“意识形态与文艺”“文艺的特质”“文艺与阶级”“无产阶级文艺”“作家·批评家”。为周扬所编《马克思主义与文艺》一书改书名出版。著者原题：周笕。
收藏单位：福建馆、广东馆、广西馆、国家馆、湖南馆、近代史所、宁夏馆、上海馆、首都馆

07847
论中国文学革命 瞿秋白著

香港：海洋书屋，1947.7，143 页，32 开（北方文丛 2）
香港：海洋书屋，1949.6，再版，143 页，32 开

本书收著者总结中国文学革命的斗争经验和讨论大众文艺问题的文章 7 篇，内容包括：《鲁迅杂志选集序言》《鬼门关以外的战争》《大众文艺的问题》《再论大众文艺答止敬》《我们是谁？》《欧化文艺和大众化》等。书后有后记。

收藏单位：东北师大馆、广东馆、广西馆、国家馆、河南馆、湖北馆、湖南馆、吉林馆、近代史所、辽大馆、辽师大馆、南京馆、山西馆、上海馆、首都馆、武大馆、西南大学馆、浙江馆、中科图

07848
马克思主义与文艺 周扬编
大连：大众书店，1946.3，260 页，32 开
大连：大众书店，1946.6，再版，260 页，32 开

收藏单位：重庆馆、复旦馆、国家馆、吉林馆、近代史所、辽师大馆、南京馆、内蒙古馆、山东馆、陕西馆、上海馆、首都馆、天津馆、浙江馆

07849
马克思主义与文艺 周扬著
安东（丹东）：东北书店，1946，260 页，25 开
安东（丹东）：东北书店，1947.5，翻版，207 页，32 开

收藏单位：长春馆、东北师大馆、广东馆、国家馆、河南馆、吉林馆、山西馆

07850
马克思主义与文艺 周扬编
香港：谷雨社，1948.4，337 页，36 开（文艺理论丛书）

收藏单位：广东馆、国家馆、天津馆

07851
马克思主义与文艺 周扬编
[延安]：解放社，1944.5，336 页，32 开
[北平]：解放社，1949.9，342 页，32 开

收藏单位：重庆馆、广东馆、国家馆、黑龙江馆、吉林馆、江西馆、南京馆、山西馆、天津馆、浙江馆、中科图

07852
马克思主义与文艺 周扬编
[郑州]：中原新华书店，1949.4，264 页，32 开

收藏单位：安徽馆、成都馆、重庆馆、贵州馆、国家馆、湖南馆

07853
社会主义的现实主义 A. K. 范西里夫著 荒芜译
北平：天下图书公司，1949，华北 1 版，70 页，32 开
北平：天下图书公司，1949，2 版，70 页，32 开

本书分 5 部分讨论社会主义的现实主义的定义、原则、内容、形式等问题。

收藏单位：长春馆、东北师大馆、国家馆、宁夏馆、上海馆、武大馆

07854
唯物史观艺术论（朴列汗诺夫及其艺术理论之研究） 胡秋原编译
上海：神州国光社，1932，27+780 页，25 开（唯物史观艺术理论丛书）

本书共 10 章：绪言、艺术理论家朴列汗诺夫之性质、艺术之本质、艺术与经济、艺术之起源、艺术之进化与发展、文艺上个性与社会性之考察、朴列汗诺夫与艺术批评、俄国科学底美学及社会底文艺批评之先驱、朴列汗诺夫之方法论。书前有马克思、恩格斯、别林斯基、车尔尼雪夫斯基、黑格尔等人肖像，并有前记和《朴列汗诺夫传》。附《列宁与艺术》《艺术与无产阶级》《文艺创作之机构》《政治底价值与艺术底价值》《文艺起源论》《革命文学问题》。

收藏单位：重庆馆、东北师大馆、广东馆、国家馆、湖南馆、上海馆、天津馆、中科图

07855
文学　（苏）卢西诺夫著　刘执之译
[重庆]：生活书店，1940，87页，36开（百科小丛书13）
上海：生活书店，1947，胜利后1版，87页，36开（百科小译丛）
大连：生活书店，1949.3，87页，36开（百科小译丛）
本书简要叙述文学的基本理论，共3节：概念的内容和范围、对于文学的各种见解之批评、文学的各种问题。
收藏单位：长春馆、重庆馆、东北师大馆、广东馆、国家馆、河南馆、黑龙江馆、湖南馆、南京馆、内蒙古馆、宁夏馆、首都馆、天津馆、云南馆

07856
文学的人民性　（苏）顾尔希坦著　戈宝权译
北平：天下图书公司，1949，72页，36开（文艺理论丛书）
本书即《论文学中的人民性》一书改书名出版。
收藏单位：东北师大馆、广东馆、国家馆、吉大馆、吉林馆、辽宁馆、南京馆、内蒙古馆、宁夏馆、山东馆、云南馆

07857
文学论初步　蔡仪著
上海：光华书店，1946，70页，48开（新知识初步丛刊）
哈尔滨：光华书店，1949.5，70页，48开（新知识初步丛刊）
本书共3部分："文学是什么呢?""文学是为什么的呢?""文学是怎样发生和发展的呢?"。
收藏单位：东北师大馆、国家馆

07858
文学论初步　蔡仪著
上海：生活书店，1946.8，70页，48开（新知识初步丛刊）
上海：生活书店，1947.3，再版，70页，36开（新知识初步丛刊）
香港：生活书店，1948.4，3版，70页，32开（新知识初步丛刊）
收藏单位：长春馆、重庆馆、东北师大馆、广西馆、国家馆、湖北馆、吉林馆、南京馆、内蒙古馆

07859
文学入门　孙犁著
威县：冀南书店，1947，[89]页，32开
本书论述文学创作方面的问题。共4部分21节，内容包括：语言的艺术、概括的能力、主题和题材等。
收藏单位：国家馆、天津馆

07860
文学入门　孙犁编
饶阳：冀中新华书店，1947，93页，32开
收藏单位：重庆馆、国家馆、天津馆

07861
文学修养的基础　（苏）伊佐托夫著　沈起予　李兰译
上海：生活书店，1937.5，113页，32开
上海：生活书店，1937.11，再版，113页，32开
重庆：生活书店，1939.8，4版，113页，32开
本书介绍写作基础知识，内容包括：初从事写作的作家应如何修养、新闻与速写、言语的正确与艺术性、短篇小说、戏曲等。书前有绥拉菲莫维奇的序及译者简序。
收藏单位：北碚馆、重庆馆、广东馆、贵州馆、国家馆、湖南馆、吉林馆、辽大馆、南京馆、内蒙古馆、陕西馆、天津馆

07862
文学修养的基础　（苏）伊佐托夫著　沈起予　李兰译
桂林：文学出版社，1943，113页，32开
桂林：文学出版社，1944.4，113页，32开
收藏单位：重庆馆、贵州馆、桂林馆、国家馆

07863
文学与生活 胡风著
上海：生活书店，1936.8，117 页，32 开（青年自学丛书）
上海：生活书店，1937.1，再版，117 页，32 开（青年自学丛书）
上海：生活书店，1937，3 版，117 页（青年自学丛书）

本书共 5 章：文艺是从生活产生的、文艺是反映生活的、文艺站在比生活更高的地方、创作之路、民族革命战争与文艺。阐述文学与生活的关系。

收藏单位：安徽馆、北碚馆、重庆馆、广西馆、贵州馆、国家馆、湖南馆、吉林馆、近代史所、南京馆、宁夏馆、山西馆、陕西馆、西南大学馆

07864
文艺的新方向 荃麟 冯乃超等著
香港：生活书店，1948.3，111 页，22 开（大众文艺丛刊 1）

本书收文 18 篇，内容包括：《对于当前文艺运动的意见》（荃麟）、《斥反动文艺》（郭沫若）、《战斗诗歌的方向》（冯乃超）、《再谈方言文学》（茅盾）、《人民英雄刘志丹》（董均伦）、《林湖大队》（适夷）、《评路翎的短篇小说》（胡绳）等。

收藏单位：安徽馆、重庆馆、东北师大馆、广东馆、国家馆、吉林馆、近代史所、南京馆、上海馆、天津馆、浙江馆、中科图

07865
文艺底基础知识 以群著
上海：生活书店，1946.3，胜利后 1 版，173 页，25 开
上海：生活书店，1947.5，胜利后 3 版，173 页，36 开（青年自学丛书）

本书分 12 节介绍文学的本质、文学的艺术性和社会性、文学和现实、题材和主题、文学的创作方法、浪漫主义、现实主义、新现实主义和文学语言等文学基础知识。

收藏单位：山西馆

07866
文艺底基础知识 以群著
桂林：自学书店，1943.11，174 页，36 开（青年自学丛书）

07867
文艺工作论集 毛泽东等著 安东省文协编
安东（丹东）：东北书店安东分店，1949.4，87 页，32 开

本书收文 8 篇：《中共中央宣传部关于执行党的文艺政策的决定》（1943 年 11 月 7 日）、《在延安文艺座谈会上的讲话》（毛泽东）、《反对党八股》（毛泽东）、《关于党的文艺工作者的两个偏向问题》（陈云）、《创作要怎样才会好》（鲁迅）、《谈文艺问题》（周扬）、《关于文艺工作者下乡问题》（凯丰）、《提高政治水平、理论思想水平是文艺工作者最重要的任务》（萧三）。

收藏单位：东北师大馆、广东馆、国家馆

07868
文艺工作者基本论 临汾区乡文艺干部训练班编
临汾：临汾区乡文艺干部训练班，[1937—1949]，油印本，1 册，32 开

收藏单位：国家馆

07869
文艺探索与人生探索 夜澄著
上海：海燕书店，1949.8，186 页，32 开

本书共 3 部分，收文 23 篇，内容包括：《列宁与文学》《文艺·政治·人生》《作家·道德》《洁癖·宗派及其它》《作家的阶级性》等。

收藏单位：国家馆、辽宁馆、南京馆、天津馆

07870
我怎样学习写作 （苏）高尔基（Максим Горький）著 戈宝权译
重庆：读书出版社，1945，92 页，32 开（苏联文学丛书 3）
重庆：读书出版社，1945.11，再版，92 页，32

开（苏联文学丛书 3）
北平：读书出版社，1946，2 版，64 页，32 开（苏联文学丛书 小型本 3）
哈尔滨：读书出版社，1949.2，92 页，32 开

本书内容包括：先从研究文学史入手、我所体验的生活和现实、谈谈语言的问题等。

收藏单位：北碚馆、长春馆、重庆馆、东北师大馆、广东馆、国家馆、辽宁馆、南京馆、山东馆、浙江馆

07871
戏剧工作入门　泰州区新华书店编辑部编
泰州：泰州区新华书店，1949.6，49 页，64 开

收藏单位：南京馆

07872
小品文和漫画（太白一卷纪念特辑）　陈望道编
上海：生活书店，1935.3，223 页，22 开

本书收评论文章五十余篇，内容包括：《小品文和气运》（茅盾）、《小品文杂感》（郁达夫）、《小品文拉杂谈》（唐弢）等。系《太白》杂志约稿辑成。书前有《辑前致语》（陈望道）。

收藏单位：北碚馆、重庆馆、东北师大馆、广西馆、贵州馆、国家馆、湖南馆、吉林馆、辽师大馆、南京馆、内蒙古馆、山西馆、上海馆、首都馆、天津馆、中科图

07873
写作的新知识　胶东新华书店编
胶东新华书店，1947.6，5 版，61 页，32 开（大众文艺丛书 2）

本书介绍文学创作方法，共 4 部分。书前有《文学艺术的源泉》（毛泽东）。书后有编后小记。

收藏单位：山东馆、上海馆

07874
新的人民的文艺　周扬撰
[北平]、上海：新华书店，1949，35 页，32 开

收藏单位：重庆馆、东北师大馆、广东馆、国家馆、湖南馆、山西馆、天津馆

07875
新文学教程　（苏）维诺格拉多夫著　以群译
草叶出版社，1949.4，再版，修订版，191 页，36 开

本书共 3 部分：总论、主题与结构、艺术作品的风格与形态。

收藏单位：国家馆、湖南馆、上海馆

07876
新文学教程　（苏）维诺格拉多夫著　以群译
上海：读书生活出版社，1937.6，198 页，32 开
汉口：读书生活出版社，1938.3，再版，198 页，32 开
重庆：读书生活出版社，1939.3，3 版，198 页，32 开
重庆[等]：读书生活出版社，1940.12，4 版，198 页，32 开
重庆：读书生活出版社，1941.6，5 版，198 页，32 开
重庆：读书生活出版社，1942，6 版，198 页，32 开
重庆：读书生活出版社，1943，7 版，184 页，32 开
重庆：读书生活出版社，1944.12，198 页，32 开
重庆、上海：读书出版社，1946.3，7 版，198 页，32 开
大连：读书出版社，1946.12，8 版，198 页，32 开
大连：读书出版社，1949.7，191 页，32 开

收藏单位：安徽馆、北碚馆、长春馆、重庆馆、东北师大馆、广东馆、广西馆、贵州馆、国家馆、河南馆、黑龙江馆、吉林馆、江西馆、辽东学院馆、辽宁馆、南京馆、宁夏馆、首都馆、天津馆、浙江馆

07877
新艺术论　（俄）波格达诺夫（A. A. Богданов）著　苏汶译

上海：水沫书店，1929.5，119 页，25 开（科学的艺术论丛书 3）
上海：水沫书店，1930.2，再版，119 页，32 开（科学的艺术论丛书 3）

本书收文 3 篇：《无产阶级的诗歌》《无产阶级艺术底批评》《宗教、艺术与马克斯主义》。附《“无产者文化”宣言》。

收藏单位：重庆馆、东北师大馆、广东馆、国家馆、黑龙江馆、江西馆、辽大馆、南京馆、首都馆、天津馆、浙江馆

07878
一九四八年秋季全区文艺创作总结报告（关于政治、思想、内容、形式方面诸问题） 太行区党委宣传部编
[涉县]：太行区党委宣传部，[1948.11]，14 页，32 开

本书为太行区文委于 1948 年 11 月给区党委宣传部的有关全区文艺创作的总结报告。

收藏单位：国家馆、山西馆

07879
怎样写 钱毅著
威县：冀南书店，1947，73 页，36 开

本书收文 13 篇，内容包括：《写什么？怎样写？》《从“庄稼话”里学几种写稿方法》《怎样写小故事》《怎样写小诗歌》《大湾农民是怎样集体编写诗歌的？》等。书前有《钱毅小传》等。

收藏单位：国家馆、山东馆

07880
怎样写 钱毅著
[阳城]：太岳新华书店，1947，78 页，32 开

收藏单位：重庆馆、国家馆、南京馆、山东馆

07881
怎样写报告文学 周钢鸣著
上海：生活书店，1938.2，185 页，32 开（青年自学丛书 3）
重庆[等]：生活书店，1940.3，3 版，185 页，32 开（青年自学丛书 3）

收藏单位：重庆馆、广东馆、广西馆、贵州馆、桂林馆、国家馆、河南馆、湖南馆、江西馆、南京馆、内蒙古馆、西南大学馆

07882
怎样写剧 田禽著 史枚修订
成都：剧艺出版社，1943.1，蓉版，101 页，36 开

本书介绍戏剧的创作方法。共 13 节，内容包括：下笔之前、怎样收集材料、主题与故事、语言与人物、情节与命名、戏剧的结构、剧作者的修养等。

收藏单位：重庆馆、国家馆、上海馆

07883
怎样写剧 田禽著 史枚修订
重庆：生活书店，1940.3，117 页，32 开

收藏单位：重庆馆、广西馆、国家馆、南京馆

07884
怎样写小故事 钱毅著
华中新华书店盐阜分店，[1946]，26 页，64 开

本书收文 3 篇：《怎样写小故事》《怎样写小诗歌》《从“庄稼话”里学几种写稿方法》。

收藏单位：国家馆

07885
怎样写作 孙犁著
华北书店，1943.7，2 册，32 开
华北书店，1943，2 册，32 开

本书论述文学创作问题，共 9 章：概括的能力、论语言（文字）、描写、主题和题材、结构、观察和练习表现、现实主义、爱好书籍、论文学工作。附《本书学习研究提要》。

收藏单位：重庆馆、广东馆、国家馆、江西馆、南京馆

07886
怎样写作？（高尔基的文艺书信）（苏）高尔基（Максим Горький）著 以群 荃麟译
上海：读书生活出版社，1937，104 页，36 开

本书共 3 部分：给初学写作者的信 11 封、给契诃夫的信 4 封、给安特列夫的信 7 封，均讨论写作问题。

收藏单位：重庆馆、贵州馆、国家馆、辽大馆

07887

怎样学习诗歌　穆木天著

重庆：生活书店，1938.9，183 页，32 开（青年自学丛书 3）

重庆：生活书店，1940.1，再版，182 页，36 开（青年自学丛书）

本书收有关诗歌的理论文章 7 篇：《抗战建国与诗歌活动》《一个诗歌工作者怎样武装他自己》《对于诗歌要怎样去理解》《诗歌与社会生活的关系》《诗歌的形态和体裁》《诗歌创作上的题材与主题的问题》《诗歌创作上的表现形式的问题》。

收藏单位：安徽馆、重庆馆、广东馆、广西馆、贵州馆、国家馆、内蒙古馆、上海馆

07888

怎样阅读文艺作品　沈起予著

上海：生活·读书·新知联合发行所，1948，92 页，32 开（新中国青年文库）

上海：生活·读书·新知联合发行所，1949，92 页，36 开（新中国青年文库）

上海：生活·读书·新知联合发行所，1949，2 版，92 页，32 开（新中国青年文库）

本书介绍选择和阅读文艺作品的方法、提出判断文艺作品优劣的标准。

收藏单位：东北师大馆、广东馆、国家馆、湖北馆、江西馆、天津馆

07889

怎样阅读文艺作品　沈起予著

上海：生活书店，[1936]，136 页，36 开（青年自学丛书）

上海：生活书店，1936.7，再版，136 页，32 开（青年自学丛书）

上海：生活书店，1936，3 版，136 页，36 开（青年自学丛书）

上海：生活书店，1937.3，4 版，136 页，36 开（青年自学丛书）

上海：生活书店，1938.4，136 页，36 开（青年自学丛书）

上海：生活书店，1938，5 版，136 页，36 开（青年自学丛书）

重庆：生活书店，1939，8 版，136 页，36 开（青年自学丛书）

上海：生活书店，1940，9 版，136 页，36 开（青年自学丛书）

上海：生活书店，1947.10，136 页，32 开（青年自学丛书）

上海：生活书店，1948.11，92 页，36 开（青年自学丛书）

收藏单位：安徽馆、北碚馆、重庆馆、东北师大馆、广东馆、广西馆、贵州馆、国家馆、黑龙江馆、湖南馆、江西馆、南京馆、内蒙古馆、上海馆、绍兴馆、首都馆、天津馆、西南大学馆

世界文学

07890

高尔基的二三事　萧三等著译

桂林：文学连丛社，1942，152 页，36 开（文学连丛 1）

[桂林]：文学连丛社，1946，再版，152 页，36 开

本书收小说、诗歌、散文 13 篇，内容包括：《关于学究》（高尔基著，陈适五译）、《关于高尔基的二三事》（萧三）、《一段亲笔题字的故事》（麦健多尔著，又燃译）、《大角色》（舒群）、《太阳》（刘白羽）、《郭沫若和他的〈女神〉》（周扬）、《忆东平》（奚如）、《过同蒲路》（何其芳）、《平静早已过去了》（黄钢）等。

收藏单位：北碚馆、重庆馆、东北师大馆、广西馆、桂林馆、国家馆、黑龙江馆、湖南馆、南京馆、上海馆、首都馆、浙江馆、中科图

07891
革命文学史　陈独秀编
出版者不详，[1924—1949]，120页，32开

本书收《文艺上之社会的使命》（郭沫若）、《文学上的阶级斗争》（郁达夫）、《我所景慕的批评家》（沈泽民）、《赤俄新文艺时代的第一燕》（瞿秋白）、《拜伦百周纪念》（沈雁冰）等文章。

收藏单位：国家馆、首都馆

07892
海上述林　瞿秋白译　鲁迅编
东北书店，[1945—1949]，577页，32开，精装

本书收马克思、恩格斯、列宁、普列汉诺夫、拉法格等人的文学论文。

收藏单位：安徽馆、长春馆、重庆馆、东北师大馆、贵州馆、国家馆、南京馆、宁夏馆

07893
海上述林　瞿秋白译　鲁迅编
东北新华书店辽东分店，[1949]，660页，32开，精装

收藏单位：安徽馆、广西馆、国家馆、吉林馆、内蒙古馆、宁夏馆、上海馆

07894
海上述林　瞿秋白译　鲁迅编
上海：三联书店，1949，2册（684+631页），25开

收藏单位：广东馆、贵州馆、国家馆、湖南馆、辽宁馆、南京馆、内蒙古馆、天津馆

07895
海上述林　瞿秋白著译　鲁迅编校
上海：文艺流通社，1941重印，2册（684+636页），32开，精装

收藏单位：广西馆

07896
海上述林　瞿秋白著译　鲁迅编校
上海：诸夏怀霜社，1936，2册（684+631页），22开，精装
上海：诸夏怀霜社，1937，684页，32开
上海：诸夏怀霜社，1949，2册（392+315页），25开

收藏单位：北师大馆、东北师大馆、广西馆、国家馆、南京馆、宁夏馆、浙江馆、中科图

07897
红色的延安　（英）彼得·弗来敏等著　哲非译
上海：言行出版社，1939.5，66页，32开

本书收文4篇：《延安视察记》（巴斯哈特）、《红色的延安》（弗来敏）、《红色大学》（裴索思）、《中国共产党特区现状》（《红星报》）。

收藏单位：南京馆

07898
见闻杂感集　齐文编
上海：时代图书公司，1946.8，174页，36开（时代丛书1）

本书收美、英、法、德、奥等国记者、专家、学者及被解放区营救的盟军航空员对延安及其他解放区的报道、观感22篇，内容包括：《我所看到的陕甘宁边区》（爱泼斯坦）、《延安印象记》（白修德）、《晋察冀印象记》（林迈可）、《中国的地下城市》（福尔曼）等。附《福尔曼的边区报告》（史沫特莱）、《盟邦记者来晋绥边区参观》（《抗战日报》）、《盟邦友人在汾阳前线》（郁文）、《欢迎盟邦空军战友》（《抗战日报》）、《盟邦战友参观展览会》（《抗战日报》）。版权页编者题：林文。

收藏单位：国家馆、近代史所、首都馆

07899
开拓者　郭沫若等著
成都：东方书社，1939，再版，126页，32开（诗歌综合丛刊1）

本书共3部分：华北抗战特辑、创作、译诗。收诗歌约30首，内容包括：《北方的军号》（覃子豪）、《把强盗打回老家去》（穆木天）、《疯狗礼赞》（郭沫若）、《四号夜里的回

忆》（雨果作，穆木天译）、《故乡》（涅克拉索夫作，彭慧译）等。书后有《目前新诗运动的展开问题》（穆木天）、后记。

收藏单位：重庆馆、广东馆

07900

黎明 茅盾等著

曹连山，1937.6，168页，32开

本书收评论4篇，内容包括：《思想活动底民主性问题》（胡风）、《从〈我的奋斗〉看希特拉》（雪苇）、《L. 凡·悲多汶》（D. 加且夫著，克夫译）等；收小说两篇：《人的悲哀》（贾植芳）、《小故事十篇》（B. 奥列宁著，求是译）；收杂文8篇，内容包括：《思想测验》（茅盾）、《老子底全集》（绀弩）等；收诗歌4首，内容包括：《黎明》（艾青）等。收散文1篇：《腐蚀》（端木蕻良）。书前有木刻8幅。

收藏单位：贵州馆、上海馆

07901

黎明 茅盾等著

上海：生活书店，1937，168页，32开

收藏单位：重庆馆、东北师大馆、广东馆、桂林馆、国家馆、湖南馆、吉林馆、山西馆、陕西馆、西南大学馆、浙江馆、中科图

07902

列宁与文学及其他 （苏）舍宾那等作 陈学昭译

长春：东北书店，1949.2，71页，32开

本书收文7篇：《列宁与文学》《戏剧家高尔基》《A. 契科夫》《褐色鸦片》《欧洲的遭遇》《巴黎》《阿诺莎·乌娜尼昂》。

收藏单位：长春馆、东北师大馆、国家馆、近代史所、南京馆

07903

萝茜娜 （苏）高尔基（Максим Горький）等著 刘盛亚译

重庆：群益出版社，1944.2，168页，42开（群益文艺小丛书2）

本书为短篇小说集，收文4篇：《萝茜娜》（齐格勒）、《美阿萨》（勒斯科夫）、《马拉加》（于戈林尼）、《瓦斯加》（高尔基）。书后有译者附记。据德译本转译。

收藏单位：北碚馆、重庆馆、国家馆、吉林馆

07904

曼纳林防线之摧毁 苏联国防人民委员会编 曹汀译

延安：八路军军政杂志社，1942，150页，32开（抗日战争参考丛书21）

本书为报告文学集，收《曼纳林防线》《一个炮手底自述》《猛烈的搏斗》《苏联英雄米凯尔特卢索夫》等20篇。

收藏单位：国家馆

07905

欧洲大战与文学 茅盾著

上海：开明书店，1928.11，125页，32开

上海：开明书店，1930，再版，125页，32开

本书共7节："发端""文学家对于战争的赞助""文学家对于战争的反对""不谈战事的青年文艺家""战争文学一瞥——小说""战争文学一瞥——诗歌""战争文学一瞥——戏曲"。原是应《小说月报》之约，为该刊纪念欧战十周年的战争文学专号而作。著者原题：沈雁冰。

收藏单位：安徽馆、重庆馆、东北师大馆、广东馆、广西馆、贵州馆、国家馆、湖南馆、吉林馆、江西馆、辽大馆、辽宁馆、南京馆、上海馆、首都馆、天津馆、浙江馆、中科图

07906

期待之岛 （捷）加伯克等著 黎烈文等译

香港：生活书店，1948.5，胜利后1版，283页，32开

本书为短篇小说集。收文12篇，内容包括：《凯尔凯勃》（吕海司著，茅盾译）、《一撮盐》（薛孟斯茶著，许天虹译）、《大赦》（伊利耶夫著，孙用译）、《一个希腊兵士的日记》（理佐布罗斯著，徐懋庸译）、《盎塔拉的死》（佚名著，马宗融译）等。

收藏单位：东北师大馆、广东馆、贵州馆、国家馆、黑龙江馆、内蒙古馆、上海馆、首都馆、天津馆、浙江馆

07907
前线消息 （美）史沫特莱（Agnes Smedley）著 哲民编译
上海：言行出版社，1940.9，80页，36开
本书收报告文学4篇：《在游击队中》（史沫特莱）、《在北平游击队中》（合众社记者）、《庐山孤军峰歼敌记》（石西民）、《从江南到江北》（企程）。
收藏单位：国家馆

07908
世界文学史纲 （苏）柯根（П. Коган）著 杨心秋 雷鸣蛰译
上海：读书生活出版社，1936.8，[526]页，25开
本书重点介绍各时期的代表作家及作品，兼论各时代文学流派的产生和发展状况。共9节：古代希腊文学、中世纪文学、文艺复兴时代、十七世纪英国与德国文学、十七世纪的法国文学、十八世纪的法英文学、十八世纪的德国文学、十九世纪的文学、现代文学。
收藏单位：重庆馆、广东馆、广西馆、国家馆、黑龙江馆、湖南馆、辽大馆、南京馆、山西馆、陕西馆、上海馆、首都馆、天津馆、西南大学馆、中科图

07909
世界文学欣赏初步 秦牧著
哈尔滨：生活书店，1949.4，73页，36开（新知识初步丛刊）
本书共5部分："无穷无尽的宝藏""宝藏之钥""从内容到技巧""历史·人和书""作家和社会"。
收藏单位：重庆馆、东北师大馆、天津馆

07910
外国记者眼中的延安及解放区 齐文编
大众书店，1946.7，再版，110页，32开
本书内容与《见闻杂感集》相同。
收藏单位：东北师大馆、国家馆、吉大馆、辽宁馆、南京馆

07911
外国记者眼中的延安及解放区 齐文编译
上海：历史资料供应社，1946.1，174页，32开
上海：历史资料供应社，1946.2，2版，174页，36开
收藏单位：安徽馆、重庆馆、东北师大馆、国家馆、黑龙江馆、辽大馆、南京馆、宁夏馆、山东馆、山西馆、上海馆、首都馆、天津馆、浙江馆、中科图

07912
外国记者眼中的延安及解放区 齐文编
大连：中苏友好协会，1946.8，131页，32开
收藏单位：国家馆、山东馆

07913
外国作家研究 （苏）卢那察尔斯基（Анатолий Васильевич Луначарский）等著 茅盾等译
上海：生活书店，1937，419页，32开
本书收介绍著名作家生平及创作的文章20篇，内容包括：《莱蒙托夫》（勃拉果夷著，茅盾译）、《果戈理私观》（立野信之著，鲁迅译）、《尼古拉·奈克拉索夫》（沙斯基司著，孙用译）、《屠格涅夫的回忆》（阿宁阔夫著，耿济之译）、《屠格涅夫的生活之路》（中条百合子著，胡风译）、《杜斯退益夫斯基的特质》（昂德列益维奇著，沈起予译）、《艺术家的悲剧》（傅利弃著，白滔译）、《德国诗人席勒》（希尔特著，小默译）、《奥·亨利论》（辛克莱著，天虹译）等。书后有后记，说明各篇文章作者情况。著者原题：卢那查尔斯基。
收藏单位：北碚馆、重庆馆、东北师大馆、广东馆、广西馆、国家馆、黑龙江馆、南京馆、内蒙古馆、宁夏馆、山西馆、陕西馆、上海馆、首都馆、西南大学馆、中科图

07914
外国作家研究 （苏）卢那察尔斯基（Анатолий Васильевич Луначарский）等著 茅盾等译
桂林：文学出版社，1943，407+16页，32开

本书著者原题：卢那却尔斯基。

收藏单位：重庆馆、广东馆、国家馆、黑龙江馆、辽大馆、上海馆

07915
文艺思潮小史　徐懋庸著
大连：大众书店，1946，107页，32开（青年学习丛书）

本书介绍中外文艺思潮的发生发展情况，共10章：决定文艺思潮的力量、上古和中世纪的文艺思潮、文艺复兴、古典主义、从古典主义到浪漫主义、从浪漫主义到现实主义、所谓"世纪末"的文艺思潮、二十世纪的种种倾向、新现实主义、中国文艺思潮的演变。

收藏单位：长春馆、东北师大馆、国家馆、近代史所、辽宁馆、山东馆、天津馆

07916
文艺思潮小史　徐懋庸著
上海：生活·读书·新知联合发行所，1949.6，104页，32开（新中国青年文库）

收藏单位：广东馆、国家馆、湖北馆、南京馆、天津馆

07917
文艺思潮小史　徐懋庸著
上海：生活书店，1936，152页，36开（青年自学丛书）
上海：生活书店，1937.4，再版，152页，25开（青年自学丛书）
重庆：生活书店，1939，3版，152页，36开（青年自学丛书）
上海：生活书店，1947.10，152页，36开（青年自学丛书）
上海：生活书店，1948.4，104页，36开（青年自学丛书）
哈尔滨：生活书店，1948，东北版，103页，36开（新青年学习丛书）
上海：生活书店，1948，152页，36开（青年自学丛书）

收藏单位：安徽馆、北碚馆、重庆馆、东北师大馆、广东馆、贵州馆、国家馆、河南馆、湖南馆、吉林馆、辽大馆、辽宁馆、辽师大馆、南京馆、内蒙古馆、宁夏馆、山东馆、山西馆、陕西馆、上海馆、首都馆、天津馆

07918
文艺思潮小史　徐懋庸著
长春：新中国书局，1949.6，再版，104页，36开（青年学习丛书）

收藏单位：重庆馆、东北师大馆、贵州馆、国家馆、黑龙江馆、湖南馆、天津馆

07919
星火　胡愈之编
上海：复兴书局，1936.10，再版，216页，32开

本书收短篇小说、散文、民间故事、童话及寓言20篇，内容包括：《失去的晚间》（跋佐夫）、《海上》（伊卜涅兹）、《践踏在面包上的女孩子》（安徒生）、《消极抵抗》（高尔基）、《列宁与俄皇的故事》（赛甫里娜）、《星火》（柯罗连科）等。

收藏单位：重庆馆、东北师大馆、广东馆、贵州馆、上海馆

07920
星火　胡愈之编
上海：现代书局，1928.6，216页，32开
上海：现代书局，1931，再版，216页，32开
上海：现代书局，1933.5，3版，216页，32开（世界短篇杰作选）

收藏单位：安徽馆、重庆馆、东北师大馆、广西馆、国家馆、河南馆、吉林馆、江西馆、南京馆、上海馆、首都馆、浙江馆、中科图

07921
延安视察记　（瑞士）巴斯哈特等著　哲民编译
上海：言行出版社，1940.9，66页，42开

本书收报告文学4篇：《延安视察记》（巴斯哈特）、《红色的延安》（弗来敏）、《红色大学》（裴索思）、《中国共产党特区现状》（《红星报》）。

收藏单位：国家馆

07922
在游击队中 （美）史沫特莱（Agnes Smedley）著 哲非编译
上海：言行出版社，1939.4，80 页，36 开（战地报告文学丛书）
收藏单位：重庆馆、国家馆

07923
作家论 （德）恩格斯（Friedrich Engels）等著 陈北鸥译述
[上海]：质文社，1937.1，71 页，25 开
本书收多篇关于作家评论的文章。内容包括：《莎士比亚论》《普式庚论》《易卜生论》等。
收藏单位：重庆馆、贵州馆、国家馆、内蒙古馆、上海馆、绍兴馆

中国文学

方针政策及其阐述

07924
党的文艺政策参考材料
出版者不详，[1940—1949]，1 册，32 开
收藏单位：山东馆

07925
简政纲要戏剧方针及其他 中共晋绥总会学委会编
[兴县]：中共晋绥总会学委会，1943，62 页，36 开（晋绥学讯丛刊 4）
本书内容包括：陕甘宁边区简政实施纲要、论简政实施纲要、中共中央文委确定剧运方针、关于党的文艺工作者的两个倾向问题、关于文艺工作者下乡的问题等。
收藏单位：重庆馆

07926
谈文艺问题
冀东新华书店，[1947]，32 页，32 开
本书收文 3 篇：《谈文艺问题》（周扬）、《几个不能忽视的问题——在东北文艺界座谈会上的发言》（刘芝明）、《有计划有步骤地进行旧剧改革工作》（华北《人民日报》）。
收藏单位：国家馆、辽宁馆、山东馆、天津馆

07927
文艺的群众路线 李春兰编
朝城：冀鲁豫书店，1947.7，2 册（178+316 页），36 开
本书收文 18 篇，内容包括：《在延安文艺座谈会上的讲话》（毛泽东）、《表现新的群众的时代》（周扬）、《秧歌剧的形式》（艾青）、《鲁艺工作团对于秧歌的一些经验》（张庚）、《〈钟万财起家〉创作的经过》等。
收藏单位：国家馆、南京馆、山东馆、山西馆、西南大学馆、中科图

07928
文艺的群众路线（续编 1 民间艺术专集） 李春兰著
朝城：冀鲁豫书店，1947，149 页，25 开
收藏单位：国家馆、山西馆、中科图

07929
文艺工作方向问题 第二野战军政治部宣传部编
[北平]：人民战士出版社，1949.6，17 页，32 开（文艺工作丛书）
本书共 3 部分：关于文艺工作上几个问题的意见、萧向荣同志在东北局宣传部党的文艺工作者大会开幕时的讲话、论人民剧场的工作方向。
收藏单位：重庆馆、南京馆

07930
文艺工作者的方向
华东新华社，[1947.11]，52 页，32 开
本书收文 5 篇，内容包括：《在延安文艺座谈会上的讲话》《联共（布）中央委员会关于〈星〉与〈列宁格勒〉两杂志的法令》《联共（布）中央书记日丹诺夫关于〈星〉及〈列宁格勒〉杂志所犯错误的报告》等。

收藏单位：重庆馆、国家馆、吉林馆、南京馆、内蒙古馆、山东馆

07931
文艺政策　冀南书店编辑部编
威县：冀南书店，1946.6，[28] 页，32 开
收藏单位：国家馆、山东馆

07932
文艺政策　毛泽东等著
胶东新华书店，1946.11，52 页，32 开
胶东新华书店，1948，52 页，32 开
本书收文 5 篇：《中共中央宣传部关于执行党的文艺政策的决定》《在延安文艺座谈会上的讲话》《关于文艺工作者下乡的问题》《关于党的文艺工作者的两个倾向问题》《艺术教育的改造问题》。
收藏单位：近代史所、山东馆

07933
文艺政策　毛泽东等著
临沂：山东新华书店，1946.3，51 页，32 开
收藏单位：山东馆

07934
文艺政策　毛泽东等著
苏北军区政治部，1949，52 页，32 开
收藏单位：湖北馆

07935
文艺政策和文艺理论选辑　山东省人民政府教育厅编审
山东新华书店，1949，156 页，32 开
收藏单位：国家馆、辽宁馆、南京馆、绍兴馆、天津馆

07936
文艺政策选集　太岳新华书店编
[阳城]：太岳新华书店，1947.5，132 页，32 开
本书收文 16 篇，内容包括：《中共中央宣传部关于执行党的文艺政策的决定》、《在延安文艺座谈会的讲话》（毛泽东）、《反对党八股》（毛泽东）、《党的组织和党的文学》（列宁）、《论创作要怎样才会好》（鲁迅）、《关于左翼作家联盟的意见》（鲁迅）、《关于党的文艺工作者的两个倾向问题》（陈云）、《艺术教育的改造问题》（周扬）等。
收藏单位：国家馆、山西馆、浙江馆

07937
五四谈文艺（文协十周年暨文艺节纪念特刊）　中华全国文艺协会编
上海：中华全国文艺协会，1948.5，64 页，32 开
本书收文 9 篇，内容包括：《风雨五四》（田汉）、《以〈狂人日记〉为起点》（胡风）等。
收藏单位：北碚馆、国家馆、吉林馆、南京馆、天津馆

07938
知识份子的道路　华中新华书店总店编辑部编
新华书店，1949.7，70 页，32 开（青年丛书 3）
本书收文 10 篇，内容包括：《文化、教育、知识份子问题》《对知识份子的政策》《五四运动与知识份子的道路》《我们要学习什么完成什么》《来解放区的学习与工作问题》等。
收藏单位：吉林馆

07939
中共冀鲁豫区党委宣传部关于改造民间艺人、旧艺人和民间艺术、旧剧的一封信
[朝城]：冀鲁豫书店，[1947.7]，11 页，32 开
该信写于 1947 年 7 月 7 日，附《关于戏剧和民间艺术工作的某些部分》（1947 年 4 月李春兰在冀鲁豫文联干部大会上的总结）。
收藏单位：国家馆

07940
走向人民文艺　郭沫若等著
[阳城]：太岳新华书店，1946.11，29 页，36

开

本书收文 6 篇:《走向人民文艺》(郭沫若)、《坚持人民本位的人民文艺》(郭沫若)、《诗歌与音乐》(郭沫若)、《论作家的业务》(爱伦堡)、《关于现实主义》(何其芳)、《关于政治诗》(陈涌)。

收藏单位:重庆馆、国家馆、河南馆

文学评论和研究

07941

表现新的群众的时代 周扬著

哈尔滨:东北书店,1948.11,64 页,32 开

本书为文艺论文集,收文 6 篇:《艺术教育的改造问题》《表现新的群众的时代》《马克思主义与文艺》《〈把眼光放远一点〉序言》《关于政策与艺术》《论赵树理的创作》。

收藏单位:长春馆、重庆馆、东北师大馆、国家馆、吉林馆、近代史所、宁夏馆、山东馆、天津馆

07942

表现新的群众的时代 周扬著

香港:海洋书屋,1948.2,135 页,36 开(北方文丛 第 1 辑)

本书为文艺论文集,收文 7 篇:《王实味的文艺观与我们的文艺观》《艺术教育的改造问题》《表现新的群众的时代》《马克思主义与文艺》《〈把眼光放远一点〉序言》《关于政策与艺术》《论赵树理的创作》。

收藏单位:东北师大馆、广东馆、国家馆、吉林馆、南京馆、宁夏馆、首都馆、天津馆

07943

表现新的群众的时代 周扬著

山东新华书店,1949.8,87 页,32 开

收藏单位:国家馆、山东馆、山西馆、天津馆

07944

表现新的群众的时代 周扬著

[阳城]:太岳新华书店,1946.11,89 页,36 开

收藏单位:重庆馆、广东馆、国家馆、河南馆、山东馆、中科图

07945

表现新的群众的时代 周扬著

[北平]:新华书店,1949,134 页,32 开

收藏单位:重庆馆、东北师大馆、广西馆、国家馆、吉林馆、南京馆

07946

表现新的群众的时代 周扬著

出版者不详,1946.7,105 页,32 开

收藏单位:国家馆、山西馆

07947

从文学革命到革命文学 成仿吾 郭沫若著

上海:创造社出版部,1928.4,145 页,32 开(创造社丛书 24)

本书收文 14 篇,内容包括:《新文学之使命》《我们的文学新运动》《艺术家与革命家》《艺术之社会的意义》《文学之社会的使命》《民众艺术》《文学界的现形》《革命与文学》《从文学革命到革命文学》等。

收藏单位:重庆馆、广西馆、国家馆、湖南馆、近代史所、南京馆、浙江馆

07948

大众化工作研究 大众读物社编

新华书店,1941.5,171 页,32 开

本书收文 14 篇,内容包括:《文艺的大众化》(鲁迅)、《大众化运动历史的鸟瞰》(周文)、《大众化的写作问题》(周文)、《编〈大众文艺〉的经验》(金照)、《通讯工作科的任务及其工作制度》(思俊)等。

收藏单位:重庆馆、国家馆、山东馆

07949

大众文艺丛刊批评论文选集 荃麟 胡绳等著 大众文艺丛刊社编辑

北平:新中国书局,1949.6,415 页,32 开

本书收文 25 篇,内容包括:《对于当前文

艺运动的意见》《文艺统一战线的几个问题》《论主观问题》《文艺创作与主观》《略论文艺大众化》《论文艺的人民性和大众化》《新形势下文艺运动上的几个问题》等。

收藏单位：东北师大馆、广东馆、国家馆、黑龙江馆、湖南馆、吉林馆、近代史所、辽师大馆、南京馆、山西馆、天津馆

07950
大众文艺的理论和实验　周扬等著　华中文化协会编
华中新华书店，1946.3，264 页，32 开

本书收关于大众文艺的理论文章和作品 32 篇，内容包括：《马克思主义与文艺》（周扬）、《表现新的群众的时代》（周扬）、《秧歌剧的形式》（艾青）、《鲁艺工作团对于秧歌的一些经验》（张庚）、《〈刘生海转变〉〈钟万财起家〉及其他》（萧三）、《从〈逼上梁山〉谈到平剧改造问题》（刘芝明）、《关于大鼓书》（戎凯旋）、《群英大鼓》（赵治国）、《关于民歌》（杨思仲）等。

收藏单位：国家馆、黑龙江馆

07951
大众文艺工作经验选辑　华中新华书店编
华中新华书店，1949.2，71 页，32 开（新文艺丛书 2）

本书收文 13 篇，内容包括：《从缪文渭谈大众文艺的创作道路》《一个群众性的集体创作方法》《我怎样搜集材料和写作的》《快板运动在骑兵团》《谈小调的提高与改造》《学习民间语言及文学》《对当前农村剧团工作的几个意见》等。

收藏单位：广东馆、国家馆、南京馆

07952
大众文艺现实问题　瞿秋白著　华中文化协会编
华中新华书店，1946.8，64 页，32 开

本书共两部分：论文、作品。“论文”部分收文 3 篇：《大众文艺的现实问题》《大众文艺的问题（附初稿断片）》《再论大众文艺答止敬（附止敬：问题中的大众文艺）》；“作品”部分收《英雄巧计献上海》等两篇。另有 4 篇作品原文已佚，仅录题名。

收藏单位：国家馆、近代史所、山东馆、浙江馆

07953
反对萧军思想保卫马列主义　刘芝明　张如心著
无锡：苏南新华书店，1949，154 页，32 开

本书共 3 部分：中共中央东北局关于萧军问题的决定、关于萧军及其《文化报》所犯错误的批评、反对萧军思想保卫马列主义。

收藏单位：国家馆

07954
反对萧军思想保卫马列主义　刘芝明　张如心著
[阳城]：太岳新华书店，1949.5，145 页，32 开

收藏单位：重庆馆、国家馆、天津馆、中科图

07955
孤鸿　郭沫若著
上海：光华书局，1933.4，98 页，32 开

本书收文 6 篇：《孤鸿——致仿吾的一封信》《我们的文学新运动》《文艺家的觉悟》《革命与文学》《我们的文化》《关于文艺的不朽性》。

收藏单位：北师大馆、重庆馆、东北师大馆、国家馆、湖南馆、华东师大馆、吉林馆、南京馆、绍兴馆、浙江馆

07956
孤鸿　郭沫若著
上海：天光书店，[1924—1949]，98 页，32 开

收藏单位：重庆馆、湖南馆、上海馆、中科图

07957
关于革命文学　蒋光慈等著
上海：光华书局，1928，128 页，32 开

本书收文 17 篇，内容包括：《给诗人》

（果青）、《革命与文学》（郭沫若）、《关于革命文学》（蒋光慈）、《现代中国文学与社会生活》（蒋光慈）、《革命文学与他的永远性》（成仿吾）、《文艺上之社会的使命》（郭沫若）、《文艺家的觉悟》（郭沫若）、《艺术之社会的意义》（成仿吾）等。

收藏单位：东北师大馆、国家馆、湖南馆、南京馆

07958
关于萧军及其文化报所犯错误的批评 刘芝明著
沈阳：东北书店，1949.3，44页，32开
收藏单位：长春馆、重庆馆、东北师大馆、广东馆、国家馆、内蒙古馆

07959
关于萧军及其文化报所犯错误的批评 刘芝明著
北平：华北大学，1949.4，76页，36开
本书为教学参考资料，共3部分：关于萧军及其文化报所犯错误的批评、中共中央东北局关于萧军问题的决定、东北文艺协会等十五团体联合大会关于萧军及其《文化报》所犯错误的结论。
收藏单位：安徽馆、重庆馆、广东馆、国家馆、吉大馆、江西馆、南京馆、上海馆、天津馆

07960
街头集 瞿秋白著
上海：霞社，1940.1，92页，32开
本书共两部分：论文、作品。“论文”部分收文3篇：《大众文艺现实问题》《大众文艺的问题（附初稿断片）》《再论大众文艺答止敬（附止敬：问题中的大众文艺）》；“作品”部分收《英雄巧计献上海》等两篇。
收藏单位：重庆馆、广东馆、国家馆、上海馆、中科图

07961
痀偻集 郑振铎著
上海：生活书店，1934.12，2册（691页），36开（创作文库10）
上海：生活书店，1937.6，再版，2册（691页），36开（创作文库10）
本书分上、下两卷。上卷收文艺论文12篇，内容包括：《大众文学与为大众的文学》《访笺杂记》《新文坛的昨日今日与明日》《我们所需要的文学》等；下卷收故事札记21篇，内容包括：《螺壳中之女郎》《中山狼故事之变异》《鲁智深的家庭》等。
收藏单位：重庆馆、福建馆、广东馆、贵州馆、国家馆、湖南馆、华东师大馆、吉林馆、辽大馆、辽师大馆、南京馆、宁夏馆、上海馆、绍兴馆、首都馆、西南大学馆、中科图

07962
李南桌文艺论文集 李南桌著
重庆等：生活书店，1939.8，130页，32开
本书收文艺论文11篇，内容包括：《广现实主义》《关于“文艺大众化”》《评曹禺〈原野〉》《论“差不多”和“差得多”》《关于岂明先生》《抗战与戏剧》《“意识”与“形象”》《再广现实主义》等。附《悼李南桌》（茅盾）。
收藏单位：广西馆、贵州馆、国家馆、上海馆、首都馆

07963
论民士革命的文艺运动 冯雪峰著
上海：作家书屋，1946.6，137页，32开
上海：作家书屋，1947.7，2版，137页，32开
本书据著者在一次文艺漫谈会上的发言稿整理而成，共7部分：过去的经验、什么是主要的错误、现在的基础任务及运动的原则、现实主义在今天的问题、大众化的创作实践、批评及统一战线下的批评、文艺团体。著者原题：雪峰。
收藏单位：重庆馆、东北师大馆、广西馆、国家馆、黑龙江馆、吉林馆、近代史所、宁夏馆、上海馆、绍兴馆、首都馆

07964
清算萧军的反动思想 刘芝明著
北平：群众书店，1949.4，76页，32开
收藏单位：国家馆、近代史所、山西馆、

中科图

07965

使命　成仿吾著

上海：创造社出版部，1927.7，239页，32开（创造社丛书13）

上海：创造社出版部，1928.4，2版，239页，32开（创造社丛书13）

上海：创造社出版部，1928.10，3版，239页，32开（创造社丛书13）

本书共4辑。收文28篇，内容包括：《新文学之使命》《写实主义与庸俗主义》《批评的建设》《批评与同情》《诗之防御战》《评冰心女士的〈超人〉》《文学界的现形》《矮丑的说道者》等。

收藏单位：北碚馆、重庆馆、广东馆、广西馆、国家馆、河南馆、湖南馆、吉林馆、南京馆、上海馆、首都馆、天津馆

07966

使命　成仿吾著

上海：光华书局，1930.11，2版，239页，32开

收藏单位：东北师大馆、国家馆、吉林馆、辽师大馆、上海馆、浙江馆

07967

通俗读物论文集　顾颉刚著

汉口等：生活书店，1938.10，115页，32开

本书收文13篇，内容包括：《通俗读物的历史使命与创作方法》（顾颉刚）、《旧瓶装新酒的创作方法论》（顾颉刚）、《为什么要把新酒装在旧瓶里》（王受真）、《论大鼓词在旧形式中的价值》（王受真）、《就两篇鼓词谈鼓词作法》（方白）、《论旧瓶装新酒与现实主义》（向林冰）、《旧形式的新评价》（向林冰）等。附《关于旧瓶装新酒的诸问题》（座谈会记录）、《通俗读物编刊社战时工作纲领》。

收藏单位：北碚馆、重庆馆、广西馆、贵州馆、江西馆、南京馆、上海馆、浙江馆

07968

通俗化问题讨论集（第1—2集）　语文社编

上海：新知书店，1937.7，106页，36开

本书第1集收文20篇，内容包括：《我们对通俗化问题的意见（集体讨论）》《关于通俗化问题的回答》《关于通俗化的几点意见》《对于通俗化的管见》《为了救亡不能不强调通俗化运动》《口语化和现实化肃清文言的余毒》《通俗化不是说废话》等；第2集收文21篇，内容包括：《M. 伊林和通俗化》《要征求最下层读者的意见》《我看应当这样》《不是单纯的技术问题》《一个空想的提议》《旧形式的利用》《由大众口味说起》等。

收藏单位：重庆馆、广东馆、国家馆、近代史所、内蒙古馆、上海馆、绍兴馆、西南大学馆、浙江馆

07969

通俗文艺论文集　方白编

重庆等：生活书店，1940.3，110页，32开

本书收文12篇，内容包括：《我们怎样写作通俗读物》《我们对于旧瓶装新酒的看法》《旧形式中艺术的创造》《唱本·地方文学的革新》《关于通俗化与大众化的关系及其诸问题》《通俗文艺的语汇问题》等。

收藏单位：广东馆、广西馆

07970

文艺大众化论集　江风著

胶东新华书店，1946.9，66页，32开（大众文艺丛书）

胶东新华书店，1947.12，再版，66页，32开（大众文艺丛书）

本书收文15篇，内容包括：《漫谈思想感情和大众结合问题》《漫谈文艺工作者深入群众问题》《文艺内容的大众化问题》《文艺形式的大众化问题》《大众语言在写作中的地位》等。

收藏单位：重庆馆、国家馆、山东馆、天津馆

07971

文艺论集　成仿吾著

上海：创造社，1930，350页，32开

本书收文36篇，以文学评论为主，兼有

诗歌、散文及游记，内容包括：《新文学之使命》《文学界的现象》《国学运动的我见》《民众艺术》《艺术之社会的意义》《士气的提倡》等。封面题名：新兴文艺论集。

收藏单位：国家馆、近代史所、辽大馆、天津馆、中科图

07972

文艺论集 郭沫若著

上海：光华书局，1925.12，344页，32开，精、平装（郭沫若著作集 初级1）（创造社丛书）

上海：光华书局，1926.3，再版，344页，32开（郭沫若著作集 初级1）（创造社丛书）

上海：光华书局，1927.2，3版，344页，32开（郭沫若著作集 初级1）（创造社丛书）

上海：光华书局，1929.7，4版，424页，32开

上海：光华书局，1930.8，5版，374页，32开

上海：光华书局，1932.6，6版，374页，32开

上海：光华书局，1933.3，7版，424页，36开

本书初版分上、下两卷。上卷收文10篇，内容包括：《中国文化之传统精神》《论中德文化书》《读梁任公〈墨子新社会之组织法〉》《惠施的性格与思想》《伟大的精神生活者王阳明》等；下卷收文21篇，内容包括：《艺术家与革命家》《艺术的评价》《文艺之社会的使命》《自然与艺术》等。后续版本略有增补。

收藏单位：长春馆、重庆馆、东北师大馆、广东馆、广西馆、贵州馆、国家馆、黑龙江馆、湖南馆、吉林馆、江西馆、近代史所、辽大馆、辽师大馆、南京馆、内蒙古馆、宁夏馆、山西馆、上海馆、首都馆、西南大学馆、浙江馆、中科图

07973

文艺论集 郭沫若等著 柳倩编

上海：创造社，1929.5，118页，36开

上海：创造社，1930.1，再版，118页，36开

本书收文17篇，内容包括：《文艺上之社会的使命》（郭沫若）、《文艺家的觉悟》（郭沫若）、《革命与文学》（郭沫若）、《艺术家与革命家》（郭沫若）、《文学上的阶级斗争》（郁达夫）、《赤俄新文艺时代的第一燕》（瞿秋白）、《拜伦百周年纪念》（沈雁冰）、《文学革命论》（胡适）等。书前有《献诗》（郭沫若）。

收藏单位：上海馆

07974

文艺论集续集 郭沫若著

上海：光华书局，1931.9，191页，32开

上海：光华书局，1932.4，191页，32开

本书收文11篇：《我们的文学新运动》《孤鸿——致仿吾的一封信》《文艺家的觉悟》《革命与文学》《英雄树》《桌子的跳舞》《留声机器的回音》《我们的文化》《文学革命之回顾》《关于文艺的不朽性》《眼中钉》。

收藏单位：安徽馆、重庆馆、东北师大馆、广东馆、国家馆、湖南馆、南京馆、陕西馆、上海馆、首都馆、天津馆、浙江馆

07975

文艺论文集 茅盾著

重庆：群益出版社，1942.12，87页，32开（文艺译作丛刊）

本书收文13篇，内容包括：《抗战期间中国文艺运动的发展》《"诗论"管窥》《旧形式、民间形式与民族形式》《戏剧的民族形式问题》《今后文艺界的两件事》等。

收藏单位：重庆馆、广东馆、国家馆、黑龙江馆、吉林馆、南京馆、内蒙古馆、上海馆、天津馆、西南大学馆、中科图

07976

向赵树理方向迈进 陈荒煤等著

威县：冀南书店，1947.9，27页，32开

本书收文5篇：《向赵树理方向迈进》《论赵树理的创作》《读了〈李家庄的变迁〉》《论赵树理的小说》《谈谈赵树理的为人生活及创作态度》。著者原题：荒煤。

收藏单位：国家馆、山东馆

07977

萧军思想批判 刘芝明 张如心等著

大连：东北书店，1949.5，152页，32开

本书收《中共中央东北局关于萧军问题

的决定》《东北文艺协会关于萧军及其〈文化报〉所犯错误的结论》，以及刘芝明、张如心、丁玲、徐懋庸等人的批判文章。

收藏单位：重庆馆、国家馆、吉大馆、南京馆、上海馆

07978
中国文学欣赏初步　廖辅叔著
上海：生活书店，1946.9，65 页，42 开（新知识初步丛刊）
上海：生活书店，1946.12，再版，65 页，36 开（新知识初步丛刊）
香港：生活书店，1948.4，3 版，65 页，32 开（新知识初步丛刊）
哈尔滨：生活书店，1949.4，65 页，32 开（新知识初步丛刊）

本书从作品、作家和技巧等方面，简要讲述中国文学的欣赏问题。共 5 部分：中国文学的特色、中国文体的演变、从作品看作家、技巧、结语。

收藏单位：长春馆、重庆馆、东北师大馆、广东馆、国家馆、吉林馆、辽宁馆、绍兴馆、首都馆、天津馆

各体文学评论和研究

07979
边鼓集（有关戏剧的短论散文杂感）　夏衍著
重庆：美学出版社，1944.10，133 页，32 开（海滨小集 12）

本书收文 29 篇，内容包括：《论正规化》《人·演员·剧团》《论“戏德”》《戏剧运动底今日与明天》《不止于祝颂》《我们在困难中行进》《历史剧所感》《戏剧与人生》等。

收藏单位：安徽馆、北碚馆、重庆馆、广西馆、国家馆、吉林馆、内蒙古馆、上海馆、首都馆

07980
从《逼上梁山》《三打祝家庄》谈到平剧改造　冀鲁豫书店编辑部编
朝城：冀鲁豫书店，1947.6，42 页，36 开

本书收文 4 篇：《从〈逼上梁山〉谈到平剧改造》（刘芝明）、《介绍〈逼上梁山〉》、《从〈三打祝家庄〉的创作谈到平剧改造问题》（任桂林）、《论改造平剧和地方戏》（田汉）。

收藏单位：近代史所、南京馆、山东馆

07981
大众的诗歌（批评介绍）　艾青等作
大连：大众书店，[1946—1949]，30 页，32 开（大众文艺丛书 6）

本书收文 4 篇：《关于民歌》（杨思仲）、《永远活在人们的心里》（柏桦）、《汪庭有和他的歌》（艾青）、《吆号子》（文教会艺术组）。

收藏单位：国家馆

07982
抗战与戏剧　田汉等执笔
重庆：独立出版社，1939.11，56 页，32 开（战时综合丛书 第 5 辑）

本书共 8 章：总论、战时戏剧的特殊任务、抗战剧运的实践、抗战剧本的写作、话剧的新形式、旧剧的运用、儿童剧论、结语。

收藏单位：重庆馆、广东馆、广西馆、贵州馆、国家馆、河南馆、湖南馆、南京馆、宁夏馆、西南大学馆

07983
抗战与戏剧　田汉著
长沙：商务印书馆，1937.12，36 页，32 开（抗战小丛书）
长沙：商务印书馆，1938.2，3 版，36 页，32 开（抗战小丛书）
长沙：商务印书馆，1938.3，4 版，36 页，32 开（抗战小丛书）
长沙：商务印书馆，1938.3，5 版，36 页，32 开（抗战小丛书）

本书收文 3 篇：《抗战与戏剧》《话剧作战》《歌剧作战》。

收藏单位：安徽馆、北碚馆、重庆馆、广东馆、广西馆、贵州馆、国家馆、河南馆、吉大馆、江西馆、辽宁馆、南京馆、内蒙古

馆、宁夏馆、西南大学馆

07984
论赵树理的创作　郭沫若等著
晋察冀新华书店，1947.12，66 页，32 开

本书收文 9 篇，内容包括：《介绍大家读〈李有才板话〉和我们的群众路线》（黎玉）、《论赵树理的创作》（周扬）、《谈〈李有才板话〉》（力群）、《〈板话〉及其它》（郭沫若）、《论赵树理的小说》（茅盾）等。附《论解放区文艺》（郭沫若）。

收藏单位：广东馆、国家馆、内蒙古馆、山东馆、山西馆、天津馆

07985
论赵树理的创作　郭沫若等著
辽东新华书店，1947，191 页，32 开
辽东新华书店，1949.8，191 页，32 开

本书收文 12 篇，内容包括：《介绍大家读〈李有才板话〉和我们的群众路线》（黎玉）、《论赵树理的创作》（周扬）、《论赵树理的小说》（茅盾）、《关于〈李家庄的变迁〉》（郭沫若）、《赵树理怎样成为作家的》（王春）、《人民作家赵树理》（塞风）等。附赵树理《邪不压正》《孟祥英翻身》《催粮差》等短篇小说 9 篇。封面出版者题：东北新华书店辽东分店。

收藏单位：东北师大馆、国家馆、湖南馆、天津馆

07986
论赵树理的创作　郭沫若等著
[无锡]：苏南新华书店，1949，66 页，32 开

本书收文 8 篇，内容包括：《赵树理怎样成为作家的》（王春）、《关于〈李家庄的变迁〉》（郭沫若）、《论赵树理的创作》（周扬）、《关于〈李有才板话〉》（茅盾）等。

收藏单位：东北师大馆、国家馆、山东馆、上海馆、绍兴馆

07987
论赵树理的创作　郭沫若　茅盾　周扬等著
朝城：冀鲁豫书店，1947.7，56 页，32 开

本书收文 10 篇，内容包括：《论赵树理的创作》（周扬）、《介绍大家读〈李有才板话〉和我们的群众路线》（黎玉）、《〈板话〉及其它》（郭沫若）、《论赵树理的小说》（茅盾）等。附《谈解放区文艺》《上海读者热爱解放区作品》。

收藏单位：国家馆、宁夏馆

07988
论赵树理的创作　茅盾等著
华北新华书店，1947.9，35 页，32 开

本书收文 8 篇，内容包括：《论赵树理的创作》（周扬）、《论赵树理的小说》（茅盾）、《读了〈李家庄的变迁〉》（郭沫若）、《人民文艺的杰出成果》（冯牧）、《李有才板话》（言可）、《大家看看〈李有才板话〉》（吴文遴）等。

收藏单位：国家馆、南京馆、山东馆、中科图

07989
论赵树理的创作　王春等著
哈尔滨：东北书店，1949.4，44 页，32 开

本书收文 8 篇：《赵树理怎样成为作家的》（王春）、《论赵树理的创作》（周扬）、《关于〈李家庄的变迁〉》（郭沫若）、《关于〈李有才板话〉》（茅盾）、《介绍〈李有才板话〉》（李大章）、《一谈〈李有才板话〉》（力群）、《二谈〈李有才板话〉》（力群）、《三谈〈李有才板话〉》（力群）。

收藏单位：长春馆、东北师大馆、国家馆、吉大馆、山东馆、上海馆

07990
论赵树理的创作　新文艺丛刊社编辑
华中新华书店，1948.5，74 页，32 开（新文艺丛刊 第 1 辑）

本书收《论赵树理的创作》（周扬）、《论赵树理的小说》（茅盾）、《关于〈李家庄的变迁〉》（郭沫若）、《艺术与农村》（赵树理）、《小经理》（赵树理）等。

收藏单位：国家馆、南京馆

07991
民间艺术和艺人 周扬 萧三 艾青等著
哈尔滨：东北书店，1946.12，92+12页，32开（民间文艺丛书）
哈尔滨：东北书店，1947.10，92+12页，32开（民间文艺丛书）
哈尔滨：东北书店，1948.3，再版，92+12页，32开（民间文艺丛书）

本书收文10篇：《刘志仁和南仓社火》（陕甘宁边区文教会艺术组）、《民间艺人李卜》（丁玲）、《一位不识字的劳动诗人——孙万福》（周扬）、《汪庭有和他的歌》（艾青）、《练子嘴英雄拓老汉》（萧三、安波）、《改造说书》（林山）、《自乐班》（陕甘宁边区文教会艺术组）、《驼耳巷区的道情班子》（陕甘宁边区文教会艺术组）、《吆号子》（陕甘宁边区文教会艺术组）、《窗花剪纸》（艾青）。书后有剪纸12幅。

收藏单位：重庆馆、东北师大馆、国家馆、辽大馆、南京馆、内蒙古馆、山西馆、天津馆

07992
民间艺术和艺人 周扬 萧三 艾青等著
张家口：新华书店晋察冀分店，1946.2，101页，32开

收藏单位：重庆馆、国家馆、吉大馆、浙江馆

07993
我的诗生活 臧克家著
重庆：读书出版社，1945.5，再版，74页，32开
重庆、上海：读书出版社，1946.6，3版，74页，32开
重庆、上海：读书出版社，1947.1，4版，74页，32开

本书讲述著者的诗歌创作道路，共7节：诗的根芽、新诗的领路人、感情的野马、生活就是一篇伟大的诗、我找到了“自己的诗”、我向一群孩子学习、我在民族革命的战场上歌唱。

收藏单位：重庆馆、东北师大馆、广东馆、广西馆、国家馆、辽大馆、南京馆、内蒙古馆、上海馆、首都馆、西南大学馆、浙江馆

07994
我的诗生活 臧克家著
重庆：学习生活社，1943.1，74页，32开（学习生活小丛书7）

收藏单位：重庆馆、国家馆、内蒙古馆、宁夏馆、上海馆、中科图

07995
新歌剧 周扬等著 冀鲁豫书店编辑部编
朝城：冀鲁豫书店，1947.6，63页，32开

本书收文9篇，内容包括：《表现新的群众时代》（周扬）、《秧歌剧的形式》（艾青）、《鲁艺工作团对于秧歌的一些经验》（张庚）、《群众是怎样创作的》（马可）、《〈王克勤班〉这类歌剧值得提倡》（任白戈）等。

收藏单位：重庆馆、国家馆

07996
秧歌论文选集 艾思奇等著
[北平]：新华书店，1944.9，93页，32开

本书收文7篇：《从春节宣传看文艺的新方向》（艾思奇）、《表现新的群众的时代》（周扬）、《秧歌剧的形式》（艾青）、《鲁艺工作团对于秧歌的一些经验》（张庚）、《从〈兄妹开荒〉的演出谈起》（王大化）、《〈钟万财起家〉的创作经过》（军法处通讯小组）、《申红友同志给我们上了第一课》（王大化）。

收藏单位：重庆馆、南京馆、山西馆

07997
秧歌论文选集 艾思奇等著 东北文艺工作团编
大连：中苏友好协会，1946，77页，32开（新演剧丛书3）
大连：中苏友好协会，1947.9，66页，32开（新演剧丛书3）

收藏单位：长春馆、重庆馆、东北师大馆、广东馆、国家馆、吉林馆、辽宁馆、山东馆、天津馆

07998
秧歌论选集 周扬等著
西安：西北新华书店，[1944]，78 页，32 开
收藏单位：国家馆、宁夏馆

文学史、文学思想史

07999
郭沫若先生最近言论 郭沫若著 熊琦编
广州：离骚出版社，1938.4，92 页，32 开
本书收文 12 篇：《国际形势与抗战前途》《对于文化界人的希望》《日寇之史的清算》《我们为什么抗战》《日本的过去·现在·未来》《武装民众之必要》《抗战与觉悟》《纪念“一二·九”斗争的二周年》《忠告日本政治家》《饥饿就是力量》《克服三种悲观》《我们所失掉的只是奴隶的镣铐》。
收藏单位：重庆馆、贵州馆、国家馆、吉林馆、近代史所、南京馆、上海馆、绍兴馆、天津馆、浙江馆

08000
近二十年中国文艺思潮论 李何林编著
重庆：生活书店，1939.3，12+576 页，25 开（新中国学术丛书 4）
重庆：生活书店，1940.9，再版，12+576 页，25 开（新中国学术丛书 4）
上海：生活书店，1945.10，胜利后 1 版，12+576 页，25 开（新中国学术丛书 4）
上海、重庆：生活书店，1946.3，12+576 页，25 开（新中国学术丛书 4）
上海：生活书店，1947.5，胜利后 2 版，576 页，25 开（新中国学术丛书 4）
上海：生活书店，1948.3，胜利后 3 版，12+576 页，25 开
大连：生活书店，1948.10，12+576 页，25 开
本书论述 1917—1937 年的中国文艺思潮。共 3 编：五四前后的文学革命运动、“大革命时代”前后的革命文学问题、从“九一八”到“八一三”的文艺思潮。
收藏单位：安徽馆、北碚馆、重庆馆、东北师大馆、广东馆、广西馆、贵州馆、国家馆、黑龙江馆、湖南馆、吉林馆、江西馆、近代史所、辽大馆、辽师大馆、南京馆、内蒙古馆、山西馆、上海馆、首都馆、天津馆、武大馆、西南大学馆、浙江馆、中科图

08001
抗战期间的文学 阿英著
广州：战时出版社，1938.5，98 页，32 开（战时小丛书 7）
本书收文 15 篇：《抗战期间的文学》《两位抗敌的英雄》《祝福孩子们》《略记四十年来日本人屠杀中国儿童事》《让民众自己组织起来》《我们的崖应该更坚实一些》《一束汉奸的报纸》《没有恩仇的彼岸》《扑灭此绝灭人道的暴徒》《文艺工作者真的救亡无路吗》《也是在锻炼着人类的条件》《随笔两章》《再论抗战的通俗文学》《杂谈抗战画片》《淞沪抗战戏剧录》。
收藏单位：北碚馆、重庆馆、复旦馆、国家馆、南京馆、上海馆、武大馆

08002
抗战与觉悟 郭沫若著
上海：大时代出版社，1937.10，84 页，32 开（抗战小文库 1）
上海：大时代出版社，1937.10，再版，84 页，32 开
本书收时局论文与通讯报道 12 篇：《我们为什么抗战》《抗战与觉悟》《全面抗战的再认识》《理性与兽性之战》《忠告日本政治家》《由日本回来了》《到浦东去来》《前线归来》《希望不要下雨》《不要怕死》《由“有感”说到气节》《“侵略日本”的两种姿态》。
收藏单位：复旦馆、国家馆、陕西馆、上海馆、中科图

08003
抗战与觉悟 郭沫若著
汉口：抗敌出版社，1937.9，93 页，36 开
汉口：抗敌出版社，1938.1，4 版，93 页，36 开
收藏单位：东北师大馆、广东馆、吉大馆、吉林馆、近代史所、天津馆

08004
沫若抗战文存 郭沫若著
上海：明明书局，1938.1，109页，32开
本书收文15篇：《我们为什么抗战》《告国际友人书》《理性与兽性之战》《到浦东去来》《由"有感"说到气节》《不要怕死》《希望不要下雨》《忠告日本政治家》《抗战与觉悟》《前线归来》《全面抗战的再认识》《"侵略日本"的两种姿态》《关于华北战局所应有的认识》《持久抗战的必要条件》《日本的过去·现在·未来》。附《由日本回来了》。
收藏单位：国家馆、宁夏馆、山西馆、浙江馆

08005
农村新文艺运动的开展（论文集） 陈荒煤编
上海：上海杂志公司，1949.9，178页，32开（人民艺术丛刊7）
本书收文34篇，共4辑：论农村文艺运动、农村剧运的典型、民间艺人的改造、美术工作在农村。编者原题：荒煤。
收藏单位：长春馆、重庆馆、东北师大馆、广东馆、广西馆、国家馆、吉林馆、辽宁馆、辽师大馆、南京馆、青海馆、天津馆、云南馆

08006
现阶段的文艺问题 孺牛出版社编
上海：孺牛出版社，1949.7，101页，32开
本书收文11篇，内容包括：《无产阶级的文学观》（日丹诺夫）、《关于目前文艺写作的几个问题》（茅盾）、《人民至上主义的文艺》（郭沫若）、《文艺的新方向》（大众文艺）、《关于当前文艺运动的一点意见》（以群）等。附《在延安文艺座谈会上的讲话》（毛泽东）。
收藏单位：国家馆、吉林馆、天津馆

08007
战时写作诸问题 高滔著
长沙：中苏文化协会湖南分会，1938.6，33页，32开（中苏小丛书第2辑）
本书论述抗战时期文学创作的题材、手法等问题。著者原题：齐同。
收藏单位：重庆馆、国家馆、湖北馆

08008
忠告日本政治家 郭沫若著
上海：文艺研究社，1937.12，44页，32开
本书收文10篇：《忠告日本政治家》《中国文化界告国际友人书》《由四行想到四川》《不要怕死》《唯最怯懦者为最残忍》《关于敏子的信》《人类进化的驿程》《谈军中故事》《我们所失掉的只是奴隶的镣铐》《持久战的必要条件》。
收藏单位：北碚馆、重庆馆、国家馆、吉林馆、近代史所、南京馆

作品集

鲁迅著作及研究

08009
过来的时代 冯雪峰著
上海、重庆：新知书店，1946.7，136页，32开
上海、重庆：新知书店，1947.5，再版，120页，32开
上海、香港：新知书店，1948.6，再版，136页，32开
本书收《鲁迅论》《鲁迅先生计划而未完成的著作》《关于鲁迅在文学上的地位》《关于"第三种文学"的倾向与理论》《关于抗日统一战线与文学运动》《关于"艺术大众化"》《论典型的创造》《论形象》《文艺与政论》《形式问题杂记》《民族性与民族形式》《过渡性与独创性》《令人战栗的性格》等文。著者原题：雪峰。
收藏单位：安徽馆、长春馆、东北师大馆、福建馆、广东馆、国家馆、黑龙江馆、湖南馆、近代史所、辽宁馆、辽师大馆、山东馆、上海馆、天津馆

08010
鲁迅论（第1辑） 卢正义选辑

大连：大连文协，1946.10，91 页，32 开

本书收文 7 篇：《保卫鲁迅》（卢正义）、《鲁迅的生活》（许寿裳）、《回忆鲁迅先生》（萧红）、《鲁迅先生的日常生活》（景宋）、《从“有一分热发一分光”生长起来的》（胡风）、《自传》（鲁迅）、《鲁迅先生年谱》（许寿裳）。

收藏单位：安徽馆、国家馆、近代史所、宁夏馆

08011
鲁迅论（第 2 辑） 卢正义选辑
大连：大连文协，1946.10，53 页，32 开

本书收文 5 篇：《英雄的气息》（卢正义）、《论鲁迅》（毛泽东）、《论鲁迅杂感》（瞿秋白）、《中国人民之重大损失》（王明）、《纪念鲁迅》（萧三）。

收藏单位：辽宁馆、南京馆、武大馆

08012
鲁迅论及其他 冯雪峰著
桂林：充实社，1940.8，131 页，32 开（充实丛书 3）
桂林：充实社，1941.10，131 页，32 开（充实丛书 3）

本书收文 11 篇：《鲁迅论》《鲁迅先生计划而未完成的著作》《关于“艺术大众化”》《论典型的创造》《关于形象》《文艺与政论》《形式问题杂记》《民族性与民族形式》《过渡性和独创性》《令人战栗的性格》《论两个诗人及诗的精神和形式》。著者原题：雪峰。

收藏单位：北碚馆、重庆馆、广东馆、广西馆、贵州馆、桂林馆、国家馆、吉林馆、南京馆、山西馆、上海馆、浙江馆、中科图

08013
鲁迅散论 雪苇著
大连：光华书店，1948.4，94 页，32 开

本书收文 5 篇：《导师的丧失》《论鲁迅先生的“转变”》《鲁迅先生的写作理论》《〈野草〉的“题辞”》《论〈野草〉》。书前有代序《纪念鲁迅先生》。附《鲁迅先生年谱》。

收藏单位：安徽馆、北大馆、重庆馆、福建馆、国家馆、南京馆、山东馆、陕西馆、天津馆

08014
鲁迅新论 王明 毛泽东等著
上海：新文出版社，1938.8，161 页，32 开（新文艺丛书）

本书收文 9 篇，内容包括：《中国人民之重大损失》（王明）、《论鲁迅》（毛泽东）、《纪念鲁迅》（萧三）、《论鲁迅杂感》（瞿秋白）、《一种误会》（冯雪峰）、《我对于鲁迅之认识》（陈独秀）、《关于研究鲁迅先生的几个基本认识的商榷》（欧阳凡海）等。

收藏单位：广东馆、广西馆、国家馆、华东师大馆、首都馆

08015
鲁迅研究 夏征农编
上海：生活书店，1937.6，213 页，32 开

本书收文 10 篇，内容包括：《鲁迅的生活》（许寿裳）、《民族的思想上的战士——鲁迅先生》（艾思奇）、《鲁迅先生的写作理论》（雪苇）、《鲁迅的杂文》（徐懋庸）、《鲁迅与中国民族解放运动》（汉夫）、《鲁迅与中国新文学运动》（梅雨）、《鲁迅与新文字运动》（胡绳）、《鲁迅先生和中国新兴的木刻》（曹白）等。书前有编者代序《我们从鲁迅先生学取些什么》。

收藏单位：北碚馆、贵州馆、国家馆、内蒙古馆、陕西馆、浙江馆、中科图

08016
鲁迅研究（上集） 茅盾 许景宋等著 克维编
长春：嘉陵江出版社，1946.7，100 页，32 开

本书收文 9 篇：《最理想的人性》《鲁迅魂》《鲁迅的个性》《鲁迅先生的初期思想》《鲁迅先生的哲学思想》《阿 Q 的年代问题》《我对〈阿 Q 正传〉的分析》《鲁迅先生的〈野草〉》《研究鲁迅文学遗产的几个问题》。

收藏单位：东北师大馆、国家馆、辽宁馆、宁夏馆、山西馆、首都馆

08017
鲁迅与抗日战争　巴金等著
[上海]：战时出版社，1937，85页，32开
（战时小丛刊3）

本书收景宋（许广平）、冯雪峰、郭沫若、田汉、巴金、郑振铎、邹韬奋、宋庆龄等20多人在报刊上发表的纪念鲁迅先生逝世一周年的文章30篇，以及《病再起至沉重时的日记》（鲁迅）。

收藏单位：重庆馆、广东馆、国家馆、辽大馆、上海馆

全　集

08018
鲁迅全集　鲁迅著　鲁迅先生纪念委员会编
[哈尔滨]：光华书店，1948.9，20册（[12040]页），32开，精装

本书收鲁迅先生写作的杂文、小说、论文等著作，包括翻译和编校的作品。附《鲁迅先生年谱》（许寿裳）等。

收藏单位：长春馆、东北师大馆、广东馆、广西馆、国家馆、河南馆、湖南馆、辽宁馆、辽师大馆、内蒙古馆、宁夏馆、山东馆、山西馆、首都馆

08019
鲁迅全集　鲁迅著　鲁迅先生纪念委员会编
鲁迅全集出版社，1938.6，20册（[12040]页），32开，精装
鲁迅全集出版社，1946.10，再版，20册（[12040]页），32开
鲁迅全集出版社，1948.12，3版，20册（[12040]页），32开，精装

收藏单位：安徽馆、重庆馆、东北师大馆、广东馆、广西馆、国家馆、湖北馆、辽东学院馆、辽师大馆、南京馆、内蒙古馆、宁夏馆、山东馆、上海馆、首都馆、武大馆、西交大馆、西南大学馆、浙江馆

选集、文集

08020
鲁迅文艺创作选　鲁迅著
吉林书店，1948.8，180页，32开

本书收小说、散文、散文诗等作品21篇，内容包括：《我怎么做起小说来》《狂人日记》《孔乙己》《一件小事》《故乡》《阿Q正传》《在酒楼上》《肥皂》《示众》《伤逝》《离婚》《秋夜》《影的告别》《好的故事》等。

收藏单位：重庆馆、东北师大馆、广东馆、国家馆、河南馆、吉大馆

理论著作

08021
鲁迅论美术　张望编
大连：大众书店，1948.4，126页，32开

本书记录鲁迅论述美术的文字，包括序文、小引、附记、后记等。收文34篇，内容包括：《“陶元庆氏西洋绘画展览会目录”序》《看司徒乔君的画》《一八艺社习作展览会小引》《绘画上的写实性》等。附《鲁迅先生与美术》（张望）。书前有鲁迅手迹等。书后有编后记。

收藏单位：广东馆、国家馆、湖南馆、辽宁馆、南京馆、山东馆、上海馆、天津馆、中科图

08022
鲁迅论美术　张望编
佳木斯：东北书店，1948.10，126页，32开

收藏单位：重庆馆、东北师大馆、国家馆、吉大馆、南京馆、山东馆、首都馆、天津馆

08023
鲁迅论中国语文改革　鲁迅著
华东新华书店，1948.12，54页，32开

本书收文11篇：《无声的中国》《文艺的大众化》《中国文与中国人》《门外文谈》《答

曹聚仁先生信》《中国语文的新生》《关于新文字》《从"别字"说开去》《人生识字胡涂始》《汉字和拉丁化》《论新文字》。书后有编后记。

收藏单位：重庆馆、国家馆、山东馆、山西馆、天津馆

08024

鲁迅论中国语文改革　鲁迅著

[杭州]：浙江新华书店，1949.9印，54页，32开

收藏单位：浙江馆

杂文、散文

08025

而已集　鲁迅著

哈尔滨：东北书店，1947.10，138页，32开

收藏单位：长春馆、国家馆

08026

坟　鲁迅著

鲁迅全集出版社，1947.10，264页，32开（鲁迅三十年集2）

鲁迅全集出版社，1948.3，再版，264页，32开（鲁迅三十年集2）

鲁迅全集出版社，1949.7，3版，264页，32开（鲁迅全集单行本）

本书为鲁迅先生1907—1925年间所写的杂文、短论集。收文23篇，内容包括：《人之历史》《科学史教篇》《文化偏至论》《摩罗诗力说》《我之节烈观》《我们现在怎样做父亲》《宋民间之所谓小说及其后来》《娜拉走后怎样》《未有天才之前》等。书后有《写在〈坟〉后面》。

收藏单位：国家馆

08027

花边文学　鲁迅著　鲁迅先生纪念委员会编印

鲁迅全集出版社，1946.10，大连版，174页，32开（鲁迅三十年集27）

鲁迅全集出版社，1947.10，176页，32开（鲁迅三十年集27）

哈尔滨：鲁迅全集出版社，1947.11，再版，132页，32开（鲁迅三十年集27）

本书收鲁迅先生1934年写作的杂文六十余篇，内容包括：《未来的光荣》《女人未必多说谎》《批评家的批评家》《清明时节》《论重译》《商贾的批评》《骂杀与捧杀》等。

收藏单位：安徽馆、长春馆、东北师大馆、国家馆、湖南馆、宁夏馆、山东馆

08028

鲁迅活页文选（第1辑）　鲁迅著　张家口鲁迅学会选注

张家口：新华书店，1946.9，42页，36开

本书收杂文12篇，内容包括：《战略关系》《迎头经》《最艺术的国家》《"杀错了人"异议》《言论自由的界限》等。书前有第1辑提要。

收藏单位：国家馆、吉大馆

08029

鲁迅论文集　鲁迅著

大连：大众书店，1946.5，116页，32开

大连：大众书店，1946.5，再版，116页，32开

本书收文38篇，内容包括：《林克多〈苏联闻见录〉序》《〈二心集〉序言》《我们不再受骗了》《辱骂和恐吓决不是战斗》《战略关系》《迎头经》《透底》《最艺术的国家》《"杀错了人"异议》《真假堂·吉诃德》《大观园的人才》等。

收藏单位：广东馆、辽宁馆、山东馆

08030

鲁迅论文选集　鲁迅著

华北新华书店，1942.3，2册（156+139页），36开，环筒页装

收藏单位：国家馆

08031

鲁迅论文选集　鲁迅著

新华日报华北分馆，1941.10，2册（156+139

页），36 开，环筒页装

收藏单位：国家馆

08032

鲁迅论文选集　鲁迅著　解放社编

延安：解放社，1940.10，410 页，32 开

本书选收鲁迅先生 1918—1936 年间所作杂论文章 79 篇。书前有编者《关于编辑〈鲁迅论文选集〉的几点声明》。附《〈鲁迅杂感选集〉序言》（瞿秋白）。

收藏单位：重庆馆、南京馆、内蒙古馆、山西馆

08033

鲁迅论文选集　鲁迅著　解放社编

张家口：新华书店晋察冀分店，1946.4 印，370 页，36 开

收藏单位：重庆馆、国家馆、湖南馆

08034

鲁迅社会论文选　鲁迅著

吉林书店，1948.8，174 页，32 开

本书收文 43 篇，内容包括：《文艺与革命》《现今的新文学的概观》《对于左翼作家联盟的意见》《中国无产阶级革命文学和前驱的血》《黑暗中国的文艺界的现状》《“友邦惊诧”论》《林克多〈苏联闻见录〉序》《我们不再受骗了》《辱骂和恐吓决不是战斗》等。附《〈鲁迅杂感选集〉序言》（瞿秋白）。

收藏单位：长春馆、东北师大馆、国家馆、辽宁馆、天津馆

08035

鲁迅选集　鲁迅著

新华日报华北分馆，1941，2 版，[134] 页，32 开，环筒页装

本书收鲁迅先生 1932—1936 年所作杂文 39 篇，内容包括：《我们不再受骗了》《辱骂和恐吓决不是战斗》《战略关系》等。

收藏单位：国家馆

08036

鲁迅杂感集　鲁迅著

威县：冀南书店，1946.11，145 页，32 开，环筒页装

本书选收鲁迅先生 1925—1936 年所作杂文 28 篇，内容包括：《论“费厄泼赖”应该缓行》《这个那个》《一点比喻》《纪念刘和珍君》《革命时代的文学》《黑暗中国文艺界的现状》《上海文界之一瞥》《我们不再受骗了》《辱骂和恐吓决不是战斗》等。书前有《鲁迅自叙传略》、瞿秋白序。

收藏单位：北碚馆、国家馆、山东馆、天津馆

08037

鲁迅杂感集　鲁迅著　瞿秋白编录

重庆：青光书局，1948.9，308 页，32 开

本书收鲁迅先生 1918—1932 年所作杂文 66 篇，选自《热风》《坟》《华盖集》《华盖集续编》《而已集》《三闲集》《二心集》。书前有编者序言。编录者原题：何凝。

收藏单位：重庆馆、广西馆

08038

鲁迅杂感选集　鲁迅著　瞿秋白编录

上海：青光书局，1933.7，32+260 页，25 开

上海：青光书局，1935.9，2 版，32+260 页，25 开

上海：青光书局，1936.11，4 版，32+260 页，25 开

本书收鲁迅先生 1918—1932 年所作杂文 74 篇。编录者原题：何凝。

收藏单位：北碚馆、重庆馆、甘肃馆、广东馆、广西馆、贵州馆、国家馆、湖南馆、山西馆、上海馆、首都馆、天津馆、中科图

08039

南腔北调集　鲁迅著

东安（密山）：东北书店，1947.10，170 页，32 开（鲁迅三十年集 23）

本书收鲁迅先生 1932—1933 年所作杂文 49 篇，内容包括：《“非所计也”》《林克多〈苏联闻见录〉序》《我们不再受骗了》《论“第三种人”》《“连环图画”辩护》《辱骂和恐吓决不是战斗》《自选集自序》《祝中俄文

字之交》《听说梦》《论“赴难”和“逃难”》《学生和玉佛》《谁的矛盾》等。

收藏单位：重庆馆、东北师大馆、广东馆、国家馆

08040

且介亭杂文 鲁迅著

东安（密山）：东北书店，1947.10，165页，32开（鲁迅三十年集28）

收藏单位：国家馆、内蒙古馆、山东馆

08041

且介亭杂文二集 鲁迅著

鲁迅全集出版社，1941.10，250页，32开（鲁迅三十年集29）

鲁迅全集出版社，1947.10，再版，250页，32开（鲁迅三十年集29）

收藏单位：国家馆

小 说

08042

阿Q正传 鲁迅著

大连：大众书店，1946.10，再版，70页，32开

本书收文两篇:《阿Q正传》《阿Q正传的成因》。

收藏单位：湖北馆、湖南馆、武大馆

08043

阿Q正传 鲁迅著

冀鲁豫书店，[1943]，56页，36开

收藏单位：国家馆

08044

阿Q正传 鲁迅著

河间：冀中新华书店，[1940—1948]，48页，32开

本书收文两篇:《阿Q正传的成因》《阿Q正传》。

收藏单位：重庆馆、国家馆

08045

阿Q正传 鲁迅著 徐懋庸注释

左权、延安：华北书店，1943.7，66页，32开，环筒页装（鲁迅作品选注1）

收藏单位：国家馆、山西馆

08046

理水（《故事新编》之一） 鲁迅著 徐懋庸注释

左权、延安：华北书店，1943.9，30页，32开（鲁迅作品选注2）

收藏单位：重庆馆、国家馆、山西馆

08047

鲁迅文选 鲁迅著

国学书店，[1935—1949]，[128]页，32开

本书收小说5篇:《阿Q正传》《理水》《铸剑》《无常》《故乡》。

收藏单位：首都馆

08048

鲁迅小说选 鲁迅著

[佳木斯]：东北书店，1946.9，101页，32开

[佳木斯]：东北书店，1947.4，再版，101页，32开

本书收小说5篇:《阿Q正传》《一件小事》《故乡》《祝福》《孔乙已》。书后有编后记。

收藏单位：东北师大馆、国家馆、辽宁馆、南京馆

08049

鲁迅小说选集 鲁迅著

延安：解放社，1941.10，324页，32开

08050

鲁迅小说选集 鲁迅著 解放社编

张家口：新华书店晋察冀分店，1946.1印，286页，32开

收藏单位：重庆馆、广东馆、国家馆

08051
呐喊　鲁迅著
哈尔滨：东北书店，1947.9，156 页，32 开（鲁迅三十年集 8）

本书收小说 14 篇：《狂人日记》《孔乙己》《药》《明天》《一件小事》《头发的故事》《风波》《故乡》《阿 Q 正传》《端午节》《白光》《兔和猫》《鸭的喜剧》《社戏》。

收藏单位：东北师大馆、国家馆、江西馆、首都馆

日记、书信

08052
两地书　鲁迅著
鲁迅全集出版社，1948.4，382 页，32 开（鲁迅三十年集 26）

本书收鲁迅先生与景宋（许广平）1925 年 3 月至 1929 年 6 月的通信，共 3 集：北京（1925 年 3—7 月）、厦门—广州（1926 年 9 月至 1927 年 7 月）、北平—上海（1929 年 5—6 月）。

收藏单位：重庆馆、东北师大馆、广东馆、国家馆、山东馆、天津馆

鲁迅思想的学习和研究

08053
鲁迅思想研究　何干之著
哈尔滨：东北书店，1947.10，162 页，32 开
哈尔滨：东北书店，1948.10，再版，162 页，32 开
沈阳：东北书店，1949.4，3 版，162 页，32 开

本书共 9 章：鲁迅经历中所见新文艺的方向、中国和中国人的镜子、人生思想、社会思想和政治思想、文艺论、作品和鉴赏、表现思想的方法和形式、文化遗产问题、古文学的研究和著述。

收藏单位：北大馆、重庆馆、东北师大馆、广西馆、国家馆、黑龙江馆、湖南馆、近代史所、辽宁馆、南京馆、内蒙古馆、宁夏馆、山西馆、天津馆、西南大学馆、浙江馆、中科图

08054
鲁迅思想研究　何干之著
张家口：新华书店晋察冀分店，1946.5，216 页，32 开（鲁迅研究丛刊第 3 辑）

收藏单位：浙江馆

08055
论鲁迅　茅盾　楼适夷主编
重庆：生活书店，1940.8，133—217 页，25 开（文阵丛刊 2）

本书收短评 3 篇：《一个检讨》（适夷）、《伟大的平凡》（适夷）、《走向鲁迅》（适夷）；论文 8 篇，内容包括：《民元前的鲁迅先生》（景宋）、《鲁迅思想与鲁迅精神》（唐弢）、《鲁迅与中国青年》（萧三）、《论鲁迅》（端木蕻良）、《驱除寂寞》（欧阳凡海）等；为鲁迅诞辰而歌的诗 3 首；《鲁迅先生诗钞》；《水火之间（二）》（骆滨基）。为《文阵丛刊》鲁迅先生六十诞辰纪念专号抽印本。主编者“楼适夷”原题：适夷。

收藏单位：华东师大馆、上海馆

08056
论鲁迅的思想　平心著
上海：长风书店，1941.3，11+266 页，32 开（长风文库）

本书共 3 章：战斗的现实主义者的鲁迅、启蒙主义者和民主主义者的鲁迅、民族主义者和国际主义者的鲁迅。

收藏单位：广东馆、广西馆、国家馆、黑龙江馆、湖南馆、上海馆、中科图

08057
人民文豪鲁迅　平心著
上海：心声阁，1947.10，3 版，194 页，32 开
大连：心声阁，1948.10，146 页，32 开
哈尔滨：心声阁，1949.2，东北版再版，146 页，32 开
上海：心声阁，1949.6，4 版，194 页，32 开

本书与《论鲁迅的思想》内容相同。

收藏单位：安徽馆、重庆馆、东北师大

馆、广东馆、贵州馆、国家馆、湖北馆、吉大馆、近代史所、辽大馆、辽宁馆、南京馆、内蒙古馆、山西馆、上海馆、首都馆、天津馆、武大馆、西南大学馆、中科图

各时代作品集

08058

抱箭集　郭沫若著

上海：海燕书店，1948.9，354 页，25 开

上海：海燕书店，1949.7，354 页，25 开

本书共 6 辑：残春及其他、山中杂记、路畔的蔷薇、水平线下、归去来、芍药及其他。收小说、散文、杂论等 43 篇。

收藏单位：重庆馆、东北师大馆、国家馆、江西馆、辽宁馆、南京馆、内蒙古馆、上海馆、天津馆

08059

丁玲文选　丁玲著　少侯编

上海：仿古书店，1936.4，298 页，32 开（现代名人创作丛书）

上海：仿古书店，1937，3 版，298 页，32 开（现代名人创作丛书）

本书收小说和散文 10 篇，内容包括：《莎菲女士的日记》《水》《奔》《过年》《一九三〇年春上海》《我的自白》《不算情书》《给丽嘉的信》等。

收藏单位：重庆馆、广东馆、国家馆、湖南馆、吉林馆、辽宁馆、宁夏馆、上海馆、首都馆

08060

丁玲选集　丁玲著

上海：中央书店，1936，168 页，32 开（现代创作文库 19）

本书收《奔》《消息》《某夜》等小说 7 篇和《我的创作生活》《我的自由》《最后一页》等散文 6 篇。附《不算情书》《给丽嘉的信》两篇。书前有《丁玲传》（白云）、《女作家丁玲》（茅盾）、《丁玲》（钱谦吾）、《关于新的小说的诞生》（何丹仁）等文章 7 篇。

收藏单位：重庆馆

08061

丁玲选集　丁玲著　陈磊编选

上海：绿杨书屋，[1935—1949]，124 页，32 开（现代文艺选辑）

收藏单位：安徽馆、广东馆、辽宁馆、上海馆、首都馆

08062

丁玲选集　丁玲著　徐沉泗　叶忘忧编选

上海：万象书屋，1935.4，168 页，32 开（现代创作文库 第 19 辑）

上海：万象书屋，1936，[84]+168 页，32 开（现代创作文库 第 19 辑）

上海：万象书屋，1940，[84]+168 页，32 开（现代创作文库 第 19 辑）

收藏单位：广东馆、国家馆、黑龙江馆、湖南馆、吉林馆、近代史所、辽师大馆、南京馆、上海馆、首都馆

08063

二十九人自选集　中华文艺协会桂林分会编辑

上海：新知书店，1946.4，沪版，410 页，32 开

本书为论文、小说、诗、散文、杂文合集。收文 29 篇，内容包括：《论诗的诸问题》（胡风）、《诗的时代》（李文钊）、《评冯友兰著〈新世训〉》（胡绳）、《某夫妇》（巴金）、《某城记事》（艾芜）、《新生》（张天翼）、《千家村》（王鲁彦）、《给卡特林娜》（洪遒）、《严寒》（伍禾）、《秦岭之夜》（茅盾）、《走险记》（夏衍）、《我的学生时代》（郭沫若）、《季明四帝谥法考》（柳亚子）、《谈读书》（云彬）、《不能缄默》（秦似）、《一件纪念品》（宜闲）等。书后有绀弩的后记。

收藏单位：长春馆、重庆馆、东北师大馆、广东馆、广西馆、近代史所、辽大馆、辽宁馆、辽师大馆、上海馆、天津馆

08064

工农模范稿子　黄海大众通讯部编

黄海大众通讯部，[1947.11]，36 页，32 开

本书收新闻、通讯、小调、快板、鼓词、诗歌、故事、批评与建议、写话、写稿经验等各种体裁的文章，供工农通讯员学习用。

收藏单位：南京馆

08065

呼喊 郭沫若等著 美洲华侨青年文艺社主编

华侨知识社，1947.5，110 页，32 开（五四文丛）

本书以文艺论评为主，兼收文学作品。共 19 篇，内容包括：《论五四精神》（舒芜）、《青年哟，人类的春天！》（郭沫若）、《新五四运动》（景宋）、《五四与文艺节》（叶圣陶）、《祖国的冬天》（胡风）、《今日的第三种人》（路斯）、《鲁迅与青年》（顾鸿）等。书前有《题记》（行素）。书后有跋。

收藏单位：东北师大馆、近代史所、辽师大馆、首都馆

08066

解放文学 成仿吾等著

出版者不详，[1937—1949]，130 页，32 开

本书收各体文学作品 10 篇：《写什么》（成仿吾）、《爱国犯》（成仿吾）、《在西班牙的国际纵队》（黄华）、《西北线上》（柳林）、《一颗未出镗的枪弹》（丁玲）、《东村事件》（丁玲）、《老革命碰着新问题》（奚如）、《上前线》（定一）、《抢桥》（莫休）、《平型关战斗前后的日记》（萧向荣）。

收藏单位：广东馆、桂林馆、国家馆、辽大馆、南京馆、首都馆、浙江馆

08067

鲁迅的道路 胡绳等著

香港：文艺出版社，1948.9，126 页，32 开

本书为文艺评论、小说、新诗、故事合集。共 18 篇，内容包括：《鲁迅思想发展的道路》（胡绳）、《论马恩的文艺批评》（荃麟）、《敬悼朱自清先生》（同人）、《催粮差》（赵树理）、《瞎老妈》（洪林）、《在后方勤务站》（健群）等。

收藏单位：东北师大馆、广东馆、国家馆、吉林馆、近代史所、首都馆、武大馆

08068

乱弹 瞿秋白著

上海：霞社，1949.6，442 页，32 开

本书分上、下两篇。上篇共 3 部分：乱弹、诗、短篇小说；下篇共 3 部分：论中国文学革命、论大众文艺、论文辑存。

收藏单位：国家馆、近代史所、中科图

08069

乱弹及其他 瞿秋白著

鲁迅学会，1946.7，466 页，22 开

本书分上、下两篇。上篇共 3 部分：《乱弹》（收著者 1931 年 9 月以前所写杂文 25 篇）、诗《“向光明”》、短篇小说《“矛盾”的继续》；下篇共 4 部分：论中国文学革命、论大众文艺、论文辑存、译文补遗，收著者 1931—1933 年间写作的论文和译文 26 篇。

收藏单位：重庆馆、广东馆、国家馆

08070

乱弹及其他 瞿秋白著

山东新华书店，1949.6，477 页，25 开

山东新华书店，1949，2 版，477 页，25 开

本书分上、下两篇。上篇共 3 部分：《乱弹》（收著者 1931 年 9 月以前所写杂文 25 篇）、诗《“向光明”》、短篇小说《“矛盾”的继续》；下篇共 4 部分：论中国文学革命、大众文艺、论文辑存、译文（《海上述林》补遗），收著者 1931—1933 年间写作的论文和译文 29 篇。据晋察冀 1946 年版订正后印。

收藏单位：安徽馆、东北师大馆、广西馆、国家馆、河南馆、湖南馆、吉林馆、内蒙古馆、宁夏馆、山东馆、山西馆、上海馆、天津馆

08071

乱弹及其他 瞿秋白著

上海：霞社，1938.5，468 页，22 开，精、平装

上海：霞社，1938.12，再版，468 页，22 开

上海：霞社，1939.11，3 版，468 页，22 开
上海：霞社，1940.7，4 版，468 页，22 开
收藏单位：重庆馆、广东馆、广西馆、国家馆、黑龙江馆、湖南馆、吉林馆、近代史所、上海馆、首都馆、天津馆、浙江馆

08072
乱弹及其他 瞿秋白著
上海：新文艺出版社，1938，468 页，25 开
收藏单位：山西馆

08073
乱弹及其他 瞿秋白著
出版者不详，1946.6，288 页，32 开
收藏单位：南京馆、中科图

08074
乱弹及其它 瞿秋白著
东北书店，1946.6，388 页，32 开，精装
收藏单位：重庆馆、东北师大馆、国家馆、湖北馆、内蒙古馆、宁夏馆、天津馆、中科图

08075
论文艺统一战线 萧恺等著
香港：大众文艺丛刊社，1948.7，90 页，25 开（大众文艺丛刊 3）
本书为论文、小说、散文、故事、诗等合集。收作品 22 篇，内容包括：《文艺统一战线的几个问题》（萧恺）、《坚持“脚踏实地”的战斗》（吕荧）、《从“白毛女”的演出看中国新歌剧的方向》（冯乃超）、《福贵》（赵树理）、《音乐与人和人的关系》（李晦）、《迎亲》（李立方）、《南方》（禾草）等。
收藏单位：安徽馆、北师大馆、重庆馆、广东馆、国家馆、吉林馆、江西馆、近代史所、南京馆、山西馆、上海馆、天津馆

08076
穆林女献枪 王亚平著 力群绘图
北平：天下图书公司，1949.8，华北 1 版，69 页，32 开（大众文艺丛书 第 1 辑）
本书收文 4 篇：《水手王百连》《捣米谣》《杨光宾修犁》《穆林女献枪》。
收藏单位：长春馆、东北师大馆、广东馆、国家馆、吉林馆、辽大馆、宁夏馆、天津馆

08077
秋瑾遗著 秋瑾著
出版者不详，[1911—1949]，石印本，[36] 页，32 开，环筒页装
本书收秋瑾的演说、《女报说》、译作《看护学教程》、遗诗等。
收藏单位：国家馆

08078
人民至上主义的文艺 郭沫若等著
上海：文汇报馆，1947.9，56 页，25 开（文汇丛刊 第 4 辑）
本书为《文汇报》附刊文章选辑。收文艺论文、各种形式的作品及读后感等 33 篇，内容包括：《人民至上主义的文艺》（郭沫若）、《京派与海派》（杨晦）、《论文艺工作中的迎合倾向》（以群）、《论文艺的民主问题》（闻一多）、《红军博物馆》（茅盾）、《论中国新木刻》（郭沫若）等。
收藏单位：重庆馆、广东馆、广西馆、贵州馆、国家馆、湖南馆、吉林馆、江西馆、近代史所、南京馆、上海馆、首都馆

08079
陕北杂记 丁玲等著
上海：希望书店，1946.10，89 页，36 开（文艺新刊 第 1 辑）
本书为小说、通讯、论文、诗、散文、报告合集，收文 8 篇：《父子俩》（孔厥）、《离婚》（西戎）、《孟祥英翻身》（赵树理）、《草原上的歌声》（魏伯）、《释新民主主义的文学》（艾青）、《塞北晚歌》（红杨树）、《出发点》（吴伯箫）、《陕北杂记》（丁玲）。
收藏单位：福建馆、国家馆、上海馆

08080
水火之间 茅盾 楼适夷编
重庆：生活书店，1940.7，131 页，23 开（文

阵丛刊 1）

本书为论文、小说、报告文学、散文、诗、通信等合集。收文 21 篇，内容包括:《保卫民族文化运动》《关于形象》《一个老地主的故事》《收获》《清羽杂记》《那六个走掉的》《高尔基与马雅可夫斯基》《一个提议》《水火之间》等。编者“楼适夷”原题：适夷。

收藏单位：上海馆

08081

苏区的文艺 丁玲著

上海：南华出版社，1938.1，88 页，32 开

本书收小说两篇:《一颗没出膛的枪弹》《东村事件》，独幕话剧剧本 1 部:《重逢》。

收藏单位：国家馆、吉林馆、辽宁馆、西南大学馆

08082

土地和枪（文艺创作） 荒草著

哈尔滨：光华书店，1948.10，83 页，32 开

本书收小说 3 篇:《土地和枪》《除夕》《挂毛主席奖章的何云生》，报告 1 篇:《我们是解放区来的》（包括 3 篇报道）。

收藏单位：长春馆、重庆馆、东北师大馆、广东馆、国家馆、吉林馆、江西馆、辽宁馆、山东馆、上海馆、天津馆

08083

五月的延安 五月的延安编辑委员会编辑

重庆等：陕甘宁边区文化界救亡协会“抗战文艺”工作团，1939.5，184 页，32 开

本书共 9 部分：五月的纪念日、五月的中国抗日军政大学、五月的陕北公学、五月的鲁迅艺术学院、五月的鲁迅小学、五月的工人、五月的女自卫军、五月的人物素描、五月的一般动态。收描写 1938 年 5 月延安各方面情况的文学作品 55 篇。

收藏单位：重庆馆、广西馆、国家馆、南京馆、上海馆

08084

新的气象新的生活 刘思让编

沈阳：东北书店，1949.4，20 页，32 开

本书收文 8 篇:《管草甸子要马》《军属杨玉山媳妇》《割谷子》《新的气象新的生活》《选举》《无穷力量的泉源》《挖水壕》《归乡散记》。

收藏单位：东北师大馆、国家馆

08085

新文艺丛刊（第 2 辑） 新华书店编辑部编辑

华中新华书店，1948.10，57 页，32 开

本书收故事、报告文学、小说、歌谣、诗、论文、民间传说、通讯等文学作品 16 篇。

收藏单位：国家馆、黑龙江馆、南京馆

08086

一缸银币 欧阳山等著

生活书店，1941.1，249 页，32 开（文艺丛刊）

本书收小说 10 篇，内容包括:《一缸银币》（欧阳山）、《儿戏》（卞之琳）、《锄头》（艾芜）、《小夫妻》（宋之的）、《朝》（李广田）、《文人武装》（孔厥）等；诗 3 首:《大不列颠的弥撒》（艾青）、《预言》（天蓝）、《二月》（夏蕾）；散文和报告 6 篇:《在岚县》（沙汀）、《山村一夜》（以群）、《湘江轮上》（立波）、《青菜及其它》（葛凌）、《小林武夫》（费钢）、《神头岭》（吴伯箫）。

收藏单位：北碚馆、重庆馆、桂林馆、国家馆、江西馆、南京馆、西南大学馆

08087

一颗未出膛的枪弹 丁玲著

大众书店，1946，55 页，32 开

收藏单位：安徽馆、东北师大馆、辽宁馆

08088

一颗未出膛的枪弹 丁玲著

[佳木斯]：东北书店，1946.10，68 页，36 开

本书收报道 4 篇:《到前线去》《南下军中之一页日记》《彭德怀速写》《警卫团生活一斑》，短篇小说两篇:《一颗未出膛的枪弹》《东村事件》。书后有跋文《最后一页》。

收藏单位：东北师大馆、国家馆、天津馆

08089
一颗未出膛的枪弹 丁玲著
重庆：生活书店，1938.9，88页，32开（西北战地服务团丛书2）
收藏单位：重庆馆、国家馆

08090
战地巡历 田汉作
广州：战时出版社，1938.5，71页，42开（战时小丛书11）
本书收诗文12篇：《从闸北归来（附诗三首）》《月夜访大场战线（附诗三首）》《前线巡历》《从民族战争谈到儿童剧》《应如何轰击出云舰》《忆古久列》《敌兵阵中日记》《京沪征尘》《战士之死》《敬献我死守闸北之忠勇将士》《赠张向华将军》《纪念鲁迅逝世周年》。
收藏单位：北碚馆、重庆馆、国家馆、吉林馆

08091
知识份子的道路（庆祝第四届五四文艺节纪念特刊）
香港：中华全国文艺协会香港分会，1948.5，40页，32开
本书收《知识份子的道路》（茅盾）、《聪明误》（冯乃超）、《我再提议》（郭沫若）、《文艺节杂感》（林焕平）等。封面题名：智识份子的道路。
收藏单位：国家馆、近代史所

群众文艺演唱材料

08092
爆炸 平原省军区政治部编
[新乡]：平原省军区政治部，[1949]，10页，32开（连队文艺丛书1）
本书收作品两篇：《爆炸》（快板剧）、《走向正规化》（集体双簧）。书后有编者的话。
收藏单位：国家馆

08093
参军去（第1—2集） 如皋县委宣传部编
如皋：如皋县委宣传部，[1946—1949]，2册，64开
本书收小调、墙头诗、山歌等。
收藏单位：国家馆、南京馆

08094
参军文娱
苏中韬奋书店，1947.10，29页，48开（大众文娱丛书）
本书收墙头诗《参军迎反攻》《参军保田》等、小调《千万人参军》《快快立功》等、小杂要《放下锄头拿钢枪》等。
收藏单位：国家馆

08095
春节文娱 华中一分区农民画报社 紫石文工队 紫石大众报社编
华中一分区韬奋书店，[1948.1]，48页，32开
本书分5类：小调、凤凰麒麟莲花、快板、杂要、活报，共六十余篇。
收藏单位：国家馆

08096
春节文娱（城市用） 井岩盾等著
华中新华书店，1949.1，57页，32开
本书收《毛主席》《千里的雷声》等歌曲6首、快板《庆祝胜利年》、鼓词《排山倒海》、广场歌舞剧《新年新岁新气象》《彻底消灭反动派》等。
收藏单位：国家馆、南京馆、山东馆

08097
大反攻（文娱材料） 云峰等著
威县：冀南书店，1947.12，21页，32开
本书收活报剧《坐不住龙霄殿》、大鼓《大反攻》、秧歌剧《双喜临门》。附插曲谱。
收藏单位：国家馆、山东馆

08098
大反攻（文娱材料）
胶东新华书店，1947.10，35页，32开

本书收杂耍剧《胶东也开始反攻了》《慰劳反攻大军》等、活报剧《坐不住龙霄殿》、大鼓《大反攻》、洋片《水沟头和赵格庄战斗》，共7篇。附插曲谱。

收藏单位：国家馆

08099

大家唱（第3—4、6集） 华中二分区人民画报社编

华中二分区新华书店，1948，3册（32+42+41页），64开

本书仅存3集，收说唱七十余篇、诗46首、小谜语18则。内容包括：小放牛《粉碎老蒋总动员》、快板《拆掉封建大碉堡》、秧歌调《不斗地主斗哪个》、鼓儿调《想发洋财几乎送了命》、游春调《团结忙生产》等。

收藏单位：国家馆、南京馆

08100

大众文娱（第1期） 华中文协大众戏剧　大众文艺委员会编

华中新华书店，[1949]，40页，32开

本书收歌曲5首、小调3首、剧本两部。内容包括:《争取和平实现民主》《齐欢唱》《自卫战》《劝郎不当中央军》《自卫保家乡》《要留神》《武装保卫解放区》《放哨要小心》等。

收藏单位：国家馆、山东馆

08101

大众戏曲集（第2集） 冀鲁豫文联编

冀鲁豫文联，[1937—1949]，[59]页，32开

本书收水浒调《新编蒋介石卖国》、高调剧《保卫家乡》、鼓词《德化区的转变》等4部剧本及歌曲15首。

收藏单位：国家馆

08102

跟着共产党　容成等著　苏北淮阴区文协编

苏北新华书店淮阴分店，[1949.8]，32页，大64开

本书收作品3篇：说唱鼓词《江南大进军》、杂耍剧《胜利大喜》、花船材料《快进识字班》。附歌曲3首。封面题：七一、七七宣传周文娱材料。

收藏单位：国家馆

08103

工农翻身

[佳木斯]：[东北书店]，[1946.8]，36页，64开

本书收民歌、民谣、鼓词等。书前有编者的话。

收藏单位：国家馆、南京馆、山东馆

08104

工人创作选（第1集） 华北总工会筹备委员会编

华中新华书店，1949.6，50页，32开

收藏单位：国家馆

08105

工人创作选（第1集） 华北总工会筹备委员会编

[涉县]：太行实业公司职工总会，1949.7印，50页，32开

本书为诗歌、快板、莲花落、短剧等合集。共21篇，内容包括:《盼太阳》《煤矿工人歌唱新年》《天津解放了》《工人的队伍走在前头》《说一说国民党》《北平号机车》《纱厂女工歌》《修路歌》《生产竞赛歌》《再用一把劲》等。

收藏单位：国家馆

08106

工人创作选（第1集） 华北总工会筹备委员会编

天津新华书店，1949.4，50页，32开

收藏单位：国家馆、天津馆

08107

工人创作选（第1集） 华北总工会筹备委员会编

中原新华书店，1949.6，50页，32开

收藏单位：南京馆

08108
军民同乐（杂耍） 陈戈撰
渤海军区政治部宣教部，1949，15 页，横 64 开（春节文娱材料 1）
收藏单位：国家馆

08109
买卖公平（全旅兵演兵比赛大会） 野战二纵队六旅政治部编
野战二纵队六旅政治部，1948，油印本，1 册，32 开（兵演兵创作选辑 1）
收藏单位：国家馆

08110
胜利之下莫骄傲（杂耍） 林待茂撰
渤海军区政治部宣教部，1949，10 页，横 64 开（春节文娱材料 6）
收藏单位：国家馆

08111
耍狗熊（杂耍） 张杨撰
渤海军区政治部宣教部，1949，17 页，横 64 开（春节文娱材料 2）
收藏单位：国家馆

08112
文娱（第 1 集） 胶东文协文艺工作团编
胶东新华书店，1948.1，55 页，32 开
本书收三场歌舞剧《笑面虎》、八场歌剧《报仇》、大鼓《自作自受》。有插曲。
收藏单位：国家馆、南京馆、山东馆

08113
文娱材料（第 1 期） 滨海分区政治部宣传队编
滨海新华书店，1946.10，54 页，32 开
本书分歌、剧两部分，收歌曲《自卫大进军》《保卫解放区》等 8 首、独幕话剧《一家人》《闹房》、小调剧《双拥》。
收藏单位：国家馆

08114
文娱材料（第 3 集） 三十五军政治部宣传部编
三十五军政治部宣传部，1949，103+11 页，32 开
收藏单位：国家馆

08115
文娱资料（第 1 辑） 苏北军区政治部编
出版者不详，[1943—1949]，96 页，32 开
收藏单位：南京馆、内蒙古馆

08116
戏剧与小调（1—2 集）
华中新华书店，1948，2 册（[136] 页），64 开
本书收小调、杂耍和戏剧等 33 篇，内容包括：《生产节约》《平分土地迎反攻》《双簧快板》《南京八怪》等。
收藏单位：国家馆、南京馆

08117
小调集（第 1 集） 盐城区文协筹委会编
[苏北新华书店盐城分店]，1949.8，30 页，64 开
收藏单位：国家馆

08118
小调集（第 1 集） 中共华中五地委宣传部编
华中新华书店盐阜分店，[1948.10]，28 页，64 开
本书收秧歌舞调、小开口调和鼓词 3 篇：《生产要好好领导》《解放军打下济南·王耀武化装被俘》《欢迎解放军》。
收藏单位：国家馆

08119
新剧本 张逸民等著
[郑州]：[三地委宣传部]，[1949]，89 页，32 开
本书收秧歌、快板、小唱剧剧本 9 篇，内容包括：《过新年》《动员起来》《兄妹开荒》《锯大缸》《发土地证》《参军》等。有插曲。
收藏单位：国家馆

08120

新年文艺　苏北军区政治部文艺研究所编

苏北军区政治部，1949.1，44页，36开

本书收新年歌曲、普通歌曲、诗、词、快板、歌舞剧、唱剧及连环画等。

收藏单位：国家馆

08121

新年文娱　华中二分区人民画报社编

华中二分区新华书店，1948.1，34页，36开

本书收快板、鼓儿词、小调、春联、小杂耍、三句半、谜语等新年文娱节目二十余篇。

收藏单位：国家馆

08122

新年文娱　华中一分区文化协会文工团编

华中新华书店一分店，1949.1，32页，32开

本书收快板、鼓儿词、花鼓词、春联、话剧及各种小调唱词。

收藏单位：国家馆

08123

新式整军部队文娱材料　华东胶东军区政治部文艺工作团（国防剧团）编

华东胶东军区政治部，1948.9，56页，32开

本书收《进攻的号声响》《发扬民主》等歌曲9首、《周大娘翻身》《刘大个》等大鼓5篇、《打破顾虑》《八班长》等杂耍5篇。

收藏单位：国家馆

08124

秧歌剧及小演唱　辽宁文协编

东北书店辽宁分店，1948.4，98页，32开

本书收小型秧歌剧《荣誉》《送郎参军》、小演唱《卓喜富扭秧歌》《亲人》《抓俘虏》、集团演唱《模范担架队长曹占生》、二人转《光荣匾》、鼓词《聚宝盆》。

收藏单位：长春馆、东北师大馆、国家馆、湖北馆、南京馆、山东馆、天津馆

08125

英勇奋斗十八年　王亚平著

朝城：冀鲁豫书店，1947.9，38页，32开（平原文丛2）

本书共3部分：为啥写新洋片唱词、英勇奋斗十八年、怎样养孩子。版权页题：平原文丛第三辑。

收藏单位：国家馆、山西馆

08126

杂耍　张可等著

重庆：生活书店，1938.9，88页，32开（西北战地服务团丛书7）

重庆：生活书店，1939.5，再版，88页，32开（西北战地服务团丛书7）

本书收大鼓词《抗战建国纲领》《飞将军阎海文》《李明仲》、剧本《新打城隍》《双花子拾金》《联庄御侮》等。

收藏单位：重庆馆、广东馆、广西馆、贵州馆、国家馆、南京馆、中科图

08127

真光荣（杂耍集）　盐阜文娱社著

华中新华书店盐阜分店，1949.1，44页，64开

本书收打花鼓《向军属拜年》、秧歌舞《支前功臣真光荣》《军民齐心干到底》。

收藏单位：国家馆

诗歌、韵文

08128

哀中国　蒋光慈著

汉口：长江书店，1927.1，86页，32开

本书收诗23首，内容包括：《余痛》《我们所爱者一定在那里》《罢工》《我本是一朵孤云》《诗人的愿望》《哀中国》等。

收藏单位：广东馆

08129

艾艾翻身曲　刘洪著

[阳城]：大众书店，1948.9，146页，32开

上海等：大众书店，1949.9，3版，146页，32开（大众文艺丛书）

本书为长篇叙事诗。

收藏单位：东北师大馆、国家馆、湖北馆、吉大馆、辽宁馆、南京馆、山东馆

08130

北方 艾青著

重庆：读书出版社，[1945]，168 页，36 开

08131

北方 艾青著

桂林：南天出版社，1943.12，40 页，40 开（七月诗丛 第 2 集）

重庆：南天出版社，1945.6，渝 2 版，40 页，36 开（七月诗丛 第 2 集）

本书收诗 8 首:《复活的土地》《他起来了》《雪落在中国的土地上》《北方》《乞丐》《驴子》《手推车》《我爱这土地》。

收藏单位：安徽馆、重庆馆、广西馆、贵州馆、国家馆、湖南馆、宁夏馆、上海馆

08132

北方 艾青著

上海：文化生活出版社，1942.1，51 页，32 开（文学丛刊 第 7 集）

上海等：文化生活出版社，1946.11，再版，51 页，36 开（文学丛刊 第 7 集）

上海、重庆：文化生活出版社，1949.6，3 版，51 页，36 开（文学丛刊 第 7 集）

本书收诗 16 首，内容包括:《复活的土地》《他起来了》《雪落在中国的土地上》《老人》《黄昏》《我爱这土地》等。

收藏单位：长春馆、重庆馆、东北师大馆、广东馆、国家馆、黑龙江馆、江西馆、近代史所、辽大馆、辽宁馆、南京馆、内蒙古馆、宁夏馆、绍兴馆、首都馆、天津馆、西南大学馆

08133

标语与墙头诗 中共华中五地委宣传部编

中共华中五地委宣传部，[1947]，14 页，64 开

收藏单位：国家馆

08134

不屈的南家庄 老戈著

苏中二分区新华书店，[1942—1949]，6 页，64 开（大众的书）

收藏单位：国家馆

08135

不死的枪 袁勃等著

华北新华书店，1947.7，78 页，32 开（晋冀鲁豫边区文艺创作小丛书 20）

本书收诗 11 首，内容包括:《漳河牧歌传》（高咏）、《不死的枪》（袁勃）、《二月春风吹》（王博习）、《王同会的故事》（毓明）、《好排长》（大卫）、《新牛和他的羊群》（张立云）、《翻身后的第一代》（罗林）、《槐树下》（胡征）等。

收藏单位：重庆馆、国家馆、吉大馆、南京馆、山东馆、山西馆、天津馆

08136

唱大翻身 李聪编写

华中新华书店，1948.2，16 页，64 开（翻身小丛书 4）

收藏单位：国家馆、山东馆

08137

呈在大风砂里奔走的冈卫们 田间著

汉口：生活书店，1938.7，142 页，36 开（西北战地服务团丛书 8）

本书收诗 25 首，内容包括:《史沫特莱和我们在一起》《我们底管理员朱文三》《一个祖国的儿子》《给丁玲同志》《他弹起了弦子》《你们到国境上去》《我只有稿纸与血斑》《儿童节》《工人节》等。

收藏单位：北师大馆、重庆馆、东北师大馆、广东馆、贵州馆、国家馆、吉林馆、江西馆、近代史所、西南大学馆、浙江馆

08138

从军行 臧克家著

汉口：生活书店，1938.6，83 页，36 开（抗战诗集）

汉口：生活书店，1939.3，沪再版，83 页，36

开（抗战诗集）

本书收诗14首:《我们要抗战》《从军行》《从军去》《伟大的交响》《换上了戎装》《抗战到底》《保卫大徐州》《通红的火把》《血的春天》《伟大的空军》《别潢川》《武汉，我重见到你》《过武胜关》《兵车向前方开》。

收藏单位：安徽馆、重庆馆、广东馆、贵州馆、国家馆、吉林馆、江西馆、辽宁馆、南京馆、西南大学馆、浙江馆、中科图

08139

打“沙锅”　见山著

九分区新华书店，[1945—1949]，44页，64开（九分区自卫斗争小丛书1）

本书收诗11首，内容包括:《蛋换布》《李大姐立功》《打“沙锅”》《歪嘴儿徐三郎》《百六十五》等。

收藏单位：国家馆、南京馆

08140

大堰河　艾青著

上海：文化生活出版社，1939.8，78页，36开（文学小丛刊第1集）

桂林、重庆：文化生活出版社，1942.2，桂1版，78页，36开（文学小丛刊第1集）

本书收诗9首:《大堰河——我的褓姆》《透明的夜》《聆听》《那边》《一个拿撒勒人的死》《画者的行吟》《芦笛》《马赛》《巴黎》。

收藏单位：北碚馆、重庆馆、广东馆、广西馆、国家馆、湖南馆、吉林馆、江西馆、辽师大馆、首都馆、浙江馆

08141

大堰河　艾青著

张正[发行者]，1936.11，41页，32开

收藏单位：上海馆、天津馆、中科图

08142

佃户林　王希坚等著

新华书店，1949.5，164页，32开（中国人民文艺丛书）

本书收徐秋风、艾青、邵子南、萧三、戈壁舟、严辰、王希坚、柯仲平等21人的诗23首。

收藏单位：安徽馆、重庆馆、东北师大馆、广东馆、国家馆、吉大馆、吉林馆、宁夏馆、山西馆、天津馆、西南大学馆

08143

东方红（诗选）　群众创作

新华书店，1949.5，126页，32开（中国人民文艺丛书）

本书收解放区工农兵群众创作的诗歌五十余首，内容包括:《东方红》《中国出了个毛泽东》《进了地主门》《揭开石板看》《长工诉冤》《农民盼撑腰》《生产竞赛歌》《电工歌》等。

收藏单位：重庆馆、东北师大馆、广东馆、国家馆、华东师大馆、吉林馆、辽宁馆、南京馆、山西馆、天津馆、西南大学馆、云南馆

08144

翻身歌谣　和柯编

[威县]：冀南书店，1947.7，28页，32开（工农兵丛书）

收藏单位：国家馆、山东馆、山西馆

08145

翻身诗歌集

朝城：冀鲁豫书店，1947.7，44页，36开

本书共4部分：坏蛋罪恶、翻身斗争、参军保家、生产劳动。收民谣4首、诗歌12首，内容包括:《要饭》（梁万里）、《孙德禄》（星火）、《翻了身的王二》（陈东亮）、《敬你三杯酒》（王文轩）、《劳动英雄回家》（戈金）等。

收藏单位：国家馆

08146

反法西斯　艾青著

上海：读书出版社，1946.4，86页，32开

上海：读书出版社，1947.1，再版，86页，32开

本书共3部分:“中国人民的歌”“希特勒

主义”“敬礼啊——苏维埃联邦”。

收藏单位：长春馆、重庆馆、东北师大馆、广东馆、广西馆、国家馆、吉林馆、辽大馆、辽宁馆、南京馆、山西馆、上海馆、天津馆、浙江馆

08147

反法西斯　艾青著

华北书店，1943，111 页，32 开

收藏单位：重庆馆

08148

仿吾文存　成仿吾著

上海：创造社出版部，1928，336 页，32 开（创造社丛书）

本书收文 32 篇，内容包括：《诗之防御战》《新文学之使命》《士气的提倡》《写实主义与庸俗主义》《新的修养》《东方艺术研究会》等。

收藏单位：重庆馆、东北师大馆、内蒙古馆、人大馆

08149

赶车传　田间著

北平：新华书店，1949.5，170 页，32 开（中国人民文艺丛书）

本书为长篇叙事诗。

收藏单位：东北师大馆、国家馆、华东师大馆、内蒙古馆、宁夏馆、山东馆、山西馆、天津馆

08150

钢铁的手　东北新华书店编

沈阳：东北新华书店，1949.8，34 页，32 开（工人诗歌选集）

本书收东北地区的工人诗歌 23 首，内容包括：《毛主席》《跟着毛主席前进》《钢铁的手》《劳动是我们的光荣》《当家作主》《废铁翻身》《咱们共同努力》等。

收藏单位：长春馆、东北师大馆、国家馆、吉大馆、南京馆、山西馆

08151

歌唱英雄（诗集）

晋冀鲁豫军区野战政治部，[1945—1948]，28 页，32 开

本书收诗 9 首，内容包括：《歌唱英雄张嘉荣》（胡奇）、《坚守》（海燕）、《范筑先将军墓前》（田兵）等。

收藏单位：重庆馆、国家馆

08152

革命家诗钞　唐国川选辑

上海：光明书局，1934.5，114 页，32 开

本书共两卷，选辑孙中山、宋教仁、蔡锷、柳亚子、蔡元培、鲁迅、李大钊、郭沫若等 44 人的诗 171 首。书前有选辑者的序。

收藏单位：北碚馆、广东馆、国家馆、吉林馆、上海馆、浙江馆

08153

工人诗歌　剑林　炳南编

山东新华书店，1949.8，276 页，32 开

本书共 3 辑。收诗歌 189 首，内容包括：《太阳照进众人家》《工人解放歌》《翻身歌》《劳动保了险，生产更起劲》《祝福毛主席》《酬谢共产党》《工人阶级力量大》《工厂就是我们的家》等。

收藏单位：东北师大馆、国家馆、辽宁馆、绍兴馆、首都馆、天津馆

08154

工人诗歌

济南：济南市职工总会筹委会，1949.7，44 页，32 开（工人创作选 第 2 集）

收藏单位：南京馆

08155

海内奇谈

[佳木斯]：东北书店，1947.7，51 页，50 开

[佳木斯]：东北书店，1948.9，51 页，50 开

本书收政治诗 29 首、民谣 60 则，内容包括：《海内奇谈》（马凡陀）、《血肉筵席》（任钧）、《怪事年年有》（林耘）、《劫夺自由的强盗》（魏欢）等。

收藏单位：长春馆、东北师大馆、国家馆、吉大馆、辽大馆、山东馆、上海馆

08156
好好想一想（诗歌集之一）
胶东新华书店，[1945.11]，84 页，64 开（通俗小丛书）
本书共 4 辑：好好想一想、谁好谁孬、跟着共产党、揍他个驴朝天。收民谣、墙头诗等 35 首。
收藏单位：国家馆

08157
贺功会上再团圆　张芸生著
沈阳：东北新华书店，1949.7，13 页，50 开（大众文艺小丛书）
本书为叙事诗。
收藏单位：国家馆

08158
黑板报上写诗歌　王希坚作
山东新华书店，1949，161 页，横 64 开
收藏单位：国家馆、天津馆

08159
红日初升（写劳动英雄郑信的事迹）　方徨著　山东省文协编
临沂：山东新华书店，1946.8，50 页，32 开（解放文艺丛书 2）
本书为长诗，共 6 节。书后有著者后记。封面题：中华全国文艺协会山东分会编。
收藏单位：国家馆

08160
红纱灯　冯乃超著
上海：创造社，1928.4，94 页，32 开（创造社丛书 20）
本书共 8 部分：哀唱集、幻窗、好像、死底摇篮曲、红纱灯、凋残的蔷薇、古瓶集、礼拜日。收诗四十余首，内容包括：《哀唱》《我愿看你苍白的花开》《梦》《红纱灯》《凋残的蔷薇恼病了我》等。
收藏单位：重庆馆、国家馆、吉林馆、辽大馆、上海馆

08161
红头巾　侯唯动著
[哈尔滨]：东北书店，1948，130 页，32 开
本书为长篇叙事诗。通过军民关系中矛盾纠葛的发生和解决反映人民群众对八路军的信任和热爱。
收藏单位：长春馆、东北师大馆、山西馆

08162
华中诗选（第 1 集）　华中新华书店总店编辑
华中新华书店总店，1948.10，79 页，36 开（新文艺丛书 1）
本书收诗 25 首，内容包括：《史大林到东方来了》（福林）、《不是木鸡是猛虎》（王竞）、《蛋换布》（见山）、《翻身歌谣》（白得易）、《新春大喜》（白夜）、《解放区里美事多》（王士菁）等。书后有编后记。
收藏单位：辽宁馆

08163
黄河西岸的鹰形地带　侯唯动著
东北书店牡丹江分店，1948.7，161 页，大 64 开
本书为长诗。
收藏单位：长春馆、重庆馆、东北师大馆、国家馆、天津馆

08164
揭石板集　马适安辑
华北新华书店，1947.5，52 页，32 开（晋冀鲁豫边区文艺创作小丛书 4）
本书收晋冀鲁豫边区翻身农民创作的诗歌 50 首，内容包括：《揭开石板看》《穷人和富人》《想文》《七杆旗》《牛万年罪状歌》《翻身四字经》《从前受压迫》《长工苦》《打走这条狼》等。
收藏单位：国家馆、山东馆、天津馆

08165
军国民诗歌选　朱子爽编
重庆：新中国出版社，1945.1，104 页，36 开

本书收屈原、曹植、骆宾王、王维、李白、杜甫、岳飞、陆游、文天祥、戚继光、李秀成、石达开、秋瑾、黄兴等五十余人的诗。

收藏单位：重庆馆、国家馆、吉林馆、南京馆、天津馆

08166

抗战颂 郭沫若等执笔 唐琼编

上海：五洲书报社，1937.11，81 页，32 开

本书收郭沫若、田汉、王统照、冯玉祥、赵景深、何香凝、柳亚子、巴金、臧克家、艾芜、胡风等 24 人的诗。

收藏单位：国家馆

08167

哭诉 蒋光慈著

上海：春野书店，1928.3，44 页，大 64 开（太阳小丛书 4）

本书为著者写给母亲的自传体长诗。

收藏单位：北碚馆、首都馆

08168

哭诉 蒋光慈著

上海：新文艺书局，1933.8，44 页，大 64 开（新文艺小丛书）

收藏单位：国家馆

08169

苦尽甜来 刘艺亭著

沈阳：东北书店，1949.4，48 页，36 开

本书为长篇叙事诗。

收藏单位：长春馆、东北师大馆、国家馆、吉大馆、天津馆、中科图

08170

苦尽甜来 刘艺亭著

[威县]：冀南新华书店，1948.11，39 页，32 开

收藏单位：国家馆、辽宁馆、山东馆、山西馆

08171

跨过 邹荻帆著

[北平]：三联书店，1949，149 页，36 开

本书为儿童诗集。

收藏单位：安徽馆、重庆馆、国家馆、江西馆、辽宁馆、南京馆、绍兴馆、首都馆、天津馆、云南馆

08172

旷野 艾青著

生活书店，1940.9，77 页，32 开

生活书店，1942.4，再版，77 页，32 开

生活书店，1947.1，胜利后 1 版，77 页，32 开

本书共两集：旷野集、马槽集。前集收诗 24 首，内容包括:《旷野》《冬天的池沼》《船夫与船》《小马》等；后集收诗 13 首，内容包括:《太阳》《春》《生命》《马槽》等。

收藏单位：重庆馆、广东馆、国家馆、吉大馆、吉林馆、辽大馆、辽宁馆、南京馆、内蒙古馆、山东馆、上海馆、绍兴馆、首都馆、天津馆、西南大学馆、浙江馆、中科图

08173

劳动英雄刘英源 侯唯动诗 苏晖画

哈尔滨：光华书店，1949，35 页，64 开

本书为长篇叙事诗。

收藏单位：国家馆、山东馆

08174

劳动之歌 林风著

生活书店，1939，36 页，32 开（诗歌丛书 第 1 辑）

收藏单位：广东馆

08175

烙印 臧克家著

上海：开明书店，1949.2，8 版，84 页，36 开（开明文学新刊）

本书收诗 26 首，内容包括:《烙印》《难民》《生活》《洋车夫》《渔翁》等。

收藏单位：辽宁馆、南大馆、山西馆、上海馆、天津馆

08176
马凡陀的山歌　袁水拍著
上海等：生活书店，1946.10，245 页，横 40 开
上海等：生活书店，1947.2，再版，245 页，横 40 开
香港等：生活书店，1948.4，3 版，245 页，横 40 开
本书收诗 99 首，内容包括：《幽默呀，幽默！》《活得明白》《老王求婚记》《公共汽车抒情诗》《变》《新人力车》等，均为著者 1944—1946 年的作品。著者原题：马凡陀。
收藏单位：北碚馆、长春馆、重庆馆、广东馆、广西馆、贵州馆、国家馆、湖南馆、吉林馆、江西馆、陕西馆、上海馆、首都馆、天津馆、西南大学馆、浙江馆

08177
马凡陀的山歌（续集）　袁水拍著
上海：生活书店，1948.6，150 页，横 40 开
本书收诗 83 首，内容包括：《感恩》《活的对死的说》《六十岁公公》《坐的是飞机》《过年》等，均为著者 1946—1948 年的作品。著者原题：马凡陀。
收藏单位：甘肃馆、贵州馆、国家馆、江西馆、南京馆、首都馆、武大馆、浙江馆

08178
毛泽东颂　艾青等著
香港：海洋书屋，1948.3，56 页，36 开（万人丛书）
收藏单位：广东馆、国家馆

08179
毛泽东同志　谢挺宇著
[大连]：大众书店，1947.2，34 页，32 开
本书收诗 7 首：《毛泽东同志》《朱德同志》《你会知道》《避暑内幕》《幸福的花》《再会，日本的勤劳大众！》《有罪的人》。
收藏单位：东北师大馆、国家馆

08180
泥淖集（抗战诗集）　臧克家著
重庆等：生活书店，1939.3，74 页，32 开
本书收诗 12 首，内容包括：《敌人陷在泥淖里》《送战士》《为斗争我们分手》《大别山》《匕首颂》《大刀的故事》等。
收藏单位：重庆馆、国家馆、吉林馆、内蒙古馆、西南大学馆

08181
鸟枪的故事　公木诗　张望画
佳木斯：东北书店，1947.8，30 页，32 开
本书为插图本长诗。
收藏单位：长春馆、重庆馆、东北师大馆、国家馆、山西馆、天津馆

08182
农民翻身诗歌选集　伯明等辑
[阳城]：太岳新华书店，1946.10，25 页，36 开
本书收诗 13 首，内容包括：《安娘口词》（路光）、《南梁群众歌谣》（卫生）、《我是庄稼汉》（冯彦俊）等。
收藏单位：国家馆、山东馆

08183
平汉路工人破坏大队的产生　柯仲平作
重庆：读书生活出版社，1940.6，138 页，32 开（大众艺术丛书）
本书为长诗。
收藏单位：安徽馆、重庆馆、广东馆、广西馆、国家馆、吉林馆、近代史所、南京馆

08184
枪杆诗　冰山辑
[惠民]：渤海新华书店，1948.9，42 页，64 开（大众小丛书 7）
本书收诗 40 首，均为解放战争中战士所作。
收藏单位：国家馆、南京馆、山东馆

08185
枪杆诗　战号出版社编
战号出版社，1948.1，36 页，64 开
本书共 6 部分。收诗 70 首，内容包括：

《消灭蒋匪立功》《咏步枪》《咏机枪》等。

收藏单位：国家馆

08186

墙头诗（第 1 集） 中共华中十一地宣编

黄海书店，[1946—1949]，26 页，64 开

本书共两辑：复查生产、保卫秋收。

收藏单位：国家馆

08187

圈套（诗选） 阮章竞等著

[北平]：新华书店，1949.5，86 页，32 开（中国人民文艺丛书）

本书收诗 5 首：《圈套》《送别》《盼喜报》《王九诉苦》《死不着》。

收藏单位：东北师大馆、广东馆、国家馆、湖南馆、天津馆

08188

圈套（诗选） 阮章竞等著

[杭州]：浙江新华书店，1949.9，56 页，32 开（中国人民文艺丛书）

收藏单位：西南大学馆、浙江馆

08189

人民大翻身颂 冈夫等著

华北新华书店，1947.7，123 页，32 开（晋冀鲁豫边区文艺创作小丛书 19）

本书收诗 9 首，内容包括：《人民大翻身颂》（冈夫）、《我要跟大家一起去报仇》（袁勃）、《猎人之母》（柯岗）、《赵凤英》（小空）、《送别》（阮章竞）、《随军小诗》（胡征）、《南征诗草》（田兵）等。

收藏单位：国家馆、河南馆、吉大馆、山东馆、山西馆、天津馆

08190

胜利带来了一切 陶行知等著

临沂：山东新华书店，1946.8，46 页，42 开

本书收诗 26 首，内容包括：《江南新唱》（村野）、《江南谣》（丁芒）、《重庆人》（臧克家）、《大皮鞋》（袁水拍）、《发票贴在印花上》（马凡陀）、《胜利带来了一切》（陶行知）等。

收藏单位：国家馆、山东馆

08191

死去活来（农民的血泪控诉） 张志民等著

[阳城]：太岳新华书店，1948.7，72 页，32 开

本书收诗 3 首：《王九诉苦》《死不着》《不平庄平了》。

收藏单位：广东馆、国家馆、山东馆、山西馆

08192

蜩螗集 郭沫若著

上海：群益出版社，1948.9，118+63 页，32 开

本书收诗 41 首，内容包括：《春礼劳军歌》《罪恶的金字塔》《神明时代的展开》《颂苏联红军》《和平之光》等，是著者 1939—1947 年间的作品。附《战声集》，收诗 21 首，内容包括：《诗歌国防》《纪念高尔基》《悼聂耳》等，是著者 1936—1937 年间的作品。

收藏单位：重庆馆、东北师大馆、广东馆、桂林馆、国家馆、湖北馆、吉林馆、辽宁馆、南京馆、内蒙古馆、上海馆、天津馆

08193

王贵与李香香 李季著

上海：国光印刷厂，1949.8，96 页，36 开（北方文丛 第 1 辑）

本书为长篇叙事诗。

收藏单位：湖北馆

08194

王贵与李香香 李季著

[无锡]：苏南新华书店，1949.6，36 页，64 开

收藏单位：南京馆

08195

王贵与李香香 李季著

上海：希望书店，[1946—1949]，41 页，32 开（新中国文艺丛刊）

收藏单位：北师大馆

08196
王贵与李香香
[哈尔滨]：东北画报社，[1948]，5页，横18开
收藏单位：国家馆

08197
王贵与李香香（长篇叙事诗） 李季作
大连：大众书店，1946.12，26页，32开
本书作者原题：李寄。
收藏单位：长春馆、国家馆、辽宁馆

08198
王贵与李香香（三边民间革命历史故事） 李季著
冀鲁豫书店，1946.12，29页，32开
收藏单位：宁夏馆

08199
王贵与李香香（三边民间革命历史故事） 李季著
晋察冀新华书店，1947.12，46页，横32开
收藏单位：国家馆

08200
王贵与李香香（三边民间革命历史故事） 李季著
[兴县]：吕梁文化教育出版社，[1947.2]，52页，横32开

08201
王贵与李香香（三边民间革命历史故事） 李季著
出版者不详，[1949]，17页，36开
收藏单位：国家馆

08202
王贵与李香香（三边民间故事） 李季著
新华书店，1949.5，58页，32开（中国人民文艺丛书）
收藏单位：重庆馆、东北师大馆、广东馆、国家馆、宁夏馆、天津馆

08203
王贵与李香香（三边民间历史革命故事） 李季著
香港：海洋书屋，1947.3，96页，32开（北方文丛 第2辑）
香港：海洋书屋，1947.4，再版，96页，32开（北方文丛 第2辑）
收藏单位：东北师大馆、广东馆、广西馆、国家馆

08204
王贵与李香香（陕甘宁边区民间革命历史故事） 李季著
大众文化社，[1947.1]，38页，64开

08205
王贵与李香香（陕甘宁边区民间革命历史故事） 李季著
华北新华书店，1946.12，21页，32开
华北新华书店，1947.4，再版，29页，32开
收藏单位：国家馆

08206
王贵与李香香（陕甘宁边区民间革命历史故事） 李季著
[威县]：冀南书店，1946.12，84页，64开
收藏单位：国家馆

08207
王贵与李香香（陕甘宁边区民间革命历史故事） 李季著
[延安]：陕甘宁边区新华书店，1948.12，44页，横18开
收藏单位：重庆馆、国家馆、辽宁馆、宁夏馆、天津馆

08208
王贵与李香香（陕甘宁边区民间革命历史故事） 李季著
[阳城]：太岳新华书店，1946.11，24页，32开
收藏单位：东北师大馆、国家馆

08209
未完成的诗篇　蒋弼遗作　晋东南文协编
华北书店，1942.10，油印本，34页，32开（文艺丛刊1）
　　收藏单位：国家馆

08210
我是初来的　胡风选编
重庆：读书出版社，1943.10，10+89页，25开（七月诗丛）
　　本书收诗二十余首，内容包括：《我爱那一幅旗》（辛克）、《送北征》（鹿地亘）、《母亲》（雷蒙）、《失去了的两个苹果》（绿川英子）、《我是初来的》（钟瑄）等。
　　收藏单位：北碚馆、重庆馆、广西馆、国家馆、吉林馆、近代史所、南京馆、上海馆、武大馆

08211
我是初来的　胡风选编
上海：希望社，1947.5，沪再版，10+122页，32开（七月诗丛）
　　收藏单位：安徽馆、东北师大馆、国家馆、黑龙江馆、湖南馆、上海馆、首都馆

08212
吴满有　艾青著
佳木斯：东北书店，1947.10，63页，50开
　　本书为长篇叙事诗。
　　收藏单位：国家馆

08213
吴满有　艾青等著
新华书店，1943.12，32页，36开，环筒页装（大众文艺小丛书2）
　　本书收诗两首：《吴满有》（艾青）、《吴满有的故事》（柯蓝）。
　　收藏单位：国家馆、南京馆

08214
吴满有　艾青著
战斗报社，[1937—1945]，80页，64开（战斗报小丛书 第3辑）
　　收藏单位：浙江馆

08215
吴满有　艾青[等]著
真知出版社，1946，30页，36开
　　本书收诗两首：《吴满有的故事》（柯蓝）、《吴满有》（艾青）。
　　收藏单位：北师大馆、首都馆

08216
吴满有　艾青著
上海：作家书屋，1946.4，77页，36开（北方文丛 第1辑）
　　收藏单位：广西馆、吉林馆、山东馆、上海馆、浙江馆

08217
向太阳　艾青著
香港：海燕书店，1940.6，43页，36开（七月诗丛3）
桂林：海燕书店，1942.3，3版，43页，36开（七月诗丛3）
　　本书为长诗。
　　收藏单位：安徽馆、重庆馆、广西馆、桂林馆、国家馆、黑龙江馆、南京馆、天津馆、武大馆

08218
向太阳　艾青著
上海：希望社，1947.3，3版，40页，32开（七月诗丛）
　　收藏单位：安徽馆、东北师大馆、福建馆、国家馆、黑龙江馆、吉林馆、江西馆、山东馆、上海馆、首都馆、天津馆

08219
新梦　蒋光慈著
上海书店，1925.1，27+172页，32开
上海书店，1925.5，再版，27+172页，32开
　　本书共5部分：红笑、新梦、我的心灵、昨夜里梦入天国、劳动的武士。收诗39首，内容包括：《红笑》《十月革命纪念》《新梦》《我的心灵》《中国劳动歌》《与一个理想的

她》等，为著者留俄 3 年期间的作品。著者原题：蒋光赤。

收藏单位：国家馆、湖北馆、吉大馆

08220

徐可琴翻身当县长 白得易著

九分区新华书店，[1947.8]，73 页，32 开

本书为长篇叙事诗。

收藏单位：国家馆、吉林馆、山东馆

08221

燕赵儿女 安娥著

汉口等：生活书店，1938.9，153 页，36 开

本书共 4 部分：战士之声、燕赵儿女、逃亡线上、古城的回忆。收诗 17 首，内容包括：《献给女战士》《抗战的歌手》《燕赵儿女》《逃出了封锁线》《好汉坡》《大地》等。

收藏单位：安徽馆、贵州馆、国家馆、江西馆、南京馆、上海馆、首都馆、西南大学馆、浙江馆

08222

延安集 高长虹著

张家口：和平野营，1946.9，17 页，32 开

本书收诗 10 首，内容包括：《地的呼吁》《红色十月》等。著者原题：长虹。

收藏单位：国家馆

08223

杨清法 遇明等著

哈尔滨：东北书店，1947.12，59 页，32 开

本书收诗 4 首：《杨清法》（遇明）、《六月苏北的原野》（江明）、《敬礼！亲爱的勇士》（白刃）、《福顺》（余人）。

收藏单位：北师大馆、长春馆、重庆馆、东北师大馆、国家馆、黑龙江馆、江西馆

08224

杨清法 遇明等著

临沂：山东新华书店，1946.8，52 页，32 开（抗战文艺选集 诗选 1）

收藏单位：长春馆、国家馆

08225

盂平英雄歌 田间作

[张家口]：晋察冀边区教育阵地社，1946.5，32 页，32 开（群众读物 15）

本书为歌颂解放区盂平地区英雄人物的诗集。收诗 10 首，内容包括：《崔政之》《贺刘万诚》《打钟老人》《康元》《好医生》《浸种家》《梁文耀》等。诗前对所歌颂人物均有简介。

收藏单位：国家馆、山东馆、天津馆、中科图

08226

在山的这边 良平等著

临沂：山东新华书店，1946.8，58 页，32 开（抗战文艺选集 诗选 2）

本书收诗 14 首，内容包括：《明年》（冠西）、《水夜流》（谢青）、《孩子和炮弹》（沙萍）、《爸爸我守望着新粮》（方曙）、《咱们都一样》（非平）、《在山的这边》（良平）、《毛泽东的旗帜》（沙虹）等。

收藏单位：国家馆、山东馆

08227

战斗之歌（诗集） 林山著

桂林：生活书店，1941，55 页，36 开

本书分上、下两辑。收诗 11 首，内容包括：《我们是船夫》《无题》《不必为我唱哀歌》《冬夜行军》《萌芽》《死囚之歌》《延安的黎明》等。

收藏单位：重庆馆、广东馆

08228

战鼓 蒋光慈著

上海：北新书局，1929.6，122+86 页，32 开

上海：北新书局，1930.3，2 版，122+86 页，32 开

本书分上、下两卷。收诗 57 首，内容包括：《红笑》《十月革命纪念》《无穷的路》《梦中的疑境》《余痛》《我们所爱者一定在那里》等，其中最末 4 首为译诗。上卷即著者的单行本诗集《新梦》。

收藏单位：重庆馆、国家馆、湖北馆、天

津馆、西南大学馆、浙江馆、中科图

08229
战壕小传单 周庄部队政治部编
开封日报社，[1949.2]，26 页，32 开（淮海战役丛书 5）
本书共 4 辑，收诗 29 首。
收藏单位：国家馆、南京馆

08230
战号 郑振铎著
上海：生活书店，1937.10，121 页，36 开
上海等：生活书店，1938.4，再版，121 页，36 开
本书共 3 辑。收诗 20 首，内容包括：《为中国》《墙角的创痕》《我们的中国》《我们的伤痕永不在背上》《保卫北平曲》《回击》等。
收藏单位：北碚馆、重庆馆、贵州馆、国家馆、吉林馆、江西馆、南京馆、陕西馆、西南大学馆、浙江馆、中科图

08231
战声 郭沫若著
[广州]：战时出版社，1938.1，69 页，36 开（战时小丛书 3）
本书收诗 20 首，内容包括：《们》《诗歌国防》《疯狗礼赞》《纪念高尔基》《悼聂耳》《前奏曲》《抗战颂》《血肉的长城》等。书后有《归国杂咏》影印手稿。
收藏单位：重庆馆、广东馆、贵州馆、国家馆、吉林馆、近代史所

08232
战士诗集 横吹编
山东新华书店，1949.6，114 页，横 64 开
本书共 5 辑：翻身要靠毛泽东、人民向咱诉苦情、刺刀装上枪、二勇士、说说唱唱真喜欢。收诗五十余首。
收藏单位：国家馆

08233
中国新民主主义青年团团歌歌词征稿汇编（第 1 集） [中国新民主主义青年团中央委员会编]
出版者不详，[1949]，21 页，32 开
本书是团中央于 1949 年初公开登报征求新民主主义青年团团歌、团旗、团徽以来，所收到团歌歌词的汇编。

08234
最初的失败 陈迩冬著
[重庆]：生活书店，1940.1，40 页，32 开
本书收诗 9 首，内容包括：《南村》《四月的早上》《柳州》《前寄》等。
收藏单位：重庆馆、广东馆、桂林馆、国家馆、浙江馆

08235
最前哨 郭沫若[等]著
香港：中国诗坛社，1948.3，49 页，32 开（中国诗坛 1）
本书收诗论 5 篇，内容包括：《开拓新诗歌的路》（郭沫若）、《诗与战斗》（适夷）、《谈翻身诗歌》（冯乃超）等；诗 18 首，内容包括：《低调短唱》（华嘉）、《春天的礼物》（黄宁婴）、《卓资山祭》（柳倩）等。
收藏单位：国家馆

08236
罪恶的黑手 臧克家著
上海：生活书店，1934.10，72 页，42 开（创作文库 14）
上海：生活书店，1935.3，再版，72 页，42 开（创作文库 14）
上海：生活书店，1936，3 版，72 页，42 开（创作文库 14）
上海：生活书店，1937.3，4 版，72 页，42 开（创作文库 14）
本书收诗 16 首，内容包括：《盘》《罪恶的黑手》《壮士心》《元宵》《民谣》《生命的叫喊》《都市的春天》等。
收藏单位：安徽馆、重庆馆、贵州馆、国家馆、吉林馆、江西馆、辽大馆、辽师大馆、宁夏馆、山东馆、上海馆、首都馆、天津馆、浙江馆、中科图

08237
罪恶的黑手　臧克家著
上海：星群出版公司，1947.6，72页，40开
上海：[星群出版公司]，1948.3，战后再版，72页，40开
收藏单位：安徽馆、广东馆、南京馆、上海馆

戏剧文学

综合集

08238
白山黑水　史轮　裴东篱等著
重庆：生活书店，1939.3，171页，36开（西北战地服务团丛书10）
重庆：生活书店，1939.3，再版，171页，36开（西北战地服务团丛书10）
本书收剧本3部:《白山黑水》(史轮、东篱)、《翻车》(张可、陈明)、《我叫你粉碎》(史轮)。《白山黑水》附曲9支，附文3篇:《平剧配乐的经验谈》(巍峙)、《关于〈白山黑水〉的制作》(史轮)、《略谈改良平剧》(丁玲)。
收藏单位：重庆馆、东北师大馆、贵州馆、国家馆、湖南馆、南京馆

08239
参军灭残匪（杂耍剧）　海潮等著　华中五地委宣传部编印
[淮安]：华中五地委宣传部，[1948]，26页，64开
本书收剧本3部：杂耍剧《参军灭残匪》(海潮、宋美斋)、快板剧《兄弟俩争着参军》(于宗)、《参军舞》(北之)。
收藏单位：国家馆

08240
范小丑参军（落子调）　履祥编
韬奋书店，1945.10，41页，32开
本书与《拥政爱民（快板剧）》(张仆农、孙慈惠)、《一捆柴（唱剧）》(皇甫束玉)、《得胜归来（快板剧）》(王启宏)合订。
收藏单位：国家馆

08241
放下包袱　人民文艺工作团等著
华北新华书店，1947.10，53页，36开
本书收剧本3部:《放下包袱》(人民文艺工作团)、《闹不成》(关守耀)、《一担水》(胜利剧团)。《放下包袱》附有乐谱及说明。
收藏单位：国家馆、山东馆

08242
放下包袱　人民文艺工作团等著
[阳城]：太岳新华书店，1948.11，39页，36开（通俗戏剧丛刊3）
本书收剧本两部:《放下包袱》(人民文艺工作团)、《闹不成》(关守耀)。《放下包袱》附有乐谱及说明。
收藏单位：国家馆、山东馆、天津馆

08243
互助好　平顺枣峻剧团等创作
涉县：新华书店，1945.5，35页，36开
本书收剧本3部:《互助好》(平顺枣峻剧团)、《生产总结》(高庆贞)、《骂老汉》(老大哥)。附曲谱。
收藏单位：国家馆、天津馆

08244
抗战剧选（第1集）　国民革命军第十八集团军（八路军）政治部编
[延安]：八路军军政杂志社，1940.3，104页，32开
本书收话剧《游击队的母亲》《棋局未终》《良民》《今天》、秦腔《查路条》等。
收藏单位：国家馆

08245
连队文娱　华东鲁中南军区政治部编
华东鲁中南军区政治部，[1948—1949]，76页，32开
本书收剧本5部:《宿营》《孤胆英雄》

《买卖公平》《枪杆诗》《插翅难飞》。有插曲。

收藏单位：国家馆

08246

群众创作选集 江帆 罗立韵编

沈阳：东北书店，1949.6，212 页，32 开

本书收剧本 10 部，内容包括：话剧《结果怎么样?》、秧歌剧《二毛立功》《模范干部真光荣》《一块红布条》、小型秧歌剧《不泄气》、二人转《军民拜年》等。

收藏单位：重庆馆、东北师大馆、国家馆、南京馆、天津馆

08247

上战场 战线剧社创作

华北新华书店冀中总分店，1948.12，36 页，32 开（平原戏剧丛书 13）

本书收剧本两部:《上战场》(战线剧社)、《明白了》(晨光)。

收藏单位：山东馆、天津馆

08248

上战场 战线剧社创作

十八兵团政治部，1949，26 页，36 开（连队剧选 3）

收藏单位：重庆馆

08249

上战场 战线剧社创作

中国人民革命军事委员会政治部，1949，22 页，36 开

收藏单位：重庆馆

08250

王大娘拥军 陈健吾等著

太行新华书店，1948.11，31 页，36 开

本书为戏剧杂耍集，收剧本 4 部：独角戏《开小差不合算》、快板剧《王大娘拥军》、秧歌活报《吴孟强送鸡》、广场歌舞剧《张同志感动了王德福》。

收藏单位：国家馆、山东馆

08251

王好善翻身·劝满仓 劳动剧团创作 孙应南执笔·榆社向阳剧团创作

韬奋书店，1945.10，40 页，32 开

《王好善翻身》为三幕剧乐子腔，《劝满仓》为独幕歌剧剧本。

收藏单位：国家馆

08252

戏剧杂耍集（第 1 集） 新华书店九分店编

新华书店九分店，1948.7，81 页，64 开

本书收剧本 4 部，内容包括：活西洋景《反“总体战”》、独角戏《汤义珍兴家》、独幕二场剧《匪祸》等；另收文两篇:《解放剧团的几点经验》(张汝森)、《平剧与改良平剧在农村中出演适合吗?》(麦青)。

收藏单位：国家馆

08253

小俩口和二狐灵 田野等著

晋察冀边区教育阵地社，1946.6，27 页，32 开（群众读物 22）

本书收剧本两部:《小俩口》(田野、火星)、《二狐灵》(胡朋)。

收藏单位：国家馆、山东馆、中科图

08254

笑了的人 赵子岳执笔

韬奋书店，1945.11，32 页，32 开

本书收太行山剧团集体创作、赵子岳执笔的话剧《笑了的人》，王元作、新华书店编辑部改编的儿童歌剧《秦富宝放牛》，白玉、史丹书作的广场歌剧《大祝寿》。

收藏单位：国家馆、南京馆

08255

新年春节文娱材料（第 1 辑） 胶东军区政治部宣传队编

胶东新华书店，[1945—1949]，36 页，32 开

本书收剧本 4 部:《活捉鬼子》(虞棘)、《保卫胜利果实》(赤儿)、《双抓》(王川)、《邯郸起义》(漠雁)。

收藏单位：南京馆、山东馆

08256
一切为前线（剧本·鼓词） 贾霁等著
裕民印刷厂，[1946]，[73] 页，32 开，环筒页装

本书收剧本 5 部:《一切为前线（独幕话剧）》（贾霁）、《翻身鼓词》（贾霁）、《蒋美双簧（杂要）》（吴人）、《蒋美特务训练所（快板剧）》（惠芳）、《蒋美谈判（活报）》（王民生）。

收藏单位：国家馆

08257
应当去（小杂耍） 苏北文工团集体创作
[淮安]：新华书店五分店，[1945—1949]，34 页，32 开

本书收剧本 5 部：打花鼓《应当去》《参战民兵张福祥》、广场剧《空吓一场》、荡湖船《逃到解放区里来》、活报《反动派出洋相》。

收藏单位：国家馆、山东馆

08258
组织起来 山东省文协编
山东新华书店，[1943—1949]，24 页，32 开（戏剧杂耍丛刊 14）

收藏单位：山东馆

京　剧

08259
北京四十天 王一达　邓泽　石天创作
西安：西北新华书店，1949.6，90 页，32 开（陕甘宁戏剧丛书 6）

本书是以李自成陷北京这一历史题材写成的京剧剧本。

收藏单位：重庆馆、国家馆

08260
逼上梁山（三幕平剧） 延安平剧研究会编写
东北书店，1946.12，101 页，32 开

本剧分二十七场。附《从〈逼上梁山〉谈到平剧改造问题》（刘芝明）。

收藏单位：江西馆

08261
逼上梁山（三幕平剧） 延安平剧研究会编写
华中新华书店，1946.4，90 页，32 开

收藏单位：国家馆

08262
逼上梁山（三幕平剧） 延安平剧研究会编写
[阳城]：太岳新华书店，1946.10，100 页，32 开

收藏单位：国家馆

08263
逼上梁山（三幕平剧） 延安平剧研究会编写
张家口：新华书店晋察冀分店，1946.6，107 页，32 开，环筒页装

收藏单位：国家馆

08264
逼上梁山（三幕平剧） 延安平剧研究会编写　蔡若虹插绘
大连：大众书店，1947.2，再版，16+83 页，32 开

收藏单位：长春馆、国家馆、宁夏馆

08265
逼上梁山（三幕平剧） 延安平剧研究会编写　蔡若虹插绘
胶东新华书店，1946.8，99 页，32 开

收藏单位：湖北馆

08266
逼上梁山（三幕平剧） 延安平剧研究院创作
[北平]：新华书店，1949.5，78 页，32 开（中国人民文艺丛书）
上海：新华书店，1949.9，79 页，32 开（中国人民文艺丛书）

收藏单位：安徽馆、重庆馆、东北师大馆、广东馆、国家馆、山西馆、天津馆

08267
仇深似海 李纶作

北平：新华书店，1949，160 页，32 开
　　收藏单位：安徽馆、长春馆、东北师大馆、天津馆

08268
闯王进京　马少波著
大连：大众书店，1948.4，18+56+60 页，32 开
　　本书分上、下两部：闯王起义、闯王遗恨。书前有著者前言。
　　收藏单位：国家馆、山东馆、山西馆

08269
闯王进京　马少波著
[菏泽]：冀鲁豫书店，[1945.10]，129 页，32 开
　　收藏单位：国家馆、南京馆、中科图

08270
闯王进京　马少波著
胶东新华书店，1946.1，148 页，32 开（剧丛 2）
　　收藏单位：安徽馆、福建馆、吉林馆、江西馆、辽宁馆、上海馆

08271
闯王进京　马少波著
[郑州]：中原新华书店，1949.3，18+56+60 页，32 开
　　收藏单位：重庆馆、吉林馆

08272
闯王进京（平剧）　马少波著
哈尔滨：东北书店，1948.5，166 页，32 开
　　收藏单位：长春馆、重庆馆、东北师大馆、国家馆、湖南馆、山东馆

08273
关羽之死　马少波编
华东新华书店胶东分店，1949.4，71 页，32 开
　　本书为平剧剧本，分三十六场。书前有《〈关羽之死〉剧情说明》。
　　收藏单位：国家馆、山东馆

08274
河伯娶妇　魏静生著
华北新华书店，1948.7，50 页，32 开
华北新华书店，1948.12，再版，50 页，32 开
　　本剧分五场。书前有《关于〈河伯娶妇〉》。书后有插曲 1 首。
　　收藏单位：长春馆、重庆馆、国家馆、河南馆、吉林馆、南京馆、山东馆、山西馆、天津馆、浙江馆

08275
河伯娶妇　魏静生著
[阳城]：太岳新华书店，1949.3，41 页，32 开（通俗戏剧丛刊 5）
　　收藏单位：重庆馆、国家馆

08276
红娘子　邓泽原著　东川改编
[佳木斯]：东北书店，1947.9，112 页，32 开（东北文艺丛书 2）
　　本剧分二十八场。附第九场和第十六场插曲曲谱。
　　收藏单位：长春馆、东北师大馆、国家馆、黑龙江馆、天津馆

08277
红娘子　邓泽原著　东川改编
华中新华书店总店，1949.3，80 页，36 开
　　收藏单位：重庆馆、国家馆、吉林馆、辽宁馆、南京馆、山东馆、上海馆、天津馆

08278
红娘子　石天著
西安：西北新华书店，1949.6，116 页，32 开（陕甘宁戏剧丛书 2）
　　本剧分二十六场。附第七场曲谱。
　　收藏单位：重庆馆、国家馆、人大馆、山东馆

08279
红娘子　太岳中学业余剧社编
[阳城]：太岳新华书店，1947.1，35 页，32 开

本剧分十九场。

收藏单位：重庆馆、国家馆、山东馆、山西馆

08280
黄巢（第2部） 陈其通著
大连：大众书店，1949.1，96页，32开

本剧分二十八场。书后有《〈黄巢〉叙事》（崔镇）、《〈黄巢〉主题歌》。

收藏单位：东北师大馆、国家馆、辽大馆、南京馆、内蒙古馆、山东馆

08281
黄巢起义 陈其通著
菏泽：冀鲁豫新华书店，1949.5，89页，32开

本书为高调剧剧本，分二十八场。在大众书店《黄巢》一书基础上略加修改而成，以适合各地方剧团用。

收藏单位：东北师大馆、国家馆、吉林馆、南京馆、山东馆、山西馆

08282
九件衣 崔牧编
哈尔滨：东北书店，1948.10，79页，32开
佳木斯：东北书店，1948.11，79页，32开（东北文协平剧工作团剧本丛书）

本书为平剧剧本，分十六场。书前有《由〈九件衣〉的演出谈起》（东川）。书后有插曲两首。

收藏单位：北师大馆、长春馆、东北师大馆、国家馆、南京馆、宁夏馆、山东馆、山西馆、绍兴馆、天津馆、中科图

08283
九件衣 崔牧编
菏泽：冀鲁豫新华书店，1949.5，81页，32开

收藏单位：国家馆、河南馆、吉林馆、山东馆

08284
九件衣 崔牧编
[无锡]：苏南新华书店，1949.7，73页，32开

收藏单位：国家馆、南京馆、山西馆

08285
九件衣 宋之的[等]创作
上海：上海杂志公司，1949.7，57页，32开（人民艺术丛刊5）

收藏单位：东北师大馆、广东馆、南京馆、武大馆

08286
赖虎记 邓泽著
[西安]：西北新华书店，1949，56页，32开

收藏单位：国家馆

08287
陆文龙
[佳木斯]：东北书店，1946.11，39页，32开

收藏单位：长春馆、东北师大馆、国家馆

08288
骂汪（新皮簧） 田汉著
军事委员会政治部，[1938—1945]，8页，50开（抗战小丛书 第8集）

收藏单位：国家馆

08289
木兰从军 马少波编
[北平]：新华书店，1949.8，52页，32开

本书书前有编者前言。书后有《木兰织布曲》。

收藏单位：安徽馆、重庆馆、广东馆、国家馆、河南馆、吉林馆、山东馆、天津馆

08290
平剧新编集（第1—2辑） 胶东文化协会主编
华东新华书店胶东分店，1949，草本，2册（296+196页），32开

本书第1辑收剧本9部，内容包括：《追韩信》（黄韦）、《牙山举义》（张波）、《渔家仇》（少波）、《失街亭》（秋潮）、《丁甲山》（姚翼）等；第2辑收剧本10部，内容包括：《陆文龙起义》（黄韦）、《战长沙》（金茂）、

《金雁桥》(昌华)、《芦花荡》(鲁诰)、《汤怀义》(赵宣)等。

收藏单位:国家馆、青海馆、山东馆、天津馆

08291
三打祝家庄 延安平剧研究院创作
晋察冀新华书店,1948.6,243页,32开,环筒页装
收藏单位:国家馆、湖南馆、吉林馆

08292
三打祝家庄 延安平剧研究院创作
上海:新华书店,1949.5,185页,32开(中国人民文艺丛书)
上海:新华书店,1949.7,190页,32开(中国人民文艺丛书)
本书为三幕京剧剧本。
收藏单位:广东馆、国家馆、湖北馆、吉林馆、南京馆、宁夏馆、山西馆、西南大学馆

08293
三打祝家庄 延安平剧研究院编 任桂林执笔
胶东新华书店,1946.6,154页,32开
胶东新华书店,1946.9,154页,32开
收藏单位:山东馆

08294
三打祝家庄 延安平剧研究院编 任桂林执笔
临沂:山东新华书店,1946.5,210页,32开
收藏单位:山东馆

08295
三打祝家庄 延安平剧研究院创作 任桂林 魏晨旭 李纶执笔
大连:大众书店,1946.11,再版,217页,32开
收藏单位:国家馆

08296
三打祝家庄 延安平剧研究院创作 任桂林 魏晨旭 李纶执笔
香港:海洋书屋,1947.11,267页,32开(北方文丛第2辑)
收藏单位:东北师大馆、复旦馆、国家馆、黑龙江馆、吉林馆、南京馆、上海馆、首都馆

08297
三打祝家庄 延安平剧研究院创作 任桂林 魏晨旭 李纶执笔
邯郸:人民书局,1946.11,186页,32开
本书为三幕平剧剧本。附曲谱7首。
收藏单位:国家馆、黑龙江馆

08298
三打祝家庄 延安平剧研究院创作 任桂林 魏晨旭 李纶执笔
[阳城]:太岳新华书店,1947,146页,36开
本书附曲谱7首。
收藏单位:重庆馆、黑龙江馆、山东馆

08299
三打祝家庄 延安平剧研究院创作 任桂林 魏晨旭 李纶执笔
出版者不详,1946.2,243页,32开
收藏单位:长春馆、东北师大馆

08300
三打祝家庄(三幕平剧) 延安平剧研究院编 蔡若虹插绘
胶东新华书店,1946.8,99页,32开
收藏单位:山东馆

08301
三打祝家庄(三幕平剧) 延安平剧研究院创作 任桂林等执笔
佳木斯:东北书店,1948.1,再版,222页,32开
收藏单位:长春馆、东北师大馆

08302
三打祝家庄（新编平剧）　延安平剧研究院创作　任桂林　魏晨旭　李纶执笔
华中新华书店，1949.3，173 页，32 开
收藏单位：湖北馆、山东馆、上海馆

08303
小仓山（新平剧）　周玑璋编
华东新华书店总店，1948.11，63 页，32 开
本书分十六场：杞县灾荒、饥民借粮、公堂争论、催逼捐税、强霸民女、虐杀饥民、打死公差、饥民暴动、邀请上山、被捕下狱、上山求救、大劫法场、众心拥戴、领兵下山、攻破县城、公审大会。
收藏单位：广东馆

08304
小仓山（新平剧）　周玑璋编
山东新华书店，1949.7，再版，63 页，32 开
收藏单位：国家馆、天津馆

歌剧、歌舞剧

08305
安家生产（秧歌剧）　刘莎著　邓止怡曲
佳木斯：东北书店，1948.5，26 页，32 开（东北文艺工作团第二戏剧音乐丛书 11）
佳木斯：东北书店，1948.12，再版，26 页，32 开（东北文艺工作团第二戏剧音乐丛书 11）
本书为秧歌剧剧本。附曲谱 4 首。
收藏单位：长春馆、重庆馆、国家馆、山东馆、天津馆、中科图

08306
八班变了　第八纵队文工队集体创作
[阳城]：太岳新华书店，1948.4，38 页，32 开
本书附插曲曲谱。
收藏单位：国家馆、河南馆

08307
白包袱（陕北广场歌剧）　李实改编
冀东新华书店，1947.3，手写影印本，10 页，32 开，环筒页装
本书附曲谱。
收藏单位：国家馆

08308
白毛女　贺敬之　丁毅编剧　马可 [等] 作曲
西安：西北新华书店，1949.7，修正本，206 页，32 开
本书为歌剧剧本。描写了地主黄世仁霸占民女喜儿，八路军为喜儿申冤报仇的故事。
收藏单位：重庆馆、国家馆、陕西馆

08309
白毛女　贺敬之　丁毅撰　马可等作曲　中国人民文艺丛书社编辑
[北平]：新华书店，1949，3 版，217 页，32 开（中国人民文艺丛书）
收藏单位：国家馆

08310
白毛女　延安鲁迅文艺学院创作　贺敬之　丁毅执笔　马可 [等] 作曲
香港：新中国书局，1949.8，港 1 版，修正本，272 页，32 开（北方文丛 第 3 辑）
本书书前有丁毅的再版前言。
收藏单位：广东馆

08311
白毛女　延安鲁艺工作团创作　贺敬之　丁毅编剧　马可 [等] 作曲
山东新华书店，1947.12，修正本，184 页，36 开
本书为六幕歌剧剧本。附曲谱 91 首。书前有《〈白毛女〉的创作与演出》（贺敬之）。书后有《关于〈白毛女〉的音乐》（马可、张鲁、瞿维）等。
收藏单位：国家馆

08312
白毛女　延安鲁艺工作团创作　贺敬之　丁

毅编剧　马可 [等] 作曲
[盐城]：韬奋书店，1947.7，再版，修正本，172 页，36 开
收藏单位：重庆馆、国家馆、吉林馆、山西馆

08313
白毛女　延安鲁艺工作团创作　贺敬之　丁毅编剧　马可 [等] 作曲
北平：新华书店，1949.5，193 页，32 开（中国人民文艺丛书）
上海：新华书店，1949.9，221 页，32 开（中国人民文艺丛书）
收藏单位：国家馆、湖北馆、山西馆、天津馆

08314
白毛女（剧本）　延安鲁艺工作团创作　贺敬之　丁毅执笔
[阳城]：太岳新华书店，1947，87 页，36 开
收藏单位：国家馆、山西馆

08315
白毛女（六幕歌剧）　贺敬之等作曲
[西安]：西北新华书店，1949.7，修正本，206 页，32 开
收藏单位：国家馆

08316
白毛女（六幕歌剧）　贺敬之　丁毅编剧　马可 [等] 作曲
华中新华书店，1949.3，再版，修正本，[164] 页，32 开
收藏单位：国家馆

08317
白毛女（六幕歌剧）　贺敬之　丁毅　王斌编剧　马可　张鲁　瞿维作曲
香港：海洋书屋，1948.5，再版，186 页，32 开（北方文丛 第 3 辑）
本书书前有郭沫若序、《白毛女——介绍一部解放区的歌剧》（李楠）。书后有插曲 93 首。编剧“丁毅”原题：丁一。
收藏单位：国家馆、吉林馆

08318
白毛女（六幕歌剧）　贺敬之　丁毅　王斌编剧　马可　张鲁　瞿维作曲
上海：黄河出版社，1947.2，186 页，36 开
本书编剧“丁毅”原题：丁一。
收藏单位：国家馆、湖南馆

08319
白毛女（六幕歌剧）　贺敬之　丁毅　王斌编剧　马可　张鲁　瞿维作曲
[威县]：冀南书店，1946.10，102 页，32 开，环筒页装
本书编剧“丁毅”原题：丁一。
收藏单位：国家馆

08320
白毛女（六幕歌剧）　贺敬之　丁毅　王斌编剧　马可　张鲁　瞿维作曲
[盐城]：韬奋书店，1946.11，[170] 页，36 开
[射阳]：韬奋书店，1947.6，144 页，32 开
本书附曲谱多首。书后有编者后记。编剧“丁毅”原题：丁一。
收藏单位：国家馆

08321
白毛女（六幕歌剧）　贺敬之　丁毅　王斌编剧　马可　张鲁　瞿维作曲
新华书店，[1946.6]，111+99 页，32 开
本书附曲谱 93 首。编剧“丁毅”原题：丁一。
收藏单位：重庆馆、国家馆、南京馆、浙江馆

08322
白毛女（六幕歌剧）　延安鲁迅艺术学院创作　贺敬之执笔
[惠民]：渤海新华书店，1947.11，[138] 页，32 开
收藏单位：国家馆、山东馆

08323
白毛女（五幕十八场新型歌剧） 延安鲁迅艺术学院原著
胶东新华书店，1946.7，89页，32开
收藏单位：山东馆

08324
白毛女（新歌剧） 延安鲁迅文艺学院创作　贺敬之　丁毅执笔　马可[等]作曲
佳木斯：东北书店，1947.10，190页，32开
本书为五幕歌剧剧本。附曲谱86首。书前有丁毅的再版前言。书后收文3篇：《〈白毛女〉音乐创作的经验》（马可、瞿维）、《关于〈白毛女〉歌剧的创作》（张庚）、《〈白毛女〉排演中的一点杂感》（水华）。
收藏单位：广东馆、国家馆、辽宁馆

08325
白毛女（新歌剧） 延安鲁迅文艺学院创作　贺敬之　丁毅执笔　马可[等]作曲
华东新华书店，1949.1，重排2版，修正本，239页，36开
收藏单位：福建馆、国家馆、山东馆、上海馆、西南大学馆

08326
白毛女（新歌剧） 延安鲁迅文艺学院创作　贺敬之　丁毅执笔　马可[等]作曲
吉林书店，1949.1，190页，32开
收藏单位：国家馆

08327
白毛女（新歌剧） 延安鲁迅文艺学院创作　贺敬之　丁毅执笔　马可[等]作曲
山东新华书店，1949.6，3版，239页，32开
本书据东北书店1947年版印。
收藏单位：山西馆、天津馆

08328
白毛女（新歌剧） 延安鲁迅文艺学院创作　贺敬之　丁毅执笔　马可[等]作曲
北平：万国书店，1949，186页，32开
收藏单位：重庆馆

08329
百战百胜（歌剧） 鲁亚农著　邓止怡配曲　东北文工二团编
长春：东北书店，1949.5，60页，32开（戏剧音乐丛书16）
本剧分五场。书后有附记。配曲者原题：止怡。
收藏单位：长春馆、重庆馆、东北师大馆、国家馆、黑龙江馆

08330
宝山参军（小歌剧） 边区群众剧社编　王血波作剧　王莘作曲
[阜平]：晋察冀新华书店，1947.11，37页，32开
[阜平]：晋察冀新华书店，1948.5，3版，37页，32开
本书附曲谱9首。
收藏单位：北师大馆、国家馆

08331
宝山参军（小歌剧） 王血波作剧　王莘作曲
山东新华书店，1948.4，36页，42开
收藏单位：国家馆、南京馆、山东馆

08332
宝山参军（小型歌剧选） 王血波等著
[北平]：新华书店，1949.5，74页，32开（中国人民文艺丛书）
上海：新华书店，1949.9，74页，32开（中国人民文艺丛书）
本书收剧本3部：《喜相逢》（胡可）、《宝山参军》（王血波、王莘）、《沃老大娘瞅"孩儿"》（胡果刚、李文学）。附曲谱15首。
收藏单位：东北师大馆、国家馆、宁夏馆、天津馆

08333
宝山参军（杂调集） 王血波　王莘著
[盐阜]：华中五地委宣传部，[1949]，32页，64开
收藏单位：国家馆

08334
保卫翻身（秧歌剧） 杨丽秀著
［阳城］：太岳新华书店，1947.4，30页，36开
　　收藏单位：国家馆、河南馆、山东馆、山西馆、天津馆

08335
别上当（秧歌剧） 边区群众剧社编　王莘　赵珂　齐俊荣作
［阜平］：晋察冀新华书店，1947.11，28页，32开
　　本剧分五场。附曲谱6首。
　　收藏单位：国家馆、宁夏馆、山东馆

08336
别上当（秧歌剧） 王莘　赵珂　齐俊荣作
山东新华书店，1948.3，27页，32开
　　本剧分五场。附曲谱6首。
　　收藏单位：国家馆、山东馆

08337
不要杀他 华北抗敌剧社创作　刘佳执笔　张非［等］配曲
［北平］：新华书店，1949.5，120页，32开（中国人民文艺丛书）
　　本书为五幕歌剧剧本。附曲谱39首。
　　收藏单位：东北师大馆、广东馆、国家馆、吉林馆、天津馆、西南大学馆

08338
不要杀他（曲子剧） 邢行型著
太岳新华书店，[1942—1949]，22页，32开
　　本书附尾歌《八路军和老百姓》的曲谱。
　　收藏单位：国家馆

08339
部队剧选 ［东北民主联军总政治部宣传队编］
东北民主联军总政治部，[1946.12]，218页，32开
　　本书收剧本8部：《刘顺清》《烧炭英雄张德胜》《徐海水除奸》《好同志有错就改》《兵夫团结》《军民互助》《张治国》《牛永贵受伤》。附曲谱。书前有编者前记。
　　收藏单位：东北师大馆、广东馆、国家馆、辽宁馆

08340
参军（演唱） 罗伯忠著　邓止怡曲
佳木斯：东北书店，1948.5，15页，32开（东北文艺工作团第二团戏剧音乐丛书13）
　　本书附曲谱4首。
　　收藏单位：国家馆、南京馆、天津馆

08341
参军保家（四场秧歌剧） 李牧编剧　沙丹　田风　杜粹远配曲
哈尔滨：东北书店，1948.6，3版，47页，32开（新演剧丛书创作11）
　　本书附曲谱7首。
　　收藏单位：北师大馆、长春馆、国家馆、南京馆、中科图

08342
参军真光荣（新秧歌剧） 鲁亚农作　罗正　李凝配曲
［佳木斯］：东北书店，1947.2，16页，32开（东北文艺工作团第二团戏剧音乐丛书9）
佳木斯：东北书店，[1947—1948]，再版，16页，32开（东北文艺工作团第二团戏剧音乐丛书9）
佳木斯：东北书店，1948.10，3版，16页，32开（东北文艺工作团第二团戏剧音乐丛书9）
　　本书附曲谱6首。
　　收藏单位：国家馆、辽宁馆、南京馆

08343
查路条（又名，五里坡）（秧歌剧） 马健翎作
冀鲁豫书店，[1944—1948]，石印本，28页，32开
　　收藏单位：国家馆

08344
唱劳保（小演唱） 潘燕撰　龙潮作曲

[沈阳]：东北新华书店，1949，21页，50开
收藏单位：重庆馆、国家馆、辽宁馆

08345
陈茂林洗脸擦灰（原名，改变旧作风） 高介云等创作
冀东新华书店，1947.11印，46页，32开
本剧原系用山西话写作，本次出版根据冀中语言略作修改。封面题名：洗脸擦灰（歌剧）。
收藏单位：重庆馆、国家馆、山东馆

08346
陈树元挂奖章（战斗剧本） 张绍杰编剧 李庆钟作曲
佳木斯：东北书店，1948.9，63页，50开
本剧分五场。附曲谱13首。
收藏单位：长春馆、东北师大馆、国家馆、山东馆、天津馆

08347
陈永福办合作社（秧歌剧） 秦征作 群众剧社编
晋察冀边区抗联会，1944.11，油印本，31页，32开，环筒页装
收藏单位：国家馆

08348
吃亏上当（中路秧歌剧） 冯松编
[兴县]：晋绥边区吕梁文化教育出版社，[1945.10]，58页，64开
本书为三场秧歌剧剧本。
收藏单位：国家馆

08349
赤叶河 阮章竞著
[北平]：新华书店，1949.5，156页，32开（中国人民文艺丛书）
上海：新华书店，1949.9，156页，32开（中国人民文艺丛书）
本书附曲谱37首。书后有后记、《关于音乐创作的经过》（高介云）。
收藏单位：广东馆、国家馆、湖南馆、吉林馆、天津馆、武大馆、浙江馆

08350
赤叶河 阮章竞词 高介云 张晋德谱
涉县：太行群众书店，1948.2，122页，32开
收藏单位：国家馆、南京馆、山西馆

08351
赤叶河 十八兵团轮训大队剧务组编
十八兵团轮训大队剧务组，[1947—1949]，石印本，42页，16开
收藏单位：重庆馆

08352
出路（秧歌剧） 冰之执笔
[阳城]：太岳新华书店，1947.4，26页，36开
本剧分四场。
收藏单位：国家馆、山西馆

08353
春耕互助 谢力鸣著
哈尔滨：东北书店，1949.4，75页，32开
本书为秧歌剧剧本，分九场。附曲谱12首。著者原题：力鸣。
收藏单位：长春馆、重庆馆、东北师大馆、国家馆、吉林馆、山东馆、陕西馆

08354
崔鹏飞送子参军（秧歌剧） 渤海军区政治部宣教部编
渤海军区政治部宣教部，[1949]，51页，64开
本书收剧本3部：《崔鹏飞送子参军》《小二姐劝郎参军》《王平归队》。
收藏单位：山东馆

08355
崔鹏飞送子参军（秧歌剧） 于建中 聂新喜 倪景奇创作
威县：冀南书店，1947.11，18页，32开
本书附曲谱9首。
收藏单位：国家馆

08356
搓皮（秧歌剧） 曹会平等创作　孙康配曲　辽东省文联筹委会编
东北新华书店辽东分店，1949，25 页，64 开
收藏单位：国家馆

08357
错打算盘（武乡秧歌） 武乡城关解放剧团创作　俊川　东明执笔　太行行署教育处太行文联审定
[邢台]：太行群众书店，1947.5，14 页，36 开
收藏单位：国家馆

08358
大盖枪（小调剧） 白华　唐文轩著
山东新华书店，1949，14 页，32 开（戏剧杂耍丛刊 17）
收藏单位：国家馆、天津馆

08359
大家好（新型秧歌剧） 华纯执笔　杨戈作曲
[兴县]：晋绥边区吕梁文化教育出版社，1944.10，24 页，32 开（“七七七”文艺奖金获奖作品 戏剧类 甲等奖）
本书附曲谱多首。
收藏单位：重庆馆、国家馆

08360
大家喜欢（歌剧）
冀东新华书店，[1944—1949]，33 页，32 开
收藏单位：国家馆

08361
担水前后（秧歌剧）
哈尔滨：东北书店，1949.4，20 页，32 开
收藏单位：东北师大馆、国家馆

08362
当模范（广场秧歌剧） 冀东文工团创作　连衡执笔　姜纯一作曲
[唐山]：冀东新华书店，[1948]，16 页，36 开
本书附曲谱 8 首。
收藏单位：国家馆、山东馆

08363
倒糊涂（独幕歌剧） 雪立编剧　肖民作曲
沈阳：东北书店，1949.4，30 页，50 开
附插曲谱 4 首。
收藏单位：长春馆、东北师大馆、国家馆

08364
动员起来（秧歌剧） 枣园文艺工作团创作
佳木斯：东北书店，1947.11，38 页，32 开（通俗文艺丛书）
佳木斯：东北书店，[1948.4]，再版，38 页，32 开（通俗文艺丛书）
本书附曲谱。书前有《枣园文艺工作团的秧歌》（枣园文艺工作团通讯小组）。
收藏单位：东北师大馆、国家馆、辽宁馆、天津馆、浙江馆

08365
动员起来（秧歌剧） 枣园文艺工作团创作
[辽县（左权）]：华北书店，1944.10，53 页，64 开
本书附曲谱。书后有《看了〈动员起来〉以后》。
收藏单位：国家馆、南京馆

08366
动员起来（秧歌剧） 枣园文艺工作团创作
华中新华书店六分店，1948.11，57 页，64 开
本书附曲谱。
收藏单位：国家馆、南京馆、山东馆

08367
动员起来（秧歌剧） 枣园文艺工作团创作
[无锡]：苏南新华书店，[1948.11]，57 页，64 开

08368
都是一家人（歌剧） 固敏编剧作曲
牡丹江：东北书店牡丹江分店，1947.11，26 页，32 开

本书附曲谱多首。

收藏单位：东北师大馆、国家馆、天津馆

08369

斗争　宋兴中著　李文学曲

佳木斯：东北书店，1948.11，24页，50开

本书附曲谱3首。

收藏单位：国家馆、山东馆、天津馆

08370

斗争恶霸牛万年（高跷剧）　柳泉农民创作　杨培洲执笔

[阳城]：太岳新华书店，[1946—1949]，13页，36开

收藏单位：国家馆

08371

堵口子（秧歌剧）　李刚著

冀鲁豫书店，[1945]，26页，32开，环筒页装

本书附曲谱。

收藏单位：国家馆

08372

杜八联群众除奸（七场曲子剧）　邢行型著

[阳城]：太岳新华书店，1947.3，28页，36开

本书书后有主题歌谱。

收藏单位：国家馆

08373

渡江（花船）　谷峪著

[威县]：冀南新华书店，1949.1，7页，32开（年关文娱材料）

本书为小歌剧剧本。附曲谱。

收藏单位：国家馆、山东馆

08374

二流子转变　王肯执笔

长春：东北书店，1949.5，36页，32开

本书为八场歌剧剧本。

收藏单位：东北师大馆、国家馆、辽宁馆

08375

二毛立功（二幕三场秧歌剧）　王水亭著

大连：东北书店，1949.6，26页，32开（旅大文协戏剧丛书4）

本书附曲谱6首。书前有《小序〈二毛立功〉》（罗烽）、《我是怎样编〈二毛立功〉的》（王水亭），以及剧情介绍。

收藏单位：国家馆

08376

二毛立功（二幕三场秧歌剧）　王水亭著

辽东新华书店，1949.8，23页，32开

收藏单位：国家馆、山东馆

08377

翻身年（剧本）　曹会平等创作　于大波配曲　辽宁省白山文艺工作委员会编

辽宁省白山文艺工作委员会，1948，23页，32开（戏剧小丛书1）

收藏单位：国家馆

08378

翻身秧歌集　李之华编

[哈尔滨]：东北书店，1947.2，65页，32开（东北文艺工作团第二团戏剧音乐丛书10）

哈尔滨：东北书店，1948.6，4版，65页，32开（东北文艺工作团第二团戏剧音乐丛书10）

本书收剧本7部：《庄稼人翻身乐》《翻身大秧歌舞》《姑嫂劳军》《自卫队捉胡子》《土地还家》《送公粮》《光荣灯》，均附曲谱。附《东北秧歌初步调查》。书前有编者前言。

收藏单位：长春馆、东北师大馆、广东馆、国家馆、湖北馆、吉林馆、辽宁馆、南京馆、陕西馆、天津馆、中科图

08379

翻天覆地的人（陕北革命史剧）　闻捷著

沈阳：东北新华书店，1949.8，106页，32开

本剧为歌剧剧本，分九场。

收藏单位：长春馆、重庆馆、东北师大馆、国家馆、湖北馆、吉林馆、辽宁馆、山东馆、山西馆

08380
纺织好 太行行署教育处文联编审
[邢台]：太行群众书店，[1946.1]，21页，32开
本书附插曲曲谱。
收藏单位：国家馆

08381
废铁炼成钢（歌舞剧） 蓝澄著
哈尔滨：东北书店，1949.4，80页，32开
收藏单位：东北师大馆、国家馆、黑龙江馆、吉林馆、辽大馆、宁夏馆、山东馆、天津馆

08382
封条（独幕歌剧） 王书琴作剧 方韧作曲
华北冀鲁豫军区政治部，[1949]，28页，32开（战友文艺丛书）
本书附曲谱。
收藏单位：国家馆、山东馆

08383
夫妻识字 马克著
[郑州]：中原新华书店，[1949.1]，15页，50开
收藏单位：国家馆、辽宁馆、山东馆

08384
复仇（歌剧） 胡零编剧 陈紫作曲
沈阳：东北新华书店，1949.8，262页，32开
本书附曲谱五十余首。
收藏单位：安徽馆、东北师大馆、吉林馆、天津馆

08385
改变旧作风 高介云[等]创作
[北平]：新华书店，1949.5，61页，32开（中国人民文艺丛书）
上海：新华书店，1949.8，61页，32开（中国人民文艺丛书）
上海：新华书店，1949，3版，61页，32开（中国人民文艺丛书）
本剧分五场。
收藏单位：重庆馆、东北师大馆、广东馆、国家馆、湖北馆、吉林馆、江西馆、辽宁馆、山西馆、绍兴馆、四川馆、天津馆、云南馆

08386
改变旧作风 高介云[等]创作 太行文联编
韬奋书店，1946.5，63页，32开，环筒页装
本剧分五场。
收藏单位：国家馆、山西馆

08387
干活好（秧歌剧） 肖龙[等编剧] 寄明配曲
东安（密山）：东北书店，1947.7，38页，50开（鲁艺创作丛书2）
哈尔滨：东北书店，1948.7，再版，36页，50开（鲁艺创作丛书2）
哈尔滨：东北书店，1948.12，3版，36页，50开（鲁艺创作丛书2）
本书附曲谱9首。书后有寄明的后记。
收藏单位：重庆馆、国家馆、辽宁馆、山东馆、天津馆

08388
钢骨铁筋 安东宣大编导委员会编
安东（丹东）：东北书店安东分店，1949.5，75+55页，32开
本书为四幕歌剧剧本。附曲谱。书前有前言。
收藏单位：重庆馆、国家馆、山东馆

08389
钢骨铁筋 苏里 武照题 吴音创作 武照题执笔 吴音 巩志卫谱曲
哈尔滨：东北书店，1948.12，118页，32开
本书为四幕歌剧剧本。附曲谱。
收藏单位：东北师大馆、国家馆、吉林馆、辽宁馆、山西馆、天津馆、中科图

08390
高申妈 晓光剧团创作 王丙臣 宋修业执笔

[阳城]：太岳新华书店，[1947]，28页，32开

本书为秧歌剧剧本，分五场。

收藏单位：国家馆、辽宁馆、山东馆

08391

歌剧选集（第1集） 江西军区政治部宣传部编

江西军区政治部宣传部，[1949]，156页，25开

收藏单位：广东馆

08392

孤胆英雄（独幕话剧） 贾霁辑

华东军区政治部文工团，1948.9，油印本，31页，32开

本书收秧歌剧剧本5部：《夫妻模范》《张大爷种地》《婚姻要自由》《关二爷整周仓》《偷南瓜》。附插曲多首。

收藏单位：山东馆

08393

关公整周仓（反迷信小喜剧） 张万一编剧　高介云配曲

太行新华书店，1948.11，34页，36开

本剧分四场。附曲谱。

收藏单位：国家馆、山西馆

08394

光荣夫妻（秧歌剧） 左林著

沈阳：东北书店，1949.5，14页，64开（大众文艺小丛书）

本书附曲谱4首。

收藏单位：国家馆

08395

光荣夫妻（秧歌剧） 左林著

农工书店，1949，14页，64开（大众文艺小丛书）

收藏单位：国家馆

08396

光荣花（小调剧）·群英会（秧歌剧） 刘富春作·履祥编

涉县：韬奋书店，1946.12，24页，32开

本书均有插曲。

收藏单位：国家馆

08397

光怨不识字（秧歌剧） 涉县群声剧团原作　王学诗改编　李众夫作曲

太行新华书店，1949.1，32页，32开

本剧分六场。附曲谱7首。据涉县群声剧团原作《不识字痛苦》一剧改编。

收藏单位：国家馆、山东馆、天津馆

08398

光怨不识字（秧歌剧 杂耍） 山东新华书店编辑部编辑

山东新华书店，1949，65页，50开（农村文娱材料）

收藏单位：国家馆

08399

归队（新秧歌剧） 鲁虹　萧汀编剧　立人配曲

[牡丹江]：东北书店牡丹江分店，1947.8，27页，36开

本书附曲谱。

收藏单位：国家馆、吉大馆

08400

柜中人（前方小喜剧） 马瑜　地子　西虹编剧　海琦[等]作曲

哈尔滨：东北书店，1948.10，29页，大64开

本书附曲谱多首。

收藏单位：国家馆、山东馆、天津馆

08401

柜中人（前方小喜剧） 马瑜　地子　西虹编剧　海琦[等]作曲

华中新华书店盐阜分店，1949.1，16页，50开

本书附曲谱多首。

收藏单位：国家馆

08402
韩永应（三幕秧歌小调剧） 兴化县农民剧团编
兴化新华书店，[1946—1949]，30 页，42 开
本书书前有徐达序、出版者的话。
收藏单位：国家馆

08403
好班长（原名，朱正科与钱伯文）（广场歌舞剧） 丁洪 唐克编剧 肖民作曲
佳木斯：东北书店，1948.9，52 页，大 64 开
本书附曲谱及说明。
收藏单位：长春馆、国家馆、辽大馆、山东馆、天津馆

08404
贺功（秧歌剧） 太行剧团创作 高介云执笔
涉县：太行群众书店，1947.8，40 页，36 开
本书附曲谱。
收藏单位：国家馆

08405
贺和平（春节宣传秧歌小调） 太行文联编
[涉县]：太行文联，1946.1，6 页，64 开（秧歌是文艺小丛书 2）
本书收秧歌小调 3 篇：《贺和平》《高树勋将军起义》《十二个月生产》。
收藏单位：国家馆

08406
黑板报 丁毅著
[郑州]：中原新华书店，1949.1，22 页，64 开
收藏单位：国家馆、南京馆、山东馆

08407
黑板报 丁毅著
出版者不详，1945.4，29 页，64 开
本书为用道情调或郿鄠调演唱的小歌剧剧本。附曲谱。书前有计桂森的木刻插图 3 幅。

08408
红布条（秧歌剧） 苏一平著
边区新华书店，1947.10，23 页，32 开（群众文艺丛书 4）
本书书后有《演出经验》。著者原题：苏一萍。
收藏单位：国家馆、黑龙江馆、南京馆、山东馆

08409
红鞋女妖精（秧歌剧） 苏一平 周戈编剧 金紫光 李庆森配曲
[阳城]：太岳新华书店，1948.8，70 页，32 开
本剧分七场。附插曲。书前有苏一平的前言。
收藏单位：国家馆、河南馆、山东馆、天津馆

08410
红鞋女妖精（秧歌剧） 苏一平 周戈编剧 金紫光 李庆森配曲
新华书店，1946.7，111 页，32 开
收藏单位：北碚馆、国家馆、山西馆

08411
互助 谢力鸣编剧 顾光谦 杨明全 孙康配曲 王真插画 辽宁白山文艺工作委员会编
东北书店辽宁分店，1949.3，81 页，36 开（戏剧小丛书 6）
本书分八场。附曲谱 12 首。
收藏单位：长春馆、重庆馆、东北师大馆、国家馆、辽宁馆

08412
互助（秧歌剧） 谢力鸣编剧 顾光谦 杨明全 孙康配曲
太行新华书店，1949.1，72 页，32 开
本书附曲谱。编剧原题：力鸣，配曲者"顾光谦"原题：光潜，"杨明全"原题：明全。
收藏单位：国家馆、宁夏馆、天津馆

08413
花鼓（秧歌剧） 王卓　肖汀著
佳木斯：东北书店，1948.2，18 页，64 开
哈尔滨：东北书店，1948.6，再版，18 页，64 开
　　收藏单位：国家馆

08414
花鼓（秧歌剧） 王卓　肖汀著　孟波作曲
辽东书店，1948，19 页，64 开
　　收藏单位：国家馆

08415
还驴 刘清凯著
人民解放军第二野战军政治部，1949.6，14 页，32 开（人民战士文艺丛书）
　　本书为小型秧歌剧剧本，分四场。
　　收藏单位：重庆馆、国家馆、南京馆、山东馆

08416
还驴 刘清凯著
[北平]：人民战士出版社，1949.5，14 页，36 开（人民战士文艺丛书）
　　收藏单位：重庆馆

08417
还驴 刘清凯著
太行新华书店，1948.12，22 页，32 开
　　本书为小型秧歌剧剧本，分四场。附插曲 5 首。
　　收藏单位：国家馆、宁夏馆、山东馆

08418
换工插犋 [安东省文工团改编]
安东（丹东）：东北书店辽东总分店，1949.6，39 页，32 开（工农文艺丛书 戏剧类 1）
　　本书收剧本两部：《换工插犋》《拣粪》，均附曲谱多首。
　　收藏单位：东北师大馆、国家馆、南京馆、山东馆

08419
回头生产（小调剧） 赵辛著
华中新华书店六分店，1948.5，石印本，18 页，32 开，环筒页装（淮海文艺小丛书）
　　本剧分五场。
　　收藏单位：国家馆

08420
火（一名，挖财宝）（歌剧） 胡零编剧　刘炽作曲
佳木斯：东北书店，1948.5，156 页，32 开
　　收藏单位：东北师大馆、国家馆

08421
货郎担 延安桥镇乡群众秧歌队著　马达木刻
[延安桥镇乡秧歌队]，1945.4，17 页，64 开
　　本书附曲谱。
　　收藏单位：国家馆

08422
货郎担（小型歌剧选） 延安桥镇乡群众秧歌队著
北平：新华书店，1949.5，63 页，32 开（中国人民文艺丛书）
　　本书收剧本 6 部：《小姑贤》《买卖婚姻》《货郎担》《算卦》《钉缸》《神虫》，均附曲谱。
　　收藏单位：安徽馆、东北师大馆、广东馆、国家馆、辽宁馆、宁夏馆、山东馆、天津馆

08423
积极生产及其他（歌剧） 华东军区文艺工作团编
山东新华书店，1949，92 页，32 开
　　本书为中国现代歌剧剧本。
　　收藏单位：重庆馆、国家馆、南京馆、天津馆

08424
家信（秧歌剧） 刘莲池编剧　孟贵斌作曲
[阳城]：太岳新华书店，1949.5，32 页，32 开（战斗剧社戏剧小丛书）

本书附曲谱 7 首。
收藏单位：国家馆、山东馆、山西馆

08425
坚守排（歌剧） 云立等编剧 钟渭作曲
[大连]：光华书店，1948.9，东北版，68 页，32 开
收藏单位：长春馆、重庆馆、东北师大馆、国家馆、南京馆、山东馆、天津馆、中科图

08426
减租（秧歌剧）
延安：华北书店，[1942—1949]，39 页，64 开
收藏单位：南京馆

08427
见面 王宗元执笔 彦军[等]作曲
西北军区政治部，1949，49 页，32 开（部队文艺丛书）
本书为小调剧剧本。附曲谱。
收藏单位：重庆馆

08428
见面 西北军区政治部文工团集体创作 王宗元执笔 彦军[等]作曲
西安：西北新华书店，1949.8，62 页，32 开（陕甘宁戏剧丛书 9）
收藏单位：国家馆

08429
见面 西北军区政治部文工团集体创作 王宗元等撰 彦军等作曲
上海：新华书店，1949，54 页，32 开
收藏单位：重庆馆、广东馆、国家馆、南京馆、天津馆

08430
接担架（秧歌剧） 杨蔚 胡零编剧 陈紫配曲
东安（密山）：东北书店，1947.7，18 页，64 开（鲁艺创作丛书）
佳木斯：东北书店，1948，3 版，18 页，64 开（鲁艺创作丛书）
本书附曲谱 3 首。
收藏单位：国家馆

08431
解放年（歌舞剧） 严正撰 程云作曲
沈阳：东北新华书店，1949，30 页，50 开
收藏单位：国家馆、辽宁馆

08432
金不换 赵育秀编剧 杨明全 顾光潜配曲
东北书店辽宁分店，1949.2，23 页，36 开（戏剧小丛书 5）
本书附曲谱 8 首。书中责任者题：克莹、晓照编剧剧本。
收藏单位：国家馆、陕西馆

08433
金戒指（歌剧） 雪立编剧 纯仁作曲
沈阳：东北书店，1949.6，40 页，50 开
收藏单位：国家馆、山东馆、陕西馆

08434
金戒指（歌剧） 雪立编剧 纯仁作曲
农工书店，[1940—1949] 印，36 页，64 开（大众文艺小丛书）
收藏单位：国家馆

08435
剧选（3）
华中新华书店，1949.3，24 页，36 开
本书收剧本两部：《元宝回家》（三场歌舞剧）、《买卖公平》（广场歌舞剧）。

08436
军爱民、民拥军（秧歌剧） 西虹作 邓止怡改编
佳木斯：东北书店，1948.10，3 版，32 页，50 开（东北文艺工作第二团戏剧音乐选辑 3）
本书附曲谱及《关于演奏上的几个说明》（止怡）。改编者原题：止怡。
收藏单位：国家馆、南京馆

08437
军民小喜剧（戏剧集）
新华书店，1949.8，84 页，32 开
本书收剧本 4 部:《金戒指》《买红薯》《王大娘赶集》《亲人》，均附曲谱。书前有小引。
收藏单位：广东馆

08438
军民一家（独幕歌剧） 晋冀鲁豫军区文工团编
[郑州]：中原新华书店，1949.2，20 页，32 开
本书附曲谱。据延安联政创作的同名秧歌剧改编。
收藏单位：重庆馆、国家馆、湖北馆、南京馆

08439
军民一家（歌剧） 谢力鸣编剧 鹰航作曲
东北书店，1947.6，39 页，50 开
本书附曲谱。编剧原题：力鸣。
收藏单位：国家馆

08440
军民一家（歌剧） 谢力鸣编剧 鹰航作曲
联防政治部，1944.8，48 页，50 开
本书附曲谱。编剧原题：力鸣。
收藏单位：国家馆、南京馆

08441
懒汉回头（小型歌剧） 李志明执笔 俞华谱曲
太岳新华书店，[1942—1949]，石印本，18 页，36 开，环筒页装
本书附曲谱。
收藏单位：国家馆

08442
劳动光荣（大秧歌、丝弦、老调、梆子）· 最后一分钟（独幕剧） 张庆田作 · 王林作
华北新华书店冀中总分店，1948.12，34 页，32 开（平原戏剧丛书 16）
收藏单位：重庆馆、国家馆、山东馆

08443
劳动英雄回家（新型秧歌剧） 王炎 刘锡琳编剧 刘锡琳等作曲
[兴县]：晋绥边区吕梁文化教育出版社，1944.10，19 页，32 开（“七七七”文艺奖金获奖作品 戏剧类 丙等奖）
本书为新型秧歌剧剧本。附插曲。书后有《音乐上的说明》。
收藏单位：国家馆、山东馆、山西馆

08444
劳军 王家乙著 刘炽配曲
佳木斯：东北书店，1948.10，2 版，14 页，50 开（新演剧丛书创作 8）
收藏单位：国家馆、南京馆、山东馆

08445
劳军（秧歌剧） 王家乙著 刘炽配曲
佳木斯：东北书店，1947.9，14 页，50 开（新演剧丛书创作 8）
收藏单位：国家馆

08446
劳军（秧歌剧） 王家乙著 刘炽配曲
农工书店，1947，17 页，64 开（大众文艺小丛书）
收藏单位：国家馆

08447
老耿赶队 平章等创作 丁毅配曲
佳木斯：东北书店，1948.4，20 页，50 开
收藏单位：国家馆、黑龙江馆

08448
老两口支援前线 左平编
[郑州]：中原新华书店，1949.1，12 页，64 开
本书为用逛延安调演唱的秧歌剧剧本。
收藏单位：国家馆、南京馆、山东馆

08449
老母鸡（秧歌剧） 高昆 白人 田川著 吕若曾曲
哈尔滨：东北书店，1948.4，30 页，50 开
哈尔滨：东北书店，1948.10，再版，30 页，50 开
收藏单位：北师大馆、国家馆、山东馆

08450
老赵觉悟 警三旅八团三连战士创作 宏图整理
中国人民解放军鲁中南军区政治部，[1948—1949]，11 页，32 开（连队文艺材料 16）
收藏单位：国家馆

08451
李长胜捉俘虏（五场小型歌剧） 歌焚编
[佳木斯]：东北书店，1946.10，10 页，32 开
本书附曲谱多首。
收藏单位：国家馆、黑龙江馆、辽宁馆、南京馆

08452
李长胜捉俘虏（五场小型歌剧） 歌焚编
晋察冀边区教育阵地社，1946.4，10 页，32 开（群众读物 13）
本书附曲谱多首。
收藏单位：国家馆、吉大馆

08453
李大娘送子归队（小歌剧） 胡可 何迟作剧 张非 丁平 佩之作曲
晋察冀军区政治部，[1937—1948]，34 页，36 开
收藏单位：重庆馆

08454
李二夫妇的转变（新歌剧） 刘晓世编剧 黄莎 王纯配曲
华中新华书店盐阜分店，1949.1，10 页，32 开
本书附曲谱 4 首。
收藏单位：国家馆

08455
立功 武照题编剧 张国昌作曲
哈尔滨：东北书店，1948.9，59 页，50 开
本书收《立功》《两相好》两部小歌剧剧本。
收藏单位：长春馆、国家馆、山东馆、陕西馆、天津馆

08456
立功花鼓及其他 张拓作
华东野战军政治部文工团，1947.6，38 页，32 开
收藏单位：山东馆

08457
两条心（小调歌剧） 张万一著 高介云曲谱改编
涉县：太行群众书店，1948.3，43 页，36 开
收藏单位：国家馆、山西馆

08458
两种作风 [晋冀鲁豫军区文艺工作团创作] 江涛 史超著 吴毅作曲
一分区政治部，[1946] 印，48 页，32 开
收藏单位：北师大馆、国家馆

08459
两种作风 晋冀鲁豫军区文艺工作团创作 江涛 史超著 吴毅作曲
中国人民解放军第二野战军政治部，[1949]，54 页，32 开（人民战士文艺丛书 4）
本剧分五场。附曲谱多首。书前有《看了文工团三个剧的演出后》（张际春）、《介绍文艺工作团的“两种作风”》（任白戈）。
收藏单位：重庆馆、国家馆、辽宁馆、南京馆

08460
两种作风 晋冀鲁豫军文工团创作 江涛 史超执笔 吴毅作曲
山东新华书店，1947.8 印，50 页，32 开（大众文库 秧歌剧）
本书据华北新华书店 1946 年 12 月原版翻

印。

收藏单位：国家馆、山东馆

08461
两种作风（秧歌剧）·军民一家（独幕歌剧） 军区文艺工作团等著
华北新华书店，1946.12，70 页，32 开，环筒页装

《两种作风》书前有《看了文工团三个剧的演出后》（张际春）、《介绍文艺工作团的“两种作风”》（任白戈）；《军民一家》据延安联政创作的同名秧歌剧改编。

收藏单位：国家馆、河南馆、山东馆、山西馆

08462
刘桂兰走娘家（小调剧） 李川作
华东新华书店胶东分店，1948.12，12 页，32 开（大众文娱集 2）

本书附曲谱 3 首。

收藏单位：国家馆

08463
刘胡兰 西北战斗剧社创作　魏风［等］编剧　罗宗贤［等］作曲
山东新华书店，1949.9，175 页，32 开（中国人民文艺丛书）

本书附曲谱 61 首。书前有《写在〈刘胡兰〉前面》（刘莲池）、《本事》。书后有《关于〈刘胡兰〉的演出》（严寄洲）、《〈刘胡兰〉音乐部分的说明》（黄庆和）。

收藏单位：东北师大馆、国家馆、山东馆

08464
刘胡兰 西北战斗剧社创作　魏风［等］编剧　罗宗贤［等］作曲
［北平］：新华书店，1949.5，169 页，32 开（中国人民文艺丛书）
上海：新华书店，1949.9，169 页，32 开（中国人民文艺丛书）

收藏单位：北师大馆、广东馆、国家馆、山西馆、天津馆

08465
刘胡兰（三幕十二场歌剧） 战斗剧社创作　魏风［等］编剧　罗宗贤［等］作曲
［阳城］：太岳新华书店，1948.12，168 页，32 开

收藏单位：广东馆、国家馆、山东馆

08466
刘巧儿告状 袁静著
东北书店，1947.9，56 页，32 开（通俗文艺丛书）

本剧分十一场。

收藏单位：长春馆、重庆馆、东北师大馆、国家馆、天津馆

08467
刘顺清（秧歌剧）
延安：延安印工合作社，1944.7，71 页，大 64 开

收藏单位：南京馆

08468
马素云之死（新内容唱剧） 郝桂芳等集体创作
朝城：冀鲁豫书店，1947.10，36 页，36 开（戏剧丛书 2）

本书为歌剧剧本，分十二场。书前有《写在前面》（李春兰）。

收藏单位：国家馆、山东馆

08469
买不动（新秧歌剧） 鲁亚农作　任虹　罗正配曲
［佳木斯］：东北书店，1946.12，28 页，32 开（东北文艺工作团第二团戏剧音乐丛书 4）

本书附曲谱 5 首。

收藏单位：国家馆、南京馆

08470
买卖公平 罗英改编　徐曙配曲
中国人民解放军华北军区政治部，[1948]，9 页，32 开

本书附曲谱。

收藏单位：国家馆

08471
买卖公平（广场歌舞剧） 沈西蒙著
中国人民解放军中原野战军政治部，1949.1，19页，32开（人民战士文艺丛书）
收藏单位：国家馆

08472
满门光荣（杂调剧） 庞学渊著 盐阜文娱社编
华中新华书店盐阜分店，1949.1，26页，64开
收藏单位：国家馆

08473
苗秋年小炮班 曹欣作 石岩作曲
华北新华书店，1947.7，54页，36开（晋冀鲁豫边区文艺创作小丛书 13）
本书附插曲曲谱。
收藏单位：重庆馆、国家馆、南京馆、山东馆、山西馆

08474
闹不成（广场秧歌剧） 关守耀编
太岳新华书店，[1945]，42页，64开
收藏单位：国家馆

08475
闹对了（中路秧歌剧） 孙谦编
[兴县]：晋绥边区吕梁文化教育出版社，[1930—1949]，60页，64开
本剧分四场。
收藏单位：国家馆

08476
牛永贵挂彩（小歌剧） 周而复等撰 中国人民文艺丛书社编辑
[北平]：新华书店，1949.5，167页，32开（中国人民文艺丛书）
本书收剧本6部：《牛永贵挂彩》《刘顺清》《张治国》《大家好》《模范妯娌》《红布条》。每剧均附曲谱。
收藏单位：东北师大馆、广东馆、国家馆、山西馆、天津馆、西南大学馆

08477
农村戏剧集 贾霁编
华东新华书店，1949，[90]页，32开
收藏单位：重庆馆、国家馆

08478
农村戏剧集 贾霁编
山东新华书店，1949.8，116页，32开
收藏单位：重庆馆、国家馆、山东馆、天津馆

08479
农公泊（胶东群众翻身故事 歌舞剧） 张波[等]编剧 陈志昂作曲
华东新华书店胶东分店，1949.4，144页，16开
本剧据马少波同名小说改编。
收藏单位：安徽馆、国家馆、南京馆、山东馆、天津馆、中科图

08480
农家乐（快板秧歌剧） 颜一烟著 东北文艺工作团编
佳木斯：东北书店，1947.8，31页，64开（新演剧丛书创作 9）
佳木斯：东北书店，1948.12，3版，28页，大64开（新演剧丛书创作 9）
收藏单位：广东馆、国家馆、山东馆、云南馆

08481
女英雄刘胡兰 中国人民解放军第一野战军政治部战斗剧社创作 魏风[等]编剧 罗宗贤[等]作曲
[阳城]：太岳新华书店，1949.5，[170]页，32开
本书为三幕歌剧剧本，分十二场。附曲谱。书前有《写在〈女英雄刘胡兰〉前面》（刘莲池）、《本事说明》。书后有《关于〈女英雄刘胡兰〉的演出》（严寄洲）、《〈女英雄

刘胡兰〉音乐部分的说明》（黄庆和）等。

收藏单位：国家馆、辽宁馆、南京馆

08482

盼八路（秧歌剧） 谢力鸣编剧　孙康作曲

长春：东北书店，1949.5，54 页，32 开

本剧分五场。附曲谱 10 首。

收藏单位：长春馆、重庆馆、东北师大馆、国家馆、山东馆、天津馆

08483

千里寻部队 抗敌剧社创作　歌焚　羽山执笔　罗浪制谱

[泾县]：晋察冀军区政治部抗敌剧社，[1947]，78 页，32 开

本书为秧歌剧剧本，分九场。附曲谱。

收藏单位：重庆馆、国家馆

08484

枪到哪里去了？（独幕歌剧） 山东新华书店编辑部编辑

山东新华书店，1949，52 页，42 开

收藏单位：国家馆

08485

庆祝和平实现（歌与剧） 晋察冀边区第七中学宣委会编

晋察冀边区第七中学宣委会，1946.2，油印本，22 页，64 开

收藏单位：国家馆

08486

庆祝新年大秧歌 任大心等撰　方非等作曲

渤海军区政治部宣教部，1949，17 页，32 开（春节文娱材料 7）

收藏单位：国家馆、辽宁馆

08487

穷人乐 晋察冀边区高街村剧团集体创作

大连：大众书店，1946.6，104 页，32 开

本书为歌剧剧本，分十四场。附《中共中央晋察冀分局关于阜平高街村剧团创作的〈穷人乐〉的决定》《沿着〈穷人乐〉的方向发展群众文艺运动》（《晋察冀日报》社论）。

收藏单位：长春馆、辽宁馆、山东馆、陕西馆

08488

穷人乐 晋察冀阜平高街村剧团创作　张非　汪洋记录

[盐城]：韬奋书店，1945.9，90 页，36 开

收藏单位：国家馆、黑龙江馆、南京馆、山西馆、中科图

08489

圈套（秧歌剧） 阮章竞原著　张万一编剧

[邢台]：太行群众书店，1947.9，38 页，36 开（农村戏曲小丛书）

收藏单位：国家馆、山东馆、山西馆

08490

全家忙（小歌剧） 边区群众剧社编

[郑州]：中原新华书店，1949.1，45 页，64 开

本书附曲谱 9 首。书前有前言。据晋察冀新华书店版《全家忙》剧本改编。

收藏单位：国家馆、南京馆

08491

全家忙（小歌剧） 边区群众剧社编　赵路作剧　血明　云翔作曲

[涉县]：晋察冀新华书店，1947.11，29 页，36 开

[涉县]：晋察冀新华书店，1948.5，3 版，29 页，36 开

本书附曲谱 9 首。

收藏单位：北师大馆、国家馆、南京馆、山东馆、中科图

08492

全家忙（小歌剧） 赵路作剧　血明　云翔作曲

华东新华书店渤海分店，1949.1，23 页，32 开

本书附曲谱 9 首。

收藏单位：国家馆、山东馆

08493
全家忙（小歌剧） 赵路作剧　血明　云翔作曲
山东新华书店，1948.4，27 页，64 开
收藏单位：南京馆、山东馆

08494
劝归队（秧歌剧）
[阳城]：太岳新华书店，1947，21 页，32 开
本书收剧本两部：《劝归队》（屯留剧团）、《管喜云》（张纲）。
收藏单位：重庆馆、山西馆

08495
人民城市　陈戈　任虹编剧　李海奇　关庆顺作曲
哈尔滨：东北书店，1948.11，64 页，32 开
本书为四幕歌剧剧本。附歌曲曲谱。书前有布景平面图。书后有演出后记。
收藏单位：安徽馆、长春馆、重庆馆、东北师大馆、国家馆、吉林馆、辽宁馆、宁夏馆、山东馆、天津馆

08496
人民城市　陈戈　任虹编剧　李海奇　关庆顺作曲
太岳新华书店，[1942—1949]，57+15 页，32 开
收藏单位：国家馆

08497
日头东升　林白著　东北文艺工作团编
[佳木斯]：东北书店，1947.8，20 页，50 开（新演剧丛书 8）
收藏单位：国家馆、山东馆

08498
荣誉（小歌舞剧） 雪立等著　海奇等作曲
佳木斯：东北书店，1948.9，20 页，50 开
本书附曲谱。
收藏单位：北师大馆、国家馆、山东馆、天津馆

08499
如此"正统军"　李南等创作　颜一烟执笔　江巍　田风配曲
佳木斯：东北书店，1947.9，36 页，32 开（新演剧丛书创作 12）
佳木斯：东北书店，1948.4，再版，36 页，32 开（新演剧丛书创作 12）
本书为秧歌剧剧本。
收藏单位：长春馆、东北师大馆、国家馆、黑龙江馆、天津馆

08500
三担水（小歌剧） 丁洪编剧　一鸣作曲
佳木斯：东北书店，1948.9，34 页，大 64 开
本书附曲谱 5 首。
收藏单位：东北师大馆、国家馆、辽大馆、山东馆、天津馆

08501
三门婿上寿（秧歌剧） 武乡盲人宣传队原著　暴震编剧
涉县：太行群众书店，1947.10，19 页，36 开（农村戏曲小丛书）
收藏单位：国家馆

08502
三门婿上寿（秧歌剧） 武乡盲人宣传队原著　暴震编剧
太行新华书店，1948.10，再版，19 页，36 开（农村戏曲小丛书）
收藏单位：国家馆

08503
山沟生活（沁源秧歌） 胡玉亭[等]创作
[阳城]：太岳新华书店，1946.3，42 页，32 开
本书收剧本 3 部：《出城》《山沟生活》《回城》。
收藏单位：国家馆

08504
陕北秧歌剧选　苏一平等编
[佳木斯]：东北书店，1947.10，47 页，32 开

本书收剧本4部，内容包括:《黑板报》（丁毅）、《山药蛋》（亚凡）、《一把镢头》（钟纪明）等。

收藏单位：国家馆、天津馆

08505
陕北秧歌剧选　苏一平等编
江淮出版社，1946.4，39页，32开（戏剧杂耍丛要2）
收藏单位：国家馆、山东馆

08506
伤工团结（秧歌剧）　周均作
山东新华书店，1948.4，32页，50开
本剧分六场。附曲谱8首。
收藏单位：国家馆、山东馆、山西馆

08507
上当　陈戈编剧　黄歌作曲
东北民主联军总政宣传部，1947.12，68页，32开（部队文艺丛书）
本书为歌剧剧本，分七场。
收藏单位：国家馆

08508
上当　陈戈编剧　黄歌作曲
哈尔滨：光华书店，1948.9，64页，32开
收藏单位：北师大馆、长春馆、东北师大馆、国家馆、山东馆

08509
上天堂（秧歌剧）　张一然著
冀鲁豫书店，[1944—1948]，17页，36开
本书附曲谱。
收藏单位：国家馆

08510
谁养活谁　宋兴中　刘维忠编剧　钟渭作曲
佳木斯：东北书店，1948.9，26页，50开
本书为歌剧剧本。附曲谱4首。
收藏单位：重庆馆、国家馆、南京馆、山东馆、天津馆

08511
谁沾光？（歌舞剧）　侣朋编剧　寄明　棣昌配曲
东北书店牡丹江分店，1947.7，35页，32开
本书为歌舞剧剧本，是鲁迅文艺工作团的创作之一。附曲谱。
收藏单位：国家馆、黑龙江馆

08512
神神怕打（歌剧）　西北文艺工作团编
中原新华书店，[1948—1949]，25页，50开
本书为秧歌剧剧本。
收藏单位：山东馆

08513
生产小组长　刘林著
佳木斯：东北书店，1948.4，18页，32开（通俗文艺丛书）
佳木斯：东北书店，1948.11，再版，18页，32开
本书为歌剧剧本。
收藏单位：东北师大馆、国家馆、天津馆

08514
十二把镰刀（又名，一夜红）（歌剧）　马健翎编　亓垚制谱
鲁中新华书店，1946.7，[31]页，36开
本书附歌谱。书前有编者序。
收藏单位：山东馆

08515
石寸金发家　黎明剧团创作　太行行署教育处文联编审
[邢台]：太行群众书店，[1946.7]，47页，32开
本书为六幕秧歌剧剧本。
收藏单位：国家馆、河南馆、山西馆

08516
识字好（秧歌剧）　姜薇编剧　高业作曲
[沈阳]：东北新华书店，1949，32页，50开
本书附曲谱5首。
收藏单位：国家馆、辽宁馆

08517
双认错（歌剧）· 过堂风（小调剧） 夏风作 · 王彬作剧　彦苓作曲
华北新华书店冀中总分店，1948.12，31 页，32 开（平原戏剧丛书 15）
本书均附曲谱。
收藏单位：国家馆、山东馆

08518
双转意（拥军爱民剧本） 王聪文　程联考　段二苗创作
[延安]：新华书店，1944.2，8 页，32 开（大众文艺小丛书 7）
本剧分五场。书前有序。
收藏单位：国家馆

08519
四大恶霸（歌舞剧） 张万一改编
[邢台]：太行群众书店，1947.4，21 页，36 开
本书分五场。附曲谱。据黎明剧团《三大恶霸》改编。
收藏单位：国家馆、浙江馆

08520
四姐妹拜寿（独幕小调剧）
泰州：泰州区新华书店，1949.4，19 页，48 开
收藏单位：国家馆

08521
送子入关（歌剧） 朱漪著　任虹　邓止怡曲
哈尔滨：东北书店，1949.3，32 页，32 开（戏剧音乐丛书 17）
本书附曲谱 11 首。作曲者“邓止怡”原题：止怡。
收藏单位：长春馆、重庆馆、东北师大馆、国家馆、黑龙江馆、湖南馆、辽宁馆、南京馆、宁夏馆、山东馆

08522
孙大伯的儿子 苏一平 [等] 创作　苏一平执笔　雪景　关键配曲
西安：西北新华书店，1949.7，[102] 页，32 开（陕甘宁戏剧丛书 3）
本剧分七场。附插曲多首。
收藏单位：重庆馆、国家馆

08523
提意见（新型秧歌剧） 王子羊　项军著
[兴县]：晋绥边区吕梁文化教育出版社，1944.12，7 页，32 开（“七七七”文艺奖金获奖作品 戏剧类 丙等奖）
本书附曲谱。
收藏单位：国家馆、南京馆

08524
天下无敌 武照题　吴音　李蒙执笔　攻志伟配曲
沈阳：东北新华书店，1949.7，102 页，32 开
本书为歌剧剧本，分九场。附曲谱。
收藏单位：北师大馆、长春馆、重庆馆、东北师大馆、国家馆、宁夏馆、天津馆

08525
同志，到家啦（秧歌剧） 唐莺著
冀鲁豫书店，1945.12，21 页，32 开
收藏单位：河南馆

08526
土地证发给谁（秧歌剧）· 三双鞋（梆子 · 线弦 · 老调通用） 冀中群众剧社创作　邱洪涛　陈逸痕执笔　邱真　赵振林　邵洛音作曲
华北新华书店冀中总分店，1948.12，29+22 页，36 开（平原戏剧丛书 12）
本书均附曲谱。
收藏单位：国家馆、山东馆

08527
挖工事 晋冀鲁豫军区文工团创作　江涛　杨正明执笔　吴毅作曲
晋冀鲁豫军区政治部，1949，25 页，36 开
本书为部队歌舞剧剧本。附曲谱多首。
收藏单位：国家馆

08528
挖工事 晋冀鲁豫军区文工团创作　江涛

杨正明执笔　吴毅作曲
[北平]：人民战士出版社，1949.6，25页，36开（人民战士文艺丛书）
　　收藏单位：广东馆、国家馆、山东馆

08529
挖坏根（七场秧歌剧） 颜一烟著　东北文艺工作团编
佳木斯：东北书店，1947.8，57页，64开（新演剧丛书创作10）
　　收藏单位：长春馆、国家馆

08530
挖苦根（演唱） 白华　雪立著　纯仁作曲
佳木斯：东北书店，1948.8，20页，32开
　　本书附曲谱4首。
　　收藏单位：长春馆、国家馆、江西馆

08531
挖穷根（秧歌剧） 关守耀　胡玉亭著
佳木斯：东北书店，1947.12，85页，32开
佳木斯：东北书店，1948.3，再版，85页，32开
　　本剧分七场。
　　收藏单位：重庆馆、东北师大馆、辽师大馆

08532
挖穷根（秧歌剧） 关守耀　胡玉亭著
华北新华书店，1947.4，79页，32开
　　收藏单位：国家馆、辽宁馆、山东馆

08533
挖穷根（秧歌剧） 关守耀　胡玉亭著
[阳城]：太岳新华书店，1947.1，67页，32开
　　收藏单位：重庆馆、国家馆

08534
王大娘赶集 桑夫作
[威县]：冀南新华书店，1948.11，19页，32开（年关文娱材料）
　　本书附曲谱。
　　收藏单位：国家馆、山东馆

08535
王德华转变（支前歌剧） 华中一分区文化协会编
华中一分区新华书店，1948.12，23页，32开
　　本书收剧本两部：《王德华转变》《黄来时回队》。均附插曲。
　　收藏单位：国家馆、南京馆

08536
王佃农识破美人计 渤海军区政治部编
[惠民]：渤海新华书店，1947.10，64页，32开（农村文娱材料3）
　　本书收剧本5部：《王佃农识破美人计》《夫妻俩》《两个干部》《田春岭》《双喜临门》。
　　收藏单位：国家馆、山东馆

08537
王贵与李香香（歌剧） 李季原著　张万一编剧
太行新华书店，1948.11，再版，69页，36开
　　收藏单位：国家馆、河南馆

08538
王贵与李香香（秧歌剧） 李季原著　张万一编剧
苏北新华书店总店，1949.4，60页，32开
　　收藏单位：国家馆、吉林馆、辽宁馆、宁夏馆、天津馆

08539
王贵与李香香（秧歌剧） 李季原著　张万一编剧
太行群众书店，1947.7，50页，36开
　　收藏单位：国家馆

08540
王克勤班 晋冀鲁豫军区文艺工作团　六纵文艺工作团创作　周振华[等]作　吴毅作曲
[北平]：人民战士出版社，1949.6，3版，58页（人民战士文艺丛书）

本书为歌剧剧本，分六场。附曲谱20首。

收藏单位：重庆馆、国家馆、山东馆、天津馆

08541
王克勤班 晋冀鲁豫军区文艺工作团 六纵文艺工作团创作 周振华 [等] 作 吴毅作曲
中国人民解放军第二野战军政治部，[1949]，56页，32开（人民战士文艺丛书3）

本书书前有《〈王克勤班〉这类歌剧值得提倡》（任白戈）。

收藏单位：重庆馆、国家馆、辽宁馆、南京馆

08542
王克勤班（六场歌剧） 晋冀鲁豫军区文艺工作团 六纵文艺工作队创作 周宗华 [等] 执笔 吴毅作曲
威县：冀南书店，1947.7，55页，36开

收藏单位：国家馆

08543
王克勤班（六场歌剧） 晋冀鲁豫军区文艺工作团 六纵文艺工作队创作 周宗华 [等] 执笔 吴毅作曲
晋冀鲁豫军区政治部，[1947—1948]，52页，36开

收藏单位：国家馆、湖南馆

08544
王克勤班（小型歌剧选） 晋冀鲁豫军区文艺工作团 六纵文艺工作队等著
[北平]：新华书店，1949.5，177页，32开（中国人民文艺丛书）

本书收剧本3部：《王克勤班》《两种作风》《杨勇立功》。附插曲多首。

收藏单位：重庆馆、广东馆、国家馆、湖北馆、湖南馆、吉林馆、山西馆、西南大学馆

08545
王秀鸾 傅铎编剧 艾实惕 [等] 作曲
[北平]：新华书店，1949.5，93页，32开（中国人民文艺丛书）

本剧分十二场。附曲谱22首。

收藏单位：安徽馆、重庆馆、国家馆、吉林馆、宁夏馆、山东馆、山西馆、天津馆

08546
王秀鸾 傅铎作 冀中区军区政治部火线剧社编
火光剧团，[1947]，油印本，58页，25开，环筒页装

收藏单位：国家馆

08547
王秀鸾（歌剧本） 傅铎撰 艾实惕 [等] 作曲
[北平]：华北人民革命大学文艺工作团，1949，81页，32开

收藏单位：国家馆

08548
王秀鸾（十三场生产歌剧） 傅铎作剧 卜一 [等] 作曲 冀中军区政治部火线剧社编
河间：冀中新华书店，1947.6，21页，32开

收藏单位：国家馆

08549
为谁打天下（六幕歌剧） 东北军政大学宣传队创作
佳木斯：东北书店，1948.11，128页，32开

本书附曲谱41首。书后有后记。

收藏单位：长春馆、东北师大馆、国家馆、南京馆、山东馆

08550
为谁干（戏剧秧歌集） 胶东新华书店编
胶东新华书店，1947.1，52页，32开

本书收剧本4部：《为谁干》（罗飞）、《双拥》（留波）、《一群孩子》（艺文）、《秋毫无犯》（艺文）。

收藏单位：国家馆

08551
问路　邢也等词　劫夫等曲
东北书店，[1945—1949]，22 页，32 开
本书收剧本两部:《问路》《八月十五》，均附曲谱。
收藏单位：国家馆

08552
我们的胜利军　太行军区警卫团一连等作
华北新华书店，1947.7，74 页，36 开（晋冀鲁豫边区文艺创作小丛书 21）
本书收剧本 3 部:《我们的胜利军》《义务看护队》《错打算盘》。
收藏单位：国家馆、河南馆、山东馆、山西馆

08553
我们的医院（小歌舞剧）　雪立编剧　亦林作曲
佳木斯：东北书店，1948.9，30 页，50 开
本书分四场。附曲谱 7 首。
收藏单位：国家馆、辽大馆、山东馆、天津馆

08554
无敌民兵　柯仲平著
西安：西北新华书店，1949.8，176 页，32 开（陕甘宁戏剧丛书 11）
本剧分十五场。附曲谱。书前有著者的小引。
收藏单位：国家馆

08555
无敌民兵　柯仲平撰　中国人民文艺丛书社编辑
[北平]：新华书店，1949，162 页，32 开（中国人民文艺丛书）
本书是歌剧剧本。
收藏单位：安徽馆、重庆馆、东北师大馆、广东馆、国家馆、吉林馆、南京馆、内蒙古馆、天津馆、云南馆

08556
无敌三勇士（三幕十三场歌剧）　刘白羽原著　超武改编
山东新华书店，1949.6，99 页，32 开
本书据同名小说改编。附曲谱 25 首。书前有贾霁的代序。
收藏单位：东北师大馆、国家馆、辽宁馆、南京馆、山东馆

08557
喜相逢（秧歌剧 第 10 集）
渤海军区政治部宣传部，1949.6，40 页，32 开
收藏单位：南京馆

08558
献器材（秧歌剧）　刘相如编剧　于大波作曲
沈阳：东北书店，1949.6，20 页，50 开
本书附插曲 5 首。
收藏单位：北师大馆、国家馆

08559
小姑贤　延安桥镇乡群众秧歌队著　力群木刻
延安桥镇乡群众秧歌队，1945.4，32 页，64 开

08560
小俩口谈和平（春节宣传歌剧）　太行文联编
[涉县]：太行文联，1946.1，15 页，64 开（秧歌是文艺小丛书 4）
本书为秧歌剧剧本。
收藏单位：国家馆、南京馆

08561
鞋　白辛编著
佳木斯：东北书店，1948.11，37 页，50 开
收藏单位：长春馆、国家馆、南京馆、山东馆、陕西馆、天津馆

08562
新旧光景（歌剧）　董小吾等创作　杨戈执笔　董小吾等作曲　杨戈编曲

[兴县]：晋绥边区吕梁文化教育出版社，1944.10，手抄石印本，27页，32开，环筒页装（“七七七”文艺奖金获奖作品 戏剧类 乙等奖）

收藏单位：重庆馆、国家馆

08563

新旧年景 班波等著

惠民：渤海新华书店，1947.10，33页，32开（农村文娱材料1）

本书收秧歌剧剧本3部:《新旧年景》（班波）、《一条心》（王泽民、李士珍）、《老俩口支援前线》（左平）。有插曲。

收藏单位：国家馆、山东馆

08564

新旧年景 班波编

郑州：中原新华书店，1949.1，24页，64开

本书为秧歌剧剧本。

收藏单位：国家馆、宁夏馆

08565

新年乐（小调剧） 周玑璋著

佳木斯：东北书店，1947.12，22页，32开（通俗文丛书）

佳木斯：东北书店，1948.12，4版，22页，32开（通俗文艺丛书）

收藏单位：重庆馆、国家馆、江西馆、南京馆、天津馆

08566

信不得（秧歌剧） 刘相如编剧 大波等配曲

[安东（丹东）]：东北书店辽东总分店，1949.5，[92]页，32开

本书附曲谱40首。

收藏单位：长春馆、重庆馆、东北师大馆、广东馆、国家馆

08567

信不得（秧歌剧） 刘相如编剧 大波等配曲

东北书店辽宁省分店，1948.10，[92]页，32开

收藏单位：国家馆

08568

兄妹开荒

华中新华书店盐阜分店，1948.11，18页，64开

本书收剧本两部:《兄妹开荒》《一把锄头》。

收藏单位：国家馆

08569

兄妹开荒（歌剧） 王大化 李波 路由创作

[郑州]：中原新华书店，1949.1，13页，48开

本书附曲谱。

收藏单位：国家馆、南京馆

08570

兄妹开荒（小型歌剧选） 王大化等著

[北平]：新华书店，1949.5，54页，32开（中国人民文艺丛书）

广州：新华书店，1949.9，54页，32开（中国人民文艺丛书）

本书收剧本3部:《兄妹开荒》《动员起来》《夫妻识字》。附曲谱。

收藏单位：东北师大馆、广东馆、国家馆、宁夏馆、绍兴馆

08571

兄妹开荒（秧歌剧） 周而复 王大化等著 雷鸣出版社编

[上海]：雷鸣出版社，1947.3，[81]页，32开

本书收剧本3部:《兄妹开荒》《一朵红花》《牛永贵受伤》。附曲谱。书前有代序《秧歌剧发展的道路》（周而复）。

收藏单位：北师大馆、国家馆、上海馆

08572

兄妹开荒·比赛 王大化等著·洪荒著

涉县：韬奋书店，1945.4，49页，32开

《兄妹开荒》为街头秧歌剧，《比赛》为短歌剧剧本。每剧均有剧情介绍及曲谱。

收藏单位：国家馆、吉林馆、南京馆、山西馆

08573
选举去（农村秧歌剧） 石毅著
华北新华书店，1943，34页，64开，环筒页装
收藏单位：国家馆

08574
学文化（歌剧） 曲天滋编剧　曹继水配曲　中国人民解放军鲁中南军区政治部编
中国人民解放军鲁中南军区政治部，[1949]，22页，32开（连队文艺材料10）
收藏单位：国家馆

08575
血泪仇（新型秧歌剧 三幕十七场） 马健翎原著　颜一烟　端木炎改编　黄准[等]配曲
香港：北方出版社，1949.6，160页，32开
本书附曲谱多首。书前有代序《人民的艺术》（颜一烟）。
收藏单位：重庆馆、国家馆、辽宁馆、西南大学馆

08576
血泪仇（新型秧歌剧 三幕十七场） 马健翎原著　颜一烟　端木炎改编　黄准[等]配曲
佳木斯：东北书店，1948.4，再版，160页，32开（新演剧丛书创作3）
收藏单位：东北师大馆、国家馆

08577
血泪仇（新型秧歌剧 三幕十七场） 马健翎原著　颜一烟　端木炎改编　黄准[等]配曲
苏州：苏南新华书店，1949.6，152页，32开
收藏单位：国家馆、吉林馆

08578
血泪仇（新型秧歌剧 三幕十七场） 马健翎原著　颜一烟　端木炎改编　黄准[等]配曲
[郑州]：中原新华书店，1949.2，150页，32开
收藏单位：东北师大馆、国家馆

08579
血肉相亲（秧歌剧） 铁肩等撰
渤海军区政治部宣传部，1949，20页，32开
本书为秧歌剧剧本选集。
收藏单位：国家馆

08580
颜干回家（小戏） 泗沐　只品著
华中新华书店六分店，1948.8，12页，64开（淮海文艺小丛书5）
收藏单位：国家馆、南京馆

08581
秧歌剧（第1集） 关东社会教育工作团编
大连：大众书店，1948.1，51页，32开（大众文艺丛书）
本书收剧本两部：《自寻烦恼》《缴公粮》。
收藏单位：国家馆、山东馆

08582
秧歌剧初集 周而复等著
重庆：新华日报图书课，1945，20+34页，32开（新华文艺丛书）
收藏单位：重庆馆、国家馆、南京馆、西南大学馆

08583
秧歌剧选集（1—2） 张庚编
佳木斯：东北书店，1947，2册（136+148页），32开（新文艺丛书4）
本书收剧本12部，内容包括：《十二把镰刀》（马健翎）、《兄弟开荒》（王大化等）、《动员起来》（枣园文艺工作团）、《钟万财起家》（军法处秧歌队）、《夫妻识字》（马可）、《喂鸡》（绥德文艺工作团）、《牛永贵负伤》（周而复、苏一平）、《张治国》（联政宣传队）、《刘顺清》（联政宣传队作曲，翟强编剧）、《打石门墕》（一二〇师独一旅战力剧社）等。每剧之前有说明，后有曲谱。书前有张庚序、《关于秧歌音乐》（马可）。
收藏单位：长春馆、广东馆、国家馆、辽宁馆、天津馆

08584
秧歌剧选集（2） 张庚编
大连：大众书店，1947.10，204页，32开（新文艺丛书5）
收藏单位：北师大馆、山东馆、浙江馆

08585
秧歌剧选集（2） 张庚编　周而复　苏一平等著
东安（密山）：东北书店，1947.9，再版，148页，32开（新文艺丛书5）
本书收剧本4部：《牛永贵负伤》（周而复、苏一平）、《张治国》（联政宣传队）、《刘顺清》（联政宣传队作曲，翟强编剧）、《徐海水》（联政宣传队作曲，翟强编剧）。书前有张庚序。
收藏单位：长春馆、东北师大馆、广东馆、国家馆、辽宁馆、山东馆、天津馆、中科图

08586
秧歌剧选集（3） 张庚编　马玉榜等著
佳木斯：东北书店，1947，再版，74页，32开（新文艺丛书6）
本书收剧本9部，内容包括：《打义井》（马玉榜、张映奎）、《减租》（黄润）、《小放牛》（尚之光、王世俊）等。
收藏单位：重庆馆、东北师大馆、国家馆

08587
杨小林（秧歌剧） 韩丹等编剧　佘青林　苏颖配曲
中共辽宁省委宣传部，1949.3，92页，32开（群众文艺创作丛书）
收藏单位：南京馆

08588
杨勇立功 白华编剧　彦克等曲
华东军区政治部文艺工作团，1948.4，油印本，36+14页，32开
收藏单位：山东馆

08589
杨勇立功（歌舞剧） 白华编剧　一鸣[等]作曲
佳木斯：东北书店，1948.1，57页，32开
本剧分九场。附曲谱。
收藏单位：东北师大馆、国家馆、南京馆、天津馆

08590
野兽求和（歌舞活报剧） 周方撰
沈阳：东北书店，1949.3，28页，32开
本书分两场：《狼狈为奸》《大败而逃》。
收藏单位：东北师大馆、国家馆、吉大馆、山东馆

08591
野兽求和（歌舞活报剧） 周方著
威县：冀南新华书店，1949.2，28页，32开
收藏单位：国家馆、山东馆

08592
夜探阎王殿（秧歌剧） 王越编剧　吕若曾配曲
佳木斯：东北书店，1948.5，24页，50开
本书附曲谱。
收藏单位：国家馆

08593
一把镢头 钟纪明著
郑州：中原新华书店，1949.1，24页，64开
收藏单位：南京馆

08594
一把钥匙（秧歌剧） 张立中[编]
渤海军区政治部宣教部，[1949]，37页，横64开
收藏单位：国家馆、山东馆

08595
一朵红花（秧歌剧） 周戈原作　萧汀改编
佳木斯：东北书店，1948.11，再版，14页，32开（通俗文艺丛书）
本剧宣传边区大生产运动和妇女劳动英

雄。

收藏单位：长春馆、重庆馆、东北师大馆、国家馆、山东馆、天津馆

08596

一封信（秧歌剧） 胡玉亭等著

[阳城]：太岳新华书店，1948.10，14页，36开（通俗戏剧丛刊）

本书附歌谱6首。

收藏单位：重庆馆、国家馆、山东馆

08597

一个裁缝之死（广场歌舞剧） 地子等集体创作

佳木斯：东北书店，1948.6，42页，32开

收藏单位：东北师大馆、国家馆、辽宁馆、山东馆、天津馆、中科图

08598

一个解放战士（歌剧） 田川等作 丁毅 若曾配曲

哈尔滨：东北书店，1948.11，43页，50开

本剧分五场。附曲谱多首。

收藏单位：长春馆、东北师大馆、国家馆、山东馆、陕西馆、天津馆

08599

一块银元（歌舞剧） 郑一农等撰

中国人民解放军胶东军区政治部，1949，13页，32开

收藏单位：国家馆

08600

一条皮带 付春和撰 路曼 王石路配曲

大连：东北书店，1949.5，70页，32开（旅大文协丛书 戏剧1）

本书是旅大文艺工作团集体创作，有剧情介绍及曲谱21首。

收藏单位：国家馆

08601

一条皮带（戏剧） 付春和撰 路曼 王石路配曲

[盐城]：苏北新华书店，1949.8，62页，32开（旅大文协丛书 戏剧1）

收藏单位：国家馆

08602

一盏灯（歌剧） 钟纪明著

新华书店，1946.4，52页，36开

本剧分六场。书前有作者的话。

收藏单位：国家馆、南京馆

08603

一只手的功臣 董伟执笔 路曼 徐中一配曲

大连：东北书店，1949.6，89页，36开（旅大文协戏剧丛书2）

本剧分五场。附曲谱22首。书前有剧情介绍。

收藏单位：国家馆

08604

一只手的功臣 董伟执笔 路曼 徐中一配曲

东北新华书店辽东分店，1949.8，63页，32开

收藏单位：重庆馆、国家馆

08605

英雄刘四虎（部队歌舞剧） 西政文工团创作 王宗元[等]执笔 李耀先[等]作曲

西安：西北新华书店，1949.9，66页，32开（陕甘宁戏剧丛书10）

本书所刊仅为第二幕八至十三场。附曲谱。书后有《关于〈英雄刘四虎〉的排演》。

收藏单位：国家馆、南京馆

08606

拥军喜报（秧歌剧） 刘汉章等集体创作

[阳城]：太岳新华书店，1946.3，20页，32开

收藏单位：国家馆、山西馆

08607

永安屯翻身（三幕十二场秧歌剧） 鲁迅文艺工作团创作

辽东书店，[1945—1949]，[141] 页，32 开

本书为第 3 次改订稿。附插曲多首。

收藏单位：重庆馆、国家馆

08608

永安屯翻身（三幕十二场秧歌剧） 鲁艺文工团创作　陈紫歌曲　张望插图

佳木斯：东北书店，1948.3，186 页，32 开

本书附插曲多首。

收藏单位：北师大馆、长春馆、东北师大馆、国家馆、黑龙江馆、南京馆

08609

鱼水相得（春节宣传秧歌小调） 太行文联编

[涉县]：太行文联，1946.1，14 页，64 开（秧歌是文艺小丛书 3）

收藏单位：南京馆

08610

蒸干粮（秧歌剧） 余戈等著　太行行署教育处文联编审

[邢台]：太行群众书店，1945.9，24 页，32 开

收藏单位：国家馆、河南馆、南京馆、山西馆

08611

钟万财起家（街头报导剧） 延安军法处秧歌队集体创作

大连：大众书店，[1945—1949]，24 页，32 开（大众文艺丛书）

本书反映不爱劳动、一天到晚抽洋烟的钟万财，经过帮助，努力劳动换来美满生活的故事。书前有《创作经过》（军法处通讯小组）。书后有《刘生海转变》（萧三）。

收藏单位：国家馆

08612

周喜生作风转变（唱剧） 皇甫束玉等作

华北新华书店，1945.11，33 页，32 开，环筒页装

本剧是为左权县的民主建政而创作的五场歌剧剧本。

收藏单位：国家馆、南京馆、宁夏馆、山东馆、山西馆、中科图

08613

朱宝全生产（歌剧） 刘莎撰　邓止怡作曲

沈阳：东北书店，1949.4，19 页，32 开（戏剧音乐丛书 18）

本书附曲谱 6 首。

收藏单位：长春馆、国家馆、黑龙江馆、陕西馆

08614

捉害虫（秧歌剧） 苏东风编剧　张树田　刘万峰配曲

哈尔滨：东北书店，1949.4，25 页，50 开

本书附曲谱 6 首。

收藏单位：长春馆、国家馆

08615

姊妹比赛 白山文工团创作　赵玉秀执笔　丁建章等配曲

东北书店辽宁总分店，1949.5，22 页，36 开（戏剧小丛书 13）

收藏单位：国家馆

08616

做军鞋（秧歌剧本） 张德仪等集体创作

边区新华书店，1948.1，17 页，36 开（群众文艺丛书 3）

本书附曲谱 6 首。

收藏单位：国家馆

话　剧

08617

阿 Q 正传（六幕剧） 鲁迅创作　许幸之编剧

上海：光明书局，1940.8，11+132 页，32 开

上海：光明书局，1941.6，再版，11+132 页，32 开

上海：光明书局，1942.12，3 版，11+132 页，32 开

桂林：光明书局，1943.1，11+132 页，32 开

上海：光明书局，1946.3，再版，11+132 页，32 开
上海：光明书局，1947.1，3 版，11+132 页，32 开（光明戏剧丛书 1）
上海：光明书局，1948.3，5 版，11+132 页，32 开（光明戏剧丛书 1）
上海：光明书局，1949.3，6 版，11+132 页，32 开（光明戏剧丛书 1）

本书据鲁迅同名小说改编。书前有代序《〈阿 Q 正传〉的改编经过及导演计划》。

收藏单位：重庆馆、广东馆、广西馆、桂林馆、国家馆、黑龙江馆、湖北馆、湖南馆、吉林馆、山西馆、上海馆、首都馆、浙江馆

08618
阿 Q 正传（五幕剧） 田汉编剧
上海：戏剧时代出版社，1937.10，145 页，32 开（抗战戏剧丛书 1）
汉口：戏剧时代出版社，1938.1，再版，145 页，32 开（抗战戏剧丛书 1）

本书据鲁迅同名小说改编。书前有编剧自序。

收藏单位：北碚馆、重庆馆、甘肃馆、广东馆、西南大学馆

08619
阿 Q 正传（五幕剧） 田汉编剧
上海：现代戏剧出版社，1939.10，5 版，145 页，32 开（现代戏剧丛书 1）
上海：现代戏剧出版社，1940.11，6 版，145 页，32 开（现代戏剧丛书 1）

收藏单位：重庆馆、广东馆、广西馆、黑龙江馆、辽大馆、首都馆、浙江馆

08620
把眼光放远点 冀中火线剧社创作
冀中火线剧社，[1944]，32 页，32 开

本书书前有周扬序。封面题：得晋察冀鲁迅艺术奖金。

收藏单位：北碚馆、国家馆、南京馆

08621
把眼光放远点 冀中火线剧团创作 胡丹沸执笔 牧虹修改
大连：大众书店，1946.6，48 页，32 开

本书书前有周扬序。

收藏单位：东北师大馆、辽宁馆、山东馆、天津馆

08622
把眼光放远点（独幕话剧） 冀中火线剧社创作 胡丹沸执笔 牧虹修改
[辽县（左权）]：华北书店，1944.12，63 页，64 开

本书书前有周扬序。书后有牧虹的后记。

收藏单位：重庆馆、国家馆、南京馆

08623
把眼光放远点（独幕话剧选） 冀中火线剧社等著
[北平]：新华书店，1949.5，140 页，32 开（中国人民文艺丛书）

本书收剧本 4 部:《把眼光放远一点》（冀中火线剧社）、《粮食》（洛丁、张凡、朱星南）、《打的好》（成荫）、《反“翻把”斗争》（李之华）。

收藏单位：重庆馆、东北师大馆、国家馆、湖南馆、吉林馆、辽宁馆、山东馆、山西馆、天津馆、西南大学馆

08624
保卫和平（又名，一家人） 马健翎著
新华书店，1946.10，116 页，32 开
[北平]：新华书店，1949.5，95 页，32 开（中国人民文艺丛书）

本剧分二十五场。

收藏单位：重庆馆、东北师大馆、广东馆、国家馆、湖北馆、吉林馆、江西馆、山东馆、山西馆、天津馆、西南大学馆、云南馆

08625
保卫我们的好光景和改造懒婆（二个独幕话剧） 杜烽 胡朋著
[张家口]：晋察冀边区教育阵地社，1946.7，30 页，32 开（群众读物 24）

收藏单位：国家馆、中科图

08626
逼上梁山（独幕剧） 温涛著
苏中江海导报印刷厂职工会，1947.10，15 页，32 开
收藏单位：国家馆

08627
鞭（五幕剧） 宋之的著
重庆：生活书店，1940.11，178 页，32 开
重庆：生活书店，1940.12，再版，178 页，32 开
本书为剧本。书前有全剧人物简介。
收藏单位：北碚馆、重庆馆、贵州馆、国家馆、南京馆、上海馆、首都馆、浙江馆

08628
别耽心（剧本） 汹涌等著
威县：冀南书店，1947.5，15 页，36 开
本书收剧本两部：《别耽心》《一家人》。
收藏单位：国家馆

08629
不夜城（三幕剧） 阿英著
上海：剧艺出版社，1941.3，110 页，32 开
收藏单位：东北师大馆、广东馆、国家馆、上海馆、浙江馆、中科图

08630
草莽英雄 阳翰笙著
出版者不详，[1943—1949]，油印本，1 册，16 开，活页装
收藏单位：重庆馆、广西馆、国家馆

08631
长夜行（四幕剧） 于伶著
上海：新知书店，1946.2，179 页，32 开
本剧以抗战为背景，描写上海一幢坐落在公共租界石库门房子内的三户人家的生活。有剧中人物、时间及地点介绍。
收藏单位：重庆馆、东北师大馆、国家馆、辽宁馆、内蒙古馆、上海馆、首都馆、浙江馆

08632
长夜行（四幕剧） 于伶著
桂林：远方书店，1942.11，179 页，32 开
收藏单位：北碚馆、重庆馆、广东馆、广西馆、贵州馆、桂林馆、国家馆、吉林馆、西南大学馆

08633
吃地雷（独幕话剧） 贾霁著 山东省文协编
山东新华书店，1945.6，28 页，32 开（戏剧杂耍丛刊 4）
本书附山东快书《围困刘庄》（倪焕章）。
收藏单位：国家馆、南京馆、山东馆

08634
重庆交响乐 西蒙著
[射阳]：韬奋书店，[1947]，3 册（70+78+84 页），32 开（戏剧丛书 2）
本书共 3 部：浑浊的城、窒息的城、不死的城。
收藏单位：国家馆、南京馆、上海馆

08635
愁城记 夏衍著
上海：剧场艺术社，1941.5，105 页，32 开（戏剧丛书 10）
本书为四幕剧剧本。书前有代序《一个旅人的独白》（夏衍）。
收藏单位：北碚馆、北师大馆、广东馆、贵州馆、国家馆、吉林馆、上海馆

08636
愁城记 夏衍著
上海：开明书店，1946.5，102 页，32 开（夏衍剧作集）
上海：开明书店，1947.4，再版，110 页，32 开（夏衍剧作集）
上海：开明书店，1949.7，3 版，102 页，32 开（夏衍剧作集）
收藏单位：重庆馆、东北师大馆、广东馆、国家馆、黑龙江馆、湖南馆、江西馆、

辽大馆、辽宁馆、南京馆、内蒙古馆、山西馆、上海馆、首都馆、天津馆、浙江馆

08637
愁城记　夏衍著
桂林：文献出版社，1942.8，16+111 页，32 开（文艺生活丛书 5）
　　收藏单位：重庆馆、广西馆、桂林馆、国家馆、西南大学馆

08638
打的好（话剧）　成荫著
[兴县]：晋绥边区吕梁文化教育出版社，1944.12，13 页，32 开（“七七七”文艺奖金获奖作品 戏剧类 丙等奖）
　　收藏单位：国家馆

08639
大斗（三幕话剧）　中迷城村剧团编
星火出版社，1946，18 页，32 开（乡艺丛书）
　　本书运用具体的事件来表现农村中封建剥削的残酷及穷人翻身的问题。
　　收藏单位：重庆馆

08640
大榆林（四幕剧）　白文著
山东新华书店，1948.2，88 页，32 开（文艺创作丛书）
　　收藏单位：山东馆、上海馆

08641
地雷开花　钟纪明著　张云配曲
[大连]：大众书店，[1947.12]，15 页，32 开
　　本书附插曲。书前有吴文遴的出版叙言。
　　收藏单位：国家馆

08642
地照到家　鲁宁叶等作剧
辽北书店，1948.12，24 页，25 开（戏剧丛刊）
　　收藏单位：江西馆

08643
地照到家　鲁琪等著
齐齐哈尔：东北书店，1948.11，24 页，32 开（实验戏剧丛刊 5）
　　收藏单位：南京馆

08644
地震（三幕七景剧）　贾霁著
临沂：山东新华书店，1946.6，166 页，32 开（解放文艺丛书 第 1 辑 1）
　　本书附插曲。
　　收藏单位：国家馆、山东馆、中科图

08645
儿女英雄　白山文委会编辑室创作　卞之和　刚鉴执笔
东北书店辽宁分店，1949，42 页，36 开（戏剧小丛书 13）
　　本书描写 1948 年东北农村的故事。
　　收藏单位：重庆馆

08646
反倒租（四幕话剧）　汤增桐著
华中新华书店六分店，1948.7，33 页，64 开（淮海文艺小丛书 4）
　　收藏单位：国家馆、南京馆

08647
反对三只手（独幕话剧）　繁荣厂职工创作　鲁煤　陈淼执笔
出版者不详，[1949]，油印本，1 册，32 开
　　收藏单位：国家馆

08648
反“翻把”斗争
辽东书店，[1947—1949]，81 页，32 开，环筒页装
　　本书收独幕剧剧本两部：《反“翻把”斗争》（李之华）、《笼牢计》。书前有《东北局宣传部关于奖励〈反“翻把”斗争〉剧本的通知》。书后有介绍《反“翻把”斗争》的创作经过，以及演员在排演中的体会、感受的文章。

收藏单位：东北师大馆、上海馆

08649
反“翻把”斗争（独幕话剧） 李之华著
大连：大众书店，1947，2版，74页，32开
本书书前有《〈反“翻把”斗争〉的创作过程》（李之华）。
收藏单位：东北师大馆、辽宁馆

08650
反“翻把”斗争（独幕话剧） 李之华著
佳木斯：东北书店，1947.5，59页，32开（东北文艺工作团第二团戏剧音乐丛书8）
佳木斯：东北书店，1947.11，再版，60页，32开（东北文艺工作团第二团戏剧音乐丛书8）
哈尔滨：东北书店，1948.3，再版，60页，32开（东北文艺工作团第二团戏剧音乐丛书8）
收藏单位：重庆馆、东北师大馆、国家馆、南京馆、宁夏馆

08651
反“翻把”斗争（独幕话剧） 李之华著
[上海]：光明书店，1947.9，56页，32开（东北文工团第二团戏剧音乐丛书8）
收藏单位：国家馆

08652
飞将军 洪深著
汉口：上海杂志公司，1937.12，100+[8]页，36开（大时代文库1）
汉口：上海杂志公司，1938.4，再版，100页，36开（大时代文库1）
本书为独幕剧剧本。书前有代序《“飞将军”座谈会》、著者附白。书后有演员表、职员表等。
收藏单位：安徽馆、北碚馆、重庆馆、广东馆、贵州馆、国家馆、吉林馆、江西馆、南京馆、西南大学馆

08653
风雨归舟（四幕剧） 田汉 洪深 夏衍著
桂林：集美书店，1942.5，136页，32开（戏剧春秋丛书2）
收藏单位：北碚馆、重庆馆、广东馆、桂林馆、国家馆、湖南馆、吉林馆、江西馆、南京馆、首都馆、天津馆、西南大学馆、中科图

08654
复活 （俄）列夫·托尔斯泰（Лев Николаевич Толстой）原著 夏衍改编
重庆：美学出版社，1943.5，137页，36开（海滨小集2）
重庆：美学出版社，1944.6，再版，137页，36开（海滨小集2）
重庆：美学出版社，1945，137页，42开（海滨小集2）
重庆：美学出版社，1946.1，3版，137页，32开（海滨小集2）
本书是据列夫·托尔斯泰同名小说改编的六幕话剧剧本。
收藏单位：安徽馆、北碚馆、重庆馆、广东馆、国家馆、湖南馆、吉林馆、南京馆、内蒙古馆、山东馆、上海馆、浙江馆

08655
复活（六幕剧） 田汉改译
上海：上海杂志公司，1936.9，247页，32开（文学创造丛书）
上海：上海杂志公司，1937，3版，247页，32开（文学创造丛书）
重庆：上海杂志公司，1940，4版，247页，32开（戏剧丛刊）
收藏单位：重庆馆、广东馆、广西馆、贵州馆、国家馆、湖南馆、内蒙古馆、首都馆、中科图

08656
甘愿做炮灰 郭沫若著
上海：北新书局，1938.1，173页，32开（文艺新刊）
本书收剧本两部：《甘愿做炮灰》（四幕剧）、《棠棣之花》（五幕剧）。
收藏单位：北碚馆、重庆馆、广东馆、国家馆、湖南馆、南京馆、首都馆、西南大学

馆

08657
钢铁人（五幕九场话剧） 刘相如编剧
东北新华书店辽东分店，1949.7，94页，32开（戏剧小丛书14）
本书附曲谱17首。书前有编剧序言。
收藏单位：重庆馆、东北师大馆、国家馆、辽宁馆、山东馆、天津馆

08658
歌与剧 歌与剧社编辑
新四军兼山东军区政治部文工团，1946.12，50页，32开
新四军兼山东军区政治部文工团，1947.1，战时版，63页，32开
收藏单位：国家馆、南京馆

08659
革命的前夜 王志之著
上海：大众书局，1932.3，151页，32开（新兴戏剧创作集）
本书收剧本4部：《写在〈革命的前夜〉之前》《爱情之敌》《革命的前夜》《诱拐》。附《致山东省立第四中校全体学生书》。
收藏单位：重庆馆、吉大馆

08660
郭志强（四幕六场话剧） 杜烽著 中国人民解放军华北军区政治部抗敌剧社编
中国人民解放军华北军区政治部抗敌剧社，[1948—1949]，81页，32开
收藏单位：国家馆、陕西馆

08661
国家至上 老舍 宋之的著
重庆：南方印书馆，1943.7，190页，36开
汉口：南方印书馆，1946.6，再版，190页，36开
本书为四幕剧剧本。书后有老舍1940年5月的后记。
收藏单位：北碚馆、重庆馆、国家馆、南京馆、浙江馆

08662
国家至上 老舍 宋之的著
上海：新丰出版公司，1945.12，沪1版，150页，32开
上海、重庆：新丰出版公司，1947.2，沪再版，150页，32开（新丰文丛）
收藏单位：重庆馆、东北师大馆、国家馆、湖南馆、辽大馆、辽宁馆、南京馆、上海馆、首都馆、浙江馆

08663
国家至上（四幕剧） 老舍 宋之的著
重庆等：上海杂志公司，1940.12，190页，36开（戏剧创作丛书）
本书书后有老舍1940年5月的后记。
收藏单位：贵州馆、国家馆、湖南馆、江西馆、南京馆、西南大学馆

08664
过关 山东实验剧团创作 贾霁 李夏执笔
[北平]：新华书店，1949.5，102页，32开（中国人民文艺丛书）
上海：新华书店，1949.9，102页，32开（中国人民文艺丛书）
本书为三幕剧剧本。附曲谱。
收藏单位：重庆馆、广东馆、国家馆、宁夏馆、山东馆、山西馆、天津馆、西南大学馆

08665
过关（三幕五场） 山东实验剧团创作 贾霁 李夏执笔
胶东新华书店，1945.1，83页，32开（戏剧丛刊）
本书附曲谱。
收藏单位：国家馆、山东馆

08666
汉奸（四幕剧） 陈白尘著
汉口：华中图书公司，1938.6，136页，32开（抗战戏剧丛书6）
重庆：华中图书公司，1941.3，再版，76页，32开（抗战戏剧丛书6）

本书收剧本两部：四幕剧《汉奸》、三幕剧《卢沟桥之战》。书前有著者题记。再版只收《汉奸》。

收藏单位：安徽馆、北碚馆、重庆馆、广东馆、国家馆、吉林馆、江西馆、南京馆、内蒙古馆、西南大学馆、中科图

08667
汉奸的子孙 于伶著
上海：生活书店，1937.1，332页，32开（妇女生活丛书3）
上海：生活书店，1937.4，再版，332页，32开（妇女生活丛书3）

本书收独幕剧剧本10部：《忍受》《回声》《神秘太太》《夏夜曲》《警号》《三小姐的职业》《蹄下》《盟誓》《汉奸的子孙》《撤退赵家庄》。书前有代序《时代与民众的戏剧》（洪深）、著者前言《未寄的信》。著者原题：尤兢。

收藏单位：北碚馆、北师大馆、重庆馆、国家馆、湖南馆、南京馆、上海馆、首都馆、西南大学馆、浙江馆

08668
河内一郎（三幕剧） 丁玲著
汉口：生活书店，1938.7，85页，36开

本书描写日本士兵河内一郎的觉悟。附《被召集时的回忆》（泽村利胜）。

收藏单位：重庆馆、国家馆、湖南馆、吉林馆、江西馆、南京馆、内蒙古馆、浙江馆

08669
黑字二十八（原名，全民总动员） 曹禺 宋之的编著
重庆：正中书局，1940.3，138页，32开（国立戏剧学校战时戏剧丛书4）
金华：正中书局，1942，再版，138页，32开（国立戏剧学校战时戏剧丛书4）
重庆：正中书局，1943.11，6版，138页，32开（国立戏剧学校战时戏剧丛书4）
重庆：正中书局，1945.11，沪1版，138页，32开（国立戏剧学校战时戏剧丛书4）
上海：正中书局，1947.7，沪3版，138页，32开（国立戏剧学校战时戏剧丛书4）

本书为四幕剧剧本。书前有序、职员表、演员表等。

收藏单位：安徽馆、北碚馆、重庆馆、广东馆、国家馆、河南馆、吉林馆、江西馆、南京馆、上海馆、首都馆、西南大学馆、浙江馆

08670
红军回来了 王燎荧撰
[阳城]：太岳新华书店，1949.6，60页，32开

本书为独幕话剧剧本。

收藏单位：重庆馆、国家馆、山东馆

08671
红旗歌 刘沧浪等创作 鲁煤执笔
[北平]：新华书店，1949.9，172页，32开（中国人民文艺丛书）
新华书店，1949，东北初版，185页，32开

本书为四幕话剧剧本。

收藏单位：重庆馆、东北师大馆、广东馆、国家馆、湖北馆、辽宁馆、山东馆、山西馆、绍兴馆、天津馆、云南馆、中科图

08672
红旗歌 鲁煤执笔
华中新华书店，1949，197页，32开（中国人民文艺丛书）

本书为四幕剧剧本。书前有周扬的代序和鲁煤的前言。

收藏单位：重庆馆

08673
后方小喜剧 陈白尘著
上海：生活书店，1942.2，179页，32开
上海：生活书店，1946.4，胜利后1版，179页，32开
上海：生活书店，1947.2，胜利后2版，179页，32开

本书收独幕剧剧本5部：《未婚夫妻》《禁止小便》《封锁线上》《罗国富》《火焰》。

收藏单位：北碚馆、长春馆、重庆馆、东

北师大馆、国家馆、湖南馆、南京馆、山西馆、上海馆、首都馆、西南大学馆、中科图

08674
后方小喜剧　陈白尘著
重庆：学艺出版社，1944.11，179页，32开
收藏单位：重庆馆、国家馆、吉林馆、浙江馆

08675
淮阴之战（五幕七场历史报导剧）　黄其明等著
新四军兼山东军区政治部文工团，[1946.9]，56页，36开（歌与剧丛书4）
本书附插曲。书前有《写在前面》（张拓）。
收藏单位：国家馆、南京馆、山东馆

08676
还我的孩子（独幕剧）　孙强著
广州：新华日报广州分馆，1938.9，20页，32开（鲁迅艺术学院戏曲丛刊1）
收藏单位：国家馆

08677
黄花岗（四幕六场革命历史剧）　胡春冰整理及编辑
重庆：生活书店，1939.3，151页，36开
重庆：生活书店，1939.9，再版，151页，36开
收藏单位：安徽馆、重庆馆、贵州馆、国家馆、吉林馆、南京馆、首都馆、西南大学馆、浙江馆

08678
回到人民队伍　王啸平撰
上海：新华书店，1949，94页，32开
收藏单位：安徽馆、重庆馆、广东馆、国家馆、辽宁馆、天津馆

08679
伙伕的司令（独幕剧）　胡野擒著
山东新华书店，1948.2，26页，42开
收藏单位：国家馆、山东馆

08680
甲申记特刊　夏征农等著
出版者不详，[1945]，44页，32开
本书内容包括：《我们是怎样编演〈甲申记〉的》（征农）、《在胜利面前使我想起了〈甲申记〉》（黎夫）、《关于〈甲申记〉》（若群）、《〈甲申记〉演后》等。附沈亚威作曲的《甲申记》插曲。
收藏单位：国家馆

08681
减租（话剧·三幕五景）　胶东国防剧团创作　虞棘执笔
山东新华书店，1945.8，86页，32开（戏剧丛刊丛书）
收藏单位：重庆馆、国家馆、南京馆

08682
结果结何（话剧）（苏）雅鲁纳尔原著　虞棘　王少岩改著
胶东新华书店，1945.10，19页，32开
收藏单位：南京馆、山东馆

08683
结果怎么样?　哈市道里店联创作　刘青执笔
长春：东北书店，1949，54页，36开（青年知识丛书7）
本书为一幕两场剧剧本。附《〈结果怎么样?〉是怎样创作的》（刘青）。
收藏单位：长春馆、重庆馆、东北师大馆、辽宁馆、宁夏馆

08684
解放区独幕剧选　舒非编
[佳木斯]：东北书店，1946.11，110页，32开（新文艺丛刊3）
佳木斯：东北书店，1948.3，再版，110页，32开（新文艺丛刊3）
本书收剧本3部：《把眼光放远点》《粮食》《保卫合作社》。书前有周扬序。书后有

编者后记。封面题名：解放区独幕剧选（第1集）。

收藏单位：北师大馆、长春馆、东北师大馆、国家馆

08685
解放区农村剧团创作选集　戏剧社编
佳木斯：东北书店，1947.10，107页，32开

本书收剧本3部：《邹大姐翻身》（小调报导剧）、《一笔血债》（五幕话剧）、《伸冤》（三幕话剧）。作者有刘梅亭、张安荣、牟平、周旋、何义等。书后有编者的话。

收藏单位：长春馆、东北师大馆、国家馆、南京馆、天津馆

08686
解疙疸（独幕剧）　杜烽等编剧　丁双吉作曲
晋察冀军区政治部抗敌剧社，[1937—1948]，20页，36开

收藏单位：重庆馆、南京馆、山东馆

08687
井（独幕剧）　孟君　羽山著
晋察冀军区政治部抗敌剧社，[1937—1948]，10页，36开

收藏单位：重庆馆

08688
九股山的英雄（五幕九场话剧）　战斗剧社新四旅宣传队创作　林杨　严寄洲　刘莲池编剧
[阳城]：太岳新华书店，1948.12，65页，36开

本书书前有编剧的前言。

收藏单位：重庆馆、国家馆、山东馆、天津馆

08689
救亡戏剧　陈文杰编
汉口：战时读物编译社，1938.2，134页，32开
[汉口]：战时读物编译社，1938.3，再版，134页，32开
[汉口]：战时读物编译社，1938.5，3版，134页，32开

本书收剧本5部：《重逢》（丁玲）、《黄浦月》（宋之的）、《七·二八之夜》（丽尼、荒煤）、《罗店血战》（沈西苓）、《火海中的孤军》（凌鹤）。书前有编者前言。

收藏单位：重庆馆、东北师大馆、甘肃馆、广东馆、贵州馆、国家馆、南京馆、首都馆、浙江馆

08690
救星　虞棘作
胶东新华书店，[1945.9]，56页，36开（剧丛1）

本书为四幕话剧剧本。

收藏单位：东北师大馆、国家馆、辽宁馆、山东馆

08691
剧选（第1集）　辽北省文化协会编
辽北书店，1948.11，34页，32开（文艺丛书2）

本书收剧本两部：《打倒老蒋再回家》（米漪）、《消灭鼠疫（活报剧）》（韩彤）。

收藏单位：东北师大馆、国家馆、云南馆

08692
军民一家　颜一烟　王家一作　颜一烟执笔
[佳木斯]：东北画报社，1947.3，34页，32开（新演剧丛书创作4）（东北画报文艺丛书5）

收藏单位：长春馆、国家馆、辽宁馆

08693
军民一家　颜一烟　王家一作　颜一烟执笔
[佳木斯]：东北书店，1946.12，33页，32开（新演剧丛书创作4）

本书为独幕话剧剧本。

收藏单位：东北师大馆、国家馆、辽宁馆、南京馆

08694
军民一家　颜一烟　王家一作　颜一烟执笔

光明书店，1947，33页，32开（新演剧丛书创作4）

收藏单位：广东馆

08695

咖啡店之一夜　田汉著

上海：中华书局，1924.12，265页，50开（少年中国学会丛书）

上海：中华书局，1925.7，再版，265页，50开（少年中国学会丛书）

上海：中华书局，1926，3版，265页，42开（少年中国学会丛书）

上海：中华书局，1927.11，4版，265页，50开（少年中国学会丛书）

上海：中华书局，1931，再版，265页，50开（少年中国学会丛书）

上海：中华书局，1931.8，7版，265页，50开（少年中国学会丛书）

上海：中华书局，1932.9，8版，265页，50开（少年中国学会丛书）

本书收剧本5部：《咖啡店之一夜》《午饭之前》《乡愁》《获虎之夜》《落花时节》。

收藏单位：东北师大馆、广西馆、湖南馆、江西馆、内蒙古馆、上海馆、绍兴馆、首都馆、天津馆、浙江馆

08696

糠菜夫妻（短剧）　洪荒著

[濮阳]：冀鲁豫书店，1944.6，33页，32开，环筒页装（大众文艺小丛书4）

收藏单位：国家馆

08697

糠菜夫妻（短剧）　洪荒著

新华书店，1943.12，13页，32开（大众文艺小丛书4）

收藏单位：国家馆、南京馆

08698

抗战独幕剧选　阿英编

[南京]：抗战读物出版社，1937.11，134页，32开（抗战文艺丛刊）

本书收剧本9部：《咱们要反攻》（夏衍）、《我们打冲锋》（尤兢）、《到前线去》（凌鹤）、《在烽火中》（沈西苓）、《扫射》（陈白尘）、《汉奸末路》（姚时晓）、《专门造谣》（方岩）、《开里弄会去》（子幽）、《改良拾黄金》（夏蔡）。书前有编例。书后收文3篇：《戏剧在抗战中》（欧阳予倩）、《从民族战争谈到儿童剧》（田汉）、《淞沪战争戏剧初录》（阿英）。

收藏单位：国家馆

08699

抗战独幕剧选　阿英编

汉口：戏剧时代出版社，1938.1，再版，134页，32开

汉口：戏剧时代出版社，1938.2，3版，134页，32开

收藏单位：北碚馆、重庆馆、广西馆、贵州馆、国家馆、吉林馆、浙江馆

08700

抗战独幕剧选（初集）　阿英编

汉口：大众出版社，1938.5，4版，134页，32开

收藏单位：国家馆、南京馆、西南大学馆

08701

抗战独幕剧选（二集）　啸垄编

汉口：大众出版社，1938.4，152页，32开

本书收剧本6部，内容包括：《重逢》（丁玲）、《民族公敌》（舒非）、《黄浦月》（宋之的）等。书前有编者的编例。

收藏单位：重庆馆、广东馆、贵州馆、国家馆、吉林馆、南京馆、上海馆

08702

考验（三幕话剧）　吴雪著

[佳木斯]：东北书店，1946.12，49页，32开（东北文艺工作团第二团戏剧音乐丛书6）

本书为三幕剧剧本。附《希望〈考验〉到处演》（矫浮波）。

收藏单位：长春馆、国家馆、辽宁馆、天津馆

08703
矿山（独幕剧） 鲁迅艺术学院创作 王震之执笔
[延安]：鲁迅艺术学院，[1938]，油印本，1册，32开，环筒页装
收藏单位：国家馆

08704
牢笼计 侣朋著
牡丹江：东北书店牡丹江分店，1947.6，24页，32开
本书为一幕两场剧剧本。
收藏单位：长春馆、东北师大馆、国家馆、南京馆

08705
离离草（四幕剧） 夏衍著
昆明：进修出版教育社，1945.1，93页，32开
重庆：进修出版教育社，1945.4，再版，93页，32开
上海：进修出版教育社，1945.10，再版，93页，32开
香港：进修出版教育社，1946.6，93页，32开
本书书后有《记〈离离草〉》。
收藏单位：重庆馆、国家馆、黑龙江馆、吉林馆、南京馆、山西馆、上海馆、绍兴馆、首都馆、天津馆、西南大学馆、浙江馆

08706
离离草（四幕剧） 夏衍著
安东（丹东）：辽东建国书社，[1944]，90页，32开
收藏单位：长春馆、东北师大馆、国家馆、黑龙江馆、内蒙古馆、山东馆、山西馆、上海馆

08707
离离草（四幕剧） 夏衍著
临沂：山东新华书店，1946.5，83页，32开
收藏单位：东北师大馆、国家馆、山东馆、山西馆、浙江馆

08708
黎明之前 田汉著
上海：北新书局，1937.3，270页，32开（文艺新刊）
本书收剧本5部:《初雪之夜》《黎明之前》《洪水》《晚会》《阿比西尼亚的母亲》。
收藏单位：重庆馆、国家馆、吉林馆、辽大馆、南京馆

08709
李闯王（五幕历史剧） 阿英编
佳木斯：东北书店，1948.4，119页，32开
收藏单位：长春馆、东北师大馆、国家馆、辽宁馆

08710
李闯王（五幕历史剧） 阿英编
新华书店，1949.5，218页，32开（中国人民文艺丛书）
收藏单位：东北师大馆、广东馆、国家馆、吉林馆、山西馆、天津馆

08711
李国瑞 杜烽撰
[北平]：新华书店，1949.5，121页，32开（中国人民文艺丛书）
上海：新华书店，1949.9，120页，32开（中国人民文艺丛书）
本书为五幕七场话剧剧本。书前有《〈李国瑞〉写作前后》。
收藏单位：安徽馆、长春馆、东北师大馆、广东馆、国家馆、湖南馆、宁夏馆、山西馆、天津馆、浙江馆

08712
李国瑞（剧本） 杜烽著
东安（密山）：东北书店，1947.10，122页，32开
收藏单位：长春馆、重庆馆、东北师大馆、广东馆、国家馆、辽师大馆、天津馆

08713
李国瑞（剧本） 杜烽著

张家口：新华书店晋察冀分店，1946.5，128页，32开（晋察冀文艺创作丛书2）

收藏单位：国家馆

08714

粮食　洛汀　张凡　朱星南创作

晋察冀军政供给部，1946，油印本，1册，13开，环筒页装

本书为独幕剧剧本。

收藏单位：东北师大馆、国家馆

08715

两个世界　赵树理著

华北新华书店，1947.5，再版，50页，32开（晋冀鲁豫边区文艺创作小丛书7）

本书为三幕剧剧本。

收藏单位：国家馆、山东馆

08716

两个世界（拥军剧本）　赵树理著

[延安]：新华书店，1944.1，31页，32开，环筒页装（大众文艺小丛书6）

本书为三幕剧剧本。

收藏单位：国家馆、黑龙江馆、南京馆

08717

刘桂兰捉奸（独幕话剧）　蓝澄编剧

沈阳：东北新华书店，1949.7，24页，32开

收藏单位：东北师大馆、国家馆、山东馆

08718

流寇队长　王震之执笔

上海：建社，1939.3，84页，32开（鲁迅艺术学院戏曲集1）（鲁迅艺术学院戏剧丛书1）

本书为三幕剧剧本。

收藏单位：辽大馆、上海馆、首都馆、浙江馆

08719

流寇队长　王震之执笔

戏剧书店，1940.1，132页，32开（国防戏剧丛书4）

本书为三幕剧剧本。

收藏单位：北碚馆、重庆馆、国家馆、湖南馆、南京馆

08720

流寇队长（三幕剧）　张庚等创作　王震之执笔

广州：新华日报广州分馆，1938.9，79页，32开（延安鲁迅艺术学院戏曲丛刊2）

收藏单位：广东馆

08721

芦沟桥　田汉著

戏剧书店，1939.11，113页，32开（国防戏剧丛书1）

本书为四幕剧剧本。

收藏单位：国家馆、浙江馆

08722

芦沟桥（四幕剧）　田汉作

汉口：大众出版社，1938.1，118页，32开（抗战戏剧丛书2）

本书书前有插曲。

收藏单位：重庆馆、广西馆、贵州馆、国家馆、湖南馆、吉林馆、江西馆、南京馆、天津馆

08723

芦沟桥（四幕剧）　田汉著

成都：协美印刷局，1937.10，64页，32开

本书附插曲。

收藏单位：首都馆

08724

卖儿女　完县西魏村村剧团创作

星火出版社，1946.12，36页，32开（乡艺丛书8）

本书书前有《关于〈卖儿女〉》。

收藏单位：浙江馆

08725

民族女杰

上海：大华书店，[1941—1949]，101页，32开

本书为四幕剧剧本。书前有《关于〈民族女杰〉》(余上沅)、代序《一个女人的面影》(沈蔚德)。
收藏单位:广东馆、浙江馆

08726
模范农家　胡奇著
华北新华书店,1947.7,73页,32开(晋冀鲁豫边区文艺创作小丛书18)
本书为三幕话剧剧本。
收藏单位:国家馆、山东馆、天津馆

08727
炮弹是怎样造成的(五幕话剧)　陈其通著
沈阳:东北新华书店,1949,93页,32开
收藏单位:东北师大馆、国家馆、辽宁馆、山西馆

08728
七勇士　刘丙一原稿　张俊飞执笔
太岳新华书店,[1944—1949],24页,36开
本书为独幕话剧剧本。
收藏单位:国家馆、山东馆

08729
气壮山河(四幕话剧)　虞棘著
胶东新华书店,1946.1,62页,32开
收藏单位:河南馆、南京馆

08730
前夜　阳翰笙著
汉口:华中图书公司,1938,166页,32开(抗战戏剧丛书2)
重庆:华中图书公司,1938.4,再版,166页,32开(抗战戏剧丛书2)
汉口:华中图书公司,1940,3版,166页,32开(抗战戏剧丛书2)
重庆:华中图书公司,1941.3,4版,166页,32开(抗战戏剧丛书2)
本书为四幕剧剧本,有剧中人物、时间及地点介绍。
收藏单位:重庆馆、贵州馆、国家馆、黑龙江馆、湖南馆、南京馆、内蒙古馆、山西馆、首都馆、西南大学馆、浙江馆

08731
前夜　阳翰笙著
戏剧书店,1939.12,161页,32开(国防戏剧丛书3)
收藏单位:广东馆、国家馆、江西馆

08732
墙头草(短剧集)　晋察冀边区戏剧协会编
晋察冀日报社,[1945.10],106页,32开
本书收剧本5部:《墙头草》(韩塞)、《枪》(胡可)、《看看再说》(胡朋)、《中秋佳话》(流筋)、《李甲长》(星光)。
收藏单位:长春馆、东北师大馆、国家馆、山西馆

08733
桥头　黄粲作　新四军山东军区政治部文工团编
山东新华书店,[1946—1949],18页,32开(戏剧小丛书2)
收藏单位:山东馆

08734
青春的梦　张闻天著
上海:中华书局,1924,147页,50开(少年中国学会小丛书)
上海:中华书局,1925.12,3版,147页,25开(少年中国学会小丛书)
上海:中华书局,1932.5,6版,147页,42开(少年中国学会小丛书)
上海:中华书局,1936,7版,147页,50开(少年中国学会小丛书)
本书为三幕话剧剧本。
收藏单位:重庆馆、大庆馆、广东馆、广西馆、国家馆、河南馆、黑龙江馆、湖南馆、江西馆、辽大馆、辽宁馆、南京馆、内蒙古馆、陕西馆、上海馆、首都馆、天津馆

08735
青纱帐里　欧阳予倩著
上海:大时代出版社,1937.10,41页,32开

（抗战小文库）

本书为宣传抗战的三幕剧剧本。

收藏单位：近代史所、南京馆、浙江馆

08736

清明前后　茅盾著

大连：大众书店，[1945—1948]，191 页，32 开

本书为五幕话剧剧本。

收藏单位：东北师大馆、国家馆、山东馆、山西馆、天津馆、浙江馆、中科图

08737

清明前后　茅盾著

[佳木斯]：东北书店，1946.12，136 页，32 开

收藏单位：东北师大馆、国家馆、天津馆

08738

清明前后　茅盾著

重庆：开明书店，1945.10，191 页，32 开（开明文学新刊）

上海：开明书店，1945.11，再版，191 页，32 开（开明文学新刊）

上海：开明书店，1945.12，上海 3 版，191 页，32 开（开明文学新刊）

上海：开明书店，1946.2，上海 4 版，191 页，32 开（开明文学新刊）

上海：开明书店，1946.10，5 版，191 页，32 开（开明文学新刊）

上海：开明书店，1947.5，6 版，191 页，36 开

上海：开明书店，1949.7，7 版，191 页，32 开

收藏单位：安徽馆、北碚馆、重庆馆、东北师大馆、广东馆、广西馆、国家馆、黑龙江馆、湖北馆、湖南馆、吉林馆、江西馆、辽宁馆、南京馆、内蒙古馆、山西馆、上海馆、首都馆、天津馆、西南大学馆、中科图

08739

穷汉岭　大连市寺儿沟区大粪合作社创作　白玉江等执笔

香港：三联书店，1949.9，136 页，32 开

收藏单位：重庆馆、国家馆、湖北馆

08740

屈原　郭沫若著

上海：开明书店，1935.4，122 页，32 开

上海：开明书店，1936.3，再版，122 页，32 开

本书共 3 章：屈原的存在、屈原的作品、屈原的艺术与思想。附《离骚今言译》。

收藏单位：北碚馆、重庆馆、东北师大馆、广东馆、广西馆、贵州馆、国家馆、上海馆、浙江馆、中科图

08741

屈原　郭沫若著

重庆：群益出版社，1945.1，渝 1 版，187 页，32 开（群益历史剧丛 1）（郭沫若文集 8）

重庆：群益出版社，1945.9，4 版，187 页，32 开（群益历史剧丛 1）（郭沫若著文集 8）

北平：群益出版社，1946.1，144 页，32 开（群益历史剧丛 2）

上海：群益出版社，1946.7，187 页，32 开（沫若文集第 1 辑 5）

上海、北平：群益出版社，1949.8，150 页，25 开

本书为五幕历史悲剧剧本。1949 年版附《我怎样写五幕史剧〈屈原〉》《屈原与厘雅王》《〈蒲剑集〉后序》《瓦石札记》4 篇。书后有著者的校后记。

收藏单位：安徽馆、重庆馆、东北师大馆、广东馆、广西馆、国家馆、黑龙江馆、江西馆、南京馆、内蒙古馆、山西馆、上海馆、首都馆、天津馆、西南大学馆、浙江馆

08742

屈原（五幕史剧）　郭沫若著

重庆：文林出版社，1942.3，155 页，36 开（文学集丛）

重庆：文林出版社，1943.2，重排版，221 页，32 开（文学集丛）

本书 1943 年版书后收文两篇：《写完〈屈原〉之后》《屈原与厘雅王》。

收藏单位：北碚馆、重庆馆、广东馆、国家馆、黑龙江馆、南京馆、山西馆、首都馆、中科图

08743
屈原（五幕史剧及其他） 郭沫若著
张家口：新华书店晋察冀分店，1946.3，194页，32开
本书附有关屈原的论文8篇，内容包括：《关于屈原》《屈原考》《屈原的艺术与思想》《屈原思想》等。书后有诗讯，介绍柳亚子的诗作。
收藏单位：重庆馆、东北师大馆、国家馆、山西馆

08744
取长补短 孙芋编剧
佳木斯：东北书店，1948.9，48页，32开
本书为一幕两场剧剧本。
收藏单位：长春馆、重庆馆、东北师大馆、国家馆、山东馆、天津馆

08745
群策群力 虞棘著
苏中公学政治部，[1944—1946]，87页，32开（苏公演出剧目2）
收藏单位：南京馆

08746
人民不死 那沙著
胶东新华书店，1946.8，54页，32开（剧丛4）
本书为三幕剧剧本。
收藏单位：国家馆、山东馆

08747
人民不死（三幕剧） 那沙著　林涛译
[烟台]：光华书店，1947，73页，32开（新文字读物）
收藏单位：东北师大馆、国家馆

08748
荣归 布加里　丁一作
临沂：山东新华书店，1946.6，21页，32开（戏剧小丛书1）
收藏单位：国家馆、山东馆

08749
山河泪 侯曜著
上海：商务印书馆，1925.5，81页，32开（文学研究会通俗戏剧丛书4）
上海：商务印书馆，1926，再版，81页，32开（文学研究会通俗戏剧丛书4）
上海：商务印书馆，1927.4，3版，81页，32开（文学研究会通俗戏剧丛书4）
上海：商务印书馆，1929.11，4版，81页，32开（文学研究会通俗戏剧丛书4）
上海：商务印书馆，1932.8，国难后1版，81页，32开（文学研究会通俗戏剧丛书4）
上海：商务印书馆，1934.7，国难后2版，81页，32开（文学研究会通俗戏剧丛书4）
本书为三幕剧剧本，取材于《韩国独立运动之血史》《韩国真相》《高丽之独立运动》三书。
收藏单位：北碚馆、长春馆、重庆馆、甘肃馆、广东馆、广西馆、贵州馆、桂林馆、国家馆、黑龙江馆、湖北馆、湖南馆、南京馆、宁夏馆、山西馆、上海馆、首都馆、西南大学馆、浙江馆、中科图

08750
谁害了你（独幕话剧） 金剑等撰　黑龙江人民文工团集体创作
沈阳：东北新华书店，1949，34页，50开
本书收剧本3部：《谁害的》（西戎）、《金宝娘》（马烽）、《卖鸡》（束为）。
收藏单位：国家馆、辽宁馆

08751
谁劳动是谁的（独幕话剧） 沙丹等集体创作
长春：东北书店，1949.6，45页，32开
收藏单位：长春馆、重庆馆、东北师大馆、国家馆

08752
神兵 贾霁著
[佳木斯]：东北书店，1947.10，134页，32开
本书收剧本5部：《咱们都有了枪》《第一炮》《神兵》《吃地雷》《向前进攻》。书前有

著者自序。书后有后记。

收藏单位：长春馆、东北师大馆、国家馆、南京馆、天津馆

08753

神兵 贾霁著

临沂：山东新华书店，1946.9，120 页，32 开（抗战文艺选集剧选 3）

收藏单位：国家馆、山东馆

08754

升官图 陈白尘著

佳木斯：东北书店，1947.9，164 页，32 开

本书为多幕剧剧本。书前有著者的《为〈升官图〉演出作》。书后有丁聪插图。

收藏单位：长春馆、东北师大馆、国家馆、天津馆

08755

升官图 陈白尘著

重庆：群益出版社，1946.4，169 页，32 开（群益现代剧丛）

上海：群益出版社，1946.6，170 页，32 开（群益现代剧丛）

北平：群益出版社，1946.9，169 页，36 开（群益现代剧丛）

大连：群益出版社，1947.9，3 版，126 页，32 开（群益现代剧丛）

上海：群益出版社，1948.8，169 页，32 开（群益现代剧丛）

收藏单位：安徽馆、北碚馆、长春馆、重庆馆、东北师大馆、甘肃馆、广东馆、广西馆、贵州馆、国家馆、黑龙江馆、湖南馆、近代史所、南京馆、宁夏馆、山东馆、陕西馆、上海馆、首都馆、浙江馆、中科图

08756

生产发财（短剧集） 盐阜文娱社编

华中新华书店盐阜分店，1948.12，46 页，64 开

本书收剧本 5 部：《生产发财》（卜平）、《勤生产》（复兴剧团）、《王小二送粮》（无忌）、《送粮》（项纪年）、《前后方》（张铁）。

收藏单位：国家馆

08757

师徒关系（四幕九场话剧） 雅俊著

大连：东北书店，1949.6，43 页，32 开（旅大文协戏剧丛书 3）

收藏单位：国家馆

08758

师徒关系（四幕九场话剧） 雅俊著

辽东新华书店，1949.8，36 页，32 开

收藏单位：国家馆

08759

双方保证（七场话剧） 立高著 华北军区政治部编

华北军区政治部，[1948—1949]，61 页，32 开

收藏单位：重庆馆、国家馆、南京馆、山西馆、天津馆

08760

田汉戏曲集 田汉著

上海：现代书局，1934.5，改订本，[463] 页，32 开

本书收剧本 15 部，内容包括：《咖啡店之一夜》《落花时节》《乡愁》《南归》《古潭的声音》《获虎之夜》《苏州夜话》等。

收藏单位：安徽馆、国家馆、吉林馆、辽大馆、中科图

08761

田汉戏曲集（第 1 集） 田汉著

上海：现代书局，1933.2，[10]+[234] 页，32 开

本书收剧本 5 部：《咖啡店之一夜》《姊妹》《年夜饭》《梅雨》《战友》。

收藏单位：北碚馆、东北师大馆、广西馆、国家馆、湖北馆、上海馆

08762

田汉戏曲集（第 2 集） 田汉著

上海：现代书局，1933.2，[15]+[202] 页，32 开

本书收剧本 5 部：《获虎之夜》《顾正红之死》《姊妹》《暴风雨中的七个女性》

《一九三二的月光曲》。
收藏单位：广东馆、国家馆、西南大学馆

08763
田汉戏曲集（第3集） 田汉著
上海：现代书局，1932.1，209页，32开
本书收剧本7部：《咖啡店之一夜》《午饭之前》《乡愁》《获虎之夜》《落花时节》《一致》《林冲》。
收藏单位：重庆馆、广东馆、国家馆、湖南馆、首都馆、西南大学馆、浙江馆

08764
田汉戏曲集（第4集） 田汉著
上海：现代书局，1931.4，[18]+[186]页，32开
上海：现代书局，1932.6，再版，[18]+[186]页，32开
本书收剧本7部：《苏州夜话》《湖上的悲剧》《江村小景》《生之意志》《垃圾桶》《Piano之鬼》《名优之死》。
收藏单位：重庆馆、广东馆、国家馆

08765
田汉戏曲集（第5集） 田汉著
上海：现代书局，1930.6，[27]+[205]页，32开
上海：现代书局，1932.10，再版，[27]+[205]页，32开
本书收剧本5部：《古潭的声音》《颤栗》《南归》《第五号病室》《火之跳舞》。
收藏单位：北碚馆、重庆馆、广东馆、国家馆、河南馆、南京馆、首都馆、西南大学馆、浙江馆

08766
同志，你走错了路！ 姚仲明 陈波儿等创作
大连：光华书店，1947.9，168页，32开
大连：光华书店，1948.3，再版，168页，32开
本书为四幕话剧剧本。附《〈同志，你走错了路！〉的创作介绍》（姚仲明）等。书前有周扬序。
收藏单位：东北师大馆、国家馆、辽宁馆、山东馆、天津馆、中科图

08767
同志，你走错了路！ 姚仲明 陈波儿等创作
苏北出版社，[1945]印，128页，32开
本书据解放社版印。
收藏单位：南京馆、山东馆

08768
同志，你走错了路！ 姚仲明 陈波儿等创作
新华书店淮南分店，[1945—1949]，126页，32开
收藏单位：南京馆

08769
同志，你走错了路！ 姚仲明 陈波儿等创作
香港：新中国书局，1949.5，168页，32开（北方文丛 第3辑）

08770
同志，你走错了路！（四幕话剧） 姚仲明 陈波儿等创作 古元木刻插图
[延安]：解放社，1945.7，153页，32开
收藏单位：重庆馆

08771
突击（三幕剧） 塞克著
重庆等：生活书店，1939.3，70页，32开
本书附插曲两首：《抗日的队伍大家来帮忙》《老乡上战场》。卷首页题：塞克、端木蕻良、萧红、聂绀弩合作。
收藏单位：北碚馆、重庆馆、广西馆、贵州馆、国家馆、吉林馆、南京馆

08772
屠刀下（三幕剧） 那沙著
佳木斯：东北书店，1947.10，64页，32开
本书书前有著者前记。
收藏单位：重庆馆、东北师大馆、国家

馆、天津馆

08773

屠刀下（三幕剧） 那沙著

临沂：山东新华书店，1946.10，62 页，32 开（解放文艺丛书）

收藏单位：国家馆、山东馆

08774

土地还家（四幕话剧） 田力著

冀察热辽军区政治部文工团，[1946—1948]，油印本，1 册，25 开

收藏单位：广东馆

08775

团结立功 鲁易　张捷撰

[北平]：新华书店，1949.5，108 页，32 开（中国人民文艺丛书）

[北平]：新华书店，1949，再版，修订本，109 页，32 开（中国人民文艺丛书）

收藏单位：重庆馆、广东馆、国家馆、辽宁馆、宁夏馆、山西馆、天津馆、中科图

08776

王家大院（一幕四场话剧） 合江省鲁艺文工团农民组创作　白韦　谭亿记录

佳木斯：东北书店，1948.4，126 页，32 开

本书另附《定大法》（秧歌剧）。

收藏单位：东北师大馆、国家馆

08777

未熟的庄稼（两幕悲剧） 洪荒著

[延安]：新华书店，1943.8，46 页，32 开

本书书前有《写在幕前》（高沐鸿）。

收藏单位：国家馆、南京馆、山西馆

08778

为自由和平而战 王为一著

重庆等：生活书店，1939.3，37 页，36 开（抗战戏剧）

本书为独幕剧剧本。书前有歌曲两首。

收藏单位：北碚馆、重庆馆、广东馆、广西馆、贵州馆、国家馆、近代史所、南京馆、宁夏馆、天津馆

08779

吴常生（独幕剧） 李僕民著

山东新华书店总店，1948.2，21 页，50 开

收藏单位：国家馆、南京馆、山东馆

08780

西北战地服务团戏剧集 丁玲　奚如编著

[广州]：上海杂志公司，1938.8，118 页，32 开（战地生活丛刊 10）

本书收西北战地服务团人员创作的 7 部戏剧：《忻口之战》（史轮）、《脱去伪装》（袁勃）、《参加游击队》（史轮）、《捉汉奸》（戈矛）、《小英雄》（史轮）、《台儿庄的插曲》（戈矛、袁勃）、《重逢》（改定稿）（丁玲）。

收藏单位：广东馆、贵州馆、国家馆、吉林馆

08781

向着八路军（独幕剧） 王树萍作

[张家口]：晋察冀边区教育阵地社，1946，34 页，32 开（群众读物 23）

收藏单位：山西馆、中科图

08782

小市民 夏衍著

桂林：新知书店，1940.7，255 页，32 开

本书收剧本 5 部：《都会一角》《相似》《重逢（〈上海屋檐下〉改题）》《赎罪》《娼妇》。书后有著者后记。

收藏单位：重庆馆、广东馆、贵州馆、桂林馆、国家馆、江西馆、内蒙古馆、天津馆、浙江馆

08783

心防 夏衍著

上海：开明书店，1946.11，再版，109 页，36 开（夏衍剧作集）

上海：开明书店，1947.3，3 版，109 页，36 开（夏衍剧作集）

本书为四幕话剧剧本，描写的是 1937 年冬至 1939 年当地民众的生活故事。

收藏单位：长春馆、重庆馆、东北师大馆、广东馆、贵州馆、黑龙江馆、江西馆、辽东学院馆、山西馆、上海馆、首都馆、西南大学馆、浙江馆

08784
心防 夏衍著
桂林：新知书店，1940.8，170页，50开
桂林：新知书店，1941.2，再版，170页，36开

本书为四幕剧剧本。书前有恽逸群的代序。题名页题：献给留在上海工作的友人们。

收藏单位：重庆馆、贵州馆、国家馆、江西馆、辽师大馆、南京馆、内蒙古馆、宁夏馆、浙江馆

08785
血债（三幕话剧） 东北文艺工作团创作 李之华 侣朋执笔
[佳木斯]：东北书店，1946.10，86页，32开

收藏单位：长春馆、东北师大馆、国家馆、吉林馆、辽宁馆

08786
血债（三幕话剧） 李之华著
大连：大众书店，1947.5，86页，32开

收藏单位：山西馆

08787
眼睛亮了 何迟著
大连：大众书店，[1948]，17页，32开（群众读物5）

本书为独幕喜剧剧本。附《赶路相遇》（小型喜剧）。

收藏单位：国家馆、天津馆

08788
眼睛亮了 何迟著
[佳木斯]：东北书店，1946.10，17页，32开

收藏单位：东北师大馆、国家馆、吉林馆、辽宁馆、天津馆

08789
眼睛亮了 何迟著
[张家口]：晋察冀边区教育阵地社，1946.1，18页，32开（群众读物10）

收藏单位：国家馆、浙江馆

08790
演演这块（三幕话剧） 张真作
渤海军区政治部，1949，34页，8cm×13cm

收藏单位：国家馆、山东馆

08791
一个担架组（独幕剧） 孟蒙作
山东新华书店，1948，42页，32开

收藏单位：山东馆、山西馆

08792
一个战士 沙丹编剧
沈阳：东北书店，1949.5，50页，32开

本书为四幕剧剧本。

收藏单位：长春馆、重庆馆、东北师大馆、国家馆、天津馆

08793
一切为前线（戏剧） 贾霁著
哈尔滨：东北书店，1947.10，46页，32开（通俗文艺丛书）

本书为独幕剧剧本。

收藏单位：东北师大馆、国家馆、黑龙江馆、宁夏馆

08794
一生二世（张振声翻身生产大发家） 刘丙一著
[阳城]：太岳新华书店，1947.1，24页，32开

本书为三幕剧剧本。

收藏单位：国家馆

08795
游击队的母亲 黑丁 曾克著
重庆：生活书店，1940.6，36页，50开（大众抗敌剧丛10）

本书为独幕剧剧本。

收藏单位：国家馆

08796
岳飞 田汉著
桂林：白虹书店，1941，124页，32开
收藏单位：北碚馆、重庆馆、南京馆、西南大学馆、浙江馆

08797
越抓越少（独幕剧） 彦夫作
华北新华书店，1945.12，23页，36开，环筒页装
收藏单位：北师大馆、国家馆、河南馆、南京馆

08798
在敌人后方（三幕话剧） 罗丹著
佳木斯：东北书店，1948.10，69页，32开
收藏单位：长春馆、东北师大馆、国家馆、辽大馆、中科图

08799
早晨（独幕话剧） 孟蒙著
[阳城]：太岳新华书店，1948.8，30页，36开
收藏单位：国家馆、南京馆、山西馆

08800
占鸡岗（三幕剧） 叶华著
山东新华书店，1946.10，64页，32开（歌与剧丛书3）
收藏单位：国家馆

08801
战斗里成长（四幕五场话剧） 胡可改作
中国人民解放军华北军区政治部，1949，100页，32开
收藏单位：重庆馆、国家馆

08802
阵地（一幕三场话剧） 黎阳著
佳木斯：东北书店，1948.9，57页，50开
本剧分三场："离战场七八里地的老乡院外""攻坚战斗的阵地中""新攻克的天主堂阵地——大门边"。
收藏单位：长春馆、东北师大馆、国家馆、山东馆、天津馆

08803
正气歌 吴祖光著
上海：剧场艺术社，1941，153页，32开（剧场艺术戏剧丛书11）
收藏单位：首都馆、浙江馆

08804
正气歌 吴祖光著
[上海]：开明书店，1945.12，再版，199页，32开（吴祖光戏剧集）
[上海]：开明书店，1946.4，3版，199页，36开（吴祖光戏剧集）
[上海]：开明书店，1947.3，4版，199页，36开（吴祖光戏剧集）
本书为五幕史剧剧本。书前有《望祭文丞相》（王炎午）及序幕。
收藏单位：长春馆、重庆馆、东北师大馆、广东馆、桂林馆、国家馆、湖南馆、吉林馆、江西馆、山西馆、上海馆、首都馆、西南大学馆、浙江馆、中科图

08805
正气歌（五幕史剧） 吴祖光著
重庆：文艺奖助金管理委员会出版部，1942.6，212页，32开（抗战文艺丛书2）
本书附插曲两首。
收藏单位：北碚馆、重庆馆、广西馆、国家馆、黑龙江馆、吉林馆、南京馆、宁夏馆、天津馆、西南大学馆

08806
指挥员在哪里？（四幕话剧） 黄钢撰
沈阳：东北新华书店，1949.8，94页，32开
本书有剧中人物、时间及地点介绍。
收藏单位：长春馆、重庆馆、东北师大馆、南京馆、陕西馆、天津馆

08807
筑　郭沫若著
上海：群益出版社，1946.6，188 页，32 开（沫若文集 第 1 辑 7）
上海：群益出版社，1949.9，再版，重排本，154 页，32 开
本书为五幕剧剧本。书前有著者自序及《人物研究》。再版为改版重排本。书后有校后记。
收藏单位：长春馆、重庆馆、广东馆、国家馆、湖北馆、湖南馆、辽大馆、南京馆、上海馆、绍兴馆、首都馆、天津馆、浙江馆

08808
抓壮丁（三幕话剧）　吴雪执笔
佳木斯：东北书店，1948.1，再版，66 页，32 开
佳木斯：东北书店，1948，3 版，66 页，32 开
本剧用四川方言写成，并有译注。书前有执笔者的前记。
收藏单位：长春馆、重庆馆、东北师大馆、广东馆、国家馆、吉林馆、辽宁馆、天津馆

08809
抓壮丁（三幕话剧）　吴雪执笔
[延安]：联防政治部宣传部，1945.2，72 页，32 开
收藏单位：国家馆

08810
自卫　胶东文协编
胶东新华书店，1945.11，25 页，32 开（文娱材料 2）
本书收独幕剧《自卫》、活报剧《反对蒋敌伪合流》。书后收文两篇：《怎样制造化装品》（技术研究）、《集市宣传》（工作意见）。
收藏单位：国家馆、山东馆

08811
自由魂（三幕五场）　夏衍著
上海：生活书店，1937.2，104 页，32 开
上海：生活书店，1937，再版，104 页，36 开
本书有剧中人物、时间及地点介绍。
收藏单位：重庆馆、广西馆、贵州馆、国家馆、吉林馆、江西馆、南京馆、上海馆、西南大学馆、浙江馆

08812
最后的胜利　田汉著
汉口：上海杂志公司，1938.4，70 页，36 开（大时代文库 5）
[广州]：上海杂志公司，1938.5，再版，70 页，36 开（大时代文库 5）
本书为四幕剧剧本。
收藏单位：重庆馆、东北师大馆、广东馆、广西馆、贵州馆、国家馆、河南馆、江西馆、南京馆、宁夏馆、上海馆、西南大学馆、中科图

08813
最后一课　许幸之著
上海：新知书店，1937，再版，28 页，32 开
上海：新知书店，1937.6，3 版，28 页，32 开
本书为独幕剧剧本，讲述 1936 年春发生在冀东香河县一个小学校里的故事。
收藏单位：重庆馆、内蒙古馆

08814
最佳抗战剧选　马彦祥编
汉口：上海杂志公司，1938.4，201 页，36 开（抗战戏剧丛刊）
广州：上海杂志公司，1938.5，粤再版，201 页，36 开（抗战戏剧丛刊）
汉口：上海杂志公司，1939，再版，201 页，36 开（抗战戏剧丛刊）
本书收剧本 6 部：《盲哑恨》（李增援）、《民族公敌》（舒非）、《打鬼子去》（荒煤）、《难民曲》（光未然）、《有力的出力》（王勉之）、《“九一八”以来》（集体创作）。书前有编者言。
收藏单位：安徽馆、北碚馆、重庆馆、东北师大馆、广东馆、广西馆、贵州馆、国家馆、江西馆、南京馆、首都馆

电　影

08815
毛泽东的战士（电影小说） 杜烽　汪洋撰
[北平]：中国人民解放军华北军区政治部，[1949]，52页，32开
收藏单位：重庆馆、国家馆、南京馆、山西馆

08816
艳阳天 曹禺著
上海、重庆：文化生活出版社，1948.5，188页，36开（文学丛刊第8集）
本书为电影剧本。
收藏单位：安徽馆、北碚馆、重庆馆、大庆馆、广东馆、广西馆、国家馆、湖南馆、吉林馆、辽大馆、辽宁馆、南京馆、内蒙古馆、山西馆、绍兴馆、首都馆、天津馆、西南大学馆、浙江馆

地方剧

08817
白毛女（六幕淮戏）
苏北新华书店，1947，86页，32开
本书附曲谱两首。书后有《导演〈白毛女〉的几点意见》（吴纲）等。
收藏单位：国家馆

08818
陈德山摸底（二人转） 鲁亚农著
佳木斯：东北书店，1948.5，12页，50开（戏剧音乐丛书14）
收藏单位：重庆馆、国家馆、山东馆、天津馆

08819
陈德山摸底（二人转） 鲁亚农著
农工书店，[1948—1949]印，12页，64开（大众文艺小丛书）
本书据东北书店版印。
收藏单位：国家馆

08820
出民工（独幕淮戏） 阮敏著　盐阜文娱社编
华中新华书店盐阜分店，[1945]，45页，64开
收藏单位：国家馆、南京馆

08821
大家办合作（道情） 常功[等]创作
哈尔滨：东北书店，1948.12，36页，32开
收藏单位：长春馆、国家馆、辽宁馆

08822
大家办合作（道情） 常功[等]创作
[兴县]：吕梁文化教育出版社，1944.12，45页，32开（“七七七”文艺奖金获奖作品 戏剧类 丙等奖）
本剧分四场。
收藏单位：国家馆、南京馆

08823
大家喜欢 马健翎著
[北平]：新华书店，1949.5，53页，32开（中国人民文艺丛书）
收藏单位：重庆馆、广东馆、国家馆、吉林馆、天津馆

08824
大家喜欢（曲子戏） 马健翎著　陈茵绘图
哈尔滨：东北书店，1948.7，3版，56页，32开
收藏单位：长春馆、重庆馆、东北师大馆、国家馆、山东馆

08825
大家喜欢（曲子戏） 马健翎作　陈茵绘图
[重庆]：新华书店，1945.1，64页，32开
收藏单位：南京馆

08826
发土地证（高调剧） 张学新著　冀鲁豫文工团改编

[菏泽]：冀鲁豫新华书店，1948.12，22页，32开

收藏单位：国家馆、山东馆

08827

夫妻参战（落子腔） 立云编

韬奋书店，1946.12，14页，36开

收藏单位：国家馆

08828

夫妻劳军·黑板报·钉缸 亚凡·丁毅·王保贤著

[阳城]：太岳新华书店，1947，22页，32开

收藏单位：国家馆、南京馆

08829

干到底（淮剧） 苏北文工团创作

[淮安]：新华书店五分店，[1945]，19页，32开

收藏单位：国家馆

08830

骨肉亲（实事梆子戏） 王林 傅铎编

华北新华书店冀中总分店，1948.11，再版，32页，32开（平原戏剧丛书 9）

本书为新编河北地方戏。

收藏单位：国家馆、河南馆、宁夏馆、山东馆

08831

官逼民反 钟纪明[等]著

佳木斯：东北书店，1947.11，132页，32开

本书为新编秦腔剧剧本。书后有李微含的后记。

收藏单位：长春馆、东北师大馆、广东馆、国家馆、辽宁馆、南京馆、内蒙古馆、天津馆

08832

官逼民反（新编唱剧） 钟纪明[等]著

武安：韬奋书店，1947.2，130页，32开

本书书前有出版者的话。

收藏单位：国家馆

08833

官逼民反（新编秦腔剧） 钟纪明[等]著

[延安]：边区文协，1945.9，130页，32开

本书书后有李微含的后记。

收藏单位：国家馆、河南馆、山西馆

08834

官逼民反（新编秦腔剧） 钟纪明[等]著

太岳新华书店，1947.3，119页，32开

收藏单位：国家馆

08835

过关（四幕淮戏） 总剧联农村文娱社编

华中新华书店，1945.2，43页，32开

收藏单位：国家馆

08836

红灯记 平原著

[北平]：新华书店，1949.5，98页，32开（中国人民文艺丛书）

上海：新华书店，1949.8，102页，32开（中国人民文艺丛书）

[北平]：新华书店，1949，再版，修正本，95页，32开（中国人民文艺丛书）

本书内容包括：红灯记、越语注释、曲谱。附《剧艺大众化和改进越剧的尝试》。1949年5月版著者原题：柳夷。

收藏单位：重庆馆、东北师大馆、广东馆、国家馆、南京馆、天津馆

08837

红灯记（越剧） 平原著

华东新华书店，1949.3，重排再版，102页，32开

收藏单位：重庆馆、吉林馆、山东馆、上海馆

08838

虎孩翻身 太岳军区文工队创作

[阳城]：太岳新华书店，1946.12，66页，32开

本书为秧歌剧剧本。

收藏单位：山东馆、山西馆、中科图

08839
决心去参军（独幕淮剧） 足兵著　华中五地委宣传部编
[淮安]：华中五地委宣传部，[1945]，43页，64开
收藏单位：国家馆

08840
老姜头翻身（洛子） 刘林著
佳木斯：东北书店，1948.2，34页，32开（通俗文艺丛书）
收藏单位：国家馆、辽大馆、山东馆、天津馆

08841
卖子（梆子戏） 民友剧社改编
菏泽：冀鲁豫新华书店，1949，14页，32开
收藏单位：国家馆、宁夏馆、山东馆

08842
农民泪（梆子戏） 任河县南留路村剧团创作
华北新华书店冀中总分店，1948.12，33页，32开（平原戏剧丛书14）
本剧分二十四场。书前有编者的话。
收藏单位：长春馆、国家馆、山东馆、天津馆

08843
千古恨（山西梆子） 周文　王修编
[佳木斯]：东北书店，1947.1，61页，32开
收藏单位：长春馆、重庆馆、东北师大馆、广东馆、国家馆、黑龙江馆、辽宁馆、天津馆

08844
乔老汉唤子回头（落子腔） 刘正一编
韬奋书店，1945.12，21页，64开
收藏单位：国家馆、南京馆

08845
穷人恨 马健翎著
西安：西北新华书店，1949.7，142页，32开（陕甘宁戏剧丛书1）
本书是据秦腔写成的歌剧剧本，分二十八场。书前有《写在〈穷人恨〉的前边》（马健翎）。
收藏单位：东北师大馆、国家馆、吉林馆、辽宁馆、宁夏馆、山东馆、首都馆

08846
穷人恨 马健翎著
[北平]：新华书店，1949.5，114页，32开（中国人民文艺丛书）
上海：新华书店，1949.8，113页，32开（中国人民文艺丛书）
收藏单位：重庆馆、广东馆、国家馆、黑龙江馆、湖北馆、吉林馆、青海馆、山西馆、绍兴馆、天津馆、云南馆

08847
求解放（五幕剧） 吴网著　盐阜文娱社编
华中新华书店盐阜分店，1949.1，62页，36开
本书除采用淮剧的一些曲调之外，还采用了村剧团常用的其他一些小调。
收藏单位：国家馆、山东馆

08848
胜败图 太中业余剧社编
[阳城]：太岳新华书店，1947.1，72页，32开
本书为晋剧剧本，分十九场。
收藏单位：国家馆、河南馆、山西馆

08849
胜利年（花鼓演唱） 胥树人　萧汀编剧　马可配曲
哈尔滨：东北书店，1949.4，18页，50开
本书附曲谱4首。
收藏单位：贵州馆、国家馆

08850
受苦人 李建南著
[阳城]：太岳新华书店，1946.8，21页，36开
本书分七场。
收藏单位：国家馆

08851
土布整庄（梆子） 冀晋区编审委员会主编
星火出版社，1947.5，57 页，32 开（乡艺丛书 12）
收藏单位：国家馆

08852
团圆（高调剧） 冀鲁豫文工团改编
南峰：冀鲁豫新华书店，1948.12，52 页，32 开
收藏单位：重庆馆、国家馆、南京馆、山东馆

08853
王德锁减租（亦名，减租生产大家好）（郿鄠） 西戎等创作
[兴县]：晋绥边区吕梁文化教育出版社，1944.10，65 页，32 开（“七七七”文艺奖金获奖作品 戏剧类 甲等奖）
收藏单位：国家馆

08854
喜 安洁等创作 于大波配曲
东北书店辽宁分店，1949.2，[24] 页，36 开（戏剧小丛书 4）
收藏单位：国家馆、辽宁馆

08855
喜报（演唱） 于永宽 鲁亚农著
哈尔滨：东北书店，1948.8，16 页，32 开（戏剧音乐丛书 12）
哈尔滨：东北书店，1948.12，再版，12 页，32 开（戏剧音乐丛书 12）
收藏单位：国家馆、黑龙江馆、南京馆、山东馆、天津馆

08856
新夫妻（连场杂调剧） 鲁竹著
苏北新华书店盐城分店，[1949]，32 页，32 开
收藏单位：国家馆

08857
新屯堡（山西梆子） 马利民作
[兴县]：晋绥边区吕梁文化教育出版社，1944.12，81 页，32 开
收藏单位：国家馆

08858
薛汝成归队（杂调剧） 曹耀南著 盐阜文娱社编
华中新华书店盐阜分店，1948.12，26 页，64 开
本书为江苏地方戏剧本。
收藏单位：国家馆

08859
血泪仇 马健翎著
华北新华书店，1947.2，3 版，93 页，32 开
本书书后有著者后记、《〈血泪仇〉的写作经验》（马健翎）。
收藏单位：国家馆、山东馆

08860
血泪仇 马健翎著
[兴县]：晋绥边区吕梁文化教育出版社，[1943.10]，108 页，32 开
收藏单位：国家馆、天津馆

08861
血泪仇 马健翎著
[阳城]：太岳新华书店，[1946—1949]，93 页，32 开，环筒页装
收藏单位：国家馆、山东馆

08862
血泪仇 马健翎著
西北新华书店，[1943.10]，127 页，32 开
收藏单位：重庆馆、国家馆、江西馆、宁夏馆

08863
血泪仇 马健翎著
[北平]：新华书店，1949.5，110 页，32 开（中国人民文艺丛书）
收藏单位：广东馆、国家馆、吉林馆、内蒙古馆、山西馆、天津馆、西南大学馆

08864
血泪仇（剧本） 马健翎著
张家口：新华书店晋察冀分店，1945.12，139页，32开
收藏单位：重庆馆

08865
拥军词及其他
盐阜：盐阜出版社，1944，22页，32开（大众戏剧丛书）
本书收剧本3部：对唱《拥军词》、淮戏《开明三老》、唱本《参军记》。
收藏单位：国家馆

08866
鱼腹山 马健翎著
西安：西北新华书店，1949.6，108页，32开（陕甘宁戏剧丛书4）
本剧分二十五场。书前介绍本剧可用秦腔、晋腔、京梆子等各地方戏演唱。
收藏单位：重庆馆、国家馆、宁夏馆

08867
张大妈买猪（杂调剧） 无忌著　盐阜文娱社编
华中新华书店盐阜分店，1949.1，18页，64开
收藏单位：国家馆

08868
张德宝归队（淮海小戏） 温林改写
新华书店六分店，[1930—1949]，33页，32开
本书据虞棘创作的广场歌舞剧改写。
收藏单位：国家馆、山东馆

08869
赵老义全家抗战 石鸣著
重庆：生活书店，1938.9，16页，32开
重庆：生活书店，1940.1，再版，16页，32开（大众读物 甲种10）
本书为剧本，有剧中人物、时间及地点介绍。
收藏单位：重庆馆

08870
赵申年（唱剧） 左权剧团集体创作
华北新华书店，1945.11，27页，36开，环筒页装
收藏单位：国家馆、南京馆

08871
正气图（新编元末史剧） 墨遗萍著
[阳城]：太岳新华书店，1947.1，105页，32开
收藏单位：河南馆、山东馆、山西馆

其他剧种

08872
八年苦战 唐县杨家庵村剧团创作
星火出版社，1947.2，36页，32开（乡艺丛书10）
收藏单位：国家馆

08873
摆渡船（小杂耍） 盐阜文娱社编
华中新华书店盐阜分店，1949.1，28页，64开
本书收剧本两部：《摆渡船》（曹耀南）、《军属搭船》（张德民）。
收藏单位：国家馆

08874
表功臣（快板剧） 宜昌分区宣传队创　湖北军区政治部编
湖北军区政治部，[1949]，24页，64开（部队文艺小丛书1）
收藏单位：南京馆

08875
财主请客 束为编　少言插图
郑州：中原新华书店，1949.1，32页，64开
收藏单位：国家馆、南京馆、山东馆

08876
财主请客 束为编　少言插图

出版者不详，1946.5，34 页，64 开
　　收藏单位：国家馆

08877
大反攻（快板剧） 大众剧团等著
潞城：潞城文化印刷厂，1947，油印本，11 页，64 开
　　收藏单位：国家馆

08878
发土地证（快板剧） 张学新著
[威县]：冀南新华书店，1948.11，12 页，32 开（年关文娱材料）
　　收藏单位：国家馆

08879
发土地证（快板剧） 张学新著
[阳城]：太岳新华书店，1948.12，15 页，32 开（通俗戏剧丛刊 4）
　　收藏单位：国家馆

08880
翻身报恩 程震寰等作　中共华中十一地宣编
黄海书店，1947.9，21 页，32 开（戏剧杂耍丛刊）
　　本书收剧本 3 部：活报剧《翻身报恩》、戏中戏《送郎参军》、小顽艺《刨穷根》。
　　收藏单位：国家馆

08881
防守 柳倩著
上海：思想出版社，1937.5，99 页，32 开
　　本书据《洪水》（田汉）改编，以民歌体写成。
　　收藏单位：重庆馆、国家馆、南大馆、首都馆

08882
夫妻谈生产 潘洋作
沈阳：东北书店，1949.3，10 页，32 开（大众文娱集）
　　本书为杂耍剧本。
　　收藏单位：山东馆、天津馆

08883
夫妻谈生产 潘洋作
华东新华书店胶东分店，1948.12，10 页，32 开（大众文娱集）
　　收藏单位：国家馆、山东馆、天津馆

08884
给他算算 唐县庄头村剧团创作　冀晋区编审委员会编
星火出版社，1947.2，12 页，32 开（乡艺丛书 11）
　　本书书前有《关于〈给他算算〉》。
　　收藏单位：国家馆

08885
活捉蒋介石（活报） 吕班　厉声著
[威县]：冀南新华书店，1948.11，12 页，32 开（年关文娱材料）
　　本书收活报歌剧剧本两部：《活捉蒋介石》《拜年花鼓》。附曲谱。
　　收藏单位：国家馆

08886
蒋党丑态（活报剧） 文工团戏剧乙组创作　朱潜执笔
渤海军区政治部宣教部，[1949]，19 页，横 64 开
　　收藏单位：国家馆、山东馆

08887
蒋军必败 周方等著
华北新华书店，1947.7，48 页，36 开（晋冀鲁豫边区文艺创作小丛书 23）
　　本书收剧本 3 部：《蒋军必败》（周方等）、《土地还家》（皇甫束玉）、《穷人难》（新生宣传社）。
　　收藏单位：国家馆、山东馆、山西馆

08888
蒋军必败（活报剧） 边府俱乐部创作　周方执笔

[阳城]：太岳新华书店，1947.3，19页，36开

收藏单位：国家馆

08889

街头剧选集 冀晋区编审委员会主编

星火出版社，1947.5，20页，32开（乡艺丛书第2辑 什类5）

收藏单位：国家馆

08890

锦上添花（绘图新编影词） 陈非著 大众读物编刊社编

冀东新华书店，[1946—1949]，石印本，36页，36开，环筒页装

本书为皮影戏剧本，分五场。

收藏单位：国家馆

08891

军民拜年（广场剧） 张真等撰

渤海军区政治部宣教部，1949，11页，横64开（春节文娱材料3）

收藏单位：国家馆

08892

军民一家（快板小调剧） 朱子争著 华中军区宣教部编

[淮阴]：华中军区宣教部，1945.12，8页，32开（戏剧杂耍现代丛刊）

收藏单位：国家馆

08893

看谁新年过得好（广场战士剧） 陈戈等撰

渤海军区政治部宣教部，1949，11页，横64开（春节文娱材料8）

收藏单位：国家馆

08894

快板剧 张锡琪等撰 中国人民解放军第二野战军政治部编

[北平]：人民战士出版社，1949.5，18页，32开（人民战士文艺丛书）

本书收快板剧3部:《立功快板》（张锡琪作，赵玉山、张佩衡作曲）、《打过长江去》（钟华、李志刚）、《保护人民城市》（中杰等）。附《关于〈打过长江去〉和〈保护人民城市〉》（钟华）。

收藏单位：国家馆、南京馆、山东馆

08895

兰英回头 屯留绛河剧团创作 牛项良执笔

[阳城]：太岳新华书店，1946.8，12页，36开

本书分三场。

收藏单位：国家馆

08896

李有才板话影词 胡青著

佳木斯:东北书店，1948.9，95页，32开（通俗文艺丛书）

本书据《李有才板话》（赵树理）改编，分八场。书前有改编者的话。

收藏单位：长春馆、重庆馆、东北师大馆、国家馆、江西馆、辽大馆、南京馆、内蒙古馆、山东馆、天津馆

08897

李有才板话影词（一、二卷） 胡青编 大众读物编刊社编

冀东新华书店，1947.5，2册（68页），32开

收藏单位：国家馆

08898

两捆秫秸·三万元（快板剧 秧歌剧） 杜烽编剧·傅铎 王化编

饶阳：冀中新华书店，1947.11，22页，32开（平原戏剧丛书10）

收藏单位：国家馆

08899

刘春喜参加拨工（唱剧） 曲阳范家庄村剧团创作 冀晋区编委会编

星火出版社，1946.12，30页，32开（乡艺丛书7）

收藏单位：国家馆

08900
刨穷根（六幕杂调剧） 无忌创作 阜东县委宣传部编
阜东县委宣传部，1947.9，油印本，29 页，32 开
本书附《公平合理》《湖船》。
收藏单位：国家馆

08901
刨穷根（六幕杂调剧） 无忌创作 中共华中十一地宣编辑
黄海书店，1947.9，33 页，32 开（戏剧杂耍丛刊 2）
收藏单位：国家馆

08902
四大恶霸（快板剧） 一丁著
威县：冀南书店，1947.5，13 页，32 开（通俗小丛书）
本书收《四大恶霸》和活报剧《反对蒋介石》。每剧后有曲谱。
收藏单位：国家馆、山东馆

08903
抬俘虏（快板短剧） 江如高著
华中新华书店盐阜分店，1948.12，18 页，64 开
收藏单位：国家馆

08904
向吴满有看齐（广场剧）
晋察冀新华书店，1944，28 页，25 开，环筒页装
收藏单位：国家馆

08905
学文化（快板剧） 王萍等撰
渤海军区政治部宣教部，1949，10 页，横 64 开（春节文娱材料 4）
收藏单位：国家馆

08906
秧歌小调集 太行文联编
出版者不详，1945.12，26 页，64 开（太行文联通俗化丛书 2）
本书收小调集 6 篇，内容包括：《庆祝抗战胜利》《生产小调》《诉苦小调》等。
收藏单位：国家馆

08907
一句话 渤海教导团七队创作 司亚夫执笔
渤海军区政治部宣教部，[1949]，32 页，横 64 开
收藏单位：国家馆

08908
拥军爱民 张朴农 孙慈惠编
[郑州]：中原新华书店，1949.1，18 页，64 开
本书为两幕快板短剧剧本。
收藏单位：国家馆

08909
张桂林参军（快板剧本） 阜平三官庙村剧团创作 冀晋区编审委员会主编
星火出版社，1947.6，6 页，32 开（乡艺丛书第 2 辑 杂类 6）
收藏单位：国家馆

08910
左权小调 [左权县政府教育科编]
左权县政府教育科，1946.5，油印本，80 页，32 开
收藏单位：国家馆

曲 艺

08911
备战杂耍活页集（第 2 集 小调）
淮安备战动员委员会秘书处，[1946—1949]，8 页，32 开
本书为曲艺选集。
收藏单位：国家馆

08912
党费证 革飞著
太岳新华书店，[1942—1949]，24 页，32 开

本书收唱词3篇:《党费证》《空枪计》《至死不屈》。

收藏单位：国家馆、山东馆

08913

翻身歌唱　金汤编

佳木斯：东北书店，1948.4，再版，22页，32开（通俗文艺丛书）

收藏单位：国家馆、黑龙江馆、天津馆

08914

翻身歌唱　袁福良等著

佳木斯：东北书店，1948.10，再版，16页，32开（通俗文艺丛书）

收藏单位：国家馆

08915

鼓词小调集（第1集）　马曙等著

华中新华书店六分店，[1947—1949]，49页，48开（淮海文艺小丛书9）

本书收小调20首，内容包括：梁兄十送调《送夫出后勤》（寒星）、八段景调《全家生产》（徐凤生）等。

收藏单位：国家馆

08916

鼓词小调集（第3集）　[苏北新华书店编]

苏北新华书店六分店，[1949]，28页，32开（淮海文艺小丛书11）

本书收曲艺作品32首，内容包括：快板《百万雄师过长江》、小调《胜利渡长江》、鼓词《三路过长江》、快板《说胜利》、小调《解放南京》等。

收藏单位：国家馆、吉林馆

08917

鼓书坠子创作选（第1集）　沈冠英　孟汉英等著　冀鲁豫新华书店编辑部编

菏泽：冀鲁豫新华书店，1949，73页，32开

本书收鼓书坠子作品10篇，内容包括：《不革命到底不算完》（赵润贤）、《济南第一团》（孟汉英）、《未婚妻劝夫参军》（沈冠英）等。

收藏单位：国家馆

08918

蒋介石过年（洋片）　吕学文等撰

渤海军区政治部宣教部，1949，6页，横64开（春节文娱材料5）

收藏单位：国家馆

08919

民工小唱（第1—2集）　彭勃等著

华中新华书店盐阜分店，1948，14+9页，64开

本书第1集收作品9首，内容包括：快板《秋季攻势大胜利》、三大纪律调《民工同志要牢记》、梨膏糖调《城市政策执行好》、十劝郎调《模范民工罗甫云》等；第2集收作品11首，内容包括：欢送新军调《争取模范不做死藤瓜》、军民合作调《一条心》、卖小饺调《干到底》等。

收藏单位：国家馆

08920

农民乐（第1—2集）　华中一分区农民画报社编

华中新华书店一分店，1948，27+31页，48开

本书收《六月初二》（王平东）、《穷人十叹》（海安县训练班）、《庆翻身》（刘元英、孙培原）等小调、快板。书前有编者的几句开场白。

收藏单位：国家馆

08921

群英大鼓与闹官（大鼓书和快板）　赵治国　拓开科著

大连：大众书店，[1945—1949]，37页，32开（大众文艺丛书3）

本书收作品两篇:《群英大鼓》（赵治国）、《闹官》（拓开科），以及有关介绍3篇:《关于大鼓书》（戎凯旋）、《赵治国的大鼓书》（李方立、燕景山）、《练子嘴英雄拓老汉》（萧三、安波）。

收藏单位：东北师大馆、国家馆、辽宁馆

08922
胜利大反攻　高士进　向明著
淮海印刷厂，1948.5，12页，32开（淮海文艺小丛书2）
本书收作品7篇，内容包括：鼓词《胜利大反攻》（高士进）、快板《打场集》（向明）、杂耍《莫再挨》（冯春明）、龙船词《快回头》（潘成林）等。
收藏单位：国家馆

08923
说唱中苏友好（鼓词·秧歌剧）　山东新华书店编辑部辑
山东新华书店，1949，51页，50开
收藏单位：国家馆、湖北馆

08924
弹唱小王五　刘衍等著
华北新华书店，1947.6，59页，32开（晋冀鲁豫边区文艺创作小丛书11）
本书收作品9篇，内容包括：《盼喜报》（阮章竞）、《铁牛的话》（一新）、《夫妻顶嘴》（尔荷）、《出击》（小空）、《主席台》（胡征）等。
收藏单位：重庆馆、国家馆、吉大馆、南京馆、宁夏馆、山东馆、山西馆、天津馆

08925
新年小唱　中共江淮二地委宣传部编
中共江淮二地委宣传部，1949.1，49页，32开
本书收反五更调《庆祝胜利年，加紧来生产》、顺口溜《祝福毛主席》、儿童唱《多快乐》、快板《打算明春不拉账》、杨柳青调《蒋介石发疯》等。
收藏单位：国家馆

08926
杨发贵摔子　张广兴著
[威县]：冀南新华书店，1948.11，11页，32开（年关文娱材料）
本书收作品两篇：《杨发贵摔子》《两个下场》。
收藏单位：国家馆、山东馆

08927
杂技　张可等著
重庆：生活书店，1938.7，138页，32开（西北战地服务团丛书3）
本书收快板、大鼓词、独幕剧、相声等多种形式艺术作品，内容包括：《津浦线》《人民力量有多大》《大战平型关》《大战台儿庄》《难民》《劝国民抗战》《新化子拾金》《抗日十字段》等。书前有代序两篇：《我们的杂耍》（戈矛）、《提倡街头艺术》（史轮）。
收藏单位：北师大馆、重庆馆、贵州馆、国家馆、吉林馆、江西馆、南京馆、浙江馆

08928
张凤兰劝夫·登封惨案　林作·张友作
华北新华书店，1946.12，15页，32开
本书收大鼓词《张凤兰劝夫》、河南坠子《登封惨案》。
收藏单位：国家馆、山西馆

弹　词

08929
一家人　孔厥著
佳木斯：东北书店，1947.10，34页，32开（通俗文艺丛书）
沈阳：东北书店，1949，34页，32开（通俗文艺丛书）
收藏单位：长春馆、国家馆、天津馆

08930
一家人　孔厥著
华北新华书店，1947.6，32页，32开
收藏单位：重庆馆、国家馆、吉大馆、山东馆

08931
一家人　孔厥撰　张鲁作曲
山东新华书店，1949，47页，32开
本书附曲谱4首。
收藏单位：国家馆、南京馆、山东馆

08932
一家人（弹词即说书） 孔厥作词 张鲁配曲
大众书店，[1939—1946]，47 页，32 开
收藏单位：湖北馆

鼓 词

08933
白毛女鼓词 老民著
山东新华书店，1948.3，2 版，778 页，32 开（大众文库 鼓词）
收藏单位：南京馆、山东馆

08934
白毛女鼓词 李国春著
天津：生活文艺社，1949.7，93 页，32 开
收藏单位：东北师大馆、广东馆、国家馆、吉大馆、辽宁馆、天津馆

08935
百名英雄 苗培时编
华北新华书店，1946.12，21 页，32 开（新大众丛刊 5）
本书收作品 4 篇：《大战大杨湖》《无敌英雄张嘉荣》《百名英雄（张凤集歼灭战之一）》《模范四连（张凤集歼灭战之二）》。大鼓词、坠子通用。
收藏单位：重庆馆、国家馆、南京馆

08936
卜掌村演义 李季著
佳木斯：东北书店，1947.10，34 页，32 开（通俗文艺丛书）
本书共 6 回。
收藏单位：国家馆、黑龙江馆、吉大馆、山东馆、山西馆、天津馆、浙江馆

08937
卜掌村演义 李季著
武安：华北新华书店，1948.12，31 页，32 开，环筒页装
收藏单位：国家馆

08938
卜掌村演义 李季著
威县：冀南新华书店，1948.5，26 页，32 开
收藏单位：国家馆、山东馆

08939
卜掌村演义 李季著
[阳城]：太岳新华书店，1948.12，31 页，32 开
收藏单位：国家馆

08940
长征故事（鼓儿词） 姚迁编
兴化：兴化县老圩区文娱社，1947.10，油印本，31 页，32 开
本书附油印插图 4 幅。
收藏单位：国家馆

08941
沉冤记 白刃著
北平：解放报，1949，76 页，36 开
本书书前有著者前记。
收藏单位：国家馆、天津馆

08942
沉冤记 白刃著
中国人民解放军四野政治部，1949.8，65 页，32 开（战士生活丛书 2）
本书共 10 章。书前有著者前记。
收藏单位：国家馆、南京馆、宁夏馆

08943
陈文书翻身记 王朝银著
华中新华书店，[1947]，13 页，32 开
收藏单位：国家馆、山东馆

08944
打黄狼 王亚平改写
沈阳：东北书店，1949，15 页，64 开（大众文艺小丛书）
本书据民间传说《打狼段》改写。
收藏单位：重庆馆、国家馆

08945
打黄狼　王亚平改写
[威县]：冀南新华书店，[1949.1]，11页，36开
　　收藏单位：国家馆、山东馆

08946
打黄狼（民间说唱打狼段）　王亚平改写
菏泽：冀鲁豫新华书店，1949，18页，32开
　　收藏单位：国家馆、宁夏馆、山东馆、天津馆

08947
打完老蒋再回家（大鼓）　刘林著
佳木斯：东北书店，1948.7，25页，64开
　　收藏单位：国家馆

08948
地主罪行（大鼓词）　董国栋编
阜宁：阜宁县教育科，1948.2，16页，32开
　　收藏单位：国家馆

08949
翻身鼓词　滨海行署文教处编
临沂：山东新华书店，1946.7，21页，32开
　　收藏单位：吉大馆、南京馆、山东馆

08950
翻身英雄皇甫其建　王乃堂著
佳木斯：东北书店，1947.12，22页，32开（通俗文艺丛书）
　　收藏单位：国家馆

08951
翻身英雄皇甫其建　王乃堂编
华北新华书店，1946.12，17页，36开，环筒页装
　　本书书名后题：通俗鼓词各调通用。
　　收藏单位：国家馆、南京馆

08952
告农民书（鼓词）　元阜著
中共淮海第一中心县委宣传科，[1944—1947]，石印本，30页，64开，环筒页装
　　本书附《诉苦》（顺口溜）。
　　收藏单位：国家馆

08953
鼓儿书（唱土地法）　芦枫编
兴化：新华书店兴化支店，[1948]，14页，64开
　　收藏单位：国家馆、南京馆

08954
何巴虎两次退匪军　苗培时等[著]　冀中文协编
华北新华书店冀中总分店，1948.12，45页，32开（鼓词选集 第4集）
　　本书收《何巴虎两次退匪军》（培时）、《战斗英雄苏永忠》（马英）、《双翻身》（卢子枫）、《李狗子南征》（思奇）等。著者原题：培时。
　　收藏单位：重庆馆、山东馆

08955
红军长征（新编鼓词）
威县：冀南新华书店，1948.9，21页，36开
　　本书收鼓词两篇：《红军长征》《郭企之殉难》。
　　收藏单位：国家馆、山东馆

08956
进步乐　季良著
沈阳：东北书店，1949.3，16页，32开（鼓词集）
　　收藏单位：国家馆、南京馆、山东馆、陕西馆、天津馆

08957
晋察冀的小姑娘（鼓词）　王尊三著
星火出版社，1947.5，8页，32开（乡艺丛书 第3辑 杂类4）
　　本书书前有《乡艺丛书出版缘起》《写在〈晋察冀的小姑娘〉前面》。
　　收藏单位：国家馆、河南馆、天津馆

08958
晋察冀的小姑娘（鼓词选） 王尊三等著
新华书店，1949.5，83页，32开（中国人民文艺丛书）
本书收鼓词6篇:《人民英雄刘志丹》（孔厥）、《计取袁家城子》（杨星华）、《亲骨头》（王尊三）、《晋察冀小姑娘》（王尊三）、《庞如林》（赵树理）、《登封惨案》（张友）。
收藏单位：重庆馆、广东馆、国家馆、华东师大馆、吉大馆、吉林馆、内蒙古馆、宁夏馆、山东馆、山西馆、天津馆

08959
抗战大鼓词 穆木天著
汉口：新知书店，1938.3，56页，36开
本书收大鼓词5篇:《卢沟桥》《伪国兵王顺反正》《八百个壮士》《江北铜匠王阿毛》《游击队雪地退兵》。
收藏单位：北师大馆、重庆馆、广东馆、国家馆、南京馆、陕西馆、上海馆、浙江馆

08960
莱芜大捷鼓词 李燕荪著
山东新华书店，1947.9，17页，32开（战时小丛书）
收藏单位：南京馆、山东馆

08961
浪子回头（东北大鼓） 刘林著
东北书店，[1945—1949]，31页，54开
本书反映东北边区王三宝一家的生活转变。
收藏单位：重庆馆

08962
劳动英雄刘英源（鼓词） 刘林著
佳木斯：东北书店，1948.9，44页，32开（通俗文艺丛书）
收藏单位：东北师大馆、国家馆、吉大馆、辽大馆、山东馆、陕西馆

08963
劳动英雄刘英源（鼓词） 刘林著
[泰州]：苏北新华书店，1949.8，43页，50开（大众读物）
收藏单位：国家馆、山东馆

08964
劳动英雄吴满有 季万编词
[惠民]：渤海新华书店，[1945—1949]，28页，32开
收藏单位：国家馆、山东馆

08965
劳动英雄吴满有（说唱鼓词） 季万编词
滕县（滕州）：鲁南新华书店，1946.8，63页，64开
本书共4回。
收藏单位：南京馆

08966
劳动英雄吴满有（说唱鼓词） 季万[编词]
苏中韬奋书店，1946.11，47页，64开（工农读物2）
本书共4回。
收藏单位：南京馆

08967
老雇农杨树山·平鹰坟（鼓词） 大成　思奇著·轻影著
佳木斯：东北书店，1947.12，31页，32开（通俗文艺丛书）
收藏单位：长春馆、东北师大馆、国家馆、辽大馆、天津馆

08968
老雇农杨树山·平鹰坟（鼓词） 大成　思奇作·轻影作
韬奋书店，1946.12，15页，32开
收藏单位：国家馆

08969
老会长（鼓词） 王希坚著
山东新华书店，1949.6，82页，32开
收藏单位：广东馆、国家馆、山东馆

08970
老潘大鼓集 潘长发著 淮海文协编
新华书店六分店，1948.10，10 页，64 开
本书书前有代序《忆念老潘同志》(阿大)。
收藏单位：国家馆、南京馆

08971
李盛兰献古钱（鼓词） 车毅著
张家口：晋察冀边区教育阵地社，1946.5，15 页，32 开（群众读物 18）
本书书前有伯人的前记。
收藏单位：国家馆、山东馆

08972
李秀娟卖豆腐（新鼓词） 白得易著
南通：南通新华书店，1949.8，11 页，64 开
本书卷首书名前题：通俗小说。
收藏单位：国家馆

08973
刘巧团圆 韩起祥著
香港：海洋书屋，1947.8，150 页，36 开（北方文丛 第 2 辑）
香港：海洋书屋，1947.10，再版，150 页，36 开
收藏单位：重庆馆、广东馆、国家馆、黑龙江馆、江西馆、上海馆

08974
刘巧团圆 韩起祥著
上海：生活·读书·新知联合发行所，1949.8，150 页，36 开（北方文丛 第 2 辑）
收藏单位：东北师大馆、山西馆、天津馆

08975
刘巧团圆 韩起祥编 高敏夫记录
佳木斯：东北书店，1947.10，63 页，32 开（通俗文艺丛书）
收藏单位：重庆馆、东北师大馆、国家馆、宁夏馆、山西馆、天津馆

08976
刘巧团圆 韩起祥编 高敏夫记录
光明书店，[1946—1949]，50 页，25 开（通俗文艺丛书）
收藏单位：江西馆、宁夏馆

08977
刘巧团圆 韩起祥编 高敏夫记录
武安：华北新华书店，[1946.2]，50 页，36 开
本书为鼓词集。收鼓词 3 篇，内容包括：《刘巧团圆》《张玉兰参加选举会》等。书后有《韩起祥小传》。
收藏单位：重庆馆、国家馆、辽宁馆、宁夏馆、山东馆、山西馆

08978
刘巧团圆 韩起祥编 高敏夫 林山记
上海：新华书店，1949.9，89 页，32 开（中国人民文艺丛书）
本书收鼓词两篇：《刘巧团圆》《张玉兰参加选举会》。书后有《韩起祥小传》。
收藏单位：国家馆、华东师大馆、吉林馆、南京馆、山西馆

08979
马德全立大功 黎蒙撰
哈尔滨：东北书店，1949.1，27 页，32 开
收藏单位：长春馆、国家馆、黑龙江馆、吉大馆、山西馆、陕西馆

08980
骂汪 老向编
重庆：国民图书出版社，1941.2，8 页，64 开（国民常识通俗小丛书）
收藏单位：贵州馆

08981
骂汪（二本） 老向著
重庆：中国戏曲编刊社，1940.3，4 页，32 开
重庆：中国戏曲编刊社，1941.10，再版，4 页，32 开（抗战鼓词 9）
本书是一本以抗战为内容的鼓词作品。
收藏单位：国家馆

08982
毛主席主张好（新年报告说唱本） 一农编著
华中新华书店，1948.2，19 页，64 开（翻身小丛书 5）
收藏单位：国家馆、南京馆

08983
民族气节女英雄杨怀英（鼓词） 王树萍著
[牡丹江]：东北书店牡丹江分店，1947.12，19 页，32 开
本书封面题名：杨怀英。
收藏单位：重庆馆、国家馆、黑龙江馆、辽宁馆、天津馆

08984
民族气节女英雄杨怀英（鼓词） 王树萍著
[张家口]：晋察冀边区教育阵地社，1946.5，19 页，32 开（群众读物 17）
收藏单位：国家馆、天津馆

08985
农村小演唱 嫩江农民社编
沈阳：新华书店东北总分店，1949，77 页，32 开
收藏单位：东北师大馆、国家馆、辽宁馆

08986
农家十二月（鼓词） 东北新华书店编
沈阳：东北新华书店，1949.8，16 页，50 开（大众文艺小丛书）
收藏单位：北师大馆、陕西馆、天津馆

08987
平妖记 陈明著
[佳木斯]：东北书店，1946，45 页，32 开
收藏单位：东北师大馆、国家馆、吉大馆、天津馆

08988
平妖记 陈明著
冀晋新华书店，1946.3，86 页，64 开
本书书前有著者前记。
收藏单位：国家馆

08989
平妖记 陈明著
威县：冀南新华书店，1948.5，48 页，36 开
收藏单位：国家馆、山东馆

08990
平妖记 陈明著
张家口：新华书店晋察冀分店，1946.3，86 页，32 开
本书附说书曲谱 15 首。书后有《关于陕北说书音乐》（安波）。
收藏单位：国家馆、天津馆

08991
亲骨肉（大鼓） 王尊三著
星火出版社，1947.3，10 页，32 开（乡艺丛书 第 2 辑 什类 2）
收藏单位：长春馆、国家馆

08992
秋季攻势 夏宁编写
华中新华书店盐阜分店，1949.1，62 页，64 开（时事说唱鼓词 第 1 集）
本书共 6 回。书后有编后记。
收藏单位：国家馆

08993
人民英雄董存瑞（大鼓） 石化玉等著
上海：上海杂志公司，1949.8，50 页，32 开（人民艺术丛刊 10）
本书收鼓词 3 篇：《人民英雄董存瑞》（石化玉）、《爆炸英雄邵洪生》（沙蕻）、《王连凯制造水表》（沈莎）。
收藏单位：长春馆、重庆馆、广东馆、国家馆、吉大馆、江西馆、辽宁馆

08994
十女夸夫 王尊三著
华北新华书店冀中总分店，1948.12，32 页，36 开（鼓词选集 第 2 集）
本书收文 3 篇：《十女夸夫》《三女婿拜寿》《大生产》。
收藏单位：山东馆、天津馆

08995
时事传（鼓词） 韩起祥 王宗元编
[阳城]：太岳新华书店，1946.11，14页，32开
收藏单位：国家馆、山西馆

08996
说唱中苏友好
重庆：中苏友好协会，[1935—1949]，58页，32开
本书收鼓词9篇。
收藏单位：重庆馆

08997
诉苦·挖穷根·穷人与富人（东北大鼓）
[沈阳]：东北书店，[1949]，43页，大64开
收藏单位：国家馆

08998
粟裕将军（说唱鼓词） 王士菁编著
华中新华书店，1948.1，64页，64开（翻身小丛书3）
本书共10回。附《歌颂粟司令》（三十六码头调）。书后有作者附记两篇。
收藏单位：国家馆、山东馆

08999
弹唱董存瑞 冀中群众剧社大鼓队著
华北新华书店冀中总分店，1948.11，65页，32开（鼓词选集 第1集）
本书收鼓词3篇：《弹唱董存瑞》《刘志成舍身取义》《最后一分钟》。
收藏单位：重庆馆、国家馆、南京馆、天津馆

09000
挖坏根（东北大鼓）
东北书店，1947，25页，50开
收藏单位：国家馆

09001
小二黑结婚（鼓词） 宋镜蓉[改编]
佳木斯：东北书店，1947.12，55页，32开（通俗文艺丛书）
佳木斯：东北书店，1948.3，再版，55页，32开（通俗文艺丛书）
本书共5回。
收藏单位：重庆馆、东北师大馆、国家馆、山东馆、天津馆

09002
新编短篇鼓词 陶钝著
华东新华书店，1948.10，再版，42页，50开
本书收鼓词4篇：《马大娘探儿子》《女运粮》《老鼠段》《李秀娟卖豆腐》。书前有著者自序。
收藏单位：国家馆、河南馆、山东馆

09003
新编论联合政府（鼓词） 徐勉一编
淮北：拂晓出版社，1945，34页，32开
收藏单位：国家馆、南京馆、山东馆

09004
新编杨桂香鼓词 陶钝著
[牡丹江]：东北书店牡丹江分店，1947.8，77页，32开
收藏单位：长春馆、东北师大馆、国家馆、吉林馆、辽宁馆、天津馆

09005
新编杨桂香鼓词 陶钝编
华东新华书店，1949.1，再版，99页，32开
收藏单位：重庆馆、山东馆、浙江馆

09006
新编杨桂香鼓词 陶钝著
[香港]：民主文化公司，1949.6，84页，32开
收藏单位：国家馆、天津馆

09007
新编杨桂香鼓词 陶钝编
上海：新华书店，1949，88页，32开
收藏单位：安徽馆、重庆馆、国家馆、辽宁馆

09008
新编杨桂香鼓词　陶钝著
[郑州]：中原新华书店，1949.4，124页，32开（大众文库）
本书共10回。
收藏单位：广东馆、国家馆、湖南馆

09009
新鼓词　兴化县文娱社编
兴化：兴化县文娱社，[1949]，油印本，22页，32开
收藏单位：国家馆

09010
徐得玉兄弟参军（东北大鼓）
[沈阳]：东北书店，[1945—1949]，24页，50开
收藏单位：国家馆

09011
血泪仇鼓词　季万改编
山东新华书店总店，1948.5，75页，32开（大众文库 鼓词）
本书为鼓词集，共8回。
收藏单位：国家馆、山东馆

09012
杨怀英（鼓词）　王树萍著
牡丹江：东北书店牡丹江店，1947.10，19页，32开
收藏单位：国家馆

09013
杨家清百步穿杨（鼓词）　潘井编
山东新华书店，1947.10，17页，64开
收藏单位：国家馆、南京馆、山东馆

09014
战斗与生产结合一等英雄庞如林（大鼓）　赵树理著
涉县：新华书店，1945.1，17页，64开
收藏单位：国家馆

09015
张仁（运盐英雄大鼓词）　李雷著
新华书店，1943.11，15页，64开
收藏单位：南京馆

09016
张锁买牛　王亚平著
冀鲁豫新华书店，[1948.12]，16页，32开
收藏单位：国家馆

09017
张锁买牛　王亚平著
[威县]：冀南新华书店，[1949]，15页，36开
收藏单位：国家馆、山东馆

09018
张玉兰参加选举会　韩起祥编　程恩荣记录
新华书店，[1946.3]，52页，64开（民间艺人创作2）
本书书前有《民间艺人创作》（延安边区文协说书组）。书后有《韩起祥小传》（林山）。
收藏单位：国家馆、南京馆

09019
致工人同志（朗诵诗　鼓词）　山东新华书店编辑部编辑
山东新华书店，1949，42页，50开
收藏单位：国家馆

09020
朱富胜翻身（鼓词）　王希坚著
哈尔滨：东北书店，1947.10，70页，32开（通俗文艺丛书）
本书收《施鬼计李寿春专权》《大扫荡恶霸现原形》《粉碎蚕食沂河全解放》等。
收藏单位：长春馆、重庆馆、东北师大馆、国家馆、江西馆、辽大馆、南京馆、宁夏馆、天津馆

快书、快板

09021
保卫好时光（农村快板集） 太行行署教育处文联编
[邢台]：太行群众书店，[1946]，23页，32开
本书收快板7篇：《保卫好时光》《想一想》《反内战》《中贫农是一家》《大不同》《不忘大恩》《受苦难》。
收藏单位：国家馆

09022
不信运气（快板演唱） 始流著
佳木斯：东北书店，1948.9，8页，50开
收藏单位：国家馆、山东馆

09023
大战岱崮山（武老二选） 杨星华著
临沂：山东新华书店，1946.11，64页，32开（抗战文艺选集）
本书收快板6篇：《沭河战斗》《大战回龙山》《夜摸上店》《大战岱崮山》《计取袁家城子》《二曹大闹蒙阴城》。每篇前有内容简介。
收藏单位：国家馆、山东馆、天津馆

09024
光荣的解放军（武老二） 山东新华书店编辑部编辑
山东新华书店，1949，38页，50开（部队文娱材料）
收藏单位：国家馆

09025
快板选集（第1集） 人民解放军十八兵团政治部编
人民解放军十八兵团政治部，[1949]，28页，36开（士兵通俗读物）
本书收《人民军队大会餐》《太原形势》《太原城里大庆功》《怎样打好仗》《怎样打纵深》《坚守阵地三件宝》等快板作品。
收藏单位：重庆馆

09026
快板选集（第4辑）
华野四纵十一纵师政治部，1946，油印本，32页，36开
收藏单位：国家馆

09027
两个漂亮仗 淮海文协编
新华书店六分店，1947.12，6页，32开
收藏单位：南京馆

09028
民兵缴大炮 华中北线后勤司令部编
华中新华书店，1946.12，12页，64开（爱国自卫大众文艺小丛书 快板 第1辑）
本书收快板8篇，内容包括：《涟水保卫战》《蒋军没落逃》《民兵缴大炮》等。
收藏单位：国家馆

09029
战士快板 中原军区政治部编
中原军区政治部，[1945—1949]，1册，64开（连队读物1）
收藏单位：南京馆

09030
纸老虎真象（漫画快板集） 东北军区政治部编
东北军区政治部，[1948—1949]，[29]页，64开（战士读物7）
收藏单位：重庆馆

相声、独脚戏

09031
蒋贼的末日（独角戏） 苏东风编剧 刘万举配曲
沈阳：东北书店，1949.4，16页，50开
本书附插曲1首。
收藏单位：北师大馆、长春馆、东北师大馆、国家馆

09032
相声 武新春 [编]
渤海军区政治部宣教部，[1949]，11 页，横 64 开（春节文娱材料 10）
收藏单位：国家馆

其 他

09033
唱大反攻 白得易著
九分区新华书店，[1949]，24 页，48 开
收藏单位：国家馆

09034
村女搭救游击队 林曦著
军事委员会政治部，1941.2，29 页，50 开（抗战小丛书）
收藏单位：国家馆

09035
大战临沂 王鸿庥作词 王建铎绘图
汉口：生活书店，1938.7，16 页，32 开（战时通俗读物 乙种 1）
收藏单位：重庆馆、国家馆

09036
二元成亲（坠子） 李刚著
冀鲁豫新华书店，1948，17 页，32 开
收藏单位：贵州馆、国家馆、山东馆

09037
范筑先聊城殉国 林舒著
重庆：生活书店，1939.10，16 页，32 开（大众读物 乙种 58）
重庆：生活书店，1940.3，再版，16 页，32 开（战时通俗读物 乙种 58）（大众读物 乙种 58）
收藏单位：国家馆、南京馆

09038
纺棉花和"万年穷"翻身 王血波作剧 王辛作曲 晋察冀边区群众剧社编
晋察冀边区教育阵地社，1946.6，47 页，32 开（群众读物 21）
收藏单位：北师大馆、国家馆

09039
歌唱南泥湾 师田手著
佳木斯：东北书店，1947.9，48 页，50 开
本书歌颂了三五九旅建设南泥湾的功绩。
收藏单位：长春馆、国家馆、南京馆

09040
孩子投军 方白著
重庆：生活书店，1940.3，再版，26 页，32 开（战时通俗读物 乙种 45）（大众读物 乙种 45）
本书为以说唱形式改编的苏联革命故事。
收藏单位：国家馆

09041
火烧丁家庄 方白作词 杨芒萧绘图
[汉口]：生活书店，1938.8，16 页，32 开（战时通俗读物 乙种 2）
本书为配画说唱词。
收藏单位：国家馆

09042
李长胜重上前线 刘念渠著
汉口：生活书店，1938.9，12 页，32 开（通俗读物 甲种 18）
重庆：生活书店，1940.1，再版，12 页，32 开（大众读物 甲种 18）
本书为通俗唱本。
收藏单位：北碚馆、贵州馆、国家馆、湖南馆、江西馆

09043
闹东京 穆木天著
汉口：生活书店，1938.9，8 页，32 开（通俗读物 甲种 13）
收藏单位：国家馆

09044
闹渭州 [太中业余剧社编]
[阳城]：太岳新华书店，1947.1，15 页，36 开

收藏单位：国家馆

09045
农村小曲 胡季委 柯蓝著
太行新华书店，1949，62页，横64开
收藏单位：国家馆

09046
农村小曲 胡季委 柯蓝著
索堡：新华书店，1945，65页，64开
本书收唱词14篇，内容包括：《农户计划歌》《组织起来》《开荒歌》《劝二流子》《妇女种庄稼》等。附曲谱多首。
收藏单位：国家馆

09047
说唱晴天传 刘品高著
[佳木斯]：东北书店，1947.1，105页，32开
本书共11回。
收藏单位：长春馆、东北师大馆、国家馆、河南馆、辽宁馆、南京馆

09048
说唱晴天传 刘品高著
冀鲁豫书店，[1944—1948]，95页，36开
收藏单位：广东馆、国家馆、吉大馆

09049
说唱晴天传 刘品高著
鲁中新华书店，[1945—1949]，95页，32开
收藏单位：国家馆、南京馆、山东馆、天津馆

09050
血战芦沟桥 解方著
[重庆]：教育部民众读物编审委员会，[1937—1945]，20页，大64开（民众文库）
收藏单位：首都馆

09051
游击战术唱词 王金辂著
重庆：生活书店，1940.3，再版，20页，32开（战时通俗读物 乙种39）（大众读物 乙种39）
本书为配画说唱词。
收藏单位：国家馆

09052
怨仇报（小词书） 无忌著 盐阜文娱社编
华中新华书店盐阜分店，1948.4，53页，64开
本书为中国现代说唱文学。
收藏单位：国家馆

09053
赵母买枪打游击 刘念渠著
重庆：生活书店，1938.9，11页，32开（战时通俗读物 甲种7）
重庆：生活书店，1940.1，再版，11页，32开（大众读物 甲种7）
本书为抗战小剧本。
收藏单位：重庆馆、国家馆

09054
赵顺清割皮带 黎蒙著
沈阳：东北书店，1949.3，23页，32开
收藏单位：长春馆、国家馆

09055
筑路先锋 方白著
重庆：生活书店，1939.10，10页，36开
重庆：生活书店，1940.3，再版，10页，32开（大众读物 乙种55）
本书为通俗故事图文本。
收藏单位：国家馆

小 说

现代作品（1919—1949年）

评 话

09056
淮海战役 乐秀良 杨少坪编
华中一分区新华书店，1949.1，52页，64开
收藏单位：南京馆

章回小说

09057
地覆天翻记 王希坚著 王文彬绘图
山东新华书店，1947.8，162 页，32 开（文艺创作丛书）
山东新华书店，1948.3，再版，162 页，36 开（文艺创作丛书）
本书共 20 回。书后有《读〈地覆天翻记〉》（逸群）。
收藏单位：广东馆、南京馆、山东馆

09058
地覆天翻记 王希坚著 中国人民文艺丛书社编辑
[北平]：新华书店，1949.5，194 页，32 开（中国人民文艺丛书）
上海：新华书店，1949.8，193 页，32 开（中国人民文艺丛书）
本书共 22 回。
收藏单位：安徽馆、重庆馆、东北师大馆、广东馆、国家馆、湖南馆、吉林馆、辽宁馆、南京馆、山东馆、山西馆、绍兴馆、天津馆、西南大学馆、云南馆、中科图

09059
地覆天翻记（修改本） 王希坚著
华东新华书店，1949.3，3 版，176 页，32 开
收藏单位：安徽馆、重庆馆、上海馆、绍兴馆

09060
国事痛 杨耳等编
[惠民]：渤海新华书店，1947.10，渤海初版，55 页，32 开（大众丛书）
收藏单位：国家馆、南京馆、山东馆

09061
国事痛 杨耳等著
佳木斯：东北书店，1946.12，58 页，32 开
佳木斯：东北书店，1947.5，再版，58 页，32 开
本书为时事小说，共 12 回，讲述“八一五”以来民主与独裁斗争史。
收藏单位：安徽馆、长春馆、东北师大馆、国家馆、近代史所、辽宁馆、南京馆、宁夏馆、浙江馆

09062
国事痛 杨耳等著
光明书店，1947.9，58 页，32 开
收藏单位：南京馆、中科图

09063
国事痛 杨耳等编
威县：冀南书店，1947.12 印，62 页，32 开
收藏单位：国家馆、山东馆

09064
国事痛 杨耳等编
山东新华书店总店，1947.8，55 页，32 开（大众文库）
收藏单位：国家馆、山东馆

09065
活捉笑面虎 方青著
佳木斯：东北书店，1947.8，56 页，32 开
本书共 9 回。
收藏单位：东北师大馆、国家馆、吉大馆、江西馆、山东馆、山西馆

09066
抗日英雄洋铁桶（又名，洋铁桶的故事） 柯蓝著 群众报社主编
[四明山]：韬奋书店，1946.7，159 页，32 开（群众文艺丛书）
本书曾在《群众报》上连续发表过。
收藏单位：国家馆

09067
吕梁英雄传 马烽 西戎著
大连：大众书店，[1946]，178 页，32 开
收藏单位：国家馆、山西馆

09068
吕梁英雄传 马烽 西戎著
佳木斯：东北书店，1946，178页，32开
佳木斯：东北书店，1946.10，再版，178页，32开
本书为通俗小说，共37回。主要反映中国共产党领导全民族抵御日本侵略者，是吕梁革命史的真实写照。书前有周文序。
收藏单位：东北师大馆、国家馆、辽宁馆

09069
吕梁英雄传 马烽 西戎著
临汾：晋南新华书店，1949.8，2册，32开
本书为通俗小说，共80回。
收藏单位：山西馆

09070
吕梁英雄传 马烽 西戎著
[兴县]：吕梁文化教育出版社，1946.4，2册，32开
收藏单位：重庆馆、国家馆、辽宁馆、南京馆

09071
吕梁英雄传 马烽 西戎著
新华书店，1949.5，2册（502页），32开（中国人民文艺丛书）
广州：新华书店，1949.9，2册（502页），32开（中国人民文艺丛书）
[北平]：新华书店，1949，2版，2册（502页），32开（中国人民文艺丛书）
本书共80回。书后有著者后记，介绍本书的创作经过。
收藏单位：重庆馆、东北师大馆、甘肃馆、国家馆、吉大馆、江西馆、山西馆、四川馆、天津馆

09072
吕梁英雄传（上册） 马烽 西戎著
晋察冀新华书店，1947.7，174页，32开
收藏单位：国家馆、山西馆、天津馆

09073
吕梁英雄传（上册） 马烽 西戎著
[阳城]：太岳新华书店，1947.1，137页，32开
收藏单位：国家馆、南京馆、浙江馆

09074
吕梁英雄传（通俗小说） 马烽 西戎著
中原新华书店，1949，2册（502页），32开
收藏单位：广东馆、国家馆、吉林馆、山西馆

09075
吕梁英雄传（正集） 马烽 西戎著
苏中韬奋书店，1947.10，137页，32开
本书共37回。目次页书名前题：绣像绘画通俗小说。
收藏单位：国家馆、南京馆、山东馆

09076
吕梁英雄传（正集） 马烽 西戎著
上海：通俗书局，1947.1，214页，32开
收藏单位：北师大馆、广东馆、吉林馆、上海馆、首都馆

09077
聂荣臻大战孙连仲 小云著
香港：学生书店，1948.3，31页，36开（通俗小丛书）
本书共8回。
收藏单位：国家馆、山西馆

09078
山东大战记 江风 枝山合编
华中新华书店九分店，[1945—1949]，18页，32开
本书共6回，描写新四军在山东歼灭国民党军队的经过。
收藏单位：国家馆

09079
五四历史演义 蔷薇园主编订
上海：蔷薇园主[发行者]，1937.5，245页，

32 开

本书共 16 回。封面题名：5.4 历史演义。

收藏单位：北师大馆、重庆馆、广西馆、贵州馆、国家馆、近代史所、南京馆

09080

五四历史演义　蔷薇园主编订

上海：震业图书局发行所，1937，245 页，32 开

收藏单位：首都馆

09081

新儿女英雄传　袁静　孔厥著

威县：冀南新华书店，1949.8，378 页，36 开

收藏单位：国家馆

09082

新官场现形记　白岳山人著　柳溪渔隐评点

上海：大通图书社，1937.5，112+100 页，32 开

本书为社会小说，共 16 回。书前有序，并有眉批及夹评。

收藏单位：国家馆、首都馆

09083

新官场现形记　[司马相世著]

大众书店，[1945—1949]，27 页，32 开

收藏单位：国家馆

09084

新官场现形记　司马相世著

胜利书店，[1945]，29 页，32 开

收藏单位：国家馆

09085

新官场现形记　司马相世著

苏北出版社，[1941—1949]，21 页，32 开

收藏单位：南京馆

09086

新官场现形记　司马相世著

文林书局，1946.3，23 页，32 开

本书共 6 回，揭露国民党六大前后内幕。

收藏单位：东北师大馆、国家馆、山东馆、首都馆、浙江馆

09087

新官场现形记（国民党六全大会真象）　司马相世著

[阳城]：太岳新华书店，1947.1，22 页，32 开

收藏单位：国家馆、河南馆

09088

新官场现形记（国民党六全大会真像）　司马相世著

广闻堂，[1945—1949]，34 页，32 开

收藏单位：重庆馆、国家馆、山西馆、首都馆

09089

血尸案　袁静　孔厥著

张家口：晋察冀新华书店，1948.1，36 页，36 开

[张家口]：晋察冀新华书店，1948.5，再版，36 页，32 开

本书共 7 回。

收藏单位：国家馆、宁夏馆、山东馆、山西馆

09090

血尸案　袁静　孔厥著

山东新华书店，1947.12，36 页，32 开（大众文库）

山东新华书店，1948.2，36 页，36 开（大众文库）

收藏单位：国家馆、南京馆、山东馆

09091

血尸案　袁静　孔厥著

[郑州]：中原新华书店，1949.5，35 页，32 开

收藏单位：国家馆、江西馆

09092

洋铁桶的故事　柯蓝著

[惠民]：渤海新华书店，1947.6，82 页，32

开

收藏单位：南京馆、山东馆

09093
洋铁桶的故事 柯蓝著
大连：大众书店，1947.5，再版，128页，32开

收藏单位：辽宁馆

09094
洋铁桶的故事 柯蓝著
佳木斯：东北书店，1947.9，128页，32开

收藏单位：东北师大馆、国家馆、江西馆

09095
洋铁桶的故事 柯蓝著
香港：海洋书屋，1947，132页，32开（北方文丛 第2辑）

收藏单位：东北师大馆、广东馆、国家馆

09096
洋铁桶的故事 柯蓝著
华东新华书店，1949.2，112页，36开

收藏单位：重庆馆、南京馆、山东馆

09097
洋铁桶的故事 柯蓝著
河间：冀中新华书店，[1945.12]，98页，32开

收藏单位：国家馆、南京馆、宁夏馆、山东馆、山西馆

09098
洋铁桶的故事 柯蓝著
晋察冀新华书店，1947.11，120页，32开

收藏单位：重庆馆、国家馆、吉林馆

09099
洋铁桶的故事 柯蓝著
上海：生活·读书·新知联合发行所，1949.8，132页，36开（北方文丛 第1辑）

收藏单位：东北师大馆、贵州馆

09100
洋铁桶的故事 柯蓝著
[阳城]：太岳新华书店，1947.1，124页，32开（群众文艺丛书）

收藏单位：重庆馆、国家馆、河南馆、天津馆

09101
洋铁桶的故事 柯蓝著
韬奋书店，1946，159页，36开
武安：韬奋书店，1947.2，123页，32开

收藏单位：重庆馆、国家馆、吉林馆

09102
洋铁桶的故事 柯蓝著
新华书店，1949.5，110页，32开（中国人民文艺丛书）

收藏单位：北师大馆、重庆馆、东北师大馆、广东馆、国家馆、内蒙古馆、山西馆、天津馆

09103
洋铁桶的故事（通俗小说） 柯蓝著
[郑州]：中原新华书店，1949.4，82页，32开

收藏单位：重庆馆、国家馆

新体长篇、中篇小说

09104
八月的乡村 萧军著
大连：大连市文化界民主建设促进会，1946.10，3版，294页，32开（东北文艺丛书1）

本书为长篇小说，共14章。著者原题：田军。

收藏单位：国家馆、天津馆

09105
八月的乡村 萧军著
哈尔滨：鲁迅文化出版社，[1935.3]，232页，32开
哈尔滨：鲁迅文化出版社，1947.4，232页，

32 开

收藏单位：安徽馆、东北师大馆、贵州馆、国家馆、江西馆、辽大馆、南京馆、内蒙古馆、上海馆、天津馆、中科图

09106
八月的乡村 萧军著
上海：奴隶社，1935.8，294 页，32 开（奴隶丛书 2）
上海：奴隶社，1936.2，再版，300 页，32 开（奴隶丛书 2）
上海：奴隶社，1936.3，3 版，300 页，32 开（奴隶丛书 2）
上海：奴隶社，1936.4，4 版，300 页，25 开（奴隶丛书 2）
上海：奴隶社，1936.8，5 版，294 页，32 开（奴隶丛书 2）
上海：奴隶社，1936.9，6 版，294 页，25 开（奴隶丛书 2）
上海：奴隶社，1937.4，7 版，294 页，32 开（奴隶丛书 2）
上海：奴隶社，1937，8 版，294 页，32 开（奴隶丛书 2）
上海：奴隶社，1938.1，9 版，294 页，25 开（奴隶丛书 2）
上海：奴隶社，1939.1，10 版，294 页，32 开（奴隶丛书 2）

本书书前有鲁迅写的序言。部分版本著者原题：田军。

收藏单位：安徽馆、重庆馆、广东馆、广西馆、贵州馆、国家馆、黑龙江馆、湖南馆、吉林馆、近代史所、南京馆、上海馆、首都馆、浙江馆

09107
八月的乡村 萧军著
上海：作家书屋，1947.8，2 版，274 页，32 开（北方文丛 第 1 辑）
上海：作家书屋，1949.1，3 版，274 页，32 开

收藏单位：北碚馆、复旦馆、广东馆、国家馆、黑龙江馆、湖南馆、吉大馆、江西馆、辽宁馆、南京馆、上海馆、首都馆、中科图

09108
白求恩大夫 周而复撰
天津：知识出版社，1949.2，381 页，32 开
天津：知识出版社，1949.5，再版，381 页，32 开

本书以充沛的激情刻画了白求恩大夫崇高的形象，生动感人，讲述白求恩在加拿大和西班牙的事迹及来华后的活动。

收藏单位：国家馆、黑龙江馆、吉林馆、山西馆、天津馆

09109
暴风骤雨 周立波著 中国人民文艺丛书社编辑
新华书店，1949，2 册（351+412 页），32 开（中国人民文艺丛书）

本书为长篇小说。上卷完成于 1947 年 10 月，下卷完成于 1948 年 12 月。

收藏单位：国家馆、南京馆、山西馆、天津馆

09110
暴风骤雨（上卷） 周立波著
佳木斯：东北书店，1948.4，299 页，32 开
佳木斯：东北书店，1948.6，再版，299 页，32 开

收藏单位：安徽馆、广东馆、国家馆、山东馆

09111
北伐途次 郭沫若著
上海：潮锋出版社，1937.1，146 页，32 开
上海：潮锋出版社，1937.4，增订版，170 页，32 开

本书为自传体小说，叙述著者亲历 1926 年北伐军进攻武昌前后的经过。

收藏单位：东北师大馆、广东馆、广西馆、国家馆、吉林馆、上海馆、绍兴馆

09112
不可征服的人们 戴夫著
佳木斯：东北书店，1947.8，93 页，32 开

本书为中篇小说。书后有后记。

收藏单位：长春馆、重庆馆、东北师大馆、国家馆、南京馆、宁夏馆、山东馆、天津馆

09113
大地的海 端木蕻良著
上海：生活书店，1938.5，382 页，32 开
汉口：生活书店，1939.3，再版，382 页，32 开
收藏单位：长春馆、重庆馆、广东馆、贵州馆、国家馆、湖南馆、吉林馆、江西馆、辽大馆、山西馆、上海馆、绍兴馆、首都馆、西南大学馆

09114
第二家庭 克锦著
惠民：渤海新华书店，1947.7，25 页，32 开（解放文丛）
收藏单位：南京馆、宁夏馆

09115
第三代 萧军著
哈尔滨：鲁迅文化出版社，1947—1948，新版，554 页，32 开
收藏单位：东北师大馆、国家馆、辽宁馆、内蒙古馆、山西馆、天津馆

09116
第三代（第 1—2 部） 萧军著
上海：文化生活出版社，1937.2，195+203 页，32 开（现代长篇小说丛书 2）
上海：文化生活出版社，1937.4，再版，195+203 页，32 开（新时代小说丛刊 2）
上海：文化生活出版社，1939.11，3 版，195+203 页，32 开（新时代小说丛刊 2）
上海：文化生活出版社，1940.11，4 版，195+203 页，32 开（新时代小说丛刊 2）
上海：文化生活出版社，1946.9，3 版，195+203 页，32 开（现代长篇小说丛书 2）
上海：文化生活出版社，1947.9，4 版，195+203 页，32 开（现代长篇小说丛书 2）
收藏单位：重庆馆、东北师大馆、广东馆、贵州馆、国家馆、黑龙江馆、湖南馆、吉大馆、辽宁馆、辽师大馆、南京馆、宁夏馆、首都馆、天津馆

09117
动荡的十年 黄皑著 牛犇插图
沈阳：东北书店，1949.3，330 页，32 开
本书书后有校后记。
收藏单位：东北师大馆、国家馆、吉林馆、山东馆、山西馆、上海馆

09118
杜大嫂 陈登科著
东北新华书店辽东分店，1949.8，62 页，32 开
收藏单位：东北师大馆、吉大馆、山西馆、天津馆

09119
杜大嫂 陈登科著
华中新华书店，1948.10，56 页，32 开
本书书前有邓南筑序。
收藏单位：国家馆、南京馆、山东馆

09120
杜大嫂 陈登科著
新华书店，1949，56 页，32 开
收藏单位：重庆馆、广东馆、山东馆

09121
法网 丁玲著
上海：良友图书印刷公司，1932.4，71 页，64 开（一角丛书 34）（文艺杰作 34）
收藏单位：江西馆、上海馆、浙江馆

09122
腐蚀 茅盾著
大连：大众书店，1946.4，218 页，32 开
大连：大众书店，1946.6，再版，218 页，32 开
本书为日记体长篇小说，以 1940 年 9 月至 1941 年 2 月的重庆为背景，通过对赵惠明的心理活动和记述，侧面表现“皖南事变”等重大历史事件。
收藏单位：国家馆、山西馆

09123
腐蚀　茅盾著
东安（密山）：东北书店，1947.6，再版，312页，32开
长春：东北书店，1949.5，3版，310页，32开
　　收藏单位：北碚馆、东北师大馆、广东馆、国家馆、南京馆

09124
腐蚀　茅盾著
[天津]：读者书店，1949.4，238页，32开
　　收藏单位：重庆馆、国家馆

09125
腐蚀　茅盾著
华北新华书店，1946.11，229页，32开
　　收藏单位：国家馆、江西馆、南京馆

09126
腐蚀　茅盾著
晋察冀新华书店，1948.1，1册，32开
　　收藏单位：国家馆

09127
腐蚀　茅盾著
安东（丹东）：辽东建国书社，[1945]，1册，32开（大众文艺丛书5）
　　收藏单位：东北师大馆、首都馆

09128
腐蚀　茅盾著
太行：群众书店，1948.10，229页，32开
　　收藏单位：国家馆

09129
腐蚀　茅盾著
山东新华书店，1948.7，230页，32开
　　收藏单位：贵州馆、国家馆、山东馆

09130
腹地　王林著
[北平]：新华书店，1949.9，489页，32开
　　收藏单位：安徽馆、东北师大馆、国家馆、河南馆、江西馆、山东馆、天津馆

09131
高干大　欧阳山著
华北新华书店，1947.8，256页，32开
华北新华书店，1948.9，278页，32开
　　收藏单位：重庆馆、国家馆、黑龙江馆、内蒙古馆、山东馆、山西馆、天津馆、中科图

09132
高干大　欧阳山著
胶东新华书店，1948.7，203页，32开
　　收藏单位：重庆馆、山东馆

09133
高干大　欧阳山著
[泰州]：苏北新华书店，1949.6印，192页，32开
　　收藏单位：国家馆

09134
高干大　欧阳山著
[无锡]：苏南新华书店，1949.6，202页，32开
　　收藏单位：广东馆、国家馆、南京馆、山东馆

09135
高干大　欧阳山著
太岳新华书店，[1942—1949]，194页，32开
　　收藏单位：重庆馆、山东馆、山西馆

09136
高干大　欧阳山著
长春：新中国书局，1949.4，274页，32开
　　收藏单位：重庆馆、东北师大馆、贵州馆、天津馆

09137
高干大　欧阳山著　中国人民文艺丛书社编辑
[北平]：新华书店，1949.5，284页，32开

（中国人民文艺丛书）
上海：新华书店，1949.7，再版，282页，32开（中国人民文艺丛书）

收藏单位：重庆馆、东北师大馆、广东馆、贵州馆、国家馆、湖南馆、南京馆、山东馆、山西馆、天津馆

09138
割弃 文若著
重庆：生活书店，1940.12，172页，32开

本书收小说两篇:《割弃》《小市民》。书后有著者后记。

收藏单位：广东馆、广西馆、贵州馆、国家馆、湖南馆、吉林馆、江西馆、南京馆

09139
骨肉亲 那沙著
沈阳：东北新华书店，1949.7，66页，32开

本书共7段。

收藏单位：东北师大馆、国家馆、山东馆

09140
红石山 杨朔著
东北新华书店辽东分店，1949.9，75页，32开

本书共22章。

收藏单位：东北师大馆、广东馆、国家馆、吉大馆

09141
红石山 杨朔著
上海：新华书店，1949.8，94页，32开

收藏单位：安徽馆、重庆馆、东北师大馆、广东馆、国家馆、吉林馆、江西馆、南京馆、山东馆、天津馆

09142
滹沱河流域（第1部） 马加著
上海：作家书屋，1946.5，192页，32开（北方文丛 第2辑）

收藏单位：北碚馆、重庆馆、国家馆、湖南馆、辽大馆、辽师大馆、南大馆、南京馆、上海馆、首都馆、天津馆

09143
滹沱河流域（上册） 马加著
佳木斯：东北书店，1947.8，189页，32开

收藏单位：长春馆、重庆馆、东北师大馆、国家馆、南京馆、山东馆、山西馆、天津馆

09144
荒江女侠 顾明道著
重庆：新华书店，1946.9，174页，32开

收藏单位：重庆馆

09145
江山村十日 马加著
长春：东北书店，1949.5，197页，32开（文学战线创作丛书）

本书共26章。

收藏单位：重庆馆、东北师大馆、国家馆、华东师大馆、南京馆、山东馆、中科图

09146
泪眼模糊中的信念 丁玲作
未明社，1942.7，33页，32开（中篇小说丛书2）

收藏单位：重庆馆、广东馆、国家馆

09147
李家庄的变迁 赵树理著
安东（丹东）：安东日报社，1947.10，119页，25开

收藏单位：江西馆、辽宁馆

09148
李家庄的变迁 赵树理著
大连：大众书店，1947.2，157页，32开

收藏单位：长春馆、国家馆

09149
李家庄的变迁 赵树理著
佳木斯：东北书店，1947.6，207页，32开

本书收小说4篇:《小二黑结婚》《李有才板话》《孟祥英翻身》《李家庄的变迁》。附《论解放区创作》（郭沫若）、《关于〈李有才

板话〉》（茅盾）。书前有《论赵树理的创作》（周扬）。

收藏单位：东北师大馆、国家馆、江西馆、辽宁馆、南京馆、天津馆

09150
李家庄的变迁　赵树理著
华东新华书店，1949.5，3 版，146 页，32 开
收藏单位：天津馆

09151
李家庄的变迁　赵树理著
华东新华书店总店，1948.11，再版，146 页，32 开
收藏单位：南京馆

09152
李家庄的变迁　赵树理著
张秋：冀鲁豫书店，1947.2，125 页，36 开
收藏单位：国家馆、山东馆

09153
李家庄的变迁　赵树理著
九分区新华书店，[1949.5]，96 页，32 开
收藏单位：国家馆

09154
李家庄的变迁　赵树理著
临沂：山东新华书店，1946，109 页，32 开
收藏单位：辽宁馆、山东馆

09155
李家庄的变迁　赵树理著
[阳城]：太岳新华书店，1946.7，125 页，32 开
收藏单位：国家馆

09156
李家庄的变迁　赵树理著
新华书店，1949.5，162 页，32 开（中国人民文艺丛书）
收藏单位：重庆馆、国家馆、吉林馆、天津馆

09157
李家庄的变迁　赵树理著
新华书店晋察冀分店，1947.6，139 页，32 开
新华书店晋察冀分店，1947.10，再版，139 页，32 开
收藏单位：国家馆、山东馆、天津馆

09158
李家庄的变迁　赵树理著
上海：新知书店，1947.1，139 页，32 开（创作丛书）
收藏单位：安徽馆、重庆馆、广西馆、国家馆、南京馆、上海馆、天津馆、西南大学馆、浙江馆

09159
李家庄的变迁　赵树理著
[宝丰]：中原新华书店，1948，109 页，32 开
收藏单位：重庆馆

09160
李家庄的变迁（通俗小说）　赵树理著
黎城：华北新华书店，1946.1，125 页，32 开
本书共 16 章。
收藏单位：重庆馆、国家馆、南京馆、山西馆

09161
李家庄的变迁（通俗小说）　赵树理著
冀东新华书店，[1946—1949]，104 页，32 开
收藏单位：国家馆

09162
李家庄的变迁（通俗小说）　赵树理著
冀中新华书店，[1946—1948]，115 页，32 开
收藏单位：重庆馆、国家馆

09163
旅途　张闻天著
外文题名：The journey
上海：商务印书馆，1925.12，198 页，32 开（文学研究会丛书）

上海：商务印书馆，1926.12，再版，198 页，25 开（文学研究会丛书）
上海：商务印书馆，1931.1，3 版，198 页，32 开（文学研究会丛书）
上海：商务印书馆，1933，国难后 1 版，198 页，32 开（文学研究会丛书）
　　收藏单位：东北师大馆、广东馆、广西馆、贵州馆、国家馆、河南馆、黑龙江馆、湖南馆、吉大馆、江西馆、南京馆、上海馆、首都馆、天津馆

09164
美满家庭　高沐鸿作
左权：华北书店，1944，63 页，36 开，环筒页装
　　收藏单位：国家馆、南京馆

09165
母亲　丁玲著
上海：良友图书印刷公司，1933.6，239 页，36 开，精装（良友文学丛书 7）
上海：良友图书印刷公司，1933.10，再版，239 页，32 开，精装（良友文学丛书 7）
上海：良友图书印刷公司，1933.12，3 版，239 页，32 开，精装（良友文学丛书 7）
上海：良友图书印刷公司，1936.4，4 版，239 页，32 开，精装（良友文学丛书 7）
　　收藏单位：安徽馆、长春馆、重庆馆、东北师大馆、广东馆、广西馆、贵州馆、国家馆、湖南馆、近代史所、辽大馆、辽东学院馆、辽师大馆、南京馆、内蒙古馆、宁夏馆、山西馆、上海馆、绍兴馆、首都馆、天津馆、中科图

09166
母亲　丁玲著
上海：作家书屋，1947.1，200 页，32 开
上海：作家书屋，1948.6，再版，200 页，32 开
　　收藏单位：安徽馆、重庆馆、广东馆、国家馆、吉林馆、南京馆、上海馆、绍兴馆、首都馆、西南大学馆

09167
母亲（普及本）　丁玲著
上海：良友复兴图书印刷公司，1940.5，再版，239 页，32 开（良友文学丛书 7）
上海：良友复兴图书印刷公司，1941.10，再版，239 页，32 开（良友文学丛书 7）
上海：良友复兴图书印刷公司，1945.5，再版，239 页，32 开（良友文学丛书 7）
上海：良友复兴图书印刷公司，1945.6，5 版，239 页，32 开（良友文学丛书 7）
　　收藏单位：重庆馆、大理馆、国家馆、上海馆

09168
帕米尔高原的流脉　杨朔著
重庆：生活书店，1939.8，180 页，36 开
重庆：生活书店，1939.11，3 版，180 页，36 开
　　收藏单位：安徽馆、北碚馆、重庆馆、贵州馆、国家馆、黑龙江馆、吉大馆、吉林馆、南京馆、上海馆

09169
三秃的冤仇　白刃著
佳木斯：东北书店，1948.5，51 页，32 开
佳木斯：东北书店，1948.10，再版，校正本，51 页，32 开
　　本书共 10 章。
　　收藏单位：重庆馆、东北师大馆、国家馆、吉大馆、江西馆、辽大馆、山东馆、上海馆、天津馆

09170
三姊妹　柔石著
上海：水沫书店，1929.4，120 页，32 开
　　收藏单位：重庆馆、东北师大馆、广东馆、上海馆、浙江馆

09171
桑干河上　丁玲著
新华书店，1949.5，378 页，32 开（中国人民文艺丛书）
新华书店，1949.9，沪版，378 页，32 开（中

国人民文艺丛书）
本书共58章。
收藏单位：重庆馆、国家馆、辽宁馆、山东馆、绍兴馆、天津馆、西南大学馆

09172
少年飘泊者　蒋光慈著
大光书社，[1925—1949]，118页，36开
本书共18章。著者原题：蒋光赤。
收藏单位：重庆馆

09173
少年飘泊者　蒋光慈著
上海：亚东图书馆，1926.1，126页，32开
上海：亚东图书馆，1927.2，3版，126页，32开
上海：亚东图书馆，1927.4，4版，126页，32开
上海：亚东图书馆，1928，6版，126页，32开
上海：亚东图书馆，1929.2，[再版]，126页，32开
上海：亚东图书馆，1930.7，11版，126页，32开
上海：亚东图书馆，1932.5，14版，126页，32开
上海：亚东图书馆，1933.2，15版，126页，32开
上海：亚东图书馆，1933.4，18版，126页，32开
本书著者原题：蒋光赤。
收藏单位：重庆馆、广东馆、贵州馆、国家馆、黑龙江馆、湖北馆、湖南馆、吉大馆、近代史所、南京馆、上海馆、首都馆、浙江馆、中科图

09174
生死场　萧红著
大连：大连市文化界民主建设协进会，1946.4，210页，32开（东北文艺丛书2）
大连：大连市文化界民主建设协进会，1946.5，再版，210页，32开（东北文艺丛书2）
本书共18章。
收藏单位：东北师大馆、国家馆、吉林馆、辽宁馆、辽师大馆、山东馆、天津馆

09175
生死场　萧红著
哈尔滨：鲁迅文化出版社，1947.4，新版，137页，32开
收藏单位：安徽馆、重庆馆、东北师大馆、国家馆、湖南馆、吉林馆、辽师大馆、南京馆、内蒙古馆、上海馆、天津馆

09176
生死场　萧红著
上海：生活书店，1947.2，胜利后2版，210页，32开
收藏单位：广东馆、辽大馆、南京馆、上海馆、首都馆

09177
生死斗争　陆地著
长春：东北书店，1949.4，66页，32开（文学战线创作丛书）
本书共5章。
收藏单位：长春馆、东北师大馆、广东馆、桂林馆、国家馆、湖南馆、辽宁馆、南京馆

09178
诉苦　东北民主联军总政治部编
东北民主联军总政治部，1947.4，60页，大64开
收藏单位：辽宁馆、南京馆

09179
望南山　杨朔撰　邹雅绘图
[北平]：天下图书公司，1949.8，华北1版，62页，36开（大众文艺丛书 第1辑）
收藏单位：重庆馆、东北师大馆、国家馆、山东馆、山西馆

09180
韦护　丁玲著
上海：大江书铺，1930.9，218页，32开

上海：大江书铺，1931.12，再版，218 页，32 开
上海：大江书铺，1933.3，3 版，218 页，32 开
本书共 3 章 30 节。
收藏单位：重庆馆、国家馆、辽宁馆、南京馆、绍兴馆、天津馆、浙江馆

09181
我们的力量是无敌的 碧野著
[北平]：新华书店，1949，434 页，32 开
收藏单位：山西馆

09182
乌龟店 韩川著
山东新华书店总店，1947.7，54 页，32 开（文艺创作丛书）
本书共 19 章。
收藏单位：北师大馆、重庆馆、国家馆、吉林馆、山东馆、山西馆

09183
夏红秋（一个中学生的转变） 范政著
大连：大众书店，1948.4，62 页，32 开
本书共 14 章。
收藏单位：广东馆、南京馆、宁夏馆、山东馆

09184
夏红秋（一个中学生的转变） 范政著
哈尔滨：东北书店，1948.3，88 页，32 开
哈尔滨：东北书店，1948.5，再版，88 页，32 开
收藏单位：重庆馆、东北师大馆、国家馆、吉林馆、江西馆、辽大馆、南京馆、内蒙古馆、宁夏馆、山东馆、上海馆、绍兴馆

09185
夏红秋（一个中学生的转变） 范政著
西安：西北新华书店，1949.8，67 页，32 开
收藏单位：国家馆、南京馆、宁夏馆

09186
夏红秋（一个中学生的转变） 范政著
中原新华书店，1949.6，68 页，32 开
收藏单位：重庆馆、国家馆、河南馆

09187
新生代（第一部“一二·九”） 齐同著
重庆：生活书店，1939.9，405 页，32 开
重庆：生活书店，1940，再版，405 页，32 开
本书共 12 章。
收藏单位：重庆馆、广东馆、贵州馆、吉大馆、首都馆

09188
野祭 蒋光慈著
上海：创造社出版部，1927.11，117 页，36 开
上海：创造社出版部，1928.8，117 页，36 开
收藏单位：东北师大馆、国家馆、吉林馆、南京馆、浙江馆

09189
野祭 蒋光慈著
上海：现代书局，1929.12，5 版，80 页，32 开
上海：现代书局，1930.5，6 版，117 页，32 开
收藏单位：北碚馆、国家馆、湖北馆、吉大馆、吉林馆、绍兴馆

09190
原动力 草明著
哈尔滨：东北书店，1948.9，115 页，32 开（文学战线创作丛书）
本书为中国现代中篇小说。
收藏单位：长春馆、重庆馆、东北师大馆、国家馆、黑龙江馆、吉大馆、南京馆、山东馆、山西馆、天津馆

09191
原动力 草明著
晋南新华书店，[1949] 印，128 页，32 开（文学战线创作丛书）
收藏单位：重庆馆、国家馆、山西馆

09192
原动力　草明著
山东新华书店，1949.9，138 页，32 开（中国人民文艺丛书）
收藏单位：国家馆、河南馆、山东馆、山西馆

09193
原动力　草明著
[泰州]：苏北新华书店，1949.5，103 页，32 开
收藏单位：重庆馆、国家馆

09194
原动力　草明著
天津新华书店，1949.5，148 页，32 开（中国人民文艺丛书）
天津新华书店，1949.8，再版，147 页，32 开（中国人民文艺丛书）
收藏单位：东北师大馆、国家馆、近代史所、宁夏馆、山西馆、天津馆

09195
在零下四十度　西虹著
佳木斯：东北书店，1948.11，118 页，32 开（文学战线创作丛书）
收藏单位：长春馆、东北师大馆、国家馆、吉大馆、江西馆、辽师大馆、南京馆、宁夏馆、山东馆、天津馆

09196
在零下四十度　西虹著
东台：苏北新华书店，1949.6，108 页，32 开
收藏单位：国家馆

09197
战果　欧阳山著
重庆：生活书店，1940，250 页，32 开
收藏单位：广东馆、贵州馆

09198
中原突围记　徐敏著
沈阳：东北书店，1949.4，40 页，32 开
本书为军事小说。内容包括：前记、一个大阴谋的演变、雨夜突围、在大别山中、强越松子关天险、抢渡磨子潭、合不拢的包围圈、突破最后一关、会合、胜利突围等。
收藏单位：长春馆、东北师大馆、贵州馆、国家馆、吉林馆、江西馆、南京馆、山东馆、陕西馆、天津馆

09199
种谷记　柳青著
大连：光华书店，1947.11，300 页，32 开
本书以陕北农村王家沟集体种谷的事件为线索，展现了解放区农村生活的一个侧面。是我国第一部描写农村互助合作的长篇小说。
收藏单位：长春馆、重庆馆、东北师大馆、广东馆、国家馆、黑龙江馆、南京馆、山东馆、陕西馆、上海馆、天津馆、西南大学馆

09200
种谷记　柳青著
新华书店，1949.5，321 页，32 开（中国人民文艺丛书）
收藏单位：安徽馆、东北师大馆、广东馆、国家馆、吉林馆、宁夏馆、绍兴馆

09201
种谷记　柳青著
香港：新中国书局，1949.6，300 页，32 开（北方文丛 第 3 辑）
收藏单位：首都馆

新体短篇小说

09202
北方　陆地著
哈尔滨：光华书店，1947.12，115 页，32 开
本书收小说 8 篇：《一个游击队员》《老马头》《最后的夜晚》《叶红》《在抚顺煤矿的日子》《家乡》《钱》《大家庭》。
收藏单位：国家馆

09203
草原上　刘白羽等著
三联出版社，[1937—1949]，241页，32开
本书收小说14篇，内容包括:《江上》(萧军)、《草原上》(刘白羽)、《某日》(吴组缃)、《出关》(鲁迅)、《集成四公》(蒋牧良)等。
收藏单位：东北师大馆、湖南馆、吉林馆、辽宁馆、辽师大馆、南京馆、上海馆、首都馆、浙江馆

09204
草原上　刘白羽著
上海：文化生活出版社，1937.5，231页，36开(文学丛刊5)
上海：文化生活出版社，1941.2，再版，231页，36开(文学丛刊5)
上海：文化生活出版社，1948.8，3版，231页，36开(文学丛刊5)
本书收小说6篇:《黑》《没有春天的地方》《草原上》《草纸厂》《冰天》《病》。
收藏单位：北碚馆、重庆馆、大理馆、大庆馆、东北师大馆、贵州馆、国家馆、河南馆、湖南馆、辽宁馆、南京馆、山西馆、首都馆、西南大学馆、浙江馆

09205
仇恨　李庄等著
华北新华书店，1947.5，76页，32开(晋冀鲁豫边区文艺创作小丛书10)
本书收小说4篇:《生长》(胡田)、《多余的担心》(卢耀武)、《仇恨》(李庄)、《第二家庭》(克锦)。
收藏单位：国家馆、河南馆、辽宁馆、南京馆、山东馆、山西馆、天津馆

09206
传家宝　赵树理著
[威县]：冀南新华书店，1949.5，23页，32开
本书收小说3篇:《传家宝》《田寡妇看瓜》《孟祥英翻身》。附《我所看到的赵树理》(杨俊)。
收藏单位：重庆馆、国家馆、山东馆

09207
传家宝　赵树理著
无锡：苏南新华书店，1949.9，19页，32开
收藏单位：南京馆

09208
传家宝　赵树理著
北平：天下图书公司，1949.8，华北1版，67页，32开(大众文艺丛书第1辑)
收藏单位：东北师大馆、国家馆、天津馆

09209
传家宝　赵树理著
北平：新华书店，1949.7，23页，32开
收藏单位：国家馆

09210
传家宝　赵树理著　李舒画
沈阳：东北新华书店，1949.9，40页，50开(大众文艺小丛书)
收藏单位：安徽馆、国家馆

09211
打虎记　那沙著
长春：东北书店，1949.4，36页，32开
本书共3章。
收藏单位：北师大馆、重庆馆、东北师大馆、国家馆、宁夏馆、上海馆

09212
打开了脑筋(东北解放区短篇小说)　阿兰编
大连：大众书店，1948.10，162页，32开(大众通俗丛书7)
本书收小说13篇，内容包括:《彭吉子和马》(葛天)、《平常的故事》(周洁夫)、《遭遇》(西虹)、《打开了脑筋》(刘志忠)、《随侦察队小征记》(蓬耳)、《战斗的旗帜》(刘白羽)等。
收藏单位：吉林馆、辽宁馆、天津馆

09213
大柳庄记事　古北等著
华北新华书店，1947.7，98页，36开（晋冀鲁豫边区文艺创作小丛书12）
本书收小说5篇:《大柳庄记事》（古北）、《窟窿岩》（王前）、《掩护》（曾克）、《苏科之死》（吴象）、《炮》（培时）。
收藏单位：国家馆、黑龙江馆、南京馆、山东馆、天津馆

09214
大旗　杨朔著
张家口：新华书店晋察冀分店，1946.2，64页，32开
本书收小说4篇:《大旗》《霜夜》《麦子黄时》《月黑夜》。
收藏单位：国家馆、山西馆

09215
地板　赵树理著
西安：西北新华书店，1949.7，14页，64开
收藏单位：国家馆、南京馆、陕西馆

09216
地雷阵（短篇小说选）　邵子南等著
新华书店，1949.5，142页，32开（中国人民文艺丛书）
本书收小说7篇:《荷花淀》（孙犁）、《麦子黄时》（杨朔）、《五月之夜》（王林）、《地雷阵》（邵子南）、《阎荣堂九死一生》（邵子南）、《我的两家房东》（康濯）、《"俺们毛主席有办法"》（秦兆阳）。
收藏单位：东北师大馆、国家馆、湖南馆、吉大馆、吉林馆、天津馆、西南大学馆

09217
第一次收获　束为著
[兴县]：晋绥出版社，[1948]，34页，32开
本书收小说4篇:《第一次收获》《卖鸡》《十年前后》《老婆嘴退租》。
收藏单位：国家馆、山东馆

09218
丁玲选集　丁玲著　蓬子编
上海：天马书店，1933.12，42+318页，32开
上海：天马书店，1934.8，4版，42+318页，32开
本书收小说7篇:《莎菲女士的日记》《过年》《他走后》《一九三〇年春上海》《水》《消息》《奔》。附《最后一页》（丁玲）、《作者记》（丁玲）、《对于创作上的几条具体意见》（丁玲）、《我的创作生活》（丁玲）、《关于新的小说的诞生》（何丹仁）、《女作家丁玲》（茅盾）、《关于〈母亲〉》（钱杏邨）。书前有代序《我们的朋友丁玲》（蓬子）。
收藏单位：广东馆、国家馆、山西馆、上海馆、首都馆、天津馆

09219
东北解放区短篇创作选（第1辑）　刘白羽等著
佳木斯：东北书店，1948.3，121页，32开
佳木斯：东北书店，1948.11，再版，121页，32开
本书收小说7篇:《政治委员》（刘白羽）、《英雄的父亲》（西虹）、《立功，抓地主》（关寄晨）、《高祥》（方青）、《大家庭》（陆地）、《瞎月工伸冤记》（井岩盾）、《红棉袄》（林蓝）。
收藏单位：重庆馆、东北师大馆、国家馆、南京馆、天津馆、西南大学馆

09220
翻身　华应申编
山东新华书店，1948.1，95页，32开（文艺创作丛书）
本书收小说8篇:《庄户牛》（陶钝）、《农公泊》（少波）、《翻身》（冯纪汉）、《亩半园子》（田生）、《天下穷人是一家》（毛茂春）、《一堵墙》（萧也牧）、《鼓》（田晴）、《夜明珠》（王林）。
收藏单位：国家馆、吉林馆、辽大馆、南京馆、山东馆、上海馆

09221
翻身的年月 周而复著
香港：海洋书屋，1948.1，160 页，36 开（北方文丛 第 3 辑）
本书收小说 3 篇：《八月的白洋淀》《海上的遭遇》《山谷里的春天》。
收藏单位：东北师大馆、国家馆、天津馆

09222
反攻（农民翻身小说） 姚天纵著
[阳城]：太岳新华书店，1947.1，44 页，36 开
收藏单位：国家馆、山西馆

09223
飞鹰旗 马子华著
[昆明]：读书生活出版社，1939.8，136 页，36 开
本书收小说 13 篇，内容包括：《飞鹰旗》《风》《福地》等。书后有著者后记。
收藏单位：重庆馆、贵州馆、国家馆、吉大馆、吉林馆、江西馆

09224
丰收 叶紫著
大连：大众书店，1946.5，313 页，32 开（东北文艺丛书 3）
大连：大众书店，1946.6，再版，266 页，32 开（东北文艺丛书 3）
本书收小说 6 篇：《丰收》《火》《电网外》《夜哨线》《杨七公公过年》《乡导》。
收藏单位：广东馆、国家馆、湖北馆、内蒙古馆、山东馆

09225
丰收 叶紫著
东安（密山）：东北书店，1947.6，195 页，32 开（奴隶丛书 1）
收藏单位：长春馆、重庆馆、东北师大馆、国家馆、吉大馆、辽宁馆、辽师大馆、天津馆、中科图

09226
丰收 叶紫著
上海：奴隶社，1935.3，313 页，32 开（奴隶丛书 1）
上海：奴隶社，1936.3，再版，313 页，32 开（奴隶丛书 1）
上海：奴隶社，1936.5，3 版，313 页，32 开（奴隶丛书 1）
上海：奴隶社，1936.9，4 版，313 页，32 开（奴隶丛书 1）
收藏单位：重庆馆、东北师大馆、广东馆、广西馆、贵州馆、国家馆、湖南馆、首都馆、浙江馆

09227
丰收 叶紫等著 十八集团军总政治部宣传部选编
延安：印工合作社，1944.10，152 页，32 开（文艺读物选丛 3）
本书收小说 5 篇：《丰收》（叶紫）、《包身工》（夏衍）、《凶手》（沙汀）、《福地》（徐盈）、《且说屋里》（老舍）。
收藏单位：长春馆、国家馆

09228
福贵 赵树理著
佳木斯：东北书店，1947.9，55 页，32 开
长春：东北书店，1949.1，再版，29 页，32 开
本书收小说 3 篇：《福贵》《地板》《催粮差》。
收藏单位：长春馆、东北师大馆、国家馆、黑龙江馆、吉大馆、吉林馆、江西馆、辽宁馆、山东馆、上海馆、天津馆

09229
福贵 赵树理著
[武汉]：湖北新华书店，1949.7，33 页，32 开
收藏单位：重庆馆、国家馆、山东馆

09230
福贵 赵树理著

华北新华书店，1947.1，52 页，32 开，环筒页装
华北新华书店，1947.2，61 页，32 开（晋冀鲁豫边区文艺创作小丛书 2）
华北新华书店，1947.5，3 版，61 页，32 开（晋冀鲁豫边区文艺创作小丛书 2）
华北新华书店，1947.11，4 版，36 页，32 开（晋冀鲁豫边区文艺创作小丛书 2）

收藏单位：东北师大馆、国家馆、南京馆、山东馆

09231
福贵　赵树理著
华东新华书店，1948.10，41 页，32 开
华东新华书店，1949，再版，41 页，32 开

收藏单位：安徽馆、重庆馆、国家馆、南京馆、山东馆、山西馆、上海馆、天津馆

09232
福贵　赵树理著
华中新华书店，1948.5，28 页，32 开

收藏单位：国家馆、山东馆

09233
福贵　赵树理著
河间：冀中新华书店，[1947]，[28] 页，32 开

收藏单位：国家馆、天津馆

09234
福贵　赵树理著
[阜平]：新华书店晋察冀分店，1947.1，34 页，32 开
[阜平]：新华书店晋察冀分店，1947.6，34 页，32 开

收藏单位：东北师大馆、国家馆、天津馆

09235
复仇　巴金著
上海：新中国书局，1931.8，232 页，32 开（新中国文艺丛书）
上海：新中国书局，1935.4，4 版，232 页，32 开（新中国文艺丛书）

本书收小说 14 篇，内容包括：《复仇》《不幸的人》《房东太太》《丁香花下》《父与女》《狮子》《亡命》《老年》等。书前有著者自序。

收藏单位：安徽馆、国家馆、湖南馆、辽师大馆、首都馆、中科图

09236
富得荣还乡　萧也牧著
大连：大众书店，[1949]，24 页，32 开（群众读物）

本书共 6 章。

收藏单位：国家馆、山西馆

09237
富得荣还乡　萧也牧著
[佳木斯]：东北书店，1946.10，24 页，32 开（群众读物）

收藏单位：长春馆、国家馆、黑龙江馆、江西馆、辽宁馆、山东馆、天津馆

09238
富得荣还乡　萧也牧著
张家口：晋察冀边区教育阵地社，1946.2，27 页，32 开（群众读物 故事类 4）

收藏单位：北师大馆、东北师大馆、国家馆、吉林馆

09239
覆舟记（绘图小说）　钟纪明　李维翰著
新华书店，1945.9，25 页，32 开

本书共 6 节。

收藏单位：国家馆、天津馆

09240
高祥　方青著
佳木斯：东北书店，1948.9，79 页，32 开（文学战线创作丛书 第 1 集）

本书收小说 9 篇：《张双禄的“硬骨头”》《张凤山参军》《土地还家》《高祥》《擦黑》《翻身屯》《“瓜子不饱是人心！”》《童养媳妇》《“火车头”又冒烟了》。

收藏单位：长春馆、重庆馆、东北师大馆、国家馆、吉大馆、辽宁馆、南京馆、山

东馆、天津馆、云南馆

09241
挂红　臧克家著
上海：读书出版社，1947.6，234 页，32 开
本书收小说 10 篇：《挂红》《重庆热》《小马灯》《梦幻者》《小兄弟》《“凤毛麟角”》《小虫》《她俩拥抱在一起了》《牢骚客》《严正清》。
收藏单位：重庆馆、东北师大馆、广东馆、广西馆、国家馆、黑龙江馆、吉林馆、辽宁馆、南京馆、上海馆、绍兴馆、天津馆

09242
荷花淀　孙犁等著
大众书店，1947.3，再版，72 页，32 开
本书收小说 6 篇：《荷花淀》（孙犁）、《窑洞阵地战》（华山）、《真假李板头》（刘石）、《十八匹战马》（王林）、《“头顶露青天啦!”》（华山）、《“人圈”》（厂民）。
收藏单位：山西馆

09243
荷花淀　孙犁等著
[佳木斯]：东北书店，1946.9，63 页，32 开
[佳木斯]：东北书店，1948.3，再版，63 页，32 开
收藏单位：长春馆、东北师大馆、国家馆、黑龙江馆、辽宁馆、南京馆、宁夏馆、山东馆、天津馆

09244
荷花淀　孙犁著
香港：海洋书屋，1947.4，74 页，32 开（北方文丛 第 2 辑）
本书收小说 6 篇：《荷花淀》《游击区生活一星期》《村落战》《白洋淀边一次小斗争》《山里的春天》《麦收》。
收藏单位：重庆馆、东北师大馆、国家馆、上海馆、天津馆、西南大学馆

09245
荷花淀　孙犁著
华中新华书店，[1944—1949]，21 页，64 开，环筒页装（大众文库 文艺类）
收藏单位：国家馆

09246
荷花淀　孙犁著
上海：生活·读书·新知联合发行所，1949.8，74 页，36 开（北方文丛 第 2 辑）
收藏单位：重庆馆、广东馆、华东师大馆、吉林馆、江西馆、上海馆

09247
后方集　茅盾等著
上海：天下图书公司，1946.3，137 页，36 开
本书收小说 8 篇：《委屈》（茅盾）、《猪与鸡》（巴金）、《巡官》（沙汀）、《医生》（艾芜）、《人生赋》（贾植芳）、《春荒》（周而复）、《汉苗之间》（徐盈）、《冬天》（骆宾基）。
收藏单位：东北师大馆、广东馆、国家馆、吉林馆、山东馆、上海馆、天津馆、中科图

09248
狐狸精　柳亚平著
威县：冀南书店，1947.10，30 页，32 开（文艺创作丛书）
收藏单位：国家馆

09249
荒地　艾芜著
桂林：文化供应社，1948.8，沪新 1 版，240 页，32 开（文学创作丛刊 2）
本书收小说 13 篇，内容包括：《梦》《信》《某城记事》《意外》《山村》等。
收藏单位：东北师大馆、广东馆、广西馆、黑龙江馆

09250
减租　甘毫等著
[阳城]：太岳新华书店，[1948]，126 页，32 开（文艺选集 3）
收藏单位：国家馆、山西馆

09251
减租　华北新华书店编辑部编
华北新华书店，[1945.12]，126 页，32 开（文艺选集 3）
本书收小说 11 篇:《减租》（甘毫）、《满子夫妇》（潘之汀）、《我的师傅》（思基）、《“我要做公民”》（子之）、《张初元的故事》（马烽）、《芦花荡》（孙犁）、《未婚夫妇》（黎风）、《麦收》（孙犁等）、《小白虎》（甘毫）、《游击队员宋二童》（吴伯箫）、《儿子》（鹿特丹）。另收剧本《夫妻识字》（马可）。
收藏单位：重庆馆、国家馆

09252
解放“5000 发电厂”　曾克等著
华北新华书店，1947.7，56 页，32 开（晋冀鲁豫边区文艺创作小丛书 14）
本书收小说 5 篇:《解放“5000 发电厂”》（曾克）、《桥》（彦夫）、《卫生员的榜样》（冯牧）、《计划》（苏策）、《水萝卜的纠纷》（刘宝荣）。
收藏单位：重庆馆、国家馆、山东馆、山西馆

09253
解放区短篇创作选　秦兆阳等著
南中出版社，1947.6，油印本，40 页，32 开
收藏单位：国家馆

09254
解放区短篇创作选　周扬编
华东新华书店，1949.1，325 页，32 开
本书共两辑。第 1 辑收小说 10 篇，内容包括:《我在霞村的时候》（丁玲）、《一个女人翻身的故事》（孔厥）、《我的两家房东》（康濯）、《卫生组长》（葛洛）、《龙》（韦君宜）等；第 2 辑收小说 14 篇，内容包括:《海上的遭遇》（刘白羽等）、《窑洞阵地战》（华山）、《西线漫记》（萧三）、《一坛血》（吴伯箫）、《三日杂记》（丁玲）、《一架机器的诞生》（林风）等。
收藏单位：重庆馆、福建馆、广东馆、广西馆、国家馆、辽宁馆、南京馆、山东馆、上海馆

09255
解放区短篇创作选　周扬编
[无锡]：苏南新华书店，1949.8，310 页，32 开
收藏单位：广西馆、南京馆

09256
解放区短篇创作选（第 1—2 辑）　周扬编
东安（密山）：东北书店，1946.11，2 册（181+154 页），32 开（新文艺丛刊 1—2）
东安（密山）：东北书店，1947.9，再版，2 册（181+154 页），32 开（新文艺丛刊 1—2）
本书第 1 辑收小说 12 篇，内容包括:《我在霞村的时候》（丁玲）、《一个女人翻身的故事》（孔厥）、《我的两家房东》（康濯）、《卫生组长》（葛洛）、《龙》（韦君宜）等；第 2 辑收小说 13 篇，内容包括:《海上的遭遇》（刘白羽等）、《窑洞阵地战》（华山）、《一坛血》（吴伯箫）、《三日杂记》（丁玲）、《一架机器的诞生》（林风）等。
收藏单位：安徽馆、重庆馆、东北师大馆、国家馆、黑龙江馆、吉大馆、江西馆、内蒙古馆、山东馆、山西馆、上海馆、首都馆、中科图

09257
解放区短篇创作选（第 1—2 辑）　周扬编
中原新华书店，1949，2 册（201+213 页），32 开
收藏单位：重庆馆、广东馆、国家馆、湖南馆、山东馆

09258
荆各庄的故事　管桦著
山东新华书店，1948.1，44 页，32 开
本书共 11 章。
收藏单位：广东馆、国家馆、南京馆、山东馆

09259
纠纷　菡子著

佳木斯：东北书店，1947.10，38 页，32 开（通俗文艺丛书）

收藏单位：长春馆、东北师大馆、国家馆、黑龙江馆、湖南馆、辽大馆、南京馆、宁夏馆、天津馆

09260

纠纷 菡子著

山东新华书店，1949.6，40 页，32 开

本书共 6 章。

收藏单位：北师大馆、国家馆、山东馆、山西馆、上海馆

09261

军中记事 西虹著

长春：东北书店，1949.4，66 页，32 开

本书收小说 8 篇：《父亲》《贺喜》《归来》《巧遇》《妻子》《炮火下》《信》《指导员》。

收藏单位：长春馆、重庆馆、东北师大馆、国家馆、吉大馆、南京馆、宁夏馆、山东馆、天津馆、西南大学馆

09262

抗战前后（名家短篇小说选） 施方穆主编

香港：新流书店，1947.9，2 册（1140 页），32 开，精装（八十家佳作集）

本书收小说 100 篇，内容包括：《上任》（老舍）、《将军》（巴金）、《毁灭》（郑振铎）、《离群者》（靳以）、《逃荒》（艾芜）、《赵先生想不通》（茅盾）、《牛车上》（萧红）、《由日本回来了》（郭沫若）等。

收藏单位：长春馆、重庆馆、东北师大馆、国家馆、湖南馆、吉林馆、近代史所、南京馆、宁夏馆、山西馆、上海馆、首都馆、天津馆、浙江馆

09263

抗战小说选

上海：文艺书屋，1945.11，146 页，32 开

本书收小说 8 篇：《新生》（张天翼）、《某夫妇》（巴金）、《白魇》（沈从文）、《别人的故事》（靳以）、《千家村》（鲁彦）、《两钱黄金》（王西彦）、《鬼影》（罗洪）、《野外》（艾芜）。

收藏单位：东北师大馆、国家馆、吉林馆、南京馆、上海馆

09264

老战士 周洁夫著

佳木斯：东北书店，1948.12，78 页，32 开（文学战线创作丛书）

本书收小说 6 篇：《老战士》《送俘虏》《枪》《好兄弟》《变化》《平常的故事》。

收藏单位：安徽馆、重庆馆、东北师大馆、广东馆、国家馆、黑龙江馆、吉林馆、内蒙古馆、山东馆、上海馆、天津馆、浙江馆、中科图

09265

老赵下乡 俞林著

华中新华书店，1949.8，47 页，32 开

本书共 9 章。

收藏单位：广东馆

09266

老赵下乡 俞林著

晋察冀新华书店，1947.8，47 页，32 开

晋察冀新华书店，1947.11，再版，47 页，32 开

收藏单位：国家馆、辽宁馆、山东馆、天津馆

09267

老赵下乡 俞林著

[涉县]：太行群众书店，1947.11，再版，46 页，32 开

收藏单位：国家馆、山东馆

09268

老赵下乡（短篇小说选） 俞林等著

新华书店，1949.5，86 页，32 开（中国人民文艺丛书）

上海：新华书店，1949.9，86 页，32 开（中国人民文艺丛书）

本书收小说两篇：《摔龙王》（王铁）、《老赵下乡》（俞林）。

收藏单位：重庆馆、东北师大馆、广东

馆、国家馆、山西馆、天津馆、武大馆

09269
李家沟反维持记 袁潮等著
华北新华书店，1947.5，70页，32开（晋冀鲁豫边区文艺创作小丛书5）
本书收小说两篇:《英雄沟》（郑笃）、《李家沟反维持记》（袁潮）。
收藏单位：北师大馆、国家馆、河南馆、南京馆、山东馆、山西馆、天津馆

09270
李秀兰 洪林著
山东新华书店总店，1947.7，45页，32开（文艺创作丛书）
本书收小说4篇:《莫忘本》《李秀兰》《老许》《瞎老妈》。
收藏单位：北师大馆、重庆馆、国家馆、山东馆

09271
李勇大摆地雷阵 华北新华书店编辑部编
黎城：华北新华书店，1945.12，102页，32开，环筒页装（文艺选集1）
本书收小说7篇:《李勇大摆地雷阵》（邵子南）、《荷花淀》（孙犁）、《阎荣堂九死一生》（邵子南）、《七勇士》（杨朔）、《一次壮烈的战斗》（周文乃、林采）、《海上的遭遇》（周而复等）、《徂徕山上的“鲁滨逊”》（徐刚）。
收藏单位：国家馆

09272
李勇大摆地雷阵 邵子南著
大连：大众书店，1947.2，再版，68页，32开
本书共13章。
收藏单位：国家馆、吉林馆

09273
李勇大摆地雷阵 邵子南著
东安（密山）：东北书店，1946.8，58页，32开
东安（密山）：东北书店，1947.5，再版，58页，32开
收藏单位：北师大馆、东北师大馆、国家馆、湖北馆、山东馆

09274
李勇大摆地雷阵 邵子南著
香港：海洋书屋，1948.6，155页，36开（北方文丛 第1辑）
本书收小说4篇:《李勇大摆地雷阵》《贾希哲夜夜下西庄》《牛老娘娘拉毛驴》《阎荣堂九死一生》。
收藏单位：东北师大馆、广东馆、国家馆、近代史所

09275
李勇大摆地雷阵 邵子南著
华中新华书店，1949.4，51页，36开（大众文库 文艺类）
收藏单位：重庆馆、华东师大馆、山东馆

09276
李勇大摆地雷阵 邵子南著
临沂：山东新华书店，1946.12，50页，32开（大众文库 故事）
收藏单位：国家馆、山东馆

09277
李勇大摆地雷阵 邵子南著
上海：生活·读书·新知联合发行所，1949.8，155页，36开（北方文丛 第1辑）
收藏单位：国家馆、湖北馆、湖南馆、吉林馆、上海馆

09278
李勇大摆地雷阵 邵子南著
[郑州]：中原新华书店，1949.5，61页，32开
收藏单位：重庆馆、国家馆

09279
李勇和他的地雷阵 学习委员会编
鸡鸣社，[1949]，40页，32开
收藏单位：浙江馆

09280
李有才板话 赵树理著
大连：大众书店，1946.3，93 页，32 开
本书收小说 3 篇：《孟祥英翻身》《小二黑结婚》《李有才板话》。附《介绍大家读〈李有才板话〉和〈我们的群众路线〉》（黎玉）、《介绍〈李有才板话〉》（李大章）。
收藏单位：国家馆、辽宁馆、山东馆、上海馆、天津馆

09281
李有才板话 赵树理著
大众文化社，[1946.9]，[68] 页，32 开
本书收小说两篇：《李有才板话》《地板》。附《代出版叙》（吴文遴）。
收藏单位：国家馆、内蒙古馆、山西馆、天津馆

09282
李有才板话 赵树理著
[北安]：东北军政大学编委会，1946.12，72 页，32 开
本书附《介绍大家读〈李有才板话〉和〈我们的群众路线〉》（黎玉）。
收藏单位：国家馆、南京馆、天津馆、浙江馆

09283
李有才板话 赵树理著
香港：海洋书屋，1947.10，3 版，82 页，32 开（北方文丛 第 2 辑）
本书收小说 4 篇：《孟祥英翻身》《地板》《小二黑结婚》《李有才板话》。附评论文章 3 篇：《读了〈李家庄的变迁〉》（郭沫若）、《论赵树理的创作》（周扬）、《关于〈李有才板话〉》（茅盾）。
收藏单位：黑龙江馆、浙江馆

09284
李有才板话 赵树理著
华北新华书店，1943.12，再版，94 页，32 开（晋冀鲁豫边区文艺创作小丛书 3）
华北新华书店，1944.3，再版，94 页，32 开（晋冀鲁豫边区文艺创作小丛书 3）
华北新华书店，1946.5，3 版，94 页，32 开（晋冀鲁豫边区文艺创作小丛书 3）
华北新华书店，1947.5，4 版，94 页，32 开（晋冀鲁豫边区文艺创作小丛书 3）
本书共 10 章。
收藏单位：国家馆、河南馆、南京馆、山东馆、上海馆、浙江馆

09285
李有才板话 赵树理著
[香港]：华夏书店，[1947.9]，83 页，32 开（北方文丛 第 2 辑）
收藏单位：广东馆、上海馆

09286
李有才板话 赵树理著
北平：鸡鸣社，1949，58 页，32 开
收藏单位：浙江馆

09287
李有才板话 赵树理著
[濮阳]：冀鲁豫书店，1944.10，86 页，长 36 开，环筒页装
本书附《介绍〈李有才板话〉》（李大章）。
收藏单位：国家馆

09288
李有才板话 赵树理著
[威县]：冀南书店，1946.7，42 页，32 开
本书附《介绍〈李有才板话〉》（李大章）。
收藏单位：国家馆

09289
李有才板话 赵树理著
冀中新华书店，1946.10，72 页，32 开，环筒页装（长城文艺丛书）
本书收小说两篇：《小二黑结婚》《李有才板话》。附评论文章 3 篇：《论赵树理的创作》（周扬）、《读了〈李家庄的变迁〉》（郭沫若）、《关于〈李有才板话〉》（茅盾）。

收藏单位：东北师大馆、国家馆

09290
李有才板话　赵树理著
晋察冀新华书店，1947.8，再版，87页，32开
收藏单位：重庆馆、国家馆、吉林馆、辽宁馆、天津馆

09291
李有才板话　赵树理著
安东（丹东）：辽东建国书社，[1946.5]，43页，32开（通俗小文库）
本书附《介绍〈李有才板话〉》（李大章）。
收藏单位：北碚馆

09292
李有才板话　赵树理著
山东新华书店，1949.6，3版，50页，32开
收藏单位：长春馆、南京馆

09293
李有才板话　赵树理著
[无锡]：苏南新华书店，1949.6，125页，32开
本书收小说5篇：《小二黑结婚》《李有才板话》《孟祥英翻身》《地板》《福贵》。
收藏单位：广东馆

09294
李有才板话　赵树理著
太岳新华书店，1943，再版，61页，32开（大众文艺小丛书3）
太岳新华书店，1946.9，[再版]，62页，32开（大众文艺小丛书3）
太岳新华书店，1947.12，再版，62页，32开（大众文艺小丛书3）
收藏单位：重庆馆、国家馆

09295
李有才板话　赵树理著
希望书店，1946.10，96页，36开（新中国文艺丛刊）
本书收小说3篇：《李有才板话》《小二黑结婚》《地板》。附《论赵树理的创作》（周扬）。
收藏单位：国家馆

09296
李有才板话　赵树理著
北平：新华书店，1949.5，126页，32开（中国人民文艺丛书）
上海：新华书店，1949.8，126页，32开（中国人民文艺丛书）
收藏单位：东北师大馆、国家馆、湖北馆、华东师大馆、江西馆、山西馆、天津馆

09297
李有才板话　赵树理著
香港：新民主出版社，1947.2，再版，61页，32开
收藏单位：广西馆

09298
李有才板话　赵树理著
上海：知识出版社，1946.12，83页，32开
收藏单位：重庆馆、国家馆、江西馆、南京馆、上海馆、天津馆

09299
李有才板话　赵树理著
[郑州]：中原新华书店，1949.3，87页，32开
本书收小说两篇：《小二黑结婚》《李有才板话》。附《论赵树理的创作》（周扬）。
收藏单位：湖北馆、山西馆

09300
李有才板话　赵树理著
出版者不详，1946，85页，32开（长城文艺丛书）
收藏单位：国家馆

09301
李有才板话　赵树理著　中国人民文艺丛书社编辑

[北平]：新华书店，1949，3版，126页，32开（中国人民文艺丛书）

收藏单位：重庆馆、国家馆

09302

李有才板话 赵树理著 遵彦习插图 裴三保木刻

[延安]：新华书店，1943.12，46页，32开（大众文艺小丛书3）

[延安]：新华书店，1944.3，再版，77页，32开（大众文艺小丛书3）

收藏单位：北师大馆、国家馆、南京馆

09303

李有才板话（插图本） 赵树理著 朱丹插图

[佳木斯]：东北画报社，1946.11，70页，32开（东北画报丛刊3）

[佳木斯]：东北画报社，1947.1，再版，70页，32开（东北画报丛刊3）

本书共10章。附评论文章3篇：《论解放区创作》（郭沫若）、《论赵树理的创作》（周扬）、《介绍〈李有才板话〉》（李大章）。

收藏单位：东北师大馆、国家馆、江西馆、南京馆、宁夏馆、天津馆

09304

林家铺子 茅盾著

佳木斯：东北书店，1946.10，101页，32开

佳木斯：东北书店，1948.6，再版，101页，32开

本书收小说3篇：《骚动》《春蚕》《林家铺子》。

收藏单位：长春馆、重庆馆、东北师大馆、国家馆、湖南馆、吉大馆、江西馆、内蒙古馆、中科图

09305

林家铺子 茅盾著

延安：印工合作社，1944.10，118页，36开（文艺读物选丛2）

收藏单位：重庆馆、国家馆

09306

茅山下 邱东平著 高斯木刻

大连：大众书店，[1945.10]，62页，32开

收藏单位：东北师大馆、辽宁馆、天津馆

09307

煤 李纳著 武德祖插图

哈尔滨：东北书店，1948，23页，50开（新文艺小丛书4）

收藏单位：东北师大馆、国家馆、辽宁馆、南京馆、山东馆、天津馆

09308

煤矿 王影质著

成都：生活书店，1940.5，108页，32开

本书收小说9篇：《监狱》《煤矿》《太仓之粟》《故乡》《到前线去》《媚浪河在怒吼》《苦行雪山》《野渡》《一五〇〇〇〇〇》。

收藏单位：贵州馆、国家馆、南京馆

09309

煤窑起义 申田著

大连：大众书店，1947.4，再版，25页，32开

收藏单位：广东馆、国家馆、上海馆

09310

煤窑起义（小说） 申田著

佳木斯：东北书店，1947.10，24页，32开（通俗文艺丛书）

本书共7部分，内容包括：送信的老太太、棺材、李班长的转变、十二点钟以后等。

收藏单位：长春馆、重庆馆、国家馆、吉林馆、辽大馆、南京馆、陕西馆、上海馆、天津馆

09311

孟祥英翻身 赵树理著

华北新华书店，1947.5，3版，29页，36开（晋冀鲁豫边区文艺创作小丛书6）

本书共10章。

收藏单位：北师大馆、国家馆、河南馆、吉林馆、辽宁馆、宁夏馆、山东馆

09312
孟祥英翻身　赵树理著
华中新华书店，1946.9，16页，36开（大众文库 文艺类）
收藏单位：国家馆、山东馆

09313
孟祥英翻身　赵树理著
安东（丹东）：辽东书店，1947.11，26页，32开
收藏单位：国家馆

09314
孟祥英翻身　赵树理著
索堡：新华书店，1945.3，22页，36开
收藏单位：国家馆、山东馆

09315
孟祥英与郭凡子　赵树理等著
华北新华书店，1946.6，22+24页，32开
本书收小说两篇：《孟祥英翻身》（赵树理）、《女状元——郭凡子》（王溪南）。
收藏单位：国家馆、山东馆

09316
某一天　茅盾著
晋察冀军区政治部，[1946.1]，20页，64开（文艺读物选丛）
收藏单位：国家馆

09317
千里赶队　新华书店九分店编
南通：新华书店九分店，[1949]，19页，32开
本书收小说10篇，内容包括：《千里赶队》《未婚夫妻》《一个女孩子的生命》《孙连长喊门》《金钱美女不动心》等。
收藏单位：国家馆

09318
晴天　王力著
[惠民]：渤海新华书店，[1947]，56页，32开（通俗读物6）
收藏单位：国家馆、山东馆

09319
晴天　王力著
大连：大众书店，1946.7，再版，63页，32开
收藏单位：吉大馆

09320
晴天　王力著
[佳木斯]：东北书店，1946.9，63页，32开
收藏单位：重庆馆、东北师大馆、国家馆、辽宁馆

09321
晴天　王力著
胶东新华书店，[1945—1949]，53页，32开
收藏单位：重庆馆、山东馆

09322
晴天　王力著
[阜平]：晋察冀新华书店，1947.8，61页，32开
收藏单位：重庆馆、国家馆、河南馆

09323
晴天　王力著
安东（丹东）：辽东建国书社，1946.10，50页，32开
收藏单位：长春馆、东北师大馆、国家馆、南京馆、天津馆

09324
晴天　王力著
旅顺：民众书店，[1945—1949]，53页，32开
收藏单位：天津馆

09325
晴天　王力著
山东新华书店，1945.8，修版，52页，36开（通俗文库25）
山东新华书店，1946.6，修正3版，59页，36开
收藏单位：北碚馆、国家馆、河南馆、山东馆

09326
晴天 王力著
[阳城]：太岳新华书店，1947.3，[45]页，32开（通俗文艺）
收藏单位：国家馆

09327
晴天（短篇小说选） 王力等著
[北平]：新华书店，1949.5，103页，32开（中国人民文艺丛书）
上海：新华书店，1949.8，102页，32开（中国人民文艺丛书）
本书收小说两部：《晴天》（王力）、《纠纷》（菡子）。
收藏单位：北师大馆、东北师大馆、国家馆、南京馆、天津馆

09328
晴天（短篇小说选） 王力著
[郑州]：中原新华书店，1949.5，61页，32开（中国人民文艺丛书）
收藏单位：桂林馆、国家馆、山西馆

09329
亲家 康濯撰 顾群绘
[北平]：天下图书公司，1949.8，75页，32开（大众文艺丛书 第1辑）
本书收小说3篇：《亲家》《抽地》《腊梅花》。
收藏单位：东北师大馆、国家馆、南京馆、山西馆

09330
荣誉 韶华撰
沈阳：东北新华书店，1949，1册，32开
本书为短篇小说集。
收藏单位：东北师大馆、国家馆、辽宁馆、辽师大馆、南京馆

09331
伤兵母亲李桂英
华中新华书店，1945.11，34页，64开（大众文库 文艺类）
收藏单位：南京馆

09332
上升 陶钝著
山东新华书店，1948.10，147页，32开
山东新华书店，1949，147页，32开
收藏单位：安徽馆、东北师大馆、国家馆、吉大馆、辽宁馆、南京馆、天津馆

09333
谁害的 西戎等著
东北新华书店辽东分店，1949.8，46页，32开
本书收小说3篇：《谁害的》（西戎）、《金宝娘》（马烽）、《卖鸡》（束为）。
收藏单位：东北师大馆、国家馆、吉大馆、辽宁馆、山东馆

09334
谁害的 西戎等著
[兴县]：晋西北新华书店，[1949]，44页，32开
收藏单位：重庆馆、国家馆、辽宁馆、南京馆、宁夏馆、山东馆、山西馆、天津馆

09335
神婆的故事 杨往夫著
威县：冀南新华书店，1948.6，32页，36开
本书共9章。
收藏单位：国家馆、山东馆

09336
石圪节煤窑起义 申田著
新华书店，1945.10，23页，32开，环筒页装
本书共7章。
收藏单位：国家馆、近代史所、南京馆、天津馆

09337
受苦的日子算完结了 华北新华书店编辑部编
黎城：华北新华书店，1945.12，72页，36开，环筒页装（文艺选集2）

本书收小说9篇:《受苦的日子算完结了》（西戎）、《苦人儿》（孔厥）、《刘雨云起家》（王朗超）、《父子俩》（孔厥）、《卫生组长》（葛洛）、《群众》（韦君宜）、《向全中国控诉》（师田手）、《魏妈妈》（方纪）、《陈家福回边区》（杨劲）。

收藏单位：国家馆、吉大馆

09338

受苦的日子算完结了 太岳新华书店编

太岳新华书店，[1945—1948]，52页，36开（文艺选集2）

收藏单位：国家馆、山西馆

09339

摔龙王 王铁著

华中新华书店，1946.9，26页，36开（大众文库 文艺类）

本书共11章。

收藏单位：国家馆、山东馆

09340

摔龙王 王铁著

朝城：冀鲁豫书店，1947.7，44页，32开

收藏单位：国家馆、宁夏馆、山东馆

09341

摔龙王 王铁著

涉县：韬奋书店，[1947]，39页，32开

收藏单位：国家馆、南京馆、首都馆

09342

摔龙王（小说） 王铁著

佳木斯：东北书店，1947.10，37页，32开（通俗文艺丛书）

收藏单位：长春馆、国家馆、山东馆、山西馆、天津馆

09343

双红旗（短篇小说选） 鲁煤等著

新华书店，1949.5，102页，32开（中国人民文艺丛书）

上海：新华书店，1949，再版，96页，32开（中国人民文艺丛书）

本书收小说5篇，内容包括:《李秀兰》（洪林）、《莫忘本》（洪林）、《由鬼变人》（袁毓明）等。

收藏单位：长春馆、重庆馆、东北师大馆、广东馆、国家馆、吉大馆、南京馆、山西馆、天津馆

09344

水 丁玲著

上海：新中国书局，1933.2，170页，32开（新中国文艺丛书）

上海：新中国书局，1933.5，再版，170页，32开（新中国文艺丛书）

本书收小说5篇:《水》《田家冲》《一天》《从夜晚到天亮》《年前的一年》。

收藏单位：东北师大馆、广东馆、广西馆、国家馆、黑龙江馆、湖南馆、吉林馆、辽宁馆、山西馆、首都馆、天津馆

09345

水塔 雷加著

大连：光华书店，1948.1，155页，32开

本书收小说6篇:《一枝三八式》《五大洲的帽子》《水塔》《鸭绿江》《姊之家》《有仇必报》。

收藏单位：长春馆、东北师大馆、国家馆、湖南馆、吉大馆、吉林馆、山东馆、陕西馆

09346

顺喜翻身 胡流著

[威县]：冀南书店，1946.8，16页，32开，环筒页装

收藏单位：国家馆、南京馆、山东馆

09347

唐二虎 陆荧著 那狄插画

第四野战军华中军区政治部，1949，30页，32开（战士生活丛书4）

收藏单位：国家馆

09348
天水岭群众翻身记 朱襄 阮章竞著
华北新华书店，1947.5，50页，32开（晋冀鲁豫边区文艺创作小丛书1）
本书收小说两篇：《天水岭群众翻身记》（朱襄）、《圈套》（阮章竞）。
收藏单位：国家馆、山东馆、天津馆

09349
天下穷人是一家 老田等著
[威县]：冀南书店，[1946—1949]，20页，32开，环筒页装（通俗文艺选集）
本书收小说6篇：《天下穷人是一家》（老田）、《三十五块钱》（岐峰）、《解恨啦》（蓬岗）、《五十年血汗》（天放）、《八年》（王志坤）、《回忆玉凤的死》（海波）。
收藏单位：国家馆、南京馆、山东馆

09350
我的两家房东 康濯著
上海：生活·读书·新知联合发行所，1949.8，81页，36开（北方文丛 第1辑）
本书收小说3篇：《我的两家房东》《初春》《灾难的明天》。
收藏单位：东北师大馆、国家馆、南京馆、山西馆

09351
我在霞村的时候 丁玲著
上海：新知书店，1946.2，再版，169页，32开（七月文丛）
大连：新知书店，1946.10，再版，155页，32开（七月文丛）
新知书店，1948.2，再版，169页，32开
本书收小说7篇：《新的信念》《县长家庭》《入伍》《我在霞村的时候》《秋收的一天》《压碎的心》《夜》。
收藏单位：重庆馆、东北师大馆、广西馆、国家馆、黑龙江馆、吉林馆、山东馆、首都馆、天津馆

09352
我在霞村的时候 丁玲著
桂林：远方书店，1944.3，169页，36开（七月文丛）
北平：远方书店，1946.4，169页，36开（七月文丛）
收藏单位：重庆馆、东北师大馆、广东馆、广西馆、贵州馆、桂林馆、国家馆、江西馆、辽师大馆、南京馆、首都馆、天津馆

09353
乌鸦告状 柯蓝著
华北新华书店，1947.10，57页，36开（群众文艺丛书）
收藏单位：国家馆、南京馆、山东馆、天津馆

09354
无敌三勇士 刘白羽著
华东新华书店，1948.11，107页，32开
本书收小说7篇：《无敌三勇士》《血缘》《百战百胜》《政治委员》《回家》《战斗的旗帜》《新社会的光芒》。
收藏单位：国家馆、山东馆、山西馆、天津馆

09355
无敌三勇士 刘白羽等著
中国人民解放军第四野战军华中军区政治部，1949.8，76页，32开（部队文艺丛书1）
本书收小说5篇：《无敌三勇士》（刘白羽）、《踏破辽河千里雪》（华山）、《老红军回来了》（周洁夫）、《战友归来》（西虹）、《雪花山上》（罗良曦述，耿西记）。
收藏单位：山东馆、天津馆

09356
无敌三勇士 刘白羽著 西野插图
[哈尔滨]：东北画报社，1949.4，26页，50开（美术小丛书30）
收藏单位：国家馆、陕西馆

09357
无敌三勇士 刘白羽著 西野画
哈尔滨：东北书店，1948.6，81页，50开

本书收小说 3 篇:《无敌三勇士》《百战百胜》《政治委员》。

收藏单位：长春馆、重庆馆、东北师大馆、国家馆、黑龙江馆、山东馆、上海馆、浙江馆

09358

无敌三勇士（短篇小说选） 刘白羽等著

新华书店，1949.5，124 页，32 开（中国人民文艺丛书）

本书收小说 6 篇:《“四斤半”》(谭虎)、《真假李板头》(刘石)、《生长》(胡田)、《无敌三勇士》(刘白羽)、《政治委员》(刘白羽)、《战火纷飞》(刘白羽)。

收藏单位：重庆馆、东北师大馆、广东馆、国家馆、湖南馆、吉林馆、辽宁馆、南京馆、山西馆、绍兴馆、天津馆、西南大学馆、云南馆

09359

五台山下 刘白羽著

重庆：生活书店，1939.3，再版，149 页，32 开

本书收小说 5 篇:《五台山下》《金融篇》《棉花》《燃烧着的森林》《总的破坏》。

收藏单位：安徽馆、重庆馆、广东馆、贵州馆、国家馆

09360

误会 刘宝荣等著

华北新华书店，1947.7，94 页，32 开（晋冀鲁豫边区文艺创作小丛书 22）

本书收小说 8 篇:《孤军》(秀圃)、《谁战胜谁》(吕梁)、《打姬家山》(郑笃)、《丁秋秋》(小溪)、《一个人缴了一连人枪》(罗村田)、《误会》(刘宝荣)、《伤脑筋》(吴象)、《伤员转运站风景线》(曹展方等)。

收藏单位：国家馆、吉大馆、辽宁馆、山东馆

09361

误会 刘宝荣等著

山东新华书店，1947，56 页，50 开（战时小丛书）

本书收小说 3 篇:《伤脑筋》(吴象)、《误会》(刘宝荣)、《第二家庭》(克锦)。

收藏单位：国家馆、山东馆

09362

现代中国短篇小说集（汉英对照） 郭沫若等著 （美）斯诺（Edgar Snow）等译 胡北堂编

外文题名：Selected modern short stories: Chinese text with English translation

香港：齿轮编译社，1941.6，275 页，32 开

本书收小说 9 篇:《十字架》(郭沫若)、《泥泞》(茅盾)、《孔乙己》(鲁迅)、《月下小景》(沈从文)、《风筝》(鲁迅)、《消息》(丁玲)、《一件小事》(鲁迅)、《柏子》(沈从文)、《航线》(沙汀)。

收藏单位：重庆馆

09363

小二黑结婚 赵树理撰

华北大学，1949，26 页，32 开

收藏单位：广东馆、国家馆、辽宁馆

09364

小二黑结婚 赵树理著

华北新华书店，1943.9，28 页，36 开

华北新华书店，1946.7，3 版，28 页，32 开

本书共 12 章。

收藏单位：北碚馆、国家馆、南京馆

09365

小二黑结婚 赵树理著

[濮阳]：冀鲁豫书店，[1944]，24 页，长 36 开，环筒页装

收藏单位：国家馆

09366

小二黑结婚 赵树理著

安东（丹东）：辽东书店，1947.11，27 页，32 开

收藏单位：东北师大馆、辽宁馆

09367
小二黑结婚 赵树理著
[射阳]：苏中韬奋书店，[1947]，23页，64开
收藏单位：国家馆

09368
小二黑结婚 赵树理著
[延安]：新华书店，1944.2，再版，28页，32开（大众文艺小丛书8）
收藏单位：国家馆、河南馆

09369
小二黑结婚 赵树理著
香港：新民主出版社，1947.3，24页，32开
收藏单位：广西馆

09370
小二黑结婚（插图本） 赵树理作 刘迅插图
[哈尔滨]：东北画报社，1948.1，16页，32开，环筒页装（解放区短篇创作选2）
收藏单位：东北师大馆、国家馆、山东馆

09371
小经理 赵树理著
沈阳：东北新华书店，1949.8，20页，大64开（大众文艺小丛书）
收藏单位：东北师大馆、南京馆

09372
小经理 赵树理撰
[北平]：新华书店，1949，14页，36开
本书描写农村合作化中对文化人才的需求。
收藏单位：国家馆、辽宁馆

09373
小魏的江山 陈白尘著
上海：文化生活出版社，1937.5，201页，32开（文学丛刊第4集）
上海：文化生活出版社，1937.7，再版，201页，32开（文学丛刊第4集）
上海：文化生活出版社，1946.1，3版，201页，32开（文学丛刊第4集）
上海：文化生活出版社，1948.10，4版，201页，36开（文学丛刊第4集）
本书收小说4篇:《小魏的江山》《鬼门关》《打靶》《最后的晚餐》。
收藏单位：北碚馆、长春馆、重庆馆、大理馆、东北师大馆、广西馆、贵州馆、国家馆、河南馆、江西馆、辽大馆、南京馆、内蒙古馆、上海馆、首都馆、天津馆、西南大学馆、浙江馆

09374
邪不压正 赵树理著
湖北新华书店，1949.7，51页，36开

09375
邪不压正 赵树理著
威县：冀南新华书店，1948.11，46页，36开
本书共4章。
收藏单位：北师大馆、国家馆、山东馆

09376
邪不压正 赵树理著
[阳城]：太岳新华书店，1948.12，51页，36开
收藏单位：国家馆、南京馆、山东馆

09377
邪不压正 赵树理著
天津：知识书店，1949.4，40页，32开
收藏单位：东北师大馆、国家馆、南京馆、宁夏馆、上海馆、天津馆

09378
新仇旧恨 刘江 赵正晶等著
华北新华书店，1947.7，68页，36开（晋冀鲁豫边区文艺创作小丛书15）
本书收小说5篇:《新仇旧恨》（刘江、赵正晶）、《财神》（延登崎）、《翻身日记》（奎林等）、《保明上区》（革飞）、《参军潮》（耿西）。
收藏单位：国家馆、黑龙江馆、吉大馆、山东馆、山西馆、天津馆

09379
新炮手 周洁夫著
佳木斯：东北书店，1948.3，14页，50开（新文艺小丛书）
收藏单位：国家馆、辽宁馆、南京馆、天津馆

09380
新与旧（小说） 李欣著
[兴县]：晋绥边区吕梁文化教育出版社，1944.10，12页，32开（“七七七”文艺奖金获奖作品 散文类 乙等奖）
本书讲述八路军官兵的故事。
收藏单位：北师大馆、重庆馆、国家馆、山西馆

09381
羊 萧军著
哈尔滨：鲁迅文艺出版社，1947.10，192页（文艺丛书）
收藏单位：东北师大馆、吉大馆

09382
羊 萧军著
上海：文化生活出版社，1936.1，222页，36开（文学丛刊1）
上海：文化生活出版社，1936.2，再版，222页，32开（文学丛刊1）
上海：文化生活出版社，1936.4，3版，222页，32开，精装（文学丛刊1）
上海：文化生活出版社，1939.11，5版，222页，36开（文学丛刊1）
本书收小说6篇：《职业》《樱花》《货船》《初秋的风》《军中》《羊》。书后有著者后记。
收藏单位：重庆馆、大庆馆、贵州馆、国家馆、湖南馆、辽大馆、辽宁馆、南京馆、陕西馆、首都馆、西南大学馆

09383
一个空白村的变化 那沙著
山东新华书店总店，1947.7，35页，32开（文艺创作丛书）
收藏单位：国家馆

09384
一个空白村的变化 那沙著
[阳城]：太岳新华书店，1947.10，34页，36开（文艺创作丛书）
收藏单位：国家馆、河南馆、山东馆、山西馆

09385
一个女人翻身的故事 孔厥著
[佳木斯]：东北书店，1946.12，22页，32开
收藏单位：北师大馆、东北师大馆、国家馆、吉林馆、辽宁馆、山西馆

09386
一个女人翻身的故事 孔厥著
华北新华书店，1946.9，24页，36开
收藏单位：国家馆、浙江馆

09387
一个女人翻身的故事 孔厥著
华东新华书店，1948.10，再版，27页，32开
收藏单位：国家馆、南京馆、山东馆、天津馆

09388
一个女人翻身的故事 孔厥著
上海：上海书报杂志联合发行所，1949.6，再版，26页，36开
收藏单位：东北师大馆、绍兴馆

09389
一个女人翻身的故事 孔厥著
上海：阳光出版社，1946.3，26页，32开
收藏单位：广西馆

09390
一个女人翻身的故事（短篇小说选） 孔厥等著
新华书店，1949.5，172页，32开（中国人民文艺丛书）
本书收小说11篇：《怀义湾》（高朗亭）、《雷老婆》（高朗亭）、《一个女人翻身的故事》（孔厥）、《卫生组长》（葛洛）、《魏妈妈》（方

纪)、《乌鸦告状》(柯蓝)、《新与旧》(李欣)、《红契》(束为)、《第一次的收获》(束为)、《卖鸡》(束为)、《三个朋友》(韦君宜)。

收藏单位:东北师大馆、广东馆、国家馆、山西馆、天津馆、中科图

09391

一个英雄的经历 司马文森著

重庆:生活书店,1940.7,184 页,32 开

本书收小说 8 篇:《土地》《大时代中的小人物》《渣滓》《狗》《东江一少年》《一个英雄的经历》《马》《吹号手》。书前有代序《悲剧而英雄的时代》。

收藏单位:重庆馆、广东馆、国家馆、吉林馆、南京馆

09392

一天的工作 茅盾等著

[佳木斯]:东北书店,1947.3,再版,188 页,32 开

本书收小说 7 篇:《某一天》(茅盾)、《一天的工作》(黄俊贤)、《联保主任的消遣》(沙汀)、《千人塔下的声音》(骆滨基)、《一条牛和一个女人》(荃麟)、《小城夜话》(黄药眠)、《过年》(茅盾)。

收藏单位:东北师大馆、国家馆、吉大馆、宁夏馆

09393

一天的工作 茅盾等著

延安:印工合作社,1945,178 页,36 开(文艺读物选丛 4)

收藏单位:重庆馆

09394

一支运粮队 洪林著

沈阳:东北书店,1949.4,44 页,32 开

收藏单位:长春馆、重庆馆、东北师大馆、贵州馆、江西馆、辽宁馆、陕西馆、绍兴馆

09395

一支运粮队 洪林著

山东新华书店,1948.8,56 页,32 开(文艺创作丛书)

收藏单位:重庆馆、广东馆、国家馆、南京馆、山东馆

09396

勇敢的人 刘白羽著

佳木斯:东北书店,1947.10,121 页,32 开

本书收小说 9 篇:《勇敢的人》《在四平一间房子里》《同志》《涵庄的夜晚》《在旅部》《树》《孙彩花》《希望》《喜事》。书前有著者前记。

收藏单位:长春馆、重庆馆、东北师大馆、国家馆、吉大馆、辽大馆、山东馆、山西馆、天津馆

09397

由鬼变人 袁毓明等著

华北新华书店,1947.5,40 页,36 开(晋冀鲁豫边区文艺创作小丛书 8)

本书收小说 3 篇:《新人》(曾克)、《由鬼变人》(袁毓明)、《绸背心》(赵正晶)。

收藏单位:国家馆、吉大馆、辽大馆、南京馆、山东馆、天津馆

09398

袁家洼打垮假斗争 华北新华书店编辑部编

华北新华书店,1947.6,36 页,32 开(新大众丛刊 8)

本书收小说 9 篇,内容包括:《张用成活捉大老虎》(范仁杰、泽耀九)、《活了五十九岁,要了五十年饭》(马馨远)、《过年好比上刀山》(月波)、《我减租、翻身不算犯法》(谢长江)、《血海深仇》(胡容)等。

收藏单位:国家馆、黑龙江馆、辽宁馆、南京馆、山东馆

09399

灾难的明天 康濯著

大连:大众书店,1946.12,再版,34 页,32 开

收藏单位:东北师大馆、国家馆

09400
在人山中　戴夫著
佳木斯：东北书店，1947.11，114 页，32 开
本书收小说 3 篇：《冀南行》《在人山中》《从冀鲁豫到冀中》。
收藏单位：长春馆、东北师大馆、国家馆、吉林馆、江西馆、近代史所、宁夏馆、天津馆

09401
战火纷飞　刘白羽撰
[北平]：新华书店，1949.6，230 页，32 开
本书收小说 10 篇，内容包括：《政治委员》《勇敢的人》《一间房子里》《无敌三勇士》《战火纷飞》等。
收藏单位：重庆馆、东北师大馆、广东馆、国家馆、吉大馆、内蒙古馆、山东馆、天津馆

09402
张苦孩挖穷根　革飞等著
华北新华书店，1947.5，62 页，36 开（晋冀鲁豫边区文艺创作小丛书 9）
本书收小说 4 篇：《胡强子》（田生）、《张苦孩挖穷根》（革飞）、《邢台市大斗胡同公》（培时）、《雇佃座谈》（林沫）。
收藏单位：国家馆、河南馆、湖南馆、吉大馆、辽宁馆、宁夏馆、山东馆、天津馆

09403
赵树理小说选集　赵树理著
华中新华书店，1949.4，246 页，32 开
本书收小说 8 篇：《小二黑结婚》《李有才板话》《孟祥英翻身》《福贵》《地板》《小经理》《邪不压正》《李家庄的变迁》。
收藏单位：国家馆、南京馆、上海馆

09404
赵树理小说选集　赵树理著
[兴县]：吕梁文化教育出版社，1947.3，91 页，32 开
[兴县]：吕梁文化教育出版社，1948.3，再版，91 页，32 开
本书收小说 4 篇：《李有才板话》《小二黑结婚》《福贵》《地板》。
收藏单位：国家馆

09405
赵有功保田有功　吴林泉等著　华北新华书店编辑
华北新华书店，1947.7，82 页，36 开（晋冀鲁豫边区文艺创作小丛书 24）
本书收《侯同云的故事》（陈光兴）、《刘吉耀和他的第三连》（刘丙一）、《机警勇敢的王殿文》（吴林泉）、《乔东顺的活情报》（司马达）、《赵有功保田有功》（吴林泉）等小说。
收藏单位：北师大馆、国家馆、山东馆、山西馆、天津馆

09406
政治委员　刘白羽著
佳木斯：东北书店，1948，24 页，50 开（新文艺小丛书）
收藏单位：国家馆

09407
政治委员　刘白羽著
华中新华书店，1949.3，19 页，50 开

09408
政治委员　刘白羽著
无锡：苏南新华书店，1949.7，19 页，50 开
收藏单位：国家馆、南京馆

09409
嘱咐　孙犁著
北平：天下图书公司，1949.8，华北 1 版，72 页，32 开（大众文艺丛书）
本书收小说 4 篇：《光荣》《浇园》《纪念》《遗嘱》。
收藏单位：安徽馆、长春馆、东北师大馆、国家馆、山西馆

09410
总退却　葛琴著

大连：大众书店，1946.5，309页，32开
大连：大众书店，1946.6，再版，309页，32开

本书收小说7篇：《一天》《蓝牛》《总退却》《犯》《路》《罗警长》《枇杷》。

收藏单位：长春馆、重庆馆、东北师大馆、国家馆、辽宁馆、中科图

09411
总退却　葛琴著
上海：良友图书印刷公司，1937.3，310页，32开

收藏单位：重庆馆、广东馆、国家馆、近代史所、南京馆、宁夏馆、上海馆、首都馆、浙江馆

故　事

09412
八路军出马打胜仗　杨晋豪著
汉口：生活书店，1937.12，20页，32开（大众读物 乙种3）
汉口等：生活书店，1939.4，再版，20页，32开（大众读物 乙种3）

本书共10部分：老朱手夺机关枪、回说东北亡国恨、一家星散苦连天、从军打了自家人、开小差投奔陕北、红军里上下一心、鬼子兵侵入山西省、八路军开跋往战场、勇战士大败鬼子兵、谈抗战胜利有根由。

收藏单位：贵州馆、国家馆、吉林馆、近代史所

09413
保尔·柯察金的故事　中国人民解放军中原野战军政治部编
中国人民解放军中原野战军政治部，[1949]，16页，32开（人民战士文艺丛书）

收藏单位：重庆馆、国家馆、南京馆、山东馆、上海馆

09414
保饭碗（故事）　季万编
哈尔滨：东北书店，1948.3，36页，36开（通俗文艺丛书）

本书收故事10篇：《大伙都干了咱才能喝碗热"糊涂"》《家要咱当，枪要咱扛》《模范军属曹新庆》《父子兵》《"你要孝顺我，就得去打反动派!"》《"娘，我找大哥去!"》《等着你》《未婚双妻送双夫》《未婚的夫妻》《仲大嫂劝郎参军》。

收藏单位：长春馆、国家馆、山东馆、天津馆

09415
保国保家保田故事
胶东新华书店，1946.12，128页，32开

收藏单位：南京馆、山东馆

09416
保江山（故事）　颜一烟著
佳木斯：东北书店，1948.1，56页，32开（通俗文艺丛书）

本书收故事8篇：《人民安下了天罗地网》《吉日良辰》《到底垮没垮》《金银财宝大还家》《出心给》《从福地来》《保江山》《选英雄·爱英雄》。

收藏单位：重庆馆、国家馆、吉林馆、江西馆、内蒙古馆、天津馆

09417
保证打胜仗的人（后方支援前线的故事）　华北新华书店编辑部编
华北新华书店，1947.1，33页，32开（新大众丛刊6）

本书收故事12篇：《"下次多拿上一些"》（文喜）、《自卫战争的后备力量》（曾必夫）、《从来没有见过这样的老百姓》（张鸿烈）、《新郎参军》（叶子）、《复员战士李新文归队》（史洪、一农）、《八路军的规矩》（荣一农）、《我这双鞋也捐给前方战士吧》（刘国梁）、《想起八大好处》（郭春梅）、《军属的小孩》（荣一农）、《保证打胜仗的人》（毓明）、《在后方》（李杰等）、《送伤兵日记》（蒋平）。

收藏单位：国家馆、南京馆、山东馆、天津馆

09418
报仇（三班副彭修全的故事） 王质玉著
[惠民]：渤海新华书店，1948.9，40页，64开
　收藏单位：南京馆

09419
敌后抗战的小故事 八路军留守兵团政治部编
八路军留守兵团政治部，1944.3，33页，32开（战士小丛书18）
　收藏单位：南京馆

09420
敌后抗战的小故事
[佳木斯]：东北书店，1946.10，28页，32开（战士读物）
　本书收故事11篇：《红灯》《破铁路与剪电线》《炸桥》《三颗手榴弹》《妙计》《正太线上》《地道》《"套狼"》《抬棺杀敌》《冀中的活动堡垒》《麻雀侦察的故事》。
　收藏单位：广东馆、国家馆、吉大馆、南京馆、天津馆

09421
地主的故事 宋镜蓉著
山东新华书店，1948.4，29页，32开（大众文库 故事）
　收藏单位：南京馆、山东馆

09422
地主现形记 冀南书店编辑部编
威县：冀南书店，1947.11，43页，32开
　本书收故事三十余篇，内容包括：《"川狼"许三》（郭普年等）、《人不如驴》（苗兴润）、《打伤儿子逼死娘》（赵恒瑞）等。书前有编者的话。
　收藏单位：国家馆、山东馆、山西馆、浙江馆

09423
第一功 太岳十九分区政治部编
[阳城]：太岳新华书店，1947.5，85页，32开（英雄故事集）
　本书收故事21篇，内容包括：《侯同云的故事》（陈光兴）、《刘吉耀和他的第三连》（刘丙一）、《机警英勇的王殿文》（林泉）、《李喜喜》（桂越）、《乔东顺的活情报》（司马达）、《刘天恩负伤》（郭鼎山）等。书前有孙定国序等。
　收藏单位：国家馆、山东馆

09424
翻身农村风光好（故事） 金汤编
佳木斯：东北书店，1948.2，30页，32开（通俗文艺丛书）
　本书收故事11篇：《翻身换脑筋》《大十六屯的风光好》《佟家沟改名胜利屯》《程福祥的家庭会议》《还是老头洒脱》《火红的日子》《地也叫他翻翻身》《五十多岁老魏头要参军》《孔老太太的三件喜事》《再别叫我们街溜子了》《隋淑兰斗争亲兄弟》。
　收藏单位：北师大馆、国家馆、辽宁馆、山西馆、陕西馆

09425
翻身小故事
华中新华书店，1948.4，32页，64开（翻身小丛书7）
　收藏单位：国家馆

09426
翻身真真好 冀鲁豫书店编辑部编
朝城：冀鲁豫书店，1947.8，47页，32开（农民翻身小丛书5）
　本书共5部分，内容包括：翻身真真好、翻身换脑筋、翻身好表现、翻身乐等。收故事29篇。
　收藏单位：国家馆

09427
反抗到底 苏中韬奋书店编
[射阳]：苏中韬奋书店，1946，24页，64开（工农读物3）
　本书收故事11篇，内容包括：《反抗到底》《撕毁委任令》《儿子的前途》等。

收藏单位：国家馆、山东馆

09428
范淑秋 姜力等著 冀鲁豫书店编辑部编
朝城：冀鲁豫书店，1947.10，51页，32开（农民翻身小丛书11）

本书收故事12篇，内容包括：《前香庙复查事件》（锡亚）、《现出原形》（枫林）、《孙子浩》（刘诚）、《哭诉》（乃民、洪宾）、《王二姐》（陈钟）、《范淑秋》（姜力）等。

收藏单位：国家馆

09429
高腿夺机枪（民兵参战故事） 伟强著
山东新华书店，1946.1，22页，64开（战时小丛书）

收藏单位：南京馆、山东馆

09430
工人故事 剑林编
山东新华书店，1949.9，180页，32开

本书收故事27篇，内容包括：《摇纱女工杨福莱》《被污辱与被损害的人》《阿渭》《在旧社会学徒真难啊！》《护厂斗争》《老电工赵省三》《小主人》等。书前有编者前记。

收藏单位：安徽馆、国家馆、山东馆

09431
合同立功（“鞍山部”十一连创造“合同立功”的故事） 荒草编著
佳木斯：东北书店，1948.11，24页，32开

本书共7章。

收藏单位：北师大馆、长春馆、国家馆、山东馆、天津馆

09432
黄河两岸的英雄模范 翟绍先等著 冀鲁豫书店编辑部编
朝城：冀鲁豫书店，1947.10，70页，32开（农民翻身小丛书7）

本书收故事36篇，内容包括：《巧夺天险的英雄们》《水手英雄罗传喜》《黄河波浪里的红色英雄》《刘建新大战黄花洞》等。

收藏单位：国家馆

09433
火牛阵（历史故事） 陶钝编
佳木斯：东北书店，1947.11，36页，32开（通俗文艺丛书）

收藏单位：长春馆、重庆馆、国家馆、黑龙江馆、江西馆、山东馆、天津馆

09434
火牛阵（历史故事） 陶钝编
山东新华书店，1946.11，29页，36开（大众文库）

收藏单位：国家馆、山东馆

09435
军政民一家 舒潮辑录
[延安]：新华书店，[1944.1]，20页，32开，环筒页装（拥政拥军爱民故事辑）

本书收故事16篇，内容包括：《第二营全军爱民 孙家砭百姓送旗》《司令部爱民赔东西 小学生捐钱送白菜》《徐建福反省说实话 霍增群认错做好人》等。附《脚下留情（大鼓）》（吕班）。书前有编者前言。

收藏单位：国家馆、南京馆、天津馆

09436
抗日小英雄 白桃等编
重庆：生活书店，1939.10，50页，32开（大众读物 甲种25）

本书收故事10篇：《飞将军阎海文》《抗日小英雄》《义勇军是怎样来的》《关秀英》《老头子错引道路》《大战宝山城》《大战台儿庄的铁汉们》《南口一勇士》《段云清独战三个鬼子》《一个俘虏的要求》。

收藏单位：北碚馆、重庆馆、国家馆、上海馆

09437
抗战故事（第1集） 王振铎 胡昌汉编著
[杭州]：王振铎，胡昌汉[发行者]，1940.1，66页，32开

本书收故事20篇，内容包括：《杀何瓒》

《少年先锋》《贤母子》《最后的微笑》《一个妙计》《人间地狱》《陈大毛水中杀敌》《女将军》等。书前有赵欲仁序、编著者自序。

收藏单位：国家馆、吉林馆、近代史所

09438

抗战故事（第2集） 王振铎　胡昌汉编著

丽水：正中书局，1940.9，70页，32开

本书收故事20篇，内容包括：《祖国的孩子》《活捉敌人的牧童》《死守宝山》《空中英雄》《伤兵之母》等。

收藏单位：上海馆

09439

兰花离婚　华北新华书店编辑部编

华北新华书店，1946.7，50页，32开，环筒页装（新大众丛刊2）

本书收故事21篇，内容包括：《战胜天灾人祸的赵拴孩》（王丕玉）、《下丰堠的秘密小组》（原根兴、二孩）、《两个法令》（王士廉）、《丁忠机枪》（刘占成）、《我完成了任务》（孔更）等。

收藏单位：国家馆、黑龙江馆、吉大馆、吉林馆、南京馆、山东馆、山西馆

09440

懒汉　王曼硕著

[惠民]：渤海新华书店，1948.9，21页，64开（大众小丛书10）

本书记述东北农民生产的事迹。

收藏单位：国家馆、南京馆、山东馆

09441

老百姓打仗的故事　敏丁编

[张家口]：晋察冀边区教育阵地社，1946.1，30页，32开（群众读物5战斗故事类）

收藏单位：国家馆

09442

李顺达的翻身故事　平顺联合办公室著　新华书店编辑部编

[索堡]：新华书店，1945.7，29页，64开

收藏单位：国家馆、南京馆

09443

历史故事　王春著

新华书店，1945.5，40页，32开

本书收故事6篇：《杨家将》《秦桧》《宗泽》《爱国诗人陆放翁》《文天祥》《"铁函心史"的故事》。

收藏单位：国家馆

09444

立功故事（第1集） 山东省支援线委员会政治部编

山东新华书店，1947.7，37页，64开（战时小丛书）

收藏单位：南京馆、山东馆

09445

廉蔺交欢　陶钝编

山东新华书店，1946.11，28页，32开

收藏单位：重庆馆、国家馆、山东馆

09446

廉蔺交欢（历史故事） 陶钝编

朝城：冀鲁豫书店，1947.9，27页，32开

收藏单位：国家馆、吉林馆

09447

临机应变（列宁故事之一） 金照著

华北新华书店，1943，31页，大64开，环筒页装

本书收故事4篇：《列宁是怎样学习的》《墨水瓶是可以吃的》《临机应变》《列宁受了伤的时候》。

收藏单位：国家馆

09448

刘伯承的故事　冀鲁豫书店编辑部编

[惠民]：渤海新华书店，1947.10，13页，32开（大众丛书）

收藏单位：国家馆、山东馆

09449

刘伯承的故事

大连：大众书店，1948，14页，32开（大众

丛书）
收藏单位：重庆馆、国家馆、吉林馆、南京馆、山西馆

09450
刘伯承的故事
湖北新华书店，1949，21 页，32 开
本书收故事 14 篇，内容包括：《做毛主席的小学生》《神算》《过沙河》《渡淮河》《自卫战场上的刘伯承将军》《替俺们好好照料刘司令》《送儿子上群众学校》《吹鼓手的儿子不能考秀才》等。
收藏单位：广东馆、湖北馆

09451
刘伯承的故事
冀东新华书店，1948.8，再版，石印本，14 页，32 开
收藏单位：国家馆、山东馆

09452
刘伯承的故事
无锡：苏南新华书店，1949.9，14 页，36 开
本书收故事 9 篇：《做毛主席的小学生》《送儿子上群众学校》《吹鼓手的儿子不能考秀才》《"把西瓜送回去！"》《"我就是老婆婆"》《"替俺们好好照料刘司令吧！"》《"树还能活吗？"》《自卫战场上的刘伯承将军》《指导做棉衣》。
收藏单位：广东馆、国家馆、山东馆、天津馆

09453
刘伯承的故事
中原新华书店，1949.6，17 页，36 开
收藏单位：重庆馆、国家馆、河南馆

09454
刘志丹 董均伦著
佳木斯：东北书店，1947.11，42 页，32 开（通俗文艺丛书）
哈尔滨：东北书店，1948.9，35 页，32 开
本书收故事 12 篇：《刘志丹永宁闹革命》《刘志丹来了》《夜袭》《蓝田的失败》《刘志丹和小鬼》《宿营》《刘志丹卖碗》《刘志丹和老乡》《刘志丹用巧计》《围困定仙堨寨》《打李家塔寨》《"不要管我，坚决打垮敌人！"》。书前有柯仲平序。
收藏单位：长春馆、重庆馆、东北师大馆、国家馆、吉大馆、辽宁馆、山东馆、天津馆

09455
刘志丹的故事 董均伦著
华东新华书店总店，1948.10，3 版，29 页，36 开
收藏单位：重庆馆、南京馆、山东馆

09456
刘志丹的故事 董均伦著
[朝城]：冀鲁豫书店，1947.3，25 页，32 开
收藏单位：国家馆、河南馆

09457
刘志丹的故事 董均伦撰
中原新华书店，1949.6，42 页，32 开
收藏单位：国家馆

09458
刘志丹的故事 董均伦撰 古元图
北平：天下图书公司，1949.8，华北 1 版，43 页，32 开（大众文艺丛书 1）
收藏单位：国家馆、吉大馆、天津馆

09459
刘志丹故事 董均伦著
大连：大众书店，1946.10，22 页，32 开
收藏单位：辽宁馆

09460
刘志丹故事 董均伦著
华中新华书店，1947，24 页，32 开
收藏单位：山东馆、山西馆

09461
刘志丹故事 董均伦著

[阜平]：晋察冀新华书店，1947.11，25页，32开

收藏单位：重庆馆、内蒙古馆、山西馆、天津馆

09462

刘志丹故事 董均伦著

西安：西北新华书店，1949.7，25页，32开

收藏单位：重庆馆、广东馆、国家馆、宁夏馆、山东馆

09463

民兵战斗故事集 丁克辛编

[张家口]：晋察冀边区教育阵地社，1946.2，18页，32开（群众读物20战斗故事类）

本书收故事8篇：《敌人没有枪毙他》《打了胜仗还吃了马肉》《活地雷》《冯云兴巧取洋马》《地道战》《萧德顺捉特务》《老妖怪火车上捉"日本"》《各式各样的拿炮楼》。

收藏单位：重庆馆、国家馆

09464

模范国民 豫鄂皖苏边区战地宣传委员会编

立煌：豫鄂皖苏边区战地宣传委员会，[1940—1945]，28页，72开（战地小丛书2）

本书收故事6篇：《村长巧计杀鬼子》《小四机智捉汉奸》《高大个生擒敌机师》《老太婆火葬鬼子兵》《赵至善杀身不做汉奸》《吴荣保至死不吐军情》。

收藏单位：国家馆

09465

母贤子孝（参军故事集） 华中新华书店盐阜分店编

华中新华书店盐阜分店，1949.1，46页，64开

本书收故事13篇，内容包括：《母贤子孝》《魏乡长带头》《早去打蒋匪》《父子争先》等。

收藏单位：国家馆

09466

三代 边江著

[惠民]：渤海新华书店，1948.9，16页，64开（大众小丛书8）

收藏单位：国家馆、南京馆、山东馆

09467

谁听了也得落泪 冀鲁豫书店编辑部编

朝城：冀鲁豫书店，1947.6，34页，32开（农民翻身小丛书1）

本书收故事9篇，内容包括：《谁听了也得落泪》《憋了三十八年的冤气》《白老太太气的死去活来》《逢心娘诉苦》《王庆海诉苦》《纯集的天晴了》等。

收藏单位：国家馆、天津馆

09468

铁算盘

华中新华书店盐阜分店，[1947—1949]，37页，64开

本书收故事23篇，内容包括：《铁算盘》《朱地主爱吃老母鸡》《孙太爷脚力大》等。

收藏单位：国家馆、山东馆

09469

文化翻身的故事 阎吾等编

大连：大连日报社，1946.9，49页，32开

本书收故事15篇，内容包括：《莒南人民的自学运动》（阎吾）、《东河庄的读报小组》（玉华）、《西新庄的读书会》（新华）、《胶东埠西头村的青年学习室》（仁山）、《李凤柱的家庭学习》（王左青）、《尤家埠子的黑板报》（刘熙）等。书前有编者前言。封面副题名：山东人民的学习生活。封面题：阎吾、宿士平编。

收藏单位：国家馆、辽宁馆、南京馆、上海馆、浙江馆

09470

文化翻身的故事 阎吾等编

佳木斯：东北书店，1947.10，67页，32开（通俗文艺丛书）

佳木斯：东北书店，1948.3，再版，67页，32开（通俗文艺丛书）

收藏单位：长春馆、重庆馆、国家馆、黑

龙江馆、吉大馆、江西馆、辽大馆、山东馆、上海馆、天津馆

09471
我们的连队 西虹著
佳木斯：东北书店，1948.11，66 页，36 开
本书收故事 18 篇，内容包括:《我们的连队》《操场上》《林其学习组》《誓为人民立功勋》《第一班夺天险》《一个步枪组》《悬崖上》《马世明机枪组》等。
收藏单位：长春馆、东北师大馆、国家馆、吉大馆、山东馆、山西馆、天津馆

09472
西瓜兄弟
新华书店二分店，[1937—1949]，22 页，64 开
收藏单位：南京馆

09473
喜报 吴永俭等著
大连：东北新华书店，1949.9，16 页，40 开
本书收故事 3 篇:《喜报》(吴永俭)、《英雄之家》(朝昆)、《啥能有这光荣啊!》(老杨)。
收藏单位：国家馆、南京馆

09474
瞎月工伸冤记 井岩盾著
佳木斯：东北书店，1948.3，32 页，32 开(通俗文艺丛书)
佳木斯：东北书店，1948.11，再版，32 页，32 开(通俗文艺丛书)
本书共 10 部分：辈辈受苦辈辈穷、血汗填了大沙坑、扛活伤了心、捡粪触怒老赵家等。
收藏单位：长春馆、重庆馆、国家馆、南京馆、宁夏馆、山东馆、天津馆

09475
小白龙大战台儿庄 老须著
重庆：生活书店，1938.9，18 页，32 开(大众读物 甲种 11)
重庆：生活书店，1940.1，再版，18 页，32 开(大众读物 甲种 11)
收藏单位：国家馆、吉林馆

09476
小革命家 白桃等编著
重庆：生活书店，1939.4，45 页，32 开(大众读物 甲种 24)
本书收故事 10 篇，内容包括:《小革命家》《白发老翁范筑先率兵抗日》《张家庄村民智取敌兵》《民族老英雄》《赤膊壮士》等。
收藏单位：北碚馆、重庆馆、贵州馆、国家馆

09477
小号兵 彦夫著
[惠民]：渤海新华书店，1947.10，渤海再版，50 页，36 开
本书收故事 16 篇，内容包括:《俘虏》《跑罢》《号母》《亲兄弟也不过这样》《棒球场里》《用不着打骂老百姓》《生字本》《想一想》等。
收藏单位：国家馆、山东馆

09478
小号兵 彦夫著
[射阳]：韬奋书店，[1940—1949？]，44 页，36 开
收藏单位：重庆馆、国家馆、河南馆、首都馆

09479
小尾巴的故事 钟纪明著
华北新华书店，1943，24 页，64 开，环筒页装
本书收故事两篇:《“小尾巴”的故事》《公审鬼子兵》。
收藏单位：国家馆

09480
小小故事 董均伦著 沃渣插画
哈尔滨：东北书店，1948.9，25 页，32 开
哈尔滨：东北书店，1948.11，再版，25 页，32 开

收藏单位：重庆馆、国家馆、黑龙江馆、吉大馆、吉林馆、江西馆、南京馆、宁夏馆、山东馆、天津馆、中科图

09481
小小故事　董均伦著　夏风插图
大连：大众书店，1948.8，32页，32开（大众通俗丛书2）
本书收故事14篇，内容包括：《老百姓大摆地雷》《张岱杀马》《自作自受》《萧振海喊退了敌人的援兵》《恨》等。书前有夏征农序。
收藏单位：国家馆、辽宁馆、山东馆

09482
小英雄
太岳新华书店，[1942—1949]，23页，32开
本书收故事5篇：《小英雄》《在一条小胡同里》《蹓马的孩子》《小六儿的故事》《围村》。
收藏单位：国家馆

09483
小周也要当英雄　白刃著
哈尔滨：光华书店，1948.11，70页，36开（少年文库）
本书共7部分：人小心不小、坚决上前方、一枝老套筒、第一次上火线、当英雄的要领、不愿当通讯员、一样当英雄。
收藏单位：北师大馆、东北师大馆、国家馆、吉林馆、辽宁馆、山东馆

09484
新富贵图（李顺达翻身发家故事）　太岳新华书店编
[阳城]：太岳新华书店，1946.11，8页，32开
收藏单位：国家馆、山东馆

09485
新木兰从军　沈叔羊著
重庆：生活书店，1940.2，62页，32开（大众读物 甲种30）
本书收故事6篇：《新木兰从军》《两兄弟争先入伍》《周排长以少击众》《军人家属受优待》《日本兵大闹大沽口》《日本越打越穷》。
收藏单位：国家馆

09486
新女英雄　白桃等编
重庆：生活书店，1940.3，49页，32开（大众读物 甲种29）
本书收故事10篇：《不做汉奸的小孩》《胡老头组织自卫队》《新女英雄》《民众杀敌的故事》《二十六个》《八百壮士》《大战东林寺》《千万民众帮助政府打东洋》《蒲二杀敌记》《抵抗大军的死机关枪手》。
收藏单位：广东馆、国家馆

09487
新四军的故事
新华书店九分店，1948.3，再版，36页，64开
新华书店九分店，1948.5，3版，36页，64开
本书讲述北伐时期的“老四军”、井冈山时期的“红四军”、抗战时期的“新四军”的战斗故事。
收藏单位：国家馆、山东馆

09488
阎排长磁县收干儿（平汉自卫战故事之一）
申田著
[威县]：冀南书店，1945.12，14页，32开
收藏单位：国家馆、南京馆、天津馆

09489
阎排长磁县收干儿（平汉自卫战故事之一）
申田著
太岳新华书店，[1945—1949]，14页，32开
收藏单位：国家馆、山东馆

09490
阎排长磁县收干儿（平汉自卫战故事之一）
申田著
韬奋书店，1945.12，14页，32开

收藏单位：重庆馆、国家馆、山西馆

09491
杨秀琳游击队　石开著
重庆：生活书店，1940.1，再版，7 页，32 开（大众读物 甲种 8）
收藏单位：国家馆

09492
一个农民的真实故事（故事）　严文井著
佳木斯：东北书店，1948.1，57 页，32 开（通俗文艺丛书）
哈尔滨：东北书店，1948.5，再版，57 页，32 开（通俗文艺丛书）
收藏单位：长春馆、国家馆、黑龙江馆、江西馆、天津馆

09493
一篮红枣（守纪律的故事）　华中新华书店盐阜分店编
华中新华书店盐阜分店，1948，22 页，48 开
收藏单位：国家馆

09494
一切为了前线（拥军故事）　宜琴等著
佳木斯：东北书店，1947.6，59 页，32 开
本书收故事 12 篇，内容包括:《伤兵母亲李桂英》(宜琴)、《掩护》(怡然)、《母亲》(王军)、《救护》(湘之)、《一个后方勤务站》(建群)等。
收藏单位：长春馆、重庆馆、东北师大馆、贵州馆、国家馆、吉大馆、南京馆、天津馆、浙江馆

09495
游击队割庄稼　效厂著
重庆：生活书店，1940，12 页，36 开（大众读物 乙种 34）
重庆：生活书店，1940.3，再版，12 页，32 开（大众读物 乙种 34）
本书为抗战期间通俗读物。
收藏单位：重庆馆、国家馆

09496
游击队夜袭张八岭　第四战区政治部编
第四战区政治部，[1940—1949]，8 页，32 开
收藏单位：国家馆、南京馆

09497
有趣的故事
华中新华书店五分店，[1949]，43 页，64 开
本书收故事 18 篇，内容包括:《赔了姑娘又“蚀”田》《墙头耕田》等。
收藏单位：国家馆

09498
有趣的故事（第 2 集）
华中新华书店盐阜分店，[1949]，22 页，64 开
本书收故事 13 篇，内容包括:《讨些便宜》《朝天坐》等。
收藏单位：国家馆

09499
张初元的故事（通俗故事）　马烽著
[兴县]：晋绥边区吕梁文化教育出版社，[1944.10]，20 页，36 开（“七七七”文艺奖金获奖作品 散文类 乙等奖）
本书为抗日通俗故事，共 12 章。
收藏单位：北碚馆、国家馆、南京馆、山西馆、天津馆

09500
赵老太太　白桃等编著
重庆：生活书店，1939.4，52 页，32 开（大众读物 甲种 23）
本书收故事 10 篇:《两位小武装同志》《一位打倒日本的小英雄》《赵老太太》《赵小姐奋勇杀敌》《奇怪的婚礼》《一个人杀死五十个鬼子》《五个人变成几万人》《为国牺牲的张武》《十三军大战居庸关》《八路军大战平型关》。
收藏单位：重庆馆、贵州馆、国家馆、南京馆、上海馆

09501
蜘蛛的教训　苏中军区政治部编
苏中军区政治部，[1941—1947]，20页，64开（通俗课外读物5）
本书收故事9篇，内容包括：《蜘蛛的教训》《廉颇和蔺相如》《石童子》《一个少年侦探的牺牲》《民族英雄文天祥》等。
收藏单位：国家馆

09502
中国农民起义的故事　宋宜著
哈尔滨：光华书店，1948.6，35页，32开（少年文库）
本书收故事10篇，内容包括：《中国历史的创造者》《"揭竿而起"》《"赤眉"与"黄巾"》《大运河的惨痛历史》《水浒英雄的时代》《唐赛儿》《九宫山的悲剧》《历史的教训》等。
收藏单位：东北师大馆、国家馆、黑龙江馆、吉林馆、南京馆、山西馆、天津馆

09503
中国农民起义的故事　宋宜著
新华书店，[1930—1949]，31页，36开（少年文库）
收藏单位：国家馆、南京馆、山东馆

09504
中国农民起义的故事　宋宜著
长春：新中国书局，1949，再版，35页，36开（少年文库）
收藏单位：重庆馆、吉林馆

09505
朱德与红军　张尚志编辑
上海：三风书局，1949.3，29页，32开
本书收介绍朱德和其他几位红军将领生平略历的文章若干篇，内容包括：《朱德的生平》《红军发展史》《林彪与红军大学》《几员大将（贺龙、彭德怀、徐向前、项英、徐海东）》等。
收藏单位：重庆馆、东北师大馆、广东馆、国家馆、近代史所、南京馆、山西馆、上海馆、浙江馆、中科图

09506
朱德与彭德怀访问记　赵德华编
[上海]：抗战出版社，1937.11，2+41页
收藏单位：东北师大馆、近代史所

09507
朱总司令的故事　萧三著
东北新华书店辽东分店，1949，30页，32开
本书反映朱德的生平，展现了一个中国革命战士的英雄形象。
收藏单位：国家馆

09508
朱总司令的故事　萧三著
无锡：苏南新华书店，1949.9，26页，32开
本书收故事13则。附《朱德将军年谱》。
收藏单位：东北师大馆、国家馆、山东馆

09509
朱总司令的故事　萧三著
中原新华书店，1949.6，28页，32开
收藏单位：国家馆

09510
自卫战见闻录　方艾编
山东新华书店，1946.11，79页，36开
本书记录解放战争初期反抗国民党军队进攻的自卫战的战斗场面、英雄人物和事迹。
收藏单位：山东馆

09511
自卫战争的故事　方艾编
临沂：山东新华书店，1946.11，56页，32开（大众文库 故事）
本书收故事25篇，内容包括：《硬骨头》《民兵的父亲》《宁死不屈服》等。作者有李村明、乔建元、刘鲁氏等人。
收藏单位：国家馆、山东馆

报告文学

09512
爱和恨 东北书店编辑
佳木斯：东北书店，1947.10，99页，32开
本书收通讯报道18篇，内容包括：《爱和恨》（王向立）、《你们为什么不回来?》（王向立）、《辽吉蒋占区人民的觉悟与斗争》（史通）、《横跨饮马河》（华山）、《农安蒋瘟》（李凡）、《康平的沦陷和解放》（刘瑞深、华子阳）等。附《字字血泪话四平》《沈阳长春剪影》等8篇。
收藏单位：北师大馆、东北师大馆、国家馆、江西馆、山西馆、天津馆

09513
俺跟俺庄全翻身啦 冯雪珍说 巴𤇾容写
华中新华书店，[1946—1949]，21页，64开（大众文库 文艺类）
本书记述华中工农青妇民兵代表大会妇女代表冯雪珍忆苦思甜家史。
收藏单位：国家馆、南京馆、山东馆

09514
袄袖上的鲜血 李文波著
中国人民解放军中原野战军政治部，[1949]，34页，32开（人民战士文艺丛书）
本书收《八路军人强心好》《袄袖上的鲜血》《五十九个负伤的》《王楼战斗中的第三营》《城下见闻》《“放心营长！我负责”》《命令》《石明三的转变》《我营的通讯读报工作》等通讯报道。附著者的《多用脑子》。
收藏单位：重庆馆

09515
袄袖上的血 李文波著
华北新华书店，1947.10，31页，32开（自卫战争文丛）
本书收记述解放战争时期我军某营战斗事迹的通讯报道9篇，内容包括：《袄袖上的血》《卫生员朱同义》《石明三的转变》《五十九个英雄》《城下见闻》《我营的通讯读报工作》等。书前有代序《介绍李文波营的上报立功运动》。
收藏单位：国家馆、河南馆、山东馆、山西馆、中科图

09516
八路军的英雄们 冀察军区政治部辑
冀察军区政治部，[1944—1947]，113页，32开
本书介绍12位八路军英雄，共两部分：模范指挥员、英雄战斗员。收《背米的团长——陈宗尧同志》《青年连长刘顺清》《模范连长王耀斌同志》《晋察冀战斗英雄邓世军同志》等报道。
收藏单位：北师大馆、国家馆

09517
八路军学兵队 陈克寒著
汉口：上海杂志公司，1938.6，66页，32开（战地生活丛刊8）
本书共11章：战争把青年驱逐到刘村、救亡室与刘村老百姓、便衣队到了刘村、过新年、欢送四十壮士到前线等。目录页题：战地生活丛刊之七。
收藏单位：重庆馆、国家馆、湖南馆、南京馆、山西馆

09518
把敌人挤出了蒲阁寨 晋绥军区司令部 晋绥军区政治部编
［兴县］：晋绥军区司令部、晋绥军区政治部，[1944.7]，27页，32开（战例丛刊1）
本书记述蒲阁寨争夺战经过。书前有前记。
收藏单位：国家馆

09519
白求恩与阿洛夫 周而复 方纪著
哈尔滨：东北书店，1949，71页，32开
本书收文4篇：《学习白求恩》（毛泽东）、《纪念白求恩同志》（朱德）、《诺尔曼·白求

恩断片》（周而复）、《阿洛夫医生》（方纪）。

收藏单位：长春馆、重庆馆、东北师大馆

09520

白求恩与阿洛夫（医务工作者的新方向） 周而复 方纪著

大连：大众书店，1948.8，71 页，32 开

本书收文 3 篇：《学习白求恩》（毛泽东）、《诺尔曼·白求恩断片》（周而复）、《阿洛夫医生》（方纪）。书后有编后。

收藏单位：重庆馆、国家馆、吉林馆、上海馆、绍兴馆、天津馆、中科图

09521

白求恩与阿洛夫（医务工作者的新方向） 周而复 方纪著

华北军区后勤卫生部政治部，[1949.1]，88 页，32 开

本书收文两篇：《诺尔曼·白求恩断片》（周而复）、《阿洛夫医生》（方纪）。书前有《人民医生的科学基础与品质锻炼》（钱信忠）和白求恩讲话。书后有《展开学习白大夫运动》（钱信忠）。

收藏单位：国家馆、吉林馆

09522

百万雄师渡江南进 苏北新华书店南通分店辑

苏北新华书店南通分店，1949.5，38 页，横 18 开

本书收记述人民解放军渡江作战的通讯报道 36 篇，内容包括：《毛主席朱总司令下令进军》《江南人民渴望大军过江》《江南人民的使者》《万船云集准备过江》《人民的欢送》《在长江边上》《“保证送过江去”》等。

收藏单位：国家馆、辽宁馆

09523

保卫东北的英雄 东北民主联军总政治部编

东北民主联军总政治部，1947，4 册，64 开（战士丛书 3 4 9 11）

本书共 4 辑，记述解放战争时期我军与国民党军队在东北其塔木、焦家岭等地战斗的经过和英雄事迹。

收藏单位：国家馆、辽宁馆

09524

保卫解放区的英雄们 华北新华书店编辑部编

华北新华书店，1946.12，40 页，32 开（新大众丛刊 4）

本书收文 30 篇，内容包括：《王连长三次下炸药》《胡辉同志带病上阵》《三伤不下火线》《骑兵班长王来臣》等。

收藏单位：国家馆、天津馆

09525

保卫毛主席的英雄们 中国人民解放军西北集团军第二纵队政治部编

中国人民解放军西北集团军第二纵队政治部，1948，118 页，32 开（英雄史册 1）

本书收文 28 篇，内容包括：《贡营长及其英雄们》《四旅特等战团功臣——连德合》《特等英雄何大庆》《又一个何大庆——陈凤炉》《刘水旺气死徐实》《陕甘宁子弟兵霍维春》《贵才》等。书前有编者的话。

收藏单位：重庆馆、山东馆

09526

保卫山东的英雄 青羽编

山东新华书店，1946.5，211 页，32 开

本书共 3 辑：人民的英雄、英雄的战斗、英雄和人民。收报道 28 篇，内容包括：《我们的司令员，罗荣桓同志》（康矛召）、《神兵曹世范》（丁奋）、《反五万敌人大扫荡战记》（白刃）、《南岩保卫战》（丁九）、《一坛血》（吴伯箫）、《我们的母亲》（怡然）等。书前有朱瑞的代序。

收藏单位：国家馆、山东馆、山西馆、中科图

09527

保卫山东的英雄们 八路军联防政治部辑

八路军联防政治部，1944.10，85 页，32 开（战士小丛书 21）

本书报道 1943 年八路军在山东坚持敌后

抗战的战斗情况，共两部分：英雄们的事迹、模范连队和战斗英雄。收文 19 篇，内容包括：《粉碎敌人海陆空的联合进攻》《壮烈的马鞍山保卫战》等。

收藏单位：北师大馆、重庆馆、国家馆

09528

北流寺歼灭战 朱光等著

华北新华书店，1947.7，36 页，36 开（晋冀鲁豫边区文艺创作小丛书 16）

本书收文 6 篇：《北流寺歼灭战》《敌人顽强我们更顽强》《曲沟攻坚战》《解放观台》《光复鹤壁集》《邪法》。

收藏单位：重庆馆、国家馆、河南馆、吉大馆、辽宁馆、山东馆、山西馆、天津馆

09529

北辛庄上的英雄 张明 王维著 太岳新华书店编

[阳城]：太岳新华书店，1946.10，15 页，32 开

收藏单位：国家馆

09530

边区地方营兵一等英雄暴文生 野鲁著

涉县：新华书店，1945.2，26 页，大 64 开

本书共 15 部分，内容包括：格子网里的“暴虎”、两个俘虏、把枪都扔了上来等。

收藏单位：国家馆、南京馆

09531

边区地方营兵一等英雄李得合 弓金著

涉县：新华书店，1945.2，30 页，64 开

收藏单位：国家馆、南京馆

09532

边区腹地民兵一等英雄陈炳昌 葛岗著

涉县：新华书店，1945.1，14 页，64 开

收藏单位：国家馆、南京馆

09533

边区腹地民兵一等英雄关二如 王伯英著

涉县：新华书店，1945.2，14 页，64 开

收藏单位：国家馆、山东馆

09534

边区腹地民兵一等英雄任毛小 张立云著

涉县：新华书店，1945.1，38 页，64 开

收藏单位：国家馆

09535

边区腹地民兵一等英雄朱银马 张立云著

涉县：新华书店，1945.1，13 页，64 开

收藏单位：国家馆

09536

边区工人的旗帜赵占魁 边区政府建设厅编

江淮出版社，1945.4 印，20 页，64 开（陕甘宁边区生产运动丛书）

本书介绍陕甘宁边区劳动模范赵占魁的生平事迹。

收藏单位：国家馆、山东馆

09537

边区工人的旗帜赵占魁 辽东建国书社编

辽东建国书社，[1945—1949]，60 页，36 开

本书收文 3 篇：《边区工人的旗帜——赵占魁》《青工劳动英雄曹国兴》《袁广发如何管理工厂生产》。

09538

边区工人的旗帜赵占魁

光明书店，1947，53 页，32 开

收藏单位：广东馆

09539

边区机关部队一等劳动英雄郭瑾

涉县：新华书店，1945.1，28 页，64 开

收藏单位：国家馆、南京馆

09540

边区基干兵团一等英雄李仕亮 冰如 弓金著

索堡：新华书店，1945.1，1 册，大 64 开

本书介绍革命军人李仕亮勇敢作战、积极生产以及教育、培养战士的事迹。与《模

范的革命军人张治国》《边区侦察一等英雄赵亨德》《太行区腹地民兵一等英雄陈炳昌》《太行区战斗与生产结合一等英雄庞如林》合订1册。

收藏单位：国家馆

09541
边区基干兵团一等英雄王凤才　萧翔著
涉县：新华书店，1945.2，22页，64开
收藏单位：国家馆、南京馆

09542
边区炮兵一等英雄胡胜才　钱抵千著
涉县：新华书店，1945.1，99页，64开
收藏单位：国家馆、南京馆

09543
边区生产互助一等英雄张喜贵　马代民著
[威县]：冀南书店，[1946—1949]，45页，64开
收藏单位：国家馆、南京馆

09544
边区生产互助一等英雄张喜贵　马代民著
涉县：新华书店，1945.1，45页，64开
收藏单位：国家馆、南京馆

09545
边区一等合作英雄老王典　张荣安著
涉县：新华书店，1945.1，22页，大64开

本书记述陕甘宁边区劳动模范王典互助合作的先进事迹。

收藏单位：国家馆

09546
边区英雄故事　冀鲁豫报社编
[朝城]：冀鲁豫书店，[1947]，44页，长36开，环筒页装（边区群英大会丛书2）

本书为解放区英雄模范事迹报道集。收文7篇，内容包括：《妇女劳动英雄永林娘》《甲等女劳动英雄胡大姐》《工厂劳动英雄刘杰三》《腹地斗争一等民兵英雄：王思龄》等。

收藏单位：国家馆

09547
边区侦察一等英雄赵亨德　张立云著
涉县：新华书店，1945.2，26页，50开
收藏单位：国家馆、南京馆

09548
滨海八年（第1册 军事之部）　山东解放军滨海军区政治部编辑
新华书店，1946.7，[415]页，25开

本书为抗战时期滨海区八路军及民兵战斗史实文集。主要收通讯报道，也有少量诗歌、歌曲、论文、悼词等。

收藏单位：国家馆、吉林馆、近代史所

09549
滨蒲战役　陈众等著
佳木斯：东北书店，1947.11，47页，32开

本书记述抗战后期滨蒲战役的战斗简况和八路军战士的英勇事迹。收报道29篇，内容包括：《我军光复蒲台城》《蒲台城北门的爆炸》《城内攻击》《西城门战斗》《滨城西线》《小营战斗素描》等。

收藏单位：长春馆、东北师大馆、国家馆、上海馆

09550
不屈的斗争　黎洪等著
出版者不详，[1945—1949]，52页，32开

本书揭露蒋军罪行，记述人民自卫运动。

收藏单位：国家馆

09551
不屈的斗争　石灵　冯岗编
苏中韬奋书店，1947.6，118页，36开

本书记述苏中解放区人民英勇斗争的事迹，并揭露蒋匪军的残暴罪行。收报道52篇。

收藏单位：安徽馆、国家馆

09552
擦干眼泪复仇　西虹等著
佳木斯：东北书店，1948.5，50页，32开

本书收文14篇，内容包括：《三十年的冤

仇》《苦海深仇》《从地狱到天堂》等。

收藏单位：北师大馆、重庆馆、东北师大馆、国家馆、内蒙古馆、天津馆

09553
曹文选 华东野战军第三纵队政治部编
山东新华书店，1947.9，58 页，32 开

本书收文 15 篇，内容包括：《曹文选同志略历》《曹文选同志精神永存》《曹文选的转变》《战斗上的曹文选》《悼曹文选同志》《曹文选和张启海》《我怎样团结教育同志》等。封面题：华东人民解放军第三纵队政治部编。

收藏单位：南京馆、山东馆

09554
插伙图 迅韬编绘
[惠民]：渤海新华书店，1947.9，34 页，32 开（大众丛书）

收藏单位：国家馆、山东馆

09555
床下将军 华东胶东军区政治部宣传部编
华东胶东军区政治部宣传部，[1947—1949]，41 页，64 开（连队读物 6）

收藏单位：南京馆

09556
春耕视察记（土地改革后的农民是怎样组织春耕生产的） 于毅夫著
新文化出版社，1947.7，121 页，32 开

本书收东北新解放区 1947 年春耕情况的通讯报道 20 篇，内容包括：《光明村合伙班子访问记》《安达春耕工作近况》等。

收藏单位：长春馆、东北师大馆、国家馆、吉大馆、辽宁馆、山东馆

09557
从东北到庶联 戈公振著
生活书店，1935.12，274 页，32 开
生活书店，1936，再版，274 页，32 开
生活书店，1936.3，3 版，274 页，32 开
生活书店，1936.11，4 版，274 页，25 开

本书收著者在“九一八”后参加“国联”东北调查团，尔后随团至日内瓦，再转赴苏联期间所写的通讯报道十余篇（其中大部分报道苏联情况）。系著者逝世后由邹韬奋从各杂志中辑集。书前有邹韬奋弁言、《哭振兄》（绍怡），并附著者遗像及有关照片多幅。

收藏单位：安徽馆、北碚馆、重庆馆、东北师大馆、广东馆、广西馆、国家馆、黑龙江馆、湖南馆、辽师大馆、南京馆、宁夏馆、山西馆、上海馆、首都馆、天津馆、西南大学馆、浙江馆、中科图

09558
从芦沟桥到漳河 长江 小方等著
汉口：生活书店，1938.3，96 页，36 开（“抗战中的中国”丛刊）
汉口：生活书店，1938.9，再版，96 页，36 开（“抗战中的中国”丛刊）

本书收抗战通讯报道 10 篇，内容包括：《中原杂感》《保定前方》《保定以北》《平汉前线》《保定以南》等。

收藏单位：重庆馆、东北师大馆、广东馆、广西馆、贵州馆、国家馆、江西馆、近代史所、山西馆、上海馆、首都馆

09559
从沙漠到海洋 叶克 董均伦著
大连：大众书店，1948.7，58 页，32 开

本书共两编。第 1 编为“塞上风光”，收文 9 篇，内容包括：《一路上》《定边城》《骡马大会》等；第 2 编为“东行散记”，收文 11 篇，内容包括：《过黄河》《“游而不击”的答案》《钩子军》等。

收藏单位：国家馆、山东馆、上海馆、天津馆

09560
从诉苦到复仇 哈欣农等著
佳木斯：东北书店，1948.5，44 页，32 开

本书收文 14 篇，内容包括：《从诉苦到报仇》《张富贵灵前宣誓》《国民党害得我家破人亡》《家书读罢泪沾襟》《我为甚么投诚过来》等。

收藏单位：长春馆、东北师大馆、国家

馆、南京馆、内蒙古馆、天津馆

09561
打败了胡宗南　群众日报社编
新华书店，1948.6，36页，32开（时事丛刊3）
本书记述1947年3月至1948年4月解放军在陕北沉重打击胡宗南军队的战绩。
收藏单位：重庆馆、东北师大馆、广东馆、国家馆、南京馆、山东馆、陕西馆

09562
打到南京去（刘邓大军南下记）　太行群众书店编
[涉县]：太行群众书店，1947.12，50页，32开
本书记述1947年刘邓大军南渡黄河，逐鹿中原的情况。收报道14篇，内容包括：《强渡黄河》《南下风云》《随军南下日记》《随刘邓大军南渡的东阿担架队》《拔了庄稼又逼粮》《西瓜兄弟》《过八路》等。
收藏单位：国家馆、山西馆

09563
打蝗斗争
佳木斯：东北书店，1947.8，55页，32开
本书记述1944年2月末至9月初太行地区25万人民消灭蝗虫的经过。与《太行人民打蝗记》（袁毓明）内容相同。
收藏单位：长春馆、重庆馆、东北师大馆、国家馆、内蒙古馆、山东馆

09564
大江流日夜　以空编
香港：真知书店，1948.9，58页，32开
本书记述一个国民党青年军成员的思想转变过程和到解放区去学习的经过，以及对解放区的观感。收文3篇：《"志愿俘虏"》《别有天地》《华北大学》。附《关于农业社会主义的问答》《血腥的牯岭》《牯岭压下了"革新"》《华北大学抗议"七五"大惨案通电》。
收藏单位：东北师大馆、国家馆、近代史所、上海馆、首都馆

09565
大时代的插曲（敌后抗战故事）　白刃著
佳木斯：东北书店，1948.9，53页，32开
哈尔滨：东北书店，1948.12，再版，53页，32开
本书收文19篇，内容包括：《大战平型关》《第一个日本俘虏》《找炮呀!》《共产党员真是硬骨头》《"斗牛"》《列车上的英雄》《送殡》等。书前有前记。
收藏单位：安徽馆、重庆馆、东北师大馆、国家馆、江西馆、辽大馆、南京馆、内蒙古馆、山东馆、天津馆

09566
地主化形记　和柯编
威县：冀南书店，1947，19页，32开
本书揭露晋绥边区土改中地主伪善狡猾的行径。收报道14篇，内容包括：《康丕前装洋蒜》《贾永隆黑夜转移东西又哭穷》《郭珍的洋相》等。
收藏单位：国家馆

09567
地主血腥发家史　蒿明等著
佳木斯：东北书店，1947.5，再版，173页，32开
哈尔滨：东北书店，1947.11，168页，32开
佳木斯：东北书店，1948.4，173页，32开
本书内容包括：《东北局指示部队机关开展土地改革教育》、《认识地主阶级》（《东北日报》社论）、《尚志封建恶霸的史实》、《桦川地主阶级的初步调查》等。
收藏单位：重庆馆、东北师大馆、国家馆、吉大馆、近代史所、辽宁馆、南京馆

09568
第八路军抗日行军记　章公器编
上海：抗战研究社，1938.1，94页，36开
本书记述八路军英勇抗战的事迹。收报道28篇，内容包括：《集中待命》《送红军东进杀敌》《誓师大会》《歌声和布告》《平型关战前行》《赵壁村前线的一夜》《团城口战前行》《胜利初记》《庆祝八路军胜利》《平型关

的胜利》等。

收藏单位：国家馆

09569

第七七二团在太行山一带（一年半战斗小史） 卞之琳著

昆明：明日社出版部，1940，183 页，32 开

本书记录八路军陈赓旅长率领的七七二团于 1937 年 10 月至 1939 年 3 月间在太行山一带抗击日军的情况。共 18 章，内容包括：阳泉下火车、七亘村两次伏击、击退六路围攻等。

收藏单位：北碚馆、重庆馆、国家馆、近代史所

09570

第三营 李文波著

晋冀鲁豫军区政治部，[1945—1948]，20 页，32 开（自卫前线文艺丛书 2）

收藏单位：重庆馆

09571

第四届群英介绍 晋绥边区行政公署编

[兴县]：晋绥边区行政公署，1945，121 页，32 开（晋绥边区第四届群英大会丛书 7）

本书共 16 部分，内容包括：敌后劳武结合的创造者张初元一年来的新发展、张初元同志怎样发展了劳武结合、部队英雄邓朝贵、战斗英雄任德胜、足智多谋的民兵英雄路玉小、“军队爸爸”任万生等。

收藏单位：国家馆、山西馆

09572

第一期常备民工十个特等功臣

华中新华书店盐阜分店，1948.12，26 页，64 开

收藏单位：国家馆

09573

东北的抗日英雄 风沙编著

绍兴：青抗社，1939，76 页，32 开

收藏单位：浙江馆

09574

东北横断面 周而复著

今日出版社，1946.12，13+159 页，32 开

本书报道抗战胜利后“军调部”在东北的活动、四平战役等情况。收文 21 篇，内容包括:《执行小组初到沈阳》《开原四日》《吉伦秦德纯陈士渠三将军来沈》《抚顺——煤的都城》《进入解放区》《农村的早晨》《本溪湖的铁山和远东第一大煤矿》《张学诗将军》《站在鸭绿江边的安东》等。

收藏单位：重庆馆、广东馆、国家馆、黑龙江馆、吉林馆、近代史所、南京馆、山西馆、上海馆、首都馆、中科图

09575

东北解放的经过

出版者不详，[1948—1949]，37 页，32 开

本书共 9 部分：中共中央电贺东北完全解放、东北概观、从四幅地图的变化来看东北解放经过、一千五百里战线上的全胜、扫除最后的四堆兵、不投降就当俘虏、在东北伟大胜利的震撼下、通讯两则、记东北蒋匪的末日。

收藏单位：国家馆

09576

东北抗日联军中的女儿们 张志渊著

洛阳：生活书店，1939.3，97 页，32 开（妇女生活丛书 8）

本书收东北抗日联军女战士英雄事迹的报道 12 篇，内容包括:《用温柔得来的代价》《舍了自己求民族的生存》《为了民族解放牺牲了自己的儿女》《为革命斗争而牺牲的蒲逸民女士》《致敌死命的军火是从那儿来的?》等。

收藏单位：重庆馆、广东馆、贵州馆、黑龙江馆、近代史所、南京馆

09577

东线的撤退 胡兰畦等著

汉口：生活书店，1938.3，102 页，32 开（“抗战中的中国”丛刊 4）

汉口：生活书店，1938.4，再版，102 页，32

开（“抗战中的中国”丛刊 4）

本书收抗战初期东战场情况的报道 8 篇：《闸北孤军退出记》《火线上的妇女割谷队》《模范军人——尹团长》《告别上海》《绕行江北》《感慨过金陵》《江行杂感》《上海书简》。

收藏单位：北碚馆、北师大馆、重庆馆、东北师大馆、贵州馆、国家馆、湖南馆、吉林馆、江西馆、近代史所、辽大馆、南京馆、上海馆、首都馆、浙江馆、中科图

09578

渡江之战　中国人民解放军第二野战军政治部编辑

[北平]：人民战士出版社，1949.6，93 页，32 开（人民战士丛刊）

本书记述解放战争时期解放军第二野战军各部横渡长江执行战斗任务的情况，共 6 部分：誓师进军、序战、胜利突破长江天险、等待着的人民热烈欢迎我军、穷追溃匪、与江南人民武装会师。收报道 56 篇。附《前线记者报道我军进占浙赣路的态势》等 3 篇。

收藏单位：重庆馆、国家馆、南京馆、天津馆

09579

渡江作战通讯选（上册）　新华社第二野战军总分社编

[北平]：人民战士出版社，1949，12 页，32 开

本书收报道 7 篇：《丹阳人民提灯欢迎解放军》《江南人民的使者》《东路军强渡长江情形》《扬中人民欢迎解放军》《敌前抢渡的第三连》《解放军回到革命故乡大别山》《给红军妈妈报仇》。书前有代序。

收藏单位：重庆馆、山东馆

09580

翻身　朱襄等著

[阳城]：太岳新华书店，1946.9，41 页，32 开，环筒页装

本书收解放区人民翻身解放的报道 6 篇：《天水岭的群众翻身记》（朱襄）、《控诉“马公馆”》（志奋、小年）、《政治攻城》（金沙、朱襄）、《一场阴谋破灭了》（天纵）、《诉苦》（高鸿基）、《岩山村的今昔》（天纵）。

收藏单位：国家馆、南京馆、山东馆、山西馆、中科图

09581

翻身乐　渤海新华书店编

[惠民]：渤海新华书店，1947.11，27 页，32 开（大众丛书）

收藏单位：国家馆、山东馆

09582

飞兵在沂蒙山上（通讯报告选）　韩希梁等著

华中新华书店，1949.3，52 页，48 开

收藏单位：南京馆、上海馆

09583

飞兵在沂蒙山上（通讯报告选）　韩希梁等著

新华书店，1949.5，111 页，32 开（中国人民文艺丛书）

上海：新华书店，1949.8，112 页，32 开（中国人民文艺丛书）

本书收文两篇：《飞兵在沂蒙山上》（韩希梁）、《一支运粮队》（洪林）。

收藏单位：东北师大馆、广东馆、国家馆、吉大馆、吉林馆、南京馆、山西馆、陕西馆、西南大学馆

09584

匪将就擒记　华中新华书店总店编辑

华中新华书店总店，1949.3，92 页，50 开

本书记述人民解放军 1946 年 7 月至 1948 年 12 月两年半内俘虏国民党官兵的情况，共 4 部分：活捉记实、集体投降、俘后感慨、在真理面前。收报道 34 篇。

收藏单位：安徽馆、国家馆、辽宁馆、南京馆、山东馆

09585

匪将就擒记

大连：东北书店，1949.5，55 页，32 开

本书记述解放战争中国民党部分将领被俘和投降的情况，共两部分：活捉记实、集体

投降。第1部分收文21篇，内容包括:《“让我说实话吧”——打到济南府，活捉王耀武》《没有“壮烈殉职”——廖耀湘逃不出解放区》《“这就是黄维”——活捉黄维记》等；第2部分收文3篇:《淮海前线国民党将官集体缴械投降》《长春敌投降速写》《“咱们里头伤亡太大了”——六十六师师长宋瑞珂投降记》。

收藏单位：国家馆、山西馆、天津馆

09586

抚矿第一次劳模大会辑录　抚顺矿务局职工总会编

抚顺矿务局职工总会，1949.9，90页，23开

本书收22名劳模事迹、大会纪要、刘放同志在第一次劳模大会上的基本总结等内容。附《大会通电》等。

收藏单位：重庆馆、国家馆、辽宁馆

09587

妇女诉苦　晋察冀新华书店编

[阜平]：晋察冀新华书店，1948.1，32页，32开

本书收文8篇:《为亲娘报仇》《李秀英诉苦》《这回可得彻底翻身唠!》《李四丫头的苦》《我这仇可不能放过去》《三十六年的血泪》《地主的心比蝎子毒过百倍》《有共产党就能活》。书前有《写在前面》(邓颖超)。

收藏单位：国家馆、吉大馆、近代史所

09588

复仇(群众诉苦通讯集)　冀南书店编

威县：冀南书店，1946.12，30页，36开

本书选收土改中有关农民翻身的通讯报道7篇，内容包括:《一封血泪的信》(榴琏)、《平鹰坟》(新华社山东通讯)、《掀石碑》《控诉马公馆》(志奋、少年)等。

收藏单位：国家馆、山东馆

09589

给谁干活

[威县]：冀南新华书店，[1949.5]，52页，32开(工人读物1)

本书为报刊上发表的工人写作的报道摘编，记述解放区工人翻身解放和努力生产的事迹。收文14篇，内容包括:《给谁干活?》《方步印辛辛苦苦六十年》《父亲的话》《我要作新青团员》《优秀工人王老五》等。

收藏单位：国家馆、山东馆

09590

工人的故事　张寒塞编

保定：北方出版社，1949.3，51页，32开

本书收通讯16篇，内容包括:《两个地区·两种情况》《安阳蒋营纱厂女工们的血泪话》《血腥的回忆》《两个社会两种遭遇》等。书前有《中共中央委员会致解放区工代大会祝词》。

收藏单位：广东馆、国家馆、南京馆、山东馆、上海馆、天津馆

09591

工人的旗帜　穆青等著

山东新华书店，1949.8，75页，32开

本书收劳动模范事迹的报道5篇:《新劳动态度的模范——赵占魁》(穆青)、《劳动旗手甄荣典》(华山)、《战斗和生产的旗帜——袁广发》(煌颖)、《女工的榜样——李凤莲》(常工)、《“刘伯承工厂”运动》(华山)。书前有《列宁论劳动纪律》。

收藏单位：安徽馆、国家馆

09592

工人的旗帜　穆青等著

[泰州]：苏北新华书店，1949.7，56页，32开(大众读物 故事类)

收藏单位：国家馆

09593

工人的旗帜　穆青等著

[阳城]：太岳新华书店，1948，85页，32开

收藏单位：国家馆、近代史所、南京馆、山西馆

09594

工人的旗帜(第六次全国劳动大会英雄访问

记） 穆青等著
[沈阳]：东北新华书店，1949.7，1 册，32 开
本书收报道 4 篇：《工人的旗帜赵占魁》《西北特等劳动英雄袁广发》《"炮弹大王"甄荣典》《女工英雄李凤莲》。

09595
工人的旗帜（劳动英雄介绍） 华北总工会筹备委员会编
[涉县]：太行实业公司职工总会，1949.7，35 页，32 开
本书收报道 5 篇：《工人的旗帜赵占魁》《英雄营长，生产组织者袁广发》《"炮弹大王"甄荣典》《女工的榜样李凤莲》《驰名全东北的老英雄刘英源》。
收藏单位：东北师大馆、国家馆

09596
工人的旗帜赵占魁 李衍白著
东北书店，1948.6，16 页，32 开
本书内容包括：英名天下传、做了半辈子牛马、找到了自己的家、两千度高热、改进生产培养学徒、再干二十年。
收藏单位：东北师大馆、山东馆

09597
工人的旗帜赵占魁 李衍白著
香港：新民主出版社，1949，29 页，32 开
收藏单位：广东馆、国家馆

09598
工人的旗帜赵占魁 一分区新华书店编辑部编
一分区新华书店编辑部，1949.4，46 页，32 开
收藏单位：南京馆

09599
工人回忆集（"五一"纪念册） 晋察冀边区总工会编
出版者不详，1946，50 页，32 开
本书收文 11 篇，内容包括：《我的简传》《苦玉这回子不苦了》《三十七年》《回忆《三年》《现在才找到了自己的家》《看了〈白毛女〉以后》等。
收藏单位：国家馆、山东馆

09600
工人旗帜 新华书店编辑部编
[无锡]：苏南新华书店，1949.8，42 页，大 64 开
收藏单位：山东馆

09601
攻无不克 东北日报副刊部编
佳木斯：东北书店，1948.9，83 页，32 开
本书收解放战争时期东北战场的通讯报道 14 篇，内容包括：《踏破辽河千里雪》《目击记》《新炮手》《"攻无不克"的第三连》《"突围"》《战地一日》等。
收藏单位：长春馆、重庆馆、东北师大馆、广东馆、国家馆、吉林馆、近代史所、辽宁馆、南京馆、山东馆、山西馆、天津馆、浙江馆

09602
共产党员在火线上（人民解放军故事） 张寒塞编
保定：北方出版社，1949.2，22 页，32 开
本书收报道 13 篇，内容包括：《模范党员》《共产党员在火线上》《英雄郭继胜连创造光辉突击范例》《共产党员的硬骨头》《三员杨振刚》等。作者有柯岗、孙佑洁、白朗等。
收藏单位：重庆馆、广东馆、国家馆、南京馆、天津馆

09603
光明照耀着沈阳 刘白羽著
上海：新华书店，1949.5，67 页，32 开（中国人民文艺丛书）
上海：新华书店，1949.9，67 页，32 开（中国人民文艺丛书）
本书收报道 7 篇：《英雄的四平街保卫战》《人民与战争》《为祖国而战》《将胡匪消灭在大森林里》《南满归来》《光明照耀着沈阳》

《红旗》。

收藏单位：安徽馆、重庆馆、东北师大馆、广东馆、国家馆、湖南馆、吉林馆、山西馆、天津馆、西南大学馆、中科图

09604

光荣属于勇士（前线通讯集） 华山著

佳木斯：东北书店，1947.11，146页，32开

本书收解放战争中东北战场的通讯报道24篇，内容包括：《风雪中来去》《前线新春》《在八连》《松花江畔的英雄誓》《横跨饮马河》《英雄马连长和他的警卫连》等。

收藏单位：长春馆、东北师大馆、国家馆、吉大馆、吉林馆、辽宁馆、天津馆

09605

桂林柳州的混乱

[濮阳]：冀鲁豫书店，1945.9，38页，64开，环筒页装

本书是关于抗战末期湘桂黔一带情况的通讯报道集，收报道5篇：《湘战真相》《桂林柳州的混乱》《湘桂工业大部损失》《中原战败原因》《湘桂黔难胞惨状》。

收藏单位：国家馆

09606

郭二妮和她的纺织组 邢台市委办公室编辑

邢台：邢台市文化合作社，[1945—1949]，石印本，17页，64开

收藏单位：国家馆

09607

郭沫若归国秘记 殷尘著

上海：言行社，1945.9，173页，36开

本书忆述著者和郭沫若在日本的情况及郭沫若"七七"事变后回国的经过。书前有郭沫若《归国志感》一诗的影印自书墨迹。

收藏单位：安徽馆、重庆馆、东北师大馆、广东馆、广西馆、国家馆、河南馆、近代史所、辽宁馆、辽师大馆、南京馆、内蒙古馆、宁夏馆、山西馆、上海馆、首都馆、天津馆、浙江馆

09608

好劳动好班长赵占奎 留守兵团政治部编

江淮出版社，1945.4，12页，64开（陕甘宁边区生产运动丛书）

本书共5部分：八路军就是我的家、在前方打日本是勇敢的战士、在后方搞生产是劳动英雄、紧张的一年、对待战士比亲弟兄还好。

收藏单位：南京馆

09609

红军的抗战时代

汉口：人民书店，1938，151页，32开

本书共12编，内容包括：上前线去、进了新阶段、朱彭二将军和八路军、朱德将军在前线、西战场之一角等。

收藏单位：重庆馆

09610

红军的妈妈 柯岗等著

华中新华书店，1948.5，22页，64开（翻身小丛书8文艺类）

收藏单位：国家馆、南京馆、山东馆

09611

红军十年 赵君辉编

上海：新生出版社，1938.1，120页，32开

本书叙述红军创立以来十年的战斗历程，大都取材于《西行漫记》。共37章，内容包括：红军突起、四雄会合、路线确立等。

收藏单位：国家馆、吉大馆、上海馆

09612

红旗 刘白羽著

沈阳：东北书店，1949.4，68页，32开（文学战线创作丛书）

本书记述人民解放军的战斗生活，收报道4篇：《战火纷飞》《血缘》《回家》《红旗》。

收藏单位：长春馆、东北师大馆、广东馆、国家馆、宁夏馆、山东馆

09613

红旗 刘白羽著

[盐城]：苏北新华书店，1949.7，58页，36

开（文学战线创作丛书）

收藏单位：国家馆、南京馆

09614

华北敌后——晋察冀 李公朴著

[武乡]：太行文化出版社，1940.9，168页，32开

本书记述著者从1939年10月底开始对晋察冀边区进行的历时半年的旅行访问，反映晋察冀边区人民的抗战斗争和生活。

收藏单位：重庆馆、近代史所、南京馆

09615

滑县之战 晋冀鲁豫军区政治部编

晋冀鲁豫军区政治部，[1945—1948]，39页，36开

收藏单位：重庆馆

09616

淮海大战（一至五集合订本） 第三野战军政治部编

华东新华书店随军分店，1949.5，5册（46+44+69+55+57页），32开（连队读物）

华东新华书店随军分店，1949，再版，5册（46+44+69+55+57页），32开（连队读物）

本书为1948年11月至1949年1月淮海战役中我军作战情况的通讯报道集。共5集，收文104篇，内容包括:《追》《智勇侦察》《强攻运河桥头堡垒》《十人桥》《夺取万年闸》《歼灭黄维之战》《崇高的友谊》《智捉梦中蒋匪》《一支民工队》《徐州蒋匪败逃的狼狈相》等。书前有淮海战役战场略图。

收藏单位：重庆馆、东北师大馆、复旦馆、国家馆、湖南馆、辽大馆、辽宁馆、南京馆、宁夏馆、山东馆、山西馆、上海馆、天津馆、武大馆

09617

淮海民工故事 朱永坦等著

苏北新华书店六分店，[1948]，61页，64开，环筒页装

本书收报道29篇，内容包括:《特等功臣宋如香》（朱永坦、陈立贤）、《支前模范黄金友》（天曙、登桂等）、《童士良光荣入党》（萧文明）等。

收藏单位：国家馆、南京馆、山东馆

09618

淮海战役通讯集（1） [中国人民解放军中原野战军政治部编]

中国人民解放军中原野战军政治部，1949.1，174页，32开（人民战士文艺丛书）

本书共4辑。收通讯89篇，内容包括:《向淮海前线挺进》（陇海部通讯）、《淮海大战的第一个献礼》（平汉部通讯）、《最先突破的第五连》（李同芸）等。附《蒋匪黄维兵团被歼经过》等3篇。

收藏单位：安徽馆、重庆馆、国家馆、近代史所、辽宁馆

09619

环行东北 刘白羽著

方生出版社，1947.2，再版，199页，36开

本书为著者1946年春与中外记者访问东北时所写的报道，记述抗战胜利后东北各地的情况。共13章，内容包括：进入东北、会晤东北民主联军、绿色的鸭绿江、英雄的四平街保卫战、长春杂记等。

收藏单位：广西馆、国家馆、中科图

09620

环行东北 刘白羽著

上海：新华日报社，1946.9，200页，32开

收藏单位：重庆馆、东北师大馆、广东馆、广西馆、国家馆、黑龙江馆、华东师大馆、吉林馆、近代史所、辽宁馆、南京馆、首都馆、天津馆、西南大学馆、中科图

09621

会师记 中国人民解放军第四兵团政治部印

中国人民解放军第四兵团政治部，[1949]，1册，32开

收藏单位：重庆馆

09622

活跃的肤施 任天马著

汉口：上海杂志公司，1938.1，104页，36开（大时代文库4）
重庆：上海杂志公司，1938，再版，104页，36开（大时代文库4）

本书收报道21篇，内容包括：《开场白》《云阳镇上》《行经古老的黄土高原》《初到肤施》《丁玲女士》《朱德的故事》《夜谈游击战》《林伯渠先生》等。附《生活一天一天更快乐》《陕北公学》。

收藏单位：北碚馆、重庆馆、广西馆、贵州馆、国家馆、吉大馆、上海馆、天津馆、西南大学馆、中科图

09623
活跃的新西北　田影编著
汉口：自强出版社，1938.3，106页，36开
汉口：自强出版社，1938，102页，32开

本书收报道8篇：《西安事变后的陕北》（长江）、《陕北的种种》（丽亚）、《陕北的抗战动员》（海客）、《在延安》（骅）、《和平，民主，抗战》（米春）、《西北特区和红军》（史诺）、《陕北的工业》（秦倩）、《文艺在陕北》（马骏）。附《关于抗日大学》。

收藏单位：重庆馆、国家馆、南京馆

09624
活跃着的东北抗日义勇军
出版者不详，[1937.1]，302页，32开

本书共3部分："日本强盗在东北""义勇军的游击战争""抗日战士、民族英雄及他们的光荣战史"。收有关东北义勇军抗日斗争事迹文章30篇。书前有鲁阳写于1937年1月的序。书中有《义勇军进行曲》等歌曲3首。

收藏单位：广西馆、桂林馆、国家馆

09625
火并（集体报告文学）　臧克家等著
新中国出版社，1940.6，145页，32开

本书收文13篇：《雪山道中》（天虚）、《骒马的故事》（华嘉）、《指挥所里》（天虚）、《第七次挑选》（适越）、《鸽铃》（袁水拍）、《石门阵》（卞之琳）、《在第一线上》（臧克家）、《急行在封锁线上》（贾嘉）、《夜行》（吴蔷）、《火并》（杨朔）、《野火》（司马文森）、《饿》（天虚）、《火焰下的一天》（荆有麟）。

收藏单位：吉大馆、吉林馆、南京馆

09626
基本群众　井岩盾著
哈尔滨：东北书店，1949.4，72页，32开（文学战线创作丛书）

本书收文6篇：《基本群众》《后五道木事件的教训》《打回鸴鹭树》《瞎月工伸冤记》《在包围中》《平安家信》。

收藏单位：长春馆、东北师大馆、国家馆、南京馆、山东馆、山西馆

09627
集中营　长江等著
[佳木斯]：东北书店，1946.12，173页，32开
佳木斯：东北书店，1947.12，再版，165页，32开
佳木斯：东北书店，1948.6，3版，165页，32开

本书收报道、回忆录19篇，内容包括：《上饶的集中营》（长江）、《上饶集中营罪行》（暮鹰）、《卑鄙的统治者》（苍茫、孙秉泰）、《集中营生活散记》（苍茫）、《哀施奇同志》（叶钦和）、《怀念孙锡禄同志》（暮鹰）、《如此"三民主义"教育》（黄迪菲）、《地狱茅家岭》（季音）等。

收藏单位：长春馆、重庆馆、东北师大馆、国家馆、吉大馆、近代史所、南京馆、山西馆、上海馆、天津馆、浙江馆

09628
集中营回忆录　希风著
香港：风雨书屋，1947.5，70页，36开

本书记述著者被关押在国民党集中营——西北青年劳动营中的经历与见闻。收文32篇，内容包括：《来历》《"受训人"》《"入学"》《"训练教育"》等。书前有前言。

收藏单位：国家馆、吉大馆、辽大馆

09629

冀东军区第二届英模代表大会英模选集　冀东军区政治部编

冀东军区政治部，1948.12，107 页，32 开

本书附木刻像、奖状、喜报等插图。

收藏单位：国家馆

09630

冀鲁豫军区第二届功模大会功模事迹录　冀鲁豫军区政治部编

冀鲁豫军区政治部，1948.12，248 页，32 开

本书内容包括：苏北军区首长给功模大会的贺信、区党委贺信、军区党委会祝词、大会通讯、大会日记、功臣榜等。书后有编后话。

收藏单位：国家馆、山东馆

09631

冀鲁豫人民的武装拳头　冀鲁豫书店编辑部编

[朝城]：冀鲁豫书店，1947.11，62 页，32 开

本书收通讯 16 篇，介绍李汝泰武工队及单县芳桂区、郓城四区、齐滨、临泽四区等地区武工队的战斗事迹。

收藏单位：国家馆

09632

冀中解放区漫记　潘讷著

作家书屋，1949，176 页，32 开

收藏单位：重庆馆、东北师大馆、国家馆、南京馆

09633

江南的新生　思远等编著

新生代出版社，1940，113 页，32 开（新生代丛书 2）

本书记述抗战时期江南敌后抗日的实况，收报道 5 篇：《一支铁的洪流》（绿野）、《战斗的故事》（范敏等）、《模范医院的生长》（张应衡）、《新四军在茅山的故事》（方之平）、《江南的新生》（长白）。

收藏单位：国家馆

09634

江南前线　朱民威著

重庆：艺文研究会，1938.10，86 页，32 开（抗战文艺丛书）

重庆：艺文研究会，1939，5 版，84 页，32 开（抗战文艺丛书）

本书记述著者 1938 年春在皖南等地的见闻。收报道 13 篇，内容包括：《祁门一瞥》《皖浙边重镇的屯溪》《从黄山到九华山》《青南道上》《火线下的南陵》《江边第一线的繁昌县》《沦陷后的芜湖》等。

收藏单位：安徽馆、北碚馆、重庆馆、东北师大馆、广东馆、贵州馆、国家馆、湖南馆、吉林馆、南京馆、陕西馆、上海馆、西南大学馆

09635

蒋管区农村实录　芷石等著

佳木斯：东北书店，1948.3，41 页，32 开

本书收文 10 篇，内容包括：《家家无米，户户流泪！（江南）》（芷石）、《军需火急强征粮（浙江）》（李茹）、《落寞悲凉话江西（江西）》（邓奇）等。附《粮官舞弊内幕》。书前有编者前言。

收藏单位：长春馆、东北师大馆、国家馆、吉大馆、宁夏馆、天津馆

09636

蒋管区真相　东北日报社编

佳木斯：东北书店，1947，3 册（134+171+164 页），32 开

本书为抗战胜利蒋管区情况的通讯报道选集，共 3 集。第 1 集收文 27 篇，内容包括：《北平见闻种种》《实在有些不顺眼（北平通讯）》《北平印象》《北平人愁惨过春节》《中秋话北平》等；第 2 集收文 35 篇，内容包括：《美军在北平》《秋天带来的灾难（北平通讯）》《我从北平来》《从北平到秦皇岛》《我从青岛来》等；第 3 集收文 29 篇，内容包括：《西北纪实》《吞吃着中国（蒋管区）农村的大荒灾》《浙道难》《在惶恐中生活》《看广州"地狱"》《青岛殖民地》等。

收藏单位：长春馆、重庆馆、东北师大

馆、广东馆、国家馆、吉大馆、近代史所、辽宁馆、南京馆、山东馆、山西馆、浙江馆、中科图

09637
蒋介石的集中营 长江等著
华北新华书店，[1945.1]，153页，32开
华北新华书店，[1948]，153页，32开
本书揭露国民党反动派关押和迫害革命人民的罪行，记述革命者在狱中英勇斗争的事迹。收文11篇：《上饶集中营》（长江）、《上饶集中营的罪行》（暮鹰）、《集中营生活散记》（苍茫）、《怀念孙锡禄同志》（暮鹰）、《如此“三民主义”教育》（黄迪菲）、《地狱茅家岭》（季音）、《站铁笼的一天》（赖少其）、《茅家岭暴动》（李胜）、《赤石暴动》（暮鹰）、《赤石暴动以后》（孙秉泰、黄迪菲）、《狱中杂记》（一青）。
收藏单位：重庆馆、国家馆、河南馆、近代史所、辽宁馆

09638
蒋军的陷阱 许诺等著
威县：冀南书店，1946.12，28页，32开
本书收通讯12篇，内容包括：《蒋军的陷阱》（许诺）、《延安巡礼》（林间）、《松花前线》（罗烽）、《洪泽湖中的民兵》（林丁）、《边地自卫斗争中的旗帜》（周川）、《自卫战中的妇女们》（华中新华社）等。
收藏单位：国家馆、山东馆、浙江馆

09639
蒋贼“珍宝”的毁灭 中国人民解放军华北军区政治部编
中国人民解放军华北军区政治部，[1948—1949]，31页，32开
本书记述解放战争初期在山东战场粉碎蒋军重点进攻所进行的莱芜、孟良崮等战役。收报道5篇：《蒋贼“珍宝”第一快速纵队鲁南就歼》《大战莱芜》《蒋贼第二快速纵队快速覆灭》《孟良崮大胜》《神兵迂回孟良崮》。
收藏单位：重庆馆、南京馆、内蒙古馆、山东馆、天津馆

09640
阶级的硬骨头（献给冬季攻势的英雄们） 宋训令等著
佳木斯：东北书店，1948.11，96页，32开
本书记述1947年底到1948年初的解放战争中，东北战场我军指战员的英雄事迹。收通讯42篇，内容包括：《追！猛追！狠追！》《新射手》《炮轰彰武》《忘我》等，选自《东北日报》《辽东日报》和《自卫报》。
收藏单位：长春馆、重庆馆、东北师大馆、国家馆、近代史所、辽宁馆、南京馆、山东馆、天津馆

09641
解放济南之战 中国人民解放军华北军区政治部编
中国人民解放军华北军区政治部，1948，45页，32开
本书记述1948年9月16—24日解放军华北野战军济南战役的情况，收新华社社论、新闻稿及记者报道共12篇。
收藏单位：重庆馆、国家馆、吉林馆、南京馆、宁夏馆、山西馆、天津馆

09642
解放开封 中国人民解放军华北军区政治部编
中国人民解放军华北军区政治部，1948，23页，32开
本书记述开封战役的情况。收社论、新闻报道共12篇，内容包括：《开封大捷》《开封之役初步战果》《我军解放开封经过》《战斗片断》《人民解放军与开封市人民》等。
收藏单位：重庆馆、国家馆、吉林馆、南京馆、宁夏馆、山东馆、山西馆、天津馆

09643
解放临汾 中国人民解放军华北军区政治部编
中国人民解放军华北军区政治部，[1948]，27页，32开
本书收1948年5月解放军攻克山西临汾战役的战地报道10篇，内容包括：《解放临

汾战绩》《攻克临汾的最后一晚》《坚持外壕战的李海水七人模范战斗组》《争夺黄土堡》等。

收藏单位：重庆馆、国家馆、南京馆、宁夏馆、山西馆

09644
解放区回来　黄道著
香港：我们的出版社，1949.9，再版，52页，32开

收藏单位：广东馆、广西馆、国家馆、近代史所、辽大馆

09645
解放区回来　黄道著
香港：新民主出版社，1949.6，52页，32开

本书记述著者1949年3—5月自香港到北平往返旅行的经历和观感。

收藏单位：广东馆

09646
解放区晋察冀行　周而复著
上海：上海书报杂志联合发行所，1949.6，130页，32开
上海：上海书报杂志联合发行所，1949.6，再版，130页，32开

本书收解放区各方面情况的报道20篇，内容包括：《突过封锁线》《人民新生活的姿态》《聂荣臻将军》等。

收藏单位：重庆馆、国家馆、湖南馆、辽大馆、辽宁馆、南京馆、山西馆、上海馆

09647
解放区散记　草明著
哈尔滨：东北书店，1949.4，40页，32开

本书收介绍东北解放区新面貌的报道11篇，内容包括：《龙烟的三月》《从奴隶到主人》《沙漠之夜》《哈牡线上》《翻身工人的创作》《蔡大姐和翻身妇女》等。

收藏单位：长春馆、东北师大馆、国家馆、黑龙江馆、吉林馆、山东馆、天津馆

09648
解放区印象记　杨志编辑
联合编译社，1949.4，44页，32开（新中国现势丛书）
上海、南京：联合编译社，1949.5，2版，44页，32开（新中国现势丛书）
联合编译社，1949.6，3版，44页，32开（新中国现势丛书）

本书收中外记者访问延安和哈尔滨、北平、天津以及中原、豫皖边区等地后写的报道8篇，内容包括：《一个美国人跑到解放区》《从延安到哈尔滨》等。

收藏单位：上海馆

09649
解放区印象记　杨志编
上海：新潮出版社，1949.4，44页，32开（新中国现势丛书）
上海：新潮出版社，1949，3版，44页，32开（新中国现势丛书）

收藏单位：安徽馆、重庆馆、国家馆、南京馆、上海馆、天津馆、浙江馆

09650
解放战士故事　华东胶东军区政治部宣传部编
华东胶东军区政治部宣传部，[1947—1949]，73页，64开

本书收报道13篇，内容包括：《醒悟》《解放战士王子汉》《新生》《边学义快板诉苦》《进出"师管区"》《解放战士的榜样》等。

收藏单位：国家馆

09651
解放战士故事与解放战士教育方法　晋察冀军区政治部编
晋察冀军区政治部，1948，78页，32开

本书为解放战士教育参考材料，收关于解放战士的故事十余篇，以及团结改造解放战士的经验和方法十余则。

收藏单位：重庆馆、南京馆

09652

解放郑州 中国人民解放军第二野战军政治部编

[北平]：人民战士出版社，1949.6，18页，32开（人民战士丛刊）

本书收1948年10月22日解放军中原野战军解放郑州战役的报道15篇，内容包括：《薛岗战斗》《神勇炮兵》《蒋匪二六八师的覆灭》《固城之战》《追击战中的第十连》等。书前有中共中央庆贺电文、新华社广播稿及战役经过和战果的介绍。

收藏单位：重庆馆、广东馆、国家馆、南京馆、天津馆

09653

解救（速写） 周元青著

[兴县]：晋绥边区吕梁文化教育出版社，1944.12，14页，32开（"七七七"文艺奖金获奖作品 散文类 丙等奖）

本书记述抗战时期我军英勇战斗的事迹及军民鱼水关系。

收藏单位：国家馆、南京馆

09654

解救（通讯报告选） 周元青等撰 中国人民文艺丛书社编辑

[北平]：新华书店，1949.5，93页，32开（中国人民文艺丛书）

本书记述抗战时期和解放战争时期我军英勇战斗的事迹及军民鱼水关系，收报道7篇：《冀中宋庄之战》《平原上》《解救》《不要杀他》《无住地带》《八面山中》《五日秦岭》。

收藏单位：安徽馆、东北师大馆、广东馆、国家馆、华东师大馆、吉林馆、南京馆、山西馆、天津馆

09655

津浦北线血战记 臧克家著

汉口：生活书店，1938.5，116页，32开

广州：生活书店，1938.9，再版，116页，32开

本书收文11篇，内容包括：《津浦北线会战的意义》《徐州现况》《李白两将军亲赴前方》《吊台儿庄》《徒步韩佛寺访池师长》《屈处长谈台儿庄血战经过》等。

收藏单位：重庆馆、甘肃馆、贵州馆、国家馆、吉林馆、近代史所、南京馆、中科图

09656

进步的旗帜（李根） 徐熊著

山东新华书店，1948.4，34页，32开（战时小丛书）

收藏单位：南京馆、山东馆

09657

进军湖南通讯选集 新华社野战第十二分社编

[新华社野战第十二分社]，1949，91页

收藏单位：近代史所

09658

进军江南 第四兵团政治部编

第四兵团政治部，[1949]，88页，32开

本书共6部分：向长江挺进、突破长江天险、赣东北的猎场、人民的爱与恨、会师在浙赣路、解放南昌。收文65篇。作者有苏策、冯牧、崔敬修、白桦、石磊、张克等人。

收藏单位：重庆馆、国家馆、南京馆

09659

晋北大战与第八路军 华之国编

上海：时代史料保存社，1937.12，62页，32开（抗战报告文学选辑8）

本书共9部分：西线的战况、大战平型关、平型关歼敌记、平型关胜利之回忆、在西战场、第八路军之将领、在宁武遇八路军、今日之朱彭、一个典型的战士。书前有弁言。

收藏单位：重庆馆、贵州馆、近代史所、陕西馆

09660

晋察冀边区印象记 立波著

汉口：读书生活出版社，1938.6，205页，32开

重庆：读书生活出版社，1939.6，再版，205页，32开

本书记述著者抗战初期在晋察冀边区的见闻。收文6篇，内容包括：《从河北归来》《劫后的东冶头》《娘子关前》《北冶里夜谈》等。附《游击队的母亲》《师生游击队》《华北——世界大战的起点》《山西的游击运动》《无公可办的临时政府》《西线所闻》。

收藏单位：北碚馆、重庆馆、广西馆、贵州馆、国家馆、黑龙江馆、湖南馆、吉林馆、近代史所、辽大馆、南京馆、上海馆、西南大学馆、浙江馆、中科图

09661

晋察冀行 周而复著

佳木斯：东北书店，1947.11，114页，32开

本书收记述解放区各方面情况的报道20篇，内容包括：《突过封锁线》《人民新生活的姿态》《聂荣臻将军》《地方性的联合政府》等。

收藏单位：安徽馆、长春馆、重庆馆、东北师大馆、国家馆、吉大馆、山西馆、绍兴馆、天津馆

09662

晋察冀行 周而复著

阳光出版社，1946.4，130页，36开

收藏单位：长春馆、国家馆、南京馆、宁夏馆、山东馆、上海馆

09663

九股山上逞英豪 王玉胡著

[延安]：西北新华书店，[1948]，40页，64开

收藏单位：国家馆、南京馆

09664

旧中国的一角 李普著

[郑州]：中原新华书店，1949.3，24页，50开

本书收报道5篇：《记豫北的土霸王们》《进入土霸王的王国》《记土霸王的京城》《蒋家朝廷和土霸王》《漫画孙殿英》。

收藏单位：广东馆、国家馆、山东馆

09665

救国无罪（“七君子”事件） 沙千里著 时代文献社编

上海：时代文献社，1937.8，352页，32开（民国丛书第3编 历史·地理类67）

本书收有关“七君子”事件的报道文章，共7部分：导言、起诉书与答辩状及开审记录、舆论一斑、情报、狱中人访问、狱中人的家庭状况、附录。书前有“七君子”照片及题词。

收藏单位：重庆馆、广东馆、国家馆、南京馆、首都馆

09666

鄄南歼灭战 中国人民解放军第二野战军政治部编辑

[北平]：人民战士出版社，1949.6，25页，32开（人民战士丛刊）

本书收解放战争时期鄄南歼灭战的战况报道12篇，内容包括：《曹匪八十六团的毁灭》《鄄南战役第一炮》《东富春之战》等。书前有《鄄南歼灭战概述》《刘汝明部的覆灭》。

收藏单位：重庆馆、国家馆、湖北馆、吉林馆、南京馆、天津馆

09667

鄄南之战 晋冀鲁豫军区政治部编辑

晋冀鲁豫军区政治部，[1946—1948]，69页，32开

本书记述解放战争时期刘邓大军在鄄南歼灭蒋军8500人的一次战役。收文26篇，共6个专栏：“通讯”“报告·故事”“速写”“访问记”“敌军日记”“战斗统计”。

收藏单位：重庆馆、国家馆

09668

军中随笔 谢冰莹著

抗战出版部，1937.11，66页，32开（抗战文艺小丛书）

广州：抗战出版部，1938.1，再版，66页，32开（抗战文艺小丛书）

本书收文10篇，内容包括：《不做俘虏的

战士》《前方为汉奸》《伟大的战士》《中国人不打中国人》等。附《代表前方受伤将士呼吁》。

收藏单位：重庆馆、广东馆、国家馆、辽大馆、南京馆、上海馆

09669

军中随笔 谢冰莹著

广州：离骚出版社，1938，66页，36开

收藏单位：重庆馆、国家馆、陕西馆

09670

看林人 尹名等著

华中新华书店，1948.5，26页，64开（翻身小丛书11）

本书收解放区人民翻身解放的报道6篇：《看林人》（尹名）、《吴开山》（静野）、《文化翻身的刘广和》（谭恩热）、《冯启芳》（徐慎兰）、《王义富的诉苦》（苏星）、《商银弟出头了》（张涛）。

收藏单位：国家馆、南京馆、山东馆

09671

抗日英雄 野羊编

战路文化出版社，[1938.1]，100页，32开（抗战丛书）

本书收报道20篇，内容包括：《张发奎访问记》（夏衍）、《杨森在前线》（胡兰畦）、《天才的军事家——叶挺》（东平）、《延安访毛泽东》（陆诒）、《月下见朱德》（徐盈）等。附《第八路军的生活状况》。书后有编辑后记。

收藏单位：北碚馆、重庆馆、南京馆

09672

抗战中的女战士 沈兹九等著

战时出版社，1938，116页，32开（战时小丛刊58）

本书收报道文章23篇，内容包括：《中国游击队之母》《记华北抗战妇女》《毛泽东夫人贺志珍女士》《周恩来夫人邓颖超女士访问记》等。

收藏单位：北师大馆、重庆馆、贵州馆、国家馆、上海馆

09673

苦斗十年 范子厚作

山东新华书店胶东分店，1949.9，12页，横18开

本书为反映中国人民解放军英勇奋斗的画册。共12部分，内容包括：南昌起义、井冈山上、粉碎五次“围剿”、冲过乌江天险、巧计夺取金沙江等。

收藏单位：山东馆

09674

苦水血泪 华北大学教务处编

华北大学教务处，1949.3，30页，32开

本书收文6篇：《谁逼死俺三条人命》《夏利合同志诉苦》《吐不完的苦水诉不尽的冤仇》《李四丫头的苦》《地主的心比蝎子毒过百倍》《有共产党就能活》。

收藏单位：国家馆、辽宁馆

09675

劳动英雄韩凤龄 歌焚著 晋察冀边区行政委员会编辑

[张家口]：晋察冀边区教育阵地社，1946.5，19页，32开（群众读物20）

收藏单位：国家馆

09676

劳动英雄胡顺义 羽山著

[张家口]：晋察冀边区教育阵地社，1946.3，21页，32开（群众读物8）

本书介绍晋察冀边区阜平县劳动英雄胡顺义的先进事迹。

收藏单位：国家馆、山东馆、中科图

09677

劳动英雄李马保的思想与领导作风 新华书店编辑部编

涉县：新华书店，1945.5，19页，大64开

收藏单位：国家馆、山西馆

09678
劳动英雄模范班长李位　留守兵团政治部编
江淮出版社，1945.4，16 页，64 开（陕甘宁边区生产运动丛书）
本书共 6 部分：简单的介绍、不敢提起的悲惨日子、作战英勇沉着、生产积极努力、决心学习爱护人民、有共产党才有咱李位。
收藏单位：国家馆、南京馆

09679
雷老婆（七个中国红军的小故事）　高朗亭等著
新华书店，1945.7，67 页，32 开，环筒页装
本书收通讯报道 7 篇：《忆过草地》《过雪山》《渡金沙江》《重逢》《一个掉队的小鬼》《怀义湾》《雷老婆》。均原载于 1942 年《解放日报》。
收藏单位：国家馆、黑龙江馆、近代史所、南京馆、上海馆

09680
李德昌围困沁源　郑东等著
华北新华书店，1947.7，61 页，36 开（晋冀鲁豫边区文艺创作小丛书 17）
本书收报道 7 篇：《李德昌围困沁源》《棒棒队的死对头任毛小》《吴福有造成的鬼门关》《飞行爆炸尚清福》《小申活跃敌后》《智勇双全的申清元》《女射击手》。
收藏单位：国家馆、辽宁馆、宁夏馆、山东馆、山西馆

09681
李马保的思想与领导作风
[威县]：冀南书店，1946，16 页，64 开
收藏单位：国家馆

09682
历史的暴风雨（报告文学）　刘白羽著　武汉人民艺术出版社编选
上海：上海杂志公司，1949.8，107 页，32 开（人民艺术丛刊第 1 辑 6）
本书共 9 章，内容包括：英雄的四平街保卫战、西行记、战壕里的生活、战斗的旗帜等。
收藏单位：安徽馆、东北师大馆、广东馆、国家馆、湖北馆、内蒙古馆、天津馆

09683
炼狱杂忆（《上饶集中营》续篇）　一青著
大连：大众书店，1946.10，再版，61 页，32 开
本书为著者在上饶集中营的经历和见闻，记述难友们遭受的迫害和他们的英勇斗争。
收藏单位：长春馆、国家馆、宁夏馆、天津馆

09684
炼狱杂忆（《上饶集中营》续篇）　一青著
东安（密山）：东北书店，1947.7，翻版，76 页，32 开
东安（密山）：东北书店，1947.8，76 页，32 开
收藏单位：长春馆、重庆馆、东北师大馆、国家馆、辽宁馆、南京馆、宁夏馆、山东馆、上海馆、中科图

09685
炼狱杂忆（《上饶集中营》续篇）　一青著
安东（丹东）：辽东建国书社，1946，56 页，32 开
收藏单位：重庆馆、东北师大馆、广东馆、贵州馆、国家馆、湖南馆、辽宁馆、天津馆、浙江馆

09686
炼狱杂忆（《上饶集中营》续篇）　一青著
山东新华书店，1946.5，59 页，32 开
收藏单位：重庆馆、国家馆、近代史所、辽宁馆、山东馆

09687
炼狱杂忆（《上饶集中营》续篇）　一青著
苏中韬奋书店，1947.4，76 页，32 开

09688
两个俘虏　张天虚著

[汉口]：上海杂志公司，1938.3，62页，32开（战地生活丛刊2）

本书记述两个被八路军俘虏的日本兵受教育而觉悟的过程。共29章，内容包括：和部队汇合了、总部带来的宝贝、我想起了严重的问题、敌人的政治资本、死不缴枪、血又教训了我们等。著者原题：天虚。

收藏单位：北碚馆、重庆馆、广西馆、国家馆、吉林馆、南京馆、青海馆、上海馆

09689

两个死 海涛 王耀宗等著

[惠民]：渤海新华书店，1947.10，26页，32开（解放文丛）

本书收《"青年军"的自述》《我的转变》《曲折的思潮》《放下武器的军官们》等文。

收藏单位：南京馆、山东馆

09690

刘邓大军强渡黄河天险 中国人民解放军华北军区政治部编

中国人民解放军华北军区政治部，[1948—1949]，24页，32开

本书收文8篇：《祝鲁西大捷》《跨越黄河向蒋管区大进军》《黄河南岸人民的仇恨和渴望》《那怕十天不睡觉都行》《部队已经来了，各家快把开水抬到街上来》《二十一天歼灭蒋匪军九个半旅》《赋诗记羊山集歼灭战》《活捉内战先锋宋瑞珂》。

收藏单位：重庆馆、国家馆、南京馆

09691

刘生海从二流子变成劳动英雄 中共西北中央局调查研究室编

江淮出版社，1944.4，11页，64开（陕甘宁边区生产运动丛书）

收藏单位：国家馆

09692

六十岁劳动英雄孙万福 中共西北中央局调查研究室编

江淮出版社，1944.4，15页，64开（陕甘宁边区生产立功丛书）

本书记述1943年陕甘宁边区劳动英雄孙万福的事迹。

收藏单位：国家馆

09693

六纵战斗在四平（英模功臣集） 东北军区第六纵队编

东北军区第六纵队，[1948—1949]，92页，32开

收藏单位：国家馆

09694

龙凤之战 冀南军区政治部团结报社编

[威县]：冀南书店，1947.1，72页，32开，环筒页装（自卫战争前线通讯集）

本书记叙我军1946年在陇海线一带歼灭蒋军的战斗情况，共5部分：张凤集歼灭战、鄄南歼灭战、滑县歼灭战等。作者多是参加这些战斗的指战员。书前有编者前言。封面出版时间题：一九四六年十二月。

收藏单位：国家馆、近代史所

09695

龙凤之战 中国人民解放军第二野战军政治部编

[北平]：人民战士出版社，1949，41页，32开（人民战士丛刊）

本书收报道14篇，内容包括：《龙堌集始终是我们的》《记溪楼阻击战》《记万庄保卫战》《"蒋家头等嫡系也不过如此!"》等。书前有《龙凤之战概述》。

收藏单位：重庆馆、国家馆、吉林馆、辽宁馆、南京馆、山东馆、云南馆

09696

陇海南北的战火 柳漠远辑

[威县]：冀南书店，1947.5，31页，36开

本书收通讯报道16篇，内容包括：《豫皖苏前线纪行》（勇进）、《鱼台城北杨庄之战》（李普）、《杨庄战斗的勇士们》（方德）、《巩堂歼灭战》（田岳）、《西台旷野歼敌记》（王正南、夏川）等。书前有辑者序言。

收藏单位：国家馆

09697

鲁闽风云　徐盈等著

汉口：生活书店，1938.3，92 页，32 开（“抗战中的中国”丛刊）

广州：生活书店，1938，再版，92 页，36 开（“抗战中的中国”丛刊）

本书记述日军入侵山东和福建金门岛的情况，收报道 6 篇：《今日的山东》（徐盈）、《鲁东风云》（列岛）、《三个月来的济南》（老舍）、《金门惨象》（赵家欣）、《陷落时的金门》（正安）、《金门沦陷的前因后果》（正安）。

收藏单位：重庆馆、东北师大馆、甘肃馆、广东馆、贵州馆、国家馆、湖南馆、江西馆、南大馆、绍兴馆、首都馆、浙江馆

09698

吕梁三捷　绍庆等著　四纵队十三旅政治部编

[阳城]：太岳新华书店，1947.6，15+76 页，32 开

本书收文 25 篇，内容包括：《胡顽“常胜营”的毁灭》（宗绍庆）、《古驿伏击战》（盛勋）、《圈下村伏击战》（吴桢祥）、《吕梁战场上的李孝元》（稍青）、《模范连长林其麟》（杨成彬）等。

收藏单位：国家馆、山东馆、山西馆

09699

吕顺保　华东野战军政治部编

山东新华书店，1947.10，25 页，64 开（干部文艺读物 7）

本书内容包括：吕顺保、向革命战士吕顺保学习、向随时随地做群工作的吕顺保同志看齐等。

收藏单位：南京馆、山东馆、山西馆

09700

吕顺保　刘峰　曹哲摄影　潘力模插图　华北军区政治部华北画报社编辑

华北军区政治部，1948.7，1 册，横 18 开

收藏单位：山东馆

09701

沦亡的平津　长江　小方等著

汉口：生活书店，1938.1，118 页，32 开（“抗战中的中国”丛刊 1）

本书记述日军侵占下的北平、天津的情况。收文 13 篇，内容包括：《血泪平津》《前线忆北平》《未明湖畔忆离散》《流亡记》《杂话北方》《乱动的北平》《笼城落日记》《古城剪影》等。

收藏单位：北碚馆、重庆馆、贵州馆、国家馆、黑龙江馆、湖南馆、江西馆、近代史所、辽大馆、南京馆、山西馆、上海馆、首都馆、天津馆、武大馆、浙江馆、中科图

09702

妈妈同志　管桦著

哈尔滨：东北书店，1949，34 页，32 开

本书收报道 5 篇：《妈妈同志》《还乡河之夜》《伙伴闻》《爆炸大王》《不要让汽灯灭了》。

收藏单位：长春馆、东北师大馆、宁夏馆

09703

马蹄沟炭工领袖蔡自举·边区机关部队一等劳动英雄郭瑾

[濮阳]：冀鲁豫书店，1945.3，1 册，64 开（陕甘宁边区生产运动丛书）

收藏单位：国家馆

09704

漫走解放区　陈学昭著

[牡丹江]：牡丹江书店，1946.10，55 页，32 开

本书介绍抗战胜利后陕北和解放区的情况。收报道 15 篇，内容包括：《告别延安——让我永远学习毛主席的思想》《在陕甘宁边区境内》《进入新老解放区》《五寨一瞥》《生活的体验》等。

收藏单位：东北师大馆、国家馆、近代史所

09705

漫走解放区　陈学昭著

新文艺社，1946.5，79 页，32 开

09706
漫走解放区（艺文新辑） 陈学昭著
上海：上海出版公司，1949，119 页，36 开
　　收藏单位：重庆馆、东北师大馆、国家馆、辽宁馆、南京馆

09707
茅家岭暴动 宿士平等著
河间：冀中新华书店，1947.8，55 页，32 开
　　本书记述有关上饶集中营的情况，收报道 4 篇:《茅家岭地狱》(宿士平)、《怀念孙锡禄同志》(暮鹰)、《站铁笼的第一天》(赖少其)、《如此“三民主义”教育》(黄迪菲)。
　　收藏单位：东北师大馆、国家馆、山东馆

09708
茅家岭地狱 宿士平著
山东新华书店总店，1947.7，33 页，32 开
　　本书共 5 部分：茅家岭的前前后后、国特审判种种、茅家岭的故事、记茅家岭暴动、打出茅家岭以后。
　　收藏单位：辽大馆、山东馆、山西馆

09709
没有克服不了的困难 郭更撰
沈阳：东北书店，1949.4，46 页，32 开
　　本书收通讯报道 15 篇，内容包括:《“药方子”的故事》《养路工的心长在铁路上》《多造道钉多铺铁路》《没有克服不了困难》《投标竞赛》《两个火车司机》《“矿山催车”的事是怎样解决的》《争功臣》《史云普怎样保护铁路》等。
　　收藏单位：重庆馆、东北师大馆、广东馆、国家馆、湖北馆、辽宁馆、南京馆、内蒙古馆、山西馆、陕西馆、上海馆、天津馆、武大馆

09710
没有弦的炸弹（通讯报告选） 丁奋等著
上海：新华书店，1949.9，140 页，32 开（中国人民文艺丛书）
　　本书收文 9 篇:《没有弦的炸弹》(丁奋)、《我们的连长何万祥》(周落)、《宋纪柳》(李后)、《南北岱崮保卫战》(冠西)、《徂徕山上》(徐刚)、《海上的遭遇》(刘白羽、吴伯箫、金肇野、周而复)、《抗联的父亲——老李头》(冯仲云)、《好汉赵春》(文晋)、《老子英雄儿好汉》(苗康)。
　　收藏单位：安徽馆、重庆馆、东北师大馆、广东馆、国家馆、吉林馆、辽宁馆、南京馆、山西馆、绍兴馆、天津馆、西南大学馆、云南馆

09711
民兵英雄故事 孙谦等著
[阳城]：太岳新华书店，1946.6，64 页，32 开
　　本书收通讯报道 7 篇:《卓越的民兵指挥员段兴玉》《民兵英雄段兴玉的故事》《足智多谋的民兵英雄路玉小》《边区边地民兵一等英雄任毛小》《边区腹地民兵一等英雄陈炳昌》《百战百胜的韩凤珠》《神枪手崔三娃》。
　　收藏单位：国家馆、河南馆、山西馆

09712
民兵战斗故事
东北书店，[1946—1949]，40 页，32 开
　　本书收纪录晋察冀边区民兵战斗的通讯报道 11 篇:《不放一枪的胜利》《地雷的秘密》《李殿冰的麻雀战》《民兵英雄路玉小》《“掷弹筒大王”徐力强》《盖凡和他的游击队》《神枪手安全福》《爆炸大王李勇》《青年游击小组长贾玉》《艾崮山区的民兵》《大泽山区的地雷战》。
　　收藏单位：重庆馆、国家馆、黑龙江馆、吉大馆、宁夏馆

09713
民工故事
华中新华书店盐阜分店，1948.11，22 页，64 开
　　本书记述解放战争中民工的感人事迹，收报道 8 篇:《孙开机担架小组》《“你们太好了!”》《让房》《一定要赶上部队》《模范民工杨正举》《请写个条子送我归队去》《永世不

忘翻身恩》《改正错误还是好同志》。

收藏单位：国家馆

09714
明朗的天　邹祥编
临沂：山东新华书店，1946.6，59 页，32 开

本书收介绍解放区情况的报道 20 篇，内容包括：《和平春节在大店》《临沂风光》《今世纪最大的奇迹》等。

收藏单位：北师大馆、国家馆、山东馆

09715
模范村级干部　太行二届群英大会编辑委员会编
[邢台]：太行群众书店，1947.1，19 页，36 开（太行二届群英大会丛书 7）

本书收文 5 篇，内容包括：《模范村长袁广顺》（李庆荣）、《模范女村长》（延新文、朱穆之）、《模范干部常安乐》（延炳玉）等。

收藏单位：北师大馆、国家馆、山东馆、山西馆

09716
模范党员（第 1 辑）　七师政治部编
七师政治部，1948.8，83 页，32 开

收藏单位：国家馆

09717
模范党员和劳动英雄申长林同志　中共西北中央局调查研究室编
出版者不详，1944.4，27 页，36 开

09718
模范党员申长林的故事　穆义著
[濮阳]：冀鲁豫书店，1944.12，15 页，36 开（大众文艺小丛书）

本书介绍陕甘宁边区的劳动英雄、模范共产党员申长林同志的成长过程和先进事迹。

收藏单位：国家馆

09719
模范党员申长林的故事　穆义著
胶东新华书店，1947.3，1 册，36 开

09720
模范党员申长林的故事　穆义著
[延安]：新华书店，1943.11，14 页，36 开（大众文艺小丛书）

本书共 8 部分：申长林是谁、申长林的出身、堕落与受难、申长林参加革命、申长林入党、党员的模范、生产的模范、向申长林学习。

收藏单位：国家馆

09721
模范的革命军人张治国
冀鲁豫书店，[1944—1948]，58 页，64 开

收藏单位：国家馆

09722
模范教师　胶东区新教育社编
胶东：胶东区新教育社，1946.8，37 页，32 开（教师学习材料 2）

本书收文 5 篇：《车相麟在王家疃》《鲁浩的教学法》《青年学习室的创造者卫荆华》《把全村都组织起来了》《韩北沟村的生产学习》。书前有序言。

收藏单位：国家馆、山东馆

09723
模范事务长王学成　芳稷著
华中新华书店，1948.5，19 页，64 开（翻身小丛书 12）

收藏单位：国家馆

09724
模范指导员孙永章　王健础著
东北民主联军总政治部，1947.11，47 页（政治工作丛书 6）

本书共 5 部分：介绍模范指导员孙永章同志、孙永章的教育方法、孙永章的动员鼓励工作、孙永章同志的支部工作、孙永章怎样改造了落后份子冯德臣。

收藏单位：长春馆、复旦馆、山东馆

09725
莫斯科观感录　陆宁甫著

上海：生活书店，1936.7，136 页，32 开
上海：生活书店，1937，再版，136 页，32 开

本书收文 11 篇：《初秋的原野》《另眼相待》《戏剧节》《克里姆林宫和红场》《野鸡》《劳工生活》《农民》《新世代》《莫斯科街头》《莫斯科日记之一页》《列宁格拉日记》。

收藏单位：北碚馆、重庆馆、东北师大馆、广东馆、广西馆、国家馆、湖南馆、吉林馆、江西馆、内蒙古馆、山西馆、上海馆、首都馆、天津馆、西南大学馆、浙江馆

09726
母亲们和年青的子弟兵
大连：大众书店，1946，16 页，32 开（群众读物 4）

本书收报道 3 篇：《“子弟兵的母亲”戎冠秀》《你等着，咱们给你报仇！》《林大娘有了千百个儿子》。

收藏单位：吉大馆

09727
母亲们和年青的子弟兵
[张家口]：晋察冀边区教育阵地社，1946.2，19 页，32 开（群众读物 7）

收藏单位：国家馆、浙江馆

09728
南下记　周立波著
哈尔滨：光华书店，1948.2，76 页，36 开

本书为著者 1944 年冬从延安南下到新四军五师途中的见闻及一些有关人物的记述。收文 14 篇，内容包括：《出发》《黄河》《刘家会》《白塔村的刘福娃》《落雪的山野》《平原上》《王震将军记》等。

收藏单位：长春馆、东北师大馆、国家馆、吉大馆、吉林馆、江西馆、辽宁馆、内蒙古馆、山东馆、山西馆、天津馆

09729
南下列车　华东胶东军区政治部宣传部编
华东胶东军区政治部宣传部，[1947—1949]，26 页，64 开（连队读物 11）

本书收报道 6 篇：《南下列车》《夜过平邑镇》《一级人民英雄林茂成出国归来做报告》《英雄魏来国荣誉遍家乡》《马上就走吧！》《一枪未放的胜利——长春光复记》。

收藏单位：山东馆

09730
南线散记　季音著
山东新华书店，1947.12，137 页，42 开

本书记述 1946 年 5 月到年底，我军在华中自卫战中反击蒋军进攻的战斗情况。共 5 部分，收报道 20 篇，内容包括：《“停战令”下》《往白蒲前线》《阴阳界上》《抗锄头的兵》《访郭海波游击队》《七月风雨》《如南围歼战》《十八里焦士巡行》《天罗地网》《丁堰一宿》《运河线北上》等。

收藏单位：重庆馆、国家馆、南京馆、山东馆

09731
南征北战的英雄司汉民同志　伍延秀著
佳木斯：东北书店，1948.5，49 页，48 开（新文艺小丛书 3）

收藏单位：长春馆、东北师大馆、国家馆、辽大馆、山东馆、山西馆

09732
南征散记　马寒冰著
[佳木斯]：东北书店，1947.9，72 页，32 开

本书记述八路军三五九旅南征的经过，收文 10 篇：《王震将军和他的队伍》《出发前后》《雪山和冰桥》《驰骋大平原》《勇士们开辟的道路》《人民的军队》《南渡长江》《战斗在江南》《八面山中》《胜利的会师中原》。书前有代序《欢迎三五九旅胜利归来》和王震将军的广播词。

收藏单位：长春馆、东北师大馆、国家馆、近代史所、山东馆、天津馆

09733
南征散记　曾克著
苏北新华书店南通分店，[1949.4]，39 页，36 开

本书收文 9 篇：《南征散记》《记强渡淮河

时的刘伯承将军》《淮河岸上》《陈锡联司令会见了妈妈》《铁树开了花》《毛主席和我们同在》《金戒指》《阶级医生的奇迹》《三车炮弹》。书后有编后记。

收藏单位：国家馆

09734
南征一年（一纵分册） 王辉球等著
中国人民解放军中原野战军政治部，1948，200 页，32 开

本书内容包括：渡河反攻鲁西南大捷、跃进千里、战斗在大别山上、战胜了千苦万难等。

收藏单位：重庆馆、国家馆、山西馆

09735
南征一年（二纵分册） 中国人民解放军中原野战军政治部编
中国人民解放军中原野战军政治部，1948.12，203 页，32 开

本书共 14 部分：从南征开始到羊山战役、向大别山挺进、回到革命的故乡大别山、掩护全军战略展开、挺进长江沿岸、战胜了重重困难、大力开展群众工作、转战在大别山的外线、粉碎敌人的“扫荡”（一、二）、淮西新式整军、解放老河口、宛东马廖营战斗、其他。

收藏单位：重庆馆、国家馆、南京馆

09736
南征一年（三纵分册） 中国人民解放军中原野战军政治部编
中国人民解放军中原野战军政治部，[1948.12]，294 页，32 开

本书共 13 部分：向黄河进军、羊山战役、挺进大别山、完成反攻进军、战略展开、会师、人民子弟兵回到了故乡、重建革命的根据地、外线胜利歼敌、粉碎敌人重点防御、胜利的回师、模范典型、纪念烈士。

收藏单位：重庆馆、国家馆、湖北馆、山西馆、中科图

09737
南征一年（四纵分册） 中国人民解放军中原野战军政治部编
中国人民解放军中原野战军政治部，[1948—1949]，138 页，32 开

本书共 7 部分：渡河到陇海、伏牛东麓、挺进陕南、平汉会师、解放洛阳古都等。

收藏单位：重庆馆、国家馆

09738
南征一年（六纵分册） 中国人民解放军中原野战军政治部辑
中国人民解放军中原野战军政治部，[1948—1949]，190 页，32 开

本书共 10 部分：突破天险、在鲁西南、向大别山跃进、歼敌在大别山上、反清剿斗争、大别山上的群众、老襄战役、南征英雄、追念烈士、其他。

收藏单位：重庆馆、国家馆、湖北馆、山东馆

09739
南征一年（九纵分册） 中国人民解放军中原野战军政治部编
中国人民解放军中原野战军政治部，[1948.12]，140 页，32 开

本书收《打出去》《南渡黄河》《打开伏牛山大门》《越艰苦越顽强》《疾扫伏牛山东麓》等。

收藏单位：重庆馆、国家馆

09740
南征一年（十纵分册） 桐柏军区政治部编辑
桐柏：桐柏军区政治部，1949，180 页，32 开

收藏单位：国家馆

09741
南征一年（野直分册） [中国人民解放军中原野战军政治部编]
中国人民解放军中原野战军政治部，[1948.12]，88 页，32 开

本书共 6 部分，收《渡黄河》《揭开大反攻序幕》《鲁西大捷的重要意义》《记羊山集

战斗（诗）》《灾难》《向中原挺进》《“背水作战，兵家所忌”》等文。

收藏单位：北师大馆、国家馆、湖北馆、山西馆

09742

农民泪（记各地强征军粮惨剧）　芷石等著　中国问题研究社编

出版者不详，[1945.10]，44页，32开

本书揭露国民党政府在各地征粮抓丁的行径，报道农民的悲惨遭遇。收文9篇：《家家无米，户户流泪！（江南）》（芷石）、《军需火急强征粮（浙江）》（李茹）、《寂寞悲凉话江西（江西）》（邓奇）、《吓，湖南还要征实吗？（湖南）》（南农）、《征粮抽丁双管齐下（广东）》（霖之）、《卖儿卖郎，还要征粮（广西）》（罗寞佑）、《灾疫重，催粮急，河南人民活不了（河南）》（陈纹）、《荒瘠上面也征粮（河北）》（宋商）、《荒原绥西征粮急（绥远）》（夔）。附《粮官舞弊内幕》。

收藏单位：国家馆、南京馆、天津馆、浙江馆

09743

农民泪（蒋管区强征军粮的惨剧）　芷石等著　中国问题研究社编

武安：华北新华书店，1947.3，42页，32开，环筒装（中国问题研究社丛书4）

收藏单位：北师大馆、重庆馆、国家馆、河南馆、山西馆

09744

农业畜牧英雄贺保元

冀鲁豫书店，[1944—1948]印，14页，64开（陕甘宁边区生产运动丛书）

收藏单位：国家馆

09745

女共产党员　李伯钊撰

大连：大连新华书店，1949，48页，32开

本书记述女共产党员帅光坚贞不屈同敌人英勇斗争的事迹，共11部分：约会、初审、公安总局、女监、水刑、狱中生活、骗局、南京宪兵司令部、判决、在押解途中、她终于回到工作岗位。重订本章节名略有不同。书前有作者前记。

收藏单位：重庆馆、东北师大馆、国家馆

09746

女共产党员　李伯钊撰

北平：解放报，1949.4，重订本，44页，32开

收藏单位：东北师大馆、国家馆、辽宁馆、宁夏馆、山东馆、山西馆

09747

女共产党员　李伯钊撰

武汉：中南新华书店，1949，47页，32开

收藏单位：重庆馆

09748

女汉奸丑史

上海：大时代书局，[1949]，16页，32开

收藏单位：国家馆

09749

女汉奸丑史

长春：新华书店，[1949]，16页，32开

本书收短讯16篇，揭露陈璧君、莫国康、詹芳子、余爱珍、周文玑、吴明芳、苏青、白光、李青萍、李丽华、颜炳贞等人的劣迹丑闻。

收藏单位：国家馆

09750

女英雄的故事　李冰等著

[朝城]：冀鲁豫书店，1947.7，44页，32开

本书收文14篇，内容包括：《女英雄张恩》（李冰）、《女民兵喜巧》（新华社）、《老大娘带路》（孔史）、《魏大娘和他的军歌》（沈容）等。

收藏单位：国家馆、山东馆

09751

女状元郭凡子　王溪南著

华中新华书店，[1945]，17页，36开（大众文库 文艺类）

华中新华书店，1946，16页，36开（大众文库 文艺类）

本书叙述劳动女英雄郭凡子的事迹。

收藏单位：国家馆、山东馆

09752
女状元郭凡子　王溪南著
[濮阳]：冀鲁豫书店，1945.7，26页，36开
收藏单位：国家馆

09753
女状元郭凡子　王溪南著
山东新华书店，[1944—1949]，15页，32开
收藏单位：南京馆、山东馆

09754
女状元郭凡子　王溪南著
涉县：新华书店，1945.4，24页，32开
收藏单位：国家馆、吉大馆

09755
诺尔曼·白求恩　周而复等著
佳木斯：东北书店，1946.12，54页，50开
佳木斯：东北书店，1947.4，再版，64页，50开

本书记述白求恩大夫在生活和工作中的感人事迹。书前有《学习白求恩》（毛泽东）、《纪念白求恩同志》（朱德）、《国际和平医院开幕词》（白求恩）。

收藏单位：长春馆、东北师大馆、辽大馆、南京馆

09756
诺尔曼·白求恩　周而复著　辽北群众社编辑
辽北书店，1946.5，47页，32开
收藏单位：国家馆

09757
诺尔曼·白求恩断片　周而复著
八路军联防政治部，1945.3，39页，36开
收藏单位：国家馆

09758
诺尔曼·白求恩断片　周而复著
大连：大众书店，1946.10，43页，32开

本书收文3篇：《学习白求恩》（毛泽东）、《诺尔曼·白求恩断片》（周而复）、《南丁格尔传略》（前线）。

收藏单位：国家馆

09759
诺尔曼·白求恩断片　周而复著
华中新华书店，[1947—1949]，50页，64开（大众文库 文艺类）
收藏单位：国家馆

09760
诺尔曼·白求恩断片（纪念他逝世五周年）　周而复著
华东新华书店总店，1948.11，44页，50开
收藏单位：国家馆、山东馆

09761
诺尔曼·白求恩断片（通讯报告选）　周而复等著
北平：新华书店，1949.5，122页，32开（中国人民文艺丛书）
上海：新华书店，1949.8，140页，32开

本书收文6篇：《张初元的故事》（马烽）、《张治国的故事》（周民英）、《锄草中的陈团长》（师田手）、《关向应同志在病中》（黄既）、《我的爸爸叶挺将军》（叶正明）、《诺尔曼·白求恩断片》（周而复）。1949年8月版增加《三日杂记》（丁玲）。

收藏单位：重庆馆、广东馆、国家馆、吉林馆、南京馆、山东馆、山西馆、中科图

09762
平汉前线　无畏等著　华之国编纂
上海：时代史料保存社，1937.11，60页，32开
上海：时代史料保存社，1938.1，再版，60页，32开（抗战报告文学选辑6）

本书记述抗日战争初期京汉铁路沿线一带的战况，收文12篇：《永定河失守前后》

《保定抗战经历》《从石家庄到沧州》《石家庄站上》《平汉线上的血战》《北战场的新形势》《平汉路前线》《平汉南段巡礼》《血战漳河》《漳河的防御战》《豫北血战记》《汤阴行》。书后有编后。

收藏单位：北碚馆、重庆馆、东北师大馆、广东馆、贵州馆、国家馆、湖南馆、江西馆、南京馆、西南大学馆

09763

濮滑战役　中国人民解放军第二野战军政治部编辑

[北平]：人民战士出版社，1949.7，29页，32开（人民战士丛刊）

本书记述解放战争时期豫东濮滑地区歼灭战的战况，收报道13篇：《上官村歼灭战》《黄庄攻坚战》《攻下邵耳寨》《军民联合歼灭进犯军》《无比的爱》《袄袖上的血》《五十九个负伤的》《英雄杨北芳》《苟团长带伤指挥》《炮找到正主了》《旅长杨显明被俘记》《活捉何冠三》《滑县战场巡礼》。书前有《濮滑战役概述》。

收藏单位：北师大馆、重庆馆、广东馆、国家馆、湖北馆、辽宁馆、南京馆

09764

濮滑战役　中国人民解放军第二野战军政治部编

中国人民解放军第二野战军政治部，1949.6，152页，64开

09765

七斗王把头　关寄晨著

牡丹江：东北书店牡丹江分店，1948.3，37页，32开

本书收文3篇：《七斗王把头》《立功抓地主》《瞎月工伸冤记（记一个人的谈话）》。

收藏单位：国家馆、山东馆、武大馆

09766

千里还衣　叔夜著

华中新华书店，1948.5，34页，64开（翻身小丛书13）

本书收文4篇，内容包括：《周星甫装疯图报复》《王维香包庇坏人》《驳壳枪》等。

收藏单位：国家馆

09767

千千万万（民兵英雄传）　[王培英编]

胶东新华书店，1946.7，97页，32开

本书记述抗日民兵英雄的事迹。收文19篇，内容包括：《钢胆铁骨赵守福》（王宴、吕品）、《活雷化虎》（望明日）、《女英雄陈桂香》（绿频）、《老土炮英雄》（杨川）、《杀敌的女英雄孙玉敏》（孙俊卿）、《民兵英雄于凤鸣》（伯平）等。

收藏单位：重庆馆、国家馆、南京馆、山东馆

09768

前线归来　郭沫若等执笔

上海：华光出版社，1938.1，60页，32开（抗战小丛书）

收藏单位：北碚馆、重庆馆、广西馆、国家馆、近代史所

09769

前线归来　郭沫若著

汉口：星星出版社，1938.5，70页，32开

本书收文3篇：《在轰炸中来去》《到浦东去来》《前线归来》。

收藏单位：北碚馆、重庆馆、东北师大馆、国家馆、吉林馆、上海馆、中科图

09770

前线归来　郭沫若等执笔

上海：自强出版社，1937.11，60页，32开（抗战小丛书）

本书为抗战通讯报道集。收报道18篇，内容包括：《前线归来》（郭沫若）、《张向华将军会见记》（夏衍）、《孙元良将军访见记》（田汉）、《不做俘虏的战士》（冰莹）、《战地去来记》（林林）、《战地剪影》（黎明健）等。

收藏单位：重庆馆

09771
前线抗敌将领访问记　田汉　谢冰莹　郭沫若等著
上海：前进出版社，1937.11，100页，32开（救亡丛书）
本书收文11篇：《西战场上的两个人物》（舒群）、《月夜访大场战线》（田汉）、《始信人间有铁军》（夏衍）、《北线访两将军》（天纵）、《军中一夕记》（槐青）、《血战三日记》（冰莹）、《到总司令部去》（莫思）、《雨中访前线将帅》（记者）、《战区归来》（胡萍）、《轰炸中的访问》（郭沫若）、《对于持久战应有的认识》（陈诚）。著者"谢冰莹"原题：冰莹。
收藏单位：广东馆、贵州馆、国家馆、吉大馆、吉林馆、近代史所、上海馆、中科图

09772
前线抗战将领访问记　郭沫若等著
长沙：抗日救国社，1938.4，86页，32开
本书收文27篇，内容包括：《青年中将孙元良横颜》（张若谷）、《冯圣法师长素描》（曹聚仁）、《张发奎将军会见记》（夏衍）、《翁照垣印象记》（东平）、《朱德彭德怀访问记》（王少桐）等。
收藏单位：国家馆

09773
前线目击记　勇进撰
[北平]：新华书店，1949，163页，32开
收藏单位：北师大馆、重庆馆、东北师大馆、广东馆、广西馆、国家馆、吉林馆、辽宁馆、南京馆、内蒙古馆、山西馆、天津馆

09774
前线巡礼　陆诒著
汉口：大路书店，1938.2，92页，36开
本书共3部分：走上西战场、陕北之行、宁夏之行。收文14篇：《娘子关血战记》《从寿阳到临汾》《冀察晋边区的游击战》《旧关之战》《今日的西安》《延安进行曲》《毛泽东谈抗战前途》《彭德怀谈前方游击战争》《周恩来谈抗战新形势》《平凉巡礼》《甘宁道上》《骑兵门师的战绩》《暂时沉静的西线》《国防前线的宁夏》。书前有潘梓年序。
收藏单位：重庆馆、广东馆、广西馆、贵州馆、国家馆、湖南馆、吉林馆、陕西馆、上海馆、浙江馆

09775
青工劳动英雄曹国兴　山东新华书店编
山东新华书店，[1944]，11页，64开（生产运动丛书6）
本书记叙延安中央印刷厂工人曹国兴的模范事迹。
收藏单位：国家馆、山西馆

09776
青年特等英雄马绍孔　中国人民解放军第四兵团政治部编
中国人民解放军第四兵团政治部，[1949]，石印本，1册，36开
收藏单位：重庆馆

09777
区委书记魏志田
华中新华书店九分店，1947.10，29页，64开（九分区自卫斗争小丛书2）
本书叙述解放战争时期江苏如东县区委书记魏志田在反"清剿"中领导群众进行武装斗争的英雄事迹。
收藏单位：国家馆

09778
群众改造干部　华北新华书店编辑部编
华北新华书店，1947.6，76页，32开（新大众丛刊9）
本书收通讯报道20篇，内容包括：《没想到是头等模范村》《群众改造干部》《两头撑腰消灭封建》《两个农会主任的检讨》《常三毛访山庄窝铺》《"四大王"的转变》《群众路线就是好》《离了钉子的人》《武安分配斗争果实的几个办法》等。
收藏单位：国家馆、吉大馆、南京馆

09779
热泪及其他（通讯选集）　金沙等著

[阳城]：太岳新华书店，1946.9，65页，32开，环筒页装

本书收文16篇，内容包括:《热泪》《跳板》《重逢》《“兵农合一”的兵》《群众的战争》《洪洞“无人区”的一角》《十分钟的战斗》《遭遇》《守住土地祠》等。

收藏单位：东北师大馆、国家馆

09780

人间地狱　中国问题研究社编

华北新华书店，1947.1，90页，32开，环筒页装（中国问题研究社丛书）

本书记述国民党统治区人民的痛苦生活。收文25篇，内容包括:《走向殖民地》（陶行知）、《复员五千里》（黄其堃）、《渝沪六千里》（秦世牧）、《新渔光曲》（丁东）、《“五天五地”的台湾》（《益世报》）、《贪污政治在浙江》（丁东）、《在高利贷下喘息着》（郭再华）、《江西一片悲惨景象》（《南昌通讯》）、《从侧面看湘灾》（哲克）、《灾荒袭击下的湖北》（汉公）、《多难的河南》（周希）等。

收藏单位：国家馆、近代史所、山东馆、山西馆

09781

人民的光荣　何微等著

[阳城]：太岳新华书店，1947.3，50页，32开

本书收解放战争时期人民群众英勇杀敌事迹的报道18篇，内容包括:《襄陵人民的光荣》《摆好八卦阵活捉蒋家军》《新兴民兵三次拒降》《带“六把盒子”的人》《神鬼难防的罗来福》等。

收藏单位：广东馆、国家馆、山东馆、山西馆

09782

人民的军队　冀中军区政治部[编]

[安平]：冀中军区政治部，1946，22页，32开

本书收文8篇，内容包括:《人民的军队》《人民战争》等。

收藏单位：国家馆

09783

人民的军队（文艺报告）　王向立著

哈尔滨：光华书店，1948.11，112页，32开

本书收通讯报道25篇。前20篇记述我军战斗、生产、学习、军民关系、官兵关系、俘虏政策等内容，后5篇揭露日军侵略暴行及国民党军队内部黑暗、腐败与厌战的状况。

收藏单位：长春馆、重庆馆、东北师大馆、国家馆、近代史所、宁夏馆、天津馆、西南大学馆

09784

人民的武状元　东北民主联军总政宣传部编

东北民主联军总政宣传部，1947.6，48页，48开（战士丛书7）

本书收文24篇，内容包括:《人民的武状元》《毛主席送子住劳动大学》《吴满有要做战斗英雄》《“自己队伍的手续”》《美械化的事务处》《张念武机智脱险》《看看谁是傻瓜》《第一回打仗》《新战士火线救连长》等。

收藏单位：国家馆、辽宁馆

09785

人民革命战争通讯选　晋察冀军区政治部编

晋察冀军区政治部，1949.1，2册，32开

本书共两集。第1集收《胜利突围》《集宁永远是我们的》《英勇的四平街保卫战》等，第2集收《揭开大反攻序幕》《刘邓大军胜利渡河》《新华广播在鄂豫皖前线》《在前线司令部》等。

收藏单位：重庆馆、辽宁馆、南京馆、山东馆

09786

人民与战争（东北解放区通讯报告选集）　刘白羽等著

佳木斯：东北书店，1947.8，88页，32开

本书收文11篇:《人民与战争》（刘白羽）、《后五道木事件的教训》（井岩盾）、《故土重温》（方青）、《赵尚志团的组织者》（周洁夫）、《为祖国而战》（刘白羽）、《“老子英雄儿好汉”》（苗康）、《董庆友打地堡》（华山）、《“再打仗我可有底啦!”》（华山）、《“小

猪倌”二次戴了光荣花》（白华）、《打回蚩鹭树》（井岩盾）、《暴政与反暴政》（张蓓）。

收藏单位：长春馆、重庆馆、东北师大馆、国家馆、南京馆、宁夏馆、山东馆、天津馆

09787

人民战士在前线　华中新华书店编

华中新华书店，1949.3，68页，64开

本书收文27篇，内容包括：《“济南英雄”王其鹏》《战斗英雄刘四虎》《崇高的革命气节》《机枪手李保林》《炮手修玉敏》《钢铁战士杨士德》《炮兵连长王国富》《刘科山的功绩》《刘克礼班在济南城里》《谭林和他的机关枪》《爆破立功的田洪玉》等。

收藏单位：吉大馆、南京馆、山东馆

09788

人民自己的国家　胡愈之著

［宝丰］：中原新华书店，1948.11，5页，42开

本书为著者从南洋回国到解放区写的观感。

收藏单位：国家馆

09789

日本兵的自白　尹若编著

汉口：大众出版社，1938.3，47页，32开

本书据被俘日军口述和捡获的日兵日记、书信等编辑而成，收文8篇：《两个俘虏的自白》《日本俘虏访问记》《两位日本的新朋友》《敌军班长阵中日记》《敌兵阵中日记》《日兵尸体上捡获的信》《访问两个日本俘虏》《八路军的俘虏工作》。

收藏单位：北碚馆、重庆馆、贵州馆、国家馆、吉林馆、近代史所、宁夏馆、上海馆

09790

日本强盗的法律　凌亢作

大连：大众书店，1946，12页，32开（群众读物2）

本书记述八路军从日军监狱里救出的青年许芽子参加八路军的过程。

收藏单位：国家馆

09791

日本强盗的法律　凌亢著

佳木斯：东北书店，1946.10，12页，32开

收藏单位：长春馆、东北师大馆、国家馆、辽宁馆、山东馆

09792

日本强盗的法律　凌亢著

［张家口］：晋察冀边区教育阵地社，1946.1，14页，32开（群众读物6）

收藏单位：国家馆

09793

塞外血泪　秋生编

［兴县］：吕梁文化教育出版社，1946，53页，32开

本书收文12篇，内容包括：《绥远抗战史实》《谁放第一枪》《傅作义破坏停战协定的铁证》等。

收藏单位：重庆馆、国家馆、近代史所、山西馆

09794

杀敌英雄王克勤　张寒塞辑

保定：北方出版社，1949.1，27页，32开

本书记述人民解放军战斗英雄英勇作战的事迹，收报道6篇：《王克勤班速写》《王克勤和他的班》《互助爱民奋勇作战》《王克勤在英模大会前后》《解放战士的榜样》《革命军人吕顺保》。

收藏单位：重庆馆、广东馆、国家馆、南京馆、上海馆、天津馆

09795

山东人民的新生　宿士平编

佳木斯：东北书店，1947.9，124页，32开

本书收反映山东解放区人民抗战艰苦斗争历程的报道24篇，内容包括：《奋战苦斗中的山东军民》《艰苦斗争在鲁南》《鲁南的新气象》《再见天日的泰石路北》《诸胶边人民有了希望》《泊儿镇解放》《诸莒边的新生》

《老沂河沸腾了》《临朐无人区的新生》等。

收藏单位：长春馆、重庆馆、东北师大馆、广东馆、国家馆、黑龙江馆、吉大馆、近代史所、辽大馆、南京馆、山东馆、上海馆、天津馆

09796

山东人民的新生 宿士平编

临沂：山东新华书店，1946.10，100页，32开

收藏单位：国家馆、近代史所、山东馆、浙江馆

09797

陕北风光 丁玲著

佳木斯：东北书店，1948.11，52页，32开（文学战线创作丛书）

本书收文7篇：《三日杂记》《袁广发》《民间艺人李卜》《记砖窑湾骡马大会》《田保霖》《二十把板斧》《十八个》。

收藏单位：长春馆、重庆馆、东北师大馆、广东馆、国家馆、吉林馆、南京馆、山东馆

09798

陕北红军全貌 余后著

上海：大众出版社，1938.1，58页，32开

本书记述抗战初期陕北根据地、红军及抗大等的状况。附《陕北行中之印象》。

收藏单位：重庆馆、江西馆

09799

陕北之行 王仲明编

求知出版社，1945.11，再版，116页，32开

本书为1944年5月17日至7月25日，“中外记者西北参观团”一行21人到延安参观返渝后写下的有关陕北边区情况的通讯报道集。收文16篇，内容包括：《延安视察的感想》《十年来中共几点改变》《陕甘宁边区人民的负担》《陕甘宁边区的经济金融与财政》《三三制与一揽子会》等。

收藏单位：国家馆、上海馆、首都馆、浙江馆

09800

陕北之行（西北参观团各报记者特写） 王仲明编

重庆：独立出版社，1944.10，116页，32开

收藏单位：重庆馆、广西馆、国家馆、吉林馆、南京馆

09801

陕甘宁边区的生产故事 章东湖著

光明书店，1947.8，35页，32开（通俗读物5）（农民政治补助读物3）

本书收文6篇：《种庄稼的状元——吴满有》《一把镢头起家的杨朝臣》《吴家枣园》《马杏儿的故事》《二流子归正》《好日子是怎样得来的?》。

收藏单位：辽宁馆

09802

陕甘宁边区的生产故事 章东湖著

山东新华书店，[1944.8]，26页，32开（通俗读物25）（农民政治补助读物2）

收藏单位：国家馆、山东馆

09803

陕甘宁边区的生产故事 章东湖著

新华书店，[1944]，26页，32开（大众文艺小丛书5）

收藏单位：国家馆、南京馆

09804

陕公生活（陕北公学集体创作） 陕公同学会编辑委员会编

重庆：读者生活出版社，1939.4，94页，32开

本书记述陕北公学学校生活，共7部分：我们的家、天南地北大汇合、我们是怎样进行突击的、为保卫我们底祖国而劳动、向不良倾向作斗争、校外生活、今天我们毕业。收45篇报道。书后有后记。

收藏单位：北碚馆、重庆馆、广东馆、贵州馆

09805
陕行纪实　楚云著
汉口：读书生活出版社，1938.8，140页，32开
本书共5部分：延安印象、从苏维埃到普选的民主制度、大众的文化教育、抗战动员种种、民众的组织与活动。
收藏单位：重庆馆、国家馆、近代史所、南京馆、上海馆、西南大学馆

09806
上海抗战记　郭沫若等著
上海：抗战出版社，1937.12，98页，32开（抗战报告文学）
本书收文18篇，内容包括：《火中的上海》《战时的上海街头》《在我们闸北的前线上》《目击的英勇战》《到浦东去来》《前线归来》《郭沫若谈军中故事》《前线将帅》《浦东形势和战况》等。
收藏单位：北碚馆、重庆馆、广西馆、吉林馆、宁夏馆

09807
上海抗战记　郭沫若等著
汉口：上海杂志公司汉口总店，1937.10，118页，32开（抗战报告文学选辑3）
汉口：上海杂志公司汉口总店，1937.12，再版，118页，32开（抗战报告文学选辑3）
收藏单位：重庆馆、广东馆、贵州馆、国家馆、湖南馆、南京馆、西南大学馆、浙江馆、中科图

09808
上海血战记　郭沫若等著
长沙：抗敌文学会，1938.5，192页，32开（抗敌丛书4）
本书收抗战文章38篇，内容包括：《两位抗战的英雄》（阿英）、《浴血战》（何家槐）、《抱尸而进》（包天笑）、《在我们闸北的前线上》（秋士）、《抗敌的故事》（佚名）、《吴淞十日血战》（佚名）、《突贯的攻击》（杨纪）等。
收藏单位：国家馆

09809
上饶集中营　长江等著
山东新华书店，1946.3，146页，36开
本书收报道和回忆录19篇，内容包括：《上饶的集中营》（长江）、《上饶集中营的罪行》（暮鹰）、《集中营生活散记》（苍茫）、《怀念孙锡禄同志》（暮鹰）、《如此"三民主义"教育》（黄迪菲）、《地狱茅家岭》（季音）、《站铁笼的一天》（赖少其）、《茅家岭暴动》（李胜）、《赤石暴动》（暮鹰）、《赤石暴动以后》（孙秉泰、黄迪菲）、《狱中杂记》（一青）、《卑鄙的统治群》（陈念林等）、《流浪散记》（叶钦和）、《把孔子庙变成牢狱》（赖少其）等。
收藏单位：国家馆

09810
上饶集中营　长江等撰
上海：新华书店，1949，增补本，258页，32开，精装
收藏单位：天津馆

09811
上饶集中营　长江等著
[上海]：言论出版社，1946.6，158页，36开
收藏单位：国家馆

09812
上饶集中营（皖南事变的血债）　新华社华中分社编
大众书店，1945.12，141页，36开
收藏单位：安徽馆、国家馆

09813
上饶集中营（皖南事变的血债）　新华社华中分社编
辽东日报社，[1945]，140页，32开
收藏单位：国家馆

09814
上饶集中营（增补本）　长江等著
华东新华书店，1949，再版，327页，32开
增补本删去了《把孔子庙变成牢狱》，增

加了《茅家岭地狱》（宿士平）。此外增加了《西安“劳动营”内幕》《兰州新关一八六号秘密监狱》《沈阳蒋匪集训营》等6篇作为附录。

收藏单位：重庆馆、国家馆、上海馆

09815

上饶集中营（增补本） 长江等著

山东新华书店，1948.6，327页，32开

收藏单位：国家馆

09816

上饶集中营（增补本）

上海：新华书店，1949，268页，32开

收藏单位：重庆馆

09817

生产渡荒大发家 华北新华书店编辑部编

华北新华书店，1947.7，44页，32开（新大众丛刊11）

本书收文12篇，内容包括：《李顺达五年计划》（益群）、《纺织英雄王桃梅》（草田）、《孟祥英战胜灾荒》（郑益群）、《战胜天灾人祸的赵拴孩》（王丕玉）、《一条扁担打天下》（平顺联合办公室）、《梁文善种蓝》（李俊）、《和尚当了劳动英雄》（杨三庆）、《懒汉五郎》（五及）、《曹连珠怎样当了模范?》（王丕玉）、《张要珍安家》（王永鸣）、《劳动富，不怕斗》（毛茂春）等。

收藏单位：国家馆

09818

生活在延安 鲁平等著

西安：新华书社，1938.2，182页，36开（青年生活丛刊）

本书收文16篇，内容包括：《延安进行曲》《纪念节在延安》《延安的晚会》《新年的延安》《延安的托儿所》《农民和春耕运动》等。著者还有陆诒、孙陵、何松、任天马、胡天蕾等。附《陕北边区的新变化》（徐盈）。书前有前记。

收藏单位：广东馆、国家馆、江西馆

09819

胜利保证（爱国自卫前线歼敌英雄故事） 东涤吾等著　太岳新华书店编

[阳城]：太岳新华书店，1947.1，23页，32开

本书收通讯14篇，内容包括：《甲等英雄刘福顺》《杨熠斌这样厉害》《李孔政和三排》《刘建斌胜利归来》《高启年下晁之战》《纵横在敌人圈子里》《直接冲击的炮兵》《阻击》《模范炊事员段为士同志》《焦自成的故事》《英雄小鬼群》等。

收藏单位：国家馆、山西馆

09820

十八勇士 白刃著

[惠民]：渤海新华书店，[1945—1949]，23页，36开

本书收报道3篇：《十八勇士》（白刃）、《腿残废了，共产党员的本色没有残废》（徐刚）、《李兰溪武工队的英勇业绩》（顾膺）。书前有渤海区党委宣传部的通知。

收藏单位：南京馆、山东馆

09821

十八勇士 白刃著

佳木斯：东北书店，1948.3，36页，32开

收藏单位：北师大馆、长春馆、重庆馆、东北师大馆、国家馆、天津馆

09822

石老太太（一个烧窑的女人怎样当了参议员） 杨重野著

大连：人众书店，[1945—1949]，10页，32开

本书记述石老太太被聘为嫩江省参议会参议员的事迹。

收藏单位：辽宁馆

09823

石振明——互助发家经验 平文编

[阳城]：太岳新华书店，1947.5，36页，32开

本书介绍石振明发家致富的过程。共16部分，内容包括：千辛万苦五十年、翻身、耕

一余一的新富农、发家快的原因、从模范小组长到劳动英雄、五村联合互助大队长、联合互助大队组成的基础、联合互助大队的组织规模等。书前有前记。

收藏单位：重庆馆、国家馆、山东馆

09824

时代的印象　刘白羽著

哈尔滨：光华书店，1948.10，267 页，32 开（光华丛刊）

本书共 3 辑。第 1 辑介绍延安生活（1938—1943 年），收文 7 篇，内容包括：《世界新面貌》《家庭》《工作与休息》等；第 2 辑为访东北（1946 年 4—6 月），收文 11 篇，内容包括：《进入东北》《会晤东北民主联军》等；第 3 辑为再访东北（1946—1948 年），收文 7 篇，内容包括：《西线行》《战壕里的生活》等。书前有序。版权页题名：时代的现象。

收藏单位：重庆馆、东北师大馆、国家馆、河南馆、湖南馆、近代史所、辽大馆、山东馆、上海馆、天津馆、西南大学馆、中科图

09825

水利英雄马海旺　中共西北中央局调查研究室编

江淮出版社，1944.4，14 页，64 开（陕甘宁边区生产运动丛书）

收藏单位：国家馆、山西馆

09826

四月的战争　冯牧等著

[阳城]：太岳新华书店，1947.9，58 页，32 开

本书收报道 5 篇，内容包括：《曾经是奴隶的英雄》（冯牧）、《一个青年战士的楷模》（郭琢玉、艾柏）、《四月的战争》（寒风）等。

收藏单位：广东馆、国家馆、山东馆、山西馆

09827

苏联见闻录　茅盾著

哈尔滨：光华书店，1948，358 页，32 开

哈尔滨：光华书店，1948，再版，358 页，32 开

大连：光华书店，1948，再版，358 页，32 开（光华丛刊 9）

本书共两部分。第 1 部分为日记；第 2 部分为见闻录，收文 31 篇，内容包括：《斯摩尔纳号》《红军战利品（武器部分）展览会》《列宁博物馆》《红军博物馆》《关于〈真理报〉》等。

收藏单位：长春馆、重庆馆、东北师大馆、国家馆、河南馆、湖南馆、近代史所、内蒙古馆、山东馆、上海馆、首都馆、天津馆、西南大学馆

09828

苏联见闻录　茅盾著

上海：开明书店，1948.4，358 页，32 开（中苏文协文艺丛书）

上海：开明书店，1948.5，再版，358 页，32 开（中苏文协文艺丛书）

上海：开明书店，1948，3 版，10+358 页，32 开（中苏文协文艺丛书）

哈尔滨：开明书店，1948.11，4 版，358 页，32 开

上海：开明书店，1949.3，5 版，358 页，32 开（中苏文协文艺丛书）

北平：开明书店，1949.6，358 页，32 开（中苏文协文艺丛书）

收藏单位：安徽馆、北碚馆、重庆馆、广东馆、广西馆、国家馆、黑龙江馆、湖南馆、吉林馆、江西馆、辽东学院馆、南京馆、内蒙古馆、宁夏馆、山西馆、绍兴馆、首都馆、天津馆、西南大学馆、中科图

09829

苏浙皖山区中（报告文学）　文宗山著

上海：江海出版社，1941.8，59 页，36 开

本书收抗战报道 5 篇：《通过黑地狱》《苏浙皖山区中》《山程杂笔》《战斗的江南》《活跃在江南前线》。书前有前记。

收藏单位：北师大馆、国家馆、上海馆

09830
随军散记 沙汀著
大连：大众书店，1946.8，158页，32开
本书记述贺龙1938年11月至1939年4月在晋西北和冀中前线的言谈、行动和有关他的故事。书前有前记。
收藏单位：重庆馆、东北师大馆、国家馆、吉大馆、首都馆、天津馆、西南大学馆

09831
随军散记 沙汀著
[北平]：知识出版社，1940.11，158页，32开
上海：知识出版社，1945.10，2版，158页，32开
上海：知识出版社，1946.3，3版，158页，32开
收藏单位：重庆馆、东北师大馆、广东馆、国家馆、黑龙江馆、近代史所、辽大馆、辽宁馆、辽师大馆、南京馆、内蒙古馆、山东馆、上海馆、武大馆、中科图

09832
塔山英雄集 中国人民解放军第四十一军政治部编
中国人民解放军第四十一军政治部，1949.3，152页，64开
本书收塔山阻击战的英雄事迹报道41篇，内容包括：《介绍塔山阻击战》《向荣获毛泽东奖章的英雄致敬》《奋战塔山堡》《十月十三号》《坚守白台山七号阵地》《复仇！立功！入党！》《顽强守备在塔山最前沿》《胜利的旗帜飘扬在白台山上》《他并未死》《荣获毛泽东奖章的政治指导员程远茂领的一排就这样打》等。另附《他永久屹立着》《一刀插入翻江倒海》。
收藏单位：国家馆

09833
塔山英雄集（1） 东北民主联军第一师政治部编
东北民主联军第一师政治部，[1946—1947]，64页，32开
本书书前有毛泽东题词及英雄照片多幅。
收藏单位：国家馆

09834
踏破辽河千里雪（前线通讯集） 华山著
长春：东北书店，1949.5，76页，32开（文学战线创作丛书）
本书收1947年秋至1948年春东北战场情况的报道10篇：《东行杂记》《奔袭口前》《北线纵横》《万金台三勇士》《踏破辽河千里雪》《解放四平街》《腰斩北宁线》《可耻的总崩溃》《蒋介石三飞沈阳》《英雄的十月》。
收藏单位：长春馆、东北师大馆、国家馆、黑龙江馆、吉林馆

09835
台湾归来 张冰著
南京：新华日报，1949，56页，32开
本书收文36篇，内容包括：《胜利逼人》《到了台湾》《美丽之岛》《南北两门》《热带风光》《破铜烂铁》《紊乱拥挤》《诚恳热情》《我的房东》《语文不通》《变轨铁道》《公共汽车》《轻便台车》《台湾蔗糖》《遍山林木》等。
收藏单位：国家馆、近代史所

09836
太行区腹地民兵一等英雄陈炳昌 葛岗著
[濮阳]：冀鲁豫书店，[1945]，16页，64开
收藏单位：国家馆

09837
太行区机关部队一等劳动英雄郭瑾
[濮阳]：冀鲁豫书店，[1945]，26页，64开
本书附《庞如林——太行区战斗与生产结合一等英雄》（赵树理）。
收藏单位：国家馆

09838
太行人民打蝗记 袁毓明编著
涉县：新华书店，1945.5，45页，32开
收藏单位：国家馆、黑龙江馆、湖南馆、南京馆

09839
泰兴战役英雄集　斗争生活社编
大众书店，1945.11，33 页，32 开
本书记述泰兴战役中的战斗英雄事迹。收通讯报道 28 篇，内容包括：《突击队员殷根实》《泰兴英雄徐仁元》《泰兴战斗英雄徐仁元杨春元》《你要替我复仇》《模范突击队员殷根实》《共产党员陆克成》《战斗英雄杨坤同志》等。
收藏单位：国家馆

09840
谈判生涯老了周恩来　冀鲁豫书店编辑部编辑
冀鲁豫书店，1946，40 页，32 开
本书为长篇专访，作者为《大公报》记者曾敏之。
收藏单位：重庆馆

09841
铁的连队　周洁夫著
哈尔滨：光华书店，1948.7，97 页，32 开
本书收解放区军民的英雄事迹报道 10 篇：《真理的传布者》《团圆》《建立赵尚志团》《手枪》《选举》《赵尚志团的组织者》《新炮手》《铁的连队》《越老越进步》《垦区的一天》。
收藏单位：安徽馆、长春馆、重庆馆、东北师大馆、国家馆、辽宁馆、南京馆、宁夏馆、山东馆、上海馆、天津馆、中科图

09842
挺进大别山　曾克著
中原新华书店，1949.6，107 页，32 开
中原新华书店，1949，再版，164 页，32 开
本书共 6 部分：在大反攻浪潮中、离开我们的太行山、鲁西南人民重见太阳、打向蒋管区去、进入大别山、和岳西群众共患难的半年。收报道 31 篇。书前有著者前记。
收藏单位：重庆馆、东北师大馆、贵州馆、国家馆、辽宁馆、山西馆、天津馆

09843
通讯报告选集（1）　八路军军政杂志社编
[延安]：八路军军政杂志社，[1937—1949]，142 页，32 开
本书供部队通讯工作者与文艺工作者参考，使他们能获得一些写作上的技巧。
收藏单位：重庆馆

09844
宛东战役　中国人民解放军第二野战军政治部编
[北平]：人民战士出版社，1949.6，20 页，32 开（人民战士丛刊）
本书记述 1948 年 5 月 29 日至 6 月 2 日解放军二野部队在宛东进行战斗的经过，收报道 11 篇。
收藏单位：重庆馆、国家馆、南京馆

09845
皖南突围记　殷杨著
大连：大众书店，1946.5，51 页，32 开
大连：大众书店，1946.8，再版，51 页，32 开
本书记述皖南事变的经过。附《皖南大惨案纪实》《中共之英明对策》等。书前有序。

09846
皖南突围记　殷杨著
佳木斯：东北书店，1947.11，46 页，32 开
收藏单位：长春馆、东北师大馆、国家馆、南京馆、内蒙古馆、宁夏馆、天津馆

09847
皖南突围记　殷杨著
安东（丹东）：辽东建国书社，1947.11，46 页，32 开
收藏单位：东北师大馆、上海馆

09848
万水千山只等闲　武汉市各界人民拥军委员会编
武汉市各界人民拥军委员会，[1949]，25 页，32 开

本书收文12篇:《万水千山只等闲》(荒煤)、《神勇渡江第三连》(宋维)、《招宝山上的英雄班》(金月)、《两个挑担子的是谁?》、《铁人》(刘德源)、《各路大军齐出动》(李福临)、《银洋的故事》(田川)、《一百九十比〇》、《碗下的纸条》(雪晓梅)、《青江河上抢渡船》(宋维)、《一个鸡蛋》(孙炜)、《九岭山》(黎阳)。

收藏单位：国家馆、南京馆

09849

王朝柱的故事　刘艺亭著

[威县]：冀南书店，1947.8，土纸本，36页，32开(工农兵丛书)

收藏单位：国家馆、山东馆

09850

王锡岐的故事　叶华记

大连：大众书店，[1945—1949]，16页，32开(群众读物3)

本书记述军人王锡岐拥政爱民的模范事迹。

收藏单位：国家馆、南京馆

09851

王锡岐的故事　叶华著

临沂：山东新华书店，1946.4，16页，32开(模范人物丛书)

收藏单位：国家馆、山东馆

09852

王元寿访瞎牛　华东野战军政治部编

山东新华书店总店，1947.10，33页，64开

收藏单位：山东馆

09853

王元寿访瞎牛　王子野等著

[阜平]：晋察冀新华书店，1947.12，40页，32开

本书收文8篇:《王元寿访瞎牛》《王元寿跟瞎牛对话》《穷人的血肉穷人的心》《王元寿自述》《我们的课》《树叶掉下也怕打破头》《访苦歇》《白泉访苦经验》。附《华北大队在平定》《冀东工作团关于交朋友工作的检查》。

收藏单位：国家馆、山东馆、天津馆、中科图

09854

王震南征记　马寒冰著

香港：中国出版社，1947.1，55页，32开

本书记述1944年底王震率三五九旅从延安出发南征，历经陕西、山西、河南、湖北、湖南、江西到广东始兴、南雄的经过。书前有南征路线图和朱德、王震照片。书后有后记。

收藏单位：东北师大馆、国家馆、近代史所

09855

为亲娘报仇　太岳新华书店编

[阳城]：太岳新华书店，1948.7，23页，36开

本书收诉苦家史4篇:《为亲娘报仇》《李秀英诉苦》《李四丫头的苦》《三十六年的血泪》。

收藏单位：国家馆、河南馆、山东馆、山西馆

09856

为人民复仇(蒋美暴行录)　新四军山东军区政治部编

新四军山东军区政治部，1947，82页，32开

本书为通讯报道集。

收藏单位：国家馆、山东馆

09857

为人民立功　王向立著

佳木斯：东北书店，1948.11，40页，32开

本书记述沐石河战斗中解放军的英雄事迹及军民鱼水关系。收通讯15篇，内容包括:《为人民立功》《攻占沐石河》《“救命军来了!”》《民夫担架队》《优待俘虏》《爱和恨》《一堆衣服和一缕线》《女房东》《军爱民民拥军》等。

收藏单位：北师大馆、长春馆、东北师大馆、国家馆、黑龙江馆、江西馆、南京馆、

山东馆、山西馆、陕西馆、天津馆

09858
我们的战士　长江等著
[广州]：战时出版社，[1939]，147页，32开（战时小丛刊70）
本书收人物通讯36篇，内容包括:《白健生将军印象记》(钟文)、《李宗仁将军访问记》(逸凡)、《李宗仁将军会见记》(陆诒)、《毛泽东访问记》(洛基)、《阎锡山访问记》(季云)、《朱绍良将军访问记》(秋枫)、《慰勉薛旅长》(冯玉祥)、《周恩来访问记》(汪衡)、《谭锦培会见记》(黄健豪)、《黄排长访问记》(克锋)等。
收藏单位：重庆馆、国家馆、吉林馆、江西馆、南京馆、上海馆

09859
卧虎山上（太原战役纪念集）　中国人民解放军六十七军政治部编
新华书店，1949，80页，32开
本书记述1949年春，解放军攻占太原前夺取卧虎山要塞的战斗经过。共4部分：千里进军、旗开得胜、卧虎山上、光荣功臣。收报道30篇。
收藏单位：国家馆、南京馆、内蒙古馆、宁夏馆、山西馆、天津馆

09860
无敌三勇士
苏北二分区政治部前哨社，[1942—1949]，75页，64开（连队读物2）
收藏单位：南京馆

09861
无敌英雄
华中新华书店盐阜分店，1949.1，35页，64开
本书收解放战争时期我军英雄事迹的报道8篇，内容包括:《济南第一团》《无敌英雄》《白老虎连》《十人桥》《攻城之夜》等。
收藏单位：国家馆

09862
武昌城下　郭沫若著
上海：晓明书店，1936，66页，36开
本书分5章叙述1926年北伐军进攻武昌的事情。
收藏单位：北碚馆、重庆馆、湖南馆、首都馆、浙江馆

09863
西北特区特写　每日译报社编辑部编译
每日译报社，1938.4，95页，32开（每日译报丛书4）
每日译报社，1938.7，再版，95页，32开（每日译报丛书4）
每日译报社，1939.3，3版，95页，32开（每日译报丛书4）
本书共6章：中华苏维埃共和国转变前后、中国西北新社会、西北特区杂写、陕北文艺运动的建立、陕北的戏剧运动、编辑后记。
收藏单位：国家馆、辽大馆、南京馆、上海馆

09864
西北线　长江等著
汉口：星星出版社，1937.12，162页，32开（抗战报告丛书）
汉口：星星出版社，1938.1，再版，162页，32开（抗战报告丛书）
本书收报道11篇:《察南退出记》《怀来回想》《退守雁门关》《娘子关失陷记》《退出太原城》《古城的陷落》《南口迂回线上》《西兰风霜》《北方前线》《三个月来的济南》《从延安到太原》。
收藏单位：重庆馆、贵州馆、国家馆、湖南馆、江西馆、近代史所、南京馆、首都馆、天津馆、浙江馆、中科图

09865
西北游击战
重庆：大公报出版部，1939.11，201页，32开
本书收文11篇，内容包括:《新的山西》(何其芳)、《一个扎萨克来的人》(刘白羽)、

《渔猎》（卞之琳）、《来去》（严文井）、《贺龙将军》（沙汀）、《儿童团》（一帆、林蒲）、《我怀念吕梁山》（黑丁）、《血战中条山》（碧野）等。书前有杨刚的献辞。

收藏单位：国家馆

09866

西北战云　长江等著

[上海]：大众出版社，1938.2，162页，32开

本书收文13篇：《走向西战场》（长江）、《从娘子关出雁门关》（小方）、《平绥线上的失败》（王文）、《哭绥远》（溪映）、《西北线上》（柳林）、《血战居庸关》（小方）、《察哈尔的陷落》（长江）、《南口迂回线上》（秋江）、《可痛的张家口》（秋江）、《退守晋东》（陆诒）、《晋北血战的回忆》（季云）、《退出太原城》（长江）、《山西的外战线》（溪映）。另收《平型关战斗的经验》（林彪）、《把山西成为北方游击战争的战略支点》（洛甫）、《彭德怀谈前线战况》（陆诒）。

收藏单位：广西馆、国家馆、山西馆、西南大学馆

09867

西线的血战　长江等著

上海：上海杂志公司，1937.10，140页，32开（抗战报告文学选辑2）

本书收文12篇：《日军急攻察绥》（沈伯乐）、《西线战场》（长江）、《南口迂回线上》（秋江）、《血战居庸关》（小方）、《张家口失守之前》（秋江）、《怀来回想》（小方）、《商都重光》（陈幼谌）、《察哈尔之陷落》（长江）、《今日的绥东》（溪映）、《退守雁门关》（秋江）、《从娘子关到雁门关》（小方）、《察南退出记》（长江）。

收藏单位：北碚馆、重庆馆、广东馆、国家馆、湖南馆、吉林馆、近代史所、南京馆、宁夏馆、上海馆、西南大学馆、浙江馆、中科图

09868

西线的血战二辑　华之国编

上海：时代史料保存社，1937.12，130页，32开（抗战报告文学选辑7）

本书收文15篇，内容包括：《华北国防线》（丹枫）、《吊大同》（长江）、《晋北战线》（溪映）、《吊忻口战场》（秋江）、《晋北血战的回忆》（季云）、《忆旧关之战》（陆诒）、《山西的外线战》（陆诒）、《娘子关弃守前后》（季云）等。

收藏单位：安徽馆、重庆馆、广东馆、贵州馆、国家馆、吉林馆、近代史所、南京馆、上海馆、西南大学馆

09869

西线风云　长江等著

上海：大公报馆，1937.11，242页，22开

上海：大公报馆，1937.11，再版，242页，24开

上海：大公报馆，1937.12，3版，242页，22开

本书收抗战初期晋察绥战场的通讯报道16篇，内容包括：《走向西战场》（长江）、《由娘子关出雁门关》（小方）、《今日的绥东》（溪映）、《可痛的张家口》（秋江）、《血战居庸关》（小方）、《南口迂回线上》（秋江）、《西线战场》（长江）、《怀来回忆》（长江）、《察南退出记》（长江）等。书后选录《从政府抗战到全民抗战》（柳湜）、《西战场之军事地理》（章丹枫）。书前有王芸生序。

收藏单位：北碚馆、东北师大馆、广东馆、广西馆、国家馆、湖南馆、南京馆、上海馆、绍兴馆、天津馆、浙江馆

09870

西线风云（增订）　长江编著

长江[发行者]，1938.1，371页，32开

长江[发行者]，1938.2，再版，371页，32开

本书收通讯报道26篇，较《西线风云》增加以下10篇：《朱德将军在前线》（徐盈）、《战地总动员》（徐盈）、《踏上五台山》（徐盈）、《危殆的山西》（渔叔）、《娘子关前线》（秋江）、《娘子关失陷记》（陆诒）、《退守晋东》（陆诒）、《吊忻口战场》（秋江）、《退出太原城》（秋江）、《八路军游击战》（溪映）。

书前有王芸生序和编著者的增订版自序。书后增加两篇：《抗日战争的经验》（林彪）、《目前抗战危机与坚持华北抗战的任务》（周恩来）。

收藏单位：安徽馆、重庆馆、东北师大馆、广东馆、广西馆、贵州馆、国家馆、湖南馆、江西馆、近代史所、辽大馆、南京馆、上海馆、中科图

09871

西线生活　西北战地服务团集体创作

[重庆]：生活书店，1939.4，250页，36开（西北战地服务团丛书5）

本书收文34篇，内容包括：《我们的戏剧和杂耍》（戈矛）、《关于抵陕后的公演》（丁玲）、《略谈突击的导演和演员》（聂绀弩）、《从花样翻新说起》（戈矛）、《一幅升平的书画》（袁勃）、《写在第三次公演前面》（丁玲）、《工作上的学习使我们渐渐长大了》（巍峙）等。附《西北战地服务团出外十月工作报告》。书前有编者的话、生活和工作照片30幅。

收藏单位：安徽馆、国家馆

09872

西线随征记　舒群著

汉口：上海杂志公司，1938.6，76页，32开（战地生活丛刊6）

本书收著者作为八路军随军记者写的战地通讯16篇，内容包括：《我走向了战场》《新识者与同行者》《出发前的月夜》《初识的一个人》《剪成一幅的剪影》《中国的"爱人"》《踏上了征途》《祖国在炮火中》等。

收藏单位：重庆馆、广西馆、国家馆、湖南馆、辽宁馆

09873

湘赣前线（解放战争时期湘赣前线通讯报道集）

第四兵团政治部，1949.9，70页，36开

本书共6辑：追歼白匪、回到湘赣苏区、亲密团结并肩作战、人民的爱与憎、战胜了酷暑、爱护老百姓。

收藏单位：重庆馆、国家馆、近代史所

09874

小李庄和共产党　洪崖等著

华中新华书店，1948.12，42页，50开（大众读物 文艺类）

本书收通讯报道16篇，内容包括：《小李庄和共产党》（洪崖）、《懒龙伸腰》（龙渊）、《生产模范石养士》（石为金）等。

收藏单位：国家馆

09875

新华通讯集（第1集）　新华日报馆编

汉口：新华日报馆，1938.6，122页，32开（新群丛书7）

汉口：新华日报馆，1938.9，再版，122页，32开（新群丛书7）

本书共3部分，收文26篇，内容包括：《彭德怀谈前线战况》（陆诒）、《北线动态》（陆诒）、《西线上的敌军俘虏》（焦敏之）、《平汉线上胜利的意义》（陆定一）、《从河北归来》（立波）、《神勇斗士廖宝财》（胡兰畦）、《争取老百姓回家》（柳林）、《上海工人参战追忆》（王家树）等。

收藏单位：北碚馆、重庆馆、广东馆、广西馆、贵州馆、国家馆、湖南馆、近代史所、南京馆

09876

新塞工厂劳动英雄阎吉自述　阎吉自述

[濮阳]：冀鲁豫书店，1945.3，6页，64开（陕甘宁边区生产运动丛书）

收藏单位：国家馆

09877

新英雄　冀鲁豫书店编

冀鲁豫书店，[1944—1948]，53页，64开

收藏单位：国家馆、南京馆

09878

新英雄

华北书店，1944.10，53页，大64开，环筒页装

本书收文6篇:《民兵劳动英雄张初元》《在北岳游击区斗争的张瑞同志》《反扫荡中的李勇》《王凤山的土炮队》《戎冠秀——子弟兵的母亲》《炮弹王甄荣典》。

收藏单位：国家馆

09879

新战士时来亮 冯牧等著

华北新华书店，1947.7，76页，32开（晋冀鲁豫边区文艺创作小丛书25）

本书收文5篇:《新战士时来亮》(冯牧)、《超过计划》(曾延伟)、《卫顺明和他的团长》(苏策)、《英雄李步周》(艾柏)、《小鬼与大炮》(芦焰)。

收藏单位：国家馆、吉林馆、山东馆、山西馆、天津馆

09880

新战士时来亮 冯牧著

华东胶东军区政治部宣传部，[1947—1949]，36页，64开（连队读物5）

本书记述解放军战士时来亮的成长过程和英勇战斗事迹。

收藏单位：国家馆、山东馆

09881

新战士时来亮 冯牧著

晋察冀军区政治部，[1947.3]，41页，64开

收藏单位：国家馆、山东馆

09882

新战士时来亮的故事 冯牧等著

[阳城]：太岳新华书店，1947.4，59页，32开

收藏单位：国家馆、山东馆

09883

新中国目击记

九龙：新中国丛书出版社，1948.10，72页，32开（新中国丛书 第2辑）

本书共4部分：专论、通讯、报告文学、文献。收文13篇:《人民解放战争两周年的总结和第三年的任务》《致前线工作的姊妹们》《前线女医务员在怎样工作》《新中国目击记》《新农村的经济情况》《在农村》《在发电厂里》《艺术工作者的活动》《中等学校今后正规教育的方针》《活捉康泽记》《无敌三勇士》《山东十载沧桑录》《反对自由主义》。

收藏单位：国家馆、首都馆

09884

行进在西线（从太原到临汾） 张天虚著

汉口：大众出版社，1938.3，96页，32开（抗战动员丛刊）

汉口：大众出版社，1938.4，再版，96页，32开（抗战动员丛刊）

本书记述抗战初期著者在西北战地服务团生活、工作的实况。收文14篇，内容包括:《在太原》《一个汉奸》《慰劳伤兵》等。附诗《西线上别歌》等两首。著者原题：天虚。

收藏单位：安徽馆、重庆馆、东北师大馆、广西馆、贵州馆、国家馆、江西馆、近代史所、南京馆、山西馆、上海馆、浙江馆

09885

幸福 仓夷著

哈尔滨：东北书店，1948.11，89页，32开

本书收文7篇:《幸福》《反“扫荡”断片》《无住地带》《边界上》《李雨》《爆炸英雄李勇》《小女工》。

收藏单位：长春馆、重庆馆、东北师大馆、国家馆、湖北馆、吉大馆、江西馆、山东馆

09886

幸福 仓夷著

晋察冀新华书店，1947.8，103页，32开

晋察冀新华书店，1947.11，2版，103页，32开

本书书前有周扬的前记。

收藏单位：国家馆、南京馆、山西馆

09887

许付三翻身 孙月心著

韬奋书店，1945.10，17页，32开，环筒页装

本书记述一个翻身农民的血泪家史。

收藏单位：国家馆

09888

血泪仇（解放军战士的控诉） 华东野战军第一纵队政治部宣教部编

出版者不详，1947.5，31页，32开

收藏单位：山东馆

09889

血泪的控诉 太行群众书店编

太行群众书店，1947.11，43页，36开

本书辑选农民诉苦文章及“三查”中干部思想反省文章。收文9篇，内容包括：《翻身英雄李保孩》《王元寿访瞎牛》《董有才悲愤诉往事》《一个思想转变的自述》等。附《东孟村挖“防空洞”经验》。

收藏单位：重庆馆、国家馆、山东馆、山西馆

09890

血泪的控诉（山东农民的痛苦和要求） 王耕今编

哈尔滨：东北书店，1946.11，83页，32开

佳木斯：东北书店，1948.3，再版，83页，32开

本书收通讯14篇，内容包括：《一封血泪的信》（榴琏）、《“山大王”的罪行》（孟光）、《长新桥农民的控诉》（金星鲁）、《王家楼的封建剥削》（黎明）、《泗河边人民的怨恨》（立言）等。

收藏单位：重庆馆、东北师大馆、国家馆、吉林馆、南京馆

09891

血泪的控诉（山东农民的痛苦和要求） 王耕今编

临沂：山东新华书店，1946.4，76页，32开

收藏单位：国家馆、南京馆、山东馆、天津馆

09892

血肉相联（拥军爱民故事） 刘白羽等著

佳木斯：东北书店，1947.8，88页，32开

本书收报道26篇，内容包括：《人民的战争》（刘白羽）、《辽吉前线纪行》（张蓓）、《民伕担架队》（王向立）、《担架第四班》（刘志忠）、《王清发披星守伤员》（黎阳）、《金安和三次上火线》（胡贸成）、《民伕英雄剪影》等。

收藏单位：长春馆、重庆馆、东北师大馆、国家馆、江西馆、山东馆、天津馆、西南大学馆、中科图

09893

血战八年的胶东子弟兵 八路军山东胶东军区政治部编

胶东新华书店，1945.8，226页，32开

胶东新华书店，1946.4，再版，226页，32开

本书讲述胶东八路军抗战期间的战史、战绩。收文64篇，内容包括：《燃起胶东抗战第一把烽火——雷神庙之战》（姜克）、《大青阳》（许萍）、《胜利在猛烈的开展着》（江流）、《粉碎敌人的乌龟壳》（江流）、《威名震昌潍》（笑藕）、《火线上》（江风）、《血洒青陵》（蒲英）、《伟大的收获》（王卞）等。书前有代序《八路军胶东部队抗战简史》（仲曦东）。

收藏单位：安徽馆、长春馆、东北师大馆、广东馆、国家馆、黑龙江馆、湖北馆、近代史所、南京馆、宁夏馆、山东馆、天津馆

09894

血战台儿庄 郭沫若等著 鲁公编

民族出版社，1938.4，86页，36开

本书收报道、评论11篇，内容包括：《鲁南胜利之外因》（郭沫若）、《抓住敌人弱点》（《新华日报》）、《台儿庄血战经过》（长江）、《台儿庄血战速写》（宇文济民）、《台儿庄大胜利》（金仲华）等。

收藏单位：安徽馆、北碚馆、重庆馆、贵州馆、国家馆、湖南馆、南京馆、陕西馆、天津馆

09895
延安访问记 陈学昭著
北极书店，1940.7，312 页，32 开
北极书店，1941.4，再版，312 页，32 开
本书记录著者访问延安的旅途经历以及到达延安之后的所见、所闻、所感。共 10 部分，内容包括：成渝路中与成都的两周生活、西安待车与西延途中、延安最初的一瞥等。
收藏单位：国家馆、上海馆

09896
延安归来 黄炎培著
东北书店，1946.3，35 页，36 开
本书记述著者于 1945 年 7 月 1—5 日偕褚辅成、冷遹、左舜生、傅斯年、章伯钧 5 人到延安访问的情况和观感，共 3 部分：延安归来答客问、延安五日记、诗。
收藏单位：广东馆、国家馆、江西馆、辽宁馆、南京馆

09897
延安归来 黄炎培著
重庆：国讯书店，1945.7，74 页，32 开
上海：国讯书店，1945.10，再版，74 页，36 开
收藏单位：安徽馆、北碚馆、重庆馆、广东馆、国家馆、黑龙江馆、湖南馆、近代史所、辽师大馆、南京馆、内蒙古馆、山西馆、上海馆、绍兴馆、首都馆、天津馆、浙江馆、中科图

09898
延安归来 黄炎培著
[威县]：冀南书店，[1945]，37 页，36 开
收藏单位：国家馆

09899
延安归来 黄炎培著
建国书店，[1945]，35 页，36 开
收藏单位：国家馆

09900
延安归来 黄炎培著
辽北出版社，1945，28 页，32 开
收藏单位：南京馆

09901
延安归来 黄炎培著
山东新华书店，1945.12，35 页，36 开
收藏单位：南京馆、山东馆

09902
延安归来 黄炎培著
韬奋书店，[1945]，38 页，32 开
收藏单位：国家馆

09903
延安归来 黄炎培著
大连：中苏友好协会，1946.5，51 页，32 开
收藏单位：东北师大馆、国家馆、江西馆、天津馆

09904
延安内幕 伍文编著
[上海]：四海出版社，1946.1，65 页，32 开
本书收文 18 篇，内容包括：《新民主主义倡导人毛泽东》《八路军总司令朱德》《八路军副总司令彭德怀》《贺龙林彪两师长》《报告文学作家欧阳山等等》《秧歌——延安作家的新成就》《女作家的先驱者丁玲》《“女绅士”陈学昭》《女演员陈波儿》《儿童保姆凌莎》《女同志的形形色色》等。
收藏单位：广西馆、南京馆、上海馆、浙江馆

09905
延安生活 刘白羽著
[佳木斯]：东北画报社，1947.1，40 页，32 开（东北画报文艺丛书 3）
本书收文 7 篇：《改变了面貌》《家庭》《工作与休息》《让人民自己来判定》《农村里的工作》《“咱们军民是一家人!”》《难为人民?》。
收藏单位：东北师大馆、国家馆、辽宁馆

09906
延安生活 刘白羽著

上海：现实出版社，1946.4，47页，36开（现实文丛）
上海：现实出版社，1947.1，47页，36开（现实文丛）

收藏单位：福建馆、甘肃馆、广东馆、国家馆、吉林馆、近代史所、辽宁馆、南京馆、山东馆、上海馆、首都馆、天津馆、中科图

09907
延安一月　赵超构著
重庆、成都：新民报社，1944.11，252页，32开（新民报丛书）
重庆、成都：新民报社，1944.12，再版，252页，32开（新民报丛书）
重庆、成都：新民报社，1945.1，再版，土纸本，252页，32开（新民报丛书）
上海：新民报社，1946.1，252页，32开（新民报文艺丛书6）
上海：新民报社，1946.2，再版，252页，32开（新民报文艺丛书6）

本书为著者参加中外记者团参观采访西北的通讯集，共两部分：西京—延安间、延安一月。收文47篇，内容包括：《西京情调》《临潼小驻》《潼关巡礼》《大荔·郃阳》《韩城·黄龙山》《渡河入晋》《山西新姿》《延安道上》《踏进延安》《毛泽东先生访问记》等。书前有张恨水序。沪初版出版者原题：新民报馆。

收藏单位：安徽馆、北碚馆、重庆馆、东北师大馆、广东馆、广西馆、贵州馆、国家馆、黑龙江馆、湖南馆、吉林馆、辽大馆、首都馆、天津馆、西南大学馆

09908
一个伤兵的愿望（人民解放军故事）　张寒塞编
北方出版社，1949.1，39页，32开

本书收报道10篇：《一个伤兵的愿望》《连长和士兵》《焦五保带领新战士》《悼念我们的副班长——毛燕》《排长，妈妈》《王连长》《在宿营地》《让炕》《真假李板头》《荣军的乐园》。

收藏单位：北师大馆、广东馆、国家馆、南京馆、上海馆、天津馆

09909
一九四七年元旦献礼　中国人民解放军第二野战军政治部编
[北平]：人民战士出版社，1949，25页，32开（人民战士丛刊）

本书收文15篇，内容包括：《从南面进攻巨野》（胡奇）、《毁灭三个拦路“虎”》（刘荣厚）、《巨野北关碉堡的占领》（罗永年）、《一夜两捷》（王立存）、《最先攻入巨野的二十四团》（王虎田）、《教导员方柏春》（黎木、辛鹰）、《宋喜江六破“三关”》（宋乃信）、《我叫“为人民”》（孟庆棠）、《冯庄将军缴枪的故事》（黄人）等。版权页题：元旦献礼。

收藏单位：重庆馆、南京馆

09910
一九四三年的劳动英雄（第3分册）
出版者不详，[1944]，[259]页，64开

本书收记述有关陕甘宁边区1943年的劳动英雄事迹的文章15篇，内容包括：《劳动英雄模范村长田二鸿》《六十岁劳动英雄孙万福》《青年农业劳动英雄李长清》《植棉英雄郭秉仁》《农业畜牧英雄贺保元》等。

收藏单位：国家馆

09911
一面光荣的旗帜（抗联巾帼列传）　白朗著
哈尔滨：光华书店，1947.11，75页，32开

本书收东北抗日联军女英雄事迹的报道7篇：《一面光荣的旗帜》《八烈士》《小妹妹》《民族女英雄李秋岳》《王勤夫人》《裴大姐》《张宗兰和她的嫂嫂》。书前有《写在〈一面光荣的旗帜〉前面》（冯仲云）。

收藏单位：长春馆、重庆馆、东北师大馆、国家馆、辽大馆、山东馆、天津馆、西南大学馆

09912
一面旗　晋冀鲁豫第四纵队政治部编
晋冀鲁豫第四纵队政治部，1947.8，64页，32开

本书记述晋冀鲁豫第四纵队 11 位英雄的事迹。

收藏单位：国家馆

09913

一年 丁玲著

华侨书报流通社，1939.7，95 页，32 开

本书主要记述西北战地服务团的活动，共 3 部分：出发前后、在山西之点滴、西安杂写。收文 26 篇。附《压碎的心》《七月的延安》《略谈改良平剧》。

收藏单位：国家馆

09914

一年 丁玲著

重庆：生活书店，1939.3，177 页，32 开（西北战地服务团丛书 9）

收藏单位：北碚馆、重庆馆、广西馆、贵州馆、国家馆、西南大学馆、浙江馆

09915

一年一月又三天 张寒塞辑

［北平］：北方出版社，1949.1，44 页，32 开

本书共 5 部分：一年一月又三天、为了胜利的撤退、保卫大西北之战、顽强的西北人民游击队、光复延安重建延安。收解放战争中从撤离延安至收复延安期间的新闻报道 29 篇。

收藏单位：东北师大馆、广东馆、国家馆、近代史所、南京馆、山东馆、山西馆、上海馆、天津馆

09916

英雄的故事 冀鲁豫日报社编

［朝城］：冀鲁豫书店，[1947]，53 页，64 开（边区群英丛书 1）

本书收边区英雄模范事迹的报道 4 篇：《临清的一面劳动旗帜——尚和庄》《攻击英雄李芝春》《战斗英雄白光》《工作模范苏瑞光同志》。

收藏单位：国家馆

09917

英雄的记录 刘白羽著

佳木斯：东北书店，1947.11，134 页，32 开（东北文艺丛书 3）

本书记述 1946 年夏至 1947 年夏东北战场上的英雄事迹。收报道 18 篇，内容包括：《林彪将军访问》《英雄的四平街保卫战》《西线行》《将胡匪消灭在大森林里》《王日才攻进望河铺》《郭家屯歼灭八八师战记》《村落战英雄孟绍武》《全面模范的第八连》《为祖国而战》《追向中长路》《公主岭入城记》《四平前线》等。书前有著者自序。

收藏单位：长春馆、重庆馆、东北师大馆、国家馆、黑龙江馆、吉大馆、吉林馆、辽宁馆、南京馆、山东馆、山西馆、天津馆

09918

英雄的晋察冀子弟兵

八路军留守兵团政治部，1944，26 页，32 开（战士小丛书 17）

本书共两部分：英雄的晋察冀子弟兵、晋察冀北岳区战斗英雄介绍。第 1 部分收文 5 篇，内容包括：《坚强不屈的革命意志、奋不顾身的自我牺牲》《舍己救人的革命美德》《狼牙山的勇士并没有死》《全部奇迹的秘密》等；第 2 部分收文 10 篇，内容包括：《杀敌英雄邓世军》《炸车英雄杨世明》《神枪手安全福》《爆炸大王李勇》《光荣的子弟兵的母亲戎冠秀》《民兵神枪手李殿永》等。

收藏单位：山东馆、山西馆

09919

英雄的十月 华山著

山东新华书店，1949，86 页，32 开（中国人民文艺丛书）

本书收报道 5 篇：《窑洞阵地战》《碉堡线上》《踏破辽河千里雪》《其塔木战斗的英雄们》《英雄的十月》。

收藏单位：重庆馆、国家馆

09920

英雄的十月 华山著

天津新华书店，1949.5，93 页，32 开（中国

人民文艺丛书）

本书收报道5篇:《窑洞阵地战》《碉堡线上》《踏破辽河千里雪》《其塔木战斗的英雄们》《英雄的十月》。

收藏单位：东北师大馆、国家馆、吉大馆、山西馆、西南大学馆、中科图

09921

英雄的十月　华山等著

武汉：中国人民解放军第四野战军华中军区政治部，1949.9，111页（部队文艺丛书2）

本书收报道5篇:《英雄的十月》（华山）、《红旗》（刘白羽）、《挂毛主席奖章的何云生》（荒草）、《归队》（王质玉）、《入关日记》（戴夫）。

收藏单位：国家馆、辽宁馆、天津馆

09922

英雄沟（通讯报告选）　郑笃等著

新华书店，1949.5，129页，32开（中国人民文艺丛书）

本书收文6篇:《英雄沟》（郑笃）、《李家沟反维持记》（袁潮）、《夺来的枪》（姬长义）、《我们的小组长》（苏策）、《天水岭群众翻身记》（朱襄）、《赵有功保田有功》（吴林泉）。

收藏单位：长春馆、东北师大馆、广东馆、国家馆、吉林馆、天津馆

09923

英雄故事（晋察冀边区二届群英大会）　晋察冀边区人民武装部编

晋察冀边区人民武装部，1945.4，68页，32开（人民武装队员政治教材2）

本书收晋察冀边区英雄人物事迹的报道14篇，内容包括:《“三全齐美”的李殿冰》《平山民兵英雄贾玉》《行唐荣军模范民兵英雄康福山》《易县民兵战斗英雄冯云兴》《满城战斗英雄李全子和他的游击小队》《定唐战斗英雄郝庆山》《安国民兵英雄刘通》等。书前有晋察冀边区人民武装部的通知。

收藏单位：国家馆、天津馆

09924

英雄牌　冯岗撰

[北平]：华北大学，1949，28页，32开

收藏单位：国家馆、辽宁馆

09925

英雄传　丁玲　陈学昭等著

大连：大众书店，1947.2，再版，2册（70+58页），32开

本书共两集。第1集收文5篇:《赵占魁同志》（张铁夫、穆青）、《袁广发》（丁玲）、《模范党员申长林同志》（荒煤）、《张治国的故事》（周民英）、《刘主任》（莫艾）；第2集收文9篇:《打井、兴学及其他》（天蓝）、《水利英雄张仲成》（刘漠水）、《送给前线的新礼物——炮弹》（谭荫溥）、《警卫英雄李树槐》（萧三）、《典狱长当鸿魁》（曾克）、《蒙民劳动的旗帜》（叶加林、蕴明）、《田保霖》（丁玲）、《张得胜》（杨朔）、《“熬劲儿大”》（陈学昭）。

收藏单位：国家馆

09926

英雄传　丁玲　莫艾　陈学昭等著

沈阳：东北书店，1946.10，2册（64+59页），32开

收藏单位：东北师大馆、国家馆、辽宁馆、上海馆、天津馆

09927

英雄传　丁玲　莫艾　陈学昭等著

张家口：新华书店晋察冀分店，1946.2，2册（92+75页），32开

收藏单位：国家馆、山西馆、中科图

09928

英勇的保卫者　白艾著

山东新华书店，1947.8，33页，32开

本书记述新四军的英雄事迹，收文7篇：《英勇的保卫者》《英勇的连队》《新上任的连长》《一百廿九处伤》《河防上的欢笑》《炮手们》《叫你还来进攻》。

收藏单位：国家馆、山东馆

09929
英勇的莱芜人民 白玉编
山东新华书店，1947.7，17 页，48 开（战时小丛书）

本书记述山东解放区莱芜人民英勇抗击蒋军进犯的事迹。收文 14 篇，内容包括：《打回城去重见爹妈》《解放区里老百姓就是兵》《十粒子弹缴来美式枪》《毛福明得机枪》等。

收藏单位：南京馆、山东馆

09930
英勇抗战故事（第 1 辑） 苏中出版社编
苏中出版社，1945.9，32 页，32 开

本书收抗战期间英雄模范事迹的报道 6 篇，内容包括：《子弹》《白区长桐本》《英雄黄士奇》《八万民兵的旗帜——何凤生》《伤兵母亲李桂英》等。

收藏单位：福建馆、国家馆、吉林馆、山东馆

09931
营长李文波的写作 李文波著
山东新华书店，1947.10，50 页，42 开（战时小丛书）

本书收通讯 14 篇，内容包括：《八路军人强心好》《袄袖上的鲜血》《城下见闻》等。

收藏单位：国家馆、山东馆

09932
拥爱模范 山东军区政治部宣传部编
佳木斯：东北书店，1947.11，48 页，32 开

本书收文 7 篇：《“我们的六连”》《拥爱模范门排长》《模范荣誉军人陈善》《拥爱劳动模范党彦召》《拥爱榜样于乐亭》《团结群众的模范范维士》《劳动英雄荣誉军人王永禄》。

收藏单位：重庆馆、东北师大馆、国家馆、辽宁馆

09933
拥爱模范故事 东北民主联军总政治部编
自卫出版社，1946.8，35 页，32 开（战士丛刊 2）

本书收文 5 篇：《模范荣誉军人陈善》《三大模范范维士同志》《拥爱榜样于乐亭》《拥爱模范门排长》《劳动英雄荣誉军人王永禄》。

收藏单位：吉大馆、南京馆

09934
由奴隶到英雄 胡宗锷等著
佳木斯：东北书店，1948.5，50 页，32 开

本书收文 12 篇：《在“大石房子”里》《李庆章诉苦摘录》《李海山诉苦》《老曲头吐尽了苦水》《地主恶霸豺狼心》《当了十六年牛马》《由奴隶到英雄》《坟》《买来当驴使唤！》《说不完的痛心事》《孩子们的诉苦》《穷孩子是怎样长大的》。

收藏单位：长春馆、东北师大馆、国家馆、吉大馆、江西馆、南京馆、山东馆

09935
游击线上 韦白洪编
汉口：星星出版社，1938.3，131 页，32 开

本书共 5 部分：中国抗日游击战的展开、平汉线的游击战、平郊抗日游击战的经过、八路军怎样战斗着、战斗中的东北抗日联军。

收藏单位：北碚馆、重庆馆、贵州馆、桂林馆、国家馆、南京馆、陕西馆、浙江馆

09936
豫北战役 中国人民解放军第二野战军政治部编
人民战士出版社，1949.6，34 页，32 开（人民战士丛刊）

本书记述 1947 年 4 月晋冀鲁豫解放军进行豫北战役的经过。收报道 17 篇，内容包括：《横扫妖魔》《三勇士大破闸口》《掀开了地狱之门》《三连血战白寺山》《快速纵队的快速覆灭》《活捉李守正》《家门口立功》等。书前有《豫北战役概述》。

收藏单位：重庆馆、国家馆、南京馆、武大馆

09937
怨悔 觉醒 控诉 东北书店编
佳木斯：东北书店，1947.10，119 页，32 开

本书记述蒋军士兵的不幸遭遇及被俘后

的思想转变等。收通讯报道31篇，内容包括:《美装“国军”之谜》《顽军的形形色色》《控诉》《蒋军团长危耀东死了以后》《从怀疑到相信》《蒋军中的女兵》《第二次》《从蒋军士兵的“歌谣”中看国民党的军队》等。

收藏单位：长春馆、重庆馆、东北师大馆、国家馆、黑龙江馆、宁夏馆、山东馆、山西馆、天津馆

09938
跃进大别山　王匡著　武汉人民艺术出版社编选
上海：上海杂志公司，1949.8，42页，32开（人民艺术丛刊4）

本书为著者1947年随军南下所写的报道，共4部分：跃进大别山、南征散记、进军江汉、蒋管区农村见闻。

收藏单位：东北师大馆、广东馆、国家馆、天津馆

09939
跃进大别山　中国人民解放军第二野战军政治部编
[北平]：人民战士出版社，1949.6，82页，32开（人民战士丛刊）

本书收报道29篇，内容包括:《向中原挺进》(邵文彬)、《战沙河》(董俊水)、《夺船》(张五中)等。

收藏单位：北师大馆、重庆馆、国家馆、南京馆、云南馆

09940
运河的血流　张天虚著
重庆：读书生活出版社，1939.6，105页，32开

本书共18部分，内容包括：赴前线去、平汉到陇海、找队伍、接敌的热情、遭遇的处女战等。

收藏单位：北碚馆、重庆馆、广东馆、贵州馆、国家馆、吉林馆

09941
运河的血流　张天虚作
[重庆]：张天虚[发行者]，1939.6，74页，32开

收藏单位：广东馆、广西馆

09942
杂谈苏联　茅盾著
上海：生活·读书·新知三联书店，1949.8，337页，32开

本书共4编，收文58篇。第1编涉及苏联国家组织和16个加盟共和国概况；第2编涉及苏联的经济、工矿、农业、交通；第3编涉及苏联的教育；第4编涉及苏联人民的生活。另有插图照片32幅。

收藏单位：重庆馆、东北师大馆、广东馆、广西馆、国家馆、黑龙江馆、湖北馆、湖南馆、吉林馆、辽宁馆、山西馆、首都馆、天津馆

09943
杂谈苏联　茅盾著
吉林：新中国书局，1949.7，再版，337页，32开

收藏单位：重庆馆、国家馆、黑龙江馆、吉林馆、辽宁馆、宁夏馆、天津馆

09944
杂谈苏联　茅盾著
上海：致用书店，1949.4，337页，32开

收藏单位：北碚馆、重庆馆、国家馆、黑龙江馆、南京馆、上海馆

09945
杂谈苏联
出版者不详，[1949]，1册，大16开

收藏单位：浙江馆

09946
在城郊前哨　严辰著　莫朴图
北平：天下图书公司，1949.9，78页，32开（大众文艺丛书第1辑）

本书收报道5篇:《战斗的一天》《搜查》《在城郊前哨》《人圈》《塞上村落见闻》。

收藏单位：长春馆、重庆馆、东北师大

馆、国家馆、吉大馆、吉林馆、山西馆、天津馆

09947
在火线上出入 郭沫若 田汉等著 辛之选辑
大文出版社，1938.9，79页，32开
本书收文9篇:《在前方——不朽的一夜》（徐迟）、《犒军去》（胡兰畦）、《前线归来》（郭沫若）、《前线两昼夜》（吴大琨）、《月夜访大场战线》（田汉）、《阵地巡礼》（冰莹）、《审汉奸》（胡兰畦）、《夜过码头镇》（长江）、《由日本回来了》（郭沫若）。
收藏单位：安徽馆、重庆馆、国家馆

09948
在伤兵医院中 哈华著
山东新华书店，1947.4，50页，32开
山东新华书店，1948，再版，50页，32开
本书共4部分：李部长访问记、负伤的战友们、服务在伤兵医院中的人民、忘我的医务工作者。收文16篇，内容包括:《最近几个月的工作概述》《技术上的创造》《伤员的迅速转运》《在重伤病室里》《骁勇善战的老战友》等。
收藏单位：重庆馆、国家馆、山东馆、天津馆

09949
在西战场 张庆泰著
上海杂志公司，1938.6，75页，36开（战地报告丛刊3）
本书收文8篇:《第一次冒险》《宝贵的教训》《开始学习》《第二次冒险》《最后的教训》《地道的门罗主义》《伟大的作风》《灵活游击战》。
收藏单位：重庆馆、东北师大馆、贵州馆、国家馆、吉林馆、江西馆、南京馆、上海馆

09950
闸北的血史 谢冰莹等著
上海：时代史料保存社，1937.12，104页，32开（抗战报告文学选辑6）
本书收文15篇，内容包括:《闸北退却记》（杨纪）、《火中的闸北》（申记者）、《梵皇渡头》（张常人）、《大战东林寺》（胡兰畦）、《军中三日记》（胡兰畦）、《陈家行血战十日记》（诚）、《前线两昼夜》（吴大琨）等。书前有华之国的弁言。著者原题：冰莹。
收藏单位：重庆馆、贵州馆、国家馆、黑龙江馆、吉林馆、近代史所、南京馆、上海馆、西南大学馆

09951
瞻回东战场 长江 罗平等著
汉口：生活书店，1938.2，161页，36开（“抗战中的中国”丛刊3）
汉口：生活书店，1938.5，再版，161页，36开（“抗战中的中国”丛刊3）
本书收抗战初期上海、苏州、嘉兴一带的战况通讯16篇，内容包括:《忆夜战场》（长江）、《乍浦到浦东》（罗平）、《南翔归来》（许华）、《难民的行列》（林娜）、《沪太路上》（柳岩）、《从上海到苏州（一）》（焚戈）等。
收藏单位：广西馆、贵州馆、国家馆、湖南馆、江西馆、上海馆、首都馆、浙江馆

09952
战场就是课堂（垣、翼战斗通讯选集） 太岳军区政治部编
[阳城]：太岳新华书店，1947.3，55页，32开
本书记述解放战争时期山西垣曲、翼城一带我军战斗情况。收文26篇，内容包括:《焦五保战斗互助组》（革飞）、《扑灭“奋斗团”》（克仁）、《单身俘敌四十二》（言谨）、《记曲村歼灭战》（朗樵）、《打开狱门》（沙藤）、《阳城担架队前线立功》（何微）等。
收藏单位：国家馆

09953
战地日记（火线上的写实） 萧向荣 曹聚仁 王景琦著 无暇编
之初书店，1938，72页，32开
本书共3编：北战场上的日记、东战场

上的日记、随军三月杂忆。第1编收文6篇，内容包括:《出发去毁灭敌人》《向白岩台开进》《冒着雨前进》等；第2编收文5篇，内容包括:《信号灯的牺牲者》《拉锯般拉了十多天》《一部纪念册》等；第3编收文17篇，内容包括:《想到那里写到那里》《一位折臂军官》《受弹炸的洗礼》等。

收藏单位：重庆馆、国家馆、吉大馆

09954

战地书简　姚雪垠著

上海杂志公司，1938.6，75页，36开（战地报告丛刊4）

本书收文11篇:《我们的游击队》《捉放汉奸》《进诸城》《教育篇》《民运篇》《民运续篇》《诸城之战》《百尺河战斗小记》《矛盾在增涨着》《破裂》《长征》。

收藏单位：安徽馆、重庆馆、广东馆、广西馆、贵州馆、国家馆、江西馆、南京馆、宁夏馆、浙江馆

09955

战地一年　胡兰畦等编著

重庆：生活书店，1939.3，215页，32开

重庆：生活书店，1940.12，215页，32开

本书收上海劳动妇女战地服务团成员写的抗日战地情况报道48篇，内容包括:《做大事》《参加抗战的一年》《我们服务团的过去和现在》《介绍介绍》《由家庭到战地》《到战地去》《第一次见总司令》《杀汉奸》《工作回来》等。

收藏单位：北碚馆、重庆馆、广东馆、贵州馆、国家馆、吉林馆、江西馆、近代史所、南京馆、上海馆、西南大学馆

09956

战斗和生产的旗帜　穆青等著

新唐山日报社，[1940—1949]，83页，32开（职工读物1）

本书收英雄模范事迹报道8篇:《新劳动态度的模范》（穆青）、《劳动旗手甄荣典》（华山）、《战斗和生产的旗帜》（煌颖）、《女工的榜样》（常工）、《“刘伯承工厂”运动》（华山）、《不屈的苦斗》（常工）、《团结和教育工人的核心》（济臣）、《“速度就是生命”》（汪溪）。

收藏单位：国家馆、吉林馆、辽宁馆、山东馆

09957

战斗小故事　西虹等著　东北画报社编

[哈尔滨]：东北画报社，1948.10，22页，32开（东北画报丛刊3）

本书收解放战争时期东北战场上我军民英勇战斗的报道11篇:《单人作战》（西虹）、《曲纪玉夜摸碉堡》（洛清）、《电话员》（西虹）、《猛打猛冲的李长明》（吴济嫔）、《担架队巧计夺枪》（马骥）、《俘虏的冻脚》（华山）、《战场上救老乡》（贺荒）、《黑夜深山救伙伴》（西虹）、《指导员和一个碗》（印章）、《我不能再留它了》（孙泽斌）、《帽子干粮送俘虏》。

收藏单位：重庆馆、国家馆、辽宁馆、山东馆、天津馆

09958

战斗在晋西北的英雄们

八路军留守兵团政治部，1944.3，54页，32开（战士小丛书16）

本书共两辑：几个战斗的故事、战斗英雄们。收文12篇:《晋西北的战斗》《汾阳大营盘之战》《在“峰子头”上》《甄家庄战斗》《骑兵在战斗中》《战斗英雄吴士正》《青年战斗英雄郭六有》《康家会战斗中的英雄》《模范青年党员贾萱》《大营盘战斗的勇士》《两人抗击敌寇二百的勇士赵亮生、尹培风》《战斗的故事》。

收藏单位：国家馆

09959

战斗在太行山上　江楞等著

光明出版社，1946.5，88页，36开

本书共两部分：围困敌人的故事、几个战例。收文18篇，内容包括:《围困蟠龙的故事》《围困蟠龙的第六连》《围困榆社的几个故事》《围困沁源的蔡团》《围困敌人、保护群众过新年》《胡蛮岭歼敌记》《强袭沁源之

役》《韩略伏击战》等。

收藏单位：东北师大馆、吉大馆、山西馆

09960

战斗在太行山上 联防军政治部宣传部编

联防军政治部，1944，94 页，32 开（战士小丛书 20）

本书共 6 部分：围困敌人的故事、几个战例、战斗英雄和模范连队、战斗在太行山上、窑洞阵地战、晋东南民兵的故事。

收藏单位：国家馆、近代史所

09961

战斗中的陕北 舒湮著

上海：文缘出版社，1939.3，88+57 页，32 开

本书共 16 部分：政制的轮廓、锐进的民政、困境中的财政、国防教育、陕北公学、抗大、经济建设的现况、新经济建设计划、司法制度、民众运动的特质与任务、民众团体的组织、民众动员技术问题、一般文化的建设、朱德与第八路军、夜访毛泽东、洛甫的会见。附《延安行》。书前有著者自序。

收藏单位：国家馆、南京馆、上海馆、浙江馆

09962

战犯水浒传（第 1 集） 若梦编

上海：大同出版社，1949.6，32 页，36 开

本书全 6 集，仅见第 1 集。

收藏单位：国家馆、上海馆

09963

战士们（文艺报告） 雪立 唐克等著

哈尔滨：光华书店，1948.11，95 页，32 开

本书收文 14 篇，内容包括：《布尔塞维克在火线上》《英雄印象记》《第二班》《为了穷哥儿们》《陈守礼和李芳》《坚守商家屯的陈琦和一排》等。附唐克、雪立的文章各两篇。

收藏单位：安徽馆、长春馆、重庆馆、东北师大馆、广西馆、国家馆、吉林馆、江西馆、辽宁馆、山东馆、上海馆、天津馆、西南大学馆、云南馆

09964

战友文选

冀鲁豫边军区政治部，[1937—1945]，石印本，181 页，64 开

收藏单位：南京馆

09965

张瑞办合作社 张明作

［张家口］：晋察冀边区教育阵地社，1946.5，14 页，32 开（群众读物 16）

本书记述晋察冀边区人民组织起来发展生产的先进事迹。

收藏单位：北师大馆、国家馆、江西馆、天津馆

09966

征途上 张天虚著

汉口：上海杂志公司，1938.6，92 页，32 开（战地生活丛刊 5）

本书为著者在抗日战争时期随同西北战地服务团从延安到太原途中的见闻纪实。收文 13 篇，内容包括：《出发的送别式》《边区和苏区》《三个儿子的母亲》等。

收藏单位：北碚馆、重庆馆、江西馆、辽大馆、南京馆、上海馆

09967

植棉英雄郭秉仁 中共西北中央局调查研究室编

江淮出版社，1944.4，7 页，64 开（陕甘宁边区生产运动丛书）

本书介绍郭秉仁植棉事迹及翻地、上粪、入种、分苗的经验。

收藏单位：南京馆

09968

中国新型女英雄 孔厥等著

佳木斯：东北书店，1947.12，97 页，32 开

佳木斯：东北书店，1948.10，再版，97 页，32 开

本书收文 11 篇：《一个女人翻身的故事》《女英雄陈桂香》《女劳动英雄张秋林》《女工劳动英雄李凤莲》《家属劳动英雄陈敏同志》

《共产党员之妻》《女县长》《“伤兵母亲”李桂英》《厉大娘》《碑》《马老太太》。

收藏单位：长春馆、重庆馆、东北师大馆、国家馆、吉林馆、南京馆、山东馆、天津馆

09969

中国游记

安东（丹东）：辽东建国书社，1946.9，再版，62页，32开（时论选集14）

本书揭露国民党统治区反动黑暗的状况。辑选《新华日报》《解放日报》等所载时论、报道共15篇，内容包括：《痛恶国民党统制文化政策》《重庆的戏剧运动》《反对假民主》《“坚持独裁无异自掘坟墓”》等。

收藏单位：安徽馆、重庆馆、东北师大馆、广东馆、国家馆、上海馆

09970

中原大战的序幕 陆诒等著

广州：战时出版社，[1930—1939]，138页，32开（战时小丛书82）

本书共4编：战局论、北线战影、活跃的游击队、前方的后方。

收藏单位：重庆馆、广西馆、贵州馆、国家馆、江西馆、南京馆、上海馆、西南大学馆

09971

中原突围记 孔厥等编

中国出版社，1947，55页，32开

本书共两部分：东路突围、西路突围，收文10篇。书前有《人民军队是不可战胜的！》。书后有《王将军访问记》。

收藏单位：广东馆

09972

众英雄各显神通 太岳武委总会编

[阳城]：太岳武委总会，1947.10，97页，36开（民兵英雄故事选集2）

本书收报道36篇，内容包括：《神鬼难防的“六把盒子”》（赵锐等）、《民兵的旗帜》（安畏）、《水陆英雄李传玉》（力民）、《崔小毛》（泽民）、《好汉程忠义》（加里）等。

收藏单位：国家馆

09973

转移（报告） 孟繁彬著

[兴县]：晋绥边区吕梁文化教育出版社，1944.10，35页，32开（“七七七”文艺奖金获奖作品 散文类 丙等奖）

本书共7部分：第一天的出发前后、执行任务中的樊斌、韩村战斗中的师政委、小牛战斗中的耿旺、郭村战斗中的机枪班、重机枪排和炊事班、会合。

收藏单位：国家馆、天津馆

09974

字字血泪句句仇 和柯编

威县：冀南书店，1947.12，59页，36开

本书为解放区土改时各地工农、妇女诉苦材料选编。收诗文14篇，内容包括：《字字血泪句句仇》（宝光）、《织布机》（张海波）、《佃户的苦情》（新垣）等。

收藏单位：国家馆

09975

最后的渣滓 洪荒著

长春：东北书店，1949.4，31页，32开

本书收文10篇：《群狗争食》《南飞——逃命》《升官图》《“官货”膨胀》《“死魂灵”》《抢劫、撕打》《盗卖》《特殊商贩》《参谋业务与“平鸡王”》《三大任务，五大光》。

收藏单位：长春馆、东北师大馆、国家馆、辽大馆、山东馆

散　文

09976

白杨礼赞 茅盾著

桂林：柔草社，1943.2，146页，36开

本书共4辑，收文18篇，内容包括：《黄昏》《雷雨前》《风景谈》《白杨礼赞》《卖豆腐的哨子》《红叶》《邻一》《邻二》《冥屋》等。系著者1932—1942年间的作品。

收藏单位：重庆馆、广西馆、贵州馆、国家馆、辽宁馆

09977
白杨礼赞　茅盾著
上海：新新出版社，1946.5，146页，36开
收藏单位：重庆馆、广东馆、贵州馆、国家馆、黑龙江馆、吉林馆、上海馆、首都馆、中科图

09978
北伐　郭沫若著　杨朔　孙陵合编
上海：北雁出版社，1937.6，209页，32开（创作丛书）
上海：北雁出版社，1937.7，再版，209页，32开（创作丛书）
上海：北雁出版社，1937.11，3版，[209]页，32开（创作丛书）
本书收散文4篇：《曲江河畔》《北伐途次》《宾阳门外》《双簧》。书前有影印的著者笔迹及著者在北伐时代的照片。
收藏单位：重庆馆、广西馆、贵州馆、国家馆、湖南馆、南京馆、西南大学馆、浙江馆

09979
赤都心史　瞿秋白著
外文题名：Impressions of Soviet Russia
上海：商务印书馆，[1924.6]，159页，32开（文学研究会丛书）
本书为著者1921年2月至1922年3月旅居莫斯科时所写的随笔、杂感、游记及诗歌（包括译诗）的结集，共49篇。
收藏单位：重庆馆、国家馆、黑龙江馆、中科图

09980
此时此地集　夏衍著
桂林：文献出版社，1941.5，64页，32开（野草丛书1）
桂林：文献出版社，1941.8，再版，64页，32开（野草丛书1）
桂林：文献出版社，1942.3，3版，64页，32开（野草丛书1）
本书收杂文24篇，内容包括：《旧家的火葬》《谈自己》《忆聂耳》《少了一个说真话的人（悼孙寒冰先生）》《鲁迅没有看错人》《何必苛责林语堂》等。
收藏单位：北碚馆、重庆馆、广东馆、广西馆、贵州馆、桂林馆、国家馆、黑龙江馆、湖南馆、吉林馆、江西馆、南京馆、内蒙古馆、西南大学馆

09981
“工农园地”选集
大连：大众书店，1948.8，61页，32开（大众通俗丛书3）
本书收《大连日报》“工农园地”栏目发表的44篇反映工农生活的文章。书前有阿英序。
收藏单位：国家馆、辽宁馆、南京馆、山东馆

09982
黑红点　吴伯箫著
佳木斯：东北书店，1947.4，98页，32开
本书共两集。第1集写敌后战斗，收文7篇：《黑红点》《打娄子》《游击队员宋二童》《化装》《一坛血》《文件》《“调皮司令部”》；第2集写生产，收文4篇：《南泥湾》《“火焰山”上种树》《新村》《孔家庄纪事》。书后有后记。
收藏单位：长春馆、东北师大馆、国家馆、南京馆、山东馆、上海馆、天津馆、浙江馆

09983
纪念与回忆　魏东明著
长春：东北书店，1949.4，82页，32开
本书共4部分：纪念“一二·九”、纪念鲁迅先生、纪念陶行知先生、纪念东北抗日联军。收文13篇，内容包括：《“一二·九”时代的青年》《鲁迅创作的道路》《鲁迅论辛亥革命》等。
收藏单位：长春馆、东北师大馆、复旦馆、广东馆、国家馆、湖南馆、宁夏馆、上

海馆

09984
冀东行　方思作
香港：新生出版社，1948.4，60页，32开
本书记录作者在冀东解放区的所见所闻，收书信9封：《逃亡》《朋友们》《人民是不可被战胜的》《土改狂潮遍地来》《保护工商业》《逃亡地主的悲哀》《北方大学》《过年前后》《跨进新世纪》。
收藏单位：重庆馆、国家馆、近代史所、首都馆

09985
街头讲话　柳湜著
柳湜[发行者]，1936.7，再版，390页，32开
柳湜[发行者]，1937.3，3版，390页，32开
本书收随笔、杂感50篇。其中35篇曾从1934年8月起发表于《新生》杂志“街头讲话”专栏，该刊停刊后，著者续写15篇。
收藏单位：北碚馆、重庆馆、东北师大馆、广东馆、广西馆、贵州馆、国家馆、湖北馆、吉林馆、近代史所、上海馆、首都馆

09986
街头讲话　柳湜著
上海：生活书店，1939.1，3版，390页，32开
收藏单位：长春馆、贵州馆、西南大学馆、浙江馆

09987
抗战小品文　水甫编辑
汉口：人民出版社，1938.4，129页，32开
本书收小品文30篇，内容包括：《从前线归来》《在新乡》《到了临汾》《淮矿一夜》《千万个中的一个》《鹦鹉洲》《第一次的战斗》《京山近事》等。
收藏单位：国家馆、上海馆、西南大学馆、中科图

09988
控诉　巴金著
上海：烽火社，1937.11，64页，32开（烽火小丛书1）
广州：烽火社，1938，3版，64页，32开（烽火小丛书1）
重庆：烽火社，1940.7，5版，64页，32开（烽火小丛书1）
本书共4辑。收文11篇，内容包括：《从南京回上海》《只有抗战这一条路》《站在十字街头》《一点感想》《应该认清敌人》《自由快乐地笑了》《我们》《给死者》等。其中除两篇为1931年和1932年所写外，余下9篇均是1937年的作品。书前有前记。
收藏单位：北碚馆、重庆馆、贵州馆、国家馆、江西馆、西南大学馆

09989
控诉　巴金著
桂林：文化生活出版社，1941.12，桂1版，64页，32开（呐喊小丛书2）
收藏单位：广东馆、贵州馆、国家馆、南京馆

09990
鲁迅与中国青年　萧三等著
[上海]：创造文粹社，1941.10，48页，32开（创造文粹）
本书收文5篇：《鲁迅与中国青年》（萧三）、《新的一代》（荒煤）、《由封建的中国到半殖民地半封建的中国》（伯达）、《是“社会价值”还是劳动价值?》（许涤新）、《发展是对立底统一和斗争》（列本金）。
收藏单位：广东馆、国家馆

09991
盲肠炎　郭沫若著
上海：群益出版社，1947.6，90页，36开
本书收文9篇：《盲肠炎》《一个伟大的教训》《五卅的反响》《穷汉的穷谈》《双声叠韵》《马克思进文庙》《不读书好求甚解》《卖淫妇的饶舌》《向自由王国的飞跃》。书前有题记。

收藏单位：重庆馆、东北师大馆、广西馆、国家馆、湖南馆、吉林馆、内蒙古馆、上海馆、首都馆、天津馆、武大馆、浙江馆、中科图

09992
莫斯科印象记 胡愈之著
上海：新生命书局，1931.8，17+151 页，32 开
上海：新生命书局，1931.11，3 版，17+151 页，32 开
上海：新生命书局，1932.10，5 版，17+151 页，32 开（社会与教育社丛书 1）
上海：新生命书局，1933.2，6 版，17+151 页，32 开（社会与教育社丛书 1）

本书记述著者 1931 年初自法国归国途经莫斯科的见闻印象。收文 41 篇，内容包括：《跨进普罗之国》《莫斯科车站》《奇景》《电车上的斗争》《莫斯科苏维埃》《D 同志的家庭》《住宅荒》《新闻记者的食堂》《艰难的过渡期》等。书前有著者自序。

收藏单位：安徽馆、北碚馆、重庆馆、东北师大馆、广东馆、广西馆、国家馆、黑龙江馆、湖南馆、江西馆、近代史所、南京馆、内蒙古馆、宁夏馆、山西馆、上海馆、首都馆、天津馆、西南大学馆、浙江馆

09993
南行杂记 胡愈之著
重庆：生活书店，1940.1，46 页，32 开

本书收文 6 篇：《侵略者炮火线上的越南》《暹罗与越南》《今日的安南民族》《中国人在北圻》《在谅山访百岁老人》《越南与中国抗战》。

收藏单位：北碚馆、北师大馆、重庆馆、广东馆、贵州馆、桂林馆、国家馆、湖南馆、吉林馆、南京馆

09994
炮火的洗礼 茅盾著
重庆：烽火社，1939.4，45 页，32 开（烽火小丛书 6）

本书收文 15 篇，内容包括：《站上各自的岗位》《写于神圣的炮声中》《街头一瞥》《炮火的洗礼》《今年的“九·一八”》《光饼》《内地现状的一鳞一爪》《三件事》《“孤岛”见闻》《还不够“非常”》《忆钱亦石先生》等。

收藏单位：北碚馆、重庆馆、国家馆、江西馆

09995
炮火的洗礼 茅盾著
桂林：文化生活出版社，1941.2，桂 1 版，45 页，32 开（呐喊小丛书 1）

收藏单位：重庆馆、广东馆、国家馆、吉林馆、南京馆、首都馆

09996
萍踪寄语（三集） 邹韬奋著
［上海］：［生活书店］，1935.10，472 页，32 开
上海：生活书店，1936.2，再版，472 页，32 开
［上海］：［生活书店］，1936.7，3 版，472 页，32 开
［上海］：［生活书店］，1937.4，4 版，472 页，32 开
上海：生活书店，1938.5，5 版，472 页，32 开
上海：生活书店，1939.2，6 版，472 页，32 开
上海：生活书店，1939.5，7 版，472 页，32 开

本书记述著者游历苏联时的见闻观感。收文 66 篇，内容包括：《初登西比尔》《两个会》《初到列宁格拉》《上岸后的第一天》《小布尔乔亚的末路》《谈苏联旅行社》《莫斯科的鸟瞰》等。书前有著者撰写的三集弁言。著者原题：韬奋。

收藏单位：重庆馆、东北师大馆、广东馆、广西馆、贵州馆、国家馆、黑龙江馆、江西馆、近代史所、辽大馆、内蒙古馆、宁夏馆、山西馆、上海馆、首都馆、天津馆、西南大学馆

09997
萍踪寄语选集　邹韬奋著
大连：光华书店，1948，再版，145 页，32 开（光华丛刊 6）
本书著者原题：韬奋。
收藏单位：国家馆

09998
萍踪寄语选集　邹韬奋著
重庆：生活书店，1945，218 页，32 开
本书收文 36 篇，内容包括：《表面和里面——罗马和那不勒斯》《离意大利后的杂感》《世界公园》《操纵于资产集团的巴黎报界》《法国教育与中国留学生》《在法的青田人》《英报背景和对华态度》《继续努力解放的爱尔兰》《从爱尔兰归途中》等。著者原题：韬奋。
收藏单位：重庆馆、国家馆、南京馆、上海馆

09999
萍踪寄语选集　邹韬奋著
上海：韬奋出版社，1946.1，胜利后 1 版，218 页，32 开
上海：韬奋出版社，1946.9，胜利后 2 版，218 页，32 开
[上海]：韬奋出版社，1947，胜利后 2 版，145 页，32 开
[上海]：韬奋出版社，1947.7，胜利后 3 版，218 页，32 开
上海：韬奋出版社，1948.7，胜利后 4 版，218 页，32 开
大连：韬奋出版社，1948.8，再版，145 页，32 开
本书著者原题：韬奋。
收藏单位：安徽馆、北碚馆、长春馆、重庆馆、东北师大馆、国家馆、江西馆、辽师大馆、内蒙古馆、宁夏馆、山东馆、山西馆、上海馆、首都馆、武大馆

10000
萍踪忆语　邹韬奋著
[上海]：韬奋出版社，1945.11，胜利后 1 版，432 页，32 开
大连：韬奋出版社，1946.10，胜利后 2 版，274 页，32 开
上海：韬奋出版社，1946.11，胜利后 2 版，432 页，32 开
大连：韬奋出版社，1947.7，3 版，274 页，32 开（光华丛刊）
[上海]：韬奋出版社，1948.3，胜利后 3 版，432 页，32 开
哈尔滨：韬奋出版社，1948.8，东北版再版，274 页，32 开（光华丛刊）
本书介绍美国政治、经济、社会、文化等方面的情况。收文 37 篇，内容包括：《帝国主义麻醉下的种族成见》《从伦敦到纽约》《物质文明与大众享用》《美国劳工运动的大势》《杂志国》《美国农民的怒潮》等。书前有著者弁言。著者原题：韬奋。
收藏单位：重庆馆、东北师大馆、广东馆、广西馆、国家馆、黑龙江馆、湖南馆、辽大馆、内蒙古馆、宁夏馆、山东馆、山西馆、武大馆、浙江馆

10001
狮和龙　默涵著
香港：人间书屋，1949.6，157 页，32 开（人间文丛）
本书收文 43 篇，内容包括：《打倒穷困》《两种迷信》《垂死的“流氓文化”》《讽刺和歌颂》《从高尔基学生活》《狮和龙》《文艺与自由》等。其中有 1942 年写于延安的两篇，1945 年写于重庆的 6 篇，1947—1949 年写于香港的 35 篇。书前有前记。
收藏单位：东北师大馆、国家馆、吉林馆、南京馆、内蒙古馆、上海馆、天津馆、浙江馆

10002
时事两面观　邢肇棠著
[惠民]：渤海新华书店，1946.6，85 页，36 开
本书收杂文 48 篇，内容包括：《空想与事实》《妇女解放》《言行录》《史记》《慈禧太后的功绩》《革命的功绩》《讨伐武汉政府》《没找着》《成都市民的提灯大会》等。

收藏单位：重庆馆、山东馆

10003
时事两面观 邢肇棠著
东安（密山）：东北书店，1947.7，93页，32开
本书收杂文39篇。书前有编者的初版前言等。
收藏单位：重庆馆、东北师大馆、国家馆、黑龙江馆、湖南馆、辽大馆、山东馆、山西馆、上海馆、天津馆

10004
时事两面观 邢肇棠著
[左权]：华北书店，1943，86页，32开
收藏单位：国家馆

10005
时事两面观 邢肇棠著
胶东新华书店，1945.10，82页，32开
胶东新华书店，1946.9，3版，82页，32开
收藏单位：广东馆、国家馆、近代史所、南京馆、山东馆

10006
实践论 柳湜著
上海：读书生活出版社，1936.10，84页，36开（角半小丛书）
上海：读书生活出版社，1936.12，再版，84页，36开（角半小丛书）
上海：读书生活出版社，1937.4，3版，84页，36开（角半小丛书）
本书收有关抗日救亡的杂文短论7篇：《实践论》《幼稚病》《清一色的公式主义》《太狭隘了》《用新的尺度看人》《关于态度》《杂志论》。书前有著者前言。
收藏单位：北碚馆、重庆馆、东北师大馆、国家馆、湖北馆、吉林馆、南京馆

10007
天地玄黄 郭沫若著
上海：大众书店，1948.9，355页，25开
本书收著者抗战胜利后到1947年所写的一些杂文，也包括若干篇学术论文，内容包括：《天地玄黄》《苏联问题二三事》《民族解放的先锋》《走向人民文艺》《诗歌与音乐》《悼闻一多》《路边谈话》《替胡适改诗》《春天的信号》等。书前有序。
收藏单位：长春馆、重庆馆、东北师大馆、国家馆、吉大馆、陕西馆、天津馆

10008
现代杂文选 杨晋豪编
上海：北新书局，1936.5，261页，36开（新型文艺丛刊）
上海：北新书局，1936.11，再版，261页，36开
本书收文43篇，内容包括：《我们这文坛》（茅盾）、《速写》（胡风）、《二丑艺术》（鲁迅）、《笼统哥之统一》（陶行知）、《整理好了的箱子》（夏丏尊）、《一个车夫》（巴金）、《褐色恐怖》（邹韬奋）等。书前有《关于杂文》（杨晋豪）。
收藏单位：重庆馆、东北师大馆、贵州馆、国家馆、黑龙江馆、吉林馆、江西馆、辽师大馆、山东馆、上海馆、绍兴馆、西南大学馆

10009
新俄国游记（从中国到俄国的记程） 瞿秋白著
上海：商务印书馆，1922.9，131页，32开（文学研究会丛书）
上海：商务印书馆，1923.5，再版，131页，32开（文学研究会丛书）
上海：商务印书馆，1924.5，3版，131页，32开（文学研究会丛书）
本书记述著者1920年底自中国到苏联途中的见闻及感想。书前有绪言。书后有跋。
收藏单位：广东馆、国家馆、湖南馆、江西馆、近代史所、上海馆、首都馆、天津馆、浙江馆

10010
血书 聂绀弩著
[上海]：群益出版社，1949.8，298页，32开

（群益文艺丛书）

本书共两辑：礼貌篇、血书。收杂文 40 篇，内容包括：《论乌鸦》《有奶就是娘与干妈妈主义》《礼貌篇》《我若为王》《血书》等。

收藏单位：长春馆、重庆馆、东北师大馆、广东馆、国家馆、黑龙江馆、江西馆、辽大馆、南京馆、内蒙古馆、山西馆、上海馆、天津馆、西南大学馆

10011

血书　聂绀弩著

野草出版社，1949.8，53 页，32 开（群益文艺丛书）

收藏单位：广西馆

10012

夜读书记　辛笛著

上海：森林出版社，1949.1，190 页，32 开

本书收书籍评介文章 11 篇，内容包括：《看图识字》《展笑尝新》《父与子》《医药的故事》《杂志与新精神》《英美俚语字典谈》《今日英美风行的十九世纪小说家》等。附《敬悼闻一多先生》《春日草叶》《费正清撰〈西人论华书目〉》。书前有前言。书后有后记。

收藏单位：重庆馆、东北师大馆、国家馆、辽大馆、辽宁馆、辽师大馆、上海馆、首都馆、西南大学馆

10013

一得书　焕南著

新华书店，1945.9，40 页，36 开

本书是著者在工作和学习中写下的心得体会，收杂感文章 18 篇，内容包括：《我们应该有的作风》《怎样做县长》《关于减租》《感性与理性》《口头与书面》《关于写字》等。

收藏单位：国家馆、山东馆

10014

沂蒙山　蒋元椿著

山东新华书店，1948.3，46 页，36 开（文艺创作丛书）

本书收散文 8 篇：《沂蒙山》《无人区》《乡音》《天亮庄》《母亲》《肩膀》《鸡与树》《懦怯者》。书后有著者后记。

收藏单位：河南馆、南京馆、山东馆

10015

羽书集　郭沫若著

香港：孟夏书店，1941.11，411 页，32 开

本书共 4 辑，收文 58 篇，内容包括：《和平的武器与武器的和平》《巩固反侵略的战线》《复兴民族的真谛》《文化人当前的急务》《忠告日本政治家》《关于敏子的信》《国难声中怀知堂》《庄子与鲁迅》《革命诗人屈原》等。书前有著者自序。

收藏单位：黑龙江馆

10016

羽书集　郭沫若著

重庆：群益出版社，1945.1，渝 1 版，258 页，32 开

上海：群益出版社，1947.3，258 页，32 开（沫若论文集 4）（郭沫若文集 第 2 辑）

本书共 3 辑，收散文 48 篇。书前有著者自序。

收藏单位：北碚馆、长春馆、重庆馆、东北师大馆、广东馆、广西馆、国家馆、湖南馆、吉林馆、江西馆、近代史所、辽大馆、南京馆、内蒙古馆、山西馆、绍兴馆、首都馆、天津馆、中科图

10017

早醒记　聂绀弩著

桂林：远方书店，1942.11，109 页，32 开

本书收杂文 15 篇，内容包括：《早醒记》《给鼠辈》《拥护忠王李秀成》《谈〈封神榜〉》《魔鬼的括弧》《谈杂文》《知父莫若女》《胡风的水准》等。书前有题记。著者原题：绀弩。

收藏单位：重庆馆、东北师大馆、桂林馆、国家馆、山西馆、上海馆、武大馆、西南大学馆

10018

闸北孤军记　郭沫若　徐迟等著　叶兆洲编

上海：战时读物编译社，1937.11，59页，36开

本书收文5篇：《由四行想到四川》（郭沫若）、《孤军奋斗始末记》（杨瑞符述，问津笔录）、《孤军八百人》（徐迟）、《八百勇士》（艾芜）、《八百英雄》（赵景深）。

收藏单位：重庆馆、国家馆、南京馆、内蒙古馆、西南大学馆

10019

战时日记 王礼锡著

上海：神州国光社，1932.7，322页，25开

上海：神州国光社，1932.12，再版，322页，32开

本书以日记体裁记录了十九路军淞沪抗日的情况。附李季、周乐山、陈望道、刘镜园、赵景深、郁达夫等人记述有关这次战争的文章11篇。再版增加胡秋原的文章1篇。

收藏单位：安徽馆、国家馆、江西馆、南京馆、浙江馆

10020

战时散文选 茅盾等著

[广州]：战时出版社，[1937—1945]，87页，32开（战时小丛刊15）

本书收文24篇，内容包括：《希望不要下雨》（郭沫若）、《四城记》（林语堂）、《我空军炸敌目击记》（郑振铎）、《祝福孩子们》（阿英）、《记欧阳予倩》（赵景深）、《日兵的信札》（夏衍）、《没有了家乡》（靳以）等。

收藏单位：重庆馆、国家馆、吉林馆、宁夏馆、上海馆

10021

中苏文化之交流 郭沫若著

上海：生活·读书·新知联合发行所，1949.6，157页，32开

本书收有关中苏文化交流方面的文章19篇，内容包括：《中苏文化之交流》《追慕高尔基》《契珂夫在东方》《向普希金看齐》《读了〈俄罗斯问题〉》《驳胡适〈国际形势里的两个问题〉》等。附《历史要重演吗?》（周鲠生）、《国际形势里的两个问题》（胡适）。书前有著者自序。

收藏单位：重庆馆、东北师大馆、广东馆、广西馆、国家馆、湖北馆、吉林馆、江西馆、辽宁馆、南京馆、山西馆、绍兴馆、天津馆

杂 著

10022

春联 叶护生等编

华北新华书店，1946.10，38页，36开

本书一半选自叶护生《春联》，余为旧联。分一般通用、农村通用、工业通用、公营工业通用、商业通用、合作社通用等类别。

收藏单位：国家馆

10023

春联新编 宫达非等著

威县：冀南书店，1947.12，再版，20页，36开

收藏单位：国家馆

10024

群众春联 荣孟源编著

[涉县]：太行群众书店，1948.1，37页，32开

收藏单位：国家馆

10025

新编革命对联大全

出版者不详，[1911—1949]，木刻本，8页，32开

本书收木刻对联多幅。

收藏单位：国家馆

10026

新年对联

华中新华书店盐阜分店，[1947—1949]，8页，64开

收藏单位：国家馆

民间文学

10027
唱儿书（歌谣 第 4 期） 夏金名等著
华中新华书店九分店，[1946—1949]，36 页，64 开
本书收墙头诗《生产节约》、馒头调《生产小调》、兄妹开荒调《海滨生产》、下河调《一个勤力一个懒》、四季游春调《五谷丰收》等民间歌谣。
收藏单位：国家馆

10028
地主和长工 马烽著
华北新华书店，1947.10，24 页，36 开（民间故事 2）
本书收文 21 篇，内容包括：《地主和长工》（马烽）、《精细吃喝》（焦贵林）、《油灯烧炕》（王芝栋）、《按时间办事》（秦克昌、李启明）、《打毛鬼神》（苏丑牛、程天命）等。
收藏单位：国家馆、山东馆、山西馆

10029
地主和长工 马烽等收集
威县：冀南书店，1947.8，18 页，36 开（民间故事 1）
收藏单位：国家馆、南京馆、山东馆

10030
地主和长工 马烽编
[兴县]：吕梁文化教育出版社，1947.5，23 页，32 开（民间故事 3）
收藏单位：国家馆、山西馆

10031
地主和长工 马烽等著
新华书店，1949.5，15 页，36 开（大众读物故事）
新华书店，1949.9，再版，15 页，36 开（大众读物故事）
收藏单位：国家馆

10032
东北民歌选 中国音乐研究会编
佳木斯：东北书店，1948.10，11+12+232 页，32 开（东北民间音乐丛刊）
本书共 6 辑：生活类、爱情类、传说故事类、杂类、革命类、缺词民歌类。
收藏单位：东北师大馆、广东馆、国家馆、内蒙古馆、天津馆

10033
翻身歌谣 白得易著 年丰插图
华中新华书店九分店，1948.4，18 页，64 开
本书收歌谣 4 首：《翻身歌谣》《自卫战歌谣》《诗榴弹》《和平回家好》。
收藏单位：国家馆

10034
翻身民歌 王希坚著
朝城：冀鲁豫书店，1947.5，39 页，32 开
本书收民歌 58 首，内容包括：《送礼》《拨工》《白带地》《分场》《分子粮》《大斗》《叫名》等。书后有《民歌在群众运动中的鼓动作用》。
收藏单位：国家馆、南京馆

10035
翻身民歌 王希坚著
临沂：山东新华书店，1946.11，47 页，32 开（大众文库 诗歌）
本书收民歌 64 首。书后有《民歌在群众运动中的鼓动作用》。
收藏单位：浙江馆

10036
翻身民歌（歌谣） 王希坚著
佳木斯：东北书店，1947.10，56 页，32 开（通俗文艺丛书）
佳木斯：东北书店，1948.12，哈 3 版，56 页，32 开（通俗文艺丛书）
收藏单位：长春馆、重庆馆、东北师大馆、国家馆、吉大馆、辽大馆、辽宁馆、宁

夏馆、天津馆

10037
翻身诗谣　冀中导报社编
河间：冀中新华书店，1947.6，45页，横36开
本书共3辑，收《谁养活谁》《长工诉冤》《秋风吹来》《歌二十首》《盘猪圈》等。附《农民的诗》《关于搜集民歌》《关于农民诗歌》。
收藏单位：国家馆

10038
愤怒的谣　薛汕编
香港：中华全国文艺协会香港分会，1948.4，98页，32开（民间文艺丛书）
本书收国民党统治区19个省（江苏、浙江、福建、广东、广西等）反对反动统治的歌谣271首。
收藏单位：东北师大馆、广西馆、桂林馆、国家馆、吉大馆、辽宁馆、上海馆

10039
歌谣丛集　苗培时辑
韬奋书店，1947.6，114页，36开
本书收民歌35首，内容包括：《人民歌颂毛主席》《唱毛主席》《跟着毛泽东前进》《拥护毛主席》《尽是老子的血汗》等。附《国民党政府》《国民党官儿》等民歌9首。
收藏单位：重庆馆、国家馆、河南馆、山东馆、天津馆

10040
歌谣快板集　太行群众书店编
涉县：太行群众书店，1947.8，80页，32开
本书收民谣、童谣、山歌、快板等84首，内容包括：《歌唱刘伯承将军》《天上一颗星》《九月的蚊子》等。附蒋管区民谣24首。
收藏单位：国家馆、山西馆

10041
“关公”和“周仓”　王桂冀等著
[阳城]：太岳新华书店，1949.4，17页，36开（民间故事集3）
本书收文5篇：《“关公”和“周仓”》（《群众周报》）、《神虫的故事》（王桂冀、张高林）、《软耳朵王二》（《冀察热导报》）、《鬼》（董均伦）、《捣鬼》（许行）。
收藏单位：国家馆、河南馆

10042
红娘子“造反”　刘衍洲等著　冀鲁豫书店编辑部编
朝城：冀鲁豫书店，1947.10，石印本，39页，32开（农民翻身小丛书13）
本书收民间故事8篇，内容包括：《可惜了油》（刘衍洲）、《周二怒打犁铧头》（方立）、《过节》（立斌）、《红娘子“造反”》（刘衍洲）等。
收藏单位：山东馆

10043
还我的土地　季万编
临沂：山东新华书店，1946.12，60页，32开（大众文库 社会）
收藏单位：国家馆、山西馆

10044
蝗虫和中央军　华中文协大众文艺委员会编
华中新华书店，[1946.8]，32页，64开（大众文库 文艺类 民谣集1）
本书收《蝗虫和中央军》《送军粮》《老百姓》等河南、赣西、浙西等地的民谣。书前有红雷的前记。
收藏单位：国家馆、山东馆

10045
见了毛主席请个安（民谣）　宗先编　梁新稼绘图
长春：东北新华书店，1949.8，73页，50开
本书共两部分：童谣、妇女歌谣。收歌谣44首，内容包括：《听妈话》《小公鸡》《妇女参战》《解放区民谣四则》等。附伪满时代民谣4首。
收藏单位：东北师大馆、国家馆

10046
蒋管区民谣集 林冬白编
山东新华书店，1948.1，78 页
本书收鲁中民谣、张店儿歌、青岛民谣、徐州民谣、平津民谣、新海民谣、南通民谣、崇明民谣、靖江民谣、无锡山歌等。
收藏单位：近代史所、山东馆

10047
蒋管区民谣集 中国问题研究社编
华北新华书店，1947.1，48 页，32 开（中国问题研究社丛书 2）
本书共 4 辑：如此“元首”和他的洋爸爸、胜利后的形形色色、民怨沸腾、人民口中的蒋军。收民谣 70 首。
收藏单位：国家馆、山东馆、山西馆

10048
抗战歌谣（第 1 辑） 李敷仁编
西安：老百姓编刊社，1939.2，28 页，32 开，环筒页装（老百姓丛书 11）
本书共 8 部分：儿童、妇女、老百姓、捐募、防毒、除奸、鬼子、其他。收《曳罗罗》《上前线》《房檐水》《长江水》《跳高高》等。
收藏单位：国家馆

10049
觅汉和少掌柜 董均伦等著
[阳城]：太岳新华书店，1949.4，17 页，32 开（民间故事集 4）
本书收文 8 篇，内容包括：《觅汉和少掌柜》《元宝》《二阎王和王二》《刮鸭嘴》等。
收藏单位：国家馆、河南馆

10050
民歌百首 王希坚作
华东新华书店总店，1949.1，152 页，横 64 开
本书收《送礼》《拨工》《白带地》《分场》《大斗》等。书后有《民歌在群众运动中的鼓动作用》。
收藏单位：广东馆、山东馆、天津馆

10051
民间故事 合江鲁艺文工团编
沈阳：东北书店，1949.3，50 页，32 开（民间文学丛书）
本书收文 21 篇，内容包括：《地主和劳金的故事》《三锄抱垅》等。书前有《〈民间故事〉小引》（周立波）。
收藏单位：长春馆、东北师大馆、国家馆

10052
民间故事 战士生活社编 高虹插图
中国人民解放军第四野战军华中军区政治部，1949，31 页，32 开（战士生活丛书 3）
本书收文 10 篇：《北霸天》《半湾镰刀》《剥皮老爷》《寒号鸟》《愚公移山》《一捆箭》《十个奇怪的兄弟》《太阳瓜》《祸河》《二郎神和孙悟空》。附《边走边谈〈北霸天〉》。书前有出版语。
收藏单位：国家馆、南京馆

10053
民间故事（第 1 集）
苏北新华书店盐城分店，[1949.4]，24 页，64 开（大众读物）
本书收文 12 篇，内容包括：《粪变金》《金粪筐和银纺车》《刨元宝》《大脚媳妇的好处》《好年头》等。
收藏单位：国家馆

10054
民间故事集 张友等编
冀中新华书店，1947.9，42 页，36 开（大众文库 故事）
本书收文 30 篇，内容包括：《水推长城》《大叫三声“驴耳朵”》《谁是犯人》《愚公移山》《李闯王渡黄河》《穷人是我的爷》《走了岔路》《佃户吵架》等。
收藏单位：国家馆、天津馆

10055
民间故事集 张友等编
[郑州]：中原新华书店，1949.5，53 页，32 开（大众文库 故事）

收藏单位：国家馆

10056
民谣集 若望编
临沂：山东新华书店，1947.1，45页，32开（大众文库 诗歌）
本书共4辑，收《走大路》《不吃香》《八字出了头》《路雨边》《真有福》《地流油》等103首。
收藏单位：国家馆、山东馆

10057
鸟王做寿 柯蓝等著
哈尔滨：东北新华书店，1949.7，16页，32开（民间故事）
本书收文8篇：《鸟王做寿》（柯蓝）、《高秀才落榜》（马烽）、《三女婿拜年》（闻捷）、《爱黄金的国王》（李文辛）、《点土成金》（乔翰东）、《三人厮靠》（马烽）、《小气人遇上刻薄汉》（马烽）、《"天要塌呀！"》（马烽）。
收藏单位：东北师大馆、广东馆、国家馆、吉大馆、吉林馆、辽宁馆

10058
鸟王做寿 柯蓝等著
[阳城]：太岳新华书店，1949.4，18页，36开（民间故事集2）
本书收文8篇：《鸟王做寿》（柯蓝）、《安泰和他的母亲》（《群众日报》副刊）、《狼》（董均伦）、《忘本》（玉君）、《楚人刻舟求剑》（蔚之）、《拿钱去买批评》（《前线报》）、《皇帝的新衣》（《晋绥日报》）、《一、二、三》（张光）。
收藏单位：国家馆、山东馆

10059
刨元宝 康濯等著
东北新华书店辽东总分店，1949.7，19页，32开（民间故事2）
本书收故事13篇，内容包括：《刨元宝》（康濯）、《背山歇》（鲁琪）、《骑骡马不如提粪筐》（姬树旺）、《鬼》（董均伦）、《捣鬼》（许行）等。

10060
刨元宝 康濯等著
[阳城]：太岳新华书店，[1949.4]，22页，32开（民间故事集1）
本书收故事9篇：《刨元宝》（康濯）、《粪变金》（柯蓝）、《背山歇》（鲁琪）、《穷神》（董均伦）、《太子滩地打石三》（生本记）、《骑骡马不如提粪筐》（姬树旺）、《想吃死食挨大饿》（孙世瑜）、《一顿省一把》、《老头忌酒》（马夫）。
收藏单位：国家馆

10061
平陆人民斗争歌辑 冯彦俊辑
[阳城]：太岳新华书店，[1946.6]，10页，36开
本书收民歌15首，内容包括：《八路好》《整顿河山》《大胜利》《庆祝胜利》《反对内战》等。书前有辑者前言。
收藏单位：国家馆、山东馆

10062
桥（长篇叙事歌） 柳漠远著
[威县]：冀南新华书店，1949.5，19页，36开
收藏单位：国家馆、山东馆

10063
穷人要算账（民谣集 第2辑） 华中文协大众文艺委员会编
华中新华书店，1946.10，38页，64开，环筒页装（大众文库 文艺类）
本书收民歌19首，内容包括：《洪泽湖渔民谣》《洪泽湖草民谣》《穷人谣两则》《地主压迫》《富人望荒年》等。
收藏单位：南京馆

10064
陕北民歌选 鲁迅文艺学院编
哈尔滨：光华书店，1948.8，285页，32开
本书共5辑：信天游、蓝花花、揽工调、刘志丹、骑白马。前3辑为旧民歌，后2辑为新民歌。每辑后附有曲调谱。书前有《关于编辑〈陕北民歌选〉的几点说明》。

收藏单位：长春馆、重庆馆、东北师大馆、福建馆、国家馆、吉大馆、吉林馆、辽大馆、辽宁馆、南京馆、内蒙古馆、山西馆、天津馆、中科图

10065
陕北民歌选　鲁迅文艺学院编
[阜平]：晋察冀新华书店，1947.8，249页，32开
收藏单位：国家馆

10066
陕北民歌选　鲁迅文艺学院编
北平：新华书店，1949.7，249页，32开
收藏单位：重庆馆、贵州馆、国家馆、山东馆

10067
陕北民歌选　鲁迅艺术文学院编
大连：大众书店，1948.6，249页，32开
收藏单位：国家馆、黑龙江馆、山东馆、上海馆、天津馆

10068
水推长城　张友编
[兴县]：晋绥出版社，1948.10，再版，36页，32开（民间故事1）
本书收故事18篇，内容包括：《水推长城》《愚公移山》《列宁和皇帝分家》《李闯王渡黄河》《佃户“吵架”》等。书前有编者前记、再版后记。
收藏单位：长春馆、国家馆、山东馆、山西馆、天津馆

10069
水推长城　张友编
[阳城]：太岳新华书店，1946.10，44页，32开（民间故事集）
本书收故事20篇。书前有编者前记。
收藏单位：国家馆、山东馆

10070
诉苦（蒋管区民谣六十首）
华中新华书店九分店，[1947—1949]，26页，64开
收藏单位：国家馆

10071
现代民谣民歌选（插图本）　李石涵辑
牡丹江：东北书店牡丹江分店，1947.11，67页，32开
本书收民歌民谣125首，包括蒋管区之部91首、附录3首、解放区之部31首。书前有张庚序。书后有辑者编后记。
收藏单位：北师大馆、东北师大馆、国家馆、黑龙江馆、近代史所、南京馆、天津馆

10072
血泪歌声（蒋阎区民谣集）　太岳新华书店编
[阳城]：太岳新华书店，1947.1，21页，36开
本书收民谣34首，内容包括：《望征郎》《不分明》《独家享》《国民党与破桌子》等。
收藏单位：国家馆

儿童文学

10073
巴黎公社　W. Siege绘图　风沙编译
出版者不详，1936，35页，32开（图画历史故事）
收藏单位：北碚馆、南京馆、上海馆、首都馆

10074
把秧歌舞扭到上海去　苏苏著
哈尔滨：东北书店，1947.12，206页，32开
哈尔滨：东北书店，1948.10，再版，206页，32开
本书共17部分，内容包括：把秧歌舞扭到上海去、真的到了上海、要有劳动观念、上海应该组织民兵、过新年、扭一个秧歌舞等。书前有《有没有写童话?》。书后有后记。
收藏单位：长春馆、重庆馆、东北师大馆、国家馆、吉林馆、南京馆、山西馆、上

海馆

10075
把秧歌舞扭到上海去　苏苏著
华中新华书店，1946，175 页，32 开
收藏单位：国家馆、山东馆

10076
把秧歌舞扭到上海去　苏苏著
中原新华书店，1949.6，218 页，32 开
收藏单位：广西馆、国家馆、江西馆、云南馆

10077
表（五幕六场儿童教育剧）（苏）班台莱耶夫（Л. Пантелеев）原著　鲁迅译　董林肯改编
[北平]、上海：立化出版社，1947，150 页，32 开（立化儿童戏剧丛书 甲种 1）
上海：立化出版社，1949，2 版，150 页，32 开（立化儿童戏剧丛书 甲种 1）
上海：立化出版社，1949，3 版，150 页，36 开（立化儿童戏剧丛书）
本书书前有孙夫人题词、剧照、立化儿童戏剧丛书总序、改编者的话、插曲。
收藏单位：重庆馆、东北师大馆、国家馆、南京馆、上海馆、天津馆、浙江馆

10078
儿歌（第 1 本）　柯蓝编辑　计桂森绘图
[延安]：边区群众报社，1945，30 页，32 开（群众文艺丛书）
收藏单位：国家馆

10079
儿童歌谣（上、下编）　孟溪　刘御编
[涉县]：新华书店，[1944]，66 页，36 开（新儿童小丛书 1）
[涉县]：新华书店，[1945]，66 页，32 开（新儿童小丛书 1）
收藏单位：国家馆

10080
割尾巴（儿童秧歌）　阳城一高集体创作
[阳城]：太岳新华书店，[1947]，20 页，32 开
收藏单位：国家馆

10081
黑人牙膏的梦（童话）　贺宜撰　季舒作图
沈阳：东北新华书店，1949，22 页，50 开（儿童丛书）
收藏单位：国家馆、辽宁馆

10082
侯哥弹和他的少年队（童话）　胡海编
晋察冀边区教育阵地社，1946.1，19 页，32 开（群众读物 9）
本书共 19 部分，内容包括：出操回来、放哨、侯哥弹又给大家挡回来了、侯哥弹是怎的个孩孩、敌人来了、做了小侦探、到了姑姑家里、回家的路上又吃了一惊等。书中题名：侯哥弹和他们的少年队。
收藏单位：国家馆

10083
侯哥弹和他的少年队（童话）　胡海著
[兴县]：晋绥边区吕梁文化教育出版社，1944.10，16 页，32 开（“七七七”文艺奖金获奖作品 散文类 丙等奖）
收藏单位：重庆馆、国家馆

10084
活捉日本鬼（独幕儿童剧）　舒强著
重庆：生活书店，1940.12，63 页，32 开
收藏单位：北碚馆、重庆馆、广东馆、贵州馆、国家馆、南京馆

10085
鸡毛信（抗日童话）　华山撰
大连：大连新华书店，1949，42 页，32 开
中国现代儿童故事。
收藏单位：国家馆

10086
林翠英和她的小伙伴们　赵铎　宫策作　林河水画
胶东新华书店，[1946]，45页，32开
收藏单位：南京馆、山东馆

10087
没写完的血书　王逸著
上海：生活书店，1938.7，47页，50开（大众抗敌剧丛11）
本书封面题名：未完成的血书。
收藏单位：贵州馆

10088
牛大哥报仇　陆洛编　舜田画
桂林：新知书店，1940，16页，42开（战时初级儿童读物丛刊8）
收藏单位：国家馆

10089
秋收歌舞（儿童歌舞剧）　张凡　络文编剧　安波作曲
哈尔滨：东北书店，1949.4，41页，48开
收藏单位：长春馆、国家馆

10090
人民的好儿子（东北解放区儿童故事）
佳木斯：东北书店，1948.9，29页，32开
本书收文11篇：《小铁锤和大棕马》《抢救》《勇敢机智的施秀林》《空手捉俘虏》《小李》《小劳动英雄孙吉祥》《李文涛的骄傲》《小红缨枪手》《柳罐里抓地主》《小孩捉汉奸》《儿童查路条》。书前有编者的话。
收藏单位：东北师大馆、国家馆、南京馆、山东馆、天津馆

10091
拴柱　胡朋著
佳木斯：东北书店，1948，26页，32开
佳木斯：东北书店，1948.9，再版，26页，32开
收藏单位：国家馆、辽大馆、宁夏馆

10092
拴柱　胡朋著
[张家口]：新儿童丛书出版社，1946.4，21页，32开（新儿童丛书5）
收藏单位：国家馆

10093
四位小勇士　白桃等编
重庆：生活书店，1939，43页，36开（大众读物 甲种26）
本书收文10篇，内容包括：《四位小勇士》《游击队打敌人的故事》《女营长麦蝶华》《四勇士》《一个老百姓救了两营人》《台儿庄血战中的英勇趣事》等。
收藏单位：重庆馆、贵州馆

10094
同情　李劼人著
上海：中华书局，1932.9，6版，152页，50开（少年中国学会小丛书）
收藏单位：黑龙江馆、辽大馆、内蒙古馆

10095
向银宝　军右著
沈阳：东北书店，1948.6，18页，50开
沈阳：东北书店，1949.3，再版，20页，50开
收藏单位：重庆馆、国家馆、山东馆、天津馆

10096
小孩与时间（歌舞剧）　肖赍著
沈阳：东北新华书店，1949，25页，42开（儿童丛书）
收藏单位：国家馆

10097
小号手　罗丹著
大连：光华书店，1948.10，62页，32开（少年文库）
本书收文3篇：《小号手》《夜行》《小伙伴》。
收藏单位：东北师大馆、国家馆、黑龙江馆、山东馆

10098
小号手 罗丹著
长春：新中国书局，1949.4，再版，62 页，36 开（少年文库）
收藏单位：重庆馆

10099
小英雄 许幸之著
上海：光明书局，1939.11，147 页，32 开（光明戏剧丛书）
上海：光明书局，1940.4，再版，147 页，32 开（光明戏剧丛书）
本书收文 4 篇：《七夕（又名大板井）》《小英雄》《最后一课》《古庙钟声》。书前有序。附《论抗战中的儿童戏剧》。
收藏单位：安徽馆、北师大馆、重庆馆、贵州馆、国家馆、南京馆、陕西馆、西南大学馆、浙江馆

10100
小英雄（解放区童话）
[大连]：韬奋书店，[1945—1949]，27 页，32 开
收藏单位：国家馆、黑龙江馆

10101
小英雄（少年抗战的故事） 左林编
[哈尔滨]：东北书店，1947.7，48 页，32 开
佳木斯：东北书店，1947.12，48 页，32 开
佳木斯：东北书店，1948，再版，48 页，32 开
本书收文 26 篇，内容包括：《袁小鬼一、二》（曹汗）、《小王庄的儿童团》（兰柯）、《县长也要路条》（天意）、《毒死汉奸的爸爸》（王山）、《我们的小站长》（柳椏）等。
收藏单位：东北师大馆、国家馆、南京馆

10102
新儿童剧集（儿童歌舞剧） 东北儿童社编
佳木斯：东北书店，1947.5，60 页，64 开
本书收剧集 3 篇：《帮助咱们的游击队》（独幕儿童剧）、《保卫解放区》（新儿童歌舞剧）、《蜜蜂和蟞虫》（儿童歌舞剧）。
收藏单位：国家馆

10103
杨惠敏冒险献旗 白桃等编
重庆：生活书店，1939，40 页，36 开（大众读物 甲种 27）
本书收文 10 篇，内容包括：《上海童子军就鬼打鬼》《杨惠敏冒险献旗》《孩子剧团举行公演》《武汉难童贩报献金》《小牧童巧捉汉奸》等。
收藏单位：北碚馆、重庆馆

10104
一只胳臂的孩子（少年儿童抗战故事） 蓝柯等著
佳木斯：东北书店，1948.9，45 页，32 开
本书收文 14 篇，内容包括：《小英雄》《放牛郎》《一只胳臂的孩子》《拴子和嫂嫂》《小王庄的儿童团》《小四子的好计策》等。
收藏单位：长春馆、重庆馆、东北师大馆、国家馆、南京馆、内蒙古馆、山东馆、上海馆、天津馆

10105
英雄小八路 王玉胡著 李舒绘图
长春：东北新华书店，1949.8，18 页，50 开（儿童丛书）
收藏单位：国家馆

10106
英雄小好汉（儿童抗战故事） 范政等著
佳木斯：东北书店，1948.9，54 页，32 开
本书收文 12 篇，内容包括：《介绍新安旅行团》《保全自己就是胜利》《英雄小好汉》《英雄的小八路》《袁小鬼》《我们的小站长》等。
收藏单位：东北师大馆、国家馆、吉林馆、江西馆、南京馆、山东馆、山西馆、天津馆、浙江馆

各国文学

亚　洲

10107
戏剧资本论　（德）马克思（Karl Marx）原著（日）阪本胜编剧　费明君译
上海：社会科学研究社，1949.4，476 页，32 开

本书为日本现代话剧剧本。据马克思《资本论》改编，分三十七场。著者原题：马克斯。

收藏单位：重庆馆、东北师大馆、广东馆、广西馆、国家馆、河南馆、黑龙江馆、湖南馆、南京馆、宁夏馆、山西馆、陕西馆、上海馆、首都馆、天津馆、西南大学馆、浙江馆

欧　洲

10108
阿尔诺里德·墨里（爱沙尼亚人民底儿子）（苏）涅依曼著
莫斯科：外国文书籍出版局，1944，32 页，50 开

本书为苏联长篇小说。

收藏单位：重庆馆、东北师大馆、南京馆

10109
阿尔诺里德·墨里（爱沙尼亚人民底儿子）（苏）涅依曼著
大连：中苏友好协会，1946，32 页，50 开

收藏单位：重庆馆、山东馆

10110
爱的奴隶　（苏）高尔基（Максим Горький）著　任钧译
上海：上海杂志公司，1949.7，2 版，155 页，32 开（高尔基选集）

本书为苏联短篇小说集，共两篇：《爱的奴隶》《笑话》。

收藏单位：东北师大馆、国家馆、天津馆

10111
爱罗先珂童话集　（苏）爱罗先珂（В. Я. Ерошенко）著　鲁迅等译
上海：商务印书馆，1922.7，216 页，32 开
上海：商务印书馆，1923，3 版，227 页，32 开（文学研究会丛书）
上海：商务印书馆，1924.2，4 版，227 页，32 开（文学研究会丛书）
上海：商务印书馆，1925.10，5 版，227 页，32 开（文学研究会丛书）
上海：商务印书馆，1927，6 版，227 页，32 开（文学研究会丛书）
上海：商务印书馆，1929.11，7 版，227 页，32 开（文学研究会丛书）
上海：商务印书馆，1935.2，国难后 2 版，227 页，32 开（文学研究会丛书）
上海：商务印书馆，1938，国难后 4 版，227 页，32 开（文学研究会丛书）

本书收童话故事 11 篇：《狭的笼》《鱼的悲哀》《池边》《雕的心》《春夜的梦》《古怪的猫》《两个小小的死》《为人类》《虹之国》《世界的火灾》《为跌下而造的塔》。书前有鲁迅序及著者的《我的学校生活的一断片——自叙传》（愈之译）。

收藏单位：安徽馆、北碚馆、重庆馆、广东馆、广西馆、贵州馆、国家馆、湖南馆、近代史所、辽大馆、辽宁馆、南京馆、山西馆、首都馆、天津馆、浙江馆、中科图

10112
爱与恨（短篇小说集）（苏）考什夫尼科夫（В. М. Кожевников）著　汪浩译
武安：华北新华书店，1946.12，57 页，32 开（苏联文学丛书）

本书为苏联短篇小说集，共 7 篇：《没有门的房子》《达拉秀克》《夜间喊声》《引路的小姑娘》《甘西·基良》《老运水夫》《渡口主任》。

收藏单位：国家馆、山东馆

10113
爱与恨（短篇小说集）（苏）考什夫尼科夫（В. М. Кожевников）著　汪浩译
莫斯科：外国文书籍出版局，1944，80 页，25 开
　　本书为苏联现代短篇小说集，共 10 篇，较华北新华书店版多收 3 篇：《爱情的故事》《争吵》《沙沃朗可夫大尉》。
　　收藏单位：东北师大馆、山东馆、上海馆、首都馆

10114
安娜·卡列尼娜（俄）列夫·托尔斯泰（Лев Николаевич Толстой）著　周扬　罗稷南译
上海：生活书店，1947，2 册，25 开（世界文库）
　　本书译者“周扬”原题：周笕。
　　收藏单位：南京馆

10115
安娜·卡列尼娜（俄）列夫·托尔斯泰（Лев Николаевич Толстой）著　周扬　罗稷南译
上海：生活书店，1937.3，2 册，22 开（世界文库）
上海：生活书店，1947.1，胜利后 1 版，2 册，22 开（世界文库）
上海：生活书店，1947.3，胜利后 2 版，2 册，22 开（世界文库）
　　本书译者“周扬”原题：周笕。
　　收藏单位：安徽馆、重庆馆、东北师大馆、广西馆、贵州馆、国家馆、黑龙江馆、湖南馆、辽大馆、内蒙古馆、首都馆、天津馆

10116
奥勃洛摩夫（俄）冈察洛夫（Иван Александрови Гончаров）著　齐蜀夫译
上海：生活·读书·新知三联书店，1949，2 册（862 页），32 开（世界文艺名著译丛）
　　本书为俄罗斯近代长篇小说。
　　收藏单位：东北师大馆、广东馆、国家馆、山西馆、天津馆

10117
奥莱叔华（苏）高尔基（Максим Горький）著　楼适夷译
香港：生活书店，1948.4，152 页，32 开
　　本书为苏联短篇小说。据日译本转译。译者原题：适夷。
　　收藏单位：东北师大馆、广东馆、广西馆、南京馆、上海馆、天津馆

10118
奥罗夫夫妇（苏）高尔基（Максим Горький）著　周扬译
上海：生活书店，1946.6，102 页，32 开
上海：生活书店，1947.4，再版，84 页，32 开
　　本书为苏联短篇小说。
　　收藏单位：长春馆、东北师大馆、国家馆、吉林馆、上海馆、首都馆

10119
巴黎的陷落（苏）爱伦堡（И. Эренбург）著　袁水拍　徐迟译
上海：云海出版社，1947.7，507 页（中苏文化协会文艺丛书）
　　本书为苏联长篇小说，共 3 部分。书前有戈宝权代序。
　　收藏单位：广东馆、黑龙江馆、首都馆、浙江馆

10120
把我算作共产党员吧　东北民主联军总政治部编
大连：大众书店，1948.5，56 页，32 开
　　本书为苏联短篇小说集，共 4 篇：《把我算作共产党员吧》（戈尔巴托夫）、《希望》（涅依曼）、《超等射手斯莫连》（依尤尔斯基）、《在敌人后方》（马丁诺夫）。书前有前记。
　　收藏单位：国家馆、辽宁馆、山东馆

10121
把我算作共产党员吧　东北民主联军总政治

部编
东北民主联军总政治部，1947.10，75页，50开（党员读物2）
收藏单位：长春馆、东北师大馆、国家馆、吉大馆、吉林馆、辽宁馆、天津馆

10122
保卫察里津 （苏）阿·托尔斯泰（А. Н. Толстой）著 曹靖华译
昆明：北门出版社，1945.1，37+488页，32开（苏联文学丛书15）
上海：北门出版社，1946.11，再版，37+488页，32开（中苏文化协会文艺丛书15）
大连：北门出版社，1947.12，27+363页，32开（中苏文化协会文艺丛书）
本书为苏联长篇小说。书前有著者自传、译者序。书后有著者著作年表。
收藏单位：北碚馆、长春馆、重庆馆、东北师大馆、广西馆、国家馆、吉林馆、辽宁馆、宁夏馆、山东馆、上海馆

10123
北鲜游记 （苏）阿·基托维奇（А. Гитович）（苏）柏·布尔索夫（Б. Бурсов）著 伊真译
沈阳：东北新华书店，1949.8，168页，32开
本书收札记15篇，内容包括：《金日成将军》《朝鲜的农村》《三十八度》《两个大学》《在大选之前》等。
收藏单位：长春馆、东北师大馆、辽宁馆、内蒙古馆、山东馆、首都馆

10124
北线巡回 （英）贝特兰（J. M. Bertram）著 方琼凤译
重庆：生活书店，1939.6，264页，32开
本书共6章：到山西去、第八路军、到北方去、和贺龙在山中、前线、游击队。书前有校阅者序、著者自序。
收藏单位：重庆馆、广东馆、广西馆、贵州馆、国家馆、吉大馆、吉林馆、近代史所、南京馆、天津馆

10125
被开垦的处女地 （苏）肖洛霍夫（М. А. Шолохов）著 立波译
饶阳：冀中新华书店，1947印，2册（430页），32开
本书为苏联长篇小说。书前有钱歌川序，介绍当时苏联文学状况及著者的创作。
收藏单位：重庆馆、河南馆、天津馆

10126
被开垦的处女地 （苏）肖洛霍夫（М. А. Шолохов）著 立波译
上海：生活书店，1936.11，326页，22开，精装（世界文库）
上海：生活书店，1937.3，再版，326页，25开，精装（世界文库）
上海：生活书店，1937.11，326页，25开，精装（世界文库）
上海：生活书店，1941.1，197页，32开
上海：生活书店，1946.4，胜利后1版，298页，22开（世界文学著名译丛）
哈尔滨：生活书店，1948.5，291页，22开（世界文学名著译丛）
上海：生活书店，1948.6，胜利后2版，298页，25开（世界文库）
本书为苏联长篇小说，系原著第1卷。书后有译后附记。据英译本并参照日译本转译。著者原题：梭罗诃夫。
收藏单位：安徽馆、重庆馆、东北师大馆、广东馆、广西馆、贵州馆、国家馆、黑龙江馆、湖南馆、吉林馆、江西馆、南京馆、宁夏馆、山东馆、上海馆、首都馆、天津馆

10127
被开垦的处女地 （苏）肖洛霍夫（М. А. Шолохов）著 立波译
太行群众书店，1947.11，394页，32开（世界文学名著译丛）
收藏单位：重庆馆、国家馆、黑龙江馆、吉林馆

10128
被开垦的处女地 （苏）肖洛霍夫（М. А.

Шолохов）著 立波译
[阳城]：太岳新华书店，1947.7，2 册（182+237 页），36 开
本书著者原题：梭罗诃夫。
收藏单位：重庆馆、国家馆、天津馆

10129
被开垦的处女地（苏）肖洛霍夫（М. А. Шолохов）著 立波译
桂林：文学出版社，1943.7，298 页，25 开（世界文学名著）
收藏单位：重庆馆、国家馆、黑龙江馆、首都馆

10130
被开垦的处女地（苏）肖洛霍夫（М. А. Шолохов）著 立波译
大连：中苏友好协会，1946.5，238 页，32 开
收藏单位：重庆馆、东北师大馆、南京馆

10131
被开垦的处女地（节写本）（苏）肖洛霍夫（М. А. Шолохов）著 张虹节写
[无锡]：苏南新华书店，1949.7，91 页，32 开
本书著者原题：梭罗诃夫。
收藏单位：广东馆、宁夏馆、上海馆、中科图

10132
被开垦的处女地（通俗本）（苏）肖洛霍夫（М. А. Шолохов）著 孟凡改写
哈尔滨：光华书店，1948.7，再版，东北版，169 页，32 开
本书共 22 章。附《苏联集体农场的发展》。书前有《为什么介绍这本书》。书后有后记。
收藏单位：长春馆、重庆馆、东北师大馆、国家馆、吉林馆、江西馆、辽宁馆、南京馆、内蒙古馆、上海馆、天津馆

10133
彼得大帝（第 1 部）（苏）阿·托尔斯泰（А. Н. Толстой）著 楼适夷译
上海：生活·读书·新知三联书店，1949.3，467 页，32 开（苏联文学丛书）
本书译者原题：适夷。
收藏单位：国家馆、南京馆

10134
彼得大帝（第 1 部）（苏）阿·托尔斯泰（А. Н. Толстой）著 楼适夷译
[北平]：新中国书局，1949.3，467 页，32 开（苏联文学丛书）
本书译者原题：适夷。
收藏单位：国家馆

10135
表（苏）班台莱耶夫（Л. Пантелеев）著 鲁迅译
佳木斯：东北书店，[1946.9]，108 页，32 开
本书为苏联儿童中篇小说。
收藏单位：东北师大馆、国家馆、天津馆

10136
表（苏）班台莱耶夫（Л. Пантелеев）著 鲁迅译
华北新华书店，1942，82 页，36 开，环筒页装
收藏单位：国家馆、河南馆

10137
表（苏）班台莱耶夫（Л. Пантелеев）著 鲁迅译
[灵寿]：晋察冀新华书店，1945.1，106 页，32 开
收藏单位：国家馆

10138
表（苏）班台莱耶夫（Л. Пантелеев）著 鲁迅译
山东新华书店，1949，97 页，50 开
收藏单位：国家馆

10139
表（苏）班台莱耶夫（Л. Пантелеев）著

鲁迅译
上海：上海杂志公司，[1934—1949]，105 页，32 开
收藏单位：重庆馆、南京馆

10140
表　（苏）班台莱耶夫（Л. Пантелеев）著　鲁迅译
上海：生活书店，1935.7，98 页，25 开，精装（译文丛书插画本）
上海：生活书店，1935.10，再版，98 页，25 开，精装（译文丛书插画本）
上海：生活书店，1936.7，4 版，98 页，25 开，精装（译文丛书插画本）
上海：生活书店，1937.10，6 版，98 页，25 开，精装（译文丛书插画本）
上海：生活书店，1939.1，7 版，98 页，25 开，精装（译文丛书插画本）
香港：生活书店，1947.2，2 版，96 页，28 开（少年文库）
香港：生活书店，1948.4，胜利后 3 版，96 页，25 开（少年文库）
哈尔滨：生活书店，1948.9，123 页，36 开（少年文库）
收藏单位：重庆馆、东北师大馆、广东馆、广西馆、贵州馆、国家馆、湖南馆、吉林馆、南京馆、内蒙古馆、山西馆、上海馆、首都馆、浙江馆

10141
表　（苏）班台莱耶夫（Л. Пантелеев）著　鲁迅译
[阳城]：太岳新华书店，1949，85 页，36 开
收藏单位：重庆馆

10142
表　（苏）班台莱耶夫（Л. Пантелеев）著　鲁迅译
张家口：新华书店晋察冀分店，1946，108 页，32 开
收藏单位：国家馆、山西馆

10143
表　（苏）班台莱耶夫（Л. Пантелеев）著　鲁迅译
桂林：新少年出版社，1943.2，96 页，32 开
收藏单位：重庆馆、广西馆、国家馆、江西馆、南京馆

10144
表　（苏）班台莱耶夫（Л. Пантелеев）著　鲁迅译
上海：新少年书局，1945，96 页，32 开
收藏单位：首都馆

10145
表　（苏）班台莱耶夫（Л. Пантелеев）著　鲁迅译
重庆：学艺出版社，1945.10，96 页，32 开
收藏单位：重庆馆、国家馆、上海馆

10146
表　（苏）班台莱耶夫（Л. Пантелеев）著　鲁迅译
中原新华书店，1949，60 页，32 开
收藏单位：重庆馆、国家馆

10147
表　（苏）班台莱耶夫（Л. Пантелеев）著　鲁迅译　勃鲁诺·孚克绘
上海：译文社，1937，5 版，98 页，22 开，精装（译文丛书插画本）
收藏单位：国家馆、天津馆

10148
不屈的心　（苏）拉甫纶由夫等著　中苏文化协会妇女会编译
上海：生活书店，1936.11，195 页，36 开（文学批评丛刊）
上海：生活书店，1947.5，170 页，32 开
哈尔滨：生活书店，1948.8，东北版，170 页，32 开

本书为苏联短篇小说集，共 12 篇，内容包括：《不屈的心》（拉甫纶由夫）、《她变成军官了！》（史可诺夫斯基）、《沙碧耶娃少校》

（德罗兹都夫）、《队长之妻》（土尔兄弟）、《左亚的真实生活》（比德·斯科谢列夫）、《不朽》（尤利·斯莫里奇）、《玛丽亚·苏巴之死》（凡丁苏科）、《她保卫列宁格勒》（卡林成科）等。

收藏单位：安徽馆、长春馆、重庆馆、东北师大馆、广东馆、贵州馆、国家馆、湖南馆、吉大馆、吉林馆、辽宁馆、首都馆、浙江馆

10149
不朽的青年 （苏）温别格尔著 愚卿译
莫斯科：外国文书籍出版局，1944，108页，大64开

本书为苏联报告文学。

收藏单位：东北师大馆、国家馆、辽宁馆、南京馆、山西馆

10150
不夜天（灯的故事）（苏）伊林（M. Ильин）著 董纯才译
哈尔滨：东北书店，1948.10，59页，32开

本书为儿童科学故事。附译者《翻译伊林作品的经过和印象》。据英译本转译。

收藏单位：安徽馆、长春馆、重庆馆、东北师大馆、国家馆、吉林馆、江西馆、辽宁馆、南京馆、山东馆、上海馆、天津馆

10151
不夜天（灯的故事）（苏）伊林（M. Ильин）著 董纯才译
上海：开明书店，1937，86页，32开（开明青年丛书）
上海：开明书店，1939.11，2版，86页，32开（开明青年丛书）
上海：开明书店，1946.3，3版，86页，32开（开明青年丛书）
[上海]：开明书店，1947.2，4版，86页，32开（开明青年丛书）
上海：开明书店，1948.7，特1版，86页，32开（开明青年丛书）

收藏单位：北碚馆、重庆馆、广东馆、广西馆、贵州馆、国家馆、黑龙江馆、江西馆、辽宁馆、南京馆、内蒙古馆、宁夏馆、山西馆、上海馆、绍兴馆、首都馆、西南大学馆、浙江馆

10152
不夜天（灯的故事）（苏）伊林（M. Ильин）著 董纯才译
中原新华书店，1949.6，38页，32开

收藏单位：重庆馆、国家馆

10153
不走正路的安得伦 （苏）涅维罗夫（A. Неверов）著 曹靖华译
沈阳：东北书店，1949.4，53页，32开（苏联通俗文艺丛书）

本书为苏联中篇小说。著者原题：捏维洛夫。

收藏单位：长春馆、东北师大馆、广东馆、国家馆、湖南馆、江西馆、辽宁馆、南京馆

10154
不走正路的安得伦 （苏）涅维罗夫（A. Неверов）著 曹靖华译
华北新华书店，1948.7，66页，32开

本书著者原题：捏维洛夫。

收藏单位：重庆馆、国家馆、河南馆、宁夏馆、山东馆、山西馆、天津馆

10155
不走正路的安得伦 （苏）涅维罗夫（A. Неверов）著 曹靖华译
[威县]：冀南书店，1946.10，46页，32开，环筒页装

本书著者原题：捏维洛夫。

收藏单位：国家馆、山东馆

10156
不走正路的安得伦 （苏）涅维罗夫（A. Неверов）著 曹靖华译
上海：联华书局，1936.6，再版，74页，32开（文艺连丛）

本书著者原题：聂维洛夫。译者原题：靖

华。

收藏单位：重庆馆、广东馆、贵州馆、辽师大馆、首都馆、浙江馆

10157
不走正路的安得伦（苏）涅维罗夫（A. Неверов）著　曹靖华译
[阳城]：太岳新华书店，1946.8，48页，36开

本书著者原题：捏维洛夫。

收藏单位：重庆馆、国家馆

10158
不走正路的安得伦（苏）涅维罗夫（A. Неверов）著　靖华译
上海：野草书屋，1933.5，72页，22开（文艺连丛）
上海：野草书屋，1934.10，再版，72页，25开（文艺连丛）

本书著者原题：聂维洛夫。

收藏单位：重庆馆、国家馆、黑龙江馆、南京馆、内蒙古馆、上海馆、西南大学馆

10159
布利乔夫（苏）高尔基（Максим Горький）著　焦菊隐译
上海：天下图书分司，1949，70页，32开（苏联名剧译丛）

本书为三幕剧剧本。书后有译后记、参考材料。据英译本转译。

收藏单位：重庆馆、东北师大馆、天津馆

10160
草原故事（苏）高尔基（Максим Горький）著　巴金译
上海：马来亚书店，1931.4，126页，32开

本书为苏联短篇小说集，共3篇：《马加尔周达》《因了单调的原故》《不能死的人》。书前有译者序。据英译本转译。

10161
草原故事（苏）高尔基（Максим Горький）著　巴金译
上海：生活书店，1933.6，122页，32开
上海：生活书店，1934.5，再版，122页，32开

收藏单位：重庆馆、广东馆、广西馆、黑龙江馆、湖南馆、吉林馆、江西馆、辽大馆、天津馆、浙江馆

10162
草原故事（苏）高尔基（Максим Горький）著　巴金译
上海：文化生活出版社，1935.11，88页，32开（文化生活丛刊第7种）
上海：文化生活出版社，1936.3，再版，88页，32开，精、平装（文化生活丛刊第7种）
上海：文化生活出版社，1936.9，3版，88页，32开（文化生活丛刊第7种）
上海：文化生活出版社，1938.10，4版，88页，32开（文化生活丛刊第7种）
上海：文化生活出版社，1941.2，5版，88页，32开（文化生活丛刊第7种）
桂林：文化生活出版社，1942，桂1版，94页，32开（文化生活丛刊第7种）
桂林：文化生活出版社，1943.5，桂2版，94页，32开（文化生活丛刊第7种）
上海：文化生活出版社，1946.7，6版，88页，32开（文化生活丛刊第7种）
上海：文化生活出版社，1949.2，8版，88页，32开（文化生活丛刊第7种）

收藏单位：北碚馆、重庆馆、东北师大馆、广东馆、贵州馆、桂林馆、国家馆、河南馆、黑龙江馆、吉大馆、辽大馆、南京馆、内蒙古馆、宁夏馆、山西馆、上海馆、首都馆、中科图

10163
草原故事（苏）高尔基（Максим Горький）著　巴金译
上海：新时代书局，1931.10，再版，126页，32开（新时代文艺丛书）

收藏单位：宁夏馆

10164
草原故事及其他（苏）高尔基（Максим

Горький）著　巴金等译
长春：国民书局，1946.12，147 页，36 开（世界作家选集 1）
本书为苏联短篇小说集，共 8 篇：《马加尔·周达》（巴金译）、《因了单调的缘故》（巴金译）、《不能死的人》（巴金译）、《秋夜》（徐懋庸译）、《草原上》（梁遇春译）、《可汗同他的儿子》（梁遇春译）、《人之生》（何迁译）、《昆虫》（杨追译）。附《关于高尔基》。
收藏单位：东北师大馆、上海馆

10165
查斯郎诺夫（别洛露西亚游击队长）（苏）魏林斯基著
莫斯科：外国文书籍出版局，1943，36 页，50 开（苏联英雄）
本书为苏联小说，共 8 部分。
收藏单位：重庆馆、国家馆

10166
忏悔　（苏）高尔基（Максим Горький）著　何妨译
上海：中华书局，[1930—1939]，296 页，32 开（现代文学丛刊）
收藏单位：东北师大馆、广西馆

10167
成熟　（苏）西蒙诺夫（К. М. Симонов) 著
山东新华书店，1946，52 页，48 开
本书为苏联短篇小说集，共 4 篇：《成熟》《水里的桥》《独子》《一个哥萨克女人底儿子》。
收藏单位：重庆馆、山东馆

10168
成熟　（苏）西蒙诺夫（К. М. Симонов) 著
莫斯科：外国文书籍出版局，1934，52 页，64 开
莫斯科：外国文书籍出版局，1943，52 页，32 开
收藏单位：北碚馆、重庆馆、东北师大馆、国家馆、吉林馆、南京馆、上海馆

10169
重逢　（苏）瓦西列夫斯卡（В. Василевская）等著　邵天任译
沈阳：东北新华书店，1949.9，164 页，32 开
本书收文 11 篇：《多瑙河之歌》（布珂夫）、《友爱》（拉甫列涅夫）、《安珈》（斯克列连科）、《坚强的人们》（科罗鲍夫）、《在克里姆林宫》（郭甫巴克）、《照片》（拉甫列涅夫）、《同志》（科诺年珂）、《一段趣闻》（席式科夫）、《瓦沙》（斐定）、《儿童团员》（卡达耶夫）、《重逢》（瓦希列夫斯卡亚）。著者原题：瓦希列夫斯卡亚。
收藏单位：东北师大馆、国家馆、天津馆

10170
仇敌　（苏）高尔基（Максим Горький）撰　芳信译
大连：旅大中苏友好协会，1949.5，112 页，32 开（友谊文艺丛书 3）
本书为三幕剧剧本。
收藏单位：重庆馆、东北师大馆、广东馆、国家馆、南京馆、内蒙古馆、山东馆、山西馆、天津馆

10171
初恋　（苏）弗拉易尔曼（Р. И. Фраерман）著　穆俊译
上海：海燕书店，1943，再版，208 页，32 开（国际文学译丛）
上海：海燕书店，1949.8，新 1 版，218 页，25 开
本书为长篇小说。据 Early love 译本重译。
收藏单位：东北师大馆、广西馆、国家馆、黑龙江馆、吉林馆

10172
茨冈　（俄）普希金（Александр Сергеевич Пушкин）著　瞿秋白译
[上海]：文艺新潮社，1940.3，93 页，36 开（文艺新潮社小丛书 第 1 辑 1）
本书附《普式庚怎样写作》（阿胥金）及锡金的后记。著者原题：普式庚。

收藏单位：重庆馆、近代史所

10173
磁力　（苏）高尔基（Максим Горький）著　罗稷南译
上海：生活书店，1937，胜利后 1 版，672 页，25 开（世界文库）
上海：生活书店，1938.9，672 页，25 开（世界文库）
上海：生活书店，1947.10，胜利后 1 版，672 页，22 开
本书为长篇小说《克里姆·萨姆金的一生》的第 2 部。据英译本转译。
收藏单位：北碚馆、重庆馆、贵州馆、国家馆、吉林馆、江西馆、南京馆、山西馆、首都馆、西南大学馆

10174
从暴风雨里所诞生的　（苏）奥斯特洛夫斯基（Николай Алексеевич Островский）著　王语今译
重庆：读书出版社，1943.1，367 页，32 开（文学月报丛书）
本书为苏联长篇小说，共 12 章。
收藏单位：安徽馆、重庆馆、国家馆、内蒙古馆

10175
从暴风雨里所诞生的　（苏）奥斯特洛夫斯基（Николай Алексеевич Островский）著　王语今译
桂林：新光书店，1942，367 页，32 开（文学月报丛书）
收藏单位：重庆馆、广东馆、贵州馆、桂林馆

10176
从布其维里到喀尔巴阡山　（苏）珂夫巴克（С. А. Ковпак）著　刘辽逸译
大连：光华书店，[1948.9]，182 页，32 开
哈尔滨：光华书店，1948.12，再版，164 页，32 开
本书为回忆录，记述苏联卫国战争时期一支游击队的战斗事迹。
收藏单位：安徽馆、长春馆、重庆馆、东北师大馆、广东馆、广西馆、国家馆、湖南馆、吉大馆、吉林馆、江西馆、辽宁馆、内蒙古馆、山东馆、山西馆、上海馆、天津馆

10177
从猿到人　（苏）伊林（М. Ильин）（苏）谢加尔（Е. Сегал）著　什之译
大连：大众书店，1948.11，91 页，32 开
本书共 5 章：在无形的笼子里、主人公及其亲属、人手的遗迹、世界的末日和开始、千年学校。
收藏单位：重庆馆、国家馆、南京馆、山东馆、上海馆

10178
从猿到人　（苏）伊林（М. Ильин）（苏）谢加尔（Е. Сегал）著　什之译
威县：冀南新华书店，1948.12，104 页，32 开
收藏单位：国家馆

10179
从猿到人（人怎样变成巨人之一）（苏）伊林（М. Ильин）（苏）谢加尔（Е. Сегал）著　什之译
读书出版社，1948.1，104 页，32 开
[读书出版社]，1948.8，98 页，32 开
读书出版社，1948.12，81 页，32 开
收藏单位：重庆馆、广东馆、国家馆、河南馆、山东馆、山西馆、天津馆

10180
从猿到人（人怎样变成巨人之一）（苏）伊林（М. Ильин）（苏）谢加尔（Е. Сегал）著　什之译
读者生活社，1942，新 1 版，80 页，32 开
读者生活社，1949.4，104 页，32 开
收藏单位：重庆馆、国家馆、河南馆、南京馆、山东馆

10181
大胆公开的批评 竹马等译
佳木斯：东北书店，1948.5，21 页，32 开
本书共 3 篇:《大胆公开地批评》(《苏联文学报》1947 年 12 月 7 日社论)、《小说〈青年近卫军〉及其舞台演出》、《关于影片〈伟大的生活〉》。
收藏单位：长春馆、东北师大馆、国家馆、吉林馆、辽宁馆

10182
丹娘 傅学文编译
上海：文林书店，1945.11，再版，[17]+45 页，32 开
本书收里多夫等人的作品 5 篇:《丹娘》《谁是丹娘》《丹娘的母亲》《与丹娘并美的丽莎》《丹娘曲》。书前有宋美龄、冯玉祥、郭沫若、李德全、曹孟君等人的序、题词、诗、读后感等，以及编译者的自序。
收藏单位：重庆馆、内蒙古馆、上海馆、浙江馆、中科图

10183
丹娘 傅学文编译
重庆：中苏文化协会妇女委员会，1943，[18]+50 页，32 开
桂林：中苏文化协会妇女委员会，1943，再版，52 页，32 开
收藏单位：北碚馆、重庆馆、广东馆、国家馆、湖南馆、吉林馆、山西馆、上海馆、西南大学馆

10184
丹娘（一个游击队女英雄的故事）（苏）里多夫（П. Лидов）著
晋察冀新华书店，1947.9，26 页，32 开
收藏单位：北师大馆、国家馆、吉林馆、山东馆、天津馆

10185
丹娘（一个游击队女英雄的故事）（苏）里多夫（П. Лидов）著
[阳城]：太岳新华书店，1947.1，21 页，36 开
收藏单位：重庆馆、国家馆、山东馆、山西馆

10186
丹娘（一个游击队女英雄的故事）（苏）里多夫（П. Лидов）著
莫斯科：外国文书籍出版局，1942，27 页，32 开
收藏单位：重庆馆

10187
胆怯的人 （苏）高尔基（Максим Горький）著 李兰译
上海：上海杂志公司，1949.1，2 版，660 页，32 开（高尔基选集）
上海：上海杂志公司，1949，3 版，660 页，32 开（高尔基选集）
本书为苏联长篇小说。1946 年 7 月初版。书前有译者序。据英译本转译。
收藏单位：东北师大馆、国家馆、吉林馆、南京馆、天津馆

10188
党证（苏联抗战文艺选集）（苏）瓦西列夫斯卡（В. Василевская）等著 曹靖华等译
[左权]：华北书店，1943，82 页，32 开，环筒页装
本书共两部分：诗、小说。收文 14 篇，内容包括:《宣誓》《父与子》《党证》《北极圈外》等。著者原题：瓦希列夫斯喀亚。
收藏单位：国家馆

10189
灯塔 （苏）玛耶柯夫斯基著
沈阳：东北书店，1949.5，58 页，32 开
本书为诗集。收诗 24 首，共 3 部分：列宁和斯大林、红军赞、伟大的斯大林宪法。
收藏单位：长春馆、东北师大馆、吉林馆、辽大馆、山东馆、天津馆

10190
等待着天明 （苏）帕达尔卡等著 刘崇庆辑

译
安东（丹东）：东北书店安东分店，1949.3，55页，32开
本书为苏联短篇小说集，共5篇：《等待着天明》（帕达尔卡）、《安娜·芭拉芭什娜底婚礼》（丹妮琳）、《我们在天上的父》（卡达耶夫）、《归来》（柯里吉尔）、《史维托夫家》（托罗菲摩娃）。
收藏单位：东北师大馆、吉林馆、辽宁馆、南京馆、山东馆

10191
地主之家　（苏）谢德林（M. E. Салтыков-Щедрин）著　陈原译
华北新华书店，1948.5，11+620页，32开（世界文学名著）
本书为苏联长篇小说，共7部分：家族法庭、好眷属、结算、甥女、同居的乐趣、嫌弃、结局。书前有译序，介绍著者生平和作品。据英译本转译。
收藏单位：重庆馆、国家馆、河南馆、黑龙江馆、吉林馆、山西馆

10192
地主之家　（苏）谢德林（M. E. Салтыков-Щедрин）著　陈原译
重庆：文风书局，1945.6，465页，32开（文风世界文学名著译丛6）
收藏单位：重庆馆、贵州馆、国家馆、黑龙江馆

10193
地主之家　（苏）谢德林（M. E. Салтыков-Щедрин）著　陈原译
大连：新中国书局，1949.3，390页，32开
收藏单位：安徽馆、北师大馆、长春馆、东北师大馆、广东馆、国家馆、黑龙江馆、吉林馆、南京馆、山西馆、上海馆、天津馆、中科图

10194
第四十一　（苏）拉甫列涅夫著　曹靖华译
大连、沈阳：光华书店，1949.2，100页，32开
收藏单位：重庆馆、东北师大馆、天津馆

10195
第四十一　（苏）拉甫列涅夫著　曹靖华译
冀南书店，[1946.12]，59页，36开
收藏单位：国家馆、河南馆、山东馆

10196
第四十一　（苏）拉甫列涅夫著　曹靖华译
上海：良友图书印刷公司，[1937.5]，165页，50开，精装
收藏单位：北碚馆、东北师大馆、国家馆、黑龙江馆、上海馆、中科图

10197
第四十一　（苏）拉甫列涅夫著　曹靖华译
桂林：三户图书社，1942.1，110页，32开（翻译短篇小说选集）
收藏单位：重庆馆、陕西馆

10198
第四十一　（苏）拉甫列涅夫著　曹靖华译
重庆：生生出版社，1944.8，219页，32开
本书共两篇：《第四十一》《平常东西的故事》。书前有鲁迅序、译者初版序、改版前记。
收藏单位：重庆馆、吉林馆

10199
第四十一　（苏）拉甫列涅夫著　曹靖华译
北平：未名社，1929.6，253页，32开（未名丛刊20）
本书书前有著者对中国读者的序等。
收藏单位：重庆馆、广东馆、国家馆、天津馆、浙江馆

10200
动乱时代　（德）丽洛琳克（Lilo Linke）著　于熙俭译
上海：生活书店，1936.9，619页，32开
本书为自传体长篇小说，共23章。书前有著者原序。

收藏单位：重庆馆、广东馆、贵州馆、国家馆、黑龙江馆、湖南馆、南京馆、陕西馆、上海馆

10201
斗争还没有完结（"一周间"通俗本）（苏）里别进思基著　黄叶改写
大连：东北书店，1949.4，65页，32开（大众通俗丛书11）

本书为俄罗斯中篇小说《一周间》的改写本。共17章，内容包括：群众大会、罗意科的房东、论争、戈宜赫检察等。

收藏单位：北师大馆、东北师大馆、国家馆

10202
对马（苏）普里波衣著　梅雨译
桂林：新知书店，1940.4，2册（322+504页），32开
[桂林]：新知书店，1941.2，再版，2册（322+504页），32开
上海：新知书店，1946，322+504页，32开（新世纪文学译丛）

本书为苏联长篇历史小说，共4章：在圣安特列夫旗之下、绕过好望岬、马达加斯加、舰队东航。

收藏单位：北碚馆、重庆馆、广东馆、广西馆、贵州馆、国家馆、黑龙江馆、湖南馆、辽大馆、辽宁馆、南京馆、内蒙古馆、首都馆、天津馆

10203
对马（苏）普里波衣著　梅雨译
上海：引擎出版社，1937.4，2册（323+504页），32开

收藏单位：东北师大馆、国家馆、辽东学院馆、辽宁馆、上海馆、首都馆、浙江馆

10204
俄国短篇小说集（俄）列夫·托尔斯泰（Лев Николаевич Толстой）等著　陈节等译
上海：生活书店，1936.9，204页，22开，精装（世界文库）

本书共6篇：《郭尔内·瓦西利耶夫》（托尔斯泰作，高滔译）、《温淑的心》（杜斯退夫斯基作，高滔译）、《杜兰蒂娜》（梭罗古勃作，高滔译）、《奥罗夫夫妇》（高尔基作，周筧译）、《马尔华》（高尔基作，陈节译）、《山径中》（高尔基作，高滔译）。

收藏单位：重庆馆、东北师大馆、国家馆、湖南馆、江西馆、辽大馆

10205
俄国人物（苏）西蒙诺夫（К. М. Симонов）著
莫斯科：外国文书籍出版局，1942，120页，25开

本书为苏联现代剧本。

收藏单位：重庆馆、黑龙江馆、吉林馆、山西馆、上海馆、首都馆

10206
俄国文学研究提纲（俄）斯维特拉耶夫等编　曹葆华等译
[北平]：解放社，1949，63页，32开
天津：解放社，1949，再版，63页，32开

收藏单位：东北师大馆、广东馆、国家馆、湖南馆、山西馆、天津馆

10207
俄国问题（苏）西蒙诺夫（К. М. Симонов）著　英文研究会译
[佳木斯]：东北书店，1947.11，130页，32开

本书为苏联剧本。

收藏单位：长春馆、重庆馆、东北师大馆、国家馆、黑龙江馆、吉林馆、辽宁馆、南京馆、上海馆、首都馆、天津馆

10208
俄罗斯浪游散记（苏）高尔基（Максим Горький）著　耿济之译
上海：开明书店，1949.6，4版，644页，32开

本书收短篇小说29篇，内容包括：《人的诞生》《流冰》《顾平》《尼鲁士卡》《公墓》

《轮船上》《女人》《山谷》《卡里宁》《海行》《死人》《混 乱》《沙莫夫家的晚会》等。书后有译者后记。

收藏单位：东北师大馆、南京馆、绍兴馆

10209
俄罗斯人　（苏）西蒙诺夫（К. М. Симонов）著　白寒译
上海：时代书报出版社，1945，74 页，36 开

本书为苏联现代三幕剧剧本。

收藏单位：长春馆、重庆馆、东北师大馆、广东馆、黑龙江馆、湖南馆、江西馆、辽大馆、南京馆、内蒙古馆、宁夏馆、山西馆、上海馆、首都馆、浙江馆

10210
俄罗斯人　（苏）西蒙诺夫（К. М. Симонов）撰　桴鸣译
冀鲁豫书店，[1944—1948]，73 页，32 开

收藏单位：重庆馆、国家馆

10211
俄罗斯人　（苏）西蒙诺夫（К. М. Симонов）著　桴鸣译
韬奋书店，1945，71 页，36 开

收藏单位：重庆馆、国家馆

10212
俄罗斯人　（苏）西蒙诺夫（К. М. Симонов）著　桴鸣译
大连：中苏友好协会，1946，78 页，36 开

收藏单位：重庆馆、山东馆

10213
俄罗斯人剪影　（苏）高尔基（Максим Горький）撰　韩侍桁译
上海：国际文化服务社，1949.4，349 页，32 开（古典文学名著选译 第 10 种）

本书译者原题：侍桁。

收藏单位：东北师大馆、广东馆、国家馆、南京馆、内蒙古馆、上海馆

10214
俄罗斯水兵　（苏）索洛维耶夫著　逸尘译
华北军区政治部，1948.7，170 页，32 开

本书著者原题：索洛维约夫。

收藏单位：重庆馆、国家馆、山西馆

10215
俄罗斯水兵　（苏）索洛维耶夫著　逸尘译
晋察冀新华书店，1947.7，170 页，32 开

本书著者原题：索洛维约夫。

收藏单位：重庆馆、国家馆、吉林馆、天津馆

10216
俄罗斯水兵　（苏）索洛维耶夫著　逸尘译
大连：中苏友好协会，1946.3，132 页，25 开

本书著者原题：索洛维约夫。

收藏单位：重庆馆、国家馆、吉林馆、辽宁馆、山东馆、山西馆

10217
俄罗斯文学　蒋光慈编
上海：创造社出版部，1927，255 页，32 开

本书分上、下两卷。上卷“十月革命与俄罗斯文学”共 9 节，介绍布洛克、白德内宜、爱莲堡、叶贤林、马牙可夫斯基等作家及其文学创作；下卷“十月革命前的俄罗斯文学”共 19 节，介绍民间文学、古代文学、俄国文学之中世纪及其代表作家普希金、列尔芒托夫、屠格涅夫等。下卷系根据屈维它的原稿删改而成。

收藏单位：重庆馆、东北师大馆、广东馆、上海馆、首都馆、浙江馆

10218
俄罗斯问题　（苏）西蒙诺夫（К. М. Симонов）著　林陵译
[大连]：关东中苏友好协会，1947，87 页，32 开（友谊丛书）
[大连]：关东中苏友好协会，1947.10，再版，87 页，32 开
[大连]：关东中苏友好协会，1948.9，99 页，32 开

本书为苏联三幕剧剧本。

收藏单位：长春馆、重庆馆、东北师大馆、广东馆、国家馆、山东馆、天津馆

10219
俄罗斯问题 （苏）西蒙诺夫（К. М. Симонов）著 林陵译
华北新华书店，1948，102页，32开
收藏单位：国家馆、天津馆

10220
俄罗斯问题 （苏）西蒙诺夫（К. М. Симонов）著 林陵译
华东新华书店，1948.8，再版，93页，36开
收藏单位：南京馆、上海馆

10221
俄罗斯问题 （苏）西蒙诺夫（К. М. Симонов）著 林陵译
冀鲁豫新华书店，1948，91页，36开
收藏单位：广东馆、国家馆、山东馆

10222
俄罗斯问题 （苏）西蒙诺夫（К. М. Симонов）著 林陵译
上海：时代书报出版社，1947，84页，32开
上海：时代书报出版社，1948，84页，32开
上海：时代书报出版社，1948.5，再版，84页，36开
收藏单位：重庆馆、大庆馆、广东馆、国家馆、黑龙江馆、吉林馆、江西馆、南京馆、内蒙古馆、宁夏馆、陕西馆、上海馆、绍兴馆、首都馆、天津馆、浙江馆

10223
俄罗斯问题 （苏）西蒙诺夫（К. М. Симонов）著 茅盾译
上海：世界知识社，1947.9，128页，32开（中苏文化协会文学丛书 小型本）
上海：世界知识社，1948.10，再版，128页，32开（中苏文化协会文学丛书 小型本）
上海：世界知识社，1949.2，3版，128页，32开（中苏文化协会文学丛书 小型本）
上海：世界知识社，1949.4，4版，128页，32开（中苏文化协会文学丛书 小型本）
本书为苏联剧本。书前有译者的《K·西蒙诺夫访问记》《关于〈俄罗斯问题〉》。书后有译后记。据英译本转译。
收藏单位：重庆馆、广东馆、广西馆、国家馆、辽大馆、辽宁馆、南京馆、上海馆、首都馆、浙江馆、中科图

10224
俄罗斯问题 （苏）西蒙诺夫（К. М. Симонов）著 茅盾译
新华书店九分店，[1940—1949]，80页，32开

10225
俄罗斯问题 （苏）西蒙诺夫（К. М. Симонов）著 英文研究会译
佳木斯：东北书店，1947.11，130页，32开
收藏单位：国家馆

10226
俄罗斯问题（三幕七场剧）（苏）西蒙诺夫（К. М. Симонов）著 于人译
星火文艺出版社，1947，73页，32开
收藏单位：广东馆

10227
恶魔 （苏）高尔基（Максим Горький）著 鲁迅等译
上海：春光书店，1934.12，[81]页，32开（世界文学名著译丛）
上海：春光书店，1936.4，1册，32开（世界文学名著译丛）
本书为苏联短篇小说集，共4篇：《恶魔》（鲁迅译）、《一个人的出生》（健南译）、《幸福》（健南译）、《人类和自然》（唐晴译）。据日译本转译。
收藏单位：东北师大馆、广西馆、贵州馆、国家馆、辽宁馆、山西馆、上海馆、首都馆、天津馆

10228
恶魔　（苏）高尔基（Максим Горький）著　鲁迅等译
上海：复兴书局，1936，再版，[81] 页，32 开
收藏单位：重庆馆、广东馆

10229
恶魔　（苏）高尔基（Максим Горький）等著　鲁迅译
桂林：文化合作事务所，1942.9，171 页，36 开（译文丛书 第 1 种）
本书为苏联短篇小说集。共 9 篇，内容包括：《恶魔》（高尔基）、《农夫》（雅各武莱夫）、《工人》（玛拉式庚）、《在沙漠上》（伦支）等。每篇后附译后记，简介著者和作品。封面丛书名题：翻译丛书。
收藏单位：重庆馆、广东馆、广西馆、桂林馆、国家馆

10230
二十六个和一个（诗篇）　（苏）高尔基（Максим Горький）著　瞿秋白译
[沈阳]：新华书店东北分店，[1949]，22 页，25 开
收藏单位：国家馆

10231
坟场　（苏）高尔基（Максим Горький）著　瞿秋白译
出版者不详，1936.8，320 页，32 开
本书共 7 篇：《坟场》《海燕》《同志》《“大灾星”》《莫尔多姑娘》《笑话》《不平常的故事》。书前有《高尔基自传》。译者原题：史杰。
收藏单位：重庆馆、广东馆、国家馆、南京馆、山西馆、上海馆、浙江馆、中科图

10232
赴苏使命　（苏）柯涅楚克著　水夫译
大连：中苏友好协会，1946，51 页，32 开
本书为三幕剧剧本。有剧中人物、时间及地点介绍。著者原题：柯尔纳楚克。
收藏单位：长春馆、广东馆、山东馆

10233
赴苏使命（三幕剧）（苏）柯涅楚克著　水夫译
上海：时代书报出版社，1945，50 页，32 开
本书书前有顾斯关于本剧在莫斯科演出情况的文章及著者简介。著者原题：柯尔纳楚克。
收藏单位：重庆馆、东北师大馆、广东馆、国家馆、华东师大馆、吉林馆、江西馆、辽宁馆、南京馆、上海馆、首都馆

10234
复仇的火焰　（苏）巴甫连柯（П. А. Павленко）著　茅盾译
重庆：中苏文化协会编译委员会，1943.6，189 页，32 开（苏联文学丛书）
本书为苏联中篇小说。书前有译者序。据莫斯科外国文书籍出版局的英译本转译。著者原题：巴甫林科。
收藏单位：北碚馆、重庆馆、国家馆、南京馆

10235
复仇的火焰　（苏）巴甫连柯（П. А. Павленко）著　肖林译
哈尔滨：生活书店，1949，115 页，32 开
哈尔滨：生活书店，1949，再版，115 页，36 开
收藏单位：贵州馆、辽宁馆、山东馆、天津馆

10236
复仇的火焰　（苏）巴甫连柯（П. А. Павленко）著　肖林译
哈尔滨：新中国书局，1949，2 版，115 页，32 开
本书著者原题：巴甫林柯。
收藏单位：天津馆

10237
复仇的火焰　（苏）巴甫连柯（П. А. Павленко）著　肖林译
重庆：学文出版社，1943.11，115 页，32 开

桂林：学文出版社，1943.12，120 页，32 开
上海：学文出版社，1945.11，再版，115 页，32 开
[哈尔滨]：学文出版社，1947.8，东北 3 版，115 页，32 开

本书封面题名：俄罗斯的故事。著者原题：巴甫林柯。

收藏单位：北碚馆、长春馆、重庆馆、东北师大馆、广西馆、桂林馆、国家馆、吉林馆、辽宁馆、南京馆、上海馆、首都馆

10238
复仇火焰 （苏）巴甫连柯（П. А. Павленко）著
莫斯科：外国文书籍出版局，1942，136 页，25 开

收藏单位：北碚馆、重庆馆、国家馆、西南大学馆

10239
复仇火焰 （苏）巴甫连柯（П. А. Павленко）著 [茅盾译]
[濮阳]：冀鲁豫书店，[1945]，131 页，32 开

收藏单位：国家馆、南京馆、宁夏馆

10240
复仇火焰 （苏）巴甫连柯（П. А. Павленко）著 茅盾译
[威县]：冀南书店，1946.8，131 页，32 开

本书著者原题：巴甫连科。

收藏单位：国家馆、山东馆

10241
复仇火焰 （苏）巴甫连柯（П. А. Павленко）著 茅盾译
饶阳：冀中新华书店，1947.10，116 页，32 开

本书著者原题：巴甫连科。

收藏单位：重庆馆、国家馆、黑龙江馆、山东馆、天津馆

10242
复仇火焰 （苏）巴甫连柯（П. А. Павленко）著 [茅盾译]
[武安]：韬奋书店，1945.7，131 页，32 开

本书著者原题：巴甫连科。

收藏单位：国家馆

10243
钢铁是怎样炼成的 （苏）奥斯特洛夫斯基（Николай Алексеевич Островский）著 段洛夫 陈非璜译
上海：潮锋出版社，1937.5，[27]+368 页，32 开
上海：潮锋出版社，1937.6，订正 2 版，[27]+368 页，32 开
上海：潮锋出版社，1939.5，战后订正初版，[27]+368 页，32 开
上海：潮锋出版社，1946.5，[27]+368 页，32 开
上海：潮锋出版社，1949，8 版，[27]+368 页，32 开

本书为苏联长篇小说。据日译本转译。

收藏单位：广东馆、贵州馆、国家馆、上海馆、首都馆

10244
钢铁是怎样炼成的 （苏）奥斯特洛夫斯基（Николай Алексеевич Островский）著 梅益译
华东新华书店总店，1948，379 页，32 开

收藏单位：长春馆、广东馆、山东馆

10245
钢铁是怎样炼成的 （苏）奥斯特洛夫斯基（Николай Алексеевич Островский）著 梅益译
朝城：冀鲁豫书店，1947.9，2 册（207+193 页），32 开

本书书前有彼得罗夫斯基序。

收藏单位：国家馆、山东馆

10246
钢铁是怎样炼成的 （苏）奥斯特洛夫斯基

（Николай Алексеевич Островский）著　梅益译
山东新华书店，1949.8，再版，379 页，32 开
收藏单位：长春馆、国家馆、南京馆、天津馆

10247
钢铁是怎样炼成的（苏）奥斯特洛夫斯基（Николай Алексеевич Островский）著　梅益译
上海：生活·读书·新知联合发行所，1949.8，454 页，32 开（苏联文学丛书）
收藏单位：重庆馆、国家馆

10248
钢铁是怎样炼成的（苏）奥斯特洛夫斯基（Николай Алексеевич Островский）著　梅益译
太行群众书店，1947.12，410 页，32 开
收藏单位：国家馆

10249
钢铁是怎样炼成的（苏）奥斯特洛夫斯基（Николай Алексеевич Островский）著　梅益译
[阳城]：太岳新华书店，1948.12，14+261 页，24 开
收藏单位：国家馆、山东馆

10250
钢铁是怎样炼成的（苏）奥斯特洛夫斯基（Николай Алексеевич Островский）著　梅益译
上海：新知书店，[1946]，再版，454 页，32 开
上海：新知书店，1946.9，沪 3 版，439 页，32 开（新世纪文学译丛）
收藏单位：首都馆

10251
钢铁是怎样炼成的（苏）奥斯特洛夫斯基（Николай Алексеевич Островский）著　梅益译
大连：中苏友好协会，1946.6，2 册（410 页），32 开
收藏单位：国家馆、山东馆、天津馆

10252
钢铁是怎样炼成的（苏）奥斯特洛夫斯基（Николай Алексеевич Островский）著　梅益译
[郑州]：中原新华书店，1949.4，18+379 页，32 开
收藏单位：国家馆

10253
钢铁是怎样炼成的（上卷）（苏）奥斯特洛夫斯基（Николай Алексеевич Островский）著　弥沙译
重庆：国讯书店，1943.10，231 页，32 开（国讯文艺丛书）
本书著者原题：奥司托洛夫司基。
收藏单位：北碚馆、重庆馆、贵州馆、国家馆、吉林馆、内蒙古馆、山西馆

10254
钢铁是怎样炼成的（缩写本）（苏）奥斯特洛夫斯基（Николай Алексеевич Островский）原著　白刃缩写
哈尔滨：兆麟书店，1948.9，100 页，32 开
本书据梅益译本缩写。著者原题：奥斯特罗夫斯基。
收藏单位：东北师大馆、广东馆

10255
钢铁是怎样炼成的（缩写本）（苏）奥斯特洛夫斯基（Николай Алексеевич Островский）原著　白刃缩写
天津：知识书店，1949.5，101 页，32 开
收藏单位：国家馆、南京馆、山东馆

10256
钢铁是怎样炼成的（缩写本）
出版者不详，[1936—1949]，100 页，25 开
收藏单位：江西馆

10257
钢铁是怎样炼成的（通俗本）（苏）奥斯特洛夫斯基（Николай Алексеевич Островский）著　中耀改编
沈阳：东北书店，1949.5，122页，32开
收藏单位：东北师大馆、国家馆、辽宁馆、山东馆

10258
高尔基（传记小说）（苏）A. 罗斯金（A. Роскин）著　戈宝权等译
昆明：北门出版社，1945.6，148页，32开
上海：北门出版社，1945.10，再版，148页，32开
［哈尔滨］：北门出版社，1948.9，再版，119页，32开（光华丛刊）
长春：北门出版社，1948，3版，119页，32开（光华丛刊）
本书共13章：童年时代、在喀山、铁路上的守夜人、老橡树之歌、流浪、第一篇小说、伊古迭尔·赫拉米达、声誉、麦特赫堡和尼几尼·诺甫哥罗德监狱、夜莺和探子、在艺术剧场的舞台上、三次革命、作家与战士。书前有郭沫若序。据莫斯科外国文书籍出版局出版的英译本转译，译者还有茅盾、葛一虹、郁文哉。
收藏单位：长春馆、重庆馆、东北师大馆、广东馆、广西馆、贵州馆、国家馆、河南馆、吉林馆、江西馆、辽宁馆、南京馆、内蒙古馆、宁夏馆、山东馆、山西馆、陕西馆、上海馆、首都馆、天津馆、西南大学馆、云南馆、中科图

10259
高尔基创作选集（苏）高尔基（Максим Горький）著　瞿秋白译
［延安］：八路军军政杂志社，1942.11，261页，32开
本书收作品7篇：《海燕》《同志!》《“大灾星”》《坟场》《莫尔多姑娘》《笑话》《不平常的故事》。书前有《高尔基自传》《马克西谟·高尔基》《作家与政治家》3篇文章介绍高尔基的生平及作品。书后有译者后记，写于1932年12月。译者原题：萧参。
收藏单位：重庆馆、国家馆

10260
高尔基创作选集（苏）高尔基（Максим Горький）著　瞿秋白译
大连：三联书店，1949.9，361页，32开
本书较之前版本增收《马尔华》《二十六个和一个》《市侩颂》3篇。
收藏单位：东北师大馆、湖南馆、上海馆

10261
高尔基创作选集（苏）高尔基（Максим Горький）著　瞿秋白译
上海：生活书店，1933.10，[36]+310页，32开
上海：生活书店，1946.7，胜利后1版，361页，32开
收藏单位：重庆馆、贵州馆、国家馆、山西馆、上海馆、首都馆

10262
高尔基代表作（苏）高尔基（Максим Горький）著　巴金等译
上海：合众书店，1948.10，174页，32开
本书收短篇小说5篇：《因了单调的缘故》《拆尔卡士》《我的旅伴》《　个人的出生》《筏上》。
收藏单位：吉林馆、辽宁馆、上海馆、首都馆

10263
高尔基代表作（苏）高尔基（Максим Горький）著　巴金等译
出版者不详，[1928—1949]，122页，32开
收藏单位：南京馆

10264
高尔基代表作（苏）高尔基（Максим Горький）著　黄源编译
上海：前锋书店，1933.10，[88]+518页，32开（青年文学自修丛书2）
上海：前锋书店，1934.7，再版，[88]+518页，32开（青年文学自修丛书2）

上海：前锋书店，1936.7，3版，88+518页，32开（青年文学自修丛书2）

本书收短篇小说、回忆录及中长篇小说节选14篇：《马加尔周达》（巴金译）、《拆尔卡士》（宋桂煌译）、《秋夜》（徐懋庸译）、《我的旅伴》（耿济之译）、《筏上》（徐霞村译）、《二十六个男子和一个少女》（张友松译）、《等待渡船》（黄源译）、《布格罗夫》（陈勺水译）、《托尔斯泰回忆琐记》（郁达夫译）、《强果尔河畔》（适夷译）、《三人》（黄源译）、《母亲》（沈端先译）、《我的童年》（蓬子译）、《我的大学》（杜畏之译）。书前有《高尔基》（茅盾）、《高尔基评传》（黄源）、《高尔基年谱》（沈端先）。

收藏单位：东北师大馆、贵州馆、国家馆、湖南馆、南京馆、天津馆、浙江馆、中科图

10265

高尔基代表作　（苏）高尔基（Максим Горький）著　黄源编译

上海：真理书店，1937.5，2版，88+518页，32开（青年文学自修丛书2）

收藏单位：重庆馆、国家馆、辽大馆

10266

高尔基的回忆琐记　（苏）高尔基（Максим Горький）著　陈勺水译

上海：乐群书店，1929，360页，32开

本书收著者1923年后侨居意大利时写的札记23篇，内容包括：《蜘蛛》《挖坟坑的》《刽子手》等。

收藏单位：北师大馆、东北师大馆、国家馆、吉林馆、南京馆、山西馆、陕西馆、上海馆、首都馆、浙江馆

10267

高尔基杰作集　（苏）高尔基（Максим Горький）著　鲁迅等译

上海：合众书店，1948.10，155页，32开

本书收短篇小说3篇：《俄罗斯的童话》（鲁迅译）、《马加尔周达》（巴金译）、《草原上》（梁遇春译）。另附《高尔基》（茅盾）、《高尔基底生涯和事业》（古尔士杰夫）、《高尔基自传》（黄源译）、《高尔基年谱》（沈端先）。

收藏单位：辽宁馆

10268

高尔基论　（苏）乌尔金著　罗稷南译

上海：读书生活出版社，1936.9，80页，36开（角半小丛书）

上海：读书生活出版社，1936.12，2版，80页，36开（角半小丛书）

本书附《高尔基文学活动四十周年纪念》（关于1932年9月25日在莫斯科歌剧院举行的大会情况报道）。

收藏单位：重庆馆、国家馆、陕西馆

10269

高尔基论文集　（苏）高尔基（Максим Горький）著　瞿秋白译

华北书店，1942，新1版，234页，32开

本书收文22篇，内容包括：《给苏联的"机械的公民"》《再论机械的公民》《论文化》《论白党侨民文学》《市侩》《关怀妇女》《同读者的通信》《给人道主义者》《金矿工人的信》《关于真实的教育》《冷淡》等。书前有高尔基自序。

收藏单位：重庆馆

10270

高尔基文集　（苏）高尔基（Максим Горький）著　鲁迅编

上海：光华书局，1932.1，252页，32开

本书系用1930年8月出版的《戈理基文录》的纸型重印，并改为今名。收文9篇，内容包括：《戈理基自传》（亦还译）、《托尔斯泰的回忆》（柔石译）、《关于托尔斯泰的一封信》（柔石译）、《契科夫的回忆》（侍桁译）、《列宁之为人》（侍桁译）等。

收藏单位：吉林馆、上海馆、绍兴馆、天津馆

10271

高尔基文艺书简集　（苏）高尔基（Максим

Горький）著 楼适夷译
上海：开明书店，1949.3，6 版，92 页，32 开
本书收高尔基致安特列夫、罗迦乞夫斯基、柴哈罗夫、伊凡诺夫、莫洛绍夫、摩拉雪夫等作家的信函三十余封。译者原题：楼逸夫。
收藏单位：安徽馆、重庆馆、东北师大馆、广东馆、国家馆、吉林馆、江西馆、绍兴馆、首都馆

10272
高尔基选集 （苏）高尔基（Максим Горький）著 张正之编
上海：铁流书店，1946.12，248 页，32 开（世界名著译丛 第 1 种）
本书收短篇小说 11 篇：《一个秋夜》《我的旅伴》《二十六个和一个》《连歌》《小姑娘》《青苍与薄灰》《拆尔卡士》《牧场》《草原上》《马尔华》《英雄的故事》。译者有梅川、耿济之、陈节、叶素、春雷、宋桂煌、萧参、朱溪、华蒂 9 人。书前有代序《高尔基的一生》（雨田译）。
收藏单位：国家馆、吉林馆、上海馆、首都馆

10273
高尔基选集 （苏）高尔基（Максим Горький）著 周天民 张彦夫编选
上海：世界文化研究社，1936.7—1936.9，6 卷，32 开
上海：世界文化研究社，1940，244 页，32 开
本书共 6 卷。第 1—2 卷为小说，第 3 卷为戏剧，第 4 卷为诗歌，第 5 卷为论文，第 6 卷为评传。
收藏单位：重庆馆、东北师大馆、国家馆、首都馆、浙江馆

10274
高尔基研究年刊（一九四七年） （苏）罗果夫（В. Н. Рогов） 戈宝权合编
上海：时代书报出版社，1947.6，250 页，18 开
上海：时代书报出版社，1948.8，2 版，250 页，22 开
本书共 8 部分：高尔基和当代、高尔基和我们、高尔基研究在苏联、回忆高尔基、中国作家对于高尔基的作品的研究与介绍、高尔基作品中译的研究与批评、高尔基文学遗产中的新资料、评介。
收藏单位：安徽馆、重庆馆、东北师大馆、广东馆、广西馆、贵州馆、国家馆、内蒙古馆、山西馆、首都馆、西南大学馆、中科图

10275
高尔基研究年刊（一九四八年） （苏）罗果夫（В. Н. Рогов） 戈宝权合编
上海：时代书报出版社，1948.12，383 页，22 开
收藏单位：安徽馆、重庆馆、大庆馆、东北师大馆、广东馆、广西馆、贵州馆、国家馆、柳州馆、南京馆、内蒙古馆、山西馆、天津馆、西南大学馆、中科图

10276
高尔基早期作品集 （苏）高尔基（Максим Горький）著
上海：时代书报出版社，1947，199 页，32 开
上海：时代书报出版社，1948，再版，199 页，32 开
收藏单位：长春馆、重庆馆、广东馆、国家馆、黑龙江馆、吉林馆、首都馆、天津馆

10277
高尔基作品选 （苏）高尔基（Максим Горький）著 汪仑编选
上海：惠民书店，1949.7，711 页，32 开，精装
本书收短篇小说和诗歌 14 篇，内容包括：《拆尔卡士》（宋桂煌译）、《海燕》（萧参译）、《筏上》（徐霞村译）、《我的旅伴》（耿济之译）、《二十六个和一个》（陈节译）《奥罗夫夫妇》（周筧译）、《"大灾星"》（萧参译）、《曾经为人的动物》（宋桂煌译）、《坟场》（萧参译）、《草原上》（朱溪译）、《马尔华》（陈节译）、《一个人的出生》（健南译）、

《笑话》（萧参译）、《英雄的故事》（华蒂译）等。书前有《高尔基所走过的路程》。书后有高尔基年谱。

收藏单位：重庆馆、东北师大馆、甘肃馆、广东馆、贵州馆、国家馆、河南馆、黑龙江馆、湖南馆、山西馆、天津馆、浙江馆、中科图

10278
哥尼斯堡之陷落　（苏）V. 魏里奇科著　戈宝权译
佳木斯：东北书店，1947.10，49 页，32 开（苏德战争报告文艺作品）

本书为苏联报告文学作品集，记述苏军攻克东普鲁士德国法西斯堡垒哥尼斯堡的经过。

收藏单位：安徽馆、长春馆、重庆馆、东北师大馆、国家馆、湖南馆、吉林馆、辽宁馆、南京馆、内蒙古馆、宁夏馆、上海馆、天津馆

10279
哥尼斯堡之陷落　（苏）V. 魏里奇科著　戈宝权译
重庆：群众杂志社，1945.6，63 页，32 开（苏德战争报告文艺作品）

收藏单位：重庆馆、国家馆、吉林馆、南京馆、上海馆、天津馆、西南大学馆

10280
哥尼斯堡之陷落　（苏）V. 魏里奇科著　戈宝权译
人民出版社，1945.11，再版，55 页，32 开（苏德战争报告文艺作品）

收藏单位：国家馆

10281
哥尼斯堡之陷落　（苏）V. 魏里奇科著　戈宝权译
人民画报社，1946.10，53 页，32 开

收藏单位：重庆馆、国家馆、河南馆、吉林馆、山东馆、山西馆、天津馆

10282
给静静的顿河的儿子　（苏）江布尔·扎巴耶夫（Джамбул Джабаев）著　李葳编译
重庆：骆驼社，1944.3，95 页，36 开（骆驼文艺小丛书）

本书收诗歌 7 首：《献给中国人民》《商人队之歌》《致莫斯科》《给静静的顿河的儿子》《二马》《我的故乡》《阿依卡鲁猎师及其雄鹰》。译者还有铁弦、郁廉、卜八等。书前有《草原上的歌手江布尔》（苏鲍莱夫）、《江布尔自传》。

收藏单位：北碚馆、重庆馆、贵州馆、湖南馆、辽宁馆、南京馆、山西馆、首都馆

10283
工人绥惠略夫　（苏）阿尔志跋绥夫（Михаил Петрович Арцыбашев）著　鲁迅译
上海：北新书局，1927.6，184 页，25 开（未名丛刊 10）

本书为苏联长篇小说。书前有译者的《译了〈工人绥惠略夫〉之后》。据德译本转译。

收藏单位：贵州馆、国家馆、辽大馆、南京馆、山西馆、上海馆、首都馆、天津馆、西南大学馆、浙江馆

10284
工人绥惠略夫　（苏）阿尔志跋绥夫（Михаил Петрович Арцыбашев）著　鲁迅译
上海：商务印书馆，1922.5，202 页，32 开（文学研究会丛书）
上海：商务印书馆，1924.6，再版，202 页，32 开（文学研究会丛书）

收藏单位：重庆馆、广东馆、国家馆、河南馆、湖南馆、吉林馆、江西馆、南京馆、山西馆、绍兴馆、首都馆、浙江馆

10285
狗的故事　（俄）列夫·托尔斯泰（Лев Николаевич Толстой）著　陈原译
上海：生活书店，1947.4，77 页，28 开（少年文库）

本书共 4 部分：狗的故事、动物杂记、植

物杂记、物理杂记。

收藏单位：重庆馆、国家馆、湖南馆、吉林馆、上海馆

10286
狗的跳舞 （俄）安德列耶夫（Леонид Николаевич Андреев）著 张闻天译
上海：商务印书馆，1923.12，110页，32开（文学研究会丛书）
上海：商务印书馆，1933.7，国难后1版，120页，32开（文学研究会丛书）

本书为四幕剧剧本。书前有译者序言。据英译本转译。著者原题：安特列夫。

收藏单位：重庆馆、东北师大馆、广东馆、广西馆、贵州馆、国家馆、湖南馆、华东师大馆、吉林馆、辽大馆、辽宁馆、南京馆、上海馆、首都馆、天津馆、西南大学馆、浙江馆、中科图

10287
孤村情劫 （苏）卡达耶夫（В. Катаев）著 曹靖华译
辽宁中苏友好协会，1946.1，134页，32开（中苏文艺丛书 译文2）

本书为苏联长篇小说。书前有译者序。

收藏单位：国家馆、吉林馆、辽宁馆、山西馆、首都馆

10288
鼓风炉旁四十年 （苏）伊凡·柯鲁包夫著 曼斯译
佳木斯：东北书店，1948.6，再版，109页，32开

本书为苏联中篇小说。

收藏单位：重庆馆、东北师大馆、广东馆、国家馆、吉林馆、辽宁馆

10289
鼓风炉旁四十年 （苏）伊凡·柯鲁包夫著 曼斯译
重庆：国讯书店，1943.11，153页，32开（苏联文学丛书）
上海：国讯书店，[1946]，153页，32开

收藏单位：北碚馆、重庆馆、贵州馆、国家馆、黑龙江馆、近代史所、南京馆、山西馆、上海馆、首都馆

10290
鼓风炉旁四十年 （苏）伊凡·柯鲁包夫著 曼斯译
华中新华书店，1949.1，93页，32开

收藏单位：国家馆、辽宁馆

10291
鼓风炉旁四十年 （苏）伊凡·柯鲁包夫撰 曼斯译
山东新华书店，1948.5，126页，32开
山东新华书店，1949.7，再版，124页，32开

收藏单位：重庆馆、山东馆、天津馆

10292
鼓风炉旁四十年 （苏）伊凡·柯鲁包夫著 曼斯译
[阳城]：太岳新华书店，1948，117页，36开

收藏单位：重庆馆、山西馆、陕西馆

10293
鼓风炉旁四十年 （苏）伊凡·柯鲁包夫著 曼斯译
[盐城]：韬奋书店，1947.5，113页，32开

收藏单位：重庆馆、国家馆、河南馆、山西馆、首都馆

10294
鼓风炉旁四十年 （苏）伊凡·柯鲁包夫撰 曼斯译
西安：西北新华书店，1949.7，122页，32开

收藏单位：国家馆、宁夏馆

10295
鼓风炉旁四十年 （苏）伊凡·柯鲁包夫著 曼斯译
张家口：新华书店晋察冀分店，1946.1，110页，32开

收藏单位：国家馆、山东馆、山西馆、天

津馆

10296
鼓风炉旁四十年 （苏）伊凡·柯鲁包夫著 曼斯译
重庆：中苏文化协会编辑委员会，1943，153页，32开（苏联文学译丛 8）
收藏单位：广西馆、国家馆、内蒙古馆、上海馆

10297
鼓风炉旁四十年 （苏）伊凡·柯鲁包夫著 曼斯译
[郑州]：中原新华书店，1949.3，92页，32开
收藏单位：安徽馆、重庆馆、国家馆

10298
关东军的末日 （苏）安东诺夫等著 新人辑译
无锡：苏南新华书店，1949.6，54页，32开
本书收记述第二次世界大战末期苏联红军在远东对日作战的通讯报道12篇，内容包括：《突破东北防线》《牡丹江之战》《关东军的末日》等。书前有代序《对日作战的伟大胜利》。
收藏单位：北师大馆、长春馆、南京馆

10299
关于党的建设问题（苏联开展哲学、文学、艺术批评的文献）（苏）日丹诺夫（A. A. Жданов）等著
华中新华书店，1948.4，64页，32开
本书收关于哲学、文学以及艺术批评的文章7篇：《党的建设问题》（马林科夫）、《在讨论阿列克山得洛夫所著〈西方哲学史〉一书会议上的发言》（日丹诺夫）、《关于〈星〉及〈列宁格勒〉杂志所犯错误的报告》（日丹诺夫）、《联共（布）中央委员会关于〈星〉与〈列宁格勒〉两杂志的法令》、《联共（布）中央委员会关于剧场上演节目及改进方法的决议（摘要）》、《苏联作家协会理事会主席团的决议》、《列宁论党的组织与党的文学》。
收藏单位：南京馆

10300
光荣 （苏）古舍夫（B. M. Гусев）著 萧三译
[北平]：天下图书公司，1949，96页，32开（苏联名剧译丛）
本书为苏联现代剧本。著者原题：古燮夫。
收藏单位：重庆馆、东北师大馆、天津馆

10301
光荣（三幕八场诗剧）（苏）古舍夫（B. M. Гусев）著 萧三译
重庆：文林出版社，1942.11，174页，32开（苏联文学丛书）
收藏单位：国家馆

10302
光荣（三幕八场诗剧）（苏）古舍夫（B. M. Гусев）著 萧三译
重庆：中苏文化协会编译委员会，1942，174页，32开（苏联文学丛书 2）
收藏单位：北碚馆、重庆馆、广西馆、国家馆、黑龙江馆、湖南馆、吉林馆、南京馆、上海馆、首都馆、天津馆、中科图

10303
广场上的狮子 （苏）爱伦堡（И. Эренбург）撰 芳信译
大连：关东中苏友好协会，1949.4，80页，32开（友谊文艺丛书 2）
本书为五幕讽刺喜剧剧本。据英译本转译。
收藏单位：安徽馆、长春馆、重庆馆、东北师大馆、广东馆、国家馆、吉林馆、江西馆、辽宁馆、内蒙古馆、宁夏馆、青海馆、山东馆、上海馆、首都馆、中科图

10304
广场上的狮子 （苏）爱伦堡（И. Эренбург）撰 张扬 帅鹏译
北平：天下图书公司，1949，88页，32开

（苏联名剧译丛）
北平：天下图书公司，1949，华北 2 版，88 页，32 开（苏联名剧译丛）
收藏单位：东北师大馆、广东馆、国家馆、山西馆、天津馆

10305
广场之狮（五幕喜剧）（苏）爱伦堡（И. Эренбург）著　文戎译
沈阳：东北新华书店，1949.7，74 页，32 开
收藏单位：长春馆、重庆馆、东北师大馆、国家馆、宁夏馆

10306
过去的幽灵及其他（苏）爱罗先珂（В. Я. Ерошенко）讲　朱枕新　李小峰编
上海：民智书局，1923.3，126 页，32 开（新中国丛书）
本书共 12 篇，内容包括：《智识阶级的使命》《现代问题》《过去的幽灵》《我们应该知道的几件事》《世界语与其文学》《公用语之必要》等。书前有作者简介。
收藏单位：国家馆

10307
海魂（苏）梭波列夫（Л. С. Соболев）著　白寒译
上海：时代书报出版社，1946，35 页，36 开
本书为苏联短篇小说集，内容包括：《未发的无线电报》《水手少校》《带七星枪的菲佳》等。书前有《关于梭波列夫和他的〈海魂〉》。
收藏单位：重庆馆、东北师大馆、广西馆、国家馆、南京馆、宁夏馆、山东馆、上海馆、首都馆、天津馆

10308
海魂（苏）梭波列夫（Л. С. Соболев）著　白寒译
大连：中苏友好协会，[1945—1949]，35 页，32 开
收藏单位：重庆馆、吉大馆

10309
海上英雄（短篇小说选）（苏）卡达耶夫（В. Катаев）等著　水夫等译
上海：时代书报出版社，1946.7，112 页，32 开
上海：时代书报出版社，1948.7，再版，112 页，32 开
本书收苏联短篇小说 8 篇：《旗子》（卡达耶夫著，磊然译）、《丰功伟绩》（拉甫列乌夫著，磊然译）、《穿横条衬衫的死神》（拉甫列乌夫著，磊然译）、《白色快艇》（卡维林著，白寒译）、《西伐斯托波尔人》（哈马堂著，林陵译）、《西伐斯托波尔石头》（梭罗维姚夫著，水夫译）、《远航》（梭罗维姚夫著，磊然译）、《潜艇队的菲伽》（卡锡尔著，水夫译）。书前有代序《苏联卫国战争中的海军》（水夫）。
收藏单位：重庆馆、东北师大馆、国家馆、黑龙江馆、山西馆、上海馆、西南大学馆

10310
盒里的人（俄）契诃夫（A. P. Chekhov）作　鲁迅译
新华书店，[1945—1949]，油印本，1 册，42 开
本书为俄罗斯短篇小说。著者原题：契科夫。
收藏单位：国家馆

10311
黑白（苏）伊林（М. Ильин）著　董纯才译
沈阳：东北书店，1949.2，97 页，32 开
本书即《书的故事》。书后有译者后记。据法译本转译。
收藏单位：重庆馆、东北师大馆、国家馆、黑龙江馆、湖南馆、绍兴馆

10312
黑色马（苏）路卜洵著　映波译
外文题名：The black horse
上海：商务印书馆，1936.3，174 页，36 开，精装（文学研究会世界文学名著丛书）

上海：商务印书馆，1936.9，2版，174页，42开，精装（文学研究会世界文学名著丛书）
长沙：商务印书馆，1938，3版，174页，50开（文学研究会世界文学名著丛书）
本书为《灰色马》另一译本。
收藏单位：重庆馆、东北师大馆、广东馆、贵州馆、国家馆、黑龙江馆、湖南馆、辽大馆、辽宁馆、南京馆、宁夏馆、上海馆、首都馆、天津馆

10313
红的笑 （俄）安德列耶夫（Леонид Николаевич Андреев）著 梅川译
上海：商务印书馆，1930.10，11+132页，32开（文学研究会丛书）
上海：商务印书馆，1932.11，国难后1版，11+132页，32开（文学研究会丛书）
本书为俄罗斯中篇小说。附《关于〈红的笑〉》（鲁迅）。据英译本转译，并由鲁迅据日译本详加校正。著者原题：安特列夫。
收藏单位：重庆馆、广东馆、广西馆、贵州馆、国家馆、河南馆、黑龙江馆、湖北馆、湖南馆、辽大馆、辽宁馆、辽师大馆、南京馆、山西馆、上海馆、首都馆、西南大学馆、浙江馆

10314
红领巾 （苏）米哈尔果夫（С. В. Михалков）著 丁力红译
哈尔滨：东北书店，[1949.1]，57页，32开
本书为三幕儿童剧剧本。附《怎样演出〈红领巾〉（导演的话）》。
收藏单位：长春馆、东北师大馆、国家馆、山西馆

10315
红领巾 （苏）米哈尔果夫（С. В. Михалков）著 丁力红译
沈阳：新华书店，1949印，1册
收藏单位：东北师大馆、广东馆

10316
红石村 （苏）史塔里柯夫作
胶东新华书店，1946.3，31页，32开（苏联文艺丛刊6）
收藏单位：南京馆、山东馆

10317
虹 （苏）瓦西列夫斯卡（В. Василевская）著 曹靖华译
大连：大众书店，1945，244页，32开
本书为苏联长篇小说。
收藏单位：长春馆、东北师大馆、国家馆、天津馆

10318
虹 （苏）瓦西列夫斯卡（В. Василевская）著 曹靖华译
[北平]：三联书店，[1949]，352页，32开（苏联文学丛书）
收藏单位：重庆馆、东北师大馆、国家馆

10319
虹 （苏）瓦西列夫斯卡（В. Василевская）著 曹靖华译
临沂：山东新华书店，1946.5，23+236页，32开
本书书前有著者致译者电、再版序及译者序。
收藏单位：重庆馆、国家馆

10320
虹 （苏）瓦西列夫斯卡（В. Василевская）著 曹靖华译
[阳城]：太岳新华书店，1946.3，20+232页，32开
收藏单位：国家馆

10321
虹 （苏）瓦西列夫斯卡（В. Василевская）著 曹靖华译
韬奋书店，[1945—1949]，[36]+376页，32开
本书书前有译者序。
收藏单位：首都馆

10322
虹　（苏）瓦西列夫斯卡（B. Василевская）著　曹靖华译
上海：新知书店，1945.1，增订沪版，[36]+376页，32开（苏联文学丛书7）
上海：新知书店，1946.1，沪再版，增订本，34+376页，32开（苏联文学丛书7）
上海：新知书店，1947.1，沪3版，增订本，34+376页，32开（苏联文学丛书7）
收藏单位：长春馆、重庆馆、广东馆、国家馆、吉林馆、首都馆、西南大学馆

10323
虹　（苏）瓦西列夫斯卡（B. Василевская）著　曹靖华译
重庆：中苏文化协会编译委员会，1943.10，34+376页，32开（苏联文学丛书）
重庆：中苏文化协会编译委员会，1944.11，再版，增订本，[36]+376页，32开（苏联文学丛书）
重庆：中苏文化协会编译委员会，1946.4，沪再版，增订本，34+376页，32开（苏联文学丛书）
本书书前有译者序。据俄译本转译。
收藏单位：重庆馆、东北师大馆、国家馆

10324
虹　（苏）瓦西列夫斯卡（B. Василевская）著　曹靖华译
[郑州]：中原新华书店，1949.3，1册，32开
收藏单位：国家馆、山西馆

10325
虹　（苏）瓦西列夫斯卡（B. Василевская）著　叶克改写
大连：大众书店，1948.10，77页，32开（大众通俗丛书6）
本书共15回。书前有叶克的前记。
收藏单位：国家馆、山东馆、上海馆、浙江馆

10326
虹　（苏）瓦西列夫斯卡（B. Василевская）撰　叶克改编
[郑州]：中原新华书店，1949.4，59页，32开
收藏单位：广东馆、国家馆

10327
虹（通俗本）（苏）瓦西列夫斯卡（B. Василевская）撰　叶克改编
长春：东北新华书店，1949.8，77页，32开
收藏单位：东北师大馆、广东馆、国家馆、天津馆

10328
虹（通俗本）（苏）瓦西列夫斯卡（B. Василевская）著　叶克改写
华中新华书店盐阜分店，1949.3，56页，32开
收藏单位：安徽馆、国家馆、南京馆、山东馆

10329
虹（通俗本）（苏）瓦西列夫斯卡（B. Василевская）著　叶克改写
[无锡]：苏南新华书店，1949.7，59页，32开
收藏单位：国家馆

10330
华北前线　（英）贝特兰（J. M. Bertram）著　林淡秋等译
上海：文缘出版社，1939.5，42+352+34页，32开
本书全面介绍华北前线战事情况，共10章：华北事变、到延安去、战时的边区、到山西去、八路军、北上途中、跟贺龙在一起、在前线、游击队、统一战线。书前有《序幕：战争的前夜》。书后有《尾声：盲目的侵略家》、校后。著者原题：勃脱兰。
收藏单位：国家馆、吉林馆、南京馆、上海馆、中科图

10331
华北前线 （英）贝特兰（J. M. Bertram）著 伍叔民译
外文题名: North China
上海: 棠棣社，1939.5，483 页，32 开（大时代丛书 2）
本书共 10 章：华北的陷落、延安道上、抗战中的"西北特区"、山西之行、第八路军、北上、群山中的贺龙、前线、游击队、统一战线。书前有《楔子：战争的迫近》。书后有《尾声：盲目的侵略者》。著者原题：勃脱兰。
收藏单位：重庆馆、广东馆、吉林馆、辽大馆、上海馆

10332
华北前线（2）（英）贝特兰（J. M. Bertram）著 伍叔民译
胶东联合社，1940，70 页，32 开
收藏单位：国家馆

10333
灰色马 （苏）路卜洵著 郑振铎译
上海: 商务印书馆，1924.1，[40]+208+17 页，32 开（文学研究会丛书）
上海: 商务印书馆，1924.7，再版，[40]+208+17 页，32 开（文学研究会丛书）
上海: 商务印书馆，1931.8，3 版，280 页，32 开（文学研究会丛书）
上海: 商务印书馆，1933.2，国难后 1 版，[40]+208+17 页，32 开（文学研究会丛书）
本书为苏联中篇小说。书前有瞿秋白序、沈雁冰序、译者引言。书后有《跋〈灰色马〉译本》（俞平伯）。据英译本转译。
收藏单位：安徽馆、北碚馆、重庆馆、东北师大馆、广东馆、国家馆、河南馆、黑龙江馆、湖南馆、辽大馆、辽东学院馆、辽宁馆、辽师大馆、南京馆、山西馆、上海馆、首都馆、天津馆、浙江馆

10334
毁灭 （苏）法捷耶夫（А. А. Фадеев）著
长春: 东北中苏友好协会出版部，1946.1，196 页，32 开
本书为苏联长篇小说，共 3 部，内容包括：木罗斯加、矿山的人们、在部队里的美奇克等。
收藏单位：东北师大馆、贵州馆、吉林馆、江西馆、首都馆

10335
毁灭 （苏）法捷耶夫（А. А. Фадеев）著
光明书店，[1947.9]，140 页，25 开
收藏单位：东北师大馆、广东馆、国家馆、辽宁馆

10336
毁灭 （苏）法捷耶夫（А. А. Фадеев）作 鲁迅译
[左权]：华北书店，1943，15+206 页，32 开
收藏单位：国家馆

10337
毁灭 （苏）法捷耶夫（А. А. Фадеев）著 鲁迅译
鲁迅全集出版社，1939，359 页，32 开（鲁迅全集单行本）
鲁迅全集出版社，1941.6，3 版，359 页，32 开（鲁迅全集单行本 翻译之部 27）
鲁迅全集出版社，1948.6，再版，359 页，32 开（鲁迅全集单行本）
收藏单位：安徽馆、重庆馆、广东馆、吉林馆、辽宁馆、上海馆、首都馆

10338
毁灭 （苏）法捷耶夫（А. А. Фадеев）著 鲁迅译
上海: 三闲书屋，1931.10，再版，24+282 页，25 开
收藏单位：广西馆、山东馆、上海馆、浙江馆

10339
毁灭 （苏）法捷耶夫（А. А. Фадеев）著 鲁迅译
重庆: 作家书屋，1945.2，渝 1 版，382 页，

32 开

收藏单位：重庆馆、贵州馆、国家馆、上海馆、首都馆

10340

几点钟?　（苏）伊林（М. Ильин）著　董纯才译

佳木斯：东北书店，1948.11，89 页，32 开（苏联青年科学丛书）

本书分上、下两卷，内容包括：没有钟成个什么世界、古董店、奥古斯丁的故事、天空中的时钟、怎样用脚步测量时间、印度托钵僧的戏法等。

收藏单位：长春馆、重庆馆、东北师大馆、贵州馆、江西馆、南京馆、宁夏馆、山东馆、山西馆

10341

几点钟?　（苏）伊林（М. Ильин）著　董纯才译

上海：开明书局，1936.8，89 页，32 开（开明青年丛书）

上海：开明书局，1939.11，2 版，89 页，32 开

上海：开明书局，1940.11，3 版，89 页，32 开（开明青年丛书）

上海：开明书局，1946.9，4 版，89 页，32 开（开明青年丛书）

上海：开明书局，1947.4，5 版，89 页，32 开

上海：开明书局，1948.7，特 1 版，89 页，32 开（开明青年丛书）

收藏单位：安徽馆、北碚馆、重庆馆、东北师大馆、广东馆、广西馆、贵州馆、国家馆、黑龙江馆、湖南馆、江西馆、绍兴馆、首都馆、西南大学馆、浙江馆

10342

几点钟?　（苏）伊林（М. Ильин）著　董纯才译

上海：正午书局，1933.1，109 页，25 开

上海：正午书局，1933，再版，109 页，32 开

收藏单位：重庆馆、国家馆、辽大馆、山西馆、西南大学馆、浙江馆

10343

奸细　（苏）高尔基（Максим Горький）著　秦炳蓍译

上海：生活书店，1936.7，435 页，32 开

上海：生活书店，1937，再版，436 页，32 开

本书为苏联长篇小说。

收藏单位：重庆馆、广东馆、广西馆、贵州馆、国家馆、湖南馆、上海馆、首都馆

10344

奸细　（苏）高尔基（Максим Горький）著　夏衍译

[上海]：生活书店，1946.7，胜利后 1 版，336 页，32 开

大连：生活书店，1947，336 页，32 开

上海：生活书店，1947.2，胜利后 2 版，336 页，32 开

上海：生活书店，1948.6，胜利后 3 版，336 页，32 开

本书译者原题：沈端先。

收藏单位：东北师大馆、广东馆、国家馆、黑龙江馆、湖南馆、辽师大馆、山东馆、上海馆、首都馆、天津馆

10345

解放了的董·吉诃德　（苏）卢那察尔斯基（Анатолий Васильевич Луначарский）著　瞿秋白译

上海：海上书屋，[1930—1949]，133 页，36 开

本书为苏联戏剧剧本，分九场。

收藏单位：重庆馆、广东馆、国家馆、宁夏馆、上海馆

10346

解放了的董·吉诃德　（苏）卢那察尔斯基（Анатолий Васильевич Луначарский）著　瞿秋白译

华北新华书店，1947.8，198+10 页，32 开

收藏单位：重庆馆、国家馆、山西馆、天津馆

10347

解放了的董·吉诃德　（苏）卢那察尔斯基

（Анатолий Васильевич Луначарский）著 瞿秋白译
山东新华书店，1948.4，126 页，32 开
收藏单位：长春馆、重庆馆、国家馆、湖北馆、宁夏馆、山东馆、天津馆

10348
解放了的董·吉诃德 （苏）卢那察尔斯基（Анатолий Васильевич Луначарский）著 瞿秋白译
上海：生活书店，1946.6，159 页，24 开
哈尔滨：生活书店，1948.8，169 页，32 开
收藏单位：北碚馆、重庆馆、东北师大馆、广东馆、国家馆、湖北馆、湖南馆、辽宁馆、南京馆、宁夏馆、上海馆、天津馆、西南大学馆、中科图

10349
静静的顿河 （苏）肖洛霍夫（M. A. Шолохов）著 金人译
上海：光明书局，1941—1943，2 版，2 册，32 开
上海：光明书局，1942.2，3 版，2 册（506+481 页），32 开
上海：光明书局，1943.8—1943.9，新 1 版，4 册，32 开
上海：光明书局，1946—1947，4 版，2 册，32 开
上海：光明书局，1947.3，5 版，2 册（506+481 页），32 开
上海：光明书局，1948.3，6 版，2 册（506+481 页），36 开
上海：光明书局，1949.1，6 版，4 册，32 开
本书为长篇小说，共 4 部。书前有前言。
收藏单位：北碚馆、重庆馆、东北师大馆、广东馆、广西馆、国家馆、黑龙江馆、湖南馆、南京馆、内蒙古馆、上海馆、首都馆

10350
静静的顿河（第 1 部）（苏）肖洛霍夫（M. A. Шолохов）著 贺非译
上海：神州国光社，1930.10，346 页，32 开（现代文艺丛书）
上海：神州国光社，1931，346 页，32 开（现代文艺丛书）
上海：神州国光社，1934.9，再版，346 页，32 开（现代文艺丛书）
本书书前有著者小传。书后有鲁迅的后记。据德译本转译。著者原题：唆罗诃夫。
收藏单位：国家馆、南京馆、山东馆、上海馆、天津馆、浙江馆

10351
静静的顿河（第 1 部）（苏）肖洛霍夫（M. A. Шолохов）著 金人译
上海：光明书局，1939.2，447 页，32 开（世界文学名著）
上海：光明书局，1939.6，再版，447 页，32 开（世界文学名著）
上海：光明书局，1940.10，506 页，32 开
本书书前有译者前记。
收藏单位：重庆馆、东北师大馆、广东馆、贵州馆、黑龙江馆、首都馆

10352
静静的顿河（第 2 部）（苏）肖洛霍夫（M. A. Шолохов）著 金人译
上海：光明书局，1940.10，481 页，32 开
上海：光明书局，1941.1，再版，481 页，32 开
上海：光明书局，1941.6，3 版，481 页，32 开
上海：光明书局，1946.11，4 版，481 页，32 开
本书为苏联长篇小说。书后有译者后记。
收藏单位：广西馆、黑龙江馆、吉林馆、首都馆

10353
静静的顿河（第 2 部）（苏）肖洛霍夫（M. A. Шолохов）著 赵洵 黄一然译
上海：光明书局，1936.12，336 页，32 开
上海：光明书局，1937.6，再版，336 页，32 开
本书书前有黄一然序。据原文本和英译本译出。著者原题：唆罗诃夫。

收藏单位：北碚馆、广东馆、贵州馆、国家馆、南京馆

10354
静静的顿河（第3部）（苏）肖洛霍夫（M. A. Шолохов）著　金人译
上海：光明书局，1941.1，489页，32开
上海：光明书局，1941.10，再版，489页，32开
上海：光明书局，1945.11，3版，489页，32开
上海：光明书局，1947.1，4版，489页，32开
上海：光明书局，1948，5版，489页，32开
本书书前有卷首诗。
收藏单位：东北师大馆、广东馆、广西馆、国家馆、黑龙江馆、湖南馆、首都馆

10355
静静的顿河（第4部）（苏）肖洛霍夫（M. A. Шолохов）著　金人译
上海：光明书局，1941.2，567页，32开
上海：光明书局，1945，3版，567页，32开
上海：光明书局，1946.11，4版，567页，32开
收藏单位：广东馆、广西馆、国家馆、黑龙江馆、吉林馆、南京馆、首都馆

10356
巨人的少年时代（人怎样变成巨人之二）（苏）伊林（M. Ильин）（苏）谢加尔（E. Сегал）著　什之译
读者出版社，1948.1，138页，32开
读者出版社，1949.1，128页，32开
本书内容包括：在遗弃的房子里、和祖先们谈话、伟大的春天、经过几千年之后、世界的斗争等。
收藏单位：重庆馆、国家馆、吉林馆、山东馆、山西馆

10357
巨人的少年时代（人怎样变成巨人之二）（苏）伊林（M. Ильин）（苏）谢加尔（E. Сегал）著　什之译
菏泽：冀鲁豫新华书店，1949.6，138页，32开
收藏单位：东北师大馆、广东馆、国家馆、山东馆

10358
康庄大道（苏）别克（Александр Альфредович Бек）撰　张全新　中苏文化协会编辑委员会辑
上海：中兴出版社，1949.3，480页，32开（中苏文化协会文学丛书）
本书为苏联长篇小说。
收藏单位：长春馆、东北师大馆、国家馆、天津馆

10359
考验（苏）毕尔文采夫著　汪浩译
长春：东北中苏友好协会出版部，1946.1，352页，32开
本书为苏联长篇小说。书前有楔子。书后有《并非最后一章》。
收藏单位：东北师大馆、吉林馆、江西馆、首都馆

10360
考验（苏）毕尔文采夫著　汪浩译
华东新华书店总店，1948.12，342页，32开
收藏单位：重庆馆、国家馆、黑龙江馆、南京馆、山东馆

10361
考验（苏）毕尔文采夫著　汪浩译
涉县：太行群众书店，1947.6印，2册，32开
收藏单位：重庆馆、国家馆

10362
考验（苏）毕尔文采夫著　汪浩译
莫斯科：外国文书籍出版局，1945，[316]页，32开
收藏单位：北碚馆、重庆馆、东北师大馆、国家馆、黑龙江馆、山西馆、首都馆

10363
考验　（苏）毕尔文采夫著　汪浩译
[张家口]：新华书店晋察冀分店，1946.9，[381]页，32开
收藏单位：重庆馆、广西馆、国家馆

10364
考验　（苏）毕尔文采夫著　汪浩译
上海：作家书屋，1946，380页，32开（现代世界文学名著 第1种）
上海：作家书屋，1948.1，2版，380页，32开（现代世界文学名著 第1种）
上海：作家书屋，1949，3版，380页，32开（现代世界文学名著 第1种）
收藏单位：重庆馆、东北师大馆、国家馆、黑龙江馆、内蒙古馆、上海馆、首都馆

10365
考验（缩写本）（苏）毕尔文采夫撰　王炜缩写
大连：大连新华书店，1949，95页，32开
收藏单位：东北师大馆、广东馆、国家馆、辽宁馆

10366
克拉夫成果将军　（苏）M.罗任弗里德著
哈尔滨：东北书店，1948.4，56页，32开
本书为苏联报告文学。记述苏联空中英雄克拉夫琴科（即克拉夫成果）将军在反法西斯战争中的战斗事迹。
收藏单位：长春馆、东北师大馆、国家馆、吉林馆、山东馆、天津馆

10367
克拉夫成果将军　（苏）M.罗任弗里德著　吴民译
桂林：远方书店，1942，82页，32开
收藏单位：重庆馆、广东馆、南京馆、上海馆

10368
恐惧与无畏　（苏）别克（Александр Альфредович Бек）著
冀中军区司令部，1947.1，101页，32开（军事训练参考丛书 1）
收藏单位：国家馆

10369
恐惧与无畏　（苏）别克（Александр Альфредович Бек）著　海天译
[威县]：冀南书店，1947.6，283页，32开
[威县]：冀南书店，1947.8，283页，32开，环筒页装
收藏单位：重庆馆、国家馆、首都馆

10370
恐惧与无畏　（苏）别克（Александр Альфредович Бек）著　愚卿译
佳木斯：东北书店，1948.2，326页，32开（苏联文学丛书 2）
佳木斯：东北书店，1948.4，再版，326页，32开（苏联文学丛书 2）
本书为苏联长篇小说，共两部。第1部叙述潘菲洛夫师团建立的情形，共10章，内容包括：无姓的人、恐惧、审判我吧、潘菲洛夫将军、在三个月以前等；第2部叙述潘菲洛夫师团参加莫斯科保卫战的情形，共15章，内容包括：再访巴武尔章、战斗前夜、与潘菲洛夫谈了一点钟、公路上的战斗、公路上的第二次战斗等。书前有编者的话。
收藏单位：北师大馆、东北师大馆、国家馆、吉林馆、天津馆

10371
恐惧与无畏　（苏）别克（Александр Альфредович Бек）著　愚卿译
华东新华书店，1949.1，渤海版，255页，32开
收藏单位：重庆馆、国家馆、吉林馆、天津馆

10372
恐惧与无畏　（苏）别克（Александр Альфредович Бек）著　愚卿译
华中新华书店，1946.12，255页，32开
收藏单位：南京馆

10373
恐惧与无畏 （苏）别克（Александр Альфредович Бек）著 ［愚卿译］
晋冀鲁豫军区政治部，1946，112+246 页，32 开
收藏单位：重庆馆、国家馆、山西馆

10374
恐惧与无畏 （苏）别克（Александр Альфредович Бек）著 ［愚卿译］
晋绥新华书店，1947，120+235 页，32 开
收藏单位：重庆馆、国家馆、山西馆

10375
恐惧与无畏 （苏）别克（Александр Альфредович Бек）著 愚卿译
新华书店晋察冀分店，1946.4，112 页，32 开
新华书店晋察冀分店，1947.6，再版，239 页，32 开
收藏单位：国家馆、山东馆、山西馆

10376
恐惧与无畏 （苏）别克（Александр Альфредович Бек）著 愚卿译
出版者不详，[1940—1949]，184 页，32 开
收藏单位：重庆馆、国家馆

10377
恐惧与无畏（潘菲洛夫师的战士在第一道火线上）（苏）别克（Александр Альфредович Бек）著
东北中苏友好协会，1945.11，85 页，32 开
本书为《恐惧与无畏》第 1 部，叙述潘菲洛夫师团建立的情形。
收藏单位：东北师大馆、国家馆

10378
恐惧与无畏（潘菲洛夫师的战士在第一道火线上）（苏）别克（Александр Альфредович Бек）著 ［愚卿译］
［阳城］：太岳新华书店，1947，132+206 页，32 开
收藏单位：重庆馆、国家馆

10379
恐惧与无畏（潘菲洛夫师的战士在第一道火线上）（苏）别克（Александр Альфредович Бек）著 ［愚卿译］
延安：印工合作社，1945，105 页，36 开
收藏单位：重庆馆

10380
恐惧与无畏（潘菲洛夫师捍卫莫京要冲记）（苏）别克（Александр Альфредович Бек）著 愚卿译
武安：韬奋书店，1947.2，246 页，32 开
本书为《恐惧与无畏》第 2 部，叙述潘菲洛夫师团参加莫斯科保卫战的情形。
收藏单位：重庆馆、国家馆、天津馆

10381
恐惧与无畏（潘菲洛夫师捍卫莫京要冲记）（苏）别克（Александр Альфредович Бек）著 愚卿译
莫斯科：外国文书籍出版局，1945，188 页，25 开
收藏单位：长春馆、重庆馆、东北师大馆、国家馆、辽大馆、南京馆、上海馆、首都馆

10382
恐惧与无畏（通俗本）（苏）别克（Александр Альфредович Бек）著 ［军政报社改编］
大连：大众书店，1948.6，86 页，32 开（大众文库 小说）
本书为苏联长篇小说改写本。共 20 章，内容包括：情况全变化了、在敌人炮火下、八十七个人、胜利到达目的地等。书前有前记。
收藏单位：长春馆、国家馆、南京馆、上海馆、浙江馆

10383
恐惧与无畏（通俗本）（苏）别克（Александр Альфредович Бек）著 ［军政报社改编］
［无锡］：苏南新华书店，1949.6，58 页，32 开

本书封面题：华东军区政治部改编。书前有编者的话。

收藏单位：国家馆、上海馆

10384

恐惧与无畏（通俗本）（苏）别克（Александр Альфредович Бек）著　[军政报社改编]

[郑州]：中原新华书店，1949.5，58页，32开

本书书前有编者的话。

收藏单位：重庆馆、广东馆、国家馆、南京馆

10385

恐惧与无畏（通俗本）（苏）别克（Александр Альфредович Бек）著　新四军山东军区政治部改编

华东新华书店，1949.3，渤海版，70页，32开（大众文库 小说）

收藏单位：山东馆

10386

恐惧与无畏（通俗本）（苏）别克（Александр Альфредович Бек）著　新四军山东军区政治部改编

山东新华书店总店，1947.8，70页，32开（大众文库 小说）

收藏单位：山东馆

10387

恐惧与无畏（通俗本）（苏）别克（Александр Альфредович Бек）著　新四军山东军区政治部改编

新四军山东军区政治部，1947.2，72页，36开

新四军山东军区政治部，1947.8，62页，32开

收藏单位：山东馆

10388

恐惧与无畏（通俗本）（苏）别克（Александр Альфредович Бек）著　新四军山东军区政治部改编

中原野战军政治部，1949.3，渤海版，70页，32开（人民战士文艺丛书）

收藏单位：重庆馆

10389

蓝围巾（苏）L. 索勃列夫等著　茅盾等译

重庆：中苏文化协会编译委员会，1945.1，86页，32开（苏联文学丛书 小型本）

上海：中苏文化协会编译委员会，1946.9，再版，86页，32开（苏联文学丛书 小型本）

本书为苏联短篇小说集，共7篇:《蓝围巾》（索勃列夫著，茅盾译）、《狙击兵》（索勃列夫著，茅盾译）、《红星》（伊凡·勒著，孙伟译）、《南下》（邵洛霍夫著，曼斯译）、《意志》（克特琳斯卡亚著，张郁廉译）、《老夫子》（费恩著，张郁廉译）、《妻子》（柯诺宁科著，靖华译）。封面丛书题：中苏文化协会文艺丛书。

收藏单位：北碚馆、重庆馆、广西馆、国家馆、内蒙古馆、上海馆、武大馆

10390

老屋（苏）梭罗古勃（Ф. Сологуб）著　陈炜谟译

外文题名：Old house

上海：商务印书馆，1936.3，136页，42开，精装（文学研究会世界文学名著丛书）

上海：商务印书馆，1936.9，再版，136页，36开，精装（文学研究会世界文学名著丛书）

长沙：商务印书馆，1938，3版，136页，42开（文学研究会世界文学名著丛书）

本书为中篇小说，共54章。

收藏单位：重庆馆、东北师大馆、广东馆、贵州馆、国家馆、湖南馆、吉林馆、辽大馆、辽宁馆、南京馆、宁夏馆、山西馆、上海馆、首都馆、天津馆、武大馆、浙江馆、中科图

10391

栗子树下（苏）西蒙诺夫（К. М. Симонов）著　荒芜译

北平：天下图书公司，1949.5，北平1版，106页，32开（苏联名剧译丛）

北平：天下图书公司，1949，2 版，106 页，32 开（苏联名剧译丛）

本书为苏联现代四幕剧剧本。

收藏单位：东北师大馆、广东馆、国家馆、湖南馆、天津馆

10392
联共（布）党的文艺政策 晋冀鲁豫军区政治部编辑
[威县]：冀南书店，1947.6，45 页，32 开

收藏单位：国家馆、山东馆

10393
联共（布）党的文艺政策 水夫等译
河间：冀中新华书店，1947.7，50 页，32 开

本书收文 4 篇：《联共（布）中央委员会关于〈星〉与〈列宁格勒〉两杂志的法令》、《关于〈星〉及〈列宁格勒〉杂志所犯错误的报告》（日丹诺夫）、《苏联作家协会理事会主席团的决议》、《联共（布）中央关于剧场上演节目及改进方法的决议（摘要）》。附《列宁论党的组织和党的文学》。

收藏单位：河南馆、吉林馆、山东馆、天津馆

10394
联共（布）党的文艺政策 水夫等译
晋冀鲁豫军区政治部，1947.3，47 页，32 开
晋冀鲁豫军区政治部，1947.6，50 页，32 开

收藏单位：重庆馆、国家馆、黑龙江馆、天津馆

10395
联共（布）党的文艺政策 水夫等译
中国人民解放军中原军区政治部，1948.11，47 页，36 开

收藏单位：重庆馆、贵州馆、吉林馆、南京馆、山东馆

10396
联共（布）关于《星》与《列宁格勒》的文件
武安：华北新华书店，1947，47 页，36 开

本书所收文章同《联共（布）党的文艺政策》。

收藏单位：重庆馆、国家馆、河南馆、吉林馆、近代史所、宁夏馆、山东馆、天津馆、浙江馆、中科图

10397
燎原 （苏）高尔基（Максим Горький）著 罗稷南译
上海：生活书店，1936.7，388 页，22 开，精装（世界文库）（四十年间 3）
上海：生活书店，1937.4，3 版，388 页，32 开
重庆[等]：生活书店，1940.9，4 版，388 页，25 开（世界文库）

本书为苏联长篇小说《克里姆·萨姆金的一生》的第 3 部。据英译本转译。

收藏单位：安徽馆、重庆馆、东北师大馆、广西馆、贵州馆、国家馆、河南馆、黑龙江馆、湖南馆、江西馆、辽大馆、辽师大馆、南京馆、山西馆、绍兴馆、首都馆、天津馆、西南大学馆

10398
列宁城的故事 （苏）吉洪诺夫（Н. Тихонов）著
莫斯科：外国文书籍出版局，1942，48 页，36 开

本书为苏联故事集。著者原题：梯浩诺夫。

收藏单位：北碚馆、重庆馆、国家馆

10399
列宁城底英勇青年 （苏）伊万诺夫（В. В. Иванов）著
莫斯科：外国文书籍出版局，1942，40 页，36 开

本书为苏联报告文学。

收藏单位：北碚馆、重庆馆、国家馆、吉林馆、南京馆、山东馆、上海馆

10400
列宁是我们的太阳 （苏）玛耶柯夫斯基著 之分辑译

香港：海燕书店，1940.5，149页，32开
[大连]：海燕书店，1946.4，149页，32开
上海：海燕书店，1949.7，新1版，149页，32开

本书为诗集。共两辑：苏联诗选、莱蒙托夫诗选。前者收玛耶可夫斯基、吐伐屠夫斯基等6位诗人的诗歌8首，据苏联英文版《国际文学》译出；后者收诗6首，内容包括：《生命的杯子》《孤帆》等。著者原题：玛耶可夫斯基。

收藏单位：长春馆、重庆馆、东北师大馆、贵州馆、国家馆、湖南馆、吉林馆、辽宁馆、山东馆、山西馆、首都馆、天津馆、西南大学馆

10401
列宁勋章　（苏）西蒙诺夫（К. М. Симонов）等著　金人译
哈尔滨：光华书店，1948.1，142页，32开

本书为苏联短篇小说集，共6篇：《列宁勋章》（西蒙诺夫）、《冲锋以前》（西蒙诺夫）、《奇怪的故事》（A·托尔斯泰）、《难事》（叶麦丽扬诺娃）、《妲莎》（郭尔巴托夫）、《骄傲的柯仙妮亚》（卡拉娃耶娃）。

收藏单位：长春馆、东北师大馆、国家馆、山东馆、天津馆

10402
列宁在1918年（电影剧本）（苏）兹拉托戈洛瓦　（苏）卡普勒著　林淡秋译
大连：大众书店，1946，94页，32开

本书为苏联现代电影文学剧本。附《关于〈列宁在一九一八年〉》（卡普勒）。

收藏单位：长春馆、重庆馆、广东馆、国家馆、黑龙江馆、辽宁馆、山东馆

10403
列宁在1918年（电影剧本）（苏）兹拉托戈洛瓦　（苏）卡普勒著　林淡秋译
苏北出版社，1945，94页，36开

收藏单位：国家馆、山东馆

10404
列宁在1918年（电影剧本）（苏）兹拉托戈洛瓦　（苏）卡普勒著　林淡秋译
韬奋书店，[1945—1949]，79页，36开

收藏单位：南京馆

10405
列宁在一九一八年　（苏）兹拉托戈洛瓦　（苏）卡普勒撰　林淡秋译
华中新华书店，1949，82页，32开

收藏单位：重庆馆、国家馆

10406
列宁在一九一八年（电影剧本）（苏）兹拉托戈洛瓦　（苏）卡普勒著　林淡秋译
[佳木斯]：东北书店，1947.7，105页，32开

收藏单位：长春馆、重庆馆、东北师大馆、广东馆、国家馆、华东师大馆、南京馆、上海馆、天津馆

10407
列宁在一九一八年（电影剧本）（苏）兹拉托戈洛瓦　（苏）卡普勒著　林淡秋译
香港：读书生活出版社，1939.9，171页，32开
重庆：读书出版社，1940，再版，171页，32开

收藏单位：重庆馆、广东馆、贵州馆、国家馆、山西馆、上海馆

10408
列宁在一九一八年（电影剧本）（苏）兹拉托戈洛瓦　（苏）卡普勒著　林淡秋译
华北新华书店，1947，80页，32开
华北新华书店，1949.3，再版，80页，32开

收藏单位：重庆馆、国家馆、首都馆、天津馆

10409
列宁在一九一八年（电影剧本）（苏）兹拉托戈洛瓦　（苏）卡普勒著　林淡秋译
山东新华书店，1948.8，82页，32开

收藏单位：重庆馆、国家馆、吉林馆、绍

兴馆、天津馆

10410
列宁在一九一八年（电影剧本）（苏）兹拉托戈洛瓦 （苏）卡普勒著 林淡秋译
[延安]：新华书店，1945.10，82页，36开
收藏单位：国家馆

10411
列宁在一九一八年（电影剧本）（苏）兹拉托戈洛瓦 （苏）卡普勒著 林淡秋译
张家口：新华书店晋察冀分店，1945.11，80页，32开
收藏单位：重庆馆、国家馆、山西馆

10412
六月在顿河 （苏）爱伦堡（И. Эренбург）作 戈宝权译
重庆：新华日报图书课，1941，75页，32开（苏德战争报告文艺作品）
重庆：新华日报图书课，1942.11，再版，75页，36开（苏德战争报告文艺作品）
重庆：新华日报图书课，1943，3版，75页，32开（苏德战争报告文艺作品）
本书收关于苏联卫国战争的报告文学作品和政论13篇，内容包括:《六月》《英勇的塞巴斯托波尔》《我们的红军》《顿河在召唤》《戈培尔博士的造谣》等。书前有代序《关于爱伦堡》（雅各·契尔拉雅克）。
收藏单位：重庆馆、广东馆、贵州馆、国家馆、黑龙江馆、南京馆、山西馆

10413
芦笛集 （苏）杨卡·库巴拉（Янка Купала）著 朱笄译
上海：中苏文化协会编译委员会，1946，[67]+154页，32开（苏联文学丛书 小型本4）
上海：中苏文化协会编译委员会，1947.10，2版，[67]+154页，32开（苏联文学丛书 小型本4）
本书为诗集。共44首诗，内容包括:《是谁在那走着?》《庄稼汉》《我不是诗人》《我们的乡村》等。书前有《杨卡·库巴拉自传》（戈宝权译）和《白俄罗斯人民诗人杨卡·库巴拉的生活与创造之路》（戈宝权）。
收藏单位：长春馆、重庆馆、东北师大馆、广东馆、国家馆、辽大馆、山东馆、山西馆、上海馆、首都馆、天津馆、武大馆、西南大学馆

10414
路 （苏）巴别尔等著 周扬辑译
上海：生活书店，1948.4，胜利后1版，131页，42开
本书为苏联短篇小说集。共8篇，内容包括:《伊凡的不幸》（莱奥诺夫）、《路》（巴别尔）、《爱情》（塞尔吉夫晋斯基）、《樱核》（奥列沙）、《结晶》（皮涅克）等。书后有译者后记。据英译本转译。
收藏单位：重庆馆、广东馆

10415
路 （苏）巴别尔著 周扬译
[上海]：文学出版社，1936.8，131页，36开（小型文库）
[重庆]：文学出版社，1941.1，再版，131页
[重庆]：文学出版社，1941.12，3版，131页，36开
收藏单位：北碚馆、重庆馆、贵州馆、国家馆、江西馆、辽东学院馆、辽师大馆、南京馆、内蒙古馆、山西馆、上海馆、首都馆、中科图

10416
论苏联文学的高度思想原则 （苏）法捷耶夫（А. А. Фадеев）等著 伊真译
哈尔滨：东北书店，1948.6，85页，32开
本书为文学评论集，共4篇:《论文学批评》（法捷耶夫）、《论苏联文学》（法捷耶夫）、《论苏联文学底高度思想原则》（叶高铃）、《论〈星〉杂志》（萨斯拉夫斯基）。
收藏单位：长春馆、重庆馆、东北师大馆、广东馆、国家馆、黑龙江馆、湖南馆、南京馆、宁夏馆、山东馆、上海馆

10417
论苏联文艺与哲学的方向
大连：大众书店，1948.2，95 页，32 开
本书收文 13 篇，内容包括：《联共（布）中央委员会关于〈星〉与〈列宁格勒〉两杂志的决议》《联共中央关于剧场上演节目及改进方法的决议（摘要）》《日丹诺夫在关于亚历山大罗夫的〈西欧哲学史〉著作讨论会上的发言》《苏联作家协会理事会主席团对于日丹诺夫报告的决议》等。书后有编后记。
收藏单位：重庆馆、国家馆、青海馆、上海馆、天津馆

10418
论文学、艺术与哲学诸问题（苏）日丹诺夫（А. А. Жданов）著　葆荃　梁香译
上海：时代书报出版社，1949.1，204 页，32 开
上海：时代书报出版社，1949.5，2 版，204 页，32 开
本书收著者于 1934 年、1946—1948 年所作的关于文学、艺术和哲学问题的演说、报告等 5 篇。附联共（布）党中央委员会 1946 年及 1948 年关于文学、戏剧、电影、音乐的 4 个决议。书前有莫洛托夫在日丹诺夫葬礼时的演说《永别了，我们亲爱的朋友！》。书后有《日丹诺夫传略》。
收藏单位：长春馆、重庆馆、东北师大馆、广东馆、国家馆、湖北馆、辽大馆、南京馆、内蒙古馆、山西馆、上海馆、天津馆、西南大学馆

10419
旅美印象记（苏）爱伦堡（И. Эренбург）等著
[惠民]：渤海新华书店，1948，50 页，32 开
本书为游记。

10420
旅顺口（苏）斯杰泮诺夫著
莫斯科：外国文书籍出版局，1947，1058 页，22 开
本书为苏联长篇历史小说，共 4 编。书后有尾声。
收藏单位：重庆馆、东北师大馆、国家馆、吉林馆、近代史所、辽宁馆、山东馆、上海馆、中科图

10421
绿木箱的故事（苏）华西连柯（И. Василенко）著　贺宜改写
[上海]：天下图书公司，1946，60 页，32 开（儿童·少年读物）
[北平]：天下图书公司，1949，107 页，42 开
本书为儿童故事。
收藏单位：北碚馆、广东馆、广西馆、国家馆、湖北馆、辽宁馆、南京馆、山西馆、上海馆、天津馆

10422
玛尔伐（苏）高尔基（Максим Горький）著　孙昆泉译
上海：光华书局，1929.4，118 页，32 开（萤光丛书）
本书为苏联短篇小说。据英译本转译。
收藏单位：重庆馆、广西馆、国家馆、湖南馆、江西馆、南京馆、山西馆、上海馆、首都馆、浙江馆

10423
满洲之战（苏）安东诺夫等著　新人辑译
大连：大众书店，1948.8，53 页，32 开
本书共 12 篇，内容包括：《突破东北防线》《牡丹江之战》《强越大兴安岭》《在满洲的山坡上》《日军投降记》等。
收藏单位：重庆馆、国家馆、吉林馆、辽宁馆、南京馆、山东馆、上海馆、天津馆

10424
满洲之战（苏）安东诺夫等作　新人辑译
哈尔滨：东北书店，1949.3，51 页，32 开
收藏单位：长春馆、东北师大馆、国家馆、黑龙江馆、吉林馆、南京馆、内蒙古馆、宁夏馆、山东馆、上海馆、中科图

10425
盲音乐家 （俄）科路伦科著 张闻天译
上海：中华书局，1924.2，17+152 页，32 开（少年中国学会丛书）
上海：中华书局，1928.9，3 版，17+152 页，32 开（少年中国学会丛书）
上海：中华书局，1934.8，4 版，17+152 页，32 开（少年中国学会丛书）

本书为俄罗斯中篇小说。书前有《科路伦科评传》。据英译本转译。

收藏单位：安徽馆、北师大馆、重庆馆、东北师大馆、广东馆、广西馆、国家馆、河南馆、黑龙江馆、江西馆、辽大馆、南京馆、内蒙古馆、上海馆、绍兴馆、天津馆、浙江馆

10426
没用人的一生 （苏）高尔基（Максим Горький）著 夏衍译
桂林：春草书店，1943.10，359 页，32 开

本书为苏联中篇小说。

收藏单位：安徽馆、重庆馆、广西馆、国家馆、湖南馆、内蒙古馆

10427
美国人在日本 （苏）库尔加诺夫（О. Курганов）著
大连：光华书店，1948，再版，109 页，32 开（光华丛刊 7）
哈尔滨：光华书店，1949.1，再版，109 页，32 开

本书为苏联报告文学。共 15 部分，内容包括：初入日本、原子弹的"秘密"、日本海军的隐身地等。著者原题：库尔干诺夫。

收藏单位：安徽馆、长春馆、东北师大馆、广东馆、国家馆、宁夏馆、山东馆、陕西馆、上海馆、天津馆

10428
美国人在日本 （苏）库尔加诺夫（О. Курганов）著 孟昌译
上海：时代书报出版社，1948.9，64 页，32 开
上海：时代书报出版社，1949.3，再版，64 页，32 开

本书共 16 章。著者原题：库尔冈诺夫。

收藏单位：重庆馆、东北师大馆、广西馆、国家馆、吉林馆、江西馆、辽宁馆、南京馆、宁夏馆、上海馆、中科图

10429
梦（苏联短篇小说集）（苏）卡达耶夫（В. Катаев）等著 曹靖华辑译
重庆：中苏文化协会编译委员会，1942.11，256 页，32 开（苏联文学丛书）

本书收小说 23 篇，内容包括：《梦》（卡达耶夫）、《小鸟》（法捷耶夫）、《在顿河流域》（邵洛霍夫）、《负伤者的故事》（伊凡诺夫）、《穿过火网》（伊凡诺夫）、《自由的摇篮》（吉洪诺夫）、《北极圈外》（维尔塔）、《党证》（瓦希列夫斯卡）、《一个德国兵士的日记》（瓦希列夫斯卡）、《从波列斯来的小姑娘》（柯洛梭夫）、《老人》（格罗斯曼）等。书后有译者后记。

收藏单位：北碚馆、重庆馆、国家馆、南京馆、天津馆

10430
面包房里 （苏）高尔基（Максим Горький）著 楼适夷译
上海：上海杂志公司，1949.1，2 版，187 页，32 开（高尔基选集）

本书为苏联中篇小说。1944 年 1 月重庆初版书名题：老板。译者原题：适夷。

收藏单位：重庆馆、东北师大馆、吉林馆、山西馆、首都馆

10431
魔戒指（鲜红的花 苏联民间故事选集） 曹靖华编译
上海：生活书店，1946.6，[14]+172 页，32 开（中苏文化协会文艺丛书）
上海：生活书店，1947.4，再版，120 页，32 开（文学丛书）（中苏文化协会文艺丛书）

本书为苏联民间故事作品集。

收藏单位：北师大馆、重庆馆、东北师大

馆、国家馆、辽宁馆、首都馆

10432
没落 （苏）高尔基（Максим Горький）著　罗稷南译
上海：神州国光社，1949.1，再版，460 页，32 开
本书为苏联长篇小说。
收藏单位：东北师大馆、湖南馆、上海馆、首都馆、天津馆

10433
莫斯科就在我们背后 （苏）彼得罗夫著
莫斯科：外国文书籍出版局，1943，72 页，36 开
本书共 11 部分，内容包括：莫斯科就在我们背后了、今日的莫斯科城郊、掠夺者军队底退却等。封面题名：莫斯科就在背后。著者原题：彼得洛夫。
收藏单位：北碚馆、重庆馆、福建馆、国家馆、黑龙江馆、南京馆、上海馆

10434
莫斯科就在我们背后 （苏）彼得罗夫著
哈尔滨：万国书籍，1946，80 页，50 开
收藏单位：国家馆

10435
莫斯科性格 （苏）索弗朗诺夫（А. Софронов）著　王金陵译
[北平]：天下图书公司，1949，133 页，32 开（苏联名剧译丛）
本书为苏联现代戏剧剧本。著者原题：梭弗洛诺夫。
收藏单位：东北师大馆、辽大馆、山西馆、天津馆

10436
莫斯科性格（四幕七场剧）（苏）索弗朗诺夫（А. Софронов）撰　艾丁译
大众书店，1949，138 页，32 开（苏联戏剧丛书 1）
本书著者原题：沙佛罗诺夫。
收藏单位：重庆馆、广东馆、国家馆、吉林馆、绍兴馆、天津馆、云南馆

10437
母 （苏）高尔基（Максим Горький）著　孙光瑞译
佳木斯：东北书店，1947.5，447 页，32 开
佳木斯：东北书店，1948.11，再版，447 页，32 开
本书为苏联长篇小说。
收藏单位：东北师大馆、广东馆、国家馆、吉林馆、山西馆、天津馆

10438
母 （苏）高尔基（Максим Горький）著　孙光瑞译
上海：开明书店，1936.9，2 册（328+354 页），32 开
上海：开明书店，1936.11，再版，2 册（328+354 页），50 开
上海：开明书店，1937.6，3 版，2 册（328+354 页），32 开
上海：开明书店，1941.10，8 版，518 页，50 开
桂林：开明书店，1943.6，内 1 版，518 页，50 开
重庆：开明书店，1945，内 2 版，518 页，50 开
上海：开明书店，1946，11 版，518 页，36 开
上海：开明书店，1947，12 版，518 页，36 开
上海：开明书店，1948.3，13 版，518 页，32 开
上海：开明书店，1948.10，14 版，518 页，36 开
上海：开明书店，1949.3，15 版，518 页，36 开
收藏单位：安徽馆、重庆馆、广东馆、广西馆、国家馆、吉林馆、南京馆、上海馆、首都馆、天津馆

10439
母亲 （苏）高尔基（Максим Горький）著　沈端先译

上海：大江书铺，1929—1930，2 册（328+354 页），32 开
上海：大江书铺，1930.11—1931.3，再版，2 册（328+354 页），32 开
收藏单位：重庆馆、大庆馆、广东馆、国家馆、内蒙古馆、上海馆、首都馆、天津馆

10440
母亲（第 1 部）（苏）高尔基（Максим Горький）著 沈端先译
上海：大江书铺，1933.8，4 版，328 页，32 开
本书据日译本转译。
收藏单位：上海馆

10441
目击记（苏）潘菲洛夫著
[佳木斯]：东北书店，1946.12，61 页，32 开
本书为报告文学。共 7 部分，内容包括：石洛夫少校、安托尼娜小姑娘、政治委员列甫琴科等。书前有编者的话。
收藏单位：长春馆、东北师大馆、广东馆、国家馆、江西馆、宁夏馆、浙江馆

10442
目击记（苏）潘菲洛夫著
光明书店，1946.7，68 页，32 开（鸭绿江文艺丛书 5）
收藏单位：北师大馆、重庆馆、东北师大馆、国家馆、吉林馆、首都馆

10443
目击记（苏）潘菲洛夫著
晋察冀新华书店，1945，56 页，36 开，环筒页装
收藏单位：山西馆

10444
目击记（苏）潘菲洛夫著
莫斯科：外国文书籍出版局，1942，80 页，36 开
本书为苏联报告文学。
收藏单位：北碚馆、国家馆、吉林馆、南京馆、内蒙古馆、上海馆、西南大学馆

10445
目击记（苏）潘菲洛夫著
[延安]：新华书店，1945.1，64 页，36 开（翻译丛书）
收藏单位：重庆馆、国家馆、山西馆

10446
目击记（苏）潘菲洛夫著
中苏友好协会，[1935—1949]，58 页，32 开（中苏文艺丛书译文 1）
收藏单位：广东馆

10447
宁死不屈（苏）戈尔巴托夫（Борис Леонтьевич Горбатов）著 苍木译
华北新华书店，1947.1，203 页，32 开（苏联文学丛书）
本书为中篇小说。著者原题：郭尔巴托夫。
收藏单位：重庆馆、国家馆、天津馆

10448
宁死不屈（塔拉斯一家）（苏）戈尔巴托夫（Борис Леонтьевич Горбатов）著 苍木译
莫斯科：外国文书籍出版局，1944，188 页，25 开
本书著者原题：郭尔巴托夫。
收藏单位：重庆馆、东北师大馆、广东馆、国家馆、南京馆、绍兴馆、首都馆

10449
奴隶的儿子（苏联儿童故事集）（苏）塞味尼等著 [风沙译]
[左权]：华北书店，1943.9，24 页，32 开，环筒页装
本书收儿童故事 8 篇，内容包括：《副官斯密脱的死》（潘斯托夫斯基）、《奴隶的儿子》（塞味尼）、《英勇证明书》（奥尔金）、《伊凡和柠檬》（卡罗玛）、《移山倒海》（阿博尔尼珂夫）等。
收藏单位：国家馆

10450
奴隶的儿子（苏联儿童故事集）（苏）塞味尼等著 [风沙译]
冀鲁豫书店，[1944—1948]，26页，32开
收藏单位：国家馆

10451
怒吼吧中国 （苏）特来却可夫著 罗稷南译
上海：读书生活出版社，1936.11，130页，32开
上海：读书生活出版社，1937，再版，126页，32开
本书为苏联剧本。据英译本转译。著者原题：铁捷克。
收藏单位：重庆馆、广西馆、国家馆、黑龙江馆、吉林馆、南京馆、陕西馆、上海馆、西南大学馆

10452
怒吼吧中国 （苏）特来却可夫著 沈起予译
师专剧团，1933，84页，32开
本书著者原题：特列恰可夫。
收藏单位：广东馆、广西馆

10453
诺夫城的神枪手 （苏）潘捷列夫等著 秋江等译
长春：东北书店，1949.4，47页，32开
本书为苏联短篇小说集，共5篇:《诺夫城的神枪手》（潘捷列夫）、《生活的热望》（柯察尔）、《义兄弟》（波列威）、《马特维·古兹敏的最后一天》（波列威）、《真实的故事》（罗扬诺夫斯基）。
收藏单位：长春馆、重庆馆、东北师大馆、国家馆、黑龙江馆、吉林馆、南京馆、山东馆

10454
旁观者 （苏）高尔基（Максим Горький）著 罗稷南译
香港：生活书店，1948.4，377页，32开（四十年间 第1部）
本书为苏联长篇小说，系《克里姆·萨姆金的一生》的第1部。据英译本转译。
收藏单位：广东馆、湖南馆、近代史所、山西馆、首都馆、天津馆

10455
蒲雷曹夫 （苏）高尔基（Максим Горький）撰 费明君译
上海：长风书店，1949，133页，32开（长风文艺丛刊6戏剧）
本书为苏联剧本。
收藏单位：重庆馆、东北师大馆、广东馆、广西馆、国家馆、吉林馆、辽宁馆、南京馆、山西馆、绍兴馆、天津馆

10456
普式庚论 （苏）卢那察尔斯基（Анатолий Васильевич Луначарский）等著 吕荧译
上海：新知书店，1946.6，251页，32开
本书收文11篇，内容包括:《普式庚的伟大》（卢波尔）、《现代俄国文学的父亲》（莱兹涅夫）、《欧根·奥尼金》（古尔斯坦）、《普式庚的抒情诗》（吉摩非叶夫）、《普式庚的散文》（希克罗夫斯基）、《普式庚与民间传说》（阿沙朵夫斯基）、《普式庚与西方文学》（吉尔明斯基）等。著者原题：卢那卡尔斯基。
收藏单位：重庆馆、东北师大馆、广西馆、国家馆、湖南馆、吉林馆、辽大馆、南京馆、内蒙古馆、陕西馆、上海馆、首都馆、西南大学馆

10457
普式庚论 （苏）卢那察尔斯基（Анатолий Васильевич Луначарский）等著 吕荧译
桂林：远方书店，1943.4，251页，36开
本书著者原题：卢那卡尔斯基。
收藏单位：重庆馆、广东馆、桂林馆、国家馆、上海馆、首都馆、天津馆

10458
普式庚论 （苏）卢那察尔斯基（Анатолий Васильевич Луначарский）等著 庄寿慈译
[桂林]：白虹书店，1943.3，199页，32开
本书著者原题：卢那卡尔斯基。

收藏单位：北碚馆、重庆馆、广东馆、贵州馆、国家馆、南京馆、宁夏馆、山西馆、中科图

10459
普式庚研究　（苏）A. 亚尼克斯德等著　茅盾等译　译文社编辑
上海：生活书店，1937.2，330 页，32 开
收藏单位：安徽馆、重庆馆、广西馆、贵州馆、国家馆、河南馆、湖南馆、江西馆、辽大馆、辽师大馆、南京馆、内蒙古馆、宁夏馆、陕西馆、上海馆、首都馆、天津馆、浙江馆、中科图

10460
妻　（苏）卡达耶夫（B. Катаев）著　磊然译
上海：时代书报出版社，1945，96 页，36 开
本书为中篇小说。书前有《卡达耶夫底战争中篇小说》及著者简介。
收藏单位：重庆馆、大连馆、东北师大馆、广西馆、国家馆、吉林馆、辽宁馆、南京馆、内蒙古馆、绍兴馆、首都馆、天津馆、中科图

10461
妻　（苏）卡达耶夫（B. Катаев）著　朱葆光译
哈尔滨：东北书店，1947.5，翻版，115 页，32 开
哈尔滨：东北书店，1948.11，再版，115 页，32 开
本书是中篇小说。书前有译者小言。
收藏单位：东北师大馆、广东馆、国家馆、吉林馆、江西馆、宁夏馆、山西馆、天津馆、中科图

10462
妻　（苏）卡达耶夫（B. Катаев）著　朱葆光译
重庆：中外出版社，1945.9，122 页，32 开
重庆：中外出版社，1945.10，再版，122 页，32 开
北平：中外出版社，1945.11，3 版，122 页，32 开
收藏单位：安徽馆、重庆馆、广西馆、国家馆、湖南馆、辽大馆、内蒙古馆、首都馆

10463
琪珴康陶　（意）康努遒（Gabriele D'Annunzio）著　张闻天译
上海：中华书局，1924，120 页，32 开（少年中国学会丛书）
上海：中华书局，1926，2 版，120 页，32 开
上海：中华书局，1928.11，3 版，120 页，32 开（少年中国学会丛书）
上海：中华书局，1940.5，4 版，120 页，32 开（少年中国学会丛书）
本书为意大利现代剧本。
收藏单位：安徽馆、重庆馆、国家馆、河南馆、黑龙江馆、湖南馆、吉林馆、江西馆、南京馆、内蒙古馆、山西馆、西南大学馆、中科图

10464
前线　（苏）柯涅楚克著　刘辽逸译　戈宝权校
重庆：新知书店，1944.11，48+140 页，32 开（世界文学集丛）
[重庆]：新知书店，1946.9，再版，48+140 页，32 开（世界文学丛集）
上海：新知书店，1947.2，再版，48+140 页，32 开（新世纪文学译丛）
大连：新知书店，1948，再版，48+165 页，32 开
本书著者原题：考纳丘克。译者原题：聊伊。
收藏单位：北碚馆、长春馆、重庆馆、东北师大馆、广东馆、广西馆、国家馆、黑龙江馆、湖南馆、吉林馆、辽师大馆、南京馆、山东馆、山西馆、上海馆、首都馆、天津馆、中科图

10465
前线　（苏）柯涅楚克著　萧三译
胶东新华书店，1945.1，78 页，28 开
本书为苏联现代三幕剧本。书前有《解

放日报》社论《我们从高涅楚克的〈前线〉里学到些什么》及苏联《真理报》等的评介文章。著者原题：高涅楚克。
收藏单位：国家馆、山东馆

10466
前线 （苏）柯涅楚克著　萧三译
苏中出版社，[1944]，54 页，25 开
本书著者原题：高涅楚克。
收藏单位：国家馆

10467
前线 （苏）柯涅楚克著　萧三译
[涉县]：太行新华日报社，1944.8，81 页，36 开
本书著者原题：高涅楚克。
收藏单位：重庆馆、国家馆、上海馆

10468
前线 （苏）柯涅楚克著　萧三译
[韬奋书店]，[1940—1949]，62 页，32 开
本书著者原题：高涅楚克。

10469
前线 （苏）柯涅楚克著　萧三译
张家口：新华书店晋察冀分店，1946.4，修订本，20+125 页，32 开
收藏单位：国家馆、内蒙古馆、天津馆

10470
前线（三幕剧）（苏）柯涅楚克著　军事委员会外事局译
重庆：军事委员会政治部，1943.11，115 页，32 开（抗建戏剧选集 1）
本书著者原题：亚利山大·科尔涅楚克。
收藏单位：重庆馆、广东馆

10471
前线（三幕五景）（苏）柯涅楚克著　萧三译
华东新华书店总店，1948.11，3 版，19+95 页，36 开
本书著者原题：科尔内楚克。
收藏单位：重庆馆、河南馆、山东馆、上海馆

10472
前线（三幕五景）（苏）柯涅楚克著　萧三译
新华书店，1944.6，20+125 页，32 开（翻译丛书）
上海：新华书店，1949.7，19+95 页，32 开
本书著者原题：科尔内楚克。
收藏单位：重庆馆、东北师大馆、国家馆、南京馆、宁夏馆、山东馆、山西馆、绍兴馆、天津馆、浙江馆

10473
巧克力 （苏）罗蒂洛夫著　林淡秋译
外文题名：Chocolate
上海：熔炉书屋，1934，292 页，32 开
本书为苏联现代长篇小说，共 5 部。
收藏单位：重庆馆、上海馆、首都馆

10474
巧克力 （苏）罗蒂洛夫著　林淡秋译
外文题名：Chocolate
上海：新知书店，1940，174 页，32 开
上海：新知书店，1947.1，174 页，32 开
上海：新知书店，1949，174 页，32 开
收藏单位：重庆馆、广东馆、湖南馆、南京馆、山西馆、上海馆、首都馆、中科图

10475
巧克力 （苏）罗蒂洛夫著　林淡秋译
外文题名：Chocolate
上海：幼芽社，1940.10，再版，175 页，32 开
本书书后有再版小记。
收藏单位：广东馆、贵州馆、国家馆、黑龙江馆、湖南馆、吉林馆、西南大学馆

10476
侵略 （苏）李昂诺夫著　曹靖华译
重庆：东南出版社，1944.8，181 页，32 开（苏联文学丛书）

本书为苏联四幕剧剧本。书前有译者序，介绍著者生平与创作。

收藏单位：重庆馆、国家馆、湖南馆、吉林馆、上海馆、首都馆、中科图

10477
侵略 （苏）李昂诺夫著 曹靖华译
[上海]：生活书店，1946.5，181页，32开（中苏文化协会文学丛书）

收藏单位：长春馆、重庆馆、东北师大馆、广东馆、广西馆、国家馆、辽大馆、山东馆、上海馆、首都馆、天津馆、浙江馆

10478
侵略 （苏）李昂诺夫著 林陵译
上海：时代书报出版社，1942，76页，32开
上海：时代书报出版社，1945，76页，32开

收藏单位：重庆馆、东北师大馆、国家馆、江西馆、辽大馆、南京馆、内蒙古馆、上海馆、首都馆、天津馆、中科图

10479
侵略（三幕剧）（苏）李昂诺夫著 曹靖华译
重庆：中苏文化协会编译委员会，1944.8，179页，32开（苏联文学丛书）

收藏单位：南京馆

10480
青年复仇记 （苏）温别格尔著 愚卿译
哈尔滨：东北书店，1947，97页，32开
哈尔滨：东北书店，1948.12，再版，[97]页，32开

收藏单位：北师大馆、重庆馆、东北师大馆、国家馆、吉林馆、辽宁馆、南京馆、山西馆、上海馆、天津馆

10481
青年复仇记 （苏）温别格尔著 愚卿译
大连：中苏友好协会，1946.3，112页，32开

本书为苏联报告文学，叙述乌克兰城市克拉斯顿的一批学生同德寇作殊死斗争的真实历史。

收藏单位：东北师大馆、国家馆、吉林馆、辽宁馆、山东馆、上海馆、天津馆、浙江馆

10482
去年夏天 （苏）芦卡西维支等著 刘崇庆辑译
大连：旅大中苏友好协会，1949.7，117页，32开（友谊文艺丛书5）

本书为苏联短篇小说集，共6篇:《等待着天明》（帕达尔卡）、《安娜·芭拉芭什娜底婚礼》（丹妮琳）、《我们在天上的父》（卡泰叶夫）、《归来》（柯里吉尔）、《史维托夫》（托罗菲摩娃）、《去年夏天》（芦卡西维支）。

收藏单位：北师大馆、重庆馆、东北师大馆、广东馆、国家馆、辽宁馆、山西馆、天津馆

10483
人间 [（苏）高尔基（Максим Горький）著]
出版者不详，[1940—1949]，466页，36开

收藏单位：广西馆

10484
人间 （苏）高尔基（Максим Горький）著 楼适夷译
佳木斯：东北书店，1947.10，435页，32开

本书据日译本转译。译者原题：适夷。

收藏单位：广东馆、国家馆、辽宁馆、辽师大馆、天津馆

10485
人间 （苏）高尔基（Максим Горький）著 楼适夷译
赣州：开明书店，[1943.1]，472页，36开
上海：开明书店，1946.10，5版，472页，32开
上海：开明书店，1948.10，6版，472页，32开
上海：开明书店，1948.11，7版，472页，32开
上海：开明书店，1949，8版，472页，32开

本书译者原题：适夷。

收藏单位：重庆馆、贵州馆、国家馆、黑龙江馆、湖南馆、江西馆、上海馆、首都馆

10486
人民不死（苏）格罗斯曼（B. C. Гроссман）著　林陵译
佳木斯：东北书店，1948，200 页，32 开（苏联文学丛书 4）
本书为苏联长篇小说。书前有《评〈人民不死〉》（柯伐里契克）。著者原题：葛洛斯曼。
收藏单位：重庆馆、东北师大馆、国家馆、黑龙江馆、吉林馆、辽宁馆、山西馆、天津馆、中科图

10487
人民不死（苏）格罗斯曼（B. C. Гроссман）著　林陵译
上海：时代书报出版社，1945，137 页，32 开
本书著者原题：葛洛斯曼。
收藏单位：重庆馆、广东馆、南京馆、内蒙古馆、上海馆、首都馆、浙江馆

10488
人民是不朽的（苏）格罗斯曼（B. C. Гроссман）著　茅盾译
华北新华书店，[1941—1949]，169 页，36 开
本书据苏联版英译本转译，并由戈宝权对照俄文原本校对。
收藏单位：国家馆、河南馆

10489
人民是不朽的（苏）格罗斯曼（B. C. Гроссман）著　茅盾译
晋察冀军区政治部，[1940—1948]，181 页，36 开
收藏单位：重庆馆、贵州馆、国家馆、河南馆、南京馆、内蒙古馆、天津馆

10490
人民是不朽的（苏）格罗斯曼（B. C. Гроссман）著　茅盾译
临沂：山东新华书店，1946.5，169 页，32 开
收藏单位：国家馆、山东馆

10491
人民是不朽的（苏）格罗斯曼（B. C. Гроссман）著　茅盾译
[阳城]：太岳新华书店，1947.2，169 页，32 开
收藏单位：重庆馆、国家馆、河南馆

10492
人民是不朽的（苏）格罗斯曼（B. C. Гроссман）著　茅盾译
外文题名：The people immortal
重庆：中苏文化协会，1945.6，17+253 页，32 开（苏联文学丛书）
重庆：中苏文化协会，1945.11，再版，17+253 页，32 开（苏联文学丛书）
上海：中苏文化协会，1946.2，12+178 页，32 开
上海：中苏文化协会，1948.4，2 版，17+253 页，32 开
上海：中苏文化协会，1949.5，3 版，17+253 页，32 开（苏联文学丛书）
上海：中苏文化协会，1949，4 版，17+253 页，32 开
收藏单位：长春馆、重庆馆、东北师大馆、国家馆、河南馆、湖北馆、辽宁馆、南京馆、宁夏馆、山西馆、上海馆、首都馆、浙江馆、中科图

10493
人民是不朽的（苏）格罗斯曼（B. C. Гроссман）著　茅盾译
大连：中苏友好协会，1946.8，208 页，32 开
收藏单位：国家馆、江西馆

10494
人怎样变成巨人（苏）伊林（M. Ильин）（苏）谢加尔（E. Сегал）著　什之译
重庆：读书出版社，1946.7，301 页，32 开
收藏单位：黑龙江馆、内蒙古馆、山东馆

10495
人怎样变成巨人 （苏）伊林（M. Ильин）（苏）谢加尔（E. Сегал）著 什之译
华北军区政治部，[1948—1949]，209 页，32 开
本书内容包括：在无形的笼子里、主人公及其亲属、人手的遗迹、经过几千年之后、世界的斗争、世界的扩大等。
收藏单位：首都馆

10496
人怎样变成巨人 （苏）伊林（M. Ильин）（苏）谢加尔（E. Сегал）著 什之译
华东新华书店，1948.10，254 页，32 开
收藏单位：广东馆、国家馆、山东馆、首都馆

10497
人怎样变成巨人 （苏）伊林（M. Ильин）（苏）谢加尔（E. Сегал）著 什之译
山东新华书店，1949.8，再版，254 页，32 开
收藏单位：国家馆、南京馆、绍兴馆、天津馆

10498
人怎样变成巨人（上册）（苏）伊林（M. Ильин）（苏）谢加尔（E. Сегал）著 什之译
重庆：读书出版社，1941.4，301 页，32 开
重庆：读书出版社，1948，东北版，301 页，32 开
收藏单位：安徽馆、内蒙古馆

10499
人怎样变成巨人（上册）（苏）伊林（M. Ильин）（苏）谢加尔（E. Сегал）著 什之译
华北书店，1943.1，180 页，32 开
收藏单位：国家馆

10500
任务比生命还要紧 东北民主联军总政宣传部编
东北民主联军总政宣传部，1947.6，31 页，50 开（苏联文艺丛书 2）
本书为短篇小说集，共 3 篇：《任务比生命还要紧》（高尔布特夫著，田野译）、《德军不拉得尔营的覆灭》（克里维兹基著，愚卿译）、《到敌后拜访游击队》（依·魏涅洛维赤著，愚卿译）。书前有编者前记。
收藏单位：国家馆、天津馆

10501
日内瓦（一页幻想的历史）（英）萧伯纳（George Bernard Shaw）著 戊佳译
外文题名：Geneva
上海、重庆：生活书店，1940.3，103 页，32 开
本书为多幕剧剧本。著者原题：萧伯讷。
收藏单位：广东馆、广西馆、吉林馆、首都馆、浙江馆、中科图

10502
日日夜夜 （苏）西蒙诺夫（K. M. Симонов）著
新四军山东军区渤海军区政治部，1947.9，87 页，32 开
收藏单位：山东馆

10503
日日夜夜 （苏）西蒙诺夫（K. M. Симонов）著 苍木 继纯译
[佳木斯]：东北书店，1948.5，440 页，32 开（苏联文学丛书 5）
收藏单位：东北师大馆、国家馆、南京馆、山东馆

10504
日日夜夜 （苏）西蒙诺夫（K. M. Симонов）著 苍木 继纯译
晋察冀新华书店，1947.10，429 页，32 开
收藏单位：国家馆、山东馆

10505
日日夜夜 （苏）西蒙诺夫（K. M. Симонов）著 苍木 继纯译

晋冀鲁豫军区政治部，1946，336 页，36 开
收藏单位：重庆馆、山西馆

10506
日日夜夜 （苏）西蒙诺夫（К. М. Симонов）著 苍木 继纯译
山东新华书店，1947.8，329 页，32 开
收藏单位：国家馆、山东馆

10507
日日夜夜 （苏）西蒙诺夫（К. М. Симонов）著 苍木 继纯译
武安：韬奋书店，1947，336 页，36 开
收藏单位：重庆馆、国家馆、山东馆

10508
日日夜夜 （苏）西蒙诺夫（К. М. Симонов）著 苍木 继纯译
莫斯科：外国文书籍出版局，1945，334 页，32 开
莫斯科：外国文书籍出版局，1949，348 页，32 开，精装
收藏单位：重庆馆、东北师大馆、国家馆、湖南馆、吉林馆、江西馆、近代史所、辽大馆、内蒙古馆、首都馆

10509
日日夜夜 （苏）西蒙诺夫（К. М. Симонов）撰 苍木 继纯译
[北平]：新华书店，1949.7，429 页，32 开
收藏单位：北师大馆、广东馆、国家馆、内蒙古馆、天津馆

10510
日日夜夜 （苏）西蒙诺夫（К. М. Симонов）撰 苍木 继纯译
[郑州]：中原新华书店，1949.4，330 页，32 开
收藏单位：国家馆

10511
日日夜夜 （苏）西蒙诺夫（К. М. Симонов）著 新四军山东军区政治部编
[临沂]：新四军山东军区政治部，1947.2，90 页，42 开
收藏单位：山东馆

10512
日日夜夜（斯大林格纳保卫战）（苏）西蒙诺夫（К. М. Симонов）著 晋绥军区政治部编
[兴县]：晋绥军区政治部，1947，102 页，32 开
收藏单位：重庆馆

10513
日日夜夜（通俗本）（苏）西蒙诺夫（К. М. Симонов）著
哈尔滨：东北书店，1948.6，再版，115 页，36 开
本书为苏联长篇小说缩写本。共 26 章，内容包括：重担、军官会议、打破沉寂、可惜的人、黑夜的侦查、最富足的人、壮烈的反攻等。
收藏单位：北师大馆、重庆馆、国家馆、吉林馆、上海馆、绍兴馆、天津馆、浙江馆

10514
日日夜夜（通俗本）（苏）西蒙诺夫（К. М. Симонов）著
华东新华书店，1949.3，渤海版，108 页，32 开
收藏单位：南京馆、山东馆

10515
日日夜夜（通俗本）（苏）西蒙诺夫（К. М. Симонов）原著 华东军区政治部编写
[郑州]：中原新华书店，1949.4，104 页，32 开
收藏单位：广东馆、国家馆

10516
日日夜夜（通俗本）（苏）西蒙诺夫（К. М. Симонов）著 新四军山东军区政治部编
大连：大众书店，1948.7，78 页，32 开
收藏单位：国家馆、江西馆、辽宁馆

10517
日日夜夜（通俗本）（苏）西蒙诺夫（К. М. Симонов）著 新四军山东军区政治部编
[哈尔滨]：东北书店，1947.12，115页，36开
收藏单位：重庆馆、东北师大馆、陕西馆、绍兴馆

10518
日日夜夜（通俗本）（苏）西蒙诺夫（К. М. Симонов）著 新四军山东军区政治部编
饶阳：冀中新华书店，1947.10，86页，32开
收藏单位：国家馆、山东馆、绍兴馆

10519
日日夜夜（通俗本）（苏）西蒙诺夫（К. М. Симонов）著 新四军山东军区政治部编
山东新华书店，1947.4，再版，95页，42开
收藏单位：国家馆

10520
日日夜夜（英雄城史大林格勒的故事）（苏）西蒙诺夫（К. М. Симонов）著 磊然译
上海：时代书报出版社，1946，14+340页，32开
上海：时代书报出版社，1947，再版，14+340页，32开
收藏单位：广东馆、广西馆、国家馆、湖南馆、上海馆、首都馆

10521
日苏未来大战记 （苏）班夫琳珂著 碧泉译
[上海]：大时代出版社，1937.10，58页，32开
上海：大时代出版社，1937.11，再版，58页，32开（抗战小文库1）
上海：大时代出版社，1937，3版，58页，32开（抗战小文库1）
本书为长篇小说《远东》第2部的节译本，共4章：空袭东京、苏联空军根据地被袭击、在国境的陆地战、苏联潜水舰的活跃。据日译本转译。
收藏单位：安徽馆、重庆馆、东北师大馆、广西馆、国家馆、近代史所、南京馆、陕西馆

10522
日苏未来大战记 （苏）班夫琳珂著 碧泉译
上海：国难研究社，1937.10，58页，32开（抗战小文库1）
上海：国难研究社，1938，4版，72页，36开
收藏单位：重庆馆、广东馆、国家馆、西南大学馆、浙江馆

10523
肉搏坦克 东北民主联军总政宣传部编
东北民主联军总政宣传部，1947.10，60页，50开（苏联文艺丛书5）
本书为苏联短篇小说集。收文7篇，内容包括：《肉搏坦克》（哈马堂）、《十一小时》（格兰诺夫）、《决斗》（索波列夫）、《炊事员玛卡尔》（斯米良斯基）、《母亲放心了》（吉洪诺夫）、《水下面的桥》（西蒙诺夫）等。书前有编者前记。
收藏单位：东北师大馆、国家馆、吉大馆、辽宁馆、天津馆

10524
三人 （苏）高尔基（Максим Горький）著 黄源译
上海：生活书店，1938.8，709页，32开
上海：生活书店，1946.12，胜利后1版，459页，32开
本书据日译本转译。
收藏单位：北碚馆、重庆馆、广东馆、国家馆、黑龙江馆、山西馆、上海馆、首都馆

10525
三人 （苏）高尔基（Максим Горький）著 黄源译
桂林：文学出版社，1943.7，459页，32开
收藏单位：安徽馆、重庆馆、广东馆、广西馆、贵州馆、吉林馆、上海馆

10526
三人 （苏）高尔基（Максим Горький）著 钟石韦译
上海：商务印书馆，[1935.4]，2 册（668 页），32 开（世界文学名著）
上海：商务印书馆，1935.5，再版，2 册（668 页），32 开（世界文学名著）
收藏单位：重庆馆、大庆馆、东北师大馆、广东馆、国家馆、河南馆、黑龙江馆、湖南馆、辽大馆、辽东学院馆、辽师大馆、南京馆、宁夏馆、上海馆、首都馆、天津馆、浙江馆

10527
森林在战斗着 （苏）克里维茨基 （苏）克莱诺夫著 恩卿译
莫斯科：外国文书籍出版局，1944，88 页，32 开
本书为苏联中篇小说，共 10 章：空中的道路、夜间、蓝色桥、旧友重逢、一个德国爵士底封地、瓦丽底历史、贵族石拉德尔底命运、根克、火车翻倒、游击队员底茅厕。
收藏单位：重庆馆、东北师大馆、国家馆、黑龙江馆、南京馆、陕西馆

10528
森林在战斗着 （苏）克里维茨基 （苏）克莱诺夫著 恩卿译
哈尔滨：万国书籍，1946，88 页，32 开
收藏单位：长春馆、重庆馆

10529
森林之家 （苏）渥隆哥娃（Л. Воронкова）著 傅克译
哈尔滨：东北书店，1948.3，43 页，32 开（苏联文学丛书 3）
本书为苏联儿童短篇小说。
收藏单位：重庆馆、东北师大馆、国家馆、黑龙江馆、辽宁馆、天津馆

10530
杀敌利器 （苏）考什夫尼科夫（В. М. Кожевников）著
莫斯科：外国文书籍出版局，1943，112 页，25 开
本书为苏联中篇小说，共 26 章，内容包括：三筒手枪、鹰之歌、真正劳动、发明家、自动车、在打靶场上、大数定律、伟大的试验家、我们的天空等。
收藏单位：重庆馆、国家馆、南京馆、中科图

10531
杀人工厂（《红星报》特约通讯）（苏）西蒙诺夫（К. М. Симонов) 著
莫斯科：外国文书籍出版局，1944，[27] 页，25 开
本书为苏联通讯作品集。
收藏单位：重庆馆、福建馆、国家馆、近代史所、南京馆、上海馆

10532
沙宁 （苏）阿尔志跋绥夫（Михаил Петрович Арцыбашев）著 郑振铎译
外文题名：Sanine
上海：商务印书馆，1930.5，32+600 页，32 开（文学研究会世界文学名著丛书）
上海：商务印书馆，1932.10，国难后 1 版，32+600 页，32 开（文学研究会世界文学名著丛书）
本书为苏联长篇小说。书前有译者序及著者重要书目。书后有译者后记。据英译本转译，由耿济之据原文校订。著者原题：阿志巴绥夫。
收藏单位：重庆馆、东北师大馆、广东馆、国家馆、黑龙江馆、湖南馆、辽宁馆、辽师大馆、南京馆、上海馆、首都馆、天津馆

10533
上海——罪恶的都市 （苏）韦尔霍格拉特斯基著 什之译
重庆：读书出版社，1941.2，141 页，32 开
重庆：读书出版社，1941.4，再版，141 页，32 开
重庆：读书出版社，1942.8，3 版，141 页，32

开
重庆：读书出版社，1944，4 版，130 页，32 开
上海：读书出版社，1945.10，再版，141 页，32 开
上海 [等]：读书出版社，1947.12，3 版，117 页，32 开

本书为苏联中篇小说，共 28 章，内容包括：圈中之村、怪叔叔、浪淘沙、访问鸦片大王、上海黑色的星期五、最后的准备、叔叔救出了、在匪巢、同归于尽、一笔大捐款等。书前有前言。

收藏单位：安徽馆、北碚馆、长春馆、重庆馆、东北师大馆、广东馆、国家馆、黑龙江馆、湖南馆、吉林馆、近代史所、南京馆、内蒙古馆、宁夏馆、山西馆、西南大学馆

10534
上尉伏哈什隆科夫（苏联红军英雄故事）（苏）法捷耶夫（А. А. Фадеев）等著 茅盾等译 建国文化供应社编
建国文化供应社，1946.5，82 页，32 开

本书收短篇小说 7 篇：《上尉伏哈什隆科夫》（考兹夫尼科夫著，茅盾译）、《旗》（卡达耶夫著，赵洵译）、《弟兄》（戈倍林柯著，罗焚译）、《二十八个近卫英雄》（克利维茨基）、《多瑙河之歌》（布珂夫著，邵天任译）、《不朽》（法捷耶夫著，尹之家译）、《顿河在欢迎哥萨克》（富明科著，伊真译）。

收藏单位：重庆馆、国家馆

10535
少女与死神 （苏）高尔基（Максим Горький）等著 秦似译
上海：上海杂志公司，1949.1，98 页，32 开

本书为诗集，内容包括：莱蒙托夫的长诗《姆采里》、高尔基的长诗《少女与死神》，以及拜依里、亚琪玛杜娃、顾密里夫、铁霍诺夫、雷尔斯基、彼里萨等的短诗各 1 首。书后有译者后记、著者简介。

收藏单位：国家馆、湖南馆、辽宁馆、南京馆、上海馆、天津馆

10536
生路 （苏）阜德罗夫著 钱亮之译
上海：光华出版社，1949，116 页，32 开

本书为报告文学。

收藏单位：重庆馆、东北师大馆、国家馆、吉林馆、江西馆、辽宁馆、南京馆

10537
生命 （苏）格罗斯曼（В. С. Гроссман）著
临沂：山东新华书店，1946.6，36 页，小 32 开

本书为苏联短篇小说。

收藏单位：南京馆、山东馆

10538
生命 （苏）格罗斯曼（В. С. Гроссман）著
莫斯科：外国文书籍出版局，1943，40 页，42 开

收藏单位：北师大馆、重庆馆、国家馆、上海馆

10539
生命 （苏）格罗斯曼（В. С. Гроссман）著
哈尔滨：万国书籍，1946，38 页，32 开

收藏单位：长春馆、重庆馆、东北师大馆、国家馆、辽宁馆、南京馆、宁夏馆、山东馆

10540
生命在呼喊 （苏）贝尔采可夫斯基（В. Н. Билль-Белоцерковский）著 葛一虹译
上海：天下图书公司，1946.4，90 页，32 开
北平：天下图书公司，1949.5，90 页，32 开（苏联名剧译丛）
北平：天下图书公司，1949.9，2 版，90 页，32 开（苏联名剧译丛）

本书为苏联四幕剧剧本。附《苏联电影与苏联戏剧给予了我们什么》。书前有译者前记，写于 1946 年 4 月。据莫斯科 1936 年版英译本转译。

收藏单位：长春馆、重庆馆、东北师大馆、国家馆、吉林馆、辽大馆、南京馆、山西馆、上海馆、绍兴馆、首都馆、天津馆、

浙江馆

10541
生命之路　（苏）浮德洛夫著　苍木译
临沂：山东新华书店，1946.5，101 页，36 开
本书为苏联报告文学。记述列宁格勒城在德军围困下苏联军民英勇战斗至最后胜利的事迹。
收藏单位：国家馆、南京馆、山东馆

10542
生命之路　（苏）浮德洛夫著　苍木译
[阳城]：太岳新华书店，1947.1，101 页，36 开
收藏单位：重庆馆、国家馆、河南馆

10543
生命之路　（苏）浮德洛夫著　苍木译
莫斯科：外国文书籍出版局，1944，108 页，25 开
收藏单位：北碚馆、重庆馆、福建馆、国家馆、吉林馆、辽宁馆、上海馆、首都馆

10544
生与死　（苏）郭尔巴托夫等著　付克译
佳木斯：东北书店，1948，40 页，32 开
本书为短篇小说集，收反映苏联卫国战争的作品 5 篇：《生与死》（郭尔巴托夫）、《细节》（拉甫林涅夫）、《克里夫曹夫》（伊里雁科夫）、《老太婆》（拉甫林涅夫）、《格拉莎阿姨》（安东洛夫）。
收藏单位：安徽馆、北师大馆、长春馆、重庆馆、东北师大馆、国家馆、辽宁馆、南京馆、上海馆、天津馆

10545
十月　（苏）雅各武莱夫（Александр Степанович Яковлев）著　鲁迅译
鲁迅全集出版社，1939.5，254 页，32 开（鲁迅全集单行本翻译之部 26）（现代文艺丛刊 1）
鲁迅全集出版社，1940.6，再版，254 页，32 开（鲁迅全集单行本翻译之部 26）（现代文艺丛刊 1）
鲁迅全集出版社，1947，再版，254 页，32 开（鲁迅全集单行本翻译之部 26）（现代文艺丛刊 1）
鲁迅全集出版社，1949，3 版，254 页，32 开（鲁迅全集单行本翻译之部 26）（现代文艺丛刊 1）
本书为苏联长篇小说。书前有著者自传。书后有译者后记。据日译本转译。
收藏单位：重庆馆、广东馆、国家馆、湖南馆、吉林馆、江西馆、辽师大馆、山西馆、首都馆、天津馆

10546
十月　（苏）雅各武莱夫（Александр Степанович Яковлев）著　鲁迅译
上海：神州国光社，1933.2，204 页，32 开（现代文艺丛刊 1）
上海：神州国光社，1933.11，再版，204 页，32 开（现代文艺丛刊 1）
本书共 28 章，内容包括：莫斯科闹了起来、布尔乔亚已经亚门了、在街头相遇、万国旅馆附近的战斗、在普列思那、亚庚等。
收藏单位：重庆馆、广东馆、国家馆、吉林馆、宁夏馆、天津馆、浙江馆

10547
时间呀前进！（苏）卡达耶夫（B. Катаев）著　林淡秋译
重庆：新知书店，1943.5，480 页，32 开（世界文学集丛）
上海：新知书店，1946.10，沪版，479 页，32 开（新世纪文学译丛）
大连：新知书店，1947.12，459 页，32 开（新世纪文学译丛）
本书为苏联长篇小说。附《卡泰耶夫及其代表作〈时间，前进呀〉》（戈宝权）。书后有编后记。著者原题：卡泰耶夫。
收藏单位：北碚馆、长春馆、重庆馆、东北师大馆、广西馆、国家馆、辽师大馆、南京馆、山东馆、上海馆、首都馆、天津馆、浙江馆

10548
士敏土 （苏）革拉特珂夫（Ф. В. Гладков）著 董秋斯译
志凯堂，1945.11，426 页，32 开
北平：志凯堂，1946.9，426 页，32 开
[北平]：志凯堂，1947.4，377 页，32 开
志凯堂，1949.9，5 版，438 页，32 开
本书为苏联长篇小说。附《我怎样写作士敏土》（冰夷译）。书前有代序、图序、著者自传。
收藏单位：东北师大馆、广东馆、广西馆、国家馆、辽宁馆、辽师大馆、南京馆、内蒙古馆、山东馆、首都馆、天津馆

10549
士敏土 （苏）革拉特珂夫（Ф. В. Гладков）著 董秋斯译
北平：中外出版社，1946.9，426 页，25 开
收藏单位：国家馆

10550
士敏土 （苏）革拉特珂夫（Ф. В. Гладков）著 董绍明 蔡咏裳译
尼罗社，1941.5，436 页，32 开
收藏单位：广东馆、湖北馆、上海馆

10551
士敏土 （苏）革拉特珂夫（Ф. В. Гладков）著 董绍明 蔡咏裳译
上海：启智书局，1929，594 页，32 开，精装
本书著者原题：格来考夫。
收藏单位：湖北馆、吉林馆

10552
士敏土 （苏）革拉特珂夫（Ф. В. Гладков）著 董绍明 蔡咏裳译
上海：新生命书局，1932.7，[校订版]，[20]+571 页，32 开（世界新文艺丛书）
本书著者原题：格拉特考夫。
收藏单位：安徽馆、国家馆

10553
书的故事 （苏）伊林（М. Ильин）著 胡愈之译
华东新华书店，1948.12，108 页，32 开
本书为儿童科学故事。分上、下两篇，共 12 章，内容包括：活的书、备忘录、文字搬家、永久的书、皮的书等。书后有译者后记。据法译本转译。
收藏单位：安徽馆、国家馆、浙江馆

10554
书的故事 （苏）伊林（М. Ильин）著 胡愈之译
上海：生活书店，1937.1，114 页，25 开，精装
上海：生活书店，1937.5，再版，114 页，32 开，精装
收藏单位：北碚馆、重庆馆、东北师大馆、广西馆、国家馆、黑龙江馆、湖南馆、南京馆、山东馆、首都馆、西南大学馆

10555
书的故事 （苏）伊林（М. Ильин）著 胡愈之译
上海：新少年书局，1946.3，114 页，32 开
收藏单位：安徽馆、重庆馆、广西馆、国家馆、黑龙江馆、吉大馆、近代史所、宁夏馆、山东馆、上海馆、绍兴馆、天津馆

10556
书的故事（一名，白纸上写黑字） （苏）伊林（М. Ильин）著 胡愈之译
桂林：新少年出版社，1943.4，114 页，32 开
收藏单位：重庆馆、广西馆、国家馆

10557
斯达林格勒 （苏）涅克拉索夫著 李霁野译
中苏文化协会，1948，[432] 页，32 开（中苏文化协会文学丛书）
本书为苏联长篇小说。
收藏单位：国家馆、南京馆、上海馆

10558
斯大林格勒血战记 （苏）恩·维尔塔（Н. Е. Вирта）著 金人译

哈尔滨：东北书店，1948.11，190页，32开

本书为苏联电影文学剧本。书前有《尼琦莱·维尔塔小传》。

收藏单位：长春馆、重庆馆、东北师大馆、国家馆、吉林馆、辽宁馆、山东馆、山西馆、陕西馆、上海馆、天津馆、中科图

10559

斯莫连赤可夫（超等射手）（苏）依尔尤斯基著

莫斯科：外国文书籍出版局，1943，24页，大64开

本书介绍斯莫连赤可夫生平事迹。

收藏单位：重庆馆、东北师大馆、国家馆、辽宁馆、上海馆

10560

死敌（苏）肖洛霍夫（М. А. Шолохов）著

华北书店，1941，28页，32开（世界文学丛刊）

本书著者原题：邵洛霍夫。

收藏单位：重庆馆

10561

死敌（苏）肖洛霍夫（М. А. Шолохов）等著　曹靖华　尚佩秋译

重庆：文光书店，1945.2，224页，32开（世界文学译丛）

上海：文光书店，1947.5，增订3版，364页，32开（世界文学译丛）

本书为苏联短篇小说集。所收作品与重庆生活书店1939年11月初版本相同，但篇目次序经过重新编排。书前有译者序。书后有译者后记。著者原题：邵洛霍甫。

收藏单位：北碚馆、重庆馆、广东馆、广西馆、国家馆、南京馆、山西馆、上海馆

10562

死敌（苏联短篇小说集）　曹靖华　尚佩秋编译

重庆：生活书店，1939.11，373页，32开

重庆：生活书店，1940.1，再版，373页，32开

本书收短篇小说11篇，内容包括：《康穆纳尔的烟袋》（爱伦堡）、《星花》（拉甫列涅夫）、《死敌》（邵洛霍夫）、《牧童》（邵洛霍夫）、《小无赖汉》（邵洛霍夫）、《床》（捏维洛夫）等。书后有译者后记，简介著者的生平和创作。

收藏单位：北碚馆、重庆馆、广东馆、国家馆、黑龙江馆、湖南馆、江西馆、南京馆、山西馆、中科图

10563

死后（苏）班菲罗夫等著　王元译

重庆：新知书店，1944.3，187页，32开（苏联文学丛书）

本书收文7篇，内容包括：《目睹记》（班菲罗夫）、《乌克兰木屋里发生的事》（瓦希列夫斯卡）、《母亲》（库尔干诺夫）、《战斗的前夜》（道甫仁科）、《死后》（高尔巴托夫）等。

收藏单位：重庆馆、国家馆、吉林馆、内蒙古馆、山西馆、武大馆、西南大学馆、浙江馆

10564

死魂灵（俄）果戈理（Николай Васильевич Гоголь）著　鲁迅译

长春：东北中苏友好协会，1946.1，29+478页，32开（译文丛书）（果戈理选集5）

本书为长篇小说。书前有序言。书后有鲁迅及许广平的附记。

收藏单位：东北师大馆

10565

死魂灵（俄）果戈理（Николай Васильевич Гоголь）著　鲁迅译

上海：文化生活出版社，1935.11，32+424页，32开（译文丛书）（果戈理选集5）

上海：文化生活出版社，1936.5，5版，32+425页，32开（译文丛书）（果戈理选集5）

上海：文化生活出版社，1937，7版，32+424页，25开（译文丛书）（果戈理选集5）

上海：文化生活出版社，1940，增订9版，32+526页，32开（译文丛书）（果戈理选集5）

上海：文化生活出版社，1940，10版，526页，

32 开（译文丛书）（果戈理选集 5）
桂林：文化生活出版社，1942.7，2 册（490 页），32 开（译文丛书）（果戈理选集 5）
重庆：文化生活出版社，1943.1，30+490 页，32 开（译文丛书）（果戈理选集 5）
上海：文化生活出版社，1943.12，11 版，526 页，25 开（译文丛书）（果戈理选集 5）
重庆：文化生活出版社，1944.5，2 版，30+490 页，32 开（译文丛书）（果戈理选集 5）
上海：文化生活出版社，1946.9，12 版，526 页，32 开（译文丛书）（果戈理选集 5）
上海：文化生活出版社，1947.6，13 版，526 页，32 开（译文丛书）（果戈理选集 5）
上海：文化生活出版社，1949.3，14 版，526 页，32 开（译文丛书）（果戈理选集 5）
文化生活出版社，524 页，32 开（译文丛书 果戈理选集）

收藏单位：重庆馆、东北师大馆、广西馆、贵州馆、国家馆、湖南馆、吉林馆、南京馆、山西馆、首都馆、天津馆、浙江馆

10566
苏俄文学理论 （日）冈泽秀虎著 陈望道译
上海：大江书铺，1930.12，596 页，32 开（艺术理论丛书 3）

本书共 3 章：第一期文学理论、第二期文学理论、第三期文学理论。附《伊里基论文学》等。译者原题：陈雪帆。

收藏单位：东北师大馆、广东馆、广西馆、国家馆、吉林馆、首都馆、浙江馆

10567
苏俄文学理论 （日）冈泽秀虎著 陈望道译
上海：开明书店，1933.4，596 页，32 开
上海：开明书店，1940.3，2 版，328 页，32 开

收藏单位：重庆馆、广东馆、国家馆、湖南馆、辽大馆、辽东学院馆、南京馆、内蒙古馆、上海馆、首都馆、天津馆、浙江馆、中科图

10568
苏联的文学 （苏）高尔基（Максим Горький）撰 曹葆华译
哈尔滨：东北书店，1949.5，104 页，32 开

本书是高尔基在全苏作家协会第一次代表大会上所作的报告。附《〈俄国文学史〉序言》《果戈理论》《年青的文学及其任务》。书后有译后。

收藏单位：长春馆、重庆馆、东北师大馆、国家馆、黑龙江馆、吉林馆、山东馆、绍兴馆

10569
苏联的文学 （苏）高尔基（Максим Горький）著 曹葆华译
华北书店，1943.7，77 页，32 开（鲁艺丛书 6）

收藏单位：国家馆、山西馆

10570
苏联的文学 （苏）高尔基（Максим Горький）著 曹葆华译
上海：生活书店，1946.6，92 页，32 开

收藏单位：重庆馆、吉林馆、山西馆、绍兴馆、天津馆

10571
苏联短篇小说选（第 1—2 集） 八路军军政杂志社编辑
[延安]：八路军军政杂志社，1942，263+199 页，25 开

收藏单位：北碚馆、广东馆

10572
苏联妇女在战斗岗位上（小说集）
莫斯科：外国文书籍出版局，1943，88 页，32 开

本书为苏联小说。

收藏单位：重庆馆

10573
苏联红军英雄故事 （苏）瓦西列夫斯卡（B. Василевская）等著
佳木斯[等]：东北书店，1947.5，138 页，32 开

本书收 18 位作家创作的反映苏联卫国战

争中红军指战员英雄事迹的小说和报告文学作品 21 篇，内容包括:《党证》(瓦希列夫斯卡)、《发生在一间乌克兰农舍里的事情》(瓦希列夫斯卡)、《在敌人后方》(波里亚柯夫)、《第三个副官》(西蒙诺夫)、《水下面的桥》(西蒙诺夫)、《勇士》(阿·托尔斯泰)、《丹娘》(里多夫)、《坚强的心》(拉甫莱涅夫)、《老人》(格洛斯曼)等。著者原题：瓦希列夫斯卡。

收藏单位：长春馆、重庆馆、东北师大馆、国家馆、山东馆、天津馆

10574

苏联红军英雄故事（第 1 辑）（苏）瓦西列夫斯卡（В. Василевская）等著　第十八集团军总政治部编

张家口：新华书店晋察冀分店，1946.3，156 页，32 开

本书著者原题：瓦希列夫斯卡。

收藏单位：天津馆

10575

苏联红军英勇故事（苏）里多夫（П. Лидов）等著

武安：华北新华书店，1946.12，70 页，36 开（苏联文学丛书）

本书为苏联卫国战争故事集，收故事 9 篇，内容包括:《丹娘》(里多夫)、《依里亚·库仁》(叶列娜·科诺宁科)、《一个女射击手》(巴甫利青科)、《大海上的三昼夜》(科普杰也夫)、《战斗的步兵团》(斯达夫斯基)等。

收藏单位：国家馆、山东馆、天津馆

10576

苏联民间故事　[曹靖华译]

河间：冀中新华书店，1947.7，65 页，32 开

本书共两部分：关于列宁的传说、关于斯大林的传说。

收藏单位：国家馆、河南馆、内蒙古馆、山东馆、天津馆

10577

苏联女英雄（苏）拉甫纶由夫等著　中苏文化协会妇女委员会编译

上海：生活书店，1947.5，170 页，32 开

上海：生活书店，1947.8，再版，170 页，32 开

本书为苏联作品集，收描写苏联卫国战争时期苏联妇女英雄事迹的通讯报道 12 篇，内容包括:《不屈的心》《她变成军官了》《沙碧耶娃少校》《队长之妻》等。著者有拉甫纶由夫、史可诺夫斯基、德罗兹都夫、土尔兄弟等 12 人。

收藏单位：重庆馆、东北师大馆、国家馆、山东馆、上海馆、首都馆、天津馆

10578

苏联人（苏）亚洛夫等撰　付克译

哈尔滨：东北书店，1949.5，38 页，32 开

本书为诗集，收亚洛夫、斯威特洛夫、奥斯特罗夫、舍斯达科夫、伊撒郭夫斯基等 15 人的诗 22 首。书后有译者的话。

收藏单位：长春馆、东北师大馆、国家馆、黑龙江馆、江西馆、山东馆、天津馆

10579

苏联卫国战争诗选　长风编　林陵等译

朝城：冀鲁豫书店，1947.6，51 页，32 开

本书收伊萨柯夫斯基、苏尔柯夫、史起巴巧夫、英倍尔、陀尔马托夫斯基等 10 人的诗共 15 首。其中大部分系选自上海时代书报出版社编印的同名书。书前有编者前记。书后有作者介绍。

收藏单位：广东馆、国家馆、河南馆、宁夏馆、山西馆

10580

苏联卫国战争诗选　林陵等译

上海：时代书报出版社，1946.4，172 页，32 开

上海：时代书报出版社，1948.7，2 版，172 页，32 开

本书自苏联文艺刊物中辑译关于卫国战争的诗歌 52 首。共 11 辑，内容包括：在战场上、战争中的妇女、保卫列宁格勒、胜利的

日子等。书前有编者序、苏联国歌。书后有作者介绍。

收藏单位：重庆馆、东北师大馆、广西馆、国家馆、吉林馆、江西馆、辽宁馆、南京馆、山西馆、上海馆、首都馆

10581

苏联文学讲话 戈宝权撰

天津：读者书店，1949.4，87页，36开

本书内容为新中国书局版《苏联文学讲话》的前5讲，但将第5讲“苏联文学有些什么代表作品”按题材又分成4讲，共8讲：苏联文学是怎样一种文学、苏联文学的主潮是什么、苏联文学是怎样发展和成长的、高尔基对苏联文学贡献了什么、反映在苏联文学中的国内战争、反映在苏联文学中的社会主义建设、反映在苏联文学中的伟大卫国战争、反映在苏联文学中的历史题材及其他。

收藏单位：国家馆、山西馆、天津馆

10582

苏联文学讲话 戈宝权著

香港：生活书店，1949.1，166页，32开（青年自学丛书）

本书共7讲：苏联文学是怎样一种文学、苏联文学的道路是什么、苏联文学是怎样发展和成长的、高尔基对苏联文学贡献了什么、苏联文学有些什么代表作品、苏联近年来的文学批评怎么样、苏联的作家是怎样生活的。

收藏单位：湖南馆、首都馆

10583

苏联文学讲话 戈宝权著

沈阳：新中国书局，1949.4，166页，36开（青年自学丛书）

收藏单位：安徽馆、重庆馆、东北师大馆、广东馆、贵州馆、国家馆、辽宁馆、辽师大馆、青海馆、天津馆

10584

苏联文学讲话 （苏）塞维林 （苏）多里福诺夫著 以群译

上海：读书生活出版社，1936.12，286页，32开

本书共5章：十月革命前的俄国文学、国内战争时期的苏联文学、复兴期的苏联文学、改造期的苏联文学、苏联文学发展底基本道路及其前途。前4章均包括总论和作家论两部分，后者分别介绍该时期的代表作家白德内、马耶可夫斯基、绥拉菲莫维支、里亚西科、潘菲洛夫、倍兹明斯基等7人。书后有《近代俄国文学年表》、译者后记。

收藏单位：重庆馆、国家馆、南京馆、上海馆、首都馆、西南大学馆

10585

苏联文学史 （苏）季莫菲叶夫（Л. И. Тимофеев）著 水夫译

上海：海燕书店，1948.9，2册，25开（中苏文化协会研究丛书）

北平、上海：海燕书店，1949.7，688页，25开（苏联研究丛书）（中苏文化协会研究丛书）

本书共18章。第1—2章为“九十年代——俄罗斯文学发展的新时期”和“文学的新任务”，第3—6章叙述高尔基的创作，第7章介绍“接近高尔基的现实主义作家”，第8—10章分别论述诗歌中的现实主义、批判现实主义及象征主义，第11—12章介绍勃柳索夫和勃洛克，第13章为“苏维埃文学的发展道路”，第14—17章分别介绍阿·托尔斯泰、法捷耶夫等的创作，第18章为“苏联各民族的文学”。书后有译后记。

收藏单位：重庆馆、福建馆、广东馆、贵州馆、国家馆、湖南馆、南京馆、宁夏馆、上海馆、天津馆、云南馆、中科图

10586

苏联文艺方向的新问题 东北书店编

安东（丹东）：东北书店，1947.9，70页，32开

本书收文6篇：《关于〈星〉与〈列宁格勒〉杂志》《关于〈星〉及〈列宁格勒〉杂志所犯的错误》《论苏联文艺的任务》《关于剧场上演节目及改进方法》《战后戏剧工作的任务》《论苏联文艺杂志》。

收藏单位：长春馆、重庆馆、东北师大

馆、广西馆、国家馆、黑龙江馆、吉林馆、辽宁馆、南京馆、上海馆、天津馆

10587
苏联文艺科学 （苏）普洛特金等撰 郁文哉等译
北平：天下图书公司，1949.5，94页，32开
北平：天下图书公司，1949.6，2版，94页，36开

本书收文3篇：《苏联文艺科学》（普洛特金）、《苏联文学史论》（提摩菲耶夫）、《苏联文学特点》（察尔尼）。

收藏单位：长春馆、重庆馆、东北师大馆、广东馆、国家馆、湖南馆、天津馆

10588
苏联文艺问题 华北大学第三部辑
[北平]：华北大学，1949，189页，32开

本书收文9篇：《联共（布）中央关于〈星〉与〈列宁格勒〉两杂志的决定》《日丹诺夫关于〈星〉与〈列宁格勒〉两杂志的报告》《论苏联文学底高度思想原则》《论文学的自由》《论苏联文艺的任务》《联共（布）中央关于剧场上演节目及其改进方法的决定》《战后戏剧工作的任务》《联共（布）中央关于音乐之决定》《论政治宣传画》。附《党的组织和党的文学》。

收藏单位：重庆馆、广东馆、国家馆

10589
苏联文艺问题 新华书店辑
[北平]：新华书店，1949.6，91页，36开
[北平]：新华书店，1949.8，再版，91页，36开
新华书店，1949.9，华中版，91页，36开

本书收文6篇：《联共（布）中央关于〈星〉与〈列宁格勒〉两杂志的决定》《联共（布）中央关于剧场上演节目及其改进方法的决定》《联共（布）中央关于影片〈伟大的生活〉的决定》《联共（布）中央关于摩拉杰里底歌剧〈伟大的友爱〉的决定》《日丹诺夫关于〈星〉与〈列宁格勒〉两杂志的报告》《苏联作家协会理事主席团底决议》。

收藏单位：长春馆、重庆馆、东北师大馆、甘肃馆、广东馆、贵州馆、国家馆、湖南馆、吉林馆、宁夏馆、山西馆、天津馆、西南大学馆

10590
苏联文艺问题
南峰：冀鲁豫书店，1948.5，55页，32开

本书收文6篇：《联共（布）中央关于〈星〉与〈列宁格勒〉杂志的决定》《联共（布）中央关于剧场上演节目及改进方法的决定》《联共（布）中央批评音乐界错误倾向的决定》《日丹诺夫关于〈星〉与〈列宁格勒〉两杂志的报告》《苏联作家协会理事会主席团的决议》《日丹诺夫的报告与我们的任务》。

收藏单位：国家馆、中科图

10591
苏联文艺问题
[阜平]：晋察冀新华书店，1947.12，65页，32开

本书收文5篇：《联共（布）中央关于〈星〉与〈列宁格勒〉杂志的决定》《联共（布）中央关于剧场上演节目及改进方法的决定》《日丹诺夫关于〈星〉与〈列宁格勒〉两杂志的报告》《苏联作家协会理事会主席团的决议》《日丹诺夫的报告与我们的任务》。

收藏单位：国家馆、近代史所、山东馆、浙江馆

10592
苏联文艺问题
山东新华书店，1948.3，51页，36开

收藏单位：国家馆、河南馆、辽宁馆、南京馆、山东馆

10593
苏联文艺问题
[延安]：陕甘宁边区新华书店，1948.11，68页，32开

收藏单位：重庆馆、国家馆、南京馆、宁夏馆、天津馆

10594
苏联文艺问题
［阳城］：太岳新华书店，1948，74页，32开
收藏单位：重庆馆、河南馆

10595
苏联文艺问题
出版者不详，1946，91页，32开
出版者不详，1949，再版，56页，32开
收藏单位：国家馆、山东馆

10596
苏联文艺政策选　中国人民解放军东北军区政治部宣传部编
中国人民解放军东北军区政治部宣传部，1948.6，118页，32开
本书共两部分。第1部分内容包括:《关于〈星〉与〈列宁格勒〉杂志的决定》《关于剧场上演节目及改进方法》《关于影片〈伟大的生活〉》等；第2部分内容包括:《艺术与人民》《我们的〈真理报〉》等。
收藏单位：长春馆、东北师大馆、国家馆、吉林馆、辽宁馆、天津馆

10597
苏联小说集　宜闲编译
上海：珠林书店，1938.8，71页，36开
本书收文8篇，内容包括:《鹰的歌》(高尔基)、《雾》(高尔基)、《一九三八年的鬼》(阿勃拉摩甫)、《侮辱》(加勃里洛微支)、《他要做英雄》(古慈内卓甫)等。
收藏单位：重庆馆、国家馆、上海馆、浙江馆

10598
苏联英雄杜尔得也夫（乌兹别克人民底英勇儿子）　别尔索夫著
莫斯科：外国文书籍出版局，1943，20页，大64开
本书为苏联短篇小说集。
收藏单位：广西馆、国家馆、南京馆、山东馆

10599
苏联英雄库茨卡　东北民主联军总政宣传部编
［东北民主联军总政宣传部］，1947.6，31页，50开（苏联文艺丛书）
本书描述了英雄库茨卡怎样以英勇和智谋在抗德战争中获得了红旗奖章和“苏联英雄”的光荣称号，并写出了成千成万的人民对他怎样崇敬和热爱的故事。
收藏单位：东北师大馆、山东馆

10600
苏联战斗英雄　华东胶东军区政治部宣传部编
华东胶东军区政治部宣传部，[1947—1949]，91页，64开（连队读物8）
本书收文23篇，内容包括:《死后仍在尽职》《斯城三十三勇士》《空前的决斗》等。
收藏单位：国家馆、山东馆

10601
苏联战斗英雄故事　山东军区政治部宣传部编
山东新华书店，1944.11，57页，32开（通俗文库22）
收藏单位：山东馆

10602
苏联战争英雄故事
冀鲁豫书店，[1948]，83页，64开
本书收故事19篇。
收藏单位：国家馆

10603
苏联之鹰（小说集）
莫斯科：外国文书籍出版局，1944，88页，36开
本书为苏联短篇小说集。
收藏单位：北碚馆、重庆馆、东北师大馆、国家馆、黑龙江馆、辽大馆、辽宁馆、山东馆、上海馆、中科图

10604
苏联作家七人集　（苏）拉甫列涅夫等著　曹靖华译
上海：良友图书印刷公司，1936.11，372页，32开
上海：良友图书印刷公司，1937.4，再版，372页，32开
本书收短篇小说15篇：《第四十一》（拉甫列涅夫）、《平常东西的故事》（拉甫列涅夫）、《两个朋友》（赛甫琳娜）、《犯人》（赛甫琳娜）、《乡下老关于列宁的故事》（赛甫琳娜）、《黄金似的童年》（赛甫琳娜）、《幼儿》（伊凡诺夫）、《猪与柏琪嘉》（亚洛赛夫）、《和平，面包与政权》（亚洛赛夫）、《哑爱》（左祝梨）、《贵妇人》（左琴科）、《澡堂》（左琴科）、《平常的事》（捏维洛夫）、《带羽毛的帽子》（捏维洛夫）、《委员会》（捏维洛夫）。
收藏单位：广西馆、国家馆、黑龙江馆、吉林馆、辽大馆、辽东学院馆、辽宁馆、内蒙古馆、山西馆、上海馆、绍兴馆、首都馆、天津馆、浙江馆

10605
苏联作家七人集　（苏）拉甫列涅夫等著　曹靖华辑译
上海：生活书店，1939.8，[13]+454页，32开
重庆：生活书店，1940.1，再版，[13]+454页，32开
重庆：生活书店，1942，3版，[13]+454页，32开
上海：生活书店，1947.10，胜利后2版，[14]+454页，36开
收藏单位：重庆馆、广东馆、广西馆、贵州馆、国家馆、黑龙江馆、湖南馆、南京馆、山西馆、上海馆、首都馆、天津馆、西南大学馆

10606
苏维埃军人　蒋元椿译
山东新华书店，1948.1，58页，50开
本书收反映苏联人民同德国法西斯侵略者作英勇斗争的通讯报道30则。
收藏单位：国家馆、南京馆、山东馆

10607
苏维埃人群像　（苏）吉洪诺夫（Н. Тихонов）等著
大连：大众书店，1946.6，190页，32开
本书收文4篇：《伊凡·苏达廖夫的故事》（托尔斯泰著，林陵译）、《苏维埃人群像》（铁霍诺夫著，令译）、《西伐斯托波尔人》（哈马堂著，林陵译）、《海魂》（梭波列夫著，叶落译）。著者原题：铁霍诺夫。
收藏单位：长春馆、东北师大馆、广东馆、国家馆、河南馆、黑龙江馆、山东馆、上海馆、首都馆

10608
苏维埃人群像　（苏）吉洪诺夫（Н. Тихонов）等著
佳木斯：东北书店，1948.1，146页，32开（苏联文学丛书1）
本书著者原题：铁霍诺夫。
收藏单位：重庆馆、东北师大馆、国家馆、湖南馆、吉林馆、辽宁馆、天津馆

10609
苏维埃人群像（列宁格勒故事）（苏）[吉洪诺夫（Н. Тихонов）著]
[朝城]：冀鲁豫书店，1947.8，35页，36开
本书为苏联短篇小说。
收藏单位：重庆馆、国家馆、吉林馆、山西馆

10610
苏维埃人群像（列宁格勒故事）（苏）吉洪诺夫（Н. Тихонов）著　林陵译
上海：时代书报出版社，1946，30页，32开
收藏单位：重庆馆、国家馆、黑龙江馆、湖南馆、吉林馆、南京馆、山东馆、上海馆、云南馆

10611
苏沃罗夫元帅　（俄）I. 巴克梯利夫　（俄）A. 拉佐莫夫斯基著　瞿白音译
佳木斯：东北书店，1947.11，123页，32开
本书为苏联历史剧本，分九场：寄寓者、

不速之客、伊兹曼尔之夜、皇恩、放逐、意大利烈日下、魔鬼桥、祖国、苏沃罗夫活着。书前有《序幕：青年军官》。

收藏单位：长春馆、重庆馆、东北师大馆、国家馆、辽大馆、天津馆

10612
苏沃罗夫元帅　（俄）I. 巴克梯利夫　（俄）A. 拉佐莫夫斯基著　瞿白音译
华北新华书店，1942，156 页，32 开（苏联文学丛书）
华北新华书店，1946.12，116 页，32 开，环筒页装（苏联文学丛书）

收藏单位：北师大馆、重庆馆、广东馆、国家馆、山东馆、山西馆

10613
苏沃罗夫元帅　（俄）I. 巴克梯利夫　（俄）A. 拉佐莫夫斯基著　瞿白音译
晋察冀日报社，[1940—1949]，110 页，32 开（文艺丛刊 2）

收藏单位：国家馆

10614
苏沃罗夫元帅　（俄）I. 巴克梯利夫　（俄）A. 拉佐莫夫斯基著　瞿白音译
[兴县]：晋绥军区政治部，1946，141 页，32 开
[兴县]：晋绥军区政治部，1948，141 页，32 开

收藏单位：重庆馆、国家馆、山东馆

10615
苏沃罗夫元帅　（俄）I. 巴克梯利夫　（俄）A. 拉佐莫夫斯基著　瞿白音译
山东新华书店，1947，118 页，42 开

收藏单位：重庆馆、国家馆、山东馆、浙江馆

10616
苏沃洛夫元帅　（俄）I. 巴克梯利夫　（俄）A. 拉佐莫夫斯基著　瞿白音译
张家口：新华书店晋察冀分店，1945.10，93 页，32 开

收藏单位：国家馆

10617
索特　（苏）列昂诺夫（Л. М. Леонов）著　董秋斯译
上海：新知书店，1946.10，422 页，36 开（新世纪文学译丛）

本书为多幕剧剧本。

收藏单位：重庆馆、广西馆、贵州馆、国家馆、黑龙江馆、湖南馆、吉林馆、山东馆、首都馆、天津馆

10618
他们为祖国而战　（苏）肖洛霍夫（M. A. Шолохов）等著　林陵等译
上海：姜椿芳，1949.9，3 版，113 页，32 开

本书还收短篇小说两篇：《战斗员阿历克赛·顾里柯夫》（戈尔巴朵夫著，白寒译）、《生命》（葛洛斯曼著，水夫译）。

收藏单位：黑龙江馆、湖北馆

10619
他们为祖国而战　（苏）肖洛霍夫（M. A. Шолохов）著　林陵译
辽东建国书社，[1946]，46 页，32 开（大众文艺丛书 3）

收藏单位：国家馆、南京馆、内蒙古馆

10620
他们为祖国而战　（苏）肖洛霍夫（M. A. Шолохов）等著　林陵译
大连：人民呼声报社，1946，35 页，32 开（苏联文学丛刊 2）

收藏单位：重庆馆、国家馆、辽宁馆、山东馆、西南大学馆

10621
他们为祖国而战　（苏）肖洛霍夫（M. A. Шолохов）等著　林陵等译
上海：时代书报出版社，1947，113 页，32 开
上海：时代书报出版社，1948，2 版，113 页，32 开

收藏单位：国家馆、黑龙江馆、江西馆、辽宁馆、辽师大馆、南京馆、上海馆、绍兴馆、中科图

10622
他们为祖国而战 （苏）肖洛霍夫（М. А. Шолохов）著 沈祈真译
[朝城]：冀鲁豫书店，1947，35页，32开
收藏单位：重庆馆、吉林馆、南京馆、山东馆

10623
谈苏联文学（苏联作家答英国作家问） 庄寿慈译
[北平]：天下图书公司，1949.6，华北1版，64页，32开
英苏文化协会文学部于1946年建议英苏两国作家用书面问答的方式，交换关于文学问题的意见。本书为英国作家所提的问题和苏联作家的答复。
收藏单位：长春馆、重庆馆、东北师大馆、广东馆、国家馆、辽宁馆

10624
逃亡者 （俄）莱蒙托夫（Михаил Юрьевич Лермонтов）著 梁启迪译
沈阳：东北书店，1949.4，102页，32开
本书收著者的诗歌代表作《逃亡者》等18首。书前有译者序和《莱蒙托夫评传》（爱钦巴穆）。书后有著者年表。
收藏单位：安徽馆、长春馆、重庆馆、东北师大馆、国家馆、辽大馆、宁夏馆、山西馆、天津馆

10625
桃色的云 （苏）爱罗先珂（В. Я. Ерошенко）著 鲁迅译
上海：北新书局，1923.7，285页，25开（文艺丛书）
上海：北新书局，1926，再版，285页，32开（文艺丛书）
上海：北新书局，1927.5，3版，285页，32开（文艺丛书）
本书为三幕童话剧剧本。附《记剧中人物的译名》（鲁迅）。书前有译者序和《读了童话剧〈桃色的云〉》（秋田、雨雀）。据日译本转译。
收藏单位：重庆馆、东北师大馆、贵州馆、国家馆、河南馆、湖南馆、吉林馆、江西馆、辽大馆、辽宁馆、南京馆、宁夏馆、山西馆、绍兴馆、天津馆、浙江馆、中科图

10626
桃色的云 （苏）爱罗先珂（В. Я. Ерошенко）著 鲁迅译
上海：生活书店，1934.10，285页，32开
上海：生活书店，1935.4，再版，285页，32开
上海：生活书店，1937.6，3版，285页，32开
收藏单位：重庆馆、广西馆、国家馆、湖南馆、吉林馆、江西馆、山西馆、首都馆、天津馆

10627
桃色的云 （苏）爱罗先珂（В. Я. Ерошенко）著 鲁迅译
北京：新潮社，1923.7，285页，32开（文艺丛书）
收藏单位：北师大馆、国家馆、首都馆、天津馆

10628
特烈勃林卡地狱 （苏）格罗斯曼（В. С. Гроссман）著
山东新华书店，1946.4，58页，50开
本书著者原题：葛洛斯曼。
收藏单位：重庆馆、山东馆、山西馆

10629
特烈勃林卡地狱 （苏）格罗斯曼（В. С. Гроссман）著
上海：时代社，1945.7，58页，50开
本书为报告文学，叙述德寇设在特烈勃林卡的集中营的状况。著者原题：葛洛斯曼。
收藏单位：福建馆、广东馆、国家馆、南京馆、山西馆、陕西馆、上海馆

10630
天蓝的生活 （苏）高尔基（Максим Горький）著 丽尼译
重庆：上海杂志公司，1945.4，复兴 1 版，92 页，32 开（高尔基选集 8）
上海：上海杂志公司，1949.1，复兴 2 版，92 页，32 开（高尔基选集 8）
上海：上海杂志公司，1949，3 版，92 页，32 开（高尔基选集 8）
本书为苏联短篇小说。据英译本转译。
收藏单位：重庆馆、东北师大馆、广东馆、广西馆、国家馆、湖南馆、江西馆、南京馆、内蒙古馆、宁夏馆、山西馆、上海馆、首都馆、天津馆

10631
天蓝的生活 （苏）高尔基（Максим Горький）著 丽尼译
上海：文化生活出版社，1936.4，100 页，32 开，精装（文化生活丛刊 第 10 种）
上海：文化生活出版社，1936.5，再版，100 页，32 开（文化生活丛刊 第 10 种）
上海：文化生活出版社，1937.7，3 版，100 页，32 开（文化生活丛刊 第 10 种）
收藏单位：重庆馆、东北师大馆、贵州馆、湖南馆、辽大馆、宁夏馆、上海馆、绍兴馆、首都馆

10632
天蓝色的信封（苏联爱国战争诗集）（苏）扎米雅金等著 铁弦译
重庆：中苏文化协会编译委员会，1942.11，160 页，32 开（苏联文学丛书 4）
本书收以卫国战争为题材的诗歌 37 首。著者有安托阿里斯基、别德内宜、江布尔、英倍尔、马尔沙克、米哈科夫、苏尔科夫、特瓦尔多夫斯基、伊萨科甫斯基等 27 人。书后有译后记，对苏联卫国战争期间的诗歌创作及本书著者做了简介。
收藏单位：北碚馆、重庆馆、广西馆、国家馆、黑龙江馆、湖南馆、吉林馆、上海馆、天津馆、中科图

10633
铁甲列车 （苏）伊万诺夫（В. В. Иванов）著 韩侍桁译
上海：神州国光社，1932.8，157 页，32 开（现代文艺丛书）
上海：神州国光社，1933.5，再版，157 页，32 开（现代文艺丛书）
本书为苏联中篇小说。共 8 部分，内容包括：不同的土地的人、在镇中、中国人吴新宾等。书后有后记。著者原题：伊凡诺夫。译者原题：侍桁。
收藏单位：广东馆、国家馆、江西馆、上海馆、首都馆、天津馆、西南大学馆、浙江馆

10634
铁甲列车 （苏）伊万诺夫（В. В. Иванов）著 韩侍桁译
上海：言行出版社，1939.4，157 页，32 开
收藏单位：重庆馆、东北师大馆、广东馆、贵州馆、湖南馆、辽宁馆、辽师大馆、上海馆

10635
铁甲列车 （苏）伊万诺夫（В. В. Иванов）著 罗稷南译
上海：读书生活出版社，1937.6，91 页，32 开
本书系苏联八幕剧剧本。书前有著者自传、英译者序。据英译本转译。著者原题：伊凡诺夫。
收藏单位：重庆馆、贵州馆、吉林馆、上海馆、天津馆

10636
铁流 （苏）绥拉菲莫维奇（А. С. Серафимович）著 曹靖华译
[上海]：光华书局，[1932.7]，44+310 页，25 开
上海：光华书局，1932，再版，44+310 页，22 开
上海：光华书局，1932，3 版，389 页，22 开
上海：光华书局，1933.6，389 页，22 开（大众文艺丛书 2）

本书系苏联长篇小说。著者原题：绥拉菲摩维支。

收藏单位：重庆馆、贵州馆、国家馆、湖南馆、南京馆、内蒙古馆、上海馆、绍兴馆、天津馆、西南大学馆、浙江馆

10637
铁流（苏）绥拉菲莫维奇（A. C. Серафимович）著　曹靖华译
上海：三闲书屋，1931.11，44+310 页，25 开

本书著者原题：绥拉菲摩维支。

收藏单位：重庆馆、广西馆、吉林馆、上海馆、浙江馆、中科图

10638
铁流（苏）绥拉菲莫维奇（A. C. Серафимович）著　曹靖华译
[汉口]：生活书店，1938.7，56+409 页，32 开
重庆：生活书店，1939，再版，56+409 页，32 开
重庆：生活书店，1940，4 版，56+409 页，32 开
重庆：生活书店，1940，6 版，56+409 页，32 开
上海：生活书店，1946.2，胜利后 1 版，336 页，32 开
哈尔滨：生活书店，1947，东北版，231 页，32 开
上海：生活书店，1947，胜利后 2 版，336 页，32 开

本书为苏联长篇小说，讲述苏联古班的农民、水兵和手工工人参加十月革命的故事。附《我是怎样写〈铁流〉的》。书前有著者自传、序言。著者原题：绥拉菲摩维支。

收藏单位：安徽馆、重庆馆、东北师大馆、广东馆、广西馆、贵州馆、国家馆、黑龙江馆、辽东学院馆、南京馆、山东馆、山西馆、上海馆、首都馆

10639
铁流（苏）绥拉菲莫维奇（A. C. Серафимович）著　曹靖华译
重庆：学艺出版社，1945，336 页，32 开

本书著者原题：绥拉菲摩维支。

收藏单位：北碚馆、重庆馆、广东馆、国家馆、山西馆、绍兴馆

10640
铁流（苏）绥拉菲莫维奇（A. C. Серафимович）著　杨骚译
上海：南强书局，1930.6，389 页，32 开（新兴文艺杰作选集）
上海：南强书局，1932，389 页，32 开（新兴文艺杰作选集）
上海：南强书局，1932.8，再版，389 页，32 开（新兴文艺杰作选集）
上海：南强书局，1932，3 版，389 页，32 开（新兴文艺杰作选集）

本书著者原题：绥拉菲莫维支。

收藏单位：重庆馆、东北师大馆、国家馆、内蒙古馆、上海馆、首都馆、天津馆、浙江馆、中科图

10641
铁流（苏）绥拉菲莫维奇（A. C. Серафимович）著　周文改编
延安：八路军留守兵团政治部，1943，72 页，32 开

收藏单位：山西馆

10642
铁流（苏）绥拉菲莫维奇（A. C. Серафимович）著　周文改编
苏中韬奋书店，1941.1，40 页，32 开

收藏单位：南京馆

10643
铁流（大众本）（苏）绥拉菲莫维奇（A. C. Серафимович）原著　周文改编
[牡丹江]：东北书店牡丹江分店，1947.12 印，44 页，32 开

收藏单位：长春馆、东北师大馆、国家馆

10644
铁流（大众本）（苏）绥拉菲莫维奇（A. C.

Серафимович）原著　周文改编
张家口：新华书店晋察冀分店，1945，55 页，32 开
收藏单位：国家馆、吉林馆

10645
铁流（通俗本）　何谷天编
[郑州]：中原新华书店，1949.5，65 页，25 开
收藏单位：重庆馆、湖南馆、江西馆

10646
铁流（通俗本）（苏）绥拉菲莫维奇（А. С. Серафимович）原著　周文改编
佳木斯：东北书店，1947.9，54 页，32 开
收藏单位：长春馆、重庆馆、东北师大馆、国家馆、吉大馆、吉林馆、辽宁馆、南京馆、上海馆、天津馆

10647
铁流（通俗本）（苏）绥拉菲莫维奇（А. С. Серафимович）原著　周文改编
华东新华书店总店，1948.11，3 版，63 页，32 开
收藏单位：国家馆、山东馆

10648
铁流（通俗本）（苏）绥拉菲莫维奇（А. С. Серафимович）原著　周文改编
[无锡]：苏南新华书店，1949.6，40 页，32 开
收藏单位：重庆馆、广东馆、国家馆、南京馆、上海馆、天津馆

10649
铁流（通俗本）（苏）绥拉菲莫维奇（А. С. Серафимович）原著　周文改编
[阳城]：太岳新华书店，1946.9，69 页，32 开
收藏单位：国家馆、河南馆、上海馆

10650
铁流（通俗本）（苏）绥拉菲莫维奇（А. С. Серафимович）原著　周文改编
[四明山]：韬奋书店，1945.10，76 页，32 开
韬奋书店，1947，再版，76 页，32 开
收藏单位：重庆馆、国家馆、山东馆

10651
铁木儿及其伙伴（苏）葛达尔（А. П. Гайдар）著　桴鸣翻译
上海：三联书店，1949，138 页，32 开（新中国少年文库）
本书系苏联儿童中篇小说。著者原题：盖达尔。
收藏单位：重庆馆、国家馆

10652
铁木儿及其伙伴（苏）葛达尔（А. П. Гайдар）著　桴鸣译
山东新华书店，1949，121 页，50 开
收藏单位：国家馆、山东馆

10653
铁木儿及其伙伴（苏）葛达尔（А. П. Гайдар）著　桴鸣译
上海：新知书店，1941.9，138 页，36 开
重庆：新知书店，1943，138 页，36 开
上海：新知书店，1946.5，138 页，36 开
收藏单位：北碚馆、重庆馆、东北师大馆、广西馆、贵州馆、国家馆、江西馆、南京馆、宁夏馆、山东馆、山西馆

10654
铁木儿及其伙伴（苏）葛达尔（А. П. Гайдар）著　桴鸣译
上海：新中国书局，1949，138 页，36 开（少年文库）
收藏单位：重庆馆、辽大馆、南京馆

10655
同志及其他（苏）高尔基（Максим Горький）撰　芳信译
大连：旅大中苏友好协会，1949.6，182 页，32 开（友谊文艺丛书 4）
本书系苏联现代杂文集。
收藏单位：长春馆、东北师大馆、广东馆、国家馆、湖南馆、山西馆、上海馆、首

都馆、天津馆、中科图

10656
团的儿子 （苏）卡达耶夫（В. Катаев）著 范泉缩写
上海：永祥印书馆，1948.8，122 页，32 开（少年文学故事丛书）
上海：永祥印书馆，1948.10，3 版，122 页，32 开（少年文学故事丛书）
上海：永祥印书馆，1949.4，6 版，122 页，36 开（少年文学故事丛书）
本书系苏联儿童中篇小说。
收藏单位：安徽馆、广东馆、国家馆、湖南馆、辽大馆、上海馆、绍兴馆、首都馆

10657
团的儿子 （苏）卡达耶夫（В. Катаев）著 茅盾译
华东新华书店，1948.11，渤海版，162 页，32 开
收藏单位：重庆馆、国家馆、山东馆

10658
团的儿子 （苏）卡达耶夫（В. Катаев）著 茅盾译
[朝城]：冀鲁豫书店，1947.6，133 页，32 开
收藏单位：国家馆、山东馆、山西馆

10659
团的儿子 （苏）卡达耶夫（В. Катаев）著 茅盾译
山东新华书店，1948，162 页，36 开
收藏单位：国家馆、山东馆

10660
团的儿子 （苏）卡达耶夫（В. Катаев）著 茅盾译
韬奋书店，1946.12，121 页，36 开
收藏单位：重庆馆、国家馆、河南馆、山东馆、首都馆

10661
团的儿子 （苏）卡达耶夫（В. Катаев）著 茅盾译
上海：万叶书店，1946.10，157 页，32 开（中苏文化协会文学丛书 小型本 15）
本书著者原题：卡泰耶夫。
收藏单位：北碚馆、长春馆、重庆馆、东北师大馆、广东馆、广西馆、国家馆、黑龙江馆、上海馆、首都馆、天津馆

10662
团的儿子 （苏）卡达耶夫（В. Катаев）著 茅盾译
中原新华书店，1949.6，123 页，32 开
收藏单位：广东馆、国家馆、宁夏馆、山西馆

10663
团队之子 （苏）卡达耶夫（В. Катаев）著 茅盾译
哈尔滨：东北书店，1948.7，147 页，32 开
本书封面题名：团的儿子。
收藏单位：长春馆、重庆馆、东北师大馆、国家馆、吉林馆、江西馆、辽宁馆、南京馆、内蒙古馆、山东馆、陕西馆、上海馆、首都馆、天津馆、中科图

10664
团队之子 （苏）卡达耶夫（В. Катаев）著 乌兰汗译
沈阳：东北新华书店，1949.8，50 页，32 开
收藏单位：长春馆、东北师大馆、南京馆、宁夏馆、山西馆

10665
托尔斯泰短篇小说集 （俄）列夫·托尔斯泰（Лев Николаевич Толстой）著 瞿秋白 耿济之译
上海：商务印书馆，1921.12，244 页，32 开（共学社俄罗斯文学丛书）
上海：商务印书馆，1923.10，3 版，244 页，32 开（共学社俄罗斯文学丛书）
上海：商务印书馆，1924.9，4 版，244 页，32 开（共学社俄罗斯文学丛书）
本书为苏联短篇小说集，收小说 10 篇：

《三死》《风雪》《丽城小纪》《伊拉司》《呆伊凡故事》《三问题》《难道这是应该的么》《阿撒哈顿》《人依何为生》《野果》。书前有耿济之序。

收藏单位：国家馆、湖南馆、江西馆、上海馆、绍兴馆、天津馆、浙江馆、中科图

10666
瓦莎谢列日诺娃 （苏）高尔基（Максим Горький）撰 李健吾译
上海：上海出版公司，1949，116页，32开（高尔基戏剧集5）

本书系苏联剧本。

收藏单位：重庆馆、东北师大馆、广东馆、国家馆、湖北馆、辽宁馆、山西馆

10667
外套 （俄）果戈理（Николай Васильевич Гоголь）著 韦漱园译
华北书店，1942.12，油印本，31页，42开，环筒页装

本书书前有译者序。

收藏单位：国家馆

10668
微笑 （苏）达列基等著 罗焚译
佳木斯：东北书店，1947.11，59页，32开

本书收小说4篇：《死人复活了》（斯姆洛夫）、《微笑》（达列基）、《弟兄》（戈倍林柯）、《小孩子》（汪达·瓦西列夫斯卡）。

收藏单位：长春馆、重庆馆、东北师大馆、国家馆、吉林馆、辽宁馆、山东馆、天津馆

10669
伟大的恋爱 （苏）柯仑泰（А. М. Коллонтай）著 李兰译
上海：复兴书局，1937.6，再版，243页，32开

本书收小说3篇：《伟大的恋爱》《姊妹》《三代的恋爱》。

收藏单位：贵州馆

10670
伟大的恋爱 （苏）柯仑泰（А. М. Коллонтай）著 周起应译
上海：水沫书店，1930.6，185页，32开

收藏单位：北师大馆、国家馆、吉林馆、上海馆

10671
文件 （苏）班台莱耶夫（Л. Пантелеев）著 夏懿译
东北中苏友好协会，1945，95页，32开

本书为苏联中篇儿童小说集。

收藏单位：重庆馆、东北师大馆、国家馆、中科图

10672
文件 （苏）班台莱耶夫（Л. Пантелеев）著 夏懿译
[联政宣传部]，1944，95页，32开（战士小丛书27）

收藏单位：重庆馆

10673
文件 （苏）班台莱耶夫（Л. Пантелеев）著 夏懿译
旅顺：民众报社，1946，110页，32开

收藏单位：国家馆、首都馆、天津馆、中科图

10674
文件 （苏）班台莱耶夫（Л. Пантелеев）著 夏懿译
山东新华书店，1949，105页，50开

收藏单位：安徽馆、国家馆、山东馆

10675
文件 （苏）班台莱耶夫（Л. Пантелеев）著 夏懿译
上海：生活书店，1937.12，98页，25开，精装
汉口：生活书店，1938.8，再版，98页，25开，精装
重庆：生活书店，1939，3版，98页，32开

[重庆]：生活书店，1941，4版，98页，32开
香港：生活书店，1947.2，再版，98页，25开（少年文库）
哈尔滨：生活书店，1948.9，124页，36开（少年文库）
收藏单位：北碚馆、北师大馆、重庆馆、东北师大馆、广东馆、广西馆、贵州馆、国家馆、黑龙江馆、湖南馆、吉林馆、江西馆、辽宁馆、南京馆、内蒙古馆、陕西馆、上海馆、绍兴馆、天津馆、西南大学馆、浙江馆

10676
文件 （苏）班台莱耶夫（Л. Пантелеев）著 夏懿译
[阳城]：太岳新华书店，1946，76页，32开
收藏单位：重庆馆、山西馆

10677
文件 （苏）班台莱耶夫（Л. Пантелеев）著 夏懿译
韬奋书店，1945，84页，32开
韬奋书店，1947.2，84页，32开
收藏单位：重庆馆、国家馆、河南馆、辽宁馆、山东馆、首都馆

10678
文件 （苏）班台莱耶夫（Л. Пантелеев）著 夏懿译
张家口：新华书店晋察冀分店，1946，88页，32开
收藏单位：国家馆、南京馆

10679
文件 （苏）班台莱耶夫（Л. Пантелеев）著 夏懿译
福州：新少年书局，1945，98页，32开
收藏单位：重庆馆

10680
文件 （苏）班台莱耶夫（Л. Пантелеев）著 夏懿译
中原新华书店，1949，74页，32开
收藏单位：重庆馆、国家馆

10681
文艺与批评 （苏）卢那察尔斯基（Анатолий Васильевич Луначарский）著 鲁迅译
上海：水沫书店，1929.10，[267]页，25开（科学的艺术论丛书6）
上海：水沫书店，1930.3，再版，[267]页，32开（科学的艺术论丛书6）
本书收文6篇：《艺术是怎样地发生的》《托尔斯泰之死与少年欧罗巴》《托尔斯泰与马克思》《今日的艺术与明日的艺术》《苏维埃国家与艺术》《关于科学底文艺批评之任务的提要》。著者原题：卢那卡尔斯基。
收藏单位：北碚馆、重庆馆、东北师大馆、广东馆、国家馆、辽大馆、南京馆、宁夏馆、山西馆、上海馆、首都馆、天津馆、浙江馆、中科图

10682
文艺政策 （日）藏原 （日）外村辑译 鲁迅重译
上海：水沫书店，1930.6，265页，32开（科学的艺术论丛书13）
上海：水沫书店，1930.10，再版，265页，32开（科学的艺术论丛书13）
本书共3部分：关于对文艺的党的政策、观念形态战线和文艺、关于文艺领域上的党的政策。附《以理论为中心的俄国无产阶级文学发达史》（冈泽秀虎）。书后有鲁迅的后记。中译文曾连载于《奔流》月刊。
收藏单位：北碚馆、重庆馆、东北师大馆、国家馆、吉林馆、辽东学院馆、辽师大馆、南京馆、内蒙古馆、宁夏馆、山西馆、首都馆、天津馆、浙江馆、中科图

10683
我爱 （苏）A. 亚弗勤哥（A. O. Авдеенко）著 春雷 殊令畸译
上海：生活书店，1937.7，402页，32开
本书为苏联现代自传体小说集。
收藏单位：北碚馆、重庆馆、东北师大馆、广东馆、贵州馆、湖南馆、吉林馆、江

西馆、辽宁馆、南京馆、宁夏馆、陕西馆、上海馆、首都馆、西南大学馆

10684
我的大学 （苏）高尔基（Максим Горький）撰　胡明译
上海：新华出版社，1949，1 册
本书为高尔基自传体小说三部曲的第 3 部，描写阿辽沙·彼什柯夫在喀山大学读书的经历。

10685
我的大学（插画本）（苏）高尔基（Максим Горький）著　胡明译
上海：光华出版社，1949，177+65 页，32 开（高尔基作品集）
收藏单位：东北师大馆、国家馆、吉林馆、辽宁馆、首都馆

10686
我的生涯（一个俄国农妇自述）（俄）列夫·托尔斯泰（Лев Николаевич Толстой）编　李藻译
上海：商务印书馆，1926.12，再版，128 页，32 开（文学研究会丛书）
本书为苏联传记小说。书前有译者引言及作者女儿致法译者厦尔莱·沙罗门的信。据法译本转译。
收藏单位：安徽馆、国家馆、山西馆、浙江馆

10687
我的童年 （苏）高尔基（Максим Горький）著　蓬子译
外文题名：Детство
上海：上海杂志公司，1949，3 版，362 页，32 开（高尔基选集）
本书为高尔基自传体小说三部曲的第 1 部，主要描写阿廖沙 3—10 岁这一时期的童年生活。小说从“我”随母亲去投奔外祖父写起，到外祖父叫“我”去“人间”混饭吃结束，生动地再现了 19 世纪七八十年代俄罗斯下层人民的生活状况。
收藏单位：国家馆、天津馆

10688
我们的春天 （苏）爱伦堡（И. Эренбург）著
佳木斯：东北书店，1948.9，140 页，32 开
本书为苏联杂文、政论集。收文 24 篇，内容包括：《吃人的生番，希特勒的脸谱》《莫索里尼的本领》等。大都译自苏联报刊。译者有戈宝权、程之平、葆荃、陈学昭、纪坚博、邵天任等十余人。书前有关于著者的介绍文章两篇。
收藏单位：长春馆、重庆馆、东北师大馆、福建馆、国家馆、吉林馆、辽宁馆、山东馆、上海馆、天津馆

10689
我们的进行曲　郭沫若译
上海：光华书局，[1925—1935]，86 页，32 开
本书是苏联诗歌集，选收布洛克、柏里、叶贤林、爱莲堡、阿克马托瓦、白德宜、马亚柯夫斯基等 15 位诗人的诗共 24 首。书前有郭沫若序。据英译本转译。
收藏单位：重庆馆、广西馆

10690
我们的进行曲（原名，新俄诗选） 郭沫若译
上海：大光书局，1936.7，再版，86 页，32 开
收藏单位：贵州馆、湖南馆、吉林馆、山西馆、上海馆、首都馆、浙江馆

10691
我是劳动人民的儿子 （苏）卡达耶夫（В. Катаев）著　曹靖华译
安东（丹东）：东北书店，1947.10，15+138 页，32 开
本书为长篇小说，共 31 章。书前有译者序。
收藏单位：重庆馆、东北师大馆、江西馆、辽宁馆

10692
我是劳动人民的儿子 （苏）卡达耶夫（В. Катаев）著　曹靖华译

华北书店，1942，16+132 页，32 开

收藏单位：北碚馆、重庆馆、国家馆、山西馆

10693
我是劳动人民的儿子 （苏）卡达耶夫（B. Катаев）著　曹靖华译
重庆：生活书店，1940，25+220 页，32 开
重庆：生活书店，1941，再版，25+220 页，32 开
重庆：生活书店，1942.2，2 版，25+220 页，32 开
重庆：生活书店，1942，3 版，25+220 页，32 开
重庆：生活书店，1946.3，胜利后 1 版，25+220 页，32 开
北平：生活书店，1946.5，18+156 页，32 开
哈尔滨：生活书店，1947，东北版，15+138 页，32 开

收藏单位：重庆馆、东北师大馆、广东馆、广西馆、国家馆、南京馆、内蒙古馆、山西馆、上海馆、首都馆、天津馆

10694
我是劳动人民的儿子 （苏）卡达耶夫（B. Катаев）著　曹靖华译
武安：韬奋书店，1947，18+163 页，36 开，环筒页装

收藏单位：北碚馆、重庆馆、国家馆、河南馆、吉林馆

10695
我是劳动人民的儿子 （苏）卡达耶夫（B. Катаев）著　曹靖华译
张家口：新华书店晋察冀分店，1945.11，20+179 页，32 开

收藏单位：广东馆、国家馆、山西馆

10696
我是劳动人民的儿子 （苏）卡达耶夫（B. Катаев）著　曹靖华译
重庆：学艺出版社，1944，[27]+220 页，32 开

收藏单位：国家馆、南京馆、山西馆、上海馆

10697
我是劳动人民的儿子 （苏）卡达耶夫（B. Катаев）著　曹靖华译
[郑州]：中原新华书店，1949.4，18+163 页，32 开

收藏单位：国家馆

10698
五年计划的故事 （苏）伊林（M. Ильин）著　董纯才译
无锡：苏南新华书店，1949，118 页，32 开

本书为苏联儿童科学故事，讲述苏联第一个五年计划建设所取得的巨大成就。

收藏单位：国家馆

10699
五年计划的故事 （苏）伊林（M. Ильин）著　吴朗西译
上海：新生命书局，1931.12，237 页，32 开
上海：新生命书局，1932.8，再版，237 页，32 开
上海：新生命书局，1933，3 版，237 页，32 开
上海：新生命书局，1934.2，3 版，237 页，32 开

本书据英译本转译。

收藏单位：重庆馆、广东馆、广西馆、国家馆、江西馆、南京馆、宁夏馆、上海馆、首都馆、西南大学馆、浙江馆

10700
五年计划故事 （苏）伊林（M. Ильин）著　董纯才译
华北新华书店，1947.8，149 页，32 开，环筒页装

收藏单位：重庆馆、国家馆、山西馆

10701
五年计划故事 （苏）伊林（M. Ильин）著　董纯才译
华中新华书店，1949，136 页，36 开

收藏单位：重庆馆

10702
五年计划故事 （苏）伊林（М. Ильин）著 董纯才译
上海：开明书店，1937.5，211 页，32 开（开明青年丛书）
上海：开明书店，1939.11，2 版，211 页，32 开（开明青年丛书）
上海：开明书店，1941.10，3 版，211 页，36 开（开明青年丛书）
[上海]：开明书店，1946.3，4 版，211 页，32 开
开明书店，1947.4，5 版，211 页，32 开（开明青年丛书）
上海：开明书店，1948.7，特 1 版，210 页，32 开（开明青年丛书）

收藏单位：北碚馆、重庆馆、东北师大馆、广东馆、贵州馆、国家馆、黑龙江馆、湖南馆、江西馆、辽宁馆、南京馆、宁夏馆、山西馆、上海馆、绍兴馆、首都馆、西南大学馆、浙江馆

10703
西行漫记 （苏）戈尔巴托夫（Борис Леонтьевич Горбатов）等著
新华论坛社，[1921—1949]，20 页，32 开

本书著者原题：戈尔巴朵。

收藏单位：南京馆、山东馆

10704
夏伯阳 （苏）富曼诺夫（Д. А. Фурманов）著 郭定一译
郭定一[发行者]，1936，568 页，32 开，精装

本书为长篇小说。共 15 章，内容包括：工人分队、草原、乌拉尔斯史、夏伯阳、在路上、向高察克进攻、战前、乌拉尔斯克的救援、结局等。

收藏单位：安徽馆、重庆馆、贵州馆、国家馆、黑龙江馆、山东馆、上海馆

10705
夏伯阳 （苏）富曼诺夫（Д. А. Фурманов）著 郭定一译
大连：生活书店，1948.4，454 页，32 开
哈尔滨：生活书店，1948.4，再版，454 页，32 开
香港：生活书店，1948.5，胜利后 1 版，568 页，32 开

本书为长篇小说。书后有译后记。

收藏单位：长春馆、东北师大馆、广西馆、湖北馆、山东馆

10706
夏伯阳 （苏）富曼诺夫（Д. А. Фурманов）著 郭定一译
桂林：文学出版社，1942.11—1943.1，2 册（568 页），32 开

收藏单位：重庆馆、广西馆、桂林馆、国家馆、南京馆、上海馆、西南大学馆

10707
夏伯阳 （苏）富曼诺夫（Д. А. Фурманов）著 郭定一译
出版者不详，1937，再版，568 页，32 开
出版者不详，1938，3 版，568 页，32 开
出版者不详，1939.1，4 版，568 页，32 开

收藏单位：安徽馆、北碚馆、重庆馆、广西馆、贵州馆

10708
鲜红的花（苏联民间故事选集） 曹靖华编译
重庆：中苏文化协会编译委员会，1942.11，[14]+174 页，32 开（苏联文学丛书）

本书共 5 辑，收苏联民间故事二十余篇。

收藏单位：北碚馆、重庆馆、东北师大馆、贵州馆、国家馆、黑龙江馆、吉林馆、天津馆、武大馆、西南大学馆、中科图

10709
现代俄国文艺思潮 （日）升曙梦著 陈俶达译
上海：华通书局，1929.10，132 页，32 开（民众文库）

本书共 11 章：国民文学的构成和写实主义的确立、一八四〇年代思潮、一八六〇年代思潮、民情主义思潮、田园文明的挽歌、

马克斯主义的思潮、近代主义的思潮、都会文艺的思潮、革命文坛的各流派、无产阶级的文学、共产党的文艺政策。

收藏单位：重庆馆、东北师大馆、广东馆、广西馆、贵州馆、国家馆、吉林馆、江西馆、辽宁馆、南京馆、上海馆、天津馆、浙江馆

10710

小鬼　（苏）梭罗古勃（Ф. Сологуб）著　徐懋庸译

上海：生活书店，1936.9，294 页，22 开，精装（世界文库）

本书为长篇小说，共 32 章。据英译本转译。

收藏单位：重庆馆、广东馆、贵州馆、国家馆、湖南馆、辽大馆、南京馆、山西馆、陕西馆、首都馆、浙江馆、中科图

10711

小说与民众　（英）福斯脱著　何家槐译

上海：生活书店，1938.3，206 页，32 开

本书为小说史。试图从马克思主义的观点来观察英国文学发展的道路，具体分析英国文学史上一些著名小说家的杰出作品，强调地指出从乔叟到萧伯纳，凡是最好的作品，都是现实生活和人民斗争的产物。

收藏单位：安徽馆、北碚馆、重庆馆、东北师大馆、广东馆、广西馆、贵州馆、国家馆、黑龙江馆、湖南馆、吉林馆、江西馆、辽师大馆、南京馆、山西馆、上海馆、首都馆、西南大学馆、中科图

10712

小夏伯阳　（苏）茅基莱福斯卡亚（C. Могилевская）著　金人译

山东新华书店，1949.7，85 页，50 开

本书为苏联儿童小说，分 52 章讲述夏伯阳生活、工作、战斗及最后牺牲的故事。书前有前记。

收藏单位：东北师大馆、国家馆、山东馆

10713

小夏伯阳　（苏）茅基莱福斯卡亚（C. Могилевская）著　金人译

上海：少年出版社，1940.1，[11]+122 页，50 开

收藏单位：重庆馆

10714

小夏伯阳　（苏）茅基莱福斯卡亚（C. Могилевская）著　金人译

太行新华书店，1939，87 页，36 开

太行新华书店，1948.9，78 页，36 开

收藏单位：北师大馆、重庆馆、广东馆

10715

小夏伯阳　（苏）茅基莱福斯卡亚（C. Могилевская）著　金人译

新知书店，1943.6，100 页，36 开

新知书店，1945，再版，100 页，36 开

新知书店，1946.5，100 页，36 开

新知书店，1946，再版，100 页，36 开

[哈尔滨]：新知书店，1948.9，99 页，36 开（少年文库）

收藏单位：重庆馆、东北师大馆、广东馆、贵州馆、国家馆、吉林馆、辽宁馆、南京馆、山东馆、上海馆

10716

小夏伯阳　（苏）茅基莱福斯卡亚（C. Могилевская）著　金人译

上海：新中国书局，1949.5，100 页，36 开（少年文库）

收藏单位：重庆馆、上海馆

10717

小夏伯阳　（苏）茅基莱福斯卡亚（C. Могилевская）著　金人译

中原新华书店，1949，81 页，32 开

收藏单位：重庆馆、国家馆、上海馆

10718

新俄学生日记　（苏）奥格涅夫（Н. Огнёв）著　丹岭译

上海：光华书局，1929.5，343 页，32 开（新俄丛书）
上海：光华书局，1929.8，再版，343 页，32 开
上海：光华书局，1933.1，再版，343 页，32 开
本书为苏联长篇小说。据英译本转译。
收藏单位：北碚馆、重庆馆、东北师大馆、广东馆、广西馆、国家馆、湖南馆、辽大馆、南京馆、上海馆、首都馆、西南大学馆、浙江馆

10719
新俄学生日记 （苏）奥格涅夫（Н. Огнёв）著 林语堂 张友松译
上海：春潮书局，1929.6，290 页，32 开（现代读者丛书 3）
收藏单位：重庆馆、广东馆、吉林馆、江西馆、南京馆、上海馆、绍兴馆、首都馆、中科图

10720
新时代的曙光 （苏）左琴科著 曹葆华译
[佳木斯]：东北书店，1946.10，69 页，32 开
本书为苏联中篇小说。
收藏单位：东北师大馆、国家馆、黑龙江馆、辽宁馆、天津馆

10721
新时代的曙光 （苏）左琴科著 曹葆华译
华北书店，1943，92 页，36 开
本书书后有译者后记。据英文版译出。
收藏单位：重庆馆

10722
新时代的曙光 （苏）左琴科著 曹葆华译
阳城：太岳新华书店，1947，79 页，32 开
收藏单位：国家馆、山西馆、天津馆、浙江馆

10723
新时代的曙光 （苏）左琴科著 蒯斯曛译
香港：海燕书店，1940.5，145 页，32 开
香港：海燕书店，1941，再版，145 页，32 开（国际文学译丛）
上海：海燕书店，1949.8，新 1 版，137 页，32 开
本书译者原题：斯曛。
收藏单位：重庆馆、广东馆、贵州馆、国家馆、湖南馆、南京馆、上海馆、天津馆

10724
新时代底曙光 （苏）左琴科著 曹葆华译
张家口：新华书店晋察冀分店，1946.1，88 页，32 开
收藏单位：重庆馆、国家馆、天津馆

10725
星 （苏）卡扎凯维奇撰 王溪译
哈尔滨：东北书店，1949.4，90 页，32 开（文学战线翻译丛书）
本书为苏联中篇小说。书后有译后附记。
收藏单位：东北师大馆、国家馆、黑龙江馆、吉林馆、辽宁馆

10726
星花 （苏）拉甫列涅夫等著 曹靖华译
[威县]：冀南书店，1946.7，43 页，32 开
本书收文 5 篇：《星花》（拉甫列涅夫）、《女布尔雪维克——玛丽亚》（捏维洛夫）、《床》（捏维洛夫）、《让全世界都知道吧》（潘菲洛夫）、《女贼》（左梨夫）。书后有译者后记。
收藏单位：国家馆、河南馆、山东馆

10727
星花 （苏）拉甫列涅夫著 曹靖华译
[阳城]：太岳新华书店，1946.10，57 页，36 开
收藏单位：重庆馆、国家馆、河南馆、山西馆

10728
星花及其他 （苏）拉甫列涅夫等著
新华书店晋察冀分店，1942.5，72 页，32 开
本书收文 5 篇：《星花》（拉甫列涅夫）、

《共和国的革命军事委员会主席》（邵洛霍甫）、《女布尔雪维克》（捏维洛夫）、《床》（捏维洛夫）、《让全世界都知道吧》（潘菲洛夫）。书后有后记。

收藏单位：南京馆

10729
兄弟英雄（易格纳托夫兄弟的战斗生活）
（苏）易格纳托夫著　愚卿译
莫斯科：外国文书籍出版局，1944，131页，大64开

本书为苏联报告文学，共16部分。

收藏单位：重庆馆、东北师大馆、国家馆、辽大馆

10730
血痕　（苏）阿尔志跋绥夫（Михаил Петрович Арцыбашев）著　郑振铎等译
上海：开明书店，1927.3，292页，32开（文学周报社丛书）
上海：开明书店，1927.11，再版，292页，32开（文学周报社丛书）
上海：开明书店，1928.10，3版，292页，25开（文学周报社丛书）
上海：开明书店，1930.3，4版，292页，32开（文学周报社丛书）
上海：开明书店，1938，再版，292页，32开

本书收短篇小说6篇：《血痕》（郑振铎译）、《朝影》（沈泽民译）、《革命党》（胡愈之译）、《医生》（鲁迅译）、《巴莎杜麦诺夫》（郑振铎译）、《宁娜》（沈泽民译）。著者原题：阿志巴绥夫。

收藏单位：重庆馆、广东馆、国家馆、湖南馆、吉林馆、辽大馆、辽宁馆、南京馆、山西馆、首都馆、浙江馆、中科图

10731
夜店　（苏）高尔基（Максим Горький）著　胡明译
上海：光华出版社，1945.12，120页，32开（世界文学名著）
上海：光华出版社，1947.2，再版，120页，32开（高尔基作品集）
上海：光华出版社，1948.3，3版，120页，32开（高尔基作品集）
上海：光华出版社，1949，120页，32开（高尔基作品集）

本书为苏联戏剧剧本。

收藏单位：重庆馆、东北师大馆、广西馆、国家馆、吉林馆、江西馆、南京馆、内蒙古馆、首都馆、天津馆、浙江馆

10732
夜店　（苏）高尔基（Максим Горький）著　李谊译
上海：春光书店，1935.10，3版，210页，32开（世界文学名著译丛）

本书为四幕剧剧本。书前有《〈夜店〉的艺术与社会价值》（升曙梦）。

收藏单位：上海馆

10733
夜店　（苏）高尔基（Максим Горький）著　李谊译
上海：复兴书局，1936.8，复兴2版，210页，32开

收藏单位：安徽馆、重庆馆、国家馆、湖南馆、首都馆、天津馆

10734
夜店　（苏）高尔基（Максим Горький）著　李谊译
上海：国华书局，1947，210页，32开

10735
夜店　（苏）高尔基（Максим Горький）著　李谊译
上海：湖风书局，1931.9，210页，32开（世界文学名著译丛）
上海：湖风书局，1932.9，再版，210页，32开（世界文学名著译丛）

收藏单位：广东馆、国家馆、山西馆、浙江馆

10736
夜店　（苏）高尔基（Максим Горький）著

李谊译
上海：新城书局，[1935—1949]，210 页，32 开（新城丛书 4）
收藏单位：黑龙江馆、天津馆

10737
夜店 （苏）高尔基（Максим Горький）著 许德佑译
上海：大东书局，1947.4，188 页，36 开
收藏单位：安徽馆、北碚馆、重庆馆、国家馆、辽宁馆、首都馆

10738
一个伟大的队长（四幕十一场）（苏）特楞约夫著 芳信译
大连：关东中苏友好协会，1948.10，129 页，32 开（友谊文艺丛书 1）
本书为苏联四幕剧剧本。书前有刘汝醴序及《关于 C. 特楞约夫》。
收藏单位：长春馆、东北师大馆、广东馆、国家馆、吉林馆、辽宁馆、南京馆、山东馆

10739
一个英雄的童年时代 （苏）潘文塞夫作 荒芜译
上海：晨光出版公司，1949，141 页，36 开（晨光世界文学丛书 22）
收藏单位：长春馆、重庆馆、东北师大馆、广东馆、国家馆、湖北馆、湖南馆、吉大馆、江西馆、辽宁馆

10740
一个战士 （苏）戈尔巴托夫（Борис Леонтьевич Горбатов）著 伊真译
佳木斯：东北书店，1946.12，48 页，32 开
本书为苏联短篇小说。著者原题：郭尔巴多夫。
收藏单位：长春馆、东北师大馆、国家馆、吉大馆

10741
一九一八年的列宁 （苏）兹拉托戈洛瓦（苏）卡普勒著 陈原译
上海：神州国光社，1949.8，133 页，32 开
本书为苏联电影剧本。共 6 部分，内容包括：论苏联电影的新成就、作者自白、关于列宁典型的创造、一九一八年的形势、本剧人物表、一九一八年的列宁。书前有插图目次。书后有译后记。
收藏单位：北碚馆、重庆馆、东北师大馆、广东馆、国家馆、吉林馆、山西馆、上海馆、天津馆、浙江馆、中科图

10742
一九一八年的列宁 （苏）兹拉托戈洛瓦（苏）卡普勒著 陈原译
上海：言行社，1940.3，133 页，32 开（苏联电影名剧选）
上海：言行社，1946.6，133 页，36 开
收藏单位：重庆馆、国家馆、南京馆、上海馆、首都馆、中科图

10743
伊凡苏达廖夫的故事·苏维埃群像·西伐托波尔人·海魂 （苏）阿·托尔斯泰（А. Н. Толстой）作·（苏）哈马堂（А. Хамадан）作·（苏）梭波列夫（Л. С. Соболев）作
大连：大众书店，1946，190 页，32 开
收藏单位：国家馆、内蒙古馆

10744
伊哥尔·布莱却夫 （苏）高尔基（Максим Горький）撰 芳信译
大连：旅大中苏友好协会，1949.9，85 页，32 开（友谊文艺丛书 9）
本书为苏联三幕剧剧本。
收藏单位：甘肃馆、广东馆、贵州馆、国家馆、辽师大馆、山东馆

10745
伊特勒共和国 （苏）拉甫列涅夫著 徐懋庸译
上海：生活书店，1935.8，16+337 页，32 开
本书为苏联长篇小说。书前有译者前记。著者原题：拉甫莱涅夫。

收藏单位：安徽馆、北碚馆、重庆馆、广东馆、贵州馆、国家馆、湖南馆、吉林馆、江西馆、辽宁馆、辽师大馆、南京馆、宁夏馆、上海馆、天津馆、西南大学馆、中科图

10746
伊万·尼古林俄罗斯的水兵　（苏）索洛维耶夫著
胶东新华书店，[1945—1949]，1册，32开（苏联文学丛刊1）
本书为苏联现代中篇小说。书后有德米特里也夫关于本作品的评论文章。著者原题：梭罗维约夫。
收藏单位：南京馆、山东馆

10747
伊万·尼古林俄罗斯的水兵　（苏）索洛维耶夫著　金人译
佳木斯：东北书店，1947.12，121页，36开
哈尔滨：东北书店，1948.9，再版，142页，36开（苏联文学丛书6）
本书著者原题：梭罗维约夫。
收藏单位：安徽馆、重庆馆、国家馆、吉林馆、上海馆、中科图

10748
伊万·尼古林俄罗斯的水兵　（苏）索洛维耶夫著　金人译
上海：新华书店，1949，校正新版，134页，32开
本书著者原题：梭罗维约夫。
收藏单位：国家馆、上海馆

10749
伊万·尼古林俄罗斯的水兵　（苏）索洛维耶夫著　钟旭译
大连：大众书店，1946，140页，32开
本书著者原题：梭罗维约夫。
收藏单位：山西馆

10750
伊万·尼古林俄罗斯的水兵　（苏）索洛维耶夫著　[钟旭译]
哈尔滨：东北书店，1947.12，121页，32开
佳木斯：东北书店，1948，再版，142页，32开
本书著者原题：梭罗维约夫。
收藏单位：长春馆、重庆馆、东北师大馆、国家馆、黑龙江馆、山东馆、天津馆

10751
英雄的斯大林城　（苏）爱伦堡（И. Эренбург）著　戈宝权辑译
晋察冀新华书店，1945.5，74页，36开（苏德战争报告文艺作品2）
本书收著者自1942年9月至1943年2月底所写的通讯17篇，其中一部分据莫斯科专电译出，一部分译自苏联报刊。
收藏单位：国家馆

10752
英雄的斯大林城　（苏）爱伦堡（И. Эренбург）著　戈宝权辑译
重庆：新华日报图书课，1943.5，101页，32开（苏德战争报告文艺作品）
收藏单位：重庆馆、广东馆、国家馆、黑龙江馆、上海馆

10753
英雄的斯大林城　（苏）爱伦堡（И. Эренбург）著　戈宝权辑译
延安：印工合作社，1944，88页，36开（苏德战争报告文艺作品2）
收藏单位：国家馆

10754
鹰之歌　（苏）高尔基（Максим Горький）著　铁弦等译
华北书店，1941，油印本，30页，32开（世界文学丛刊）
本书为苏联小说集。
收藏单位：重庆馆

10755
鹰之歌　（苏）高尔基（Максим Горький）著　铁弦译

冀鲁豫边区文化出版社，[1937—1945]，木刻本，11页，小32开（文艺丛刊）

收藏单位：国家馆

10756

勇敢的人们

晋冀鲁豫军区政治部，[1945—1948]，53页，32开

本书选辑以苏联卫国战争为题材的短篇小说和报告文学5篇：《超等射手斯莫连赤可夫》（依尤尔斯基）、《主攻方向》（葛洛斯曼）、《勇敢的人们》（A. 托尔斯泰著，赵洵译）、《旗》（卡达耶夫著，赵洵译）、《玛卡尔·列瓦》（斯米良斯基著，葛风译）。

收藏单位：重庆馆、国家馆

10757

勇敢的人们（苏联英雄故事）（苏）阿·托尔斯泰（A. H. Толстой）等著　赵洵等译

[阳城]：太岳新华书店，1946.12，72页，32开

本书收故事10篇，内容包括：《勇敢的人们》《老渔夫》《母亲的诉说》《同志》《安珈》《林中喜剧》等。

收藏单位：重庆馆、河南馆、山西馆

10758

油船"德宾特"号（苏）克雷莫夫（Ю. Крымов）著　曹靖华译

重庆：读书出版社，1941.11，254页，32开（文学月报丛书）

上海：读书出版社，1942，252页，32开（文学月报丛书1）

上海：读书出版社，1946.8，再版，254页，32开（文学月报丛书）

上海：读书出版社，1947.4，4版，254页，32开

哈尔滨：读书出版社，1948，254页，32开

本书为苏联中篇小说集。书前有《克雷莫夫自传》。

收藏单位：北碚馆、重庆馆、东北师大馆、广东馆、贵州馆、国家馆、黑龙江馆、吉林馆、辽宁馆、南京馆、内蒙古馆、山东馆、上海馆、首都馆、中科图

10759

油船"德宾特"号（苏）克雷莫夫（Ю. Крымов）著　曹靖华译

桂林：新光书店，1943，254页，32开（文学月报丛书）

桂林：新光书店，1943.2，3版，254页，32开（文学月报丛书）

收藏单位：重庆馆、国家馆、宁夏馆、首都馆

10760

游击日记（苏）顾静著　安尼译

[莒南]：山东画报社，1943.9，30页，32开，环筒页装（山东画报文艺小丛书1）

本书为苏联报告文学。记述卫国战争爆发后，著者参加游击队打击德国法西斯的故事。

收藏单位：国家馆

10761

游击札记（苏）库仁著

莫斯科：外国文书籍出版局，1942，51页，36开

本书为苏联随笔集。

收藏单位：重庆馆、国家馆、吉林馆、南京馆、上海馆

10762

游美印象记（苏）爱伦堡（И. Эренбург）等著

[惠民]：渤海新华书店，1948.8，50页，32开

本书收随笔、政论5篇：《游美印象记》（爱伦堡）、《黑人在"自由美国"》（爱伦堡）、《"自由的"美国是怎样接待我的》（柯涅楚克）、《战争以后》（特洛岩夫斯基）、《美国的"天堂"》（良波奇歌）。

收藏单位：国家馆、山东馆、陕西馆

10763

游美印象记（苏）爱伦堡（И. Эренбург）等

著
华北新华书店，1949.2，再版，65 页，32 开
　　收藏单位：安徽馆、东北师大馆、国家馆、山西馆、上海馆

10764
游美印象记（苏）爱伦堡（И. Эренбург）等著
[阜平]：晋察冀新华书店，1948.3，65 页，32 开
　　收藏单位：重庆馆、国家馆、江西馆、宁夏馆、山西馆

10765
游美印象记（苏）爱伦堡（И. Эренбург）等著
山东新华书店，1948.7，103 页，32 开（新华文摘丛刊）
山东新华书店，1949，103 页，32 开
山东新华书店，1949.6，再版，103 页，50 开
　　收藏单位：重庆馆、东北师大馆、广东馆、国家馆、辽宁馆、南京馆、山东馆、山西馆、绍兴馆

10766
游美印象记（苏）爱伦堡（И. Эренбург）等著
西安：西北新华书店，1949.7，94 页，32 开
　　收藏单位：重庆馆、国家馆、吉林馆、内蒙古馆、宁夏馆、天津馆

10767
游美印象记（苏）爱伦堡（И. Эренбург）等著　雪荔等译
华北新华书店，1949.2，再版，65 页，36 开
　　收藏单位：重庆馆、国家馆、南京馆、宁夏馆、天津馆、西南大学馆

10768
幼年时代（苏）高尔基（Максим Горький）著　陈小航译
外文题名：My childhood
上海：商务印书馆，1921，390 页，32 开（世界文学名著）
上海：商务印书馆，1939.9，3 册（390 页），25 开（万有文库 第1—2集 简编 429）（汉译世界名著）
　　本书真实地描述了著者苦难的童年，反映当时社会生活的一些典型的特征，特别是绘出了一幅俄国小市民阶层风俗人情的真实生动的图画。
　　收藏单位：贵州馆、江西馆、天津馆

10769
远方（苏）盖达尔著　尚佩秋　曹靖华译
佳木斯：东北书店，1948.11，126 页，32 开
　　本书为苏联中篇小说，共 15 章。书前有前记。译者“尚佩秋”原题：佩秋。
　　收藏单位：长春馆、东北师大馆、广东馆、国家馆、黑龙江馆、江西馆、辽宁馆、南京馆、宁夏馆、山东馆、首都馆

10770
远方（苏）盖达尔著　尚佩秋　曹靖华译
华东新华书店，1949，114 页，42 开
　　本书著者原题：葛达尔，译者“尚佩秋”原题：佩秋。
　　收藏单位：东北师大馆、国家馆、山东馆

10771
远方（苏）盖达尔著　尚佩秋　曹靖华译
上海：文化生活出版社，1938，149 页，32 开（少年读物丛刊）
上海：文化生活出版社，1940.4，再版，149 页，32 开（少年读物丛刊 甲辑 3）
重庆：文化生活出版社，1944.8，114 页，32 开（少年读物丛刊 甲辑 3）
上海：文化生活出版社，1946.6，再版，130 页，32 开（少年读物丛刊 甲辑 3）
上海：文化生活出版社，1947.4，5 版，149 页，32 开（青年读物丛刊）
　　收藏单位：北碚馆、重庆馆、东北师大馆、广东馆、广西馆、贵州馆、国家馆、江西馆、山东馆、上海馆、绍兴馆、首都馆、天津馆、浙江馆

10772
约翰·克利斯朵夫（第2册）（法）罗曼·罗兰著　傅雷译
上海：生活·读书·新知三联书店，[1949]，1册，32开（世界文艺名著译丛）
本书为长篇小说，共4册。第1册包括原著前三卷（黎明、清晨、少年），书前有著者像；第2册为四、五卷（反抗、节场）；第3册为六、七、八卷（安多纳德、户内、女朋友们）；第4册为九、十卷（燃烧的荆棘、复旦）。
收藏单位：广东馆、首都馆

10773
运油船（通俗本）（苏）克雷莫夫（Ю. Крымов）撰　颜浩改写
中原新华书店，1949.6，56页，36开
本书为苏联中篇小说集。
收藏单位：国家馆

10774
在北极（苏）巴巴宁（И. Д. Папанин）著
东北书店，[1946]，43页，36开
本书收《黑色的帷幕》《我们飞航着》《这就是北极呀》《冬营开始了》《“莫斯科——北极”运河》《鹰们》《北极说话》等。
收藏单位：长春馆、重庆馆、东北师大馆、黑龙江馆、南京馆

10775
在北极（苏）巴巴宁（И. Д. Папанин）著
中原新华书店，1949.6，46页，36开
收藏单位：重庆馆、贵州馆

10776
在北极（苏）巴巴宁（И. Д. Папанин）著　礼长林译
重庆：生活书店，1941.11，51页，32开
重庆：生活书店，1942.11，51页，32开
收藏单位：北碚馆、重庆馆、广东馆、贵州馆、国家馆、黑龙江馆、吉林馆、江西馆、南京馆、宁夏馆、山东馆、西南大学馆

10777
在北极（苏）巴巴宁（И. Д. Папанин）著　礼长林译
涉县：太行群众书店，1947.11，49页，32开，环筒页装
收藏单位：重庆馆、国家馆、河南馆、山东馆

10778
在北极（苏）巴巴宁（И. Д. Папанин）著　洗文译
大连：大众书店，1946.4，59页，36开
收藏单位：广东馆、浙江馆

10779
在敌人后方（战地通讯员日记）（苏）波里亚珂夫著
晋冀鲁豫军区政治部，1947，124页，32开
本书为苏联通讯作品集。据莫斯科外国文书籍出版局中文版重印。
收藏单位：重庆馆、国家馆

10780
在敌人后方（战地通讯员日记）（苏）波里亚珂夫著
[大连]：韬奋书店，1947.5，124页，32开
收藏单位：国家馆、山西馆

10781
在敌人后方（战地通讯员日记）（苏）波里亚珂夫著
莫斯科：外国文书籍出版局，1943，112页，25开
收藏单位：重庆馆、国家馆、吉林馆、上海馆

10782
在辽远的北方（苏）葛尔曼著　逸尘译
莫斯科：外国文书籍出版局，1945，200页，42开
本书为苏联日记体小说。
收藏单位：重庆馆、东北师大馆、国家馆、辽宁馆、南京馆

10783
在某一国家内　（苏）魏尔塔（Н. Вирта）撰　安娥译
北平：天下图书公司，1949.8，华北1版，145页，32开（苏联名剧译丛）
本书为苏联四幕剧剧本。
收藏单位：安徽馆、长春馆、重庆馆、东北师大馆、国家馆、黑龙江馆、吉林馆、山西馆、首都馆

10784
在皮特撒姆路上（战地记者随笔）（苏）西蒙诺夫（К. М. Симонов）著
莫斯科：外国文书籍出版局，1942，48页，25开
本书收文5篇：《在皮特撒姆路上》《共同的语言》《在挪威底山岩间》《节日的前夜》《第三个副官》。
收藏单位：北碚馆、重庆馆、国家馆、上海馆、中科图

10785
在皮特撒姆路上（战地记者随笔）（苏）西蒙诺夫（К. М. Симонов）著
哈尔滨：万国书籍，1946，46页，32开
收藏单位：东北师大馆、国家馆、吉林馆、辽大馆、辽宁馆、天津馆、中科图

10786
在人间　（苏）高尔基（Максим Горький）著　王季愚译
上海：读书生活出版社，1936.9，488页，32开
重庆：读书生活出版社，1942，再版，486页，25开
上海：读书出版社，1947.6，3版，486页，25开
收藏单位：重庆馆、东北师大馆、福建馆、广东馆、国家馆、吉林馆、山西馆、上海馆、首都馆

10787
在伟大搏战的疆场上（小说集）（苏）肖洛霍夫（М. А. Шолохов）等著
莫斯科：外国文书籍出版局，1942，100页，36开
本书共8部分：学恨、旗、独子、决斗、新人物、春天、未婚妻、沙沃朗可夫大尉。著者原题：萧洛浩夫。
收藏单位：北碚馆、重庆馆、福建馆、广东馆、国家馆、湖南馆、吉林馆、南京馆、山西馆、上海馆

10788
战斗与行军（一个集团军军长底回忆录）　郭洛多威科夫著
莫斯科：外国文书籍出版局，1942，87页，25开
收藏单位：北碚馆、重庆馆、国家馆

10789
战斗员阿列克赛·顾里珂夫　（苏）戈尔巴托夫（Борис Леонтьевич Горбатов）著
武安：华北新华书店，1946，47页，36开
本书为苏联短篇小说集。
收藏单位：重庆馆、国家馆、山西馆

10790
战斗员阿列克赛·顾里珂夫　（苏）戈尔巴托夫（Борис Леонтьевич Горбатов）著
晋冀鲁豫军区政治部，[1945—1948]，47页，32开
本书著者原题：戈尔巴朵夫。
收藏单位：重庆馆、国家馆

10791
战后美国与日本游记　（苏）爱伦堡（И. Эренбург）等著
大连：大众书店，1948.8，134页，32开
本书共24部分，内容包括：游美感想、今日的美国平民、华盛顿游记等。
收藏单位：重庆馆、国家馆

10792
战后苏联文学之路　（苏）日丹诺夫（А. А. Жданов）等撰　葆荃　水夫译

上海：时代书报出版社，1947.7，111页（文艺论文集 第2辑）
上海：时代出版社，1949.8，再版，111页，32开（文艺论文集 第2辑）
本文分文献、论述、附录3部分，内容包括：《关于〈星〉与〈列宁格勒〉两杂志的报告》（日丹诺夫）、《1946年8月14日联共（布）党中央委员会关于〈星〉与〈列宁格勒〉两杂志的法令》、《1946年9月4日苏联作家协会理事会主席团的决议》等。
收藏单位：长春馆、重庆馆、东北师大馆、广东馆、国家馆、吉林馆、上海馆、首都馆、西南大学馆

10793
战时苏联小说集
山东新华书店，[1944—1949]，130页，32开
收藏单位：重庆馆

10794
战争的最后阶段　（苏）V. 奥弗契金撰　刘征译
辽东新华书店，1949.8，166页，32开
本书为苏联现代中篇小说集。书前有原译序言、译者的几句话。据英译本转译。
收藏单位：东北师大馆、国家馆

10795
战争与和平　（俄）列夫·托尔斯泰（Лев Николаевич Толстой）著　郭沫若　高地译
上海：骆驼书店，1947.1，4册，32开
上海：骆驼书店，1947.4，再版，4册，32开
上海：骆驼书店，1948.8，3版，4册，32开
本书为长篇小说。据原文并参照茅德和Garnett的两种英译本译出。
收藏单位：东北师大馆、广东馆、广西馆、贵州馆、国家馆、湖南馆、吉林馆、辽大馆、首都馆、中科图

10796
战争与和平　（俄）列夫·托尔斯泰（Лев Николаевич Толстой）著　（英）茅德译　董秋斯重译
上海：上海书报杂志联合发行所，1949.5，3册，32开
收藏单位：东北师大馆、广东馆、贵州馆、国家馆、吉林馆、辽大馆、辽宁馆、首都馆、天津馆

10797
只不过是爱情　（苏）万妲·华西莱芙斯卡亚著　金人译
沈阳：东北书店，1948.11，再版，192页，32开（东北文艺丛书1）
本书为苏联长篇小说集。书前有《万妲·华西莱芙斯卡亚》一文，简介著者生平与创作。
收藏单位：重庆馆、国家馆、首都馆、天津馆

10798
祖国炊烟　（苏）西蒙诺夫（К. М. Симонов）撰　高亚天译
沈阳：东北书店，1949.2，254页，32开（文学战线翻译丛书）
本书为苏联中篇小说集。
收藏单位：长春馆、东北师大馆、国家馆、河南馆、吉林馆、山东馆

10799
最近苏联文艺界的思想斗争　山东文协编
胶东新华书店，1947.6，54页，32开
本书收文5篇：《联共中央书记日丹诺夫关于〈星〉及〈列宁格勒〉杂志所犯错误的报告》《联共中央关于〈星〉及〈列宁格勒〉两杂志的决议》《苏联作家协会理事会主席团对于日丹诺夫报告的决议》《联共中央关于剧场上演节目及改进方法的决议（摘要）》《最近苏联文艺界的思想斗争》。
收藏单位：南京馆

10800
作家论　（苏）伏洛夫司基（В. В. Воровский）著　画室译
上海：昆仑书店，1929.5，110页，32开
本书收文3篇：《巴札洛夫与沙宁——关于二种虚无主义》《戈理基论》《文艺批评家

的伏洛夫司基》。

收藏单位：安徽馆、长春馆、重庆馆、东北师大馆、国家馆、吉林馆、江西馆、南京馆、内蒙古馆、上海馆、西南大学馆、浙江馆

美　洲

10801

八路军作战力的证人　（美）根室·史坦因（Günther Stein）著　夏汉译

［上海］：晨社，1946.7，51页，32开（红色中国的挑战7）

本书共4节："美国军官们在前线的所见""一个牛津人的证明""我是一个丰衣足食的地主……""敌人的意见"。

收藏单位：重庆馆、国家馆、辽大馆、上海馆、天津馆

10802

北行漫记　（美）福尔曼（Harrison Forman）原著　陶岱译

北平：燕赵社，1946.12，2版，239页，32开

本书著者系美国新闻记者，曾于1944年秋前往延安访问，历时6个月之久。本书是他此次访问的见闻录。

收藏单位：安徽馆、重庆馆、国家馆、近代史所、南京馆、上海馆、天津馆

10803

打回老家去　（美）史沫特莱（Agnes Smedley）著

上海：导报馆发行部，1938.10，255页，25开（导报丛书2）

本书为报告文学集，系著者1937年8月至1938年1月随八路军赴抗日前线期间所作。共8部分，内容包括：自延安至西安、自西安至前线、在朱德的游击司令部中、林彪军队的作战、随八路军司令部参谋团视察战区、新年开始了等。书前有绪言、引言。著者原题：史沫特莉。

收藏单位：国家馆、江西馆、近代史所、南京馆、上海馆、浙江馆

10804

到红色中国去　（美）根室·史坦因（Günther Stein）著　伊吾译

上海：晨社，1946.6，58页，32开（红色中国的挑战1）

香港：晨社，1946.9，2版，58页，32开（红色中国的挑战1）

本书内容包括：命运的关头、另一个中国、唇枪舌剑的新闻记者会议、政治罪恶的秘密、强人与其治区、我们自己的政府是该骂的等。

收藏单位：福建馆、广东馆、国家馆、辽大馆、山东馆、上海馆、首都馆、天津馆、浙江馆

10805

动员群众编　（美）根室·史坦因（Günther Stein）著　梁仁译

上海：晨社，1946.7，91页，32开（红色中国的挑战5）

收藏单位：国家馆

10806

红军生活目击记　（美）卡力斯（A. Chalice）著　庄湜译

外文题名：My life with Red Army

光明出版社，1947.9，32页，42开

光明出版社，1948.9，1册，32开

本书记述著者（一名美国军事联络员）对苏联红军生活的印象。

收藏单位：国家馆、近代史所、南京馆

10807

红旗下的中国　（美）斯诺（Edgar Snow）著　赵文华译

上海：大众出版社，1937.12，144页，32开

本书为《西行漫记》摘译本。共13部分，内容包括：寻找红色中国、到红区去、被"白色土匪"追逐、叛乱者、红色伴侣们、红军大学、红色剧社、和红区农民谈话、西北

的红星、苏维埃的工厂等。

收藏单位：北碚馆、广西馆、贵州馆、吉林馆、近代史所、南京馆、西南大学馆

10808
跨进了延安的大门 （美）根室·史坦因（Günther Stein）著 紫蔷译
[上海]：晨社，1946.6，39页，32开（红色中国的挑战2）
晨社，1946.9，华南1版，39页，32开（红色中国的挑战2）

本书共4部分：通过封锁线、自给自足的士兵、不愉快的事情、这就是延安。

收藏单位：东北师大馆、国家馆、辽大馆、内蒙古馆、山东馆、上海馆、天津馆

10809
劳动创造了一切 （美）根室·史坦因（Günther Stein）著 高容译
上海：晨社，1946.7，65页，32开（红色中国的挑战4）
晨社，1946，华南版，65页，32开（红色中国的挑战4）

本书共7部分：从泥土里生长出来的、边区的工业、边区的贸易政策、边区的商业、边区的币制、边区的经济制度、边区合作社的任务。

收藏单位：重庆馆、福建馆、广东馆、吉林馆、辽大馆、上海馆、首都馆、天津馆

10810
三百万战斗的同盟 （美）根室·史坦因（Günther Stein）著 骆程译
[上海]：晨社，1946.7，58页，32开（红色中国的挑战6）

本书共5部分：八路军提供的帮助、三角战争、独一无二的战争场面、八路军底战斗力量、美军考察团。

收藏单位：重庆馆、国家馆、辽大馆、上海馆、首都馆、天津馆

10811
世界政局的展望 （美）根室·史坦因（Günther Stein）著 贾敏译
[上海]：晨社，1946.7，27页，32开（红色中国的挑战9）

本书共两部分："日本准备着东山再起""延安·莫斯科·和我们自己"。

收藏单位：国家馆、辽大馆、上海馆、首都馆

10812
随军漫记 （美）史沫特莱（Agnes Smedley）等著 田璞译
上海：上海出版社，1945.11，80页，36开
上海：上海出版社，1946.9，72页，32开

本书为报告文学。收关于中国抗日战争的通讯报道4篇，内容包括：《在华北前线》（史沫特莱）、《庐山孤军峰歼敌记》（石西民）、《从江南到江北》（企程）等。

收藏单位：长春馆、东北师大馆、国家馆、黑龙江馆、吉大馆、近代史所、辽大馆、南京馆、山西馆、陕西馆、上海馆、中科图

10813
突击队 （美）史沫特莱（Agnes Smedley）等著 黄峰译
上海：光明书局，1938.3，306页，32开

本书为美国文学作品。辑译美国作家的报告文学、小说、散文、随笔等作品26篇，内容包括：《西战场的沉默英雄》《一个叛逆者的画像》《记红军》《碾煤机》《独步者》《旅路》等。

收藏单位：重庆馆、广东馆、国家馆、陕西馆、武大馆、西南大学馆

10814
我的爸爸 （美）克拉伦斯·戴著 杨潮译
上海：生活书店，1946.9，179页，32开
上海：生活书店，1946.11，2版，179页，32开

本书内容包括：跟爸爸去耍、爸爸骑马、爸爸和病斗争、爸爸买冰、爸爸不肯横死、爸爸请厨子、爸爸饿坏了、爸爸赏罚分明、唱歌的天才、最高尚的乐器、爸爸要妈记账、爸爸和摇摇船等。书前有《杨潮先生事略》、

译者肖像、生活照，以及夏衍的前记。

收藏单位：北碚馆、重庆馆、东北师大馆、广东馆、国家馆、辽大馆、南京馆、宁夏馆、上海馆、绍兴馆、首都馆、浙江馆

10815

西北散记　（美）斯诺（Edgar Snow）著　邱瑾译

汉口：战时读物编译社，1938.2，57页，32开

本书为报告文学，收报道6篇：《抗日大学参观记》《人民抗日剧社的演剧》《“小鬼”——少年先锋队》《红军战斗员的生活》《保安生活散记》《红军唯一的外国顾问》。

收藏单位：重庆馆、贵州馆、黑龙江馆、湖南馆、近代史所、南京馆、上海馆、天津馆、浙江馆

10816

西北印象记　（美）斯诺（Edgar Snow）等著

上海：丁丑编译社，1937，292页，32开

本书为报告文学选集。收外国记者介绍中国红军和中国共产党的文章6篇，内容包括：《毛施会见记》（施乐）、《红旗下的中国》（施乐）、《中国红军》（韩蔚尔）、《中国红军怎样建立苏区》（韩蔚尔）、《在中国红区里》（韩蔚尔）等。另有毛泽东与某外国记者的谈话《中日问题与西安事变》。附《随军西行见闻录》。著者原题：施乐。

收藏单位：南京馆、首都馆

10817

西北印象记　（美）斯诺（Edgar Snow）等著

陕西人民出版社，1937.11，326页，32开

本书著者原题：施乐。

收藏单位：广东馆、辽大馆、上海馆、中科图

10818

西行访问记（原名，革命人物传）（美）宁谟·韦尔斯（Nym Wales）著　华侃译

外文题名：Lives of revolution

上海：译社、独立出版公司，1939.4，2版，315页，22开

本书共10章：绪论、七十领袖、朱德底生活史、徐向前、萧克、贺龙、罗炳辉、项英、蔡树藩、中国共产运动年表。著者原题：斯诺夫人。

收藏单位：广东馆、国家馆、南京馆、上海馆

10819

西战场的英雄　（美）史沫特莱（Agnes Smedley）著　黄峰等译

华光出版社，1938，1册，32开（抗战小丛书）

本书收文6篇：《西战场的苦英雄》《八路军在英勇抗战中》《八路军的来踪》《大家都是穷光蛋》《一个中国绅士的轮廓》《史沫特莱小传（附录）》。

收藏单位：广东馆

10820

新民主主义底ABC　（美）根室·史坦因（Günther Stein）著　薪荆译

上海：晨社，1946.7，64页，32开（红色中国的挑战3）

本书共5部分：延安的政治ABC、毛泽东的信仰、自治政府的实验室、自食其力的公务员、中国自己的共产党。

收藏单位：国家馆、辽大馆、上海馆

10821

续西行漫记　（美）宁谟·韦尔斯（Nym Wales）著　胡仲持等译

外文题名：Inside red China

上海：复社，1939.4，593页，22开，精装

上海：复社，1939，再版，593页，25开，精装

本书共5章：到苏区去、苏区之夏、妇女与革命、中国苏维埃的过程、中日战争。记述著者（斯诺夫人）的见闻。书中附照片插图64幅。书后有《八十六人略历》，分政治领袖、军事领袖和开除党籍者3部分。译者还有冯宾符、蒯斯曛等共8人。

收藏单位：重庆馆、东北师大馆、甘肃

馆、广西馆、国家馆、辽大馆、南京馆、浙江馆、中科图

10822
延安的日本俘虏 （美）根室·史坦因（Günther Stein）著 谷桃译
[上海]：晨社，1946.7，23页，32开（红色中国的挑战8）
本书共两部分：穿上了中国制服的日本人、给战败的日本一个纲领。
收藏单位：国家馆、近代史所、辽大馆

10823
一个美国人的塞上行 （美）斯诺（Edgar Snow）著 佚名译
广州：新生出版社，1938.3，119页，32开
本书为报告文学，内容包括：神秘的中国在哪里、红色中国是什么、只有亲身走一趟、故都以外的人类脉搏、杨虎城与邵力子的访问、向西安北部而去、赤都延安、冲进了红色的门户等。著者原题：史诺。
收藏单位：北碚馆、重庆馆、广东馆、广西馆、国家馆、湖南馆、辽大馆、南京馆、上海馆、西南大学馆

10824
战时苏联游记 （美）斯诺（Edgar Snow）著 孙承佩译
东安（密山）：东北书店，1947.5，182页，32开
哈尔滨：东北书店，1948.11，再版，182页，32开
本书为报告文学，讲述战时苏联的各个方面。共9章：横贯大草原、解放顿河、火焰、史达林格勒的史诗、后方、莫斯科之冬、敌人、苏联与日本、苏联内部。著者原题：史诺。
收藏单位：安徽馆、长春馆、重庆馆、东北师大馆、国家馆、南京馆、内蒙古馆、上海馆、天津馆、西南大学馆

10825
战时苏联游记 （美）斯诺（Edgar Snow）著 孙承佩译
武安：华北新华书店，1947.2，147页，32开
收藏单位：重庆馆、国家馆、山西馆、上海馆、天津馆

10826
战时苏联游记 （美）斯诺（Edgar Snow）著 孙承佩译
临沂：山东新华书店，1946.4，147页，32开
本书著者原题：史诺。
收藏单位：重庆馆、山东馆

10827
战时苏联游记 （美）斯诺（Edgar Snow）著 孙承佩译
大连：中苏友好协会，1946.6，182页，32开
本书著者原题：史诺。
收藏单位：重庆馆、东北师大馆、国家馆、辽大馆、南京馆、宁夏馆、浙江馆

10828
战时苏联游记 （美）斯诺（Edgar Snow）著 孙承佩译
重庆：中外出版社，1945.7，164页，32开
上海：中外出版社，1945.9，再版，182页，32开
北平：中外出版社，1945.11，3版，164页，32开
北平：中外出版社，1946，4版，164页，32开
本书著者原题：史诺。
收藏单位：北碚馆、重庆馆、广东馆、广西馆、国家馆、河南馆、黑龙江馆、吉林馆、南京馆、内蒙古馆、宁夏馆、山东馆、上海馆、绍兴馆、首都馆、浙江馆

10829
中国暴风雨 （美）白修德（T. H. White）（美）贾安娜（A. Jacoby）著 以沛 端纳译
外文题名：Thunder out of China
香港：风雨书屋，1947.10，2册（340页），32开
本书为报告文学，叙述从抗日战争开始

到解放战争初期中国各方面的状况及主要问题。本书由于揭露了国民党在抗战时期的腐败，曾一度在蒋管区被查禁。书前有斯诺序、致读者、序言。书后有《苦难的中国和斗争的中国》（依列派）、译后记。

收藏单位：广西馆、国家馆、近代史所、柳州馆、山西馆、首都馆

10830

中国暴风雨　（美）白修德（T. H. White）（美）贾安娜（A. Jacoby）著　以沛　端纳译

香港：海洋书屋，1949.7，2版，2册（274页），32开

收藏单位：安徽馆、长春馆、东北师大馆、桂林馆、国家馆、辽大馆、辽宁馆、宁夏馆、山西馆

10831

中国暴风雨　（美）白修德（T. H. White）（美）贾安娜（A. Jacoby）著　以沛　端纳译

外文题名：Thunder out of China

上海：群益出版社，1949.6，[13]+340页，32开

收藏单位：重庆馆、东北师大馆、广西馆、贵州馆、国家馆、黑龙江馆、湖北馆、湖南馆、江西馆、辽宁馆、南京馆、上海馆、首都馆、天津馆

10832

中国的红区　（美）斯诺（Edgar Snow）著

上海：救亡出版社，1938.1，46页，32开

本书为报告文学。收文8篇，内容包括：《建设纲领和一般组织》《土地政策的理论和实践》《合作运动和文化生活》《红色剧社——话剧与活报》等。著者原题：史诺。

收藏单位：广东馆、国家馆

10833

中国的新西北　（美）斯诺（Edgar Snow）著　思三译

上海：平凡书店，1937.5，88页，32开

本书为美国通讯现代选集，陕甘宁抗日根据地史料。共两篇：《中国的新西北》《与毛泽东先生的谈话》。著者原题：史诺。

收藏单位：北碚馆、重庆馆、贵州馆、国家馆、黑龙江馆、南京馆、山西馆、上海馆

10834

中国红区印象记　（美）斯诺（Edgar Snow）等著

上海：群众图书公司，1949.6，270页，32开

本书所收内容同《西北印象记》。封面题名：美国记者中国红区印象记。

收藏单位：东北师大馆、甘肃馆、广西馆、国家馆、黑龙江馆、湖南馆、辽大馆、辽东学院馆、南京馆、内蒙古馆、山西馆、上海馆、天津馆、浙江馆、中科图

10835

中国见闻录　（美）斯诺（Edgar Snow）著　星光编译社译

香港：星光出版社，1941.8，330页，32开

香港：星光出版社，1941.9，2版，330页，32开

本书共9章，内容包括：从北平到上海、从上海到汉口、南部前线、一条舐吮自己创伤的蛟龙等。讲述著者抗战时期在中国各地的见闻。

收藏单位：国家馆、上海馆、浙江馆

10836

中国解放区见闻　（美）福尔曼（Harrison Forman）著　万歌　胡火等译

北平：认识出版社，1946.4，203页，32开

收藏单位：国家馆

10837

中国解放区见闻　（美）福尔曼（Harrison Forman）著　朱进译

临沂：山东新华书店，1946.7，93页，32开

本书记述著者在延安访问的见闻。共16章，内容包括：重庆底缄默、延安、生产运动、抗日根据地、晋察冀边区、新四军等。书前有柳亚子序。

收藏单位：国家馆、山东馆

10838
中国解放区见闻 （美）福尔曼（Harrison Forman）著 朱进译
重庆：学术社，1946.2，157 页，32 开
重庆：学术社，1946.4，2 版，122 页，32 开

本书书后有史枚的后序《和平团结建设新中国，一定会成功》等。

收藏单位：重庆馆、东北师大馆、福建馆、广东馆、国家馆、湖南馆、吉林馆、近代史所、辽大馆、辽宁馆、内蒙古馆、宁夏馆、山西馆、上海馆、首都馆、浙江馆

10839
中国解放区印象记 （美）福尔曼（Harrison Forman）著 万歌 胡火等译
北平：认识出版社，1946.4，203 页，32 开

收藏单位：国家馆、近代史所、辽大馆、首都馆、天津馆

10840
中国双星 （美）卡尔松（E. F. Carlson）著 世界编译室译述
外文题名：Twin stars of China
上海：民光出版社，1941.7，298 页，32 开

本书为报告文学，是著者（美国海军部的视察员）随中国军队到我国各地巡视的见闻记。

收藏单位：北碚馆、国家馆、上海馆

10841
中国之战歌（序曲篇）（美）史沫特莱（Agnes Smedley）著 丘融译
展望出版社，1946.5，74 页，32 开

本书为原著第 4 篇《统一战线与战争（1936—1937）》的节译本，共 4 部分：西安事变、人物和思想、战士群象、战争。著者原题：史沫德莱。

收藏单位：长春馆、东北师大馆、国家馆、黑龙江馆、南京馆、山东馆、山西馆、上海馆、首都馆、中科图

革命文献与民国时期文献
保护计划

成 果

国家出版基金项目
NATIONAL PUBLICATION FOUNDATION

革命历史文献专题书目

（1911—1949）

★★★★★

下

国家图书馆 编

国家图书馆出版社

艺 术

艺术理论

10842

新美术论文集（第1集） 沃渣编

[牡丹江]：东北书店牡丹江分店，1947.8，100页，32开（新文艺丛刊7）

本书收文28篇，内容包括：《美术工作与群众的进一步结合》（艾思奇）、《全国木刻展》（徐悲鸿）、《门外汉的感想》（茅盾）、《狭隘的趣味如何妨碍创作》（王朝闻）、《舞台以外》（陈叔亮）等。书后有编者编后。

收藏单位：长春馆、重庆馆、东北师大馆、国家馆、南京馆、上海馆、首都馆、西南大学馆

10843

艺术论 （苏）卢那察尔斯基（Анатолий Васильевич Луначарский）著 鲁迅译

上海：大江书铺，1929.6，199页，32开

上海：大江书铺，1930.2，再版，105页，32开（艺术理论丛书）

上海：大江书铺，1930.8，3版，199页，32开（艺术理论丛书）

上海：大江书铺，1932，4版，199页，25开（艺术理论丛书）

本书收《艺术与社会主义》《艺术与产业》《艺术与阶级》《美及其种类》等。附《美学是什么?》。书前有译者序、著者原序。据日译本转译。著者原题：卢那卡尔斯基。

收藏单位：安徽馆、重庆馆、广东馆、广西馆、国家馆、河南馆、湖南馆、吉林馆、辽师大馆、山西馆、上海馆、首都馆、天津馆、浙江馆

10844

艺术与社会生活 （俄）普列汉诺夫（Г. В. Плеханов）著 冯雪峰译

上海：生活书店，1937.12，135页，32开（世界名著译丛4）

上海：生活书店，1938.2，再版，135页，32开（世界名著译丛4）

上海：生活书店，1938.10，4版，135页，32开（世界名著译丛4）

上海：生活书店，1947.6，胜利后1版，135页，32开（世界学术名著译丛）

本书论述艺术与社会生活的关系，认为艺术源于社会、服务于社会，艺术对于社会的发展有很大的意义。原文自藏原惟人的日文本转译，系著者1921年10月在巴黎及列日作的讲演，经改作发表于《近代人》杂志。译者原题：雪峰。

收藏单位：安徽馆、重庆馆、福建馆、广东馆、广西馆、贵州馆、国家馆、吉林馆、江西馆、南京馆、山东馆、上海馆、绍兴馆、首都馆、西南大学馆

10845

艺术与社会生活 （俄）普列汉诺夫（Г. В. Плеханов）著 冯雪峰译

上海：水沫书店，1929.8，166页，25开（科学的艺术论丛书2）

上海：水沫书店，1930.3，再版，166页，32开（科学的艺术论丛书2）

收藏单位：北碚馆、重庆馆、东北师大馆、广东馆、国家馆、湖南馆、近代史所、辽大馆、辽师大馆、首都馆、浙江馆、中科图

10846

艺术之社会的基础（外二篇） （苏）卢那察尔斯基（Анатолий Васильевич Луначарский）著 冯雪峰译

上海：水沫书店，1929.5，261页，32开（科学的艺术论丛书4）

上海：水沫书店，1930.3，再版，261页，32开（科学的艺术论丛书4）

本书收文3篇：《艺术之社会的基础》《关于艺术的对话》《新倾向艺术论》。书后有译者附记。据日译本重译。著者原题：卢那卡尔

斯基。译者原题：雪峰。

收藏单位：安徽馆、重庆馆、东北师大馆、广东馆、广西馆、国家馆、黑龙江馆、湖南馆、南京馆、首都馆、天津馆、西南大学馆、浙江馆、中科图

世界各国艺术概况

10847

工农翻身　合江日报社编

佳木斯：合江日报社，1946.8，36 页，32 开

本书为民谣、民歌、鼓词、木刻、漫画汇集本。

收藏单位：国家馆

10848

民间艺术研究联席座谈会代表通讯录

大众文艺作品社，1947.3，[27] 页，32 开

本书是 1947 年 2 月在冀鲁豫边区文联供应部召开边区 13 个县的民间艺人研究会通讯录，共两部分：《民间艺术研究会全体代表告同行同业书》《洋片、画工、塑工、印刷、画店代表通讯录》。附《关于建立大众文艺用品供应社的决定》（冀鲁豫边区文联）。书前有《全体代表联合启事》等。

收藏单位：国家馆

10849

苏联艺术的发展　刘汝醴译述

大连：旅大中苏友好协会，1949.8，109 页，32 开（友谊丛书 25）

本书共 3 部分：苏联美术的发展、苏联的音乐生活、苏联的建筑思想。书前有译者序。

收藏单位：重庆馆、东北师大馆、广东馆、国家馆、南京馆、内蒙古馆、上海馆

10850

苏联艺术讲话　葛一虹　田鲁编译

上海：读书生活出版社，1937.4，159 页，32 开

本书共 6 部分：戏剧、歌剧与舞剧、电影、雕塑、绘画、建筑。书前有编译者小引。

收藏单位：重庆馆、东北师大馆、广东馆、广西馆、贵州馆、国家馆、陕西馆、上海馆、绍兴馆、西南大学馆

10851

中国美术史　胡蛮著

吉林书店，1948.6，173 页，32 开

本书共 12 章，内容包括：原始时代中国的美术、灿烂的“青铜时代”、熔铁底发明与先秦诸子底美学、中国美术的复兴等。书中有插图 29 幅，选自《世界美术全集》《中国版画史》《中国历史图谱》等。书前有序言。

收藏单位：长春馆、东北师大馆、广东馆、国家馆、近代史所、辽宁馆、山东馆、天津馆

10852

中国美术史　胡蛮著

上海：群益出版社，1946.8，216 页，25 开（群益艺丛 2）

上海：群益出版社，1948.8，216 页，25 开（群益艺丛 2）

收藏单位：重庆馆、东北师大馆、广东馆、广西馆、国家馆、湖南馆、南京馆、上海馆、首都馆、浙江馆

10853

中国美术史　胡蛮著

新华书店，1946.3，215 页，25 开

收藏单位：重庆馆、山西馆

绘　画

10854

八路军到新解放区　张望作

[哈尔滨]：东北画报社，1948，30 页，32 开（鲁艺创作丛书 4）

[哈尔滨]：东北画报社，1948.4，再版，30 页，32 开（鲁艺创作丛书 4）

[哈尔滨]：东北画报社，1948.5，再版，30

页，32 开（鲁艺创作丛书 4）
[哈尔滨]：东北画报社，1948.10，3 版，30 页，32 开（鲁艺创作丛书 4）

本书收短篇连环画 4 篇:《八路军来了》《护送》《拾物不昧》《房东最后明白了》。书前有作者小引。

收藏单位：复旦馆、国家馆、辽大馆、宁夏馆、天津馆

10855
八路军到新解放区 张望作
东北书店，1947.4，30 页，32 开（鲁艺创作丛书 4）
东北书店，1947.8，30 页，32 开（鲁艺创作丛书 4）

收藏单位：国家馆、南京馆、天津馆

10856
八路军到新解放区 张望作
[郑州]：中原新华书店，1949.5，30 页，32 开（鲁艺创作）

收藏单位：国家馆

10857
边区根据地木刻选
鲁迅艺术学院木刻工作团，1945.7，138 页，16 开

本书收边区根据地 1937—1945 年木刻版画 138 幅。书前有前言。

收藏单位：国家馆

10858
变工 任迁乔画
胶东新华书店，1946.3，石印本，50 页，横 18 开

本书收 24 幅连环图画，每幅有说明文字。

收藏单位：福建馆、国家馆、山东馆、天津馆

10859
不朽的战士 林军作
第一野战军政治部战斗剧社，1949，影印本，1 册，16 开

收藏单位：国家馆

10860
不学习文化能行吗
联政宣传部，1945.2，21 页，横 36 开（连队文化丛书 4）

本书宣传学文化的必要及其方法。每幅图前均有解说。

收藏单位：国家馆

10861
曹文选 江有生画
华东军区政治部华东画报社，1949.3，[26] 页，64 开（东北画报画集 3）

本书为连环图画。书后有编者的话。

收藏单位：国家馆、山东馆

10862
陈双太和第四班 丁瑞光著 八路军山东军区政治部宣传部编
八路军山东军区政治部宣传部，1945.7，103 页，64 开
八路军山东军区政治部宣传部，1945.10，44 页，64 开

收藏单位：国家馆、山东馆

10863
陈双太和第四班 师群画
新四军山东军区政治部，1946.5，31 页，36 开

本书为彩色连环图画。

收藏单位：国家馆

10864
担架队员老杨 洪藏等作
[哈尔滨]：东北画报社，1948.3，[74] 页，64 开（通俗美术小丛书 16）

本书收短篇连环故事 4 篇:《担架队员老杨》(洪藏)、《给蒋军带路》(丁达明)、《赵得才明白了》(丁达明)、《全家光荣》(施展)。

收藏单位：国家馆、山东馆

10865

夺取张围子的英雄们（连续诗画） 七十八团政治处编绘　炜克等重绘

中国人民解放军第二野战军政治部，[1949]，28页，8.6cm×12.3cm

本书为围歼黄维兵团画刊之一，描绘一个团在攻打张围子战斗中涌现了七十多个英雄人物。

收藏单位：南京馆

10866

翻身 滨海农村社编　任迁乔画

山东新华书店，1944.10，石印本，50页，32开

本书为彩色连环画。书前有《关于“翻身”》（王众音）。

收藏单位：国家馆

10867

号角

金华：战时木刻研究社，1940.1，16页，16开（木刻丛集2）

本书内容包括：《野外课堂》《慰问出征军人家属》《爸爸当兵去了》《一个作家的肖像》《抗战群像》等。

收藏单位：安徽馆、浙江馆

10868

黑土子的故事（连环木刻） 沃渣刻

[哈尔滨]：东北画报社，1947.12，再版，74页，32开（东北画报丛刊5）

本书书前有沃渣的前言。版权页著者题：华山、彦涵。

收藏单位：国家馆、南京馆、首都馆

10869

红军的妈妈 柯岗编　吴耕绘画

[北平]：人民战士出版社，1949.6，15页，大64开

本书为人民战士连环画。

收藏单位：南京馆

10870

饥饿的人民（符罗飞画集） 符罗飞作

香港：新中国书局，1949，24页，32开

本书收作者1947年到湖南灾区的写生作品23幅，这些作品曾在香港展出，受到各方好评。

收藏单位：国家馆

10871

纪利子（连环木刻） 吕琳作

[兴县]：晋绥军区政治部，1948.4，[30]页，16开

本书收连环木刻画30幅。书前有前记。

收藏单位：国家馆

10872

蒋介石的一生

[平山]：冀鲁豫军区政治部战友报社，[1941—1949]，石印本，47页，32开（战友画丛1）

收藏单位：国家馆

10873

旌旗

金华：战时木刻研究社，1939，15页，25开（木刻丛集1）

本书内容包括：《安息吧，导师》《我们要复仇》《生者应为死者报仇》《瞭望》《失了土地的人们》等。

收藏单位：安徽馆、浙江馆

10874

抗战木刻选集（“七七”三周年纪念木刻流动展览会纪念画集） 中华全国木刻界抗敌协会湖南分会编

长沙：文地书店，1940.8，1册，16开

本书收木刻画23幅，内容包括：《保卫卢沟桥》《爸爸的遗物》《军民合作》《战后之奉新城》《汪记傀儡戏》《复仇》《胜利之夜》《勇敢的工兵》《和平妥协的末路》《建立新空军》等。书前有编者前言、《“七七”三周年纪念木刻流动展览会长沙首次展出简评》（冯白鲁）。

收藏单位：安徽馆、广东馆、国家馆

10875
狼牙山五壮士（连环木刻） 华山文　彦涵刻
［哈尔滨］：东北画报社，1947.12，再版，32页，32开（东北画报丛刊）
［哈尔滨］：东北画报社，1948.4，3版，32页，32开
［哈尔滨］：东北画报社，1948.10，再版，32页，32开（东北画报丛刊）
收藏单位：北师大馆、东北师大馆、国家馆、南京馆、天津馆

10876
狼牙山五壮士（连环木刻） 华山文　彦涵刻
新华书店，1949.8，再版，32页，32开
收藏单位：国家馆

10877
老母猪半天还乡梦 石均作
华中新华书店五分店，[1947—1949]，22页，64开
本书为连环图画，每幅均配有说唱文字。封面题名：还乡梦。
收藏单位：国家馆

10878
李长顺爱民立功 华东野战军政治部编
山东新华书店总店，1947.8，23页，12cm×13cm（大众文库）
收藏单位：山东馆

10879
两个互助组 夏风画
大连：大众书店，1948.8，25页，横40开
本书为抗战连环画，共两部分：军队方面、民众方面。
收藏单位：国家馆、山东馆

10880
六姐妹运军粮 魏紫熙画
出版者不详，[1946—1949]，20页，横18开
本书描写了解放战争时期山东解放区诸城县福台庄六姐妹送军粮的故事。
收藏单位：国家馆、南京馆

10881
买卖公平 彭彬画　中国人民解放军第三野战军政治部编审
新华书店第三野战军分店，1949.7，1册，11cm×15cm
收藏单位：山东馆

10882
漫画选集 东北画报社编
［佳木斯］：东北画报社，1946.12，[54]页，16开
本书收54幅漫画。书前有编者的卷首语。
收藏单位：国家馆

10883
漫画选集（2） 华君武等作　东北画报社编
［哈尔滨］：东北画报社，1947.12，60页，横18开
本书共4部分：人民军队的力量、蒋美合谋、蒋介石的惨相、法西斯残余的末路。收赵域、华君武、朱丹、刘志忠、施展、未冉等创作的反映解放战争的漫画49幅。
收藏单位：国家馆、辽宁馆、山东馆、天津馆

10884
漫画选辑 华君武　张仃等作　东北画报社编
［哈尔滨］：东北画报社，1947.12，49页，32开
本书收16位作家的作品54幅，选自《东北漫画》和《东北日报》。
收藏单位：国家馆

10885
没有土地的人们 蔡若虹作
华北新华书店，1948.10，1册，32开
本书共3辑：没有土地的人们、苦从何来、心里的疙瘩解开了。收漫画26幅，每幅均有题画辞。书后有作者后记。
收藏单位：国家馆、天津馆

10886
没有土地的人们　蔡若虹作
[阳城]：太岳新华书店，1948.7，30页，32开
[阳城]：太岳新华书店，1949.3，再版，石印本，30页，32开
收藏单位：重庆馆、国家馆、山东馆

10887
民兵的故事　彦涵著
新华书店，[1938—1949]，44页，32开
本书为连环木刻画，收故事3个：《花姑娘》《青抗先马福才》《围困“王八窝”》。
收藏单位：南京馆

10888
民兵的故事（木刻连续画）　彦涵作
[佳木斯]：东北画报社，1946.10，44页，32开（东北画报丛刊3）
[哈尔滨]：东北画报社，1948.1，再版，44页，32开（东北画报丛刊3）
[哈尔滨]：东北画报社，1948.5，再版，44页，32开（东北画报丛刊3）
本书收故事3个：《花姑娘》《青抗先马福才》《围困“王八窝”》。书前有朱丹的代序。
收藏单位：国家馆、辽大馆、山东馆、天津馆

10889
木刻与漫画（1）　苏南日报美术编辑室编
[无锡]：苏南新华书店，1949.8，36页，16开
收藏单位：南京馆、天津馆

10890
女英雄刘胡兰　安明阳刻
[阳城]：太岳新华书店，1949.3，25页，25开
本书为连环木刻画。
收藏单位：重庆馆、国家馆、黑龙江馆、南京馆、山东馆、山西馆、天津馆

10891
人民解放军优良传统　亚明画
华东军区政治部，1948.7，21页，8cm×9cm（华东画报画集2）
收藏单位：山东馆

10892
人民解放军优良传统　盐阜画报社绘
华中新华书店盐阜分店，1948.12，16页，横64开
本书为宣传画册，内有中国人民解放军总部重新颁布的《三大纪律八项注意》。
收藏单位：国家馆

10893
人民女英雄刘胡兰（说唱连环图画）　张望画　庄严词　陈紫　念云曲
哈尔滨：东北书店，1947.8，38页，横36开
哈尔滨：东北书店，1948.6，再版，38页，横36开
本书附曲谱5首。书前有《写在前面》（张望）。
收藏单位：东北师大馆、国家馆

10894
刃锋木刻集　汪刃锋作
上海：开明书店，1947.4，[60]页，32开
上海：开明书店，1947.9，再版，30页，25开
上海：开明书店，1948.11，3版，30页，25开
上海：开明书店，1949.6，4版，30页，25开
本书收1940—1946年间的木刻画30幅。附《看了汪刃锋的作品展》（茅盾）、《刃锋的木刻与绘画》（叶圣陶）。书后有作者后记。
收藏单位：北碚馆、长春馆、重庆馆、东北师大馆、广东馆、贵州馆、国家馆、湖南馆、辽宁馆、南京馆、山西馆、绍兴馆、首都馆、天津馆、武大馆、浙江馆

10895
三大纪律八项注意
苏北二分区政治部前哨画报社，1948.8，1册，大64开
收藏单位：南京馆

10896
少先队（晋绥边区儿童活动画册）　牛文　侯恺　亚林编绘
[兴县]：晋绥行政公署民教处青年救国联合会，1946.3，石印本，20 幅，32 开
收藏单位：国家馆、山西馆

10897
十人桥　中国人民解放军第二野战军政治部编　好记等绘画
[北平]：人民战士出版社，1946.6，27 页，64 开
本书为人民战士连环图画。
收藏单位：南京馆

10898
时事漫画（1946—1947）　华君武作
[佳木斯]：东北书店，1948.1，1 册，13cm×17cm
本书收漫画 81 幅，每幅画均有图解。
收藏单位：国家馆、南京馆

10899
时事漫画（一九四八年作）　华君武作
长春：东北书店，1949.4，1 册，横 18 开
本书收漫画 64 幅，每幅画均配说明。封面题名：一九四八年的时事漫画。
收藏单位：长春馆、重庆馆、国家馆、黑龙江馆、南京馆、天津馆

10900
苏联版画集　鲁迅选辑
外文题名：Soviet graphics
上海：晨光出版公司，1949，8+26+117+7 页，25 开
本书收版画 117 幅。书前有选辑者序及《苏联的版画》（赵家璧译）。书后有出版者言，为鲁迅与赵家璧关于本书出版经过的通信与重印经过。
收藏单位：重庆馆、东北师大馆、广东馆、国家馆、湖北馆、上海馆、天津馆

10901
苏联版画集　鲁迅辑
外文题名：Soviet graphics
上海：良友复兴图书印刷公司，1940.4，再版，[318]+32 页，22 开，精装
本书收版画 159 幅，内容包括：《玛单造船厂运木船之下水礼》《基洛夫像》《文盲之消灭》等。所收作品由鲁迅选自苏联版画展览会。书前有蔡元培题词、辑者序、《苏联的版画》（赵家璧译）、出版者谢言。前面 8 幅为彩色版。
收藏单位：国家馆、上海馆

10902
苏联版画集　鲁迅辑
外文题名：Soviet graphics
上海：良友图书印刷公司，1936.7，32+159 页，25 开，精装
收藏单位：重庆馆、广东馆、国家馆、江西馆、上海馆

10903
苏联木刻　葛一虹编
上海：天下图书公司，1947.5，影印本，37 页，16 开，精装
本书收法服尔斯基、康士坦丁诺夫、波列珂夫、沙赫诺夫斯卡娅、史塔罗诺索夫、苏沃洛夫、克拉甫兼珂、巴甫洛夫、毕珂夫、梭科洛夫 10 人的木刻画 37 幅。书前有郑振铎序。书后有编后记。
收藏单位：重庆馆、国家馆、吉林馆、宁夏馆、山西馆、上海馆、云南馆

10904
土地　邵宇著
[哈尔滨]：东北画报社，1948.2，2 册（[214] 页），32 开（东北画报丛刊 7）
本书为长篇配诗连环画。共 4 部分，内容包括：天下的老鸦一样黑、第二代、打倒“二泰山”等。收漫画 107 幅。书后有著者后记。
收藏单位：北师大馆、东北师大馆、国家馆、南京馆、宁夏馆、绍兴馆、天津馆

10905
王秀鸾 傅铎原著 新时代编辑社编绘
上海：华东书店，1949，60 页，横 28 开（新时代连环画 10）
收藏单位：国家馆

10906
喂猪 华东野战军政治部编
山东新华书店，1949.8，12 页，横 36 开
收藏单位：山东馆

10907
温象拴（连续画） 力克著
[兴县]：晋绥边区吕梁文化教育出版社，[1947]，16 页，18 开，环筒页装（“七七七”文艺奖金获奖作品 绘画类 丙等奖 1）
本书为彩色连环图画。
收藏单位：国家馆

10908
西行漫画 萧华作
上海：风雨书屋，1938.10，25 张，32 开
本书收描写红军二万五千里长征的漫画 25 幅。书前有钱杏邨题记、二万五千里行程图、说明文字、《西行小记》等。
收藏单位：吉林馆、上海馆、浙江馆

10909
洋铁桶的故事（连环图画） 黎冰鸿画
华中新华书店，1949.9，60 页，32 开
收藏单位：广东馆、国家馆

10910
窑洞保卫战
涉县：新华书店，[1937—1949]，16 页，32 开
本书为彩色连环画。书前有前言。
收藏单位：国家馆

10911
引玉集 鲁迅编
上海：三闲书屋，1934.3，[127] 页，24 开
上海：三闲书屋，1935.4，再版，[127] 页，24 开，精装
本书收密德罗辛、克拉甫兼珂、毕斯凯来夫、法复尔斯基、冈察罗夫、亚历克舍夫等 11 人的木刻画 59 幅。书前有代序。书后有编者后记。
收藏单位：重庆馆、广东馆、国家馆、江西馆、浙江馆

10912
豫北人民的再生
[涉县]：新华书店，[1937—1949]，石印本，9 页，横 36 开
收藏单位：国家馆

10913
战鼓（鲁迅纪念木刻展专号）
青田：战时木刻研究社研究组，1940.4，1 册，18 开（木刻丛集 3）
本书收木刻作品 13 幅，内容包括：《农民歌咏班》（李桦）、《准备！敌人就在前面》（马塞）、《国防前哨》（郝力群）、《战友》（黄新波）、《军事第一》（金逢孙）等。封面画《鲁迅先生所指示我们的方向》（陈烟桥）。书前有编者前言。书后有编后。
收藏单位：国家馆、浙江馆

10914
指导员与老妈妈（遵纪故事） 华中新华书店编辑部绘
华中新华书店，1949.3，石印本，[30] 页，横 32 开
本书为连环图画。
收藏单位：国家馆、山东馆

10915
遵纪爱民
华中新华书店总店，1949.4，[42] 页，横 64 开
本书为宣传画册，内容包括：三大纪律、八项注意、入城纪律守则等，每幅配有说明文字。
收藏单位：国家馆、南京馆、山东馆

书法、摄影、工艺美术

10916
解放区图片选集
中国出版社，1948.3，12 页，16 开
本书为摄影集。
收藏单位：国家馆

10917
陕北集影　李蘅编
[重庆]：播种社，1938.2，77 页，64 开
[重庆]：播种社，1938.5，再版，增订本，77 页，64 开
本书收毛泽东像 4 幅、周恩来像 2 幅、朱德像 2 幅（铜版照片）等。
收藏单位：国家馆

10918
西北剪纸集　延安鲁迅艺术学院艺术系搜集　艾青　江丰编选
上海：晨光出版公司，1949.9，209 页，25 开
本书分上、下两卷。上卷“民间剪纸”，收福禄寿、白菜、蔓青等图案 80 幅；下卷“木刻窗花”，收力群、古元、夏风等人作的图案 20 幅。书前有艾青的代序。
收藏单位：甘肃馆、广东馆、国家馆、湖北馆、吉林馆、辽宁馆、南京馆、内蒙古馆、青海馆、山西馆、上海馆、首都馆、天津馆

10919
组字画　东北画报社编
[哈尔滨]：东北画报社，1947.11，60 页，64 开（通俗美术小丛书 7）
[哈尔滨]：东北画报社，1948.12，64 页，64 开（战地俱乐部小丛书 2）
本书收组字画 30 幅，作者有张化根、赵江来、王玉林等。所收画曾发表于《东北画报》的“大众俱乐部”中。
收藏单位：国家馆

10920
组字画　东北画报社编
[哈尔滨]：东北书店，1948.12，27 页，横 64 开（战地俱乐部小丛书 2）

音　乐

音乐理论

10921
喀秋莎　李凌编
重庆：读书出版社，1941.7，142 页，32 开（苏联名歌集 1）
上海：读书出版社，1948.5，再版，142 页，32 开（苏联名歌集 1）
本书共两部分。第 1 部分为“论苏联音乐”，收文 13 篇，内容包括：《关于苏联音乐》（哥亚摩夫作，赵沨译）、《苏联的音乐教育》（布鲁索华作，曾葆译）、《苏联的儿童音乐》（安娥）、《苏联歌剧与舞剧》（葛一虹译）等；第 2 部分为“喀秋莎”，收歌曲 50 首，内容包括：《船夫曲》《喀秋莎》《夏伯阳之死》《贝加尔之歌》等。
收藏单位：国家馆、吉林馆、上海馆

10922
民间音乐论文集（第 2 辑）　中国民间音乐研究会编
佳木斯：东北书店，1947.9，136 页，32 开（民间文艺丛书 2）
佳木斯：东北书店，1948.3，再版，136 页，32 开（民间文艺丛书 2）
本书收文 14 篇，内容包括：《民歌与中国新兴音乐》（冼星海）、《中国民间音乐研究提纲》（吕骥）、《陕北土地革命时期的农民歌咏》（马可）、《秦腔音乐概述》（安波）、《〈郿鄠道情集〉前言》（李焕之）等。附《论中国民歌》（柯仲平）、《八年来的中国民间音乐研究会》（安波、马可）等。书前有编者前言。版权页题：第 1 辑。

收藏单位：长春馆、重庆馆、东北师大馆、广东馆、国家馆、黑龙江馆、江西馆、山东馆、天津馆

音乐技术理论与方法

10923
歌剧音乐研究　吴毅撰
中国人民解放军第二野战军政治部，1949.4，23页，64开（文艺工作丛书2）
本书论述部队歌剧的音乐、风格，歌剧作曲的调性、制谱、形式、高潮与主题等。
收藏单位：国家馆、南京馆

10924
简谱教程　潘奇编
佳木斯：东北书店，1948.11，66页，32开
本书共10讲，附练习曲。书前有编者前言。
收藏单位：长春馆、东北师大馆、国家馆、吉林馆、辽宁馆

10925
简谱识谱法　黄庆和　孟贵彬合编
[阳城]：太岳新华书店，1948.11，23页，32开
收藏单位：国家馆

10926
简谱识谱法　萧秦编
[兴县]：晋绥军区政治部宣传部，1946，30页，36开
收藏单位：重庆馆

10927
简谱音乐讲话　俞平编著
[安东（丹东）]：东北书店辽东总分店，1949.6，88页，32开
本书为简谱学习的基本知识，包含音乐名词的讲解和相关的视唱练习简谱。共21讲，内容包括：音阶、音符、休止符、拍子、弱起、切分音、装饰音、记号和标语、调、音程等。书前有前言。
收藏单位：东北师大馆、山东馆、天津馆

10928
简谱音乐讲话　俞平编著
[威县]：冀南新华书店，1949.2，88页，36开
收藏单位：重庆馆、国家馆、山东馆

10929
识谱法　段忠甫作　冀中教育社编辑
保定：新华书店保定总分店，1949.5，21页，32开
本书介绍简谱读法。共8节，内容包括：音阶、音符和休止符、小节和拍节、调子、各种记号等。
收藏单位：国家馆、山东馆

10930
识谱法（简谱）　黄庆和　孟贵彬编
[阳城]：太岳新华书店，1948.11，23页，32开
本书共6部分：音的高低、音的长短和记法、休止符、音的强弱、定调的方法、音乐术语和杂记号。封面题名：简谱识谱法。
收藏单位：国家馆

10931
识谱、指挥和教歌　萧秦　路由编著
[兴县]：晋绥军区政治部，1949.4，88页，32开
本书共3部分：简谱识谱法、指挥法、怎样教歌。附《战士们唱歌，那些地方肯错？为什么错？又怎样克服？》《怎样办小型的、短期的歌咏训练班》。书前有编者前记。
收藏单位：国家馆

10932
乐理与和声　赵沨　李凌编著
桂林：读书出版社，1945，87页，32开
哈尔滨：读书出版社，1948.3，87页，32开
哈尔滨：读书出版社，1948.9，再版，87页，32开

本书分两部分：乐谱、同调和声浅说，共30节。

收藏单位：重庆馆、广东馆、国家馆、辽宁馆、山东馆、天津馆

10933
怎样识简谱 中国人民解放军第二野战军政治部编
中国人民解放军第二野战军政治部，[1949]，50页，横64开

本书附《怎样教连队唱歌》。

收藏单位：国家馆

10934
怎样识谱学歌 泰州区新华书店编辑部编
泰州：泰州区新华书店，1949.6，46页，64开

收藏单位：南京馆

10935
怎样写小调 见山著
华中新华书店九分店，1948.6，39页，64开

本书论述写小调的门径及创作中的缺点。共10节，内容包括：唱小调有什么用、模子、写什么等。书前有编者的话。

收藏单位：国家馆

中国音乐作品

10936
白毛女（歌谱） 延安鲁艺工作团创作 马可等作曲
[阳城]：太岳新华书店，[1946.6]，165页，32开

本书书前有《关于〈白毛女〉的音乐》。

收藏单位：广东馆

10937
白毛女（歌曲） 马可等作曲
哈尔滨：东北文艺出版社，1946.9，53页，32开（鲁艺丛书2）

本书共3部分：关于《白毛女》音乐的几点说明、《白毛女》歌曲全谱、《白毛女》音乐的创作经验。

收藏单位：南京馆

10938
白毛女（六幕歌剧 歌曲全谱） 贺敬之 丁一作词 马可等作曲
旅大文工团，1947.2，44页，32开

收藏单位：国家馆

10939
白毛女歌集 贺敬之 丁毅作词 马可等作曲
[北平]：华北大学第一文艺工作团，[1949]，校正版，30页，32开

本书为《白毛女》歌剧选曲集，内容包括：《北风吹》《我盼爹爹心中急》等。书前有《关于〈白毛女〉的音乐》。

收藏单位：国家馆

10940
白毛女歌集
中原野战军第一文艺工作团，[1949]，52页，32开

收藏单位：国家馆

10941
保卫毛主席（歌选） 太岳军区政治部编
[阳城]：太岳军区政治部，1947.4，23页，横36开

本书收歌曲16首，内容包括：《保卫毛主席》《埋地雷》等。

收藏单位：国家馆

10942
保卫祖国 冼星海作曲
上海：独立出版社，1938.11，86页，32开（抗战文艺丛书）
重庆：独立出版社，1939.2，5版，86页，32开（抗战文艺丛书）
重庆：独立出版社，1939.8，8版，86页，32开（抗战文艺丛书）
上海：独立出版社，1941.2，再版，86页，32

开（抗战文艺丛书）

本书收歌曲55首，内容包括:《保卫祖国》《国防军歌》《战歌》《祖国的孩子们》等。

收藏单位：重庆馆、国家馆、江西馆、南京馆、浙江馆

10943
保卫祖国　冼星海作曲
重庆：艺文研究会，1938，86页，32开（抗战文艺丛书）

收藏单位：重庆馆、西南大学馆

10944
部队歌曲（第2集）
中国人民解放军东北军区政治部宣传部，1948.8，26页，横64开（部队文艺丛书4）

本书收歌曲9首，内容包括:《英雄成千万》《尖刀连》《我为人民扛起枪》《看他往那里钻》等。

收藏单位：国家馆、天津馆

10945
部队歌声（第2期）　三野文艺科编
华东军区第三野战军政治部，1949，8页，32开

收藏单位：重庆馆

10946
部队歌选　东北军区政治部编
沈阳：东北军区政治部，1949.2，82页，32开

本书收歌曲47首，内容包括:《毛泽东之歌》《朱德之歌》《三大纪律八项注意》《我是一个兵》《子弟兵进行曲》《战士之歌》《谁养活谁》等。

收藏单位：国家馆、辽宁馆

10947
参军去（小演唱）　滨海宣工队集体合编　井岫改编
滨海县委宣传部，1947.8，20页，32开（滨海文娱材料1）

收藏单位：国家馆

10948
参军支前歌集　冀南书店编辑部编
威县：冀南书店，1947.11，18页，36开

本书收歌曲14首，内容包括:《咱们是为谁当兵的》（田耕词，洪韵曲）、《青年参战歌》（弓言词，马驰曲）等。

收藏单位：国家馆

10949
大反攻歌集（2）　野战第八纵队政治部编
野战第八纵队政治部，1947.12，8页，横28开

本书收歌曲9首，内容包括:《三大纪律八项注意》《人民解放军歌》《战场纪律歌》等。

收藏单位：国家馆

10950
大家唱（第1—2集）　曾昭正　李行夫编选
汉口：教育书店，1937.11，2册，36开
汉口：教育书店，1938.1，再版，2册，36开
汉口：教育书店，1938.2，3版，2册，36开
汉口、广州：教育书店，1938.3，4版，2册，36开
汉口、广州：教育书店，1938.5，5版，2册，32开
汉口：教育书店，1938.5，6版，2册，36开
重庆：教育书店，1939.2，7版，2册，36开，精装
重庆：教育书店，1942.6，8版，改正本，2册，36开
重庆：教育书店，1943.4，9版，改正本，2册，36开

本书共8部分：一般歌曲、工农歌曲、军人歌曲、妇女歌曲、儿童歌曲、纪念歌曲、国外歌曲、民歌小调。

收藏单位：重庆馆、贵州馆、国家馆、华东师大馆、南京馆

10951
大家唱（第1集）　曾昭正　李行夫编选
汉口：教育书店，1937，改订版，137页，50开

上海：教育书店，1949.8，136页，32开
收藏单位：重庆馆、国家馆

10952
大家唱（第2集） 曾昭正编校
上海：教育书店，1949.9，再版，143页，32开
收藏单位：东北师大馆、国家馆

10953
大家唱（新年号） 十一纵队卫生部政治处编
出版者不详，1947.1，油印本，18页，64开
收藏单位：国家馆

10954
大众歌曲选 章枚作曲
苏北新华书店南通分店，1949.6，71页，32开
本书收歌曲57首，内容包括：《八路军军歌》《新四军军歌》《国际歌》《解放军进行曲》等。书前有《我们为什么要唱歌》（章枚）。书后有勘误表。
收藏单位：国家馆、吉林馆

10955
大众呼声（第1—6集） 大众呼声社编
上海：大众呼声社，1949，6册，32开
收藏单位：广东馆、国家馆、南京馆、上海馆、天津馆

10956
东北群众歌曲选 人民音乐社编
[沈阳]：东北新华书店，1949.7，104页，16开
本书收歌曲93首，共7部分：一般歌曲、工人歌曲、农民歌曲、部队歌曲、青年歌曲、儿童歌曲、其他歌曲。
收藏单位：吉林馆、辽宁馆、天津馆

10957
东方红 华中大学文艺研究会编选
华中新华书店五分店，[1949.4]，44页，36开
本书共4部分：歌颂、战斗、生产、学习。收歌曲34首，内容包括：《跟着共产党走》《东方红》《勇猛向南大进军》《修铁路歌》《这儿是学习的好地方》等。
收藏单位：国家馆

10958
东方红 南开大学南星合唱团编
天津：读者书店，1949.4，30页，18开
本书收歌曲31首，内容包括：《我们是民主青年》《年青的海燕》《走向胜利》《咱们是一家人》《放牛郎王小二》《美丽的祖国》《青蛙》《建设人民的华北》《江水东流》等。书前有简谱简介、编者前言。
收藏单位：国家馆

10959
东方红 武汉人民艺术出版社编辑
上海：上海杂志公司，1949.7，37页，32开（人民艺术丛刊1歌曲集）
本书收歌曲37首，内容包括：《东方红》《民主建国进行曲》《歌唱毛泽东》《拥护共产党》《工人解放万万年》等。书前有编者前言。
收藏单位：国家馆、湖南馆、天津馆

10960
儿童歌集 鲁艺文工团编
沈阳：东北新华书店，1949.8，21页，50开（儿童丛书）
本书收歌曲22首，内容包括：《“四四”儿童节歌》《建设新中国》《我们是少年先锋》等。
收藏单位：国家馆、陕西馆

10961
儿童歌集（2） 向隅辑
沈阳：东北新华书店，1949，25页，50开（儿童丛书）
收藏单位：东北师大馆、国家馆、辽宁馆

10962
二期抗战新歌（初集） 陈原等编著

桂林：新知书店，1939.9，236 页，32 开
桂林：新知书店，1940，2 版，订正本，236 页，32 开
桂林：新知书店，1940.9，3 版，再版订正本，[15]+236 页，32 开
桂林：新知书店，1940，4 版，订正本，236 页，32 开
桂林：新知书店，1941.5，6 版，再版订正本，236 页，36 开
桂林：新知书店，1941，8 版，236 页，32 开

本书共 4 部分："歌曲选""音乐运动·音乐理论""学习·教授·指挥""附录"。书前有《从本书的编刊说到二期抗战中的音乐运动》（陈原）、《告读者》（陈原）。

收藏单位：重庆馆、广东馆、广西馆、贵州馆、国家馆、南京馆、首都馆、浙江馆

10963
反攻（星海歌曲集） 冼星海作
重庆：读者生活出版社，1940.8，86 页，32 开（新音乐丛刊 4）
重庆：读者生活出版社，1941.6，再版，86 页，32 开（新音乐丛刊 4）

本书收歌曲 38 首，内容包括：《反攻》《军民进行曲》《保卫黄河》《军民曲》等。其中 23 首为合唱歌曲。书前有作者自序。

收藏单位：北碚馆、重庆馆、广东馆、广西馆、贵州馆、南京馆、中科图

10964
反攻歌声 胶东新华书店编辑部编
胶东新华书店，1948.1，29 页，32 开

收藏单位：山东馆

10965
歌本子（第 1 册） 华中一分区文化协会编
华中新华书店一分店，[1947—1949]，23 页，64 开

本书收歌曲 8 首，内容包括：《东方红》《工农兵》《自由花》等。

收藏单位：国家馆、南京馆

10966
歌唱胜利（歌曲集） 冀鲁豫文艺工作团编
菏泽：冀鲁豫新华书店，1949.5，10 页，36 开

本书收歌曲 8 首，内容包括：《革命无不胜》《老蒋快完蛋》《上冬学》等。

收藏单位：国家馆、河南馆

10967
歌曲集
［兴县］：晋绥边区吕梁文化教育出版社，[1947]，石印本，6 页，横 32 开（"七七七"文艺奖金获奖作品）

本书收歌曲 6 首：《党在敌后方》《七月的太阳》《四季变工》《变工好》《妇女要生产》《儿童团歌》。

收藏单位：国家馆

10968
歌曲集（1） 冀鲁豫文联戏委会编
冀鲁豫书店，[1944—1948]，40 页，64 开

本书收歌曲 19 首，内容包括：《保卫翻身恩人毛主席》《生产歌》《做军鞋》等。

收藏单位：国家馆

10969
歌颂毛主席 旅大文艺工作团编
大连：大连新华书店，1949.7，26 页，25 开（旅大文协音乐丛书 1）

本书收歌曲 31 首，内容包括：《国际歌》《歌颂中国共产党》《歌颂您》等。

收藏单位：东北师大馆、国家馆、吉林馆、天津馆

10970
歌选 辽南群众书店编
辽南群众书店，1948.2，35 页，32 开

本书收歌曲 33 首，内容包括：《解放区永远是晴天》《你说这理对不对》《穷人坐天下》《我们要选个好领导》《翻身的日子》《翻身不忘共产党》等。

收藏单位：国家馆、吉林馆、南京馆、天津馆

10971
歌选（第1集） 辽北文化协会编
辽北书店，1948.10，34页，32开（文艺丛书）
本书收歌曲23首，内容包括：《咱们跟随共产党》《解放大军齐出动》《打到南京去！活捉蒋介石！》等。书前有编者前言。
收藏单位：国家馆

10972
歌选（第1集） 新四军兼山东军区政治部文工第三团编
惠民：渤海新华书店，1947.6，11页，32开
本书收歌曲7首。
收藏单位：国家馆、山东馆

10973
歌选（第3集） 渤海军区政治部耀南剧团编
惠民：渤海新华书店，1947.10，35页，32开
本书收歌曲32首，内容包括：《解放区永远是晴天》（血星词，血明曲）、《要地歌》（伟龄词，光宗曲）、《苦菜谣》（冯斌词，方非曲）、《你说这理对不对》（孙洪词、曲）等。
收藏单位：国家馆、山东馆

10974
歌选（12） 上海人民广播电台广播乐团编
上海：大众书店，1949，15页，32开
收藏单位：国家馆

10975
歌与剧（第2期） 中国人民解放军第三兵团政治部编
中国人民解放军第三兵团政治部，[1949]，石印本，26页，28开
本书收歌曲13首，内容包括：《国际歌》《苏联国歌》《祖国进行曲》《斯大林之歌》等，另收广场快板剧《归队》。
收藏单位：重庆馆

10976
歌与剧（第5期） 冀中文协编辑
河间：冀中新华书店，1947.7，70页，32开
本书收歌曲6首，内容包括：《我们是农村的主人》《坚决打他不留情》《反攻歌》等。另收小歌剧两部：《李秃和他的爷爷》《朱宝林看的清》。书前有《区党委宣传部关于土改复查中开展文艺创作的号召》《冀中文艺界纷纷下乡参加土改复查工作》。书后有编后。
收藏单位：国家馆

10977
工人的歌声 旅大文艺工作团编
大连：大连新华书店，1949.7，16页，25开（旅大文协音乐丛书3）
本书收歌曲20首，内容包括：《干的欢》《支援前线大生产》《四季生产》《码头工人装卸号子》《放红光》等。书前有代序《写自己唱自己》（吕骥）。
收藏单位：国家馆、天津馆

10978
工人歌集（第1集） 东北文协文工团编
佳木斯：东北书店，1948.9，30页，32开（音乐丛书）
本书收歌曲19首，内容包括：《工人进行曲》《生产歌》《修路工人歌》《前后方一齐干》《咱们工人有力量》等。作曲者有秋里、马可、沙青等。
收藏单位：长春馆、东北师大馆、国家馆、山东馆

10979
工人歌集（第1辑） 鲁迅文艺工作团编
吉林书店，1941，17页，16开
本书收歌曲20首，内容包括：《铁路工人歌》《工人之歌》《工人进行曲》等。
收藏单位：国家馆

10980
工人歌曲 荆令编
哈尔滨：光华书店，1948.8，46页，32开
哈尔滨：光华书店，1949.1，再版，46页，32开
本书收歌曲35首，内容包括：《国际歌》《工人歌》《毛泽东之歌》《英雄赞》《工人进

行曲》《打到南京去》《纺织工人歌》等。

收藏单位：长春馆、东北师大馆、国家馆、山东馆、武大馆

10981
工人歌声　合江鲁艺创作组编
沈阳：东北新华书店，1949.8，25 页，32 开
本书收歌曲 23 首，内容包括：《职工会会歌》《劳动保了险》《挑战歌》《夺红旗》等。书后有编者后记。
收藏单位：重庆馆、东北师大馆、国家馆、南京馆、武大馆

10982
工人歌声（第 1 集）　济南特别市职工总会筹委会宣传部编
[济南特别市职工总会筹委会宣传部]，1949.2，24 页，32 开
本书收歌曲 27 首，内容包括：《国际歌》《工人歌》《五一纪念歌》《再加一拳》等。
收藏单位：南京馆

10983
工人歌声（第 1 辑）　鲁迅文艺工作团编
吉林书店，[1945—1949]，17 页，16 开
本书收歌曲 20 首，内容包括：《铁路工人歌》《工人之歌》《发电工人歌》等。作曲者有吕骥、马可、瞿维、刘炽等。

10984
工人歌选　太行职工总会编
[涉县]：太行职工总会，[1949] 印，30 页，32 开
本书收歌曲 17 首，内容包括：《工人进行曲》《铁路工人歌》《咱们工人有力量》等。
收藏单位：国家馆

10985
工人之歌　胶东文化协会辑
山东新华书店胶东分店，1949.8，再版，43 页，横 18 开
本书收歌曲 24 首，内容包括：《国际歌》《开路先锋》《咱们工人有力量》《生产歌》《纺织工人歌》《工农合作》等。
收藏单位：国家馆、辽宁馆、天津馆

10986
红军歌声集　映雪选编
上海：热血出版社，1938.3，80 页，36 开
本书收歌曲 76 首，内容包括：《中央红军远征歌》《三大纪律八项注意》《陕北公学校歌》《义勇军进行曲》等。书前有作者序、《怎样读简谱？怎样唱？——一些最普通的法则》。
收藏单位：国家馆

10987
华南进行曲　蒂克等著
香港：中国音乐出版公司，1949，44 页，32 开（解放歌选 3）
本书收歌曲 35 首，内容包括：《解放军，向南开》《向前进》《天顶一点红》《红旗迎风飘》《鲜红的灯》等。
收藏单位：国家馆、南京馆

10988
淮海战役歌集　中国人民解放军第三野战军政治部文艺工作团编
新华书店第三野战军分店，1949.7，石印本，21 页，16 开
本书共两部分。收歌曲 20 首，内容包括：《序曲》《向南进军》《乘胜追击》《抢占运河》等。书前有编者前言。
收藏单位：重庆馆、华东师大馆、山东馆、上海馆

10989
淮海战役组歌　中国人民解放军第三野战军政治部文艺工作团集体创作
[北平]：新华书店，1949.7，14 页，16 开
上海：新华书店，1949.8，14 页，16 开
本书收歌曲 10 首，内容包括：《争取更大胜利》《向南进军》《乘胜追击》《狠狠的打》等。附歌曲《打得好》。书前有编者前言。
收藏单位：重庆馆、国家馆、近代史所、辽宁馆、南京馆、云南馆

10990
黄河（新型大合唱） 光未然作歌 冼星海作曲
[重庆]：生活书店，1940.7，61 页，42 开
重庆：生活书店，1940，再版，61 页，32 开
重庆：生活书店，1941.2，3 版，61 页，32 开
本书收歌曲 8 首：《黄河船夫曲》（四部合唱）、《黄河颂》（男声独唱）、《黄河之水天上来》（朗诵歌唱）、《黄水谣》（民歌齐唱）、《河边对口曲》（二重对唱）、《黄河怨》（女声独唱）、《保卫黄河》（三部轮唱）、《怒吼吧黄河》（四部合唱）。书前有作歌者小序、《我怎样写〈黄河〉》（冼星海）、《〈黄河〉本事》（光未然）。
收藏单位：重庆馆、国家馆、南京馆

10991
黄河大合唱 冼星海作曲 光未然作词
上海：读书出版社，1947.5，72 页，18 开
本书收歌曲 7 首：《黄河船夫曲》《黄河颂》《黄河谣》《河边对口曲》《黄河怨》《保卫黄河》《怒吼吧！黄河》。书前有郭沫若序。
收藏单位：北碚馆、国家馆

10992
黄泥岗（平剧） 周玑璋著 张革非配曲
华东军区平剧团，1949.4，74 页，32 开
收藏单位：上海馆

10993
解放歌声 何尚澄编
出版者不详，1939.4，32 页，32 开
本书收歌曲 26 首，内容包括：《抗日先锋》《新的中国》《救中国》《保卫祖国》《保卫中华》等。书前有卷头语、《怎样认简谱的记号》。
收藏单位：广东馆、国家馆

10994
解放歌声（1） 上海八一三歌咏队内地宣传队编
汉口：新知书店，1938.3，46 页，32 开
本书收歌曲 27 首，内容包括：《国歌》《义勇军进行曲》《全国总动员》《大刀进行曲》《救亡进行曲》《战歌》《长城谣》《保卫祖国》《慰劳伤兵歌》《游击军》《新中国》等。
收藏单位：广东馆、国家馆

10995
解放歌声（1） 新声社编
上海：伟明出版社，1949.6，16 页
上海：伟明出版社，1949.6，再版，16 页
本书收歌曲 21 首，内容包括：《跟着你走》《欢迎歌》《我们的队伍来了》《解放进行曲》《团结就是力量》等。

10996
解放歌声（1）
通化新华书店，[1945—1949]，石印本，19 页，32 开
本书收抗战胜利后的解放区歌曲 7 首，并有两首《国际歌》和苏联歌曲。
收藏单位：国家馆

10997
解放歌声（第 1 集） 东北军政大学文艺工作团编
[沈阳]：东北军政大学，1946，14 页，16 开
本书收歌曲 18 首，内容包括：《八路军进行曲》《东北人民大翻身》《要和平要民主》等。
收藏单位：辽宁馆

10998
解放歌声（第 1 集） 海曙编
华中新华书店，1949.2，39 页，32 开
华中新华书店，1949.4，再版，39 页，32 开
华中新华书店，1949.5，再版，39 页，32 开
本书收歌曲 29 首，内容包括：《人民军队不忘本》《完成学习大任务》《天上有颗北斗星》《生产歌》《建设自己的家》等。书后有编后记。
收藏单位：国家馆、华东师大馆、南京馆、山东馆

10999
解放歌声（第1集） 冀察热辽联大文工团编
冀察热辽联大文工团，[1948.11]，14页，16开（冀察热辽联合大学鲁艺文工团音乐丛书1）
本书收合唱歌曲5首，内容包括:《锦州解放了》《都因为有了共产党》《人民一定能战胜》等。书前有编者前言。

11000
解放歌声（第1集） 唐山市委文艺工作团编
唐山：唐山市委文艺工作团，[1949.1]，17页，18开
本书收歌曲20首，内容包括:《毛泽东之歌》《解放军进行曲》《我们是民主青年》等。书前有编者前言。
收藏单位：国家馆

11001
解放歌声（第1集）
中国人民解放军第二野战军后勤政治部文艺工作团，1949，19页，32开
收藏单位：重庆馆

11002
解放歌声（第1辑） 中国新民主主义青年团华北大学校团委员会编
[北平]：中国新民主主义青年团华北大学校团委员会，1949，25页，32开
本书收歌曲16首，内容包括:《人民解放军进行曲》《祖国进行曲》《解放军力量大》《国际歌》等。
收藏单位：国家馆

11003
解放歌声（第1期） 华东军区政治部编
华东军区政治部，1948.8，9页，32开
收藏单位：山东馆

11004
解放歌声（第1期） 解放歌声社编
[北平]：新华书店，1949.2，21页，32开
本书收歌曲20首，内容包括:《民主进行曲》《革命要进行到底》《别上当》《工人进行曲》等。
收藏单位：重庆馆、国家馆、辽宁馆、天津馆

11005
解放歌声（第1期）
华东新华书店随军分店，[1947—1949]，1册
本书收歌曲16首，内容包括:《国际歌》《解放军进行曲》《八路军军歌》《新四军军歌》《东方红》《祝胜利》等。

11006
解放歌声（第2集） 东北军政大学文艺工作团编
[沈阳]：东北军政大学，1946，15页，15开
本书收歌曲18首，内容包括:《民主联军打胜仗》《坚决消灭反动派》等。
收藏单位：辽宁馆

11007
解放歌声（第2集） 海曙编
华中新华书店，1949.4，39页，32开
本书收歌曲31首，内容包括:《解放全中国》《解放军大进军》《大翻身》《花喜鹊》《工人之歌》等。
收藏单位：国家馆、华东师大馆、南京馆、山东馆

11008
解放歌声（第2集） 海曙编
南通：南通新华书店，1949.6，39页，32开

11009
解放歌声（第2集） 冀东军区文工团编
冀东新华书店，[1945—1949]，11页，横18开
收藏单位：国家馆、山东馆

11010
解放歌声（第2集） 中华全国音乐界抗敌协会晋察冀分会编
张家口：新华书店晋察冀分店，1945.11，20

页，36 开

本书收歌曲 20 首，内容包括:《八路军纪律歌》《拥军爱民公约歌》《跟着共产党》《歌唱东北解放》《自从来了八路军》《争取和平》《黑暗与光明》等。

收藏单位：国家馆

11011

解放歌声（第 2 期） 华东军区政治部编

华东军区政治部，1948.10，12 页，32 开

收藏单位：南京馆

11012

解放歌声（第 2 期） 解放歌声社编

[北平]：新华书店，1949.3，17 页，32 开

本书收歌曲 27 首。

收藏单位：国家馆

11013

解放歌声（第 2 期） 辽宁省文化协会主编

[沈阳]：光明书店，1947，16 页，32 开

收藏单位：辽宁馆

11014

解放歌声（3） 新声社编

上海：伟明出版社，1949.7，16 页

本书收歌曲 19 首，内容包括:《向南进军》《追到天涯海角》《欢送南下的朋友们》等。

收藏单位：武大馆

11015

解放歌声（第 3 集） 苏北新华书店编

[泰州]：苏北新华书店，1949.6，29 页，32 开

本书收歌曲 20 首，内容包括:《团结就是力量》《军队向前进》《将革命进行到底》《保卫世界和平》《胜利的旗帜》《前进！新中国的青年们》等。

收藏单位：国家馆

11016

解放歌声（第 3 集）

辽东建国书社，[1945—1949]，24 页，32 开

本书收歌曲 24 首，内容包括:《打垮进犯的顽军》《多打粮食送前方》《送军粮》《天下有颗北斗星》《青春进行曲》《解放区的天》等。

11017

解放歌声（第 3 期） 解放歌声社编

[北平]：新华书店，1949.3，22 页，32 开

本书为妇女歌曲专号。收歌曲 13 首，内容包括:《妇女解放歌》《前进吧！姐妹们》《妇女解放进行曲》《歌唱妇女解放》《苦难的妇女》《盼解放》等。

收藏单位：东北师大馆、贵州馆、国家馆、辽宁馆、天津馆

11018

解放歌声（第 4 期） 解放歌声社编

[北平]：新华书店，1949.3，28 页，32 开

本书收歌曲 20 首，内容包括:《向胜利前进》《胜利歌》《人民解放军》《大军前进》等。

收藏单位：国家馆、天津馆

11019

解放歌声（第 4 期）

辽东建国书社，[1945—1949]，24 页，32 开

本书内容包括:《争取民主》《新时期》等歌曲。

11020

解放歌声（第 5 期） 解放歌声社编

[北平]：新华书店，1949.3，23 页，32 开

本书收歌曲 20 首，内容包括:《革命无不胜》《红色的太阳》《将革命进行到底》《向前进歌》等。

收藏单位：重庆馆、国家馆

11021

解放歌声（第 6 期） 解放歌声社编

[北平]：新华书店，1949.4，16 页，32 开

本书为儿童歌曲专号。收歌曲 25 首，内容包括:《儿童节歌》《要当个好学生》《我们

是小英雄》等。

收藏单位：国家馆、南京馆、天津馆

11022

解放歌声（第7期） 解放歌声社编

解放歌声社，1949.8，1册，32开

本书收歌曲20首，内容包括：《红旗迎风飘》《满地红》《打铁歌》《向胜利进军》等。

收藏单位：国家馆

11023

解放歌选 劳舟编

中华全国音乐界救国协会太行区分会，1946.1，石印本，56页，32开

本书收歌曲46首，内容包括：《毛泽东之歌》《路是我们开》《胜利进军》《青春曲》《编草帽》等。另有太行山区流行的民间小调曲16首，内容包括：《互助组》《缝棉衣》《破除迷信》等。书前有编者前记。书后有编后。

收藏单位：国家馆

11024

解放歌选（第1集） 周沛然编

[四明山]：韬奋书店，1947.9，再版，66页，32开

本书收歌曲49首，内容包括：《解放区进行曲》（富强词，晋德曲）、《反内战之歌》（陈志昂）、《解放军歌》（艾青词，焕之曲）等。

收藏单位：重庆馆、国家馆

11025

解放歌选（第2集） 周沛然编

[四明山]：韬奋书店，1948.1，81页，32开

本书收歌曲47首，内容包括：《朱德歌》（贺敬之词，焕之曲）、《一枝枪》（安波）、《反对卖国贼》（左江）、《生产进行曲》（李伟）等。

收藏单位：重庆馆、国家馆

11026

解放歌选（第4集 职工创作专号） 天津人民艺术出版社编选

新华书店，1949.6，25页，32开

本书收歌曲32首，内容包括：《咱们工人领头干》《工人们最光荣》《工人本领高》等。书前有《介绍职工的歌曲创作》（孟波）。

收藏单位：国家馆、辽宁馆、山东馆

11027

解放军歌集（3） 解放军歌集编辑室著

晋冀鲁豫军区野战第八纵队政治部，1948.3，油印本，6页，横18开

收藏单位：国家馆

11028

解放之歌 胶东文化协会编

山东新华书店胶东分店，1949.6，42页，横18开

山东新华书店胶东分店，1949.8，再版，42页，横18开

本书收歌曲19首，内容包括：《毛泽东之歌》《太阳谣》《胜利鼓舞》《庆祝胜利》《民主进行曲》等。

收藏单位：天津馆

11029

解放之歌 农学院生产团编

农学院生产团，1949，油印本，32页，32开

收藏单位：广东馆

11030

解放之歌

上海：浩气社，[1949]，33页，36开

本书收歌曲31首，内容包括：《红旗歌》《解放前后》《我们的队伍来了》《全国都解放》《延安颂》《人民解放军你来了》《抗大校歌》《前进》《新中国的主人》《我爱祖国的河山》等。

11031

巾帼英雄（独唱曲） 刘雪厂作曲

重庆：中国音乐印书馆，[1937—1945]，[9]页，16开（战歌社丛刊3）

本书收歌曲4首：《巾帼英雄》《伤兵慰劳歌》《募寒衣》《长城谣》。

收藏单位：国家馆

11032
晋察冀子弟兵军歌初审入选作品 晋察冀军区政治部编
晋察冀军区政治部，1942.11，油印本，1 册，16 开
本书为晋察冀军区政治部《子弟兵军歌》评委会为参评作品自行编订的入围初审作品，属未发行的自印本。附《关于子弟兵军歌初次评定后的通知》。
收藏单位：国家馆

11033
九一八民众大合唱 冼星海曲 天兰词
[延安]：鲁艺出版社，1939.9，32 页，18 开
收藏单位：国家馆

11034
九一八以来名歌选 直友编
东北书店，[1947.9]，[226] 页，22 开
本书收抗战歌曲 237 首，共 3 部分：九一八至抗战爆发时期歌曲、抗战时期歌曲、八一五以来歌曲。书前有编者的话。
收藏单位：首都馆

11035
九一八以来名歌选集 直友编
大连：辽南群众书店，[1947.9]，[226] 页，25 开
收藏单位：国家馆

11036
救亡歌曲集 曲克编
出版者不详，1936，63 页，32 开
本书收歌曲五十余首，内容包括：《中国，你还不怒吼》《活路歌》《中华民族不坐亡》《民族鬼魂》等。书前有题词、国难地图、自序、例言。
收藏单位：浙江馆

11037
救亡歌曲集
[石家庄]：平山县政府，1938.6，油印本，1 册，32 开
本书收革命歌曲 52 首，内容包括：《救亡进行曲》《打回老家去》《大刀进行曲》等。
收藏单位：国家馆

11038
救亡弹词 周凯鸣 [等] 编
福建省抗敌后援会龙溪分会，1937，24 页，32 开
本书收歌曲 25 首，内容包括：《大家安心过日子》《从军别》等。
收藏单位：浙江馆

11039
军大歌选（2） 华北军政大学政治部编
[石家庄]：华北军政大学政治部，1949.5，85 页，横 32 开
本书收歌曲 29 首，内容包括：《大进军》《练兵进行曲》《生产》等。书前有编者前言。
收藏单位：重庆馆

11040
抗日先锋歌集（第 20 期）
一二九师政治部，1942.8，石印本，7 页，横 64 开，环筒页装
本书收歌曲 5 首，内容包括：《八路军军歌》《青年反法西斯进行曲》《青年共产党进行曲》等。书前有歌曲说明。
收藏单位：国家馆

11041
抗宣新歌
出版者不详，[1940—1949]，104 页，32 开
本书内容包括：《战方进行曲》《保卫黄河》《怒吼吧黄河》等。
收藏单位：浙江馆

11042
抗战歌曲集 冼星海等编
上海：生活书店，1938.2，再版，11+115 页，32 开（生活教育丛书 3）
广州：生活书店，1938.3，再版，11+115 页，

32 开（生活教育丛书 3）
上海：生活书店，1948，11+115 页，32 开
本书共 4 编：纪念歌、救亡及普通歌曲、儿童歌、翻译歌。收歌曲 91 首，内容包括：《五一歌》《义勇军进行曲》《儿童先锋》《青年航空员》《快乐的人们》等。书前有罗赛蒂的前记及文章 3 篇：《怎样教大众产生自己的歌曲》（石林）、《什么是大众歌曲》（陶行知）、《唱歌的声音与感情》（张曙）。
收藏单位：安徽馆、重庆馆、东北师大馆、广东馆、广西馆、贵州馆、国家馆、内蒙古馆、山西馆

11043
抗战歌曲集（第 2 集） 受铭编
汉口：生活书店，1938.7，174 页，25 开
本书共 4 编：救亡及一般歌曲、军歌、妇女歌、儿童歌。收歌曲 116 首，内容包括：《保卫中华》《打倒列强》《中国空军歌》《抗日先锋队》《中国妇女抗敌歌》《女工歌》《义勇军》《小朋友》《孤儿歌》等。书前有田汉、冼星海的序各 1 篇及《怎样唱？怎样教？》（刘良模）。
收藏单位：江西馆

11044
抗战歌声 救亡出版社编
上海：救亡出版社，1937.9，60 页，32 开
本书收歌曲 54 首，内容包括：《八一三纪念歌》《今年是收复失地年》《保卫大上海》《大家一条心》《中国人不打中国人》《救国军歌》《义勇军进行曲》《救亡行进曲》《五月的鲜花》《我们不怕流血》《打回老家去》等。书前有单青前言。
收藏单位：广东馆、国家馆、南京馆

11045
抗战歌声 单青编
上海：抗战歌咏社，1937.10，60 页，32 开
收藏单位：重庆馆、上海馆

11046
抗战歌声（第 2 集） 朱绛编
丽水：会文图书社，1939.3，再版，136 页，32 开
本书收歌曲 95 首，共 10 部分：一般歌声、军人歌声、工农歌声、青年歌声、妇女歌声、儿童歌声、通俗歌声、纪念歌声、追悼歌声、国外歌声。
收藏单位：浙江馆

11047
抗战歌声（第 3 集） 朱绛编
丽水：会文图书社，1939.10，116 页，32 开
收藏单位：安徽馆

11048
抗战歌声（第 4 集） 胡今虚　邹伯宋合编
丽水：会文图书社，1939.12，121 页，32 开
本书收歌曲 102 首，共 9 部分：一般歌声、军人歌声、工农歌声、青年歌声、妇女歌声、儿童歌声、通俗歌声、纪念歌声、国外歌声。
收藏单位：江西馆

11049
抗战歌谣选集 曼陀罗选编
苎萝文艺社，1939.3，39 页，32 开
本书收歌曲 33 首，内容包括：《壮丁上前线》《妇女节歌》《洪波曲》《自卫歌》《青年航空员》《送出征将士》《合作歌》《青年歌》《为自由和平而战》《出征别母》等。
收藏单位：浙江馆

11050
连队歌唱（第 4 集） 晋察冀军区政治部编
晋察冀军区政治部，1948.4，29 页，32 开
收藏单位：南京馆、山东馆

11051
流亡三部曲·流亡曲 江凌作词　雪厂制谱　雪厂等编剧
重庆：生活书店，1940.7，再版，[34] 页，32 开
重庆：生活书店，1940.11，3 版，[34] 页，32 开

本书共两部分：流亡三部曲、流亡曲。前者为组歌，收歌曲3首：《离家（松花江上）》《流亡》《战场（上前线）》；后者为歌剧剧本。

收藏单位：重庆馆、贵州馆、国家馆

11052

毛主席好比高山明灯（歌曲 第1集）

华东渤海军区政治部宣传部，1948.12，18页，横64开

收藏单位：南京馆、山东馆

11053

郿鄠·道情曲选 中国民间音乐研究会编

新华书店，1945.9，135页，32开（中国民间音乐研究会丛刊2）

本书收曲目149首，内容包括：《长城过门》《背弓》《满天星》《梅花调》等。

收藏单位：重庆馆、国家馆、湖南馆、南京馆

11054

郿鄠调

［阳城］：太岳新华书店，1946.11，手写石印本，30页，32开

本书共3部分：武场与起板、调子、牌曲。介绍地方戏郿鄠调武场用的乐器、起板的运用及各种调、牌曲等。

收藏单位：国家馆

11055

蒙古歌集 陶今也记谱 编著

［北平］：大众书店，1949，1册，32开

本书收歌曲50首，内容包括：《行军歌》《十五的月亮》《月落》《儿歌》《中华民族抗战进行曲》等。

收藏单位：国家馆

11056

民主大合唱 海星合唱团编

中原出版社，1946.8，100页，32开（海星歌丛1）

本书收歌曲26首，内容包括：《胜利赞》《胜利是人民的》《胜利带来了一切》《我们和他拼》等。

收藏单位：北碚馆、重庆馆、广东馆、武大馆

11057

民主大合唱 马思聪曲 端木蕻良词

上海：生活书店，1946.8，29页，16开

本书收歌曲7首：《东方的暴君》《民主的浪潮》《农村的感伤》《都市的控诉》《两个人类》《我们是人民》《真正的胜利》。

收藏单位：重庆馆、国家馆、上海馆

11058

民主歌声（第1集） 关东社会教育工作团编

大连：关东社会教育工作团，1947，22页，32开

收藏单位：国家馆、南京馆

11059

民主歌声（第1集） 章枚编

华东新华书店总店，1948.11，40页，32开

本书收歌曲24首，内容包括：《解放区的天》《解放区永远是晴天》《铁路工人进行曲》等。

收藏单位：辽宁馆、南京馆、山东馆

11060

民主歌声（第1集） 章枚编

［北平］：新华书店，1949，40页，32开

收藏单位：长春馆、国家馆

11061

民主歌声（第2集） 关东社会教育工作团编

大连：关东社会教育工作团，1947.7，30页，32开

收藏单位：国家馆

11062

民主歌声（第3集 大力生产） 关东社会教育工作团编

［大连］：大众书店，1948.4，38页，32开

本书共两部分：转载之部、创作之部。收歌曲30首，作曲者有志昂、星海、章枚、绿

汀、王杰、路曼等。

收藏单位：辽宁馆、山东馆、天津馆

11063

农民翻身歌集（第1册） 舒兰县民运工作团编

舒兰：舒兰县民运工作团，1946.12，16页，32开

收藏单位：南京馆

11064

农民翻身小调

[阳城]：太岳新华书店，1947.4，15页，48开

本书收歌曲两首:《农民翻身小调》《耕者有其田小调》。

收藏单位：国家馆

11065

平原歌声（第2集） 冀中文协编

华北新华书店冀中总分店，1948.12，18页，32开

本书收歌曲12首，内容包括:《毛泽东青年团进行曲》《贺龙投弹组》《青年团员歌》等。

收藏单位：重庆馆、国家馆、山东馆

11066

平原歌声（第3集） 冀中文协编

华北新华书店冀中总分店，1948.12，37页，32开

本书收歌曲16首，内容包括:《新中国在前进》《向前进毛泽东的青年团员》《我们是人民解放军》等。

收藏单位：重庆馆、国家馆、山东馆

11067

平原歌声（第4集） 冀中文协编

华北新华书店冀中总分店，1948.12，28页，32开

本书收歌曲17首，内容包括:《整党展开了》《土地证》《青年团员支前歌》等。书前有编者的话。

收藏单位：重庆馆、国家馆、山东馆

11068

平原歌声（第5集） 冀中纪念“五一”“五四”筹备会编

保定：新华书店保定总分店，1949.5，65页，32开

本书收歌曲37首，内容包括:《工人进行曲》《五一工人歌》《迎接五月》等。

收藏单位：国家馆、山东馆、天津馆

11069

平原歌声（第6集） 冀中文协编

保定：新华书店保定总分店，1949.5，22页，32开

本书收歌曲9首，内容包括:《红色的太阳》《欢迎领袖毛泽东》《生产连唱》等。

收藏单位：国家馆、山东馆、天津馆

11070

千万人站起来 歌曲创作社编

南京：歌曲创作社，1949.4，24页，32开（歌曲创作丛刊1）

本书收歌曲27首，内容包括:《要活命争生存》《“四一”悼歌》《新中国已经来临》等。书前有《歌曲创作与音乐工作者的新方向》《新歌曲漫谈》。书后有歌词选、编后语、音讯。

收藏单位：广西馆、国家馆

11071

前卫歌集（1） 中国人民解放军第五兵团第十七军编

中国人民解放军第五兵团第十七军，[1949]，16页，32开

收藏单位：重庆馆

11072

前线歌声 梅滨编

山东新华书店，1948.2，60页，42开

本书收歌曲38首，内容包括:《我们的旗帜飘扬》《再上沙场》《人民军队》《前进歌》《哀悼伟大的战士》等。书后有编后记。

收藏单位：国家馆、辽宁馆、南京馆、山东馆

11073
青年文娱手册（第1辑） 东大学生会编
佳木斯：东北书店，1947.11，139页，32开
哈尔滨：东北书店，1948.9，再版，146页，32开

本书共4部分：纪念歌曲、青年歌曲、群众歌曲、军歌。收歌曲89首，内容包括：《中国青年进行曲》《歌颂中国共产党》《八路军军歌》等。附《怎样指挥唱歌》《简谱的基础知识》《发声的方法》。

收藏单位：广东馆、国家馆、辽大馆、辽宁馆、南京馆、山东馆

11074
青年之歌 胶东文化协会编
山东新华书店胶东分店，1949.8，再版，27页，横18开

本书收歌曲17首，内容包括：《青年之歌》《民主青年进行曲》《新民主的青年》《红旗的歌》《新时代进行曲》等。

收藏单位：北碚馆、国家馆、山东馆、天津馆

11075
庆祝党二十五周年 希侬词 黄河 周方曲
出版者不详，[1946]，油印本，3张，21cm×16cm，13cm×16cm，12cm×16cm

本书为合唱曲谱。

收藏单位：国家馆

11076
全国胜利在面前（歌曲创作集） 冀鲁豫文艺工作团编
菏泽：冀鲁豫新华书店，1949.5，29页，32开

本书收歌曲21首，内容包括：《欢唱南京解放》《全国胜利在面前》《英勇渡长江》《咱们工人有力量》等。

收藏单位：国家馆、辽宁馆、山东馆、山西馆

11077
群众歌集 太岳新华书店编
[阳城]：太岳新华书店，1946.11，33页，36开

本书收歌曲20首，内容包括：《七月里来七月一》《庆祝胜利》《八路好》等。版权页题名：群众集歌。

收藏单位：重庆馆、国家馆、河南馆

11078
群众歌集（第1集） 白山艺术学校编辑部编
[白山艺术学校]，1948.1，26页，32开

本书收歌曲23首，内容包括：《共产党颂》《需要共产党》《军民互助》等。

收藏单位：南京馆

11079
群众歌曲选 吕骥编
哈尔滨：光华书店，1948.12，34页，18开

本书收歌曲25首，内容包括：《义勇军进行曲》《民主建国进行曲》《大刀进行曲》《游击队歌》《在太行山上》《保卫马德里》等。书前有编者序。

收藏单位：长春馆、广东馆、国家馆、辽宁馆、天津馆

11080
群众歌声 安东省文工团辑
[安东（丹东）]：东北书店辽东总分店，1949.6，22页，32开（工农文艺丛书歌曲类1）

本书收歌曲14首，内容包括：《愉快的“五一”》（毕庶勤）、《打铁歌》（郑秋枫）等。

收藏单位：国家馆

11081
群众歌声 太岳新华书店编
[阳城]：太岳新华书店，1948.4，52页，32开

本书收歌曲32首，内容包括：《咱们的领袖毛泽东》《朱德歌》《大反攻》《进军歌》《一枝枪》《打埋伏》等。书前有编者附记。

收藏单位：国家馆

11082
群众歌声（大反攻、土改专辑） 边区群众剧社编
冀东新华书店，1948.5，46 页，32 开
本书共两部分：大反攻、土改。收歌曲 23 首，内容包括：《反攻忙》《大反攻》《团结起来吧庄稼汉》《你拿出土地房屋还有大洋钱》等。
收藏单位：国家馆

11083
群众歌声（大反攻、土改专辑） 边区群众剧社编
[阜平]：晋察冀新华书店，1947.12，46 页，36 开
收藏单位：国家馆、山东馆

11084
群众歌声（大反攻、土改专辑） 边区群众剧社编
冀东新华书店，1948.5，46 页，32 开
收藏单位：国家馆

11085
群众音乐 陕甘宁边区文化协会编
西安：西北新华书店，1949，34 页，36 开
收藏单位：重庆馆

11086
人民歌集（第 1 辑） 人民音乐社编
佳木斯：东北书店，1947.5，26 页，32 开
佳木斯：东北书店，1948.1，再版，26 页，32 开
佳木斯：东北书店，1948.3，3 版，26 页，32 开
佳木斯：东北书店，1948.6，4 版，25 页，32 开
本书收歌曲 18 首，内容包括：《毛泽东之歌》《朱德之歌》《自卫进行曲》《子弟兵进行曲》《青年进行曲》等。
收藏单位：长春馆、重庆馆、国家馆、黑龙江馆、辽大馆、辽宁馆、山东馆、天津馆

11087
人民歌集（第 2 辑） 人民音乐社编
佳木斯：东北书店，1948.9，34 页，36 开
本书收歌曲 21 首，内容包括：《反攻进军曲》《解放军打胜仗》《人民的炮兵上战场》《神炮手》《坦克手之歌》等。附《对于写部队歌曲的几点意见》（固敏）、《“部队歌咏”座谈会纪要》（彦克）。书后有编后。
收藏单位：重庆馆、国家馆、山东馆

11088
人民歌声（2 月号） 中原大学文艺研究室编
[郑州]：中原新华书店，1949.2，23 页，32 开
本书收歌曲 21 首，内容包括：《咱们的领袖毛泽东》《揭穿假和平》《今年是胜利年》《一年左右就胜利》等。
收藏单位：国家馆

11089
人民歌声（3 渡江专号） 中原大学文艺研究室编
开封：山河书店，1949.4，再版，17 页，32 开
本书收歌曲 13 首，内容包括：《欢送人民战士过长江》《向胜利前进》《革命要进行到底》《解放全中国》等。书前有编者的话。
收藏单位：国家馆、天津馆

11090
人民歌声（4 五月专号） 中原大学文艺研究室辑
开封：山河书店，1949.5，23 页，32 开
本书收歌曲 21 首，内容包括：《咱们工人有力量》《铁路工人歌》《发电工人歌》《生产歌》《立功歌》《人民城市的风光》等。
收藏单位：国家馆

11091
人民歌声（第 1 集 儿童歌选）
天津：读者书店，1949.3，16 页，32 开
本书收歌曲 22 首，内容包括：《东方红》《庆祝平津解放》《庆祝胜利》等。

收藏单位：国家馆、天津馆

11092
人民歌声（第 1 辑） 冀南书店编辑部编
威县：冀南书店，[1949]，29 页，32 开
本书收歌曲 26 首，内容包括：《走，跟着毛泽东走》《人民解放军》《我们胜利的向前》等。
收藏单位：国家馆

11093
人民歌选 施济 黄源编
上海：人民歌选研究社，1949.7，36 页，36 开
本书收歌曲 35 首，内容包括：《白毛女主题歌》《百万雄师过长江》《自由人民的太阳》《无敌的解放军》《人民解放军进行曲》等。
收藏单位：南京馆

11094
人民解放军歌集（第 1 集） 部队文艺社编
佳木斯：东北书店，1948，75 页，32 开
佳木斯：东北书店，1948.9，再版，70 页，32 开
本书收歌曲 36 首，内容包括：《人民解放军大反攻》《反攻战歌》《三猛歌》《炮兵之歌》《我们胜利了》《我是一个兵》等。
收藏单位：长春馆、东北师大馆、国家馆、辽宁馆、天津馆

11095
人民一定能战胜（民歌联唱） 安波词曲
佳木斯：东北书店，1947.8，16 页，32 开（音乐丛书 2）
佳木斯：东北书店，1948.3，再版，16 页，32 开（音乐丛书 2）
本书收歌曲 6 首，内容包括：《都因为有了共产党》《恨老蒋》《蒋军来了一扫光》《男女老少齐动员》《人民一定能战胜》等。卷首丛书名题：冀察热辽文艺工作团第一团戏剧音乐丛书。
收藏单位：国家馆

11096
胜利歌集（第 1—2 集） 冀南文艺工作团编
[威县]：冀南新华书店，1948.11—1949.2，2 册，32 开
本书共两集。第 1 集收歌曲 15 首，内容包括：《歌唱毛泽东》《东方红》《解放区的天》等；第 2 集收歌曲 14 首，内容包括：《跟着毛泽东》《胜利进行曲》等。
收藏单位：国家馆、辽宁馆、山西馆

11097
胜利歌声（第 1 辑）
华中新华书店盐阜分店，1949.1，25 页，64 开
本书收歌曲 10 首，内容包括：《跟着毛泽东》《东方红》《新三大纪律、八项注意歌》等。
收藏单位：国家馆

11098
胜利联唱 马可著
哈尔滨：东北书店，1949.4，25 页，32 开
本书收歌曲 6 首：《咱们的军队回来了》《帮助军队打胜仗》《修铁路歌》《一个解放战士的歌》《跟着英雄走》《出征歌》。
收藏单位：长春馆、国家馆、辽宁馆

11099
受苦人翻身大联唱 骆文词 程云曲
佳木斯：东北书店，1947.8，26 页，32 开
佳木斯：东北书店，1948.12，3 版，24 页，32 开（音乐丛书）
本书收歌曲 7 首：《盼望共产党》《穷根在那里?》《告状的人》《清算大斗争》《不让地主发疯》《量斗歌》《强盛的自卫队》。卷首丛书名题：冀察热辽文艺工作团第一团戏剧音乐丛书之二。
收藏单位：东北师大馆、国家馆、吉林馆、辽宁馆

11100
为民主自由而战 荒草词 贺绿汀 刘炽曲
哈尔滨：光华书店，1948.11，63 页，32 开

本书共4部分：民主自由而战、歌唱人民解放军、生活小唱、演唱。收歌曲24首，内容包括：《唱毛主席朱总司令》《人们的铁骑兵》《夜半磨刀杀敌人》《扫除法西斯》等。书前有前言。

收藏单位：长春馆、重庆馆、东北师大馆、国家馆、天津馆

11101
问路（歌表演集）　晋察冀边区戏剧协会编
[阜平]：晋察冀日报社，[1937—1949]，26页，32开

本书书前有编者前言。

收藏单位：国家馆

11102
我们的歌
晋察冀边区冀东区第十四分区大众印刷厂，1947.2，42页，32开，环筒页装

本书收小唱、小调、花鼓、歌剧等23首，内容包括：《庆祝胜利过新年》《我们是八路军》《白包袱》等。

11103
小调（第1集）
华中新华书店盐阜分店，1948.7，69页，横64开

本书收民间流行歌曲45首，内容包括：《四季游春》《杨柳青》《小放牛》《十恨调》等。

收藏单位：国家馆

11104
小调谱　华中新华书店编
华中新华书店，1948.7，64页，横50开，环筒页装

收藏单位：国家馆、山东馆

11105
小歌集　白石真　徐颖编
[兴县]：吕梁文化教育出版社，[1946.4]，25页，64开

本书收歌曲13首，内容包括：《儿童队歌》《庆祝和平小调》《我是边区小英豪》《什么好》《好学校》《好儿童》等。

收藏单位：国家馆

11106
小曲子（第1本）　胡季委　柯蓝作　笑俗刘迅画
新华书店，1944.10，77页，横64开（群众文艺丛书）
新华书店，1944.11，再版，77页，横64开（群众文艺丛书）

本书分两辑，收秧歌调、放风筝调、陕北秧歌调、开荒小调等。

11107
新儿童歌集　东北儿童社编
[哈尔滨]：东北书店，1947.3，23页，32开
[哈尔滨]：东北书店，1948.4，3版，23页，32开

本书收歌曲24首，内容包括：《儿童团团歌》《儿童进行曲》《儿童拥军歌》《儿童节歌》等。

收藏单位：国家馆

11108
新歌曲
定南：定南县文建会，1941.10，油印本，13页，64开

收藏单位：国家馆

11109
新歌曲（新1集）　鲁迅文艺工作团编
牡丹江：东北书店牡丹江分店，1947.6，38页，32开

本书收歌曲11首，内容包括：《歌唱党的二十六年》《反攻进军曲》《纪念七一》等。

收藏单位：近代史所、辽宁馆

11110
新歌曲选集（第1辑）
[延安]：陕甘宁边区新华书店，1948.12，42页，横32开，环筒页装

本书收歌曲19首，内容包括：《东方红》

《自卫战争进行曲》《西北人民解放军进行曲》等。

收藏单位：重庆馆、国家馆、辽宁馆、山东馆

11111
新歌选集 鲁迅文艺学院编
沈阳：东北新华书店，1949.7，32 页，32 开

本书收歌曲 24 首，内容包括：《保卫世界和平》《进军江南》《工人大翻身》等。

收藏单位：长春馆、东北师大馆、辽宁馆、天津馆

11112
新歌选集 鲁艺编译部编
上海：辰光书店，1940.4，再版，86 页，32 开（鲁艺丛书）

本书共 3 编：合唱之部、齐唱之部、小调之部。收歌曲 60 首，内容包括：《保卫祖国》《边区青年进行曲》《新时代的歌手》《西北青年进行曲》《反侵略进行曲》《延安颂》《抗战一周纪念歌》《大家要齐心》《参加自卫军》《抗日点将》《红缨枪》《别上当》等。书前有编者的话及歌曲 4 首：《国歌》《国际歌》《鲁迅艺术学院院歌》《鲁艺周年纪念歌》。

收藏单位：重庆馆、国家馆

11113
新民主歌集 贺绿汀等作曲
天津：知识书店，1949.3，16 页，32 开

本书收歌曲 11 首，内容包括：《新民主进行曲》《歌唱中国共产党》《毛泽东之歌》《你是灯塔》《朱德歌》《英雄赞》《华北大学校歌》等。

收藏单位：国家馆、天津馆

11114
行知歌曲集（陶行知先生遗著） 生活教育社编
上海：生活·读书·新知联合发行所，1949.7，58 页，32 开

本书收陶行知作词或配词的歌曲以及纪念陶行知的歌曲 29 首，内容包括：《陶行知先生纪念歌》《锄头舞歌》《自立立人歌》《儿童工哥》《儿童节歌》《民主进行曲》等。书后有歌曲说明、编后记。

收藏单位：广东馆、国家馆、吉林馆

11115
血泪仇曲集 马健翎著
[涉县]：新华书店，[1937—1949]，29 页，32 开，环筒页装

本书为三幕十七场曲谱，共 55 首。

收藏单位：广东馆、国家馆

11116
鸭绿江歌声（第 3—4 集） 辽北文化协会编
东北书店辽北分店，1948，[63] 页，32 开

本书第 3 集收歌曲 19 首，内容包括：《歌唱党的廿七周年》《全面抗战》《八路军军歌》《迎接八路军》等。第 4 集共两部分：小调部、歌曲部。收歌曲 22 首，内容包括：《四季歌》《大生产歌》《春耕小调》《大反攻进行曲》《解放区十唱》《真理只有一个》等。第 4 集前有《秧歌剧的音乐、歌曲、唱词》。

收藏单位：国家馆

11117
秧歌曲选 关东社会教育工作团编
大连：大众书店，1948.2，116 页，32 开，环筒页装

本书选收东北、山东、河北、山西、陕西、华中等地区的秧歌曲调 168 首。东北秧歌部分附《东北秧歌散记》（罗正）。

收藏单位：山东馆

11118
秧歌曲选 中国民间音乐研究会编
新华书店，1944.10，60 页，36 开（中国民间音乐研究会丛刊）

本书收陕北秧歌 92 首。

收藏单位：重庆馆

11119
英模联唱 于成德 李德骏等词
中国人民解放军第十四军政治部文化科，

[1949]，22 页，25 开

本书收歌曲 6 首，内容包括：《张灯结彩迎英模》《向英模致敬》《英雄歌声传遍边疆》等。

收藏单位：浙江馆

11120
应征歌曲汇编（第 3 辑） 东北音乐工作团编
东北军区政治部，1948.8，51 页，32 开

本书共 5 部分：意见、人民解放军军歌、人民解放军进行曲、农民翻身进行曲、后记。

收藏单位：辽宁馆

11121
战地歌声 劫夫等著
汉口：生活书店，1938.9，39 页，32 开（西北战地服务团丛书 1）
汉口：生活书店，1939.4，再版，39 页，32 开（西北战地服务团丛书 1）

本书收歌曲 29 首，内容包括：《西北战地服务团行进曲》《国共合作进行曲》《抗战进行曲》《大同府》《追悼阵亡将士》等。书前有丁玲前记。

收藏单位：北碚馆、重庆馆、广东馆、武大馆、浙江馆

11122
战地歌声（第 2 集） 劫夫等著 丁玲主编
[桂林]：生活书店，1940.5，25 页，36 开（西北战地服务团丛书 6）

本书收歌曲 23 首，内容包括：《五月进行曲》《放羊歌》《庆祝胜利歌》《五台山》《失地上的哀歌》《快搭起我们的舞台》《坚决抵抗》《民族解放在明天》等。书前有代序《我对于填小调的意见》（史轮）。

收藏单位：安徽馆、重庆馆、广东馆、广西馆、贵州馆、国家馆、南京馆

11123
战斗歌声（第 2 号） 晋绥军区政治部战斗剧社编
晋绥军区政治部战斗剧社，1947，11 页，横 32 开

收藏单位：重庆馆

11124
战士歌集 东北民主联军总政治部宣传部文工团编
东北民主联军总政治部宣传部文工团，1946.5，1 册，32 开

收藏单位：南京馆

11125
战士歌曲（第 3 集） 中国人民解放军渤海军区政治部宣传部编
中国人民解放军渤海军区政治部宣传部，[1945—1949]，36 页，36 开

本书收歌曲 23 首，内容包括：《国际歌》《毛主席》《朱德之歌》《子弟兵进行曲》《我们是人民的武装》等。

收藏单位：国家馆、山东馆

11126
[政协歌曲集] 战友剧社编
[朝城]：冀鲁豫书店，1947.9，83 页，32 开

收藏单位：国家馆

11127
中国共产党颂（大合唱） 联政宣传队集体作词 李鹰航作曲
哈尔滨：新华书店，[1948.10]，修改版，29 页，32 开（音乐戏剧丛书 6）

本书内封题：1945 年作于延安，1948 年 10 月修改于哈尔滨。

收藏单位：国家馆、吉林馆、辽宁馆、上海馆、天津馆

11128
中国呼声集（壮歌选） 周巍峙编 李公朴主选
上海：读书生活出版社，1936.7，160 页，36 开

本书共 7 部分：民族之声、工农之声、青年之声、军人之声、妇女之声、儿童之声、时代之声。收歌曲 145 首。附中、美、英、法、德、意、日、苏等国国歌，以及聂耳挽

歌。

收藏单位：重庆馆、国家馆、内蒙古馆、宁夏馆

11129
中国呼声集（壮歌选） 周巍峙编 李公朴主选
上海：李公朴[发行者]，1936.10，再版，增订本，142页，32开

收藏单位：上海馆

11130
中国名歌选（第1辑918—815）
佳木斯：东北书店，1948.5，267页，32开
佳木斯：东北书店，1948.9，再版，267页，32开

本书共两部分："九一八——抗战爆发时期歌曲""抗战时期歌曲"。收歌曲144首，内容包括：《大路歌》《开路先锋》《新女性》《渔光曲》《牧羊女》等。

收藏单位：东北师大馆、国家馆

11131
中国名歌选（第1辑918—815）
长春：东北新华书店，1949.8，3版，267页，32开

收藏单位：辽宁馆

11132
中原歌声（第1集） 中原大学文艺研究室编
开封：山河书店，1949.1，20页，32开
开封：山河书店，1949，再版，19页，32开

本书收歌曲18首，内容包括：《走！跟着毛泽东走！》《团结就是力量》《到前线上去！》《庆祝胜利》等。书前有编者的话。

收藏单位：国家馆

11133
抓老鼠（儿童剧） 霍希扬 继云编剧 寄明作曲
沈阳：东北书店，1949.4，18页，32开

收藏单位：国家馆

11134
自卫歌声（新歌曲） 任虹 罗正编
佳木斯：东北书店，1948.3，29页，32开（东北文艺工作团第二团戏剧音乐丛书7）

本书收歌曲23首。

收藏单位：广东馆

各国音乐作品

11135
各国国歌评述 王光祈著
东北书店，1947，68页，32开

收藏单位：安徽馆

11136
青年歌声 周翔编
大连：大连新华书店，1949.7，30页，25开（旅大文协音乐丛书2）

本书收歌曲26首，内容包括：《世界民主青年联盟盟歌》《青年联合起来》《新民主主义青年团进行曲》《毛泽东时代的青年》等。

收藏单位：国家馆、内蒙古馆、天津馆

11137
青年歌声（第1集） 东北民主青年联盟总部编
佳木斯：东北书店，1948.1，再版，34页，32开（民青丛书 第1辑）
佳木斯：东北书店，1948.3，3版，34页，32开（民青丛书 第1辑）
佳木斯：东北书店，1948.6，4版，34页，32开（民青丛书 第1辑）

本书收歌曲24首，内容包括：《青年进行曲》《五四纪念歌》《东北青年进行曲》《民主青年进行曲》《我们是民主青年》等。

收藏单位：长春馆、国家馆、辽宁馆、南京馆、山东馆、天津馆

11138
青年歌声（第2集） 东北民主青年联盟总部编
佳木斯：东北书店，1948.3，36页，32开（民

青丛书第 2 辑）

本书收歌曲 20 首，内容包括:《进攻》《大进军》《平分土地》《青年参军》《胜利年》《斯大林之歌》等。

收藏单位：国家馆、辽宁馆、天津馆

11139
苏联歌集　翔平　凌燕编
大连：大连新华书店，1949.7，再版，166 页，32 开
大连：大连新华书店，1949.9，3 版，166 页，32 开

本书收歌曲 117 首，内容包括:《共产国际进行曲》《祖国进行曲》《斯大林格勒之歌》《我们是红色的战士》《苏联空军歌》等。

收藏单位：长春馆、东北师大馆、国家馆、辽宁馆、天津馆

11140
苏联歌集　翔平　凌燕编
大连：大众书店，1949.2，166 页，32 开

收藏单位：长春馆、国家馆

11141
苏联歌选　哈尔滨中苏友好协会编辑
哈尔滨：兆麟书店，1949.2，46 页，32 开

本书收歌曲 27 首，内容包括:《斯大林颂》《我的国家》《我们的红军》《炮兵歌》《上战场》《歌唱祖国》《青年进行曲》《世界民主青年歌》《青年联合起来》等。

收藏单位：北碚馆、东北师大馆、国家馆、辽宁馆、南京馆

11142
苏联新歌（《时代》歌曲选）　冀鲁豫书店[编]
[濮阳]：冀鲁豫书店，[1945]，20 页，32 开（时代文摘 12）

本书收歌曲 13 首，内容包括:《苏联国歌》《列宁格勒歌》《渔人歌》《苏丽珂》等。

收藏单位：国家馆

舞　蹈

11143
秧歌舞　教育生活社编
明理书店，1945.7，59 页，36 开

本书共两部分：秧歌舞讲话、扭秧歌剧本。第 1 部分内容包括：什么是秧歌舞、队形变化、谈演出、怎样才跳得好等；第 2 部分收剧本 10 部，内容包括:《扭秧歌》《新年团圆舞》《慰劳抗属》《永远跟着毛泽东》《王大嫂翻身》等。

收藏单位：上海馆

11144
秧歌舞　辽西文工团编
沈阳：中共辽西省委宣传部，1949.7，55 页，32 开（群众文艺丛书 3）

本书介绍秧歌舞的简单队形、花样、打击乐、化装、服装、道具等，并收文两篇:《大力推展秧歌活动》《充实秧歌舞的内容》。附《农村生活》（大型秧歌舞表演脚本）。书后有编者后记。

收藏单位：国家馆、南京馆

11145
秧歌舞初步　陈锦清著
大连：大众书店，1949.2，26 页，32 开

本书共 5 部分：前言、介绍几个地域的秧歌舞、怎样学习和练习、提高和创造、服装和道具。

收藏单位：国家馆、南京馆

戏剧艺术

11146
乘风破浪解放海南特刊　李门等著　华南文工团公演
出版者不详，[1949]，22 页，32 开

收藏单位：国家馆

11147
导演经验　高歌编
西安：西北新华书店，1949.8，164 页，32 开（陕甘宁戏剧丛书 8）
本书收文 11 篇，内容包括：《导演论》（查哈瓦著，曹葆华译）、《导演人与导演》（N. 高尔卡科夫著，沙蒙译）、《申红友同志给我们上了第一课》（王大化）、《怎样排戏》（严正）、《内容、形式与技巧》（洪深）等。书前有编者前言。
收藏单位：重庆馆、国家馆、宁夏馆

11148
孩子剧团——从上海到武汉　孩子剧团编
汉口：大路书店，1938.4，147 页，32 开
汉口：大路书店，1938.5，再版，148 页，32 开
本书记述孩子剧团从上海到武汉的经过，介绍孩子剧团的宣言、公约、团歌、团员小史、团员日记、外界对孩子剧团的印象和批评等。书前有代序《几句必须要说出的话》（吴新稼）。书后有陈绍禹、茅盾、郭沫若、沈钧儒、冯玉祥等人题词。
收藏单位：重庆馆、广东馆、国家馆、湖南馆、吉大馆、辽东学院馆、南京馆、上海馆、西南大学馆

11149
会员研究材料（第 1 辑）　中华全国戏剧界抗敌协会晋察冀边区分会编
中华全国戏剧界抗敌协会晋察冀边区分会，[1938]，油印本，72 页，32 开
本书收文 3 篇：《演员论》（天兰译）、《论演员》（章泯）、《表演技术基础》（葛一虹）。
收藏单位：国家馆

11150
剧场艺术和电影艺术的界线　（苏）奥布拉茨特索夫等著　芳信译
大连：旅大中苏友好协会，1949.8，116 页，32 开（友谊丛书 23）
本书收文 6 篇：《剧场艺术和电影艺术的界线》（S. 奥布拉茨特索夫）、《舞台设计》（A. 巴色克希斯）、《〈青年警卫军〉是怎样摄制的》（S. 基拉西摩夫）、《搬上银幕的〈青年警卫军〉》（A. 塞尔可夫）等。
收藏单位：长春馆、重庆馆、东北师大馆、广东馆、国家馆、湖南馆、辽宁馆、南京馆、青海馆、山东馆、绍兴馆、天津馆

11151
剧团的组织与管理　定南县文建会文艺训练组编
定南：定南县文建会文艺训练组，1941.10，油印本，30 页，32 开
收藏单位：国家馆

11152
角色的诞生　郑君里著
香港：生活书店，1948.2，271 页，32 开
大连：生活书店，1949.3，271 页，大 16 开
本书共 4 章：演员与角色、演员如何准备角色、演员如何排演角色、演员如何演出角色。书前有洪深序。书后有后记。
收藏单位：北碚馆、长春馆、重庆馆、广东馆、国家馆、黑龙江馆、吉大馆、辽宁馆、宁夏馆、首都馆、天津馆

11153
论抗战戏剧运动　郑君里著
重庆：生活书店，1939.3，65 页，32 开
重庆：生活书店，1939.10，再版，65 页，32 开
本书共 4 章：绪论、战区演剧、敌后演剧、后方演剧剧本。
收藏单位：重庆馆、东北师大馆、广东馆、广西馆、贵州馆、国家馆、河南馆、黑龙江馆、南京馆、内蒙古馆、山西馆、上海馆、中科图

11154
论新歌剧　张际春等撰
中国人民解放军第二野战军政治部，1949.5，43 页，64 开（文艺工作丛书）
本书收文 8 篇，内容包括：《看了文工团

三个剧的演出后》（张际春）、《介绍“两种作风”》（任白戈）、《介绍歌剧“王克勤班”》（陈斐琴）、《部队歌剧创作过程中的几点经验》（江涛）等。

收藏单位：重庆馆、国家馆、南京馆

11155
论秧歌 周扬等著
[左权]：华北书店，1944.12，2册，64开

本书共5部分：表现新的群众的时代、秧歌剧的形式、鲁艺工作团对于秧歌的一些经验、群众是怎样创作的、八一剧团的转变和收获。

收藏单位：重庆馆、国家馆、南京馆、山东馆

11156
农村剧团参考 冀鲁豫书店编辑部编
朝城：冀鲁豫书店，1947.6，24页，36开

本书收文8篇，内容包括：《张家村农村剧团》（杨桐等）、《东良店农村剧团的组织领导与生产》（伟强）、《朱大明的鼓动方式》（邓伟林）、《农村剧团怎样编剧本？》（贾霁）、《农村剧团的地方性与农村性》（赵树理）、《农村剧团的提高》（荒煤）等。书前有编者前记、《为啥编印这本书》（春兰）。

收藏单位：国家馆

11157
什么是戏剧 张庚著 东北文艺工作团编
饶阳：冀中新华书店，1947.11，33页，32开

本书共8部分：戏剧中什么最重要、演员的特点在哪里、综合艺术、文学在戏剧中贡献了什么、美术在戏剧中尽什么力量、音乐在戏剧中的作用、导演工作、观众对于戏剧的重要关系。

收藏单位：国家馆、天津馆

11158
什么是戏剧 张庚著 东北文艺工作团编
大连：中苏友好协会，1946，56页，32开
（新演剧丛书）

收藏单位：长春馆、东北师大馆、吉大馆、吉林馆、辽大馆、辽宁馆

11159
苏联儿童戏剧 葛一虹著
上海：上海杂志公司，1939.9，86页，32开
（新演剧丛书3）

本书介绍苏联儿童戏剧的情况，共11部分：儿童戏剧在苏联、世界上第一个儿童剧场、苏联儿童剧场的网、科学的创作方法、儿童剧的题材、舞台上的瞿安斯·浮纳、儿童剧场和学校、儿童剧场的演员、最负责任的观众、最热心的通讯员、傀儡戏。附《列宁格勒少年剧场》（奥夫森）、《莫斯科中央傀儡剧场》（奥勃莱兹索夫）、《论述我的工作》（莎珠）。书前有著者前记。

收藏单位：重庆馆、贵州馆、国家馆、南京馆

11160
太行三专区各县剧团联席会议总结 太行第三专员公署编写
太行第三专员公署，1948.11，油印本，1册，32开

收藏单位：国家馆

11161
五幕歌剧《白毛女》公演说明 中国人民解放军十三兵团政治部宣传队编辑
[北平]：中国人民解放军十三兵团政治部宣传队，1949.1，5页，32开

本书收歌曲3首：《北风吹》《风卷雪花》《太阳出来了》。书前有《白毛女本事》。

收藏单位：国家馆

11162
喜讯传来（唱词） 辛景月著
出版者不详，1946.2，7页，64开

本书收快板《喜讯传来》、歌曲《庆祝和平》（挺军词，张鲁曲）。

收藏单位：国家馆

11163
戏剧参考资料之一 东北鲁迅文艺学院编

东北鲁迅文艺学院，[1946—1949]，65 页，32 开

本书收文 4 篇:《从兄妹开荒的演出谈起》(王大化)、《秧歌剧的技术》(张水华)、《给青年导演》(斯达尼司拉夫斯基著，颜一烟译)、《近代欧洲舞台艺术底源流》(郑君里)。

收藏单位：国家馆

11164
戏剧参考资料之二 东北鲁迅文艺学院编
东北鲁迅文艺学院，[1946—1949]，90 页，32 开

本书收译文 4 篇:《"瓦赫坦戈夫手记，书简，论文"编者序言》(苏凡译)、《瓦赫坦戈夫手记钞》(于敏译)、《如何准备角色》(瓦赫坦戈夫著，夏立民译)、《论演员的创作》(苏达科夫)。书后有后记。

收藏单位：国家馆

11165
戏剧艺术引论 张庚著
哈尔滨：光华书店，1948.9，东北版，101 页，36 开
哈尔滨：光华书店，1949.1，东北版，101 页，36 开

本书共 6 章：演员的艺术、各种艺术在戏剧中的综合、戏剧的集体性和导演、剧作与整个戏剧艺术的关系、舞台美术的机能、戏剧与观众。书后有总结、著者后记。

收藏单位：长春馆、东北师大馆、福建馆、广东馆、贵州馆、国家馆、吉大馆、山东馆、山西馆、天津馆

11166
戏剧艺术引论 张庚著
华北书店，1942，97 页，32 开(鲁艺丛书)

收藏单位：重庆馆、南京馆

11167
戏剧艺术引论 张庚著
[泰州]：苏北新华书店，1949.8，淮阴版，93 页，32 开

收藏单位：安徽馆、国家馆、吉林馆、南京馆

11168
新俄的演剧运动与跳舞 (日)升曙梦著 冯雪峰译
北京：北新书局，1927.5，172 页，25 开(新俄文艺论述)
北京：北新书局，1927.7，再版，172 页，25 开(新俄文艺论述)

本书收文 8 篇:《革命期的俄国演剧》、《演剧革命的回顾》(路纳却尔司基)、《新剧运动的三权威》、《无产阶级演剧运动》、《舞台装置的革命》、《俄国最近的跳舞》、《最近的二种跳舞剧》、《革命艺术与社会主义艺术》(特罗次基)。书前有译者译例。据《革命期的演剧与跳舞》《无产阶级剧与映画及音乐》编译。译者原题：画室。

收藏单位：重庆馆、广西馆、国家馆、吉大馆、江西馆、南京馆、上海馆、浙江馆

11169
延安平剧院 延安平剧研究院编
延安：延安平剧研究院，1942，48 页

收藏单位：山西馆

11170
演技六讲 (苏)李却·波里士拉夫斯基(P. Болеславский)著 郑君里译
外文题名：Acting: the first six lessons
哈尔滨：光华书店，1949.4，再版，98 页，32 开(戏剧艺术丛书)

本书共 6 讲：聚精会神、情绪的记忆、戏剧的动作、性格化、观察、节奏。书前有译者序。

收藏单位：重庆馆、广东馆、国家馆、湖南馆、首都馆

11171
演技六讲 (苏)李却·波里士拉夫斯基(P. Болеславский)著 郑君里译
外文题名：Acting: the first six lessons
上海：良友图书印刷公司，1937.4，166 页，32 开

收藏单位：北碚馆、重庆馆、国家馆、湖南馆、南京馆、上海馆、首都馆

11172
演技六讲　（苏）李却·波里士拉夫斯基（P. Болеславский）著　郑君里译
外文题名：Acting: the first six lessons
重庆：生活书店，1940.1，156页，32开
重庆：生活书店，1940.4，再版，156页，32开
重庆：生活书店，1940.5，再版，156页，32开
哈尔滨：生活书店，1948.4，98页，32开（戏剧艺术丛书）

收藏单位：长春馆、重庆馆、广东馆、广西馆、贵州馆、国家馆

11173
演剧教程　（苏）拉波泊（И. М. Рапопорт）（苏）查哈瓦（Б. Е. Захава）作　曹葆华　天蓝译
东北新华书店辽东分店，1949.9，98页，32开

本书收文两篇：《演员论》（拉波泊著，天蓝译）、《导演论》（查哈瓦著，曹葆华译）。书后有译后记。据美国新戏剧联盟的机关杂志《戏剧工场》转译。

收藏单位：国家馆、山东馆、山西馆、天津馆

11174
演剧教程　（苏）拉波泊（И. М. Рапопорт）著　曹葆华　天蓝译
惠民：渤海新华书店，1946.9，石印本，34页，32开，环筒页装

本书内容包括：前言、有机的注意、舞台态度、舞台任务、对于人物的态度等。书前有前言。

收藏单位：重庆馆、广东馆、国家馆、山东馆

11175
演剧教程　曹葆华　天蓝译
大连：中苏友好协会、东北书店，1947.9，79页，32开（新演剧丛书2）

收藏单位：长春馆、国家馆、山西馆、天津馆

11176
演员与导演　（苏）拉波泊（И. М. Рапопорт）（苏）查哈瓦（Б. Е. Захава）著　曹葆华　天蓝译
上海：生活书店，1948.3，胜利后1版，108页，32开
大连：生活书店，1949.3，108页，32开

收藏单位：北碚馆、长春馆、重庆馆、东北师大馆、广东馆、国家馆、天津馆

11177
演员自我修养　（苏）史旦尼斯拉夫斯基著　郑君里　章泯译
上海：新知书店，1947.9，沪2版，365页，32开（苏联文学丛书）
大连：新知书店，1948.3，417页，32开
哈尔滨：新知书店，1948.9，再版，417页，32开

本书共16章，内容包括：初次检验、演技的艺术观、动作、想像、信念与真实感、内心的创造状态等。书前有莫斯科国立文艺出版局序、著者自序、英译者序。书后有史旦尼斯拉夫斯基在莫斯科艺术剧场的工作年表、术语中英对照表、译者译后记。自英译本重译。

收藏单位：重庆馆、东北师大馆、国家馆、吉林馆、辽宁馆、首都馆、天津馆、浙江馆

11178
演员自我修养　（苏）史旦尼斯拉夫斯基著　郑君里　章泯译
重庆：中苏文化协会编译委员会，1943.7，366页，32开（苏联文学丛书）

收藏单位：北碚馆、重庆馆、广东馆、国家馆

11179
秧歌表演手册　水华等著　鲁迅文艺工作团编
鲁迅文艺工作团，1947.5，24页，32开
本书收文两篇:《演员创作方法手记》(苏文)、《秧歌剧的技术》(张水华)。
收藏单位：国家馆、辽宁馆

11180
秧歌剧导演常识　力鸣著
沈阳：东北书店，1949.4，46页，32开
本书共10节，内容包括：秧歌剧的特点、导演应该具备的才能、怎样分析剧本、组织研究剧本和读词、排地位等。
收藏单位：长春馆、东北师大馆、国家馆

11181
秧歌与新歌剧　张庚著
大连：大众书店，1949.2，54页，32开
本书共4部分：民间的秧歌、新秧歌的成就和它所提出来的问题、新秧歌剧的酝酿、理想和展望。书后有著者后记。
收藏单位：国家馆、天津馆

11182
怎样化装　吴纲写
华中新华书店盐阜分店，1948.10，38页，64开（大众戏剧小丛书）
收藏单位：南京馆

11183
怎样演秧歌剧　辽西文工团编
中共辽西省委宣传部，1949.7印，72页，32开（群众文艺丛书4）
收藏单位：长春馆、东北师大馆

11184
怎样做个演员　潜隐著　盐阜文娱社编
华中新华书店盐阜分店，1948.4，22页，64开
本书共6部分：演员是什么、以前大家的演戏方法、正确的演戏方法、内心技术、动作、念台词。
收藏单位：国家馆、南京馆

电影艺术

11185
电影编导简论　阮潜编著
沈阳：东北书店，1949.3，255页，32开
本书共4部分：概论、镜头的表现与构成、声音与画面、文学剧本与导演剧本。附《生路》(耶奴·叶克等著，李芒译)电影剧本。书前有编著者前记。
收藏单位：重庆馆、东北师大馆、广东馆、国家馆、湖南馆、吉大馆、吉林馆、江西馆、宁夏馆、山西馆、首都馆、天津馆

11186
电影戏剧表演术　洪深著
上海：生活书店，1935，298页，32开，精装
上海：生活书店，1937，再版，298页，32开
重庆：生活书店，1940，3版，298页，32开
本书共6章：戏剧与演员、动作、动作的表情、声音、声音的表情、怎样创作人物。书前有田汉序。
收藏单位：安徽馆、长春馆、重庆馆、广东馆、贵州馆、国家馆、黑龙江馆、湖南馆、吉大馆、辽大馆、辽宁馆、辽师大馆、绍兴馆、首都馆、西南大学馆、浙江馆、中科图

11187
映画工作介绍　季雨平整理
人民解放军第二野战军政治部，1949，13页，32开（文艺工作丛书）
收藏单位：重庆馆

历史、地理

史学理论

11188
从原始共产社会到封建社会（第1分册） 杜民著
阵地印刷厂，1939.10，1册，32开（通俗社会科学丛书）
收藏单位：山西馆

11189
历史唯物论（社会发展史讲授提纲） 艾思奇著
上海：新华书店，1949，订正本，38页，36开
本书共5节："从猿到人——劳动创造世界——生产力与生产关系""五种生产方式——阶级斗争""社会主义革命和新民主主义革命——无产阶级专政与无产阶级领导的人民民主专政""国家与政治""社会的思想意识"。
收藏单位：重庆馆、国家馆

11190
历史哲学教程 翦伯赞著
辽东新华书店，1949.8，195页，32开
收藏单位：广东馆、国家馆、辽大馆

11191
历史哲学教程 翦伯赞著
生活书店，1938.8，316页，32开
本书共6部分：绪论、历史发展的合法则性、历史的关联性、历史的实践性、历史的适应性、关于中国社会形势发展史问题。
收藏单位：重庆馆、国家馆、南大馆、绍兴馆、浙江馆、中科图

11192
历史哲学教程 翦伯赞著
桂林：新知书店，1939，修正再版，174页，32开
上海：新知书店，1946.2，修正再版，31+174页，32开
新知书店，1947.2，3版，174页，32开（新知丛书3）
新知书店，1947.10，4版，修正本，195页，32开
收藏单位：重庆馆、东北师大馆、贵州馆、国家馆、南京馆、上海馆、首都馆、浙江馆

11193
历史哲学教程 翦伯赞著
长春：新中国书局，1949.4，再版，195页，32开（历史丛刊）
收藏单位：安徽馆、成都馆、重庆馆、广东馆、国家馆、内蒙古馆、陕西馆、上海馆、绍兴馆、天津馆

11194
人类社会的过去现在和将来（5社会主义革命） 抗战文化学社社民编著
晋察冀边区，1940.1，油印本，32页，36开
本书共11部分，内容包括：帝国主义是社会主义革命的前夜、帝国主义时代的矛盾、资本主义发展不平衡与社会主义革命等。
收藏单位：国家馆

11195
社会的故事 沈舟著
重庆：读书出版社，1941.3，56页，32开
重庆：读书出版社，1947.1，再版，56页，32开
大连：读书出版社，1948.2，56页，36开
本书共23篇，内容包括：从石头里看社会、第一次大革命、真正的平等等。
收藏单位：北碚馆、重庆馆、东北师大馆、国家馆、黑龙江馆、吉大馆、吉林馆、江西馆、南京馆、山东馆、山西馆、上海馆

11196
社会的故事 沈舟著
大连：光华书店，1948，56 页，32 开（少年文库）
收藏单位：重庆馆

11197
社会的故事 沈舟著
人民书店，1945.12 印，30 页，32 开
收藏单位：国家馆

11198
社会的故事 沈舟著
实践出版社，1949，3 版，56 页，32 开
收藏单位：重庆馆、南京馆、上海馆、首都馆

11199
社会的故事 沈舟著
长春：新中国书局，1949.4，3 版，55 页，32 开（少年文库）
收藏单位：天津馆

11200
社会发展简史 华东人民革命大学南京分校编
[南京]：解放社编辑部，1949.4，2 版，77 页，32 开
收藏单位：南京馆

11201
社会发展简史 解放社编
第二野战军政治部，1949，再版，95 页，32 开
本书共 7 章：谁是我们的祖先、原始共产主义、奴隶占有制度、封建制度、资本主义、从资本主义到共产主义的过渡时期、共产主义。前 4 章摘自《政治经济学初级读本》（李昂节夫），后 3 章摘自《社会科学简明教程》。
收藏单位：重庆馆

11202
社会发展简史 解放社编
第三兵团军区政治部，[1949]，77 页，32 开
收藏单位：重庆馆

11203
社会发展简史 解放社编
哈尔滨：东北书店，1949.2，86 页，32 开
收藏单位：东北师大馆、国家馆、黑龙江馆、辽宁馆

11204
社会发展简史 解放社编
东北新华书店辽东分店，1949，4 版，82 页，32 开
收藏单位：国家馆

11205
社会发展简史 解放社编
华北大学，1949，91 页，32 开
收藏单位：重庆馆、东北师大馆、天津馆

11206
社会发展简史 解放社编
[北平]：华北人民革命大学教务处，[1949] 印，113 页，32 开
收藏单位：国家馆

11207
社会发展简史 解放社编
华北新华书店，1948.12，2 版，113 页，32 开
华北新华书店，1949.1，3 版，113 页，32 开
收藏单位：重庆馆、国家馆、河南馆、吉大馆、吉林馆、近代史所、南京馆、山东馆、山西馆、天津馆

11208
社会发展简史 解放社编
华中人民革命大学湖南分校教务处，1949，75 页，32 开（革大教材 1）
收藏单位：重庆馆、湖南馆

11209
社会发展简史 解放社编
冀东新华书店，[1948]，121 页，32 开

收藏单位：天津馆

11210
社会发展简史　解放社编
北平：解放社，1949，113页，32开
北平：解放社，1949，2版，113页，32开
北平：解放社，1949，3版，122页，32开
收藏单位：东北师大馆、国家馆、湖北馆、湖南馆、吉林馆、辽宁馆、南京馆、内蒙古馆、宁夏馆、山西馆、西南大学馆

11211
社会发展简史　解放社编
晋南新华书店，1949，113页，32开
收藏单位：重庆馆、黑龙江馆、山东馆

11212
社会发展简史　解放社编
[兴县]：晋绥新华书店，1948，113页，32开
收藏单位：国家馆、山东馆、山西馆、天津馆

11213
社会发展简史　解放社编
吕梁：吕梁出版社，1941.7，16页，32开
收藏单位：山西馆

11214
社会发展简史　解放社编
北平：民生出版社，1949印，70页
本书据华北新华书店1949年1月第3版翻印。
收藏单位：国家馆

11215
社会发展简史　解放社编
北平：启明书局、光华书局，[1949]，92页，32开
收藏单位：重庆馆

11216
社会发展简史　解放社编
人民解放军华北野战军第一兵团政治部，1948，97页，32开
收藏单位：国家馆

11217
社会发展简史　解放社编
太行新华书店，1949.4，再版，113页，32开
收藏单位：河南馆、山西馆

11218
社会发展简史　解放社编
[合肥]：皖北新华书店，1949.6，73页，32开
收藏单位：广东馆、国家馆

11219
社会发展简史　解放社编
北平：武学印书馆，1949，94页，32开
北平：武学印书馆，1949，2版，94页，32开
收藏单位：国家馆、辽宁馆、南京馆

11220
社会发展简史　解放社编
[北平]：新华书店，1949.7，113页，32开
[北平]：新华书店，1949，再版，113页，32开
天津：新华书店，1949.4，3版，113页，32开
[天津]：新华书店，1949.4，4版，113页，32开
上海：新华书店，1949.6，100页，32开
收藏单位：重庆馆、国家馆、湖北馆、湖南馆、吉林馆、山西馆、上海馆、天津馆

11221
社会发展简史　解放社编
新闻处，[1949]，油印本，1册，32开，环筒页装
收藏单位：重庆馆

11222
社会发展简史　解放社编
中国人民解放军华北军区政治部，1948.12，100页，32开

收藏单位：重庆馆、内蒙古馆

11223
社会发展简史　解放社编
中原新华书店，1949，113 页，32 开
收藏单位：广东馆

11224
社会发展简史　解放社编辑部编
建设日报社，1948，68 页
收藏单位：北大馆

11225
社会发展简史　解放社编辑部编
北平：科学社，1949，82 页，32 开
收藏单位：长春馆、国家馆

11226
社会发展简史　青年求知学会选印
[大连]：大众书店，1949，31 页，32 开（青年知识丛书 2）

本书共 5 部分："人类是哪里来的""太古时代——原始共产社会""中古时代——奴隶社会和封建社会""文明·战争·宗教""现代——资本主义社会"。

收藏单位：国家馆

11227
社会发展简史　汪秀之编
[兴县]：晋西北新华书店，1949，23 页，32 开

本书简述社会发展的概况。共 6 部分，内容包括："人是哪里来的""太古时代——原始共产社会""人类社会的远景——共产主义社会""现代——资本主义社会"等。

收藏单位：国家馆、辽宁馆、南京馆、山东馆

11228
社会发展简史
[北平]：北大出版部，1949，69+91 页，32 开
收藏单位：东北师大馆

11229
社会发展简史
菏泽：冀鲁豫新华书店，1949.5，4 版，109 页，32 开（干部学习丛书）

本书共 7 部分：有阶级以前的社会、资本主义以前各种剥削方式、资本主义、从资本主义到共产主义的过渡时期、共产主义、从猿到人过程中的劳动作用、论国家。

收藏单位：国家馆

11230
社会发展简史
辽东建国书社，[1948]，29 页，32 开
收藏单位：浙江馆

11231
社会发展简史（从原始社会到资本主义社会）
出版者不详，1938.10，62 页，32 开

本文共 5 部分，内容包括：先阶级社会的经济构造、奴隶制社会的经济构造、封建社会的经济构造等。

11232
社会发展简史（干部必读）　解放社编
解放社，[1937—1949]，88 页，32 开

本书共 7 部分，内容包括：谁是我们的祖先、原始共产主义、资本主义等。书前有 3 版例言、编者的话。

收藏单位：广西馆

11233
社会发展史纲　华岗著
华北书店，1944，140 页

本书简述中国社会的发展过程，共 7 章：绪论、人类的起源和进化、原始共产社会、奴隶社会、封建社会、资本主义社会、社会主义社会。书前有著者自序。

收藏单位：国家馆、河南馆、山西馆

11234
社会发展史纲　华岗著
[北平]：三联书店，1949，245 页，32 开（新中国青年文库）

收藏单位：北师大馆、内蒙古馆、山西馆、天津馆

11235
社会发展史纲　华岗著
重庆：生活书店，1939.4，237页，32开（青年自学丛书）
重庆：生活书店，1946，胜利后1版，237页，32开
重庆、上海：生活书店，1947.3，2版，237页，32开（青年自学丛书）
上海：生活书店，1947.4，增订本，202页，36开（青年自学丛书）
重庆：生活书店，1947.6，165页，32开（青年自学丛书）
香港：生活书店，1948，2版，增订本，202页，36开（青年自学丛书）
收藏单位：北碚馆、长春馆、重庆馆、广东馆、广西馆、贵州馆、国家馆、辽宁馆、上海馆、天津馆、西南大学馆

11236
社会发展史纲　华岗著
重庆：自学书店，1942，237页，36开（青年自学丛书）
收藏单位：北碚馆、重庆馆、国家馆、湖南馆、南京馆、上海馆、首都馆

11237
社会发展史讲授提纲　艾思奇著
第二野战军政治部，[1949]，49页，36开
收藏单位：重庆馆

11238
社会发展史讲授提纲　艾思奇著
[北平]：华北大学，1949.8，再版，订正本，69页，32开
收藏单位：重庆馆、国家馆、吉大馆、中科图

11239
社会发展史讲授提纲　艾思奇著
北平：科学社，1949，33页，32开
收藏单位：东北师大馆、天津馆

11240
社会发展史讲授提纲　艾思奇著
上海：群众书店，1949.9，订正本，69页，32开
收藏单位：东北师大馆、国家馆、吉林馆

11241
社会发展史讲授提纲　艾思奇编
北平：万国书店，1949，44页，32开
收藏单位：国家馆、南京馆、天津馆

11242
社会发展史讲授提纲　艾思奇著
西安：西北新华书店，1949，订正本，49页，36开
收藏单位：重庆馆

11243
社会发展史讲授提纲　艾思奇著
北平：中华印书局，1949，42页，32开
收藏单位：重庆馆、天津馆

11244
社会发展史讲授提纲　艾思奇著
出版者不详，[1949]，53页，36开
收藏单位：重庆馆

11245
社会发展史讲授提纲　陈汉明编　华中军政大学政治部审定
华中军政大学政治部，[1949]，70页，32开
收藏单位：国家馆

11246
社会发展史讲授提纲　中国人民解放军第二野战军军政大学政治部编
[上海]：中国人民解放军第二野战军军政大学政治部，1949.6，28页，32开
收藏单位：国家馆

11247
社会发展史讲述纲要（初稿） 萧棠讲述
华北联合大学，[1939—1948]，油印本，1 册，32 开，环筒页装
收藏单位：国家馆、湖南馆

11248
社会发展史略 何锡麟译
辽东建国书社，1946，84 页，32 开
收藏单位：辽宁馆

11249
社会发展史略 解放社编
大连：大众书店，1946.2，114 页，32 开
收藏单位：东北师大馆、国家馆、天津馆

11250
社会发展史略 解放社编
东安（密山）：东北书店，1947，再版，107 页，32 开
佳木斯：东北书店，1948.10，4 版，115 页，32 开
长春：东北书店，1949.4，5 版，112 页，32 开
收藏单位：长春馆、重庆馆、东北师大馆、国家馆、黑龙江馆、吉林馆、辽宁馆、南京馆、山东馆、山西馆、天津馆

11251
社会发展史略 解放社编
东北新华书店辽东总分店，1949，89 页，32 开
收藏单位：国家馆、山东馆、山西馆

11252
社会发展史略 解放社编
华北新华书店，1946.8，92 页，32 开
华北新华书店，1948.6，79 页，32 开
收藏单位：国家馆、吉林馆、山东馆、山西馆、浙江馆

11253
社会发展史略 解放社编
华东新华书店，1948.7，71 页，32 开
收藏单位：广东馆、辽宁馆、天津馆

11254
社会发展史略 解放社编
南通：华中新华书店，1949.4，再版，71 页，32 开
本书为干部高级读物。据华东新华书店总店 1948 年 7 月初版翻印。
收藏单位：南京馆、山东馆

11255
社会发展史略 解放社编
重庆：解放社，1943.11，144 页，32 开
大连：解放社，1946.3，再版，114 页
收藏单位：南京馆、山东馆、武大馆

11256
社会发展史略 解放社编
辽北书店，1948.10 印，86 页，32 开
收藏单位：广东馆、江西馆、南京馆

11257
社会发展史略 解放社编
每日新闻社，1949，39 页，32 开
本书共 4 章：谁是我们的祖先、原始共产主义、奴隶占有制度、封建制度。
收藏单位：重庆馆

11258
社会发展史略 解放社编
山东新华书店总店，1948.7，102 页，32 开
收藏单位：国家馆、山东馆

11259
社会发展史略 解放社编
无锡：苏南新华书店，1949.7，71 页，32 开
收藏单位：广东馆、南京馆

11260
社会发展史略 解放社编
[阳城]：太岳新华书店，1948，91 页，32 开
本书共 3 部分：有阶级以前的社会、资本

主义以前的各种剥削方式、从猿到人过程中劳动的作用。

收藏单位：重庆馆、国家馆

11261
社会发展史略　解放社编
[合肥]：皖北新华书店，1949.6，76页，32开
收藏单位：国家馆、吉林馆、辽宁馆、南京馆

11262
社会发展史略　解放社编
[张家口]：新华书店晋察冀分店，1946.3，121页，32开
张家口：新华书店晋察冀分店，1949，119页，32开
收藏单位：北大馆、北师大馆、重庆馆、国家馆、内蒙古馆

11263
社会发展史略
[阜平]：晋察冀日报社，1944.12印，108页，32开
收藏单位：广东馆、国家馆

11264
社会发展史略
中原新华书店，1948.11，90页，32开
收藏单位：广东馆、国家馆、南京馆

11265
社会发展史提纲初稿　艾思奇著
北平：北平青年社，1949.7，49页，32开（青年学习丛书 第2辑）
本书共5部分：从猿到人、五种生产方式、社会主义革命和新民主主义革命、国家与政治、社会的思想意识。
收藏单位：北大馆、国家馆

11266
社会发展史提纲初稿　艾思奇著
北平：新北平印刷厂，1949.7印，49页，32开
本书内容包括：劳动创造世界、五种生产方式、社会主义革命和新民主主义革命、国家与政治、社会的思想意识等。
收藏单位：国家馆、宁夏馆

11267
社会故事　沈舟著
[泰州]：苏北新华书店，1949.6，38页，50开（大众读物 故事类）
本书收文23篇：《从石块里看社会》《女人的世界》《第一次大革命》《真正的平等》《依雅海》《原始共产社会的崩溃》《不平等的开始》《会说话的牛马》《荒唐的思想》《好听的名词》《又跨了一步》《农奴》《鞋匠和泥水木匠》《一座宝塔》《打屁股和新大陆》《花不常好》《参观纱厂回来》《目的是在赚钱》《大鱼吃小鱼》《疯狂病》《静坐罢工》《傀儡戏》《让我们来毁灭它吧》。
收藏单位：国家馆

11268
社会进化的原理　（德）恩格斯（Friedrich Engels）等著　刘济闇译
上海：春秋书店，1930.10，170页，32开
本书分上、下两编。上编共18部分，内容包括：一切历史都是阶级的历史、对剩余劳动之热求、从封建制度到资本主义制度等；下编共两部分：资本主义的最后阶段、空想的与科学的社会主义。
收藏单位：国家馆、湖南馆、近代史所、山东馆

11269
社会进化简史　张伯简著
[汉口]：长江书店，1927.2，3版，80页，32开
收藏单位：湖南馆、绍兴馆

11270
社会进化简史　张伯简编
[广州]：国光书店，1926.3，再版，120页，32开
[广州]：国光书店，1926.11，3版，120页，

32 开

本书共 8 章，内容包括：原始共产社会、族长的血族公社、共产社会等。

收藏单位：广西馆、国家馆、湖南馆

11271
社会进化简史
吴桥：大众书社，1946，石印本，23 页，32 开

本书共 7 部分：什么是社会、原始社会生活、奴隶制度社会、封建社会、资本主义社会、社会主义社会、共产主义社会。

收藏单位：国家馆

11272
社会进化史 蔡和森著
上海：民智书局，1924.8，230 页，22 开（上海大学丛书 1）
上海：民智书局，1926，再版，230 页，23 开（上海大学丛书 1）
上海：民智书局，1926.6，3 版，[230 页]，大 32 开（上海大学丛书 1）
上海：民智书局，1927，4 版，230 页，大 32 开
上海：民智书局，1929.8，5 版，230 页，大 32 开

本书共 3 篇 35 章，内容包括：家族之起源与进化、财产起源与进化、国家之起源与进化等。书前有绪论。

收藏单位：安徽馆、北碚馆、重庆馆、东北师大馆、广东馆、广西馆、国家馆、黑龙江馆、湖南馆、吉林馆、江西馆、辽大馆、南京馆、宁夏馆、山西馆、上海馆、天津馆、浙江馆、中科图

11273
社会进化史纲 邓初民著
上海：神州国光社，1931.10，404 页，25 开
上海：神州国光社，1932.9，再版，404 页，22 开
上海：神州国光社，1949.3，3 版，404 页，25 开
上海：神州国光社，1949.8，4 版，404 页，25 开

本书介绍社会的构成及进化的历程，共 6 编：先史时代、原始共产社会、奴隶制的古代社会、农奴制的中世封建社会、近代资本主义社会、社会主义社会。书前有绪论。

收藏单位：长春馆、重庆馆、东北师大馆、广东馆、广西馆、贵州馆、桂林馆、国家馆、河南馆、黑龙江馆、湖南馆、吉林馆、近代史所、辽大馆、辽东学院馆、南京馆、内蒙古馆、宁夏馆、山西馆、上海馆、首都馆、天津馆、浙江馆、中科图

11274
社会进化史纲 邓初民著
上海：言行出版社，1939.11，4 版，404 页，25 开
上海：言行出版社，1941.7，6 版，10+404 页，25 开

收藏单位：安徽馆、重庆馆、贵州馆、国家馆、辽东学院馆、首都馆、中科图

11275
社会史简明教程 邓初民著
重庆：生活书店，1940.11，268 页，22 开
重庆：生活书店，1942.2，再版，268 页，25 开
上海：[生活书店]，1942，再版，268 页
重庆：生活书店，1943.2，3 版，268 页，22 开
上海：[生活书店]，1945.10，胜利后 1 版，268 页，25 开
上海：生活书店，1946.10，胜利后 2 版，268 页，22 开
上海：生活书店，1947.2，胜利后 3 版，268 页，22 开

本书介绍史前至社会主义社会的构成及社会变革，共 6 编：史前、原始共产社会、奴隶制的古代社会、农奴制的中世封建社会、近代资本主义社会、社会主义社会。书前有自序、绪论。

收藏单位：北碚馆、重庆馆、广西馆、贵州馆、国家馆、黑龙江馆、湖南馆、南京馆、内蒙古馆、山东馆、山西馆、上海馆、首都

馆、天津馆、西南大学馆、浙江馆

11276
社会形态发展史提纲　抗大二分校训练部编
抗大二分校训练部，1942.12，油印本，85 页，32 开
　　收藏单位：国家馆

11277
学社会发展史的方法（艾思奇同志在华北军区直属队的报告）　艾思奇著
[无锡]：苏南军区政治部宣教部，[1949]，9 页，32 开（社会发展史学习材料 1）
　　收藏单位：国家馆

11278
怎样运用新观点学习历史　大众书店编辑委员会辑
[北平]：大众书店，1949，1 册，32 开
　　本书收文 3 篇：《怎样运用新观点学习历史》《端正读史立场》《漫谈学习历史》。
　　收藏单位：国家馆、山东馆、天津馆

11279
资本主义以前的社会　杜民著
[威县]：冀南新华书店，1947，28 页，32 开
　　本书共 3 部分：原始共产制社会、奴隶制社会、封建制度。
　　收藏单位：国家馆、山东馆、浙江馆

11280
资本主义以前的社会　杜民著
河间：冀中新华书店，1947.7，24 页，32 开
　　收藏单位：国家馆、河南馆、山东馆、天津馆

11281
资本主义以前的社会　杜民著
上海：生活·读书·新知三联书店，1949，44 页，32 开（新中国百科小丛书）
　　收藏单位：重庆馆、广东馆、浙江馆

11282
资本主义以前的社会　杜民著
上海：新知书店，1946.6，44 页，32 开（社会科学读本 1）
　　收藏单位：重庆馆、福建馆、国家馆、吉林馆、辽宁馆、上海馆、绍兴馆、天津馆、西南大学馆

世界史

11283
“大东亚共荣圈”的澈底毁灭　晋察冀日报社编
[阜平]：晋察冀日报社，1944.12，31 页，36 开（时事丛刊 7）
　　本书收文 11 篇：《敌国的政变和小矶内阁的出现》《敌寇小矶内阁的班子》《从海上打到日本，从陆上打到东北》《英舰队前来远东》《美军袭台湾之役》《“大东亚共荣圈”的澈底毁灭》《菲岛海面美舰队大捷》《菲律宾介绍》《美国海军阵容》《罗斯福连任第四届总统》《太平洋战争三周年》。
　　收藏单位：山西馆

11284
第二次世界大战　徐弦著
上海：生活·读书·新知三联书店，1949.6，103 页，36 开（新中国百科小丛书）
　　收藏单位：安徽馆、重庆馆、东北师大馆、广东馆、国家馆、辽宁馆、南京馆、山西馆、天津馆

11285
第二次世界大战秘录　（苏）雅马雪夫著　关梦觉译
沈阳：东北新华书店，1949.9，152 页，32 开（青年知识丛书 8）
　　本书收文 13 篇，内容包括：《大战的序曲》《国际化学独占与第二次世界战争》《魏刚卖国记》《东京审判中的历史伪造》《日本对苏的不宣而战》等。文章均译自苏联《新

时代》杂志。

收藏单位：长春馆、东北师大馆、广东馆、国家馆、吉林馆、南京馆、山东馆、中科图

11286

第一次世界大战简史 李霁编译

东北新华书店辽东分店，1949.8，198页，32开

本书共15章。

收藏单位：东北师大馆、山东馆

11287

第一次世界大战简史 李霁编译

华北新华书店，1948.10，327页，32开

收藏单位：重庆馆、广东馆、国家馆、吉大馆、近代史所、内蒙古馆、宁夏馆、山东馆、山西馆、首都馆、天津馆

11288

第一次世界大战简史 李霁编译

吉林书店，1948.6，203页，32开

收藏单位：东北师大馆、国家馆、吉林馆、辽宁馆、山东馆、首都馆、天津馆

11289

第一次世界大战简史 李霁编译

[香港]：三联书店，1948，203页，32开

[北平]：三联书店，1949.7，327页，32开

本书据苏联达尔力主编1939年版《近代史》有关章节编译而成。共15章，内容包括：二十世纪初期的国际关系、第一次世界大战的帝国主义的目的、大战年份的外交斗争、一九一七年交战诸强国的状况等。

收藏单位：长春馆、山西馆

11290

第一次世界大战简史 李霁编译

新华书店，1942，253页，32开

新华书店，1949.7，327页，32开

收藏单位：广东馆、国家馆、山东馆、山西馆、天津馆

11291

反对第二次世界帝国主义大战 毛泽东 张闻天著

冀西公报社，1939，石印本，24页，25开

本书收文3篇：《关于目前国际形势与中国抗战》（毛泽东）、《毛泽东同志对于第二次帝国主义战争的演讲提纲》、《反对第二次世界帝国主义大战》（洛甫）。著者"张闻天"原题：洛甫。

收藏单位：国家馆

11292

汉译唯物史观世界史（第2册 五世纪至十五世纪 从封建制度之发生至成熟）（苏）波卡洛夫 （苏）雅尼夏尼著 方天白译

上海：神州国光社，1936.5，278页，32开

本册为第4编：封建社会。书前有译序，说明第4册先于第2册出版的原因。

收藏单位：北碚馆、广西馆、国家馆

11293

汉译唯物史观世界史（第4册 十八世纪至十九世纪 从资本主义之发生至成熟）（苏）波卡洛夫 （苏）雅尼夏尼著 方天白译

上海：神州国光社，1936.2，[15]+365页，32开

本册共5章：十八世纪之欧罗巴与亚美利加、法兰西大革命、十九世纪上半期欧罗巴之劳动运动、一八四八年革命、俄罗斯封建农奴制度社会的崩解。书前有初版、3版、4版、5版序言。

收藏单位：广东馆、国家馆、黑龙江馆

11294

近代史教程（第1分册） 苏联科学院历史院编

[阳城]：太岳新华书店，1947.9，2册（173+78页），32开

本书为苏联大学历史教科书。叙述法国资产阶级革命至普法战争和巴黎公社时期的世界近代史。共3篇12章，内容包括：法兰西革命前夜的欧洲和北美、十八世纪的法国资产阶级革命、法国和欧洲其他国家等。

收藏单位：重庆馆、广东馆、国家馆、河南馆、山西馆

11295
近代史教程（第 1 分册） 苏联科学院历史院编
辽东新华书店，1949.7，284 页，32 开
收藏单位：重庆馆、广东馆、国家馆、河南馆、天津馆

11296
近代史教程（第 1 分册 从法国资产阶级革命到普法战争和巴黎公社） 苏联科学院历史院编
东安（密山）：东北书店，1947.10，284 页，32 开
长春：东北书店，1949.5，再版，284 页，32 开
收藏单位：长春馆、重庆馆、东北师大馆、国家馆

11297
近代史教程（第 1 分册 从法国资产阶级革命到普法战争和巴黎公社） 苏联科学院历史院编
华北新华书店，[1947.11]，[324] 页，32 开
华北新华书店，1948.10，2 版，324 页，32 开
收藏单位：重庆馆、广东馆、国家馆、河南馆、南京馆

11298
近代史教程（第 1 分册 从法国资产阶级革命到普法战争和巴黎公社） 苏联科学院历史院编
石家庄：晋察冀新华书店，1947，324 页，32 开
收藏单位：重庆馆、广东馆、贵州馆、国家馆、山西馆

11299
近代史教程（第 1 分册 从法国资产阶级革命到普法战争和巴黎公社） 苏联科学院历史院编
山东新华书店总店，1948.3，252 页，32 开
收藏单位：南京馆、山东馆

11300
近代史教程（第 2 分册 从普法战争和巴黎公社到帝国主义） 苏联科学院历史院编
华北新华书店，1947.11，363 页，32 开
本书共两篇 18 章，内容包括：普法战争和巴黎公社、从自由资本主义到帝国主义等。
收藏单位：重庆馆、国家馆

11301
近代世界革命史 陈昌浩著
解放社，1939.2—1939.4，2 册（268+302 页），32 开
本书分两卷。卷一共 3 章：英国革命、法国大革命、十九世纪上半期的劳动运动；卷二共 3 章：一八四八年的法国革命、一八四八年德国革命、十八世纪到十九世纪欧美民族运动。
收藏单位：北碚馆、重庆馆、东北师大馆、复旦馆、国家馆、近代史所、南京馆、首都馆

11302
近代世界革命史 陈昌浩著
桂林等：新知书店，1939.12—1940.2，2 册（255+302 页），32 开
收藏单位：重庆馆、东北师大馆、广东馆、广西馆、贵州馆、桂林馆、国家馆、黑龙江馆、湖南馆、华东师大馆、江西馆、南京馆

11303
近代世界革命史 陈昌浩著
上海：中国出版社，1939.2—1940.3，2 册（255+302 页），32 开
上海：中国出版社，1940，再版，2 册（255+302 页），32 开
收藏单位：复旦馆、广东馆、国家馆、黑龙江馆、南京馆、内蒙古馆、上海馆、首都馆

11304
近代世界革命史　程浩著　世界历史研究会编
上海：新中国书局，1949.5，再版，446页，25开
本书共6章：英国革命、法国大革命、十九世纪上半期欧洲的劳动运动、一八四八年的法国革命、一八四八年的德国革命、十八世纪到十九世纪欧美民族运动。
收藏单位：重庆馆、广东馆、广西馆、国家馆、湖南馆、吉大馆、吉林馆、江西馆、内蒙古馆、山西馆、上海馆、首都馆、中科图

11305
近代世界革命史话　陈光祖编
大连：大众书店，1946，再版，101页，32开
本书共9讲：资产阶级革命以前的欧洲、十七十八世纪的资产阶级民主革命、十九世纪的无产阶级革命运动、帝国主义争夺殖民地的战争、苏联十月革命、帝国主义对苏联的围攻、苏联的社会主义建设、资本主义经济危机与法西斯主义的产生、第二次世界大战与反法西斯战争。
收藏单位：东北师大馆、辽宁馆、天津馆

11306
近代世界革命史话　陈光祖编
佳木斯等：东北书店，1947.9，116页，32开
佳木斯等：东北书店，1948.10，再版，116页，32开
收藏单位：长春馆、东北师大馆、广东馆、国家馆、黑龙江馆、辽宁馆、南京馆、山东馆、天津馆

11307
近代世界革命史话　陈光祖编
朝城：冀鲁豫书店，1947，108页，32开
收藏单位：国家馆、山东馆

11308
近代世界革命史话　陈光祖编
胶东新华书店，1946.11，96页，32开
收藏单位：国家馆、山东馆

11309
近代世界革命史话　陈光祖编
临沂：山东新华书店，1946.4，99页，32开
收藏单位：国家馆、南京馆、内蒙古馆、山东馆

11310
近代世界革命史话　陈光祖编
[阳城]：太岳新华书店，1948.9，122页，32开
收藏单位：重庆馆、国家馆、宁夏馆、山西馆

11311
近代世界革命史话　陈光祖编
新华书店冀中支店，1947.3，103页，32开
收藏单位：重庆馆、国家馆、黑龙江馆、天津馆

11312
近代世界革命史话　陈光祖编
天津：知识书店，1949.6，102页，32开
收藏单位：国家馆、内蒙古馆、山西馆、天津馆

11313
近代世界革命史话　陈光祖编　苏皖边区政府审定
韬奋书店，1946.6，96页，32开
本书为青年读物及中学教本。
收藏单位：国家馆、南京馆

11314
近代世界史简编　程浩著　世界历史研究会编
上海：新知书店，1948.3，446页，25开
本书内容同著者《近代世界革命史》。
收藏单位：重庆馆、广东馆、广西馆、国家馆、近代史所、首都馆、西南大学馆

11315
近代世界史简编 程浩著 世界历史研究会编
上海：远方书店，1948.3，沪版，446 页，25 开
收藏单位：安徽馆、国家馆、湖南馆、山西馆

11316
近代新历史（第 1 分册） 苏联科学院历史研究院编 杜克展译
上海：读书出版社，1946.10，360 页，32 开
重庆：读书出版社，1946.11，再版，360 页，32 开
上海、重庆：读书出版社，1947.5，3 版，360 页，32 开
大连：读书出版社，1948.5，312 页，32 开（历史丛刊 4）
长春：读书出版社，1949.4，再版，312 页，32 开（历史丛刊 4）
本书内容同《近代史教程》第 1 分册。
收藏单位：北碚馆、重庆馆、东北师大馆、广东馆、广西馆、贵州馆、国家馆、河南馆、黑龙江馆、吉大馆、吉林馆、近代史所、辽宁馆、南京馆、内蒙古馆、山西馆、上海馆、首都馆、西南大学馆

11317
劳动运动史 施存统编
汉口：长江书店，1927，101 页，32 开（新青年社丛书）
本书介绍劳动阶级的起源及沿革、产业革命、劳动争议、英国劳动运动、法国劳动运动等内容。
收藏单位：湖南馆、浙江馆

11318
劳动运动史 施存统编
上海：中国劳动组合书记部，1922，102 页，32 开
本书著者原题：施光亮。
收藏单位：广东馆、国家馆

11319
历史的伪造者 苏联情报局编
新华书店九分店，[1945—1949]，13 页，32 开
本书分 4 部分揭示第二次世界大战前后苏联对外关系的历史真相。
收藏单位：国家馆、南京馆、山西馆

11320
历史的伪造者 苏联情报局公布 秋江等译
大连：光华书店，1948.8，102 页，32 开
本书收文 5 篇：《富有国际意义的历史文献》（李昂吉夫）、《历史的伪造者》（苏联情报局）、《人赃俱获的历史伪造者》（《新时代》杂志社论）、《事实终究还是事实》（瓦希列夫斯卡娅）、《历史伪造者为什不说这些?》（罗津茨维格）。
收藏单位：重庆馆、国家馆、近代史所、山东馆、天津馆

11321
历史的伪造者 苏联情报局公布 实话报社译
实话报社，[1948]，102 页，32 开
收藏单位：北碚馆、重庆馆、东北师大馆、国家馆、山东馆

11322
历史的伪造者（历史的佐证） 伊真译
佳木斯：东北书店，1948.9，52 页，32 开
收藏单位：长春馆、国家馆、天津馆

11323
历史的伪造者（苏联情报局所发表的历史记录） 苏联大使馆编
南京：苏联大使馆，1948.3，69 页，32 开
本书共 4 部分："德国侵略的准备是如何开始的""不是对德国侵略斗争、而是孤立苏联的政策""苏联的孤立、苏德互不侵犯公约""'东'战场的形成，德国对苏联的进攻，反希特勒同盟的成立，以及关于盟国间义务的问题"。
收藏单位：重庆馆、广东馆、贵州馆、国家馆、吉大馆、南京馆、上海馆、首都馆、

浙江馆

11324

论第二次世界大战（一九三九年九月十四日在延安干部大会上讲演） 朱嘉美编

教育书局，1939.11，150页，22开

本书收文22篇，内容包括：《第二次帝国主义战争讲演提纲》（毛泽东）、《反对第二次世界帝国主义大战》（洛甫）、《苏德互不侵犯条约的报告》（莫洛托夫）、《苏德订约与远东》（新华社社论）、《和平万岁》（阿拉贡）等。

收藏单位：广东馆、国家馆、吉林馆、上海馆、西交大馆

11325

罗斯福斯大林邱吉尔战时言论集 史明编

重庆：新华日报图书课，1944.2，212页，25开

本书收文42篇，内容包括：《邱吉尔援苏演说》《美政府正式谴责德国对苏奸诈之攻击》《斯大林号召作战演说》《邱吉尔赞扬苏联抗战的演说》《罗斯福广播演说坚决反纳粹》《罗斯福国会咨文》《国际劳动日斯大林文告》《邱吉尔纵论战局》等。

收藏单位：北碚馆、重庆馆、东北师大馆、广东馆、广西馆、国家馆、吉林馆、南京馆、内蒙古馆、上海馆、西南大学馆、中科图

11326

社会运动史 施存统编

出版者不详，[1922—1927]，124页，24开

本书共14章，内容包括：绪言、原始共产制、历史开卷之奴隶制度、三千年前之相互扶助、从劳动组合到基督教会等。

11327

世界的新面貌 [抗战日报社编]

[兴县]：抗战日报社，[1944]，22页，32开（时论丛刊8）

收藏单位：国家馆、山西馆

11328

世界的新面貌 新华书店编辑部编

新华书店，1944.9，32页，36开（时事丛刊2）

涉县：新华书店，1945.6，67页，32开

本书共两部分："新时代人类的大宪章""法西斯主义的灭亡——新民主主义的勃兴"。

收藏单位：重庆馆、国家馆、黑龙江馆、吉林馆、近代史所

11329

世界反法西斯战争文献初编 马皓　智建中编

佳木斯：东北书店，1947.9，432页，25开

本书收1941年6月2日至1946年10月30日期间的文献资料94件，按年月顺序排列。内容大部分为苏美英三国首脑讲话、各国政府外交声明，以及国际会议的协定、公报等。

收藏单位：安徽馆、东北师大馆、国家馆、湖南馆、吉林馆、近代史所、辽宁馆、山西馆、首都馆、天津馆、浙江馆、中科图

11330

世界社会史 （日）上田茂树著　施存统译

上海：昆仑书店，1929.8，196页，32开

上海：昆仑书店，1930.3，再版，195页，32开

本书共4章：绪论、古代社会史、中世社会史、近代社会史。从人类原始社会叙述至第一次世界大战后国际联盟建立，其中有关无产阶级社会运动的篇幅较多。译者原题：施复亮。

收藏单位：安徽馆、重庆馆、广东馆、国家馆、近代史所、南京馆、宁夏馆、上海馆、首都馆、天津馆、浙江馆

11331

世界史初步 曹伯韩著

香港：生活书店，1948.1，118页，36开（新知识初步丛刊）

上海：生活书店，1948.5，再版，118页，36开（新知识初步丛刊）

大连：生活书店，1948.12，92 页，36 开（少年文库）

本书共 25 部分，叙述从史前时代至第二次世界大战时期的世界史。

收藏单位：长春馆、重庆馆、东北师大馆、广东馆、广西馆、国家馆、辽宁馆、山东馆、首都馆、武大馆、浙江馆

11332

世界通史研究提纲 波吉牟金主编 屈洪译

[北平]：解放社，1949，再版，90 页

本书共 3 部分。第 1 部分为“古代史”，包括古代东方、古代希腊、古代罗马；第 2 部分为“中世纪”，包括中世纪初期的西方、西欧以及中世纪后期的西方；第 3 部分为“近代史”，包括资本主义在先进国家中的胜利与确立之时期、资本主义已开始衰落的时期以及近代史第三时期。

收藏单位：山西馆

11333

世界新面貌 庄方编

大连：大众书店，1946.11，再版，143 页，32 开

本书共两部分。第 1 部分为“新时代人类的大宪章”，内容包括：二十六国反法西斯联合宣言、开罗会议公报、克里米亚会议公报、苏联对日宣战公报等。第 2 部分为“法西斯主义的灭亡——新民主主义的勃兴”，内容包括：新南斯拉夫的民主、新法兰西的民主、新波兰的民主、新匈牙利的民主等。附《美国的民主》等 6 篇。

收藏单位：长春馆、东北师大馆、国家馆、吉大馆、吉林馆、辽宁馆

11334

世界新面貌 庄方增编

临沂：山东新华书店，1946.5，92 页，36 开

收藏单位：重庆馆、山东馆

11335

太平洋战争与世界战局 新华日报社编

重庆：新华日报社，1941.12，31 页，32 开

本书收文 6 篇：《中国共产党为太平洋战争宣言》《中共中央关于太平洋反日统一战线的指示》《太平洋战争与世界战局》《世界政治的新转变》《太平洋大战爆发》《太平洋战争与华侨工作》。

收藏单位：重庆馆、国家馆、吉林馆

11336

西方革命史 中国孙中山劳动大学编

莫斯科：中国孙中山劳动大学，1928，[95] 页，18 开

莫斯科：中国孙中山劳动大学，1928，石印本，3 册，18 开

收藏单位：国家馆、湖南馆

11337

现代世界民主运动史纲 A. 伦第著 陈原译

上海：生活·读书·新知联合发行所，1949.8，208+7 页，22 开

本书译者原题：章怡。

收藏单位：东北师大馆、广东馆、广西馆、桂林馆、近代史所、宁夏馆、山西馆、天津馆

11338

现代世界民主运动史纲 A. 伦第著 陈原译

上海：新知书店，1947.10，208 页，25 开

上海：新知书店，1948.7，2 版，208 页，25 开

本书共 9 章：现代民主主义的兴起、荒原的新生命、欧洲的黎明、民主运动的停滞期、一个新时代、德国的民主运动、马克思主义的兴起、马克思主义与民主传统、近百年来的民主运动。译者原题：章怡。

收藏单位：重庆馆、广东馆、桂林馆、国家馆、黑龙江馆、吉林馆、近代史所、南京馆、山西馆、上海馆、首都馆

11339

现代世界民主运动史纲 A. 伦第著 陈原译

[长春]：新中国书局，1949.7，215 页，25 开

收藏单位：长春馆、重庆馆、东北师大馆、国家馆、辽大馆、内蒙古馆、山西馆、天津馆、武大馆

11340
现阶段的世界民族解放运动 吴清友著
上海：当代青年出版社，1937.3，146页，32开（当代青年丛书 第1辑4）
上海：当代青年出版社，1937.4，再版，146页，36开（当代青年丛书 第1辑4）

本书共5章："现阶段帝国主义殖民政策的动态""亚洲民族解放运动的现势""拉丁美洲民族解放运动的现势""非洲民族解放运动的现势""弱小民族的出路——民族自决"。书前有著者自序。

收藏单位：北碚馆、重庆馆、国家馆、湖北馆、吉林馆、近代史所、宁夏馆、山东馆、陕西馆、上海馆、首都馆、浙江馆

11341
原始人的文化 （苏）尼柯尔斯基（B. K. Никольский）著 焦敏之译
上海：读书生活出版社，1937.7，172页，32开

本书共13章，内容包括：有过"天堂"和"黄金时代"吗、人类的祖先是动物、新近发掘出来的人、人类的故乡和人类的生辰月日等。

收藏单位：北碚馆、重庆馆、贵州馆、国家馆、江西馆、南京馆、内蒙古馆、上海馆、中科图

11342
战争何时结束（国际评论选）
[延安]：新华书店，1945.2，42页，32开

本书收文10篇，内容包括：《论盟军在菲岛登陆和太平洋战略形势的变化》（朱科夫）、《论史迪威的去职》（爱金生）、《匈牙利之战》（威尔纳）、《战争何时结束》（战争与工人阶级杂志）、《英国透露了外交政策的目的》（拉蒙德·顿尼尔）、《意大利的进步》（麦克艾文）、《法国的内情》（新华社）、《目前的印度问题》（约希）等。附《日本军需工业地理》。

收藏单位：国家馆

11343
殖民地保护国新历史（上卷 第1册） 古柏尔等著 吴清友译
重庆：读书出版社，1941.1，179页，32开
大连：读书出版社，1946.4，[179]页，32开（历史丛刊5）
上海：读书出版社，1946.4，再版，179页，32开
上海：读书出版社，1947.2，再版，179页，32开
大连：读书出版社，1948.12，再版，179页，32开（历史丛刊5）
大连：读书出版社，1949.7，东北3版，179页，32开（历史丛刊5）
[北平]：读书出版社，1949，3版，[179]页，32开（历史丛刊5）

本书共8章：资本原始蓄积时期的殖民地、印度、因多尼西亚、拉丁美洲与西印度、赤道非洲及南非洲、奥斯曼帝国、伊朗、中国。

收藏单位：长春馆、重庆馆、东北师大馆、广西馆、国家馆、河南馆、湖北馆、湖南馆、吉林馆、辽宁馆、南京馆、山东馆、山西馆、上海馆、首都馆、天津馆、西南大学馆、中科图

11344
殖民地保护国新历史（上卷 第2册） 古柏尔等著 吴清友译
[重庆]：读书出版社，[1941.5]，370页，32开
上海：读书出版社，1947.2，再版，370页，32开
大连：读书出版社，1947.5，[370]页，32开（历史丛刊5）
大连：读书出版社，1948.12，再版，370页，32开（历史丛刊5）
大连：读书出版社，1949.7，3版，370页，32开（历史丛刊5）
[北平]：读书出版社，1949，3版，[370]页，32开（历史丛刊5）

本书内容为第2篇（9—18章）：资本主义在先进国家胜利和巩固时期的殖民地及附

属国（一七八九至一八七〇年）。

收藏单位：长春馆、重庆馆、东北师大馆、广东馆、广西馆、国家馆、河南馆、湖北馆、湖南馆、吉林馆、辽宁馆、内蒙古馆、山东馆、山西馆、上海馆、首都馆、天津馆、西南大学馆、中科图

11345
殖民地保护国新历史（上卷 第3册） 古柏尔等著 吴清友译
[重庆]：读书出版社，1941.5，251页，32开
上海：读书出版社，1947.2，再版，251页，32开
上海：读书出版社，1947.5，再版，251页，32开
大连：读书出版社，1947.5，[251]页，32开（历史丛刊5）
大连：读书出版社，1948.12，再版，251页，32开（历史丛刊5）
大连：读书出版社，1949.7，3版，251页，32开（历史丛刊5）
[北平]：读书出版社，1949，3版，[251]页，32开（历史丛刊5）

本书内容为第3篇（19—25章）：帝国主义时期的殖民地及保护国（一八七〇至一九一八年）（上）。

收藏单位：长春馆、重庆馆、东北师大馆、广东馆、广西馆、国家馆、湖北馆、湖南馆、吉林馆、辽东学院馆、辽宁馆、内蒙古馆、山东馆、山西馆、上海馆、首都馆、天津馆、西南大学馆、中科图

11346
殖民地保护国新历史（上卷 第4册） 古柏尔等著 吴清友译
大连：读书出版社，1948.4，314页，32开（历史丛刊5）
大连：读书出版社，1949.3，314页，32开（历史丛刊5）

本书内容为第3篇（26—33章）：帝国主义时期的殖民地及保护国（一八七〇至一九一八年）（下）。

收藏单位：长春馆、重庆馆、东北师大馆、广西馆、国家馆、辽师大馆、上海馆、首都馆、天津馆

中国史

通史、古代史总论

11347
二千年间 胡绳著
大连：大连新华书店，1949，171页，32开

本书共9部分，内容包括：二千年的鸟瞰、在万人之上的人、大地下的撼动等。

收藏单位：国家馆

11348
二千年间 胡绳著
佳木斯：东北书店，1949.3，145页，32开

本书著者原题：蒲韧。

收藏单位：安徽馆、东北师大馆、国家馆、吉林馆

11349
二千年间 胡绳著
上海：开明书店，1946.6，184页，32开（开明青年丛书）
上海：开明书店，1946.10，再版，184页，32开（开明青年丛书）
上海：开明书店，1947.5，3版，184页，32开（开明青年丛书）
上海：开明书店，1948.7，特1版，184页，32开（开明青年丛书）
上海：开明书店，1948.12，4版，184页，32开（开明青年丛书）
上海：开明书店，1949.3，5版，184页，32开（开明青年丛书）
上海：开明书店，1949.6，6版，184页，32开（开明青年丛书）

本书著者原题：蒲韧。

收藏单位：安徽馆、长春馆、重庆馆、甘

肃馆、广东馆、广西馆、贵州馆、国家馆、黑龙江馆、湖南馆、吉林馆、江西馆、南大馆、南京馆、内蒙古馆、宁夏馆、山东馆、山西馆、上海馆、绍兴馆、首都馆、西南大学馆

11350
二千年间　胡绳著
西安：西北新华书店，1949.7，164 页，32 开
　　本书著者原题：蒲韧。
　　收藏单位：甘肃馆、国家馆

11351
二千年间　胡绳著
北平：新华书店，1949.4，164 页，32 开
　　本书著者原题：蒲韧。
　　收藏单位：重庆馆、广东馆、国家馆、河南馆、湖南馆、山东馆、山西馆、首都馆

11352
二千年间　胡绳著
中原新华书店，1949.2，166 页，32 开
　　收藏单位：重庆馆、东北师大馆、广东馆、国家馆、河南馆、湖南馆、江西馆、近代史所、首都馆

11353
简明中国通史　吕振羽著
安东（丹东）：东北书店安东分店，1949.4，2 册（298+738 页），32 开（历史丛刊）
　　收藏单位：长春馆、重庆馆、东北师大馆、国家馆、黑龙江馆、辽大馆、山东馆

11354
简明中国通史　吕振羽编
沈阳：东北新华书店，1949.7，2 册（743 页），32 开
　　本书上册 11 章，记述上古传说至两晋南北朝；下册 4 章，记述隋唐至清末。内容包括：绪论、图腾制度时期、氏族制度时期、殷代的奴隶所有者国家（公元前 1766—1122 年）、西周（公元前 1122—770 年）初期封建制度的成立等。
　　收藏单位：东北师大馆、西南大学馆

11355
简明中国通史　吕振羽编
大连：光华书店，1948.4—1948.5，2 册，32 开（历史丛刊 3）
大连：光华书店，1949.1，再版，2 册（839 页），32 开（历史丛刊 3）
　　收藏单位：长春馆、重庆馆、东北师大馆、广东馆、国家馆、南京馆、宁夏馆、山东馆、首都馆、天津馆

11356
简明中国通史　吕振羽著
华北新华书店，1949.1，2 册（394+583 页），32 开
华北新华书店，1949.4，校正再版，2 册（394+583 页），32 开
　　收藏单位：安徽馆、国家馆、山西馆

11357
简明中国通史　吕振羽著
华东新华书店，1949.3，2 册（737 页），32 开
　　收藏单位：福建馆、国家馆、山东馆、上海馆、绍兴馆

11358
简明中国通史　吕振羽编
[郑州]：中原新华书店，1949.5，2 册（322+466 页），32 开
　　收藏单位：贵州馆、国家馆、河南馆

11359
简明中国通史（上册）　吕振羽著
北平[等]：生活书店，1945.11，北平 1 版，155 页，32 开
重庆：生活书店，1945.12，胜利后 2 版，155 页，32 开
上海：生活书店，1946，4 版，155 页，32 开
　　收藏单位：北碚馆、重庆馆、福建馆、广东馆、国家馆、黑龙江馆、上海馆、首都馆

11360
简明中国通史（下册）　吕振羽著

生活·读书·新知三联书店，[1948—1949]，[500] 页，32 开

收藏单位：首都馆

11361

史事与人物　吴晗著

上海 [等]：生活书店，1948.7，188 页，32 开

本书为史论集。收文 18 篇，内容包括:《回纥助唐记》《论奴才——石敬瑭父子》《“社会贤达”考》《奴隶翻身史例》《关于魏忠贤》等。

收藏单位：安徽馆、重庆馆、东北师大馆、广西馆、国家馆、湖南馆、吉林馆、近代史所、南京馆、山西馆、上海馆、首都馆、天津馆

11362

唯物史观中国史　费明君译

上海：永祥印书馆，1949.8，183 页，25 开

本书共 6 部分：古代、中世、近代、一九一〇至二四年间的中国、一九二五至二七年间的革命、一九二八至三五年的中国。书后有译后记。

收藏单位：东北师大馆、国家馆、黑龙江馆、湖北馆、上海馆、浙江馆

11363

中国历史简明教程　抗大政治文化教育科研究室编辑

[威县]：冀南书店，1946，4 册，32 开

收藏单位：广东馆、国家馆、山东馆

11364

中国历史简明教程（上册）　范文澜著

希望书店，1947.3，244 页，32 开

本书内容为原始公社至南北朝的历史。共两编 13 章，内容包括：“原始公社时代——黄帝至禹”“原始公社逐渐解体到奴隶占有制度时代——夏商”“封建制度开始时代——西周”“列国兼并时代——春秋”“兼并剧烈时代——战国”等。

收藏单位：近代史所、上海馆、首都馆、西南大学馆

11365

中国历史讲话　辛安亭编著

[辽县（左权）]：华北书店，1942.9，76 页，32 开（文化教育丛书 2）

收藏单位：国家馆

11366

中国历史讲话　许立群编著

辽东建国书社，1941.9，126 页，32 开

本书系《中国史话》一书改名版。共 3 编，记述自上古至鸦片战争的历史。附中国历史大事简要年表。书前有吴玉章序。书后有后记。

收藏单位：重庆馆、国家馆

11367

中国历史讲话（从原始社会到鸦片战争）　许立群编著

吉林市松江印刷局，[1948—1949]，104 页，32 开

收藏单位：国家馆、南京馆

11368

中国历史教程绪论　吴玉章著

[北平]：华北大学教务处，1949.7，75 页，32 开

本书共 5 节：研究中国历史的意义、研究中国历史的方法、研究中国历史应选择的材料、中国历史的范围、中国历史的编年纪事和时代的划分。

收藏单位：国家馆、黑龙江馆、近代史所、天津馆、中科图

11369

中国历史教程绪论　吴玉章著

辽东新华书店，1949，59 页，32 开

收藏单位：广东馆、山东馆

11370

中国历史教程绪论　吴玉章著

[北平]：新华书店，1949.8，98 页，32 开

[北平]：新华书店，1949，2 版，98 页，32 开

收藏单位：北碚馆、重庆馆、东北师大

馆、福建馆、广东馆、国家馆、近代史所、南京馆、宁夏馆、山西馆、天津馆

11371
中国社会史问题论战 何干之著
上海：生活书店，1937.7，227 页，32 开（青年自学丛书 第 3 辑）
上海：生活书店，1939，再版，227 页，32 开（青年自学丛书 第 3 辑）

本书内容为对中国社会史问题的一些讨论和看法，分上、中、下 3 编：上编亚细亚生产方法论争的意义、中编中国奴隶社会的方法论、下编中国封建社会的特质。

收藏单位：重庆馆、广东馆、贵州馆、国家馆、湖南馆、江西馆、近代史所、南京馆、山西馆、上海馆、中科图

11372
中国社会史诸问题 吕振羽著
上海：耕耘出版社，1940，176 页，32 开
上海：耕耘出版社，1949.6，再版，176 页，32 开

本书内容为中国社会史的相关问题，共 4 部分：关于中国社会史的诸问题、“亚细亚的生产方法”与所谓中国社会的“停滞性”问题、中国社会史上的奴隶制度问题、创造民族新文化与文化遗产的继承问题。附《日本法西斯蒂的中国历史观批判》《本国史研究提纲》。书前有编者序。

收藏单位：重庆馆、东北师大馆、福建馆、广东馆、广西馆、国家馆、河南馆、湖南馆、辽宁馆、南京馆、宁夏馆、山东馆、首都馆、浙江馆

11373
中国史纲（第 1 卷 史前史、殷周史） 翦伯赞著
上海：生活书店，1946.7，423 页，25 开（新中国大学丛书）
上海：生活书店，1946.10，再版，423 页，25 开（新中国大学丛书）
上海：生活书店，1947.5，3 版，423 页，25 开（新中国大学丛书）

本书内容上起太古时代，下讫殷周。共 4 部分：前氏族社会、氏族社会、古代社会、初期封建社会。

收藏单位：重庆馆、大庆馆、广东馆、广西馆、国家馆、黑龙江馆、湖南馆、江西馆、宁夏馆、上海馆、首都馆、西南大学馆、浙江馆

11374
中国史话 许立群编著
佳木斯：东北书店，1947，127 页，32 开
佳木斯：东北书店，1948.10，再版，127 页，32 开

收藏单位：重庆馆、东北师大馆、国家馆、南京馆、首都馆、天津馆

11375
中国史话 许立群编著
东北新华书店辽东分店，1949，123 页，32 开

收藏单位：国家馆

11376
中国史话 许立群编著
华北书店，1942.8，再版，120 页，32 开
华北书店，1943.3，再版，[119 页]，32 开，环筒页装
华北书店，1944.7，3 版，120 页，32 开

收藏单位：国家馆、天津馆

11377
中国史话 许立群编著
华北新华书店，1946，120 页，32 开
华北新华书店，1946.11，再版，154 页，32 开

收藏单位：国家馆、山东馆、上海馆

11378
中国史话 许立群编著
上海：华夏书店，1949，3 版，146 页，32 开

收藏单位：重庆馆、东北师大馆

11379
中国史话 许立群编著

华中新华书店，1948.11，104 页，32 开
收藏单位：浙江馆

11380
中国史话　许立群编著
[唐山]：冀东新华书店，1949.4，192 页，32 开
收藏单位：国家馆、宁夏馆、上海馆

11381
中国史话　许立群编著
冀中新华书店，1946.4，再版，130 页，32 开
收藏单位：国家馆

11382
中国史话　许立群编著
江淮出版社，1944.10，98 页，32 开
收藏单位：国家馆

11383
中国史话　许立群编著
旅顺：民众书店，[1940—1949]，163 页，32 开
收藏单位：重庆馆、国家馆、首都馆

11384
中国史话　许立群编著
[无锡]：苏南新华书店，1949.7，112 页，32 开
收藏单位：国家馆、山东馆、上海馆

11385
中国史话　许立群编著
[阳城]：太岳新华书店，1946.4，128 页，32 开
收藏单位：重庆馆、国家馆、山西馆

11386
中国史话　许立群著
上海：文华出版社，1947.2，再版，146 页，32 开
上海：文华出版社，1948.9，3 版，146 页，32 开
收藏单位：重庆馆、广东馆、国家馆、山东馆、山西馆、上海馆、首都馆

11387
中国史话　许立群编著
新华出版社，1946，114 页，32 开
收藏单位：国家馆

11388
中国史话　许立群著
上海：新华书店，1949，212 页，32 开
收藏单位：重庆馆、上海馆

11389
中国史话　许立群著
上海：野草出版社，1946.1，146 页，32 开
上海：野草出版社，1946，再版，146 页
收藏单位：北碚馆、重庆馆、甘肃馆、国家馆、山东馆、山西馆、上海馆、首都馆、浙江馆

11390
中国史论集（第 1 辑）　翦伯赞著
重庆：文风书局，1943.12，312 页，25 开
重庆：文风书局，1944，再版，312 页，25 开
上海：文风书局，1946.11，沪 1 版，312 页，22 开
上海 [等]：文风书局，1947.5，沪 2 版，312 页，25 开
本书收著者 1940 年入川以后所著历史论文 20 篇。1947 年版始称第 1 辑。内容包括：《略论中国史研究》《评实验主义的中国历史观》等。
收藏单位：安徽馆、北碚馆、重庆馆、东北师大馆、广东馆、广西馆、贵州馆、国家馆、黑龙江馆、湖南馆、吉林馆、近代史所、辽大馆、辽师大馆、南京馆、山西馆、上海馆、绍兴馆、首都馆、西南大学馆、浙江馆、中科图

11391
中国史论集（第 2 辑）　翦伯赞著
上海：国际文化服务社，1947.5，374 页，25

开
上海［等］：国际文化服务社，1948.8，再版，375 页，25 开

本书收著者 1943—1945 年发表的历史论文 18 篇，内容包括：《略论中国文献学上的史料》《论司马迁的历史学》《论刘知几的历史学》等。

收藏单位：长春馆、东北师大馆、广西馆、贵州馆、国家馆、黑龙江馆、湖南馆、近代史所、辽大馆、辽东学院馆、南京馆、内蒙古馆、山西馆、上海馆、首都馆、西南大学馆、浙江馆、中科图

11392
中国通史简编　范文澜编
上海：生活·读书·新知三联书店，1949.7，766 页，25 开

本书共 3 编，内容包括："原始公社到中央集权的封建制度底成立——远古至秦""封建经济的发展到西洋资本主义的侵入——隋统一至清鸦片战争"等。书前有中国历史研究会序。

收藏单位：广东馆、国家馆、吉林馆、上海馆

11393
中国通史简编　范文澜编
上海：新中国书局，1949.4，3 版，766 页，25 开

收藏单位：广东馆、黑龙江馆、吉林馆、内蒙古馆

11394
中国通史简编　中国历史研究会编
沈阳：东北新华书店，1949.9，754 页，25 开
沈阳：东北新华书店，1949.9，2 册，25 开

本书共 3 编，内容包括："原始公社到中央集权的民族国家底成立——远古至秦""封建经济的发展到西洋——资本主义的侵入——隋统一至清鸦片战争"等。书前有序、再版说明、《研究中国三千年历史的钥匙》《论正统》。

收藏单位：东北师大馆、国家馆、辽宁馆、山西馆

11395
中国通史简编　中国历史研究会编
华北新华书店，1947.7，3 版，2 册，32 开
华北新华书店，1948.9，2 册（1390 页），32 开，精装

收藏单位：重庆馆、国家馆、河南馆、黑龙江馆、近代史所、山西馆

11396
中国通史简编　中国历史研究会编
新华书店，[1948.4]，再版，2 册（436+953 页），32 开
新华书店，1949，3 册（436+494+460 页），32 开

收藏单位：国家馆、近代史所、南京馆、山东馆、山西馆、天津馆

11397
中国通史简编　中国历史研究会编
上海：新知书店，1947.7，766 页，25 开
上海：新知书店，1947.8，2 版，766 页，25 开
长春：［新知书店］，1949，3 版，766 页

收藏单位：重庆馆、广东馆、国家馆、黑龙江馆、湖南馆、近代史所、南京馆、内蒙古馆、上海馆、绍兴馆、首都馆、天津馆、中科图

11398
中国通史简编（第 1—8 册）　中国历史研究会编
［延安］：新华书店，1945—1947，8 册，32 开

收藏单位：广东馆、国家馆、河南馆、近代史所、山东馆

11399
中国通史简编（第 2 册）　中国历史研究会编
新华书店，1945.1，再版，83—206 页，32 开

收藏单位：国家馆

11400
中国通史简编（第3—8册） 范文澜编
新华书店，1947.12，2版，6册（[930]页），32开
收藏单位：广东馆、国家馆、山西馆

11401
中国通史简编（第4—6册） 中国历史研究会编
华北新华书店，1946—1949，3册，32开
收藏单位：重庆馆、国家馆、河南馆

11402
中国通史简编（第7—8册 中国近代史） 范文澜著
华北新华书店，1947.9，2册，32开
华北新华书店，1947.12，2版，2册，32开
本书内容包括：第一次鸦片战争、太平天国革命、第二次鸦片战争等。
收藏单位：重庆馆、国家馆、河南馆、吉林馆、近代史所、南京馆、山东馆、山西馆

11403
中国通史简编（上编） 中国历史研究会编
山东新华书店，1946，305页，32开
收藏单位：广东馆、山东馆

11404
中国通史简编（上册） 中国历史研究会编著
大连：大众书店，1946.11，再版，311页，32开
收藏单位：国家馆

11405
中国通史简编（上册） 中国历史研究会编著
新华书店，1946，再版，299页，32开
收藏单位：国家馆

11406
中国通史简编（上、中） 中国历史研究会编
新华书店，[1941]，2册，32开
收藏单位：重庆馆、国家馆

11407
中国通史简编（上、中编） 中国历史研究会编
哈尔滨：东北书店，1947.10—1947.11，341页，32开
哈尔滨：东北书店，1948.9—1948.10，再版，2册，32开
哈尔滨：东北书店，1949印，2册（341+444页），32开
收藏单位：长春馆、重庆馆、广东馆、国家馆、吉林馆、江西馆、辽宁馆、内蒙古馆、首都馆

11408
中国通史简编（中册） 范文澜编
新华书店，1942，374页，32开
收藏单位：山西馆

11409
中国通史讲话 陈怀白编著
长春：东北书店，1949.4，163页，32开
本书为通俗中国史读物。共6章50节，内容包括：从原始公社到奴隶社会、初期封建社会、秦汉中央集权封建制、隋唐封建经济发展时期等。
收藏单位：长春馆、重庆馆、东北师大馆、广东馆、国家馆、辽大馆、上海馆

11410
中国通史讲话 陈怀白编著
合肥：合肥市新华书店，1949.5，154页，36开
收藏单位：安徽馆、国家馆

11411
中国通史讲话 陈怀白编著
苏北新华书店总店，1949.4，116页，32开
本书为中学课本及青年自修读物。
收藏单位：广西馆、国家馆、辽宁馆、南京馆、上海馆

11412
中国通史讲话 陈怀白编著

新华书店，1949，178 页，32 开
新华书店，1949.9，华中版，173 页，32 开

收藏单位：重庆馆、广东馆、广西馆、国家馆、湖南馆

11413
中国通史讲话　陈怀白编著　山东省政府教育厅审定
山东新华书店总店，1948.8，180 页，32 开

本书为中学课本及青年自修读物。

收藏单位：重庆馆、黑龙江馆、山东馆

奴隶社会（约公元前 21 世纪—公元前 475 年）

11414
中国古代社会史　侯外庐著
上海：三联书店，1949.8，337 页，28 开（新中国大学丛书）

本书共 14 章，内容包括：亚细亚古代社会法则之研究、中国古代社会与亚细亚生产方法、中国古代文明起源的具体路径、古文献中最初所表现的文明人类等。书前有著者自序。

收藏单位：安徽馆、长春馆、重庆馆、东北师大馆、广东馆、湖南馆、吉林馆、江西馆、辽宁馆、南京馆、内蒙古馆、青海馆、山西馆、上海馆、天津馆、西南大学馆、浙江馆

11415
中国古代社会史　侯外庐著
上海：新知书店，1948.1，337 页，25 开

收藏单位：重庆馆、东北师大馆、广西馆、国家馆、黑龙江馆、湖南馆、吉林馆、近代史所、宁夏馆、上海馆、首都馆

11416
中国古代社会研究　郭沫若著
上海：联合书店，1930.1，333 页，25 开
上海：联合书店，1930.3，2 版，[361] 页，25 开
上海：联合书店，1930.5，3 版，313+20+28 页，25 开

本书论述殷、周社会结构及社会思想。书前有序、解题、导论。书后有追论与补遗。

收藏单位：安徽馆、重庆馆、广西馆、国家馆、河南馆、黑龙江馆、湖南馆、吉林馆、近代史所、辽大馆、内蒙古馆、宁夏馆、山西馆、绍兴馆、首都馆、浙江馆、中科图

11417
中国古代社会研究　郭沫若著
上海：群益出版社，1947.4，357 页，25 开

收藏单位：长春馆、重庆馆、广西馆、国家馆、黑龙江馆、近代史所、上海馆、天津馆、西南大学馆

11418
中国古代社会研究　郭沫若著
上海：现代书局，1931.9，4 版，[361] 页，25 开
上海：[现代书局]，1932.10，5 版，[361] 页，25 开
上海：现代书局，1934.4，6 版，[361 页]，25 开

收藏单位：安徽馆、广东馆、广西馆、贵州馆、国家馆、黑龙江馆、湖南馆、吉林馆、南京馆、山西馆、上海馆、绍兴馆、天津馆、浙江馆

11419
中国古代社会研究　郭沫若著
上海：新新书店，[1947]，3 版，361 页，32 开

收藏单位：安徽馆、广东馆、国家馆、近代史所、辽宁馆、辽师大馆、上海馆、首都馆、天津馆

11420
中国古代社会研究　郭沫若著
上海：中亚书局，1930，[364] 页，32 开

收藏单位：重庆馆、广东馆、贵州馆、国家馆、黑龙江馆、江西馆、南京馆、天津馆

封建社会（公元前475—公元1840年）

11421
甲申三百年祭　郭沫若著
[惠民]：渤海新华书店，1945.12，22页，32开
收藏单位：南京馆、山东馆

11422
甲申三百年祭　郭沫若著
[大连]：大众书店，[1946]，22页，32开
收藏单位：国家馆

11423
甲申三百年祭　郭沫若著
佳木斯：东北书店，1948.2，35页，32开
收藏单位：长春馆、东北师大馆、国家馆、吉林馆、天津馆、中科图

11424
甲申三百年祭　郭沫若著
宁安印刷厂，1946，21页，32开
收藏单位：长春馆、重庆馆、国家馆、南京馆、内蒙古馆、山东馆

11425
甲申三百年祭　郭沫若著
人民出版社，1949.3，31页，32开
收藏单位：内蒙古馆

11426
甲申三百年祭　郭沫若著
[沁县]：太行新华日报社，1944，23页，32开
收藏单位：国家馆、山西馆

11427
甲申三百年祭　郭沫若著
通化日报社，[1945—1949]，26页，32开
收藏单位：东北师大馆、国家馆

11428
甲申三百年祭　郭沫若著
新潮出版社，[1944—1949]，26页，32开
收藏单位：上海馆

11429
甲申三百年祭　郭沫若著
[延安]：[新华书店]，1944.5，36页，32开
收藏单位：重庆馆、东北师大馆、国家馆、山西馆

11430
甲申三百年祭　郭沫若著
[张家口]：新华书店晋察冀分店，1945.11，38页，32开
收藏单位：广东馆、国家馆、山东馆、上海馆

11431
两个血的历史教训（“闯王进京”和“太平天国”）　吕永轩著
沈阳：东北书店，1949.6，20页，32开
本书收文两篇：《记住李闯王失败的血的教训》《接受太平天国失败的惨痛经验》。
收藏单位：东北师大馆

11432
明末亡国史（甲申三百年祭）　郭沫若著
上海：野草出版社，1945.10，34+10页，32开
上海：野草出版社，1945.11，上海再版，34+10页，32开
北平：野草出版社，1946.3，重版，44页，32开
本书附《甲申事变（明末亡国的历史）》《三百年前》《在情理之上（读史笔记）》。书前有前言。书后有注释。
收藏单位：广东馆、国家馆、黑龙江馆、吉大馆、南京馆、山东馆、山西馆、上海馆、首都馆、天津馆、浙江馆、中科图

半殖民地半封建社会（1840—1949年）

旧民主主义革命时期（1840—1919年）

11433
百年来的祖国　黄药眠著
香港：新中出版社，1947.1，52页，32开（我们的祖国小丛书1）
本书共5章：从鸦片战争到八国联军之役、辛亥革命、第一次世界大战与中国、由五四运动到一九二六年的革命高潮、九一八事变与抗日运动。
收藏单位：重庆馆、国家馆、黑龙江馆、华东师大馆

11434
半殖民地半封建的中国　尹达编
延安：华北书店，1942.4，95页，64开（中国常识小丛书）
延安：华北书店，1944.3，再版，84页，64开（中国常识小丛书）
本书记述1840年鸦片战争至1931年“九一八”事变的中国近现代史。共两部分：资本主义的侵入与大清帝国崩溃、帝国主义支持下的军阀统治。书前有绪言。
收藏单位：国家馆、南京馆、宁夏馆、山西馆

11435
北伐讲演集　李汉藩编
国民革命军第二军政治部，[1920—1929]，58页，18开
本书收鲁副军长和李副党代表的演说词10篇。
收藏单位：浙江馆

11436
大革命写真画（中英文注释）　商务印书馆编译所编辑
上海：商务印书馆，1911—1912，40页，横22开
本书共14集，收辛亥革命中各方面领导人物及活动之图片、照片480幅。有中英文注释。
收藏单位：北师大馆、重庆馆、国家馆、吉林馆、近代史所、南京馆、天津馆

11437
帝国主义侵略史　谭平山演讲
三民出版社，1927.3，4版，42页，32开
收藏单位：广西馆

11438
帝国主义侵略中国史　黄松龄著
出版者不详，[1926—1949]，2册（38+46页），32开
本书分两部分：前论、本论。共8节：前论3节，论述帝国主义的定义、侵略中国的方法和过程；本论5节，记鸦片战争以后80年的列强侵华事件。著者原题：黄克谦。
收藏单位：安徽馆、广东馆、国家馆

11439
帝国主义侵略中国史　萧楚女编述
[中央军事政治学校政治部]，[1926]，114页，32开
中央军事政治学校政治部，1927.2，114页，32开（政治讲义13）
本书共8章，内容包括：鸦片战争以前之中西国际情形、鸦片战争及南京条约、由南京条约至天津条约等。卷首与卷末印有《中国国民党第二次全国代表大会宣言》。
收藏单位：广东馆、国家馆

11440
帝国主义侵略中国史　于树德著
广州：国光书店，1927，62页，32开
本书共5讲17节，内容包括：第1讲（鸦片战争前的中国状况、鸦片战争英法联军及其影响）、第2讲（中日战争及其影响）、第3讲（义和团与帝国主义、义和团举动之

错误、八国联军进攻、辛丑条约）等。书前有序言。

收藏单位：广东馆、广西馆、国家馆、黑龙江馆

11441
帝国主义与中国 常书林著
上海：世界书局，1927.7，63页，32开

本书共4章：什么叫帝国主义、帝国主义侵略中国的步骤和方法、帝国主义对于中国多种的侵略、帝国主义侵略中国的经过。

收藏单位：北碚馆、重庆馆、广东馆、国家馆、湖南馆、江西馆、近代史所、南京馆、天津馆、浙江馆

11442
帝国主义与中国政治 胡绳著
上海：生活·读书·新知联合发行所，1949.7，340页，32开

收藏单位：国家馆、南京馆、绍兴馆、天津馆

11443
帝国主义与中国政治 胡绳著
上海[等]：生活书店，1948.7，340页，32开（学习与研究丛刊）
[大连]：生活书店，1949，340页，32开

收藏单位：重庆馆、广东馆、广西馆、国家馆、河南馆、黑龙江馆、近代史所、辽大馆、宁夏馆、山东馆、山西馆、上海馆、天津馆

11444
帝国主义与中国政治 胡绳著
大连：新中国书局，1949.7，340页，32开

收藏单位：长春馆、东北师大馆、国家馆、内蒙古馆

11445
光复中国革命血（第1册） 何魄征编
共和书室，1912.7，88页，大32开

本书收孙中山、黄兴、黎元洪等人的传记、言论、文牍等。书前有绪言。

收藏单位：国家馆

11446
国耻小史 沈文濬著
上海：中国图书公司，1914.7，73页，32开
上海：中国图书公司，1915.9，6版，增订本，73页，32开
上海：中国图书公司，1918，5版，增订本，73页，32开
上海：中国图书公司，1919.7，7版，增订本，73页，32开
上海：中国图书公司，1922，9版，增订本，73页，32开
上海：中国图书公司，1922，10版，增订本，73页，32开
上海：中国图书公司，1924，11版，增订本，73页，32开
上海：中国图书公司，1925.12，12版，增订本，73页，32开
上海：中国图书公司，1927.5，13版，增订本，73页，32开

本书共26章，内容包括：英国五口通商记（一、二、三）、四国公使驻扎北京记（一、二、三）等。

收藏单位：安徽馆、北碚馆、重庆馆、甘肃馆、广东馆、广西馆、国家馆、湖南馆、江西馆、近代史所、南京馆、宁夏馆、上海馆、首都馆、浙江馆

11447
国耻演说 沈亮棨编
上海：国民教育实进会，1920.8，3版，82页，32开
上海：国民教育实进会，1921，8版，86页，32开
上海：国民教育实进会，1922，9版，86页，32开

本书分两卷，共16节，内容包括：中英鸦片之战、中法安南之役、中东高丽之役等。附插图多幅。

收藏单位：广东馆、国家馆、南京馆、上海馆、天津馆、浙江馆

11448
近百年史话 黄祖英 沈长洪 陈怀白编
北平：大华印刷局，1949，122 页，32 开
本书共 6 章：中国旧民主主义革命、五四运动、一九二五至二七年的大革命、十年苏维埃运动、八年抗日战争、人民革命战争。书前有《学习近百年史的注意点》。
收藏单位：国家馆、近代史所、南京馆

11449
近百年史话 黄祖英 沈长洪 陈怀白编
东北军区政治部，[1948—1949]，130 页，32 开
收藏单位：长春馆

11450
近百年史话 黄祖英 沈长洪 陈怀白编
沈阳：东北书店，1949.3，130 页，32 开
哈尔滨：东北书店，1949.4，130 页，32 开
收藏单位：重庆馆、东北师大馆、广东馆、国家馆、近代史所、南京馆、天津馆

11451
近百年史话 黄祖英 沈长洪 陈怀白编
[无锡]：苏南新华书店，1949.7，108 页，32 开
收藏单位：东北师大馆、湖南馆、吉大馆、上海馆

11452
近百年史话 黄祖英 沈长洪 陈怀白编
山东省政府教育厅审定
华东新华书店，1948.9，152 页，32 开
华东新华书店，1948.11，再版，130 页，32 开
收藏单位：重庆馆、国家馆、辽大馆、山东馆

11453
美国侵华简史 刘大年著
太原铁路管理局政治部宣传部，1948.11 印，99 页，32 开
本书共 4 章，内容包括：追随或通过别国向中国侵略、逐渐走上独立侵略中国、进行独占中国等。
收藏单位：山西馆

11454
美国侵华简史 刘大年撰
[北平]：新华书店，1949，90 页，32 开（新华时事丛刊 13）
收藏单位：安徽馆、重庆馆、东北师大馆、国家馆、吉林馆、辽宁馆、山西馆

11455
美国侵华简史 刘大年著
重庆：中共重庆市委宣传部，[1949] 印，96 页，32 开（时事学习资料 2）
收藏单位：重庆馆

11456
美国侵华史 刘大年著
北平：华北大学，1949.8，174 页，32 开
收藏单位：长春馆、东北师大馆、广东馆、国家馆、内蒙古馆、山东馆、山西馆、天津馆

11457
美国侵华史 刘大年著
出版者不详，1948.11，70 页，32 开
收藏单位：上海馆

11458
民国以来大事年表 田家英编
新华书店，1946，330 页，36 开
本书记述 1911—1937 年的民国史。
收藏单位：重庆馆、广东馆、国家馆

11459
民国以来大事年表（初稿） 田家英编
[涉县]：太行群众书店，1947.8，252 页，32 开
收藏单位：国家馆

11460
民国以来大事年表（初稿） 田家英编
太行新华书店，1948.10，2 版，252 页，32 开
收藏单位：山东馆、山西馆

11461
农民问题　北大夏令讲习所编
[北平]：北大夏令讲习所，1946.7，81页，32开
本书讲述历史上农民问题相关制度等。共9部分，内容包括：太平天国土地制度、读《湖南农民运动考察报告》、组织起来、人民战争、土地问题等。
收藏单位：国家馆、近代史所、山西馆

11462
日帝国主义侵略中国史纲　孔昭著
上海：昆仑书店，1931.12，55页，32开（反日帝国主义丛书5）
本书共8章，内容包括：中日战争、日俄战争与中国关系、二十一条件、巴黎和平会议与中日山东问题、五卅事件等。书前有绪言。
收藏单位：广东馆、广西馆、浙江馆

11463
苏报案纪事
出版者不详，[1911—1949]，174页，大32开
本书记录辛亥革命前著名的政治事件。《苏报》于1896年6月26日创刊于上海。本书以日记形式记载邹容等入狱情况，并介绍邹容所著《革命军》。
收藏单位：国家馆、湖南馆、南京馆、上海馆

11464
太平天国革命运动　范文澜著
大连：大众书店，1946.10，2版，79页，32开
本书是著者为纪念太平天国运动一百周年，将所著《中国近代史》中有关部分抽出编成。分为准备、胜利、衰败3个时期，记述太平天国运动的兴衰。附《太平天国反清战争的战略研究》（华岗）。
收藏单位：长春馆、山西馆

11465
太平天国革命运动　范文澜著
佳木斯：东北书店，1948.2，88页，32开
哈尔滨：东北书店，1948.10，再版，88页，32开
收藏单位：长春馆、重庆馆、东北师大馆、国家馆、湖南馆、吉林馆

11466
太平天国革命运动　范文澜著
胶东新华书店，1946.8，79页，32开
收藏单位：国家馆、南京馆、山东馆

11467
太平天国革命运动　范文澜著
[泰州]：苏北新华书店，1949.5，76页，32开
收藏单位：重庆馆、国家馆、南京馆、山东馆

11468
太平天国革命运动　范文澜著
[阳城]：太岳新华书店，1946.5，71页，32开
收藏单位：重庆馆、国家馆

11469
太平天国革命运动　范文澜著
上海：新华书店，1949.9，99页，32开
收藏单位：重庆馆、福建馆、国家馆、湖南馆、近代史所、浙江馆

11470
太平天国革命运动　范文澜著
香港：新民主出版社，1948.5，94页，32开（新民主历史丛书）
收藏单位：东北师大馆、桂林馆、国家馆、首都馆、天津馆、中科图

11471
太平天国革命运动（初稿）　范文澜著
山东新华书店，1947.8，79页，36开
收藏单位：重庆馆、山东馆

11472
太平天国革命运动（初稿）　范文澜著

[延安]：新华书店，1945.10，71页，32开
收藏单位：重庆馆、国家馆、山东馆、山西馆

11473
太平天国运动 范文澜著
大众印书馆，1936，79页
收藏单位：山西馆

11474
太平天国运动 范文澜著
天津：知识书店，1949.7，63页，32开
收藏单位：安徽馆、长春馆、桂林馆、国家馆、吉大馆、吉林馆、南京馆、山西馆、天津馆

11475
无锡光复志 钱基博著
出版者不详，[1913]，75页，32开
出版者不详，1928，再版，40页，32开
本书共6部分：匡复篇、军政篇、财政篇、民政篇、司法篇、自叙篇。
收藏单位：国家馆、河南馆、南京馆、山西馆、上海馆、天津馆、浙江馆

11476
武昌两日记 龚霞初著
湖南翊武中学，1946.2，再版，65页，32开
本书书前有宋教仁序。著者原题：咏簪。
收藏单位：国家馆、吉大馆

11477
武昌两日记（辛亥革命史绩） 龚霞初著
武昌：辛亥首义铁血伤军委员会，1947.6，5版，57页，32开
武昌：辛亥首义铁血伤军委员会，1947.12，再版，32页，32开
本书共14编，记述武昌起义的前后经过，内容包括："孙尧卿失机宝善里 蒋翊武集议小朝街""闻警报乘势下命令 闻风声无心遇侦查""候炮声痛饮自由酒 数钟点同换革命装"等。著者原题：咏簪。
收藏单位：广东馆、湖南馆、近代史所、上海馆

11478
辛亥革命北方实录 胡鄂公著
上海：中华书局，1948.8，182页，32开
本书共两部分：辛亥革命北方实录、辛亥革命北方烈士列传。第1部分记述著者于光绪三十三年至民国元年三月九日从湘、鄂北上至保定、天津、北京等地参加辛亥革命的经过及见闻；第2部分为陈雄、李汉杰、王熙普、冯杰、罗子云等67位革命烈士传记。
收藏单位：东北师大馆、国家馆、湖南馆、吉林馆、江西馆、近代史所、辽大馆、南京馆、山西馆、上海馆、天津馆、西南大学馆、中科图

11479
辛亥革命回忆录 张奚若口述 丕强记
上海：生活书店，1947.11，79页，32开
本书分14节记述张奚若亲身经历的辛亥革命史实。
收藏单位：重庆馆、国家馆、上海馆、绍兴馆、首都馆、浙江馆

11480
辛亥革命史 高劳编 东方杂志社编
上海：商务印书馆，1923.12，74页，50开（东方文库1）
上海：商务印书馆，1924，再版，74页，50开（东方文库1）
上海：商务印书馆，1925.5，3版，74页，50开（东方文库1）
上海：商务印书馆，1928，4版，74页，50开（东方文库1）
本书为《东方杂志》二十周年纪念刊物。共3章13节，内容包括：革命战争时代（革命主义之传播、武昌发难）、革命成功时代（各省之状况、海军之归附）、临时政府成立时代（临时政府之组织、南京政府之成立）等。附《中华民国临时约法》等文件。
收藏单位：安徽馆、北碚馆、重庆馆、东北师大馆、广东馆、广西馆、桂林馆、国家馆、河南馆、黑龙江馆、湖南馆、辽大馆、

南京馆、内蒙古馆、山东馆、绍兴馆、天津馆、武大馆、西南大学馆、浙江馆

11481
辛亥革命史　高尔柏著
上海：北新书局，1929.8，90页，36开
本书共3章11节，内容包括：辛亥革命的由来、辛亥革命略史、辛亥革命的结果等。著者原题：郭真。
收藏单位：重庆馆、广西馆、国家馆、吉林馆、江西馆、近代史所、南京馆、上海馆

11482
辛亥革命与袁世凯　黎乃涵著
[哈尔滨]：光华书店，1948，再版，140页，32开（新青年自学丛书）
本书共5章："革命运动的发展""革命与妥协""袁世凯的窃国阴谋""大独裁者与政党政治""怎样上场，怎样下场"。
收藏单位：长春馆、重庆馆

11483
辛亥革命与袁世凯　黎乃涵著
上海：生活·读书·新知联合发行所，1949.6，140页，36开（新中国青年文库）
上海：[生活·读书·新知联合发行所]，1949，再版，140页，36开（新中国青年文库）
收藏单位：安徽馆、重庆馆、东北师大馆、广西馆、国家馆、湖北馆、湖南馆、南京馆、天津馆

11484
辛亥革命与袁世凯　黎乃涵著
香港：生活书店，1948.1，140页，36开（青年自学丛书）
大连：生活书店，1948.10，再版，140页，32开（新青年自学丛书）
收藏单位：东北师大馆、广西馆、国家馆、近代史所、上海馆、浙江馆

11485
辛亥首义史迹　辛亥首义同志会主编
辛亥首义同志会，1946.10，82页，16开
本书共5类：史料评述（首义参加者居正等人回忆文章39篇）、首义文告（当时军政文告5篇）、先烈传记（首义烈士彭楚藩等传记18篇）、革命文艺（日记、杂文、题词、墓志铭等）、本会报告（诸类报告6篇）。卷首有《辛亥首义史迹刊发之缘起》。
收藏单位：安徽馆、重庆馆、东北师大馆、广东馆、国家馆、吉林馆、近代史所、南京馆、上海馆、中科图

11486
兴中会革命史要　陈少白著
南京：建国月刊社，1935.3，126页，32开（建国丛书4）
本书共12章，内容包括：孙先生最初之革命言论与行动、孙先生之抵日本及漫游欧美、在日本之活动等。附《兴中会革命史别录》。书前有邵元冲序。
收藏单位：北碚馆、国家馆、湖南馆、吉林馆、南京馆、上海馆、浙江馆

11487
兴中会革命史要　陈少白著
重庆：中国文化服务社，1941.8，130页，32开（中国国民党丛书）
收藏单位：安徽馆、北碚馆、重庆馆、广东馆、国家馆、河南馆、湖南馆、吉林馆、南京馆、西南大学馆、中科图

11488
学生潮　竞民等编
上海：梅溪学生营业所，1919.6，2册，32开
本书分上、下两卷，内容包括：学潮起因、学潮经过、政府对付、日使抗议、各界赞助、学潮评论等。
收藏单位：近代史所、浙江馆

11489
浙江革命记　浙军第四十九旅司令部编
浙军第四十九旅司令部，1912.8，59+3页，32开
本书记述辛亥年浙军起义反清事迹。共6章，内容包括：缘起、沿革、秋案发生前之准

备、秋案发生后之设置等。书前有序言。

收藏单位：近代史所、浙江馆

11490
中国革命记 上海时事新报馆编辑
上海：时事新报馆，1911.10—1912.6，30 册，32 开

收藏单位：国家馆

11491
中国革命记 上海自由社编
上海：上海自由社，1912，30 册，32 开

本书收清末同盟会革命的纪事、言论、人物传记等，内容包括：议和记、清军将领要求宣布共和奏折等。

收藏单位：广东馆、广西馆、近代史所、首都馆、天津馆、浙江馆

11492
中国革命运动简史 青年求知学会选印
利民印刷局，[1946—1949]，石印本，38 页，32 开（青年知识丛书）

收藏单位：国家馆

11493
中国革命运动简史 青年求知学会选印
[大连]：辽东建国书社，1946.3，38 页，32 开（青年知识丛书）

本书共 12 课，内容包括：中华民族、太平天国、戊戌政变、义和团运动等。

收藏单位：国家馆、南京馆、山东馆、山西馆、上海馆、绍兴馆

11494
中国革命运动简史
大连：中苏友好协会，1946.5，38 页，32 开

收藏单位：国家馆、辽宁馆、南京馆、山东馆

11495
中国革命运动史 [中国历史研究会编]
出版者不详，[1927—1949]，石印本，237 页，32 开

本书共 7 讲：太平天国革命运动、戊戌政变与义和团运动、辛亥革命、五四运动、中国共产党的产生与中国工人运动的发展、中国国民党的改组与国共合作、一九二五至二七年的中国大革命。

收藏单位：重庆馆、广东馆、国家馆

11496
中国革命运动史 中国现代史研究委员会编
大连：大连日报社，1946.6，280 页，32 开

收藏单位：国家馆、近代史所、辽宁馆、山东馆、首都馆

11497
中国革命运动史 中国现代史研究委员会编
安东（丹东）：东北书店安东分店，1949，213 页，32 开

收藏单位：吉林馆、辽宁馆、山西馆

11498
中国革命运动史 中国现代史研究委员会编
光明书店，1947 印，246 页，32 开

收藏单位：辽宁馆

11499
中国革命运动史 中国现代史研究委员会编
中国现代史研究委员会，1937.12，283 页，32 开

收藏单位：国家馆、南京馆、上海馆、首都馆、浙江馆

11500
中国革命运动史
出版者不详，[1927—1949]，油印本，198 页，32 开

收藏单位：国家馆

11501
中国革命运动史提纲 晋察冀边区教育总队第三大队编
[灵寿]：晋察冀边区教育总队第三大队，1940，油印本，1 册，32 开

收藏单位：国家馆

11502
中国近百年革命运动史　中国人民解放军第二野战军军政大学政治部编
[南京]：中国人民解放军第二野战军军政大学政治部，1949.7，105页，32开
本书共7章：太平天国革命运动、戊戌政变与义和团运动、辛亥革命、五四运动与中国共产党的产生、国共合作与大革命、伟大壮烈的十年苏维埃运动、伟大的八年抗日战争。
收藏单位：重庆馆、广东馆、湖北馆、南京馆

11503
中国近百年史话（从鸦片战争到政治协商会议）　陶官云编
大连：大连日报社，1946，112页
本书共13讲，内容包括：帝国主义武力掠夺中国的开始、第一次日本侵略中国的战争、中国上层分子的改良运动、中国农民原始性的反帝运动等。
收藏单位：山西馆

11504
中国近百年史话（从鸦片战争到政治协商会议）　陶官云著
大连：大众书店，1948.11，112页，32开
收藏单位：重庆馆、国家馆、湖南馆

11505
中国近百年史话（从鸦片战争到政治协商会议）　陶官云编　苏皖边区政府审定
华中新华书店，1946.2，112页，32开
收藏单位：山东馆

11506
中国近代革命运动史　中国人民抗日军政大学校总校训练部编
[武乡]：中国人民抗日军政大学校总校训练部，1940.4，油印本，102页，32开
本书为《中国问题讲授提纲》第1部分。
收藏单位：国家馆

11507
中国近代简史　韩启晨编
西安：西北新华书店，[1949]，111页，32开
本书共3编19章，内容包括：旧民主主义革命（鸦片战争、太平天国革命、帝国主义的接连入侵）、新民主主义革命的成长（“五四”运动、中共的诞生和初期的革命活动、北洋军阀的混战和国民党改组）、新民主主义革命的胜利发展（土地革命、日本的加紧侵略和人民反日斗争、中共争取“团结抗日”而争斗）等。书前有前言。
收藏单位：重庆馆

11508
中国近代史　韩启农编著　陕甘宁边区政府教育所编
[延安]：陕甘宁边区政府教育所编，[1945]，油印本，1册，16开
收藏单位：国家馆

11509
中国近代史　李鼎声著
长春：东北中苏友好协会，1946，372页，32开
本书共18章48节，内容包括：鸦片战争（国际资本主义的对华侵略与鸦片战争的起因、战争的经过与南京条约）、英法联军之役与中俄交涉（英法联军攻华与天津北京条约、中俄交涉）、太平天国革命运动（太平天国革命发生的背景、太平天国的勃兴与战争）等。书前有绪论。
收藏单位：北碚馆、长春馆、东北师大馆、广东馆、辽大馆、首都馆

11510
中国近代史　李鼎声著
上海：光明书局，1933.9，432页，32开
上海：光明书局，1938，7版，432页，32开
上海：光明书局，1938.8，8版，432页，32开，精装
上海：光明书局，1938，9版，432页，32开
上海：光明书局，1939，11版，432页，32开
上海：光明书局，1946，胜利后1版，310页，

32 开
上海：光明书局，1946.4，胜利后 2 版，310 页，32 开
上海：光明书局，1946.10，胜利后 3 版，310 页，32 开
上海：光明书局，1947，胜利后 4 版，310 页，32 开
上海：光明书局，1948，胜利后 5 版，310 页，32 开
上海：光明书局，1948，胜利后 6 版，310 页，32 开
上海：光明书局，1949.7，胜利后 7 版，310 页，32 开

收藏单位：安徽馆、北碚馆、重庆馆、广东馆、广西馆、贵州馆、国家馆、河南馆、黑龙江馆、湖南馆、吉林馆、江西馆、辽师大馆、南京馆、山东馆、山西馆、上海馆、绍兴馆、首都馆、天津馆、浙江馆

11511
中国近代史（上编 第 1 分册） 范文澜著
东北书店，1947.12，394 页，32 开
哈尔滨：东北书店，1948.11，再版，367 页，32 开

本书分上、下两编。上编分两个分册，分别记述 1840—1905 年及 1905—1919 年的旧民主主义革命时代；下编记述新民主主义革命时代。本分册共 8 章 57 节，内容包括：第一次鸦片战争、太平天国革命等。

收藏单位：长春馆、广东馆、国家馆、辽大馆、天津馆

11512
中国近代史（上编 第 1 分册） 范文澜著
上海：读书出版社，1947，418 页，32 开

收藏单位：广东馆、黑龙江馆、湖南馆、近代史所、上海馆

11513
中国近代史（上编 第 1 分册） 范文澜著
华北大学，1949.9，491 页，22 开（中国历史丛书）

收藏单位：国家馆、首都馆

11514
中国近代史（上编 第 1 分册） 范文澜著
华北新华书店，1948，691 页，32 开

收藏单位：广东馆、国家馆、河南馆、黑龙江馆、湖南馆、近代史所

11515
中国近代史（上编 第 1 分册） 范文澜著
河间：冀中新华书店，1947.9，2 册

收藏单位：国家馆、近代史所、山东馆

11516
中国近代史（上编 第 1 分册） 范文澜著
上海：生活·读书·新知联合发行所，1949.6，451 页，32 开
香港：生活·读书·新知联合发行所，1949，451 页，32 开

收藏单位：重庆馆、东北师大馆、国家馆、近代史所、首都馆

11517
中国近代史（上编 第 1 分册） 范文澜撰
[北平]：新华书店，1949，订正版，543 页，25 开

收藏单位：东北师大馆、广东馆、国家馆、河南馆、山西馆、天津馆

11518
中国近代史（上编 第 1 分册） 范文澜著
[兴县]：新华书店晋绥分店，1947.3，2 册（174+186 页），32 开

收藏单位：重庆馆、国家馆、南京馆、宁夏馆、山东馆

11519
中国近代史（上编 第 1 分册） 范文澜著
香港：新中国书店，1949.5，451 页，32 开（中国历史丛书）

收藏单位：广东馆、国家馆、南京馆

11520
中国近代史（上编 第 1 分册 下册） 范文澜著

[惠民]：渤海新华书店，1947，190页，32开

收藏单位：广东馆、山东馆

11521

中国近代史参考材料（第1册） 杨松　邓力群编

沈阳：东北书店，1949.4，336页，25开

本书共7辑49节，内容包括：第一次鸦片战争（条呈禁烟办法疏、拟论英吉利国王檄、中英江宁条约十三款）、第二次鸦片战争（书汉阳叶相广州之变、国会关于对华军事行动的讨论、中英冲突）、太平天国（原道觉世训、示东王诏、奉天讨胡檄）等。封面题名：中国近代史参考资料。据解放社1940年9月版翻印。

收藏单位：安徽馆、长春馆、东北师大馆、国家馆、河南馆、吉林馆、近代史所、山西馆、天津馆

11522

中国近代史参考材料（第1册） 杨松　邓力群编

延安：解放社，1940.9，561页，32开

收藏单位：重庆馆、东北师大馆、山西馆

11523

中国近代史参考资料（第1册） 杨松　邓力群编

上海：读书出版社，1947，492页，32开

[大连]：读书出版社，1948，428页

收藏单位：北碚馆、重庆馆、东北师大馆、福建馆、广西馆、国家馆、湖南馆、近代史所、辽宁馆、南京馆、内蒙古馆、山东馆、山西馆、上海馆、首都馆

11524

中国近代史参考资料（第1册） 杨松　邓力群编

北平：[新中国书局]，1949，428页，32开

北平：新中国书局，1949，再版，428页，32开

收藏单位：北碚馆、长春馆、重庆馆、东北师大馆、广东馆、广西馆、国家馆、湖南馆、吉林馆、江西馆、辽大馆、辽宁馆、内蒙古馆、宁夏馆、青海馆、山西馆、上海馆、首都馆、天津馆

11525

中国近代史讲话 韩启农著

延吉：东北书店，1947，62页，32开

本书共20讲，内容包括：禁鸦片中英起战端、陷京师英法犯天朝、割安南诸藩沦丧、仿欧美曾李办洋务等，各讲后附有问题数则。

收藏单位：国家馆、南京馆

11526

中国近代史讲话 韩启农著

安东（丹东）：东北书店安东书店，1948.10，翻版，62页，32开

收藏单位：国家馆、黑龙江馆、上海馆、绍兴馆

11527

中国近代史讲话 韩启农著

华北新华书店，1943，54页，25开

华北新华书店，1945，47页，32开（通俗大众历史读物）

华北新华书店，1947，61页，25开

华北新华书店，1949.3，3版，54页，32开

收藏单位：国家馆、南京馆、山西馆、天津馆

11528

中国近代史讲话 韩启农著

晋察冀日报社，[1942]，64页，32开

收藏单位：国家馆

11529

中国近代史讲话 韩启农著

兴县：晋西北军区政治部，1942.9印，50页，32开

收藏单位：山西馆

11530

中国近代史讲话 韩启农著

[阳城]：太岳新华书店，1947.1，72页，32开
[阳城]：太岳新华书店，1948.8，3版，59页，32开
　　收藏单位：重庆馆、国家馆、山西馆

11531
中国近代史讲话　韩启农著
新华书店，1945，48页，32开（通俗大众历史读物）
　　收藏单位：国家馆、近代史所

11532
中国近代史讲话　韩启农著
张家口：新华书店晋察冀分店，1945.11，81页，32开
　　收藏单位：国家馆、内蒙古馆

11533
中国近代史讲话　韩启农著
上海：新知书店，1946.6，82页，36开（新知丛书1）
上海：新知书店，1948，82页，32开（新知丛书1）
哈尔滨：新知书店，1948.9，东北版，82页，32开（少年文库）
　　收藏单位：长春馆、重庆馆、东北师大馆、国家馆、黑龙江馆、近代史所、山东馆

11534
中国近代史讲话　韩启农著
吉林：新中国书局，1949.7，再版，82页，32开
　　收藏单位：重庆馆、广东馆、天津馆

11535
中国近代史讲话　韩启农著
中原新华书店，1949，56页，36开
　　收藏单位：重庆馆、广东馆、国家馆

11536
中国近代史提纲
出版者不详，[1911—1949]，油印本，1册，32开
　　本书附林则徐、薛福成、马克思、恩格斯等人的著作。
　　收藏单位：国家馆

11537
中国近代史研究纲要（上篇）　历史研究社编
大连：光华书店，1948.5，85页，32开（历史丛刊4）
哈尔滨：光华书店，1948.11，再版，85页，32开（历史丛刊4）
　　本书共8讲：绪论、第一次鸦片战争、第二次鸦片战争、太平天国战争、法安战争与中法战争、戊戌变法、第一次中日战争、义和团暴动与八国联军之役。
　　收藏单位：长春馆、重庆馆、东北师大馆、国家馆、近代史所、山东馆、首都馆、天津馆

11538
中国近代史研究纲要（上篇）　历史研究社编
上海：新知书店，1946.10，81页，32开
　　收藏单位：重庆馆、国家馆、河南馆、吉林馆、南京馆、上海馆、首都馆、天津馆

11539
中国民族革命运动史　建国书店编
建国书店，1928，132页，42开
　　本书叙述鸦片战争至五卅运动的革命运动历史，共7章。附《中国民族革命运动史》。
　　收藏单位：浙江馆

11540
中国民族革命运动史　恽代英讲
[上海]：泰东图书局，1927.6，132页，42开
上海：泰东图书局，1928.9，再版，132页，32开
上海：泰东图书局，1929，3版，132页，64开
　　本书共7讲，内容包括：鸦片战争及其影响、由太平天国运动至康梁变法、义和团与

八国联军等。

收藏单位：安徽馆、广东馆、国家馆、近代史所、浙江馆

11541
中国民族解放运动史　华岗著
大连：大众书店，1946.6，再版，2册（200+228页），32开

本书由著者《中国大革命史》扩充而成。分两卷，第1卷7章32节，第2卷9章38节。内容包括：绪论、鸦片战争（外国资本主义的侵入中国与鸦片战争的起因、鸦片战争的经过与平英团的起义、鸦片战争对于中国的影响与民族自卫运动的再起）、太平天国革命（太平天国革命发生的背景、太平天国革命前的中国农民战争、太平天国的勃兴和战争）等。书前有著者自序。

收藏单位：北碚馆、国家馆、近代史所、山东馆、天津馆

11542
中国民族解放运动史　华岗著
东北新华书店辽东分店，1949.8，2册（465页），32开

收藏单位：安徽馆、国家馆、辽宁馆、天津馆

11543
中国民族解放运动史　华岗著
上海、重庆：读书出版社，1947.4，3版，2册（255+307页），32开

收藏单位：安徽馆、重庆馆、东北师大馆、广东馆、国家馆、湖南馆、近代史所、山西馆、上海馆、首都馆

11544
中国民族解放运动史　华岗著
香港：鸡鸣书店，1940.8，2册（549页），32开
香港：鸡鸣书店，1946.3，3版，2册（549页），32开
香港：鸡鸣书店，1947.4，4版，2册（549页），32开

收藏单位：重庆馆、东北师大馆、广东馆、广西馆、国家馆、黑龙江馆、湖北馆、湖南馆、吉林馆、南京馆、内蒙古馆、上海馆、绍兴馆、中科图

11545
中国民族解放运动史　华岗著
胶东新华书店，1945.11，2册（200+228页），32开

收藏单位：山东馆、上海馆

11546
中国民族解放运动史（第1卷）　华岗著
长春：东北中苏友好协会，1946.2，275页，32开

收藏单位：长春馆、东北师大馆、国家馆、吉林馆、山西馆、中科图

11547
中国民族解放运动史（第1卷）　华岗著
上海：读书出版社，1940，225页
上海：读书出版社，1947，255页，32开
上海：读书出版社，1947.4，6版，255页，32开
上海：读书出版社，1948，7版，255页

收藏单位：安徽馆、重庆馆、广西馆、国家馆、湖南馆、山西馆、上海馆

11548
中国民族运动　高尔松著
上海：光华书局，1927.4，220页，32开

本书共18部分，内容包括：中国民族运动与联合战线、中国民族运动与联俄问题、最近中国社会思想的分野、社会运动与知识阶级、民族运动中的罢课问题等。

收藏单位：广东馆、国家馆、湖南馆、近代史所

11549
中国启蒙运动史　何干之著
上海：生活书店，1947.5，胜利后第1版，266页

本书共7章：启蒙运动的意义及其社会

基础、新政派的洋务运动、戊戌维新运动、五四新文化运动、新社会科学运动、国难与新启蒙运动、目前思想文化问题。

收藏单位：重庆馆、广东馆、辽大馆、南京馆

11550
中国现代革命史 中国现代史研究委员会编
中国现代史研究委员会，1939.4，2 版，237 页，32 开

收藏单位：重庆馆、国家馆、吉林馆、南京馆、上海馆

11551
中国现代革命运动史 中国历史研究会编
无锡：苏南新华书店，1949.7，192 页，32 开

收藏单位：重庆馆、东北师大馆、广东馆、国家馆、湖北馆、山西馆、天津馆、中科图

11552
中国现代革命运动史 中国现代史研究委员会编
吉林书店，1949.1，214 页，25 开

收藏单位：长春馆、东北师大馆、国家馆、湖南馆

11553
中国现代革命运动史 中国现代史研究委员会编
辽北书店，1948.12，214 页，32 开

收藏单位：长春馆、桂林馆、国家馆

11554
中国现代革命运动史 中国现代史研究委员会编著
[黎城]：新华日报华北分馆，1940，236 页，32 开

收藏单位：国家馆

11555
中国现代革命运动史 中国现代史研究委员会编
香港：新民主出版社，1943，283 页（新民主历史丛书）
香港：新民主出版社，1947.7，283 页，32 开

收藏单位：安徽馆、桂林馆、国家馆、辽大馆、山西馆、首都馆

11556
中国现代革命运动史 中国现代史研究委员会编
中国出版社，1940，4 版，237 页，32 开
中国出版社，1941.5，5 版，237 页，32 开

收藏单位：东北师大馆、广东馆、国家馆、湖北馆、吉林馆、近代史所、南京馆、山东馆、山西馆

11557
中国现代革命运动史 中国现代史研究委员会编
[无锡]：苏南新华书店，1949.7，192 页，32 开

收藏单位：南京馆、上海馆

11558
中国现代革命运动史
太行文化教育出版社，[1938—1949]，石印本，111 页，32 开

收藏单位：国家馆、山西馆

11559
中国现代革命运动史（上册） 中国现代史研究委员会编
华北新华书店，1947，225 页，32 开

收藏单位：国家馆、山西馆

11560
中国现代革命运动史（上册） 中国现代史研究委员会编
胶东新华书店，1946.9，再版，252 页，32 开

收藏单位：国家馆、南京馆、山东馆

11561
中国现代革命运动史（上册） 中国现代史研究委员会编

抗敌社，1940.8，236 页，32 开
　　收藏单位：浙江馆

11562
中国现代革命运动史（上册） 中国现代史研究委员会编
牡丹江：牡丹江书店，1946 印，164 页，32 开
　　收藏单位：东北师大馆、国家馆、近代史所、辽大馆、辽宁馆

11563
中国现代革命运动史（上册） 中国现代史研究委员会编
山东新华书店，1946.3，188 页，36 开
山东新华书店，1946.6，2 版，188 页，36 开
　　收藏单位：国家馆、南京馆

11564
中国现代革命运动史（上册） 中国现代史研究委员会编
上海：商务印书馆，1938，237 页
　　收藏单位：山西馆

11565
中国现代革命运动史（上册） 中国现代史研究委员会编
新华书店，1941，4 版，200 页，32 开，环筒页装
　　收藏单位：国家馆

11566
中国现代革命运动史（上册） 中国现代史研究委员会编
新华书店晋察冀分店，1942.3 印，1 册，32 开
　　收藏单位：山西馆

11567
中国现代革命运动史（上册） 中国现代史研究委员会编
上海：中国出版社，1938，237 页，25 开
　　收藏单位：北碚馆、国家馆、江西馆、南京馆

11568
中国现代革命运动史（上册） 中国现代史研究委员会编
汉口：中国现代史研究委员会，1938，237 页，32 开
[汉口]：中国现代史研究委员会，1938.11，再版，237 页，32 开
　　收藏单位：重庆馆、广西馆、贵州馆、国家馆、湖南馆、吉林馆、山西馆、西南大学馆

11569
中国怎样降到半殖民地 钱亦石著
上海：生活书店，1936.10，199 页，32 开（青年自学丛书）
上海：生活书店，1937，再版，199 页，32 开（青年自学丛书）
上海：生活书店，1938.4，再版，207 页，32 开（青年自学丛书）
汉口：生活书店，1938.7，4 版，199 页，32 开（青年自学丛书）
重庆：生活书店，1939.5，5 版，199 页，32 开（青年自学丛书）
上海：生活书店，1946，胜利后 1 版，186 页，32 开（青年自学丛书）
大连：生活书店，1946.12，182 页，36 开（青年自学丛书）
上海：生活书店，1947.3，胜利后 2 版，186 页，32 开（青年自学丛书）
香港：生活书店，1948.4，胜利后 2 版，186 页，32 开（青年自学丛书）
哈尔滨：生活书店，1948.8，186 页，32 开（新青年学习丛书）
　　本书共 10 章，内容包括：不堪回首话当年、谁敲破了中国之门、强盗们成群结队的来了、东方的黑花脸上了台、侵略者的天罗地网等。
　　收藏单位：安徽馆、北碚馆、长春馆、重庆馆、东北师大馆、福建馆、广东馆、广西馆、贵州馆、国家馆、河南馆、湖南馆、吉林馆、江西馆、辽师大馆、南京馆、内蒙古

馆、宁夏馆、山东馆、山西馆、上海馆、首都馆、天津馆、西南大学馆

11570
中华民族解放斗争史　华善学著
大连：大众书店，1947.3，4版，30页，32开
本书与《中华民族解放运动史》内容相同。共10章，内容包括："鸦片烟毒害中华　平英团怒围英兵""恨辱国汉族起义　谋利益洋满联兵""拒英兵民团示威　肆横蛮英法纵兵"等。
收藏单位：国家馆

11571
中华民族解放斗争史　华善学著
[泰州]：苏北新华书店，1949.6，30页，48开（大众读物 史地类）
收藏单位：国家馆、南京馆

11572
中华民族解放斗争史　华善学著
无锡：苏南新华书店，1949，再版，32页，大64开
收藏单位：重庆馆、国家馆

11573
中华民族解放斗争史　华善学著
[北平]：新华书店，1949.6，28页，64开
收藏单位：国家馆

11574
中华民族解放斗争史　华善学著　胡绳主编
胶东新华书店，1946.10，4版，24页，32开（通俗小丛书）
收藏单位：国家馆

11575
中华民族解放斗争史　华善学著　胡绳主编
汉口：新知书店，1938.9，52页，36开（救中国通俗小丛书）
桂林：新知书店，1939.4，再版，52页，36开（救中国通俗小丛书）
收藏单位：安徽馆、北碚馆、重庆馆、广西馆、国家馆、近代史所、上海馆、西南大学馆、浙江馆

11576
中华民族解放运动史　华善学著
苏南新华书店，1949，再版，32页，50开

新民主主义革命时期（1919—1949年）

11577
举起义旗　山东胶东军区政治部编
胶东军区政治部，[1946]，32页，横16开
本书收文27篇，内容包括：《新八军全军公决成立民主建国军》《高树勋将军率部通电全国》《坚决反对内战》《要求实现和平民主团结》等。
收藏单位：国家馆

11578
山东问题　旅京山东学生联合会编
北京：旅京山东学生联合会，1920.8，150页，大32开
本书共7章，内容包括：我们为什么要刊这本书、山东和中国的关系、山东问题的起源、直接交涉的由来和反应等。
收藏单位：国家馆、首都馆

11579
上海罢市救亡史　觉迷编
上海：中国国货出品社，1919.7，46页，32开
本书记述五四运动期间上海市民为声援北京学生的爱国运动而开展的罢课、罢市运动的经过。
收藏单位：东北师大馆、上海馆

11580
十月革命与中国　读者书店编委会编辑
天津：读者书店，1949，73页，32开
本书收《十月革命简史》《十月革命的国际性质》《十月革命对中国的影响》《中苏友

好条约四周年》等文。

收藏单位：重庆馆、东北师大馆、广东馆、国家馆、辽宁馆、南京馆、天津馆

11581
学界风潮纪 察庵编
上海：中华书局，1919.8，104页，32开

本书分上、下两编。上编共3节：风潮酝酿时期、风潮剧烈时期、风潮弥漫时期；下编收文件，共6类：令、电、书、文、演讲、评论。

收藏单位：重庆馆、广东馆、国家馆、吉大馆、近代史所、浙江馆

11582
中国近代革命史讲话初稿（初稿） 胡华编著
华北大学，1945.5，2册

本书内容包括：中国共产党的成立与中国工人运动的发展、第一次国共合作等。

收藏单位：东北师大馆、国家馆、近代史所

11583
中国近代政治简史 军大总校政治部编
华中新华书店，1949.8，265页，32开

收藏单位：国家馆

11584
中国问题研究提纲 晋察冀军区政治部[编]
出版者不详，1940.7，40页，25开

收藏单位：山西馆

11585
中国现代史资料选辑 河南大学政治研究室编
开封：河南大学政治研究室，1949印，3册，32开

收藏单位：山西馆

11586
中国现代史资料选辑 中原大学政治研究室编
中原大学政治研究室，1949，5册（58+109+110+124+53页），32开

本书系从中共中央文件及中央领导人的文章中摘出有关章节编成。第1册五四运动和中共的产生及发展，第2册记述1925—1927年的大革命，第3册土地革命，第4册抗日战争，第5册解放战争。

收藏单位：重庆馆、广东馆、吉林馆、近代史所、山西馆、上海馆、天津馆

五四运动和中国共产党成立后（1919—1924年）

11587
到农村去 吴绍荃著
上海：生活书店，1947.1，108页，36开（青年自学丛书）
上海：生活书店，1947.5，2版，108页，32开（青年自学丛书）

本书共6章，内容包括：农村中存在的问题、怎样到农村去、在农村中干什么等。附《几个模范的农村工作者》，介绍彭湃、江慕农等在农村的工作概况。

收藏单位：重庆馆、广东馆、国家馆、吉大馆、吉林馆、辽宁馆、上海馆、首都馆、天津馆、浙江馆

11588
二七斗争 国民革命军总司令部革命军日报社编
武昌：国民革命军总司令部革命军日报社，[1927]，57页，32开（革命军日报社丛刊2）

本书收文21篇，内容包括：《今年的二七纪念》（孙科）、《二七纪念与革命》（蒋作宾）、《二七纪念的重大意义》（叶楚伧）、《鲜红的日子》（杨逸棠）、《二七斗争与世界革命》（谷亦彰）等。

收藏单位：国家馆

11589
二七二周纪念册 全国铁路总工会二七二周纪念册编辑处编

全国铁路总工会，1925.2，118 页，22 开

本书是为纪念“二七”铁路工人大罢工二周年而出版的纪念专集。

收藏单位：国家馆

11590

二七工仇 湖北全省工团联合会 京汉路总工会驻沪办事处编

上海：湖北全省工团联合会、京汉路总工会驻沪办事处，1923.2，98 页，32 开

本书共 4 部分：弁言、肖像、二七惨杀事件之报告、补遗。书前有施洋及死难诸烈士照片。

收藏单位：国家馆、近代史所

11591

工会章程汇集 中华全国总工会编

北平：中华全国总工会，[1949]，211 页，25 开

本书收中国职工运动解放区工运章程 38 种，内容包括：《全国总工会简章》《粤汉铁路总工会章程》《中华全国总工会简章》《上海总工会简章》《赤色工会组织法》《解放区各地各业章程》《中华全国总工会章程》等。

收藏单位：国家馆

11592

海丰农民运动 彭湃著 广东省农民协会编辑

广州：国光书店，1926.10，168 页，32 开（广东省农民协会丛书）

本书共 3 章：海丰的农民状况、农民运动的开始、粮业维持会之压迫农民。后又补充 6 小节，内容包括：地主压迫农民、会员证之滥用、土地价值低落等。

收藏单位：广东馆、吉大馆、吉林馆、上海馆

11593

海丰全县工农兵代表大会会场特刊 海丰县工农兵代表大会宣传部编辑股编

海丰县工农兵代表大会宣传部编辑股，1927.11，32 页，8 开

本书收发刊词、开幕词、彭湃讲演辞、祝词等。

收藏单位：国家馆

11594

海陆丰的苏维埃

出版者不详，1928，75 页，32 开

本书记述海陆丰农民暴动经过。共 12 章，内容包括：总论、农民运动的进程、四月十五以前、第一次暴动、第一次挫折等。

收藏单位：国家馆

11595

划时代的五四运动 蔡尚思著

上海：大众文化出版社，1949，25 页，32 开

本书共 4 章：五四纪念的名义、五四时代的范围、五四运动的前因、五四运动的后果。

收藏单位：重庆馆、国家馆、吉大馆、吉林馆、南京馆、天津馆

11596

警厅拘留记 周恩来编

天津：天津新民意报社，1920.12，80 页，32 开

收藏单位：国家馆

11597

论新文化运动 张闻天著

新文化出版社，[1911—1949]，44 页，32 开，精装

本书著者原题：洛甫。

收藏单位：南京馆

11598

少年中国学会周年纪念册 少年中国学会编

[北京]：少年中国学会，1920.7，74 页，16 开

本书共 7 章：会务报告、少年中国学会规约、科会办事规则、供给材料办法等。书前有照片。

收藏单位：重庆馆、国家馆、近代史所

11599
“五四”卅周年纪念专辑　“五四”卅周年纪念专辑编委会编
[北平]：新华书店，1949.6，233页，32开
上海：新华书店，1949.7，233页，32开
本书收会议录及纪念文章40篇，内容包括：《毛泽东同志论“五四”运动》《“五四”运动与知识分子的道路》《纪念“五四”三十周年应有的认识》等。
收藏单位：北碚馆、重庆馆、东北师大馆、福建馆、甘肃馆、广西馆、国家馆、近代史所、山东馆、上海馆、天津馆

11600
五四运动与知识分子的出路　陈伯达编
沈阳：东北书店，1949，9页，32开
收藏单位：国家馆、黑龙江馆、辽宁馆、山东馆

11601
五四运动与知识青年　毛泽东等著
华中新华书店，1949.3，21页，大64开
收藏单位：国家馆、南京馆

11602
五四运动与知识青年　章炼烽编著
沈阳：东北书店，[1947]，19页，32开
[沈阳]：东北书店，1949，21页，64开
本书收文3篇：《五四运动的史实》《毛泽东论五四》《纪念五四与知识分子的道路》。
收藏单位：广东馆、国家馆、吉大馆、南京馆、天津馆、浙江馆

11603
五四运动之史的评价　陈端志著
上海：生活书店，1935.5，390页，25开
上海：生活书店，1936.4，2版，390页，25开
本书共7编，内容包括：东方文化停滞之史的动力、西力东渐与东方的沉沦、划时期转变的来临、转形期中社会现象的逆转等。
收藏单位：安徽馆、重庆馆、东北师大馆、广西馆、贵州馆、国家馆、吉林馆、近代史所、南京馆、内蒙古馆、上海馆、首都馆、浙江馆、中科图

11604
中国海员罢工第三周年纪念册　林伟民著
广州书局，1925.3，10页，32开
本书收文两篇：《告全体海员同志》《请看船东和香港英殖民地政府欺骗海员》。
收藏单位：国家馆

11605
中国职工运动简史　邓中夏著
佳木斯：东北书店，1947.4，223页，32开
哈尔滨：东北书店，1948.6，再版，223页，32开
本书叙述中国革命职工运动的初期发展（1919—1926）。共13章，内容包括：原始的职工运动、职工运动黎明期、中国第一次罢工的高潮、香港海员大罢工、第一次全国劳动大会及劳动立法运动、开滦五矿大罢工、职工运动消沉期、职工运动复兴期、五卅运动、省港大罢工等。附《邓中夏同志传略》。
收藏单位：重庆馆、东北师大馆、国家馆、黑龙江馆、吉林馆、近代史所、宁夏馆、山东馆、山西馆

11606
中国职工运动简史　邓中夏著
南通：华中新华书店，1949.4，[12]+199页，32开
收藏单位：重庆馆、广东馆、国家馆、南京馆、山东馆、上海馆

11607
中国职工运动简史　邓中夏著
冀中新华书店，[1947]，215页，32开
收藏单位：国家馆、河南馆、天津馆

11608
中国职工运动简史　邓中夏著
解放社，1943.5，287页，32开
解放社，1949.7，[14]+272页，32开
收藏单位：安徽馆、重庆馆、国家馆、近代史所、南京馆、山西馆

11609
中国职工运动简史　邓中夏著
山东新华书店，1948.5，272 页，32 开
山东新华书店，1949.6，再版，272 页，32 开
　　收藏单位：重庆馆、广东馆、黑龙江馆、吉林馆、近代史所、南京馆、山东馆

11610
中国职工运动简史　邓中夏著
[阳城]: 太岳新华书店，1948.10，260 页，32 开
　　收藏单位：重庆馆、国家馆、山西馆

11611
中国职工运动简史　邓中夏著
[延安]：新华书店，1944.3，202 页，32 开
[北平]：新华书店，1948，260 页，32 开
[北平]：新华书店，1949，再版，299 页，32 开（中国现代史资料丛刊）
　　收藏单位：重庆馆、国家馆、黑龙江馆、湖南馆、吉林馆、辽宁馆、南京馆、内蒙古馆、山东馆、山西馆、天津馆

11612
中国职工运动简史　邓中夏著
张家口：新华书店晋察冀分店，1946，[14]+244 页，32 开
　　收藏单位：重庆馆、辽宁馆、山西馆

11613
中国职工运动简史　邓中夏著
天津：知识书店，1949.7，220 页，32 开
　　收藏单位：安徽馆、重庆馆、广东馆、国家馆、黑龙江馆、辽宁馆、南京馆、天津馆

11614
中国职工运动简史　邓中夏著
[郑州]：中原新华书店，1949.3，272 页，32 开
　　收藏单位：广东馆、国家馆、湖南馆

11615
中国职工运动简史　邓中夏著
出版者不详，1942.5，292 页，32 开
　　收藏单位：国家馆

11616
中国职工运动简史　晋察冀中央局研究室编
[晋察冀中央局研究室]，1946.7，29 页，32 开（工运参考丛书）
　　本书为刘少奇 1939 年 5 月在延安工人学校所作的报告记录。共 10 章，内容包括：中国资本主义的发展及中国工人阶级的形成、中共产生以前中国的工人运动、中共的产生及与工人运动的结合、二七惨案及其以后的工人运动等。
　　收藏单位：贵州馆、国家馆、山东馆

11617
中国职工运动简史
真理社，1947.7，23 页，32 开（工运参考丛书）
　　收藏单位：浙江馆

第一次国内革命战争时期（1924—1927 年）

11618
罢工的政策　邓中夏等著　省港罢工委员会宣传部编辑股编
[广州]：省港罢工委员会宣传部编辑股，[1925]，84 页，32 开
　　本书附《三个月的胜利》（邓中夏）等 10 种。
　　收藏单位：国家馆

11619
罢工与东征　邓中夏等著　省港罢工委员会宣传部编辑股编
[广州]：省港罢工委员会宣传部编辑股，[1925]，复制本，37 页，32 开
　　本书收文 6 篇，内容包括：《香港最后之一政策》（邓中夏）、《东征的意义及其结果》（谭平山）、《和平的广东与衰落的香港》（鲍

罗庭）等。

收藏单位：国家馆

11620

北伐专号　中国国民党中央军人部编

中国国民党中央军人部，1926.7，47 页，32 开

本书内容包括：慷慨激昂的北伐军、北伐成功之预测、中国国民党对国民革命军出师宣言等。

收藏单位：国家馆

11621

北京惨案真像　中华民国学生联合会总会编

[北京]：[中华民国学生联合会总会]，1926，45 页，32 开

本书介绍 1926 年“三一八惨案”的过程。书前有照片多幅。

收藏单位：国家馆、湖南馆

11622

尝胆录　陈安仁著

[广州]：岭南大学对外委员会，1925.7，22 页，25 开

本书共 21 章，内容包括：开端语、上海英捕残杀华人的原因与结果、上海残杀案交涉条件之提出等。书前有题词。书中有插图多幅。

收藏单位：广东馆、国家馆、吉林馆、近代史所、人大馆

11623

大革命与六大　太行区党委党校编

太行区党委党校，[1943.5]，46 页，32 开

本书收周恩来、王若飞等人的文章，是中国共产党回顾大革命和中共六大的珍贵文献。

收藏单位：国家馆

11624

反帝国主义的新策略　中国国民党中央执行委员会工人部编

中国国民党中央执行委员会工人部，1926.10，29 页，32 开（工人丛书 6）

本书共 6 章，内容包括：省港罢工过去一年来的胜利、国民革命已展开新的时期、国内的环境、国际的环境、新策略的前途等。

收藏单位：国家馆

11625

告农民书　中国国民党中央执行委员会宣传部编

中国国民党中央执行委员会宣传部，1924，32 页，32 开（国民党丛刊 4）

本书共 3 节：总说、农民的痛苦、痛苦的救济。

收藏单位：浙江馆

11626

国民革命军第二军第一次北伐战斗详报　国民革命军第二军司令部参谋处编

出版者不详，1927.3，1 册，22 开

本书详细报告了国民革命军第二军第一次北伐战斗情况，并附有北伐战斗的路线及地图。

收藏单位：浙江馆

11627

国民革命与农人　[国民革命军总司令部政治部编]

广州：国民革命军总司令部政治部，1926.8，14 页，32 开

收藏单位：国家馆、浙江馆

11628

过去之一九二六年　中央军事政治学校政治部编

[武汉]：中央军事政治学校政治部，1927.3，179 页，48 开（黄埔小丛书 2）

本书收《一年来帝国主义在华势力之暗斗及其崩析》《一年来国内政治概况》《一年来的工人运动》《一年来的农民运动》《一年来帝国主义对华侵略日志》等文章。

收藏单位：国家馆、人大馆

11629
回答我们的敌人
中华苏维埃共和国湘赣军区政治部，[1932—1935]，油印本，1 册，64 开
本书为揭破反动欺骗宣传材料之一。
收藏单位：国家馆

11630
纪念册（欢迎全国第三次劳动大会代表全省第二次农民大会代表、全省第六次教育大会代表纪录） 中央军事政治学校编
[广州]：中央军事政治学校，1926.5，30 页，32 开
收藏单位：国家馆

11631
蕉岺民众暴动的经过及今后我们怎样训练民众 钟干材编辑
蕉岺县党部宣传部，1927.2，22 页，32 开（努力丛刊 2）
收藏单位：国家馆

11632
联欢特刊（选辑）
广州：出版者不详，1926.1，油印本，20 页，8 开
本书系 1926 年 1 月 5 日澄海苏北军民联欢及庆祝广东统一大会的特刊。
收藏单位：国家馆

11633
论北伐 向导周报社编辑
[广州]：向导周报社，1926.9，45 页，32 开
本书共 4 章：论国民政府之北伐、我们的北伐观、答张人杰等论北伐书、民众心中的广东。
收藏单位：广东馆、湖南馆、近代史所、浙江馆

11634
民国日报特刊 民国日报编
民国日报，[1924]，56 页，16 开
本书为中国国民党改组纪念号，收国民党第一次全国代表大会宣言、国民党总章等，另有《中国革命史的第二篇》（瞿秋白）。
收藏单位：国家馆

11635
农民协会章程与农民自卫军组织大纲 广东省农民协会宣传部编
广州：广东省农民协会宣传部，1925.10，26 页，64 开
广州：广东省农民协会宣传部，1925.12，3 版，36 页，48 开（农民运动小丛书 1）
本书收《农民协会章程》（14 章）和《农民自卫军组织大纲》（14 条）。
收藏单位：广东馆、国家馆

11636
沙基惨杀案真相
出版者不详，[1925]，18 页，16 开
本书附《广东省长布告》《外国领事馆致胡省长的照会》等。
收藏单位：国家馆

11637
沙基屠杀中党立军校死难者
出版者不详，1925.7，63 页，16 开
本书收沙基惨案中黄埔军校死难学生照片、各界吊文、死难学生传略等。
收藏单位：重庆馆、广东馆、贵州馆、国家馆、近代史所

11638
沙基血迹黄埔泪潮
出版者不详，[1925.7]，60 页，16 开
收藏单位：上海馆

11639
沙面惨杀案 高尔柏 高尔松著
青年政治宣传会，1925.10，132 页，32 开
本书论述 1925 年 6 月 23 日在广州发生的沙面事件。共 9 部分，内容包括：沙面惨案发生前的广东、沙面惨案的爆发、惨案爆发后广东民众的激愤等。
收藏单位：重庆馆、广东馆、国家馆、近

代史所、南京馆

11640
什么是国民党左右派？　陈独秀著
出版者不详，1926，8页，32开
本书阐述什么是国民党的左右派，以及在中国革命运动中，必须赞助左派、反对右派的原因。
收藏单位：广东馆

11641
省港罢工概观　邓中夏著
[广州]：中华全国总工会省港罢工委员会宣传部，1926.8，[128]页，32开
本书共两章：一年来省港罢工的经过、省港罢工的胜利。附《欢迎英国帝国主义进攻中国的十万大兵》《英国帝国主义之危机》《中英谈判后致全国同胞书》等5篇。
收藏单位：重庆馆、广东馆、国家馆、湖北馆、近代史所、南京馆、内蒙古馆、首都馆、浙江馆

11642
省港罢工工人代表大会第一百次纪念册　省港罢工委员会宣传部编
[广州]：[省港罢工委员会宣传部]，1926.5，72页
本书共5章：插图、论文、百期纪念大会情形、演讲词、祝词。
收藏单位：近代史所

11643
省港罢工中之中英谈判　邓中夏著
[广州]：中华全国总工会省港罢工委员会宣传部，1926.7，50+36页，32开
本书收文9篇，内容包括：《罢工成过去事件吗？》《解决罢工交涉中的先决问题》《中英谈判的我见》《香港能推卸责任乎？》《中英谈判经过报告》等。附《中英谈判前来往公函》《外交部宣传局关于中英谈判之报告》等3种。书前有序。
收藏单位：重庆馆、广东馆、国家馆、湖北馆、湖南馆、吉林馆、近代史所、南京馆

11644
孙大元帅对时局重要宣言　孙文著
[东京]：中国国民党东京支部，[1924.11]，16页，32开
本宣言即《北上宣言》。解释北伐的目的、国民革命的目的，以及欲使武力与国民深相结合的途径，主张召集商会、教育会、工会、农会等团体的代表组织国民会议，以谋祖国的和平统一和建设。
收藏单位：国家馆

11645
孙大元帅对时局重要宣言　孙文著
中央执行委员会宣传部，[1924]，8页，32开
收藏单位：浙江馆

11646
我们现在为什么争斗　人民周刊社编
[广州]：人民周刊社，1926.12，64页，32开
[广州]：人民周刊社，1927，2版，64页，32开
本书收文7篇：《我们现在为什么争斗》《国民革命及国民革命势力的团结》《现时广东的政治斗争》《现时政治斗争中之我们》《论广州工潮》《论广东农潮》《论广东学潮》。
收藏单位：国家馆、湖北馆

11647
五卅　上海学生联合会编
出版者不详，1927，15页
本书共6章：开篇话、五卅案追捕、为五卅血泪痛苦告同胞、五卅运动失败的原因、我之五卅的经过和感言、国耻与人格。
收藏单位：近代史所

11648
五卅
浙江省立第一中学第一部学生会，1928.5，29页，32开
本书收文7篇，内容包括：《纪念五卅致读者》（炳价）、《五卅宣言》（吴锦清）、《五卅的第三周纪念》（一鸣）等。

收藏单位：北碚馆、国家馆

11649
五卅惨案　储祎著
上海：大众书局，1934.9，72页，32开（中国近百年史少年丛书）
上海：大众书局，1936，[再版]，72页，32开（中国近百年史少年丛书）
本书简述五卅惨案的经过。
收藏单位：东北师大馆、广东馆、湖南馆、江西馆、辽大馆、南京馆

11650
五卅惨案　阮源澄著
上海：大成出版公司，1948.9，28页，32开（中华民国历史小丛书）
本书共6章：五卅的前夜、大屠杀经过、工商学联合委员会、反抗之火燃遍全国、交涉始末、五卅的历史意义。
收藏单位：重庆馆、国家馆、湖南馆、吉大馆、近代史所、辽大馆、南京馆、内蒙古馆、上海馆、天津馆

11651
五卅后之上海学生
上海学生联合会，1926，64页，32开
本书共12章，内容包括：五卅运动初期之上海学生、五卅运动中之上海学生与上海民众、对英日经济绝交之概况等。书前有杨序、殷序。
收藏单位：重庆馆、国家馆、黑龙江馆、近代史所、中科图

11652
五卅纪念　国立广东大学秘书处出版部编
国立广东大学秘书处出版部，1926.5，48页，16开
本书收文15篇，内容包括：《五卅纪念》《五卅惨案之回溯》《五卅事件与世界语》《要怎样才可以雪五卅惨案的耻辱》《去年的五卅和今年的五卅》等。
收藏单位：国家馆

11653
五卅事件　国际问题研究会编
上海：开明书店，1927.5，140页，32开（国际问题研究会丛书）
本书共14章，内容包括：五卅事件的意义、五卅事件的远因、五卅运动的分析等。附《五卅事件中之要求条件》。书前有序。
收藏单位：安徽馆、北碚馆、重庆馆、广东馆、国家馆、南京馆、首都馆、浙江馆

11654
五卅痛史　陈叔谅著
上海：国际问题研究会，1927.5，59页，50开
上海：国际问题研究会，1929.4，再版，59页，50开
本书共8节，记述五卅惨案的原因、经过及对五卅运动成绩的评述。
收藏单位：广东馆、广西馆、国家馆、绍兴馆、浙江馆

11655
五卅痛史　晨报编辑处　清华学生会编
北京：晨报社出版部，1925.8，3版，458页，32开（晨报社丛书24）
北京：晨报社出版部，1925.9，5版，458页，32开（晨报社丛书24）
收藏单位：重庆馆、湖南馆、近代史所、山西馆、上海馆、天津馆

11656
五卅外交史　孔另境著
上海：永祥印书馆，1946.7，84页，36开（青年知识文库 第2辑8）
上海：永祥印书馆，1948.12，再版，84页，36开（青年知识文库 第2辑8）
本书为著者《五卅运动史》一书中的一章。除首尾序言与结论外，分6节记述五卅惨案发生后中国政府、外文部及上海地方政府与日本政府的外交交涉经过。附《上海工商学联合会所提出之四先决条件与十三条件》《总商会修改后之十三条件》。
收藏单位：重庆馆、东北师大馆、福建

馆、广东馆、广西馆、国家馆、吉大馆、吉林馆、近代史所、辽大馆、南京馆、上海馆、天津馆、浙江馆

11657
五卅凶手之供状　（美）洛梨·史密斯著
出版者不详，[1926—1949]，32页，32开
本书共18章，内容包括：五卅巡捕开枪之理由、铁甲汽车下之上海人、海军陆军队登岸等。
收藏单位：广东馆、广西馆、国家馆、上海馆、浙江馆

11658
五卅血　方冲之编辑
上海：金山社会钟报社，1925.6，26页，32开
本书共8回，内容包括：说文明反不文明讲人道绝无人道、大学生滔滔演说亡国奴咄咄逼人等。
收藏单位：浙江馆

11659
五卅血案实录　孙祖基等编
上海学生联合会，1925.8，88页，32开（上海学生联合会五卅丛书）
本书共6部分：大惨剧之动因、大惨剧之开幕、五卅惨案公廨之审讯、受害者摄影之一般、受害者证物之一般、死伤调查表。
收藏单位：湖南馆、近代史所

11660
武力与民众　黄埔军民联欢欢迎国民军代表大会编
广州：黄埔军民联欢欢迎国民军代表大会，1926.9，34页，32开
本书共17章，内容包括：引言、题词、记事、宣言、纪念词、欢迎、刘骥先生演说词、方教育长答词等。
收藏单位：国家馆、近代史所

11661
武装暴动　[王明译]
出版者不详，1932.2，再版，164页，32开
本书为伪装本。实际内容为王明翻译的共产国际第九次扩大会议关于上海工人武装起义（1927年3月）的文献，是上海地下党早期伪装印行的指导工人武装暴动的文献。共6部分："第二国际与暴动""暴动的条件，时间的选择""组织暴动之正确的例""暴动之组织技术的前提""在工业城市武装暴动的组织与技术""在农业国家中暴动的特点"。伪装题名：艺术论。伪装责任者题：马克思、列宁。伪装出版者题：中外艺术研究社。
收藏单位：北师大馆、国家馆

11662
武装暴动
出版者不详，[1928]，162页，32开
收藏单位：重庆馆

11663
一九二六年之广州工潮（原名，论广州工潮）　邓中夏著
广州：中华全国总工会，1927，152页（职工运动丛书20）
收藏单位：近代史所

11664
一九二五年的中国铁路工会（全国铁路第二次代表大会报告及决议）　中国铁路总工会编辑
中国铁路总工会，1925.5，64页，32开
本书收中国铁路总工会执行委员会报告、太平洋运输工人会议报告、铁路工会目前进行方针报告及决议、各铁路工会报告、各铁路问题决议，以及开会纪事、祝词等。

11665
一九二五年至一九二七年的中国大革命史　华岗著
上海：春耕书局，1931.7，3册（561页），32开
上海：春耕书局，1932.5，再版，3册（561页），32开
本书共7章：绪言、中国大革命的性质与

造因、中国大革命的预演、中国大革命的经过、中国大革命中的各社会阶级、大革命中的中国共产党、结论。

收藏单位：国家馆、河南馆、湖南馆、近代史所

11666

拥护省港罢工　中央军事政治学校编

[广州]：中央军事政治学校，1926.8，复制本，52页，32开

本书收《中央军事政治学校拥护省港罢工宣言》《本校答复省港罢工委员会暨全体罢工工友书》《本校特别党部复罢工委员会书》《省港罢工的要义》等。

收藏单位：国家馆、辽宁馆

11667

怎样做农工行政　甘乃光讲　周振光　李朴生编辑

农工行政讲习所，1927.3，142页，32开（农工行政丛书1）

本书共4讲：《农工行政学生应有的认识》《农工行政与农工运动》《怎样作一个成功的农工行政人员》《国民革命时期所需要的政治家》。

收藏单位：北师大馆、重庆馆、国家馆、近代史所、南京馆、上海馆

11668

中国第二次全国劳动大会

国民革命军总司令部政治部，[1925]，16页，32开

本书共3部分：中国第二次全国劳动大会宣言、中华全国总工会总章、工会条例。

收藏单位：国家馆、南京馆

11669

中国共产党告农民书

出版者不详，1925.11，复制本，16页，64开

本书从4个方面分析农民所受到的逼迫，明确提出“解除农民的困苦，根本是要实行‘耕地农有’的办法，就是谁耕种的田地归谁自己所有”的主张。

收藏单位：国家馆

11670

中国国民党与劳动运动　恽代英编纂

重庆：国民书店，1927，66页，32开

本书共5章：中国国民党的劳工政策、第三次全国劳动大会关于职工运动总策略决议案等。附《各县或独立市工会组织法大纲》（中华全国总工会）。

收藏单位：重庆馆、国家馆

11671

中国国民党与劳动运动　恽代英编纂

中央军事政治学校政治部，1926.9，62页，32开

中央军事政治学校政治部，1927.4，再版，48页，32开

收藏单位：东北师大馆、广东馆、国家馆、湖南馆、辽大馆、浙江馆

11672

中国国民党与农民运动　恽代英编

[广州]：中央军事政治学校政治部宣传科，1926.9，48页，32开（政治讲义6）

本书共5部分，内容包括：中国国民党的农民政策、革命政府对于农民运动的宣言、中国国民党中央执行委员会农民部致省署之公函等。附《农民自卫军组织大纲》《农民协会组织手册》。

收藏单位：东北师大馆、广东馆、国家馆、湖南馆、江西馆、近代史所、南京馆、首都馆、天津馆、西南大学馆、浙江馆

日本帝国主义入侵及全国抗日民主运动

11673

八年来日本法西斯摧毁太行区人民的概述（救灾公报第一号）　中国解放区救济委员会晋冀鲁豫分会太行办事处编

[涉县]：中国解放区救济委员会晋冀鲁豫分会太行办事处，[1946]，69页，32开

本书共5部分：人口的损失、资财的损失、生产的损失、文化教育事业的摧残、为拯救太行区被难同胞的生命而呼吁。

收藏单位：近代史所、山西馆

11674
北京大学示威运动专刊　国立北京大学非常学生会编
国立北京大学非常学生会，1932.1，[108]页，16开

本刊收文22篇，内容包括：《北京大学示威运动的意义及其前途》（编者）、《北京大学南下示威团代表团报告》（代表团）、《学生运动的纵横观》（田文彬）等。“九一八”事变后，为挽救中华民族的沦亡，北大学生二百余人组成示威团到南京示威，激起上海、南京、北平、西安、太原、杭州等地的学生运动。

收藏单位：国家馆、近代史所

11675
出狱前后　章乃器著
汉口：上海杂志公司，1937.12，137页，32开
广州：上海杂志公司，1937，粤版，137页，25开
广州：上海杂志公司，1938.1，粤版，137页，32开

本书收时论杂文23篇，内容包括：《反不凡主义》《中国的前途》《我与青年》《抗战以后》《论战时金融》《反求诸己》等。著者1936年11月被捕入狱，在狱中和出狱后3个月内写成。

收藏单位：北碚馆、重庆馆、广西馆、贵州馆、国家馆、吉林馆、近代史所、辽大馆、南京馆、山西馆、绍兴馆、天津馆、武大馆

11676
从“九一八”到“七七”　华东新华书店编
福州：福建新华书店，1949，55页，32开

收藏单位：国家馆

11677
从“九一八”到“七七”　解放日报社编
东北书店，1947.7，42页，32开
东北书店，1948.11，3版，37页，32开
东北书店，1949.4，再版，37页，32开

收藏单位：安徽馆、长春馆、东北师大馆、国家馆、吉林馆、南京馆、宁夏馆、天津馆

11678
从“九一八”到“七七”　解放日报社编
胶东新华书店，[1945—1949]，再版，86页，32开

收藏单位：辽大馆、山东馆、天津馆

11679
从“九一八”到“七七”　解放日报社编
辽东建国书社，[1945—1949]，41页，32开

收藏单位：南京馆

11680
从“九一八”到“七七”　解放日报社编
无锡：苏南新华书店，1949.7，54页，32开

收藏单位：南京馆、山东馆

11681
从“九一八”到“七七”　解放日报社编辑
出版者不详，[1937—1949]，34页，32开

收藏单位：长春馆、国家馆

11682
从“九一八”到“七七”　新长城社编著
哈尔滨解放社，[1938]，38页，32开

收藏单位：吉林馆

11683
从“九一八”到“七七”　延安解放日报编辑
[临沂]：大众日报社，[1946]，1册，32开

收藏单位：国家馆

11684
从“九一八”到“七七”　延安解放日报编辑
民众书店，1946.7，4版，121页，32开

收藏单位：重庆馆、东北师大馆、国家馆、吉林馆、江西馆、近代史所、南京馆、宁夏馆、山西馆、陕西馆、天津馆、浙江馆

11685
从"九一八"到"七七" 延安解放日报编辑
[阳城]：太岳新华书店，[1946]，34页，32开
收藏单位：国家馆

11686
从"九一八"到"七七"
华东新华书店，1949.4，57页，32开
收藏单位：重庆馆、广东馆、国家馆、吉大馆、吉林馆、南京馆、内蒙古馆、宁夏馆、山东馆、山西馆、上海馆、天津馆、浙江馆

11687
从"九一八"到"七七"
[遵化]：冀东新华书店，[1946]，113页，32开
[唐山]：冀东新华书店，1949，113页，32开
本书共两部分："九一八"到"七七"的大事记、抗日战争以来日寇诱降与国民党反动派妥协投降活动的一笔总账。
收藏单位：国家馆、山东馆、天津馆

11688
从"九一八"到"七七"
[兴县]：晋绥日报社，1946，40页，32开
收藏单位：国家馆、山西馆

11689
从"九一八"到"七七"(长篇史录) 解放日报社编
东北新华书店辽东分店，1949.9，57页，32开
收藏单位：山东馆

11690
从"九一八"到"七七"(长篇史录)
[泰州]：苏北新华书店，1949.8，40页，32开
本书共4部分，内容包括："日寇进图华北，蒋介石与日本直接妥协，卖国者赏，'言抗日者杀勿赦'""华北危急，蒋介石大唱'中日亲善''经济提携'，对于高涨的救亡运动则实行残酷的镇压""西安事变后，在全国人民的压力下蒋介石被迫停止内战，但仍未放弃反共反人民消灭异己的政策"等。
收藏单位：国家馆

11691
从"九一八"到"七七"(国民党祸国殃民史录)
[惠民]：渤海新华书店，[1945—1949]，32页，32开（时论选集4）
收藏单位：国家馆、南京馆、山东馆、山西馆

11692
从"九一八"到"七七"(转载一九四三年九月十八日解放日报)
晋察冀边区学习委员会第七分会，1944.4，油印本，36页，32开
收藏单位：国家馆、南京馆

11693
从"九一八"以来
华北新华书店，[1942—1949]，110页，32开
收藏单位：国家馆、近代史所

11694
从"九一八"至"七七事变" 新华社编
辽北省保安军政治部出版部，[1937—1949]，44页，32开
收藏单位：国家馆

11695
对日抗战的前途 广西各界抗日救国联合会编
广西各界抗日救国联合会，1936，30页，32开（抗日言论集5）
收藏单位：广西馆、桂林馆

11696
风暴四月 北大四院自治会编
北大四院自治会，[1938]，74页，32开
本书收文22篇，内容包括:《火的集

合——“三·二八”万人营火会追记》《为保卫自己而战!》《血溅南开》《词严义正的控诉——北大全体教授罢教抗议暴行并呼吁保障教育安全宣言》等。书前有代序《我们的队伍》，以及学生请愿的照片。

收藏单位：东北师大馆、国家馆、吉林馆、辽大馆、辽宁馆、山西馆、首都馆、浙江馆

11697
给民族解放的青年战士　倪亚夫编著
上海：潮锋出版社，1936.10，233 页，32 开
上海：潮锋出版社，1936.11，再版，233 页，32 开

本书收文 39 篇，内容包括：《关于学生救亡运动的报告》（彭楚石）、《北平第二次大示威运动》（田珠）、《文化城里所见》（朱氓）、《中国人打中国人的狠毒》（蒋代燕）、《答示》（韬奋）等。

收藏单位：重庆馆、广东馆

11698
关中民众反对进攻边区通电·陇东民众反对进攻边区通电·晋察冀边区各界制止内战挽救危亡通电　关中民众通电·陇东民众通电·晋察冀边区各界通电
出版者不详，[1943]，16 页，64 开

收藏单位：国家馆

11699
国民党反动派祸国殃民的罪恶
[阜平]：晋察冀日报社，1944.5，2 册，32 开

本书上册收文 5 篇：《评〈中国之命运〉》《谁革命？革谁的命?》《〈中国之命运〉——极端唯心论的愚民哲学》《斥所谓“中国文化的统一性”》《袁世凯再版》。

收藏单位：国家馆

11700
国难的二年（“九一八纪念”）　张梓生著
上海：生活书店，1933.9，82 页，36 开（时事问题丛刊 10）

本书介绍“九一八”后中国在土地、人口、经济上的损失，共 4 部分：绪言、土地的损失、人口的损失、经济的损失。

收藏单位：广西馆、国家馆、湖南馆、吉大馆、南京馆、上海馆、浙江馆

11701
国难特刊（第 1 册）　上海律师公会编
上海：上海律师公会，1931.4，100 页，32 开

本书内容包括：日本侵略中国之阴谋、日军暴行之一斑、国人之自卫、国际公法公约之规定等章节。

收藏单位：国家馆、吉林馆

11702
还我河山　时敏编辑
上海：中国自强学社，1933.12，324 页，22 开
上海：中国自强学社，1934，再版，347 页，22 开
上海：中国自强学社，1934.10，3 版，347 页，22 开
上海：中国自强学社，1936.6，4 版，347 页，22 开
上海：中国自强学社，1937.1，5 版，347 页，22 开

本书共 20 章，内容包括：东北概述、日占东北因由、九一八事变、今朝之东北、日人得寸进尺之阴谋、暴日对于东北之毒辣、日本国内之形形色色、最近日本国外之工商业、日人之鬼祟、东北义勇军等。书前有序。

收藏单位：安徽馆、北碚馆、重庆馆、东北师大馆、广东馆、贵州馆、国家馆、河南馆、黑龙江馆、湖南馆、吉大馆、吉林馆、江西馆、辽大馆、南京馆、山西馆、上海馆、首都馆、天津馆、中科图

11703
济南惨案前后日本之阴谋
出版者不详，[1928]，20 页，32 开

本书共 4 部分：惨案之原因、肇事之情形、济南案后之侵略、结论。

收藏单位：重庆馆、广东馆、南京馆、浙

江馆

11704
济南惨案史 李宗武编
上海：开明书店，1928.7，74页，50开
上海：开明书店，1928.9，再版，74页，50开
本书共10节，内容包括：济南惨案的背景、济南惨案与日本对华政策、日本出兵山东的经过、济南惨案经过实录、惨案后日本对华示威的一般等。
收藏单位：广西馆、国家馆、近代史所、陕西馆、浙江馆

11705
九一八以来的抗日战争 凡夫著
汉口：抗战研究社，1938，68页，32开（解放小丛书）
收藏单位：广东馆、吉林馆

11706
九一八以来的抗日战争 蓝天照著
汉口：光明书局，1937.12，68页，32开（民族解放丛书）
上海：光明书局，1938.1，68页，32开（民族解放丛书）
汉口：光明书局，1938.3，68页，32开（民族解放丛书）
本书共6章：马占山抗战与东北义勇军的活跃、一·二八淞沪抗战、热河失守与长城抗战、察哈尔民众抗日同盟军的崛起、绥远抗战的伟大胜利、全面抗战的展开与教训。书前有陈乃昌序。
收藏单位：北碚馆、重庆馆、东北师大馆、广东馆、贵州馆、国家馆、湖南馆、吉林馆、南京馆

11707
九一八以来国内政治形势的演变 时事问题研究会编
抗战书店，1941，470页，32开（抗战的中国丛刊1）
本书共3编：从九一八事变到国内和平建立、从七七抗战到武汉失守、从武汉失守到抗战三周年。书前有例言。
收藏单位：重庆馆、吉林馆、近代史所、南京馆、人大馆、山西馆、陕西馆

11708
九一八以来国内政治形势的演变 时事问题研究会编
出版者不详，1940，470页，32开
收藏单位：国家馆

11709
九一八与一二八 柳亚子等著
上海：大光书局，1936，再版，70页，50开（大光小文库）
本书收文12篇，内容包括：《对九一八的感想》《九一八的回忆》《九一八周年》等。
收藏单位：重庆馆

11710
九一八与一二八 柳亚子等著
上海：光华书局，1933.6，70页，64开（光华小文库）
收藏单位：广东馆、国家馆、吉大馆、江西馆、浙江馆

11711
救国言论集 [全国各界救国联合会编]
[上海]：全国各界救国联合会，1937.5，160页，32开（国难丛书2）
本书收文11篇，内容包括：《全国各界救国联合会成立大会宣言》《抗日救国初步政治纲领》《全国各界救国联合会成立大会工作检讨》等。附《上海文化界救国会对中宣部告国人书之辩正》等4篇。
收藏单位：重庆馆、国家馆、南京馆、上海馆、浙江馆

11712
救亡的基本认识（又名，论民族联合战线） 柳湜著
上海：读书生活出版社，1936.10，104页，32开（角半小丛书）
本书收文8篇：《把千万颗子弹打在一

个靶子上》《民族联合战线发展过程的私见》《联合战线下的理论斗争》《联合战线在文化界》《再论联合战线在文化界》《当前文化运动的工作方式的问题》《一个特殊环境的救亡运动》《暑期中的工作问题》。书前有前言。

收藏单位：北碚馆、重庆馆、贵州馆、桂林馆、国家馆、吉林馆、近代史所、南京馆、人大馆、上海馆、浙江馆

11713

救亡言论集　丁石民编

出版者不详，1936.8，232页，32开

出版者不详，1938.1，再版，232页，32开

本书收文19篇，内容包括：《由爱国救国说到误国卖国》（章乃器）、《我们要怎样自卫》（平心）、《民族解放运动的镜子》（艾思奇）、《救亡前途的估计》（叶英）、《从中日的财政经济观察未来战争》（钱俊瑞）等。书前有序。书后有编后记。

收藏单位：北碚馆、重庆馆、广东馆、桂林馆、国家馆、黑龙江馆、吉林馆、近代史所、南京馆、陕西馆、上海馆、四川馆、浙江馆

11714

救亡运动报告书　清华大学学生自治会救国委员会编

[北平]：清华大学学生自治会救国委员会，1936，56页，32开

本书介绍学生救亡运动的时代背景、抗日救亡运动史及清华救国会工作经过。

11715

救亡运动的理论与实践　建宇选编

春流书店，1937.2，186页，32开

本书收文12篇，内容包括：《为和平而战！为民族解放而战！》（章乃器）、《对于全民抗敌战线的研究》（平心）、《关于抗敌联合战线的诸问题》（汉夫）、《怎样在中国建立救亡统一战线》（叶培炎）、《怎样巩固并开展救亡战线》（膺庸）、《怎样开展内地的救亡运动》（陈毅）等。

收藏单位：重庆馆、国家馆、南京馆、陕西馆

11716

抗日特刊　上海法政学院抗日救国会宣传部编

上海：上海法政学院抗日救国会，1931.10，72页，16开

本书共3个栏目：论坛、文艺、记事。收师生抗日文章四十余篇。

收藏单位：国家馆

11717

抗日特刊　中华大学抗日救国会编辑

武昌：中华大学抗日救国会，1931.12，1册，16开

本书共4个栏目：论著、文艺、杂俎、附载。收师生抗日文章20篇。

收藏单位：国家馆

11718

控诉敌寇暴行　第十八集团军总政治部编

第十八集团军总政治部，1945.9，106页，32开

本书共6部分："写在前面""杀光！烧光！抢光！""平原上的血迹""虐杀战俘火焚医院淫辱妇女""虐待盟国侨民""人间地狱的敌占区"。

收藏单位：广东馆、国家馆、湖北馆、江西馆、内蒙古馆、青海馆、陕西馆、云南馆、浙江馆

11719

立即发动抗日战争　广西各界抗日救国联合会编

广西各界抗日救国联合会，1936，30页，32开（抗日言论集4）

收藏单位：东北师大馆、广西馆

11720

辟亡国理论　广西各界抗日救国联合会编

广西各界抗日救国联合会，1936，24页，32开（抗日言论集3）

本书收文10篇，内容包括：《辟一套亡

国论》(节录《大众生活》1卷9期)、《汉奸们还能拿出〈物力对比〉来做商标吗》(节录《大众生活》1卷11期)、《彻底纠正亡国之政策》(节录《大众生活》1卷11期)等。

收藏单位：广西馆、吉林馆

11721
七人之狱 沙千里著
[汉口]：生活书店，1937.10，191页，32开
[汉口]：生活书店，1938，再版，191页，32开
汉口：生活书店，1938.4，3版，191页，32开

本书记述1936年底国民党政府拘捕沈钧儒、沙千里、章乃器、邹韬奋、李公朴、王造时、史良7人的经过及关押审讯情况(即爱国七君子案件经过)。附《起诉书》《答辩状》等5篇。

收藏单位：重庆馆、国家馆、湖南馆、吉林馆、江西馆、近代史所、辽大馆、南京馆、上海馆、浙江馆、中科图

11722
全国各界救国联合会成立大会工作检讨
出版者不详，1936.6，23页，32开

收藏单位：北碚馆、国家馆

11723
全国各界救国联合会成立大会宣言·抗日救国初步政治纲领 西北各界救国联合会宣传部编
陕西省民众运动指导委员会宣传部，[1936]，16页，32开

收藏单位：国家馆

11724
日本侵吞满蒙毒计之大披露
沪粤爱国社，1931.1，60页，32开

本书揭露日本帝国主义田中内阁密奏日皇谋吞中国之奏章、日本侵吞满蒙毒计。书前有热血生序。

收藏单位：国家馆、湖南馆、吉林馆

11725
日帝国主义侵华之阴谋(1935年4月8日日本驻华总领事会议记录)
[上海]：全国各界救国联合会，1937.3，138页，32开(国难丛书1)

本书共3部分：第一日会议情形、第二日会议情形、第三日会议情形。会议主要包括对华交涉、当地馆务、帝国在该地之工商业状况、该地帝国居留民情形、建设、当地情形等。

收藏单位：国家馆、吉大馆

11726
山西大学抗日救国运动会抗日专刊 山西大学抗日救国运动会出版部编
[太原]：山西大学抗日救国运动会，1931.11，78页，16开

本书共4个栏目：时论、杂俎、转载、专件。

收藏单位：国家馆

11727
上海市民义勇军经历史 王屏南著
出版者不详，1932，35页，22开

本书内容包括：上海市民义勇军之起因、上海市民义勇军之出发、义勇军之成立、义勇军之艰苦等。

收藏单位：湖南馆、内蒙古馆、上海馆、浙江馆

11728
我们的队伍 中华民族解放先锋队总队部[编]
中华民族解放先锋队总队部，1937.3，78页，32开

本书共3章：短短的一年、现阶段的民先、中华民族解放先锋队组织法。

收藏单位：东北师大馆、国家馆、近代史所

11729
我们的战友 张庆泰著

汉口：上海杂志公司，1938.5，128 页，32 开
汉口：上海杂志公司，1938，再版，128 页，32 开

本书论述中国的抗日战争必将得到广泛的国际支持，世界各地都有我们的战友，并论及认清敌友问题。共 6 章，内容包括：我们不是孤立的、一个基本的战友、共同奋斗的战友等。

收藏单位：重庆馆、广东馆、广西馆、贵州馆、国家馆、吉林馆、江西馆、南京馆、天津馆

11730
血碑 星洲出狱抗日同志联谊会编
新加坡：新加坡新民主文化服务社，1945.2，61 页，32 开

本书收文 21 篇，内容包括:《悼同志歌》《忆张克夫同志》《悼叶金钟同志》等。

收藏单位：国家馆、吉大馆

11731
一九四四年边区各界庆祝国庆节筹备会传单
出版者不详，1944.10，5 张，14cm×17cm，15cm×14cm，11cm×18cm，15cm×23cm

收藏单位：国家馆

11732
应城惨案真相与解决的经过 吴明道编
武汉中等以上学校学生慰问应城同学代表团编辑委员会，[1936]，28+38 页，16 开

本书共 7 部分，内容包括：应城惨案真相与解决的经过、为应案及全国学生爱国运动告当局及同学、写在慰问了应城受伤同学之后等。

收藏单位：国家馆

11733
榆关抗日战史
中国国际出版社，1934，294+182+9 页，16 开，精装

收藏单位：广西馆、吉林馆、上海馆

11734
榆关抗日战史
中国国际宣传社，1934，[691] 页，18 开

本书共 11 部分，内容包括：榆关血战爆发的必然性、榆关陷落以后、榆关血战所唤起之新的形势、榆关血战之反应、举起民族革命的烽火等。附《榆关抗战中阵亡官兵姓名录》等。

收藏单位：广东馆、国家馆、吉林馆、近代史所、南京馆、天津馆

11735
中日国力的对比 李凡夫 何干之著
上海：引擎出版社，1936.12，130 页，32 开
上海：引擎出版社，1937.3，再版，130 页，32 开

本书共两篇:《从日本国力来看侵略战（知彼）》《从中国国力来看抗敌战（知己）》。分别介绍中日两国的社会结构、资源、粮食、军备、财政及国际关系，展望中国抗战前途与日本侵略的结局。书前有再版自序、钱俊瑞序。

收藏单位：北碚馆、重庆馆、东北师大馆、广东馆、国家馆、湖南馆、宁夏馆、山西馆、上海馆

东北抗战

11736
暴日占据东北痛史（第 1 集） 联友出版社编
上海：联友出版社，1931.10，158 页，16 开

本为“九一八”之后两星期，编者从上海各大报纸上汇集有关日本强占东北的新闻及言论纂成。共 5 部分，内容包括：二周间暴日侮我事件之摘要、日人所谓中村事件、万宝山惨案等。书中亦有万宝山等事件的介绍。

收藏单位：北碚馆、国家馆、黑龙江馆、吉大馆、吉林馆、近代史所、上海馆、浙江馆

11737
东北巨变血泪大画史 梁雪清图画编辑 佘贻泽文字编辑

上海：文华美术图书公司，1933.12，1 册，8 开
上海：文华美术图书公司，1934.1，再版，1 册，8 开
本书共 4 编，内容包括：可爱之东北、东北巨变经过、国际联盟处理东北巨案经过等。
收藏单位：北碚馆、国家馆、吉林馆、近代史所

11738
东北抗日联军 铁雄编著
上海：自力出版社，1938.1，110 页，36 开（抗战小丛书 4）
本书共 10 章，内容包括：坚强卓越的第一军、血肉抗争的第二军、英勇奋斗的第三军、勇敢善战的第四军、困苦前进的第五军、努力奋发的第六军等。书前有绪言。书后有结论。
收藏单位：广东馆、黑龙江馆、吉林馆

11739
东北抗日联军的过去·现在和未来 杨震编著
汉口：大众出版社，1938.4，64 页，32 开（抗战动员丛刊）
本书共 15 部分，内容包括：东北抗日义勇军产生的社会基础、东北抗日义勇军的成立、东北抗日义勇军的发展等。
收藏单位：贵州馆、国家馆、上海馆、浙江馆

11740
东北抗日联军第四军 孙杰著
巴黎救国出版社，1936.10，122 页，32 开
本书共 11 部分，内容包括：四军成立及其发展、四军组织概况等。
收藏单位：重庆馆、吉大馆、南京馆、山西馆

11741
东北抗日联军斗争史略（1931—1945） 关寄晨著
东北书店，1946.4，35 页，32 开
本书记述东北抗日联军的斗争经历。
收藏单位：东北师大馆、黑龙江馆、吉林馆、南京馆

11742
东北抗日联军历史真相 旅顺民众报社编
旅顺民众报社，1946.5，53 页，32 开
本书共 6 节：东北是怎样沦亡的、东北问题的历史真相、日寇口中的东北抗日联军、东北抗日领袖周保中将军、中国共产党与东北人民的血肉关系、解决东北问题的途径。
收藏单位：国家馆、天津馆

11743
东北抗日联军十四年奋斗简史 冯仲云著
东北人民自卫军黑龙江警卫第一旅政治部，1946，82 页，32 开
本书记述东北抗日联军从“九一八”至“八一五”14 年坚持抗战的史实。着重描写了周保中、李兆麟两位爱国将领在东北抗日战争中的英勇事迹及贡献，并有二位将军小传。
收藏单位：东北师大馆

11744
东北抗日联军十四年奋斗简史 冯仲云著
饶阳：冀中新华书店，1947.11，82 页，32 开
本书共 7 部分：东北抗日联军十四年奋斗简史、周保中将军阐述东北抗联奋斗简史、日寇口中的东北抗日联军、杨靖宇将军和抗日联军第一军斗争简史、李兆麟将军斗争简史、周保中将军略传、东北问题的历史真相。书前有序言。
收藏单位：国家馆、内蒙古馆、天津馆

11745
东北抗日联军十四年奋斗简史 冯仲云著
辽东建国书社，1946，83 页，32 开
本书共 6 部分：东北抗日联军十四年奋斗简史、周保中将军阐述东北抗联奋斗简史、日寇口中的东北抗日联军、李兆麟将军斗争简史、周保中将军略传、东北问题的历史真相。书前有序言。
收藏单位：重庆馆、东北师大馆、国家馆、南京馆、山东馆、浙江馆

11746
东北抗日联军十四年奋斗简史
胶东新华书店，1946.8，81页，32开
收藏单位：山东馆

11747
东北抗日联军十四年苦斗简史　冯仲云著
哈尔滨：青年出版社，1946.2，1册，32开
本书收文8篇，内容包括：《纪念东北抗日联军露营之歌》《东北抗日联军十四年苦斗简史》等。书前有卷头语。
收藏单位：长春馆、东北师大馆、国家馆、黑龙江馆、吉林馆、南京馆、绍兴馆

11748
东北抗日联军十四年苦斗史　冯仲云　李兆麟编
新嫩江报社，[1945—1949]，64页，32开
收藏单位：国家馆、天津馆

11749
东北抗日联军游击实录　松五等著　夏行编辑
上海杂志公司，1937.12，92页，32开
本书共9部分：东北抗日联军第一军奋斗史、东北抗日联军第二军奋斗史、东北抗日联军第三军奋斗史、东北抗日联军第四军奋斗史、东北抗日联军第五军奋斗史、东北抗日联军第七军奋斗史、东北抗日联军第八军奋斗史、战斗中的东北抗日联军、东北抗日烈士传略。
收藏单位：北碚馆、重庆馆、东北师大馆、贵州馆、国家馆、黑龙江馆、吉林馆、近代史所、南京馆、陕西馆

11750
东北抗日义勇军　于友等著
战时出版社，[1937—1945]，84页，32开（战时小丛刊14）
本书收文16篇，内容包括：《战斗中的东北抗日联军》《东北三十万抗日义勇军》《东北义勇军最近的杀敌工作》等。
收藏单位：重庆馆、广西馆、国家馆、黑龙江馆、湖南馆、南京馆、浙江馆

11751
东北抗日真相（第1卷）
出版者不详，1933.10—1934.1，3册（35+51+81页），32开
本书分订3册：第1—4期、第5—8期、第11—14期，各合为1册。内容均为东北义勇军的工作密报。每册卷首均有阎宝航序。
收藏单位：国家馆

11752
东北民众救国军　东北民众救国军委员会编辑部编
北平：东北民众救国军委员会编辑部，1932.9，118页，32开
本书收文15篇，内容包括：《九一八与救国军》《抗倭方策》《冯占海攻吉林情形》《救国军实况》《东北民众救国军》《东北民众救国军委会组织大纲》《本军九月份逐日捷报》等。本书为《血染白山黑水记》的续集，补白10篇。目录页题名：九一八与东北民众救国军。
收藏单位：安徽馆、重庆馆、国家馆、湖南馆、近代史所、首都馆、浙江馆

11753
东北失陷与抵抗　余贻泽编
上海：文华美术图书公司，1933.1，278页，32开
本书分上、中、下3编：九一八前三要案、九一八后东北失陷史、抵抗暴行经过。上编共3章：万宝山惨案、朝鲜惨杀华侨案、中村案；中编共4章：九一八日强占东北之由来、日人武力暴行述略、日组伪国之阴谋、日组伪国之经过；下编共两章：外交上之信赖国联、民众武力义勇抗日。书前有程小青序和编者序。
收藏单位：北碚馆、重庆馆、国家馆、湖南馆、江西馆、浙江馆

11754
东北痛史——十四年见闻记（前编）　齐玉峰著
长春：国民图书公司，1946.1，199页，32开

本书共两部分13小节，内容包括：学潮、赌风陶醉了各级社会、被金钱毁灭的商人、乡愚的自私等。

收藏单位：东北师大馆、国家馆、吉林馆、辽大馆、辽东学院馆、首都馆、天津馆

11755

东北现状 何新吾编辑

南京：东北研究会，1935，5版，[16]+272页，23开

南京：东北研究会，1935，6版，272页，22开

收藏单位：重庆馆、广东馆、广西馆、山西馆

11756

东北现状 何新吾著

何新吾，1933.3，254页，25开

本书记日军侵占东北经过及东北义勇军抗日情况。共12章，内容包括：东北一瞥、东北的富源、日本侵占东北的分析等。附《“九一八”周年中央发表告国人书》。书前有岳飞“还我河山”的拓片和东北地图两幅。

收藏单位：重庆馆、东北师大馆、国家馆、上海馆

11757

东北现状 何新吾编

上海：华洋印刷所，[1933—1934]，234页，32开

收藏单位：南京馆

11758

东北现状 何新吾 徐正学编

南京：东北研究社，1933.9，286页，22开

南京：[东北研究社]，1934.6，286页，25开

收藏单位：北碚馆、东北师大馆、国家馆、黑龙江馆、湖南馆、吉林馆、近代史所、上海馆

11759

东北血痕 印维廉 管举先编

杭州：中国复兴学社，1933.5，[240]页，22开（复兴丛书1）

杭州：中国复兴学社，1933.8，再版，增订本，[240]页，22开（复兴丛书1）

本书共8章：东北失陷之造因、东北失陷之经过及其暴行之扩大、暴日铁腕下之东北现状、黑省义军抗日民族战、吉省义军抗日民族战、辽省义军抗日民族战、血战归来之东北抗日诸领袖、结论。书前有题词、序言、编辑例言、再版例言。

收藏单位：安徽馆、广东馆、国家馆、湖南馆、吉林馆、上海馆、浙江馆

11760

东北血痕 印维廉 管举先编

南京：中国社会科学会，1933.5，1册，22开

本书共5章：东北失陷之远因、东北失陷之经过及其暴行之扩大、黑省义军抗日民族战、吉省义军抗日民族战、辽省义军抗日民族战。书前有插图、序、编者例言。附《东北民族之史的研究》《日本暴劫东北之前夕与我们的今朝》。

收藏单位：重庆馆、国家馆、近代史所、南京馆、上海馆、天津馆

11761

东北一瞥 葛文烈著

北平：东北民众抗日救国会，1932.12，58页，32开

本书介绍沦陷后东北的情况、义勇军抗日情况及著者的抗日主张，共4部分：题字、题词、印像、主张。著者时任东北义勇军第三十七路副司令，为入关请援而著此书。书前有东北民众后援会、东北义勇军诸首领的题词。

收藏单位：吉大馆

11762

东北义勇军（第1集） 陈彬龢编

上海：日本研究社，1932.9，268页，32开

本书共4章：概况、辽宁义勇军、吉林自卫军、黑军战绩。书前有序和图片。

收藏单位：北碚馆、吉大馆、近代史所、上海馆

11763
东北义勇军的活跃　马占山编
上海：明明书局，[1931—1949]，94 页，32 开
本书收文 12 篇，内容包括：《组织统一的三十万铁骑》、《人民抗日军的实力》、《黑夜游击战》（涛君）、《告日本士兵大众书》（允中）、《最近的杀敌工作》（路定）等。附《溥仪在囚牢中》《协和会》等。
收藏单位：国家馆

11764
东北义勇军概况　东北民众抗日救国会编
[北平]：东北民众抗日救国会，1932，86 页，32 开
本书共 13 节，内容包括：义勇军之缘起及经过、义勇军之成分、义勇军之编制、义勇军之指挥、义勇军之械弹等。书前有序。
收藏单位：东北师大馆、黑龙江馆、吉林馆、江西馆、天津馆、浙江馆

11765
东北义勇军后援会第一次经收捐款征信录
东北义勇军后援会编
[上海]：东北义勇军后援会，1934，124 页，32 开
本书共 7 部分，内容包括：东北义勇军后援会成立宣言、组织大纲、保管委员会办事章程、监察委员会办事章程等。所涉时间为 1932 年 5—9 月。
收藏单位：南京馆

11766
东北义勇军后援会第二次经收捐款征信录
东北义勇军后援会编
[上海]：东北义勇军后援会，1934，222 页，32 开
本书共 4 部分：经收捐款收付报告表、收据、捐款人名录、第二次捐款收付总报告表。所涉时间为 1932 年 10—12 月。

11767
东北义勇军后援会第三次经收捐款征信录
东北义勇军后援会编
[上海]：东北义勇军后援会，1934，232+[56] 页，32 开
本书共两部分：收据、捐款人名录。所涉时间为 1933 年 1 月至 1934 年 7 月。
收藏单位：上海馆

11768
东北义勇军抗日血战史　东北义勇军总司令部宣传处编
[东北义勇军总司令部宣传处]，1934.9，[12] 页，10 开
收藏单位：黑龙江馆

11769
东北义勇军运动史话　雷丁著
上海：天马书店，1932.11，181 页，32 开
本书介绍东北义勇军运动的产生、发展、战况、现状等。共 7 章，内容包括：东北义勇军崛起的造因、东北义勇军蜂起与英勇血战、东北义勇军蓬勃扩大与衰微等。书前有总说。
收藏单位：广西馆、国家馆

11770
东北吁天录（实地调查）　上海新闻报特派记者编
上海：新声通讯社出版部，1932.5，134 页，32 开
本书为新闻记者“九一八”事变以后到东北调查，记述日寇统治下的东北各方面情况。共 22 节，内容包括：拒绝入境、如在缧绁中、侮辱及恶宣传等。
收藏单位：国家馆、吉大馆、吉林馆、江西馆、近代史所、南京馆、上海馆

11771
东大赴京请愿记　东北大学学生自治会编
东北大学学生自治会，1937.6，72 页，22 开
本书共 9 章，内容包括：东北大学护校赴京请愿团告各界人士书、赴京请愿团报告书等。书中有插图。
收藏单位：北大馆、重庆馆、国家馆、江西馆、天津馆

11772
东三省义民血战记 上海东北难民救济会编
上海：东北难民救济会，1932，124 页，32 开
本书共 4 部分：宣言、东北义勇军概况、战绩日志、一年来义勇军的抗日战略。
收藏单位：人大馆、上海馆

11773
反对日本出兵满洲 [反对日本出兵行动委员会编]
反对日本出兵行动委员会，[1930—1949]，10 页，32 开
收藏单位：国家馆

11774
解放了的东北
鲁中新华书店，1945.11，21 页，32 开（解放丛书 7）
收藏单位：山东馆

11775
九年来东北人民英勇奋斗的总结 于毅夫著
出版者不详，1940，43 页，32 开
本书共 6 部分：我们奋斗的基础、艰苦卓绝的抗日联军、南北西东的东北健儿、关内的东北民众团体、一枝灿烂的文艺花朵、总结。为《反攻》9 卷 2 期附册。
收藏单位：北碚馆、重庆馆、广东馆、桂林馆、国家馆、陕西馆

11776
沦陷七周年的东北 胡愈之等著 国新社编
[上海]：生活书店，1938.9，200 页，32 开（国新丛书）
本书收文 8 篇，内容包括：《东北沦陷七周年与国新社成立一周年》《日寇统治伪满的机构与政策》《七年来日寇对东北经济榨取的结算》等。附《日伪议定书》《十七年来日寇侵我大事表》等。
收藏单位：重庆馆、广东馆、贵州馆、国家馆、吉大馆、吉林馆、近代史所、南京馆、山西馆、上海馆、天津馆、西南大学馆、浙江馆

11777
日本侵略我东北暴行之真相 东北编译社编
上海：东北编译社，1931.10，142 页，32 开
本书共 10 章。记述“九一八”事变日本侵略东北的史实，同时记述国联对此事的态度、国际舆论的反映及中国人民抗日救亡运动的高潮。
收藏单位：北碚馆、重庆馆、广东馆、国家馆、江西馆、辽大馆、南京馆

11778
统一战线后的东北义勇军 柳仁编
上海：时事新闻刊行社，1937.6，40 页，32 开
本书为时事小册子。介绍“九一八”事变后几年间东北各界联合组织义勇军开展抗日斗争的情况。
收藏单位：重庆馆、国家馆、上海馆

11779
血染白山黑水记 吉黑救国义勇军军事委员会驻北平办事处编
北平：吉黑救国义勇军军事委员会驻北平办事处，1932.8，88 页，32 开
本书收文 12 篇，内容包括：《哭梁文洲同志》《组织吉黑救国义勇军之经过》《吉黑救国义勇军军事委员会之宣言与通电》《吉林同志殉难纪实》《马占山抗日经过纪略》《王德林刘万魁抗日救国之经过》等。附《马占山二次抗日之通电》《李杜电告退哈经过》《王德林之通电》《救国军之布告》《吉林各法团通电》。书前有题词、烈士遗像及其遗族照片及序。书后有跋。
收藏单位：广西馆、国家馆

11780
血染白山黑水记（续刊） 东北民众救国军军政委员会编
北平：东北民众救国军军政委员会，1932，118 页，32 开
本书记述“九一八”事变以后东北民众抗日救国的事迹。书中有照片多幅。

11781
杨靖宇和抗联第一路军　纪云龙编著
东北书店，1946.11，108页（抗联史料1）
本书共7章，内容包括：人民在受难中诞生了自己的反日武装、成长在残酷的斗争中、抗联第一路军迈进了艰苦阶段、杨靖宇殉国、抗联第一路军从战斗中走向胜利等。
收藏单位：重庆馆、东北师大馆、广东馆、国家馆、黑龙江馆、近代史所、南京馆、浙江馆、中科图

红军长征

11782
长征　（美）斯诺（Edgar Snow）著　史家康等译
出版者不详，[1936—1949]，452页，36开
收藏单位：广东馆

11783
长征25000里（中国的红星）（美）斯诺（Edgar Snow）著　史家康等译
外文题名：Red star over China
上海、香港：启明书局，1949.6，新1版，460页，32开
上海：启明书局，1949.6，新2版，460页，32开，精装
上海：启明书局，1949.8，新4版，460页，36开
上海：启明书局，1949，重版，460页，36开
本书为长篇报告文学。共13章，内容包括：寻求红色的中国、赴红都之路、在保安、一个共产党员的来历、长征、西北的红星、到前线去的途中、旭日上的暗影等。书前有钱公侠的重版序言、译者小引。据1938年7月美国Random House再版本译出。
收藏单位：东北师大馆、复旦馆、广东馆、广西馆、国家馆、辽大馆、辽师大馆、宁夏馆、山西馆、上海馆、天津馆、浙江馆

11784
长征25000里（中国的红星）（美）斯诺（Edgar Snow）著　史家康等译
新流书店，1939，460页，32开
收藏单位：国家馆、湖北馆、辽师大馆

11785
长征的故事　阿大等著
韬奋书店，1945.10，20页，36开
韬奋书店，1946.1，再版，20页，32开
本书收报道6篇，内容包括：《冲过乌江天险巧计夺取金沙江》《大渡河是我们的生命线》《我们要桥不要枪》《爬雪山过草地》《突破天险腊子口》等。
收藏单位：国家馆、近代史所、山西馆

11786
长征的故事　阿大等著
西安：西北新华书店，1949.6，40页，36开
本书收报道9篇，内容包括：《冲过乌江天险巧计夺取金沙江》《大渡河是我们的生命线》《我们要桥不要枪》《爬雪山过草地》《突破天险腊子口》《红一团强渡大渡河》《一个掉队的小鬼》《过雪山》等。
收藏单位：重庆馆、国家馆

11787
长征的故事　北极星著
上海：正风出版社，1946，39页，32开
本书为长篇历史小说。
收藏单位：山西馆

11788
长征的故事
北极星出版社，1946.7，39页，64开
本书收文7篇，内容包括：《乌江十八英雄》《巧计渡过金沙江》《大渡河上的英雄》《抢泸定桥》《爬雪山过草地》《突破天险腊子口》等。
收藏单位：国家馆

11789
长征的回忆 陆定一等著
威县：冀南书店，1947.8，44页，32开
本书收文5篇：《老山界》（定一）、《五一前夜》（莫文骅）、《我们怎样过雪山和草地》（潘自力）、《草地》（蔡前）、《红军的炊事员老路》（袁血辛）。
收藏单位：重庆馆、国家馆、山东馆、山西馆

11790
长征的回忆 陆定一等著
饶阳：冀中新华书店，1947，40页，32开
收藏单位：国家馆、山西馆

11791
长征故事 东北民主联军总政治部编
自卫出版社，1946，22页，36开（战士丛书）
收藏单位：国家馆

11792
长征故事 晋冀鲁豫军区政治部编
晋冀鲁豫军区政治部，1947.8，28页，64开
本书收文7篇，内容包括：《冲过乌江天险》《十八英雄强渡大渡河》《"不要烂枪只要桥"》《爬雪山》《过草地》《突破腊子口》等。
收藏单位：北师大馆、国家馆、山东馆

11793
长征故事 新洛阳报社编辑
新洛阳报社，[1948—1949]，26页，32开
收藏单位：广东馆

11794
长征故事
佳木斯：东北书店，1948.6，50页，64开
佳木斯：东北书店，1948.10，再版，50页，50开
本书收文7篇，内容包括：《人民军队的诞生》《冲破乌江天险巧计夺取金沙江》《大渡河是我们的生命线》《我们要桥不要枪》《爬雪山过草地》《突破天险腊子口》等。
收藏单位：长春馆、东北师大馆、国家馆、辽宁馆、山东馆、浙江馆

11795
长征故事
华东胶东军区政治部，[1948]，68页，64开（战士读物1）
本书收文9篇，内容包括：《冲过乌江天险巧计夺取金沙江》《大渡河是我们的生命线》《我们要桥不要枪》《爬雪山过草地》《突破天险腊子口》《红一团强渡大渡河》《一个掉队的小鬼》《过雪山》等。
收藏单位：国家馆

11796
长征故事
梅州书店，1949，26页，32开
本书收文7篇，内容包括：《冲过乌江天险巧计夺取金沙江》《大渡河是我们的生命线》《我们要桥不要枪》《爬雪山过草地》《突破天险腊子口》《胜利的陕北会师》等。
收藏单位：吉林馆

11797
长征故事
南京：新民报职工会，[1936—1949]，20页，36开
收藏单位：重庆馆

11798
长征故事
香港：新民主出版社，1949.4，45页，36开
收藏单位：重庆馆、国家馆、吉林馆、南京馆

11799
长征两面写 （美）斯诺（Edgar Snow） 陈云等著
大文出版社，1939.1，62页，32开
本书收《随军西行见闻录》《两万五千里长征》两篇有关中国工农红军长征的报告文学及红军歌曲的歌词6首。著者"斯诺"原

题：史诺，“陈云”原题：廉臣。

收藏单位：国家馆

11800

长征时代 黄峰编

上海：光明书局、东方图书杂志公司，1937.11，159页，32开（第八路军行军记1）

汉口、上海：光明书局，1938.1，再版，159页，32开（第八路军行军记1）

本书据《西行漫记》缩编写成，记述红军长征情况。共9部分：二万五千里长征记、记红军、抢桥、雪山行军的插话、从甘肃到山西、解放了的劳动、陕北之行、陕北生活拾谈、从陕北归来。

收藏单位：安徽馆、重庆馆、福建馆、国家馆、南京馆

11801

冲破荆紫关（三五九旅长征记） 冯牧等著

华北新华书店，1947.3，76页，32开

本书收文15篇，内容包括：《人民军队是不可战胜的》《不可战胜的力量》《九旅突围断片》《冲过荆紫关》《五日秦岭》《七团在鸡公岭》等。书前有代序《欢迎三五九旅胜利归来》。

收藏单位：重庆馆、国家馆、近代史所、南京馆、人大馆、山东馆、山西馆

11802

从东北到西南（红军长征时代的真实史料） 陈云著

明月出版社，1938.1，62页，32开

本书记述中央红军从江西苏区突围西征后，直至与红四方面军会师前的长征历史。《随军西行见闻录》《红军长征随军见闻录》《红军长征随军西行见闻录》《随军西征记》均为其不同版本。著者原题：廉臣。

收藏单位：北碚馆、国家馆

11803

二万五千里 长征英雄集体执笔

[威县]：冀南书店，1947.10，176页，32开

本书讲述红军长征的故事。

收藏单位：国家馆

11804

二万五千里长征 关青编

[唐山]：冀东新华书店，1949.5，46页，32开

本书介绍红军在长征路上战胜敌人的前阻后追，苦战一年取得北上抗日胜利的经过。

收藏单位：国家馆、内蒙古馆、山东馆、天津馆

11805

二万五千里长征 关青编

天津：知识书店，1949.2，40页，50开

天津：知识书店，1949，再版，44页，32开

天津：知识书店，1949，[3版]，44页，36开

收藏单位：重庆馆、国家馆、近代史所、山西馆、天津馆

11806

二万五千里长征 劳达夫著

香港：新生书店，[1945—1949]，40页，32开

本书主要记述红军长征及抗战中的事迹，叙至抗战胜利后三五九旅的中原突围止。内容包括：乌江十八英雄黑夜冲过渡口、冰天雪地跑到乌江、计取金沙江、红旗高竖安顺场、大渡河十八英雄等。对周恩来夫妇、刘志丹、瞿秋白、聂荣臻等人有专门介绍。

收藏单位：国家馆

11807

二万五千里长征 （美）斯诺（Edgar Snow）著 白芝译

[上海]：大公出版社，[1936—1949]，14页，32开

本书著者原题：史诺。

收藏单位：南京馆、上海馆

11808

二万五千里长征 （美）斯诺（Edgar Snow）原著 汪衡编译

[上海]：文摘社，1938.1，67页，32开（文摘小丛书2）

本书简述红军二万五千里长征的全过程，以斯诺在《亚细亚》杂志上发表的《长征记》为主，并据其他材料补充。著者原题：史诺。

收藏单位：北碚馆、重庆馆、广东馆、国家馆、南京馆

11809
二万五千里长征（中国人民解放军突围史实）（美）斯诺（Edgar Snow）著　天明译
天下出版社，[1937—1949]，13页，32开

本书为《西行漫记》第5章的节译。著者原题：史诺。

收藏单位：上海馆

11810
二万五千里长征（中国人民解放军突围史实）（美）斯诺（Edgar Snow）著　天明译
上海：文孚出版社，1949.5，22页

收藏单位：安徽馆、重庆馆、国家馆、近代史所、南京馆、山东馆

11811
二万五千里长征记　大华著
[上海]：复兴出版社，1938.1，再版，76页，32开（复兴丛书）

本书为中国工农红军长征纪实，介绍长征中的重要战斗，如渡乌江、渡金沙江、过大渡河等，对红军的成长史也做了介绍。

收藏单位：国家馆

11812
二万五千里长征记（从江西到陕北 第八路军红军时代的史实）　赵文华著
上海：大众出版社，1937.12，72页，32开（大众丛书）

收藏单位：北碚馆、重庆馆、贵州馆、国家馆、近代史所、南京馆、天津馆、浙江馆

11813
二万五千里长征记（从江西到陕北 第八路军红军时代的史实）　朱笠夫著
上海：抗战出版社，1937.11，83页，32开（抗战丛书4）
上海：抗战出版社，1938，82页，32开（抗战丛书2）
上海：抗战出版社，1938，再版，83页，32开（抗战丛书2）

本书记述红军二万五千里长征前后经过，共6章：红军大会合、艰苦而壮大的道路、围剿之突破与长征之准备、二万五千里长征纪程、抢桥、长征闲话。

收藏单位：北师大馆、重庆馆、广东馆、吉林馆、近代史所、南京馆

11814
二万五千里长征史画　萧萧编绘
上海：联合画报社，1949.7，30页，32开（联合画报解放丛刊）

本书主要以连环画的形式记述中国工农红军所进行的二万五千里长征。共有44幅画，每幅画配有简单的文字说明。

收藏单位：国家馆、吉大馆、天津馆

11815
二万五千里的长征（第八路军红军时代的史实）　救亡研究社编
上海：救亡研究社，1937.12，54页，32开

本书共19节，主要记述红军长征的经过。附《宋庆龄对国共重新携手的感言》等。

收藏单位：广东馆、国家馆

11816
二万五千里红军长征故事
[上海]：前进出版社，1949.7，29页，32开

收藏单位：国家馆

11817
二万五千里西行记　史天行编
上海：自由出版社，1938.3，106页，36开

本书收报道8篇，内容包括：《二万五千里西行记》（幽谷）、《大渡河抢渡》（莫休）、《说到朱德》（李敏）、《游击战与朱德》（任天马）、《武汉时代的毛泽东》（王唯廉）、《最近的毛泽东》（马骏）等。

收藏单位：广西馆

11818
红军长征故事　华东新华书店著
华东新华书店，1948.9，3版，84页，36开（大众文库 故事）
华东新华书店，1949.4，4版，渤海版，84页，36开

本书共8部分，内容包括：突破乌江天险、巧夺金沙江、抢渡大渡河、飞夺泸定桥、翻过大雪山、草地行军、天险腊子口等。收文6篇：《老山界》（定一）、《长征中的几件事》（张政权）、《雪花山上》（罗良仪）、《草地》（蔡前）、《一个掉队的小鬼》（林间）、《红军的炊事员——老路》（袁血卒）。

收藏单位：重庆馆、国家馆、河南馆、近代史所、辽宁馆、南京馆、山东馆

11819
红军长征故事　华东新华书店编
沔阳（仙桃）：沔阳区新华书店，1949，84页，36开（大众文库 故事）

收藏单位：重庆馆

11820
红军长征故事　华东新华书店著
北平：万国书店，[1948]，80页，32开（大众文库）

收藏单位：国家馆、上海馆

11821
红军长征故事　华东新华书店著
杭州：浙江新华书店，1949.9，再版，1册，36开（大众文库 故事）

11822
红军长征故事
大连：大连新华书店，1949，75页，50开

本书为职工通俗读物，介绍中国工农红军长征的故事。

收藏单位：国家馆、辽宁馆

11823
红军长征故事
山东新华书店总店，1947.9，62页，32开（大众文库 故事）

收藏单位：山东馆

11824
红军长征故事
无锡：苏南新华书店，1949.7，60页，32开

收藏单位：安徽馆、国家馆、吉大馆、南京馆、天津馆

11825
红军长征故事
中原新华书店，1949.7，104页，32开

收藏单位：重庆馆、广东馆、国家馆

11826
红军长征记　董必武等著
[延安]：[总政治部宣传部]，1942.11，2册，25开

本书记述红军长征的全过程，著者包括徐特立、董必武、李富春等。于1936春开始编撰，至1937年2月22日编竣，1942年11月由总政治部宣传部作为党内参考资料在延安刊印发行。著者原题：必武。

收藏单位：山西馆

11827
红军长征随军见闻录　陈云著
人民出版社，1949.6，56页，32开

本书附《三大纪律八项注意》等歌曲4首。书前有毛泽东所作红军长征诗1首。著者原题：廉臣。

收藏单位：安徽馆、重庆馆、广东馆、国家馆、吉大馆、近代史所、辽大馆、南京馆、山西馆、上海馆、首都馆、天津馆、浙江馆、中科图

11828
红军长征随军西行见闻录　陈云作
陕西人民出版社，1937.12，56页

本书著者原题：廉臣。

收藏单位：广东馆、华东师大馆

11829
红一团强渡大渡河
晋察冀军区政治部，[1937—1948]，10页，64开（红军长征故事2）
收藏单位：国家馆

11830
随军西行见闻录（第八路军红军时代长征史实） 梦秋编著
上海：生活出版社，1938.1，107页，32开
本书附《长征闲话》。
收藏单位：长春馆、重庆馆、东北师大馆、广东馆、国家馆、近代史所、山西馆

11831
随军西征记 陈云著
汉口：生活书店、新知书店，1938.3，74页，25开
汉口：生活书店、新知书店，1938.5，再版，74页，32开
本书著者原题：廉臣。
收藏单位：重庆馆、贵州馆、国家馆、近代史所、南京馆、上海馆

11832
西行漫记 （美）斯诺（Edgar Snow）著
光华书局，1948.9，再版，订正版，379页，32开（光华丛刊8）
本书据上海复社1938年版重印。删掉最后一章（第12章），第1—11章文字也有所删节。
收藏单位：近代史所

11833
西行漫记 （美）斯诺（Edgar Snow）著 王厂青等译
外文题名：Red star over China
上海：复社，1938.2，536页，22开
上海：复社，1938.4，2版，536页，22开
上海：复社，1938.10，3版，530页，大32开
上海：复社，1938.11，4版，536页，28开，精装
上海：复社，1949.4，增订5版，1册，36开
本书共12章，内容包括：探寻红色的中国、到红色首都去的路上、在保安、一个共产党员的来历、长征、西北的红星等。书中附有51幅照片插图，其中大部分是著者提供，为英文版所未曾刊印的。书前有著者自序、译者附记。英文原作于1937年10月在伦敦出版，后经著者修订，本书据修订本译出。
收藏单位：重庆馆、东北师大馆、甘肃馆、广西馆、国家馆、辽大馆、上海馆、中科图

11834
西行漫记（即二万五千里长征）（美）斯诺（Edgar Snow）著 亦愚译
外文题名：Red star over China
上海：急流出版社，1949.9，359页，32开
本书共13章，内容包括：寻求红色的中国、赴红都之路、一个共产党员的来历、长征、西北的红星、到前线去的途中、在红军中、战争与和平、回到白区、旭日上的暗影等。
收藏单位：东北师大馆、广东馆、贵州馆、南京馆、上海馆、天津馆

11835
雪山草地行军记 杨定华著
佳木斯：东北书店，1948.11，77页，大64开
收藏单位：长春馆、东北师大馆、广东馆、国家馆、吉大馆、南京馆、宁夏馆、山东馆、山西馆、天津馆、浙江馆

11836
雪山草地行军记 杨定华著
苏州：苏南新华书店，1949.7，52页，50开
收藏单位：广东馆、国家馆、中科图

11837
雪山草地行军记 杨定华著
中原新华书店，1949.6，77页，50开
收藏单位：国家馆

11838
雪山草地行军记　杨定华著
出版者不详，1938，119 页，50 开
收藏单位：广西馆

11839
一个掉队的小鬼　林间著
晋察冀军区政治部，[1942.3]，15 页，64 开（红军长征故事 5）
本书以第一人称讲述红军长征中的小故事，讲述一个 11 岁的小红军参加红军儿童团，后来随着部队过雪山，途中掉队的经历。
收藏单位：国家馆

11840
中国红军长征的故事　阿大等著
晋察冀边区西北印刷局，1947.8，26 页，32 开
晋察冀边区西北印刷局，1948.8，28 页，32 开
本书收文 6 篇，内容包括：《冲过乌江天险巧计夺取金沙江》《大渡河是我们的生命线》《我们要桥不要枪》《爬雪山过草地》等。
收藏单位：国家馆

“一二·九”运动

11841
济南学生纪念一二·九、一二·一特刊　济南青年文化社编
济南：新知识书店，1948.12，48 页，16 开
收藏单位：国家馆、南京馆

11842
纪念“一二·九”特辑　晋察冀边区青联会　张市青联会 [编]
[张家口]：晋察冀边区青联会、张市青联会，1945，41 页，32 开
本书为“一二·九运动”十周年纪念特刊。
收藏单位：国家馆、吉林馆、首都馆

11843
伟大的一二九运动　牡丹江市青年团筹委会编
[牡丹江]：出版者不详，[1935—1949]，56 页，32 开
本书共 7 章，内容包括：民族危机万分严重时期中国共产党提出的抗日民族统一战线的号召、一二·九运动前夜平津文化界与青年学生的呼吁、一二·九运动的经过与评价、九一八以来的学生爱国运动等。
收藏单位：重庆馆、国家馆、吉大馆

11844
一二九——划时代的青年史诗
学习出版社，1946.3，再版，86 页，25 开（学习丛书 2）
学习出版社，1947.3，86 页，25 开
本书共 5 部分：一二九运动的回顾与前瞻、一二九运动小史、一二九请愿示威速写、附录二则、历史可资借镜。
收藏单位：重庆馆、东北师大馆、广东馆、国家馆、南京馆、内蒙古馆、宁夏馆、西交大馆、浙江馆、中科图

11845
一二九——划时代的青年史诗（北平学生抗日救国运动史）　林薮编
昆明：民主周刊社，1945.12，59 页，32 开
昆明：民主周刊社，1945.12，再版，59 页，32 开
本书为民主周刊社“一二·九”十周年纪念增刊，共 5 部分：吴晗教授序、一二九运动的回顾与前瞻、一二九运动小史、一二九请愿示威速写、附录。
收藏单位：北碚馆、重庆馆、国家馆

11846
一二九、一二一学生运动资料特辑　新民主主义青年团哈尔滨市团部编
[哈尔滨]：东北书店，1948.11，29 页，32 开
本书内容包括：《中国解放区青年联合会通告》《关于纪念“一二九”“一二一”运动的通告》《继承“一二九”要学习“一二九”》

《“一二九”的经过》《昆明惨案》《为“一二一”惨案作》《进步赞》《“一二一”运动经过》等。

收藏单位：东北师大馆、国家馆、近代史所

11847
“一二九”与青年　华中新华书店总店编
苏州：苏南新华书店，1949，89 页，50 开

收藏单位：重庆馆、东北师大馆、广东馆、近代史所、南京馆、天津馆

11848
“一二九”与青年（纪念“一二九”十周年）　胶东青联主编
胶东新华书店，1945.12，45 页，32 开
胶东新华书店，1946.9，再版，3+45 页，32 开

本书收文 16 篇，内容包括:《继承“一二九”要学习“一二九”》(刘少奇)、《无名英雄墓前（上海）》(崇明)、《和平门外（北平）》(陈超）等。

收藏单位：广东馆、国家馆、吉大馆、南京馆、山东馆

11849
“一二九”运动十一周年纪念特刊　佳木斯各界纪念“一二九”筹委会编
佳木斯各界纪念“一二九”筹委会，1946，60 页，32 开

本书共 5 部分，内容包括：民族危机万分严重时期中国共产党提出抗日民族统一战线的号召、一二·九运动前夜平津文化界与青年学生的呼吁、一二·九运动的经过与评价等。

收藏单位：东北师大馆、国家馆

抗日战争时期（1937—1945 年）

11850
八年抗战　高天著
上海：新中出版社，1946.12，41 页，36 开（我们的祖国小丛书）

本书共 11 部分，内容包括：抗战的意义、抗战的历史背景、“七七”事变到全面抗战、抗战初期的高潮、妥协投降的危机、相持阶段的低潮、重庆抗战阵营的动摇等。

收藏单位：北碚馆、国家馆、吉林馆、近代史所、宁夏馆

11851
保卫华北的游击战　刘清扬等著
汉口：生活书店，1938.7，123 页，32 开

本书共 9 部分：活跃的华北游击队、山东展开的游击战、成为抗日根据地的晋察冀边区、我们保卫陕甘宁边区、冀南游击队的阵容、冀西的游击队、晋冀边区第一游击纵队、豫北的游击战、平津四郊的游击战争。附《华北游击战士的宝贵经验》。书前有序言。

收藏单位：安徽馆、北碚馆、重庆馆、东北师大馆、贵州馆、桂林馆、国家馆、南京馆、山西馆、武大馆

11852
暴日合并中的伪满洲国真相　何新吾编
南京：东北研究会，1934.1，266 页，22 开
南京：东北研究会，1935.3，再版，264 页，22 开

本书共 6 章：政治、军事、经济、教育、日本的阴谋与政策、附录。

收藏单位：北师大馆、重庆馆、东北师大馆、广东馆、广西馆、国家馆、湖南馆、近代史所、首都馆、西南大学馆

11853
北战场上的游击队报告　朱文央编
怒吼出版社，1938.4，52 页，32 开

本书收文 10 篇:《晋南线的游击队报告》《津浦线上的游击队报告》《津浦前线游击司令部干部训练班访问记》《津浦南段的游击队报告》《津浦南段视察记》《山东的游击队报告》《豫东的游击队报告》《山西的游击队报告》《如火如荼的山西游击队》《华北游击队在艰苦斗争中》。附《组织抗战游击队的一点经验》(履硼)。

收藏单位：重庆馆、广西馆、国家馆、吉林馆

11854
不做亡国奴　白曦著
上海：黑白丛书社，1938.1，47页，32开（黑白丛书战时特刊22）
上海：黑白丛书社，1938，9版，47页，32开（黑白丛书战时特刊22）

本书共4部分：几种愿做亡国奴的人、请看东北同胞亡国奴的生活、请看日本强盗残杀东北同胞的方法、不做亡国奴。

收藏单位：安徽馆、北碚馆、重庆馆、广东馆、贵州馆、国家馆、江西馆、近代史所、南京馆、宁夏馆、人大馆、陕西馆、上海馆、首都馆、浙江馆

11855
陈绍禹（王明）救国言论选集　王明著
汉口：中国出版社，1938.7，364页，32开

本书收文14篇，内容包括：《论反帝统一战线问题》《新形势与新政策》《新中国论》《日寇侵略的新阶段与中国人民斗争的新时期》《团结救国论》等。附《东北情形与抗日统一战线策略》等3篇。著者原题：陈绍禹（王明）。

收藏单位：北碚馆、重庆馆、广东馆、国家馆、湖南馆、近代史所、南京馆

11856
陈绍禹（王明）抗战言论集　[王明著]　叶晴编
[汉口]：民族解放社，1938.2，100页，32开

本书收文8篇，内容包括：《日寇侵略的新阶段与中国人民斗争的新时期》《苏联社会革命二十周年与中国人民的对日抗战》《中国共产党现阶段的政策及对抗战的各种主张》等。

收藏单位：北碚馆、重庆馆

11857
成安被屠记　王真著
汉口：生活书店，1938，20页，32开（通俗读物 甲种16）
重庆：生活书店，1940.1，再版，20页，32开（大众读物 甲种16）

本书为记录日本兵屠杀成安城百姓状况的日记。

收藏单位：北碚馆、重庆馆、贵州馆、国家馆、吉林馆

11858
持久抗战与组织民众　郭沫若等著　何秋萍编
广州：救亡出版社，1938.1，77页，32开（救亡小丛书1）

本书收文10篇：《持久战的必要条件》（郭沫若）、《对于持久战应有的认识》（陈诚）、《目前抗战形势及其任务》（陈绍禹）、《游击战与持久战》（李公朴）、《游击战与民众运动》（张云逸）、《把敌人后方变作前方》（叶剑英）、《开展游击战与武装民众》（任淘）、《到敌人的后方去组织民众》（刘真如）、《持久战与乡村工作》（黄松龄）、《怎样武装民众》（陈钧）。书前有编者附言。

收藏单位：北碚馆、重庆馆、广东馆、国家馆、河南馆、近代史所、南京馆、陕西馆、上海馆、首都馆

11859
赤胆忠心录　吉林出版社编
吉林出版社，1946.4，59页，32开

收藏单位：东北师大馆

11860
赤胆忠心录　叶剑英著
辽宁解放社，1944印，64页，32开

收藏单位：辽宁馆

11861
赤胆忠心录
克山：大众出版社，1946，2册（28+36页），32开

本书内容包括：中共抗战一般情况的介绍、八路军新四军抗战七周年战绩、活跃于

敌后战场的民兵、敌人口中的八路军新四军与中国共产党。

收藏单位：东北师大馆、南京馆

11862
赤胆忠心录（第十八集团军参谋长叶剑英先生于一九四四年八月廿二日与中外记者参观团的谈话） 时事研究会编
大连：时事研究会，1946.2，57页，32开

收藏单位：长春馆、重庆馆、东北师大馆、复旦馆、国家馆、吉林馆、南京馆、山东馆、绍兴馆、浙江馆

11863
从国际形势观察中国抗战前途 陈独秀著
广州：亚东图书馆，1938.4，18页，36开

本书收文3篇:《从国际形势观察中国抗战前途》《抗战中的党派问题》《各党派应如何巩固团结》。

收藏单位：安徽馆、重庆馆、桂林馆、国家馆、南京馆

11864
从七七到八一五 东北大学图书资料室编
佳木斯：东北书店，1947.7，69页，32开
佳木斯：东北书店，1947.11，再版，69页，32开

本书分甲、乙两篇。甲篇记载从“七七”到“八一五”八年抗战史大事纪要，乙篇记载抗战时期各项重要统计资料。内容包括：国民党政府抗战时期内外债表、财政收入支出表、官员投敌表及收复城市分类表8个。附研究八年抗战史参考书目。

收藏单位：长春馆、重庆馆、东北师大馆、国家馆、吉林馆、近代史所、南京馆、宁夏馆、山东馆、天津馆、中科图

11865
从七七到八一五 李石涵编
佳木斯：东北书店，1948.2，3版，增订本，147页，32开
哈尔滨：东北书店，1948.10，4版，增订本，145页，32开

收藏单位：长春馆、东北师大馆、国家馆、黑龙江馆、湖南馆、山东馆、上海馆、中科图

11866
从七七到八一五 李石涵编
[安东（丹东）]：东北书店安东分店，1949.2，130页，32开

收藏单位：山东馆

11867
从七七到八一五 李石涵编
哈尔滨：东北新华书店，1949.9，5版，增订本，144页，32开

收藏单位：国家馆、湖南馆、吉林馆、内蒙古馆

11868
从七七到八一五 李石涵编
山东新华书店，1949.7，169页，32开

收藏单位：北大馆、国家馆、南大馆、内蒙古馆、农大馆、山东馆、天津馆

11869
从七七到八一五 新华社编
新华书店，1949.8，华中版，129页，32开

收藏单位：重庆馆、湖北馆

11870
从七七到八一五（八年抗战史料） 李石涵编
南通：苏北新华书店，1949，121页，32开

收藏单位：国家馆

11871
从牺盟会看山西民众运动 石宾著
黄河出版社，1939.7，98页，32开（黄河丛书4）

本书主要讲述全国统一战线的形成与牺盟会的产生，牺盟会的政治路线、组织、活动、工作总结、作用等。

收藏单位：重庆馆、广东馆、贵州馆、桂林馆、国家馆、南京馆、上海馆

11872
大后方的生活相（大后方报纸的摘录）
[延安]：八路军留守团政治部，1943.8，74页，32开
本书收文8篇，内容包括:《大后方的生活相》《人祸加重了天灾》《限价种种》《大后方舆论一束（一、二）》等。
收藏单位：重庆馆、国家馆、近代史所、山东馆、山西馆

11873
大后方的生活相（大后方报纸的摘录）
太岳新华书店，1944.7，56页，32开
收藏单位：国家馆

11874
大后方的生活相（大后方报纸的摘录）
新华书店，[1943]，74页，32开
收藏单位：浙江馆

11875
大后方的一般情况　董必武著
[延安]：解放社，1946，95页，32开
本书为著者1945年春由渝返延安后的报告。介绍国民党统治区政治、军事、财政、经济及人民生活等情况。
收藏单位：国家馆、近代史所

11876
大后方各界要求建立联合政府的宣言
[濮阳]：冀鲁豫书店，1945.9，石印本，1册，32开
本书辑印重庆、昆明、成都各界对时局的宣言。
收藏单位：国家馆、南京馆

11877
大后方各界要求建立联合政府的宣言
[重庆]：出版者不详，1945.9，23页，32开
本书内容包括：中国民主同盟对时局宣言、重庆妇女界对时局的主张、昆明文化界对时局宣言、成都文化界对时局宣言、附录等。
收藏单位：南京馆

11878
大后方舆论
抗战日报社，1944.10，57页，32开（时论丛刊）
收藏单位：重庆馆、国家馆、山西馆

11879
大后方舆论
新华书店，1944，81页，36开（时事丛刊5）
收藏单位：重庆馆

11880
大后方舆论十题
涉县：新华书店，1945.3，56页，36开
本书收文10篇，内容包括:《反对专制独裁要求民主自由》《要求正面战场停止挨打作风》《反对官僚资本垄断独占》《要求人民的基本权利》《反对贪污要求整饬行政机构》《反对黑暗的保甲制，要求实行人民的地方自治》《要求改善广大民众痛苦不堪的生活》等。
收藏单位：国家馆、近代史所

11881
大众抗战讲话　楼适夷编
长沙：三一出版社，1937.12，80页，32开
本书收文37篇，内容包括:《胜利的第一步》《日本——我们的敌人》《九一八到东北的沦亡》《无恶不作的日本》《民族的转机》《抗战的炮火》《消灭汉奸》《抗战的前途》等。书前有编者的话。编者原题：适夷。
收藏单位：国家馆、湖南馆、吉林馆、辽大馆、陕西馆、上海馆

11882
当前时局的中心问题（坚持抗战国策 克服投降危险）　毛泽东　王明等著
香港：抗战编译社，1939，49页，36开（时论丛书4）
本书收文6篇，内容包括:《当前时局的最大危机》（毛泽东）、《坚持抗战国策克服投

降危险》（王明）、《中国人民英勇抗战的两周年》（凯丰）、《日本的危机及其新阴谋》（吴敏）等。

收藏单位：广东馆、国家馆、吉林馆、近代史所

11883
当前时局最大的危机　重庆新华日报馆编辑
重庆：新华日报馆，1939.7，214页，32开（新群丛书）

本书收文16篇，内容包括：《当前时局的最大危机》《坚持抗战国策克复投降危机》《抗战两年》等。书前有《伟大的战斗节日》等。

收藏单位：国家馆、南京馆

11884
当前职工运动的几个文献　晋察冀边区总工会编
晋察冀边区总工会，1946.2，63页，32开（工业与工运丛书2）

本书收文9篇，内容包括：《晋察冀边区总工会扩大执委会的决定》《平绥铁路总工会半年工作总结报告》《平绥铁路总工会目前纲领》等。

收藏单位：国家馆、山西馆

11885
党与群众工作
播种社，1945.3，32页，36开（干部学习小丛书4）

本书内容包括：彻底的转变、今后组织工作的目标与方针、关于抗日战争统一战线的工作、党与群众的关系等。

收藏单位：浙江馆

11886
党政军要员叛国投敌记实　边章五等著
辽东建国书社，[1945—1949]，1册，32开（时论选辑4）

本书内容包括：两年来国民党五十八个叛国将领概观、国民党六十二个叛国投敌的党政要员概况、方逆先觉等叛国投敌的经过、汉奸吴开先叛国投敌回渝活动内幕、一九四三年山东境内国民党部队投敌将领实录。

收藏单位：南京馆

11887
党政军要员叛国投敌记实
通化：通化新华书店，[1945—1949]，34页，36开（时论选辑）

收藏单位：东北师大馆、国家馆

11888
敌兵阵中日记　夏衍　田汉编译
广州：离骚出版社，1938.3，42页，32开

本书为东战场缴获的日本士兵松永宇八的日记，收文两篇：《东战场敌兵手记》（夏衍译）、《敌兵阵中日记》（田汉译）。附《士无斗志的日本》（夏衍）。

收藏单位：北碚馆、重庆馆、广东馆、贵州馆、国家馆、近代史所、南京馆、陕西馆、上海馆、浙江馆

11889
敌军书简　晋察冀日报社编
[阜平]：晋察冀日报社，1941，114页，32开

本书内容包括：三岛来书十二封、水原部队信五封、富冈队本部信二十封等。书前有吕正操、程子华联合作的序。

收藏单位：北碚馆、山西馆

11890
敌人会打到绍兴来吗　柴绍武著
绍兴抗战建国社，[1937]，30页，32开

本书共9部分，内容包括：浙江在战略上的地位、敌人谋取浙东的策划、敌人的战略与其弱点、敌人会到绍兴来吗等。附《我们应有的准备》《怎样保卫大绍兴》《怎样应付未来的巨变》。

收藏单位：国家馆、浙江馆

11891
敌人口中的八路军新四军与中国共产党　太行新华日报编

[惠民]：渤海日报社，1945，68页，64开
收藏单位：国家馆、山东馆

11892
敌人口中的八路军新四军与中国共产党　太行新华日报编
[涉县]：太行新华日报，1944.9，24页，32开
收藏单位：国家馆

11893
敌人口中的八路军新四军与中国共产党　太行新华日报编
太岳新华书店，1945.1，24页，32开
收藏单位：国家馆

11894
敌人口中的八路军新四军与中国共产党　太行新华日报编
[延安]：新华书店，1944，35页，32开（时事丛刊4）
收藏单位：重庆馆、国家馆、南京馆

11895
敌人口中的八路军新四军与中国共产党
抗战日报，1944.10，28页，25开（时论丛刊7）
收藏单位：山西馆

11896
第二期抗战的将来　周恩来著
汉口：人民书店，1938.3，42页，32开
本书收文9篇，内容包括:《初期抗战的经验与教训》《目前抗战危机与克服危机的出路》《坚持长期抗战的任务》《目前抗战形势及危机》等。
收藏单位：广东馆、广西馆、近代史所、浙江馆

11897
第二期抗战后西线战迹　秋江等著
汉口：大时代书店，1938.5，131页，32开
本书共4部分：回忆与前瞻、民众动员、地方印象、战迹及其他。收文18篇，内容包括:《山西抗战的回忆》(任弼时)、《华北抗战前途与民众动员》(周恩来)、《晋西人民是怎样动员起来的》(奚如)、《返回汾阳途中》(秋江)、《保卫绥西的重要性》(陆诒)等。
收藏单位：重庆馆、广西馆、贵州馆、国家馆、吉林馆、近代史所、西南大学馆、浙江馆

11898
第二期抗战中的华北游击战　侯东明编
新光出版社，1938.5，126页，32开
本书收文16篇，内容包括:《冀南民众怎样歼灭敌人》(陈明韶)、《冀南在游击战中》(冰吉)、《晋北游击战的经过》(高辛)等。书前有序论。
收藏单位：重庆馆、贵州馆、国家馆、湖南馆、南京馆、陕西馆

11899
第一期抗战的经验与教训　金则人著
汉口：上海杂志公司，1938.5，131页，32开（抗战文存2）
本书共8章：全民抗战的展开、用抗战来教育民众、如何使前后方精神一致、哪里能分前方和后方、一切在抗战中加强充实、抗战中的民主问题、文化战线的组织问题、东战场战局突变的检讨。附《向民族统一战线迈进》《民族战线呢还是人民阵线》《我们又踏进了同盟时代》《中苏互助论》。书后有校后记。
收藏单位：北碚馆、重庆馆、广东馆、广西馆、贵州馆、国家馆、江西馆、辽宁馆、南京馆、上海馆、浙江馆

11900
滇声　郑崇贤著
香港：有利印务公司，1946.10，[48]页，32开
本书为云南地方抗战史，共4部分：绪论、抗战前之准备、抗战时之应付、结论。
收藏单位：贵州馆、国家馆、南京馆、上海馆、浙江馆

11901
东厂实录 高一轩编 邢怀仁校
上海：光华书局，[1943]，47页，64开，环筒页装
本书共5部分：要求国民党取消在敌后的特务政策、国民党内的反动派破坏敌后抗日根据地的罪行、山东国民党省党部反共计划书、太岳区三青团修正反共工作手册、国民党特务配合敌寇阴谋杀害抗日军民纪实。
收藏单位：国家馆、南京馆

11902
东亚新秩序真面目与汪逆卖国铁证 江西省各界民众抗敌后援会编
江西省各界民众抗敌后援会，1940.1，80页，32开
本书收文5篇，内容包括：《敌汪卖国协定全文》《汪逆送交敌方之条件内容》《日方答复》等。附《重庆各报对汪逆卖国协定之揭发》等。
收藏单位：重庆馆、国家馆

11903
动员全体人民参加抗战 凯丰著
重庆：新华日报馆，1938.11，19页，32开（新群丛书19）
本书内容包括：抗战以来动员民众的经验、怎样使民众动员起来。
收藏单位：重庆馆、吉林馆、南京馆

11904
对日抗战的基本问题 邓初民著
汉口：大众出版社，1938.2，52页，32开（民族革命战争丛书）
汉口：大众出版社，1938.4，再版，51页，32开（民族革命战争丛书）
本书从国内外政治形势谈到扩大抗日民族统一战线、革新政府，以及军事、民运等方面的问题。
收藏单位：北碚馆、重庆馆、广东馆、广西馆、贵州馆、国家馆、吉林馆、近代史所、南京馆、内蒙古馆、宁夏馆、陕西馆、上海馆

11905
发动群众全面贯彻政策 怀安县抗联会编
怀安县抗联会，1945.9，油印本，1册，32开
收藏单位：国家馆

11906
反对法西斯
［延安］：八路军留守兵团政治部，1943.10，40页，32开
本书收文12篇，内容包括：《中国思想界现在的中心任务》《抗战与民主不可分离》《根绝国内的法西斯宣传》《法西斯主义之末日》《请重庆看罗马》等。
收藏单位：重庆馆、国家馆、山西馆

11907
反对法西斯
东北书店，1946.5，71页，32开
收藏单位：东北师大馆、广东馆、国家馆、黑龙江馆、吉大馆、天津馆

11908
反对法西斯
太岳新华书店，1943.9，36页，25开
太岳新华书店，[1946]，29+4页，32开
收藏单位：国家馆、浙江馆

11909
反对内战 朱德著
出版者不详，1943，57页
收藏单位：山西馆

11910
给救亡同志的公开信 钱俊瑞著
汉口：生活书店，1938.2，86页，32开
广州：生活书店，1938.5，再版，86页，32开
本书收信6封，内容包括：《肃清失败主义和悲观主义》《我们需要一个共同的救亡纲领》《现阶段救亡运动的中心任务》《目前救亡运动理论上的弱点》等。
收藏单位：安徽馆、北碚馆、重庆馆、东北师大馆、甘肃馆、贵州馆、国家馆、吉大

馆、吉林馆、江西馆、近代史所、辽大馆、南京馆、内蒙古馆、陕西馆、上海馆、天津馆、浙江馆、中科图

11911
给战时少年 叶圣陶 茅盾等著 少年先锋社编
汉口：大路书店，1938.5，63 页，36 开（少年先锋丛书）
本书收文 16 篇，内容包括：《致少年》（蓬子）、《少年们的责任》（叶圣陶）、《珍惜我们民族的未来主人》（茅盾）、《儿童节给小朋友们的信》（老舍）、《革命的先锋队》（白桃）等。
收藏单位：国家馆、吉林馆、南京馆、宁夏馆

11912
巩固国共合作争取抗战胜利 张闻天著
延安：解放社，1937，16 页，32 开
本书脱稿于 1937 年 12 月，以新两党关系、国民政府、国民革命军、民运四个问题立论，归结到将以强大的抗日民族统一战线，驱逐日寇出境，建立新中国。著者原题：洛甫。
收藏单位：北碚馆、南京馆

11913
共同防共即是灭亡中国 张闻天等著
统一出版社，1939.6，38 页，32 开
本书著者原题：洛甫。
收藏单位：国家馆

11914
关于城市工作与敌军工作
出版者不详，[1930—1939]，17 页，32 开
本书共 5 部分：城市敌军一般状况、城市工作敌军工作的一般任务、偏向必须纠正、几个问题的提出、城市工作敌军工作一般办法。
收藏单位：浙江馆

11915
关于统一战线（一年来我们的抗日救亡主张） 中国共产党中央委员会等著
出版者不详，1937，38 页，32 开
本书为中共中央当时发表的一些有关文件，内容包括：《抗日救国宣言》（中华苏维埃政府）、《关于召集全国抗日救国代表大会通电》（中华苏维埃政府）、《创立全国各党各派的抗日人民阵线宣言》（中共中央）、《中国共产党致中国国民党书》等。
收藏单位：重庆馆

11916
关于团结救国问题 毛泽东 王明 张闻天著
[延安]：解放社，1938.3，48 页，32 开
本书收文 4 篇：《与延安新中华报记者其兴先生的谈话》（毛泽东）、《挽救时局的关键》（陈绍禹）、《与美国合众社记者白得恩先生的谈话》（陈绍禹）、《巩固国共合作争取抗战胜利》（洛甫）。著者“王明”原题：陈绍禹，“张闻天”原题：洛甫。
收藏单位：北碚馆、北师大馆、重庆馆、贵州馆、南京馆

11917
关于宪政与团结问题 周恩来[等]著
播种社，1944.5，43 页，64 开（团结小丛书第 4 种）
本书内容包括：《关于宪政与团结问题》（周恩来）、《宪政运动概况》（新华社）、林伯渠吴玉章谈话、延安宪政座谈会。附《民国二十九年延安各界宪政促进会宣言》《关于宪政运动研究问题讨论》。
收藏单位：湖北馆

11918
关于中共问题商谈经过之文件
出版者不详，[1945]，16 页，16 开
本书为 1943—1944 年国共两党谈判资料集。收文件 7 种，内容包括：《林彪在渝所提四项》《林祖涵在西安签字之件》《中共所提十二条》《王世杰张治中对于中共十二条之复

函》等。

收藏单位：重庆馆、国家馆

11919

光辉胜利的三年

上饶：前线日报社，1940.10，268 页，16 开

本书介绍抗战 3 年来在军事、政治、经济、文化、司法诸方面的情况，并分析当前国内外形势发展的情况。

收藏单位：北碚馆、东北师大馆、广东馆、广西馆

11920

广州武汉沦陷后的抗战新局势 叶剑英讲 李拓之记

桂林：出版者不详，[1938]，14 页，25 开

收藏单位：江西馆

11921

国共合作的未来 杜远著

上海：国难研究社，1937.11，再版，41 页，36 开

本书共 8 部分：血的历史教训、全国上下一致的要求、日本逼上了死亡线、中国决心自救、内部团结解决了对外矛盾、抗战胜利的把握在那里、惨淡的肉搏声中的一道光明、从瓦砾堆中产生新中国。书前有引言。

收藏单位：广东馆、国家馆、吉林馆、辽宁馆

11922

国共合作的未来 冯杰著

上海：今日问题研究社，1937，41 页，36 开

收藏单位：国家馆

11923

国共合作后怎样发展统一战线（史沫特来与毛泽东的谈话录）（美）史沫特莱（Agnes Smedley）著 宋景桐译

汉口：汉口图书社，1937，20 页，32 开

本书共 3 部分：国共合作后实行统一战线政策诸问题、中日战争与世界和平、从西安事变到国共合作。书前有译者序。著者原题：史沫特来。

收藏单位：国家馆

11924

国共两党抗战成绩比较 八路军留守兵团政治部宣传部辑

东北书店，1943.10，90 页，32 开

东北书店，1946.9，88 页，32 开

本书为 1942 年 8—9 月《解放日报》社论及报道选编。共 10 节，内容包括：国共两党抗战成绩的比较、三年来国民党九次应战的研究、两年来国民党六十七个叛国将领概观、国民党六十二个叛国投敌的党政要员概观等。书前有出版者的话。

收藏单位：重庆馆、东北师大馆、国家馆、吉大馆、近代史所、南京馆、山西馆

11925

国共统一战线及其前途 汪馥泉编著

战时出版社，1938.4，96 页，42 开（战时小丛书 8）

本书内容包括：《中国共产党为宣布国共合作成立宣言》（中国共产党中央委员会）、《国共统一运动感言》（宋庆龄）、《回复十三年精神》（何香凝）、《我们对于民族统一纲领的意见》（张闻天）、《中国共产党抗日救国十大纲领》、《国共两党统一战线成立后中国革命的迫切任务》（毛泽东），以及有关新闻报道、蒋介石谈话等。

收藏单位：国家馆

11926

国际形势与抗战前途 郭沫若著

汉口：新人书店，1938.1，31 页

本书收文 3 篇：《国际形势与抗战前途》《对于文化人的希望》《日寇之史的清算》。

收藏单位：北师大馆

11927

国际形势与抗战前途 郭沫若等著 王汉宜编

汉口：自强出版社，1938.4，110 页，32 开

本书共 5 部分：国际形势与抗战前途、两

个阵线的激荡与中国抗战、和平阵线的三个支柱与我国抗战、世界援助中国抗战与国际反侵略运动、国际反侵略运动与中国抗战。

收藏单位：重庆馆、广东馆、国家馆、江西馆、南京馆、上海馆、浙江馆

11928

国民党的滔天罪行　苏中军区政治部编

苏中军区政治部，1945，74页，25开

收藏单位：国家馆

11929

国民党反动派对日妥协投降总账　解放日报社编

香港：时论出版社，1946.9，96页，32开

本书共3部分：扉语、从“九一八”到“七七”、抗战以来日寇诱降与国民党反动派妥协投降活动的一笔总账。

收藏单位：国家馆

11930

国民党军队赵保原勾结敌伪反共反人民罪行录　于生等著

胶东新华书店，1944.12，61页

本书内容包括：国民党军队赵保原勾结敌伪反共反人民罪行录、莱阳人民生活相、控诉等。

收藏单位：近代史所、山东馆

11931

国民党叛国投敌的党政军要员概况（国民党祸国殃民史录）

山东新华书店，1944.12，32页，36开（时论选辑10）

收藏单位：国家馆、山东馆

11932

国民党叛国投敌要员概观　边章五著

张家口：新华书店晋察冀分店，1945.11，48页，64开

收藏单位：国家馆、辽大馆、山西馆

11933

国民党与民族主义

冀鲁豫书店，[1944—1948]，2册（[62+64]页），64开

本书上册共4篇，内容包括：《国民党与民族主义》《抗战以来敌寇诱降与国民党反动派妥协投降活动的一笔总账》等；下册共8篇，内容包括：《两年来国民党叛将录》《国民党党政要员叛国录》《汉奸吴开先投敌前后》《李仙洲通敌铁证》等。

收藏单位：国家馆

11934

国民党与民族主义

[兴县]：晋绥分局，[1943—1949]，48页，32开

本书是为纪念“九一八”十二周年而作。

收藏单位：重庆馆、山西馆

11935

国民党之防谍教令（缴获文件）　晋冀鲁豫军区司令部编

[晋冀鲁豫军区司令部]，1946.7印，46页（情报工作参考材料2）

本书共9章，内容包括：总则、防谍业务之一般实施要旨、各级部队之防范、军事建筑物及军需品之防范、交通之防范等。书前有前言。

收藏单位：近代史所

11936

过去山河为什么变了颜色

辽阳新华社，[1943—1949]，119页，32开

收藏单位：南京馆

11937

汉奸　舒沛泉编

桂林：前导书局，1937.10，97页，32开

本书收文42篇，内容包括：《从三方面入手》（茅盾）、《不要怕死》（郭沫若）、《扫除汉奸》（郑振铎）、《铲除汉奸决不是技术问题》（钱俊瑞）、《如何消灭汉奸》（郑伯奇）、《消灭汉奸的积极办法》（顾仲彝）、《明定国

策与组织群众》（夏衍）、《大汉奸殷汝耕之末路》（华译）等。

收藏单位：重庆馆、广西馆、国家馆、吉林馆、南京馆

11938
汉奸汪精卫 高良佐著
重庆：求是出版社，1939.7，58 页，32 开（时代批判丛书）

本书介绍全国人民、各界名人及国际舆论对汪精卫声讨的情况，论述汪精卫不是孙中山的信徒，而是叛徒，真凭实据地批判汪精卫的汉奸理论。共 5 章，内容包括：卖身投靠的前奏、降敌卖国的真凭实据等。

收藏单位：重庆馆、广西馆、贵州馆、国家馆、吉林馆、南京馆、陕西馆

11939
汉奸汪精卫 华昌泗著
桂林：文化供应社，1941.5，20 页，64 开（国民必读 23）

本书共 4 部分：汪精卫的为人、汪精卫叛国的社会根源、公开叛国以前的汪逆、汪精卫公开做汉奸以后。

收藏单位：贵州馆

11940
汉奸汪精卫
V 字出版公司，1945.12，72 页，32 开

本书共 25 记，内容包括：汪精卫革命陈璧君撑腰、里应外合狼心狗肺、汪逆存心叛变日本公然通奸、偷机离渝逃亡国外等。介绍汪精卫自 1938 年 12 月离开重庆至 1944 年病死于东京这一时期的卖国活动。封面及版权页题名：叛党卖国起・东京绝命止。

收藏单位：安徽馆、重庆馆、广东馆、国家馆、南京馆

11941
和平！奋斗！救中国！ 登太编
上海：长江书店，1937.6，186 页，32 开

本书收文 12 篇，内容包括：《为和平而战》《为民族解放而战》《对于全民抗敌战线的研究》《关于抗敌联合阵线的诸问题》等。

收藏单位：北师大馆、国家馆、黑龙江馆、吉大馆、近代史所

11942
呼吁团结反对内战（延安民众抗战六周年纪念大会报导）
出版者不详，1943.7，36 页，64 开

收藏单位：北碚馆、国家馆

11943
华北之危机 广西各界抗日救国联合会编
广西各界抗日救国联合会，[1937—1945]，60 页，32 开（抗日言论集 8）

收藏单位：广西馆、辽大馆

11944
华夏春秋续编
出版者不详，[1945]，126 页，25 开

本书为伪装本。共 4 部分，收《1945 年的任务》《周恩来同志飞重庆前对记者谈话》等中共时评，以及党外民主人士、海外媒体对于国内政局的舆论。伪装题名：华夏春秋续编。伪装出版者题：崇文斋。伪装丛书题：江山风雨楼丛书之八。

收藏单位：国家馆

11945
欢迎专刊
[战委会]，1939，油印本，环筒页装

抗日战争爆发后，第二战区民族革命战争战地总动员委员会（简称战委会）在太原成立。该刊为战委会的专刊。

收藏单位：国家馆

11946
冀中平原上的民兵斗争 程子华著
战线社，1944.8，再版，78 页，32 开，环筒页装

本书介绍自七七事变至 1942 年夏冀中平原上的民兵抗日斗争。

收藏单位：国家馆

11947
寄阎锡山书　续范亭等著
山东新华书店，[1944]，64 页，36 开
本书收文 5 篇：《寄山西土皇帝阎锡山的五千言书》《三年不言之言》《薄一波同志揭露阎锡山丑恶内幕》《韩钧同志谈晋西事变真象》《阎锡山批判》。
收藏单位：国家馆、近代史所、山东馆、山西馆

11948
继续奋斗　绳武编
抗战出版社，1938.4，109 页，32 开
本书共两部分：过去抗战的形势检讨、目前形势与继续奋斗到底。第 1 部分收文 4 篇，内容包括：《半年来抗战形势及今后任务》（陈绍禹）、《五月来抗战的收获教训及今后前途展望》（博古）、《我们已得到初步胜利》（甘乃光）等；第 2 部分收文 13 篇，内容包括：《继续奋斗》（蒋介石）、《抗战必胜——只要有奋斗到底的决心》（蒋介石）、《论抗战前途》（毛泽东）等。附《临全代会宣言》《中国国民党抗战建国纲领》。
收藏单位：重庆馆、东北师大馆、国家馆、吉大馆、吉林馆、南京馆

11949
坚持河北抗战与巩固团结（彭德怀副总司令对《新华日报》记者克寒的谈话）　新华日报馆编
重庆：新华日报馆，1939.7，32 页，32 开（新华丛书 30）
本书主要内容为当时赴河北的主要任务、历经各地的感想、驳斥所谓“八路军游而不击，只图保存实力”的谬论、坚持河北平原游击战争的前途等。
收藏单位：北师大馆、重庆馆、国家馆、吉林馆、近代史所、南京馆

11950
江西抗敌后援工作　江西省各界民众抗敌后援会编
江西省各界民众抗敌后援会，1938，94 页，16 开
本书记述抗战初期江西的抗战后援工作。共 9 部分，内容包括：组织、指导、宣传、慰劳等。

11951
江西省各界民众抗敌后援会征信录　江西省各界民众抗敌后援会第一届常委会编
江西省各界民众抗敌后援会第一届常委会，[1937.7]，194 页，32 开
本书共 3 部分：款项收支、物品收支、附录。书前有前言。
收藏单位：国家馆

11952
揭露坦白与控诉　金肇野等著
东北大学图书资料室，1947.4，55 页，32 开
本书收文 7 篇，内容包括：《国民党反动派破坏敌后抗日根据地的罪行一斑》（《解放日报》）、《谁是“武装间谍团”》（金肇野）、《中国法西斯勾结敌伪制造通化事件》（新华社电讯）、《一个失足的青年自白》（贺三麟）、《解放区日俘的坦白与改造》（富尔曼）等。
收藏单位：东北师大馆、国家馆、辽宁馆、南京馆

11953
揭露坦白与控诉　金肇野等著
东北书店，1947.4，55 页，32 开
收藏单位：长春馆、东北师大馆、国家馆

11954
解放区工运与工业建设　晋察冀中央局研究室编
晋察冀中央局研究室，1946.7，20 页，32 开（工运参考丛书 2）
本书收文 4 篇：《刘少奇同志在陕甘宁边区厂长职工代表大会上的讲话》、《陕甘宁边区工业建设上的几个问题》（邓发）、《关于公营工厂党和职工会工作》（邓发）、《解放区职工运动的任务》（《解放日报》社论）。
收藏单位：国家馆

11955
《解放日报》评国民党十一中全会及三届二次国民参政会
晋察冀日报社，1943，22 页，64 开
收藏单位：国家馆

11956
解放文选（第 1 集） 解放社编
[延安]：解放社，1938.1，309 页，32 开
本书为《解放周刊》抗战以来发表的政治论文、答记者问等选集，收《毛泽东论中日战争》《毛泽东与英国记者贝特兰之谈话》及李富春、凯丰、黎平等人论著共 19 篇。
收藏单位：北碚馆、辽大馆、西南大学馆

11957
“九一八”以来
华北新华书店，[1946]，110 页，32 开
本书共两部分：从“九一八”到七七、抗战以来的投降派。第 1 部分揭露蒋介石集团实行对日不抵抗的政策，把大片国土让给日本的罪行；第 2 部分介绍汪逆及大批国民党要员降日和日蒋的勾结。
收藏单位：东北师大馆、国家馆、吉大馆、吉林馆、近代史所

11958
九一八以来
[阳城]：太岳新华书店，1946.7，110 页，32 开
收藏单位：东北师大馆、国家馆、吉大馆、吉林馆、近代史所

11959
九一八以来
出版者不详，1944，121 页，32 开
收藏单位：重庆馆、国家馆、山西馆

11960
“九一八”以来的国民党
冀东新华书店，[1934—1949]，113 页，32 开

11961
救国的途径 邹韬奋等著
救国出版社，1941.11，70 页，32 开（救国丛书 第 1 种）
收藏单位：国家馆

11962
救亡的理论与实践 蔡馥生著
汉口：抗战知识社，1938.4，80 页，32 开
本书共 10 章：为民族生存世界和平而奋斗的对日抗战、论民族统一战线、从全面抗战谈到游击战术、抗战必胜论的理论根据在那里、抗战与民主政治、抗战与民众生活、从国际形势分析谈到抗战的外交政策、抗战中之财政经济政策、抗战中之教育政策、结论。
收藏单位：重庆馆、广东馆、国家馆、江西馆、南京馆、人大馆、陕西馆、上海馆

11963
救亡手册 钱俊瑞 姜君辰等编
汉口：生活书店，1938.1，225 页，32 开，精装
汉口：生活书店，1938.10，5 版，225 页，32 开，精装
本书共 4 编。第 1 编：救亡理论，介绍抗战及民族统一战线等理论；第 2 编：救亡史实，介绍日本侵华史，我国救亡史及目前抗战情况；第 3 编：救亡实践，介绍抗战政策和救亡工作方法；第 4 编：附录，收有关中日问题的重要国际条约、重要救亡文件等。
收藏单位：安徽馆、北碚馆、重庆馆、东北师大馆、复旦馆、广东馆、广西馆、国家馆、湖南馆、吉林馆、江西馆、近代史所、辽大馆、辽师大馆、南京馆、宁夏馆、上海馆、绍兴馆、西南大学馆

11964
救中国人民的关键 王明著
延安：解放社，1938.3，43 页，32 开
本书强调国共合作抗日的重要性。
收藏单位：国家馆、南京馆

11965
救中国人民的关键　王明著
出版者不详，[1938—1949]，32 页，32 开
收藏单位：吉林馆

11966
抗日必读
出版者不详，[1940—1949]，90 页，32 开
本书共 4 部分：概说、史实、“九一八”事变与中日问题、论著。
收藏单位：重庆馆、国家馆

11967
抗日的新策略　凯丰著
上海：解放出版社，1938.2，61 页，25 开
本书共 5 章：“抗日新策略基本因素——展开全面抗战”“抗日新策略与民众运动”“抗日新策略与政府的新任务”“抗日新策略之最后胜利建筑在持久抗战上”“抗日政治·军事的战术与战略”。
收藏单位：江西馆、近代史所

11968
抗日救国须知　铁血抗日团编
铁血抗日团，[1940—1945]，78 页，32 开
本书共两部分：抗日救国的工作、战时应具的常识。第 1 部分内容包括：安定地方严防汉奸、慰劳救护前线将士、维持金融储备粮食等；第 2 部分内容包括：防避飞机轰炸常识、防避毒气浅说、预防及救护火灾法、战时救急的常识等。书前有弁言。
收藏单位：安徽馆、重庆馆、广西馆、贵州馆、国家馆、河南馆、湖南馆、吉林馆、江西馆、辽大馆、上海馆、首都馆、浙江馆

11969
抗日救国政策　王明著
[武昌]：救国出版社，1938，64 页，32 开
本书收文 7 篇：《新形势与新政策》《中共底新政策——建立抗日救国的统一战线》《中共新政策产生的根据》《驳覆反日统一战线的反对者》《论苏维埃政府与国防政府之间，红军与抗日联军之间的相互关系》《必须在工作各方面都起转变》《中国共产党底新政策能战胜日本帝国主义底“新”政策》。附《中国共产党抗日救国十大纲领》。著者原题：陈绍禹。
收藏单位：重庆馆、南京馆

11970
抗日救国政策　王明著
陕西人民出版社，1937.10，60 页，32 开
陕西人民出版社，1937.11，3 版，60 页，32 开
收藏单位：国家馆

11971
抗日救国政策　王明著
汉口：生活书店，1938.3，120 页，42 开（救亡文丛 7）
本书共 3 部分：新形势与新政策、日寇侵略的新阶段与中国人民斗争的新时期、挽救时局的关键。书前有张仲实序。著者原题：陈绍禹。
收藏单位：北碚馆、贵州馆、国家馆、湖南馆、近代史所、南京馆、山西馆、上海馆、浙江馆

11972
抗日救国指南　新时代出版社编
新时代出版社，1938.2，41 页，32 开
本书收文 6 篇：《挽救时局的关键》（王明）、《陈绍禹先生的谈话——与美国合众社记者白得恩先生》（王明）、《目前抗战形势及任务》（周恩来）、《周恩来谈抗战形势——在汉口文化界座谈会上》（周恩来）、《怎样进行持久抗战》（彭德怀）、《目前抗战形势及今后任务》（彭德怀）。
收藏单位：国家馆

11973
抗日救国指南（第 1 辑）　毛泽东[等]著
抗日战术研究社，1937.12，118 页，32 开（抗日战术丛书）
本书收文 12 篇，内容包括：《日寇侵略的新阶段与中国人民斗争的新时期》（王明）、《国共两党统一战线成立后中国革命的迫切任务》（毛泽东）、《为争取千百万群众进入抗日

民族统一战线》（毛泽东）、《对于民族统一纲领的意见》（张闻天）、《怎样争取全国抗战的胜利》（李富春）等。

收藏单位：重庆馆、近代史所、南京馆、山西馆

11974
抗日民运的原则　张闻天等著
天马书店，[1938]，98 页，36 开

本书共 3 章：抗日民族统一战线与民众运动的任务、领导民众的艺术、抗日民族统一战线的农民运动。著者原题：洛甫。

收藏单位：北师大馆、重庆馆、国家馆、南京馆

11975
抗日民众运动的实际问题　徐端著
黄河出版社，1939.5，86 页，25 开（黄河丛书 3）

本书共 15 部分，内容包括：民运工作的意义与任务、抗日民运工作路线及实际应用、民众团体与抗日政权的关系、民运工作与改善民生问题、动员民众参战是民运工作的中心环节、除奸问题、民众的组织问题、抗日民运的干部问题等。

收藏单位：重庆馆、广东馆、广西馆、国家馆、吉林馆、近代史所、南京馆、陕西馆

11976
抗日民族革命战争论　张闻天著
解放同志出版社，1938，80 页，36 开

本书共 5 部分：全民抗战的前夜、我们对于民族统一纲领的意见、论抗日民族革命战争的持久性、转变中的时局、北方游击战争的战略支点。著者原题：洛甫。

收藏单位：国家馆

11977
抗日民族统一战线的新发展　王明等著
汉口：扬子江出版社，1938，46 页，36 开（真理文库）

本书收文 5 篇：《挽救时局的关键》（陈绍禹）、《抗战形势与抗战前途》（秦邦宪）、《怎样进行持久抗战》（周恩来）、《互相帮助共同发展争取抗战胜利》（潘梓年）、《陈绍禹（王明）先生与美国合众社记者白得恩先生的谈话》。著者原题：陈绍禹。

收藏单位：安徽馆、北碚馆、重庆馆、国家馆、华东师大馆、浙江馆

11978
抗日民族统一战线教程　凯丰著
大众出版社，1938.11，151 页，32 开

本书共 4 章：民族危机下之中国、抗日民族统一战线的产生发展和形成、抗日民族统一战线的意义内容和前途、争取中国抗日战争的胜利。

收藏单位：北大馆、国家馆、浙江馆

11979
抗日民族统一战线教程　凯丰著
延安：解放社，1938.5，162 页，32 开
延安：解放社，1939.4，3 版，136 页，32 开

收藏单位：北碚馆、北师大馆、东北师大馆、广东馆、贵州馆、国家馆、吉林馆

11980
抗日民族统一战线教程　凯丰著
民族解放青年出版社，1938，162 页，32 开（民族解放青年丛书 6）

收藏单位：安徽馆、重庆馆、广西馆、桂林馆、吉林馆、南京馆、浙江馆

11981
抗日民族统一战线教程　凯丰著
汉口：中国文化社，1938.6，160 页，32 开（中国文化丛书 1）
汉口：中国文化社，1939.5，3 版，160 页，32 开（中国文化丛书 1）

收藏单位：北碚馆、重庆馆、广东馆、广西馆、贵州馆、国家馆、湖南馆、吉林馆、江西馆、近代史所、南京馆、山西馆、上海馆、天津馆

11982
抗日民族统一战线教程

太行文化教育出版社，[1939—1940] 印，63 页，32 开

本书内容包括：民族危机下之中国、抗日民族统一战线的产生发展和形成、抗日民族统一战线的意义内容和前途、争取中国抗日战争的胜利等。

收藏单位：山西馆

11983

抗日民族统一战线论 侯外庐著

汉口：生活书店，1938.7，87 页，32 开

本书收文 6 篇：《抗日民族统一战线与现实的运动把握》《中国统一战线的历史认识及其前途》《统一战线中的党派问题》《和平阵线·人民阵线·抗日民族统一阵线》《统一战线的政治路线与反统一战线的政治阴谋》《统一战线中动员的本质问题》。书前有著者自序。

收藏单位：北碚馆、重庆馆、贵州馆、国家馆、黑龙江馆、吉大馆、近代史所、南京馆、上海馆

11984

抗日民族统一战线下的中国共产党十大政策 抗大一分校训练部编

抗大一分校训练部，1941.6，油印本，16 页，32 开

收藏单位：国家馆

11985

抗日民族统一战线指南

火线出版社，1938，198 页，42 开

本书收文 13 篇，内容包括：《为抗日救国告全体同胞书》《目前政治形势与党的任务的决议》《关于召开全国抗日救国代表大会通电》《停战议和一致抗日通电》等。附《中国共产党的十五周年》（季米特洛夫）、《中国抗日民族统一战线在目前阶段上的任务》（毛泽东）等。

收藏单位：北碚馆、国家馆

11986

抗日民族统一战线指南（第 2—10 册）

[延安]：解放社，1938—1940，9 册，32 开

收藏单位：重庆馆、东北师大馆、贵州馆、国家馆、近代史所、南京馆、山西馆

11987

抗日十大纲领

新文化学社，[1930—1939]，34 页，32 开

本书共 10 部分，内容包括：打倒日本帝国主义、全国军事的总动员、全国人民的总动员、抗日的外交政策、战时的财政经济政策、改良人民生活、抗日的教育政策、抗日的民族团结等。

收藏单位：湖南馆、浙江馆

11988

抗日战争的新阶段 毛泽东 [等] 著

上海：明明书局，[1940—1949]，63 页，32 开

本书收文两篇：《抗日战争的现势及其教训与胜利的关键》（毛泽东）、《日寇侵略的新阶段与中国人民斗争的新时期》（王明）。

收藏单位：浙江馆

11989

抗日战争两条路线 天津市纪念“七七”筹备会宣传部编

天津市纪念“七七”筹备会宣传部，1949.7，19 页，32 开

收藏单位：内蒙古馆、天津馆

11990

抗日战争之意义 陈独秀著

汉口：抗敌出版社，1937，18 页，32 开

收藏单位：广东馆

11991

抗日战争之意义 陈独秀著

上海：生活出版社，1937.12，18 页，32 开

本书附《列宁论民族战争》（许范译）等两篇。

收藏单位：复旦馆、广东馆、国家馆、吉林馆、南京馆

11992

抗日战争之意义 陈独秀著

上海：亚东图书馆，1937.11，18 页，32 开
上海：亚东图书馆，1937，再版，18 页，32 开
上海：亚东图书馆，1937.12，3 版，18 页，32 开

本书为陈独秀在武昌华中大学的演讲稿。

收藏单位：重庆馆、国家馆

11993
抗战必胜论　何其昌编
抗战出版社，1937，41 页，32 开（抗战丛书第 3 种）

收藏单位：东北师大馆、贵州馆、吉林馆、南京馆

11994
抗战必胜论　朱德等著
[上海]：战时出版社，[1937—1949]，52 页，32 开

本书收文 13 篇，内容包括：《日本并不足畏》（朱德）、《抗战胜利的必然性》（李宗仁）、《中国是不会被征服的》（宋庆龄）、《中国抗战必胜论》（毛泽东）、《持久战中争取胜利》（彭德怀）、《长期抵抗必然胜利》（吴稚晖）等。

收藏单位：北碚馆、重庆馆、贵州馆、国家馆

11995
抗战到底　朱德著
上海：国难研究社，1937.10，47 页，32 开
上海：国难研究社，1937.11，再版，47 页，32 开

本书共 4 节：第二个“九一八”的号炮又响了、日本并不是那么可怕的魔鬼、抗战是唯一的出路、最后的胜利是我们中国的。附《中国共产党为日军进攻卢沟桥通电》《今日的朱彭》《抗战的前途》等 12 篇。

收藏单位：国家馆

11996
抗战到底　朱德著
上海：救亡出版社，1937.10，32 页，32 开
上海：救亡出版社，1937.11，32 页，32 开

收藏单位：北碚馆、重庆馆、国家馆、吉林馆、近代史所、南大馆、南京馆、西南大学馆

11997
抗战到底　朱德著
汉口：抗敌出版社，1937.9，47 页，32 开
汉口：抗敌出版社，1937.12，再版，47 页，32 开

收藏单位：广东馆

11998
抗战的经验与教训　千家驹等编
重庆[等]：生活书店，1939.12，272 页，36 开

收藏单位：北师大馆、广东馆、广西馆、桂林馆、江西馆

11999
抗战的前途　吕振羽著　湖南文化界抗敌后援会训练部编
出版者不详，1938.2，36 页，50 开（抗战小丛书）

本书收文 4 篇：《我们的抗战，为保障民族生存》《我们的抗战，为争取民族的解放》《我们能否战胜日寇?》《若是我们战胜日寇，中国的前途怎样》。

收藏单位：吉林馆

12000
抗战的新形势与新策略　周恩来等著　张忆敏编辑
汉口：天马书店，1938.2，133 页，32 开

本书共 3 章：抗战的新形势、抗战的新政策、国际形势与我们的外交政策。收文 16 篇，内容包括：《抗战新形势与新政策研究大纲》（周恩来）、《五个月的抗战形势》（博古）、《过去的教训与目前的危机》（梓年）、《敌人的困难和我们的战略》（叶剑英）、《挽救时局的关键》（王明）、《动员群众积极参战》（董必武）等。

收藏单位：北碚馆、重庆馆、广东馆、贵州馆、国家馆、湖南馆、吉林馆、江西馆、

近代史所、山西馆

12001
抗战期中大后方人民的生活　伯人编
晋察冀边区教育阵地社，1945.12，20页，32开（群众读物2）
晋察冀边区教育阵地社，[1946]，20页，32开（群众读物2）

本书记述抗战期间国民党统治下大后方人民的痛苦生活，共8节：工人苦力活不了、农民的惨相、当兵苦、学生苦痛多、公务员的生活、妇婴待救、儿童普遍失学、工商业造成严重危机。

收藏单位：北师大馆、东北师大馆、国家馆、辽宁馆、内蒙古馆

12002
抗战期中大后方人民的生活　哈尔滨政府教育局改编
哈尔滨：中联文化教育出版社，1946，19页，36开

收藏单位：国家馆、辽宁馆、南京馆、宁夏馆

12003
抗战外史　刘贯一著
胶东通讯社，1945.12，1册，32开
胶东通讯社，1946，增订版，202页，32开
胶东通讯社，1947.4，增订版，213页，32开

本书分上、下两集，收文六十余篇。上集介绍山东抗战情况，下集介绍国际反法西斯战争及日本投降情况。书前有王统照序、刘贯一引言。

收藏单位：复旦馆、国家馆、近代史所、南京馆、上海馆、浙江馆

12004
抗战文选　向愚编
西安：西安第二中学，1937.10—1938.9，再版，3册（152+[148]+[156]页），32开

本书分4辑。第1辑共5类：论著、抗战文艺、战地通讯、抗战史料、杂品，收文50篇，内容包括：《我们为什么抗战》（郭沫若）、《如何确保抗战的全部胜利》（潘汉年）、《文化在抗战中》（艾思奇）等；第2辑收文43篇，内容包括：《争取持久抗战胜利的先决问题》（彭德怀）、《我们抗战已经获得的胜利》（郭沫若）、《迅速确定胜利的外交路线》（潘汉年）、《西战场的教训》（李公朴）等；第3辑共5类：论著、抗战文艺、战地通讯、抗战史料、杂品，收文48篇，内容包括：《持久抗战的必要条件》（郭沫若）、《怎样使有钱者出钱有力者出力》（陈独秀）、《抗战胜利的必然性》（李宗仁）等；第4辑收文42篇，内容包括：《为何而战》（孙科）、《民族统一战线的成立和影响》（毛泽东）、《日前抗战的危机与任务》（周恩来）等。

收藏单位：东北师大馆、国家馆、吉林馆、中科图

12005
抗战文选　向愚编
战时出版社，1937.12，3版，2册（[148]+152页），32开
战时出版社，1937.12—1938.6，4册（164+[164]+[150]+152页），32开

收藏单位：安徽馆、重庆馆、东北师大馆、国家馆、近代史所、南京馆、宁夏馆、首都馆、中科图

12006
抗战文选　周恩来　莫克坚等著
出版者不详，1938，油印本，14页，32开

收藏单位：北师大馆、国家馆

12007
抗战文选（第1辑）　向愚编
战时出版社，1938，4版，订正本，152页，32开
战时出版社，1938，5版，151页，32开

本书共5类：论著、抗战文艺（散文、诗歌、戏剧）、战地通讯、抗战史料（讲演、谈话、宣言、通电、书信等）、杂品。收文49篇，内容包括：《我们怎样抗日》（毛泽东）、《从西班牙战争中学习抗战》（朱德）、《我们为什么抗战》（郭沫若）、《文化在抗战中》

（艾思奇）、《抗战期中的戏剧》（熊佛西）、《爱国七君子》（成仿吾）、《国共统一运动感言》（宋庆龄）等。

收藏单位：重庆馆、广西馆、桂林馆、国家馆、宁夏馆

12008
抗战形势发展图解（1） 金仲华编著
汉口：生活书店，1937.12，63 页，横 16 开
汉口：生活书店，1938，再版，63 页，横 16 开

本书分 5 部分，共收图 27 幅，内容包括：总类（全面抗战图、中日空战距离图）、华北战场图（卢沟桥事变后敌军进攻图、华北战场的第一步发展、华北战场的第二步发展）、东战场图（东战场战局最初展开图、东战场我军第一道防线图、罗店刘行战线变迁图）等。每图均附有文字说明。书前有引言。

收藏单位：安徽馆、东北师大馆、广东馆、国家馆、吉林馆、江西馆、近代史所

12009
抗战言论集 毛泽东等著
战时出版社，1938，79 页，24 开（战时丛刊 27）

收藏单位：重庆馆

12010
抗战一周年 全民抗战社编
汉口：生活书店，1938.7，113 页，36 开

本书为纪念抗战一周年时论集，收邹韬奋、方直、金仲华、胡愈之、柳湜等人所写文章 12 篇。书前有导言。

收藏单位：安徽馆、北碚馆、北大馆、重庆馆、广西馆、贵州馆、桂林馆、国家馆、江西馆、近代史所、南京馆、上海馆、浙江馆

12011
抗战以来敌寇诱降与国民党反动派妥协投降活动的一笔总账 解放日报社编
华东新华书店，1949.4，66 页，32 开

本书收抗战以来日寇诱降及国民党妥协投降活动的具体材料。共 3 部分：“七七”事变至汪逆发表艳电主和、从汪逆投敌到太平洋战争爆发、从太平洋战争爆发至敌酋谷萩的四次诱降。

收藏单位：安徽馆、重庆馆、东北师大馆、广东馆、国家馆、湖北馆、吉林馆、南京馆、内蒙古馆、山东馆

12012
抗战以来敌寇诱降与国民党反动派妥协投降活动的一笔总账 解放日报社编
[兴县]：晋绥日报社，1946.8，47 页，32 开

收藏单位：北碚馆、国家馆、山西馆、天津馆

12013
抗战以来敌寇诱降与国民党反动派妥协投降活动的一笔总账 解放日报社编
南通：苏北新华书店，1949.8，47 页，32 开

收藏单位：国家馆

12014
抗战以来敌寇诱降与国民党反动派妥协投降活动的一笔总账 晋绥分局编
[兴县]：晋绥分局，[1944]，62 页，32 开

收藏单位：国家馆、山西馆、天津馆

12015
抗战以来敌寇诱降与国民党反动派妥协投降活动的一笔总账 天津市纪念“七七”筹备会宣传部编
天津市纪念“七七”筹备会宣传部，1949.7，48 页，32 开

收藏单位：天津馆

12016
抗战以来敌寇诱降与国民党反动派妥协投降活动的一笔总账 新华书店编辑部编
[无锡]：苏南新华书店，1949.6，56 页，32 开

收藏单位：山东馆、山西馆、天津馆

12017
抗战以来敌寇诱降与国民党反动派妥协投降活动的一笔总账
晋绥新华书店晋南分店，[1943—1949]，81页，32开
收藏单位：国家馆、宁夏馆

12018
抗战以来敌寇诱降与国民党反动派妥协投降活动的一笔总账（国民党祸国殃民史录） 解放日报社编
[惠民]：渤海新华书店，[1945—1949]，54页，32开（时论选辑1）
收藏单位：东北师大馆、国家馆、吉林馆、山东馆、浙江馆

12019
抗战以来敌寇诱降与国民党反动派妥协投降活动的一笔总账（国民党祸国殃民史录） 解放日报社编
山东新华书店，[1943—1949]，56页，32开（时论选辑5）
收藏单位：山东馆

12020
抗战以来选集（第1册）
中共中央北方局，1944，243页
本书内容包括：论反对日本帝国主义进攻的方针办法与前途、中央关于目前形势与党的任务的决定、为动员一切力量争取抗战胜利而斗争等。
收藏单位：国家馆、近代史所

12021
抗战以来选集（第2集 中、下册） 中共中央北方局编
中共中央北方局，1944，2册（185+206页），32开
收藏单位：国家馆

12022
抗战以来重要文件汇集 中共中央书记处编
[通化]：光明书店，1946.8，319页，25开
本书收1937年7月8日至1942年7月7日之间的文件。
收藏单位：长春馆、国家馆、山西馆

12023
抗战以来重要文件汇集 中共中央书记处编
出版者不详，[1942]，223页，18开
收藏单位：国家馆、吉林馆、山东馆

12024
抗战与救亡工作 钱俊瑞著
上海：生活书店，1938.1，86页，32开（救亡文丛6）
本书收著者1937年8—11月间关于抗战形势和救亡工作的文章10篇：《军事胜利的基础在政治》《目前的时局》《抗战进入新阶段》《九国公约会议对我们有利么?》《铲除汉奸决不是技术问题》《“准汉奸”论》《写给要求救亡工作的朋友们》《救亡工作理论与实践的脱节》《还乡工作运动》《开展内地的救亡工作》。
收藏单位：北碚馆、北大馆、重庆馆、贵州馆、国家馆、湖南馆、吉林馆、近代史所、南京馆、内蒙古馆、上海馆

12025
抗战与民众运动 潘汉年等著
上海：生生书店，1938.1，78页，32开
本书收文8篇，内容包括：《抗战和当前的工会运动》（志华）、《抗战中的青年学生》（黎平）、《全国人民武装起来》（李富春）、《怎样实施义务兵役制》（廖承志）、《恢复北伐时代民众运动的前提》（潘汉年）等。
收藏单位：广东馆、国家馆、吉林馆、南京馆

12026
抗战与民众运动 沙千里著
汉口：生活书店，1938.6，再版，78页，32开（救亡文丛14）
本书收文8篇，内容包括：《抗战与民众运动》《民众组织的前题》《组织民众的先决问题》《两个问题》等。

收藏单位：重庆馆、广东馆、国家馆、吉大馆、近代史所、南京馆、上海馆

12027
抗战与乡村工作 薛暮桥等著
汉口：生活书店，1938.5，128页，36开（救亡文丛10）
收藏单位：安徽馆、北碚馆、重庆馆、东北师大馆、贵州馆、国家馆、江西馆、近代史所、南京馆

12028
抗战政治工作纲领 周恩来著
上海：明明书局，1938.1，34页，32开
本书共3章：抗战军队的政治工作、抗战政治工作纲领、应该优待俘虏。
收藏单位：广东馆、国家馆、近代史所

12029
抗战政治工作纲要 周恩来著
解放出版社，1938.4，66页，32开（民族解放丛书）
本书共4部分：抗战正规军队的政治工作、战时的一般工作、战时对待俘虏的政治工作、抗战游击战队的工作。
收藏单位：南京馆

12030
抗战中的党派问题 毛泽东等执笔 长江出版社编
汉口：长江出版社，[1938]，80页，36开
本书收文7篇：《一党专政问题》（毛泽东）、《挽救时局的关键》（王明）、《抗战中的党派问题》（长江）、《关于政治党派》（叶青）、《以七事复兴国民党》（《时代日报》）、《我们对于党派问题的意见》（陶百川）、《叶青先生怎样反对民主运动》（公辅）。
收藏单位：北碚馆、重庆馆、国家馆、南京馆

12031
抗战中的政治大团结 堵述初编著
长沙：中华平民教育促进会，1938，22页，46开（农民抗战丛书 国内现状）
本书通过中国共产党、国民党、民盟等政党发表的宣言，说明政治团结的必要性。
收藏单位：重庆馆

12032
抗战中的政治问题（徐特立先生论文集） 徐特立著
汉口：播种社，1938.5，130页，36开
本书共12节，内容包括：政党与政府、目前政治形势与今后抗战的任务、抗战到底与自力更生、国共合作与抗战前途、淞沪抗战的教训与国共合作、怎样训练战时工作的干部、加紧农村工作是战胜之最大保证、关于武装农民问题、游击战争在持久抗战中的各种基本政策等。书前有自序《抗战给我的机会》。
收藏单位：重庆馆、贵州馆、国家馆、吉林馆、南京馆、浙江馆

12033
控诉敌寇的暴行 第十八集团军总政治部编
第十八集团军总政治部，1945.9，106页
收藏单位：近代史所

12034
控诉国民党（石家庄工人的控诉） 鲁煤等著 晋察冀边区总工会石家庄办事处编
[石家庄]：晋察冀边区总工会石家庄办事处，[1937—1948]，26页，32开
本书收文9篇，内容包括：《明里谈判暗里杀人》（布）、《国民党工会的鬼把戏》（李兴华）、《日本人坏，国民党更坏》（李钟）、《一个虎嘴里的上下牙》（鲁煤）等。
收藏单位：南京馆、山西馆

12035
力争时局好转克服时局逆转 王明著
三友出版社，1940.3，40页，32开
收藏单位：黑龙江馆

12036
联合战线与中国抗战 朱德 毛泽东著 曹

容三编译
延安：解放出版社，1937.11，55页，32开
本书收毛泽东、孙中山、朱德、宋庆龄等革命领袖的论著及《中共抗日救国十大纲领》。
收藏单位：南京馆

12037
论敌后斗争新阶段　郑位三著
中共路西地委宣传部，1943，92页，32开
收藏单位：国家馆

12038
论国共合作　马健著
北社，1941.5，115页，32开
本书共14部分，内容包括：转变期的中国、第一次国共合作、从北伐到大革命的逆流、自相残杀的“围剿”时期、抗日民族统一战线的根据、第二次国共合作、抗战第一阶段、抗战第二阶段等。书后有后记。
收藏单位：国家馆、黑龙江馆、南京馆

12039
论阶级立场与民族立场的一致　[新华日报馆编]
[重庆]：新华日报馆，1939.11，132页，32开（现代论丛1）
本书内容包括：论共产党的阶级立场与民族立场的一致、在民族自卫战最前线的岗位上、彭德怀谈坚持河北抗战与巩固团结、吕正操谈冀中博野事件真相、八路军新四军抗战两年来的战绩、平江惨案特辑等。
收藏单位：广东馆、国家馆

12040
论抗日救国统一战线　沈钧儒等著
出版者不详，1937，53页
收藏单位：国家馆、近代史所

12041
论抗日救国统一战线（2）（美）斯诺（Edgar Snow）著
[北平]：出版者不详，[1936]，61页，50开
收藏单位：北师大馆、吉林馆

12042
论抗日民族统一战线的发展困难及其前途
博古著
汉口：新华日报馆，1938.10，15页，32开（新群丛书18）
本书为《新华日报》10月17—18日社论。著者原题：秦博古。
收藏单位：北碚馆、北师大馆、重庆馆、贵州馆、南京馆

12043
论抗日民族统一战线的发展困难及其前途
抗战书报社编
上海：抗战书报社，1938.11，25页，32开
本书内容包括：《论抗日民族统一战线的发展困难及其前途》（博古）、《辛亥，北伐与抗战》（周恩来）。
收藏单位：国家馆、浙江馆

12044
论抗日民族统一战线诸问题　凯丰等著
出版者不详，1937，56+14页，32开
本书收文7篇，内容包括：《中国共产党中央给中国国民党三中全会电》、《巩固国内和平准备对日抗战》（洛甫）、《论抗日民族统一战线诸问题》（凯丰）、《拥护中国共产党中央二月十日的通电》（亮平）、《中日问题与西安事变》（毛泽东与史沫特列谈话）等。
收藏单位：重庆馆、吉大馆

12045
论目前抗战形势　周恩来著
汉口：新华日报馆，1938.10，再版，16页，32开（新群丛书17）
本书为《新华日报》1938年10月7—9日社论。
收藏单位：重庆馆、吉林馆

12046
论目前抗战形势　周恩来　博古著
重庆：新华日报，1938.11，24页，32开

本书收文两篇:《论目前抗战形势》(周恩来)、《论抗日民族统一战线的发展困难及其前途》(博古)。

收藏单位：国家馆、南京馆

12047

论目前抗战形势与抗日民族统一战线的发展困难及其前途　中心出版社编

中心出版社，[1938]，44 页，32 开

收藏单位：广东馆、国家馆、吉林馆

12048

论目前时局

[重庆]：时事研究社，1941.1，107 页，32 开

本书收延安《解放报》、延安《新中华报》、重庆《新华日报》等日报社论及朱德、徐特立等关于当时局势的文电，共 19 篇。

收藏单位：南京馆

12049

论目前时局

苏北出版社，1945，28 页，32 开

本书内容包括：政府与中共代表会纪要、国共会谈的成果与今后的任务、中国人民的新胜利、江南新四军北移等。

收藏单位：近代史所、南京馆、浙江馆

12050

论三民主义与共产主义　抗战理论研究会编

播种社，1940，56 页，32 开（抗战理论丛书第 1 种）

本书收关于抗战的论述文章 4 篇:《为完成中华民国的真统一而奋斗》(洛甫)、《拥护真三民主义反对假三民主义》(洛甫)、《关于三民主义与共产主义》(王稼祥)、《关于三民主义与共产主义的几个问题》(陈伯达)。

收藏单位：国家馆

12051

论时局　周恩来等著

苏中出版社，[1943]，78 页，32 开（时论丛刊第 1 辑）

本书收文 14 篇，内容包括:《在延安欢迎会上的演说词》(周恩来)、《在毛泽东的旗帜下，为保卫中国共产党而战》(博古)、《起来！制止内战，挽救危亡》、《质问国民党》、《论时局》等。

收藏单位：国家馆

12052

论时局

延安：解放日报，[1943—1944]，1 册，8cm×13cm

本书收《解放日报》1943 年 7—10 月间的社论 14 篇、周恩来演词 1 篇、博古时论 1 篇。

收藏单位：南京馆

12053

论时局

[兴县]：抗战日报社，1944，64 页，32 开（时论丛刊 2）

收藏单位：国家馆、山东馆、山西馆

12054

论时局（第 1 分册）

出版者不详，1946.12，22 页，32 开

本书为 1946 年《解放日报》的社论时评，共 10 部分：毛主席答美记者问、中共中央发表时局声明、要求真正的停战令恢复一月十三日位置、新华社记者评蒋记国大、周恩来将军离宁前声明、立刻解散非法“国大”、慰问朱学范先生、评蒋介石“宪草”演说、上海摊贩惨案、周恩来将军在双十二（西安事变）十周年纪念大会上演说。

收藏单位：国家馆

12055

论一党专政　毛泽东等著

中华出版社，1938.3，80 页，32 开（抗战丛书 2）

本书收文 10 篇，内容包括:《论“一党专政”》(毛泽东)、《抗战前途》(毛泽东)、《抗战中的几个问题》(陈绍禹)、《论中共政策》(陈绍禹)、《谈抗战形势》(周恩来)、《前线战况》(彭德怀)、《巩固国共合作争取抗战胜

利》（洛甫）、《国共合作的长期性》（陆定一）等。

12056
论战争
[中国出版社]，1940.2，157 页，32 开
本书为伪装本。收文 16 篇，内容包括：《纪念诺尔曼・白求恩博士》（李发才）、《为完成中华民国真统一而奋斗》（洛夫）、《马克思论战争》（许涤新）等。伪装出版者题：前卫出版社。
收藏单位：国家馆

12057
盟国人士论国共（第 1 集）　鲁中军区政治部宣传科编
鲁中新华书店，1945，48 页，25 开
本书内容包括：八千六百万人民随着他的道路前进、关于中国政治真相、中共抗战灿烂业绩等。
收藏单位：浙江馆

12058
民众基本论　章乃器著
上海：上海杂志公司，1937.10，36 页，32 开
[汉口]：上海杂志公司，1937.11，再版，36 页，32 开
广州：上海杂志公司，1937.11，3 版，36 页，32 开
本书论述抗日战争的基本力量是民众，只有充分动员及组织民众，全面进行训练，才能取得最后胜利，并指出"个人主义救国论"的错误及"官办民众组织"的不足之处。
收藏单位：北碚馆、重庆馆、东北师大馆、广东馆、广西馆、国家馆、黑龙江馆、吉大馆、吉林馆、江西馆、近代史所、南京馆、上海馆、浙江馆

12059
民族革命论　刘天囚编
刘天囚 [发行者]，1939，187 页，32 开
本书共两部分：编著、史料。"编著"部分收文 10 篇，内容包括：《国共两党统一战线成立后中国革命的迫切任务》（毛泽东）、《为独立自由幸福的中国而奋斗》（陈绍禹）、《关于十年来的中国共产党》（洛甫）、《论民主共和国的口号》（博古）等；"史料"部分收文 13 篇，内容包括：《苏维埃政府召集全国抗日救国代表大会通电》《停战议和一致抗日通电》等。编者原题：天囚。
收藏单位：重庆馆、国家馆、近代史所

12060
民族革命战争战地总动员委员会成立宣言
民族革命战争战地总动员委员会编
民族革命战争战地总动员委员会，[1937]，36 页，64 开
本书收察绥地区的抗日组织成立宣言、工作纲领，人民自卫队组织条例及各级总动员委员会组织简章等。
收藏单位：国家馆

12061
民族革命之路　毛泽东等编著
星星出版社，1938，187 页，32 开（抗战报告丛书 4）
本书内容包括：《国共两党统一战线成立后中国革命的迫切任务》《为独立自由幸福的中国而奋斗》《救中国人民的关键》《停战议和一致抗日通电》《共产党对时局宣言》等。
收藏单位：北碚馆、重庆馆、广东馆、吉林馆、南京馆、内蒙古馆

12062
民族统一战线论　平心著
广州：战时出版社，1938.5，58 页，36 开（战时小丛书 12）
本书共 3 章：民族统一战线的内容和特点、关于民族统一战线中各社会层的关系问题、论国共合作。
收藏单位：重庆馆、国家馆、陕西馆

12063
民族野心　陈独秀著
广州：亚东图书馆，1938.8，18 页，32 开
本书为陈独秀《抗战文集》第 6 集，收

文5篇:《民族野心》《资本主义在中国》《抗战一年》《论游击队》《抗战中川军之责任》。书前有序言。

收藏单位:北碚馆、重庆馆、国家馆、华东师大馆、吉林馆

12064

磨擦从何而来? 国民革命军第十八集团军政治部编

国民革命军第十八集团军政治部,1940.4,51页,32开

本书刊印国民党当局颁行的部分反共文件,用以说明国共摩擦为国民党当局蓄意制造。

收藏单位:国家馆、近代史所、山西馆

12065

魔爪血影——控诉国特暴行 太岳新华书店编

[阳城]:太岳新华书店,1946,47页,32开

本书收文16篇,内容包括:《朱总司令在延安反内战反特务大会上的讲话》《向全国同胞控诉》《特务现形记》《下关空前大血案》《魔爪血影》等。

收藏单位:国家馆

12066

目前国内外形势与参政会第四次大会的成绩 王明著

延安:解放社,1939.12,53页

本书为1939年9月20日在《新华日报》工作人员会议上的报告,共3部分:参政会第四次大会的政治环境与任务、参政会第四次大会的成绩与意义、全国人民今后应有的努力。著者原题:陈绍禹。

收藏单位:山西馆

12067

目前国内外形势与参政会第四次大会的成绩 王明著

香港:时论编译社,1939.10,46页,32开

本书著者原题:陈绍禹。

收藏单位:北碚馆、广东馆

12068

目前国内外形势与参政会第四次大会的成绩 王明著

上海:先行出版社,1938,46页,32开

本书著者原题:陈绍禹。

收藏单位:国家馆

12069

目前国内外形势与参政会第四次大会的成绩 王明著

重庆:新华日报馆,1939.10,46页,32开(新群丛书41)

本书著者原题:陈绍禹。

收藏单位:重庆馆、广东馆、贵州馆、国家馆、江西馆

12070

目前抗战形势与当前紧急任务 抗战书报社编

上海:抗战书报社,1939,70页,32开

本书内容包括:《中共六中全会之决战》《中共告全国同胞及全体将士国共两党同志书》《中共六中全会电蒋委员长致敬文》。

收藏单位:安徽馆、广西馆、浙江馆

12071

目前抗战中的几个主要问题 叶剑英著

统一出版社,1938.5,34页,32开(抗战大学丛书1)

本书共6节:我离开广东十年后的感想、日寇会不会来进攻广东呢、这次中日的战争局面将怎样进展下去、国共两党最近的关系究竟怎样、苏联会不会出兵帮助中国、八路军的近况怎样。

收藏单位:广东馆、国家馆

12072

目前时局中的工潮问题

出版者不详,1939.12,47页,32开(大众文库)

本书收文二十余篇,内容包括:《目前时局中的工潮问题》《为米价高涨告工友书》《一年来汉奸在工人中的活动》《十月革命廿

二周年共产国际告世界工人与劳动人民书》《永安三厂的花红斗争》等。

收藏单位：国家馆、山西馆

12073

呐喊（新式标点） 新中国书局编

新中国书局，1943，[105] 页，64 开

本书为《质问国民党》《评国民党十一中全会及三届二次国民参政会》《外国人眼中的中国（新式标点）》合订本。

收藏单位：国家馆

12074

内地工作的经验 柳乃夫著

上海：黑白丛书社，1937.12，32 页，32 开（黑白丛书战时特刊 16）

汉口：黑白丛书社，1937.12，再版，32 页，32 开（黑白丛书战时特刊 16）

本书介绍在内地开展抗日救亡运动的经验，共 5 部分：踏上了征途、什么是主要的对象、怎样展开工作、几个应该注意的要点、最后的补充。

收藏单位：北碚馆、重庆馆、广东馆、贵州馆、国家馆、湖南馆、吉大馆、吉林馆、江西馆、近代史所、南京馆、上海馆、天津馆、浙江馆

12075

农村工作讲话（原名，怎样动员农民大众） 陈毅著

[汉口]：扬子江出版社，1938.2，3 版，104 页，32 开（实践丛书 4）

本书共 4 章："为什么要到农村去""到农村去前的准备""到农村以后干什么""把组织推向更高阶段——游击战争"。书前有编者序、著者自序。

收藏单位：重庆馆、贵州馆、国家馆、南京馆、山西馆、陕西馆、西南大学馆

12076

扑灭特务暴行 太岳新华书店编

[阳城]：太岳新华书店，1946.11，28 页，32 开

本书收文 8 篇：《抗议五福涧惨案》《血海深仇》《安泽三青团的罪行》《阎特制造浮峪河岗头惨案》《国特在我三分区的阴谋活动》《济源破获特务案》《王屋破获国特组织》《扑灭阎特》。

收藏单位：国家馆、河南馆、近代史所

12077

"七一"中共二十二周年、"七七"抗战第六周年纪念专刊 朱德等著

[兴县]：抗战日报社，[1943]，121 页，32 开

本书内容包括：《中国共产党与中华民族》《中国共产党中央委员会为抗战六周年纪念宣言》《毛泽东同志总结六年抗战和中国共产党诞生的二十二年的报告》等。

收藏单位：山西馆

12078

七月以来的时局 晋察冀日报社编

晋察冀日报社，1944.10，139 页，32 开（时事丛刊 3）

本书收文 22 篇，内容包括：《中国共产党创立二十三周年》（《解放日报》社论）、《豫湘战役为什么失败》（《解放日报》社论）、《湘战的真相》（新华社）、《欧洲战局》（《解放日报》社论）、《延安观察家评国内战局》（新华社）等。

收藏单位：国家馆、山西馆

12079

七月以来的时局

二十三旅六十六团政治处，[1944—1949]，149 页，32 开

收藏单位：东北师大馆

12080

请重庆看罗马

山东新华书店，1944，29 页，32 开（时论选辑 23）

收藏单位：国家馆、山东馆

12081

请重庆看罗马

[上海]：新中国书局，1943，1册，64开

收藏单位：国家馆

12082

琼崖孤岛上的斗争 林盈著

香港：新民主出版社，1947.2，再版，52页，32开

本书共5章：琼崖陷落了、在孤岛上举起人民解放的胜利旗帜、坚持团结反对内战、解放区的民族建设、英雄的素描。

收藏单位：东北师大馆、国家馆、近代史所、宁夏馆、天津馆

12083

琼崖孤岛上的斗争 林盈著

中国出版社，1946，52页，32开

收藏单位：重庆馆、福建馆

12084

秋季攻势政治工作总结

[海南]：琼崖纵队政治部，[1927—1949]，油印本，61页，32开

收藏单位：广东馆

12085

驱逐日本强盗出中国 鲁杰著

汉口：大时代书店，1938.2，1册，32开

本书共4章：新的形势和新的任务、最高领袖和军事领袖论抗战前途、为争取最后胜利的坚决保障而奋斗、民族革命战争的战术和战略。

收藏单位：北碚馆、重庆馆、桂林馆、国家馆、湖南馆

12086

全国起来制止当前严重危机

[武乡]：新华日报华北分馆，1941.1，72页，50开

本书收文5篇，内容包括：《全国起来制止当前的严重危机》（延安《新中华报》社论）、《反对日汪伪约展开反汪运动》（延安《新中华报》）、《目前时局的严重危机》（延安解放社）、《论目前时局的空前严重危机》（彭德怀）等。

收藏单位：国家馆

12087

全国总抗战和保证抗战的胜利 王明著

上海：南华出版社，1938，45页，32开

本书阐述日本侵略中国的原因、中国抗战的前途、怎样组织全国对日抗战及中国共产党在抗战中的任务等。

收藏单位：广东馆、国家馆、江西馆、南京馆、浙江馆

12088

全面抗战的认识 郭沫若著

广州：北新书局驻粤办事处，1938.1，102页，32开

本书收郭沫若论述全面抗战的文章21篇，内容包括：《我们为什么抗战》《告国际友人书》《理性与兽性之战》《抗战与觉悟》《全面抗战的再认识》《持久抗战的必要条件》《一位广东兵的诗》等。

收藏单位：北碚馆、重庆馆、贵州馆、国家馆、江西馆、上海馆

12089

全面抗战的认识 郭沫若著

汉口：生活出版社，1938.1，102页

收藏单位：广东馆、近代史所

12090

全面抗战论 潘汉年著

上海：生活书店，1937.12，142页，32开（救亡文丛3）

上海：生活书店，1938.1，142页，32开（救亡文丛3）

本书分上、下两编。上编内容包括：《全面抗战释》《全面抗战中政治动员的基点》《如何确保抗战的全部胜利》《群众动员的基本问题》《恢复北伐时代民众运动的前提》等；下编内容包括：《上海中立区问题》《承认上海中立区的外交意义》《中苏不侵犯条约的展望》等。附《"九一八"六周年纪念》《从辛亥以来的抗日运动到今年的全民抗战》《今

年国庆纪念的历史任务》等。

收藏单位：安徽馆、重庆馆、东北师大馆、广西馆、贵州馆、国家馆、河南馆、湖南馆、辽大馆、南京馆、山西馆、陕西馆、上海馆

12091

全民抗战的理论基础 孙冶方著

上海：黎明书局，1937.12，再版，43页，36开（战时民众丛书）

本书共4章：前言、全民抗战的条件、全民抗战的意义、结论。

收藏单位：重庆馆、广东馆、贵州馆、国家馆、江西馆、近代史所、南京馆、上海馆

12092

全民抗战的理论基础 孙冶方著

上海：民众出版社，1937.11，43页，36开（战时民众丛书）

本书论述全民抗战的条件与意义。

收藏单位：广东馆、国家馆、吉林馆

12093

人民之战 爱泼斯坦（Israel Epstein）著 刘涟等译

上海：新人出版社，1940.3，383页，32开

本书共15章，内容包括：这块土地是我们的、抵抗之歌、挑战、一支军队的产生、玩火、决定、代价的估计、反攻、人民之战等。书前有译者的序。

收藏单位：重庆馆、贵州馆、国家馆、上海馆、绍兴馆、天津馆

12094

日本侵略新阶段与中国斗争新时期 王明著

青年书报社，1937.12，57页，32开

本书共4部分："日寇对中国新进攻的原因何在呢?""中国武装抗日能否得到胜利呢?""如何组织对日全国总抗战和保证抗战的胜利呢?""中国共产党在现时环境中的任务"。

收藏单位：重庆馆、贵州馆

12095

日本在沦陷区 延安时事问题研究会编

[延安]：解放社，1939.10，326页，32开

本书共3编：敌人在沦陷区的经济侵略、日寇在沦陷区的政治进攻、日寇在沦陷区的暴行。书前有《研究沦陷区》（毛泽东）。

收藏单位：重庆馆、东北师大馆、湖南馆、近代史所、山东馆、山西馆

12096

日军暴行实录

中国出版社，1945.10，30页，36开

本书内容为揭露侵华日军在江浙各地所犯下的暴行。

收藏单位：上海馆

12097

日寇谍务工作之一斑（又名，缴获敌人文件之汇编） 第一二九师司令部编

山东军区政治部，1943，50页，32开

收藏单位：山东馆

12098

日寇侵略的新阶段与中国人民斗争的新时期 王明著

[巴黎]：法国巴黎国际联合出版社，1937，57页，32开

收藏单位：广东馆

12099

日寇侵略的新阶段与中国人民斗争的新时期 王明著

延安：解放出版社，1937.10，42页，32开

[延安]：[解放出版社]，1937，32页，32开

收藏单位：重庆馆、广东馆、国家馆、吉林馆

12100

日寇侵略的新阶段与中国人民斗争的新时期 王明著

上海：文粮书店，1938.1，50页，32开（文粮小丛书）

收藏单位：国家馆

12101
日寇特务工作文件（又名，宪兵实务教案）
山东军区政治部，[1944.6]，100 页，32 开
收藏单位：山东馆

12102
日寇无条件投降后干部时事学习参考材料
[新四军苏浙军区政治部编]
新四军苏浙军区政治部，1945，53 页，32 开
（苏浙前线丛书 2）
收藏单位：吉林馆、山东馆

12103
如何解决
太岳新华书店，1944.10，50 页，32 开
本书主要内容为国共谈判的经过及来往文件等。
收藏单位：国家馆

12104
如何消灭汉奸 郭沫若等著
救亡文化出版社，1938.2，44 页，32 开
本书收文 18 篇，内容包括：《如何消灭汉奸》（周昂）、《从三方面入手》（茅盾）、《明定国策与组织群众》（夏衍）、《不要怕死》（郭沫若）、《扫除汉奸》（郑振铎）等。
收藏单位：北碚馆、重庆馆、国家馆、吉林馆

12105
三年 朱德等著
东方书店，1941，1 册，32 开
收藏单位：南京馆

12106
三月政治局会议的总结 王明著
汉口：中国出版社，1938，47 页，36 开
本书为 1938 年 3 月中国共产党中央政治局会议总结，共 4 部分，内容包括：目前抗战形势的估计、如何继续抗战和争取抗战胜利、党的七次全国代表大会具体准备工作问题等。著者原题：陈绍禹。
收藏单位：北碚馆、重庆馆、贵州馆、国家馆、近代史所、浙江馆

12107
涉县自卫队抗战读本 抗战动员委员会政治部编选
涉县：抗战动员委员会政治部，1937.8，石印本，1 册，15cm×11cm
收藏单位：国家馆

12108
谁革命？革谁的命？ 范文澜著
齐齐哈尔：大众书店，[1943]，13 页，32 开
收藏单位：东北师大馆、天津馆

12109
谁革命？革谁的命？ 范文澜著
[濮阳]：冀鲁豫书店，1945.11，27 页，32 开
本书收文 3 篇：《中国共产党与中华民族》《国民党与民族主义》《谁革命？革谁的命？》。
收藏单位：东北师大馆、南京馆、中科图

12110
谁革命？革谁的命？ 范文澜著
辽东建国书社，[1944—1949]，29 页，32 开
（时论选集 12）
收藏单位：辽宁馆

12111
谁革命？革谁的命？ 范文澜著
[延安]：新华书店，[1949]，13 页，32 开
本书收文两篇：《谁革命？革谁的命？》《斥所谓中国文化的统一性》。
收藏单位：国家馆

12112
时代文选（第 1 集） 史仁编
新华书局，1937.7，110 页，32 开
本书收文 13 篇，内容包括：《时代文选的开场白》（史仁）、《日本议会解散和其政治趋势》（思锦）、《迎接对日直接抗战伟大时期的到来》（洛甫）、《中国抗日民族统一战线在目前阶段的任务》（毛泽东）、《我们对修改国民大会法规的意见》（周恩来）、《论西班牙战

争》（朱德）、《文艺在苏区》（丁玲）等。附文件4种。

收藏单位：北碚馆、重庆馆、贵州馆、国家馆、湖南馆、南京馆、宁夏馆、首都馆

12113
时代文选（第3辑）　[太岳学社丛书编辑部编辑]
太岳新华书店，1944，1册，36开
收藏单位：吉林馆

12114
时代文选（第4辑）　[太岳学社丛书编辑部编辑]
新华书局，[1945]，1册，36开
本书收文6篇：《延安权威人士评蒋介石元旦广播》《国共谈判毫无结果周恩来同志的声明》《新华社记者评蒋介石三月一日讲演》《纪念孙中山批判蒋介石》《克里米亚会议报告》《克里米亚会议的成就》。
收藏单位：吉林馆

12115
时代文选（第5辑）　太岳学社丛书编辑部编辑
太岳新华书店，1945，36页，36开
收藏单位：吉林馆

12116
时论文选　晋察冀日报社编
[阜平]：晋察冀日报社，1944.7，3册，32开
本书共4部分：八路军新四军的英雄主义、八路军新四军的抗战成绩与敌后抗日根据地的概况、活跃于敌后战场的民兵、豫湘战役为什么失败。
收藏单位：东北师大馆、国家馆

12117
时论文选
太岳新华书店，1944.6—1945.9，5册，32开
收藏单位：国家馆、吉林馆

12118
时论选辑　新生社编
新生社，1943，19页，32开
本书收《解放日报》1943年社论两篇：《国民党与民族主义——为纪念“九一八”十二周年而作》（9月18日）、《评国民党十一中全会和三届二次国民参政会》（10月5日）。
收藏单位：国家馆

12119
时文选　范文澜等著
新中国书店第四分店，1943，石印本，1册，32开
本书收朱德、范文澜、王稼祥等人的时论，以及《解放日报》《新华日报》等1943年的社论或资料，共13篇。
收藏单位：南京馆

12120
收获和教训　廖承志等著　何秋萍编
广州：救亡出版社，1938.2，73页，32开（救亡小丛书1）
本书收文8篇：《收获和教训》（廖承志）、《饥饿就是力量》（郭沫若）、《抗战的现阶段》（潘梓年）、《怎样争取“最后胜利”》（施复亮）、《组织农民的主要问题》（恽逸群）、《民众组织的前题》（沙千里）、《怎样发动农民参加抗战》（姚克夫）、《怎样组织农民》（铁流社）。
收藏单位：北碚馆、重庆馆、国家馆、吉林馆、辽大馆

12121
宋庆龄抗战意见　宋庆龄著
上海：明明书局，[1930—1939]，41页，32开
本书共6部分，内容包括：中国当前的急务、我们为什么抗战、国共统一运动宣言、中国走向民主途中等。
收藏单位：浙江馆

12122
统一战线下党派问题　毛泽东等著
广州：时事新闻编译处，1938.3，82页，32开

（时事问题丛刊）

本书收文 7 篇，内容包括：《论“一党专政”问题》（毛泽东）、《挽救时局的关键》（陈绍禹）、《抗战中的党派问题》（长江）等。

收藏单位：北碚馆、重庆馆、南京馆、西南大学馆

12123

统一战线指南（10）

出版者不详，[1941]，171 页，36 开

本书收毛泽东、王稼祥、彭德怀、洛甫等人论述统一战线的文章 7 篇。

收藏单位：国家馆

12124

团结抗战！反对内战！

出版者不详，[1940]，64 页，32 开

本书内容包括：中国共产党关于解决两党纠纷之六月提案、中国国民党关于解决两党纠纷之第一复案、中国国民党七月提示案等。书前有导言。书后有附件 6 种。

收藏单位：北碚馆、重庆馆、国家馆

12125

团结与民主 寿春园编

时事研究会，1939.12，158 页，32 开

本书收文 29 篇：《论相持阶段·民主·团结诸问题》（毛泽东）、《团结与民主》（林伯渠）、《粉碎敌人虚伪的民族武断宣传》（袁国光）、《游击战线上目前军事问题》（叶剑英）、《新四军献给抗战一周年》（张鼎丞）、《抗大成立二周年纪念大会》（叶澜）等。

收藏单位：东北师大馆、国家馆、南京馆、首都馆

12126

团结御侮的几个基本条件与最低要求 沈钧儒等著

出版者不详，1936.7，22 页，32 开

本书内容为主张团结共同抗日，由沈钧儒、章乃器、陶行知、邹韬奋共同起草。

收藏单位：浙江馆

12127

外人眼中的中日战争 宾符等译

汉口：生活书店，1938.4，66 页，36 开（世界知识战时丛刊 2）

本书收文 7 篇，内容包括：《中国怎样取得胜利》（M. S. Stewart 著，宾符译）、《中国没有失败，战争刚刚开始》（N. Peffer 著，艾纳译）、《论日寇在中国战场上的“色当”战略》（K. Levitsky 著，张仲实译）、《中国的西北战场》（A. Smedley 著，安世祥译）、《半年来日本的侵华战争》（苏联《真理报》，吴明译）等。

收藏单位：重庆馆、广东馆、贵州馆、国家馆、吉大馆、吉林馆、江西馆、近代史所、辽大馆、南京馆、上海馆、首都馆、天津馆、浙江馆

12128

挽救时局的关键 王明等著

风雨社，1938.2，45 页，25 开（风雨小丛书 1）

本书著者原题：陈绍禹。

收藏单位：江西馆

12129

挽救祖国的危机

出版者不详，[1944—1949]，18 页，64 开

本书收文两篇：《中国共产党中央委员会为“七七”九周年纪念宣言》《爱国与卖国》。

收藏单位：国家馆

12130

汪精卫卖国的理论与实践 钱俊瑞著

重庆：生活书店，1939.11，150 页，36 开

本书共 6 章：汪逆叛国的社会意义和政治意义、汉奸理论之最高和破产的形式、反民族主义的民族投降主义、反民权主义的假“民主主义”、反民生主义的“猫哭老鼠”主义、卖国三部曲。附《国民党永远开除汪逆党籍决议》《国内团结问题》等 11 篇。

收藏单位：北碚馆、重庆馆、广东馆、广西馆、国家馆、江西馆、上海馆

12131
汪逆伪组织解剖　唐戌中著
南平：总动员出版社，1943.11，106 页，32 开
本书主要介绍汪精卫伪政权的简况、卖国阴谋、内部矛盾及在日本侵华战争中的作用，指出它将随日本侵略者的失败而崩溃。书前有著者自序。书中著者题：唐戌中。
收藏单位：重庆馆、广西馆、国家馆、中科图

12132
为和平，民主，团结而斗争！　晋绥军区政治部编
[兴县]：晋绥军区政治部，[1945]，22 页，32 开
本书收文 5 篇：《毛主席八月十日对时局的声明》《中共中央对时局宣言》《新时期的路标》《延安各界庆祝抗战胜利标语》《林政委九一八干部会上的讲话》。附《关于目前政治教育的指示》。
收藏单位：重庆馆

12133
我对于抗战的意见　陈独秀著
汉口：华中图书公司，1938.3，36 页，32 开
汉口：华中图书公司，1938.4，再版，36 页，32 开
本书收文 5 篇：《抗日战争之意义》《我们要得到怎样的胜利及怎样得到胜利》《怎样才能够发动民众》《抗战中应有的纲领》《准备战败后的对日抗战》。书前有著者自序。封面题名：我的抗战意见。
收藏单位：北碚馆、重庆馆、桂林馆、国家馆、吉大馆、近代史所、南京馆、陕西馆

12134
我对于抗战的意见　陈独秀著
广州：亚东图书馆，[1938.3]，39 页，36 开
广州：亚东图书馆，1938，再版，40 页，32 开
收藏单位：安徽馆、重庆馆、广西馆、国家馆、南京馆

12135
我们的生活　仲航等作　东北救亡总会编
重庆：东北救亡总会，1940，油印本，1 册，22 开，环筒页装
本书共 4 部分：报告、介绍、文艺、杂俎。书前有东北救亡总会会歌、序。书后有编者的几句话。
收藏单位：国家馆

12136
我们断然有救　陈独秀著
广州：亚东图书馆，1938，18 页，36 开
本书收文 4 篇：《我们断然有救》《抗战与建国》《五四运动时代过去了吗?》《国民党究竟决心采用哪一种政治经济制度》。
收藏单位：安徽馆、北碚馆、重庆馆、国家馆、南京馆、浙江馆

12137
我们对于保卫武汉与第三期抗战底意见　王明　周恩来　博古著
汉口：生活书店，1938，36 页，32 开
本书著者“王明”原题：陈绍禹，“博古”原题：秦博古。
收藏单位：广西馆

12138
我们对于保卫武汉与第三期抗战问题底意见　王明　周恩来　博古著
宜宾：民智印刷社，[1938]，38 页，32 开
本书共 5 部分：对于武汉及武汉卫戍区须要采取的主要办法、对于第三期抗战的军事问题底一般意见、对于第三期抗战的政治问题底意见、对于第三期抗战中的经济政策和社会生活问题底意见、解决一切问题底中心枢纽。著者“王明”原题：陈绍禹，“博古”原题：秦博古。
收藏单位：南京馆

12139
我们对于保卫武汉与第三期抗战问题底意见　王明　周恩来　博古著
汉口：新华日报馆，1938.6，36 页，32 开（新

群丛书10）

本书著者“王明”原题：陈绍禹，“博古”原题：秦博古。

收藏单位：重庆馆、广东馆、广西馆、贵州馆、南京馆、浙江馆、中科图

12140

我们对于第三期抗战中保卫陕西与保卫西北的意见 关烽等著

西北社，1938.8，43页，64开（西北丛书1）

收藏单位：国家馆

12141

吴玉章抗战言论选集 吴玉章著

汉口：中国出版社，1938.6，43页，32开

本书共5部分：纪念中国辛亥革命廿五周年的一个回忆、中国能战胜日本、中国抗日战争底新阶段、与《新华日报》记者的谈话、中国抗日战争与国际工人阶级。

收藏单位：贵州馆、国家馆、南京馆

12142

五大文件 陈伯达等著

新华书店，[1943.7]，1册，32开

本书收文5篇：《评〈中国之命运〉》（陈伯达）、《中国共产党中央委员会为抗战六周年纪念宣言》、《中国共产党与中国民族解放的道路》（王稼祥）、《清算党内的孟塞维主义思想》（刘少奇）、《延安民众通电全国呼吁团结反对内战》（1943年7月9日）。

收藏单位：国家馆、山西馆

12143

五年来对敌斗争的概略总结及今后对敌斗争的方针（1943年1月26日邓小平同志在太行分局高干会议上的报告）

中共山东分局胶东第三区党委宣传部，1943印，125页，64开，环筒页装

本书共3部分：五年对敌斗争的概略总结、新的形势与新的任务、敌占区的组织工作与政策运用。

收藏单位：国家馆

12144

五一节特刊 中国工人抗敌总会筹备委员会编

中国工人抗敌总会筹备委员会，1938，88页，36开

本书收文21篇，内容包括：《今年的劳动节与今后的中国工运》（陆京士）、《纪念五一应坚持对日抗战到底》（王寄一）、《中国劳工抗战与国际工人反日运动》（朱学范）、《在抗战期间纪念劳动节》（郭文田）、《中国工人当前三位一体的任务》（陈绍禹）等。书前有编者《告世界工友书》《告全国工友书》。

收藏单位：国家馆、西南大学馆

12145

相持阶段的形势与任务

播种社，1940.2，51页，32开

本书内容包括：《相持阶段中的形势与任务》（毛泽东）、《力争时局好转克服时局逆转》（王明）等。附《毛陈吴林等参政员致国民参政会秘书处电》等。

收藏单位：国家馆

12146

相持阶段的形势与任务

香港：海滨出版社，1940，48页，32开

收藏单位：广东馆

12147

相持阶段中的形势与任务 毛泽东等著

[延安]：解放社，1940，36页，32开

本书收文7篇，内容包括：《相持阶段中的形势与任务》（毛泽东）、《八路军新四军抗战两年来的战绩》（萧向荣）、《致国民参政会秘书处电》等。

收藏单位：广东馆、吉林馆、近代史所

12148

相持阶段中的形势与任务 毛泽东等著

进步出版社，1940.3，130页，32开

本书收文13篇，内容包括：《相持阶段中的形势和任务》（毛泽东）、《力争时局好转克服时局逆转》（王明）、《克服目前政局主要危

险坚持华北抗战》（彭德怀）等。封面题名：相持阶段中的形势和任务。

收藏单位：北碚馆、广东馆、国家馆

12149
相持阶段中的形势与任务　毛泽东等著
出版者不详，[1939—1945]，2 册（126+128 页），32 开

本书上册收文 16 篇，内容包括：《相持阶段中的形势与任务》（毛泽东）、《日汪密约的意义和我们应有的认识》（吴克坚）等；下册收文 17 篇，内容包括：《论抗战相持阶段的形势与任务》（洛甫）、《陕甘宁边区党的工作》（李富春）、《为提高文化知识而斗争》（肖向容）等。

收藏单位：国家馆

12150
新华日报社论（第 1 集）　新华日报馆编
汉口：新华日报馆，1938.4，125 页，32 开（新群丛书 2）
汉口：新华日报馆，1938.5，再版，125 页，32 开（新群丛书 2）

本书收文 30 篇，内容包括：《发刊词》《团结救国》《怎样保卫大武汉》等。

收藏单位：安徽馆、北碚馆、重庆馆、东北师大馆、广东馆、广西馆、贵州馆、国家馆、湖南馆、吉林馆、近代史所、辽大馆、南京馆、宁夏馆、山西馆、西南大学馆

12151
新华日报社论（第 2 集）　新华日报馆编
汉口：新华日报馆，1938.4，116 页，32 开（新群丛书 3）
汉口：新华日报馆，1938.5，再版，116 页，32 开（新群丛书 3）

本书收文 28 篇，内容包括：《中国抗战与国联前途》《展开世界援华运动》《刷新庶政与抗战》《论津浦战局》《纪念“二七”要争取抗战胜利》《反对诱降巩固团结》《宗教与民族解放》《团结中国妇女的力量打击侵略者》等。

收藏单位：安徽馆、北碚馆、重庆馆、广东馆、贵州馆、国家馆、湖南馆、近代史所、辽大馆、南京馆、天津馆

12152
新华日报社论（第 3 集）　新华日报馆编
汉口：新华日报馆，1938.5，122 页，32 开（新群丛书 4）
汉口：新华日报馆，1938.8，再版，122 页，32 开（新群丛书 4）

本书收文 31 篇，内容包括：《论最近的欧洲局势》《加强和扩大空军》《严防敌人的造谣中伤和挑拨离间》《怎样展开农村救亡工作》《扩大春耕运动》《论苏联对叛国案的审判》《欢迎工人抗敌总会的筹备组织》《“三八”国际妇女日与中国妇女》等。

收藏单位：北碚馆、重庆馆、东北师大馆、广东馆、贵州馆、国家馆、湖南馆、吉林馆、近代史所、辽大馆、南京馆、宁夏馆、山西馆、浙江馆

12153
新华日报社论（第 4 集）　新华日报馆编
汉口：新华日报馆，1938.6，131 页，32 开（新群丛书 9）

本书收文 33 篇，内容包括：《救亡干部训练问题》《肃清汉奸与巩固团结》《国民党临时代表大会的成就》《抗战与改善民生》《第二期抗战扩大宣传周》《关于所谓〈中国共产党的策略路线〉一书问题的公开信》《陈绍禹周恩来秦博古三先生答复子健先生的一封公开信》等。

收藏单位：安徽馆、北碚馆、重庆馆、东北师大馆、广东馆、贵州馆、国家馆、湖南馆、吉林馆、近代史所、辽大馆、南京馆、山西馆、天津馆

12154
新华日报社论（第 5 集）　新华日报馆编
汉口：新华日报馆，1938，106 页，32 开（新群丛书 16）

本书收文 34 篇，内容包括：《救亡干部训练问题》《抗战与改善民生》等。

收藏单位：重庆馆、国家馆、黑龙江馆

12155
新华社记者评论蒋介石三月一日在宪政实施协进会的演讲
[延安]：解放日报，[1945]，7页，32开
收藏单位：国家馆

12156
新华社通讯 新华社编
[重庆]：新华社，1945，19页，36开
本书内容包括：《中国共产党中央委员会发表——对目前时局宣言》《国民党反动派发出了内战信号——全国人民动员起来反对内战制止内战》《延安总部命令》等。
收藏单位：重庆馆

12157
新中国在进展中 新中国出版社编
上海：新中国出版社，1937.11，52页，32开（全面抗战丛书）
本书收文8篇：《中国共产党宣言》《对于中国共产党宣言谈话》《国共统一运动感言》《中国共产党救国十大纲领》《日本决不可怕》《抗日战略论》《抗日必胜论》《今日的红军》。
收藏单位：国家馆

12158
言论“自由”以后
冀鲁豫书店，[1945—1948]，24页，大64开，环筒页装
本书收文3篇：《闻一多教授批评政府无理解聘》《言论“自由”以后》《大后方文化横遭摧残》。
收藏单位：国家馆

12159
阎锡山批判 陈伯达著
冀鲁豫书店，[1944—1948]，石印本，50页，32开
收藏单位：国家馆

12160
阎锡山批判 陈伯达等著
[兴县]：抗战日报社，1944.10，72页，32开（时论丛刊5）
本书收文5篇：《阎锡山批判》（陈伯达）、《寄山西土皇帝阎锡山的一封五千言书》（续范亭）、《三年不言之言》（续范亭）、《薄一波同志对记者畅谈阎锡山数年来通敌反共经过》、《韩钧同志对记者谈晋西事变惨毒真相》。附《阎锡山部六十一军进攻决死队八路军》。书前有前言。
收藏单位：国家馆、山西馆

12161
阎锡山批判 陈伯达著
苏中出版社，1944.11，34页，32开
收藏单位：国家馆

12162
阎锡山批判 陈伯达等著
太岳新华书店，1945.1，38+22页，32开
太岳新华书店，1947.7，64页，36开
本书收文6篇：《阎锡山部六十一军破坏抗战向我进攻》（新华社）、《痛斥阎锡山通敌叛国罪行》（薄一波）、《晋西事变的真相》（韩钧）、《三年不言之言》（续范亭）、《寄山西土皇帝阎锡山的一封五千言书》（续范亭）、《阎锡山批判》（陈伯达）。附《汾东人民的浩劫》等8篇。
收藏单位：重庆馆、国家馆、近代史所、山西馆、中科图

12163
阎锡山批判 陈伯达等著
新华书店，[1944—1949]，1册，36开（时事丛刊8）
收藏单位：重庆馆、国家馆、山东馆

12164
阎锡山批判 陈伯达等著
张家口：新华书店晋察冀分店，1945.11，118页，32开
本书收文4篇：《阎锡山批判》（陈伯达）、《寄山西土皇帝阎锡山的一封五千言书》（续范亭）、《驳斥阎锡山荒谬宣传》（薄一波）、《晋西事变真相》（韩钧）。附《阎部将校二百

余人通电全国呼吁和平》等4篇。书前有编者的话。

收藏单位：东北师大馆、福建馆、国家馆、内蒙古馆

12165
叶剑英抗战言论集 叶剑英著
重庆：新华日报馆，1940.3，200页，32开（新群丛书40）

本书共7章：论战局、论抗战中的几个主要问题、论战略、论敌后抗战、八路军抗战的经验、纪念和悼文、其他。附《叶剑英将军访问记》。

收藏单位：重庆馆、广西馆、贵州馆、国家馆、南京馆

12166
一笔总账
长城书店，[1945—1949]，72页，32开（抗日战争历史丛书）

本书收抗战以来日寇诱降及国民党妥协投降活动的具体材料。

收藏单位：国家馆、首都馆

12167
一笔总账
东北书店牡丹江分店，1948.1，52页，32开

本书收抗战以来日寇诱降及国民党妥协投降活动的具体材料。共10部分，内容包括："七七"事变至汪逆发表艳电主和、从汪逆投敌到太平洋战争爆发、英日谈判签订有田克莱琪协定与"远东慕尼黑"的再酝酿等。

收藏单位：国家馆、黑龙江馆、湖北馆、南京馆

12168
一笔总账
牡丹江书店，1946，52页，32开

收藏单位：长春馆、重庆馆、国家馆、吉林馆、南京馆、天津馆

12169
一笔总账——抗战文献之四 解放日报社编
辽东建国书社，1946.7，64页，32开

本书记述日本诱降及国民党反动派妥协投降的活动，共两部分：从"九一八"到"七七"、抗战以来的投降派。

收藏单位：重庆馆、国家馆、辽宁馆

12170
一九四四年国共谈判重要文献 周恩来等著
出版者不详，1944，59页，32开

收藏单位：国家馆

12171
在困难中前进（新华日报言论集）
广州：离骚出版社，1938.2，108页，32开

本来共4部分。第1部分收文3篇，内容包括:《团结救国》《在国难中前进》等；第2部分收文9篇，内容包括:《怎样保卫大武汉》《巩固前线》《保卫河南》等；第3部分收文5篇，内容包括:《中日人民团结起来打倒公敌》《西班牙人民的新胜利》《国际反侵略统一战线》等；第4部分收文3篇，内容包括:《追悼大典》《最可纪念的一日》等。书前有发刊词。

收藏单位：北碚馆、重庆馆、国家馆、吉林馆、近代史所、浙江馆、中科图

12172
在民主与团结的基础上加强抗战争取最后胜利 解放社编
[延安]：[解放社]，1944.11，1册，32开

本书收《解放日报》1944年6—7月的社论8篇，内容包括:《第二战场开辟与中国抗战》《纪念联合国日·保卫西安与西北》《苏联爱国战争三周年》等。另有延安各界庆祝联合国日及保卫西北动员大会通电。

收藏单位：重庆馆、国家馆、吉大馆、南京馆、山西馆

12173
在统一战线观点上去理解中国共产党真正的态度 毛泽东等著
延安：陕北书店，1938.3，2+154页

本书共6部分，内容包括：团结御侮的几

个基本条件与最低要求、毛泽东先生致章陶邹沈四先生信、中国共产党中央致中国国民党书等。

收藏单位：近代史所

12174
在相持阶段上 王梓木等著
穷社，1940.1，158页，32开

本书收文12篇，内容包括：《论最近国际局势》（白劳德）、《拥护真三民主义反对假三民主义》（洛甫）、《用国法制裁反动份子》（毛泽东）、《粉碎日寇的诱降政策》（陈昌浩）、《在相持的阶段上》（王梓木）、《论敌我战略战术的演变》（华西园）、《茅山一年》（陈毅）、《论江南伪军工作》（袁国平）、《敌军的厌战反战情绪与目前对敌军的宣传工作》（蔡前）等。

收藏单位：重庆馆、东北师大馆、国家馆

12175
怎样保卫华南 周恩来著
广州：新光书店，1938.3，62页，32开

本书封面题名：周恩来谈保卫华南。

收藏单位：吉林馆

12176
怎样动员农民大众 陈毅著
上海：上海杂志公司，1937.10，138页，36开（当代青年丛书战时增刊本）
上海：上海杂志公司，1937.11，再版，138页，36开（当代青年丛书战时增刊本）

收藏单位：北碚馆、重庆馆、东北师大馆、贵州馆、国家馆、湖南馆、近代史所、辽大馆、南京馆、山西馆、上海馆、天津馆、浙江馆

12177
怎样干救亡工作？ 程道平编著
汉口：生活书店，1938.4，88页，32开
广州：生活书店，1938.5，再版，88页，32开

本书共7章：问题的一般、怎样做宣传工作、怎样组织和推动团体、怎样领导、开会常识、怎样培养干部、怎样工作。书前有前言。

收藏单位：安徽馆、北碚馆、重庆馆、广东馆、国家馆、江西馆、南京馆、宁夏馆、上海馆

12178
怎样进行持久抗战 周恩来等著
上海：建社，1938.12，49页，32开

本书收文7篇：《目前抗战危机与坚持华北抗战的任务》（周恩来）、《论北方战局》（叶剑英）、《目前抗战形势与今后任务》（彭德怀）、《目前战局与保卫武汉》（叶剑英）、《怎样进行持久抗战》（周恩来）、《挽救时局的关键》（陈绍禹）、《抗战形势与抗战前途》（秦邦宪）。附《关于准备召集党第七次全国代表大会的决议》《中国共产党对时局宣言》。

收藏单位：国家馆、吉林馆、浙江馆

12179
怎样进行持久抗战 周恩来等著
汉口：抗战知识社，1938.3，74页，32开
汉口：抗战知识社，1938.4，再版，74页，32开

收藏单位：北碚馆、重庆馆、贵州馆、国家馆、近代史所、浙江馆

12180
怎样使有钱者出钱有力者出力 陈独秀著
上海：亚东图书馆，1937.12，18页，42开

本书收文5篇：《怎样使有钱者出钱有力者出力》《打倒消极先生》《言和即为汉奸！》《多谢敌人的飞机大炮》《我对于鲁迅之认识》。

收藏单位：北碚馆、广东馆、广西馆、国家馆、吉大馆

12181
怎样战胜日本 抗献文学会编辑
长沙：长沙印务馆，1938.4，72页，32开

本书收抗日文章12篇，内容包括：《如何确保抗战的全部胜利》（潘汉年）、《如何保持抗战的胜利》（郑振铎）、《日本能做长期战斗吗》（思慕）、《怎样战胜日本》（张闻天）等。

收藏单位：广西馆、国家馆、吉大馆

12182
怎样争取最后的胜利　李公朴著
汉口：黑白丛书社，1938.2，72 页，36 开（黑白丛书战时特刊 25）

本书共 3 部分：争取最后胜利的信心、争取最后胜利的决心、争取最后胜利的办法。附《游击战与持久战》《从华北谈全国游击战的前途》。

收藏单位：北碚馆、重庆馆、东北师大馆、广东馆、贵州馆、国家馆、吉林馆、江西馆、近代史所、南京馆

12183
怎样争取最后的胜利　刘天囚编
汉口：星星出版社，1938.1，151 页，32 开（抗战报告丛书 3）
汉口：星星出版社，1938.10，再版，151 页，36 开（抗战报告丛书 3）

本书收文 14 篇，内容包括：《怎样争取全国抗战的胜利》（李富春）、《一切为着争取抗日战争的胜利》（凯丰）、《怎样争取最后胜利》（董必武）、《怎样争取抗战的最后胜利》（马哲民）、《争取抗战伟大胜利反对民族失败主义》（黎平）、《怎样才能维持抗战到底》（陈冠南）、《保证抗战胜利的经济条件》（姜君辰）等。

收藏单位：重庆馆、广东馆、国家馆、湖南馆、南京馆

12184
怎样争取最后胜利　毛泽东等著
上海：战时出版社，1938.2，151 页，32 开（战时小丛刊 31）

本书收文 29 篇，内容包括：《中国最后胜利的关键在哪里》（《苏联政治经济半月刊》）、《保证最后胜利的条件》（毛泽东谈话，史诺录）、《争取最后胜利的战略与战术》（彭德怀）、《到胜利的路》（胡愈之）、《从陆战上观察中日战争》（伊藤正之助）等。附《为团结御侮宣言》（中国共产党）、《对共产党宣言谈话》（蒋介石）。

收藏单位：贵州馆、国家馆、湖南馆、近代史所、中科图

12185
怎样做民众运动　吴浪萍编
解放出版社，1938.2，93 页，32 开（民众解放丛书）

本书共 4 章：绪论、宣传民众、组织民众、训练民众。附《战地总动员工作纲领》《人民自卫队组织条例》等 5 篇。

收藏单位：广东馆、国家馆、吉林馆

12186
战时的农民运动　孙冶方著
汉口：黑白丛书社，1937.10，25 页，36 开（黑白丛书战时特刊 10）
汉口：黑白丛书社，1937.12，再版，25 页，36 开（黑白丛书战时特刊 10）

本书共 4 节：抗战中动员农民的特殊任务、农民运动中政治动员的重要性、抗战中改进农业生产的必要和内容、怎样着手做抗战中的乡村工作。

收藏单位：安徽馆、北碚馆、重庆馆、广东馆、贵州馆、国家馆、湖南馆、吉林馆、近代史所、南京馆

12187
战时教育问题
出版者不详，[1940]，66 页，32 开

本书收文 7 篇，内容包括：《中国共产党关于解决两党纠纷之六月提案》（1940 年 6 月）、《中国国民党关于解决两党纠纷之第一复案》（1940 年 7 月）、《中国国民党七月提示案》（1940 年 7 月）、《中国共产党八月复案》（1940 年 8 月）、《周恩来同志关于调整作战区域及游击部队办法之提议三项》（1940 年 9 月）、《何参谋总长白副参谋长致十八集团军朱总司令彭副总司令新四军叶军长皓代电》（1940 年 10 月）等。附《关于苏北事件》等 6 种。

收藏单位：北碚馆、国家馆

12188
战时文选　朱德　王明[著]
上海：保华出版社，[1939.6]，3版，增订本，96页，32开
本书收《抗日战争两年来之军事》《中国抗战与世界和平》《我们的国家》《和平阵线与侵略阵线》《什么是人民阵线》等。著者"王明"原题：陈绍禹。
收藏单位：东北师大馆

12189
战时乡村工作　薛暮桥著
汉口：新知书店，1938.2，52页，32开
汉口：新知书店，1938.3，再版，52页，32开
本书共6部分：怎样开展乡村救亡运动、抗战中的动员农民问题、怎样充实乡村民众组织、怎样武装农民协助抗战、乡村工作中的几个技术问题、乡村工作的民主与独裁。
收藏单位：安徽馆、北碚馆、重庆馆、东北师大馆、广东馆、国家馆、近代史所、南京馆、陕西馆、上海馆、浙江馆

12190
争取持久抗战胜利的先决问题　彭德怀著
上海：大众出版社，1937，36页，32开
本书论述持久抗战的战略战术、游击战争、民众动员与全民抗战等。
收藏单位：广东馆、湖北馆

12191
争取持久抗战胜利的先决问题　彭德怀著
焦土出版社，1937.11，30页，32开（焦土丛刊）
焦土出版社，1938，31页，32开（焦土丛刊）
本书共6部分：引言、持久抗战的胜利、战略与战术、游击战争、民众动员与全民抗战、几句结语。
收藏单位：贵州馆、国家馆、吉林馆、辽大馆、浙江馆

12192
争取持久抗战胜利的先决问题　彭德怀著
西安：解放周刊社，1937.11，再版，42页，64开

12193
争取持久抗战胜利的先决问题　彭德怀著
上海：南华出版社，1938.1，再版，36页，32开
收藏单位：桂林馆、南京馆

12194
争取持久抗战胜利的先决问题　彭德怀著
山西战时问题研究会，1937.10，40页，32开
收藏单位：广东馆、国家馆

12195
争取持久抗战胜利的先决问题　彭德怀著
出版者不详，[1937—1945]，36页，32开
收藏单位：重庆馆、近代史所

12196
争取抗战胜利　潘梓年著
重庆：抗战知识社，1938.12，96页，32开
本书共10章，内容包括：我们的力量、动员人力是动员财力物力的中心环节、抗日民族统一战线是动员民众的杠杆、民主自由是动员民众的基本条件、改善人民生活的必要与可能、让民众有充分的武装、在抗战中壮健起来等。
收藏单位：北碚馆、重庆馆、东北师大馆、贵州馆、国家馆、南京馆、上海馆

12197
正面战场的危机　解放日报社辑
浙东书局，1944.9，110页，64开（团结小丛书第6种）
本书为1944年《解放日报》评论集。收文15篇，内容包括：《毛主席答复中外记者西北参观团》《周恩来同志答复记者关于国共谈判问题》等。
收藏单位：福建馆、国家馆

12198
政治常识读本　民族革命战争战地总动员委员会宣传部编
民族革命战争战地总动员委员会宣传部，[1935]，油印本，[18]页，32开

本书共3篇：世界篇、日本与中国篇、中国篇。“世界篇”内容包括：资本主义与社会主义、和平阵线与侵略阵线、二次世界大战等；“日本与中国篇”内容包括：日本、日本帝国主义、日本帝国与中国、“九一八”以来等；“中国篇”内容包括：沦亡的东北、抗日统一战线与民族革命战争、战争的前途等。

收藏单位：国家馆

12199
职工运动问题　朱德等著　军事工业部编
大连：大众书店，1947.2，74页，32开

本书为陕甘宁边区职工运动文件汇编。收文10篇，内容包括：《建设革命家务》（朱德1943年在五一劳动节大会上的讲话）、《刘少奇同志在工厂代表大会上的讲话》（1944年5月）、《边区工业建设中的几个问题》（邓发1944年5月讲话）、《关于公营工厂的几个问题》（洛甫）、《西北局关于争取工业品全部自给的决定》等。

收藏单位：东北师大馆、国家馆

12200
职工运动问题　朱德等著　军事工业部编
军事工业部，1946.5，74页，32开

收藏单位：东北师大馆、国家馆、黑龙江馆、浙江馆、中科图

12201
质问国民党　解放日报社编
[延安]：[解放日报社]，[1943]，52页，32开

本书为报摘汇编集，收《质问国民党》（《解放日报》社论）、《起来！制止内战！挽救危亡！》（《解放日报》社论）、《全体人民动员起来，把敢于向边区进攻的反动派打出去！》、《延安民众抗战六周年纪念大会关于呼吁团结反对内战通电》等。

收藏单位：北碚馆、重庆馆、国家馆、山西馆

12202
中共对于抗日民族统一战线的主张　[解放出版社编]
[延安]：解放出版社，1938.1，48页，32开（真理小丛书6）

本书收文12篇，内容包括：《为抗日救国告全体同胞书》《关于召集全国抗日救国代表大会通电》《停战议和一致抗日通电》《中国共产党致中国国民党书》《关于绥远抗战通电》《对西安事变通电》《给国民党三中全会通电》《中国共产党抗日救国十大纲领》等。

收藏单位：广东馆、国家馆、南京馆

12203
中共反法西斯国际统一战线政策及苏联援助中国抗战文选　晋察冀日报社编
出版者不详，1945.7，112页，64开

收藏单位：国家馆

12204
中共抗战一般情况的介绍　叶剑英著
[延安]：解放社，1944.7，38页，32开

本书为1944年6月22日著者与中外记者参观团的谈话。

收藏单位：重庆馆、国家馆、山西馆

12205
中共抗战一般情况的介绍　叶剑英著
[涉县]：太行新华日报，1944，21页，32开

收藏单位：国家馆、山西馆

12206
中共抗战一般情况的介绍　叶剑英著
延边：延边出版社，1946.2，38页，32开

收藏单位：吉林馆、近代史所、辽大馆

12207
中共抗战一般情况的介绍　叶剑英著
[兴县]：中共晋绥分局，1944.7，27页，32开

收藏单位：重庆馆、山西馆

12208
中共抗战一般情况的介绍
[濮阳]：冀鲁豫书店，1945，34页，32开

本书收文3篇：《中共抗战一般情况的介

绍》(叶剑英)、《八路军新四军的抗战成绩与敌后根据地概况》、《八路军新四军与华南抗日纵队抗战第八周年主要抗战统计》。

收藏单位：国家馆、天津馆

12209
中共抗战一般情况的介绍
牡丹江书店，1944 印，34 页，32 开
收藏单位：辽宁馆、南京馆

12210
中共抗战一般情况的介绍（第十八集团军参谋长叶剑英同志于一九四四年六月廿二日与中外记者参观团的谈话） 叶剑英著
胶东大众报社，1944.9，24 页，32 开
收藏单位：国家馆

12211
中共抗战一般情况的介绍（一九四四年六月二十二日第十八集团军参谋长叶剑英与中外记者参观团的谈话）
齐齐哈尔：嫩江书店，[1944] 印，32 页，32 开
收藏单位：湖北馆、中科图

12212
中共言论集
香港：[中国灯塔出版社]，[1945—1949]，84 页，32 开

本书收中共中央对目前时局宣言、中共中央主席毛泽东在渝言论、国共会谈纪要、《解放日报》和《新华日报》的言论等。

收藏单位：浙江馆

12213
中共中央发言人对皖南事变谈话
出版者不详，1941.1，4 张，24cm×18cm
收藏单位：国家馆

12214
中共中央抗战宣言集
[无锡]：苏南新华书店，1949.7，69 页，32 开

本书收文 17 篇，内容包括：《中国共产党中央委员会为抗日救国告全国同胞书》(八一宣言)、《中国共产党中央委员会为抗战四周年纪念对时局宣言》、《中共中央委员会公布抗战八周年纪念口号》、《中共中央对目前时局宣言》、《中共中央委员会发表时局声明》等。

收藏单位：重庆馆、广东馆、国家馆、吉林馆、近代史所、南京馆、山东馆、上海馆

12215
中共中央论目前抗战形势及抗日民族统一战线 周恩来 博古执笔
出版者不详，[1938]，26 页，32 开
收藏单位：国家馆、浙江馆

12216
中共中央为纪念抗战五周年六周年宣言
群众报社，1943.7，18 页，32 开
收藏单位：国家馆

12217
中国的抗战 梁士纯著
每日译报出版社，1938.6，58 页，32 开（每日译报丛书 7）

本书收文 11 篇，内容包括：《远东局势的实际》《中国与白鲁塞尔会议》《中国再接再厉》《决没有妥协的余地》《中日战争的最初半年》等。书前有鲍惠尔小引、《复兴的中国的代言人》(斯诺)、郑振铎序。

收藏单位：重庆馆、近代史所、上海馆

12218
中国共产党对于中华民族的贡献
出版者不详，[1921—1949]，112 页，32 开

本书为伪装本。伪装题名：新山海经。伪装出版者题：崇文斋。伪装丛书题：江山风雨楼丛书之二。

收藏单位：国家馆

12219
中国共产党对中华民族的贡献
辽东建国书店，[1944]，110 页，32 开（抗战

文献 2）

本书共 7 部分：八路军新四军的抗战成绩与敌后抗日根据地的概况、百炼成钢的晋察冀边区、一二九师与晋冀鲁豫、新山东的成长、战斗中生长的晋绥边区、新四军和华中抗日根据地、屹立在南海上的东江与琼崖抗日根据地。

收藏单位：东北师大馆、贵州馆、国家馆、南京馆、山东馆、山西馆

12220

中国共产党对中华民族的贡献

山东新华书店，[1944]，109 页，32 开（抗战文献 2）

收藏单位：东北师大馆、国家馆、山东馆

12221

中国共产党抗战文献（第 1 辑） 红棉出版社编

香港：红棉出版社，1946.8，68 页，32 开

本书收 1937—1938 年中共中央发表的抗战文献 8 篇，内容包括：《中共中央为日军进攻卢沟桥通电》《中共中央为公布国共合作宣言》《论反对日本帝国主义进攻的方针办法与前途》等。

收藏单位：东北师大馆、广东馆、国家馆、近代史所

12222

中国共产党抗战文献（第 1 辑） 解放同志出版社编

延安：解放同志出版社，1938，47 页，32 开

收藏单位：南京馆

12223

中国共产党抗战一般情况的介绍

辽东建国书社，1946.7，40 页，32 开（抗战文献 3）

本书收文 4 篇：《中国解放区概观》、《中共抗战一般情况的介绍》（叶剑英）、《敌后战场伟大胜利的一年》（《解放日报》）、《八路军、新四军、华南抗日纵队对民族解放战争的伟大贡献》。

收藏单位：国家馆、吉林馆、内蒙古馆、上海馆、天津馆、浙江馆

12224

中国共产党是中华民族的救星 太岳新华书店编

太岳新华书店，1943，59 页

本书收文 8 篇，内容包括：《中国共产党创立二十三周年》《在民主与团结的基础上》《加强抗战争取最后的胜利》《中共抗战一般情况的介绍》等。

收藏单位：近代史所

12225

中国共产党与中国民族解放的道路 王稼祥 刘少奇等著

出版者不详，1943，34 页，32 开

收藏单位：国家馆

12226

中国共产党与中华民族 解放日报社编

新华书店，[1943]，1 册，32 开

本书收文 6 篇：《中国共产党与中华民族》《起来！制止内战挽救危亡》《全体人民动员起来！把敢于向边区进攻的反动派打出去》《再接再厉消灭内战危机》《质问国民党》《论时局》。

收藏单位：重庆馆、国家馆

12227

中国共产党与中华民族 [朱德等著]

[延安]：八路军留守兵团政治部，1943.8，100 页，32 开

本书收文 7 篇，内容包括：《中国共产党与中华民族》（《解放日报》社论）、《"七一"志感》（朱德）、《中国共产党与中华民族解放的道路》（王稼祥）、《国共两党和中国之命运》（吕振羽）等。

收藏单位：重庆馆

12228

中国共产党与中华民族

山东新华书店，1943，36 页，32 开

山东新华书店，[1944.7]，36 页，36 开（抗战文献 1）

本书收文 3 篇:《中国共产党与中华民族解放的道路》（王稼祥）、《中国共产党与中华民族》（《解放日报》社论）、《没有共产党就没有中国》。附《国共两党抗战成绩比较》《中共抗击的全部伪军概况》。

收藏单位：东北师大馆、国家馆、南京馆、山东馆、天津馆

12229

中国共产党与中华民族（为中国二十二周年纪念而作）

出版者不详，[1943]，1 册，32 开

本书为伪装本。收文 6 篇，内容包括：《中国共产党与中华民族》《起来！制止内战挽救危亡》《再接再厉消灭内战危机》《全体人民动员起来！把敢于向边区进攻的反动派打出去》《论时局》等。伪装题名：高小论说精华。伪装出版者题：汉口大达书局。

收藏单位：国家馆

12230

中国共产党之重要主张（1941.6—1943.5）

新华书店，[1943]，30 页，32 开

本书收文 10 篇，内容包括:《关于反法西斯国际统一战线的决定》《为抗战四周年纪念宣言》《为太平洋战争的宣言》《关于庆祝中英、中美间废除不平等条约的决定》等。附《共产国际执行委员会主席团重要决议》。

收藏单位：国家馆

12231

中国共产党中央委员会告抗日根据地全体党员和八路军新四军将士书

[延安]：出版者不详，1942.7，14 张，31cm×23cm

本报告为中国共产党中央委员会于 1942 年 7 月 7 日发布，讲述抗战 5 年来所遇到的困难和取得的成绩，展望未来，鼓舞全体将士。

收藏单位：国家馆

12232

中国共产党中央委员会为抗战六周年纪念宣言

新华书店，1943.7，[59] 页，32 开

本书除纪念宣言外，还收《毛泽东在“七一”庆祝晚会上的演讲纪要》、《我们有办法坚持到胜利》（朱德）、《我们怎样坚持了华北六年的抗战》（彭德怀）、《新四军在华中》（陈毅）、《敌后抗战的战术问题》（刘伯承）、《太行区的经济建设》（邓小平）等文章。

收藏单位：重庆馆、国家馆、山东馆、山西馆

12233

中国共产党中央委员会为抗战五周年纪念宣言

出版者不详，[1942]，4 页，32 开

收藏单位：国家馆、山东馆

12234

中国共产党中央委员会为抗战五周年宣言

中共山东分局第三区党委编

中共山东分局第三区党委，[1942—1949]，48 页，64 开

收藏单位：山东馆

12235

中国抗战画史　曹聚仁　舒宗侨编著

上海：联合画报社，1947.5，448 页，16 开（联合画报丛书）

上海：联合画报社，1947.6，再版，448 页，16 开（联合画报丛书）

本书以时间为线索叙述了整个抗战过程，共 10 章：引论、日本侵略战序幕、抗战第一期（上、中、下）、抗战第二期（一、二、三、四）、胜利之页。每部分均有若干附图，另有作战形势图 60 幅。书前有扉语《我们的献词》。附《抗战史料述评》《各战区将领一览》《抗战大事记》。

收藏单位：广西馆、国家馆、吉林馆、江西馆、近代史所、南京馆、内蒙古馆、天津馆

12236
中国抗战史讲话　朱泽甫著
哈尔滨：光华书店，1948.11，再版，108页，32开（青年学习丛书）

本书分两部分：从“九一八”到“七七”、从“七七”到“八一五”。共7讲：国民党做了什么、共产党做了什么、国民党是怎样抗战的（上、下）、共产党是怎样抗战的（上、下）、中国抗战的胜利。

收藏单位：长春馆、东北师大馆、广东馆、国家馆、吉林馆、近代史所、宁夏馆、山东馆、山西馆、天津馆、浙江馆

12237
中国抗战史讲话　朱泽甫著
无锡：韬奋书店，1949.7，63页，32开

收藏单位：广东馆、国家馆、南京馆

12238
中国人民英勇抗战的两周年　凯丰著
重庆：新华日报馆，1939.7，39页，32开（新群丛书 第29种）

本书共5部分：中日战争的特点、日本在两年侵略战争中所受的打击、中国在两年抗战中力量的生长、两年抗战的经验与教训、中国抗战的紧急关头。

收藏单位：重庆馆、东北师大馆、贵州馆、近代史所、南京馆

12239
中国为什么抗战　郭沫若著
上海：一心书店，1938，83页，32开（抗战丛刊2）

本书收文7篇，内容包括：《抗战必胜论》《全面抗战的再认识》《理性与兽性》等。

收藏单位：广东馆、湖南馆、近代史所、上海馆

12240
中日战争的回顾与前瞻　国际时事研究会编
[上海]：国际时事研究会，1938.2，92页，32开（时事问题小丛书4）

本书共3部分：序论、中日战争的回顾、结论。第1部分收《收复失地之史的考察》（梁园东）；第2部分收文9篇：《明代倭寇侵略江浙纪略》（郑振铎）、《甲午之战》（黄芝冈）、《九一八事变与东北义勇军的抗战》（蓝天照）、《一·二八淞沪的抗战》（金则人）、《长城各口的抗战》（辛质）、《察北抗战的经过》（辛质）、《丰台抗敌实情》（杨家清）、《绥远的抗战》（张健甫）、《从卢沟桥事件到全面抗战》（蓝天照）；第3部分收《中日战争的前瞻》（E. M. Gull）。

收藏单位：广东馆、贵州馆、国家馆、黑龙江馆、吉林馆、辽大馆、天津馆、浙江馆

12241
中日战争与国际　夏衍编
上海：抗战出版社，1937，61页，32开（抗战小丛书）

本书收毛泽东、宋庆龄等关于日本发动侵华战争致英国工党、美国共产党等党派的书信及欧美各国对中日战争的时论等十余篇。

收藏单位：广东馆、国家馆、辽大馆、上海馆

12242
中日战争预测　毛泽东等著
救亡出版社，1937.12，50页，32开（救亡小丛书）

本书共4章：神圣的民族抗战、中日实力的比较、我们的战略与战术、中日战争预测。

收藏单位：重庆馆、国家馆、南京馆、浙江馆

12243
周恩来邓颖超最近言论集　周恩来　邓颖超著
广州：离骚出版社，1938.2，1册，32开
广州：离骚出版社，1938.4，再版，70页，32开

本书收周恩来的文章5篇：《目前抗战形势与坚持长期抗战的任务》《目前抗战危机与坚持华北抗战任务》《敌人进攻的形势》《怎样进行持久抗战》《现阶段青年运动的性质与任务》，邓颖超的文章1篇：《对于现阶段妇女

运动的意见》。附《周恩来的生平》《周恩来夫人访问记》。

收藏单位：重庆馆、国家馆、南京馆、中科图

12244
周恩来论抗战诸问题 ［周恩来著］ 苏生编
上海：群力书店，1938.2，70页，36开

本书收文8篇：《目前抗战形势与坚持长期抗战的任务》《抗战以来的收获和教训》《目前抗战的形势》《敌人最近进攻方式及其作战计划》《坚持华北抗战及保卫山西》《如何进行持久抗战》《八路军最近作战的情况》《现阶段青年运动的性质与任务》。书前有《周恩来小传》。

收藏单位：北碚馆、重庆馆、东北师大馆、广东馆、贵州馆、浙江馆

12245
准备战败后的对日抗战 陈独秀著
汉口：亚东图书馆，1938.1，18页，42开

本书收文4篇：《准备战败后的对日抗战》《抗战到底》《为自由而战》《民族解放与妇女解放》。书前有序。

收藏单位：重庆馆、广西馆、国家馆、南京馆、浙江馆

12246
祖国呼声（24）
出版者不详，1943.1，48页，32开

本书为伪装本，内容包括：记晋绥边区各界国事座谈会、如何处理战后日本、苏联废止苏日中立条约、论旧金山会议等。伪装题名：新民会分会员必携。伪装责任者题：新民会雁门道总会。

收藏单位：国家馆

12247
组织工作读本 廖庶谦著
汉口：生活书店，1938.6，117页，36开（战时社会科学丛书3）
重庆：生活书店，1939，3版，99页，36开（战时社会科学丛书3）
重庆：生活书店，1939，4版，99页，36开（战时社会科学丛书3）

本书内容包括：民主集中制、怎样做经常的工作、怎样主持一个特别的行动、怎样发展统一的救亡组织、流动救亡工作团、组织上的关门主义、组织上的机会主义等。

收藏单位：安徽馆、北碚馆、重庆馆、广东馆、国家馆、吉林馆、辽宁馆、南京馆、上海馆、天津馆

12248
最后的胜利 郭沫若等著
长沙：抗战图书社，1938，84页，32开

本书收文10篇：《我们为什么抗战》（郭沫若）、《抗战胜利的把握在那里?》（孙治方）、《怎样才能维持抗战到底》（陈冠南）、《全面抗战胜利必要条件的保证》（贝叶）、《从当前的政治形势说到政治动员》（邓初民）、《动员民众保障抗战胜利》（潘汉年）、《保证抗战胜利的经济条件》（姜君辰）、《军事胜利的基础在政治》（钱俊瑞）、《抗战的文化与文化的抗战》（沈志远）、《最后胜利的争取》（施复亮）。封二有题赠。

收藏单位：北碚馆、国家馆

12249
最近国际形势与我们抗战前途 郭沫若等著 华志超编辑
上海：上海印书馆，1938.3，60页，32开

本书收文7篇，内容包括：《最近国际形势与我们抗战前途》（郭沫若）、《全面抗战的国际关系》（蒋德星）、《欧洲形势与中国抗战》（韬奋）、《中欧风云与我抗战前途仍无阻碍》（黄石公）等。

收藏单位：重庆馆、东北师大馆、吉林馆、上海馆

第三次国内革命战争（解放战争）时期（1945—1949年）

12250
爱用国货惨案真相 怒吼出版社编

怒吼出版社，1947.2，53页，32开

1947年2月9日上海部分青年举行抵制美货演讲会，遭到国民党特务的毒打，死一人，伤数十人，引起上海各界的愤慨。沈钧儒、马叙伦等参加了声讨的后援会。本书所收均为此事件有关文件。

收藏单位：东北师大馆、广东馆、国家馆、吉大馆、吉林馆、辽大馆、上海馆、中科图

12251

保卫毛主席　太岳新华书店编

[阳城]：太岳新华书店，1948.3，34页，32开

本书为胡宗南进犯延安时，我方发表的社论时评和延安各界动员大会的通电演说等。

收藏单位：国家馆

12252

暴行纪实　和平社编

[上海]：和平社，1946.7，25页，32开

本书叙述沧白堂事件、较场口惨案等22件事件的真相。附《重要暴行大事记》。

收藏单位：国家馆、华东师大馆、上海馆

12253

北平军事调处执行部大事记（联络通报）

十八集团军冀中军区政治部联络处编

[北平]：十八集团军冀中军区政治部联络处，1946.3，油印本，18页，16开

本书内容包括：国共双方关于建立军事调处执行部的协议、北平军事调处执行部停战工作日志、北平军事调处执行部组织表、执行小组、交通管理小组等。

收藏单位：国家馆

12254

驳蒋介石　解放日报著

[张家口]：晋察冀日报社，1946.4，55页，32开

本书收文4篇：《驳蒋介石》（《解放日报》社论）、《破产的政治理论》（《解放日报》社论）、《再评破产的政治理论》（《解放日报》社论）、《出尔反尔》（《新华日报》社论）。附《蒋介石元旦演说与政治协商会议》《蒋介石在国参会政治报告摘要》。

收藏单位：东北师大馆、国家馆、近代史所

12255

驳蒋介石　抗战日报社编

[兴县]：抗战日报社，1946.1，20页，36开

本书收文3篇：《驳蒋介石》《再评破产的政治理论》《国参会上蒋介石所作政治报告要点》。

收藏单位：重庆馆、国家馆、山西馆

12256

驳蒋介石

华中新华日报社，1946，87页，32开（新华时事丛刊）

本书收文7篇，内容包括：《驳蒋介石》《评蒋介石文告》《揭穿蒋介石“八一四”文告的欺骗与阴谋》《充满独断和矛盾的文告》等。

收藏单位：重庆馆、山东馆

12257

驳蒋介石（《解放日报》社论）［解放日报社编］

东北民主联军总政治部宣传部，1946印，11页，50开

收藏单位：天津馆

12258

驳蒋介石（《解放日报》社论）［解放日报社编］

新华书店，1946.5，15页，32开

收藏单位：山东馆

12259

驳蒋介石及其它（《解放日报》评论选集）

解放日报社编

出版者不详，[1942—1949]，40页，32开

本书收文8篇，内容包括：《驳蒋介石》《评国民党二中全会》《破产的政治理论》等。

收藏单位：广东馆

12260
长沙地下党组织资料一组
长沙铁路系统地下党，1949.8，钢笔手写本，2册，20cm×19cm
收藏单位：国家馆

12261
冲破反动的闸门（全国学生抗暴运动特辑） 华北新华书店编辑部编辑
华北新华书店，1947.6，69页，32开
本书收报道及评论文章12篇，反映以“沈崇事件”为导火线的全国青年学生抗暴运动经过情况。内容包括：《愤怒的古城》（于干）、《正义的洪流》（张馨）、《丑恶的一面》（南原）、《冲破反动的闸门》（李明）、《上海学生强大的行列》（华生）等。
收藏单位：重庆馆、国家馆、河南馆、湖南馆、近代史所、山西馆

12262
从江南到东北（两个国民党军下级军官的日记） 李涤生　陆中杰著
时事研究会，1946.9，16页，32开
本书所收日记曾在《辽东日报》上连载。
收藏单位：东北师大馆、国家馆、吉林馆、近代史所、山东馆

12263
从江南到东北（两个国民党军下级军官的日记）
[佳木斯]：东北书店，1946.9印，16页，32开
本书据时事研究会版印。
收藏单位：国家馆

12264
打倒蒋介石建立新中国 冀晋区党委辑
冀晋日报社，1947.10，12页，32开
本书内容包括：《人民解放军大举反攻》（1947年9月12日新华社社论）、《中国人民解放军宣言》、《中国人民解放军口号》（中国人民解放军总部）、《解放军南征部队发布口号》、《中共中央公布中国土地法大纲及其决议》（中共中央委员会）等。附《迎接大反攻》（方方）。
收藏单位：国家馆

12265
打倒蒋介石建立新中国
佳木斯：东北书店，1949.4，137页，32开
本书为时事学习材料，内容包括：《人民解放战争两周年的总结和第三年的任务》《对全局有决定意义的伟大胜利》《将革命进行到底》《迅速召开新政协成立民主联合政府》。
收藏单位：长春馆、东北师大馆、广东馆、国家馆、黑龙江馆、近代史所、南京馆、宁夏馆、山东馆、山西馆、陕西馆

12266
打倒蒋介石建立新中国
前哨出版社，1947.10，30页，42开
收藏单位：国家馆

12267
打到蒋管区去 王玉胡作
[延安]：陕甘宁边区新华书店，1948.7，26页，64开
收藏单位：国家馆、山东馆

12268
大反攻时事讲话 江风著
胶东新华书店，[1947]，22页，32开（战时丛书1）
收藏单位：国家馆、山东馆

12269
大反攻文件 大众日报社编
大众日报社，1947.10，30页，64开（时事小丛书1）
收藏单位：国家馆

12270
大后方的民主运动 华北新华书店编辑部编辑

黎城：华北新华书店，1946.3，142页，32开，环筒页装

本书共8部分：争取言论自由、反对内战、昆明惨案、要求停止经济内战、反对消灭杂牌、争取民主、校场口血案、要求和平解决东北问题。收言论、评论、电文、谈话等。

收藏单位：国家馆、吉大馆、近代史所、山西馆、天津馆

12271
大后方通讯　冀鲁豫日报社编
[濮阳]：冀鲁豫书店，[1945]，48页，64开（时事丛书2）

本书内容包括：中国民主同盟云南支部对时局宣言、昆明文化界三百四十二人联名宣言、昆明妇女界三百余人对时局宣言、国立浙江大学全体学生“为促进民主宪政宣言”、从军青年入营以后、大后方棉织的厄运。

收藏单位：国家馆、南京馆

12272
当前的紧急任务　新华书店辑
新华书店，1945.8，38页，32开（反攻阶段重要文选1）

本书共14部分，内容包括：当前的紧急任务、蒋伪合流大阴谋、全世界必须警惕等。

收藏单位：国家馆、近代史所、山西馆

12273
敌我力量根本变化与将革命进行到底　[新华社编]
[新华社]，1949，12页，32开

收藏单位：国家馆

12274
丢掉幻想准备斗争
[遵化]：冀东新华书店，[1946]，79页，32开

收藏单位：重庆馆、国家馆

12275
丢掉幻想准备斗争
哈尔滨：兆麟书店，1949.9，1册，32开

收藏单位：南京馆

12276
丢掉幻想准备斗争（评美国关于中国问题的白皮书）　山东省新华书店编
山东新华书店，1949.9，132页，32开

本书收文16篇，内容包括：《无可奈何的供状》《丢掉幻想准备斗争》《四评白皮书》《艾奇逊的供认》《美国反动阵营对白皮书的喧哗》《中国国民党革命委员会严斥白皮书》《中华全国民主妇女联合会发表严斥美帝白皮书声明》等。

收藏单位：重庆馆、辽宁馆、山东馆、天津馆

12277
东北问题　新华日报馆编辑
[重庆]：新华日报馆，1946，162页，32开

收藏单位：重庆馆、吉林馆、南京馆

12278
东北问题　杨白彤编
临沂：山东新华书店，1946.7，296页，32开

本书共8节：中国共产党对东北问题的态度和主张、中国共产党领导东北人民坚持抗战的史实、中国法西斯派借口东北问题煽动反苏反共活动、各方舆论抗议及对东北问题主张、苏联红军协助解放东北及其撤退、东北人民的民主建设、反动派撕毁协议发动内战东北人民奋起自卫、东北地理形势介绍。

收藏单位：重庆馆、东北师大馆、国家馆、吉林馆

12279
东北问题的历史真相
[兴县]：抗战日报社，1946.4，44页，32开

本书收文10篇，内容包括：《中国共产党与东北人民的血肉关系》《周保中将军谈东北抗战历史与目前形势》《东北问题的历史真相》《日寇口中的东北抗日联军》等。

收藏单位：重庆馆、国家馆、山西馆

12280

东北问题指南

东北书店，1946.3，18 页，32 开

本书内容包括：朱总司令对美记者声明中共对东北问题的态度、重庆事件与东北问题等。

收藏单位：东北师大馆、国家馆、山东馆

12281

东北应无条件停战

东北解放社，[1946—1949]，27 页，64 开（时事政治小丛书）

收藏单位：南京馆、天津馆

12282

独立、和平、民主

新华日报图书课，1946，96 页，32 开

本书共 3 部分，收《中国共产党中央委员会为“七七”九周年纪念宣言》、《民盟政协代表对当前时局发表书面谈话》、《中共发言人评艾其逊的声明》、《美国应即停止助长中国内战》(《解放日报》)、《忠实实行三民主义的中国共产党》(吴玉章)、《中共代表函复上海名流》等。

收藏单位：重庆馆

12283

二中全会

出版者不详，1946.4，44 页，32 开

本书为伪装本。收社论 12 篇，内容包括：《评国民党二中全会》(《解放日报》)、《国民党二中全会政治报告决议案》(新华社)、《破产的政治理论》(《解放日报》)等。伪装出版者题：上海大华书店。

收藏单位：国家馆

12284

反对干涉中国内政　[抗战日报社编]

[兴县]：抗战日报社，[1945—1949]，60 页，32 开（时事论丛 13）

本书共 4 部分：看看苏联、再看看美国的反动派、中国人民反对美军干涉中国内政、世界舆论抨击美对华政策。收文 35 篇，内容包括：《中苏友好同盟条约全文》《远东红军开始由东北撤退》《违背美当局历次诺言，美军武装干涉中国内政》等。

收藏单位：重庆馆、国家馆

12285

反对蒋介石卖国　东北军政大学政治部编

东北军政大学政治部，1947.4，95 页，36 开（时事参考资料）

本书共 3 章：反对蒋介石卖国罪行、蒋介石卖国罪行实录、各方面评蒋美商约。收文 41 篇，内容包括：《反对蒋介石卖国》《蒋介石卖国实据》《评美蒋商约》《蒋介石应该爱国》等。

收藏单位：重庆馆、东北师大馆、辽宁馆、内蒙古馆

12286

反对蒋介石卖国　绍群著

胶东新华书店，1946.8，37 页，32 开（通俗时事小丛书 1）

收藏单位：国家馆、山东馆

12287

反对蒋介石卖国！反对美国侵略中国！！

华中野战军第七纵队政治部　中共苏中区党委宣传部合编

华中野战军第七纵队政治部、中共苏中区党委宣传部，1946.11，99 页，32 开

收藏单位：南京馆、山东馆

12288

反对美国反动派武装干涉中国内政　姚洞著

胶东新华书店，1946.10，30 页，32 开（通俗时事小丛书 3）

收藏单位：国家馆

12289

反对美日侵略者及其走狗蒋介石

[无锡]：苏南新华书店，1949.7，51 页，32 开

本书收文 8 篇，内容包括：《中共中央声明：反对国民党政府要求美国军事保护的

阴谋》、《反对美日侵略者及其走狗蒋介石》（《东北日报》）、《毛主席抗议美国对蒋军事援助》等。

收藏单位：国家馆、近代史所、山东馆

12290
反对内战　人民丛刊编辑部编著
人民出版社，1946.1，104页，32开（人民丛刊3）

本书收文26篇，内容包括：《中国民主同盟发言人谈话》、《民主建国军通电》、《中国农业协进社等六团体呼吁》、《延安各界通电》、《二十七杂志社联合呼吁》、《工业三团体呼吁》、《和平统一和平建国》（孙科）、《总理诞辰呼吁停止内战》（柳亚子）、《老百姓再不能流血了》（黄炎培）、《危机如何挽救》（《中华日报》）等。书前有编著者前记。

收藏单位：北碚馆、重庆馆、国家馆、湖北馆、吉林馆

12291
反对内战独裁卖国坚持和平民主独立　胶东新华书店编
胶东新华书店，1946.8，75页，32开（时事类编16）

本书内容包括：《中国共产党中央委员会“七七”九周年纪念宣言》《中共中央毛主席发表声明坚决反对美援蒋内战》《中国共产党华东中央局为彻底粉碎国民党反动派的进攻争取二次自卫战争胜利告同胞同志书》等。

收藏单位：北碚馆、国家馆、辽宁馆、山东馆

12292
反对内战反对武装干涉　陆定一［演说］
［兴县］：抗战日报社，1946.1，8页，32开

本书为著者在延安“一二·九”十周年纪念会上的演说。

收藏单位：重庆馆、山西馆

12293
反对内战，坚持和平！反对独裁，坚持民主！反对卖国，坚持独立！　胶东区党委宣传部编
胶东区党委宣传部，1946.7，57页，64开

本书共5课：“中华民族的面前又临着新的严重危机”“中华民族的新危机由中美两国反动派所造成”“中国人民当前的任务是什么”“胜利是属于中国人民的”“我们每个共产党员，每个区村党员干部，目前应该干些什么”。

收藏单位：国家馆

12294
反对设立特种刑事法庭　国立北京大学学生自治会编
［北平］：国立北京大学学生自治会，1948.6，20页，32开

本书共7部分，内容包括：我们的呼吁、反对设立特种形式法庭、邓特案经过等。

收藏单位：国家馆、近代史所

12295
反饥饿反内战大游行专号　北大快讯社编辑
北平：北大快讯社，1947.5，油印本，28页，32开

本书附北京师范大学教授会《告同学书》。

收藏单位：国家馆

12296
反剿民要活命　东北华北学生抗议“七五”血案联合会编
［北平］：东北华北学生抗议“七五”血案联合会，1948.8，126页，25开

本书记述“七五”事件之经过情况，悼念死难青年，向全世界人民控诉对青年学生的迫害。

收藏单位：国家馆、近代史所、辽大馆、辽宁馆、天津馆

12297
反内战反卖国读本
［阳城］：太岳新华书店，1946，再版，修正版，20页，32开

本书讲述蒋介石如何掀起内战、美帝如

何援蒋、中国人民的反内战斗争一定能胜利等。共 14 课，内容包括：蒋介石掀起全国打内战、美军来中国助蒋打内战等。

收藏单位：国家馆

12298
放下武器的胡军 群众日报社编
[延安]：群众日报社，1948.6，31 页，32 开
（时事丛刊 4）

本书共 4 部分："放下武器以后""放下武器的胡军军官生活片断""解放了的胡军士兵""胡军厌战、惧战、逃亡"。

收藏单位：重庆馆、广东馆、国家馆、山东馆、中科图

12299
粉碎蒋介石的进攻 太岳新华书店编辑
[阳城]：太岳新华书店，1946.8，30 页，32 开

本书收文 6 篇：《中共中央委员会为"七七"九周年纪念宣言》《蒋介石应当爱国》《孙夫人对目前时局主张》《七个月总结》《全解放区的人民动员起来粉碎蒋介石的进攻》《晋冀鲁豫中央局为粉碎蒋介石进攻暨争取爱国战争胜利的号召》。

收藏单位：国家馆、山西馆

12300
粉碎蒋介石的进攻
中共黑龙江省委宣传部，1946，14+ 9 页，32 开

本书收《中共中央"七七"九周年纪念宣言》、《解放日报》社论、新华社记者时评等 4 篇。

收藏单位：湖北馆、南京馆、天津馆

12301
奋勇前进解放全中国
新民主报社，1949，油印本，38 页，32 开

收藏单位：广东馆

12302
改变战局迎接反攻 新四军山东军区政治部编
滨海：滨海地委宣传部，1947.4 印，45 页，32 开

收藏单位：山东馆

12303
改变战局迎接反攻 新四军山东军区政治部编
新四军山东军区政治部，1947.4，44 页，32 开

收藏单位：山东馆

12304
干部学习丛书（第 3 辑） 苏北军区政治部编
苏北军区政治部，1949.7，64 页，32 开

本书为二中全会决议学习参考材料，内容包括：《论人民民主专政》（毛泽东）、《贯彻二中全会的路线，贯彻由乡村到城市的转变》（李富春）等。

收藏单位：国家馆

12305
高树勋将军邯郸起义特辑 华北新华书店编辑
华北新华书店，1945.12，57 页，36 开

本书为伪装本。共 4 辑 26 篇，内容包括：《民主建国军建军大会高总司令率全军宣誓就职》《第十一战区副司令长官马法五将军发表谈话》《晋冀鲁豫军区发言人纵谈平汉自卫战》等。第 1 辑之前有《邯郸起义》（任石）。伪装题名：东周列国志。

收藏单位：国家馆、吉林馆、近代史所

12306
关于保卫新收复城市的指示
北岳区二地委，[1948] 印，1 册，32 开

收藏单位：国家馆

12307
关于时局与任务的重要文件汇集 华北军大政治部编
[石家庄]：华北军大政治部，1948.12，199 页，32 开

[石家庄]：华北军大政治部，[1949]，199页，32开

本书共两部分：时局与任务、国际形势。收文件22种，内容包括：《毛主席为反美军事援蒋法案声明》（1946年6月22日）、《蒋军必败》（《解放日报》社论，1946年9月12日）、《周恩来评马歇尔离华声明》（1947年1月10日）、《人民解放军大举反攻》（新华社社论，1947年10月）、《目前形势和我们的任务》（毛泽东，1947年12月25日）、《斯大林答真理报记者问》（1948年11月）、《维辛斯基在联合国斥战争贩子的演说》（1947年9月）等。

收藏单位：重庆馆、国家馆、天津馆

12308

关于政治协商会议

大连：人民呼声报社，[1946]，64页，32开（政治协商会议资料特辑1）

收藏单位：国家馆

12309

国共会谈材料汇集　华北新华书店编

黎城：华北新华书店，1945.11，28页，32开

本书收文6篇：《中国共产党中央委员会对于目前时局的宣言》、《新时期的路标》（《解放日报》社论）、《毛主席答路透社记者问》、《政府与中共代表会谈纪要》（新华社）、《国共会谈的成果与今后的任务》（《解放日报》社论）、《必须实行双十协定》（《解放日报》社论）。

收藏单位：重庆馆、国家馆、近代史所、山东馆、山西馆

12310

国共谈判经过教训及其他　周恩来报告　中共华中五地委宣传部编

盐阜：新华书店盐阜分店，1946.1，15页，32开

收藏单位：国家馆、山东馆

12311

国共谈判真相

出版者不详，[1945—1949]，114页，32开（时事丛刊7）

本书收国共谈判双方来往文件、《关于宪政与团结问题》（周恩来）、周恩来同志与新华社记者谈话、林祖涵同志关于国共谈判在国民参政会报告、《如何解决》（周恩来）。

收藏单位：重庆馆、国家馆、黑龙江馆、山东馆

12312

国民党当局所谓民主运动的真相　新华社编

新华社，1945.6，14页，大64开，环筒页装

本书共3部分："出版之命运——由检查到强占""教授之命运——失踪与殴辱""学校之命运——变相的文化集中营"。

收藏单位：国家馆

12313

国民党发动内战之铁证　胶东新华书店编

胶东新华书店，1945.11，53页，32开（时事类编15）

本书收论文、宣言、时评、通讯等16篇，内容包括：《党政军民一条心，支援前线打击进犯顽军》（《大众日报》）、《为保卫胜利果实保卫人民利益而紧急动员起来》（袁仲贤）、《查办何应钦阎锡山何思源》（《解放日报》）、《国民党发动内战之铁证》（新华社）等。

收藏单位：国家馆、山东馆

12314

国民党反动政府拒绝和平　中原新华书店编

中原新华书店，1949.5，109页，32开（时论选辑2）

本书收文13篇，内容包括：《毛主席朱德总司令命令解放军奋勇前进解放全中国人民》《国内和平协定最后修正案》《南京惨案与和平谈判》《和谈大事记》等。

收藏单位：东北师大馆、广东馆、贵州馆、近代史所、南京馆、天津馆

12315

国民党军队为什么吃败仗

牡丹江书店，[1947]，45 页，32 开（时论选辑 5）

本书为伪装本，收《解放日报》社论、时评及其他时论性文章共 13 篇。附《国民党反动派屠杀新四军被俘战士惨状》（李维赞）。伪装题名：中央军作战史录。

收藏单位：东北师大馆、广东馆、国家馆、辽大馆、南京馆、山东馆

12316

国民党军队为什么吃败仗

松江建国书社，[1947]，60 页，32 开（时论选辑 5）

本书为伪装本。伪装题名：中央军作战史录。

收藏单位：国家馆

12317

国民党内法西斯派无耻阴谋总暴露 启明书店编辑室编辑

上海：启明书店，1946.4，70 页，32 开

本书收《驳蒋介石》等《新华日报》《解放日报》社论 16 篇。

收藏单位：国家馆

12318

国民党收复区的黑暗种种 周而复等著 太岳新华书店编辑部编

[阳城]：太岳新华书店，1946.9，82 页，32 开

本书内容包括：北平印象、北平见闻种种、乌烟瘴气的天津等。

收藏单位：国家馆

12319

国民党统治区各阶层人民的生活 晋察冀日报社编

晋察冀日报社，[1945—1948]，86 页，64 开

收藏单位：国家馆

12320

国民党在胶东怎样撕毁了停战协定

胶东新华书店，[1945—1949]，17 页，32 开

收藏单位：国家馆、山东馆

12321

国内民主运动一月缩影 人民呼声报社编

人民呼声报社，1946.2，50 页，32 开（民主运动资料汇编 1）

本书汇集 1946 年 1 月 16 日至 2 月 21 国内民主运动消息。共 6 类，内容包括：各党派各团体及社会名流为民主而斗争的言论活动、轰轰烈烈的学生运动、民族工业为争取经济民主的活跃姿态等。

收藏单位：东北师大馆、国家馆、吉大馆、近代史所

12322

和平建国 新四军华中军区第七分区政治部编

新四军华中军区第七分区政治部，1946.4，58 页，32 开（民主建国丛书 1）

收藏单位：国家馆

12323

和平建国纲领草案 中国共产党代表团于政治协商会议上提出

[兴县]：新华书店晋西北分店，1946.1，17 页，64 开

收藏单位：国家馆

12324

和平建国纲领草案（1946 年 1 月 16 日中共代表团于政治协商会上提出） 中共代表团提出

新察哈尔报社，[1946.1]，8 页，32 开

收藏单位：国家馆

12325

和平民主的新阶段 周恩来等著

苏中军区政治部，1946，78 页，32 开

本书收朱德、周恩来等关于和平民主和整军的论述，《解放日报》社论，旧政协五项决议及其他有关文献，共三十余篇。

收藏单位：南京馆

12326
和平民主建设的新阶段（政治协商会议的经过及其成果） 华中新华书店编
华中新华书店，1946.5，231 页，32 开
收藏单位：重庆馆、近代史所、山东馆

12327
和平民主建设的新阶段（政治协商会议的经过及其成果） 孟师容编
临沂：山东新华书店，1946.4，再版，增订版，222 页，32 开
本书共 6 章：和平民主的新阶段、和平实现、政治协商会议经过及其决议案、军队整编及统编方案、人民的要求与盟国舆论、特务的阴谋破坏活动。
收藏单位：国家馆、吉林馆、山东馆、山西馆

12328
和平民主新阶段的指针（国共停战协议及政治协商会议重要文献之二）
出版者不详，[1946—1949]，70 页，32 开
收藏单位：东北师大馆、国家馆、中科图

12329
和平实现
大连：人民呼声报社，1946，52 页，32 开
本书收中共中央发言人谈话、《解放日报》社论及其他有关重要文献，共 17 篇。
收藏单位：南京馆

12330
和平运动重要文件选辑（第 1 辑） 全国和平促进会秘书处编
全国和平促进会秘书处，1949.2，26 页，32 开
本书收 1949 年初国共及其他各方关于和谈的文件 19 种，共 3 部分：政府之部、中共之部、民意之部。
收藏单位：上海馆

12331
贺电集锦 东北军区政治部编
出版者不详，1948.11，55 页，32 开
本书共 3 部分：锦州大捷贺电、长春辽西大捷贺电、庆祝沈阳解放全东北解放贺电。
收藏单位：北师大馆、东北师大馆、国家馆、辽大馆、辽宁馆

12332
呼吁和平反对内战 通化日报社编
通化：通化日报社，1945.11，27 页，32 开（时事丛编 1）
本书收社论文章十余篇，内容包括：《再一次呼吁和平》《延安各界通电全国要求查办民贼何应钦》《中国共产党发言人痛斥吴国桢欺人谎言》等。
收藏单位：东北师大馆

12333
回顾与前瞻 薄一波等著 华北新华书店编辑部编
华北新华书店，1947.1，87 页，32 开（时事学习文件 4）
本书收文 5 篇：《毛主席新年祝词》、《一九四七年十大任务》（朱德）、《艰苦奋斗迎接光明》（《解放日报》）、《回顾与前瞻》（薄一波）、《对于战后国际形势中几个基本问题的解释》（陆定一）。附《论战局》（《解放日报》社论）、《评马歇尔离华声明》（周恩来）、《比较》（陆定一）等 9 篇。
收藏单位：重庆馆、国家馆、吉大馆、近代史所、南京馆、山东馆、山西馆

12334
纪念新国耻
[邢台]：太行群众书店，1947.2，9 页，32 开
本书针对 1946 年 11 月 4 日订立的《中美友好通商航海条约》而作。
收藏单位：国家馆、山东馆

12335
坚持和平保护和平
苏中军区政治部，1946，48 页，32 开
收藏单位：南京馆

12336
坚持真和平粉碎假和平（新华社社论、电讯汇编） 人民日报社编辑
[北平]：人民日报社，[1949]，39页，32开
收藏单位：国家馆

12337
艰苦奋斗迎接光明
[邢台]：太行群众书店，[1947]，36页，32开
本书收文7篇:《毛主席新年祝词》《朱总司令元旦广播提出十项任务》《艰苦奋斗迎接光明》《对于战后国际形势中几个基本问题的解释》《评马歇尔离华声明》《比较》《回顾与前瞻》。
收藏单位：国家馆

12338
艰苦奋斗迎接光明
[阳城]：太岳新华书店，1947.1，[33]页，36开
收藏单位：国家馆

12339
建国之路　冀中导报社编
冀中导报社，[1946]，47页，32开
本书收新华社延安电讯、《解放日报》社论12篇，内容包括:《蒋介石今年元旦广播》《蒋介石演说与政治协商会议》《对于杜鲁门总统声明中共中央发言人发表谈话》《苏美英三外长会议公报中关于中国的决定》《中共中央发言人对三外长会议协议的谈话》《和平实现》《评“扩大国府组织之意见”》《军队国家化的根本原则与根本方案》等。
收藏单位：国家馆、天津馆

12340
“蒋敌伪”合流的阴谋　胶东新华书店编
胶东新华书店，1945.11，67页，32开（时事类编11）
本书收论文、宣言、文告等26篇，内容包括:《新华社记者揭穿蒋伪合作宁渝合流的内战阴谋》（新华社）、《蒋介石不让我军收复失地，朱、彭总副司令拒绝反动命令》（朱德、彭德怀）、《朱总司令警告蒋介石谁包围的敌伪军谁受降》（朱德）、《严惩战争罪犯》（《解放日报》）等。
收藏单位：国家馆、山东馆

12341
蒋家天下　严辰等著
[威县]：冀南书店，1946.10，40页，32开
本书选辑国统区报刊上发表的文章10篇，内容包括:《蒋家天下》（严辰）、《蒋军内幕》（许林）、《新渔光曲》（《文汇报》）等。
收藏单位：国家馆、山东馆

12342
蒋介石的慌张　东北民主联军总政宣传部编
东北民主联军总宣传部，1947.7，37页，32开（时论丛书6）
本书记述抗日战争胜利后，国民党军队因打内战失败而出现的苦闷、慌张等状况，并介绍国民党的纪律松懈和卖国行为等。
收藏单位：东北师大馆、吉大馆、近代史所、辽宁馆、南京馆

12343
蒋介石的十光政策　冀鲁豫书店编辑部编
朝城：冀鲁豫书店，1947.10，48页，32开（农民翻身小丛书8）
本书收文31篇，内容包括:《蒋介石的十光政策》（照寰）、《济宁市的空前浩劫》（一凡）、《蒋军丢弃伤员》（李文冀）等。
收藏单位：国家馆、山东馆、山西馆、天津馆

12344
蒋介石急了（转载香港版群众十三期社论）
粤桂边区人民解放军新三团政治处，1947，油印本，19页，32开
收藏单位：广东馆

12345
蒋介石卖国真相（美帝国主义侵略下急剧殖民地化的中国）　方克编著

佳木斯：东北书店，1947.10，108 页，32 开

本书介绍中国急剧殖民地化的原因、事实，以及殖民地化的中国社会面貌，从而揭露蒋介石投靠美国的真相。共 4 部分：中国殖民地化的危机异常严重、中国急剧殖民地化的原因何在、中国急剧殖民地化的事实表现、殖民地化的中国的社会相。

收藏单位：长春馆、东北师大馆、国家馆、近代史所、南京馆、天津馆

12346

蒋军必败 解放日报社等著

[阳城]：太岳新华书店，1946.10，1 册，32 开

本书收文 6 篇，内容包括：《蒋军必败》（《解放日报》社论）、《燎原之火》（《解放日报》社论）、《论目前内战规模与形势》（新华社军事记者）等。

收藏单位：国家馆

12347

蒋军必败 晋绥日报社编

[兴县]：晋绥日报社，1946，12 页，32 开

收藏单位：重庆馆、山西馆

12348

蒋军必败 中共华中一地委宣传部编

中共华中一地委宣传部，1946.10，33 页，32 开

本书为干部时事学习材料，收文 4 篇：《为实现一月停战协定及政协决议而奋斗》《蒋军必败》《两个半月蒋军损廿余万》《全解放区人民动员起来粉碎蒋介石的进攻》。

收藏单位：国家馆、山东馆

12349

蒋军必败

华北新华书店，[1947]，63 页，32 开（时事学习文件 2）

本书收文 22 篇，内容包括：《中共中央反对蒋美物资谈判的声明》、《日本投降一周年》（《解放日报》社论）、《对目前时局主张》（宋庆龄）、《朱总司令在延安各界反内战特务大会演词》、《蒋介石进行内战终必惨败》（新华社记者）等。

收藏单位：重庆馆、国家馆、南京馆、山西馆

12350

蒋军必败

[北安]：中共黑龙江省委宣传部，1946，19 页，32 开

本书收文 4 篇：《论目前形势——读〈解放日报〉四篇社论》《蒋军必败》《一年的教训》《东北军民动员起来粉碎蒋介石的进攻》。

收藏单位：重庆馆

12351

蒋军的出路 金萧支队政治处编

鸡鸣社，[1948—1949]，40 页，36 开

本书主要讲述人民解放军全面胜利和蒋介石反动政府溃败后，蒋军官兵们的出路问题。

收藏单位：浙江馆

12352

蒋军官兵凄惨下场

冀东军区政治部，1947.10 印，19 页，64 开

收藏单位：国家馆

12353

蒋军官佐日记 杨家铭等著

华中新华日报社，1946.12，40 页，32 开

本书收杨家铭、刘平、郭炳勋、马冠亭等人日记 11 篇，集中反映蒋介石发动内战及蒋军厌战的情况。书前有编者序。

收藏单位：国家馆

12354

蒋伪合作宁渝合流的内战阴谋 胶东新华书店编

胶东新华书店，1945.8，28 页，32 开（时事类编）

本书收文 22 篇，内容包括：朱德的电文、新华社记者有关报道、《解放日报》社论等。

收藏单位：国家馆、山东馆

12355
蒋伪合作宁渝合流的内战阴谋 胶东新华书店编
牡丹江书店，1946印，34页，32开（时事类编）
收藏单位：东北师大馆、国家馆、吉大馆、近代史所、辽宁馆、天津馆

12356
蒋伪合作宁渝合流的内战阴谋
通化日报社，[1949]，24页，32开（时事类编）
收藏单位：国家馆

12357
蒋贼的总动员就是蒋贼的总崩溃
出版者不详，[1947]，12页，64开
本书为伪装本。实际内容为经毛泽东修改的1947年7月16日发表在《人民日报》的新华社社论《蒋贼的总动员就是蒋贼的总崩溃》。伪装题名：总动员与总崩溃。伪装出版者题：上海益世书店。
收藏单位：国家馆

12358
解放南北目击记 范强司著
出版者不详，[1949]，21页，32开
本书内容包括：看红军解放中的斗争过程、红军打破碉堡的勇敢史实、解放军怎样渡大渡河、解放军怎样打江西等。
收藏单位：安徽馆、浙江馆

12359
警惕国民党反动派伪装和平阴谋
出版者不详，[1949]，39页，32开（时事丛书）
本书收文13篇，内容包括：《中国共产党中央委员会毛主席发表关于时局的声明》《新华社记者评战犯求和》《李济深等五十五人发表对于时局的意见》《中共发言人对和谈问题发表谈话》《民盟发表对和平的态度》等。
收藏单位：国家馆、南京馆、山东馆

12360
军人乐
出版者不详，[1945—1949]，33页，32开
本书为伪装本。正文刊载：苏营起义官兵成立汾东民主建国支队、国民党军队起义等。伪装题名：军人乐。伪装出版者题：中国出版社。
收藏单位：国家馆

12361
开展全面抵抗争取新的胜利 中共晋绥分局宣传部辑
[兴县]：中共晋绥分局宣传部，1946.11，27页，32开
本书为宣传教育材料，内容包括对当时时局发展趋向的全面分析和我党致军民当前斗争方针的说明。
收藏单位：重庆馆、山西馆、天津馆

12362
抗战胜利后的中国政治形势
辽东建国书社，1945，35页，32开（时论选辑8）
本书收中共中央宣言、《解放日报》社论及其他有关文章。共11篇，内容包括：《新时期的路标》《立即收缴在华日军全部武器》《目睹的南京怪现象》等。
收藏单位：南京馆、山东馆

12363
抗战胜利中的民主呼声
[威县]：冀南书店，1946.2，20页，32开
收藏单位：国家馆

12364
昆明惨案 辽东建国书社编辑
辽东建国书社，[1945]，32页，32开（时论选集13）
本书收“一二·一”惨案的时论文章。
收藏单位：北碚馆、国家馆、吉林馆、南京馆、天津馆、中科图

12365
昆明惨案　太行文联编
[涉县]：太行新华日报，[1946]，40页，32开
收藏单位：国家馆

12366
昆明惨案真相　[昆明市学生罢课联合会编]
出版者不详，[1945]，[40]页，32开
本书记述抗战胜利后，昆明学生集会反对内战，遭到国民党军警特务杀害的经过情况。收《昆明学生流血惨案经过详情》《昆明全市发动援助学生运动的巨潮》等文。
收藏单位：重庆馆、国家馆、黑龙江馆、上海馆、浙江馆

12367
昆明惨案真相
[兴县]：抗战日报社，1945.12，27页，32开
收藏单位：国家馆、山西馆

12368
昆明一二一学生爱国运动　陪都各界反对内战联合会编
昆明：陪都各界反对内战联合会，[1945.12]，190页，32开
本书记述1945年12月1日昆明学生爱国运动的经过及国民党一手制造“一二·一”惨案的经过，并以大量的篇幅记述各地人民为纪念烈士而召开的追悼会和各种文章、诗词等。内容包括：运动始末、各项文件、昆明烈士传略、各地追悼情形、哀悼文字、舆论选辑。附《陪都各界追悼昆明死难师生大会公祭捐款总报告》。书内纪念文著者有郭沫若、陶行知、茅盾、罗隆基、马叙伦、郑振铎、李公朴等。
收藏单位：北碚馆、国家馆、近代史所、武大馆

12369
李闻案调查报告书　梁漱溟　周新民著
民主出版社，[1946]，30页，32开
本书共5部分，介绍中国民主同盟派代表赴昆明调查李公朴、闻一多被刺事件的经过，分析李闻案发生的背景及被刺前后的各种情况，对政府的处理结果提出质疑并作出调查后的结论。附《李案发生时在场所见》《两案内幕知情人所说》。
收藏单位：北师大馆、国家馆

12370
李闻案调查报告书　梁漱溟　周新民著
[北平]：中国民主同盟总部，1946.9，37页，32开
收藏单位：广东馆、国家馆、华东师大馆、上海馆

12371
辽吉坚持“蒋后”及边沿区的报告和总结
郭峰等著　中共辽吉省委编
中共辽吉省委，[1946—1947]，87页，32开
收藏单位：国家馆

12372
辽吉群运历史文件　中共辽吉省委编
中共辽吉省委，1948.4，156页，32开
本书附《陶铸同志在省委扩大干部会议上关于建立辽西民主根据地与发动群众的报告》（1946年1月1日）、《论坚持蒋后游击战的思想认识问题》（《胜利报》社论）（1946年12月23日）、《省委关于党的建设的指示》（1946年6月8日）。
收藏单位：国家馆

12373
燎原
出版者不详，1946.12，20页，32开
本书内容为国民党统治区民变情况。
收藏单位：重庆馆、国家馆、山西馆

12374
燎原之火
东北民主联军总政治部，1946.12，14页，32开
本书收《解放日报》社论、新华社讯及

其他有关电讯等，共10篇，时间以1946年9—10月为主。

收藏单位：南京馆

12375

流着血战斗 钟民等著

[香港]：中国学生丛刊社，1948.2，34页，32开（中国学生丛刊3）

本书收有关上海“同济血案”的文章11篇，内容包括：《流着血战斗》《向黑暗挑战呀》《行列在挺进》等。书前有《新阶段、新斗争、新任务》等社论3篇。

收藏单位：国家馆、吉林馆

12376

六月以来国共谈判重要文献

出版者不详，[1946]，42页，32开

本书收1946年6月军调处三人小组发布的一些重要文件，共4部分：六月休战期内国共业已全部或大部商定的以待签字之协议草案、七八九三月谈判重要文献、抗议让售剩余物资文献、政府军对张垣发动攻势后之谈判重要文献。

收藏单位：国家馆、上海馆

12377

论美国对蒋军事援助（中国内战爆发与扩大的根本原因） 杨白彤编

临沂：山东新华书店，1946.7，71页，32开（时事问题丛刊）

本书共3部分：评论、事实、特载。

收藏单位：国家馆、吉大馆、近代史所、山东馆

12378

论目前国际国内新形势

豫皖苏新华书店，[1949]，116页，32开

本书收社论13篇，内容包括：《目前形势和我们的任务》（毛泽东）、《全世界革命力量团结起来反对帝国主义的侵略》（毛泽东）、《论中国军事形势》（中共中央）、《将革命进行到底》（新华社社论）等。

收藏单位：安徽馆、国家馆

12379

论目前时局 华北新华书店编辑部编

华北新华书店，1947.6，23页，32开（时事学习文件7）

本书附《全力准备大反攻》《十个月自卫战绩公报》《评解放军三个月战绩》《蒋介石的末路》《蒋介石的经济危机深刻化》。

收藏单位：国家馆、山东馆

12380

论目前时局 晋察冀边区暨张家口市各界庆祝双十节大会筹备会编

[张家口]：晋察冀边区暨张家口市各界庆祝双十节大会筹备会，1945，22页，32开

收藏单位：国家馆

12381

论目前形势

延吉：中共吉林省委宣传部，1946.10，22页，32开（学习参考资料1）（时论丛书2 时事论文选辑2）

本书收《中共中央对时局声明》、《斯大林答英记者问》、《解放日报》社论、《东北日报》社论等，共7篇，其中有的是节录，有的是全文刊载。

收藏单位：南京馆

12382

论西北战场

西满日报社，1947.7，77页，32开

本书收1947年上半年新华社电讯稿七十余篇，介绍解放战争中西北地区及陕甘宁边区的情况。

收藏单位：东北师大馆、国家馆、内蒙古馆、山东馆、天津馆

12383

论战局 东北民主联军总政治部编辑

东北民主联军总政治部，1946.11，27页，32开

本书共6部分，内容包括：论战局、为实现一月停战协定及政协决议而斗争、蒋军内战结果必败等。

收藏单位：辽宁馆、南京馆、中科图

12384
论战局　东北日报社编
东北书店，1946.11，35 页，32 开
本书共 13 部分，内容包括：论目前中国内战的规模与形式、平汉北线之捷、毛主席答美记者问、林总司令答记者问、中共发表对时局声明、蒋介石和平烟幕的破灭、再接再厉争取全面抵抗的胜利等。
收藏单位：东北师大馆、国家馆、黑龙江馆、南京馆、天津馆

12385
论战局　辽宁省第二专员公署编
辽宁省第二专员公署，[1947.6]，56 页，32 开
本书收文 12 篇，内容包括：《中共中央"七七"九周年宣言》《论战局》《战局在开始变动》《十一月以来的战局》《艰苦奋斗迎接光明》等。
收藏单位：国家馆

12386
论战局　太岳新华书店编
[阳城]：太岳新华书店，1946，1 册，32 开
收藏单位：国家馆

12387
论战局
出版者不详，1946，33 页，64 开
本书收《论战局》(《解放日报》社论)、《战局在开始变动》(《解放日报》社论)、《蒋军在内战中无法克服的五大困难》(新华社记者评论)，以及生俘毙伤蒋军将官姓名录等。
收藏单位：国家馆、近代史所、山东馆、天津馆

12388
论战局（《解放日报》社论）　解放日报编辑部编
东安（密山）：东安民运工作委员会，1946.11，6 页，32 开
收藏单位：国家馆

12389
论战局（《解放日报》社论）　解放日报编辑部编
[阜平]：晋察冀日报社，1946.11，12 页，64 开
本书收文 9 篇，内容包括：《论战局》《蒋军必败》《争取全面抵抗的胜利》《再接再厉争取全面抵抗的胜利》《胜利之本》等。
收藏单位：国家馆

12390
论战局及其它
[兴县]：晋绥军区政治部，1946.12，38 页
本书收文 12 篇，内容包括：《论战局》《蒋军必败》《毛主席答美记者所提问》等。
收藏单位：重庆馆、山西馆

12391
论中国法西斯　董克明选辑
大连：大众书店，1946.10，再版，42 页，32 开
本书收文 7 篇：《袁世凯再版》(范文澜)、《蒋介石应当爱国》(陈伯达)、《请重庆看罗马》(《解放日报》社论)、《法西斯主义就是祸国叛国亡国的主义》(《解放日报》社论)、《国民党真愿为秦桧耶?》(《解放日报》社论)、《国民党与民族主义》(《解放日报》社论)、《根绝国内的法西斯宣传》(《解放日报》社论)。
收藏单位：东北师大馆、广东馆、国家馆、吉大馆、近代史所、辽宁馆、南京馆、中科图

12392
马玉惨案（附总政治部关于燕林声的决定）
群众编委会，1947，15 页，32 开
本书记述榆树县马玉被害经过。
收藏单位：东北师大馆、国家馆

12393
美帝国主义侵华史略　胡华著
河间：冀中新华书店，1947.6，23 页，32 开

（华北联合大学史地丛书 1）

本书共 3 节：美国对华的军事侵略、美国对华的政治侵略、美国对华的经济侵略。书前有成仿吾序。书后有结束语。

收藏单位：重庆馆、国家馆、近代史所、山东馆、陕西馆、天津馆

12394

美帝国主义侵华史略 胡华著

太行群众书店，[1947]，31 页，36 开（华北联合大学史地丛书 1）

收藏单位：重庆馆

12395

美帝侵华真相 华东军区政治部编

华东军区政治部，[1947—1949]，41 页，32 开（军官教导团教材）

本书收文 8 篇，内容包括：《美帝国主义对华政策的四个阶段》（范惠）、《美蒋合组・善后事委会》（新华社）、《论四亿六千三百万》（韩小煦）等。

收藏单位：国家馆、吉林馆、南京馆、山东馆

12396

美国兵滚出去

爱国运动出版社，1947.2，191 页，32 开

本书内容包括：我向有良心的中国人控诉、美军暴行后北大壁报集锦、记武汉学生示威大游行、解放区的响应等，并收抗暴歌曲 4 首。

收藏单位：国家馆、吉林馆、近代史所

12397

美国对中国玩的啥把戏 涛然编

[阳城]：太岳新华书店，1946.10，19 页，32 开

本书评论美国借调停为名援助蒋介石内战的对华政策，内容包括：美国是个啥国家、美国政府帮助着谁、美国对华的真目的是什么等。

收藏单位：重庆馆、国家馆

12398

美国反动派走上了希特勒的道路 翦伯赞等著

华北新华书店，[1946.10]，56 页，32 开

本书收文 8 篇，内容包括：《美国反动派走上了希特勒的道路》（翦伯赞）、《蒋美合作造成全面破裂》（陈家康）、《替美国人设想》（郭沫若）、《论美国的经济援华》（黄醒华）、《评中美商约》（千家驹）等。

收藏单位：国家馆、河南馆、黑龙江馆、山东馆、天津馆

12399

美国应从内战场面站开 中共冀鲁豫区党委宣传部[编]

冀鲁豫书店，1946 印，48 页，32 开

本书共 19 部分，内容包括：要求美国改变政策、美国应即停止助长中国内战、美对华政策与中国前途等。

收藏单位：吉林馆

12400

美蒋勾结新阴谋 邹启元编

南京：老百姓出版社，[1949]，16 页，36 开（解放丛书 3）

本书内容包括：毛主席唤起国人提高警觉、粉碎美蒋封锁海港、美帝扶日准备新的侵略战争等。

收藏单位：重庆馆

12401

“美军退出中国周”运动参考资料 响应“美军退出中国”运动佳木斯各界筹备会编

佳木斯：东北书店，1946.10，37 页，32 开

本书共 3 部分：“美军退出中国周”运动参考资料、美军在中国之罪行、美政府与蒋政府的买卖。

收藏单位：东北师大馆

12402

美军在华暴行录 东北军政大学政治部编

东北军政大学政治部，1947，60 页，32 开

本书为时事参考资料。揭露美军在华殴

杀我无辜同胞、奸污妇女等暴行。

收藏单位：北师大馆

12403

美军在华暴行录　晋冀鲁豫边区政府编

晋冀鲁豫边区政府，1946，30页，32开

本书为抗战胜利至1946年11月新华社的电讯稿集。记述美军在我国各地枪杀、奸淫我同胞，污辱我中华民族，对中国人民犯下的种种暴行。

收藏单位：国家馆、近代史所、山西馆

12404

美军在华暴行录　[文汇报编]

[上海]：[文汇报]，[1946—1949]，29页，32开

本书为发表在《文汇报》上的文章、信件汇编。揭露美军在上海、天津等地欺压、侮辱中国公民的罪行。

收藏单位：国家馆、上海馆

12405

美军在中国干什么?

新华书店五分店，1946，1册，32开

本书内容包括：美军为什么在日本投降后到中国登陆、美军在中国的暴行、美军为什么不撤退、中外人民一致反对美军长驻中国等。

收藏单位：南京馆、山东馆

12406

盟国对华政策

出版者不详，1946.1，21页，32开

本书收文8篇：《美国国务卿贝纳斯声明美国对华政策》《〈解放日报〉社论〈评贝纳斯声明〉》《美总统发表对华政策声明》《中共欢迎美总统对华声明》《新华社记者评论中央社窜改杜鲁门声明》《苏美英三国外长会议关于中国问题的决议》《中共中央评三国外长会议关于中国的决议》《贝纳斯广播关于中国问题》。

收藏单位：国家馆

12407

民盟等呼吁停止内战

[盐城]：大众书店，1946，16页，32开

本书为伪装本。附毛泽东、周恩来等复电。伪装题名：新老残游记。

收藏单位：国家馆

12408

民族呼声　中国外交研究所编选

中国外交研究所，1946.8，138页，32开

本书收中国各界呼吁美军撤出中国，反对美国援蒋内战的书信、电文、宣言、评论等57篇，内容包括：《张澜沈钧儒郭沫若等致美国国会争取和平委员会书》《重庆各界人士呼吁和平宣言》《昆明二十教授致马歇尔将军书》《警告国内外的反动派》等。

收藏单位：安徽馆、北碚馆、重庆馆、广东馆、桂林馆、国家馆、黑龙江馆、吉林馆、上海馆、浙江馆

12409

目前时局学习文集

大连：大众书店，1948.12，21页，32开（时事学习丛书4）

大连：大众书店，1948.12，再版，12页，32开（时事学习丛书4）

大连：大众书店，1948.12，4版，1册，32开（时事学习丛书4）

本书共3部分：全世界革命力量团结起来反对帝国主义的侵略、中共中央负责人评目前形势、中共中央就国民党反动政府要求美军事保护的重要声明。附《孙中山先生致苏联的遗书》。4版内容增加：目前时局学习提纲。

收藏单位：国家馆、南京馆、山西馆

12410

目前时事政治问题讲话（渡过最后困难、迎接大反攻的到来）　中共苏中区党委宣传部编

中共苏中区党委宣传部，1947.8，27页，32开

本书共3部分：目前自卫战争形势、认清未来的反攻形势、坚持苏中迎接大反攻。书

前有编者的通知。

收藏单位：国家馆

12411

目前形势

[哈尔滨]：东北日报社，1946，12页，36开

本书为《解放日报》社论，收《七个月总结——评马司联合声明》《全解放区人民动员起来粉碎蒋介石的进攻》。

收藏单位：重庆馆、国家馆、宁夏馆、天津馆

12412

目前形势（2集）

[哈尔滨]：东北日报社，1946.9，11页，32开

本书为《解放日报》社论，收《一年的教训》《蒋军必败》。

收藏单位：重庆馆、国家馆、南京馆、宁夏馆、浙江馆、中科图

12413

目前形势论集

[威县]：冀南新华书店，1948.11，48页，32开

本书内容包括：人民解放战争两周年的总结和第三年的任务、秋季攻势现势、中共中央负责人评论中国军事形势、香港各民主党派民主人士致电毛主席拥护中共五一时局主张、注意卖国贼的新阴谋、评蒋匪“改革币制”、迅速驱除敌币等。

收藏单位：国家馆、南京馆、山东馆

12414

目前形势文辑 [关东公署编]

[大连]：[关东公署]，[1948]，319页，32开

本书共6部分：中国政治形势、中国军事形势、国统区经济危机、国际形势、评美帝侵华政策、关东民主建设。收文56篇，内容包括：《目前形势和我们的任务》（毛泽东）、《中国土地法大纲》（中共中央委员会）、《论战局》（解放日报社）、《从兵力士气看国民党军事危机》（王宗一）、《国统区民族工业危机加深》（右江）、《九国共产党宣言》、《季米特洛夫分析目前形势》、《关东地区一九四八年经济建设计划大纲》等。

收藏单位：安徽馆、重庆馆、东北师大馆、国家馆、湖南馆、辽大馆、南京馆、浙江馆

12415

目前形势与我们当前的具体任务 苏北军区政治部编

苏北军区政治部，1949.5，44页，64开

收藏单位：南京馆

12416

南京的五四周 南京市大中学生联合会纪念大会编

南京市大中学生联合会纪念大会，1948.5，60页，32开

本书收纪念五四运动的文章十余篇，反映当时在国民党统治区反内战、反饥饿运动的情况及反对美帝国主义侵略的号召等。

收藏单位：国家馆、南京馆

12417

南京怎样解放的？ 阎庆甲 邹启元著

南京：老百姓出版社，1949.5，39页，32开（解放丛书1）

本书记述1949年4月解放军渡江占领南京的经过，以及南京解放初期各方面的情况。

收藏单位：重庆馆、复旦馆、广西馆、国家馆、吉林馆、近代史所

12418

南通惨案

如皋各界白蒲南通惨案后援会，1946，63页，16开

收藏单位：国家馆

12419

宁渝一家

言论出版社，1946.4印，38页，32开

本书收文22篇，内容包括：《蒋伪合作宁渝合流的内战阴谋》（新华社记者）、《谁包围

的敌伪军谁受降》（朱德）、《人民公敌蒋介石发出内战信号》（新华社）、《全世界必须警惕蒋介石埋伏扰乱远东和平祸根》（《解放日报》社论）、《蒋敌伪合流又一明证》（新华社）等。

收藏单位：国家馆、吉林馆、近代史所、南京馆

12420
努力奋斗迎接胜利 东北民主联军总政宣传部编
东北民主联军总政宣传部，1947.7，56页，32开（时论丛书7）

本书收社论15篇，内容包括：《努力奋斗迎接胜利》（新华社社论）、《再接再厉战胜敌人》（《东北日报》社论）、《中共中央对时局口号》、《中共发言人揭破蒋贼屠杀阴谋》、《人民解放军总部发言人斥蒋起用战犯冈村》、《中共发言人就美政府继续援蒋发表严正声明》、《蒋政府又一穷极无聊的尝试》（新华社评论）、《破车不能再开》（新华社社论）、《蒋介石的末路》（新华社时评）等。

收藏单位：重庆馆、国家馆、辽宁馆、天津馆

12421
努力奋斗迎接胜利 晋冀鲁豫军区政治部编
晋冀鲁豫军区政治部，[1947]，23页，32开

本书收社论5篇：《努力奋斗迎接胜利》（新华社社论）、《纪念“七七”对时局口号》（中共中央委员会）、《总动员与总崩溃》（新华社社论）、《祝鲁西大捷》（新华社社论）、《人民解放军二十周年》（新华社社论）。

收藏单位：重庆馆

12422
欧游漫记（50）
出版者不详，1948.1，24页，16开

本书为伪装本。实际内容为中共政治经济时评文章，内容包括：《消灭垄断资本与建设新民主主义经济》《人民歌颂毛泽东》《东北全面解放近了》等。

收藏单位：国家馆

12423
评“国民党中宣部发言人的评论及蒋介石的命令”
出版者不详，1945.8，2张，20cm×29cm

收藏单位：国家馆

12424
破车不能再开 [中共晋绥分局宣传部编]
[兴县]：[中共晋绥分局宣传部]，1947，30页，32开

本书收新华社社论5篇，内容包括：《新筹安会——评蒋政府改组》《东北一年》《破车不能再开——评第四届第三次国民参政会》等。

收藏单位：重庆馆、国家馆、山西馆

12425
七个月总结（评马司联合声明）
出版者不详，[1947]，9页，32开

本书为伪装本。伪装出版者题：时事研究社。

收藏单位：国家馆

12426
“七七”九周年时事学习文件 华北新华书店编辑部编
华北新华书店，1946.7，61页，32开，环筒页装

本书主要收《解放日报》及毛泽东、杨秀峰、张仲实等有关纪念抗战和反对美帝援蒋打内战的时论、讲话、声明等，共15部分。

收藏单位：国家馆、山东馆、天津馆

12427
七五前后 慕容丹著
出版者不详，1948.8，57页，32开

本书共6章：“入关，苦难更深了”“七五那一天”“慰问·晚叙·请愿·哀悼控诉大会”“血案后一连串的迫害又来了”“怎么办”“七五资料摘要集锦”。

收藏单位：东北师大馆、国家馆、近代史所、浙江馆

12428
庆祝上海解放 新华书店编
镇江：新华书店，1949.6，30页，32开
本书共3部分：庆祝上海解放的意义、政策、战争形势。收文14篇，内容包括：《中共中央贺电》《毛主席时局声明》《人民解放军布告》《上海〈解放日报〉发刊词》《新华社社论》等。
收藏单位：南京馆

12429
穷凶极恶走向崩溃 光明出版社编
光明出版社，[1946]，56页，36开
本书收文11篇，内容包括：《评国民党二中全会决议》（周恩来）、《穷凶极恶走向崩溃》（《解放日报》社论）、《周恩来将军十月一日在上海对中外记者谈话全文》、《人民无权独夫集权》（李维汉）、《新筹安会》（新华社社论）等。
收藏单位：重庆馆、国家馆

12430
穷凶极恶走向崩溃（危机深重的蒋政权） 东北民主联军总政宣传部编
东北民主联军总政治部，1947.5，75页，32开（时事丛书4）
本书收《解放日报》社论、新华社社论、《人民日报》社论、《自卫报》社论8篇，内容包括：《十一月以来的战局》《郝鹏举事件的教训》《东北战局在变动中》等。附《十个月来蒋军被歼七十九个半师（旅）》《东北我军春季战役之战绩》《背叛人民的郝逆鹏举谒见陈毅将军谈话经过》等。
收藏单位：黑龙江馆、辽宁馆、内蒙古馆

12431
全解放区人民动员起来粉碎蒋介石的进攻
东北书店编
[佳木斯]：东北书店，1946.9，91页，32开
本书收社论19篇，内容包括：《蒋介石新的卖国行动》（《东北日报》社论）、《杀鸡取卵的美国对华政策》（《解放日报》社论）、《要求美国改变政策》（《解放日报》社论）、《七个月总结》（《解放日报》社论）等。
收藏单位：北师大馆、长春馆、东北师大馆、国家馆、吉大馆、山东馆、天津馆

12432
全解放区人民动员起来粉碎蒋介石的进攻
晋绥日报社编
[兴县]：晋绥日报社，1946.8，21页，32开
本书收《解放日报》社论及新华社记者反对内战的评论6篇。
收藏单位：重庆馆、国家馆、山西馆

12433
全解放区人民动员起来粉碎蒋介石的进攻
中共中央西满分局编
中共中央西满分局，1946.8，1册，32开
本书收中共中央"七七"纪念宣言、新华社社论、时评、《解放日报》社论，共5篇。
收藏单位：南京馆

12434
全解放区人民动员起来粉碎蒋介石的进攻
[威县]：冀南书店，1946.9，23页，32开
本书收《中国共产党中央委员会为"七七"九周年纪念宣言》《七个月总结——评马司联合声明》《全解放区人民动员起来粉碎蒋介石的进攻》《为粉碎蒋介石进攻晋冀鲁豫解放区暨争取爱国战争胜利的号召》。附《政协会后国民党特务罪行简录》《蒋军反对内战起义简记》。
收藏单位：国家馆、山东馆

12435
全解放区人民动员起来粉碎蒋介石的进攻
中共太行区党委宣传部，[1946—1949]印，28页，32开
收藏单位：辽大馆、山西馆

12436
全力准备大反攻 冀鲁豫日报时事编辑室编
朝城：冀鲁豫书店，1947.6，90页，36开
本书收《蒋军必败》《蒋介石军事上致命

弱点》《内战的规模与形势》《争取全面抵抗的胜利》《全力准备大反攻》《刘伯承将军纵谈战局》等。

收藏单位：重庆馆

12437

全面抵抗　太岳新华书店编

[阳城]：太岳新华书店，1946.11，19页，32开

本书为1946年10月的社论时评。

收藏单位：国家馆

12438

全世界必须警惕蒋介石埋伏扰乱远东和平的祸根

[濮阳]：冀鲁豫书店，1945.9，18页，32开

本书收新华社的评论等。

收藏单位：国家馆

12439

人民反战运动　和平社编辑

[上海]：和平社，1946.6，126页，32开

本书共4部分：人民反内战大游行、全国各地团体呼吁永久和平、各界一致反对内战、舆论界呼吁停止内战永久和平。

收藏单位：重庆馆、东北师大馆、桂林馆、国家馆、吉林馆、近代史所、辽宁馆、南京馆、宁夏馆、山东馆、上海馆、绍兴馆、首都馆、浙江馆

12440

人民解放军大举反攻　东北民主联军总政宣传部编

东北民主联军政治部，1947.9，57页，32开（时论丛书8）

本书共3部分："八一"建军纪念、土地改革运动中的立场和作风问题、战局和战绩。收新华社、《东北日报》社论及有关文章、文件12篇。附《蒋贼秘密讲话痛哭流泪自供损失惨重末日临近》。

收藏单位：重庆馆、国家馆、辽宁馆、天津馆

12441

人民解放军秋季攻势中几个重大胜利　[冀东日报社著]

冀东日报社，1948.10，52页，32开

本书内容包括：解放山东省会济南、解放辽西战略重镇锦州、解放东北名城长春、解放中原战略重镇郑州、荔北大捷。

收藏单位：吉林馆、近代史所、内蒙古馆

12442

人民文丛（1）

香港：灯塔社，1948.6，22页，32开

本书为伪装本。收时文5篇，内容包括：《中共中央委员会发布五一劳动节宣传口号》《爱国运动的新高涨》《华北解放区的当前任务》《很想穿上"总统"的寿衣，好到棺材里抖威风》等。

收藏单位：国家馆

12443

人民英烈（李公朴、闻一多先生遇刺纪实）

李闻二烈士纪念委员会编

李闻二烈士纪念委员会，1946，380页，32开

本书收各界的吊唁和慰问、抗议与呼吁及国内外舆论等，内容包括：李公朴先生事略、闻一多传、暗杀事件经过等。书中还收廖成志、郭沫若、田汉等人写的悼念文章。

收藏单位：安徽馆、重庆馆、东北师大馆、广东馆、广西馆、贵州馆、国家馆、黑龙江馆、近代史所、辽大馆、辽师大馆、南京馆、内蒙古馆、宁夏馆、山西馆、上海馆、绍兴馆、首都馆、天津馆、浙江馆

12444

认清革命高潮坚决消灭蒋匪　中共华中五地委宣传部编

[淮安]：中共华中五地委宣传部，1948，31页，64开

本书为支部时事教材，共3节：时局已到了进攻蒋匪的革命高潮、我们为什么得到胜利、打破敌人花头经坚决同他打到底。

收藏单位：国家馆、南京馆

12445
日本投降以来中国政局史话　胡华等著
冀中新华书店，1947.8，57页，32开（华北联合大学史地丛书2）
本书共4章："第一次武装自卫斗争时期""和平斗争时期""第二次爱国自卫武装斗争""坚持和平民主独立，反对内战独裁卖国"。书前有序。书后有结束语《英勇奋斗，迎接反帝反封建的新高潮》。
收藏单位：国家馆、湖南馆、山东馆

12446
陕北集
出版者不详，1948，226页，32开
本书共4部分：文件、社论、时评、短评。
收藏单位：国家馆、近代史所

12447
谁是挑动内战的祸首
[兴县]：抗战日报社，[1946—1949]，98页，32开（时论丛刊12）
收藏单位：国家馆、山西馆

12448
谁在拖　罗迈等著
香港：草原出版社，1946.9，70页，36开（时论丛刊1）
本书收文10篇，内容包括：《中共中央"七七"九周年纪念宣言》、《谁在拖》（罗迈）等。
收藏单位：国家馆、吉林馆、首都馆

12449
什么人应负战争责任？　辽北省委宣传部编
[四平]：辽北省委宣传部，1949.4，46页，32开
收藏单位：国家馆

12450
什么人应负战争责任？　陕甘宁边区新华书店编
陕甘宁边区新华书店，1949.5，90页，32开
本书收文4篇，内容包括：《国民党叛变革命的二十二年》《四一二——历史的大血日》《什么人应负战争责任》等。
收藏单位：重庆馆、黑龙江馆、天津馆、中科图

12451
什么人应负战争责任？　新华社编
[开封]：中共河南省委宣传部，[1949]，45页，36开（时论丛刊）
本书共两部分：《国民党叛变革命的廿二年》《什么人应负战争责任？——日本投降以来大事月表》。
收藏单位：东北师大馆、国家馆

12452
什么人应负战争责任？　新华社编
中国人民解放军第四野战军河南部，1949.7，44页，32开
收藏单位：广东馆、广西馆、国家馆

12453
什么人应负战争责任？（日本投降以来大事月表）　新华社编
长春：东北大学，1949，50页，32开
收藏单位：长春馆、东北师大馆、吉林馆

12454
什么人应负战争责任？（日本投降以来大事月表）　新华社编
大连：东北书店，1949.4，42页，32开（时事学习丛书6）
长春：东北书店，1949.6，94页，32开
收藏单位：长春馆、重庆馆、国家馆、山东馆

12455
什么人应负战争责任？（日本投降以来大事月表）　新华社编
[北平]：华北大学，1949.4，53页，32开（教学参考2）
收藏单位：国家馆

12456
什么人应负战争责任？（日本投降以来大事月表） 新华社编
[石家庄]：华北军政大学政治部，1949.4 印，59 页，32 开
收藏单位：国家馆、南京馆

12457
什么人应负战争责任？（日本投降以来大事月表） 新华社编
华东新华书店，1949.5，65 页，32 开
收藏单位：重庆馆、国家馆、辽宁馆、山东馆、天津馆、西南大学馆

12458
什么人应负战争责任？（日本投降以来大事月表） 新华社编
[唐山]：冀东新华书店，[1949]，62 页，32 开
收藏单位：国家馆、山东馆、天津馆

12459
什么人应负战争责任？（日本投降以来大事月表） 新华社编
[蚌埠]：江淮新华书店，[1949]，40 页，32 开
收藏单位：国家馆

12460
什么人应负战争责任？（日本投降以来大事月表） 新华社编
北平：[解放社]，1949.4，94 页，32 开
北平：解放社，1949.5，再版，94 页，32 开
上海：解放社，1949.6，64 页，32 开
收藏单位：安徽馆、重庆馆、广东馆、国家馆、湖北馆、吉林馆、近代史所、柳州馆、南京馆、山东馆、山西馆、上海馆、天津馆、新疆馆

12461
什么人应负战争责任？（日本投降以来大事月表） 新华社编
晋中日报社，1949，59 页，32 开
收藏单位：重庆馆、天津馆

12462
什么人应负战争责任？（日本投降以来大事月表） 新华社编
[阳城]：太岳新华书店，1949，78 页，32 开
收藏单位：国家馆、南京馆、山东馆、山西馆

12463
什么人应负战争责任？（日本投降以来大事月表） 新华社编
天津日报社，1949.4，40 页，32 开
收藏单位：山东馆、天津馆

12464
什么人应负战争责任？（日本投降以来大事月表） 新华社编
香港：新民主出版社，1949.6，82 页
收藏单位：近代史所、山西馆

12465
什么人应负战争责任？（日本投降以来大事月表） 新华社编
[杭州]：浙江新华书店，1949.6，74 页，32 开
收藏单位：山东馆

12466
什么人应负战争责任？（日本投降以来大事月表）
[无锡]：苏南新华书店，1949.6，62 页，32 开
收藏单位：国家馆

12467
什么人应负战争责任？（日本投降以来大事月表）
中国人民解放军第十二兵团政治部，[1949] 印，43 页，32 开
收藏单位：广东馆

12468
生路（东线放下武器的蒋军军官介绍）

华东画报社，1947.8，48 页，25 开

本书内容包括：生活剪影（照片）、将级军官姓名简历（附照片）、团级军官姓名简历、墙报集锦、七十四师高级军官通电、李仙洲等呼吁和平、反对内战通电、解放军对蒋军官兵的态度和主张等。

收藏单位：国家馆

12469

生与死的搏斗（华北院校反迫害反饥饿运动纪实） 北平燕京大学反迫害反饥饿行动委员会编

北平燕京大学反迫害反饥饿行动委员会，1948.4，46 页，32 开

收藏单位：国家馆

12470

时局文献 ［江汉军区政治部编］

江汉军区政治部，1949，94 页，32 开

收藏单位：湖北馆

12471

时论汇集（1） 解放日报社编辑部等著

时代出版社，1947，27 页，32 开

收藏单位：国家馆

12472

时论选集 胶东区党委宣传部编

胶东新华书店，1948，4 册，32 开

收藏单位：重庆馆、国家馆、南京馆、山东馆、浙江馆

12473

时论选集（1） 解放日报社辑

［解放日报社］，1945，53 页，25 开

本书收文 13 篇，内容包括：《中国共产党中央委员会对目前时局宣言》《蒋介石元旦演说与政治协商会议》《评扩大国府组织之意见》《评国民党二中全会》《驳蒋介石》《破产的政治理论》《朱总司令在延安庆祝和平民主大会上的演说》《军队国家化的根本原则与根本方案》等。

收藏单位：国家馆、山东馆

12474

时论选集（1） 晋察冀日报社编

张家口：新华书店晋察冀分店，1946.5，116 页，32 开

收藏单位：国家馆、山东馆、天津馆

12475

时论选集（2）

真理社，1947.1，29 页，32 开

本书收文 4 篇：《毛主席新年祝词》、《朱总司令元旦广播词全文》、《艰苦奋斗迎接光明》（《解放日报》新年献词）、《对于战后国际形势中几个基本问题的解释》（陆定一）。

收藏单位：国家馆

12476

时论选集（4） 中共江西省委宣传部编

中共江西省委宣传部，1949，50 页，36 开（干部学习材料 5）

本书收文 9 篇，内容包括：《省委宣传部关于加强国际问题学习与宣传的通知》《丢掉幻想准备斗争》《无可奈何的供状》《纪念中苏友好同盟条约四周年》《美白皮书》等。

收藏单位：重庆馆

12477

时论选集（6—8） 冀晋日报社编

［阜平］：冀晋新华书店，1946，3 册（时事研究丛书）

收藏单位：近代史所、南京馆

12478

时论选集（7 月号） ［华中军区政治部编］

［华中军区政治部］，[1946]，70 页，32 开

本书收文 14 篇，内容包括：《毛主席发表声明》、《中共中央“七七”九周年纪念宣言》、《论中国全民的民族统一战线运动》（马西努）、《中国共产党与中国》（《解放日报》七一社论）、《今天又是“七七”》、《朱总司令在延安反内战反特大会上讲话》等。附《追随不是政策》（《文汇报》社论）、《周恩来将军答记者问关于休战期内谈判诸问题》、《南京惨案》（《解放日报》社论）等 10 篇。

收藏单位：国家馆、南京馆

12479
时论选辑 冀晋日报社编
[阜平]：冀晋新华书店，1945.11，40页，26开（日事研究丛书3）
本书共4部分：中苏条约全文、各界对中苏条约的评价、纪念十月革命节庆祝中苏同盟、长春铁路的过去和现在。
收藏单位：南京馆

12480
时论选辑
新华书店九分店，[1949]，1册，32开
本书共5辑。收时论五十余篇，内容包括：《毛主席和中共中央发言人关于时局的声明和重要谈话》《民主党派人士的言论》《国民党反动政府"假和平"的花招》《中共中央负责人时评和人民解放军总部命令等》《平津解放》等。
收藏单位：南京馆

12481
时论选辑（第1集） 大众日报社资料室编
大众日报社资料室，1946.7，76页
本书收文21篇，内容包括：《中共中央为"七七"九周年纪念宣言》《中共中央对于目前战局的宣言》《新时期的路标》《政府与中共双十会谈纪要》《蒋介石元旦演说与政治协商会议》等。书前有前言。
收藏单位：南京馆、山东馆、山西馆

12482
时论选辑（第1集 真和平与假和平） 中原新华书店编辑
[郑州]：中原新华书店，1949.3，78页，32开
本书共5部分：文件、蒋贼和平阴谋种种、和平结束战争的榜样、各方舆论、附录。收文34篇，内容包括：《将革命进行到底》《蒋贼隐退到幕后》《中共中央电贺解放平津的伟大胜利》《我们对和平的态度》《中国人民解放军总部发布惩处战争罪犯命令》等。书前有前言。
收藏单位：广东馆、贵州馆、湖北馆、山东馆

12483
时论选辑（第2集 南京政府拒绝和平） 中原新华书店编辑
[郑州]：中原新华书店，1949.5，109页，32开
收藏单位：国家馆、辽宁馆、宁夏馆、山西馆

12484
时论选辑（第3集 论人民民主专政及其他） 新华书店编辑
新华书店，1949.8，华中版，50页，32开
本书收文8篇，内容包括：《中共中央发布纪念"七七"十二周年口号》《论人民民主专政》《毛主席在新政协筹备会上的讲话》《朱总司令在抗日战争十二周年纪念日发表演说》《迅速准备对日和约》等。
收藏单位：重庆馆、贵州馆、国家馆

12485
时论选辑（第4集 巴黎外长会议）
新华书店，1949.8，华中版，52页，32开
本书收文14篇，内容包括：《巴黎外长会议维辛斯基发表演说》《维辛斯基再次驳斥美英法荒谬建议》《从伦敦外长会议到巴黎外长会议》《回顾讨论德国问题的几次外长会议》《评美英法对外长会议的政策》等。
收藏单位：重庆馆、贵州馆、国家馆、湖北馆、近代史所

12486
时论选辑（第5集 评白皮书） 华中新华书店编
新华书店，1949.9，华中版，126页，32开
本书收文19篇，内容包括：《无可奈何的供状》《四评白皮书》《五评白皮书》《六评白皮书》《对美帝白皮书的解剖》《民主建国会发言人斥白皮书》《各民主党派号召加强团结粉碎美帝阴谋》等。

收藏单位：重庆馆、广东馆、贵州馆

12487
时论选辑（一九四七年七月至十二月）
［佳木斯］：东北书店，1948.6，148 页，32 开

本书收新华社、《东北日报》等的社论、评论、决议及专题论文 45 篇，内容包括：《努力奋斗迎接胜利》（新华社社论）、《总动员与总崩溃》（新华社社论）、《庆祝人民解放军诞生二十周年》（《东北日报》社论）、《祝鲁西大捷》（新华社社论）等。

收藏单位：长春馆、东北师大馆、广东馆、国家馆、辽大馆、宁夏馆、天津馆

12488
时事参考材料 伯人编
［张家口］：晋察冀边区教育阵地社，1945.12，17 页，36 开（群众读物 1 时事类）

本书结合实际向群众讲述抗战胜利后，国民党反动派发动内战情况及打垮反动派、全心全力地支援前线的道理。共 4 章。

收藏单位：国家馆、近代史所

12489
时事参考材料
［威县］：冀南书店，1946.4，16 页，32 开

本书收文 5 篇：《中国共产党中央委员会对于目前时局的宣言》（1945 年 8 月 25 日）、《国民政府与中共会议纪要》（1945 年 10 月 10 日于重庆）、《关于停战问题协议》（1946 年 1 月 10 日）、《中共中央毛主席发布关于停止内战国内军事冲突通告》（1946 年 1 月 10 日）、《关于军队整编及统编中共军队为国军之基本方案》（1946 年 2 月 25 日于重庆）。

收藏单位：国家馆

12490
时事讲话 渤海新华书店编
惠民：渤海新华书店，1946.9，1 册，32 开

本书共 12 讲，内容包括：老蒋想做秦始皇、全民族新的严重危机、怎样挽救时局、反动派困难重重、强大的民主力量、积极支援前线等。

收藏单位：南京馆、山东馆

12491
时事讲话 时事研究社编
［涉县］：太行新华日报社，1946.11，98 页，32 开

本书收文 28 篇，内容包括：《蒋介石损兵折将二十二万》《蒋介石出卖中国十大主权》《美军在中国的暴行》《蒋管区民族工业危机严重》《民主繁荣的东北解放区》等。附《美帝国主义侵华简史》《政协会后蒋记特务罪行简录》《中国民主同盟》《强大的苏联》《欧洲民主国家》等。书前有代序《争取全面抵抗的胜利》（《解放日报》社论）。

收藏单位：重庆馆、国家馆、山东馆

12492
时事论文选集 辽西省人民报社编
［锦州］：［辽西省人民报社］，1949.4，69 页

本书共 6 章，内容包括：南京惨案与和平谈判、南京政府向何处去、国民党叛变革命二十二年等。

收藏单位：近代史所

12493
时事论文选集
出版者不详，[1946—1949]，163 页，32 开

本书共 5 部分。收文 41 篇，内容包括：《中国共产党中央委员会为纪念"七七"九周年宣言》《中国共产党与中国》《驳蒋介石》《民主同盟对目前时局主张》《美国的金元外交与中国》等。

收藏单位：重庆馆

12494
时事评论 东北民主联军总政治部宣传部编
东北民主联军总政治部宣传部，1946.5，49 页，32 开

本书收社论 8 篇，内容包括：《评国民党二中全会》（《解放日报》社论）、《周恩来同志在记者招待会上发表对国民党二中全会谈话》（《解放日报》社论）、《破产的政治理论》（《解放日报》社论）、《中共代表团发言人驳

斥吴铁城欺人强辩》(《新华日报》社论)、《出尔反尔》(《新华日报》社论)、《东北应无条件停战》(《解放日报》社论)等。

收藏单位：东北师大馆、国家馆、南京馆

12495

时事文选　东北书店辽宁分店辑

东北书店辽宁分店，1949，17页，32开

本书收文4篇:《中共中央毛主席发表对目前时局声明》《将革命进行到底》《中共中央负责人评中国军事形势》《新华社记者评战犯蒋介石求和》。

收藏单位：国家馆

12496

时事文选(第1集)　时事研究社编

文化出版社，1946，48页，32开

本书内容包括：中共代表团周恩来团长的文章4篇、《解放日报》社论5篇。

12497

时事文选(第1辑)　西北军政大学编

[临汾]：西北军政大学，1949，45页，32开

本书收文7篇，内容包括:《论人民民主专政》(毛泽东)、《将革命进行到底》(新华社社论)、《保护人民祖国的财产》(新华社时评)等。

收藏单位：重庆馆

12498

时事文选(第2集)　时事研究社编

文化出版社，1946，77页，32开

本书收抗战胜利后各方面反对内战、要求和平的文章、社论、文件等约30篇。著者有毛泽东、陆定一、茅盾、陶行知等。

12499

时事文选(第2辑 评美国关于中国问题的白皮书)　西北军政大学编

[临汾]：西北军政大学，1949，102页，32开

本书收文9篇，内容包括:《无可奈何的供状》(新华社社论)、《丢掉幻想准备斗争》(新华社社论)、《四评白皮书》(新华社社论)、《苏联美国与中国的关系》(张思俊)等。附《艾奇逊致杜鲁门信全文》《美国白皮书内容的介绍》等。

收藏单位：重庆馆、国家馆

12500

时事文选(第3集)　时事研究社编

文化出版社，1946，78页，32开

本书收新华社消息、《新华日报》社论以及军调部声明、公报、命令等。

12501

时事文选(什么人应负战争责任)

出版者不详，1949，45+18+56页，36开

本书收文7篇，内容包括:《论人民民主专政》(毛泽东)、《将革命进行到底》(新华社社论)、《保护人民祖国的财产》(新华社时评)等。附《就南京卖国政府释送日本战犯中共中央发表声明》《反动集团四分五裂》等6篇。

收藏单位：重庆馆

12502

时事学习材料　新华日报编辑室编

华中新华书店，1948.10，219页，32开(干部学习丛书)

本书共5部分：人民解放战争两周年的总结和第三年的任务、全解放区人民动员起来粉碎蒋介石的进攻、艰苦奋斗迎接光明、人民解放军大举反攻、祝五路大捷。

收藏单位：国家馆、辽宁馆、山东馆、山西馆

12503

时事学习材料　新华日报资料室编辑

[无锡]：苏南新华书店，1949.6，219页，32开

收藏单位：广东馆、国家馆

12504

时事学习材料

渤海北海银行轮训队，1946.9，油印本，31页，32开

收藏单位：山东馆

12505
时事学习参考材料 华中建设大学教务处编
胶东新华书店，1947.6，226 页，32 开
收藏单位：山东馆

12506
时事学习参考材料 晋冀鲁豫中央局党校编
晋冀鲁豫中央局党校，1946，24 页，48 开
本书收文 6 篇，内容包括：《评国民党二中全会》《驳蒋介石》《紧急动员起来》等。
收藏单位：重庆馆

12507
时事学习文献
出版者不详，1946，影印本，75 页，32 开
收藏单位：国家馆

12508
四九血案 师范学院四九血案抗暴委员会编
北平：师范学院四九血案抗暴委员会，1948.4，82 页，32 开
本书记录 1948 年 4 月 9 日北师大、北大等校学生因反对黑暗统治，罢课而遭到国民党特务迫害的事件。收文十余篇。
收藏单位：国家馆、吉大馆

12509
“四·一”南京大血案真相
出版者不详，1949，24 页，32 开
收藏单位：国家馆

12510
踏着血迹前进（于子三运动纪念刊） 国立浙江大学一〇二九惨案处理委员会编
出版者不详，1948.10，69 页，32 开
本书内容包括：踏着血迹前进、血的史诗、壮丽的号角、高举着反迫害的火把、死就是生。
收藏单位：东北师大馆、国家馆、浙江馆

12511
韬奋的死及其他 民主文丛出版社编
出版者不详，1946.4，62 页，32 开（民主文丛 第 2 种）
本书分前、后两辑。前辑收文 6 篇：《韬奋的流亡生活》（杨明）、《羊枣囚死记》（沈强）、《叶挺出狱记》（记者）、《孙院长在香港》（记者）、《朱德在延安》（美联社）、《陈嘉庚在星州》（明海）；后辑收文 3 篇：《昆明政变真相》（赵明忠）、《记军事调处执行部的成就》（徐盈）、《国民党二中全会会外记》（方彤）。
收藏单位：东北师大馆、广东馆、国家馆、吉大馆、吉林馆、宁夏馆、中科图

12512
停战文献 历史文献社编选
历史文献社，1946.5，89 页，32 开
本书收 1945 年国共两党“双十协定”签订期间及以后中共方面和《新华日报》所发表的声明、社论、文件及中共领导人的讲话、演说辞、电文等文献，同时也载有一些军调处通告及命令。
收藏单位：重庆馆、国家馆、吉林馆、南京馆、上海馆

12513
团结战斗在四月（反迫害反饥饿纪念手册）
清华大学学生自治会编
[北平]：清华大学学生自治会，[1948]，73 页，32 开（清华文丛 1）
本书收《青年人的理想与勇气》（张奚若）、《提高和普及》（吴晗）、《教联会是怎样罢教的》（报告）、《一人被捕全体坐牢》（北大十二同学事件特写）、《夺回了我们的弟兄》（师生大请愿特写）、《为保障教育安全而罢教》（文件）等。
收藏单位：国家馆、辽宁馆、南京馆、西交大馆

12514
为独立和平民主而斗争 晋察冀日报社编
[张家口]：晋察冀日报社，1946.8，46 页，

32 开

本书收文 11 篇，内容包括:《中国共产党中央委员会为“七七”九周年纪念宣言》《毛主席反对美国军事援蒋声明》《宋庆龄对时局主张》《〈真理报〉抨击蒋机轰炸延安》《全解放区人民动员起来粉碎蒋介石的进攻》等。

收藏单位：北师大馆、国家馆、近代史所、南京馆、宁夏馆、山东馆、山西馆

12515

为独立和平民主而奋斗　冀中区中等学校教育座谈会大会秘书处编

[张家口]：晋察冀日报社，1946.7，27 页，32 开

本书收文 12 篇，内容包括:《中国共产党中央委员会为“七七”九周年纪念宣言》《中国法西斯派纲领》《美继续援蒋扩大内战》《延安权威人士发表评论》《各国共产党概况》《不可抗拒的力量》等。

收藏单位：天津馆

12516

为独立和平民主而奋斗

[遵化]：冀东新华书店，1946.7，30 页，32 开

收藏单位：国家馆

12517

为反对内战争取独立和平民主的新中国而斗争　晋绥日报社编

[兴县]：晋绥日报社，1946.8，163 页，32 开（时论丛刊 15）

本书共两部分。收文 7 篇，内容包括:《中国共产党中央委员会为纪念“七七”九周年宣言》《中国共产党与中国》《朱总司令在延安反内战反特务大会上的演讲》《延安市各界反内战反特务大会宣言》等。

收藏单位：国家馆、山西馆

12518

为反对内战争取独立和平民主的新中国而斗争

人民出版社，1946，163 页，32 开（时论丛刊 15）

收藏单位：国家馆

12519

为巩固国内和平实现民主改革而斗争

[阳城]：太岳新华书店，1946.1，52 页，32 开

本书系政治协商会议停战的文告及谈话等。

收藏单位：国家馆

12520

为和平而奋斗　[新华日报馆编]

重庆：新华日报馆，1945.11，84 页，32 开

本书共 4 部分，内容包括：中共中央对目前时局宣言、国共会谈纪要、《解放日报》和《新华日报》的言论等。

收藏单位：北碚馆、重庆馆、国家馆、吉林馆、近代史所

12521

为和平而奋斗　中国灯塔出版社编

[香港]：中国灯塔出版社，1946，84 页，32 开

收藏单位：国家馆、黑龙江馆、吉林馆、山东馆、陕西馆、上海馆、浙江馆

12522

为和平民主而奋斗　太岳新华日报丛编部编

太岳新华书店，1945.12，40 页，32 开

收藏单位：国家馆

12523

为和平民主而战　时论丛刊社编

时论丛刊社，1946.4，1 册，32 开（时论丛刊）

本书收文 3 篇:《周恩来同志对目前中国政治形势发表声明》《重庆事件与东北问题》《驳蒋介石》。

收藏单位：广东馆、国家馆、南京馆、宁夏馆、天津馆、中科图

12524
为制止内战而斗争 晋察冀日报社编
[张家口]：晋察冀日报社，1946.6，134页，32开
本书收文29篇，内容包括：《国民党大举进犯解放区》《国民党与美军“受降”真相》《延安各界致全国各界电》《绥东自卫战的经过》《真和平与假和平》《重庆各界反对内战大会》等。
收藏单位：东北师大馆、国家馆、辽宁馆、山西馆

12525
魏德迈来华内幕 辛苇著
上海：森林出版社，1947.9，42页，32开
本书分7节记述1947年7月魏德迈率“调查团”来华，执行援蒋反共，支持打内战的活动。书中插有华君武的漫画多幅。附《人民解放军对蒋魏亡华阴谋的答复》（新华社广播稿）。
收藏单位：重庆馆、东北师大馆、国家馆、南京馆、山东馆、首都馆、天津馆

12526
我必胜蒋必败 济东学委会编
济东新华书店，1946，47页，32开
本书收文16篇，内容包括：《蒋介石不让老百姓活着》《蒋军比野兽还残暴》《蒋美勾结亡中国》等。
收藏单位：重庆馆、山东馆

12527
我们的出路 金萧支队政治处编
鸡鸣社，[1948—1949]，48页，32开（战士读物2）
本书内容包括：世界是什么人创作的、主人反做了牛马、三条链子捆住了我们等。
收藏单位：浙江馆

12528
我们反对内战 周建人等著
长春：新华书局出版部，1946，62页，32开
收藏单位：东北师大馆、辽宁馆

12529
我们反对内战 周建人等著
[上海]：自由出版社，1945.12，62页，32开（民主选刊1）
本书收文11篇，内容包括：《我们反对内战》、《人民需要和平反对内战》（周建人）、《外国军火与中国内战》（求思）、《彻底的民主与形式的民主》（严景曜）等。
收藏单位：重庆馆、国家馆、吉林馆、近代史所

12530
吾爱吾师吾尤爱真理 西南联大学生出版社编
昆明：西南联大学生出版社，1946.5，70页，32开
本书记述西南联大教授对“一二·一”惨案的态度，共4部分：罢课期间西南联大教授会之文告、复课后联大当局对工院自治会理事之处分、东北问题、对西南联大教授不履行“诺言”的反响。
收藏单位：重庆馆、国家馆、湖南馆、吉林馆、近代史所、辽大馆、南京馆、上海馆

12531
五四在北大 北大壁报联合会委托风雨社编辑
风雨社，1947.5，63页，32开
本书收文17篇，内容包括：《我们的呼号》《史料展览和返校节》《血泪的控诉》《写给师长们的一封信》《蔡孑民先生赞》《人物志》等。
收藏单位：重庆馆、东北师大馆、国家馆、吉林馆、辽师大馆、内蒙古馆、上海馆、首都馆、浙江馆

12532
五月血泪史 上海市学生联合会编
上海市学生联合会，1947，14页，32开
本书以漫画形式介绍国民党镇压学生和人民的事实。
收藏单位：国家馆

12533
下关血案　和平社编
和平社，1946，84 页，32 开
本书记述 1946 年 6 月 23 日国民党政府制造“下关血案”的前后经过及有关言论反响，共 5 章：伟大的欢送行列、下关血案经过、愤慨抗议慰问、舆论反响、各党各派及社会贤达的反响。
收藏单位：重庆馆、国家馆、吉大馆、上海馆、浙江馆

12534
现中国的两种社会　东北军政大学总校政治部编
出版者不详，1946.7，3 册，32 开
本书从政治、经济、军事三方面分别介绍国民党统治区与中国共产党领导的解放区两种不同的社会。
收藏单位：广东馆、国家馆、辽宁馆、山东馆、天津馆

12535
现中国的两种社会　[军大政治部编]
大连：大众书店，1947.8，180 页，32 开
收藏单位：国家馆、天津馆

12536
现中国的两种社会　军大政治部编
佳木斯：东北书店，1947.12，247 页，32 开
佳木斯：东北书店，1948，205 页，32 开
哈尔滨：东北书店，1949.3，204 页，32 开
哈尔滨：东北书店，1949.7，再版，205 页，32 开
本书从政治、经济、军事、文化四方面分别介绍国民党统治区与中国共产党领导的解放区两种不同的社会。书前有前言。
收藏单位：北碚馆、重庆馆、东北师大馆、国家馆、黑龙江馆、湖北馆、湖南馆、吉大馆、江西馆、辽大馆、辽宁馆、南京馆、宁夏馆、山东馆、上海馆、天津馆、浙江馆

12537
现中国的两种社会　军大政治部编
沈阳：东北新华书店，1949.7，再版，5+206 页，32 开
收藏单位：长春馆、重庆馆、东北师大馆、广东馆、黑龙江馆、近代史所、南京馆、西南大学馆

12538
现中国的两种社会（文化）　东北军政大学总校编委会编
[北安]：东北军政大学总校编委会，1946.7，27 页，32 开
本书单从文化方面分别介绍国民党统治区与中国共产党领导的解放区两种不同的社会。
收藏单位：国家馆、南京馆

12539
向炮口要饭吃（全国学生反内战反饥饿运动纪实）　陈雷编著
上海：中国学生联合会，1947.7，134 页，32 开
本书记述在这次学生运动中全国各地（上海、南京、北平、天津等）的情况。附《中国学生联合会成立宣言》。
收藏单位：重庆馆、东北师大馆、广东馆、国家馆、近代史所、上海馆、武大馆

12540
向全世界人民控诉　东北学生抗议“七五”血案联合会编
东北学生抗议“七五”血案联合会，1948，31 页，32 开
本书记述北平“七五”血案前后情况。
收藏单位：国家馆、南京馆

12541
新筹安会　华北新华书店编辑部编
华北新华书店，1947.6，56 页，32 开（时事学习文件 6）
本书收文 11 篇，内容包括：《评国民党二中全会决议》（周恩来）、《驳蒋介石》（《解放日报》社论）、《七个月总结》（《解放日报》社论）、《人民无权独夫集权》（李维汉）、《新

筹安会》（新华社社论）等。

收藏单位：国家馆、吉大馆、山东馆

12542

新华社记者评论

出版者不详，[1946]，90 页，32 开

本书内容包括：蒋介石军事上致命弱点、内战的规模与形势、争取全面抵抗的胜利等。

收藏单位：国家馆

12543

新年献词

香港：文风社，1949，16 页，32 开

本书收文献 4 篇：《把革命进行到底——一九四九年新年献词》（毛泽东）、《战犯蒋介石的新年求和声明》（新华社记者评论）、《告华北国民党将领书》（电讯稿）、《战犯名单》。

收藏单位：国家馆

12544

新年祝词 中共晋绥分局宣传部编

[兴县]：中共晋绥分局宣传部，1947.1，38 页，32 开

本书收文 5 篇：《新年祝词》（毛泽东）、《一九四七年十大任务》（朱德）、《贺司令员新年谈话》（贺龙）、《艰苦奋斗迎接光明》（《解放日报》新年献词）、《对于战后国际形势中几个基本问题的解释》（陆定一）。

收藏单位：重庆馆、国家馆、山西馆

12545

新年祝词

[香港]：新民主社，1947.1，油印本，12 页，32 开

收藏单位：国家馆

12546

新时期的路标 人民书店编辑部编

人民书店，1945.11，53 页，32 开

本书收文 15 篇，内容包括：《中共中央目前对时局的宣言》《新时期的路标》《庆祝抗战最后胜利》《严惩战争罪犯》《国共谈判的成果与今后的任务》《毛主席答路透社记者问》《政府与中共代表会谈纪要》等。

收藏单位：国家馆、吉大馆、南京馆

12547

新时期的路标

[濮阳]：冀鲁豫书店，1945.9，21 页，32 开

本书收文 5 篇，内容包括：《中国共产党中央委员会对于目前时局的宣言》《新时期的路标》《论中国战后的道路》等。

收藏单位：国家馆、南京馆

12548

新五月史话 上海市学生联合会编

上海市学生联合会，1947.6，24 页，32 开

本书记述国民党反动派镇压上海学生运动情况，内容包括：血和泪的控诉、血腥的暴行、学生的血又染红了“五卅”、同济宣传小队是怎样被捕的等。

收藏单位：重庆馆、东北师大馆、国家馆、近代史所、上海馆、天津馆、浙江馆

12549

新中国的曙光 新华日报馆编

[重庆]：新华日报馆，1946.2，104 页，32 开

本书收文 25 篇，内容包括：《贝尔纳斯声明美国对华政策》《杜鲁门关于美国对华政策的声明》《三强外长会议关于中国问题的决议》《马歇尔特使发表谈话》《评贝尔纳斯声明》《中共代表团关于无条件停止内战的提议》《新中国的曙光》《和平建国的起点》《中国历史的新方向》等。书后有编后记。

收藏单位：北碚馆、重庆馆、东北师大馆、广西馆、国家馆、吉林馆、南京馆、宁夏馆、上海馆、绍兴馆、中科图

12550

新中国在前进 新中国丛书出版社编

香港：新中国丛书出版社，1948.9，44 页，32 开（新中国丛书 第 1 辑）

本书共 5 部分：专论、介绍、通讯、统计、剪影。收文 15 篇，内容包括：《旧中国在灭亡，新中国在前进》《爱国运动的新高涨》《共产党的作风》《新东北的新气象》《四大家

族有多少钱?》《解放区的零金碎玉》等。书前有《简单地，两个对比》。

收藏单位：国家馆、吉林馆、宁夏馆

12551

血债　国立武汉大学学生自治会编

出版者不详，1947，1册

本书收文9篇，内容包括:《永生在我们心里》《光荣永远属于你们》《珞珈山上两年》《沉痛的回忆》等。书前有献辞。

收藏单位：近代史所

12552

血债（“五・卅一”纪念手册）　国立中山大学学生工作委员会主编

[广州]:[国立中山大学学生工作委员会]，1947.8，90页，32开

本书内容包括：向光荣的战士们致敬、廿五天工作总报告、南中国的求生怒火、宣言等。

收藏单位：东北师大馆、国家馆、吉林馆、近代史所

12553

“一二・一”惨案实录　昆明市中等以上学校反内战罢课联合会编

昆明市中等以上学校反内战罢课联合会，[1945]，16页，50开

本书收文两篇:《“一二・一”惨案实录》《死难烈士小传》。

收藏单位：国家馆

12554

“一二・一”惨案死难四烈士荣哀录　昆明学生联合会编

昆明学生联合会，1946.3，165页，32开

昆明学生联合会，[1946—1949]，增订本，198页，32开

本书内容包括:《一二・一惨案实录》《死难四烈士入殓典礼记》《烈士小传》等。

收藏单位：东北师大馆、国家馆、近代史所、首都馆、中科图

12555

一二・一惨案特辑　解放日报社[等]编

出版者不详，[1945]，50页，32开

本书收社论10篇，内容包括:《昆明惨案》《昆明惨案真象》《国民党当局镇压昆明反对内战运动的罪行》《反对内战运动在成都》等。

收藏单位：东北师大馆、广东馆、国家馆、山东馆

12556

一二・一民主运动纪念集　于再先生纪念委员会编

上海：镇华出版社，1946.11，212页，32开

本书内容包括：传记、惨案经过、入殓记、各地追悼记、悼文、悼诗等。书前有于再等四烈士像、《历史的大转变》（郭沫若）。

收藏单位：重庆馆、东北师大馆、福建馆、广东馆、广西馆、国家馆、黑龙江馆、湖南馆、吉林馆、近代史所、辽大馆、南京馆、内蒙古馆、上海馆、绍兴馆、首都馆、浙江馆、中科图

12557

一九四六年以来时局与任务重要文献汇集　辽北书店编

辽北书店，1948.12，73页，32开

本书共12部分，内容包括：毛主席为美国对华军事援助法案的声明、周恩来同志评马歇尔离华声明、中共权威人士评时局、中国人民解放军宣言、中共中央负责人评中国军事形势等。

收藏单位：东北师大馆、广东馆、桂林馆、国家馆

12558

一九四七年的任务　东北民主联军总政治部编

东北民主联军总政治部，1947.1，26页，32开（时论丛书）

本书收文5篇:《新年祝词》（毛泽东）、《朱总司令元旦广播》、《一九四七年的任务》（林彪）、《艰苦奋斗迎接光明》（《解放日报》

新年献词)、《战局在开始变动》(《解放日报》社论)。

收藏单位：重庆馆、国家馆、吉大馆、天津馆

12559

一九四七年的任务 辽吉省委宣传部编

[白城]：辽吉省委宣传部，[1947]，18页，32开

本书收文4篇:《毛主席新年祝词》、《朱总司令元旦广播全文》、《一九四七年的任务》(林彪)、《迎接一九四七年》(李富春)。

收藏单位：重庆馆

12560

一九四七年的任务

西满新华书店，[1947—1949]，33页，32开

收藏单位：国家馆

12561

一九四七年新年重要文献 晋察冀日报社编辑

[阜平]：晋察冀日报社，1947，27页，32开

本书收文4篇:《毛主席新年祝词》《朱总司令元旦广播》《解放日报新年献词》《争取更大更多的胜利》。

收藏单位：北师大馆、国家馆、近代史所

12562

一块遮丑的破布(蒋管区的"劫收"清查团) 中国问题研究社编

华北新华书店，1947.1，43页，36开(中国问题研究社丛书3)

本书收文10篇，内容包括:《清查团在南京》(李传权)、《"接收清查团"在广州》(珞珈)、《清查工作在平津》(金施)、《所谓清查工作》(张香山)、《一块遮丑的破布》(蓝芸夫)等。

收藏单位：国家馆、河南馆、山东馆、山西馆、天津馆

12563

一年来美国干涉中国内政纪要 华中新华书店九分店编

华中新华书店，1946，31页，32开

本书分5部分介绍美国装备国民党军队发动内战，大量供给国民党军队作战物资，大量驻兵中国，直接进攻解放区，帮助国民党建立庞大的秘密警察机构等罪行。

收藏单位：国家馆

12564

以学习抗战历史来实际纪念"七七" 大连日报社编

大连：大连日报社，1946，28页，64开(时事小丛书3)

大连：大连日报社，1947，29页，64开

收藏单位：国家馆

12565

迎接全国大反攻

出版者不详，[1947—1949]，78页，64开

收藏单位：国家馆、南京馆

12566

勇敢前进迎接胜利 太岳新华书店编

[阳城]：太岳新华书店，1947.8，48页，32开(时事丛书6)

本书收新华社1947年7月有关大反攻的社论时评。

收藏单位：国家馆

12567

有关政治协商会议问题文件汇集

晋冀鲁豫边区政府秘书处，1946，64页，32开

本书共两部分：关于政治者、关于军事者。内容包括：周副主席报告国共会谈经过(1946年1月17日)、政协会议获得重大成果(1946年2月4日)、国共双方颁发停止军事冲突命令(1946年1月13日)等。

收藏单位：国家馆、近代史所

12568

有啥说啥 邢肇棠编著

武安：裕民印刷厂，[1947.8]，87页，32开

本书共32部分，内容包括：贪污、赚钱、谈选举劳动英雄与模范工作者、读毛主席《论联合政府》（学习笔记）、说民主与干民主、不要趁火打劫等。

收藏单位：国家馆、天津馆

12569

袁世凯再版　范文澜等著

[吉林]：大众出版社，1947.6，38页，32开（时论选集1）

本书内容与《论中国法西斯》一书相同。

收藏单位：长春馆、东北师大馆、国家馆、天津馆

12570

袁世凯再版　范文澜等著

辽东建国书社，1946.7，42页，32开（时论选集17）

收藏单位：国家馆、吉林馆、辽宁馆、南京馆、宁夏馆、山东馆

12571

杂论评

出版者不详，[1949]，31页，32开

本书收社论、短评、布告等11篇，内容包括：《肃清特务土匪，巩固革命秩序》（新华社社论）、《消灭麻痹倾向，扑灭特务匪徒》（新华社短评）、《解散一切会门组织》（华北人民政府布告）等。

收藏单位：国家馆

12572

再一年左右就可能把国民党反动政府从根本上打倒

华北军区政治部宣传部，1948.11，20页，32开

收藏单位：国家馆

12573

战局的转折点　东北书店编

[哈尔滨]：东北书店，[1947]，31页，32开（时论选辑）

本书收文6篇：《战局的转折点》（新华社社论）、《全力准备反攻》（新华社社论）、《林总司令谈战局》（林彪）、《论东北战局》（《东北日报》社论）、《东北一年》（新华社社论）、《关于目前时局的评论》（中共权威人士）。附《人民解放军总部公布十个月自卫战绩》《新华社记者评三个月来战绩》。

收藏单位：安徽馆、重庆馆、东北师大馆、国家馆、黑龙江馆、辽宁馆、南京馆、宁夏馆、山东馆、浙江馆

12574

战局进入新转折点　苏北军区政治部编

苏北军区政治部，1948.11，28页，32开

本书共5部分，内容包括：中共中央负责人评中国军事形势、秋季攻势现势、人民解放战争两周年总结和第三年的任务等。附《解放区概况介绍》。

收藏单位：吉林馆

12575

战局在开始变动　东北日报社编

佳木斯：东北书店，1947.4，18页，32开（时论选集）

本书收《解放日报》社论、《自卫报》社论4篇：《战局在开始变动》《十一月以来的战局》《东北战局在变动中》《穷凶极恶走向崩溃》。

收藏单位：安徽馆、长春馆、重庆馆、东北师大馆、国家馆、吉林馆、辽宁馆、南京馆、天津馆、中科图

12576

张司令员对目前形势的传达报告

晋绥野战军政治部，[1945—1946]，10页，36开

收藏单位：重庆馆

12577

这里人情是温暖的　朱德等著

出版者不详，1946.12，72页，32开

本书收文27篇，内容包括：《祝高树勋将军起义周年》（朱德）、《一年的回顾》（田志洪）、《这里的人情是温暖的》（刘善本）等。

收藏单位：重庆馆、国家馆、山西馆

12578

真象 晋绥军区政治部编

[兴县]：晋绥军区政治部，1947，128页，32开

本书收文17篇，内容包括：《双十国共会谈纪要》《政协决议案》《中共领导谈话稿》等。

收藏单位：重庆馆、国家馆、山西馆

12579

争取全面抵抗的胜利 冀东区总学委会编

冀东新华书店，1946.11，39页，32开

收藏单位：国家馆

12580

争取全面抵抗的胜利

华北新华书店，[1946.10]，40页，32开（时事学习文件3）

本书收文17篇，内容包括：《毛主席答美记者》《为停止进攻张垣谈判》《中共中央公布南京谈判文件之谈话》《中共中央对时局声明》等。附《三个月自卫战概述》。

收藏单位：国家馆、山东馆

12581

争取全面抵抗的胜利（供给区村干部时事学习参考） 晋察冀日报时事丛刊社编

[阜平]：晋察冀日报时事丛刊社，1947.1，16页，32开

本书共5部分：半年来自卫战争概况、蒋介石为什么要打内战、蒋介石为什么一定要失败、克服困难争取胜利、边区战局与我们的任务。

收藏单位：国家馆、近代史所

12582

争取一年左右根本打倒国民党反动政府

中原军区政治部，[1948—1949]，10页，64开

收藏单位：南京馆

12583

整军复员文献 历史文献社编选

历史文献社，1946.6，55页，32开

本书收文13篇，内容包括：《毛泽东先生答路透社记者问》（卅四年九月底）、《关于军队国家化问题》（《国共会谈纪要》，卅四年十月十日）、《民主的政治与民主的军事不可分》（卅四年十二月二日《新华日报》社论）、《政协会议关于军事问题的协议》（卅五年一月卅一日）等。

收藏单位：重庆馆、东北师大馆、广东馆、国家馆、黑龙江馆、吉林馆、南京馆、内蒙古馆、上海馆

12584

正义的呼声 东北书店编

[哈尔滨]：东北书店，1947.10，42页，36开

本书收文11篇，内容包括：《致北大和朝阳同学书》（陈瑾昆）、《致六十军将领信》（潘朔端）、《致董英斌董彦平书》（陈家珍等）、《纪念“六二六”起义周年》（刘善本等）、《给国民党空军的一封公开信》（刘善本）等。

收藏单位：长春馆、重庆馆、东北师大馆、广东馆、国家馆、黑龙江馆、近代史所、辽大馆、辽宁馆、南京馆、宁夏馆、上海馆、绍兴馆、天津馆、浙江馆

12585

政府与中共代表会谈记要 国际出版社编

上海：国际出版社，1945.11，[12]页，32开（史料丛刊1）

上海：国际出版社，1945.11，再版，[12]页，32开

收藏单位：国家馆、吉林馆、南京馆、上海馆

12586

政协文献 历史文献社编选

历史文献社，1946.7，236页，32开

本书共3编：政治协商会议经过、五项协议、为保卫政协决议而奋斗。

收藏单位：东北师大馆、广东馆、国家馆、黑龙江馆、吉林馆、辽宁馆、南京馆、内蒙古馆、陕西馆、上海馆、首都馆、天津馆、浙江馆、中科图

12587
政治民主化与军队国家化 晋冀鲁豫军区政治部编
晋冀鲁豫军区政治部，1946.2，52 页，32 开（部队干部学习材料 2）
本书收文 7 篇，内容包括：《延安权威人士在政协会议闭幕时发表的评论》《朱总司令在延安市庆祝和平民主大会上的演词》《军队国家化的根本原则与根本方案》等。附《周恩来同志在记者招待会上答复军队整编等问题》《蒋介石在政协会议闭幕时的致词》。
收藏单位：国家馆

12588
政治民主化与军队国家化
[阳城]：太岳新华书店，1946，增订本，53 页，32 开
本书为 1946 年政治协商会议后中共为实现和平提出的意见方案等。
收藏单位：国家馆、河南馆

12589
政治协商会议 新华书店编辑部编
新华书店，1946.2，120 页，32 开
本书收有关政治协商会议的文件、评述及《解放日报》社论，其中包括周恩来在会议上的讲话。附蒋介石致词和张群的报告等。
收藏单位：重庆馆、国家馆、黑龙江馆、近代史所、山西馆、浙江馆

12590
政治协商会议的成果
十专区黎明报社，[1945—1949]，油印本，24 页，32 开
收藏单位：国家馆

12591
政治协商会议集
安东（丹东）：辽东建国书社，[1946]，48 页，32 开（时论选集 15）
本书收解放日报社、新华社发表的评论文章 17 篇，内容包括：《和平实现》《中国和平发展的新阶段开始了》《周恩来同志提出军事改革十二项主张》《恢复交通》等。
收藏单位：东北师大馆

12592
政治协商会议决议案
应北自治联乡办事处，[1945—1949] 印，油印本，16 页，32 开
收藏单位：国家馆

12593
政治协商会议文献 [东北书店编]
东北书店，1946.3，28 页，32 开
本书收文 6 篇，内容包括：《政治协商会议议决案》《国共双方停战协定》《毛主席停战命令》等。
收藏单位：东北师大馆、国家馆、吉林馆、南京馆、天津馆

12594
政治协商会议文献 哈尔滨日报社出版部编
哈尔滨日报社出版部，1946，93 页，32 开（时事丛刊 1）
本书收文 22 篇，内容包括：《一月十日政协隆重开幕》（《哈尔滨日报》讯）、《政协二次会上政府代表张群报告国共谈判经过》（《哈尔滨日报》讯）等。
收藏单位：东北师大馆、国家馆、辽宁馆、宁夏馆、天津馆

12595
政治协商会议文献 立华编
北平：中外出版社，1946.4，138 页，32 开
本书共 7 部分：政治协商会议召开办法、开会词、国共两党代表关于停止军事冲突之会同声明、停止军事冲突商谈经过报告、国共会谈经过报告、决议案、闭幕词。其中有蒋介石、周恩来、张澜、张群、邵力子等人报告。附《贝尔纳斯致安德逊函》《贝尔纳斯

在参议院外委会上的声明》《杜鲁门总统的声明》《莫斯科三国外长会议公报关于中国部分》《国共会谈纪要》。

收藏单位：安徽馆、重庆馆、东北师大馆、广西馆、国家馆、吉林馆、山西馆、上海馆、首都馆、天津馆

12596

政治协商会议文献

吉林出版社，1945.4，1 册，32 开

本书收中共领导人讲话、《解放日报》社论及其他有关文献，共 14 篇。附《三国外长会议公报》等 15 件。

收藏单位：东北师大馆、南京馆

12597

政治协商会议文献

[威县]：冀南书店，1946.4，67 页，32 开

收藏单位：国家馆

12598

政治协商会议重要文献

[威县]：冀南书店，1946.2，67 页，32 开

收藏单位：国家馆

12599

脂粉下的狞鬼（蒋美决心屠杀中国人民的狰狞凶相） 东北民主联军总政治部编

东北民主联军总政治部，1947.4，41 页，32 开（时论丛书 3）

本书收中共领导人讲话和《解放日报》社论 9 篇。

收藏单位：国家馆、辽宁馆、内蒙古馆、天津馆、浙江馆

12600

制止内战保卫和平 胶东新华书店编

胶东新华书店，1945.11，95 页，32 开（时事类编 14）

本书收《毛主席答路透社记者十二项问题》，朱德、冯文彬等人的书函，新华社、《解放日报》的社论、时评及其他有关资料，共 28 篇。

收藏单位：南京馆、山东馆

12601

中共宣言与双十协定

东北书店，1946.3，8 页，32 开

收藏单位：东北师大馆、国家馆、南京馆

12602

中共重要文件汇编（第 1 辑）

出版者不详，1947，175 页，32 开

本书内容包括：总的任务、群众运动、重要政策、财政政策、军事动员、反动宣传、行政纲领等，收《新形势下党的任务与工作》等文件。附《中共苏皖边区政府组织法》《中共苏皖边区临时参议会组织法》《淮北苏皖边区土地租佃条例》等。

收藏单位：重庆馆、国家馆

12603

中国法西斯派的纲领（《解放日报》社论）

路南人民报社，1946.3，油印本，13 页，32 开

收藏单位：国家馆

12604

中国法西斯派的阴谋与我们斗争的任务

出版者不详，1946.2，76 页，32 开（国共停战协议及政治协商会议重要文献 3）

本书收文 13 篇，内容包括：《解决东北问题的途径》（《新华日报》社论）、《重庆事件与东北问题》（《解放日报》社论）、《中国法西斯派的纲领》（《解放日报》社论）、《国民党改革问题的两个道路》（《解放日报》社论）等。

收藏单位：国家馆、近代史所

12605

中国革命新形势

前哨出版社，1947.10，30 页，50 开

收藏单位：国家馆

12606

中国共产党中央委员会“七七”九周年纪念

宣言　中国共产党中央委员会[发布]
中国共产党中央委员会，1946.7，14页，64开
收藏单位：国家馆、山东馆

12607
[中国共产党中央委员会为“七七”九周年纪念宣言]　[中国共产党中央委员会发布]
出版者不详，[1946]，14页，64开
本书为伪装本。伪装题名：指南针使用法。伪装责任者题：芳心圆主。伪装出版者题：方本斋印刷所。
收藏单位：国家馆

12608
中国和平之路　华北新华书店编辑部编
华北新华书店，1946.2，41页，36开，环筒页装
本书收文9篇，内容包括：《对华政策声明》（杜鲁门）、《关于杜鲁门总统声明》（中共中央发言人）、《美政府对远东政策声明》（贝纳斯）、《评贝纳斯声明》（《解放日报》社论）、《中国必须停止内战》（贝纳斯）、《蒋介石元旦演说与政治协商会议》（《解放日报》社论）等。另收《三国外长会议公报第四节——中国》。附《蒋介石元旦演说》。
收藏单位：国家馆、近代史所、山东馆、山西馆、中科图

12609
中国将走上和平民主建设的道路
岳北人民报社，1946.3，石印本，9页，64开
收藏单位：国家馆

12610
中国巨大变化的一年（1946.7—1947.6）　东北日报社编
[哈尔滨]：东北日报社，1947.11，329页，32开
收藏单位：国家馆

12611
中国巨大变化的一年（1946.7—1947.6）　东北日报社编
佳木斯：东北书店，1947.7，329页，32开
佳木斯：东北书店，1948.6，再版，329页，32开
本书收文九十余篇，内容包括：《中共代表团发言人重申坚持全面和平主张》、《安平镇事件》（《解放日报》社论）、《蒋介石的和平攻势》（新华社时评）、《周恩来将军发表对时局谈话》、《毛主席新年献词》、《论东北战局》（《东北日报》社论）等。
收藏单位：长春馆、重庆馆、东北师大馆、广东馆、国家馆、黑龙江馆、湖北馆、湖南馆、江西馆、近代史所、辽大馆、辽宁馆、宁夏馆、山东馆、山西馆、天津馆、浙江馆、中科图

12612
中国内部的危机　胶东联合社编
胶东联合社，[1945]，56页，64开（国际舆论集2）
本书内容包括：中国内部的危机、中国为民主而奋斗和目前的政治危机、国际呼声一束等。
收藏单位：国家馆、山东馆

12613
中国人民庄严的声明　东北民主联军总政治部编
东北民主联军总政治部，1947.2印，33页，32开
本书收抗战胜利后到内战爆发前一段时间的重要文献9件，包括中共中央1947年2月1日声明、周恩来关于时局的谈话及《解放日报》社论等。
收藏单位：重庆馆、国家馆、辽宁馆、天津馆、中科图

12614
中国四大家族的危机　沙英编著
哈尔滨：光华书店，1948.5，109页，32开
本书收评述蒋统区政治、经济情况及蒋军问题的文章15篇，内容包括：《从兵力士气看蒋匪军事危机》《论蒋管区的爱国民主运

动》《论蒋管区人民武装斗争的特点》《一年来蒋管区工人的反蒋斗争》《论四大家族的经济危机》《再论四大家族的经济危机》《一年来美国的侵华活动》等。附《空前壮大的蒋管区人民武装》。书前有沙英序。

收藏单位：长春馆、东北师大馆、广东馆、国家馆、近代史所、山东馆、天津馆

12615

中国问题讲话 丁一编

华中新华书店，1948.2，60 页，32 开

本书共 30 讲，内容包括：一般提问、历史、国情、革命等。

收藏单位：南京馆、山东馆

12616

中国问题讲话 丁一编

苏中出版社，1944.9，105 页，32 开（青年知识丛书）

收藏单位：南京馆

12617

中国问题文献（第 1 集） 向群编

大众文化合作社，1946.3，210 页，32 开

本书为抗日战争胜利后（1946 年前后）文献汇编。收文 31 篇，内容包括：《中国共产党中央委员会发表对目前时局宣言》《毛主席抵渝发表谈话》《毛主席答路透社记者》等。

收藏单位：重庆馆、广东馆、国家馆、吉林馆、近代史所、山东馆、山西馆

12618

中国新的内战危机 胶东新华书店编

胶东新华书店，1945.11，58 页，32 开（时事类编 10）

本书收论文、文告、通讯等 17 篇，内容包括：《新华社记者揭破蒋介石准备内战阴谋》（新华社）、《新华社记者论时局 内战危险空前严重》（新华社）、《纪念抗战八周年》（《解放日报》）、《批评美国的对华错误政策》（毕生等）等。

收藏单位：福建馆、国家馆、山东馆

12619

中国有些什么问题 丁一著

大连：大众书店，1948.5，73 页，32 开

本书共 30 部分，内容包括：中国有些什么问题、谁来解决这个问题、怎样来解决这个问题、研究中国的历史与国情等。

收藏单位：国家馆、南京馆、宁夏馆、山东馆

12620

中国政治局势

建国书店，1946，25 页，32 开

本书为有关东北形势的社论时评。

收藏单位：国家馆

12621

中国政治军事形势新阶段 中共冀鲁豫区党委宣传部编

中共冀鲁豫区党委宣传部，1947.10，28 页，32 开

本书收文 6 篇：《人民解放军大举反攻》《中国人民解放军宣言（附口号）》《救国必须灭蒋》《历史的惩罚》《要打倒中山先生的叛徒蒋介石》《从今日回忆辛亥革命》。

收藏单位：河南馆

12622

中国之前途

出版者不详，1946.1，石印本，71 页，32 开

本书为伪装本。收时评 5 篇，内容包括：《究竟谁是内战的制造者》《美国反动派干涉中国内战》《全国反对内战的表现》《中国要走的道路》等。附《民主进行曲》。伪装出版者题：北方书局。

收藏单位：国家馆

12623

驻华美军暴行录 冀南书店编

[威县]：冀南书店，1946.12，18 页，32 开

收藏单位：国家馆

12624

准备大反攻 太岳新华书店编

［阳城］：太岳新华书店，1947.5，37 页，32 开

本书系 1947 年 4 月以后的时论选辑。共 9 篇，内容包括：《全力准备大反攻——纪念五一节》《战局的转折点》《中国人民伟大斗争的二十年》等。

收藏单位：国家馆、山西馆

12625

自卫社论选集（1） 东北民主联军总政宣传部编

东北民主联军总政宣传部，1947.1，92 页，32 开

本书收文 10 篇，内容包括：《做人民的好勤务员》《建立正确的官兵关系》《团结得像一个和睦的家庭一样》等。

收藏单位：东北师大馆、国家馆、辽宁馆、南京馆

12626

自卫社论选集（2） 东北民主联军总政宣传部编

东北民主联军总政治部，1947.5，140 页，32 开

本书收文 12 篇，内容包括：《战局在变化中》《更好的学会和运用林总的战术》《论立功运动》等。

收藏单位：重庆馆、国家馆、近代史所、辽宁馆

12627

自卫社论选集（3） 中国人民解放军东北军区政治部编

中国人民解放军东北军区政治部，1948.1，182 页，32 开

本书收文 10 篇，内容包括：《关于贯彻土地改革教育的指示》《恢复我军的党委制度》《贯彻党的工作的群众路线》《关于改变政治工作领导作风与领导方法的指示》《继续整顿部队的纪律》等。

收藏单位：国家馆

12628

总灾

出版者不详，1946.12，38 页，32 开

本书记录国统区的人民苦痛。

收藏单位：重庆馆、国家馆、山西馆

12629

走向胜利一定胜利（一九四七年广东的形势）

粤桂边区人民解放军新三团政治处编写

粤桂边区人民解放军新三团政治处，1948.3，油印本，22 页，64 开

收藏单位：国家馆

根据地、解放区的建设和发展

12630

1941 年陕甘宁边区乡选总结 陕甘宁边区民政厅编

［延安］：陕甘宁边区民政厅，1941，118 页，32 开

收藏单位：国家馆

12631

八路军新四军的抗战成绩与敌后根据地概况

［延安］：新华社，［1937—1945］，102 页，32 开

收藏单位：国家馆

12632

八年抗日战争中边区人民损失状况及救济工作上的两个重要文件 中国解放区临时救济委员会晋冀鲁豫边区分会编

中国解放区临时救济委员会晋冀鲁豫边区分会，1946.8，20 页，32 开

本书共 4 部分，内容包括：晋冀鲁豫区八年抗日战争中人民遭受损失调查系统表、联合国救济总署及善后救济总署晋察绥分署与晋冀鲁豫边区政府关于救济工作的协议等。

收藏单位：国家馆

12633
北岳区群运发展和当前任务（北岳区抗联第一届代表大会报告）
晋察冀北岳区各界抗日救国联合会，1943.5，油印本，80 页，32 开
收藏单位：国家馆

12634
边区参议会太行区参议员提案执行情形 太行行署编
[涉县]：太行行署，1946.2，油印本，28 页，32 开
收藏单位：国家馆

12635
边区的移民工作 中共西北中央局调查研究室编
中共西北中央局调查研究室，1944，32 页，32 开（陕甘宁边区生产运动丛书）
本书共 3 部分：边区移民工作的重要性、三年来移民工作的概述、移民工作中的三个问题。
收藏单位：国家馆、山西馆

12636
边区的移民工作
出版者不详，1943，32 页，32 开（陕甘宁边区生产运动丛书）
收藏单位：国家馆

12637
边区民主政治的新阶段 林伯渠著
新华书店，1944.12，12 页，32 开
本书为 1944 年 12 月 5 日著者在边区参议会上的报告。
收藏单位：重庆馆、国家馆、黑龙江馆、近代史所、山东馆、山西馆

12638
边区政府简政总结（一九四四年一月七日李鼎铭副主席在边区政府委员会第四次会议上的报告）
出版者不详，1944，14 页，32 开
收藏单位：国家馆

12639
边区政府一年工作总结 [林伯渠著]
出版者不详，[1941—1949]，34 页，32 开
本书为著者 1941 年 1 月 6 日在边区政府委员会第四次会议上的报告，共两部分：去年是进步的一年、今年要为备荒为准备反攻创造更充实的条件。
收藏单位：重庆馆、东北师大馆

12640
渤海查减与大生产
出版者不详，1943，104 页，50 开
本书为渤海区党委关于普遍检查减租减息改善工人待遇政策组织广大工农基本群众的指示。
收藏单位：浙江馆

12641
潮梅东江的政权建设
粤桂边区人民报社，[1948—1949]，油印本，50 页，32 开
收藏单位：广东馆

12642
城市工作指南（第 1 辑） [东北书店辑]
佳木斯：东北书店，1948.1，14+72 页，32 开
本书收文 12 篇，内容包括：《目前形势和我们的任务》《毛主席在晋绥干部会议上讲话》《毛主席论新民主主义的经济》《任弼时同志论对工商业政策》等。
收藏单位：长春馆、东北师大馆、国家馆、近代史所、南京馆、天津馆、中科图

12643
城市工作指南（第 2 辑） 东北书店辑
佳木斯：东北书店，1948.11，46 页，32 开
本书为解放区政策、法令汇编，共 3 部分：入城布告、财经、文教。
收藏单位：长春馆、广东馆、贵州馆、国

家馆、内蒙古馆、宁夏馆、山东馆、山西馆

12644
城市问题（第3集） 中共吉林市委宣传部编
中共吉林市委宣传部，[1948]，26页，32开
本书收《新区和新解放区的政策》《中共中央东北局关于保护新收复城市的指示》《中共中央东北局关于公营企业中职员问题的决定》，以及华北解放区工商业会议上的有关文件等。有中共中央关于1948年土改和整党工作的指示摘录。
收藏单位：东北师大馆、国家馆

12645
城市问题（第4集） 中共吉林市委宣传部编
中共吉林市委宣传部，[1948]，33页，32开
收藏单位：国家馆、天津馆

12646
城市问题（第5集） 中共吉林市委宣传部编
中共吉林市委宣传部，1948.12，45页，32开
本书收文10篇，内容包括:《关于解放区职工运动的任务》、《关于职工运动当前任务决议案中几个问题的说明》（中华全国总工会执行委员会）、《切实执行劳大决议迅速开展东北职工运动》（《东北日报》）、《关于吉市今后半年职工运动任务的指示》（吉林市委）、《正确执行劳资两利方针》（新华社）等。
收藏单位：安徽馆、长春馆、广东馆、国家馆、辽宁馆、山东馆

12647
城市之光
上海：龙虎书局，[1947—1949]，8页，64开
本书收苏皖边区政府驻苏中办事处公布苏中收复区及新解放区六项政策，介绍新解放的德州、新绛、哈尔滨、沧县等地工商业生产恢复和发展状况。

12648
筹粮宣传提要（草案）
出版者不详，1949，油印本，23页，28开
收藏单位：国家馆

12649
创造新的抗战根据地问题 挺进报社编
挺进报社，1940.8，油印本，28页
本书收文10篇，内容包括:《为什么现在还提出这个问题》《扩大原有的根据地与创造新的独立的根据地》《平原根据地与山地根据地》等。
收藏单位：近代史所

12650
从群众的需要出发发动群众（第2辑） 旅顺民联会编
[旅顺]：民众报社，1946.7，146页，64开（群众工作指导丛书）
本书收解放区发动群众实际工作总结13篇。
收藏单位：国家馆

12651
从战斗中壮大的晋察冀边区 大风等著
民族革命出版社，1939，245页，32开（西线丛书1）
民族革命出版社，1939.6，再版，增订本，303页，32开（西线丛书1）
本书介绍晋察冀边区的政治、经济、文化教育等方面情况，以较大篇幅介绍聂荣臻领导下的八路军部队。
收藏单位：重庆馆、东北师大馆、国家馆、近代史所、南京馆、西南大学馆

12652
从家庄
华中新华日报社，1946.12，57页，32开
本书为华中地主封建剥削罪行史之一，列举华中地区淮安、泰州、盐城、淮城、高邮、阜宁、如皋、如东、涟水等地封建剥削制度。
收藏单位：南京馆、山东馆

12653
大生产运动领导问题 晋察冀边区行政委员会实业处编
[张家口]：晋察冀边区行政委员会实业处，

1946.2，106 页，32 开（大生产运动丛书 4）

本书收社论、报告、文件等 18 篇，内容包括：《要超过以往任何一年》《论今年的大生产运动》《一九四六年经济工作的方针与任务》《陕甘宁边区政府关于生产运动的指示》《前进一步》《两三年内完全学会经济工作》《大生产运动的组织领导》《怎样作调查研究》《龙华的水利座谈会是怎样成功的》《易县怎样组织领导播种突击队》等。

收藏单位：国家馆

12654

当前世界革命形势的特点与无产阶级革命的策略方针（一九四五年）

浙江：出版者不详，1945，35 页，32 开

本书为浙东根据地出版物，共 6 节。

收藏单位：国家馆

12655

到新收复区要注意些什么 中共华中第六地委宣传部编

[中共华中第六地委宣传部]，[1947—1949]，7 页，64 开

本书为民兵教材，共 8 课。

收藏单位：南京馆

12656

到自由幸福之路 独立书店编

独立书店，1941.7，67 页，36 开

本书收有关陕甘宁边区施政纲领、政权组织及经济建设计划等问题的文章 6 篇，内容包括：《我们在敌后干什么》（刘少奇）、《论陕甘宁边区的施政纲领》（吴克坚）等。

收藏单位：国家馆、上海馆

12657

敌后解放区介绍 鲁中军区政治部宣传科编

鲁中新华书店，1945.4，164 页，36 开，环筒页装

本书收文 13 篇，内容包括：《八路军新四军的抗战成绩与敌后抗日根据地的概况》《中共抗战一般情况的介绍》《活跃于敌后战场的民兵》《新四军和华中抗日根据地》《百炼成钢的晋察冀边区》《新山东的成长》等。

收藏单位：国家馆、南京馆、山东馆

12658

敌后抗日根据地介绍

旅顺：民众书店，1946.6，105 页，32 开

本书收文 7 篇：《八路军新四军的抗战成绩与敌后抗日根据地的概况》《百炼成钢的晋察冀边区》《新四军和华中抗日根据地》《战斗中的晋绥边区》《新山东的成长》《屹立在南海上的东江与琼崖抗日根据地》《一二九师与晋冀鲁豫边区》。

收藏单位：国家馆、吉大馆、近代史所、辽大馆

12659

敌后抗日根据地介绍

[重庆]：新华书店，1946.6，88 页，36 开

本书收文 6 篇：《一二九师与晋冀鲁豫边区》《百炼成钢的晋察冀边区》《战斗中成长的晋绥边区》《新山东的成长》《新四军和华中抗日根据地》《屹立在南海上的东江与琼崖抗日根据地》。附图 7 张。

收藏单位：国家馆、南京馆

12660

敌后抗日民主根据地介绍 新长城社编

新长城社，[1944]，112 页，32 开

收藏单位：东北师大馆、国家馆、南京馆、内蒙古馆、绍兴馆

12661

敌后战场伟大胜利的一年

延安：[解放日报社]，1945.4，27 页，32 开

本书收解放日报社文章 4 篇：《敌后战场伟大胜利的一年》（1944 年）、《解放区一月动态》（1945 年 1 月）、《敌后解放区一月动态》（1945 年 2 月）、《敌后解放区一月动态》（1945 年 3 月）。

收藏单位：重庆馆、国家馆

12662

东北各省代表联席会议汇刊 东北日报社

东北画报社编辑
哈尔滨：东北各省代表联席会议筹委会，1946.8，66 页，16 开
收藏单位：国家馆

12663
东北解放区荣代大会汇刊　中国人民解放军东北区政治部宣传部编
[中国人民解放军东北区政治部宣传部]，1948.1，80 页，32 开
本刊共 9 部分，内容包括：关于处理荣誉军人的决定、向荣誉军人致敬、荣代大会经过、小组会上解决些什么问题、大会通过的文件等。
收藏单位：南京馆

12664
东北农村调查　东北局宣传部编
[牡丹江]：东北书店，[1947]，225 页，25 开
本书共两部分：区屯调查、个别问题调查。第 1 部分内容包括：北安县第四区调查、拜泉县时中区调查、宾县常安区调查杂记等；第 2 部分内容包括：各阶级个别家庭调查、双城城内各阶层调查等。书后有代编后《东北农村的状况和特点》。
收藏单位：长春馆、东北师大馆、国家馆、吉大馆、近代史所、辽大馆、山西馆、中科图

12665
动用民力与组织民力　李一清等著
[涉县]：太行行署，1947.5，40 页，32 开
本书收文 5 篇：《发扬减轻民力负担的新经验》《行署关于发扬民力节约民力的指示》《太行区动用民力暂行办法》《平衡民力负担做到公平合理》《战勤工作的几点经验》。
收藏单位：国家馆、山东馆、山西馆

12666
斗争特辑　[中共山东分局胶东区党委编]
中共山东分局胶东区党委，1944.2，油印本，2 册（40+28 页），32 开
本书共两个分册。1943 年分册共 3 篇：《查减工作总结》《上桃村查减工作》《水牛栏村查减总结》；1944 年分册共 3 篇：《对实验区减租及群运工作领导上的几点意见》《沂蒙归队工作中的宣传动员》《沂蒙山区一个月来的武装动员工作》。
收藏单位：国家馆

12667
对妇女干部及其幼儿待遇的补充意见　晋察冀边区贸易公司冀中分公司[编发]
晋察冀边区贸易公司冀中分公司，[1948]，油印本，1 册，32 开
收藏单位：国家馆

12668
发动群众例说　毕桑选辑　冀晋日报社主编
[阜平]：冀晋新华书店，1946.2，92 页，32 开（工作与学习小丛刊 2）
收藏单位：国家馆

12669
冯云鹏怎样安置移难民　中共西北中央局调查研究室编
[延安]：中共西北中央局调查研究室，[1944.12]，17 页，64 开
收藏单位：山西馆

12670
改革区村政权的理论与实际
[阜平]：晋察冀边区行政委员会，1941.5，1 册（162 页），32 开（边政丛刊 2）
收藏单位：东北师大馆、国家馆、山西馆

12671
给党的教师们
山东省胶东区行政公署，[1944—1949]，石印本，76 页，32 开
收藏单位：国家馆

12672
根据地党与群众工作问题　饶漱石著
播种社，1944.8，54 页，32 开

本书系饶漱石1942年2月在华中局扩大会议所作《关于党与群众工作报告》中的一部分。

收藏单位：国家馆

12673

根据地群众工作问题

出版者不详，1949.2，31页，50开

本书内容包括：根据地群众工作的前言、根据地大刀阔斧开展群众运动的三种方式及其经验教训等。

收藏单位：浙江馆

12674

工运文集　山东省总工会编

山东新华书店，[1946.6]，86页，32开

本书收文12篇，内容包括：《黎玉同志在群工大会上的讲话》（1945年10月）、《省总工会关于今后工作方针的指示》（《解放日报》社论）、《纪念“二七”二十三周年》（《解放日报》社论）、《解放区职工运动的任务》（《解放日报》社论）、《省总工会关于工运基本方针的决定》、《目前工运中的两个问题》（孙学之）、《论公营工厂党与职运工会工作》（邓发）、《我们的经济政策》（毛泽东）、《当前的经济问题》（周恩来）等。附《工会法》等4篇。

收藏单位：山东馆

12675

巩固敌后抗日根据地　彭德怀等著

冀西公报社，[1939]，石印本，30页，25开

本书收文3篇：《巩固敌后抗日根据地》（彭德怀）、《敌人进攻晋冀豫抗日根据地与巩固根据地粉碎敌人围攻》（克寒）、《毛泽东同志对中央社及各大报记者的谈话》。

收藏单位：国家馆

12676

巩固农钞　吕梁文化教育出版社编

[兴县]：吕梁文化教育出版社，1941.8，7页，32开（甲种通俗丛书4）

本书共5章：“巩固农钞的重要性”“过去农钞不稳定的原因”“农钞是最保险的钞票”“开展合作运动，加紧生产是巩固农钞的基本办法”“巩固农钞的几个重要办法”。

收藏单位：国家馆

12677

关于贯彻高干会精神及具体执行三大方案的决定

中共华东中央局，1947.10，16页，32开

本书收精简编制实施方案、供给标准、清理资产实施方案等。

收藏单位：国家馆

12678

关于练兵及训练干部的指示

晋冀鲁豫军区，1947.12，11页，32开

本书内容包括：军委关于练兵及训练干部的指示、关于军区部队练兵及训练干部的工作指示、军区关于新兵教育的指示。附《自卫战争一年来的练兵经验》。

收藏单位：国家馆

12679

关于苏区肃反工作决议案（一九三二年一月七日中共苏区中央局通过）　中共苏区中央局通过

中华苏维埃共和国国家政治保卫局湘鄂赣省分局，1932.6印，油印本，9页，48开

本书为肃反工作干部训练班参考材料之一。

收藏单位：国家馆

12680

光荣归于民主（谈解放区的政治与军事）　李普著

佳木斯：东北书店，1947.5，137页，32开

本书收介绍解放区民主生活的文章21篇，内容包括：《新民主主义政治的原则与规律》《一百二十万大军的来历》《选举的时候》《新政治与新人物》等。书后有著者后记。

收藏单位：重庆馆、东北师大馆、国家馆、黑龙江馆、吉大馆、吉林馆、江西馆、辽宁馆、南京馆、宁夏馆、山东馆、天津馆

12681
光荣归于民主（谈解放区的政治与军事） 李普著
拂晓社，1946.2，151 页，32 开
收藏单位：重庆馆、广东馆、国家馆、湖南馆、吉林馆、内蒙古馆、山东馆、山西馆、上海馆、天津馆、浙江馆、中科图

12682
郃阳县正东区第二乡东渤海村三十八年征收公粮调查表（一九四九年八月）
出版者不详，1949.8，油印本，1 册，横 14 开
收藏单位：国家馆

12683
郃阳县正东区第七乡东清善村三十八年征收公粮调查表（一九四九年八月）
出版者不详，1949.8，油印本，1 册，横 16 开
收藏单位：国家馆

12684
郃阳县正东区第十乡北顺村三十八年征收公粮调查表（地主户：一九四九年八月）
出版者不详，1949.8，油印本，1 册，横 16 开
收藏单位：国家馆

12685
郃阳县正东区第十乡宋家庄村三十八年征收公粮调查表（地主户：一九四九年八月）
出版者不详，1949.8，油印本，1 册，横 16 开
收藏单位：国家馆

12686
华北解放区的当前任务　太行群众书店编
涉县：太行群众书店，1948.7，32 页，32 开
本书收文 5 篇：《中共中央关于一九四八年土地改革工作和整党工作的指示》《华北解放区的当前任务》《重印〈左派幼稚病〉第二章前言》《布尔塞尔维克成功底基本条件之一——列宁著〈左派幼稚病〉第二章》《列宁论苏维埃机关人员应如何工作》。
收藏单位：重庆馆、国家馆、河南馆、吉大馆、山西馆

12687
华北真相　上海时论出版社编
上海：上海时论出版社，1948.10，43 页，32 开（时论丛刊 3 10 月号）
本书收关于华北、东北解放区的时事评论、通讯及报告等 24 篇，内容包括：《仁义之师》（安乐天）、《东北三年概述》（金沧海）、《新生之路》（东方明）、《土改后的农村》（朱德诗）等。
收藏单位：南京馆

12688
华中第四次财经会议决议（草案）
华中行政办事处，1949.2，油印本，30 页，28 开
收藏单位：国家馆

12689
冀晋区行署妇联会关于今冬开展妇婴卫生工作的联合指示　冀晋区行署妇联会颁布
冀晋区行署妇联会，1946.11，油印本，6 页，横 27 开
收藏单位：国家馆

12690
冀鲁豫边区挺进军抗战史　冀鲁豫边区挺进军指挥部政训处编
冀鲁豫边区挺进军指挥部政训处，1945，38 页，32 开
本书共 7 部分：绪言、本军起源、冀南时期、濮大时期、边区时期、冀鲁豫边区保卫开封大会战、结论。
收藏单位：广东馆、吉林馆、近代史所

12691
冀南区党委关于一九四九年工作任务的决议（二月十五日党的代表会议通过）
[威县]：冀南区党委秘书处，1949.3，33 页，

32 开

收藏单位：国家馆

12692

冀南行政主任公署周年纪念汇刊（卷 1—3）

冀南行政主任公署编

[南宫]：冀南行政主任公署，1939.8，石印本，2 册（[180+420] 页），32 开

本书为 1938 年 8 月 20 日至 1939 年 8 月期间行政工作概况介绍，共 3 卷：冀南缩影、工作报告、政令辑要。

收藏单位：国家馆

12693

冀太联办第一次专员县长会议特刊 冀南太行太岳政府联合办事处编

冀南太行太岳政府联合办事处，[1940.12]，204 页，32 开，环筒页装

本书为会议文件汇编，内容包括：杨主任开幕词、戎副主任总结报告择要、各项工作计划及工作报告等。

收藏单位：国家馆

12694

冀中区党委关于反蚕食斗争的指示

[冀中区党委]，[1940—1949]，4 页，25 开

收藏单位：国家馆

12695

加紧准备今冬举行的三个大会 陕甘宁边区政府办公厅编

陕甘宁边区政府办公厅，1944.10，53 页，32 开（边区读物 5）

本书收文 9 篇，内容包括：《进一步准备反攻进一步建设边区》（李副主席在边区参议会常驻会议第十一次与边区政府委员会第五次联席会议上的报告）、《关于召开边区第二届参议会第二次大会的决定》（1944 年 7 月 18 日）、《边区政府关于今冬展览会筹备办法的决定》等。

收藏单位：国家馆

12696

江西省吉安某乡苏维埃政府会议记录

江西省吉安某乡苏维埃政府会议，1931.2，74 页，17cm×23cm

本书系 1931 年 2 月江西省吉安市某乡苏维埃政府的会议记录，内容包括：扩大红军、优待家属、土地分配、坚壁清野、对白匪宣传、反对 AB 团、肃反、募捐、河西反水、组织赤卫队、儿童团、侦探队、贫民委员会、提倡婚姻自由等。前后缺页。

收藏单位：国家馆

12697

解答一个疑问 高崇民著

[佳木斯]：东北书店，1946.9，16 页，32 开

本书收文 3 篇：《惨胜归来》《俺们家的民主》《解答一个疑问》。

收藏单位：国家馆、辽大馆、辽宁馆、南京馆、上海馆

12698

解放区介绍 彭震逸编

华中新华书店盐阜分店，1948.8，41 页，36 开

本书共两部分：解放区形势、解放区概述。书后有编后话。

收藏单位：山东馆

12699

解放区人民解放军政绩战绩片断介绍 中共沈阳特别市宣传部编

中共沈阳特别市宣传部，[1949]，52 页，32 开

本书内容包括：东北政委会二次行政会议上林彪的总结报告、东北临时人民代表大会上薄一波的施政方针报告、各解放区政绩战绩报告等。

收藏单位：重庆馆、国家馆、南京馆、天津馆

12700

晋察冀边区参议会周年纪念汇刊 [晋察冀边区参议会编]

[阜平]：[晋察冀日报社]，1944.3，51 页，

32 开

本书内容包括：宋主任在周年纪念座谈会上对参议员所提问题的答疑、行政委员会一年来工作报告、晋察冀边区的民主政治等。附《周年纪念座谈会致延安毛泽东先生慰问电》《二年来死难参议员传略》。

收藏单位：东北师大馆、山西馆

12701

晋察冀边区参议会驻会参议员办事处一年工作总结（初稿） 晋察冀边区参议会驻会参议员办事处编

[阜平]：晋察冀边区参议会驻会参议员办事处，1944，油印本，35 页，32 开

收藏单位：山西馆

12702

晋察冀边区第一届参议会大会汇刊 晋察冀边区参议会驻会参议员办事处编

阜平：晋察冀边区参议会驻会参议员办事处，1943.4，[136] 页，16 开

本书内容包括：论述、大会文献、成议长闭幕词、参议会今后的工作、杂俎、统计图表等。

收藏单位：山西馆

12703

晋察冀边区第一届参议会提案集（大会汇刊附册） 晋察冀边区参议会驻会参议员办事处编

阜平：晋察冀边区参议会驻会参议员办事处，[1943]，42 页，32 开

本书是边区行政委员会对于第一届参议会大会提案所写成的书面答复，涉及民政、财政、文化教育、实业、司法等方面。

收藏单位：山西馆

12704

晋察冀边区各界抗日救国联合会对北岳区妇运形势的分析和当前任务的决定

出版者不详，1944.1，油印本，22 页，32 开

收藏单位：国家馆

12705

晋察冀边区工人五一纪念画册 晋察冀边区总工会工人报社编

出版者不详，1946，1 册

收藏单位：近代史所

12706

晋察冀边区工作研究参考材料（政权建设之部 上、下册） 晋察冀边区行政委员会编

阜平：晋察冀边区行政委员会，1944，油印本，2 册（111+434 页），32 开

本书内容包括：晋察冀边区军政民代表大会关于政治问题决议案、边区政权工作检讨总结、工作作风与工作方式等。

收藏单位：山西馆

12707

晋察冀边区寇灾天灾一束 中国解放区临时救济委员会晋察冀边区分会编

出版者不详，1946.2，油印本，1 册，32 开

收藏单位：国家馆

12708

晋察冀边区施政纲领

出版者不详，[1943]，10 页，32 开

本书共两部分：《晋察冀边区施政纲领》、《请确定中共中央北方分局晋察冀边区目前施政纲领为晋察冀边区行政委员会施政纲领及施政纲领实施重点案》（刘澜涛 1934 年 1 月提案）。

收藏单位：国家馆

12709

晋察冀边区行政委员会成立二周年纪念大会特刊 晋察冀边区成立二周年纪念大会筹备会编印股辑

晋察冀边区成立二周年纪念大会筹备会编印股，1940.1 印，石印本，86 页，16 开，环筒页装

本书内容包括：演讲词、贺电、贺函、祝贺词、慰问信等。讲演者有李公朴、聂荣臻、吕正操等。附彭真、罗瑞卿、田间等题词。书前有《晋察冀边区行政委员会成立两周年

纪念宣言》。

12710
晋察冀边区行政委员会工作报告（1938—1942） 宋劭文著 晋察冀边区行政委员会编
[灵寿]：晋察冀边区行政委员会，1943，131页，32开
本书共3部分：从战斗中壮大的晋察冀边区、五年来的政权建设、简短的总结。
收藏单位：国家馆

12711
晋察冀边区行政委员会通知
出版者不详，1944，381—704页，32开
收藏单位：国家馆

12712
晋察冀的控诉 晋察冀军区政治部晋察冀画报社编
晋察冀军区政治部，1946.3，44页，16开（晋察冀画报丛刊2）
本书为摄影集，收日军暴行图片四十余幅。
收藏单位：北师大馆、国家馆、近代史所、辽大馆、辽宁馆

12713
晋冀鲁豫边区农会筹备委员会告农民书
出版者不详，1948.1，油印本，12页，32开
收藏单位：国家馆

12714
晋冀鲁豫边区农会筹委会告农民书·中国共产党晋冀鲁豫中央局告全体党员书
[阳城]：太岳新华书店，1948.1，18页，32开
[阳城]：太岳新华书店，1948.3，3版，18页，32开
[阳城]：太岳新华书店，1948.5，4版，18页，32开
两书分别于1948年1月20日及1948年1月10日公布。
收藏单位：重庆馆、河南馆、山西馆、天津馆

12715
晋冀鲁豫边区政府冀南行署通令（民社字第十号） 晋冀鲁豫边区政府冀南行署颁布
出版者不详，1946.3，油印本，2页，32开
本通令是为公布《晋冀鲁豫边区违警处罚暂行办法》而颁发的命令，由主席杨秀峰和副主席薄一波、戎伍胜签发。附《晋冀鲁豫边区违警处罚暂行办法》。
收藏单位：国家馆

12716
晋冀鲁豫边区政府命令（颁布金库工作暂行条例）
晋冀鲁豫边区政府，1945.4，油印本，3页，20cm×14cm
收藏单位：国家馆

12717
晋冀鲁豫边区政府通令（边民字第397号关于调整政府组织机构及人员编制问题） 晋冀鲁豫边区政府颁布
晋冀鲁豫边区政府，1944.8，油印本，2页，32开
收藏单位：国家馆

12718
晋冀鲁豫边区政府向边区临时参议会二次大会太行太岳会议的工作报告
出版者不详，1942.9，73页，32开
本书收工作报告6篇：《一年来边区形势及太行太岳行政中心工作》《一年来太行太岳区的财政工作》《简政工作的初步总结报告》《一年来教育工作的初步总结》《一年来对敌经济斗争工作报告》《高等法院工作报告》。
收藏单位：国家馆、近代史所、山西馆

12719
晋绥边区第四届群英大会重要文献集 [晋绥边区行政公署编]
[兴县]：[晋绥边区行政公署]，1945.1，92页，32开（晋绥边区第四届群英大会丛书1）

本书内容包括：张稼夫同志致闭幕词、晋绥边区第四届群英大会宣言、关于拥军优属的决议、致毛主席电、致朱总司令并转八路军新四军全体指战员电等。

收藏单位：重庆馆、国家馆、南京馆、山西馆、天津馆

12720
晋绥边区农会临时委员会告农民书
华东局秘书处，[1947.7]，9页，32开

本书号召全边区的农民以空前的规模行动起来，根本消灭地主阶级，打垮封建势力，彻底平分土地。

收藏单位：重庆馆、山东馆

12721
晋绥解放区鸟瞰　穆欣著
兴县：吕梁文化教育出版社，1946.4，138页，32开

本书是著者对晋绥解放区抗日民主政权建设、军事、财政、经济和开展民兵抗日斗争状况的实地采访概述。

收藏单位：重庆馆、国家馆、近代史所、山西馆、浙江馆

12722
晋西北抗日根据地的各种基本政策　晋西北军区政治部编
八路军百二十师政治部，[1940—1945]，43页，32开

收藏单位：南京馆

12723
晋西北临时参议会大会文件汇集
出版者不详，[1942—1949]，1册，32开

本书内容包括：召开晋西北临时参议会宣传提纲、晋西北临时参议会常驻委员会第一次会议纪录、提纲汇录等。

收藏单位：山西馆

12724
晋西北临时参议会汇刊　晋西北临时参议会常驻委员会编
兴县：晋西北临时参议会常驻委员会，1943.1，167页，32开

本书内容包括：大会文献、工作报告、决议、通过条例、提案、附录。

收藏单位：国家馆、辽大馆、山西馆

12725
晋西北施政纲领（通俗讲课本）　晋西北行政公署编
[兴县]：晋西北行政公署，[1940—1949]，33页，64开

本书共16节，内容包括：我们有了指路明灯、搞好军队好打仗、遍地游击胜敌人、抗日政府人民选、简政爱民要清官、保障人民的利益和自由等。

收藏单位：山西馆

12726
决议　晋西北临时参议会常驻委员会编
[兴县]：晋西北临时参议会常驻委员会，1942.11，8页，36开

本书收决议6条，内容包括：关于政府工作报告决议、通过晋西北三十二年度概算决议、关于提高和巩固农币决议等。

收藏单位：山西馆

12727
军区工作参考材料（第2辑）　山东军区政治部编
山东军区政治部，[1942—1949]，138页，64开

本书收文13篇，内容包括：《中央关于统一抗日根据地党的统一领导及调整各组织间关系的决定》《中央关于地方及军队中各级党部取消改正与停止党员处分手续的决定》《从泰山区支部的病态谈到今后的整理支部工作》等。

收藏单位：国家馆

12728
开展农村工作·创造发展城市的前提条件
苏南区党委宣传部编
[无锡]：苏南新华书店，1949印，88页，32

开

本书收文6篇，内容包括:《人民解放军布告第七条》、《到农村去！到农民群众中去!》(《长江日报》社论)、《华东局关于江南新区农村工作的指示》等。附报告、讲词及有关农村工作的文章共16篇。

收藏单位：国家馆、山东馆

12729

抗勤工作手册 涉县县政府编

涉县县政府，[1940—1949]，油印本，1册，13cm×11cm

收藏单位：国家馆

12730

抗日根据地晋察冀边区视察记 陈克寒著

陈克寒[发行者]，[1938—1949]，128页，32开

本书介绍晋察冀边区的地域、社会情况、产生背景、抗日民主政权和各项事业。共20部分，内容包括：晋察冀边区产生的时代背景及其开端、五台的重伤兵医院、边区的新闻事业、民族统一战线在边区等。书前有代序《晋察冀边区给我们的教训》(薛暮桥)。

收藏单位：国家馆

12731

抗日根据地晋察冀边区视察记 陈克寒著

浙江：黑蚁出版社，[1938—1949]，128页，32开

收藏单位：安徽馆、国家馆、湖南馆、辽大馆、绍兴馆

12732

抗日根据地鲁西北区 姜克夫著

重庆：生活书店，1939.4，105页，32开

重庆：生活书店，1939.7，2版，105页，36开

本书记述鲁西北抗日根据地军民英勇抗敌的事迹。共17部分，内容包括：鲁西北的一般情况、抗日根据地的产生、游击队的战斗等。附《聊城战役给我们的教训》《敬悼张郁光先生及鲁西北殉难诸烈士》。书前有代序《鲁西北抗战殉国的范筑先司令》。

收藏单位：北碚馆、广东馆、国家馆、近代史所、南京馆

12733

抗日根据地政策条例汇集(陕甘宁之部 下)

延安：出版者不详，1942，294页，32开

收藏单位：国家馆

12734

抗日民主讲话

盐阜区冬学委员会，1943，44页，32开

收藏单位：国家馆

12735

抗日模范根据地晋冀察边区 聂荣臻著

[延安]：八路军军政杂志社，1939.5，112页，32开(抗日战争丛书6)

本书共4部分：在战斗中生长的晋察冀边区、一年来我们在敌后战斗的收获、日寇的新围攻和我们反围攻的斗争、边区抗战的经验对于全国抗战的教训。附晋察冀边区形势图5幅。书前有毛泽东序、朱德序、王稼祥序、著者自序。

收藏单位：国家馆、南京馆

12736

立功运动学习参考材料 冀晋边区行政委员会秘书处编

冀晋边区行政委员会秘书处，1947.4，油印本，28页，32开，毛装

收藏单位：国家馆

12737

粮食工作布置草案

出版者不详，1949，油印本，15页，28开

本书共4部分：总的任务和工作步骤、关于筹粮工作、关于供应工作、关于会计工作。

收藏单位：国家馆

12738

两年来边区大事记 晋察冀边区行政委员会秘书处编辑室编

[阜平]：晋察冀边区行政委员会秘书处编辑

室，1940，108 页，32 开

本书为晋察冀边区成立二周年纪念册的一种，收晋察冀边区 1938 年 1 月 15 日至 1940 年 1 月 14 日间的大事记。书前有编者的话。

收藏单位：东北师大馆、国家馆

12739

辽吉历史文件汇编 中共辽吉省委编

[双辽]：中共辽吉省委，1948.8，3 册（241+172+196 页），32 开

本书收自 1946 年 1 月至 1948 年 5 月期间的文件等 110 种，内容包括：《辽西区行署成立布告》《省委关于武装斗争的方针及其建设的指示》《省委群工会议总结》《新形势新任务下的群众运动》等。

收藏单位：国家馆、辽宁馆

12740

林彪同志在汉口“七一”纪念会上关于华中今后工作方针的报告 林彪著

中共中央华中局，1949，18 页，32 开

收藏单位：贵州馆

12741

林主席关于东北解放区民主政权建设总结 林枫著

长春：东北书店，1948，16 页，32 开

本书内容包括：东北解放区民主政权的概况、性质、任务及土地改革、财经、教育文化、干部等方面的工作。

收藏单位：东北师大馆、国家馆、黑龙江馆、南京馆

12742

林主席关于东北解放区民主政权建设总结 林枫著

出版者不详，1947.9，19 页，32 开

收藏单位：东北师大馆、国家馆

12743

林主席在东北政委会第二次行政会议上的总结 东北行政委员会办公厅印

东北行政委员会办公厅，[1948]，9 页，32 开

本书内容包括：任务问题、组织问题、作风问题等。

收藏单位：东北师大馆

12744

灵丘县第三区苏溪村农业税土地产量分户清册

[灵丘]：出版者不详，1948，油印本，4 册，16 开

本书为 1948 年 1 月 4 日、1948 年 2 月 1 日、1948 年 2 月 6 日、1948 年 3 月 5 日的根据地土改登记册。

收藏单位：国家馆

12745

六年来山东群众工作概括总结与今后任务 中共中央山东分局著

中共中央山东分局，1944.1，168 页，64 开

收藏单位：国家馆

12746

六年来形势估计与军事方针检讨总结的意见（程子华同志九月十一日在分局扩大干部会议上的报告） 程子华著

出版者不详，1944.10，油印本，79 页，25 开

本书为著者 1944 年 9 月 11 日在分局扩大干部会议上的报告，共两部分：形势估计与军事方针的检讨、游击战争战略问题的几个具体问题。

收藏单位：国家馆

12747

民众革命与民众政权 博古　思美等著

出版委员会，1932.1，42 页，32 开

出版委员会，1932.3，再版，42 页，32 开

本书收文 4 篇：《论民众革命与民众政权的口号》（博古）、《取消派内部关于政权问题的争论与我们的主张》（思美）、《中国共产党对于时局的主张》（洛甫）、《论苏维埃政权与民众政权》（洛甫）。

收藏单位：国家馆

12748
民主建设讲话　[民主研习社编]
[民主研习社]，[1937—1945]，71页，32开
本书共6单元24课，内容包括：抗日民主政权、怎样做个好公民、基层政权的改造、怎样做乡镇政府的工作、区选及参政会到参议会等。每课均设讨论问题。
收藏单位：广西馆、吉林馆、上海馆

12749
民主思想民主政策民主作风（黎主任委员在山东行政工作会议上的总结报告）　黎玉著
山东新华书店，1945.4，120页，32开
本书共3部分：关于政权干部思想建设问题、各项政策与今后任务、今后领导问题与作风问题。
收藏单位：国家馆、近代史所、山东馆

12750
模范抗日根据地的晋察冀边区　陈克寒著
上海：中国出版社，1939，120页，32开
收藏单位：吉林馆

12751
模范抗日根据地冀察晋边区　陈克寒著
重庆：新华日报馆，1939.4，2+146页，32开
本书共20部分，内容包括：疆域与社会概况、成长中的抗日民主政权、崭新的边区教育、伟大的农民运动等。附《冀察晋边区粉碎敌人进攻经过与经验教训》。
收藏单位：重庆馆、南京馆

12752
农村土地及阶级变化材料（根据老区九县二十个村调查）　中共中央晋绥分局调查研究室编
[兴县]：中共中央晋绥分局调查研究室，1946.6，76页，32开
本书共4部分：阶级关系的变化、土地占有的变化、租出租入及土地使用、土地转移的过程原因及形式。
收藏单位：国家馆

12753
努力发动解放区群众
出版者不详，1946.1，9页，32开
本书内容包括：和平实现、努力发动解放区群众、要超过已往任何一年等。
收藏单位：山西馆

12754
情报保卫人员必读（学习文件1）
出版者不详，1948.10，112页，32开
本书收文13篇，内容包括：《关于增强党性的决定》《中央关于调查研究的决定》《改造我们的学习》等。
收藏单位：国家馆

12755
群运工作指南　松江省委宣传部编
[哈尔滨]：松江省委宣传部，1948，68页，36开
本书收文5篇：《目前形势和我们的任务》（毛泽东）、《刘少奇同志给晋绥同志的信》、《陈云同志报告群运基本问题》、《平分土地运动中的几个问题》（《东北日报》社论）、《如何转变作风完成土改》（高岗）。
收藏单位：重庆馆

12756
群众工作文献汇集（第1集）　中央局民运部编
中央局民运部，1946.5，30页，32开
本书收文9篇，内容包括：《中央关于大规模减租生产运动争取自卫战争胜利的提示》《努力发动解放区群众》《1946年解放区生产运动要超过任何一年》《再论放手发动群众》等。
收藏单位：国家馆

12757
日本法西斯八年来在边区的暴行　中国解放区临时救济委员会晋察冀边区分会编
中国解放区临时救济委员会晋察冀边区分会，1946，43页，32开
本书记述侵华日军在晋察冀边区的暴行

23起。

收藏单位：国家馆

12758

如何使群众翻身的一个实例　李成瑞著　昌图县民运部编

昌图县民运部宣传科，[1945—1949]，28页，32开

本书叙述晋东北的一个村落群众翻身的经过。附《阳高县西靳家窑村初步调查》。

收藏单位：国家馆、南京馆

12759

山东省战时行政委员会关于改进边沿区工作的指示

出版者不详，[1944—1945]，1册，32开

收藏单位：山东馆

12760

山东省战时行政委员会为准备反攻开展拥军运动的指示

出版者不详，1944.12，1册，25开

收藏单位：山东馆

12761

山东省战时行政委员会训令（秘字第十四号）

出版者不详，1944.8，1册，32开

收藏单位：山东馆

12762

陕北的群众动员　杨实编

汉口：扬子江出版社，1938.2，62页，32开

本书内容包括：《关于特区的群众工作》（罗迈）、《特区政府颁布抗日军人优待条例》、《陕甘宁特区抗日自卫军组织条例》等。

收藏单位：北碚馆、重庆馆、东北师大馆、广东馆、贵州馆、国家馆、南京馆、浙江馆

12763

陕甘宁边区参议会常驻会第十一次政府委员会第五次联席会议之决定及有关经济文化建设的重要提案　陕甘宁边区政府办公厅编

[延安]：陕甘宁边区政府办公厅，1944.7，97页，32开

收藏单位：东北师大馆

12764

陕甘宁边区的民众运动　鲁芒著

汉口：大众出版社，1938.3，75页，32开（抗战动员丛刊）

本书共7部分：绪论、抗战阶段边区民运的具体任务、边区民众组织及其作用、边区的民主选举运动、政府与群众团体的关系、怎样领导群众、边区民运统一起来了。

收藏单位：安徽馆、重庆馆、广西馆、桂林馆、国家馆、黑龙江馆、吉林馆、西南大学馆、浙江馆

12765

陕甘宁边区第二届参议会第二次大会撮录　陕甘宁边区第二届参议会常驻会编

[延安]：陕甘宁边区第二届参议会常驻会，1945.5，107页，32开

本书共7项，内容包括：大会经过、大会文献、通过条例、通过提案汇录、大会主席团名单等。

收藏单位：东北师大馆、国家馆、山东馆、山西馆

12766

陕甘宁边区第二届参议会文件

出版者不详，1942.5，253页，32开

本书共8项，内容包括：大会经过及当选人员、大会文献、边区政府工作报告、决议、提案、条例等。

收藏单位：东北师大馆

12767

陕甘宁边区第二届参议会员通信录

延安：陕甘宁边区第二届参议会，1941.11，油印本，1册，16开

收藏单位：国家馆

12768

陕甘宁边区第二届参议会重要文献　陕甘宁

边区政府办公厅编
[延安]：陕甘宁边区政府办公厅，1944.7，99页，32开

本书收陕甘宁边区地图，陕甘宁边区施政纲领，毛泽东、林伯渠等讲话及文件、条例等。

收藏单位：重庆馆、国家馆、吉林馆、近代史所、山东馆、山西馆

12769
陕甘宁边区第三届参议会第一次大会汇刊
第三届参议会常驻会编
[延安]：第三届参议会常驻会，1946.7，197页，32开

本书记述大会日程及会议情况，收大会文献及各种选举结果等。

收藏单位：国家馆、山东馆、山西馆

12770
陕甘宁边区第一次工人代表大会宣言报告决议及工作纲领 陕甘宁边区总工会编
延安：陕甘宁边区总工会，1938.5，153页，64开

本书收大会宣言、通电及贺电、报告、决议、工作纲要、章程、第一届执行委员会名单等。

收藏单位：国家馆

12771
陕甘宁边区第一届参议会实录
[延安]：陕甘宁边区政府，1939.6，104页，32开

本书收《陕甘宁边区政府对边区第一届参议会的工作报告》(林伯渠)、第一届参议会对边区政府工作报告决议、边区政府抗战时期施政纲领、边区政府组织条例等。附《陕甘宁边区参议会第一届大会告边区同胞书》等。

收藏单位：国家馆、南京馆

12772
陕甘宁边区简政实施纲领(边区政府第三次政府委员会通过)
[延安]：陕甘宁边区政府第三次政府委员会，[1942.12]，6页，32开

本书共11部分，内容包括："简政的意义与目的""划清职权，审定业务""加强乡政权""区以上须精简机构、精简人员""坚持民主集中制，统一领导，整饬政纪""要改善领导作风""统一干部管理，调整和提高干部""拥护军队、巩固三三制、厉行节约""从组织上贯彻，从思想上贯彻"等。

收藏单位：国家馆

12773
陕甘宁边区民主政治的新阶段 林伯渠讲
延安：[陕甘宁边区参议会]，1944，16页，32开

收藏单位：南京馆

12774
陕甘宁边区三届参议会重要文献集
晋察冀边区行政委员会秘书处，1946.8印，43页，32开

本书内容包括：陕甘宁边区建设的新阶段、陕甘宁边区三届参议会关于政府工作报告的决议、陕甘宁边区三年建设计划方案。

收藏单位：近代史所、山西馆

12775
陕甘宁边区三三制经验及其应该纠正的偏向(林伯渠同志在一九四四年三月二十五日边区高干会上的报告) 林伯渠著
苏中出版社，[1944]，24页，32开

收藏单位：南京馆、山东馆

12776
陕甘宁边区施政纲领 大众读物社报纸科编
大众读物社报纸科，1941.5，36页，50开

本书为陕甘宁边区施政纲领的原文和解释。

收藏单位：国家馆、南京馆

12777
陕甘宁边区施政纲领 [中共边区中央局编]
中共边区中央局，1941.5，11页，大64开

本书内容包括：中共边区中央局关于发布新的施政纲领的决定、陕甘宁边区施政纲领。

收藏单位：重庆馆、国家馆

12778

陕甘宁边区施政纲领

[中共晋察冀边委]，1941.5 印，18 页，32 开

本书内容包括：陕甘宁边区施政纲领、林主席报告边区施政纲领、拥护陕甘宁边区施政纲领、中共晋察冀边委目前实施纲领等。

收藏单位：国家馆、山西馆

12779

陕甘宁边区实录　齐礼总编

[延安]：解放社，1939.12，176 页，32 开

本书共 8 章：陕甘宁边区是怎样的一个地方、陕甘宁边区的政制和组织、边区政府做了些什么、陕甘宁边区的统一战线、陕甘宁边区的抗战动员、陕甘宁边区的群众团体、陕甘宁边区的学校、八路军后方留守兵团的政治工作。

收藏单位：重庆馆、国家馆、近代史所、南京馆

12780

陕甘宁边区乡选总结（一九四一年）［陕甘宁边区民政厅编］

[延安]：陕甘宁边区民政厅，1941，118 页，32 开

本书共 8 章，内容包括：选举的环境、乡市选举的重要意义和任务、乡市选举经过、乡选的显著收获和缺点等。

收藏单位：国家馆

12781

陕甘宁边区选举须知

出版者不详，[1937]，62 页，32 开

出版者不详，1941，80 页，36 开，环筒页装（边政丛书）

本书内容包括：陕甘宁边区政府为改选及选举各级参议会的指示信、陕甘宁边区各级参议会组织条例、陕甘宁边区各级参议会选举条例、选举条例的解释及其实施、陕甘宁边区各级选举委员会组织规程等。附《陕甘宁边区的民主政治》《论乡市民主制的重要及其实施》《关于政权的“三三制”》《怎样开临时参议会》。书前有代序《边区选举训练班开学讲话》（谢觉哉）。

收藏单位：国家馆

12782

陕甘宁边区政策条例汇集（续编）　陕甘宁边区政府办公厅编

[延安]：陕甘宁边区政府办公厅，1944.5，273 页，32 开

[延安]：陕甘宁边区政府办公厅，1944.8，再版，273 页，32 开

本书分总纲、政制、民政、建设、财政、教育、保安、司法 8 类，共五十余种。

收藏单位：重庆馆、广东馆、吉林馆、近代史所、南京馆、山西馆

12783

陕甘宁边区政府工作报告（1939—1941）
陕甘宁边区政府委员会编

[延安]：[陕甘宁边区政府委员会]，1941.7，134 页，32 开（边政丛书 2）

本书介绍陕甘宁边区政治、军事、经济、财政、文化、司法等方面工作建设情况及地区区划要况等。附《陕甘宁边区施政纲领》《把握统一战线的政策》等。

收藏单位：北碚馆、重庆馆、国家馆、近代史所、山西馆

12784

陕甘宁边区政府简政总结　李鼎铭著

[涉县]：太行新华日报，1944.8，10 页，32 开

本书是 1944 年 1 月 7 日李鼎铭在边区政府委员会第四次会议上的报告，共 5 部分：“精简问题”“统一领导问题”“反官僚主义问题，在反官僚主义中改善我们的领导作风问题”“提高效能问题”“节约问题”。

收藏单位：国家馆、山西馆

12785
陕甘宁边区政府委员会那素滴勒盖哀荣录（蒙汉对照） 那素委员治丧委员会编
延安：陕甘宁边区民族事务委员会，1943，1册，32开
本书内容包括：那素委员传略、那素委员临终遗言、那素委员追悼大会素描等。
收藏单位：山西馆

12786
陕甘宁边区政府一九四三年工作总结
晋察冀日报社，[1944—1949]印，43页，32开
收藏单位：东北师大馆

12787
陕甘宁边区政府一年工作总结 林伯渠著
[涉县]：太行新华日报，1944，23页，32开
本书为1944年1月6日著者在边区政府委员会第四次会议上的报告。
收藏单位：国家馆、山西馆

12788
陕甘宁边区政府一年工作总结
出版者不详，1944.1，44页，32开
本书收1944年1月6—7日在边区政府委员会第四次会议上的报告:《边区政府一年工作总结》（林祖涵）、《边区政府简政总结》（李鼎铭）。
收藏单位：重庆馆、国家馆、近代史所

12789
[陕甘宁概貌（汉英对照）]
出版者不详，[1943]，1册，25开
收藏单位：国家馆

12790
生产互助支援前线结合办法 毅扬著
胶东新华书店，1947.2，27页，64开
本书共6节：崔格庄的情景、组织起来的成绩、发展的经过、组织的原则、做到支前与生产结合、群众结合互助的好处。
收藏单位：南京馆、山东馆

12791
生产运动与生产英雄 太行二届群英大会编辑委员会编
[长治]：太行二届群英大会编辑委员会，1947.1，92页，32开（太行二届群英大会丛书3）
本书共两部分：互助生产综合研究、互助生产英雄典型材料。
收藏单位：重庆馆、国家馆、山东馆、山西馆

12792
十大行动纲领
金萧支队政治处，1948.10，16页，64开
收藏单位：浙江馆

12793
苏维埃建设讲授大纲
神木：神府特区革命委员会，1937.1，油印本，1册，32开
本书共3部分：苏维埃建设讲授大纲、抗日人民革命委员会讲授大纲、游击队二个星期政治教育讲授大纲。
收藏单位：国家馆

12794
太行二届群英大会的总结报告和宣言 大会宣传部编
大会宣传部，[1946.12]，21页，36开
本书收赖若愚在太行区第二届群英大会全体英雄会议上的总结讲话、太行区第二届群英大会宣言。
收藏单位：国家馆

12795
太行区第二届群英大会会刊 大会编辑委员会编
大会群众书店，1947.1印，96页，18开
本书共两部分：大会概况、重要文献。附一届大会重要文件。书前有编者前言、毛泽东像及题词。
收藏单位：国家馆、吉林馆、辽宁馆

12796
太行区四二、四三两年的救灾总结　晋冀鲁豫边区政府编
晋冀鲁豫边区政府，1945，34 页，32 开
本书收文 3 篇：《四二年的灾荒情况及我们的救济办法（从 1942 年 10 月到 1943 年 6 月）》《四三年的灾荒情况及我们的救济办法（从 1943 年 7 月到 1944 年 6 月）》《总的经验教训》。
收藏单位：国家馆

12797
太行行署关于一九四七年政府工作的指示
[涉县]：太行行署，[1947]，11 页，32 开
收藏单位：国家馆

12798
太行行署一九四六年重要文件汇集
协成印刷厂，1946 印，154 页，36 开
本书共 5 部分：民政、财政、建设、教育、司法。收行署各部门的指示、命令、通知、决定等文件。
收藏单位：国家馆、山东馆

12799
太岳区一九四五年政府工作报告　太行行署编
[涉县]：太行行署，[1945]，70 页，32 开
收藏单位：国家馆

12800
土地改革后的政策　冀东学委会编
冀东新华书店，1946.12，33 页，32 开
收藏单位：国家馆

12801
土地改革教育教材　合江军区政治部编
佳木斯：合江军区政治部，1947，1 册，64 开
收藏单位：国家馆

12802
土改复查的新经验　渤海新华书店编
[惠民]：渤海新华书店，1947.8，57 页，32 开（土改丛书）
本书收《华山村怎样登清土地》《开展党内回忆洗脸运动》《改造村干的经验》《有吃有穿谁也不落后》《对搬房运动的几点意见》《冀鲁豫恢复区土改运动经验》等文章。
收藏单位：国家馆、南京馆、山东馆

12803
土改政策与工商业政策　华东军区政治部编
华东军区政治部，[1947—1949]，2973 页，32 开
收藏单位：南京馆

12804
为东北的和平民主而斗争（第 1 辑）
大众文化合作社，[1946]，124 页，32 开
本书收文 6 篇：《朱总司令声明中共对东北问题的态度》《中国共产党对东北问题的主张》《重庆事件与东北问题》《周保中将军谈东北抗战的历史与现势》《中国法西斯派的纲领》《驳蒋介石》。
收藏单位：重庆馆、国家馆、内蒙古馆、山东馆、中科图

12805
我们在敌后干些什么　刘少奇著
江汇出版社，[1940—1949]，35 页，42 开
收藏单位：山东馆

12806
西北的新区　辛白编
汉口：星星出版社，1938.1，130 页，32 开（抗战报告丛书）
本书收文 10 篇，内容包括：《中国的新西北》（A. Snow）、《红军和新区》（A. Snow）、《新区的劳动》（国林）、《新区的工业》（A. Snow）、《陕北公学与救亡教育》（吴黎平）、《陕北之行》（长江）等。附《新区的各项新政策的实施》。
收藏单位：重庆馆、广东馆、贵州馆、国家馆、西南大学馆

12807
西北特区的战时总动员 韩涛编辑
上海：时代史料保存社，1938.3，64页，32开
本书共两部分：西北特区的战时动员工作、西北特区的群众工作。附《陕甘宁特区抗日军人优待条例》《陕甘宁特区抗日自卫军组织条例》。
收藏单位：重庆馆、贵州馆、国家馆、南京馆、上海馆、西南大学馆、浙江馆

12808
西北特区抗战动员记 舒群编著
解放出版社，1938.3，47页，32开（民族解放丛书）
本书共12部分：抗战动员的工作、归队工作、整理少年先锋队、中区抗战动员的形态、锄奸运动、征收救国公粮、秋收工作、妇女青年和儿童、民主政府之选举、合作社运动的发展、国防教育运动、晋西北动员之开展。附《特区政府颁布抗日军人优待条例》《抗日自卫军组织条例》。
收藏单位：重庆馆、国家馆

12809
掀开思想防空洞 华北新华书店编辑部编
华北新华书店，1947.10，70页，32开（新大众丛刊12）
华北新华书店，1947.12，再版，70页，32开（新大众丛刊12）
本书收文8篇，内容包括：《干部过五关》（《陕甘宁边区群众报》）、《斗争怎样才算彻底》（王春）、《找对象也要看阶级》（周方）等。
收藏单位：国家馆、黑龙江馆、吉林馆、山东馆

12810
新劳动态度 苏南新华编辑部编
无锡：苏南新华书店，1949.9，40页，50开
本书为工人读物，收通讯或新闻速写，报道各地生产战线上的积极分子。
收藏单位：南京馆、山东馆

12811
新民主主义政权建设的重要文献 中共中央统一战线工作部编
中共中央统一战线工作部，1949，32页，32开
本书收文10篇，内容包括：《中共中央关于政权问题的指示》《陕甘宁边区施政纲领》《毛主席在陕甘宁边区参议会的演说》等。
收藏单位：重庆馆

12812
新区工作经验 华中新华日报社资料室编
华中新华书店，1949.3，26页，32开
本书共7部分，内容包括：昌潍新区七个月工作概况、昌潍五里庄初步发动群众经验、豫西剿匪经验总结、河南西部新区农民反恶霸反土匪斗争、河南西部新区执行合理负担政策等。附《中原减租减息条例》《停止新区土改实行减租减息》。
收藏单位：安徽馆、南京馆

12813
新区工作经验 中共华中工委宣传部编
中共华中工委宣传部，1949，26页，32开
本书从《大众日报》《豫西日报》和新华社电讯选收关于新区工作的文章7篇。
收藏单位：南京馆

12814
新区政策的宣传与实施（干部新区工作手册） 中原军区政治部编
中原军区政治部，1948，137页，64开
本书内容包括：中共中原中央局宣传部关于宣传工作的指示、对于新区和新解放城市的政策、中原区域宣传口号、关于对蒋方人员蒋军肃清土匪的政策等。
收藏单位：重庆馆

12815
形势政策支前生产动员讲话 ［中共华中九地

委宣传部编]
[中共华中九地委宣传部]，1949.1，11页，32开

本书共两部分：目前形势和几个重要政策、怎样支援前线和坚持生产。封面题：二月份宣传动员材料。

收藏单位：国家馆、南京馆

12816
选举文件（第1辑）　陕甘宁边区选举委员会编
[延安]：陕甘宁边区选举委员会，1945，29页，36开

本书收《陕甘宁边区政府关于今年选举工作的训令》《陕甘宁边区各级参议会选举条例》《陕甘宁边区各级选举委员会组织规程》等。

收藏单位：北碚馆、重庆馆

12817
血战在晋冀鲁豫边区　山东新华书店编
山东新华书店，[1944—1949]，40页，32开

本书记述抗战时期八路军一二九师在晋冀鲁豫边区的战斗历程。内容包括：初建奇功、在晋东南、惊破敌胆的百团大战、今日之晋冀鲁豫等。书前有编者所作声明。

收藏单位：重庆馆、东北师大馆、广东馆、国家馆、黑龙江馆、辽大馆、宁夏馆

12818
延安风光　新民书店编
香港：新民书店，1949.8，71页，横36开

本书收毛泽东在延安、中共中央所在地、人民代表会议、边区的机械工场、部队练兵、群众劳军、机关学校听报告等图片三十余幅，结合说明文字，阐述革命的神经中枢，如何在中国共产党的领导下，成为万千人民怀念向往的革命圣地。

收藏单位：南京馆

12819
盐阜区第一次民兵代表大会特刊　盐阜区民兵指挥部政治部编
盐阜：盐阜社，1945.4，60页，32开

本书收文18篇，内容包括：《民兵战术问题》（洪参谋长）、《冬季民兵发展工作总结》（李凌）、《大成乡民兵解放了自己的家乡》（逸辛）、《民兵英雄曹子来》（贵生）等。

收藏单位：国家馆

12820
一九四八年太行党文件选辑　中共太行区党委编
[涉县]：中共太行区党委，[1948]，335页，32开

收藏单位：国家馆

12821
一九四二年山东纵队军事总结报告　山东军区司令部著
山东军区司令部，[1943]，油印本，74页，16开

本书共3部分。

收藏单位：国家馆

12822
一九四六年太行党的文件选辑　中共太行区党委编
[涉县]：中共太行区党委，1946.8，223页，32开

收藏单位：国家馆

12823
一九四五年太行党的文件选辑　中共太行区党委编
[涉县]：中共太行区党委，1947.4，173页，32开

收藏单位：国家馆

12824
一年来劳武结合的新发展
[兴县]：晋绥边区行政公署，[1945]，35页，32开（晋绥边区第四届群英大会丛书2）

本书共两部分：在劳武结合方面、在武劳结合方面。

收藏单位：国家馆、山西馆

12825
豫鄂边区三十二年度减租办法 豫鄂边区行政公署制订
豫鄂边区行政公署，1943，5页，32开
本办法共25条，封面印有“今年一定要二五减租”石刻。
收藏单位：南京馆

12826
原中原解放区概况介绍
晋冀鲁豫野战军政治部，1947.9，油印本，1册，32开
收藏单位：国家馆

12827
怎样进行阶级教育和组织贫苦农民 渤海新华书店编
惠民：渤海新华书店，1947.8，49页，32开（土改丛书2）
本书选辑解放区报纸上的文章二十多篇，共4部分。
收藏单位：国家馆、山东馆

12828
怎样开展劳模运动 晋察冀新华书店编
晋察冀新华书店，1945.5，41页，32开
收藏单位：国家馆

12829
战国策注解
出版者不详，[1942]，28页，64开
本书为伪装本，共5部分：中共中央关于抗日根据地土地政策的决定、中共中央关于抗日根据地土地政策的决定的附件、陕甘宁边区施政纲领、抗日根据地苏中区施政纲要、苏中区人权财权保障条例。
收藏单位：国家馆

12830
政府与群众团体关系
晋察冀边区人民武装自卫队总指挥部，1938，油印本，1册，32开
本书分6条阐述政府与群众团体关系。附测验题10道。
收藏单位：国家馆

12831
支前生产结合的福贵村 张光 张政著
胶东新华书店，1947.4，26页，64开
收藏单位：南京馆、山东馆

12832
[职运路线]（五一专萃） 邓发等著
出版者不详，[1942]，油印本，57页，32开，环筒页装
本书内容包括：响应生产号召开展赵占魁运动、战斗的五一纪念、知识份子做工多久才算工人、克服困难向前迈进、职工运动中青年和中年干部的教育团结问题、关于女工工作的几个问题、中共中央关于五一节的指示、中共中央对晋东南抗日根据地职工运动的指示、陕甘宁边区战时工厂集体合同暂行准则等。
收藏单位：国家馆

12833
中共“晋察冀边区”之各种政策 彭真著
出版者不详，1942.1，64页，32开
本书为著者1941年10月在延安向中共中央所作的报告，共7部分：具体政策、党的建设、土地问题、经济政策、财政政策、金融政策、锄奸工作。
收藏单位：重庆馆、国家馆

12834
中共晋察冀中央局给全党全军的指令
出版者不详，1946.8，5页，大64开
本令全称：晋察冀中央局为坚决进行自卫战争彻底粉碎蒋介石的进攻恢复国内和平给全党全军的指示。
收藏单位：国家馆

12835
中共太行区党委告全区农民党员及村干部书 中共太行区党委发布
涉县：中共太行区党委，[1948.5]，石印本，12页，32开

收藏单位：国家馆

12836
中共中央政治局关于减租生产拥政爱民及宣传十大政策的指示（一九四三年十月一日）
出版者不详，[1943]，44 页，32 开
本书内容包括：《组织起来》（毛泽东）、《边区劳动英雄代表大会给我们指出了什么？》（《解放日报》社论）等。
收藏单位：国家馆

12837
中国的新西北　张剑萍编
上海：战时读物编译社，1937.12，60 页，32 开
上海：战时读物编译社，[1937.12]，增订版，64 页，32 开
本书共 6 部分：特区政府之过去与现在、特区的社会和政治组织、改编前之第八路军、新西北的工业、延安印象记、新西北的学校生活实况。附《新西北各项新政策的实施》。
收藏单位：安徽馆、北碚馆、重庆馆、东北师大馆、广东馆、国家馆、湖南馆、江西馆、近代史所、陕西馆、上海馆、西南大学馆

12838
中国敌后解放区概况　新华书店编
延安：新华书店，1944.10，97 页，32 开
本书为 1944 年 7—8 月间关于抗日根据地的材料汇编，内容包括：晋察冀边区、晋冀鲁豫边区、山东区、晋绥边区、华中抗日根据地、华南（东江与琼崖）抗日根据地。书前有八路军新四军抗战形势图。
收藏单位：重庆馆、国家馆、近代史所

12839
中国敌后抗日民主根据地概况
出版者不详，1944.10，59 页，18 开
本书介绍各根据地的概况：晋察冀边区、晋冀鲁豫边区、山东区、晋绥边区、华中抗日根据地、华南（东江与琼崖）抗日根据地。
收藏单位：国家馆、山西馆

12840
中国共产党与抗日根据地之民主建设
[延安]：新华书店，[1943]，64 页，32 开，环筒页装
本书收文 7 篇，内容包括：《毛泽东同志在陕甘宁边区参议会上的演说》《中共中央北方局对于晋冀鲁豫边区目前建设的主张》《彭副总司令在晋冀鲁豫边区临参会上的讲演》《晋冀鲁豫边区民国三十二年度行政工作方针》等。书前有代序《抗战与民主不可分离——祝第二届联合国日》。附《晋冀鲁豫边区临时参议会组织条例》等。
收藏单位：重庆馆、国家馆

12841
中国解放区实录　董必武著
合作出版社，1946，48 页，25 开（合作丛书 2）
收藏单位：国家馆

12842
中国苏维埃　全国苏维埃区域代表大会编
上海：全国苏维埃区域代表大会，1930.5，[12]+179 页，32 开
本书为伪装本，收列宁、向忠发、关向应、李立三、邓颖超、恽代英等的论文、特写、通讯等。伪装题名：民权初步。
收藏单位：南京馆

12843
中国苏维埃的政纲
兴国县行委，1930.10 印，4 页，32 开
收藏单位：国家馆

12844
中国苏维埃临时政府对世界宣言（英文稿）
出版者不详，1931.8，4 张，28cm×22cm
本书附中文译稿及国民政府行政院案卷。
收藏单位：国家馆

12845
中国苏维埃运动　抗大政治部编
[延安]：抗大政治部，1941.12，油印本，157 页，32 开

本书系抗大政治部为在职干部编写的了解和研究中国共产党苏维埃运动时期的历史参考资料。

收藏单位：国家馆

12846

中原局关于发动群众贯澈减租减息政策的指示 中共中原中央局办公厅编

中共中原中央局办公厅，1948.9，14 页，25 开

收藏单位：广东馆

12847

主任秘书科所长联席会讨论各级负责结论

[张家口]：晋察冀边区行政委员会印刷局，1945，油印本，1 册，36 开，环筒页装

收藏单位：国家馆

民族史志

12848

中国民族简史 吕振羽著

大连：大众书店，1947.4，187 页，32 开

收藏单位：国家馆

12849

中国民族简史 吕振羽著

哈尔滨：光华书店，1948.9，169 页，32 开（历史丛刊）

本书共 9 部分，内容包括：问题的提起、中国人种的起源、汉族、满族、回族等。

收藏单位：长春馆、东北师大馆、国家馆、湖南馆、辽大馆、山西馆

地方史志

12850

东北的黑暗与光明 李杜等著

历史资料供应社，1946.5，102 页，36 开

历史资料供应社，1946.8，再版，127 页，25 开

本书共两部分：东北抗日联军的光荣诗篇、中国反动派在东北的阴谋毒计。附《中共对东北问题的主张》《中苏关系与东北问题》。

收藏单位：东北师大馆、国家馆、吉林馆、近代史所、辽宁馆、南京馆、山东馆、上海馆、浙江馆

12851

东北蒋占区真相 刘砥云等著 东北日报社编

东北书店，1947.10，126 页，32 开

本书收文 24 篇，内容包括：《在蒋记统治下的沈阳》（刘砥云）、《我从沈阳来》（焦奋）、《吉林近讯》（刘忠）、《如此蒋管区》（石铭）、《辽南人民的灾难》（晓野）等。

收藏单位：东北师大馆、国家馆、南京馆、山东馆、上海馆、天津馆

12852

“东北”是东北人民的东北 鲁南新华书店编辑

滕县（滕州）：鲁南新华书店，1946.6，118 页，32 开

滕县（滕州）：鲁南新华书店，1946.7，116 页，32 开

本书收文 19 篇，内容包括：《东北介绍》《东北的重工业概况》《东北史话——从沦亡到解放》《朱总司令答外国记者中共对东北问题的态度》《东北人民迫切的要求是什么》《论东北问题》等。附《克里米亚关于远东问题的协定》。

收藏单位：国家馆、湖南馆、山东馆

12853

东北问题 华中军区第七分区政治部编

出版者不详，1946.4，72 页，32 开

收藏单位：国家馆

12854

东北问题 周保中等著

冀鲁豫书店，[1945—1948]，51 页，32 开

收藏单位：南京馆、山东馆

12855
东北问题
临沂：山东新华书店，1946.7，1 册，32 开
收藏单位：黑龙江馆、南京馆、山东馆

12856
东北问题（第 1—2 集） 东北书店编
东北书店，1946.4，2 册，32 开
本书共 3 部分：东北抗日联军十四年苦斗简史、东北抗日联军领导者之一张寿篯、东北抗日联军领导者之一于天放。
收藏单位：长春馆、重庆馆、东北师大馆、国家馆、吉林馆、南京馆

12857
东北现势与中共对东北问题的主张 [东北书店编]
东北书店，[1947]，18 页，36 开
本书收文 5 篇：《中共中央发言人谈东北现势与中共对东北问题的主张》《朱总司令对美记者声明中共对东北的态度》《林枫同志发表谈话阐明共产党对于东北时局的具体主张》《重庆事件与东北问题》《解放东北问题的途径》。
收藏单位：东北师大馆、广东馆、国家馆、黑龙江馆、吉林馆、南京馆

12858
关于东北问题 华中军区第十纵队政治部编
华中军区第十纵队政治部，1946.6，104 页，32 开
本书共 4 编：东北的过去和现在、中共对解决东北问题的主张、驳反动派对解决东北问题的主张、看民主人民对解决东北问题的主张。
收藏单位：国家馆

12859
广东省农民协会第一次代表大会议决案及宣言
广东省农民协会执行委员会，1925.7，86 页，32 开
本书收文 16 篇。
收藏单位：广西馆、湖南馆

12860
广东省资料汇集 中原临时人民政府政策研究室编
中原临时人民政府政策研究室，1949.8，60 页，32 开
本书共 11 部分，内容包括：广东省分县略图、人口与土地、农林、财政、金融贸易、工矿、渔、盐、交通、广州情况等。

12861
广州工潮之真相 广州工人代表大会编
广州：广州工人代表大会，1926.12，19 页，32 开
本书收《工代会第三次大会宣言》《工代会上省政府书》等。
收藏单位：南京馆

12862
广州市工人代表会决议案 中国国民党中央执行委员会工人部编
广州：中国国民党中央执行委员会工人部，1924.5，20 页，32 开
本书收各种决议案 20 件，内容涉及工人联合及组织，工头及包工、工人保险金问题等。附《总理演说词》。
收藏单位：国家馆

12863
贵阳市概况（贵阳市参考资料之一） 中国人民解放军西南服务团研究室编
中国人民解放军西南服务团研究室，1949.8，138 页，32 开
本书系配合解放军解放大西南对贵阳所做的详细调查。
收藏单位：国家馆

12864
湖南省调查资料目录 华中局政策研究室编
华中局政策研究室，[1949]，49 页，32 开
收藏单位：国家馆

12865
纪念“二七”展开大生产竞赛·支援前

线·替死难工友复仇 长治市职工三分会编
长治市职工三分会，1947.1，油印本，3 页，64 开
收藏单位：国家馆

12866
江西省资料汇集 中原临时人民政府政策研究室编
[汉口]：中原临时人民政府政策研究室，1949.8，48 页，32 开
本书共 6 编：自然土地与人口、农业林业及渔业、财政、商业、工业与矿业、交通。
收藏单位：广东馆、国家馆

12867
江阴概况 中共华中工委会调研室编
[射阳]：中共华中工委会调研室，1949.3，45 页，32 开
本书分 7 部分介绍江阴县城及要塞的地理位置、政治、军事、财经、文教、邮电交通及社会等状况。

12868
解决东北问题的途径
胶东新华书店，1946，57 页，32 开
本书收文 11 篇，内容包括：《朱总司令答外国记者中共对于东北问题的态度》《中共中央发言人对记者谈东北现势与中共对该问题的主张》《解决东北问题的途径》《东北人士一致主张政治解决东北问题》《周保中将军等通电控诉反动派暗杀兆麟同志的暴行》《东北问题的历史真相》等。
收藏单位：国家馆、近代史所、山东馆

12869
解决东北问题的途径
辽东建国书社，1946，28 页，32 开
本书收文 7 篇，内容包括：《解决东北问题的途径》《重庆事件与东北问题》《朱总司令对外国记者发表声明赞成东北人民成立地方性的民主联合政府》《中共中央发言人发表对东北问题主张》等。
收藏单位：重庆馆、国家馆、山东馆

12870
解决东北问题的途径
人民呼声报社，1946，14 页，64 开（时事小丛书 1）
收藏单位：国家馆

12871
今日之平津，谁家天下 夏行编
[上海]：明明书局，[1940—1949]，86 页，32 开
本书内容包括：敌人之平津、一位英国太太在天津的炮火中所见、如此北平、在敌人手中的丰台、今日之天津日租界等。
收藏单位：浙江馆

12872
昆明市概况 中国人民解放军西南服务团研究室编
中国人民解放军西南服务团研究室，1949，115 页，32 开（昆明市参考资料 1）
本书介绍昆明市的基本概况及税政、金融贸易、农林水利、文化教育等情况。
收藏单位：重庆馆

12873
内蒙古剪影 张绍柯编摄
[乌兰浩特]：内蒙古自治政府，1947.9，1 册，16 开
收藏单位：南京馆

12874
时局与任务
延安：联政宣传部，1945.1，19 页，32 开
收藏单位：山西馆

12875
四川省概况 中国人民解放军西南服务团研究室编
中国人民解放军西南服务团研究室，1949，94+42 页，32 开（四川省参考资料）

本书共5编：概说、行政区划与人口、伪政治机构、社会团体、少数民族。附《松潘草地地理简要》。

收藏单位：重庆馆

12876

无锡概况　中共华中工委会调研室编

射阳:[中共华中工委会调研室]，1949.3，192页，32开

收藏单位：南京馆

12877

显微镜下之梧州风潮

广西旅粤各团体援助梧案委员会，1927.1，36页，32开

本书讲述大革命时期广西梧州抗捐、废捐运动的经过。

收藏单位：国家馆

12878

研究东北问题参考资料　周保中等著

辽东建国书社，[1930—1949]，28页，32开

本书共4部分：东北抗日领袖周保中将军评述东北抗战历史与目前形势、东北问题的历史真相、中国共产党与东北人民的血肉关系、怎样才能实现东北的和平。

收藏单位：国家馆、南京馆、宁夏馆、浙江馆

12879

一年来津市工运工作初步总结及对今后工作意见

[天津]：出版者不详，1946.8，油印本，36页，32开

收藏单位：国家馆

12880

玉林十年　中共玉林县委会编

中共玉林县委会，1949，50页，16开

收藏单位：国家馆

12881

云南省概况　中国人民解放军西南服务团研究室编

中国人民解放军西南服务团研究室，1949.8，128页，32开（云南参考资料）

本书分9章概述云南的土地、人口、伪政治机构、金融贸易、文化教育、少数民族、社会团体等情况。

收藏单位：重庆馆

亚洲史

12882

朝鲜"三·一"运动廿二周年纪念专号

朝鲜义勇队，[1941]，30页，32开

本书收文6篇，内容包括:《朝鲜三一运动略史》(北流)、《三一革命运动失败的教训》(王通)、《三一节感言》(李达)、《略谈三一当时与目前朝鲜形势》(韩志成)等。附《朝鲜独立宣言》。

收藏单位：广东馆、国家馆

12883

东南亚的民族解放运动　英文研究会编译

沈阳：东北新华书店，1949.8，68页，32开（国际翻译丛书）

本书记录越南、印尼、缅甸的人民反对帝国主义与殖民主义的斗争。

收藏单位：长春馆、重庆馆、吉林馆、山东馆

12884

民族革命途上之朝鲜

朝鲜义勇队，1939.3，38页，32开

本书内容包括：民族革命途上之朝鲜、中国七七抗战以来的朝鲜革命的运动概括、朝鲜义勇队成立宣言等。

收藏单位：浙江馆

12885

日本革命运动史话　狄卫惠编

上海：辰光书店，1946.4，85页，36开

本书共15部分，内容包括：从产业革命

到十二人的就义、“革命之父”片山潜、日本共产党的诞生、渡边政之辅之死、日本共产党的法庭斗争、市川正一的英勇斗争、“九一八”反战斗争、“七七”以后等。

收藏单位：长春馆、重庆馆、东北师大馆、广东馆、广西馆、桂林馆、国家馆、吉林馆、近代史所、辽宁馆、南京馆、山东馆、山西馆、上海馆、绍兴馆、首都馆、天津馆、浙江馆

12886
日本革命运动史话　民主报社汇编
民主报社，1948.7，118 页，32 开

收藏单位：宁夏馆

12887
日本革命运动史话　盐阜社编
苏北出版社，1945.7，80 页，64 开

收藏单位：南京馆

12888
日本革命运动史话　总政敌伪研究室编
[濮阳]：冀鲁豫书店，1945，52 页，32 开

收藏单位：国家馆

12889
日本革命运动史话　总政敌伪研究室编辑
山东新华书店，1945.4，93 页，64 开

本书共 15 部分。封面题名：日本革命史略。

收藏单位：重庆馆、国家馆、山东馆

12890
日本革命运动史话　总政敌伪研究室编
[涉县]：太行军区政治部，1944，52 页，32 开

本书共 15 部分，内容包括：从产业革命到十二人的就义、日本共产党的诞生、日本共产党的法庭斗争等。

收藏单位：国家馆、山东馆、山西馆

12891
日本革命运动史话　总政敌伪研究室编辑
[延安]：新华书店，1944，64 页，32 开

收藏单位：国家馆、中科图

12892
日本人的反战呼声　离骚出版社编
广州：离骚出版社，1938.2，48 页，32 开

本书共 7 部分，内容包括：现实的正义、日本国家的致命的弱点、爱正义爱祖国者的呼声、中国的胜利是全亚洲的曙光、一个伟大的日本弟兄、日本共产党给在华日本士兵诸君的号召等。书前有编者附言。

收藏单位：北碚馆、重庆馆、国家馆、江西馆、辽大馆、陕西馆、浙江馆

12893
“日本人反战同盟”在这样斗争着　日本人民解放联盟华北地方协议会宣传部编
[延安]：新华书店，1945.1，110 页，64 开

本书共 4 部分：用电话和日本士兵谈话、谢谢你的慰问袋、宣传工作座谈会、和日本士兵信件的来往。

收藏单位：国家馆

12894
日本人民的反战运动　宋斐如著
汉口：生活书店，1938.6，47 页，36 开（世界知识战时丛刊 6）

本书共 7 部分，内容包括：从对华侵略到反战运动、日俄战争当时的反战运动、日本士兵的反战运动、一般日本人民的反战运动、殖民地民众的反战运动等。

收藏单位：北碚馆、重庆馆、东北师大馆、广东馆、贵州馆、国家馆、吉林馆、江西馆、近代史所、南京馆、上海馆、首都馆

12895
日本战友在这样斗争着　第十八集团军总政敌工部编
[延安]：新华书店，1944.11，243 页，32 开

收藏单位：国家馆、近代史所、山东馆、山西馆

12896

印尼社会发展概观　王任叔著

上海：生活书店，1948.4，283页，22开（新世纪丛刊）

本书共10章，内容包括：印尼社会的简描、前殖民地时期印尼社会、荷兰统治下的印尼社会、印尼社会的结构、印尼民族构成及其民族运动、日本统治印尼社会的变质、印尼独立诸问题等。

收藏单位：北碚馆、重庆馆、东北师大馆、广西馆、国家馆、吉林馆、天津馆、浙江馆、中科图

12897

战斗中的新越南　麦浪著

新越南出版社，1948.8，106页，24开

本书共5部分："法国怎样统治越南""越共·越盟·独立解放""和贫困·饥饿·愚昧斗争""两条战线的斗争""越南独立斗争与东南亚弱小民族解放运动"。附《越南独立宣言》《胡志明致华侨兄弟书》《越南民主共和国宪法》《法越临时协定》。

收藏单位：重庆馆、广西馆、国家馆

12898

正义的呼声　沈钧儒　郭沫若等著

湄江出版社，1949.2，影印本，59页，25开

本书内容包括：向越南人民致敬、纪念越南革命三周年、越南抗战两周年等。

收藏单位：重庆馆、近代史所

欧洲史

12899

柏林之战　（苏）戈尔巴托夫（Борис Леонтьевич Горбатов）等著　苏中出版社编

苏中出版社，1945.6，62页，32开

本书著者原题：戈尔巴朵夫。

收藏单位：南京馆

12900

柏林之战

[濮阳]：冀鲁豫书店，[1945]，77页，32开

本书收文8篇，内容包括：《柏林之战》《西行漫记》《柏林市街战》等。

收藏单位：重庆馆、国家馆

12901

柏林之战

山东新华书店，[1945]，76页，32开

收藏单位：国家馆、山东馆

12902

动荡中的西班牙　刘群著

上海：读书生活出版社，1936.9，132页，32开（角半小丛书）

本书共5章：西班牙的经济情势、西班牙的社会层和政党、从共和革命到十月革命、联合战线运动的开展和胜利、法西斯叛乱和人民阵线的前途。

收藏单位：安徽馆、北碚馆、重庆馆、广东馆、国家馆、河南馆、湖南馆、南京馆、陕西馆、上海馆

12903

俄国革命画史

上海：亚洲艺学社，1929.11，2册，18开

本书收画172幅，主要说明了俄国革命的概况，内容包括：伏尔加船夫、俄国革命史提要、俄罗斯与俄皇政府、俄皇时代的农民生活等。

收藏单位：浙江馆

12904

俄国革命记实　（苏）托洛茨基（Лев Давидович Троцкий）著　周诠译

[上海]：人民出版社，1922，132页，32开

本书著者原题：托洛次基。伪装出版地题：广州。

收藏单位：国家馆、湖南馆、近代史所、上海馆、绍兴馆、首都馆、天津馆

12905
俄国革命史 （苏）托洛茨基（Лев Давидович Троцкий）著 王凡西 郑超麟译
春燕出版社，1948.6，再版，3 册（395+268+348 页），32 开
本书分 3 卷。第 1 卷共 23 章，内容为二月革命，卷后有《关于〈俄罗斯发展底特点〉一章的附录》《关于〈党底重新武装〉一章的附录》《关于〈苏维埃大会与六月示威〉一章的附录》；第 2—3 卷共 24 章，内容为十月革命，第 3 卷附《官僚传说》《一国建立社会主义么?》《关于不断革命论问题之历史的回顾》。
收藏单位：国家馆、黑龙江馆

12906
俄国革命史 （苏）托洛茨基（Лев Давидович Троцкий）著 王凡西 郑超麟译
历史研究社，1941.6，3 册（[24]+395+268+348 页），36 开
收藏单位：南京馆、上海馆

12907
俄国革命史（1905—1907）（苏）史列泼柯夫原著 潘文鸿译
上海：中外研究学会，1930.6，174 页，32 开（中外研究丛书）
收藏单位：国家馆

12908
俄国革命史概论 宗华著
南京：中国与苏俄杂志社，1934.10，60 页，32 开（中国与苏俄杂志社丛书 第 1 种）
本书共 6 部分，内容包括：十八世纪的农民革命、十二月党人的革命、民粹派运动、二月革命与十月革命等。书前有导言。
收藏单位：广西馆、国家馆、江西馆、南京馆、上海馆、首都馆、西南大学馆、浙江馆

12909
俄国革命运动史 瞿秋白著
新青年社，1927，再版，234 页
收藏单位：近代史所

12910
俄国革命运动史 （日）山内封介著 卫仁山译
上海：太平洋书店，1928.10，1 册，32 开
上海：太平洋书店，1929.2，再版，1 册，32 开
本书分 5 卷叙述 18 世纪中期普加乔夫起义至 1917 年十月革命时期的俄国革命运动史。书前有著者自序、译者序。
收藏单位：重庆馆、国家馆、河南馆、湖南馆、近代史所、南京馆、上海馆、浙江馆、中科图

12911
二十年的苏联 沈志远 张仲实编著
上海：生活书店，1937.11，216 页，32 开
上海：生活书店，1938.3，3 版，216 页，32 开
上海：生活书店，1938.5，再版，216 页，32 开
上海：生活书店，1938.10，5 版，216 页，32 开
本书共 11 章：到十月之路、布列斯特和约和国内战争、战时共产主义、新经济政策、第一个五年计划、第二个五年计划、新宪法、社会生活、大众的物质文化生活、民族政策、国防。前 4 章是沈志远执笔，后 7 章是张仲实执笔。书前有张仲实序。
收藏单位：安徽馆、北碚馆、重庆馆、东北师大馆、广东馆、广西馆、贵州馆、国家馆、黑龙江馆、湖南馆、吉林馆、江西馆、近代史所、南京馆、内蒙古馆、上海馆、首都馆、天津馆、西南大学馆、浙江馆

12912
哈尔科夫
莫斯科：外国文书籍出版局，1943，27 页，25 开
本书共 6 部分，内容包括：最高总司令命令、哈尔科夫争夺战、乌克兰第二京都等。
收藏单位：重庆馆、国家馆、南京馆、上海馆、首都馆

12913
捷克的民族解放运动 （捷）勃拉尼克著 魏文涛译
大连：大众书店，1946.5，20页，32开（国际知识小丛书5）
大连：大众书店，1946，再版，20页，32开（国际知识小丛书5）
收藏单位：重庆馆、东北师大馆、国家馆、南京馆、山东馆、浙江馆

12914
近世欧洲革命史 陈叔谅撰述
上海：商务印书馆，1929.8，192页，32开（新时代史地丛书）
本书叙述18世纪至20世纪20年代的欧洲革命史，共9章，内容包括：法兰西革命、反动时代及其革命运动、一八四八年革命及其后、德意志民族统一运动与法国第三共和、俄国革命与巴尔干之民族运动、一九一七年之俄国革命及其后、世界大战后欧洲之革命运动等。
收藏单位：安徽馆、北碚馆、重庆馆、东北师大馆、广西馆、贵州馆、国家馆、黑龙江馆、湖南馆、江西馆、辽东学院馆、绍兴馆、首都馆、天津馆、西南大学馆

12915
论苏德战争 屈武著
重庆：中苏文化协会编译委员会，1944.2，118页，32开（中苏文化协会编译委员会丛书）
重庆：中苏文化协会编译委员会，1944.8，再版，118页，36开（中苏文化协会编译委员会丛书）
本书共6部分：苏德战争之爆发、德军对苏联闪电战失败之原因、苏军冬季攻势、苏军夏季攻势、德军从苏联战场节节败退、胜负已决之苏德战局。书前有孙科序、徐培根序。
收藏单位：北碚馆、重庆馆、国家馆、吉林馆、近代史所、南京馆

12916
论苏德战争及其他 周恩来著
青鸟出版社，1941.8，43页，32开
本书共4部分：论苏德战争及反法西斯斗争、民族至上与国家至上、论日本的两面政策、“七七”四年。附《“七七”四周年宣言》。
收藏单位：吉林馆、南京馆

12917
论苏联 苏华著
上海：新知书店，1946.6，57页，32开（社会科学读本 第1辑5）
上海：新知书店，1947.10，东北版，57页，36开
上海：新知书店，1947，东北版，39页，32开
哈尔滨：新知书店，1947，39页，32开
本书共10章，内容包括：十月社会主义大革命、在反对外国武装干涉和国内战争时期的布尔塞维克党、新经济政策、第一个五年计划与社会主义之实现等。
收藏单位：长春馆、重庆馆、东北师大馆、福建馆、广东馆、国家馆、吉林馆、山东馆、上海馆、绍兴馆、首都馆、天津馆、西南大学馆

12918
邵大使归国话苏联 中苏文化协会晋东南分会辑
华北新华书店，[1942]，22页，64开
本书为1942年11月15日邵力子在重庆中苏文协欢迎会上的演说。
收藏单位：国家馆

12919
十月革命的经验与中国抗战 林伯渠 凯丰等著
重庆：新华日报馆，1938.12，110页，32开（新群丛书21）
重庆：新华日报馆，1939.2，再版，110页，32开（新群丛书21）
本书收文11篇，内容包括：《庆祝十月革命二十一周年》（《新华日报》社论）、《在中华民族解放斗争严重阶段庆祝苏联十月革命二十一周年》（林祖涵）、《庆祝苏联建国

二十一周年》（艾寒松）、《今年苏联国民经济的发展》（许涤新）等。附《驳覆对十月革命历史的歪解》（吴克坚）。著者“林伯渠”原题：林祖涵。

收藏单位：北碚馆、重庆馆、东北师大馆、国家馆、吉林馆、近代史所、山西馆、天津馆、武大馆、浙江馆

12920

世界革命与苏联 （美）佛劳林斯基（M. T. Florinsky）原著　董霖译述

上海：商务印书馆，1935.6，213+23 页，32 开

上海：商务印书馆，1937.2，再版，213+23 页，32 开

本书评价苏联对世界革命的态度和政策等，论述与世界革命问题有关的理论及实际政策。共 6 章，内容包括：世界革命的理论、低潮、新理论的国际意义等。

收藏单位：重庆馆、东北师大馆、贵州馆、国家馆、河南馆、黑龙江馆、湖南馆、江西馆、近代史所、辽大馆、辽宁馆、南京馆、宁夏馆、上海馆、浙江馆

12921

斯大林格拉

莫斯科：外国文书籍出版局，1943，116 页，25 开

本书内容包括苏联情报部发表的公报以及反映斯大林格拉可歌可泣英勇战斗事迹的论文、报告、通讯等。

收藏单位：北碚馆、重庆馆、国家馆、南京馆

12922

苏德战争与中国外交座谈会　中苏文化协会编

重庆：中苏文化协会，1941，60 页，30 开

本书内容包括：《主席报告》（王昆仑）、《文摘社座谈会记录》（张志让）、《苏联抗德战争形势》（郭沫若）、《苏德战争与日本动向》（石西民）等。

收藏单位：重庆馆

12923

苏俄政府告中国人民废除不平等条约电文译稿

出版者不详，[1919—1949]，9 张，26cm×30cm

收藏单位：国家馆

12924

苏联的力量 （苏）米海洛夫著　继纯译

中苏文化协会编译委员会，1946.2，157 页，32 开（中苏文化协会编译委员会丛书）

本书分 6 章叙述苏联人民是如何战胜德国，赢得战争的。

收藏单位：重庆馆、南京馆

12925

苏联国内战争史（第 2 卷 伟大无产阶级革命 1917.10—1917.11） [（苏）高尔基（Максим Горький）等编辑]

莫斯科：外国文书籍出版局，1944，699 页，25 开，精装

本书共 9 章，内容包括：危机成熟了、组织冲击、彼得格拉武装起义底准备、彼得格拉起义、第二次全俄苏维埃代表大会、反苏维埃叛乱之肃清等。书后有索引。

收藏单位：重庆馆、东北师大馆、国家馆、黑龙江馆、近代史所、辽大馆、辽东学院馆、南京馆、内蒙古馆、山东馆、山西馆、上海馆

12926

苏联建国史　吴清友编著

上海：商务印书馆，1937.11，282 页，32 开（新时代史地丛书）

本书共 5 章：总论（俄罗斯帝国之兴起和没落）、二月革命前的俄罗斯、苏联之诞生、国内战争与新经济政策、“五年计划”时期中的苏联。书前有编者序。书后有参考书目。

收藏单位：北碚馆、重庆馆、东北师大馆、广东馆、贵州馆、国家馆、湖南馆、南京馆、宁夏馆、西南大学馆

12927

苏联建国史　西门宗华著

重庆：商务印书馆，1942.11，85 页，32 开（中苏文化协会社会科学丛书）
[赣县]：商务印书馆，1943.4，赣 1 版，85 页，32 开（中苏文化协会社会科学丛书）
重庆：商务印书馆，1944，再版，85 页，36 开（中苏文化协会社会科学丛书）

本书分上、下两编叙述自十月革命至第三个五年计划时期的苏联史。上编为革命建国，下编为经济建设。书前有著者自序。

收藏单位：北碚馆、重庆馆、广东馆、广西馆、贵州馆、国家馆、湖南馆、近代史所、南京馆、宁夏馆、上海馆、绍兴馆、西南大学馆

12928
苏联历史讲话　（苏）A. 舍斯达柯夫编　张仲实译
读者书店，1945，201 页，32 开

收藏单位：重庆馆

12929
苏联历史讲话　（苏）A. 舍斯达柯夫编　张仲实译
[重庆]：生活书店，1939.3，[11]+313 页，32 开（苏联研究丛刊 第 1 种）

本书共 15 章，内容包括：我们的祖国在太古的时候、基也辅国、俄罗斯民族国家的成立、俄罗斯国家的扩充等。从古代原始社会讲至 1936 年 12 月颁布新宪法。书前有译者序言、绪言。

收藏单位：北碚馆、重庆馆、东北师大馆、广东馆、广西馆、贵州馆、国家馆、南京馆、内蒙古馆、宁夏馆、山西馆、上海馆、首都馆

12930
苏联历史讲话　（苏）A. 舍斯达柯夫编　张仲实译
[阳城]：太岳新华书店，1947.9，213 页，32 开

收藏单位：重庆馆、国家馆、山东馆

12931
苏联历史学界诸论争解答　侯外庐著
重庆：建国书店，1945.8，198 页，32 开（中苏文化协会研究委员会研究丛书 1）

本书是关于历史发展规律的研究，共 4 部分：关于社会发展史指导律的问题、关于亚细亚古代社会法则的问题、关于亚细亚生产方法适用于古代中国的问题、关于苏联新社会发展法则的问题。附《关于社会主义生产关系与生产力适应的论争》。书前有著者自序。

收藏单位：北碚馆、重庆馆、广西馆、国家馆、吉林馆、近代史所、上海馆、首都馆

12932
苏联历史学界诸论争解答　侯外庐著　中苏文化协会研究委员会编辑
上海：建国书店，1946.4，198 页，32 开（中苏文化协会研究委员会研究丛书 1）

收藏单位：长春馆、重庆馆、广西馆、国家馆、南京馆、上海馆、绍兴馆、西南大学馆、中科图

12933
苏联内战史　（苏）拉比诺维契著　胡明译
重庆：读书生活出版社，1939.12，[13]+433 页，32 开

本书共 8 章，内容包括：无产阶级革命和苏维埃政权胜利的行进、内战和一九一八年协约国干涉的开始等。附《战斗和胜利的指标》。

收藏单位：北碚馆、重庆馆、东北师大馆、广东馆、贵州馆、国家馆、黑龙江馆、南京馆、上海馆、首都馆、中科图

12934
苏联人民在列宁—斯大林旗帜下向胜利前进（一九四四年一月二十一日在列宁逝世第二十周年纪念大会上的报告）（苏）谢尔巴科夫著
莫斯科：外国文书籍出版局，1944，12 页，25 开

收藏单位：东北师大馆、国家馆、南京馆

12935
苏联是怎样成长强大的 （苏）哥罗德茨基等著 胡明编译
上海：光华书店，1946.4，218 页，32 开
大连：光华书店，1948.5，285 页，32 开
哈尔滨：光华书店，1948.9，285 页，32 开
本书分 62 节叙述自基辅公国至 1946 年 2 月的苏联史。
收藏单位：长春馆、重庆馆、东北师大馆、广西馆、国家馆、黑龙江馆、山东馆、山西馆、上海馆

12936
苏联是怎样成长强大的（简明苏联历史讲话自远古至 1946 年 2 月底）（苏）哥罗德茨基等著 胡明编译
朝城：冀鲁豫书店，1947.8，188 页，32 开
收藏单位：重庆馆、国家馆、天津馆

12937
苏联是怎样成长强大的（简明苏联历史讲话自远古至 1946 年 2 月底）（苏）哥罗德茨基等著 胡明编译
[邢台]：太行群众书店，1947，227 页，32 开
收藏单位：重庆馆、国家馆、山西馆、天津馆

12938
苏联外交部公布第二次世界大战前夜的文件和材料（第 2 卷 1938—1939） 狄克逊存件
莫斯科：外国文书籍出版局，1948，253 页，32 开，精装
收藏单位：广东馆

12939
苏联游击队 （苏）沃林著
莫斯科：外国文书籍出版局，1943，56 页，36 开
本书共 6 部分："苏联底光荣爱国志士""几点历史引证""游击战争底实质是什么""几个总结""遍地火焰，使侵略者不能立足""苏联人民是不可战胜的"。
收藏单位：重庆馆

12940
苏联怎样冲破帝国主义的包围 陈豪著
汉口：黎明书局，1938.4，62 页，32 开
本书共 4 部分：十月革命与帝国主义、帝国主义对苏联的围攻、从封锁到承认、苏联革命之经验与教训。书前有著者自序。
收藏单位：北碚馆、重庆馆、广东馆、广西馆、贵州馆、国家馆、黑龙江馆、江西馆、近代史所、南京馆、内蒙古馆、山西馆、上海馆、西南大学馆、中科图

12941
苏联职工运动史讲义 （苏）马尔科夫讲 傅也俗译
[北平]：中华全国总工会干部学校昆明学生联合会，[1949]，309 页，36 开
本书共 12 章，内容包括：俄国工会的产生和发展的特点、职工会运动在反动年代中和第一次世界大战时期工人运动之高涨、职工会和工厂委员会在准备十月社会主义革命时期等。书前有绪论。
收藏单位：国家馆

12942
苏联状况大纲 赵文炳编
中央军事政治学校政治部，1927，63 页，32 开（政治讲义）
本书共 3 讲：革命前之政治与革命运动、军事共产时期与新经济政策、苏维埃政府之内政与外交。
收藏单位：广东馆、湖南馆、宁夏馆、浙江馆

12943
苏维埃政权底诞生（国内战争史第二卷第四和第五章） 东北中苏友好协会编
东北中苏友好协会，1945.12，143 页，32 开
本书共 10 部分，内容包括：在反革命司令部中、在革命司令部中、克伦斯基之逃走、包围冬宫、占领冬宫、第二次全俄苏维埃代表大会等。书后有书报索引。封面及版权页

题名：苏维埃政权的诞生。

收藏单位：东北师大馆

12944

苏维埃政权底诞生（国内战争史第二卷第四和第五章）

莫斯科：外国文书籍出版局，1943，104 页，25 开

收藏单位：北碚馆、重庆馆、国家馆、辽大馆、辽宁馆、南京馆、上海馆、天津馆

12945

西班牙的斗争　（德）若克尔（R. Rocker）著　巴金译

平明书店，1938.4，3 版，26 页，32 开（西班牙问题研究小丛书 1）

平明书店，1939.4，改订 5 版，27 页，32 开（西班牙问题研究小丛书 1）

本书揭示西班牙斗争真相，批驳某些报刊歪曲西班牙斗争情况的报道。

收藏单位：重庆馆、广东馆、国家馆

12946

西班牙的斗争　（德）若克尔（R. Rocker）著　巴金译

旧金山：平社出版部，1937.10，25 页，32 开（西班牙问题研究小丛书 1）

收藏单位：北碚馆、重庆馆、国家馆、浙江馆

12947

西班牙的新军队是怎样建立的　（英）贝茨（Ralph Bates）著　金仲华译

汉口：生活书店，1938.4，汉版，42 页，36 开（世界知识战时丛刊 3）

汉口：生活书店，1938.5，粤再版，42 页，32 开（世界知识战时丛刊 3）

本书共 5 部分：一个军队诞生了、第五联队的成立、第五联队的消灭、统一指挥的产生、尼格林政府的重要性。书前有译者序。

收藏单位：安徽馆、北碚馆、重庆馆、广西馆、贵州馆、国家馆、湖南馆、吉大馆、江西馆、近代史所、南京馆、内蒙古馆、山西馆、上海馆

12948

西班牙与土耳其　英文研究会编译

沈阳：东北新华书店，1949.8，89 页，32 开（国际翻译丛书）

本书收文 14 篇，内容包括：《西班牙人民将重获自由》《争取独立民主西班牙的斗争》《美国反动派与佛朗哥西班牙》《马歇尔化的土耳其》《土耳其的外交政策》等。

收藏单位：长春馆、重庆馆、东北师大馆、山东馆

12949

希特勒的末日　（德）戈尔加尔特·伯列多著　祖佑译

哈尔滨：光华书店，1948.7，80 页，32 开（光华丛刊）

本书系一个德国宪兵上尉讲述的《帝国办公厅的末日》一书的摘要。

收藏单位：长春馆、东北师大馆、国家馆、辽大馆、南京馆、上海馆、天津馆

12950

一九〇五年至一九〇七年俄国革命史　（苏）史列泼柯夫著　潘文鸿译

上海：中外研究学会，1929.9，170 页，32 开（中外研究丛书）

上海：中外研究学会，1930，再版，120 页，32 开（中外研究丛书）

本书共 5 章：革命前的俄国、革命的经过、一九〇五年革命中的各阶级、革命中的社会民主党、结论。

收藏单位：重庆馆、国家馆、湖南馆、南京馆、上海馆、首都馆

12951

在列宁—斯大林旗帜之下我们定会胜利（一九四三年一月二十一日在列宁逝世第十九周年纪念大会上的报告）（苏）谢尔巴科夫［著］

莫斯科：外国文书籍出版局，1943，24 页，42 开

本书内容包括：苏联底军事状况、在保卫

祖国战争中的苏联后方、苏联牢不可破的精神和力量之来源等。

收藏单位：国家馆、南京馆

12952

怎样把日本武装干涉者赶出了远东 八路军抗日战争研究会编选处编辑

［延安］：八路军军政杂志社，1939.8，92页，32开（抗日参考丛书）

本书内容包括：远东武装干涉的开始、给武装干涉者们效劳的捷克军等。

收藏单位：国家馆、山西馆

12953

怎样把日本武装干涉者赶出了远东 （苏）古柏尔曼著 常彦卿译

重庆：读书生活出版社，1940.4，92页，32开

收藏单位：北碚馆、重庆馆、东北师大馆、广西馆、国家馆、湖南馆、吉林馆、近代史所、南京馆、上海馆、首都馆

12954

战时的苏联 梁纯夫编译

重庆：五十年代出版社，1942.8，[22]+256页，32开

本书介绍战时苏联经济动员、人民奋勇参战、民族团结、宗教问题、科学与文化艺术、军队及敌后游击战争、列宁格勒保卫战和战时莫斯科等各方面的情况。书前有编译者长序。

收藏单位：北碚馆、重庆馆、东北师大馆、广东馆、国家馆、山西馆、上海馆、西南大学馆、浙江馆

传　记

12955

李卜克内西纪念 李特等著

［上海］：人民出版社，[1921—1923]，44页，32开

本书内容包括：发刊旨趣、李卜克内西传、卢森堡传、德国斯巴达卡司团宣言、悼李卜克内西与卢森堡等。伪装出版地题：广州。

收藏单位：国家馆

12956

列李卢逝世纪念提纲 蒋明理著 冯定国主编

上海：晓星书店，1933.1，36页，32开（苏联研究丛书4）

“列李卢”即列宁、李卜克内西、卢森堡。

收藏单位：国家馆

12957

全世界共产党领袖奋斗史

万象出版社，[1930—1949]，16页，36开

本书介绍毛泽东、斯大林、多列士、季米特洛夫、帕拉斯底斯的生平与事业。

中国人物传记

12958

哀思录

出版者不详，[1925]，3册，13开

本书为苏门答腊岛火水山全体华侨追悼会刊，共3部分：祭文、挽联、纪事。附《孙先生制定建国大纲宣言》《孙先生三民主义演说》《孙先生五权宪法讲演录》。书前有《孙中山事略》（张集成）。

收藏单位：南京馆、上海馆、西交大馆、浙江馆

12959

爱国杀敌英雄王克勤 袁克忠 高帆摄 人民画报社编

晋冀鲁豫军区政治部，1947.8，20页，13cm×17cm

本书收照片20幅，每幅有说明文字。书前有刘伯承题词。

收藏单位：国家馆

12960
八路军的英雄与模范（第1辑） 第十八集团军总政治部宣传部编
第十八集团军总政治部宣传部，1944，173页，32开
本书收文19篇，内容包括:《青年连长刘顺清》《模范支书王永前》《埋头苦干的孙耀忠同志》等。
收藏单位：国家馆

12961
八路军的英雄与模范（第1辑） 第十八集团军总政治部宣传部编
[佳木斯]：东北书店，1946.10，114页，32开
[佳木斯]：东北书店，1947.10，114页，32开
收藏单位：长春馆、重庆馆、东北师大馆、国家馆、吉大馆、吉林馆、辽宁馆、宁夏馆、天津馆

12962
八路军将领列传 赵轶琳编著
上海：自力出版社，1937.11，64页，36开（抗战小丛书3）
本书收朱德、彭德怀、贺龙、项英、刘伯承、徐向前6位八路军重要将领的生平事迹。书前有著者前言。书后有八路军将领剪影等。
收藏单位：国家馆、浙江馆

12963
八路军抗战烈士纪念册 十八集团军政治部宣传部编辑
[延安]：十八集团军政治部，1942.5，171页，32开
收藏单位：北碚馆、国家馆

12964
八路军七将领 刘白羽 白余杞著
上海：上海杂志公司，1938.3，94页，32开（战地生活丛书第1种）
本书收朱德、任弼时、林彪、彭德怀、彭雪枫、贺龙、萧克7位将领的生平事迹。
收藏单位：国家馆、华东师大馆、近代史所、南京馆、浙江馆

12965
兵 太岳新华书店编
[阳城]：太岳新华书店，1946.12，23页，32开
收藏单位：国家馆

12966
参战英雄录 冀鲁豫区后方总指挥部编
战友报社，1947.5，41页，32开（参战丛书第1辑）
本书共4部分：人民功臣、参战英雄、模范工作者、附录。
收藏单位：国家馆、河南馆、近代史所

12967
超过计划 曾延伟等著
[阳城]：太岳新华书店，1947.4，65页，32开
本书为四纵队特种兵的英雄事迹，内容包括：超过计划、卫生员的榜样、火线下的通讯英雄、投弹组长等。
收藏单位：国家馆、河南馆

12968
陈独秀评论 陈东晓编
北平：东亚书局，1933.3，[18]+256页，25开
本书收文26篇，内容包括:《陈独秀案》（傅斯年）、《论陈独秀主义》（蔡和森）、《陈独秀与文学革命》（胡适）、《陈独秀被捕事件》（《世界日报》社评）、《陈独秀引渡以后》（《广州日报》社论）、《论陈独秀》（老憨）等。附《陈独秀案起诉书》。书前有编者自序。
收藏单位：重庆馆、国家馆、湖南馆、南京馆、上海馆、浙江馆

12969
陈独秀先生辩诉状 陈独秀著
出版者不详，[1933.2]，14页，32开

1932年10月15日，陈独秀在上海公共租界被捕，随即移送司法审判。公诉人根据《危害民国紧急治罪法》相关条款，认定陈独秀构成危害民国罪。陈独秀认为自己无罪，“罪在于维护工农大众利益而开罪于国民党而已”。本书为陈独秀自撰的辩诉状。

12970
陈毅市长自传
人民出版社，[1940—1949]，16页，32开
本书记述陈毅的一生，内容包括：在成都甲种工校时代、读兵书、做旧诗、官费留法、离开家乡、到上海等。
收藏单位：上海馆、浙江馆

12971
陈毅小传
革新出版社，[1911—1949]，16页，36开
本书简要介绍陈毅的经历。
收藏单位：国家馆、宁夏馆、上海馆

12972
大时代人物 张寒青编译
上海：大时代书局，1938.4，142页，32开（大时代人物丛书）
本书收人物传记20篇，内容包括：《八路军政治领袖毛泽东》《八路军总指挥朱德将军》《八路军副总指挥彭德怀将军》等。书前有编译者自序。
收藏单位：重庆馆、国家馆

12973
悼鲁迅 伧夫主编
上海：中国出版社，1936.10，118页，32开
本书收邹韬奋、胡愈之、曹聚仁、柯灵等人悼念鲁迅的文章42篇。书前有《鲁迅略历》。
收藏单位：广西馆、国家馆、南京馆、宁夏馆、首都馆

12974
邓演达先生行述 中华论坛社编辑
[重庆]：中华论坛社，1945.11，34页，32开
本书共两部分：邓演达先生传略、邓演达先生的生活。
收藏单位：重庆馆、国家馆、南京馆、上海馆、西南大学馆、浙江馆

12975
第八路军的干部人物剪影 辛克莱著
战时出版社，[1937—1945]，90页，32开（战时小丛刊28）
本书介绍毛泽东、朱德、彭德怀、周恩来、林彪、刘子丹等人。
收藏单位：重庆馆、东北师大馆、广西馆

12976
丁玲在西北 清华译
新闻研究社，1938.5，64页，36开
本书反映丁玲在西北的工作情况及日常生活，收报道两篇:《丁玲在西北》（L. Lusun）、《丁玲访问记》（江横）。
收藏单位：国家馆、近代史所

12977
丁玲在西北 史天行编
汉口：芒种书屋，1938.5，3版，75页，32开
本书共两部分，第1部分收关于丁玲在西北工作的报道4篇:《最近的丁玲》（Earl H.Leaf作，明森摘译）、《集体创作和丁玲》（任天马）、《丁玲领导的战地服务团——由延安到太原》（惠漪）、《和丁玲一齐在前线》（靳明）；第2部分收丁玲的著作4种:《文艺在西北新区》（散文）、《七月的延安》（新诗）、《重逢》（独幕话剧）、《游击生活》（书信）。书前有作者小言。
收藏单位：安徽馆、重庆馆、贵州馆、国家馆、辽大馆、南京馆、内蒙古馆、上海馆、浙江馆

12978
东北抗日烈士传 王亚编
大众书店，[1936—1949]，131页，32开
本书内容包括：邓铁梅烈士传略、吉鸿昌烈士传略、烈士杜国邦营长殉国纪略、七烈

士合传等。

收藏单位：东北师大馆、国家馆、黑龙江馆

12979

独胆英雄们 林平编

大连：大众书店，1948，45 页，32 开

收藏单位：辽宁馆

12980

对胡宗南的初步研究 中共晋察冀中央局联络部编

中共晋察冀中央联络局，1946.8，13 页，32 开

本书共 6 部分，内容包括：胡之略历、胡的干部政策、胡与国民党内各派系之矛盾等。

收藏单位：山西馆

12981

二十年来的经历 邹韬奋著

出版者不详，[1937—1944]，302 页，32 开

本书内容包括：永不能忘的先生、工程师的幻想、大声疾呼的国文课、课外阅读、写作的尝试、新闻记者的作品、英文的学习、修身科的试卷、幻想的消失、青年老学究等。著者原题：韬奋。

收藏单位：国家馆、吉大馆

12982

二纵队烈士传（第 1 册） 中国人民解放军西北集团军第二纵队政治部编

中国人民解放军西北集团军第二纵队政治部，1948.3，87 页，32 开

本书内容包括：悼坚定不移的王子良同志、在紧急情况下的王子明同志、挺身救友邻、王老虎等。

收藏单位：重庆馆、国家馆、吉大馆、南京馆、山西馆

12983

翻身运动与翻身英雄 太行二届群英大会编辑委员会编

[邢台]：太行群众书店，1947.1，68 页，32 开（太行二届群英大会丛书 2）

本书收效泉、彦荣、张建峰、鲁光、许锐等人的论述十余篇，共两部分：翻身运动综合研究、翻身英雄典型材料。

收藏单位：国家馆、南京馆、山东馆、中科图

12984

反正前后 郭沫若著

上海：复兴书局，1936.10，复兴再版，211 页，32 开

本书为郭沫若自传。

收藏单位：重庆馆、广东馆、广西馆、吉大馆、辽宁馆、上海馆、首都馆、天津馆、浙江馆

12985

反正前后 郭沫若著

上海：立社出版部，1929，211 页，32 开（当代作家创作文库）

上海：立社出版部，1939.3，167 页，32 开（当代作家创作文库）

收藏单位：广东馆、广西馆、国家馆、吉林馆、宁夏馆、上海馆、首都馆

12986

反正前后 郭沫若著

上海：现代书局，1929.8，211 页，32 开

收藏单位：北碚馆、重庆馆、东北师大馆、广东馆、广西馆、国家馆、辽大馆、南京馆、上海馆、西南大学馆、浙江馆、中科图

12987

反正前后 郭沫若著

重庆：作家书屋，1943.4，228 页，32 开

收藏单位：重庆馆、贵州馆、国家馆、吉林馆、内蒙古馆、陕西馆、天津馆

12988

飞延遇难诸先生事略 中共代表团编

中共代表团，1946.4，17 页，24 开

本书收纪念王若飞、叶挺、黄齐生、秦邦宪、邓发、李绍华等人的文章。

收藏单位：重庆馆、贵州馆、国家馆

12989
冯玉祥将军纪念册 中国国民党革命委员会编
香港：嘉华印刷有限公司，1948 印，168 页，32 开
本书介绍冯玉祥将军的家世、幼年生活和从入伍直至入川平息兵变的军旅生涯，以及从“首都革命”到五原誓师、豫东大战，直至完成北伐的经历及军事活动等。
收藏单位：国家馆、浙江馆

12990
革命春秋 郭沫若著
上海：海燕书店，1947.5，437 页，25 开
上海：海燕书店，1949.7，2 版，437 页，25 开
本书系著者自传第 2 卷，收著者 1914—1927 年间的作品 4 部：《学生时代》《创造十年》《创造十年续篇》《北伐途次》。
收藏单位：重庆馆、国家馆、山西馆、上海馆、首都馆、天津馆、中科图

12991
革命先烈集（第 1 辑） 广州先导社编
广州先导社，1935.7，120 页，32 开
本书收辛亥革命烈士 42 人传记，内容包括：史坚如烈士、秋瑾烈士、徐锡麟烈士、陆皓东烈士、吴樾烈士、林觉民烈士等。
收藏单位：广西馆、国家馆、湖南馆、上海馆

12992
革命战士集（第 1 册） 中华全国总工会编
出版者不详，1926，51 页
收藏单位：近代史所

12993
革命之子 [徐懋庸著]
哈尔滨：鲁迅文化出版社，1948，53 页，36 开（青年读物）
收藏单位：东北师大馆、广东馆

12994
关于廖承志被捕档案 柳亚子辑
出版者不详，1933，剪报粘贴本，1 册
本书为《时事新报》《申报》《民报》剪报资料。
收藏单位：国家馆

12995
关于瞿秋白烈士殉国案 柳亚子辑
出版者不详，[1935]，1 册，16 开
本书内容包括剪报 8 页、抄本 8 页。
收藏单位：国家馆

12996
光明大路 王一凡撰
解放军政治部，[1946—1949]，石印本，8 页，32 开
本书记述 1946 年 8 月 10 日蒋介石亲卫纵队第十五纵队队长王一凡于山东南泉举义的经过。
收藏单位：国家馆

12997
光荣壮举
济南：朝阳书社，[1945—1949]，12 页，32 开
本书记述抗日战争时期莫正民在党的政策感召下率部举义的经过。
收藏单位：国家馆

12998
汉奸刽子手曾国藩 范文澜著
华中新华书店，1944.9，23 页，32 开
收藏单位：南京馆、上海馆

12999
汉奸刽子手曾国藩 范文澜著
[上海]：希望书店，1946.10，25 页，32 开
收藏单位：重庆馆、东北师大馆、国家馆、上海馆

13000
汉奸刽子手曾国藩的一生 陈伯达著
[无锡]：苏南新华书店，1949.6，24 页，32

开

收藏单位：国家馆、辽宁馆

13001
汉奸刽子手曾国藩的一生　范文澜著
[佳木斯]：东北书店，1946.8，30页，32开
哈尔滨：东北书店，1947，再版，32页，32开

收藏单位：长春馆、东北师大馆、国家馆、吉林馆、近代史所、辽宁馆、南京馆、宁夏馆、上海馆、天津馆

13002
汉奸刽子手曾国藩的一生　范文澜著
华东新华书店，1948.10，33页，32开
华东新华书店，1949.4，再版，33页，32开

收藏单位：安徽馆、重庆馆、国家馆、河南馆、吉林馆、南京馆、内蒙古馆、山东馆、上海馆、绍兴馆、首都馆、天津馆、西南大学馆、云南馆

13003
汉奸刽子手曾国藩的一生　范文澜著
[濮阳]：冀鲁豫书店，1945.7，48页，64开

收藏单位：国家馆

13004
汉奸刽子手曾国藩的一生　范文澜著
[兴县]：抗战日报社，1946.1，31页，32开

收藏单位：重庆馆、国家馆、宁夏馆、山西馆

13005
汉奸刽子手曾国藩的一生　范文澜著
西安：西北新华书店，1949.6，30页，32开

收藏单位：重庆馆、国家馆、山东馆、上海馆

13006
汉奸刽子手曾国藩的一生　范文澜著
新华书店，1944.9，37页，32开
新华书店，1945.1，41页，48开（中国近代史稿1）
上海：新华书店，1949.7，32页，32开

收藏单位：国家馆、湖南馆、华东师大馆、近代史所、山东馆、绍兴馆、天津馆

13007
汉奸刽子手曾国藩的一生　范文澜著
张家口：新华书店晋察冀分店，1945.11，39页，32开

收藏单位：国家馆、南京馆、内蒙古馆、山西馆

13008
汉奸刽子手曾国藩的一生　范文澜著
[延安]：中共西北局，1948，30页，36开

收藏单位：重庆馆

13009
汉奸刽子手曾国藩的一生　范文澜著
[香港]：中国灯塔出版社，1946，42页，64开

收藏单位：吉林馆、宁夏馆、山西馆、上海馆

13010
红花冈四烈士传　革命纪念会编辑
上海：民智书局，1927.9，54页，22开
上海：民智书局，1930.4，2版，54页，22开

本书收清末因暗杀清朝官吏而牺牲，埋葬在广州城外红花冈的温生才、林冠慈、陈敬岳、钟明光的小传。

收藏单位：重庆馆、东北师大馆、复旦馆、广西馆、桂林馆、国家馆、吉林馆、上海馆、西交大馆

13011
红军四杰　（美）斯诺（Edgar Snow）著　郭文彬译
广州：新民书局，1938，126页，32开

本书分章介绍毛泽东、朱德、彭德怀、周恩来的生平和言行。著者原题：史诺。

收藏单位：浙江馆

13012
红军四杰 （美）斯诺（Edgar Snow）著 郭文彬编译
一心书店，1938.4，126页，32开
收藏单位：北碚馆、贵州馆、南京馆

13013
华北区各省市人民政府暨各专区专员级以上干部名册 华北人民政府民政部编
华北人民政府民政部，1949，43页，16开
收藏单位：国家馆

13014
华北区专员县长暨京津两市区长名册 华北人民政府民政部编
华北人民政府民政部，1949，27页，16开
收藏单位：国家馆

13015
划时代的转变 郭沫若著
上海：现代书局，1929.8，改版，213页，32开
上海：现代书局，1931，再版，211页，32开（当代作家创作文库）
上海：现代书局，1932.5，3版，211页，32开（当代作家创作文库）
收藏单位：重庆馆、东北师大馆、广东馆、国家馆、湖南馆、吉林馆、上海馆、首都馆、浙江馆、中科图

13016
划时代的转变 郭沫若著
上海：现代书屋，1946.4，167页，32开
上海：现代书屋，1947.4，167页，32开
收藏单位：重庆馆、广东馆、江西馆、南京馆、内蒙古馆、宁夏馆、陕西馆、首都馆、天津馆、浙江馆、中科图

13017
患难余生记 邹韬奋著
[佳木斯]：东北书店，1946.11，77页，32开
本书共3章：流亡、离渝前的政治形势、进步文化的遭难。
收藏单位：安徽馆、长春馆、东北师大馆、国家馆、吉林馆、辽宁馆、山东馆、天津馆

13018
患难余生记 邹韬奋著
胶东新华书店，1946.5，86页，32开
收藏单位：重庆馆、山东馆

13019
患难余生记 邹韬奋著
晋察冀新华书店，1947.11，再版，94页，32开
收藏单位：国家馆、山东馆、天津馆

13020
患难余生记 邹韬奋著
琅琊书屋，1946，158页，32开
收藏单位：重庆馆、山东馆

13021
患难余生记 邹韬奋著
[安东（丹东）]：辽东建国书社，1946.6，74页，32开
收藏单位：安徽馆、东北师大馆、广东馆、国家馆、吉大馆、内蒙古馆

13022
患难余生记 邹韬奋著
山东新华书店，1946.5，82页，36开
山东新华书店，1948.7，再版，113页，32开
收藏单位：重庆馆、国家馆、湖南馆、南京馆、山东馆、上海馆、天津馆

13023
患难余生记 邹韬奋著
上海：生活·读书·新知联合发行所，1949.7，120页，32开（韬奋著作集）
上海：生活·读书·新知三联书店，1949，再版，120页，32开（韬奋著作集）
收藏单位：重庆馆、吉林馆、天津馆

13024
患难余生记 邹韬奋著
[阳城]：太岳新华书店，1946.10，76页，32开
[阳城]：太岳新华书店，1949，76页，32开
收藏单位：重庆馆、国家馆、辽宁馆、山西馆

13025
患难余生记 邹韬奋著
上海：韬奋出版社，1946.5，120页，32开
上海：韬奋出版社，1946.7，再版，120页，32开
[上海]：韬奋出版社，1946.8，再版，120页，32开
上海：韬奋出版社，1947.5，3版，120页，32开
上海：韬奋出版社，1948.7，5版，120页，32开
收藏单位：重庆馆、广西馆、国家馆、湖南馆、辽大馆、南京馆、山东馆、绍兴馆、首都馆、天津馆、西南大学馆

13026
患难余生记 邹韬奋著
[四明山]：韬奋书店，1946.8，69页，32开
收藏单位：国家馆、南京馆

13027
患难余生记 邹韬奋著
[阜平]：新华书店晋察冀分店，1947.6，94页，32开
收藏单位：国家馆、山东馆

13028
患难余生记 邹韬奋著
杭州：浙江新华书店，1949.9，84页，32开
收藏单位：绍兴馆

13029
黄花冈七十二烈士事略 朱执信 邹鲁等编
广州：朱执信，1923，80页，16开
收藏单位：国家馆、湖南馆

13030
黄花冈七十二烈士事略 邹鲁编
出版者不详，[1922]，[112]页，16开
本书书前有孙文等人序言。
收藏单位：上海馆

13031
黄花岗七十二烈士姓名表 中国国民党安徽省执行委员会宣传部辑
中国国民党安徽省执行委员会宣传部，1930.3，1册，48开，经折装
收藏单位：国家馆

13032
黄庞二、三周纪念册 黄庞编辑委员会编
长沙：湖南劳工会，1925，[104]页，23开
黄爱、庞人铨于1922年组织长沙纱厂工人罢工，被当时军阀赵恒惕杀害。本书收纪念黄、庞诗文31篇，内容包括：《黄庞流血感言》（蔡元培）、《我们将怎样纪念黄庞》（婴宁）、《黄庞二周年纪念日感言》（存统）、《时代的牺牲者》（德征）、《黄庞三周年纪念》（存统）等。书前有《黄庞事略》。
收藏单位：吉林馆

13033
黄庞二周纪念册 周无为等著
出版者不详，1924，31页，32开
收藏单位：国家馆

13034
黄庞四周纪念册 湖南劳工会编
[长沙]：湖南劳工会，1926.1，106页，23开
本书收黄爱、庞人铨去世四周年的纪念辞、论文等32篇。书前有《黄庞事略》等。
收藏单位：近代史所、浙江馆

13035
回忆鲁迅先生 萧红著
重庆：妇女生活社，1940.7，110页，32开
本书附《鲁迅的生活》（许寿裳）、《鲁迅和青年们》（景宋）。书后有后记。
收藏单位：重庆馆、广东馆、贵州馆、国

家馆、山西馆、天津馆、西南大学馆、浙江馆

13036
回忆鲁迅先生 萧红著
[北平]:三联书店,1949,110页,25开
收藏单位:东北师大馆、广东馆、山西馆

13037
回忆鲁迅先生 萧红著
重庆:生活书店,1945.10,胜利后1版,110页,32开
重庆:生活书店,1946.1,北平1版,110页,32开
上海:生活书店,1948.8,3版,110页,32开(生活丛书)
收藏单位:北大馆、重庆馆、东北师大馆、广东馆、广西馆、国家馆、黑龙江馆、湖北馆、吉林馆、辽大馆、辽宁馆、南大馆、南京馆、山西馆、上海馆、首都馆、天津馆

13038
回忆陶行知先生——其生平及其学说 白韬著
哈尔滨:光华书店,1948.2,164页,32开
哈尔滨:光华书店,1948.7,再版,164页,32开(光华丛刊)
本书共3部分:写他在晓庄时代、写他在国难时期、写他在抗日和民主斗争时期。书前有代序《悼人民教育家陶行知先生》(陆定一)。书后有著者跋。
收藏单位:长春馆、重庆馆、东北师大馆、广西馆、国家馆、近代史所、南京馆、内蒙古馆、宁夏馆、山东馆、首都馆、天津馆、中科图

13039
几位革命先烈的事迹
太岳新华书店,[1945],83页,36开
本书收《十六年前的回忆》(星华)、《瞿秋白同志革命斗争史略》(温济泽)、《回忆志丹同志》(王世泰)等。
收藏单位:重庆馆

13040
记刘伯承将军 张香山等著
华北新华书店,1947.7,32页,32开
收藏单位:国家馆、黑龙江馆、吉大馆、山东馆

13041
记刘伯承将军 张香山等著
冀东新华书店,[1940—1949],34页,32开,环筒页装
本书收文6篇:《学习伯承同志的革命品质》(朱德)、《记刘伯承将军》(张香山)、《刘司令员关心人民翻身》(穰明德)、《刘伯承将军在民间》(蔡公狄)、《刘司令员伯承同志对宣传工作者的启示》(刘备耕)、《刘伯承将军谈蒋介石》(李普)。
收藏单位:国家馆、山东馆

13042
纪念民族英雄李兆麟(张寿篯)将军 兆麟纪念委员会[编]
兆麟纪念委员会,1946.3,32页,32开
收藏单位:东北师大馆、国家馆

13043
纪念孙先生诞日特刊 [广东各界纪念孙中山先生诞日筹备会编]
[广东各界纪念孙中山先生诞日筹备会],1926.11,24页,32开
本书收《孙中山生平事略大纲》、《广东各界纪念孙中山诞日筹备大会宣传大纲》、《纪念孙先生诞日的意义》(古有成)、《当思所以纪念总理者》(洪伦修)、《我们领袖的诞辰》(肖汉元)等文章。
收藏单位:国家馆

13044
纪念孙中山先生实现和平奋斗救中国 解放日报著
辽东建国书社,1945,13页,32开
本书收《解放日报》社论《真和平与假和平》《再一次呼吁和平》及社评《中国人民公意的表现》。

收藏单位：南京馆、山东馆

13045
纪念为和平民主而死的李公朴闻一多先生
正义学社，1946.7，22 页，48 开
收藏单位：国家馆

13046
蒋党内幕（第 1—2 辑） 大同出版社编辑委员会编
大同出版社，1949，2 册（[32] 页），16 开
本书记述国民党官员的丑闻。

13047
蒋介石的花言巧语
[濮阳]：冀鲁豫书店，1945，42 页，32 开
本书收蒋介石言论汇编资料两篇：《“九一八”以来蒋介石诺言一斑》《“九一八”以来蒋介石的自我批评一斑》。原发表于《解放日报》1943 年 9 月 21—22 日第 4 版。
收藏单位：国家馆

13048
蒋介石的花言巧语
平原分局，[1943—1949] 印，32 页，32 开
收藏单位：国家馆

13049
蒋介石的诺言与自白　解放日报编著
[大连]：大众书店，1945.10，199 页，32 开
本书共 4 部分：蒋介石的诺言、蒋介石的自白、从“九一八”到“七七”、抗战以来敌寇诱降与国民党反动派妥协投降活动的一笔总账。
收藏单位：东北师大馆、国家馆、湖南馆、近代史所、山西馆、上海馆

13050
蒋介石的诺言与自白　解放日报编著
[石家庄]：华北军大政治部，1949，175 页，32 开
收藏单位：山西馆、天津馆

13051
蒋介石的一生　世木著
苏中韬奋书店，1947.7，37 页，64 开
收藏单位：南京馆

13052
蒋介石的一生　新四军六师政治部编
出版者不详，1946.8，46 页，32 开
收藏单位：南京馆

13053
蒋介石卖国传　赵东明著
[威县]：冀南书店，1947.5，33 页，32 开
收藏单位：国家馆、宁夏馆、山东馆

13054
蒋介石卖国罪行录　启华等著
华北新华书店，[1942—1949]，64 页，32 开
本书收文 4 篇：《蒋介石卖国罪行录》（启华）、《袁世凯 · 汪精卫 · 蒋介石卖国记》（《淮南日报》资料室）、《三十条沉重的锁链》（燕凌）、《蒋美商约出卖的是什么权益》（适安）。
收藏单位：国家馆、河南馆、南京馆

13055
蒋介石卖国罪行录　启华编
华中新华日报社，1946.11，43 页，32 开（新华时事丛刊）
收藏单位：国家馆

13056
蒋介石卖国罪行录　启华等著
[阳城]：太岳新华书店，1947.8，再版，81 页，32 开
本书收文 6 篇，内容包括：《中共中央“二一”声明》、《晋冀鲁豫边区政府为拥护中共中央“二一”声明反对美蒋商约及反对伪宪告全国同胞书》、《蒋介石卖国罪行录》（启华）、《袁世凯 · 汪精卫 · 蒋介石卖国记》（《淮南日报》资料室）、《三十条沉重的锁链》（燕凌）等。附《中美友好通商航海条约》全文。
收藏单位：重庆馆、国家馆、吉林馆、山

西馆

13057
蒋介石言行对照录 山东新华书店编
惠民：渤海新华书店，1947.5，2+46 页，32 开
本书共 3 部分：蒋介石的前言后语、蒋介石自我批评一斑、政治协商会议前后。
收藏单位：南京馆、山东馆

13058
蒋介石言行对照录 山东新华书店编
山东新华书店，1946.8，46 页，32 开
山东新华书店，1949，46 页，32 开
收藏单位：重庆馆、国家馆、山东馆

13059
蒋介石言行对照录 现代史料社编辑
现代史料社，1946.4，71 页，32 开
收藏单位：国家馆、山西馆

13060
蒋介石言行对照录 [豫皖苏区建国学院编著]
[佳木斯]：东北书店，1947.9，50 页，32 开
收藏单位：东北师大馆、国家馆、湖南馆、辽大馆、辽宁馆、南京馆、天津馆、浙江馆

13061
蒋介石言行对照录 豫皖苏区建国学院编著
华东新华书店，1949.4，再版，60 页，36 开
收藏单位：重庆馆、国家馆、吉林馆、南京馆、内蒙古馆、宁夏馆、上海馆、绍兴馆、天津馆

13062
蒋介石言行对照录 豫皖苏区建国学院编著
豫皖苏区建国学院，[1947—1949]，42 页，32 开
收藏单位：南京馆

13063
蒋介石言行对照录 豫皖苏区建国学院编著
中原新华书店，1949.1，42 页，32 开
中原新华书店，1949，再版，45 页，32 开
收藏单位：安徽馆、重庆馆、国家馆、陕西馆

13064
蒋介石言行对照录
[威县]：冀南新华书店，1946，71 页，32 开
收藏单位：国家馆

13065
蒋介石言行对照录
[阳城]：太岳新华书店，1946.7，71 页，32 开
收藏单位：国家馆

13066
蒋介石罪恶史三章（“九一八”时代全国学生抗日战争史的几段回忆） 温济泽著
华北新华书店，1947.10，20 页，32 开，环筒页装
本书收文 3 篇：《蒋介石现形记》《上海的怒吼》《珍珠桥的血债》。
收藏单位：重庆馆、国家馆、山东馆

13067
教育界的英雄模范 教育阵地社编辑
延安：教育阵地社，1946，126 页，32 开
收藏单位：山西馆

13068
教育界的英雄模范 教育阵地社编辑
[平山]：新华书店华北分店，[1948]，126 页，32 开（新教育丛书 4）
收藏单位：国家馆、柳州馆

13069
教育界的英雄模范 教育阵地社编
张家口：新华书店晋察冀分店，1946.5，101 页，32 开（新教育丛书 4）
本书共两部分：晋察冀边区出席边区群英

会的四个模范教员、陕甘宁边区的教育英雄与四个小学。四个模范教员是桑文义、辛宝栋、王职玉、张志平。四个小学是麦庄小学、磨家湾小学、北郊乡小学、沟门村小学。

收藏单位：北师大馆、国家馆、山西馆、天津馆

13070
教育英雄张健华　阎吾等编
临沂：山东新华书店，1946.3，58 页，32 开

本书收特写 6 篇，内容包括：《教育英雄张健华》《模范小学教师于明》《工农教师刘树娥》等。

收藏单位：南京馆、山东馆

13071
介绍窃国大盗袁世凯　陈伯达著
[石家庄]：华北军政大学政治部，[1948—1949]，80 页，32 开

本书分 6 部分叙述袁世凯在辛亥革命前后的行径。

收藏单位：国家馆、山西馆

13072
介绍窃国大盗袁世凯　陈伯达著
黎城：华北新华书店，1946.2，66 页，32 开

收藏单位：北碚馆、国家馆、近代史所、宁夏馆

13073
介绍窃国大盗袁世凯　陈伯达著
华东新华书店，1948.10，再版，78 页，32 开
华东新华书店，1949.4，3 版，78 页，32 开

收藏单位：北大馆、重庆馆、贵州馆、国家馆、河南馆、吉林馆、江西馆、南京馆、山东馆、绍兴馆、天津馆

13074
介绍窃国大盗袁世凯　陈伯达著
冀鲁豫书店，1946，66 页，32 开

收藏单位：国家馆、河南馆、山东馆

13075
介绍窃国大盗袁世凯　陈伯达著
[威县]：冀南书店，1946.5，60 页，32 开

收藏单位：国家馆

13076
介绍窃国大盗袁世凯　陈伯达著
胶东新华书店，1946，58 页，32 开

收藏单位：山东馆、山西馆

13077
介绍窃国大盗袁世凯　陈伯达著
张家口：晋察冀日报社，1946，109 页，32 开

收藏单位：重庆馆

13078
介绍窃国大盗袁世凯　陈伯达著
山东新华书店，1946，56 页，32 开

收藏单位：重庆馆、南京馆、山东馆

13079
介绍窃国大盗袁世凯　陈伯达著
太岳新华书店，1945，58 页，32 开，环筒页装

收藏单位：国家馆、河南馆

13080
介绍窃国大盗袁世凯　陈伯达著
[兴县]：新华书店晋西北分店，1945，59 页，36 开

收藏单位：重庆馆、国家馆、山西馆

13081
介绍窃国大盗袁世凯　陈伯达著
新嫩江报社，1945，75 页，32 开

收藏单位：国家馆、南京馆

13082
介绍窃国大盗袁世凯　陈伯达著
[延安]：中共西北局，1945.9，74 页，32 开

收藏单位：重庆馆

13083
巾帼英雄（人民解放军故事） 张寒塞辑
保定：北方出版社，1949.1，30页，32开
本书收有关妇女英雄模范事迹的报道9篇，内容包括：《华野的南丁格尔们》《模范女护士姜纯英》《冀中子弟兵的母亲李杏阁》《红枪女将李兰英》《游击队的干妈》等。
收藏单位：重庆馆、国家馆、河南馆、南京馆、天津馆

13084
晋冀鲁豫军区烈士英名录（第1部1—9册） 晋冀鲁豫军区政治部编
晋冀鲁豫军区政治部，1947.5，9册，32开
收藏单位：国家馆、近代史所、山东馆

13085
晋绥边区的战斗英雄们（第1集）
兴县：晋绥军区政治部，1944，32页，32开
收藏单位：山西馆

13086
经历 邹韬奋著
上海：生活·读书·新知三联书店，1949，303页，32开
收藏单位：重庆馆、湖南馆、天津馆

13087
经历 邹韬奋著
上海：生活书店，1937.4，303页，32开
上海：生活书店，1937.6，再版，303页，32开
上海：生活书店，1937.7，3版，303页，32开
[上海]：[生活书店]，1938.5，4版，303页，32开
重庆：生活书店，1944.12，235页，32开
重庆：生活书店，1945.5，2版，235页，32开
本书分两部分：二十年的经历、在香港的经历。共60节。书前有开头的话。书后有《我的母亲》。著者原题：韬奋。
收藏单位：北碚馆、重庆馆、广东馆、广西馆、贵州馆、国家馆、湖北馆、湖南馆、吉林馆、江西馆、近代史所、辽大馆、辽师大馆、南京馆、内蒙古馆、宁夏馆、山东馆、上海馆、绍兴馆、首都馆、西南大学馆、浙江馆

13088
经历 邹韬奋著
上海：韬奋出版社，1946.3，胜利后1版，235页，32开
上海：韬奋出版社，1947.1，胜利后2版，235页，32开
上海：韬奋出版社，1947.7，胜利后3版，235页，32开
大连：韬奋出版社，1948.3，213页，36开（光华丛刊）
上海：韬奋出版社，1949.5，再版，303页，32开
收藏单位：安徽馆、重庆馆、大连馆、东北师大馆、国家馆、湖北馆、吉大馆、江西馆、辽师大馆、内蒙古馆、山东馆、山西馆、上海馆、绍兴馆、首都馆、天津馆、中科图

13089
旧阴谋的新花样 王明著
重庆：新华日报馆，1939.3，43页，32开（新群丛书19）
重庆：新华日报馆，1939.12，43页，32开（新群丛书19）
本书收文两篇：《旧阴谋的新花样》（陈绍禹）、《动员全体人民参加抗战》（凯丰）。著者原题：陈绍禹。
收藏单位：重庆馆、广东馆、桂林馆、国家馆、吉林馆、近代史所、南京馆、人大馆

13090
抗日的第八路军的领袖
出版者不详，[1937—1945]，61页，32开
收藏单位：国家馆、中科图

13091
抗日的英雄 傅平著
汉口：新知书店，1938.3，35页，32开（救中国通俗小丛书）
本书收文9篇，内容包括：《两位无名英

雄》《姚子青营长》《郝梦龄军长》《朱德将军》等。

收藏单位：广东馆、吉林馆、近代史所、南京馆、陕西馆

13092
抗战人物志　（美）斯诺（Edgar Snow）等著
[上海]：战时出版社，[1938]，145 页，32 开（战时小丛刊 39）

本书收抗日战争时期人物传记 41 篇，内容包括：《毛泽东在陕北公学的讲演》（佚名）、《彭德怀印象记》（史诺）、《周恩来会见记》（佚名）、《叶挺将军访问记》（佚名）、《抗战中的冯玉祥》（蓝天照）、《张治中将军印象记》（田汉）、《徐特立先生》（柳湜）、《史诺会见记》（王放）、《苏联飞行士在汉口的生活情形》（佚名译）等。著者原题：史诺。

收藏单位：北碚馆、重庆馆、国家馆、南京馆、上海馆、西南大学馆

13093
劳动模范传　大连大众书店编
大连：大众书店，1948.4，43 页，32 开

本书收劳动模范生平事迹 8 篇，内容包括：《第一名特等模范王智富》《袁明朝花车真光荣》《特等模范白玉江》《打铁工人杨忠善》等。

收藏单位：国家馆、山西馆

13094
历史人物　郭沫若著
上海：海燕书店，1947.8，196 页，32 开
上海：海燕书店，1949.7，196 页，25 开
[北平]：海燕书店，1949，194 页，25 开

本书收文 9 篇：《论曹植》《隋代大音乐家万宝常》《王安石》《王阳明》《甲申三百年祭（附录〈关于李岩〉）》《夏完淳》《王国维与鲁迅》《论郁达夫》《论闻一多做学问的态度》。书前有著者自序。

收藏单位：长春馆、重庆馆、东北师大馆、广东馆、广西馆、国家馆、辽师大馆、南京馆、内蒙古馆、绍兴馆、首都馆、天津馆

13095
历史人物　郭沫若撰
上海：新文艺出版社，1949，新 1 版，323 页，32 开

收藏单位：山西馆

13096
廖陈二公殉国周年纪念册　国民党中央执行委员会等编
[广州]：国民党中央执行委员会，1926，40 页，32 开

本书收纪念廖仲恺、陈秋霖殉国一周年的文章。

收藏单位：国家馆

13097
廖陈二公殉难一周年纪念专号
国民革命军第二十师政治部，[1926]，36 页，32 开

本书讲述廖仲恺先生和陈秋霖先生生前的革命战争功绩及经历。

收藏单位：国家馆、浙江馆

13098
廖党代表纪念刊
[广州]：[黄埔军校]，[1925.8]，54 页，32 开

本书是廖仲恺遇刺后的纪念文集。

收藏单位：湖南馆

13099
廖仲恺哀思录　三民出版部编
三民出版部，1926.5，130 页，25 开

本书共 4 部分：传略、论说、挽联、唁电。内容包括：《为廖仲恺先生之死敬告一般革命民众》（谭平山）、《勿忘党仇》（周恩来）、《呜呼廖先生之死》（邓中夏）等。

收藏单位：国家馆、华东师大馆

13100
廖仲恺陈秋霖同志死难周月纪念册
追悼廖仲恺陈秋霖同志大会，1925.9，42 页，32 开

收藏单位：桂林馆

13101
廖仲恺先生哀思录 [仲恺先生纪念筹备委员会编]
[仲恺先生纪念筹备委员会]，[1925]，[116]页，16开
本书为悼念廖仲恺特刊，收遗像、传略、论说、祭文、挽联、唁电等。
收藏单位：东北师大馆、国家馆、湖南馆、吉林馆、南京馆

13102
烈士英名录（第1部 第6册） 晋冀鲁豫军区政治部编
出版者不详，1948，101页，32开
收藏单位：国家馆

13103
烈士英名录（第1部 抗战时期 第1册 战士烈士） 晋冀鲁豫军区政治部编
出版者不详，[1947]，267页，32开
本书记录烈士们的姓名、职务、籍贯、年龄、入伍日期等。
收藏单位：重庆馆、国家馆

13104
烈士英名录（第1部 抗战时期 第4册 战士烈士） 冀南军区政治部编
[威县]：冀南军区政治部，[1945—1949]，110页，32开
收藏单位：重庆馆

13105
烈士英名录（冀南解放区） 冀南抗战史料编纂委员会编
[威县]：冀南抗战史料编纂委员会，1947，3册（1893页），32开
收藏单位：国家馆

13106
烈士传 西北人民解放军一纵队政治部编
西北人民解放军一纵队政治部，1948.8，110页，32开
本书内容包括：发挥任世鸿同志的战术思想、佘政委忆周绍训同志、文武双全的侯营长、高尚的气节等。
收藏单位：重庆馆、国家馆、河南馆、山东馆

13107
烈士传 新华书店编辑部编
[无锡]：苏南新华书店，1949.8，293页，32开
本书收李大钊、瞿秋白、关向应、刘志丹等烈士的传略。
收藏单位：国家馆、吉大馆、山东馆

13108
烈士传 赵元明编
大连：大众书店，1946.6，93页，32开
本书收文10篇，内容包括：《李大钊同志抗日斗争史略》（成纲）、《悼向警予同志》（李明）、《苏兆征同志传》（中夏）、《彭湃同志传略》（王德）、《纪念恽代英同志》（伯林）、《纪念蔡和森同志》（李明）、《瞿秋白同志传》（杜静、萧三）、《方志敏同志传》（梁朴）等。
收藏单位：北大馆、东北师大馆、吉林馆、近代史所、辽宁馆、南京馆、山东馆、绍兴馆、天津馆

13109
烈士传 赵元明编
辽东建国书社，1946.6，93页，32开
收藏单位：安徽馆、重庆馆、东北师大馆、贵州馆、国家馆、南京馆、内蒙古馆

13110
烈士传
胶东联合社，1941.12，石印本，92页，32开
本书收纪念李大钊、顾正红、向警予、苏兆征、彭湃、恽代英、蔡和森、瞿秋白、方志敏、刘华等烈士的文章11篇。
收藏单位：国家馆

13111
烈士传（第1—2辑）

华中新华书店，1948.3，1册，32开
收藏单位：国家馆、南京馆

13112
烈士传（第1集） 中国人民解放军第四军政治部编
中国人民解放军第四军政治部，1949，84页，32开
本书是为纪念在保卫陕甘宁边区和解放大西北战争中牺牲的第四军的战士，所出的纪念册，收短文38篇。
收藏单位：重庆馆

13113
烈士传（第1集 纪念我们为中国人民解放奋斗而牺牲的战士） 王德　李明等著
出版者不详，1936，211页，32开（中国共产党成立十五周年纪念丛书）
本书收文26篇，内容包括：《纪念我们英勇牺牲的先进革命战士》《纪念反日战士顾正红同志》《悼刘华同志》《李大钊同志抗日斗争史略》等。
收藏单位：国家馆

13114
刘志丹 孔厥著
新华书店，1944.2，2版，50页，64开（秧歌小丛书）
收藏单位：南京馆

13115
刘主任 莫艾著
新华书店，1943.4，46页，64开，土纸本
本书分8段记述延安南区消费合作社刘建章主任的模范事迹。
收藏单位：南京馆

13116
留守兵团的英雄们和模范者 八路军留守兵团政治部编
延安：八路军留守兵团政治部，1944.5，55+64页，32开（战士小丛书37）
收藏单位：国家馆、南京馆、山东馆

13117
鲁迅的盖棺论定 范诚编选
上海：全球书店，1936.11，254页，32开
上海：全球书店，1937.4，再版，254页，32开
上海：全球书店，1939.8，再版，254页，32开
本书收悼念鲁迅的文章62篇，内容包括：《学习鲁迅先生》（茅盾）、《鲁迅先生》（曹聚仁）、《鲁迅——民族革命的伟大斗士》（胡愈之）、《怀鲁迅》（郁达夫）、《悼鲁迅先生》（傅东华）、《一点不能忘却的记忆》（巴金）、《记鲁迅先生轶事》（蔡元培）、《民族的杰作》（郭沫若）等。
收藏单位：安徽馆、重庆馆、东北师大馆、甘肃馆、贵州馆、国家馆、湖南馆、近代史所、南京馆、上海馆、中科图

13118
鲁迅先生逝世十周年纪念特刊 东北文化社编
［沈阳］：东北文化社，1946.10，45页，36开
本书收文5篇：《毛泽东论鲁迅》《永远新鲜的记忆》《向鲁迅学习》《用行动纪念鲁迅》《一段回忆》。附鲁迅先生文选5篇。
收藏单位：重庆馆、东北师大馆、辽宁馆

13119
鲁迅研究丛刊 艾思奇等著
哈尔滨：鲁迅文化出版社，1947.10，227页，32开（学术丛刊第1辑）
本书共4部分：思想、创作、行传、学术。收文9篇，内容包括：《鲁迅先生早期对于哲学的贡献》（艾思奇）、《鲁迅创作的道路》（魏东明）、《鲁迅与国故》（金灿然）、《鲁迅的美术活动》（胡蛮）等。书前有前记。
收藏单位：东北师大馆、国家馆

13120
鲁迅研究丛刊 延安鲁迅研究会编辑
延安：新华书店，1941，215页，32开（学术

丛刊第 1 辑）
收藏单位：重庆馆

13121
鲁迅传　王士菁著
上海：生活·读书·新知·联合发行所，1949.6，518 页，22 开（传记丛书）
本书共 10 章，内容包括：幼年时代、从小康人家而坠入困顿、在日本、回到故乡、沉默、呐喊与彷徨、被围攻等。书前有景宋序。
收藏单位：东北师大馆、广东馆、贵州馆、国家馆、山西馆

13122
鲁迅传　王士菁著
上海：新知书店，1948.1，518 页，25 开（传记丛书 5）
上海：新知书店，1948.6，沪 2 版，518 页，25 开（传记丛书 5）
大连：新知书店，1948.10，连再版，544 页，32 开
哈尔滨：新知书店，1949.1，东北 2 版，544 页，32 开
收藏单位：重庆馆、东北师大馆、广东馆、广西馆、国家馆、湖南馆、吉大馆、辽大馆、辽宁馆、南京馆、山东馆、山西馆、上海馆、首都馆、天津馆

13123
伦敦被难记　孙文自述　甘永龙编译
上海：商务印书馆，1912.4，80 页，32 开
收藏单位：国家馆、吉大馆、浙江馆

13124
苗可秀成仁绝笔　苗可秀著
出版者不详，[1935]，影印本，1 册，横 16 开
收藏单位：北碚馆、国家馆

13125
苗可秀志士遗墨　苗可秀著
出版者不详，[1935.10]，[20] 页，横 16 开
本书书前有黄炎培的题词（1935 年 10 月）、《苗可秀志士抗日殉国记》（怀义）。
收藏单位：北碚馆、重庆馆、国家馆、近代史所、南京馆、上海馆

13126
民兵英雄像（第 1—2 集）　江山　王河编　于彤　苏迈编
[惠民]：渤海新华书店，1947.7—1947.10，2 册（45+32 页），32 开
收藏单位：重庆馆、国家馆、山东馆、山西馆

13127
民族解放先驱方志敏　王明等著
[香港]：史社，1940，再版，62 页，32 开
本书收陈绍禹、阳朴、哈马丹等人纪念方志敏的文章和《方志敏自传》等。著者“王明”原题：陈绍禹。
收藏单位：国家馆、近代史所

13128
民族解放先驱瞿秋白　王明等著
[香港]：史社，1940，再版，44 页，32 开
本书收文 12 篇，内容包括：《瞿秋白同志殉难一周年》《瞿秋白同志传》《纪念我们亲爱的战友——瞿秋白同志》《古西宁追悼瞿秋白同志》等。书前有再版序言。
收藏单位：国家馆、近代史所、浙江馆

13129
民族英雄方志敏　王明等著
莫斯科：外国工人出版局，1936，44 页，32 开
本书共 5 部分：方志敏同志等被俘一周年纪念、方烈士在狱致全体同志书、方烈士的遗嘱、民族英雄方志敏（一、二）。著者“王明”原题：陈绍禹。
收藏单位：国家馆、近代史所、南京馆

13130
窃国大盗袁世凯　陈伯达著
哈尔滨：东北书店，1946.10，60 页，32 开

哈尔滨：东北书店，1947.12，再版，61 页，32 开
哈尔滨：东北书店，1948.10，3 版，61 页，32 开

本书叙述袁世凯从发迹、窃辛亥革命果实、当总统到称帝，直至失败的经过。部分版本将“从总统到皇帝”和“从宝座上跌下来”并为 1 节。

收藏单位：东北师大馆、国家馆、吉林馆、江西馆、辽宁馆、内蒙古馆、宁夏馆、天津馆、中科图

13131
窃国大盗袁世凯　陈伯达著
华中新华书店，1949.3，54 页，32 开

收藏单位：湖南馆、南京馆

13132
窃国大盗袁世凯　陈伯达著
香港：丘引社，[1945]，82 页，32 开

收藏单位：国家馆、湖南馆、吉林馆、上海馆、天津馆、浙江馆

13133
窃国大盗袁世凯　陈伯达著
重庆：群众杂志社，1946.2，104 页，32 开（群众丛刊 1）

收藏单位：重庆馆、东北师大馆、广东馆、广西馆、国家馆、黑龙江馆、辽大馆、南京馆、天津馆、西南大学馆

13134
窃国大盗袁世凯　陈伯达著
[北平]：新华书店，1949.6，75 页，32 开
上海：新华书店，1949.7，75 页，32 开
新华书店，1949，华中版，58 页，36 开

收藏单位：安徽馆、重庆馆、东北师大馆、广东馆、国家馆、南京馆、内蒙古馆、山东馆、山西馆、上海馆、西南大学馆

13135
窃国大盗袁世凯　陈伯达著
香港：正风出版社，1946.3，59 页，32 开

收藏单位：广西馆、国家馆、吉林馆、南京馆、上海馆

13136
请看！蒋介石的花言巧语
[延安]：新华书店，1944.3，再版，32 页，32 开

收藏单位：国家馆

13137
请看今日之蒋介石　郭沫若著
中国国民党湖北省执行委员会宣传部，1927，26 页，32 开

本书号召全国人民团结起来一致讨伐蒋介石的革命叛变行动。

收藏单位：湖北馆

13138
秋瑾（流血女杰）　秋瑾著　复汉社编译
上海：上海书坊，1913.10，石印本，[2+14] 页，32 开

收藏单位：绍兴馆

13139
秋瑾女士遗著集　秋瑾著　王绍箕编
上海：白光书店，1937.5，3 版，91 页，36 开

本书共 4 部分：遗诗、遗著、翻译、附录。书前有图片。

收藏单位：重庆馆、国家馆、近代史所、上海馆、浙江馆

13140
秋瑾女侠遗集　秋瑾著　王灿芝编
上海：中华书局，1929.10，96 页，22 开
上海：中华书局，1934.3，再版，1 册，22 开

本书收秋瑾的诗词、杂文、译著等。书前有邵元冲、许啸天等人的序。

收藏单位：安徽馆、重庆馆、东北师大馆、广东馆、广西馆、贵州馆、国家馆、湖南馆、吉林馆、江西馆、近代史所、辽宁馆、辽师大馆、南京馆、上海馆、首都馆、天津馆、浙江馆、中科图

13141
秋瑾遗集　秋瑾著　王绍箕编
上海：明日书店，1929.7，1 册，50 开
　　收藏单位：重庆馆、近代史所、上海馆、浙江馆、中科图

13142
人民公敌蒋介石　陈伯达著
哈尔滨：东北书店，1948.7，201 页，32 开
哈尔滨：东北书店，1948.12，再版，201 页，32 开
[沈阳]：东北书店，1949.2 印，201 页，32 开
大连：东北书店，1949.6，186 页，32 开
　　本书共 6 部分："帝国主义在中国的最后一个大狗牙，中国人民的第一号公敌""从假革命到反革命""代替北洋军阀而起的封建买办新王朝""抗战失败主义和继续与人民为敌""穷凶极恶，日暮途穷，即将被人民活捉审判""消灭蒋介石，打碎蒋家小朝廷的全部统治机构"。
　　收藏单位：重庆馆、东北师大馆、甘肃馆、广东馆、贵州馆、国家馆、吉林馆、江西馆、南京馆、内蒙古馆、山东馆、上海馆、西南大学馆

13143
人民公敌蒋介石　陈伯达著
安东（丹东）：东北书店安东分店，[1949.3]，187 页，32 开
　　收藏单位：国家馆、山东馆

13144
人民公敌蒋介石　陈伯达著
[北平]：华北大学，1949，226 页，32 开
　　收藏单位：国家馆

13145
人民公敌蒋介石　陈伯达著
华北新华书店，1948.3，246 页，32 开
华北新华书店，1948.7，再版，246 页，32 开
华北新华书店，1949，226 页，32 开
　　收藏单位：重庆馆、国家馆、河南馆、黑龙江馆、近代史所、南京馆、山东馆、山西馆、天津馆、中科图

13146
人民公敌蒋介石　陈伯达著
华东新华书店，1948.12，再版，177 页，32 开
华东新华书店，1949.3，3 版，177 页，32 开
　　收藏单位：重庆馆、国家馆、南京馆、山东馆、上海馆、西南大学馆、浙江馆

13147
人民公敌蒋介石　陈伯达著
华中新华书店，1948.7，168 页，32 开
华中新华书店，1949.2，再版，168 页，32 开
华中新华书店，1949.4，3 版，168 页，32 开
　　收藏单位：国家馆、南京馆、山东馆、上海馆

13148
人民公敌蒋介石　陈伯达著
南峰：冀鲁豫书店，1948.4，185 页，32 开
　　收藏单位：重庆馆、国家馆、河南馆

13149
人民公敌蒋介石　陈伯达著
胶东新华书店，1948.5，186 页，32 开
　　收藏单位：国家馆、上海馆

13150
人民公敌蒋介石　陈伯达著
[涉县]：晋察冀新华书店，1948.2，226 页，32 开
　　收藏单位：重庆馆、广东馆、国家馆、内蒙古馆、山东馆、上海馆、天津馆

13151
人民公敌蒋介石　陈伯达著
[兴县]：晋绥新华书店，1948.4，226 页，32 开
　　收藏单位：重庆馆、国家馆、天津馆

13152
人民公敌蒋介石　陈伯达著
九分区新华书店，[1948]，7 页，32 开

本书为干部时事学习材料，内容包括：消灭蒋介石打碎蒋家小朝廷的全部统治机构、蒋介石盗卖中国的新廿一条。

收藏单位：国家馆

13153
人民公敌蒋介石　陈伯达著
山东新华书店，1948，186 页，32 开
收藏单位：重庆馆、山东馆、浙江馆

13154
人民公敌蒋介石　陈伯达著
陕甘宁新华书店，1948，226 页，32 开
收藏单位：国家馆、辽宁馆、山东馆、中科图

13155
人民公敌蒋介石　陈伯达著
[阳城]：太岳新华书店，1948.4，226 页，32 开
收藏单位：重庆馆、国家馆、天津馆

13156
人民公敌蒋介石　陈伯达著
天津新华书店，1949.4，3 版，226 页，32 开
收藏单位：国家馆、吉林馆、上海馆、天津馆

13157
人民公敌蒋介石　陈伯达著
新华书店，1949.7，华中版，226 页，32 开
新华书店，1949.8，226 页，32 开
新华书店，1949，再版，修正本，226 页，32 开
收藏单位：广东馆、国家馆、近代史所、南京馆、内蒙古馆、上海馆、西南大学馆、云南馆

13158
人民公敌蒋介石　陈伯达著
新唐山日报社，[1940—1949] 印，201 页，32 开
收藏单位：国家馆

13159
人民公敌蒋介石　陈伯达著
豫皖苏新华书店，1948.10，173 页，32 开
收藏单位：国家馆、河南馆、南京馆

13160
人民公敌蒋介石　陈伯达著
[杭州]：浙江新华书店，[1949.6] 印，169 页，32 开
收藏单位：国家馆

13161
人民公敌蒋介石　陈伯达著
香港：正报出版社，1949.4，228 页，32 开
收藏单位：广西馆、上海馆

13162
人民公敌蒋介石　陈伯达著
[郑州]：中原新华书店，1949.2，246 页，32 开
收藏单位：国家馆、湖南馆

13163
人民公敌蒋介石　陈伯达著
出版者不详，[1948—1949]，171 页，32 开
收藏单位：广东馆

13164
人民公敌蒋介石卖国新二十一条　陈伯达著
陕甘宁新华书店，[1948—1949]，11 页，36 开
本书为著者《人民公敌蒋介石》一书中的一节。揭露蒋介石为发动内战，向美国出卖中国领土、领空、领海等罪行。
收藏单位：重庆馆、国家馆、天津馆

13165
人民将领群像　海云编
澳门：春秋书店，1947.10，74 页，32 开
本书收朱德、林彪、刘伯承、贺龙、叶剑英、聂荣臻、陈毅、粟裕、李先念、周保中、曾生 11 位人民将领的生平事迹和照片。
收藏单位：广东馆、国家馆、吉大馆

13166
人民解放军将领印象记 李方力编
朝城：冀鲁豫书店，1947.8，32页，32开
收藏单位：国家馆

13167
人民解放军将领印象记 李方力编
豫皖苏新华书店，1948.12，32页，32开
本书收介绍人民解放军将领的文章8篇：《朱德司令故事拾零》《彭副总司令爱民如手足》《刘伯承将军对宣传工作的启示》《林彪将军访问记》《记贺龙将军》《访陈毅将军》《粟裕将军》《王震将军和他的队伍》。
收藏单位：重庆馆、国家馆

13168
人民音乐家冼星海 小萤出版社编辑
小萤出版社，[1945.12]，26页，32开
本书共5部分：星海悼歌、星海年谱、从巴黎到延安、忆冼星海、悼冼星海先生。
收藏单位：重庆馆、广西馆、国家馆

13169
人民音乐家冼星海
上海：新华书店，1949.8，94页，32开
本书收文20篇，内容包括：《我学习音乐的经过》、《创作〈民族解放交响乐〉的经过》、《吊星海》（郭沫若）、《哀悼人民音乐家冼星海同志》（萧三）、《悼星海同志》（吕骥）、《哀悼星海同志》（贺绿汀）等。
收藏单位：广东馆、湖北馆、山东馆、绍兴馆

13170
人民音乐家冼星海（纪念冼星海同志逝世三周年）
华北新华书店，1948.10，94页，32开
收藏单位：安徽馆、重庆馆、国家馆、山东馆、山西馆、天津馆

13171
人民音乐家冼星海（纪念冼星海同志逝世三周年）
南通：华中新华书店，1949.4，74页，32开
本书收文13篇。
收藏单位：北碚馆、重庆馆、广东馆、国家馆、吉林馆、近代史所、山东馆、上海馆、天津馆

13172
人民英雄榜 杨兴之编
山东新华书店，1947.1，43页，32开（大众文库 故事）
收藏单位：国家馆、山东馆

13173
三个妇女领袖 陕甘宁民主妇女联合会编
西安：西北新华书店，1949.9，12页，32开
本书介绍蔡畅、邓颖超、陈少敏3位妇女领袖的生平事迹。
收藏单位：国家馆、南京馆、陕西馆

13174
陕甘宁边区的劳动英雄 冀南书店编
[威县]：冀南书店，1946.8，19页，32开
收藏单位：国家馆

13175
陕甘宁边区的劳动英雄 晋绥边区劳动英雄大会编
[兴县]：晋绥边区劳动英雄大会，1943，油印本，36页，32开
收藏单位：国家馆

13176
陕甘宁边区的劳动英雄 赵元明编
大连：大众书店，1946.5，216页，大16开
本书介绍陕甘宁边区的劳动英雄，内容包括：《张成仁和马坊掌》《马家沟和陈德发》《建设槐树庄的英雄胡青山》《六十岁劳动英雄孙万福》等。
收藏单位：东北师大馆、贵州馆、国家馆、吉林馆、山东馆、山西馆、陕西馆

13177
少年时代（沫若自传 第1卷） 郭沫若著

上海：海燕书店，1947.4，402页，25开
上海：海燕书店，1948.9，2版，402页，25开
　　本书收著者1928—1936年间的作品4部：《我的童年》《反正前后》《黑猫》《初出夔门》。书前有著者自序。
　　收藏单位：重庆馆、东北师大馆、国家馆、上海馆、首都馆、中科图

13178
绍兴徐社纪事　绍兴徐社编
绍兴印刷局，1917，1册，32开
　　本书收纪念安庆起义徐锡麟、陈伯平、马宗汉烈士的资料，共8部分：遗迹、传记、公牍、杂著、匾联、祭产、器具、附件。
　　收藏单位：国家馆

13179
实庵自传　陈独秀著
广州：亚东图书馆，1938，34页，36开
上海：亚东图书馆，1938.3，再版，34页，32开
上海：亚东图书馆，1947.4，5版，34页，36开
　　本书系著者自传的前两章，述其少年时代之活动。实庵即陈独秀。
　　收藏单位：重庆馆、广东馆、国家馆、湖南馆、吉大馆、吉林馆、上海馆

13180
史霄文穆汉祥烈士纪念册　上海交通大学学生自治会史穆二烈士治丧委员会编
上海交通大学学生自治会史穆二烈士治丧委员会，1949，44页，32开
　　史、穆二人均为交大自治会领导成员，上海解放前夕被国民党当局逮捕，1949年5月就义。本书收二人小传、悼念二人的文章及二人殉难经过介绍。
　　收藏单位：国家馆

13181
“四八”被难烈士纪念册　中共代表团编
中共代表团，1946.10，624页，32开
　　1946年4月8日，王若飞、秦邦宪、叶挺等搭飞机从重庆回延安，途中失事。本书为死难烈士的传略及各界为他们所写的悼文、纪念文的合集。
　　收藏单位：东北师大馆、复旦馆、广东馆、国家馆、近代史所、辽宁馆、南京馆、内蒙古馆、山东馆、上海馆、武大馆、中科图

13182
宋庆龄自传　宋庆龄著
上海：华光出版社，1938.1，60页，32开（抗战小丛书）
　　本书内容包括：宋氏三姐妹、中国走向民主的途中等。封面题名：宋庆龄自传及其言论。
　　收藏单位：北碚馆、东北师大馆、近代史所、上海馆

13183
苏联纪行　郭沫若著
东北书店，1946.10，163页，32开
　　本书为著者赴苏参加苏联科学院二百二十周年纪念活动的日记。
　　收藏单位：东北师大馆、广东馆、贵州馆、山东馆、首都馆

13184
苏联纪行　郭沫若著
临沂：山东新华书店，1946.6，153页，32开
　　收藏单位：重庆馆、近代史所、山东馆

13185
苏联纪行　郭沫若著
[阳城]：太岳新华书店，1946.8，146页，32开
　　收藏单位：重庆馆、国家馆、首都馆

13186
苏联纪行　郭沫若著
[邯郸]：裕民印刷厂，1946.11，163页，32开
　　收藏单位：重庆馆、国家馆

13187
苏联纪行 郭沫若著
香港：中国出版社，[1946—1949]，142 页，32 开
收藏单位：南京馆

13188
苏联纪行 郭沫若著
上海：中苏文化协会研究委员会，1946.3，204 页，32 开（中苏文化协会研究委员会研究丛书 3）
[北平]：中苏文化协会研究委员会、中外出版社，1946.4，216 页，32 开（中苏文化协会研究委员会研究丛书 3）
上海：中苏文化协会研究委员会，1946.10，再版，204 页，32 开（中苏文化协会研究委员会研究丛书 3）
收藏单位：北碚馆、重庆馆、东北师大馆、广西馆、国家馆、黑龙江馆、湖南馆、南京馆、青海馆、山东馆、山西馆、上海馆、绍兴馆、首都馆、天津馆、西南大学馆、浙江馆

13189
苏联纪行 郭沫若著
大连：中苏友好协会，1946.7，192 页，32 开
收藏单位：山西馆

13190
苏联五十天 郭沫若著
大连：新中国书局，1949.8，164 页，32 开
本书据著者《苏联纪行》删改了途中的记述，改为现名重新排版印行。
收藏单位：长春馆、重庆馆、东北师大馆、国家馆、近代史所、宁夏馆、青海馆、山西馆、天津馆、浙江馆

13191
苏兆征纪念册 中华全国总工会编
中华全国总工会，1930.2，30 页，32 开
本书收文 5 篇:《纪念苏兆征》《苏兆征同志传》《苏兆征与一九二二年海员罢工》《苏兆征与省港罢工》《陈权小传》。
收藏单位：东北师大馆、国家馆、近代史所

13192
孙逸仙
出版者不详，[1920—1929]，60 页，22 开（荡虏丛书）
本书共 4 章：孙逸仙之略历及其革命谈判、孙党与康党、南洋之风云与吾党之组织、南征之变动及惠州事件。书前有序及凡例。
收藏单位：南京馆、浙江馆

13193
孙逸仙伦敦被难记 孙文著
上海：三民书店，[1927—1949]，84 页，32 开
本书封面题名：孙中山伦敦被难记。
收藏单位：安徽馆、国家馆、南京馆、首都馆

13194
孙中山 周哲著
上海：生活·读书·新知联合发行所，1949.6，62 页，36 开（新中国百科小丛书）
本书分 12 部分简要叙述孙中山一生的生活经历及政治活动。
收藏单位：安徽馆、重庆馆、东北师大馆、国家馆、吉林馆、辽宁馆、南京馆、内蒙古馆、天津馆

13195
孙中山先生革命史迹辑要 林霖编
出版者不详，1927，139 页，32 开
本书共 12 部分：年表、自传、中国之革命、兴中会宣言（附会章 10 则）、同盟会宣言（附会纲 4 条）、初次护法宣言、二次护法宣言、中国国民党第一次全国代表大会宣言、北伐宣言、北上宣言、国民政府建国大纲、著述要目。
收藏单位：广西馆

13196
孙中山先生逝世周年纪念日告中国国民党党员书 中国共产党中央执行委员会著

中国共产党中央执行委员会，1926.3，7页，32开

收藏单位：国家馆

13197

孙总理生平事略及其革命策略大纲 广州各界人民纪念孙总理逝世一周年委员会编

广州：广州各界人民纪念孙总理逝世一周年委员会，1926.3，14页，32开

收藏单位：国家馆、浙江馆

13198

孙总理周年纪念册 中国国民党江苏省党部上海特别市党部编

中国国民党江苏省党部，上海：中国国民党上海特别市党部，1926.3，46页，64开

收藏单位：国家馆

13199

韬奋和生活书店 王益编

山东新华书店，1948.7，86页，32开（书店业务丛刊1）

本书收张仲实文章两篇：《一个优秀的中国人》《不屈不挠尽善尽美的作风》；邹韬奋文章4篇：《生活史话》《生活史话补续》《平民窟里的报馆》《与落后的印刷业奋斗》。

收藏单位：重庆馆、国家馆、吉大馆、辽宁馆、山东馆、山西馆

13200

韬奋先生的流亡生活 杨明著

民主社，1946.3，83页，36开

民主社，1946.8，71页，32开

民主社，1946.7，平版，83页，36开

民主社，1946.9，再版，83页，36开

本书收文22篇，内容包括：《两次流亡一次入狱》《留港努力民主运动》《大鹏山北响起了炮声》《偷渡香港海峡》《隐居在广东乡间》《对于后事的嘱咐》《最后一息》等。附《韬奋先生辞去国民参政员电》等4篇。书前有韬奋先生遗像和《对国事的呼吁》原稿之一页。

收藏单位：北碚馆、长春馆、重庆馆、东北师大馆、广西馆、贵州馆、国家馆、辽大馆、南京馆、内蒙古馆、宁夏馆、山西馆、上海馆、天津馆

13201

韬奋先生的流亡生活 杨明著

上海：韬奋出版社，1947.7，3版，83页，36开

收藏单位：安徽馆、东北师大馆、国家馆、上海馆

13202

韬奋先生逝世纪念册 邹韬奋先生追悼会筹备会编

重庆：邹韬奋先生追悼会筹备会，1944，57页，32开

本书收黄炎培、沈钧儒、陶行知、茅盾等人纪念邹韬奋的文章8篇。附韬奋遗作：《对国人的呼吁》《韬奋先生著述目录》《韬奋先生在第一届参政会上的提案》。书前有《韬奋自述》。

收藏单位：重庆馆、国家馆、近代史所、上海馆

13203

陶行知先生的生平及其学说 白韬著

[唐山]：冀东新华书店，1949.5，199页，32开

收藏单位：国家馆、近代史所、山东馆、山西馆、天津馆、中科图

13204

脱离蒋介石以后 郭沫若著

出版者不详，1927，44页

本书揭露1927年蒋介石叛变革命的事实。

收藏单位：近代史所

13205

万恶胡宗南 群众日报社编

[延安]：群众日报社，1948.6，28页，32开（时事丛刊5）

本书揭露胡宗南解放战争时期在西北压

榨、迫害、屠杀人民群众和民主人士的罪行。

收藏单位：重庆馆、国家馆、山东馆

13206

亡友鲁迅印象记　许寿裳著

上海：峨嵋出版社，1947.10，140页，32开

本书收文25篇，介绍著者与鲁迅35年的交往情况。内容包括：《屈原和鲁迅》《仙台学医》《办杂志·译小说》《整理古籍和古碑》《笔名鲁迅》《杂谈著作》《女师大风潮》《三一八惨案》等。书前有小引。书后有《读后记》（许广平）。

收藏单位：重庆馆、东北师大馆、广东馆、广西馆、国家馆、黑龙江馆、南京馆、内蒙古馆、山西馆、上海馆、首都馆、武大馆、浙江馆

13207

王若飞邓发叶挺秦邦宪同志等遇难

出版者不详，[1946]，292页，32开

本书内容包括图片、挽词、遇难情形、迎灵回延安、死者略历、普天同悼、哀歌挽诗等。

收藏单位：国家馆

13208

王若飞秦邦宪叶挺邓发荣哀录　余耳编

重庆：新力出版社，1946.5，40页，25开

收藏单位：南京馆

13209

伟大的鲁迅　萧三著

［广州］：战时出版社，1938.5，64页，42开（战时小丛书）

本书收文两篇：《纪念鲁迅逝世一周年》（萧三）、《鲁迅先生逝世一周年》（浩然）。著者原题：萧参。

收藏单位：北碚馆、重庆馆、国家馆

13210

为人民而死（“四八”殉国诸烈士纪念册）

晋冀鲁豫边区各界追悼大会筹委会编

晋冀鲁豫边区各界追悼大会筹委会，1946.4，164页，32开

收藏单位：国家馆、山东馆

13211

为人民而死 虽死犹生（纪念“四八”死难烈士暨李兆麟将军专刊）　中国共产党中央委员会编

出版者不详，[1946—1949]，16页，32开

收藏单位：东北师大馆

13212

闻一多的道路　史靖著

上海：生活书店，1947.7，171页，32开（生活丛书）

上海：生活书店，1947.10，2版，165页，32开（生活丛书）

大连：生活书店，1947.12，连1版，130页，32开（生活丛书）

本书共16部分，内容包括：严父、清华园、海外、死水、浪迹等。书前有吴晗序。

收藏单位：长春馆、重庆馆、东北师大馆、广东馆、国家馆、河南馆、近代史所、南京馆、内蒙古馆、山西馆、上海馆、绍兴馆、首都馆、天津馆、西南大学馆、中科图

13213

闻一多先生死难周年纪念特刊　清华周刊社编

［北平］：清华周刊社，1947.7，49页，32开

本书收闻立鹤、君羊、吴晗、朱自清、柳亚子、郭沫若、张奚若等人所写纪念文章28篇。

收藏单位：国家馆、近代史所、南京馆

13214

我底幼年　郭沫若著

上海：全球书店，1947.4，226页，32开

本书系著者自传第1部，分3篇叙述著者少年时代（1892—1909）的生活经历。

收藏单位：广东馆、辽宁馆、上海馆、中科图

13215
我们的连长何万祥　东北书店编辑
[佳木斯]：东北书店，1946.12，27页，32开
本书记述山东军区战斗英雄何万祥的出身、入伍后参加战斗英勇杀敌的事迹。书前有前记。
收藏单位：东北师大馆、广东馆、国家馆、吉大馆、辽大馆

13216
我们的连长何万祥　周落著
山东新华书店，1945.10，24页，32开
山东新华书店，1946.11，44页，32开（大众文库 故事）
收藏单位：山东馆

13217
我在六十岁以前　马叙伦著
上海：生活书店，1947.6，128页，32开（生活丛书）
上海：生活书店，1947.9，2版，128页，32开
本书为著者回忆录。书后有校后记、补遗。
收藏单位：安徽馆、重庆馆、东北师大馆、桂林馆、国家馆、近代史所、辽宁馆、辽师大馆、南京馆、内蒙古馆、上海馆、首都馆、天津馆、浙江馆、中科图

13218
吴玉章同志革命故事　何其芳著
东北新华书店辽东分店，1949，10，47页，32开
本书收有关吴玉章的革命故事20篇，内容包括：《最早的爱国思想》《戊戌新政的宣传者》《君主立宪思想的改变》《加入共产党》《创办中法中学》《筹办国民党第二次代表大会》《大革命失败》《整风运动》等。
收藏单位：吉林馆、山西馆

13219
吴玉章同志革命故事　何其芳著
无锡：苏南新华书店，1949.9，52页，32开
收藏单位：长春馆、东北师大馆、国家馆、山东馆、天津馆

13220
吴玉章同志革命故事　何其芳著
[阳城]：太岳新华书店，1949.3，56页，32开
收藏单位：重庆馆、国家馆、山西馆

13221
吴玉章同志革命故事　何其芳著
香港：新中国书局，1949.5，44页，32开（北方文丛 第1辑）
收藏单位：东北师大馆、广东馆、内蒙古馆

13222
吴玉章同志革命故事　何其芳著
中原新华书店，1949.5，55页，32开
收藏单位：重庆馆、浙江馆

13223
五一二特辑——向模范护士看齐　冀东军区政治部编
冀东军区政治部，1948.5，49页，36开，环筒页装
本书共两部分：模范卫生工作者事迹介绍、学习技术提高技术。其中第1部分共11篇，第2部分共7篇。
收藏单位：国家馆

13224
西战场的主将朱德　张寒青编译
上海：大时代书局，1938.4，124页，32开（大时代人物丛书）
本书叙述朱德的出身、青少年时期对革命思想的追求、参加革命战斗经历和功绩等。共17章，内容包括："红色的道德"出于黑暗的时代、军人生活的开始、新生活与新知识的追求等。
收藏单位：国家馆

13225
夏陶然的道路 何启君 刘子久等著
中原新华书店，1948.12，18页，32开
本书收文3篇:《夏陶然的道路》(夏陶然)、《读完〈夏陶然的道路〉》(何启君)、《关于学习问题给淮北区党委的信》(刘子久)。
收藏单位：重庆馆、桂林馆、国家馆、辽宁馆、山东馆

13226
夏陶然的道路 刘子久等著
[佳木斯]：东北书店，1947.9，30页，32开
收藏单位：长春馆、桂林馆、国家馆、吉大馆、宁夏馆、山东馆

13227
夏陶然的道路 刘子久等著
[阳城]：太岳新华书店，1947.9，50页，32开(新教育丛书)
收藏单位：重庆馆、国家馆、山东馆、山西馆

13228
夏陶然的道路 夏陶然等著
华北新华书店，1947.4，35页，32开
收藏单位：国家馆、山东馆、山西馆、天津馆

13229
夏陶然的道路 夏陶然等著
[朝城]：冀鲁豫书店，1947.6，19页，32开
收藏单位：国家馆

13230
夏陶然的道路 [夏陶然等著]
藁城：人民书店，1947，12页，32开
收藏单位：国家馆

13231
向韬奋学习 光华书店编
哈尔滨：光华书店，1948.6，106页，32开
本书收文23篇，内容包括:《邹韬奋先生遗嘱》(邹韬奋)、《邹韬奋先生事略》(沈钧儒)、《他的出身和苦学时代》(邹恩洵)、《伟大的爱国者韬奋》(胡愈之)、《伟大的自由主义者的模范》(沈志远)、《我们要学习韬奋精神》(胡仲持)、《韬奋先生的干部政策》(孙起孟)、《韬奋先生印象》(郭沫若)等。
收藏单位：重庆馆、东北师大馆、国家馆、湖南馆、南京馆、山东馆、陕西馆、首都馆、天津馆、中科图

13232
新社会的新教师(陶端予的教育方法) 陶端予 罗烽著 齐文编
人民出版社，1945.10，62页，32开(人民丛刊2)
本书收文两篇:《陶端予是谁》(罗烽)、《我怎样办杨家湾小学》(陶端予)。附延安《解放日报》的文章两篇:《打碎旧的一套》《根据地教育的改造问题》。书前有绪言。
收藏单位：北碚馆、广东馆、广西馆、国家馆、近代史所、南京馆、上海馆、西南大学馆

13233
新社会的新教师(陶端予和她的教学方法)
求是社编校
香港：求是社，1948.11，54页，32开
收藏单位：国家馆

13234
新升隆轮保卫大武汉殉难同志纪念册 新华日报馆编
[重庆]：新华日报馆，1939.1，277页，32开
1938年10月23日《新华日报》和八路军办事处的部分人员乘新升隆号轮船撤离武汉途中遭日机轰炸，全部遇难。遇难者有潘美年、李密林、项泰、张海清、赵兴才、徐挺荣等人。本书内容包括：悼文献词、回忆录、哀荣、后记。
收藏单位：国家馆、近代史所、南京馆、上海馆

13235
新政协人物特写　新生代出版社编辑
[上海]：新生代出版社，1949.6，12页，16开
本书收有关中国人民政治协商会议筹备委员会主要成员毛泽东、朱德、陈嘉庚、李立三、邓颖超、蒯伯赞、蔡畅、薄一波、董必武等人的短篇特写20篇。
收藏单位：安徽馆、国家馆

13236
新政协人物志　周末报编委会编
香港：周末报编委会，[1949]，60页，32开（周末报丛书 第1集）
本书汇编中国人民政治协商会议筹委会毛泽东、李济深、周恩来、沈钧儒、郭沫若、陈叔通、朱德等49位委员的履历。
收藏单位：国家馆

13237
新政协重要人物志　读者出版社编
上海：五洲书报社，1949.6，31页，32开
收藏单位：上海馆

13238
行知纪念册　陶冶选编
大连：大众书店，1947.6，113页，32开
本书收纪念陶行知的文章27篇，内容包括：《延安各界沉痛追悼陶行知先生》（新华社）、《悼人民教育家陶行知先生》（陆定一）、《哀辞》（柳湜）、《陶行知的学术》（徐特立）、《一代巨人陶先生》（钱俊瑞）、《陶先生不死》（李维汉）等。并有《普及现代生活教育之路》（陶行知）。书后有编者编后记。
收藏单位：东北师大馆、国家馆、辽师大馆、天津馆、中科图

13239
徐锡麟　毕志杜编纂
新小说社，[1911—1949]，12+238页，32开
本书共8章，内容包括：绪言、徐锡麟之历史、徐锡麟之起事、徐锡麟之正法、徐锡麟之影响等，全面介绍徐锡麟的生活及政治活动。
收藏单位：国家馆、湖南馆、浙江馆

13240
阎锡山罪行拾录　华北新华书店编辑部编辑
华北新华书店，1945.9，38页，32开，环筒页装
本书收文10篇，内容包括：《吃人的“兵农合一”》《阎锡山在汾阳的罪恶》《阎锡山统治区人民生活苦况》《通敌卖国的阎锡山》《阎锡山罪行拾录》等。
收藏单位：国家馆、黑龙江馆、山西馆

13241
一个革命的女性　（美）宁谟·韦尔斯（Nym Wales）著
[重庆]：文化出版社，1939，28页，32开
本书系著者对蔡畅的采访记录。
收藏单位：国家馆

13242
医药卫生的模范　陕甘宁边区政府办公厅编
[延安]：陕甘宁边区政府办公厅，1944.10，125页，32开（边政读物4）
本书收文17篇，内容包括：《女医生阮雪华与白浪》《国际友人阿洛夫》《关中善人任和平》《牲畜防疫保健者陈凌风》《延市儒医毕光斗》《药剂师阮学珂》《护士李国文》《保小的卫生工作》等。
收藏单位：重庆馆、国家馆、辽宁馆、南京馆

13243
永在追念中的韬奋先生　韬奋出版社编
上海：韬奋出版社，1947.7，133页，32开
本书收文30篇，内容包括：《邹韬奋先生事略》（沈钧儒）、《他的出身和苦学时代》（邹恩洵）、《悼韬奋诗》（柳亚子）、《韬奋死三年了》（黄炎培）、《记香港战争时韬奋的琐事》（茅盾）、《韬奋先生印象》（郭沫若）、《假如韬奋还活着》（千家驹）、《他有实际认真的工作精神》（徐特立）等。
收藏单位：重庆馆、东北师大馆、广东

馆、广西馆、国家馆、湖北馆、湖南馆、吉林馆、近代史所、辽大馆、辽宁馆、辽师大馆、内蒙古馆、上海馆、首都馆

13244
余为何参加中共工作 陈瑾昆著
[佳木斯]：东北书店，1946.12，30页，50开
本书共5部分：余为何参加中共工作、在晋绥边区美军“退出中国”会上的演说、陈锦昆先生对《解放日报》记者的谈话、致友人书、陈氏略历。
收藏单位：长春馆、国家馆、辽宁馆、南京馆、山东馆

13245
余为何参加中共工作 陈瑾昆著 太岳新华书店编
[阳城]：太岳新华书店，1946.11，12页，32开
收藏单位：国家馆

13246
怎样向韬奋学习 韬奋出版社编
上海：韬奋出版社，1946.7，75页，32开
上海：韬奋出版社，1946.9，再版，75页，32开
上海：韬奋出版社，1946.11，3版，75页，32开
上海：韬奋出版社，1947.1，再版，75页，32开
本书收纪念文章10篇，内容包括：《邹韬奋先生事略》（沈钧儒）、《他和人民大众在一起》（毛泽东等）、《他怎样为群众服务》（张仲实等）、《他有坚定忠诚的政治立场》（金仲华、茅盾等）、《他有实际认真的工作精神》（徐特立等）等。书前有编者引言。书后有《韬奋先生哀词》（郭沫若）、《怀念邹韬奋先生》（陶行知）。
收藏单位：长春馆、重庆馆、东北师大馆、广西馆、国家馆、辽宁馆、南京馆、宁夏馆、山东馆、陕西馆、上海馆、首都馆、天津馆

13247
战斗模范袁大勋自传 袁大勋著
华东新华书店，1947，25页，32开（战时小丛书）
华东新华书店，1948.11印，渤海版，25页，32开
著者是新四军一师一旅三团二营四连一排三班的副班长。本书是著者写的自己在入伍前后的一些故事。
收藏单位：安徽馆、重庆馆、国家馆、山东馆、浙江馆

13248
战斗模范袁大勋自传 袁大勋著
山东新华书店，1947.11，25页，50开（战时小丛书）
收藏单位：国家馆、山东馆

13249
战斗模范袁大勋自传 袁大勋著
[重庆]：新华日报馆，1946，32页，64开（新华文艺小丛书1）
收藏单位：国家馆

13250
战斗在冀中平原的英雄们（第1—3集）
[兴县]：晋绥军区政治部，1944，3册（46+52+41页），32开
收藏单位：国家馆、宁夏馆、山西馆

13251
张自忠的故事 吴组缃著 汪刃锋作画
上海：张上将自忠传记编纂委员会，1948.5，[13]+127页，32开
本书收故事121则，介绍抗日战争中的民族英雄张自忠将军的生平事迹。书前有遗像、遗墨和编者的话。附《张自忠简传》。
收藏单位：安徽馆、重庆馆、广东馆、广西馆、国家馆、湖南馆、吉林馆、近代史所、内蒙古馆、山西馆、上海馆、天津馆、浙江馆

13252
浙东三烈集

出版者不详，[1911—1919]，44 页，22 开

三烈指的是辛亥革命前倡导民主、反对清朝统治的徐锡麟、陈伯平、马宗汉。本书收三烈的生平事迹。

收藏单位：国家馆、浙江馆

13253
政治协商会代表群像　大新出版社编
上海：大新出版社，1946.1，23 页，32 开

本书介绍周恩来、郭沫若、陈布雷、陈立夫等政协代表。

收藏单位：南京馆、上海馆

13254
中共六将星　钱塘编著
广文社，1949.6，[40] 页，36 开

本书收朱德、彭德怀、林彪、陈毅、刘伯承、贺龙 6 位中国人民解放军的将领的生平事迹。

收藏单位：重庆馆、国家馆、上海馆

13255
中共名人小史　燕清编
上海：新潮出版社，1949.3，44 页，32 开（新中国现势丛书）

本书内容包括：中共主席毛泽东、人民解放军总司令朱德、农民出身的彭德怀、农民将军贺龙、杰出政治家周恩来等。

收藏单位：国家馆、南京馆

13256
中共内幕（第 1 种 中国共产党的九十二个主要人物志）　大同出版公司文化资料供应室编
南京：大同出版公司，1946.1，25 页，32 开

本书收毛泽东、朱德、周恩来、林彪、杨尚昆、叶剑英、洛甫、蔡畅、王震、方志敏、艾思奇等 92 人小传。其中多数是从外籍专刊上翻译过来的。

收藏单位：福建馆、上海馆、天津馆

13257
中共人物
上海：社会出版社，1949，60 页，28 开

本书收毛泽东、周恩来、彭德怀、徐特立、丁玲、任弼时等 42 人小传。

13258
中共人物小史　燕青编
联合编译社，1949，44 页，32 开
上海：联合编译社，1949.3，3 版，44 页，32 开（新中国现势丛书）

本书收毛泽东、朱德、彭德怀、贺龙、周恩来、董必武等 20 人传略。

收藏单位：南京馆、上海馆、天津馆、浙江馆

13259
中共人物小史　燕青编
智慧出版社，1949.6，44 页，32 开

收藏单位：浙江馆

13260
中国的红星　林轶青编著
上海：新中国出版社，1938.2，225 页，32 开

本书分上、下两编。上编收张太雷、方志敏等 31 人的传略，下编收毛泽东、周恩来等 19 人的传略。书前有著者自序。

13261
中国妇女领袖　白朗等著　冀东新华书店编
[遵化]：冀东新华书店，[1946.9]，19 页，36 开，环筒页装

本书记叙蔡畅、邓颖超、陈少敏的生平与事迹，收文 3 篇：《劳动妇女的好朋友我们的蔡大姐》（白朗）、《解放区妇联筹委会副主任邓颖超同志》（草明）、《我们的大姐——陈少敏同志》（左石）。

13262
中国共产党烈士传　华应申编
沈阳：东北新华书店，1949.9，316 页，32 开

本书收李大钊、向警予、邓中夏等 23 位烈士的事迹、传略和纪念文章。书前有《中共七大代表暨延安人民代表追悼中国革命死难烈士祭文》。

收藏单位：东北师大馆、国家馆、黑龙江

馆、近代史所、辽师大馆、天津馆

13263
中国共产党烈士传 华应申编
冀中新华书店，[1947]，240 页，32 开
收藏单位：贵州馆、国家馆

13264
中国共产党烈士传 华应申编
山东新华书店，1947.9，224 页，32 开
收藏单位：贵州馆、国家馆、近代史所、山东馆、中科图

13265
中国共产党烈士传 [华应申编]
[涉县]：[太行群众书店]，[1947]，223 页，32 开
收藏单位：贵州馆、国家馆、河南馆、山西馆

13266
中国共产党烈士传 华应申编
[阳城]：太岳新华书店，1947.12，219 页，32 开
收藏单位：重庆馆、国家馆、山东馆

13267
中国共产党烈士传 中共南京市直属机关党委公安局分委员会宣教科编
南京：中共南京市直属机关党委公安局分委员会宣教科，[1949]，98 页，32 开
本书收李大钊、苏兆征、邓中夏、彭湃、恽代英、瞿秋白、关向应、方志敏、刘志丹、左权、彭雪枫、叶挺、罗登贤 13 位烈士传略。
收藏单位：重庆馆、南京馆

13268
中国四大家族 陈伯达著
北平新华书店，1949，182 页，32 开
本书共 9 章，内容包括：旧中国最后的统治者、从内战与买办起家、封建的买办的军事的商业独占、封建的买办的军事的工业独占、封建的买办的军事的农业独占、新闻与出版及其他的独占、四大家族的财富等。书前有题记。
收藏单位：国家馆、天津馆

13269
中国四大家族 陈伯达著
边区行政干部学校，1947.3，油印本，138 页，32 开
收藏单位：国家馆、近代史所

13270
中国四大家族 陈伯达著
长江出版社，1946.12，133 页，32 开
长江出版社，1947.5，港 4 版，133 页，32 开
收藏单位：重庆馆、广东馆、国家馆、黑龙江馆、湖南馆、近代史所、南京馆、山东馆、上海馆、首都馆、天津馆

13271
中国四大家族 陈伯达著
[佳木斯]：东北书店，1946.12，135 页，32 开
[佳木斯]：东北书店，1947.5，再版，135 页，32 开
佳木斯：东北书店，1948.5，3 版，135 页，32 开
佳木斯：东北书店，1949.3，133 页，32 开
收藏单位：重庆馆、东北师大馆、贵州馆、国家馆、吉林馆、南京馆、内蒙古馆、宁夏馆、山东馆、山西馆、上海馆、天津馆、西南大学馆

13272
中国四大家族 陈伯达著
光明书店，1947.4，142 页，32 开
收藏单位：广东馆、贵州馆、南京馆

13273
中国四大家族 陈伯达著
华北新华书店，1946.10，158 页，32 开
华北新华书店，1949.2，再版，157 页，32 开
收藏单位：重庆馆、广东馆、国家馆、河

南馆、吉林馆、南京馆、内蒙古馆、宁夏馆、山东馆、山西馆、天津馆

13274
中国四大家族　陈伯达著
华东新华书店，1949.1，渤海版，126 页，32 开
华东新华书店，1949.5，重排再版，161 页，32 开
收藏单位：重庆馆、国家馆、南京馆、宁夏馆、山东馆、西南大学馆

13275
中国四大家族　陈伯达著
华中新华书店，1949.3，120 页，32 开
收藏单位：广西馆

13276
中国四大家族　陈伯达著
张秋：冀鲁豫书店，1947.1，161 页，32 开
[张秋]：冀鲁豫书店，1947.3，再版，158 页，32 开
收藏单位：重庆馆、国家馆

13277
中国四大家族　陈伯达著
威县：冀南书店，1946.12，158 页，32 开
收藏单位：国家馆、浙江馆

13278
中国四大家族　陈伯达著
河间：冀中新华书店，1947.7，131 页，32 开
收藏单位：国家馆

13279
中国四大家族　陈伯达著
[兴县]：晋绥新华书店，1946.10，158 页，32 开
收藏单位：国家馆、山东馆、山西馆、天津馆

13280
中国四大家族　陈伯达著
[阳城]：太岳新华书店，1947.1，158 页，32 开
[阳城]：太岳新华书店，1947，再版，158 页，32 开
收藏单位：国家馆、河南馆

13281
中国四大家族　陈伯达著
[北平]：新华书店，1949.5，182 页，32 开
[北平]：新华书店，1949.5，再版，157 页，32 开
北平：新华书店，1949.4，3 版，182 页，32 开
收藏单位：重庆馆、甘肃馆、广东馆、贵州馆、国家馆、吉林馆、南京馆、天津馆、中科图

13282
中国四大家族　陈伯达著
新华书店晋察冀分店，1947.3，157 页，32 开
收藏单位：国家馆、黑龙江馆、吉林馆、山东馆、山西馆、天津馆

13283
中国四大家族　陈伯达著
豫皖苏新华书店，1949.1，162 页，32 开
收藏单位：湖北馆

13284
中国四大家族　陈伯达著
[杭州]：浙江新华书店，1949.7，126 页，32 开
收藏单位：国家馆、山东馆

13285
中国四大家族　陈伯达著
香港：中国出版社，1947.1，138 页，32 开
收藏单位：国家馆

13286
中国四大家族　陈伯达著
中国人民解放军第十八兵团政治部，[1949]，166 页，32 开

收藏单位：重庆馆

13287
中国四大家族 陈伯达著
[郑州]：中原新华书店，1949.2，157页，32开
收藏单位：重庆馆、广西馆、贵州馆、国家馆、湖南馆、浙江馆

13288
中国四大家族（蒋宋孔陈） 陈伯达著
苏中韬奋书店，1947，104页
收藏单位：南大馆

13289
中国作家与鲁迅 茅盾等执笔 学习出版社编
学习出版社，1942.9，132页，32开
学习出版社，1943.12，再版，132页，32开
本书收悼念、回忆鲁迅的文章25篇，内容包括:《写在悲痛中》(茅盾)、《一点不能忘却的记忆》(巴金)、《坠落了一个巨星》(郭沫若)、《片断的记述》(景宋)等。附《鲁迅先生传略》。
收藏单位：重庆馆、东北师大馆、广东馆、广西馆、国家馆、湖南馆、吉林馆、辽宁馆

13290
中山先生逝世十五周年纪念特刊 中苏文化协会编
重庆：出版者不详，1940，132页
收藏单位：近代史所

13291
中山先生特刊 丹阳民社编辑
丹阳：丹阳民社，1925.3，23页，32开
本书为民声特刊。收文11篇，内容包括:《中山死后我们民众应有的觉悟》(戴盆天)、《何以慰国父孙先生》(黄竞西)、《孙先生没有死》(黄竞西)等，以及孙中山的遗嘱、遗言、著作介绍。
收藏单位：国家馆

13292
周恩来与邓颖超 白水编
一星书店，1938.4，118页，32开
收藏单位：辽大馆、南京馆、西南大学馆、浙江馆

13293
周恩来传 铁英编
出版者不详，[1949]，12页，32开
收藏单位：广东馆

13294
朱德奋斗史
香港：新文化出版社，1949，16页，32开
收藏单位：东北师大馆、广东馆

13295
朱德将军卅年战斗史 施平传
救亡出版社，1938.1，60页，32开
收藏单位：南京馆

13296
朱德司令的故事 萧三著
无锡：苏南新华书店，1949.9，26页，32开
本书贯穿着辛亥革命、云南起义、北伐战争、土地革命、抗日战争等一系列史实。附《朱德将军年谱(1886—1946年)》。
收藏单位：南京馆

13297
朱德司令的故事（附解放军将领介绍） 蓝田等辑
苏北新华书店五分店，1949.5，48页，64开
本书为大众读物。主要收《朱总司令的故事》(《鲁中日报》连载)，还据《中原日报》《新长春报》等报纸摘录一小部分。
收藏单位：南京馆

13298
朱德同志等的二三事 华北新华书店编
华北新华书店，1946，111页，32开
本书内容包括：母亲的回忆、朱德的回忆、朱德司令在生产中、李大钊同志革命史

略等。

收藏单位：重庆馆、国家馆、近代史所

13299
朱德传　陈德真编
广州：战时读物编译社，[1940—1949]，45 页，32 开
本书介绍朱德生平事迹，内容包括：传记、在前线、印象记、回忆、论日军、抗战到底等。附《关于八路军的种种》。
收藏单位：重庆馆、国家馆、湖南馆、南京馆、西南大学馆、浙江馆

13300
朱德传　史天行编
汉口：芒种书屋，1938.1，113 页，32 开
汉口：芒种书屋，1938.2，3 版，113 页，32 开
收藏单位：重庆馆、南京馆、浙江馆

13301
朱德自传　绍源辑译
重庆：大地出版社，1946.4，56 页，42 开
本书分 9 章记述朱德的经历，内容大多据美国记者斯诺《西行漫记》改编。附《朱夫人康克清女士传》。
收藏单位：重庆馆、国家馆、南京馆、内蒙古馆、上海馆、浙江馆

13302
朱德总司令自传　朱德著
新生出版社，1949.5，10 页，32 开
本书共 9 章。封面题：中国第一个转变成革命军人，四十年来的一生奋斗史。
收藏单位：南京馆

13303
朱元璋传　吴晗著
上海：生活·读书·新知三联书店，1949.8，301 页，32 开
本书内容包括：从吴国公到吴王、大皇帝的统治术、家庭生活等。
收藏单位：重庆馆、东北师大馆、广东馆、广西馆、国家馆、湖南馆、吉林馆、上海馆、绍兴馆、中科图

13304
朱元璋传　吴晗著
新中国书局，1949.4，301 页，32 开（传记丛书）
新中国书局，1949.7，再版，1 册
收藏单位：安徽馆、东北师大馆、贵州馆、国家馆、黑龙江馆、近代史所、辽宁馆、辽师大馆、内蒙古馆、山西馆、上海馆、首都馆、天津馆、云南馆

13305
朱总司令的故事　蓝田编
华北新华书店，1947.10，27 页，32 开
华北新华书店，1947.12，再版，27 页，32 开
本书共 23 部分，内容包括：从小就受苦、母亲是个“好劳动”、被地主赶出门、被地主赶开家等。
收藏单位：国家馆、山东馆、山西馆

13306
朱总司令的故事　蓝田编
[兴县]：晋绥新华书店，1948.4，18 页，32 开
收藏单位：国家馆、山东馆、山西馆

13307
朱总司令的故事　蓝田编
[阳城]：太岳新华书店，1947，26 页，32 开
本书收故事 22 则。
收藏单位：重庆馆、山东馆

13308
朱总司令的故事
湖北新华书店，[1949]，17 页，32 开
收藏单位：湖北馆

13309
朱总司令的故事
苏北新华书店五分店，1949.5，48 页，64 开

收藏单位：国家馆

13310
追悼“四八”遇难烈士纪念册 晋察冀边区暨张市各界追悼“四八”遇难烈士筹委会编
[张家口]：晋察冀边区暨张市各界追悼“四八”遇难烈士筹委会，1946.4，292页，32开

本书内容包括：遇难情形、死者略历等。收毛泽东、刘少奇、朱德、周恩来所写的追悼“四八”遇难烈士的文章、诗歌数十篇。

收藏单位：东北师大馆、国家馆、近代史所、山西馆

13311
追悼新四军平江嘉义留守通讯处遇害烈士纪念册
出版者不详，[1939]，80页，32开

本书内容包括：《延安追悼会通电》、《罗梓铭同志传略》、《吴渊先生家境略述》（沈楚之）、《悼涂罗等同志》（陈绍禹）、《论平江事件》（叶剑英）、《血战大江南北的新四军》（石西民）等。

收藏单位：北碚馆、重庆馆、国家馆、湖南馆

13312
追悼中山先生特刊 南京追悼孙中山先生大会编
南京：南京追悼孙中山先生大会，[1925—1949]，70+38页，16开

本书是为追悼孙中山先生的逝世而编纂的纪念特刊。书中有孙中山先生的生平、自传和他的政治主张、建国大纲，以及中国国民党第一次全国代表大会宣言、北伐宣言等。

收藏单位：国家馆、南京馆

13313
邹李纪念册 生活书店·读书出版社·新知书店编
北平：生活书店·读书出版社·新知书店，1949.7，36页，横64开

本书为纪念邹韬奋先生逝世五周年、李公朴先生逝世三周年而编。

收藏单位：国家馆

13314
邹韬奋先生遗嘱及其他 邹韬奋等著
出版者不详，[1944—1949]，51页，32开

收藏单位：国家馆

13315
最近的丁玲 俞士连编
上海：长虹书局，1938.3，86页，32开

本书共7章，内容包括：《最近的丁玲》（Earl H. Leaf著，明森摘译）、《长征中的丁玲》（徐盈）、《集体创作和丁玲》（任天马）、《和丁玲一齐在前线》（靳明）等。

收藏单位：重庆馆、国家馆、吉林馆、上海馆

13316
最近烈士事略
[上海]：出版者不详，[1925]，89页，32开

本书简介五卅惨案烈士的生平事略。共12部分，内容包括：五卅案发生之情形、五卅后伤亡表、死难烈士传、忧国自杀之烈士等。有照片14幅。

收藏单位：国家馆、浙江馆

13317
罪恶滔天的杀人犯（廿年来的蒋介石）
出版者不详，[1940—1949]，10页，32开

本书共6部分，内容包括：流氓经纪加军阀、日本的清道夫、一心独裁打内战、当了美国儿皇帝等。

收藏单位：国家馆

各国人物传记

13318
A·波格雷士金（苏联三次英雄）（苏）H.杰尼索夫 （苏）M.卡尔波维奇著 辽逸译
大连：旅大中苏友好协会，1949，39页，32开（友谊丛书22）

收藏单位：重庆馆、东北师大馆、辽大馆、南京馆、山西馆、天津馆

13319
阿洛夫医生　方纪著
河间：冀中新华书店，1947.7，37页，32开
收藏单位：国家馆

13320
阿洛夫医生　方纪著
山东新华书店，1948.2，再版，40页，32开
山东新华书店，1948.7，3版，41页，50开（新华小文库）
本书概述阿洛夫医生的医疗思想和工作作风。共10部分，内容包括：欢迎阿洛夫医生、两种不同的医学思想、在外科手术室里、医务工作者的新方向等。书后有后记。
收藏单位：重庆馆、国家馆、黑龙江馆、南京馆、山东馆

13321
巴甫洛夫　（苏）俞高夫著　朱滨生译
大连：光华书店，1948.2，47页，32开
本书简述巴甫洛夫的生平事迹，共5章：家世、跳入未知世界、条件的反射、坚强而不可阻挠的、伟大的祖国子弟。
收藏单位：长春馆、重庆馆、东北师大馆、国家馆、吉林馆、辽宁馆、山东馆、天津馆

13322
巴甫洛夫　（苏）俞高夫著　朱滨生译
华东新华书店总店，1948.10，42页，50开
收藏单位：重庆馆、广东馆、国家馆、南京馆、山西馆、天津馆

13323
巴甫洛夫　（苏）俞高夫著　朱滨生译
上海：时代社，1947.3，37页，50开
收藏单位：国家馆、南京馆、上海馆

13324
巴甫洛夫　（苏）俞高夫著　朱滨生译
苏州：苏南新华书店，1949.6，36页，50开
收藏单位：国家馆

13325
巴士特　秦似著
上海：生活·读书·新知联合发行所，1949.6，97页，50开（新中国百科小丛书）
本书介绍法国生物学家、化学家和微生物学的奠基人路易·巴斯德（即巴士特）的生平事迹。共11章，内容包括：手艺工人的儿子、学生时代、一颗心充满了爱等。书前有巴士特像。
收藏单位：重庆馆、东北师大馆、广东馆、国家馆、湖南馆、南京馆、内蒙古馆、四川馆、天津馆、西交大馆、中科图

13326
兵士兼统帅（苏渥洛夫生平事业概论）（苏）皮加列夫著
渤海军区政治部，[1944—1949]，118页，32开
本书为苏沃洛夫（即苏渥洛夫）评传，收文3篇：《俄罗斯武器的荣誉》《苏渥洛夫理想中的英雄》《词锋和笔锋》。书前有导言。
收藏单位：重庆馆、山东馆

13327
兵士兼统帅（苏渥洛夫生平事业概论）（苏）皮加列夫著
佳木斯：东北书店，1948.1，126页，32开
收藏单位：长春馆、重庆馆、东北师大馆、广东馆、国家馆、吉林馆、南京馆、首都馆、天津馆

13328
兵士兼统帅（苏渥洛夫生平事业概论）（苏）皮加列夫著
华北新华书店，1947.5，117页，32开
收藏单位：国家馆

13329
兵士兼统帅（苏渥洛夫生平事业概论）（苏）皮加列夫著

华中新华书店，1946.10，113 页，32 开
收藏单位：南京馆、山东馆

13330
兵士兼统帅（苏渥洛夫生平事业概论）（苏）皮加列夫著
胶东新华书店，[1945—1949]，118 页，32 开
收藏单位：重庆馆、南京馆、山东馆

13331
兵士兼统帅（苏渥洛夫生平事业概论）（苏）皮加列夫著
晋察冀军区政治部，[1937—1948]，117 页，32 开
收藏单位：重庆馆、首都馆

13332
兵士兼统帅（苏渥洛夫生平事业概论）（苏）皮加列夫著
晋冀鲁豫军区政治部，[1945—1948]，117 页，32 开
收藏单位：重庆馆、国家馆、河南馆、南京馆

13333
兵士兼统帅（苏渥洛夫生平事业概论）（苏）皮加列夫著
[兴县]：晋绥军区政治部，[1945—1949]，145 页，32 开
收藏单位：重庆馆、国家馆、山西馆、首都馆

13334
兵士兼统帅（苏渥洛夫生平事业概论）（苏）皮加列夫著
莫斯科：外国文书籍出版局，1945，120 页，25 开
收藏单位：重庆馆、东北师大馆、广西馆、国家馆、湖南馆、辽宁馆、上海馆

13335
达尔文自传 （英）达尔文（Charles Robert Darwin）著 苏桥译
东北光华书店，1948，71 页，32 开
本书共 7 部分，内容包括：童年生活、收集的乐趣、思想变化以及如何写作等。
收藏单位：长春馆、东北师大馆、国家馆、河南馆

13336
达尔文自传 （英）达尔文（Charles Robert Darwin）著 苏桥译
上海：三联书店，1949，1 册（传记丛书）
收藏单位：重庆馆、湖南馆

13337
达尔文自传 （英）达尔文（Charles Robert Darwin）著 苏桥译
上海：生活书店，1947.6，92 页，32 开（生活丛书）
哈尔滨：生活书店，1948，71 页，32 开
大连：生活书店，1949.7，3 版，92 页，32 开（传记丛书）
收藏单位：重庆馆、东北师大馆、广东馆、贵州馆、国家馆、黑龙江馆、湖南馆、吉林馆、辽大馆、辽宁馆、宁夏馆、山东馆、山西馆、首都馆、天津馆、西南大学馆

13338
多列士自传 （法）多列士（Maurice Thorez）著 朱世纶译
上海：[新知书店]，1946.6，219 页，32 开（传记丛书 3）
上海：新知书店，1947.12，再版，166 页，32 开（传记丛书 3）
收藏单位：重庆馆、东北师大馆、广东馆、贵州馆、国家馆、黑龙江馆、湖南馆、吉林馆、辽大馆、辽宁馆、山西馆、上海馆、绍兴馆、首都馆、中科图

13339
俄罗斯历代名将概论 （苏）波契卡列夫等著 稽古译
莫斯科：外国文书籍出版局，1944，124 页，25 开
本书介绍亚历山大、涅夫斯基、季米特

里、顿斯可义、明宁、帕沙尔斯基、苏渥洛夫、库图左夫等俄罗斯名将。

收藏单位：长春馆、重庆馆、东北师大馆、广东馆、国家馆、内蒙古馆、山东馆、上海馆

13340
俄罗斯名将传　（苏）奥西波夫　（苏）聂契金娜著
佳木斯：东北书店，1947.10，44页，32开
本书收两篇传记：《苏沃洛夫传》（奥西波夫）、《库图佐夫传》（聂契金娜）。
收藏单位：长春馆、东北师大馆、广东馆、国家馆、山东馆、上海馆、天津馆

13341
俄罗斯名将传　（苏）奥西波夫　（苏）聂契金娜著
华北新华书店，1947.1，47页，32开
收藏单位：重庆馆、国家馆、湖南馆、近代史所、山东馆

13342
法国“叛乱同盟的魁首”——戴高乐　齐生辑译
华东新华书店，1948.11，36页，50开（新华文摘丛刊）
本书收文两篇：《法国“叛乱同盟的魁首”——戴高乐》（齐生辑译）、《法国抵抗运动与英美及戴高乐的关系》（维式亚柯夫）。
收藏单位：重庆馆、东北师大馆、国家馆、南京馆、山东馆

13343
高尔基　蒋牧良著
上海：生活·读书·新知联合发行所，1949.7，82页，36开（新中国百科小丛书）
本书主要讲述高尔基生平事迹。共10部分，内容包括：他的童年、为了认识俄国人民、和沙皇统治的斗争等。
收藏单位：广东馆、国家馆、吉林馆、辽大馆、南京馆、内蒙古馆、绍兴馆、天津馆

13344
高尔基　邹韬奋编译
重庆：出版者不详，1941.2，302页，32开
本书编译者原题：韬奋。
收藏单位：南京馆

13345
高尔基画传　葛一虹编辑　戈宝权说明
上海：天下图书公司，[1946]，36页，32开（中苏文化协会丛书1）
上海：天下图书公司，1948，增订2版，42页，18开
本书为高尔基略传。
收藏单位：广东馆、近代史所、南京馆、上海馆、中科图

13346
革命文豪高尔基　邹韬奋编译
重庆：国讯书店，1943，2册，32开
本书共6编，内容包括：儿童时代、幼年时代、青年时代等。书后有编译后记等。编译者原题：韬奋。
收藏单位：重庆馆

13347
革命文豪高尔基　邹韬奋编译
上海：生活书店，1933.7，441+[15]页，25开
上海：生活书店，1933.9，再版，441+[15]页，25开
上海：生活书店，1934.4，3版，441+[15]页，25开
收藏单位：北碚馆、重庆馆、东北师大馆、广东馆、广西馆、国家馆、黑龙江馆、湖南馆、辽大馆、辽东学院馆、南京馆、山西馆、绍兴馆、首都馆

13348
革命文豪高尔基　邹韬奋编译
上海：韬奋出版社，1934.1，302页，32开
上海：韬奋出版社，1946.3，胜利后1版，302页，32开
上海：韬奋出版社，1947.2，胜利后2版，302页，32开

上海：韬奋出版社，1947.10，胜利后3版，302页，32开

收藏单位：长春馆、重庆馆、东北师大馆、广西馆、国家馆、黑龙江馆、近代史所、辽大馆、山东馆、上海馆

13349
革命文豪高尔基 邹韬奋编译
重庆：邹韬奋[发行者]，1942.1，302页，32开

收藏单位：重庆馆、国家馆、辽师大馆、南京馆、山西馆、首都馆

13350
革命文豪高尔基的生平 [植耘著]
出版者不详，1936.6，10页，16开

收藏单位：浙江馆

13351
关于高尔基 萧三著
华北新华书店，1943，107页，32开

本书叙述高尔基的生平、文学创作、文学批评和他的社会、政治活动等。收文9篇，内容包括：《高尔基与中国》《高尔基逝世三周年纪念》《反对法西斯主义》《托派的战士》等。

收藏单位：广东馆、吉大馆、山西馆、中科图

13352
捷尔任斯基（为列宁斯大林党的事业而奋斗的不屈不挠的战士）（苏）柯恩（Ф. Кон）撰 齐生译
上海：新华书店，1949，92页，32开

本书共14部分，内容包括：第一次被捕与流放、在内战前线上、苏维埃工业的卓越组织者、斯大林论捷尔任斯基等。

收藏单位：重庆馆、广西馆、国家馆

13353
卡布杜林少校（卡查赫斯坦的民间诗人）（苏）柏烈伟著
莫斯科：外国文书籍出版局，1943，15页，大64开

收藏单位：国家馆、南京馆、陕西馆

13354
库图左夫诞辰二百周年纪念
莫斯科：外国文书籍出版局，1945，56页，大64开

收藏单位：重庆馆、东北师大馆、国家馆、辽宁馆

13355
列宁的母亲 （苏）高福纳托尔著
佳木斯：东北书店，1947.10，54页，32开
哈尔滨：东北书店，1948.10，再版，54页，32开

本书据莫斯科外国文书籍出版局1944年中文版重排。

收藏单位：北大馆、长春馆、重庆馆、东北师大馆、广东馆、国家馆、黑龙江馆、南京馆、宁夏馆、山东馆、上海馆、天津馆

13356
列宁的母亲 （苏）高福纳托尔著
华东新华书店，1948.10，再版，62页，50开

收藏单位：重庆馆、国家馆、山东馆、上海馆

13357
列宁的母亲 （苏）高福纳托尔著
山东新华书店，1949.7，重排3版，54页，32开

本书据莫斯科外国文书籍出版局1944年版翻印。

收藏单位：天津馆

13358
列宁的母亲 （苏）高福纳托尔著
[泰州]：苏北新华书店，1949.6，52页，大64开

收藏单位：国家馆

13359
列宁的母亲 （苏）高福纳托尔著

上海：新华书店，1949.7，61 页，42 开
收藏单位：重庆馆、国家馆、南京馆

13360
列宁底母亲　（苏）高福纳托尔著
莫斯科：外国文书籍出版局，1944，48 页，36 开
收藏单位：重庆馆、南京馆、上海馆

13361
论高尔基　（苏）叶戈林等作　雪原译
大连：旅大中苏友好协会，1949.9，56 页，32 开（友谊丛书 27）
本书收文 5 篇：《高尔基的生活道路》《高尔基——苏联文学的创始者》《战斗的现实主义》《高尔基与社会主义的现实主义》《高尔基的世界意义》。附辑 3 篇：《列宁和斯大林论高尔基》《悼高尔基》《高尔基生活与创作年表》。
收藏单位：长春馆、广东馆、内蒙古馆、山东馆、天津馆

13362
穆理斯之艺术的社会主义　田汉译述
上海：东南书店，1929.5，51 页，32 开
本书共 4 章：他的生涯、穆理斯之社会改造思想、穆理斯的乌托邦、诸家对于穆理斯之批评。
收藏单位：广西馆、国家馆、湖南馆、江西馆、南京馆、天津馆、西南大学馆、浙江馆

13363
诺尔曼·白求恩纪念册　国民革命军第十八集团军政治部卫生部编辑
国民革命军第十八集团军政治部卫生部，1940，119 页，32 开
收藏单位：重庆馆

13364
生平回忆　（苏）雅可福烈夫（Александр Сергеевич Яковлев）著
上海：新华书店，1949.9，80 页，32 开
本书内容包括：雅可福烈夫怎样长大、怎样学习、怎样为坚持自己的理想而斗争、怎样创造并完善了现代战争中一种最强力的飞机等。
收藏单位：安徽馆、重庆馆、南京馆、宁夏馆

13365
生平回忆　（苏）雅可福烈夫（Александр Сергеевич Яковлев）著　逸尘译
大连：大众书店，1948.7，87 页，32 开
收藏单位：重庆馆、国家馆、内蒙古馆、浙江馆

13366
生平回忆　（苏）雅可福烈夫（Александр Сергеевич Яковлев）著　逸尘译
山东新华书店，1947，102 页，48 开（新华小文库）
山东新华书店，1949.7，再版，102 页，48 开（新华小文库）
收藏单位：重庆馆、南京馆、山东馆、绍兴馆

13367
生平回忆　（苏）雅可福烈夫（Александр Сергеевич Яковлев）著　逸尘译
[无锡]：苏南新华书店，1949.5，75 页，32 开
收藏单位：国家馆

13368
生平回忆　（苏）雅可福烈夫（Александр Сергеевич Яковлев）著　逸尘译
[阳城]：太岳新华书店，1948.9，107 页，32 开
收藏单位：安徽馆、重庆馆、国家馆、辽宁馆、山东馆

13369
生平回忆　（苏）雅可福烈夫（Александр Сергеевич Яковлев）著　逸尘译
莫斯科：外国文书籍出版局，1945，112 页，25 开

收藏单位：东北师大馆、福建馆、国家馆、辽大馆、辽宁馆、首都馆、天津馆

13370
苏联古今名人小传 陈威编译
[大连]：关东中苏友好协会，1948.11，144页，32开（友谊丛书11）

本书分3部分：政治家、文艺家、科学家。共收列宁、斯大林、莫洛托夫、日丹诺夫、加里宁、伏龙芝、克鲁普斯卡娅、普希金等41位人物的小传。

收藏单位：重庆馆、东北师大馆、国家馆、山东馆、上海馆、天津馆、浙江馆

13371
苏联名将录 林萍编
大连：光华书店，1948.2，70页，32开

本书首先介绍红军节的由来，然后重点介绍斯大林大元帅、伏罗希洛夫大元帅、布将尼元帅、布尔加宁元帅、华西列夫斯基元帅、孔涅夫元帅、朱可夫元帅、瓦图丁大将等苏联名将。

收藏单位：长春馆、重庆馆、东北师大馆、吉林馆、近代史所、山东馆

13372
苏沃洛夫元帅传 （苏）奥西波夫著 黄远译
佳木斯：东北书店，1948.6，126页，32开

收藏单位：北碚馆、长春馆、重庆馆、东北师大馆、福建馆、国家馆、吉林馆、江西馆、山东馆、上海馆、天津馆

13373
苏沃洛夫元帅传 （苏）奥西波夫著 黄远译
辽东书店，1948.1，132页，32开

收藏单位：东北师大馆、广东馆、江西馆、中科图

13374
苏沃洛夫传 （苏）奥西波夫著 黄远译
山东新华书店总店，1948.8，153页，32开

本书共11章，内容包括：苏沃洛夫的幼年、反普鲁士战争、训练部队、在波兰等。书前有译者序。据辽东书店1948年1月原版翻印。

收藏单位：重庆馆、国家馆、辽宁馆、山东馆、上海馆、绍兴馆

13375
新五年计划的生产战士 实人编译
[大连]：关东中苏友好协会，1949.9，106页，32开（友谊丛书18）

本书收译文29篇，内容包括：《乌克兰一朵光荣之花》《一位种米专家的经验》《卫国战争英雄在和平劳动中》《农业上的劳动英雄》《工人马特洛索夫》《一个老矿工的述说》《伐木工人列伊沃》《一个苏联瓦匠的故事》《胜利者》等。

收藏单位：东北师大馆、国家馆、辽宁馆、山东馆、上海馆

13376
新五年计划的生产战士 实人编译
[泰州]：苏北新华书店，1949印，100页，32开

本书据关东中苏友好协会版翻印。

收藏单位：国家馆、南京馆

13377
学习白求恩 毛泽东等著
第二野战军卫生部，1949，62页，36开（医干学习材料）

本书收《学习白求恩》《纪念白求恩同志》《学习伟大的国际主义精神》《接受白求恩同志给我们留下的宝贵遗产》等文章。

收藏单位：重庆馆

13378
一个苏联飞机构造家的自述 （苏）雅可福烈夫（Александр Сергеевич Яковлев）著
[郑州]：中原新华书店，1949.2，80页，32开

本书内容包括：教师、空军朋友、当助手、参加滑翔竞赛、小学生滑翔机、第一次与斯大林见面等。

收藏单位：广东馆、国家馆、青海馆

13379
一个苏联飞机构造家的自述（苏）雅可福烈夫（Александр Сергеевич Яковлев）著　逸尘译
华北新华书店，1947.4，93 页，32 开
收藏单位：重庆馆、国家馆、河南馆、山东馆

13380
一个苏联飞机构造家的自述（苏）雅可福烈夫（Александр Сергеевич Яковлев）著　逸尘译
[朝城]：冀鲁豫书店，1948.1，97 页，36 开
收藏单位：国家馆、河南馆、南京馆

13381
一个苏联飞机构造家的自述（苏）雅可福烈夫（Александр Сергеевич Яковлев）著　逸尘译
晋察冀新华书店，1948.1，80 页，32 开
收藏单位：重庆馆、国家馆

13382
一个苏联飞机构造家的自述（苏）雅可福烈夫（Александр Сергеевич Яковлев）著　逸尘译
太行群众书店，1948.8，98 页，36 开
收藏单位：国家馆、河南馆、山西馆、天津馆

13383
一个苏联飞机构造家的自述（苏）雅可福烈夫（Александр Сергеевич Яковлев）著　逸尘译
天津新华书店，1949.3，再版，80 页，32 开
收藏单位：安徽馆、重庆馆、国家馆、清华馆、西南大学馆

13384
一个苏联飞机构造家的自述（苏）雅可福烈夫（Александр Сергеевич Яковлев）著　逸尘译
[北平]：新华书店，1949.7，80 页，32 开
收藏单位：广东馆、国家馆、湖北馆、江西馆、辽宁馆

13385
狱中记（英）王尔德（Oscar Wilde）著　张闻天　汪馥泉译
上海：商务印书馆，1922.12，1 册，32 开（文学研究会丛书）
上海：商务印书馆，1924.4，再版，[223] 页，32 开（文学研究会丛书）
上海：商务印书馆，1932.7，国难后 1 版，[223] 页，32 开（文学研究会丛书）
本书附《莱顿监狱之歌》（王尔德）。书前有《致张闻天兄书》（田汉）等。再版译者加题：沈泽民。
收藏单位：重庆馆、东北师大馆、广东馆、广西馆、国家馆、河南馆、湖南馆、江西馆、辽大馆、辽宁馆、南京馆、内蒙古馆、上海馆、绍兴馆、首都馆、西南大学馆、中科图

13386
在保卫祖国战争中的苏联妇女（一九四二年五月十日在莫斯科举行之全苏联参加保卫祖国战争的妇女大会）[外国文书籍出版局编]
莫斯科：外国文书籍出版局，1942，60 页，22 开
本书共 19 部分，内容包括：致斯大林同志祝词、告全世界妇女书、莫斯科妇女致伦敦妇女的信等。
收藏单位：国家馆

13387
自然的改造者（苏）沙福诺夫（苏）鲁瑟斯基著　愚农等译
长春：东北书店，1949.5，63 页，32 开（青年知识丛书 6）
本书收文 5 篇：《自然的改造者——伟大的生物学家密秋林发明小史》《何谓土壤——苏联农业科学家威廉士发明小史》《春化期的发现——苏联农业科学家黎森柯发明小史》《黎森柯及其同志们的发明》《人民大众科学的代言人——苏联农业科学家黎森柯的发

明》。

收藏单位：长春馆、国家馆

13388

自然的改造者 （苏）沙福诺夫 （苏）鲁瑟斯基著 愚农等译

上海：新华书店，1949，50 页，32 开

收藏单位：安徽馆、重庆馆、广东馆、国家馆、辽宁馆、陕西馆

革命节日、纪念日

13389

悲壮的五月

出版者不详，[1926]，36 页，32 开

本书讲述纪念意义及事件经过等。共 4 部分：五一劳动节、五四运动纪念、五七国耻纪念、五卅惨杀案。

收藏单位：国家馆

13390

革命史上几个重要纪念日 国民革命军总司令部政治部编

[广州]：国民革命军总司令部政治部，1926，[370] 页，32 开

本书共 21 节，内容包括：二七纪念、三八纪念等。

收藏单位：甘肃馆、国家馆、湖南馆、南京馆、浙江馆

13391

红五月纪念日简史 白韦等著

安东（丹东）：东北书店安东分店，1949.5，38 页，32 开

收藏单位：广东馆、国家馆

13392

红五月纪念日简史 辽东书店辑

辽东书店，1948，24 页，32 开

本书共 7 部分：人民的红五月（歌）、“五一”劳动节历史、“五三”惨案、“五四”运动、“五五”、“五九”、“五卅”。

收藏单位：国家馆

13393

纪念今年国庆节的意义 陕甘宁边区政府国庆纪念大会筹备会著

[延安]：陕甘宁边区政府国庆纪念大会筹备会，1944.10，1 册，8 开

收藏单位：国家馆

13394

纪念日史料 林平编

大连：大众书店，1948.11，311 页，32 开

本书共两编：中国部分、国际部分。

收藏单位：国家馆、近代史所

13395

纪念日手册

冀中新华书店，[1946—1948]，64 页，64 开

本书主要收与纪念日有关的资料，内容包括：皖南惨案、政治协商会议纪念、列宁逝世纪念、“二七”惨案等。

收藏单位：国家馆、山东馆

13396

纪念日资料 生活杂志社主编

安东（丹东）：东北书店安东分店，1949.5，118 页，32 开

本书共 45 小节，内容包括：皖南事变、列宁逝世纪念日、“二七”惨案、苏联建军节、较场口惨案等。

收藏单位：东北师大馆、国家馆、南京馆、山东馆、首都馆

13397

纪念日资料 生活杂志社主编

东北新华书店辽东书店，1949，再版，118 页，32 开

收藏单位：东北师大馆、国家馆、华东师大馆、辽宁馆、天津馆

13398

五月纪念日简史 温济泽等著

大连：大众书店，1948.4，18 页，32 开

本书共 6 部分："五一"劳动节历史、"五三"惨案、"五四"运动、"五五"、"五九"、"五卅"。

收藏单位：国家馆、内蒙古馆、山东馆

13399

五月纪念日简史　温济泽 [等] 著

佳木斯：东北书店，1947.9，19 页，32 开

收藏单位：东北师大馆、辽宁馆

13400

五月纪念日介绍　长明编

佳木斯：东北书店，1948.4，2 版，20 页，32 开

本书共 7 部分："五一"劳动节历史、"五三"惨案、"五四"运动、"五五"学习节、"五九"、"五一二"国际护士节、"五卅"。

收藏单位：东北师大馆、国家馆、辽宁馆

地　理

中国地理

13401

晋冀鲁豫边区分区详解地图　民主出版社编绘

华北新华书店，1947.10，1 册，32 开

本书收图 29 幅，内容包括：晋冀鲁豫边区全图、邯郸市街图、太行行署区、太岳行署区、晋南三角地带、冀南行署区等。

收藏单位：国家馆、近代史所、山东馆

13402

四川情况汇编（西南各省调查）　第二野战军司令部编

[第二野战军司令部]，1949.8，172 页，16 开

收藏单位：南京馆

13403

西康调查汇编　第二野战军司令部编

第二野战军司令部，1949，83 页，16 开

本书分 3 章介绍西康的气候、地形、行政区划、面积及人口。

收藏单位：重庆馆

13404

新编中国地理　李松声　金希三等编

[威县]：冀南新华书店，1949.5，126 页，32 开

本书共 8 章：概述、华北、东北、西北、华中、华南、西南、解放区概述。各地区又按省分节，介绍各省的自然概况、人文概况等。各节后附问题若干。

收藏单位：国家馆

13405

新编中国地理　李松声　金希三等编

[郑州]：中原新华书店，1949.3，93 页，32 开

收藏单位：国家馆

13406

新编中国地理　李松声　金希三等编　太岳新华书店改编

[阳城]：太岳新华书店，1948.9，126 页，32 开

[阳城]：太岳新华书店，1949.7，[再版]，126 页，32 开

收藏单位：广东馆、山西馆

13407

新中华地图　邵越崇编选

上海：复兴舆地学社，1949.9，1 册，32 开

本书内容包括：世界全图、中国行政图、人民首都北平市图等。

收藏单位：东北师大馆

13408

中国地理概述（上册）　梁涛然著

[阳城]：太岳新华书店，1947.9，再版，61 页，32 开

本册分3章记述中国的自然面貌、人口、民族、语文、交通建设等。

收藏单位：重庆馆、国家馆、河南馆

13409
中国地理基础教程 陈原著
[延安]：华北书店，1943.7，2册（118+120页），32开，环筒页装

本书内容包括：土地、政治、财政、金融、交通、运输、贸易、工业和农业等。

收藏单位：广西馆、国家馆、山东馆

13410
中国地理基础教程 陈原著
[重庆]：新知书店，1941.1，331页，32开

收藏单位：重庆馆、广东馆、国家馆、上海馆

13411
中国地理基础教程（下册） 陈原著
[威县]：冀南书店，1946，118页，32开，环筒页装

收藏单位：国家馆、山东馆

13412
中国分省图 [大众书店编辑部编]
大连：大众书店，1948.7，30页，32开

本书收图30幅，内容包括：本国政治形势、本国地势、本国水系、江苏省、浙江省等。图后附有说明。

收藏单位：山西馆

世界及各国地理

13413
今日之苏联 吴清友编著
上海：读书出版社，1945.11，734页，32开（中苏文化协会研究委员会研究丛书2）
上海：读书出版社，1945.12，再版，734页，32开（中苏文化协会研究委员会研究丛书2）
上海：读书出版社，1946，再版，734页，32开（中苏文化协会研究委员会研究丛书2）
[上海]：读书出版社，1947.7，3版，734页，32开（中苏文化协会研究委员会研究丛书2）

本书共10章，内容包括：概况、领土与人民、历史述略、经济、政治制度等。附《苏联宪法》《中苏友好同盟条约》。书前有著者自序。

收藏单位：北碚馆、重庆馆、东北师大馆、广东馆、广西馆、国家馆、黑龙江馆、湖南馆、吉林馆、南京馆、宁夏馆、山东馆、上海馆、绍兴馆、首都馆、天津馆、西南大学馆、浙江馆

13414
莫斯科记 （德）雷翁·傅克脱惠格（Lion Feuchtwanger）著 吴大琨译
汉口：生活书店，1938.11，[10]+119页，32开
重庆：生活书店，1939.3，再版，[10]+119页，32开

本书记述著者在苏联为期10周的旅行观感。共8章，内容包括：工作与休息、一律主义与个人主义、民主与独裁、民主主义与国际主义、战争与和平、史太林与托洛茨基、托派审判案中已发表的与未发表的等。书前有著者前言。据《一九三七年莫斯科》译出。

收藏单位：重庆馆、广东馆、国家馆、江西馆、南京馆、宁夏馆、上海馆、天津馆、西南大学馆

13415
欧游漫记 刘宁一著
佳木斯：东北书店，1948.6，42页，32开

本书是著者游历欧洲的见闻散记，着重介绍欧洲一些国家的共产党和工人运动。收文8篇，内容包括：《铁托和新南斯拉夫》《新的青年新的生活》《一部真正人民的宪法》《南斯拉夫在欢笑》《我会见了季米特洛夫同志》等。

收藏单位：东北师大馆、国家馆、黑龙江馆、山东馆

13416
欧游漫记　刘宁一著
华东新华书店，1948.11，42页，36开
收藏单位：重庆馆、国家馆、宁夏馆、山东馆、天津馆

13417
欧游漫记　刘宁一著
山东新华书店，1949.6，再版，42页，32开
收藏单位：山东馆、山西馆

13418
欧游漫记　刘宁一著
[无锡]：苏南新华书店，1949.5，26页，36开
收藏单位：重庆馆、南京馆

13419
欧游漫记　刘宁一著
上海：新华书店，1949.9，62页，36开
收藏单位：重庆馆、南京馆、西南大学馆

13420
世界地理　陈光祖　蔡迪编　山东省政府教育厅审定
华东新华书店，1949.4，138页，32开
收藏单位：河南馆、山东馆

13421
世界地理初步　曹伯韩著
香港：生活书店，1948.3，104页，42开（新知识初步丛刊）
大连：生活书店，1948.12，81页，36开（少年文库）
本书共24章，内容包括：我们所住的星球、人的分布、亚细亚洲等。
收藏单位：重庆馆、东北师大馆、广西馆、国家馆、黑龙江馆、内蒙古馆、首都馆、天津馆、浙江馆

13422
世界上有多少国家
大连：大连新华书店，1949.9，38页，50开
本书共13部分，内容包括：世界上有多少国家、两大阵营、纸老虎的美国、老掉牙的英国等。
收藏单位：长春馆、国家馆、辽宁馆、天津馆

13423
世界政治地理讲话　陈原著
上海：生活·读书·新知联合发行所，1949.6，188页，32开（新中国青年文库）
本书从国家、领土、民族、殖民地、基地、政治区域等方面介绍第二次世界大战后世界各国政治地理概况。共12章，内容包括："政治地理"和"地理政治"、战后的地图和地图的知识等。
收藏单位：东北师大馆、广东馆、国家馆、绍兴馆、天津馆

13424
世界政治地理讲话　陈原著
上海：生活书店，1948.6，188页，36开（青年自学丛书）
收藏单位：东北师大馆、广东馆、国家馆、内蒙古馆、上海馆、首都馆

13425
苏联　西门宗华著　中苏文化协会编辑
重庆：商务印书馆，1942.10，2册（67+69页），36开（中苏文化协会社会科学丛书）
重庆：商务印书馆，1943.10，2册（67+69页），36开（中苏文化协会社会科学丛书）
本书上册为"政治经济之部"，共4章，介绍苏联的国家组织、人口、民族、经济建设等情况；下册为"社会文化之部"，共18章，介绍苏联政党组织、教育科学、文学艺术、武装建设等情况。
收藏单位：重庆馆、东北师大馆、广东馆、贵州馆、国家馆、黑龙江馆、湖南馆、南京馆、内蒙古馆、上海馆、西南大学馆

13426
苏联的人与地　（苏）勃洛克等编著　卫惠林等译

成都：今日新闻社发行部，1945.8，189页，32开（今日丛刊2）

本书收译文17篇，内容包括：《斯大林与托罗斯基斗争史》《斯大林和他幕中人物》《苏俄第一女飞将军》《苏联的首都建设》《斯摩棱斯克》《白俄罗斯》《下伏尔加河》《高加索地理》《中亚西亚》等。另有《苏联在远东的军力》《苏联的经济地理》等编译文章3篇。附《今日的苏联科学》《苏日关系透视》等5篇。

收藏单位：北碚馆、重庆馆、国家馆、吉林馆、内蒙古馆、宁夏馆、天津馆

13427

苏联概观　（英）多布（Maurice Herbert Dobb）著　端木琦译

重庆：商务印书馆，1945.4，94页，32开

上海：商务印书馆，1945.10，94页，32开

上海：商务印书馆，1945.11，再版，94页，36开

上海：商务印书馆，1946.7，3版，94页，32开

本书共14章，内容包括：导言、一九一四年前的俄罗斯、俄罗斯革命的开端、列宁和苏维埃的掌权、一九一七年后、苏联的经济地理、政治制度、教育等。书前有著者自序、译者序。书后有西文参考书目。

收藏单位：安徽馆、北碚馆、长春馆、重庆馆、东北师大馆、广东馆、广西馆、国家馆、黑龙江馆、吉林馆、江西馆、南京馆、内蒙古馆、上海馆、首都馆、天津馆、西南大学馆、浙江馆

13428

苏联各盟员共和国介绍　林平编

大连：东北书店，1949.4，83页，32开

本书共4部分：“苏联介绍”“苏联是怎样组成的”“各盟员共和国介绍”“各盟员共和国的首都、人口、面积统计表”。

收藏单位：国家馆

13429

苏联讲话（上册）　戈宝权著

[延安]：解放社，1940，139页，32开

本书简要介绍苏联的历史、地理、政治、经济和军事情况。收文18篇，内容包括：《苏联是什么样的一个国家?》《苏联历史的概述》《苏联地理的一瞥》《苏联是怎样组成的?》《什么是苏维埃的民主制?》《什么是斯大哈诺夫运动?》《苏联的红军是怎样组织和成长起来的?》等。

收藏单位：重庆馆、国家馆

13430

苏联讲话（上册）　戈宝权著

山东新华书店，1949.7，139页，32开

收藏单位：国家馆、吉林馆、山东馆、天津馆

13431

苏联讲话（上册）　戈宝权著

无锡：苏南新华书店，1949，121页，32开

收藏单位：国家馆、南京馆

13432

苏联讲话（上册）　戈宝权著

张家口：新华书店晋察冀分店，1946，121页，32开

收藏单位：国家馆、辽宁馆

13433

苏联全貌　（苏）米哈伊洛夫（Н. Н. Михайлов）著

威县：冀南书店，1947.12，26页，32开

本书介绍苏联的地理状况。

收藏单位：国家馆、南京馆、山东馆、天津馆

13434

苏联全貌　（苏）米哈伊洛夫（Н. Н. Михайлов）著

大连：中苏友好协会，1947.4，26页，32开

收藏单位：东北师大馆

13435

苏联十六个加盟共和国　（苏）杜勃洛夫斯基

等原著　叶文雄译　中苏文化协会编辑
重庆：商务印书馆，1946.1，135 页，32 开（中苏文化协会丛书）

本书分述苏联各加盟共和国的自然地理、历史及社会主义建设现状。

收藏单位：重庆馆、广西馆、国家馆、河南馆、江西馆、南京馆、上海馆、浙江馆

13436
苏联印象记　（英）韦勃（S. Webb）著　邵宗汉译
上海：生活书店，1933，106 页，32 开
上海：生活书店，1934.3，再版，106 页，32 开

本书记述对苏联经济、政治和社会生活的观感。共 7 部分，内容包括：苏联的经济生命、苏联的劳动状况、苏维埃统治下的自由、苏联的出版事业、苏联的妇女儿童与家庭等。书前有代序《英国韦勃夫妇的事业与思想》。

收藏单位：北碚馆、重庆馆、东北师大馆、广东馆、广西馆、国家馆、江西馆、南京馆、内蒙古馆、上海馆、天津馆、西南大学馆

13437
我所见的新波兰　（美）斯特朗（A. L. Strong）著　李棣华译
华北新华书店，1947.12，190 页，32 开

本书为著者从 1944 年 11 月至 1945 年 7 月遍历波兰各地的见闻录。书前有著者自序《为什么谈波兰》及译者的卷头语。

收藏单位：重庆馆、国家馆、河南馆、黑龙江馆、近代史所、山东馆、山西馆、天津馆、中科图

13438
新波兰游记　（美）斯特朗（A. L. Strong）著　李亚译
外文题名：I saw the new Poland
佳木斯：东北书店，1947.10，[11]+256 页，32 开
佳木斯：东北书店，1948.11，再版，[11]+256 页，32 开

本书分 12 章记述著者从 1944 年 11 月至 1945 年 7 月游历波兰的见闻。书前有前言《为什么去波兰?》。

收藏单位：长春馆、重庆馆、东北师大馆、广东馆、国家馆、湖北馆、辽宁馆、内蒙古馆、山东馆、山西馆、首都馆、天津馆、中科图

13439
新民主国家阿尔巴尼亚　米·列斯诺夫著　梁天译
[哈尔滨]：兆麟书店，[1946—1949]，36 页，32 开

本书共 6 部分，内容包括：阿尔巴尼亚的简史、与德意法西斯战斗中的阿尔巴尼亚、今日的阿尔巴尼亚、阿尔巴尼亚的外交政策等。

收藏单位：国家馆、宁夏馆、上海馆、天津馆

13440
亚洲苏联　（美）戴威士（R. A. Davis）（美）史蒂格（A. J. Steiger）著　朱海观译
外文题名：Soviet Asia
上海：耕耘出版社，1946，[11]+305 页，32 开（中苏文化协会研究委员会研究丛书 4）
上海：耕耘出版社，1949.7，3 版，[11]+305 页，32 开

本书为游记体。共 15 章，内容包括：向着太平洋上的合作迈进、亚洲苏联的兵力、明日之亚洲苏联等。书前有著者自序、译者序言。

收藏单位：安徽馆、长春馆、重庆馆、东北师大馆、广东馆、广西馆、贵州馆、国家馆、吉林馆、南京馆、宁夏馆、山西馆、上海馆、绍兴馆、天津馆

13441
印度和缅甸　黄觉民编
新华书店，1942.6，[366] 页，32 开
新华书店，1943，366 页，32 开

本书分上、下两篇。上篇“印度”，共 9 章，内容包括：印度是怎样一个国度、英帝国主义对印度的初期掠夺过程、英帝国主义统

治下的印度社会经济概况、印度政治、印度的宗教文化等；下篇“缅甸”，共9章，内容包括：领土居民自然环境、沦为殖民地的经过、经济概况、政治现势、文化教育、缅甸与印度、缅甸与中国等。书前有例言。

收藏单位：重庆馆、近代史所、山东馆、山西馆

13442

战后世界各地游记 凌燕辑

大连：大众书店，1949.2，254页，32开

本书收文29篇，内容包括:《鸟瞰莫斯科》《罗马尼亚》《在保加利亚》等。

收藏单位：国家馆、辽大馆、天津馆

自然科学（基础科学）

自然科学总论

13443
大众科学常识　海风　夏川编
饶阳：冀中新华书店，1948.1，42页，32开
本书通俗解说34个自然和科学技术问题。
收藏单位：国家馆、山西馆、天津馆

13444
凤蝶外传（科学小品集）　董纯才著
佳木斯：东北书店，1946.11，47页，32开
东安（密山）：东北书店，1947.4，再版，47页，32开
佳木斯：东北书店，1948.11，3版，47页，32开
本书收科学小品文6篇，内容包括：《凤蝶外传》《狐狸夫妇历险记》《马兰纸》《一碗生水》《人和鼠疫的战争》等。
收藏单位：北师大馆、长春馆、重庆馆、东北师大馆、国家馆、辽大馆、辽宁馆、南京馆、宁夏馆、山西馆、上海馆、天津馆

13445
凤蝶外传（科学小品集）　董纯才著
[唐山]：冀东新华书店，1949，53页，32开
收藏单位：国家馆、黑龙江馆、山东馆

13446
凤蝶外传（科学小品集）　董纯才著
张家口：新华书店晋察冀分店，1946.4，51页，32开
收藏单位：南京馆、山东馆

13447
科学常识　夏川编
[兴县]：吕梁文化教育出版社，1947.4，3版，35页，32开
本书共25部分，介绍太阳、地球、昼夜、春夏秋冬、阴历和阳历、云和雾、雷和电等知识。
收藏单位：国家馆、南京馆、山东馆、山西馆

13448
科学常识　夏川编
[阳城]：太岳新华书店，1947.1，33页，32开
[阳城]：太岳新华书店，1948.3，再版，52页，32开
[阳城]：太岳新华书店，1949.7，3版，52页，32开
收藏单位：国家馆、上海馆

13449
科学常识　夏川编　海风增编
山东新华书店总店，1947.9，50页，36开（大众文库）
本书共34部分，介绍太阳、地球、昼夜、春夏秋冬、阴历和阳历、云和雾、雷和电、止血和人工呼吸法、原子弹威力的调查等知识。
收藏单位：国家馆

13450
科学常识
[兴县]：晋西北新华书店，[1940—1942]，石印本，64页，32开
收藏单位：国家馆

13451
科学小常识
东北书店辽东总分店，1949.6，33页，32开
收藏单位：国家馆、辽宁馆、山东馆

13452
科学小常识
东北新华书店辽东分店，1949，再版，33页，32开

收藏单位：国家馆

13453
科学新话　（英）海登（J. B. S. Haldane）著　林曦　李亚译
上海：新知书店，1946.6，168 页，32 开
哈尔滨：新知书店，1947.1，东北版，126 页，32 开
哈尔滨：新知书店，1948，东北版 2 版，126 页，32 开
收藏单位：北碚馆、长春馆、重庆馆、东北师大馆、广东馆、广西馆、国家馆、南京馆、内蒙古馆、宁夏馆、山东馆、山西馆、上海馆、绍兴馆、首都馆、西交大馆

13454
人和山　（苏）伊林（M. Ильин）著　董纯才译
佳木斯：东北书店，1947.10，266 页，25 开
收藏单位：长春馆、东北师大馆、广东馆、广西馆、国家馆、河南馆、江西馆、南京馆、首都馆

13455
人和山　（苏）伊林（M. Ильин）著　董纯才译
上海：开明书店，1936.8，255 页，32 开（开明青年丛书）
上海：开明书店，1939，2 版，255 页，32 开（开明青年丛书）
上海：开明书店，1946.3，3 版，255 页，32 开（开明青年丛书）
上海：开明书店，1947.2，4 版，255 页，32 开（开明青年丛书）
上海：开明书店，1948.7，特 1 版，255 页，32 开（开明青年丛书）
收藏单位：北碚馆、长春馆、重庆馆、东北师大馆、贵州馆、国家馆、黑龙江馆、湖南馆、宁夏馆、上海馆、绍兴馆、首都馆、西南大学馆、浙江馆

13456
人类征服自然　（苏）伊林（M. Ильин）著　董纯才译
[阜平]：晋察冀日报社，[1940—1949]，269 页，32 开
收藏单位：国家馆

13457
人类征服自然　（苏）伊林（M. Ильин）著　江明译
[延安]：八路军军政杂志社，1942.10，194 页，32 开
本书内容包括：静止的世界和变动的世界、改造沙漠、主人的到来、谷类的故乡、创造新的植物、活动地图、驾驭河流、天气的话、人和山、把世界集合起来等。
收藏单位：国家馆

13458
人类征服自然　（苏）伊林（M. Ильин）著　江明译
华北新华书店，1947.8，194 页，36 开
收藏单位：国家馆

13459
人类征服自然　（苏）伊林（M. Ильин）著　江明译
山东新华书店，1949.8，244 页，32 开
收藏单位：安徽馆、国家馆、山东馆、天津馆

13460
人类征服自然　（苏）伊林（M. Ильин）著　江明译
新华书店，1944，244 页，32 开
收藏单位：国家馆、山西馆

13461
人类征服自然　（苏）伊林（M. Ильин）著　江明译
上海：新知书店，1937.5，311 页，32 开
桂林：新知书店，1940.10，再版，311 页，32 开
本书共 8 部分：改造沙漠、主人的到来、谷类的故乡、创造新的植物、活动地图、驾

驭河流、天气的话、人和山。

收藏单位：北碚馆、重庆馆、广西馆、贵州馆、国家馆、湖南馆、上海馆、首都馆、浙江馆、中科图

13462
人类征服自然 （苏）伊林（M. Ильин）著 诸琦真译
外文题名：Men and mountains
科学出版社，1947.10，再版，304 页，32 开

收藏单位：广东馆、广西馆、国家馆、南京馆

13463
人类征服自然 （苏）伊林（M. Ильин）著 诸琦真译
[北平]：新中国书局，1949.5，304 页，32 开

收藏单位：长春馆、重庆馆、东北师大馆、国家馆、宁夏馆、山东馆、山西馆、天津馆

13464
人怎样征服自然 （苏）华尔德加德著 什之译
上海：天下图书公司，1947.4，72 页，36 开（人民科学丛书）（大众科学丛书 4）
北平：天下图书公司，1949.4，华北 1 版，72 页，36 开（人民科学丛书）
北平：天下图书公司，1949.6，华北 2 版，72 页，36 开（人民科学丛书）

本书共 6 部分：人改造自然、从原始人的火堆到现代发动机、自然界和技术中的电力、科学是人类万能的基础、科学与技术发展无止境、原子力与电波。

收藏单位：北碚馆、北师大馆、长春馆、重庆馆、广西馆、国家馆、南京馆、山东馆、陕西馆、上海馆、天津馆、浙江馆

13465
十万个为什么 （苏）伊林（M. Ильин）著 董纯才译
大连：大众书店，1946.6，61 页，32 开

本书以故事形式，介绍自来水龙头、火炉、锅架、碗橱、衣橱等日常事物隐含的科学知识。据英译本转译。

收藏单位：重庆馆、国家馆、辽宁馆、山东馆、天津馆

13466
十万个为什么 （苏）伊林（M. Ильин）著 董纯才译
哈尔滨：东北书店，1948.5，再版，66 页，32 开
哈尔滨：东北书店，1948.10，3 版，66 页，32 开

收藏单位：北师大馆、东北师大馆、国家馆、黑龙江馆、吉林馆、南京馆

13467
十万个为什么 （苏）伊林（M. Ильин）著 董纯才译
华北新华书店，1942.3，99 页，32 开
华北新华书店，1947.6，再版，99 页，32 开
华北新华书店，1948.12，3 版，99 页，32 开

收藏单位：北碚馆、重庆馆、国家馆、黑龙江馆、山东馆、山西馆、上海馆

13468
十万个为什么 （苏）伊林（M. Ильин）著 董纯才译
冀中新华书店，[1940—1948]，83 页，32 开

收藏单位：北碚馆、国家馆、山东馆

13469
十万个为什么 （苏）伊林（M. Ильин）著 董纯才译
上海：开明书店，1934.10，117 页，32 开（开明青年丛书）
上海：开明书店，1935.2，再版，117 页，32 开（开明青年丛书）
上海：开明书店，1935.4，3 版，114 页，32 开（开明青年丛书）
上海：开明书店，1938.11，新 1 版，114 页，32 开（开明青年丛书）
上海：开明书店，1939.3，新 2 版，114 页，

32 开（开明青年丛书）
上海：开明书店，1940.9，新 3 版，114 页，32 开（开明青年丛书）
上海：开明书店，1942.6，湘 1 版，114 页，32 开（开明青年丛书）
上海：开明书店，1944，内 2 版，114 页，32 开（开明青年丛书）
上海：开明书店，1946，7 版，114 页，32 开（开明青年丛书）
上海：开明书店，1948.4，8 版，114 页，32 开（开明青年丛书）
上海：开明书店，1948.6，9 版，114 页，32 开（开明青年丛书）
上海：开明书店，1948.7，特 1 版，114 页，32 开（开明青年丛书）
上海：开明书店，1949.3，10 版，114 页，32 开（开明青年丛书）

收藏单位：北碚馆、重庆馆、广东馆、广西馆、贵州馆、国家馆、河南馆、黑龙江馆、湖南馆、吉林馆、江西馆、宁夏馆、陕西馆、上海馆、绍兴馆、首都馆、天津馆、浙江馆

13470
十万个为什么 （苏）伊林（M. Ильин）著 董纯才译
[阳城]：太岳新华书店，1947.12，79 页，32 开

收藏单位：重庆馆、国家馆、山东馆

13471
实用自然科学常识
河间：冀中新华书店，1947.6，60 页，32 开

本书共 4 部分：工业、农业、医学、药品。

收藏单位：国家馆、山东馆

13472
实用自然科学辑要 韩铁南编
[威县]：冀南书店，1946.12，54 页，32 开

收藏单位：国家馆、山东馆、山西馆

13473
苏联的发明故事 （苏）万西里夫斯基（E. M. Vasilevsky）著 克定 廖甲译
涉县：华北书店，1943.3，78 页，32 开，环筒页装

本书共 8 章：在发明者的编辑室、过去历史上的几页、在工厂里、在乡村里、人的材料、新法律、在外国、向将来迈进。

收藏单位：重庆馆、国家馆

13474
苏联的发明故事 （苏）万西里夫斯基（E. M. Vasilevsky）著 克定 廖甲译
冀鲁豫书店，[1944—1948]，62 页，32 开

本书共 7 章：在发明者的编辑室、过去历史上的几页、在工厂里、在乡村里、人的材料、新法律、在外国。

收藏单位：国家馆、天津馆

13475
苏联的发明故事 （苏）万西里夫斯基（E. M. Vasilevsky）著 克定 廖甲译
外文题名：The land of inventors
上海：新知书店，1935.11，144 页，32 开
上海：新知书店，1936.1，2 版，144 页，32 开
上海：新知书店，1936.4，3 版，144 页，32 开

收藏单位：北碚馆、重庆馆、广东馆、桂林馆、国家馆、河南馆、黑龙江馆、湖南馆、南京馆、宁夏馆、上海馆、浙江馆

13476
苏联的发明故事 （苏）万西里夫斯基（E. M. Vasilevsky）著 克定 廖甲译
桂林：远方书店，1942.4，144 页，32 开

收藏单位：北碚馆、重庆馆、广东馆、国家馆、江西馆、上海馆

13477
先有天？先有地？ 彭庆昭编著
佳木斯：东北书店，1947.10，81 页，32 开
佳木斯：东北书店，1949，再版，81 页，32 开

本书收科学杂谈 19 则，内容包括：有关化学、原子炸弹、养料和肥料、疟疾、天花等。

收藏单位：长春馆、东北师大馆、国家

馆、辽宁馆、山东馆

13478
先有天？先有地？　彭庆昭编著
华北新华书店，1947.4，70页，32开（大众科学丛书2）
　　收藏单位：重庆馆、国家馆、山东馆、山西馆

13479
疑难问题解答
饶阳：冀中新华书店，1947.10，152页，32开
　　收藏单位：国家馆

13480
月球巡礼（科学故事）
[威县]：冀南书店，[1946—1949]，32页，32开
　　本书收《一年开始在那一天？》《月球巡礼》《纸的历史》《印刷术的发明和发展》《水的科学》《船舶的故事》等科学故事。
　　收藏单位：国家馆、山东馆

13481
自然常识　彭庆昭著
新华书店，[1937—1949]，88页，32开
　　本书主要介绍物理天文常识。
　　收藏单位：国家馆、山东馆

13482
自然常识问题解答　成汉三　熊古山　刘芰村作　冀中教育社编
新华书店保定总分店，1949.6，52页，32开
新华书店保定总分店，1949.8，53页，32开
　　本书对天文、气象、矿物、医学、植物等100个问题进行通俗简要的解答。
　　收藏单位：东北师大馆、国家馆、山东馆

13483
自然科学概论　张先辰　罗克汀编著
山东新华书店，1949.7，162页，32开
　　本书共5章：自然科学史论、科学与社会的关系、自然科学和社会科学的关系、科学的发生与发展、学习科学应有的态度。
　　收藏单位：东北师大馆、国家馆、山东馆、上海馆

13484
自然现象二十讲　夏川著
[威县]：冀南新华书店，1948.5，29页，32开
[威县]：冀南新华书店，1949.8，3版，29页，32开
　　本书内容包括：太阳、地球、阴历和阳历、人也能造雨等。
　　收藏单位：国家馆、山西馆

13485
自然哲学概论　罗克汀著
上海：生活书店，1948.9，300页，32开（学习与研究丛刊）
　　本书共3编：当做科学底总方法论看的唯物辩证法、科学理论之诸问题、科学史论研究举例。
　　收藏单位：福建馆、国家馆、近代史所、上海馆、首都馆

数理科学和化学

13486
对数及其用法　高亦平编
华北新华书店，1948.4，80页，32开（太行工业丛书3）
　　本书内容包括：指数、对数、对数表的用法、三角函数的定义等。
　　收藏单位：国家馆、河南馆

13487
二硝基萘
胶东军区军工部化学总厂，1948.10，油印本，62页，32开（化工活页参考材料2）
　　收藏单位：国家馆

13488
化学 赵廷炳著
[阳城]：太岳新华书店，1948.10，191页，32开
收藏单位：国家馆、内蒙古馆

13489
化学
吉林书店，1948.12—1949，2册（214+210页），16开
本书上册出版于1948年12月，下册出版于1949年。东北政委会工业部吉林工业专门学校选用。
收藏单位：国家馆、辽宁馆

13490
简易珠算入门 于克力著
[威县]：冀南新华书店，1949.2，78页，36开
本书内容包括：什么是珠算、加法、减法、乘法、除法等。
收藏单位：国家馆、辽宁馆、山东馆

13491
燃烧与爆炸 （苏）谢妙诺夫（Николай Николаевич Семёнов）著 毅风译
沈阳：东北书店，1949.5，24页，32开（通俗科学读物）
收藏单位：东北师大馆、国家馆

13492
算术 中央党校文化委员会算术组编
[延安]：解放社，1943，2册（197+159页），32开，环筒页装
本书供工农干部用。
收藏单位：国家馆

13493
通俗新化学 许濬编撰
大连：大连新华书店，1949，2册（130+121页），32开
本书内容包括：世界是物质变化的世界、火对化学的重要、人生不可暂离的水、我们住在空气的海洋里、化学的基本知识等。
收藏单位：东北师大馆、国家馆、云南馆

13494
无机化学
华北卫生部，1949.3，215页，32开
收藏单位：国家馆

13495
物理学
[阳城]：太岳新华书店，1947.11，180页，32开
本书共10章，内容包括：声音、热、太阳和光、雷电、电流等。
收藏单位：国家馆、山东馆、山西馆

13496
物理学（上册）
吉林书店，1948，208页，18开
本书为东北政委会工业部吉林工业专门学校选用。
收藏单位：长春馆、国家馆

13497
物质的变化 （苏）甘堡著 叶水夫译
上海：天下图书公司，1947.9，73页，32开（大众科学丛书7）
北平：天下图书公司，1949.4，华北1版，73页，32开（人民科学丛书）
北平：天下图书公司，1949.6，华北2版，73页，32开（人民科学丛书）
本书共8章：当代的千手观音、对物质的作用方法、被征服了的空气和水、煤的变化、地上的盐、化学占领森林、烟雾、远和快。译者原题：水夫。
收藏单位：安徽馆、北碚馆、广东馆、国家馆、南京馆、山东馆、山西馆、上海馆

13498
于振善尺算法 于振善创作 安文辉编辑
晋察冀新华书店，1948.5，62页，32开
收藏单位：国家馆、宁夏馆、山东馆、山西馆、天津馆

13499
原子世界旅行记　（苏）伊林（М. Ильин）著　王昊夫译
哈尔滨：光华书店，1948.11，75 页，32 开
收藏单位：安徽馆、长春馆、重庆馆、福建馆、广东馆、广西馆、桂林馆、国家馆、辽宁馆、南京馆、内蒙古馆、山东馆、上海馆、天津馆、中科图

天文学、地球科学

13500
地球的历史　（苏）雪提维奇著　陈应新译
佳木斯：东北书店，1947.10，106 页，36 开
本书共 11 部分，内容包括：地球和人类的诞生、地下火的活动、再谈地下火的活动等。
收藏单位：重庆馆、东北师大馆、国家馆、吉林馆、辽大馆、南京馆、山东馆、首都馆、天津馆

13501
地球的历史　（苏）雪提维奇著　陈应新译
山东新华书店，1949.7，88 页，32 开
收藏单位：国家馆、内蒙古馆、山东馆、天津馆

13502
地球在宇宙间　（苏）龙盖维奇著　梁香译
上海：天下图书公司，1947.11，72 页，32 开（大众科学丛书 8）
北平：天下图书公司，1949.4，华北 1 版，72 页，32 开（人民科学丛书）
北平：天下图书公司，1949.6，华北 2 版，72 页，32 开（人民科学丛书）
本书讲述地球的形状、运动、昼夜、四季等。
收藏单位：广东馆、国家馆、人大馆、上海馆、绍兴馆

13503
风云雷电　黄寿慈著
[涉县]：华北书店，1943.7，1 册，32 开
本书共 5 部分："日光、水、空气""风""云""雷和电""人定胜天"。
收藏单位：国家馆

13504
公元一九五〇年历书
[泰州]：苏北新华书店，[1949]，49 页，32 开
收藏单位：国家馆

13505
空中世界　（苏）节尔即夫斯基著　林洋译
上海：天下图书公司，1947.9，57 页，36 开（人民科学丛书）
上海：天下图书公司，1949.4，北平 1 版，57 页，36 开（人民科学丛书）
上海：天下图书公司，1949.6，华北 2 版，57 页，36 开（人民科学丛书）
本书共 7 部分，内容包括：空气和地上的生命、怎样研究空中世界、云是怎样形成的、为什么下雨、天空有多高等。
收藏单位：安徽馆、北师大馆、东北师大馆、广东馆、国家馆、南京馆、内蒙古馆、山东馆、上海馆、天津馆

13506
民国三十六年日历
华北新华书店，1947，12 页，32 开
收藏单位：国家馆

13507
民国三十七年阴阳合历通书
大连：大众书店，1947.12，30 页，32 开
本书扉页有毛泽东、朱德、周恩来、彭德怀、刘少奇、叶剑英等人照片。
收藏单位：国家馆

13508
日历表（西历 1949 年）　渤海军区政治部宣教部编
渤海军区政治部宣教部，1949，石印本，12 页，32 开

收藏单位：国家馆

13509
水　陈大年著
[东安（密山）]：东北书店，1947.5，再版，35页，32开
[佳木斯]：东北书店，1948.10，再版，35页，32开
本书共10部分，内容包括：介绍几位朋友、科学与迷信、云、雨、水的三种形态、水的世界等。
收藏单位：国家馆

13510
水　陈大年著
华北书店，1942，新1版，43页，36开
收藏单位：重庆馆

13511
太阳月亮和地球　于光远　孙敬之著
[威县]：冀南新华书店，1949.3，15页，32开
收藏单位：国家馆、山东馆、山西馆

13512
天地人　路汀著
华中新华书店盐阜分店，1948.11，50页，64开（自然科学小丛书）
收藏单位：国家馆、山东馆

13513
天空的秘密　坚白著
哈尔滨：东北书店，1948.10，31页，36开（青年知识丛书4）
本书介绍太阳、月亮、星、云等天文常识。
收藏单位：长春馆、东北师大馆、国家馆、吉林馆、辽宁馆、南京馆、天津馆

13514
天空的秘密　坚白著
[唐山]：冀东新华书店，1949.6，43页，36开
收藏单位：国家馆、山东馆

13515
天空的秘密　坚白著
冀中新华书店，[1946]，28页，36开
收藏单位：宁夏馆、山东馆、首都馆、天津馆

13516
天气讲话　夏川编
太行新华书店，1948.10，27页，32开
本书共20部分，内容包括：太阳、地球、昼夜、春夏秋冬、阴历和阳历、为什么天旱不下雨、下雨是什么道理、人也能造雨、雨水和锄地等。
收藏单位：南京馆、山东馆、山西馆

13517
我们的地球　莫伟夫著
光华书店，[1949]，42页，32开
收藏单位：重庆馆、国家馆

13518
我们的地球　莫伟夫著
上海：生活·读书·新知联合发行所，1949.6，76页，42开（新中国百科小丛书）
本书内容包括：怎么样了解地球、地球在宇宙中的位置、地球的形成、地球的成分、地球的形状与变化、地球的过去与未来等。
收藏单位：安徽馆、重庆馆、广东馆、国家馆、辽宁馆、内蒙古馆

13519
我们的地球　莫伟夫著
上海：生活书店，1946.9，76页，42开（新知识初步丛刊）
上海：生活书店，1946.12，再版，76页，42开（新知识初步丛刊）
大连：生活书店，1948.2，42页，32开
哈尔滨：生活书店，1948.9，再版，72页，42开（少年文库）
本书共6部分，内容包括：被解放了的地

球、地球在宇宙中的位置、地球是怎样生成的、地球的构造和成分等。

收藏单位：长春馆、重庆馆、东北师大馆、福建馆、广西馆、国家馆、南京馆、内蒙古馆、山东馆、陕西馆、绍兴馆、天津馆

13520
一九四八年日历
[阳城]：太岳新华书店，[1947]，12页，48开
收藏单位：国家馆

13521
一九四九年农用日历 冀东行署建设厅编
冀东兴业印刷厂，1949，51页，24开
收藏单位：国家馆

13522
一九五〇年农历
西安：西北新华书店，1949，41页，18开
收藏单位：国家馆

13523
宇宙的构造 （苏）波拉克著 梁香译
上海：天下图书公司，1947.8，70页，36开（大众科学丛书）
北平：天下图书公司，1949.4，华北版，70页，36开（人民科学丛书）
北平：天下图书公司，1949.6，华北2版，1册，36开（人民科学丛书）
本书介绍太阳系、星系的构造，银河系以外的星云等。
收藏单位：安徽馆、北碚馆、东北师大馆、广东馆、吉林馆、辽宁馆、山东馆、上海馆

13524
中华民国三十八年历书 陈建堂编
华中新华书店，1948，55页，32开
收藏单位：国家馆

13525
中华民国三十八年历书
华北新华书店，1949，34页，32开
收藏单位：国家馆、天津馆

13526
中华民国三十八年农村历书
大连：大众书店，1949.1，[44]页，32开
本书内容包括：生产播种期略表（农历）、二十四节气阴阳历对照表、节气表、一九四九年纪念日等。
收藏单位：国家馆

13527
中华民国三十八年农用日历
华东新华书店，[1949]，42页，32开
收藏单位：国家馆

13528
中华民国三十六年农家历
华北新华书店，1947，40页，32开，环筒页装
收藏单位：国家馆、黑龙江馆

13529
中华民国三十七年历书
华中新华书店，1947，36页，32开
收藏单位：国家馆

13530
中华民国三十七年阴阳合历通书
[威县]：冀南书店，1947.12，26页，32开
收藏单位：国家馆

13531
中华民国三十五年农历
[兴县]：吕梁文化教育出版社，1946，39页，16开
收藏单位：国家馆

生物科学

13532
地球上生命的发生 （苏）奥巴林（Александр

Иванович Опарин）著　毅风译
哈尔滨：东北书店，1948.12，20 页，32 开
收藏单位：北师大馆、国家馆、辽宁馆、山西馆、陕西馆

13533
论生物学界的现状　（苏）李森科（Т. Д. Лысенко）著　曹毅风　刘群译
辽东新华书店，1949.8，67 页，32 开
收藏单位：国家馆、吉林馆、山东馆

13534
论生物学界的现状　（苏）李森科（Т. Д. Лысенко）著　曹毅风　刘群译
山东新华书店，1949.7，88 页，32 开
收藏单位：重庆馆、国家馆、辽宁馆、内蒙古馆、山东馆

13535
论生物学界现状　察哈尔省人民政府农业处编
张家口：大华印刷局，1949.7，96 页，32 开
本书共 8 章，内容包括：论生物学界现状、进步的生物学给人类以征服自然的力量、为人民服务的科学、进步的科学等。
收藏单位：国家馆

13536
人类的祖先　杨烈改编
[威县]：冀南新华书店，1949.3，21 页，32 开
本书据《从猿到人过程中劳动的作用》（恩格斯）和《人怎样变成巨人》（伊林与谢加尔合著）改编，是讲述“从猿到人”的通俗读物。
收藏单位：国家馆、山东馆

13537
生命的起源　（苏）凯勒尔著　什之译
上海：天下图书公司，1947.8，63 页，36 开（大众科学丛书 3）
北平：天下图书公司，1949.6，华北 2 版，63 页，36 开（人民科学丛书）
北平：天下图书公司，1949.6，华北 3 版，63 页，36 开（人民科学丛书）
本书共 10 章，内容包括：地球上什么时候出现生命的、地层的深度说明时间的深度、前细胞无形生物的世界、微生物能否自己产生等。
收藏单位：北碚馆、东北师大馆、广东馆、广西馆、黑龙江馆、辽宁馆、南京馆、山东馆、山西馆、上海馆、首都馆、天津馆

13538
生物常识　沈泽民苏维埃大学编
[瑞金]：沈泽民苏维埃大学，1934.4，[20] 页，32 开

13539
生物科学状况　（苏）李森科（Т. Д. Лысенко）著　李何　独伊译　周建人校
北平：天下图书公司，1949.8，100 页，36 开
本书内容包括：“遗传质”学说中的不可知论、为创造性的科学的生物学而斗争等。
收藏单位：国家馆、辽宁馆、南京馆、山西馆

13540
水底世界　（苏）鲍戈罗夫著　什之译
上海：天下图书公司，1947.9，72 页，36 开（大众科学丛书 10）
北平：天下图书公司，1949.4，华北 1 版，72 页，36 开（大众科学丛书 10）
北平：天下图书公司，1949.6，华北 2 版，72 页，36 开（人民科学丛书）
本书介绍海草、海中的微生动物、海绵、珊瑚、鲸鱼等海底生物。
收藏单位：北碚馆、长春馆、重庆馆、广东馆、广西馆、国家馆、黑龙江馆、山东馆、山西馆、上海馆、首都馆

13541
为达尔文主义奋斗的战士　（苏）史巴诺夫著　万峰译
沈阳：东北新华书店，1949.9，57 页，36 开
本书介绍提米略节夫、L. 蒲彭克、米丘

林、李森科、伊瓦诺夫5位科学家对达尔文进化论的发展所作出的贡献。

收藏单位：长春馆、东北师大馆、国家馆、山东馆

13542

细菌学实习提要

东北军区卫生部，1948.11，424页，32开

本书共21章，内容包括：实习室内注意事项、研究室内感染、玻璃器具清洗法、制造培地的一般知识、菌量测定法等。

收藏单位：浙江馆

13543

植物的绿色　（苏）史托列多夫著　什之译

上海：天下图书公司，1947.9，57页，36开（大众科学丛书9）

北平：天下图书公司，1949.4，华北1版，57页，36开（大众科学丛书9）（人民科学丛书）

北平：天下图书公司，1949.6，华北2版，57页，36开（人民科学丛书）

本书主要讲解植物叶绿素的作用。

收藏单位：北碚馆、重庆馆、东北师大馆、广东馆、广西馆、桂林馆、国家馆、辽宁馆、内蒙古馆、宁夏馆、山东馆、上海馆、天津馆

医药、卫生

13544
阿米巴痢疾 黄鸣鸥编译
南京：中国人民解放军第二野战军医科大学，1949，28 页，32 开
本书介绍阿米巴痢疾的成因及疗法。
收藏单位：重庆馆

13545
病理学 （加）白求恩（Norman Bethune）著
白求恩医科学校，1946，112 页，32 开
收藏单位：国家馆

13546
病理学 十八集团军总司令部编
十八集团军总司令部，[1940—1949]，83 页，32 开（军医丛书 8）
本书共 5 编：一般病原论、疾病编、病理解剖总论、炎症、肿瘍。
收藏单位：国家馆

13547
病理学
第二野战军第三兵团卫生部，1949 印，76 页，32 开
收藏单位：重庆馆

13548
病理学
[阳城]：太岳军区卫生学校，1947.10 印，油印本，1 册，32 开
收藏单位：国家馆

13549
病理学
中原军区卫生部，1948 印，115 页，36 开
本书共 5 章：循环障碍、退行性病变、进行性病变、炎症、肿瘤。
收藏单位：重庆馆、河南馆、南京馆

13550
肠内寄生虫 东北人民政府卫生部编
出版者不详，[1949]，45 页，32 开（国民卫生常识丛书）
本书介绍什么是寄生虫、寄生虫的种类、对人体的侵害，以及怎样预防等常识。
收藏单位：重庆馆

13551
常用药物学概要 山东军区卫生部山东医务杂志社编辑
山东军区卫生部山东医务杂志社，1945.9，219 页，32 开（山东医务杂志 第 2 卷 第 89 期）
收藏单位：山东馆

13552
处方各论 秦正氏 何宝健译
沈阳：东北人民政府卫生部，1949，1 册，32 开
本书共两部分：总论、各论。总论内容包括：药物形态的选择、关于标准处方在药房及工厂的大量调制、最重要的处方用语及略语等；各论内容包括：抑制中枢神经系的药物、局部麻醉剂等。
收藏单位：重庆馆、国家馆、江西馆、辽宁馆、南京馆、山西馆、首都馆

13553
处方手册 医务生活社编
华东新华书店，1948.11，81 页，36 开
华东新华书店，1949.4，再版，81 页，36 开
本书共 5 章：处方要点及简字应用、药品性能及处方录、疫苗及血清之应用、磺胺类药物用法简要、急性中毒救治须知。
收藏单位：重庆馆、山东馆

13554
处方选集 吕众 秦正氏撰

沈阳：东北人民政府卫生部，1949，230页，横64开

收藏单位：重庆馆、国家馆、吉林馆、辽宁馆

13555

传染病预防工作指南　陈述译

[哈尔滨]：东北行政委员会卫生委员会，1948.2，154页，32开

哈尔滨：东北行政委员会卫生委员会，1949，154页，32开

本书共23部分，内容包括：细菌性赤痢之预防工作指南、霍乱简述、疫区居民地带封锁之指南等。书前有译者序言，据苏联《防疫工作指南》译出。

收藏单位：安徽馆、长春馆、东北师大馆、国家馆、江西馆、天津馆

13556

传染病预防工作指南　陈述译

[北平]：新华书店，1949，154页，32开

收藏单位：国家馆、南京馆、山西馆、中科图

13557

传染病预防工作指南　陈述译　东北军区卫生部编

东北军区卫生部，1948.2，154页，32开

收藏单位：山东馆

13558

创伤石膏绑带疗法　黄志上译　苏醒绘图

华北军区卫生部，1948.8，72页，64开

本书共4部分：《创伤石膏绑带疗法》（黄志上译）、《战伤石膏封合疗法》（宫乃泉）、《石膏绷带的缠法》（宫乃泉）、《石膏粉的制造》（胡山）。

收藏单位：国家馆

13559

春秋的传染病　东北行政委员会卫生部编

长春：东北书店，1948.10，26页，大64开（大众卫生小丛书4）

本书介绍麻疹、天花、白喉、流行性脑脊髓膜炎这几种传染病的预防、病因和如何治疗。

收藏单位：东北师大馆

13560

大众卫生常识　陕甘宁边区编

[威县]：冀南书店，1947.7，30页，32开（工农兵丛书）

本书共4部分：农村常见的传染病及简易急救法、农村卫生、妇孺卫生、如何推行卫生工作。

收藏单位：国家馆、山东馆

13561

东北的地方病　东北行政委员会卫生部编

长春：东北书店，1949.4，27页，大64开（大众卫生小丛书7）

本书内容为东北地区常见疾病的预防治疗常识，收文6篇：《东北的地方病》《谈“克山病”》《粗脖子病》《“大骨头节病”》《黑热病》《地方病性皮肤炎》。

收藏单位：长春馆、东北师大馆、黑龙江馆

13562

冬季卫生教材

华东军区第三野战军后勤卫生部，[1947—1949]，32页，大64开

收藏单位：南京馆

13563

毒气战伤的预防及治疗　[西北人民解放军野战军卫生部编]

[西北人民解放军野战军卫生部]，1948，25页，64开

收藏单位：重庆馆、山东馆

13564

儿童肺结核防治法　（俄）密陀维柯夫撰　朱滨生译

[泰州]：苏北新华书店，1949.8，29页，50开

收藏单位：国家馆

13565
耳鼻咽喉科学 华北医科大学耳鼻科学教研室编
石家庄：中国人民解放军华北医科大学，1949，35页，32开
收藏单位：国家馆

13566
防空救急法 东北行政委员会卫生部编
哈尔滨：东北书店，1948，28页，50开（大众卫生小丛书6）
本书共8章，内容包括：人工呼吸法、简单的止血法、创伤的简单处置、三角巾使用法等。
收藏单位：国家馆、吉大馆、吉林馆、辽宁馆

13567
肺病疗养法 何穆等著
张家口：新华书店晋察冀分店，1946.5，44页，32开（卫生常识）
收藏单位：国家馆

13568
肺结核 中共中央总卫生处编
中共中央总卫生处，1943，1册，32开（卫生小丛书1）
本书内容包括：肺结核常识、肺痨病的疗养法、肺结核病人生活指南摘要等。
收藏单位：重庆馆、山东馆

13569
肺痨病的常识 彭庆昭等著
韬奋书店，1945.10，57页，32开
本书共6部分：呼吸和肺痨病、肺结核常识、肺痨病的疗养法、肺结核病人生活指南摘要、怎么用太阳光治肺痨病、一位痨籍逃生者的经验谈。
收藏单位：国家馆、山西馆

13570
妇产小儿科学
晋冀鲁豫军区卫生部，[1945—1948]，53页，32开
本书共3部分：妇科学、产科学、小儿科学。
收藏单位：国家馆

13571
妇科针灸 白求恩大学编
白求恩大学，[1939—1949]，油印本，48页，32开
收藏单位：国家馆

13572
妇女必读 明晴著
华中新华书店九分店，1948.6，18页，64开
收藏单位：国家馆

13573
妇孺卫生常识 沈元晖 王皞 杨炬编著 苏光绘图
阳城：太岳新华书店，1946.7，43页，32开
阳城：太岳新华书店，1948.6，4版，43页，32开
收藏单位：国家馆

13574
妇孺卫生常识 沈元晖 王皞 杨炬编著 苏光绘图
新华书店，1945.3，43页，32开
本书共12课，内容包括：怀娃娃的道理、孕妇的卫生、临产时的准备、卫生生活等。
收藏单位：南京馆

13575
妇婴卫生常识 晋察冀边区行政委员会编辑
华北新华书店冀中总分店，1949.2，20页，32开
收藏单位：山东馆

13576
妇婴卫生常识 沈元晖 王皞 杨炬编 苏光绘图
［延安］：陕甘宁边区新华书店，1944.9，再版，40页，36开

收藏单位：重庆馆、国家馆

13577
格氏系统解剖学　（英）格雷（Henry Gray）著
南京：中国人民解放军第二野战军医科大学，1949.9 印，820 页，32 开，精装
本书内容包括：骨学、关节学、神经学、感觉器及皮、内脏学等。据医务生活出版社大连分社 1949 年版翻印。
收藏单位：安徽馆、重庆馆

13578
各部骨折固定姿势和石膏绷带范围图谱　吴之理编
华东新华书店胶东分店，1949.1，1 册，64 开
收藏单位：南京馆、山东馆

13579
骨折与脱臼　（英）霍斯弗尔德（J. Hosford）著　谭壮译
中原军区卫生部，[1947.4]，149 页，32 开
收藏单位：国家馆

13580
骨折与脱位　谭壮译
晋冀鲁豫军区卫生部，1948，148 页，32 开
收藏单位：重庆馆、国家馆

13581
关于分配华北区全年卫生事业费的命令　华北人民政府颁行
[北平]：华北人民政府，1949.3，油印本，1 册，16 开
收藏单位：国家馆

13582
国防卫生（第 2 卷 第 2 期）　陕西肤施青年文化沟国防卫生编辑委员会编
延安：第十八集团军军医处，1941.7，89 页，32 开
本书共 3 部分：论著、临床报告、其他。收文 14 篇，内容包括：《论传染病中的神经作用》《作战中的卫生勤务》《军用毒气（续）》等。
收藏单位：国家馆、山西馆

13583
黑热病　山东省胶东区行政公署卫生局编
山东省胶东区行政公署卫生局，[1949]，45 页，32 开
本书为关于黑热病的专论。共 14 部分，内容包括：黑热病的病理学、黑热病之实验诊断、黑热病的化学治疗等。
收藏单位：国家馆

13584
黑热病的防治　华北人民政府卫生部编
华北人民政府卫生部，1949.5，8 页，32 开
收藏单位：国家馆

13585
护病学　华东医科大学编辑
胶东新华书店，1947.6，106 页，32 开
收藏单位：国家馆

13586
护病学　苏南军区卫生部编著
[无锡]：苏南新华书店，1949.8，108 页，大 64 开（医药丛书 4）
本书共 26 章，内容包括：护理工作、绷带缠法、肌肉注射法、预防注射法等。
收藏单位：山西馆

13587
护士教材（第 5 册 护病技术篇）　华北医政处教育科编辑
华北军区卫生部，1949.2，314 页，64 开
收藏单位：国家馆

13588
护士卫生员手册　[宫乃泉编译]
第一野战军卫生部，1949 印，2 册（206+207 页），64 开
本书介绍一些对伤病临时处理的知识。据英国 A. D. Belilios 医师等《急救与绷带学

手册》和美国 W. H. Cole 教授《内外科急救学》编译。

收藏单位：重庆馆

13589

华北军区卫生建设史料汇编　中国人民解放军华北军区后勤卫生部编

中国人民解放军华北军区后勤卫生部，1949，1 册，16 开，精装

本书介绍 12 年来华北区部队卫生工作发展的概况，共 9 类：医政类、干部类、教育类、防疫保健类、医院类、战救类、战伤类、统计类、军药类。书前有代序《华北卫生建设十二周年纪念》（钱信忠）。

收藏单位：重庆馆、国家馆

13590

霍乱　华北人民政府卫生部编

华北人民政府卫生部，1949.5，10 页，32 开

收藏单位：国家馆

13591

急救学

辽东书店，1948.3，再版，75 页，64 开

本书共 12 章，内容包括：一般原则、出血、休克、食物中毒、人工呼吸法等。

收藏单位：国家馆

13592

疾病新观念　新四军一师兼苏中军区卫生部编

新四军一师兼苏中军区卫生部，1944.1，38 页，32 开

收藏单位：南京馆

13593

简明防毒教材及嫌气性菌喰菌体　陈述译

东北军区卫生部，1948.9，58 页，32 开

本书共两部分。第 1 部分“简明防毒教材”，共 5 章：窒息性毒气、糜烂性毒气、全身中毒性毒气、催泪性毒气、刺激性毒气；第 2 部分“嫌气性菌喰菌体”，共 15 章，内容包括：引言、嫌气性菌喰菌体、嫌气性菌喰菌体的制法等。

收藏单位：重庆馆、东北师大馆、国家馆、辽宁馆

13594

简明生理解剖学　中国人民解放军四纵队卫生学校编

中国人民解放军四纵队卫生学校，1948，26 页，32 开

收藏单位：重庆馆

13595

简易产科学　白求恩大学编

白求恩大学，[1939—1949]，油印本，52 页，32 开

收藏单位：国家馆

13596

简易细菌学　胶东军区卫生部编

胶东新华书店，1948.10，36 页，32 开

本书共 7 章，内容包括：细菌之形态学、细菌之生理、免疫、细菌的染色等。

13597

简易应急疗法与实用护病技术

[泰州]：苏北新华书店，1949.7，125 页，32 开

本书分两部分：简易应急疗法、实用护病技术。“简易应急疗法”共两篇：上篇急救学，讲述出血、骨折、脑外伤、理化损伤等各种战伤的急救方法；下篇外科学，介绍军旅中外科常见病及战伤的外科处理和治疗。“实用护病技术”共 27 章，介绍外科、五官科和皮肤科的一般护理知识和方法。

收藏单位：国家馆

13598

简易治疗二十种

[惠民]：渤海新华书店，1947，60 页，32 开

收藏单位：国家馆、山东馆

13599

简易治疗二十种

威县：冀南新华书店，1948.10，61 页，32 开
本书介绍消毒、换药、冷热敷，以及五官科一般治疗方法。
收藏单位：国家馆、山东馆

13600
简易治疗二十种
山东新华书店，1947.10，61 页，32 开
收藏单位：国家馆

13601
简易治疗二十种
中原军区卫生部，1948.10，66 页，36 开
收藏单位：重庆馆、河南馆

13602
解剖学　白求恩大学编
白求恩大学，[1939—1949]，油印本，229 页，32 开
收藏单位：国家馆

13603
解剖学（内脏学）　华北医科大学解剖学教室编
中国人民解放军平原军区卫生部，1949.8，104 页，32 开
收藏单位：国家馆

13604
解剖学（下册）　十八集团军总司令部编
十八集团军总司令部，[1937—1949]，184 页，32 开（医大教材 1）
收藏单位：国家馆

13605
近代战伤治疗的新知识（1）　李振湘著
华东野战军卫生部，1947.3，26 页，64 开
收藏单位：山东馆

13606
晋察冀边区的卫生医疗工作　晋察冀边区行政委员会编
晋察冀边区行政委员会，[1938—1948]，油印本，22 页，大 32 开
收藏单位：国家馆

13607
晋察冀军区卫生勤务暂行条例草案
出版者不详，1949.5，92 页，32 开
本书共 4 部分：前方、战地救护之部（附表）、医院工作之部、附录。
收藏单位：国家馆

13608
局部解剖　渤海军区卫生部编
渤海军区卫生部，1947，167 页，32 开
收藏单位：国家馆

13609
局部解剖（前半部）　晋冀鲁豫边区卫生部编
晋冀鲁豫边区卫生部，[1947.7]，108 页，32 开
本书共 3 部分：总论、头部、躯干部。
收藏单位：国家馆

13610
军民卫生手册　陕甘宁边区政府卫生处编
[兴县]：吕梁文化教育出版社，[1937—1949]，71 页，64 开
收藏单位：国家馆

13611
军医必携（上册）
晋察冀军区卫生部，1945，189 页，32 开
本书共 3 篇：传染病管理篇、营养篇、军医统计篇。
收藏单位：重庆馆、山西馆

13612
军医必携（上、中册）· 实用救急法
第十八集团军留守兵团卫生部，1945，2 册（1620 页），32 开
收藏单位：山西馆

13613
军医必携目录及附图　晋察冀军区卫生部编
晋察冀军区卫生部，1946.8，[134] 页，32 开

收藏单位：国家馆

13614
军医外科学
[阳城]：太岳军区卫生学校，1947.2，油印本，1册，32开
收藏单位：国家馆

13615
看护学 [韬奋书店编]
韬奋书店，1947.6，41页，32开
本书共8章：看护患者之注意、看护之勤务、病室之设备、患者衣服之交换、患者身体清洁法、医师诊察时之介助、各种测定法、各症状之看护法。
收藏单位：国家馆

13616
可怕的鼠疫 东北行政委员会卫生部编
哈尔滨：东北书店，1948.10，14页，50开（大众卫生小丛书1）
本书共5部分："鼠疫为啥那样可怕？我们为啥要防疫？""鼠疫是咋得的？咋闹大发的？""鼠疫的病状""用啥办法来防鼠疫""天天防贼，时时防疫"。
收藏单位：东北师大馆、国家馆、辽宁馆

13617
可怕的鼠疫 东北行政委员会卫生部编
山东新华书店，1949，20页，大64开
收藏单位：国家馆

13618
可怕的鼠疫 东北行政委员会卫生部编
[北平]：新华书店，1949，20页，大64开
[哈尔滨]：新华书店，1949，14页，64开
收藏单位：国家馆

13619
疗病验法选集 沈洗涤著
辛集：解放书店，1947.6，19页，32开
收藏单位：国家馆

13620
疗养手册 华北军区后勤卫生部政治部编
华北军区后勤卫生部政治部，1949.6，137页，32开
本书共9章：三大纪律八项注意、休养员的权利与义务、住院规则、医疗救护常识、卫生常识与疾病预防、故事八则、智力测验三十二则、谜语一百一十则、游戏五十三则。
收藏单位：国家馆

13621
论医务工作者的道路 东北军区后勤卫生部 东北政委会卫生部辑
沈阳：东北军区后勤卫生部、东北政委会卫生部，1949.5，122页，32开
本书系医务工作者的整风文献。收文12篇，内容包括：《学习白求恩》（毛泽东）、《纪念白求恩同志》（朱德）、《医务工作者的道路》（贺诚）、《对技术观点的检讨》（贺诚）、《勉新类型的南丁格尔》（《健康报》社论）、《论外科医生的道德问题》（M. M. 巴斯）等。附《南丁格尔小传》。
收藏单位：重庆馆、广东馆、国家馆、湖北馆、近代史所、辽宁馆、天津馆、中科图

13622
麻疹花鼓 东北行政委员会卫生部编
长春：东北书店，1949.4，22页，大64开（大众卫生小丛书9）
本书收文6篇：《消减霍乱》《苍蝇小害处大》《鼠疫害》《脸上麻子谁给的》《麻疹花鼓》《斗争猩红热》。
收藏单位：东北师大馆

13623
内科学 华东医大编
胶东新华书店，1948.4，3版，149页，36开
本书介绍内科常见疾病的诊断和治疗，内容包括：发热、伤寒、白喉、流行性感冒、胸膜炎、回归热等。
收藏单位：重庆馆

13624
内科学 晋冀鲁豫军区卫生部编
晋冀鲁豫军区卫生部，1947，176 页，36 开（医大教材 6）
本书介绍各种传染病的症状及治疗方法。
收藏单位：重庆馆

13625
内科学 十八集团军留守兵团卫生部编
十八集团军留守兵团卫生部，1944，2 册（[572] 页），16 开（医大教材 5）
收藏单位：国家馆

13626
内科学 苏南军区卫生部编
无锡：苏南新华书店，1949.8，142 页，32 开（医药丛书 5）
本书介绍各种重要内科疾病，包括呼吸器病、消化器病等。
收藏单位：山西馆

13627
内科学 太岳卫生学校编
阳城：太岳卫生学校，1947.4，油印本，2 册，32 开
收藏单位：国家馆

13628
内科学 总卫生部编译处编
总卫生部编译处，1948.7，10+581+12 页，32 开
本书共 11 部分：传染病、消化器疾病、呼吸器疾病、循环器疾病、血液及造血器官之疾病、泌尿生殖器疾病、神经系疾病、内分泌腺之疾病、新陈代谢之疾病、运动器之疾病、中毒。
收藏单位：国家馆

13629
内科学
南峰：冀鲁豫新华书店，1948.11，160 页，32 开
本书内容包括：发热、法定传染病、伤寒、白喉、阿米巴痢疾、霍乱等。
收藏单位：国家馆、南京馆、山东馆

13630
内科学
兴县：晋绥军区卫生部，1948，249 页，32 开
收藏单位：山西馆

13631
内科学
苏北淮阴军分区卫生处，[1942—1949]，171 页，32 开

13632
内科学
[泰州]：苏北新华书店，1949.7，132 页，32 开
收藏单位：国家馆、吉林馆、山东馆

13633
内科学（第 1—4 分册）
华北新华书店，1946，4 册，32 开（医大教材 5）
本书内容包括：口腔疾病、唾液腺疾病、胃疾病、肠疾病、肝脏及胆道疾病、胰腺疾病、腹膜疾病等。
收藏单位：国家馆、南京馆、山东馆

13634
内科学（第 2—4 分册） 十八集团军总司令部 [编]
十八集团军总司令部，1947，3 册（141+151+162 页），32 开（医大教材 5）
本书内容包括：呼吸器疾病、神经系疾病等。
收藏单位：重庆馆、国家馆、山东馆、山西馆

13635
内科学（呼吸、循环、血液病编） 华北医科大学内科教室编
中国人民解放军平原军区卫生部，1949.8，88 页，32 开

收藏单位：国家馆

13636
内科学（上册） 白求恩医科学校编
白求恩医科学校，1946，194 页，32 开
本书内容包括：内科传染病学、血液病、运动器疾病等。
收藏单位：国家馆

13637
内科诊断学 （德）克伦贝勒（Klemperer）著 赵师震译
华北军区卫生部，1948，[11]+455 页，32 开
收藏单位：国家馆、天津馆

13638
内科诊断学 （德）克伦贝勒（Klemperer）著 赵师震译
十八集团军卫生部，1945.12，11+455 页，32 开
收藏单位：国家馆

13639
农村卫生 东北行政委员会卫生部编
长春：东北新华书店，1949.7，24 页，大 64 开（大众卫生小丛书 10）
收藏单位：东北师大馆、山东馆

13640
农村卫生常识 东北行政委员会卫生部编
[威县]：冀南新华书店，[1946—1949]，21 页，32 开
收藏单位：国家馆、山东馆

13641
农村卫生常识
新华书店，1945，82 页，32 开
收藏单位：南京馆

13642
疟疾 华北人民政府卫生部编
华北人民政府卫生部，1949.9，24 页，32 开
收藏单位：国家馆

13643
皮肤花柳病学 华北医科大学皮肤花柳科教室编
[石家庄]：中国人民解放军华北医科大学，1949.6，102 页，32 开
本书共两部分：皮肤病学、花柳病学。“皮肤病学”分总论和各论，内容包括：皮肤之解剖、皮肤之生理、皮肤之病理、湿疹、荨麻疹等；“花柳病学”共 4 编：淋病、梅毒、软性下疳、第四性病。
收藏单位：国家馆

13644
皮肤花柳病学 晋冀鲁豫军区卫生部编
晋冀鲁豫军区卫生部，[1945—1948] 印，99 页，32 开
本书共两部分：皮肤病学、花柳病学。“皮肤病学”分总论和各论，内容包括：皮肤病之原因、皮肤病之一般症状、皮肤病之诊断、炎症性皮肤病、神经性皮肤病、寄生性皮肤病等；“花柳病学”共 3 编：梅毒、淋病、软性下疳。
收藏单位：国家馆、山西馆

13645
平山县卫生实验工作总结 华北人民政府卫生部编
北平：华北人民政府卫生部，1949.9，33 页，16 开
收藏单位：国家馆

13646
人和病 彭庆昭著
华北新华书店，1947.9，145 页，32 开
华北新华书店，1948.8，再版，145 页，32 开
本书介绍人体生理、病理知识及药物常识。共 31 章，内容包括：营养、血和淋巴、人体内的交通网、心脏的疾病、人体内卫生工作、神经系的疾病、眼睛、耳朵、生殖系等。
收藏单位：国家馆、内蒙古馆、山东馆、山西馆

13647
人和病 彭庆昭著

饶阳：冀中新华书店，1948.1，96 页，32 开
收藏单位：国家馆、宁夏馆、陕西馆、天津馆

13648
人和病　彭庆昭著
[北平]：新华书店，1949，192 页，32 开
上海：新华书店，1949，192 页，36 开
新华书店，1949，再版，增订本，192 页，36 开（通俗卫生读物）
本书共 34 章。
收藏单位：重庆馆、国家馆、内蒙古馆、山东馆

13649
人民的护士　林镜竹等著　旅大妇联总会编
大连：东北书店，1949.6，44 页，32 开
本书收文 10 篇，内容包括:《一切为了伤病人》（林镜竹）、《严整医护作风》（廖鉴亭）、《模范医疗队长李兰丁》（董边）、《病人的天使》（潘淘）等。
收藏单位：国家馆

13650
人体的故事　（苏）卡巴诺夫著　水夫译
上海：天下图书公司，1947，67 页，36 开（大众科学丛书 11）
[北平]：天下图书公司，1949.4，1 册（人民科学丛书）
[北平]：天下图书公司，1949，2 版，67 页，32 开（人民科学丛书）
本书内容包括：软骨弹簧、最完善的滑润剂、根据力学定律、为什么我们不跌倒、运输系统等。
收藏单位：安徽馆、北碚馆、北师大馆、重庆馆、东北师大馆、国家馆、南京馆、山东馆、山西馆、上海馆、首都馆、天津馆

13651
人体寄生虫学　中国医科大学编
中国医科大学，[1931—1949]，油印本，1 册，18 开
收藏单位：重庆馆

13652
三个窝子病　东北行政委员会卫生部编
[佳木斯]：东北书店，1948.10，25 页，大 64 开（大众卫生小丛书 5）
本书介绍东北地区农村中流行的斑疹伤寒、伤寒和再归热 3 种传染病的防治常识。
收藏单位：东北师大馆、国家馆

13653
伤寒　华北人民政府卫生部编
华北人民政府卫生部，1949.9，33 页，32 开
本书为在职干部学习教材之一。
收藏单位：国家馆

13654
生理解剖学　（英）格瑞西麦（Esther Maud Greisheimer）著　苏醒　刘星译
华东新华书店，1949.1，526 页，32 开
本书共 22 章，内容包括：神经系统生理学、循环系统解剖学、循环系统生理学、呼吸系统解剖学等。
收藏单位：南京馆、山东馆

13655
生理解剖学　苏北军区卫生部编
华中新华书店，1948.11，49 页，32 开
收藏单位：南京馆

13656
生理解剖学　苏南军区卫生部编
无锡：苏南新华书店，1949.8，110 页，大 64 开（医药丛书 1）
本书共 12 章，内容包括：骨骼系统、肌肉系统、循环系统、淋巴系统等。
收藏单位：国家馆、山西馆

13657
生理解剖学
[泰州]：苏北新华书店，1949.7，75 页，32 开
本书共 13 章，内容包括：骨骼系统、肌肉系统、消化系统、排泄系统、呼吸系统等。
收藏单位：安徽馆、国家馆

13658
生理解剖学
中原军区卫生部，1948.11 印，130 页，32 开
本书共 15 章，内容包括：骨骼系统、肌肉系统、消化系统、血与循环器、新陈代谢等。
收藏单位：重庆馆

13659
生理卫生学（第 1 册） 抗大政治文化教育科研究室编
华北新华书店，[1942—1945]，石印本，1 册，32 开（抗大政治文化教育丛书 1）
收藏单位：国家馆

13660
生理学 华北医科大学生理教研室编
[石家庄]：华北医科大学，1949，116 页，32 开
收藏单位：国家馆

13661
生理学
白求恩大学，1945，油印本，422 页，32 开
收藏单位：国家馆

13662
生理学
阳城：太岳军区卫生学校，1947 印，油印本，1 册，32 开
本书共 10 编，内容包括：消化生理、吸收生理、呼吸生理、排泄生理、内分泌生理、神经生理、感觉生理等。
收藏单位：国家馆

13663
石膏绷带与关节挛缩 华北军区卫生部编
保定：华北新华书店保定分店，1948.10 印，149 页，32 开
保定：华北新华书店保定分店，1949.9 印，149 页，32 开
本书共 19 部分，内容包括：预备知识、细菌学、消毒法、搬运患者法、产科看护法、眼科看护学等。
收藏单位：重庆馆、国家馆、山东馆

13664
实用传染病学 方春望编译
山东新华书店胶东分店，1948.8，235 页，32 开
山东新华书店胶东分店，1949.9，再版，235 页，32 开
本书内容包括：总论、普通伤风、流行性感冒、麻疹、牛痘、天花等。
收藏单位：天津馆

13665
实用传染病学 方春望译著
中原军区卫生部，[1948—1949]，186 页，32 开
本书介绍各种传染病的成因及分布情况。
收藏单位：重庆馆

13666
实用传染病学
南峰：冀鲁豫新华书店，1948.10 印，249 页，32 开
收藏单位：国家馆、山东馆

13667
实用护病学
[阳城]：太岳军区卫生学校，1947.4 印，油印本，1 册，32 开
收藏单位：国家馆

13668
实用人体寄生虫学 王福溢 李辉汉撰
济南：医务生活社，1949.6，1 册，32 开
济南：医务生活社，1949.8，再版，278+[22] 页，32 开
本书共 5 部分：绪论、寄生原虫学、寄生脏虫学、医学昆虫学、附录。
收藏单位：国家馆

13669
实用外科诊断学 宫乃泉著 胶东军区卫生

部编
华东新华书店胶东分店，1949.3，203 页，32 开
华东新华书店胶东分店，1949.4，再版，203 页，32 开
本书共 22 章，内容包括：诊断的意义、外科记录、痛的外科诊断等。附录部分选自东北解放区翻印的《外科诊断学》，但章次有所颠倒。
收藏单位：国家馆、山东馆、山西馆

13670
实用药物学　华北医科大学药物学教室编
华北军区卫生部，1949.3，276+[45] 页，32 开
收藏单位：国家馆

13671
实用诊断学
[鲁中军区卫生处]，[1945]，76 页，32 开
本书共 9 章，内容包括：病案记录、病人的情况与现象、消化系统和腹部检查、血循环系统的检查等。
收藏单位：国家馆

13672
实用中药大要　（日）宫田武雄著　钱信忠译
韬奋书店，1946.7，[16]+110 页，32 开
韬奋书店，1947.4，再版，[16]+110 页，36 开
韬奋书店，1948.12，3 版，[16]+110 页，32 开
[韬奋书店]，1949.8，[16]+110 页，32 开
本书讲述中药的采集炮制、常用中药的性味功用及 99 种配方。
收藏单位：国家馆、山东馆、山西馆

13673
鼠疫学　东北人民政府卫生部编
[北平]：中央防疫委员会，1949 印，153 页，32 开
收藏单位：重庆馆、国家馆

13674
鼠疫学　东北行政委员会卫生委员会编
[沈阳]：东北行政委员会卫生委员会，1948，151 页，32 开
本书共 3 编：鼠疫的临床、防疫站及各种检查工作、鼠疫媒介动物学。附《防疫暂行条例》《鼠疫预防暂行条例》《防疫机关工作规章》。
收藏单位：长春馆、重庆馆、东北师大馆、国家馆、黑龙江馆、辽宁馆、上海馆、天津馆

13675
鼠疫预防工作须知　东北行政委员会卫生委员会编
[沈阳]：东北行政委员会卫生委员会，1948，32 页，32 开
收藏单位：长春馆、东北师大馆、广东馆、上海馆

13676
鼠疫预防须知　东北行政委员会卫生部编
[北平]：新华书店，1949，1 册

13677
司药必携　东北军区卫生部编
沈阳：东北军区卫生部，1948.12，2 册（326+276 页），50 开，精装
本书内容包括：制剂篇、饮食物篇、毒物篇、毒气与防毒篇、卫生器材篇等。
收藏单位：辽宁馆、上海馆

13678
司药必携　国民革命军第十八集团军留守兵团卫生部编
国民革命军第十八集团军留守兵团卫生部，1943，2 册（[18]+692 页），32 开
本书共 7 篇：药物篇、调剂篇、制剂篇、饮食物篇、毒物篇、毒气与防毒篇、卫生器材篇。
收藏单位：国家馆

13679
苏联保健事业　（苏）密泰累夫（Г. А. Митерёв）著　余长河译　中苏文化协会编译委员会编

重庆：中华书局，1944.12，渝1版，20页，32开（苏联建设小丛书5）
上海：中华书局，1945.11，再版，20页，32开（苏联建设小丛书5）
上海：中华书局，1949.7，3版，20页，32开（苏联建设小丛书5）

本书分7部分介绍苏联十月革命后医疗保健事业发展概况。书前有西门宗华序。

收藏单位：北碚馆、重庆馆、广西馆、桂林馆、国家馆、河南馆、辽大馆、南京馆、上海馆、首都馆

13680
苏联医学介绍（1） 东北人民政府卫生部编
东北人民政府卫生部，[1949]，53页，16开（东北医学杂志丛书）

收藏单位：广东馆

13681
太岳区卫生座谈会专刊 太岳政报社编
太岳政报社，1947.5，50页，32开（卫生丛书2）

收藏单位：国家馆、山东馆

13682
天花 丁仲著
华中新华书店，1949.2，12页，64开

收藏单位：国家馆

13683
调剂须知 胶东军区卫生部编
胶东军区卫生部，[1947—1949]，2册（32+97页），32开

收藏单位：国家馆

13684
调剂学大意 第十八集团军总卫生部编
第十八集团军总卫生部，[1937—1949]，82页，32开

本书共两部分：总论、各论。总论共9章，内容包括：药品、配药室、重量及容量等；各论分甲内用药和乙外用药，共31章，内容包括：饱和剂、乳剂、注入药、洗涤药、漱口药等。

收藏单位：国家馆

13685
外科各论 白求恩大学编
白求恩大学，[1939—1949]，油印本，194页，32开

收藏单位：国家馆

13686
外科手术 Thomas G. Orr著 陶煦译
南京：中国人民解放军第二野战军医科大学，1949.9，642页，32开，精装

本书共12部分，内容包括：伤口的愈合、新鲜伤口的治疗、截肢、胸廓与呼吸系统等。

收藏单位：重庆馆、国家馆

13687
外科学 十八集团军总司令部[编]
出版者不详，[1937—1945]，254页，32开（军医丛书3）

收藏单位：国家馆

13688
外科学 苏南军区卫生部编
无锡：苏南新华书店，1949.8，28页，50开（医药丛书7）

收藏单位：国家馆

13689
外科学
皖西军区卫生部，1949印，石印本，208页，36开

本书共5章：普通外科（包括战伤）、矫形外科、泌尿外科、麻醉术、手术。

收藏单位：重庆馆

13690
外科学（上、下册） 太岳军区卫生学校编
[阳城]：太岳军区卫生学校，1947.3，油印本，2册，32开

收藏单位：国家馆

13691
外科学（下卷） [晋绥军区卫生部编]
[兴县]：晋绥军区卫生部，[1940—1949]，135页，36开
本书共两部分：外科手术、军阵外科。
收藏单位：重庆馆

13692
外科学（战伤编） 华北医科大学外科学教研室编
中国人民解放军平原军区卫生部，1949.8，407页，32开
收藏单位：国家馆

13693
外科学（总论） 晋绥军区卫生部编
[兴县]：晋绥军区卫生部，1945，184页，32开
本书内容包括：外科诊断、创伤、各组织损伤、外科传染、消毒学、麻醉学等。
收藏单位：重庆馆

13694
外科学（总论、各论）
[阳城]：太岳军区卫生教导队，[1940—1949]，油印本，1册，32开（教材1）
收藏单位：国家馆

13695
外科学纲要（下卷）
东北军区卫生部，1948.9，253页，16开
本书介绍头部、颈部、腹部及泌尿系统等的外科学知识。下卷内容接续上卷，为第27—53章，内容包括：头部之损伤、颈癌之疾患、肠梗阻等。
收藏单位：重庆馆

13696
危险的猩红热 东北行政委员会卫生部编
[佳木斯]：东北书店，1948.10，23页，大64开（大众卫生小丛书3）
本书共18部分，内容包括：猩红热的病原菌、猩红热的病型及经过、中等型猩红热等。
收藏单位：东北师大馆、国家馆

13697
卫护手册 胶东军区卫生部[编]
胶东新华书店，1948，2册（[197]+230+19页），32开
本书内容包括：概说、药物各论等。
收藏单位：国家馆、山东馆、山西馆、天津馆

13698
卫护手册 胶东军区卫生部[编]
医疗文辑社，1948.10，1册（[197]+230+19页），32开
收藏单位：国家馆

13699
卫生常识 高一光 项柏仁合编
[阳城]：太岳新华书店，1946.12，34页，32开（群众宣讲教材）
收藏单位：国家馆

13700
卫生常识 军区卫生部编
边区政府编委会，[1937—1949]，石印本，22页，32开（大众常识丛书1）
收藏单位：国家馆

13701
卫生工作新方向 太岳政报社编
[阳城]：太岳新华书店，1947.3，27页，32开（医药卫生丛书1）
本书收文9篇，内容包括：《毛主席关于卫生工作的指示》《李富春同志在医药卫生座谈会上的发言》《用实际事实来破除迷信》等。
收藏单位：国家馆、山东馆

13702
卫生会议汇刊（中国人民解放军东北军区）
中国人民解放军东北军区卫生部[编]
[哈尔滨]：中国人民解放军东北军区卫生部，1948.2，154页，32开

本书共4部分：大会经过、大会结论报告、大会综合报告、大会通电。

收藏单位：国家馆、辽宁馆

13703

物理诊断学 李振湘 向进编

上海：中国人民解放军华东野战军卫生部，1949.1，252页，32开

收藏单位：重庆馆、国家馆

13704

细菌学 白求恩大学编

白求恩大学，[1939—1949]，油印本，165页，32开

收藏单位：国家馆

13705

细菌学

[阳城]：太岳军区卫生学校，1947.2印，油印本，41页，32开

收藏单位：国家馆

13706

夏季脑炎 华北人民政府卫生部编

华北人民政府卫生部，1949.9，12页，32开

收藏单位：国家馆、陕西馆

13707

夏天的传染病 东北行政委员会卫生部编

长春：东北书店，1948.10，22页，50开（大众卫生小丛书2）

本书介绍霍乱和痢疾两种传染病的基本知识。

收藏单位：东北师大馆、国家馆

13708

现代战争外科学 （英）Hamilton Bailey主编 季钟朴等译

东北民主联军总卫生部编译处，1947，132页，16开，精装

收藏单位：国家馆、上海馆

13709

现代战争外科学 （英）Hamilton Bailey主编 季钟朴等译

外文题名：Surgery of modern warfare

华北军区卫生部，1948.10，1册，16开，精装

本书共6卷20篇，内容包括：创伤概论、冻伤火伤及植皮术、伤员的麻醉、血管损伤、截断术、骨及关节之外伤、手与脚的外伤、在亚热带遭遇的外科疾病等。

收藏单位：重庆馆、吉林馆、山西馆

13710

小外科学 （日）中村爱助著 宋登峰译

晋冀鲁豫军区卫生部通讯社，1947，437页，32开

收藏单位：重庆馆、国家馆、宁夏馆

13711

新文化与新医学 中国医科大学教育处编

[沈阳]：[中国医科大学教育处]，1949.5，156页，32开

本书内容包括：新民主主义的文化、对专科教育计划草案、新医学思想、医学专科教育计划中的组织工作、人的阶级性、医务工作者的道路等。

收藏单位：国家馆、天津馆

13712

行军卫生 第四野战军后勤卫生部编

天津：第四野战军后勤卫生部，1949.4，34页，64开

收藏单位：南京馆

13713

眼耳鼻咽喉齿科学

晋冀鲁豫军区卫生部，[1945—1948]，62页，32开

本书共两部分：眼科学、耳鼻咽喉齿科学。

收藏单位：南京馆

13714

眼科护病学 冯培译

华北军区卫生部，[1948—1949]，88 页，32 开

收藏单位：广西馆、国家馆

13715

药剂手册　胶东军区卫生部编

华东新华书店胶东分店，1949，2 册（230+97 页），32 开

收藏单位：国家馆、山东馆

13716

药剂学　十八集团军总司令部编

十八集团军总司令部，1944—1945，2 册（218+196 页），32 开

收藏单位：国家馆

13717

药理学　白求恩大学编

白求恩大学，1944.8，油印本，253 页，32 开

收藏单位：国家馆

13718

药理学　陈应谦编

总卫生部编译处，1947.11，2 版，[365] 页，16 开

本书共两部分：总论、各论。总论共 8 章，内容包括：药之成分、药之制剂、药之用法等；各论共 18 章，内容包括：作用于自主神经之药物、作用于体温中枢之药物、作用于循环系之药物等。

收藏单位：东北师大馆、辽宁馆

13719

药理学

第十八集团军总卫生部，[1937—1948]，2 册，32 开

收藏单位：国家馆

13720

药理学（1）

四纵队卫生学校，1948.8，222 页，32 开

收藏单位：国家馆、南京馆

13721

药物学　苏南军区卫生部编

[无锡]：苏南新华书店，1949.8，128 页，48 开（医药丛书 3）

本书共 20 章，内容包括：药物学总论、中枢神经之药物、感觉神经之药物、自主神经系统之药物、平滑肌药物、心肌之药物、呼吸系统之药物、消化系统之药物、强壮药和补血药物、止血药物、利尿药物等。

收藏单位：国家馆、山西馆

13722

药物学

[惠民]：渤海新华书店，[1940—1949]，油印本，54 页，32 开

本书共 3 部分：药物学总论、无机药物、有机药物。

收藏单位：国家馆、内蒙古馆

13723

药物学（摘录于司药必携）

保定：华北新华书店保定分店，1949.8，55 页，32 开

收藏单位：国家馆、山东馆、首都馆

13724

药治学大意

第十八集团军总卫生部，[1937—1948]，27 页，32 开

本书共 4 章：绪论、各论、关于服药等注意、副作用。

收藏单位：国家馆

13725

野战外科学　（苏）爱兰斯基（Н. Н. Еланский）著　陈述等译

沈阳：东北军区卫生部教育处编译科，1949.5，272 页，32 开

本书共 3 部 24 篇，内容包括：野战外科学及其领域、创伤休克、战伤的分类、枪伤的治疗、胸部伤、腹部伤等。

收藏单位：东北师大馆、国家馆、天津馆

13726
医务人员管理暂行条例·医院诊疗所及产院管理暂行条例·中西药商管理暂行条例　东北行政委员会颁布
东北行政委员会，1948.7，41页，32开
收藏单位：国家馆

13727
医务文摘（干部学习材料）　中原军区卫生部编
中原军区卫生部，1948，35页，32开
本书收文摘9篇，内容包括:《毒气预防和急救法》《第一线救护组织与技术上的一般问题》《关于出院工作的初步研究》《抢救病院介绍》《内科医生在执行业务中应注意的几点意见》《木制下肢牵引副木》等。
收藏单位：重庆馆

13728
医学常识（上、下册）　太岳纵队卫生部编
太岳纵队卫生部，1943.5，2册（168页），64开
收藏单位：国家馆

13729
有病不求人　二分区人民画报社编
二分区新华书店，[1947—1949]，39页，64开
收藏单位：南京馆

13730
在夏天怎样保护你的健康　新四军山东军区卫生部编
新四军山东军区卫生部，[1946—1949]，46页，大64开（卫生丛书）
收藏单位：山东馆

13731
暂行司药工作条例草案　晋绥军区司令部编
[兴县]：晋绥军区司令部，[1942—1949]，油印本，8页，32开
收藏单位：国家馆

13732
怎样才能够健康　逸人编
大连：大众书店，1948.11，141页，32开
本书共41部分，内容包括：健康之道、谈神经衰弱、日光改造体格、肺痨与结婚等。
收藏单位：国家馆、辽宁馆、内蒙古馆、山东馆、首都馆、天津馆

13733
怎样带小孩　渤海妇联编
安东（丹东）：东北书店辽东总分店，1949.6，翻版，37页，32开
本书共10章，内容包括：初生婴儿的保育法、两岁以前小孩身体上的特点、哺奶、两岁以前小孩的卫生、怎样照护不足月和瘦弱的小孩、初生小孩一般疾病和照护、一般小孩生病时的照护等。
收藏单位：辽宁馆

13734
怎样带小孩　彭庆昭著
华北新华书店，1947.6，50页，36开（大众科学丛书3）
华北新华书店，1949.3，再版，50页，36开（大众科学丛书3）
本书共9章，内容包括：两岁以前小孩身体上的特点、哺奶、两岁以前小孩的卫生、怎样照护不足月的和瘦弱的小孩等。
收藏单位：国家馆、南京馆

13735
怎样带小孩　彭庆昭著
华中新华书店，1948.12，50页，48开（大众读物 卫生知识类）
收藏单位：国家馆、山东馆

13736
怎样带小孩　彭庆昭著
河间：冀中新华书店，1947.7，40页，32开
收藏单位：国家馆、南京馆、天津馆

13737
怎样带小孩　彭庆昭著
晋察冀新华书店，1947.11，48页，32开
收藏单位：国家馆、山东馆

13738
怎样带小孩　彭庆昭著
山东新华书店总店，1947.10，35 页，32 开（大众文库卫生）
收藏单位：南京馆、山东馆

13739
怎样带小娃娃　叶念撰
上海：三联书店，1949，104 页，36 开（新中国百科小丛书）
收藏单位：安徽馆、重庆馆、广西馆、国家馆、湖北馆、辽宁馆、南京馆、云南馆

13740
怎样使婴孩健康（做母亲的指南）（苏）斯比兰斯基等著　孟昌译
上海：天下图书公司，1947，沪再版，66 页，36 开
收藏单位：首都馆

13741
怎样向百日咳斗争　东北行政委员会卫生部编
长春：东北书店，1949.4，30 页，大 64 开（大众卫生小丛书 8）
本书内容为卫生常识。收文 6 篇，内容包括：《健康小孩的正常发育》《小孩"喂奶"的几个问题》《谈小儿肺结核》《怎样向百日咳斗争》《冬季小儿卫生》等。
收藏单位：长春馆、东北师大馆

13742
怎样养孩子　张晓非画
涉县：新华书店，1945.6，20 页，横 18 开
本书用图画注字形式宣传胎产育儿卫生常识。
收藏单位：国家馆

13743
战伤文集　胶东军区卫生部辑
胶东新华书店，1946.12，318 页，32 开
胶东新华书店，1947.7，2 版，318 页，32 开
胶东新华书店，1948，3 版，408 页，32 开
本书共 26 章，内容包括：伤口是怎样愈合起来的、一般创伤的处理、休克、头面部创伤、胸部创伤、护理等。
收藏单位：重庆馆、国家馆、宁夏馆、山西馆、上海馆

13744
战伤文集（第 2 集）　医疗文辑社辑
华东新华书店胶东分店，1949.3，291 页，32 开
本书共 19 章，内容包括：治疗原则、休克、麻醉、缝合、骨折、烧伤、冻伤等。
收藏单位：国家馆、山东馆、天津馆

13745
战伤治疗技术　（加）白求恩（Norman Bethune）著
长春：东北书店，1949.3，29 页，32 开
本书共 5 部分，内容包括：扩创术、外物之探取、开腹术及肠缝合术、离断术等。
收藏单位：长春馆、重庆馆、上海馆

13746
战伤治疗技术　（加）白求恩（Norman Bethune）著
韬奋书店，1947.4，30 页，32 开
收藏单位：国家馆、山东馆

13747
战争外科学　白求恩大学编
白求恩大学，1944，油印本，1 册，32 开
收藏单位：国家馆

13748
战争外科学　谭壮编译
阳城：太岳军区卫生部，1947，118 页，36 开
收藏单位：山西馆

13749
战争外科学　周泽沼编
晋察冀军区卫生部，1947.9，78 页，32 开
本书参考中外许多名著及本军战地经验汇集编纂，介绍关于战争外科方面的一般知

识。

收藏单位：重庆馆

13750
战争外科学 周泽沼编
中原军区卫生部，1947.9，78 页，32 开
本书共 4 部分：战争外科学总论、战伤的判断和初步治疗、潜伏弹的取出、创伤传染。书前有白求恩题词。
收藏单位：重庆馆、国家馆、黑龙江馆、上海馆

13751
针灸学 冀南军区卫生部编
[威县]：冀南军区卫生部，1947.9，82 页，32 开
收藏单位：国家馆

13752
诊断学 白求恩大学编
白求恩大学，[1939—1949]，油印本，111 页，32 开
收藏单位：国家馆

13753
诊断学
延安：中国医科大学，1945，油印本，126 页，18 开
收藏单位：国家馆

13754
诊疗手册 （苏）拉法尔克斯等编 陈述等译
沈阳：东北人民政府卫生部，1949.9，56+1663+56 页，32 开，精装
收藏单位：重庆馆、国家馆、湖北馆、辽宁馆、南京馆、山西馆

13755
助产常识 王德一编
大连：大众书店，1949.1，再版，68 页，32 开
本书共 5 部分，内容包括：什么是妊娠、如何助产、产后护理等。
收藏单位：国家馆、山东馆

13756
助产常识 王德一编
大同：晋北新华书店，1949，1 册，32 开
收藏单位：国家馆、辽宁馆

13757
助产常识 王德一编
涉县：太行群众书店，1947.12，48 页，32 开
涉县：太行群众书店，1947.12，再版，48 页，36 开
本书共 5 部分：双身、生孩子的时候怎么助产、产后、小孩的照顾和喂养、小孩子的病。
收藏单位：国家馆、河南馆

13758
做母亲的指南 （苏）斯比兰斯基著 孟昌译
上海：天下图书公司，1947.8，66 页，32 开（大众科学丛书 6）
北平：天下图书公司，1949.3，66 页，32 开
北平：天下图书公司，1949.6，华北版第 2 版，66 页，32 开
本书共两部分。第 1 部分“做母亲的指南”共 13 章，内容包括：哺乳婴孩、食饵、牛奶的喂养、混合哺乳、预防食物污染等；第 2 部分内容包括：小儿百日咳、五个月以内婴孩的养育法、为什么有软骨症、软骨症的特征。
收藏单位：广西馆、国家馆、南京馆、首都馆

农业科学

13759
边区改良农作问题 中共西北中央局调查研究室编
出版者不详，1944，18页，32开（陕甘宁边区生产运动丛书）
本书内容包括：改良农作的方法、关于深耕、关于施肥和积粪、关于修改地形等。
收藏单位：重庆馆、南京馆

13760
病虫害的预防和扑灭 松江省政府建设厅编
佳木斯：东北书店，1948.4，11页，50开（生产丛书5）
收藏单位：山东馆

13761
菜园手册 中直劳动英雄座谈会辑
[北平]：新华书店，[1940—1949]，24页，32开
收藏单位：国家馆

13762
大麻
冀东新华书店，[1946—1949]，21页，32开
本书为农业生产指南。
收藏单位：国家馆

13763
肥料 松江省政府建设厅编
佳木斯：东北书店，1948.5，再版，9页，50开（生产丛书2）
本书共3部分：上肥料有什么好处、作物需要的养分、主要肥料的制法。
收藏单位：国家馆

13764
耕种方法的研究 松江省政府建设厅编
佳木斯：东北书店，1948.4，8页，50开（生产丛书4）
本书共4章：松江地区农业上的特点、农耕上今后应注意的几项、耕锄问题、关于高垄平垄。
收藏单位：国家馆、南京馆、山东馆

13765
谷棉栽培法 冀南行署农业处编
[威县]：冀南新华书店，1949.4，19页，32开（农林丛书2）
本书附《选种技术》。
收藏单位：国家馆、山东馆

13766
灌溉工程设计参考手册 华北人民政府农业部水利处编
华北人民政府农业部水利处，1949，1册，16开
本书共5编：概论、应用水力学、渠道论、建筑物、排水与蓄水。
收藏单位：国家馆、天津馆

13767
机关生产的农业常识 李俊著
华北新华书店，1946，36页，32开
华北新华书店，1947，36页，32开
本书共3部分：种大地、菜园、农产制造。内容包括：积肥、整地、播种、养苗与倒栽、施肥、浇水、管理、防除病虫害、收获、留种等。
收藏单位：国家馆、河南馆、山东馆

13768
机关生产的农业常识 李俊著
太岳新华书店，1945.12，36页，32开
收藏单位：国家馆、山东馆

13769
几种主要病虫害防除要览 晋察冀边区财经办事处农林处编

晋察冀边区财经办事处农林处，[1948]，石印本，2页，32开

本书内容包括：各种药剂的配合量、制造方法、怎样使用、应注意事项等。

收藏单位：国家馆

13770

几种庄稼、菜蔬病虫害防治法 冀中行政公署农林厅教育厅编审

冀中新华书店，1947，21页，32开（农业技术推广材料1）

收藏单位：国家馆、山东馆

13771

六畜病的治法 康心等著

新华书店，1945.10，53页，32开（通俗卫生丛书）

本书共两部分：简易防治法、预防兽疫的办法。第1部分共5节：牛病防治法、羊病防治法、马和驴病防治法、猪病防治法、鸡病防治法；第2部分有两篇附录，附录一介绍家畜虻幼虫症、牲口长疥的问题、牲口病治疗法，附录二为几种发展畜牧的好案例。

收藏单位：国家馆、山西馆

13772

六畜病防治法 若望编

太行新华书店，1949.1，107页，32开

本书共10部分：牛病防治法、羊病防治法、马和驴病防治法、猪病防治法、鸡病防治法、家畜瘟疫的预防、喂猪须知、用虫养鸡新法子、买牲口常识、赶牲口和喂牲口。

收藏单位：国家馆、山东馆

13773

六畜平安书 若望编

安东（丹东）：东北书店辽东总分店，1949.6，80页，32开（大众读物生产丛书）

收藏单位：国家馆、清华馆、山东馆

13774

六畜平安书 若望编

[泰州]：苏北新华书店，1949.8，86页，48开

收藏单位：国家馆、山东馆

13775

麦子的病害防治法 姜燕康编著

[阳城]：太岳新华书店，[1948.8]，21页，32开

本书共7部分：防治病害的意义、防治病害的重要、麦子常有那些病害、麦子是怎样有病害的、对于病害原因别的说法、病害防治法、几点有关淘麦的事。

收藏单位：国家馆、山东馆

13776

棉花主要病虫害防除法 东北行政委员会农业部资料室编

沈阳：东北新华书店，1949.8，16页，36开（农业丛书2）

收藏单位：山东馆

13777

农家副业

佳木斯：东北书店，1947.4，25页，大64开（生产小丛书2）

收藏单位：南京馆、山东馆

13778

农事常识 东北行政委员会等著

佳木斯：东北书店，1947.4，73页，32开（生产小丛书1）

本书内容包括：耕种知识、农历、棉花和亚麻、蔬菜等。书前有《东北政委会发布生产令》《东北政委会关于发放五万万元农业贷款指示》《东北政委会关于开展农村生产运动的指示》《春耕生产中的疑难解答》等。

收藏单位：长春馆、国家馆、南京馆、山东馆

13779

农业常识（第1—2册） 边区农林局 一二九师生产部合编

出版者不详，1943.11，2册，32开

本书上册共5部分：冬耕、选种、肥料、

播种与管理、蔬菜种植法；下册介绍几种主要作物，内容包括：小麦、谷子、玉茭、高粱、大豆、荞麦、棉花、红薯等。

收藏单位：国家馆

13780

农业耕作方法计算问题　松江省政府建设厅编

佳木斯：东北书店，1948.4，17页，50开（生产丛书6）

佳木斯：东北书店，1948，再版，17页，50开（生产丛书6）

本书内容包括：大豆每垧人工马工计算、谷子每垧人工马工计算、年成每垧收获比较表、一匹马成本计算、关于种地时期等。

收藏单位：重庆馆、国家馆、辽宁馆、南京馆、山东馆

13781

农业生产课本　李俊编著

华北新华书店，1946，26页，32开，环筒页装

本书内容包括：冬闲期、过罢旧年（春耕准备）、桃杏花开（春耕开始活动）等。为民校冬学大众黑板教材。

收藏单位：重庆馆、国家馆、山东馆、天津馆

13782

农业生产课本　李俊编著

[阳城]：太岳新华书店，1947.2，28页，32开

收藏单位：宁夏馆、山东馆

13783

农业指导手册（第1册 春耕工作）　太行区农林局编

[涉县]：太行区农林局，1943.2，1册，32开

本书共4部分：劳力组织到调剂、春耕比赛、春耕准备与技术材料、春耕播种期技术材料。

收藏单位：国家馆

13784

如何才能增加粮食生产　松江省政府建设厅编

佳木斯：东北书店，1948.4，9页（生产丛书1）

佳木斯：东北书店，1948.5，再版，9页，50开（生产丛书1）

本书再版题名：如何才能增产粮食。

收藏单位：南京馆、山东馆

13785

生产材料　高元贵等著

[濮阳]：冀鲁豫书店，1945.8，1册，32开

本书收文7篇：《农民发动起来要迅速坚决的转入生产运动》《滑县如何从民主民生运动转上了生产运动》《南乐转入生产工作的经验》《张寨的生产互助怎样搞起来的》《关于支持生产问题》等。

收藏单位：国家馆

13786

牲畜防疫与饲养

[阜平]：冀晋新华书店，1946.7，68页，64开，环筒页装

本书共6章："怎样赶牲口""养猪""养羊""怎样把牛养好""怎样养好驴、骡、马匹""怎样治鸡瘟"。

收藏单位：国家馆

13787

牲口、鸡、猪的畜养和疗病法　沈洗涤著　十一专教育科审定

辛集：解放书店，1947.6，石印本，11页，32开

收藏单位：国家馆

13788

水稻主要病虫害防除法　东北行政委员会农业部资料室编

[沈阳]：东北新华书店，1949，33页，36开（农业丛书3）

收藏单位：山东馆、天津馆

13789
田苗茂盛 耕耘写
华中新华书店，1949.4，52 页，48 开（大众读物 农业知识类）
收藏单位：国家馆、山东馆

13790
喂养牲畜的知识 若望编
冀鲁豫书店，1948.7，78 页，32 开
收藏单位：国家馆、山东馆、山西馆

13791
夏收与秋收 太行区农林局编
涉县：华北书店，1943.6，32 页，32 开（农业指导手册 4）
本书共 3 部分：组织与领导、夏收期技术材料、秋收期技术材料。
收藏单位：国家馆

13792
消灭害虫 边区政府建设厅编
[延安]：边区政府建设厅，1946，47 页，32 开（陕甘宁边区生产运动丛书）
本书共两部分：消灭害虫的几个基本问题、边区几种主要的害虫。
收藏单位：重庆馆、国家馆

13793
小麦
冀东新华书店，[1946—1949]，19 页，32 开
本书为农业生产指南。
收藏单位：国家馆

13794
小麦主要病害防治法 东北行政委员会农业部资料室编
沈阳：东北新华书店，1949.8，15 页，36 开（农业丛书 4）
收藏单位：山东馆

13795
选种 松江省政府建设厅编
佳木斯：东北书店，1948.4，10 页，50 开（生产丛书 3）
佳木斯：东北书店，1948.5，再版，10 页，50 开（生产丛书 3）
本书共 3 部分：种子选择的要点、主要作物选种法、最后的几句话。
收藏单位：国家馆、辽宁馆、南京馆、山东馆

13796
杨树简易育苗法 东北政委会农业部资料室编
沈阳：东北新华书店，1949.7，18 页，32 开（农业丛书 1）
收藏单位：国家馆、山东馆

13797
养鸡法 张克威 金重冶著
华北新华书店，1947.10，18 页，32 开（大众科学小丛书 6）
收藏单位：国家馆

13798
养羊法 金重冶著
华北新华书店，1947.4，28 页，32 开，环筒页装（大众科学丛书 1）
本书共 4 章：繁殖、管理、饲养、羊病预防。
收藏单位：国家馆、山东馆

13799
夜盗虫防除法 东北行政委员会农业部资料室编
沈阳：东北新华书店，1949.8，9 页，32 开（农业丛书 5）
收藏单位：山东馆

13800
云南省农林水利 中国人民解放军西南服务团研究室编
中国人民解放军西南服务团研究室，1949，39 页，32 开（云南省参考资料 3）
本书共两部分：云南省农林水利的概况、云南省农林水利的机构系统。

收藏单位：重庆馆

13801
怎样把农业技术提高一寸（草稿） 中共中央财政经济部研究室经济组编
中共中央财政经济部研究室经济组，1948.9，油印本，1册，16开
收藏单位：国家馆

13802
怎样积肥　晋绥边区行政公署建设处编
[兴县]：晋绥边区行政公署建设处，1945.1，4页，32开（生产建设丛书5）
本书共3部分，介绍多方开辟肥料的来源、如何保存好天然肥、怎样配合与使用肥料等内容。
收藏单位：重庆馆、国家馆、山东馆、山西馆

13803
怎样养羊　中共西北中央局调查研究室编
出版者不详，1944，30页，32开（陕甘宁边区生产运动丛书）
收藏单位：国家馆、南京馆

13804
怎样养猪怎样治防猪病　金重冶编
[涉县]：太行群众书店，1948.2，25页，36开
收藏单位：国家馆

13805
怎样战胜“天”灾　席凤洲编
[惠民]：渤海新华书店，1948.9，36页，32开
本书共7章：庄稼的虫害、庄稼的病害、鸟害和兽害、旱灾、雹灾、霜灾、风灾。版权页题名：怎样战胜“天灾”。
收藏单位：安徽馆、国家馆、山东馆

13806
怎样战胜“天”灾　席凤洲编
长春：东北书店，1949.4，36页，32开
收藏单位：长春馆、南京馆

13807
怎样战胜“天”灾　席凤洲编
华北新华书店，1948.7，38页，32开（大众科学小丛书7）
华北新华书店，1948.9，再版，38页，32开（大众科学小丛书7）
收藏单位：重庆馆、国家馆、辽宁馆、山西馆、天津馆

13808
怎样种高粱（五大作物之一）　郭连三编
[菏泽]：冀鲁豫新华书店，1949.5，15页，32开
本书共8节：性质、品种、怎样种高粱、怎样修锄、栽苗和间作、田间选种、怎样防止病害、如何消灭虫害。
收藏单位：国家馆、山东馆

13809
怎样种谷子（五大作物之一）　郭连三编　冀鲁豫行署农业处校正
[菏泽]：冀鲁豫新华书店，1949.5，20页，32开
收藏单位：国家馆、山东馆

13810
怎样种好棒子　秦杰著
华东新华书店渤海分店，1949.3，9页，32开
收藏单位：南京馆、山东馆

13811
怎样种好地瓜　郭英忱著
华东新华书店渤海分店，1949.3，10页，32开
本书为农业生产指南，内容包括：地瓜的种类、秧地瓜法、病虫害的防除法。
收藏单位：南京馆、山东馆

13812
怎样种好高粱　李明著
华东新华书店渤海分店，1949.3，18页，32

开

收藏单位：南京馆

13813

怎样种好谷子　李明著

华东新华书店渤海分店，1949.3，24 页，32 开

收藏单位：南京馆、山东馆

13814

怎样种好小麦　秦杰著

[惠民]：渤海新华书店，1948.9，19 页，32 开

收藏单位：南京馆、山东馆

13815

怎样种蓝　晋绥边区行政公署建设处编

[兴县]：晋绥边区行政公署建设处，1945，14 页，32 开（生产建设丛书 2）

本书共两部分：种植、打靛。内容包括：蓝的性质、选蓝地、蓝和其他作物的配合种植、播种和培苗、移栽、移栽后的经营、用设备较完备的蓝池汇蓝打靛、用简单的蓝池汇蓝打靛、打靛的原理和经验等。

收藏单位：国家馆、山西馆

13816

怎样种棉　晋绥边区行政公署建设厅编

[兴县]：晋绥边区行政公署建设厅，1945.1，7 页，32 开（生产建设丛书 1）

收藏单位：国家馆、山西馆

13817

怎样种棉花　边区政府建设厅编

[延安]：边区政府建设厅，1944，24 页，36 开（陕甘宁边区生产运动丛书 25）

本书内容包括：边区植棉发展概况及今后推广方向、怎样种棉花。附《种棉有利》。

收藏单位：重庆馆、南京馆、山西馆

13818

怎样种棉花　高自立等著

山东新华书店，[1944]，26 页，32 开（生产运动丛书 25）

收藏单位：国家馆、山东馆

13819

怎样种棉花　席凤洲编

新华书店，[1945.7]，21 页，36 开（群众大生产知识小丛书）

本书共 14 部分，内容包括：棉花怕天冷、种棉用什么土地、整理棉花地、准备棉花种子、棉田上粪、棉花下种、补种棉花、锄棉花、去顶芽、治棉花卷叶病等。

收藏单位：国家馆、山东馆

13820

怎样种庄稼　晋绥边区行政公署编

[兴县]：出版者不详，[1943.11]，22 页，36 开（农作法研究）

本书共 6 部分：什么地种什么庄稼、怎样上粪、耕种的方法、怎样锄地、收获、一年庄稼二年作。

收藏单位：国家馆、天津馆

13821

植棉经验　鲁中区行政公署编

鲁中区行政公署，[1937—1949]，石印本，18 页，32 开（鲁中二届劳模大会材料 1）

收藏单位：国家馆、山东馆

13822

中央苏区十二个月的农事历　中央农业学校编

中央农业学校，1934.6，油印本，1 册，32 开

本书介绍中央苏区一年 12 个月农宜表，表中分列农作物下种、移栽、插枝、收获等事项。

收藏单位：国家馆

13823

种菜常识

新华书店，1944，85 页，32 开（生产丛书）

本书共 3 部分：一般问题、十三种菜蔬的栽培方法、蔬菜保藏。附梨树、桃树、葡萄、枣树的栽培方法。

收藏单位：南京馆、山东馆、山西馆

13824

种地新法 宿士平等著

山东新华书店，1947.11，改订本，52 页，32 开

本书共 5 部分：土壤、肥料、选种与浸种、种植、防治病虫害。

收藏单位：南京馆、山东馆

13825

种棉问题 晋绥边区生产委员会编

［兴县］：晋绥边区生产委员会，1946，5 页，36 开（晋绥边区生产会议材料 4）

收藏单位：重庆馆、国家馆、山西馆

13826

种树育苗法 冀南行署农业处编

［威县］：冀南新华书店，1948.11，14 页，32 开（农林丛书 1）

本书共两部分：苗圃育苗方法、植树造林。内容包括：播种育苗法、插枝育苗法、萌芽育苗法、防沙保安林、防洪护堤林等。

收藏单位：国家馆、山东馆

13827

庄稼的祖先 李俊撰

长春：东北书店，1949.4，46 页，32 开（大众科学丛书）

本书共 13 部分：庄稼的祖先、石头变成土、粪、不结籽的果木树是怎样生成的、黑羊变白羊、小理化工厂、种籽的旅行、张冠李戴、修修剪剪、落花生、植物吸血鬼、虫、风调雨顺。

收藏单位：长春馆、重庆馆、东北师大馆、广东馆、国家馆、辽宁馆、山东馆、首都馆

13828

庄稼的祖先 李俊编

华北新华书店，1947.10，56 页，32 开（大众科学丛书 5）

收藏单位：重庆馆、国家馆、湖南馆、山东馆、山西馆

13829

庄稼的祖先 李俊编

［延安］：西北新华书店延安总店，1949，58 页，32 开

收藏单位：重庆馆

13830

庄稼的祖先 李俊编

新华书店，1949，46 页，32 开（大众科学丛书）

收藏单位：南京馆

13831

庄稼汉手册 李俊著

新华书店，1945.9，64 页，32 开（生产小丛书）

新华书店，1945，35 页，32 开（生产小丛书）

本书以河北、山西交界的涉县、黎城一带的地形条件和天气特点为依据，介绍农业生产技术。共 4 部分：农家历、肥料、种子、栽培技术。附《农谚注解》。

收藏单位：国家馆、山东馆

13832

庄稼话 钱毅编

大连：光华书店，1948.3，165 页，36 开

哈尔滨：光华书店，1948.7，163 页，36 开

本书收 4 类农谚：生产、天时、庄稼、杂类。

收藏单位：东北师大馆、国家馆、宁夏馆、山东馆、首都馆、天津馆

13833

庄稼生虫和生病的防治法 晋绥边区行政公署建设处编

［兴县］：晋绥边区行政公署建设处，1945，1 册，32 开（生产建设丛书 6）

本书共 3 部分：庄稼生虫和生病的防治法、几种重要虫害和病害的研究、几种驱除药剂和方法。附《怎样选种》。

收藏单位：国家馆、山西馆

13834
庄稼俗语　李俊注解
[左权]：华北书店，1943，26页，32开
本书共7部分：各种庄稼不一样、耕种方法也不同、种地要了解粪土、能治病去虫才能多打粮食、按着节令种地、谈天说地、这个那个。
收藏单位：国家馆

13835
作物虫害防除的一般常识　松江省政府建设厅编
哈尔滨：东北书店，1949.2，19页，50开（生产丛书9）
本书共13部分：黑金龟子、粟夜盗虫、蝼蛄、蚜虫、叩头虫、麦蚤叶虫、拟黄条蚤叶虫、二条姬叶虫、姬天鹅绒金龟子、白下夜盗、大豆心喰蛾、稻泥负虫、稻泥苞虫。
收藏单位：长春馆、国家馆、黑龙江馆、辽宁馆

工业技术、交通运输、航空、安全科学

13836
安全卫生资料　中华全国总工会编
［北平］：中华全国总工会，1949.9，152 页，28 开
本书内容包括：哈市工厂安全卫生工作情况、华北人民政府劳动局对于一般工厂安全卫生设施调查提纲、关于防火等。
收藏单位：重庆馆、山东馆

13837
熬硝的方法　陕甘宁边区建设厅编
［延安］：陕甘宁边区新华书店，1948，12 页，64 开
收藏单位：国家馆

13838
比声音更快　（苏）伊里亚申柯著　毅风译
［沈阳］：东北新华书店，1949.8，44 页，32 开
本书介绍喷气式飞机。
收藏单位：国家馆、吉林馆、辽宁馆、山东馆

13839
边区的水利事业　中共西北中央局调查研究室编
［延安］：中共西北中央局调查研究室，1944，33 页，32 开（陕甘宁边区生产运动丛书）
收藏单位：国家馆、南京馆、山东馆、山西馆

13840
材料目录（第 2 册 机械篇）　东北人民政府工业部编
沈阳：东北人民政府工业部，1949，1 册，9 开
收藏单位：国家馆

13841
材料目录（第 4 册 工具篇、仪器篇）　东北人民政府工业部编
沈阳：东北人民政府工业部，1949，1 册，9 开
收藏单位：国家馆

13842
材料目录（第 5 册 矿产窑业篇、纤维篇、水道暖气篇、杂品篇）　东北人民政府工业部编
沈阳：东北人民政府工业部，1949，1 册，9 开
收藏单位：国家馆

13843
产品样本（滚珠及滚轴轴承）
［沈阳］：东北行政委员会工业部机械工业管理局，1949，72 页，10 开
收藏单位：辽大馆

13844
飞机学　楚山编著
［佳木斯］：东北书店，1947.3，87 页，32 开（自然科学丛书）
收藏单位：长春馆、东北师大馆、国家馆、内蒙古馆、山东馆

13845
飞行原理　（苏）顾兹敏高　（苏）维斯列聂夫著　常乾坤译
中国人民解放军航空学校，1949，2 册（242+153 页），32 开
收藏单位：国家馆

13846
工业用标准规格材料目录（初辑）　东北行政委员会工业部机械工业管理局编纂
沈阳：东北行政委员会工业部机械工业管理局，1949.8，1949 年版，1 册，10 开
本书共 10 类：生活用品、金属材料、电气材料、建筑材料、化工材料、油脂燃料、

工作机械、工具、零件制品、杂品。

收藏单位：辽大馆

13847

化学工程名词　大连新华书店辑

大连：大连新华书店，1949.9，467 页，32 开

收藏单位：长春馆、广西馆、国家馆、江西馆、辽宁馆、天津馆、中科图

13848

槐花染色试验报告　王林　杜干辉著

[阜平]：晋察冀边区财经办事处，1947.11，6 页，32 开

收藏单位：国家馆

13849

货物运送规则及补则·货物营业里程表　东北行政委员会铁道部编

[哈尔滨]：东北行政委员会铁道部，[1948]，119 页，32 开

本书共 3 章：总则、办理、运价及杂费。

收藏单位：国家馆

13850

机械工程手册　夏廷干编

沈阳：东北书店，1949.1，376 页，36 开

本书内容包括：度量衡、实用单位、数学、计算表、力学、运动学、材料强弱学等。

收藏单位：东北师大馆、国家馆、内蒙古馆、绍兴馆、天津馆

13851

技术工作者手册　太行实业公司主编　杨娱天编译

华北新华书店，1948.3，192 页，42 开，精装（太行工业丛书 4）

华北新华书店，1948.11，再版，192 页，42 开，精装（太行工业丛书 4）

本书共 8 部分：求积法、几何画、数表、工业上的一般知识、机械、电气、材料、度量衡。

收藏单位：国家馆

13852

金属材料　胶东军区后勤部兵工总厂研究室编

胶东军区后勤部兵工总厂研究室，1946.8，影印本，20 页，32 开

收藏单位：国家馆、山东馆

13853

津浦北段抢修工程总结　中国人民解放军铁道兵团工程部编

中国人民解放军铁道兵团工程部，1949，32 页，16 开

收藏单位：天津馆

13854

军械制造　李待琛著

东北军区军工部，1948.10 印，164 页，32 开

本书共 6 章：火药制造、火炮制造、炮弹制造、步枪制造、枪弹制造、炸弹制造。

收藏单位：国家馆、人大馆、山西馆

13855

矿山变灾　东北行政委员会工业部煤矿管理局资料室编

沈阳：东北书店，1949.5，61 页，32 开

收藏单位：长春馆、国家馆、山东馆、山西馆

13856

矿山卫生　东北行政委员会工业部煤矿管理局资料室编

[沈阳]：东北书店，1949，26 页，32 开

收藏单位：安徽馆、山东馆、山西馆

13857

李文焕高仲和创造了打盐奇迹　中共西北中央局调查研究室编

[延安]：中共西北中央局调查研究室，1944.4，13 页，64 开

本书内容包括：苟池上的打盐英雄李文焕、盐场铺的打盐英雄高仲和、帮助别人共同发展等。

收藏单位：山西馆

13858
硫酸铜 胶东工业研究室编
胶东工业研究室，[1940—1949]，油印本，34页，25开，环筒页装
本书内容包括：硫酸铜的性质、硫酸铜的用途、硫酸铜的制造等。
收藏单位：国家馆、山东馆

13859
旅客及行李包裹运送规则及补则 东北行政委员会铁道部编
[哈尔滨]：东北行政委员会铁道部，[1946—1949]，97页，32开

13860
炮弹（1—5） 谢篠译
晋冀鲁豫边区军工处，1948.2，石印本，5册，32开
收藏单位：国家馆

13861
炮弹会议汇刊 [东北军区军工部编]
东北军区军工部，1948.5，10+114页，32开
本书共4部分：江副部长在炮弹会议上的讲话、谈技术干部、汇报、会议决议问题。
收藏单位：国家馆、黑龙江馆、山西馆

13862
印刷技术手册 华北新华书店第一印刷厂厂务委员会编
华北新华书店第一印刷厂厂务委员会，1948.6，133页，32开（华北新华书店第一印刷厂厂务委员会工厂业务研究2）
本书内容包括：中文活字种类及其应用、特种印刷术等。
收藏单位：国家馆

13863
印刷艺术（第1集） 八路军印刷厂编
[延安]：八路军印刷厂，[1942]，140页，32开
本书收文三十余篇，内容包括：《中文字架部位记》（石士虬）、《西文排字之研究》（施友诚）、《排字与印书两部的合作问题》（马颂德）、《对于洗胶的几点意见》（唐宗杰）等。
收藏单位：国家馆

13864
铸造法概要 晋绥边区行政公署建设处编
兴县：晋绥边区行政公署建设处，1945.2，油印本，35页，32开
本书共7部分，内容包括：铸造原料及其性质、坩埚的控制、熔化炉及熔化操作法、翻砂法等。
收藏单位：山西馆

综合性图书

13865
新编小辞典 培之 刘坚编
河间：冀中新华书店，[1947.5]，212 页，32 开
本书收政治、经济、自然科学、文学、政党及名人传记等方面的词条约 800 条。按词条首字笔画顺序编排。
收藏单位：东北师大馆、国家馆、山东馆、山西馆、上海馆

13866
一九四九年手册 华商报资料室编
香港：华商报社，1949.1，[429] 页，32 开，精装
香港：华商报社，1949.4，3 版，[429] 页，32 开
本书介绍 1948 年情况，共 6 编：国内现势、国际现势、读报便览、香港指南、侨旅须知、重要参考资料。
收藏单位：重庆馆、东北师大馆、广西馆、桂林馆、国家馆、湖南馆、华东师大馆、近代史所、辽大馆、山西馆、上海馆、首都馆

13867
疑难问题一百个 华北新华书店编辑部编
华北新华书店编辑部，1946.8，104 页，36 开（新大众丛刊 3）
本书共 3 部分：时事解说及问答、群众运动及法令问答、自然及卫生生产常识问答。
收藏单位：国家馆、黑龙江馆、吉大馆

13868
疑问解答（第 1 集） 华北新华书店编辑部编
华北新华书店，1947.5，141 页，32 开（新大众丛刊 3）
本书内容分 5 编：政治常识、辞类注释、生产知识、医药卫生、自然常识。
收藏单位：国家馆、黑龙江馆、山西馆

13869
综合常识读本 山东渤海军区政治部编
山东渤海军区政治部，1948.5，177 页，64 开
收藏单位：南京馆

题名首字汉语拼音检索表

（按题名首字汉语拼音音序排列，对应页码为题名索引页码）

题名索引

（按题名首字汉语拼音音序排列，题名尾部五位数码即该书的顺序号）

A

a

ai

an

ao

B

ba

bai

biao

bie

bin

bing

bo

bu

C

ca

cai

can

chuan

chuang

chun

deng

di

dian

diao

die

ding

diu

dong

duo

E

e

en

er

F

fa

fan

fang

G

gai

gan

gang

gao

ge

gei

gen

geng

gong

guang

gui

guo

H

ha

hei

hong

hou

hu

hua

huai

huan

huang

hui

huo

J

ji

jia

jian

jiang

jiao

jie

jiu

ju

kan

kang

kao

ke

keng

kong

ku

kua

kuai

kuang

kun

L

lai

lan

lian

liang

liao

lin

ling

liu

long

lu

lü

luan

lun

luo

M

ma

mai

man

mang

mao

mei

meng

mi

mian

miao

min

N

na

nan

nu

nü

nüe

nuo

O

ou

P

pa

pai

qiong

qiu

qu

quan

qun

R

ran

re

ren

ri

rong

shei

shen

shun

shuo

si

song

su

suan

sui

sun

suo

T

ta

tai

tan

tang

tao

te

teng

ti

tian

tiao

tie

ting

tong

tu

tuan

tuo

W

wa

wai

wan

wang

wei

wen

X

xi

xia

xian

xiang

xiao

xie

xin

xing

xun

Y

ya

yan

yang

yao

ye

yi

yin

ying

yong

you

yu

yuan

yue

yun

Z

za

zan

zang

zao

zen

zeng

zha

zhai

zhan

zhang

zhao

zhe

zhen

zheng

zhong

zong

zou

zu

zui